Klein/Müller/Arens/Bietmann
Praxishandbuch der GmbH

Zusätzliche digitale Inhalte für Sie!

Dieses Buch bietet Ihnen mehr als nur eine gedruckte Version! Nutzen Sie die folgenden Möglichkeiten, die Ihnen für dieses Produkt in der NWB Datenbank zur Verfügung stehen.

Online-Version

Sie haben das gedruckte Exemplar Ihres Buches nicht zur Hand oder möchten etwas schnell recherchieren? Dann nutzen Sie die Online-Version Ihres Buches. Diese steht Ihnen nach Eingabe des folgenden Freischaltcodes direkt zur Verfügung.

Zusatz-Downloads

Weitere nützliche oder ergänzende Inhalte, wie z. B. Checklisten oder Kontenrahmen, stehen als Download zur Verfügung.

Schalten Sie sich Ihre digitalen Mehrwerte direkt frei:

Scannen Sie den QR-Code **oder** rufen Sie die Seite www.nwb.de auf.
Geben Sie den Freischaltcode ein und folgen Sie dem Anmeldedialog. Fertig!

Ihr Freischaltcode
BJBI-DHFK-QKFF-EITB-QKSW-OF

www.nwb.de

Praxishandbuch der GmbH

Gesellschafts- und Steuerrecht

Von

Rechtsanwalt, Steuerberater Dr. Hartmut Klein,

Rechtsanwalt Thomas Müller, Vors. Richter am FG Köln a. D.,

Prof. Dr. Stephan Arens, Professor an der TH Köln für Bürgerliches Recht und Unternehmensrecht,

Rechtsanwalt, FAfStR und FAfArbR Dr. Andreas Bietmann

5., überarbeitete Auflage

nwb

Es haben bearbeitet:

Arens:

1. Teil 1. Abschnitt bis 2. Abschnitt B.

1. Teil 3. Abschnitt bis 5. Abschnitt A.

1. Teil 5. Abschnitt C und D.

1. Teil 7. Abschnitt

3. Teil A., B., D., F.

Klein/Müller:

1. Teil 2. Abschnitt C.

1. Teil 6. Abschnitt

2. Teil

Müller:

3. Teil C.

Klein:

3. Teil E.

Bietmann:

1. Teil 5. Abschnitt B.

ISBN 978-3-482-**56965**-4

5., überarbeitete Auflage 2025

NWB Verlag GmbH & Co. KG
Eschstr. 22
44629 Herne
service@nwb.de

Satz: Reemers Publishing Services GmbH, Krefeld
Druck: GGP Media GmbH, Pößneck

Um eine gute Lesbarkeit zu gewährleisten, verwenden wir in Fachtexten in der Regel geschlechtsspezifische Personenbezeichnungen. Selbstverständlich sind damit alle Menschen gleichermaßen gemeint.

VORWORT

Das Gesetz zur Modernisierung des GmbH-Rechts und zur Bekämpfung von Missbräuchen (MoMiG) und das Gesetz zur Modernisierung des Bilanzrechts (BilMoG) sind über 15 Jahre alt. Unzählige Rechtsprechung ist dazu bereits erschienen. Seitdem reißen die Neuerungen nicht ab. Auf der einen Seite sind dies – ohne Vollständigkeit – Regelungen in den Bereichen des Insolvenzrechts (Gesetz zur Reform der Unternehmensinsolvenz (ESUG), das Gesetz zur Fortentwicklung des Sanierungs- und Insolvenzrechts), Transparenz- und Datenschutzrechtliche Regelungen (genannt seien nur die Stichworte „Transparenzregister“ und „Datenschutzgrundverordnung“) sowie Regelungen zur Online-Beurkundung.

Auch im Steuerrechtsteil hat sich wegen der Weiterentwicklung der Rechtsprechung, durch die Einarbeitung der zwischenzeitlichen seit Herausgabe der Vorauflage erfolgten umfangreichen Gesetzgebung sowie der Richtlinien und Erlasse der Finanzverwaltung hierzu (z. B. der Umwandlungssteuererlass 2025) umfangreicher Aktualisierungsbedarf ergeben. All dies wirkt sich auf die Besteuerung der GmbH oder die Besteuerung ihrer Gesellschafter aus. Soweit es erforderlich erschien, sind Alt- und Neuregelungen gleichermaßen dargestellt.

Seit fast zwei Jahrzehnten hat sich das Praxishandbuch der GmbH bewährt und die wesentlichen gesellschaftsrechtlichen und steuerlichen Fallstricke zusammengefasst.

Der Verlag und die bisherigen Autoren, Herr Vors. Richter am Finanzgericht a. D. Thomas Müller und Herr Rechtsanwalt und Steuerberater Dr. Hartmut Klein, welche bisher das Handbuch alleine bearbeitet haben, freuen sich mit Herrn Prof. Dr. Stephan Arens, Inhaber einer Professur für Unternehmensrecht und Herrn Dr. Andreas Bietmann, Rechtsanwalt, Fachanwalt für Steuer- und Arbeitsrecht, kompetente Mitstreiter gefunden zu haben, um dieses Handbuch fortzuführen. Dadurch konnte diese Auflage mit arbeitsrechtlichen Hinweisen zu einem angestellten Geschäftsführer und der insoweit ergangenen Rechtsprechung des EuGH ergänzt werden. Kernbereiche der mittelständischen GmbH werden mit konkreten Fallbeispielen im 3. Teil dargestellt.

Die Verfasser hoffen, dass das Praxishandbuch der GmbH seiner Aufgabe in der 5. Auflage weiterhin gerecht wird, Gründern, Gesellschaftern und Geschäftsführern einer GmbH oder einer UG (haftungsbeschränkt) sowie ihren Beratern für die Praxis konkrete Hilfe an die Hand zu geben und sie in der täglichen Arbeit zu unterstützen.

Bergisch-Gladbach, Düren und Köln im März 2025

Dr. Hartmut Klein,

Thomas Müller,

Prof. Dr. Stephan Arens und

Dr. Andreas Bietmann

INHALTSÜBERSICHT

INHALTSVERZEICHNIS

3. TEIL: PRAXISRELEVANTE FALLGESTALTUNGEN

ANHANG

LITERATURVERZEICHNIS

Hinweis:
Weiterführende Spezialliteratur findet sich am Anfang der einzelnen Abschnitte.

Handbücher, Lehrbücher, Kommentare, Monographien

B

Beck'sches Handbuch der GmbH, Hrsg.: Prinz, U. und Winkeljohann, N., 6. Aufl., München 2021 (BeckHB GmbH/Autor, §... Rz....)

Bunnemann J./Zirngibl, N., Die Gesellschaft mit beschränkter Haftung in der Praxis, 2. Aufl., München 2011

D

Daumke, M./Kessler, J., Perbey, U., Der GmbH-Geschäftsführer, 6. Aufl., Herne 2019

Drescher, I., Die Haftung des GmbH-Geschäftsführers, 8. Aufl., Köln 2019

Dötsch, E./Pung, A./Möhlenbrock, R., Die Körperschaftsteuer, Kommentar Loseblatt, Stuttgart

F

Frotscher, G./Drüen, E., KStG/UmwStG, Kommentar Loseblatt, Freiburg (Bearbeiter in Frotscher/Drüen, KStG/UmwStG, §... Rz....)

G

Goette, W./Goette, M., Die GmbH – Darstellung anhand der Rechtsprechung des BGH, 3. Aufl., München 2019

Goette, W., Einführung in das neue GmbH-Recht, München 2008

Götz, H./Hülsmann, Ch., Der Nießbrauch im Zivil- und Steuerrecht, 13. Aufl., Herne 2023

Gosch, D., Körperschaftsteuergesetz – Kommentar, 4. Aufl., München 2020

Grüneberg, C., BGB, 84. Aufl., München 2025

H

Haack, H./Campos Nave, J., Die neue GmbH, Herne 2008

Hauber, B./Pasch, H., Die Unternehmenssteuerreform, 2. Aufl., Bonn/Berlin 2000

Hoffmann, E., Einführung in die Körperschaftsteuer, 2. Aufl., Herne 2003

Hopt, K./Kumpan, C./Leyens, P., Merkt, H., Roth, M., Handelsgesetzbuch, 44. Aufl., München 2025 (Hopt/Bearbeiter, HGB, §... Rz....)

Hottmann J./ Zimmermann, R./Alber, M./ Jäger, B./ Meermann, A./ Schaeberle, J./ Kiebele, S., Die GmbH im Steuerrecht, 4. Aufl., Achim 2015

Hüffer, U./Koch J., Aktiengesetz, Kommentar, 18. Aufl., München 2024

J

Jäger, B./Lang, F., Raible, M., Ott, S., Körperschaftsteuer, 20. Aufl., Achim 2022

Janssen, B., Verdeckte Gewinnausschüttungen, 12. Aufl., Herne 2016

K

Kessler, H./Leinen, M./Strickmann, M., Bilanzrechtsmodernisierungsgesetz, 1. Aufl., Freiburg 2008

Klein, H./Müller, Th./Lieber, B., Änderung der Unternehmensform, 12. Aufl., Herne 2022

Klein, F., Abgabenordnung, 18. Aufl., München 2024

Klunzinger, E., Grundzüge des Gesellschaftsrechts, 16. Aufl., München 2012

Koenig, U. (Hrsg.), Abgabenordnung, 5. Aufl., München 2024 (Koenig/Bearbeiter, AO, § ..., Rz. ...)

L

Lutter, M./Hommelhoff, P., GmbH-Gesetz Kommentar, 21. Aufl., Köln 2023 (Bearbeiter in Lutter/Hommelhoff, GmbHG, § ... Rz. ...)

M

Mössner, J.-M./Oellerich, I., Valta, M., Körperschaftsteuergesetz Kommentar, 6. Aufl., Herne 2024

Münchener Kommentar zum Aktiengesetz (Hrsg. Goette, W./Habersack, M./Kalss, S.), 6. Aufl., München (MünchKommAktG/Bearbeiter, § ... Rz. ...)

Münchener Kommentar zum Handelsgesetzbuch (Hrsg. Schmidt, K.), 5. Aufl., München (MünchKommHGB/Bearbeiter, § ... Rz. ...)

Münchener Vertragshandbuch, Band 1, Gesellschaftsrecht (Hrsg. Heidenhain, M., Meister, B.), 8. Aufl., München 2018

N

Noack, U./Servatius, W./Haas, U., GmbH-Gesetz, 24. Aufl., München 2025 (Noack/Servatius/Haas/Bearbeiter, GmbHG, § ... Rz. ...)

P

Padberg, T./Werner, T., Das neue HGB, 2. Aufl., Berlin 2010

Pradl, J., Pensionszusagen an GmbH-Geschäftsführer, 5. Aufl., Herne 2024

R

Reiserer, K., Der GmbH-Geschäftsführer-Vertrag, 17. Aufl., Frankfurt 2018

Ripfel, F./Rastätter, F., Die Satzung der GmbH, 12. Aufl., Frankfurt 2001

Roth, G. H./Altmeppen H., GmbHG-Kommentar, 11. Aufl., München 2023

S

Schmidt, L. (Hrsg.), Einkommensteuergesetz, 43. Aufl., München 2024

Schmitt, J./Hörtnagl, R./Stratz, R., Umwandlungsgesetz, Umwandlungssteuergesetz, 10. Aufl., München 2024

Scholz, Kommentar zum GmbH-Gesetz, Band I §§ 1-34, Band II §§ 35-52, Band III §§ 53-88, 13. Aufl., Köln 2024 (Scholz/Bearbeiter, GmbHG, § … Rz. …)

T

Tillmann, B./ Mohr, R., GmbH-Geschäftsführer, 11. Aufl., Köln 2020

Tillmann, B./ Schiffers, J./ Wälzholz, E./ Rupp, C./ Recnik, G., Die GmbH im Gesellschaftsrecht und Steuerrecht, 6. Aufl., Köln 2015

Tipke, K./Lang, J., Steuerrecht, 25. Aufl., Köln 2024

V

Volb, H., Die stille Gesellschaft, Herne 2013

W

Wilhelm, J., Kapitalgesellschaftsrecht, 5. Aufl., Berlin 2020

ABKÜRZUNGSVERZEICHNIS

A

a.A.	anderer Ansicht
a.a.O.	am angegebenen Ort
ABl.	Amtsblatt
Abs.	Absatz
Abschn.	Abschnitt
abzgl.	abzüglich
AcP	Archiv für die civilistische Praxis
a.F.	alte Fassung
AfA	Absetzung für Abnutzung
AG	Aktiengesellschaft
AG	Die Aktiengesellschaft (Zs.)
AK	Anschaffungskosten
AktG	Aktiengesetz
Alt.	Alternative
AmtshilfeRLUmsG	Gesetz zur Umsetzung der Amtshilferichtlinie
AnfG	Anfechtungsgesetz
Anm.	Anmerkung
AnwBl	Anwaltsblatt (Zs.)
AO	Abgabenordnung
AStG	Außensteuergesetz
Aufl.	Auflage

B

BAG	Bundesarbeitsgericht
BB	Betriebsberater (Zs.)
BetrAVG	Gesetz zur Verbesserung der betrieblichen Altersversorgung
BetrVG	Betriebsverfassungsgesetz
BewG	Bewertungsgesetz
BFH	Bundesfinanzhof
BFH/NV	Sammlung amtlich nicht veröffentlichter Entscheidungen des BFH
BGB	Bürgerliches Gesetzbuch
BGBl	Bundesgesetzblatt
BGH	Bundesgerichtshof
BGHZ	Entscheidungen des BGH in Zivilsachen
BilMoG	Bilanzrechtsmodernisierungsgesetz
BMF	Bundesminister(ium) der Finanzen
BpO	Betriebsprüfungsordnung
BR-Drucks.	Bundesrats-Drucksache
BSG	Bundessozialgericht
BsGaV	Betriebsstättengewinnaufteilungsverordnung
BStBl	Bundessteuerblatt
BT-Drucks.	Bundestags-Drucksache

BuW	Betrieb und Wirtschaft (Zs.)
BV	Betriebsvermögen
bzw.	beziehungsweise

C

CA	Companies Act
c. i. c.	culpa in contrahendo

D

DB	Der Betrieb (Zs.)
DBA	Doppelbesteuerungsabkommen
ders.	derselbe
dgl.	dergleichen
d. h.	das heißt
dies.	dieselbe
DNotZ	Deutsche Notar-Zeitschrift (Zs.)
DrittelbG	Gesetz über die Drittelbeteiligung der Arbeitnehmer im Aufsichtsrat (Drittelbeteiligungsgesetz)
DSGVO	Verordnung (EU) 2016/679 (Datenschutz-Grundverordnung)
DStR	Deutsches Steuerrecht (Zs.)
DStZ	Deutsche Steuer-Zeitung (Zs.)

E

EBITDA	Earnings Before Interest, Taxes, Depreciation and Amortization
EFG	Entscheidungen der Finanzgerichte
EG	Einführungsgesetz
EHUG	Gesetz über elektronische Handelsregister und Genossenschaftsregister sowie das Unternehmensregister
EK	Eigenkapital
ErbBstg	Erbfolgesteuerberatung (Zs.)
ErbStG	Erbschaftsteuergesetz
ESt	Einkommensteuer
EStB	Der Ertrag-Steuer-Berater (Zs.)
EStDV	Einkommensteuer-Durchführungsverordnung
EStG	Einkommensteuergesetz
EStH	Einkommensteuer-Hinweise
EStR	Einkommensteuer-Richtlinien
EuGH	Europäischer Gerichtshof
EWiR	Entscheidungen zum Wirtschaftsrecht (Zs.)
EWR	Europäischer Wirtschaftsraum

F

f., ff.	folgend, fortfolgend
F.	Fach
FamFG	Gesetz über das Verfahren in Familiensachen und den Angelegenheiten der freiwilligen Gerichtsbarkeit (FamFG)
FG	Finanzgericht

FGG	Gesetz über die Angelegenheiten der freiwilligen Gerichtsbarkeit
FGO	Finanzgerichtsordnung
FinMin	Finanzministerium
FinVerw	Finanzverwaltung
FMStG	Finanzmarktstabilisierungsgesetz
Fn.	Fußnote
FR	Finanz-Rundschau (Zs.)
FRL	Fusionsrichtlinie
FüPoG	Gesetz für die gleichberechtigte Teilhabe von Frauen und Männern an Führungspositionen in der Privatwirtschaft und im öffentlichen Dienst

G

GAV	Gewinnabführungsvertrag
GbR	Gesellschaft bürgerlichen Rechts
gem.	gemäß
GewStG	Gewerbesteuergesetz
GewStR	Gewerbesteuer-Richtlinien
GG	Grundgesetz
ggf.	gegebenenfalls
ggü.	gegenüber
GmbH	Gesellschaft mit beschränkter Haftung
GmbHG	GmbH-Gesetz
GmbHR	GmbH-Rundschau (Zs.)
GmbH-StB	GmbH-Steuer-Berater (Zs.)
GmbH-StPr	GmbH-Steuerpraxis (Zs.)
GrESt	Grunderwerbsteuer
GrEStG	Grunderwerbsteuergesetz
GrS	Großer Senat
GStB	Gestaltende Steuerberatung (Zs.)
GuV	Gewinn- und Verlustrechnung
GWR	Gesellschafts- und Wirtschaftsrecht (Zs.)

H

H	Hinweis
HGB	Handelsgesetzbuch
HK	Herstellungskosten
h.M.	herrschende Meinung
HR	Handelsregister

I

i.d.F.	in der Fassung
i.d.R.	in der Regel
IDW	Institut der Wirtschaftsprüfer
i.E.	im Einzelnen
i.H.v.	in Höhe von
i.L.	in Liquidation
INF	Die Information über Steuern und Wirtschaft (Zs.)

InsO	Insolvenzordnung
InvG	Investmentgesetz
InvZulG	Investitionszulagengesetz
i. R. d.	im Rahmen des/der
i. S. d.	im Sinne des/der
IStR	Zeitschrift für europäische und internationale Steuer- und Wirtschaftsberatung
i. S. v.	im Sinne von
i. V. m.	in Verbindung mit
IWW	Institut für Wirtschaftspublizistik

J

JStG	Jahressteuergesetz
JÜ	Jahresüberschuss
JuS	Juristische Schulung (Zs.)

K

KapErhStG	Gesetz über steuerrechtliche Maßnahmen bei Erhöhung des Nennkapitals aus Gesellschaftsmitteln
KapErtSt	Kapitalertragsteuer
KapG	Kapitalgesellschaft
KapGes	Kapitalgesellschaft
KG	Kommanditgesellschaft
KGaA	Kommanditgesellschaft auf Aktien
KJ	Kalenderjahr
KÖSDI	Kölner Steuerdialog (Zs.)
KonsularG	Konsulargesetz
KontraG	Gesetz zur Kontrolle und Transparenz im Unternehmensbereich
KSt	Körperschaftsteuer
KStG	Körperschaftsteuergesetz
KStH	Körperschaftsteuer-Hinweise
KStR	Körperschaftsteuer-Richtlinien

L

Ltd.	Limited
LStDV	Lohnsteuer-Durchführungsverordnung
LSW	Lexikon des Steuer- und Wirtschaftsrechts

M

MDR	Monatsschrift für Deutsches Recht (Zs.)
MicroBilG	Kleinstkapitalgesellschaften-Bilanzrechtsänderungsgesetz
MitBestG	Mitbestimmungsgesetz
MitBestErgG	Mitbestimmungs-Ergänzungsgesetz
MoMiG	Gesetz zur Modernisierung des GmbH-Rechts und zur Bekämpfung von Missbräuchen
MoPeG	Gesetz zur Modernisierung des Personengesellschaftsrechts
m. w. N.	mit weiteren Nachweisen

N

n.F.	neue Fassung
NJW	Neue Juristische Wochenschrift (Zs.)
NotBZ	Zeitschrift für die notarielle Beratungs- und Beurkundungspraxis (Zs.)
Nr.	Nummer
n.v.	nicht veröffentlicht
NWB	Neue Wirtschafts-Briefe (Zs.)
NZG	Neue Zeitschrift für Gesellschaftsrecht
NZI	Neue Zeitschrift für das Recht der Insolvenz und Sanierung (Zs.)

O

OFD	Oberfinanzdirektion
OHG	Offene Handelsgesellschaft
OLG	Oberlandesgericht

P

PartGG	Partnerschaftsgesellschaftsgesetz
PV	Privatvermögen

R

R	Richtlinie
RAP	Rechnungsabgrenzungsposten
RFH	Reichsfinanzhof
Rz.	Randziffer

S

s.	section (des CA)
s.	siehe
S.	Seite
SanInsFoG	Gesetz zur Fortentwicklung des Sanierungs- und Insolvenzrechts
SCE	Europäische Genossenschaft
SCE-VO	Verordnung über das Statut der Europäischen Genossenschaft
SE	Europäische Gesellschaft
SEEG	Gesetz zur Einführung der Europäischen Gesellschaft
SEL	Europäische Genossenschaft
SEStEG	Gesetz über steuerliche Begleitmaßnahmen zur Einführung der Europäischen Gesellschaft und zur Änderung weiterer steuerrechtlicher Vorschriften
sog.	so genannt, -e
SolZ	Solidaritätszuschlag
StaRUG	Gesetz über den Stabilisierungs- und Restrukturierungsrahmen
StBAG	Steuerbeamtenausbildungsgesetz
Stbg	Die Steuerberatung (Zs.)
StBp	Die steuerliche Betriebsprüfung (Zs.)
StGB	Strafgesetzbuch
st. Rspr.	ständige Rechtsprechung
StStud	Steuer und Studium (Zs.)

StuB	Steuern und Bilanzen (Zs.)
StuW	Steuer und Wirtschaft (Zs.)

T

Tz.	Textziffer

U

u.a.	unter anderem
u.Ä.	und Ähnliches
UG	Unternehmergesellschaft (haftungsbeschränkt)
UmwStG	Umwandlungssteuergesetz
UntStRefG 2008	Unternehmensteuerreformgesetz 2008
UStAE	Umsatzsteuer-Anwendungserlass
UStG	Umsatzsteuergesetz
usw.	und so weiter
u.U.	unter Umständen

V

v.	vom
vEK	verwendbares Eigenkapital
vg.	vorgenannte(r)
vGA	verdeckte Gewinnausschüttung
vgl.	vergleiche
v.H.	vom Hundert
v. T.	von Tausend
VuV	Vermietung und Verpachtung
VZ	Veranlagungszeitraum

W

WJ	Wirtschaftsjahr
WM	Wohnungswirtschaft und Mietrecht (Zs.)
WPO	Gesetz über die Berufsordnung der Wirtschaftsprüfer
WuB	Entscheidungssammlung zum Wirtschafts- und Baurecht

Z

z.B.	zum Beispiel
ZGR	Zeitschrift für Unternehmens- und Gesellschaftsrecht (Zs.)
ZHR	Zeitschrift für das gesamte Handelsrecht und Wirtschaftsrecht (Zs.)
ZinsO	Zeitschrift für das gesamte Insolvenzrecht (Zs.)
ZIP	Zeitschrift für Wirtschaftsrecht (Zs.)
ZNotP	Zeitschrift für die NotarPraxis (Zs.)
ZPO	Zivilprozessordnung
Zs.	Zeitschrift
z.T.	zum Teil
zvE	zu versteuerndes Einkommen
zz.	zurzeit
zzgl.	zuzüglich

1. Teil: Gesellschaftsrecht der GmbH

1. Abschnitt: Einführung

A. Wesen der Gesellschaften

Arbeiten mehrere Personen zusammen, können sie mehr bewirken als der Einzelne; effektiver wird die Zusammenarbeit, wenn sie auf einem organisierten Zusammenschluss beruht und zugleich mit der Arbeitsteilung verbunden wird. Diese Erkenntnis verwirklicht sich auch im Wirtschaftsleben: Ein Unternehmen kann als Einzelunternehmen oder als Gesellschaft betrieben werden, für die die Rechtsordnung unterschiedliche Rechtsformen anbietet. Die Gesellschaft im weitesten Sinne hat zwei Wesensmerkmale: Der **rechtsgeschäftliche Zusammenschluss mehrerer Personen** (Ausnahmen bilden die AG und die GmbH, die beide auch als Ein-Mann-Gesellschaften gegründet werden können) und die Verfolgung eines gemeinsamen Zwecks (unterschiedlichster Art – bei der BGB-Gesellschaft ist es grundsätzlich jeder beliebige Zweck, bei den Handelsgesellschaften ist es der Betrieb eines Handelsgewerbes und bei der GmbH jeder gesetzlich zulässige Zweck). 1

(*Einstweilen frei*) 2–30

B. Die verschiedenen Gesellschaftsformen

I. Personen- und Kapitalgesellschaften

Die vorhandenen Gesellschaftsformen lassen sich in Personengesellschaften und Kapitalgesellschaften einteilen. 31

Personengesellschaften bilden eine Arbeits- Gefahrenhaftungsgemeinschaft. Darauf basiert das Grundsatzprinzip der „Selbstorganschaft".[1] Bei diesen Gesellschaften steht die persönliche Verbundenheit der Gesellschafter im Vordergrund, die auch die persönliche Beteiligung der Gesellschafter an der Organisation erforderlich macht. Der Mitgliederkreis ist geschlossen. Von besonderer Bedeutung ist, dass bei allen Personengesellschaften mindestens ein Gesellschafter vorhanden ist, der für die Schulden der Gesellschaft auch mit seinem Privatvermögen unbeschränkt haftet. Sie sind keine juristischen Personen, haben allerdings in Teilrechtsgebieten Rechts- und Parteifähigkeit. 32

Bei **Kapitalgesellschaften** hingegen liegt das Schwergewicht auf der Vereinigung von Kapitalbeiträgen. Diese Gesellschaften haben eine eigene Rechtspersönlichkeit: Sie sind rechtsfähig. Als juristische Personen unterscheiden sie sich in ihrer Organisation nachhaltig von einer Personengesellschaft. Bei Kapitalgesellschaften haftet den Gläubigern der Gesellschaft unmittelbar immer nur das Vermögen der Gesellschaft selbst, nicht aber das Privatvermögen der einzelnen Gesellschafter. Sie sind entsprechend dem Vereinsrecht organschaftlich strukturiert. Geschäftsführungsaufgaben, Vorstandstätigkeiten oder Aufsichtsratstätigkeiten können ohne Abbedingung der gesetzlichen 33

1 Siehe Gummert in: Mutter/Angsten, HB Personengesellschaftsrecht, § 706 Rz. 47.

Vorgaben von fremden Personen, die nicht dem Gesellschafterkreis angehören müssen, wahrgenommen werden. Der Mitgliederkreis ist von Gesetzes wegen offen und die Beteiligungen sind, wenn nicht abbedungen, frei veräußerlich.

34–60 (*Einstweilen frei*)

II. Personengesellschaften

61 Die **Gesellschaft bürgerlichen Rechts** („GbR" oder „BGB-Gesellschaft") ist der Prototyp der Personengesellschaft. Sie wird gekennzeichnet durch die „gemeinsame Zweckverfolgung durch mehrere", bei der offenen Handelsgesellschaft **(OHG)** und der Kommanditgesellschaft **(KG)** wird die Zweckverfolgung gleichsam verdichtet: Die Gesellschafter betreiben unter gemeinsamer Firma ein Handelsgewerbe. Die Frage, ob die BGB-Gesellschaft rechtsfähig ist und somit als solche selbst Träger von Rechten und Pflichten sein kann oder ob dies nur die Gesellschafter sind, war lange Zeit umstritten; seit 2001 aber von der Rechtsprechung anerkannt.[1] Seit dem MoPeG ist dies nun in § 705 Abs. 2 BGB gesetzlich kodifiziert, dass die BGB-Außen-Gesellschaft Rechtsfähigkeit besitzt, soweit sie durch Teilnahme am Rechtsverkehr eigene Rechte und Pflichten begründet, und in diesem Rahmen zugleich im Zivilprozess aktiv und passiv parteifähig ist.

III. Personenhandelsgesellschaften

62 Personengesellschaften, die auf den Betrieb eines Handelsgewerbes unter gemeinsamer Firma gerichtet sind, werden als Personenhandelsgesellschaften (OHG, KG) bezeichnet.

63 Die **OHG (§§ 105 ff. HGB)** tritt nach außen hin unter ihrer Firma als selbständige Einheit auf und kann mit großer Effektivität und Flexibilität am Rechts- und Geschäftsleben teilnehmen. Grund hierfür ist ihre weit gehende rechtliche Verselbständigung, die ihr die Fähigkeit verleiht, Träger von Rechten und Pflichten zu sein (§ 105 Abs. 2 HGB). Die OHG kann unter ihrer Firma Rechte erwerben und Verbindlichkeiten eingehen, insbesondere Eigentum und andere dingliche Rechte an Grundstücken erwerben, sie ist grundbuchfähig, sie kann vor Gericht klagen oder verklagt werden, über das Vermögen der OHG kann selbständig das Insolvenzverfahren eröffnet werden, in das Vermögen der OHG kann gem. § 105 Abs. 3 HGB i. V. m. § 722 BGB die Zwangsvollstreckung mit einem gegen die Gesellschaft gerichteten vollstreckbaren Titel stattfinden, bei deliktischem Verhalten vertretungsberechtigter Gesellschafter wird die Regelung der Organhaftung (§ 31 BGB) entsprechend angewandt.

64 Die **Kommanditgesellschaft** (§§ 161 ff. HGB) unterscheidet sich von der OHG durch die unterschiedlichen Haftungsverhältnisse der Gesellschafter. Ein Teil der Gesellschafter – die Kommanditisten – haftet lediglich mit einer bestimmten (erbrachten) Vermögenseinlage, ein anderer Teil der Gesellschafter – der persönlich haftende Gesellschafter oder Komplementär – haftet unbeschränkt. Die unbeschränkte Haftung muss nur bei einem Gesellschafter gegeben sein. Die Kommanditistenstellung ermöglicht die Beteiligung an einer Personengesellschaft ohne das Risiko einer unbeschränkten Haftung für

1 BGH v. 29.1.2001 - II ZR 331/00, BGHZ 146 S. 341, NWB UAAAB-98014.

die Gesellschaftsverbindlichkeiten, Kommanditisten sind i.d.R. lediglich Geldgeber, die ohne persönlichen Arbeitseinsatz die Gesellschaftseinlagen zur Verfügung stellen.

Motiv für die Gründung von Kommanditgesellschaften, die im Wirtschaftsleben eine 65
überragende Rolle spielen, ist die Kalkulierbarkeit des Beteiligungsrisikos als Kommanditist. Dies gilt zwar auch für den Gesellschafter einer GmbH, jedoch gibt es noch weitere Vorteile, wie z.B. weniger strenge Anforderungen an die Rechnungslegung und die Kapitalaufbringung sowie Kapitalerhaltung.

Eine Sonderform ist die GmbH & Co.KG. Bei ihr ist die Komplementärin nicht eine 66
natürliche Person, sondern eine GmbH. Sie führt im Ergebnis zu einer Haftungsbeschränkung auf die Einlagen der Kommanditisten und das Vermögen der GmbH, für deren Verbindlichkeiten aus der Gesellschaftsbeteiligung an der KG, die hinter ihr stehenden Gesellschafter nicht haften. Sie gehört zu dem Kreis der „hybriden Gesellschaftsstrukturen“.

Bei dieser Gesellschaftsform werden Elemente der GmbH und solche der Kommanditgesellschaft kombiniert. Dafür gibt es im Wirtschaftsleben im Wesentlichen zwei Motive: die Haftungsbeschränkung und die Steuerentlastung. Die GmbH & Co.KG ist eine Personengesellschaft des Handelsrechts, deren meist einzige Komplementärin in der Praxis eine GmbH ist. Die Abschwächung des Haftungsrisikos wird dadurch erreicht, dass sich die GmbH als einzige Komplementärin an der KG beteiligt und die natürlichen Personen als Kommanditisten beitreten und beschränkt haften.

Die **Komplementär-GmbH** haftet zwar formell unbeschränkt, der Gläubigerzugriff kann jedoch faktisch nur beschränkt realisiert werden. Die GmbH haftet nur mit ihrem Gesellschaftsvermögen, während die GmbH-Gesellschafter selbst nicht haften bzw. nur mittelbar mit ihrer in das Vermögen der GmbH geleisteten Einlage.

Die Vorzüge der GmbH & Co.KG gehen jedoch über die bloße Haftungsbeschränkung 67/1
hinaus und liegen darin, dass sich die Vorzüge der KG und der GmbH kombinieren lassen. Das Management der KG lässt sich auf den GmbH-Geschäftsführer übertragen, so dass ein Dritter oder ein Kommanditist die Leitung übernehmen kann. Die Rechtsform der Kommanditgesellschaft ermöglicht die einfache Kapitalbeschaffung durch Eintritt und Austritt von Gesellschaftern, während die GmbH als juristische Person den Fortbestand des Unternehmens garantiert.

Die **stille Gesellschaft** ist keine Handelsgesellschaft und führt keine Firma. Sie ist eine 68
reine Innengesellschaft, bei deren Gründung kein gemeinschaftliches Gesellschaftsvermögen entsteht, vielmehr geht die Einlage des stillen Gesellschafters über in das Vermögen des tätigen Gesellschafters (= Inhaber eines Handelsgeschäftes). Eine stille Gesellschaft liegt vor (§ 230 Abs. 1 HGB), wenn sich jemand an dem Handelsgewerbe, das ein anderer betreibt, mit einer in dessen Vermögen übergehenden Einlage beteiligt.

(*Einstweilen frei*) 69–90

IV. Kapitalgesellschaften

91 Die Rechtsordnung bietet drei Gesellschaftstypen an:

Die **Aktiengesellschaft** (AG) ist eine Gesellschaft mit eigener Rechtspersönlichkeit und einem in Aktien zerlegten Grundkapital, für deren Verbindlichkeiten den Gläubigern nur das Gesellschaftsvermögen haftet. Die AG ist ihrer Struktur nach vornehmlich eine Organisationsform für Unternehmen. Sie hat vor allem Kapitalansammlungsfunktion. Ihre Gründung ermöglicht die Aufbringung des erforderlichen Kapitals durch eine Vielzahl anonymer Geldgeber, wobei der Aktionär mit seiner Beteiligung am Unternehmen entweder eine periodische Gewinnbeteiligung bzw. durch Kurssteigerung einen Spekulationsgewinn erzielen will oder durch seinen Aktienbesitz Einfluss auf die Gesellschaft (Beherrschung) gewinnen oder unternehmerische Tätigkeit entfalten will.

91/1 Zunehmend setzt sich im Mittelstand auch die die **Europäische Aktiengesellschaft** (***Societas Europaea***, kurz **SE**) durch. Sie ist (selbstverständlich) eine Kapitalgesellschaft. Ihr Mindestkapital beträgt 120.000 €.

Sie muss ihren Sitz in einem Staat der EU oder des EWR haben, kann ihn aber jederzeit in einen anderen Mitgliedstaat verlegen.

Ihre Aktionäre versammeln sich in der Hauptversammlung und üben grundlegende Rechte aus (sozusagen die Eigentümerrechte). Interessant ist, dass die Geschäftsführung auf zwei verschiedene Weisen ausgeübt werden kann:

- Entweder führt der Vorstand die Geschäfte und wird vom Aufsichtsrat kontrolliert (Dualistisches System), oder
- ein Verwaltungsrat übernimmt die Leitung der SE in eigener Verantwortung (Monistisches System). Für die Führung der laufenden Geschäfte sowie für die Vertretung der „monistischen" SE muss der Verwaltungsrat geschäftsführende Direktoren bestellen. Diese können entweder – als interne geschäftsführende Direktoren – aus dem Kreis der Verwaltungsratsmitglieder stammen; dann müssen aber die nichtgeschäftsführenden Verwaltungsratsmitglieder in der Mehrheit sein. Oder es kann sich um dem Verwaltungsrat nicht angehörende Personen handeln, dann spricht man von externen geschäftsführenden Direktoren.

92 Die **Kommanditgesellschaft auf Aktien** (KGaA) ist eine Gesellschaft mit eigener Rechtspersönlichkeit, bei der mindestens ein Gesellschafter den Gesellschaftsgläubigern unbeschränkt haftet und die übrigen Gesellschafter an dem in Aktien zerlegten Grundkapital beteiligt sind, ohne persönlich für die Verbindlichkeiten der Gesellschaft zu haften. Sie spielt eine untergeordnete Rolle, es gibt nur wenige Unternehmen in dieser Rechtsform. Sie ist die älteste hybride Gesellschaftsstruktur in Deutschland.

93 **Die GmbH** ist eine Handelsgesellschaft mit eigener Rechtspersönlichkeit, die zu jedem gesetzlich zulässigen Zweck errichtet werden kann und für deren Verbindlichkeiten den Gläubigern nur das Gesellschaftsvermögen haftet. Als Kapitalgesellschaft weist die GmbH eine gewisse Ähnlichkeit zur AG auf und wurde häufig auch als die „Kapitalgesellschaft des kleinen Mannes" bezeichnet. Dies geht aber fehl; passender wäre die Bezeichnung „kleine Aktiengesellschaft". In Deutschland gibt es etwa 1 Mio. Unterneh-

men, die in der Rechtsform der GmbH betrieben werden; sie ist nach wie vor die bei weitem beliebteste Rechtsform, welche wegen ihrer großen Flexibilität die Regelungen bereithält, um von Konzernunternehmen über das mittelständische Unternehmen bis hin zum kleinen, eigentümergeführten Unternehmen deren rechtliche Struktur zu gestalten.

Die GmbH ist wie die AG eine selbständige juristische Person, die nach außen durch den Geschäftsführer als ihr Organ handelt. Für ihre Schulden haftet nur das Gesellschaftsvermögen. Im Gegensatz zur AG ist für die Errichtung einer GmbH ein wesentlich geringerer Kapitalbedarf erforderlich und es kann zwischen den GmbH-Gesellschaftern eine enge persönliche Verbindung bestehen. Dies macht den Unterschied zu Aktiengesellschaften aus. Die GmbH ist stärker personalistisch strukturiert. Da das GmbHG weniger zwingend als das Aktienrecht ist, ermöglicht es der Gesellschaftsvertrag, sich stärker zur Personengesellschaft hin zu orientieren. Dies spiegelt der Satz: „Die GmbH ist nach außen hin Aktiengesellschaft, nach innen OHG" wider.[1]

Das GmbHG lässt auch eine **„Ein-Mann-GmbH"** zu. Sie ist nicht selten im Geschäfts- 94
leben anzutreffen und läuft im Ergebnis auf eine Einzelfirma mit beschränkter Haftung hinaus. Bei ihr liegt eine formale Trennung in juristische Person einerseits und Gesellschafter andererseits vor, die aber vor allem bei Missbrauchsfällen mit der sog. Durchgriffshaftung überwunden und zur persönlichen Haftung des hinter der GmbH stehenden Gesellschafters führen kann. Dies gilt vor allem bei der Vermischung des Gesellschaftsvermögens mit dem Privatvermögen des Gesellschafters, wenn die Sphären zwischen dem Gesellschafter und „seiner" GmbH bewusst nicht auseinandergehalten werden.

Die Unternehmergesellschaft – UG – (haftungsbeschränkt) ist eine **Rechtsformvariante** 95
der GmbH, die der Gesetzgeber mit dem MoMiG dem GmbH-Gründer mit wenig Kapital nach § 5a GmbHG als Ausgleich dafür anbietet, dass das Mindeststammkapital einer GmbH weiterhin und unverändert 25.000 € beträgt. Mit dieser „GmbH-light"[2] sollte der deutschen Wirtschaft auch eine der Limited stark angenäherte Rechtsform ermöglicht werden. Die Unternehmergesellschaft (haftungsbeschränkt) **unterliegt grundsätzlich allen Regelungen des GmbHG**. Sie ist eine **GmbH**, die allerdings in ihrer Firma die Bezeichnung „GmbH" nicht führen darf.[3] Ihr Rechtsformzusatz muss „Unternehmergesellschaft (haftungsbeschränkt)" oder „UG (haftungsbeschränkt)" lauten.

(*Einstweilen frei*) 96–120

1 So Klunzinger, Grundzüge des Gesellschaftsrechts, § 11, S. 221.

2 Freitag/Riemenschneider, ZIP 2007 S. 1485; Wälzholz, GmbHR 2008 S. 841, 843.

3 Bei geschäftlichem Handeln mit dem unrichtigen Rechtsformzusatz „GmbH" kann dies zu einer unmittelbaren Außenhaftung (§ 179 BGB) des Handelnden führen, BGH v. 12.6.2012 - II ZR 256/11, NWB IAAAE-15641.

C. Überblick der Rechtsänderungen des GmbHG

121 Das GmbHG ist seit 1892 in seinem Paragrafenbestand recht stabil geblieben. Im Vordergrund des MoMiG stand u.a.:

- Unternehmensgründungen wurden vereinfacht und beschleunigt. So steht es den Gründern für **einfache Standardgründungen** von GmbHs (Bargründungen mit maximal drei Gesellschaftern und einem Geschäftsführer) frei, das dem Gesetz beigefügte **Musterprotokoll** zu verwenden. Dies vereinigt den Gesellschaftsvertrag, die Geschäftsführerbestellung und die Gesellschafterliste in einem Dokument, § 2 Abs. 1a GmbHG.
- Für kapitalschwache Existenzgründer besteht die Möglichkeit, die Unterform der **„Unternehmergesellschaft (haftungsbeschränkt)“** zu wählen (§ 5a GmbHG).
- Die Gesellschafter erhalten eine deutlich größere Flexibilität bei der **Stückelung von Geschäftsanteilen**. Geschäftsanteile müssen künftig nur noch auf **volle Euro**, also mindestens auf 1 € lauten, jeder **Gesellschafter kann mehrere Geschäftsanteile gleichzeitig übernehmen.**
- Ein **„Genehmigtes Kapital“** (§ 55a GmbHG) wurde nach aktienrechtlichem Vorbild eingeführt.
- Die Kapitalaufbringungsvorschriften wurden mit § 19 Abs. 4 und 5 GmbHG erleichtert. Sie regeln die Rechtsfolgen von **verdeckten Sacheinlagen** und des **Hin- und Herzahlens** von Geldeinlagen.
- Vorschriften der Kapitalerhaltung, über die Gesellschafterdarlehen wurden dereguliert. Die Vorschriften zu den **eigenkapitalersetzenden Darlehen wurden Gesellschafterdarlehen** gleichsetzt und mit einem **insolvenzrechtlichen Nachrang** belegt (§ 39 Abs. 1 Nr. 5 InsO). Die Rückzahlung innerhalb eines Jahres vor dem Insolvenzantrag kann angefochten werden, ebenso die Besicherung eines Darlehens.
- Der **gutgläubige Erwerb von Geschäftsanteilen** vom Nichtberechtigten wurde gem. § 16 Abs. 3 GmbHG ermöglicht und die Bedeutung der Gesellschafterliste gestärkt.

122 Ein weiterer wichtiger Aspekt war die Missbrauchsverhinderung und der Gläubigerschutz. So ist die **Insolvenzantragspflicht** als wesentlicher Pfeiler des Gläubigerschutzes in § 15a InsO ausgelagert worden. Bei **Führungslosigkeit der GmbH**, also wenn sie keinen Geschäftsführer (mehr) hat, werden die Gesellschafter in die Verantwortung genommen. Sie müssen bei Kenntnis von der Insolvenzreife und der Führungslosigkeit den Insolvenzantrag stellen (§ 15a Abs. 3 InsO).

123 Die **Zustellung von Schriftstücken und die Abgabe von Willenserklärungen** gegenüber der GmbH wird erleichtert. Unter anderem muss bei der Anmeldung eine inländische Geschäftsanschrift angegeben werden (§ 8 Abs. 4 GmbHG), die im Handelsregister einzutragen ist. Bei Führungslosigkeit haben die **Gesellschafter eine Ersatzzuständigkeit** für den Empfang von Zustellungen und Willenserklärungen (§ 35 GmbHG).

124 Im Rahmen des **Gesetzes zur Fortentwicklung des Sanierungs- und Insolvenzrechts (SanInsFoG)** wurde mit Wirkung ab dem 1.1.2021 – neben der Einführung des **Gesetzes über den Stabilisierungs- und Restrukturierungsrahmen (StaRUG)** – auch das GmbHG

geändert. So wurden die Haftung des Geschäftsführers für Zahlungen nach Insolvenzreife und die Haftung für insolvenzauslösende Zahlungen an Gesellschafter geändert. Im Rahmen der Gesetzesänderungen durch das SanInsFOG, wurde dieser Haftungstatbestand, der zuvor in verschiedenen Gesetzen geregelt war (v.a. § 64 GmbHG a.F.) zur Vereinheitlichung zentral in die Insolvenzordnung verlagert und weiter konkretisiert. Er findet sich in § 15b InsO.

(Einstweilen frei) 125–150

D. Wesensmerkmale der GmbH, Zweckmäßigkeit der Gesellschaftsform

Die GmbH ist eine **juristische Person**, sie hat eigene Rechtspersönlichkeit und eigenes Gesellschaftsvermögen. Die GmbH ist selbst Träger von Rechten und Pflichten, als vollwertiges Rechtssubjekt nimmt sie selbständig am Rechtsverkehr teil und haftet mit ihrem eigenen Vermögen. **Der zentrale Zweck einer GmbH besteht in der Haftungsbeschränkung ihrer Gesellschafter.** Den Gläubigern haftet nur das Gesellschaftsvermögen, nicht der Gesellschafter. Die Gesellschafter sind nur verpflichtet, das im Gesellschaftsvertrag vereinbarte Stammkapital einzuzahlen und der GmbH auf diese Weise ein Haftungsvermögen zur Verfügung zu stellen. Nach außen handelt die GmbH durch den Geschäftsführer als ihr Organ; der Geschäftsführer muss nicht zugleich Gesellschafter sein. Die GmbH kann jeden rechtlich erlaubten Zweck verfolgen, ist aber kraft Rechtsform Handelsgesellschaft. Als juristische Person unterliegt die GmbH eigenen steuerlichen Vorschriften. 151

Soll ein Unternehmen in der Rechtsform der GmbH betrieben werden, müssen die Gründer und Gesellschafter ein stärkeres Bewusstsein für die Rechtsform entwickeln als bei Gründung einer Personengesellschaft. Dass die GmbH als Rechtsperson streng von der Rechtsperson des Gesellschafters und das Vermögen der Gesellschaft vom persönlichen Vermögen der Gesellschafter zu unterscheiden sind **(Trennungsprinzip)**, wird in der Praxis nicht immer hinreichend beachtet. Dies führt nicht selten zu **rechtlichen Problemen** (wie z.B. Durchgriffshaftung) und sehr viel häufiger zu steuerlichen Schwierigkeiten (z.B. verdeckten Gewinnausschüttungen, Haftung für Steuerschulden). Das Steuerrecht akzeptiert Gestaltungen auf der Grundlage des GmbH-Rechts, verlangt aber umgekehrt auch, dass die Rechtsverhältnisse nach dessen Regeln und nach den zwischen GmbH und Gesellschafter getroffenen Vereinbarungen tatsächlich und ernsthaft durchgeführt werden. 152

Auf dieser Grundlage bietet sich die GmbH, die zu jedem gesetzlich zulässigen Zweck gegründet werden kann, auch Handwerkern und Kleingewerbetreibenden, zum Teil auch freiberuflich Tätigen – jetzt sogar Ärzten – als Rechtsform für ihr Unternehmen an. Von Vorteil ist dabei, dass es bei der GmbH i.d.R. eine klare und überschaubare Gestaltung des Vertrags in der Satzung gibt, wobei die Funktionsbereiche zwischen den einzelnen Organen – dem Geschäftsführer und den Gesellschaftern in ihrer Verbundenheit **(Gesellschafterversammlung)** – klar abgegrenzt sind. Die Unternehmenspolitik liegt dabei letztlich in den Händen der Gesellschafter, Arbeitsleistung und Kapitaleinsatz lassen sich bei der GmbH in jeder gewünschten Weise kombinieren. 153

Gegenüber Personengesellschaften liegt der Vorteil darin, dass eine Geschäftsführung ohne Gesellschafterstellung und ohne persönliche Haftung möglich ist. Ein Fremdgeschäftsführer kann jederzeit durch die Gesellschafter kontrolliert und abberufen werden, ein Seniorpartner kann sich aus der Geschäftsführung zurückziehen, ohne sein Haftungsrisiko zu vergrößern, ein fremder Geschäftsführer kann die Leitungsaufgabe ausüben, ohne die unbeschränkte Haftung übernehmen zu müssen.

154 Die GmbH trägt mit ihrer Rechtsform auch dem legitimen Interesse eines Unternehmers Rechnung, für sein unternehmerisches Handeln auch nur mit dem dafür eingesetzten Vermögen und nicht auch persönlich mit dem Privatvermögen haften zu müssen. Grundlage dafür ist aber auch, dass das Unternehmen angemessen mit Kapital ausgestattet wird und die strengen Regeln über die Kapitalaufbringung und die Kapitalerhaltung befolgt werden.[1]

155 Die **Haftungsbegrenzung auf das eingesetzte Kapital** kann umso dringlicher sein, wenn man die ständig zunehmenden Quellen einer Haftung in Betracht zieht: Umweltschutz, Produkthaftung, Sozialpläne usw. Allerdings sollte man vor Errichtung einer GmbH auch bedenken, dass wegen der Haftungsbeschränkung der Gesellschafter auf das eingebrachte Stammkapital die Kreditwürdigkeit der GmbH bei Banken und Lieferanten vielfach niedriger eingeschätzt wird als bei einem Unternehmen, dessen Inhaber persönlich haften. Das gilt insbesondere dann, wenn das Stammkapital niedrig ist und die Gesellschafter zur Eigenkapitalausstattung nicht durch zusätzliche Einlagen beitragen. Deshalb werden Bankkredite i.d.R. nur zu erlangen sein, wenn die Gesellschafter zusätzliche Sicherheiten (z.B. durch eine Bürgschaft oder durch die Bestellung von Grundpfandrechten) erbringen.

Ein Vorteil verbleibt insoweit gleichwohl, als die Haftung für Schulden des Unternehmens nicht automatisch eintritt, sondern erst durch den Abschluss entsprechender Verträge, bei denen genau festgelegt werden kann, welche privaten Vermögensgegenstände als Sicherheiten in die Haftung einbezogen werden sollen. Verpflichten sich die Gesellschafter allerdings global gegenüber der Bank, für die Verbindlichkeiten der GmbH einzustehen, ist die Haftungsbeschränkung nicht unbedingt ein Argument für die Gründung einer GmbH.

156 Die Haftungsbeschränkung muss für den Preis der Veröffentlichung der Jahresabschlüsse erkauft werden, die nach § 325 Abs. 1 HGB[2] beim Betreiber des elektronischen Bundesanzeigers[3] in elektronischer Form einzureichen und unverzüglich nach der Einreichung dort bekannt zu machen sind und vom Betreiber des elektronischen Bundesanzeigers gem. § 8b Abs. 3 Nr. 1 HGB an das Unternehmensregister weitergeleitet werden, damit diese dort eingestellt und mit anderen wesentlichen Unternehmensdaten von jedem eingesehen werden können. Die Publizitätspflicht, die über § 264a

1 Goette, ZGR 2008 S. 436.

2 In der Fassung des zum 1.1.2007 in Kraft getretenen Gesetzes über elektronische Handelsregister und Genossenschaftsregister sowie das Unternehmensregister (EHUG v. 10.11.2006, BGBl 2006 I S. 2553).

3 Im Gegensatz zur Regelung, welche die Einreichung des Jahresabschlusses zum Handelsregister (HR) und die anschließende unverzügliche Veröffentlichung, bei welchem HR unter welcher Nummer die Unterlagen eingereicht wurden, vorsah bzw. bei der großen GmbH die Bekanntmachung des Jahresabschlusses und der weiteren Unterlagen im papierenen Bundesanzeiger und anschließend deren Einreichung beim HR.

HGB auch für die dort aufgeführten haftungsbeschränkten Mischformen wie die GmbH & Co. KG gilt, wird als besonderer Nachteil der GmbH empfunden, zumal das EHUG die Offenlegungspflicht durch eine Prüfungspflicht des Betreibers des elektronischen Bundesanzeigers und eine spürbare Verschärfung des Sanktionensystems (Einleitung eines Ordnungsgeldverfahrens von Amts wegen durch das neue Bundesamt für Justiz nach Meldung, dass die einzureichenden Unterlagen nicht oder nicht vollständig eingereicht wurden) flankiert.

Zwar ist bei der GmbH der Eintritt eines neuen Gesellschafters – anders als bei der 157
Personengesellschaft – an bestimmte Förmlichkeiten geknüpft, weil es dazu entweder einer Kapitalerhöhung oder einer Anteilsabtretung bedarf, die notariell zu beurkunden ist. Auf der anderen Seite lässt sich aber der Wechsel von Gesellschaftern durch Anteilsabtretung vollziehen, die den Bestand der GmbH unberührt lässt. Selbst die Veräußerung sämtlicher GmbH-Anteile hat keinen Einfluss auf die **fortbestehende Rechtspersönlichkeit der GmbH**, also nicht auf Bilanzierung, Buchführung und Gewinnermittlung, z. B. durch Belastungen mit den Geschäftsvorfällen der Übertragung.

Auch die Nachfolge von Todes wegen in die Gesellschafterstellung vollzieht sich nach erbrechtlichen Vorschriften; durch den Tod eines Gesellschafters wird die GmbH nicht aufgelöst, der Geschäftsanteil kann von einer Erbengemeinschaft erworben werden, es kann Testamentsvollstreckung hinsichtlich des Geschäftsanteils angeordnet werden, so dass der Testamentsvollstrecker die Rechte des Erben nach dem Gesellschafter in der GmbH wahrnehmen kann. Auch wenn keine Familienangehörigen vorhanden sind, die zur Fortführung des Unternehmens geeignet sind, kann der Fortbestand des Unternehmens gesichert werden, indem ein Fremdgeschäftsführer angestellt oder mit dieser Aufgabe ein schon vorhandener, fähiger und verantwortungsbewusster Angestellter (z. B. ein bisheriger Prokurist) betraut wird.

Steuerliche Gesichtspunkte werden bei der Auswahl der Gesellschaftsform auch eine 158
Rolle spielen. Es ist jedoch davor zu warnen, sich lediglich aus steuerlichen Gründen für eine bestimmte Gesellschaftsform zu entscheiden. Letztlich wird nur eine **steuerrechtliche Gesamtbetrachtung** mit einem für das Unternehmen bestimmten Steuerbelastungsvergleich darüber Aufschluss geben, welche Rechtsform unter steuerlichen Gesichtspunkten die günstigere ist. Dafür können einer Reihe von Bestimmungsmerkmalen maßgebend sein, wie das zu erwartende Jahresergebnis der Gesellschaft, die Verwendung des Gewinnes zur Ausschüttung oder Thesaurierung, die Vereinbarung von Leistungsvergütungen an Gesellschafter, die Eigenkapitalausstattung und schließlich die persönlichen Verhältnisse der Gesellschafter.

(*Einstweilen frei*) 159–180

E. Besonderheiten der Unternehmergesellschaft (haftungsbeschränkt)

LITERATUR:

Altmeppen, Irrungen und Wirrungen um den täuschenden Rechtsformzusatz und seine Haftungsfragen, NJW 2012 S. 2833; *Bayer/Hoffmann*, 10 Jahre MoMiG – 10 Jahre „Mini-GmbH“, GmbHR 2018 S. 1156; *Schulteis*, Gemeinnützige Unternehmergesellschaft darf nicht den Zusatz „gUG (haftungsbeschränkt) führen, GWR 2019 S. 306; *Ries/Schulte*, Die UG wird erwachsen: Das Erstarken der Unternehmergesellschaft zur Voll-GmbH, NZG 2018 S. 571.

181 Als Gestaltungsalternative zur GmbH wurde häufig empfohlen, die **Limited** „als optimale Gesellschaftsform“ zu wählen. Besondere Zielgruppe dieser Empfehlung waren und sind Dienstleistungsunternehmen, Handwerker und Bauunternehmen. Bei Gründungskosten von 259 € zzgl. weiterer Kosten für ein Servicepaket und ein Mindestkapital von lediglich einem Pfund im Vergleich zu 25.000 € Mindeststammkapital zzgl. Notarkosten bei einer deutschen GmbH war dies für Gründer häufig verlockend. Unabhängig von dem Aspekt, dass mit der Gründung schon vor dem Austritt des Vereinigten Königreichs aus der EU mit Wirkung zum 1.2.2020 („Brexit“) eine Vielzahl an rechtlichen Problemen verbunden waren,[1] stellt sich diese Option nach dem Brexit (und dem Ablauf der in Art. 126 des Austrittsabkommens bestimmten Übergangsfrist am 31.12.2020) nicht mehr. Die Limited ist nunmehr nach den Grundsätzen des Einzelunternehmens (Ein-Mann-Limited) bzw. der Gesellschaft bürgerlichen Rechts oder Offenen Handelsgesellschaft zu behandeln, was insbesondere eine persönliche Haftung der Gesellschafter zur Folge hat.[2, 3]

182 Bereits seit dem MoMiG und der Einführung der **Unternehmergesellschaft (haftungsbeschränkt)** steht eine Alternative zur Verfügung, welche in der Praxis breite Akzeptanz erfahren hat.[4]

Die Firma muss zwingend den Rechtsformzusatz „Unternehmergesellschaft (haftungsbeschränkt)“ oder „UG (haftungsbeschränkt)“ haben. Der fehlende Zusatz löst nach h. M. eine **Haftung nach Rechtsscheingrundsätzen** analog § 179 BGB“ aus und zu einer persönlichen Haftung des **im Rechtsverkehr auftretenden Vertreters** führen.[5]

183 Die Unternehmergesellschaft (haftungsbeschränkt) benötigt auch ein Stammkapital, aber **kein Mindeststammkapital**. Jeder Gründungsgesellschafter muss mindestens einen Geschäftsanteil von 1 € gegen Geldeinlage übernehmen. Das Stammkapital muss in voller Höhe vor der Anmeldung zum Handelsregister eingezahlt sein, Sacheinlagen sind bei der Gründung ausgeschlossen. Bei der Wahl der Höhe des Stammkapitals sollte berücksichtigt werden, dass die Insolvenzgründe der Zahlungsunfähigkeit und der Überschuldung nach §§ 17, 19 InsO und die Insolvenzantragspflicht gem. § 15a InsO selbstverständlich auch bei der UG (haftungsbeschränkt) gelten. Bei einem minimalen Stammkapital kann schnell schon nach den ersten Geschäftsaktivitäten bei fehlender

1 Siehe nur Kessler/Eicke, DStR 2005 S. 2101.

2 OLG München v. 5.8.2021 - 29 U 2411/21 Kart, NWB ZAAAH-88964; Fischer, NZG 2021 S. 1497, 1498.

3 Zu den Einzelheiten Kessler/Eicke, DStR 2005 S. 2101.

4 Bayer/Hoffmann, GmbHR 2018 S. 1156 ff.

5 BGH v. 13.1.2022 - III ZR 210/20, NWB JAAAI-05216.

positiver Fortführungsprognose ein Insolvenzgrund eintreten bzw. es besteht die Notwendigkeit seitens der Gesellschafter weitere Finanzierungsbeiträge zu leisten. Zu berücksichtigen ist vor allem, dass die Übernahme der Gründungskosten nicht sogleich zu einer Überschuldung der Gesellschaft führen darf. Wenn eine solche Übernahme beabsichtigt ist, muss das Stammkapital also in ausreichender Höhe festgesetzt werden oder es müssen andere Finanzierungsbeiträge verfügbar sein.[1]

Zum Aufbau eines Haftungsfonds muss die UG (haftungsbeschränkt) in der Handels- 184
bilanz eine gesetzliche Rücklage bilden, in die ein Viertel des um einen Verlustvortrag geminderten Jahresüberschusses eingestellt werden muss. Wird keine Rücklage gebildet, ist der Jahresabschluss nichtig. Die Rücklage darf nur zur Kapitalerhöhung aus Gesellschaftsmitteln oder zum Ausgleich eines Verlustvortrages aus dem Vorjahr oder des Jahresfehlbetrages verwendet werden.

Die Rücklagenbildung bewirkt eine **Ausschüttungssperre** aus der Rücklage. Aus der gesetzlichen Rücklage dürfen keine Zahlungen an die Gesellschafter oder Dritte erfolgen. Für die gesetzliche Rücklage nach III gilt das **Auszahlungsverbot des § 30 Abs. 1 GmbHG** entsprechend, weil diese Rücklage den Ersatz für gebundenes Stammkapital bildet. Auszahlungen aus der gesetzlichen Rücklage an die Gesellschafter sind immer verboten, solange die Zweckbindung besteht. Die Zweckbindung fällt nach V erst mit dem Übergang in eine normale GmbH weg. Zweckwidrige Zahlungen aus der gesetzlichen Rücklage der UG (haftungsbeschränkt) müssen der Gesellschaft nach § 31 Abs. 1 GmbHG **vollständig** erstattet werden. Zudem besteht eine Haftung des Geschäftsführers für verbotswidrige Auszahlungen an Gesellschafter zu Lasten der gesetzlichen Rücklage nach § 43 Abs. 3 GmbHG.

Die Erhöhung des Stammkapitals auf den in § 5 Abs. 1 GmbHG festgelegten Betrag des 185
Mindeststammkapitals der GmbH von 25.000 € oder mehr bewirkt den Übergang der Gesellschaft zu einer gewöhnlichen GmbH. Hierzu bedarf es einer Satzungsänderung gem. § 53 GmbHG. Voraussetzung hierfür ist ein Gesellschafterbeschluss, der mit einer Dreiviertelmehrheit der abgegebenen Stimmen ergeht und notariell beurkundet ist (§ 53 Abs. 2 Satz 1 GmbHG).[2]

Bei einem Übergang von der UG (haftungsbeschränkt) zur GmbH liegt weder ein Rechtsformwechsel noch eine Gesamtrechtsnachfolge zugrunde. Die Gesellschaft wird nicht neu gegründet, sondern erstarkt durch die Kapitalerhöhung in eine ordentliche GmbH.[3] Die Erhöhung des Stammkapitals auf den Betrag des Mindeststammkapitals gem. § 5 Abs. 1 GmbHG (oder darüber) kann aus der gesetzlichen **Rücklage** des Abs. 3 erfolgen §§ 57c, 57d GmbHG, aber auch aus anderen Rücklagen oder gegen Einlagen. Möglich ist auch die Kombination einer Kapitalerhöhung aus Gesellschaftsmitteln mit einer Kapitalerhöhung gegen Bar- oder Sacheinlagen.

Bei einer Kapitalerhöhung auf das Mindeststammkapital nach § 5 Abs. 1 GmbHG mit 186
einer **Bareinlage** gilt das Volleinzahlungsgebot des § 5 a Abs. 2 Satz 1 GmbHG nicht. Vielmehr muss bei der Anmeldung der Kapitalerhöhung die Summe aus der alten

1 Römermann, GmbHR 2007, R 193.

2 Muster für Beschluss über Barkapitalerhöhung bei Ries/Schulte, NZG 2018 S. 571, 574.

3 OLG Celle v. 12.12.2017 - 9 W 134/17, ZIP 2018 S. 636.

Stammkapitalziffer und den Einzahlungen auf den oder die neuen Geschäftsanteile mindestens 12.500€ betragen muss.[1]

Das Sacheinlageverbot nach § 5a Abs. 2 Satz 2 GmbHG gilt für eine den Betrag des Mindeststammkapitals von 25.000€ erreichende oder übersteigende Erhöhung des Stammkapitals einer UG (haftungsbeschränkt) nicht (mehr), so dass eine solche Kapitalerhöhung auch mit **Sacheinlagen** zulässig ist.[2]

187–420 (*Einstweilen frei*)

2. Abschnitt: Errichtung der GmbH

A. Errichtung der GmbH

I. Gründungsphasen der GmbH und der UG (haftungsbeschränkt)

LITERATUR:

Kießling, Vorgründungs- und Vorgesellschaften, 1999; *Hueck*, FS GmbHG, 1992, S. 127; *BeckHB GmbH/Protz/Krome*, 6. Aufl., 2021, § 2.

421 Die GmbH ist eine Handelsgesellschaft mit eigener Rechtspersönlichkeit **(juristische Person).** Sie kann von einer oder mehreren Personen zu jedem gesetzlich zulässigen Zweck errichtet werden. Für ihre Verbindlichkeiten haftet den Gläubigern nur das Gesellschaftsvermögen (§ 1 GmbHG). Erst mit der Eintragung in das Handelsregister entsteht die GmbH „als solche" (§ 11 Abs. 1 GmbHG) und hat damit „selbständig ihre Rechte und Pflichten" (§ 13 Abs. 1 GmbHG), kann also selbst Rechte erwerben und Verbindlichkeiten eingehen sowie vor Gericht klagen und verklagt werden.

422 Damit die GmbH als juristische Person existent werden kann, sind eine Reihe von Aktivitäten erforderlich, die in §§ 1 ff. GmbHG beschrieben sind. Diesen ganzen Vorgang bezeichnet man als **Gründung**, wobei innerhalb dieses Vorgangs mehrere Abschnitte unterschieden werden. Vor Abschluss des notariellen Gesellschaftsvertrags spricht man von der **Vorgründungsgesellschaft**, sobald sich mehrere Personen – die Gründer – mit dem Ziel zusammenschließen, gemeinsam eine GmbH zu errichten (Vorgründungsphase). Dabei handelt es sich um eine Gesellschaft bürgerlichen Rechts oder eine OHG, deren Zweck es ist, die GmbH zu gründen. Aus den Geschäften, die für die Vorgründungsgesellschaft abgeschlossen wurden, haften die Gesellschafter persönlich und unbeschränkt.

Mit Abschluss des Gesellschaftsvertrags, d. h. dessen notarieller Beurkundung (§ 2 GmbHG), ist die GmbH errichtet und die Gründer haben die **Vorgesellschaft oder Vor-GmbH** entstehen lassen (Gründungsphase). Für dieses Rechtsgebilde eigener Art gilt schon der Gesellschaftsvertrag, es unterliegt bereits in entsprechender Anwendung

1 OLG Celle v. 17.7.2017 - 9 W 70/17, ZIP 2017 S. 1805; OLG Düsseldorf v. 12.5.2022 - 3 Wx 3/22, ZIP 2022 S. 1387, Rz. 17 f.

2 BGH v. 19.4.2011 - II ZB 25/10, BGHZ 189 S. 254, NWB RAAAD-83698.

den Regeln des GmbH-Rechts, ausgenommen die Vorschriften, die die Rechtsfähigkeit (Eintragung) voraussetzen. In dieser Phase greift die Handelndenhaftung nach § 11 Abs. 2 GmbHG. Erst ab der Eintragung der Gesellschaft ins Handelsregister ist die GmbH entstanden.

Als wesentliche Schritte im Ablauf der Gründung folgen auf den Abschluss des Gesell- 423
schaftsvertrags in notarieller Form die **Bestellung von Geschäftsführern** (schon vor der Eintragung), die **Einzahlung eines Mindestbetrages** auf die übernommenen Geschäftsanteile und die **Anmeldung zum Handelsregister**. Weitere Schritte sind die Prüfung der formellen Eintragungsvoraussetzungen und deren Erfüllung durch das Registergericht sowie die Prüfung, ob der Gesellschaftsvertrag wirksam zustande gekommen ist, und schließlich als Abschluss des Gründungsvorganges die **Eintragung der GmbH in das (elektronische) Handelsregister**.

Wird die Gesellschaft als sog. **Unternehmergesellschaft (haftungsbeschränkt)** gem. § 5a 424
GmbHG gegründet, gilt für die drei Gründungsphasen im Prinzip nichts anderes. Denn die **UG (haftungsbeschränkt)** ist keine neue Rechtsform, sondern eine **GmbH**, die mit einem **Stammkapital gegründet werden kann, das den Betrag des „normalen" Mindeststammkapitals von 25.000 €** der „klassischen" GmbH **unterschreitet**. Die UG (haftungsbeschränkt) soll als „Einstiegsvariante" für Existenzgründer dienen, die am Anfang der unternehmerischen Betätigung nur wenig Stammkapital haben oder benötigen. Allerdings müssen dann die bedungenen Stammeinlagen vor der Anmeldung voll eingezahlt sein, und Sacheinlagen sind ausgeschlossen (§ 5a Abs. 2 GmbHG). Somit kann die GmbH als UG (haftungsbeschränkt) ohne bare Einzahlung des Mindestkapitals nach § 7 Abs. 2 GmbHG und mit einem Stammkapital von 1 € gegründet werden, das allerdings auch eingezahlt werden muss.

Auch in dem **vereinfachten Gründungsverfahren** nach § 2 Abs. 1a GmbHG für die GmbH 425
mit maximal drei Gesellschaftern und einem Geschäftsführer werden die beschriebenen Abschnitte durchlaufen. Das für die vereinfachte Gründung zu verwendende **gesetzliche Musterprotokoll,**[1] das den Gesellschaftsvertrag umfasst, muss **notariell beurkundet** werden. Das ursprünglich geplante „Gründungsset" mit Mustersatzung, das die notarielle Beurkundung ersparen und mit einer Beglaubigung der Unterschriften der Gründungsgesellschafter auskommen sollte, ist nicht umgesetzt worden.

(*Einstweilen frei*) 426–450

II. Gesellschaftszweck – Unternehmensgegenstand

Gesellschaften mit beschränkter Haftung können nach § 1 GmbHG zu jedem gesetzlich 451
zulässigen Zweck errichtet werden **(Grundsatz der Zweckvielfalt)**. Eine GmbH braucht nach ihrer Zwecksetzung nicht auf eine gewerbliche Betätigung ausgerichtet sein, auch wenn dies der Regelfall sein dürfte. Auch karitative, wissenschaftliche, künstlerische, sportliche, kulturelle und andere gemeinnützige Zwecke können Gegenstand des Unternehmens der GmbH sein.[2]

1 Vgl. Anhang in der Online-Version.
2 Überblick bei Altmeppen, GmbHG, § 1 Rz. 9 ff.

452 Die Rechtsform der GmbH ist jedoch für einige Betätigungen wie z.B. Versicherungsunternehmen und bestimmte Bankgeschäfte kraft Gesetzes ausgeschlossen. Bei freien Berufen (insbesondere Ärzten und Rechtsanwälten) wurde lange Zeit die Auffassung vertreten, der Zusammenschluss zu einer GmbH widerspreche Standesrecht und die im Wesentlichen auf eine gewerbliche Betätigung ausgerichtete Rechtsform vertrage sich nicht mit dem herkömmlichen Charakter eines freien Berufs. Inzwischen ist die Rechtsform sowohl für Rechtsanwälte, Steuerberater und Wirtschaftsprüfer sowie auch etwa für[1] Heilpraktiker, Zahnärzte, (Tier-)Ärzte abhängig vom Landesrecht und medizinischen Versorgungszentren zulässig.

453 Der Gesellschaftszweck i.S.v. § 1 GmbHG überschneidet sich mit dem **„Gegenstand des Unternehmens“**, den § 3 Abs. 1 Nr. 2 GmbHG meint. Der Gesellschaftszweck betrifft das interne Verhältnis der Gesellschafter, während der Unternehmensgegenstand im Wesentlichen nach außen gerichtet ist und deshalb auch in das Handelsregister eingetragen werden muss. Er bezeichnet die konkrete Art und Weise, wie das vom Gesellschaftszweck vorgegebene Ziel realisiert werden soll, und gibt den Bereich der geschäftlichen Betätigung vor.

Mit der Festlegung in der Satzung soll die Beschreibung des Gegenstandes des Unternehmens im Innenverhältnis die Gesellschafter davor schützen, dass die Geschäftsführer den zulässigen Handlungsbereich überschreiten. Nach außen soll sie den **Schwerpunkt der Betätigung** so erkennbar machen, dass die gestellte Aufgabe individualisiert (z.B. Handel, Produktion, Vertrieb, Dienstleistung, Service, Verwaltung u.Ä.) und in einen Geschäftszweig oder eine Branche eingeordnet werden kann.

454 Der **Unternehmensgegenstand** gehört zum notwendigen Inhalt des Gesellschaftsvertrags. Seine Änderung ist nur durch Satzungsänderung möglich. Deshalb sollte man den Gegenstand des Unternehmens möglichst weit fassen, damit die Gesellschaft auf ihren Geschäftsfeldern beweglich bleibt und nicht bei jeder Änderung auf eine formelle Satzungsänderung angewiesen ist.

455–480 (*Einstweilen frei*)

III. Der Gesellschaftsvertrag (Satzung)

LITERATUR:

Grunewald, Die Auslegung von Gesellschaftsverträgen und Satzungen, ZGR 1995 S. 68; *Bachmann*, Die Offenlegung der wirtschaftlichen Neugründung und die Folgen ihrer Versäumung, NZG 2012 S. 579; *Wicke*, Abweichungen und Änderungen beim Musterprotokoll gem. § 2 Abs. 1a GmbH, DNotZ 2012 S. 15; *Heckschen*, Die Gründung der GmbH im Ausland, DB 2018 S. 685; *Baumgartner*, Einsatzmöglichkeiten und Schwächen von Treuhandverhältnissen an GmbH-Geschäftsanteilen in der Vertragsgestaltung, MittBayNot 2024 S. 103; *Lange*: Die familiengerichtliche Genehmigung der Schenkung eines GmbH-Anteils an minderjährige Abkömmlinge, NZFam 2024 S. 149.

1 Vgl. zur Konkurrenz mit der PartG mbB Lieder/Hoffmann, NZG 2019 S. 249 ff., 2020 S. 721 ff.; Lieder/Frehse/Kilian, NJW 2018 S. 2175 ff.
Beachte bei Ärzten das jeweilige Landesrecht; für **Tierärzte** gelten die landesrechtlichen Regelungen für Ärzte entsprechend, OLG München v. 3.2.2015 - 31 Wx 12714, NZG 2015 S. 401.

Der Gesellschaftsvertrag ist die Grundlage für die Rechtsverhältnisse innerhalb der Gesellschaft und regelt die rechtlichen Beziehungen zwischen der Gesellschaft und den Gesellschaftern. Er wird auch als **Satzung** oder **Statut** bezeichnet. Für diesen Vertrag zur Gründung einer GmbH schreibt das Gesetz eine bestimmte Form und einen Mindestinhalt vor, im Übrigen herrscht Vertragsfreiheit. 481

1. Vertragsparteien, GmbH-Gesellschafter

Eine GmbH kann durch einen oder mehrere Gesellschafter gegründet werden. Die sog. Ein-Mann-Gründung ist ebenso zulässig. Gesellschafter einer GmbH kann jede natürliche oder juristische Person sein. Rechtsfähigkeit ist erforderlich, nicht notwendigerweise auch Geschäftsfähigkeit. 482

a) Natürliche und juristische Personen

Im Allgemeinen gibt es keine Einschränkungen hinsichtlich Alter, Stand, Wohnsitz und Staatsangehörigkeit, erforderlich ist nur die Rechtsfähigkeit, so dass jede natürliche Person Gründer und Gesellschafter einer GmbH sein kann. Bei Minderjährigen und Ehegatten sind die Vorschriften der §§ 1365, 1643 Abs. 1 und § 1822 Nr. 3, 3. Alt. BGB zu beachten (vgl. Rz. 487 f.). 483

Auch Ausländer sind grundsätzlich taugliche Gesellschafter einer GmbH. Lediglich dann, wenn ihnen keine inländische Erwerbstätigkeit gestattet ist, können Probleme entstehen, wenn die Gründung der GmbH vornehmlich den Zweck hat, die verbotene Erwerbstätigkeit in eigener Person zu ermöglichen. 484

Juristische Personen – also auch eine GmbH – können uneingeschränkt Gesellschafter einer GmbH sein, und unabhängig davon, ob es sich um in- oder ausländische oder solche des privaten oder öffentlichen Rechts handelt. Auch eine Vor-GmbH oder Vor-AG kann – trotz der noch fehlenden Rechtsfähigkeit – Gesellschafter einer GmbH sein. 485

b) Gesamthänderische Personengemeinschaften

Wer mit „Personen" in § 1 GmbHG gemeint ist, definiert das Gesetz selbst nicht. Für die Personenhandelsgesellschaften wie die OHG und die KG, die unter ihrer Firma Rechte erwerben und Pflichten eingehen können, ist dies ebenso wie für die Vor-GmbH und die Vor-AG anerkannt. Sie können Gesellschafter einer GmbH sein. Die Fähigkeit, Gesellschafter einer GmbH zu sein, wird aber auch anderen Gesamthandsgemeinschaften des bürgerlichen Rechts wie der BGB-Gesellschaft, der Erbengemeinschaft, der ehelichen Gütergemeinschaft und der einer OHG angenäherten Partnerschaftsgesellschaft für Angehörige freier Berufe zuerkannt. Sofern sich die GbR an einer GmbH beteiligen soll, ist dies nur in Form der eGbR (= eingetragenen GbR) nach § 707 BGB möglich. Nach § 40 Abs. 1 Satz 3 GmbHG kann eine Eintragung der GbR in die Gesellschafterliste nicht erfolgen, sofern bei Erwerb oder Veränderungen der GmbHG-Anteile keine Eintragung der beteiligten GbR erfolgt ist. 486

c) Beteiligung Minderjähriger

487 Auch **Minderjährige** können Gesellschafter einer GmbH sein. Sie bedürfen als nicht voll Geschäftsfähige der **Mitwirkung der gesetzlichen Vertreter (§§ 104 ff. BGB)**. Gemäß § 1852 Nr. 1 BGB besteht ein **Genehmigungserfordernis des Vormundschaftsgerichts** für **alle Erwerbe und Veräußerungen** von Erwerbsgeschäften oder Anteilen an Personen- oder Kapitalgesellschaften, die ein Erwerbsgeschäft betreiben.

488 Eine GmbH kann **auch zwischen Eltern und Kindern (und Dritten)** errichtet werden, wenn die Kinder noch minderjährig sind. Wegen der eigenen Beteiligung am Gründungsgeschäft können die Eltern die Kinder nicht vertreten (§ 181 BGB bzw. § 1809 Abs. 2 BGB). Es muss für den Minderjährigen ein Pfleger bestellt werden. Diese Ergänzungspflegschaft muss nicht für die ganze Dauer der Zugehörigkeit des Minderjährigen zur GmbH fortbestehen.[1] Die gesetzlichen Vertreter des minderjährigen Kindes können vielmehr grundsätzlich dessen gesellschaftlichen Rechte und Pflichten ausüben,[2] weil dabei ein Interessenskonflikt i. S. v. § 181 BGB i. d. R. nicht entsteht.

Eine **vormundschaftsgerichtliche Genehmigung** ist für die Gründung regelmäßig erforderlich, für eine spätere Veräußerung oder Erwerb eines Geschäftsanteils ist sie nur in Ausnahmefällen und für die „normalen“ Vorfälle regelmäßig nicht nötig. Die Haftung des Minderjährigen aus den von seinen Eltern für ihn eingegangenen Verbindlichkeiten beschränkt sich auf den Bestand des bei Eintritt der Volljährigkeit vorhandenen Vermögens (§ 1629a BGB).

489 Beteiligt sich ein Minderjähriger an der Gründung einer GmbH, so ist aus Gründen des vorrangigen **Minderjährigenschutzes** seine Beteiligung schwebend unwirksam, auch wenn die GmbH in das Handelsregister eingetragen wird. Die (nachträgliche) Genehmigung durch den gesetzlichen Vertreter bedarf abweichend von der allgemeinen Regel des § 182 Abs. 2 BGB nach § 2 Abs. 2 GmbHG der notariellen Form.

d) Ehegatten als GmbH-Gesellschafter

490 Grundsätzlich unterliegen Ehegatten keiner Beschränkung, wenn sie sich an einer GmbH beteiligen wollen. Jeder kann selbständig Gründer oder Gesellschafter sein, Ehegatten können auch zusammen eine **Zweipersonen-GmbH** errichten. Schranken im gesetzlichen Güterstand kann es bei den Einlageverpflichtungen geben, wenn die Einlage erkennbar das nahezu ganze Vermögen eines Ehegatten umfasst. Dann muss der andere Ehegatte nach § 1365 BGB einwilligen.

491 Leben die Ehegatten in Gütergemeinschaft, kann eine Einlageverpflichtung aus dem Vorbehaltsgut (§ 1418 BGB) von dem betreffenden Ehegatten selbständig eingegangen werden. Ist die Einlage aus dem Gesamtgut zu erbringen, sind die §§ 1423 ff. BGB **(Zustimmungsvorbehalte)** und §§ 1437 f. BGB **(Haftung)** zu beachten.

492 **Ehegatten in Gütergemeinschaft** können Geschäftsanteile an einer GmbH im Gesamtgut halten und sich auch gemeinsam an der Gründung beteiligen und dabei allein oder neben weiteren Gründungsgesellschaftern Geschäftsanteile übernehmen, die dann in

1 Noack/Servatius/Haas/Servatius, GmbHG, § 1 Rz. 25.

2 BGH v. 22.9.1969 - II ZR 144/68, BGHZ 52 S. 316.

das Gesamtgut fallen. Möglich ist es aber auch, gesamthänderisch an der Gründung teilzunehmen und gemeinschaftlich Geschäftsanteile zu übernehmen. Dies ist sowohl bei einer Mehrpersonengründung als auch bei Errichtung einer Ein-Personen-GmbH möglich. Beide Ehegatten haften für die Einlagepflicht unbeschränkt persönlich mit dem Vorbehalts- und dem Gesamtgut.[1]

e) Treuhänder als GmbH-Gesellschafter

Der Gesellschafter einer GmbH kann einen Geschäftsanteil treuhänderisch für einen anderen halten und auch bei der Gründung zwar in eigenem Namen, aber für Rechnung eines anderen handeln. Es besteht also die Möglichkeit, sich als Treuhänder oder als **„Strohmann"**, der nach h.M. als Treuhänder anzusehen ist,[2] für einen anderen zu beteiligen. 493

Vielfältige andere Gründe können jedoch weiterhin Anlass dafür sein, dass jemand im eigenen Namen für Rechnung des anderen **(Treugeber oder „Hintermann")** als Gesellschafter der GmbH auftritt. Grundlage dafür ist ein durch den Treuhandvertrag begründetes Treuhandverhältnis. Dessen Wesensmerkmal ist es, dass der Treuhänder den Geschäftsanteil erwirbt oder hält und damit Gesellschafter der GmbH wird, aber im Verhältnis zum Treugeber verpflichtet ist, von seiner Rechtsstellung nur entsprechend der Treuhandabrede Gebrauch zu machen. Sie bestimmt, in welcher Weise der Treuhänder die Gesellschaftsrechte auszuüben hat, wobei der Treuhänder vorbehaltlich anderer Abreden verpflichtet ist, den Weisungen des Treugebers nachzukommen, in den Grenzen der gesellschaftlichen Treupflichten. 494

Da der Treuhänder im Außenverhältnis Gesellschafter der GmbH wird, ist er gegenüber der GmbH verpflichtet, die Stammeinlage zu erbringen, allerdings haftet der Treugeber daneben für die Leistung der Stammeinlage[3] und für die Erhaltung des Stammkapitals. Gemäß § 9a Abs. 4 GmbHG kann der Treugeber auch im Rahmen der Gründungshaftung in Anspruch genommen werden.

Hinsichtlich der **Formerfordernisse des Treuhandvertrags**, die insbesondere auch für die steuerliche Anerkennung einzuhalten sind, ist nach den einzelnen Stadien zu unterscheiden, in denen sich die GmbH befindet: Befindet sich die GmbH im sog. **Vorgründungsstadium**, wird also der Treuhandvertrag hinsichtlich eines (künftig entstehenden) Geschäftsanteils vor Beurkundung des Gesellschaftsvertrags und damit vor Errichtung der GmbH geschlossen, findet auf diese Vereinbarung § 15 Abs. 4 GmbHG keine Anwendung.[4] Obwohl danach die Treuhandvereinbarung vor Errichtung der GmbH keinem Formzwang unterliegt, ist Schriftform schon aus Beweisgründen dringend zu empfehlen, zumal der Treugeber Inhaber des künftigen Geschäftsanteils nur durch dessen Abtretung werden kann, worauf er nach § 667 BGB Anspruch hat. 495

1 Noack/Servatius/Haas/Servatius, GmbHG, § 1 Rz. 27.
2 BGH v. 14.2.1959 - II ZR 187/57, BGHZ 31 S. 264; v. 13.4.1992 - II ZR 225/91, BGHZ 118 S. 107, NWB VAAAF-84025.
3 BGH v. 26.11.1979 - II ZR 104/77, BGHZ 75 S. 335; v. 22.10.1990 - II ZR 238/89, GmbHR 1991 S. 99.
4 BGH v. 19.4.1999 - II ZR 365/97, BGHZ 141 S. 208, NWB ZAAAF-84028.

496 Die in der Gründungsphase, also nach notariellem Abschluss des Gesellschaftsvertrags und vor Eintragung der GmbH getroffene **Treuhandabrede** hinsichtlich des künftig entstehenden Geschäftsanteils **ist beurkundungsbedürftig.**[1]

Nach Eintragung der GmbH bedarf die Verpflichtung, einen Geschäftsanteil künftig (treuhänderisch) für einen anderen zu halten, der notariellen Beurkundung.

f) Testamentsvollstrecker als GmbH-Gesellschafter

497 Hat der Erblasser die Testamentsvollstreckung angeordnet und befindet sich im Nachlass ein Geschäftsanteil an einer GmbH, so unterliegt auch dieser der **Testamentsvollstreckung.**[2] Die Erben dürfen dann die Rechte aus dem Geschäftsanteil nicht ausüben, sondern die Verwaltungsrechte (z. B. die Ausübung des Stimmrechts) liegt beim Testamentsvollstrecker (§ 2211 BGB). Die Erben erlangen als Inhaber des Geschäftsanteils jedoch die Gesellschafterstellung, ohne dass durch die Testamentsvollstreckung eine Beschränkung der Erbenhaftung einträte. Ein Testamentsvollstreckervermerk ist jedoch in der Gesellschafterliste nicht eintragungsfähig.[3]

498 Hatte der Erblasser mit Abschluss des Gesellschaftsvertrags bereits einen Geschäftsanteil übernommen, ist aber die GmbH vor seinem Tod noch nicht eingetragen gewesen, so ist auch hinsichtlich des künftig entstehenden Geschäftsanteils Testamentsvollstreckung möglich. Insoweit kann er auch bei der Gründung weiter mitwirken.

499 Bei der **Neugründung einer GmbH** kann der Testamentsvollstrecker in dieser Eigenschaft als Verwalter des Nachlasses für die Erben nicht mitwirken. Die Befugnisse des Testamentsvollstreckers beschränken sich auf zum Nachlass gehörende Gegenstände, er kann aber über die Grenzen der beschränkten Erbenhaftung hinaus keine persönlichen Rechte und Verpflichtungen der Erben begründen oder beschränken. Aus diesem Grund kann er die Erben nicht persönlich zur Übernahme von Geschäftsanteilen mit den damit verbundenen Haftungsfolgen verpflichten. Ebenso wie bei Neugründungen sind dem Testamentsvollstrecker andere, die persönliche Rechte- und Pflichtenstellung der Erben berührende Maßnahmen verwehrt wie bei Kapitalerhöhungen und Veränderungen von Sonderrechten.

500–520 (*Einstweilen frei*)

2. Form des Gesellschaftsvertrags

521 Der Abschluss des Gesellschaftsvertrags bedarf **der notariellen Form** (§ 2 Abs. 1 GmbHG), also der notariellen Beurkundung. Auch wenn die GmbH im **vereinfachten Verfahren** nach § 2 Abs. 1a GmbHG unter Verwendung des gesetzlichen Musterprotokolls gegründet wird, muss dieses **Musterprotokoll**[4] **notariell beurkundet** werden. Auf das Musterprotokoll finden die für den Gesellschaftsvertrag geltenden Vorschriften entsprechende Anwendung (§ 2 Abs. 1a Satz 5 GmbHG). Der Gesellschaftsvertrag ist von

1 BGH v. 22.9.2016 - III ZR 427/15, NWB AAAAF-84071.

2 BayObLG v. 18.3.1991 - BReg 3 Z 69/90, GmbHR 1991 S. 572.

3 OLG München v. 15.11.2011 - 31 Wx 274/11, GmbHR 2012 S. 39; Omlor, DStR 2012 S. 306; BGH v. 24.2.2015 - II ZB 17/14, NWB FAAAE-87934.

4 Siehe Anhang in der Online Version, Rz. 8947 und 8948.

sämtlichen Gesellschaftern zu unterzeichnen. Dabei können für die Gesellschafter auch Bevollmächtigte auftreten, die allerdings eine notariell beurkundete oder beglaubigte Vollmacht haben müssen (§ 2 Abs. 2 GmbHG). Die Vorschrift stellt eine Ausnahme von der Regel des § 167 Abs. 2 BGB dar, wonach die Vollmachterklärung nicht der Form bedarf, die für das Rechtsgeschäft selbst vorgeschrieben ist.

In Ergänzung hierzu kann gem. § 2 Abs. 3 GmbHG die notarielle Beurkundung des Gesellschaftsvertrags einer GmbH auch mittels Video-Kommunikation gem. den §§ 16a und 16e BeurkG erfolgen. Weiter ist die öffentliche Beglaubigung mittels Video-Kommunikation gem. § 40a BeurkG zulässig. Die gleiche Form ist für eine Vollmacht zur Anmeldung erforderlich. Der Notar hat die Dokumente elektronisch in einem maschinen-lesbaren und durchsuchbaren Datenformat einzureichen (§ 12 Abs. 2 Satz 1 HGB). 522

Diese notariellen Online-Beurkundungen und -Beglaubigungen sind nur in den gesetzlich geregelten Fallkonstellationen zulässig. Erfasst sind folgende Vorgänge: 522/1

- alle Beurkundungen zur Gründung einer GmbH einschließlich der Gründung einer UG (haftungsbeschränkt), sofern die Gründung ohne eine Sacheinlage erfolgt. Erfasst wird auch die GmbH-Gründung im vereinfachten Verfahren unter Benutzung des gesetzlichen Musterprotokolls (§ 2 Abs. 1a, Abs. 3 Satz 5 GmbHG) einschließlich der neuen Musterprotokolle gem. Anlage 2 zum GmbHG. Diese zuletzt genannten Musterprotokolle sind ausdrücklich für die Gründung mittels einer Video-Beurkundung geschaffen worden. Sie unterscheiden zwischen der Ein-Mann-Gründung und einer Gründung durch bis zu drei Gesellschafter. Es können ein oder mehrere Geschäftsführer bestellt werden;
- die Beurkundung aller im Rahmen der GmbH-Gründung gefassten Gesellschafterbeschlüsse (wie z. B. zur Geschäftsführerbestellung, § 2 Abs. 3 Satz 3 GmbHG). Diese Beschlüsse müssen einstimmig gefasst worden sein und können mitbeurkundet werden, auch wenn sie selbst keiner notariellen Form bedürfen;
- die Beurkundung einer Gründungsvollmacht gem. § 2 Abs. 2 Satz 2 GmbHG;
- alle Beglaubigungen für Handelsregisteranmeldungen (§ 12 Abs. 1 Satz 2 HGB), und zwar sowohl durch Einzelkaufleute als auch für GmbHs, AGs und der KGaAs sowie für Zweigniederlassungen von GmbHs, AGs, KGaAs und EU- bzw. EWR-Kapitalgesellschaften;
- satzungsändernde Beschlüsse gem. § 53 GmbHG, sofern diese einstimmig erfolgen, einschließlich des einstimmigen Beschlusses über eine Kapitalerhöhung mit Bareinlagen und Übernahmeerklärung sowie der Kapitalerhöhung aus Gesellschaftsmitteln.
- Darüber hinaus ist dann auch ein einstimmiger Kapitalerhöhungsbeschluss per Videokommunikation beurkundungsfähig, wenn die Kapitalerhöhung zwar mit Sacheinlagen erfolgt, aber keine Immobilien oder GmbH-Geschäftsanteile betroffen sind. Auch die einstimmigen Zulassungsbeschlüsse zur Übernahme eines Anteils bei der Kapitalerhöhung sind dann erfasst, ebenso einstimmige Beschlüsse über eine Kapitalherabsetzung mit Einziehung von GmbH-Anteilen gemäß § 34 GmbHG.

Es handelt sich insoweit um einen abschließenden Katalog. Fallen die beurkundungspflichtigen Vorgänge nicht unter die vorgenannten Regelungen, ist eine Video-Beurkundung unzulässig (so ausdrücklich § 16a Abs. 1 BeurkG).

522/2 Dem Formzwang unterliegen grundsätzlich nur die sog. **materiellen (echten) Satzungsbestandteile**, die zwingend in den Gesellschaftsvertrag aufzunehmen sind, weil sie nicht nur die Gründungsgesellschafter, sondern auch alle künftigen Mitglieder der GmbH binden sollen, also gewissermaßen mit dem Geschäftsanteil „verbunden" sind. Formfrei können grundsätzlich solche Abreden vereinbart werden, die man als sog. **formelle (unechte) Satzungsbestandteile** bezeichnet, weil sie sich zwar tatsächlich in der Satzung finden, aber ohne weiteres auch außerhalb des Gesellschaftsvertrags durch einfache schuldrechtliche Vereinbarung oder Gesellschafterbeschlüsse hätten geregelt werden können. Angesichts der Bedeutung des Formzwangs für die Wirksamkeit des Gesellschaftsvertrags und der häufig nicht ganz einfach zu beantwortenden Frage, ob eine Regelung zwingend in die Satzung aufgenommen werden muss, empfiehlt es sich, im Zweifel „zugunsten der Satzung" zu entscheiden, auch wenn dadurch der Vertrag etwas umfangreicher ausfällt.

523 Von größerer Bedeutung ist die Feststellung, ob es sich um echte oder unechte Satzungsbestandteile handelt, wenn später solche Regelungen geändert oder ergänzt werden sollen. Danach ist zu entscheiden, welche Form zu wahren ist und welche Mehrheiten dafür erforderlich sind. Einer Satzungsänderung (mit notarieller Beurkundung und qualifizierter Mehrheit) bedarf es nicht, wenn lediglich die derzeitigen Vertragsparteien gebunden und nicht die künftigen gesellschaftsrechtlichen Beziehungen mitbestimmt oder künftige Gesellschafter betroffen werden sollen. Innergesellschaftliche Regelungen, die auch in Form einfacher Gesellschafterbeschlüsse getroffen werden können, wie es § 47 GmbHG vorsieht, oder sonstige schuldrechtliche Nebenabreden, die lediglich die derzeitigen Vertragsparteien binden, sind formfrei zwischen den Gesellschaftern untereinander oder mit der Gesellschaft möglich.

524 Zu beachten gilt aber, dass **Änderungen und Ergänzungen des Gesellschaftsvertrags,** die **vor der Eintragung der GmbH** in das Handelsregister erfolgen, **beurkundungspflichtig** sind.[1] Dazu zählt auch ein Gesellschafterwechsel in der Gründungsphase, an dem daher sämtliche Gesellschafter mitwirken müssen. Davon zu unterscheiden ist die Abtretung des künftigen Geschäftsanteils, die zwar auch gem. § 15 Abs. 3 GmbHG notariell zu beurkunden ist, aber gleichwohl nur eine Verfügung über den Geschäftsanteil selbst darstellt, die – vorbehaltlich einer Beschränkung der Abtretbarkeit nach § 15 Abs. 5 GmbHG – nicht der Zustimmung sämtlicher Gesellschafter bedarf, sondern zwischen dem Abtretenden und dem Erwerber vereinbart werden kann.

525–530 (*Einstweilen frei*)

3. Inhalt des Gesellschaftsvertrags und Musterprotokoll

531 Der Gesellschaftsvertrag der GmbH hat eine **Doppelnatur**. Er ist zum einen ein schuldrechtlicher Vertrag, mit dem die Gründer sich über die Errichtung der Gesellschaft durch

1 BGH v. 16.2.1959 - II ZR 170/57, BGHZ 29 S. 300.

übereinstimmende Willenserklärung einigen. Zum anderen gewinnt der Gesellschaftsvertrag mit der Eintragung der Gesellschaft als Organisationsstatut der GmbH seine eigentliche Bedeutung und regelt die Beziehungen zwischen der Gesellschaft und ihren Gesellschaftern. Er bindet dann nicht nur die Gründer der Gesellschaft, sondern auch spätere Mitglieder der Gesellschaft.

a) Notwendiger Inhalt

Aufgrund der zwingenden Vorschrift des § 3 Abs. 1 GmbHG muss der Gesellschaftsvertrag folgenden (obligatorischen) Mindestinhalt haben: 532

- die Firma und den Sitz der Gesellschaft (Nr. 1),
- den Gegenstand des Unternehmens (Nr. 2),
- den Betrag des Stammkapitals (Nr. 3),
- die Zahl und die Nennbeträge der Geschäftsanteile, die jeder Gesellschafter gegen Einlage auf das Stammkapital (Stammeinlage) übernimmt (Nr. 4), was die Angabe des Namens der Gründungsgesellschafter mit einschließt.

Fehlt eines der Erfordernisse, ist der Gesellschaftsvertrag ungültig und die Eintragung durch das Registergericht abzulehnen, wobei durch Zwischenverfügung des Registergerichts Gelegenheit zur Abhilfe gegeben werden kann. Fehlen Bestimmungen über die Höhe des Stammkapitals oder den Gegenstand des Unternehmens, kann sogar noch nach Eintragung der Gesellschaft durch jeden Gesellschafter oder den Geschäftsführer Nichtigkeitsklage nach § 75 GmbHG erhoben werden.

Auch die gesetzlichen **Musterprotokolle** für die Gründung einer GmbH (bzw. einer haftungsbeschränkten UG) im **vereinfachten Verfahren**, welche das GmbHG i. d. F. des MoMiG für einfache Standardgründungen zur Verfügung stellt, haben diesen Mindestinhalt. Allerdings können diese beurkundungspflichtigen Musterprotokolle für einen Gesellschaftsvertrag nur für **Bargründungen mit höchstens drei Gesellschaftern und einem Geschäftsführer** verwendet werden. Außerdem dürfen in einem solchen Gesellschaftsvertrag keine vom GmbHG abweichenden Bestimmungen getroffen werden. Wird von dem Musterprotokoll abgewichen, ist der mit dem abgeänderten Inhalt notariell beurkundete Gesellschaftsvertrag als solcher – wie der einer „normal" errichteten GmbH – wirksam. Es ist daher unbedingt zu überlegen, ob dies sinnvoll ist. Wesentliche (und oftmals streitanfällige) Konstellationen sind in dem Musterprotokoll nicht geregelt (etwa Regelungen zur Erbfolge, Scheidung, Abfindung). 533

Der Gesellschaftsvertrag zur Errichtung einer **UG (haftungsbeschränkt)** bzw. das dazu verwendete Musterprotokoll muss ebenfalls den Mindestinhalt nach § 3 Abs. 1 GmbHG haben. **Ohne Stammkapital** kann auch sie **nicht gegründet** werden. Dass eine solche GmbH ohne Einhaltung eines Mindeststammkapitals errichtet werden kann, bedeutet nicht, dass die Gründer ohne Angabe des Betrages des Stammkapitals sowie der Zahl und der Nennbeträge der übernommenen Geschäftsanteile auskämen. Dies ergibt sich schon daraus, dass § 5a Abs. 2 GmbHG zwingend ein Stammkapital der Gesellschaft voraussetzt, das vor der Anmeldung in voller Höhe eingezahlt sein muss, der Nennbetrag eines jeden Geschäftsanteils auf volle Euro lauten und die Summe der Nenn- 534 beträge aller Geschäftsanteile mit dem Stammkapital übereinstimmen muss (§ 5 Abs. 2 und 3 GmbHG).

Schließlich sind die Vorschriften über den Gesellschaftsvertrag entsprechend auf das Musterprotokoll anzuwenden, was besagt, dass das Musterprotokoll den Gesellschaftsvertrag enthält. Die Fassung des Musterprotokolls unter Nr. 3 bestätigt die Notwendigkeit eines Stammkapitals. Eine UG (haftungsbeschränkt) erfordert also ein Stammkapital für jeden Geschäftsanteil von mindestens 1 €.

BEISPIEL: Eine haftungsbeschränkte UG, die als Ein-Personen-Gesellschaft gegründet wird, kann mit einem Stammkapital von 1 € errichtet werden. Bei drei Gesellschaftern muss das Stammkapital mindestens 3 € betragen. Dies stellt nur eine theoretische Möglichkeit dar, weil eine solche Gesellschaft sofort überschuldet und von der Eintragung an insolvenzreif wäre, wenn sie die Gesellschafter nicht zusätzlich über Einzahlungen in die Kapitalrücklage oder durch Gesellschafterdarlehen finanzieren, die mit einem Rangrücktritt versehen und deshalb nicht passivierungspflichtig sind (§ 39 Abs. 1 Nr. 5 InsO).

b) Fakultativer Inhalt

535 In den Gesellschaftsvertrag sind über den obligatorischen Mindestinhalt hinaus ferner alle Bestimmungen aufzunehmen, die nicht nur zwischen den gegenwärtigen Gesellschaftern gelten sollen, sondern auch spätere Mitglieder der GmbH binden sollen. Für bestimmte solcher materiellen Satzungsregelungen, die zwar in der Dispositionsfreiheit der Gründer stehen, aber nach deren Willen an den Geschäftsanteil in der Weise gebunden sein sollen, dass sie auch künftige Gesellschafter treffen, schreibt das GmbHG vor, dass sie zu ihrer Gültigkeit in den formgebundenen Gesellschaftsvertrag aufgenommen worden sind. Dann spricht man von dem fakultativen formgebundenen Inhalt (zu Einzelheiten vgl. Rz. 688).

aa) Fakultativer formgebundener Inhalt

536 Folgende gesellschaftsvertragliche Vereinbarungen, die – um rechtsgültig zu sein – in der Satzung enthalten sein müssen, sind am wichtigsten:

Zeitliche Beschränkung des Unternehmens

537 Sofern die Dauer der Gesellschaft auf eine bestimmte Zeit beschränkt sein soll, muss gem. § 3 Abs. 2 GmbHG eine entsprechende Bestimmung in den Gesellschaftsvertrag aufgenommen werden. Überflüssig ist also eine Satzungsbestimmung, dass die Gesellschaft auf unbestimmte Zeit abgeschlossen werde.

Nebenleistungspflichten

538 Gemäß § 3 Abs. 2 GmbHG muss eine etwa vorgesehene Verpflichtung der Gesellschafter, außer ihrer Einlage weitere Leistungen an die Gesellschaft zu bewirken, in dem Gesellschaftsvertrag enthalten sein.[1] Müssen die Gesellschafter proportional zu ihrer Beteiligung der Gesellschaft Darlehen zur Verfügung stellen und ist dies eine Pflicht, die jeden – auch den künftigen – Gesellschafter trifft, ist sie in die Satzung aufzuneh-

1 BGH v. 8.2.1993 - II ZR 24/92, NJW 1993 S. 1788.

men.[1] Nebenleistungspflichten müssen in der Satzung so konkret festgelegt sein, dass die verpflichteten Gesellschafter das Ausmaß der auf sie zukommenden Verpflichtungen ohne weiteres überschauen können.[2] Die Verpflichtung der Gesellschafter in der Satzung einer GmbH zur Übernahme von Verlusten ist als Nebenleistungspflicht unwirksam, wenn sie weder zeitlich begrenzt ist noch eine Obergrenze enthält.[3]

Sacheinlagevereinbarungen

Zwingend ist durch § 5 Abs. 4 GmbHG für den Fall einer Sachgründung vorgeschrieben, 539
dass der Gegenstand der Sacheinlage in der Satzung bezeichnet und auch der Nennbetrag des Geschäftsanteils angegeben wird, auf den sich die Sacheinlage bezieht.

Erschwerte Anteilsabtretung (Vinkulierung)

Gemäß § 15 Abs. 5 GmbHG müssen Bestimmungen, welche die Abtretung von Ge- 540
schäftsanteilen an weitere Voraussetzungen knüpfen, als sie das Gesetz vorsieht, und damit erschweren, im Gesellschaftsvertrag enthalten sein, andernfalls sind sie unwirksam.

Nachschusspflicht

Eine Nachschusspflicht der Gesellschafter muss gem. § 26 Abs. 1 GmbHG im Gesell- 541
schaftsvertrag zugelassen sein.

Ergebnisverwendung

Auch die Vorschrift des § 29 Abs. 3 GmbHG ist hier zu erwähnen: Danach hat die Ver- 542
teilung des Reingewinnes nach dem Verhältnis der Geschäftsanteile zu erfolgen, jedoch kann der Gesellschaftsvertrag eine andere Art der Verteilung festlegen (Satz 2).

Einziehung von Geschäftsanteilen

Weitere Beispiele finden sich in § 34 Abs. 1 (Einziehung von Geschäftsanteilen), § 52 543
(Bestellung eines Aufsichtsrats), § 60 Abs. 2 GmbHG (weitere Auflösungsgründe).

Sonderrechte

Sollen einzelnen Gesellschaftern bestimmte Sonderrechte eingeräumt werden, wie z. B. 544
das Recht, selbst zum Geschäftsführer bestellt zu werden oder einen Geschäftsführer nach eigenem Gutdünken verlangen zu können, oder sollen Gesellschafter vom Wettbewerbsverbot befreit werden, müssen solche Sonderrechte in die Satzung aufgenommen werden.

Sondervorteile und Gründungsaufwand

Analog der Vorschrift des § 26 Abs. 2 AktG ist im Interesse des Gläubigerschutzes in der 545
Satzung offen zu legen, ob und mit welchem Betrag die Gesellschaft mit Gründungskosten zugunsten der Gründungsgesellschafter belastet ist. Sagt die Satzung der GmbH über den Gründungsaufwand nichts aus, trifft er allein die Gründer, so dass die GmbH in Höhe gleichwohl getragenen Gründungsaufwands einen Erstattungsanspruch gegen

1 BGH v. 28.6.1999 - II ZR 272/98, BGHZ 142 S. 116, 123.
2 BGH v. 17.10.1988 - II ZR 372/87, GmbHR 1989 S. 151.
3 BGH v. 22.10.2007 - II ZR 101/06, NWB AAAAC-69348.

die Gesellschafter hat.[1] Beträge, die noch nicht beziffert werden können, sind dabei zu schätzen.

Es ist aber Vorsicht geboten, nur einen Höchstbetrag auszuweisen. Soll bei der Gründung einer GmbH in deren Satzung der Gründungsaufwand auf die Gesellschaft übertragen werden, so reicht eine pauschale Formulierung regelmäßig nicht aus. Vielmehr muss der Gründungsaufwand konkret umschrieben sein, damit die Gläubiger der Gesellschaft erkennen können, in welchem Umfang und warum das Stammkapital der Gesellschaft schon in Anspruch genommen wurde. Die Satzungsregelung selbst muss die einzelnen Positionen (Notarkosten, Registerkosten usw.) und den Gesamtbetrag der übernommenen Kosten genau bezeichnen. Beim Gesamtbetrag kann auch ein schlüssiger und angemessener Pauschalbetrag angegeben werden. Üblicherweise lassen dabei die Registergerichte die Übernahme der gesetzlich zwingenden Gründungskosten (Registergebühren und Beurkundungskosten) durch die Gesellschaft unbeanstandet. Darüber hinaus werden im Regelfall prozentuale Höchstgrenzen (bei GmbHs mit dem Mindeststammkapital von 25.000€ beispielsweise 10% des Stammkapitals, bei Unternehmergesellschaften (haftungsbeschränkt) – je nach Höhe des Stammkapitals – teils prozentual höhere Beträge) akzeptiert.[2]

MUSTERVORSCHLAG:

Der Gründungsaufwand (Kosten für Notar und Gericht sowie evtl. Genehmigungen, Anwalt, Steuerberater) wird von der Gesellschaft bis zu einem Gesamtbetrag von ....€ übernommen. Ein darüber hinausgehender Gründungsaufwand wird von den Gesellschaftern im Verhältnis ihrer Gesellschaftsbeteiligungen getragen.

bb) Weiterer fakultativer Inhalt

546 Über den notwendigen und den nur bei Beurkundung gültigen fakultativen Satzungsinhalt hinaus werden oft – vor allem bei einer personalistisch organisierten GmbH – von den Gesellschaftern weitere Regelungen für erforderlich gehalten, obwohl die betreffenden Angelegenheiten ebenso durch Beschluss wirksam regelbar wären. Es ist zulässig, solche zusätzlichen Bestimmungen in die Satzung aufzunehmen. Es kann sich dabei um schuldrechtliche Verpflichtungen, aber auch um gesellschaftsrechtliche Regelungen (Organisationsbestimmungen) handeln.

547 Die Änderung solcher Bestimmungen ist nicht notwendigerweise eine Satzungsänderung, die nur nach Maßgabe des § 53 GmbHG erfolgen kann. Wenn die Partner, was notfalls durch Auslegung zu ermitteln ist, eine bindende Gesellschaftsregel aufstellen wollten, die Regelung also zu den Grundlagen der Gesellschaft zu rechnen ist, dann ist § 53 GmbHG anzuwenden. Es handelt sich dann um sog. materielle Satzungsbestandteile.

548 Andere Regelungen, die nur „gelegentlich des Vertragsschlusses" in die Satzung aufgenommen wurden, können dagegen durch einfachen Gesellschafterbeschluss aufgehoben oder geändert werden. Probleme entstehen häufig, wenn durch die Satzung

1 BGH v. 20.2.1989 - II ZB 10/88, BGHZ 107 S. 1, 5, NWB YAAAF-69344.

2 OLG Schleswig-Holstein v. 21.2.2023 - 2 Wx 50/22, NWB VAAAJ-35870; OLG Celle v. 11.2.2016 - 9 W 10/16, NWB FAAAF-60654, rkr.

ein bestimmter Gesellschafter zum Geschäftsführer bestellt wird. Wäre dies ein materieller Satzungsbestandteil, dann könnte die Abberufung nur durch einen beurkundeten, satzungsändernden Beschluss erfolgen. In der Regel wird dies nicht beabsichtigt sein; andernfalls sollte einer solchen Geschäftsführerbestellung hinzugefügt werden, dass sie mit satzungsgemäßer Bindung erfolge.

Generell ist bei Abfassung des Gesellschaftsvertrags zu beachten, dass sich die Gesell- 549
schafter durch Aufnahme von an sich nicht satzungsgebundenen Regeln leicht selbst ein Korsett anlegen, das sie wegen § 53 GmbHG u. U. nur schwer wieder loswerden.

Häufig finden sich in Gesellschaftsverträgen zum nicht formbedürftigen fakultativen 550
Inhalt zählende Bestimmungen zum Geschäftsjahr und Jahresabschluss, zur Geschäftsführung und Vertretung, zu Rechten und Pflichten der Gesellschafter, zur Gesellschafterversammlung und Beschlussfassung, zu Beschränkungen bei der Verfügung über und Vererbung von Geschäftsanteilen, über die Bewertung der Geschäftsanteile und Abfindungen, über die Einsetzung eines Beirats oder Aufsichtsrats, zum Leistungsverkehr mit dem Gesellschafter sowie Steuer- oder Satzungsklauseln (z. B. die Erstattung verdeckter Gewinnausschüttungen) oder Regeln der internen Organisation (z. B. Bekanntmachungen, Schiedsgericht).

cc) Nebenabreden

Neben den Satzungsbestimmungen können zwischen der Gesellschaft und einzelnen 551
Gesellschaftern oder zwischen den Gesellschaftern Nebenabreden getroffen werden. Hierdurch werden nicht gesellschaftliche, sondern rein schuldrechtliche (obligatorische) Rechtsbeziehungen begründet, die losgelöst von der Satzung zu sehen sind. Hierbei kann es sich z. B. um Dienst-, Pacht- oder Lizenzverträge handeln. Zu den in Betracht kommenden Nebenabreden zählen auch Verträge, die die Gesellschafter untereinander schließen und das Gesellschaftsverhältnis betreffen, z. B. Übernahme- oder Ankaufsrechte von Geschäftsanteilen, Stimmrechtsvereinbarungen und Poolverträge, Wettbewerbsverbote, vom Gesellschaftsvertrag abweichende Gewinnverteilungen mit schuldrechtlicher Wirkung, Verpflichtung zur Leistung von Zuschüssen und Beiträgen zur Deckung der Kosten der Gesellschaft. Letztere bedarf der Aufnahme in die Satzung, wenn sie an den Geschäftsanteil gebunden ist und auch einen künftigen Inhaber des Geschäftsanteils trifft.

c) Auslegung

Bei der Anwendung von Satzungsbestimmungen kommt es im Rahmen einer erforder- 552
lichen **Auslegung** grundsätzlich darauf an, ob es sich um eine Bestimmung mit körperschaftsrechtlichem oder individualrechtlichen (also nur einen bestimmten, gegenwärtigen Gesellschafter betreffenden) Charakter handelt. Maßgebend für die Einordnung ist, ob sich die einschlägige Satzungsregelung auch an künftige Gesellschafter richtet oder nur für die gegenwärtigen Gesellschafter Geltung haben soll. Gilt die Regelung auch für künftige Mitglieder der Gesellschaft und ist sie gewissermaßen an den Geschäftsanteil

gebunden, ist eine objektive Auslegung geboten, zumal wenn die Regelung auch von Bedeutung für die Gesellschaftsgläubiger sein kann.[1]

553–570 (*Einstweilen frei*)

4. Angabe des Unternehmensgegenstandes/Vorratsgesellschaft

571 Die Satzung muss zwingend (§ 3 Abs. 1 Nr. 2 GmbHG) den **Gegenstand des Unternehmens** angeben. Tut der Gesellschaftsvertrag dies nicht oder sind die gemachten Angaben unrichtig, hat dies vorbehaltlich eines Heilungsbeschlusses (§ 76 GmbHG) die Nichtigkeit der Gründung zur Folge (§ 75 GmbHG). Freilich dürfen die Anforderungen an die Angabe des Unternehmensgegenstandes nicht überspannt werden.

Aus dem Sinn der Regelung heraus, einerseits nach außen die mit der Gesellschaft in Kontakt tretende interessierte Öffentlichkeit zu informieren und andererseits die Gesellschafter durch interne Begrenzung des Handlungsspielraumes der Geschäftsführer zu schützen und auch die Grenzen der gesellschafterlichen Treupflichten zu umreißen, kann nur die Angabe des Schwerpunktes der geschäftlichen Tätigkeit gefordert werden oder verlangt werden, „in groben Zügen“[2] so über den Tätigkeitsbereich des neuen Unternehmens zu unterrichten, dass eine Zuordnung zu einem bestimmten Geschäftszweig als einem abgegrenzten Sachbereich des Wirtschaftslebens möglich ist; wollen die Gesellschafter eine Sachfirma wählen, darf hierzu kein Widerspruch entstehen. Eine weiter reichende Individualisierung „bis in die letzten Einzelheiten der Geschäftsplanung“ kann nicht verlangt werden, zumal dies die Gesellschaft und ihre Geschäftsführer in der Unternehmenspolitik und Flexibilität unvertretbar einengte.

572 Im Zusammenhang mit der zutreffenden Angabe des Gegenstands des Unternehmens, also des Geschäftszweigs, in dessen Bereich die GmbH sich ernsthaft zu betätigen beabsichtigt, stellte sich die Frage, ob sog. **Vorratsgesellschaften** gegründet werden können. Begrifflich ist eine **Vorratsgesellschaft** eine seit ihrer Gründung bis zur (i. d. R.) stattfindenden Anteilsveräußerung **inaktive** Gesellschaft. Solchen auf Vorrat gegründeten Gesellschaften ist eigen, dass ihr Unternehmensgegenstand ist, sie – die Gesellschaft – für eine spätere Aufnahme eines (noch unbestimmten) Geschäftsbetriebs bereitzustellen, und dass sich der Gegenstand des Unternehmens bis dahin in der Verwaltung des eigenen Vermögens erschöpft.

Für das Aktienrecht ist die Zulässigkeit von Vorratsgründungen anerkannt, wenn sie offen erfolgen;[3] dies gilt gleichermaßen für das Recht der GmbH.[4] Die Bestimmung der Gesellschaft, als sog. **Mantel** für die spätere Aufnahme eines Geschäftsbetriebs zu dienen, muss bei der Bezeichnung des Unternehmensgegenstands in der Satzung deutlich klargestellt werden. Dazu reicht es aus, wenn „Verwaltung des eigenen Vermögens“ angegeben wird. Eine deutliche Absage hat der BGH der sog. verdeckten Vorratsgründung erteilt. Sie liegt vor, wenn der eigentliche Unternehmensgegenstand (Bereitstellung einer inaktiven Gesellschaft zur späteren Aufnahme eines Geschäftsbetriebs) nicht

1 Vgl. BGH v. 28.6.1999 - II ZR 272/98, BGHZ 142 S. 116, 123.
2 BGH v. 16.3.1992 - II ZB 17/91, BGHZ 117 S. 323.
3 BGH v. 16.3.1992 - II ZB 17/91, BGHZ 117 S. 323.
4 Vgl. Goette, Die GmbH, § 1 Rz. 20.

und ein unzutreffender (fiktiver) Unternehmensgegenstand angegeben wird oder auch dann, wenn der angegebene Unternehmensgegenstand nicht in absehbarer Zeit verwirklicht werden soll.

Die Verwendung eines Mantels kommt nur in Betracht, wenn die Gesellschaft eine 572/1
„leere Hülse" ist, d.h. kein aktives Unternehmen betreibt, an das die Fortführung eines Geschäftsbetriebs wirtschaftlich anknüpfen kann, auch wenn dazu die Umgestaltung, Einschränkung oder Erweiterung des Tätigkeitsgebiets notwendig ist. Dies ist gegeben, wenn die GmbH nach Gründung und Eintragung konkrete Aktivitäten entfaltet, mit denen sie die Aufnahme der nach außen gerichteten Geschäftstätigkeit plant und vorbereitet, die sich im Rahmen des satzungsmäßigen Unternehmensgegenstandes bewegt.[1]

Der **Zweck von Vorratsgründungen** wird i.d.R. darin gesehen, dass der Erwerb einer 573
solchen Gesellschaft für die Aufnahme einer geschäftlichen Tätigkeit vorteilhafter sein kann als die Neugründung. Zum einen ist der Zeitvorteil zu nennen, weil mit der „Vorratsgesellschaft" das operative Geschäft sofort aufgenommen werden kann, während die neu gegründete GmbH erst mit ihrer Eintragung in das Handelsregister existent wird und zwischen notarieller Errichtung mit Anmeldung und der Eintragung oft Wochen und Monate vergehen können; zum anderen kann ein Haftungsvorteil gegenüber der Neugründung darin gesehen werden, dass bei ihr die Gründer für die Geschäfte der „Vor-GmbH" zwischen Gründung und Registereintragung persönlich haften. Allerdings sollen nach der Rechtsprechung[2] die eine persönliche Haftung der Gesellschafter auslösenden Gründungsvorschriften entsprechend angewendet werden, insbesondere die Unterbilanzhaftung und die Handelndenhaftung (§ 11 Abs. 2 GmbHG), wenn die offen auf Vorrat gegründete GmbH später zu einem geschäftlichen Zweck aktiviert wird, weil dies wirtschaftlich einer Neugründung gleichkomme.

Der BGH hat in zwei Entscheidungen[3] klargestellt, dass sowohl bei Verwendung des 574
Mantels einer Vorrats-GmbH als auch eines zwischenzeitlich leer gewordenen GmbH-Mantels eine **wirtschaftliche Neugründung** vorliegt, auf die die Gründungsvorschriften entsprechend anzuwenden sind, welche der Gewährleistung der Kapitalausstattung dienen einschließlich der registergerichtlichen Kontrolle. Der Geschäftsführer hat entsprechend § 8 Abs. 2 GmbHG bei wirtschaftlicher Neugründung unter Verwendung des Mantels einer Vorrats-GmbH durch Ausstattung mit einem Unternehmen und erstmalige Aufnahme ihres Geschäftsbetriebs zu versichern, dass die in § 7 Abs. 2 und 3 GmbHG bezeichneten Leistungen bewirkt sind und dass der Gegenstand der Leistung sich weiterhin in seiner freien Verfügung befindet.

Bei Wiederverwendung eines „leeren" Mantels ist diese Tatsache gegenüber dem Registergericht offen zu legen und mit der am satzungsgemäßen Stammkapital und nicht nur am gesetzlichen Mindestkapital nach § 5 Abs. 1 GmbHG (25.000 €) ausgerichteten Versicherung gem. § 8 Abs. 2 GmbHG zu verbinden. Die reale Kapitalaufbringung ist

1 BGH v. 18.1.2010 - II ZR 61/09, ZIP 2010 S. 621, NWB OAAAD-39424.

2 BGH v. 16.3.1992 - II ZB 17/91, BGHZ 117 S. 323, 331, m.w.N.

3 BGH v. 9.12.2002 - II ZB 12/02, BGHZ 153 S. 158, NWB SAAAB-97569 und v. 7.7.2003 - II ZB 4/02, BGHZ 155 S. 318, NWB DAAAB-97655.

sowohl bei der Mantelverwendung als auch bei der Aktivierung einer Vorratsgesellschaft durch entsprechende Anwendung des Haftungsmodells der **Unterbilanzhaftung** bezogen auf den Stichtag der Offenlegung der wirtschaftlichen Neugründung gegenüber dem Registergericht sicherzustellen.

574/1 Wird indessen die wirtschaftliche Neugründung gegenüber dem Registergericht **nicht offengelegt**, haften die Gesellschafter im Umfang einer Unterbilanz, die in dem Zeitpunkt besteht, zu dem die wirtschaftliche Neugründung entweder durch die Aufnahme der (wirtschaftlichen) Geschäftstätigkeit erstmals nach außen tritt oder die Satzungsänderungen angemeldet werden. Die Gesellschafter, die in Anspruch genommen werden, haben darzulegen und zu beweisen, dass zu dem maßgebenden Zeitpunkt keine Differenz zwischen der Stammkapitalziffer und dem Wert des Vermögens der GmbH bestand.[1] Gelingt dies nicht, haben die Gesellschafter eine Wertdifferenz auszugleichen, weshalb eine Haftung dann nicht besteht, wenn das Stammkapital laut Satzung im Zeitpunkt der wirtschaftlichen Neugründung noch ungeschmälert vorhanden war.[2]

Bei dem Wertausgleich handelt es sich um eine rückständige Leistung auf den Geschäftsanteil. Für diese rückständige Einlageleistung haftet auch der Erwerber eines Geschäftsanteils[3] (§ 16 Abs. 2 GmbHG) unabhängig davon, ob er Kenntnis von der wirtschaftlichen Neugründung hatte oder nicht.[4] Aus der Entscheidung des BGH folgt, dass auch bei einer Offenlegung für die Gesellschafter die geschilderte Beweislastumkehr gilt; lediglich der Anknüpfungspunkt für den Umfang der Haftung ist ein anderer, nämlich der Zeitpunkt der Offenlegung.[5]

575 Neben der **Unterbilanzhaftung** greift auch die **Handelndenhaftung** analog § 11 Abs. 2 GmbHG ein, wenn vor der Offenlegung die Geschäfte aufgenommen wurden, ohne dass alle Gesellschafter dem zugestimmt haben.[6] Maßgebender Stichtag, zu dem im Interesse des Gläubigerschutzes die Unversehrtheit des Stammkapitals gewährleistet sein muss, ist die Offenlegung (bzw. Anmeldung) gegenüber dem Registergericht. Auf den Zeitpunkt der erforderlichen Eintragung kommt es nicht an. Danach können die Gesellschafter tatsächlich das neue Unternehmen als werbende GmbH in Vollzug setzen und mit der bestimmungsgemäßen Verwendung des Stammkapitals zu dessen Betrieb beginnen. Der früher schon entstandene Rechtsträger bedarf keiner zusätzlichen „konstitutiven" Eintragung mehr.

576 Neben der Handelndenhaftung der Gesellschafter kann auch der Geschäftsführer gem. § 9a GmbHG analog haften, wenn er wahrheitswidrig bei der Anmeldung versicherte, die Einlage stünde ihm endgültig zur freien Verfügung.[7]

577–590 (*Einstweilen frei*)

---

1 BGH v. 6.3.2012 - II ZR 56/10, BGHZ 192 S. 341, NWB TAAAE-08583.

2 KG Berlin v. 7.12.2009 - 23 U 24/09, NZG 2010 S. 387.

3 Veil/Wildhirth, BB 2012 S. 1871; vgl. zu dem Thema auch Bachmann, NZG 2012 S. 579; Giedinghagen/Rulf, GmbHR 2012 S. 637.

4 OLG München v. 11.3.2010 - 23 U 2814/09, BB 2010 S. 1240.

5 OLG Düsseldorf v. 23.8.2012 - 16 U 55/11, GmbHR 2012 S. 1135.

6 Goette, DStR 2004 S. 461; Bärwaldt/Balda, GmbHR 2004 S. 50 ff. und 350 ff.; BGH v. 12.7.2011 - II ZR 71/11, BB 2011 S. 2443, NWB KAAAD-91342.

7 BGH v. 6.3.2012 - II ZR 56/10, BGHZ 192 S. 341, NWB TAAAE-08583.

5. Die Firma der GmbH

Die Firma der Gesellschaft muss, auch wenn sie nach § 22 HGB oder nach anderen gesetzlichen Vorschriften fortgeführt wird, gem. § 4 Abs. 1 Satz 1 GmbHG die Bezeichnung „Gesellschaft mit beschränkter Haftung" oder eine allgemein verständliche Abkürzung dieser Bezeichnung enthalten. Eine UG (haftungsbeschränkt) muss als solche firmieren. Verfolgt die Gesellschaft ausschließlich und unmittelbar steuerbegünstigte Zwecke nach den §§ 51 bis 68 AO, kann die Abkürzung gem. § 4 Abs. 1 Satz 2 „gGmbH" lauten. 591

Die **Firma ist der Name der GmbH**, unter dem sie als Kaufmann ihre Geschäfte betreibt und ihre Unterschrift abgibt (§ 17 HGB). Der Name der GmbH kann als **Personenfirma** oder **Sachfirma** oder als Kombination aus beiden (**Mischfirma**) gebildet werden, ebenso sind auch reine **Fantasiebezeichnungen** – auch in Kombination mit Personen- oder Sachfirma – zulässig. Das Recht des kaufmännischen Handelsnamens ist mittlerweile weitestgehend **dereguliert und entbürokratisiert**.

Über die Verweisung in § 13 Abs. 3 GmbHG sind bei der Bildung der Firma jedoch die allgemeinen für Handelsgesellschaften geltenden Vorschriften der §§ 17 bis 37a HGB uneingeschränkt zu beachten. Dies sind insbesondere die Grundsätze der Firmenwahrheit und Firmenklarheit einschließlich des Irreführungsverbots (§ 18 HGB), der Firmenbeständigkeit (§§ 22 ff. HGB) und der Firmenausschließlichkeit (§ 30 HGB), wobei für die GmbH – anders als beim Einzelunternehmer – auch das Gebot der Firmeneinheit gilt, wenn die GmbH mehrere Handelszweige betreibt und auch in der Firma genannt werden dürfen (z. B. Im- und Export, Groß- und Einzelhandel, Vertrieb und Service).

Die Firma der GmbH hat Namensfunktion. Sie muss daher geeignet sein, die Gesellschaft zu kennzeichnen, und muss **Unterscheidungskraft** besitzen. Da die Firma eingetragen werden muss, muss sie auch schriftlich in lateinischen Buchstaben oder allgemein anerkannten Schriftzeichen, wie z. B. dem kaufmännischen &-Zeichen, darstellbar sein. 592

Die vorgeschriebene Unterscheidungskraft verlangt, dass die gewählte Bezeichnung abstrakt geeignet ist, die Gesellschaft von anderen Unternehmen zu unterscheiden. Grundsätzlich ist daher die Verwendung bloßer Gattungs- oder Branchenbezeichnungen bzw. einer allgemeinen Bezeichnung des Geschäftsbereichs nicht zulässig, zumal die Verwendung solcher Allgemeinbegriffe ähnliche Firmenbildungen für Unternehmen des gleichen Geschäftszweigs häufig sperrte und so dem anzuerkennenden **Freihaltebedürfnis** entgegenstünde.[1] Sachfirmen und Sachbezeichnungen als Firmenbestandteile haben daher allein keine Unterscheidungskraft. 593

Je stärker das Bedürfnis zur Freihaltung eines bestimmten Begriffs ist, desto weniger wird ihm im Rechtsverkehr Unterscheidungskraft beigemessen.[2] Bei Gattungs- und Branchenbezeichnungen (Sachfirmen bzw. Sachbezeichnungen) kann die Unterscheidungskraft durch einen individualisierenden Zusatz erreicht werden, durch den die

1 BayObLG v. 1.7.2003 - 3Z BR 122/03, GmbHR 2003 S. 1003; OLG Frankfurt v. 10.1.2005 - 20 W 106/04, DB 2005 S. 1732.

2 Ebenroth/Boujong/Reuschle, HGB, § 17 Rz. 7.

Firma von anderen Firmen unterscheidbar gemacht wird. Dazu können neben Ortsangaben[1] auch reine Fantasiebezeichnungen dienen, da ein Sinngehalt der Firma nicht entnommen werden muss, oder auch Aneinanderreihungen von Buchstaben verwendet werden, denen Namensfunktion zukommt, solange die Firma artikulierbar bleibt[2] und daher im Rechts- und Wirtschaftsverkehr zur Identifikation der dahinterstehenden Gesellschaft ohne Schwierigkeiten akzeptiert werden kann.[3] Nicht ausreichend ist aber ein Zusatz, der nicht geeignet ist, die Unterscheidungskraft herbeizuführen (z. B. „Profi-Handwerker" GmbH, weil „profi" nur ein Kurzwort für „professional" ist, also eine Person bezeichnet, die eine Tätigkeit von Berufs wegen ausübt, was aber für jeden Handwerker, der seine Leistungen gegen Entgelt anbietet, ohne Ausnahme kennzeichnend ist).

a) Sachfirma

594 Bisher musste die Bildung einer **Sachfirma** als einer Gattungsbezeichnung zwingend „von dem Gegenstand des Unternehmens entlehnt sein", wie er sich aus der Satzung ergibt und auch tatsächlich durchgeführt werden soll. Zu beachten ist, dass sich die Firma von anderen Firmen unterscheiden soll (§ 18 Abs. 1 HGB) und nicht irreführend sein darf (§ 18 Abs. 2 HGB), wobei auch fremdsprachliche Bezeichnungen zulässig sind, da sie in bestimmten Branchen gleichsam unverzichtbar sind (z. B. die Verwendung englischer Begriffe in der IT-Branche).

Hieraus folgt auch, dass es für die Bildung einer Sachfirma i. d. R. nicht ausreicht, allein die Branche oder Gattung der geschäftlichen Betätigung anzugeben, sondern es muss ein individualisierbarer Zusatz hinzugefügt werden, um sich von anderen Firmen zu unterscheiden.[4] Der Zusatz kann in Buchstabenkombinationen, Fantasienamen oder anderen frei erfundenen (werbewirksamen) Angaben oder Orts- oder Gebietsbezeichnungen bestehen. Dabei ist wieder zu beachten, dass dadurch nicht andere firmenrechtliche Grundsätze verletzt werden, wie dies z. B. bei mehr oder minder sinnlosen oder unaussprechbaren Reihungen bzw. Kombinationen von Buchstaben oder Zahlzeichen sowie bei Ortsangaben der Fall sein kann, wenn die Tätigkeit des Unternehmens in keinem realen Bezug zu dem angegebenen Gebiet steht.

595 **Unzulässig** sind Sachfirmen wie „Fertigmörtel GmbH", „Industrie- und Handwerksbedarf GmbH", „Großhandelsgesellschaft mbH", „EDV-Consulting und Service GmbH".

596 **Zulässig** werden diese Sachfirmen, wenn die Branchen- und Gattungsbezeichnungen individualisierende Zusätze erhalten wie „FMX Fertigmörtel GmbH" (Zusatz einer Buch-

---

1 Zu weitgehend wohl KG Berlin v. 11.9.2007 - 1 W 81/07, GmbHR 2008 S. 146, wonach die Firma „Autodienst-Berlin Ltd." genügend Unterscheidungskraft besitze, weil dafür auf die gesamte Firma und nicht auf einen ihrer Bestandteile abzustellen sei.

2 OLG Hamm v. 11.12.2007 - 15 W 85/07, DB 2008 S. 981 zur Bezeichnung „I 2 GmbH"; vgl. aber auch OLG Frankfurt v. 28.2.2002 - 20 W 531/01, NJW 2002 S. 2400, wonach eine aus der sechsmaligen Aneinanderreihung des Großbuchstabens A gebildete Firma nicht zur Individualisierung eines Unternehmens geeignet und wegen des verfolgten Zwecks der Erstnennung in sämtlichen Verzeichnissen rechtsmissbräuchlich ist.

3 Vgl. BGH v. 8.12.2008 - II ZB 46/07, GmbHR 2009 S. 249, NWB IAAAD-03163, wo die Firma „HM & A-GmbH" als zulässig angesehen wird, weil die Buchstaben-Zeichenfolge M & A einen Hinweis auf den Unternehmensgegenstand (Mergers & Acquisitions) enthalte.

4 Vgl. OLG Oldenburg v. 1.12.1989 - 5 W 146/89, DB 1990 S. 519.

stabenkombination), „Industrie- und Handwerksbedarf Neustadt a. d. W. GmbH" (Zusatz einer Ortsbezeichnung), „ProFarma Großhandelsgesellschaft mbH" (Zusatz einer Fantasiebezeichnung) oder „EDV-Consulting und Service Meier GmbH" (Bildung einer gemischten Firma).

b) Personenfirma

Aufnahme eines Familiennamens in die Firma bedarf der Zustimmung des namengebenden Namensträgers (§ 12 BGB). Diese liegt bei Gesellschaftern als Namensgebern in der Unterzeichnung des Gesellschaftsvertrags, der die Firma regelt, bzw. später in Zustimmung zu einer entsprechenden Satzungsänderung; andernfalls muss sie gesondert eingeholt werden. Bei Bildung einer **Personenfirma** hat diese Namen der Gesellschafter (Gründer) oder den Namen wenigstens eines Gesellschafters (Gründers) mit einem auf das Gesellschaftsverhältnis hinweisenden Zusatz zu enthalten. Unter Namen sind der Familienname mit oder ohne Vornamen, Künstlernamen oder Pseudonyme bei natürlichen Personen zu verstehen, bei juristischen Personen i. d. R. die volle Bezeichnung ohne Rechtsformzusatz. Bleibt bei der Bildung einer Personenfirma der Name eines oder mehrerer Gesellschafter ungenannt, ist ein gebräuchlicher Hinweis anzufügen (z. B. „& Co." „und Cie.", „+ Söhne", „Gebr."). 597

Weiterhin umstritten ist, inwiefern Zusätze „und Partner" oder „+ Partner" bzw. „& Partner" bei der Firmierung einer GmbH verwendet werden dürfen oder ob dies den Partnerschaftsgesellschaften nach PartGG vorbehalten ist.[1] Zulässig soll jedenfalls die Verwendung des Begriffs „partners" als Bestandteil der Firma einer GmbH sein. So hat der BGH klargestellt,[2] dass die Verwendung des Wortes „partners" als Bestandteil in der Firma der GmbH kein Verstoß gegen das PartGG ist. Gestützt wird dies auf die bisherige Rechtsprechungslinie, dass die Anforderungen des PartGG an die Firma und an das Führen der Wörter „Partnerschaft" oder „Partner" eng auszulegen seien. Über den Wortlaut hinaus könnten sinngemäße Abwandlungen nur in engen Grenzen verboten werden. Die Verwendung des Wortes „partners" fiele nicht darunter, da sowohl die Kleinschreibung als auch das „s" erkennen ließen, dass es sich um den Plural des englischen Wortes „partner" handelt. Da fremdsprachige Begriffe kein zulässiger Zusatz nach dem PartGG sind, verstieße die Verwendung des „partners" in der Firma einer GmbH nicht gegen firmenrechtliche Regelungen des PartGG.

Scheidet ein Gesellschafter, dessen Name Teil der Personenfirma ist, später aus der GmbH aus, wird der Fortbestand der Firmenbezeichnung dadurch nicht berührt. Die GmbH darf seinen Namen auch ohne seine Zustimmung weiter verwenden; im Gegensatz zu dem Gesellschafter einer Personenhandelsgesellschaft genießt der Gesellschafter einer GmbH nicht den Schutz des § 24 Abs. 2 HGB. 598

Der Gesellschafter, der einer GmbH seinen Namen für die Firma zu Verfügung stellt, unterliegt keinem gesetzlichen Zwang, dies zu tun, sondern handelt in freier Entscheidung. Dies verwehrt es ihm, der GmbH die Befugnis zu entziehen, seinen Namen weiter in ihrer Firma zu gebrauchen, zumal der Name Bestandteil ihrer Firma und damit ihres

1 BGH v. 21.4.1997 - II ZB 14/96, BGHZ 135 S. 257.

2 BGH v. 13.42021 - II ZB 13/20, NWB YAAAH-79421.

eigenen Namens geworden ist, unter dem sie im Handels- und Rechtsverkehr überhaupt auftritt und damit einen Teil ihrer Rechtspersönlichkeit bildet.[1] Der betreffende Gesellschafter muss daher vorher dafür sorgen, dass sein Name nur für die Dauer seiner Zugehörigkeit zur GmbH verwendet werden darf, indem eine entsprechende Bestimmung in die Satzung aufgenommen wird. Dann hat er nach seinem Ausscheiden einen durchsetzbaren Anspruch gegen die GmbH, dass sie ihre Firma ändert.

BEISPIEL: Der Gesellschafter Dr. X hat ein Produkt entwickelt, das mit seinem Namen verbunden ist, und sich an einer Vertriebsgesellschaft unter der Firma „Dr. X-GmbH" beteiligt. Nach seinem Ausscheiden aus der GmbH kann er auch dann nicht verlangen, dass diese ihre Firma ändert und die Verwendung seines Namens in der Firma unterlässt, wenn Dr. X zwischenzeitlich ein Konkurrenzunternehmen in der Rechtsform einer KG gegründet hat.

599 Hat der Gesellschafter die Verwendung seines Namens in der Firma nicht entsprechend eingeschränkt, kann die GmbH oder z. B. der Insolvenzverwalter die Firma mit dem Unternehmen veräußern, ohne dass der Gesellschafter dies verhindern könnte oder einen Vergütungsanspruch geltend machen könnte.[2]

c) Fantasiefirma

600 Abweichend vom bisherigen Recht kann die Firma aus **Fantasiebezeichnungen** gebildet werden, sofern sie nur hinreichend unterscheidungskräftig sind und die Namens- und Kennzeichnungsfunktion erfüllen können. Deshalb sind Firmierungen, die rein aus Zahlen bestehen (z. B. 12345678-GmbH), oder aus sonstigen nicht buchstabenhaften Bildzeichen gebildet werden, also z. B. das Zeichen „@" enthalten,[3] oder im Wesentlichen aus sinnlosen oder nicht aussprechbaren Buchstabenreihen bestehen,[4] mangels Namensfunktion nicht zulässig.[5]

BEISPIELE: Unzulässig sind Firmierungen wie „123-GmbH" oder „online@Meier GmbH". Zulässig wäre aber wohl die Bildung einer Firma „Im 123 Schnelltransport GmbH" oder „online-add-Meier GmbH". Zulässig sind traditionell die Zeichen „&" bzw. „+" als Ersatz für „und".

d) Gemischte Firma

601 Möglich ist auch die Bildung der Firma aus einer Kombination von Sach-, Personen- oder Fantasiefirma, sofern die firmenrechtlichen Grundsätze gewahrt bleiben (z. B. „Delta-Maschinenfabrik Neustadt, Müller & Co. GmbH", „Name des Geschäftsführers und Solar USA International GmbH").[6]

e) Firmenrechtliche Grundsätze

602 Wie bereits erwähnt, gelten für die GmbH über § 13 Abs. 3 GmbHG auch die allgemeinen handelsrechtlichen und firmenrechtlichen Grundsätze.

1 Vgl. BGH v. 20.4.1972 - II ZR 17/70, BGHZ 58 S. 322.
2 BGH v. 27.9.1982 - II ZR 51/82, BGHZ 85 S. 221.
3 Vgl. BayObLG v. 4.4.2001 - 3 Z BR 84/01, NJW 2001 S. 2337.
4 Vgl. z. B. OLG Celle v. 19.11.1998 - 9 W 150/98, GmbHR 1999 S. 412.
5 Vgl. auch Beck-GmbH-HB/Schwaiger, § 2 Rz. 57.
6 OLG Stuttgart v. 8.3.2012 - 8 W 82/12, NWB JAAAF-07636.

aa) Firmenklarheit und Firmenwahrheit

Aus diesen in § 18 HGB niedergelegten Grundsätzen folgt, dass die Firma der GmbH zu ihrer Kennzeichnung und zu ihrer Unterscheidung von anderen Unternehmen geeignet sein muss **(Firmenklarheit)**. 603

Darüber hinaus darf die Firma keine Angaben enthalten, die über geschäftliche Verhältnisse irreführen, die für die angesprochenen Verkehrskreise ersichtlich wesentlich sind (**Firmenwahrheit**, § 18 Abs. 2 HGB). 604

Insbesondere bei Sachfirmen ist darauf zu achten, dass Täuschungen des Rechtsverkehrs vermieden werden **(Irreführungsverbot)**. Deshalb sind Bestandteile der Firma unzulässig, die bei Dritten eine Täuschung über die Art und den Umfang des Geschäfts herbeiführen. Es darf bei der Wahl der Firma nicht der Anschein besonderer Größe oder Leistungsfähigkeit erweckt werden, wenn diese in Wahrheit nicht vorhanden sind. Dies gilt z. B. für Zusätze wie „Fabrik", „Industrie", „Werk" oder „Werke". Firmenzusätze, die weniger auf die Größe und Bedeutung und mehr auf die besondere Leistungsfähigkeit hinweisen, wie z. B. „Fachgeschäft", „Spezialgeschäft" oder „Meisterbetrieb" müssen ebenfalls wahr sein. Unzulässig sind auch Zusätze wie „Investment"; sie sind den Gesellschaften vorbehalten, die dem KAGG unterliegen. 605

Auch geographische Hinweise unterliegen grundsätzlich dem Irreführungsverbot. Allerdings kann wohl – entgegen früherer Registerpraxis – nicht mehr verlangt werden, dass bei der Verwendung der Worte z. B. „deutsch", „europäisch" oder „international" das Unternehmen in dem genannten Bereich auch eine führende Stellung innehat. Da nach dem Firmenrecht nur Zusätze verboten sind, die ersichtlich zur Täuschung geeignet sind, lassen neuere Entscheidungen solche Zusätze auch zu, wenn das Unternehmen in Europa oder sonst **grenzüberschreitend** tätig ist. Marktführer oder sonst von besonderer Bedeutung muss es dabei nicht mehr sein.[1] 606

Unzulässig sind aber weiterhin Bestandteile in der Firma einer GmbH, die auf die Buchstaben „AG" enden und dadurch den Eindruck erwecken, es handele sich um eine Aktiengesellschaft (vgl. den Fall der INDROHAG Industrie Rohstoffe Handelsgesellschaft mbH).[2] Auch der schon erwähnte Vorbehalt des Zusatzes „und Partner" für die Partnerschaftsgesellschaften gehört in diese Kategorie. 607

bb) Firmenausschließlichkeit

Es gilt der Grundsatz, dass jede Firma individualisierbar sein und sich von allen am selben Ort oder in derselben Gemeinde bereits bestehenden und eingetragenen Firmen deutlich unterscheiden muss, so dass jede Verwechslungsgefahr ausgeschlossen ist. Der bloße Rechtsformzusatz „GmbH" ist nicht unterscheidungskräftig, vielmehr muss sich die Unterscheidungskraft aus dem Firmenkern ergeben. Ist z. B. im Handelsregister eine Firma „Amann KG" eingetragen, ist am gleichen Ort eine Firma „Amann GmbH" nicht zulässig; der Firmenkern der gewählten Personenfirma muss einen unterscheidungs- 608

1 Vgl. auch OLG Hamm v. 26.7.1999 - 15 W 51/99, DB 1999 S. 2002.
2 BGH v. 25.10.1956 - II ZB 18/56, BGHZ 22 S. 88.

kräftigen Sachzusatz oder anderen Zusatz aus einer Buchstabenkombination erhalten (z. B. „Hausmeisterdienst Amann GmbH" oder „HDM-Amann GmbH").

cc) Firmenbeständigkeit

609 Die handelsrechtlichen Regeln über die Firmenbeständigkeit der §§ 22 ff. HGB gelten auch für die GmbH, auch wenn sie scheinbar in Konflikt mit dem Prinzip der Firmenwahrheit stehen. Wird ein existierendes Handelsgeschäft in die Rechtsform einer GmbH überführt oder von einer GmbH erworben, kann der bisherige Firmenkern unverändert – eventuell unter Zusatz eines Nachfolgevermerks – beibehalten werden, freilich muss die „alte" Firma den Rechtsformzusatz „GmbH" erhalten.

610 Haben die Gesellschafter bei der Gründung eine Personenfirma gebildet (z. B. „Saubermann und Putzer GmbH") und scheiden später einer oder sogar beide Gesellschafter aus, kann die Firma beibehalten werden, obwohl die Firma jetzt keinen Namen eines Gesellschafters mehr enthält; anders als bei der Personenhandelsgesellschaft (§ 24 HGB) ist für die Fortführung der Firma die Zustimmung ausgeschiedener Gesellschafter nicht erforderlich (vgl. Rz. 598), selbst wenn diese exklusiv unter ihren „werbewirksamen" Namen einen Reinigungsservice betreiben wollten.

611 Anders können die Dinge bei einer Sachfirma liegen, wenn später der Gegenstand des Unternehmens ausgewechselt wird. Wenn also die „Expert-Hausmeisterdienst-GmbH" diesen Geschäftszweig aufgibt und sich stattdessen reinem Personalüberlassungsgewerbe widmet, dann macht diese nachhaltige Änderung der tatsächlichen Verhältnisse des Unternehmens die bisherige Firma unzulässig.

dd) Änderung der Firma

612 Die Firma der GmbH kann nach der Eintragung abgeändert werden. Dies hat durch Änderung des Gesellschaftsvertrags zu erfolgen. Als Satzungsänderung bedarf die Firmenänderung der notariellen Beurkundung (§ 53 Abs. 2 GmbHG). Bei einer Firmenänderung wird die GmbH keine andere, es erfolgt lediglich eine Namensänderung. Die firmenrechtlichen Grundsätze sind zu beachten. Enthält der neue Firmenkern einen anderen Gegenstand des Unternehmens, so muss auch in diesem Punkt die Satzung (durch Änderung) angepasst werden. Der neue Gegenstand des Unternehmens muss im Zeitpunkt der Änderung tatsächlich zutreffend sein, es sind Zusätze zu streichen, die dann nicht mehr der Wahrheit entsprechen. Soll ein Personenname neu in die Firma aufgenommen werden, muss die Person dieses Namens im Zeitpunkt der Änderung und Eintragung Gesellschafter der GmbH sein.

613 Eine als UG (haftungsbeschränkt) gegründete Gesellschaft darf diese Bezeichnung in ihrer Firma erst durch den Rechtsformzusatz „GmbH" ersetzen, wenn sie ihr Stammkapital auf das Mindeststammkapital oder darüber erhöht hat. Eine Verpflichtung hierzu besteht nicht (§ 5a Abs. 5 GmbHG).

614 In aller Regel empfiehlt sich, die (gefundene oder erfundene) Firma vor der Neugründung oder Firmenänderung mit der örtlichen Industrie- und Handelskammer (IHK) abzustimmen und deren Stellungnahme einzuholen, ob die Firmenbildung für zulässig gehalten wird. Die IHK wird prüfen, ob es eine gleiche, ähnliche oder verwechselbare

Firma bereits gibt und ob die firmenrechtlichen Grundsätze beachtet worden sind. Eine solche vorab gestellte Anfrage beschleunigt das Eintragungsverfahren, weil das Registergericht einer Unbedenklichkeitserklärung der IHK i. d. R. folgen wird. Es lassen sich so nicht nötige Rückfragen und auch Änderungen der Firma vermeiden, die mit weiteren Kosten verbunden sind (notarielle Beurkundung).

f) Rechtsformzusatz „GmbH", Bezeichnung „UG (haftungsbeschränkt)"

Zwingend vorgeschrieben ist in § 4 GmbHG weiterhin der Rechtsformzusatz „Gesell- 615
schaft mit beschränkter Haftung", der der als Firma gewählten Bezeichnung beigefügt werden muss. Es genügen statt der ausgeschriebenen Form auch die allgemein verständliche Abkürzung „GmbH" oder Mischformen wie „Gesellschaft mbH" oder „... gesellschaft mbH", wobei die Worte nicht im unmittelbaren Zusammenhang stehen müssen; zulässig ist auch eine Firma „Gesellschaft für ... *Angabe des Firmenkerns* ... mbH". Zulässig dürften auch Bezeichnungen der Gesellschaft in fremder Sprache sein (z. B. „XYZ-Company mbH"), wenn der mit dem Rechtsformzusatz verfolgte Zweck erreicht wird, Geschäftspartnern der GmbH die Tatsache der beschränkten Haftung bzw. der Ausstattung des Rechtsträgers mit einer nur beschränkten Haftungsmasse bei Verhandlungen und Abschluss von Verträgen zu offenbaren.

Die UG (haftungsbeschränkt), also eine GmbH, die nach § 5a GmbHG ohne Einhaltung 616
des Mindeststammkapitals gegründet wird, muss abweichend von § 4 GmbHG in ihrer Firma die **Bezeichnung „Unternehmergesellschaft (haftungsbeschränkt)" oder „UG (haftungsbeschränkt)"** führen. Dabei handelt es sich **nicht** um einen **Rechtsformzusatz**, weil die UG (haftungsbeschränkt) keine eigene Rechtsform darstellt, sondern eine Unterform der GmbH ist. Die **Abkürzung des Zusatzes „(haftungsbeschränkt)" ist nicht zulässig** wie die Verwendung des Zusatzes „GmbH".[1]

Erst wenn eine in dieser Unterform gegründete Gesellschaft ihr **Stammkapital so erhöht, dass es den Betrag des Mindeststammkapitals von 25.000 € erreicht oder übersteigt**, kann sie ihre Firma **ändern und die Bezeichnung „UG (haftungsbeschränkt)" durch den Rechtsformzusatz „GmbH" ersetzen** (§ 5a Abs. 5 GmbHG). Sie darf allerdings **nach** einer solchen **Kapitalerhöhung** auch ihre **Firma mit der Bezeichnung als „UG (haftungsbeschränkt)" beibehalten**. Als „GmbH" darf sich die Gesellschaft aber auch dann noch nicht bezeichnen, wenn die nach § 5a Abs. 2 GmbHG zu bildende gesetzliche Rücklage einen Betrag erreicht hat, der dem Mindeststammkapital entspricht. Erst wenn die Rücklage nach § 57c GmbHG durch förmliche Satzungsänderung in Stammkapital mit der Mindesthöhe umgewandelt wurde, ist eine Änderung in eine Firma mit dem Rechtsformzusatz „GmbH" möglich, wozu es einer weiteren Änderung der Satzung bedarf.

Die wirksame Heraufsetzung des Stammkapitals auf mindestens 25.000 € bewirkt also eine **„Umwandlung"** der Unternehmergesellschaft in eine GmbH. Sie ist **formwahrend und nicht formwechselnd**, da die UG (haftungsbeschränkt) keine eigenständige Rechtsform, sondern nur eine Unterform der GmbH ist. Die §§ 190 ff. UmwG sind nicht anzuwenden.

1 BGH v. 12.6.2012 - II ZR 256/11, NWB IAAAE-15641.

g) Haftungsfragen

617 Tritt die GmbH unter Fortlassen des von § 4 GmbHG vorgeschriebenen Rechtsformzusatzes auf, löst dies eine Haftung kraft Rechtsscheins analog § 179 BGB aus, die den für die Gesellschaft Handelnden trifft.[1] Gleiches gilt für die UG (haftungsbeschränkt).[2] Dies kann der Geschäftsführer, aber auch jeder andere sein, der durch **sein Zeichnen** der Firma das berechtigte Vertrauen des Geschäftsgegners auf Haftung mindestens einer natürlichen Person hervorgerufen hat. Allerdings genügen mündliche Erklärungen im Namen der GmbH nicht, um eine Haftung auszulösen. Vielmehr ist die **„Zeichnung"** des Vertreters unter Fortlassen des Formzusatzes oder die ausdrückliche mündliche Verneinung des Handelns für eine GmbH erforderlich.[3]

Die **Rechtsscheinhaftung** wegen Fortlassung des nach § 4 GmbHG vorgeschriebenen Formzusatzes **trifft ausschließlich den für die Gesellschaft auftretenden Vertreter**. Eine (Mit-)Haftung des nicht unmittelbar handelnden, im Hintergrund bleibenden Gesellschaftsorgans (z. B. Geschäftsführer) wegen einer bloßen Mitverursachung des vom „Zeichnenden" gesetzten Rechtsscheins durch Verletzung sonstiger Handlungs-, Überwachungs- oder Informationspflichten kommt nicht in Betracht. Nur in extremen Ausnahmefällen, z. B. bei planmäßigem Vorschieben eines indolosen Bevollmächtigten durch den Geschäftsführer zur Vermeidung einer Eigenhaftung, mag dessen Haftung allein nach Deliktsrecht möglich sein.[4]

618 Der für die GmbH in dieser Weise handelnde Vertreter verpflichtet auch die Gesellschaft nach den Regeln des **„unternehmensbezogenen Vertreterhandelns"**.[5] Diese besagen, dass die Falschbezeichnung oder das Fehlen des Rechtsformzusatzes unerheblich ist, insofern, als derjenige verpflichtet wird, den das Handeln der geschäftsführenden Person treffen soll, also die GmbH. Denn es handelt sich dabei um den im Geschäftsleben häufig vorkommenden und nicht ungewöhnlichen Fall, in dem der Rechtsträger eines Unternehmens, für das gehandelt werden soll, falsch bezeichnet wird. Dies hat zur Folge, dass der wahre Rechtsträger aus dem betriebsbezogenen Rechtsgeschäft berechtigt und verpflichtet wird, falls der Handelnde bevollmächtigt war, oder der Handelnde selbst nach § 179 BGB haftet, wenn er keine Vollmacht hat oder der Rechtsträger nicht existiert.[6] Da GmbH und der Handelnde nebeneinander haften, hat der Geschäftspartner, der gutgläubig auf den durch das Fortlassen des Formzusatzes erzeugten Rechtsschein vertraute, die **Wahl**, ob er die GmbH oder den Vertreter in Anspruch nehmen will, die sich dann im Innenverhältnis darüber auseinandersetzen müssen, wer im Gesamtschuldnerausgleich nach dem Grad der jeweiligen Verantwortlichkeit letztlich den Schaden zu tragen hat.

1 BGH v. 5.2.2007 - II ZR 84/05, NWB MAAAC-43446.
2 BGH v. 13.1.2022 - III ZR 210/20, NZG 2022 S. 513, Rz. 23; v. 5.2.2007 - II ZR 84/05, NWB MAAAC-43446.
3 BGH v. 8.7.1996 - II ZR 258/95, NJW 1996 S. 2645.
4 Offen gelassen durch BGH v. 5.2.2007 - II ZR 84/05, NWB MAAAC-43446.
5 Ständige Rechtsprechung BGH v. 5.2.2007 - II ZR 84/05, NWB MAAAC-43446 m. w. N.; BGH v. 31.7.2012 - X ZR 154/11, NWB HAAAE-17698.
6 BGH v. 7.5.1984 - II ZR 276/83, BGHZ 91 S. 148, 152 und st. Rspr., z. B. BGH v. 4.4.2000 - XI ZR 152/99, NJW 2000 S. 2984.

Die **Haftungsgrundsätze bei Fortlassen des nach § 4 GmbHG vorgeschriebenen Formzusatzes**, also die Rechtsscheinhaftung des unmittelbar handelnden, „zeichnenden" Vertreters analog § 179 BGB einerseits und die Haftung der Gesellschaft nach den Grundsätzen des unternehmensbezogenen Vertreterhandelns andererseits gelten auch **für die UG (haftungsbeschränkt)**.[1] Zum einen beruht die Rechtsscheinhaftung des zeichnenden Vertreters auf dem Rechtsgedanken des § 179 BGB und stellt eine schuldunabhängige Garantiehaftung dar, die allein darauf basiert, dass die unmittelbar auftretende Person durch die gegenüber dem Vertragspartner abgegebene sachlich unzutreffende Erklärung den Vertrauenstatbestand geschaffen hat, ihm hafte zumindest eine natürliche Person mit ihrem Privatvermögen. Zum anderen ist die UG (haftungsbeschränkt) eine Unterform der GmbH, so dass auch sie – wie eine „klassische" GmbH – aus Rechtsgeschäften, die sich auf ihr Unternehmen beziehen, berechtigt und verpflichtet wird. 619

h) Angaben auf Geschäftsbriefen

Das GmbHG schreibt in § 35a GmbHG vor, dass **alle Geschäftsbriefe gleich in welcher Form** – also auch in elektronischer Form wie E-Mails – folgende Angaben enthalten müssen: **Rechtsform und Sitz** der Gesellschaft, **Registergericht und Nummer**, unter der die Gesellschaft in das Handelsregister eingetragen ist, und **alle Geschäftsführer** und, sofern die GmbH einen Aufsichtsrat gebildet und dieser einen Vorsitzenden hat, der Vorsitzende **mit allen Familiennamen** und mindestens einem ausgeschriebenen Vornamen. 620

Für die Rechtsform kann die **Abkürzung „GmbH"** verwendet werden; für die Unternehmergesellschaft bzw. **UG (haftungsbeschränkt)** ist zwingend diese Bezeichnung zu wählen. 621

Angaben über das Gesellschaftskapital sind nicht erforderlich; werden sie freiwillig gemacht, muss der Geschäftsbrief neben dem Stammkapital auch die ausstehenden Einlagen angeben. Werden im Rahmen einer bestehenden Geschäftsverbindung für Mitteilungen Vordrucke verwendet, in die lediglich die im Einzelfall erforderlichen Angaben eingefügt werden, brauchen die genannten Angaben nicht gemacht zu werden. Dies gilt aber nicht für Bestellscheine, die stets als Geschäftsbriefe anzusehen sind (§ 35a Abs. 3 GmbHG). Zwar sind „neue Kommunikationsformen", wie SMS, Twitter- oder WhatsApp-Mitteilung oder ein Blogbeitrag als Kommunikationsmittel für geschäftliche Mitteilungen kaum tauglich und ungebräuchlich. Wenn sie dafür benutzt werden, gibt es aber keinen Grund, sie aus dem Anwendungsbereich von § 35a GmbHG auszuklammern.[2] 622

Unter „Geschäftsbrief" ist jede **von der GmbH ausgehende schriftliche Mitteilung gleich in welcher Form** (also auch elektronisch) zu verstehen, die ihre **geschäftliche Betätigung nach außen** betrifft. Geschäftsbriefe sind danach neben Bestellscheinen auch Rundschreiben, gleichförmige Verkaufsangebote, Preislisten und formularmäßige Mitteilungen wie Auftragsbestätigungen, Lieferscheine, Quittungen und Rechnungen. 623

---

1 BGH v. 12.6.2012 - II ZR 256/11, NWB IAAAE-15641.

2 Einzelheiten umstritten, siehe Noack/Servatius/Haas/Beurskens, GmbHG, § 35a Rz. 7 f.

624 Bei Ausgangsrechnungen muss die GmbH nach § 14 Abs. 4 Nr. 2 UStG auch die vom Finanzamt erteilte Steuernummer oder die ihr vom Bundeszentralamt für Steuern erteilte Umsatzsteuer-Identifikationsnummer angeben.

625 Insbesondere das Weglassen des Rechtsformzusatzes „GmbH“ bzw. „UG (haftungsbeschränkt)“ auf Geschäftsbriefen kann die persönliche Haftung des unmittelbar Handelnden (= zeichnenden Vertreters) nach Rechtsscheingrundsätzen analog § 179 BGB auslösen, die neben die Verpflichtungen der Gesellschaft nach den Grundsätzen des unternehmensbezogenen Vertreterhandelns tritt (vgl. auch Rz. 617 f.).

626–640 (*Einstweilen frei*)

6. Satzungssitz der GmbH, Verwaltungssitz und inländische Geschäftsanschrift

641 Bei der Gründung einer GmbH muss notwendigerweise (§ 3 Abs. 1 Nr. 1 GmbHG) in der Satzung der **Sitz der Gesellschaft** bestimmt werden. Dazu muss eine bestimmte Gemeinde in Deutschland angegeben werden. Weiter ist es möglich, einen **Verwaltungssitz** zu wählen, der nicht notwendig mit dem Satzungssitz übereinstimmen muss und auch im Ausland liegen kann. Dies erhöht den Spielraum deutscher Gesellschaften, ihre Geschäftstätigkeit auch außerhalb Deutschlands zu entfalten und z. B. ausländische Tochtergesellschaften in der Rechtsform der vertrauten GmbH zu führen.

642 Die Wahl eines Verwaltungssitzes im Ausland kann aber nicht dazu missbraucht werden, um inländischen Gerichten, Behörden oder Geschäftspartnern Zustellungen oder die Abgabe von Willenserklärungen an die GmbH zu unmöglich machen. Bei der Anmeldung zum Handelsregister ist nach § 8 Abs. 4 und § 10 Abs. 1 Satz 1 GmbHG zwingend neben dem Sitz der Gesellschaft auch eine **inländische Geschäftsanschrift** anzugeben und einzutragen, unter der nach § 35 Abs. 2 GmbHG an die Vertreter der GmbH **Willenserklärungen abgegeben oder Schriftstücke zugestellt** werden können. Ist dies nicht möglich, eröffnet § 15a HGB die **öffentliche Zustellung** nach der ZPO mit Hilfe des Amtsgerichts, in dessen Bezirk sich die eingetragene inländische Geschäftsanschrift der Gesellschaft befindet.

643 Der Sitz der Gesellschaft ist zwingender Anknüpfungspunkt für die Zuständigkeit des Registergerichts (Handelsregister) und maßgebend für den allgemeinen Gerichtsstand und als Erfüllungsort für die Rechte und Pflichten der GmbH gegenüber ihren Mitgliedern. Der Sitz der Gesellschaft ist auch im Rahmen der Besteuerung für die Zuständigkeit des Finanzamts und die Steuerpflicht maßgebend. Eine GmbH ist unbeschränkt steuerpflichtig, wenn sie ihren Sitz oder den Ort ihrer Geschäftsleitung (das ist der Ort, wo sich die Oberleitung, also die zur Vertretung befugten Personen befinden und die Entscheidungen im Tagesgeschäft getroffen werden) im Inland hat.

7. Zweigniederlassung

644 Errichtet die inländische GmbH eine Zweigniederlassung, gilt § 13 HGB. Danach sind **die Errichtung einer Zweigniederlassung** ebenso wie die Änderungen bei einer Zweigniederlassung beim **Gericht der Hauptniederlassung zur Eintragung** anzumelden. Dadurch

werden doppelte Eintragungen und dadurch bedingte Abstimmungsschwierigkeiten zwischen den Registergerichten vermieden. Für die Anmeldungen gelten die Formvorschriften des § 12 HGB (elektronisch in öffentlich beglaubigter Form und elektronische Einreichung der Dokumente, vgl. hierzu auch die Ausführungen zu der Anmeldung zum Handelsregister unter Rz. 732 ff.). Die Neuregelung erschwert nicht den Zugang zu den Informationen bezüglich der Zweigniederlassung, weil über das Internet (und das Unternehmensregister) in das Register der Hauptniederlassung Einsicht genommen werden kann. Die Anlegung eines zusätzlichen Registerblatts am Ort der Zweigniederlassung entfällt.

Auch die **Prüfungspflichten** des Registergerichts sind **vereinfacht** worden. Die Eintra- 645
gung der Zweigniederlassung darf nach § 13 Abs. 2 HGB nur dann nicht erfolgen, wenn die Zweigniederlassung **offensichtlich nicht errichtet** wurde. Eine **firmenrechtliche Prüfung nach § 30 HGB** vor Eintragung der Zweigniederlassung ist nicht mehr erforderlich. Vielmehr erfolgt auf dem Registerblatt der Hauptniederlassung oder des Sitzes die Eintragung der Zweigniederlassung unter Angabe des Ortes und der inländischen Geschäftsanschrift der Zweigniederlassung und des entsprechenden Zusatzes, falls der Firma der Zweigniederlassung ein solcher beigefügt worden ist. Die Vorschriften gelten entsprechend für die Aufhebung einer Zweigniederlassung (§ 13 Abs. 3 HGB).

(*Einstweilen frei*) 646–670

Exkurs: Die ausländische GmbH

LITERATUR:

Fischer, Brexit means Brexit, NZG 2021 S. 1497; *Habersack/Verse*, Europäisches Gesellschaftsrecht, 5. Auflage.

Wird eine GmbH oder vergleichbare Gesellschaft in einem anderen Staat gegründet, 671
aber von Deutschland aus tatsächlich geleitet und verwaltet, stellt sich die Frage, welche Rechtsordnung für die persönlichen Rechtsverhältnisse der Gesellschaft maßgebend sind, also insbesondere ob sie rechts- und parteifähig ist. Anknüpfungspunkt hierfür kann entweder der in der Satzung festgelegte Gründungssitz oder aber der Ort sein, an dem sich der tatsächliche, effektive Verwaltungssitz befindet. Dementsprechend unterliegen nach der Gründungstheorie die Rechtsverhältnisse der Gesellschaft dem Recht des Staates, nach dessen Recht die Gesellschaft wirksam gegründet worden ist.

Nach der (auch) in Deutschland in Rechtsprechung und Lehre herrschenden Sitztheorie ist das Recht des Ortes maßgebend, an dem sich der tatsächliche, effektive Verwaltungssitz der Gesellschaft befindet.[1] Mit Hilfe der Sitztheorie ist in Deutschland Gesellschaften, die ausgehend von der Gründungstheorie im Ausland unter weniger strengen Voraussetzungen als des deutschen GmbH-Rechts insbesondere zur Mindestkapitalausstattung errichtet wurden, ihre geschäftliche Tätigkeit aber in Deutschland ausüben sollten, die Anerkennung als rechtsfähige juristische Personen versagt worden.

Nach der sog. **„Centros-Entscheidung"** des EuGH aus dem Jahr 1999 zu einer englischen 672
„Briefkasten-Gesellschaft" – für die Errichtung einer „Limited" nach englischem Recht

1 BayObLG v. 26.8.1998 - 3Z BR 78/98, DB 1998 S. 2318, m. w. N.

reicht ein Stammkapital von einem britischen Pfund aus – darf aber die Sitztheorie nicht angewendet werden, wenn sie dazu führt, einer nach dem Recht eines Mitgliedstaates der EU rechtlich existenten Gesellschaft, die in einem anderen Staat der EU eine Niederlassung oder ihren effektiven Verwaltungssitz hat, die Rechtsfähigkeit oder die aktive oder passive Parteifähigkeit abzusprechen; lediglich die Schutzvorkehrungen gegen eine Gläubigerschädigung dürfen angewendet werden.

In der **„Überseering-Entscheidung“** vom 5.11.2002 geht der EuGH noch weiter, indem einer im EU-Ausland eingetragenen Gesellschaft, die ihren Sitz der tatsächlichen Verwaltung in Deutschland hat, nicht die Anerkennung als Rechtsperson versagt werden darf, wenn die Gesellschaft nach ihrem heimatlichen Recht die Rechts- und Parteifähigkeit besitzt.[1] Damit sind Gesellschaften des EU-Auslands in Deutschland als aktiv und passiv parteifähig zu behandeln,[2] wenn diese in „ihrem“ Recht als solche angesehen werden (was bei EU-Kapitalgesellschaften regelmäßig der Fall ist). Grundsätzlich hält der BGH aber an der Sitztheorie fest, sofern die Gesellschaft nach dem Recht eines Staates errichtet worden ist, der nicht zum EU-Gebiet (oder einem gleichgestellten Raum) gehört. Deshalb wurde bspw. einer schweizerischen AG mit Verwaltungssitz in Deutschland oder einer singapurianischen Limited die Anerkennung als rechtsfähige juristische Person versagt. Er hat ihr nur den Status einer OHG bzw. GbR zuerkannt.[3] Bedeutung hat dies insbesondere bzgl. der entsprechenden Haftungsfolge für die Gesellschafter (= persönliche Haftung) entsprechend § 126 HGB (bzw. § 721 BGB).

673 Praxisrelevant wird die „Sitztheorie“ weiterhin bei britischen Gesellschaften nach dem „Brexit“. Mit dem Austritt des Vereinigten Königsreichs aus der EU genießen britische Gesellschaften seit dem 31.12.2020 keine Niederlassungsfreiheit mehr. Dies gilt auch für „Altgesellschaften“, die bereits vor dem Ablauf der Übergangszeit gegründet wurden; ein Vertrauens- und Verkehrsschutz gilt nicht.[4]

8. Dauer der GmbH

674 Soll das Unternehmen auf eine gewisse Zeit beschränkt sein, so muss auch dies gem. § 3 Abs. 2 GmbHG in dem notariell beurkundeten Gesellschaftsvertrag festgelegt werden. Dazu rechnet nicht der Fall, dass ein Gesellschafter ein Kündigungsrecht hat, denn darin liegt keine Beschränkung der Gesellschaft auf eine gewisse Zeit. Verlängerung oder Verkürzung einer festgelegten Zeitdauer kann nur durch Satzungsänderung gem. §§ 53 ff. GmbHG erfolgen.

675 Überflüssig ist eine Vertragsbestimmung, dass die Gesellschaft auf unbestimmte Dauer abgeschlossen werde. Eine GmbH ist stets von unbestimmter Dauer, es sei denn, die Satzung bestimmt etwas anderes.

1 EuGH v. 5.11.2002 - Rs. C-208/00, NWB BAAAB-72640.

2 BGH v. 13.3.2003 - VII ZR 370/98, BGHZ 154 S. 185; BGH v. 19.9.2005 - II ZR 372/03, BGHZ 164 S. 148, NWB NAAAB-98064; v. 14.3.2005 - II ZR 5/03, NWB MAAAB-98154, zur engl. Private Ltd.

3 BGH v. 27.10.2008 - II ZR 158/06, DStR 2009 S. 59, 61 – Trabrennbahn (schweizerische AG); BGH v. 8.10.2009 - IX ZR 227/06, GmbHR 2010 S. 211 (Singapur-Ltd.); BGHZ 190 S. 242, NJW 2011 S. 3372, Rz. 16; OLG Düsseldorf v. 13.7.2011 - 15 U 282/09, BeckRS 2013 S. 14730 (Singapur-Ltd.).

4 OLG Celle v. 5.9.2022 - 9 W 73/22, BeckRS 2022 S. 23288; OLG München v. 5.8.2021 - 29 U 2411/21, BWNotZ 2021 S. 397, 400; Fischer, NZG 2021 S. 1497, 1498.

9. Das Stammkapital, die Stammeinlage und die Geschäftsanteile

Gemäß § 3 Abs. 1 Nr. 3 GmbHG muss der Gesellschaftsvertrag zwingend das **Stammkapital der GmbH** angeben sowie die Zahl und die Nennbeträge der Geschäftsanteile, die jeder Gesellschafter gegen Einlage auf das Stammkapital übernimmt (= **Stammeinlage**). Das Stammkapital ist die Summe der Nennbeträge aller Geschäftsanteile, welche die Gründungsgesellschafter an der GmbH übernehmen. Ihre Summe muss daher dem Nennbetrag des Stammkapitals entsprechen (§ 5 Abs. 3 GmbHG). 676

Die GmbH ist eine Kapitalgesellschaft; sie baut sich auf dem „Stammkapital" auf, dem bei der Aktiengesellschaft das „Grundkapital" entspricht. Das Stammkapital ist nur im Augenblick der Gründung, danach aber nicht mit dem wirklichen „Kapital", dem Vermögen der GmbH identisch, das sich stetig ändern und ein Vielfaches des Stammkapitals ausmachen kann. Das Stammkapital bildet im Übrigen eine Rechnungsgröße, die auf der Passivseite der Bilanz als „Gezeichnetes Kapital" auszuweisen ist (§ 42 Abs. 1 GmbHG; §§ 264 ff. HGB), womit deutlich gemacht wird, dass es nicht auch zwangsläufig eingezahlt ist. Mit der Angabe des Stammkapitals soll zudem ausgedrückt werden, dass den Gesellschaftsgläubigern wenigstens eine bestimmte Mindesthaftsumme zur Verfügung steht, und auf diese Weise ein Schutz der Gesellschaftsgläubiger bewirkt werden. Dem dienen auch die Vorschriften, die das Stammkapital gegenüber zweckwidrigen Verfügungen schützen. Das Stammkapital kann sich nur durch Kapitalerhöhung oder Kapitalherabsetzung ändern. 677

Das **Stammkapital** ist von den Gesellschaftern durch **Leistung von Einlagen auf jeden übernommenen Geschäftsanteil aufzubringen**, wobei sich die Höhe der zu leistenden Einlage nach der bei der Errichtung der Gesellschaft in dem Gesellschaftsvertrag festgesetzten Höhe richtet (§ 14 GmbHG). Die Einlagen auf die Geschäftsanteile können in **bar oder durch Sachleistungen** erfolgen, deren Gegenstand jedoch im Gesellschaftsvertrag nebst dem Nennbetrag des Geschäftsanteils festgesetzt werden muss, auf den sich die Sacheinlage bezieht (§ 5 Abs. 4 Satz 1 GmbHG). 678

Das Stammkapital muss **mindestens 25.000 €** betragen. 679

Der **Nennbetrag eines jeden Geschäftsanteils**, von denen ein Gesellschafter bei der Gründung **mehrere übernehmen** kann, muss **mindestens 1 €** betragen, weil der **Nennbetrag auf volle Euro lauten** muss (§ 5 Abs. 2 GmbHG). 680

Die Nennbeträge der einzelnen Geschäftsanteile können unterschiedlich hoch sein. Der Nennbetrag jedes Geschäftsanteils muss auf volle Euro, also auf einen Geldbetrag lauten, auch wenn die Einlage auf ihn nicht in Geld zu leisten ist. **Jeder Gesellschafter** kann schon **bei der Errichtung der GmbH mehrere Geschäftsanteile übernehmen.** 681

Erlaubt ist eine **freie Stückelung der Geschäftsanteile**. Die Gründungsgesellschafter können individuell über die jeweilige Höhe und Anzahl ihrer Geschäftsanteile bestimmen und die zu leistende Einlage besser nach ihren Bedürfnissen und finanziellen Möglichkeiten ausrichten. Auch vorhandene Geschäftsanteile können leichter gestückelt werden. Wegen der Aufhebung des bisherigen § 17 GmbHG können Geschäftsanteile leichter aufgeteilt, zusammengelegt und einzeln oder zu mehreren an Dritte übertragen werden. Die Teilungsmöglichkeit erleichtert die Verpfändung von Teilen eines Ge- 682 schäftsanteils oder Übertragungen, die im Rahmen von Erbauseinandersetzungen oder vorweggenommener Erbfolge anstehen.

683 Die Regeln über das Stammkapital, insbesondere dessen Aufbringung und Erhaltung, sind ein besonders wesentlicher Teil des GmbH-Rechts; gerade insoweit unterscheidet sich die GmbH nachhaltig von Personengesellschaften. Die Einzelheiten betr. Stammkapital und Einlageleistung auf den Geschäftsanteil (Stammeinlage) sind deshalb einer besonderen Darstellung (s. Rz. 1151) vorbehalten.

10. Nebenleistungsgesellschaft

684 Treffen die Gesellschafter Vereinbarungen, wonach den Gesellschaftern außer der Leistung von Kapitaleinlagen noch andere Verpflichtungen gegenüber der Gesellschaft auferlegt werden, sind gem. § 3 Abs. 2 GmbHG in die Satzung die Bestimmungen darüber aufzunehmen; hierfür verwendet man den Ausdruck „Nebenleistungsgesellschaft"; solche Absprachen sind in der Praxis relativ selten. Sie müssen in der Satzung so konkret getroffen werden, dass die Gesellschafter das Ausmaß der sie treffenden Verpflichtungen ohne Weiteres überschauen können.[1] Die Verpflichtung der Gesellschafter in der Satzung einer GmbH zur Übernahme von Verlusten ist als Nebenleistungspflicht unwirksam, wenn sie weder zeitlich begrenzt ist noch eine Obergrenze enthält.[2]

11. Festsetzung von Sacheinlagen

685 Wenn die Stammeinlage auch nur eines Gesellschafters – sei es auch nur teilweise – in Form einer Sacheinlage erbracht werden soll, dann muss die Satzung gem. § 5 Abs. 4 GmbHG den Gegenstand der Sacheinlage bezeichnen und auch den Nennbetrag des Geschäftsanteils angeben, auf den sich die Sacheinlage bezieht (Einzelheiten Rz. 1261 ff.).

12. Sonstiger Inhalt der Satzung

686 Bei den unter Rz. 571 ff., 591 ff., 603, 676 f. dargestellten Regelungen handelt es sich um notwendigen Satzungsinhalt (Rz. 532). Diese Punkte müssen in der Satzung geregelt werden, andernfalls kann die GmbH nicht eingetragen werden. Falls man sich darauf beschränkt, dann erhält man einen einfachen Gesellschaftsvertrag. Für unkomplizierte Standardgründungen (Bargründung ohne Sacheinlagen mit höchstens drei Gesellschaftern mit jeweils einem Geschäftsanteil bzw. einer Ein-Personen-Gesellschaft) stellt das GmbHG als Anlage nunmehr zwei beurkundungspflichtige **Musterprotokolle** zur Verfügung. Sie haben den Mindestinhalt einer Satzung und fassen drei Dokumente – Gesellschaftsvertrag, Geschäftsführerbestellung und Gesellschafterliste – zusammen. Vom GmbHG abweichende Bestimmungen dürfen bei der Verwendung des Musterprotokolls nicht getroffen werden.

687 Wenn aber ein Gesellschaftsverhältnis gut funktionieren soll, dann werden sich die Gesellschafter in vielen Fällen nicht auf diesen notwendigen Mindestinhalt beschrän-

1 BGH v. 17.10.1988 - II ZR 372/87, GmbHR 1989 S. 151.
2 BGH v. 22.10.2007 - II ZR 101/06, DB 2008 S. 288, NWB AAAAC-69348.

ken können, sondern in der Satzung zahlreiche weitere Fragen regeln müssen (sog. fakultativer Satzungsinhalt, Rz. 535).

Hierzu gehören insbesondere z. B. folgende Bestimmungen: 688

- zur Leistung der Einlage auf die Geschäftsanteile,
- zur Verfügung über Geschäftsanteile und deren Teilung,
- zur Vererbung von Geschäftsanteilen,
- zur Einziehung von Geschäftsanteilen,
- zur Kündigung der Gesellschaft,
- zur Bestellung und Abberufung von Geschäftsführern,
- zur Bestellung eines Beirates,
- zum Zustandekommen von Gesellschafterbeschlüssen,
- zur Einberufung und Durchführung von Gesellschafterversammlungen,
- zur Feststellung des Jahresabschlusses, Gewinnverteilung und -verwendung,
- zu Auflösungsgründen,
- zur Durchführung der Liquidation.

Was zu diesen Fragen rechtens ist und welche vertraglichen Regelungen möglich und zweckmäßig sind, ist in den jeweiligen Abschnitten dargestellt.

(*Einstweilen frei*) 689–710

IV. Der Gründungsvorgang

LITERATUR:

Mohr, Praxisrelevante Probleme und Gestaltungshinweise bei der GmbH-Gründung, GmbHR 2003 S. 347; *Heidinger/Blath*, Das Musterprotokoll – Mehr Fluch als Segen?, ZNotP 2010 S. 376; *Heckschen*, Die Gründung der GmbH im Ausland, DB 2018 S. 685; *BeckHB GmbH/Protz/Krome*, 6. Aufl., 2021, § 2 ff.

1. Notarielle Beurkundung von Gesellschaftsvertrag oder Musterprotokoll

Der Gesellschaftsvertrag bedarf nach § 2 Abs. 1 GmbHG der **notariellen Beurkundung**. 711
Sie erfordert, dass die Gründer vor dem Notar ihren rechtsgeschäftlichen Willen erklären, eine GmbH errichten zu wollen, und der Notar hierüber eine Niederschrift aufnimmt. Dieses Gründungsprotokoll enthält die Beitrittserklärungen, die Bestellung des ersten Geschäftsführers und verweist im Übrigen auf die Satzung, die als Anlage beigefügt ist. Mit diesem Verweis erhält der Gesellschaftsvertrag seinen notwendigen Inhalt, indem er die Stammkapitalziffer, die einzelnen auf sie übernommenen Geschäftsanteile und die einlagepflichtigen Gründungsgesellschafter nennt. Die Aufnahme der Stammeinlagen in den Gesellschaftsvertrag und deren namentliche Zuordnung stellt

die Übernahmeerklärung dar und begründet die für seine Beteiligung unerlässliche Einzahlungspflicht eines jeden Gründungsgesellschafters.[1]

Das Gründungsprotokoll ist von jedem Gesellschafter zu unterzeichnen, wobei eine gemeinsame Verhandlung mit gleichzeitiger Anwesenheit der Gründer und eine einheitliche Urkunde oder die Aufnahme der Vertragserklärungen vor demselben Notar nicht erforderlich ist, sofern nur letztlich ein zu einer Einheit zusammengefügtes Vertragswerk entsteht, das durch sämtliche Unterschriften gedeckt ist. Nach dem Prinzip der Einheitsgründung kommt der Gesellschaftsvertrag erst mit der letzten Unterschrift formgültig zustande. Eine Stufengründung, bei der zunächst nur einige Gesellschafter unterschreiben und die weiteren Gesellschafter dem Vertrag später beitreten, ist nicht zulässig.

712 Die **Beurkundungspflicht gilt ohne Ausnahme** und auch, wenn die Gesellschaft im vereinfachten Verfahren unter Verwendung des Musterprotokolls nach § 2 Abs. 1a GmbHG oder als UG (haftungsbeschränkt) errichtet wird.

713 Da die Vertretung zulässig ist und eine zeitlich gestreckte Beurkundung umständlich ist, bietet es sich an, mit Gründungsvollmachten zu arbeiten oder sich eines vollmachtlosen Stellvertreters mit anschließender Genehmigung seiner Erklärungen zu bedienen. Zu beachten ist, dass die Vollmacht **notariell beurkundet oder beglaubigt** sein muss (§ 2 Abs. 2 GmbHG). Ausreichend ist es, wenn die Vollmacht von einer öffentlichen Behörde in öffentlicher Urkunde erteilt wurde.[2] Im **Ausland** sind deutsche Konsularbeamte (§ 10 KonsularG) zuständig und auch eine Beurkundung oder Beglaubigung durch ausländischen Notar genügt. Insgesamt sind die Anforderungen für Vollmachten geringer als für den Gesellschaftsvertrag.[3]

714 Eine Generalvollmacht und die Prokura (§ 49 Abs. 1 HGB) umfassen von ihrem Geltungsbereich die Gründung einer GmbH. Der Prokurist weist seine Vertretungsmacht durch einen Handelsregisterauszug nach. Auch die Vertretung durch einen anderen Gesellschafter ist möglich, wobei die Erteilung der Vollmacht für einen Mitgesellschafter oder die Erteilung der Vollmacht, für mehrere Mitgründer zu handeln, konkludent die Befreiung vom Verbot des Selbstkontrahierens (§ 181 BGB) enthält.[4]

2. Die Geschäftsführerbestellung

715 Die GmbH muss gem. § 6 GmbHG mindestens einen Geschäftsführer haben. Deshalb ist mit dem Gründungsakt auch ein **Geschäftsführer zu bestellen**, damit die GmbH in Gestalt der zunächst entstandenen Vorgesellschaft (Vor-GmbH) handlungsfähig ist, insbesondere um ihre Eintragung in das Handelsregister herbeizuführen.

716 Die Bestellung zum Gründungsgeschäftsführer, der selbstverständlich mit dem späteren Geschäftsführer identisch sein kann, macht ihn zum Organ der Gesellschaft.

1 BeckHB GmbHG/Schwaiger, § 2 Rz. 83.
2 OLG Düsseldorf v. 20.8.1997 - 3 Wx 162/96.
3 Noack/Servatius/Haas/Servatius, GmbHG, § 2 Rz. 20f.
4 BeckHB GmbHG/Schwaiger, § 2 Rz. 74.

Der Geschäftsführer, dem bereits im Gründungsstadium die ausschließliche und unmittelbare Vertretung der Gesellschaft obliegt, hat die Aufgabe, die Eintragung der GmbH zu bewirken. Dazu muss er die satzungsgemäß eingeforderten Einlageleistungen auf jeden Geschäftsanteil entgegennehmen, die Gesellschaft und die Geschäftsführer zum Handelsregister anmelden und die hierzu notwendigen Versicherungen abgeben. Außerdem hat er die laufende Geschäftsführung der Vorgesellschaft auszuüben, damit diese sich – mit Einwilligung der Gesellschafter – wirtschaftlich betätigen kann. 717

Die Bestellung erfolgt entweder dadurch, dass der Geschäftsführer in der Satzung benannt wird, was jedoch i.d.R. keine echte Satzungsbestimmung ist, oder durch Beschluss der Gesellschafterversammlung, der zweckmäßigerweise in das Gründungsprotokoll aufgenommen wird. 718

3. Einzahlung der baren Geldeinlagen auf die Geschäftsanteile (Bargründung)

Vor Anmeldung der Gesellschaft zur Eintragung in das Handelsregister müssen bestimmte Mindesteinlagen erbracht werden. Da der Geschäftsführer die Gesellschaft erst zur Eintragung anmelden darf, wenn die Mindestbeträge eingezahlt sind und sich zur freien Verfügung des Geschäftsführers befinden (§§ 7 Abs. 2, 8 Abs. 2 GmbHG), besteht die erste Tätigkeit des Geschäftsführers darin, die Beträge bei den Gesellschaftern einzufordern. Abgesehen von der UG (haftungsbeschränkt), bei der das Stammkapital in voller Höhe eingezahlt werden muss und Sacheinlagen ausgeschlossen sind (§ 5a Abs. 2 GmbHG), müssen Geldeinlagen nicht voll erbracht werden. Es reicht aus, wenn auf jeden Geschäftsanteil **ein Viertel seines Nennbetrages** eingezahlt worden ist (§ 7 Abs. 2 GmbHG) und zudem auf das (gesamte) Stammkapital mindestens so viel eingezahlt worden ist, dass der Betrag der in Geld eingezahlten Einlagen zzgl. des gesamten Nennbetrages der Geschäftsanteile, für die Sacheinlagen zu erbringen sind, die Hälfte des Mindeststammkapitals (also **12.500 €**) erreicht. 719

Danach gilt Folgendes: Beträgt das Stammkapital der Gesellschaft weniger als 50.000 €, muss bei der Gründung mehr als ein Viertel des Stammkapitals erbracht werden. Hat die Gesellschaft nur das gesetzlich vorgeschriebene Mindeststammkapital von 25.000 €, ist die Hälfte aufzubringen, nur bei Gesellschaften, die ein Stammkapital von 50.000 € und mehr haben, genügt ein Viertel, weil damit die vorgeschriebene Mindesthöhe von 12.500 € erreicht oder überschritten wird. Hat die Gesellschaft als UG (haftungsbeschränkt) ein Stammkapital unter der Mindeststammkapitalsumme von 25.000 €, muss das Stammkapital stets voll eingezahlt werden und hierauf verrechenbare Sacheinlagen sind ausgeschlossen. 720

BEISPIEL: A, B und C errichten eine GmbH mit einem Stammkapital von 25.000 €. Die Nennbeträge der von A und B übernommenen Geschäftsanteile betragen je 500 €, der Geschäftsanteil des C lautet auf 24.000 €. Mit einem Viertel müssten also A und B je 125 €, C müsste 6.000 € einzahlen. Dies reicht aber nicht aus, denn insgesamt müssen 12.500 € eingezahlt sein. Die Gesellschafter müssen sich deshalb einigen, wie sie diesen Betrag aufbringen; im Zweifel geschieht dies im Verhältnis ihrer Anteile, es werden also 250 € + 250 € + 12.000 € eingezahlt. Zulässig wäre es aber auch, dass A und B je 125 € einzahlen, C dagegen 12.250 €.

Haben A (Geschäftsanteil 100.000€) und B (Geschäftsanteil 25.000€) die GmbH errichtet, dann muss A 25.000€ und B 6.250€ einzahlen.

Errichten X und Y eine UG (haftungsbeschränkt) mit dem Stammkapital von 2.000€, worauf X einen Geschäftsanteil zum Nennbetrag von 100€ und Y als „Geldgeber" einen Geschäftsanteil mit dem Nennbetrag von 1.900€ übernimmt, müssen beide den vollen Betrag in Höhe des jeweiligen Nennbetrages bar einzahlen.

721 Vermerkt sei noch, dass der Wert von Sacheinlagen die Bareinzahlungspflicht hinsichtlich des Viertels der daneben bestehenden Bareinlagen nicht schmälert; auf den Mindestbetrag von 12.500€ wird der Wert von Sacheinlagen jedoch angerechnet.

722 Bareinlagen sind in Geld zu erbringen und haben regelmäßig in bar in Euro oder durch Gutschrift auf ein **Konto der Vorgesellschaft** zu erfolgen. Das Vorzeigen von Geld beim Notar genügt nicht.[1] Nicht notwendig ist die Errichtung eines Sperrkontos. Das Konto muss bei inländischer Bank oder im EU-Ausland geführt werden.[2] Es ist daher zweckmäßig, dass der Geschäftsführer schon vor der Anmeldung zum Handelsregister für die GmbH ein Bankkonto einrichtet, auf das die Einzahlungen der Gesellschafter erfolgen. Der Geschäftsführer muss bei der Anmeldung gegenüber dem Registergericht versichern, dass die einzuzahlenden Mindestbeträge zu seiner freien Verfügung stehen. Die Versicherung muss sich auch darauf erstrecken, inwieweit das Stammkapital der GmbH bereits durch Schulden vorbelastet ist.[3] Wenig Stellungnahmen gibt es zu Kryptowährungen. Nach momentanem Stand sind diese kein Geld im Rechtssinne, gleichwohl aber sacheinlagefähig, soweit sie bereits generiert sind (sog. Mining); sie fallen daher ebenfalls unter § 2 Abs. 3 GmbHG.[4]

4. Festsetzung und Leistung von (offenen) Sacheinlagen (Sachgründung)

723 Die Stammeinlage kann gem. § 5 GmbHG entweder durch Geld (Bareinlage) oder durch eine (offene) **Sacheinlage** bewirkt werden, sie kann auch teils bar, teils durch Sacheinlage erfolgen. Unter den Begriff der Sacheinlage fallen alle nicht durch Geldzahlung zu bewirkenden Einlagen. Die früher unterschiedenen Fälle von „Sacheinlagen" (im engeren Sinne) durch das unmittelbare Einbringen von Sachwerten und von „Sachübernahmen" durch Übernahme von Sachwerten durch die GmbH vom Gesellschafter und Tilgung der Einlageforderung durch die Anrechnung der Vergütung behandelt das Gesetz einheitlich als Sacheinlagen. Auch bei den Sachübernahmen handelt es sich wirtschaftlich um Einlagen, die nicht in Geld zu erbringen sind. Zur Sacheinlage im Einzelnen Rz. 1261 ff.

724 Gemäß § 5 Abs. 4 GmbHG müssen der Gegenstand der Sacheinlage und der korrespondierende Nennbetrag des Geschäftsanteils im Gesellschaftsvertrag festgesetzt sein. Die Sacheinlagen müssen vor der Anmeldung zum Handelsregister in vollem Umfang an die Gesellschaft geleistet werden, so dass sie endgültig zur freien Verfügung des Geschäfts-

1 KG, NZG 2021 S. 747.
2 Noack/Servatius/Haas/Servatius, GmbHG, § 7 Rz. 8.
3 BGH v. 9.3.1981 - II ZR 54/80, BGHZ 80 S. 129; vgl. auch Rz. 956 ff.
4 Güldü, GmbHR 2019 S. 565, 566 ff.

führers stehen (§ 7 Abs. 3 GmbHG). Dies scheint gewisse Schwierigkeiten zu schaffen, denn gem. § 11 GmbHG besteht die GmbH „als solche" vor der Handelsregistereintragung noch gar nicht. Aber eben nur „als solche", es besteht dagegen die sog. „Vorgesellschaft" (Rz. 891 ff.). Diese Vorgesellschaft erwirbt die Sacheinlage sogar dann, wenn es sich um ein Grundstück handelt. Die höchstrichterliche Rechtsprechung lässt es zu, dass die GmbH schon im Gründungsstadium in das Grundbuch als Eigentümerin eingetragen wird, wobei nur durch den Zusatz „i. G." („in Gründung") kenntlich zu machen ist, dass sie noch nicht im Handelsregister eingetragen ist.

Der Wert der Sacheinlagen wird auf den vor Anmeldung zu erbringenden Mindestbetrag auf den Gesamtnennbetrag aller Geschäftsanteile von 12.500 € voll angerechnet. 725

BEISPIELE: Haben A, B und C eine GmbH mit einem Stammkapital von 100.000 € errichtet, und übernimmt A einen Geschäftsanteil von 50.000 € gegen bare Einlage, B einen Geschäftsanteil gegen Geldeinlage von 25.000 € und C einen Geschäftsanteil im Nennbetrag von 25.000 € gegen Sacheinlage, dann muss der Geschäftsführer vor der Anmeldung von A 12.500 € und von B 6.250 € erhalten, C aber muss seine Sacheinlage im Wert von 25.000 € voll erbringen.

Beträgt das Stammkapital 25.000 € bei einer Geldeinlage von A, B und C von je 5.000 € und einer Sacheinlage von D von 10.000 €, dann hat D die Sacheinlage von 10.000 € zu leisten, A, B und C haben je 1.250 € einzuzahlen. Der Mindestbetrag von 12.500 € ist erreicht.

5. Verdeckte Sacheinlage und Hin- und Herzahlen und Einlageleistung zur endgültigen freien Verfügbarkeit der Geschäftsführer

Mit dem MoMiG wurden die Kapitalaufbringungsvorschriften des GmbHG vereinfacht. 726
Die verdeckte (verschleierte) Sacheinlage und das sog. (verbotene) Hin- und Herzahlen der Einlage bereiteten im Zusammenhang mit dem Erfordernis der Einlageleistung „endgültig zur freien Verfügung der Geschäftsführer" in der Praxis häufig Schwierigkeiten. Die **verdeckte Sacheinlage** ist dadurch charakterisiert, dass bei wirtschaftlicher Betrachtung anstelle einer geschuldeten Bareinlage in Wahrheit ein anderer, sacheinlagefähiger Gegenstand eingebracht wird, wie z. B. bei Verrechnung der Einlageschuld mit einer als Sacheinlage einzubringenden Forderung des Gesellschafters gegenüber der Gesellschaft oder aber der Gesellschaft ein Grundstück übertragen wird, das mit den eingebrachten Barmitteln bezahlt wird.

Die verdeckte Sacheinlage und das Hin- und Herzahlen sind in § 19 Abs. 4 und Abs. 5 727
GmbHG geregelt.

Beim **Hin- und Herzahlen**, das die tatbestandlichen **Voraussetzungen** des § 19 Abs. 5 GmbHG erfüllt, weil es **vor der Einlage vereinbart** wurde und weil die **Leistung an den Gesellschafter** durch einen **vollwertigen und liquiden** (d. h. jederzeit fälligen oder fällig stellbaren) **Rückgewähranspruch gedeckt** ist, tritt **Erfüllungswirkung** ein. Der Gesellschafter wird von seiner Einlageverpflichtung frei. Der Geschäftsführer darf also die Versicherung der freien Verfügbarkeit abgeben, es muss jedoch das **Hin- und Herzahlen bei der Anmeldung der Gesellschaft nach § 8 GmbHG offengelegt werden,**[1] damit der Registerrichter prüfen kann, ob die Voraussetzungen einer Erfüllungswirkung gegeben sind (§ 19 Abs. 5 letzter Satz GmbHG). Die Liquidität und die Vollwertigkeit des Rück-

1 BGH v. 20.7.2009 - II ZR 273/07, NWB PAAAD-26526.

gewähranspruchs muss vom Registergericht geprüft werden können, so dass auch Belege hierzu eingereicht werden müssen. Es müssen die schuldrechtliche Vereinbarung und auch ein Beleg über die Vollwertigkeit des Rückzahlungsanspruchs, z.B. in Form eines Ratings des Gesellschafters, eingereicht werden.[1]

728 Bei der verdeckten Sacheinlage hat der Gesetzgeber von der Erfüllungslösung Abstand genommen und eine **Anrechnungslösung** vorgesehen (§ 19 Abs. 4 GmbHG). Eine **verdeckte Sacheinlage befreit** den Gesellschafter **nicht von seiner baren Einlageverpflichtung**. **Die Verträge** über die Sacheinlage und **die Rechtshandlungen** zu ihrer Ausführung sind aber – abweichend von der alten Rechtslage, die zu einer Doppelzahlung führte – **nicht unwirksam**, sondern es wird der **Wert** des eingelegten Vermögensgegenstandes auf die **fortbestehende Einlagepflicht nur** und **erst nach der Eintragung in das Handelsregister angerechnet**, auch wenn der Sachwert schon vorher eingebracht worden ist.

Der Geschäftsführer **darf** also bei der Anmeldung nach § 8 GmbHG hier **nicht versichern**, die **geschuldete Geldleistung** des Gesellschafters sei zumindest durch Anrechnung erloschen und damit **erfüllt**. Abgesehen davon, dass das Registergericht bei Offenlegung der verdeckten Sacheinlage die Eintragung nach § 9c GmbHG auch dann ablehnen kann, wenn der Wert der Sacheinlage den Wert der geschuldeten Geldeinlage erreicht, wird der Geschäftsführer zur Vermeidung seiner eigenen Haftung auf die Einhaltung der Sacheinlagevorschriften (§ 5 Abs. 4 GmbHG) dringen müssen, wenn er von der geplanten verdeckten Einlage weiß. Beugt er sich dennoch der Weisung der Gesellschafter und legt er die in Wahrheit vorliegende verdeckte Sacheinlage nicht offen, setzt er sich weiterhin dem **Haftungsrisiko** nach § 43 Abs. 3 Satz 3 GmbHG aus, wenn der Sachwert die Geldeinlageschuld nicht deckt, und sieht sich weiter **straf- und haftungsrechtlichen Risiken aus § 82 Abs. 1 Nr. 1 und § 9a GmbHG** gegenüber, wenn der Vollwertigkeitsnachweis für die Sacheinlage misslingt. Die verdeckte Sacheinlage ist wegen dieser Sanktionen nur eingeschränkt als „Gestaltungsmittel" einsetzbar, um die Formalitäten einer Sachgründungsprozedur mit Werthaltigkeitsnachweis und Sachgründungsbericht zu umgehen.

Geklärt hat der BGH folgende Konstellation: Hat der Gesellschafter gegen die Gesellschaft einen Bereicherungsanspruch, so ist bei der Einlageverpflichtung einer nachfolgenden Kapitalerhöhung der Wert des Bereicherungsanspruchs, auf den der Gesellschafter verzichtet, zum Zeitpunkt der Kapitalerhöhung gem. § 19 Abs. 4 GmbHG der Einlageverpflichtung gegenzurechnen.[2]

6. Sachgründungsbericht

729 Bei einer Sachgründung müssen die Gesellschafter gem. § 5 Abs. 4 GmbHG außer dem Gesellschaftsvertrag auch einen Sachgründungsbericht erstellen; darin sind die wesentlichen Umstände für die Angemessenheit der Leistungen für Sacheinlagen darzulegen. Zu den Einzelheiten vgl. Rz. 1331.

---

1 So und mit diesem Vorschlag OLG München v. 17.2.2011 - 31 - Wx 246/10, BB 2011 S. 690.
2 BGH v. 19.1.2016 - II ZR 61/15, NWB AAAAF-69903.

7. Gesellschafterliste

Schließlich hat der Geschäftsführer eine Gesellschafterliste zu erstellen und zu unterzeichnen, aus der Name, Vorname, Geburtsdatum und Wohnort eines jeden Gesellschafters sowie die Nennbeträge und die **laufenden Nummern** der von ihm übernommenen Geschäftsanteile ersichtlich sind. Nach §8 Abs.1 GmbHG sind in der Gesellschafterliste künftig die Geschäftsanteile durchgehend zu nummerieren. Die Nummerierung soll die eindeutige Bezeichnung des jeweiligen Geschäftsanteils bei der Übertragung eines Geschäftsanteils erleichtern. Denn bei einer nicht hinreichenden Bezeichnung des jeweiligen zu veräußernden Geschäftsanteils wäre dessen Abtretung unwirksam. Außerdem dient die Gesellschafterliste als Anknüpfungspunkt für einen gutgläubigen Erwerb nach §16 Abs.3 GmbHG. 730

In der Folgezeit haben die Geschäftsführer gem. §40 GmbHG unverzüglich nach Wirksamwerden jeder Veränderung in den Personen der Gesellschafter oder des Umfangs ihrer Beteiligung eine entsprechende, von ihnen unterschriebene Gesellschafterliste beim Handelsregister einzureichen, wobei diese Pflicht von der Einreichungspflicht des beurkundenden Notars überlagert wird. 731

8. Anmeldung zum Handelsregister

Sind all diese Vorarbeiten erledigt, steht der Anmeldung der GmbH zur Eintragung im Handelsregister (§7 Abs.1 GmbHG) nichts mehr im Wege. Das **Handelsregister ist seit 1.1.2007** zwingend **elektronisch zu führen** (§8 Abs.1 HGB i.d.F. des EHUG), wobei die Zuständigkeit zur Registerführung weiterhin den Amtsgerichten zugewiesen bleibt, aber die Länder die Zuständigkeit auf bestimmte Amtsgerichte konzentrieren und sogar über die Landesgrenzen hinaus ausdehnen können (§376 Abs.2 Satz1 und 3 FamFG). §8 Abs.2 HGB lässt der Bezeichnung „Handelsregister" gegenüber anderen Datensammlungen ausdrücklichen Schutz zukommen, die keine staatliche Gewähr für die Richtigkeit enthalten und auch nicht den guten Glauben nach §15 HGB hinsichtlich Inhalt und Vollständigkeit schützen. 732

Die elektronische Registerführung wirkt sich auch auf die **Formvorschriften** zu **Anmeldungen und zur Einreichung von Dokumenten** zum Register aus, die nach der früheren Rechtslage in Papierform erfolgte. Um aufwändige Transformationsprozesse zu vermeiden, schreibt §12 Abs.1 HGB vor, dass **Anmeldungen** zur Eintragung in das Handelsregister **elektronisch in öffentlich beglaubigter Form** einzureichen sind, was auch für eine Vollmacht zur Anmeldung gilt. Entsprechend ordnet nun §12 Abs.2 HGB an, dass auch **Dokumente in elektronischer Form** einzureichen sind. Dies gilt ebenso für die Unterlagen, die nach §8 Abs.1 bis Abs.4 GmbHG der Anmeldung einer GmbH zur Eintragung in das Handelsregister beizufügen sind. Nach §8 Abs.5 GmbHG[1] gilt für die beizufügenden Unterlagen §12 Abs.2 HGB entsprechend. Da die Registergerichte die elektronisch übermittelten Daten regelmäßig ohne vorherige Bearbeitung in das Han- 733

1 Bisher ordnete dort das GmbHG an, dass die Geschäftsführer ihre Unterschrift zur Aufbewahrung beim Registergericht zeichnen mussten. Diese Vorschrift ist entfallen, ebenso wie die entsprechende Vorschrift in §39 Abs.4 GmbHG oder die ähnliche Vorschrift in §29 HGB zur Zeichnung der Firma.

delsregister einstellen, kann die Gründung einer GmbH, wenn sie gut vorbereitet ist, in wenigen Stunden oder Tagen erledigt sein.

734 Folgende **Formerfordernisse** sind bei der **elektronischen Einreichung** einzuhalten:

735 Die Anmeldung der GmbH zur Eintragung muss wie bisher in **öffentlich beglaubigter Form** eingereicht werden (§ 12 Abs. 1 HGB). Hierfür wird das Dokument von dem Notar mit einem **einfachen elektronischen Zeugnis gem. § 39a BeurkG** versehen und an das elektronische Postfach des Registergerichts übermittelt. Bei der Einreichung von Dokumenten, also auch der nach § 8 Abs. 1 bis Abs. 4 GmbHG beizufügenden Unterlagen, ist nach § 12 Abs. 2 HGB zu unterscheiden: Bei Unterlagen (Dokumenten), die in notariell beurkundeter Form oder in öffentlich beglaubigter Abschrift einzureichen sind (z. B. der Gesellschaftsvertrag der GmbH), ist ein einfaches elektronisches Zeugnis (§ 39a BeurkG) erforderlich. Verlangt das Gesetz die Einreichung einer Urschrift, einer einfachen Abschrift oder eines unterschriebenen Dokuments (z. B. die Liste der Gesellschafter), genügt die Übermittlung einer **elektronischen Aufzeichnung** ohne Verwendung einer qualifizierten elektronischen Signatur.

736 Die zum Handelsregister einzureichenden Dokumente können zusätzlich zur deutschen Fassung in jeder Amtssprache eines Mitgliedsstaates der EU übermittelt werden, wobei das Registergericht die Übersetzung weder auf ihre Richtigkeit überprüft noch sie bekannt macht. Die Übersetzung genießt nach § 11 Abs. 2 HGB einen eingeschränkten Gutglaubensschutz. Weicht die deutsche Fassung von der eingereichten Übersetzung ab, kann sich ein Dritter auf die Übersetzung berufen, es sei denn, der Eingetragene weist nach, dass dem Dritten die deutsche Originalfassung bekannt war. Die eingereichte (abweichende) Übersetzung kann aber einem Dritten nicht entgegengehalten werden.

737 Die Anmeldung muss durch alle Geschäftsführer erfolgen; auch, wenn Einzelvertretungsmacht besteht, zumal von jedem Geschäftsführer bestimmte Versicherungen abzugeben sind.

738 Der Anmeldung sind eine Reihe von **Unterlagen beizufügen**. Nach § 8 Abs. 1 bis 4 GmbHG ist erforderlich:

- Die Vorlage des notariell beurkundeten **Gesellschaftsvertrags bzw. des Musterprotokolls,** d. h. eine einheitliche und vollständige Ausfertigung der bei den Notarakten verbleibenden Urschrift über die Gründung,
- die Vorlage der **Vollmachtsurkunden** bzw. beglaubigter Abschriften davon, falls bei Unterzeichnung des Gesellschaftsvertrags Gesellschafter durch Bevollmächtigte vertreten waren (§ 2 Abs. 2 GmbHG),
- die **Legitimation der Geschäftsführer**, sofern sich diese nicht aus dem Gesellschaftsvertrag bzw. dem Musterprotokoll selbst ergibt, weil dort die Bestellung erfolgte. Wurden die Geschäftsführer durch gesonderten Gesellschafterbeschluss bestellt (§ 6 Abs. 3 Satz 2, § 46 Nr. 5 GmbHG), muss ein entsprechender schriftlicher Beschluss dem Registergericht vorgelegt werden,
- beizufügen ist eine vom Anmeldenden unterschriebene **Gesellschafterliste** mit den Personalien der Gesellschafter (Name, Vornamen, Geburtsdatum und Wohnort) so-

wie die Nennbeträge und die laufenden Nummern der von ihnen jeweils übernommenen Geschäftsanteile.

- Im Falle einer **Sachgründung** sind vorzulegen:
  - Die (schriftlichen) **Verträge**, die den Festsetzungen nach § 5 Abs. 4 GmbHG zugrunde liegen oder zu ihrer Ausführung geschlossen sind,
  - der **Sachgründungsbericht** sowie
  - **Bewertungsunterlagen** dafür, dass der Wert der Sacheinlage den Nennbetrag der dafür übernommenen Geschäftsanteile erreicht (z. B. elektronische Ablichtungen von Rechnungen, Preislisten, Sachverständigengutachten, Einbringungsbilanz bei Einbringung eines Unternehmens).
- Eine **Genehmigungsurkunde** ist **nicht** beizufügen, auch wenn der Gegenstand des Unternehmens der GmbH oder die Aufnahme bestimmter Tätigkeiten (z. B. Bankgeschäfte, Makler, Baubetreuung, Personenbeförderung u. Ä.) der staatlichen oder der gewerberechtlichen Genehmigung bedürfen, so etwa auch der Eintragungen in die Handwerksrolle.
- Zur **Sicherung der Mindesteinzahlung** haben die Geschäftsführer zu versichern, dass Sacheinlagen bewirkt sind und sie zur freien Verfügung der Geschäftsführer stehen und auf Bareinlagen mindestens ein Viertel und insgesamt auf das Stammkapital mindestens 12.500 € eingezahlt sind und sich in der freien Verfügung der Geschäftsführer befinden. Ist das Stammkapital der Gesellschaft bei einer Bargründung bereits durch Schulden vorbelastet, ist die Versicherung durch Angabe von Gläubiger, Schuldgrund und Betrag entsprechend zu ergänzen.[1] Ist vor der Geldeinlage mit dem Gesellschafter eine Leistung vereinbart worden, die ein sog. Hin- und Herzahlen begründet, muss eine solche Leistung oder die Vereinbarung einer solchen Leistung angeben werden. Weiß der Geschäftsführer, dass eine verdeckte Sacheinlage geplant ist und somit eine vorsätzliche verschleierte Sacheinlage vorliegt, darf der Geschäftsführer in der Anmeldung nicht versichern, die Bareinlage sei erfüllt. Die spätere Anrechnung gibt kein Recht zur Lüge.
- Schließlich haben die Geschäftsführer gemäß § 8 Abs. 3 GmbHG zu **versichern**, dass keine Umstände vorliegen, die ihrer Bestellung nach § 6 Abs. 2 Satz 2 und 3 GmbHG entgegenstehen (Bestrafung, Berufsverbot). Es genügt seine Versicherung, er sei noch nie, weder im Inland noch im Ausland, wegen einer Straftat verurteilt worden. Es ist nicht erforderlich, die in § 6 Abs. 2 Satz 2 Nr. 3 GmbHG genannten Straftatbestände oder die vergleichbaren ausländischen Bestimmungen im Einzelnen aufzuführen.[2] Die Versicherung muss im Hinblick auf die fünfjährige Frist auf den Eintritt der Rechtskraft des Strafurteils abstellen. Eine Versicherung, die nur auf den Zeitpunkt der Verurteilung abstellt, vermittelt dem Registergericht nicht die erforderlichen Angaben, ob ein Ausschlussgrund vorliegt.[3]

1 BGH v. 9.3.1981 - II ZR 54/80, BGHZ 80 S. 129; vgl. Rz. 957 f.
2 BGH v. 17.5.2010 - II ZB 5/10, NWB GAAAD-45642.
3 BGH v. 7.6.2011 - II ZB 24/10, NWB RAAAD-86666.

- Die Geschäftsführer haben auch zu versichern, dass sie über ihre unbeschränkte Auskunftspflicht gegenüber dem Gericht belehrt worden sind.
- In der Anmeldung müssen Art und Umfang der **Vertretungsbefugnis** der Geschäftsführer angegeben werden, also ob z. B. Einzel- oder Gesamtvertretungsbefugnis besteht.
- Schließlich muss auch noch eine **inländische Geschäftsanschrift** der Gesellschaft angegeben werden. Diese dient u. a. dazu sicherzustellen, dass unter der Geschäftsanschrift nach § 35 Abs. 2 GmbHG an die Vertreter der GmbH **Willenserklärungen abgegeben oder Schriftstücke zugestellt** werden können. Sie muss nicht mit dem Verwaltungssitz übereinstimmen, der im Ausland liegen kann oder u. U. erst noch eingerichtet werden soll.
- Wird eine **Ein-Person-GmbH** gegründet und die bedungene Geldeinlage nicht voll einbezahlt, muss für den übrigen Teil der Einlage **keine Sicherheit mehr bestellt werden.** Die früher nach § 8 Abs. 2 Satz 2 GmbHG abzugebende entsprechende Versicherung entfällt daher. Diese Vorschrift ist gestrichen worden.

739 Wird die GmbH in der Unterform der **UG bzw. Unternehmergesellschaft (haftungsbeschränkt)** errichtet, gelten im Grunde die gleichen Anforderungen für eine Anmeldung zum Handelsregister, wobei sich allerdings die Versicherung der Geschäftsführer hinsichtlich der freien Verfügbarkeit der Einlagenzahlung darauf beziehen muss, dass die **Einlagen vollständig einbezahlt** sind, weil nach § 5a Abs. 2 GmbHG die Anmeldung erst erfolgen darf, wenn das Stammkapital in voller Höhe eingezahlt ist. Ein Sachgründungsbericht entfällt, weil bei der UG (haftungsbeschränkt) zur Gründung Sacheinlagen auf die Geschäftsanteile ausgeschlossen sind.

740 Wenden die Gründer der Gesellschaft das **vereinfachte Verfahren** unter Verwendung des Musterprotokolls an (§ 2 Abs. 1a GmbHG), was sowohl für eine **Ein-Person-Gesellschaft als auch für eine Mehrpersonengesellschaft mit höchstens drei Gesellschaftern** entweder in der „klassischen" **Rechtsform der GmbH oder in der Unterform der UG (haftungsbeschränkt) möglich ist, vereinfacht dies die Anmeldung erheblich.** Denn das **Musterprotokoll vereinigt** in einem Dokument den **Gesellschaftsvertrag, die Bestellung des** (einzigen) **Geschäftsführers und die Gesellschafterliste.** Es sollte aber beachtet werden, dass das Musterprotokoll auch für die „normale" GmbH **Sacheinlagen ausschließt** und die **Geldeinlage sofort** entweder **in voller Höhe** oder **zu 50 % zu erbringen** ist. Beträge dazwischen oder zwischen 50 % und der Mindesteinzahlung von 25 % des Nennbetrages nach § 7 Abs. 2 GmbHG können nicht vereinbart und angemeldet werden.

741 Werden zum Zweck der Errichtung der GmbH falsche Angaben gemacht, so machen sich Gesellschafter und Geschäftsführer gem. § 9a GmbHG der Gesellschaft gegenüber nicht nur schadensersatzpflichtig, sondern sie haben an die Gesellschaft auch fehlende Einlagen zu leisten und nicht unter den Gründungsaufwand aufgenommene Vergütungen zu ersetzen. Außerdem sind falsche Gründungsangaben gem. § 82 GmbHG mit Strafe bedroht. Wegen der Einzelheiten zur Haftung aus falschen Gründungsangaben wird auf Rz. 923 verwiesen.

9. Prüfung und Entscheidung des Registergerichts

Das Registergericht muss gem. § 9c GmbHG vor Eintragung prüfen, ob der Gründungsvorgang allen gesetzlichen Erfordernissen – nach Form und Inhalt – genügt, um sicherzustellen, dass die GmbH ordnungsgemäß errichtet und angemeldet worden ist, und bei (nicht behebbaren) Mängeln die Eintragung ablehnen. Dabei steht dem Registergericht in dem nach dem FamFG durchzuführenden Verfahren nicht nur ein **formelles Prüfungsrecht** dergestalt zu, dass der Gründungsvorgang auf seine formale Ordnungsmäßigkeit (Anmeldung beim zuständigen Gericht, notwendiger und zulässiger Inhalt sowie ordnungsgemäße Beurkundung des Gesellschaftsvertrags, Vorliegen der Gründervollmachten und der der Anmeldung beizufügenden Unterlagen) untersucht wird. 742

Vielmehr hat der Registerrichter auch ein **materielles Prüfungsrecht**, das sich zwar nicht auf Gesichtspunkte wie Zweckmäßigkeit, Rentabilität und sonstige wirtschaftliche und finanzielle Grundlagen des von der GmbH geplanten Unternehmens, aber auf die Einhaltung der gesetzlichen Gründungsvoraussetzungen bezieht, etwa ob die Geschäftsanteile ordnungsgemäß übernommen, die Mindesteinzahlungen geleistet sowie die Sacheinlagen tatsächlich erbracht wurden und ob die festgesetzten Einlage- und Anrechnungswerte dem wirklichen Wert entsprechen. Hier hat sich die Prüfung aber darauf zu beschränken, ob die Sacheinlagen **nicht unwesentlich überbewertet** worden sind (vgl. § 9c Abs. 1 Satz 2 GmbHG).

Nur wenn das Gericht **erhebliche Zweifel an der Richtigkeit der Versicherung** nach § 8 Abs. 2 Satz 1 GmbHG (Bewirken der bedungenen Geld- oder Sacheinlagen zur endgültigen freien Verfügung der Geschäftsführer) hat, **kann es Nachweise, d. h. u. a. auch Einzahlungsbelege verlangen**. Wenn die Gründungsprüfung ohne Beanstandungen bleibt, ist die GmbH i. S. v. § 9c Abs. 1 GmbHG „ordnungsgemäß errichtet und angemeldet" und darf eingetragen werden.

Wegen des im FamFG-Verfahren herrschenden Amtsermittlungsgrundsatzes (§ 26 FamFG) muss sich das Registergericht zwar nicht auf die ihm von den Anmeldenden vorgelegten Unterlagen beschränken, sondern kann eigene Nachforschungen anstellen und z. B. Sachverständigengutachten einholen oder die Beteiligten zur Vorlage weiterer Beweismittel, etwa zur Vorlage von Bankauszügen oder Bankbestätigungen[1] auffordern. 743

Der gerichtliche **Ermessensspielraum** ist **eingeschränkt**, um die Eintragungszeiten zu verkürzen und damit die Eintragung zu beschleunigen.

Wird bekannt, dass zwischen Anmeldung und Eintragung schon ein erheblicher Teil des auf das Stammkapital eingezahlten Geldes verbraucht worden ist, kann die Eintragung abgelehnt werden, obwohl die Gesellschafter auf die Differenz haften.[2] Schließlich hat das Registergericht auch die Firma der GmbH unter den Gesichtspunkten ihrer Zulässigkeit nach GmbHG und HGB und – mit Hilfe der IHK – unter den ortsgebundenen Aspekten zu prüfen, ob in dem Gebiet, in dem sich die neue GmbH betätigen will, kein ande-

1 BGH v. 16.12.1996 - II ZR 200/95, NJW 1997 S. 945.

2 BayObLG v. 7.10.1998 - 3Z BR 177/98, GmbHR 1998 S. 1225.

rer Kaufmann mit gleicher, ähnlicher oder zu verwechselnder Firma existiert und ob die Prinzipien der Firmenwahrheit und -klarheit beachtet worden sind.

743/1 Streit war insbesondere über die Prüfung und Zurückweisung der eingereichten Gesellschafterliste bei Veränderungen entstanden. Insofern kann auf die Rz. 2417 verwiesen werden. Im Zusammenhang mit der bei Gründung eingereichten Gesellschafterliste mag der Hinweis genügen, dass die Registergerichte befugt sind, die eingereichten Listen zu prüfen und ggf. zurückzuweisen, auch wenn sie nur „Verwahrstelle" der Gesellschafterliste sind.[1] Dem Notar steht ein eigenes Beschwerderecht nach § 59 Abs. 1 FamFG zu.[2]

744 Nicht jeder beliebige Mangel des Gesellschaftsvertrags kann aber zur Ablehnung der Eintragung führen. § 9c Abs. 2 GmbHG stellt nunmehr klar: Falls einzelne Bestimmungen des Gesellschaftsvertrags mangelhaft oder nichtig sind oder fehlen, kann die Eintragung nur abgelehnt werden, wenn damit

- gegen zwingende gesetzliche Vorschriften über den Mindestinhalt der Satzung oder über einzutragende bzw. bekannt zu machende Tatsachen verstoßen wird (Nr. 1) oder
- Gläubigerschutzbestimmungen (etwa der Kapitalaufbringung) oder Vorschriften im Interesse der Öffentlichkeit verletzt werden (Nr. 2) oder
- wenn daraus die Nichtigkeit der Satzung folgt (Nr. 3).

745 Stellt das Registergericht behebbare Mängel fest oder hält es zur Aufklärung weitere Unterlagen oder Beweismittel für erforderlich, wird es i. d. R. durch eine Zwischenverfügung – unter Fristsetzung – Gelegenheit zur Abhilfe geben.[3]

746 Werden die Mängel der Anmeldung nicht behoben oder sind sie unbehebbar, wird die Eintragung abgelehnt. Wegen der Überbewertung einer Sacheinlage kann die Eintragung nur abgelehnt werden, wenn sie nicht unwesentlich ist (§ 9c Abs. 1 Satz 2 GmbHG). Gegen einen ablehnenden Beschluss, aber auch gegen die Zwischenverfügung hat die Vorgesellschaft den Rechtbehelf der Beschwerde nach §§ 58 ff. FamFG. Die Rechtsbeschwerde gegen eine ablehnende Entscheidung ist möglich (§§ 70 ff. FamFG). Beschwerdeberechtigt ist die Vorgesellschaft vertreten durch die Geschäftsführer in der vertretungsberechtigten Anzahl. Trägt das Registergericht trotz eines Mangels ein, wird der Mangel in der Regel behoben und die GmbH existent.

747 Ergeben sich keine Beanstandungen, erfolgt die Eintragung der GmbH. Es werden gem. § 10 GmbHG eingetragen:

- die Firma,
- der Sitz der Gesellschaft und eine inländische Geschäftsanschrift,
- der Gegenstand des Unternehmens,
- die Höhe des Stammkapitals,

1 BGH v. 20.9.2011 - II ZB 17/10, NWB EAAAD-94714.

2 BGH v. 1.3.2011 - II ZB 6/10, NWB JAAAD-80283.

3 BeckHB GmbHG/Protz/Krome, 6. Aufl. 2021, § 2 Rz. 140 ff.; Beck-GmbH-HB/Prinz/Winkeljohann, 6. Aufl. 2021, § 2 Rz. 144.

- der Tag des Abschlusses des Gesellschaftsvertrags,
- die Person der Geschäftsführer und deren Vertretungsbefugnis, u. U. die Befreiung von § 181 BGB (Rz. 814, 3478 ff.),
- die Zeitdauer, sofern die GmbH nur für eine bestimmte Zeit errichtet ist,
- die Person, die für Willenserklärungen und Zustellungen an die Gesellschaft empfangsberechtigt ist, mit einer inländischen Anschrift, sofern eine solche Person zur Eintragung in das Handelsregister angemeldet wurde. Die Empfangsberechtigung gilt Dritten gegenüber bis zur Löschung und deren Bekanntgabe als fortbestehend, es sei denn, die fehlende Empfangsberechtigung war dem Dritten bekannt.

Im Hinblick darauf, dass die elektronische Registerführung und die vollelektronische Kommunikation zu einer spürbaren Verkürzung der Eintragungszeiten führen sollte, ist über Anmeldungen **„unverzüglich"**, d. h. ohne schuldhaftes Zögern (§ 121 BGB) zu entscheiden. Bei fehlerfreien Anmeldungen und elektronisch vorbereiteter Einreichung durch Notare ist der Entscheidungszeitraum nur noch kurz und die Eintragung der GmbH binnen weniger Tage möglich. 748

Gemäß § 8a Abs. 1 HGB wird die **Eintragung der GmbH in das Handelsregister wirksam,** sobald sie **in den für die Eintragung bestimmten Datenspeicher aufgenommen ist und auf Dauer inhaltlich unverändert in lesbarer Form wiedergegeben** werden kann. 749

10. Wirkung der Eintragung

Mit der Eintragung ins Handelsregister ist die GmbH als juristische Person entstanden (§ 11 GmbHG). Vor der Eintragung besteht die Gesellschaft als solche nicht. Die Eintragung ist rechtsbegründend (konstitutiv). 750

Ist die Eintragung selbst mangelhaft, weil sie nicht den Erfordernissen des § 10 GmbHG genügt, entsteht die GmbH als juristische Person nicht, wenn die Identität der Gesellschaft aus dem Handelsregister nicht ersichtlich ist, es also z. B. an der Eintragung der Firma oder des Gegenstandes fehlt; erst mit der Berichtigung der Eintragung entsteht die GmbH als juristische Person. 751

Ist die Eintragung erfolgt, obwohl der Gesellschaftsvertrag mangelhaft war (Rz. 851), kann dies zu einer Vernichtung der GmbH durch eine Nichtigkeitsklage gem. § 75 GmbHG führen; es kommen auch Maßnahmen des Registergerichts gem. §§ 395 ff. FamFG bis hin zur Amtslöschung der GmbH in Betracht. 752

(Einstweilen frei) 753

11. Bekanntmachung der Eintragung

Nach § 10 HGB und § 10 GmbHG ist die Eintragung der GmbH bekannt zu machen. Seit dem 1.8.2022 erfolgt die Bekanntmachung durch Bereitstellung zur erstmaligen Abrufbarkeit über das Informations- und Kommunikationssystem nach § 9 Abs. 1 HGB (www.handelsregister.de). Die bis dahin geltende Bekanntmachung in dem von der Landesjustizverwaltung bestimmten elektronischen Informations- und Kommunikationssystem ist damit entfallen (www.registerbekanntmachungen.de). Damit ist die doppelte 754

Veröffentlichung(spflicht) entfallen. Dennoch wird am **Bekanntmachungsbegriff** festgehalten und ist hierunter nicht mehr die zusätzliche Veröffentlichung über das Bekanntmachungsportal, sondern die **Bereitstellung der Eintragung zum erstmaligen Abruf** über das nach § 9 Abs. 1 HGB bestimmte Portal zu verstehen.

754/1 Die Bekanntmachung wird mit Ablauf des Tages der Eintragung widerleglich vermutet, § 10 Abs. 4 Satz 1 HGB; für Registerbekanntmachungen (III) gilt entsprechend der Ablauf des Tages der Registerbekanntmachung.

755 Die Eintragungen sind nach § 10 Satz 2 HGB ihrem ganzen Inhalt nach zu veröffentlichen, soweit ein Gesetz nicht etwas anderes vorschreibt. Bekannt gemacht wird also die Eintragung mit ihrem gesamten Inhalt, wie er sich zumindest aus § 10 Abs. 1 und Abs. 2 GmbHG ergibt. Veröffentlicht werden muss:

- die Firma und Sitz der Gesellschaft,
- die inländische Geschäftsanschrift,
- der Unternehmensgegenstand,
- das Stammkapital,
- der Tag des Abschlusses des Gesellschaftsvertrags, die Personen der Geschäftsführer einschließlich Stellvertreter sowie welche Vertretungsbefugnis die Geschäftsführer haben und
- nach h. M. auch eine generelle oder teilweise Befreiung vom Selbstkontrahierungs- und Mehrfachvertretungsverbot des § 181 BGB.[1]

12. Wirkung der Bekanntmachung

756 Die Vorschrift des § 15 HGB behandelt die sog. „Bekanntmachungswirkung" von Eintragungen ins Handelsregister und verleiht damit dem Handelsregister einen gewissen öffentlichen Glauben, indem das Vertrauen auf Inhalt und Vollständigkeit des Handelsregisters geschützt wird. Danach gilt Folgendes:

757 Ist eine in das Handelsregister einzutragende Tatsache nicht eingetragen und bekannt gemacht, so kann sie von demjenigen, in dessen Angelegenheiten sie einzutragen war, einem Dritten nicht entgegengehalten werden, es sei denn, dass sie diesem Dritten bekannt war.

BEISPIEL: Ist der im Handelsregister eingetragene Geschäftsführer A abberufen und der neue Geschäftsführer N bestellt worden, und wurde beides im Handelsregister nicht eingetragen und folglich auch nicht bekannt gemacht, so dass nach dem Handelsregister A nach wie vor als Geschäftsführer eingetragen ist, und schließt nun B mit der GmbH, vertreten durch A, einen Vertrag ab, dann kann die GmbH gegenüber B nicht geltend machen, A sei nicht mehr Geschäftsführer und deshalb zur Vertretung der GmbH nicht mehr berechtigt gewesen; diesen Einwand hat die GmbH nur, wenn B die Abberufung positiv kannte, was die GmbH zu beweisen hat; bloßes Kennenmüssen genügt nicht.

1 Altmeppen, GmbHG, § 10 Rz. 2 ff.

Ist eine eintragungspflichtige Tatsache im Handelsregister eingetragen und bekannt gemacht, so muss ein Dritter diese Tatsache gegen sich gelten lassen, es sei denn, dass er sie weder kannte noch kennen musste. 758

BEISPIEL: Gleiches Beispiel wie oben, aber im Handelsregister eingetragen und ordnungsgemäß bekannt gemacht ist die Abberufung des Geschäftsführers A. Dennoch schließt B mit ihm als Geschäftsführer der GmbH einen Vertrag. Dieses Geschäft muss die GmbH nur dann gegen sich gelten lassen, wenn B beweist, dass er keine Kenntnis hatte.

Da die Eintragungen im elektronischen Bundesanzeiger bekannt gemacht werden, kann sich ein Kaufmann regelmäßig nicht darauf berufen, er habe eine Eintragung nicht gekannt, denn wer sich mit Kaufleuten abgibt, ist regelmäßig dazu verpflichtet, eigene Aktivitäten zu entfalten, um sich die nötigen Informationen zu beschaffen, etwa durch Einsichtnahme in das elektronische Handelsregister, die ihm § 9 HGB eröffnet. Unabhängig davon, ob die Bekanntmachung elektronisch oder noch gedruckt erfolgt, trifft den interessierten Informationssuchenden eine „Holschuld".[1]

(*Einstweilen frei*) 759

13. Einsichtnahme in das Handelsregister

Die Einsichtnahme in das Handelsregister ist in § 9 HGB geregelt. **Jeder kann zu Informationszwecken die Eintragungen im Handelsregister und die zum Handelsregister eingereichten Dokumente einsehen.** Seit dem 1.8.2022 sind alle *„Registerinhalte aus dem Handels-, Genossenschafts-, Vereins- und Partnerschaftsregister sowie der elektronisch verfügbaren Dokumente über das Gemeinsame Registerportal"* auf der Webseite Handelsregister.de ohne Registrierung und kostenfrei verfügbar. Eines besonderen rechtlichen Interesses bedarf es nicht. 760

Die Eintragung persönlicher Daten von Geschäftsführern und Gesellschaftern (in der Gesellschafterliste) und das **öffentliche Einsichtsrecht** kann das **Recht auf informationelle Selbstbestimmung der Betroffenen** beeinträchtigen und wirft auch die datenschutzrechtliche Frage auf. Die Diskussion hierzu ist „im Fluss". Nach mittlerweile ständiger Rechtsprechung haben Anträge auf Entfernung zu Geburtsdatum oder Wohnorten aus dem Handelsregister keine Aussicht auf Erfolg.[2] Es fehlt an einer hinreichenden **Rechtsgrundlage** für das Löschungsbegehren. 761

Art. 17 Abs. 1 DSGVO scheide als Anspruchsgrundlage aus; denn diese Bestimmung finde nach der Ausnahmevorschrift des Art. 17 Abs. 3 Buchst. b Fall 1 DSGVO im Registerwesen aufgrund der **fortdauernden Transparenz- und Beweisfunktion keine Anwendung.** Die Tätigkeit eines Hoheitsträgers, zur Erfüllung von Publizitätspflichten übermittelte Daten in einer Datenbank zu speichern und hierin Einsicht zu gewähren, gehöre **zur Ausübung hoheitlicher Befugnisse** und sei eine im **öffentlichen Interesse** liegende Aufgabe i. S. d. Art. 17 Abs. 3 Buchst. b DSGVO. Auch sei das Registergericht zur Datenverarbeitung nach § 387 Abs. 2 FamFG i. V. m. § 9 Abs. 1 HRV, § 9 Abs. 1 HGB, § 40 GmbH

1 Vgl. Liebscher/Scharff, NJW 2006 S. 3745, 3747.

2 EuGH v. 12.9.2024 - C-17/22, C-18/22, GRURS 2024, 23488, auch Sachtleber/Wollschläger, NZG 2024 S. 2553 ff.; BGH v. 23.1.2024 - II ZB 7/23, NWB GAAAJ-64014; OLG München v. 25.4.2024 - 34 Wx 90/24, NWB UAAAJ-70696.

verpflichtet. Zudem habe der EuGH bereits zur einstigen Datenschutzrichtlinie betont, dass die **Registerpublizität grundsätzlich dem Persönlichkeitsschutz vorgehe. Nichts anderes könne für die Rechtslage seit Inkrafttreten der DSGVO gelten**. Auch Art. 21 DSGVO wie auch Art. 18 DSGVO begründeten keinen Löschungs- oder Austauschanspruch, zumal die Registerführung wichtigen öffentlichen Interessen i. S. v. Art. 18 Abs. 2 DSGVO diene. § 9 Abs. 7 HRV sei ebenfalls keine Anspruchsgrundlage für einen Austausch von Registerdaten; diese Norm sei nur eine registerverfahrensrechtliche Grundnorm für den Austausch von Dokumenten im Handelsregister.[1]

Desgleichen gilt, dass aus der DSVGO kein Anspruch auf Löschung des Geburtsdatums und des Wohnorts aus dem Handelsregister **für Geschäftsführer** oder **den Kommanditisten** besteht.

14. Unternehmensregister

762 Ein weiterer Schwerpunkt des EHUG war die Einführung des elektronischen „Unternehmensregisters" nach § 8b HGB. Über die Internetseite www.unternehmensregister.de werden alle wesentlichen Unternehmensdaten auch einer GmbH an einer Stelle im Internet zum Abruf bereitgestellt. Das Unternehmensregister hat zwar keine originäre Bekanntmachungsfunktion, es zielt aber darauf ab, die in verschiedenen Datenbanken verstreuten Unternehmensinformationen an einer zentralen Stelle zusammenzuführen. Einen Katalog der Daten enthält § 8b Abs. 2 HGB. Geführt wird es grundsätzlich vom Bundesjustizministerium; mit dieser Aufgabe betraut wurde der Betreiber des elektronischen Bundesanzeigers (§ 9a Abs. 1 HGB i. V. m. VO v. 15.12.2006, BGBl 2006 I S. 3202).

763 Die Internetseite des Unternehmensregisters hat zum einen **Portalfunktion** für den Zugang zu sämtlichen bei den Registergerichten geführten Originaldaten der Handels-, Genossenschafts- und Partnerschaftsregister, der Bekanntmachungen hierzu sowie der Bekanntmachungen der Insolvenzgerichte (§ 8b Abs. 1 Nr. 1 bis 3 und 11 HGB). Hierzu übermitteln die Landesjustizverwaltungen nach § 8b Abs. 3 Satz 2 HGB die sog. Indexdaten (z. B. Firma eines Unternehmens, Rechtsform) für die Einrichtung der Suchfunktion, über die beim Unternehmensregister dann auf die Daten z. B. beim Handelsregister zugegriffen werden kann. Zum anderen werden im Unternehmensregister selbst die **unternehmensbezogenen Bekanntmachungen im elektronischen Bundesanzeiger** gespeichert und zum Abruf bereitgehalten, insbesondere die Unterlagen der **Rechnungslegung i. S. v. § 325 HGB** und **gesellschaftsrechtliche Bekanntmachungen.** Diese Daten liefert der Betreiber des elektronischen Bundesanzeigers unmittelbar dem Unternehmensregister (§ 8b Abs. 3 Satz 1 Nr. 1 HGB). Kapitalmarktrechtliche Daten (§ 8b Abs. 2 Nr. 9 und 10 HGB) müssen die veröffentlichungspflichtigen Unternehmen selbst zuliefern.

763/1 Durch § 9c HGB wird ein Informationsaustausch zwischen den Mitgliedsländern der EU über die Disqualifikation von Personen sichergestellt, die als Vertretungsorgan einer Kapitalgesellschaft eingetragen werden sollen. Die das Unternehmensregister führende Stelle ist insoweit als Adressat und Bearbeiter der aus dem Ausland eingehenden Infor-

1 BGH v. 23.1.2024 - II ZB 7/23, NWB GAAAJ-64014; OLG München v. 25.4.2024 - 34 Wx 90/24, NWB UAAAJ-70696.

mationswünsche bestimmt worden. Zugleich hat es die Informationsanfragen der deutschen Amtsgerichte an die zuständigen Stellen im Ausland weiterzuleiten. Dass diese Aufgaben Teil der Führung des Unternehmensregisters sind, wird durch Abs. 4 klargestellt.

Die Einsichtnahme in die Daten, die über das Unternehmensregister zugänglich sind, ist 764
wie beim Handelsregister jedermann zu Informationszwecken erlaubt (§ 9 Abs. 7 HGB) und grundsätzlich kostenfrei.[1]

15. Transparenzregister

Mit dem Gesetz zur Umsetzung der Vierten EU-Geldwäscherichtlinie, zur Ausführung 765
der EU-Geldtransferverordnung und zur Neuorganisation der Zentralstelle für Finanztransaktionsuntersuchungen vom 23.6.2017[2] wurde die Vierte EU-Geldwäscherichtlinie in nationales Recht umgesetzt. In Art. 1 wurde das Geldwäschegesetz neu gefasst. Wesentlicher Punkt war die Einführung eines sog. **Transparenzregisters** (§§ 18 ff. GwG). Aus diesem Register sind die Identität und der Wohnort der „wirtschaftlich Berechtigten" – d. h. der hinter den gesellschaftsrechtlichen Strukturen natürlichen Personen – ersichtlich.

Die registermäßig zu erfassenden Angaben sind gem. § 19 Abs. 1 GwG Vor- und Nach- 766
name, Geburtsdatum, Wohnort und Art und Umfang des wirtschaftlichen Interesses des „wirtschaftlich Berechtigten".[3] Dieser wird in § 3 GwG u. a. für GmbHs wie folgt definiert: *„Jede natürliche Person, die unmittelbar oder mittelbar mehr als 25 % der Kapitalanteile hält, mehr als 25 % der Stimmrechte kontrolliert oder auf vergleichbare Weise Kontrolle ausübt."* Mittelbare Kontrolle liegt nach § 3 Abs. 2 Satz 2 GwG insbesondere vor, wenn Anteile in dem vorgenannten Umfang von einer oder mehreren Vereinigungen i. S. v. § 20 Abs. 1 GwG gehalten werden, die von einer natürlichen Person beherrscht werden. Für das Bestehen eines beherrschenden Einflusses gilt § 290 Abs. 2 bis 4 HGB entsprechend.

Beispiele für den wirtschaftlich Berechtigten

- Bei 3 Gesellschaftern mit je 33 % Anteilen sind alle 3 meldepflichtig.
- Bei 4 Gesellschaftern (51 %, 29 %, 10 %, 10 %) sind nur die ersten beiden meldepflichtig.
- Bei 5 Gesellschaftern mit je 20 % ist der GmbH-Geschäftsführer meldepflichtig.[4]

Die Meldepflicht gilt auch für indirekte Beteiligungen, z. B., wenn eine andere GmbH beteiligt ist. Zudem müssen sämtliche Änderungen der Angaben gemeldet werden. Der bisherige Vorteil von Treuhandgestaltungen, dass die bei wirtschaftlicher Betrachtungsweise wahren Beteiligungsverhältnisse nicht sofort ersichtlich werden, ist damit

1 Für die Finanzierung des Unternehmensregisters sind pauschale Jahresgebühren von darin aufgenommenen Unternehmen zu entrichten, vgl. Nr. 1120 Anlage zum JvKostG.

2 BGBl 2017 I S. 1822, Geldwäscherichtlinie-Umsetzungsgesetz.

3 Vgl. im Einzelnen Rosner, NWB 2017 S. 2594.

4 Siehe zu mehrstufigen Beteiligungen: Full/Lorenz/Sturm, Die neuen FAQ des Bundesverwaltungsamts zum Transparenzregister, DStR 2023 S. 1219 ff.

obsolet. Eine Meldepflicht von Treuhandkonstellationen zum Transparenzregister besteht, sofern der Treugeber wirtschaftlich Berechtigter i.S.v. § 3 Abs. 1 und 2 GwG ist,[43] d.h. unmittelbar oder mittelbar entweder mehr als 25 % der Anteile an einer Gesellschaft hält oder mehr als 25 % der Stimmen kontrolliert oder auf vergleichbare Weise Kontrolle ausübt (§ 3 Abs. 2 i.V.m. § 20 Abs. 1 GwG). Treugeber und Treuhänder haben eine Offenlegungspflicht gegenüber der Gesellschaft, damit diese die Eintragung beim Transparenzregister beantragen kann (§ 20 Abs. 3 GwG).[1]

767 Sämtliche Angaben müssen direkt an das Transparenzregister gemeldet werden, auch wenn die Informationen bereits in anderen Registern verfügbar sind.

768 Verstöße gegen die Informationssammlungs- und Mitteilungspflichten werden gem. § 56 Abs. 1 Nr. 53 und 54 GwG mit **Bußgeldern** von bis zu 100.000 € bei „einfachen" Verstößen geahndet, bei vorsätzlichen Verstößen können Bußgelder bis zu 150.000 € verhängt werden und bei besonders schweren, wiederholten oder systematischen Verstößen sind sogar Bußgelder von bis zu 5 Mio. € oder 10 % des Gesamtumsatzes möglich.

769 Die Einsichtnahme ist gestaffelt:

- Behörden haben vollen Zugriff,
- Verpflichtete (z. B. Banken) dürfen fallbezogen einsehen,
- und die Öffentlichkeit hat nur eingeschränkten Zugang.

Die zunächst geschaffene Möglichkeit, dass die im Transparenzregister hinterlegten Informationen insgesamt öffentlich zugänglich waren, hat der EuGH für ungültig erklärt.[2] Dies verstoße gegen EU-Grundrechte, namentlich gegen das Grundrecht auf Achtung des Privatlebens (Art. 7) und den Schutz personenbezogener Daten (Art. 8) der Charta der Grundrechte der Europäischen Union. Mitglieder der Öffentlichkeit können, sofern die Einsichtnahme gewährt wird, folgende Informationen zu wirtschaftlich Berechtigten einsehen:

- Vor- und Nachname,
- Geburtsjahr und -monat,
- Wohnsitzland,
- Art und Umfang des wirtschaftlichen Interesses,
- sämtliche Staatsangehörigkeiten.

Die genauen Modalitäten der Einsichtnahme für die Öffentlichkeit werden aber wohl aufgrund der vorgenannten EuGH-Entscheidung möglicherweise angepasst werden müssen.

1 Baumgartner, MittBayNot 2024 S. 103, 106.
2 EuGH v. 22.11.2022 - verbundene Rechtssachen C-37/20 und C-601/20, NWB JAAAJ-36149.

16. Digitalisierung des Gesellschaftsrechts

Die **zweite Digitalisierungsrichtlinie (Digitalisierungsrichtlinie II)**, die in Deutschland im Jahr 2021 in Kraft trat, verfolgt das Ziel, die Digitalisierung des Unternehmensrechts weiter voranzutreiben. Sie setzt unter anderem die **EU-Richtlinie zur Digitalisierung des Gesellschaftsrechts** um, die die Schaffung eines modernen und digitalen Rahmens für die Gründung und Verwaltung von Gesellschaften innerhalb der EU fördert.[1] 771

Neben den erweiterten Möglichkeiten über die Gründung der GmbH per Online-Beurkundung (dazu schon Rz. 522) bringt die Richtlinie folgende Erleichterungen: 772

- Anmeldung beim **Handelsregister** können vollständig online abgewickelt werden (bspw. Änderungen in der Geschäftsführung oder Kapitalerhöhungen);
- Schaffung einheitlicher digitaler Schnittstellen, um Unternehmen schneller und flexibler in ganz Europa zu gründen und zu verwalten;
- Dokumente und Verträge, die in diesem Rahmen erstellt und beurkundet werden, können nun mit einer **elektronischen Signatur** versehen werden, wodurch die Notwendigkeit von Papierdokumenten verringert wird
- Nutzung eines **qualifiziertes elektronisches Signaturzertifikats zur elektronischen Identifikation** der Gesellschafter erforderlich.

(Einstweilen frei) 773–802

V. Die Errichtung der Ein-Personen-GmbH

1. Die Errichtung der Ein-Personen-GmbH

a) Gesellschafter der Ein-Mann-GmbH

§ 1 GmbHG bestimmt, dass eine GmbH „durch eine oder mehrere“ Personen errichtet werden kann. Es kann sich dabei um eine natürliche oder eine juristische Person handeln. Alleinige Gesellschafterin kann auch eine Personengesellschaft sein, da ein oder mehrere Geschäftsanteile bei der Gründung einer Mehrpersonen-GmbH auch von Personenmehrheiten in gesamthänderischer Gebundenheit übernommen werden können. Für die Gründung einer Ein-Mann-GmbH gelten grundsätzlich die gleichen Vorschriften, die für die Gründung einer GmbH durch mehrere Gesellschafter anzuwenden sind. 803

Der im Rahmen der GmbH-Novelle 1980 geschaffene § 1 GmbHG modifiziert aus praktischen Erwägungen den Grundsatz, dass nach der herkömmlichen Definition der Gesellschaft als einem Zusammenschluss mehrerer Gesellschafter zur Verfolgung eines gemeinsamen Zweckes, eine Personengesellschaft begriffsnotwendig nur existieren kann, wenn mindestens zwei Gesellschafter vorhanden sind. Der Zwang der früheren erlaubten Strohmanngeschäfte mit nachträglicher Anteilsübertragung auf eine Person sollte nach Auffassung des Gesetzgebers nicht mehr bestehen.

Die „Strohmanngründung“, bei der ein Gründungshelfer zwar im eigenen Namen, aber auf Rechnung seines Auftraggebers einen oder mehrere Geschäftsanteile übernimmt, ist weiterhin zulässig. Dies ergibt sich aus § 9a Abs. 4 Satz 1 GmbHG, wonach der „Hin-

1 Hierzu ausführlich Schmidt, NZG 2024 S. 563 ff.

termann“ ebenso haftet wie der Gesellschafter, für dessen Rechnung er Geschäftsanteile übernommen hat.

b) Der Gesellschaftsvertrag

804 Einen Vertrag über die Gründung einer GmbH (Gesellschaftsvertrag) kann eine einzelne Person naturgemäß nicht abschließen, weil der Abschluss eines Vertrags voraussetzt, dass mindestens zwei Personen vorhanden sind. Gleichwohl verwendet der Gesetzgeber in §2 GmbHG weiterhin den Begriff des „Gesellschaftsvertrags“, wenn dort auch nicht mehr – wie früher – vom Abschluss eines solchen Vertrags die Rede ist, sondern es nur noch heißt, dass der Gesellschaftsvertrag der notariellen Form bedarf.

Rechtlich erfolgt die Errichtung der „Ein-Mann-GmbH“ nicht durch den Abschluss eines Vertrags, sondern durch die Errichtungserklärung des alleinigen Gründers. Dabei handelt es sich um ein einseitiges, nicht empfangsbedürftiges Rechtsgeschäft,[1] das in notarieller Form vorzunehmen ist. Gleichwohl kann schon des Einklangs mit den gesetzlichen Bestimmungen wegen, die Satzung der Ein-Mann-GmbH als Gesellschaftsvertrag bezeichnet werden. Der Gründungsgesellschafter kann sich auch bei der Gründung einer Ein-Personen-GmbH vertreten lassen. Die Vollmacht bedarf abweichend von §167 Abs.2 BGB nicht nur der notariellen Beurkundung bzw. Beglaubigung; sie muss auch inhaltlich eine solche Gesellschaftsgründung zumindest (mit)umfassen.[2] Eine fehlende Bevollmächtigung führt zur nicht heilbaren Nichtigkeit der Gründung.

805 Für den obligatorischen und fakultativen Inhalt der Satzung gelten die gleichen Bestimmungen wie für die Errichtung einer **mehrgliedrigen GmbH** (Rz.532ff.).

806 Eine Ein-Personen-GmbH kann auch im **vereinfachten Verfahren** nach §2 Abs.1a GmbHG errichtet werden. Hierzu stellt das Gesetz das Musterprotokoll „a“ für die Gründung einer Ein-Personen-Gesellschaft zur Verfügung, welches zu verwenden ist. Es sieht nur die Bildung eines einzigen Geschäftsanteils (Nr.1) vor, worauf die Einlage sofort entweder in voller Höhe oder zur Hälfte (50%) eingezahlt werden muss. Damit wird gewährleistet, dass bei einer Gründung mit dem Mindeststammkapital auch die Hälfte des Gesamtnennbetrags des Geschäftsanteils (= Stammkapital) nach §7 Abs.2 Satz2 GmbHG erbracht sein muss. Sacheinlagen sind dann nicht möglich.

807 Die Ein-Personen-Gesellschaft kann auch in der Unterform mit der Bezeichnung der **Unternehmergesellschaft** bzw. **UG (haftungsbeschränkt)** ohne ein bestimmtes Mindeststammkapital und mit oder ohne Verwendung des Musterprotokolls gegründet werden. In allen Varianten sind Sacheinlagen auf das Stammkapital nicht möglich, und das Stammkapital muss in voller Höhe vor der Anmeldung eingezahlt sein.

2. Stammkapital und Geschäftsanteil

808 Auch bei einer Ein-Mann-GmbH muss – abgesehen von der Unterform der UG (haftungsbeschränkt) – das Stammkapital mindestens 25.000€ betragen. Da der Gründer nach neuem Recht mehrere, dann mit fortlaufenden Nummern zu versehende Ge-

1 Noack/Servatius/Haas/Servatius, GmbHG, §2 Rz.7.

2 Zu Einzelheiten s. OLG Frankfurt v. 1.12.2016 - 20 W 198/15, NWB KAAAG-41388.

schäftsanteile mit unterschiedlich hohen Nennbeträgen übernehmen kann, ist jedoch darauf zu achten, dass die Summe der Nennbeträge mit dem Stammkapital übereinstimmt. Die Stückelung ist auch bei der UG (haftungsbeschränkt) möglich, nicht jedoch, wenn die Gesellschaft im vereinfachten Verfahren unter Verwendung des Musterprotokolls errichtet werden soll.

3. Der Gründungsvorgang

a) Besonderheiten

809 Für den Gründungsvorgang gelten die gleichen Regeln wie bei der Errichtung einer mehrgliedrigen GmbH. Zusätzliche Erfordernisse unter dem Gesichtspunkt des Gläubigerschutzes sind nicht mehr einzuhalten. Es ist keine Sicherheit für noch nicht erbrachte Geldeinlagen zu stellen.

810 Der Einmanngründer muss gem. § 7 Abs. 2 Satz 1 und Satz 2 GmbHG – wie bei anderen Gründungen auch – vor der Anmeldung der Gesellschaft beim Handelsregister nur ein Viertel auf den Nennbetrag jeden Geschäftsanteils, **mindestens aber die Hälfte des Mindeststammkapitals** – also 12.500 € – einzahlen. Die Einzahlung der Geldeinlage muss so erfolgen, dass auch für Außenstehende erkennbar wird, dass das Geld zum Sondervermögen der in Gründung befindlichen GmbH (Vorgesellschaft) gehört.[1] Dazu bedarf es regelmäßig einer Bareinzahlung oder Banküberweisung auf einem Bankkonto, das auf die Gründungsgesellschaft (oder wenigstens den Geschäftsführer in seiner Eigenschaft als künftiges Organ der GmbH) lautet. Der Geschäftsführer hat bei der Anmeldung zum Handelsregister eine entsprechende Versicherung nach § 8 Abs. 2 GmbHG abzugeben. **Zahlungsnachweise kann** das Registergericht verlangen, wenn **erhebliche Zweifel an der Richtigkeit der Versicherung bestehen**.

811 Für den Rest, der nicht sofort aufgebracht werden muss und bei einer Bargründung drei Viertel des Gesamtnennbetrages des Geschäftsanteils bzw. der Geschäftsanteile ausmachen kann, muss der Gründer **keine Sicherung bestellen**.

812 Wird die **Ein-Personen-Gesellschaft als UG (haftungsbeschränkt)** mit einem Stammkapital unter dem Mindeststammkapital von 25.000 € errichtet, ist zu beachten, dass dann dieses **Stammkapital** vor der Anmeldung **in voller Höhe eingezahlt** werden muss und **Sacheinlagen ausgeschlossen** sind.

813 Will der Gründer das **vereinfachte Verfahren** nutzen und hierzu das gesetzliche **Musterprotokoll** für die Gründung verwenden, kann nur **ein Geschäftsanteil** gebildet werden. Außerdem sieht das Musterprotokoll **keine Sacheinlagen** vor und bietet nur die **zwei Alternativen**, die **Geldeinlagen** entweder **in voller Höhe oder zu 50 % sofort** zu erbringen. Bei Verwendung des Musterprotokolls zu der Errichtung einer UG (haftungsbeschränkt) entfällt die Möglichkeit, das Stammkapital nur zur Hälfte einzuzahlen.

1 BayObLG v. 20.1.1994 - 4 St RR 1/94, GmbHR 1994 S. 329.

b) Der Geschäftsführer

814 Der einzige GmbH-Gesellschafter kann zugleich auch zum Geschäftsführer der Ein-Mann-GmbH bestellt werden. Zu beachten ist jedoch die Bestimmung des § 35 Abs. 4 GmbHG, wonach der Ein-Mann-Gesellschafter, der zugleich Geschäftsführer ist, hinsichtlich seiner Geschäfte mit der Gesellschaft dem Verbot des Selbstkontrahierens (§ 181 BGB) unterliegt. Dem Geschäftsführer ist es nicht erlaubt, Rechtsgeschäfte zwischen der GmbH und sich einzugehen, es sei denn, durch die Satzung (Gesellschaftsvertrag) bzw. durch spätere Änderung der Satzung – und nur durch diese[1] – wird ihm Befreiung vom Verbot des Selbstkontrahierens erteilt. Das gesetzliche Musterprotokoll für die Errichtung einer Ein-Personen-Gesellschaft enthält die Bestellung eines Geschäftsführers und dessen Befreiung von den Beschränkungen des § 181 BGB. Die allgemeine Befreiung im Gesellschaftsvertrag ist im Handelsregister einzutragen.[2]

815 Möglich ist es auch, dem alleinigen Gesellschafter-Geschäftsführer im Einzelfall durch einen Gesellschafterbeschluss ein In-Sich-Geschäft zu gestatten. In diesem Fall muss die Satzung eine entsprechende Bestimmung enthalten. Es muss dann aber auch jeweils ein Gesellschafterbeschluss gefasst werden, über den unverzüglich eine Niederschrift aufzunehmen und zu unterschreiben ist (§ 48 Abs. 3 GmbHG).

4. Nachträgliche Entstehung einer Ein-Mann-GmbH

816 Eine Ein-Mann-GmbH kann auch dadurch entstehen, dass ein Gesellschafter später alle Geschäftsanteile erwirbt.

817 Bei einer Anteilsvereinigung in der Hand eines Gesellschafters haben die Geschäftsführer – wie bei jedem anderen Gesellschafterwechsel auch – zu dem Handelsregister unverzüglich eine von ihnen unterschriebene Gesellschafterliste einzureichen (§ 40 Abs. 1 GmbHG), welche Name, Vorname, Geburtsdatum und Wohnort der Gesellschafter, bei denen Änderungen in der Person oder im Umfang ihrer Beteiligung wirksam geworden sind, sowie die Nennbeträge und die laufenden Nummern der von einem jeden übernommenen Geschäftsanteile enthält. Der **Geschäftsführer**, der die ihm obliegende Pflicht verletzt, **haftet** den **Personen, deren Beteiligung sich geändert hat**, und den **Gläubigern der Gesellschaft** für den daraus entstehenden Schaden (§ 40 Abs. 3 GmbHG).

818–830 (*Einstweilen frei*)

5. Entstehung einer Ein-Mann-GmbH durch Umwandlung

831 Eine Ein-Mann-GmbH kann neben der Ein-Personen-Gründung und der Vereinigung aller Geschäftsanteile in einer Hand auch durch Umwandlung eines einzelkaufmännischen Unternehmens, dessen Firma im Handelsregister eingetragen ist, in eine GmbH entstehen. Dies erfolgt gem. §§ 152 ff. UmwG durch **„Ausgliederung"**, die einen Unterfall der Spaltung i. S. d. § 123 Abs. 3 Nr. 2, § 124 UmwG darstellt. Damit ist es möglich, das gesamte, dem Einzelunternehmen dienende Vermögen, aber auch Teile davon

1 BGH v. 6.10.1960 - II ZR 215/58, BGHZ 33 S. 189.

2 BGH v. 28.2.1983 - II ZB 8/82, BGHZ 87 S. 59.

auch zum Zwecke der Neugründung einer GmbH auf diese im Wege der Universalsukzession übergehen zu lassen.

Im Gegensatz zur Einbringung des Unternehmens durch eine normale Sachgründung, die eine Einzelübertragung aller zum Anlage- und Umlaufvermögen gehörender Gegenstände erfordert, geht bei der Umwandlung mit deren Eintragung das Vermögen im Wege der Gesamtrechtsnachfolge vom übertragenden auf den übernehmenden Rechtsträger – die GmbH – über, § 20 Abs. 1 i. V. m. § 125 UmwG. Dies gilt auch für die Verbindlichkeiten, während bei der Einbringung die Verbindlichkeiten des Einzelunternehmens nur mit Zustimmung der Gläubiger übergehen (§§ 414, 415 Abs. 1 BGB). Allerdings dürfen die Verbindlichkeiten des Einzelunternehmers das Vermögen nicht übersteigen (§ 152 Satz 2 UmwG).

Auch im Fall der Umwandlung ist ein Sachgründungsbericht nach § 5 Abs. 4 GmbHG zu 832 erstatten, der zusätzlich § 58 Abs. 1 UmwG entsprechen, also auch den Geschäftsverlauf und die Lage des übergehenden einzelkaufmännischen Unternehmens bzw. des ausgegliederten Teils darlegen muss (§ 159 UmwG). Eine Prüfung durch einen sachverständigen Prüfer ist jedoch nicht erforderlich, § 125 Satz 2 UmwG. Dies ist vor allem für die **„kleine" GmbH** und die **Kleinstkapitalgesellschaft (§ 267a HGB i. d. F. des MicroBilG**[1]**)**, die nach §§ 316 Abs. 1, 267 Abs. 1 HGB und § 267a Abs. 2 HGB nicht prüfungspflichtig sind, von praktischer Bedeutung. Die Überbewertung stellt aber ein Eintragungshindernis dar (§ 9c Abs. 1 Satz 2 GmbHG), das es im Zweifel durch ein vom Registergericht einzuholendes Sachverständigengutachten auszuräumen gilt.

Die Umwandlung des Unternehmens eines Einzelkaufmanns in eine Ein-Mann-GmbH – 833 also zum Zwecke von deren **Neugründung** – erfolgt durch eine Umwandlungserklärung (Ausgliederungserklärung) in notarieller Form. In ihr ist auch die Errichtungserklärung für die Ein-Personen-GmbH abzugeben und der Gesellschaftsvertrag (die Satzung) für die GmbH festzustellen. Ein Sachgründungsbericht ist obligatorisch, da die Übertragung des ausgegliederten Geschäftsvermögens als Ganzes zum Zwecke der Neugründung eine Sachgründung darstellt.

Die **Umwandlung zur Neugründung einer Unternehmergesellschaft (haftungs-** 834 **beschränkt) ist nicht möglich.** Bei dieser Unterform der GmbH sind Sacheinlagen ausgeschlossen (§ 5a Abs. 2 GmbHG). Auch das **vereinfachte Verfahren** zur Errichtung einer GmbH nach § 2 Abs. 1a GmbHG kann **nicht praktiziert** werden, weil das gesetzliche Musterprotokoll nur in Geld zu erbringende Einlagen und keine Sacheinlagen auf den Geschäftsanteil vorsieht.

(Einstweilen frei) 835–850

VI. Die fehlerhafte Gesellschaft

Der Gesellschaftsvertrag der GmbH kann – wie bei anderen Verträgen auch – in Form 851 und Inhalt mangelhaft sein. Allerdings lassen sich die Grundsätze, die zur fehlerhaften, aber in Vollzug gesetzten Personengesellschaft entwickelt worden sind, nur ausnahmsweise anwenden. Mit der Eintragung der GmbH in das Handelsregister, also mit ihrer

1 Vgl. hierzu Fey/Deubert/Lewe, BB 2013 S. 107.

Entstehung als solche, werden die meisten Mängel geheilt. Die gilt nur für die in § 75 GmbHG genannten Nichtigkeitsgründe (Fehlen von Bestimmungen über die Höhe des Stammkapitals oder den Gegenstand des Unternehmens oder Nichtigkeit der Bestimmung über den Gegenstand des Unternehmens) nicht. Hinsichtlich einzelner Klauseln der Satzung, die nichtig sind, nimmt die Rechtsprechung[1] an, dass sie analog § 242 Abs. 2 AktG geheilt werden, wenn drei Jahre seit der Eintragung in das Handelsregister verstrichen sind.

852 Ist die GmbH zwar durch Abschluss des Gesellschaftsvertrags errichtet, aber noch nicht eingetragen, gilt für die entstandene Vorgesellschaft **(Vor-GmbH)** nicht § 75 GmbHG. Bei Anfechtung oder Nichtigkeit des Gesellschaftsvertrags sind für die in Vollzug gesetzte Vorgesellschaft die Grundsätze über die Abwicklung fehlerhafter (faktischer) Gesellschaftsverhältnisse anzuwenden. Die Geltendmachung des Mangels führt unmittelbar zur Auflösung der Gesellschaft, weil der Zweck der Vorgesellschaft, für das Entstehen der GmbH auf der Grundlage der (unwirksamen) Satzung zu sorgen, entfallen ist. Eine für die entstandene GmbH vorbehaltene Auflösungsklage nach § 61 GmbHG ist nicht erforderlich.

853 Auf die **Liquidation** sind die für die entstandene GmbH geltenden Vorschriften der §§ 60 ff. GmbHG entsprechend anzuwenden, sofern sie nicht zwingend die Eintragung der GmbH voraussetzen. Wenn man nach allgemein geteilter Ansicht die Vorgesellschaft als Vorstufe zu der mit Eintragung entstehenden juristischen Person und als ein eigenständiges, von ihren Gründern und Gesellschaftern verschiedenes körperschaftlich strukturiertes Rechtsgebilde mit eigenen Rechten und Pflichten[2] versteht, für das weitgehend das Recht der GmbH anzuwenden ist, ist es nahe liegend, auch die Vorschriften über die Liquidation einer GmbH anzuwenden, wenn sie nicht die vorherige Eintragung der Gesellschaft voraussetzen.[3] Solange die Liquidation der Vor-GmbH dauert, besteht sie als rechtsfähige und nach § 50 ZPO parteifähige Abwicklungsgesellschaft fort. Allerdings hat der BGH – was die Liquidatoren angeht – auch entschieden, dass hier die Regeln des § 735 BGB anzuwenden seien und nicht § 66 GmbHG.[4]

854 Setzen die Gesellschafter nach Aufgabe der Eintragungsabsicht die Gesellschaft fort, anstatt sie abzuwickeln, unterliegt sie dem Recht der BGB-Gesellschaft, soweit der Gewerbebetrieb keinen in kaufmännischer Weise eingerichteten Geschäftsbetrieb erfordert, sonst ist sie als OHG zu behandeln.

855–870 (*Einstweilen frei*)

1 BGH v. 19.6.2000 - II ZR 73/99, BGHZ 144 S. 365.
2 BGH v. 16.3.1992 - II ZB 17/91, BGHZ 117 S. 323.
3 BGH v. 28.11.1997 - V ZR 178/96, NJW 1998 S. 1079; BGH v. 31.3.2008 - II ZR 308/06, NWB DAAAC-79832.
4 BGH v. 24.10.1968 - II ZR 216/66, BGHZ 51 S. 30.

VII. Die Vorgründungsgesellschaft

LITERATUR:

Priester, Das Gesellschaftsverhältnis im Vorgründungsstadium, GmbHR 1995 S. 481; *Schmidt, K.*, Haftung aus Rechtsgeschäften vor Errichtung einer GmbH, GmbHR 1998 S. 613; *Pfeifer*, Die persönliche Haftung der Gesellschafter einer GmbH, JuS 2008 S. 490.

Die Gründung einer GmbH durchläuft drei Phasen. Vor Abschluss des notariellen Ge- 871
sellschaftsvertrags entsteht die **Vorgründungsgesellschaft**, sobald mehrere Personen – die Gründer – einen Vertrag mit der Vereinbarung schließen, gemeinsam eine GmbH zu errichten (Vorgründungsphase). Sie wird auch als **Vorgründungs-GmbH** bezeichnet, weil sich die „werdende" GmbH im Stadium zeitlich **vor** der notariellen Beurkundung befindet. Dabei handelt es sich um eine Gesellschaft bürgerlichen Rechts, wenn es deren alleiniger Zweck ist, die GmbH zu gründen, oder eine OHG, wenn daneben noch weitere geschäftliche Aktivitäten entfaltet werden sollen und ein Handelsgeschäft (§ 1 HGB) betrieben wird. Auch wenn diese Personenvereinigung der Gründer die spätere Tätigkeit der GmbH vorbereitet, hat sie mit dieser im Rechtssinne nichts zu tun und ist ein eigenständiges Gebilde.[1]

Für den Übergang der Rechte und Pflichten und auch der Schulden der Vorgründungs- 872
gesellschaft, für die im Übrigen alle Gesellschafter nach §§ 721 ff. BGB bzw. § 126 HGB unbeschränkt mit ihrem persönlichen Vermögen als Gesamtschuldner haften, hat dies Konsequenzen: Während die Vorgesellschaft mit Eintragung der GmbH in das Handelsregister mit allen Rechten und Verbindlichkeiten ohne Weiteres in der dann rechtlich existent werdenden GmbH aufgeht, müssen – wegen der fehlenden Identität von Vorgründungsgesellschaft und Vorgesellschaft (Vor-GmbH) bzw. GmbH – die Gegenstände ihres Vermögens mittels selbständigem Übertragungsakt auf die Vorgesellschaft übertragen oder in die GmbH eingebracht werden.

Allerdings kann eine solche Übertragung auch konkludent erfolgen, sofern nicht besondere Formen hierzu beachtet werden müssen (z. B. bei Grundstücken die Auflassung). Eine stillschweigende Übertragung kann aus der bilanziellen Behandlung bei der später gegründeten Gesellschaft hergeleitet werden. Wenn sich dort Wirtschaftsgüter der Vorgründungsgesellschafter wiederfinden, spricht dies für die **Annahme einer vorangegangenen Übertragung.**[2] Bleiben also bis zu einer Übertragung grundsätzlich die Aktiva und Passiva bei der Vorgründungsgesellschaft, bis sie wirksam auf die errichtete oder entstandene GmbH übertragen werden,[3] gewinnt dieser Umstand besondere Bedeutung bei der Haftung für die Verbindlichkeiten. Auch wenn die Vorgesellschaft oder die GmbH die Schulden der Vorgründungsgesellschaft übernimmt, werden die Vorgründungsgesellschafter nicht von ihrer persönlichen Haftung befreit, bis die Gläubiger dem zustimmen.[4]

1 BGH v. 7.5.1984 - II ZR 276/83, BGHZ 91 S. 148, 151.
2 BGH v. 7.10.1991- II ZR 252/90, NJW 1992 S. 362.
3 BGH v. 25.10.2000 - VIII ZR 306/99, NWB XAAAC-04467.
4 § 415 Abs. 1 Satz 1 BGB; BGH v. 10.3.1997 - II ZR 158/95, DStR 1997 S. 790; v. 9.3.1998 - II ZR 366/96, NJW 1998 S. 1645.

873 Die Vorgesellschaft bzw. die später entstehende GmbH wird auch nicht berechtigt oder verpflichtet aus Geschäften, die – fälschlicherweise – für die „GmbH" oder die „GmbH in Gründung" abgeschlossen werden. Es gelten dann die Grundsätze des unternehmensbezogenen Vertreterhandelns. Sie besagen, dass eine Falschbezeichnung oder das Fehlen eines Rechtsformzusatzes unbeachtlich ist und derjenige Rechtsträger verpflichtet wird, für den betriebsbezogen und mit Vertretungsmacht gehandelt wird, also die Vorgründungsgesellschaft.[1]

BEISPIEL: A, B und C beschließen, eine GmbH mit der Firma „Heinzelmännchen-GmbH" zu gründen, und beauftragen gemeinsam A mit den notwendigen Vorbereitungsarbeiten. A kauft namens der „Heinzelmännchen-GmbH i. Gr." eine Büroeinrichtung, die geliefert wird, als der Gesellschaftsvertrag bereits notariell beurkundet ist. Aus dem Kaufvertrag werden weder die jetzt schon entstandene Vorgesellschaft (die GmbH in Gründung) noch die GmbH selbst nach ihrer Eintragung in das HR berechtigt und verpflichtet. Zur Zahlung des Kaufpreises sind die Gesellschafter A, B und C in Gesellschaft bürgerlichen Rechts verpflichtet. Eigentümerin wird die Vorgründungsgesellschaft, die ihr Eigentum nach §§ 929 ff. BGB auf die Vorgesellschaft bzw. GmbH übertragen muss. Der Lieferant kann sich an A, B und C persönlich für die Zahlung des Kaufpreises halten, selbst wenn die GmbH bzw. die Vorgesellschaft bei Übereignung der Büroeinrichtungsgegenstände durch ihren Geschäftsführer erklärt hatte, sie übernehme mit befreiender Wirkung die Kaufpreisschuld. Dies ist im Verhältnis zum Lieferanten solange unerheblich, als dieser der Schuldübernahme nicht zugestimmt hat.

874–890 (*Einstweilen frei*)

VIII. Die Vorgesellschaft

LITERATUR:

Gehrlein, Die Haftung in verschiedenen Gründungsphasen einer GmbH, DB 1996 S. 561; *Schmidt, K.*, Zur Haftungsverfassung der Vor-GmbH, ZIP 1997 S. 671; *Flume*, Die Rechtsprechung zur Haftung der Gesellschafter der Vor-GmbH und die Problematik der Rechtsfortbildung, DB 1998 S. 45; *Cebulla*, Haftungsmodelle bei einer GmbH-Gründung, NZG 2001 S. 972; *Lenz*, Haftung der Gesellschafter und Handelnden bei Vorgründungsgesellschaft und Vor-GmbH, INF 2002 S. 147.

1. Wesen und Rechtsnatur

891 Die **Vorgesellschaft**, auch als **Vor-GmbH** bezeichnet oder in der Praxis häufig firmierend mit „X-GmbH i. Gr." (GmbH in Gründung), entsteht mit der notariellen Beurkundung des Gesellschaftsvertrags (Satzung) und endet mit der Eintragung der GmbH, also mit deren Entstehen „als solcher" nach § 11 Abs. 1 GmbHG. Mit Ausnahme der Aussage, dass die GmbH als solche vor der Eintragung noch nicht besteht, äußert sich der Gesetzgeber zu dem Rechtszustand der Gesellschaft zwischen ihrer (notariellen) Gründung und ihrem Entstehen als rechtsfähige juristische Person durch die Eintragung in das Handelsregister nur noch in § 11 Abs. 2 GmbHG, obwohl in dieser Phase die Stammeinlagen (= Einlagen auf das Stammkapital) als Geld- oder Sacheinlagen erbracht, entgegengenommen und verwaltet werden müssen, ohne dass es die Gesellschaft, die mit den Leistungen bedacht werden soll, schon gibt.

1 St. Rspr., vgl. z. B. BGH v. 4.4.2000 - XI ZR 152/99, NJW 2000 S. 2984.

Es muss auch schon ein gewisser Aufwand betrieben und es müssen eine Reihe von Aktivitäten entfaltet werden, um die Eintragung der GmbH und damit ihr Entstehen zu bewirken, und es kann sich letztlich auch als notwendig bzw. wirtschaftlich sinnvoll erweisen, bereits vor der Eintragung mit den eigentlichen geschäftlichen und unternehmerischen Betätigungen zu beginnen, zu deren Zweck die Gesellschaft gegründet worden ist. Auch die Gründer der Gesellschaft haben häufig nur das Bestreben, mit ihrem Unternehmen auf dem Markt zu starten, und verwenden wenig Gedanken darauf, Regelungen für die Zwischenphase zu treffen.

Es entspricht einhelliger Ansicht, dass die in diesem Gründungsabschnitt bestehende 892
Vorgesellschaft als ein Rechtsgebilde eigener Art anzusehen ist, auf das die Vorschriften des GmbH-Rechts und die vertraglichen Gründungsbestimmungen (der werdenden Gesellschaft) anzuwenden sind, soweit dies nicht zwingend die Eintragung der GmbH voraussetzt.[1] Die Vor-GmbH ist aktiv und passiv parteifähig, kann das als Sacheinlage eingebrachte Unternehmen führen, also als Träger von Rechten und Pflichten nach außen im Rechtsverkehr auftreten,[2] ist i.S.v. § 11 Abs. 1 InsO insolvenzfähig und kann mit dem Zusatz „i.G." oder „in Gründung" als solche in das Handelsregister und in das Grundbuch eingetragen werden.[3] Aus Rechtsgeschäften, die im Namen der und für die Vor-GmbH abgeschlossen werden, wird grundsätzlich allein die Vorgesellschaft selbst verpflichtet und ausschließlich ihr eigenes Vermögen belastet.

Für das Innenverhältnis unter den Gesellschaftern bedeutet dies zunächst, dass Gesell- 893
schafterbeschlüsse zur Willensbildung möglich sind, die mehrheitlich gefasst werden können, soweit es sich um Angelegenheiten handelt, die sich im Rahmen des Zwecks der Vor-GmbH halten, ihre Eintragung herbeizuführen, und die hierzu erforderlichen Rechts- und Verwaltungshandlungen betreffen. Vertragsänderungen wie z. B. auch ein Wechsel in der Mitgliedschaft müssen indessen einstimmig beschlossen werden, ebenso, wenn die Vorgesellschaft schon die eigentlichen Geschäfte der künftigen GmbH aufnehmen und der Geschäftsführer hierzu ermächtigt werden soll.[4]

2. Geschäftsführung und Vertretungsmacht/Handelndenhaftung

Die Vorgesellschaft muss als selbst nicht handlungsfähiges Gebilde eine Geschäftsfüh- 894
rung haben. Diese hat vor allem, dem Zweck der Vorgesellschaft entsprechend, die GmbH beim Handelsregister anzumelden und eintragen zu lassen. Deshalb ist bereits für dieses Stadium der Gründung ein Geschäftsführer zu bestellen, dessen wesentlicher Aufgabenbereich auch grundsätzlich den Umfang seiner Geschäftsführungsbefugnis und Vertretungsmacht umschreibt.

Der Geschäftsführer hat die Voraussetzungen der Eintragung herbeizuführen. Dazu gehören im Wesentlichen, die in bar zu erbringenden Mindesteinlagen und bei Sachgründungen die Sacheinlagen zu seiner endgültigen freien Verfügung einzufordern, einen

1 BGH v. 24.10.1968 - II ZR 216/66, BGHZ 51 S. 30; v. 9.3.1981 - II ZR 54/80, BGHZ 80 S. 129; v. 16.3.1992 - II ZB 17/91, BGHZ 117 S. 323, 326.

2 BGH v. 31.3.2008 - II ZR 308/06, NWB DAAAC-79832.

3 BGH v. 9.10.2003 - IX ZB 34/03, NWB CAAAB-99903.

4 BGH v. 9.3.1981 - II ZR 54/80, BGHZ 80 S. 129, 139; v. 4.11.2002 - II ZR 204/00, BGHZ 152 S. 290, NWB HAAAB-97833.

notwendigen Sachgründungsbericht – eventuell auf der Grundlage eines von ihm in Auftrag zu gebenden Gutachtens eines Sachverständigen – zu erstellen und sonstige Eintragungsunterlagen zu beschaffen. Er muss bei Überbewertung der bedungenen Sacheinlagen den Gesellschafter zum Ausgleich der Differenz in Geld auffordern, wenn er sich nicht Schadensersatzforderungen der Gesellschaft wegen falscher Angaben bei der Anmeldung nach § 9a Abs. 1 GmbHG oder wegen sonstiger Obliegenheitsverletzung nach § 43 Abs. 2 GmbHG aussetzen will.

Schließlich umfasst der Aufgabenbereich und damit auch die Geschäftsführungsbefugnis und Vertretungsmacht eine ordnungsgemäße Verwaltung, Erhaltung und Sicherung des Vermögens der Gesellschaft, also z. B. ein Bankkonto für die Gesellschaft einzurichten, die rentierliche Anlage eingezahlten Geldes oder sonstige kaufmännisch sinnvolle Nutzung von eingebrachten Gegenständen (kurzfristige Vermietung von Anlagegegenständen, aber auch deren Wartung und Erhaltung) zu veranlassen.

895 Soll der Geschäftsführer über den Kreis solcher Geschäfte hinaus, die zum Erreichen des eigentlichen Zwecks der Vorgesellschaft erforderlich sind, für die Gesellschaft tätig werden, also umfangreichere geschäftliche und unternehmerische Aktivitäten entfalten (wie z. B. bereits das Geschäft der GmbH zu eröffnen oder ein eingebrachtes Unternehmen fortzuführen), ist hierfür wegen der Erweiterung des Zwecks der Vorgesellschaft eine einstimmige Entschließung der Gesellschafter erforderlich.[1] An ein solches Einverständnis dürfen aber für dessen rechtliche Wirksamkeit keine besonderen Anforderungen gestellt werden. Es bedarf dafür weder eines förmlichen Beschlusses der Gesellschafterversammlung noch gar einer Satzungsänderung, es reicht sogar eine stillschweigende Ermächtigung aus.

896 Für die **Handelndenhaftung** des Geschäftsführers, der insbesondere zu den „Handelnden" i. S. d. § 11 Abs. 2 GmbHG zählt, ist es von Bedeutung, ob er im übereinstimmenden Einverständnis der Gründungsgesellschafter Rechtsgeschäfte abgeschlossen hat, die über den eingeschränkten, eigentlichen Wirkungskreis der Vorgesellschaft hinausgehen, oder nicht. Zwar haftet der Geschäftsführer, der rechtsgeschäftlich im Namen der Gesellschaft gehandelt hat, persönlich nach § 11 Abs. 2 GmbHG dem Gläubiger (Geschäftspartner), und zwar unabhängig davon, ob er Vertretungsmacht hatte oder nicht. Seine Haftung nach § 11 Abs. 2 GmbHG aus einer Verbindlichkeit, die er im Rahmen seiner Vertretungsmacht namens der Gesellschaft begründet hatte, erlischt jedoch mit Eintragung der GmbH,[2] weil die in der Person der Vorgesellschaft begründete Verbindlichkeit dann automatisch auf die GmbH übergeht und die Gesellschafter mit der dann einsetzenden Differenzhaftung (Vorbelastungs- oder Unterbilanzhaftung) gegenüber der GmbH dafür einstehen müssen, wenn das Stammkapital durch Verbindlichkeiten vorbelastet sein sollte.

Hat er aber außerhalb seiner Vertretungsmacht gehandelt, dann haftet der Geschäftsführer für die Verbindlichkeit nach § 11 Abs. 2 GmbHG und nach § 179 BGB alleine. Da eine wirksame Vertretung der Gesellschaft nicht vorliegt, treffen die Rechte und Pflichten aus solchen Geschäften den Geschäftsführer persönlich und nicht die Vorgesell-

1 BGH v. 9.3.1981 - II ZR 54/80, BGHZ 80 S. 129, 139.
2 BGH v. 16.3.1981 - II ZR 59/80, BGHZ 80 S. 182, 183.

schaft, so dass Verbindlichkeiten hieraus auch nicht auf die eingetragene GmbH übergehen und eine Differenzhaftung der Gründungsgesellschafter auslösen können.

3. Rechtsnatur der Vorgesellschaft

Anschließend an die grundlegende Entscheidung v. 9.3.1981, lässt sich der Rechtszustand der Gesellschaft zwischen ihrer Errichtung und ihrem Entstehen zusammenfassend mit folgendem Zitat aus der Rechtsprechung des BGH beschreiben: 897

Die Vorgesellschaft ist *„als notwendige Vorstufe zu der mit der Eintragung entstehenden juristischen Person als werdende Kapitalgesellschaft bereits ein eigenständiges, von ihren Gründern und Gesellschaftern verschiedenes körperschaftlich strukturiertes Rechtsgebilde mit eigenen Rechten und Pflichten. Die Vorgesellschaft als solche und nicht jeder einzelne Gesellschafter oder eine von ihr verschiedene Gesamtheit ihrer Gesellschafter ist Träger der eingebrachten Vermögenswerte. Die Vorgesellschaft verfügt bereits über eine eigene Firma oder doch jedenfalls über einen eigenen Namen, ist konto- und grundbuchfähig, nach der im Schrifttum herrschenden Auffassung auch wechsel- und scheckfähig, und auch im Übrigen imstande, durch ihre Geschäftsführung (oder ihren Vorstand) als satzungsmäßiges Vertretungsorgan nach außen geschlossen aufzutreten und eigene Rechte und Verbindlichkeiten zu begründen, deren Träger nicht die Gesellschafter, sondern die Gesellschaft selber ist, die infolgedessen auch schon die Fähigkeit besitzt, als solche die Funktion des persönlich haftenden Gesellschafters in einer Kommanditgesellschaft zu übernehmen. Ihr Wesen als die im Entstehen begriffene Kapitalgesellschaft zeigt sich auch darin, dass die ihr übertragenen Vermögenswerte und die in ihrer Vertretung begründeten Rechte und Pflichten mit der Eintragung automatisch auf die damit entstandene juristische Person übergehen. Sie ist mithin die durch Eintragung zur Rechtsfähigkeit gelangende Kapitalgesellschaft. Als solche besitzt sie grundsätzlich auch die Fähigkeit, im Registerverfahren Beteiligte zu sein.“*[1]

Entscheidend ist die Aussage, dass die Vorgesellschaft die notwendige Vorstufe der juristischen Person ist und die auf die Vorgesellschaft übertragenen Vermögenswerte automatisch übergehen. Damit dürfte aber kein Rechtsträgerwechsel gemeint sein, eher ist der Übergang zur juristischen Person mit dem Phänomen eines Formwechsels vergleichbar. Wegen dieser **Kontinuität** zwischen Vorgesellschaft und GmbH lässt sich die Vorgesellschaft als „Nasciturus“ der späteren GmbH bezeichnen. Sie ist daher ein körperschaftlich strukturiertes Rechtsgebilde mit eigenen Rechten und Pflichten. 898

Das bedeutet aber nicht, dass mit dem Entstehen der GmbH jegliche Haftung der Gründungsgesellschafter oder der für die Vorgesellschaft handelnden Personen erledigt sei oder dass – wie in mancher überkommenen Vorstellung von Laien zu finden – der Nennbetrag der übernommenen Geschäftsanteile (= Einlage auf das Stammkapital = Stammeinlage) zugleich auch der höchstmögliche Haftungsbetrag eines Gründungsgesellschafters sei. Die Begrenzung der Haftung auf die Einlage nähme das für eine GmbH charakteristische Haftungsprivileg des § 13 Abs. 2 GmbHG vorweg, der zwingend eine existierende GmbH und damit deren erfolgte Eintragung voraussetzt.[2]

1 BGH v. 16.3.1992 - II ZB 17/91, BGHZ 117 S. 323, 326 f.

2 BGH v. 27.1.1997 - II ZR 123/94, BGHZ 134 S. 333 ff.; Pfeifer, JuS 2008 S. 490.

4. Regelungs- und Haftungskonzept der Vorgesellschaft

899 Nach der Rechtsprechung ergibt sich folgendes Regelungs- und Haftungskonzept:

- Rechte und Pflichten aus Geschäften, die während der Vorgesellschaft durch Geschäftsführer mit Ermächtigung aller Gründungsgesellschafter im Namen der Gesellschaft abgeschlossen werden, gehen wie das übrige Vermögen der Vorgesellschaft mit der Eintragung der GmbH in vollem Umfang auf diese über; es gilt **kein** sog. **Vorbelastungsverbot**.
- Dennoch gilt der **Unversehrtheitsgrundsatz,** d.h. um der vollen Kapitalausstattung in Höhe der Stammeinlage der GmbH im Entstehungszeitpunkt Rechnung zu tragen und möglichen durch Anlaufverluste bei Geschäftsaufnahme entstandenen Fehlbeträgen begegnen zu können, ist an die Stelle des Vorbelastungsverbots seither die sog. **Vorbelastungs-**(auch **Unterbilanz-** oder **Differenz-)haftung** getreten.[1]
- **Wird die Gesellschaft eingetragen**, haften die Gesellschafter für die Differenz, die sich aus Vorbelastungen zwischen dem Stammkapital und dem Wert des Vermögens der Gesellschaft im Zeitpunkt der Eintragung ergibt. Die Gründungsgesellschafter haften dafür anteilig bis zur Auffüllung des Stammkapitals gegenüber der Gesellschaft (allgemein Differenzhaftung = **Vorbelastungs- oder Unterbilanzhaftung**). Der Ausgleich ist jedoch nicht auf die **Differenz** zwischen dem im Eintragungszeitpunkt bestehenden Gesellschaftsvermögen und dem satzungsmäßigen Stammkapital begrenzt, sondern umfasst im Falle der **Überschuldung** auch die Fehlbeträge, die **über das Stammkapital hinausgehen.**[2]
- Die Haftung der Handelnden aus für die Vorgesellschaft im Rahmen der Vertretungsmacht eingegangenen Verbindlichkeiten (**Handelndenhaftung** nach § 11 Abs. 2 GmbHG) **erlischt mit der Eintragung der GmbH.**
- **Scheitert die Eintragung der Gesellschaft** (wegen Ablehnung oder Aufgabe der Eintragungsabsicht), besteht eine **unbeschränkte**, also nicht durch die Stammkapitalziffer beschränkte **Verlustdeckungshaftung** der Gründungsgesellschafter gegenüber der Vor-GmbH.[3]
- Die Differenz- und die Verlustdeckungshaftung begründen regelmäßig nur eine **Innenhaftung** gegenüber der Gesellschaft. Dies gilt für die nach Eintragung der GmbH eingreifende Unterbilanzhaftung auch dann, wenn die GmbH vermögenslos ist oder nur einen Gesellschafter hat.[4]

5. Übertragung des Anteils an einer Vorgesellschaft

900 Nach der Rechtsprechung erfolgt der Gesellschafterwechsel bei einer Vor-GmbH durch Änderung des Gesellschaftsvertrags und nicht durch Abtretung des Geschäftsanteils.[5]

1 BGH v. 9.3.1981 - II ZR 54/80, BGHZ 80 S. 129, 130, NJW 1981 S. 1373; Noack/Servatius/Haas/Servatius, GmbHG, § 11 Rz. 61.

2 BGH v. 24.10.1988 - II ZR 176/88, BGHZ 105 S. 300, 303, NJW 1989 S. 710; Noack/Servatius/Haas/Servatius, GmbHG, § 11 Rz. 64.

3 BGH v. 27.1.1997 - II ZR 123/94, BGHZ 134 S. 333 ff.

4 BGH v. 24.10.2005 - II ZR 129/04, NWB QAAAB-97723.

5 BGH v. 13.12.2004 - II ZR 409/02, NWB FAAAB-98126.

Der wirksame Beitritt zur Vor-GmbH setzt neben notarieller Beurkundung und Mitwirkung aller Vor-Gesellschafter auch die Einreichung eines geänderten Gesellschaftervertrags zum Handelsregister analog § 54 Abs. 1 Satz 2 GmbHG voraus.[1]

(*Einstweilen frei*) 901–920

B. Haftungsfragen im Zusammenhang mit der Gründung

I. Haftung aus dem Gründungsvorgang (Gründungshaftung)

Die vorstehend angesprochenen Fragen der Haftung für Verbindlichkeiten der GmbH aus Geschäften im Gründungsstadium sind zu unterscheiden von der Haftung, die auch im Zusammenhang mit einer erfolgreichen Gründung der GmbH, die zur Eintragung der GmbH im Handelsregister führte, für die Beteiligten persönlich entstehen kann. 921

1. Falsche Gründungsangaben

Grundlage der Haftung für unrichtige Gründungsangaben sind die §§ 9a und 9b GmbHG, die Haftung nach diesen Vorschriften kommt auch bei einer wirtschaftlichen Neugründung (Mantelverwendung) in Betracht.[2] 922

a) Haftende Personen

Neben den anmeldenden **Geschäftsführern** haften auch die **Gesellschafter** und auch diejenigen **Personen**, für deren **Rechnung** die Gesellschafter **Geschäftsanteile übernommen** haben, also z. B. Treugeber (s. o. Rz. 493). Es haften alle Geschäftsführer und alle Gesellschafter (oder deren Hintermänner) als **Gesamtschuldner**, ohne dass ein Verschulden nachgewiesen werden muss. Vielmehr wird ein Verschulden vermutet (§ 9a Abs. 3 GmbHG). Einzelne Gesellschafter und Geschäftsführer können sich jedoch entlasten und werden von der Haftung frei, wenn sie beweisen, dass sie die eine Ersatzhaftung begründenden Tatsachen weder kannten (kein Vorsatz), noch bei Anwendung der Sorgfalt eines ordentlichen Geschäftsmannes kennen mussten (keine grobe Fahrlässigkeit). 923

„Hintermann" ist jeder, für dessen Rechnung ein Gesellschafter (z. B. als Treuhänder, Rz. 493) einen Geschäftsanteil übernommen hat. Der „Hintermann" haftet gesamtschuldnerisch neben Gesellschaftern und Geschäftsführern. Er kann sich nur entlasten durch den Beweis, dass weder er selbst noch der für ihn handelnde Gesellschafter Kenntnis hatte oder haben musste (§ 9a Abs. 4 Satz 2 GmbHG); dadurch soll eine Umgehung der Gründungshaftung durch das Einschalten mittelloser Strohmänner vermieden werden. Außerdem muss derjenige, der sich die Vorteile einer beschränkten Haftung durch (mittelbare) Gründung zunutze macht, wie ein Gesellschafter behandelt werden.

1 OLG Jena v. 9.10.2013 - 2 U 678/12, GmbHR 2013 S. 1258, 1259.

2 BGH v. 12.7.2011 - II ZR 71/11, NWB KAAAD-91342.

b) Haftungsbegründender Tatbestand

924 Der haftungsbegründende Tatbestand liegt ganz allgemein in **falschen Angaben** (= unrichtig, unvollständig oder ganz fehlend), die zum Zweck der Errichtung der Gesellschaft gemacht werden. Mit den Worten „zum Zwecke" der Errichtung wird nicht ein subjektives Tatbestandsmerkmal in der Weise geschaffen, dass mit der falschen Angabe eine Absicht verfolgt wurde; vielmehr soll damit lediglich die Voraussetzung normiert werden, dass die **falschen Angaben** eben **im Zusammenhang mit dem Gründungsvorgang** erfolgt sind und der **Gründung dienen** sollten. Der hauptsächliche Anwendungsfall sind unrichtige und unvollständige Anmeldungen beim Registergericht, erfasst werden aber alle falschen Angaben während des gesamten Gründungsvorganges, auch wenn sie nicht gegenüber dem Registergericht erfolgen, z. B. unrichtige Angaben an den Gutachter bei der Bewertung von Sacheinlagen.

925 Welche Angaben erfasst werden, sagt das Gesetz nicht ausdrücklich. Auf jeden Fall gehören hierher die dem Registergericht bei der Anmeldung zu machenden Angaben, insbesondere natürlich diejenigen, welche die Geschäftsanteile und die hierauf zu erbringenden Einlagen betreffen. § 46 Abs. 1 Satz 1 AktG ist zwar nicht entsprechend anwendbar, aber doch zur Auslegung des Begriffs „Angaben" heranzuziehen. Stets kommt es darauf an, dass zwischen Gründung und Angabe ein unmittelbarer Zusammenhang besteht. Eine Angabe ist dann „falsch", wenn sie objektiv unrichtig ist; gleichbedeutend ist es, wenn wesentliche Umstände verschwiegen oder nötige Angaben überhaupt fehlen. Die falschen Angaben müssen nicht unbedingt von einem Gesellschafter, Geschäftsführer oder Treugeber gemacht werden. Es können z. B. auch falsche Angaben eines Steuerberaters ausreichen, der mit Wissen eines Verantwortlichen in den Gründungsvorgang eingeschaltet ist.

c) Ersatzhaftungsanspruch

926 Die **Ersatzhaftung** aus § 9a GmbHG besteht **gegenüber der GmbH als Anspruchsberechtigter**, nicht gegenüber den Mitgesellschaftern oder gegenüber einem Dritten; ein Gläubiger der GmbH kann aber natürlich einen solchen Anspruch pfänden und sich zur Einziehung überweisen lassen. Die Ersatzpflichtigen haben der GmbH fehlende Einzahlungen zu leisten, Vergütungen zu ersetzen, die nicht unter den von der Gesellschaft zu tragenden Gründungsaufwand aufgenommen waren, und für sonst entstandenen Schaden Ersatz zu leisten, z. B. den Aufwand für die Rechtsverfolgung zu erstatten.

927 Die Ersatzansprüche aus § 9a GmbHG verjähren in fünf Jahren, beginnend mit der Eintragung der Gesellschaft oder mit der Vornahme der Handlung, sofern diese später erfolgte. Zum Schutz der Gläubiger **schließt** § 9b GmbHG jeden **Verzicht** auf diese **Ersatzansprüche** ebenso **aus** wie einen Vergleich, soweit die Ersatzleistung zur Befriedigung der Gläubiger der Gesellschaft erforderlich ist; nicht betroffen ist dadurch aber der Abschluss eines Vergleichs zur Abwendung des Insolvenzverfahrens oder wenn die Ersatzpflicht in einem Insolvenzplan geregelt wird.

2. Schaden durch Einlagen oder Gründungsaufwand

Zu ersetzen ist gem. § 9a Abs. 2 GmbHG auch eine Schädigung, die die Gesellschaft durch Gründungsaufwand und Einlagen erleidet. Insoweit haften aber nur die Gesellschafter und die Hintermänner (§ 9a Abs. 2 GmbHG), wenn sie vorsätzlich oder grob fahrlässig gehandelt haben. Der Entlastungsbeweis ist möglich. 928

3. Schadensersatz bei Überlassung der Geschäftsführung an eine Person, die nicht Geschäftsführer sein kann

Bereits im Zusammenhang mit der Gründung kann es zu einer **Haftung von Gesellschaftern** nach § 6 Abs. 5 GmbHG kommen, wenn vorsätzlich oder grob fahrlässig die **Führung der Geschäfte einer Person überlassen** wird, die nach den teils neugefassten und teils (um Verurteilungen wegen Insolvenzverschleppung, falscher Angaben und unrichtiger Darstellung sowie Verurteilungen aufgrund allgemeiner Straftatbestände mit Unternehmensbezug wie §§ 263 bis 264a und §§ 265b bis 266a StGB und vergleichbarer Straftaten im Ausland) erweiterten Tatbeständen des § 6 Abs. 2 GmbHG **nicht Geschäftsführer sein kann**. Die Gesellschafter haften der Gesellschaft (Innenhaftung) solidarisch für den **Schaden**, der dadurch entsteht, dass die als Geschäftsführer ausgeschlossene Person **ihre gegenüber der GmbH bestehenden Obliegenheiten verletzt.** 929

BEISPIEL: ▸ Die Gründungsgesellschafter A und B bestellen zum Gründungsgeschäftsführer den X, der vor drei Jahren wegen Untreue (§ 266 StGB) zu einer Freiheitsstrafe von einem Jahr und drei Monaten verurteilt worden war. Konkreten Hinweisen auf diese Verurteilung gehen sie aber nicht weiter nach und überlassen dem X schon zwischen Beurkundung der Satzung und Eintragung (Phase der Vor-GmbH) die Führung der Geschäfte mit dem Auftrag, das Unternehmen der GmbH „ins Laufen zu bringen". X beauftragt in einer den Sorgfaltsmaßstab des § 43 Abs. 1 GmbHG verletzenden Weise einen Unternehmensberater mit der Erstellung eines betriebswirtschaftlichen Konzepts in einem Umfang, der weit über die Bedürfnisse der GmbH hinausgeht. Ein angemessener Umfang der Beratung hätte 5.000 € weniger gekostet. Die Gesellschaft muss das hohe Honorar zahlen, eine Unterbilanz bei ihrer Eintragung entsteht dadurch aber nicht. Ein Jahr später gerät die GmbH in Insolvenz. Bei X „ist nichts zu holen". Der Insolvenzverwalter kann von A und B die Zahlung des Betrages von 5.000 € als Schadensersatz nach § 6 Abs. 5 GmbHG verlangen, weil sie grob fahrlässig dem X die Führung der Geschäfte überlassen haben, obwohl er wegen der Verurteilung nicht hätte Geschäftsführer sein können.

4. Haftung für die Erbringung von Einlagen auf das Stammkapital (Stammeinlagen)

a) Haftung für Bareinlagen

Wenn bei der Errichtung der GmbH die **für die übernommenen Geschäftsanteile auf das Stammkapital zu leistenden Einlagen** (= Stammeinlagen) nicht voll eingezahlt wurden und im späteren Verlauf eine Stammeinlage weder von dem Zahlungspflichtigen eingezogen noch durch Verkauf des Geschäftsanteils gedeckt werden kann, haben die übrigen Gesellschafter den Fehlbetrag nach Verhältnis ihrer Geschäftsanteile aufzubringen (§ 24 GmbHG). Diese **Ausfallhaftung** greift zwar erst ein, wenn auch die fortbestehende Haftung des ausgeschlossenen (säumigen) Gesellschafters ergebnislos geltend gemacht worden ist, was aber nicht bedeutet, dass alle Rechtswege ausgeschöpft sein müssten oder die Zwangsvollstreckung erfolglos geblieben wäre. 930

Für Beträge, welche nicht zu erlangen sind, haften die übrigen Gesellschafter im Verhältnis der Geschäftsanteile gemeinschaftlich. Wurde der Geschäftsanteil, auf den die Stammeinlage nicht voll eingezahlt wurde, inzwischen abgetreten, können auch Rechtsvorgänger haften. Die schwerwiegende Bedeutung des § 24 GmbHG wird bei Gesellschaftsgründungen häufig verkannt, weil die Gesellschafter meinen, es bräuchte ja nur ein Teil des Stammkapitals aufgebracht zu werden. Es dient nachhaltig der Absicherung vor künftigen zusätzlichen Verlusten, wenn die Gesellschafter dafür Sorge tragen, dass die Stammeinlagen möglichst schon bei der Gründung, auf jeden Fall alsbald danach, voll eingezahlt werden. Gemäß § 22 GmbHG haften auch Rechtsnachfolger für nicht eingezahlte Beträge.

b) Haftung für Sacheinlagen

931 Wenn sich später ergibt, dass der Wert einer Sacheinlage am Stichtag der Anmeldung nicht dem Betrag des dafür übernommenen Geschäftsanteils entspricht, hat der Gesellschafter gem. § 9 Abs. 1 GmbHG den Fehlbetrag in Geld zu leisten. Dieser Anspruch verjährt in zehn Jahren seit der Eintragung der GmbH in das Handelsregister. Auch insoweit kann über § 24 GmbHG eine Ausfallhaftung der übrigen Gesellschafter eintreten, sie können sich also nicht damit beruhigen, dass die Sacheinlage bei der Anmeldung voll erbracht sein muss. Darüber hinaus bleiben sonstige Ansprüche unberührt (§ 9 Abs. 1 Satz 2 GmbHG).

5. Haftung aus unerlaubter Handlung

932 Falsche Gründungsangaben können gem. § 82 Nr. 1 GmbHG als Gründungsschwindel bestraft werden. Diese Bestimmung ist ein Schutzgesetz. Neben der Ersatzhaftung und der Ausfallhaftung, aus der die GmbH anspruchsberechtigt ist, können daher aus § 823 Abs. 2 BGB i. V. m. § 82 GmbHG auch Dritte – GmbH-Gläubiger – direkt gegen Gesellschafter und/oder Geschäftsführer vorgehen, denn auch der Gläubiger ist Schutzsubjekt. In diesem Fall hat er aber die volle Beweislast, insbesondere auch für ein Verschulden der Ersatzpflichtigen, die nicht einen Entlastungsbeweis führen müssen. Als weitere Anspruchsgrundlage kommt auch § 826 BGB in Betracht, wenn wissentlich falsche Angaben mit Schädigungsabsicht der Gläubiger nachweisbar sind.

933–950 (*Einstweilen frei*)

II. Haftung aus Geschäften während des Gründungsvorgangs

LITERATUR:

Schmidt, K., Zur Haftungsverfassung der Vor-GmbH, ZIP 1997 S. 671; *Cebulla*, Haftungsmodelle bei einer GmbH-Gründung, NZG 2001 S. 972; *Müther*, Vor-GmbH – Die häufigsten Praxisprobleme, MDR 2001 S. 366; *Mohr*, Praxisrelevante Probleme und Gestaltungshinweise bei der GmbH-Gründung, GmbHR 2003 S. 347; *Peetz*, Die Vor-GmbH und der gewissenhafte Gründer, GmbHR 2003 S. 933; *Krolop*, Zur Begrenzung der Unterbilanzhaftung bei der Vorrats- und Mantelgründung, ZIP 2011 S. 305; *Herresthal/Servatius*, Grund und Grenzen der Haftung bei der wirtschaftlichen Neugründung einer GmbH, ZIP 2012 S. 197; *Pentz*, Wirtschaftliche Neugründung im GmbH- und Aktienrecht, FS Hoffmann-Becking, 2013, S. 871.

Die GmbH entsteht gem. § 11 Abs. 2 GmbHG rechtlich erst mit ihrer Eintragung in das Handelsregister. Dann erst gelten für sie die allgemeinen Vorschriften des GmbHG. Für die Haftung ist § 13 Abs. 2 GmbHG die wesentliche Bestimmung. Das darin normierte Haftungsprivileg besagt, dass die Gläubiger der Gesellschaft wegen der Verbindlichkeiten aus dem Unternehmen nur auf das Gesellschaftsvermögen zugreifen können. Das private Vermögen der Gesellschafter, die sich zu einer unternehmerischen Betätigung in dieser Rechtsform gerade unter Beschränkung der Haftung auf das in die GmbH eingebrachte und von ihr unter dessen Einsatz anschließend erwirtschaftete Vermögen zusammengefunden haben, soll aus Rechtsgeschäften der GmbH nicht belastet werden. 951

Dieses in § 13 Abs. 2 GmbHG begründete **Haftungsprivileg** für die Gesellschafter gilt nur nach dem rechtlichen Entstehen der GmbH, also ihrer Eintragung in das Handelsregister. Die Vorschrift befreit die Gesellschafter nicht von der Haftung für „alte" Schulden aus Verbindlichkeiten, die in dem Stadium der Vorgesellschaft zwischen Gründung durch den notariellen Gesellschaftsvertrag und der Eintragung oder noch davor in der Phase einer Vorgründungsgesellschaft eingegangen wurden, obwohl zur Gründung der GmbH Rechtsgeschäfte erforderlich sind, die auch im Namen der Gesellschaft vorgenommen werden und wirtschaftlich betrachtet Verbindlichkeiten der GmbH darstellen. Schon die vor der Anmeldung zu erfüllende gesetzliche Einlageverpflichtung verhindert, dass gar nichts geschieht.

1. Haftung für Verbindlichkeiten der Vorgründungsgesellschaft

Die Vorgründungsgesellschaft (vgl. im Einzelnen Rz. 871) ist mit der später entstehenden GmbH nicht, auch nicht zum Teil identisch, sondern ein eigenständiges Gebilde. Hinsichtlich der Haftung für Verbindlichkeiten gelten Haftungsregeln aus dem Recht der BGB-Gesellschaft oder der OHG, sofern ein Handelsgewerbe i. S. v. § 1 HGB betrieben wird, also bereits geschäftliche (unternehmerische) oder kaufmännische Aktivitäten am Markt entwickelt werden.[1] Soweit die Vorgründungsgesellschaft als GbR nach außen durch Teilnahme am Rechtsverkehr auftritt, begründet sie in diesem Rahmen eigene Rechte und Pflichten. Sie ist damit – ohne juristische Person zu sein – rechtsfähig (§ 14 Abs. 2 BGB) und ist damit zugleich auch im Zivilprozess aktiv und passiv parteifähig, kann also klagen und verklagt werden, § 705 Abs. 2 BGB. 952

Neben der Gesellschaft haften die Mitglieder der Vorgründungsgesellschaft bzw. die Gesellschafter nach § 721 BGB (bzw. § 126 HGB) akzessorisch. Für die kraft Gesetzes eintretende persönliche Haftung des Gesellschafters für die im Namen der Gesellschaft begründeten Verpflichtungen ist der Bestand der jeweiligen Gesellschaftsschuld maßgebend und eine unmittelbare Anwendung der §§ 420 ff. BGB nicht möglich, weil **kein echtes Gesamtschuldverhältnis** besteht.

Klarheit besteht auch insofern, dass die Vorgründungsgesellschafter ihre persönliche Haftung gegenüber den Gesellschaftsgläubigern nicht dadurch vermeiden können, dass sie untereinander vereinbaren, die Haftung der Gesellschaft nach außen solle auf das Vermögen der Gesellschaft beschränkt sein, und dies im Rechtsverkehr dadurch 953

1 BGH v. 7.10.1991 - II ZR 252/90, NJW 1992 S. 362.

deutlich machen wollen, dass die Gesellschaft nach außen als **„GbR mbH“ oder „GbR i. Gr.“** auftreten. Eine solche Haftungsbeschränkung ist nur möglich, wenn mit dem Vertragspartner eine entsprechende einzelvertragliche Absprache getroffen wird.[1]

Es ist auch (nochmals) darauf hinzuweisen, dass die Vorgründungsgesellschaft sich der Verbindlichkeiten aus ihren Geschäften und die Vorgründungsgesellschafter sich ihrer Haftung (nach §§ 705 Abs. 2, 721 ff. BGB bzw. § 126 HGB) für alle von der Vorgründungsgesellschaft eingegangenen Verbindlichkeiten nicht allein dadurch entledigen können, dass nach Gründung die Vorgesellschaft oder nach Eintragung die GmbH die Verbindlichkeiten übernimmt. Dazu müssen die Gläubiger mitwirken und damit einverstanden sein.

2. Haftung nach Eintragung der GmbH

954 Für die Haftung ist dann § 13 Abs. 2 GmbHG die wesentliche Bestimmung. Sie besagt, dass den Gläubigern der Gesellschaft wegen der Verbindlichkeiten aus dem Unternehmen nur das Gesellschaftsvermögen haftet. Den Gesellschaftern selbst obliegt es lediglich, das im Gesellschaftsvertrag vereinbarte Stammkapital einzuzahlen und der GmbH so ein Haftungsvermögen zur Verfügung zu stellen. Aus dem Haftungsprivileg kann aber keine Enthaftung der Gründungsgesellschafter für Altschulden hergeleitet werden, wenn zwischen der Errichtung und der Eintragung bereits die Geschäfte des Unternehmens mit Einverständnis der Gesellschafter aufgenommen worden sind.

Zu diesem Komplex hat die Rechtsprechung ein Haftungskonzept entwickelt, das sich kurz so zusammenfassen lässt: Hat die Vorgesellschaft die Geschäftstätigkeit mit Einverständnis der Gesellschafter schon aufgenommen, wobei dem **kein sog. Vorbelastungsverbot** entgegensteht, sind die Gesellschafter persönlich für die Verbindlichkeiten der Vorgesellschaft haftbar – entsprechend dem Verhältnis ihrer Beteiligung und nicht beschränkt auf die Höhe ihrer jeweiligen Stammeinlage.

Wird die GmbH eingetragen, kommt es hieraus zu der sog. **Unterbilanzhaftung** (oder Vorbelastungshaftung) **gegenüber der GmbH (Innenhaftung)**, wenn das Stammkapital im Zeitpunkt der Eintragung ganz oder teilweise verbraucht ist. Die Gesellschafter müssen dann anteilig für die Differenz zwischen dem Stammkapital und dem Wert des Gesellschaftsvermögens im Zeitpunkt der Eintragung aufkommen. Die **Unterbilanzhaftung umfasst** also sämtliche **Verluste** sowie den **Nennbetrag des Stammkapitals**, weil ihr Kapital dem satzungsmäßigen Nennbetrag entsprechen und damit unversehrt sein muss.

955 **Wird die GmbH nicht eingetragen**, scheitert also die Gründung, und wird die **Geschäftstätigkeit sofort aufgegeben** und die Vorgesellschaft liquidiert, tritt eine sog. **Verlustdeckungshaftung** ein. Die Gesellschafter müssen die vom Gesellschaftsvermögen nicht abgedeckten Fehlbeträge (Verluste) der Gesellschaft (Innenhaftung) anteilig erstatten. Der **Haftungsumfang** umfasst also **nicht die Stammkapitalsumme.** Wird aber die **Eintragungsabsicht aufgegeben** und dennoch der **Geschäftsbetrieb weitergeführt**, wird die bisherige Vorgesellschaft von **Anfang an als Gesellschaft des bürgerlichen Rechts oder**

1 Vgl. BGH v. 29.1.2001 - II ZR 331/00, BGHZ 146 S. 341.

als OHG angesehen mit der Folge, dass die **Gesellschafter** wie dort den Gläubigern neben der Gesellschaft **persönlich** für die **Verbindlichkeiten der Gesellschaft** mit ihrem **ganzen Vermögen haften** (Außenhaftung). Die näheren Einzelheiten werden nachfolgend bei der Vorgesellschaft dargestellt.

3. Haftung aus der Vorgesellschaft (Vor-GmbH)

a) Grundsätze

Nimmt jemand allein oder gemeinschaftlich mit anderen am wirtschaftlichen Leben teil, entspricht es allgemeinen Grundsätzen des bürgerlichen Rechts und auch des Handelsrechts, dass er auch persönlich für die daraus entstehenden Verbindlichkeiten geradestehen muss. Der Gesetzgeber ermöglicht es aber auch, sich unter Ausschluss der persönlichen Haftung wirtschaftlich zu betätigen, und stellt dafür u.a. die Rechtsform der GmbH zur Verfügung. Der Preis für die daraus folgende Haftungsbeschränkung auf das Gesellschaftsvermögen ist, dass mindestens ein Haftungsvermögen in Gestalt des Stammkapitals nicht nur ordnungsgemäß aufgebracht und erhalten wird, sondern auch, dass es im Zeitpunkt der Entstehung der GmbH – abgesehen von dem gesetzlichen und satzungsgemäßen Gründungsaufwand – noch vorhanden und nicht verbraucht oder mit weiteren Schulden belastet ist, also noch unversehrt den Gläubigern zur Verfügung steht.[1] Dieses **Unversehrtheitsprinzip** ist ein Kernstück des GmbH-Rechts. 956

b) Vorbelastung

Entfalten die Gründungsgesellschafter oder der Gründungsgeschäftsführer keine anderen Aktivitäten als diejenigen, die notwendig und unabweisbar sind, um die Eintragung der GmbH und damit ihr Entstehen herbeizuführen, gibt es regelmäßig keine Probleme. Das Stammkapital wird nur durch Aufwendungen belastet, die der Gesetzesvollzug selbst bedingt oder die sich als von der GmbH zu tragender Gründungsaufwand aus der Satzung ergeben. Das übrige Stammkapital wird thesauriert und ist insofern unversehrt und nicht mit anderen Verbindlichkeiten vorbelastet, wenn die GmbH mit der Eintragung als juristische Person existent wird. 957

Mit diesem Idealbild vor Augen hat die Rechtsprechung, um dem Unversehrtheitsgrundsatz Geltung zu verschaffen, es lange Zeit nicht zugelassen, dass vor der Eintragung Verbindlichkeiten zu Lasten des Stammkapitals eingegangen werden (sog. **Vorbelastungsverbot**). Deshalb sollten nur die Verbindlichkeiten, die notwendig waren, um die GmbH entstehen zu lassen, und die in die Satzung aufgenommenen Verbindlichkeiten kraft Gesetzes von der Vorgesellschaft auf die eingetragene GmbH übergehen, während alle anderen, insbesondere die aus einer vorzeitigen Aufnahme der Geschäftstätigkeit entstandenen Schulden nur kraft einer rechtsgeschäftlichen Übernahme auf die GmbH übergehen sollten.[2]

1 BGH v. 9.3.1981 - II ZR 54/80, BGHZ 80 S. 129, 136f.
2 So noch BGH v. 15.12.1975 - II ZR 95/73, BGHZ 65 S. 378.

958 In der Praxis führte die Beachtung des Vorbelastungsverbot jedoch zu großen Schwierigkeiten; man denke nur an die Gründung einer GmbH unter Einbringung eines (werbenden) Unternehmens, das nicht einfach für die Zeit zwischen Abschluss des Gesellschaftsvertrags und der Eintragung stillgelegt werden kann. Außerdem bestand neben der Handelndenhaftung der Geschäftsführung aus unternehmerischen Aktivitäten, die namens der Vorgesellschaft und im Einverständnis der Gründer aufgenommen wurden, nur eine beschränkte persönliche Haftung der Gründer für die daraus entstandenen Verbindlichkeiten: Der Gründungsgesellschafter, der nur mit der Aufnahme der Geschäfte einverstanden war, aber daran sonst nicht verantwortlich mitwirkte, haftete den Gläubigern für die im Namen der Vorgesellschaft eingegangenen Verbindlichkeiten nur im Betrag der noch nicht geleisteten Einlage. Man nahm an, dem Vertragspartner, der sich auf Geschäfte mit einer GmbH in Gründung einlasse, sei der Wille deutlich, dass die Gründer hieraus nicht über die versprochene Einlage hinaus haften wollten.

c) Vom Vorbelastungsverbot zur Differenzhaftung

959 Deshalb hat sich der BGH[1] von dem gegenständlichen Vorbelastungsverbot gelöst und entschieden, um die Unversehrtheit des Stammkapitals im Zeitpunkt der Eintragung zu gewährleisten, sei es kein angemessenes und geeignetes Mittel, andere zu Lasten der Vorgesellschaft begründete Schulden als die für die Entstehung der GmbH „notwendigen" Verbindlichkeiten von einem Übergang auf die fertige GmbH auszuschließen. Vielmehr geht das gesamte in der Vorgesellschaft angesammelte Vermögen mit allen Aktiven und Passiven „nahtlos" im Wege der Gesamtrechtsnachfolge auf die GmbH über.

Die Gewährleistung des Unversehrtheitsgrundsatzes vollzieht sich dann aber dadurch, dass die Gesellschafter selbst unmittelbar gegenüber der GmbH dafür haftbar zu machen sind, dass sie deren Tätigkeit (mit ihrem Einverständnis) veranlasst haben. Diese „Differenzhaftung" ist bereits in § 9 Abs. 1 GmbHG für die Sacheinlage angelegt. Sie stellt die „wertmäßige Unversehrtheit" des Stammkapitals im Zeitpunkt der Eintragung der GmbH im Handelsregister sicher. Aus ihm folgt, dass „die Gesellschafter auch bei einer Bargründung der GmbH gegenüber der GmbH anteilig für die Differenz zwischen Stammkapital (abzgl. solcher Gründungskosten, die der Sache nach zu Lasten der GmbH gehen, wie insbesondere Eintragungs- und Bekanntmachungskosten) und dem Wert des Gesellschaftsvermögens im Zeitpunkt der Eintragung haften".[2]

960 Die mit Aufgabe des Vorbelastungsverbots begründete **Differenzhaftung** (einheitliche Gründerhaftung) gliedert sich in eine **Unterbilanzhaftung**, die eingreift, wenn die **GmbH** durch Eintragung in das Handelsregister **tatsächlich entsteht.** Wird der Gründungsvorgang abgebrochen oder **scheitert die Eintragung**, spricht man von einer **Verlustdeckungshaftung.**

---

1 In der Leitentscheidung des BGH v. 9.3.1981 - II ZR 54/80, BGHZ 80 S. 129.

2 BGH v. 9.3.1981 - II ZR 54/80, BGHZ 80 S. 129, 141.

d) Unterbilanzhaftung (die GmbH wird eingetragen)

aa) Begriff

Die **Unterbilanzhaftung** besagt, dass im Zeitpunkt der Eintragung das Stammkapital der GmbH abzgl. des Gründungsaufwands noch vorhanden sein muss. Soweit die von den Gesellschaftern voll einbezahlten Einlagen durch die Geschäftstätigkeit der Vorgesellschaft aufgebraucht sind, müssen die Gesellschafter sie – quotal – entweder durch nochmalige Zahlung oder Aktivierung eines entsprechenden Anspruchs auffüllen. Hat die Vorgesellschaft darüber hinaus Verluste erlitten, sind auch diese von den Gesellschaftern auszugleichen, bis das Vermögen der GmbH im Zeitpunkt der Eintragung wieder auf die Ziffer des Stammkapitals gebracht ist. 961

Der jeweilige Gesellschafter kann sich also nicht darauf berufen, dass er bei der Errichtung der GmbH nur versprochen habe, eine bestimmte Einlagesumme zu leisten, und daher nur verpflichtet sein könne, den verbrauchten Teil seiner erbrachten Einlage nochmals aufzubringen. Vielmehr haftet er anteilig mit seinem ganzen Vermögen und der Höhe nach nicht durch die versprochene Einlagesumme begrenzt, bis die GmbH wieder (bezogen auf den Eintragungszeitpunkt) über ein Vermögen verfügt, das der Stammkapitalziffer entspricht.

Eine Unterbilanz entsteht, wenn das Stammkapital nicht mehr vom Reinvermögen gedeckt ist, also die Summe der Aktiva in der Bilanz (§ 42 GmbHG) nach Abzug der Verbindlichkeiten (Verbindlichkeiten und Rückstellungen, aber ohne Rücklagen und Stammkapital) den Nennbetrag des Stammkapitals unterschreitet.[1] In Höhe des Differenzbetrages ist das Gesellschaftsvermögen dann bereits verloren. 962

Vereinfacht ergibt sich folgendes Berechnungsschema:

	Aktiva(einschließlich werthaltiger Forderungen gegen Gesellschafter und Geschäftsführer z. B. auf ausstehende Einlagen oder aus §§ 9 Abs. 1, 9a GmbHG)
./.	Verbindlichkeiten (einschließlich Rückstellungen für ungewisse Verbindlichkeiten jedoch ohne Rücklagen)
=	Unterbilanz (falls Betrag negativ).

Damit wird deutlich, dass die Unterbilanzhaftung zu einer **erheblichen Mehrverpflichtung** der Gründer führen kann, wenn die Vor-GmbH bereits die aktive Geschäftstätigkeit aufgenommen hat. 963

BEISPIELE: Wurde vor Anmeldung auf jeden Geschäftsanteil im Nennbetrag von 10.000 € ein Viertel einbezahlt, ist aber dieser Vermögenswert durch die Geschäftstätigkeit der Vorgesellschaft aufgebraucht, muss jeder Gesellschafter nach der Eintragung erneut seine Einlage zu 100 % einbezahlen. Seine Beteiligung würde ihn dann schon 12.500 € kosten (2.500 € Bareinlage + 7.500 € ausstehende Einlage + Unterdeckung des Stammkapitals 2.500 €).

Wurde vor Anmeldung auf jeden Geschäftsanteil im Nennbetrag von 10.000 € ein Viertel einbezahlt, ist aber das gesamte Vermögen (einschließlich der Forderungen auf noch ausstehende Einlagen) durch Anlaufverluste der Vorgesellschaft aufgebraucht, muss jeder Gesellschafter

1 BGH v. 16.1.2006 - II ZR 65/04, BGHZ 165 S. 391, NWB OAAAB-98175.

nochmals seine Einlage zu 100% erbringen und die noch ausstehende Einlage von 7.500€ bezahlen. Seine Beteiligung kostet ihn dann schon 20.000€.

Hat die Vorgesellschaft noch höhere Verluste gemacht, so dass ihre Verbindlichkeiten auch nicht mehr durch die ausstehenden Einlagen gedeckt sind und z.B. bezogen auf den einen Gesellschafter 10.000€ betragen, muss der Gesellschafter nicht nur seine ausstehende Einlage, sondern auch die Unterbilanz von 12.500€ ausgleichen, damit die GmbH wieder über ein Aktivvermögen von 10.000€ verfügt, das das anteilige Stammkapital deckt. Der Gesellschafter hat jetzt bereits mehr als das Doppelte seiner Einlage, nämlich 22.500€ bezahlt.

964 Die Beispiele zeigen, dass Fallgestaltungen vorkommen können, in denen sich die Verpflichtungen der Gründungsgesellschafter auf ein Vielfaches der Nennbeträge der gegen Einlage auf das Stammkapital (Stammeinlage) übernommenen Geschäftsanteile erhöhen können. Der Preis für die „Befreiung" vom Vorbelastungsverbot und für die Möglichkeit, dass die Vorgesellschaft sich fast uneingeschränkt wirtschaftlich betätigen kann, ist das aus der Differenzhaftung entstehende **Einlagenrisiko**, das kaum zu kalkulieren ist und sich wegen der möglichen Ausfallhaftung für nicht leistungsfähige Gesellschafter gem. §24 GmbHG noch verschärfen kann.

bb) Voraussetzungen

965 Voraussetzung der Unterbilanzhaftung ist, dass die Gründer mit Aufnahme der Geschäfte vor der Eintragung einverstanden waren. Besondere Anforderungen sind aber an dieses Einverständnis nicht zu stellen. Seine Erteilung ist auch stillschweigend möglich.

cc) Haftungsumfang

966 Dem Umfang nach muss die Haftung dem **Unversehrtheitsgrundsatz** des Stammkapitals im Zeitpunkt der Eintragung genügen. Folglich sind die Gründer verpflichtet, über ihre bereits erbrachten Einlagen hinaus der Gesellschaft anteilig und nicht auf die Höhe der übernommenen Stammeinlage begrenzt so viel zur Verfügung zu stellen, dass die GmbH wieder über ein Vermögen verfügt, dass wertmäßig der Ziffer des Stammkapitals entspricht. Auch freiwillige Vorauszahlungen, die zunächst zu einer ordnungsgemäßen Erfüllung der Einlageschuld geführt haben, mindern die Haftung nicht.[1]

967 Die Höhe des auszugleichenden Betrages, d.h. die Differenz zwischen dem Stammkapital und dem Wert des Gesellschaftsvermögens im Zeitpunkt der Eintragung, ist durch eine sog. **Vorbelastungsbilanz** bezogen auf den Stichtag der Eintragung zu ermitteln, die der Geschäftsführer aufzustellen hat. Dafür gelten die Grundsätze einer Vermögensbilanz; in sie sind sämtliche am Stichtag bestehenden Ansprüche, auch die gegen Gesellschafter und Geschäftsführer begründeten Ansprüche z.B. aus der Differenzhaftung für überbewertete Sacheinlagen oder auf Schadensersatz nach §§9a oder 43 GmbHG einzustellen, so dass sich der Betrag vermindert, für den die Gesellschafter aus dem Gesichtspunkt der Unterbilanzhaftung einzustehen haben.

In die Vorbelastungsbilanz sind die Wirtschaftsgüter (des Aktivvermögens) regelmäßig mit den wirklichen Werten einzustellen, und zwar bei einer positiven Fortbestehens-

1 BGH v. 24.10.1988 - II ZR 176/88, BGHZ 105 S. 300.

prognose mit sog. Fortführungswerten;[1] ist die Überlebensprognose aber negativ, dann sind die Wirtschaftsgüter mit Einzelveräußerungswerten zu bilanzieren.[2]

Besteht eine positive Überlebensprognose, ist also das Fortbestehen des Unternehmens nach den Umständen überwiegend wahrscheinlich, kann jedenfalls dann, wenn in der Vor-GmbH bereits ein Unternehmen entstanden war, dessen Wert höher ist als die Summe der einzelnen ihm dienenden Wirtschaftsgüter, ein Geschäftswert aktiviert werden.[3] 968

Die Höhe des der GmbH von den Gesellschaftern anteilig zu erstattenden Betrages ermittelt sich danach wie folgt: 969

Wert des Vermögens der GmbH bei Eintragung
./. Stammkapital der GmbH
= Haftungsbetrag

dd) Haftungsverpflichtete

Der aufgrund der Vorbelastungsbilanz ermittelte und der GmbH zur Auffüllung des verloren gegangenen Stammkapitals zu erstattende Betrag ist von den Gesellschaftern nicht als Gesamtschuldnern aufzubringen, sondern nur „pro rata" von jedem Gesellschafter **anteilig** nach seiner Beteiligung. Es handelt sich dabei um eine einlageähnliche Haftung mit der Folge, dass sie auch den Erwerber eines Geschäftsanteils gem. § 16 Abs. 2 GmbHG trifft und dass dann, wenn die anteilige Forderung gegen einen Gesellschafter nicht realisiert werden kann, die Vorschriften nach §§ 21 ff. GmbHG entsprechend eingreifen und die anderen Gesellschafter auch im Wege der **Ausfallhaftung** (§ 24 GmbHG) in Anspruch genommen werden können. 970

ee) Entstehung des Anspruchs

Der **Erstattungsanspruch aus der Unterbilanzhaftung** entsteht ohne weiteres mit der Eintragung der GmbH und ist auch sofort fällig, eines besonderen Gesellschafterbeschlusses zur Einforderung nach § 46 Nr. 2 GmbHG bedarf es nicht. Vielmehr obliegt es dem Geschäftsführer bei Vermeidung eines Schadensersatzanspruchs nach § 43 Abs. 2 GmbHG, die Erstattung einzufordern. Freilich muss er nicht stets einen Anspruch auf Zahlung geltend machen. Ist der jeweils betroffene Gesellschafter zahlungsfähig und ist die Forderung gegen ihn werthaltig, kann es auch ausreichen, die Forderung in die Bilanz einzustellen. Sie stellt dann einen der GmbH zustehenden Vermögenswert dar, der auch nicht untergeht, wenn die GmbH später (durch geschäftliche Erfolge) die einmal erlittenen Verluste ausgleicht und wieder über das Stammkapital deckendes Vermögen verfügt. 971

1 BGH v. 6.12.1993 - II ZR 102/93, BGHZ 124 S. 282; v. 16.1.2006 - II ZR 65/04, BGHZ 165 S. 391.

2 BGH v. 29.9.1997 - II ZR 245/96, NJW 1998 S. 233.

3 BGH v. 9.11.1998 - II ZR 190/97, BGHZ 140 S. 35; beim „Start-up"-Unternehmen wird eine als Unternehmen zu qualifizierende strukturierte Organisationseinheit nur ausnahmsweise und nur dann angenommen, wenn das innovative Geschäftskonzept bereits am Markt Bestätigung gefunden hat, BGH v. 16.1.2006 - II ZR 65/04, DStR 2006 S. 711, mit Anm. Goette.

972 Wichtig ist, dass wegen des einlageähnlichen Charakters des Erstattungsanspruchs aus der Unterbilanzhaftung der Gesellschafter wie etwa auch nach § 19 Abs. 2 Satz 2 GmbHG (normale Einlageforderung) oder bei Ansprüchen nach § 31 GmbHG[1] grundsätzlich **nicht** mit eigenen Forderungen gegen die GmbH **aufrechnen** kann – **Aufrechnungsverbot.**[2] Nur ausnahmsweise kommt nach § 19 Abs. 2 Satz 2 GmbHG eine Aufrechnung mit einer Forderung aus der Überlassung von Vermögensgegenständen in Betracht, deren Anrechnung auf die Einlageverpflichtung nach § 5 Abs. 4 Satz 1 GmbHG – also im Gesellschaftsvertrag bei der Festsetzung einer Sacheinlage – vereinbart worden ist. Lediglich umgekehrt ist eine Verrechnung durch die GmbH unter der Voraussetzung möglich, dass der Anspruch des Gesellschafters vollwertig, fällig und durchsetzbar ist, sprich die GmbH zu 100 % leistungsfähig ist und sich nicht in der Krise befindet.

ff) Anspruchsberechtigter (Innenhaftung)

973 **Inhaber des Anspruchs** auf die Auffüllung des Gesellschaftsvermögens ist die **GmbH (Innenhaftung).** Mit der Eintragung der GmbH sind alle aktiven Vermögenswerte und die Verbindlichkeiten der Vor-GmbH unmittelbar auf die GmbH übergegangen. Mit der Realisierung des Erstattungsanspruchs aus der Unterbilanzhaftung wird die GmbH instand gesetzt, die auf sie übergegangenen, aus der Geschäftstätigkeit der Vor-GmbH herrührenden Verpflichtungen zu erfüllen. Gegen die Gesellschafter selbst haben die Gläubiger der im Gründungsstadium entstandenen Verbindlichkeiten keinen Anspruch. Gegen die Gesellschafter selbst können sie allenfalls vorgehen, wenn sie gem. §§ 829, 835 ZPO den anteiligen Erstattungsanspruch der GmbH pfänden und sich zur Einziehung überweisen lassen.

974 Für die **Verjährung des Erstattungsanspruchs aus der Unterbilanzhaftung** gilt § 9 Abs. 2 GmbHG analog. Die Frist beträgt also **zehn Jahre** und beginnt mit der Eintragung in das Handelsregister.

e) Verlustdeckungshaftung (die GmbH wird nicht eingetragen)

975 Eine einheitliche Gründerhaftung,[3] die die Gesellschafter der Vor-GmbH für das Risiko haften lässt, wenn mit ihrem Einverständnis schon vor Entstehung der GmbH (mit Eintragung ins Handelsregister) die unternehmerische Tätigkeit entfaltet wird und Verluste produziert werden, verlangt eine der Vorbelastungshaftung entsprechende Regelung auch beim Scheitern der Gründung. Auch dann sollen die Gründungsgesellschafter der Gesellschaft die Mittel zur Verfügung stellen müssen, dass alle in der Gründungsphase entstandenen Verbindlichkeiten erfüllt werden können. Dies soll mit der **Verlustdeckungshaftung** erreicht werden.

976 Da das Scheitern der Gründung unterschiedliche Ursachen haben kann, muss hier danach differenziert werden, ob von Anfang an die Eintragungsabsicht gefehlt hat oder ob sie später aufgegeben worden ist und ob dann die schon begonnene Geschäftstätigkeit sofort eingestellt wird oder nicht.

---

1 Erstattung verbotener Rückzahlungen, BGH v. 27.11.2000 - II ZR 83/00, BGHZ 146 S. 105.

2 BGH v. 16.1.2006 - II ZR 65/04, NWB OAAAB-98175.

3 BGH v. 27.1.1997 - II ZR 123/94, BGHZ 134 S. 333.

aa) Unechte Vorgesellschaft

Wird zwar ein Gesellschaftsvertrag notariell abgeschlossen, **fehlt** aber von **vornherein die Absicht, die GmbH eintragen** zu lassen, und wird dennoch nach außen eine unternehmerische Tätigkeit „unter der Firma" einer Vor-GmbH aufgenommen, handelt es sich gleichwohl bei diesem Gebilde in Wahrheit nicht um eine Vorgesellschaft, also eine werdende juristische Person, auf die weitgehend schon die Regeln des GmbH-Rechts anzuwenden wären, sondern um eine sog. **unechte Vorgesellschaft**. Denn sie und ihre Mitglieder erwecken nur den Schein, es solle eine Gesellschaft mit beschränktem Haftungsvermögen entstehen. 977

Auf diese Personengemeinschaft sind die Vorschriften anzuwenden, die für die tatsächlich vorliegende Gesellschaftsform gelten. Danach gilt entweder das Recht der BGB-Gesellschaft oder der OHG.[1] Folglich haften für die Gesellschaftsschulden die Mitglieder der unechten Vorgesellschaft auch persönlich und mit ihrem ganzen Vermögen den Gläubigern und können sich nicht darauf berufen, mit ihrem Auftreten unter einer Firma, die auf eine Haftungsbeschränkung der Gesellschafter hinweise, sei ihre Haftung gegenüber den Gläubigern wirksam auf den Betrag der „übernommenen" Stammeinlage begrenzt worden.

bb) Aufgabe der Eintragungsabsicht

Wird nach Abschluss des Gesellschaftsvertrags die ursprünglich **bestehende Eintragungsabsicht aufgegeben,** weil z. B. 978

- die Gesellschafter einen entsprechenden Beschluss fassen (z. B., weil die Einlagen nicht aufgebracht werden können) oder
- ein Gesellschafter die Vorgesellschaft aus wichtigem Grund kündigt oder
- sich die Eintragung wegen endgültiger Ablehnung durch das Registergericht nicht verwirklichen lässt und sie deshalb undurchführbar ist,

muss danach unterschieden werden, welche Konsequenzen aus dem Wegfall der Eintragungsabsicht gezogen werden.

cc) Fortsetzung der werbenden Tätigkeit

Wird die Geschäftstätigkeit **nicht sofort eingestellt** und ein (evtl. noch nicht erledigter) Eintragungsantrag nicht zurückgenommen, sondern die **werbende Unternehmenstätigkeit fortgesetzt**, wird die bis dahin bestehende Vorgesellschaft (Vor-GmbH) in eine OHG oder BGB-Gesellschaft „umgewandelt" und es entfallen rückwirkend alle Besonderheiten, die sich aus der Anwendung der GmbH-Regeln auf die Vorgesellschaft ergaben, weil diese ein notwendig zu durchlaufendes Vorstadium darstellt und die Gläubiger erwarten können, sich an die bald entstehende GmbH mit ihrem – notfalls aus der Unterbilanzhaftung aufzufüllenden – Haftungsfond halten zu können.[2] 979

---

1 BGH v. 29.11.1956 - II ZR 282/55, BGHZ 22 S. 240; BFH v. 7.4.1998 - VII R 82/97, BStBl 1998 II S. 531.

2 BGH v. 4.11.2002 - II ZR 204/00, BGHZ 152 S. 290, NWB HAAAB-97833.

Im Ergebnis wird die Rechtslage so beurteilt, als habe nie eine Eintragungsabsicht bestanden und es läge von Anfang an eine unechte Vorgesellschaft vor, mit den entsprechenden haftungsrechtlichen Folgen für die Gründer.[1] Sie haften den Gläubigern der Vorgesellschaft unmittelbar, unbeschränkt und gesamtschuldnerisch, wenn die Geschäftstätigkeit nicht sofort eingestellt wird, sobald sich das Scheitern der Gründung herausstellt. Die Außenhaftung trifft aber nur die Gesellschafter, die die werbende Tätigkeit fortsetzen oder davon wissen, aber nicht die Liquidation betreiben bzw. den Gesellschaftsvertrag kündigen.

980 Nach ständiger BGH-Rechtsprechung[2] ist das für Personengesellschaften geltende Haftungssystem anzuwenden, wenn nach Scheitern der Gründung die Geschäftstätigkeit werbend fortgesetzt wird: Führen die Gründer die Geschäfte nach dem Scheitern der Vor-GmbH fort, haben sie für sämtliche und auch für die bis zum Scheitern entstandenen Verbindlichkeiten der Vorgesellschaft nach personengesellschaftsrechtlichen Grundsätzen, also unbeschränkt und gesamtschuldnerisch in gleicher Weise einzustehen, als hätte von Anfang an die Eintragungsabsicht gefehlt (unechte Vorgesellschaft).

dd) Sofortige Einstellung der Geschäftstätigkeit

981 Wird die Geschäftstätigkeit sofort beendet und wird die – wegen Zweckverfehlung – aufgelöste Vorgesellschaft liquidiert, gelten dafür die für die Liquidation der GmbH maßgebenden Vorschriften der §§ 65 ff. GmbHG entsprechend. Können die Verbindlichkeiten der Vor-GmbH nicht aus dem Gesellschaftsvermögen gedeckt werden, kommt es zur sog. **Verlustdeckungshaftung** der Gesellschafter für die Verbindlichkeiten gegenüber der Gesellschaft (**Innenhaftung**). Die Gründungsgesellschafter (Gesellschafter der Vor-GmbH) sind verpflichtet, der Gesellschaft beteiligungsproportional so viel an Geld zur Verfügung zu stellen, dass sie sämtliche Verbindlichkeiten, die in der Gründungsphase entstanden sind, gegenüber den Gläubigern der Vor-GmbH erfüllen kann.

Im Unterschied zur Unterbilanzhaftung, die nach Eintragung der GmbH eine Auffüllung des Gesellschaftsvermögens bis zu einem der Stammkapitalziffer entsprechenden Wert verlangt, müssen die Gesellschafter aber **nur den für die Tilgung der Schulden erforderlichen Betrag zahlen,** also die entstandenen Verluste abdecken.[3] Ansonsten ist die Haftung aber unbeschränkt, und nicht etwa als Außenhaftung gegenüber den Gläubigern auf die Höhe der jeweiligen, noch nicht geleisteten Einlage begrenzt. Sie fingierte zu Lasten der Gläubiger, die Gründungsgesellschafter hätten mit dem Auftreten in Form einer Vor-GmbH ihren Willen zur Haftungsbeschränkung erklärt und der Vertragspartner habe sich darauf eingelassen.

982 Mit der prinzipiell unbeschränkten Verlustdeckungshaftung der Gesellschafter ist auch dem früher zu beobachtenden Verhalten von Gesellschaftern der Boden entzogen, den oder die Geschäftsführer auf der Handelndenhaftung nach § 11 Abs. 2 GmbHG sitzen zu lassen und sich selbst der Verantwortung für eine schon in der Gründungsphase ge-

1 BGH v. 18.1.2000 - XI ZR 71/99, BGHZ 143 S. 327.

2 BGH v. 27.1.1997 - II ZR 123/94, BGHZ 134 S. 333, 341; BGH v. 6.3.2012 - II ZR 56/10, NWB TAAAE-08583.

3 Verlustdeckungshaftung; BGH v. 27.1.1997 - II ZR 123/94, BGHZ 134 S. 333; v. 4.11.2002 - II ZR 204/00, BGHZ 152 S. 290.

scheiterten werbenden Gesellschaft weitgehend zu entziehen. Geriet die Gesellschaft schon vor der Eintragung in die Krise und gaben die Gesellschafter die Eintragungsabsicht auf und stellten die gewerbliche Betätigung ein, konnte sich der Geschäftsführer nicht mehr von der Handelndenhaftung, die ansonsten bei der Eintragung der GmbH erloschen wäre, befreien, während die Gesellschafter die Gläubiger auf die Einlageleistung verweisen konnten. Sie waren allenfalls dem Geschäftsführer aus dessen Regressanspruch aus dem Auftragsrecht (§§ 675, 670, 421 BGB) verpflichtet.

ee) Anspruchsberechtigter aus der Verlustdeckungshaftung (Innenhaftung)

Anspruchsberechtigt aus der Verlustdeckungshaftung ist die **Gesellschaft**; es besteht 983
also eine **Innenhaftung**. Auch wenn damit Schwierigkeiten für die Gläubiger verbunden sind und sie sich zunächst an die Gesellschaft halten müssen, bedeutet dies nicht, dass sie mit ihren Forderungen ausfallen, wenn die Gesellschaft ihre Verpflichtungen nicht erfüllen kann oder will. Sie können den Verlustdeckungsanspruch der Vor-GmbH pfänden und sich zur Einziehung überweisen lassen.

Hier können sich aber Informationsdefizite zu internen Verhältnissen der Gesellschaft als hinderlich erweisen. Dann kann es helfen, wenn sich die Gläubiger zunächst an den Geschäftsführer aus der Handelndenhaftung gem. § 11 Abs. 2 GmbHG halten, der im eigenen Interesse die Gläubiger auf den Verlustdeckungsanspruch verweisen und die nötigen Informationen zu dessen Geltendmachung liefern wird oder sogar seinen eigenen Freistellungsanspruch abtreten wird.[1] Nehmen die Gläubiger aber den Geschäftsführer nach § 11 Abs. 2 GmbHG in Anspruch, weil er eher zahlungsfähig erscheint, dann kann er seinen Regressanspruch gegen die Vorgesellschaft über die Verlustdeckungshaftung bei den Gesellschaftern realisieren.[2]

In der Praxis kommen die Fälle der Verlustdeckungshaftung eher selten vor. Häufiger 984
werden die Fälle sein, in denen nach Aufgabe der Eintragungsabsicht die werbende Tätigkeit eben nicht augenblicklich eingestellt wird, so dass die Grundsätze der Haftung aus der unechten Vorgesellschaft greifen und die Gesellschafter den Gläubigern der Vor-GmbH unmittelbar, unbeschränkt und als Gesamtschuldner haften.

Ein **unmittelbarer Zugriff auf die Gesellschafter** wird aber auch dann zugelassen, wenn 985

- die Vor-GmbH vermögenslos ist oder
- keinen Geschäftsführer mehr hat oder
- ein Insolvenzantrag (mangels Masse) keine Aussicht auf Erfolg hat oder
- wenn weitere Gläubiger nicht vorhanden sind, also eine Benachteiligung anderer Gläubiger nicht zu befürchten ist, oder
- wenn es sich um eine Ein-Personen-Gründung handelt.

---

1 Vgl. zu diesem Weg BGH v. 19.3.2001 - II ZR 249/99, NWB XAAAB-97897.
2 BGH v. 9.3.1981 - II ZR 84/80, BGHZ 80 S. 129.

986 Dann sieht man die Abwicklung der Haftung über die Gesellschaft als einen unnötigen und mit unverhältnismäßig großen Schwierigkeiten verbundenen Weg an.[1]

f) Vorratsgründung und Verwendung eines Mantels

987 Eine Mantel-GmbH wird in der Regel vorgehalten, um ein oft lang dauerndes Eintragungsverfahren zu vermeiden und einer persönlichen Haftung zu entgehen, wenn die GmbH ihren Geschäftsbetrieb schon vor der Eintragung aufnehmen soll. Die Verwendung eines Mantels steht jedoch einer Neugründung gleich. Die Vorschriften, die die Kapitalausstattung gewährleisten sollen, sind entsprechend anzuwenden: Die Neugründung ist dem Registergericht gegenüber offenzulegen und es ist gem. § 8 Abs. 2 GmbHG zu versichern, dass das Kapital zur freien Verfügung der Geschäftsführer steht. Die für die Haftung bei der Gründung geltenden Vorschriften sind entsprechend anzuwenden.[2] Vgl. hierzu Rz. 573, 576.

988–1010 (*Einstweilen frei*)

C. Umwandlungen

LITERATUR:

Klein/Müller/Lieber, Änderung der Unternehmensform, 12. Aufl., Herne 2022.

Verwaltungsanweisung:

Schreiben betr. Anwendung des Umwandlungssteuergesetzes i. d. F. des Gesetzes über steuerliche Begleitmaßnahmen zur Einführung der Europäischen Gesellschaft und zur Änderung weiterer steuerrechtlicher Vorschriften (SEStEG) = UmwSt-Erlass, BMF v. 11.11.2011 (BStBl 2011 I S. 1314); Entwurf eines aktualisierten BMF-Schreibens zur Anwendung des Umwandlungssteuergesetzes (UmwStE), BMF v. 11.10.2023 (NWB MAAAJ-50190); BMF v. 2.1.2025 (BStBl 2025 I S. 92, NWB BAAAJ-82404).

I. Allgemeines

1011 Für Unternehmen anderer Rechtsformen (Einzelunternehmen, Personenhandelsgesellschaften) eröffnet das UmwG mehrere Wege, um durch **Umwandlung in die Rechtsform der GmbH** zu gelangen. Der Begriff der Umwandlung umfasst nach § 1 Abs. 1 UmwG die folgenden Arten: Umwandlungen mit Vermögensübertragung wie Verschmelzung, Spaltung (Aufspaltung, Abspaltung, Ausgliederung), Vermögensübertragung und die Umwandlung ohne Vermögensübertragung durch Formwechsel.

Die steuerrechtlichen Regelungen im Umwandlungssteuergesetz (UmwStG)[3] knüpfen an diese Arten an, jedoch geht das UmwStG beim Formwechsel einer Personenhandelsgesellschaft in eine GmbH von einem Vermögensübergang aus und regelt nicht nur die Fälle des Vermögensübergangs durch Gesamtrechtsnachfolge oder Sonderrechtsnachfolge, die Gegenstand des UmwG sind, sondern darüber hinaus auch durch Einzel-

1 Vgl. auch BGH v. 27.1.1997 - II ZR 123/94, BGHZ 134 S. 333, NWB TAAAG-46845, 341; BAG v. 15.12.1999 - 10 AZR 165/98, GmbHR 2000 S. 1041; BSG v. 8.12.1999 - B 12 KR 10/95 R, DStR 2000 S. 741, GmbHR 2000 S. 425.

2 Arens, NWB 2024 S. 2157 ff.

3 In der Fassung des SEStEG, geltend für alle Umwandlungsvorgänge, bei denen die Anmeldung zur Eintragung in das für die Wirksamkeit maßgebende Register nach dem 12.12.2006 erfolgte.

rechtsnachfolge oder Anwachsung, die als Sacheinlage oder Anteilstausch die Einbringung von Betrieben, Teilbetrieben oder Mitunternehmeranteilen in einer GmbH darstellen (§§ 20ff. UmwStG). Die Ausgliederung wird als Einbringung behandelt.[1]

Die GmbH kann als übertragender Rechtsträger an allen nach dem UmwG möglichen Arten der Umwandlung beteiligt sein und als neuer oder übernehmender Rechtsträger an der Verschmelzung, Spaltung oder dem Formwechsel teilnehmen. Informative Überblicke über die Wege von verschiedenen Rechtsträgern in die GmbH sowie die dafür einschlägigen Rechtsvorschriften finden sich im UmwSt-Erlass, Rz. 01.01 bis 01.48. 1012

1. Verschmelzung

Unter Umwandlung durch **Verschmelzung** versteht man die Vermögensübertragung durch Gesamtrechtsnachfolge, die in folgender Weise zulässig ist: Verschmelzung im Wege der Aufnahme eines oder mehrerer übertragender Rechtsträger durch einen anderen bestehenden Rechtsträger (z. B. eine bestehende GmbH) oder Verschmelzung im Wege der Neugründung eines Rechtsträgers (z. B. GmbH) durch mindestens zwei übertragende Rechtsträger. Danach ist nach §§ 3 und 39ff. UmwG die Verschmelzung einer Personenhandelsgesellschaft (OHG, KG) und einer Partnerschaftsgesellschaft, nicht aber einer Gesellschaft bürgerlichen Rechts, sowie einer GmbH auf eine GmbH möglich, und umgekehrt einer GmbH auf die genannten Gesellschaften und zusätzlich auf eine natürliche Person als Alleingesellschafter.[2] 1013

2. Spaltung

Die Umwandlung durch **Spaltung** ist als Vermögensübertragung durch Sonderrechtsnachfolge zu verstehen und ist in folgenden drei Arten gem. §§ 123 und 138ff. UmwG möglich: 1014

- **Aufspaltung** durch gleichzeitige Übertragung von Vermögensteilen auf andere bestehende Rechtsträger zur Aufnahme oder neu gegründete Rechtsträger zur Neugründung gegen Gewährung von Anteilen dieser Rechtsträger an die Anteilsinhaber des übertragenden Rechtsträgers, der sich auflöst;
- **Abspaltung** durch Übertragung von Vermögensteilen zur Aufnahme oder zur Neugründung gegen Gewährung von Anteilen der übernehmenden Rechtsträger an die Anteilsinhaber des übertragenden Rechtsträgers, der fortbesteht;
- **Ausgliederung** durch Übertragung von Vermögensteilen zur Aufnahme oder zur Neugründung gegen Gewährung von Anteilen des übernehmenden Rechtsträgers an den übertragenden Rechtsträger.

Danach ist die Umwandlung durch Spaltung z. B. möglich von einem Einzelkaufmann auf eine GmbH (durch Ausgliederung), von Personenhandelsgesellschaften und der Partnerschaftsgesellschaft sowie der GmbH auf eine GmbH und umgekehrt auf die genannten Gesellschaften.[3]

---

1 Vgl. BeckHB GmbHG/Orth, § 14 Rz. 12.
2 Vgl. mit vielen Beispielen Klein/Müller/Lieber, Änderungen der Unternehmensform, Rz. 146ff.
3 Weitere Details Klein/Müller/Lieber, a. a. O., Rz. 321ff.

3. Formwechsel

1015 Die Umwandlung durch **Formwechsel** bedeutet handelsrechtlich keinen Vermögensübergang, sondern nur einen identitätswahrenden Rechtsformwechsel des Rechtsträgers. Nach §§ 191 und 214 ff. UmwG können z. B. die OHG, KG und die Partnerschaftsgesellschaft formwechselnd auf eine GmbH umgewandelt werden, und umgekehrt die GmbH in eine GbR, OHG, KG oder Partnerschaftsgesellschaft. Beim Formwechsel einer GmbH in eine GbR hat der BGH[1] entschieden, dass weder die GbR noch ihre Gesellschafter im Handelsregister eingetragen werden müssen. Die „Umwandlung" der Unternehmergesellschaft (haftungsbeschränkt) in eine normale GmbH fällt nicht unter §§ 190 ff. UmwG, da sie nicht formwechselnd ist. Die UG ist eine GmbH; ihre Umwandlung setzt lediglich die Erhöhung des Stammkapitals auf einen Betrag voraus, der dem Mindeststammkapital entspricht.[2]

4. Steuerliche Aspekte

1016 **Ertragsteuerlich** ist der Weg in die GmbH durch Umwandlung auch nach dem UmwStG (= i. d. F. des SEStEG) noch **steuerneutral** möglich. Obwohl es als Grundfall vorsieht, dass die übernehmende Kapitalgesellschaft das eingebrachte Betriebsvermögen (Betrieb, Teilbetrieb, Mitunternehmeranteil, Mitunternehmerteilanteil, mehrheitsvermittelnde Anteile an einer Kapitalgesellschaft) mit dem **gemeinen Wert anzusetzen** hat, kann bei Inlandssachverhalten unter den kumulativen Voraussetzungen (Besteuerung des Betriebsvermögens bei der übernehmenden GmbH mit KSt, Passivposten übersteigen nicht die Aktivposten, kein Ausschluss des deutschen Besteuerungsrechts für Gewinne aus der Veräußerung des eingebrachten Betriebsvermögens) die Gewinnrealisierung aufgeschoben werden.

Auf Antrag kann sowohl bei der Einbringung (§ 20 UmwStG) als auch beim qualifizierten Anteilstausch (§ 21 UmwStG) und beim Formwechsel einer Personenhandelsgesellschaft auf eine GmbH (§ 25 UmwStG) einheitlich das übernommene Betriebsvermögen mit einem **Zwischenwert** oder mit dem **Buchwert** (Definition: § 1 Abs. 5 Nr. 4 UmwStG) angesetzt werden, soweit neben den Gesellschaftsanteilen keine sonstigen Gegenleistungen (in Form anderer Wirtschaftsgüter) gewährt werden, die bestimmte, in § 20 Abs. 2 Satz 2 Nr. 4 UmwStG[3] geregelte Grenzen überschreiten. Dabei ist das **Maßgeblichkeitsprinzip** auf das Bewertungswahlrecht **nicht mehr anzuwenden,** so dass eine handelsrechtliche Wertaufstockung steuerneutral möglich ist.

Wie bisher besteht eine **Wertverknüpfung** zwischen der übernehmenden GmbH und dem Einbringenden. Der **Wert**, mit dem die übernehmende **GmbH** das eingebrachte Betriebsvermögen bzw. die eingebrachten Anteile ansetzt, gilt für den **Einbringenden als Veräußerungspreis und als Anschaffungskosten der erhaltenen Anteile,** die um den gemeinen Wert zusätzlich gewährter Wirtschaftsgüter zu kürzen sind.

1 BGH v. 18.10.2016 - II ZR 314/15, NWB WAAAF-90616.

2 Im Übrigen Klein/Müller/Lieber, a. a. O., Rz. 381 ff.

3 Eingefügt durch StÄndG 2015 v. 2.11.2015 mit rückwirkender Geltung für Einbringungen nach dem 31.12.2014.

Eine völlige Umstellung durch das SEStEG erfährt die Besteuerung des Anteilseigners nach einem begünstigten Einbringungsvorgang und einem begünstigten qualifizierten Anteilstausch. Anstelle der „Verdopplung" der stillen Reserven durch die Steuerverstrickung der entstehenden einbringungsgeborenen Anteile und der Ausnahmevorschriften bei der Veräußerung solcher Anteile nach altem Recht (auf „Altanteile" bleibt es weiterhin anwendbar) tritt **die rückwirkende Besteuerung des Anteilseigners,** wenn die erhaltenen Anteile innerhalb eines Zeitraumes **von sieben Jahren** nach der Einbringung veräußert werden. Dabei wird zwischen einer **begünstigten Sacheinlage (Einbringungsgewinn I)** und einem **Anteilstausch (Einbringungsgewinn II)** auf den Einbringungszeitpunkt differenziert, der sich für **jedes danach abgelaufene Zeitjahr um 1/7 dieses Betrages mindert.** 1017

Der Einbringungsgewinn I (Sacheinbringung) ist als Einkünfte gem. **§ 16 EStG** zu erfassen und unterliegt **nicht dem** Halbeinkünfteverfahren bzw. **Teileinkünfteverfahren.** Auch § 8b Abs. 2 KStG ist nicht anzuwenden, wenn Einbringender eine Kapitalgesellschaft ist. Der Einbringungsgewinn II, welcher bei Veräußerung der übertragenen Gesellschaftsanteile durch die übernehmende GmbH innerhalb des Sieben-Jahres-Zeitraumes zu erfassen ist, unterliegt als ein **Gewinn aus der fingierten Veräußerung der Anteile dem** Halbeinkünfteverfahren bzw. **Teileinkünfteverfahren,** wenn der Einbringende eine natürliche Person ist.

Die rückwirkende Versteuerung führt zugleich zu einer **Aufstockung der Anschaffungskosten für die erhaltenen Anteile** an der übernehmenden GmbH **um den versteuerten maßgeblichen Einbringungsgewinn,** die sich bei der Veräußerung der Anteile an der erwerbenden GmbH durch den Einbringenden etwa nach § 17 EStG im Rahmen des Halb- bzw. Teilabzugsverfahrens nach § 3c Abs. 2 EStG steuermindernd auswirken. Bei der **übernehmenden GmbH** sind die **Anschaffungskosten der eingebrachten Wirtschaftsgüter gewinnneutral** anteilig und wirtschaftsgutbezogen um den maßgeblichen Einbringungsgewinn **aufzustocken und erhöhen damit die AfA-Bemessungsgrundlage** oder sind sofort als Betriebsausgaben abzugsfähig, wenn das Wirtschaftsgut inzwischen zum gemeinen Wert veräußert wurde.

Beim Anteilstausch erhöht der **versteuerte Einbringungsgewinn II** die **Anschaffungskosten auf die übernommenen Anteile,** so dass der nach § 8b Abs. 2 und Abs. 5 KStG zu erfassende Erlös aus der Veräußerung der erhaltenen Anteile, der im Wirtschaftsjahr der tatsächlichen Veräußerung zu versteuern ist, sich um den maßgeblichen Einbringungsgewinn II mindert. Zu den Einzelheiten wird auf die Ausführungen zum SEStEG hingewiesen.

Umwandlungen unterliegen auch der **Grunderwerbsteuer** mit Ausnahme des Formwechsels, wenn infolge des Vermögensüberganges inländische Grundstücke auf den neuen Rechtsträger (die GmbH) überwechseln oder aber damit ein grunderwerbsteuerbarer Wechsel im Gesellschafterbestand einer grundbesitzenden Personengesellschaft (§ 1 Abs. 2a GrEStG) einhergeht oder sich eine Anteilsvereinigung i. S. v. § 1 Abs. 3 GrEStG vollzieht. Zu beachten ist hierbei allerdings die sog. „Konzernklausel" gem § 6a GrEStG, 1018 wonach in vielen Fällen Umwandlungen nicht der GrESt unterliegen.[1] Bemessungsgrundlage bei Umwandlungen und anderen Erwerbsvorgängen auf gesellschaftsvertraglicher Grundlage ist dabei der Grundbesitzwert nach § 138 Abs. 2 und 3 BewG (§ 8 Abs. 2 GrEStG). Die Bemessung der GrESt nach den gem. §§ 138 ff. BewG ermittelten Grundbesitzwerten ist verfassungswidrig.[2] Der Gesetzgeber hat deshalb rückwirkend ab 1.1.2009 die für die Erbschaft- und Schenkungsteuer maßgeblichen Werte auch für das GrEStG als verbindlich erklärt.

1019 Bei der **Erbschaftsteuer** in Anspruch genommene Steuervergünstigungen (§§ 13a, 19a ErbStG) bleiben bei der Einbringung eines Betriebs, Teilbetriebs oder von Mitunternehmeranteilen in eine GmbH innerhalb der fünfjährigen Behaltefrist erhalten, nur die nachfolgende Veräußerung der bei der Umwandlung erworbenen Anteile an der GmbH innerhalb des Fünf-Jahreszeitraumes führt rückwirkend zum Wegfall der Steuervergünstigung.

1020 Wurde eine Steuervergünstigung nach dem ErbStG in Anspruch genommen, führt ein Verstoß gegen die Behaltensfrist von fünf bzw. sieben Jahren (z. B. bei Veräußerung der Anteile) zu einem zeitanteiligen rückwirkenden Wegfall der Verschonung.

1021–1040 (*Einstweilen frei*)

II. Umwandlung eines Einzelunternehmens auf eine GmbH

1041 Die Umwandlung eines Einzelunternehmens in eine GmbH kann im Wege der Ausgliederung als Unterfall der Spaltung, durch Einbringung oder durch Einzelveräußerung vollzogen werden. Den Vorschriften des UmwG unterliegt dabei nur die Ausgliederung (§§ 123 Abs. 3, 152 UmwG).

1. Umwandlung durch Ausgliederung

1042 Der **Einzelkaufmann** kann sein Unternehmen, dessen Firma im Handelsregister eingetragen ist, im Ganzen oder einen Teil davon durch **Ausgliederung** auf eine GmbH umwandeln, was sowohl zur **Aufnahme** als auch zur **Neugründung** zulässig ist (§ 152 UmwG). Steuerlich wird die Ausgliederung als eine Einbringung i. S. v. §§ 22 und 23 UmwStG behandelt werden, sofern ein Betrieb oder ein Teilbetrieb ausgegliedert wird (§ 20 Abs. 6 Satz 2 UmwStG).

1043 Die Ausgliederung zur Neugründung unterscheidet sich von der Ausgliederung auf eine bestehende GmbH im Wesentlichen darin, dass ein Ausgliederungsvertrag zwischen dem Einzelkaufmann und der GmbH (anstelle einer Ausgliederungserklärung) abgeschlossen werden muss, wobei das Selbstkontrahierungsverbot des § 181 BGB zu beachten ist, und dass für die GmbH ein Ausgliederungsbericht (§ 127 UmwG) erstellt werden muss, auf den gem. § 8 Abs. 3 UmwG verzichtet werden kann bzw. der für den Einzelkaufmann nicht erforderlich ist (§ 153 UmwG). Außerdem tritt an die Stelle der Sachgründung einer GmbH der Beschluss über die Kapitalerhöhung, die

1 Zu Einzelheiten s. Lieber in: Klein/Müller/Lieber, a. a. O., Rz. 2639 ff., und gleichlautende Erlasse der obersten Finanzbehörden der Länder v. 25.5.2023, NWB XAAAJ-41392.

2 BVerfG v. 23.6.2015 - 1 BvL 13/11 und 1 BvL 14/11, BStBl 2015 II S. 871.

zur Schaffung der neuen Geschäftsanteile (Umtauschanteile) an der übernehmenden GmbH notwendig ist.

a) Durchführung

Die Ausgliederung eines Einzelunternehmens zur Neugründung einer GmbH vollzieht sich unter folgenden Voraussetzungen und in folgenden Schritten: 1044

- **Erstellung des Ausgliederungsplans** durch den Einzelkaufmann, der insbesondere
  - Firma und Sitz der an der Ausgliederung beteiligten Rechtsträger (Einzelkaufmann und GmbH),
  - die **Ausgliederungserklärung** über die Übertragung des vom Einzelkaufmann betriebenen Unternehmens oder von Teilen desselben auf die GmbH gegen Gewährung von Anteilen an der neuen GmbH einschließlich **der genauen Bezeichnung der Gegenstände** des Aktiv- und Passivermögens, die auf die GmbH übertragen werden, sowie
  - der übergehenden Betriebe oder Betriebsteile und auch
  - den **Gesellschaftsvertrag der neuen GmbH**, also die Errichtung der GmbH mit dem Einzelkaufmann als alleinigem Gesellschafter,
  - **die Bestellung der Geschäftsführer**,
  - die Übernahme von Gründungs- bzw. Ausgliederungsaufwand durch die GmbH und
  - die Festsetzung der **Bindung des übergehenden Vermögens** (Stammkapital mindestens 25.000 €, Kapitalrücklage, Gesellschafterdarlehen)

enthalten muss.

- **Ausgliederungsplan und GmbH-Satzung** müssen **notariell beurkundet** werden.
- Nach Zuleitung des Ausgliederungsplans an den evtl. bestehenden Betriebsrat sind verschiedene Schritte der **Rechnungslegung** durchzuführen, wie
  - die Festlegung des Zeitpunkts, von dem an die Handlungen des übertragenden Rechtsträgers als für Rechnung der übernehmenden Gesellschaft vorgenommen gelten (Ausgliederungsstichtag),
  - Erstellung des letzten Jahresabschlusses des Einzelkaufmanns,
  - Schlussbilanz des Einzelkaufmanns,
  - die Ausgliederungsbilanz und
  - das Vermögensverzeichnis des Einzelkaufmanns (§ 159 Abs. 3 UmwG), das allerdings für eine GmbH im Rahmen einer Gründungsprüfung nicht vorgeschrieben ist.
- Erforderlich wird auch eine steuerliche Schlussbilanz des Einzelkaufmanns sowie die handelsrechtliche Eröffnungsbilanz der GmbH sein, wobei keine Bindung an die handelsrechtliche Schlussbilanz des Einzelunternehmens oder die Ausgliederungsbilanz besteht.

- Wertaufstockungen in der handelsrechtlichen Eröffnungsbilanz, die handelsrechtlich geboten oder zulässig bzw. zur Herbeiführung eines angemessenen Beteiligungsverhältnisses mehrerer Gesellschafter erforderlich oder zum Ausweis einer höheren Eigenkapitalquote (wegen Basel II) angezeigt sein können, müssen steuerlich nicht (mehr) nachvollzogen werden.

Das steuerliche **Bewertungswahlrecht** für das übergehende Vermögen, das bei Erfüllung der Vorgaben des § 20 Abs. 2 Satz 2 UmwStG besteht, ist nunmehr **losgelöst** von dem in § 5 Abs. 1 Satz 2 EStG kodifizierten handelsrechtlichen **Maßgeblichkeitsprinzip.** Es ergeben sich jedoch Wechselwirkungen zu der steuerlichen Eröffnungsbilanz der GmbH, weil insoweit – wie bisher nach § 20 Abs. 4 UmwStG a. F. – eine **Wertverknüpfung** besteht (§ 20 Abs. 3 Satz 1 UmwStG). Der Wert, mit dem die GmbH das eingebrachte Betriebsvermögen ansetzt (Grundsatz: gemeiner Wert: auf Antrag der Buchwert oder ein Zwischenwert, § 20 Abs. 2 Satz 2 und 4 UmwStG), gilt für den Einbringenden als **Veräußerungspreis** und als **Anschaffungskosten für die GmbH-Anteile** (§ 20 Abs. 3 Satz 1 UmwStG).

Erhält der Einbringende neben den Gesellschaftsanteilen noch andere Wirtschaftsgüter als Gegenleistung (z. B. Geldbeträge, Einräumung von Gesellschafterforderungen oder stillen Beteiligungen, Übernahme von Pensionsverpflichtungen; die partielle Einstellung des Werts des eingebrachten Betriebsvermögens in die Kapitalrücklage nach § 272 Abs. 2 Nr. 4 HGB ist keine Gegenleistung), ist deren gemeiner Wert bei der Bemessung der Anschaffungskosten (Satz 1) abzusetzen (§ 20 Abs. 3 Satz 3 UmwStG). Übersteigt der gemeine Wert der zusätzlichen Gegenleistungen den Buchwert des eingebrachten Betriebsvermögens, muss die GmbH dieses mindestens mit dem gemeinen Wert der anderen Wirtschaftsgüter ansetzen. Es ist aber nur eine Wertaufstockung um den Betrag notwendig, um den der gemeine Wert der von der GmbH erbrachten anderen Wirtschaftsgüter (= weitere Gegenleistung) den Buchwert des eingebrachten Betriebsvermögens übersteigt. Bei ausreichendem Buchkapital kann durchaus die Gewährung einer zusätzlichen Gesellschafterforderung in Betracht kommen, ohne dass die steuerneutrale Einbringung gefährdet wäre.

BEISPIEL: X will sein Einzelunternehmen durch Ausgliederung zur Neugründung in eine GmbH umwandeln. Der Buchwert seines Betriebsvermögens (Kapital) beträgt 100.000 €, der gemeine Wert beträgt 200.000 €. Das Stammkapital der neu gegründeten GmbH beträgt 50.000 € und wird durch die Sacheinlage in Gestalt des Einzelunternehmens erbracht. Neben den Geschäftsanteilen räumt die GmbH eine Darlehensforderung von 50.000 € ein.

Die GmbH kann das eingebrachte Betriebsvermögen mit 100.000 € steuerlich ansetzen. Eine Wertaufstockung ist nicht notwendig. Erst wenn die GmbH dem X zusätzlich eine Gesellschafterforderung von z. B. 230.000 € einräumt, müsste sie die Wirtschaftsgüter mit diesem aufgestockten Wert ansetzen. Eine Bindung an höhere handelsrechtliche Wertansätze bestünde aber nicht.

- Zur Vorbereitung der **Anmeldung zum Handelsregister** sind noch der Ausgliederungsbericht (§ 127 UmwG), der allerdings für den Einzelkaufmann nicht erforderlich ist und auch nicht geprüft werden muss (§ 125 UmwG), und der Sachgründungsbericht (§ 5 Abs. 4 Satz 2 GmbHG, § 159 Abs. 1 i. V. m. § 58 UmwG) des Einzelkaufmanns zu fertigen, der über die wesentlichen Umstände für die Angemessenheit (Werthaltigkeit) der Leistungen auf Sacheinlagen, das Jahresergebnis des Einzelunternehmens der beiden letzten Geschäftsjahre, den Geschäftsverlauf und die Lage des Unternehmens Auskunft gibt.

Es besteht keine Pflicht zur Sachgründungsprüfung durch einen externen Prüfer, jedoch kann das Registergericht im Einzelfall verlangen, dass eine geprüfte Bilanz, ein Vermögensverzeichnis und ein geprüfter Sachgründungsbericht vorgelegt werden, oder die Prüfung selbst anordnen, sofern es die Prüfung nach § 9c GmbHG, § 160 Abs. 2 UmwG nicht selbst vornehmen kann.

- Sodann ist die Ausgliederung **zur Eintragung in das Handelsregister** (§ 160 UmwG) durch den Einzelkaufmann und den Geschäftsführer **anzumelden**. Nach Prüfung insbesondere der Ordnungsmäßigkeit der Errichtung der GmbH sowie der Werthaltigkeit der Sacheinlagen erfolgt die Eintragung und Bekanntmachung der Ausgliederung.

Die Handelsregistereintragung hat konstitutive Wirkung hinsichtlich der Entstehung der GmbH (§ 11 Abs. 1 GmbHG), des Übergangs des Unternehmens oder des Unternehmensteils auf die GmbH, das Erlöschen der Firma des Einzelkaufmanns, wenn die Ausgliederung das gesamte Unternehmen umfasst, und der bisherige Einzelkaufmann wird gemäß des Ausgliederungsplans Gesellschafter der übernehmenden GmbH. Der Einzelkaufmann haftet weiter für übergegangene Verbindlichkeiten (§ 156 UmwG), jedoch zeitlich begrenzt für eine fünfjährige Nachhaftung (§ 157 UmwG).

b) Steuerliche Wirkung

Steuerlich stellt die Ausgliederung eine Einbringung i. S. v. § 20 Abs. 1 UmwStG dar, die 1045
durch eine Sacheinlage verwirklicht wird (§ 20 Abs. 6 Satz 2 UmwStG). Das vom Einzelkaufmann betriebene Unternehmen ist der „Betrieb", das übertragene Vermögen ist das „eingebrachte Betriebsvermögen" und die Anteile an der neu errichteten GmbH werden zu „einbringungsgeborenen" Anteilen, die § 22 Abs. 1 UmwStG nun „erhaltene Anteile" nennt. Der Gewinn aus deren Veräußerung innerhalb von sieben Jahren nach dem Einbringungszeitpunkt ist rückwirkend im Wirtschaftsjahr der Einbringung als sog. „Einbringungsgewinn I" zu versteuern, sofern der Ansatz des Buchwerts oder eines Zwischenwerts gewählt worden ist.

Auch bei der Sacheinlage durch Ausgliederung darf der **steuerliche Übertragungsstichtag (Einbringungszeitpunkt)** auf den Tag **zurückbezogen** werden, für den die Schlussbilanz des übertragenen Unternehmens (§ 17 Abs. 2 UmwG) aufgestellt ist, wobei dieser Stichtag **höchstens acht Monate** vor der Anmeldung der Ausgliederung zum Handelsregister liegen darf (§ 20 Abs. 6 Satz 2 UmwStG).

2. Umwandlung durch Einbringung

Als Alternative zur Umwandlung eines Einzelunternehmens durch Ausgliederung, die 1046
z. B. bei einem überschuldeten Einzelkaufmann oder von der GbR auf die GmbH nicht möglich ist, kommt die Übertragung des Vermögens des Personenunternehmens im Wege der Einzelrechtsnachfolge auf eine neu gegründete GmbH (= Sachgründung, § 5 Abs. 4, § 7 Abs. 2 und 3 GmbHG) oder auf eine schon bestehende GmbH durch

Kapitalerhöhung gegen Sacheinlage und Gewährung von neuen Anteilen (§ 56 GmbHG) in Betracht.

1047 Die **Einbringung durch Sachgründung** vollzieht sich im Wesentlichen wie folgt: Der Einzelkaufmann gründet eine GmbH unter Einbringung seines Einzelunternehmens als Sacheinlage, wozu der „Abschluss" des Gesellschaftsvertrags (Errichtungserklärung) der GmbH, die Bestellung des Geschäftsführers, die Erstellung eines Sachgründungsberichtes und die Leistung der Sacheinlage in Gestalt des Einzelunternehmens sowie die Anmeldung zum Handelsregister gehört. Die Einbringung durch Kapitalerhöhung geht im Wesentlichen wie folgt vor sich: Der Einzelkaufmann errichtet zuerst die GmbH mit baren Mitteln und erhöht sodann das Stammkapital unter Einlage des Einzelunternehmens; dazu bedarf es der Errichtung der GmbH, des Beschlusses über die Kapitalerhöhung mit Sacheinlage in Gestalt des Einzelunternehmens, der Erstellung eines Sachkapitalerhöhungsberichts, der Leistung der Sacheinlage sowie der Anmeldung zum Handelsregister.

1048 Auch die Umwandlung im **Einbringungsmodell** (§ 1 Abs. 3 Nr. 4 UmwStG) kann **steuerlich ergebnisneutral** nach UmwStG durchgeführt werden, wenn es sich bei dem übergehenden Vermögen um sämtliche wesentlichen Betriebsgrundlagen eines Betriebs oder Teilbetriebs (= Einzelunternehmen) handelt und die Einbringung gegen Gewährung von neuen Geschäftsanteilen erfolgt. Bei Zurückbehaltung wesentlicher Betriebsgrundlagen sind demnach alle stillen Reserven aufzudecken. Bei **negativem Buchkapital** des ausgegliederten Betriebs oder Teilbetriebs, d. h., wenn die Passivposten ohne Berücksichtigung des Eigenkapitals die Aktivposten übersteigen, ist allerdings der **Buchwertansatz nicht möglich** (§ 20 Abs. 2 Satz 2 Nr. 2 UmwStG), es muss zumindest auf einen Zwischenwert aufgestockt werden, so dass sich ein Nettoansatz des eingebrachten Betriebsvermögens von 0 € ergibt.

Ist die Buchwertverknüpfung nach § 20 Abs. 2 Satz 1 UmwStG zulässig, kann neben den neuen Anteilen auch ein Gesellschafterdarlehen in den Grenzen des § 20 Abs. 2 Satz 2 Nr. 4 UmwStG (der gemeine Wert von sonstigen Gegenleistungen darf nicht mehr betragen als a) 25 % des Buchwerts des eingebrachten Betriebsvermögens oder b) 500.000 €, höchstens jedoch den Buchwert des eingebrachten Betriebsvermögens) ausgewiesen werden, wodurch ein späterer Abfluss liquider Mittel an den Gesellschafter ohne Ausschüttung und damit die Thesaurierung der Gewinne möglich ist.

BEISPIEL: Das Einzelunternehmen weist vor der Ausgliederung bei Aktiva von 300.000 € ein Kapital von 150.000 € aus. Das Kapital kann nach der Ausgliederung in die GmbH z. B. mit 25.000 € Stammkapital, mit weiteren 25.000 € auf die Kapitalrücklage und mit 100.000 € auf ein Gesellschafterdarlehen verteilt werden.

3. Umwandlung „durch Einzelveräußerung"

1049 Dieses Modell, bei dem der Einzelkaufmann zunächst eine GmbH mit Barmitteln gründet und dann die einzelnen Wirtschaftsgüter seines Einzelunternehmens an die GmbH verkauft, stellt keine Umwandlung i. S. d. UmwG dar und wird auch dann nicht durch das UmwStG begünstigt, wenn ein sog. Buchwertverkauf vorliegt, bei dem der Einzelunternehmer sein Unternehmen an die GmbH „zum Buchwert" verkauft.

Diese **Gestaltung** birgt einige **Risiken** in sich, so dass Vorsicht geboten ist. Gesellschaftsrechtlich liegt eine **verschleierte Sachgründung** vor, wenn die GmbH zunächst mit Barmitteln des Einzelunternehmers gegründet wird und die baren Mittel anschließend zum Ankauf der Wirtschaftsgüter des Einzelunternehmens verwendet werden oder die Kaufpreisforderung mit der Einlageverpflichtung verrechnet wird. Abgesehen davon, dass bei einem solchen Hin- und Herzahlen die neue Vorschrift über die verdeckte Sacheinlage nach § 19 Abs. 4 GmbHG i. d. F. des MoMiG anzuwenden ist und nur eine Wertanrechnung nach Eintragung der Gesellschaft auf die fortbestehende Bareinlageverpflichtung erfolgt und der Gesellschafter hinsichtlich der Wertdifferenz haftet, liegt **steuerlich** in Höhe der Differenz zwischen Kaufpreis und Teilwert der Wirtschaftsgüter einschließlich eines Firmenwerts eine **verdeckte Einlage** vor, die zur Aufdeckung und **Besteuerung der stillen Reserven** einschließlich des Firmenwerts führt. Auch die unentgeltliche Übertragung des Einzelunternehmens auf die GmbH stellt eine verdeckte Einlage mit der Folge der **Gewinnrealisierung** dar. 1050

(*Einstweilen frei*) 1051–1080

III. Umwandlung einer Personenhandelsgesellschaft in eine GmbH

Die Umwandlung einer **Personenhandelsgesellschaft**[1] **in eine GmbH** ist nach dem UmwG sowohl durch Verschmelzung als auch durch Formwechsel möglich. Sollen nur Vermögensteile als Gesamtheit auf die GmbH als neuer Rechtsträger übertragen werden, kommt eine Spaltung in Betracht. Sowohl die Verschmelzung als auch die Spaltung (Ausgliederung) sind zur Aufnahme (in eine bestehende GmbH) oder zur Neugründung einer GmbH zulässig. 1081

Das **UmwStG** behandelt alle Umwandlungsvorgänge, die eine Personenhandelsgesellschaft als übertragenden Rechtsträger betreffen, als **Einbringungsvorgänge.** Die Verschmelzungsvorschriften der §§ 3 ff. UmwStG gelten nur für Körperschaften als übertragende Rechtsträger. Unter den Begriff der Einbringung fallen daher die Übertragung von Betrieben, Teilbetrieben und Mitunternehmeranteilen von Personenhandelsgesellschaften als übertragende Rechtsträger, und zwar bei allen Verschmelzungs- und Spaltungsvorgängen (§ 1 Abs. 3 Nr. 1 UmwStG), also z. B. wenn eine OHG oder KG ihren Betrieb auf eine bereits bestehende GmbH überträgt (= Verschmelzung) oder die Personenhandelsgesellschaft einen Teilbetrieb auf die GmbH überleitet (= Spaltung). 1082

Für die Wertansätze bei der übernehmenden GmbH gilt auch hier die Regelung des § 20 Abs. 2 UmwStG, die statt des Ansatzes des eingebrachten Betriebsvermögens mit dem gemeinen Wert auf Antrag und unter den weiteren Vorgaben für das Bewertungswahlrecht auch die Buchwertfortführung oder einen Zwischenwert ohne Bindung an die handelsrechtlichen Wertansätze wählen kann. Der Übernahmewert gilt bei dem Einbringenden als Veräußerungspreis.

Ob ein entstehender Veräußerungsgewinn (§ 16 EStG) durch die Sacheinlage hier nach § 16 Abs. 4 EStG begünstigt sein kann, auch wenn das eingebrachte Betriebsvermögen

1 Die gilt ab 1.1.2024 auch für eine eingetragene GbR gem. MoPeG.

mit dem gemeinen Wert angesetzt wird, ist zweifelhaft. Die Steuervergünstigung setzt voraus, dass der Einbringende eine natürliche Person ist, was aber in der Person einer OHG oder KG nicht erfüllt ist. Sieht man jedoch anknüpfend an den steuerlichen Begriff der Mitunternehmerschaft in der Umwandlung steuerlich die Einbringung eines Mitunternehmeranteils oder eines Teils eines Mitunternehmeranteil, wie dies durch den UmwSt-Erlass geschieht (Rz. 20.10 und 20.11), kommt eine Steuervergünstigung in Betracht.

1. Formwechsel OHG oder KG in GmbH

1083 **Formwechselnder Rechtsträger** können nur Personenhandelsgesellschaften und Partnerschaftsgesellschaften sowie ab 1.1.2024 eingetragene GbR sein. Steuerlich wird der Formwechsel einer Personenhandelsgesellschaft in eine GmbH als Einbringung i. S. der §§ 20 bis 23 UmwStG behandelt (§ 25 UmwStG).

1084 Die formwechselnde Umwandlung vollzieht sich im Wesentlichen unter folgenden Voraussetzungen und in folgenden **Schritten**:

1085 ► **Entwurf des Umwandlungsbeschlusses**, der insbesondere zum Inhalt (§§ 194, 218 UmwG) haben muss

- den Gesellschaftsvertrag der GmbH (Rechtsform, Firma, Betrag des Stammkapitals, Betrag der von jedem Gesellschafter übernommenen Geschäftsanteile, Sonderrechte der Gesellschafter),
- Abfindungsangebot an widersprechende Gesellschafter, sofern nicht Einstimmigkeit erforderlich ist oder eine 100 %-Beteiligung besteht,
- Folgen des Formwechsels für die Arbeitnehmer sowie
- **Leistung von Sacheinlagen durch einzelne Gesellschafter.**

► Letzteres kann besondere steuerliche Bedeutung haben, weil Gegenstände, die nicht zum Gesellschaftsvermögen, sondern zum Vermögen des Gesellschafters gehören, steuerlich aber in einer Sonderbilanz des Gesellschafters zu erfassen waren und wesentliche Betriebsgrundlage darstellen, mit übertragen werden müssen, um die Umwandlung steuerneutral durchführen zu können. Solche Gegenstände des Sonderbetriebsvermögens müssen daher als Sacheinlagen in den Umwandlungsbeschluss aufgenommen und im Wege der Einzelrechtsnachfolge auf die GmbH übertragen werden.[1]

1086 ► Nach Zuleitung des Entwurfs des Umwandlungsbeschlusses an einen vorhandenen Betriebsrat der Personenhandelsgesellschaft (spätestens einen Monat vor der Gesellschafterversammlung, die den Formwechsel beschließen soll) ist eine **Rechnungslegung** durch verschiedene Bilanzen und eine Vermögensaufstellung zu erstellen – um den Aufwand zu begrenzen, sollte in der Praxis ein einheitlicher Bilanzstichtag gewählt werden. Dazu gehört

- der Jahresabschluss der Personenhandelsgesellschaft zum Schluss des letzten Geschäftsjahres, das vor Wirksamwerden des Formwechsels endet – eine

1 Vgl. auch BeckHB GmbHG/Orth, § 14 Rz. 91.

Bilanz auf den Umwandlungsstichtag ist handelsrechtlich mangels Vermögensübergang nicht erforderlich;

- weiter gehört dazu eine Vermögensaufstellung, in der die Gegenstände und Verbindlichkeiten des formwechselnden Rechtsträgers mit dem wirklichen Wert anzusetzen sind, der ihnen am Tag der Erstellung des Umwandlungsberichts beizulegen ist, sowie schließlich
- eine Bilanz zum Nachweis des Wertes der Sacheinlage, die – wie die Vermögensaufstellung – Bestandteil des Umwandlungsberichtes ist und – trotz des eigentlichen Stichtags (= Anmeldung der GmbH zur Eintragung in das Handelsregister) – aus dem letzten Jahresabschluss abgeleitet werden darf.

► Erforderlich ist **steuerlich** eine Schlussbilanz der Mitunternehmerschaft (aus Steuer- 1087
bilanz der Gesellschaft, Ergänzungsbilanzen und Sonderbilanzen einzelner Mitunternehmer) zur Gewinnabgrenzung und zur Ermittlung der Buchwerte und eine Übertragungsbilanz (§ 25 Satz 2 und § 9 Satz 2 und 3 UmwStG).

Die übertragende Personenhandelsgesellschaft hat diese Bilanz auf den steuerlichen 1088
Übertragungsstichtag aufzustellen (§ 25 Satz 1 i. V. m. § 20 Abs. 5 und 6 UmwStG), weil steuerlich der Formwechsel in die GmbH abweichend vom Handelsrecht als Wechsel des Rechtsträgers (§ 1 Abs. 3 Nr. 3 UmwStG) und Einbringung behandelt wird. Der steuerliche Übertragungsstichtag kann bis auf acht Monate vor der Anmeldung des Formwechsels zur Eintragung in das Handelsregister zurückbezogen werden und kann damit auch mit dem Tag des letzten handelsrechtlichen Jahresabschlusses der Personengesellschaft identisch sein.

Das Einkommen und das Vermögen des Einbringenden wie der GmbH sind auf Antrag so zu ermitteln, als ob das eingebrachte Betriebsvermögen mit Ablauf des steuerlichen Übertragungsstichtags (Einbringungszeitpunkt) auf die Übernehmerin (die GmbH) übergegangen wäre. Folglich ist der Gesamtgewinn der Mitunternehmerschaft auch auf einen zurückbezogenen Stichtag zu ermitteln, ab dem die Ergebnisse der übernehmenden GmbH zuzurechnen sind. Dies erfährt aber hinsichtlich des Einkommens (also auch für den steuerlichen Gewinn aus Gewerbebetrieb) und des Gewerbeertrages eine Einschränkung bei Entnahmen und Einlagen, die nach dem steuerlichen Übertragungsstichtag erfolgen: Sie sind noch dem Unterschiedsbetrag i. S. v. § 4 Abs. 1 Satz 1 EStG, der auf den Übertragungsstichtag ermittelt wurde, hinzu- bzw. von ihm abzurechnen. Die nach § 20 Abs. 3 UmwStG auf den steuerlichen Übertragungsstichtag ermittelten Anschaffungskosten auf die erhaltenen Anteile an der GmbH sind um den Buchwert der (zwischenzeitlichen) Entnahmen zu vermindern und um den Wert der Einlagen (ermittelt nach § 6 Abs. 1 Nr. 5 EStG) zu erhöhen.

Handelsrechtlich bedarf es keiner Eröffnungsbilanz der GmbH, weil dort der Formwech- 1089
sel keine Vermögensübertragung bedeutet, jedoch kann sich eine Aufnahmebilanz empfehlen, falls der Formwechsel mit weiteren Sacheinlagen verbunden wird. Im Jahresabschluss der GmbH zum nächsten Bilanzstichtag sind die Buchwerte aus dem Jahresabschluss der Personengesellschaft nach dem Grundsatz der Bilanzkontinuität fortzuführen, ein Bewertungswahlrecht nach § 24 UmwG gibt es beim Formwechsel nicht. Steuerlich muss die GmbH jedoch eine Eröffnungsbilanz aufstellen (§ 25 Satz 2 und § 9

Satz 2 und 3 UmwStG), in der nunmehr der gemeine Wert der übergehenden Wirtschaftsgüter oder unter den Vorgaben des § 20 Abs. 1 und Abs. 2 UmwStG auch auf Antrag einheitlich Zwischenwerte oder die Buchwerte angesetzt werden können.

1090 ► Sodann ist ein Umwandlungsbericht (§ 192 UmwG) zu erstellen, der nicht erforderlich ist, wenn alle Gesellschafter der Personenhandelsgesellschaft zur Geschäftsführung berechtigt sind (OHG) oder alle Gesellschafter durch notariell beurkundete Erklärung auf eine Erstattung verzichten. Dem Umwandlungsbericht sind der Entwurf des Umwandlungsbeschlusses sowie die Vermögensaufstellung beizufügen, er soll der Information der Gesellschafter dienen.

1091 ► Schließlich ist der **Umwandlungsbeschluss** durch die einzuberufende Gesellschafterversammlung zu fassen (§§ 193, 216 bis 218 UmwG), welcher der Zustimmung aller Gesellschafter oder der Zustimmung einer Mehrheit von mindestens 3/4 der Stimmen der Gesellschafter bedarf, sofern der Gesellschaftsvertrag eine Mehrheitsentscheidung vorsieht. Der Umwandlungsbeschluss und die Zustimmungserklärungen der nicht erschienenen Gesellschafter müssen notariell beurkundet werden.

1092 ► Hinsichtlich der neu entstehenden GmbH sind die **Gründungsvorschriften** des GmbHG und des UmwG (§§ 197, 219, 220) anzuwenden (Gründer sind die Gesellschafter, die für den Formwechsel gestimmt haben): Bestellung der Geschäftsführer durch die Gründer, Sachgründungsbericht der Gründer (mit Darlegung der Kapitalaufbringung, der wesentlichen Umstände für die Werthaltigkeit weiterer Sacheinlagen, der Jahresergebnisse der Personenhandelsgesellschaft in den beiden letzten Geschäftsjahren und deren Lage).

1093 ► Im letzten Schritt ist der Formwechsel zur **Eintragung** in das Handelsregister durch die Geschäftsführer der GmbH anzumelden (§§ 198, 222 UmwG), worauf nach registergerichtlicher Prüfung die Eintragung erfolgt und bekannt gemacht wird.

1094 Die Eintragung der neuen Rechtsform „GmbH" hat **konstitutive Wirkungen** dergestalt, dass die Personenhandelsgesellschaft in der Rechtsform der GmbH weiterbesteht (Identität des Rechtsträgers), die Gesellschafter der Personenhandelsgesellschaft als Gesellschafter an der GmbH beteiligt sind (Kontinuität der Mitgliedschaft) und die Rechte Dritter an den Anteilen an den Geschäftsanteilen weiter bestehen. Es bestehen bestimmte Minderheitenrechte der Gesellschafter, z. B. Anspruch auf Verbesserung des Beteiligungsverhältnisses durch bare Zuzahlung, Annahme der Barabfindung gegen Übertragung der umgewandelten Anteile auf die GmbH oder Antrag auf gerichtliche Bestimmung einer angemessenen Barabfindung bzw. anderweitige Veräußerung der Anteile innerhalb von zwei Monaten nach Bekanntmachung der Eintragung.

Die geschäftsführenden Gesellschafter der Personenhandelsgesellschaft sind ihren Mitgesellschaftern sowie ihren Gläubigern zum Schadensersatz verpflichtet, wenn sie bei der Vorbereitung und Durchführung des Formwechsels pflichtwidrig gehandelt haben (§§ 205, 206 UmwG). Altgläubigern wird zu ihrem Schutz das Recht eingeräumt, innerhalb von sechs Monaten nach Bekanntmachung des Formwechsels Sicherheitsleistung zu verlangen. Die persönliche Haftung der bisherigen Gesellschafter der Personengesellschaft nach § 128 HGB dauert weitere fünf Jahre als **Nachhaftung** fort, beginnend mit der Bekanntmachung des Formwechsels.

Steuerlich stellt sich die formwechselnde Umwandlung – abweichend vom Handelsrecht – als Einbringung dar, für die nach § 25 Satz 1 UmwStG die §§ 20 bis 23, § 9 Satz 2 und 3 UmwStG entsprechend gelten. 1095

2. Verschmelzung einer Personenhandelsgesellschaft auf eine GmbH

Unter **Verschmelzung** versteht man die Übertragung des Gesamtvermögens eines Rechtsträgers auf einen anderen, schon bestehenden oder neu gegründeten Rechtsträger im Wege der Gesamtrechtsnachfolge und Auflösung ohne Abwicklung, wobei den Anteilsinhabern des übertragenden und erlöschenden Rechtsträgers durch Anteilstausch eine Beteiligung an dem übernehmenden oder neuen Rechtsträger gewährt wird. Für die **Verschmelzung durch Aufnahme** bedeutet dies, dass eine Personenhandelsgesellschaft ihr gesamtes Vermögen auf eine **bestehende GmbH** überträgt, wobei die übertragende Personenhandelsgesellschaft mit Eintragung der Verschmelzung in das Handelsregister erlischt. Die übernehmende GmbH übernimmt im Wege der Gesamtrechtsnachfolge das gesamte Vermögen der Personenhandelsgesellschaft, erhöht entsprechend ihr Kapital und bietet den Gesellschaftern der verschmolzenen Personenhandelsgesellschaft die Anteile an. Eine Verschmelzung zur Neugründung kommt nur in Betracht, wenn die Personenhandelsgesellschaft **und mindestens ein weiterer Rechtsträger** derselben oder unterschiedlicher Rechtsform auf die GmbH zur Neugründung verschmolzen werden sollen. 1096

a) Verschmelzung durch Aufnahme

Für die Verschmelzung durch **Aufnahme** gelten neben den allgemeinen Vorschriften der §§ 2 bis 35 UmwG für die zu verschmelzende Personengesellschaft die §§ 39 bis 45e UmwG und die §§ 46 bis 59 UmwG für die übernehmende GmbH. 1097

Für die Verschmelzung gelten folgende Voraussetzungen und Schritte:

- **Der Verschmelzungsvertrag** ist von den Vertretungsorganen der an der Verschmelzung beteiligten Rechtsträger (OHG, KG und GmbH) abzuschließen (§ 4 UmwG) und **notariell zu beurkunden**. Der Vertrag bedarf zur Wirksamkeit der Zustimmung der Organe der beteiligten Rechtsträger, er muss im Entwurf spätestens einen Monat vor dem Tag der Beschlussfassung der Gesellschafterversammlung und einem vorhandenen Betriebsrat zugeleitet sein. 1098

  Enthalten muss der Verschmelzungsvertrag mindestens den Namen oder die Firma und den Sitz der an der Verschmelzung beteiligten Rechtsträger, die Vereinbarung über die Übertragung des Vermögens der übertragenden Personenhandelsgesellschaft als Ganzes gegen Gewährung von Anteilen an der übernehmenden GmbH, das Umtauschverhältnis der Anteile, Einzelheiten über die Übertragung der Anteile, den Zeitpunkt der Gewinnbezugsrechte, Verschmelzungsstichtag, Gewährung von Sonderrechten, besondere Vorteile an Mitglieder eines Vertretungsorgans sowie die Folgen der Verschmelzung für die Arbeitnehmer.

- Es sind bestimmte Schritte der **Rechnungslegung** durchzuführen, wobei für den letzten Jahresabschluss der übertragenden Gesellschaft die Rechnungslegungsvorschriften für Personenhandelsgesellschaften nach §§ 242 ff. HGB gelten, nicht jedoch die 1099

§§ 264 ff. HGB. Die steuerliche Schlussbilanz und Übertragungsbilanz der Personenhandelsgesellschaft ist die Gesamtbilanz der Mitunternehmerschaft (bestehend aus Steuerbilanz der Gesellschaft und den Ergänzungsbilanzen sowie Sonderbilanzen einzelner Mitunternehmer).

1100 ► Es ist ein **Verschmelzungsbericht** zu erstellen, der aber für die übertragende Personenhandelsgesellschaft nicht erforderlich ist, sofern alle ihre Gesellschafter zur Geschäftsführung berechtigt sind oder wenn alle Anteilsinhaber in notarieller Form darauf verzichten. Eine Verschmelzungsprüfung kann von einem Gesellschafter der Personenhandelsgesellschaft nur verlangt werden, wenn deren Gesellschafterversammlung die Verschmelzung mit Mehrheit beschließen kann.

1101 ► Bestandteil der Verschmelzung ist auch die **Gewährung von Geschäftsanteilen der übernehmenden GmbH** (§ 46 UmwG). Die Gewährung der Geschäftsanteile durch die übernehmende Gesellschaft kann durch Verwendung bereits vorhandener Geschäftsanteile ohne Kapitalerhöhung und durch die Schaffung neuer Geschäftsanteile durch eine Kapitalerhöhung erfolgen. Soweit zur Durchführung der Verschmelzung eine Kapitalerhöhung erfolgt, handelt es sich um eine Kapitalerhöhung mit Sacheinlagen (§ 56 GmbHG), für die aber nach § 55 UmwG Erleichterungen gelten: Es bedarf keiner Übernahmeerklärung, die Vorschriften über die Leistung von Einlagen und Sicherheiten sind nicht anzuwenden. Die Kapitalerhöhung wird i. d. R. in der Gesellschafterversammlung beschlossen, in der die übernehmende GmbH über ihre Zustimmung zum Verschmelzungsvertrag beschließt.

1102 ► Schließlich müssen in den Gesellschafterversammlungen **Verschmelzungsbeschlüsse** gefasst werden. Sie sind Voraussetzung für die Wirksamkeit des Verschmelzungsvertrags (Zustimmung der Gesellschafter jeder an der Verschmelzung beteiligten Gesellschaft). Der Zustimmungsbeschluss bedarf mindestens einer Mehrheit von 3/4 der abgegebenen Stimmen (§ 50 Abs. 1 UmwG).

Werden Sonderrechte einzelner Gesellschafter berührt, bedarf es deren Zustimmung (§ 50 Abs. 2 UmwG). Der jeweilige Gesellschaftsvertrag kann jedoch eine größere Mehrheit und weitere Erfordernisse bestimmen.

Zusammen mit der Einberufung der Gesellschafterversammlung sind den Gesellschaftern der Personenhandelsgesellschaft, die von der Geschäftsführung ausgeschlossen sind, der Verschmelzungsvertrag oder sein Entwurf sowie der Verschmelzungsbericht zu übersenden. Für die Beschlussfassung gilt dort grundsätzlich das Erfordernis der Einstimmigkeit wie bei allen grundlegenden Beschlüssen im Recht der Personenhandelsgesellschaften. Erforderlich ist die Zustimmung aller anwesenden und nicht erschienenen Gesellschafter (§ 43 Abs. 1 UmwG). Sofern der Gesellschaftsvertrag Mehrheitsentscheidungen vorsieht, ist jedoch mindestens die Mehrheit von 3/4 der Stimmen der Gesellschafter erforderlich.

1103 Die Einberufung der Gesellschafterversammlungen erfolgt in der Praxis nacheinander, so dass die übertragende Personengesellschaft vor der übernehmenden GmbH beschließt und Letztere bei ihrer Beschlussfassung Kenntnis von der Zustimmung der übertragenden Personenhandelsgesellschaft hat und über die Verschmelzung und eine etwa erforderliche Kapitalerhöhung entscheiden kann. Hierzu ist auch eine 3/4-Mehrheit erforderlich.

- Im letzten Schritt sind ggf. die Kapitalerhöhung und die Verschmelzung in das Handelsregister einzutragen. War eine Kapitalerhöhung erforderlich, darf die Verschmelzung erst eingetragen werden, wenn die Kapitalerhöhung eingetragen ist (§ 53 UmwG). 1104

Die Eintragung ins Handelsregister der übernehmenden GmbH ist konstitutiv. Sie bewirkt den Übergang des Vermögens der übertragenden Gesellschaft einschließlich der Verbindlichkeiten auf die übernehmende GmbH und das Erlöschen der übertragenden Gesellschaft. Die Gesellschafter der übertragenden Gesellschaft werden Gesellschafter der übernehmenden GmbH und die Rechte Dritter an den Anteilen der übertragenden Gesellschaft bestehen an den an ihre Stelle tretenden Geschäftsanteilen an der übernehmenden GmbH weiter. 1105

Für die persönlich haftenden Gesellschafter der übertragenden Personenhandelsgesellschaft gilt auch hier eine fünfjährige **Nachhaftung**, unabhängig davon, ob sie Gesellschafter-Geschäftsführer der übernehmenden GmbH werden. Die fünfjährige Frist beginnt mit der Bekanntmachung der Eintragung der Verschmelzung in das Handelsregister der übernehmenden GmbH. 1106

b) Steuerliche Betrachtungsweise

Umstritten ist, wer Einbringender ist, wenn eine Personengesellschaft ihren Betrieb einbringt. Nach Auffassung der Finanzverwaltung zum alten Umwandlungssteuerrecht waren in jedem Fall die Mitunternehmer die Einbringenden (und nicht die Personengesellschaft). Die herrschende Lehre zum neuen Umwandlungssteuerrecht differenziert danach, ob die Mitunternehmerschaft nach der Einbringung bestehen bleibt: Erlischt die Mitunternehmerschaft, gelten die Mitunternehmer als Einbringende; bleibt die Mitunternehmerschaft bestehen, gilt die Mitunternehmerschaft als Einbringende. Die Verwaltung stellt in Rz. 20.03 des UmwStErl 2011[1] darauf ab, wem die Anteile am übernehmenden Rechtsträger zustehen: Stehen die Anteile den bisherigen Mitunternehmern zu, sind die Mitunternehmer Einbringende; werden die Anteile Gesamthandsvermögen der Personengesellschaft, ist die Personengesellschaft Einbringende.[2] 1107

Wegen der **steuerlichen Wechselwirkungen** des Wertansatzes zu der persönlichen Einkommensbesteuerung des (einbringenden) Gesellschafters (Mitunternehmers) werden sich die Gesellschafter im Vorfeld der Verschmelzung Gedanken über die diesbezüglichen steuerlichen Konsequenzen machen und möglicherweise in den Verschmelzungsvertrag Bestimmungen aufnehmen müssen, die eine Ausübung von Wahlrechten durch die GmbH regeln. Es ist je nach den späteren Stimmenverhältnissen bei der aufnehmenden GmbH für den einzelnen Gesellschafter (und früheren Mitunternehmer der verschmolzenen Personengesellschaft) nicht sichergestellt, dass er sich bei der ersten Bilanzfeststellung der GmbH mit einer ihm genehmen Ausübung eines Bewertungs- 1108

1 BMF v. 11.11.2011, BStBl 2011 I S. 1314.

2 Zu Einzelheiten s. Klein/Müller in: Klein/Müller/Lieber, a. a. O., Rz. 1799 m. w. N.

wahlrechts durchsetzen kann, wenn auch die gesellschaftliche Treuepflicht ein entgegenkommendes Abstimmungsverhalten der anderen Gesellschafter gebieten kann.

1109–1110 (*Einstweilen frei*)

3. Verschmelzung von zwei Personenhandelsgesellschaften auf eine GmbH durch Neugründung

1111 Sollen zwei (oder mehrere) Personenhandelsgesellschaften auf eine GmbH verschmolzen werden, so ist dies auch durch Neugründung zulässig (§ 3 Abs. 1 UmwG). Für die neu gegründete GmbH gelten die §§ 56 bis 59 UmwG, welche grundsätzlich auf die Vorschriften zur Verschmelzung durch Aufnahme verweisen. Für die übertragenden Personenhandelsgesellschaften finden die Vorschriften der §§ 39 bis 45 UmwG Anwendung, weil insoweit nicht nach Verschmelzung durch Aufnahme und Verschmelzung durch Neugründung differenziert wird. Die steuerlichen Rechtsfolgen entsprechen denen der Verschmelzung durch Aufnahme.

4. Spaltung von OHG oder KG auf eine GmbH

1112 Die Übertragung von Vermögensteilen einer Personenhandelsgesellschaft als Gesamtheit auf eine GmbH durch Spaltung ist sowohl zur Aufnahme als auch zur Neugründung möglich. Für die übertragenden Personenhandelsgesellschaften gelten die Verschmelzungsvorschriften der §§ 39 bis 45 UmwG (§ 125 UmwG). Für die übernehmende bzw. die neu gegründete GmbH gelten die besonderen Vorschriften in §§ 138 bis 140 und § 125 i. V. m. §§ 46 bis 50 UmwG. Insofern soll auf die Ausführungen zur Ausgliederung (= besonderer Fall der Spaltung) eines Einzelunternehmens auf eine GmbH hingewiesen werden.

1113 Das UmwG enthält keine Vorschriften darüber, wie das Spaltungsvermögen bei einer Spaltung aufzuteilen ist. **Zivilrechtlich** ist es daher nicht notwendig, dass jedes Teilvermögen eine organische, wirtschaftliche Einheit darstellt (z. B. einen Teilbetrieb). Sind jedoch Einzelwirtschaftsgüter Gegenstand einer Spaltung, kann dies nicht steuerneutral, also ohne Aufdeckung stiller Reserven erfolgen.

1114 **Steuerrechtlich** liegen bei der Abspaltung und Ausgliederung Einbringungen von Bruchteilen von Mitunternehmeranteilen vor, die ebenfalls § 20 Abs. 1 UmwStG unterliegen. Daran hat sich auch durch die Änderung des § 16 Abs. 1 Satz 2 und 3 EStG nichts geändert, wonach nunmehr die Veräußerung oder Aufgabe des Teils eines Mitunternehmeranteils tatbestandlich kein Fall des § 16 EStG mehr ist.[1] Andernfalls wäre der Ausschluss des § 16 Abs. 4 EStG bei der Einbringung von Teilen eines Mitunternehmeranteils in § 20 Abs. 4 Satz 1 UmwStG nicht notwendig gewesen. Vertritt man die Auffassung, dass Einbringende nicht die Mitunternehmer seien, sondern die Personengesellschaft selbst, muss konsequenterweise das eingebrachte Vermögen einen Teilbetrieb ausmachen. Um eine Buchwertfortführung zu gewährleisten, muss auch das Sonderbetriebsvermögen, welches eine wesentliche Betriebsgrundlage darstellt, anteilig in die GmbH eingebracht werden.

1 Vgl. Schmitt in: Schmitt/Hörtnagel, UmwG/UmwStG, § 20 UmwStG Rz. 127, m. w. N.

Voraussetzungen für die Durchführung der Spaltung sind ein Spaltungs- und Übernahmevertrag oder ein Spaltungsplan, die Zuleitung an den Betriebsrat, die Rechnungslegung sowie ein Spaltungsbericht, sofern nicht alle Gesellschafter der Personenhandelsgesellschaft zur Geschäftsführung berechtigt sind. Es muss die Gewährung von Geschäftsanteilen der übernehmenden Gesellschaft oder der neu gegründeten GmbH sowie eine Herabsetzung der Kapitalanteile bei der übertragenden Personenhandelsgesellschaft in Fällen der Abspaltung festgelegt werden, schließlich müssen die Spaltungsbeschlüsse der Gesellschafterversammlungen sowie die Beschlussfassung über die Kapitalerhöhung der übernehmenden GmbH oder die Zustimmung zum Gesellschaftsvertrag der neuen Gesellschaft und Herabsetzung der Kapitalanteile der übertragenden Gesellschaft erfolgen. Am Ende steht die Eintragung der Kapitalerhöhung und der Spaltung samt der Neuerrichtung der GmbH in das Handelsregister. 1115

Die handelsrechtlichen Wirkungen sind denen der Verschmelzung vergleichbar, auch hier kommt es zu einer fünfjährigen Nachhaftung der persönlich haftenden Gesellschafter der übertragenden Personenhandelsgesellschaft.

5. Umwandlung auf eine Unternehmergesellschaft (haftungsbeschränkt)

Der Weg in die UG (haftungsbeschränkt) durch Umwandlung eines Einzelunternehmens oder einer Personenhandelsgesellschaft lässt sich **nicht praktizieren**. Bei der UG als dem aufnehmenden Rechtsträger sind nach § 5a Abs. 2 GmbHG **Sacheinlagen ausgeschlossen**. Zu solchen Sacheinlagen gegen Gewährung von Geschäftsanteilen kommt es aber bei allen übertragenden Umwandlungen und wirtschaftlich betrachtet auch beim Formwechsel einer Personenhandelsgesellschaft, wie § 220 UmwG zeigt, der verlangt, dass der Nennbetrag des Stammkapitals einer GmbH durch das Nettovermögen des formwechselnden Rechtsträgers gedeckt sein muss. Außerdem sind gem. § 197 UmwG die Gründungsvorschriften für die neue Rechtsform anzuwenden, die Sacheinlagen auf die von den Gesellschaftern zu erlangenden Geschäftsanteile (§ 194 Abs. 1 Nr. 4 UmwG) nicht zulässt. 1116

Der Weg von einer normalen GmbH in die UG (haftungsbeschränkt) lässt sich auch nicht durch Kapitalherabsetzung unter das Mindeststammkapital beschreiten. § 58 Abs. 2 Satz 1 GmbHG, wonach die Vorschrift über das Mindeststammkapital zu beachten ist, ist durch das MoMiG nicht verändert worden. 1117

Das Gesetz lässt nach seiner Konzeption für die UG (haftungsbeschränkt) nur die Bargründung und nur die Einbahnstraße aus der Unternehmergesellschaft heraus zu. Die UG kann in eine normale GmbH formwahrend umgewandelt werden, indem ihr Stammkapital auf die Mindesthöhe von 25.000 € durch förmliche Kapitalerhöhung angehoben wird (§ 5a Abs. 5 GmbHG), oder sie wird nach den Vorschriften des UmwG auf einen anderen Rechtsträger übertragen. Insofern ist die Unternehmergesellschaft umwandlungsfähig. 1118

(*Einstweilen frei*) 1119–1150

3. Abschnitt: Stammeinlage, Geschäftsanteil und Stammkapital

A. Begriffsbestimmung

I. Stammkapital

1151 Die GmbH ist eine Kapitalgesellschaft; ihre **Kapitalgrundlage** ist das **Stammkapital**, so wie dies bei der AG deren „Grundkapital" ist. Mit dem wirklichen Betriebskapital (Gesellschaftsvermögen) hat das Stammkapital nichts zu tun, wenn auch i.d.R. bei der Gründung das Vermögen der GmbH und das Stammkapital betragsmäßig übereinstimmen. Danach bleibt das Stammkapital – von Kapitalerhöhungen oder Kapitalherabsetzungen abgesehen – gleich, während das Gesellschaftsvermögen von der Ertragssituation abhängig ist und sich ständig verändert.

Das Stammkapital selbst ist gem. § 42 GmbHG als **„gezeichnetes Kapital"** unter die Passiva aufzunehmen. Diese Bestimmung dient auch dem Zweck, das Stammkapital, das dem Gläubigen notfalls zur Verfügung stehen soll, zu erhalten. Die Stammkapitalziffer ist in verschiedenen Vorschriften des GmbHG – insbesondere in §§ 19 und 30 bis 32 GmbHG – Anknüpfungspunkt für die Regeln, die als Kernstück des GmbH-Rechts der ordnungsgemäßen Aufbringung und Erhaltung des Stammkapitals dienen und die Haftungsbeschränkung nach § 13 Abs. 2 GmbHG überhaupt rechtfertigen. Diese Regelungen bedingen einander. Das Stammkapital verlautbart nach § 10 GmbHG den Haftungsfonds der GmbH und weist ihn in der Bilanz aus. Die Gläubiger der Gesellschaft sollen – geschützt durch die Regeln für die Kapitalaufbringung und -erhaltung – darauf vertrauen dürfen, dass dieser Betrag mindestens zur Verfügung steht. Die GmbH selbst gewinnt einen gewissen Schutz davor, dass ihr Vermögen nicht schon beim Entstehen durch Anlaufverluste ausgehöhlt ist, weil die Gründer es bis zur Höhe der Stammkapitalziffer nach den Grundsätzen der Unterbilanzhaftung auffüllen müssen (vgl. oben Rz. 961 ff.).

1152 Das Stammkapital kann in Geld oder in Sachwerten erbracht werden. Es muss nach wie vor gem. § 5 Abs. 1 GmbHG mindestens 25 000 € betragen, was aber meist nicht ausreicht, um für eine sachgerechte Kapitalausstattung zu sorgen.

1153 Die Höhe des **Mindeststammkapitals** der „klassischen" GmbH beträgt **25.000 €**. Bei der **Unternehmergesellschaft (haftungsbeschränkt) bzw. UG (haftungsbeschränkt)** kann der Betrag des **Mindeststammkapitals unterschritten** werden. Ihr Stammkapital kann (theoretisch) 1 € betragen, wenn es sich um eine Einpersonen-GmbH handelt (§ 5a GmbHG). Zu beachten ist aber, dass auch für die UG (haftungsbeschränkt) selbstverständlich die Vorschriften der Insolvenzordnung gelten und daher eine Gründung mit 1 € eben nur theoretisch in Betracht kommen dürfte (siehe dazu Rz. 183).

Einen gewissen Ausgleich für den geringen Haftungsfonds der UG (haftungsbeschränkt) wird dadurch geschaffen, dass das gezeichnete **Stammkapital im Wege der Bareinlage voll aufzubringen ist und Sacheinlagen ausgeschlossen** sind (§ 5a Abs. 2 GmbHG). Die Gründer müssen also über genügend Barmittel für die Soforteinzahlung verfügen. Außerdem darf die UG (haftungsbeschränkt) ihre Gewinne nicht voll ausschütten. Sie muss ein Viertel des Jahresüberschusses in eine gesetzliche Rücklage einstellen (§ 5a Abs. 3 GmbHG). Die **Rücklage** darf nur für eine **Kapitalerhöhung** aus Gesellschaftsmitteln (§ 57c GmbHG) oder zur **Verlustdeckung**, d. h. zum Ausgleich eines nicht durch einen Gewinnvortrag aus dem Vorjahr gedeckten Jahresfehlbetrags oder zum Ausgleich eines Verlustvortrages verwendet werden, der nicht durch einen Jahresüberschuss gedeckt ist. Die **Thesaurierungspflicht** gilt so lange, bis die Gesellschaft ihr **Stammkapital** auf die Höhe des Mindeststammkapitals von **25.000 € erhöht** hat (§ 5a Abs. 5 GmbHG). Es reicht nicht aus, dass die Gewinnrücklage selbst diesen Betrag erreicht hat.

II. Einlage auf das Stammkapital (= Stammeinlage)

Das Stammkapital setzt sich aus der Summe der Nennbeträge aller Geschäftsanteile 1154
zusammen und muss mit dieser übereinstimmen. Das MoMiG hat damit den Begriff der Stammeinlage durch den des Geschäftsanteils ersetzt.

Der Geschäftsanteil begründet die **Mitgliedschaft** in der Gesellschaft. Nach ihm richten 1155
sich also die Rechte und Pflichten des Gesellschafters. Er wird in einem Nennbetrag ausgedrückt und beziffert so die Beteiligung des Gesellschafters, die er gegen Einlage auf das Stammkapital übernimmt (§ 3 Abs. 1 Nr. 4 GmbHG). Jeder Euro eines Geschäftsanteils gewährt demnach eine **Stimme**; gleichfalls **richtet sich danach** die **Gewinnverteilung. Diese Regelungen** (§ 47 Abs. 2 GmbH für das Stimmrecht und § 29 Abs. 3 GmbHG für das Gewinnverteilungsrecht) sind aber dispositiv; d. h., abweichende Regelungen im Gesellschaftsvertrag sind zulässig.

Der Nennbetrag jedes Geschäftsanteils muss nach § 5 Abs. 2 Satz 1 GmbHG auf **volle Euro** lauten. Einen bestimmten Mindestbetrag schreibt Abs. 2 Satz 1 nicht ausdrücklich vor. Der Nennbetrag muss daher mindestens **1 €** betragen. Geringere Beträge als 1 € oder nicht volle, „krumme" Beträge mit Stellen nach dem Komma sind unzulässig.[1] Jeder Geschäftsanteil muss nach der Neufassung durch das MoMiG 2008 durch 1 € teilbar sein.

Der Gesellschafter muss mindestens den Nennbetrag des von ihm übernommenen Ge- 1156
schäftsanteils an die Gesellschaft leisten. Eine Ausgabe von Geschäftsanteilen gegen eine unter ihrem Nennbetrag liegende Einlage **(„Unterpari-Emission")** ist ebenso unzulässig wie es Abschläge **(Disagio)** vom Nennbetrag sind.

Zulässig bei der GmbH ist ebenso wie nach § 9 Abs. 2 AktG bei der AG eine **Überpari-** 1157
Emission. Im Gesellschaftsvertrag oder durch Gesellschaftervereinbarung kann bestimmt werden, dass Geschäftsanteile gegen ein über den Nennwert des Geschäftsanteils hinausgehendes Aufgeld (statutarisches oder schuldrechtliches **Agio**) ausgegeben werden. Das Agio kann auch in Gestalt einer Sacheinlage erfolgen, was die Möglichkeit der Buchwertfortführung eröffnet, da steuerrechtlich betrachtet eine Sacheinlage vorliegt und die stillen Reserven somit nicht aufgedeckt werden.[2]

(*Einstweilen frei*) 1158–1170

1 Altmeppen, GmbHG, § 5 Rz. 6.
2 Altmeppen, GmbHG, § 5 Rz. 8 mit Verweis auf BFH v. 7.4.2010 - I R 55/09, NZG 2011 S. 118.

B. Die Leistung der Einlage auf das Stammkapital (Stammeinlage)

LITERATUR:

Körber, Neuausrichtung der Kapitalaufbringung bei der GmbH, 2015; *Rönnau/Krezer*, Darlehensverrechnungen im Cash-Pool nach Inkrafttreten des MoMiG auch ein Untreue-Risiko?, ZIP 2010 S. 2269; *Komo*, Kapitalaufbringung im Cash-Pool – aktuelle Entwicklungen in Rechtsprechung und Literatur, BB 2011 S. 2307; *Heinze*, Verdeckte Sacheinlagen und verdeckte Finanzierungen nach dem MoMiG, GmbHR 2008 S. 1065; *Karl*, Sacheinlagen bei der UG (haftungsbeschränkt) und GmbH, GmbHR 2020 S. 9; *Hülsmann*, Kapitalaufbringung in der GmbH im Spiegel aktueller BGH-Rechtsprechung, GmbHR 2019 S. 377.

I. Einzahlung der in Geld zu leistenden Einlage (Bargründung)

1. Fälligkeit

1171 Gemäß § 7 Abs. 2 GmbHG darf die Anmeldung zum Handelsregister erst erfolgen, wenn auf jeden Geschäftsanteil mindestens ein Viertel eingezahlt ist und die Einzahlungen auf das Stammkapital (einschließlich der Sacheinlagen) insgesamt mindestens 12.500 € betragen. In der Regel wird für den vor der Anmeldung einzuzahlenden Mindestbetrag in der Satzung die sofortige Fälligkeit bestimmt. Bei der Unternehmergesellschaft (UG) muss das Stammkapital vor der Anmeldung voll in bar eingezahlt sein (§ 5a Abs. 2 GmbHG). Das Musterprotokoll sieht entweder eine volle oder eine Einzahlung zu 50 % vor, die sofort zu leisten ist.

1172 Hinsichtlich der Resteinlage unterliegt die Einforderung von Einzahlungen auf die Stammeinlagen gem. § 46 Nr. 2 GmbHG der Bestimmung der Gesellschafter. Dies kann im Voraus schon dadurch geschehen, dass der Gesellschaftsvertrag die volle Einzahlung der Stammeinlagen vorschreibt; der Gesellschaftsvertrag kann auch bestimmte Fälligkeitstermine nach dem Kalender festlegen, worin keine nach § 19 GmbHG verbotene Stundung der Einlage liegt.

1173 Der Gesellschaftsvertrag kann auch bestimmen, dass die restliche Einlage jeweils nach der Anforderung durch die Gesellschaft oder innerhalb einer bestimmten Frist danach einzuzahlen ist; dann bedarf es keines weiteren Gesellschafterbeschlusses, die Entscheidung liegt nun vielmehr in Händen „der Gesellschaft", d. h. des Geschäftsführers. Fordert dieser die Zahlung, dann ist damit die Fälligkeit eingetreten und den Gesellschaftern ist es verwehrt, durch Gesellschafterbeschluss einen anderen Zeitpunkt festzulegen.

1174 Enthält der Gesellschaftsvertrag keine weitere Bestimmung über die Einzahlung der restlichen Einlage, so bedarf es nach § 46 Nr. 2 GmbHG eines Gesellschafterbeschlusses. Die Fälligkeit tritt dann mit Zugang der Einforderung durch den Geschäftsführer ein. Die Einforderung der Resteinlage kann aber durch die Satzung auch dem Geschäftsführer übertragen sein.

1175 Bei Insolvenz der Gesellschaft bedarf es keines Einforderungsbeschlusses; die Einforderung der baren Resteinlagen obliegt dem Insolvenzverwalter.

Zahlungen auf einen Geschäftsanteil, die im Gründungsstadium freiwillig über die gesetzliche oder satzungsgemäße Grenze erfolgen, lassen insoweit die Einlageschuld erlöschen.[1] 1176

Haben die Gesellschafter ihre Einlagen eingezahlt, ist das aus ihnen gebildete Stammkapital aber schon vor der Eintragung ganz oder teilweise verbraucht, so haften die Gesellschafter der GmbH gegenüber anteilig für die Differenz zwischen dem Betrag des Stammkapitals und dem bei Eintragung tatsächlich vorhandenen Gesellschaftsvermögen (Rz. 959 ff.); sind die Verluste höher als das Stammkapital, dann wird auf volle Auffüllung gehaftet, bis das Gesellschaftsvermögen wertmäßig wieder der Stammkapitalziffer entspricht. 1177

2. Gleichmäßige Behandlung

Die Einzahlungen sind gem. § 19 Abs. 1 GmbHG nach dem Verhältnis der Geschäftsanteile zu leisten. Diese Vorschrift ist nicht zwingend, der Gesellschaftsvertrag kann die Einzahlungspflicht für die einzelnen Gesellschafter verschieden festlegen. Der Grundsatz der gleichmäßigen Heranziehung muss bei der Einforderung der restlichen Einlage beachtet werden; soll davon durch Gesellschafterbeschluss abgewichen werden, muss der benachteiligte Gesellschafter zustimmen, andernfalls kann er den Beschluss anfechten. 1178

3. Formulierungsbeispiele

Der Gesellschaftsvertrag kann also für die Einzahlungen von Bareinlagen alternativ etwa Folgendes bestimmen: 1179

„Die in Geld auf jeden Geschäftsanteil zu erbringenden Einlagen sind mit je einem Viertel sofort bei Vertragsabschluss fällig, im Übrigen sobald die Gesellschafterversammlung ihre Einforderung beschließt."

(Anmerkung: Die vorstehenden Ausführungen zeigen, dass eine solche Bestimmung eigentlich überflüssig ist, denn dies ist die Rechtslage, wenn der Gesellschaftsvertrag schweigt.)

„Die Einlageleistungen auf die vorstehend übernommenen Geschäftsanteile sind an die Gesellschaft bereits voll erbracht."

(Anmerkung: Vorsicht! Wenn dies nicht zutrifft, liegt eine falsche Angabe i. S. v. §§ 9a, 82 GmbHG vor; vgl. Rz. 925.)

„Die in Geld zu leistenden Einlagen auf die übernommenen Geschäftsanteile sind zu je einem Viertel bereits erbracht. Die restliche Zahlung hat binnen eines Monats nach schriftlicher Anforderung durch die Gesellschaft zu erfolgen; die Gesellschaft ist dabei auch berechtigt, nur Teilbeträge einzufordern."

1 BGH v. 24.10.1988 - II ZR 176/88, BGHZ 105 S. 300.

„Die auf die Geschäftsanteile restlich geschuldeten Einlagebeträge sind mit je einem Drittel am 1.7., 1.9. und 31.12. ... an die Gesellschaft zu entrichten."

1180–1190 (*Einstweilen frei*)

4. Sicherung der freien Verfügungsmöglichkeit

a) Keine Befreiung von der Einlagepflicht

1191 Das Stammkapital ist die wirtschaftliche Grundlage der GmbH. Das GmbHG enthält deshalb zahlreiche Bestimmungen, durch welche die Einzahlung der auf die Geschäftsanteile zu leistenden Einlage gewährleistet werden und das einmal eingezahlte Stammkapital erhalten bleiben soll.

Zentrale Vorschrift für die Einlageverpflichtung ist § 19 GmbHG. Nach § 19 Abs. 2 Satz 1 GmbHG können die Gesellschafter von der in § 14 Satz 1 GmbHG normierten Einlagepflicht nicht befreit werden. Unter die Befreiung von der Einlagepflicht fallen auch Erlass, Stundung und andere die Kapitalgrundlage verringernde Rechtsgeschäfte oder die Zahlung mit Mitteln, die die Gesellschaft zur Verfügung stellt. Nach ständiger Rechtsprechung[1] ist in einem Rechtsstreit um die Erfüllung einer Einlageschuld (§ 19 Abs. 1 GmbHG; § 362 BGB) grundsätzlich der betreffende Gesellschafter darlegungs- und beweispflichtig dafür, dass die Einlage erbracht ist. Das gilt auch bei einem längeren Zeitabstand seit der behaupteten Zahlung und späterem Erwerb des Geschäftsanteils durch den nunmehrigen Gesellschafter.

b) Zahlungsform

1192 Zwar enthält das GmbHG keine Bestimmung, in welcher Form die Bareinlagen zu erbringen sind. Sie sind aber in Geld zu erbringen, was die Übergabe eines Geldbetrages an den Geschäftsführer einschließt, aber auch die Einzahlung auf ein Konto der Gesellschaft – der **kontofähigen Vor-GmbH** – analog § 54 Abs. 3 AktG ermöglicht. Bei der Zahlung auf ein Bankkonto kann jedoch dann, wenn es debitorisch (im Soll) geführt wird, ein Problem im Hinblick auf die nach § 8 Abs. 2 GmbHG abzugebende Versicherung entstehen, dass die Mindesteinlagen bewirkt sind und endgültig zur freien Verfügung der Geschäftsführer stehen. Dann kommt es darauf an, ob der Geschäftsführer in Höhe der eingegangenen Summe über (neue) Mittel verfügen konnte.[2] Ist aber das Konto gepfändet oder lässt die Bank nach Verrechnung des Einzahlungs- oder Überweisungsbetrages keine neuen Verfügungen mehr zu oder ist der auf dem Konto aufgelaufene Kreditbetrag gekündigt, fehlt es an der freien Verfügungsmöglichkeit. Der Gesellschaft wird kein „neues Geld" zugeführt, sondern es wird nur ein schon bestehender Schuldsaldo getilgt.[3]

BEISPIEL: Die Bank hat der werdenden GmbH einen laufenden Geschäftskredit von 50.000 € eingeräumt, das Konto weist einen Sollsaldo von 30.000 € aus. Gesellschafter A zahlt unter der Bezeichnung „Mindeststammeinlage" 10.000 € ein. Die Einlagepflicht ist erfüllt, weil die Gesellschaft neue Liquidität in Höhe dieses Betrages gewonnen hat.

---

1 Z. B. BGH, Urteile v. 22.6.1992 - II ZR 30/91, NJW 1992 S. 2698; v. 13.9.2004 - II ZR 137/02, NWB ZAAAB-97733.

2 BGH v. 24.9.1990 - II ZR 203/89, NJW 1991 S. 226.

3 Vgl. BGH v. 3.12.1990 - II ZR 215/89, NJW 1991 S. 1294.

Sachverhalt wie vor, aber die Bank hatte zuvor die Kreditlinie gekündigt und auf 20.000 € festgelegt und die Gesellschaft aufgefordert, den Sollsaldo darauf zurückzuführen. Mit Eingang der Zahlung des A ist dies zwar geschehen, die Mindestbareinlage steht aber nicht zur freien Verfügung i. S. d. § 8 Abs. 2 GmbHG, weil die Gesellschaft keine Möglichkeit erhält, über Mittel in entsprechender Höhe zu verfügen. Im Zweifel muss A nochmals zahlen.

c) Absprachen über die Verwendung

Aus Sicht der Sicherung der realen Kapitalaufbringung ist es nicht unbedingt schädlich, 1193
wenn der einzahlungspflichtige Gesellschafter und die Gesellschaft schuldrechtlich Absprachen über die Verwendung der eingezahlten Mittel treffen. Solche **Verwendungsabsprachen** sind unschädlich, wenn sie zur Erreichung bestimmter geschäftlicher Zwecke dienen (z. B. dem Erwerb eines Grundstücks von einem unbeteiligten Dritten) und nicht dazu bestimmt sind, die eingezahlten Mittel unter Umgehung der Kapitalaufbringungsvorschriften wieder an den Einlegenden zurückfließen zu lassen.[1] Dies führt dazu, dass die Leistung letztlich nicht zur freien Verfügung der Geschäftsführung steht, und ist dann der Fall, wenn der eingezahlte Betrag umgehend wieder an den Gesellschafter zurückfließt[2] oder einen Dritten (z. B. ein vom Inferenten beherrschtes Unternehmen) weitergeleitet wird und damit der Einlegende in gleicher Weise begünstigt wird, wie durch eine unmittelbare Leistung an ihn selbst.[3]

Unter solche die Einlageverpflichtung nicht tilgende Leistungen fallen nicht nur Scheinzahlungen, sondern auch Beträge, die der Einleger der Gesellschaft absprachegemäß nur vorübergehend zur Verfügung stellt mit der Maßgabe, ihm das Geld umgehend wieder zur Befriedigung seiner gegen die Gesellschaft gerichteten Forderung zurückzuzahlen,[4] oder wenn die Gesellschaft bei wirtschaftlicher Betrachtung vom Einleger einen Sachwert aufgrund eines Austauschgeschäfts mit ihm erhalten und mit den Bareinlagemitteln bezahlen soll, was zu deren Rückfluss an ihn führt.[5] Der Umgehungstatbestand des Hin- und Herzahlens wird aber grundsätzlich nicht erfüllt, wenn die GmbH die geleistete Bareinlage dazu verwendet, um dem Gesellschafter danach erbrachte Dienstleistungen zu vergüten, es sei denn, die Mittel sind dafür „reserviert" worden.[6] Wird dennoch die Versicherung nach § 8 Abs. 2 Satz 1 GmbHG abgegeben, ist diese unrichtig; auch eine Bestätigung der Bank, die in die Abwicklung eines solchen Vorganges eingeschaltet ist, ist falsch und kann sie schadensersatzpflichtig machen.

d) Hin- und Herzahlen des Einlagebetrags

Vor Inkrafttreten des MoMiG wurde ein **„Hin- und Herzahlen" des Einlagebetrages** (z. B. 1194
als „Darlehensgewährung" und auch beim sog. Cash-Pooling) von der Rspr.[7] und h. M.

1 BGH v. 12.2.2007 - II ZR 272/05, BGHZ 171 S. 113.

2 BGH v. 17.9.2001 - II ZR 275/99, NWB EAAAB-97928, NJW 2001 S. 3781.

3 BGH v. 10.12.2007 - II ZR 180/06, BGHZ 174 S. 370, NWB UAAAC-68793, bei einer GmbH & Co.KG zur Kapitalaufbringung bei der Komplementär-GmbH und Weiterleitung der Einlagemittel als „Darlehen" an die KG.

4 Vgl. BGH v. 18.2.1991 - II ZR 104/90, BGHZ 113 S. 335.

5 BGH v. 16.1.2006 - II ZR 75/04, NWB LAAAB-98189.

6 BGH v. 16.2.2009 - II ZR 120/07, NWB NAAAD-18363.

7 Siehe nur BGH v. 21.11.2005 - II ZR 140/04, BGHZ 165 S. 113, NWB OAAAB-97741.

für **unzulässig** gehalten. Die Einlagepflicht war nicht wirksam erfüllt, was eine „Doppelzahlung" zur Folge haben konnte.

1194/1 Hintergrund war, dass der Gesellschafter wirtschaftlich nur eine Darlehensforderung einschließlich eines Zinsanspruchs gegen sich als Einlage in die Gesellschaft eingebracht hat. Erhebliche Konsequenzen hatte dies vor allem im Hinblick auf das Cash Pooling. Die damit verbundene Liquiditätsabschöpfung hatte Bedenken der Rspr. zunächst unter dem Gesichtspunkt der Verletzung der **Kapitalerhaltung** hervorgerufen, wenn durch Überweisung des Guthabens der Konzerngesellschaft auf das Zentralkonto vorhandene Liquidität in Konzernforderung getauscht und damit Teile des zur Erhaltung des Stammkapitals erforderlichen Vermögens nicht mehr jederzeit verfügbar waren, sondern nur als Darlehensforderung gegen den Gesellschafter realisierbar.[1] Die dort entwickelten Grundsätze sind dann in weiteren Entscheidungen auf die **Kapitalaufbringung** ausgedehnt worden.[2] Diese Rspr. des BGH hat zu erheblichen Problemen für die Finanzierungspraxis im Konzern geführt.

1194/2 Nach § 19 Abs. 5 GmbHG ist eine solche Gestaltung zulässig und die Einlageverpflichtung erfüllt, wenn

- keine verdeckte Sacheinlage vorliegt,
- die Darlehensgewährung oder der vergleichbare Vorgang vor Leistung der Bareinlage vereinbart wurde,
- die Leistung der Gesellschaft durch einen vollwertigen und fälligen bzw. jederzeit fällig zu stellenden Rückgewähranspruch gedeckt ist und
- der Vorgang gegenüber dem Registergericht offengelegt wird.

1195 Sind hingegen die **Voraussetzungen von § 19 Abs. 5 GmbHG nicht erfüllt, etwa** weil ein Rückgewähranspruch nicht vollwertig oder nicht jederzeit fällig ist oder gestellt werden kann, wird durch Hin- und Herzahlen aber auch weiterhin keine Erfüllung des Einlageanspruchs erreicht. Insoweit gilt die frühere Rechtslage fort, so dass Erfüllungswirkung zu verneinen ist, wenn und soweit die Leistung erfolgt, ohne dass die Voraussetzungen von § 19 Abs. 5 GmbHG vorliegen.

BEISPIEL: Der Gesellschafter A hat eine Einlageverpflichtung von 100.000 € zu erbringen. Er zahlt den Betrag bar ein und erhält sogleich – abredegemäß – denselben Betrag als Darlehen von der GmbH ausbezahlt. Entsprechend der Tilgungsvereinbarung zahlt er den Betrag zwei Jahre später mit der Tilgungsbestimmung „Rückzahlung Darlehen" wieder an die GmbH. Der Insolvenzverwalter der inzwischen zahlungsunfähig gewordenen GmbH verlangt die nochmalige Zahlung des Betrags von 100.000 € auf die noch nicht beglichene Einlageschuld.

A muss nicht noch einmal zahlen. Die Darlehensabrede ist als Umgehungsgeschäft nichtig gewesen; es bestand als einzige Schuld nur die Einlageverpflichtung, die durch die spätere Einzahlung getilgt wurde, auch wenn sie fehlerhaft als Darlehensrückzahlung bezeichnet wurde. Es braucht auch nicht erwogen zu werden, ob der A auf seine offene Einlageschuld und zugleich auf einen Anspruch der GmbH aus ungerechtfertigter Bereicherung (Auszahlung der

1 BGH v. 24.11.2024 - II ZR 171/01, BGHZ 157 S. 72, NWB AAAAB-89381.
2 BGH v.16.1.2006 - II ZR 76/04, BGHZ 166 S. 8, NWB SAAAB-98191.

Darlehensvaluta ohne Rechtsgrund wegen des nichtigen Darlehensvertrags) gezahlt haben könnte. Die Gefahr einer Verdoppelung oder gar einer Vervielfachung der Zahlungspflichten, wie sie bei einer isolierten Betrachtung der einzelnen Zahlungsvorgänge bestehen könnte, besteht daher nicht mehr.[1]

Auch der spiegelbildliche Fall einer verdeckten Finanzierung der Einlage durch ein **Her- und Hinzahlen** tilgt die Einlageschuld nicht.[2] Einlagezahlungen aus Mitteln der GmbH, die sie dem Einleger unmittelbar zuvor „darlehensweise" zur Verfügung gestellt hat, sind mit dem Grundsatz der realen Kapitalaufbringung, der den realen Zufluss von Vermögen an die Gesellschaft sichern soll, unvereinbar, weil sie wirtschaftlich einer verbotenen Befreiung von der Einlageschuld nach § 19 Abs. 2 Satz 1 GmbHG gleichkommen. 1196

BEISPIEL: Der Gesellschafter X hat auf den von ihm übernommenen Geschäftsanteil eine Geldeinlage von 10.000 € zu erbringen. Die Vor-GmbH hat aus Einzahlungen anderer Gesellschafter in die freie Rücklage, die im Gesellschaftsvertrag mit ihnen vereinbart worden waren, genügend Geld in der Kasse. Sie gewährt noch vor der Anmeldung zum Handelsregister dem nicht besonders zahlungskräftigen X ein Darlehen i. H. v. 10.000 €, mit dem er seine Einlageschuld begleicht. Wirtschaftlich ist dies als ein einheitlicher, sich selbst neutralisierender Vorgang anzusehen, bei dem unter dem Gesichtspunkt der Kapitalaufbringung der Einleger nichts leistet und die GmbH nichts erhält. Die für die „Herzahlung" getroffene Darlehensabrede ist als Teil des Umgehungsgeschäfts unwirksam. Erst mit der „Darlehensrückzahlung" durch X tilgt er seine bis dahin noch offene Einlageschuld.

e) Voraussetzung des § 19 Abs. 5 GmbHG

Die geltende Rechtslage sieht allgemeine und über das Cash-Pooling hinausreichende Regelungen im Bereich der Kapitalaufbringung und der Kapitalerhaltung (§ 30 GmbHG) vor, die eine verlässliche Gestaltungsgrundlage bieten und von einer gegenständlichen zu einer **bilanziellen Betrachtung** des Gesellschaftsvermögens zurückkehrt. 1197

Die Tilgungswirkung hinsichtlich der Geldeinlageschuld des Gesellschafters beim Hin- und Herzahlen setzt danach die Erfüllung folgender Tatbestandsmerkmale voraus: 1198

Die Vereinbarung darf nicht als verdeckte Sacheinlage i. S. v. § 9 Abs. 4 GmbHG zu werten sein. Eine verdeckte Sacheinlage, wie sie auch § 19 Abs. 4 GmbHG definiert, liegt vor, wenn zwar eine Geldeinlage (Bareinlage) des Gesellschafters vereinbart wird, die Gesellschaft aber bei wirtschaftlicher Betrachtung vom Einleger aufgrund einer im Zusammenhang mit der Übernahme der Geldeinlage getroffenen Absprache einen Sachwert (also eine Sacheinlage) erhalten soll.

Wegen dieses Vorbehalts scheitert die Anwendung des § 19 Abs. 5 GmbHG nicht bereits daran, dass bei einer Vereinbarung nach dieser Vorschrift die Geldeinlageforderung wirtschaftlich betrachtet durch eine schuldrechtlich begründete Forderung auf Rückgewähr der Leistung (z. B. Darlehensrückzahlung) ersetzt wird, die Gesellschaft also ei-

1 Vgl. aber zum Aufrechnungsverbot gegenüber einer Forderung aus § 31 GmbHG BGH v. 27.1.2000 - II ZR 83/00, NWB GAAAB-98195.

2 BGH v. 12.6.2006 - II ZR 334/04, NWB JAAAB-98022.

nen Sachwert erhalten soll. Denn ein solcher Anspruch der Gesellschaft kann nicht Gegenstand einer Sacheinlage sein.[1]

Eindeutig der verdeckten Einlage zuordnen lassen sich die Fälle des Hin- und Herzahlens, in denen die Vereinbarung bei wirtschaftlicher Betrachtung darauf abzielt, dass die Gesellschaft absprachegemäß mit den zufließenden Geldmitteln einen Sachwert von dem Einleger aufgrund eines mit ihm oder mit einem von ihm beherrschten Unternehmen zu schließenden Austauschgeschäft erhalten soll, was zu einem Rückfluss der Bareinlagemittel an ihn bzw. das von ihm beherrschte Unternehmen führt.[2]

BEISPIELE:

1. Die Gesellschaft verwendet die als Einlage bezahlten Gelder dafür, um damit von dem einlegenden Gesellschafter ein Wirtschaftsgut des Anlagevermögens zu kaufen und den Kaufpreis an den Gesellschafter zu bezahlen.
2. Der Gesellschafter R zahlt auf seinen Geschäftsanteil die geschuldete 1 Mio.€ und die Gesellschaft erwirbt mit dem Geld aufgrund einer vor der Einlagezahlung getroffenen Absprache einen Teilbetrieb von der Z-GmbH, deren beherrschender Gesellschafter R ist. Die Einlage fließt mittelbar wieder an R zurück, der in wirtschaftlicher Betrachtung den Teilbetrieb als Sacheinlage verdeckt in die GmbH einbringt.

1199 **Es muss eine zeitlich vor der Leistung der Geldeinlage getroffene Absprache über die Rückgewähr** zwischen dem Gesellschafter und der Gesellschaft, d. h. der Vor-GmbH vorliegen, weil die Vereinbarung auch in der Anmeldung der GmbH zur Eintragung nach § 8 GmbHG anzugeben ist.

Bei der Vereinbarung wird die Gesellschaft durch den Geschäftsführer vertreten. Als gängige Gestaltungen kommen im Grunde nur Darlehensvereinbarungen, Treuhandabreden oder (im Konzern) die Einspeisung der Einlage in ein (echtes) Cash-Pool-System in Betracht, das von dem Gesellschafter bzw. einem von ihm beherrschten Dritten als Inhaber des Zentralkontos unterhalten wird. Die Vereinbarung muss rechtlich die Begründung eines (vollwertigen und liquiden) Rückgewähranspruchs zur Deckung der Rückzahlung der Einlage ermöglichen (Darlehen § 488 BGB, Treuhand § 667 BGB).

Die Tilgungswirkung nach § 19 Abs. 5 GmbHG kann daher **nicht eintreten,** wenn die einer der Rückzahlung der Einlage wirtschaftlich entsprechende Leistung zwar in engem zeitlichen und sachlichen Zusammenhang mit der Einlagezahlung vereinbart wurde, dies aber dennoch **nach Leistung der Einlage und nach Anmeldung zum Handelsregister** erfolgt ist. Dann gilt u. E. weiter die von der Rechtsprechung entwickelte Aussage (vgl. Rz. 1194), dass unter dem Gesichtspunkt der Kapitalaufbringung überhaupt keine Zahlungen hin- und hergegangen sind und die Einlageschuld noch nicht erfüllt worden ist und erst erfüllt wird, wenn der „als Darlehen“ ausgereichte Betrag an die Gesellschaft erstattet worden ist.

Insofern können sich die Beteiligten auch nicht auf die Kapitalerhaltungsregel des § 30 Abs. 1 Satz 2 GmbHG zurückziehen, weil die Fälle der nachträglichen Vereinbarung unter

1 BGH v. 21.11.2005 - II ZR 140/04, BGHZ 165 S. 113, NWB OAAAB-97741; BGH v. 9.1.2006 - II ZR 72/05, BGHZ 165 S. 352, NWB NAAAB-98184.

2 BGH v. 12.2.2007- II ZR 272/05, BGHZ 171 S. 113, NWB KAAAC-40055; zur Abgrenzung s. auch BGH v. 19.1.2016 - II ZR 61/15, NWB AAAAF-69903.

diese Vorschrift fielen und daher nicht an § 19 Abs. 5 GmbHG zu messen seien.[1] Zum einen setzt § 30 GmbHG voraus, dass der GmbH ihr Stammkapital schon einmal real zugeführt worden ist, und zum anderen könnten die Beteiligten damit die gegenüber der Kapitalerhaltung strengere Regel der Kapitalaufbringung umgehen, die nicht nur die Vollwertigkeit des Rückgewähranspruchs, sondern auch dessen Liquidität durch jederzeit mögliche Fälligstellung seitens der Gesellschaft verlangt. Die Praxis sollte sich auf die ungesicherte Auslegung jedenfalls bis zu einer höchstrichterlichen Klärung nicht verlassen.[2]

Die Leistung der Gesellschaft muss durch einen **vollwertigen und liquiden**, d. h. jederzeit 1200
fälligen oder durch fristlose Kündigung seitens der Gesellschaft fällig stellbaren **Rückgewähranspruch gedeckt** sein. Grundlage der Beurteilung ist die **bilanzielle Betrachtungsweise**: Sie geht von einem bloßen Aktivtausch aus, wenn die Einlageforderung durch eine Darlehensforderung ersetzt wird, obwohl diese schwächer und nicht durch § 19 Abs. 2 sowie § 24 GmbH besichert ist, weil der Rückgewähranspruch vollwertig sein muss. Für die Vollwertigkeit gilt also die bilanzielle Betrachtungsweise.[3]

Vollwertigkeit ist stets dann gegeben, wenn vor dem Hintergrund eines Drittvergleichs die Vollwertigkeit zu bejahen ist, also die Bonität des Gesellschafters, eine banküblich Verzinsung und Besicherung vorliegen. Ob allerdings eine marktübliche Verzinsung postuliert werden kann, ist streitig – aus Gründen der Vorsicht aber anzuraten.[4]

Nicht erforderlich ist eine **Sicherheitsleistung,** soweit der Gesellschafter ausreichend solvent ist. Umgekehrt kann eine Sicherheit zwar eine ansonsten zweifelhafte Vollwertigkeit gewährleisten, wird aber häufig nicht jederzeitig zur Verfügung stehen.[5]

Ist der Anspruch nur zum Teil werthaltig, tritt insgesamt keine Erfüllungswirkung ein. Dieses „Alles-oder-Nichts-Prinzip" beruht auf einer bewussten Entscheidung des Gesetzgebers.[6] Bei der verdeckten Sacheinlage kann hingegen eine Anrechnung auf die Einlageschuld erfolgen, **soweit** der eingelegte Sachgegenstand werthaltig ist (§ 19 Abs. 4 GmbHG).

Der Rückgewähranspruch muss ferner jederzeit fällig sein **oder durch fristlose Kündi-** 1201
gung, die keines wichtigen Grundes bedarf, **fällig werden können.** Ob sich also in der Praxis überhaupt „übliche" Darlehensverträge z. B. mit festen Laufzeiten und üblicher Verzinsung gestalten lassen, muss bezweifelt werden, wenn das zusätzliche Merkmal der jederzeitigen Fälligkeit des Rückgewähranspruchs erfüllt sein soll, das dazu dienen soll, die Vollwertigkeit des Anspruchs unabhängig von einer Prognose zu machen, ob die Forderung auch noch im Zeitpunkt der Rückforderbarkeit vollwertig sei. Nimmt man beide Tatbestandsmerkmale der Vollwertigkeit und der jederzeitigen Liquidität ernst, dann kommen eigentlich nur Gestaltungen in Frage, bei denen die Gesellschaft (sprich

1 Bormann, GmbHR 2007 S. 897, 902; zustimmend Wälzholz, GmbHR 2008 S. 841, 846, mit deutlichem Warnhinweis auf die Ungesichertheit dieser Auslegung.

2 So zu Recht Wälzholz, GmbHR 2008 S. 841, 846.

3 M im Anschluss an BGH v. 1.12.2008 - II ZR 102/07, BGHZ 179 S. 71, Rz. 13– MPS zu § 311 AktG, NJW 2009 S. 850; OLG Schleswig v. 9.5.2022 - 2 W 37/12, GmbHR 2012 S. 908, 910f.

4 Zum Streitstand: Noack/Servatius/Haas/Servatius, GmbHG, § 19 Rz. 76a.

5 BGH v. 1.12.2008 - II ZR 102/07, BGHZ 179 S. 71, Rz. 12, NJW 2009 S. 850 – MPS zu § 57 AktG.

6 So h. M. vgl. nur MüKoGmbHG/Schwandtner, § 19 Rz. 360.

der Geschäftsführer) den jederzeitigen Zugriff auf die an den Inferenten zurückgeflossenen Barmittel hat, und damit der Rückgewähranspruch so gut wie Bargeld oder Kontoguthaben ist.[1]

1202 In jedem Fall muss der Geschäftsführer die Werthaltigkeit der Darlehensforderung und damit auch die Bonität und Solvenz des Gesellschafters beurteilen. Unterlaufen ihm dabei vorwerfbar Fehler, haftet er[2] und riskiert bei einer Auszahlung ohne hinreichende Solvenzprüfung den nach § 82 GmbHG strafbewehrten Vorwurf einer falschen Angabe beim Registergericht. Seine Schadenshaftung begrenzt sich nicht auf einen Wertersatz gem. § 43 GmbHG, sondern er haftet nach § 9a Abs. 1 GmbHG gesamtschuldnerisch neben dem – zwar weiter einlagepflichtigen, aber schwerlich zahlungsfähigen – Gesellschafter für die nicht erbrachte Einlage. Die bilanzielle Betrachtungsweise beim Hin- und Herzahlen entlastet den Gesellschafter und verschiebt das Risiko zu Lasten des Geschäftsführers,[3] dessen Sache es eigentlich nicht ist, die GmbH mit dem Stammkapital und der für das Unternehmen nötigen Liquidität auszustatten.

1203 *(Einstweilen frei)*

1204 Zusätzlich verlangt § 19 Abs. 5 letzter Satz GmbHG die **Offenlegung der wirtschaftlichen Rückzahlung der Einlage bzw. der Vereinbarung darüber bei der Anmeldung.** Die Offenlegung soll dem Registergericht die Prüfung ermöglichen, ob trotz des Hin- und Herzahlens die Voraussetzungen einer Erfüllungswirkung vorliegen. Da hierzu wieder Bonität des Gesellschafters, Vollwertigkeit des Rückzahlungsanspruchs und dessen Liquidität verlangt ist, wird der Geschäftsführer nicht umhinkommen, neben der Rückgewähr bzw. der Vereinbarung auch Angaben zu machen, die dem Registergericht eine Prüfung der Werthaltigkeit und Liquidität des Rückgewähranspruchs ermöglichen. Geschieht dies nicht, provoziert er geradezu „erhebliche Zweifel" (§ 8 Abs. 2 Satz 2 GmbHG) des Registergerichts an der Richtigkeit seiner Versicherung und die Anforderung von Nachweisen.

1205 Der Offenlegung der wirtschaftlich einer Rückzahlung der Einlage entsprechenden Leistung und der Vereinbarung darüber gegenüber dem Registergericht wird man als materielle Voraussetzung der Befreiung des Gesellschafters von seiner Einlagepflicht ansehen müssen. Angesichts der Bedeutung, welche die Rechtsprechung der realen Kapitalaufbringung beigemessen hat, wird man die nach Ordnungsvorschrift klingende Bestimmung zu den Tatbestandsvoraussetzungen zählen und bei fehlender Offenlegung, die Befreiung von der Einlagepflicht verneinen müssen.[4] Denn dem Registerrichter soll durch die Offenlegung nicht zuletzt im Gläubigerinteresse die Prüfung ermöglicht werden, ob die Voraussetzungen der Erfüllungswirkung gegeben sind oder nicht.

1 Vgl. auch Ulmer, ZIP 2008 S. 45, 54.

2 Vgl. Priester, ZIP 2008 S. 55, 56.

3 Vgl. Schmidt, GmbHR 2008 S. 449, 453.

4 In diesem Sinne ist wohl auch das Urteil des BGH v. 20.7.2009 - II ZR 273/07, BGHZ 182 S. 103, NWB PAAAD-26526, zu verstehen; zweifelnd Bunnemann/Zirngibl/Tun, § 6 Rz. 57, unter Hinweis auf die Stellung innerhalb des § 19 GmbHG und die sonst kaum praktikable Rückwirkung der Vorschrift.

f) „Heilung der Altfälle" von Vereinbarungen einer Einlagenrückgewähr durch das MoMiG

Gemäß § 3 Abs. 4 des GmbHG-Einführungsgesetzes (EGGmbHG) gilt § 19 Abs. 5 GmbHG. 1206 auch für die Einlageleistungen, die vor dem Inkrafttreten des MoMiG bewirkt worden sind und nach der bis dahin geltenden Rechtslage wegen der Vereinbarung einer Einlagenrückgewähr keine Erfüllung der Einlageverpflichtung bewirkt haben.

Für Altfälle, die vor dem 1.11.2008 noch nicht rechtskräftig abgeschlossen waren, gilt das neue Recht mit der Folge, dass die seinerzeit nichtigen Verträge bezüglich des Verkehrsgeschäfts wirksam sind und die noch offene Einlageforderung am 1.11.2008 durch Anrechnung in Höhe des Werts des Gegenstands der verdeckten Sacheinlage erfüllt wurde.[1]

g) Leistung der Geldeinlage an einen Dritten

Besondere Beachtung verdient eine Absprache, wonach der zur Bareinlage verpflichtete 1207 Gesellschafter den Betrag unmittelbar an einen Gläubiger der Gesellschaft zahlt und dies Erfüllungswirkung (§ 362 Abs. 2 BGB) haben soll. Bei **Leistung der Bareinlage an Dritte** ist nach der Rechtsprechung zu unterscheiden zwischen den Mindesteinlagen und den Resteinlagen.

Bei der **Mindesteinlage** verdrängen die Vorschriften der §§ 7 Abs. 2 und 8 Abs. 2 GmbHG 1208 den § 362 Abs. 2 BGB, so dass diese Einlage anknüpfend an § 54 Abs. 3 AktG nicht wirksam erbracht ist, wenn der Gesellschafter eine Schuld begleicht, die die Gesellschaft gegenüber einem dritten Gläubiger hat.[2] Anders steht es aber der Annahme einer wirksamen Erfüllung der Mindesteinlagepflicht nicht entgegen, wenn der Gesellschafter seine Bareinlage leistet und die Geschäftsführung dann das Geld dazu verwendet, einem außenstehenden Dritten seine Forderung gegen die Gesellschaft zu bezahlen.[3]

Geht es um die Erbringung der **Resteinlage**, gelten die Vorschriften der §§ 7 Abs. 2 und 8 1209 Abs. 2 GmbHG nicht, so dass der Gesellschafter und die Gesellschaft – vertreten durch die Geschäftsführung – nach § 362 Abs. 2 BGB verfahren können. Neben der Zustimmung des Geschäftsführers ist aber dann Voraussetzung für eine Verrechnung mit Erfüllungswirkung, dass die unmittelbare Zahlung an den Gläubiger der Gesellschaft auf eine vollwertige, liquide und fällige Forderung erfolgt.[4]

BEISPIEL: A hat auf den übernommenen Geschäftsanteil eine Mindesteinlage von 10.000€ zu zahlen. Er vereinbart mit dem Geschäftsführer, dass er den Betrag unmittelbar an X überweist, der eine fällige Kaufpreisforderung in gleicher Höhe gegen die Gesellschaft hat. Die Zahlung hat keine Tilgungswirkung hinsichtlich seiner Einlageverpflichtung.

Gleicher Fall, aber die Zahlungsverpflichtung des A resultiert aus der Einforderung seiner Resteinlage. Die Tilgungswirkung tritt ein.

---

1 Ausführlich MüKoGmbHG/Schwandtner, § 19 Rz. 366 ff.
2 BGH v. 25.11.1985 - II ZR 48/85, DB 1986 S. 318; v.13.7.1992 - II ZR 263/91, BGHZ 119 S. 177 ff.
3 BGH v. 29.1.2001 - II ZR 183/00, NWB LAAAB-97794.
4 H.M., vgl. Noack/Servatius/Haas/Servatius, GmbHG, § 19 Rz. 13.

Abwandlung:

A begleicht seine Einlageschuld durch Zahlung an die Gesellschaft, die mit dem Geld absprachegemäß ihre Kaufpreisschuld an X tilgt. Dann ist A von seiner Schuld befreit. Dies gilt jedoch nicht, wenn A selbst Inhaber der Kaufpreisforderung ist; dann liegt ein verbotenes „Hin- und Herzahlen" vor. Gleiches gilt, wenn es sich bei X um eine von A beherrschte andere Gesellschaft handelt oder wenn A seine eigene Forderung zuvor an X zur Erfüllung abgetreten hatte.

1210 In bestimmten Fallgestaltungen kann die Rechtslage aber nach dem gelockerten Aufrechnungsverbot nach neuem Recht (§ 19 Abs. 2 Satz 2 GmbHG) anders zu beurteilen sein (vgl. nachstehend Rz. 1211 ff.).

h) Aufrechnung

1211 Eine Verbindlichkeit kann gem. §§ 387 ff. BGB auch im Wege der Aufrechnung mit einer Forderung erfüllt werden. Gemäß § 19 Abs. 2 Satz 2 GmbHG a. F. war es bisher jedoch einem GmbH-Gesellschafter strikt verwehrt, gegen die Forderung der GmbH auf Leistung der Einlage mit eigenen Ansprüchen aufzurechnen, die ihm gegen die GmbH – sei es auch u. U. aus dem Gesellschaftsverhältnis oder infolge Abtretung – zustehen. Jede einseitige Aufrechnung war dem GmbH-Gesellschafter verwehrt **(Aufrechnungsverbot).**

1212 Das strikte **Aufrechnungsverbot** ist nun für den Fall der sog. **Sachübernahme gelockert**. Ausnahmsweise ist die Aufrechnung mit einer Forderung aus der Überlassung von Vermögensgegenständen zulässig, deren Anrechnung auf die Einlageverpflichtung gem. § 5 Abs. 4 Satz 1 GmbHG, also im Gesellschaftsvertrag wie bei einer Sacheinlage, vereinbart wurde. Eine solche Sachübernahme unterscheidet sich von der Sacheinlage nur dadurch, dass nicht anstelle einer in Geld zu erbringenden Einlage ein Vermögensgegenstand zu leisten ist, sondern dass die Pflicht zur baren Einlage durch Aufrechnung mit einer Gegenforderung aus der Überlassung eines Sachwerts an die GmbH erfüllt werden darf.

Auch die Sachübernahme mit Verrechnungsabsprache ist eine Sacheinlage wie jede Einlage eines Gesellschafters, die nicht in Geld besteht. Wirtschaftlich betrachtet ist bei dieser Art der Erfüllung der Einlagepflicht (§ 14 GmbHG) der Grundsatz der effektiven Kapitalaufbringung nicht weniger gefährdet als bei einer überbewerteten Sacheinlage, wenn z. B. der Kaufpreis (Verrechnungspreis) zu hoch angesetzt wird. Deshalb sind zu dessen Anrechnung auf die Einlageverpflichtung – wie der Verweis auf die notwendige Vereinbarung im Gesellschaftsvertrag nach § 5 Abs. 4 Satz 1 GmbHG zeigt – die **Regeln wie bei einer Sacheinlage** anzuwenden. Damit wird die Publizität und Nachprüfbarkeit durch das Registergericht hinsichtlich der ordnungsgemäßen Kapitalaufbringung gewährleistet, wobei sich die Prüfung nach neuem Recht darauf beschränken kann, ob der Verrechnungspreis nicht unwesentlich zu hoch angesetzt (überbewertet) worden ist (§ 9c Abs. 1 Satz 2 GmbHG).

1213 Durch das eingeschränkte Aufrechnungsverbot eröffnen sich gewisse Gestaltungsmöglichkeiten mit gemischten Sacheinlagen bei der Übernahme mehrerer Geschäftsanteile.

BEISPIEL (GEMISCHTE EINLAGE): Der Gesellschafter A übernimmt zwei Geschäftsanteile. Auf den Geschäftsanteil 1 im Nennwert von 50.000 € ist eine Geldeinlage in voller Höhe sofort zu zahlen. Auf den Geschäftsanteil 2 im Nennbetrag von 100.000 € hat der Gesellschafter A ein bestimmtes Grundstück als Sacheinlage einzubringen. Das Grundstück hat (zutreffend) einen Wert von 150.000 € (gemischte Sacheinlage). Im Gesellschaftsvertrag wird vereinbart, dass nach Auflassung des Grundstücks der Mehrwert von 50.000 € zwar an den A zu vergüten, aber nicht auszuzahlen ist, sondern auf die Geldeinlageverpflichtung aus der Übernahme des Geschäftsanteils 1 verrechnet wird.

Bislang war die Übernahme mehrerer Geschäftsanteile durch einen Gesellschafter nicht möglich und wird erst durch das MoMiG eröffnet. Eine Aufrechnung gegen den Anspruch der GmbH auf die Geldeinlage für den Geschäftsanteil 1 ist möglich, weil die Anrechnung des Vergütungsanspruchs (= Sacheinlage) und der Nennbetrag des betreffenden Geschäftsanteils im Gesellschaftsvertrag vereinbart wurden. Die Anmeldung der GmbH mit der Versicherung, dass die Geld- und Sacheinlagen in voller Höhe erbracht sind, ist möglich.

Zulässig war und ist es weiterhin, dass eine **einseitige Aufrechnung durch die GmbH** erklärt wird, die GmbH also mit ihrer Einlageforderung gegen eine Forderung des Gesellschafters aufrechnet; dieses einseitige Aufrechnungsrecht hat die GmbH jedoch nur dann, wenn die Forderung, gegen die aufgerechnet werden soll, fällig, liquide und vollwertig ist.[1] Nur in einem solchen Fall werden die Interessen der Gläubiger der GmbH nicht beeinträchtigt. 1214

Der Begriff der Vollwertigkeit ist vornehmlich an diesem Interesse der Gläubiger zu messen. Vollwertigkeit wäre beispielsweise zu verneinen, wenn im Zeitpunkt der Aufrechnungserklärung die GmbH selbst zahlungsunfähig oder überschuldet ist, der Gesellschafter also eine Befriedigung seiner eigenen, gegen die **GmbH** bestehenden Forderung nicht erwarten kann. Andererseits darf das Erfordernis der Vollwertigkeit nicht zu einer Schädigung der Gesellschaft führen. Gestattet ist der Gesellschaft deshalb die Aufrechnung dann, wenn die gegen den Gesellschafter bestehende Einlageforderung gefährdet erscheint oder gar uneinbringlich ist. Dürfte sie in einem solchen Fall nicht aufrechnen, könnte der Gesellschafter (oder dessen Gläubiger) die Forderung gegen die GmbH realisieren, die ihrerseits aber hinsichtlich der Einlageforderung leer ausgehen würde.

Im Grundsatz lässt sich festhalten, dass eine Aufrechnung der Gesellschaft oder eine einverständliche Verrechnung von Forderungen auf die Einlage, was insbesondere öfters bei Resteinlagen vorkommt, gewissen Beschränkungen unterliegt, um die effektive Kapitalaufbringung zu gewährleisten und Umgehungen der Sacheinlagevorschriften zu verhindern.[2] Zulässig ist eine Aufrechnung bei entsprechender Vorabsprache im Gesellschaftsvertrag, wenn z. B. der Gesellschafter einen Gegenstand zuführt, die Geschäftsführung die dafür geschuldete Gegenleistung zur Aufrechnung gegen die vom Gesellschafter geschuldete Bareinlageschuld verwendet. Liegt keine Vorabsprache vor, kann eine einvernehmliche Verrechnung der Einlageschuld mit einer nachträglich entstandenen Gesellschafterforderung zulässig sein.[3] 1215

1 BGH v. 26.3.1984 - II ZR 14/84, BGHZ 90 S. 370; v. 4.3.1996 - II ZB 8/95, BGHZ 132 S. 141.
2 BGH v. 4.3.1996 - II ZR 89/95, BGHZ 132 S. 133.
3 Vgl. BGH v. 16.9.2002 - II ZR 1/00, BGHZ 152 S. 37, NWB GAAAB-97680.

1216 Ein **Zurückbehaltungsrecht** hinsichtlich der restlich zu erbringenden Geldeinlage kann nicht ausgeübt werden. Dies liefe wirtschaftlich auf eine verbotene Aufrechnung oder eine sonst nach § 19 GmbHG verbotene Befreiung von der Einlagepflicht hinaus.

i) Tilgungsbestimmung

1217 Der Schutz der realen Kapitalaufbringung findet seinen Niederschlag auch bei der Beurteilung, ob Befreiung von der Einlageschuld eingetreten ist, wenn **Tilgungsbestimmungen gefehlt** haben oder nachträglich gemacht werden. Nachlässigkeiten in dieser Hinsicht können für den Einleger im Fall der Insolvenz die fatale Folge haben, dass er nochmals an den Insolvenzverwalter zahlen muss, ohne mit eigenen Forderungen aufrechnen zu können, sondern mit diesen auf die Quote verwiesen ist.

Hat der Gesellschafter bei Zahlung keine oder keine eindeutige Tilgungsbestimmung getroffen, so kann die Zahlung nachträglich nur als Erfüllung seiner Bareinlageverpflichtung gewertet werden, wenn die entsprechende Zweckbestimmung getroffen wird und der betreffende Einlagebetrag zu diesem Zeitpunkt der Gesellschaft noch unverbraucht zur Verfügung steht.[1] Gänzlich unmöglich ist es, bei noch nicht erfüllter Bareinlageschuld die bei einer Zahlung an die Gesellschaft getroffene andere Leistungsbestimmung später zu ändern, so dass im Ernstfall die ausstehende Einlage gezahlt werden muss.[2] Ein Darlehen kann auch später nicht in die Einlageleistung umgewidmet werden.[3]

BEISPIEL: Der Gesellschafter, der seine Bareinlageschuld von 10.000 € noch nicht erfüllt hat, überweist der Gesellschaft einen gleichen Betrag unter der Bezeichnung „Darlehen" oder „zur Gutschrift auf Verrechnungskonto". Er kann später nicht mit Tilgungswirkung bestimmen, dass der Betrag auf seine Einlageschuld erbracht worden sein soll. Notfalls muss er im Insolvenzfall die nicht erbrachte Einlage an den Insolvenzverwalter zahlen.

1218 **Fehlen Leistungsbestimmungen**, ist dies nur dann nicht schädlich, wenn objektiv feststellbar ist, welche Schuld getilgt werden sollte. Das sind die Fälle, in denen bei Zahlung nur eine Verbindlichkeit bestand oder die Zahlung ausreichte, um alle zu der Zeit bestehenden Schulden zu tilgen. Erfüllungswirkung kann aber auch eintreten, wenn – bei mehreren offenen und durch die Zahlung nicht abgedeckten Verbindlichkeiten – für den Empfänger ersichtlich ist, dass gerade eine bestimmte Forderung getilgt werden und keine Teilzahlung auf mehrere Schulden erfolgen sollte, etwa weil der gezahlte Betrag präzise der noch ausstehenden Bareinlage entspricht[4] oder die Gesellschaft gerade diesen Betrag zuvor eingefordert hatte. Unklarheiten gehen aber zu Lasten des Gesellschafters.

Liegt ein unzulässiges Hin- und Herzahlen der Einlage vor, weil die Voraussetzungen des neuen § 19 Abs. 5 GmbHG nicht eingehalten wurden und deshalb die „Darlehensvereinbarung" oder „Treuhandabrede" unwirksam ist, oder liegt der gleich zu behandelnde

1 BFH v. 2.12.1968 - II ZR 144/67, BGHZ 51 S. 157; v. 18.9.2000 - II ZR 365/98, BGHZ 145 S. 150.

2 BGH v. 3.7.1995 - II ZR 104/94, DStR 1995 S. 1158.

3 KG Berlin v. 21.11.1994 - 2 U 8262/93, DStR 1995 S. 1763; BGH v. 16.10.1995 - II ZR 292/94, DStR 1995 S. 1763.

4 BGH v. 17.9.2001 - II ZR 275/99, NWB EAAAB-97928.

Fall des unzulässigen „Her- und Hinzahlens“ vor,[1] erfüllt der Inferent seine offene Einlageschuld mit der Zahlung auf die vermeintliche „Darlehensschuld“,[2] sofern sich die Zahlung eindeutig der fortbestehenden Einzahlungsschuld objektiv zuordnen lässt.[3] „Auszahlungen“ aufgrund der Kontokorrent- oder Verrechnungsabrede an die GmbH durch Inanspruchnahme des Zentralkontos im Rahmen eines Cash-Pool-Systems, welches im konkreten Fall nicht § 19 Abs. 5 GmbHG genügt, lassen regelmäßig eine derartige Zuordnung zur noch ausstehenden Einlageforderung nicht zu.[4]

Leistet der Gesellschafter mit einer entsprechenden Tilgungsbestimmung auf seine Einlageschuld einen Betrag, den ihm die GmbH verbotswidrig (§ 30 Abs. 1 Satz 1 GmbHG) zur Verfügung gestellt hat, leistet er auf seine Erstattungspflicht und nicht auf die Einlageschuld. Die Tilgungsbestimmung ist – weil auf Umgehung der Kapitalerhaltungsvorschriften gerichtet – unwirksam.[5]

j) Abtretung, Verpfändung und Pfändung

Ob und in welchem Umfang der Anspruch auf die Stammeinlage abgetreten, verpfändet oder gepfändet werden kann, ist streitig. Als Hinderungsgrund wird die Erhaltung des Stammkapitals gesehen. Die Erhaltung der Kapitalgrundlage wird aber nicht berührt, wenn das Vermögen der Gesellschaft durch die Abtretung, Verpfändung oder die Pfändung nicht geschmälert wird, was der Fall ist, wenn ihr eine vollwertige Gegenleistung zufließt. 1219

Ein weiteres Problem ergibt sich aus § 401 BGB, wonach auch Nebenrechte auf den Zessionar übergehen. Ähnliche Probleme bestehen hinsichtlich einer Verpfändung oder einer Pfändung durch einen Gläubiger der GmbH. 1220

Nach der Rechtsprechung[6] ist die Abtretung usw. dann statthaft, wenn die Gegenleistung für die Abtretung bzw. die Forderung des Gläubigers, wegen der vollstreckt (gepfändet) wird, vollwertig ist. Vollwertigkeit ist nicht mehr gefordert, wenn der Zweck, die Beschaffung und Erhaltung des Stammkapitals im Gläubigerinteresse zu sichern, entfallen ist, weil z. B. die Eröffnung des Insolvenzverfahrens mangels Masse abgelehnt oder die GmbH wegen Vermögenslosigkeit aufgelöst ist. Ferner ist dies der Fall, wenn die Gesellschaft ihren Geschäftsbetrieb eingestellt hat und der Zessionar (Pfandgläubiger) der einzige Gläubiger der GmbH und die Einlageforderung der einzige Vermögensgegenstand der GmbH ist. 1221

Gegenüber dem Zessionar bzw. dem vollstreckenden GmbH-Gläubiger, der in Bezug auf die Einlageforderung einen Pfändungs- und Überweisungsbeschluss erwirkt hat, kann der Gesellschafter im Hinblick auf § 19 Abs. 2 Satz 2 GmbHG nicht mit Forderungen aufrechnen, die ihm gegen die GmbH zustehen, es sei denn, die Aufrechenbarkeit 1222

1 BGH v. 12.6.2006 - II ZR 334/04, NWB JAAAB-98022.

2 BGH v. 21.11.2005 - II ZR 140/04, BGHZ 165 S. 113, NWB OAAAB-97741.

3 BGH v. 15.10.2007 - II ZR 263/06, NWB NAAAC-81796.

4 BGH v. 16.1.2006 - II ZR 76/04, BGHZ 166 S. 8, NWB SAAAB-98191.

5 So BGH v. 26.1.2009 - II ZR 217/07, NWB DAAAD-17899, unter Aufgabe von BGH v. 27.11.2000 - II ZR 83/00, BGHZ 146 S. 105, NWB GAAAB-98195, wonach die Tilgungsbestimmung „Einlageschuld" einer Umdeutung in die Rückzahlung entgegenstand.

6 Z. B. BGH v. 18.11.1969 - II ZR 83/68, BGHZ 53 S. 71; v. 29.9.1977 - II ZR 157/76, BGHZ 69 S. 274.

wäre im Gesellschaftsvertrag nach § 5 Abs. 4 Satz 1 GmbHG vereinbart worden. Die Aufrechnung mit Forderungen, die ihm gegen den Zessionar bzw. Pfändungsgläubiger zustehen, kann er dagegen erklären. Bei einer Zwangsvollstreckung (§ 851 ZPO) soll zwar auch das Prinzip der Vollwertigkeit gelten, aber die GmbH könnte es wohl nur im Wege einer Vollstreckungsgegenklage (§ 767 ZPO) realisieren.

1223 Ein Kaduzierungsverfahren als höchstpersönliches Recht der GmbH wird durch Abtretung oder Pfändung der Forderung auf Zahlung der restlichen Einlage nicht berührt. Der Zessionar oder Pfändungsgläubiger erwirbt also nicht die Rechte aus § 21 GmbHG, die trotz Abtretung oder Pfändung des Zahlungsanspruchs der GmbH verbleiben.

k) Besonderheiten bei der Einmann-GmbH

1224 Wird die GmbH durch eine Person errichtet, gelten – was die **Kapitalaufbringung** angeht – **keine Besonderheiten.** Der einzige Gesellschafter kann mehrere Geschäftsanteile übernehmen und muss vor der Anmeldung mindestens ein Viertel des Nennbetrags auf jeden Geschäftsanteil in Geld erbringen, soweit nicht Sacheinlagen vereinbart sind, und es müssen mindestens – einschließlich des Gesamtnennbetrages der Geschäftsanteile, für die Sacheinlagen zu leisten sind – 12.500 € eingezahlt sein.

1225 Rechtlich gesehen sind auch bei der Errichtung einer Ein-Personen-GmbH Gestaltungen i. S. v. § 19 Abs. 5 GmbHG möglich. In der Praxis werden sie kaum anzuraten sein. Da die Rückgewähr und die Vereinbarung darüber bei der Anmeldung der Gesellschaft zum Handelsregister offengelegt werden muss wird diese Publizität die Kreditwürdigkeit der Ein-Personen-GmbH negativ beeinflussen und Geschäftspartner möglicherweise abhalten, Leistungen an die GmbH zu erbringen, weil sie um deren Bezahlung fürchten müssen. Es begründet wenig Vertrauen in die Seriosität der Gesellschaft und in die Person des hinter ihr stehenden Gesellschafters, wenn dieser nicht einmal bereit ist, der GmbH liquide Mittel in Höhe der Mindesteinlage zu belassen, sondern diese Mittel sofort wieder abzieht und seine GmbH darauf verweist, ihr Unternehmen möglichst fremd und durch Lieferantenkredite zu finanzieren. Bei einer solch eingeschränkten Finanzierungsverantwortung des beherrschenden Gesellschafters ist die Insolvenz des Unternehmens der GmbH vorprogrammiert.

l) Besonderheiten bei der Unternehmergesellschaft (haftungsbeschränkt)

1226 Die UG (haftungsbeschränkt) als Unterform der GmbH kann mit einem Stammkapital gegründet werden, das den sonst geltenden Betrag des Mindeststammkapitals unterschreitet (§ 5a Abs. 1 GmbHG). Sie kommt aber nicht gänzlich ohne Stammkapital und Geschäftsanteile aus, die jeder Gesellschafter gegen Einlage hierauf übernimmt. Diese Einlagen müssen **ausschließlich Geldeinlagen** sein, weil Sacheinlagen bei dieser GmbH-Variante ausgeschlossen sind (§ 5a Abs. 2 Satz 2 GmbHG). Die Geldeinlagen selbst müssen **vor der Anmeldung** stets und **sämtlich in voller Höhe eingezahlt** sein, weil die Anmeldung der UG (haftungsbeschränkt) zur Eintragung in das Handelsregister erst erfolgen darf, wenn das Stammkapital in voller Höhe eingezahlt ist (§ 5a Abs. 2 Satz 1 GmbHG).

Auch bei der UG (haftungsbeschränkt) kann grundsätzlich das im Rahmen der tatbestandlichen Voraussetzungen des § 19 Abs. 5 GmbHG zulässige Hin- und Herzahlen der Geldeinlage genutzt werden.[1] Der oder die Gesellschafter können sich aufgrund einer vor der Einlage getroffenen Vereinbarung die eingezahlten Gelder als Darlehen wieder zurückzahlen lassen, sofern der Darlehensrückgewähranspruch der UG vollwertig ist und jederzeit fällig gestellt werden kann. 1227

Sind der oder die Gesellschafter in Höhe des Rückgewähranspruchs der Gesellschaft – jedenfalls bei Anmeldung – solvent, weil man z. B. über ein ausreichend hohes Bankkonto oder einen genügend hohen Dispositionskredit verfügt, kann die UG (haftungsbeschränkt) errichtet und betrieben werden, ohne dass der oder die Gesellschafter ihrer Gesellschaft eigenes Geld zuführen müssen und sie sich fremd finanzieren muss. Da das Hin- und Herzahlen bei der Anmeldung offengelegt werden muss und damit interessierten Personen bekannt wird, wird eine solche Gesellschaft noch weniger Anklang bei Geschäftspartnern und Banken finden, als es bei UG (haftungsbeschränkt) mit einem geringen Stammkapital (Haftungsfonds) hinsichtlich ihrer Kreditwürdigkeit der Fall sein dürfte. Denn die Prüfung der Vollwertigkeit des (jederzeit fälligen) Rückgewähranspruchs erfolgt bezogen auf den Zeitpunkt der Anmeldung, was aber noch lange nicht heißt, dass der Gesellschafter auch nach der Eintragung noch zahlungsfähig ist, wenn die Gesellschaft das abgezogene Geld braucht. Dann droht sehr schnell Zahlungsunfähigkeit und Insolvenz der Gesellschaft.

5. Zahlungsverzug

Die Vorschriften der §§ 20 bis 24 GmbHG befassen sich mit der Behandlung von Einlageschuldnern, die säumig sind und weder zu dem Zeitpunkt, der in der Satzung bestimmt ist, noch zu dem Zeitpunkt, der durch den Einforderungsbeschluss der Gesellschafter (§ 46 Nr. 2 GmbHG) bestimmt wurde, ihre Einlage geleistet haben. Mit Ausnahme der Verzinsung nach § 20 GmbHG sind die Regeln zwingend (§ 25 GmbHG). Da die Sacheinlagen vor der Anmeldung vollständig erbracht sein müssen, beziehen sich die Sanktionen auf die Bareinlagepflichten, aber auch auf den in Geld bestehenden Anteil einer Mischeinlage, den Differenzbetrag bei einer überbewerteten Sacheinlage sowie eine verbleibende Geldeinlagepflicht nach Anrechnung des Wertes einer verdeckten Sacheinlage gem. § 19 Abs. 4 GmbHG und die einlageähnliche Verpflichtung aus der Unterbilanzhaftung. 1228

a) Verzugszinsen

Gemäß § 20 GmbHG ist ein säumiger Gesellschafter zur Entrichtung von Verzugszinsen verpflichtet, wenn er den auf die Stammeinlage eingeforderten Betrag „nicht zur rechten Zeit einzahlt“. Trotz der Bezeichnung „Verzugszinsen“ ist die Zinspflicht nicht von einem Verzug nach § 286 BGB abhängig. Erforderlich ist jedoch in jedem Falle eine „Einforderung“; es sind also z. B. Zinsen gem. § 20 GmbHG dann nicht zu entrichten, wenn ein Gesellschafter die Einlage nach Eintritt eines in der Satzung festgelegten Zahlungs- 1229

1 Bunnemann/Zirngibl/Thun, § 6 Rz. 62.

termins nicht leistet, eine Einforderung aber nicht erfolgt ist, es sei denn, dass die Satzung für diesen Fall eine Verzinsung vorsieht.

1230 Der Zinssatz beträgt 4 % (§ 246 BGB), der wesentlich höhere Zinssatz nach § 288 Abs. 1 BGB ist nicht anzuwenden.[1] Der Gesellschaftsvertrag kann aber einen höheren Fälligkeitszinssatz bestimmen; über § 20 GmbHG hinaus kann der Gesellschaftsvertrag auch weitere Säumnisfolgen, so z. B. die Verpflichtung zur Zahlung einer Vertragsstrafe, festlegen.

b) Zahlungsklage

1231 Wenn ein Gesellschafter seiner Verpflichtung zur Einzahlung der eingeforderten restlichen Geldeinlage nicht nachkommt, kann die Gesellschaft diesen Anspruch im Wege der **Klage** gegen den Gesellschafter geltend machen. Die Erhebung einer solchen Klage ist nicht von einem Gesellschafterbeschluss abhängig, denn es handelt sich hier nicht um die Geltendmachung von Ersatzansprüchen i. S. d. § 46 Nr. 8 GmbHG. Da der Gesellschaftsvertrag gem. § 45 GmbHG die Zuständigkeit der Gesellschafterversammlung erweitern kann, ist es jedoch zulässig, durch den Gesellschaftsvertrag zu bestimmen, dass eine solche Klage auf Zahlung der restlichen Geldeinlage nur aufgrund eines Gesellschafterbeschlusses erhoben werden darf. Ist der Geschäftsführer mangels eines solchen Beschlusses an der Klageerhebung gehindert, bleibt ihm gegen den säumigen Gesellschafter nur das Kaduzierungsverfahren, das der Gesellschaftsvertrag nicht einschränken kann.

1232 Wenn keine Zuständigkeit der Gesellschafterversammlung durch die Satzung begründet wurde, dann kann auch ein Gesellschafter die Zahlungsklage im eigenen Namen erheben, er kann aber nur auf Zahlung an die GmbH klagen.

c) Ausschluss des Gesellschafters (Kaduzierungsverfahren)

1233 Ist die Zahlungsaufforderung erfolglos geblieben, können säumige Gesellschafter ausgeschlossen werden (Kaduzierung); sie verlieren dann ihren Geschäftsanteil zusammen mit den schon erbrachten Einlageleistungen, bleiben aber dennoch der Gesellschaft auf die ausstehende Einlage mit dem Risiko einer Ausfallhaftung verpflichtet. Wegen der Einzelheiten wird auf die folgenden Ausführungen unter Rz. 1451 ff. verwiesen.

1234–1260 (*Einstweilen frei*)

II. Leistung der Sacheinlagen (Sachgründung)

LITERATUR:

Pataki, Die Bewertung von Unternehmensbeteiligungen als Sacheinlage – ein Beitrag zur Praktikabilität des Rechts, GmbHR 2003 S. 404; *Bayer*, Unwirksame Leistungen auf die Stammeinlage und nachträgliche Erfüllung, GmbHR 2004 S. 445; *Pentz*, Die Anrechnung bei der verdeckten (gemischten) Sacheinlage, GmbHR 2010 S. 673; *Müller, Hans-Friedrich*, Rechtsfolgen verdeckter Sacheinlagen, NZG 2011 S. 761; *Schlößer/Pfeiffer*, Wegfall der kapitalgesellschaftsrechtlichen Differenzhaftung durch Nacherfüllung der mangelhaften Sacheinlage, NZG 2012 S. 1047; *Foerster*,

1 Noack/Servatius/Haas/Kersting, GmbHG, § 20 Rz. 6; BGH v. 20.7.2009 - II ZR 273/07, BGHZ 182 S. 103, NWB PAAAD-26526.

Die digitale Beurkundung des GmbH-Geschäftsvertrags unter besonderer Berücksichtigung von Bar- und Sacheinlage, WM 2023 S. 1111; *Heinze*, Kapitalerhöhung aus Gesellschaftsmitteln bei der UG (haftungsbeschränkt), NJW 2023 S. 3693; *Weber-Grellet*, Bilanzsteuerrechtliche Bedeutung des Eigenkapitals und der Kapitalkonten, BB 2024 S. 1450.

1. Allgemeines

Das GmbHG sieht zwar die Bargründung als die Regel an, lässt es aber zu, dass das Kapital durch Sacheinlagen aufgebracht wird. Darf ein Gesellschafter seine Einlage, gegen deren Leistung er den Geschäftsanteil übernommen hat, durch andere Wirtschaftsgüter als Geld erbringen, spricht man insoweit von einer **Sachgründung.** Zu einer Sacheinlage zählen also alle nicht in Geld zu erbringenden Einlagen. Die Sacheinlagen sind von den Gesellschaftern zu bewerten, um sie auf die Nennbeträge der Geschäftsanteile, die auf Euro lauten, anzurechnen. Für die effektive Kapitalaufbringung wie auch für die Gläubiger der Gesellschaft und die Mitgesellschafter entstehen hierdurch Risiken, dass der Wert der Sacheinlage hinter dem Nennwert des dafür übernommenen Geschäftsanteils zurückbleibt.[1] 1261

Der Gesetzgeber „misstraut" daher der Sachgründung und versucht den Gefahren mit einer Reihe von Regeln vorzubeugen, durch die eine Sicherung gegen Missbrauch oder gar betrügerische Machenschaften geschaffen werden soll. Zu nennen sind die Offenlegung der Sacheinlage samt Wertnachweisunterlagen (§ 5 Abs. 4, § 8 Abs. 1 Nr. 4 und 5 GmbHG), der Sachgründungsbericht (§ 5 Abs. 4 Satz 2 GmbHG), die vollständige Leistung der Sacheinlage vor der Anmeldung (§ 7 Abs. 3 GmbHG), die Differenzhaftung bei Überbewertung (§ 9 GmbHG) und die Eintragungsablehnung bei nicht unwesentlicher Überbewertung (§ 9c GmbHG). 1262

2. Der Begriff „Sacheinlage"

Sacheinlagen sind Einlagen, welche nicht in Geld zu leisten sind. Eine sog. Sachübernahme liegt vor, wenn ein Gesellschafter zwar auf den Geschäftsanteil eine Einlage in Geld übernimmt, aber zusätzlich festgelegt wird, dass diese Einlageschuld verrechnet werden soll mit einer Forderung, die der Gesellschafter gegen die GmbH als Vergütung für einen von der GmbH übernommenen Vermögensgegenstand hat. 1263

Die **Sachübernahme** unterscheidet sich von der Sacheinlage nur dadurch, dass nicht anstelle einer in Geld zu erbringenden Einlage ein Vermögensgegenstand einzubringen ist, sondern dass die Pflicht zur baren Einlage durch Aufrechnung mit einer Gegenforderung erfüllt werden darf, was § 19 Abs. 2 Satz 2 GmbHG als Ausnahme vom Aufrechnungsverbot zulässt, wenn die Anrechnung auf die Einlageverpflichtung im Gesellschaftsvertrag nach § 5 Abs. 4 Satz 1 GmbHG – also wie bei einer Sacheinlage – vereinbart ist.[2] Wirtschaftlich betrachtet ist bei einer solchen Art der Erfüllung der Einlagepflicht der Grundsatz der effektiven Kapitalaufbringung nicht weniger gefährdet als bei einer Sacheinlage, wenn z. B. der Kaufpreis (Verrechnungspreis) für den überlasse-

1 Noack/Servatius/Haas/Servatius, GmbHG, § 5 Rz. 15.
2 Noack/Servatius/Haas/Servatius, GmbHG, § 5 Rz. 16.

nen Gegenstand zu hoch bewertet wird. Deshalb sind auch bei einer Sachübernahme die Regeln wie bei der Sacheinlage anzuwenden, damit die Umgehung der Vorschriften über die Sachgründung erschwert wird. Auch die Sachübernahme mit Verrechnungsabsprache ist daher eine Sacheinlage, wie jede Einlage eines Gründergesellschafters, die nicht in Geld besteht.

3. Gegenstand der Sacheinlage

1264 Gegenstand der Sacheinlage können alle Sachen und Rechte sein, die übertragbar sind und einen Vermögenswert darstellen; es werden aber die mehr formalen Kriterien der Übertragbarkeit und Bilanzfähigkeit als nicht ausreichend angesehen, um zulässige von unzulässigen Sacheinlagen abzugrenzen.[1] Zu berücksichtigen ist auch, ob die Sacheinlage die der Geldeinlage entsprechende Funktion übernehmen kann, als Kapitalgrundlage für die Aufnahme des Geschäftsbetriebs und die Befriedigung der Gläubiger zu dienen, also letztlich, ob der Gegenstand der Gesellschaft zur freien Verfügung gestellt werden kann, wie Geld zur Bildung einer Kapitalgrundlage führen kann und ob er im Rahmen des Gesellschaftsvermögens den Gläubigern der Gesellschaft zur Befriedigung zur Verfügung steht.

Als einigermaßen zuverlässiges Kriterium für eine Sacheinlage kann aber nach wie vor die Bilanzfähigkeit des Gegenstandes gelten;[2] jedenfalls ersparen sich die Gesellschafter möglichen Ärger, wenn sie bei Errichtung der Gesellschaft Sacheinlagen auf die Stammeinlagen nur zulassen, wenn der Gegenstand der Sacheinlage bilanzfähig ist. **Sacheinlagefähig** sind auch nach GmbH-Recht nur **Vermögensgegenstände,** deren **wirtschaftlicher Wert feststellbar** ist.[3]

1265 **Gegenstände einer Sacheinlage** können danach sein:

- **Sachen** (bewegliche – z. B. Waren, Material, Maschinen, Werkzeuge – und unbewegliche – Grundstücke, Gebäude);
- **Gebrauchsüberlassung** durch **obligatorische Nutzungsrechte** an solchen Sachen des Einlegenden durch dessen dauerhafte (z. B. langfristige bzw. unkündbare) Verpflichtung.[4] Obligatorische Nutzungsrechte gewinnen Sacheinlagefähigkeit, wenn sie einen feststellbaren wirtschaftlichen Wert haben, also ihre **Nutzungsdauer** in Form einer **festen Laufzeit** oder als **konkret bestimmte Mindestdauer** feststeht.[5] Ist das Nutzungsrecht dinglich gesichert (z. B. durch beschränkt persönliche Dienstbarkeit), bestehen regelmäßig keine Bedenken gegen die Einlagefähigkeit.
- **Beschränkt dingliche Rechte** (Erbbaurecht und Grundpfandrechte); sie sind einlagefähig, nicht übertragbare dingliche Rechte wie ein Nießbrauchsrecht können durch Überlassung zur Ausübung eingebracht werden.[6]

---

1 Noack/Servatius/Haas/Servatius, GmbHG, § 5 Rz. 23.
2 Vgl. BGH v. 16.2.1959 - II ZR 170/57, BGHZ 29 S. 304.
3 BGH v. 14.6.2004 - II ZR 121/02, NWB DAAAB-97710; § 27 Abs. 2 AktG analog.
4 Noack/Servatius/Haas/Servatius, GmbHG, § 5 Rz. 25.
5 BGH v. 14.6.2004 - II ZR 121/02, NWB DAAAB-97710; v. 15.5.2000 - II ZR 359/98, BGHZ 144 S. 290.
6 Noack/Servatius/Haas/Servatius, GmbHG, § 5 Rz. 25.

- **Rechte** können Sacheinlagen sein, wenn sie der Gesellschaft als Vermögenswert übertragen werden können (z. B. **Bitcoins** und andere Kryptowährungen), soweit bereits im Rahmen des sog. „mining" geschöpft (Tokenguthaben) wird, weiter immaterielle Wirtschaftsgüter, Urheberrechte, Lizenzrechte, Konzessionen und Mitgliedschaftsrechte wie Aktien und GmbH-Geschäftsanteile und übertragbare Beteiligungen an Personenhandelsgesellschaften).
- **Forderungen** (aus Darlehen oder anderen Rechtsgründen gegen **Dritte**, die Gesellschaft selbst oder die Befreiung der Gesellschaft von Forderungen des Gesellschafters oder Dritter).
- **Sach- und Rechtsgesamtheiten** (Handelsgeschäfte, Teilbetriebe von Unternehmen, selbständige Betriebsteile einschließlich Kundenstamm, Know-how, Goodwill, Logo, Warenzeichen und andere gewerbliche Schutzrechte sowie die Firma).[1]

Keine Sacheinlage ist die Verpflichtung eines Gesellschafters, für die GmbH **Dienstleistungen**[2] oder personengebundene Werkleistungen zu erbringen (analog § 27 Abs. 2 AktG), sie kann aber als Nebenleistung i. S. v. § 3 Abs. 2 GmbHG festgelegt werden.

Nicht sacheinlagefähig sind Forderungen des Gesellschafters aus Darlehenskonstruktionen, wie sie in Fällen des sog. Hin- und Herzahlens zu finden sind, oder andere obligatorische Ansprüche gegen den Einlagenschuldner, weil lediglich die gesellschaftsrechtliche Verpflichtung gegen eine schuldrechtliche Verpflichtung des Inferenten ausgetauscht wurde. Weder ein Anspruch des Einlegenden auf Darlehensgewährung durch die Gesellschaft noch ein Anspruch auf Darlehensrückzahlung sind sacheinlagefähig.[3] 1266

4. Festsetzung durch den Gesellschaftsvertrag

§ 5 Abs. 4 Satz 1 GmbHG bestimmt, dass die Sacheinlage und der Nennbetrag des dafür übernommenen Geschäftsanteils im Gesellschaftsvertrag festgesetzt sein müssen. Voraussetzung einer wirksamen Sacheinlagefestsetzung ist, dass der Gegenstand der einzubringenden Sacheinlage im Gesellschaftsvertrag so genau bestimmt ist, dass über seine Identität kein Zweifel besteht.[4] Dabei ist aber zwischen der Verpflichtung zur Sacheinlage und dem Vollzugsakt zu ihrer Erfüllung zu unterscheiden. Es muss nur die **Verpflichtung zur Leistung der Sacheinlage** in der notariellen Übernahmeerklärung **beurkundet** sein. Die einzelnen Verfügungsgeschäfte, wie z. B. Eigentumsübertragung durch die Einigung und Übergabe nach §§ 929 ff. BGB bei beweglichen Sachen, können auch außerhalb des Gesellschaftsvertrags vorgenommen werden, sollten aber bei ohnehin beurkundungspflichtigen Geschäften wie der Einlage von Grundstücken in den Gesellschaftsvertrag einbezogen werden. 1267

Nur im Rahmen der gesellschaftsvertraglichen (also auch notariell beurkundeten) Festsetzungen wird ein Gesellschafter durch eine Sacheinlage von seiner Verpflichtung zur Leistung der Einlage frei. Denn die Erfüllung des durch die Einlagepflicht gem. § 14 1268

1 Vgl. BGH v. 18.9.2000 - II ZR 365/98, BGHZ 145 S. 150.
2 H. M. vgl. BGH v. 16.2.2009 - II ZR 120/07, NWB NAAAD-18363, m. w. N.
3 BGH v. 21.11.2005 - II ZR 140/04, BGHZ 165 S. 113, NWB OAAAB-97741; Bayer, GmbHR 2004 S. 445, 451.
4 Vgl. BGH v. 24.7.2000 - II ZR 202/98, DStR 2000 S. 2002.

i.V.m. § 5 Abs. 4 Satz 1 GmbHG begründeten Schuldverhältnisses setzt nach § 362 Abs. 1 BGB voraus, dass die geschuldete Leistung an die GmbH bewirkt wird. Wird § 5 Abs. 4 Satz 1 GmbHG nicht beachtet, was auch dadurch geschehen kann, dass die einzubringenden Gegenstände nicht eindeutig bestimmt werden,[1] ist die Einlagepflicht in bar zu erfüllen. Eine dennoch erbrachte Sacheinlage tilgt dann nicht die **Einlageschuld** und der Gesellschafter muss zahlen. Die Sacheinlage kann nur nach Bereicherungsgrundsätzen zurückverlangt werden, was den Gesellschafter bei Insolvenz auf die (meist geringe) Quote verweist. Einer Aufrechnung oder einem Verrechnungsvertrag steht die Vorschrift des § 19 Abs. 2 GmbHG entgegen, weil die Sacheinlage in dieser Gestalt nicht im Gesellschaftsvertrag festgesetzt ist.

1269 Alle Absprachen betreffend eine Sacheinlage sind der Gesellschaft gegenüber nur dann wirksam, wenn sie im Gesellschaftsvertrag stehen.[2] Auch dies dient dem **Schutz der Mitgesellschafter und Gesellschaftsgläubiger**. Wenn also der Gesellschaftsvertrag nichts über eine Sacheinlage bestimmt, dann ist die Einlage auf den übernommenen Geschäftsanteil in Geld zu erbringen.

1270 Eine nachträgliche Umwandlung dieser Geldeinlage in eine Sacheinlage ist auch aus dem Grunde unzulässig, weil damit zum Nachteil der Gläubiger die Haftung nach §§ 22, 24 GmbHG nicht mehr zum Zuge käme. Theoretisch ist nur denkbar, die Geldeinlagepflicht durch Kapitalherabsetzung zu beseitigen und zugleich eine Kapitalerhöhung mit der Sacheinlage vorzunehmen.

1271 Die Rechtsprechung lässt es dagegen zu, dass eine im Gesellschaftsvertrag vorgesehene Sacheinlage nachträglich in eine Geldeinlage umgewandelt wird, was allerdings eine Satzungsänderung erfordert, welche die Zustimmung aller Gesellschafter finden muss, weil für die übrigen Gesellschafter nun die Haftung aus § 24 GmbHG entsteht.

1272 Zulässig ist es, wenn eine Stammeinlage teils in Geld, teils durch Sachleistung erbracht werden soll (Rz. 1351).

Ein **Beispiel** für die gesellschaftsvertragliche Festsetzung kann das Verständnis erleichtern:

§ ...

(1) Das Stammkapital beträgt 300.000,– Euro. Es werden drei Geschäftsanteile mit dem Nennbetrag von jeweils 100.000,– Euro mit den laufenden Nummern 1, 2 und 3 gebildet.

(2) Jeder der drei Gesellschafter übernimmt einen Geschäftsanteil im Nennbetrag von je 100.000,– Euro.

(3) Der Gesellschafter A. übernimmt den Geschäftsanteil Nr. 1 und erbringt seine Einlage i. H. v. 100.000,– Euro durch folgende Sacheinlage:

Er verpflichtet sich, der Gesellschaft zu übereignen:

a) den Lkw Marke —, Typ —, Baujahr —, Fahrgestell-Nr. —, Pol. Zul. Nr. —, im Wert von 30.000,– Euro

1 Vgl. BGH v. 24.7.2000 - II ZR 202/98, DStR 2000 S. 2002.

2 BGH v. 2.5.1966 - II ZR 219/63, BGHZ 45 S. 343.

b) die Offsetdruckmaschine — (folgend genaue Bezeichnungen) — im Wert von 70.000,– Euro

Oder

(1)

(2)

(3) Der Gesellschafter A. übernimmt den Geschäftsanteil Nr. 1 und erbringt seine Einlage i. H. v. 100.000,– Euro wie folgt:

a) Er leistet eine Geldeinlage i. H. v. 30.000,– Euro.

b) Die Einlage von restlich 70.000,– Euro erbringt er durch folgende Sacheinlage: Durch gesonderten Einlagevertrag übergibt und übereignet er der Gesellschaft die Offsetdruckmaschine... (folgt genaue Bezeichnung)....

Oder

(1)

(2)

(3) Der Gesellschafter A. übernimmt den Geschäftsanteil Nr. 1 und erbringt seine Einlage von 100.000,– Euro durch folgende Sacheinlage:

Durch gesonderten Vertrag vom ..., hat er der Gesellschaft die Offsetdruckmaschine ... (folgt genaue Bezeichnung) ... übergeben und übereignet, deren Wert 150.000,– Euro beträgt. Durch diese Sacheinlage ist die Einlage von 100.000,– Euro erbracht. Den 100.000,– Euro übersteigenden Betrag hat der Gesellschafter A. durch den vorgenannten Vertrag der Gesellschaft als Darlehen gewährt.

(Einstweilen frei) 1273–1290

5 Bewertung der Sacheinlage

Gemäß § 5 Abs. 4 Satz 1 GmbHG muss auch der Nennbetrag des Geschäftsanteils, auf 1291 den sich die Sacheinlage bezieht, im Gesellschaftsvertrag festgesetzt werden. Die Bewertung der Sacheinlage selbst obliegt den Gesellschaftern, was aber nicht bedeutet, dass für diese Bewertung der Sacheinlage Vertragsfreiheit bestehe. Denn damit würden die Regeln über die effektive Kapitalaufbringung ausgehöhlt werden. Eine **Überbewertung ist unzulässig**, führt aber nur zur Ablehnung der Eintragung, wenn sie nicht unwesentlich ist (§ 9c Abs. 1 Satz 2 GmbHG n. F.). Der zutreffend ermittelte Wert der Sacheinlage stellt eine Höchstgrenze dar, die Gesellschafter können aber vereinbaren, dass ein niedrigerer Wert anzusetzen ist.

Maßgebend ist der **objektive Zeitwert**,[1] wobei die Zweckbestimmung und die Verwen- 1292 dungsmöglichkeiten durch die GmbH zu berücksichtigen sind,[2] subjektive Einschätzungen des Einlagepflichtigen oder ein höherer Wert, den der Gegenstand u. U. in Händen des Einlagepflichtigen hat, sind keine Kriterien der Wertfindung.

1 OLG Düsseldorf v. 28.3.1991 - 6 U 234/90, GmbHR 1992 S. 112.
2 BeckHB GmbHG/Schwaiger, § 2 Rz. 108.

1293 Bei Gegenständen des **Anlagevermögens** ist der Wiederbeschaffungspreis, bei **Umlaufvermögen** der Einzelveräußerungspreis anzusetzen. Den richtigen Bewertungsmaßstab dürfte daher der steuerliche Teilwert (§ 11 BewG) bilden, da es auf den Wert ankommt, den der Gegenstand für die GmbH im Rahmen ihres Unternehmens hat. Wenn auch die Bewertungsvorschriften der §§ 252 ff., 279 ff. HGB nur für den Jahresabschluss gelten, so sollte man sie doch auch bei der Bewertung einer Sacheinlage mit in Betracht ziehen. Der Zeitwert obligatorischer Nutzungsrechte errechnet sich aus dem für die Dauer des Rechts kapitalisierten Nutzungswert.[1]

1294 Bei der Einbringung eines werbenden Unternehmens, dessen Aktiva und Passiva ständigen Veränderungen unterliegen, stellen sich besondere Probleme bei der Bewertung. Erforderlich ist hier die Aufstellung einer Einbringungsbilanz auf einen bestimmten Stichtag, wobei ein Firmenwert bei der Bewertung berücksichtigt werden kann. Anstelle der Einbringungsbilanz kann die letzte Jahresbilanz treten, wenn die Einbringung innerhalb der letzten acht Monate nach dem Bilanzstichtag erfolgt (vgl. auch § 20 Abs. 8 UmwStG) und seitdem das Unternehmen für Rechnung der Vor-GmbH geführt gilt.

1295 Bei einer Überbewertung der Sacheinlage tritt nicht Nichtigkeit ein, sondern es greift nach § 9 Abs. 1 GmbHG die **Differenzhaftung** ein,[2] wenn die Vollwertigkeit im Zeitpunkt der Anmeldung zum Handelsregister nicht vorliegt. Dann ist der Fehlbetrag vom Gesellschafter in Geld als Einlage zu leisten. Treten Wertminderungen zwischen der Anmeldung und Eintragung ein, so sind diese über die Unterbilanzhaftung auszugleichen.

1296 Die Gesellschafter müssen in einem dem Registergericht mit der Anmeldung vorzulegenden Sachgründungsbericht (s. Rz. 1331) die bewertungserheblichen Umstände darlegen; außerdem muss der Geschäftsführer bei der Anmeldung dem Registergericht Unterlagen (z. B. Schätzurkunde) vorlegen, aus denen sich ergeben muss, dass der Wert der Sacheinlage den Nennbetrag des dafür übernommenen Geschäftsanteils erreicht. Dieser **Nachweis** wird sich häufig nur durch einen Bericht eines vereidigten Sachverständigen (z. B. Wirtschaftsprüfer oder Steuerberater) führen lassen. Vorzulegen sind auch die Verträge, die den Festsetzungen der Sacheinlage zugrunde liegen oder zu ihrer Ausführung geschlossen werden, damit geprüft werden kann, ob die Sacheinlage in vollem Umfang vor der Anmeldung erbracht und zur freien Verfügung der Geschäftsführung steht. Bei Übergang eines Unternehmens sind auch die Jahresergebnisse der beiden letzten Jahre anzugeben.

1297 Unabhängig von der Differenzhaftung oder der Unterbilanzhaftung sind Gesellschafter und Geschäftsführer der Gesellschaft gegenüber zum Schadensersatz verpflichtet, wenn falsche Angaben bei der Sachgründung gemacht wurden (§ 9a Abs. 1 GmbHG). Die Schadensersatzpflicht trifft neben dem Gesellschafter auch Personen, für deren Rechnung der Gesellschafter Geschäftsanteile übernommen hat (§ 9 Abs. 4 GmbHG).

1298 Eine unrichtige Bewertung kann für Gesellschafter und Geschäftsführer auch den Straftatbestand des § 82 GmbHG erfüllen und damit auch die Schadensersatzpflicht gem. § 823 Abs. 2 BGB auslösen.

1299–1310 (*Einstweilen frei*)

---

1 BGH v. 14.6.2004 - II ZR 121/02, NWB DAAAB-97710, DStR 2004 S. 1662.

2 BGH v. 14.6.2004 - II ZR 121/02, NWB DAAAB-97710, DStR 2004 S. 1662.

6. Leistung der Sacheinlage

a) Zeitpunkt

Die Sacheinlage muss **vor der Anmeldung** zum Handelsregister vollständig und endgültig zur freien Verfügung der Geschäftsführer erbracht sein (§ 7 Abs. 1 GmbHG). Da die GmbH aber erst mit der Eintragung entsteht, erfolgt die Leistung an die Vorgesellschaft (s. Rz. 891 ff.), mit Eintragung der GmbH geht die Sacheinlage automatisch in das Gesellschaftsvermögen der GmbH über. 1311

Der Geschäftsführer muss bei der Anmeldung zum Handelsregister versichern, dass die Sacheinlage sich **endgültig** in seiner freien Verfügung befindet (§ 8 Abs. 2 GmbHG). Dazu muss die Sacheinlage tatsächlich wie rechtlich dem Vermögen der GmbH zugeordnet sein. Das erforderliche Erfüllungsgeschäft **(dinglicher Übertragungsakt)** samt Verschaffung der zur Ausübung des Rechts erforderlichen Unterlagen (z. B. Aushändigung des Kfz-Briefs) muss vollzogen sein. Bei Grundstücken wird als ausreichend, aber auch als notwendig verlangt, dass eine bindende Einigung bzw. Auflassung, eine Eintragungsbewilligung und ein rangwahrender Antrag vorliegen.[1] 1312

Es genügt aber, wenn die Vorgesellschaft (Rz. 891) „endgültig" erworben hat, weil deren Vermögen nach Eintragung der GmbH automatisch im Wege der Gesamtrechtsnachfolge auf diese übergeht. In Bezug auf Grundstücke hat der BGH[2] dahin entschieden, dass die noch nicht im Handelsregister eingetragene **„GmbH i. Gr."** im Grundbuch als Eigentümer eingetragen werden kann; nach Registereintragung der GmbH bedarf es dann nur einer Grundbuchberichtigung. 1313

b) Bewirken der Leistung

Durch den Gesellschaftsvertrag wird nur die schuldrechtliche[3] Pflicht zur Leistung der Sacheinlage begründet. Die Einlagepflicht wird ausdrücklich durch § 14 GmbHG bestimmt. Die Höhe der Einlage richtet sich nach dem bei der Errichtung der GmbH im Gesellschaftsvertrag festgesetzten Nennbetrag des jeweiligen Geschäftsanteils. 1314

Die Erfüllung dieser Verpflichtung (§ 362 BGB) erfolgt durch einen Einlagevertrag zwischen Gesellschafter und Gesellschaft (z. B. Übereignung eines Grundstücks, Erteilung einer Lizenz u. Ä.) nach den für den jeweiligen Einlagegegenstand geltenden Regeln. Bei beweglichen Sachen: Einigung und Übergabe (§§ 929 ff. BGB), wobei auch gutgläubiger Erwerb möglich ist,[4] bei Grundstücken: Auflassung und Eintragung (§§ 925, 873 BGB), bei Forderungen: Abtretung (§ 398 BGB). Der Einlagevertrag kann auch schon in dem Gesellschaftsvertrag enthalten sein. 1315

1 Noack/Servatius/Haas/Servatius, GmbHG, § 7 Rz. 14.

2 BGH v. 2.5.1966 - II ZR 219/63, BGHZ 45 S. 338.

3 Nach BGH v. 2.5.1966 - II ZR 219/63, BGHZ 45 S. 338, die „körperschaftliche Pflicht".

4 BGH v. 21.10.2002 - II ZR 118/02, NWB CAAAB-97706.

Es könnte also in dem **Beispiel** Rz. 1272 unter (3) heißen:

(3) ... folgende Sacheinlage:

a) Der Gesellschafter A. übereignet der dies annehmenden Gesellschaft hiermit folgende Gegenstände: (folgt genaue Bezeichnung).

b) Die Gesellschaft und der Gesellschafter A. sind über den Eigentumsübergang einig.

c) Die Übergabe an die Gesellschaft ist bereits erfolgt.

c) Leistungsstörungen

LITERATUR:

Schaefer/Grützediek, Die Haftung des Gesellschafters für mangelhafte Sacheinlagen, DB 2006 S. 1040; *Schmitt*, Mängelgewährleistung bei Anteils- und Unternehmenskauf, WM 2019 S. 1871; *Risse*, Wissenszurechnung beim Unternehmenskauf: Notwendigkeit einer Neuorientierung, NZG 2020 S. 856.

1316 Ist die Erbringung der Sacheinlage **von Anfang an unmöglich**, so ist die Sacheinlagevereinbarung als Teil des Gesellschaftsvertrags[1] zwar nicht nichtig (§ 311a Abs. 1 BGB), an ihre Stelle tritt jedoch ohne weiteres die Pflicht zur Bareinlage, weil diese von der Sacheinlageverpflichtung nur soweit und solange überlagert wird, wie die Sacheinlage tatsächlich und werthaltig geleistet wird.[2] Der Gesellschafter hat also seine Einlage, gegen die er seinen Geschäftsanteil übernommen hat, in Geld zu leisten; Gleiches gilt, wenn die Erbringung der Sacheinlage **nachträglich unmöglich** und der Gesellschafter deshalb nach § 275 BGB frei wird. In all diesen Fällen wird die Sacheinlage zur Bareinlage. Daneben bestehen aber auch Ansprüche auf Ersatz eines darüber hinausgehenden Schadens (§ 283 BGB bei zu vertretender Unmöglichkeit, § 286 Abs. 2 BGB bei Verzug), ein Rücktritt erfasst aber nur die Sacheinlagevereinbarung, nicht aber die Übernahme des Geschäftsanteils und die subsidiäre Bareinlageverpflichtung.[3]

1317 Ergeben sich gegen den einbringenden Gesellschafter Gewährleistungsansprüche wegen Sachmängeln, dann ist die Mängelhaftung auch vor dem Hintergrund der Differenzhaftung aus § 9 GmbHG zu sehen.

1318 Der GmbH sind dann zwar die weitergehenden Rechte (§ 437 BGB) wie beim Sachkauf zuzugestehen, jedoch wegen des mitgliedschaftlichen Charakters der Sacheinlagepflicht nur mit Einschränkungen: In Betracht kommen zwar Nacherfüllung (§ 439 BGB Nachbesserung oder Lieferung einer mangelfreien Sache) und Schadensersatz (§ 440 BGB), wenn die Nachbesserung fehlgeschlagen oder unzumutbar ist. Auch dann aber wird die Sacheinlage zur Bareinlage, der Gesellschafter muss den für die Sacheinlage festgesetzten Geldwert an die Gesellschaft zahlen, er bekommt seine Sache auch nur gegen Zahlung der ganzen Bareinlage zurück.

1319 Schwierigkeiten entstehen dann, wenn für die GmbH gerade die Einbringung der festgesetzten Sacheinlage existenziell notwendig ist. Dann hilft die Geldzahlung anstelle

1 BGH v. 2.5.1966 - II ZR 219/63, BGHZ 45 S. 345.
2 BGH v. 17.2.1997 - II ZR 259/96, GmbHR 1997 S. 545.
3 Vgl. Noack/Servatius/Haas/Servatius, GmbHG, § 5 Rz. 38.

der Sacheinlage nichts. Wenn auch etwaige Gewährleistungsansprüche (vgl. hierzu allgemein unter Rz. 2538) gegen den Gesellschafter nicht ausreichen, bleibt nur die Auflösung der GmbH gem. § 61 GmbHG.

(*Einstweilen frei*) 1320–1330

7. Sachgründungsbericht

Gemäß § 5 Abs. 4 Satz 2 GmbHG müssen die Gesellschafter in einem besonderen **Sachgründungsbericht** „die für die Angemessenheit der Leistungen für Sacheinlagen wesentlichen Umstände", d. h. die wertbestimmenden Eigenschaften darlegen. Er ist Teil der gesetzlichen Vorkehrungen zur Sicherung der Kapitalaufbringung und dient als Grundlage für die Prüfung durch das Registergericht gem. § 9c Abs. 1 Satz 2 GmbHG. Daher ist der Sachgründungsbericht nach § 8 Abs. 1 Nr. 4 GmbHG bei Anmeldung der Gesellschaft zum Handelsregister einzureichen, zusammen mit Verträgen über Festsetzung und Ausführung der Sacheinlagen und sonstigen Unterlagen über deren Wert (§ 8 Abs. 1 Nr. 4, 5 GmbHG). Da der Sachgründungsbericht kein Bestandteil des Gesellschaftsvertrags ist, bedarf er nicht der notariellen Beurkundung, wohl aber der Schriftform. Er ist **von allen Gründungsgesellschaftern** zu erstatten und zu unterschreiben, die der Vor-Gesellschaft im Zeitpunkt der Handelsregister-Anmeldung angehören.[1] 1331

Der Gesetzgeber hat darauf verzichtet, zum Inhalt des Sachgründungsberichts detaillierte Vorschriften zu machen, wie sie z. B. das Aktienrecht kennt. Der Sachgründungsbericht hat die bewertungserheblichen Umstände darzulegen, aber nicht zu belegen. Dies hat aber außerhalb des Sachgründungsberichtes zu geschehen, denn der Geschäftsführer hat der Anmeldung zum Handelsregister neben dem Sachgründungsbericht Unterlagen darüber vorzulegen, dass der Wert der Sacheinlagen den Nennbetrag der dafür übernommenen Geschäftsanteile erreicht. Dies schließt aber nicht aus, dass solche Unterlagen (z. B. Sachverständigengutachten u. Ä.) schon in den Sachgründungsbericht aufgenommen werden. 1332

Nur für den Fall, dass ein Unternehmen Gegenstand der Sacheinlage ist, enthält § 5 Abs. 4 Satz 2 GmbHG eine zwingende Vorschrift über den Inhalt des Sachgründungsberichtes. Dann müssen die Jahresergebnisse der beiden letzten Geschäftsjahre „angegeben" werden. Zu den Unterlagen i. S. d. § 8 Abs. 1 Nr. 5 GmbHG gehören daher zwar nicht die vollständigen Jahresabschlüsse samt Prüfungsberichten dieser Jahre, ihre Vorlage ist aber zweckmäßig. 1333

Machen die Gesellschafter im Sachgründungsbericht falsche Angaben, so kann Bestrafung nach § 82 GmbHG erfolgen und es können Ersatzansprüche aus § 9a GmbHG oder § 823 BGB entstehen. 1334

1 Noack/Servatius/Haas/Servatius, GmbHG, § 5 Rz. 54.

Beispiel zur Formulierung eines Sachgründungsberichts:

„Wir, die alleinigen, unterzeichnenden Gesellschafter der X-Y-GmbH erstatten folgenden Sachgründungsbericht:

Der Gesellschafter A erbringt seine Einlage auf den von ihm übernommenen Geschäftsanteil mit der Nummer 1 im Nennbetrag von 100.000 Euro durch Übereignung des in seinem Eigentum stehenden bebauten Grundstücks in ... (genaue Bezeichnung der Lage und der Grundbucheintragung). Das Grundstück ist unbelastet und hat eine Größe von .... qm. Die Gesellschaft wird das Grundstück und die darauf errichtete Lagerhalle mit Büroteil für ihren Gewerbebetrieb nutzen. Dem Sachgründungsbericht beigefügt sind ein beglaubigter Grundbuchauszug und ein Schätzgutachten des vereidigten Sachverständigen NN. Danach hat das Grundstück samt aufstehendem Gebäude einen Verkehrswert von 130.000 Euro."

1335–1340 (*Einstweilen frei*)

8. Prüfung durch das Registergericht

1341 Die Prüfungspflicht des Registergerichts ist in § 9c GmbHG gesetzlich verankert. Das Registergericht hat **in formeller und materieller Hinsicht** zu prüfen, ob die GmbH ordnungsgemäß errichtet und angemeldet ist. Bei **erheblichen Zweifeln** an der Richtigkeit der vom Geschäftsführer abzugebenden Versicherung kann es Nachweise verlangen (§ 8 Abs. 2 Satz 2 GmbHG). Mängel sind durch Nachholung heilbar. Unterbleibt diese oder ist eine Heilung der Mängel nicht möglich, kann das Registergericht die Eintragung ablehnen, bei Sacheinlagen nur, wenn diese nicht unwesentlich überbewertet sind. Zur Ablehnung führt daneben nicht jeder beliebige Mangel, sondern nur ein Verstoß i. S. v. § 9c Abs. 2 GmbHG, insbesondere gegen die zum Schutz der Gläubiger bestimmten Regeln über die Kapitalaufbringung. Dabei kann das Registergericht weitere Ermittlungen anstellen, wenn es erhebliche Zweifel insbesondere z. B. hinsichtlich der für Sacheinlagen wesentlichen Umstände hat und diese Anhalt dafür geben, dass die Sacheinlage nicht unwesentlich überbewertet ist.

1342–1350 (*Einstweilen frei*)

III. Gemischte Einlagen

1351 Es ist zulässig, dass ein Gesellschafter seine Einlage für den übernommenen Geschäftsanteil teilweise in Geld, teils als Sacheinlage zu leisten hat (sog. **Mischeinlage**). Derartige Vereinbarungen bedürfen aber gem. § 5 Abs. 4 Satz 1 GmbHG der Festsetzung im Gesellschaftsvertrag. Für den jeweiligen Betrag müssen die entsprechenden Vorschriften erfüllt sein. Die Sacheinlage muss bei der Anmeldung vollständig und der in Geld zu leistende Betrag zu mindestens einem Viertel eingezahlt sein.[1]

1352 Von einer **gemischten Sacheinlage** spricht man, wenn der Wert der erbrachten Sacheinlage den Betrag der übernommenen Stammeinlage übersteigt und der Mehrwert

1 OLG Celle v. 5.1.2016 - 9 W 150/15, NWB WAAAF-77624, besprochen von Hauschild/Maier-Reimer, DB 2016 S. 1683.

nicht als sonstige Gesellschaftereinlage in die freie Rücklage eingestellt, sondern dem Gesellschafter auf andere Weise gutgeschrieben wird. Dies kann beispielsweise durch Begründung eines Anspruchs aus einem Gesellschafterdarlehen geschehen oder dadurch, dass die GmbH Schulden des Einbringenden übernimmt. Fälle dieser Art finden sich häufig, wenn Unternehmen oder Teilbetriebe eingebracht werden.

Schließlich ist auch der Fall denkbar, dass ein Gesellschafter eine Sacheinlage leistet, durch die er seine Einlageverpflichtung erfüllt, zugleich aber von der Gesellschaft für den darüber hinausgehenden Wert eine Zahlung erhält. Solche Vereinbarungen müssen gem. § 5 Abs. 4 Satz 1 GmbHG im Gesellschaftsvertrag enthalten sein. 1353

(*Einstweilen frei*) 1354–1360

IV. Verdeckte Sacheinlage

LITERATUR:

Weitnauer, Die verdeckte Sacheinlage – Ein Schreckgespenst verliert an Schrecken, NZG 2006 S. 298; *Kallmeyer*, Kapitalaufbringung und Kapitalerhaltung nach dem MoMiG: Änderungen für die GmbH-Beratungspraxis, DB 2007 S. 2755; *Lubberich*, Verdeckte Sacheinlage und fehlende schuldtilgende Leistung bei Voreinzahlung auf Kapitalerhöhung, Anrechnungslösung, DNotZ 2016 S. 811; *Wicke*, Eilige Kapitalerhöhung, DStR 2016 S. 1115; *Heidinger/Knaier*, Die Heilung einer verdeckten Sacheinlage und der Austausch des Einlagegegenstandes nach dem MoMiG, GmbHR 2015 S. 1.

Eine **verdeckte oder verschleierte Sacheinlage** liegt vor, wenn bei objektiver Betrachtung anstelle der vereinbarten Bareinlage der Gesellschaft ein anderer Gegenstand (Sache oder Recht) geleistet wird. Als eine verdeckte Sacheinlage wird es angesehen, wenn die gesetzlichen Regeln über Sacheinlagen dadurch unterlaufen werden, dass zwar eine Bareinlage vereinbart wird, die GmbH aber bei wirtschaftlicher Betrachtung von dem Einleger aufgrund einer im Zusammenhang mit der Übernahme der Einlage getroffenen Absprache oder eines Gegengeschäftes einen Sachwert erhalten soll.[1] 1361

VEREINFACHTES BEISPIEL: Der Gesellschafter zahlt die versprochene Einlage von 10.000 € bar ein und die Gesellschaft kauft für dieses Geld von dem Gesellschafter ein Fahrzeug. Ließe man dies zu, könnten die Regeln des Kapitalaufbringungsrechts leicht umgangen werden, indem eine eigentlich gewollte Sachgründung in eine Bareinlage und ein vor- oder nachgeschaltetes Umsatzgeschäft aufgespalten und damit verdeckt würde.

Die Reaktion der Rechtsprechung in einer Vielzahl von Entscheidungen hierauf war unter Geltung des GmbH-Rechts vor dem MoMiG rigoros mit zum Teil drakonischen Folgen für den Einleger: Die zur Ausführung der verdeckten Sacheinlage abgeschlossenen Verkehrsgeschäfte (schuldrechtliches Verpflichtungsgeschäft und dingliches Erfüllungsgeschäft) sind unwirksam, der Inferent hat seine Geldleistungspflicht nicht erfüllt und muss nochmals zahlen (Doppelzahlungspflicht), selbst wenn die von ihm erbrachte 1362

1 BGH v. 19.1.2016 - II ZR 61/15, DStR 2016 S. 923, Rz. 28; v. 22.3.2010 - II ZR 12/08, BGHZ 185 S. 44, Rz. 11, NJW 2010 S. 1948 – AdCoCom; v. 9.7.2007 - II ZR 62/06, BGHZ 173 S. 145, Rz. 14, NJW 2007 S. 3425 – Lurgi I; v. 16.2.2009 - II ZR 120/07, BGHZ 180 S. 38, Rz. 8, NZG 2009 S. 463 – Qivive; vgl. ferner etwa v. 7.7.2003 - II ZR 235/01, BGHZ 155 S. 329, 334; v. 16.1.2006 - II ZR 76/04, BGHZ 166 S. 8, NJW 2006 S. 1736.

Sachleistung vollwertig ist oder deren Wert den Nennbetrag seiner Einlageverpflichtung um ein Vielfaches übersteigt.[1] Eine Heilung war nur durch „Neuvornahme" der gescheiterten Sacheinlage unter deren Offenlegung und Beachtung sämtlicher, für Sacheinlagen geltenden Vorschriften des GmbH-Rechts möglich.

Auf diese wegen ihrer „katastrophalen" Folgen teilweise als „Überreaktion" empfundene Rechtsprechung[2] hat der Gesetzgeber mit dem durch das **MoMiG** neu gefassten **§ 19 Abs. 4 GmbHG** reagiert und dabei einen Mittelweg eingeschlagen: Er **definiert** die **verdeckte Sacheinlage** und lässt die **Geldeinlageverpflichtung** des Gesellschafters **fortbestehen**. Die **Verkehrsgeschäfte** zur Ausführung der verdeckten Sacheinlage bleiben aber **wirksam** und bieten damit die Grundlage für die **Anrechnung** (nach Eintragung der GmbH) **des Wertes des eingebrachten Vermögensgegenstandes** (im Zeitpunkt der Anmeldung oder einer späteren Überlassung) auf die **fortbestehende Geldeinlagepflicht**. Es trifft den Einleger also eine **Differenzhaftung in Geld**, wobei der **Gesellschafter** für die **Werthaltigkeit des Vermögensgegenstandes die Beweislast** hat.

1. Gesetzliche Definition der verdeckten Sacheinlage und Erscheinungsformen

1363 Nach der Legaldefinition in 19 Abs. 4 GmbHG liegt eine verdeckte Einlage vor, wenn eine Geldeinlage eines Gesellschafters bei wirtschaftlicher Betrachtung und aufgrund einer im Zusammenhang mit der Übernahme der Geldeinlage getroffenen Abrede vollständig oder teilweise als Sacheinlage zu werten ist.

1364 Erscheinungsformen, bei denen ein anderer Gegenstand als die Bareinlage erbracht wird, sind zunächst Gestaltungen, die sich (äußerlich) als sog. **Hin- und Herzahlen darstellen** und auch unter das Verbot des Hin- und Herzahlens fallen, gleichwohl aber **vorrangig als verdeckte Sacheinlage** zu werten sind, wovon nun auch § 19 Abs. 5 GmbHG ausgeht. **Beispiele** hierfür sind Gestaltungen, in denen **zunächst eine Geldeinzahlung** erfolgt, die Mittel aber **aufgrund einer Verwendungsabrede** dafür eingesetzt werden, um „von dem Einleger" **einen Sachwert** aufgrund eines mit ihm oder mit einem von ihm beherrschten Unternehmen zu schließenden **Austauschgeschäftes** erhalten, was schließlich wieder zu einem Rückfluss der Einlagemittel an den Inferenten bzw. das von ihm beherrschte Unternehmen führt.[3] Darunter fallen Vorgänge wie der **Erwerb einzelner Anlagegüter**, aber auch **gewöhnliche Umsatzgeschäfte** und der **Erwerb von Unternehmen** und **Unternehmensteilen** und **Beteiligungen** sowie die **Errichtung von Gebäuden oder ganzen Betriebsanlagen**, wobei die Einlagemittel zur **Begleichung des Werklohns** eingesetzt werden.[4] Auch das Cash-Pooling kann eine verdeckte Sacheinlage sein (dazu unter Rz. 1415 ff.).

1 Vgl. nur z. B. BGH v. 12.2.2007 - II ZR 272/05, BGHZ 171 S. 113, NWB KAAAC-40055; v. 9.7.2007 - II ZR 62/06, BGHZ 173 S. 145, NWB EAAAC-54090; v. 11.2.2008 - II ZR 171/06, NWB TAAAC-75194.

2 Vgl. Priester, ZIP 2008 S. 55.

3 So BGH v. 12.2.2007 - II ZR 272/05, BGHZ 171 S. 113, NWB KAAAC-40055; für das „Cash-Pool-System"; BGH v. 16.1.2006 - II ZR 76/04, NWB SAAAB-98191, DStR 2006 S. 764.

4 Zur Einbeziehung „gewöhnlicher Umsatzgeschäfte" vgl. BGH v. 11.2.2008 - II ZR 171/06, NWB TAAAC-75194, DStR 2008 S. 831; BGH v. 9.7.2007 - II ZR 62/06, BGHZ 173 S. 145, NWB EAAAC-54090.

Fälle der verdeckten Sacheinlage sind auch die **absprachegemäße Verrechnung** der Bareinlageschuld mit bestehenden oder erst nach Begründung der Bareinlageschuld entstehenden **Forderungen**, wodurch die Gesellschaft die **Befreiung von einer Verbindlichkeit** erlangt,[1] oder die **spätere Umwidmung von Gegenständen**, die der Gesellschaft überlassen worden waren. Nicht als verdeckte Sacheinlage beurteilt hat der BGH die Konstruktion, dass die GmbH mit der Bareinlage des Inferenten eine Darlehensschuld ablöste, für die der Inferent sich verbürgt hatte, und der künftige Regressanspruch des Bürgen eine Sacheinlage darstelle. Der BGH meint, der Regressanspruch des Bürgen sei nur aufschiebend bedingt und somit nicht einlagefähig, so dass auch die Rückzahlung nicht die Umgehung der Sacheinlagevorschriften darstellen könne.[2] Etwas anderes kann aber gelten, wenn das Darlehen zwar formal von einem Dritten gewährt werde, wirtschaftlich aber der Inferent der Darlehensgeber ist.

Bei der Begründung von Forderungen der GmbH aus Darlehen oder Treuhandabreden, die durch die Wiederauszahlung der Einlagemittel an den Einleger begründet wurden, hat der BGH eine verdeckte Sacheinlage verneint, weil solche Forderungen auch bei Wirksamkeit der Darlehens- oder Treuhandabrede nicht einlagefähig sind.[3] **Dienstleistungen** können **nicht Gegenstand einer Sacheinlage** und damit auch nicht Gegenstand einer verdeckten Sacheinlage sein. Deshalb finden die Grundsätze der verdeckten Sacheinlage auf Dienstleistungen keine Anwendung, welche ein Gesellschafter an die GmbH nach Leistung seiner Bareinlage erbringen soll. Denn sonst könnte ein Gesellschafter, der sich an einer Bargründung beteiligt, anschließend nicht entgeltlich für die GmbH als Geschäftsführer tätig sein.[4]

(Einstweilen frei) 1365–1370

2. Tatbestandliche Voraussetzungen der verdeckten Sacheinlage

Bei der Prüfung, ob eine verdeckte Einlage nach § 19 Abs. 4 GmbHG vorliegt, ist zu- 1371
nächst zu fragen, ob eine **Abrede zwischen den Gründern oder zwischen Inferent und GmbH** (im Falle von Kapitalerhöhungen) vorliegt, wonach die Gesellschaft anstelle der vereinbarten Geldeinlage wirtschaftlich einen Sachwert erhalten soll.

Die Abrede muss nach h. M. **im Zeitpunkt der Übernahme der Bareinlageverpflichtung** getroffen worden sein.[5] Wird die Vereinbarung deutlich später (nach Entstehung der GmbH bzw. Eintragung der Kapitalerhöhung) getroffen, führt dies nicht zu einer verdeckten Sacheinlage. Sie ist dann nur unter den Gesichtspunkten des Aufrechnungsver-

1 So BGH v. 16.1.2006 - II ZR 76/04, BGHZ 166 S. 8, NWB SAAAB-98191, wenn im „Cash-Pool-System" durch Weiterleitung der Einlagemittel auf Zentralkonto ein dort bestehender Debetsaldo der GmbH ausgeglichen wird.

2 BGH v. 12.4.2011 - II ZR 17/10, NWB LAAAD-84607.

3 Zur Bareinzahlung und zum Rückfluss als Darlehen an den Gesellschafter unter Begründung des Rückzahlungsanspruchs auf das Darlehen BGH v. 2.12.2002 - II ZR 101/02, BGHZ 153 S. 107, NWB UAAAB-97684; v. 21.11.2005 - II ZR 140/04, BGHZ 165 S. 113, NWB OAAAB-97741; zur Bareinzahlung und anschließenden Auszahlung an Gesellschafter als Treuhänder mit Begründung des Herausgabeanspruchs BGH v. 9.1.2006 - II ZR 72/05, BGHZ 165 S. 352, NWB NAAAB-98184.

4 Ausführlich zu diesem Thema BGH v. 16.2.2009 - II ZR 120/07, BGHZ 180 S. 38, NWB NAAAD-18363 – Quivive.

5 BGH v. 16.1.2006 - II ZR 76/04, BGHZ 155 S. 329, NWB SAAAB-98191; MüKoGmbHG/Schwandtner, Rz. 226.

bots bzw. des Hin- und Herzahlens oder, wenn die Bareinlage in voller Höhe gezahlt wurde, unter dem Aspekt der Einlagenrückgewähr zu prüfen, da dann im Zeitpunkt der Abrede der Vorgang der Kapitalaufbringung regelmäßig schon abgeschlossen war.

Eine Abrede wird vermutet, wenn ein **sachlicher und zeitlicher Zusammenhang** zwischen Übernahme der Bareinlageverpflichtung und Vornahme des Gegengeschäfts besteht. Der zeitliche Zusammenhang wird im Allgemeinen bejaht, wenn zwischen beiden Vorgängen **weniger als sechs Monate** verstrichen sind.[1]

1372 Weiter muss die Geldeinlage bei wirtschaftlicher Betrachtung und im Hinblick auf Abrede **als verdeckte Sacheinlage zu werten** sein. Dies liegt vor, wenn zwar formell eine Bareinlage geleistet wird, der Einlagebetrag materiell jedoch nur der Vergütung einer Sachleistung dient und im Ergebnis wirtschaftlich der Gesellschaft letztlich nicht eine Barleistung zufließt, sondern ihr endgültig nur der Sachwert verbleibt. Darunter fällt namentlich die Leistung auf eine Forderung aus der Veräußerung sacheinlagefähiger Gegenstände durch das sog. Hin- und Herzahlen und die Verrechnung der Einlage mit sonstigen Forderungen des Gesellschafters, so dass die GmbH im wirtschaftlichen Ergebnis nur die Befreiung von einer Verbindlichkeit, aber kein Geld erlangt. Nach h. M. **keine verdeckte Sacheinlage liegt vor,** wenn ein Gegenstand, wie etwa entgeltliche Dienst-, Geschäftsführungs- oder Beratungsleistungen, oder aufschiebend bedingte Forderungen (Bürgenregress) vor Bedingungseintritt, von vornherein **nicht sacheinlagefähig** sind.[2]

1373–1380 (*Einstweilen frei*)

3. Rechtsfolge einer verdeckten Sacheinlage

1381 Rechtsfolge der verdeckten Einlage ist, dass der Gesellschafter **durch sie nicht von seiner Einlageverpflichtung befreit** wird: Er bleibt weiter zur **Leistung in Geld verpflichtet**, und zwar **in voller Höhe** entsprechend dem im Gesellschaftsvertrag festgesetzten **Nennbetrag des betreffenden Geschäftsanteils**, den er gegen die Geldeinlage übernommen hat. Allerdings bestimmt § 19 Abs. 4 Satz 2 GmbHG dass die **Verträge über die Sacheinlage und die zu ihrer Ausführung vorgenommenen Rechtshandlungen nicht unwirksam sind.** Damit ist die Abrede, welche die formale Geldeinlage in wirtschaftlicher Betrachtung als Sacheinlage qualifiziert, und die zur Umsetzung abgeschlossenen schuldrechtlichen sowie dinglichen Rechtsgeschäfte sind – jedenfalls aus Gründen der Umgehung von Kapitalaufbringungsvorschriften – nicht unwirksam. Auf diese **fortbestehende**, weil zunächst noch nicht erfüllte **Geldeinlagepflicht** wird der **Wert** des (wirksam) eingebrachten **Vermögensgegenstandes angerechnet**. Damit wird im Regelfall eine Doppelzahlung (teilweise) vermieden, weil eine wertmäßige Anrechnung des bei der Gesellschaft verbleibenden Sachwerts erfolgt.

1382 **Stichtag der Wertfeststellung** ist der Zeitpunkt der **Anmeldung** der Gesellschaft zur Eintragung in das Handelsregister oder der Zeitpunkt seiner **Überlassung** an die Gesell-

1 BGH v. 4.3.1996 - II ZR 89/95, BGHZ 132 S. 133; aber keine feste zeitliche Frist: Bei acht Monaten regelmäßig bereits überschritten, jedoch Frage des Einzelfalls, BGH v. 16.9.2002 - II ZR 1/00, BGHZ 152 S. 37, 45, NWB GAAAB-97680; für Höchstfrist von zwei Jahren Rowedder/Schmidt-Leithoff/Pentz, § 15 GmbHG Rz. 125.

2 Noack/Servatius/Haas/Servatius, GmbHG, § 19 Rz. 49.

schaft, falls diese **später** erfolgt. Die **Anrechnung** erfolgt aber **nicht vor der Eintragung** der Gesellschaft in das Handelsregister. Dies hat wiederum die Konsequenz, dass die verdeckte Sacheinlage nicht in das Belieben der Gesellschafter und des Geschäftsführers gestellt ist. Der Geschäftsführer darf **nicht** bei der Anmeldung **versichern**, dass die Geldeinlage endgültig zu seiner freien Verfügung gelangt ist. Tut er es dennoch, macht er falsche Gründungsangaben, setzt sich und die Gesellschafter Ersatzhaftungsansprüchen nach § 9a GmbHG aus; auch eine Bestrafung nach § 82 GmbHG sowie Schadensersatzansprüche wegen unerlaubter Handlung nach § 823 Abs. 2 BGB kommen in Betracht. Da der Geschäftsführer bei der Anmeldung nicht versichern kann und darf, die Geldeinlagepflicht sei zumindest durch Anrechnung erloschen, weil die Anrechnung eben erst nach der Eintragung erfolgt, kann das Registergericht die Eintragung auch für den Fall nach § 9c GmbHG ablehnen, dass der Wert der Sacheinlage den Wert der geschuldeten Geldeinlage erreicht (oder übersteigt).

Ob bei Offenlegung der verdeckten Sacheinlage bei der Anmeldung die Ablehnung nach § 9c Abs. 1 GmbHG zwingend ist, weil die Gesellschaft im Hinblick auf die satzungsmäßige Festsetzung einer Geldeinlage nicht ordnungsgemäß „angemeldet" ist, oder ob jedenfalls bei einer nicht unterwertigen Sacheinlage wegen fehlender Gefährdung der Gläubigerinteressen im Hinblick auf die mit der Eintragung automatisch eintretende Tilgungswirkung die Eintragung erfolgen darf, ist offen. Hier gilt es, die registergerichtliche Praxis in der Zukunft abzuwarten.

(Einstweilen frei) 1383–1390

4. Erfüllungswirkung durch Wertanrechnung

Mit der Eintragung der GmbH in das Handelsregister wird per Gesetz der **Wert der verdeckt eingebrachten Sacheinlage auf die Geldeinlagepflicht angerechnet** (§ 19 Abs. 4 Satz 3 GmbHG). Die **Anrechnung erfolgt automatisch**, ohne dass es einer Willenserklärung des oder der Gesellschafter oder der GmbH, handelnd durch ihre Geschäftsführung, oder eines Gesellschafterbeschlusses bedürfte.[1] Die Anrechnungswirkung tritt auch dann erst nach der Eintragung der GmbH ein, wenn die Sacheinlage bereits vor der Eintragung in die dann noch bestehende Vor-GmbH eingebracht worden ist. 1391

Wird die Sacheinlage erst später nach erfolgter Eintragung eingebracht, erfolgt die Anrechnung nicht rückwirkend auf den Zeitpunkt der Eintragung, sondern kann frühestens mit dem Bewirken der Sacheinlage zur freien Verfügung der Gesellschaft eintreten. Dafür spricht der Wortlaut des Gesetzes, wonach die Anrechnung zwar „nicht vor Eintragung der Gesellschaft" erfolgt, aber doch auch zum Ausdruck bringt, dass sie später erfolgen kann. Dies ist auch sinnvoll und wird dem Gebot der effektiven Kapitalaufbringung gerecht. Zum einen fallen dann Bewertungsstichtag und Eintritt der Anrechnungswirkung, die Erfüllungswirkung im Wert der Sacheinlage zusammen. Zum anderen setzt die Erfüllungswirkung der Sacheinlage schon aus dem vergleichbaren Rechtsgedanken des § 364 BGB (Leistung an Erfüllungs statt) voraus, dass die Sacheinlage bewirkt ist. Erst dann, wenn die GmbH mit dem dinglichen Vollzugsgeschäft den Ver-

1 Noack/Servatius/Haas/Servatius, GmbHG, § 19 Rz. 58.

mögensgegenstand „anstatt der Geldleistung" als Erfüllung der Geldeinlagepflicht angenommen hat, erlischt diese Gesellschafterverbindlichkeit (Einlagepflicht). Eine Rückwirkung kommt dem Erlöschen nicht zu.

1392 Die **Erfüllungswirkung durch Anrechnung des Wertes der Sacheinlage** setzt voraus, dass die Sacheinlage bewirkt ist. Dazu müssen die Verträge über die Sacheinlagen und die Rechtshandlungen zu ihrer Ausführung selbstverständlich auch nach zivilrechtlichen Vorschriften wirksam sein und es müssen die dinglichen Rechtsgeschäfte im Hinblick auf die schuldrechtlichen Verpflichtungsgeschäfte Erfüllungswirkung haben. Insbesondere müssen die Formvorschriften beachtet werden, z. B. die notarielle Beurkundung bei Grundstückseinbringungen. Genehmigungsbedürftige Rechtsgeschäfte, die bis zur Erteilung der Genehmigung schwebend unwirksam sind, bewirken eine „Überlassung" des Vermögensgegenstandes erst dann, wenn die Genehmigung erteilt ist. Frühestens ab diesem Zeitpunkt kann die Anrechnungswirkung eintreten, bis dahin besteht die Geldeinlagepflicht des Gesellschafters fort.

1393 Ist der Sachwert der Gesellschaft zu ihrer freien Verfügung überlassen, tritt im maßgeblichen Zeitpunkt, aber nicht vor Eintragung der GmbH automatisch die Anrechnungswirkung ein und die **Geldeinlagepflicht erlischt in dem Umfang, in dem der Wert des Vermögensgegenstandes zum Zeitpunkt der Anmeldung oder im Zeitpunkt einer späteren Überlassung den Nennbetrag des Geschäftsanteils deckt,** zu dessen Übernahme die Geldeinlage ausbedungen worden war. Unterschreitet der Wert des Vermögensgegenstandes den für die Höhe der Geldeinlagepflicht nach § 14 GmbHG maßgebenden Nennbetrag des Geschäftsanteils, besteht in Höhe der Differenz die Einlageverpflichtung fort.

1394–1400 (*Einstweilen frei*)

5. Beweislast für die Werthaltigkeit der Sacheinlage

1401 Die **Beweislast für die Werthaltigkeit** des Vermögensgegenstandes **trägt der Gesellschafter,** § 19 Abs. 4 Satz 5 GmbHG. Für die Bewertung des Vermögensgegenstandes gelten die gleichen **Bewertungsmaßstäbe** wie bei der Bewertung einer **regulären Sacheinlage**; insoweit wird auf Rz. 1291 ff. verwiesen. **Stichtag der Wertfeststellung** ist der Zeitpunkt der **Anmeldung** der Gesellschaft zur Eintragung in das Handelsregister oder der Zeitpunkt der **Überlassung des Vermögensgegenstandes** an die Gesellschaft, falls diese **später** erfolgt.

Wird der Gesellschafter auf Leistung seiner Geldeinlage durch die Gesellschaft bzw. durch den Insolvenzverwalter in Anspruch genommen, was in der Praxis am häufigsten vorkommen dürfte, muss der Gesellschafter bzw. der nach § 16 Abs. 3 GmbHG für die rückständige Einlageverpflichtung haftende Rechtsnachfolger **beweisen, dass und in welcher Höhe der Vermögensgegenstand im maßgebenden Zeitpunkt werthaltig war.** Da der Anspruch der Gesellschaft auf die Leistung der Einlage nach § 19 Abs. 6 GmbHG erst zehn Jahre nach deren Entstehung (= regelmäßig mit Abschluss des Gesellschaftsvertrags) verjährt, muss er u. U. noch nach Jahren diesen Beweis bezogen auf einen weit zurückliegenden Zeitpunkt antreten. **Misslingt** ihm der **Beweis** vollständig oder kann er die Werthaltigkeit nur in Höhe eines unter dem Nennbetrag des Geschäftsanteils liegenden Betrages nachweisen, **versagt** insoweit **die Anrechnung**, und der Gesellschafter muss in **voller Höhe oder in Höhe der Wertdifferenz** seine insoweit noch bestehende Geldschuld bezahlen.

Der zur Zahlung verpflichtete Gesellschafter kann dann bei einem zur Ausführung der verdeckten Sacheinlage abgeschlossenen Austauschgeschäft (z. B. der typische Fall des Erwerbs eines Anlagegegenstandes mit dem zunächst eingezahlten Geld und dessen Rückfluss als Kaufpreis an den Inferenten) nicht aus dem Eigentum die Rückgabe des Sachwertes verlangen. Denn nach der neuen Regelung in § 19 Abs. 4 Satz 2 GmbHG sind sowohl das Verpflichtungsgeschäft (Kaufvertrag) als auch die dinglichen Verfügungsgeschäfte (Kaufpreiszahlung und Übereignung des Vermögensgegenstandes) **unabhängig von der Werthaltigkeit wirksam**, so dass der Gesellschafter nicht Eigentümer geblieben ist. Aus demselben Grund kommt auch ein bereicherungsrechtlicher Rückgabeanspruch nach § 812 Abs. 1 Satz 1 BGB (Leistung ohne rechtlichen Grund) nicht in Betracht. 1402

Zu denken wäre allenfalls an einen Anspruch nach § 812 Abs. 1 Satz 2 BGB wegen Zweckverfehlung, weil die verdeckte Sacheinlage letztlich nicht zur Anrechnung auf die Geldeinlagepflicht und damit zu deren Erlöschen geführt hat. Die Durchsetzung eines solchen Anspruchs bringt dem Gesellschafter aber letztlich nicht viel, weil er den Vermögensgegenstand nur Zug um Zug gegen Rückzahlung des Kaufpreises zurückbekommt, er also neben der Einlageschuld auch noch den gleich hohen Kaufpreis zahlen muss, seine Forderung auf Rückgewähr seiner anfänglichen „Einlagezahlung" wegen Insolvenz der GmbH wertlos ist oder ihr u. U. § 815 BGB entgegensteht. Jedenfalls geht er ein hohes Prozess- und Kostenrisiko ein, um die möglicherweise inzwischen wertgeminderte oder wertlos gewordene Sacheinlage zurückzubekommen.

Wird der Weg der verdeckten Sacheinlage beschritten, tut der Gesellschafter gut daran, 1403
dass die Sacheinlage den Nennwert der Geldeinlageverpflichtung deckt und er Vorsorge dafür trifft, dass er die Werthaltigkeit auch nach Jahren noch beweisen kann.

(Einstweilen frei) 1404–1410

6. Ausfallhaftung der Mitgesellschafter

Für die **Mitgesellschafter** ist die verdeckte Sacheinlage auch unter Geltung des neuen 1411
Rechts nicht ganz ungefährlich, wenn sie sich darauf einlassen, dass ein Gesellschafter seine Geldeinlage durch eine verdeckte Sacheinlage ersetzen darf. Da es um die ordnungsgemäße Erfüllung der Einlageschuld geht, stehen die anderen Gesellschafter in der **Ausfallhaftung** nach § 24 GmbHG, wenn die Anrechnung nicht greift und vom betreffenden Gesellschafter die Geldeinlage nicht erlangt werden kann. Wird der Geschäftsanteil des Gesellschafters, der anstelle seiner Bareinlage verdeckt eine Sacheinlage geleistet hat, kaduziert und können die Gesellschaft oder der Insolvenzverwalter im weiteren Verlauf die fehlende Einlage nicht realisieren, müssen die übrigen Gesellschafter den Fehlbetrag im Verhältnis ihrer Geschäftsanteile aufbringen. Die Ausfallhaftung kann sogar schon ausgeschiedene Gesellschafter treffen, da sie aufschiebend

bedingt durch ein erfolgloses Vorgehen nach den §§ 21 bis 23 GmbHG bereits mit Fälligkeit der Einlageschuld entsteht.[1]

BEISPIEL: A übernimmt treuhänderisch eine Stammeinlage von 10.000 €, der Mitgesellschafter B eine solche von 990.000 €, die in Höhe der Hälfte laut Satzung sofort fällig sind. B leistet seine 50 % der Einlage nicht in bar, sondern durch eine verdeckte Sacheinlage. Nach etwa drei Monaten überträgt A seinen Geschäftsanteil aufgrund der Treuhandabrede auf B, der wenig später wie auch die GmbH Insolvenz anmeldet. Der Insolvenzverwalter kann A erfolgreich nicht nur auf Zahlung seiner rückständigen Einlage, sondern aus § 24 GmbHG auf Zahlung der von B nicht ordnungsgemäß aufgebrachten Einlage in Anspruch nehmen, weil sie bereits fällig war, als A noch Gesellschafter war.

1412–1414 *(Einstweilen frei)*

V. Besonderheiten des Cash-Pooling

1. Wirtschaftliche Bedeutung

1415 Das bei der Konzernfinanzierung gebräuchliche Cash-Pooling ist ein Instrument zum Liquiditätsausgleich zwischen Unternehmensteilen im Konzern. Dazu werden Mittel von den Tochtergesellschaften zu einem gemeinsamen Cash-Management geleitet, im Gegenzug erhalten die Tochtergesellschaften Rückzahlungsansprüche gegen die Muttergesellschaft. Dazu werden die gesamten Geldmittel auf einem für die Konzernmutter geführten Konto (Ziel-, Zentral- oder Hauptkonto) aufgrund einer Absprache zusammengefasst, wonach die Salden der laufenden Bankkonten der Tochtergesellschaften bankarbeitstäglich auf das Zielkonto übertragen und die Quellkonten auf Null gestellt werden (automatisches Zero-Balancing).

1416 Rechtlich handelt es sich bei dem Ausgleich von positiven und negativen Salden zwischen Mutter- und Tochtergesellschaft über das Zentralkonto um eine Darlehensgewährung bzw. Darlehensaufnahme[2] auf der Grundlage einer Kontokorrent- oder Verrechnungsabrede. Mit der Übertragung des positiven Saldos, der auf dem Bankkonto der Gesellschaft aufgrund der Einlagezahlung des Gesellschafters (Konzernmutter) entstanden ist, auf das für die Muttergesellschaft (Inferent) geführte Zentralkonto entsteht bei der Gründung bereits die Gefahr eines Verstoßes gegen die Kapitalaufbringungsvorschriften: Denn die Einlage fließt wieder an den Inferenten zurück; die GmbH erhält hierfür lediglich einen Rückzahlungsanspruch oder die im Cash-Pool-System schuldrechtlich eingeräumte mittelbare Möglichkeit der Belastung des Zentralkontos, das in der alleinigen dinglichen Verfügungsberechtigung der Muttergesellschaft als Inhaberin steht. Dies steht aber nicht der uneingeschränkten endgültig freien Verfügungsmacht über eine Einlage gleich, die sich auf einem eigenen Geschäftskonto der GmbH außerhalb des Cash-Pools befindet.[3]

1417 *(Einstweilen frei)*

1 Nach BGH v. 13.5.1996 - II ZR 275/94, BGHZ 132 S. 390.
2 Rohde/Schmidt, NWB F. 18 S. 4747.
3 So BGH v. 16.1.2006 - II ZR 76/04, Rz. 22, BGHZ 166 S. 8, NWB SAAAB-98191.

2. Rechtslage vor Inkrafttreten des MoMiG

Mit seinem (schon historischem) „November"-Urteil hatte der BGH[1] im Jahr 2003 festgestellt, dass Kreditvergaben an Gesellschafter aus dem gebundenen Vermögen der GmbH grundsätzlich gem. § 30 Abs. 1 GmbHG unzulässig seien und gegen das Gebot der Kapitalerhaltung in der GmbH verstoßen. Dies gelte auch dann, wenn der Rückzahlungsanspruch im Zeitpunkt der Darlehensgewährung vollwertig sein sollte. 1418

Der BGH bestätigte diese Linie in seiner Entscheidung vom 16.1.2006 und weitete dies auf die Kapitalaufbringung aus.[2] Nach Ansicht des BGH gelten die Grundsätze der verdeckten Sacheinlage auch bei einem Hin- und Herzahlen im Rahmen eines Cash Pool-Systems. Zunächst wurde im zu entscheidenden Fall die im Rahmen einer Barkapitalerhöhung geschuldete Einlage zwar in bar erbracht. Durch den Übertrag auf das Zentralkonto der Cash Pool-Führerin im Konzern floss die Einlage dann jedoch wirtschaftlich betrachtet an die Gesellschafterin zurück. Dies wertete der BGH nach den Kriterien seiner ständigen Rechtsprechung als verdeckte Sacheinlage. 1419

3. Änderungen in Folge des MoMiG

Nach altem Recht war das Cash-Pooling daher im Zusammenhang mit Zahlungen auf die Bareinlageschuld unter dem Aspekt der Rechtsfigur der „verdeckten Sacheinlage" und des Verbots des „Hin- und Herzahlens" rechtlich unzulässig.[3] Diese Rechtsprechung des BGH hat zu erheblichen Problemen für die Finanzierungspraxis im Konzern geführt. Der Gesetzgeber des MoMiG wollte daher Cash-Pool-Systeme, in denen auch das gebundene Kapital an den Gesellschafter zurückfließen soll, unter der Voraussetzung, dass der Rückzahlungsanspruch werthaltig ist, für zulässig erklären (Begr. RegE BT-Drucks. 16/6140 S. 40 re. Sp). Im Ergebnis hat das MoMiG in Hinblick auf verdeckte Sacheinlagen (aber wohl) keine Erleichterung für das Cash-Pooling gebracht.[4] Es findet zwar eine Anrechnung des Werts der Sacheinlage auf die Einlageverpflichtung nach Registereintragung statt (§ 19 Abs. 4 GmbH), wohingegen § 19 Abs. 4 GmbHG zur Vermeidung der negativen Folgen des Hin- und Herzahlens dienstbar gemacht wird. Hingegen ist aber die straf- und zivilrechtliche Haftungslage des Geschäftsführers unverändert geblieben. 1420

4. Rechtliche Behandlung nach Maßgabe von § 19 Abs. 4 GmbHG

Cash-Pool heißt nicht per se, dass das Hin- und Herzahlen der Geldeinlage hier stets einer Erfüllungswirkung nicht entgegenstehe. Nur wenn die Einspeisung des Einlagebetrags vom Geschäftskonto der GmbH auf das Zentralkonto in gleicher Höhe zu einem positiven Saldo führt, der jederzeit abrufbar ist, liegt keine verdeckte Sacheinlage vor. Sieht die Vereinbarung vor, dass mit dem auf das Zentralkonto geleiteten Betrag ein bereits vorhandener Debetsaldo der Gesellschaft aus der Cash-Pool-Verbindung zurückgeführt wird, erlangt die Gesellschaft nur eine (anteilige) Befreiung von ihren Darle- 1421

1 BGH v. 24.11.2003 - II ZR 171/01, BGHZ 157 S. 72, NWB AAAAB-89381.
2 BGH v. 16.1.2006 - II ZR 76/04, BGHZ 166 S. 8 ff., NWB SAAAB-98191.
3 Ausführlich Altmeppen, NZG 2010 S. 361, unter II 1.
4 Altmeppen, NZG 2010 S. 441, 443; Ekkenga, ZIP 2010 S. 2469: „dramatisches Versagen der Legislative".

hensverbindlichkeiten aus der Cash-Pool-Verbindung mit der Muttergesellschaft. Der GmbH ist dann ein Sachwert in Gestalt der Befreiung von einer Verbindlichkeit gegenüber der Gesellschafterin zugeflossen; es liegt somit eine verdeckte Sacheinlage vor.[1]

1422 Werden die eingezahlten Bareinlagen an das zentrale Konto weitergeleitet, liegt darin ein Mittelrückfluss an den Inferenten, wenn die Betreibergesellschaft vom Inferenten beherrscht wird. Soweit die GmbH in diesem Zeitpunkt eine Darlehensverbindlichkeit aus der Cash-Pool-Vereinbarung hatte (Soll-Saldo), erlangt sie durch die Abführung der Bareinlagemittel eine Befreiung von dieser Verbindlichkeit.[2] Bei wirtschaftlicher Betrachtung hat der Inferent damit eine Darlehensforderung gegen die GmbH eingebracht. Liegt dem eine bereits bei Begründung der Bareinlagepflicht getroffene Abrede zugrunde, ist daher eine verdeckte Sacheinlage i. S. d. § 19 Abs. 4 GmbHG gegeben.[3] Eine entsprechende Abrede liegt bereits in der Vereinbarung der Zahlung auf ein in den Cash-Pool einbezogenes Konto; denn der Inferent nimmt es in Kauf, dass im Zeitpunkt der Weiterleitung an das Zentralkonto ein Soll-Saldo bestehen kann, und es dann zu einer verbotenen Verrechnung kommt.[4]

1423 Keine verdeckte Sacheinlage liegt dagegen vor, wenn die GmbH bei Weiterleitung der Bareinlagemittel an das Zentralkonto keine Darlehensverbindlichkeiten aus der Cash-Pool-Vereinbarung hatte (Null- oder Haben-Saldo). In diesem Fall erlangt die GmbH keine Schuldbefreiung; es handelt sich um keinen Fall des § 19 Abs. 4 GmbHG, sondern ein Hin- und Herzahlen i. S. v. § 19 Abs. 5 GmbHG.[5]

1424 Schwierigkeiten ergeben sich bei der Anwendung der vorstehenden Grundsätze vor allem insoweit, als der Saldo zwischen Inferent (bzw. der von ihm beherrschten Cash-Pool-Betreiberin) und GmbH laufend wechselt, also ggf. im täglichen Wechsel, die eine oder die andere Konstellation vorliegt. Zur Vermeidung dieser Schwierigkeiten wird verbreitet empfohlen, die Einlage auf ein nicht in den Cash-Pool einbezogenes Konto zu leisten.[6] Gerade daran erkennt man die „Schwäche" des neuen Rechts, war dies doch bereits ein Lösungsansatz vor dem MoMiG.[7] Alternativ wird vorgeschlagen, die Cash-Pool-Vereinbarung so zu modifizieren, dass vom Konto der GmbH dauerhaft nur noch Guthabenbeträge an das Zentralkonto des Cash-Pools abgeführt werden, die den Bareinlagebetrag übersteigen[8] oder stattdessen auf eine Kapitalerhöhung im Cash-Pool ganz zu verzichten und den Barbetrag nicht als Einlage, sondern in die Kapitalrücklage nach § 272 Abs. 2 Nr. 4 HGB einzuzahlen.[9]

1 So ausdrücklich BGH v. 16.1.2006 - II ZR 76/04, BGHZ 166 S. 8, NWB SAAAB-98191, zur in ein Cash-Pool-System einbezogenen GmbH.

2 Henssler/Strohn, GesR/Verse, GmbHG, § 19 Rz. 50 bis 52.

3 BGH v. 20.7.2009 - II ZR 273/07, BGHZ 182 S. 103, NWB PAAAD-26526, Rz. 10 – Cash-Pool II, m. zust. Anm. Lieder, GmbHR 2009 S. 1177.

4 BGH v. 20.7.2009 - II ZR 273/07, BGHZ 182 S. 103, NWB PAAAD-26526, Rz. 10 – Cash-Pool II.

5 BGH v. 20.7.2009 - II ZR 273/07, BGHZ 182 S. 103, NWB PAAAD-26526, Rz. 11 – Cash-Pool II; Lutter/Hommelhoff/Bayer, Rz. 131.

6 Habersack, GWR 2009 S. 129, 130; Klein, ZIP 2017 S. 258, 263 f.

7 Bereits Goette, DStR 2006 S. 764, 767; Bedenken allerdings bei Strohn, DB 2014 S. 1535, 1538.

8 Strohn, DB 2014 S. 1535, 1538.

9 Henssler/Strohn GesR/Verse, GmbHG, § 19 Rz. 50 ff., m. w. N.

5. Rechtliche Behandlung nach Maßgabe von § 19 Abs. 5 GmbHG

Soll die Gesellschaft bei der Gründung in einen Cash-Pool neu einbezogen werden, oder befindet sich bei Kapitalerhöhungen eine bestehende Gesellschaft im Hinblick auf den Cash-Pool nicht im Debet, kann die Mindest- oder Resteinlage trotz des i. d. R. vorabgesprochenen Rückflusses an den Cash-Pool, welcher einen positiven Saldo zu Gunsten Gesellschaft erhöht, (nur) unter den Voraussetzungen des § 19 Abs. 5 GmbHG wirksam geleistet werden. Das heißt konkret: Besteht vor Einlageleistung ein ausgeglichener oder positiver Saldo, muss dennoch der aus der Cash-Pool-Abrede resultierende Rückgewähranspruch gegen die Muttergesellschaft vollwertig und fällig sein bzw. jederzeit fällig gestellt werden können und (jedenfalls bei den Mindesteinlagen) das beabsichtigte oder erfolgte Hin- und Herzahlen dem Registergericht bei Anmeldung der Kapitalerhöhung offengelegt werden.[1] 1425

Die notwendige Offenlegung gegenüber dem Registergericht ist allerdings problematisch, weil im Zeitpunkt der Anmeldung möglicherweise noch nicht feststeht, ob Saldo negativ oder positiv. Das gilt umso mehr, wenn nicht sogleich voll eingezahlt werden soll, weil sich nicht voraussagen lässt, ob bei späterer Einforderung von Resteinlagen dann bei Weiterleitung in den Cash-Pool noch Vollwertigkeit gegeben ist. Das lässt sich ex ante bei Anmeldung kaum beurteilen.[2] 1426

Weiterhin problematisch ist in diesen Fällen das Erfordernis jederzeitiger Fälligkeit. Ob dafür die Zugriffsmöglichkeit im Cash-Pool genügt, ist strittig. Nach dem BGH dürfte dies nicht genügen. Dieser lässt weder die Möglichkeit, im Rahmen des Cash-Pooling über den abgeflossenen Betrag zu verfügen, noch die üblichen Kündigungsklauseln in Cash-Management-Verträgen genügen.[3] 1427

In seiner Entscheidung „Cash-Pool II" hat der BGH[4] die Anforderungen an das Kündigungsrecht präzisiert. Danach reicht ein ordentliches Kündigungsrecht oder ein Recht zur fristlosen Kündigung nur aus wichtigem Grund gerade nicht aus. Außerdem ist bei einem Debetsaldo zu Lasten der GmbH und einer diesen Betrag übersteigenden Einzahlung und Rückführung auf das Cash-Pool-Konto aufzuteilen: In Höhe des negativen Saldos liegt eine verdeckte Sacheinlage und in Höhe des übersteigenden Betrages ein Hin- und Herzahlen vor. 1428

BEISPIEL: Es wird die konzernangehörige X-GmbH gegründet, neben anderen Minderheitsgesellschaftern übernimmt die Konzernmutter A einen Geschäftsanteil gegen eine in Geld zu erbringende Einlage von 100.000 €. Unmittelbar nach Abschluss des Gesellschaftsvertrags wird auch die im Konzern übliche Cash-Pool-Vereinbarung mit der Maßgabe getroffen, dass die X-GmbH jederzeit von dem Zentralkonto einen Betrag in Höhe der Einlage zu ihrer freien Verfügung auf ein eigenes Geschäftskonto außerhalb des Cash-Pool-Systems abziehen kann. Hier liegt keine verdeckte Sacheinlage vor.

ABWANDLUNG DES BEISPIELS: Die X-GmbH nimmt noch im Stadium der Vor-GmbH (also vor ihrer Eintragung) die Geschäftstätigkeit auf. Die hierzu benötigten Geldmittel stehen ihr durch Auszahlungen in Form darlehensweiser Inanspruchnahme des Zentralkontos zur Verfügung. Als

1 Noack/Servatius/Haas/Servatius, GmbHG, § 19 Rz. 84b bis 84d.
2 Noack/Servatius/Haas/Servatius, GmbHG, § 19 Rz. 84b bis 84d.
3 BGH v. 20.7.2009 - II ZR 273/07, BGHZ 182 S. 103, Rz. 26, NWB PAAAD-26526 – Cash-Pool II.
4 BGH v. 20.7.2009 - II ZR 273/07, BGHZ 182 S. 103, NWB PAAAD-26526.

die Muttergesellschaft (Gesellschafterin) ihre Einlage auf das Geschäftskonto der Vor-GmbH einzahlt, beträgt der Debetsaldo bereits 110.000 €. Er wird am gleichen Tag durch das automatische Zero-Balancing im Cash-Management-System (also vereinbarungsgemäß) durch Verrechnung des aus der Einlagezahlung stammenden Betrags auf 10.000 € zurückgeführt.

Die X-GmbH hat anstelle der Bareinlage nur eine Befreiung von ihrer Verbindlichkeit und damit einen Sachwert erlangt. Es liegt eine verdeckte Sacheinlage vor, die Erfüllungswirkung kann durch das Hin- und Herzahlen des Einlagebetrags nicht nach § 19 Abs. 5 GmbHG eintreten, auch wenn der GmbH weiterhin die Finanzierung ihres Geschäftsbetriebs über das Zentralkonto möglich ist.

WEITERE ABWANDLUNG DES VORIGEN BEISPIELS: ▸ Der negative Saldo zu Lasten der GmbH auf dem Zentralkonto beträgt (nur) 40.000 €. In Höhe von 40.000 € liegt dann eine verdeckte Sacheinlage (= Befreiung von einer Verbindlichkeit) vor; in Höhe von 60.000 € liegt ein Hin- und Herzahlen vor, das die Inferentin nur von ihrer Einlagepflicht befreit, wenn an deren Stelle ein vollwertiger, liquider und durch fristlose Kündigung jederzeit fällig stellbaren Rückgewähranspruch tritt und der Geschäftsführer diese Umstände bei der Anmeldung offengelegt hat.

1429–1435 *(Einstweilen frei)*

6. Privileg des Cash-Pools im Konzern?

1436 Die Cash-Pool-Thematik wurde vom Gesetzgeber erklärtermaßen für Konzernsachverhalte geregelt und liberalisiert; gleichwohl fehlt im Rahmen der Kapitalaufbringung eine § 30 Abs. 1 Satz 2 Alt. 1 GmbHG entsprechende Regelung. Es stellt sich daher jedenfalls bei Bestehen eines Beherrschungs -oder Gewinnabführungsvertrags die Frage, ob die strengen Vorgaben gem. § 19 Abs. 4 und Abs. 5 GmbHG nicht durch das konzernrechtliche Ausgleichssystem überlagert sind und konsequenterweise keine Anwendung finden. Einzelheiten hierzu noch ungeklärt.

1437 Im Grunde dürfte sich der Anwendungsbereich eines Cash-Pools für den Fall der Kapitalaufbringung auf Fälle eines funktionsfähigen Cash-Pools reduzieren, in dem der Geschäftsführer jederzeit Zugriff auf die Cash-Management-Einlagen der GmbH hat, welche aus der „Einlage“ stammen. Es wurde damit ein Sonderrecht für bestimmte Gruppen von meist großen Gesellschaftern bei der Erfüllung der Kapitalaufbringungsregeln geschaffen.[1] Aber auch innerhalb eines Cash-Pools reicht für die Annahme einer sofortigen Fälligkeit – wie gezeigt – allein die Möglichkeit nicht aus, über den abgeflossenen Betrag zu verfügen. Denn bei einem fortbestehenden Cash-Pool-Verhältnis müsste der an die GmbH zurückgeflossene Betrag unmittelbar wieder an das Zentralkonto bei dem Inferenten zurückgegeben werden. Man muss also verlangen, dass der Cash-Pool-Vertrag selbst jederzeit kündbar ist und dann den Zahlungsanspruch fällig werden lässt.[2]

1438 Außerhalb des relativ kleinen Kreises von GmbHs, die in einen Konzern mit wohlfinanziertem Cash-Management-System hineingegründet werden, werden die Fälle des Hin- und Herzahlens mit Darlehenskonstruktionen eher bei Gründungen praktiziert, wo Gesellschafter schlicht das Geld nicht haben, um ihre Einlage leisten zu können, oder sich jedenfalls von ihm nicht trennen wollen. Wer in einer solchen finanziellen Lage ist, erscheint aber nicht als der Schuldner einer vollwertigen Forderung, die zu erfüllen er

1 So Goette, Einführung in das neue GmbH-Recht, S. 12 Rz. 26.
2 Vgl. Bunnemann/Zirngibl/Thun, § 6 Rz. 53, unter Hinweis auf BGHZ 182 S. 103.

jederzeit in der Lage ist. Ein Fremdgeschäftsführer, der immerhin weisungsgebunden ist, wird sich künftig gut überlegen müssen, ob er sich dem Druck solcher Gesellschafter auf ein Wiederauszahlen widersetzt oder nachgibt und trotz seiner Zweifel bei der Anmeldung versichert, die Einlage stehe endgültig zu seiner freien Verfügung, weil Erfüllungswirkung im Hinblick auf Bonität des Gesellschafters und die Vollwertigkeit und Liquidität des Rückgewähranspruchs eingetreten sei.

(Einstweilen frei) 1439–1440

7. Haftung des Geschäftsführers

Der Geschäftsführer einer Gesellschaft, deren Einlageanspruch durch Hin- und Herzahlen erfüllt werden sollte, muss sich bei Abführung der Einlageleistung an den Cash Pool zur Meidung der eigenen Haftung daher vergewissern, dass ein (potenzieller) Rückgewähranspruch vollwertig ist, was von der Vermögenssituation der Muttergesellschaft abhängt. Er muss konsequenterweise auch dafür sorgen, dass er über die Vermögenslage des Konzerns ausreichend informiert ist und sich ggf. die Möglichkeit der Verhinderung des automatischen Guthabenübertrags im Cash-Pool-Vertrag vorbehalten. Dies dürfte in der Praxis problematisch sein und ggf. zur Pflichtenkollision führen. 1441

(Einstweilen frei) 1442–1450

VI. Kaduzierung

LITERATUR:

Görner/Kling, Die Ausfallhaftung des GmbH-Gesellschafters, GmbHR 2004 S. 714; *Rezori*, RNotZ 2011 S. 125 ff.; *Wachter*, DStR 2010 S. 1240 ff.; *Haas/Vogel*, NZG 2010 S. 1081 ff.; *Foerster*, Die übrigen Gesellschafter gem. § 24 GmbHG, NZG 2019 S. 366; *Heckschen/Weitbrecht*, Die Kontrolle des Gesellschafterkreises, NZG 2021 S. 709; *Wagner*, Aktuelles zur Zwangseinziehung von GmbH-Gesellschaftsanteilen und Abfindungsbeschränkungen in der notariellen Praxis, RNotZ 2022 S. 181.

1. Begriff

Die **Kaduzierung** (§ 21 GmbHG) ist ein besonderes, förmlich ausgestaltetes Verfahren zum Ausschluss eines (säumigen) Gesellschafters, der seiner Einlagepflicht (§ 14 GmbHG) aus der Übernahme eines Geschäftsanteils (Leistung der Geldeinlage) nicht nachkommt. Es führt dazu, dass der Gesellschafter seinen Geschäftsanteil und auch bereits erbrachte Teilzahlungen verliert und ein etwaiger Rechtsvorgänger des säumigen Gesellschafters und die Mitgesellschafter als Haftende für die rückständige Einlage in Anspruch genommen werden können (**Ausfallhaftung**). Es dient der Sicherung der Kapitalaufbringung. Kaduzierung und Ausfallhaftung kommen nicht nur Betracht, wenn ein Gesellschafter seine Geldeinlage (oder z. B. die Leistung der Wertdifferenz bei einer Sacheinlage bzw. verdeckten Sacheinlage nach § 19 Abs. 4 GmbHG) verzögert, sondern auch wenn einlageähnliche Ansprüche auf Ausgleich einer Unterbilanz oder auf Verlustdeckung nicht bei Fälligkeit geleistet werden.[1] 1451

1 Vgl. BGH v. 9.3.1981 - II ZR 54/80, BGHZ 80 S. 129, 141.

2. Voraussetzungen

a) Fälligkeit der ausstehenden Einlage

1452 Damit das Kaduzierungsverfahren überhaupt eingeleitet werden kann, muss die **Einlage fällig und nicht geleistet** sein. Dies ergibt sich aus § 21 Abs. 1 GmbHG, wonach dem Gesellschafter eine „erneute" Aufforderung zugehen muss, die rückständige Einlage zu leisten. Es muss also die ausstehende Einlage zunächst – regelmäßig durch einen Beschluss der Gesellschafterversammlung nach § 46 Nr. 2 GmbHG – eingefordert werden und dann der Gesellschafter durch die Geschäftsführung zur Leistung aufgefordert werden. Möglich ist aber auch, dass die Satzung die Einforderung selbst dem Geschäftsführer überträgt oder dass die Satzung den Zeitpunkt der Fälligkeit bereits bestimmt. Dann kann nach Ablauf der Frist sofort die „erneute Aufforderung" ergehen.

b) Erste Aufforderung

1453 Ist die Einlage fällig gestellt worden, beginnt das Verfahren mit einer erstmaligen Aufforderung durch den Geschäftsführer, die fällige Einlage zu leisten. Sie ist entbehrlich, wenn die Fälligkeit durch die Satzung kalendermäßig festgelegt ist oder die Satzung eine unverzügliche Einzahlung (z. B. der Resteinlage nach Eintragung der GmbH) vorsieht.

c) Zweite Aufforderung und Androhung des Ausschlusses

1454 Bleibt danach der Gesellschafter säumig, hat eine „erneute" Aufforderung zu erfolgen, wobei der fällige Einzahlungsbetrag genau zu beziffern und der Gesellschafter aufzufordern ist, die Einlage innerhalb einer angemessenen Nachfrist von mindestens einem Monat zu erbringen. Die Aufforderung ist mit der (deutlichen) Androhung zu verbinden, dass er mit dem Geschäftsanteil, auf den sich seine rückständige Leistung bezieht, ausgeschlossen wird, sollte er nicht rechtzeitig zahlen. Die (zweite) Aufforderung hat durch eingeschriebenen Brief zu erfolgen, damit der (erforderliche) Zugang der Erklärung nachgewiesen werden kann und damit dem säumigen Gesellschafter deutlich vor Augen geführt wird, wie ernst die Situation ist. Diese formale Anforderung wird durch ein Einwurf-Einschreiben der Deutschen Post AG gewahrt.[1]

Die Aufforderung hat an den Gesellschafter zu ergehen, der als solcher in der im Handelsregister aufgenommenen Gesellschafterliste (§ 40 GmbHG) eingetragen ist (vgl. § 16 Abs. 1 GmbHG), und wirkt auch gegenüber dem Erwerber für die Einlageverpflichtungen, die in dem Zeitpunkt rückständig sind, ab dem er als Gesellschafter in die Gesellschafterliste eingetragen ist (§ 16 Abs. 2 GmbHG), da er ab dann im Verhältnis zur Gesellschaft als Inhaber des Geschäftsanteils gilt. Werden die Mindestanforderungen nicht eingehalten, ist die „erneute Aufforderung" ohne rechtliche Wirkung.

d) Verlustigerklärung

1455 Ist der Gesellschafter innerhalb der Nachfrist der Aufforderung zur Zahlung nicht nachgekommen (fruchtloser Ablauf der Frist), kann er seines Geschäftsanteils und seiner

1 BGH v. 27.9.2016 - II ZR 299/15, NWB BAAAF-87231.

darauf schon erbrachten Teilzahlungen zugunsten der Gesellschaft für verlustig erklärt werden. Diese Erklärung muss wiederum durch eingeschriebenen Brief ausgesprochen werden. Hierzu besteht aber kein gesetzlicher Zwang aus § 25 GmbHG, aus dem die Geschäftsführer verpflichtet wären, das einmal eingeleitete Kaduzierungsverfahren auch durch den Ausschluss des säumigen Gesellschafters zu beenden.[1]

e) Zuständigkeit

Zuständig für die Aufforderungen und für die Verlustigerklärung sind die Geschäftsführer der Gesellschaft. Befindet sich die Gesellschaft in der Insolvenz, ist ihr Insolvenzverwalter zuständig. Die Durchführung des Kaduzierungsverfahrens liegt zwar im pflichtgemäßen Ermessen der Geschäftsführer, sie haben aber die Weisungen der Gesellschafterversammlung zu beachten. Unterlässt die Geschäftsführung pflichtwidrig die Kaduzierung, kann sie sich gegenüber der Gesellschaft schadensersatzpflichtig machen. Sind mehrere Gesellschafter säumig, ist aber nicht geboten, alle gleichmäßig mit dem Verfahren zu überziehen, es können sich vielmehr die Maßnahmen gegen einzelne Gesellschafter richten. 1456

(*Einstweilen frei*) 1457–1460

3. Rechtsfolgen

a) Wirkung der Verlustigerklärung

Wird die Verlustigerklärung mit Zugang wirksam, verliert der säumige Gesellschafter hinsichtlich des Geschäftsanteils, auf welchen die Zahlung hätte erfolgen sollen, alle Mitgliedschaftsrechte, den betreffenden Geschäftsanteil und seine schon hierauf geleisteten Teilzahlungen und auch seinen auf den betreffenden Geschäftsanteil entfallenden Gewinnanspruch für das laufende Geschäftsjahr, nicht jedoch einen bereits entstandenen Gewinnanspruch, da die Kaduzierung nicht zurückwirkt. Der Geschäftsanteil und darauf geleistete Teilzahlungen fallen der Gesellschaft zu, die nach überwiegender Meinung treuhänderisch Inhaber des Geschäftsanteils wird. 1461

Da ein Gesellschafter nach neuem Recht mehrere Geschäftsanteile übernehmen kann (§ 5 Abs. 2 Satz 2 GmbHG) und auf jeden eine Einlage zu leisten ist, kann die Kaduzierung auch nur den jeweiligen Geschäftsanteil betreffen, auf den der Gesellschafter mit der Einlage in Rückstand ist. Der Gesellschafter kann daher mit anderen Geschäftsanteilen, auf die er seine Einlagepflicht erfüllt hat, Gesellschafter bleiben. Mit der Kaduzierung wird der Gesellschafter aber nicht von seinen Pflichten hinsichtlich der nicht erbrachten Einlage frei. Gemäß § 21 Abs. 3 GmbHG haftet er auch weiterhin, wenn es die Gesellschaft erfolglos unternommen hat, an den ausgebliebenen Einlagebetrag durch Inanspruchnahme eines eventuellen Rechtsvorgängers nach § 22 GmbHG oder durch Verwertung des Geschäftsanteils nach § 23 GmbHG zu kommen.

1 Vgl. auch BGH v. 5.7.1993 - II ZR 227/92, DStR 1993 S. 1528.

b) Haftung der Rechtsvorgänger

1462 Ist der mit einem Geschäftsanteil Ausgeschlossene nicht Gründungsgesellschafter, sondern hat er den betreffenden Geschäftsanteil erworben, muss die Gesellschaft zunächst versuchen, beim Rechtsvorgänger den noch nicht bezahlten Betrag zu erlangen. Soweit dies nicht gelingt, hat die Gesellschaft den unmittelbar nächsten Vormann usw. in Anspruch zu nehmen (**Reihenhaftung** vom letzten und von jedem früheren Rechtsvorgänger, der im Verhältnis zur Gesellschaft als Inhaber des Geschäftsanteils gilt, auf die nicht zu erlangenden Beträge).[1] Diese Ausfallhaftung bezieht sich nur auf nicht bezahlte Einlagen auf den Geschäftsanteil, nicht aber auf sonstige Leistungen. Bezahlt der Rechtsvorgänger den rückständigen Betrag, erwirbt er den Geschäftsanteil wieder (§ 22 Abs. 4 GmbHG). Ein Rechtsvorgänger kann nicht zeitlich unbeschränkt in Anspruch genommen werden. Seine Haftung beschränkt sich auf die Beträge, deren Leistung auf die Einlageverpflichtung innerhalb von fünf Jahren eingefordert wurden. Die Frist beginnt für jeden Rechtnachfolger gesondert mit dem Tag, ab welchem er im Verhältnis zur Gesellschaft als Inhaber des Geschäftsanteils gilt (§ 22 Abs. 3 GmbHG), also ab dem Tag, an dem er in die Gesellschafterliste (§ 40 GmbHG) als Gesellschafter eingetragen worden ist (vgl. § 16 Abs. 1 GmbHG).

c) Verwertung des kaduzierten Geschäftsanteils

1463 Versagt die Inanspruchnahme eines Rechtsvorgängers, kann also der rückständige Betrag auf diesem Weg nicht erlangt werden, darf die Gesellschaft den Geschäftsanteil verwerten, um sich den fehlenden Betrag zu verschaffen. Der Geschäftsanteil ist grundsätzlich durch öffentliche Versteigerung zu verwerten, ein freihändiger Verkauf ist nur mit Zustimmung des mit dem betreffenden Geschäftsanteil ausgeschlossenen Gesellschafters möglich. Der Verwertungserlös steht der Gesellschaft im Ganzen zu, auch wenn sich ein Überschuss (Mehrerlös) gegenüber dem rückständigen Betrag ergibt. Der Erwerber wird Gesellschafter mit allen Mitgliedschaftsrechten und -pflichten, haftet aber bei einem Mindererlös nicht für dann verbleibende Einlagerückstände. Für sie haftet dann (subsidiär) weiter der ausgeschlossene Gesellschafter nach § 21 Abs. 3 GmbHG.

d) Ausfallhaftung der Mitgesellschafter (§ 24 GmbHG)

1464 Soweit weder bei einem etwaigen Rechtsvorgänger der fehlende Einlagebetrag eingezogen (§ 22 GmbHG) noch der Geschäftsanteil erfolgreich verwertet (§ 23 GmbHG) werden kann und auch die dann eintretende Haftung des ausgeschlossenen Gesellschafters (§ 22 Abs. 3 GmbHG) nichts bringt, greift die (anteilige) **Ausfallhaftung der übrigen Gesellschafter** nach § 24 GmbHG ein. Dadurch wird, subsidiär, die Haftung jedes einzelnen Gesellschafters über seine Stammeinlage hinaus und u. U. bis zum gesamten auf das Stammkapital rückständigen Betrag, erhöht. Die Ausfallhaftung erstreckt sich auch auf eine etwaige Differenz-, Vorbelastungs- und Verlustdeckungshaftung.[2]

1 Hülsmann, GmbHR 2019 S. 377, 382.
2 Wicke, DB 2019 S. 529, 532.

Voraussetzung für die Ausfallhaftung ist die Durchführung der in §§ 21 bis 23 GmbHG aufgezeigten Schritte, im Einzelnen also 1464/1

- Ausschließung nach § 21 GmbHG,
- Inanspruchnahme der Rechtsvorgänger, soweit vorhanden, nach § 22 GmbHG,
- Verkauf des Anteils nach § 23 GmbHG, ohne dass dies zur vollständigen Deckung des Rückstands geführt hat,
- erfolgloser Versuch eines solchen Verkaufs oder
- Aussichtslosigkeit dieses Versuchs.

Dies bedeutet aber nicht immer, dass alle Rechtswege ausgeschöpft worden sein müssen, damit Geschäftsführer oder Insolvenzverwalter darlegen können, dass der rückständige Betrag mit den vorrangig zu ergreifenden Maßnahmen nicht erlangt werden konnte.[1]

Die Mitgesellschafter haben den Fehlbetrag nach dem Verhältnis ihrer Geschäftsanteile aufzubringen, wobei alle übrigen in der Gesellschafterliste eingetragenen Gesellschafter haften. Das kann im Extremfall die vielfach nicht ausreichend bedachte Konsequenz haben, dass ein selbst nur geringfügig am Stammkapital beteiligter Gesellschafter für die Aufbringung des gesamten Stammkapitals einzustehen hat.[2] Nicht unter § 24 GmbHG fallen der Ausgeschlossene und seine Rechtsvorgänger, auch nicht der Erwerber nach § 23 GmbHG, weil dieser seine Verpflichtungen mit Zahlung des Kaufpreises erfüllt hat. Unabhängig davon kann jedoch beispielsweise den Erben die Einlageschuld des Erblassers aufgrund seiner Erbenhaftung (§§ 1922, 1967 BGB) treffen.[3] 1465

Die Gesellschafter haften anteilig nach dem Verhältnis ihrer Geschäftsanteile, also nicht als Gesamtschuldner. Kann ein solcher Teilbetrag von einem einzelnen Gesellschafter nicht erlangt werden, so ist er wieder anteilig auf die restlichen Gesellschafter zu verteilen und von ihnen zu leisten. Dies bedeutet im Ergebnis, dass letztlich jeder Gesellschafter riskiert, für die gesamten, von seinen Mitgesellschaftern nicht geleisteten und nicht zu erlangenden Einlagen in Anspruch genommen zu werden.[4] Die Ausfallhaftung nach § 24 GmbHG entsteht bereits mit Fälligkeit der Einlageforderung und ist nur aufschiebend bedingt durch den Eintritt der Voraussetzungen nach §§ 21 bis 23 GmbHG.[5] 1465/1

Bei einer Strohmanngründung muss auch der Hintermann für den Ausfall der Einlage gem. § 24 GmbHG einstehen.[6] 1466

BEISPIEL: A, B und C gründen eine GmbH. A übernimmt wie B einen Geschäftsanteil mit dem Nennbetrag 10.000 € und C einen mit dem Nennbetrag von 400.000 €. Die Einlagen werden zu einem Viertel vor Eintragung erbracht, die restlichen Bareinlagen sind sechs Monate nach Eintragung zu erbringen, was A und B auch tun, nicht aber C. Nicht zuletzt deshalb, weil das Kapital des C ausbleibt, gerät die GmbH zunehmend in Schwierigkeiten, so dass A seinen

1 Einzelheiten bei Noack/Servatius/Haas/Kersting, GmbHG, § 24 Rz. 3.
2 MünchKomm/GmbHG/Schütz, § 24 Rz. 2 f.
3 Hülsmann, GmbHR 2019 S. 37 ff.
4 Vgl. BGH v. 13.5.1996 - II ZR 275/94, BGHZ 132 S. 390.
5 BGH v. 19.5.2015 - II ZR 291/14, NJW 2015 S. 2731, Rz. 17; BGH v. 13.5.1996 - II ZR 275/94, BGHZ 132 S. 390, NJW 1996 S. 2306.
6 BGH v. 13.4.1992 - II ZR 225/91, NWB VAAAF-84025, GmbHR 1992 S. 525.

Geschäftsanteil zum symbolischen Preis von 100€ an B veräußert, weil er glaubt, mit seinem Ausscheiden wenigstens nicht noch mehr Geld zu verlieren, als ihn schon seine (jetzt) wertlose Beteiligung gekostet hat. Wenig später fällt die GmbH in Insolvenz. Bei B und C ist für den Insolvenzverwalter nichts mehr zu holen, weil beide inzwischen die eidesstattliche Versicherung abgegeben haben. Der Insolvenzverwalter kann A, der über ein kleines Vermögen verfügt, erfolgreich auf Zahlung der rückständigen Einlage des C von 300.000€ in Anspruch nehmen.

Noch misslicher könnte die Sache für A werden, wenn gegen C auch ein Anspruch aus Unterbilanzhaftung (einlageähnliche Schuld) bestanden hätte, denn dann hätte er das ganze verbrauchte Stammkapital und den Verlust auszugleichen.

1467 Ein zahlender Gesellschafter erwirbt, anders als gem. § 22 GmbHG, nicht den Geschäftsanteil. Er kann aber bei Ausgeschlossenem und im Fall des § 24 Satz 2 GmbHG bei säumigem Mitgesellschafter, dessen Haftungsanteil er bezahlt, Regress nehmen. Dagegen besteht kein Anspruch gegen Rechtsvorgänger i.S.d. § 22 GmbHG.[1] Weiter steht dem zahlenden Gesellschafter in Analogie zu § 31 Abs. 6 GmbHG ein Anspruch gegen Geschäftsführer wegen Verletzung von Sorgfaltspflichten bei Einziehung der Einlagebeträge zu.[2]

1468–1480 *(Einstweilen frei)*

C. Das Stammkapital und seine Erhaltung

I. Allgemeines

1481 Das **Stammkapital** ist die Summe der Nennbeträge aller Geschäftsanteile; sein Betrag ist gem. § 3 Abs. 1 Nr. 3 GmbHG notwendiger Bestandteil des Gesellschaftsvertrags. Das Stammkapital wird durch die Einlagen der Gesellschafter aufgebracht, zu deren Leistung sie sich bei der Übernahme ihrer Geschäftsanteile verpflichtet haben (§ 3 Abs. 1 Nr. 4 GmbHG). Das Stammkapital ist das **Garantiekapital** der Gesellschaft und bildet den **Mindesthaftungsfonds**. Es beträgt mindestens 25.000€ und muss bei Eintragung in das Handelsregister mindestens im Betrag von 12.500€ einschließlich der voll zu erbringenden Sacheinlagen eingebracht sein.

1482 Nur die GmbH, die in der Unterform mit der Bezeichnung **Unternehmergesellschaft (haftungsbeschränkt)** oder UG (haftungsbeschränkt) in ihrer Firma gem. § 5a GmbHG errichtet wird, kann mit einem **Stammkapital** gegründet werden, welches das **Mindeststammkapital von 25.000€ unterschreitet**. Allerdings muss bei der UG **vor der Anmeldung** das **Stammkapital**, das auch hier mit der Summe der Nennbeträge aller Geschäftsanteile übereinstimmen muss, in **voller Höhe in Geld einbezahlt** sein, da **Sacheinlagen ausgeschlossen** sind (§ 5a Abs. 2 GmbHG).

1483 Nach § 42 Abs. 1 GmbHG und § 266 Abs. 3 HGB muss das Stammkapital auf der Passivseite der Bilanz unter dem Eigenkapital als **„gezeichnetes Kapital"** ausgewiesen und nach § 272 Abs. 1 Satz 2 HGB mit dem Nennbetrag angesetzt werden. § 272 Abs. 1 Satz 1 HGB definiert das „gezeichnete Kapital" zwar als „das Kapital, auf das die Haftung der Gesellschafter für die Verbindlichkeiten der Kapitalgesellschaft gegenüber den Gläubi-

1 Noack/Servatius/Haas/Kersting, GmbHG, § 24 Rz. 10.
2 Siehe zur Verjährung BGH v. 9.1.2024 - II ZR 65/23, NZG 2024 S. 543.

gern beschränkt ist". Damit wird aber nicht die Aussage in § 13 Abs. 2 GmbHG relativiert, wonach den Gläubigern der Gesellschaft nur deren Vermögen haftet und die Gesellschafter überhaupt keine Haftung gegenüber den Gläubigern der Gesellschaft trifft. § 272 Abs. 1 Satz 1 HGB begründet keine selbständige, auf die Stammkapitalziffer beschränkte Haftung der GmbH-Gesellschafter gegenüber den Gläubigern der GmbH. Mit der Erfüllung ihrer Pflichten (gegenüber der GmbH) zur Aufbringung und Erhaltung des Kapitals bezahlen die Gesellschafter den Preis, den ihnen der Gesetzgeber dafür abverlangt, dass sie sich am Wirtschaftsleben beteiligen können, ohne persönlich für die dadurch entstehenden Verbindlichkeiten haften zu müssen.

Auch die **Unternehmergesellschaft** (haftungsbeschränkt) ist eine GmbH und muss daher ihr **Stammkapital als „gezeichnetes Kapital" in der Bilanz ausweisen**. Zusätzlich ist sie nach § 5a Abs. 3 GmbHG verpflichtet, eine **gesetzliche Rücklage** (§ 266 Abs. 3 A. III. 1. HGB) zu bilden und ihr in jedem Jahr ein Viertel des um einen Verlustvortrag aus dem Vorjahr geminderten Jahresüberschusses zuzuführen. Die Rücklage ist in der Bilanz als Gewinnrücklage entsprechend § 272 Abs. 3 HGB unter dem Eigenkapital auszuweisen. Mit der Bildung der Rücklage soll gleichsam ein dem **Mindeststammkapital entsprechender Haftungsfonds angespart** werden. Die Rücklage unterliegt daher **Verwendungsbeschränkungen.**[1] Möglich ist neben dem Ausgleich eines nicht durch den Gewinnvortrag aus dem Vorjahr gedeckten Jahresfehlbetrages und dem Ausgleich eines nicht vom Jahresüberschuss gedeckten Verlustvortrags aus dem Vorjahr nur die **Verwendung für eine Kapitalerhöhung aus Gesellschaftsmitteln** nach § 57c GmbHG. Die UG (haftungsbeschränkt) darf die Zufuhr zu der Rücklage nicht schon einstellen, wenn die Rücklage den Betrag von 25.000 € (Mindeststammkapital) erreicht hat, sondern erst, wenn sie ihr Stammkapital etwa durch Verwendung der Rücklage gem. § 57c GmbHG förmlich durch satzungsändernden Beschluss auf mindestens 25.000 € erhöht hat, § 5a Abs. 5 GmbHG. 1484

(Einstweilen frei) 1485–1500

II. Einzelheiten der Bilanzierung

Wie bereits gezeigt, muss das Stammkapital nach § 42 Abs. 1 GmbHG und § 266 Abs. 3 HGB auf der Passivseite der Bilanz unter dem Eigenkapital als „gezeichnetes Kapital" ausgewiesen und nach § 272 Abs. 1 Satz 2 HGB mit dem Nennbetrag angesetzt werden, und zwar ungekürzt. Dies gilt auch dann, wenn die Geldeinlagen noch nicht vollständig eingezahlt sind. Die nicht eingeforderten ausstehenden Einlagen sind von dem Posten „Gezeichnetes Kapital" offen abzusetzen und der verbleibende Betrag ist als Posten „Eingefordertes Kapital" in der Hauptspalte der Passivseite auszuweisen. Der eingeforderte, aber noch nicht eingezahlte Betrag ist unter den Forderungen gesondert auszuweisen und entsprechend zu bezeichnen (§ 272 Abs. 1 Satz 3 HGB). 1501

1 Vgl. hierzu Müller, Die gesetzliche Rücklage bei der Unternehmergesellschaft, ZGR 2012 S. 81.

BEISPIEL: Das Stammkapital der X-GmbH beträgt 100, eingezahlt sind darauf 60 und eingefordert, aber noch nicht eingezahlt sind 15. Dies ist bilanziell wie folgt darzustellen:

Darstellung nach § 272 HGB

Aktiva			Passiva
B. Umlaufvermögen		A. Eigenkapital	100
II. Forderungen und sonstige Vermögensgegenstände		I. Gezeichnetes Kapital	100
4. Eingefordertes, noch nicht eingezahltes Kapital	15	abzgl. nicht eingeforderte ausstehende Einlagen	25
IV. ... Guthaben bei Kreditinstituten	60		75

Der Ausweis des Stammkapitals mit dem Nennbetrag als gezeichnetes Kapital auf der Passivseite der Bilanz soll gewährleisten, dass ein entsprechender Betrag des Aktivvermögens erhalten bleibt bzw. ein Verlust des Stammkapitals sofort erkennbar wird. Zugleich wird aber auch der Netto-Ausweis der ausstehenden Einlagen vorgeschrieben.

1502–1520 (*Einstweilen frei*)

III. Erhaltung des Stammkapitals – Verbot der Rückgewähr

1. Kapitalerhaltungsgebot und bilanzielle Betrachtungsweise

1521 Den Gläubigern der GmbH haftet nach § 13 Abs. 2 GmbHG nur das Gesellschaftsvermögen, nicht aber das Vermögen der Gesellschafter. Zur Schaffung einer Mindesthaftungsgrundlage im Wert der Stammkapitalziffer dienen die Vorschriften über die **ordnungsgemäße und effektive Kapitalaufbringung.** Dafür, dass die Gesellschafter das aufgebrachte Stammkapital anschließend der GmbH auch als Mindestvermögen belassen, soll das **Kapitalerhaltungsgebot** mit den Bestimmungen der §§ 30 und 31 GmbHG sorgen, wobei seit dem MoMiG eine „Rückkehr" zu einer **bilanziellen Betrachtungsweise** stattgefunden hat. Dies führt letztlich zu einer Entschärfung des Kapitalerhaltungsgebots.

Gleichzeitig wurden eigenkapitalersetzenden Darlehen und andere gleichgestellte Leistungen in § 39 Abs. 1 Nr. 5 und § 135 InsO sowie §§ 6 und 6a AnfG geregelt.

In der sog. Novemberentscheidung[1] aus dem Jahr 2003 hatte der BGH entschieden, dass Kreditgewährungen an den Gesellschafter, die nicht aus Rücklagen oder Gewinnvorträgen, sondern zu Lasten des gebundenen Vermögens der GmbH erfolgen, auch dann grundsätzlich als verbotene Auszahlung von Gesellschaftsvermögen zu bewerten sind, wenn der Rückzahlungsanspruch gegen den Gesellschafter vollwertig sein sollte. Eine rein bilanzrechtliche Betrachtungsweise, bei der die Gewährung eines Darlehens mit vollwertigem Rückzahlungsanspruch nur einen Aktivtausch darstelle und bilanzrechtlich neutral sei, greife mit Rücksicht auf den Grundsatz der Kapitalerhaltung in § 30 Abs. 1 GmbHG zu kurz. Dessen Vermögensschutz erschöpfe sich nicht in der Garantie einer bilanzmäßigen Rechnungsziffer, sondern gebiete die Erhaltung einer die

1 BGH v. 24.11.2003 - II ZR 171/01, BGHZ 157 S. 72, NWB AAAAB-89381.

Stammkapitalziffer deckenden Haftungsmasse und entziehe das Vermögen der Gesellschaft bis zur Höhe der Stammkapitalziffer dem Zugriff der Gesellschafter. Damit solle der GmbH möglichst ein ihren Bestand schützendes Betriebsvermögen und ihren Gläubigern eine Befriedigungsreserve gesichert werden.

Diesen Bedenken hat das MoMiG Rechnung getragen: Nach § 30 Abs. 1 Satz 2 GmbHG stellt ein Liquiditätsabfluss in das Vermögen des Gesellschafters keine Auszahlung i. S. d. grundsätzlich unverändert weiterbestehenden Ausschüttungssperre nach Satz 1 dar, wenn es sich um einen **bloßen Aktivtausch** handelt, weil die Leistung der GmbH durch einen vollwertigen Gegenleistungs- oder Rückgewähranspruch gedeckt ist.

2. Grundsatz: Verbot der Einlagenrückgewähr

Die Vorschrift des § 30 Satz 1 GmbHG **verbietet** es, das zur **wertmäßigen Erhaltung des Stammkapitals erforderliche Vermögen an die Gesellschafter auszuzahlen. Verboten** sind aber **nur Leistungen an die Gesellschafter** oder ihnen zurechenbare Leistungen an Dritte, die ihren **Grund im Gesellschaftsverhältnis** haben. Geschäfte mit Dritten fallen ebenso wenig unter die Schutzvorschrift, wie die Gläubiger über die Kapitalerhaltungsvorschriften davor geschützt werden, dass die GmbH die das Stammkapital ausmachenden Einlagen in ihre wirtschaftliche Betätigung mit einbezieht und so das Stammkapital durch Verluste geschmälert oder aufgezehrt wird.[1] Das Kapitalerhaltungsgebot verpflichtet die Gesellschafter nicht dazu, durch Verluste verlorengegangenes Stammkapital wieder aufzufüllen, wie sie grundsätzlich auch nicht den Gläubigern verpflichtet sind, die Gesellschaft mit Eigenkapital in angemessener Höhe auszustatten. Dem Schutz der zwingenden und nicht abdingbaren Kapitalerhaltungsregel des § 30 Satz 1 GmbHG unterliegt auch nur das Stammkapital, nicht aber das übrige Eigenkapital. 1522

3. Ausnahmen vom Verbot der Einlagenrückgewähr

Ausgenommen vom Verbot der Einlagenrückgewähr sind Leistungen, die bei **Bestehen eines Beherrschungs- oder Gewinnabführungsvertrags** im Konzern erfolgen, und Leistungen, die durch einen **vollwertigen Gegenleistungsanspruch** (z. B. in Austauschverträgen) oder einen **vollwertigen Rückzahlungsanspruch** (z. B. aufgrund eines Darlehensvertrags) gedeckt sind – Aktivtausch in bilanzieller Betrachtung. Das Auszahlungsverbot ist auch nicht anzuwenden, wenn die Gesellschaft ein **Gesellschafterdarlehen zurückgewährt oder Leistungen auf Forderungen aus Rechtshandlungen erbringt, die einem Gesellschafterdarlehen wirtschaftlich entsprechen** (§ 30 Abs. 1 Satz 3 GmbHG). Denn mit dieser Bestimmung, der zufolge Gesellschafterdarlehen nicht mehr wie haftendes Eigenkapital zu behandeln sind, hat der Gesetzgeber die Rechtsprechungsregeln zu den eigenkapitalersetzenden Darlehen beseitigt. In Verbindung mit der Aufhebung der §§ 32a und 32b GmbHG a. F. und der Änderung von § 39 Abs. 1 Nr. 5 und § 135 InsO sowie §§ 6 f. AnfG haben Gesellschafterdarlehen vielmehr einen insolvenzrechtlichen Nachrang bekommen, den der Gesetzgeber wohl als ausreichend für den Gläubigerschutz ansieht (Abschaffung des Eigenkapitalersatzrechts). 1523

1 Vgl. auch BGH v. 13.7.1992 - II ZR 263/91, BGHZ 119 S. 177.

4. Flankierende Schutzvorschriften

1524 Wird das **Verbot der Rückgewähr** verletzt, entsteht eine **Erstattungspflicht** nach § 31 Abs. 1 GmbHG. Sie wird unterstützt durch eine **Ausfallhaftung** der **Mitgesellschafter** nach § 31 Abs. 3 GmbHG sowie die in § 31 Abs. 6 GmbHG und in § 43 Abs. 3 GmbHG angeordnete **Schadensersatzpflicht** des **Geschäftsführers**, der schuldhaft dem Rückgewährverbot zuwider die Zahlung zuließ. Eine Schadensersatzpflicht der Mitgesellschafter besteht nicht.[1] § 30 GmbHG ist kein **Schutzgesetz** i. S. v. § 823 Abs. 2 BGB für Gesellschaftsgläubiger, da § 31 GmbHG einschließlich der Geschäftsführerhaftung gem. § 31 Abs. 4, § 43 Abs. 3 GmbHG und sonstige Sanktionen ausreichend spezielleren Schutz bieten.

Setzen sich Geschäftsführer und Gesellschafter bewusst über die Kapitalerhaltungsvorschriften hinweg oder kommt es ihnen auf eine Umgehung an, ist das Geschäft aber nicht nach § 134 BGB nichtig, so dass der Gesellschaft neben dem Anspruch aus § 31 GmbHG kein Bereicherungsanspruch nach §§ 812 ff. BGB zusteht.[2]

1525 Mit einer Reihe weiterer Vorschriften versucht der Gesetzgeber dem Kapitalerhaltungsgebot Geltung zu verschaffen. In diesem Zusammenhang sind zu erwähnen die Vorschriften zum Schutz des Stammkapitals in § 33 Abs. 2 GmbHG beim Erwerb eigener Anteile und in § 34 Abs. 3 GmbHG bei der Einziehung. Weiter hinzuweisen ist auf die Rechtsprechung zur „Existenzvernichtungshaftung“.[3]

1526–1550 (*Einstweilen frei*)

IV. Auszahlungsverbot und Ausnahmen davon

LITERATUR:

Gehrlein, Die Behandlung von Gesellschafterdarlehen durch das MoMiG, BB 2008 S. 846; *Rotte, M.*, Folgewirkungen des MoMiG auf die GmbH in der Krise, NWB 2008 S. 3775; *Schmidt, Karsten*, GmbH-Reform auf Kosten der Geschäftsführer? Zum (Un-)Gleichgewicht zwischen Gesellschafterrisiko und Geschäftsführerrisiko im Entwurf eines MoMiG und in der BGH-Rechtsprechung, GmbHR 2008 S. 449; *ders.*, Entbehrlicher Rangrücktritt im Recht der Gesellschafterdarlehen? – Kritik an § 19 Abs. 2 E-InsO im MoMiG-Entwurf, BB 2008 S. 461; *Freitag*, Die neue BGH-Rechtsprechung zur kapitalerhaltungsrechtlichen Zulässigkeit der Stellung von Upstream-Sicherheiten und ihre Auswirkungen auf die Finanzierungspraxis, WM 2017 S. 1633; *Nordholtz/Hupka*, Die Kapitalerhaltung nach §§ 30 f. GmbHG bei dinglichen Upstream-Sicherheiten, DStR 2017 S. 1999; *Leuering/Rubner*, Das Schädigungsverbot im GmbH-Konzernrecht, NJW-Spezial 2018 S. 527; *Wilhelm/Hoffmann*, Haftungsrisiken bei Upstream-Sicherheiten, DB 2018 S. 1387.

1 Vgl. BGH v. 21.6.1999 - II ZR 47/98, BGHZ 142 S. 92, NWB JAAAE-89570.

2 BGH v. 12.3.2013 - II ZR 179/12, BGHZ 196 S. 312, NWB FAAAE-33650; BGH v. 25.6.2001 - II ZR 38/99, BGHZ 148 S. 167, 171, NWB KAAAB-98078; vgl. auch OLG Düsseldorf v. 31.5.2012 - I-16 U 53/11, NZG 2012 S. 150; Schmidt, JuS 2013 S. 740.

3 Dazu unter Rz. 3871 ff.

1. Voraussetzungen des Auszahlungsverbots

a) Auszahlungen

Vorbehaltlich der § 30 Abs. 1 Sätze 2 und 3 GmbHG darf nach dem Wortlaut des § 30 Abs. 1 Satz 1 GmbHG das zur Erhaltung des Stammkapitals erforderliche Vermögen der Gesellschaft an die Gesellschafter nicht ausgezahlt werden. Verboten sind aber nicht nur Zahlungsvorgänge, sondern **alle aus dem Gesellschaftsvermögen erbrachten Leistungen,**[1] wie Zahlungen z. B. auch aus offenen und verdeckten Gewinnausschüttungen,[2] Vorschüsse, Sachleistungen, Dienstleistungen, Nutzungsüberlassungen, Schuldübernahmen, nicht durch einen vollwertigen Rückgewähranspruch gedeckte Darlehen,[3] Verzicht auf Rechte, Aufrechnungen, Gewährungen von Sicherheiten (z. B. Bürgschaftsübernahme) und auch „Kleinigkeiten" wie die unentgeltliche Überlassung von Kraftfahrzeugen oder Personal. 1551

Unter das Auszahlungsverbot fallen aber nicht sämtliche Leistungen, die die Gesellschaft an den Gesellschafter erbringt, sondern im Grunde nur jene, welche durch die mitgliedschaftliche Stellung des Gesellschafters bedingt sind,[4] also **im Gesellschaftsverhältnis begründet** sind oder **mit Rücksicht auf die Gesellschafterstellung erfolgen.** Dagegen unterfallen Geschäfte mit Gesellschaftern, die ihre Ursache nicht im Gesellschaftsverhältnis haben, sondern auf betrieblichen Gründen beruhten und daher in gleicher Weise auch und zu entsprechenden Konditionen **auch mit Dritten** abgeschlossen worden wären, mangels mitgliedschaftlicher Verursachung **nicht** dem Auszahlungsverbot.[5] Dies ermöglichte insbesondere die Zahlung des üblichen und angemessenen Geschäftsführergehalts an Gesellschafter-Geschäftsführer, war darüber hinaus aber auch für Umsatzgeschäfte aller Art mit Gesellschaftern anerkannt. 1552

Zulässig sind des Weiteren Zahlungen, wenn der Gesellschafter für die Leistung in einem Austauschgeschäft eine gleich- und vollwertige Gegenleistung erbringt oder zu erbringen hat, § 30 Abs. 1 Satz 2 GmbHG. 1553

Daraus folgt, dass **Austauschgeschäfte** wie z. B. Kaufvertrag, Mietvertrag und Arbeitsvertrag dann **zulässig sind, wenn** Leistung und Gegenleistung einander ausgeglichen (äquivalent) gegenüberstehen und die Gegenleistung vollwertig ist. Zulässig ist insbesondere die „bilanzneutrale Leistung" – Aktivtausch: Die Gesellschaft erhält für ihre Zahlung einen nach Verkehrswert gleichwertigen (aktivierungsfähigen) Vermögensgegenstand – und auch die Zahlung einer Vergütung an den Gesellschafter-Geschäftsführer ist zulässig, wenn das Gehalt und die sonstigen typischen Gehaltsbestandteile (z. B. Tantieme) dem Gehalt eines Fremdgeschäftsführers entsprechen, weil dann eine Vermögensminderung nicht eintritt. 1554

Nach dem BGH[6] verstößt die Auszahlung des Gehalts an den Gesellschafter-Geschäftsführer, dem ein angemessener vertraglicher Vergütungsanspruch eingeräumt worden

1 Vgl. BeckHB GmbH/Jung/Otto, § 8 Rz. 6.
2 Vgl. BGH v. 23.4.2012 - II ZR 252/10, NWB ZAAAE-10842.
3 BGH v. 24.11.2003 - II ZR 171/01, BGHZ 157 S. 72, NWB AAAAB-89381.
4 Vgl. Scholz/Verse, GmbHG, § 30 Anm. 30.
5 Noack/Servatius/Haas/Servatius, GmbHG, § 30 Rz. 29.
6 BGH v. 15.6.1992 - II ZR 88/91, NWB WAAAF-69349.

ist, auch dann nicht gegen § 30 Abs. 1 Satz 1 GmbHG, wenn dafür das Stammkapital angegriffen werden muss und es zum Teil aus einer gewinnunabhängigen Tantieme besteht. Wenn allerdings die Gesellschaft für die Leistung des Gesellschafters zu viel bezahlt oder der Gesellschafter ein zu niedriges Entgelt erbringt, liegt kein neutrales Geschäft mehr vor, sondern eine gegen § 30 Abs. 1 GmbHG verstoßende Auszahlung. Bei solchen Geschäften wird auch im Zusammenhang mit § 30 Abs. 1 GmbHG der aus dem Steuerrecht stammende Begriff der verdeckten Gewinnausschüttung gebraucht. Für die Frage, ob eine verbotene Auszahlung vorliegt, kommt es aber nicht darauf an, ob die Ausschüttung offen oder verdeckt vorgenommen wurden.

1555 Ob ein **Austauschgeschäft oder eine (verdeckte) Ausschüttung** vorliegt, richtet sich danach, ob ein gewissenhaft nach kaufmännischen Grundsätzen handelnder Geschäftsführer das Geschäft unter sonst gleichen Umständen zu den gleichen Bedingungen auch mit einem Nichtgesellschafter abgeschlossen hätte, ob die Leistung also durch betriebliche Gründe gerechtfertigt war.[1] Ob das Auszahlungsverbot tangiert ist, bestimmt sich – unabhängig davon, ob die Ausschüttung offen oder verdeckt erfolgt – allein danach, ob sie das das Stammkapital deckende Vermögen angreift oder eine bestehende Unterbilanz bzw. Überschuldung vertieft.

1556 Auch **verdeckte Zahlungen** sind so lange für das Kapitalerhaltungsgebot unbedenklich, als sie aus dem ungebundenen Vermögen erfolgen.[2] Im Verhältnis der Gesellschafter untereinander kann durch eine solche verdeckte Zuwendung an einen Gesellschafter allerdings das Gleichbehandlungsgebot verletzt sein. Ob auch der Verzicht auf einen möglichen Gewinn, der eine Unterbilanz vermindern würde, gegen das Auszahlungsverbot verstößt, ist zweifelhaft.

1557 **Maßgeblicher Zeitpunkt** für die Beurteilung ist nicht das Verpflichtungsgeschäft, sondern die dingliche Erfüllung und grundsätzlich der Zeitpunkt, zu dem bei dem Gesellschafter der Leistungserfolg eintritt. Hat sich die Vermögenslage der Gesellschaft nach Abschluss des Verpflichtungsgeschäftes so verbessert, dass die Erfüllung ohne Angreifen des Stammkapitals möglich ist, dann steht der Leistung § 30 Abs. 1 GmbHG nicht entgegen, auch wenn ein Missverhältnis zwischen Leistung und Gegenleistung zuungunsten der Gesellschaft besteht. Umgekehrt kann das Kapitalerhaltungsgebot es verbieten, einen bei ausreichendem Vermögen gefassten Gewinnverteilungsbeschluss zu vollziehen, wenn zur Auszahlung das zur Deckung des Stammkapitals erforderliche Vermögen angegriffen werden müsste.

1558 Die Erfüllung sonstiger **Drittgeschäfte** kann zulässig sein, wenn sich Gesellschaft und Gesellschafter wie fremde Dritte gegenüberstehen, also kein sog. Gesellschaftergeschäft vorliegt. Dies kann z. B. der Fall sein, wenn der Anspruch des Gesellschafters auf einem gesetzlichen Verpflichtungsgrund wie bei einer Schadensersatzpflicht aus unerlaubter Handlung (§ 823 Abs. 1, §§ 31, 831 BGB) beruht.

1 BGH v. 13.11.1995 - II ZR 113/94, DStR 1996 S. 271.
2 Vgl. BGH v. 23.6.1997 - II ZR 220/95, BGHZ 136 S. 125.

b) Vom Auszahlungsverbot ausgenommene Leistungen

Die Vorschrift des § 30 Abs. 1 Satz 1 GmbHG macht deutlich, dass das Auszahlungsverbot nur und erst eingreift, wenn eine **Unterbilanz vorliegt oder durch die Leistung der Gesellschaft entsteht oder vertieft wird** bzw. wenn bereits eine **Überschuldung vorliegt** (vgl. dazu näher nachfolgend unter Rz. 1562 f.). Auch wenn sich die GmbH in einer solchen Situation befindet, bleibt die Leistung in folgenden Fällen zulässig. 1559

aa) Leistungen bei Bestehen eines Beherrschungs- oder Gewinnabführungsvertrags

Ist die GmbH durch einen **Beherrschungs- oder Gewinnabführungsvertrag** (§ 291 AktG) zwischen Gesellschafter und Gesellschaft in einen Konzern eingegliedert, sieht der Gesetzgeber im Hinblick auf die finanzielle Eingliederung und Verlustübernahmepflicht seitens der beherrschenden Obergesellschaft keine Gefährdung der Gläubigerinteressen, wenn durch die Leistung der Gesellschaft in das Stammkapital als Mindesthaftungsfonds eingegriffen wird. Solche Leistungen bleiben[1] also zulässig und sind nicht – wie es der Regierungsentwurf zum MoMiG ursprünglich vorgesehen hatte – auf Leistungen zwischen den Vertragsteilen des Beherrschungs- oder Gewinnabführungsvertrags beschränkt. Weil es nur auf das „Bestehen" eines solchen Unternehmensvertrags ankommt, sind auch Leistungen einbezogen, die an Dritte auf Veranlassung des herrschenden Unternehmens erfolgen, z. B. an andere Konzernunternehmen oder an andere Unternehmen erfolgen, die mit dem herrschenden Unternehmen oder anderen Konzernunternehmen in Geschäftsverbindung stehen. 1560

BEISPIEL: Zwischen der OG-AG als beherrschender Gesellschafterin und der UG-GmbH besteht ein Beherrschungs- und Gewinnabführungsvertrag. Die OG-AG weist die Geschäftsführung der UG-GmbH an, als Vorschuss auf die Gewinnabführung des laufenden Geschäftsjahres einer anderen konzernangehörigen Gesellschaft eine „Liquiditätsspritze" von 500.000 € zu gewähren, deren Auszahlung bei der GmbH eine Unterbilanzsituation hervorruft. Die mittelbar zugunsten der Gesellschafterin wirkende Auszahlung ist zulässig, und zwar unabhängig davon, ob gegen die dritte Konzerngesellschaft ein Rückgewähranspruch entsteht und ob ein solcher vollwertig wäre.

Abwandlung:

Im Konzern besteht ein Cash-Pool-System mit bankarbeitstäglichem Zero-Balancing, wobei eine weitere, von der OG-AG beherrschte Gesellschaft das Zentralkonto unterhält. Auch wenn der Debetsaldo der GmbH aus der Inanspruchnahme des Zentralkontos bereits eine Unterbilanzsituation herbeigeführt hat, sind weitere Abführungen an das Zentralkonto im Hinblick auf § 30 Abs. 1 GmbHG unbedenklich.

bb) Durch einen vollwertigen Gegenleistungsanspruch gedeckte Leistung

Auch in der Unterbilanzsituation darf die GmbH mit dem Gesellschafter Geschäfte eingehen, die bei ihr zu einem Liquiditätsabfluss führen, wenn dieser nur durch einen **vollwertigen Gegenleistungsanspruch gedeckt** ist, also nach der maßgeblichen bilanziellen Betrachtungsweise ein Aktivtausch vorliegt. Vollwertig ist der Gegenleistungsanspruch, wenn Leistung und Gegenleistung einander ausgeglichen (äquivalent) gegenüberstehen 1561

1 Zur Verdrängung der Kapitalerhaltungsregeln nach §§ 30, 31 GmbHG im GmbH-Vertragskonzern durch die pauschale Ausgleichspflicht am Ende des Geschäftsjahres vgl. bereits BGH v. 10.7.2006 - II ZR 238/04, BGHZ 168 S. 285, NWB AAAAB-97883.

und der Gesellschafter solvent und kreditwürdig ist. Es reicht nicht aus, wenn z. B. Verkehrswert eines von der GmbH gelieferten Gegenstandes und der Nennbetrag der Kaufpreisforderung einander entsprechen, der Gesellschafter aber nur eingeschränkt zahlungsfähig ist und hinsichtlich der bilanzierten Forderung sofort „Abschreibungsbedarf" besteht.

cc) Durch einen vollwertigen Rückzahlungsanspruch gedeckte Leistung

1562 Diese Ausnahme betrifft vornehmlich die **Darlehensgewährungen an Gesellschafter** oder ihnen nahe stehende Personen oder Kapitalauszahlungen zu treuen Händen des Gesellschafters und Abführungen der GmbH innerhalb eines **Cash-Pool-Systems**. In diesen Fällen erlangt die GmbH rechtlich einen Rückgewähranspruch. Trotz dieses Rückgewähranspruchs liegt ein Verstoß gegen das Auszahlungsverbot aber nur dann nicht vor, wenn in bilanzieller Betrachtungsweise der Anspruch der GmbH vollwertig ist. **Vollwertigkeit** liegt bei Hingabe eines Darlehens vor, wenn es angemessen verzinst wird und der Gesellschafter auf Dauer solvent und kreditwürdig ist.[1] Ob für die Vollwertigkeit auch eine bankübliche Besicherung hinzutreten muss, wird nicht einheitlich beantwortet;[2] ist aber (wohl) nicht erforderlich. Der BGH[3] zieht sich auf die allgemeine Aussage zurück, dass der Ausfall des Darlehensrückzahlungsanspruchs „unwahrscheinlich" sein muss und es auf den Einzelfall ankomme. Zu beachten gilt es aber, dass es sich um einen **vertraglichen Rückgewähranspruch** handeln muss; der **gesellschaftsrechtliche Erstattungsanspruch aus § 31 Abs. 1 GmbHG reicht nicht aus**, mag er auch wegen der Solvenz des Gesellschafters noch so „vollwertig" sein.

1563 Anders als bei der Kapitalaufbringung, wo nach § 19 Abs. 5 GmbHG ein Hin- und Herzahlen der Geldeinlage aufgrund einer Darlehensabrede den Gesellschafter gem. § 19 Abs. 5 GmbHG nur dann von seiner Einlageverpflichtung befreit, wenn die Auszahlung durch einen (in bilanzieller Betrachtungsweise) vollwertigen **und** jederzeit **fälligen** oder von der GmbH durch fristlose Kündigung fällig stellbaren, also liquiden Rückzahlungsanspruch gedeckt ist, reicht bei Auszahlung des einmal aufgebrachten Kapitals i. S. v. § 30 GmbHG die Deckung durch einen vollwertigen Rückgewähranspruch aus.

BEISPIELE:

1. Die GmbH gewährt zwei Jahre nach ihrer Gründung, bei der das Stammkapital in voller Höhe einbezahlt worden war, dem Gesellschafter X ein grundschuldlich gesichertes Darlehen zur Finanzierung eines privaten Hauskaufs mit einer Laufzeit von zehn Jahren. Die Annuität (Verzinsung und Tilgung) ist banküblich, gegen die Bonität des Gesellschafters bestehen keine Bedenken. Durch die Auszahlung der Valuta als solche sinkt das Vermögen der GmbH unter die Stammkapitalziffer. Die Darlehensgewährung ist zulässig, weil die GmbH einen vollwertigen Rückzahlungsanspruch aktivieren kann, der den Liquiditätsabfluss von ihrem Bankkonto neutralisiert. Dass die GmbH das Darlehen nicht kündigen kann, solange X seinen Annuitätsverpflichtungen nachkommt und nicht in Vermögensverfall gerät, spielt keine Rolle.

1 Vgl. BGH v. 24.11.2003 - II ZR 171/01, BGHZ 157 S. 72, NWB AAAAB-89381.

2 Vgl. z. B. Hölzle, GmbHR 2007 S. 729; Winter, DStR 2007 S. 1484.

3 BGH v. 1.12.2008 - II ZR 102/07, BGHZ 179 S. 71, Rz. 13, NWB UAAAD-02550, Rz. 13; NJW 2009 S. 850 – MPS zu § 311 AktG; HCL/Habersack, Rz. 105; Scholz/Verse, Rz. 85.

2. Die GmbH gewährt dem solventen X im Hinblick auf seine Gesellschafterstellung ein unverzinsliches Darlehen von 50.000€ mit fester Laufzeit von fünf Jahren, für dessen Rückzahlung der begüterte und damit außer Zweifel solvente Herr Y eine selbstschuldnerische Bürgschaft übernimmt. Der Geldabfluss führt zu einer Unterbilanz. Da die GmbH den Darlehensrückzahlungsanspruch auf die Laufzeit abzinsen muss, ist dieser bei bilanzieller Betrachtungsweise nicht vollwertig. Es liegt eine verbotene Auszahlung vor, und X muss der GmbH den Betrag sofort erstatten, der notwendig ist, um das durch den Liquiditätsabfluss verminderte Vermögen so zu erhöhen, dass die Stammkapitalziffer wieder erreicht ist. Die Deckung dieser Differenz durch den vollwertigen Rückzahlungsanspruch aus § 31 Abs. 1 GmbHG reicht nicht aus.
3. Die GmbH ist in ein funktionsfähiges und liquides Cash-Pool-System einbezogen. Durch das bankarbeitstägliche Zero-Balancing werden ihre Geldkonten stets auf Null gestellt, was rechnerisch eine Unterbilanzsituation verursacht. Da sie aber wegen der Verrechnungs- und Kontokorrentabrede zumindest in Höhe ihres Rückzahlungsanspruchs Ansprüche aus der Darlehensgewährung gegen die Gesellschafterin hat, bei der das Zentralkonto geführt wird, besteht eine vollwertige Deckung. Das Cash-Pool-System ist – wie es auch ein Anliegen der Gesetzesänderung durch das MoMiG war – im Hinblick auf § 30 GmbHG unbedenklich.

dd) Rückgewähr von Gesellschafterdarlehen und Leistungen auf Forderungen aus Rechtshandlungen, die einem Gesellschafterdarlehen wirtschaftlich entsprechen

Die Vorschrift des § 30 Abs. 1 Satz 3 GmbHG lässt die **Rückgewähr von Gesellschafter-** 1564
darlehen und die **Leistungen auf Forderungen** aus Rechtshandlungen, die **wirtschaftlich einem Gesellschafterdarlehen gleichstehen** (z. B. **Stundungen von Forderungen** aus normalen Austauschgeschäften wie dem Kauf oder Werkvertrag oder aus Nutzungs- und Gebrauchsüberlassungen wie Miete und Pacht), auch dann zu, wenn dafür das zur Erhaltung des Stammkapitals erforderliche Vermögen angegriffen (ausbezahlt) werden muss. Gleichgültig ist es dabei, ob die Darlehensgewährung oder wirtschaftlich gleich zu achtende Gesellschafterhilfe (wie Stundung oder Gebrauchsüberlassung) nach den Rechtsprechungsregeln als eigenkapitalersetzend zu bewerten war oder nicht. Nach allgemeiner Ansicht bringt § 30 Abs. 1 Satz 3 GmbHG unmissverständlich zum Ausdruck: Es gibt **keine eigenkapitalersetzenden Darlehen und ihnen gleichgestellte Finanzierungshilfen** mehr.[1]

Gesellschafterdarlehen und ihnen wirtschaftlich gleich zu achtende Gesellschafterhilfen können nach dem Willen des Gesetzgebers[2] nicht mehr aus dem Gesichtspunkt des Eigenkapitalersatzes als haftendes Kapital (Stammkapital) behandelt bzw. in Gesellschaftskapital umqualifiziert werden. Folglich kann die Rückzahlung von Gesellschafterdarlehen oder die Leistung auf Forderungen aus wirtschaftlich einer Darlehensgewährung gleichstehenden Rechtshandlungen nicht mehr als verbotene Kapitalrückzahlung behandelt werden. **Gesellschafterdarlehen** und Forderungen aus Rechtshandlungen, die einem Darlehen wirtschaftlich entsprechen, werden **unabhängig von ihrer Zweck-**

1 Vgl. z. B. Gehrlein, BB 2008 S. 846, 849, m. w. N.

2 Die „Nichtanwendungsnorm" verbietet es, die Rechtsprechungsregeln weiter anzuwenden, vgl. Goette, Einführung in das neue GmbH-Recht, S. 25 Rz. 57. Dies gilt nach BGH v. 26.1.2009 - II ZR 260/07, NWB SAAAD-15940, DB 2009 S. 670, aber nicht für „Altfälle", in denen der Entstehungstatbestand des Schuldverhältnisses (= Erstattungspflicht nach §§ 30, 31 Abs. 1 GmbHG a. F.) vor Inkrafttreten des MoMiG (= 1.11.2008) vollständig verwirklicht war bzw. das Insolvenzverfahren eröffnet worden ist.

bestimmung mit einem insolvenzrechtlichen Nachrang belegt (§ 39 Abs. 1 Nr. 5 InsO), ein Regelungsbedürfnis für Gesellschafterdarlehen innerhalb des GmbH-Rechts ist mit der Abschaffung des Eigenkapitalersatzrechts entfallen.

BEISPIELE:

1. Der Gesellschafter R hat vor einigen Jahren der X-GmbH ein Darlehen über 50.000 € gewährt. Die GmbH zahlt das Darlehen vereinbarungsgemäß zurück, obwohl sie dazu das ihr Stammkapital deckende Vermögen angreifen muss. Es liegt kein Verstoß gegen das Auszahlungsverbot vor.
2. Der Gesellschafter R hatte das Darlehen der GmbH gewährt, weil sie sich in einer Krise befand und bei Kreditinstituten kein Geld mehr bekommen konnte. Obwohl es sich um ein „eigenkapitalersetzendes Darlehen" handelt, weil R der GmbH Gesellschafterfremdmittel zuführte, obwohl er die GmbH wegen der Krisensituation entweder hätte liquidieren oder ihr Eigenkapital zuführen müssen, kann das Darlehen nicht als Eigenkapital umqualifiziert und mit einem Auszahlungsverbot belegt werden. § 30 Abs. 1 Satz 1 GmbHG ist nicht anwendbar. Möglicherweise unterliegt die Darlehensrückzahlung aber der Insolvenzanfechtung oder Anfechtung nach dem AnfG.
3. Der Gesellschafter R hat der GmbH ein Grundstück verpachtet, aber die Pachtzahlungen in der GmbH „stehen gelassen", um ihre Liquidität zu erhöhen. Aus ähnlichen Überlegungen hat er es unterlassen, die Auszahlung von Gewinnansprüchen einzufordern. Es liegen einer Darlehensgewährung wirtschaftlich gleichstehende Rechtshandlungen vor. R darf ohne Rücksicht darauf, ob die „Darlehensgewährung" krisenbestimmt war oder nicht, nunmehr die Auszahlung verlangen und die GmbH sie leisten, auch wenn damit eine Unterdeckung des Stammkapitals eintritt.

c) Minderung des das Stammkapital deckenden Vermögens

1565 Das Auszahlungsverbot bezweckt einen **wertmäßigen und nicht einen gegenständlichen Schutz** des Stammkapitals und greift deshalb ein, wenn durch das vorhandene Gesellschaftsvermögen (einschließlich noch nicht erbrachter, aber zu aktivierender werthaltiger Einlageansprüche) die Ziffer des Stammkapitals nicht mehr gedeckt ist.

Dies ist der Fall, wenn eine **Unterbilanz vorliegt oder durch die Zahlung entsteht oder vertieft wird.** Die Unterbilanzsituation liegt vor, wenn das Netto-Gesellschaftsvermögen zwischen der Stammkapitalziffer und Null liegt, also die Aktiva einer Bilanz nach § 42 GmbHG nach Abzug der Schuldposten den Nennbetrag des Stammkapitals (gezeichnetes Kapital) unterschreiten. Das Auszahlungsverbot greift aber auch und erst recht ein, wenn das Gesellschaftsvermögen negativ ist und folglich eine **Überschuldung** vorliegt oder durch die Leistung an den Gesellschafter eintritt oder vertieft wird.

d) Unterbilanz

1566 Geht es um die Feststellung einer **Unterbilanz**, ist das Gesellschaftsvermögen, das mit der Stammkapitalziffer zu vergleichen ist, durch eine auf den Zeitpunkt der Auszahlung erstellte Zwischenbilanz nach Maßgabe des § 42 GmbHG zu fortgeführten Buchwerten zu ermitteln. Für die **Aktiva** gelten die Grundsätze einer ordnungsgemäßen Bilanzierung und die aus dem letzten Jahresabschluss fortgeführten Werte, wobei von früher ausgeübten Bilanzierungswahlrechten (Bewertungs- und Abschreibungswahlrechten) nicht willkürlich abgewichen werden darf. Es ist mithin auf eine Erfolgsbilanz mit fortgeschriebenen Buchwerten abzustellen;[1] Verkehrswerte oder Liquidationswerte dürfen wegen der ihrer Ermittlung innewohnenden Unsicherheiten nicht angesetzt werden.[2] **Stille Reserven** sind grundsätzlich nicht aufzudecken, wobei auch nicht zwischen bilanzrechtlich gebotenen stillen Reserven und solchen, die lediglich aus steuerrechtlichen Abschreibungen resultieren, zu differenzieren ist.[3] Die **grundsätzliche Unbeachtlichkeit** stiller Reserven bei der Ermittlung des nach § 42 Abs. 1 GmbHG auszahlungsfähigen Gesellschaftsvermögens **vermeidet im Interesse des Gläubigerschutzes,** dass **Unsicherheiten bei der Bewertung** stiller Reserven dazu führen, dass in Wahrheit zur Erhaltung des Stammkapitals erforderliches Vermögen an die Gesellschafter ausgeschüttet wird.[4]

Darlehensrückzahlungsansprüche gegen Gesellschafter müssen mit ihren wahren Werten angesetzt werden, d. h., ist die Rückzahlung zweifelhaft, ist eine Abwertung vorzunehmen. Führt bei einer zutreffenden Bilanzierung des Rückzahlungsanspruchs dann eine Gewinnausschüttung an den Gesellschafter-Darlehensnehmer zu einer Unterbilanzsituation oder vertieft sie, entsteht der Anspruch aus § 31 Abs. 1, § 30 Abs. 1 GmbHG, der auch nicht mehr erlischt, wenn das Darlehen später zurückgezahlt wird.[5]

Eingeforderte, aber noch nicht eingezahlte **Einlagen** sind, sofern sie werthaltig und ein- 1567
bringlich sind, beim Aktivvermögen anzusetzen, falls nicht sind sie vorher abzuschreiben oder abzuzinsen. **Eigene Anteile** dürfen nicht als Aktiva angesetzt werden, sondern müssen nach § 272 Abs. 1a HGB offen von den Passivposten „gezeichnetes Kapital" abgesetzt werden (vgl. Rz. 4190).

Nicht berücksichtigt werden darf ein originärer (selbstgeschaffener, nicht derivativer) 1568
Firmen- oder Geschäftswert. Auch sonstige **Aktivierungsverbote** des Bilanzrechts sind im Rahmen des § 272 Abs. 1 HGB zu beachten. Dies betrifft gem. § 248 Abs. 2 Satz 2 HGB etwa selbst geschaffene Marken, Drucktitel, Verlagsrechte, Kundenlisten oder vergleichbare, nicht entgeltlich erworbene Vermögensgegenstände des Anlagevermögens.[6]

Für andere selbst geschaffene immaterielle Vermögensgegenstände des Anlagevermögens besteht gem. § 248 Abs. 2 Satz 1 HGB hingegen ein Aktivierungswahlrecht. Soweit die Gesellschaft von ihrem Aktivierungswahlrecht nach § 248 Abs. 2 Satz 1 HGB Gebrauch macht, greift jedoch die Ausschüttungssperre des § 268 Abs. 8 Satz 1 HGB ein. Diese gilt auch für aktivierte latente Steuern (s. § 268 Abs. 1 Satz 2 HGB). Für § 30 Abs. 1 GmbHG folgt aus dieser Sperre, dass die zugehörigen Aktiva aus der Berechnung des Nettoaktivvermögens auszunehmen sind.[7]

1 BGH v. 5.4.2011 - II ZR 263/07, NWB VAAAD-83957, Rz. 17; BGH v. 11.12.1989 - II ZR 78/89, BGHZ 109 S. 334, 338 f., NJW 1990 S. 1109.
2 Vgl. BGH v. 11.12.1989 - II ZR 79/89, BGHZ 109 S. 334, 337; v. 22.10.1990 - II ZR 238/89, DStR 1991 S. 227.
3 So die ganz h. M, s. etwa BGH v. 26.6.2018 - II ZR 65/16, NWB KAAAG-90335, Rz. 15; BGH v. 5.4.2011 - II ZR 263/07, NWB VAAAD-83957, Rz. 17; ferner BGH v. 11.12.1989 - II ZR 78/98, BGHZ 109 S. 334, 337 f., NJW 1990 S. 1109; BGH, NJW 1997 S. 196, 197.
4 BGH v. 11.12.1989 - II ZR 78/98, BGHZ 109 S. 334, 338, NJW 1990 S. 1109.
5 BGH v. 23.4.2012 - II ZR 252/10, NWB ZAAAE-10842.
6 Vgl. dazu Ernst/Seidler, ZGR 2008 S. 631, 639.
7 BeckOK GmbHG/Schmolke, § 30 Rz. 70.

1569 Auf der **Passivseite**, die dem Aktivvermögen gegenüberzustellen ist, sind die Verbindlichkeiten nach Bilanzierungsregeln anzusetzen einschließlich der Rückstellungen. Sie mögen zwar rechtlich noch keine Verbindlichkeiten gegenüber Dritten darstellen, bringen aber die periodengerechte Belastung des Gesellschaftsvermögens zum Ausdruck. Auch Darlehen der Gesellschafter sind in die Verbindlichkeiten einzurechnen,[1] weil sie den entsprechenden Teil des Gesellschaftsvermögens binden.[2] Rückzahlungsverpflichtungen aus **Gesellschafterdarlehen** sind echte Passiva und daher ungeachtet ihrer Subordination in der Insolvenz der Gesellschaft (vgl. § 39 Abs. 1 Nr. 5, Abs. 4, Abs. 5 InsO) für die Zwecke des § 30 Abs. 1 GmbHG grundsätzlich in vollem Umfang zu passivieren.[3]

Unabhängig von der Handhabung nachrangiger Rückerstattungsansprüche aus Gesellschafterdarlehen im Rahmen der anderen Zwecken dienenden Überschuldungsbilanz, vgl. § 19 Abs. 2 Satz 2 InsO, gilt bei § 30 GmbHG, dass es auch im Falle der **Vereinbarung eines (einfachen) Rangrücktritts** bei der Passivierung bleibt.[4] Ob dies auch bei einem **qualifizierten Rangrücktritt gilt, ist streitig.**[5] Die **Einlage des stillen Gesellschafters**, sei er typisch oder atypisch, ist jedenfalls für die Berechnung des Nettoaktivvermögens zu passivieren.[6]

e) Rechtsfolge bei Unterbilanz

1570 Bedeutet Unterbilanz, dass der Nennbetrag des Stammkapitals durch das vorhandene Gesellschaftsvermögen nicht mehr gedeckt ist, aber noch keine Überschuldung besteht, so ist eine **Auszahlung** an den Gesellschafter **verboten**, wenn durch sie **eine Unterbilanz entsteht oder vertieft** wird. Soweit diese Voraussetzungen anhand des beschriebenen Vergleichs festzustellen sind, darf eine Auszahlung nicht erfolgen oder eine gleichwohl erfolgte Zahlung ist vom Empfänger zu erstatten. Das heißt aber für den Fall, dass zwar noch die Stammkapitalziffer übersteigendes Vermögen vorhanden ist, dies aber nicht ausreicht, um die Leistung an den Gesellschafter zu erbringen, ohne das zur Deckung des Stammkapitals nötige Vermögen anzugreifen, geplante oder bewirkte Auszahlungen an den Gesellschafter nur zum Teil nach § 30 Abs. 1 Satz 1 GmbHG verboten sind. Es ist dann nur der Teilbetrag, mit dem das zur Deckung der Stammkapitalziffer erforderliche Vermögen verbraucht wird, zurückzubehalten oder vom Empfänger zu erstatten.

BEISPIELE: Die X-GmbH hat ein Stammkapital von 100.000 €. Sie besitzt ein Aktivvermögen zu Buchwerten von 200.000 €, darunter liquide Mittel von 30.000 €, und hat Verbindlichkeiten gegenüber Dritten von 110.000 €. Sie möchte ihrem Gesellschafter A mit einer Vorabausschüttung von 20.000 € „unter die Arme greifen", damit er seine private Steuernachzahlung begleichen kann.

Es liegt eine Unterbilanzsituation vor, weil das Netto-Gesellschaftsvermögen von (Aktiva 200.000 € ./. Verbindlichkeiten 110.000 € =) 90.000 € nicht mehr ausreicht, um die Stammkapitalziffer zu decken. Die Auszahlung an den Gesellschafter würde die bestehende Unterbilanz

1 BGH v. 6.12.1993 - II ZR 102/93, BGHZ 124 S. 282.
2 Vgl. BGH v. 8.1.2001 - II ZR 88/99, BGHZ 146 S. 264.
3 BGH v. 29.9.2008 - II ZR 234/07, NWB AAAAC-96253.
4 Siehe etwa BGH v. 29.9.2008 - II ZR 234/07, NWB AAAAC-96253.
5 Siehe dazu BeckOK GmbHG/Schmolke, § 30 Rz. 70.
6 OLG Brandenburg v. 26.11.1997 - 7 U 39/97, GmbHR 1998 S. 190, 192 – für den atypischen stillen Gesellschafter.

(um 20.000€) vertiefen. Das Auszahlungsverbot des § 30 Abs. 1 GmbHG greift ein und die GmbH muss von der Hilfe an den Gesellschafter A Abstand nehmen, eine gleichwohl erfolgte Zahlung ist von dem Gesellschafter gem. § 31 Abs. 1 GmbHG zu erstatten.

1. ABWANDLUNG: Wie voriges Beispiel, aber die Verbindlichkeiten betragen nur 90.000€. Es besteht noch keine Unterbilanz, weil die GmbH noch über ein Vermögen verfügt, das die Stammkapitalziffer abdeckt und sie um 10.000€ übersteigt. Die geplante Auszahlung an den Gesellschafter ließe jedoch eine Unterdeckung von 10.000€ entstehen. In dieser Höhe entsteht bei Leistung an den Gesellschafter eine Unterbilanz, so dass sie nach § 30 Abs. 1 Satz 1 GmbHG verboten ist. Der vom ungebundenen Vermögen gedeckte Betrag darf ausgezahlt werden. Zahlt die GmbH dennoch 20.000€ an den Gesellschafter aus, sind vom Gesellschafter gem. § 31 Abs. 1 GmbHG 10.000€ zu erstatten.

2. ABWANDLUNG: Es besteht wie im Grundbeispiel eine Unterbilanzsituation, aber die GmbH kauft von dem Gesellschafter zum Marktpreis von 20.000€ eine Maschine. Nach Lieferung will sie den Kaufpreis begleichen.

Hier liegt ein Austauschgeschäft mit einander gleichwertigen Gegenleistungen vor. Bei solchen „bilanzneutralen" Leistungen (Aktivtausch) wird der Gesellschaft ein gleichwertiger Gegenstand zugeführt, so dass die Unterbilanz durch die Zahlung (Aktivabgang der Zahlungsmittel) nicht vergrößert wird. Das Auszahlungsverbot greift schon nach § 30 Abs. 1 Satz 2 GmbHG nicht ein, weil die GmbH bei bilanzieller Betrachtungsweise einen vollwertigen Gegenleistungsanspruch erlangt hat.

3. ABWANDLUNG: Es besteht die Unterbilanzsituation, aber der Gesellschafter hat aufgrund eines früheren Gewinnverwendungsbeschlusses einen Anspruch auf Dividende von 20.000€. Der Dividendenbezug stellt ein Gesellschaftergeschäft dar, weil die Leistung in der Gesellschafterstellung begründet ist. Hier greift das Auszahlungsverbot ein, weil kein Austauschgeschäft und auch kein Drittgeschäft vorliegt, bei dem der Gesellschafter die Leistung wie ein fremder Dritter empfängt (z. B. Schadensersatzanspruch aus unerlaubter Handlung).

f) Überschuldung

Eine Auszahlung an den Gesellschafter ist erst recht nicht zulässig, wenn sie zur **Überschuldung führt** oder sie **vertieft**. Dann sind die Regeln des Kapitalerhaltungsrechts nicht nur entsprechend, sondern unmittelbar anzuwenden, was insbesondere bei der Ausfallhaftung anderer Gesellschafter nach § 31 Abs. 3 GmbHG von Bedeutung ist.[1] 1571

Ob eine **Überschuldung** besteht, ist anders als bei der Unterbilanz nicht nach § 42 GmbHG, sondern nach insolvenzrechtlichen Regeln durch eine **Überschuldungsprüfung nach § 19 InsO festzustellen.** Überschuldung liegt danach vor, wenn das Vermögen die bestehenden Verbindlichkeiten nicht mehr deckt und eine Fortführung nicht überwiegend wahrscheinlich ist. Notwendig ist damit zum einen die Aufstellung einer **Überschuldungsbilanz,** zum anderen die Erstellung einer **Fortbestehensprognose**. Eine zwingende Reihenfolge gibt es nicht, weshalb in der Praxis häufig mit der (vermeintlich) einfacheren Fortbestehensprognose begonnen wird. 1572

Die Überschuldungsbilanz ist mit der Handelsbilanz nicht identisch.[2] Vielmehr sind die wahren Werte anzusetzen. 1572/1

1 BGH v. 25.2.2002 - II ZR 196/00, BGHZ 150 S. 61, 64, NWB DAAAB-97817.

2 BGH v. 8.1.2001 - II ZR 88/99, BGHZ 146 S. 264, 267 f., NWB QAAAB-78850; Nerlich/Römermann/Mönning, Insolvenzordnung, Kommentar, Rz. 32.

Auf der **Aktivseite** sind alle Vermögenswerte aufzunehmen, die bei der gedachten Eröffnung der Insolvenz als Masse verwertbar wären. Hinsichtlich der Höhe besteht keine Bindung an die Werte der Handelsbilanz, die Wirtschaftsgüter sind mit den aktuellen **Verkehrswerten oder Liquidationswerten** anzusetzen, die oft in den sog. **Zerschlagungswerten** bestehen, wenn das Unternehmen nicht als Ganzes veräußert werden kann und dann Fortführungswerte angesetzt werden können.

1573 In der Überschuldungsbilanz dürfen auch **selbst geschaffene immaterielle Wirtschaftsgüter**[1] und ein **Firmenwert** eingestellt werden, wenn mit ihrer Verwertung durch den Insolvenzverwalter gerechnet werden kann; auch schwebende Geschäfte können zu berücksichtigen sein. **Stille Reserven** sind aufzudecken, da es um einen möglichen Veräußerungserlös geht.

1574 Auf der Passivseite sind die Verbindlichkeiten mit ihrem Nennwert gegenüberzustellen, aber nur solche Verbindlichkeiten, die auch im Fall einer (gedachten) Insolvenz vom Gläubiger verfolgt werden könnten. Deshalb sind **nicht anzusetzen** das **Stammkapital** und Forderungen, auf die für den Fall der Insolvenz verzichtet worden ist, sowie **Darlehen** mit einem qualifizierten Rangrücktritt (Absprache, dass das Gesellschafterdarlehen erst nach Befriedigung aller anderen Gläubiger zurückgezahlt werden soll) oder Sanierungsdarlehen.[2] Gemäß § 19 Abs. 2 Satz 2 und § 39 Abs. 1 Nr. 5 InsO gilt – vorbehaltlich des Sanierungs- und Kleinbeteiligtenprivilegs – der insolvenzrechtliche Nachrang aller Gesellschafterdarlehen.

1574/1 Der Gesetzgeber entlastet damit aber die Überschuldungsbilanz nicht mehr grundsätzlich um Gesellschafterdarlehen, so dass sie nicht mehr als Passiva eingestellt werden müssten. Dafür muss der Gesellschafter eine Rangrücktrittserklärung des Inhalts abgegeben, erst nach der Befriedigung der Gesellschaftsgläubiger der Rangklasse in § 39 Abs. 1 Nr. 5 InsO berücksichtigt zu werden. Auch Forderungen aus Rechtshandlungen, die einem Gesellschafterdarlehen wirtschaftlich gleichstehen – also insbesondere gestundete Forderungen aus Austauschverträgen (z. B. Kauf, Miete, Pacht) und aus Darlehen und gleichgestellten Forderungen eines gesellschaftergleichen Dritten – sind nur dann nicht zu passivieren, wenn für sie gem. § 19 Abs. 2 Satz 3 InsO zwischen Gläubiger und Schuldner der insolvenzrechtliche Nachrang hinter die Rangklasse Nr. 5 vereinbart worden ist. Eine Gleichstellung mit statutarischem Eigenkapital ist nicht erforderlich. Der Rangrücktritt kann so formuliert werden, dass der Gesellschafter gem. § 39 Abs. 2 InsO hinter die übrigen Gesellschafterkreditgeber zurücktritt, die keine Rangrücktrittserklärung abgegeben haben und daher nach § 39 Abs. 1 InsO befriedigt werden.

Die hinreichende Rangrücktrittserklärung kann etwa so formuliert werden:[3]

1. *Der Darlehensgeber tritt hiermit mit sämtlichen Ansprüchen aus dem in § 1 genannten Darlehen gem. § 19 Abs. 2 Satz 2 InsO im Rang hinter sämtliche Forderungen anderer bestehender und künftiger Gläubiger in der Weise zurück, dass Tilgung und Verzinsung [ggf. sonstige Nebenforderungen einfügen] des Darlehens nur nachrangig*

1 Vgl. BGH v. 30.9.1996 - II ZR 51/95, DStR 1996 S. 1862, zu eigenen Softwareentwicklungen.

2 BGH v. 5.3.2015 - IX ZR 133/14, BGHZ 204 S. 231, Rz. 19, NWB RAAAE-87071; ferner Haas, DStR 2009 S. 326, 327.

3 Schwedhelm/Wollweber, Formularbuch Recht und Steuern, 10. Aufl. 2021 Muster A 6.51.

nach allen anderen Gläubigern im Rang des § 39 Abs. 1 Nr. 1 bis 5 InsO, also im Rang des § 39 Abs. 2 InsO, verlangt werden können. Ein Verzicht auf die Forderung wird nicht vereinbart.

2. *Tilgung und Verzinsung [ggf. sonstige Nebenforderungen einfügen] des Darlehens können nur aus künftigen Jahresüberschüssen, aus einem Liquidationsüberschuss oder aus sonstigem freien Vermögen verlangt werden.*
3. *Eine Befriedigung i. S. d. Abs. 2 hat ausnahmslos zu unterbleiben, wenn und/oder soweit hierdurch eine Überschuldung oder Zahlungsunfähigkeit der Gesellschaft im insolvenzrechtlichen Sinne entsteht oder zu entstehen droht.*
4. *Die Abs. 1 bis 3 gelten sowohl vor als auch nach Eröffnung eines Insolvenzverfahrens.*

Die **rechnerische bilanzielle Überschuldung** führt bei negativer Fortbestehensprognose 1575
zur juristischen Überschuldung i. S. der Insolvenzreife. Liegt hingegen eine positive **Fortbestehensprognose** vor, ist unabhängig von einer bilanziellen Überschuldung keine Insolvenzreife gegeben.[1] Danach muss das Unternehmen objektiv überlebensfähig sein, was ein aussagekräftiges Unternehmenskonzept – sog. **Ertrags- und Finanzplan** – voraussetzt. Notwendig ist damit eine Prognoserechnung, aus der sich ergibt, dass das Unternehmen mittelfristig mit überwiegender Wahrscheinlichkeit über ausreichende Liquidität verfügen wird, um seine im jeweiligen Zeitabschnitt fälligen Verbindlichkeiten zu erfüllen.[2] Eine überwiegende Wahrscheinlichkeit der Fortführung des Unternehmens liegt vor, wenn diese zu mehr als 50 % wahrscheinlich ist.

g) Rechtsfolge bei Überschuldung

Anders als bei der Unterbilanz, wo der Erstattungsanspruch aus § 31 Abs. 1 GmbHG 1576
nicht höher als die Ziffer des Stammkapitals sein kann, muss der Gesellschafter **die in der Überschuldungssituation empfangene Leistung in voller Höhe zurückzahlen,**[3] es sei denn, die Auszahlungssperre greift, wie z. B. bei der Rückgewähr von Gesellschafterdarlehen, nicht ein. Allerdings ist die Haftung auf den Betrag des verlorenen Stammkapitals und der darüber hinausgehenden Überschuldung begrenzt. Der Anspruch kann nicht höher sein als die Auszahlung selbst, auch wenn nach Rückzahlung immer noch eine Überschuldung oder Unterbilanz bleibt. **Die Erstattungspflicht geht immer nur auf die verbotene Auszahlung,** es besteht **keine Quasi-Nachschusspflicht** zum Ausgleich einer Überschuldung aus § 31 Abs. 1 GmbHG.

Eine missliche Folge kann die direkte Anwendung des § 30 Abs. 1 Satz 1 GmbHG in 1577
Überschuldungsfällen auch für die **anderen Gesellschafter** haben, weil sie wegen eines Ausfalls der Erstattungsforderung nach Abs. 3 der Vorschrift **anteilig im Verhältnis der Geschäftsanteile haften.** Das Haftungsrisiko der Mitgesellschafter nach § 31 Abs. 3 GmbHG ist auf den Betrag der Stammkapitalziffer beschränkt.[4] Eine Beschränkung auf die Höhe der Stammeinlage des oder der Gesellschafter, die verbotswidrig die Auszah-

1 MüKoInsO/Drukarczyk/Schüler, § 19 Rz. 91 f.; K. Schmidt, InsO/K; Schmidt/Herchen, InsO, § 19 Rz. 14 f.
2 BGH v. 9.10.2006 - II ZR 303/05, NWB NAAAC-19552; OLG Schleswig v. 11.2.2010 - 5 U 60/09, NZI 2010 S. 492, 493.
3 BGH v. 17.3.2008 - II ZR 2407, BGHZ 176 S. 62, Rz. 9, NJW 2008 S. 2118.
4 BGH v. 25.2.2002 - II ZR 196/00, BGHZ 150 S. 61, NWB DAAAB-97817.

lung erhalten haben, kommt aber ebenso nicht in Betracht,[1] wie der Abzug der eigenen Einlage des solidarisch haftenden Gesellschafters.[2] Wegen des Risikos einer Ausfallhaftung sollten Mitgesellschafter schon im eigenen Interesse besondere Vorsicht walten lassen, wenn es um Auszahlungen an einen Gesellschafter geht, die mit Rücksicht auf dessen Gesellschafterstellung erfolgen sollen.

1578–1600 (*Einstweilen frei*)

2. Zahlungsempfänger und Erstattungspflichtiger

a) Gesellschafter

1601 Liegt nach § 30 Abs. 1 Satz 1 GmbHG eine verbotene Zahlung an den Gesellschafter vor, ist der **Gesellschafter** als **Leistungsempfänger zur Erstattung verpflichtet**. Dies gilt auch dann, wenn er die verbotene Leistung empfangen hat, nachdem er bereits aus der Gesellschaft ausgeschieden ist, die der Auszahlung zugrunde liegende Verpflichtung aber bereits begründet wurde, als er noch Gesellschafter war. Maßgebend ist also, ob der Gesellschafter im Zeitpunkt der Begründung Gesellschafter war, nicht aber, ob die Gesellschaftereigenschaft bei der Erfüllung (Auszahlung) noch bestanden hat.[3] Der ausgeschiedene Gesellschafter ist zur Erstattung ebenfalls verpflichtet, wenn ihm die Leistung für den Fall seines Ausscheidens zugesagt wurde, ein neu eintretender Gesellschafter schuldet die Rückzahlung, wenn ihm die (verbotene) Leistung für den Fall seines Eintretens versprochen wurde.

b) Dritte als Zahlungsempfänger

1602 Wird an eine außenstehende dritte Person gezahlt, ist der Gesellschafter dennoch Empfänger der Leistung und zur Erstattung verpflichtet, wenn **die Auszahlung auf Weisung und für Rechnung des Gesellschafters erfolgt**. Dies sind insbesondere die Fälle, in denen die Gesellschaft Verbindlichkeiten des Gesellschafters gegenüber Dritten erfüllt – z. B. die Entrichtung seiner privaten Steuerschuld an die Finanzkasse[4] – oder die Gesellschaft auf eine im Interesse ihres Gesellschafters eingegangene Bürgschaft zahlt.

1603 Leistungen an dritte Personen führen aber auch dann zur Erstattungspflicht des Gesellschafters, wenn sie ihm wegen seiner **nahen Beziehung zu dem Dritten** wie eine an ihn erbrachte Zuwendung zugerechnet werden müssen. Hierunter fallen die Leistungen an **nahe Angehörige wie den Ehegatten, die minderjährigen Kinder und Eltern, verbundene Unternehmen und im Rahmen von Treuhandverhältnissen** (**Hintermann** eines Strohmann-Gesellschafters oder **Treugeber** eines Treuhandgesellschafters). Die Leistungen sind dann dem Gesellschafter – wie an ihn erbracht – zuzurechnen mit der Folge, dass er rückzahlungspflichtig ist.

1 Noack/Servatius/Haas/Servatius, GmbHG, § 31 Rz. 24; offen gelassen in BGH v. 25.2.2002 - II ZR 196/00, BGHZ 150 S. 61, 66, NWB DAAAB-97817.
2 BGH v. 22.9.2003 - II ZR 229/02, NWB QAAAB-97869.
3 St. Rspr., vgl. BGH v. 13.7.1981 - II ZR 256/79, BGHZ 81 S. 252, 258.
4 BGH v. 29.3.1973 - II ZR 25/70, BGHZ 60 S. 324, 330.

c) Dritte als Leistungsempfänger und Erstattungsverpflichtete

Leistungen an **Nichtgesellschafter** unterliegen auch bei Unterbilanz grundsätzlich nicht den Schranken von § 30 Abs. 1 GmbHG.[1] Die Erstreckung kann daher **nur unter besonderen Voraussetzungen** erfolgen, die im Einzelnen umstritten sind. 1604

Zu unterscheiden sind verschiedene Fallgruppen: 1604/1

Leistet die Gesellschaft **an einen Dritten für Rechnung des Gesellschafters** zur Erfüllung einer diesen treffenden Verbindlichkeit, liegt darin jedenfalls dann, wenn dies auf Veranlassung des Gesellschafters oder zumindest in seinem Einverständnis erfolgt, eine Leistung in Form einer mittelbaren Auszahlung an den Gesellschafter, und dieser, nicht der Dritte, ist Empfänger i. S. v. § 30 Abs. 1 und § 31 GmbHG.[2]

Nach früherer Rechtsprechung mussten sich **nahe Angehörige, Treugeber oder ein Hintermann in Treuhand- bzw. Strohmannverhältnissen oder verbundene Unternehmen als Empfänger** einer verbotenen Auszahlung, wie **ein Gesellschafter behandeln lassen und waren selbst zur Rückzahlung verpflichtet**. Die neuere Rechtsprechung tendiert hingegen zu einer restriktiveren Sicht, wonach ein Näheverhältnis allein nicht genügt, sondern ein innerer Zusammenhang sich aus den Umständen des Einzelfalls konkret ergeben muss.[3] Danach bestehe auch bei Leistung an einen nahen Angehörigen eine **Erstattungspflicht des Gesellschafters** nur, wenn der Gesellschafter entweder die Leistung veranlasst hat oder durch die Leistung mittelbar in ähnlicher Weise begünstigt wird, wie bei einer Leistung an ihn selbst. Einzelheiten sind aber strittig.[4]

Dritte können aber auch dann zur Rückzahlung verpflichtet sein, wenn ihnen der Anspruch des Gesellschafters abgetreten oder der Anspruch gepfändet wurde und an sie als Zessionar oder Pfändungsgläubiger gezahlt worden ist.[5] Weiter kommt eine Haftung bei einer mittelbaren Gesellschafterstellung in Betracht, wenn der unmittelbare Gesellschafter nur Treuhänder, Strohmann ist und die **Leistung direkt an den Treugeber**, Hintermann, erfolgt. 1605

(*Einstweilen frei*) 1606–1610

3. Erstattungsanspruch

LITERATUR:

Blöse, Der Umfang der Ausfallhaftung bei Verstoß gegen das Auszahlungsverbot, GmbHR 2002 S. 1107; *Geißler*, Verdeckte Gewinnausschüttungen und Rückforderungsansprüche der GmbH, GmbHR 2003 S. 394; *Jungmann*, Zur bilanziellen Behandlung und summenmäßigen Begrenzung von Ansprüchen aus § 31 GmbHG, DStR 2004 S. 688; *Goette*, Cash-Pool und Kapitalerhaltung, DStR 2006 S. 767.

1 Allg. Meinung, siehe nur Noack/Servatius/Haas/Servatius, GmbHG, § 30 Rz. 24.
2 BGH v. 29.5.2000 - II ZR 118/98, NZG 2000 S. 883, 886.
3 BGH v.17.2.2011 - IX ZR 131/10, NWB VAAAD-78381, NZG 2011 S. 667, Rz. 15; BGH v. 18.2.1991 - II ZR 104/90, BGHZ 113 S. 335, 345 f., NJW 1991 S. 1754; BGH v. 15.1.1990 - II ZR 164/88, BGHZ 110, S. 47, 67, NJW 1990 S. 982 und dem folgend u. a. MüKoGmbHG/Ekkenga, § 30 Rz. 162; Scholz/Verse, § 30 Rz. 4.
4 Siehe ausführlich Noack/Servatius/Haas/Servatius, GmbHG, § 31 Rz. 13.
5 BGH v. 28.9.1981 - II ZR 223/80, BGHZ 81 S. 365.

1611 Wird gegen das der Kapitalerhaltung dienende Verbot verstoßen, sind die betreffenden Leistungen der Gesellschaft zu erstatten (§ 31 Abs. 1 GmbHG). **Gläubiger** des Erstattungsanspruchs ist also die **Gesellschaft**. Die Erstattungspflicht, die durch eine Mithaftung der Gesellschafter unterstützt wird, ist nicht abdingbar. Dass die Voraussetzungen für die Entstehung des Anspruchs vorgelegen haben (insbesondere Unterbilanz bzw. Überschuldung bzw. deren Entstehen oder Vertiefung), hat die Gesellschaft (bzw. i. d. R. der Insolvenzverwalter) darzulegen und zu beweisen. Dafür, dass einer der neuen Ausnahmetatbestände vorliegt, wie etwa die Deckung der Gesellschaftsleistung durch einen vollwertigen Gegenleistungs- oder Rückgewährsanspruch, wird man wohl den Gesellschafter beweispflichtig machen müssen.

a) Inhalt des Erstattungsanspruchs

1612 Da der Erstattungsanspruch die Erhaltung des der Ziffer des Stammkapitals entsprechenden Vermögens bezweckt, muss das Vermögen wieder entsprechend aufgefüllt werden.

1613 Der Rückzahlungsverpflichtete muss grundsätzlich die verbotswidrig empfangenen Leistung in voller Höhe zurückerstatten. Verbotswidrig ist die Leistung aber nur insoweit, als sie aus dem gebundenen Vermögen erfolgt ist. Die Rückgewähr des aus dem freien Vermögen der GmbH entrichteten Anteils der Leistung wird daher nach § 31 GmbHG jedenfalls dann nicht geschuldet, wenn es sich bei der Auszahlung um eine Geldleistung gehandelt hat. Bei Unterbilanz ist die Höhe des Erstattungsanspruchs demgemäß auf die Stammkapitalziffer begrenzt. Sobald das Gesellschaftsvermögen wertmäßig auf diese Ziffer wieder aufgefüllt ist, darf der Gesellschafter einen überschießenden Betrag aus der empfangenen Leistung behalten.[1]

Andererseits ist der Erstattungsanspruch der Gesellschaft nach § 31 **Abs.** 1 GmbHG nicht auf die Höhe des Stammkapitals begrenzt. Zehrt die Auszahlung also nicht lediglich das Stammkapital auf, sondern führt weitergehend zu einer Überschuldung oder vergrößert eine bestehende Überschuldung, so ist die Leistung unabhängig von der Höhe des Stammkapitals in vollem Umfang an die Gesellschaft zu erstatten. Bleibt auch nach vollständiger Rückgewähr der verbotswidrigen Auszahlung eine Unterbilanz oder eine Überschuldung bestehen, begründet § 31 GmbHG jedoch keine weitere Nachschusspflicht.[2]

1614 Bei einer **Überschuldung** muss der Gesellschafter nicht nur **den der Ziffer des Stammkapitals entsprechenden Betrag erstatten,** sondern **den Betrag, der erforderlich ist, um die Überschuldung zurückzuführen. Obergrenze** ist aber der Betrag der empfangenen Zahlung.

1615 Grundsätzlich ist das zu erstatten, was der Gesellschafter empfangen hat. Dies bedeutet, dass **Zahlungen zu erstatten** und **Sachleistungen** regelmäßig **in Natur** zurückzugewähren sind, bei unzulässigen Aufrechnungen oder verbotswidrigem Verzicht auf For-

1 BGH v. 22.3.2010 - II ZR 12/08, BGHZ 185 S. 44, NWB ZAAAD-43978; MHLS/Heidinger, Rz. 29; HCL/Habersack, Rz. 22, mit Beispielsrechnung.

2 BGH v. 29.3.1973 - II ZR 25/70, BGHZ 60 S. 324, 331 f., NJW 1973 S. 1036; BGH v. 5.2.1990 - II ZR 114/89, NJW 1990 S. 1730, 1732; MHLS/Heidinger, Rz. 29; Lutter/Hommelhoff/Hommelhoff, Rz. 9; HCL/Habersack, Rz. 22.

derungen sind die entsprechenden Verbindlichkeiten wieder zu begründen.[1] Da das Kapitalerhaltungsgebot nicht dem gegenständlichen Schutz des Stammkapitals dient, sondern die Erhaltung eines ihm entsprechenden Vermögenswertes bezweckt, wird man es zulassen können, dass der Gesellschafter eine ihm zugewandte Sache behalten darf, falls er der Gesellschaft einen entsprechenden Wertausgleich durch Zahlung eines Geldbetrages leistet, der dann auch die zwischenzeitlichen Nutzungen umfassen muss. Gibt er den Sachgegenstand zurück, trägt er auch das Risiko der Wertminderung; eingetretene Wertverluste sind in Geld auszugleichen. Der Gesellschafter kann gegen den Erstattungsanspruch auch nicht einwenden, dass er nicht mehr bereichert sei und dass die Gesellschaft nicht hätte leisten dürfen (§§ 814, 818 Abs. 3 BGB). Der Erstattungsanspruch gem. § 31 Abs. 1 GmbHG ist kein Bereicherungsanspruch, sondern ein im Gesellschaftsverhältnis begründeter Anspruch.

b) Fälligkeit

Der Erstattungsanspruch wird **sofort** in dem Zeitpunkt **fällig**, in dem die (verbotene) 1616
Leistung bewirkt wird, und zwar ohne dass es eines Gesellschafterbeschlusses wie nach § 46 Nr. 2 GmbHG zur Einforderung von Einlagen bedarf. Der Anspruch dient Gläubigerschutzinteressen und steht daher auch nicht zur Verfügung der Gesellschafter.[2] Der Geschäftsführer hat den Anspruch geltend zu machen und kann sich nicht hinter eine entgegenstehende Weisung der Gesellschafter zurückziehen, wenn er sich nicht nach § 43 Abs. 3 GmbHG selbst schadensersatzpflichtig machen will.[3]

Nach überwiegender Ansicht darf der Anspruch auf Erstattung auch **nicht gestundet** 1617
werden, und der Gesellschafter kann auch gegen den Erstattungsanspruch nicht mit einer eigenen Forderung gegen die Gesellschaft aufrechnen **(Aufrechnungsverbot).**[4] Nach **h. M** ist das für Einlageforderungen geltende Aufrechnungsverbot des Gesellschafters in **§ 19 Abs. 2 Satz. 2 GmbHG entsprechend** auf Erstattungsansprüche nach § 19 Abs. 1, Abs. 2 und Abs. 3 GmbHG anzuwenden.[5] Dies hat besonders Bedeutung in der Insolvenz der Gesellschaft, weil dann der Insolvenzverwalter die Erstattungsforderung ungeschmälert geltend machen kann, während der Gesellschafter mit seiner eigenen Forderung meist ausfällt.

Der **einmal entstandene Rückzahlungsanspruch** nach § 31 Abs. 1 GmbHG **entfällt nicht,** 1618
wenn das Gesellschaftsvermögen zwischenzeitlich in anderer Weise bis zur Höhe der

1 Vgl. BGH v. 8.7.1985 - II ZR 269/84, BGHZ 95 S. 188, 193; v. 2.10.2000 - II ZR 64/99, DStR 2000 S. 2140.

2 BGH v. 8.12.1986 - II ZR 55/86, BB 1987 S. 293.

3 BGH v. 15.11.1999 - II ZR 122/98, DStR 2000 S. 168.

4 Vor dem MoMiG insofern eindeutig BGH v. 24.11.2003 - II ZR 171/01, BGHZ 157 S. 72, 77, NWB AAAAB-89381, unter Verweis auf BGH v. 29.5.2000 - II ZR 118/98, BGHZ 144 S. 336, 341, NWB TAAAE-91790; a. A. Altmeppen, GmbHG, § 30 Rz. 35, m. w. N.

5 BGH v. 27.11.2000 - II ZR 83/00, BGHZ 146 S. 105, 107 f., NWB GAAAB-98195; BGH v. 10.7.2006 - II ZR 238/04, BGHZ 168 S. 285, Rz. 8 f., NWB AAAAB-97883; Lutter/Ulmer/Zöllner, FS 100 Jahre GmbHG, 1992, S. 363, 380 ff.; Lutter, Kapital, Sicherung der Kapitalaufbringung und Kapitalerhaltung in den Aktien- und GmbH-Rechten der EWG 1964 S. 380; Lutter/Hommelhoff/Hommelhoff, Rz. 27; MHLS/Heidinger, Rz. 88; MüKoGmbHG/Ekkenga, Rz. 77; Rowedder/Pentz/Pentz, Rz. 44; Scholz/Verse, Rz. 74; HCL/Habersack, Rz. 64; GBS GmbHG/Kuntz, Rz. 35.

Stammkapitalziffer **nachhaltig wieder hergestellt** ist.[1] Die frühere, gegenteilige Rechtsprechung, die den Anspruch bei anderweitiger, nachhaltiger Beseitigung der Unterbilanz oder Überschuldung entfallen ließ,[2] ist damit nicht mehr anwendbar. Die Gesellschaft hat aber die Möglichkeit, bei zwischenzeitlich nachhaltiger Beseitigung der Unterbilanz oder Überschuldung über die Verwendung des Erstattungsanspruchs durch Gesellschafterbeschluss zu entscheiden, also auch die Erstattung zu erlassen, wenn damit § 30 Abs. 1 Satz 1 GmbHG nicht erneut verletzt wird.

1619 Der Anspruch aus § 31 Abs. 1 GmbHG verjährt in zehn Jahren, § 31 Abs. 5 Satz 1 GmbHG, die Frist beginnt mit Ablauf des Tages, an dem die Gesellschaft die verbotswidrige Zahlung oder Leistung erbracht hat (Eintritt des Leistungserfolges).

c) Einschränkung der Erstattungspflicht bei Gutgläubigkeit

1620 Eine verbotswidrige Zahlung liegt schon dann vor, wenn sie objektiv bei Unterbilanz oder Überschuldung erfolgt ist, ohne dass die Gesellschaft oder der begünstigte Gesellschafter davon Kenntnis haben mussten oder gar ein Verschulden vorliegen müsste, und löst dann den Erstattungsanspruch aus.

1621 **Bei Gutgläubigkeit** ist aber die Erstattungspflicht auf **den Betrag beschränkt**, der zur **Befriedigung der Gläubiger erforderlich ist** (§ 31 Abs. 2 GmbHG).

1622 Es kommt auf die Gutgläubigkeit des Gesellschafters hinsichtlich einer Unterbilanz- oder Überschuldungssituation an. Bösgläubigkeit liegt ähnlich wie in § 932 Abs. 2 BGB bei **Kenntnis oder grob fahrlässiger Unkenntnis** dieser Umstände vor. Eine Kenntnis der gesetzlichen Regelung wird nicht vorausgesetzt, ihre Unkenntnis hindert daher Gutgläubigkeit nicht. Die gesetzliche Regelung in § 62 Abs. 1 Satz 2 AktG, welche die Haftung auf einfache Fahrlässigkeit erstreckt, ist nicht auf die GmbH übertragbar.[3] Weiter ist bei der Gutgläubigkeit zu berücksichtigen, ob der Gesellschafter sein Auskunfts- und Informationsrecht nach § 51a GmbHG hinreichend wahrgenommen hat. Einen Mehrheitsgesellschafter treffen umfangreichere Sorgfaltspflichten als einen Gesellschafter, der nur über eine Minderheitsbeteiligung verfügt.

1623 Ist ein Dritter Zahlungsempfänger und ist die Leistung dem Gesellschafter zuzurechnen, kommt es auf die Gutgläubigkeit des Gesellschafters an. Bei **Leistungen an nahe Angehörige** des Gesellschafters wird vorgeschlagen, für den in § 89 Abs. 3, § 115 Abs. 2 AktG bzw. § 138 InsO genannten Personenkreis eine Veranlassung durch den Gesellschafter, und damit eine Anwendung von §§ 30, 31 GmbHG **widerleglich zu vermuten.**[4] **Hinzuweisen ist aber nochmals darauf, dass die Einzelheiten (hoch) umstritten sind.**

1624 Kann sich der Gesellschafter auf seine Gutgläubigkeit berufen, was er darlegen und notfalls beweisen muss, kann die Gesellschaft die **Rückzahlung nur** insoweit verlangen, als sie **für die Befriedigung der Gläubiger erforderlich** ist. Erforderlich ist die Erstattung

1 BGH v. 23.4.2012 - II ZR 252/10, BGHZ 193 S. 96, Rz. 28, NWB ZAAAE-10842; BGH v. 6.3.2012 - II ZR 56/10, BGHZ 192 S. 341, Rz. 45, NWB TAAAE-08583; BGH v. 29.5.2000 - II ZR 118/98, BGHZ 144 S. 336, NWB TAAAE-91790 – Balsam/Procedo I; BGH v. 29.5.2000 - II ZR 347/97, ZIP 2000 S. 1256 – Balsam/Procedo II.

2 BGH v. 11.5.1987 - II ZR 226/86, NJW 1988 S. 139.

3 Noack/Servatius/Haas/Servatius, GmbHG, § 31 Rz. 18.

4 Noack/Servatius/Haas/Servatius, GmbHG, § 30 Rz. 27 f.

schon bei ernsten Zahlungsschwierigkeiten und stets, wenn die Gesellschaft überschuldet oder zahlungsunfähig ist, so dass dem Gesellschafter bei Einforderung – wie meist in diesen Fällen durch den Insolvenzverwalter – sein guter Glaube nicht viel nützt, zumal die Erstattungspflicht auch dann gilt, wenn die zu befriedigenden Verbindlichkeiten erst nach der Auszahlung, aber noch innerhalb der Verjährungsfrist entstanden sind.

d) Mithaftung der übrigen Gesellschafter

Da es um die effektive Erhaltung des Kapitals geht, das im Interesse der Gläubiger nicht durch verbotswidrige Auszahlungen an Gesellschafter geschmälert werden soll, bezieht der Gesetzgeber die Mitgesellschafter in die Erstattungspflicht mit ein **(§ 31 Abs. 3 GmbHG)**. Mitgesellschafter ist jeder, der im Zeitpunkt der verbotswidrigen Zahlung Mitglied der Gesellschaft war. Eine **Veräußerung** des Geschäftsanteils nach der Leistungserbringung führt nicht zum Entfallen der Haftung des Veräußerers, begründet aber von der Eintragung in die Gesellschafterliste an eine Mithaftung des Erwerbers gem. § 16 Abs. 2 GmbHG.[1] 1625

Allerdings tritt die **Haftung der Mitgesellschafter** nur **hilfsweise** (subsidiär) ein. Sie hängt einmal davon ab, dass der Empfänger der Leistung seiner Erstattungspflicht nicht nachkommt, und setzt zum zweiten voraus, dass der ausfallende Betrag zur Befriedigung der Gesellschaftsgläubiger gebraucht wird. Die Haftung der Mitgesellschafter, die sich insgesamt nach dem Umfang der sog. Primärschuld richtet (das ist die Schuld des zur Erstattung nach § 31 Abs. 1 GmbHG verpflichteten Empfängers), ist nicht solidarisch, sondern bestimmt sich nach dem Verhältnis der Geschäftsanteile (§ 31 Abs. 3 Satz 1 GmbHG), wobei den einzelnen zur anteiligen Haftung verpflichteten Mitgesellschafter aber zusätzlich noch eine Ausfallhaftung nach § 31 Abs. 3 Satz 2 GmbHG treffen kann, wenn wiederum ein mithaftender Gesellschafter nicht zur Zahlung seines Anteils in der Lage ist. 1626

Da es für die Mithaftung auf Gut- oder Bösgläubigkeit nicht ankommt, trifft die Gesellschafter, die nicht einmal an der verbotswidrigen Leistung teilgenommen haben müssen oder von ihr möglicherweise auch gar keine Kenntnis hatten, ein hohes Haftungsrisiko insbesondere, wenn die Gesellschaft in Vermögensverfall gerät. Wegen dieses unkalkulierbaren Risikos wird man wohl die Haftung auf einen Betrag in Höhe des Stammkapitals beschränken müssen.[2]

e) Keine Schadensersatzansprüche gegen die Mitgesellschafter

Nach früherer Rechtsprechung trat neben den Schadensersatzanspruch gegen den Geschäftsführer nach § 43 Abs. 3 GmbHG auch ein solcher Anspruch gegen die Mitgesellschafter, weil sie ihre Pflicht verletzt hatten, das Stammkapital schmälernde Auszahlungen an einen Gesellschafter zu verhindern. Die Mitgesellschafter mussten deshalb für den gesamten Fehlbetrag als Gesamtschuldner einstehen.[3] Inzwischen ist der BGH 1627

1 Roth/Altmeppen/Altmeppen, GmbHG, § 31 Rz. 24.

2 Vgl. Beck-GmbH-HB/Jung/Otto, § 8 Rz. 74; Goette, § 3 Rz. 29; vom BGH offen gelassen, vgl. BGH v. 5.2.1990 - II ZR 144/89, NJW 1990 S. 1730.

3 BGH v. 10.12.1984 - II ZR 308/83, BGHZ 93 S. 146 ff.; v. 27.3.1995 - II ZR 30/94, NWB WAAAE-91789, DStR 1995 S. 1117.

zur gesetzlichen Ausfallhaftung nach § 31 Abs. 3 GmbHG zurückgekehrt[1] und hat eine verschuldensabhängige Haftung der Mitgesellschafter – von Fällen der Existenzgefährdung abgesehen – verneint. Die Frage ist aber weiterhin lebhaft umstritten.[2]

f) Verjährung

1628 Sämtliche Ansprüche der Gesellschaft aus § 31 Abs. 1 GmbHG gegen den Empfänger der verbotswidrigen Leistung verjähren nunmehr in zehn Jahren.

1629 Die Haftungsansprüche gegen Mitgesellschafter (Abs. 3) verjähren nach fünf Jahren (§ 31 Abs. 5 Satz 1 GmbHG). Die Verjährung beginnt mit Ablauf des Tages, an welchem die Gesellschaft die zu erstattende Leistung erbracht hat.

1630 Die **„bösliche"** Handlungsweise hat – abgesehen von Altfällen – nur noch Bedeutung für die Haftungsbegrenzung nach § 31 Abs. 2 GmbHG. Eine bösliche Handlungsweise liegt vor, wenn der Gesellschafter die Leistung in Kenntnis der Unzulässigkeit angenommen oder gebilligt hat.[3]

g) Rückzahlung gutgläubig bezogener Gewinne

1631 Hat der Gesellschafter aufgrund eines Gewinnverwendungsbeschlusses nach § 29 GmbHG in offener Ausschüttung eine Dividende von der GmbH erhalten, so kann die Gesellschaft den Betrag grundsätzlich nach Bereicherungsregeln zurückfordern, wenn die Zahlung von Anfang an (wegen Nichtigkeit des Gewinnverwendungsbeschlusses) oder aufgrund eines späteren rückwirkenden Ereignisses (Anfechtung) ohne rechtlichen Grund erfolgt ist. Einer solchen Rückforderung kann der Gesellschafter unter Berufung auf § 32 GmbHG entgegentreten, wenn der Gesellschafter hinsichtlich des Mangels des Gewinnverteilungsbeschlusses gutgläubig war. Diesen Einwand kann der Gesellschafter mit Erfolg aber nur erheben, wenn bei der Auszahlung nicht das Vermögen geschmälert wurde, das für die **Deckung der Stammkapitalziffer** erforderlich war. Dann liegt ein Verstoß gegen § 30 Abs. 1 Satz 1 GmbHG vor, der nach § 31 GmbHG einen eigenständigen Erstattungsanspruch auslöst, der aber seinem Umfang nach gem. § 31 Abs. 2 GmbHG eingeschränkt sein kann.

h) Schadensersatzansprüche gegen Geschäftsführer

1632 Nach § 31 Abs. 6 GmbHG haften Geschäftsführer gegenüber den Gesellschaftern, die im Wege der **Ausfallhaftung nach § 31 Abs. 3 GmbHG** in Anspruch genommen worden sind. Der Anspruch richtet sich gegen denjenigen, der Geschäftsführer zum Zeitpunkt der gegen § 30 GmbHG verstoßenden Leistung war, und setzt voraus, dass diesen hinsichtlich der Auszahlung ein **Verschulden** trifft. Der Sorgfaltsmaßstab entspricht demjenigen des § 43 Abs. 1 GmbHG. Der Anspruch richtet sich auf Ersatz des von dem Gesellschafter im Wege der Ausfallhaftung gem. § 31 Abs. 3 GmbHG gezahlten Betrags, vor

1 BGH v. 21.6.1999 - II ZR 47/98, BGHZ 142 S. 92, NWB JAAAE-89570.

2 Siehe nur Noack/Servatius/Haas/Servatius, GmbHG, § 31 Rz. 25.

3 BGH v. 11.5.1987 - II ZR 226/86, DB 1987 S. 1782; v. 19.2.1990 - II ZR 268/88, BGHZ 110 S. 352, NWB MAAAE-91788.

der Zahlung auf Freistellung. Die **Verjährungsfrist** beträgt gem. Satz 2 i.V.m § 43 Abs. 4 GmbHG fünf Jahre.

Dem nach **§ 31 Abs. 1, 2** GmbHG in Anspruch genommenen Leistungsempfänger steht kein Regressanspruch gegen den Geschäftsführer zu, vielmehr ist er seinerseits dem nach § 31 Abs. 6 GmbHG in Anspruch genommenen Geschäftsführer ersatzpflichtig.[1]

Geschäftsführer haften der Gesellschaft gem. § 43 GmbHG gesamtschuldnerisch für Schaden aus gegen § 30 GmbHG verstoßender Leistung, wenn sie ein Verschulden trifft. Der Anspruch kann **entsprechend § 93 Abs. 5 AktG** auch von den Gläubigern der Gesellschaft verfolgt werden, was insbesondere in Fällen masseloser Insolvenz bzw. Firmenbestattung praktisch relevant ist.[2] 1633

(*Einstweilen frei*) 1634–1635

4. Besonderheiten des Cash-Pools

a) Rechtslage vor MoMiG

Der Gesetzgeber des MoMiG hat in § 30 Abs. 1 Satz 2 GmbHG eine Sonderregelung für Kreditleistungen der GmbH an ihre Gesellschafter geschaffen. Danach gilt das „Auszahlungsverbot" des Satzes 1 nicht bei Leistungen, die bei Bestehen eines Beherrschungs- oder Gewinnabführungsvertrags (§ 291 AktG) erfolgen oder durch einen vollwertigen Gegenleistungs- oder Rückgewähranspruch gegen den Gesellschafter gedeckt sind. 1636

Hintergrund ist die „November-Entscheidung" des BGH.[3] Die Praxis sah aufgrund der ungeklärten Interpretation dieser Rechtsprechung das in Konzernen verbreitete Cash Pooling gefährdet. Dabei findet typischerweise banktäglich ein Liquiditätsausgleich statt. Freie Liquidität eines Konzernunternehmens wird auf ein bei einer sog. „Betreibergesellschaft" für den Konzern zentral geführtes Konto transferiert, die betr. Pool-Teilnehmerin erhält hierfür einen Ausgleichsanspruch, wobei die ganz h. A. den Vorgang als „Darlehensgewährung" qualifiziert.[4] Umgekehrt verpflichtet sich die Betreibergesellschaft, einen negativen Saldo auf dem an das Cash Pooling angeschlossenen Unterkonto der Pool-Teilnehmer auszugleichen. Dies hat den Vorteil, dass keine Liquidität am Kapitalmarkt beschafft werden muss, solange der Bedarf konzernintern gedeckt werden kann.

b) Rechtslage seit dem MoMiG

Bei § 30 Abs. 1 GmbHG ist seit dem MoMiG grundsätzlich eine „bilanzielle Betrachtungsweise" zugrunde zu legen. Danach kann die Gewährung eines Darlehens bei Vollwertigkeit des Rückzahlungsanspruchs bei der Darlehenshingabe an den Gesellschafter den rechnerischen Wert des Gesellschaftsvermögens nicht negativ beeinflussen. Die Regelung erlaubt damit insbesondere auch Darlehensgewährung an Gesellschafter, soweit die Voraussetzung der Vollwertigkeit und Deckung erfüllt sind. 1637

1 Lutter/Hommelhoff/Hommelhoff, GmbHG, § 31 Rz. 34.
2 Noack/Servatius/Haas/Servatius, GmbHG, § 31 Rz. 30.
3 BGH v. 24.11.2003 - II ZR 171/01, BGHZ 157 S. 72, NWB AAAAB-89381.
4 Siehe nur BGH v. 16.1.2006 - II ZR 76/04, BGHZ 166 S. 8, Rz. 12.

Voraussetzung der Privilegierung ist also, dass die Darlehensvalutierung zum Auszahlungszeitpunkt durch einen vollwertigen Rückgewähranspruch gedeckt ist bzw. – vor allem beim Cash-Pool – auf den Zeitpunkt der Bestellung der Sicherheit.[1] Damit wird die „bilanzielle Betrachtungsweise" zwar durch eine „wirtschaftliche Betrachtungsweise" ersetzt. Dies löst aber praktische Ungewissheiten auf, ob der Freistellungsanspruch im noch unbekannten Verwertungszeitpunkt vollwertig sein wird. Nach Bestellung der Sicherheit komme es auf eine Verschlechterung der Vermögensverhältnisse des Gesellschafters nicht mehr an, weil darin keine verbotene Auszahlung zu erkennen sei. Der Zeitpunkt der Verwertung der Sicherheit ist irrelevant.[2] Allerdings seien die Geschäftsleiter auch nach Bestellung der Sicherheit dazu verpflichtet, die Bonität des begünstigten Gesellschafters unter Kontrolle zu halten.[3]

c) Geltung im Konzernrecht

1638 Bei Bestehen eines Beherrschungs- oder Gewinnabführungsvertrags ist das Kapitalerhaltungsgebot suspendiert. Gemäß § 30 Abs. 1 Satz 2 GmbHG erstreckt sich die Verbotssperre aber nicht auf Vermögensverlagerungen im Vertragskonzern. Auf Transaktionen innerhalb eines faktischen Konzerns bleibt die Verbotsklausel des § 30 Abs. 1 Satz 1 GmbHG dagegen anwendbar.

1639 Kommt es bei **Vertragskonzernen** bei der Tochter-GmbH aufgrund der Auszahlung zu einer Vermögensminderung, so schuldet ihr die Mutter als herrschendes Unternehmen Verlustausgleich analog § 302 AktG.[4] Die privilegierende Wirkung der Ausschlussklausel in § 30 Abs. 1 Satz 2 GmbHG hält sich dann „in Grenzen" und erschöpft sich im Wesentlichen darin, dass der Verlustausgleich analog § 302 AktG nicht sofort, sondern erst nach Abschluss des Geschäftsjahres zu leisten ist.[5]

1640 Der durch das Kapitalerhaltungsgebot vermittelte Gläubigerschutz ist in der vertraglich abhängigen GmbH überflüssig. An seine Stelle tritt das Schutzsystem der §§ 302, 309, 310 AktG (in analoger Anwendung). Aus § 302 AktG (analog) folgt insbesondere, dass das herrschende Unternehmen die Existenz der abhängigen GmbH umfassend garantieren muss. Die Verlustausgleichspflicht wird bei Bestehen eines Beherrschungs- oder Gewinnabführungsvertrags von § 30 Abs. 1 Satz 2 1. Alt. GmbHG als selbstverständlich vorausgesetzt, ebenso wie i. d. F. des AktG (§ 57 Abs. 1 Satz 3 1. Alt. AktG). Die Solvenz des herrschenden Unternehmens ist wiederum – bei Meidung eigener Haftung analog § 309 AktG – in erster Linie von den Konzerngeschäftsleitern unter Kontrolle zu halten.[6]

1641 Strittig ist, ob die vorgenannte Ausnahme des § 30 Abs. 1 Satz 2 2. Alt. GmbHG Anwendung bei **faktischen Konzernen** findet. Bestreffend der faktischen AG-Konzerne bleiben §§ 311 ff. AktG ungeachtet der Neuregelung in § 57 Abs. 3 Satz 3 2. Alt. AktG uneinge-

1 BGH v. 10.1.2017 - II ZR 94715, BGHZ 213 S. 224, ZIP 2017 S. 472; BGH v. 21.3.2017 - II ZR 93/16, BGHZ 214 S. 258, ZIP 2017 S. 971.

2 BGH v. 21.3.2017 - II ZR 93/16, BGHZ 214 S. 258, Rz. 21 ff., ZIP 2017 S. 971.

3 BGH v. 21.3.2017 - II ZR 93/16, BGHZ 214 S. 258, NWB GAAAG-44716, Rz. 22 f., ZIP 2017 S. 971.

4 BGH v. 10.7.2006 - II ZR 238/04, NWB AAAAB-97883.

5 MüKoGmbHG/Ekkenga, § 30 Rz. 278.

6 MüKoAktG/Altmeppen, § 297 Rz. 20, § 308 Rz. 128, § 309 Rz. 61; Altmeppen, NZG 2010 S. 361, 364 f.

schränkt anwendbar.[1] Die Neuregelung besagt insoweit nur, dass der Leistungsaustausch mit der faktisch abhängigen Kapitalgesellschaft – namentlich das upstream-loan im Cash Pooling – i. R. d. §§ 311 ff. AktG als zulässig anzusehen ist, wenn die Aktivierbarkeit des Rückzahlungs- oder Gegenleistungsanspruchs keinerlei Zweifeln unterliegt.[2]

Umstritten ist die Behandlung des faktischen GmbH-Konzerns, und wer die Werthaltigkeit der Rückforderungs- oder Gegenleistungsansprüche der faktisch abhängigen GmbH unter Kontrolle zu halten hat. Die h. M. lehnt eine analoge Anwendung der §§ 311, 317 Abs. 3 AktG ab.[3] Danach fehlt es bei der GmbH an einem Abhängigkeitsbericht als Korrektiv für die Befugnis des herrschenden Unternehmens, die abhängige AG gegen (zeitversetzten) Ausgleich zu benachteiligen.

Aus § 43 Abs. 2 und 3 GmbHG folgt eine Verpflichtung des Geschäftsführers, sich laufend über die Solvenz des Gesellschafters zu informieren, was im faktischen Konzern auch Einrichtung eines Informations- und Frühwarnsystems zwischen Mutter- und Tochtergesellschaft erfordern kann.[4] Entsprechend muss sich Geschäftsführer auch bei Darlehensvergabe konkret über die Solvenz informieren und kann sich nicht lediglich damit zufriedengeben, dass ihm nichts Negatives bekannt ist.[5] 1642

(*Einstweilen frei*) 1643–1650

5. Eingeschränkter Erwerb eigener Anteile

a) Noch nicht vollständig geleistete Einlagen

Auch die Vorschrift des § 33 GmbHG dient der **Erhaltung des Stammkapitals**. Die GmbH kann eigene Geschäftsanteile, auf welche die Einlagen noch nicht vollständig geleistet sind, nicht erwerben oder als Pfand nehmen. Durch die Formulierung „kann nicht" wird deutlich, dass ein Verstoß zur Nichtigkeit sowohl des schuldrechtlichen wie auch des dinglichen Erwerbsgeschäftes führt. Die zwingende Vorschrift soll zur Garantie des Stammkapitals verhindern, dass die GmbH durch den Erwerb eigener Geschäftsanteile, auf die die Einlagen noch nicht vollständig erbracht sind, die Einlagenforderungen verliert. 1651

b) Einlagen sind vollständig geleistet

Für den **Erwerb eigener Geschäftsanteile**, auf welche die Einlagen vollständig geleistet sind, gilt eine andere Regelung. Ihr Erwerb ist eingeschränkt möglich. Solche Geschäftsanteile „darf" die Gesellschaft gem. § 33 Abs. 2 Satz 1 GmbHG nur dann erwerben, sofern sie im Zeitpunkt des Erwerbs eine Rücklage in Höhe der Aufwendungen für den Erwerb bilden könnte, ohne das Stammkapital oder eine nach dem Gesellschaftsvertrag zu bildende Rücklage zu mindern, die nicht zur Zahlung an die Gesellschafter verwandt 1652

1 Vgl. Dazu BGH v. 1.12.2008 - II ZR 102/07, BGHZ 179 S. 71, NJW 2009 S. 850 – MPS.

2 MüKoAktG/Altmeppen, § 311 Rz. 233 ff.

3 Noack/Servatius/Haas/Servatius, KonzernR, Rz. 75; Wilhelmi, WM 2009 S. 1917, 1922.

4 BGH v. 1.12.2008 - II ZR 102/07, BGHZ 179 S. 71, Rz. 14, NJW 2009 S. 850 – MPS; BGH v. 17.9.2001 - II ZR 178/99, BGHZ 149 S. 10, 18, 26, NJW 2001 S. 3622 f., 3626.

5 Noack/Servatius/Haas/Servatius, GmbHG, § 30 Rz. 54 bis 57c.

werden darf. Mit anderen Worten, es müsste möglich sein, eine **„fiktive" Rücklage in Höhe der Erwerbsaufwendungen** mit **frei verfügbaren Rücklagen zu verrechnen.** Die Aufwendungen für den Erwerb müssen also aus dem Gesichtspunkt der Kapitalerhaltung aus den freien Rücklagen erbracht werden können, weil in jedem Rückkauf eigener Anteile wirtschaftlich die Auskehrung von Einlagen und freien Rücklagen zu sehen ist.

Gemäß § 272 Abs. 1a HGB muss der Nennbetrag der eigenen Anteile in der Vorspalte offen von dem Posten „Gezeichnetes Kapital" abgesetzt werden. Der Unterschiedsbetrag zwischen dem Nennbetrag der Geschäftsanteile und den Anschaffungskosten der eigenen Anteile ist mit den „frei verfügbaren Rücklagen" (= Gewinnrücklagen nach § 266 Abs. 3 A. III. 4. HGB und Rücklagen nach § 272 Abs. 2 Nr. 4 HGB) zu verrechnen. Aufgrund der vorgeschriebenen Verrechnung mit „freien Rücklagen" ist die Ausschüttung gebundenen Vermögens nicht möglich.[1]

Die Anschaffungsnebenkosten (z. B. Gebühren für die notarielle Beurkundung der Abtretung) sind als Aufwand des Geschäftsjahres zu berücksichtigen. Eine **Aktivierung eigener Anteile und ihr Ausweis unter den Wertpapieren des Umlaufvermögens** sowie die Passivierung einer Rücklage für eigene Anteile innerhalb der Gewinnrücklagen (Passivseite A. III.) **entfällt.** § 272 Abs. 4 HGB betrifft nur noch Rücklagen für Anteile an einem herrschenden oder mit Mehrheit beteiligten Unternehmen. Der Erwerb eigener Anteile wird auf der Passivseite ausgewiesen,[2] und zwar in der Weise, dass der Nennbetrag der Geschäftsanteile in der Vorspalte offen von dem Posten „Gezeichnetes Kapital" abzusetzen ist. Ausreichend freies Vermögen muss im Zeitpunkt des Erwerbs, also bei Übertragung der Geschäftsanteile vorhanden sein, der Auszahlungszeitpunkt, den der BGH bisher für ausschlaggebend ansah,[3] ist nicht maßgeblich.

1653 Die Vorschrift des § 33 GmbHG könnte leicht umgangen werden, wenn nicht auch die Annahme von Geschäftsanteilen als Pfand eingeschränkt wäre. Während die **Inpfandnahme von eigenen Geschäftsanteilen,** auf die die Einlagen noch nicht vollständig eingezahlt sind, nach § 33 Abs. 1 GmbHG schlicht verboten ist, bestimmt § 33 Abs. 2 Satz 2 GmbHG im Interesse der GmbH und ihrer Gläubiger, dass eigene Geschäftsanteile als Pfand nur angenommen werden dürfen, wenn die gesicherte Forderung in voller Höhe oder in Höhe des Teilbetrages, der durch einen niedrigeren Wert des Geschäftsanteils gesichert ist, zur Deckung des Stammkapitals nicht gebraucht wird.

1654 Einen eigenen Geschäftsanteil kann die GmbH immer nur von einem ihrer Gesellschafter erwerben. Kann der Erwerbspreis nicht aus dem die Stammkapitalziffer übersteigenden Vermögen beglichen werden, dann bedeutet die Kaufpreiszahlung zugleich, dass an den veräußernden Gesellschafter eine durch § 30 Abs. 1 Satz 1 GmbHG **verbotene Zahlung** geleistet wird.

1655 Ein gegen § 33 Abs. 2 GmbHG verstoßender Erwerb ist nicht unwirksam, jedoch ist das schuldrechtliche Geschäft nichtig (§ 33 Abs. 2 Satz 3 GmbHG). Das dingliche Geschäft bleibt bestehen.

1 Budde in: Kessler/Leinen/Strickmann, BilMoG, Die neue Handelsbilanz, S. 248.
2 Meyer, DStR 2007 S. 2227, 2229.
3 BGH v. 29.6.1998 - II ZR 353/97, NJW 1998 S. 3121.

Die unterschiedliche Regelung der Rechtsfolgen eines gegen § 33 GmbHG verstoßenden Erwerbs eines eigenen Geschäftsanteils ist sinnvoll und berücksichtigt die Interessen des an die Gesellschaft veräußernden Gesellschafters ebenso wie die des später von der Gesellschaft den eigenen Anteil erwerbenden Dritten. Der Gesellschafter, der an die GmbH seinen nicht voll eingezahlten Geschäftsanteil veräußert oder verpfändet, ist nicht schutzwürdig, während die GmbH ihre Einlageforderung verlöre. Auch einem Dritten, der von der Gesellschaft einen eigenen Geschäftsanteil erwirbt, kann zugemutet werden, sich zu informieren, ob die Einlagen vollständig eingezahlt waren, als die GmbH ihren eigenen Geschäftsanteil erwarb. Es ist deshalb angebracht, ihn das volle Risiko einer aus § 33 Abs. 1 GmbHG folgenden Nichtigkeit des dinglichen wie des schuldrechtlichen Geschäftes tragen zu lassen. Gleiches gilt für den Dritten, der später von der GmbH deren eigenen Anteil erwirbt. 1656

Die Nichtigkeit des schuldrechtlichen Geschäftes erzeugt aber schuldrechtliche Ansprüche, die auf Wiederherstellung des alten Zustandes zielen. 1657

Ob ein Verstoß gegen § 33 Abs. 2 GmbHG vorliegt, kann der Gesellschafter jedoch i. d. R. ebenso wenig überprüfen wie der später erwerbende Dritte; deshalb bleibt hier das dingliche Geschäft wirksam, die GmbH oder später der Dritte erwerben den Geschäftsanteil. 1658

c) Erweiterte Zulässigkeit in Umwandlungsfällen

Im Rahmen bestimmter **Umwandlungsfälle** (Verschmelzung, Spaltung und Formwechsel) erweitert § 33 Abs. 3 GmbHG die Zulässigkeit des Erwerbs eigener Anteile zum Zweck der notwendigen Abfindung von Minderheitsgesellschaftern. Erforderlich ist auch hier, dass die GmbH im Zeitpunkt des Erwerbs eine fiktive Rücklage nach Abs. 2 unter Wahrung des Kapitalschutzes durch Umschichtung frei verfügbarer Rücklagen bilden könnte. Dabei ist auch ein **Erwerb nicht voll eingezahlter Geschäftsanteile zulässig**, wodurch auch der Anspruch auf die ausstehende Resteinlage (endgültig) untergeht und nicht wieder bei Weiterveräußerung auflebt.[1] Die Frist für den Anteilserwerb zur Abfindung beträgt sechs Monate. Abgefunden werden können nur Gesellschafter, die gegen den Umwandlungsbeschluss Widerspruch zur Niederschrift bei der GmbH erklärt haben. Die bilanzielle Behandlung von Anteilen, die zum Zwecke der Abfindung bei Umwandlungsfällen erworben wurden, richtet sich auch nach § 272 Abs. 1a HGB. 1659

d) Weiterveräußerung eigener Anteile

Veräußert die GmbH zuvor erworbene eigene Anteile weiter, entfällt nach § 272 Abs. 1b Satz 1 HGB der **Ausweis** des Nennbetrags **in der Vorspalte des gezeichneten Kapitals** nach Abs. 1a Satz 1 wieder. Ein Differenzbetrag, um den der Nennbetrag der eigenen Anteile den Veräußerungserlös übersteigt, ist bis zur Höhe des mit den freien Rücklagen (beim Erwerb) berechneten Betrages wieder in die betreffenden Rücklagen einzustellen. Ein darüber hinausgehender Differenzbetrag aus dem Verkaufserlös ist in die Kapitalrücklage nach § 272 Abs. 2 Nr. 1 HGB (wie z. B. auch ein Aufgeld) einzustellen. Veräußerungsnebenkosten stellen Aufwand des Geschäftsjahres dar. 1660

1 Noack/Servatius/Haas/Kersting, GmbHG, § 33 Rz. 16.

1661 Im Endeffekt sind Erwerb und Wiederveräußerung eigener Geschäftsanteile bis auf die Transaktionskosten vollständig ergebnisneutral.

e) Sonderfälle

1662 Die GmbH kann nicht (auf Dauer) **alle ihre eigenen** Geschäftsanteile erwerben, also selbst zu ihrem einzigen Gesellschafter und zur „**Keinmann-Gesellschaft**" werden. Es muss neben ihr mindestens ein Gesellschafter verbleiben. Grund dafür ist, dass alle Gesellschafterrechte aus eigenen Geschäftsanteilen ruhen, aus eigenen Anteilen kein Stimmrecht ausgeübt werden kann und es nicht mehr zu Gesellschafterbeschlüssen kommen könnte. Außerdem nehmen eigene Anteile, die sich im Eigentum der GmbH befinden, nicht an Gewinnausschüttungen teil (kein Dividendenanspruch), sondern die Dividenden sind an die anderen Gesellschafter zu verteilen, die dann aber fehlten, und eigene Anteile bei der Verteilung eines Liquidationserlöses werden nicht berücksichtigt (kein Vermögensrecht), so dass eine Liquidation praktisch unmöglich wäre. Allenfalls für eine kurze Übergangszeit kann die Vereinigung aller Anteile bei der GmbH zulässig sein, die dann aber aufgelöst wird, sofern kein Fortsetzungsbeschluss nach Veräußerung eines Geschäftsanteils gefasst wird.

1663 Erwirbt bei einer GmbH & Co. KG die Kommanditgesellschaft Geschäftsanteile an der Komplementär-GmbH, wird die GmbH gesamthänderisch mitberechtigt am eigenen Geschäftsanteil. Insbesondere bei der sog. **Einheitsgesellschaft** (die KG hält sämtliche Geschäftsanteile an der GmbH) gerät für den Fall, dass die Stammeinlage nicht voll einbezahlt ist, die Kapitalaufbringung in Gefahr. Deshalb ist die Anwendung von § 33 Abs. 1 GmbHG sachgerecht; aber auch bei voll eingezahlter Stammeinlage kann § 33 Abs. 2 GmbHG tangiert sein, wenn durch die Entgeltzahlungen der KG das Stammkapital der GmbH mittelbar beeinträchtigt wird.

1664–1680 (*Einstweilen frei*)

6. Obligatorische Gesellschafterversammlung

1681 In dem Zusammenhang „Erhaltung des Stammkapitals" ist auch die Vorschrift des § 49 Abs. 3 GmbHG zu erwähnen, wonach die Geschäftsführer verpflichtet sind, unverzüglich eine Gesellschafterversammlung einzuberufen, wenn sich aus der Jahresbilanz (gemeint ist der „Jahresabschluss") oder aus einer im Laufe des Geschäftsjahres aufgestellten Bilanz ergibt, dass die Hälfte des Stammkapitals verloren ist. Eine Verletzung dieser Verpflichtung kann den Geschäftsführer nach § 43 GmbHG schadensersatzpflichtig machen. Welche Beschlüsse in dieser Gesellschafterversammlung dann gefasst werden, entscheiden natürlich die Gesellschafter. Für die **Unternehmergesellschaft (haftungsbeschränkt)**, die ein Stammkapital unter dem Mindeststammkapital von 25.000 € hat und deren Stammkapital im Extremfall nur 1 € betragen kann, gilt eine Besonderheit: Bei ihr muss abweichend von § 49 Abs. 3 GmbHG die Gesellschafterversammlung **bei drohender Zahlungsunfähigkeit unverzüglich einberufen** werden, § 5a Abs. 4 GmbHG.

1682–1700 (*Einstweilen frei*)

D. Gesellschafterdarlehen und gleichgestellte Forderungen

LITERATUR:

Uhländer, Eigenkapitalersetzende Darlehen im Steuerrecht und Gesellschaftsrecht – ein systematischer Überblick, BB 2005 S. 70; *Goette*, Zur Frage der Haftung auf Rückgewähr von Leistungen auf eine eigenkapitalersetzende Gesellschafterhilfe nach den Novellenregeln, DStR 2006 S. 479; *Haas*, Das neue Kapitalersatzrecht nach dem RegE-MoMiG, ZinsO 2007 S. 617; *Habersack*, Gesellschafterdarlehen nach dem MoMiG – Anwendungsbereich, Tatbestand und Rechtsfolgen der Neuregelung, ZIP 2007 S. 2145; *Gehrlein*, Die Behandlung von Gesellschafterdarlehen durch das MoMiG, BB 2008 S. 846; *Kahlert/Gehrke*, Der Rangrücktritt nach MoMiG im GmbH-Recht: Insolvenz- und steuerrechtliche Aspekte, DStR 2010 S. 227; *Schmidt, Karsten*, Gesellschafterdarlehen im GmbH- und Insolvenzrecht nach der MoMiG-Reform – eine alternative Sicht, ZIP 2010 S. 15; *Hölzle*, Bindung von Gesellschafterhilfen in der Krise der GmbH durch Richterrecht? – Zur Vermeidung von Schutzlücken im MoMiG, ZIP 2011 S. 650; *Koutsós*, Nutzungsüberlassungen zwischen Gesellschaftern und Gesellschaft in der Gesellschaftsinsolvenz, ZInsO 2011 S. 1626; *Ott*, Ausfall von Gesellschafterdarlehen bei der GmbH nach dem MoMiG, StuB 2011 S. 243, NWB RAAAD-79833; *Kahlert*, Passivierung eines Rangrücktritts in der Steuerbilanz, NWB 2012 S. 2141; Thole, Gesellschafterbesicherte Kredite und die Anfechtung nach § 135 Abs. 2 InsO, ZIP 2015 S. 1609; Wischemeyer/Dimassi, Insolvenzanfechtungsansprüche im zweiten Insolvenzverfahren nach Scheitern der Sanierung durch Insolvenzplan, ZIP 2017 S. 593; *Moeckel*, Insolvenzanfechtung von Gewinnausschüttungen an Gesellschafter nach § 135 Nr. 2 InsO, NZI 2022 S. 636.

I. Einführung

Ebenso wie Dritte können auch Gesellschafter Geschäfte mit der GmbH schließen, die nicht im Zusammenhang mit der Gesellschafterstellung stehen. Dies gilt insbesondere für die Darlehensgewährung. Für den Gesellschafter ist es von Vorteil, wenn er der Gesellschaft, statt diese mit einem höheren Stammkapital auszustatten, einen Kredit einräumt und hierfür Zinszahlungen erhält. Auch genießen normale Darlehensgeber in der Insolvenz grundsätzlich einen besseren Schutz als Gesellschafter, die das Stammkapital zur Verfügung stellen.[1] Der Gesellschafter ist grundsätzlich frei darin, ob er ein Vermögensopfer erbringt. Gewährt er aber ein Darlehen, hat er eine Doppelrolle: Er ist Darlehensgeber und Anteilseigner. Aus dieser Doppelrolle kommt ihm eine Finanzierungsverantwortung[2] zu. Die Behandlung solcher Darlehen, die „an statt" Eigenkapital gegeben wurden, hat eine wechselvolle Geschichte erfahren. 1701

II. Überblick über das Eigenkapitalersatzrecht

Das Eigenkapitalersatzrecht wurde durch das MoMiG abgeschafft und in das Insolvenzrecht verschoben. Diese und ihnen gleichgestellte Forderungen aus Rechtshandlungen, die einem Gesellschafterdarlehen entsprechen, sind generell in der Insolvenz nachrangig zu befriedigen. 1702

Entwicklung und Grundzüge des Eigenkapitalersatzrechts

Das Unternehmen der GmbH können die Gesellschafter durch Eigenkapital oder durch Fremdkapital finanzieren (**Finanzierungsfreiheit**). Hat die Gesellschaft nach ordnungs- 1703

1 Saenger, GesellschaftsR, Rz. 804.

2 Schon BGH v. 11.7.1994 - II ZR 162/92, BGHZ 127 S. 17, 29.

gemäßer und vollständiger Aufbringung des Stammkapitals weiteren nicht nur vorübergehenden Kapitalbedarf, kann das Kapital durch Gesellschaftereinlagen erhöht werden. Die GmbH kann auch Fremdkapital aufnehmen, wobei einzelne Gesellschafter als Darlehensgeber auftreten und ihrer Gesellschaft Kapital in Form von Darlehen zuführen können.

1704 Seit Jahrzehnten ist umstritten, wie mit der Situation umzugehen ist, wenn Gesellschafter in einer Krisensituation der Gesellschaft kein neues, benötigtes Kapital durch Einlagen zuführen, sondern deren Überleben durch Gewährung von Gesellschafterdarlehen oder anderer gleich zu achtender Hilfen sichern.

1705–1720 (*Einstweilen frei*)

III. Regelungen in der InsO

1. Abschaffung des Eigenkapitalersatzrechts

1721 Das zur Erhaltung des Stammkapitals erforderliche Vermögen der GmbH darf gem. § 30 Abs. 1 Satz 1 GmbHG an die Gesellschafter nicht ausgezahlt werden. Dieser Grundsatz bleibt auch nach dem MoMiG aufrechterhalten, wird aber spürbar abgeschwächt. Satz 1 ist nicht auf die Rückgewähr von Gesellschafterdarlehen und Leistungen auf Forderungen aus entsprechenden Rechtshandlungen anzuwenden.[1] Durch die Bestimmung in § 30 Abs. 1 Satz 3 GmbHG, wonach Darlehen der Gesellschafter nicht wie haftendes Eigenkapital zu behandeln sind, gibt es keine eigenkapitalersetzenden Darlehen und ihnen gleichgestellte Finanzierungshilfen mehr.[2]

Die Abkehr vom Eigenkapitalersatzrecht drückt sich zudem in der Streichung der §§ 32a und 32b GmbHG a. F. und des darin enthaltenen Begriffs der „Krise der Gesellschaft" sowie in der Änderung des § 135 InsO aus, wo der Begriff des „kapitalersetzenden Darlehens" entfallen ist. Damit entbindet der Gesetzgeber die Gesellschafter von der bisher das GmbH-Recht prägenden Verantwortung für die Folgen der Finanzierung der GmbH mit Gesellschafterdarlehen in der Krise. Folglich kann die Rückzahlung von Gesellschafterdarlehen oder die Leistung auf Forderungen aus wirtschaftlich einer Darlehensgewährung gleichstehenden Rechtshandlungen nicht mehr als verbotene Kapitalrückzahlung behandelt werden. Ein Erstattungsverbot (für den Geschäftsführer) gilt ausnahmsweise, wenn die Gesellschaft insolvent ist bzw. die Zahlung zur Zahlungsunfähigkeit führen muss (§ 64 Satz 1 und 2 GmbHG), nicht aber bereits im Stadium der Unterbilanz oder wenn durch die Zahlung die Überschuldung herbeigeführt wird.[3]

Alle Gesellschafterdarlehen und Forderungen aus Rechtshandlungen, die einem solchen Darlehen wirtschaftlich entsprechen, werden **unabhängig von ihrer Zweckbestimmung** mit einem **insolvenzrechtlichen Nachrang** belegt (§ 39 Abs. 1 Nr. 5 InsO). Tilgungen darauf können nur für ein Jahr vor der Antragstellung durch Anfechtung zur Masse gezogen werden. Frühere Tilgungen sind (insolvenzrechtlich) unschädlich. Ein Regelungs-

1 Siehe zum alten Recht Braun/de Bra, InsO, § 135 Rz. 3.
2 Vgl. z. B. Gehrlein, BB 2008 S. 846, 849, m. w. N.
3 Kritisch hierzu Schmidt, BB 2008 S. 461, 463.

bedürfnis für Gesellschafterdarlehen innerhalb des GmbH-Rechts ist mit der Abschaffung des Eigenkapitalersatzrechts entfallen.

2. Entlastung der Überschuldungsbilanz von Gesellschafterdarlehen

Bei der GmbH und auch bei der neuen Unternehmergesellschaft (haftungsbeschränkt) 1722
ist neben der Zahlungsunfähigkeit die **Überschuldung ein Insolvenzgrund** (§ 19 Abs. 1 InsO). Da eine Überschuldung vorliegt, wenn das Vermögen der GmbH die bestehenden Verbindlichkeiten nicht mehr deckt und keine positive Fortführungsprognose besteht (§ 19 Abs. 2 Satz 1 InsO), kann es ausschlaggebend sein, ob Kreditgewährungen von Gesellschaftern in der Überschuldungbilanz angesetzt werden müssen oder nicht.

Insbesondere die UG (haftungsbeschränkt), wird bei einem geringen Stammkapital zumindest in der Anfangsphase nur mit Gesellschafterdarlehen lebensfähig sein. Es fallen noch keine Gewinne an, aber Personal, Miete und Sachkosten müssen bezahlt werden und außenstehende Kreditgeber werden sich kaum finden lassen. Müssten Gesellschafterkredite im Hinblick auf eine Überschuldung wie normale Verbindlichkeiten verbucht werden, träte fast zwingend eine Überschuldung ein, bevor das junge Unternehmen überhaupt eine Chance hätte, sich am Markt zu bewähren. Das Modell der Existenzgründergesellschaft mit geringem Startkapital, endete unweigerlich in der Insolvenz und wäre von vornherein zum Scheitern verurteilt.

Das **Problemfeld der unterkapitalisierten GmbH**, die **ohne Gesellschafterdarlehen nicht** 1723
lebensfähig ist, bei Zuführung des Darlehens aber überschuldet ist, ist keineswegs nur bei der neuen UG (haftungsbeschränkt) anzutreffen. Dieses Dilemma beseitigen **§ 19 Abs. 2 Satz 2 und § 39 Abs. 1 Nr. 5 InsO. Diese entlasten die Überschuldungsbilanz um Gesellschafterdarlehen, die grundsätzlich weiter als Passiva eingestellt** werden müssen.[1] Die **Passivierungspflicht entfällt**, wenn der Gesellschafter ausdrücklich **eine Rangrücktrittserklärung** nach § 19 Abs. 2 Satz 2 InsO des Inhalts abgibt, erst nach Befriedigung sämtlicher Gesellschaftsgläubiger berücksichtigt zu werden.

Eine zusätzliche Qualifizierung wie unter Geltung des Eigenkapitalersatzrechts mit der Bereitschaft des Gesellschafters, die Darlehensforderung bis zur Abwendung der Krise, also auch vor Insolvenzeröffnung, nicht abzuziehen und allenfalls zugleich, aber nicht vor den Einlagerückgewähransprüchen seiner Mitgesellschafter berücksichtigt zu werden,[2] kann nicht verlangt werden. Das gibt zum einen der Wortlaut von § 19 Abs. 2 Satz 2 InsO nicht her und stünde zum anderen in Widerspruch mit dem Umstand, dass nunmehr sämtliche Darlehen erfasst werden und nicht nur solche mit eigenkapitalersetzendem Charakter, für die der BGH vom Gläubiger-Gesellschafter die rechtliche Gleichstellung mit statutarischem Eigenkapital für die Dauer der Krise verlangt hat.

Die **Forderungen aus Rechtshandlungen, die einem Gesellschafterdarlehen wirtschaftlich gleichstehen** – also insbesondere gestundete Forderungen aus Austauschverträgen (z. B. Kauf, Miete, Pacht, Gehalt des Geschäftsführer-Gesellschafters) sowie aus Darlehen und gleichgestellten Forderungen eines gesellschaftergleichen Dritten – sind eben-

1 Anders noch nach dem Regierungsentwurf, vgl. Gehrlein, BB 2008 S. 846, 847.
2 Zur früheren Rechtslage BGH v. 8.1.2001 - II ZR 88/99, BGHZ 146 S. 264, NWB QAAAB-78850.

falls nur dann **nicht zu passivieren**, wenn für sie gem. § 19 Abs. 2 Satz 2 InsO **zwischen Gläubiger und Schuldner der insolvenzrechtliche Nachrang vereinbart** worden ist.[1]

1724 Für die **Praxis** bedeutet dies eine **Vereinfachung**.[2] Da sämtliche, mit dem nötigen Rangrücktritt versehene Gesellschafterdarlehen unabhängig von ihrem Zweck oder von einem „kapitalersetzenden" Charakter beim Überschuldungsstatus nicht zu verbuchen sind, eröffnet § 19 Abs. 2 Satz 2 InsO bei der nur mit dem Mindeststammkapital ausgestatteten GmbH und bei der fast stammkapitallosen UG die Möglichkeit, gegen eine Überschuldung durch die Gewährung von Gesellschafterkrediten und Gesellschafterhilfen in allen denkbaren Varianten, die einem Gesellschafterdarlehen wirtschaftlich gleichzuachten sind, vorzusorgen. Die Regelung zur Entlastung der Überschuldungsbilanz bannt die Gefahr, dass es zu masselosen Insolvenzen kommt, nicht ganz, zumal mit Abschaffung der Eigenkapitalersatzregeln ein Zugriff des Insolvenzverwalters auf zeitlich länger als ein Jahr zurückliegende Tilgungen und Leistungen nicht mehr möglich ist.

3. Insolvenzrechtlicher Nachrang von Gesellschafterdarlehen

1725 **Darlehen von Gesellschaftern** und Forderungen aus Rechtshandlungen, die einem Gesellschafterdarlehen wirtschaftlich gleichstehen, sind nach § 39 Abs. 1 Nr. 5 InsO grundsätzlich **nachrangig zu befriedigen**. Diese rein insolvenzrechtliche Regelung lässt künftig nicht mehr zu, Darlehen unter dem Blickwinkel des GmbH-Rechts zur Sicherung der Kapitalerhaltung wie Stammkapital zu behandeln. Die Rückzahlung solcher Darlehen kann also von der Geschäftsführung **vor der Insolvenzeröffnung nicht mehr** nach § 30 Abs. 1 Satz 1 GmbHG **verweigert werden**, selbst wenn die Gesellschaft durch die Rückzahlung sofort überschuldet sein wird.

Die Interessen anderer Gläubiger der Gesellschaft an der Erhaltung des Stammkapitals als Mindesthaftungsfonds werden damit zugunsten der Gesellschafter zurückgestuft. Eine gewisse Kompensation tritt allerdings durch §§ 15a und 15b InsO für solche Fälle ein, in denen die Rückführung des Gesellschafterkredits die Zahlungsunfähigkeit der GmbH auslösen würde. Da in einem solchen Fall der Geschäftsführer wegen der Verursachung der Insolvenz haften müsste, darf und muss er die Tilgungszahlung an den Gesellschafter verweigern. Dies zeigt aber auch, dass die Verantwortung für die Erhaltung der Zahlungsfähigkeit von den Gesellschaftern auf den Geschäftsführer verlagert wird, obwohl die Finanzierung der Gesellschaft grundsätzlich Sache der Gesellschafter ist. Die Möglichkeit der Anfechtung von Leistungen aus dem Gesellschaftsvermögen steht § 15b Abs. 5 InsO nicht entgegen. Wird ein Geschäftsführer nach §§ 15a und 15b InsO in Anspruch genommen, kann er sich also nicht darauf berufen, dass die Leistung an den Gesellschafter nach § 135 InsO angefochten werden konnte.[3]

1726 Der insolvenzrechtliche Nachrang gilt im Übrigen nicht nur für die GmbH und ihre Unterform der UG, sondern nach § 39 Abs. 4 Satz 1 InsO für sämtliche Gesellschaften, die weder eine natürliche Person noch eine Gesellschaft, bei der ein persönlich haften-

1 MüKoInsO/Behme, § 39 Rz. 71 ff.

2 Siehe MüKoInsO/Behme, § 39 Rz. 39.

3 MüKoGmbHG/Müller, InsO, § 15b Rz. 97.

der Gesellschafter eine natürliche Person ist, als Gesellschafter haben. Er gilt zudem wegen der insolvenzrechtlichen und nicht gesellschaftsrechtlichen Anknüpfung auch für im Inland ansässige, ausländische Kapitalgesellschaften wie die Limited, die damit keinen Vorteil gegenüber der inländischen GmbH genießt.

4. Gesellschafter und gleichgestellte Dritte als Kreditgeber

Wen § 39 Abs. 1 Nr. 5 InsO zum nachrangigen Insolvenzgläubiger macht und welche 1727
Kreditgeber vom Nachrang erfasst werden, lässt sich für das **Gesellschafterdarlehen** einfach an der Person des **Gesellschafters** festmachen, der Gläubiger des Rückzahlungsanspruchs ist. Vom Nachrang betroffen sind aber auch die Forderungen aus Rechtshandlungen, die einem Gesellschafterdarlehen wirtschaftlich entsprechen. Gesellschafter sind zunächst alle an der Schuldnerin **unmittelbar** beteiligten **formalen** Gesellschafter, aber auch **mittelbare** (z. B. über eine Zwischenholding beteiligte) Gesellschafter.[1] Nicht umfasst sind Darlehensforderungen außenstehender Dritter gegen die Gesellschaft, für die ein Gesellschafter eine Sicherheit erbracht hat.

Nachrangige Gläubiger und mithin von der Vorschrift umfasst sind auch **„gesellschaftergleiche Dritte" (§ 39 Abs. 1 Nr. 5 InsO, personelle Entsprechung).** Welche Dritte dem 1728
Gesellschafter als Kreditgeber gleichstehen, ist nach dem Sinn und Zweck der Vorschrift zu beantworten. Der gegenüber dem „alten Recht" veränderte Normzweck (Aufgabe Kapitalersatzgedanke) lässt eine Übertragung der Rechtsprechung zu den aufgehobenen Vorschriften des § 32a Abs. 3 Satz 1 GmbHG a. F. nicht „1 zu 1" zu. Die Einbeziehung Dritter kommt deshalb in Betracht, weil entweder der **Dritte selbst finanzierungszuständig** ist (Darlehensgeber ist eine gesellschafterähnliche Stellung zuzurechnen) oder weil der **finanzierungszuständige Gesellschafter** durch den Dritten **seine Entscheidungen umsetzt** (Darlehensgewährung ist dem Gesellschafter zuzurechnen). Letztlich führt diese Anknüpfung an die Finanzierungszuständigkeit dann im Ergebnis aber doch zu einem weitgehenden (wenn auch nicht vollständigen) **Gleichlauf** der heute anwendbaren Kriterien mit der von der Rechtsprechung zu § 32a Abs. 3 Satz 1 GmbHG a. F. etablierten Kasuistik).[2]

Im Rahmen des § 30 Abs. 1 Nr. 5 InsO kann § 138 InsO zu den nahestehenden Personen nicht entsprechend angewandt werden.[3] Um in den Anwendungsbereich des § 39 Abs. 1 Nr. 5 InsO zu fallen, muss der **Dritte** in einer wirtschaftlichen Betrachtung dem **Gesellschafter gleichstehen** oder es müssen durch dessen Einschaltung **Umgehungstatbestände** verwirklicht werden.

Bei der ersten **Fallgruppe** ist ein **restriktiverer** Maßstab anzulegen. Erforderlich sind eine 1729
Beteiligung am Gewinn, Möglichkeit der Ausübung gesellschaftergleicher Rechte auf rechtlicher Grundlage und Teilhabe an der Geschäftsführung.[4] Für einen Nießbraucher, der aufgrund seiner Einflussrechte einem Gesellschafter gleich auf die GmbH einwirken

1 OLG Hamm, NZI 2017 S. 625.

2 Überwiegende Meinung; Uhlenbruck/Hirte, InsO, § 39 Rz. 40 ff.; Dahl/Schmitz, NZG 2009 S. 32.

3 BGH v. 17.2.2011 - IX ZR 131/10, BGHZ 188 S. 362, NWB VAAAD-78381.

4 BGH v. 25.6.2020 - IX ZR 243/18, NWB PAAAH-53338, DStR 2020 S. 1928, Rz. 38; OLG Brandenburg, v. 29.3.2022 - 3 U 118/20, BeckRS 2022 S. 13012, Rz. 39 f. bzw. darstellend Nebel, NZI 2022 S. 726, 727.

kann, oder für den Fall, dass der Gesellschafter den Geschäftsanteil nur treuhänderisch für den Nießbraucher innehat, gelten die Kapitalersatzregeln.[1] Inwieweit **verbundene Unternehmen einzubeziehen sind, ist im Einzelfall streitig.**[2] Jedenfalls kann sich eine solche gesellschaftergleiche Stellung des verbundenen Unternehmens, welches das Darlehen gewährt, aus einer **personenidentischen Beteiligung** hier wie dort und den daraus folgenden gleichgerichteten Interessen ergeben,[3] ist aber stets anzunehmen, wenn der Gesellschafter an dem Unternehmen, das die Hilfe leistet, maßgeblich beteiligt ist.[4]

Die **maßgebliche Beteiligung** setzt nicht voraus, dass der Gesellschafter alle oder nahezu alle Anteile (100 %) besitzt, sondern entscheidend ist, ob er einen beherrschenden Einfluss ausüben und deshalb z.B. dem Geschäftsführer der kreditgebenden Gesellschaft eine Weisung hierzu erteilen kann. Dies ist grundsätzlich anzunehmen, wenn der Gesellschafter an der anderen Gesellschaft zu mehr als 50 % beteiligt ist, es sei denn, die Satzung stellt andere Mehrheitserfordernisse für eine bindende Beschlussfassung auf.

1729/1 Ob auch eine anderweitig rechtlich vermittelte Einflussnahmemöglichkeit – etwa durch einen Informations- und Einflussvorsprung oder Einfluss des Gesellschafters ohne Stimmenmehrheit allein aufgrund gleichzeitiger Bekleidung des Geschäftsführers bzw. Vorstandsamts – ausreicht, eine gesellschafterähnliche Rechtsposition anzunehmen, ist nicht höchstrichterlich geklärt.[5]

1730 Die zweite Fallgruppe sind insbesondere **Umgehungsfälle**, bei denen förmliche Gesellschafterstellung und Darlehensgeberstellung getrennt werden, um eine etwaige Subordination und/oder Anfechtbarkeit gem. § 135 Abs. 1 Nr. 2 InsO etc. zu vermeiden. In **Treuhand-**[6] **oder Strohmannverhältnissen** wird der Treugeber oder Hintermann dem Gesellschafter gleichgestellt, weil die Beteiligung an der Gesellschaft auf seine Rechnung geht. Das gilt auch für **Nießbraucher** an einem Geschäftsanteil und den atypisch **stillen Gesellschafter**;[7] wohl aber nicht für den typisch **stillen Gesellschafter.**[8]

1731 Keine Umgehung ist anzunehmen, wenn ein außenstehender Dritter, der bei wirtschaftlicher Betrachtung einem Gesellschafter auch nicht gleichsteht, ein Darlehen an einen GmbH-Gesellschafter ausreicht, der den Darlehensbetrag wiederum als Gesellschafterdarlehen an die Gesellschaft weiterreicht, auch wenn der außenstehende Dritte im verkürzten Zahlungsweg direkt an die GmbH auszahlt und die GmbH den Darlehensbetrag an den Dritten zurückzahlt.[9] Auch der **Pfandgläubiger** an einem Geschäftsanteil kann dem Gesellschafter nicht ohne Weiteres gleichgestellt werden. Dies ist nur mög-

1 BGH v. 5.4.2011 - II ZR 173/10, NWB UAAAD-86973.
2 Gute Übersicht bei BeckOK InsR/Prosteder/Dachner, 31. Ed. 15.4.2023, InsO, § 39 Rz. 64.
3 Vgl. BGH v. 27.11.2000 - II ZR 179/99, NWB QAAAB-97788; v. 11.7.2005 - II ZR 285/03, NWB NAAAB-97938.
4 BGH v. 25.6.2020 - IX ZR 243/18, NWB PAAAH-53338, DStR 2020 S. 1928; OLG Düsseldorf v. 23.5.2022 - 12 U 42/21, NWB ZAAAJ-19297, NZI 2022 S. 820.
5 Siehe OLG Koblenz v. 27.1.2016 - 13 UF 638/15, BeckRS 2016 S. 04951 und 04950 (BGB-Innengesellschaft); OLG Oldenburg v. 18.1.2018 - 1 U 16/17, ZIP 2018 S. 544.
6 Vgl. Rz. 1603.
7 BGH v. 28.6.2012 - IX ZR 191/11, NJW 2012 S. 3443.
8 LG Stuttgart v. 15.6.2022 - 27 O 335/21, NZG 2022 S. 1737, 1740.
9 BGH v. 27.2.2020 - IX ZR 337/18, NWB UAAAH-45527, ZIP 2020 S. 723.

lich, wenn sich der Pfandgläubiger zusätzliche Rechte einräumen lässt, kraft deren er die Geschicke der GmbH ähnlich einem Gesellschafter mitbestimmen kann.[1]

Ob auch die **nahen Familienangehörigen** des Gesellschafters zu dem Kreis gehören, lässt sich nicht allgemein beantworten, vielmehr ist Vorsicht geboten, zumal § 138 InsO nicht entsprechend anzuwenden ist.[2] Allein die Tatsache, dass das Darlehen von dem Ehegatten des Gesellschafters stammt, reicht nicht aus. Hinzukommen muss, dass die der GmbH zur Verfügung gestellten Mittel von dem Gesellschafter selbst stammen oder dieser den Geschäftsanteil treuhänderisch für den Kreditgeber hält.[3] Hat der Gesellschafter gegenüber der Bank eine Mithaftung für das Darlehen des Ehegatten übernommen und sich verpflichtet, seine Ehefrau von den Verpflichtungen aus dem Darlehen freizustellen, dann ist der Gesellschafter-Ehegatte unmittelbar verpflichtet[4] und das Darlehen mit dem insolvenzrechtlichen Nachrang behaftet. 1732

BEISPIEL: Die Ehefrau des Gesellschafters bestellt der Bank für das gemeinsam mit dem Ehemann aufgenommene Darlehen eine Grundschuld und die Ehefrau gibt den aufgenommenen Kredit ihrerseits als Darlehensgeber an die GmbH, während der Gesellschafter-Ehegatte verspricht, seine Ehefrau von den Ansprüchen aus dem Darlehen gegenüber der Bank freizustellen. Hier erscheint der Gesellschafter-Ehegatte wirtschaftlich betrachtet selbst als Darlehensgeber.

(*Einstweilen frei*) 1733–1740

5. Abtretung der Forderung, Verlust der Gesellschafterstellung

Nach der Rechtsprechung des BGH zum Eigenkapitalersatzrecht und zu § 32a GmbHG a. F. ist der Eigenkapitalersatzcharakter nach den Verhältnissen (Bestehen der Krisensituation) im Zeitpunkt des Entstehens der Forderung zu beurteilen.[5] Deshalb kann eine Durchsetzungssperre, die einer Forderung aufgrund der eigenkapitalersetzenden Funktion der Leistung des Gesellschafters entgegensteht, nach § 404 BGB auch dem Zessionar entgegengehalten werden, weil die Durchsetzungssperre nicht an die Person des Abtretenden gebunden ist.[6] Eine Umgehung ist auch nicht durch die Konstruktion zulässig, dass die Schuld der GmbH von einem Dritten übernommen wird und zugleich eine Forderung des Dritten gegen die GmbH durch Anerkenntnis neu begründet wird.[7] 1741

Daran hat sich nichts geändert. An der **Bewertung als Gesellschafterdarlehen** oder wirtschaftlich gleichgestellte Forderung **ändert deren Abtretung an einen Nichtgesellschafter** grundsätzlich **nichts.** Dem Zessionar kann also der insolvenzrechtliche Nachrang entgegengehalten werden. Zu erwägen ist allerdings, ob zugunsten des Zessionars eine analoge Anwendung von § 135 Abs. 1 Nr. 2 InsO in Betracht kommt, wenn er die Darlehensforderung länger als ein Jahr vor dem Eröffnungsantrag erworben hat.[8]

1 BGH v. 13.7.1992 - II ZR 251/91, BGHZ 119 S. 191.
2 BGH v. 17.2.2011 - IX ZR 131/10, BGHZ 188 S. 362, NWB VAAAD-78381.
3 BGH v. 8.2.1999 - II ZR 261/97, DStR 1999 S. 810; v. 18.2.1991 - II ZR 259/89, DStR 1991 S. 554.
4 Vgl. BGH v. 26.6.2000 - II ZR 21/99, NJW 2000 S. 3278.
5 BGH v. 5.12.2007 - XII ZR 183/05, NWB XAAAC-68082.
6 BGH v. 2.2.2006 - IX ZR 67/02, BGHZ 166 S. 125, NWB TAAAC-00981; für den Darlehensrückzahlungsanspruch BGH v. 21.3.1988 - II ZR 238/87, BGHZ 104 S. 33.
7 BGH v. 11.1.2011 - II ZR 157/09, NWB JAAAD-61157.
8 So Gehrlein, BB 2008 S. 846, 850; Habersack, ZIP 2007 S. 2145, 2149.

In gleicher Weise bleibt der Gesellschafter dem Nachrang verhaftet, wenn er seinen Geschäftsanteil an einen Dritten abtritt, die Stellung als Darlehensgläubiger aber behält. Erfolgte die Abtretung des Geschäftsanteils innerhalb eines Jahres vor dem Eröffnungsantrag, bleibt es beim Nachrang nach § 39 Abs. 1 Nr. 5 InsO, bei einer früheren Veräußerung wird er wie ein normaler Darlehensgläubiger behandelt.[1] Ist der insolvenzrechtliche Nachrang gegeben, unterliegen auch Tilgungsleistungen der Anfechtung – vergleichbar der Durchsetzungssperre unter Geltung des Eigenkapitalersatzrechts.[2] Der Zessionar eines Gesellschafterdarlehens muss nach Anfechtung Tilgungsleistungen an die Masse zurückzahlen.

1742 Für die Praxis ist dem Gesellschafter-Darlehensgeber wohl zu raten, bei einer Veräußerung des Geschäftsanteils die Darlehensforderung mit zu veräußern. Umgekehrt sollte der Erwerber der bloßen Darlehensforderung sich des Risikos bewusst sein, dass er im Insolvenzfall der GmbH voll mit seinem Rückzahlungsanspruch ausfallen kann.

1743 Beteiligt sich ein Kreditgeber nachträglich an der GmbH durch Übernahme eines Geschäftsanteils, unterfällt das Darlehen – vorbehaltlich des Kleinbeteiligten- oder Sanierungsprivilegs – dem Nachrang nach § 39 Abs. 1 Nr. 5 InsO Auch Tilgungen des Kredits innerhalb der Jahresfrist des § 135 Abs. 1 Nr. 2 InsO sind anfechtbar, wenn der Darlehensgeber danach einen Geschäftsanteil übernommen hat.

1744–1750 (*Einstweilen frei*)

6. Gegenstand der nachrangbehafteten Gesellschafterhilfen

1751 Nicht jede Art von Gesellschafterforderungen ist mit einem insolvenzrechtlichen Nachrang behaftet, so dass sie erst nach allen anderen Verbindlichkeiten der GmbH zu befriedigen wären. Erfasst werden nur Darlehen und wirtschaftlich gleichstehende Forderungen; deshalb sind auch nur Tilgungen auf Gesellschafterdarlehen und gleichgestellte Forderungen anfechtbar.

a) Darlehen

1752 § 39 Abs. 1 Nr. 5 InsO erfasst **sämtliche Gesellschafterdarlehen** jeglicher Art; es ist gleichgültig, ob sich die GmbH im Zeitpunkt der Gewährung oder bei einem späteren Stehenlassen in der Krise befand, d. h., ob das Darlehen eigenkapitalersetzend ist oder nicht. **Nicht von Bedeutung ist**, mit welcher **Zweckbestimmung** das Darlehen gewährt wurde, ob es also „krisenbestimmt" war oder als sog. Finanzplankredit oder zur Finanzierung einer einzelnen Investition ausgereicht wurde oder ob mit dem Darlehen überhaupt keine Zweckbestimmung verknüpft war. Der Nachrang erfasst unabhängig von einer Stundung auch noch offene Zinsansprüche.

b) Gesellschafterdarlehen wirtschaftlich gleichgestellte Forderungen

1753 Nicht jede Gesellschafterforderung, sondern nur Forderungen aus Rechtshandlungen, die einem Gesellschafterdarlehen wirtschaftlich entsprechen, werden vom Nachrang

1 Für ein Fortbestehen des Nachrangs aber Haas, ZinsO 2007 S. 617, 619.

2 BGH v. 5.12.2007 - XII ZR 183/05, NWB XAAAC-68082.

erfasst. Ohne Rücksicht auf den Entstehungsgrund der Forderung entsprechen einem Darlehen **alle aus normalen Verkehrsgeschäften** – wie Kauf, Werkvertrag, Dienstleistung bis Miete und Pacht – **entstandenen Forderungen, die** der GmbH **gestundet wurden**. Jede Stundung enthält wirtschaftlich gesehen eine Darlehensgewährung. Einer ausdrücklichen Stundungsabrede bedarf es aber nicht, es genügt, wenn der Gesellschafter von seinem Recht auf Einziehung der Forderung faktisch keinen Gebrauch macht.[1]

Da mit dem Tatbestand der wirtschaftlich gleichgestellten Forderungen der personelle und sachliche Rahmen des früheren § 32a Abs. 3 GmbHG in das Insolvenzrecht übernommen werden soll, kann zu § 39 Abs. 1 Nr. 5 InsO weiter auf die Rechtsprechung zu § 32a GmbHG a. F. zurückgegriffen werden. Als Beispielsfälle[2] sind zu nennen, wenn mit oder ohne ausdrückliche Stundungsabrede fällige Ansprüche aus Verkehrsgeschäften mit der GmbH nicht eingefordert werden oder es unterlassen wird, die Auszahlung des **fälligen Gehalts** des Gesellschafter-Geschäftsführers oder von **Spesen, Tantiemen und Provisionen** einzufordern. Das Unterlassen der Geltendmachung kommt einem Stehenlassen gleich[3] und kann wie das Nicht-Einfordern fälliger Zahlungen von **Miete, Pacht und Nebenkosten**[4] als Kreditgewährung durch Stundung zu bewerten sein. Auch **systematisch eingeräumte oder geduldete Überschreitungen des Zahlungszieles** können in Höhe des überfälligen Forderungsbestandes des Gesellschafters wie die Gewährung eines Darlehens wirken.[5] Ebenfalls erfasst sind **Ausschüttungsansprüche** bezüglich Gewinnvorträgen gem. § 266 Abs. 3 A. IV HGB und Ausschüttungsansprüche aus aufgelösten Gewinnrücklagen gem. § 266 Abs. 3 A. III. 4[6] sowie **Abfindungsansprüche** des vor der Insolvenz ausgeschiedenen Gesellschafters.[7]

Andere darlehensgleiche Kapitalüberlassungen können vorliegen, wenn der Gesellschaf- 1754
ter eine bereits der Gesellschaft gegenüber gestundete Forderung erwirbt, oder bei einem – als Kreditgeschäft zu wertenden – **unechten Factoring**, bei **Wechseldiskont** oder bei einem **Pensionsgeschäft**, in dem die Gesellschaft dem Gesellschafter als „Pensionsnehmer" Wertpapiere mit der Absprache verkauft, dass er sie zu einem bestimmten Zeitpunkt und zu einem im Voraus bestimmten Preis zurückverkauft. Denn dann hat der Gesellschafter der GmbH wirtschaftlich einen durch das Pensionsgut gesicherten Kredit gewährt. Auch die Einlage als **stiller Gesellschafter**, die der Gesellschafter der GmbH zusätzlich erbringt, kann wirtschaftlich darlehensgleich sein.

Schließlich sind als Beispielsfälle für andere Finanzierungsleistungen zu nennen die 1755
Sicherungsübereignung und die Lieferung von Gegenständen an die Gesellschaft unter **Eigentumsvorbehalt** mit einem **ungewöhnlich langen Zahlungsziel**. Dann kann der Gesellschafter seine Forderung in der Insolvenz nur als nachrangiger Gläubiger gelten ma-

1 BGH v. 28.11.1994 - II ZR 77/93, NJW 1995 S. 457.
2 BeckOK InsR/Prosteder/Dachner, 31. Ed. 15.4.2023, InsO, § 39 Rz. 82 bis 98.
3 So BGH v. 28.11.1994 - II ZR 77/93, NJW 1995 S. 457.
4 Vgl. BGH v. 26.6.2000 - II ZR 370/98, DStR 2000 S. 1401; v. 18.12.2000 - II ZR 191/99, DStR 2001 S. 139.
5 BGH v. 28.11.1994 - II ZR 77/93, NJW 1995 S. 457.
6 BGH v. 22.7.2021 - IX ZR 195/20, NWB EAAAH-87305, ZIP 2021 S. 93, NZG 2021 S. 1325; OLG Koblenz v. 15.10.2013 - 3 U 635/13, NZI 2014 S. 27.
7 BGH v. 28.1.2020 - II ZR 10/19, NWB DAAAH-43434, NZG 2020 S. 384; Uhlenbruck/Hirte, § 39 Rz. 38.

chen und darf seine Sache nicht aussondern. Der Insolvenzverwalter kann die Sache durch Anfechtung zur Masse ziehen.

1756 Schließlich sind **Leasing-Verträge** in diesem Zusammenhang zu nennen; insbesondere beim „Sale-and-lease-back" und bei einem Finanzierungsleasing können als Darlehen zu behandelnde Finanzierungsleistungen vorliegen. Auch der Erwerb von Forderungen Dritter gegen die Gesellschaft verbunden mit einer Stundung durch den Gesellschafter oder der Erwerb bereits gestundeter Forderungen können Rechtshandlungen sein, die einem Gesellschafterdarlehen wirtschaftlich entsprechen.

1757 *(Einstweilen frei)*

c) Nutzungsrecht bei Gebrauchsüberlassung

1758 Unter Geltung des Eigenkapitalersatzrechts konnte bei einer der Kreditunwürdigkeit vergleichbaren Überlassungsunwürdigkeit[1] auch die **Überlassung von Grundstücken, Gebäuden und von beweglichen Wirtschaftsgütern** eine Gesellschafterleistung sein, die in **Eigenkapitalersatz umqualifiziert** wurde.[2] Regelmäßig lag solchen Gebrauchsüberlassungen ein schuldrechtliches Rechtsgeschäft wie **Miete, Pacht, Leihe oder ein Leasingverhältnis** zugrunde.[3] Auch eine Gebrauchsüberlassung im Rahmen einer **Betriebsaufspaltung** kam in Betracht.[4]

1759 Bei **Gebrauchsüberlassungen** führte eine Qualifizierung als Eigenkapitalersatz dazu, dass der Gesellschafter solange **keine Miete oder Pacht** fordern konnte, als diese nicht aus dem ungebundenen Vermögen, also ohne das die Stammkapitalziffer deckende Vermögen anzugreifen, erbracht werden konnte. Der Gesellschafter-Vermieter konnte aber auch das Mietverhältnis **nicht fristlos beenden**,[5] der Gesellschafter musste sogar die eingegangenen Pflichten zur Versorgung des Grundstücks mit Wasser, Wärme oder Strom auch noch während des Insolvenzverfahrens auf eigene Kosten erfüllen, ohne nach der Abrechnungsperiode die Erstattung verlangen zu können.[6]

1760 Die Umqualifizierung in Eigenkapitalersatz bedeutete aber **nicht**, dass an dem zur Nutzung überlassenen Gegenstand **eine dingliche Rechtsänderung** eingetreten wäre oder der Insolvenzverwalter dessen Übereignung hätte verlangen oder seinen Substanzwert zur Masse hätte ziehen können.[7] Es musste ihm aber der Gegenstand zur Nutzung überlassen werden, ohne dass der Gesellschafter ein Entgelt fordern konnte. Das Nutzungsrecht galt jedoch nur für die vereinbarte Zeit. Der Insolvenzverwalter konnte jedoch nicht die Nutzung unterlassen und stattdessen von dem Gesellschafter die Bezahlung eines dem Nutzungsentgelt entsprechenden Betrages verlangen.[8]

---

1 BGH v. 16.10.1989 - II ZR 307/88, BGHZ 109 S. 55, 64, NWB UAAAE-91366; v. 31.1.2005 - II ZR 240/02, NWB EAAAB-97886; vgl. auch BGH v. 28.5.2013 - II ZR 83/12, NWB RAAAE-44069.

2 Vgl. BGH v. 16.10.1989 - II ZR 307/88, BGHZ 109 S. 55, NWB UAAAE-91366; v. 18.12.2000 - II ZR 191/99, NWB AAAAB-97805.

3 Vgl. BGH v. 11.7.1994 - II ZR 146/92, BGHZ 127 S. 1, NWB OAAAE-91368.

4 BGH v. 14.12.1992 - II ZR 298/91, BGHZ 121 S. 31, 38.

5 Vgl. BGH v. 7.12.1998 - II ZR 382/96, BGHZ 140 S. 147, NWB VAAAE-91370.

6 BGH v. 26.6.2000 - II ZR 370/98, DStR 2000 S. 1401.

7 BGH v. 11.7.1994 - II ZR 146/92, BGHZ 127 S. 1, NWB OAAAE-91368.

8 Goette, DStR 1999 S. 553, 555.

Miet- und Pachtforderungen, die im Zeitpunkt der Insolvenzeröffnung noch nicht beglichen und damit gestundet sind, unterliegen dem Nachrang nach § 39 Abs. 1 Nr. 5 InsO. 1761

Die davon zu trennende Frage, ob die Gesellschaft (= Insolvenzverwalter) entsprechend den Eigenkapitalersatzregeln von dem Gesellschafter die unentgeltliche Nutzung des überlassenen Gegenstandes bis zum Ablauf des Vertrags oder für einen angemessenen Zeitraum verlangen könne, beantwortet der neue § 135 Abs. 3 InsO. Wenn der **Gegenstand** für die **Fortführung des Unternehmens der GmbH von erheblicher Bedeutung ist**, kann der **Aussonderungsanspruch** während der Dauer des Insolvenzverfahrens, höchstens aber für ein Jahr ab Verfahrenseröffnung **nicht geltend** gemacht werden. Für den Gebrauch ist dem Gesellschafter aber ein **Ausgleich zu zahlen**: Dafür ist die durchschnittlich im **letzten Jahr vor der Eröffnung geleistete Vergütung** zu zahlen, bei kürzerer Überlassung die Durchschnittsvergütung während dieses Zeitraums. Bei der Nutzungsüberlassung betrifft die Kreditgewährung also nur das Entgelt, ein Anspruch auf unentgeltliche Nutzungsüberlassung oder auf Vergütung für den Entzug des Nutzungsrechts besteht also nicht mehr.

BEISPIEL: Der Gesellschafter R hat der GmbH ein Betriebsgebäude zur Nutzung überlassen. Die vereinbarte und angemessene monatliche Pacht beträgt 1.000 €. Wegen der Zahlungsschwierigkeiten der GmbH hat A seine Ansprüche seit 14 Monaten nicht eingefordert, als die GmbH den Antrag auf Eröffnung des Insolvenzverfahrens stellt. Die rückständige Pacht unterfällt dem Nachrang gem. § 39 Abs. 1 Nr. 5 InsO.

Wenn der Insolvenzverwalter gute Chancen sieht, das Unternehmen der GmbH fortzuführen und dafür das Betriebsgebäude erforderlich ist, kann A seinen Aussonderungsanspruch nicht geltend machen und muss der GmbH für die Dauer der Insolvenz, längstens aber ein Jahr, das Gebäude weiter zur Nutzung überlassen. R gebührt dafür aber eine Vergütung; bei deren Berechnung ist aber nur der Durchschnitt der im letzten Jahr **geleisteten** Vergütung anzusetzen. Da die GmbH keine Vergütung geleistet hat, beträgt die Vergütung wohl null €. Zum gleichen Ergebnis kommt man bei einer vorangegangenen **unentgeltlichen** Nutzungsüberlassung.

ABWANDLUNG: Hat R monatlich seine Pacht vereinnahmt, ist die Vergütung geleistet worden. R kann vom Insolvenzverwalter im Ergebnis die Weiterzahlung der Pacht i. H. v. monatlich 1.000 € verlangen, solange der Insolvenzverwalter der Aussonderung nicht zustimmt.

ABWANDLUNG: Der Insolvenzverwalter kann den Betrieb nur fortführen, wenn er den Betrieb in ein kleineres Gebäude verlagert, das nur 300 € Miete kostet. Das von R überlassene Gebäude könnte für ein Jahr für 2.000 € monatlich verpachtet werden. Der Pachtüberschuss ist von erheblicher Bedeutung für die Liquidität und Fortführung des Unternehmens. Auch hier darf R von seinem Aussonderungsrecht zunächst keinen Gebrauch machen. Auch hier ist der Gegenstand – wenn auch nur mittelbar – von erheblicher Bedeutung für die Betriebsfortführung. Das Gesetz verlangt keine unmittelbare Nutzung im fortgeführten Betrieb.

Für die Bemessung der Entschädigung ist **nicht die vereinbarte Vergütung** maßgebend, sondern die von der GmbH tatsächlich im letzten Jahr vor der Eröffnung des Insolvenzverfahrens **geleistete Vergütung**. Auch wenn die GmbH bis zur Stellung des Insolvenzantrags die Vergütung tatsächlich ausgezahlt hat, kann der vorläufige Insolvenzverwalter jegliche Zahlung einstellen, so dass auf diese Weise bei einem sich länger hinziehenden Eröffnungsverfahren der Vergütungsanspruch gegen die Masse entwertet werden kann.[1] 1762

(Einstweilen frei) 1763–1780

1 Wälzholz, GmbHR 2008 S. 841, 848.

7. Ausnahmen vom Grundsatz des Nachrangs

a) Kleinbeteiligtenprivileg

1781 Nach dem Kleinbeteiligtenprivileg (§ 39 Abs. 5 InsO) sind Darlehensgeber vom Nachrang befreit, die mit bis zu 10 % oder genau 10 % am Haftkapital (= Stammkapital) der Gesellschaft beteiligt sind und nicht zu den geschäftsführenden Gesellschaftern gehören.[1] Es ist nur die Kapitalbeteiligung maßgebend. Für die Prüfung des Vorliegens der Voraussetzungen von § 39 Abs. 5 InsO kommt es entsprechend § 135 Abs. 1 Nr. 2 InsO grundsätzlich auf die Verhältnisse während des letzten Jahres vor Insolvenzantragstellung an. Damit ist die Anwendbarkeit des Kleinbeteiligungsprivilegs zu bejahen, wenn die Geschäftsführung vor Beginn des Zeitraums gem. § 135 Abs. 1 Nr. 2 InsO niedergelegt wurde und die Beteiligung im entscheidenden Zeitraum höchstens 10 % betrug.[2]

Das Kleinbeteiligtenprivileg kann nicht dadurch gewonnen werden, dass er seine Geschäftsführerstellung aufgibt oder seine Beteiligung auf unter 10 %. abschmilzt. Der insolvenzrechtliche Nachrang haftet insofern an dem Darlehen von Anfang an. Umgekehrt verliert der Gesellschafter aber auch das Privileg, wenn er nachträglich seine Beteiligung erhöht oder die Geschäftsführung übernimmt. Insofern trifft der Gesellschafter, indem er das Darlehen nicht abzieht, obwohl sich sein unternehmerischer Einfluss erhöht, eine neue Entscheidung über die Kreditvergabe.

b) Sanierungsprivileg

1782 Das Sanierungsprivileg (§ 39 Abs. 4 Satz 2 InsO) kommt Gesellschaftern der GmbH zugute, die bei Überschuldung oder bei drohender bzw. bereits eingetretener Zahlungsunfähigkeit Geschäftsanteile zum Zweck der Sanierung der GmbH übernehmen. Dann trifft sie nicht der insolvenzrechtliche Nachrang für bereits bestehende oder neu gewährte Darlehen bzw. Forderungen aus Rechtshandlungen, die einem Darlehen wirtschaftlich entsprechen. Die Ausnahme vom Nachrang stellt nur auf den Anteilserwerb und nicht auf die Vergabe des Kredits in der Krise ab, so dass auch Altkredite begünstigt sind, wenn der Gesellschafter zur Sanierung einen Geschäftsanteil erwirbt. Vornehmlich zielt die Regelung aber auf neue Kredite ab, die ein Neugesellschafter der GmbH gewährt. Auch ein Altgesellschafter-Gläubiger, der seine Beteiligung in der Sanierungssituation aufstockt, ist mit seinen alten und/oder neuen Darlehen begünstigt. Den Schutz vor dem insolvenzrechtlichen Nachrang genießen privilegierte Alt- oder Neudarlehen jedoch nur bis zum Zeitpunkt „der nachhaltigen Sanierung", sprich bis die beim Anteilserwerb bestehende finanzielle Schieflage der GmbH überwunden ist.

1783 Der Gesellschafter, der seine Beteiligung zum Zwecke der Sanierung erworben oder aufgestockt hat, wird also sorgfältig darauf achten müssen, wann die nachhaltige Sanierung eingetreten ist. Um dem dann wieder einsetzenden Nachrang zu entgehen, wird er entweder seine Beteiligung aufgeben oder sein Kreditengagement zurückfahren und die Gesellschaft auf eine Fremdfinanzierung durch Dritte verwei-

1 BGH v. 26.1.2023 - IX ZR 85/21, NWB ZAAAJ-35779.

2 BGH v. 20.4.2023 - IX ZR 44/22, NWB IAAAJ-41585.

sen müssen. Dadurch können die erfolgreichen Sanierungsmaßnahmen aber wieder in Frage gestellt werden.

(*Einstweilen frei*) 1784–1790

III. Vom Gesellschafter gesicherte Darlehen

Darlehensforderungen und gleichgestellten Forderungen außenstehender Gläubiger, 1791
für deren **Rückzahlung der Gesellschafter eine Sicherheit bestellt hat oder für die er sich verbürgt** hat, werden nach § 44a InsO mit einem **Nachrang** belegt. Nach dieser Vorschrift, werden gesellschafterbesicherte Forderungen nur nach Maßgabe des § 39 Abs. 1 Nr. 5 InsO und nur in dem Umfang befriedigt, in dem er bei Inanspruchnahme des Gesellschafters ausgefallen ist. Der (dritte) Darlehensgläubiger erleidet also in zweierlei Hinsicht einen Nachteil: Er nimmt an der Verteilung der Masse nur in dem Umfang teil, in dem er bei der Verwertung der Sicherheit oder Inanspruchnahme des Bürgen seine Forderung nicht realisieren konnte, und mit der verbliebenen Restforderung hat er den gleichen Rang wie ein Gesellschafter-Darlehensgläubiger.

Grund hierfür ist, dass es wirtschaftlich keinen beachtenswerten Unterschied macht, ob der Gesellschafter der Gesellschaft durch ein eigenes Darlehen hilft oder es ihr durch **Stellung einer hinreichenden Sicherheit** ermöglicht, bei der Bank das benötigte Darlehen aufzunehmen. Die Bestellung einer Sicherheit durch den Gesellschafter für ein Fremddarlehen entspricht wirtschaftlich einer unmittelbaren Darlehensgewährung durch ihn an die Gesellschaft.

Der **Drittgläubiger** darf jedoch seine Forderung in der Insolvenz der GmbH **in voller** 1792
Höhe und nicht nur mit dem zu erwartenden Ausfall anmelden, weil er nach dem Grundsatz der Doppelberücksichtigung aus § 43 InsO nicht zuvor aus der Sicherheit gegen den Gesellschafter vorgegangen sein muss und das Ausfallprinzip nach § 52 InsO nicht eingreift, weil die GmbH nicht aus der Sicherheitsbestellung verpflichtet ist.

Wenn für den Gesellschafter das Sanierungs- oder Kleinbeteiligtenprivileg gilt, greift § 44a 1793
InsO nicht ein, weil ein Darlehen des Gesellschafters nicht nachrangig wäre und der Nachrang nach § 44a InsO nach „Maßgabe des § 39 Abs. 1 Nr. 5 InsO" eintritt, der eben für Darlehensgewährungen von Kleinbeteiligten und Sanierungsbeteiligten nicht gilt.

§ 44a InsO erfasst neben den ausdrücklich erwähnten normalen **Bürgschaften**, die häufig 1794
von Banken routinemäßig verlangt werden, **alle** anderen **denkbaren Sicherheiten**, wenn sie wirtschaftlich einen Kredit unterlegen können. In Betracht kommen Schuldversprechen, Kautionen, die Sicherungsübereignung, dingliche Sicherheiten wie die Bestellung von Grundpfandrechten an Grundstücken des Gesellschafters, Sicherungsabtretungen und Verpfändung von Forderungen und Bankguthaben. Auch die so phantasievolle Vereinbarung, dem darlehensgewährenden Kreditinstitut von der Gesellschaft sicherungsübereignete Wirtschaftsgüter im Sicherungsfall „zum Einstandspreis" abzukaufen, kann in Höhe der Wertdifferenz eine wirtschaftlich gleich zu behandelnde Sicherheit sein.[1]

(*Einstweilen frei*) 1795–1810

1 Vgl. Goette, Anm. zu BGH v. 5.7.1999 - II ZR 260/98, DStR 1999 S. 1409.

IV. Anfechtung

1811 **Nach Eröffnung des Insolvenzverfahrens** ordnet § 39 Abs. 1 Nr. InsO an, dass Gesellschafterdarlehen und gleichgestellte Forderungen nur nachrangig zu befriedigen sind. Dieser Nachrang wird für einen gewissen, **vor der Eröffnung der Insolvenz** liegenden Zeitraum durchgesetzt, indem Rückzahlungen der GmbH auf Forderungen solcher Art in dieser Zeit gem. §§ 129, 135 InsO der **Anfechtung unterliegen** (Insolvenzanfechtung). Die Vorschrift übernimmt für die Insolvenz die Funktion des § 31 GmbHG, der bisher die rechtliche Grundlage für einen Erstattungsanspruch bildete, wenn ein Darlehen in der Krise an den Gesellschafter zurückbezahlt wurde. Da es nach § 30 Abs. 1 Satz 3 GmbHG keine eigenkapitalersetzenden Darlehen mehr gibt, entfällt auch ein solcher Anspruch wegen verbotener Rückzahlung.

1812 Die Vorschrift regelt **zwei** Anfechtungsmöglichkeiten: § 135 Abs. 1 Nr. 1 InsO unterwirft eine Rechtshandlung der Anfechtung, die innerhalb der **letzten zehn Jahre vor dem Eröffnungsantrag** (oder danach) für ein Darlehen oder für eine gleichgestellte Forderung des Gesellschafters **Sicherung gewährt** hat. Nach § 135 Abs. 1 Nr. 2 InsO ist eine Rechtshandlung anfechtbar, durch die dem Gesellschafter **im letzten Jahr** vor dem Eröffnungsantrag (oder danach) **Befriedigung gewährt** worden ist. Die Tatbestände gelten unabhängig voneinander, so dass die Anfechtung der Sicherungsgewährung auch dann noch greifen kann, wenn eine Anfechtung der Befriedigung wegen Zeitablaufs nicht mehr möglich ist.[1] Die Anfechtbarkeit wird auf jedes Gesellschafterdarlehen und jede gleichgestellte Forderung unabhängig von einer „Krisenbestimmung" ausgedehnt, weil das Merkmal des Eigenkapitalersatzes weggefallen ist. Ausgenommen von der Anfechtung bleiben aber Sicherung und Befriedigung von Darlehen Kleinbeteiligter und Sanierungsdarlehen.

1813 Nach der Vorstellung des Gesetzes sind sämtliche Befriedigungen oder Sicherungen jedweder Gesellschafterdarlehen innerhalb der kritischen Zeit anfechtbar, selbst wenn im Einzelfall die Insolvenz etwa durch ein plötzliches externes Ereignis verursacht worden sein sollte.[2] Den Gesellschaftern ist daher dringend zu raten, ein „Frühwarnsystem" einzurichten, um ihre Darlehen sicher vor der gesetzlich vermuteten Krise abzuziehen.[3]

1813/1 Der Anfechtungsanspruch, der nach § 143 InsO auf Rückerstattung an die Insolvenzmasse geht, entsteht mit der Eröffnung des Verfahrens und verjährt nach § 146 InsO gem. §§ 195, 199 BGB in drei Jahren.

1. Befriedigung der Darlehensforderung

1814 Die **Anfechtbarkeit der Befriedigung von Darlehen** im letzten Jahr vor dem Eröffnungsantrag kann in der **Praxis besondere Bedeutung** haben, da es nicht (mehr) darauf ankommt, ob das zurückgewährte Darlehen eigenkapitalersetzenden Charakter hatte oder nicht. Im Falle des **Unternehmensverkaufs** muss der Gesellschafter die Tilgungsleistung an die Masse zurückgeben, wenn der Erwerber das bis dahin gesunde und erfolgreiche

1 BGH v. 18.7.2013 - IX ZR 219/11, NWB GAAAE-42376.
2 BGH v. 30.4.2015 - IX ZR 196/13, NWB WAAAE-91429.
3 So Kallmeyer, DB 2007 S. 2755, 2758.

Unternehmen in die Insolvenz führt. Dem kann der Gesellschafter aber dadurch begegnen, dass er seine Darlehensforderung mit dem Geschäftsanteil zusammen an den Erwerber verkauft und sich über den Kaufpreis wirtschaftlich Befriedigung für seinen Rückzahlungsanspruch verschafft.

Schwerwiegender und risikoreicher als dieser eher singuläre Fall ist aber, dass der Gesellschafter bisher sein Darlehen noch innerhalb der Überlegungsfrist von maximal zwei bis drei Wochen[1] nach Erkennbarwerden der Krise abziehen und so ein Umschlagen in ein eigenkapitalersetzendes Darlehen vermeiden konnte. Ein Nachrang kann nur verhindert werden, wenn er das Darlehen früher als ein Jahr vor einem Insolvenzantrag, also zu einer Zeit abzieht, in der häufig noch keine Anzeichen für eine Krise bestehen und auch noch keine Unterbilanz vorliegt. Aus diesem Grund ist es eine Überlegung wert, der GmbH Finanzmittel nicht durch einen Gesellschafterkredit, sondern als Eigenkapital durch Einzahlung in die freie Rücklage zuzuführen. Diese Mittel könnten dann auch noch innerhalb des Jahres vor dem Insolvenzantrag abgezogen werden, solange sie bilanziell nicht zur Deckung der Stammkapitalziffer benötigt werden.[2] Die Ausschüttung aus der Rücklage ist keine Zahlung, die der Rückgewähr eines Gesellschafterdarlehens entspricht.

Für die Praxis bedeutet dies, dass **der Gesellschafter-Darlehensgeber weiter vorausschauend beobachten** muss, wie sich die Gesellschaft entwickelt, wenn er mit seinem Darlehen nicht das volle Unternehmerrisiko tragen will. Eine ordnungsgemäße Unternehmensplanung, ein leistungsfähiges, zeitnahes Controlling und entsprechende Weisungen an die Geschäftsführung zu erhöhten und rechtzeitigen Berichtspflichten sind mehr denn je gefragt; sogar die Einrichtung eines Beirats, der laufend und intensiv die Entwicklung des Unternehmens beobachtet, kann sich empfehlen.[3] Es sollte auch überlegt werden, ob die Gesellschafter-Fremdfinanzierung nicht in eine Fremdfinanzierung durch Nicht-Gesellschafter überführt werden kann. 1815

Für die **Gläubiger** einer GmbH kann sich umgekehrt auch die sorgfältige Beobachtung der Lage des Unternehmens der GmbH lohnen. Denn die Jahresfrist ist auch relativ knapp bemessen, weil es manchen Verantwortlichen für die GmbH nicht selten gelingt, das Siechtum der insolvenzreifen Gesellschaft über ein Jahr hinauszuzögern, nachdem man aufgrund des Insiderwissens seine Gesellschafterkredite abgezogen hat. 1816

Unterliegt die Rückgewähr eines Darlehens der Anfechtung, ist nach erfolgter Anfechtung die empfangene **Leistung** vom Gesellschafter an die **Insolvenzmasse zu erstatten.** Mit der dann noch **offenen Darlehensforderung** unterliegt der Gesellschafter dem **Nachrang** nach § 39 Abs. 1 Nr. 5 InsO. 1817

2 Befriedigung einer gleichgestellten Forderung

Von der Regelung des § 135 Abs. 1 InsO sind nicht nur Gesellschafterdarlehen, sondern auch Forderungen aus Rechtshandlungen umfasst, die einem Gesellschafterdarlehen 1818

1 BGH v. 9.12.1996 - II ZR 17/97, GmbHR 1998 S. 936, m. N.
2 Vgl. auch Kallmeyer, DB 2007 S. 2755.
3 Vgl. Rz. 3951.

wirtschaftlich entsprechen.[1] Nicht erfasst sind Forderungen Dritter; insoweit gilt § 135 Abs. 2 InsO.

1818/1 Alle aus Austauschgeschäften von Kauf bis Miete und Pacht herrührende Forderungen sind einem Darlehen gleich zu achten, die der Gesellschaft rechtlich oder rein faktisch **gestundet** wurden, weil jede Stundung bei wirtschaftlicher Betrachtung eine Darlehensgewährung bewirkt. Stehen gelassene Gehaltsansprüche eines Gesellschafters können darum wirtschaftlich einem Darlehen entsprechen. Setzt ein Arbeitnehmer, der zugleich Gesellschafter des Unternehmens seiner Arbeitgeberin ist, erhebliche Ansprüche auf Arbeitsentgelt über einen längeren Zeitraum nicht durch, stundet er diese Forderungen. Die Stundung ist eine Rechtshandlung, die einem Gesellschafterdarlehen wirtschaftlich entspricht.[2]

1818/2 **Privilegiert sein können aber Forderungen aus Austauschgeschäften, die bar abgewickelt** werden und für die die Voraussetzungen des Bargeschäftes (§ 142 InsO) gelten. Ein **Baraustausch** liegt bei länger währenden Vertragsbeziehungen in Anlehnung an § 286 Abs. 3 BGB vor, wenn Leistung und Gegenleistung binnen eines Zeitraums von 30 Tagen abgewickelt werden. Eine Stundungswirkung kommt nicht in Betracht, wenn eine Lohnzahlung bargeschäftlich binnen 30 Tagen nach Fälligkeit abgewickelt wurde. Gleiches gilt für innerhalb dieser Frist beglichene Mietforderungen. Werden diese Fristen aber überschritten, gilt das Vorstehende.

1819 Neben der Insolvenzanfechtung nach § 135 Abs. 1 Nr. 2 InsO kommt auch eine Vorsatzanfechtung nach § 133 Abs. 1 und 2 InsO in Betracht. Voraussetzung ist neben dem Gläubigerbenachteiligungsvorsatz des Schuldners die Kenntnis des anderen Teils davon. Die Kenntnis wird bei Kenntnis der drohenden Zahlungsunfähigkeit und der Gläubigerbenachteiligung der Rechtshandlung vermutet; bei der Anfechtung kongruenter Deckungshandlungen ist Kenntnis der eingetretenen Zahlungsfähigkeit erforderlich (§ 133 Abs. 3 Satz 1 InsO). Zahlungsvereinbarungen oder sonstige Zahlungserleichterungen begründen die Vermutung, dass der Anfechtungsgegner die Zahlungsunfähigkeit des Schuldners nicht kannte (§ 133 Abs. 3 Satz 2 InsO). Werden Deckungshandlungen i. S. d. §§ 130, 131 InsO angefochten, ist die Anfechtungsfrist gem. § 133 Abs. 2 InsO auf vier Jahre verkürzt.

§ 133 Abs. 4 InsO ermöglicht die Anfechtung unmittelbar benachteiligender entgeltlicher Verträge zwischen nahestehenden Personen (§ 138 InsO). Die Anfechtungsfrist beträgt zwei Jahre. Die Anfechtung ist ausgeschlossen, wenn die dem Schuldner nahestehende Person keine Kenntnis vom Gläubigerbenachteiligungsvorsatz hatte, wofür sie beweisbelastet ist.

1819/1 Wer nahestehende Person ist, regelt § 138 InsO, wobei bei juristischen Personen insbesondere § 138 Abs. 1 Nr. 4 InsO zu beachten ist. Danach ist u. a. eine juristische Person oder eine Gesellschaft ohne Rechtspersönlichkeit als dem Schuldner nahestehende Person anzusehen, wenn der Schuldner oder eine der in § 138 Abs. 1 Nr. 1 bis 3 InsO genannten Personen Mitglied des Vertretungs- oder Aufsichtsorgans ist oder (unmittelbar

1 OLG Hamm v. 16.2.2017 - I-27 U 83/16, NZI 2017 S. 625.

2 BGH v. 10.7.2014 - IX ZR 192/13, NWB NAAAE-70644, Rz. 50.

oder mittelbar) mit mehr als einem Viertel an ihrem Kapital beteiligt ist. Gleiches gilt, wenn aufgrund einer gesellschaftsrechtlichen oder dienstvertraglichen Verbindung die Möglichkeit besteht, sich über die wirtschaftlichen Verhältnisse des Schuldners zu unterrichten. Gemeint ist dabei wohl die Unterrichtungsmöglichkeit der juristischen Person oder der Gesellschaft ohne Rechtspersönlichkeit und nicht des Schuldners selbst.[1]

3. Sicherungsgewährung für ein Gesellschafterdarlehen oder eine gleichgestellte Forderung

Durch § 135 Abs. 1 Nr. 1 InsO werden Rechtshandlungen der Anfechtung unterworfen, die für einen Darlehensrückgewähranspruch des Gesellschafters oder für eine gleichgestellte Forderung des Gesellschafters **Sicherheit** gewährt haben. Diese Anfechtungsmöglichkeit reicht **zehn Jahre** vom Antrag auf Eröffnung des Insolvenzverfahrens zurück und erfasst auch Sicherheiten, die nach dem Antrag gewährt worden sind. 1820

Sicherungsnehmer kann auch ein Dritter sein.[2] Bei Sicherheiten aus dem Vermögen der Schuldnerin liegt die **Benachteiligung** regelmäßig darin, dass dem Gesellschafter im Insolvenzverfahren aufgrund der Sicherheit ein Vorzugsrecht gem. §§ 47 ff. InsO zusteht, oder dass er bei Rückzahlung vor der Insolvenz die Sicherheit gegen die Anfechtbarkeit einwenden könnte. Erfasst sind nur Sicherheiten, die das **Gesellschaftsvermögen belasten**, wobei der Begriff der Sicherung weit zu verstehen ist. Erfasst sind alle **akzessorischen und nicht akzessorischen Sicherheiten,** sofern sie das Gesellschaftsvermögen belasten.[3] 1821

Rechtsfolge daraus ist nach § 143 Abs. 1 InsO, dass die Sicherheit (= der weggegebene Gegenstand) an die Insolvenzmasse erstattet werden muss. Bestellte Grundpfandrechte muss der Gesellschafter also an die GmbH zurückübertragen, an zur Sicherung übereigneten Sachen muss der GmbH wieder Eigentum verschafft werden.

4. Vom Gesellschafter besicherte Darlehen Dritter

Weiter unterwirft § 135 Abs. 2 InsO Rechtshandlungen der Anfechtung, durch die ein **außenstehender Dritter** mit seiner Forderung aus einem Darlehen und einer darlehensgleichen Forderung gegen die GmbH befriedigt wurde, sofern der Gesellschafter für die Forderung eine Sicherheit bestellt hatte. Zahlungen an einen durch einen Gesellschafter gesicherten Gläubiger innerhalb **eines Jahres** vor dem Eröffnungsantrag sind also **anfechtbar**. Die Anfechtung richtet sich allerdings nicht an den Gläubiger der Forderung, dem die Befriedigung gewährt wurde. Nach Auffassung des BGH darf der „Dritte" nicht selber Gesellschafter sein, um den Anwendungsbereich der Vorschrift zu eröffnen. Hat ein Gesellschafter die Darlehensgewährung eines anderen Gesellschafters an die Gesellschaft gesichert, ist die Vorschrift somit auf den die Sicherheit stellenden Gesellschafter nicht anwendbar. Dabei hat der Insolvenzverwalter ggf. darzulegen und nachzuweisen, dass der Dritte kein Gesellschafter des Schuldners ist. Die 1822

1 Vgl. Uhlenbruck/Hirte, InsO, § 138 Rz. 12c.
2 BGH v. 26.1.2023 - IX ZR 85/21, NWB ZAAAJ-35779, Ls., Rz. 16.
3 Altmeppen, GmbHG, Anh. § 30 Rz. 15.

Darlegungs- und Beweislast dafür, dass der Dritte einem Gesellschafter gleichzustellen ist, trifft den Anfechtungsgegner.[1]

1823 Erfasst wird beispielsweise auch der Fall, dass eine durch die Gesellschaft – zusätzlich zu der durch den Gesellschafter gestellten Sicherheit – **gestellte Sicherheit verwertet** und der Gesellschafter dadurch von seiner eigenen Verpflichtung frei wird.[2]

1824 Da die Anfechtbarkeit einer solchen Rechtshandlung ihre Rechtfertigung in dem Umstand findet, dass der Gesellschafter für die Verbindlichkeit der GmbH als Sicherungsgeber hat einstehen wollen, richtet sich die Anfechtung gem. §143 Abs.3 InsO gegen den Gesellschafter als Sicherungsgeber. Denn er – der Gesellschafter – ist ja durch die Leistung der GmbH von seinen Verpflichtungen aus dem Sicherungsvertrag befreit worden.[3] Der Gesellschafter muss grundsätzlich die an den außenstehenden Dritten erbrachte Leistung der GmbH erstatten.

1825 Die Höhe des Anspruchs ist aber nach §143 Abs.3 Satz2 InsO auf die Höhe der Bürgschaft und bei einer dinglichen Sicherheit in Höhe des Wertes des Sicherungsgutes im Zeitpunkt der Rückgewähr des Darlehens oder der Leistung auf die gleichgestellte Forderung beschränkt. Führt die GmbH durch eine Zahlung des Gesellschafters auf ein im Soll geführtes Konto den Kontokorrentkredit nur teilweise zurück und kann der Gesellschafter weiterhin z.B. als Bürge in Anspruch genommen werden, darf die Summe aus dem Anfechtungsanspruch nach §135 Abs.2 InsO und der fortbestehenden Sicherheit des Gesellschafters den Höchstbetrag der eingegangenen Sicherheitsverpflichtung des Gesellschafters nicht übersteigen.[4] Bei einer Realsicherheit kann sich der Gesellschafter von der Erstattungspflicht befreien, wenn er die als Sicherheit dienenden Gegenstände der Insolvenzmasse zur Verfügung stellt.

BEISPIEL: Die Kreditbank K hatte der GmbH ein Darlehen über 50.000€ gewährt und der Gesellschafter R hatte sich für die Rückzahlung i.H.v. 40.000€ selbstschuldnerisch verbürgt. Ein halbes Jahr vor dem Antrag auf Eröffnung des Insolvenzverfahrens hat die GmbH bei Fälligkeit das Darlehen zurückbezahlt, R wurde von der Bank aus seiner Haftung als Bürge entlassen. Die Rückzahlung des Darlehens ist nach §135 Abs.2 InsO gegenüber R anfechtbar. Nach der Anfechtung durch den Insolvenzverwalter muss R den Tilgungsbetrag an die GmbH erstatten, allerdings nur i.H.v. 40.000€, weil R nur in dieser Höhe als Bürge haftete.

ABWANDLUNG: R hatte für die Kreditbank eine Grundschuld zur Sicherung des gesamten Darlehensbetrages bestellt. Das Grundstück ist bei Tilgung des Darlehens mindestens das Doppelte wert, also 100.000€. Mit der Rückübertragung des Grundpfandrechts ist eine Eigentümergrundschuld entstanden. R muss an die Insolvenzmasse 50.000€ bezahlen (Erstattung der dem Dritten gewährten Leistung = Tilgungsbetrag). Er muss nicht die Grundschuld an den Insolvenzverwalter abtreten. R könnte der GmbH auch das Grundstück übereignen, was er aber angesichts des Werts nicht tun wird. Der Insolvenzverwalter kann die Auflassung aber nicht verlangen.

1 BGH v. 25.6.2020 - IX ZR 243/18, NWB PAAAH-53338.

2 Vgl. de Bra in: Braun, InsO, §135 Rz.17 bis 21.

3 Zum Eigenkapitalersatzrecht und zur Erstattungspflicht des durch Verwertung einer anderweitigen Sicherheit frei gewordenen Gesellschafter-Bürgen in Höhe der erlangten Befreiung vgl. BGH v. 20.7.2009 - II ZR 36/08, NWB HAAAD-28247.

4 BGH v. 4.7.2013 - IX ZR 229/12, NWB RAAAE-42663.

ABWANDLUNG: R hatte damals der K ein bei ihr unterhaltenes Wertpapierdepot mit Kurswert von 70.000€ verpfändet. Im Zeitpunkt der Rückzahlung des Darlehens hat das Depot nur noch einen Kurswert von 40.000€, Tendenz sinkend. R kann der Insolvenzmasse das Wertpapierdepot überlassen und wird dadurch von seiner Verpflichtung zur Erstattung der Tilgungsleistung von 50.000€ frei (§143 Abs.3 Satz3 InsO). Er muss den Fehlbetrag von 10.000€ oder mehr nicht ausgleichen.

BEISPIEL: Der Gesellschafter X, der im letzten Jahr vor der Eröffnung des Insolvenzverfahrens über die Y-GmbH Rückzahlungen von 40.000€ auf ein Darlehen erhalten hat, zahlt diesen Betrag an die GmbH zurück; erfolgt die Rückzahlung aber auf ein im Soll geführtes Bankkonto, kann die Rückführung des Saldos nach §135 Abs.2 InsO anfechtbar sein. Hat sich der Gesellschafter gegenüber der Bank bis zum Höchstbetrag von 140.000€ verbürgt und kann er von der Bank (= Dritter) weiterhin aus der von ihm bestellten Sicherheit in Anspruch genommen werden, darf die Summe aus dem Anfechtungsanspruch gem. §135 Abs.2 InsO und der fortbestehenden Verpflichtung aus Sicherheit den Höchstbetrag aus der eingegangenen Sicherheitsverpflichtung nicht übersteigen: der Gesellschafter kann also „nur" auf 140.000€ und nicht auf 180.000€ in Anspruch genommen werden.

(*Einstweilen frei*) 1826–1850

V. Anfechtung von Darlehensrückzahlungen außerhalb der Insolvenz

Außerhalb des Insolvenzverfahrens – vornehmlich in Fällen der Masselosigkeit – kann der Gläubiger zur Befriedigung seiner Forderung von den Möglichkeiten der Anfechtung nach §§6 und 6a AnfG Gebrauch machen, wobei die anfechtbaren Rechtshandlungen denen innerhalb der Insolvenz entsprechen. Dadurch können dem Gesellschafter zurückgezahlte Darlehen dem Vollstreckungszugriff unterworfen werden. Das frühere Merkmal der Kapitalersatzfunktion ist auch hier entfallen. Infolge der Verweisung in §6 Abs.1 Satz1 AnfG auf §39 Abs.1 Nr.5 InsO ist nunmehr eine Leistung auf jedes Gesellschafterdarlehen oder eine gleichgestellte Forderung (= gestundete oder stehen gelassene Forderung) anfechtbar. 1851

Kompliziert geregelt sind die Anfechtungsfristen. 1852

Wurde der Antrag auf Eröffnung des Insolvenzverfahrens mangels Masse abgewiesen (§26 Abs.1 InsO), bevor der Gläubiger den Vollstreckungstitel erlangt hat, beginnt die Anfechtungsfrist (von einem bzw. zehn Jahren) mit dem Antrag auf Insolvenzeröffnung (§6 Abs.1 Satz2 AnfG). Wird der Antrag erst nach Erwirken des vollstreckbaren Schuldtitels abgelehnt, bleibt es beim Stichtag „Erlangung des Titels" durch den Gläubiger. Das Recht zur Anfechtung ist aber auch zeitlich beschränkt, §6 Abs.2 AnfG Es läuft eine Ausschlussfrist von drei Jahren ab dem Schluss des Jahres, in dem der Gläubiger den vollstreckbaren Titel erlangt hat. Wurde die anfechtbare Rechtshandlung erst nach Erwerb des Vollstreckungstitels vorgenommen, läuft die dreijährige Ausschlussfrist ab dem Ende des Jahres, in dem die Handlung stattfand.

Die Vorschrift des §6a AnfG übernimmt die Regelung in §135 Abs.2 InsO zu der Rückzahlung von gesellschaftergesicherten Darlehen an außenstehende Dritte und Leistungen auf solchen Darlehen wirtschaftlich entsprechenden Forderungen, wenn der Gesellschafter hierfür eine Sicherheit bestellt hatte oder als Bürge haftete. Auch hier ist eine Anfechtung der Leistungen möglich, die innerhalb des letzten Jahres vor Erlangung des 1853 vollstreckbaren Titels erfolgten. Bei erfolgreicher Anfechtung muss der Gesellschafter, der die Sicherheit bestellt hatte oder als Bürge haftete, nach § 11 Abs. 3 AnfG die Zwangsvollstreckung in sein Vermögen dulden, und zwar bis zu der Höhe des Betrages, mit dem er als Bürge haftete oder der dem Wert der Sicherheit im Zeitpunkt der Rückgewähr des Darlehens bzw. Tilgungsleistung auf die gleichgestellte Forderung entspricht. Der Gesellschafter kann aber auch den als Sicherung verwendeten Gegenstand dem Gläubiger zur Verfügung stellen.

1854 Das Privileg für Kleinbeteiligte und Sanierungsgläubiger nach § 39 Abs. 4 und 5 InsO gilt auch bei den Gesellschaftersicherheiten.

1855 Hatte der Gläubiger bei Eröffnung des Insolvenzverfahrens noch keinen vollstreckbaren Titel erworben, werden die Anfechtungsfristen ab der Eröffnung berechnet, wenn der Gläubiger binnen eines Jahres seit der Beendigung des Insolvenzverfahrens den Titel erwirbt, § 18 Abs. 2 Satz 2 AnfG. Auch die Ausschlussfristen wie bei der Anfechtung nach § 6 Abs. 2 AnfG gelten im Rahmen des § 6a AnfG.

1856–1870 (*Einstweilen frei*)

VI. Mischfinanzierungen (Mezzanine)

1871 Hinter dem Begriff des „Mezzanine"-Kapitals verbergen sich i. d. R bekannte Finanzierungsinstrumente, die durch Kombination mit anderweitigen Geschäfts- und Kapitalstrukturen verfremdet sind.[1] Zu den Erscheinungsformen von Mezzanine-Kapital gehören u. a. Genussrechte, Wandelschuldverschreibungen und Nachrangdarlehen. Mezzanine-Kapital besitzt die Eigenschaft, Eigen- und Fremdkapitalmerkmale miteinander zu verbinden.

Diese Art der hybriden Finanzierung kann besonders für eigenkapitalschwache mittelständische Unternehmen von Bedeutung sein, die sich erhöhten Anforderungen an die Kreditvergabe gegenübersehen (Basel-II). So erlauben mezzanine Finanzierungsinstrumente eine flexible Ausgestaltung, die einerseits die Stärkung der Eigenkapitalbasis zu erreichen vermag, ohne andererseits auf wichtige Fremdkapitaleigenschaften verzichten zu müssen.

Das Nachrangdarlehen stellt eine andere gängige Mezzanine-Gestaltungsform dar. Der Rückzahlungsanspruch des Kapitalgebers wird dabei aufgrund einer Rangrücktrittsvereinbarung gegenüber den Forderungen anderer erstrangiger Gläubiger bei Tilgung und Insolvenz nachrangig behandelt. Auch die Besicherung erfolgt – wenn überhaupt – nur nachrangig. Die Bonitätsbewertung der GmbH wird dadurch positiv beeinflusst. Zudem wird der Kreditspielraum durch die Aufnahme eines Nachrangdarlehens nicht beschränkt.[2] Die durch das Darlehen bedingten Finanzierungskosten sind i. R. d. allgemeinen Grundsätze als Betriebsausgabe steuerlich absetzbar.[3]

1872–1930 (*Einstweilen frei*)

1 Näher dazu Weitnauer, Handbuch Venture Capital, 7. Aufl. 2022; Gerdes, Auswirkungen von Mezzanine-Kapital auf das Rating – Anforderungen und Kriterien zur Klassifizierung von Mezzanine-Kapital als wirtschaftliches Eigenkapital, BC 2006 S. 57 ff.

2 Vgl. Bayer in: Lutter/Hommelhoff, § 55 Rz. 42.

3 BeckHB GmbH/Prinz/Winkeljohann, § 1 Rz. 41 ff.

E. Kapitalerhöhung, Kapitalherabsetzung

LITERATUR:

Wachter, Gescheiterte Kapitalerhöhungen bei Gesellschaften mit beschränkter Haftung, DB 2016 S. 275; *Werner*, Die gescheiterte Erhöhung des Kapitals der GmbH und ihre Rechtsfolgen, NWB 2016 S. 792; *Priester*, Kapitalherabsetzung und Gewinnausschüttung, NZG 2021 S. 370; *Priester*, Kapitalherabsetzung und Gewinnausschüttung, NZG 2021 S. 370; *Heinze*, Kapitalerhöhung aus Gesellschaftsmitteln bei der UG (haftungsbeschränkt), NJW 2023 S. 3693; *Ott*, Verdeckte Einlage einer Anwartschaft auf den Bezug von GmbH-Anteilen im Rahmen einer Kapitalerhöhung, StuB 2023 S. 294.

I. Kapitalerhöhung

Die Ausstattung der GmbH mit ihrem Gründungs-Stammkapital reicht regelmäßig 1931 nicht aus, um das Unternehmen der GmbH solide zu finanzieren. Da sich die GmbH nicht wie eine AG zur Eigenfinanzierung des öffentlichen Kapitalmarkts bedienen kann und auch einer Fremdfinanzierung durch Banken usw. Grenzen gesetzt sein können, muss sie sich der Gesellschafter als Finanzierungsquelle bedienen. Ein Mittel zur zusätzlichen Finanzierung mit Eigenkapital ist neben der Leistung von Nachschüssen, sonstigen Zuzahlungen und verdeckten Einlagen **die Erhöhung des Stammkapitals**, bei der der Nominalbetrag des Stammkapitals heraufgesetzt wird. Bei der Kapitalerhöhung ist jedoch zu unterscheiden, ob sie **durch Zuführung neuer Mittel, also gegen Einlagen** (effektiv), oder nur **aus Gesellschaftsmitteln** (nominell) erfolgt.

1. Arten der Kapitalerhöhung

Bei einer Kapitalerhöhung (gegen Einlagen) durch Zuführung neuer Mittel (= **effektive** 1932 **Kapitalerhöhung)** erhält die GmbH durch die bisherigen Gesellschafter oder/und neu beitretende Gesellschafter zusätzliche neue Eigenmittel oder es werden zumindest vorhandene Fremdmittel in zusätzliches Stammkapital (= Eigenkapital) umgewandelt. Die effektive Kapitalerhöhung ist in den §§ 55 bis 57b GmbHG geregelt.

Demgegenüber bekommt die GmbH bei einer Kapitalerhöhung aus Gesellschaftsmit- 1933 teln **(= nominelle Kapitalerhöhung)** kein zusätzliches Kapital, und die Gesellschafter haben keine Einlagen zu leisten, neue Gesellschafter können nicht beitreten. Es wird lediglich schon vorhandenes Eigenkapital (Rücklagen) den Bindungen des Stammkapitals (§§ 30, 31 GmbHG) unterworfen.

Gründe für eine Kapitalerhöhung sind neben der Zuführung weiterer Barmittel häufig 1934 der Ausgleich von Verlusten und die Stärkung der Kreditwürdigkeit. Bei einer Sanierung durch sog. Kapitalschnitt wird die Kapitalerhöhung mit einer vereinfachten Kapitalherabsetzung ohne Rückzahlung von Stammkapital verbunden.

Das im Gesellschaftsvertrag ausgewiesene und im Handelsregister eingetragene 1935 Stammkapital ist eine feste Ziffer, die durch die wirtschaftliche Entwicklung des Unternehmens nicht berührt wird. Hinzu kommt die Möglichkeit der Kapitalerhöhung in Form des **genehmigten Kapitals** in Anlehnung an die aktienrechtliche Regelung (§ 55a GmbHG). Durch den Gesellschaftsvertrag (oder eine Satzungsänderung) können die

Geschäftsführer ermächtigt werden, das Stammkapital bis um die Hälfte innerhalb von höchstens fünf Jahren nach der Eintragung durch Ausgabe neuer Geschäftsanteile gegen Einlage, also effektiv, zu erhöhen. Zu den Einzelheiten vgl. unter Rz. 1998 ff.

2. Kapitalerhöhung durch Satzungsänderung

1936 Die **Kapitalerhöhung** stellt – abgesehen von der Nutzung des genehmigten Kapitals – eine **Satzungsänderung** dar, die der Form des § 53 Abs. 2 GmbHG (notarielle Beurkundung) und einer Mehrheit von drei Vierteln der abgegebenen Stimmen bedarf, wenn der Gesellschaftsvertrag nicht eine größere Mehrheit oder andere Erschwernisse beinhaltet. Der Beschluss hat eindeutig und bestimmt zu sein und muss den Betrag der Erhöhung ersichtlich machen. Die neu entstehenden Geschäftsanteile müssen **auf volle Euro lauten.** Ein Gesellschafter kann mehrere neue Geschäftsanteile übernehmen, wobei die Höhe der Nennbeträge verschieden bestimmt werden kann. Die Summe der Nennbeträge der neuen Geschäftsanteile muss mit dem erhöhten Kapital übereinstimmen. Der Beschluss ist nicht (stillschweigend) auflösend bedingt durch die Eröffnung eines etwaigen Insolvenzverfahrens über das Vermögen der Gesellschaft.[1]

1937 Auch ist ein am tatsächlichen Wert der Geschäftsanteile ausgerichtetes, angemessenes **Aufgeld** festzulegen, damit alte Gesellschafter über den Bezugsrechtsausschluss hinaus nicht einen weiteren Vermögensschaden wegen des anteiligen Übergangs vorhandener stiller Reserven erleiden.[2] Ein unrechtmäßiger Ausschluss kann gerichtlich angefochten werden (§ 243 Abs. 1 AktG entsprechend).

1938 Der **Erhöhungsbeschluss** muss den **Betrag des erhöhten Stammkapitals** angeben; ist bei der Beschlussfassung ausnahmsweise noch offen, welche Einlagen übernommen werden, so kann auch eine Kapitalerhöhung bis zu einem bestimmten Höchstbetrag (mit oder ohne Angabe eines Mindestbetrages) beschlossen werden. Dies empfiehlt sich insbesondere bei Kapitalerhöhungen gegen Sacheinlagen, da so der Betrag erst nach Übernahmeerklärung und Bewertung festgelegt werden muss und ein Scheitern der Kapitalerhöhung mangels Deckung vermieden werden kann.

1939 Wirksam wird die Kapitalerhöhung gem. § 54 Abs. 3 GmbHG erst mit der Eintragung ins Handelsregister. Bis zur Eintragung können die Gesellschafter deshalb den Beschluss über die Kapitalerhöhung aufheben. Die Aufhebung des Beschlusses ist auch dann noch möglich, wenn bereits der Übernahmevertrag (s. dazu Rz. 1960 ff.) abgeschlossen und die Einlagen geleistet sind. Sofern bisherige Nichtgesellschafter zugelassen werden, steht diesen kein Recht zur Anfechtung des Aufhebungsbeschlusses zu, da sie noch nicht Gesellschafter sind; ebenso scheiden Schadensersatzansprüche wegen der Aufhebung aus.[3] Der Aufhebungsbeschluss muss als actus contrarius mit derselben Mehrheit wie der Erhöhungsbeschluss gefasst werden.[4]

1940–1949 (*Einstweilen frei*)

1 H. M., s. Wachter, DB 2016 S. 275, 277, mit Nachweisen in Fn. 6.

2 Noack/Servatius/Haas/Servatius, GmbHG, § 55 Rz. 15 f.

3 BGH v. 3.11.2015 - II ZR 13/14, NWB WAAAF-08715, DB 2015 S. 2808.

4 So zu Recht Wachter, DB 2016 S. 275, 277; a. A. die h. M. (Aufhebung formlos und mit einfacher Mehrheit), siehe z. B. Bayer in: Lutter/Hommelhoff, § 53 Rz. 45, m. w. N.

3. Zulassungsbeschluss (Bezugsrecht)

Mit dem Beschluss der Gesellschafter, eine Kapitalerhöhung durchzuführen, entsteht ein **Bezugsrecht der Gesellschafter** hinsichtlich der **neuen Geschäftsanteile.** Mit dem Zulassungsbeschluss legt die Gesellschafterversammlung fest, wem (Gesellschaftern oder anderen Beitrittswilligen) und in welcher Höhe die Übernahme neuer Geschäftsanteile angeboten werden soll. Umstritten ist, ob und wie Altgesellschafter als Minderheit davor geschützt werden können, infolge der Kapitalerhöhung in eine entsprechend **erhöhte Ausfallhaftung** nach § 24 GmbHG zu geraten. Die h. M. billigt diesen ein **Austrittsrecht aus wichtigem Grund** zu, welches unverzüglich nach der Beschlussfassung auszuüben ist.[1] 1950

Der **Kapitalerhöhungsbeschluss** bedarf, weil **Satzungsänderung**, eines Beschlusses der Gesellschafter mit Dreiviertelmehrheit und der notariellen Beurkundung (§ 53 Abs. 2 Satz 1, Abs. 3 Satz 1 GmbHG). Eine Zustimmung aller Gesellschafter ist dann erforderlich, wenn die Beteiligung an der Kapitalerhöhung für die Gesellschafter eine Pflicht begründen soll, anderenfalls resultiert die Einlageverpflichtung erst aus der zur Disposition jedes Gesellschafters gestellten Übernahmeerklärung. 1951

Grundsätzlich haben – sofern die Satzung nichts anderes bestimmt – die alten Gesellschafter auch ohne Beschlussfassung ein gesetzliches Bezugsrecht entsprechend ihrer bisherigen Beteiligungsquoten analog § 186 AktG bzw. aus der gesellschaftlichen Treupflicht und dem Gleichbehandlungsgrundsatz. Das entstehende Bezugsrecht begründet einen Anspruch auf Erwerb eines Anteils am erhöhten Stammkapital, nicht aber eine Verpflichtung zur Übernahme, selbst wenn der betreffende Gesellschafter der Kapitalerhöhung zugestimmt hat. Das **Bezugsrecht** kann **veräußert** werden (§ 15 Abs. 3 GmbHG), jedoch sind satzungsgemäße Zustimmungserfordernisse zu beachten. 1952

Umstritten ist, ob der durch den Bezugsrechtsausschluss begünstigte Gesellschafter bei der Beschlussfassung Stimmrecht hat, was die h. M. bejaht.[2] Der Bezugsrechtsausschluss stellt sich als Eingriff in das Mitgliedschaftsrecht der benachteiligten Gesellschafter dar. Gegen den Willen der davon Betroffenen ist der Bezugsrechtsausschluss nur zu rechtfertigen, wenn er im „wohlverstandenen Interesse der Gesellschaft" erforderlich, geeignet und angemessen ist, insbes. nicht durch andere, weniger belastende Maßnahmen ersetzt werden könnte.[3] Hauptfall ist die Sacheinlage, welche die Gesellschaft nicht durch Kauf erwerben kann. Kann bspw. ein bestimmtes und benötigtes Wirtschaftsgut (Patent und dgl.) nur per Sacheinlage von einem beitrittswilligen neuen Gesellschafter erlangt werden, kann ein Bezugsrechtsausschluss in Betracht kommen. 1953

Praktisch relevant sind ferner Sanierungsfälle, welche die Aufnahme eines neuen Gesellschafters erfordern, oder wenn ein Dritter bereit ist, über den Wert des neuen Anteils hinaus finanzielle Sonderleistungen zu erbringen, welche in der konkreten Finanzierungssituation der Gesellschaft benötigt und von den Altgesellschaftern nicht ange- 1954

1 H. M., vgl. Bayer in: Lutter/Hommelhoff, § 24 Rz. 10.

2 MüKoGmbHG/Lieder, § 54 Rz. 148.

3 BGH v. 13.3.1978 - II ZR 142/76, BGHZ 71 S. 40, NJW 1978 S. 1316 – Kali und Salz; BGH v. 1.4.1982 - II ZR 55/81, BGHZ 83 S. 319, 321, NJW 1982 S. 2444 – Philipp Holzmann; BGH v. 23.6.1997 - II ZR 132/93, BGHZ 136 S. 133, 139, NJW 1997 S. 2815 – Siemens, jew. zur AG.

boten werden. Zu denken ist ferner an Kooperationsfälle, in denen sich die Gesellschaft an einem anderen Unternehmen beteiligen will, das im Gegenzug eine Beteiligung an der Gesellschaft fordert, oder wenn es darum geht, von einem Dritten bestimmte sonstige, nicht in Geldzufuhr bestehende Leistungen (z. B. Know-how) zu erlangen.[1]

1955–1959 (*Einstweilen frei*)

4. Übernahmeerklärung

1960 Der Erhöhungsbeschluss selbst bewirkt allein noch nicht die Erhöhung des Stammkapitals. Vielmehr muss dafür anschließend die Erhöhung durchgeführt werden. Hierzu ist zunächst die **Übernahme der Geschäftsanteile gegen Einlage** (§ 14 GmbHG) auf das erhöhte Kapital notwendig; die Höhe der zu leistenden Einlage bestimmt sich bei der Kapitalerhöhung nach dem in der Übernahmeerklärung festgesetzten Nennbetrag des Geschäftsanteils (§ 14 Satz 3 GmbHG).

1961 Die Übernahme der neuen Geschäftsanteile erfolgt durch einen **Vertrag** zwischen dem Übernehmenden und der Gesellschaft; dieser Vertrag ist rechtlich zugleich ein Gesellschaftsvertrag, weil er den erstmaligen Erwerb der Mitgliedschaft oder deren Aufstockung zum Ziel hat. Deshalb wird die Gesellschaft bei diesem Übernahmevertrag nicht durch den Geschäftsführer, sondern durch die Gesellschafter vertreten,[2] was nicht ausschließt, dass die Gesellschafter einem Geschäftsführer Vollmacht zur (formfrei möglichen) Annahme der Übernahmeerklärung erteilen. Die **Übernahmeerklärung selbst** bedarf – wie auch eine hierzu erteilte Vollmacht – zumindest der **notariellen Beglaubigung** (§ 55 Abs. 1 GmbHG). Die Annahme durch die Gesellschaft kann formlos erfolgen.

Während der Übernahmevertrag zunächst als rein korporationsrechtlicher Vertrag gesehen wurde, hat der BGH entschieden, dass der Vertrag auch schuldrechtliche Elemente aufweist.[3] Damit hat der BGH den Weg geöffnet, dass bei einem gescheiterten Übernahmevertrag Schadensersatzansprüche des Übernehmers nach allgemeinem Schuldrecht (z. B. wegen Wegfalls der Geschäftsgrundlage) geltend gemacht werden können.[4]

1962 Die **Übernahmeerklärung** muss neben der Person des Übernehmers gem. § 55 Abs. 2 GmbHG den Nennbetrag des neu übernommenen Geschäftsanteils angeben und die Art der zu erbringenden Einlage (Geld-, Sach- oder Mischeinlage) sowie eventuell zusätzlich zu erbringende Nebenleistungen (wie z. B. ein Aufgeld) nennen.

1963 Das GmbHG geht in § 55 Abs. 3 davon aus, dass die Kapitalerhöhung zur Bildung neuer Geschäftsanteile führt; es können aber auch die vorhandenen Anteile aufgestockt werden, vgl. § 57h GmbHG bei der Kapitalerhöhung aus Gesellschaftsmitteln. Der Nennbetrag neu entstehender Anteile bzw. der Nennbetrag der aufgestockten Geschäftsanteile muss auf volle Euro gestellt werden, also nur noch durch volle Euro teilbar sein, und ein Übernehmer kann mehrere Geschäftsanteile übernehmen. Wird ein Geschäfts-

1 Altmeppen, GmbHG, § 55 Rz. 28 ff.

2 BGH v. 30.11.1967 - II ZR 68/65, BGHZ 49 S. 119; Werner, NWB 2016 S. 792, 795; a. A. Wachter, DB 2016 S. 275, 279 (Vertretung durch Geschäftsführer).

3 BGH v. 3.11.2015 - II ZR 13/14, NWB WAAAF-08715.

4 Werner, NWB 2016 S. 792, 799.

anteil auf das erhöhte Stammkapital durch einen bereits vorhandenen Gesellschafter übernommen, so erwirbt dieser einen weiteren Geschäftsanteil. Ferner gilt auch die Vorschrift des § 7 Abs. 2 GmbHG, wonach vor der Anmeldung zum Handelsregister mindestens ein Viertel des Nennbetrags jedes (neuen) Geschäftsanteils bzw. des Aufstockungsbetrags eingezahlt sein muss, selbst wenn auf die vorhandene Stammeinlage zu mehr als einem Viertel oder voll einbezahlt war.[1]

5. Effektive Kapitalerhöhung: Leistung der neu übernommenen Einlagen

a) Bareinlagen

Nach § 56a GmbHG sind für die Leistung der Geldeinlagen auf das neue Stammkapital 1964
die Vorschriften wie bei der Gründung entsprechend anzuwenden, ausgenommen die Mindesteinzahlungspflicht (nach § 7 Abs. 2 Satz 2 GmbHG). Wird die Kapitalerhöhung durch Aufstockung eines bestehenden Geschäftsanteils durchgeführt, muss ein Viertel des Erhöhungsbetrags eingezahlt werden, selbst wenn zum Zeitpunkt des Erhöhungsbeschlusses durch Einzahlungen auf den bestehenden Geschäftsanteil das durch Aufstockung erhöhte Kapital zu einem Viertel gedeckt wäre.[2] Die Mindestbeträge der Bareinlagen müssen bei Anmeldung der Kapitalerhöhung zur Eintragung ins Handelsregister zur freien Verfügung stehen.

Die Gesellschaft darf mit den eingezahlten Mitteln bereits vor Eintragung wirtschaften; der **Vorbehalt der wertgleichen Deckung** durch damit angeschaffte aktivierungsfähige Wirtschaftsgüter im Gesellschaftsvermögen im Zeitpunkt des Eintragungsantrags, **gilt** – anders als für die Kapitalaufbringung bei Gründung – bei der **Kapitalerhöhung nicht.**[3] Die Versicherung nach § 57 Abs. 2 GmbHG, dass sich die Bareinlage endgültig in der freien Verfügung der Geschäftsführung befindet, bezieht sich auf die Erfüllung der Einlageschuld (zwischen Kapitalerhöhungsbeschluss und Anmeldung zur Eintragung) und besagt nicht, dass die Einlage noch unverändert im Gesellschaftsvermögen vorhanden ist. Danach ist die Einlage zur **endgültigen freien Verfügung** erbracht, wenn sie **nach** dem Kapitalerhöhungsbeschluss in den **uneingeschränkten Verfügungsbereich der Geschäftsführung** gelangt ist.

Nach früherem Recht musste gewährleistet sein, dass die Einlage nicht an den Einleger 1965
zurückfließt. Nach neuem Recht gilt für die auf das erhöhte Stammkapital zu leistende Einlage der § 19 Abs. 5 GmbHG, der auch bei einem **Hin- und Herzahlen der Einlage** den Einleger von seiner Einlageverpflichtung **befreien** kann. Voraussetzung ist, dass **vor der Einlage** eine Leistung an den Gesellschafter **vereinbart** ist, die wirtschaftlich zwar einer Rückzahlung der Einlage entspricht und nicht als verdeckte Sacheinlage nach § 19 Abs. 4 GmbHG zu beurteilen ist, aber die Leistung der Gesellschaft durch einen vollwertigen und jederzeit fälligen oder durch die GmbH fällig stellbaren Rückgewähranspruch gedeckt ist. Damit sind insbesondere Konstruktionen gemeint, in denen die eingezahlte

1 Vgl. BayOLG v. 17.1.1986 - BReg 3 Z 170/85, DB 1986 S. 738.

2 BGH v. 11.6.2013 - II ZB 25/12, NWB RAAAE-41036.

3 BGH v. 18.3.2002 - II ZR 363/00, BGHZ 150 S. 197, NWB AAAAB-98051; v. 26.9.2005 - II ZR 380/03, NWB BAAAB-98081.

Geldleistung sofort wieder als Darlehen an den Übernehmer zurückfließt, oder die Fälle des Cash-Poolings, sofern es nicht als verdeckte Sacheinlage zu werten ist. Insoweit wird auf die Ausführungen unter Rz. 1198 ff. zur Kapitalaufbringung verwiesen.

Auch bei der Kapitalerhöhung ist eine solche **Leistung** (Rückfluss der Einlage) oder die **Vereinbarung einer solchen Leistung** bei der **Anmeldung** der **Erhöhung anzugeben.** Nur dann kann bei Anmeldung der Kapitalerhöhung versichert werden, dass der Einlagebetrag für die Zwecke der Gesellschaft zur endgültigen freien Verfügung der Geschäftsführung eingezahlt worden ist.

1966 Bei Einzahlung auf ein im **Soll geführtes Bankkonto** hat die Einzahlung Erfüllungswirkung, wenn die Verfügung über die Mittel wegen der eingeräumten Kreditlinie nicht beschränkt ist, der GmbH also weiterhin Liquidität in Höhe des gezahlten Einlagebetrages zur Verfügung steht[1] oder wenn die Bank der GmbH mit Rücksicht auf die Kapitalerhöhung auf einem anderen Konto einen Kredit zur Verfügung stellt, der den Einlagebetrag erreicht oder übersteigt.[2] Bei Überziehung sollte aber auf ein neues, bei einer anderen Bank eingerichtetes Konto eingezahlt werden.

1967 Bei **Voreinzahlungen** auf eine **erst geplante** Kapitalerhöhung ist Vorsicht geboten, da sie der BGH grundsätzlich als unzulässig ansieht,[3] wenn das Geld nicht noch zwischen Antrag auf Eintragung der Kapitalerhöhung und deren Durchführung zur freien Verfügung der Geschäftsführung steht.[4] Es kann dann eine verschleierte Sacheinlage anzunehmen sein, die nur unter den Voraussetzungen des § 19 Abs. 4 GmbHG mit ihrem Wert im Zeitpunkt der Überlassung auf die fortbestehende Einlageschuld angerechnet wird. Der Kapitalerhöhungsbeschluss stellt die maßgebliche Zäsur dar. Schuldtilgende Wirkung haben Voreinzahlungen nur, wenn der eingezahlte Betrag in diesem Zeitpunkt sich noch als solcher im Vermögen der GmbH befindet. Wurde auf ein Debet-Konto der GmbH eingezahlt, steht es dem nicht gleich, wenn die Bank nach Verrechnung der Gutschrift eine Verfügung über den Einlagebetrag zulässt.[5] Eine Tilgungswirkung von Voreinzahlungen auf eine künftige Kapitalerhöhung erkennt der BGH jetzt ausnahmsweise an, wenn schnell und unmittelbar nach der Einzahlung der Erhöhungsbeschluss gefasst wird und ein akuter Sanierungsfall vorliegt, andere Maßnahmen nicht möglich waren und die Sanierungsbemühungen gescheitert wären, falls die normale Reihenfolge eingehalten worden wäre.[6]

1968 Ähnliches gilt, wenn Sachen und Rechte voreingebracht werden und sie ihrer Substanz nach bei Eintragung nicht mehr vorhanden sind.[7] Sie können als Erbringung der Sacheinlage nur anerkannt werden, wenn sie sich zumindest im Zeitpunkt des Kapitalerhöhungsbeschlusses noch gegenständlich im Vermögen der GmbH befunden haben. Ist

1 BGH v. 10.6.1996 - II ZR 98/95, NJW-RR 1996 S. 1249.

2 BGH v. 18.3.2002 - II ZR 363/00, BGHZ 150 S. 197, NWB AAAAB-98051, OLG Jena, Beschluss v. 28.12.2020 – 4 W 127/20, BeckRS 2020 S. 44085, Rz. 11.

3 BGH v. 15.3.2004 - II ZR 210/01, BGHZ 158 S. 283, NWB GAAAB-97842.

4 BGH v. 10.6.1996 - II ZR 98/95, NJW-RR 1996 S. 1249.

5 BGH v. 15.3.2004 - II ZR 210/01, BGHZ 158 S. 283, NWB GAAAB-97842.

6 BGH v. 26.6.2006 - II ZR 43/05, BGHZ 168 S. 201, NWB CAAAC-29267.

7 BGH v. 18.9.2000 - II ZR 365/98, BGHZ 145 S. 150.

das nicht der Fall, kann als Sacheinlage allenfalls die dem Gesellschafter zustehende Ersatz- oder Erstattungsforderung eingebracht werden.[1]

Der drohenden Gefahr, bei einer Voreinzahlung (vor wirksamer Beschlussfassung über die Kapitalerhöhung) auf den übernommenen neuen Geschäftsanteil nochmals zahlen zu müssen, kann nur begegnet werden, wenn ein enger zeitlicher Zusammenhang zwischen der Einzahlung und der Kapitalerhöhung besteht und sich die GmbH in der Krise befindet bzw. sanierungsbedürftig ist. Die Zahlung muss mit der klaren und ausdrücklichen Zweckbestimmung erfolgen, dass sie als Voreinzahlung zur Krisenbewältigung notwendig ist. Außerdem ist dies bei der Anmeldung offen zu legen und die Mittel müssen zur Zeit der Beschlussfassung noch unverbraucht zur freien Verfügung stehen.[2] 1969

b) Sacheinlagen

Auch bei einer Kapitalerhöhung können die neuen Geschäftsanteile gegen Leistung einer **Sacheinlage** (z.B. Grundstück, Sachanlagen, Wertpapiere, Forderungen, Patente, Know-how, Beteiligungen usw.) übernommen werden (§ 56f GmbHG). Es gelten dann alle Bestimmungen entsprechend, wie sie oben in Bezug auf die Sachgründung dargestellt sind. 1970

Der **Gegenstand der Sacheinlage** und der **Nennbetrag des Geschäftsanteils**, auf den sich die Sacheinlage bezieht, müssen in dem Kapitalerhöhungsbeschluss festgesetzt werden (§ 56 GmbHG). Diese Festsetzung muss dann auch in die Übernahmeerklärung (§ 55 GmbHG) des die Sacheinlage leistenden Übernehmers aufgenommen werden; erreicht der Wert der Sacheinlage nicht den Nennbetrag des dafür übernommenen Geschäftsanteils, ist der fehlende Betrag in bar zu leisten (Nachzahlungspflicht gem. § 9 GmbHG). Sollen **Gesellschafterdarlehen** als **Sacheinlagen für eine Kapitalerhöhung** verwendet werden, ist eine besonders umsichtige Prüfung der Werthaltigkeit des Rückzahlungsanspruchs geboten. Das Vermögen der GmbH muss im Zeitpunkt der Anmeldung ausreichen, um alle fälligen Forderungen ihrer Gläubiger zu befriedigen. Andernfalls ist das Gesellschafterdarlehen nicht voll werthaltig. Bei einem nicht vollwertigen Darlehen riskieren der Gesellschafter, die Mitgesellschafter und der Geschäftsführer auch Haftungsansprüche. Gemäß § 56a GmbHG i.V.m. § 7 Abs. 3 GmbHG muss die Sacheinlage vor Anmeldung der Kapitalerhöhung zum Handelsregister voll erbracht sein. 1971

Auch im Rahmen der Kapitalerhöhung mit Sacheinlagen ist das bisher geltende strikte Aufrechnungsverbot durch die Verweisung gelockert worden. Eine Aufrechnung mit einer Forderung aus der Überlassung von Vermögensgegenständen ist zulässig, wenn deren Anrechnung auf die Einlageverpflichtung nach § 5 Abs. 4 Satz 1 GmbHG vereinbart worden ist. Es müssen also die Sacheinlagevorschriften insofern beachtet werden, als im Kapitalerhöhungsbeschluss und in der Übernahmeerklärung der Nennbetrag des betreffenden Geschäftsanteils und die Forderung (samt Rechtsgrund) festgesetzt werden, die mit der Einlageverpflichtung verrechnet werden soll. 1972

---

1 BGH v. 18.9.2000 - II ZR 365/98, BGHZ 145 S. 150, unter Bezugnahme auf BGH v. 2.12.1968 - II ZR 144/67, BGHZ 51 S. 157.

2 Vgl. auch BGH v. 26.6.2006 - II ZR 43/05, NWB CAAAC-29267, zum Abweichen von der üblichen Reihenfolge der Durchführung einer Kapitalerhöhung, wenn sonst die Rettung der sanierungsfähigen GmbH scheitern würde.

BEISPIEL: Im Rahmen einer Kapitalerhöhung übernimmt der Gesellschafter R einen Geschäftsanteil mit dem Nennbetrag von 5.000€. X hatte der GmbH zuvor ein Fahrzeug für einen angemessenen Preis von 6.000€ verkauft, der noch nicht bezahlt ist. Es ist zulässig, im Kapitalerhöhungsbeschluss festzusetzen und in den Übernahmevertrag aufzunehmen, dass X den Geschäftsanteil gegen Einlage von 5.000€ übernimmt und hierauf der Kaufpreisanspruch des X verrechnet wird. Die Einlageverpflichtung des X ist damit erfüllt. Wird die Vereinbarung nicht offengelegt, liegt eine verdeckte Sacheinlage zum Zwecke der Kapitalerhöhung vor. Es kommt dann nur eine Anrechnung auf die fortbestehende Einlagepflicht gem. §19 Abs.4 GmbHG in Betracht.

Entsprechendes gilt, wenn Bareinzahlungen mit anschließender Tilgung eines Gesellschafterdarlehens vereinbart werden.

c) Verdeckte Sacheinlagen

1973 §56 Abs.2 GmbHG ordnet bei Kapitalerhöhungen auch die entsprechende Anwendung von §19 Abs.4 GmbHG an, der die Kapitalaufbringung durch eine Sacheinlage anstelle der versprochenen Geldeinlage regelt. Eine verdeckte Sacheinlage liegt vor, wenn die gesetzlichen Regeln für Sacheinlagen dadurch unterlaufen würden, dass zwar eine Bareinlage vereinbart werde, die Gesellschaft aber bei wirtschaftlicher Betrachtung von dem Einleger aufgrund einer im Zusammenhang mit der Übernahme der Einlage getroffenen Absprache einen Sachwert erhalten solle. Es macht dabei keinen Unterschied, ob das für die einzubringenden Gegenstände vereinbarte Entgelt entgegen dem Verbot des §66 Abs.1 Satz2 AktG mit dem für die Aktien einzuzahlenden Betrag verrechnet werde, ob die Gesellschaft die übernommenen Sachgüter zunächst bezahle und der veräußernde Inferent alsdann mit dem Erlös seine Bareinlageschuld begleiche oder ob die Gesellschaft eine schon erbrachte Bareinlage abredegemäß alsbald wieder zur Vergütung einer Sachleistung zurückzahle.[1]

Wegen der weiteren Einzelheiten wird auf die Rz.1361ff. verwiesen. Ist die bei der Kapitalerhöhung und bei der Übernahme des neuen Geschäftsanteils bedungene Geldeinlage wegen der im Zusammenhang mit der Übernahme getroffenen Absprachen als Sacheinlage zu beurteilen, befreit dies den übernahmewilligen Gesellschafter nicht von seiner Einlageverpflichtung. Jedoch sind die Verträge über die Sacheinlage und die Rechtshandlungen zu ihrer Ausführung im Gegensatz zum bisherigen Recht, das sowohl Verpflichtungs- als auch Erfüllungsgeschäft wegen Umgehung der Kapitalaufbringungsvorschriften als nichtig beurteilte, nicht unwirksam. Eine Rückabwicklung ist also weder notwendig, noch kann sie verlangt werden. Der für die Vollwertigkeit des Rückgewähranspruchs nach § 19 Abs. 5 GmbHG maßgebliche Zeitpunkt ist umstritten. Manche befürworten den Zeitpunkt der Herzahlung an den Gesellschafter. Andere stellen auf den Zeitpunkt der Anmeldung der Gesellschaft zum Handelsregister ab, weil zu diesem Zeitpunkt das Hin- und Herzahlen nach § 19 Abs. 5 Satz 2 GmbHG offenzulegen sei, während der Zeitpunkt des Herzahlens maßgeblich sei, wenn sie erst nach der Anmeldung erfolge.[2]

1 BGH v. 19.1.2016 - II ZR 61/15, NWB AAAAF-69903, Rz.28, m.w.N.
2 Dazu Altmeppen, GmbHG, § 19 Rz. 135.

BEISPIEL: Der Gesellschafter X übernimmt im Rahmen einer Kapitalerhöhung einen weiteren Geschäftsanteil gegen Geldeinlage im Nennwert von 5.000 €. Er vereinbart mit der Geschäftsführung, dass er GmbH Aktien mit einem Kurswert von derzeit 5.000 € überträgt und damit seine Einlageschuld erfüllt sei. Als das Depot schließlich auf die GmbH übertragen wird, ist der Wert der Aktien auf 3.000 € gesunken. Die Übertragung des Depots führt im Wege der Anrechnung gem. § 19 Abs. 4 GmbHG nur zu einer Tilgung der Einlageschuld i. H. v. 3.000 €. X muss weitere 2.000 € an die GmbH zahlen.

ABWANDLUNG: Bei Übertragung des Aktienpakets hat dieses einen Börsenwert von 7.000 €. Die Anrechnung führt zur Tilgung der Geldeinlageschuld in voller Höhe. Da die zur Ausführung der verdeckten Sacheinlage abgeschlossenen Verträge wirksam sind, kann X nicht von der Übertragung der Aktien Abstand nehmen und stattdessen seine Einlage mit Zahlung eines Geldbetrages von 5.000 € erbringen.

Bei einer **Verschmelzung** (vgl. § 55 UmwG) scheidet eine Differenzhaftung der Gesell- 1973/1
schafter einer übertragenden Gesellschaft (vgl. § 55 UmwG) richtigerweise aus, da keine individuelle Anteilsübernahme erfolgt und Gläubiger- und Gesellschafterschutz anderweitig gesichert sind.[1]

d) Ausgabekurs (Aufgeld)

Gibt der Kapitalerhöhungsbeschluss nicht an, zu welchem **Ausgabekurs** die neuen Ge- 1974
schäftsanteile hergegeben werden, ist ihr **Nennwert** maßgebend. Der Ausgabekurs kann auch über dem Nennwert liegen, ein **Aufgeld** ist dann in die **Rücklage** einzustellen. Ein Agio (Aufgeld) ist zweckmäßig, wenn nicht sogar geboten, wenn Nichtgesellschafter neue Anteile übernehmen oder/und erhebliche stille Reserven vorhanden sind. Wird ein zu niedriger Ausgabepreis angesetzt, kann dies faktisch auch Alt-Gesellschafter zur Teilnahme an der Kapitalerhöhung zwingen, die ihr Bezugsrecht nicht ausüben wollen oder können. Denn dann gehen vorhandene stille Reserven über. Dies mag folgendes **Beispiel** verdeutlichen:

BEISPIEL: Das Stammkapital der GmbH, an der X zu 2/3 und Y zu 1/3 beteiligt sind, beträgt 300. Stille Reserven sind i. H. v. 150 vorhanden. Die GmbH beschließt eine Kapitalerhöhung um 300, Y übernimmt neue Geschäftsanteile von 200 und der neue Gesellschafter Z wird zur Übernahme neuer Geschäftsanteile von 100 zugelassen. X verlangt ein Aufgeld von 150.

Gesellschafter	X	Y	Z	Summe
Geschäftsanteil	200	100	0	300
stille Reserven	100	50	0	150
gemeiner Wert	300	150	0	450
Kapitalerhöhung				
nominal	0	200	100	300
Geschäftsanteil nach Kapitalerhöhung	200	300	100	600
stille Reserven vor Kapitalerhöhung	100	50	0	150
stille Reserven nach Kapitalerhöhung	50	75	25	150

1 BGH v. 6.11.2018 - II ZR 199/17, NWB JAAAH-04367, WM 2019 S. 115; vgl. für AGs OLG München v. 27.10.2005 - 23 U 2826/05, NZG 2006 S. 73; BGH v. 1.2.2007 - III ZR 281/05, NWB FAAAC-38886, NZG 2007 S. 513.

Veränderung	./. 50	+ 25	+ 25	0
gemeiner Wert nach Kapitalerhöhung	250	375	125	750
Aufgeld	0	100	50	150
Kapitalrücklage anteilig	50	75	25	150
gemeiner Wert nach Aufgeldzahlung	300	450	150	900

Nach der Leistung des Aufgeldes, das steuerlich auf dem Einlagekonto (§ 27 KStG) zu erfassen ist, beträgt der gemeine Wert der Beteiligung des Gesellschafters X, der an der Kapitalerhöhung nicht teilgenommen hat, wieder 300. Er wird daher auf die Teilnahme an der Kapitalerhöhung (= sein Bezugsrecht) verzichten, wenn der Übergang der vorhandenen stillen Reserven durch das Aufgeld ausgeglichen wird. Die reine Nichtteilnahme an der Kapitalerhöhung stellt bei GmbH selbst keine vGA dar, weil auf ihrer Ebene ein wirtschaftlicher Nachteil (Vermögensminderung) nicht eintritt, sondern beim Gesellschafter; hat dieser (im Beispiel X) die Rechtsform einer GmbH und ist einer der anderen Gesellschafter (im Beispiel Y und/oder Z) an ihr beteiligt, kann allerdings eine vGA vorliegen.

Kommt eine Schenkung (freigebige Zuwendung) des Bezugsrechts (= Anwartschaft auf eine Beteiligung i. S. v. § 17 Abs. 1 Satz 3 EStG) in Betracht, so entsteht zwar im Zeitpunkt des Übergangs der stillen Reserven mangels Entgelts kein steuerpflichtiger Veräußerungsgewinn nach § 17 EStG. Handelte es sich bei den Anteilen, von denen gleichsam stille Reserven abgespalten und auf einen Dritten übertragen wurden, aber um sog. einbringungsgeborene (steuerverstrickte) Anteile (§§ 20, 23 UmwStG aus der Einbringung eines Betriebs, Teilbetriebs oder Mitunternehmeranteils ohne Aufdeckung der stillen Reserven – Buchwertfortführung), dann bleiben die Anteile, auf die nunmehr die stillen Reserven (teilweise) übergegangen sind, ebenfalls steuerverstrickt. Das heißt auch für Beteiligungen, die nicht unter § 17 EStG fallen, dass der volle Gewinn aus der späteren Veräußerung solcher, durch die Kapitalerhöhung erhaltener Anteile der Besteuerung unterliegt und nicht nur in Höhe der unentgeltlich übergegangen stillen Reserven.

Vergüten die Teilnehmer an der Kapitalerhöhung anstelle des Aufgeldes dem verzichtenden Gesellschafter die stillen Reserven (im Beispiel Y und Z je 25 an X), so liegt unter der Voraussetzung einer nach § 17 EStG relevanten Beteiligung bei dem Gesellschafter ein steuerpflichtiger Veräußerungsgewinn vor, weil das Bezugsrecht auf die neu durch die Kapitalerhöhung entstehenden Anteile ein „Anwartschaftsrecht" auf die Beteiligung nach § 17 Abs. 1 Satz 3 EStG darstellt. Veräußerungsgewinn ist der Veräußerungspreis abzgl. der Anschaffungskosten des Bezugsrechts, wobei unter Geltung des Teileinkünfteverfahrens jeweils nur 60 % dieser Größen anzusetzen ist (§§ 3 Nr. 40c, 3c Abs. 1 EStG).

Zur Ermittlung der Anschaffungskosten (AK) des Bezugsrechts werden die Anschaffungskosten der alten Anteile in dem Verhältnis auf die Anteile und das Bezugsrecht verteilt, in dem der Wert der alten Anteile vor Kapitalerhöhung zum Wert des Bezugsrechts steht:

$$\text{AK des Bezugsrechts} = \frac{\text{Wert Bezugsrecht x AK alte Anteile}}{\text{Wert alte Anteile}}$$

Im Beispiel betragen also die AK des Bezugsrechts: (50 x 200): 300 = 33,34.

6. Anmeldung und Eintragung

1975 Wenn alle Geschäftsanteile übernommen sind und allen weiter oben genannten Voraussetzungen genügt ist, hat der Geschäftsführer die Kapitalerhöhung zur Eintragung ins Handelsregister anzumelden (§ 57 GmbHG). Dies hat gem. § 10 HGB elektronisch in öffentlich beglaubigter Form zu geschehen. Die Anmeldung zum Handelsregister ist nach §§ 57 Abs. 1, 78 GmbHG von sämtlichen Geschäftsführern der GmbH vorzunehmen. Erst durch die Eintragung der Kapitalerhöhung im Handelsregister (§§ 54 Abs. 3, 57a, 9c GmbHG) sind die neuen Geschäftsanteile entstanden. Der Übernehmer erlangt auch erst hiermit die Stellung eines Gesellschafters.[1]

Von den Geschäftsführen ist die Versicherung abzugeben, dass die Bareinlagen mindestens mit einem Viertel eingezahlt und die Sacheinlagen vollständig bewirkt sind und endgültig zu seiner freien Verfügung stehen. Liegt eine verdeckte Sacheinlage vor, darf der Geschäftsführer **nicht versichern**, dass der Einlagebetrag **eingezahlt** sei, sondern nur angeben, die Einlageschuld sei auf dem Wege einer anzurechnenden und zur freien Verfügung stehenden Ersatzleistung erbracht worden.[2] 1976

Der Anmeldung hat er die gem. §§ 54 ff. GmbHG notwendigen Dokumente wie den Erhöhungsbeschluss, die beglaubigten Übernahmeerklärungen, eine Liste der neuen Gesellschafter mit der Angabe der Nennbeträge der von jedem übernommenen Geschäftsanteile und die Versicherung gem. § 7 Abs. 2 GmbHG beizufügen. Auch die Dokumente sind elektronisch einzureichen, wobei § 10 Abs. 2 Satz 2 HGB gilt. 1977

7. Änderung der Gesellschafterliste

Neben der Anmeldung sind die Pflichten aus § 40 GmbHG hinsichtlich der **Gesellschafterliste** zu erfüllen. Da jede Kapitalerhöhung zumindest eine Veränderung im Umfang der Beteiligung der Gesellschafter und häufig auch eine Veränderung im Personenbestand mit sich bringt und regelmäßig an diesen Veränderungen ein Notar mitgewirkt hat (vgl. §§ 53, 54, 55 Abs. 1 GmbHG), hat der Notar gem. § 40 Abs. 2 GmbHG anstelle der eigentlich nach § 40 Abs. 1 GmbHG verpflichteten Geschäftsführer die geänderte Gesellschafterliste i. S. v. § 40 Abs. 1 GmbHG mit den persönlichen Daten der Gesellschafter sowie der Nennbeträge und der laufenden Nummern der von jedem Gesellschafter übernommenen Geschäftsanteile zum Handelsregister einzureichen und eine Abschrift der Gesellschafterliste an die Gesellschaft zu übermitteln. Bei Erstellung dieser Liste sind auch bei Gesellschaften, die vor Inkrafttreten des MoMiG eingetragen worden sind, die Geschäftsanteile – wie nunmehr vorgeschrieben – mit einer laufenden Nummer zu versehen. Geschäftsführer, welche die ihnen hinsichtlich der Gesellschafterliste obliegenden Pflichten verletzen, haften denjenigen, deren Beteiligung sich geändert hat, und den Gläubigern der Gesellschaft für den daraus entstehenden Schaden. 1978

8. Haftung

Die Geschäftsführer haften ähnlich wie bei der Gründung, wenn falsche Angaben gemacht werden, § 56 Abs. 4 GmbHG. Sie unterliegen auch der Strafdrohung nach § 82 GmbHG und hinsichtlich der Prüfung und Entscheidung durch das Registergericht gilt § 9c GmbHG wie bei der Gründung der GmbH.[3] 1979

1 Vgl. BGH v. 17.10.2017 - KZR 24/15, NWB WAAAG-62830; BGH v. 3.11.2015 - II ZR 13/14, NWB WAAAF-08715.

2 Siehe auch zu Formulierungsvorschlägen Noack/Servatius/Haas/Servatius, GmbHG, § 57 Rz. 11 ff.

3 Ausführlich dazu Noack/Servatius/Haas/Servatius, 24. Aufl. 2025, GmbHG, § 57 Rz. 30 ff.

9. Kapitalerhöhung aus Gesellschaftsmitteln

1980 Anders als bei der Kapitalerhöhung gegen Geld- oder Sacheinlagen werden bei der (**nominellen) Kapitalerhöhung aus Gesellschaftsmitteln** der GmbH keine neuen Mittel zugeführt, sondern es wird als Rücklagen ausgewiesenes (vorhandenes) Eigenkapital in Nennkapital umgewandelt und auf die Gesellschafter (ohne Gegenleistung) proportional zu den Beteiligungen als Geschäftsanteile verteilt (§ 57j GmbHG). Die verhältnismäßige Zuordnung ist zwingend und gilt auch für eigene sowie für nur zum Teil eingezahlte Anteile (§ 57l GmbHG).

1981 Die Regelungen für die Kapitalerhöhung aus Gesellschaftsmitteln finden sich in den §§ 57c bis o GmbHG. Fragen, wie sie bei der effektiven Kapitalerhöhung zur Übernahme der neuen Geschäftsanteile, zur Zulassung zur Übernahme, bei der Aufbringung des erhöhten Kapitals und hinsichtlich der Form der Einlage (Geld- oder Sacheinlage) auftauchen, stellen sich hier nicht. Auf der anderen Seite ist das Verfahren hier sehr eng geregelt, so dass die nominelle Kapitalerhöhung auch im Hinblick auf die Möglichkeiten des „Schütt-aus-Hol-zurück-Verfahrens" (vgl. unten Rz. 1992 f.) an Bedeutung eingebüßt hatte.

1981/1 Durch § 57c GmbHG ist es möglich, den Gesellschaftern von der Gesellschaft verdiente Gewinne in fungibler Form so zuzuwenden, dass die damals bei Barauszahlung von Gewinnen eintretende Doppelbesteuerung vermieden wurde. Der Wert der neuen Anteile gehört nach § 1 KapErhStG bei den Gesellschaftern nicht zu deren Einkünften. Auch der Wertansatz von Gesellschaftsanteilen in der Bilanz von Gesellschaftern ändert sich durch Kapitalerhöhung aus Gesellschaftsmitteln nicht (§ 3 KapErhStG).

a) Bedeutung für die UG (haftungsbeschränkt)

1982 **Unternehmergesellschaften – UG** müssen zur „Ansparung" eines Haftungsfonds nach § 5a Abs. 3 GmbHG eine gesetzliche Rücklage bilden, in die ein Viertel des um einen Verlustvortrag aus dem Vorjahr geminderten Jahresüberschusses einzustellen ist. Diese **Rücklage** unterliegt Verwendungsbeschränkungen und darf z. B. nur für Zwecke des § 57c GmbHG, also für eine **Kapitalerhöhung aus Gesellschaftsmitteln verwendet** werden.

Der **Übergang von der UG (haftungsbeschränkt) zur GmbH erfolgt nicht automatisch** durch Ansparung entsprechender Mittel.[1] Erforderlich ist vielmehr, dass Stammkapital durch **Kapitalerhöhung** mindestens auf den Betrag von § 5 Abs. 1 GmbHG erhöht wird. Eine Kapitalerhöhung kann für die UG (haftungsbeschränkt) wichtig sein, weil sie die Bezeichnung „Unternehmergesellschaft (haftungsbeschränkt)" in ihrer Firma nur ablegen oder sich der Pflicht zur Rücklagenbildung nach § 5a Abs. 3 GmbHG erst entledigen kann, wenn sie ihr Stammkapital (förmlich) so erhöht hat, dass es das Mindeststammkapital von 25.000 € erreicht oder übersteigt.

Die Kapitalerhöhung nach § 57c GmbHG und die Verwendung der Rücklage kann auch in mehreren Stufen erfolgen, wobei der UG (haftungsbeschränkt) selbstverständlich auch die Kapitalerhöhung gegen Einlage und Ausgabe neuer Geschäftsanteile (effektive

1 OLG Celle, BeckRS 2017, 140459.

Kapitalerhöhung) offensteht. Das Sacheinlageverbot nach § 5a Abs. 2 Satz 2 GmbHG gilt für eine Erhöhung des Stammkapitals einer Unternehmergesellschaft (haftungsbeschränkt) nicht, wenn sie das Mindestkapital von 25.000 € (§ 5 Abs. 1 GmbHG) erreicht oder übersteigt.[1]

In der Praxis kommt es regelmäßig vor, dass die Unternehmergesellschaft (haftungs- 1982/1
beschränkt) sich nicht durch Kapitalerhöhung aus Gesellschaftsmitteln (Gewinnrücklage) stetig zu einer „vollwertigen" GmbH „umwandelt", sondern dass die Gesellschafter eine Kapitalerhöhung auf mind. 25.000 € beschließen und so die UG (haftungsbeschränkt) in eine GmbH umfirmieren. Aufgrund der analogen Anwendung des § 7 Abs. 2 Satz 2 GmbHG müssen nur mindestens 12.500 € eingezahlt werden.[2] Eine Volleinzahlung nach § 5a Abs. 5 Halbsatz 1 GmbHG ist dann nicht mehr erforderlich, wenn das Stammkapital mit 25.000 € erreicht ist und die allgemeinen Vorschriften der §§ 56 ff. GmbHG greifen. Der Geschäftsführer gibt gem. § 57 Abs. 2 GmbHG die Versicherung ab, dass die Einlagen auf das neue Stammkapital bewirkt sind und sich in seiner freien Verfügung befinden. Nur bei erheblichen Zweifeln an der Richtigkeit der Versicherung kann das Registergericht entsprechende Nachweise verlangen.[3]

Nach Übergang zur GmbH kann die thesaurierte gesetzliche **Rücklage,** soweit nicht für 1982/2
Kapitalerhöhung aus Gesellschaftsmitteln verbraucht, **aufgelöst** werden. Durch den Übergang zur GmbH wird an sich der **Rechtsformzusatz** UG (haftungsbeschränkt) gem. § 5a Abs. 1 GmbHG unrichtig. Die Gesellschaft kann daher den Firmenzusatz in GmbH ändern (§§ 53 f. GmbHG). § 5a Abs. 5 GmbHG erlaubt daneben auch eine Beibehaltung des bisherigen Rechtsformzusatzes.

b) Satzungsändernder Beschluss

Zur **Kapitalerhöhung aus Gesellschaftsmitteln** ist ein **Gesellschafterbeschluss** erforder- 1983
lich (§ 57c Abs. 2 GmbHG); er ist ein satzungsändernder Beschluss, muss daher notariell beurkundet und mit einer entsprechenden Mehrheit von drei Vierteln der Stimmen gefasst werden (§ 53 GmbHG). Er ist zur Eintragung in das Handelsregister anzumelden (§ 54 GmbHG).

c) Voraussetzungen

Der Beschluss zur Erhöhung des Kapitals aus Gesellschaftsmitteln ist an mehrere Vo- 1984
raussetzungen geknüpft. Der Beschluss kann erst gefasst werden, wenn der **letzte Jahresabschluss** für das vor dem Kapitalerhöhungsbeschluss abgelaufene Geschäftsjahr **festgestellt** und über die **Ergebnisverwendung beschlossen** ist (§ 57c Abs. 2 GmbHG). Dies dient dem Gläubigerschutz. Dem Kapitalerhöhungsbeschluss ist eine Bilanz zugrunde zu legen (§ 57c Abs. 3 GmbHG), wobei es sich um die ohnehin aufzustellende Jahresbilanz (§ 57e Abs. 1 GmbHG) oder um eine eigens auf einen bestimmten Stichtag aufgestellte Zwischenbilanz (§ 57f GmbHG) handeln kann. Die zugrunde liegende Bilanz

1 BGH v. 19.4.2011 - II ZB 25/10, BGHZ 189 S. 254, NWB RAAAD-83698.

2 Musterbeschluss bei Ries/Schulte, NZG 2018 S. 571, 574.

3 Heckschen/Kreß, Aktuelle Entwicklungstendenzen des Gesellschaftsrechts 2021/2022 (Teil 2), GWR 2023 S. 19, 22; OLG Düsseldorf v. 12.5.2022 - I-3 Wx 3/22, NWB UAAAJ-55322, NZG 2022 S. 1393; OLG Celle v. 17.7.2017 - 9 W 70/17, NWB TAAAG-80424.

(Erhöhungsbilanz) muss auf einen höchstens acht Monate vor der Anmeldung der Kapitalerhöhung liegenden Stichtag aufgestellt sein **(Acht-Monats-Frist**, § 57f Abs. 1 Satz 2 GmbHG).[1]

Die Rücklagen, die in nominelles Kapital umgewandelt werden sollen, müssen in der zugrunde liegenden Bilanz als (nicht zweckgebundene) offene Rücklagen, also als **Kapitalrücklagen** oder **Gewinnrücklagen,** oder im letzten Beschluss über die Verwendung des Jahresergebnisses als **Zuführung zu diesen Rücklagen** ausgewiesen sein. Vorher ist eine Saldierung mit Verlusten und Verlustvorträgen vorzunehmen, andere Eigenkapital darstellende Bilanzposten wie Bilanzgewinn, Gewinnvortrag, Nachschusskapital usw. sind mit dieser Bezeichnung nicht umwandlungsfähig und müssen vorher den offenen Rücklagen zugeführt werden. Auch stille Reserven können vor Aufdeckung nicht in Stammkapital umgewandelt werden.

1985 Für die **zweckgebundene, gesetzliche Rücklage nach § 5a Abs. 3 GmbHG** gilt insoweit eine Ausnahme, als sie ausdrücklich für eine Kapitalerhöhung nach § 57c GmbHG verwendet werden darf. Da aber für eine Kapitalerhöhung aus Gesellschaftsmitteln gem. § 57c Abs. 4 GmbHG auch § 57d Abs. 2 GmbHG gilt, wird die UG (haftungsbeschränkt) die gesetzliche Rücklage erst dann umwandeln dürfen, wenn ihre Bilanz keinen Verlust und keinen Verlustvortrag aufweist. Zum Ausgleich eines Verlustes des laufenden Jahres, der nicht durch einen Gewinnvortrag aus dem Vorjahr ausgeglichen ist, bzw. eines Verlustvortrags aus dem Vorjahr, der nicht durch einen Jahresüberschuss ausgeglichen ist, kann sie aber zunächst die Rücklage verwenden (§ 5a Abs. 3 Satz 2 Nr. 2 und 3 GmbHG) und die restliche Rücklage zur Kapitalerhöhung nutzen.

1986 Die der Kapitalerhöhung zugrunde gelegte Bilanz muss mit einem **uneingeschränkten Bestätigungsvermerk** des ordnungsgemäß gewählten Abschlussprüfers versehen sein.[2]

d) Inhalt des Erhöhungsbeschlusses

1987 Der Kapitalerhöhungsbeschluss selbst muss auf einen **bestimmten Betrag** lauten, muss angeben, dass die Erhöhung durch **Umwandlung von Rücklagen** erfolgt, und welche Bilanz ihr zugrunde liegt. Sind mehrere Rücklagen vorhanden und sollen nicht sämtliche Rücklagen umgewandelt werden, muss auch angegeben werden, welche Rücklage mit welchem Betrag verwendet werden soll.

1988 Schließlich muss nach § 57h Abs. 1 und 2 Satz 1 GmbHG auch bestimmt werden, ob im Zuge der Kapitalerhöhung neue Geschäftsanteile gebildet oder der Nennbetrag der vorhandenen Geschäftsanteile erhöht oder beide Möglichkeiten miteinander kombiniert werden sollen, wobei für einzelne Gesellschafter auch unterschiedliche Gestaltungen denkbar sind.[3]

1989 Für die neuen Geschäftsanteile oder die Aufstockungsbeträge ist nur noch vorgesehen, dass sie auf einen Betrag gestellt werden, der auf **volle Euro** lautet. Geschäftsanteile,

1 Ausführlich zum Ablauf BeckOK GmbHG/Rühland, § 57c Rz. 7b.
2 Näher dazu BeckOK GmbHG/Rühland, § 57e Rz. 1 f. und sehr ausführlich Heinze, NJW 2023 S. 3693 f.
3 Noack/Servatius/Haas/Servatius, GmbHG, § 57h Rz. 5 f.

deren Nennbetrag erhöht wird, müssen nur noch auf volle Euro lauten (§ 57l Abs. 2 Satz 4 GmbHG).

Ein Bezugsrecht im eigentlichen Sinne gibt es bei der Kapitalerhöhung aus Gesellschaftsmitteln nicht; vielmehr stehen die neuen Anteile den Gesellschaftern im Verhältnis ihrer bisherigen Geschäftsanteile zu. Ein davon abweichender Beschluss der Gesellschafterversammlung ist nichtig (§ 57j GmbHG). Eigene Anteile nehmen an der Erhöhung des Stammkapitals teil. Auch teileingezahlte Anteile nehmen an der Kapitalerhöhung teil, bei ihnen gibt es aber nur eine Aufstockung, nicht eine Neuausgabe von Geschäftsanteilen (§ 57l GmbHG). 1990

e) Anmeldung zum Handelsregister

Zusammen mit den Dokumenten, die bei einer Satzungsänderung vorzulegen sind, sind 1991 bei einer Kapitalerhöhung aus Gesellschaftsmitteln bei der Anmeldung ergänzend einzureichen (§ 57i GmbHG) die zugrunde liegende Bilanz mit dem uneingeschränkten Prüfungsvermerk sowie die Erklärung der Anmeldenden, dass nach ihrer Kenntnis seit dem Stichtag der zugrunde gelegten Bilanz bis zum Tag der Anmeldung keine Vermögensminderung eingetreten ist, die der Kapitalerhöhung entgegenstünde, wenn sie am Tag der Anmeldung beschlossen worden wäre.[1] Nach § 54 Abs. 3 GmbHG wird die Kapitalerhöhung mit Eintragung ins (elektronische) Handelsregister wirksam. Dies ist nach § 8a Abs. 1 HGB der Fall, wenn die Eintragung in den dafür bestimmten Datenspeicher aufgenommen und auf Dauer inhaltlich unverändert in lesbarer Form wiedergegeben werden kann.

10. Schütt-aus-Hol-zurück-Verfahren

a) Begriff

Unter diesem Begriff versteht man ein Verfahren, in dem der Gewinn einer GmbH im 1992 Zusammenhang mit seiner ganzen oder teilweisen Ausschüttung der Gesellschaft wieder zur Verfügung gestellt wird. Die Rückholung des ausgeschütteten Gewinns kann in vielfältiger Form z. B. durch Gewährung eines Gesellschafterdarlehens, Einstellung in eine Rücklage, durch Einlage als stiller Gesellschafter oder in Form einer Betriebsaufspaltung – die Gesellschafter tätigen mit den ausgeschütteten Gewinnen die Investition und stellen das Wirtschaftsgut der GmbH pachtweise zur Verfügung – erfolgen.[2]

Dieses Verfahren wurde bisher vornehmlich aus steuerlichen Gründen durchgeführt, 1993 wenn die ausgeschütteten Gewinne beim Gesellschafter einer geringeren Steuerbelastung unterlagen als bei der GmbH thesaurierte Gewinne. Durch den Wegfall des Anrechnungsverfahrens und die Einführung eines einheitlichen KSt-Satzes für thesaurierte und ausgeschüttete Gewinne von 15 % dürfte das genannte Verfahren, möglichst hohe Teile des verwendungsfähigen Jahresergebnisses an die Gesellschafter auszuschütten und die für die Eigenfinanzierung (eigentlich) gebrauchten Beträge unmittelbar an die GmbH zurückzuführen, an Anziehungskraft verloren haben.

1 Noack/Servatius/Haas/Servatius, GmbHG, § 57i Rz. 2.

2 BGH v. 26.5.1997 - II ZR 69/96, DNotI-Report 1997 S. 187; ausführlich R. Krause, ZHR 181 (2017) S. 641, 646 ff.

b) Einsatz zur Kapitalerhöhung

1994 Das **„Schütt-aus-Hol-zurück-Verfahren"** kann auch für **eine Kapitalerhöhung** praktiziert werden. Für eine Kapitalerhöhung aus Gesellschaftsmitteln können „zurückgeführte" Gewinne nur verwendet werden, wenn die entsprechenden Beträge aufgrund festgestellter Bilanz vorher in die Kapitalrücklage (= Eigenkapital der GmbH) eingestellt wurden, also insoweit kein Gewinnauszahlungsanspruch der Gesellschafter entstanden ist.

1995 Ist ein Gewinnanspruch entstanden, kann er für die Kapitalerhöhung durch Forderungseinbringung als Sacheinlage verwendet werden.[1] Zunächst hatte der BGH auch nur dieses Verfahren zur Kapitalerhöhung unter Beachtung der Vorschriften einer Kapitalerhöhung durch Sacheinlage zugelassen.[2] Denn auch die Einlage eines Anspruchs auf Auszahlung der Dividende stellt die Durchführung einer Sacheinlage dar, weil ein anderer Gegenstand als Geld eingelegt wird. Diese Methode ist nach wie vor zulässig, setzt aber regelmäßig den Nachweis gegenüber dem Registergericht voraus, dass der Dividendenanspruch werthaltig ist, und zwar in einer objektiven Betrachtungsweise.

1996 Weiter kann auf die Regeln der Kapitalerhöhung aus Gesellschaftsmitteln (§ 57c GmbHG) zurückgegriffen werden, wenn die Durchführung im „Schütt-aus-Hol-zurück-Verfahren" im Kapitalerhöhungsbeschluss und in der Registeranmeldung offen gelegt wird.[3] Es kann dann die Kapitalaufbringung durch sinngemäße Anwendung der Grundsätze über die Kapitalerhöhung aus Gesellschaftsmitteln sichergestellt werden.[4] Zur Werthaltigkeitskontrolle ist neben diesen Angaben dem Registergericht eine testierte, höchstens acht Monate alte Bilanz und eine Versicherung des anmeldenden Geschäftsführers nach § 57i Abs. 1 Satz 2 und § 57 Abs. 2 Satz 1 GmbHG vorzulegen.

1997 Wird nicht offengelegt, dass für die Kapitalerhöhung ein stehengelassener Gewinnanspruch verwendet wird, sondern die Einzahlung durch Verrechnung, Umbuchung oder Hin- und Herzahlen bewirkt wird, sind die Regeln über die verdeckte Sacheinlage nach § 19 Abs. 4 GmbHG anzuwenden; (vgl. hierzu Rz. 1973).

11. Genehmigtes Kapital

1998 Durch § 55a GmbHG besteht auch für die GmbH, wie bei Aktiengesellschaften (§§ 202 ff. AktG), die Möglichkeit der **Kapitalerhöhung in Form genehmigten Kapitals.**[5] Die **Geschäftsführung** kann bei Bedarf schnell und flexibel eine **Kapitalerhöhung** durchführen, ohne dass es eine weitere notariell beurkundete Änderung des Gesellschaftsvertrags (Satzungsänderung) erforderte. Es ist insoweit nur die Anmeldung zum Handelsregister notwendig, die gem. § 57 Abs. 1 GmbHG voraussetzt, dass das erhöhte Kapital durch die Übernahme von Geschäftsanteilen gedeckt ist. Dazu bedarf es wiederum einer zumindest notariell beglaubigten Erklärung des Übernehmers (§ 53 Abs. 1 GmbHG).

---

1 Noack/Servatius/Haas/Kersting, GmbHG, § 29 Rz. 67.

2 BGH v. 18.2.1991 - II ZR 104/90, BGHZ 113 S. 335.

3 BGH v. 26.5.1997 - II ZR 69/96, BGHZ 135 S. 381.

4 Noack/Servatius/Haas/Kersting, GmbHG, § 29 Rz. 67.

5 Ausführlich Doetsch, Genehmigtes Kapital im GmbH und Aktienrecht in der notariellen Praxis, RNotZ 2021 S. 501; Weitauer, Genehmigtes Kapital: Der Schlüssel für die Vereinfachung von Investmentprozessen, GWR 2024 S. 1: siehe i. Ü. bei § 55 GmbHG.

a) Begriffsbestimmung

Das genehmigte Kapital definiert das Gesetz als die **im Gesellschaftsvertrag** (oder durch eine **Satzungsänderung** – § 55a Abs. 2 GmbHG) ausgesprochene **Ermächtigung der Geschäftsführer, das Stammkapital** bis zu einem bestimmten Nennbetrag durch Ausgabe neuer Geschäftsanteile gegen Einlagen **zu erhöhen.** Die Ermächtigung darf für **höchstens fünf Jahre nach der Eintragung der GmbH** (Ermächtigung in der Gründungssatzung) bzw. für **höchstens fünf Jahre nach Eintragung der Satzungsänderung** (nachträgliche Ermächtigung durch Änderung des Gesellschaftsvertrags) erteilt werden. Außerdem kann der **Nennbetrag des genehmigten Kapitals maximal auf die Hälfte des Stammkapitals im Zeitpunkt der Ermächtigung** lauten. Neue Geschäftsanteile auf das genehmigte Kapital können auch **gegen Sacheinlagen** ausgegeben werden, wenn die **Ermächtigung dies vorsieht.** 1999

b) Ausnutzung des genehmigten Kapitals

Die Ausnutzung des „genehmigten Kapitals" setzt also voraus:

aa) Ermächtigung der Geschäftsführer

Ermächtigung der Geschäftsführer im Gesellschaftsvertrag oder durch spätere Satzungsänderung: Im Gesellschaftsvertrag bzw. in dem satzungsändernden Beschluss (unter Beachtung der Formvorschriften des § 53 GmbHG sowie besonderer Erfordernisse hierzu nach dem Gesellschaftsvertrag) muss die Ermächtigung ausgesprochen werden. Die Ermächtigung muss also notariell beurkundet und im Handelsregister eingetragen sein. Die Ermächtigung kann vorsehen, dass ein Aufsichtsrat oder Beirat dem Beschluss der Geschäftsführer, das Kapital zu erhöhen, zustimmen soll oder muss.[1] 2000

bb) Bezeichnung des Nennbetrags der Kapitalerhöhung

Die Ermächtigung muss **genau den Nennbetrag bezeichnen**, bis zu dem das Stammkapital erhöht werden darf. Dazu ist der Betrag konkret zu beziffern, die Angabe eines Erhöhungsbetrages in Prozent (z. B. 10 % des aktuellen Stammkapitals) ist nicht ausreichend.[2] Fehlt ein bestimmter Nennbetrag, ist die Ermächtigung nichtig. Der Erhöhungsbetrag darf die Hälfte des zur Zeit der Ermächtigung (d. h. deren Wirksamwerden mit Eintragung der Gründungssatzung oder der Satzungsänderung ins Handelsregister) vorhandenen Stammkapitals nicht überschreiten. Mit dem Stammkapital, das zz. der Ermächtigung „vorhanden" ist, meint das Gesetz die Stammkapitalziffer bzw. das gezeichnete Kapital und nicht etwa den darauf schon real durch Einlagen erbrachten Betrag. Denn bei Abschluss des Gesellschaftsvertrags ist i. d. R. noch nichts auf das Stammkapital eingezahlt. Beträgt die Stammkapitalziffer der GmbH z. B. 50.000 €, kann der Nennbetrag, bis zu dem das Kapital durch die Geschäftsführer erhöht werden kann, maximal 25.000 € betragen. Die Kapitalerhöhung kann in mehreren Tranchen erfolgen, bis das erhöhte Kapital den bestimmten Nennbetrag erreicht. 2001

1 Noack/Servatius/Haas/Servatius, GmbHG, § 55a Rz. 3.

2 Hüffer, AktG, § 202 Rz. 12; in MüKoAktG/Bayer, § 202 Rz. 65; abw. Lutter in Kölner Komm. AktG, § 202 Rz. 11, der eine prozentuale Angabe ausreichen lässt.

cc) Kapitalerhöhung durch Ausgabe neuer Geschäftsanteile gegen Einlage

2002 Die Ermächtigung muss angeben, dass das Stammkapital durch Ausgabe **neuer Geschäftsanteile gegen Einlage** erhöht werden darf. Sollen die Einlagen nicht nur in Geld erbracht werden dürfen, muss die Ermächtigung ausdrücklich bestimmen, dass Geschäftsanteile auch gegen Sacheinlagen ausgegeben werden dürfen. Eine nominelle Kapitalerhöhung aus Gesellschaftsmitteln ist also nach § 55a GmbHG nicht möglich. Auch eine Aufstockung bereits vorhandener Geschäftsanteile ist ausgeschlossen, weil damit keine „neuen" Geschäftsanteile entstünden. Die Anzahl der Geschäftsanteile (Stückelung), ihre Nennbeträge oder Bestimmungen darüber, wer zur Übernahme in welchem Umfang zugelassen werden soll, muss die Ermächtigung nicht enthalten. Es ist aber zulässig, dass die Ermächtigung mit Einschränkungen erteilt und hinsichtlich des Verwendungszwecks zeitlich, volumenmäßig und inhaltlich begrenzt wird[1] (z. B. Verwendung der Kapitalerhöhung zu einer Unternehmensübernahme, Bestimmungen über die Person der Geschäftsanteilsübernehmer, Festlegung bestimmter Tranchen und der Stückelung usw.). Schweigt die Ermächtigung hierzu, entscheiden die Geschäftsführer in eigener Kompetenz nach pflichtgemäßem Ermessen, wenn sie die Kapitalerhöhung durchführen.[2]

dd) Zeitliche Befristung

2003 Die Ermächtigung muss **zeitlich befristet** sein, wobei der Zeitraum, innerhalb dessen eine Kapitalerhöhung durch genehmigtes Kapital durchgeführt werden darf, **höchstens fünf Jahre** beträgt, bei Neugründung gerechnet ab der Eintragung der Gesellschaft, bei später erteilter Ermächtigung durch Satzungsänderung gerechnet ab der Eintragung der Satzungsänderung. Letzteres entspricht § 54 Abs. 3 GmbHG, wonach die Änderung der Satzung rechtliche Wirkung erst nach ihrer Eintragung erlangt. Die Ermächtigung **kann** auch **zeitlich kürzer befristet** sein oder einen Anfangs- und Endtermin bestimmen, solange sich der Zeitraum innerhalb der Fünfjahresfrist bewegt. Die Ermächtigung muss ausdrücklich die Dauer der Ermächtigung angeben, und zwar durch ein konkretes Datum (z. B. „bis zum 31.12.2014") oder durch die Bezeichnung der Berechnungsgrundlage (z. B. „von der Eintragung der Gesellschaft an für drei Jahre"). Enthält die Ermächtigung keine oder eine zu lange Frist, ist sie unwirksam.[3]

BEISPIEL: Die Satzung bzw. der nachträgliche Ermächtigungsbeschluss kann die Ermächtigung erteilen, innerhalb von fünf Jahren seit der Eintragung das Kapital zu erhöhen. Es kann aber bestimmt werden, dass die Ermächtigung ein Jahr nach der Eintragung einsetzt und für die darauf folgenden (maximal) vier Jahre oder innerhalb des dritten und vierten Jahres nach der Eintragung gelten soll.

Nach dem Gesetzeswortlaut dürfte es nicht zulässig sein, die Ermächtigung über den jeweiligen Fünfjahreszeitraum hinaus um weitere fünf Jahre oder weniger zu „verlängern", indem man bei Ablauf des Fünfjahreszeitraums die Gründungssatzung ändert und für weitere fünf Jahre die Ermächtigung erteilt. Damit könnten die Höchstfristen umgangen werden. Soweit das genehmigte Kapital noch nicht ausgenutzt wurde, ist es aber zulässig, eine in der Gründungssatzung bestimmte kürzere Ermächtigungsfrist durch Satzungsänderung so zu verlängern, dass die Höchstfrist von fünf Jahren ab der erstmaligen Eintragung nicht überschritten wird.

---

1 Zum AktG vgl. MüKoAktG/Bayer, § 202 Rz. 76.

2 Zu allem Kramer, GmbHR 2016 S. 1073, 1075.

3 Noack/Servatius/Haas/Servatius, GmbHG, § 55a Rz. 4.

BEISPIEL: ▶ Im Gesellschaftsvertrag wurde die Ermächtigung für die nächsten drei Jahre nach der Eintragung der GmbH ausgesprochen. Eine spätere Satzungsänderung kann die Ermächtigung für weitere zwei, an den Ablauf der ersten Frist anschließende Jahre erteilen. Eine weitere Verlängerung dürfte nicht möglich sein, weil sonst die Höchstfrist nach § 55a Abs. 1 GmbHG von fünf Jahren nach Eintragung der GmbH umgangen würde.

Die Ermächtigung **endet mit Ablauf der bestimmten Frist**; wird die Frist mit der Eintragung gekoppelt, zählt der Tag der Eintragung nicht mit (§ 187 Abs. 1 BGB). Die Frist ist nur gewahrt, wenn bis zum Fristablauf die Kapitalerhöhung durchgeführt, also ins Handelsregister eingetragen ist. Ist die Frist abgelaufen, kann von der Ermächtigung kein Gebrauch gemacht werden. Eine gleichwohl eingetragene Kapitalerhöhung führt nicht zur Heilung und lässt keine neuen Geschäftsanteile und Mitgliedschaftsrechte entstehen. 2004

c) Durchführung der Kapitalerhöhung

Durchgeführt wird die Kapitalerhöhung durch genehmigtes Kapital wie eine förmliche Kapitalerhöhung, allerdings bedarf es **keines satzungsändernden Beschlusses** der **Gesellschafterversammlung** mehr. An seine Stelle tritt eine Entschließung des alleinigen Geschäftsführers bzw. bei mehreren Geschäftsführern der **gemeinsam zu fassende Beschluss**, das Kapital zu erhöhen. Bei mehreren Geschäftsführern gilt das Prinzip der Gesamtvertretung, die eine Willensbildung durch einstimmige Beschlussfassung erfordert, sofern die Satzung oder Geschäftsordnung nichts anderes vorsieht. Der Beschluss bedarf **keiner besonderen Form**, ist aber als gesellschaftsinterner Willensakt zu dokumentieren und ggf. dem Registergericht gegenüber nachzuweisen. Die Entscheidung, das Kapital zu erhöhen, ist eine Maßnahme der Geschäftsführung, der **Beschluss ist weder eintragungsbedürftig noch eintragungsfähig**. **Angemeldet und im Handelsregister eingetragen** werden muss die Durchführung der Kapitalerhöhung als solche, die mit der Eintragung gem. § 8a HGB wirksam wird.[1] Die Anmeldung hat der Form des § 12 HGB zu genügen, muss also öffentlich beglaubigt sein. 2005

Der Kapitalerhöhungsbeschluss muss im Übrigen den Nennbetrag des erhöhten Stammkapitals, die Anzahl und die Nennbeträge und die laufenden Nummern der neuen Geschäftsanteile sowie die Angabe darüber enthalten, wer zur Übernahme gegen Geld- oder Sacheinlage zugelassen werden soll, und ob und in welcher Höhe ein Aufgeld zu zahlen ist. Das Bezugsrecht der Gesellschafter ist zu beachten, kann aber – unter gleichen Voraussetzungen wie bei der ordentlichen Kapitalerhöhung – ausgeschlossen werden. Schließlich bedarf es der notariell beurkundeten oder notariell beglaubigten Übernahmeerklärung des Übernehmenden. 2006

Nach Anmeldung der Kapitalerhöhung in der nach § 57 GmbHG vorgeschriebenen Weise wird die Kapitalerhöhung mit der Eintragung in das Handelsregister wirksam. Eine Bekanntmachung muss nicht erfolgen, weil § 57b GmbHG a. F. gestrichen worden ist. 2007

---

1 Zu den Einzelheiten Noack/Servatius/Haas/Servatius, GmbHG, § 55a Rz. 23 ff. und Herrler, DNotZ 2008 S. 903, 910 ff.

d) Formulierungsbeispiel einer Satzungsbestimmung für „Genehmigtes Kapital"

2008 Die Bestimmung im Gesellschaftsvertrag zum genehmigten Kapital kann etwa so lauten:

„Genehmigtes Kapital: Die Geschäftsführer werden ermächtigt, innerhalb der nächsten … (Anzahl der Jahre oder andere Zeitbestimmung wie bis zum … festes Datum, maximal fünf Jahre)… Jahre nach Eintragung der Gesellschaft (ab dem … festes Datum) bis zum … (festes Datum) das Stammkapital der Gesellschaft bis zu einem Nennbetrag von … (genau bezifferter Betrag in vollen €, maximal 50% der Stammkapitalziffer) durch Ausgabe neuer Geschäftsanteile gegen Geldeinlage und/oder Sacheinlage zu erhöhen."

e) Nutzung durch die UG (haftungsbeschränkt)

2009 Die Möglichkeit des genehmigten Kapitals gem. § 55a GmbHG kann auch die Unternehmergesellschaft – UG – (haftungsbeschränkt) nutzen, um weitere Kosten für eine Satzungsänderung (notarielle Beurkundung) zu sparen. Bei ihr kann die Ermächtigung auf Sacheinlagen ausgedehnt werden, weil § 5a Abs. 5 GmbHG für diese Unterform der GmbH Sacheinlagen zulässt, wenn mit ihr das Mindeststammkapital von 25.000 € erreicht oder überschritten wird.[1]

2010–2040 (*Einstweilen frei*)

II. Kapitalherabsetzung

LITERATUR:

Halm, Formelle und materielle Erfordernisse der ordentlichen Kapitalherabsetzung im Recht der GmbH, DStR 1997 S. 1332; *Geißler*, Funktion und Durchführung der vereinfachten Kapitalherabsetzung, GmbHR 2005 S. 1102; *Priester*, Kapitalherabsetzung und Gewinnausschüttung, NZG 2021 S. 370.

1. Allgemeines

2041 Die Kapitalherabsetzung (§§ 58 ff. GmbHG) bedeutet die Verminderung des in der Satzung festgelegten Stammkapitals.

2042 Während die Kapitalerhöhung, soweit sie nicht nur nominell aus Gesellschaftsmitteln erfolgt, den Zweck hat, das Gesellschaftsvermögen durch Zuführung neuer Mittel zu erhöhen, stellt sich die Kapitalherabsetzung häufig nur als ein bloßer Buchungsvorgang dar und mindert nur die Stammkapitalziffer, hat aber nicht immer eine Minderung des Gesellschaftsvermögens zur Folge, es sei denn, die Herabsetzung erfolgt zu dem Zweck der Rückzahlung von Einlagen auf die Geschäftsanteile oder dem Erlass noch nicht erbrachter Einlagen. Man unterscheidet wie bei der Kapitalerhöhung zwischen effektiver und nomineller Kapitalherabsetzung, also mit oder ohne Rückzahlung.

1 BGH v. 19.4.2011 - II ZB 25/10, BGHZ 189 S. 254, NWB RAAAD-83698.

2. Arten der Kapitalherabsetzung

Das GmbHG kennt die **ordentliche** (§ 58 GmbHG) und die **vereinfachte** (§§ 58a bis 58f GmbHG) **Kapitalherabsetzung,** welche jedoch ausschließlich dem Ausgleich von Wertminderungen und der Abdeckung von Verlusten dient, während zum Zwecke beispielsweise der Rückzahlung von Einlagen, deren Erlass oder der Finanzierung von Abfindungen ausscheidender Gesellschafter oder des Erwerbs eigener Geschäftsanteile, auf die die Einlage noch nicht vollständig geleistet ist, nur eine ordentliche Kapitalherabsetzung in Betracht kommt. Vielfach dient die Kapitalherabsetzung dazu, eine **Unterbilanz zu beseitigen**. 2043

3. Satzungsänderung

Die Kapitalherabsetzung bedeutet eine Änderung des Gesellschaftsvertrags, weshalb der Kapitalherabsetzungsbeschluss die Vorschriften des § 53 GmbHG (notarielle Beurkundung) beachten und mit satzungsändernder Mehrheit von drei Vierteln in der Gesellschafterversammlung gefasst werden muss.[1] 2044

Der Herabsetzungsbeschluss muss genau angeben, auf welchen Betrag das Stammkapital herabgesetzt wird; die Mindestgrenze von 25.000 € darf bei der ordentlichen Kapitalherabsetzung nicht unterschritten werden (§ 58 Abs. 2 Satz 1 GmbHG). Eine Unternehmergesellschaft – UG – (haftungsbeschränkt) mit einem geringeren Stammkapital lässt sich durch eine Kapitalherabsetzung nicht bilden. Eine Unterschreitung ist nur bei der vereinfachten Kapitalherabsetzung erlaubt, wenn in einem Zug damit eine Kapitalerhöhung stattfindet (§ 58a Abs. 4 GmbHG; vgl. Rz. 2068 ff.). Die Angabe des Zwecks, zu dem die Kapitalherabsetzung erfolgt, wird nach h. M. verlangt, ist aber streitig.[2] Sie empfiehlt sich, um Streit aus dem Weg zu gehen. 2045

Bei der Kapitalherabsetzung ist eine **Herabsetzung** der **Nennbeträge der Geschäftsanteile erforderlich**, weil die Summe der Nennbeträge der verbleibenden Geschäftsanteile mit dem (verminderten) Stammkapital übereinstimmen muss (§ 58 Abs. 2 Satz 2 GmbHG), wenn Einlagen zurückgezahlt oder noch geschuldete Einlagen erlassen werden. 2046

Dies gilt wohl auch bei einer Herabsetzung zum Verlustausgleich, weil die Summe der Nennbeträge der Geschäftsanteile dem Stammkapital entsprechen muss. Eine Klarstellung im Beschluss ist zu empfehlen, zumal die Minderung der Nennbeträge für die vereinfachte Kapitalherabsetzung gesetzlich vorgeschrieben ist (§ 58a Abs. 3 Satz 1 GmbHG). 2047

Die Geschäftsanteile müssen nur noch auf einen Betrag gestellt werden, der auf volle Euro lautet (§ 58 Abs. 2 Satz 2 GmbHG). 2048

1 Noack/Servatius/Haas/Kersting, GmbHG, § 58 Rz. 4 f.
2 Vgl. Noack/Servatius/Haas/Kersting, GmbHG, § 58 Rz. 20, zum Meinungsstand.

4. Gläubigerschutz

2049 Zum Schutz der Gläubiger sind bei der ordentlichen Kapitalherabsetzung die besonderen Bestimmungen des § 58 GmbHG zu beachten.[1] Danach muss von den Geschäftsführern der Herabsetzungsbeschluss **einmalig** zu verschiedenen Zeitpunkten im elektronischen Bundesanzeiger (= Gesellschaftsblatt § 12 GmbHG) **bekannt gemacht** werden; dies ist zu verbinden mit der **Aufforderung an die Gläubiger** der Gesellschaft, sich bei dieser zu melden; bekannte Gläubiger müssen außerdem durch besondere Mitteilung zur Anmeldung aufgefordert werden.

2050 Gläubiger, die sich bei der Gesellschaft melden und erklären, dass sie der Herabsetzung nicht zustimmen, müssen wegen ihrer Ansprüche befriedigt oder sichergestellt werden. Auf dieses Recht müssen sie bei der Aufforderung hingewiesen werden. Den Gläubigern, die der Herabsetzung zustimmen, haftet nur das Gesellschaftsvermögen, wie es sich nach der Herabsetzung darstellt, jedoch erfährt die Forderung inhaltlich keine Änderung. Sie wird auch nicht vorzeitig fällig. Gläubiger, die ihre (fälligen) Forderungen (bis zur Registeranmeldung) angemeldet haben, sind zu befriedigen, bevor irgendwelche Beträge aufgrund der Kapitalherabsetzung an Gesellschafter ausgezahlt werden.

2051 Erst nach Ablauf eines Jahres (**Sperrjahr**) seit der Veröffentlichung der Aufforderung kann der Herabsetzungsbeschluss zur Eintragung ins Handelsregister angemeldet werden. Dabei müssen die Geschäftsführer die Bekanntmachung einreichen und versichern, dass widersprechende Gläubiger befriedigt oder sichergestellt sind.

2052 Verletzen die Geschäftsführer ihre Pflicht zu prüfen, ob Gläubiger zu befriedigen oder zu sichern sind, haften sie den Gläubigern aus § 823 Abs. 2 BGB und § 58 GmbHG, da dessen Bestimmungen Schutzgesetze zugunsten der Gläubiger sind.[2]

2053 Wie jede Satzungsänderung wird auch die Kapitalherabsetzung gem. § 54 Abs. 3 GmbHG erst mit der Eintragung ins Handelsregister wirksam. Hierfür ist nach § 8a Abs. 1 HGB die Aufnahme in den für die Handelsregistereintragungen bestimmten Datenspeicher und die auf Dauer inhaltlich unveränderte Wiedergabemöglichkeit in lesbarer Form maßgebend. Erst mit der Eintragung gilt das Stammkapital als herabgesetzt.

5. Vereinfachte Kapitalherabsetzung

a) Zweck und Voraussetzungen

2054 Im Rahmen der Insolvenzrechtsreform hat der Gesetzgeber die Möglichkeit einer **vereinfachten Kapitalherabsetzung** eröffnet (§§ 58a bis 58f GmbHG); sie ist aber nur zum **Ausgleich von Wertminderungen** oder zur **Deckung von sonstigen Verlusten** erlaubt (§ 58a GmbHG). Die Vereinfachung besteht im Wesentlichen darin, dass bis zur Durchführung der Kapitalherabsetzung **kein Sperrjahr** eingehalten werden muss und die **Gläubiger nicht sicherzustellen** sind. Denn die vereinfachte Kapitalherabsetzung führt nicht zu einer Auszahlung von Kapital an die Gesellschafter, sondern dient dazu, das schon durch Verluste geminderte Gesellschaftsvermögen und das Stammkapital einan-

1 Noack/Servatius/Haas/Kersting, GmbHG, § 58 Rz. 30 ff.
2 BayOblG, BB 1974 S. 1363; LG Bonn, BeckRS 2018, 36544 Rz. 29.

der anzugleichen. Vielfach bildet sie die Grundlage für eine gleichzeitige Kapitalerhöhung, um das Unternehmen zu sanieren. Die Bildung einer Kapitalrücklage allein kann nicht Zweck der vereinfachten Kapitalherabsetzung sein, zulässig ist sie jedoch im Zusammenhang mit einem Verlustausgleich, ist dann aber auf 10 % des herabgesetzten Nennkapitals begrenzt (§ 58b Abs. 2 GmbHG).

Zum Schutz der Gläubiger und der Gesellschafter der GmbH ist die Durchführung der vereinfachten Kapitalherabsetzung an die Auflage gebunden, dass, bevor durch sie das Stammkapital angegriffen wird, vorweg Kapital- und Gewinnrücklagen, die 10 % des nach der Herabsetzung verbleibenden Stammkapitals übersteigen, aufgelöst werden und ein Gewinnvortrag nicht vorhanden ist (§ 58a Abs. 2 GmbHG). Nach entsprechendem Vollzug durch Umbuchung ist ein Beschluss über die vereinfachte Kapitalherabsetzung möglich, wobei die aufgelösten Beträge nur zum Ausgleich der Wertminderungen und sonstigen Verluste verwendet werden dürfen (§ 58b Abs. 1 GmbHG). 2055

Daraus ergibt sich folgender **Prüfungsablauf:**[1] 2056

- Ist ein Gewinnvortrag vorhanden? Wenn ja, ist die vereinfachte Kapitalherabsetzung nicht zulässig: Der Gewinnvortrag ist zunächst aufzulösen.
- Besteht eine Kapital- oder eine Gewinnrücklage, die 10 % des herabgesetzten Stammkapitals übersteigt? Wenn ja, ist eine vereinfachte Kapitalherabsetzung unzulässig: Die (übersteigenden) Rücklagen sind zunächst zum Verlustausgleich zu verwenden.
- Verbleiben danach nicht gedeckte Verluste? Wenn ja, ist die vereinfachte Kapitalherabsetzung zum Ausgleich von Verlusten zulässig. Mit den aus der Auflösung der Rücklagen und der Herabsetzung des Stammkapitals gewonnenen Beträgen darf neben dem Verlustausgleich auch eine Kapitalrücklage bis auf 10 % des herabgesetzten Stammkapitals aufgefüllt werden.

b) Gesellschafterbeschluss

Im Beschluss über die vereinfachte Kapitalherabsetzung sind die Nennbeträge der Geschäftsanteile dem herabgesetzten Stammkapital anzupassen; dieses muss grundsätzlich mindestens 25.000 € betragen. Die Geschäftsanteile müssen auf einen Nennbetrag gestellt werden, der durch volle Euro teilbar ist (§ 58a Abs. 3 Satz 2 GmbHG). Das Stammkapital kann auch unter den Mindestbetrag nach § 5 Abs. 1 GmbHG (25.000 €) herabgesetzt werden, wenn dieser durch eine gleichzeitig durchgeführte Kapitalerhöhung wieder erreicht wird. 2057

Die vereinfachte Kapitalherabsetzung bedarf als Satzungsänderung zu ihrer Wirksamkeit der Eintragung im Handelsregister. Dafür gilt § 54 GmbHG; u. a. muss der vollständige Wortlaut des Gesellschaftsvertrags samt der in § 54 Abs. 1 Satz 2 GmbHG näher umschriebenen Übereinstimmungsbescheinigung des Notars beigefügt werden. Anders als die ordentliche Kapitalherabsetzung, muss die Anmeldung nicht von 2058

1 MHdB GesR IV/Scholz, 6. Aufl. 2024, § 58 Rz. 7 ff.

sämtlichen, sondern kann von Geschäftsführern in vertretungsberechtigter Zahl angemeldet werden.[1]

c) Rechtsfolgen im Gläubigerinteresse

2059 Die vereinfachte Kapitalherabsetzung zieht im Gläubigerinteresse eine Reihe von Beschränkungen nach sich.

2060 Zunächst dürfen die aus der Kapitalherabsetzung und aus der Auflösung der Kapital- und Gewinnrücklage in diesem Zusammenhang gewonnenen Beträge nicht an die Gesellschafter ausgeschüttet werden, sondern sind zur Verlustdeckung zu verwenden.

2061 Neben dem Verlustausgleich darf ein Betrag von höchstens 10% des herabgesetzten Stammkapitals in eine Kapitalrücklage eingestellt werden. Da eine vereinfachte Kapitalherabsetzung zum Ausgleich von Verlusten dient, die sich im Zeitpunkt der Beschlussfassung darstellen, und drohende Verluste durch Rückstellungen zu berücksichtigen sind, kann sich aus dem folgenden Jahresabschluss ergeben, dass der erwartete Verlust (zum Stichtag) nicht in voller Höhe eingetreten ist. Auch der Unterschiedsbetrag ist nach § 58c GmbHG in eine Kapitalrücklage einzustellen. Unvorhergesehen nach der Beschlussfassung entstandene Gewinne müssen nicht in die Rücklage eingestellt werden und können unter Beachtung der Beschränkungen des § 58e GmbHG auch ausgeschüttet werden.[2]

d) Verwendungsbeschränkungen

2062 **Verwendungsbeschränkungen** des § 58b Abs. 3 GmbHG gelten hinsichtlich der Beträge, die zur Auffüllung bis zur Höchstgrenze von 10% des herabgesetzten Nennkapitals oder wegen tatsächlich geringerer Verluste in die Kapitalrücklage eingestellt wurden, für die **nächsten**, nach dem Herabsetzungsbeschluss beginnenden **fünf Geschäftsjahre.** Die Kapitalrücklage darf nicht an die Gesellschafter ausgeschüttet werden, sondern darf lediglich zum **Ausgleich** von **Jahresfehlbeträgen**, die nicht durch Gewinnvorträge oder Gewinnrücklagen auszugleichen sind, oder von **Verlustvorträgen,** die nicht durch einen Jahresüberschuss oder eine Gewinnrücklage auszugleichen sind, verwendet werden. Die Verwendung zu einer **Kapitalerhöhung aus Gesellschaftsmitteln** ist erlaubt.[3]

2063 Auch die Ausschüttung künftiger Gewinne ist beschränkt (§ 58d GmbHG).

Zunächst ist eine **Gewinnausschüttung unzulässig**, wenn die Kapital- und Gewinnrücklagen zusammen nicht mindestens 10% des herabgesetzten Nennkapitals oder aber mindestens 2.500 € erreichen, falls das Stammkapital wegen der zugleich vorgenommenen Kapitalerhöhung unter das Mindeststammkapital nach § 5 Abs. 1 GmbHG herabgesetzt worden ist. Die gleichzeitige oder auch eine spätere Erhöhung des Stammkapitals gehen nicht in die Bezugsgröße ein. Vor einer Ausschüttung ist also die Rücklage entsprechend aufzufüllen.[4]

1 Altmeppen, GmbHG, § 58a Rz. 19; Lutter/Hommelhoff/Kleindiek, GmbHG, § 58a Rz. 30.
2 Zu allem Noack/Servatius/Haas/Kersting, GmbHG, § 58b Rz. 11 ff.
3 Noack/Servatius/Haas/Kersting, GmbHG, § 58b Rz. 8 ff.
4 Zur Ansammlung auf Gewinnvortrag, Lutter/Hommelhoff/Kleindiek, GmbHG, § 58d Rz. 6.

Eine weitere Beschränkung ergibt sich für die auf die Beschlussfassung folgenden zwei Geschäftsjahre aus § 58d Abs. 2 GmbHG. Von dem auf sie entfallenden Gewinn darf – sofern die 10 %-Grenze bei der Kapital- oder Gewinnrücklage erreicht ist – nur ein Betrag von 4 % des Stammkapitals ausgeschüttet werden, wobei sich die Stammkapitalziffer auf den Zeitpunkt des Gewinnverwendungsbeschlusses bezieht.[1] 2064

Die 4 %-Grenze gilt nicht, wenn die Gläubiger entsprechend § 58d Abs. 2 Satz 2 GmbHG befriedigt oder sichergestellt sind. 2065

BEISPIEL: Die X-GmbH hat im Wirtschaftsjahr 01 ihr Stammkapital nach § 58a GmbHG zum Verlustausgleich auf 10.000 € herabgesetzt und wieder auf 50.000 € erhöht. Kapital- oder Gewinnrücklagen sind im Jahr 02 zum Ausgleich eines Jahresfehlbetrages verwendet worden. Im Jahr 03 macht die GmbH einen Gewinn von 6.000 €, der an die Gesellschafter ausgeschüttet werden soll. Es sind die Ausschüttungsbeschränkungen des § 58d GmbHG zu beachten. Von dem Gewinn sind zunächst gem. § 58d Abs. 1 GmbHG ein Betrag von 10 %des Mindeststammkapitals von 25.000 €, also 2.500 € in die Kapital- und Gewinnrücklagen einzustellen; das erhöhte Stammkapital scheidet als Bezugsgröße aus. Der verbleibende Betrag von (6.000 € ./. 2.500 € =) 3.500 € kann nicht voll ausgeschüttet werden, da der Gewinn aus dem zweiten auf die Herabsetzung folgenden Geschäftsjahr stammt und deshalb die Ausschüttungsbeschränkung des § 58d Abs. 2 Satz 1 GmbHG greift. Ausgeschüttet werden dürfen maximal 4 % des Stammkapitals im Zeitpunkt des Gewinnverwendungsbeschlusses, also 2.000 €.

e) Rückbeziehung

Die Vorschrift des § 58e GmbHG bietet die Möglichkeit einer **Rückbeziehung** der Kapitalherabsetzung auf den Jahresabschluss, der dem Beschluss über die Herabsetzung vorangeht. Es können in diesem Jahresabschluss bereits das Stammkapital und die Kapital- und Gewinnrücklagen ausgewiesen werden, wie sie nach der Herabsetzung bestehen sollen. Hierzu sollen der Beschluss über die Feststellung des Jahresabschlusses und die Kapitalherabsetzung gemeinsam durch die Gesellschafterversammlung gefasst werden. Die Vorschrift dient dazu, dass die Verluste, die durch die Kapitalherabsetzung gedeckt werden sollen, vorher nicht in der Bilanz dargestellt werden müssen. Die Herabsetzung wird bei Anwendung dieser Bilanzierungsvorschrift aber nicht rückwirkend wirksam.[2] 2066

Soll gleichzeitig das Stammkapital erhöht werden, kann auch die Erhöhung in dem Jahresabschluss als vollzogen gelten, unter der Voraussetzung, dass keine Sacheinlagen festgesetzt werden (§ 58f GmbHG). 2067

6. Vereinfachte Kapitalherabsetzung und gleichzeitige Kapitalerhöhung

Es ist rechtlich zulässig, **Kapitalherabsetzung und -erhöhung** miteinander zu **verbinden.**[3] Ein solcher Vorgang kann der nachhaltigen Sanierung der GmbH dienen. Dies geschieht in der Weise, dass das ursprüngliche Stammkapital entsprechend dem gegenwärtigen Gesellschaftsvermögen herabgesetzt und die Nennbeträge der Geschäfts- 2068

1 So auch BeckHB GmbH/Jung/Otto, § 8 Rz. 167.
2 Noack/Servatius/Haas/Kersting, GmbHG, § 58e Rz. 2 ff.
3 Bernsau/Beyer, BB 2022 S. 1090; Lubberich, DNotZ 2016 S. 164.

anteile dem angepasst werden und anschließend das Stammkapital auf seinen ursprünglichen (oder anderen/höheren) Betrag erhöht wird, und vielfach neue Gesellschafter (Geldgeber) die neuen Geschäftsanteile gegen Einlage übernehmen. Der Beschluss muss einheitlich gefasst und beurkundet werden. Eine Eintragung der Kapitalerhöhung ist aber erst dann möglich, wenn das Sperrjahr für die Kapitalherabsetzung abgelaufen ist.

2069 Wird eine **vereinfachte** Kapitalherabsetzung mit einer Kapitalerhöhung kombiniert, wie es § 58f GmbHG regelt, können die Bekanntmachungen zum Gläubigerschutz und das Sperrjahr vermieden werden. Durch die Rückbeziehung beider Vorgänge auf den vorangehenden Jahresabschluss kann außerdem vermieden werden, dass die frühere Sanierungsbedürftigkeit in der Bilanz darzustellen ist.

2070 Bei gleichzeitiger Kapitalherabsetzung und einer Erhöhung des Nennkapitals darf der Nominalbetrag des Stammkapitals zunächst auch unter den Wert des Mindeststammkapitals von 25.000 € herabgesetzt werden (§ 58a Abs. 4 GmbHG). Durch die gleichzeitige Kapitalerhöhung muss aber das Mindestkapital gem. § 5 Abs. 1 GmbHG wieder erreicht werden, nicht aber unbedingt wieder die frühere Stammkapitalziffer. Die Kapitalherabsetzung darf aber immer nur mit einer **effektiven Kapitalerhöhung** verbunden werden, mit der der GmbH durch Bareinlage neues Kapital zugeführt wird. Eine Kapitalerhöhung aus Gesellschaftsmitteln scheidet bei der Kombination aus. Im Grunde wird durch den Zwang, dass beide Beschlüsse gleichzeitig in der gleichen Gesellschafterversammlung gefasst werden müssen, sichergestellt, dass das Stammkapital niemals weniger als 25.000 € beträgt.[1]

2071 Beschlüsse über die gleichzeitige Herabsetzung und Erhöhung des Stammkapitals sind nichtig, wenn sie nicht innerhalb von drei Monaten nach der Beschlussfassung (nicht der Anmeldung) in das Handelsregister eingetragen werden, es sei denn, eine Hemmung durch Anfechtungs- oder Nichtigkeitsklage ist eingetreten.[2]

2072 Wird die Kapitalherabsetzung auf das Ende des vorangehenden Geschäftsjahres zurückbezogen, kann das auch mit der Kapitalerhöhung erfolgen. Da die Kapitalerhöhung effektiv zu sein hat, müssen zur Rückbeziehung die neuen Stammeinlagen bereits übernommen sein, es darf sich nicht um Sacheinlagen handeln und auf jeden neuen Geschäftsanteil müssen die Einlagen von jedem Gesellschafter zu mindestens einem Viertel einbezahlt sein (§§ 58f, 56a und 7 Abs. 2 Satz 1 GmbHG). Die Gesellschaft muss bei einer Rückbeziehung der Kapitalherabsetzung nicht auch die Kapitalerhöhung zurückbeziehen; dies wird sich aber i. d. R. anbieten, weil damit die Sanierungsbedürftigkeit der GmbH nicht in der Bilanz ausgewiesen werden muss.

2073 Bei einer **Kombination und Rückbeziehung** beider Vorgänge muss dem beurkundenden Notar die Übernahme der Geschäftsanteile und die Mindesteinzahlung nachgewiesen werden. Sämtliche Beschlüsse, nämlich der Beschluss über die Feststellung des Jahresergebnisses zum Ende des Geschäftsjahres, das der Kapitalherabsetzung vorangeht, über die Kapitalherabsetzung und die Kapitalerhöhung müssen von der Gesellschafter-

1 Noack/Servatius/Haas/Kersting, GmbHG, § 58e Rz. 2 ff.
2 Lutter/Hommelhoff/Kleindiek, GmbHG, § 58f Rz. 11.

versammlung gefasst werden und sind nichtig, wenn sie nicht innerhalb von drei Monaten seit der Beschlussfassung in das Handelsregister eingetragen werden, falls keine Hemmung der Frist eintritt.[1]

Wegen der Verknüpfung der Kapitalveränderungen und des Jahresabschlusses darf bei einer Rückbeziehung der Jahresabschluss erst nach Eintragung der Kapitalherabsetzung und -erhöhung veröffentlicht werden (§ 58f Abs. 3 GmbHG). 2074

Bei einer Verbindung von vereinfachter Kapitalherabsetzung und Kapitalerhöhung sind die für beide Maßnahmen geltenden Vorschriften zu beachten, insbesondere gelten für die Kapitalherabsetzung die Beschränkungen bei der Verwendung der durch sie gewonnenen Beträge und die Ausschüttungsbeschränkungen. 2075

(*Einstweilen frei*) 2076–2100

F. Nachschusspflicht

I. Begründung durch die Satzung

Kraft Gesetzes ist kein Gesellschafter zu Nachschüssen – d. h. zu Geldeinlagen über die Nennbeträge der Geschäftsanteile hinaus – verpflichtet. Nur der Gesellschaftsvertrag kann eine solche Verpflichtung schaffen. Dies ist in § 26 GmbHG zwingend vorgeschrieben. Es ist auch möglich, die **Nachschusspflicht** in den Gesellschaftsvertrag erst durch eine spätere Satzungsänderung einzufügen oder zu ändern; in diesem Falle kann die Satzungsänderung aber nicht mit Dreiviertelmehrheit beschlossen werden, vielmehr müssen gem. § 53 Abs. 3 GmbHG auch alle (betroffenen) Gesellschafter zustimmen.[2] 2101

Die **Nachschusspflicht kann** auf einen bestimmten Betrag **beschränkt sein** (§ 26 Abs. 3 und § 28 GmbHG) oder in unbeschränkter Höhe bestehen (§ 27 GmbHG). Grundsätzlich trifft die Nachschusspflicht die Gesellschafter im Verhältnis ihrer Geschäftsanteile (§ 26 Abs. 2 GmbHG), sie kann im Gesellschaftsvertrag aber unterschiedlich ausgestaltet sein und braucht nicht alle Gesellschafter zu treffen. Die gesellschaftsvertragliche Nachschusspflicht ist ein Bestandteil der Mitgliedschaft und geht deshalb mit dem Geschäftsanteil auf einen Rechtsnachfolger (durch Abtretung oder Erbgang) über. Mit einer Nachschusspflicht wird die Haftungsmasse erweitert, so dass sie die Beschaffung von Fremdkapital erleichtern kann. 2102

(*Einstweilen frei*) 2103–2130

II. Einforderung von Nachschüssen

Nachschüsse können nur eingefordert werden, wenn 2131

- der Gesellschaftsvertrag eine Nachschusspflicht begründet und
- ein entsprechender Beschluss der Gesellschafterversammlung gefasst wird.

---

1 Rowedder/Pentz/Schnorbus, GmbHG, 58f Rz. 11.
2 KG Berlin v. 20.12.1999 - 2 U 6691/98, NZG 2000 S. 688, 689.

2132 Bestimmt der Gesellschaftsvertrag gem. § 26 Abs. 1 GmbHG, dass die Einforderung von Nachschüssen beschlossen werden kann, erfolgt Einforderung durch einen Gesellschafterbeschluss, der – sofern der Gesellschaftsvertrag keine qualifizierte Mehrheit vorsieht – mit einfacher Mehrheit zustande kommt. Erst mit dem Einforderungsbeschluss entsteht der Anspruch der GmbH. Grundsätzlich setzt die Einforderung von Nachschüssen auch voraus, dass die Stammeinlagen vollständig eingefordert sind. Die Anforderung der Nachschüsse obliegt dann der Geschäftsführung.[1]

2133 Die Einzahlung der Nachschüsse soll nach der nicht zwingenden Vorschrift des § 26 Abs. 2 GmbHG nach dem Verhältnis der Geschäftsanteile erfolgen, jedoch können die Gesellschafter eine andere Regelung treffen. Die Einzahlung auf die Nachschussforderung ist grundsätzlich in Geld zu leisten, jedoch können auch Sachleistungen (Sacheinlagen) an Erfüllungs statt erbracht oder mit Forderungen gegen die Gesellschaft aufgerechnet werden, da § 19 Abs. 2 und 3 GmbHG hier nicht gilt.[2] Die GmbH kann die Nachschussforderung stunden, mit Ansprüchen des Gesellschafters verrechnen oder aber auch erlassen, sofern dies nicht zu Lasten des die Stammkapitalziffer deckenden Vermögens geht (§ 30 Abs. 1 GmbHG). Bei der Einforderung hat die GmbH die Gesellschafter gleich zu behandeln, die Gesellschaft selbst muss auf eigene Anteile keine Nachschüsse leisten.

2134 Beschlossene und „eingeforderte Nachschüsse" hat die GmbH unter dieser Bezeichnung zu aktivieren, sofern mit der Zahlung gerechnet werden kann, und auf der Passivseite unter den Kapitalrücklagen gesondert (z. B. als Nachschusskapital) auszuweisen. Der Gesellschafter erwirbt durch einen geleisteten Nachschuss keine neuen Gesellschafterrechte.

2135–2160 (*Einstweilen frei*)

III. Verwendung von Nachschüssen

2161 Das Nachschusskapital darf nach § 30 Abs. 2 Satz 1 GmbHG nur zur Verlusttilgung, der Rückzahlung oder zur Erhöhung des Stammkapitals aus Gesellschaftsmitteln (§§ 57c ff. GmbHG) eingesetzt werden. Die **Rückzahlung** erfordert einen Gesellschafterbeschluss, der Beschluss ist im elektronischen Bundesanzeiger (Gesellschaftsblatt) oder einem anderen in § 12 HGB genannten Medium zu veröffentlichen und es muss eine Sperrfrist von drei Monaten abgewartet werden. Die Rückzahlung ist jedoch unzulässig, wenn noch Einzahlungen auf das Stammkapital ausstehen (§ 30 Abs. 2 Satz 3 GmbHG); dies gilt nach h. M. nicht nur im Fall des § 28 Abs. 2 GmbHG.[3] Gleiches gilt, soweit die Nachschüsse zur Deckung eines Verlustes am Stammkapital gebraucht werden. Bei Verstoß gegen die gesetzlichen Voraussetzungen für eine Rückzahlung tritt die Erstattungspflicht nach § 31 GmbHG ein. Zurückgezahlte Nachschüsse gelten nach § 30 Abs. 2 Satz 4 GmbHG als nicht eingezogen; sie werden auf einen satzungsgemäßen Höchstbetrag nicht angerechnet.

2162–2190 (*Einstweilen frei*)

---

1 OLG Frankfurt v. 10.1.1992 - 10 U 308/90, GmbHR 1992 S. 665.
2 Schon, RGZ 133 S. 297, 298.
3 Vgl. Beck-GmbH-HB/Schwaiger, § 7 Rz. 94, m. w. N.

IV. Unbeschränkte Nachschusspflicht

Gemäß §26 Abs.3 GmbHG kann die Nachschusspflicht im Gesellschaftsvertrag von vornherein auf einen bestimmten Betrag beschränkt werden. Ist eine solche Beschränkung jedoch nicht vorgesehen, dann kann kein Gesellschafter sein Beteiligungsrisiko übersehen, denn bei unbeschränkter Nachschusspflicht erfolgt die Einforderung von Nachschüssen gleichfalls nur aufgrund eines – mangels anderweitiger Satzungsbestimmung – mit einfacher Mehrheit zustande kommenden Gesellschafterbeschlusses.[1] 2191

1. Abandon (Preisgaberecht)

Deshalb gewährt die Vorschrift des §27 Abs.1 Satz1 GmbHG, die nicht ausgeschlossen oder erschwert werden kann, im Falle unbeschränkter Nachschusspflicht jedem Gesellschafter, der seine Stammeinlage vollständig geleistet hat, das Recht, sich davon zu befreien. Man nennt dies auch Abandonrecht (**Preisgaberecht**). Dieses Recht kann der Gesellschafter nur ausüben, wenn er seine Einlage auf den Geschäftsanteil vollständig eingezahlt hat. Innerhalb eines Monats nach Aufforderung zur Einzahlung des auf ihn entfallenden Nachschusses kann er sich von dieser Verpflichtung dadurch befreien, dass er der Gesellschaft seinen Geschäftsanteil zur Befriedigung zur Verfügung stellt.[2] 2192

Die Gesellschaft muss nun innerhalb eines Monats nach dieser Erklärung versuchen, den Geschäftsanteil im Wege der öffentlichen Versteigerung verkaufen zu lassen; mit Zustimmung des Gesellschafters kann auch eine andere Art des Verkaufes gewählt werden. Führt der Verkaufsversuch nicht zur Befriedigung der Gesellschaft wegen der Nachschussforderung, so fällt der Geschäftsanteil der Gesellschaft zu, die ihn nun für eigene Rechnung veräußern kann. Ist der Verkaufsversuch erfolgreich und verbleibt nach Deckung der Verkaufskosten und des rückständigen Nachschusses ein Überschuss, so erhält diesen Mehrerlös der Gesellschafter. Bleibt der Erlös unter den Verkaufskosten und dem rückständigen Nachschuss, hat die GmbH den Ausfall zu tragen; die Nachschussforderung, die den Gesellschafter zur Preisgabe veranlasst hat, erlischt. Bleibt der Verkaufsversuch erfolglos, erwirbt die GmbH den Geschäftsanteil kraft Gesetzes.[3]

Mit der Veräußerung endet die Mitgliedschaft des Gesellschafters; bis dahin stehen ihm alle Rechte aus dem Geschäftsanteil zu, also auch die Gewinnansprüche. 2193

2. Fingiertes Abandon

Diesem „freiwilligen Abandon" durch den Gesellschafter steht der „fingierte Abandon" gem. §27 Abs.1 Satz2 GmbHG gegenüber. Wenn der (säumige) Gesellschafter innerhalb der Monatsfrist weder sein Abandonrecht ausgeübt noch den Nachschuss eingezahlt hat, dann kann die Gesellschaft dem Gesellschafter durch eingeschriebenen Brief 2194

1 Noack/Servatius/Haas/Kersting, GmbHG, §26 Rz.4 ff.
2 Altmeppen, GmbHG, § 27 Rz. 2 ff.
3 Noack/Servatius/Haas/Kersting, GmbHG, §27 Rz.8.

erklären, dass sie den Geschäftsanteil „als zur Verfügung gestellt betrachtet". Die weitere Abwicklung erfolgt dann wie dargestellt.

2195–2220 (*Einstweilen frei*)

V. Beschränkte Nachschusspflicht

2221 Ein Preisgaberecht besteht nicht, wenn die Nachschusspflicht auf einen bestimmten Betrag beschränkt ist. Für diesen Fall eröffnet § 28 GmbHG vielmehr zum Nachteil des (säumigen) Gesellschafters die Möglichkeit für ein **Kaduzierungsverfahren** in entsprechender Anwendung der §§ 21 bis 23 GmbHG, wenn die Einzahlung von Nachschüssen verzögert wird. Will die Gesellschaft ihren Anspruch auf den Nachschuss nicht mit Klage und Zwangsvollstreckung verfolgen, kann sie den Gesellschafter ausschließen. Damit verliert der Gesellschafter seinen Geschäftsanteil, bleibt der GmbH aber aufgrund der Ausfallhaftung gem. § 21 Abs. 3 GmbHG für den rückständigen Nachschussbetrag und eventuell noch rückständige Stammeinlagen verhaftet.

2222 Die Bestimmung des § 28 GmbHG über ein Kaduzierungsverfahren wegen verzögerter Nachschusszahlung ist nicht zwingend, der Gesellschaftsvertrag kann also die Anwendung des § 28 GmbHG überhaupt ausschließen oder durch eine andere Regelung ersetzen.

2223 Wenn der Gesellschaftsvertrag nichts anderes bestimmt, ist das Kaduzierungsverfahren nach § 28 GmbHG auch zulässig im Falle des § 27 Abs. 4 GmbHG.

2224 Schließlich erlaubt § 28 Abs. 2 GmbHG die Einforderung von Nachschüssen i. V. m. einem Kaduzierungsverfahren nach § 28 Abs. 1 GmbHG auch schon vor vollständiger Einforderung der Stammeinlagen, sofern der Gesellschaftsvertrag dies bestimmt.

2225 Die vorstehenden Ausführungen zeigen, dass die Nachschusspflicht im GmbH-Recht kompliziert und für die Gesellschafter auch nicht ungefährlich ist. Von entsprechenden Regelungen wird daher nur selten Gebrauch gemacht und Zurückhaltung ist zweifellos zu empfehlen, zumal es sicherlich andere und einfachere Möglichkeiten gibt, um Finanzierungslücken (z. B. durch die Gewährung von Gesellschafterdarlehen) zu schließen. Wer sich an einer GmbH beteiligt, sollte sich nicht auf die Risiken einer Nachschusspflicht einlassen.

2226–2260 (*Einstweilen frei*)

4. Abschnitt: Mitgliedschaft und Geschäftsanteil

A. Die Gesellschafterstellung

I. Der Gesellschafter

2261 Jede natürliche juristische Person und auch Personengesellschaften können Gesellschafter einer GmbH sein; Einzelheiten hierzu sind in Rz. 482 ff. dargestellt.

1. Erwerb und Verlust der Gesellschafterstellung

2262 Die Gesellschafterstellung wird originär durch die Mitwirkung bei Errichtung der GmbH, also durch den Abschluss des Gesellschaftsvertrags und die dabei erfolgte Übernahme eines oder mehrerer Geschäftsanteile gegen Einlage, erworben. Außerdem kann sie durch späteren „Beitritt" zur GmbH dadurch erlangt werden, dass von Altgesellschaftern ein oder mehrere Geschäftsanteile erworben werden. Auch bei einer Kapitalerhöhung kann der Gesellschafter durch Übernahme neuer Geschäftsanteile auf das erhöhte Stammkapital weitere Geschäftsanteile erwerben. Bei einem späteren Hinzuerwerb bleiben die einzelnen Geschäftsanteile selbständig. Zum Verlust der Gesellschafterstellung kommt es durch Veräußerung oder Einziehung des Geschäftsanteils.

2. Der Geschäftsanteil (Begriff und Bedeutung)

2263 Die obigen Ausführungen zeigen bereits, dass die Gesellschafterstellung in der GmbH **untrennbar** mit der **Innehabung eines Geschäftsanteils verbunden** ist. Obwohl der Geschäftsanteil ein zentraler Begriff des GmbH-Rechtes ist, enthält das GmbHG keine Begriffsbestimmung. In der Begründung der Entwürfe zum GmbHG war der Geschäftsanteil bezeichnet als „die durch Übernahme der Stammeinlage geschaffene Rechtsposition des Gesellschafters". In diesem Sinne ist das Wort „Geschäftsanteil" auch in zahlreichen Bestimmungen des GmbHG verwendet.

a) Inbegriff der Mitgliedschaftsrechte

2264 Das Reichsgericht hat den Begriff einmal dahin definiert, dass der Geschäftsanteil die durch Übernahme der Stammeinlage begründete Beteiligung am Gesellschaftsvermögen und die hierdurch begründete Rechtstellung des Gesellschafters ist.[1] Der Geschäftsanteil ist also der **Inbegriff der Mitgliedschaftsrechte** eines Gesellschafters **einschließlich seiner Beteiligung am Gesellschaftsvermögen.** Der Geschäftsanteil stellt nicht nur die Teilhabe am gegenwärtigen und künftigen Gesellschaftsvermögen dar, sondern auch die Beteiligung an der Verwaltung der Gesellschaft und er umfasst auch alle Rechte und Pflichten, die nach dem GmbHG oder nach dem Gesellschaftsvertrag dem Gesellschafter in dieser seiner Eigenschaft zustehen, also gesellschaftsrechtlicher Art sind.

2265 Dementsprechend lassen sich die Mitgliedschaftsrechte in **Vermögensrechte** (insbesondere Beteiligung am Gewinn und Liquidationserlös) und **Verwaltungsrechte** (insbesondere Recht auf Teilnahme an der Gesellschafterversammlung, Stimmrecht, Auskunfts- und Einsichtsrecht, Anfechtungsrecht gegen Gesellschafterbeschlüsse, Minderheitsrechte wie auf Einberufung einer Gesellschafterversammlung) und das Insolvenzantragsrecht sowie die Insolvenzantragspflicht bei Führungslosigkeit der GmbH gliedern.[2]

Dieser Unterscheidung kommt insofern praktische Bedeutung zu, als die Verwaltungsrechte nicht von dem zugehörigen Geschäftsanteil „abgespalten" und gesondert übertragen werden können (z. B. keine Stimmrechtsübertragung), während die Vermögens-

1 RGZ 82 S. 169.
2 BeckOK GmbHG/Schindler, § 33 Rz. 94 ff.

rechte zwar nicht selbst, aber die sich aus ihnen ergebenden Ansprüche (z. B. Zahlungsansprüche aus dem Gewinnausschüttungsbeschluss) gesondert abgetreten werden können.[1] Schließlich lassen sich als Ausfluss der Mitgliedschaft (Geschäftsanteils) jedem Gesellschafter unabhängig vom Umfang seiner Beteiligung zustehende **Individualrechte** (z. B. das Auskunftsrecht nach § 51a GmbHG), einem oder gemeinsam mehreren Gesellschaftern zustehende **Minderheitsrechte** (z. B. auf Einberufung einer Gesellschafterversammlung nach § 50 GmbHG) oder den Gesellschaftern in ihrer Gesamtheit zustehende und durch Beschlussfassung auszuübende **Kollektivrechte** (z. B. Weisungsrecht gegenüber der Geschäftsführung) unterscheiden.

Auch findet sich die Unterscheidung in allgemeine Mitgliedschaftsrechte, die allen Gesellschaftern in gleichem Maße zustehen, und in **Sonderrechte**, die nur durch die Satzung einzelnen Gesellschaftern eingeräumt werden können (z. B. eine Vorzugsdividende oder erhöhtes Stimmrecht) oder mit sog. **Vorzugsgeschäftsanteilen** verbunden werden. Sonderrechte einzelner Gesellschafter können nur durch den Gesellschaftsvertrag oder später durch einen satzungsändernden Beschluss begründet werden, wobei hier wegen des Grundsatzes der gleichmäßigen Behandlung aller Gesellschafter, die nicht begünstigten Gesellschafter zustimmen müssen.

2266 Seit dem MoMiG wurde das Recht des Geschäftsanteils stark dereguliert. Jeder Gesellschafter kann mehrere Geschäftsanteile übernehmen und deren Mindestnennbetrag beträgt nunmehr nur noch 1 €. Außerdem wurden die Teilung und die Zusammenlegung von Geschäftsanteilen erleichtert. Die wertpapiermäßige Verbriefung von Geschäftsanteilen ist ausgeschlossen. Die Bedeutung von Stammkapital und Geschäftsanteil für die Kapitalausstattung der GmbH zeigt sich daran, dass Geschäftsanteile nicht unter pari ausgegeben werden dürfen.[2]

b) Nennbetrag, Stückelung und laufende Nummer

2267 **Der Geschäftsanteil** wird mithin **gegen Übernahme der Einlage auf das Stammkapital (= Stammeinlage)** erworben. Jeder Gesellschafter kann schon bei der Gründung **mehrere Geschäftsanteile übernehmen** (§ 5 Abs. 2 Satz 2 GmbHG), sofern die GmbH **nicht im vereinfachten Verfahren** unter Verwendung des Musterprotokolls nach § 2 Abs. 1a GmbHG errichtet wird. Dort sind nur maximal drei Gesellschafter zulässig, die jeweils einen Geschäftsanteil übernehmen. Übernimmt ein Gesellschafter mehrere Geschäftsanteile, können diese auch verschieden hohe Nennbeträge haben. Der Nennbetrag eines Geschäftsanteils muss auf volle Euro lauten (§ 5 Abs. 2 Satz 1 GmbHG).

Durch die **freie Stückelung** können die Gesellschafter individuell die Höhe ihrer Einlage auf das Stammkapital (= Stammeinlage) bestimmen und sie dadurch besser nach ihren Bedürfnissen und finanziellen Möglichkeiten ausrichten. Der **Geschäftsanteil** wird durch **seine laufende Nummer** und **seinen Nennbetrag gekennzeichnet,** dessen Höhe zugleich für die vom Gesellschafter auf den betreffenden Geschäftsanteil zu leistende Einlage maßgebend ist (§ 14 Satz 2 GmbHG). Die Kennzeichnung des Geschäftsanteils durch seinen Nennbetrag ist **unabhängig davon, in welcher Höhe die zu leistende Einlage**

1 Noack/Servatius/Haas/Fastrich, GmbHG, § 14 Rz. 20.

2 BeckOK GmbHG/Ziemons, § 5 Rz. 1.

eingezahlt oder erbracht ist. Die Summe der Nennbeträge sämtlicher Geschäftsanteile muss mit dem Stammkapital übereinstimmen.

Der Nominalbetrag des Geschäftsanteils enthält jedoch keine Aussage über den wirklichen Wert des Geschäftsanteils, der veränderlich ist und durch die Vermögensverhältnisse der GmbH bestimmt wird. Die Bewertung des Geschäftsanteiles ist bedeutsam, wenn der Anteil verkauft oder eingezogen wird. Der Gesellschaftsvertrag kann Bestimmungen über die Bewertung des Geschäftsanteils im Verhältnis unter den Gesellschaftern oder im Verhältnis zwischen Gesellschaft und Gesellschafter enthalten.[1] 2268

(Einstweilen frei) 2269–2280

II. Rechte und Pflichten

1. Kapitalbeteiligung (Vermögensrechte und -pflichten)

Die GmbH ist eine juristische Person, sie hat unabhängig von ihren Gesellschaftern selbständige Rechte und Pflichten, die sie durch ihren Geschäftsführer, der nicht Gesellschafter sein muss, ausübt. Ein wesentliches Bindeglied zwischen der GmbH und ihren Gesellschaftern besteht in der Vermögensbeteiligung, die der Gesellschafter durch Leistung der Stammeinlage in Gestalt des Geschäftsanteils erwirbt. 2281

Die **vermögensrechtliche Pflicht**, der juristischen Person (GmbH) das lebensnotwendige Kapital zur Verfügung zu stellen und es in der Folge auch nicht durch Rückgewähr der Einlagen zu verkürzen, wird durch eine Reihe von Pflichten flankiert, die letztlich nicht nur im Gläubigerinteresse, sondern auch im Interesse der Gesellschaft die **ordnungsgemäße Aufbringung** und **Erhaltung des Eigenkapitals** der GmbH gewährleisten sollen.[2] Hierzu zählen vor allem neben der Leistung der bedungenen Einlage auch die Pflichten zur Aufbringung von Fehlbeträgen anderer Gesellschafter, die Pflicht zur Erstattung verbotener Rückzahlungen von Einlagen einschließlich eventueller Ausfallhaftung und die Pflicht zur (satzungsmäßigen) Leistung von Nachschüssen.

Aus dem Eigenkapitalersatzrecht und der Finanzierungsfolgenverantwortung erwachsen dem Gesellschafter keine Pflichten mehr, weil diese Institute bereits mit dem MoMiG abgeschafft worden sind. Dafür ist er bei sämtlichen Darlehen und Forderungen aus gleichgestellten Rechtshandlungen mit einem insolvenzrechtlichen Nachrang belegt, und die Rückführung solcher Darlehen innerhalb des letzten Jahres vor dem Insolvenzantrag kann angefochten werden. Vergleichbares gilt für eine Anfechtung außerhalb der Insolvenz zum Zwecke der Einzelvollstreckung.

Den relativ überschaubaren gesetzlichen vermögensrechtlichen Pflichten stehen der **Anspruch auf den Jahresüberschuss** im Verhältnis der Geschäftsanteile (das Gewinnbezugsrecht oder der Dividendenanspruch) und der **Anspruch auf Auszahlung des Liquidationserlöses** gegenüber. 2282

Der Anspruch auf den Jahresüberschuss – vorbehaltlich einer anderen Regelung im Gesellschaftsvertrag – ist **kein** (durchsetzbarer) Anspruch auf **Vollausschüttung** des Jah- 2283

1 Lutter/Hommelhoff/Bayer, § 14 Rz. 8 f.; vgl. auch BGH v. 9.11.1998 - II ZR 190/97, DStR 1999 S. 206.
2 Noack/Servatius/Haas/Servatius, GmbHG, § 14 Rz. 2.

resüberschusses. Vielmehr bestimmt § 29 Abs. 1 GmbHG nicht zuletzt im Interesse einer angemessenen Innenfinanzierung für den Dividendenanspruch, dass die Gesellschafter Anspruch auf den Jahresüberschuss zzgl. eines Gewinnvortrages und abzgl. eines Verlustvortrages nur so weit haben, als der sich ergebende Betrag nicht durch das Gesetz oder den Gesellschaftsvertrag oder durch Beschluss nach § 29 Abs. 2 GmbHG von der Verteilung unter die Gesellschafter ausgeschlossen ist.[1]

Durch einen Verwendungsbeschluss der Gesellschafter nach §§ 29 Abs. 2, 46 Nr. 1 GmbHG kann mit einfacher Mehrheit beschlossen werden, Beträge in unbegrenzter Höhe in die Gewinnrücklage einzustellen oder als Gewinn vorzutragen. Damit entscheidet die Gesellschafterversammlung im Verwendungsbeschluss darüber, ob und in welcher Höhe der Gewinn ausgeschüttet wird, und kann damit den Dividendenanspruch des Gesellschafters begrenzen.[2] Gegen einen Verwendungsbeschluss, der ihn benachteiligt, kann sich der Minderheitsgesellschafter mit der Anfechtungsklage wehren.[3]

Die Schwierigkeit besteht aber darin, die „Grenze nach oben und nach unten" zu definieren. Eine „übermäßige Thesaurierung" mit dem Ziel, die Minderheit „auszuhungern", womöglich um sie zu einer Veräußerung ihres Anteils oder zu sonstigen Zugeständnissen zu bewegen, ist unzweifelhaft treuwidrig, der entsprechende Verwendungsbeschluss anfechtbar.[4] Als Anfechtungsgrund kommt vornehmlich eine Verletzung der gesellschaftlichen Treuepflicht durch den bzw. die Mehrheitsgesellschafter in Betracht. Ein „Entnahmerecht" wie bei Personengesellschaften gibt es nicht.

2. Verwaltungsrechte und -pflichten

a) Wahrnehmung der Mitverwaltungsrechte in der Gesellschafterversammlung

2284 Nach dem GmbHG ist der Gesellschafter in dieser Eigenschaft für seine GmbH weder geschäftsführungs- noch vertretungsberechtigt. Die Gesellschafter wirken in den Angelegenheiten der Gesellschaft nach Maßgabe des Gesellschaftsvertrags mit (§ 45 GmbHG). Der Umfang dieser Mitverwaltungsrechte bestimmt sich also nach dem Gesellschaftsvertrag, ansonsten nach den gesetzlichen Vorschriften der §§ 46 bis 51b GmbHG.

2285 Namentlich gehören zu den **Verwaltungsrechten** des GmbH-Gesellschafters das Recht auf **Teilnahme an den Gesellschafterversammlungen** sowie ganz wesentlich und mit dem Geschäftsanteil untrennbar verbunden das **Stimmrecht** des Gesellschafters.[5] Das Stimmrecht kann weder auf Mitgesellschafter noch auf Nichtgesellschafter übertragen werden (Verbot der Abspaltung des Stimmrechts). Die Teilnahme an der Gesellschafterversammlung und das Stimmrecht sind die Gesellschafterrechte (Instrumente), mit denen der Gesellschafter innerhalb der Gesamtheit der Gesellschafter auf die Rechtsverhältnisse der Gesellschaft, insbesondere im Hinblick auf die Geschäftsführung, und auf die Rechtsverhältnisse der Gesellschafter untereinander Einfluss nehmen kann.

1 MüKoGmbHG/Ekkenga, § 29 Rz. 163 ff.; OLG Nürnberg v. 9.7.2008 - 12 U 690/07, NZG 2008 S. 948.
2 Noack/Servatius/Haas/Kersting, GmbHG, § 29 Rz. 40.
3 BGH v. 13.11.1995 - II ZR 113/94, NJW 1996 S. 589.
4 Altmeppen, GmbHG, § 29 Rz. 30 ff.
5 Näher dazu Rz. 3011 ff.

Der Gesellschafter kann sich in der Gesellschafterversammlung vertreten lassen, sofern die Satzung dies nicht ausdrücklich ausschließt. Lässt er sich vertreten, kann er nicht verlangen, gleichzeitig auch selber an der Gesellschafterversammlung teilnehmen zu dürfen. Eine Begleitung des Gesellschafters durch Dritte zur Beratung ist nur möglich, wenn diese Möglichkeit im Gesellschaftsvertrag verankert ist oder der Begleiter durch Gesellschafterbeschluss zugelassen wurde; zu Letzterem können die Gesellschafter kraft ihrer Treuepflicht verpflichtet sein.[1] Eine Teilnahmebefugnis von Begleitern kann sich daher bspw. ergeben, wenn 2285/1

- schwerwiegende Entscheidungen zu fällen sind, und dem Gesellschafter die erforderliche Sachkunde fehlt oder der Gesellschafter mit Blick auf seine persönlichen Verhältnisse und Fähigkeiten beratungs- und unterstützungsbedürftig ist;
- die statusrechtliche Stellung des Gesellschafters (Einziehung, Ausschließung, Kündigung, ...) durch den angekündigten Beschluss unmittelbar betroffen ist;
- die Grundsätze des fairen Verfahrens und der Gesellschaftergleichbehandlung dies gebieten, so z. B., wenn anderen Gesellschaftern oder der Gesellschaft die Teilnahme eines Beistands gestattet ist („Prinzip der Waffengleichheit").

Will bspw. auch der Mehrheitsgesellschafter mit Beistand erscheinen, gewinnt das Interesse des betroffenen Gesellschafters Bedeutung, eine Begleitperson an der Versammlung teilnehmen zu lassen, die in einem möglichen späteren gerichtlichen Verfahren (Beschlussanfechtungsklage) als Zeuge zur Verfügung steht. In diesen Fällen wird bei einer Interessenabwägung die Begleiterzulassung für die übrigen Gesellschafter nicht unzumutbar sein. Dies muss allerdings der Ausnahmefall bleiben, denn eine „Anwaltsversammlung" ist vom Gesetz nicht gewollt.[2]

aa) Allgemeines Informationsrecht der Gesellschafter

Aus der Allzuständigkeit der Gesellschafterversammlung als oberstem Organ der GmbH und ihrer Pflicht, die Geschäftsführung zu überwachen (§ 46 Nr. 6 GmbHG), folgt ein **allgemeines Informationsrecht der Gesellschafter.**[3] Die Gesellschafterversammlung kann ihre Aufgaben nur wahrnehmen, wenn sie über die Tätigkeit der Geschäftsführung und die Angelegenheiten der GmbH ausreichend informiert ist. Deshalb muss die Geschäftsführung nicht nur auf Anfrage Auskünfte erteilen, sondern von sich aus die Gesellschafterversammlung in einem Maße informieren, dass sie sich ein hinreichendes Bild vom Gang der Geschäfte machen kann und Auskünfte erteilen, die sie benötigt, um einen konkreten Beschlussvorschlag oder eine Grundsatzentscheidung beurteilen zu können.[4] 2286

1 Vgl. OLG Dresden v. 25.8.2016 – 8 U 347/16, NWB UAAAF-88334, mit Anm. Hauschild/Seulen, DB 2016 S. 2535.

2 OLG Dresden v. 25.8.2016 - 8 U 347/16, NWB UAAAF-88334; siehe auch OLG Düsseldorf v. 25.7.2001 - 17 W 42/01, GmbHR 2002 S. 67; Geißler, GmbHR 2016 S. 1289, 1294.

3 Schneider, GmbHR 2008 S. 638.

4 Noack/Servatius/Haas/Noack, GmbHG, § 51a Rz. 56 und 59.

bb) Sonderprüfung als Kontrollinstrument

2287 Die Gesellschafterversammlung kann auf der Grundlage des § 46 Nr. 6 GmbHG auch eine **Sonderprüfung gem. §§ 142 AktG ff. analog**[1] beschließen, wobei die davon betroffenen Gesellschafter einem Stimmverbot unterliegen und das Recht, dieses Kontrollinstrument durch die Gesamtheit der Gesellschafter zu nutzen, nicht in der Satzung ausgeschlossen werden kann.[2] Auch wenn sich die Sonderprüfung formal nur gegen die Geschäftsführung richtet, können mit ihr über den Umweg der Überwachung der Geschäftsführer im Ergebnis **auch die Rechtsbeziehungen zwischen der GmbH und Mitgesellschaftern untersucht** werden. Sie ist damit geeignet, **finanzielle Benachteiligungen einzelner Gesellschafter** oder **verdeckte Vermögensverlagerungen (verdeckte Gewinnausschüttungen) auf andere Gesellschafter** aufzudecken, die als Zulieferer oder Dienstleister zur GmbH in Geschäftsverbindung stehen, oder Unregelmäßigkeiten ans Licht zu bringen, die beim Verkauf von Grundstücken, Beteiligungen und anderen Vermögensgegenständen an Mitgesellschafter vorgekommen sein mögen.

Durch eine entsprechende Formulierung des Sonderprüfungsauftrags (z. B. Ermittlung und Berechnung von Schadensersatz- und sonstigen Ansprüchen, die der GmbH gegen den Geschäftsführer XY wegen des Verkaufs des Grundstücks in ... an den Gesellschafter Z zustehen) richtet sich die Prüfung der Sache nach gegen den Gesellschafter. Mit dem Einsatz eines (neutralen) Sonderprüfers, zu dem nur Personen bestellt werden können, die eine ausreichende Kenntnis über den Gegenstand der Prüfung besitzen – also regelmäßig nur Wirtschaftsprüfer und Rechtsanwälte –, können so auch Schadensersatzforderungen mit den nötigen Informationen und Beweismitteln unterlegt werden.

2288 Da das **nicht abdingbare Stimmverbot** für (möglicherweise beherrschende) Gesellschafter-Geschäftsführer und für die Gesellschafter besteht, gegen die Schadensersatzansprüche oder Ansprüche auf Rückgewähr verdeckter Gewinnausschüttungen in Betracht kommen, wird es auch Minderheitsgesellschaftern ermöglicht, eine Sonderprüfung zu veranlassen.[3]

2289 Die Sonderprüfung ist deshalb zwar ein probates, aber auch ein vergleichsweise **scharfes Instrument der Informationsbeschaffung**, das regelmäßig hohe Belastungen auch finanzieller Natur für die GmbH mit sich bringt, weil die GmbH die Kosten zu tragen hat. Die Gesellschafterversammlung kann daher **nicht grundlos** und ohne Einschränkungen eine Sonderprüfung beschließen. Sie muss **verhältnismäßig** sein, andernfalls ist der Beschluss wegen Verstoßes gegen die Treupflicht anfechtbar, und der betroffene Geschäftsführer kann sein Amt aus wichtigem Grund niederlegen, seinen Anstellungsvertrag fristlos kündigen und von der GmbH Schadensersatz fordern.[4] Sonderprüfungsbeschlüsse, mit denen die Initiatoren nur „lästig fallen" wollen, um eigene Ziele durchzusetzen, sind ebenfalls anfechtbar. Deshalb ist in der **Praxis** zu empfehlen, in der Satzung Vorkehrungen gegen missbräuchliche und unverhältnismäßige Sonderprüfungen

1 Ausführlich Schürnbrand, ZIP 2013 S. 1301, m. w. N.

2 Leinekugel, GmbHR 2008 S. 632, m. w. N.

3 LG Dortmund v. 25.6.2009 - 18 O 14/09, NZG 2009 S. 1111.

4 Noack/Servatius/Haas/Noack, GmbHG, § 6 Rz. 50.

zu treffen, aber das Recht hierauf in seinem Kern zu gewährleisten und insbesondere die einfache Mehrheit für den Beschluss, das Stimmverbot für (mittelbar) betroffene Gesellschafter und die Auswahl eines unparteiischen, neutralen und kompetenten Sonderprüfers festzuschreiben.

b) Stimmrecht

Einzelheiten zum wichtigsten Mitgliedschaftsrecht, dem Stimmrecht des GmbH-Gesellschafters, und zu den damit zusammenhängenden Nebenrechten werden im Zusammenhang mit der Gesellschafterversammlung dargestellt und hier nicht isoliert abgehandelt. 2290

c) Besondere Rechte der Gesellschafter, individuelles Informationsrecht

LITERATUR:

Emde, Schiedsfähigkeit des Informationsanspruchs nach § 51a und § 51b GmbHG, GmbHR 2000 S. 678; *Himmelmann*, Zum Einsichtsrecht nach GmbHG § 51a Abs. 1, EWiR 2000 S. 63; *Schaub*, Grenzen des Informationsrechts des GmbH-Gesellschafters, DStR 2000 S. 212; *Robrecht*, Der Informationsanspruch des GmbH-Gesellschafters nach Eröffnung des Insolvenzverfahrens, GmbHR 2002 S. 692; *Römermann*, Reichweite des Einsichtsrechts nach § 51a GmbHG und Besonderheiten beim Ablauf einer Gesellschafterversammlung, GmbHR 2005 S. 627; *Leinekugel*, Voraussetzungen und Grenzen einer GmbH-rechtlichen Sonderprüfung gemäß § 46 Nr. 6 GmbHG bei Konflikten unter Gesellschaftern, GmbHR 2008 S. 632; *Schneider*, Informationsrechte von GmbH-Gesellschaftern – Inhalt und Grenzen, GmbHR 2008 S. 638; *Campos Nave*, BGH: Informations- und Einsichtsrechte gem. § 51a GmbHG sind nicht pfändbar, BB 2013 S. 1490.

Die sachgerechte Ausübung des Stimmrechts setzt voraus, dass der Gesellschafter über die Angelegenheiten der Gesellschaft hinreichend informiert ist. Dem dient das **individuelle Informationsrecht.** Das Gesetz gewährt dem Gesellschafter in den §§ 51a und 51b GmbHG das Recht, vom Geschäftsführer Auskunft über die Angelegenheiten der Gesellschaft zu verlangen und ihm Einsicht in die Bücher und Schriften zu gestatten. **Auskunfts- und Einsichtsrecht sind Bestandteile eines einheitlichen Informationsrechts.** Die Auskunft und die Einsicht als Informationsmittel können aufgrund eines Beschlusses der Gesellschafterversammlung verweigert werden, wenn die Befürchtung besteht, dass der Gesellschafter sie zu gesellschaftsfremden Zwecken verwenden und dadurch der Gesellschaft oder einem verbundenen Unternehmen einen nicht unerheblichen Nachteil zufügen wird (§ 51a Abs. 2 GmbHG). 2291

Durch das gesetzliche Individualrecht des Gesellschafters auf Information werden selbstverständlich die (kollektiv von den Gesellschaftern auszuübenden) Rechte der Gesellschafterversammlung nicht beschnitten, die jederzeit in jedem ihr notwendig erscheinenden Umfang Auskünfte fordern, Einsicht nehmen und auch Prüfungen anordnen kann. Dies ergibt sich schon daraus, dass die Geschäftsführer an die Weisungen der Gesellschafterversammlung als dem „obersten Organ" gebunden sind. 2292

aa) Inhalt und Rechte

Gemäß § 51a Abs. 1 GmbHG ist der Geschäftsführer verpflichtet, einem Gesellschafter auf Verlangen Auskunft über die Angelegenheiten der Gesellschaft zu geben. Die An- 2293 sprüche aus § 51a GmbHG sind nicht pfändbar. Sie können also weder zusammen mit Geschäftsanteilspfändungen (als Nebenrechte) noch gesondert im Wege der Zwangsvollstreckung gepfändet werden.[1]

2294 Das **Auskunftsrecht** steht jedem Gesellschafter zu, unabhängig von der Höhe seiner Beteiligung; es kann in und außerhalb der Gesellschafterversammlung geltend gemacht werden. Grundsätzlich kann sich der Gesellschafter dabei auch durch einen Dritten vertreten lassen. Die Hinzuziehung eines Dritten ist zumindest dann zulässig, wenn es sich um den Angehörigen eines zur beruflichen Verschwiegenheit verpflichteten Berufsstandes handelt. Zur Vermeidung von Streitigkeiten empfiehlt sich deshalb eine entsprechende Regelung durch die Satzung. Auf jeden Fall sollte eine Regelung für die Ausübung des Einsichtsrechts erfolgen; dem Gesellschafter sollte aber gestattet sein, dabei einen Sachkundigen hinzuzuziehen, der zur Berufsverschwiegenheit verpflichtet ist.

2295 Inhaber des Informationsanspruchs ist jeder Gesellschafter, der bei der Gesellschaft ordnungsgemäß angemeldet und – insbesondere nach Veränderungen im Personenstand der Gesellschaft – in der Gesellschafterliste gem. §§ 40 und 16 Abs. 1 GmbHG eingetragen ist. Einem ausgeschiedenen Gesellschafter stehen die Rechte aus § 51a GmbHG nicht zu.[2] Er kann aber unabhängig davon ein Informationsrecht aus § 810 BGB haben, wenn es z. B. um etwaige Ansprüche aus der Zeit der Zugehörigkeit zur Gesellschaft geht; namentlich hinsichtlich seiner Abfindungs- und Gewinnansprüche.[3]

2296 Auch **Gesellschafter ohne Stimmrecht** oder solche, die in der betreffenden Angelegenheit von der Ausübung des Stimmrechts ausgeschlossen sind, haben ein **Informationsrecht.**

bb) Kein Ausschluss durch die Satzung

2297 Von den Vorschriften des § 51a Abs. 1 und Abs. 2 GmbHG darf durch den Gesellschaftsvertrag nicht abgewichen werden (§ 51a Abs. 3 GmbHG). Dies bedeutet, dass eine **Schwächung des Informationsrechts unzulässig** ist, schließt es aber – was für die Praxis wichtig ist – nicht aus, dass im Gesellschaftsvertrag Regelungen getroffen werden über das Verfahren bei der Ausübung des Informationsrechts, solange dadurch dessen materieller Inhalt nicht eingeschränkt wird. So darf festgelegt werden, dass ein Informationsverlangen außerhalb der Gesellschafterversammlung schriftlich einzureichen ist, sowie unter welchen Voraussetzungen Bevollmächtigte das Informationsrecht geltend machen dürfen. Auch eine maßvolle **zeitliche Begrenzung** der Einsichtnahme ist möglich.[4]

Nicht zulässig ist es aber, Anfragen eines Gesellschafters z. B. auf eine Stunde im Monat oder auf eine bestimmte Anzahl im Jahr zu limitieren, ihm die Zuziehung eines zur beruflichen Verschwiegenheit verpflichteten Sachverständigen zu untersagen oder die Erteilung der Auskunft von einem vorherigen positiven Gesellschafterbeschluss abhängig zu machen. Damit der laufende Geschäftsbetrieb nicht über Gebühr durch das In-

1 BGH v. 29.4.2013 - VII ZB 14/12, NWB CAAAE-36376, BB 2013 S. 1490.
2 BayObLG v. 15.10.1999 - 3Z BR 239/99, GmbHR 1999 S. 1296 f.
3 BGH v. 11.7.1988 - II ZR 346/87, NJW 1989 S. 225.
4 Henssler/Strohn/Adams, GmbHG, § 51a Rz. 31.

formationsbedürfnis einzelner Gesellschafter beeinträchtigt wird, kann es sich empfehlen, die Gesellschafter durch laufende Berichterstattung der Geschäftsführung in bestimmten Zeitabständen (monatlich oder vierteljährlich) über die wesentlichen Vorgänge und Tatsachen, die für die Gesellschafter von Interesse sind, zu unterrichten und dies in der Satzung bzw. durch Gesellschafterbeschluss inhaltlich zu umreißen und festzulegen.

cc) Gegenstand des Informationsrechts

Gegenstand der Informationsrechte aus § 51a GmbHG sind **„Angelegenheiten der Gesellschaft"**. Umfassender (und allgemeiner) konnte dies nicht bestimmt werden. Der einzelne GmbH-Gesellschafter hat damit wesentlich mehr Rechte, als sie gem. § 166 Abs. 1 HGB einem Kommanditisten zustehen, der nur die abschriftliche Mitteilung des Jahresabschlusses verlangen und dessen Richtigkeit durch Einsichtnahme in die Bücher und Papiere der Gesellschaft prüfen kann. Vielmehr gilt der **Grundsatz**, dass es **zwischen der GmbH und ihren Gesellschaftern keine Geheimnisse** gibt.[1] Folglich fallen unter das einheitliche Informationsrecht Umstände, die das Gesellschaftsvermögen und die Unternehmensführung (z. B. Unternehmensplanungen, Produktentwicklungen, Rechtsbeziehungen zu den Geschäftsführern, Gesellschaftern und dritten Geschäftspartnern sowie deren wirtschaftliche Verhältnisse) betreffen, oder Umstände, die für die Gewinnermittlung und für die Ergebnisverwendung Bedeutung haben. Rein private Umstände eines Mitgesellschafters fallen nicht unter den Informationsanspruch, wohl aber dessen Innenbeziehungen zur Gesellschaft (wie z. B. Darlehen an die und von der GmbH).[2] Gegenüber dem grundsätzlich unbeschränkten Informationsrecht kann ein Zurückbehaltungsrecht nicht geltend gemacht werden.[3] 2298

dd) Schranken

Das **Informationsrecht** des Gesellschafters ist aber **nicht schrankenlos**, sondern gem. § 51a Abs. 2 GmbHG müssen dem Auskunftsanspruch gewisse „immanente Schranken" funktionsgerechter Ausübung[4] zugeordnet werden. Seine Grenze findet das Informationsrecht bei nicht zweckentsprechender Ausübung.[5] Die Neugier des Gesellschafters reicht allein nicht aus, sondern die Ausübung seines Rechtes hängt davon ab, ob er ein schutzwürdiges Informationsbedürfnis hat. Das Informationsrecht ist zwar ein grundlegendes und eigennütziges Recht des Gesellschafters,[6] als Ausfluss seines Mitgliedschaftsrechtes darf es der Gesellschafter aber nur im Zusammenhang mit seinen Interessen ausschöpfen, die sich aus seiner Zugehörigkeit zur Gesellschaft ergeben. Ein Gesellschafter darf sich also gem. § 51a Abs. 1 GmbHG keine Informationen über einen Geschäftspartner der GmbH verschaffen, der für ihn nur als Mitbewerber auf dem Markt interessant ist. Aus der gesellschaftlichen Treupflicht (vgl. Rz. 2331 ff.) folgt auch, 2299

1 Vgl. Lutter/Hommelhoff, GmbHG, § 51a Rz. 7.
2 OLG Thüringen v. 14.9.2004 - 6 W 417/04, GmbHR 2004 S. 2540.
3 OLG Frankfurt v. 7.8.2007 - 20 W 104/07, GmbHR 2008 S. 592.
4 Noack/Servatius/Haas/Noack, GmbHG, § 51a Rz. 27.
5 BGH v. 6.3.1997 - II ZB 4/96, BGHZ 135 S. 48; BGH v. 11.11.2002 - II ZR 125/02, NWB BAAAB-97715, BGHZ 152 S. 339.
6 Vgl. Lutter/Hommelhoff, GmbHG, § 51a Rz. 1.

dass die Informationsrechte rücksichtsvoll und verhältnismäßig gebraucht werden sollen und jedenfalls nicht rechtsmissbräuchlich geltend gemacht werden dürfen.

BEISPIEL: Der Gesellschafter ist der GmbH durch eine Vielzahl von Anfragen „lästig" und lässt sich sein „künftiges Wohlverhalten" durch ein Entgegenkommen der Gesellschaft oder der Mitgesellschafter in einem anderen Gebiet gewissermaßen „abkaufen".

2300 Auch hinsichtlich der Häufigkeit und des Umfanges sind der Rechtsausübung aus der gesellschaftlichen Treupflicht (s. Rz. 2335) im Einzelfall Grenzen gesetzt; dies gilt auch in Bezug auf die arbeitsmäßige Belastung, die mit den für die Auskunft u. U. notwendigen Nachforschungen usw. verbunden sein könnte.

ee) Einsicht in Bücher und Schriften

2301 Das Informationsrecht des § 51a GmbHG kann durch **Auskunft oder Einsichtsgewährung** erfüllt werden. Beide Wege stehen gleichrangig nebeneinander.[1] Die Information ist **„unverzüglich"** zu erteilen, also ohne schuldhaftes Zögern (§ 121 Abs. 1 BGB).

Das **Einsichtsrecht** erstreckt sich auf die **„Bücher und Schriften"** der Gesellschaft; damit sind alle **„Unterlagen"** gemeint, aus denen sich die wirtschaftlichen und geschäftlichen Verhältnisse der Gesellschaft ergeben, z. B. auch Buchungsbelege, Verträge usw.; auch für das Einsichtsrecht muss ein schutzwürdiges Bedürfnis bestehen; wo eine Auskunft genügt, ist Einsicht nicht erforderlich.

2302 Den Gegenstand seines Auskunftsersuchens und seiner Einsichtnahme muss der Gesellschafter vorher auch hinreichend bezeichnen. Zu allgemein gehaltene Ersuchen wie „Auskunft über die Lage der Gesellschaft" sind ebenso wenig hilfreich wie eine darauf zu allgemein gehaltene Antwort der Gesellschaft, auch wenn beides zulässig sein mag. Eine genügende Konkretisierung von beiden Seiten beugt unnötigem Aufwand und Streit vor. Schließlich empfiehlt es sich, im Gesellschaftsvertrag oder in einem Gesellschafterbeschluss festzulegen, dass Auskünfte über Gesellschafteranfragen auch gegenüber den anderen Gesellschaftern offengelegt werden, schon, um mehrfachen Anfragen zu einem Thema und Ungleichbehandlungen bei Informationen zu vermeiden und um das gegenseitige Vertrauensverhältnis zwischen Geschäftsführung und Gesellschaftern zu stärken.

2303 Der Informationsanspruch richtet sich an die Gesellschaft und ist von den Geschäftsführern als deren Vertretungsorgan zu erfüllen.[2] Die Geschäftsführer können die Erteilung der Auskunft einem nachgeordneten Bediensteten übertragen, der Gesellschafter hat aber kein Recht, Mitarbeiter zu befragen und sich von ihnen die Bücher vorlegen zu lassen. Auf welche Art und Weise dem Informationsverlangen eines Gesellschafters nachgekommen wird, entscheidet die Geschäftsführung nach pflichtgemäßem Ermessen. Das Informationsrecht ist ein einheitliches Recht, das nicht in Auskunft- und Einsichtsrecht aufgespalten werden kann. Ein Auskunftsverlangen kann durch Einsichtgewährung und ein Ersuchen auf Einsicht kann durch eine Auskunft beantwortet werden, wenn dadurch das Informationsinteresse hinreichend befriedigt wird, zumal

1 OLG München v. 15.1.2015 - 23 U 2469/14, NWB 2015 S. 398 (Ls.); OLG Karlsruhe v. 16.12.2013 - 7 W 76/13, GmbHR 2014 S. 254, 257.

2 BGH v. 6.3.1997 - II ZB 4/96, NJW 1997 S. 1985.

zwischen Auskunft und Einsichtnahme kein Rangverhältnis besteht. Hat der Gesellschafter jedoch Grund zu berechtigten Zweifeln an der Richtigkeit und Vollständigkeit der ihm von der Geschäftsführung erteilten Auskunft, kann er zusätzlich Einsicht in die betreffenden Unterlagen verlangen, um die Auskunft der Geschäftsführer, die notwendigerweise von ihrer Bewertung geprägt ist, in ihren faktischen Grundlagen zu verifizieren.[1]

ff) Vertraulichkeit

Gegenstück des umfassenden Informationsrechts ist, dass der Gesellschafter verpflichtet ist, die ihm erteilte Auskunft oder die durch Einsicht in die Bücher und Unterlagen gewonnenen Erkenntnisse **vertraulich zu behandeln** (**Verschwiegenheitspflicht**). Die Weitergabe der Informationen kann nur in Ausnahmefällen zulässig sein, z.B. zum Zweck der Veräußerung eines Geschäftsanteils. Die Pflicht zur vertraulichen Behandlung ist dann aber dem Empfänger der Information vertraglich aufzuerlegen. Verstößt der Gesellschafter schuldhaft gegen das Gebot der Vertraulichkeit, kann dies Schadensersatzansprüche der GmbH gegen ihn auslösen. Besteht besondere Veranlassung, empfiehlt es sich, dass die Geschäftsführung bei der Auskunft auf die mitgliedschaftliche Pflicht zur Verschwiegenheit und die mögliche Schadenshaftung hinweist, oder dass die Satzung generell eine Geheimhaltungsklausel enthält.[2] 2304

d) Grenzen gemäß § 51a Abs. 2 GmbHG (Informationsverweigerungsrecht)

Der Geschäftsführer darf die Auskunft oder Einsichtnahme gem. § 51a Abs. 2 GmbHG dann verweigern, „wenn zu besorgen ist, dass der Gesellschafter sie zu gesellschaftsfremden Zwecken verwenden und dadurch der Gesellschaft oder einem verbundenen Unternehmen einen nicht unerheblichen Nachteil zufügen wird" (**Informationsverweigerungsrecht**). Eine gesellschaftsfremde Verwendung liegt vor, wenn mit der Information ein Zweck außerhalb des ordnungsgemäßen mitgliedschaftlichen Verhaltens verfolgt wird. Nicht erforderlich ist, dass die Information bewusst zum Nachteil der Gesellschaft verwendet wird. Die zweckwidrige Verwendung muss der Gesellschaft oder einem verbundenen Unternehmen einen nicht unerheblichen Nachteil zufügen, bloße wirtschaftliche Nachteile reichen nicht aus. 2305

Nachteile sind insbesondere Vermögensschäden, es können aber auch immaterielle Nachteile ausreichen, z.B. ein Imageverlust oder ein Zerwürfnis zwischen den Gesellschaftern. Die Besorgnis der gesellschaftsfremden Verwendung verlangt das Vorliegen einer durch objektive Anhaltspunkte gestützten Gefahr einer solchen Verwendung, Gewissheit ist ebenso wenig erforderlich wie ein bloßer Verdacht ausreicht. In der Regel wird die Besorgnis der gesellschaftsfremden Verwendung angenommen, wenn der Gesellschafter in unmittelbarer Nähe der Gesellschaft ein echtes Konkurrenzunternehmen betreibt;[3] sie kann aber auch vorliegen, wenn der Gesellschafter an einem Konkurrenzunternehmen nicht nur kapitalmäßig beteiligt ist, sondern dort als Gesellschafter-Geschäftsführer oder Fremdgeschäftsführer tätig ist und die beiderseitigen Interessen-

1 Schneider, GmbHR 2008 S. 638, 639, m.w.N.

2 Beck-GmbH-HB/Schmiegelt, § 3 Rz. 71.

3 OLG Frankfurt v. 10.8.1995 - 20 W 364/92, GmbHR 1995 S. 904.

sphären miteinander in Konflikt geraten. Auch in der Konkurrenzsituation dürfen nicht jegliche Informationen verweigert werden.[1]

Echte Betriebsgeheimnisse und Informationen, die dem Konkurrenzunternehmen einen Wettbewerbsvorteil verschaffen (Details aus der Entwicklung, der Planung und dem Marketing), müssen nicht herausgegeben werden, wohl aber solche, die wie z.B. der Jahresabschluss auch einem externen Informationsinteresse dienen (Publizität).

2306 Bei seiner Entscheidung ist der Geschäftsführer jedoch nicht frei. Er hat zunächst eigenständig zu prüfen, ob ein Grund vorliegt, der ihn zur Verweigerung der Information berechtigt. Ist dies der Fall, darf er die Information nicht weitergeben, weil dies eine pflichtwidrige Handlung darstellt. Er muss das Informationsbegehren vielmehr der Gesellschafterversammlung zur Entscheidung vorlegen, weil die Verweigerung gem. § 51a Abs. 2 Satz 2 GmbHG eines Gesellschafterbeschlusses bedarf, bei dem der betroffene Gesellschafter kein Stimmrecht hat, aber an der Gesellschafterversammlung teilnehmen darf. Die Gründe, aus denen die Information verweigert werden darf, sind in § 51a Abs. 2 GmbHG nicht abschließend geregelt.[2]

Als andere Gründe kommen in Betracht die Strafbarkeit der Informationserteilung oder ein gesetzliches Verbot,[3] die Unmöglichkeit der Beschaffung der Information und Geheimhaltungsabsprachen. Es ist streitig, ob der Geschäftsführer auch dann einen Gesellschafterbeschluss herbeizuführen hat, wenn er die Auskunft aus anderen Gründen verweigern will, insbesondere wenn er in dem Verlangen einen Verstoß gegen die gesellschaftliche Treuepflicht oder einen Rechtsmissbrauch sieht. Auch wenn ein Gesellschafterbeschluss nicht erforderlich sein sollte, kann es schon, um Spannungen zwischen dem Gesellschafter und der Geschäftsführung zu vermeiden, angeraten sein, einen Beschluss der Gesellschafterversammlung herbeizuführen.

2307 Liegen die Voraussetzungen des § 51a Abs. 2 GmbHG vor, dann muss die Verweigerung durch Gesellschafterbeschluss mit einfacher Mehrheit sanktioniert werden und unter dem Gesichtspunkt gesellschaftlicher Treupflicht wird man grundsätzlich eine notfalls durch Klage erzwingbare Zustimmungspflicht der Gesellschafter bejahen müssen, soweit die erforderliche Mehrheit nicht erreicht wird.

e) Zwingendes Recht

2308 Gemäß § 51a Abs. 3 GmbHG kann von den Vorschriften des Abs. 1 und 2 im Gesellschaftsvertrag nicht abgewichen werden. Dies bedeutet aber nur, dass die dem Gesellschafter dort eingeräumten Rechte nicht geschmälert werden dürfen, wohl aber könnten sie durch den Gesellschaftsvertrag erweitert werden, was allerdings angesichts der unverhältnismäßig weitgehend eingeräumten Rechte kaum in Frage kommen dürfte.

1 OLG München v. 11.12.2007 - 31 Wx 48/07, GmbHR 2008 S. 104.

2 BayOblG v. 27.10.1988 - Breg. 3 Z 100/88, NJW-RR 1989 S. 350.

3 BGH v. 6.3.1997 - II ZB 4/96, BGHZ 135 S. 48.

f) Erzwingbarkeit

Die Vorschrift des § 51b GmbHG ermöglicht eine **gerichtliche Entscheidung** über das Auskunfts- und Einsichtsrecht und bestimmt die entsprechende Anwendung des § 132 Abs. 1, 3 bis 5 AktG. Es gelten daher die Vorschriften über die freiwillige Gerichtsbarkeit; eine Klage im Verfahren der streitigen Gerichtsbarkeit ist unzulässig.[1] Danach hat das Landgericht darüber zu entscheiden, ob die Auskunft zu erteilen bzw. die Einsicht zu gestatten ist. Antragsberechtigt ist der durch die Verweigerung betroffene Gesellschafter.[2] Im Gegensatz zum Aktienrecht ist der Antrag im GmbH-Recht **nicht fristgebunden**. Gegen die Entscheidung des Landgerichts gibt es nur einen (sehr) eingeschränkten Rechtsschutz. So ist eine Beschwerde gegen die Entscheidung des Landgerichts nur statthaft, wenn das Rechtsmittel ausdrücklich zugelassen wurde. Hierfür ist § 70 Abs. 2 FamFG maßgebend (grundsätzliche Bedeutung der Rechtssache oder Fortbildung des Rechts bzw. Sicherung der einheitlichen Rechtsprechung). 2309

Auf dieses Informationserzwingungsverfahren ist der Gesellschafter aber nicht gegenüber sog. informationsbeschränkenden Vorratsbeschlüssen angewiesen, die ihm über ein konkretes Auskunftsbegehren hinaus die Information durch Einsicht in die Bücher und Auskunft für eine bestimmte Zeit zu bestimmten Themen verweigern. Gegen einen solchen Beschluss ist die Anfechtungsklage gegeben.[3]

Die **Vollstreckung** der Entscheidung richtet sich gem. § 132 Abs. 4 Satz 2 AktG nach § 888 ZPO.[4] Im Gesellschaftsvertrag kann aber auch bestimmt werden, dass anstelle des Informationserzwingungsverfahrens nach § 51b GmbHG ein Schiedsgericht zu entscheiden hat.[5]

Wenn über die streitige Auskunftsverweigerung hinaus ein besonderes Interesse an der Beseitigung eines im Rahmen des § 51a Abs. 2 GmbHG gefassten Gesellschafterbeschlusses besteht, kann daneben auch eine Anfechtungsklage gegen den Beschluss zulässig sein.[6] Wird die begehrte Information zu Unrecht verweigert, können sich hieraus Schadensersatzansprüche gegen die Gesellschaft oder die anderen Gesellschafter ergeben. 2310

(Einstweilen frei) 2311–2330

3. Pflichten der Gesellschafter

Neben den Gesellschafterpflichten, die sich aus den Regeln der Kapitalaufbringung und Kapitalerhaltung ergeben, sind insbesondere die **gesellschaftsrechtliche Treuepflicht und das Wettbewerbsverbot** sowie die satzungsmäßigen **Nebenleistungspflichten** zu nennen. Die Vertragsfreiheit gestattet es, den Pflichtenkreis von GmbH-Gesellschaftern 2331

1 BGH v. 22.5.1995 - II ZB 2/95, NJW-RR 1995 S. 1183, 1184; Noack/Servatius/Haas/Noack, GmbHG, § 51b Rz. 16 f.

2 Noack/Servatius/Haas/Noack, GmbHG, § 51b Rz. 6.

3 BGH v. 27.4.2009 - II ZR 167/07, ZIP 2009 S. 1158.

4 Siehe OLG München v. 4.1.2008 - 31 Wx 82/07, NZG 2008 S. 197; OLG Düsseldorf v. 6.12.2016 - I-3 Wx 322/15, GmbHR 2017 S. 194, 196.

5 Siehe auch BGH v. 6.4.2009 - II ZR 255/08, NWB RAAAD-33033, BGHZ 180 S. 221 und (mit Einschränkungen); BGH v. 6.4.2017 - I ZB 23/16, NWB BAAAG-46287 sowie OLG Hamm v. 7.3.2022 - 15 W 355/99.

6 BGH v. 7.12.1987 - II ZR 86/87, GmbHR 1988 S. 213.

wesentlich weiter zu fassen, als es die gesetzlichen Regelungen vorsehen. In der GmbH gilt im Innenverhältnis **Satzungsfreiheit.** Dieser Grundsatz kommt in den §§ 45, 3 Abs. 2 Halbsatz 2 GmbHG zum Ausdruck. Insbesondere kann der Gesellschaftsvertrag weitgehend Regelungen übernehmen, wie sie für Personengesellschaften üblich bzw. gesetzlich normiert sind; in einem solchen Falle spricht man von der personalistisch organisierten GmbH **(personalistische Gestaltung)**. Beschränkt wird die Satzungsfreiheit durch zwingendes Recht insbes. im Interesse des Minderheitenschutzes.

Solche zusätzlichen Pflichten finden sich bei der GmbH, die nur wenige Mitglieder hat und personenbezogen ist, verhältnismäßig häufig in Gestalt der Geschäftsführertätigkeit, besonderen Treuepflichten und Konkurrenzverboten. Gesellschaftsrechtlich sind Gestaltungen zulässig, bei denen die Pflicht zur Leistung der Stammeinlage im Grunde nebensächlich ist und nur dem Erwerb der Mitgliedschaft dient, innerhalb der dann die eigentlichen Rechte und Pflichten ausgeübt werden. Die rechtliche Selbständigkeit ist nur äußere Hülle einer Gesellschaft, die wirtschaftlich betrachtet, wie eine Personengesellschaft agiert, „nach außen Aktiengesellschaft, nach innen OHG" ist.[1]

2332 Der Vertragsfreiheit sind insoweit kaum Grenzen gezogen. Je enger die Bindung der Gesellschafter untereinander ist, je mehr die wirtschaftlichen Interessen der GmbH sich mit denen ihrer Gesellschafter decken oder je stärker sich Abhängigkeiten ergeben, desto mehr werden durch den Gesellschaftsvertrag für die Gesellschafter Rechte, aber auch Pflichten begründet werden müssen, wie sie für den „normalen" GmbH-Gesellschafter, dessen Position im Wesentlichen nur durch die Bestimmungen des GmbHG umschrieben ist, nie in Betracht kämen.

a) Treuepflicht

LITERATUR:

Henze, Treupflichten der Gesellschafter im Kapitalgesellschaftsrecht, ZHR 162 (1998) S. 186; *Reiff/Etinger*, Gesellschaftsrechtliche Treupflichten im Zusammenhang mit der Heilung von verdeckten Sacheinlagen bei der GmbH, DStR 2004 S. 1258; *Schulze*, Die Kapitalerhöhung der Komplementär-GmbH und die gesellschafterliche Treuepflicht bei Abhängigkeit der Haftungsvergütung vom Stammkapital, GmbHR 2006 S. 323; *Bosse*, Grenzen der Treuepflicht des GmbH-Gesellschafters, NWB 2016 S. 2520; *Fastrich*, Treuepflicht der GmbH-Gesellschafter gegenüber „ihrer" GmbH?, FS Windbichler, 2020 S. 579.

2333 Besondere Bedeutung kann die sog. **„gesellschaftliche Treuepflicht"** erlangen. Das Rechtsinstitut ist gesetzlich nicht verankert, ist aber durch Rechtslehre und Rechtsprechung zu einem tragenden Pfeiler des gesamten Gesellschaftsrechts entwickelt worden.[2] Die gesellschaftliche Treuepflicht lässt sich im Grunde nur von ihrem Inhalt her definieren. Sie findet ihren Ausdruck in **Verboten und Geboten**: Der Gesellschafter darf die Interessen der Gesellschaft nicht beeinträchtigen oder gar verletzen. Er muss darüber hinaus die Interessen der Gesellschaft u. U. sogar fördern, ohne dabei aber eigene, wesentliche Interessen zurückstellen zu müssen. Sie gebietet also dem Gesellschafter,

1 Vgl. Klunzinger, Grundzüge des Gesellschaftsrechts, S. 221.

2 Siehe nur BGH, Teilversäumnis- und Endurteil v. 14.2.2019 - IX ZR 149/16, NJW 2019 S. 1289: BGH v. 27.6.1988 - II ZR 143/87, NJW 1989 S. 166.

sich **gegenüber der GmbH loyal** zu verhalten, den Gesellschaftszweck aktiv zu fördern und Schaden von der Gesellschaft abzuwenden.

Die gesellschaftliche Treuepflicht besteht aber auch **zwischen den Gesellschaftern** und verlangt auch hier loyales Verhalten und Rücksichtnahme auf deren mitgliedschaftliche Interessen, nicht aber auf deren sonstige persönlichen Interessen. Die Treuepflicht hat umso weniger Gewicht, desto mehr man es mit einer kapitalistisch orientierten GmbH zu tun hat, bei der die Bindung zwischen den Gesellschaftern und zur Gesellschaft locker ist. Andererseits wird der aus der Treuepflicht folgende Pflichtenkreis umso größer sein, je stärker die GmbH personalistisch ausgestaltet ist.[1]

aa) Inhalt der Treuepflicht

Welche spezifischen Pflichten sich im Einzelnen aus der Treuepflicht ergeben, lässt sich nur im Einzelfall konkretisieren, indem entsprechend der Ausgestaltung des jeweiligen Gesellschaftsverhältnisses die Interessen des Gesellschafters, die Interessen der Gesellschaft und die der anderen Mitgesellschafter gegeneinander abgewogen werden und die Grundsätze der Erforderlichkeit und der Verhältnismäßigkeit beachtet werden.[2] 2334

Bedeutung erlangt die gesellschaftsrechtliche Treuepflicht im Verhältnis der Mehrheit zur Minderheit mit dem **Gebot der Rücksichtnahme**, wenn z. B. durch die Umsetzung eines neuen Unternehmenskonzepts die Minderheitsrechte tangiert und nicht ausreichend berücksichtigt werden, während es der Minderheit verwehrt sein kann, sich auf eine bloße Blockade zurückzuziehen, ohne sich an der Lösung konstruktiv zu beteiligen.[3] Ein Gesellschafter, der über eine qualifizierte Mehrheit verfügt, kann treuwidrig handeln, wenn er die Auflösung der Gesellschaft beschließt, um über die Liquidation das Unternehmen zu erwerben und selbst fortzuführen.[4] Eine Auflösungsklage kann dann als treuwidrig abzuweisen sein, wenn die Interessen der Mitgesellschafter an der Fortführung der GmbH vorgehen[5] oder wenn ihm ein Angebot zur Übernahme seines Geschäftsanteils zum Verkehrswert gemacht worden ist.[6] 2335

Die Treuepflicht kann es einem Gesellschafter sogar gebieten, einem **Beschlussvorschlag** in der Gesellschafterversammlung oder einer Satzungsänderung **zuzustimmen**, wenn dies aufgrund veränderter Verhältnisse dringend geboten und zur wirtschaftlich vernünftigen Fortführung des Unternehmens im Rahmen des Gesellschaftszwecks notwendig ist.[7] Deshalb hatte ein Gesellschafter einer Kapitalerhöhung zuzustimmen, die wegen der GmbH-Novelle zur Bestandsicherung erforderlich und ihm zumutbar war, weil er ohne Nachteile die zu übernehmende Stammeinlage aus den Gewinnen der GmbH finanzieren konnte. In dieser Entscheidung[8] hat der BGH eine solche Verpflichtung für den Regelfall bejaht, wenn durch die Satzungsänderung keine Nachteile für 2336

1 Noack/Servatius/Haas/Beurskens, GmbHG, § 13 Rz. 63.
2 Vgl. Beck-GmbH-HB/Schmiegelt/Gerber, § 3 Rz. 23.
3 Vgl. OLG Stuttgart v. 12.5.1999 - 20 U 62/98, NZG 2000 S. 159, 162 ff.
4 BGH v. 1.2.1988 - II ZR 75/87, BGHZ 103 S. 184.
5 BGH v. 23.2.1981 - II ZR 229/79, BGHZ 80 S. 346.
6 BGH v. 15.4.1985 - II ZR 274/83, NJW 1985 S. 1901.
7 BGH v. 25.9.1986 - II ZR 262/85, BGHZ 98 S. 276.
8 BGH v. 25.9.1986 - II ZR 262/85, BGHZ 98 S. 276.

den zustimmungsunwilligen Gesellschafter eintreten, und den Grundsatz bestätigt, dass aufgrund der gesellschaftlichen Treuepflicht ein Gesellschafter verpflichtet sein kann, einer Änderung des Gesellschaftsvertrags zuzustimmen.

Die Rechtsprechung betont mittlerweile jedoch verstärkt den Grundsatz, dass der Gesellschafter in seinem Stimmverhalten grundsätzlich frei ist. Er muss für sein Abstimmungsverhalten keine Begründung oder einen sachlichen Grund angeben. Selbst wenn eine Maßnahme im Interesse der Gesellschaft liegt, die Zwecke der Gesellschaft fördert und eine Zustimmung für den Gesellschafter zumutbar ist, besteht keine Pflicht zur Zustimmung. Eine Zustimmungspflicht kommt nur (noch) infrage, wenn gerade diese Maßnahme zwingend geboten und der Gesellschafter seine Zustimmung grundlos verweigert. Hierzu ist erforderlich, dass die Maßnahme

1. zur Erhaltung wesentlicher Werte, die die Gesellschaft hat, oder
2. zur Erhaltung wesentlicher von den Gesellschaftern geschaffener Werte oder
3. zur Vermeidung erheblicher Verluste für die Gesellschaft oder die Gesellschafter

objektiv unabweisbar erforderlich und den Gesellschaftern unter Berücksichtigung von deren schutzwürdigen Belangen zumutbar ist.[1]

2337 Ein **Mehrheitsgesellschafter** verstößt gegen die Treuepflicht, wenn er gegen die Interessen der Minderheit die Geschäftsführung dazu bestimmt, Leistungen ohne gleichwertige Gegenleistungen zu erbringen (verdeckte Gewinnausschüttungen) oder Dividendenansprüche bzw. die Rückzahlung von Gesellschafterdarlehen durchsetzt, obwohl die GmbH dadurch in Liquiditätsschwierigkeiten gerät.

bb) Verletzung der Treuepflicht und ihre Folgen

2338 Verletzt ein Gesellschafterbeschluss die Treuepflicht, so ist er durch den Gesellschafter anfechtbar.[2] Treuwidrige Handlungen anderer Art (außerhalb der Gesellschafterversammlung) sind unwirksam und unbeachtlich.[3] Gebietet die Treuepflicht ein bestimmtes Handeln, z.B. Zustimmung in einem Gesellschafterbeschluss, kann auf Vornahme der Handlung durch den Gesellschafter geklagt werden, umgekehrt kann gegen treuwidrige Handlungen mit einer Unterlassungsklage vorgegangen werden. Fortwährende oder auch einmalige schwerwiegende Verletzungen der Treuepflicht können die Einziehung des Geschäftsanteils oder die Ausschließung eines Gesellschafters begründen, wenngleich dies als äußerstes Mittel schwere Verstöße voraussetzt, die die Vertrauensgrundlage zerstören. Schuldhaftes treuwidriges Verhalten kann Schadensersatzansprüche der GmbH oder der Mitgesellschafter nach sich ziehen.

2339 Als Ausfluss der gesellschaftsrechtlichen Treuepflicht kann auch der Grundsatz der **Gleichbehandlung** gesehen werden. Er enthält ein Diskriminierungs- und Willkürverbot und bindet die Organe der Gesellschaft, die Gesellschafterversammlung bei Mehrheits-

1 BGH v. 12.6.2016 - II ZR 275/14, NWB QAAAF-75309, DB 2016 S. 1427; OLG München v. 23.6.2016 - 23 U 4531/15, NWB FAAAF-80663, DB 2016 S. 1685.

2 BGH v. 23.9.1991 - II ZR 189/90, GmbHR 1991 S. 568.

3 Noack/Servatius/Haas/Noack, GmbHG, § 13 Rz. 30.

entscheidungen und die Gesellschafter untereinander bei der Wahrnehmung ihrer mitgliedschaftlichen Rechte und Pflichten.

b) Schadensersatzpflicht bei Verletzung der Pflichten des Gesellschafters

Schädigt ein Gesellschafter durch Verletzung seiner Pflichten die GmbH, so resultiert 2339/1
hieraus nach allgemeinen Regeln ein Schadensersatzanspruch der GmbH. Erleidet indes ein anderer Gesellschafter aufgrund der Handlung und Schädigung der Gesellschaft einen Schaden, der sich in der Minderung des Werts seiner Beteiligung ausdrückt (mittelbarer Schaden oder Reflexschaden), so kann er nicht Schadensersatz an sich persönlich verlangen, sondern nur dessen Leistung an die GmbH. Dies gebieten im Regelfall der Grundsatz der Kapitalerhaltung, die Zweckwidmung des Gesellschaftsvermögens und das Gebot der Gleichbehandlung aller Gesellschafter.[1] An diesem Grundsatz hält der BGH auch für den Fall fest, wenn die GmbH durch die Eröffnung des Insolvenzverfahrens aufgelöst wird (§ 60 Abs. 1 Nr. 4 GmbHG) und nach Erfüllung der Verbindlichkeiten noch vorhandenes Gesellschaftsvermögen an die Gesellschafter zu verteilen ist.[2] Wegen eines mittelbaren Schadens kann also nur Ersatz an die geschädigte GmbH verlangt werden, und zwar auch dann, wenn der Schaden aus der Verletzung der gesellschafterlichen Treuepflicht herrührt.

c) Wettbewerbsverbot

LITERATUR:

Goette, Zur Wirksamkeit eines nachvertraglichen Wettbewerbsverbot in einer Satzung, DStR 1997 S. 2038; *Weitnauer/Grob*, Gesellschaftsrechtliche Wettbewerbsverbote, GWR 2014 S. 185; *Leuering/Rubne*, Das Wettbewerbsverbot des GmbH-Geschäftsführers, NJW-Spezial 2020 S. 719; *Arens*, Zur Wirksamkeit von Wettbewerbsverboten für Gesellschafter und Geschäftsführer, GWR 2024 S. 51; *Werner*, Die Karenzentschädigung und das nachvertragliche Wettbewerbsverbot des GmbH-Geschäftsführers, BB 2024 S. 2057.

GmbH-Gesellschafter unterliegen kraft Gesetzes grundsätzlich keinem Wettbewerbsver- 2340
bot.[3] Ein **Wettbewerbsverbot** kann sich jedoch aus der gesellschaftlichen **Treuepflicht** ergeben, wenn ein Gesellschafter im Innenverhältnis ausschlaggebend die Geschicke der GmbH bestimmt,[4] vornehmlich kann sich dies für einen die GmbH beherrschenden Mehrheitsgesellschafter ergeben.[5] Ist der **Gesellschafter** zugleich **Geschäftsführer**, folgt ein **Wettbewerbsverbot regelmäßig aus der Bestellung zum** Geschäftsführer. Für den Alleingesellschafter kommt hingegen ein Wettbewerbsverbot aufgrund der gesellschaftlichen Treuepflicht regelmäßig nicht zum Tragen; die Gesellschaft als solche wird durch die Treuepflicht nicht geschützt, sondern die Gemeinschaft mehrerer Gesellschafter. Entzieht der Alleingesellschafter durch seine Konkurrenztätigkeit der Gesellschaft aber Mittel, die

1 BGH v. 11.7.1988 - II ZR 243/87, BGHZ 105 S. 121; v. 21.3.2013 - III ZR 260/11, NWB QAAAE-33668, ZIP 2013 S. 781.
2 BGH v. 14.5.2013 - II ZR 176/10, NWB EAAAE-39822, ZIP 2013 S. 1376.
3 BGH v. 9.3.1987 - II ZR 215/86, GmbHR 1987 S. 302.
4 BGH v. 5.12.1983 - II ZR 242/82, BGHZ 89 S. 162.
5 BGH v. 5.12.1983 - II ZR 242/82, BGHZ 89 S. 162 und BGH v. 3.5.1988 - KZR 17/87, GmbHR 1988 S. 334.

zur Deckung des Stammkapitals benötigt werden, gilt etwas anderes.[1] Unabhängig davon darf ein Gesellschafter grundsätzlich keine **Geschäftschancen der Gesellschaft** an sich ziehen oder diese auf nahestehende Personen oder eine andere Gesellschaft umleiten, die durch den Gesellschafter beherrscht wird oder bei der er (künftig) als Geschäftsführer tätig wird.

aa) Satzungsregelung

2341 Ein Wettbewerbsverbot kann dem GmbH-Gesellschafter aber durch die Satzung auferlegt werden. Es kann unter den Voraussetzungen des § 138 BGB nichtig sein, wenn es nicht zum Schutze der GmbH erforderlich erscheint, also wirklich schützenswerte Interessen der GmbH nicht auf dem Spiel stehen.

Regelmäßig sind rein kapitalistische Minderheitsbeteiligungen an Konkurrenzunternehmen von vertraglichen Wettbewerbsverboten nicht umfasst. Gegebenenfalls sind solche Verbote einschränkend und im Lichte des Art. 12 Abs. 1 GG (Berufsausübungsfreiheit) auszulegen. Ein Wettbewerbsverbot zu Lasten eines Minderheitsgesellschafters, das rein kapitalistische Minderheitsbeteiligungen an Konkurrenzunternehmen verbietet, überschreitet die sachlichen Grenzen eines Wettbewerbsverbots.[2]

bb) Ausgeschiedener Gesellschafter

2342 Ein Wettbewerbsverbot, das auch einen ausgeschiedenen Gesellschafter noch treffen soll, kann nur durch die Satzung oder einen Vertrag zwischen GmbH und Gesellschafter festgelegt werden. Träte dadurch aber eine unverhältnismäßige Beschränkung in der Berufsausübung ein, läge ein Verstoß gegen das Grundrecht der Art. 2, 12 GG vor; außerdem ist bei Prüfung im Rahmen des § 138 BGB im Interesse des Betroffenen ein besonders strenger Maßstab anzulegen.[3] Dies hat der BGH[4] bestätigt und ausgeführt, dass dies auch für einen Gesellschafter gelte, der wirksam seinen Austritt erklärt habe, der jedoch noch der Umsetzung bedurfte. Bis zur Umsetzung bleibe der Gesellschafter der GmbH nur rein vermögensrechtlich verbunden und dürfe seine Mitgliedschaftsrechte nur insofern ausüben, als seine wirtschaftlichen Interessen an der Abfindung betroffen seien. Damit sei es im Hinblick auf die Berufsfreiheit nicht zu vereinbaren, ihn bis zur Umsetzung mit einem Wettbewerbsverbot zu belegen, weil dies nur dem missbilligten Zweck diene, einen nicht erwünschten Wettbewerber auszuschalten. Ist der Gesellschafter zugleich auch Geschäftsführer der GmbH, so trifft ihn jedoch das zu Lasten eines Geschäftsführers bestehende Wettbewerbsverbot, das sich auch ohne besondere Vereinbarung schon aus dieser Rechtsstellung ergibt.[5]

---

1 BGH v. 10.5.1993 - II ZR 74/92, BGHZ 122 S. 333; v. 21.6.1999 - II ZR 47/98, NWB JAAAE-89570, BGHZ 142 S. 92; ausführlich Arens, NWB 2017 S. 1748 ff.

2 OLG Stuttgart v. 15.3.2017 - 14 U 3/14, NWB QAAAG-68418; Arens, NWB 2017 S. 1748.

3 BGH v. 30.11.1999 - II ZR 208/08, NWB YAAAD-37267, NJW 2010 S. 1206, Rz. 13; BGHZ 91 S. 5.

4 BGH v. 30.11.2009 - II ZR 208/08, NWB YAAAD-37267, ZIP 2010 S. 324.

5 BGH v. 16.2.1981 - II ZR 168/79, BGHZ 80 S. 69.

cc) Rechtsfolgen

2343 Bei einem Verstoß gegen das Wettbewerbsverbot kann die GmbH den (Gesellschafter-) Geschäftsführer auf Auskunft, Unterlassung und Schadensersatz in Anspruch nehmen und/oder die Rechte geltend machen. Die im Personengesellschaftsrecht geltende Vorschrift des § 118 HGB ist entsprechend bei der GmbH anzuwenden.

Die Vereinbarung eines Wettbewerbsverbots kann demnach bei dessen Verletzung zu einem Schadensersatzanspruch führen. Ein solcher Schaden lässt sich regelmäßig aber nur schwer nachweisen. Zwar kommen Ansprüche auf Schadensersatz, Vorteilsherausgabe sowie ein Eintrittsrecht analog § 118 HGB in Betracht. Dies bedeutet, dass die Gesellschaft im Hinblick auf die durch den Gesellschafter getätigten Konkurrenzgeschäfte verlangen kann, dass der Gesellschafter sie als für Rechnung der Gesellschaft gelten lässt. Der Gesellschafter hat den Gewinn an die Gesellschaft herauszugeben oder den Gewinnanspruch abzutreten. Dazu bedarf es aber eines „hinreichend konkreten Vortrags" des Verletzten. Lediglich pauschale Umsatzeinbrüche ohne konkreten Tatsachenvortrag oder unkonkreter Vortrag zu (angeblich) gezogenen Gewinnen reichen nach Ansicht der Gerichte nicht aus. Auch eine etwaige Differenz zwischen dem Wert des Anteils an dem Konkurrenzunternehmen und des hierfür gezahlten Betrags rechtfertigen keinen Schadensersatzanspruch.

2344 Ratsam ist mithin die Vereinbarung einer Vertragsstrafe, um einen pauschalierten Schaden geltend machen zu können. Eine solche Vereinbarung verstößt nicht gegen AGB-rechtliche Verbote (z. B. § 309 Nr. 6 BGB). Zu beachten ist jedoch, dass diese eine unangemessene Benachteiligung des Geschäftsführers und daher unwirksam sein können, wenn die Höhe der Vertragsstrafe unangemessen hoch ist. Unwirksam soll zudem eine Formulierung sein, wenn sie für jeden Fall der Zuwiderhandlung gegen ein Wettbewerbsverbot fällig wird und gleichzeitig vorgesehen ist, dass im Falle einer dauerhaften Verletzung des Wettbewerbsverbots jeder angebrochene Monat als erneute Verletzungshandlung gilt und dabei nicht deutlich gemacht wird, wann ein einmaliger Verstoß vorliegt.[1]

Es bietet sich daher folgende Formulierung an:

„Für jeden Fall der Zuwiderhandlung gegen das Wettbewerbsverbot hat der Geschäftsführer eine Vertragsstrafe in Höhe von ... € zu zahlen. Im Falle eines Dauerverstoßes fällt die Vertragsstrafe an jedem angefangenen Monat, in dem die Dauerverletzung anhält, neu an. Mehrere Zuwiderhandlungen führen unabhängig voneinander zu einer Verwirkung von jeweils einer Vertragsstrafe, ggf. auch mehrfach innerhalb eines Monats. Erfolgen hingegen einzelne Zuwiderhandlungen im Rahmen einer Dauerverletzung, sind sie von der für diese Dauerverletzung verwirkten Vertragsstrafe mit umfasst. Mehrere im Zusammenhang stehende Zuwiderhandlungen stehen einer Dauerverletzung gleich. Die Geltendmachung eines weitergehenden Schadens bleibt vorbehalten."

1 BAG v. 14.8.2007 - 8 AZR 973/06, NWB NAAAC-66905.

d) Geheimhaltungspflicht

2345 Aus dem (umfassenden) Informationsrecht des Gesellschafters (vgl. Rz. 2291 ff.) folgt als Gegenstück die Pflicht des Gesellschafters, solche Informationen nicht an Dritte unbefugt weiterzugeben. Die Pflicht zur Verschwiegenheit ergibt sich vornehmlich auch aus der gesellschaftlichen Treuepflicht, die es gebietet, die GmbH zu fördern und Schaden von ihr fernzuhalten. Nur ausnahmsweise ist es erlaubt, Interna der Gesellschaft Dritten zu offenbaren, wenn dies zur Wahrnehmung gesellschaftereigener Rechte (z. B. anwaltliche Beratung oder Veräußerung des Geschäftsanteils) unabweisbar und die Vertraulichkeit gesichert ist. Die schuldhafte Verletzung der Geheimhaltungspflicht macht den Gesellschafter gegenüber der Gesellschaft oder einem geschädigten Mitgesellschafter schadensersatzpflichtig.

e) Gesellschaftsvertragliche Sonderpflichten (Nebenleistungspflichten)

2346 Das GmbHG ermöglicht es in § 3 Abs. 2, durch den Gesellschaftsvertrag (oder später durch Änderung der Satzung mit Zustimmung des Betroffenen) einzelnen, mehreren oder allen Gesellschaftern besondere Verpflichtungen aufzuerlegen. Der Umfang solcher Sonderpflichten kann so weit gehen, dass neben ihnen die (rechtliche) Hauptpflicht zur Leistung der Stammeinlage wirtschaftlich nebensächlich und die Nebenleistungen wirtschaftlich zu Hauptpflichten werden (**Nebenleistungsgesellschaft**). Damit kann die Satzung der GmbH fast für jeden Zweck angepasst werden.

aa) Arten der Sonderpflichten

2347 In Betracht kommen:

- **Zahlungspflichten** (künftige Beiträge, Umlagen, Zuschüsse, Verlustausgleich und Darlehen, insbesondere Finanzplandarlehen und gesplittete Einlagen);
- **Sachleistungspflichten** (entgeltliche oder unentgeltliche Überlassung von Wirtschaftsgütern jeder Art, die neben einer Sacheinlage zu erbringen sind);
- **sonstige Leistungspflichten** (z. B. Abnahme- und Lieferverpflichtungen, Übernahme der Geschäftsführertätigkeit) und
- **Unterlassungspflichten** (Konkurrenzklauseln unter Beachtung ihrer eingeschränkten Zulässigkeit nach § 1 GWB).

Wesentlich ist stets, dass solche Sonderpflichten im Gesellschaftsvertrag hinreichend bestimmt sind. Die Konkretisierung kann dann durch schuldrechtliche Verträge erfolgen oder einem Gesellschaftsorgan nach billigem Ermessen gem. § 315 BGB überlassen werden.

bb) Verknüpfung mit dem Geschäftsanteil

2348 Zu beachten ist auch, dass es sich bei **Gesellschafterpflichten i. S. v. § 3 Abs. 2 GmbHG um mitgliedschaftliche Pflichten** handelt, die **mit dem Geschäftsanteil selbst verbunden** sind und (regelmäßig und ausgenommen bei höchstpersönlichen Pflichten) **nicht**

mit der Person eines bestimmten Gesellschafters. Sie wirken gegenüber allen künftigen Inhabern des Geschäftsanteils.[1]

Durch die Verknüpfung von Geschäftsanteil und bestimmten Sonderpflichten wird die Übertragbarkeit des Geschäftsanteils zwar rechtlich nicht eingeschränkt, jedoch wird es der Gesellschaft und den Mitgesellschaftern regelmäßig nicht gleichgültig sein, wer als neuer Gesellschafter in die Pflichten des Altgesellschafters einrückt. Deshalb ist dringend zu empfehlen, die Übertragbarkeit solcher Geschäftsanteile an Zustimmungsvorbehalte zu knüpfen oder Vorkaufs- bzw. Übernahmerechte (z. B. beim Übergang von Todes wegen) in die Satzung aufzunehmen. 2349

cc) Satzungsbestandteil

Sonderpflichten eines Gesellschafters müssen im **Gesellschaftsvertrag statuiert** werden; sollen sie später begründet werden, bedarf es hierzu einer Satzungsänderung mit Zustimmung des belasteten Gesellschafters.[2] Gleichermaßen bedarf es zur Befreiung eines Gesellschafters von Nebenleistungspflichten aus § 3 Abs. 2 GmbHG einer Satzungsänderung, die Geschäftsführung kann den Gesellschafter nicht von seinen Pflichten freistellen. Zumal wenn es sich bei den Sonderpflichten um wesentliche Grundlagen des Unternehmens handelt, empfiehlt es sich, die Befreiung von solchen Pflichten an qualifizierte Mehrheitsbeschlüsse oder die Einstimmigkeit zu binden. Die Nicht-Einforderung gesellschaftsvertraglicher Pflichten kann steuerlich als vGA zu werten sein. 2350

Grundsätzlich kann sich auch der Gesellschafter nicht einseitig von solchen Pflichten lösen, indem er unter Beibehaltung seiner Gesellschafterstellung die Nebenleistungspflicht aus wichtigem Grund kündigt. Ist ihm auf Dauer die Erfüllung unzumutbar, wird ihm wohl nur der Weg über eine Austrittserklärung aus wichtigem Grund oder eine Auflösungsklage bleiben. Da zu diesem Thema vieles streitig ist, empfiehlt es sich auch hier, im Gesellschaftsvertrag klare Bestimmungen zu treffen. 2351

dd) Nicht statutarische Sonderpflichten

Im Gesellschaftsvertrag finden sich häufig auch sog. unechte Satzungsbestimmungen, mit denen **nur schuldrechtlich wirkende Pflichten** eines oder mehrerer Gesellschafter begründet werden sollen, der GmbH bestimmte Leistungen zu erbringen.[3] Diese schuldrechtlich wirkenden Vereinbarungen können auch nach schuldrechtlichen Regeln beendet werden (z. B. Kündigung eines Pachtvertrags). Wegen der erheblichen rechtlichen Unterschiede von gesellschaftsvertraglichen Sonderpflichten i. S. d. § 3 Abs. 2 GmbHG (Bestandteil des Geschäftsanteils) und lediglich schuldrechtlichen Gesellschafterverbindlichkeiten sollte im Gesellschaftsvertrag klargestellt werden, welche Pflichten gemeint sind. Am besten sollten schuldrechtlich wirkende Pflichten nicht als unechte Satzungsbestandteile, sondern nur außerhalb des Gesellschaftsvertrags vereinbart werden. 2352

1 Noack/Servatius/Haas/Servatius, GmbHG, § 3 Rz. 34 und 49.
2 Allgemein anerkannt. Siehe nur Ulrich, ZGR 1985 S. 235 ff.
3 BGH v. 15.3.2010 - II ZR 4/09, NJW 2010 S. 3718 Rz. 7.

f) Insolvenzantragsrecht und Insolvenzantragspflicht der Gesellschafter bei Führungslosigkeit, Insolvenzverschleppungshaftung

2353 Grundsätzlich hat der Geschäftsführer, unverzüglich nach Eintritt der Überschuldung oder Zahlungsunfähigkeit (Insolvenzreife) einen Insolvenzantrag zu stellen (§ 15a Abs. 1 InsO), damit insolvente Gesellschaften möglichst schnell vom Markt genommen werden und für bereits vorhandene Gläubiger die Masse nicht weiter aufgebraucht wird und nicht weitere Gläubiger hinzukommen. Bei einer **führungslos gewordenen GmbH sind aber auch die Gesellschafter für die rechtzeitige Insolvenzantragstellung verantwortlich (§ 15a Abs. 3 InsO).** Mit der Erweiterung des Personenkreises, den die Insolvenzantragspflicht trifft, auf die Gesellschafter der GmbH droht ihnen nun auch eine **Insolvenzverschleppungshaftung und eine Bestrafung wegen Insolvenzverschleppung** gem. § 823 Abs. 2 BGB i. V. m. § 15a Abs. 1 und 3 InsO.[1]

2354 Eine Gesellschaft ist führungslos, wenn sie keinen organschaftlichen Vertreter hat. Dies ist der Fall bei ausgeschiedenen oder abberufenen Geschäftsführern, fehlende Kommunikationsmöglichkeit zum Geschäftsführer ist grundsätzlich hingegen nicht ausreichend.[2] Mit der Regelung soll insbesondere der bei sog. Firmenbestattungen zu beobachtenden Umgehung der Insolvenzantragspflicht entgegengewirkt werden und es sollen die Gesellschafter dazu angehalten werden, sich von der Verpflichtung und den damit verbundenen Haftungsfolgen zu befreien, indem sie **ständig für die Einsetzung einer aktionsfähigen Geschäftsführung sorgen.**[3] Sobald ein neuer Geschäftsführer bestellt ist, erlischt die Antragspflicht des Gesellschafters und geht auf den Geschäftsführer als dem eigentlich zuständigen Organ über.

2355 Mit der Ausdehnung der Insolvenzantragspflicht auf die Gesellschafter korrespondiert eine Erweiterung des Kreises der zur Stellung eines Insolvenzantrages berechtigten Personen in § 15 Abs. 1 Satz 2 InsO. Das **Insolvenzantragsrecht** wird im Falle der Führungslosigkeit der GmbH auch den Gesellschaftern eröffnet. Damit nicht unbegründete und haltlose Anträge durch Gesellschafter gestellt werden, muss (zum Schutz der GmbH) der ersatzzuständige Gesellschafter die **Führungslosigkeit glaubhaft** machen, also substantiiert und fundiert bei der Antragstellung darlegen, dass die GmbH **keinen** Geschäftsführer hat (z. B. durch Vorlage einer schriftlichen Amtsniederlegung durch den einzigen Geschäftsführer).

2356 Der Gesellschafter kann aber auch von der **Antragspflicht freigestellt** sein. Der Gesetzgeber verkennt nicht, dass der Gesellschafter sehr häufig mit den (finanziellen) Verhältnissen der GmbH nicht in gleichem Maße vertraut sein kann wie der Geschäftsführer. Wegen des geringeren Einblicks entbindet § 15a Abs. 3 Halbsatz 2 InsO die Gesellschafter von der Antragspflicht, die **von dem Insolvenzgrund (Überschuldung oder Zahlungsunfähigkeit) oder von der Führungslosigkeit keine Kenntnis** haben. Die Antragspflicht besteht also nur, wenn der jeweilige Gesellschafter kumulativ von der Führungslosigkeit und dem Insolvenzgrund **positive Kenntnis** hat, ein Kennenmüssen reicht nicht aus.

---

1 Gehrlein, BB 2008 S. 846, 848.

2 BeckOK InsR/Wolfer, § 15a Rz. 11.

3 Gehrlein, BB 2008 S. 846, 848.

Die **Beweislast** dafür, dass er von dem Insolvenzgrund und der Führungslosigkeit keine Kenntnis erlangt hatte, trifft allerdings den **Gesellschafter,** wie es die Formulierung im Gesetzeswortlaut „es sei denn" zum Ausdruck bringt. Der Gesellschafter kann also seine Haftung nicht dadurch vermeiden, dass er sich bewusst einer Kenntnisnahme verschließt. Erkennt er das Vorliegen eines Insolvenzgrundes, muss er klären, warum dennoch der Geschäftsführer keinen Insolvenzantrag gestellt hat, und wird so herausfinden, dass es keinen Geschäftsführer mehr gibt; weiß er aber, dass die GmbH führungslos ist, hat er allen Anlass dazu, sich näher über die Vermögensverhältnisse zu informieren, wozu ihm ja auch sein individuelles Informationsrecht zur Verfügung steht.

Die Pflicht zur Wahrnehmung seiner Informationsrechte im Hinblick auf § 15a Abs. 3 InsO mag allerdings abgestuft zu sehen und bei kleinbeteiligten Gesellschaftern geringer sein als bei einem Mehrheitsgesellschafter. Insbesondere bei GmbHs, die einen relativ großen Gesellschafterkreis haben, wird es sich für die Unternehmenspraxis anbieten, einen regelmäßig tagenden Gesellschafterbeirat einzurichten und ihn speziell mit Überwachungsaufgaben zu betrauen, damit die Gesellschafter im Ernstfall innerhalb der Drei- bzw. Sechswochenfrist reagieren und der Insolvenzantragspflicht genügen können.

In der Praxis stellt sich bei Insolvenzanträgen über führungslose Gesellschaften ein Sonderproblem. Eine organschaftlich nicht vertretene Gesellschaft ist nicht i. S. der §§ 51 ff. ZPO **prozessfähig,** weshalb ein Insolvenzverfahren unzulässig ist.[1] In diesen Fällen ist ein Notgeschäftsführer (was regelmäßig praktisch aufgrund Geldmangels und Haftungsgefahren nicht möglich sein wird) oder – vorzugswürdig – ein **Verfahrenspfleger** durch das Gericht zu bestellen. Von der Rechtsprechung wird über § 4 InsO hierfür § 57 ZPO angewendet.[2] 2357

(Einstweilen frei) 2358–2390

B. GmbH-Geschäftsanteil im Rechtsverkehr (Gesellschafterwechsel)

Die Mitgliedschaft in einer GmbH wird originär durch Übernahme eines oder mehrerer Geschäftsanteile (bei Gründung oder Kapitalerhöhung) oder derivativ durch den Erwerb eines oder mehrerer Geschäftsanteile (Übertragung unter Lebenden, Erbfall) erlangt. Sie geht verloren, wenn der Geschäftsanteil veräußert wird (sowie durch das Kaduzierungsverfahren, die Ausübung des Abandonrechts, Kündigung, Einziehung des Geschäftsanteils oder Ausschluss des Gesellschafters). Ein Geschäftsanteil kann auch gutgläubig vom Nichtberechtigten erworben werden (§ 16 Abs. 3 GmbHG), was zu einem entsprechenden Verlust des Geschäftsanteils beim wahren Inhaber führt. 2391

1 OLG Köln v. 3.1.2000 - 2 W 214/99, NZI 2000 S. 134; OLG Dresden v. 12.10.1999 - 7 W 1754/99, NZI 2000 S. 136; BGH v. 7.12.2006 - IX ZB 257/05, NWB WAAAC-35026, ZIP 2007 S. 144.

2 BeckOK InsR/Wolfer, InsO, § 15a Rz. 15a.

I. Übertragung des Geschäftsanteils

LITERATUR:

Pohlmann, GmbH-Anteilskauf – Formzwang für Nebenabreden und Vertragsübernahme, Heilung bei Veräußerungskette, GmbHR 2002 S. 41; *Kleinert/Blöse/von Xylander*, Erfüllung der Formerfordernisse nach § 15 Abs. 3 und 4 GmbHG durch antizipierte Satzungsklauseln – ein Gestaltungsvorschlag, GmbHR 2003 S. 1230; *Walz/Fembacher*, Zweck und Umfang der Beurkundung nach § 15 GmbHG, NZG 2003 S. 1134; *Barth*, Keine Erfüllung des § 15 Abs. 3 und 4 GmbHG durch antizipierte Satzungsklausel, GmbHR 2004 S. 382; *Brück*, Rechtsprobleme der Auslandsbeurkundung im Gesellschaftsrecht, DB 2004 S. 2409; *Kleinert/Blöse/von Xylander*, Sehr wohl – Erfüllung der Formerfordernisse nach § 15 Abs. 3 und 4 GmbHG durch antizipierte Satzungsklauseln, GmbHR 2004 S. 630; *Fohler/Greitemann*, Die Verdeckte Treuhand an GmbH-Anteilen, GmbHR 2005 S. 2488; *Fuldner*, Treuhandschaft – Treuhänderisch gehaltener GmbH-Anteil: Zur praktischen Bedeutung und zu rechtlichen und steuerlichen Grundlagen – Vertragsmuster mit ausführlichen Hinweisen, GmbH-Stpr 2005 S. 77; *Greitemann*, Die Formbedürftigkeit der Erwerbstreuhand an GmbH-Anteilen, GmbHR 2005 S. 577; *Heidbrink*, Beurkundung von Schiedsgerichtsordnungen in GmbH-Anteilskaufverträgen, GmbHR 2010 S. 848; *Bartels*, Zuzug ausländischer Kapitalgesellschaften unter der Sitztheorie, ZHR 176 (2012) S. 412; *Heckschen*, Einzelfragen zu Vinkulierungsklauseln, FS 25 Jahre Deutsches Notarinstitut, 2018, S. 453.

1. Veräußerlichkeit

2392 Seit dem MoMiG hat die Vorschrift über die **Gesellschafterliste** (§ 40 GmbHG) inhaltliche Änderungen erfahren und essentiell an substantieller Bedeutung gewonnen. Im Fall der Veränderung gilt im Verhältnis zur Gesellschaft nur der als Inhaber des Geschäftsanteils, wer in der im Handelsregister aufgenommenen Gesellschafterliste eingetragen ist. Außerdem knüpft an die Gesellschafterliste der gutgläubige Erwerb des Geschäftsanteils an.

2393 Der **Geschäftsanteil** an einer GmbH ist gem. § 15 Abs. 1 GmbHG **veräußerlich** und **vererblich.** Dadurch unterscheidet sich die Mitgliedschaft in einer GmbH von der Beteiligung an einer Personengesellschaft, die grundsätzlich nicht übertragbar ist. Der Gesetzgeber trägt damit einem regelmäßig bestehenden Bedürfnis der Gesellschafter Rechnung, über ihre Geschäftsanteile verfügen zu können. Auch wenn eine freie Stückelung der Geschäftsanteile und eine fast beliebige Festlegung ihrer Nennbeträge möglich ist und vorhandene Geschäftsanteile beliebig geteilt werden können, soll diese flexible Gestaltung dennoch **nicht zu einem Handel** mit Geschäftsanteilen führen, weil die Mitgliedschaft in einer GmbH auf Dauer angelegt ist und die GmbH nicht selten über eine ausgeprägte personalistische Struktur verfügt, die in der Satzung über § 45 Abs. 1 GmbHG von den Gesellschaftern nahezu beliebig weit ausgestaltet werden kann.

Damit sich die Gesellschafter auch davor schützen können, dass ihnen nicht jede beliebige Person als neuer Mitgesellschafter aufgezwungen werden kann, ist § 15 Abs. 1 GmbHG nicht zwingend.[1] Vielmehr eröffnet neben den für die Übertragung zu beachtenden Formvorschriften, die vornehmlich den Handel mit GmbH-Geschäftsanteilen erschweren sollen, die Vorschrift des § 15 Abs. 5 GmbHG die Möglichkeit, die Übertragung von Geschäftsanteilen von bestimmten Voraussetzungen abhängig zu machen oder

1 Noack/Servatius/Haas/Servatiu, GmbHG, § 15 Rz. 49 ff.; Bühler/Meier, MittBayNoz 2023 S. 2.

sogar die Veräußerbarkeit – nicht auch die Vererblichkeit – ganz auszuschließen. In der Praxis sehen hierfür Satzungen meist besondere Genehmigungsvorbehalte vor und/ oder die Gesellschafter machen – je nach dem Grad der personalistischen Struktur – mit Satzungsregeln einen Gesellschafterwechsel von bestimmten Eigenschaften (z.B. Ausbildung) des Erwerbers bzw. der Übernahme besonderer Pflichten abhängig (sog. **Vinkulierung**) oder die Satzung sieht Vorkaufs- oder Vorerwerbsrechte der Gesellschafter vor.

Die Übertragbarkeit der Geschäftsanteile gibt dem Gesellschafter die Möglichkeit, sich ganz oder teilweise von seiner Beteiligung an der GmbH zu trennen. Deshalb enthält das GmbHG auch keine Bestimmungen über die Kündigung des Gesellschaftsverhältnisses. Enthält die Satzung Regeln, die eine Übertragbarkeit des Geschäftsanteils nachhaltig erschweren oder gänzlich ausschließen, wird dem Gesellschafter allerdings das Recht zugebilligt, durch einseitige Kündigung seinen **Austritt** aus der Gesellschaft zu erklären, wenn ein wichtiger Grund vorliegt und ihm eine weitere Zugehörigkeit zu der Gesellschaft nicht zugemutet werden kann.[1] Erschwert die Satzung die Übertragbarkeit nachhaltig, empfiehlt es sich als Korrektiv im Gesellschaftsvertrag auch ein Kündigungsrecht zu vereinbaren, was die Vertragsfreiheit gestattet. Sind Geschäftsanteile dagegen frei übertragbar, ist die zusätzliche Vereinbarung eines Kündigungsrechts wenig sinnvoll. 2394

Keine Anteilsübertragung liegt vor, wenn im Zuge einer Kapitalerhöhung neue Geschäftsanteile entstehen und die GmbH mit dem Übernehmer den Übernahmevertrag i.S.d. § 55 Abs. 1 GmbHG abgeschlossen hat, mit dem sich der neue Gesellschafter zur Einzahlung der Einlage auf den übernommenen Geschäftsanteil verpflichtet (§ 55 Abs. 2 und § 14 Satz 1 und 3 GmbHG). Dieser Vertrag ist kein Austauschvertrag, mit dem die GmbH den neuen Geschäftsanteil gleichsam „liefert“, sondern der Vertrag hat körperschaftlichen Charakter, der die Mitgliedschaft (Geschäftsanteil) auf der Grundlage des Kapitalerhöhungsbeschlusses kraft Gesetzes mit der Eintragung in das Handelsregister entstehen lässt.[2] 2395

2. Formzwang

Sowohl die **Abtretung des Geschäftsanteils** (§ 15 Abs. 3 GmbHG) als auch die **Verpflichtung** hierzu (§ 15 Abs. 4 GmbHG) bedarf der **notariellen Beurkundung** gem. § 128 BGB. Zweck dieser Formvorschrift ist es weniger – wie bei Grundstücksgeschäften nach § 311b BGB – die übereilte Veräußerung zu verhindern, sondern es soll eine ungebundene Umsetzung von Geschäftsanteilen von Hand zu Hand unmöglich gemacht und der im Hinblick auf § 16 GmbHG wichtige Nachweis für die Inhaberschaft des Geschäftsanteils gewährleistet werden, zumal es für die Beteiligung keinen „Anteilsschein“ wie etwa bei der Aktie gibt.[3] 2396

1 BGH v. 16.12.1991 - II ZR 58/91, NJW 1992 S. 892; im Ergebnis ist aber vieles streitig MüKoGmbHG/Strohn, § 34 Rz. 191 ff.

2 BGH v. 11.1.1999 - II ZR 170/98, NWB RAAAF-67573, BGHZ 140 S. 258, 260.

3 Vgl. BGH v. 19.4.1999 - II ZR 365/97, NWB ZAAAF-84028, BGHZ 141 S. 208.

Der Notar, der an der Veränderung in der Person eines Gesellschafters oder des Umfangs seiner Beteiligung mitgewirkt hat, muss anstelle der Geschäftsführer die geänderte Gesellschafterliste mit allen nach § 40 Abs. 1 Satz 1 GmbHG vorgeschriebenen Angaben zur Person des Übernehmers und zu der Nummer und dem Nennbetrag des betreffenden Geschäftsanteils unterschreiben, zum Handelsregister einreichen und der Gesellschaft eine Abschrift der geänderten Gesellschafterliste übermitteln. Im Verhältnis zur GmbH gilt nur derjenige als Inhaber eines Geschäftsanteils, wer als Inhaber in der im Handelsregister aufgenommenen Gesellschafterliste eingetragen ist. Aufgenommen in das Handelsregister ist die Gesellschafterliste gem. § 8a HGB, wenn sie in den für Handelsregistereintragungen bestimmten Datenspeicher aufgenommen (d. h. in den entsprechenden Registerordner nach § 9 HRV eingestellt) ist und auf Dauer inhaltlich unverändert in lesbarer Form wiedergegeben werden kann.

2397 Ein nicht formgerecht abgeschlossener Verpflichtungsvertrag wird nach § 15 Abs. 4 Satz 2 GmbHG durch die nachfolgende oder gleichzeitig in derselben Urkunde in notarieller Form vorgenommene Abtretung des Geschäftsanteils geheilt.[1]

2398 **Zu beurkunden** sind **alle Teile** des schuldrechtlichen Verpflichtungsgeschäfts. Der Beurkundungszwang nach § 15 Abs. 4 Satz 1 GmbHG erstreckt sich also nicht nur auf die wesentlichen Vertragsbestandteile, wie insbesondere den Kaufpreis, sondern auch auf Nebenabreden und Bestimmungen, die Einzelheiten der Vertragserfüllung oder die Teilnahme des ausscheidenden Gesellschafters an noch nicht ausgeschütteten Gewinnen betreffen, oder die Vereinbarung einer Bedingung oder spätere Vertragsänderungen, wie z. B. die Vereinbarung, dass ein aufschiebend bedingter Vertrag zur Abtretung eines Geschäftsanteils nunmehr unabhängig vom Eintritt der Bedingung wirksam werden solle.[2] Ist die Verpflichtung zur Übertragung eines Geschäftsanteils nur ein Bestandteil einer aus weiteren Teilen zusammengesetzten vertraglichen Regelung, erfasst die Beurkundungspflicht sämtliche Abreden.[3]

BEISPIEL: Der Gesellschafter-Geschäftsführer einer GmbH wird abberufen und scheidet einvernehmlich unter Verzicht auf spätere Ausschüttungen des anteiligen Jahresergebnisses aus der GmbH aus, wobei sein Geschäftsanteil gegen Zahlung einer Abfindung und Vergütung des zeitanteiligen Gewinnanspruchs von den verbleibenden Mitgesellschaftern übernommen wird, die sich auch verpflichten, für die Tilgung eines vom Ausscheidenden gewährten Gesellschafterdarlehens einzustehen: Hier bedürfen alle eingegangenen Verpflichtungen der notariellen Form, nicht nur die Abtretungsverpflichtung.

2399 Der Schutzzweck der Formvorschrift ist aber zu berücksichtigen. Deshalb führen Rechenfehler, die in einer dem Vertrag als Anlage beigefügten Bilanz enthalten sind, nicht zwangsläufig zur Unwirksamkeit des Verpflichtungsgeschäfts.[4]

2400 Bezieht sich die Abtretung auf **künftig** (mit der Eintragung der GmbH in das Handelsregister) **entstehende Geschäftsanteile**, bedarf auch sie der notariellen Form und wird mit der Eintragung wirksam.[5] Folglich sind die **Formvorschriften** bereits in der **Phase der**

1 BGH v. 21.9.1994 - VIII ZR 257/93, BGHZ 127 S. 129.
2 BGH v. 21.9.1994 - VIII ZR 257/93, BGHZ 127 S. 129; v. 25.3.1998 - VIII ZR 185/96, BGHZ 138 S. 195.
3 BGH v. 12.1.1998 - II ZR 378/96, DStR 1999 S. 539.
4 BGH v. 8.5.2000 - II ZR 144/98, DStR 2000 S. 1272.
5 BGH v. 19.4.1999 - II ZR 365/97, NWB ZAAAF-84028, BGHZ 141 S. 208.

Vor-GmbH zu beachten.[1] Ist allerdings der Gesellschaftsvertrag noch nicht abgeschlossen und befindet sich die GmbH noch im Stadium der Vorgründungsgesellschaft, und wird bereits zu dieser Zeit die Abtretung vereinbart, unterliegt diese Abrede mangels eines schon im Entstehen begriffenen Geschäftsanteils nicht dem Formzwang des § 15 Abs. 4 GmbHG.[2]

Die **Formbedürftigkeit** des **Treuhandvertrags,** der vor der Eintragung der Gesellschaft abgeschlossen wird, ist umstritten. Der BGH differenziert danach, ob es schon einen beurkundeten Gesellschaftsvertrag gibt oder nicht.[3] Sowohl die Verpflichtung des Gesellschafters, einen bestehenden Geschäftsanteil künftig für einen Treugeber zu halten, als auch eine solche Treuhandvereinbarung, die der Gesellschafter nach der Gründung, aber noch vor der Eintragung der GmbH hinsichtlich des künftig entstehenden Geschäftsanteils schließt, bedürfen der notariellen Beurkundung. 2401

Die notarielle Form muss auch eingehalten werden, wenn ein formgerecht begründeter Anspruch auf Übertragung eines Geschäftsanteils an einen Dritten abgetreten wird, damit es nicht zu einem freien Handel mit Geschäftsanteilen kommt. Deshalb unterliegt auch der Wechsel des Treugebers der Formvorschrift.[4] Formfrei kann aber der Austausch des Treuhänders erfolgen, weil dort der Inhaber des Übertragungsanspruchs aus dem Treuhandverhältnis derselbe bleibt und somit kein Handel mit dem Geschäftsanteil stattfindet.[5] 2402

Eine Besonderheit gilt, wenn sich die Verpflichtung zur Abtretung bereits im notariell beurkundeten Gesellschaftsvertrag findet und der Abtretungsempfänger ein Mitgesellschafter ist. Im Zusammenhang mit Kündigungsregeln und Regeln über die Ausschließung von Gesellschaftern wird nicht selten bestimmt, dass für diesen Fall der Geschäftsanteil an einen Mitgesellschafter zu übertragen ist. Dann enthält der Gesellschaftsvertrag bereits beide Rechtsgeschäfte in der vorgeschriebenen Form, ohne dass es noch einer besonders zu beurkundenden Annahmeerklärung bedürfte. Der BGH billigt im Urteil vom 30.6.2003[6] eine **„Anwachsungsregelung"** (vgl. § 738 BGB), wonach der Geschäftsanteil eines austretenden oder kündigenden bzw. ausgeschlossenen Gesellschafters den übrigen Gesellschaftern unter gleichzeitiger Teilung „dinglich anfällt". Er sieht hierin eine bereits mit der Satzung vereinbarte und daher der Formvorschrift des § 15 Abs. 3 und 4 GmbHG genügende, durch den Austritt des Gesellschafters aufschiebend bedingte Teilung und Abtretung des Geschäftsanteils. 2403

Gehört der vorgesehene Übernehmer aber nicht zum Kreis der Gesellschafter, enthält der Gesellschaftsvertrag zwar die Verpflichtungserklärung, nicht aber die Annahme; sie muss dann noch gesondert nach § 15 Abs. 4 GmbHG beurkundet werden. Die Abtretung selbst (Verfügungsgeschäft) muss stets noch in der nach § 15 Abs. 3 GmbHG vorgeschriebenen Form erfolgen. 2404

1 BGH v. 26.9.1994 - II ZR 166/93, DStR 1995 S. 223.
2 Vgl. BGH v. 19.4.1999 - II ZR 365/97, NWB ZAAAF-84028, BGHZ 141 S. 208.
3 BGH v. 19.4.1999 – II ZR 365/97, NWB ZAAAF-84028, BGHZ 141 S. 207 ff., NJW 1999 S. 2594.
4 BGH v. 5.11.1979 - II ZR 83/79, BGHZ 75 S. 352.
5 BGH v. 5.11.1979 - II ZR 83/79, BGHZ 75 S. 352.
6 BGH v. 30.6.2003 - II ZR 326/01, NWB XAAAB-98000, DStR 2003 S. 1717.

2405 Handelt im Rahmen der Übertragung des Geschäftsanteils ein **Vertreter** mit rechtsgeschäftlich erteilter Vollmacht, ist diese Vollmacht grundsätzlich nach § 167 Abs. 2 BGB formlos gültig, die Vorschrift des § 2 Abs. 2 GmbHG ist nicht entsprechend anzuwenden.[1] Dies gilt nach überwiegender Meinung auch für eine unwiderrufliche Vollmacht und eine Befreiung vom Verbot des Selbstkontrahierens (§ 181 BGB). Der Erwerber des Geschäftsanteils kann den Veräußerer und umgekehrt auch der Veräußerer den Erwerber unter Befreiung von § 181 BGB namentlich bevollmächtigen, den Verkauf und die Abtretung des Geschäftsanteils zugleich auch in seinem Namen vorzunehmen.[2] Nur ausnahmsweise bedarf die Vollmacht der notariellen Form, wenn schon mit der Erteilung der Vollmacht ein Zwang zur Eingehung der Verpflichtung einträte und damit die Formvorschrift ausgehöhlt würde.[3] Nicht zulässig ist eine Blankovollmacht, die den Erwerber offen lässt, weil dies einen formlosen Handel mit Geschäftsanteilen ermöglicht. Auch die Genehmigung für die Erklärungen eines bei der notariellen Beurkundung der Abtretungsverpflichtung aufgetretenen vollmachtlosen Stellvertreters nach § 182 Abs. 2 BGB ist formfrei möglich.[4]

2406 Die Beurkundungsform des deutschen Rechts kann durch eine Auslandsbeurkundung ersetzt werden, wenn die ausländische Beurkundung der deutschen gleichwertig ist (z. B. durch schweizerische oder österreichische Notare, nicht aber einen US-amerikanischen notary public).[5] Grundsätzlich kann auch der ausländische Notar die gem. § 40 Abs. 1 GmbHG geforderte, geänderte und unterschriebene Gesellschafterliste beim Handelsregister einreichen.[6]

3. Heilung des formunwirksamen Verpflichtungsgeschäfts

2407 Wird die Form nicht beachtet, führt dies grundsätzlich zur Nichtigkeit des obligatorischen Geschäfts. § 15 Abs. 4 Satz 2 GmbHG enthält jedoch eine Heilungsvorschrift. Durch die wirksame Abtretung wird ein nicht beurkundeter Veräußerungsvertrag geheilt. Die Heilungswirkung erfasst den gesamten Vertrag, also auch gewollte, aber nicht in die Beurkundung aufgenommene mündliche Nebenabreden, verschleierte Kaufpreiszahlungen,[7] neben dem Kaufpreis übernommene weitere Verpflichtungen[8] oder auch die anderen Regelungen, wenn die Anteilsübertragung nur einen Teil einer Gesamtregelung darstellt.[9] Die Heilung tritt aber nicht rückwirkend ein und nur dann, wenn im Zeitpunkt der Abtretung noch eine Willensübereinstimmung der Beteiligten über das mangelhaft Beurkundete besteht.[10]

1 Beck-GmbH-HB/Schacht, § 12 Rz. 75.
2 BGH v. 24.3.1954 - II ZR 23/53, BGHZ 13 S. 49.
3 BGH v. 24.3.1954 - II ZR 23/53, BGHZ 13 S. 49.
4 BGH v. 25.9.1996 - VIII ZR 172/95, DStR 1996 S. 1982.
5 BGH v. 17.12.2013 - II ZB 6/13, NWB OAAAE-54555, NZG 2014 S. 219.
6 BGH v. 17.12.2013 - II ZB 6/13, NWB OAAAE-54555, NZG 2014 S. 219.
7 BGH v. 23.2.1983 - IVa ZR 187/81, DB 1983 S. 1141.
8 BGH v. 27.6.2001 - VIII ZR 329/99, NWB IAAAC-04498, DStR 2001 S. 2035.
9 BGH v. 12.1.1998 - II ZR 378/96, DStR 1998, 539.
10 BGH v. 21.9.1994 - VIII ZR 257/93, BGHZ 127 S. 129.

4. Nichtigkeit der Anteilsübertragung

Gemäß § 15 Abs. 3 GmbHG bedarf der dingliche Abtretungsvertrag der notariellen Form. 2408
Dieses Gebot ist zwingend und kann nicht ausgeschlossen werden. Eine Heilung ist im Gegensatz zum schuldrechtlichen Übertragungsvertrag, der in der Praxis nicht selten wegen der Heilungswirkung durch die nachfolgende Abtretung formlos abgeschlossen wird, es aber schon aus Beweisgründen nicht sollte, nicht möglich. Die Abtretung muss in notarieller Form auch erfolgen, wenn die Abtretungsverpflichtung nicht auf Vertrag, sondern (wie z. B. in Treuhandverhältnissen) auf Gesetz (§ 667 BGB) beruht oder mit ihr z. B. ein Vermächtnis vollzogen werden soll.

Wird die Form des § 15 Abs. 3 GmbHG bei der Abtretung nicht beachtet, ist diese von 2409
Anfang an unheilbar nichtig und muss formgerecht wiederholt werden.

Bei Nichtigkeit der Anteilsübertragung und Anfechtbarkeit, die (zivilrechtlich) rückwir- 2410
kend zur Nichtigkeit führt, sind die Regeln über die fehlerhafte Gesellschaft nicht anwendbar. Vielmehr gilt die Sonderregelung in § 16 Abs. 1 GmbHG. Der scheinbare Erwerber hat daher die aufgrund seiner vermeintlichen Gesellschafterstellung erlangten Vorteile – etwa Gewinne (§ 818 Abs. 1 BGB) – an den Veräußerer herauszugeben.[1] Im Einzelfall kann zu erwägen sein, eine mangels notarieller Form unwirksame Übertragung eines Geschäftsanteils umzudeuten (§140 BGB) in eine (formlos mögliche) Abtretung des aus der Mitgliedschaft resultierenden Gewinnbezugsrechts sowie der Liquidationsquote. Dabei müsste allerdings der Wille der Parteien dahingehend nachweisbar sein, sich auch mit einem Minus begnügen zu wollen.[2]

5. Rechtswirkungen der Abtretung

Nach § 15 Abs. 2 GmbHG behält ein übertragener Geschäftsanteil seine Selbständigkeit, 2411
auch wenn die Übertragung an einen Gesellschafter erfolgt; er verfügt dann über mehrere Geschäftsanteile. Mit der Abtretung geht die Mitgliedschaft mit allen Rechten und Pflichten über. Die Gesellschafterstellung des Veräußerers endet und die Mitgliedschaft des Neugesellschafters beginnt. Der Erwerber wird auch Inhaber des Gewinnanspruchs für das laufende Geschäftsjahr und wird Gläubiger aller Gewinnausschüttungen, die noch nicht beschlossen waren. Wird keine besondere Abrede getroffen, muss der Erwerber die bis zum Übergang des Geschäftsanteils erwirtschafteten Gewinne, über deren Verwendung noch nicht beschlossen war, herausgegeben.[3]

Ist die Übertragung eines Geschäftsanteils an der GmbH fehlerhaft, so können die 2411/1
Grundsätze der Lehre von der fehlerhaften Gesellschaft nicht angewendet werden.[4] Auch die Umdeutung einer formunwirksamen Abtretung eines Geschäftsanteils in eine Abtretung des Gewinnbezugsrechts scheidet aus, da der Erwerber in der Regel auch das mit der Stellung als Gesellschafter verbundene Stimmrecht erwerben will.[5]

1 BGH v. 17.7.2021 - II ZR 217/10, GmbHR 2012 S. 1304.
2 MüKoGmbHG/Weller/Reichert, § 15 Rz. 74.
3 BGH v. 30.1.1995 - II ZR 45/94, DB 1995 S. 619.
4 BGH v. 20.7.2010 - XI ZR 465/07, NWB FAAAD-48162, ZIP 2010 S. 1590.
5 BGH v. 17.7.2012 - II ZR 217/10, NWB DAAAE-21054, ZIP 2013 S. 118.

6. Wirkung der Übertragung gegenüber der Gesellschaft (Eintragung in die Gesellschafterliste)

LITERATUR:

Blöken, Haftung des Erwerbers von Geschäftsanteilen, GmbHR 2005 S. 1166; *Pentz*, Anmeldung und Anfechtung des Geschäftsanteilserwerbs, DStR 2006 S. 855; *Bednarz*, Die Gesellschafterliste als Rechtsscheinträger für einen gutgläubigen Erwerb von GmbH-Geschäftsanteilen, BB 2008 S. 1854; *Maier-Reimer*, Immer Ärger mit der Gesellschafterliste, FS Grunewald, 2021, S. 711; *Osterloh*, Gutgläubiger Erwerb bei aufschiebend bedingter Übertragung von GmbH-Geschäftsanteilen, NZG 2011 S. 495; *Löbbe*, Die GmbH-Gesellschafterliste – Eine Bestandsaufnahme sieben Jahre nach dem MoMiG – GmbHR 2016 S. 141; *Klein*, Fragen im Zusammenhang mit dem (fehlgeschlagenen) Erwerb eigener Geschäftsanteile, NZG 2016 S. 1241; *Miller*, Legitimationswirkung der Gesellschafterliste auch bei eingezogenen Geschäftsanteilen, NJW 2019 S. 993; *Mülbert/Sajnovits*, Grenzen der Legitimationswirkung des § 16 Abs. 1 GmbHG in Missbrauchsfällen (§ 16 Abs. 1 GmbHG), GmbHR 2021 S. 68.

2412 § 16 GmbHG enthält zwingendes Recht und soll neben der Missbrauchsbekämpfung Transparenz über die Anteilseignerstrukturen schaffen. Weiter wird die Haftung für rückständige Einlageleistungen geregelt sowie die Möglichkeit eines gutgläubigen Erwerbs.

a) Legitimation durch Eintragung in die geänderte Gesellschafterliste

2413 Die Rechtswirkung bei einer Veränderung in den Personen der Gesellschafter oder des Umfangs ihrer Beteiligung im Verhältnis zur GmbH knüpft an **die Eintragung als Inhaber des Geschäftsanteils** (Legitimation) in der im Handelsregister aufgenommenen **Gesellschafterliste** (§ 40 GmbHG) an (§ 16 Abs. 1 Satz 1 GmbHG). Die Eintragung einer (wirksamen) Veränderung in die Gesellschafterliste und deren Einreichung beim Handelsregister obliegt grundsätzlich den Geschäftsführern (§ 40 Abs. 1 Satz 1 GmbHG). **Die Änderung der Liste durch die Geschäftsführer erfolgt auf Mitteilung und Nachweis** (§ 40 Abs. 1 Satz 2 GmbHG). Um ihre (dem Inhaber der Namensaktie gem. § 67 AktG vergleichbare) Legitimation gegenüber der Gesellschaft zu erlangen, obliegt es also den betreffenden Gesellschaftern, den Geschäftsführern die Veränderung mitzuteilen und nachzuweisen.

Das Gesetz will damit einen Anreiz für die Gesellschafter schaffen, für die Aktualisierung und Richtigkeit der Gesellschafterliste zu sorgen. Wie bei der früheren Anmeldung des Übergangs des Geschäftsanteils erfolgen Mitteilung und Nachweis zweckmäßigerweise unter Vorlage einer Urkundenausfertigung, können aber auch in sonstiger überzeugender Unterrichtung geschehen,[1] was aber z. B. nicht der Fall ist, wenn der Geschäftsführer weiß, dass eine erforderliche Zustimmung der Gesellschafterversammlung fehlt oder dass die Wirksamkeit der Übertragung von zusätzlichen Umständen abhängig ist oder nur zu einem bestimmten Zeitpunkt erfolgen kann, der noch nicht eingetreten ist.

1 Vgl. BGH v. 24.6.1996 - II ZR 56/95, GmbHR 1997 S. 165.

b) Begriff der Veränderung

Unter **Veränderungen** sind solche **ohne Rechtsnachfolge** (wie Zusammenlegung oder Teilung von Geschäftsanteilen, der Formwechsel eines Gesellschafters, Kapitalmaßnahmen durch Erwerb neuer oder im Nennwert erhöhter Anteile oder mit Herabsetzung des Nennwerts von Anteilen sowie die Aufstockung von bestehenden Anteilen aufgrund der Einziehung eines anderen Anteils) zu verstehen. **Veränderungen mit Rechtsnachfolge** sind Rechtsübergänge durch **Einzelrechtsnachfolge** (wie Abtretung, Versteigerung und Kaduzierung des Geschäftsanteils) und Rechtsübergänge durch **Gesamtrechtsnachfolge** (wie Erbfolge, Verschmelzung, Spaltung, Anwachsung und Begründung der Gütergemeinschaft). **Belastungen von Geschäftsanteilen** (wie durch Bestellung eines Nießbrauchs oder Pfandrechts oder durch Pfändung) **sind keine Veränderungen**, weil sie weder die Person des Gesellschafters noch den Umfang der Beteiligung betreffen. Sie sind nicht in der Gesellschafterliste auszuweisen. 2414

c) Änderung der Gesellschafterliste durch die Geschäftsführer

Die **geänderte Gesellschafterliste** haben die **Geschäftsführer** unverzüglich nach Wirksamwerden jeder Veränderung in den Personen der Gesellschafter oder des Umfangs ihrer Beteiligung zu unterschreiben und zum Handelsregister einzureichen. Eine Vertretung ist ausgeschlossen. Das Einreichen der Liste ist ein höchstpersönliches Geschäft und kann daher nur durch den Geschäftsführer selbst erledigt werden.[1] Aus der Liste müssen ersichtlich sein: 2415

a) Name, Vorname, Geburtsdatum und Wohnort der Gesellschafter,

b) die Nennbeträge und die laufenden Nummern der von jedem Gesellschafter übernommenen Geschäftsanteile,

c) bei Handelsgesellschaften ist die Firma und statt des Geburtsdatums das zuständige Handelsregister und die Handelsregister-Nummer anzugeben.

d) Hält eine GbR den Geschäftsanteil, sind auch deren Gesellschafter mit ihren Personalien zu verzeichnen.

Zur Klarstellung sollte die Liste mit einem Vermerk schließen, dass die Liste Veränderungen enthält, die sich aus ... (Bezeichnung des Rechtsvorgangs) ergeben haben, und im Übrigen mit dem Inhalt der zuletzt im Handelsregister aufgenommenen Liste übereinstimmt.[2]

Die **Geschäftsführer** sollten sorgfältig darauf achten, bei jeder Veränderung in der Person eines Gesellschafters oder des Umfangs seiner Beteiligung unverzüglich nach deren Wirksamwerden die geänderte Gesellschafterliste zu erstellen, zu unterschreiben und beim Handelsregister einzureichen. Verletzen sie ihre Pflichten aus § 40 Abs. 1 GmbHG, **haften sie** nicht nur den **Gläubigern der Gesellschaft**, sondern auch **denjenigen Gesell-** 2416

1 OLG Brandenburg v. 23.2.2022 - 7 W 21/22, NWB WAAAJ-19285, NZG 2022 S. 971; KG Berlin v. 29.11.2021 - 22 W 58/21, GmbHR 2022 S. 696.

2 Ein Muster dazu findet sich bspw. unter BeckFormB GmbHR/Najdecki Form. E.IX.2. Anm. 1, 2.

schaftern, deren Beteiligung sich geändert hat, für den daraus entstehenden Schaden als Gesamtschuldner (§ 40 Abs. 3 GmbHG).[1]

Diese Schadenshaftung kann insbesondere eintreten, wenn ein Gesellschafter einen **Rechtsverlust durch den gutgläubigen Erwerb** eines Geschäftsanteils oder eines Rechtes an dem Geschäftsanteil durch einen Dritten gem. § 16 Abs. 3 GmbHG erleidet. Der gutgläubige Erwerb vom Nichtberechtigten knüpft an den Rechtsschein der Gesellschafterliste an. Ist sie im Zeitpunkt des Erwerbs länger als drei Jahre unrichtig, kann ein gutgläubiger Dritter von dem unrichtig als Inhaber eingetragenen Gesellschafter den Geschäftsanteil erwerben. Den Schaden kann dann der in Wahrheit berechtigte Gesellschafter bei den pflichtwidrig handelnden Geschäftsführern einfordern.

Deshalb ist den Geschäftsführern dringend anzuraten, formlose Mitteilungen und Nachweise sorgsam zu prüfen und sich, wenn möglich, auf qualifizierte Nachweise wie öffentliche Urkunden (z. B. den Erbschein) oder öffentlich beglaubigte Urkunden und Registerauszüge zu verlassen und deren Vorlage zu verlangen und die von der Änderung betroffenen Personen von sich aus zu unterrichten, damit diese die Möglichkeit haben, einen Widerspruch beim Handelsregister zuordnen zu lassen. Jeder Gesellschafter sollte jeweils vor Ablauf von drei Jahren die aktuelle Gesellschafterliste beim Handelsregister einsehen, um sich vor einem gutgläubigen Erwerb ihres eigenen Anteils infolge der unrichtigen Eintragung eines Nichtberechtigten zu schützen (s. Rz. 2528 ff.). Dem Handelsregister obliegt keine inhaltliche Überprüfung der Gesellschafterliste, es darf allenfalls prüfen, ob die Gesellschafterliste den formalen Anforderungen des § 40 GmbHG entspricht.[2]

2416/1 Noch immer sind eine Vielzahl an Streitfragen offen. So ist nicht geregelt, ob Geschäftsführer von sich aus tätig werden müssen, wenn die Liste unrichtig ist.[3] Ebenfalls bisher höchstrichterlich ungeklärt und umstritten ist die Frage, ob der Geschäftsführer bei Ausgestaltung und Einreichung der Gesellschafterliste den Weisungen der Gesellschafterversammlung unterworfen ist. Der BGH hat die Frage offengelassen.[4]

d) Änderung der Gesellschafterliste durch den mitwirkenden Notar

2417 Hat jedoch ein **Notar** an solchen Veränderungen mitgewirkt, werden zum einen die **Gesellschafter** von ihrer **Obliegenheit** des **Nachweises** und der **Mitteilung** und zum anderen die **Geschäftsführer** von ihrer **Pflicht** enthoben, eine von ihnen unterschriebene **Liste der Gesellschafter zum Handelsregister einzureichen.**[5] An ihre Stelle tritt die **„notarbescheinigte Liste"** gem. § 40 Abs. 2 GmbHG. Der an einer Veränderung mitwirkende Notar hat anstelle der Geschäftsführer die Liste zu unterschreiben, sie zum Handelsregister einzureichen und eine Abschrift der geänderten Liste an die Gesellschaft zu übermitteln, wodurch ihre Geschäftsführer Kenntnis von der Veränderung erlangen.

---

1 Miller, NJW 2018 S. 2518, 2522.

2 KG Berlin v. 5.7.2016 - 22 W 114/15, NWB CAAAF-78753, und BGH v. 24.2.2015 - II ZB 17/14, NWB FAAAE-87934.

3 Siehe dazu Altmeppen, GmbHG, § 40 Rz. 8.

4 BGH v. 7.2.2017 - II ZR 28/15, NWB JAAAG-45295, GmbHR 2017 S. 519, Rz. 16; siehe auch U. H. Schneider, GmbHR 2009 S. 393, 395; Lutter/Hommelhoff/Bayer, GmbHG, § 40 Rz. 72, 95.

5 Zur Kompetenzabgrenzung vgl. Lübbe, GmbHR 2012 S. 7.

Zweck dieser Vorschrift ist es auch, im Hinblick auf die Bedeutung, die der Gesellschafterliste für einen gutgläubigen Erwerb des Geschäftsanteils und von Rechten daran zukommt, wenigstens einzelne „rechtssichere Streben" in die Kette von Rechtsübergängen bei Geschäftsanteilen einzuziehen.[1] Nach dem OLG Düsseldorf[2] kann auch ein in Basel residierender Schweizer Notar bei einer von ihm wirksam beurkundeten Abtretung von Geschäftsanteilen einer deutschen GmbH eine diese Änderung betreffende Gesellschafterliste beim Handelsregister einreichen. Soweit dabei die Frage des elektronischen Verkehrs mit dem Handelsregister und die Verwendung einer Signatur auftritt, kann dies jedenfalls dann unbeachtlich sein, wenn sich der Schweizer Notar eines inländischen Notars als Boten bedient.

Die Pflichten des Notars in Bezug auf die (geänderte) Gesellschafterliste setzen seine 2418
Mitwirkung an Veränderungen i. S. v. § 40 Abs. 1 Satz 1 GmbHG voraus. Zum Begriff der „Veränderungen" wird auf Rz. 2414 verwiesen. Unmittelbar wirkt der Notar an einer Veränderung mit, wenn er die Abtretung des Geschäftsanteils (§ 15 GmbHG) beurkundet oder an Beschlüssen der Gesellschafterversammlung mitwirkt, die er selbst entworfen hat und die zu einer Veränderung führen (z. B. über die Einziehung eines Geschäftsanteils). Wird die Übertragung eines Geschäftsanteils in Angebot und Annahme aufgespalten und jeweils gesondert beurkundet, trifft den Notar die Pflicht aus § 40 Abs. 2 GmbHG, der die Annahme beurkundet hat, weil erst mit ihr die Veränderung wirksam wird.

Bloße Beglaubigungen der Unterschrift unter einen von ihm nicht erstellten Entwurf (z. B. Gesellschafterbeschluss oder z. B. Handelsregisteranmeldung bzw. die Einreichung einer Gesellschafterliste durch die Geschäftsführer nach § 40 Abs. 1 GmbHG) sind keine Mitwirkung, so dass die Geschäftsführer nicht von ihrer Pflicht zur Einreichung einer geänderten Liste befreit werden. Der Notar kann aber auch mittelbar bei der Veränderung mitwirken, wenn er einen Verschmelzungsvertrag beurkundet und dieser Vorgang zu einem Anteilsübergang führt, oder wenn er Erbscheinanträge beurkundet oder eine Anwachsung anmeldet. Im Wesentlichen wird es darauf ankommen, ob der Notar von Anteilsübergängen Kenntnis hatte, die durch solche Rechtshandlungen vermittelt werden.

Den Notar trifft nur eine **eingeschränkte Prüfungspflicht**. Er kann sich zunächst auf den 2419
Inhalt der zuletzt im Handelsregister aufgenommenen und elektronisch abrufbaren Gesellschafterliste verlassen und muss diese nur aufgrund der Veränderung, an der er mitgewirkt hat, **fortschreiben.** Allerdings sollten sich Notare vorrangig auf qualifizierte Nachweise (öffentliche Urkunden, Registereintragungen, beglaubigte Schriftstücke vgl. § 12 Abs. 1 Satz 3 HGB) verlassen und im Zweifel eine Stellungnahme der bisher in der Gesellschafterliste eingetragenen Person einholen, wenn nicht der eingetragene Gesellschafter und der Erwerber des Geschäftsanteils übereinstimmend die Übertragung des Anteils erklären. Ähnlich dem formellen Konsensprinzip kann sich der Notar auf eine solche gemeinsame Erklärung grundsätzlich verlassen.[3]

1 So Vossius, DB 2007 S. 2299, 2303.

2 OLG Düsseldorf v. 2.3.2011 - I-3 Wx 236/10, NWB DAAAG-81676, GmbHR 2011 S. 417.

3 Bednarz, BB 2008 S. 1854, 1861.

2420 Da der Notar die Liste erst **nach Wirksamwerden der Veränderungen** einzureichen hat, hat er im Wesentlichen zu prüfen, ob eine aufschiebende Bedingung eingetreten oder eine gesellschaftsrechtliche bzw. satzungsmäßig erforderliche Genehmigung erteilt oder der Kaufpreis bzw. eine Abfindung bezahlt ist. Es bietet sich deshalb an, dass sich die Parteien auch in ihrem eigenen Interesse im Anteilsübertragungsvertrag verpflichten, den Notar von dem Eintritt der Bedingung zu unterrichten und hierüber qualifizierte Nachweise vorzulegen. Die Übermittlungspflicht trifft den Notar **anstelle** der Geschäftsführer, so dass neben der notarbescheinigten Liste keine von den Geschäftsführern erstellte Liste mehr erforderlich ist. Die Tätigkeit des Notars im Rahmen des § 40 Abs. 2 GmbHG gehört zu seinen Amtspflichten, für die er nach § 19 BNotO einzustehen hat. Um Haftungsfälle zu vermeiden, kann es angeraten sein, dem voreingetragenen Gesellschafter wie auch der neu als Inhaber des Geschäftsanteils eingetragenen Person eine Ablichtung der notarbescheinigten Liste zeitgleich mit deren Übermittlung an das Handelsregister zu übersenden.

2420/1 Die inhaltliche Veränderung der Gesellschafterliste wirft auch Fragen zur Registerklarheit auf. Das Gesetz macht keine Vorgaben, wie eine Veränderung in das Register einzutragen ist. Deshalb darf der Notar eine nachvollziehbare Art der Darstellung in der Gesellschafterliste wählen und abgetretene Geschäftsanteile umnummerieren, wenn jeder Geschäftsanteil durch die Angabe seiner bisherigen Nummer zweifelsfrei zu identifizieren ist.[1] Nicht für zulässig hält es dagegen der BGH, die Liste um weitere Zusätze zu ergänzen und z. B. erst anzukündigen, dass die Gesellschafterliste sich ändern werde, weil Geschäftsanteile unter einer aufschiebenden Bedingung abgetreten worden seien.[2] Ein Bedürfnis hierzu bestehe auch nicht, um einen gutgläubigen Zweiterwerb des aufschiebend bedingt abgetretenen Geschäftsanteils nach § 161 Abs. 3 BGB und § 16 Abs. 3 GmbHG auszuschließen, weil dies nicht möglich sei. Die Gesellschafterliste macht keine Aussage über die Belastung des Geschäftsanteils mit einem Anwartschaftsrecht und schafft keinen Vertrauenstatbestand für die Freiheit des Anteils von Belastungen oder für die nicht eingeschränkte Verfügungsbefugnis des Gesellschafters. Die Gutglaubensvorschrift des § 16 Abs. 3 GmbHG sei nicht mit § 892 BGB gleich zu achten.

2421 Der Notar muss erst **nach Wirksamkeit** der verändernden Maßnahme, an der er mitgewirkt hat, die aktualisierte Gesellschafterliste einreichen. Der Eintritt einer **nachträglichen Unwirksamkeit**, z. B. durch **Eintritt einer auflösenden Bedingung**, ist dagegen **unerheblich** und vom Notar selbst dann **nicht zu überwachen**, wenn er selbst im Anteilskauf- bzw. -abtretungsvertrag die vereinbarte auflösende Bedingung oder eine Rückübertragungsklausel beurkundet hat.[3] Treten Tatsachen ein, die zur Auflösung oder Rückübertragung führen, obliegt es **allein** den **Geschäftsführern** aufgrund ihrer allgemeinen Sorgfaltspflicht, die Richtigkeit der Gesellschafterliste zu überprüfen und eine aktualisierte Gesellschafterliste zu erstellen und einzureichen.[4] Auch in ihrem eigenen Interesse sollten sich die Beteiligten im Anteilskaufvertrag ausdrücklich dazu ver-

1 BGH v. 20.9.2011 - II ZB 17/10, NWB EAAAD-94714, BB 2011 S. 2832; v. 1.3.2011 - II ZB 6/10, NWB JAAAD-80283, ZIP 2011 S. 765.

2 BGH v. 20.9.2011 - II ZB 17/10, NWB EAAAD-94714, BB 2011 S. 2832.

3 Bednarz, BB 2008 S. 1854, 1860.

4 Bunnemann/Zirngibl/Desch, § 7 Rz. 6.

pflichten, die Geschäftsführer vom Eintritt einer auflösenden Bedingung zu unterrichten und hierzu qualifizierte Nachweise vorzulegen. Dies gewährleistet zumindest, dass die Geschäftsführung von der Veränderung Kenntnis erlangt und deren Eintreten auf einer zuverlässigen Grundlage prüfen kann.

Bei einer **aufschiebenden Bedingung** (z.B. bis zur erfolgten Zahlung des vereinbarten Kaufpreises) tritt die Pflicht des Notars zur Einreichung der geänderten Gesellschafterliste erst ein, wenn die Bedingung eingetreten und somit die Übertragung des Geschäftsanteils wirksam geworden ist. Es obliegt den Vertragsparteien, den Notar von dem Eintritt der Bedingung (z.B. der Zahlung des Kaufpreises) zu unterrichten. Der Notar selbst ist nicht verpflichtet, nachzuforschen oder zu überwachen, ob die Bedingung eingetreten ist. Deshalb sollte zumindest eine Vertragspartei (von der Interessenlage her am besten der Käufer des Geschäftsanteils) verpflichtet werden, den Notar unter Beifügung eines geeigneten Nachweises vom Eintritt der Bedingung zu unterrichten. 2421/1

Der Notar muss die Liste mit der **Bescheinigung** nach § 40 Abs. 2 Satz 2 GmbHG versehen. Er muss bescheinigen, dass die geänderten Eintragungen den Veränderungen entsprechen, an denen er mitgewirkt hat, und dass die übrigen Eintragungen mit dem Inhalt der zuletzt im Handelsregister aufgenommenen Liste übereinstimmen. Der Notar muss also eine vollständige, geänderte Liste einreichen. Der Abschlussvermerk anstelle der Geschäftsführer kann also etwa so lauten: *„Die vorstehende Liste enthält die Veränderungen, die sich aufgrund meiner Urkunde vom ..., UR.Nr. ... ergeben und stimmt ansonsten mit den Eintragungen der zuletzt im Handelsregister aufgenommenen Liste überein.“*[1] 2421/2

e) Wirkung gegenüber der GmbH und Rückwirkungsfiktion

Die Gesellschafterstellung des Erwerbers wird erst begründet, wenn er in die Gesellschafterliste eingetragen und diese Liste in das Handelsregister aufgenommen ist (§ 16 Abs. 1 GmbHG). Dann wird im Verhältnis zur GmbH unwiderlegbar vermutet, dass er Gesellschafter geworden ist, selbst wenn sich später herausstellen sollte, dass der Anteilserwerb fehlgeschlagen ist. Dies gilt für alle Erwerbsvorgänge, also nicht nur für den rechtsgeschäftlichen Erwerb eines Geschäftsanteils, sondern auch dann, wenn der Geschäftsanteil durch Erbgang oder Umwandlung übergeht.[2] 2422

Da zwischen dem Wirksamwerden einer Anteilsabtretung und der Fertigung der Gesellschafterliste (samt Nummern der einzelnen Geschäftsanteile), deren Einreichung sowie deren Aufnahme in das Handelsregister einige Zeit vergeht und in der Zwischenzeit häufig auch das Bedürfnis besteht, dass der neue Gesellschafter (Erwerber) an einer Gesellschafterversammlung mit Stimmrecht teilnimmt (z.B. zur Abberufung des alten und Berufung eines neuen Geschäftsführers), könnte dies zu Problemen führen. Dem begegnet die in § 16 Abs. 1 Satz 2 GmbHG angeordnete **Rückwirkungsfiktion**. Die zunächst **schwebend unwirksamen Rechtshandlungen** des Erwerbers in Bezug auf das Gesellschaftsverhältnis, aber auch die Rechtshandlungen eines unter seiner Mitwirkung berufenen neuen Geschäftsführers werden wirksam, wenn die er-

1 Formulierungsvorschlag nach Vossius, DB 2007 S. 2299, 2304.
2 Tillmann/Schiffers/Wälzholz/Rupp, Die GmbH im Gesellschafts- und Steuerrecht, Rz. 896.

gänzte Gesellschafterliste **unverzüglich** eingereicht und unverzüglich im Handelsregister eingetragen wird. Es tritt dann Rückwirkung auf den Zeitpunkt des dinglichen Erwerbs des Geschäftsanteils ein.

2423 Unverzüglich bedeutet, dass Einreichung und Aufnahme der Gesellschafterliste ohne schuldhaftes Zögern erfolgen muss (§ 121 Abs. 1 Satz 1 BGB), wobei es auf die jeweiligen Umstände des Einzelfalls ankommt. Die gewöhnlich hierfür als Obergrenze angenommene Frist von zwei Wochen kann im Rahmen des § 16 Abs. 1 Satz 2 GmbHG nicht gelten, weil die Handelsregister unterschiedlich schnell arbeiten und die Fertigung der Liste bei großen Gesellschafterkreisen längere Zeit beanspruchen kann. Deshalb werden unterschiedlich lange Fristen vorgeschlagen, die von einer Untergrenze von einem Monat bis zu einer Obergrenze von vier bis sechs Monaten reichen.[1] In der Regel wird man die Frist auf ein bis zwei Monate ansetzen können. Eine verspätete Aufnahme der Liste in das Handelsregister macht die Rechtshandlung endgültig unwirksam.

Bei aufschiebend bedingter Übertragung des Geschäftsanteils bezieht sich die Legitimationswirkung von § 16 Abs. 1 Satz 2 GmbHG nur auf solche Rechtshandlungen, die zwischen dem Eintritt der Bedingung (= dinglicher Erwerb des Geschäftsanteils) und der Aufnahme der geänderten Gesellschafterliste in das Handelsregister vorgenommen wurden. Die Gesellschafterliste darf erst nach wirksamer Vollendung des Anteilserwerbs aktualisiert werden, wozu nur der Notar bzw. der Geschäftsführer ohne vorherigen Antrag des Erwerbers berufen sind.

2424 Ungeklärt ist die Rechtslage, wenn eine Veränderung der Beteiligungsverhältnisse zwischen den Beteiligten umstritten ist. Der BGH hat im Jahr 2014 den Geschäftsführer für befugt erachtet, jederzeit eine korrigierte Liste einzureichen, damit einhergehend zugleich angenommen, er selbst dürfe im Streitfall entscheiden, ob und wie die Beteiligungsverhältnisse sich geändert haben sollen. Dies gelte auch dann, wenn ein eingetragener Gesellschafter, der vorher Gelegenheit zur Stellungnahme bekommen müsse, der Listenänderung widerspreche. Ein solcher Listengesellschafter könne die Einreichung einer geänderten Liste durch den Geschäftsführer nicht verhindern, da es an einer Regelung i. S. d. § 67 Abs. 2 AktG fehle, die auch nicht analog gelte. Der Betroffene sei auf die Eintragung eines Widerspruchs (§ 16 Abs. 3 Satz 3 bis 5 GmbHG) und ggf. vorläufigen Rechtsschutz verwiesen.[2]

Der Betroffene sollte daher Klage gegen den in der geänderten Liste zu Unrecht eingetragenen Scheingesellschafter erheben und einen Widerspruch zur Gesellschafterliste zuordnen. Zudem sollte in Erwägung gezogen werden, dass der Betroffene im Wege der einstweiligen Verfügung eine Listenänderung verhindert oder eine Korrektur der bereits erfolgten Listenänderung erreicht.[3]

1 Vgl. hierzu Tillmann/Schiffers/Wälzholz/Rupp, Die GmbH im Gesellschafts- und Steuerrecht, Rz. 897.
2 BGH v. 17.12.2013 - II ZR 21/12, NWB BAAAE-53933, ZIP 2014 S. 216, Rz. 31 ff., 39.
3 BGH v. 17.12.2013 - II ZR 21/12, NWB BAAAE-53933, ZIP 2014 S. 216, Rz. 39; vgl. dazu auch OLG München v. 21.6.2021 - 23 W 784/21; OLG Brandenburg v. 27.11.2019 - 7 U 185/18, GmbHR 2020 S. 483 f.

f) Nachhaftung des früheren Gesellschafters

2425 Obwohl mit der Eintragung in die in das Handelsregister aufgenommenen Gesellschafterliste alle Mitgliedschaftsrechte und -pflichten auf den neu Angemeldeten übergehen, wird der **Veräußerer** nicht von allen Pflichten gegenüber der GmbH frei. Denn nach § 16 Abs. 2 GmbHG **haftet** er **mit dem Erwerber** als **Gesamtschuldner**[1] für alle zu dem Zeitpunkt, ab dem der Erwerber im Verhältnis zur Gesellschaft als Inhaber des Geschäftsanteils gilt, noch **rückständigen Einlageverpflichtungen**. Die Haftung des Veräußerers umfasst alle Verpflichtungen, die sich aus dem Gesetz oder dem Gesellschaftsvertrag (Satzung) ergeben, wie noch offene Einlageverpflichtungen, Ansprüche aus der Differenz-, Unterbilanz- oder Ausfallhaftung sowie Nachschuss- und Nebenleistungspflichten. Voraussetzung ist aber, dass es sich um **fällige** und zum Zeitpunkt der Anmeldung noch nicht erfüllte **Ansprüche** handelt.[2] Deshalb kann eine Haftung des Veräußerers ausscheiden, wenn eine Resteinlageschuld aus Übernahme des Geschäftsanteils oder einer Kapitalerhöhung noch nicht fällig gestellt war, weil hierfür satzungsgemäß eine besondere Anforderung durch Beschluss der Gesellschafterversammlung vorgesehen war.

Die Haftung des Erwerbers greift nicht für solche Ansprüche ein, die nicht mit dem Geschäftsanteil verbunden sind, also auf einer besonderen Vereinbarung mit dem Übertragenden beruhen, wie z. B. Darlehenszusage, Bürgschaftsübernahme. Der Erwerber haftet aber gesamtschuldnerisch auf die (nochmalige) Leistung der Einlage bei einer verschleierten Sacheinlage, soweit sie nach § 19 Abs. 4 GmbHG noch fortbesteht und nicht durch Wertanrechnung der Sacheinlage erloschen ist.

2426 Durch § 16 Abs. 2 GmbHG ist aber nur das Verhältnis des Veräußerers und des Erwerbers zur GmbH angesprochen. Wer im Verhältnis von Abtretendem und Erwerber zur Zahlung verpflichtet ist oder wem Leistungen der GmbH zustehen, richtet sich nach dem zwischen ihnen bestehenden Rechtsverhältnis und sollte in den Einzelheiten – auch für die Zeit zwischen Abtretung und Eintragung in die ins Handelsregister aufgenommene Gesellschafterliste – vertraglich geregelt werden.

(Einstweilen frei) 2427–2450

II. Beschränkung der Veräußerlichkeit (Vinkulierung)

LITERATUR:

Rottnauer, Beschränkung der Verfügung über einen GmbH-Anteil durch ein Erwerbsvorrecht der Mitgesellschafter, NZG 1998 S. 857; *Sterzenbach*, Die Übertragung von GmbH-Anteilen unter Lebenden und von Todes wegen, NWB 2000 S. 3071; NWB VAAAA-74787; *Liebscher*, Umgehungsresistenz von Vinkulierungsklauseln, ZIP 2003 S. 825; *Teichmann*, Vinkulierte Gesellschaftsanteile im Vermögen zu spaltender Rechtsträger, GmbHR 2014 S. 393; *Lieder/Scholz*, Vinkulierte Forderungen und Gesellschaftsanteile in der umwandlungsrechtlichen Universalsukzession, ZIP 2015 S. 1705.

1 BGH v. 14.3.1977 - II ZR 156/75, BGHZ 68 S. 191; v. 4.3.1996 - II ZR 89/95, BGHZ 132 S. 133, 137.
2 BGH v. 13.5.1996 - II ZR 275/94, BGHZ 132 S. 390.

1. Grundsätzliches

2451 Die Vorschrift des § 15 Abs. 1 GmbHG ist nicht zwingend. Vielmehr verlangt gerade die in der ganz überwiegenden Zahl vorhandene personalistische Struktur der GmbH danach, dass durch Satzungsbestimmungen Vorkehrungen getroffen werden können, dass den Gesellschaftern nicht neue, möglicherweise unerwünschte Partner oder jedenfalls nicht solche, die sie nicht selbst auswählen konnten, aufgedrängt werden oder aber die Zahl der Gesellschafter gegen ihren Willen erweitert wird. Diese Gefahr hat sich noch erhöht, weil die Geschäftsanteile frei gestückelt werden können, ein Gesellschafter auch mehrere Geschäftsanteile übernehmen und der Nennbetrag eines Geschäftsanteils auch nur einen Euro betragen kann. Insbesondere diesem Interesse der Gesellschafter[1] dient § 15 Abs. 5 GmbHG, der für die Übertragung eines Geschäftsanteils erschwerende Einschränkungen in der Satzung zulässt.[2]

Diese sog. **Vinkulierung** hat einen weiten Spielraum: Sie kann die Abtretbarkeit an bestimmte Eigenschaften des Erwerbers binden wie Beruf, fachkundige Ausbildung, Familienzugehörigkeit oder Gesellschaftereigenschaft. Die Zulässigkeit der Abtretung kann davon abhängig gemacht werden, dass bestimmte Pflichten übernommen werden oder sich der Erwerbswillige an bestimmten anderen Gesellschaften beteiligt (z. B. bei der GmbH & Co. KG neben der Übernahme des Geschäftsanteils an der Komplementär-GmbH auch die Übernahme einer entsprechenden Kommanditbeteiligung). Die Abtretbarkeit kann auch von der Genehmigung einzelner oder aller Mitgesellschafter, der Mehrheit der Gesellschafter oder der Gesellschaft selbst, eines Aufsichtsrats oder Beirats oder von außenstehenden Dritten abhängig gemacht werden. Es kann bestimmt werden, dass der veräußerungswillige Gesellschafter seinen Geschäftsanteil zunächst seinen Mitgesellschaftern zur Übernahme anzubieten habe oder dass die Abtretung gänzlich ausgeschlossen sei.

2452 Die Vinkulierung muss entweder von Anfang an in der **Satzung festgelegt** sein oder kann nachträglich in die Satzung durch deren Änderung eingeführt werden. Da damit nachträglich die freie Veräußerbarkeit des Geschäftsanteils erschwert wird, bedarf dies **der Zustimmung aller Gesellschafter**, die satzungsändernde Mehrheit allein reicht nicht aus. Für eine Aufhebung oder Abschwächung von Vinkulierungsbestimmungen reicht im Regelfall die 3/4-Mehrheit (zur Satzungsänderung) aus, sofern damit nicht ein gesellschaftliches Sonderrecht eines Gesellschafters berührt wird, unter dessen Vorbehalt z. B. die Abtretung steht. Dann ist seine Zustimmung erforderlich. Im Einzelnen ist noch vieles umstritten.[3]

2. Genehmigung

2453 Die praktisch **häufigste Abtretungsbeschränkung** ist – wie es auch § 15 Abs. 5 GmbHG anspricht – der Vorbehalt der Genehmigung durch die GmbH. Sie betrifft nicht das schuldrechtliche Geschäft, sondern nur das dingliche Geschäft, also die Abtretung

1 Vgl. hierzu auch BGH v. 31.1.2000 - II ZR 209/98, DStR 2000 S. 437.

2 Noack/Servatius/Haas/Servatius, GmbHG, § 15 Rz. 58 ff.

3 Siehe dazu mit ausführlichen Nachweisen MüKoGmbHG/Weller/Reichert, § 15 Rz. 398.

selbst. Bis zur Erteilung der Genehmigung ist die vorgenommene Abtretung schwebend unwirksam.

Mit der Genehmigung ist in § 15 Abs. 5 GmbHG die Zustimmung i. S. der §§ 182 ff. BGB gemeint;[1] es werden also Einwilligung und Genehmigung erfasst. Die Genehmigung ist eine formfreie, empfangsbedürftige Willenserklärung, die dem Veräußerer oder dem Erwerber gegenüber erklärt werden kann, wobei die Erklärung selbst vom Geschäftsführer abzugeben ist. Ist dieser zugleich Veräußerer, empfiehlt es sich wegen § 181 BGB, die Genehmigung gegenüber dem Erwerber zu erklären. Wird eine der Abtretung vorausgehende Einwilligung erklärt, ist sie bis zur Abtretung widerruflich (§ 183 BGB), wird die Einwilligung verweigert, kann später dennoch abgetreten werden und hierzu die Genehmigung erteilt werden. Wird zunächst abgetreten und dann um die erforderliche Genehmigung (= nachträgliche Zustimmung) ersucht, ist die Abtretung zunächst schwebend unwirksam. Mit dem Zugang der Genehmigung beim Veräußerer oder Erwerber wird sie unwiderruflich und die Abtretung wirksam. Wird die Genehmigung verweigert, ist dies unwiderruflich und die Abtretung endgültig unwirksam. Soll danach die Genehmigung doch noch erteilt werden, muss auch die Abtretung neu vorgenommen werden. 2454

Bei der **Einpersonengesellschaft** hat der **Genehmigungsvorbehalt** für die Abtretung eines, mehrerer oder sämtlicher Geschäftsanteile **keine Bedeutung**. Der Alleingesellschafter kann frei darüber entscheiden, ob und an wen er (evtl. nach vorangegangener Teilung) einen oder mehrere Geschäftsanteile übertragen will, zumal er des Schutzes durch eine Vinkulierung vor dem Eindringen nicht genehmer Personen in die GmbH nicht bedarf.[2] Ähnliches gilt bei einer aus zwei Gesellschaftern bestehenden GmbH, wenn der eine Gesellschafter einen Geschäftsanteil an den anderen Gesellschafter übertragen will. 2455

3. Typische Genehmigungsvorbehalte

a) Genehmigung durch die Gesellschaft

§ 15 Abs. 5 GmbHG nennt als Beispiel für eine zusätzliche Voraussetzung rechtswirksamer Abtretung die **Genehmigung der Gesellschaft**. 2456

Enthält der Gesellschaftsvertrag eine solche Bestimmung, dann ist die Genehmigung **durch den Geschäftsführer zu erteilen**, denn nur durch diesen kann die Gesellschaft nach außen handeln. Regelmäßig handelt es sich dabei nur um eine bloße **Ausführungshandlung des Geschäftsführers**. Denn grundsätzlich wird die **Genehmigung** durch die **Gesellschafterversammlung** mit einem **zustimmenden Beschluss** erteilt, es sei denn, der Gesellschaftsvertrag weist dem Geschäftsführer die alleinige Entscheidungsbefugnis zu.[3] Gerade bei einer personalistisch organisierten GmbH wird man einen solchen Beschluss fordern müssen, denn der Gesellschafterwechsel hat für die übrigen Gesellschafter größte Bedeutung. Welche Mehrheiten erforderlich sind, ergibt sich aus der Satzung; der veräußerungswillige Gesellschafter ist bei einer solchen Gesellschafterver- 2457

1 BGH v. 28.4.1954 - II ZR 8/53, BGHZ 13 S. 179, 184.
2 BGH v. 15.4.1991 - II ZR 209/90, DStR 1991 S. 952.
3 BGH v. 14.3.1988 - II ZR 211/87, BB 1988 S. 994.

sammlung nicht nur teilnahme-, sondern auch stimmberechtigt.[1] Jedoch wird sein Einverständnis unterstellt. Ein Beschluss durch die Gesellschafterversammlung, zu der der veräußernde Gesellschafter nicht eingeladen worden ist, ist daher ausnahmsweise nicht nichtig.

2458 Wird die Zustimmung ohne einen im Innenverhältnis nötigen Beschluss oder entgegen einem Beschluss der Gesellschafterversammlung durch den Geschäftsführer erteilt, so ist zweifelhaft, ob diese im **Außenverhältnis** wirksam ist.[2] Wird die Genehmigung dem erwerbenden Dritten gegenüber erteilt, sprechen der Schutzzweck des § 37 Abs. 2 GmbHG und Gesichtspunkte der Rechtssicherheit für eine Wirksamkeit. Stellt man jedoch auf die Struktur der jeweiligen GmbH ab, so kann bei einer personalistisch verfassten GmbH der Schutzzweck des Genehmigungsvorbehalts, nämlich das Eindringen unerwünschter Gesellschafter zu verhindern, dafür sprechen, die Entscheidung der Gesellschafterversammlung für rechtsbegründend zu halten. In der Regel werden die Grundsätze über den Missbrauch der Vertretungsmacht anzuwenden sein. Der Erwerber muss sich einen solchen Missbrauch entgegenhalten lassen, wenn er weiß oder es sich ihm aufdrängen muss, dass der Geschäftsführer die Grenzen seiner Vertretungsmacht überschreitet.[3]

2459 Diese Hinweise zeigen, dass die Interessen der Gesellschafter in vielen Fällen nicht hinreichend geschützt werden können, wenn die Abtretung eines Geschäftsanteils lediglich von der Genehmigung durch die Gesellschaft abhängig gemacht wird. Ist der Geschäftsführer nicht zugleich Gesellschafter, so wird er sich bei der Erteilung oder Versagung der Genehmigung ausschließlich von dem Interesse der Gesellschaft leiten lassen und die persönlichen Interessen der Gesellschafter können zu kurz kommen. Ist der Geschäftsführer zugleich auch Gesellschafter, besteht die Gefahr, dass die Entscheidung über die Genehmigung der Abtretung wesentlich durch die persönlichen Interessen des Gesellschafter-Geschäftsführers bestimmt wird. Natürlich ist der Geschäftsführer weisungsgebunden; die Gesellschafter können also, wenn der Gesellschaftsvertrag die Abtretung von der Genehmigung der Gesellschaft abhängig macht, durch einen Gesellschafterbeschluss den Geschäftsführer anweisen, die Genehmigung zu versagen oder zu erteilen. Nach außen entscheidet aber lediglich die von dem Geschäftsführer abgegebene Erklärung, die auch dann gültig ist, wenn sie zu einem Gesellschafterbeschluss im Widerspruch steht; natürlich können sich damit Schadensersatzansprüche gegen den Geschäftsführer ergeben.

2460 Es ist bei Abschluss des Gesellschaftsvertrags sehr gründlich zu prüfen, ob es zweckmäßig ist, die Genehmigung der Abtretung nur von der Zustimmung der Gesellschaft abhängig zu machen, oder es nicht besser ist, die Genehmigung einem Beschluss der Gesellschafterversammlung (eventuell mit einer qualifizierten Mehrheit) oder der Zustimmung sämtlicher Gesellschafter vorzubehalten.

1 BGH v. 29.5.1967 - II ZR 105/56, BGHZ 48 S. 163, 166; v. 9.7.1990 - II ZR 9/90, NWB FAAAE-84405, GmbHR 1990 S. 452.

2 Bejahend BGH v. 9.6.1954 - II ZR 70/53, BGHZ 14 S. 25, 31, zur Zustimmung bei der Veräußerung eines Teilgeschäftsanteils; Lutter/Hommelhoff, GmbHG, § 15 Rz. 66.

3 BGH v. 14.3.1988 - II ZR 211/87, BB 1988 S. 994, 996.

b) Genehmigung der Gesellschafterversammlung

Bestimmt der Gesellschaftsvertrag, dass zur Abtretung die Genehmigung der Gesellschafterversammlung erforderlich sein soll, ist für einen entsprechenden Beschluss die einfache Mehrheit ausreichend,[1] wenn der Gesellschaftsvertrag nichts anderes bestimmt. Der veräußerungswillige Gesellschafter ist stimmberechtigt. 2461

Eine solche vertragliche Regelung ist wenig zweckmäßig, denn einerseits unterwerfen sich die Gesellschafter dem Zwang, eine Gesellschafterversammlung abhalten zu müssen, andererseits wird die Entscheidung durch die Mehrheit – und dies ist mitunter ein einziger Gesellschafter – bestimmt, was gerade bei persönlicher Bindung der Gesellschafter unbefriedigend sein kann. 2462

c) Genehmigung der Gesellschafter

Eine solche Regelung ist zulässig. Es bleibt dabei zu regeln, ob nun alle Gesellschafter zustimmen müssen oder ob ein Mehrheitsbeschluss genügt. Ob die einfache Mehrheit ausreichend ist oder alle Gesellschafter zustimmen müssen, ist umstritten und bislang noch nicht höchstrichterlich entschieden.[2] 2463

Vorteilhafter kann es sein, die Genehmigung der „übrigen" Gesellschafter festzulegen, denn damit ist zunächst einmal abgesichert, dass der veräußerungswillige Gesellschafter selbst nicht stimmberechtigt ist. Es gibt dann aber wieder Auslegungsprobleme, ob alle übrigen Gesellschafter oder nur deren Mehrheit zu genehmigen haben. Der Gesellschaftsvertrag sollte auch dies unzweideutig festlegen. Für einen Mehrheitsgesellschafter oder einen beherrschenden Gesellschafter birgt eine solche Klausel aber Gefahren. Wenn er nicht mitstimmen darf, kann er in der Disposition über seinen Geschäftsanteil bzw. Teile davon sehr eingeschränkt sein. Er begibt sich in Abhängigkeit vom Wohlverhalten der Minderheitsgesellschafter, die sich möglicherweise ihre Zustimmung nur „abkaufen" lassen wollen. 2464

d) Sonstige Genehmigung

Die Vertragsfreiheit erlaubt es, dass der Gesellschaftsvertrag die Genehmigung der Abtretung eines Geschäftsanteiles auch in andere Hände legt.[3] So kann es beispielsweise in Betracht kommen, dass ein Gesellschafter in der GmbH eine solche Bedeutung hat, dass die Abtretung eines Geschäftsanteils nur von seiner **persönlichen Genehmigung** abhängen soll; eine solche Vereinbarung ist zulässig. 2465

Es ist ferner denkbar, dass ein **außenstehender Dritter** ein besonderes Interesse an der Zusammensetzung der Gesellschaft hat; auch dem kann Rechnung getragen werden, indem die Genehmigung für die Abtretung eines Geschäftsanteiles eben diesem Dritten übertragen wird; dies ist allerdings streitig. Teilweise wird die Ansicht vertreten, darin liege die unzulässige Einräumung eines Gesellschafterrechtes an einen Gesellschaftsfremden. Hat die Gesellschaft einen Aufsichtsrat (Beirat), liegt es nahe, für die Geneh- 2466

1 BGH v. 29.5.1967 - II ZR 105/66, BGHZ 48 S. 167.
2 MüKoGmbHG/Weller/Reichert, § 15 Rz. 428.
3 BayOblG v. 24.11.1984 - Breg. 3 Z 111/88, WM 1989 S. 139, 142.

migung dessen Zuständigkeit zu begründen und damit zugleich einem Meinungsstreit unter den Gesellschaftern vorzubeugen. Andererseits ist nicht zu verkennen, dass bei einem Aufsichtsrat, der sich nicht aus Gesellschaftern rekrutiert, spezifische Gesellschafterinteressen, die gerade bei der Frage der Abtretung eines Geschäftsanteiles schutzwürdig sein können, zu kurz kommen können. Nützlich kann es sein, die Genehmigung der Mehrheit der übrigen Gesellschafter und außerdem die Genehmigung des Aufsichtsrates zusätzlich zu normieren.

e) Formulierungsbeispiele

2467 Aus der Vielzahl der bestehenden Möglichkeiten seien einige Formulierungsbeispiele gebildet, die je nach Interessenlage in Betracht kommen können:

Art. …

(1) Jeder Gesellschafter ist berechtigt, einen oder mehrere seiner Geschäftsanteile ganz oder teilweise an Mitgesellschafter oder seinen Ehegatten oder Abkömmlinge zu übertragen.

(2) Sonstige Verfügungen über einen Geschäftsanteil durch Rechtsgeschäft unter Lebenden sind unzulässig.

Oder

Art. …

(1) Jede Veräußerung eines Geschäftsanteils durch Rechtsgeschäft unter Lebenden bedarf der Genehmigung der Gesellschaft.

(2) Die Genehmigung darf nur erteilt werden aufgrund eines einstimmigen Beschlusses der übrigen Gesellschafter.

(Anmerkung: Der Geschäftsführer müsste bei dieser Formulierung keinen Gesellschafterbeschluss einholen, wenn der die Genehmigung durch die Gesellschaft verweigern will.)

Oder

Art. …

(1) Ein Geschäftsanteil kann nur mit Genehmigung des Aufsichtsrates (Beirates) veräußert werden, der darüber mit Mehrheit nach freiem Ermessen entscheidet.

(2)

Oder

Art. …

(1) Ein Geschäftsanteil kann nur mit Genehmigung der übrigen Gesellschafter veräußert werden.

(2) Über die Genehmigung entscheiden die übrigen Gesellschafter durch Gesellschafterbeschluss, der sowohl der Zustimmung der einfachen Mehrheit der übrigen Gesellschafter als auch des Gesellschafters N.N. bedarf.

Zur Klarstellung bedient man sich oft der Formulierung, dass auch die Veräußerung von Teilen eines Geschäftsanteils genehmigungsbedürftig sei. 2468

Bei Einschränkung der Übertragbarkeit sollten die Gesellschafter überlegen, ob es dem gemeinsamen Interesse entsprechen könnte, wenn dem veräußerungswilligen Gesellschafter für den Fall der Versagung der Genehmigung ein Weg eröffnet werden sollte, sich auf andere Weise von seinem oder seinen Geschäftsanteilen zu trennen. Beispielsweise könnte in der Satzung bestimmt werden: 2469

Wird die Genehmigung verweigert, so ist die Gesellschaft auf Verlangen des veräußerungswilligen Gesellschafters verpflichtet, den/die Geschäftsanteil(e) binnen drei Monaten nach Maßgabe des Art. .. einzuziehen.

Oder

Wird die Genehmigung nicht erteilt, so kann der veräußerungswillige Gesellschafter innerhalb von drei Monaten das Gesellschaftsverhältnis gem. Art. .. kündigen.

Oder

Wird die Genehmigung versagt und bietet die Gesellschaft dem veräußerungswilligen Gesellschafter nicht innerhalb von sechs Monaten den Ankauf der/des Geschäftsanteile (s) zu angemessenen Bedingungen an, so kann der Gesellschafter den/die Geschäftsanteil (e) innerhalb weiterer drei Monate veräußern, ohne dass hierzu eine Genehmigung erforderlich ist.

f) Form und Wirksamwerden der Genehmigung

Die Genehmigung bedarf keiner Form, sie kann auch stillschweigend erfolgen, z. B. durch die Einladung des Erwerbers zu einer Gesellschafterversammlung.[1] Der Gesellschaftsvertrag kann für die Genehmigung jedoch eine Form vorschreiben; wird diese Form nicht beachtet, dann ist die Genehmigung und damit auch die Abtretung nichtig. Zur Vermeidung von Streitigkeiten empfiehlt es sich zweifellos, von einem solchen gewillkürten Formzwang Gebrauch zu machen und im Gesellschaftsvertrag zu bestimmen, dass die Genehmigung der Schriftform bedarf. 2470

g) Klage auf Erteilung der Genehmigung

Die Entscheidung über Erteilung oder Verweigerung der Genehmigung steht grundsätzlich im freien Ermessen desjenigen, der nach dem Gesellschaftsvertrag darüber zu entscheiden hat. Es kann deshalb grundsätzlich nicht auf Erteilung der Genehmigung geklagt werden. Auch hier gilt aber natürlich der Grundsatz, dass rechtsmissbräuchliches Verhalten nicht geduldet werden muss; man wird deshalb ausnahmsweise eine Klage auf Erteilung der Genehmigung zulassen, wenn die Verweigerung einen Rechtsmissbrauch darstellen würde. An den Nachweis eines Rechtsmissbrauches sind aber strenge Anforderungen zu stellen. 2471

Im Rahmen der Vertragsfreiheit ist es zulässig, dass der Gesellschaftsvertrag selbst Bestimmungen darüber enthält, ob etwa die Genehmigung nur unter bestimmten Voraus- 2472

1 BGH v. 1.12.1954 - II ZR 285/53, NJW 1955 S. 220.

setzungen erteilt oder nur unter bestimmten Voraussetzungen versagt werden darf; dann kann sich aus derartigen Bestimmungen eine Klagebefugnis für den veräußernden Gesellschafter (im Zweifel nicht für den Erwerber) ergeben.

4. Sonstige Regelungen

2473 Die Genehmigung der Abtretung ist sicher der häufigste Fall, durch den im Gesellschaftsvertrag die Veräußerlichkeit eines Geschäftsanteils beschränkt wird. Es gibt darüber hinaus noch eine ganze Reihe anderer Möglichkeiten, für die hier einige Beispiele genannt sein mögen.

a) Abtretung nur an bestimmte Personen

2474 Es ist zulässig, im Gesellschaftsvertrag festzulegen, dass ein Geschäftsanteil nur an bestimmte Personen abgetreten werden darf; auf eine Genehmigung kann in solchen Fällen i. d. R. verzichtet werden. Relativ häufig ist der Fall, dass die Abtretung eines Geschäftsanteiles nur an Mitgesellschafter zugelassen wird. Soll verhindert werden, dass durch eine Abtretung an einen Mitgesellschafter das Beteiligungsverhältnis unter den übrigen Gesellschaftern verändert wird, dann muss im Gesellschaftsvertrag bestimmt werden, dass die Abtretung nur an die übrigen Gesellschafter im Verhältnis der Nennbeträge ihrer Geschäftsanteile zulässig sein soll; dies kann zugleich die Notwendigkeit der Teilung eines oder mehrerer der abzutretenden Geschäftsanteile bedeuten.

2475 Zulässig ist es auch, beispielsweise zu bestimmen, dass Geschäftsanteile nur an Abkömmlinge oder Ehegatten abgetreten werden dürfen.

2476 Sieht der Gesellschaftsvertrag die Veräußerlichkeit eines Geschäftsanteiles an bestimmte Personen oder Personengruppen vor, dann bietet sich häufig eine Regelung dahin gehend an, dass man die Abtretung eines Geschäftsanteils an solche Personen genehmigungsfrei stellt, die Abtretung an andere Personen aber von einer Genehmigung abhängig macht.

b) Anbietungspflicht und Übernahmerecht

2477 Die Abtretbarkeit eines Geschäftsanteiles kann durch den Gesellschaftsvertrag auch in der Weise eingeschränkt werden, dass ein Gesellschafter, der einen Geschäftsanteil abtreten will, verpflichtet wird, diesen Geschäftsanteil zunächst seinen **Mitgesellschaftern zum Erwerb anzubieten**. Wer diesen Weg gehen will, wird alsbald feststellen, dass auch ohne Hang zum Perfektionismus eine komplizierte und langatmige Regelung entsteht, sofern die Anbietungspflicht reibungslos funktionieren soll. Beispielsweise muss bestimmt werden, ob allen Gesellschaftern anzubieten ist und was geschieht, wenn nur einzelne Gesellschafter annehmen wollen oder wenn kein Gesellschafter annimmt, und wie sich der Preis berechnet usw. Zweifellos können die Gesellschafter mit einer solchen Regelung ihren Interessen dienen, dass nicht ein Fremder in die Gesellschaft hineinkommt; vernünftigerweise müssen die Gesellschafter dann aber auch dem Interesse des abtretungswilligen Gesellschafters Rechnung tragen und ihm eine andere Möglichkeit eröffnen, aus der Gesellschaft ausscheiden zu können, wenn sie den Anteil nicht erwerben wollen.

Ein wesentliches Problem liegt in der **Bestimmung des Übernahmepreises.** Wenn man es der späteren Vereinbarung der Beteiligten überlässt, diesen Preis zu finden, dann kann man i.d.R. auf eine solche Anbietungspflicht von vornherein verzichten, weil es jeder Teil in der Hand hat, eine Einigung über den Preis zu verhindern. Es erscheint deshalb unerlässlich, dass der Gesellschaftsvertrag diese Preisbestimmung im Voraus vornimmt. Dabei kann man sich der Regelungen erinnern, die bei Personengesellschaften üblich sind, wenn es um die Berechnung des Auseinandersetzungsguthabens eines Gesellschafters geht, der durch Kündigung ausscheidet. Auch bei der GmbH bestehen grundsätzlich keine Bedenken dagegen, einen solchen Übernahmepreis z.B. an Buchwerten zu orientieren, die Berücksichtigung stiller Reserven und eines Firmenwertes auszuschließen, oder steuerrechtliche Gesichtspunkte gelten zu lassen. Wesentlich ist nur, dass der Gesellschaftsvertrag eine klare Regelung enthält und der Ausscheidungswillige im Voraus ebenso wie die übrigen Gesellschafter klar ermessen kann, welches die wirtschaftlichen Konsequenzen einer Anbietung sein werden. 2478

Regelungsbedürftig ist vor allem aber auch die weitere Frage, ob etwa eine **Übernahmepflicht** besteht, vor der man sich wohl meist scheuen wird. Nicht weniger wichtig ist die klare Regelung der Frage, was mit dem Geschäftsanteil des ausscheidungswilligen Gesellschafters geschieht, wenn eine Übernahme nicht erfolgt. Die angemessene Regelung hängt zweifelsfrei auch davon ab, ob der Gesellschaftsvertrag irgendeine Kündigungsmöglichkeit vorsieht, die es dem GmbH-Gesellschafter erlaubt, durch einseitige Erklärung seine Trennung von der Gesellschaft herbeizuführen. Ist dies nicht der Fall und wird die Übernahme abgelehnt, so wird man dem abtretungswilligen Gesellschafter wohl das Recht einräumen müssen, nun frei über den Geschäftsanteil zu verfügen. Will man auch dann noch eine Genehmigung vorsehen, ist dies nur sinnvoll, wenn zugleich festgelegt wird, dass nach Ablehnung der Übernahme die Genehmigung nur aus wichtigem Grund versagt werden darf. 2479

Die Schwierigkeiten, die sich daraus ergeben können, dass etwa nur einzelne Gesellschafter übernahmewillig sind, sollte man gleichfalls im Voraus beseitigen. Es ist meistens angemessen, das Übernahmerecht nur allen – notfalls einzelnen – Gesellschaftern im Verhältnis der Nennbeträge ihrer Geschäftsanteile zu gewähren und zusätzlich zu bestimmen, dass dann, wenn kein Gesellschafter übernimmt, doch die Gesellschaft selbst berechtigt sein soll, den Geschäftsanteil für sich als eigenen Anteil zu übernehmen. Im Hinblick auf § 33 GmbHG sollte der Gesellschaftsvertrag dann den abtretungswilligen Gesellschafter zugleich verpflichten, dass er zuvor seine Stammeinlage voll einzahlt. Entschließt sich die Gesellschaft zum Erwerb des Anteils, ist zunächst einmal der Eintritt eines Fremden verhindert und Gesellschaft und Gesellschafter haben die Möglichkeit, einen passenden Dritten für den Erwerb des Geschäftsanteils zu finden. 2480

Zweckmäßig ist es auch, für Anbietung und Übernahme im Gesellschaftsvertrag bestimmte Fristen vorzusehen. 2481

Sofern der Gesellschaftsvertrag dem GmbH-Gesellschafter eine Kündigungsmöglichkeit eröffnet, dürfte sich jede Regelung über Anbietungspflicht und Übernahmerecht erübrigen (s. Rz. 2477). 2482

c) Vorkaufsrecht

2483 Als eine Beschränkung der Abtretbarkeit eines Geschäftsanteiles kann – wirtschaftlich gesehen – auch die Einräumung eines **Vorkaufsrechtes** angesehen werden. Ein Vorkaufsrecht kann ein geeignetes Mittel dafür sein, den Eintritt Fremder zu verhindern und dem ausscheidungswilligen Gesellschafter doch die Möglichkeit zu geben, über seinen Anteil zu verfügen.[1]

2484 Das Vorkaufsrecht kann der Gesellschaft selbst, einzelnen Gesellschaftern oder nur allen Gesellschaftern gemeinsam oder auch einem Dritten eingeräumt werden. Die Ausübung des Vorkaufsrechtes setzt gem. § 463 BGB voraus, dass der Gesellschafter über einen Geschäftsanteil einen rechtswirksamen Veräußerungsvertrag (Kaufvertrag) abgeschlossen hat. Durch die Erklärung des Vorkaufsberechtigten, dass er sein Vorkaufsrecht ausübe, kommt der Kaufvertrag zwischen dem veräußerungswilligen Gesellschafter und dem Vorkaufsberechtigten mit dem Inhalt zustande, wie er mit dem Dritten vereinbart wurde (§ 464 Abs. 2 BGB). Der Vorkaufsberechtigte muss also insbesondere den Kaufpreis zahlen, den der abtretende Gesellschafter mit dem Dritten vereinbart hatte. Es liegt auf der Hand, dass dadurch die Chance, durch das Vorkaufsrecht den Eintritt eines Fremden zu verhindern, für die Vorkaufsberechtigten empfindlich geschmälert werden kann. Die Vereinbarung eines Vorkaufsrechtes ist i. d. R. wenig effektiv und erfordert meist genauso umfangreiche und umständliche Vertragsbestimmungen wie ein Übernahmerecht.

d) Erwerbsrecht und Genehmigung

2485 Eine befriedigende Regelung lässt sich manchmal dadurch finden, dass man ein Vorkaufs- oder Übernahmerecht mit einer Genehmigungspflicht verbindet.

2486 Der Gesellschaftsvertrag kann beispielsweise bestimmen, dass der mit allen Einzelheiten niedergelegte Abtretungsvertrag von dem abtretenden Gesellschafter der Gesellschaft zur Genehmigung vorzulegen ist mit der Maßgabe, dass die Gesellschaft innerhalb einer bestimmten Frist die Genehmigung dieses Vertrags verweigern darf, sofern sie gleichzeitig das Übernahmerecht zu den Bedingungen ausübt, die der Gesellschaftsvertrag – insbesondere hinsichtlich der Vergütung – im Einzelnen festlegt. Wird die Genehmigung nicht verweigert, dann gilt der Abtretungsvertrag nach Fristablauf als genehmigt und ist rechtswirksam. Man kann die gleichen Rechte auch zugunsten von Gesellschaftern oder Dritten festlegen. Solche Regelungen haben gegenüber dem Vorkaufsrecht den Vorzug, dass eine Bindung an die mit dem Dritten vereinbarten Verkaufsbedingungen nicht eintritt, sondern diese Bedingungen nach der gesellschaftsvertraglichen Regelung bestimmt werden.

e) Verbot der Abtretung

2487 Der Gesellschaftsvertrag kann die Veräußerlichkeit (**Abtretbarkeit**) eines Geschäftsanteils **ganz ausschließen.**[2] Damit wird der Gesellschafter nicht unzulässig an die

1 Leuering/Rubner, Vorkaufs- und Vorerwerbsrechte im GmbH-Recht, NJW-Spezial 2023 S. 591.

2 H. M., vgl. Noack/Servatius/Haas/Servatius, GmbHG, § 15 Rz. 38, m. w. N.; RGZ 80 S. 179; BayOLG v. 24.11.1988 - BReg 3Z 11/88, DB 1989 S. 214.

GmbH gebunden, weil ihm ein Austrittsrecht (vgl. Rz. 2961 ff.) oder Kündigungsrecht aus wichtigem Grund verbleibt.

5. Wirksamkeit und Rechtsfolgen der Abtretung

Ist der Abtretungsvertrag (das dingliche Rechtsgeschäft) formgerecht abgeschlossen 2488
und ist allen Beschränkungen nach dem Gesellschaftsvertrag Rechnung getragen, dann wird die Abtretung zwischen den Vertragsparteien – dem abtretenden und dem erwerbenden Gesellschafter – mit Abschluss des notariellen Vertrags rechtswirksam.

Gegenüber der Gesellschaft gilt gem. § 16 Abs. 1 GmbHG jedoch nur derjenige als Inha- 2489
ber des Geschäftsanteils, der als solcher in der im Handelsregister aufgenommenen Gesellschafterliste eingetragen ist. Die **Anmeldung des Erwerbs** unter Nachweis des Überganges bei der Gesellschaft reicht nicht mehr aus, ist aber – sofern nicht ein Notar an der Veränderung mitgewirkt hat – notwendig, weil die Änderung der Gesellschafterliste durch die Geschäftsführer auf Mitteilung und Nachweis erfolgt. Diese Bestimmung ist zwingend, der Gesellschaftsvertrag kann also die Notwendigkeit der Eintragung in die Gesellschafterliste nicht beseitigen. Solange der neue Inhaber und der Umfang seiner Beteiligung nicht gem. § 16 Abs. 1 oder Abs. 2 GmbHG in der im Handelregister aufgenommenen Liste eingetragen ist, ist der Abtretungsvertrag zwar nicht unwirksam, es können aber der Gesellschaft gegenüber daraus keine Rechte abgeleitet werden. Eine vom Erwerber in Bezug auf das Gesellschaftsverhältnis vorgenommene Rechtshandlung gilt aber als von Anfang an wirksam, wenn die Liste unverzüglich nach Vornahme der Rechtshandlung in das Handelsregister aufgenommen wird.

(Einstweilen frei) 2490–2520

III. Gutgläubiger Erwerb von Geschäftsanteilen

LITERATUR:

Vossius, Gutgläubiger Erwerb von GmbH-Anteilen nach MoMiG, DB 2007 S. 2299; *Hasselmann*, Die Zuordnung des Widerspruchs zur Gesellschafterliste, NZG 2010 S. 207; *Kanzleiter*, Die Zuordnung von Verantwortung und Risiko aufgrund der Vorschriften über den gutgläubigen Erwerb von Geschäftsanteilen an einer GmbH nach deutschem Recht, FS Roth 2011 S. 355.

In § 16 Abs. 3 GmbHG ist der **gutgläubige Erwerb von GmbH-Geschäftsanteilen** gere- 2521
gelt. Damit soll einem Interessenten, der einen GmbH-Anteil rechtsgeschäftlich durch Kauf- und Abtretungsvertrag oder durch Einbringungsvertrag erwerben und sich darüber informieren will, ob der Anbieter auch der wahre Inhaber des Geschäftsanteils ist, Rechtssicherheit verschafft werden.

1. Erwerb vom Nichtberechtigten auf der Grundlage der Gesellschafterliste

Anknüpfungspunkt des gutgläubigen Erwerbs eines Geschäftsanteils ist die **Gesell-** 2522
schafterliste, welche die Geschäftsführer nach § 40 Abs. 1 GmbHG bei Veränderungen in der Person der Gesellschafter oder des Umfangs ihrer Beteiligung beim Handelsregister einreichen müssen, oder die notarbescheinigte Liste nach § 40 Abs. 2 GmbHG. Auf

der Grundlage der Gesellschafterliste ist nun ein gutgläubiger Erwerb vom Nichtberechtigten möglich, wobei § 16 Abs. 3 GmbHG auf das Vorbild des § 892 BGB zurückgreift. Es muss also zunächst ein **Geschäftsanteil tatsächlich existieren**. Insoweit besteht kein Gutglaubensschutz. Ein **tatsächlich nicht existierender Geschäftsanteil kann nicht gutgläubig erworben werden**; der gute Glaube an die Existenz des Verfügungsgegenstandes wird nicht geschützt.[1] Gleiches gilt für die **Lastenfreiheit** des Geschäftsanteils, der gute Glaube hieran wird nicht geschützt.[2] Dieser Fall ist nicht zu verwechseln mit dem gutgläubigen Erwerb eines Rechtes am Geschäftsanteil, den die Vorschrift ermöglicht. Die Wirkung des guten Glaubens bezieht sich also auf die Verfügungsbefugnis des Gesellschafters, der als solcher in der Gesellschafterliste eingetragen ist, die im Handelsregister aufgenommen ist. Ebenfalls nicht geschützt ist der Glaube an Nichtbestehen von Vinkulierung, an Nichtbestehen einer Testamentsvollstreckung oder an Fehlen einer bedingten Verfügungsbeschränkung.[3]

2523 Es muss ein Erwerb durch **Rechtsgeschäft** vorliegen. Darunter wird man wohl im Hinblick auf § 892 BGB ein **Verkehrsgeschäft** zu verstehen haben. **Schenkungen**, die zwar Rechtsgeschäfte, aber keine Verkehrsgeschäfte sind, scheiden als Grundlage für einen gutgläubigen Erwerb aus wie auch beim Übergang eines Geschäftsanteils kraft Gesetzes. Auch Gesellschafterbeschlüsse sind keine Rechtsgeschäfte, so dass ein gutgläubiger Erwerb eines Geschäftsanteils aufgrund eines Gesellschafterbeschlusses nicht möglich ist. An einem Verkehrsgeschäft fehlt es auch, wenn auf Verkäufer- und auf Käuferseite dieselbe Person steht.[4]

2524 Der **Veräußerer muss als Inhaber** des GmbH-Geschäftsanteils in der **Gesellschafterliste eingetragen** sein. Taugliche Grundlage für einen Gutglaubensschutz ist nur eine Liste, die den Anforderungen des § 40 GmbHG entspricht. Die Gesellschafterliste muss also die erforderlichen Angaben zur Person der Gesellschafter enthalten (Name, Vorname, Wohnort und Geburtsdatum und bei Gesellschaften das zuständige Handelsregister und die Handelsregister-Nummer) und die Unterzeichner müssen im Zeitpunkt der Einreichung Geschäftsführer der GmbH in vertretungsbefugter Zahl sein. Die Gesellschafterliste muss in das Handelsregister aufgenommen, d. h. in den entsprechenden Registerordner nach § 9 HRV eingestellt sein.

2525 Das Anknüpfen eines gutgläubigen Erwerbs an die Eintragung des Veräußerers als Inhaber des Geschäftsanteils in der Gesellschafterliste bedarf auch aus einem anderen Blickwinkel besonderer Beachtung. Der Erwerber eines Geschäftsanteils unter einer **aufschiebenden Bedingung** (z. B. der Kaufpreiszahlung oder Eintragung einer Kapitalerhöhung) ist nach § 16 Abs. 3 GmbHG **nicht mehr vor zwischenzeitlichen Verfügungen über den Geschäftsanteil geschützt**, da ein Zweiterwerber des Anteils oder eines Rechtes daran auf die zuletzt eingereichte und ins Handelsregister aufgenommene Liste vertrauen darf und die den Erwerber ausweisende Liste noch nicht eingereicht ist, weil die seine Person betreffende Veränderung noch nicht wirksam geworden ist. § 40

1 MüKoGmbHG/Heidinger, § 16 Rz. 322.
2 OLG München v. 11.3.2011 - 31 Wx 162/10, NWB BAAAF-75499, NZG 2011 S. 473, 474.
3 Noack/Servatius/Haas/Servatius, GmbHG, § 16 Rz. 2.
4 Bunnemann/Zirngibl/Desch, § 7 Rz. 18 f.

GmbHG schreibt vor, dass die geänderte Liste „unverzüglich **nach** Wirksamwerden jeder Veränderung" einzureichen ist.

BEISPIEL: Gesellschafter A tritt seinen GmbH-Geschäftsanteil an K unter der aufschiebenden Bedingung der vollständigen Bezahlung des Kaufpreises ab. Vor Eintritt der Bedingung und Einreichung der (geänderten) Liste tritt A seinen Geschäftsanteil an den gutgläubigen C ab. C erwirbt den Geschäftsanteil gutgläubig im Vertrauen auf die ins Handelsregister aufgenommene Gesellschafterliste, die A noch als Inhaber des Geschäftsanteils ausweist. B kann sich an A nur mit Ansprüchen wegen der Leistungsstörung halten.

ABWANDLUNG: Nach Abtretung, aber vor Eintritt der aufschiebenden Bedingung verpfändet A den GmbH-Geschäftsanteil an die gutgläubige X-Bank. Die Bank kann das rechtsgeschäftlich begründete Pfandrecht (= Recht an einem Geschäftsanteil) gutgläubig erwerben. Bei Eintritt der Bedingung wird K Inhaber des mit dem Pfandrecht belasteten Anteils, weil § 16 Abs. 3 GmbHG nicht die Freiheit des Geschäftsanteils von Rechten Dritter überwindet. Belastungen des Geschäftsanteils sind keine Veränderungen in der Person oder im Umfang der Beteiligung des Gesellschafters und werden deshalb auch nicht in der Gesellschafterliste dokumentiert. Die Liste ist kein „kleines Grundbuch".

ABWANDLUNG: Wie vorheriges Beispiel, nur lässt die X-Bank den Geschäftsanteil im Wege der Einzelzwangsvollstreckung pfänden. Hier kann sich K im Wege der Drittwiderspruchsklage nach § 771 ZPO gegen die Pfändung wehren. Die Bank hat das Pfändungspfandrecht nicht durch Rechtsgeschäft erworben, so dass § 16 Abs. 3 Satz 1 GmbHG nicht anwendbar ist, obwohl A als Inhaber des Geschäftsanteils eingetragen war und die Bank nichts von der aufschiebend bedingten Abtretung an K wusste.

Schutz vor schädlichen Zwischenverfügungen soll sich der Erwerber verschaffen können, indem er sich vom Veräußerer zugleich mit der Abtretung die Zuordnung eines **Widerspruchs gegen die Richtigkeit** der Gesellschafterliste nach § 16 Abs. 3 Satz 4 GmbHG **bewilligen** lässt und den **Widerspruch zum Handelsregister einreicht**, um damit den guten Glauben möglicher Zwischenerwerber nach § 16 Abs. 3 Satz 3 GmbHG zu zerstören.[1] Er braucht hierzu eine Gefährdung seines Rechts aus der aufschiebend bedingten Abtretung nicht glaubhaft zu machen (§ 16 Abs. 3 Satz 5 GmbHG). Ob dieser Vorschlag gangbar ist, weil es unsicher ist, ob der Übernehmer eines Geschäftsanteils unter einer aufschiebenden Bedingung bereits ein Anwartschaftsrecht auf den Erwerb des Vollrechts erhält und deshalb eine Zwischenverfügung bei Eintritt der Bedingung ihm gegenüber unwirksam ist (§ 161 BGB), muss bezweifelt werden. Der BGH hat gerade dies bestätigt und deshalb einen Vermerk zur Liste über die aufschiebend bedingte Abtretung abgelehnt.[2] 2526

An Stelle der Bewilligung eines Widerspruchs kann man – jedenfalls wenn die Satzung eine Vinkulierung enthält – daran denken, einen Geschäftsanteil im Nennwert von 1 € unbedingt und sofort zu erwerben und den eigentlichen Erwerb mit einer aufschiebenden Bedingung. Dann kann der Neugesellschafter einer Zwischenverfügung durch den „Altgesellschafter" entgegenwirken.[3] Ein Vermerk in der Gesellschafterliste, dass der

1 BGH, v. 20.9.2011 - II ZB 17/10, NWB EAAAD-94714, BGHZ 191 S. 84, Rz. 11, NZG 2011 S. 1268; Vossius, DB 2007 S. 2299, 2301; Maier-Reimer, NZG 2020 S. 561; allerdings hält das OLG München v. 11.3.2011 - 31 Wx 162/10, NWB BAAAF-75499, BB 2011 S. 1414, diesen Weg für nicht gangbar, weil ein gutgläubiger Zweiterwerb des Geschäftsanteils nicht möglich und außerdem die Liste korrekt sei.

2 BGH v. 20.9.2011 - II ZB 17/10, NWB EAAAD-94714, BB 2011 S. 2832; ablehnend Omlor, Verkehrsschutzfragen zum Anwartschaftrecht am GmbH-Geschäftsanteil, DNotZ 2012 179.

3 Zu dieser Verfahrensweise vgl. Bunnemann/Zirngibl/Desch, § 7 Rz. 89.

durch seine Nummer bestimmte Geschäftsanteil aufschiebend bedingt abgetreten sei, ist kein taugliches Mittel für die Sicherung. Das Registergericht muss eine Gesellschafterliste mit einem solchen Vermerk nicht aufnehmen, weil sie keine Veränderung in den Personen der Gesellschafter enthält.[1]

2527 Auf der Grundlage der Gesellschafterliste ist nur ein gutgläubiger Erwerb vom Nichtberechtigten möglich. **Mängel in der Verfügungsbefugnis** werden durch die Vorschrift des § 16 Abs. 3 GmbHG **nicht überwunden**. Bedarf die Abtretung zu ihrer Wirksamkeit der Zustimmung der Gesellschafterversammlung, kann deren Fehlen nicht unter Berufung auf § 16 Abs. 3 Satz 1 GmbHG ausgeräumt werden. Es besteht kein Gutglaubensschutz hinsichtlich einer fehlenden Vinkulierung, die sich häufig bei einer personalistisch geprägten GmbH findet und ein Hindernis für die freie Übertragung des Geschäftsanteils auf einen Dritten darstellt. Die freie Verfügungsbefugnis über den Geschäftsanteil bezieht sich aber nur auf die in der Gesellschafterliste verzeichneten Merkmale, zu denen aber eine Vinkulierung, die in den unterschiedlichsten Formen gebräuchlich ist, nicht zählt. Der gute Glaube überwindet nicht die fehlende Zustimmung bei vinkulierten Geschäftsanteilen.[2]

2527/1 Ähnliches gilt, wenn über das Vermögen des eingetragenen Inhabers das Insolvenzverfahren eröffnet ist und der Insolvenzschuldner den Geschäftsanteil an einen gutgläubigen Dritten abtritt. Allein wegen der Insolvenzeröffnung ist die Gesellschafterliste nicht unrichtig, weil der Insolvenzschuldner Inhaber des Geschäftsanteils bleibt. Seine Verfügung ist gem. § 81 Abs. 1 Satz 1 InsO unwirksam. Eine Ausnahme hiervon – wie zum Grundstückserwerb nach § 892 BGB – macht die Vorschrift nicht auch für § 16 Abs. 3 GmbHG. Der Gesellschafterliste haftet auch kein „öffentlicher Glaube" wie beim Grundbuch an, die Eintragung eines Insolvenzvermerks ist auch nicht vorgesehen.[3]

2. Guter Glaube und Stückelung von Geschäftsanteilen

2527/2 Die Gesellschafter können durch einfachen Beschluss Geschäftsanteile zusammenlegen oder teilen (§ 46 Nr. 4 GmbHG). Die Pflicht, zum Handelsregister eine geänderte Gesellschafterliste einzureichen, trifft dann die Geschäftsführer, wobei nicht selten Fehler in der Weise auftreten können, dass ein Gesellschafter als Inhaber von mehr Geschäftsanteilen verzeichnet wird als ihm tatsächlich zustehen oder von weniger Anteilen als tatsächlich existieren. Dies kann im Rahmen von Veräußerungen zu Problemen führen, die sich zufriedenstellend nur über eine Vertragsauslegung lösen lassen, wenn sich der Nennwert in der Stammkapitalziffer abbilden lässt, und der Grundsatz beachtet wird, dass nicht existente Geschäftsanteile nicht gutgläubig erworben werden können.[4]

BEISPIEL: ▸ A und B sind Gesellschafter der X-GmbH mit einem Stammkapital von 50.000 €. A hält drei Geschäftsanteile mit dem Nominalwert von je 10.000 € und den Nummern 1 bis 3, B deren zwei mit dem Nennwert von je 10.000 € und den Nummern 4 bis 5. Sie beschließen, die Geschäftsanteile des B zu einem Anteil von 20.000 € zusammenzulegen, der Geschäftsführer

1 OLG München v. 8.9.2009 - 31 Wx 82/09, BB 2009 S. 2167; BGH v. 20.9.2011 - II ZB 17/10, NWB EAAAD-94714, BB 2011 S. 2832.
2 Bunnemann/Zirngibl/Desch, § 7 Rz. 21, m. w. N.
3 Noack/Servatius/Haas/Servatius, GmbHG, § 16 Rz. 2.
4 Ähnlich Bunnemann/Zirngibl/Desch, § 7 Rz. 22, mit Beispielen und weiteren Nachweisen.

reicht aber keine geänderte Gesellschafterliste zum Handelsregister ein. Nach fünf Jahren veräußert B seine „gesamte" Beteiligung an den gutgläubigen Z; im notariell beurkundeten Kauf- und Abtretungsvertrag werden vom Notar, der zuvor das Handelsregister eingesehen hat, als Gegenstand der Übertragung die Geschäftsanteile mit den Nummern 4 und 5 im Nennwert von je 10.000 € eingesetzt.

LÖSUNG: Denkbar wäre die Lösung, dass ein gutgläubiger Erwerb der zwei Geschäftsanteile, wie im Handelsregister ausgewiesen sind, ausscheidet, da sie tatsächlich nicht existieren. Die ließe jedoch unberücksichtigt, dass sich der Nominalbetrag der Geschäftsanteile in dem tatsächlich bestehenden Geschäftsanteil von 20.000 € abbilden lässt, ohne die Stammkapitalziffer zu überschreiten. Dann könnte man von einem gutgläubigen Erwerb ausgehen, ließe aber unberücksichtigt, dass es sich nicht um einen Erwerb vom Nichtberechtigten handelt, sondern um einen solchen vom Nicht-so-Berechtigten, weil B tatsächlich wertmäßig mit 2 mal 10.000 €, also 20.000 € an der Gesellschaft beteiligt ist. Dann könnte man über diesen Weg wieder zu einer Anwendung des § 16 Abs. 3 GmbHG kommen.

Am ehesten zutreffend dürfte aber der Weg über eine Vertragsauslegung unter Beachtung des Grundsatzes, dass die Falschbezeichnung nicht schadet, sein. Die Vertragsauslegung (§ 133 BGB) ergibt, dass B seine „gesamte" Beteiligung an der GmbH übertragen und Z diese erwerben wollte, man aber nur falsch bezeichnet hat, woraus diese besteht. Z hat also den Geschäftsanteil mit dem Nennbetrag von 20.000 € erworben.

ABWANDLUNG: Es hat keine Zusammenlegung der Geschäftsanteile des B stattgefunden, aber aus nicht mehr nachvollziehbaren Gründen ist in der Gesellschafterliste B als Inhaber des Geschäftsanteils Nr. 5 mit dem Nominalbetrag von 11.000 € verzeichnet. Hier erwirbt Z beide Geschäftsanteile im Nominalbetrag von je 10.000 €; ein gutgläubiger Erwerb des in der Liste vermerkten Anteils von 11.000 € scheidet aus, weil sonst das Stammkapital der GmbH überschritten würde.

ABWANDLUNG: Nach der Zusammenlegung wie im Grundbeispiel reicht der Geschäftsführer eine „aktualisierte" Gesellschafterliste beim Handelsregister ein, leider bleibt aber unbemerkt, dass A nur noch die Geschäftsanteile 1 bis 2 i. H. v. je 10.000 € zugeordnet werden, während B als Inhaber der Geschäftsanteils Nr. 3 und eines neugebildeten Geschäftsanteils über 20.000 € erscheint. Der Notar – beauftragt die Übertragung der „gesamten" Beteiligung des B an der GmbH vorzubereiten – sieht das Handelsregister ein und bereitet den Vertragsentwurf entsprechend vor, den B und Z unterzeichnen. Hier erwirbt der gutgläubige Z rechtsgeschäftlich die Beteiligung des B über 20.000 € vom Berechtigten und den Geschäftsanteil Nr. 3 wirksam vom Nichtberechtigten gem. § 16 Abs. 3 GmbHG.

ABWANDLUNG: Jahre nach der Zusammenlegung der Geschäftsanteile des B wie im Grundbeispiel, die so aber nicht beim Handelsregister angemeldet worden ist, veräußert B den Geschäftsanteil Nr. 5 im Wert von 10.000 € an Z. Der eintrittswillige Z kann den Geschäftsanteil Nr. 5 nicht gutgläubig erwerben, weil der tatsächlich nicht (mehr) existiert. Es gibt nur den Geschäftsanteil des B über 20.000 €.

3. Ausschluss des gutgläubigen Erwerbs

Der gutgläubige Erwerb vom als Inhaber eingetragenen Nichtberechtigten setzt weiter gem. § 16 Abs. 3 Satz 2 GmbHG voraus, dass die Gesellschafterliste zum Zeitpunkt des Erwerbs, also **zurzeit der dinglichen Wirksamkeit des Rechtsgeschäfts** mit dem gutgläubigen Dritten, hinsichtlich des Geschäftsanteils 2528

a) **dem wirklichen (wahren) berechtigten Inhaber des Geschäftsanteils zurechenbar unrichtig ist** und

b) die Gesellschafterliste **mehr als drei Jahre unrichtig** ist.

Die „negative" Formulierung in § 16 Abs. 3 Satz 2 GmbHG hat der Gesetzgeber gewählt, weil es sich dabei um eine rechtsvernichtende Einwendung des wahren Berechtigten gegenüber dem Gutglaubenserwerb handelt, für die der wahre Berechtigte die Darlegungs- und Beweislast trägt.

a) Zu unterscheidende Fallgestaltungen

2529 Damit lassen sich folgende **Fallgestaltungen** unterscheiden:

1. Ist die Unrichtigkeit der Gesellschafterliste dem wahren Inhaber des Geschäftsanteils nicht zuzurechnen und ist die im Handelsregister aufgenommene Liste hinsichtlich des betroffenen Geschäftsanteils weniger als drei Jahre unrichtig, ist ein gutgläubiger Erwerb ausgeschlossen. Der wahre Berechtigte soll zu seinem Schutz drei Jahre Zeit haben, die Liste richtig zu stellen.
2. Stets und unabhängig von der Dreijahresfrist ist ein gutgläubiger Erwerb möglich, wenn dem wahren Inhaber des GmbH-Geschäftsanteils die Unrichtigkeit der Gesellschafterliste im Bezug auf seinen Geschäftsanteil zuzurechnen ist. Dies ist insbesondere der Fall, wenn der wahre Inhaber nach dem Erwerb seines Anteils innerhalb von drei Jahren nicht dafür gesorgt hat, dass die Gesellschafterliste geändert wird und seine Rechtsstellung richtig wiedergibt.

BEISPIEL: Aufgrund gesetzlicher Erbfolge wird S ein Erbschein nach dem Erblasser E erteilt; nach Vorlage des Erbscheins bei den Geschäftsführern der Y-GmbH reichen diese eine geänderte Gesellschafterliste beim Handelsregister ein, die S als Inhaber des von E nachgelassenen Geschäftsanteils an der Y-GmbH nennt. Als der Enkel P des Erblassers danach ein wirksames Testament findet, mit dem er zum Erben eingesetzt wurde, unterlässt er es, die Geschäftsführer zu unterrichten, damit die Gesellschafterliste korrigiert wird, bzw. versäumt er, einen Widerspruch eintragen zu lassen, obwohl er davon Kenntnis hatte, dass S „als Erbe" in die Gesellschafterliste aufgenommen wurde. Wenn der Scheinerbe S den Anteil an einen gutgläubigen Dritten veräußert, ist ein gutgläubiger Erwerb ohne Wartefrist möglich.

3. Ist die im Handelsregister aufgenommene Gesellschafterliste hinsichtlich des Geschäftsanteils schon seit mindestens drei Jahren unrichtig, ist ein gutgläubiger Erwerb möglich. Voraussetzung ist dann, dass derjenige oder diejenigen, die im Lauf der vorangegangenen drei Jahre als Inhaber des Geschäftsanteils eingetragen waren, durchgehend nicht die wahren Berechtigten waren. Der Veräußerer muss also nicht selbst drei Jahre lang unrichtigerweise als Inhaber des Geschäftsanteils in der Gesellschafterliste eingetragen gewesen sein (Rechtsnachfolge beim Nichtberechtigten).

BEISPIEL: A wird versehentlich – ohne dass dies dem wahren Berechtigten X zurechenbar wäre – in einer zum Handelsregister eingereichten und dort aufgenommenen Gesellschafterliste als Inhaber des Geschäftsanteils mit der laufenden Nr. 3 und dem Nennbetrag von 10.000 € genannt. Nach zwei Jahren verstirbt A und wird von dem ahnungslosen E beerbt, welcher nach Vorlage des Erbscheins in eine neue geänderte und ihn als Inhaber ausweisende Liste aufgenommen wird, die zum Handelsregister eingereicht wird. Nach weiteren zwei Jahren verkauft E den Geschäftsanteil Nr. 3 an den gutgläubigen K und tritt den Geschäftsanteil an ihn ab.

Obwohl die Liste hinsichtlich des E erst zwei Jahre unrichtig ist, wird man die in seiner Person bereits verstrichene „Ersitzungsfrist" von zwei Jahren aus dem allgemeinen Rechtsgedanken des § 900 BGB heraus dem gutgläubigen Erwerber K zugutekommen lassen müssen. Die Liste ist wie eine „Listenkette" zu verstehen, die auf den ersten Nichtberechtigten A zurückführt.[1] Die Gesellschafterliste war danach mehr als drei Jahre unrichtig, als K von E rechtsgeschäftlich den Geschäftsanteil erworben hat. Er hat den Geschäftsanteil Nr. 3 gutgläubig erworben. Wäre A nach zwei Jahren nicht verstorben, sondern hätte er an den gutgläubigen E den Geschäftsanteil veräußert und der ihn dann an K nach weiteren zwei Jahren abgetreten, wäre die Gesellschafterliste mehr als drei Jahre unrichtig gewesen. Auch dann konnte K gutgläubig erwerben.

b) Nicht zurechenbare Unrichtigkeit der Gesellschafterliste

An einer **zurechenbar unrichtigen Gesellschafterliste fehlt** es, wenn der wahre Inhaber des Geschäftsanteils an der Aufnahme des Nichtberechtigten als Inhaber des Geschäftsanteils, also an der „Veränderung" **nicht mitgewirkt** hat. Einer Mitwirkung steht es gleich, wenn der wahre Berechtigte es unterlässt, sich nach dem Erwerb des Geschäftsanteils darum zu kümmern, dass die Gesellschafterliste geändert und in ihr seine Rechtsstellung richtig wiedergegeben wurde. Zumindest muss von ihm verlangt werden, dass der Eintragung des Nichtberechtigten ein Widerspruch zugeordnet wird. Gleiches gilt auch, wenn er konkreten Anhaltspunkten nicht nachgeht, die auf eine unzutreffende Änderung der Liste zu seinen Ungunsten hindeuten. 2530

Vor unliebsamen Überraschungen und Rechtsverlust können sich Gesellschafter schützen, wenn sie von Zeit zu Zeit, mindestens aber jeweils vor Ablauf von drei Jahren, Einsicht in die aktuelle Gesellschafterliste nehmen[2] und sie auf ihre Richtigkeit hin kontrollieren. Für die **Praxis** kann es zu empfehlen sein, die Geschäftsführer gesondert zu verpflichten, dass jedem Gesellschafter sofort eine Abschrift der beim Handelsregister eingereichten geänderten Liste bzw. der notariellen Mitteilung nach § 40 Abs. 2 GmbHG übermittelt wird. Es sollte jedenfalls bedacht werden, dass der Gesellschafter, dem durch den gutgläubigen Erwerb eines Dritten ein Rechtsverlust droht, seinen Einwand, ihm sei die Unrichtigkeit der Liste nicht zuzurechnen, substantiiert darlegen und notfalls beweisen muss.

Im Allgemeinen ist die Zurechenbarkeit dann zu bejahen, wenn der Berechtigte die Unrichtigkeit veranlasst oder sonst zu verantworten hat, wobei eine Mitveranlassung oder Mitverantwortung ausreicht.[3] Zu bejahen ist dies insbesondere dann, wenn bei einem Erwerb eines Geschäftsanteils dem Notar der Eintritt einer aufschiebenden Bedingung nicht mitgeteilt wird, so dass es der Notar unterlässt, eine aktualisierte Gesellschafterliste zum Handelsregister einzureichen. Auf ein Verschulden kommt es zwar nicht an; Verzögerungen beim Registergericht, Notar oder Geschäftsführer sind dem Gesellschafter jedoch in der Regel nicht zuzurechnen. 2530/1

c) Dreijährige Unrichtigkeit

Wann die **Dreijahresfrist beginnt**, lässt sich dem Gesetz nicht für alle Fallgestaltungen eindeutig entnehmen. Ist die Gesellschafterliste schon bei ihrer Einreichung unrichtig, beginnt die Frist **mit der Aufnahme der Liste in das Handelsregister**, also mit dem **Ein-** 2531

1 Vossius, DB 2007 S. 2299, 2303.
2 Bednarz, BB 2008 S. 1854, 1858.
3 Bunnemann/Zirngibl/Desch, § 7 Rz. 54, m. w. N.

stellen der Liste im elektronischen Dokumentenabruf (§ 12 HGB). Wesentlich relevanter in der Praxis sind aber die Fälle, in denen die Liste anfänglich richtig ist und sie später unrichtig wird. Dann beginnt die Frist in dem Zeitpunkt, in dem die Liste unrichtig wurde.[1] Der Ablauf der dreijährigen Frist nach der Aufnahme der letzten Gesellschafterliste allein eröffnet den gutgläubigen Erwerb nicht. Das ist z. B. dann der Fall, wenn eine nicht eingetragene Veränderung innerhalb der letzten drei Jahre vor dem Anteilserwerb die Liste unrichtig werden ließ, mag der letzte (zutreffende) Eintrag in die Gesellschafterliste auch schon länger zurückliegen.

BEISPIEL: Der schon seit der Gründung der GmbH im Jahr 2020 in der Gesellschafterliste eingetragene Gründungsgesellschafter A veräußert den Geschäftsanteil Nr. 5 im Jahr 2021 aufschiebend bedingt an X. Als der Kaufpreis Anfang 2022 bezahlt wird und die aufschiebende Bedingung eintritt, wird dies dem Notar nicht mitgeteilt, so dass eine aktualisierte Liste von ihm nicht eingereicht wird und X als wahrer (materiell) Berechtigter nicht in der Liste genannt wird. Ende des Jahres 2025 veräußert A (als Nichtberechtigter) den Geschäftsanteil Nr. 5 nochmals an den gutgläubigen Z. Er – Z – erwirbt den Geschäftsanteil Nr. 5 gem. § 16 Abs. 3 GmbHG. Die Gesellschafterliste ist seit Anfang des Jahres 2022, also seit mehr als drei Jahren unrichtig. Dass sie bei der Gründung richtig war, ist nicht beachtlich.

ABWANDLUNG: Hätte Z den Übertragungsvertrag mit X schon im Jahr 2024 abgeschlossen, hätte er trotz seiner Gutgläubigkeit den Geschäftsanteil Nr. 5 nicht erworben, weil die Liste noch keine drei Jahre unrichtig gewesen wäre.

2531/1 Nicht erheblich ist, wenn die Gesellschafterliste innerhalb der Dreijahresfrist mehrfach unrichtig geworden ist. Wesentlich ist vielmehr, ob seit dem Zeitpunkt, in dem der wahre Berechtigte aus der Gesellschafterliste gestrichen wurde, mehr als drei Jahre verstrichen sind.

BEISPIEL: Der Gründungsgesellschafter G hat im Jahr 2020 zwei Geschäftsanteile von je 10.000 € übernommen, die in die Liste mit den Nrn. 5 und 6 aufgenommen wurden. In der Gründungssatzung ist eine Vinkulierung mit Genehmigungsvorbehalt der Gesellschafterversammlung vereinbart. G veräußert im Jahr 2021 den Anteil Nr. 6 an E, welcher denselben Geschäftsanteil 2023 an den F weiterverkauft. Beide Male wird eine geänderte Gesellschafterliste im Handelsregister aufgenommen. Nicht beachtet wurde aber die Vinkulierung, so dass G materiell Inhaber des Geschäftsanteils Nr. 6 geblieben ist. F, der inzwischen zugestimmt hat, dass die Vinkulierung aufgehoben wird, tritt 2025 den Geschäftsanteil Nr. 6 entgeltlich an Z ab. Z ist gutgläubig und erwirbt den Geschäftsanteil Nr. 6 gem. § 16 Abs. 3 GmbHG, weil G als wahrer Berechtigter schon mehr als drei Jahre nicht mehr als Inhaber des Geschäftsanteils Nr. 6 eingetragen und die Gesellschafterliste länger als drei Jahre unrichtig gewesen ist.

Wesentlich ist also, dass die seit dem Unrichtigwerden der Gesellschafterliste als Gesellschafter eingetragenen Personen durchgehend Nichtberechtigte waren. Unbeachtlich ist auch, dass mehrere geänderte Listen eingereicht wurden, weil diese nur Fortschreibungen der Gesellschafterliste darstellen.[2]

2531/2 Fraglich ist, wie bei einer Anfechtung zu verfahren ist. Bei einer Anfechtung nach § 123 BGB (arglistige Täuschung) wird auch die Abtretung (= dingliche Erfüllung) rückwirkend vernichtet. Hier beginnt die Dreijahresfrist rückwirkend mit der Aufnahme der Liste in das Handelsregister und nicht erst mit Zugang der Anfechtungserklärung. Im Interesse

1 Allgemeine Meinung, vgl. z. B. Bunnemann/Zirngibl/Desch, § 7 Rz. 46, m. w. N.

2 Vgl. auch OLG München v. 8.9.2009 - 31 Wx 82/09, NZG 2009 S. 1192.

des gutgläubigen Erwerbers und im Hinblick auf § 142 Abs. 1 BGB ist auf eine Rückwirkung abzustellen, zumal es der Anfechtungsberechtigte in der Hand hat, den Gutglaubenschutz durch Zuordnung eines Widerspruchs zu zerstören.

4. Kenntnis oder grob fahrlässige Unkenntnis von der mangelnden Berechtigung

Nach § 16 Abs. 3 Satz 3 GmbHG ist ein gutgläubiger Erwerb des GmbH-Geschäftsanteils 2532
nicht möglich, wenn dem Erwerber **die mangelnde Berechtigung bekannt oder infolge grober Fahrlässigkeit unbekannt ist**. Eine fast wortgleiche Formulierung findet sich in § 932 Abs. 2 BGB zum gutgläubigen Erwerb beweglicher Sachen. Dort hat der BGH eine grob fahrlässige Unkenntnis dann angenommen, wenn die im Verkehr erforderliche Sorgfalt in ungewöhnlich hohem Maße verletzt wurde, wenn ganz nahe liegende Überlegungen nicht angestellt oder beiseite geschoben wurden und dasjenige unbeachtet geblieben ist, was im gegebenen Fall sich jedem aufgedrängt hätte.[1] Nachprüfungs- und Erkundigungspflichten werden nur bei Vorliegen einer konkreten Verdachtssituation bejaht.

Es muss abgewartet werden, ob die Rechtsprechung zu § 16 Abs. 3 GmbHG ähnliche Maßstäbe an die „verkehrsübliche" Sorgfaltspflicht stellt oder ob im Hinblick auf den erheblichen Due-Diligence-Aufwand,[2] den Erwerber jedenfalls bei größeren Anteilserwerben betreiben, höhere Sorgfaltsmaßstäbe setzt. Dafür könnte sprechen, dass die Gesellschafterliste kein öffentliches Register vergleichbar dem Grundbuch darstellt, sondern im Handelsregister nur die von den Geschäftsführern bzw. dem Notar erstellte Liste ohne inhaltliche Prüfung seitens des Registergerichts abrufbar eingestellt wird.

Dem Erwerber von Geschäftsanteilen muss man aber empfehlen, nicht nur die Erleichterungen im Auge zu behalten, welche die Möglichkeit des gutgläubigen Erwerbs mit sich bringt. So kann er sich auf einen Dreijahreszeitraum beschränken, wenn es um die Verfügungsbefugnis des Veräußerers oder um die Wirksamkeit von Abtretungen des Geschäftsanteils oder um Umwandlungen geht. Wenn es aber um Details geht, die nicht vom Schutz des guten Glaubens erfasst werden, wird ein sorgfältig handelnder Erwerber nicht ohne eine Due-Diligence-Prüfung, die auch über drei Jahre hinausreicht, auskommen. In diesem Rahmen geht es um die Fragen, ob der zum Erwerb stehende Geschäftsanteil überhaupt und in der in der Gesellschafterliste ausgewiesenen Form besteht, ob die Einlagepflichten aus dem Geschäftsanteil erfüllt sind, ob der Geschäftsanteil lastenfrei ist (Pfandrecht, Nießbrauch), da zwar eine Belastung gutgläubig erworben werden kann (= Recht an einem Geschäftsanteil) nicht aber die Lastenfreiheit, oder ob der Geschäftsanteil frei übertragen werden kann oder Verfügungsbeschränkungen durch eine Vinkulierung unterliegt. Schließlich sollte auch geprüft werden, ob dem Geschäftsanteil ein Widerspruch zugeordnet ist.[3]

1 BGH v. 15.11.1999 - II ZR 98/98, ZIP 2000 S. 146.
2 Bunnemann/Zirngibl/Desch, § 7 Rz. 65 und 71 ff.
3 Vgl. dazu ausführlich Bunnemann/Zirngibl/Desch, § 7 Rz. 71 ff.

5. Zerstörung des guten Glaubens durch Widerspruch

2533 Der gutgläubige Erwerb eines Geschäftsanteils ist ferner ausgeschlossen, wenn der **Liste ein Widerspruch zugeordnet** ist (§ 16 Abs. 3 Satz 3 GmbHG). Zugeordnet bedeutet, dass der elektronisch eingereichte Widerspruch mit dem Dokument der Gesellschafterliste im entsprechenden Registerordner nach § 9 HRV verbunden ist. Die Zuordnung eines Widerspruchs erfolgt aufgrund einer einstweiligen Verfügung oder aufgrund einer Bewilligung desjenigen, gegen dessen Berechtigung sich der Widerspruch richtet, wobei eine Gefährdung des Rechts des Widersprechenden nicht glaubhaft gemacht werden muss (Sätze 4 und 5 der Vorschrift).[1] Die Regelung orientiert sich an § 899 BGB für das Grundstücksrecht. Der Widerspruch hindert nicht die Anteilsveräußerung, sondern schließt nur den gutgläubigen Erwerb aus. Auch die Legitimation des eingetragenen Inhabers gegenüber der Gesellschaft nach § 16 Abs. 1 GmbHG wird durch einen Widerspruch nicht beseitigt. Der (möglicherweise nicht berechtigte) Inhaber kann sämtliche Mitgliedschaftsrechte gegenüber der GmbH und den Mitgesellschaftern ausüben und bleibt auch zur Einlageleistung verpflichtet.[2]

2534 **Widersprechen darf** jedenfalls **der Anteilsinhaber bzw. derjenige, der sich für den wahren Inhaber hält oder es aufgrund aufschiebend bedingter Abtretung bei Eintritt der Bedingung werden wird.** Ob auch Mitgesellschafter oder die Geschäftsführer zum Widerspruch berechtigt sind, ist umstritten.[3] M. E. können sich Mitgesellschafter, für die die Zusammensetzung des Kreises der Gesellschafter durchaus von Belang sein kann, gegen das Eindringen nicht genehmer Personen wirksam durch Vinkulierungsbestimmungen in der Satzung schützen. Verstöße hiergegen kann der Gutglaubensschutz nicht überwinden, weil der gute Glaube an die Verfügungsbefugnis nicht geschützt wird. Enthält der Gesellschaftsvertrag keine Vinkulierungsvorbehalte für die Gesellschafter, ist ihnen ein rechtlich geschütztes Interesse, auf die Zusammensetzung des Personenbestandes der Gesellschaft Einfluss zu nehmen, nicht zuzubilligen, zumal die Erstellung und Änderung der Gesellschafterliste in den Verantwortungsbereich der Geschäftsführer fällt. Den **Mitgesellschaftern** steht daher im Zweifel **kein Widerspruchsrecht** zu.

2535 Ob die **Geschäftsführer zum Widerspruch** berechtigt sind, mag im Hinblick darauf, dass sie jederzeit eine geänderte Liste einreichen und damit den guten Glauben an die Berechtigung eines vorher dort verzeichneten Inhabers faktisch zerstören können, bezweifelt werden. Es kann aber durchaus Fälle geben, in denen die Beteiligungsverhältnisse objektiv zweifelhaft sind. In solchen Fällen sollte den Geschäftsführern nicht zuletzt im Hinblick auf ihre Haftung nach § 40 Abs. 3 GmbHG bei die Gesellschafterliste betreffenden Obliegenheitsverletzungen ein Widerspruchsrecht eingeräumt werden. Sie sollten den gutgläubigen Erwerb von einer eingetragenen Person nicht allein dadurch verhin-

1 OLG Jena v. 5.12.2012 - 2 U 557/12, RNotZ 2013 S. 446, 448; LG Kassel v. 11.7.2018 - 11 O 4146/16, BeckRS 2018, 30799; OLG Hamm v. 27.11.2019 - I-8 U 69/19, NZG 2020 S. 986, Rz. 87; KG v. 9.3.2020 - 2 U 80/19, NWB OAAAH-48374.

2 Noack/Servatius/Haas/Servatius, GmbHG, § 16 Rz. 41 ff.

3 Befürwortend HCL/Löbbe, Rz. 184; MüKoGmbHG/Heidinger, § 16 Rz. 290; Altmeppen, GmbHG, § 16 Rz. 89; Bork/Schäfer/Brandes, Rz. 69; Kort, GmbHR 2009 S. 169, 175; D. Mayer, DNotZ 2008 S. 403, 422 f.; wohl auch HK-GmbHG/Pfisterer, Rz. 44; abl. Scholz/Seibt, Rz. 94; Lutter/Hommelhoff/Bayer, Rz. 99; Henssler/Strohn/Verse, Rz. 85.

dern können, dass sie eine andere Person in die Liste eintragen, deren Berechtigung ebenfalls zweifelhaft ist.[1]

IV. Leistungsstörung und gesetzliche Gewährleistung beim Kauf von GmbH-Anteilen

LITERATUR:

Müller, G., Zur Haftung des Verkäufers von GmbH-Anteilen für falsche Auskünfte über den Wert des Unternehmens, ZIP 2000 S. 817; *Fleischer/Körber*, Due diligence und Gewährleistung beim Unternehmenskauf, BB 2001 S. 41; *Jacques*, Haftung des Verkäufers für arglistiges Verschweigen bei Unternehmenskauf – Zugleich eine Stellungnahme zu § 444 BGB, BB 2002 S. 417; *Triebel/Hölzle*, Schuldrechtsreform und Unternehmenskaufverträge, BB 2002 S. 521; *Grunewald*, Rechts- und Sachmängelhaftung beim Kauf von Unternehmensanteilen, NZG 2003 S. 372; *Blunk/Rabe*, Bilanz- und Eigenkapitalgarantien beim GmbH-Geschäftsanteilskauf, GmbHR 2011 S. 408; *Arens*, Folgen einer arglistigen Täuschung beim Unternehmenskauf, NWB 2021 S. 2292; *Wörner/Ebel*, Wechselspiel der Beschlussmängelregime in den Personenhandelsgesellschaften und der GmbH, NZG 2021 S. 963; *Heider/Meeser/Wüstefeld*, Aufklärungspflichten des Immobilienverkäufers in der Transaktion, NZM 2024 S. 270.

1. GmbH als Kaufgegenstand

Schuldrechtliche Grundlage der Unternehmensveräußerung ist regelmäßig ein Kaufvertrag. Dieser verpflichtet den Veräußerer, das Unternehmen auf den Erwerber zu übertragen. Hierbei wird das Unternehmen als Einheit behandelt, weshalb nur ein Kaufvertrag notwendig ist. Für die dingliche Übertragung stehen zwei Möglichkeiten zur Verfügung: Kauft der Erwerber sämtliche zum Unternehmen gehörende Vermögensgegenstände, spricht man von einem „echten" Unternehmenskauf (sog. „Asset Deal"). Wird das Unternehmen dagegen von einer Gesellschaft (etwa einer GmbH) betrieben, kann er, anstelle der Vermögensgegenstände, die Gesellschaftsanteile kaufen. Durch diesen Beteiligungskauf (sog. „Share Deal") wird ein ähnlicher wirtschaftlicher Effekt wie beim Asset Deal erzielt.[2] Wird das Unternehmen als Sach- und Rechtsgesamtheit verkauft, verpflichtet sich der Verkäufer zur Übertragung aller zum Unternehmen gehörenden Wirtschaftsgüter[3] wie Sachen, Rechte und sonstige Gegenstände, also z. B. Grundstücke, bewegliche Anlagegüter, Betriebs- und Geschäftsausstattung, Umlaufvermögen, der Firma, Marken, Lizenzen, Kundenstamm, Geschäftsgeheimnisse, Know-how usw. Es liegt dann der Kauf eines „sonstigen Gegenstandes" i. S. d. § 453 Abs. 1 BGB vor, auf den die Vorschriften über den Sachkauf entsprechend anzuwenden sind. 2536

Beim Share Deal sind die zu übertragenden Gesellschaftsanteile einzeln zu bezeichnen und entsprechend den jeweiligen Regeln zu übertragen. Erwirbt der Käufer z. B. eine GmbH, erfolgt die Übertragung der Anteile durch Abtretung gem. §§ 398, 413 BGB. 2536/1

1 Vgl. Harbarth, ZIP 2008 S. 57, 61.
2 Dazu näher sogleich.
3 Vgl. BGH v. 28.11.2001 - VIII ZR 37/01, NWB NAAAC-04547, ZIP 2001 S. 440.

2. Gewährleistung

2537 Hat das Unternehmen nicht die geschuldete Eigenschaft, wird der Käufer fragen, ob ihm Gewährleistungsansprüche gegen den Verkäufer zustehen. Sowohl für den Asset Deal als auch für den Share Deal ist über die Verweisungsnorm des § 453 Abs. 1 BGB das Kaufmängelgewährleistungsrecht entsprechend heranzuziehen. Dreh- und Angelpunkt ist § 437 BGB. Voraussetzung ist zunächst die Mangelhaftigkeit der Kaufsache. Das verkaufte Unternehmen muss also mit einem Sach- oder Rechtsmangel behaftet sein. Hierbei muss zwischen Asset Deal und Share Deal unterschieden werden.

2537/1 Bei einer Vinkulierung bleibt der Veräußerungsvertrag (Abtretung) bis zur Erteilung der Genehmigung schwebend unwirksam und der Kaufvertrag (Verpflichtungsgeschäft) über den Kauf des Geschäftsanteils (Rechtskauf) ist noch nicht erfüllt. Wird die Genehmigung nicht erteilt, ist die Übertragung und damit die Erfüllung des Anteilskaufvertrags unmöglich geworden. Bei nachträglicher Unmöglichkeit bleibt zwar der Vertrag wirksam, jedoch besteht ein Leistungsanspruch des Käufers nicht mehr (§ 275 BGB). Dann geht grundsätzlich auch der Anspruch auf den Kaufpreis (Gegenleistung) nach § 326 Abs. 1 Satz 1 BGB verloren. Der Anteilskäufer kann vom Vertrag zurücktreten (§ 326 Abs. 5 BGB). Er kann nach §§ 280 Abs. 1 und Abs. 3, 283 BGB Schadensersatz statt der Leistung verlangen, wobei das Schadensersatzrecht und das Rücktrittsrecht nebeneinander bestehen (§ 325 BGB), und er kann wahlweise auch Aufwendungsersatz aus den §§ 280, 283 und 284 BGB verlangen.

3. Rechtsmängel/share deal

2538 Der Kauf von Geschäftsanteilen an einer GmbH ist ein Rechtskauf. Auf ihn finden gem. § 453 Abs. 1 BGB die Vorschriften über den Kauf von Sachen entsprechende Anwendung. Damit ist eine entsprechende Anwendung der Regeln über die Gewährleistung bei Sachmängeln gemeint, soweit Rechtsmängel vorliegen, nicht aber eine Sachmängelhaftung für Fehler, die einzelne Vermögensgegenstände oder das ganze Unternehmen der GmbH aufweisen.

2539 Danach haftet der Verkäufer eines GmbH-Geschäftsanteils nach § 453 Abs. 1, §§ 434, 437 BGB dafür, dass die GmbH selbst und der Geschäftsanteil in der entsprechenden Größe besteht, dem Verkäufer als Eigentümer gehört und nicht dinglich z. B. mit einem Pfand- oder Nießbrauchsrecht belastet ist, sich die GmbH nicht in Insolvenz oder Liquidation befindet und dass der Geschäftsanteil die vertraglich vorausgesetzten Mitgliedschaftsrechte (Gewinnbeteiligung, Stimmrecht) vermittelt und übernommene Einlagen nicht rückständig sind.

BEISPIEL: Der verkaufte Geschäftsanteil hat einen Nennbetrag von 10.000 €, die Zahlungsverpflichtung hierauf (§ 19 Abs. 1 GmbHG) ist aber entgegen der Versicherung des Verkäufers nicht vollständig erfüllt. Gemäß § 439 BGB ist der Verkäufer in erster Linie dazu verpflichtet, die noch fehlende Einlage nachzuzahlen.

2539/1 Grundsätzlich besteht keine Haftung für den Wert des Geschäftsanteils. Problematisch ist, ob der Verkauf von Gesellschaftsanteilen an einem überschuldeten Unternehmen (zum Begriff der Überschuldung siehe § 19 Abs. 2 Satz 1 InsO) einen Rechtsmangel darstellt[1] oder einen Sachmangel. Dann stellt sich die Frage, unter welchen Voraussetzungen ein Mangel des Unternehmens (etwa die Überschuldung) zu einem Sachmangel des Anteilskaufs führt. Die ganz h. M. hält ein derartiges „Durchschlagen" im Falle eines so genannten beherrschenden Anteilserwerbs für möglich.[2]

2540 Weist das von der GmbH betriebene Unternehmen (als Sach- und Rechtsgesamtheit) Mängel auf oder begründen Mängel einzelner Gegenstände oder deren Fehlen die Annahme, dass das Unternehmen selbst mangelhaft ist, haftet der Verkäufer des Geschäftsanteils dafür grundsätzlich **dann nach dem Gewährleistungsrecht,** wenn **sämtliche Anteile einer Gesellschaft** verkauft werden. Dieser Anteilskauf stellt faktisch einen Kauf des ganzen Gesellschaftsvermögens dar.[3]

2541 Eine **Haftung** des Verkäufers eines Geschäftsanteils kann sich aber aus § 280 Abs. 1 Satz 1 BGB wegen der **Verletzung vorvertraglicher Aufklärungspflichten** ergeben. Die Haftung auf Schadensersatz beim Rechtskauf ist zwar verschuldensabhängig, jedoch wird das Verschulden vermutet (§ 280 Abs. 1 Satz 2 BGB). Nach der Rechtsprechung[4] trifft den Verkäufer gegenüber dem Kaufinteressenten eine gesteigerte Aufklärungs- und Sorgfaltspflicht mit Rücksicht auf die wirtschaftliche Tragweite eines solchen Geschäfts und die regelmäßig erschwerte Bewertung des Geschäftsanteils durch den Kaufinteressenten, der nicht die Informationsquellen hat, wie sie dem Gesellschafter aufgrund seines Informationsrechts zur Verfügung stehen.

Eine aktive Aufklärungspflicht besteht jedenfalls hinsichtlich solcher Eigenschaften und Mängel des Unternehmens, wenn für den veräußernden Gesellschafter erkennbar ist oder es sich ihm aufdrängen muss, dass bestimmte Umstände für den Kaufentschluss wichtig sind. So ist der Verkäufer bei einem Unternehmensverkauf grundsätzlich verpflichtet, den Käufer auch ungefragt über konkrete Vorkommnisse zu informieren, die gewichtige Anzeichen für eine anhaltende Krise der Gesellschaft sind, z. B. erhebliche Zahlungsrückstände, mehrfache Mahnungen und Liquiditätsengpässe. In gleicher Weise muss er ggf. deutlich und unmissverständlich darüber aufklären, dass und in welcher Höhe die Gesellschaft bislang nur negative Ergebnisse erzielt hat.[5]

Soweit das Gewährleistungsrecht nicht eingreift und der Verkäufer mangels Vertretenmüssens auch nicht für vorvertragliche Informationspflichtverletzungen haftet, kann eine Vertragsanpassung wegen **Störung der Geschäftsgrundlage** (§ 313 BGB) in Betracht kommen.[6]

1 BGH v. 2.6.1980 - VIII ZR 64/79, NJW 1980 S. 2408, 2409.

2 Vgl. z. B. BGH v. 12.11.1975 - VIII ZR 142/74, BGHZ 65 S. 246, 251; BGH v. 25.3.1998 - VIII ZR 185/96, BGHZ 138 S. 195, 205; Beckmann, (Fn. 7), § 4.

3 BGH v. 26.9.2018 - VIII ZR 187/17, NWB RAAAG-97858, NJW 2019 S. 145, Rz. 24 ff.

4 BGH **v. 15.9.2023 - V ZR 77/22,** NWB IAAAJ-49504; **grundlegend schon** BGH v. 4.4.2001 - VIII ZR 32/00, NWB QAAAC-04478, NJW 2001 S. 2163.

5 OLG München v. 3.12.2020 - 23 U 5742/19, NWB UAAAH-85509; Arens, NWB 2021 S. 2292.

6 BGH v. 26.9.2018 - VIII ZR 187/17, NWB RAAAG-97858, NJW 2019 S. 145, Rz. 37; Kort, FS Grunewald, 2021, S. 569; Soergel/U. Huber, 12. Aufl. 1991, § 459 Rz. 268 f.; gegen Anwendung der Lehre von der Geschäftsgrundlage MüKoHGB/Lieb, Anh., § 25 Rz. 69 ff.; Willemsen, AcP 182 (1982) S. 515, 556 ff. und inzwischen auch U. Huber, AcP 202 (2002) S. 179, 218 ff.

2542 Wie ausgeführt sind beim Kauf **sämtlicher oder nahezu sämtlicher Geschäftsanteile** an einer GmbH die Vorschriften über die Sachmängelhaftung analog anzuwenden, weil dies **wirtschaftlich dem Kauf des Unternehmens der GmbH** in seiner Sach- und Rechtsgesamtheit gleichsteht.[1]

2543 Tätigt man den Unternehmenskauf dadurch, dass **sämtliche oder nahezu sämtliche Geschäftsanteile an einer GmbH gekauft werden**, sind Gegenstand des Kaufes und der Verschaffungspflicht zwar die Geschäftsanteile selbst und es liegt ein Rechtskauf vor, so dass sich die Gewährleistung des Verkäufers im Grunde nur auf Mängel bezieht, die den Geschäftsanteilen selbst anhaften. Wegen der wirtschaftlichen Gleichwertigkeit wird der Verkäufer dennoch für Sach- und Rechtsmängel des zum Vermögen der GmbH gehörenden Unternehmens in gleicher Weise in Haftung genommen, wie wenn die Gegenstände des Gesellschaftsvermögens und damit das Unternehmen (als Sach- und Rechtsgesamtheit) Gegenstand des Kaufes wären. Die Vorschriften über die **Sachmängelgewährleistung** werden **analog** angewendet.[2] Ist der Kauf von GmbH-Geschäftsanteilen wie ein Unternehmenskauf zu behandeln und haftet der Verkäufer auf Gewährleistung für Mängel, die dem Unternehmen selbst anhaften, geht die Gefahr gem. § 446 Satz 1 BGB mit der Übergabe an den Käufer der Anteile über.[3]

2544 Nicht einheitlich ist die Beurteilung, ob auch beim **Kauf einer Mehrheitsbeteiligung** ein Unternehmenskauf vorliegt und der Verkäufer für Mängel des Unternehmens einzustehen hat. Die Rechtsprechung und ein Teil der in der Literatur vertretenen Ansichten verneint dies und nimmt eine Sachmängelgewährleistung nur an, wenn der Käufer sämtliche oder nahezu sämtliche Geschäftsanteile an der GmbH erwirbt.[4] Zum Teil wird verlangt, dass mindestens 80 % der Geschäftsanteile übergehen.[5] Teils wird vertreten, dass über die Verweisung in § 453 Abs. 1 BGB die Sachmängelgewährleistung nunmehr für alle Fälle des Geschäftsanteilskaufes gelte.[6] Unabhängig von den gesetzlichen Regelungen sollten daher – vor allem bei dem Erwerb von Minderheitsbeteiligungen – vertragliche Haftungsregeln aufgenommen werden. Dies geschieht regelmäßig durch einen entsprechenden Garantiekatalog.

2545 Beim Unternehmenskauf ist es – unabhängig von der Gestaltungsform – üblich geworden, dass der **Käufer eine umfassende Untersuchung** der wirtschaftlichen und rechtlichen Verhältnisse des zu kaufenden Unternehmens durchführt. Diese Prüfung nach amerikanischem Vorbild wird als **„Due Diligence"** bezeichnet und hat die Funktion, die Risiken zu ermitteln, die mit dem Kauf verbunden sind, Feststellungen über den Wert des Unternehmens zu treffen, zur Beweissicherung den Zustand des Unternehmens zu dokumentieren und Gewährleistungsrechte des künftigen Käufers zu sichern, indem Vereinbarungen über die Beschaffenheit und Garantien getroffen werden.[7] Die Due

1 BGH v. 13.11.1975 - VII ZR 186/73, BGHZ 65 S. 246; BGH v. 4.4.2001 - VIII ZR 32/00, NWB QAAAC-04478, NJW 2001 S. 2163; v. 28.11.2001 - VIII ZR 37/01, NWB NAAAC-04547, ZIP 2002 S. 440.

2 BGH v. 4.4.2001 - VIII ZR 32/00, NWB QAAAC-04478, NJW 2001 S. 2163, 2164.

3 BGH v. 25.3.1988 - VIII ZR 185/96, BGHZ 138 S. 195, 204.

4 BGH v. 4.4.2001 - VIII ZR 32/00, NWB QAAAC-04478, NJW 2001 S. 2163; Müller, ZIP 2000 S. 817, 822; Grunewald, NZG 2003 S. 372, 373.

5 Zum Meinungsstand Barnert, WM 2003 S. 416 ff.

6 Gronstedt/Jörgens, ZIP 2002 S. 52, 53; Wolf/Kaiser, DB 2002 S. 411, 416.

7 Fleischer/Körber, BB 2001 S. 841.

Diligence umfasst also alle für den Käufer wesentlichen Faktoren der wirtschaftlichen und rechtlichen Situation des Unternehmens wie z.B. der Steuern, Umweltaspekte, behördliche Genehmigungen und Auflagen, das Spektrum der Patente, Lizenzen und Markenrechte, aber auch drohende oder anhängige Rechtsstreite und Struktur und Fortbildungsstand der Belegschaft.[1] Der Verkäufer muss in dem Datenraum Unterlagen zu dem Kaufobjekt (also bspw. zu den Gesellschaftsanteilen) zur Verfügung stellen und den Käufer hierauf Zugriff gewähren. Der Umstand allein, dass der Verkäufer einen Datenraum einrichtet und den Kaufinteressenten den Zugriff auf die Daten ermöglicht, lässt aber nicht stets den Schluss zu, dass der Käufer den offenbarungspflichtigen Umstand zur Kenntnis nehmen wird. Nur wenn im Einzelfall die Erwartung gerechtfertigt ist, dass der Käufer bestimmte, von dem Verkäufer in dem Datum bereitgestellte Informationen – etwa im Rahmen einer Due Diligence – wahrnehmen und in seine Kaufentscheidung einbeziehen wird, ist eine gesonderte Aufklärung durch den Verkäufer nicht erforderlich. Stellte der Verkäufer noch kurz vor Abschluss der Due Diligence (quasi „auf den letzten Drücker") noch kaufrelevante Unterlagen ein, kann eine Verpflichtung bestehen, den Käufer ausdrücklich darauf hinzuweisen.[2] Eine Prüfung i.S.d. Due Diligence wird auch im Rahmen §16 Abs.3 GmbHG erwartet, zumal der gute Glaube beim Erwerb von Geschäftsanteilen nur in beschränktem Umfang wirkt (vgl. Rz.2532).

Große Zweifelsfragen wirft die **datenschutzkonforme Ausgestaltung der Due Diligence** auf. So stellt sich bspw. die Frage, welche personenbezogenen Daten i.R.d. Due Diligence zwischen den Transaktionsbeteiligten ausgetauscht werden dürfen. Oftmals kann eine Verarbeitung nicht sensibler personenbezogener Daten im Rahmen einer Due Dilligence nach Art.6 Abs.1 Buchst.f DSGVO gerechtfertigt werden. Es muss dabei allerdings genau geprüft werden, welche Daten für den Interessenten von Bedeutung sind, um die Erforderlichkeit der Verarbeitung bejahen zu können. Die nach Art.13 Abs.3 DSGVO grundsätzlich vorliegende Informationspflicht stellt für mögliche Geheimhaltungsinteressen der Verantwortlichen eine Gefahr dar. Mit einer Analogie des Art.14 Abs.5 Buchst.b DSGVO oder einer weiten Auslegung von Art.13 Abs.3 DSGVO dürfte derzeit eine Datenverarbeitung im Rahmen der Due-Diligence-Phase datenschutzkonform sein. Möchte allerdings jeglichen Risiken aus dem Weg gegangen werden, sollten bestenfalls so viele personenbezogene Daten wie möglich anonymisiert werden, um gar nicht erst dem Anwendungsbereich der DSGVO zu unterfallen.[3] 2546

Für den Verkäufer kann eine vom Käufer durchgeführte Due Diligence zum Wegfall der Gewährleistungspflicht nach §442 Abs.1 Satz1 BGB führen, wenn der Käufer (wegen der durchgeführten Untersuchung) den Mangel kennt. 2546/1

Auf der anderen Seite gehen die Ergebnisse der Prüfung meist auch in die vertragliche Regelung der Gewährleistung ein, wie sie beim Unternehmenskauf regelmäßig erfolgen wird. Innerhalb einer solchen Regelung übernimmt der Verkäufer mit einer selbständigen Garantie die Haftung für bestimmte Umstände und Eigenschaften, während im 2547

1 Hensel/Dörstling, DStR 2021 S.170.
2 BGH v. 15.9.2023 - V ZR 77/22, BGHZ 238 S. 179.
3 Im Einzelnen Pauly/Nabulsi, ZD 2023 S.519; Bach, EuZW 2020 S.175.

Gegenzug die Gewährleistungshaftung beschränkt wird, indem Schadensersatzansprüche des Käufers der Höhe nach begrenzt oder kürzere Verjährungsfristen vereinbart werden. Solche Haftungsbeschränkungen verstoßen nicht gegen § 444 BGB.

2548 Wird die Gewährleistung bei Unternehmenskauf nicht vertraglich geregelt, greift über § 453 Abs. 1 BGB mit der Verweisung auf die Regeln des Sachkaufs die gesetzliche Gewährleistung ein. Sie gewährt dem Käufer gem. § 437 BGB folgende abgestufte Rechte, wenn das Kaufobjekt (das Unternehmen) mit einem Mangel (Sach- oder Rechtsmangel) behaftet ist.

a) Nacherfüllungsanspruch

2549 Mit einem Nacherfüllungsanspruch nach § 437 Nr. 1, § 439 BGB, kann der Käufer die Beseitigung des Mangels oder die Lieferung einer mangelfreien Sache verlangen. Eine Nachlieferung (§ 439 Abs. 1 Alt. 1 BGB) wird grundsätzlich ausscheiden. In Betracht kommt dagegen eine Nachbesserung, etwa im Wege der Mangelbeseitigung, die aber regelmäßig unmöglich i. S. d. § 275 BGB sein dürfte.

Der Nacherfüllungsanspruch hat den Vorrang vor den Sekundäransprüchen (wie Rücktritt, Minderung oder Schadensersatz bzw. Aufwendungsersatz). Dies ergibt sich zwar nicht aus einer ausdrücklichen gesetzlichen Regelung, aber daraus, dass die Sekundäransprüche des Käufers wegen eines Mangels erst nach Ablauf einer dem Verkäufer zu setzenden Frist für die Nacherfüllung geltend gemacht werden können.

b) Rücktritt oder Minderung

2550 Ist die Frist, die dem Verkäufer zur Nacherfüllung gesetzt worden ist, erfolglos abgelaufen, kann der Käufer entweder nach § 437 Nr. 2, §§ 440, 323, 326 Abs. 5 BGB vom Vertrag zurücktreten oder den Kaufpreis mindern (§ 437 Nr. 2, § 441 BGB). Der Rücktritt ist mit erheblichen Schwierigkeiten verbunden, da der Käufer das Unternehmen weiter betreibt und es sich hierdurch rechtlich und wirtschaftlich verändert. In seiner ursprünglichen Form kann es daher nicht zurückgewährt werden (§ 346 Abs. 1 BGB). Folglich wäre nach § 346 Abs. 2 BGB Wertersatz zu leisten. Der objektive Verkehrswert eines Unternehmens ist jedoch nur äußerst schwer bestimmbar. Weiterhin kann der Käufer den Kaufpreis gem. §§ 437 Nr. 2, 441 BGB mindern. Dabei wird gem. § 441 Abs. 3 BGB der Kaufpreis in dem Verhältnis herabgesetzt, in dem der Wert des Unternehmens in mangelfreiem Zustand im Zeitpunkt des Vertragsschlusses zum wirklichen Wert gestanden hätte.

c) Schadensersatz oder Aufwendungsersatz

2551 Schließlich kann der Käufer gem. § 437 Nr. 3, §§ 440, 280, 281, 283, 311a BGB Schadensersatz oder gem. § 284 BGB Ersatz seiner vergeblichen Aufwendungen verlangen, wenn der Verkäufer den Mangel zu vertreten hat, wobei aber nach § 280 Abs. 1 Satz 2 BGB ein Verschulden des Verkäufers vermutet wird.

4. Mangelbegriff beim asset deal

Das Unternehmen stellt eine Sach- und Rechtsgesamtheit dar. Im Rahmen der Gewährleistung ist zu unterscheiden, ob ein Mangel an einem einzelnen Gegenstand oder am Unternehmen selbst vorliegt. 2552

Ist ein einzelner Gegenstand mangelhaft, kann der Käufer für diesen konkreten Gegenstand die Nacherfüllung verlangen oder nach erfolglosem Ablauf der Nacherfüllungsfrist den Rücktritt erklären, den Kaufpreis mindern oder einen Schadensersatzanspruch geltend machen. 2553

Ist hingegen das Unternehmen insgesamt mangelhaft, betreffen die Gewährleistungsrechte den Unternehmenskaufvertrag, auch wenn er in der rechtlichen Gestalt eines Kaufs sämtlicher oder nahezu sämtlicher Geschäftsanteile einer GmbH abgeschlossen worden ist. 2554

In diesem Zusammenhang sind häufig zwei Fragen in ihren rechtlichen Konsequenzen zu klären, nämlich, ob der Mangel an einzelnen Gegenständen oder ihr Fehlen das Unternehmen als solches mangelhaft werden lassen, und ob ein Mangel des Unternehmens vorliegt, wenn der Verkäufer Angaben zu Umsatz und Ertrag gemacht hat, die tatsächlich nicht erzielbar sind. 2555

Die Haftung beim Unternehmenskauf war vor der Schuldrechtsreform hoch umstritten. In der Praxis wird sie daher i.d.R. umfassend vertraglich geregelt.[1] Bei der gesetzlichen Haftung ist schon zweifelhaft, ob in Bezug auf die Mangelhaftigkeit beim **Gesamtunternehmen** oder beim **mangelhaften Einzelgegenstand** anzusetzen ist oder sogar der gleiche Umstand Gewährleistungsrechte sowohl hinsichtlich des Einzelgegenstands als auch hinsichtlich des Gesamtunternehmens begründen kann.[2] Überzeugend ist auf das Gesamtunternehmen abzustellen. Beim Unternehmenskauf wird nicht nur eine Ansammlung einzelner Gegenstände veräußert, sondern eine funktionierende Wirtschaftseinheit, in der all diese Gegenstände aufeinander bezogen sind. Mängel können daher nicht isoliert in Bezug auf den Einzelgegenstand festgestellt werden.[3] 2556

(Einstweilen frei) 2557–2565

5. Garantien und Rechtsfolge bei Garantieverletzungen („re presentations and warranties")

Da das deutsche Mängelgewährleistungsrecht oft für Unternehmenskaufverträge – wie gezeigt – unpassend ist, wird es meist explizit abbedungen und durch selbständige, vom Verkäufer abzugebende Garantieversprechen ersetzt, die das Herzstück des Kaufvertrags darstellen und für beide Parteien von herausragender Bedeutung sind. 2566

Der Käufer möchte sich vor Risiken schützen und strebt einen umfangreichen Garantiekatalog, hohe Haftungsgrenzen („Cap") und lange Verjährungsfristen an. Dem stehen diametral die Interessen des Verkäufers gegenüber, der zudem begehrt, dass Ansprüche 2567

1 Dazu sogleich.
2 BGH v. 16.10.1968 - I ZR 81/66, NJW 1969 S. 184; Canaris, GR 1982 S. 395, 430 f.
3 BeckOK BGB/Faust, § 453 Rz. 27.

aus einer Garantieverletzung bei Kenntnis oder grob fahrlässiger Unkenntnis des Käufers von der Garantieverletzung ausgeschlossen sind (vgl. § 442 BGB). Der Garantiekatalog richtet sich primär nach den Gegebenheiten der Zielgesellschaft und ihrem Geschäftsfeld, so dass die in Mustersammlungen angeführten Garantiekataloge in jedem Einzelfall kritisch durchgesehen und auf die konkrete Transaktion (und die Ergebnisse der Due-Diligence) zugeschnitten werden müssen.

Auch die Rechtsfolge einer Garantieverletzung wird im Kaufvertrag geregelt. Üblicherweise wird dem Verkäufer zunächst die Gelegenheit der Naturalrestitution gegeben, bevor der Käufer Schadensersatz in Geld verlangen kann. Insbesondere die Frage, ob vom Schadensersatz auch Ersatz von Folgeschäden und entgangenem Gewinn umfasst ist, wird von den Parteien meist heftig diskutiert. Aus Käufersicht ist zu hinterfragen, ob die faktische Durchsetzbarkeit eines möglichen Garantieanspruchs sichergestellt ist – hier gilt es, den Anspruch ggf. abzusichern, indem beispielsweise ein Teil des Kaufpreises einbehalten oder auf ein Treuhandkonto („Escrow") gezahlt und erst später, typischerweise nach Ablauf der Verjährungsfrist, an den Käufer ausgezahlt wird.[1]

2568–2580 *(Einstweilen frei)*

V. Sonstige Verfügungen über einen Geschäftsanteil

LITERATUR:

Leuering/Simon, Die Verpfändung von GmbH-Geschäftsanteilen, NJW-Spezial 2005 S. 171; *Frank*, Der Nießbrauch an Gesellschaftsanteilen, MitBayNot 2010 S. 96; *Skauradszun*, Die Übertragung vinkulierter Geschäftsanteile in der Insolvenz des Geschäftsführers, NZG 2012 S. 1244; *Barry*, Nießbrauch an GmbH-Gesellschaftsanteilen, RNotZ 2014 S. 401; *Habersack*, Das Pfandrecht am Gesellschaftsanteil in der Umwandlung der GmbH, FS Mayer, 2020, S. 3; *Wachter*, Neues und Altes zum Nießbrauch an GmbH-Geschäftsanteilen, DB 2022 S. 2111.

1. Allgemeines

2581 Unter „Abtretung" i. S. d. § 15 GmbHG ist jede Veräußerung durch Rechtsgeschäft unter Lebenden zu verstehen. Hierher rechnet deshalb auch die nur treuhänderische Übertragung eines Geschäftsanteils an einen Treuhänder, der Gesellschafter mit allen Rechten und Pflichten wird. Entsprechendes gilt auch für die Sicherungsübereignung.

2582 Andere Möglichkeiten, über einen Geschäftsanteil zu verfügen, ohne dass dieser veräußert wird, sind beispielsweise die Verpfändung und die Bestellung eines Nießbrauchs.

2583 Da die Satzung den wesentlich weiter reichenden Vorgang der Veräußerung abweichend vom Gesetz regeln kann, gilt dies auch für sonstige Verfügungen. Nachfolgend seien einige dieser sonstigen Verfügungsmöglichkeiten dargestellt.

1 Gömöry, ZJS 2015 S. 153, 156.

2. Nießbrauch an einem Geschäftsanteil

a) Bestellung

Gemäß § 1068 BGB kann Gegenstand des **Nießbrauchs** auch ein (unmittelbar oder mittelbar nutzungsfähiges) Recht sein. Deshalb kann auch an einem Geschäftsanteil einer GmbH ein Nießbrauch bestellt werden, und zwar gem. § 1069 Abs. 1 BGB in der Form des § 15 Abs. 3 GmbHG (notarielle Beurkundung). Die schuldrechtliche Verpflichtung selbst bedarf keiner Form. Beschränkungen und insbesondere Zustimmungserfordernisse, welche die Satzung für die Abtretung vorsieht, gelten auch für die Nießbrauchsbestellung.[1] Der Gesellschaftsvertrag kann die Bestellung eines Nießbrauchrechts auch ganz ausschließen. Ist die Abtretung eines Geschäftsanteiles satzungsgemäß ausgeschlossen, dann entfällt auch eine Nießbrauchsbestellung, da gem. § 1069 BGB nur ein übertragbares Recht mit einem Nießbrauch belastet werden kann. Zwar ist die Nießbrauchsbestellung unabhängig von der Eintragung in die Gesellschafterliste wirksam, weil die Belastung eines Geschäftsanteils keine Änderung in der Person des Gesellschafters oder des Umfangs seiner Beteiligung bewirkt. 2584

Der Nießbrauchberechtigte erwirbt aber erst mit der Offenlegung der Belastung gegenüber den Geschäftsführern die Befugnis, seine Rechte unmittelbar gegenüber der Gesellschaft wahrzunehmen, also insbesondere seinen Anspruch auf die Gewinnausschüttung geltend zu machen, damit die GmbH nicht mehr mit befreiender Wirkung an den Gesellschafter leisten kann.

Als höchstpersönliches Recht ist der Nießbrauch nicht übertragbar und erlischt mit dem Tode des Berechtigten oder durch Zeitablauf. Von dem Grundsatz der Nicht-Übertragbarkeit macht jedoch § 1059a BGB bei juristischen Personen und rechtsfähigen Personengesellschaften (OHG und KG) im Fall der Gesamtrechtsnachfolge eine Ausnahme, es sei denn, der Übergang ist ausdrücklich ausgeschlossen worden. 2585

b) Arten

Nach der Art der Entstehung des Rechts unterscheidet man zwischen Zuwendungs-, Vorbehalts- und Vermächtnisnießbrauch. Zivilrechtlich hat dies keinen Einfluss auf den Inhalt des Rechts, jedoch können sich steuerrechtlich unterschiedliche Konsequenzen für die Zuordnung der Einkünfte ergeben.[2] 2586

Beim **Zuwendungsnießbrauch** behält der Gesellschafter den Geschäftsanteil und räumt einem Dritten das Recht auf die Nutzungen durch die Bestellung des Nießbrauchs ein. Die kann unentgeltlich, entgeltlich oder teilentgeltlich geschehen. 2587

Von einem **Vorbehaltsnießbrauch** spricht man, wenn (umgekehrt) der Gesellschafter seinen Geschäftsanteil (und damit verbunden auch seine mitgliedschaftlichen Rechte) überträgt und die Nutzungen, insbesondere den Anspruch auf die Gewinnausschüttungen, zurückbehält. Die Bestellung des Nießbrauchs durch den Erwerber stellt keine Gegenleistung für die Übertragung des Geschäftsanteils dar, auch wenn im Übrigen die Übertragung entgeltlich oder unentgeltlich erfolgt. 2588

1 Noack/Servatius/Haas/Servatius, GmbHG, § 15 Rz. 69 ff.

2 Zu einzelnen Gestaltungsmöglichkeiten Meyer, Nießbrauch, S. 235 ff.

2589 Ein **Vermächtnisnießbrauch** liegt vor, wenn aufgrund einer letztwilligen Verfügung des Gesellschafters (Erblassers) dem Vermächtnisnehmer durch die Erben oder sonst letztwillig Bedachten an dem Geschäftsanteil der Nießbrauch eingeräumt wird.

c) Inhalt

2590 Von der inhaltlichen Gestaltung werden drei Formen des Nießbrauchs unterschieden: der Nießbrauch mit voller Gesellschafterstellung (sog. **Treuhandlösung**), der Nießbrauch unter Aufspaltung der Mitgliedschaft (sog. **Nießbrauchslösung**) und der **Ertragsnießbrauch**. Die Folge der zwar zulässigen, aber in der Praxis wenig gebräuchlichen Treuhandlösung ist, dass der Gesellschafter seine Mitgliedschaft zu treuen Händen auf den Nießbraucher überträgt, der damit auf Zeit für die Dauer des Nießbrauchs Gesellschafter mit allen Rechten und Pflichten wird, während der Besteller aus der Gesellschaft ausscheidet. Lediglich im Innenverhältnis wird die Gesellschafterstellung i.d.R. auf die Nutzungen begrenzt.

Die heute vorherrschende Meinung sieht dagegen in der Nießbrauchsbestellung die volle dingliche Belastung der Mitgliedschaft ohne volle Übertragung des Geschäftsanteils an, die zulässig ist, wenn der Anteil übertragbar ist und die Mitgesellschafter zustimmen.[1] Die Rechtszuständigkeit wird zwischen Nießbraucher und Gesellschafter so gespalten, dass dem Nießbraucher keine mitgliedschaftlichen Rechte zustehen und ihm nur die Nutzungen und die Wahrnehmung der laufenden Angelegenheiten gebühren. Beim Ertragsnießbrauch stehen dem Nießbraucher lediglich die Ansprüche auf den Gewinnanteil zu, während alle übrigen Gesellschafterrechte und -pflichten dem Nießbrauchsbesteller verbleiben. Das Zusammenwirken bzw. die Ausübung der Rechte wird im Innenverhältnis zwischen Gesellschafter und Nießbraucher geregelt.[2] In der **Praxis** dürfte der **Nießbrauchslösung** der Vorzug zu geben sein, bei der dem Nießbraucher nur die vermögensrechtlichen Elemente der Beteiligung zugewiesen werden, die Verwaltungsrechte aber beim Gesellschafter verbleiben.

2591 Der Nießbraucher an einem GmbH-Geschäftsanteil hat **Anspruch** auf die Nutzungen (Früchte), d.h. auf den **Gewinnanteil**, der auf den belasteten Geschäftsanteil entfällt. Mit Gewinnanteil ist der **ausgeschüttete Gewinnanteil** gemeint und nicht der volle in der Bilanz festgestellte Gewinn. Daraus folgt, dass dem Nießbraucher sämtliche während der Dauer des Nießbrauchsrechts ausgeschütteten Gewinne zustehen, unabhängig von dem Zeitpunkt ihrer Entstehung und davon, ob sie aus Gewinnvorträgen oder Rücklagen vor der Bestellung des Nießbrauchs stammen. Umgekehrt gebühren aber Ausschüttungen aus Gewinnrücklagen, die während der Dauer des Nießbrauchs gebildet wurden, dem Gesellschafter, wenn sie nach Ende des Nießbrauchs erfolgen.

2592 Der **Nießbraucher** wird aber **nicht Gesellschafter** und **Inhaber der mitgliedschaftlichen Rechte** (und Pflichten); diese verbleiben bei dem Gesellschafter.[3] Dies bedeutet, dass der Gesellschafter auf der einen Seite nicht nur rückständige Einlagen oder satzungsmäßige Nachschüsse zu erbringen hat und ihn auch eine Ausfallhaftung trifft, sondern

1 Vgl. BGH v. 9.11.1998 - II ZR 213/97, NJW 1999 S. 571.
2 Vgl. auch Fricke, GmbHR 2008 S. 739, 741.
3 Vgl. OLG Koblenz v. 16.1.1992 - 6 U 963/91, GmbHR 1992 S. 464.

andererseits auch die Mitverwaltungsrechte und das Auskunfts- und Einsichtsrecht behält (§ 51a GmbHG). Auch das Recht auf Teilnahme an der Gesellschafterversammlung und das Stimmrecht steht grundsätzlich weiter allein dem Gesellschafter zu.

Bei einer **Kapitalerhöhung** stehen die Bezugsrechte grundsätzlich weiterhin dem Gesell- 2593
schafter zu.[1] Umstritten ist jedoch, ob sich der **Nießbrauch an dem neuen Geschäftsanteil fortsetzt**, wobei zu differenzieren ist, ob die Kapitalerhöhung gegen Einlagen oder aus Gesellschaftsmitteln erfolgt. Bei **Kapitalerhöhungen aus Gesellschaftsmitteln** erstreckt sich der Nießbrauch automatisch auf erhöhte oder neue Geschäftsanteile. Bei der **Kapitalerhöhung gegen Einlagen** (des Gesellschafters) soll nach einer Meinung sich der Nießbrauch auch auf die neuen Geschäftsanteile erstrecken, während nach anderer Auffassung der Anspruch auf den darauf entfallenden Gewinnanteil dem Gesellschafter und dem Nießbraucher gemeinsam zustehen soll und verhältnismäßig zu teilen sei.[2] Der Gesellschafter soll dann von dem auf den neuen Anteil entfallenden Gewinn den Betrag beanspruchen können, der dem Verhältnis des Verkehrswertes des Anteils vor der Kapitalerhöhung zu seiner neuen Einlage entspricht. Ähnliche Überlegungen gelten, wenn der neue Anteil unter Marktwert ausgegeben wird und der alte Anteil durch die Kapitalerhöhung an Wert verliert (Transfer stiller Reserven).[3]

Im Hinblick darauf kann und sollte **vereinbart** werden, **ob** und **unter welchen Voraus-** 2594
setzungen sich der Nießbrauch auch auf die **neuen Geschäftsanteile erstrecken** soll und wie die darauf entfallende **Gewinnausschüttung zu verteilen** ist. Sonderrechte und -pflichten des Gesellschafters, die mit dem Geschäftsanteil (satzungsgemäß) verbunden sind, und damit verbundene Vergütungen oder Verbindlichkeiten bleiben ebenfalls als Ausfluss seines Mitgliedschaftsrechts beim Gesellschafter.

Wenn der Nießbraucher bei der Gesellschaft angemeldet ist, kann er die **Gewinnaus-** 2595
zahlung unmittelbar von der GmbH aus **eigenem Recht** fordern. Da der Anspruch eine beschlossene Gewinnausschüttung voraussetzt und das Stimmrecht beim Inhaber des Geschäftsanteils verbleibt, besteht für den **Nießbraucher die Gefahr**, dass die Gesellschafter durch Änderung der Satzung oder sich wiederholende Beschlüsse, die erwirtschafteten **Gewinne** weitgehend zu **thesaurieren**, sein Recht wirtschaftlich aushöhlen. Zwar können dem Nießbraucher in einem solchen Fall des „Aushungerns“[4] Schadensersatzansprüche zustehen oder solche Beschlüsse können wegen Sittenwidrigkeit unwirksam sein (§ 138 BGB), dies dürfte aber regelmäßig schwer nachzuweisen sein. Deshalb ist eine vertragliche Absicherung des Nießbrauchers gegenüber dem Gesellschafter auf alle Fälle ratsam.

Dringend zu empfehlen ist auch, eine Vereinbarung darüber zu treffen, ab **welchem** 2596
Zeitpunkt dem Nießbraucher welche Gewinne zustehen sollen. Grundsätzlich ist der Nießbraucher berechtigt, die während des Nießbrauchs beschlossenen Gewinnausschüttungen zu vereinnahmen (§ 101 BGB). Er soll aber Erträge aus der Auflösung stiller Reserven des Anlagevermögens, die vor Bestellung des Nießbrauchs gebildet worden

1 Noack/Servatius/Haas/Servatius, GmbHG, § 15 Rz. 54.
2 Vgl. BGH v. 27.9.1982 - II ZR 140/81, GmbHR 1983 S. 148.
3 Fricke, GmbHR 2008 S. 739, 743, m. w. N.
4 Vgl. BFH v. 1.3.1994 - VIII R 35/92, NWB KAAAA-95142, BStBl 1995 II S. 241.

sind, nicht vereinnahmen dürfen,[1] wohl aber die Ausschüttung von Gewinnen, die vor Bestellung des Nießbrauchs thesauriert worden sind, ohne dass dem Gesellschafter ein Ausgleichsanspruch zusteht.[2]

d) Ausübung des Stimmrechts

2597 Die umstrittene Frage, ob das Stimmrecht dem Gesellschafter verbleibt oder nunmehr dem Nießbraucher zusteht, dürfte mit der überwiegenden Meinung dahin zu beantworten sein, dass das **Stimmrecht allein von dem Gesellschafter** ausgeübt werden kann. Aus dem Nießbrauchs-Rechtsverhältnis folgt aber die Pflicht des Gesellschafters, sein Stimmrecht nicht zum Nachteil des Nießbrauchers auszuüben, z. B. bei Abstimmung über die Ergebnisverwendung. Teilweise wird angenommen, dass der Nießbraucher in solchen Fällen das Recht hat, dem Gesellschafter Weisung für sein Abstimmungsverhalten zu erteilen. Nicht nur zulässig, sondern anzuraten ist es, zwischen Gesellschafter und Nießbraucher eine **Stimmrechtsbindung** zu vereinbaren und diese möglichst durch eine Vertragsstrafe abzusichern. Am besten können Auseinandersetzungen vermieden werden, wenn die Mitgesellschafter vorab ihre Zustimmung zur Ausübung des Stimmrechts durch den Nießbraucher erklären.[3] Zulässig ist auch, den Nießbraucher mit der Ausübung des Stimmrechts zu bevollmächtigen, die Erteilung einer unwiderruflichen Stimmrechtsvollmacht ist jedoch wie die dingliche Übertragung des Stimmrechts nicht möglich, da dies gegen das Abspaltungsverbot der Gesellschafterkernrechte verstieße.

e) Sonstige Rechte aus dem Nießbrauch

2598 An **Surrogaten des Geschäftsanteils** setzt sich der Nießbrauch automatisch fort. Der Anspruch auf eine Liquidationsquote, ein Abfindungsguthaben oder auf eine Vergütung für den eingezogenen Geschäftsanteil ist i. S. d. §§ 1077, 1079 BGB ein Surrogat für den mit dem Nießbrauch belasteten Geschäftsanteil. Der Nießbraucher kann also verlangen, dass an ihn und den Gesellschafter gemeinschaftlich gezahlt und das Kapital nach seiner Bestimmung gem. § 1079 BGB neu angelegt und ihm der Nießbrauch daran bestellt wird.

2599 Ein mit dem Geschäftsanteil verbundenes **Bezugsrecht** zum Erwerb weiterer Anteile bei einer Kapitalerhöhung und der neue Geschäftsanteil gehen **nicht** auf den Nießbraucher über, denn diese sind keine Nutzungen, also kein Ertrag des nießbrauchbelasteten Anteils.[4] Etwas anderes gilt bei Kapitalerhöhung aus Gesellschaftsmitteln auch nicht für das Bezugsrecht, jedoch setzt sich der Nießbrauch ohne weiteres an dem neuen Anteil fort. Es sollte auf jeden Fall aber vertraglich geregelt werden, ob der Nießbraucher das Bezugsrecht für den Gesellschafter ausüben darf und ob der Nießbrauch für den neuen Anteil dem Nießbraucher zustehen soll oder für ihn zu bestellen ist.

---

1 BFH v. 28.1.1992 - VIII R 207/85, NWB VAAAA-94149, BStBl 1992 II S. 605.

2 So Beck-GmbH-HB/Schacht, § 12 Rz. 154; BFH v. 21.5.1986 - I R 199/84, NWB TAAAA-97952, BStBl 1986 II S. 794.

3 Vgl. Goette, Anm. zu BGH v. 22.1.1996 - II ZR 191/94, DStR 1996 S. 713 ff.

4 Lutter/Hommelhoff, GmbHG, § 15 Rz. 101; BGH v. 27.9.1982 - II ZR 140/81, WM 1982 S. 1433.

Über den Geschäftsanteil selbst kann der Nießbraucher nicht verfügen. Er kann auch ein Vorkaufsrecht nicht ausüben und schließlich auch den Nießbrauch selbst nicht übertragen. 2600

3. Verpfändung eines Geschäftsanteils

Die Verpfändung eines Geschäftsanteils stellt die **Verpfändung eines Rechts** dar und ist zulässig (§ 1274 Abs. 2 BGB), soweit die Abtretung des Geschäftsanteils zulässig ist. Schließt die Satzung die Abtretung aus, ist auch die Verpfändung nicht zulässig. Die Satzung kann aber auch die Abtretung gestatten und dennoch die Verpfändung gesondert an besondere Voraussetzungen und Zustimmungsvorbehalte binden, sie einschränken, ausschließen oder sogar erleichtern. Die Verpfändung kann sich daher auch auf den künftigen Geschäftsanteil oder auf den Teil des Geschäftsanteils (§ 46 Nr. 4 GmbHG) beziehen sowie aufschiebend und auflösend bedingt erfolgen.[1] 2601

Für die Bestellung des Pfandrechts gelten die Vorschriften für die Übertragung eines GmbH-Geschäftsanteils. Danach ist zwar das Verpflichtungsgeschäft formlos gültig, die Verpfändung selbst bedarf aber gem. § 15 Abs. 3 GmbHG i. V. m. § 1274 Abs. 1 BGB der notariellen Beurkundung. Zur Wirksamkeit der Verpfändung im Verhältnis des Gesellschafters zum Pfändungsgläubiger oder im Verhältnis zu Dritten bedarf es keiner Anzeige nach § 1280 BGB.[2] Die Wirksamkeit der Verpfändung hängt auch nicht von der Eintragung des Pfandrechts in die Gesellschafterliste ab. Dies gilt auch im Verhältnis zur Gesellschaft.[3] 2602

Im Gegensatz zur **Sicherungsabtretung eines Geschäftsanteils** (vgl. nachstehend Rz. 2610) geht bei der Verpfändung der Geschäftsanteil nicht auf den Pfandnehmer über. Die Verpfändung eröffnet nur die Möglichkeit, den Geschäftsanteil nach Fälligkeit der gesicherten Forderung **(bei Pfandreife)** zu verwerten. Der Pfandgläubiger erwirbt keine Mitgliedschaftsrechte wie das Stimmrecht oder den Gewinnanspruch. Der Pfandgläubiger hat nur dann ein Gewinnbezugsrecht, wenn ausdrücklich ein sog. Nutzungspfandrecht bestellt worden ist (§§ 1273, 1213 BGB) oder auch künftige Gewinnanteile verpfändet werden, da es auch möglich ist, neben dem Geschäftsanteil das Gewinnbezugsrecht zu verpfänden, sofern es nach dem Gesellschaftsvertrag abtretbar ist. Jedoch setzt sich das Pfandrecht an Surrogaten wie der Liquidationsquote und einem Abfindungsguthaben fort.[4] 2603

Im Übrigen gewährt das Pfandrecht dem Pfändungsgläubiger nur das Recht auf **„Befriedigung aus dem Pfande"**, d. h., Verwertung des Geschäftsanteiles nach Maßgabe des § 1277 BGB, die grundsätzlich durch öffentliche Versteigerung erfolgt. Zur Vereinfachung sind Vereinbarungen zulässig. So kann auf die Voraussetzung eines vollstreckbaren Titels verzichten werden; eine Verwertung kann auch in diesem Fall durch öffentliche Versteigerung (§ 1273 Abs. 2 BGB, § 1235 Abs. 1 BGB, § 383 Abs. 3 BGB) oder frei- 2604

1 BeckOK GmbHG/Wilhelmi, Rz. 193; Fröhlich/Primaczenko, NZG 2016 S. 133, 136.
2 Scholz/Seibt, GmbHG, § 15 Rz. 175.
3 Haselmann, NZG 2009 S. 449, 451; Henssler/Strohn/Verse, GmbHG, § 15 Rz. 102.
4 Scholz/Seibt, GmbHG, § 15 Anm. 184.

händige Veräußerung erfolgen. Die (notariellen) Formerfordernisse des § 15 Abs. 3 und 4 GmbHG gelten bei der Verwertung.

Bedarf die Abtretung der Genehmigung und ist die Verpfändung genehmigt worden, so gilt diese Genehmigung auch für die Verwertung. Zu beachten ist, dass eine vor der Pfandreife getroffene Vereinbarung, wonach der Geschäftsanteil nach Eintritt des Sicherungsfalls an den Pfandgläubiger zu übertragen ist **(Verfallvereinbarung)**, gem. § 1229 BGB **nichtig** ist. Erst nach Eintritt der Pfandreife können Anteilsinhaber und Pfandgläubiger vereinbaren, dass der Geschäftsanteil außerhalb einer öffentlichen Versteigerung vom Pfandgläubiger übernommen werden soll.[1]

2605 Wird der Geschäftsanteil jedoch versteigert, so erwirbt der Dritte den Geschäftsanteil mit dem Zuschlag. Die Form des § 15 GmbHG ist nicht zu beachten. Bei einer durch das Vollstreckungsgericht angeordneten freihändigen Veräußerung durch den Gerichtsvollzieher ist nach umstrittener Auffassung § 15 Abs. 3, 4 GmbHG anwendbar. Gleiches gilt, wenn das Vollstreckungsgericht die Versteigerung oder freihändige Veräußerung durch eine Privatperson angeordnet hat.[2]

2606 Durch die Verpfändung erhält der Pfandgläubiger grundsätzlich nur ein **Befriedigungsrecht** an dem Geschäftsanteil (§ 1273 Abs. 2 BGB, § 1204 BGB). Gesellschaftliche **Mitgliedschaftsrechte** kann der Pfandgläubiger ebenso wenig ausüben wie der Nießbrauchsberechtigte. Es kann aber deren Ausübung durch den Pfandgläubiger vereinbart werden. Die **Verwaltungsrechte** aus der Mitgliedschaft, namentlich das **Stimmrecht,** bleiben grundsätzlich dem verpfändenden Gesellschafter. Denkbar (und ratsam) ist jedoch, dass der Gesellschafter dem Pfandgläubiger eine Stimmrechtsvollmacht erteilt, wenn solche Vollmachtserteilungen durch den Gesellschaftsvertrag nicht ausgeschlossen sind.

2607 **Der Verpfänder bleibt Gesellschafter** – mit allen Mitgliedschaftsrechten und -pflichten. Vorbehaltlich schuldrechtlicher Abreden mit dem Gesellschafter hat der Pfandgläubiger somit keinen Einfluss auf die unternehmerische Entwicklung. Ausübung ist durch die Verpfändung **nicht beschränkt,** auch nicht, wenn die Ausübung zur Beseitigung des Geschäftsanteils führt (z. B. Kapitalherabsetzung, Preisgabe nach § 27 GmbHG, Auflösung der Gesellschaft, Umwandlung).[3] Es sollten jedenfalls im Verpfändungsvertrag genaue Regelungen zu den Mitgliedschaftsrechten und insbesondere zu der Ausübung des Gewinnbezugsrechts und des Stimmrechts getroffen werden.

2608 Gemäß § 1276 BGB kann ein verpfändetes Recht nur mit Zustimmung des Pfandgläubigers geändert oder aufgehoben werden. Aufgrund dieser Bestimmung kann der Pfandgläubiger aber keine Gesellschafterrechte erwerben. § 1276 BGB schützt den Pfandgläubiger nicht gegen Gesellschafterbeschlüsse (auch Satzungsänderungen), die zu einer Beeinträchtigung seiner Rechtsstellung führen. Unter Umständen können solche Beschlüsse aber Schadensersatzansprüche aus § 826 BGB auslösen. Auch **„rechtsgestaltende Akte"** der GmbH und des Gesellschafters, die den Geschäftsanteil betreffen (z. B. Einziehung, Ausschließung, Austritt u. Ä.) sind zulässig und wirksam; zweifelhaft ist al-

1 Grüneberg (vormals Palandt)/Bassenge), BGB, § 1229 Anm. 1.
2 Schlieter, Verpfändung von GmbH-Geschäftsanteilen, 2008, S. 162.
3 Siehe zum Streitstand Noack/Servatius/Haas/Servatius, GmbHG, § 15 Rz. 50.

lerdings, ob der Gesellschafter ohne Zustimmung des Pfandgläubigers eine ordentliche Kündigung erklären kann.

Entstehen infolge der Einziehung des Geschäftsanteils oder der Ausschließung Abfindungsansprüche des Gesellschafters, setzt sich das Pfandrecht an solchen Surrogaten automatisch fort. 2609

4. Sicherungsübertragung eines Geschäftsanteils

Die einer Verpfändung wirtschaftlich nahe kommende **Sicherungsübertragung** ist nach 2610 § 15 Abs. 3 und Abs. 4 GmbHG beurkundungspflichtig. Sie stellt sich als eigennützige Treuhand zur Sicherung von Forderungen des Treuhänders (Sicherungstreuhand) dar. Wie bei jeder Abtretung kann der Gesellschaftsvertrag die Sicherungszession des Geschäftsanteils an besondere Voraussetzungen knüpfen (Vinkulierung). Verlangt die Satzung für die Verpfändung eines Geschäftsanteils die Zustimmung der Gesellschaft, gilt dieses Erfordernis auch für eine Sicherungsübertragung. Ist die GmbH personalistisch strukturiert, ist die Zustimmung der Gesellschafter erforderlich.

Wie die Abtretung bei der Bestellung des Sicherungsrechts bedarf auch die Rück- 2611 übertragung des Geschäftsanteils nach Wegfall des Sicherungszwecks grundsätzlich der notariellen Beurkundung nach § 15 Abs. 3 GmbHG, es sei denn, die Sicherungsübertragung ist unter der auflösenden Bedingung für den Fall erfolgt, dass die gesicherte Forderung erfüllt wird (z. B. das gesicherte Darlehen dem Treuhänder und Darlehensgeber zurückgezahlt wird).[1]

Mit der Sicherungsübertragung (**Abtretung**) geht der Geschäftsanteil mit allen Rechten 2612 und Pflichten auf den Sicherungsnehmer über. Da bei Sicherungsübereignung eines Geschäftsanteils wegen der Beurkundungspflicht ein Notar mitwirken muss, erfolgt durch ihn gem. § 40 Abs. 2 GmbHG die Änderung der Gesellschafterliste und ihre Übermittlung an das Handelsregister sowie die Mitteilung der Änderung an die GmbH durch den Notar. Mit Aufnahme der geänderten Liste in das Handelsregister gilt nach § 16 Abs. 1 GmbHG der Sicherungsnehmer gegenüber der Gesellschaft als Inhaber des Geschäftsanteils, nimmt an den Gesellschafterversammlungen (als Gesellschafter) teil, ist zur Stimmabgabe berechtigt und hat Anspruch auf die Dividende. Im Gegensatz zur Verpfändung des Geschäftsanteils behält der (sicherungsgebende) Gesellschafter nicht seine Mitgliedschaftsrechte und verliert auch seinen unmittelbaren Einfluss auf die Geschäftsführung sowie seine Informationsrechte.

Im **Innenverhältnis** zwischen Sicherungsgeber (Treugeber) und Sicherungsnehmer 2613 (Treuhänder) kann die zugrunde liegende Sicherungsabrede (Treuhandvereinbarung) abweichende Regelungen vorsehen, etwa in der Weise, dass der Sicherungsnehmer das Stimmrecht nur in Absprache mit dem Sicherungsgeber ausübt oder dieser weiterhin – ausgestattet mit einer Stimmrechtsvollmacht – das Stimmrecht selbst ausübt. Im Außenverhältnis ist der Sicherungsnehmer – wie jeder Treuhänder – jedoch Inhaber des Vollrechts, so dass der Sicherungsgeber gegen abredewidrige Verfügungen des Siche-

1 BGH v. 16.4.1999 - II ZR 365/97, BGHZ 141 S. 207, 211 f., NWB ZAAAF-84028; v. 15.3.2006 - VIII ZR 120/04, NWB BAAAC-04003, NZG 2006 S. 590.

rungsnehmers bezüglich des Geschäftsanteils nicht geschützt und auf schuldrechtliche Ersatzansprüche verwiesen ist. Ein Schutz dagegen lässt sich aber erreichen, indem bereits vorab eine (auf solche Fälle) aufschiebend bedingte Übertragung des Geschäftsanteils vom Sicherungsnehmer auf den Sicherungsgeber vereinbart wird.[1]

2614 Wird bei **Eintritt der Bedingung,** also dem Wirksamwerden der erneuten Veränderung in der Inhaberschaft des Geschäftsanteils, die Gesellschafterliste **nicht geändert, wird die Liste unrichtig**. Dies kann bei einer Verfügung des (nicht mehr) berechtigten, aber noch als Inhaber eingetragenen Sicherungsnehmers zu einem gutgläubigen Erwerb des Geschäftsanteils durch den dritten Erwerber gem. §16 Abs.3 GmbHG führen. Es liegt also im Interesse des Sicherungsgebers, den Rückerwerb des Geschäftsanteils den Geschäftsführern mitzuteilen und sicherzustellen, dass diese unverzüglich die geänderte Liste bei dem Handelsregister zur Aufnahme einreichen. Geschieht dies nicht, bleibt nur der Weg, gem. §16 Abs.3 Satz3 und 4 GmbHG der Liste einen **Widerspruch** zuordnen zu lassen. Um allen Risiken vorzubeugen, kann es für die **Praxis** zu empfehlen sein, dass sich der Sicherungsgeber **vorab** die **Zuordnung des Widerspruchs bewilligen** lässt (§16 Abs.4 GmbHG). Die Zuordnung des Widerspruchs zur Berechtigung des Sicherungsnehmers ist möglich, weil nach §16 Abs.3 Satz5 GmbHG eine Gefährdung des Rechts des Widersprechenden (= Sicherungsgebers) nicht glaubhaft gemacht werden muss. Es kommt also nicht darauf an, ob konkret die Gefahr einer abredewidrigen Verfügung des Sicherungsnehmers über den Geschäftsanteil besteht oder nicht.

2615 Hat der Sicherungsnehmer (Treuhänder) den Geschäftsanteil unmittelbar von dem Sicherungsgeber (Treugeber) erworben, ist dieses Rechtsverhältnis auch insolvenz- und zwangsvollstreckungsfest. Am Beispiel einer Sicherungszession an den Darlehensgeber bedeutet dies:

2616 Fällt der **Treugeber** (Darlehensnehmer) in **Insolvenz**, kann der Treuhänder (Kreditgeber) die abgesonderte Befriedigung verlangen, falls seine Forderung noch besteht.[2] In der Einzelzwangsvollstreckung kann sich der Darlehensgeber eines Zugriffs der Gläubiger des Darlehensschuldners mit der Drittwiderspruchsklage nach §771 ZPO erwehren.[3]

2617 In der **Insolvenz des Treuhänders** (Kreditgebers) hat der Treugeber (Darlehensschuldner) ein Aussonderungsrecht nach §47 InsO, wenn er seine Verbindlichkeit erfüllt und hierzu berechtigt ist. In der Einzelzwangsvollstreckung gegen den Sicherungsnehmer (Kreditgeber) kann sich der Treugeber gegen die Pfändung durch die Drittwiderspruchsklage wehren, solange der Treuhänder (Sicherungsnehmer) noch nicht zur Verwertung des Treuguts (Geschäftsanteil) berechtigt ist.[4] Ist die Verwertungsreife aber bereits eingetreten, entfällt diese Möglichkeit.

5. Pfändung eines Geschäftsanteils (Zwangsvollstreckung)

2618 Die Zwangsvollstreckung in einen Geschäftsanteil durch einen Gläubiger des Gesellschafters setzt einen Vollstreckungstitel voraus und erfolgt durch Pfändung.

1 Vgl. OLG Hamm v. 23.5.1997 - 19 U 150/96, GmbHR 1997 S.950.
2 BGH v. 26.10.1961 - VII ZR 107/60, NJW 1962 S.46.
3 BGH v. 13.5.1981 - VIII ZR 117/80, BGHZ 80 S.296.
4 BGH v. 28.6.1978 - VIII ZR 60/77, BGHZ 72 S.144; MüKoGmbHG/Weller/Reichert, §15 Rz.238, 238f.

Hierzu bedarf es eines Pfändungsbeschlusses des zuständigen Vollstreckungsgerichts und seiner Zustellung an den Schuldner (§§ 857, 829 ZPO). Nach h. M. ist erst mit der Zustellung an die GmbH die Pfändung bewirkt, weil die GmbH als „Drittschuldner" angesehen wird.[1] Ab der Pfändung darf der Gesellschafter nicht zum Nachteil des Gläubigers über seinen Geschäftsanteil verfügen, dem Gesellschafter verbleibt aber das Stimmrecht, solange die Verwertung noch nicht angeordnet ist. 2619

Sollte die Gesellschaft im Zeitpunkt der Pfändung bereits aufgelöst sein, erstreckt sich das Pfändungspfandrecht auch auf den Anspruch des Gesellschafters auf seinen Anteil am Liquidationserlös. Da auch die Pfändung einzelner vermögenswerter Rechte aus dem Geschäftsanteil möglich ist, empfiehlt es sich für den Gläubiger, neben dem Geschäftsanteil auch den Anspruch auf den Gewinnanteil und den Liquidationserlös zu pfänden. 2620

In der Satzung kann die **Pfändung nicht wirksam ausgeschlossen** werden; ebenso haben Beschränkungen in der Satzung und Zustimmungsvorbehalte (Vinkulierungen), die für eine Abtretung von Geschäftsanteilen nach § 15 Abs. 5 GmbHG gelten, gegenüber einer Pfändung und der anschließenden Verwertung (durch gerichtlich angeordnete öffentliche Versteigerung nach §§ 857 Abs. 5, 821 ZPO) oder freihändige Veräußerung nach § 844 ZPO keine Wirkung, weil § 15 Abs. 5 GmbHG nur für freiwillige Verfügungen über den Geschäftsanteil gilt und nicht den Gesellschafter vor einem Zugriff seiner Gläubiger auf den Geschäftsanteil schützen soll.[2] Auch das Interesse der Gesellschaft, das Eindringen Fremder in die Gesellschaft ohne ihre Genehmigung und die Erfüllung bestimmter Voraussetzungen zu verhindern, muss hinter dem Interesse der Gläubiger des Gesellschafters zurücktreten. 2621

Wer in der Versteigerung den Zuschlag erhält, erwirbt den Geschäftsanteil, ohne dass es auf Genehmigungen u. Ä. ankäme. Der Erwerber muss aber den Erwerb unter Nachweis seines Rechtes am Geschäftsanteil den Geschäftsführern mitteilen (§ 40 Abs. 1 Satz 2 GmbHG), damit diese unverzüglich die Veränderung in die Gesellschafterliste eintragen und diese beim Handelsregister einreichen und der Erwerber so nach Aufnahme der Liste in das HR gegenüber der Gesellschaft als Inhaber des Geschäftsanteils gilt (§ 16 Abs. 1 GmbHG). 2622

Insbesondere die Gesellschafter einer personalistisch verfassten GmbH haben regelmäßig ein Interesse daran, sich dagegen zu schützen, dass auf diese Weise gegen ihren Willen ein Dritter Gesellschafter wird. 2623

Wenig hilfreich ist hierfür, wenn im Gesellschaftsvertrag für den Fall der Pfändung (oder aber auch der Insolvenz des Gesellschafters) und der anschließenden Verwertung der Gesellschaft oder den übrigen Gesellschaftern ein Vorkaufsrecht (§§ 463 ff. BGB) eingeräumt wird. Denn bei einem Verkauf im Wege der Zwangsvollstreckung (oder aus der Insolvenzmasse) ist ein Vorkaufsrecht ausgeschlossen (§ 471 BGB). 2624

Der bessere und erfolgversprechende Weg, um das Eindringen eines unerwünschten Dritten in die Gesellschaft zu verhindern, ist eine Bestimmung im Gesellschaftsvertrag, 2625

1 Vgl. Scholz/Seibt, GmbHG, § 15 Rz. 195.
2 Vgl. BGH v. 12.6.1975 - II ZB 12/73, BGHZ 65 S. 22; v. 19.6.2000 - II ZR 79/99, BGHZ 144 S. 365.

dass bei einer Zwangsvollstreckung in den Geschäftsanteil die **Einziehung** des Geschäftsanteiles gegen Zahlung eines vollwertigen Entgeltes zulässig sein soll,[1] die etwa so lauten kann:

„Ein Geschäftsanteil kann auch ohne Zustimmung des betroffenen Gesellschafters eingezogen werden, wenn durch einen Gläubiger des Gesellschafters Zwangsvollstreckungsmaßnahmen in den Geschäftsanteil betrieben werden und der Gesellschafter nicht innerhalb einer Frist von drei Monaten deren Aufhebung bewirkt. Das Einziehungsentgelt wird nach dem Verkehrswert des Geschäftsanteils bemessen."

2626 Die Gesellschafter sollten der Versuchung widerstehen, speziell auf die Pfändung des Geschäftsanteils oder den Fall der Insolvenz zugeschnittene Einziehungsklauseln in der Satzung zu verankern, die kein oder kein vollwertiges Entgelt vorsehen. Solche Einziehungsklauseln sind unwirksam, weil sie einseitig die Gläubiger des Gesellschafters benachteiligen und durch Aushöhlung des gepfändeten Anteils darauf hinzielen, die Befriedigung der Gläubiger zu vereiteln.[2]

2627 Das Hauptproblem ist dabei die Bemessung des Entgelts. Die verbleibenden Gesellschafter werden regelmäßig ein Interesse daran haben, dies zu beschränken oder die Anteile sogar unentgeltlich einzuziehen. Die Rspr. lässt bei der Einziehung im Pfändungsfall gewisse Abstriche vom wahren Vermögenswert zu, wenn diese Entschädigungsregelung nicht nur für Vollstreckungs-, sondern auch für andere vergleichbare Fälle, insbesondere den der Ausschließung des Gesellschafters aus wichtigem Grund, gilt.[3]

2628 Denkbar ist auch eine Bestimmung des Gesellschaftsvertrags, dass die Gesellschaft das Recht haben soll, den pfändenden Gläubiger zu befriedigen und sodann den Geschäftsanteil – gleichgültig zu welchen Bedingungen – einzuziehen.

2629 Vermerkt sei schließlich noch, dass ähnlich wie beim Vorkaufsrecht weder eine Anbietungspflicht noch ein Übernahmerecht die übrigen Gesellschafter schützt; diese Bestimmungen binden nur den Gesellschafter, nicht aber den vollstreckenden Gläubiger.

2630 Wie im Falle einer Verpfändung, so bleiben auch nach der Pfändung eines Geschäftsanteils im Wege der Zwangsvollstreckung die Gesellschafterrechte, insbesondere das Stimmrecht, bei dem Gesellschafter. Mitgliedschaftsrechte kann auch der vollstreckende Gläubiger nicht ausüben. Sie gehen erst mit der Verwertung (Versteigerung oder freihändiger Verkauf) auf den Erwerber als neuem Gesellschafter über.

2631 Wird über das Vermögen des Gesellschafters das **Insolvenzverfahren** eröffnet, fällt der Geschäftsanteil **ohne Abtretung in die Insolvenzmasse**; Vinkulierungen, die die Satzung nach § 15 Abs. 5 GmbHG vorsieht, gelten nicht. Der Insolvenzverwalter übt – im Gegensatz zum Gläubiger in der Einzelvollstreckung – die Mitgliedschaftsrechte, wie z. B. das Stimmrecht aus, sofern die Satzung nicht vorsieht, dass dieses Recht während einer

1 Noack/Servatius/Haas/Servatius, GmbHG, § 15 Rz. 61, m. w. N.; OLG Hamburg v. 26.4.1996 - 11 U 189/95, DB 1996 S. 1175.

2 Vgl. BGH v. 12.6.1975 - II ZB 12/73, BGHZ 65 S. 22, 26 ff.; v. 19.6.2000 - II ZR 79/99, BGHZ 144 S. 365.

3 BGH v. 19.6.2000 - II ZR 73/99, BGHZ 144 S. 365, 367, NJW 2000 S. 2819; BGH v. 17.12.2001 - II ZR 348/99, NWB WAAAB-98035, NZG 2002 S. 176 f.; s. a. MüKoGmbHG/Weller/Reichert, § 15 Rz. 552 f.

Gesellschafterinsolvenz ruht. Der Insolvenzverwalter kann den Geschäftsanteil in den Formen des § 15 Abs. 3 und 4 GmbHG veräußern, ohne an satzungsmäßige Beschränkungen gebunden zu sein.

(Einstweilen frei) 2632–2660

6. Teilung eines Geschäftsanteils (Stückelung)

Unter der Teilung eines Geschäftsanteils versteht man **die reale Teilung** eines Anteils in mehrere Teilgeschäftsanteile (Stücke) **nach Nennbeträgen**, so dass mehrere selbständige Geschäftsanteile entstehen. Die Summe der entstandenen Geschäftsanteile muss dem Nennbetrag des ursprünglichen Geschäftsanteils entsprechen. Jeder, der einen Teilgeschäftsanteil erwirbt, wird Gesellschafter und Inhaber der damit verbundenen Rechte und Pflichten. 2661

a) Freie Teilbarkeit

Die Teilung von Geschäftsanteilen ist zulässig, sofern die für die Geschäftsanteile allgemein geltenden Bestimmungen eingehalten werden: Der Nennbetrag jedes Geschäftsanteils muss auf volle Euro lauten und die Summe der Nennbeträge muss mit dem Stammkapital übereinstimmen. Ansonsten kann jeder Gesellschafter – wie schon bei der Gründung durch Übernahme – durch beliebige Teilung seines Geschäftsanteils Inhaber mehrerer Geschäftsanteile mit unterschiedlich hohen Nennbeträgen werden und kann umgekehrt durch **Zusammenlegung** mehrerer seiner Geschäftsanteile Inhaber von Geschäftsanteilen in geringerer Zahl mit entsprechend höheren Nennbeträgen werden. Diese **freie Stückelung** von Geschäftsanteilen bietet in der **Praxis** einige Vorteile, weil Teile von bestehenden Geschäftsanteilen leichter veräußert oder verpfändet werden können, indem zuvor neue Anteile mit den gewünschten Nennbeträgen gebildet und anschließend veräußert oder zu Sicherungszwecken verwendet werden können.[1] 2662

b) Zuständigkeit der Gesellschafterversammlung

Die **Teilung und die Zusammenlegung von Geschäftsanteilen** fällt in den **Aufgabenbereich der Gesellschafterversammlung** (§ 46 Nr. 4 GmbHG). Da die früheren gesetzlichen Einschränkungen entfallen sind, überlässt es der Gesetzgeber allein der Bestimmung und Verantwortung der Gesellschafter, wie sie mit der freien Stückelung und Teilung von Geschäftsanteilen umgehen wollen. Deshalb können sie im Gesellschaftsvertrag oder durch spätere Änderung der Satzung Vorgaben für die Teilung von Geschäftsanteilen machen und insbesondere den Beschlussvorbehalt nach § 46 Nr. 4 GmbHG an eine qualifizierte Mehrheit binden oder eine bestimmte Mindesthöhe des Nennbetrags der durch Teilung entstehenden Geschäftsanteile vorschreiben. Die Satzung kann die Teilung und die Zusammenlegung von Geschäftsanteilen aber auch anderen Gesellschaftsorganen übertragen. Die Satzung kann auch bestimmen, dass eine Veräußerung von Geschäftsanteilen, die durch Teilung entstanden sind, der Genehmigung der Gesellschaft bedürfen. Die **Genehmigungserklärung** selbst hat der **Geschäfts-** 2663

1 Siehe nur Noack/Servatius/Haas/Servatius, GmbHG, § 5 Rz. 8 f.

führer gegenüber dem veräußernden Gesellschafter oder gegenüber dem Erwerber **abzugeben**. Sie ist auch dann wirksam und bindet die Gesellschaft, wenn es an einem vorherigen Zustimmungsbeschluss der Gesellschafterversammlung fehlt.[1]

c) Änderung der Gesellschafterliste

2664 Die Teilung von Geschäftsanteilen führt zwar im Hinblick auf den Umfang der Beteiligung des einzelnen Gesellschafters nicht zu einer Veränderung. Denn das prozentuale Verhältnis zum Stammkapital ändert sich durch eine Aufspaltung der Beteiligung in mehrere Geschäftsanteile nicht. Aus dem Sinn und Zweck der Gesellschafterliste nach § 40 GmbHG, den Gesellschafter als Inhaber eines Geschäftsanteils und dessen Umfang auszuweisen, folgt jedoch, dass auch die **Veränderung der Zahl und der Nennbeträge der von einem Gesellschafter übernommenen Geschäftsanteile in der Gesellschafterliste einzutragen** sind.[2] Andernfalls taugte die Gesellschafterliste nicht mehr als Rechtsscheingrundlage für einen gutgläubigen Erwerb. Die Gesellschafterliste wird mit der Teilung von Geschäftsanteilen unrichtig, wenn sie einen bestimmten Gesellschafter weiter als Inhaber eines Geschäftsanteils in bestimmter Höhe ausweist, während er in Wahrheit nach der Teilung Inhaber mehrerer Geschäftsanteile mit niedrigeren Nennbeträgen ist, deren Summe nur dem Nennbetrag des geteilten Geschäftsanteils entspricht.

Der wirksame Teilungsbeschluss ist also den Geschäftsführern zu übermitteln, die unverzüglich eine geänderte Gesellschafterliste mit den Personalien der Gesellschafter sowie den laufenden Nummern der durch Teilung entstandenen Geschäftsanteile und deren Nennbeträge erstellen, unterschreiben und beim Handelsregister einzureichen haben. Um im Verhältnis zur GmbH als Inhaber der Geschäftsanteile zu gelten, bedarf es wohl keiner Aufnahme der Liste in das HR, weil der Gesellschafter weiterhin in gleichem Umfang wie bisher beteiligt bleibt.

2665 Werden Geschäftsanteile zusammengelegt, gilt Entsprechendes für die Umsetzung des Gesellschafterbeschlusses und die Aktualisierung der Gesellschafterliste.

2666 Geht mit der Teilung von Geschäftsanteilen oder der Zusammenlegung eine Veränderung der Rechtszuständigkeit einher, weil abgespaltene Teilgeschäftsanteile auf einen Mitgesellschafter oder einen Dritten übertragen und dort möglicherweise wieder zusammengelegt werden sollen, liegen Abtretungsvorgänge mit Einzelrechtsnachfolge vor, die der notariellen Beurkundung bedürfen und den mitwirkenden Notar verpflichten, anstelle der Geschäftsführer die Gesellschafterliste zu ändern und beim Handelsregister einzureichen. Dann gelten die veränderten Beteiligungsverhältnisse gegenüber der GmbH erst mit Aufnahme der Liste in den entsprechenden Datenspeicher beim Handelsregister.[3]

2667–2680 *(Einstweilen frei)*

1 Vgl. BGH v. 9.6.1954 - II ZR 70/53, BGHZ 14 S. 25, 32; v. 14.3.1988 - II ZR 211/87, BB 1988 S. 994.
2 MüKoGmbHG/Heidinger, § 40 Rz. 113 ff.; Nohrer, MittBayNot 2010 S. 17, 19 f.
3 Ausführlich Wachter, ZNotP 2008 S. 378 ff.

7. Unterbeteiligung am GmbH-Geschäftsanteil

Durch **Unterbeteiligung** kann ein Dritter an einem GmbH-Geschäftsanteil (im Innenverhältnis) beteiligt werden, ohne dass der Unterbeteiligte Gesellschafter der GmbH wird oder sonst dingliche Rechte am Geschäftsanteil oder mitgliedschaftliche Rechte aus dem Geschäftsanteil erwirbt. Begründen der Gesellschafter und ein Dritter eine Unterbeteiligung, liegt eine reine BGB-Innengesellschaft vor.[1] Gesamthandsvermögen in Bezug auf den Geschäftsanteil entsteht nicht. Die Unterbeteiligung stellt keine Verfügung über den Geschäftsanteil dar, so dass ihre Einräumung nicht der Form des § 15 Abs. 3 und 4 GmbHG bedarf und sie auch ohne Einhaltung satzungsgemäßer Zustimmungserfordernisse der Gesellschaft oder der Gesellschafter oder sonstiger Beschränkungen wirksam vereinbart werden kann.[2] 2681

Gerade bei einer weitgehenden Vinkulierung bietet sich die Unterbeteiligung an, wenn eine Zustimmung zur Aufteilung des Geschäftsanteils nicht erreicht werden kann, zumal die Unterbeteiligung der Gesellschaft nicht mitgeteilt werden muss. Verbietet allerdings die Satzung die Einräumung einer Unterbeteiligung, kann ein Verstoß als wichtiger Grund für die Ausschließung des Gesellschafters gelten. Ist nach der Satzung aber nur die Zustimmung zur Abtretung eines Geschäftsanteils nötig, ist die Einräumung einer Unterbeteiligung allein kein Ausschließungsgrund.[3] Nur wenn der Gesellschafter dem Unterbeteiligten – unter Verstoß gegen die Treuepflichten – geheimzuhaltende Angelegenheiten der Gesellschaft mitteilt, oder der Unterbeteiligte gesellschaftsschädigende Interessen verfolgt, oder über den Hauptbeteiligten mittelbar schädigenden Einfluss auf die Geschäftsführung nimmt, kann dies zur Ausschließung führen.

Im Verhältnis zur GmbH erwirbt der Unterbeteiligte keine Vermögens- oder Mitwirkungsrechte. Im Verhältnis zum Hauptgesellschafter wird der Unterbeteiligte – entsprechend der konkreten Gestaltung des Vertrags im Einzelfall – mit schuldrechtlicher Wirkung an den Dividenden, die auf den Geschäftsanteil entfallen, an den Wertsteigerungen einschließlich eines Liquidationserlöses oder eines Abfindungsguthabens oder an beidem beteiligt. Ebenso können dem Unterbeteiligten im Verhältnis zum Hauptbeteiligten Rechte zur Mitwirkung bei der Stimmabgabe und Teilhabe an den Auskunftsrechten eingeräumt werden, sofern dem der Gesellschaftsvertrag nicht entgegensteht. Eine abredewidrige Stimmabgabe ist wirksam, jedoch können dem Unterbeteiligten hieraus Schadensersatzansprüche gegen den Gesellschafter erwachsen. 2682

Nach dem Unterbeteiligungsvertrag kann der Unterbeteiligte eine **Einlage** zu leisten haben. Diese geht in das Vermögen des Hauptbeteiligten über. Während des Unterbeteiligungsverhältnisses hat der Unterbeteiligte nur den Anspruch auf die Gewinnbeteiligung. Endet das Unterbeteiligungsverhältnis (z. B. durch Zeitablauf, Kündigung oder Ende der Mitgliedschaft des Hauptbeteiligten), hat der Unterbeteiligte grundsätzlich nur Anspruch auf Rückerstattung seiner Einlage und auf Auszahlung der bis 2683

1 Str., h. M., BGH v. 11.7.1968 - II ZR 179/66, BGHZ 50 S. 320; OLG Frankfurt v. 8.8.1985 - 15 U 233/83, GmbHR 1987 S. 57.

2 OLG Schleswig v. 23.5.2002 - 5 U 58/01, GmbHR 2002 S. 652, 654.

3 Vgl. OLG Frankfurt v. 7.9.1991 - 11 U 21/91 und BGH v. 12.10.1992 - II ZR 245/91, DStR 1992 S. 1661, mit Anm. Goette.

dahin beschlossenen Gewinnausschüttungen, es sei denn, der Vertrag sieht – im Innenverhältnis – auch eine Beteiligung am Wertzuwachs oder einem Liquidationserlös oder Abfindungsguthaben vor. Dann ist der Unterbeteiligte insoweit in Geld abzufinden. Denkbar ist aber auch, die reale Teilung des Geschäftsanteils oder seine Übertragung auf den Unterbeteiligten oder die Verwertung durch Verkauf zu vereinbaren. Solche Klauseln bedürfen aber zu ihrer Wirksamkeit der notariellen Beurkundung nach § 15 Abs. 4 GmbHG.

a) Typische Unterbeteiligung

2684 Vornehmlich steuerlich wird zwischen typischer Unterbeteiligung mit bloßer Beteiligung an den Gewinnausschüttungen (Dividende) und atypischer Unterbeteiligung unterschieden, bei der der Unterbeteiligte auch an den Wertveränderungen des Geschäftsanteils (in Gestalt der stillen Reserven) und einem Veräußerungs- und Liquidationserlös beteiligt ist und im Innenverhältnis dem Unterbeteiligten Mitverwaltungsrechte eingeräumt werden.[1] Die steuerliche Anerkennung der Unterbeteiligung, die zur Verlagerung von Kapitaleinkünften auf den Unterbeteiligten führt, setzt voraus, dass die Unterbeteiligung zivilrechtlich wirksam vereinbart ist, inhaltlich den unter Fremden üblichen Bedingungen entspricht und tatsächlich wie unter Fremden vollzogen wird.

2685 Bei der **typischen Unterbeteiligung**, die dem Unterbeteiligten nur einen Anspruch auf einen Teil der Ausschüttung gewährt, hat der Hauptbeteiligte weiter Beteiligungseinkünfte – im Privatvermögen oder Betriebsvermögen – in Höhe der Bruttodividende (einschließlich Kapitalertragsteuer = Abgeltungssteuer von 25 %) i. S. v. § 20 Abs. 1 Nr. 1 EStG, für die nicht das Teileinkünfteverfahren nach§ 3 Nr. 40d Satz 2 EStG gilt, wenn die Einkünfte nicht zu den Einkünften aus Land- und Forstwirtschaft, Gewerbebetrieb, selbständiger Arbeit oder Vermietung und Verpachtung gehören. Sind die Einnahmen gem. § 20 Abs. 8 EStG den vorgenannten Einkunftsarten zuzurechnen, sind sie bei natürlichen Personen und Personengesellschaften nur noch zu 40 % steuerfrei. Bei Ausschüttungen an Kapitalgesellschaften sind sie bis auf 5 % steuerfrei (§ 8b Abs. 1 und 5 KStG). Die an den Unterbeteiligten gezahlten Dividendenanteile stellen grundsätzlich Werbungskosten oder Betriebsausgaben dar, die aber der Abzugsbeschränkung auf 60 % nach § 3c Abs. 2 EStG unterliegen, bei Kapitalgesellschaften (als Hauptbeteiligtem) aber wegen der Nichtanwendbarkeit von § 3c Abs. 1 EStG abziehbar sind (§ 8 Abs. 5 Satz 2 KStG).

2686 Der Unterbeteiligte erzielt keine Dividendeneinkünfte, weil er nicht Gesellschafter ist, sondern wie der typisch stille Gesellschafter Kapitaleinkünfte gem. § 20 Abs. 1 Nr. 4 EStG,[2] wenn die Unterbeteiligung zu seinem Privatvermögen gehört, ansonsten Betriebseinnahmen, wenn die Unterbeteiligung im Betriebsvermögen gehalten wird. Mit dem Abzug der vom Hauptbeteiligten nach § 43 Abs. 1 Nr. 3 EStG einzubehaltenden Kapitalertragsteuer ist gem. § 43 Abs. 5 EStG die Einkommensteuer abgegolten, es sei denn, es läge ein Fall des § 32d Abs. 2 EStG vor oder die Einkünfte gehörten zu den

1 Vgl. BFH v. 18.2.1993 - IV R 132/91, NWB ZAAAA-97253, BFH/NV 1993 S. 647.
2 BFH v. 28.11.1990 - I R 111/88, BStBl 1991 II S. 313, NWB EAAAA-93589.

Gewinneinkünften oder zu den Einkünften aus Vermietung und Verpachtung. Auf Antrag ist auch eine gesonderte Steuerberechnung nach § 32d Abs. 1 EStG möglich.

Eine gesonderte und einheitliche Feststellung der Einkünfte nach § 180 Abs. 1 Nr. 2a AO findet nicht statt. 2687

(Einstweilen frei) 2688

b) Atypische Unterbeteiligung

Die atypische Unterbeteiligung, die den Unterbeteiligten an den Wertveränderungen des GmbH-Geschäftsanteils teilhaben lässt und ihm im Innenverhältnis Mitverwaltungsrechte einräumt, führt zu einem Splitting der Dividendeneinkünfte im Verhältnis der Beteiligung von Haupt- und Unterbeteiligtem. Der atypisch Unterbeteiligte wird so behandelt, als habe er seinen Anteil an der Dividende unmittelbar von der GmbH erhalten, so dass auch er Einnahmen i. S. v. § 20 Abs. 1 Nr. 1 EStG einschließlich der einbehaltenen Kapitalertragsteuer hat.[1] Mit dem Steuerabzug ist die Einkommensteuer sowohl beim Haupt- als auch beim Unterbeteiligten abgegolten. Gehören die Einkünfte zu den Gewinneinkünften oder zu den Einkünften aus Vermietung und Verpachtung, gelten die Regeln wie bei einem typisch Unterbeteiligten. Dass die Kapitalertragsteuer-Bescheinigung, die die GmbH ausstellt, nicht auf seinen Namen lautet, steht einem Abzug bei seiner Steuerschuld nicht entgegen. 2689

Die Höhe der in der Unterbeteiligungsgesellschaft gemeinsam erzielten Einkünfte wird im Feststellungsverfahren nach § 180 Abs. 1 Nr. 2a AO gesondert und einheitlich festgestellt, ebenso wie die auf den Haupt- und den Unterbeteiligten entfallenden Anteile an den Einkünften und der Kapitalertragsteuer. Auf die Dividendeneinnahmen ist grundsätzlich das Teileinkünfteverfahren anzuwenden.

Räumt der Hauptbeteiligte die atypische Unterbeteiligung entgeltlich ein, wird dies steuerlich als teilweise Veräußerung des GmbH-Geschäftsanteils und Erwerb eines Teilgeschäftsanteils durch den Unterbeteiligten angesehen. Bei Vorliegen der weiteren Voraussetzungen kann auch bei einer im Privatvermögen gehaltenen GmbH-Beteiligung ein steuerpflichtiger Spekulationsgewinn nach § 23 Abs. 1 Nr. 2 EStG (bei einer unter 1 % liegenden Beteiligung) oder ein Veräußerungsgewinn nach § 17 EStG entstehen, wenn die Beteiligung des Hauptgesellschafters mindestens 1 % am Stammkapital der GmbH beträgt. Durch die Einräumung einer atypischen Unterbeteiligung vermindert sich die Beteiligung des Hauptbeteiligten (steuerlich) um die dem Unterbeteiligten überlassene Quote. Sinkt dadurch der Anteilsbesitz unter die steuerrelevante Quote von 1 %, bleibt der Rest für weitere fünf Jahre nach § 17 Abs. 1 Satz 1 EStG steuerverhaftet. 2690

Wird die Unterbeteiligung beendet, stellt dies steuerlich die Rückveräußerung des Teilgeschäftsanteils an den Hauptbeteiligten dar. Der beim Unterbeteiligten u. U. entstehende Veräußerungsgewinn in Höhe des Unterschieds zwischen seiner Einlage und der Abfindung, vermindert um die Veräußerungskosten, kann nach § 17 EStG steuerpflichtig sein, wenn seine Unterbeteiligungsquote bezogen auf das Stammkapital der

1 BFH v. 18.5.2005 - VIII R 34/01, BStBl 2005 II S. 857, NWB NAAAB-67530.

GmbH 1% oder mehr betragen hat. Der Hauptbeteiligte hat in Höhe der Abfindung Anschaffungskosten auf seine Beteiligung.

2691 Für die genannten Veräußerungsgewinne nach §17 EStG gilt das (auf 40% eingeschränkte) Teileinkünfteverfahren bzw. die Steuerfreistellung bei Kapitalgesellschaften bis auf 5% (§8 Abs.3 KStG).

2692–2710 *(Einstweilen frei)*

VI. Erbfolge und Schenkung

LITERATUR:

Lorz, Der Testamentsvollstrecker und der Kernbereich der Mitgliedschaft, FS Boujong, 1996 S. 319; *Kümpel-Neusel*, Fortsetzungs-, Nachfolge-, Eintritts- und Abtretungsklausel, ErbBstg 2005 S.262; *Langner/Heydel*, Vererbung von GmbH-Geschäftsanteilen – Sicherstellung einer familieninternen Nachfolge, GmbHR 2005 S.377; *Bürger*, Die Beteiligung Minderjähriger an Gesellschaften mit beschränkter Haftung, DNotZ 2006 S.156; *Langner/Heydel*, Nachfolgeklauseln im GmbH-Gesellschaftsvertrag, GmbHR 2006 S.291; *K. W. Lange*, Erbengemeinschaft an einem GmbH-Geschäftsanteil, GmbHR 2013 S.113; *Wicke*, Testamentsvollstreckung an Gesellschaftsbeteiligungen, ZGR 2015 S.161; *Perzborn*, Gesellschaftsvertragliche Nachfolgeregelungen bei Gesellschaften mit beschränkter Haftung und Aktiengesellschaften, RNotZ 2017 S.405; *Lieder/Pommerening*, Nießbrauchsrechte und Kapitalgesellschaftsanteile im Erbfall, ZEV 2019 S.564; *Panz/Schenk/Weisheit*, Schwerpunktreihe Nachfolgeplanung, BWNotZ 2021 S.106; *Zimmermann*, Der superbefreite und supermächtigste Testamentsvollstrecker – Teil 1, ZEV 2021 S. 141; *Dorn/Becker*, Steuerfolgen der Übertragung von Anteilen an Kapitalgesellschaften i.S.des §17 EStG, NWB-EV 2022 S. 220; *Von Bressensdorf/Meise*, Die Erbengemeinschaft am GmbH-Geschäftsanteil, RFamU 2022 S.105; *Schenk*, Das Unternehmenstestament, RFamU 2023 S.356; *Lange*, Die familiengerichtliche Genehmigung der Schenkung eines GmbH-Anteils an minderjährige Abkömmlinge, NZFam 2024 S.149.

1. Grundsatz der Vererblichkeit des GmbH-Geschäftsanteils

2711 Gemäß §15 Abs.1 GmbHG ist der **Geschäftsanteil** an einer GmbH **frei vererblich.** Die Vererblichkeit eines Geschäftsanteils kann – anders als bei Anteilen an Personengesellschaften – nicht ausgeschlossen oder beschränkt werden. Die in §15 Abs.5 GmbHG zugelassenen Beschränkungen gelten nur für Rechtsgeschäfte unter Lebenden, nicht aber für die Vererbung.

2712 Mit dem Tod des Gesellschafters geht der Geschäftsanteil unmittelbar und ungeteilt auf den Erben oder die Erben in Erbengemeinschaft über (Gesamtrechtsnachfolge). Es kann nicht durch die Satzung bestimmt werden, dass der Geschäftsanteil unmittelbar im Wege der Sonderrechtsnachfolge auf einen Dritten oder die GmbH übergehen soll. In Betracht kommt allenfalls, eine Übertragung auf eine dritte Person zu Lebzeiten des Erblassers, aber aufschiebend bedingt durch den Todesfall durchzuführen, wobei aber besondere rechtliche Voraussetzungen zu beachten sind (vgl. hierzu näher unten Rz.2738). Soll eine am Gesellschaftsvertrag nicht beteiligte Person unmittelbar in den Geschäftsanteil nachfolgen, scheitert die bedingte Übertragung i.d.R. daran, dass §15 Abs.3 GmbHG nicht erfüllt ist und Verfügungen zugunsten eines Dritten ohne dessen Mitwirkung wegen der unzulässigen Belastung auch mit den Pflichten aus der Gesellschafterstellung unwirksam sind.

Zwar kann die Vererblichkeit durch die Satzung nicht eingeschränkt werden, es kann aber durch Satzungsbestimmungen weitestgehend verhindert werden, dass nicht erwünschte Gesellschafter eintreten, oder Vorsorge dagegen getroffen werden, dass der Geschäftsanteil an erwünschte Personen übergeht. Hierzu kann die Satzung eine **Abtretungspflicht des Erben** oder ein **Einziehungsrecht** der Gesellschaft oder sonstige, mit dem Tod des Gesellschafters eintretende **Beschränkungen** in Bezug auf den Geschäftsanteil vorsehen. Es sollte stets darauf geachtet werden, dass die **gesellschaftsvertragliche Nachfolgeklausel** (vgl. unten Rz. 2725 ff.) mit der letztwilligen Verfügung abgestimmt ist. 2713

Der GmbH-Geschäftsanteil geht nach § 1922 BGB mit allen Rechten und Pflichten unmittelbar auf den gesetzlichen oder durch Testament berufenen Erben über.[1] § 16 Abs. 1 GmbHG ist auch auf den Erwerb durch Erbfall anwendbar, so dass der Erbe im Verhältnis zur Gesellschaft erst dann als Gesellschafter gilt, wenn er in die **Gesellschafterliste** und diese in das Handelsregister aufgenommen wurde. Die Eintragung durch die Geschäftsführer zur Änderung der Liste erfolgt auf Mitteilung und Nachweis. Der Erbe oder die Erben eines Geschäftsanteils müssen den Übergang unter Vorlage des **Erbscheins** oder eines sonstigen geeigneten Nachweises (z. B. Eröffnungsprotokolls des Testaments) den Geschäftsführern mitteilen und sich so darum kümmern, dass die Liste aktualisiert wird. Die Geschäftsführer werden i. d. R. die Vorlage eines Erbscheins verlangen müssen, damit sie sich nicht einer Haftung nach § 40 Abs. 3 GmbHG wegen einer Obliegenheitsverletzung in Bezug auf die Gesellschafterliste aussetzen. 2714

2. Bedeutung letztwilliger Verfügungen

Soll die Erbfolge nicht kraft Gesetzes eintreten, muss sie durch letztwillige Verfügung (Testament oder Erbvertrag) geregelt werden. Niemand kann sich indes durch einen Vertrag unter Lebenden rechtswirksam verpflichten, eine Verfügung von Todes wegen zu errichten oder nicht zu errichten oder aufzuheben oder nicht aufzuheben. Diese Testierfreiheit (§ 2302 BGB) kann auch ein Gesellschaftsvertrag der GmbH (Satzung) nicht beschränken. Eine Bestimmung der Satzung wie *„Die Geschäftsanteile sind vererblich; die Gesellschafter sind verpflichtet, den Gesellschafter X zu ihrem Erben einzusetzen"* ist deshalb nichtig. 2715

Der Gesellschaftsvertrag selbst kann aber die Nachfolge von Gesellschaftern bei der GmbH und letztlich den Verbleib des Geschäftsanteils eines verstorbenen Gesellschafters regeln. Solche Regeln des Gesellschaftsvertrags können – wie andere Satzungsbestimmungen auch – nur durch Satzungsänderung beseitigt oder geändert werden, nicht aber durch einen Gesellschafter allein. Dieses Recht hat ein Gesellschafter auch nicht im Rahmen seiner letztwilligen Verfügung; seine Testierfreiheit i. S. d. § 2302 BGB wird dadurch nicht beeinträchtigt. Dieser Freiheit hat er sich durch den Abschluss des Gesellschaftsvertrags freiwillig bereits begeben. Der Gesellschafter hat den Geschäftsanteil mit den ihm anhaftenden Beschränkungen aus einer Nachfolgeklausel erworben. Regelungen, die so durch Rechtsgeschäft unter Lebenden erfolgt sind, haben Vorrang vor letztwilligen Verfügungen. Bestimmt also z. B. die Satzung *„Beim Tode eines Gesell-* 2716

1 Wachter, DB 2009 S. 159; Lange, GmbHR 2013 S. 113.

schafters wird dessen Geschäftsanteil eingezogen", dann ist die testamentarische Bestimmung eines Gesellschafters *„Meinen Geschäftsanteil erbt mein Sohn A"* unwirksam. Es bleibt dabei, dass der Geschäftsanteil entsprechend der Satzung eingezogen wird; der Sohn erhält – falls die Satzung auch hierzu nichts anderes sagt – nur die wegen der Einziehung anfallende Vergütung für den Geschäftsanteil.

3. Miterben

2717 Sind **mehrere Erben** berufen, erwerben sie in **Erbengemeinschaft** jeden **Geschäftsanteil ungeteilt** in Gesamthandsgemeinschaft. Für die Erbengemeinschaft gelten – wie im Übrigen auch für die Gesellschaft bürgerlichen Rechts (GbR) – die Vorschriften des § 18 GmbHG,[1] so dass die Miterben ihre Mitgliedschaftsrechte aus dem Geschäftsanteil (z. B. Stimmrecht, Gewinnbezugsrecht oder Sonderrechte) nur gemeinsam ausüben können und jeder für die Erfüllung der gesellschafterlichen Pflichten, z. B. die restliche Einzahlung einer Stammeinlage, aufkommen muss (solidarische Haftung, § 18 Abs. 2 GmbHG). Dadurch wird aber nicht das Recht eines Erben, nach den erbrechtlichen Bestimmungen des BGB die beschränkte Erbenhaftung herbeizuführen, beeinträchtigt.

2718 Für die **Wahrnehmung der Mitgliedschaftsrechte** können sie einen gemeinsamen Vertreter bestellen (§ 18 Abs. 3 Satz 1 GmbHG). Es ist auch zulässig, durch den Gesellschaftsvertrag mehrere Miterben zur Bestellung eines gemeinsamen Vertreters zu verpflichten. Ist ein solcher gemeinsamer Vertreter nicht bestellt, wirken Rechtshandlungen, die von Seiten der Gesellschaft gegenüber der Erbengemeinschaft als Inhaber des Geschäftsanteils vorzunehmen sind, für alle Mitberechtigten, auch wenn sie nur gegenüber einem Mitberechtigten vorgenommen werden (z. B. bei einer Einladung zur Gesellschafterversammlung). Ist ein Miterbe daneben auch noch Inhaber eines eigenen Geschäftsanteils, muss er aber in beiden Eigenschaften (als Gesellschafter und Mitberechtigter) geladen werden, um den Förmlichkeiten zu genügen.

2719 Ob im Rahmen der Erbengemeinschaft Beschlüsse in Bezug auf den Geschäftsanteil einstimmig gefasst werden müssen oder ob mit Stimmenmehrheit bemessen nach der Erbquote beschlossen werden kann, richtet sich insbesondere nach § 2040 BGB und nach § 2038 Abs. 2 BGB mit Verweis auf § 745 Abs. 1 BGB. Soweit es sich um Angelegenheiten der ordnungsgemäßen Verwaltung des Geschäftsanteils handelt, können Entscheidungen der Gesamthandsgemeinschaft darüber (z. B. über die einheitliche Stimmabgabe in der Gesellschafterversammlung) mit Mehrheit getroffen werden[2] und auch mit Außenwirkung sofort umgesetzt werden.[3] Dies gilt aber nur dann, wenn die Beschlussfassung eine Angelegenheit betrifft, die als Maßnahme der Verwaltung des Nachlasses anzusehen ist, wie z. B. die Verlegung des Sitzes der GmbH, nicht aber dass der Geschäftsführer vom Verbot des Selbstkontrahierens befreit werden soll.

2720 Über Angelegenheiten, die sich nicht als Verwaltung des Nachlasses darstellen, sowie bei Verfügungen über den Geschäftsanteil (Veräußerung, Verpfändung, Teilung und

1 BGH v. 14.12.1967 - II ZR 3/67, BGHZ 49 S. 183, 188 f.; v. 19.6.1995 - II ZR 112/94, DStR 1995 S. 1395, 1397.

2 BGH v. 19.6.1995 - II ZR 112/94, DStR 1995 S. 1395, 1397.

3 BGH v. 29.3.1971 - III ZR 255/68, BGHZ 56 S. 47, 50 f.; v. 12.6.1989 - II ZR 246/88, NWB TAAAE-86363, BGHZ 108 S. 21, 31.

inhaltliche Veränderungen des Geschäftsanteils) können die Miterben nur einstimmig beschließen (§ 2040 BGB).

Nach § 2042 BGB hat jeder Miterbe das Recht, jederzeit die Auseinandersetzung zu verlangen, soweit sich aus den §§ 2042 bis 2045 BGB nichts anderes ergibt. Treffen die Miterben eine Auseinandersetzungsvereinbarung und setzen sich die Miterben bezüglich des Geschäftsanteils auseinander, kann die Erbauseinandersetzung dadurch erfolgen, dass der Geschäftsanteil real unter den Miterben geteilt, einem Miterben übertragen oder an einen Dritten veräußert wird, wobei die notarielle Beurkundung erforderlich ist (§ 15 Abs. 3 GmbHG). Verlangt die Satzung für die Veräußerung des Geschäftsanteils die Genehmigung der Gesellschaft oder sieht sie gem. § 15 Abs. 5 GmbHG weitere Einschränkungen vor, gilt dies grundsätzlich auch für Veräußerungen zum Zweck der Erbauseinandersetzung. 2721

Das GmbHG lässt die **freie Stückelung** von **Geschäftsanteilen** zu. Diese **eine freie Teilungsmöglichkeit erleichtert** Übertragungsvorgänge anlässlich von **Erbauseinandersetzungen** oder vorweggenommener Erbfolge. Nicht selten treten Schwierigkeiten auf, wenn Miterben einen Geschäftsanteil ungeteilt behalten und dann Gesellschafterrechte gemeinschaftlich wahrnehmen sollen. Wegen der Teilungsmöglichkeit kann in der Satzung bestimmt werden, dass der Geschäftsanteil entsprechend der Quote geteilt und die entstehenden Geschäftsanteile den jeweiligen Erben zugewiesen werden. 2722

Der einzelne Miterbe kann jedoch auch nach § 2033 BGB über seinen Erbteil (ideeller Anteil am Nachlass) frei verfügen, wobei ein solches Rechtsgeschäft der notariellen Beurkundung bedarf und im Zweifel auch etwaigen gesellschaftsvertraglichen Beschränkungen unterliegt. 2723

Die Auseinandersetzung unter den Miterben kann unentgeltlich oder entgeltlich erfolgen. Die Unterscheidung kann insbesondere einkommensteuerliche Bedeutung haben, wenn der GmbH-Geschäftsanteil deshalb steuerverhaftet ist, weil einbringungsgeborene Anteile (§ 21 Abs. 1 UmwStG) oder wesentliche Beteiligungen i.S.v. § 17 Abs. 1 EStG vorliegen. Soweit der Miterbe den Geschäftsanteil unentgeltlich erwirbt, führt er die Anschaffungskosten des Erblassers fort. Erwirbt er dagegen den Geschäftsanteil entgeltlich, insbesondere auch dann, wenn er den Geschäftsanteil bei der realen Teilung des Nachlasses gegen Zahlung eines Wertausgleichs aus seinem eigenen Vermögen übernimmt, ist der Veräußerungsgewinn steuerpflichtig. 2724

4. Nachfolgeregelungen im Gesellschaftsvertrag

Die **Vererblichkeit** von Geschäftsanteilen kann durch die Satzung **nicht ausgeschlossen oder beschränkt** werden (s. o. Rz. 2715). Durch Satzungsbestimmungen kann aber auf das weitere Schicksal des Geschäftsanteiles nach Eintritt der erbrechtlichen Gesamtrechtsnachfolge (oder nach einer vermächtnisweisen Zuwendung) Einfluss genommen werden. 2725

Vor allem bei einer personalistischen GmbH, bei der eine persönliche Bindung unter den Gesellschaftern besteht, können die Gesellschafter ein starkes Interesse daran haben, die Nachfolge für den Fall des Todes eines Gesellschafters zu regeln, weil sie das Gesell- 2726 schaftsverhältnis nicht mit Erben, insbesondere unbekannten testamentarischen Erben, oder jedenfalls nicht mit allen Erben fortsetzen wollen oder erreichen wollen, dass bestimmte Personen (mit bestimmten Eigenschaften) die Nachfolge übernehmen. Ein solches Interesse kann durch Gesellschaftsvertrag – also in der Satzung enthaltene Bestimmungen – geschützt werden; diese Regelungen müssen aber so ausgestaltet werden, dass das Schicksal des Geschäftsanteils des verstorbenen Gesellschafters in rechtlich zulässiger Weise eindeutig bestimmt ist.

a) Einziehung des Geschäftsanteils

2727 Der Gesellschaftsvertrag kann die **Einziehung des Geschäftsanteils** bei Tod eines Gesellschafters vorsehen.[1]

2728 Sollen Erben eines Gesellschafters nicht Gesellschafternachfolger werden, dann kann die Satzung eine Bestimmung dahin treffen, dass der Geschäftsanteil eines verstorbenen Gesellschafters eingezogen werden kann. Es ist dann aber zweckmäßig, das Einziehungsverfahren genau zu regeln und auch zu bestimmen, welche Vergütung für den eingezogenen Geschäftsanteil zu gewähren ist; ein solcher Vergütungsanspruch steht dann den Erben zu. Die Satzung kann auch bestimmen, dass für den eingezogenen Geschäftsanteil eine Vergütung überhaupt nicht zu entrichten ist (streitig).[2]

2729 Die Voraussetzungen, unter denen die Einziehung des Geschäftsanteils zulässig sein soll, können je nach den speziellen Verhältnissen der Gesellschaft unterschiedlich auszugestalten sein. So ist es z. B. denkbar, dass die Gesellschafter sich die Möglichkeit der Einziehung nur dann offen halten wollen, wenn der verstorbene Gesellschafter nicht von bestimmten Personen beerbt wird, oder wenn er von mehreren statt nur von einem Erben beerbt wird, oder wenn ein Erbe bestimmte Eigenschaften hat, die sich mit einer künftigen Gesellschafterversammlung nicht vertragen, z. B. weil er ein Konkurrenzgeschäft betreibt. Sinnvoll kann es insbesondere sein, in der Satzung ein Recht der GmbH auf Einziehung des Geschäftsanteils vorzusehen für den Fall, dass der Erbe nicht innerhalb einer bestimmten Frist dafür sorgt, dass der Geschäftsanteil auf eine Person übergeht, die die im Gesellschaftsvertrag für einen Nachfolger vorgesehenen Voraussetzungen erfüllt, oder der Erbe einer in der Satzung festgelegten Abtretungspflicht nicht nachkommt.

2730 Die Einziehung bedarf stets eines Beschlusses der Gesellschafter und einer entsprechenden Erklärung gegenüber den Gesellschaftererben; es gibt keine automatische Einziehung durch den Eintritt eines Erbfalls.[3]

2731 Beispielsweise könnte Folgendes bestimmt werden, wobei nachfolgend Einzelheiten des Einziehungsvorganges (hierzu Rz. 2801 ff.) außer Betracht bleiben:

(1) Nach dem Tode eines Gesellschafters können die überlebenden Gesellschafter die Einziehung des Geschäftsanteiles des Verstorbenen beschließen.

Oder

1 BGH v. 20.12.1976 - II ZR 115/75, BB 1977 S. 563.
2 MüKoGmbHG/Weller/Reichert, § 15 Rz. 465 m. w. N.
3 MüKoGmbHG/Weller/Reichert, § 15 Rz. 460 f.

(1) ... (wie oben)

(2) Dies gilt dann nicht, wenn der verstorbene Gesellschafter von Abkömmlingen beerbt wird.

Oder

(1) Nach dem Tode eines Gesellschafters können die überlebenden Gesellschafter die Einziehung des Geschäftsanteiles beschließen,

a) wenn der Geschäftsanteil auf Erben übergeht, die nicht als gesetzliche Erben des Verstorbenen berufen sind, oder

b) wenn der Geschäftsanteil auf mehrere Erben übergeht und diese nicht unverzüglich auf Verlangen der Gesellschaft aus ihrer Mitte einen gemeinsamen Vertreter bestellt haben oder

c) wenn mehrere Erben sich nicht innerhalb von sechs Monaten nach dem Erbfall in der Weise auseinander gesetzt haben, dass der Geschäftsanteil ungeteilt an einen der Erben übergeht oder

d) Erben nicht innerhalb von drei Monaten nach Erteilung eines Erbscheins den Geschäftsanteil auf die in Art .... bezeichneten Nachfolger übertragen haben oder ihrer Abtretungspflicht gem. Art. ... nicht nachkommen.

(2) Für die Einziehung und die für den Geschäftsanteil zu entrichtende Vergütung gilt Art. ... dieses Vertrags.

Dabei handelt es sich natürlich nur um Beispiele, es kommt stets auf die besonderen Umstände der jeweiligen Gesellschaft und ihrer Gesellschafter an, ob und welche Satzungsregelung erfolgt.

b) Abtretungspflicht der Erben

Der Gesellschaftsvertrag kann eine **Abtretungspflicht des Erben** eines verstorbenen Gesellschafters begründen, den auf ihn übergegangenen Geschäftsanteil auf einen in der Satzung bestimmten Nachfolger zu übertragen.[1] Für die Abtretung erhält der Erbe eine Abfindung. 2732

Wollen die Gesellschafter erreichen, dass beim Tode eines Gesellschafters bestimmte Personen die Gesellschafternachfolge unabhängig davon antreten, ob sie Erbe werden oder nicht, kann die Satzung diesen Erfolg nicht durch eine Bestimmung herbeiführen, dass nach dem Tode eines Gesellschafters automatisch jene andere Person an seine Stelle treten soll. Kraft Gesetzes (automatisch) geht der Geschäftsanteil zunächst einmal auf den Erben über. Der Erbe ist damit Gesellschafter geworden und demzufolge auch an die Bestimmungen der Satzung gebunden. Die Satzung kann nun vorschreiben, dass die Erben verpflichtet sind, den Geschäftsanteil an diejenige Person abzutreten, die nach dem Gesellschaftsvertrag die Nachfolge als Gesellschafter antreten soll. 2733

Die gesellschaftsvertraglich begründete Abtretungspflicht ist entweder eine Nebenleistungspflicht nach § 3 Abs. 2 GmbHG oder eine gesellschaftliche Pflicht gegenüber einem

1 OLG Koblenz v. 19.1.1995 - 6 U 829/93, GmbHR 1995 S. 586, 587.

oder allen Mitgesellschaftern. Die Abtretungsklausel kann vorsehen, dass der ererbte Geschäftsanteil auf einen Miterben, einen Gesellschafter, die GmbH selbst oder eine dritte Person zu übertragen ist, die auch von der Gesellschaft zu bestimmen sein kann. Die Abtretung muss in notarieller Form durch den oder die Erben an den Erwerber erfolgen, wobei aber eine Genehmigung nach § 15 Abs. 5 GmbHG nicht erforderlich ist. Anspruchsberechtigt aus der Nachfolgeklausel ist die Gesellschaft, wenn der Gesellschaftsvertrag nichts anderes vorsieht. Es ist auch möglich, die Nachfolgeregelung so zu gestalten, dass dem vorgesehenen Gesellschafter-Nachfolger unmittelbar ein Recht darauf eingeräumt wird, dass die Erben den Geschäftsanteil an ihn abtreten (Vertrag zugunsten Dritter, §§ 328 ff. BGB).

2734 Die Abtretung erfolgt grundsätzlich gegen eine Abfindung, deren Höhe, Fälligkeit und sonstige Zahlungsbedingungen in der Satzung geregelt werden können und möglichst auch sollten. Fehlt eine Regelung, bemisst sich die Abfindung nach dem Verkehrswert des Geschäftsanteils.[1]

2735 Ob die Zahlung einer Vergütung durch die Satzung überhaupt ausgeschlossen werden kann, ist streitig.[2]

2736 Die Verpflichtung zur Abtretung sollte einen eindeutigen zeitlichen Rahmen und die sonstigen Modalitäten für den Beschluss der Gesellschafterversammlung über die Ausübung des Abtretungsanspruchs beschreiben. Dauert der Schwebezustand hinsichtlich der Gesellschafternachfolge zu lange, ist dies für den Erben nicht hinnehmbar. Außerdem bergen derart gestaltete Satzungsklauseln die Gefahr der Unwirksamkeit in sich, weil sie einem willkürlichen Ausschließungsrecht nahe kommen.[3]

2737 Sieht die Nachfolgeklausel vor, dass der Geschäftsanteil an die GmbH selbst abzutreten ist, kann die Gesellschaft den Anteil nur erwerben, wenn die Einlage auf diesen Geschäftsanteil voll geleistet ist (§ 33 Abs. 1 GmbHG). Andernfalls ist die Abtretung nichtig und der Erbe bleibt weiterhin Gesellschafter. Auch § 33 Abs. 2 GmbHG (i. d. F. des BilMoG) ist in einem solchen Fall zu beachten. Die Gesellschaft muss eine fiktive Rücklage für eigene Anteile aus einem das Stammkapital und die gesellschaftsvertragliche Rücklage übersteigenden frei verfügbaren Vermögen bilden können. Wegen der weiteren Einzelheiten wird auf Rz. 1652 verwiesen.

c) Aufschiebend bedingter Erwerb zur Nachfolgeregelung

2738 Zu einem **unmittelbaren Übergang des Geschäftsanteils** – gewissermaßen **am Nachlass vorbei** – kann eine Satzungsklausel führen, die vorsieht, dass der Geschäftsanteil aufschiebend bedingt durch den Tod des Gesellschafters auf einen in der Satzung benannten Gesellschafter oder einen Dritten übergehen soll. Dies ist regelmäßig unwirksam.[4] Durch Nachfolgeklauseln[5] kann die Satzung jedoch den endgültigen Verbleib des auf den oder die Erben übergegangenen Geschäftsanteils regeln mit der Folge, dass

1 Beck-GmbH-HB/Schacht, § 12 Rz. 215.
2 BeckOK GmbHG/Wilhelmi, Rz. 68; Scholz/Seibt, Rz. 33.
3 Vgl. auch BGH v. 19.9.1988 - II ZR 329/87, NWB OAAAF-69343, BGHZ 105 S. 213.
4 Noack/Servatius/Haas/Servatius, GmbHG, § 15 Rz. 9 bis 11.
5 Allgemein BGHZ 92 S. 386; GmbHR 1997 S. 165.

Erben nicht oder nur unter bestimmten Voraussetzungen Gesellschafter bleiben können, denn sie haben die Mitgliedschaft nur in ihrer konkreten satzungsmäßigen Ausgestaltung mit allen entsprechenden Rechten und Pflichten erworben.

In engen Grenzen zulässig ist eine – im wirtschaftlichen Ergebnis einer Sondernachfolge nahe kommende – Satzungsgestaltung, der zufolge der Geschäftsanteil einem Mitgesellschafter, der GmbH oder einem Dritten, der am Abschluss des Gesellschaftsvertrags mitwirkt, **auf den Todesfall aufschiebend befristet gem. § 15 Abs. 3 GmbHG abgetreten** wird. Nachteilig ist bei dieser Gestaltung allerdings die mit der Befristung einhergehende Bindung des Gesellschafters im Hinblick auf Zwischenverfügungen über den Geschäftsanteil (§§ 160 ff. BGB), die häufig nicht dem Flexibilitätsinteresse der Beteiligten entsprechen dürfte.[1]

d) Beispiele für Nachfolgeklauseln

Die Satzung kann nicht bestimmen: 2739

Art. ...

Beim Tod des Gesellschafters Maier geht dessen Geschäftsanteil auf den Gesellschafter Müller über.

Dies ist eine unwirksame Bestimmung, es sei denn, Müller wäre Maiers Alleinerbe.

Zulässig wäre aber z. B. Folgendes:

Art. ...

(1) Geht beim Tod eines Gesellschafters dessen Geschäftsanteil nicht an seine Abkömmlinge als Erben über, so sind die Erben verpflichtet, den Geschäftsanteil auf Verlangen der Gesellschaft an die Gesellschaft oder eine von der Gesellschaft bezeichnete Person abzutreten.

(2) Die Abtretung kann nur aufgrund eines einstimmigen Beschlusses der überlebenden Gesellschafter und nur innerhalb einer Frist von drei Monaten nach Eintritt des Erbfalles gefordert werden.

(3) Das Abtretungsverlangen ist seitens der Gesellschaft gegenüber allen Erben durch eingeschriebenen Brief zu erklären; die Frist des Abs. 2 ist gewahrt, wenn die Einschreibebriefe vor Fristablauf zur Post gegeben sind.

(4) Das Abtretungsverlangen wird unwirksam, wenn die Erben innerhalb von zwei Monaten seit Absendung des Einschreibebriefes den Geschäftsanteil an einen Abkömmling des verstorbenen Gesellschafters abgetreten haben und dies innerhalb dieser Frist der Gesellschaft unter Nachweis gem. § 40 GmbHG mitgeteilt haben; eine solche Abtretung bedarf keiner Genehmigung gem. Art. ... Während dieser Zweimonatsfrist ruhen die Mitgliedschaftsrechte der Erben.

(5) Im Falle der Abtretung nach Maßgabe des Abs. 1 haben die Erben Anspruch auf eine Vergütung in Höhe des Verkehrswertes des abzutretenden Geschäftsanteils, für deren Zahlung neben dem Erwerber die überlebenden Gesellschafter persönlich haften.

1 MüKoGmbHG/Weller/Reichert, § 15 Rz. 454.

Oder

Art. ..

(1) Die Erben eines verstorbenen Gesellschafters sind verpflichtet, auf Verlangen der Gesellschaft den Geschäftsanteil an die Gesellschaft oder einen von dieser bezeichneten Dritten abzutreten.

(2) Ein solches Verlangen kann die Gesellschaft nur stellen aufgrund eines einstimmigen schriftlichen Beschlusses der übrigen Gesellschafter und nur innerhalb von drei Monaten, nachdem die Gesellschaft von dem Erbfall Kenntnis erlangt hat.

(3) Für den Geschäftsanteil ist von der Gesellschaft eine Vergütung zu entrichten, die in gleicher Weise ermittelt wird, wie die Vergütung für einen eingezogenen Geschäftsanteil gem. Art. ... dieses Vertrags; die Vergütung ist binnen drei Monaten nach erfolgter Abtretung fällig.

(4) Hat der verstorbene Gesellschafter der Gesellschaft ein Darlehen gewährt, so wird dieses Darlehen binnen drei Monaten nach erfolgter Abtretung des Geschäftsanteils zur Rückzahlung an die Erben auch dann fällig, wenn der Darlehensvertrag etwas anderes bestimmt.

Oder

Art. ...

(1) Die Erben eines verstorbenen Gesellschafters sind auf Verlangen des Gesellschafters Y verpflichtet, den Geschäftsanteil an diesen abzutreten; dieses Recht steht nur dem Gesellschafter Y zu und ist nicht übertragbar oder vererblich.

(2) Dieses Recht kann nur innerhalb von drei Monaten nach dem Erbfall durch eingeschriebenen Brief ausgeübt werden.

(3) Die an die Erben von dem Gesellschafter zu gewährende Vergütung beträgt 150 % der auf den Geschäftsanteil eingezahlten Einlage.

(4) Die Abtretungspflicht der Erben entfällt, wenn der Gesellschafter den Erben nicht innerhalb von zwei Wochen nach Ausübung seines Rechts nachgewiesen hat, dass er den Betrag gem. Abs. 3 für die Erben unter Rücknahmeverzicht bei einem Notar eingezahlt, und dass er den etwaigen Restbetrag der Einlageschuld des verstorbenen Gesellschafters an die Gesellschaft entrichtet hat.

e) Beschränkung der Rechte des Gesellschafternachfolgers

2740 Da die Satzung dem Erben eines Gesellschafters durch Festlegung eines Einziehungsrechtes oder einer Abtretungspflicht alle Rechte aus dem Geschäftsanteil nehmen kann, sind auch weniger einschneidende Maßnahmen möglich und zulässig. So kann beispielsweise die Satzung vorschreiben, dass ein Gesellschafter-Nachfolger kein Stimmrecht hat, oder dass Gewinnanteile nicht ausgeschüttet, sondern thesauriert werden sollen und dergleichen mehr. Was in solchem Zusammenhang zweckmäßig und nützlich sein kann, lässt sich nur aus den Verhältnissen der Gesellschaft und der Gesellschafter entwickeln. Auch die Verpflichtung mehrerer Rechtsnachfolger zur Bestellung eines gemeinsamen Vertreters gehört in diesen Zusammenhang.

Vor allem bieten solche Bestimmungen auch die Möglichkeit, dass die überlebenden Gesellschafter zwar den letzten Willen ihres verstorbenen Mitgesellschafters respektieren, aber Vorsorge dagegen treffen können, dass der GmbH-Geschäftsanteil nicht beliebig veräußert wird – sofern dies nach der Satzung zulässig sein sollte. Es kann z. B. nur zu Lasten von Gesellschaftern, die den Geschäftsanteil durch Erbfall erworben haben, eine Anbietungspflicht und/oder ein Vorkaufsrecht (Rz. 2474 ff.) vorgesehen werden. 2741

f) Zusammenfassende Übersicht

Entsprechend der gewünschten Gestaltung und Interessenlage der Gesellschafter und der Gesellschaft lassen sich im Gesellschaftsvertrag Klauseln gezielt zur Regelung der Nachfolge einsetzen: 2742

Gestaltungsziel	Regelung
Nachfolge aller Erben in die Gesellschafterstellung des Erblassers	Die Anteile sind frei vererblich (§ 15 Abs. 1 GmbHG), eine Satzungsklausel ist nicht notwendig.
Nachfolge nur bestimmter Erben in die Gesellschafterstellung des Erblassers	Satzungsklausel, die nicht zur Nachfolge berechtigte Erben zur Abtretung des Geschäftsanteils an nachfolgeberechtigte Erben verpflichtet (Abtretungsklausel). Abfindung für nicht zur Nachfolge berechtigte Erben
Fortsetzung der Gesellschaft ohne Erben des Erblassers	Satzungsklausel, die die GmbH berechtigt, den Geschäftsanteil nach § 34 GmbHG einzuziehen (Einziehungsklausel) oder alternativ die Erben verpflichtet, den Anteil an überlebende Mitgesellschafter abzutreten (Abtretungsklausel). Abfindung für die nicht nachfolgeberechtigten Erben
Wahlrecht bestimmter Erben zum Eintritt in die Gesellschafterstellung des Erblassers	Satzungsklausel mit Option der zur Nachfolge berechtigten Personen zum Erwerb des Geschäftsanteils von den nicht nachfolgeberechtigten Erben (optionale Abtretungsklausel), mit Abfindungsanspruch bei Nichtausübung
Auf den Tod des Erblassers aufschiebend bedingte Übertragung des Anteils zu dessen Lebzeiten auf eine bestimmte Person	Aufschiebend bedingte Abtretung in der Satzung (Form § 15 Abs. 3 GmbHG) unter Mitwirkung des begünstigten Nachfolgeberechtigten Nachteil: Verfügungsbeschränkung Vorteil: Unmittelbarer Übergang bei Ableben des Gesellschafters am Nachlass vorbei.

g) Haftung des Erben

2743 Mit dem Geschäftsanteil gehen die **mitgliedschaftlichen Verpflichtungen** des Erblassers auf den Erben über. Es handelt sich hierbei um **Nachlassverbindlichkeiten,** für die er bzw. seine Miterben nach §§ 1967, 2058 BGB haften. In Betracht kommt etwa die Pflicht zur Zahlung ausstehender Einlagen (§§ 19, 55 GmbHG) und zur Erstattung von Leistungen, die entgegen § 30 Abs. 1 GmbHG ausgezahlt wurden (§ 31 GmbHG), sowie Nachschusspflichten (§ 26 GmbHG). Eine Erbschaft kann ausgeschlagen werden, wobei jene nur insgesamt und nicht etwa allein auf den Geschäftsanteil bezogen zu erfolgen hat. Im Fall einer Ausschlagung der Erbschaft durch den Erben ist dieser niemals Gesellschafter gewesen (vgl. § 1953 Abs. 1 BGB) und kann daher auch nicht wie ein solcher haften, also auch nicht nach § 16 Abs. 2, § 22 GmbHG.[1]

2744–2760 (*Einstweilen frei*)

5. Sonstige letztwillige Verfügungen

a) Vermächtnis

2761 Dem Erben oder einer Mehrheit von Erben kommt kraft Gesetzes oder letztwilliger Verfügung der Nachlass ungeteilt im Wege der Gesamtrechtsnachfolge zu, so dass unabdingbar (§ 15 Abs. 1 GmbHG) auch ein GmbH-Geschäftsanteil des Verstorbenen auf den oder die Erben übergeht.

2762 Die Testierfreiheit gestattet es dem Erblasser jedoch, durch letztwillige Verfügung einem Erben (Vorausvermächtnis) oder einem Dritten bestimmte Nachlassgegenstände, also auch einen Geschäftsanteil, zu vermachen, indem er etwa testiert: *„Meinen Geschäftsanteil an der A-GmbH vermache ich …"* Dies wird als Aussetzung (Anordnung) eines Vermächtnisses (§§ 2147 ff. BGB) bezeichnet.

2763 Der Nachlass, der nach Erfüllung des Vermächtnisses noch verbleibt, wird unter den Erben entsprechend der Erbquote verteilt. Der bedachte Vermächtnisnehmer wird aufgrund des Vermächtnisses selbst nicht Erbe, sondern erlangt gegen den Erben oder die Erbengemeinschaft einen schuldrechtlichen Anspruch auf Übertragung des Geschäftsanteils.[2] Der Geschäftsanteil geht **nicht automatisch** auf den Vermächtnisnehmer **über**, sondern muss formgerecht nach § 15 Abs. 3 GmbHG abgetreten werden. Da eine rechtsgeschäftliche Übertragung vorliegt, müssen auch die Voraussetzungen des § 15 Abs. 5 GmbH beachtet werden, wenn die Satzung Beschränkungen (Vinkulierungen) für die Übertragung eines Geschäftsanteils vorsieht. Insbesondere ist eine Genehmigungspflicht zu beachten, wobei die mit dem Vermächtnis beschwerten Erben, auf die der Geschäftsanteil und die Gesellschafterstellung zunächst übergegangen sind, die satzungsgemäß geforderte Genehmigung des Gesellschafters erteilen müssen.

2764 Der Anspruch auf Zahlung der Dividende steht als Frucht des vermachten Geschäftsanteils dem Vermächtnisnehmer ab dem Tag des Erbanfalls zu (§ 2184 BGB). Ob dieser Anspruch auch Gewinnausschüttungen umfasst, die zwar nach dem Erbanfall beschlossen werden, aber Gewinne zurückliegender Zeiträume betreffen, oder ob zeitanteilig

---

1 MüKoGmbHG/Weller/Reichert, § 15 Rz. 449.

2 MüKoGmbHG/Weller/Reichert, § 15 Rz. 468 ff.

aufzuteilen ist, ist zweifelhaft. Beim Tod des Erblassers bereits beschlossene Gewinnausschüttungen begründen einen Auszahlungsanspruch des Erblassers, der in den Nachlass fällt und somit den Erben und nicht dem Vermächtnisnehmer zusteht.

Natürlich birgt auch die Möglichkeit des Gesellschafters, den Geschäftsanteil einem 2765
beliebigen Dritten zu vermachen, die Gefahr in sich, dass – vornehmlich bei einer personenbezogenen GmbH – unerwünschte Personen in die GmbH eindringen. Dem kann jedoch in vergleichbarer Weise wie bei der Vererbung durch entsprechende **Satzungsklauseln vorgebeugt** werden, die über die bloße Genehmigungspflicht hinausgehen, indem bei vermächtnisweiser Zuwendung des Geschäftsanteils an nicht nachfolgeberechtigte Personen Abtretungspflichten oder Einziehungsrechte statuiert werden. Dem weichenden Vermächtnisnehmer steht ein Abfindungsanspruch zu. Auch bei Zuwendung des Geschäftsanteils durch Vermächtnis sollte zur Vermeidung von Konflikten die letztwillige Verfügung mit der Satzung koordiniert werden.

Im Hinblick auf eine (mögliche) Steuerverhaftung des GmbH-Geschäftsanteils sollte bei 2766
der Gestaltung auch geprüft werden, ob durch die Erfüllung des Vermächtnisanspruchs ein steuerpflichtiger Veräußerungsgewinn nach § 17 EStG entsteht oder aber vermieden werden kann.

BEISPIEL: Das Vermögen des Erblassers E besteht zum ganz wesentlichen Teil aus einer 50 %-Beteiligung an einer GmbH (Einlage auf den Geschäftsanteil des E: 100.000 €), die Beteiligung hat einen Verkehrswert von 800.000 €, an dem seine Ehefrau F und sein Sohn S je zur Hälfte teilhaben sollen, aber S den Geschäftsanteil erhalten soll.

Gestaltung 1: E setzt seine Ehefrau F zur Alleinerbin ein und beschwert sie mit dem Vermächtnis, den Geschäftsanteil auf den Sohn S gegen Zahlung einer Abfindung von 400.000 € zu übertragen. Die Gegenleistung, die S für die Übertragung des Geschäftsanteils an F erbringt, führt bei F zu einem steuerpflichtigen Veräußerungsgewinn von (Veräußerungspreis 400.000 € ./. 100.000 € Anschaffungskosten =) 300.000 € nach § 17 EStG.

Gestaltung 2: E setzt seinen Sohn S zum Alleinerben ein und beschwert ihn mit einem Vermächtnis zugunsten seiner Ehefrau F zu einer einmaligen Zahlung von 400.000 €. Mangels Veräußerung des Geschäftsanteils stellt die Erfüllung des Vermächtnisses durch den Erben S keine Gegenleistung dar; § 17 EStG ist nicht erfüllt.

b) Teilungsanordnung

Hat der Erblasser und Inhaber eines GmbH-Geschäftsanteils mehrere Erben und soll der 2767
Geschäftsanteil einem oder einem Teil von ihnen zukommen, kann der Erblasser dies auch durch eine Teilungsanordnung (§ 2048 BGB) erreichen.[1] Durch die **Teilungsanordnung** bestimmt der Erblasser, dass bestimmte Gegenstände des Nachlasses auf einzelne Erben zu übertragen sind, ohne dass dadurch die Erbquote verändert werden soll mit der Folge, dass der Begünstigte an die Miterben einen Ausgleich zahlen muss, wenn der Wert des erhaltenen Gegenstandes den Wert seiner Erbquote übersteigt. In einem solchen Fall muss die Erbengemeinschaft den Geschäftsanteil auf den Begünstigten übertragen, wobei wieder die Form des § 15 Abs. 3 GmbHG zu beachten und eventuellen Beschränkungen nach § 15 Abs. 5 GmbHG Rechnung zu tragen ist.

1 Näher dazu MüKoGmbHG/Weller/Reichert, § 15 Rz. 473 f.

Eine Teilungsanordnung ist besonders anfällig für einen Zwist unter den Erben, wenn sie nicht klar und eindeutig zum Ausdruck bringt, ob die Zuwendung des Geschäftsanteils die festgelegte Erbquote verändern soll, also der Geschäftsanteil vorab dem Begünstigten ohne Wertanrechnung zustehen soll (Vorausvermächtnis) oder ob die Zuwendung des Geschäftsanteils angerechnet und an die Miterben ein Ausgleich erbracht werden soll, wenn der Wert des Geschäftsanteils höher ist als nach der festgelegten Erbquote wertmäßig vom Nachlass auf den Begünstigten entfällt.

2768 Auch **Teilungsanordnungen mit Wertausgleich** bergen die Gefahr in sich, dass ein Veräußerungsgewinn nach § 17 EStG entstehen kann.

BEISPIEL: ▸ Das Vermögen des Erblassers E besteht zum wesentlichen Teil aus einer 50-%-Beteiligung an einer GmbH (Stammeinlage des E: 100.000 €), die Beteiligung hat einen Verkehrswert von 800.000 €. Außerdem besitzt er ein Grundstück im Wert von 200.000 €. E setzt seine Söhne A und B zu gleichen Teilen als Erben ein und bestimmt zugleich zur Teilung des Nachlasses, dass A den Geschäftsanteil ganz und B das Grundstück und als Ausgleich für den Mehrwert der GmbH-Beteiligung von A 300.000 € erhalten soll.

Nach dem Erbfall ist der Geschäftsanteil den Erben A und B zunächst je zur Hälfte zuzurechnen. Erhält A anschließend die gesamte Beteiligung, liegt bezüglich des Anteils des B (25 % des Stammkapitals der GmbH) eine Veräußerung i. S. d. § 17 EStG vor, für die er als Veräußerungspreis 300.000 € erzielt.

Der Veräußerungsgewinn des B beträgt (Veräußerungspreis 300.000 € ./. Anschaffungskosten des E – anteilige Stammeinlage – 50.000 € =) 250.000 €.

A hat anteilige Anschaffungskosten auf seine (von B entgeltliche erworbene 25 %) Beteiligung von 300.000 € und führt im Übrigen die Anschaffungskosten des Erblassers für die restliche ihm letztwillig zugewendete Beteiligung von 50.000 € fort.

c) Vorerbschaft und Nacherbschaft

2769 Ordnet der Inhaber des Geschäftsanteils letztwillig eine **Vor- und Nacherbschaft** an, geht der Geschäftsanteil zunächst mit allen Rechten und Pflichten auf den Vorerben über, er wird also Inhaber des Geschäftsanteils mit allen Rechten und Pflichten. Die Satzung kann aber die Rechte des Vorerben einschränken. Gegen unentgeltliche Verfügungen über den Geschäftsanteil, die zum Nachteil des Nacherben gehen, schützen diesen die §§ 2113 ff. BGB. Die Nutzungen, d. h. die Gewinnausschüttungen, stehen dem Vorerben für die Dauer seiner Rechtsstellung zu. Surrogate des Geschäftsanteils, wie ein Veräußerungsentgelt, Liquidationserlös oder ein Einziehungsentgelt, stehen mit Eintritt des Nacherbfalls dem Nacherben nach § 2111 BGB ebenso zu wie neue Geschäftsanteile, die aus einer Kapitalerhöhung aus Gesellschaftsmitteln und Bezugsrechten aus dem Geschäftsanteil stammen. Musste der Vorerbe für die neuen Geschäftsanteile Aufwendungen tätigen, hat er Anspruch auf Aufwendungsersatz.

d) Testamentsvollstreckung

2770 Die Satzung kann die Ausübung von **Verwaltungsrechten** durch Gesellschaftsfremde – also auch durch den Testamentsvollstrecker – begrenzen oder ganz ausschließen. Jene stehen dann dem Erben zu. Dagegen kann der Gesellschaftsvertrag die Ausübung von

Vermögensrechten durch den Testamentsvollstrecker nicht ausschließen.[1] Wenn Testamentsvollstreckung angeordnet ist, sind die Erben nicht berechtigt, die Mitgliedschaftsrechte aus dem Geschäftsanteil auszuüben. Hierzu ist der Testamentsvollstrecker berufen (§ 2211 BGB). Ist die Testamentsvollstreckung zur Auseinandersetzung der Miterben angeordnet, dann liegen die Verwaltungsrechte beim Testamentsvollstrecker, bis der Geschäftsanteil auf den oder die zur Nachfolge berechtigten Erben oder Dritte übertragen ist. Die Nutzungsrechte stehen aber den Erben zu.

Ist eine auf längere Dauer angelegte Verwaltungsvollstreckung durch den Testamentsvollstrecker angeordnet, z. B. bei minderjährigen Erben, so bleiben auch dann die Befugnisse des Testamentsvollstreckers grundsätzlich auf die Verwaltung des Nachlassgegenstandes (des Geschäftsanteils) beschränkt. Mangels anderslautender Anordnungen des Erblassers stehen dem Testamentsvollstrecker hinsichtlich des Geschäftsanteils die gesetzlich vorgesehenen **Verwaltungs- und Verfügungsrechte** zu (vgl. §§ 2205 f. BGB).[2] Wem die **Nutzungen** aus dem Geschäftsanteil zustehen, bestimmt grundsätzlich die letztwillige Verfügung des Erblassers. Schweigt sie, gebühren sie im Zweifel dem Erben.[3] 2771

(Einstweilen frei) 2772–2780

6. Schenkung

Der **Geschäftsanteil** an einer GmbH kann wie jeder Gegenstand auch **verschenkt** (§ 516 BGB) werden. Zwar bedarf nach § 518 BGB nur das Schenkungsversprechen zu seiner Wirksamkeit der notariellen Beurkundung, jedoch geht § 15 Abs. 4 GmbHG darüber hinaus, als der gesamte schuldrechtliche Vertrag, der zur Abtretung des Geschäftsanteils verpflichtet, der notariellen Form bedarf. Der Mangel der Form wird durch den Vollzug der Schenkung durch Abtretung geheilt, die aber ihrerseits nach § 15 Abs. 3 GmbHG der notariellen Form bedarf. Genehmigungserfordernisse der Satzung und sonstige Beschränkungen nach § 15 Abs. 5 GmbHG sind zu beachten. Vergleichbares gilt für die schenkweise Einräumung einer Unterbeteiligung, wenn auch hier zivilrechtlich § 15 Abs. 4 und Abs. 3 GmbHG nicht einschlägig sind, da der Geschäftsanteil beim Gesellschafter verbleibt. 2781

Erfolgt die **Schenkung an einen Minderjährigen,** wird dieser durch seine gesetzlichen Vertreter vertreten. Die Vertretung des Kindes richtet sich grundsätzlich danach, wer die elterliche Sorge (§ 1626 BGB) ausübt (§ 1629). Erfolgt die Schenkung zwischen den Eltern und dem Minderjährigen, sind die Eltern nach § 181 BGB von der Vertretung ausgeschlossen, wenn die Übertragung des Geschäftsanteils dem Minderjährigen nicht lediglich einen rechtlichen Vorteil bringt. Dies scheint bei der Schenkung eines GmbH-Geschäftsanteils vordergründig so zu sein, weil das Kind keine Verpflichtung im Sinne einer Gegenleistung eingeht. 2782

---

1 MüKoGmbHG/Weller/Reichert, § 15 Rz. 489.

2 BGH v. 13.5.2014 - II ZR 250/12, NWB CAAAE-70211, NZG 2014 S. 945, 947; BGH v. 10.6.1959 - V ZR 25/85, NJW 1959 S. 1820, 1821.

3 MüKoGmbHG/Weller/Reichert, § 15 Rz. 490.

Jedoch ist für den Erwerb einer Kommanditbeteiligung entschieden, dass diese nicht lediglich rechtlich vorteilhaft ist, weil mit der Beteiligung ein Bündel von Rechten und Pflichten verbunden ist.[1] Ob dies auch für den Geschäftsanteil an einer GmbH gilt, ist zwar noch nicht entschieden, dürfte nach der Neufassung des Gesetzes jedoch anzunehmen sein.[2] Bislang wurde angenommen, dass auch der schenkweise Erwerb der Gesellschafterstellung mit rechtlichen Nachteilen verbunden sein kann, wenn die Stammeinlage noch nicht voll eingezahlt ist oder andere Gesellschafter mit der Erbringung ihrer Einlage rückständig sind oder Rückzahlungen auf die Einlagen erfolgt sind, die sämtlich eine Haftung des minderjährigen Gesellschafters begründen können (vgl. oben Rz. 1521 ff., zur Haftung im Zusammenhang mit den Regeln der Kapitalaufbringung und Erhaltung des Stammkapitals). Auch mit dem Geschäftsanteil verbundene besondere Leistungspflichten können rechtliche Nachteile begründen. Jedenfalls ist in solchen Fällen die Bestellung eines Ergänzungspflegers für den Minderjährigen nach § 1809 BGB erforderlich und sicherheitshalber zu empfehlen, nicht zuletzt aus Gründen der steuerlichen Anerkennung, wenn sich die schenkweise Abtretung nicht zweifelsfrei als bloß rechtlich vorteilhaft für den Minderjährigen darstellt.

2783 Darüber hinaus kann zu prüfen sein, ob Vertreter des Minderjährigen (eines Ergänzungspflegers) für die Übertragung des Geschäftsanteils die Genehmigung des Vormundschaftsgerichts benötigen.

2784 Die Genehmigungsbedürftigkeit des Erwerbs von Beteiligungen an einer Kapitalgesellschaft, die ein Erwerbsgeschäft betreibt, war unter der Maßgabe des § 1822 Nr. 3 BGB a. F. umstritten. Die Vorschrift ist durch das Gesetz zur Reform des Vormundschafts- und Betreuungsrechts mit Wirkung zum 1.1.2023 neu gefasst worden. Nach § 1852 BGB bedarf der Betreuer der Genehmigung des Betreuungsgerichts zu einer Verfügung und zur Eingehung der Verpflichtung zu einer solchen Verfügung, durch die der Betreute ein Erwerbsgeschäft oder einen Anteil an einer Personen- oder Kapitalgesellschaft, die ein Erwerbsgeschäft betreibt, erwirbt oder veräußert; zudem dann, wenn ein Gesellschaftsvertrag eingegangen wird.

2785 Damit hat sich der Gesetzgeber bei der Neufassung des § 1852 Nr. 1 BGB bewusst **gegen** die Übernahme des bisherigen Wortlauts entschieden. Stattdessen bildet die Beteiligung an Kapital- und Personengesellschaften eine eigene Variante in Nr. 1. Damit dürfe jeder **entgeltliche Erwerb** oder die **Veräußerung von Anteilen an einer Personen- oder Kapitalgesellschaft, die ein Erwerbsgeschäft betreibt,** genehmigungsbedürftig sein. Nicht genehmigungspflichtig ist allenfalls im Ausnahmefall der Erwerb eines Gesellschaftsanteils, wenn der Zweck der Gesellschaft allein in der Verwaltung ihres eigenen Vermögens besteht oder sich auf die Verwaltung eines von den Gesellschaftern selbst genutzten Wohnhauses beschränkt.[3] Auf den Betrieb eines Erwerbsgeschäfts gerichtet und damit genehmigungsbedürftig sind **Familiengrundstücksgesellschaften**.[4]

1 BGH v. 10.2.1977 - II ZR 120/75, BGHZ 68 S. 225, 232.

2 Dazu sogleich.

3 OLG Dresden v. 8.8.2018 - 4 W 577/18, BeckRS 2018, 13655, Rz. 10 ff.

4 BayObLGZ 1995 S. 230, 234; BayObLGZ 1997 S. 113, 116 f.; für nur vermögensverwaltende Familien-KG OLG Bremen, OLGR 2008 S. 746.

Es empfiehlt sich also, in allen Fällen der GmbH-Beteiligung Minderjähriger, auch wenn sie schenkweise eingeräumt wird, vorsichtshalber die Genehmigung einzuholen.

7. Erbschaft- und Schenkungsteuer

Die Zuwendung von Geschäftsanteilen an einer GmbH durch letztwillige Verfügung oder durch Schenkung unter Lebenden unterliegt mit dem nach §11 Abs.2 BewG anzusetzenden Wert (= regelmäßig der gemeine Wert) der Erbschaft- bzw. Schenkungsteuer nach dem ErbStG. Ist der Erblasser oder Schenker i.S.v. §13b Abs.1 Nr.3 ErbStG zu mehr als 25% am Stammkapital einer GmbH beteiligt (Mindestbeteiligung), kommen für das Gesellschaftsvermögen Verschonungsregelungen in Betracht, wenn Geschäftsanteile vererbt oder geschenkt werden. Der Wert der Anteile bleibt unter bestimmten Voraussetzungen bei der Berechnung des Nachlasswertes (= Besteuerungsgrundlage) außer Ansatz (Verschonungsabschlag). Sofern der Anteilsübertragende weniger als 25% an der GmbH hält, wäre grundsätzlich keine begünstigte Übertragung der GmbH-Anteile möglich. Es besteht jedoch die Möglichkeit durch Abschluss eines Stimmrechtsbindungsvertrags – auch als Pooling-Vereinbarung bezeichnet – das Kriterium der „wesentlichen Beteiligung“ (mehr als 25%) zu erfüllen. 2786

In dieser Pooling-Vereinbarung müssen sich die Anteilsinhaber verpflichten, auf Ebene der Gesellschafterentscheidungen nur gemeinsam zu entscheiden und damit einheitlich. Die Gesellschafter können nur einheitlich und gemeinsam stimmen und müssen deshalb einheitliche Ziele verfolgen. Hierdurch kann das das Kriterium des §13b Abs.1 Nr.3 Satz2 ErbStG als erfüllt betrachtet werden, und es ist eine begünstigte Übertragung möglich.[1] 2786/1

Bei der sog. Regelverschonung (§13a Abs.1 ErbStG) beträgt der Verschonungsabschlag 85% des begünstigten Vermögens, das zuvor um das schädliche Verwaltungsvermögen (§13b Abs.2, 4 und 7 ErbStG) zu vermindern ist. Voraussetzung für die Verschonung ist eine Behaltensfrist von fünf Jahren und eine Gesamtlohnsumme von 400% der Anfangslohnsumme für sieben Jahre bzw. fünf Jahre. Bei Verstoß gegen die Behaltensfrist (z.B., wenn die Anteile ganz oder teilweise veräußert bzw. verdeckt in eine Kapitalgesellschaft eingelegt werden oder die GmbH innerhalb der Frist aufgelöst oder ihr Stammkapital herabgesetzt wird) fällt die Verschonung zeitanteilig rückwirkend weg. Wird die Gesamtlohnsumme nicht eingehalten, erfolgt eine Nachversteuerung nur in dem Verhältnis, in dem die Gesamtlohnsumme tatsächlich unterschritten wurde. 2787

Für den Restbetrag des Vermögens, der nicht unter §13a Abs.1 ErbStG fällt, also 15% des Werts der Geschäftsanteile gibt es einen gleitenden Abzugsbetrag von 150.000€, der sich um die Hälfte des Betrages verringert, um den der Restbetrag die Wertgrenze von 150.000€ übersteigt. 2788

Verschonungsabschlag und Abzugsbetrag können nicht in Anspruch genommen werden, soweit der Bedachte begünstigtes Vermögen, d.h., die Geschäftsanteile an der GmbH aufgrund einer letztwilligen Verfügung des Erblassers oder aufgrund einer rechtsgeschäftlichen Verfügung des Erblassers oder des Schenkers auf Dritte übertra- 2789

1 BFH v. 20.2.2019 - II R 25/16, BStBl 2019 II S.779, NWB HAAAH-16584.

gen muss oder der Erbe solche Anteile im Rahmen der Nachlassteilung auf einen Miterben überträgt (§ 13a Abs. 5 ErbStG).

BEISPIEL: Der Erblasser X hielt 30 % der Geschäftsanteile an Y-GmbH. Er wird je zur Hälfte von A und B beerbt, wobei allerdings B nicht die persönlichen Voraussetzungen erfüllt, welche die Satzung in den Nachfolgeregelungen aufstellt. B muss daher die geerbten Geschäftsanteile an den Mitgesellschafter Z übertragen. Für den Wert der zu übertragenden Geschäftsanteile (15 % des Stammkapitals) kann B weder den Verschonungsabschlag noch den Abzugsbetrag in Anspruch nehmen.

Es empfiehlt sich also, die letztwillige Verfügung mit den Nachfolgeregelungen im Gesellschaftsvertrag abzustimmen.

2790 Die Vorschrift des § 13a Abs. 10 ErbStG eröffnet auch eine sog. Verschonungsoption. Bei ihr beträgt der Verschonungsabschlag 100 % des Wertes des begünstigten Vermögens (= Geschäftsanteile an der GmbH). Hier beträgt aber die Verwaltungsvermögensgrenze 20 % und es gelten eine Behaltensfrist von sieben Jahren sowie eine Gesamtlohnsumme von 700 % für sieben Jahre der Anfangslohnsumme. Die abgesenkte Behaltensfrist und Gesamtlohnsumme gilt für Erwerbe, für die die Steuer nach dem 30.6.2016 entsteht. Auch bei Ausübung dieser unwiderruflichen Option kommt es zu einem zeitanteiligen rückwirkenden Wegfall der Verschonung, wenn die Behaltensfrist nicht eingehalten wird. Bei Nichteinhaltung der Lohnsumme erfolgt eine Nachversteuerung im Verhältnis, in dem die Gesamtlohnsumme tatsächlich unterschritten wurde.

2791 Für Erwerbe durch natürliche Personen der Steuerklasse II und III gibt es für den nicht unter § 13b Abs. 2 ErbStG fallenden Teil des begünstigten Vermögens (= die restlichen 15 % des Werts der Geschäftsanteile an einer GmbH, an welcher der Erblasser bzw. Schenker zu mehr als 25 % beteiligt war) einen tariflichen Entlastungsbetrag nach § 19a ErbStG, soweit der Bedachte nicht einen Teil davon auf einen Dritten übertragen muss (vgl. Rz. 2789). Der Entlastungsbetrag entfällt rückwirkend und zeitanteilig, soweit der Erwerber gegen die Behaltensfristen verstößt.

2792 Zu beachten ist, dass nur das in § 13b Abs. 1 ErbStG „begünstigte Vermögen" steuerlich privilegiert ist. Welches Vermögen dann konkret begünstigt ist, ergibt sich nach Anwendung § 13b Abs. 6 und 7 ErbStG. Begünstigtes Vermögen liegt nur insoweit vor, als das begünstigungsfähige Vermögen nicht aus schädlichem Verwaltungsvermögen besteht (§ 13b Abs. 2 Satz 1 ErbStG).

2793 Das schädliche Verwaltungsvermögen unterliegt grundsätzlich uneingeschränkt der Besteuerung, während für das begünstigte Vermögen die Steuerbegünstigungen der §§ 13a bis 13c, § 28, § 28a ErbStG und § 19a ErbStG generell gewährt werden kann. Eine Begünstigung ist insgesamt ausgeschlossen, wenn das begünstigungsfähige Vermögen (siehe oben) jeweils zu mindestens 90 % aus (Brutto-)Verwaltungsvermögen besteht. Dadurch sollen überwiegend vermögensverwaltende Betriebe von der Steuerbegünstigung ausgeschlossen werden.

2794 Die Höhe des Verwaltungsvermögens bemisst sich nach dem gemeinen Wert des Verwaltungsvermögens im Verhältnis zum Betriebsvermögenswert (§ 13b Abs. 2 Satz 2 ErbStG). Die Verwaltungsvermögensquote ist für jede wirtschaftliche Einheit (§ 2 BewG) gesondert zu prüfen (R E 13b.8 Abs. 2 Satz 3 ErbStR). Mit dem Verwaltungsvermögen im

Zusammenhang stehende Schulden dürfen bei der Berechnung des Verhältnisses nicht mindernd berücksichtigt werden (R E 13b.10 Sätze 4 und 5 ErbStR).

(Einstweilen frei) 2795–2800

C. Einziehung des Geschäftsanteils

LITERATUR:

Peetz, Voraussetzungen und Folgen der Einziehung von GmbH-Geschäftsanteilen, GmbHR 2000 S. 749; *Goette*, GmbH: Zwangseinziehungsvorsausetzungen, DStR 2001 S. 1899; *Zeilinger*, Die Einziehung von GmbH-Geschäftsanteilen als Instrument zum Ausschluss einzelner Gesellschafter aus der GmbH, GmbHR 2002 S. 772; *Goette*, Wichtiger Grund für die zwangsweise Entfernung des Mitgesellschafters aus der Gesellschaft, DStR 2003 S. 746; *Löwe/Thoß*, Austritt und Ausschluss eines Gesellschafters aus der GmbH sowie Einziehung seines Geschäftsanteils – Wirksamkeit und Wirkungen, NZG 2003 S. 1005; *Kiem*, Zur Zwangseinziehung eines Geschäftsanteils aus wichtigem Grund, EWiR 2004 S. 65; *Mayer/Elfring*, Das zwangsweise Ausscheiden eines Gesellschafters – Machtkämpfe in der GmbH, GmbHR 2004 S. 869; *Wehrstedt/Füssenich*, Die Einziehung von GmbH-Geschäftsanteilen – Alternativen und Gestaltungsvorschlag, GmbHR 2006 S. 698; *Battke*, Der Ausschluss von Gesellschaftern aus der GmbH, GmbHR 2008 S. 850; *Heckschen*, Einziehung, Zwangsabtretung und Ausschluss in der Insolvenz eines GmbH-Gesellschafters, NZG 2010 S. 521; *Römermann*, Ausschließung von GmbH-Gesellschaftern und Einziehung von Anteilen – Ein Minenfeld. NZG 2010 S. 96; *Bayer*, Einziehung von GmbH-Geschäftsanteilen: Streifzug durch die Rechtsprechung des II. Zivilsenats des BGH, FS Bergmann, 2018, S. 43; *Bayer/Selentin*, Einstweiliger Rechtsschutz nach erfolgter Zwangseinziehung des GmbH-Geschäftsanteils, FS 25 Jahre deutsches Notarinstitut, 2018, S. 391.

I. Rechtliche Bedeutung

Im Zusammenhang mit Nachfolgeklauseln war bereits mehrfach davon die Rede, dass sich die Gesellschafter und die Gesellschaft vor dem Eindringen unerwünschter Dritter in die Gesellschaft durch Erbfolge oder Vermächtnis durch eine dafür satzungsgemäß erlaubte Einziehung (Amortisation) des Geschäftsanteils schützen können. In ähnlicher Weise bietet die Einziehung eine Handhabe für die Gesellschaft, sich eines nicht mehr tragbar gewordenen Gesellschafters zu entledigen. 2801

Mit der **Einziehung** befasst sich das GmbHG nur in § 34 und § 46 Nr. 4, woraus jedenfalls zu entnehmen ist, dass ein solcher Rechtsvorgang möglich ist. Die Einziehung des Geschäftsanteils führt (im Gegensatz zum Erwerb eines eigenen Anteils durch die GmbH) zur **Vernichtung des Geschäftsanteils**. Da der eingezogene Geschäftsanteil untergeht, verliert der betroffene Gesellschafter sein Mitgliedschaftsrecht. Von der Einziehung sind aus diesem Grund aber nicht nur die Interessen des Gesellschafters, sondern auch die der Mitgesellschafter, der Gesellschaft und auch die der Gläubiger der Gesellschaft betroffen. 2802

Dem trägt das Gesetz einerseits dadurch Rechnung, dass die Einziehung in der Satzung zugelassen sein muss, sie nur mit seiner Zustimmung durchgeführt werden kann oder zwangsweise (gegen seinen Willen) nur aus Gründen beschlossen und erfolgen darf, die schon bei seinem Beitritt in der Satzung festgelegt waren. Andererseits müssen im Interesse der Mitgesellschafter und der Gesellschaftsgläubiger die Vorschriften über die Kapitalaufbringung und die Kapitalerhaltung strikt beachtet werden.[1] Die Einziehung richtet sich primär gegen den Geschäftsanteil, vernichtet ihn und führt über die Beseitigung des Rechtsobjekts, das die Beteiligung vermittelt, zum Ausscheiden des Gesellschafters.

Im Unterschied dazu richtet sich die Ausschließung unmittelbar gegen den Gesellschafter und lässt die Inhaberschaft und den Bestand des Geschäftsanteils zunächst unberührt; es bedarf zum Vollzug der Ausschließung einer Bestimmung über das Schicksal des Geschäftsanteils durch Übertragung des Anteils auf die Gesellschaft, die Gesellschafter oder Dritte oder eben durch Einziehung, was nur dann wieder zur Vernichtung des Geschäftsanteils führt.[2] Im Verhältnis beider Institute wird überwiegend ein Vorrang der Einziehung vor der Ausschließung angenommen.[3]

2803–2810 *(Einstweilen frei)*

II. Voraussetzungen der Einziehung

2811 Jede Einziehung setzt zwingend voraus, dass **die Satzung** (der Gesellschaftsvertrag) eine **Einziehung (ob freiwillig oder zwangsweise) zulässt** (§ 34 Abs. 1 GmbHG). Auch ohne Satzungsregelung ist eine Einziehung ausnahmsweise zulässig im Fall des Gesellschafterausschlusses.[4] Fehlt eine solche Satzungsbestimmung, kann die Mitgliedschaft eines Gesellschafters nur durch Ausschließung oder Austritt beendet werden.[5] Die entsprechende Satzungsbestimmung kann auch nachträglich durch Satzungsänderung eingefügt werden, wofür nur für eine freiwillige (von der Zustimmung des betroffenen Gesellschafters abhängige) Einziehung mit 3/4-Mehrheit beschlossen werden kann, und für die nachträgliche zwangsweise Einziehung die Zustimmung aller Gesellschafter erforderlich ist.

2812 Weiter setzt die Einziehung voraus, dass die **Einlage auf den einzuziehenden Geschäftsanteil voll eingezahlt ist**. Anders als beim Erwerb eigener Anteile, wo sich dies unmittelbar aus § 33 Abs. 1 GmbHG ergibt, folgt dies für die Einziehung mittelbar aus § 19 Abs. 2 Satz 1 GmbHG. Denn die Einziehung vernichtet den Geschäftsanteil und lässt die Einlageforderung erlöschen, § 19 Abs. 2 Satz 1 GmbHG verbietet aber den Erlass der Einlageschuld.[6] Das der Kapitalaufbringung dienende Gebot der (tatsächlichen) Volleinzahlung gilt auch, wenn vor der Einziehung die Einlageschuld zur Zahlung eingefordert worden und der Gesellschafter weiterhin zahlen muss. Denn er könnte ja auch zahlungsunfähig werden. Notfalls müssen sich ein anderer Gesellschafter oder die Gesell-

1 BGH v. 2.12.2014 - II ZR 322/13, NWB XAAAE-86366, NJW 2015 S. 1385, Rz. 31; BGH v. 1.4.1953 - II ZR 235/52, BGHZ 9 S. 168, NJW 1953 S. 780.

2 Battke, GmbHR 2008 S. 850, 851.

3 BGH v. 20.9.1999 - II ZR 345/97, GmbHR 1999 S. 1194; OLG Thüringen v. 5.10.2005 - 6 U 162/05, GmbHR 2005 S. 1566.

4 Noack/Servatius/Haas/Kersting, GmbHG, Anh., § 34 Rz. 2 ff.

5 Noack/Servatius/Haas/Kersting, GmbHG, § 34 Rz. 2.

6 BGH v. 1.4.1953 - II ZR 235/52, BGHZ 9 S. 157, 168 f.; v. 15.11.1993 - II ZR 42/93, DStR 1994 S. 368.

schafter gemeinsam bereitfinden, die ausstehende Stammeinlage vorher voll einzuzahlen. **Ein ohne Volleinzahlung getroffener Einziehungsbeschluss ist nichtig.**[1]

Neben der Kapitalaufbringung sind auch die Kapitalerhaltungsregeln zu beachten. 2813
§ 34 Abs. 3 GmbHG verweist auf § 30 Abs. 1 GmbHG. Weitere Voraussetzung für eine Einziehung ist daher, dass die dem Gesellschafter **für die Einziehung zu zahlende Abfindung das Stammkapital nicht angreifen darf**. Deshalb ist bereits der Beschluss über die Einziehung nichtig, wenn zu diesem Zeitpunkt schon feststeht, dass die Entschädigung ganz oder teilweise nur aus gebundenem Vermögen bezahlt werden kann und nicht klargestellt wird, dass die Zahlung nur erfolgt, wenn ungebundenes Vermögen vorhanden ist. Eine Unterbilanz darf nicht entstehen, regelmäßig muss also die Zahlung der Vergütung aus den freien Rücklagen (§ 33 Abs. 2 Satz 1 GmbHG) möglich sein.[2]

Ist der Beschluss nicht nichtig, die Gesellschaft aber im Zeitpunkt der Fälligkeit der Abfindung nicht in der Lage, diese ohne Verstoß gegen § 30 GmbHG auszuzahlen, statuiert der BGH eine subsidiäre, persönliche, anteilige Haftung der Mitgesellschafter.[3]

Verletzt der Einziehungsbeschluss die Vorschriften über die Kapitalerhaltung, ist er 2814
nichtig, der betroffene Gesellschafter behält seine Mitgliedschaftsrechte[4] und der Geschäftsanteil besteht weiter fort. Spätester Zeitpunkt für die Prüfung, ob die Kapitalerhaltungsregeln beachtet worden sind, ist die Zahlung der Abfindung. Wurde mit der Zahlung gegen § 30 Abs. 1 GmbHG verstoßen, muss **der Gesellschafter** gem. § 31 GmbHG das **Entgelt zurückzahlen**, wobei die **anderen Gesellschafter** nach § 31 Abs. 3 GmbHG und **der Geschäftsführer** nach § 43 Abs. 2 GmbHG **mithaften**. Lassen die Vermögensverhältnisse der GmbH eine Zahlung aus freien, ungebundenen Mitteln nicht zu, muss notfalls **die Einziehung mit einer Kapitalherabsetzung verbunden** werden, was aber nur möglich ist, wenn die GmbH ein Stammkapital hat, das über dem Mindeststammkapital liegt. Einen letzten Ausweg, um sich von dem Gesellschafter zu trennen, bietet die Ausschließung des Gesellschafters.

(Einstweilen frei) 2815–2830

III. Gesellschaftsvertragliche Regelung

Die Einziehung eines Geschäftsanteils, sei es freiwillig, sei es zwangsweise, ist nur 2831
möglich, wenn sie im **Gesellschaftsvertrag zugelassen** ist. Soweit eine solche fehlt, kann diese auch im Wege der Satzungsänderung (§ 53 GmbHG) geschaffen werden. **Strittig** ist, welche **Mehrheitserfordernisse** für eine solche Satzungsänderung gelten. Es dürfte zu differenzieren sein, eine eindeutige Rechtsprechung fehlt allerdings: Für die Einführung der Satzungsklausel zur sog. **„freiwilligen Einziehung"** ist eine Dreiviertelmehrheit erforderlich, vgl. § 53 Abs. 2 Satz 1 GmbHG. Die nachträgliche Einfüh-

1 BGH v. 4.8.2020 - II ZR 171/19, NWB AAAAH-56457, NZG 2020 S. 1067, Rz. 14, 19, m. w. N.

2 BGH v. 26.6.2018 - II ZR 65/16, NWB KAAAG-90335, NJW-RR 2018 S. 1054, Rz. 13; BGH v. 24.1.2012 - II ZR 109/11, NWB SAAAE-03148, BGHZ 192 S. 236, DB 2012 S. 504 und v. 10.5.2016 - II ZR 342/14, NWB PAAAF-74949, DB 2016 S. 1366.

3 BGH, a. a. O.

4 BGH v. 19.5.2000 - II ZR 37/89, BGHZ 144 S. 365.

rung einer **Zwangseinziehungsregelung** setzt nach § 34 Abs. 2 GmbHG die Zustimmung aller Mitglieder voraus.[1]

1. Einziehung mit Zustimmung des Gesellschafters

2832 **Beschränkt** sich die Satzung auf die **Zulassung**, kann der Geschäftsanteil nur **mit Zustimmung des Betroffenen** eingezogen werden. Wirksam ist die Einziehung nur dann, wenn der Gesellschafter sich zugleich mit ihr einverstanden erklärt.[2] Die Zulassung der Einziehung in der Satzung eröffnet lediglich die Möglichkeit hierzu. Wirksam wird sie erst durch Fassung eines entsprechenden Gesellschafterbeschlusses und der Zustimmungserklärung des Gesellschafters hierzu. Besteht z. B. ein Nießbrauchsrecht an einem Geschäftsanteil oder ein anderes dingliches Recht, müssen auch diese Berechtigten der freiwilligen Einziehung zustimmen.

2833 Die Zustimmung ist – wie die Mitteilung des Einziehungsbeschlusses an den Gesellschafter – eine **empfangsbedürftige Willenserklärung.** Sie kann gem. §§ 183 f. BGB vor oder nach dem Einziehungsbeschluss und der Einziehungserklärung erteilt werden. Sie muss der Gesellschaft zugehen. Dafür genügt gem. § 35 Abs. 2 Satz 2 GmbHG der Zugang bei einem Geschäftsführer. Da die Einziehung ein innergesellschaftlicher Akt ist und für den Einziehungsbeschluss wie für die Einziehungserklärung die Gesellschafterversammlung zuständig ist, kann die Zustimmung auch gegenüber der Gesellschafterversammlung erklärt werden. Steht der einzuziehende Geschäftsanteil mehreren Mitberechtigten i. S. d. § 18 Abs. 1 GmbHG zu, müssen sie alle zustimmen. Die Zustimmungserklärung ist **formfrei.** Insbesondere ist § 15 Abs. 3 GmbHG nicht anwendbar.[3]

2. Zwangseinziehung

2834 Wesentlich wichtiger ist es, in der Satzung Regelungen dazu zu treffen, unter welchen Voraussetzungen und in welcher Weise ein Geschäftsanteil auch **ohne Zustimmung** des betroffenen Gesellschafters und gegen seinen Willen eingezogen werden kann. Will der Gesellschaftsvertrag eine Einziehung auch ohne Zustimmung des Gesellschafters ermöglichen **(Zwangseinziehung)**, muss neben der allgemeinen Zulassung der Einziehung ausdrücklich auch bestimmt werden, unter welchen im Einzelnen aufzuführenden Voraussetzungen der Geschäftsanteil auch gegen den Willen des Gesellschafters eingezogen werden kann.[4] § 34 Abs. 2 GmbHG verlangt die Angabe der Gründe in der Satzung, bei deren Vorliegen die zwangsweise Einziehung möglich sein soll, und verlangt, dass diese Gründe bereits vor dem Erwerb des Geschäftsanteils in der Satzung festgelegt werden. Dies dient dem Schutz des Gesellschafters.

2835 Grundsätzlich genügt eine Bestimmung in der Satzung, dass der Geschäftsanteil **aus einem wichtigen Grund**, der in der Person des betreffenden Gesellschafters liegt, einge-

1 H. M. BGH v. 1.4.1953 - II ZR 235/52, BGHZ 9 S. 157, NJW 1953 S. 780; BGH v. 16.12.1991 - II ZR 58/91, NWB YAAAF-83065, BGHZ 116 S. 359, NJW 1992 S. 892; OLG Stuttgart v. 27.6.2018 - 14 U 33/17, NWB EAAAH-01340, GmbHR 2019 S. 67, 73; HCL/Ulmer/Habersack, Rz. 35, m. w. N.

2 BGH v. 15.11.1993 - II ZR 42/93, DStR 1994 S. 368.

3 MüKoGmbHG/Strohn, § 34 Rz. 39 f.

4 Näher dazu Arens, NWB 2019 S. 889 ff.

zogen werden kann.[1] Ein solcher liegt vor, wenn den übrigen Gesellschaftern die Fortsetzung der Gesellschaft mit dem betreffenden Mitglied infolge seines Verhaltens oder seiner Persönlichkeit nicht mehr zuzumuten ist, seine weitere Mitgliedschaft also den Fortbestand der Gesellschaft unmöglich macht oder doch ernstlich gefährdet. Maßgebend ist Abwägung aller wesentlichen Umstände des Einzelfalls.[2]

Weit verbreitet und durchaus zu empfehlen sind jedoch auch Satzungsbestimmungen, die die „wichtigen Gründe" für eine Zwangseinziehung ausdrücklich nennen, wie z. B. 2836

- die Eröffnung des Insolvenzverfahrens über das Vermögen des Gesellschafters,[3]
- die Pfändung des Geschäftsanteils,[4]
- der Tod des Gesellschafters,
- der Austritt des Gesellschafters,[5]
- die Erhebung der Auflösungsklage durch einen Gesellschafter,[6]
- den Übergang des Geschäftsanteils durch Erbfall oder Vermächtnis auf Personen, die nicht nachfolgeberechtigt sein sollen,
- die grobe Verletzung der dem Gesellschafter obliegenden Pflichten, wie wettbewerbswidriges Verhalten[7] oder anderes Verhalten, auf das eine Ausschließung gestützt werden könnte, oder vergleichbare wichtige Gründe. Die Strafanzeige gegen einen Mitgesellschafter stellt nicht immer einen Grund dar, der zur Einziehung berechtigt, jedenfalls dann nicht, wenn zuvor eine innergesellschaftliche Aufklärung versucht und nicht leichtfertig oder wider besseres Wissen gehandelt wurde.[8]

Die allgemeine Satzungsbestimmung, dass der Geschäftsanteil aus einem wichtigen Grund eingezogen werden kann, reicht aus und sollte wenigstens in der Satzung enthalten sein. Zählt die Satzung zwar einzelne, bestimmte Gründe für eine Einziehung auf, bestimmt sie aber nicht, dass jeder wichtige Grund die Zwangseinziehung rechtfertigt, kann auf einen nicht genannten Grund die Einziehung nicht gestützt werden, selbst wenn er einen „ähnlichen wichtigen Grund" darstellt. Eine Analogie ist nach der Rechtsprechung mit Rücksicht auf § 34 Abs. 2 GmbHG ausgeschlossen.[9] Dann muss die Gesellschaft den wesentlich schwierigeren Weg der Ausschließungsklage beschreiten, um sich von dem störenden Gesellschafter trennen zu können. 2837

Eine Zwangseinziehung nach freiem Belieben der Mehrheit (bloßer Mehrheitsbeschluss) oder einzelner Gesellschafter **(freie Hinauskündigungsklausel)** ist grundsätzlich unzulässig. Ausnahmen sind nur dann möglich, wenn in den besonderen Verhältnissen der Gesellschaft ein sachlicher Grund für die Zulassung der Zwangseinziehung nach freiem 2837/1

1 Vgl. BGH v. 19.9.1977 - II ZR 11/76, NJW 1977 S. 2316; BGH v. 20.9.1999 - II ZR 345/97, DStR 1999 S. 1951.
2 OLG Brandenburg v. 15.10.1997 - 7 U 56/95, GmbHR 1998 S. 194; OLG Stuttgart v. 27.6.2018 - 14 U 33/17, GmbHR 2019 S. 67, 74.
3 Vgl. zum Konkurs- und Vergleichsverfahren BGH v. 20.9.1999 - II ZR 345/97, DStR 1999 S. 1951.
4 BGH v. 20.9.1999 - II ZR 345/97, DStR 1999 S. 1951.
5 BGH v. 16.12.1991 - II ZR 58/91, NWB YAAAF-83065, BGHZ 116 S. 359, 369.
6 BGH v. 20.9.1999 - II ZR 345/97, DStR 1999 S. 3779.
7 BGH v. 14.6.1993 - II ZR 112/92, DStR 1993 S. 1266.
8 BGH v. 24.2.2003 - II ZR 243/02, NWB IAAAB-97889, DStR 2003 S. 745.
9 BGH v. 20.9.1999 - II ZR 345/97, DStR 1999 S. 1951.

Belieben besteht. Dies ist regelmäßig bei der Anknüpfung an eine **vorübergehende Organ- oder Mitarbeiterstellung** des Gesellschafters der Fall.[1]

3. Abfindung

LITERATUR:

Schröder, Die Geltendmachung des Abfindungsanspruchs eines ausscheidenden GmbH-Gesellschafters, GmbHR 2002 S. 541; *Altmeppen*, Wer schuldet die Abfindung bei Einziehung eines Geschäftsanteils in der GmbH?, NJW 2013 S. 1025; *Großfeld/Egger/Tönnes*, Recht der Unternehmensbewertung, 9. Aufl., 2020.

2838 Der Gesellschafter, dessen Geschäftsanteil durch die zwangsweise Einziehung vernichtet wird, hat grundsätzlich einen **Anspruch auf eine Abfindung**. Sie ist mit dem **vollen Wert des Geschäftsanteils** zu bemessen,[2] wenn die Satzung keine abweichende Bestimmung trifft. In der Satzung kann aber auch bestimmt werden, dass kein oder ein unter dem Verkehrswert liegendes Entgelt zu zahlen ist. Ob eine unentgeltliche Zwangsamortisation gegenüber einem pfändenden Gläubiger des Gesellschafters oder im Fall der Insolvenz durchschlägt, ist allerdings zweifelhaft. Zu warnen ist jedenfalls vor Satzungsklauseln, die speziell für den Fall der Insolvenz oder der Pfändung des Geschäftsanteils eine nicht vollwertige oder keine Abfindung vorsehen, während in anderen Fällen der Einziehung oder Ausschließung eine Abfindung zu zahlen ist. Solche Klauseln sind unwirksam, weil sie einseitig die Gläubiger des Gesellschafters benachteiligen und das Ziel haben, deren Befriedigung aus dem im Geschäftsanteil verkörperten Vermögenswert zu vereiteln.[3]

2839 Sieht die Satzung aber in allen Fällen der Zwangseinziehung gleichermaßen eine Abfindung vor, die unter dem Verkehrswert liegt, dann ist der Geschäftsanteil von vornherein in dieser Weise belastet. Der Pfändungsgläubiger kann keine bessere Rechtsstellung erlangen, als sie der Gesellschafter innehatte. Nach der Vernichtung des Geschäftsanteils durch die Einziehung ist der Gläubiger für seine Befriedigung auf das Einziehungsentgelt verwiesen, wie es sich aus der Satzung ergibt.[4] Sieht die Satzung für den Fall der Kündigung durch den Gesellschafter oder der Pfändung seines Geschäftsanteils vor, dass er nach Buchwerten abzufinden ist, gilt diese Regelung grundsätzlich auch für den satzungsmäßig nicht geregelten Fall seiner Ausschließung aus wichtigem Grund.[5]

4. Verfahren

2840 Die **Zulassung der Einziehung** im Gesellschaftsvertrag ist zwingende **Voraussetzung** dafür, dass eine solche Maßnahme durchgeführt werden kann (§ 34 Abs. 1 GmbHG). Wie dabei zu verfahren ist, bestimmt das Gesetz nicht. Aus § 46 Nr. 4 GmbHG ergibt sich lediglich, dass über die Einziehung die Gesellschafterversammlung mit nach der

1 BGH v. 9.7.1990 - II ZR 194/89, BGHZ 112 S. 103, 108 ff., NJW 1990 S. 2622, 2623; BGH v. 19.9.2005 - II ZR 173/04, BGHZ 164 S. 98, 102, NJW 2005 S. 3641, NWB SAAAB-97783.

2 BGH v. 16.12.1991 - II ZR 58/91, NWB YAAAF-83065, BGHZ 116 S. 359 ff.

3 BGH v. 12.6.1975 - II ZB 12/73, BGHZ 65 S. 22, 26 ff.; v. 19.6.2000 - II ZR 73/99, BGHZ 144 S. 365.

4 Vgl. BGH v. 12.6.1975 - II ZB 12/73, BGHZ 65 S. 22, 25.

5 BGH v. 17.12.2001 - II ZR 348/99, NWB WAAAB-98035, DStR 2002 S. 461.

Satzung vorgesehener Mehrheit durch Beschluss zu entscheiden hat. Da das GmbHG im Übrigen das Verfahren in keiner Weise regelt, sollte die Satzung auch hierzu die notwendigen Bestimmungen enthalten, insbesondere zum Stimmrecht des von der Einziehung betroffenen Gesellschafters.

Bei der freiwilligen Einziehung ist umstritten, ob der Betroffene ein Stimmrecht hat. Die 2841
wohl noch h. M. geht davon aus, dass ihm ein Stimmrecht zusteht. Anders ist dies in dem Fall, dass die Einziehung auf einen in seiner Person liegenden wichtigen Grund gestützt werden soll. Dann liegt ein Stimmverbot vor.[1] Aber auch der nicht stimmberechtigte Gesellschafter hat ein Teilnahmerecht an der Gesellschafterversammlung und Möglichkeit zur Stellungnahme zu den gegen ihn erhobenen Vorwürfen.

Der Beschluss muss deutlich machen, dass der Geschäftsanteil eingezogen wird.

Fraglich kann auch sein, ob die Entscheidung über die Einziehung einem anderen Organ 2842
der Gesellschaft, insbesondere dem Geschäftsführer, übertragen werden kann oder ob sie der Gesellschafterversammlung vorbehalten werden muss. Berücksichtigt man, dass es in starkem Maße die Interessen der verbleibenden Gesellschafter tangiert, ob sie den Betroffenen weiter als ihren Mitgesellschafter haben wollen, ob die Vorschriften über die Kapitalerhaltung beachtet werden und ob sich die Gesellschaft die fällige Abfindung nach ihrer Liquiditätslage überhaupt leisten kann, wird man einen **Beschluss der Gesellschafterversammlung als unabdingbar** ansehen müssen. Allenfalls wird man tolerieren können, wenn die Entscheidung einem von ihr gewählten Gremium, z. B. einem Beirat, übertragen wird.

Ist der **Beschluss** über die Einziehung gefasst, so muss dieser **umgesetzt** werden, weil er 2843
rechtsgestaltend wirkt und den Geschäftsanteil vernichtet. Deshalb muss die Einziehung dem betroffenen Gesellschafter gegenüber (durch den Geschäftsführer) erklärt werden,[2] es sei denn, der Gesellschafter war bei der Abstimmung anwesend.

Die **Wirksamkeit** des Beschlusses richtet sich nach den allgemeinen, in Anlehnung an 2844
§§ 241 ff. AktG entwickelten Regeln. Mängel des Einziehungsbeschlusses, die nicht zu seiner Nichtigkeit führen, müssen rechtzeitig im Wege der **Anfechtungsklage** analog § 246 AktG geltend gemacht werden, wobei insbesondere die strenge Monatsfrist für die Klageerhebung zu beachten ist.

(Einstweilen frei) 2845–2870

IV. Wirkung der Einziehung

1. Untergang des Geschäftsanteils

Ist die Einziehung ordnungsgemäß beschlossen, dem Betroffenen gegenüber erklärt 2871
und wirksam (z. B., weil auch die Regeln der Kapitalaufbringung und Kapitalerhaltung eingehalten sind), wird der **Geschäftsanteil vernichtet**. Er geht samt den an ihm begründeten Rechten (z. B. Nießbrauch) unter. Der Gesellschafter verliert seine Mitgliedschaft.

1 BGH v. 2.12.2014 - II ZR 322/13, NWB XAAAE-86366, BGHZ 203 S. 303, Rz. 16, NJW 2015 S. 1385; Noack/Servatius/Haas/Kersting, GmbHG, § 34 Rz. 14 ff.

2 Erst mit der Mitteilung wird der Einziehungsbeschluss wirksam, BGH v. 24.1.2012 - II ZR 109/11, NWB SAAAE-03147, BGHZ 192 S. 236, DB 2012 S. 504.

Fällige Ansprüche gegen die Gesellschaft, wie z.B. auf Auszahlung des nach § 29 GmbHG festgestellten Gewinnanspruchs,[1] und fällige Verbindlichkeiten des Gesellschafters, z.B. aus eingeforderten rückständigen Einlagen, oder eine Haftung aus § 24 GmbHG und Nachschusspflicht bleiben bestehen. Der Betroffene kann auch frühere Gesellschafterbeschlüsse nicht mehr anfechten, es sei denn, der Einziehungsbeschluss ist nichtig oder wird für nichtig erklärt.[2]

2. Wechselwirkung von Abfindung und Einziehung

2872 Der Abfindungszahlung kommt im Zusammenhang mit dem Wirksamwerden des Beschlusses zur Zwangseinziehung eine gewisse Bedeutung zu. Die Abfindung muss aus dem ungebundenen Vermögen der Gesellschaft aufgebracht werden können, damit den Kapitalerhaltungsregeln (§§ 34 Abs. 3, 30 GmbHG) genügt wird. Steht schon bei der Fassung des Einziehungsbeschlusses fest, dass dies nicht möglich ist, ist die Einziehung von vornherein nichtig.[3] Stille Reserven der Gesellschaft sind bei der Ermittlung ihres freien Vermögens nicht zu berücksichtigen.[4] Die Nichtigkeit des Einziehungsbeschlusses aus diesem Grund erfasst auch den damit verbundenen Beschluss über die Ausschließung eines Gesellschafters.[5]

2873 Reicht das Kapital der Gesellschaft zunächst zur Zahlung der Abfindung, ohne das Stammkapital unzulässig anzugreifen, erweist sich das freie Vermögen aber später als unzureichend, ist der Einziehungsbeschluss dennoch wirksam. Allerdings sind die übrigen Gesellschafter zur anteiligen Zahlung der Abfindung persönlich verpflichtet, wenn die Gesellschaft die Abfindung wegen der Sperre aus § 30 Abs. 1 i.V.m. § 34 Abs. 3 GmbHG nicht zahlen kann. Dies ist aufgrund von Billigkeitserwägungen jedenfalls dann anzunehmen, wenn die verbleibenden Gesellschafter

- dem ausgeschiedenen Gesellschafter einerseits eine Abfindung unter der berechtigten Berufung auf die Kapitalbindung der Gesellschaft verweigern, andererseits aber nicht anderweitig dafür sorgen, dass die Abfindung aus dem ungebundenen Vermögen der Gesellschaft geleistet werden kann, oder
- die Gesellschaft fortsetzen, anstatt sie aufzulösen, weil sie darin einen wirtschaftlichen Vorteil und einen Mehrwert für ihren Anteil erblicken.[6]

Damit ist den Interessen des ausscheidenden Gesellschafters genüge getan.

Der Einziehungsbeschluss, der weder nichtig ist oder für nichtig erklärt wird, wird mit der Mitteilung an den betroffenen Gesellschafter wirksam und nicht erst mit der Zahlung der Abfindung.[7]

---

1 BGH v. 14.9.1998 - II ZR 172/97, NWB KAAAF-68316, BGHZ 139 S. 299.

2 BGH v. 12.7.1993 - II ZR 65/92, DStR 1993 S. 1457.

3 Vgl. auch BGH v. 17.9.2001 - II ZR 245/99, NWB ZAAAB-97892, DStR 2001 S. 1898; BGH v. 17.7.2006 - II ZR 313/05, NWB OAAAB-97981, DStR 2006 S. 1900; dies gilt auch in der Unterbilanz- oder Überschuldungssituation, BGH v. 8.12.2008 - II ZR 263/07, NWB PAAAD-08022, DStR 2009 S. 439; dazu auch Arens, NWB 2019 S. 889.

4 BGH v. 26.6.2018 - II ZR 65/16, NWB KAAAG-90335, DStR 2018 S. 1827.

5 BGH v. 5.4.2011 - II ZR 263/08, NWB VAAAD-83957, ZIP 2011 S. 1104.

6 BGH v. 10.5.2016 - II ZR 342/14, NWB PAAAF-74949.

7 BGH v. 24.1.2012 - II ZR 109/11, NWB SAAAE-03148, BGHZ 192 S. 236, DB 2012 S. 504.

Will der ausgeschlossene Gesellschafter seine Rechte gegen den Beschluss in einem Anfechtungsverfahren wahrnehmen, ist aber von der Rechtsinhaberschaft des ausgeschlossenen Gesellschafters auszugehen, womit der von der Verfassung gebotene Rechtsschutz gewährleistet werde. Dem Vorschlag, dass der betroffene Gesellschafter zwar die Befugnis zur Ausübung der Gesellschafterrechte sofort verliere, er aber zunächst Inhaber des Geschäftsanteils bleibe, den er erst Zug um Zug gegen Zahlung der Abfindung zur Einziehung zur Verfügung stellen müsse,[1] kann daher nicht mehr gefolgt werden. 2873/1

3. Auswirkung auf das Stammkapital

LITERATUR:

Goette, Heilung nichtiger Satzungsregeln; Kapitalerhaltungsgebot bei der Einziehung von Geschäftsanteilen, DStR 2000 S. 1445.

Die Einziehung **vernichtet** den betreffenden **Geschäftsanteil**; dadurch ändert sich aber das Stammkapital nicht mit der Folge, dass die Summe der Nennbeträge der restlichen Geschäftsanteile nicht mehr der Stammkapitalziffer entspricht. Nach Inkrafttreten des MoMiG wurde die Auffassung vertreten, dass der Einziehungsbeschluss nichtig sei, wenn die Summe der Nennbeträge der verbleibenden Geschäftsanteile nicht mehr der Stammkapitalziffer entspreche. Dazu hat der BGH[2] eindeutig entschieden: Das Unterlassen von Maßnahmen, die das Auseinanderfallen der Summe der Nennbeträge der verbleibenden Geschäftsanteile und dem Stammkapital verhindert, führt nicht zur Nichtigkeit oder Anfechtbarkeit des Einziehungsbeschlusses. Auch wird der Einziehungsbeschluss nicht ex tunc nichtig, wenn die Beseitigung des Auseinanderfallens nicht innerhalb angemessener Frist erfolgt.[3] Lediglich eine neue Gesellschafterliste mit den noch verbleibenden Gesellschaftern und den unverändert gebliebenen Nennbeträgen ihrer Geschäftsanteile ist einzureichen.[4] 2874

Gleichwohl kann es sich empfehlen, Unstimmigkeit nicht entstehen zu lassen, sei es durch gleichzeitige Kapitalherabsetzung, sei es durch nominelle Aufstockung der verbleibenden Geschäftsanteile oder Neubildung. Eine automatische anteilige Anwachsung des Geschäftsanteils bei den übrigen Gesellschaftern erfolgt nicht. Eine Aufstockung kann durch entsprechende Anpassung der Nennwerte der verbliebenen Geschäftsanteile erfolgen, nominelle **Aufstockung**. Sie erfordert, soweit mit ihr keine Änderung der Beteiligungsverhältnisse verbunden ist, nach h. M. einen Gesellschafterbeschluss, stellt aber keine Satzungsänderung dar.[5] 2875

Die Fragen, die sich aus den Kapitalerhaltungsregeln durch die Zahlung der Abfindung, der aufschiebend bedingten Wirksamkeit der Einziehung und aus der Abweichung der Stammkapitalziffer von der Summe der Geschäftsanteile ergeben können, lassen zweckmäßig erscheinen, in der Satzung die Einziehung mit der Verpflichtung des be- 2876

1 Noack/Servatius/Haas/Kersting, GmbHG, § 34 Rz. 42 und § 34 Anh. Rz. 14f.
2 BGH v. 2.12.2014 - II ZR 322/13, NWB XAAAE-86366, BGHZ 202 S. 303, DB 2015 S. 672.
3 Nach Kort, DB 2016 S. 2098, 2099 dürfen die Beträge dauerhaft auseinanderfallen.
4 BGH v. 2.12.2014 - II ZR 322/13, NWB XAAAE-86366, NJW 2015 S. 1385, Rz. 26.
5 Zu weiteren Einzelheiten Noack/Servatius/Haas/Kersting, GmbHG, § 34 Rz. 20.

troffenen Gesellschafters zu verbinden, seinen Geschäftsanteil auf einen oder die Gesellschafter anteilig oder auf Weisung der Gesellschaft an einen Dritten zu übertragen. Die Umsetzung der Einziehung in dieser Weise entledigt die Gesellschaft ihrer Pflicht, die Abfindung aus eigenen Mitteln aufzubringen, weil diese von dem Übernehmer des fortbestehenden Geschäftsanteils zu zahlen ist.[1]

2877–2900 *(Einstweilen frei)*

D. Ausschließung und Austritt eines Gesellschafters

LITERATUR:

Hoffmann/Rüppell, Ausschluss eines GmbH-Gesellschafters aus wichtigem Grund, BB 2016 S. 1026; *Werner*, Gesellschafterausschluss, Gesellschafterliste und einstweiliger Rechtsschutz, NWB 2016 S. 2197; *Arens*, Streitvermeidung statt Eskalation bei „Ausschluss" eines Gesellschafters, NWB 2022 S. 51 ff.

I. Ausschließung

1. Allgemeines und rechtliche Grundlagen

2901 Im Gegensatz zum Recht der Personengesellschaften – z. B. in § 134 HGB für die OHG – enthält das GmbHG **keine Bestimmung** über die **Ausschließung eines Gesellschafters aus wichtigem Grund** oder umgekehrt über dessen Recht, seinen **Austritt aus wichtigem Grund** zu erklären. Auch ohne eine solche gesetzliche Regelung ist mit Rücksicht darauf, dass es möglich sein muss, eine auf Dauer angelegte Rechtsbeziehung aus einem wichtigen Grund zu lösen, auch im Recht der GmbH seit langem durch die Rechtsprechung anerkannt, durch Ausschließung oder Austritt die Gesellschafterstellung zu beenden.[2]

Diese außerordentliche Möglichkeit besteht nicht nur, wenn sie in der Satzung zugelassen ist, sondern gerade auch, wenn der Gesellschaftsvertrag zu dieser Frage schweigt. Neben dem Gesichtspunkt, dass nach unserer Rechtsordnung niemand an einer für ihn unzumutbaren Bindung festgehalten werden darf, hat die Rechtsprechung auch auf den Gedanken der gesellschaftsrechtlichen Treuepflicht verwiesen[3] und darauf, dass ohne einen solchen Weg für die Beendigung einer nicht mehr tragbaren Mitgliedschaft letztlich nur die Klage auf Auflösung der Gesellschaft nach § 61 GmbHG bliebe, die aber zur Vernichtung der Gesellschaft und vielfach zur Vernichtung des Betriebes, der Arbeitsplätze und der Firma und damit dessen, was die Gesellschafter („als ihr Lebenswerk") aufgebaut haben, führen würde. Damit gäbe man aber das Schicksal der Gesellschaft in die Hand des durch sein Verhalten untragbar gewordenen Gesellschafters, so dass als weniger einschneidende Maßnahme die Ausschließung des Gesellschafters zulässig sein muss, während umgekehrt einem Gesellschafter, dem der weitere Verbleib in der Gesellschaft nicht mehr zumutbar ist, ein Austrittsrecht zugestanden wird, das

1 BGH v. 20.6.1983 - II ZR 237/82, NJW 1983 S. 2880.

2 Vgl. BGH v. 1.4.1953 - II ZR 235/52, BGHZ 9 S. 157; v. 17.2.1955 - II ZR 316/53, BGHZ 16 S. 317; v. 23.2.1981 - II ZR 229/79, BGHZ 80 S. 346; v. 19.6.2000 - II ZR 73/99, BGHZ 144 S. 365.

3 Z. B. BGH v. 20.9.1999 - II ZR 345/97, DStR 1999 S. 1951.

sich gegenüber der Auflösungsklage ebenfalls als das weniger gravierende Mittel darstellt, das Zerwürfnis zu beseitigen.

2. Ausschließung

LITERATUR:

Schick, Das Mehrheitserfordernis beim Ausschluss eines Minderheitsgesellschafters einer GmbH und Stimmrechtsverbote im Gesellschafterkonsortium, DB 2000 S. 2105; *Goette*, Ausschließung und Austritt aus der GmbH in der Rechtsprechung des Bundesgerichtshofs, DStR 2001 S. 533; *Weber/Fröhlich*, Ausschließung eines Gesellschafters – Empfehlenswerte Regelungen im Gesellschaftsvertrag der GmbH, GmbH-StB 2001 S. 358; *Bärwaldt*, Ausschließung von Gesellschaftern aus wichtigem Grund, NZG 2003 S. 261; *Löwe/Thoß*, Austritt und Ausschluss eines Gesellschafters aus der GmbH sowie Einziehung seines Geschäftsanteils – Wirksamkeit und Wirkungen, NZG 2003 S. 1005; *Goette*, Zur Ausschließung oder Hinauskündigung eines Gesellschafters, DStR 2005 S. 800; *Sikora*, Der Ausschluss eines Gesellschafters aus Personengesellschaft und GmbH, JA 2005 S. 816; *Reymann*, Risikominimierung bei der Gestaltung von Hinauskündigungsklauseln, DNotZ 2006 S. 106; *Battke*, Der Ausschluss von Gesellschaftern aus der GmbH, GmbHR 2008 S. 850; *Arens*, Streitvermeidung statt Eskalation bei „Ausschluss" eines Gesellschafters, NWB 2022 S. 51 ff.

Nach der Rechtsprechung ist der Ausschluss eines Gesellschafters gegen seinen Willen 2902
zulässig, und zwar aufgrund einer **Ausschlussklage** aus wichtigem Grund oder aufgrund einer **Ausschlussregelung in der Satzung,** die die wichtigen Gründe festlegt, **durch Beschluss der Gesellschafterversammlung**.

a) Wichtiger Grund

Materielle Voraussetzung für eine Ausschließung ist das Vorliegen eines **wichtigen** 2903
Grundes, der **in der Person des auszuschließenden Gesellschafters** liegen muss (Personenbezogenheit wie in § 134 HGB). Der Grund muss so schwerwiegend sein, dass den übrigen Gesellschaftern die weitere Mitgliedschaft des Störenfrieds nicht länger zumutbar ist[1] und der Fortbestand der Gesellschaft dadurch ernstlich gefährdet sein kann.[2] Schuldhaftes Verhalten des betroffenen Gesellschafters ist zwar nicht erforderlich, jedoch kann es im Rahmen der vorzunehmenden Würdigung aller Umstände des einzelnen Falles eine Ausschließung eher rechtfertigen.[3] Bei der Beurteilung sind die gesamten Verhältnisse der Gesellschaft zu würdigen.[4] Ihr Interesse steht dabei im Vordergrund und nicht die Beurteilung aus der Sicht der anderen Gesellschafter. Ihr eigenes Verhalten, zumal von ihnen zu verantwortende Beiträge zu dem Zerwürfnis, aus denen sie selbst ausgeschlossen werden könnten, sind in die Würdigung einzubeziehen und können die Unzumutbarkeit fehlen lassen.[5]

Die Struktur der Gesellschaft ist ebenfalls zu berücksichtigen. Bei einer GmbH, die per- 2904
sonenbezogen verfasst ist und auf die persönliche, vertrauensvolle Zusammenarbeit der Gesellschafter angelegt ist oder bei der es auf die persönliche Mitarbeit der Gesellschaf-

1 BGH v. 1.4.1953 - II ZR 235/52, BGHZ 9 S. 157; OLG Stuttgart v. 27.6.2018 - 14 U 33/17, NWB EAAAH-01340, GmbHR 2019 S. 67, 74.
2 Vgl. Beck-GmbH-HB/Müller/Maul, § 13 Rz. 99.
3 Vgl. BGH v. 13.2.1995 - II ZR 255/93, DStR 1995 S. 695.
4 BGH v. 10.6.1991 - II ZR 234/89, DStR 1991 S. 1055.
5 BGH v. 23.2.1981 - II ZR 229/79, BGHZ 80 S. 346, 351 f.; v. 20.9.1999 - II ZR 345/97, DStR 1999 S. 1951.

ter im Unternehmen für dessen Gedeihen wesentlich ankommt, können die Grenzen der Zumutbarkeit enger zu ziehen sein, weil der Bestand der GmbH unmittelbar gefährdet ist, wenn diese Zusammenarbeit unmöglich geworden ist. Bei einer vornehmlich kapitalistisch strukturierten GmbH lassen sich wichtige Gründe weniger aus Störungen im persönlichen Umgang der Gesellschafter miteinander herleiten, sondern eher aus einem Verhalten, das die Funktionsfähigkeit der Gesellschaft als solche in Frage stellt.[1]

b) Fallbeispiele für wichtige Gründe

2905 Anhaltspunkte für wichtige Gründe bieten die Fälle, die auch eine Zwangseinziehung (vgl. Rz. 2835) rechtfertigen können.

2906 **Beispielhaft** können genannt werden:

- nachhaltige Verletzung der Mitarbeitspflicht in einer personenbezogenen GmbH;[2]
- **tiefgreifendes Zerwürfnis** zwischen den Gesellschaftern, wenn es von dem Auszuschließenden zumindest überwiegend verursacht ist und beim anderen Gesellschafter nicht ebenfalls Ausschließungsgründe vorliegen;[3]
- **ständiges Führen von Prozessen** gegen die Gesellschaft bzw. Gesellschafter, sofern es sich um schikanöses und nicht der Wahrung berechtigter Interessen dienendes Verhalten handelt.[4] Die berechtigte und nicht mutwillige Wahrnehmung von Gesellschafterrechten stellt regelmäßig keinen (wichtigen) Ausschließungsgrund dar. Ähnlich verhält es sich, wenn sich der Gesellschafter wegen gesetzeswidrigen Verhaltens der GmbH an Behörden wendet, dabei aber unrichtige oder verfälschte Angaben macht, nicht aber wenn er sich bei Stillhalten selbst einer Verfolgung aussetzen würde;
- **Entzug liquider Mittel** zum **Schaden der GmbH** und zum eigenen Vorteil des Gesellschafters oder mit ihm verbundener Unternehmen durch einen Mehrheitsgesellschafter;[5]
- **schwerwiegende Verstöße** eines Gesellschafters gegen die gesellschaftsvertragliche Zuständigkeitsverteilung[6] oder gegen sonstige Pflichten, insbesondere die gesellschafterlichen Treuepflichten, wenn einseitig die eigenen Belange hinter die der Gesellschaft zurückgestellt werden;[7]
- **satzungswidrige** Einräumung einer **Unterbeteiligung,** wenn damit zugleich an den mit der GmbH konkurrierenden Unterbeteiligten in schädigender Weise Geschäftsgeheimnisse verraten werden oder durch dessen Interessen Einfluss auf die Geschäftsführung genommen wird;[8]

---

1 Vgl. auch Goette, Die GmbH, § 6 Rz. 19.
2 BGH v. 20.6.1983 - II ZR 237/82, NJW 1983 S. 2880.
3 BGH v. 10.6.1991 - II ZR 234/89, DStR 1991 S. 1055.
4 BGH v. 10.5.1993 - II ZR 42/92, DStR 1993 S. 923.
5 BGH v. 20.9.1999 - II ZR 345/97, DStR 1999 S. 1951.
6 BGH v. 28.6.1993 - II ZR 119/92, DStR 1993 S. 1598.
7 BGH v. 10.5.1993 - II ZR 42/92, DStR 1993 S. 923.
8 BGH v. 12.10.1992 - II ZR 245/91, DStR 1992 S. 1661.

- **schädigende Verstöße** gegen ein satzungsrechtliches **Wettbewerbsverbot,** Wahrnehmung von Konkurrenzgeschäften mit Wettbewerbsnachteilen für die GmbH oder sonstiges **illoyales Verhalten,** indem Chancen zu Geschäftsabschlüssen treuepflichtwidrig nicht für die GmbH, sondern zum eigenen Vorteil wahrgenommen werden.

c) Ultima Ratio

Auch wenn ein wichtiger Grund vorliegt, ist der Ausschluss nur **als letztes und äußerstes Mittel** (Ultima Ratio) zulässig. Wenn weniger einschneidende Sanktionen gegen den störenden Gesellschafter gegeben sind oder andere gangbare Wege zur Beseitigung der Schwierigkeiten in Betracht kommen, sind diese zu wählen, z. B. die Entziehung von Sonderrechten oder der Entzug der Geschäftsführungsbefugnis. 2907

d) Wahrung des Kapitalerhaltungsgebots

Die Ausschließung eines Gesellschafters darf im Interesse der Gläubiger der GmbH nicht zu einer Verletzung des Kapitalerhaltungsgebots (§ 30 GmbHG) führen. Der Ausschluss eines Gesellschafters muss umgesetzt werden, was z. B. oft durch Einziehung des Geschäftsanteils geschieht. Dann muss die Einlage auf den Geschäftsanteil voll eingezahlt und sichergestellt sein, dass die dem Gesellschafter zu zahlende Abfindung nicht das Vermögen der GmbH angreift, das zur Deckung der Stammkapitalziffer erforderlich ist. Dieser Zusammenhang veranlasste den BGH zu seiner Entscheidung, dass der Beschluss über die Ausschließung eines Gesellschafters nichtig ist, da der damit verbundene Einziehungsbeschluss gegen §§ 34 Abs. 3, 30 Abs. 1 GmbHG verstieß.[1] Durch die gleichzeitige Beschlussfassung seien beide Vorgänge untrennbar miteinander verbunden. Dies gilt auch dann, wenn nach der Satzung die Ausschließung mit Zugang des Beschlusses wirksam wird, unabhängig davon, ob der betroffene Gesellschafter eine Abfindung beanspruchen könne oder nicht. Ausschlaggebend ist, dass bereits beim Beschluss über die Ausschließung feststehe, dass eine Abfindung nicht gezahlt werden könne. Dann ist der Beschluss insgesamt nichtig. 2908

(Einstweilen frei) 2909–2930

3. Ausschlussklage und Ausschlussurteil

a) Klagerecht der GmbH

Regelt der Gesellschaftsvertrag das Ausschließungsrecht überhaupt nicht oder sieht die Satzung zwar die Ausschließung eines untragbar gewordenen Gesellschafters aus wichtigem Grund vor, enthält aber keine Bestimmungen darüber, wie dabei zu verfahren ist, kann der Ausschluss nur entsprechend §§ 134, 135 HGB durch Erhebung der Ausschlussklage und ein auf sie ergehendes Ausschlussurteil herbeigeführt werden. Freilich sind die Vorschriften des HGB nicht unmittelbar auf die GmbH anzuwenden, so dass **die Klage nicht von den Gesellschaftern, sondern von der GmbH selbst** – vertreten durch den Geschäftsführer – **zu erheben ist.** Die GmbH ist eine juristische Person, und 2931

1 BGH v. 5.4.2011 - II ZR 263/08, ZIP 2011 S. 1104.

es sind die Rechtsbeziehungen des störenden Gesellschafters zu ihr zu regeln. Die GmbH hat den Geschäftsanteil zu verwerten und schließlich die Abfindung zu zahlen. Auch bei einer Zweimann-GmbH gelten diese Grundsätze, so dass die Klage formal von der GmbH zu erheben ist, obwohl es faktisch um einen Streit zwischen den beiden Gesellschaftern geht. Im Hinblick darauf soll bei der Zweimann-GmbH auch der andere Gesellschafter klagebefugt sein,[1] obwohl hierzu kaum Bedürfnis besteht, da der auszuschließende Gesellschafter beim Beschluss zur Erhebung der Ausschlussklage nicht stimmberechtigt ist und der verbleibende Gesellschafter daher problemlos einen solchen Gesellschafterbeschluss herbeiführen kann.

b) Entscheidungsbefugnis der Gesellschafterversammlung

2932 Ob die Ausschließungsklage erhoben werden soll, hat die Gesellschafterversammlung zu entscheiden.[2] Ein entsprechender **Gesellschafterbeschluss** ist **Zulässigkeitsvoraussetzung** für die **Ausschlussklage.** Für die Beschlussfassung ist entsprechend § 60 Abs. 1 Nr. 2 GmbHG eine Mehrheit von 3/4 der Stimmen erforderlich.[3] Wegen der einschneidenden Bedeutung eines solchen Beschlusses für den betroffenen Gesellschafter und der möglichen finanziellen Konsequenzen für die Gesellschaft (Kostenrisiko und Abfindungszahlung) ist ein solches Stimmenverhältnis angemessen, es sei denn, die Satzung bestimmt etwas anderes. Der von der Ausschließung betroffene Gesellschafter kann gegen den Beschluss Nichtigkeits- oder Anfechtungsklage erheben, deren Rechtsschutzbedürfnis auch nicht entfällt, wenn die GmbH inzwischen die Ausschlussklage erhoben hat.

c) Stimmrechtsausschluss des betroffenen Gesellschafters

2933 Der Gesellschafter, der von der Ausschließung betroffen ist, hat bei dem Beschluss, ob eine Ausschlussklage erhoben werden soll, kein Stimmrecht. Dies ergibt sich aus § 47 Abs. 4 GmbHG und dem bestehenden Interessenkonflikt. Die Regelung kann nicht durch eine Satzungsbestimmung in der Weise ausgehebelt werden, dass der Beschluss nur mit einer bestimmten Mehrheit des Stammkapitals gefasst werden kann, die ohne Mitwirkung – meist – des Mehrheitsgesellschafters nicht zustande kommen kann. Denn dann könnte das Ausschließungsrecht aus wichtigem Grund faktisch ausgeschlossen werden, was unzulässig ist.[4] Die Satzungsbestimmung ist dann so auszulegen, dass es auf die entsprechende Mehrheit des stimmberechtigten Kapitals ankommt.[5] Durch das Stimmverbot wird sichergestellt, dass auch ein Mehrheitsgesellschafter notfalls aus der GmbH ausgeschlossen werden kann.

1 Vgl. BeckHB GmbH/Müller/Maul, § 13 Rz. 100, m. w. N. zur h. M.
2 OLG München v. 16.6.2021 - 7 U 7279/20, NWB ZAAAI-00400; Arens, NWB 2022 S. 51 ff.
3 Vgl. BGH v. 1.4.1953 - II ZR 235/52, BGHZ 9 S. 157, 177; v. 13.1.2003 - II ZR 227/00, NWB WAAAB-97867, BGHZ 153 S. 285.
4 Vgl. Goette, Die GmbH, § 6 Rz. 38.
5 So Goette, Die GmbH, § 6 Rz. 38.

d) Ausschließungsurteil

Das Urteil auf Ausschließung hat **rechtsgestaltende Wirkung**, was jedoch nicht gleichbedeutend mit der Beendigung der Mitgliedschaft bei Eintritt der Rechtskraft ist. Vielmehr tritt der Ausschluss erst zu dem im Urteil festgesetzten Zeitpunkt ein, wobei die Entscheidung der Umsetzung insofern bedarf, als der Geschäftsanteil nicht untergeht, sondern eingezogen oder abgetreten werden muss. Außerdem kann kein Ausschlussurteil ohne Regelung der Abfindung und deren Höhe ergehen. Denn in dem Urteil ist die Höhe der geschuldeten Abfindung nach dem wirklichen Wert (Verkehrswert) des Geschäftsanteils im Zeitpunkt der Klageerhebung festzulegen und die rechtsgestaltende Wirkung an **die aufschiebende Bedingung zu knüpfen**, dass die GmbH das **Entgelt** binnen einer angemessen festzusetzenden Frist **an den auszuschließenden Gesellschafter** zahlt.[1] Diese Bedingungskonstruktion ist zunehmend auf **Kritik** gestoßen, ohne dass über eine Lösung Einigkeit besteht.[2] 2934

Die Bedingungslösung kann die GmbH in Schwierigkeiten bringen, wenn man bedenkt, dass bei der Abfindungszahlung das Gebot der Erhaltung des Stammkapitals (§ 30 GmbHG) zu beachten ist und sie womöglich nicht in der Lage ist, die festgesetzte Abfindung aus dem ungebundenen Vermögen aufzubringen oder einen Käufer des Geschäftsanteils zu finden, der die Zahlung des Entgelts übernimmt. Dann kann es sein, dass die GmbH einen rechtskräftig als unzumutbaren Störer befundenen Gesellschafter weiter dulden muss oder doch nur als Ausweg die Auflösung bleibt, zumal der ausgeschlossene Gesellschafter während des Schwebezustandes immer noch Gesellschafter ist und grundsätzlich auch seine Mitwirkungsrechte wahrnehmen, also insbesondere an der Willensbildung der Gesellschaft teilnehmen kann. 2935

Es kann deshalb nur empfohlen werden, in der Satzung nicht nur die Möglichkeit einer Ausschließung aus wichtigem Grund vorzusehen, sondern auch zu regeln, dass sie durch Gesellschafterbeschluss herbeigeführt werden kann und wie ein solcher Beschluss durchzuführen (umzusetzen) ist. 2936

(Einstweilen frei) 2937–2940

4. Regelung durch die Satzung

Die Ausschließung eines Gesellschafters kann – abweichend von der durch die Rechtsprechung entwickelten Lösung – durch den Gesellschaftsvertrag (Satzung) geregelt werden. Gerade die Schwerfälligkeit des gerichtlichen Verfahrens, dessen lange Dauer und die mit ihm verbundenen Risiken zeigen, wie ratsam es ist, alle mit einem Ausschluss zusammenhängenden Fragen im Gesellschaftsvertrag eingehend und klar zu regeln. Mithin sollte die Satzung die Ausschließung aus einem wichtigen Grund zulassen, was ausreicht und dann zur Anwendung der in der Rechtsprechung entwickelten Kriterien führt, und zusätzlich besondere wichtige Gründe nennen, diese aber nicht bloß enumerativ angeben. 2941

---

1 BGH v. 1.4.1953 - II ZR 235/52, BGHZ 9 S. 157, 174, 179, NJW 1953 S. 780; BGHZ 16 S. 325; OLG Hamm, DB 1992 S. 2181, 2182.

2 Nun offen gelassen BGH v. 14.9.1988 - II ZR 172/97, NWB KAAAF-68316, BGHZ 139 S. 299, 301 f., NJW 1998 S. 3646, 3647; siehe auch MüKoGmbHG/Strohn, § 34 Rz. 174d.

Außerdem sollte die Satzung Bestimmungen darüber treffen, in welcher Form die Gesellschaft die Maßnahme zu treffen hat, ob sie eine Ausschlussklage erheben muss, oder ob es – was unbedingt ratsam ist – ausreicht, die Ausschließung durch Gesellschafterbeschluss zu beschließen und zugleich das Stimmverbot des betroffenen Gesellschafters und die erforderliche Mehrheit (regelmäßig eine Dreiviertelmehrheit) festzulegen. Schließlich kann und sollte auch geregelt werden, wie der Ausschluss vollzogen (durch Einziehung des Geschäftsanteils oder Zwangsabtretung) und wie der ausgeschlossene Gesellschafter abgefunden werden soll.

a) Ausschlussklausel

2942 Die Satzung muss die **Ausschließung aus einem wichtigen Grund zulassen**, muss aber nicht näher bestimmen, was als „wichtiger Grund" gelten soll. Der Gesellschaftsvertrag kann aber daneben mögliche wichtige Gründe nennen, wie etwa den nachhaltigen Verstoß des Gesellschafters gegen Bestimmungen der Satzung, Zwangsvollstreckungsmaßnahmen gegen den Gesellschafter, seine Insolvenz oder der Übergang des Geschäftsanteils im Wege der Erbfolge an eine unerwünschte Person. Bei einer personenbezogenen GmbH kann auch die Beendigung der Mitarbeit eines Gesellschafters Ausschlussgrund sein, wenn die GmbH auf die Mitarbeit der Gesellschafter angelegt ist.

2943 Die **Vertragsfreiheit** lässt es nicht nur zu, in der Satzung die wichtigen Gründe zu bestimmen, sondern gestattet es auch, dabei **andere Maßstäbe anzulegen**, als es die Rechtsprechung für die Feststellung, ob der Gesellschafter für die Gesellschaft untragbar geworden ist, tut. Die betreffenden Satzungsklauseln dürfen aber die Voraussetzungen nicht so hoch ansetzen, dass sie faktisch das Ausschließungsrecht für die GmbH abdingen, andererseits kann die Ausschließung durch die Satzung aber nicht in einem Maße erleichtert werden, dass die betroffenen Gesellschafter praktisch nach freiem Ermessen der anderen Gesellschafter hinausgekündigt werden können.[1] Eine solche Hinauskündigungsklausel ist nichtig, weil sie gegen § 138 BGB und gegen das Prinzip verstößt, dass Ausschlussgründe im Voraus in der Satzung festgelegt (vgl. § 34 Abs. 2 GmbHG) und an sachliche Voraussetzungen geknüpft sein müssen, es sei denn, sie wären wegen besonderer Umstände sachlich gerechtfertigt.

Eine entsprechende Klausel könnte im Gesellschaftsvertrag folgendermaßen lauten:

„Die Geschäftsanteile eines Gesellschafters können in folgenden Fällen ohne seine Zustimmung eingezogen werden:

- *Über das Vermögen des Gesellschafters wird rechtskräftig das Insolvenzverfahren eröffnet oder die Eröffnung des Insolvenzverfahrens wird mangels Masse abgelehnt.*
- *Ein Gläubiger des Gesellschafters betreibt aufgrund eines nicht nur vorläufig vollstreckbaren Titels die Zwangsvollstreckung in den Geschäftsanteil und die Vollstreckungsmaßnahme wird nicht innerhalb von zwei Monaten, spätestens bis zur Verwertung des Geschäftsanteils, aufgehoben.*

1 BGH v. 9.7.1990 - II ZR 194/89, BGHZ 112 S. 103, 107 f.; v. 19.9.2005 - II ZR 173/04, NWB SAAAB-97783, BGHZ 164 S. 98.

- *In der Person des Gesellschafters ist ein wichtiger Grund gegeben, der seine Ausschließung aus der Gesellschaft rechtfertigt."*

Ein solcher Sonderfall liegt z. B. dann vor, wenn nach dem Erbfall ein als Gesellschafter nicht erwünschter Erbe nur binnen einer kurzen Frist aus der GmbH „hinausgekündigt" werden kann, weil dann fest umrissene Voraussetzungen gegeben sind und die Gefahr einer missbräuchlichen und willkürlichen Handhabung nicht besteht. Anders lägen die Dinge, wenn das Ausschließungsrecht unbefristet geltend gemacht werden könnte.[1]

Die Ausschlussklausel wirkt nur gegenüber dem Gesellschafter, bei dessen Beitritt sie bereits in der Satzung enthalten war (Rechtsgedanke aus § 34 Abs. 2 GmbHG). Später kann die Aufnahme eines Ausschließungsrechts allgemein oder dessen Erweiterung nur mit Zustimmung aller Gesellschafter beschlossen werden. 2944

b) Regelung des Verfahrens

aa) Ausschließungsbeschluss der Gesellschafterversammlung

Wie eingangs schon gesagt, sollte die Satzung nicht nur regeln, ob der Gesellschafter aus wichtigem Grund ausgeschlossen werden kann, sondern auch, wie dies zu geschehen hat, damit es nicht einer Ausschließungsklage bedarf.[2] Dazu ist eine Bestimmung zulässig, dass über den **Ausschluss durch Beschluss der Gesellschafterversammlung entschieden wird.**[3] Eine solche Satzungsbestimmung stellt den betroffenen Gesellschafter nicht rechtlos, weil ihm dadurch nicht sein Recht abgeschnitten wird, den ohne seine Mitwirkung gefassten Beschluss auf seine Richtigkeit in formeller und materieller Hinsicht durch Anfechtungsklage gerichtlich überprüfen zu lassen. 2945

bb) Anordnungen für die Durchführung

Da der betroffene Gesellschafter mit dem Ausschließungsbeschluss noch nicht seinen Geschäftsanteil und seine Mitgliedschaft verliert, sondern der Beschluss der **Umsetzung oder Durchführung** bedarf, bietet es sich an, in der Satzung zugleich die Durchführung zu regeln, und zwar möglichst in der Weise, dass **Ausschließungsentscheidung und deren Umsetzung in einem Akt zusammenfallen** können. Denn andernfalls entsteht bis zur Durchführung ein kaum wünschenswerter Schwebezustand, währenddessen der Ausgeschlossene noch Gesellschafter mit allen Mitgliedschaftsrechten ist und grundsätzlich auch das Stimmrecht ausüben kann, sofern es nicht um eine Angelegenheit geht, die mit seinem Ausschluss zusammenhängt, und deshalb ein Stimmverbot nach § 47 Abs. 4 GmbHG begründet werden kann. 2946

cc) Umsetzung

Für die Umsetzung der Ausschließung stehen verschiedene Möglichkeiten zur Verfügung. Der Geschäftsanteil kann **eingezogen** (§ 34 GmbHG) oder entsprechend § 21 GmbHG **kaduziert** werden. Ferner kann die Satzung den ausgeschlossenen Gesellschaf- 2947

---

1 Vgl. BGH v. 19.9.1988 - II ZR 329/87, NWB OAAAF-69343, BGHZ 105 S. 213, 218.
2 Einzelheiten dazu und zum Verfahren bei Arens, NWB 2022 S. 51 ff.
3 Vgl. BGH v. 17.9.2001 - II ZR 245/99, NWB ZAAAB-97892, DStR 2001 S. 1898.

ter **verpflichten,** seinen Geschäftsanteil einem oder mehreren Mitgesellschaftern oder einem von der Gesellschaft zu benennenden Dritten **zum Kauf anzubieten.** Eine weitere Möglichkeit liegt darin, dass die GmbH **bereits in der Satzung** ermächtigt wird, den Geschäftsanteil eines ausgeschlossenen Gesellschafters abzutreten.[1]

dd) Rechtsfolgen

2948 Die Rechtsfolgen der in Betracht kommenden Wege, einen Ausschließungsbeschluss umzusetzen, unterscheiden sich. Bei einer **Zwangseinziehung geht** der Geschäftsanteil **unter.** Die **Kaduzierung** und auch die **satzungsmäßige Abtretungsermächtigung führen zu einer Verwertung** des Geschäftsanteils **durch die Gesellschaft selbst,** was von Vorteil deshalb sein kann, weil der GmbH dann der Erlös zur Verfügung steht und sie hieraus auch die Abfindung zahlen kann, ohne Probleme mit den Regeln der Kapitalerhaltung zu bekommen. Die Kapitalerhaltungsvorschriften muss die GmbH bei der Durchführung des Ausschließungsbeschlusses beachten, so dass insbesondere eine Abfindung, die nicht aus dem ungebundenen Vermögen geleistet werden kann, den Erfolg der Aktion in Frage stellen kann.

2949 Wird der Gesellschafter nicht durch Urteil, sondern durch (satzungsgemäßen) Beschluss der Gesellschafterversammlung ausgeschlossen, ist – im Gegensatz zu der für ein Ausschlussurteil (noch) geltenden Bedingungslösung – **die Wirksamkeit** des Beschlusses **nicht an die Zahlung** des Abfindungsentgelts aus dem Gesellschaftsvermögen oder bei Abtretung an die Entrichtung des Abtretungsentgelts **gekoppelt.**[2] Auch wenn danach die Wirksamkeit des Ausschließungsbeschlusses und damit die Beendigung der Gesellschafterstellung sofort eintreten und nicht an die Zahlung des Abfindungs- oder Abtretungsentgelts gekoppelt sind und dies erst recht gilt, wenn mit dem Beschluss über den Ausschluss zugleich dessen Umsetzung geregelt wird, kann es sich doch empfehlen, in der Satzung ausdrücklich zu bestimmen, dass die Rechtswirkungen eines solchen Beschlusses nicht aufschiebend bedingt auf die Zahlung des Entgelts sind, sondern sofort eintreten.

2950–2960 (*Einstweilen frei*)

II. Austritt eines Gesellschafters (Kündigung)

LITERATUR:

Hülsmann, Rechtspraktische Probleme beim Austritt von Gesellschaftern aus der GmbH, GmbHR 2003 S. 198; *Geißler*, Das Austrittsrecht des GmbH-Gesellschafters – eine Bestandsaufnahme mit kritischen Konnotationen, GmbHR 2022 S. 1010; *Bühler*, Der Austritt aus der GmbH, NZG 2024 S. 811.

1. Keine gesetzliche Regelung

2961 Der Geschäftsanteil ist grundsätzlich übertragbar (§ 15 Abs. 1 GmbHG), so dass ein Gesellschafter durch Veräußerung des Geschäftsanteils seine Beteiligung an der GmbH

1 BGH v. 20.6.1983 - II ZR 237/82, NJW 1983 S. 2880 f.

2 BGH v. 26.10.1983 - II ZR 87/83, BGHZ 88 S. 320, 325; v. 20.6.1983 - II ZR 237/82, NJW 1983 S. 2880 f.

aufgeben kann. Deshalb finden sich im GmbHG keine Bestimmungen über die Kündigung des Gesellschaftsvertrags oder die Kündigung der Beteiligung **(Austritt)**. Entsprechende Regelungen im Gesellschaftsvertrag sind jedoch zweifelsfrei zulässig.

Die Rechtsprechung hat aber – wie umgekehrt für die Ausschließung – das **Austrittsrecht** eines Gesellschafters aus **wichtigem Grund** anerkannt, weil es als Grundprinzip des Verbandrechts zu den unverzichtbaren Mitgliedschaftsrechten gehört und geltend gemacht werden kann, wenn Umstände vorliegen, die dem austrittswilligen Gesellschafter den weiteren Verbleib in der Gesellschaft unzumutbar machen.[1] Ein solcher Umstand kann z. B. sein, wenn die GmbH einseitig zu Lasten des Gesellschafters die Erträge thesauriert.[2] 2962

Erklärt ein Gesellschafter seinen **Austritt**, stellt dies sachlich eine **Kündigung** dar. Sie führt – wie die Ausschließung – nicht zu einer Auflösung der GmbH, sondern zur Einziehung oder Übernahme des Geschäftsanteils durch Mitgesellschafter[3] oder die GmbH. Notfalls muss der Gesellschafter hierauf klagen. 2963

Auch der austretende Gesellschafter hat Anspruch auf **Vergütung des vollen Wertes seines Geschäftsanteils**, wobei vorausgesetzt wird, dass die Abfindungszahlung durch die GmbH ohne Verletzung der Kapitalerhaltungsregeln vonstattengehen kann. 2964

2. Vertragliche Regelung

Wie die Ausschließung kann auch der Austritt eines Gesellschafters durch die Satzung geregelt werden durch nähere Bestimmung der Voraussetzungen für einen Austritt sowie in welcher Form dies zu geschehen hat und wie der Austritt durchzuführen ist, ob also der Geschäftsanteil einzuziehen oder zu verwerten ist, und schließlich wie die Mitgliedschaftsrechte bis zur Zahlung der Abfindung zu behandeln sind. Denn solange die Austrittserklärung – wie bei der Ausschließung – noch nicht umgesetzt ist, bleibt die Stellung des Austrittswilligen als Mitglied der Gesellschaft bestehen. 2965

Bevor eine **Austrittsklausel** in die Satzung aufgenommen wird, sollte sorgfältig geprüft werden, ob dafür überhaupt ein Bedürfnis besteht. Dies kann der Fall sein, wenn die Abtretung des Geschäftsanteils besonders erschwert ist. Ob und mit welchem Inhalt eine Austrittsregelung getroffen wird, hängt von den Bestimmungen ab, die der Gesellschaftsvertrag zur Veräußerlichkeit enthält. Je freier die Gesellschafter hier sind, desto weniger benötigen sie ein Kündigungsrecht (Austrittsrecht). Ähnliches gilt, wenn die vertraglichen Beschränkungen der Abtretbarkeit (Vinkulierung) mit der Klausel verbunden sind, die es dem Gesellschafter erlauben, sich auf jeden Fall von seiner Beteiligung zu trennen, weil z. B. eine Einziehungs- oder Übernahmepflicht der GmbH oder der Mitgesellschafter besteht, wenn die Genehmigung zur Veräußerung versagt wird. 2966

1 Vgl. BGH v. 16.12.1991 - II ZR 58/91, NWB YAAAF-83065, BGHZ 116 S. 359, 369.
2 BGH v. 28.4.1997 - II ZR 162/96, DStR 1997 S. 1336.
3 BGH v. 26.10.1983 - II ZR 87/83, BGHZ 88 S. 320 ff.; v. 20.1.1986 - II ZR 73/85, BGHZ 97 S. 28.

3. Kündigung

2967 In der Satzung kann den Gesellschaftern auch ein **Kündigungsrecht** eingeräumt werden, das nicht an einen wichtigen Grund gebunden sein muss.[1] Jedoch ist eine gewisse Zurückhaltung geboten und es sollte klar zum Ausdruck kommen, ob die Kündigung die Auflösung der Gesellschaft oder – was die Regel sein dürfte – nur das Ausscheiden des betreffenden Gesellschafters mit Einziehung seines Geschäftsanteils oder Übernahme des Geschäftsanteils und Zahlung einer Abfindung zur Folge haben soll. Wollen die Gesellschafter in der Satzung eine Kündigungsregelung treffen, sollten die folgenden Punkte geklärt werden:

- Wer darf kündigen?
- Unter welchen Voraussetzungen bzw. mit welchen Fristen und zu welchem Zeitpunkt darf gekündigt werden?
- In welcher Form und wem gegenüber ist die Kündigung zu erklären?
- Was sind die Rechtsfolgen der Kündigung (Einziehung oder Abtretung des Geschäftsanteils, Abfindung, Wirksamwerden des Austritts unabhängig von deren Zahlung, Ausübung der Mitgliedschaftsrechte während der eventuellen Schwebezeit zwischen Austritt und Umsetzung)?

2968–2990 *(Einstweilen frei)*

III. Abfindung

LITERATUR:

Bacher/Späth, Fehlerhafte Abfindungsklauseln in GmbH-Satzungen, GmbHR 2003 S. 517; *dies.*, Die Anfechtbarkeit oder Nichtigkeit fehlerhafter Abfindungsklauseln in der GmbH-Satzung, GmbHR 2003 S. 973; *Großfeld/Merkelbach*, Wirtschaftsdaten für Juristen: Grundlagen einer disziplinierten Unternehmensbewertung, NZG 2008 S. 241; *Arens*, Abfindung nach Stuttgarter Verfahren im Gesellschaftsvertrag, GWR 2017 S. 193.

2991 Der Gesellschafter, der aus der GmbH ausgeschlossen wird oder selbst aus der Gesellschaft austritt, hat ebenso wie der Gesellschafter, dessen Geschäftsanteil eingezogen wird, einen **Anspruch auf Zahlung einer Abfindung**. Enthält die Satzung keine abweichende Regelung, dann bemisst sich deren Höhe nach dem Verkehrswert des Geschäftsanteils. Der Wert des Geschäftsanteils ist auf der Grundlage des wirklichen Werts des lebenden Unternehmens einschließlich aller stillen Reserven und auch eines Goodwill zu errechnen, wobei der Preis maßgebend ist, der bei der Veräußerung des Unternehmens als Einheit zu erzielen wäre. Der Preis muss i. d. R. durch das Gutachten eines Sachverständigen ermittelt werden.[2]

2992 Die Satzung kann den Abfindungsanspruch **beschränken** und **andere Bewertungsmaßstäbe** festlegen. Zulässig können sich in Satzungen findende Regeln sein, wonach sich

1 BGH v. 26.10.1983 - II ZR 87/83, BGHZ 88 S. 320.

2 BGH v. 16.12.1991 - II ZR 58/91, NWB YAAAF-83065, BGHZ 116 S. 359; v. 19.6.2000 - II ZR 73/99, BGHZ 144 S. 365.

die Abfindung nach dem **Buchwert**,[1] dem **„Vermögensteuerwert"**,[2] dem **„Steuerkurswert"**,[3] dem **gemeinen Wert**[4] oder nach dem **„erzielten Jahresüberschuss"**[5] bemisst. Welchen Wertansatz die Gesellschafter wählen, steht diesen grundsätzlich frei. Allerdings muss ein grobes Missverhältnis zwischen satzungsgemäß bemessenem Abfindungsbetrag und Anteilswert i. S. v. wirklichem Wert (= Verkehrswert) vermieden werden, da dies gegen die gute Sitten verstoßen und zur Nichtigkeit der Klausel gem. § 138 BGB führen kann. Weiterhin zu beachten ist das Gebot klarer und eindeutiger Regelungen, damit jeder Gesellschafter weiß, welche Konsequenzen ein Ausschluss oder Austritt haben wird. Maßgebender Zeitpunkt für die Beurteilung ist die Errichtung der Satzung.

So sind Buchwertklauseln zwar grundsätzlich zulässig, jedoch ist das Risiko einer späterer Unanwendbarkeit sehr hoch, da weites Zurückbleiben der Buchwerte hinter wirklichem Unternehmenswert bei erfolgreichen Gesellschaften geradezu vorgezeichnet ist.[6] Als von Anfang an **nichtig** sind Klauseln befunden worden, die die Abfindung auf die **Hälfte des Buchwerts** beschränkten[7] oder eine ratenweise Tilgung über 15 Jahre vorsahen.[8] Auch eine Klausel, die eine **Abfindung ganz ausschließt,** dürfte **unwirksam** sein, wenn nicht ein besonderer Ausnahmefall vorliegt.[9] Zu warnen ist auch vor Klauseln, die die Gläubiger des Gesellschafters benachteiligen, weil sie bei Ausschließung wegen Insolvenz oder Pfändung des Geschäftsanteils ein geringeres Abfindungsentgelt festlegen, als es in anderen Fällen zu zahlen wäre. Solche Bestimmungen sind unwirksam.

Gegen die Anwendung einer – zunächst wirksamen – Abfindungsklausel können später 2993
Bedenken entstehen, wenn sich die Verhältnisse so entwickelt haben, dass zwischen dem Verkehrswert des Geschäftsanteils und der satzungsgemäß zu zahlenden Abfindung (z. B. Buchwert) ein **grobes Missverhältnis** entstanden ist. Dies könnte faktisch dazu führen, dass der Gesellschafter von seinem Austrittsrecht abgeschnitten würde.[10] Der BGH beurteilt eine solche Klausel, die sich erst im Nachhinein wegen des Unterschieds zwischen wahrem Wert und vertraglicher Abfindung als unzulässige Kündigungserschwerung darstellt, nicht mehr als nichtig, sondern fordert, dass die Klausel im Wege der ergänzenden Vertragsauslegung an die **veränderten Verhältnisse angepasst** wird.[11] Es ist dann zu prüfen, ob sich der Gesellschafter an der einmal vereinbarten Klausel festhalten lassen muss und was der angemessene Wert der Abfindung ist, der nach Lage der Dinge nicht unterschritten werden darf, um nicht unzumutbar zu sein.

Ein noch höheres Risiko späterer Unanwendbarkeit, u. U. sogar anfänglicher Nichtigkeit 2994
besteht bei Nennwertklauseln, die eine Abfindung auf einen Betrag der nicht durch

1 BGH v. 10.2.1994 - IX ZR 109/93, DStR 1994 S. 756.
2 BGH v. 29.6.1992 - II ZR 163/91, DStR 1992 S. 1371.
3 BGH v. 19.6.2000 - II ZR 73/99, BGHZ 144 S. 365.
4 BGH v. 16.5.1994 - II ZR 173/93, DStR 1994 S. 1623.
5 BGH v. 20.6.1994 - II ZR 90/93, DStR 1994 S. 1503.
6 OLG Frankfurt v. 9.9.1977 - 20 W 702/76, NJW 1978 S. 328; OLG München v. 8.7.1992 - 7 U 1562/91, DB 1993 S. 2325; krit. jedoch OLG München v. 17.9.1987 - 24 U 794/86, BB 1987 S. 2392.
7 BGH v. 9.1.1989 - II ZR 83/88, NJW 1989 S. 2685.
8 BGH v. 9.1.1989 - II ZR 83/88, NJW 1989 S. 2685.
9 GmbH verfolgt nur ideelle Zwecke: BGH v. 2.6.1997 - II ZR 81/96, NWB CAAAF-83068, BGHZ 135 S. 387.
10 Vgl. BGH v. 16.12.1991 - II ZR 58/91, NWB YAAAF-83065, BGHZ 116 S. 359, 369 f.
11 BGH v. 19.6.2000 - II ZR 73/99, BGHZ 144 S. 365.

Verlust geminderten Einlage beschränken und selbst offen ausgewiesene Rücklagen außer Betracht lassen. Ausnahmen können sich aus besonderer Interessenlage ergeben. Nicht ganz selten sind modifizierte, d.h. durch zusätzliche Elemente verbesserte Nennwertklauseln; ihre Tragfähigkeit kann nur im Einzelfall beurteilt werden.[1]

2995

TAB. 1: Übersicht über Ermittlungsgrundlagen[2]

Bezeichnung	Bewertungsmethode	Kritik
Buchwertklausel	Eine solche Klausel findet sich insbesondere in älteren Gesellschaftsverträgen. Danach erhält der Gesellschafter den auf der Grundlage der Handels- oder Steuerbilanz ermittelten Buchwert abzgl. Schulden. Der Geschäftswert und stille Reserven oder der „Good Will" werden nicht berücksichtigt.	Regelmäßig entspricht der Buchwert nicht dem tatsächlichen Anteilswert. Der tatsächliche Wert wird im Regelfall höher sein als der Buchwert; so bspw., wenn sich erhebliche stille Reserven im Anlagevermögen befinden. Zwar ist eine solche Klausel grds. wirksam, allerdings besteht eine erhebliche Gefahr der Unwirksamkeit – wenn die Buchwertklausel den ausscheidenden Gesellschafter erheblich benachteiligt – ggf. kann diese ergänzend ausgelegt werden, was zu einem höheren Abfindungsanspruch des Gesellschafters führt; siehe oben.
Nennwertklauseln	Nennwertklauseln beschränken die Abfindung auf die nicht durch Verluste geminderte Einlage des Gesellschafters.	Hohes Risiko der späteren Unanwendbarkeit; möglicherweise sogar der anfänglichen Nichtigkeit.
Vereinfachtes Ertragswertverfahren	Das vereinfachte Ertragswertverfahren hat nach der Erbschaftsteuerreform das Stuttgarter Verfahren abgelöst und gilt für Kapital- und Personengesellschaften. Ausgangswerte sind die Gewinne nach § 4 Abs. 1 und 3 EStG. Davon werden nach § 202 Abs. 1 Nr. 1 und § 202 Abs. 1 Nr. 2 BewG verschiedene Zu- und Abrechnungen vorgenommen, so dass einmalige Effekte wie z. B. einmalige Veräußerungsgewinne neutralisiert werden. Ein typisierter pauschaler Ertragsteueraufwand von jeweils 30 % wird abgezogen. Dieses Ergebnis wird kapitalisiert. Dazu wird der Basiszins genommen. Dies ist ein einmal jährlich, jeweils zum ersten Börsentag des Jahres durch die Bundesbank festgesetzter Zinssatz, der vom BMF im BStBl veröffentlicht wird. Darauf wird ein pauschalierter Zuschlag von 4,5 % gerechnet, so dass sich ein Kapitalisierungszins ergibt. Dieser führt zu dem Kapitalisierungsfaktor; vgl. §§ 202 ff. BewG.	Die Unternehmensbewertung baut auf einer Betrachtung der Vergangenheit auf. Die Diskontierung mit einem typisierten festen Zuschlag von 4,5 % berücksichtigt nicht immer alle Risiken der Zukunftsbetrachtungen. Dieser ist zudem willkürlich festgesetzt.

1 Vgl. BGH v. 16.12.1991 - II ZR 58/91, NWB YAAAF-83065, BGHZ 116 S. 359, 367 ff., 375 f., NJW 1992 S. 892; Noack/Servatius/Haas/Kersting, GmbHG, § 34 Rz. 35a.

2 Arens, GWR 2017 S. 193.

TAB. 2:	Abfindung nach Stuttgarter Verfahren im Gesellschaftsvertrag[1]		
IDW-Verfahren	Die Anteilsbewertung erfolgt auf der Grundlage einer Unternehmensbewertung nach den geltenden Bewertungsgrundsätzen des IDW. Der Unternehmenswert ergibt sich grundsätzlich aus den finanziellen Überschüssen, die bei Fortführung des Unternehmens und Veräußerung des nicht betriebsnotwendigen Vermögens erwirtschaftet werden.	Die Berechnung der Abfindung erfolgt in einem komplexen Verfahren. Oftmals wird ein Steuerberater als „Schiedsrichter" festgelegt.	2996

(Einstweilen frei) 2997–3000

IV. Beispiel für eine Ausschlussbestimmung im Gesellschaftsvertrag[2]

Art. ... Ausschluss von Gesellschaftern 3001

(1) Ein Gesellschafter kann aus der Gesellschaft ausgeschlossen werden, wenn

1.1. ein wichtiger Grund in seiner Person vorliegt, der es für die übrigen Gesellschafter unzumutbar macht, das Gesellschaftsverhältnis fortzusetzen. Ein wichtiger Grund ist der grobe Verstoß gegen die Bestimmungen des Gesellschaftsvertrags, insbesondere die unter Art. ..., sowie gegen die gegenseitige Treuepflicht;

1.2. rechtskräftig über sein Vermögen das Insolvenzverfahren eröffnet oder die Eröffnung mangels Masse abgelehnt worden ist;

1.3. seine Geschäftsanteile ganz oder teilweise gepfändet werden und die Pfändung nicht innerhalb eines Monats aufgehoben wird;

1.4. er die eidesstattliche Versicherung über die Richtigkeit seines Vermögensverzeichnisses abzugeben hat;

1.5. er nicht nach Art. ... nachfolgeberechtigt ist;

1.6. er selbst die Gesellschaft kündigt oder aus ihr austritt.

(2) Der Ausschluss erfolgt durch Beschluss der Gesellschafterversammlung, der mit einfacher Mehrheit der abgegebenen Stimmen gefasst wird, und wird mit Zugang der schriftlichen Ausschließungserklärung der Gesellschaft gegenüber dem betroffenen Gesellschafter sofort wirksam. Bei Fassung des Ausschließungsbeschlusses hat der betroffene Gesellschafter kein Stimmrecht. Die Zahlung der Abfindung gem. Art. ... ist nicht Voraussetzung für die Wirksamkeit des Ausschlusses.

(3) Das Recht der Gesellschaft, einen Gesellschafter auszuschließen, erlischt, wenn die Ausschließung nicht innerhalb von sechs Monaten nach Eintritt ihrer Voraussetzungen erklärt wird.

1 Arens, GWR 2017 S. 193.
2 Teilweise in Anlehnung an den Formulierungsvorschlag von Battke, GmbHR 2008 S. 850, 857.

(4) Der Ausschluss wird unwirksam, wenn er nicht innerhalb von drei Monaten nach den Bestimmungen des Art. … (Wirkung und Vollzug des Ausschlusses) umgesetzt und vollzogen wird.

(5) Sind an einem Geschäftsanteil mehrere Personen ungeteilt mitberechtigt, ist der Ausschluss auch zulässig, wenn die Voraussetzungen nur in der Person eines Mitberechtigten vorliegen. Die Gesellschaft ist berechtigt, im Beschluss über den Ausschluss den Geschäftsanteil nach dem Verhältnis der Mitberechtigung zu teilen, den auf den auszuschließenden Gesellschafter verhältnismäßig entfallenden Teilgeschäftsanteil abzuspalten und die Ausschließung hierauf zu beschränken.

Art. … Vollzug und Wirkung des Ausschlusses

(1) Durch den Ausschluss verliert der Gesellschafter sämtliche Rechte aus seinen Geschäftsanteilen. Bei Pfändung beschränkt sich die Wirkung des Ausschlusses auf die gepfändeten Geschäftsanteile.

(2) Die Gesellschaft muss die Mitgesellschafter unverzüglich von dem Ausschluss unterrichten. Die Geschäftsanteile, auf die sich der Ausschluss erstreckt, können von jedem Mitgesellschafter übernommen werden. Machen mehrere Gesellschafter von dem Übernahmerecht Gebrauch, sind sie im Verhältnis der Nennbeträge ihrer Geschäftsanteile berechtigt, können sich aber auch auf eine andere Verteilung einigen. Das Übernahmerecht erlischt, wenn es nicht binnen zwei Monaten nach Wirksamwerden des Ausschlusses schriftlich gegenüber der Gesellschaft ausgeübt ist. Die Gesellschaft hat die Geschäftsanteile dann auf die Übernehmer zu übertragen, wobei vorher bei Bedarf Teilgeschäftsanteile nach dem Verhältnis der Nennbeträge der Geschäftsanteile der übernahmewilligen Gesellschafter gebildet werden können. Jeder Gesellschafter erteilt im Voraus für den Fall seines wirksamen Ausschlusses der Gesellschaft unwiderruflich die Genehmigung, seine Geschäftsanteile zu übertragen.

(3) Geschäftsanteile, die nicht nach Absatz (2) übertragen worden sind, werden eingezogen.

(4) Der ausgeschlossene Gesellschafter erhält für seine Geschäftsanteile, auf die sich der Ausschluss erstreckt, eine Entschädigung nach Art. … des Gesellschaftsvertrags. Die Entschädigung ist bei Übernahme der Geschäftsanteile von den erwerbenden Gesellschaftern im Verhältnis der Nennbeträge der von ihnen jeweils übernommenen Geschäftsanteile mit befreiender Wirkung für die Gesellschaft zu entrichten.

3002–3010 *(Einstweilen frei)*

5. Abschnitt: Die Organe der GmbH

3011 Wie jede juristische Person braucht auch die GmbH Organe („Kopf und Hände"), durch die sie handelt. Organe sind nach dem GmbHG die Gesellschafterversammlung als Willensbildungsorgan (§§ 45 ff. GmbHG) und der oder die Geschäftsführer als Handlungsorgan (§§ 6 und 35 ff. GmbHG). In bestimmten Fällen tritt der Aufsichtsrat hinzu mit Überwachungsfunktion. Die Satzung kann zusätzliche Gremien vorsehen, wie z. B. einen Beirat, und dessen Aufgaben regeln.

ABB 1: Organisationsmodell einer GmbH[1] 3012

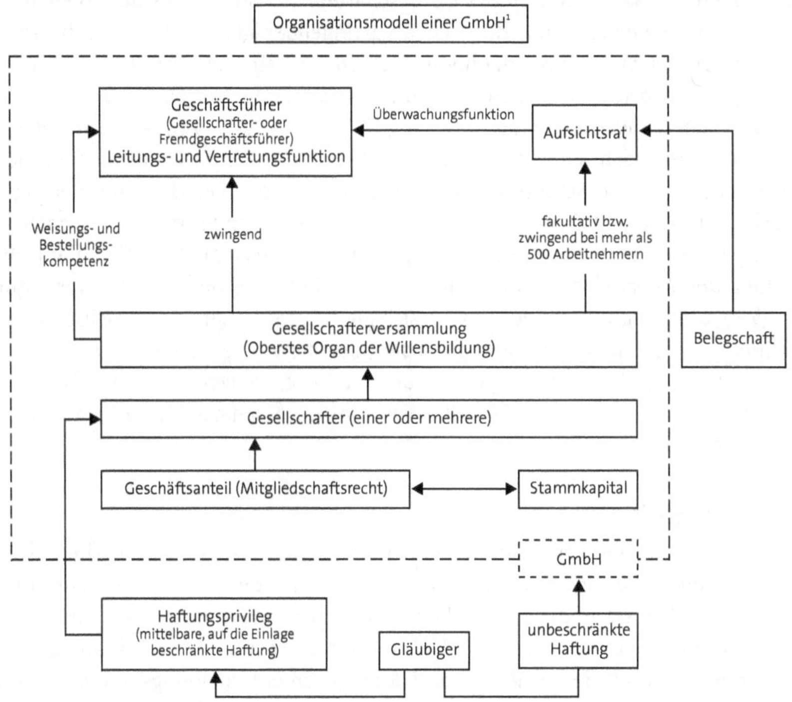

(Einstweilen frei) 3013–3020

A. Die Gesellschafterversammlung

I. Bedeutung und Aufgaben

1. Organ der Gesellschaft

Oberstes Willensorgan der GmbH ist die **Gesamtheit der Gesellschafter**, die ihren Willen „in Versammlungen" (§ 48 Abs. 1 GmbHG) durch Beschluss bildet. Insofern ist die **Gesellschafterversammlung das zentrale Organ der GmbH**, in dem die Gesellschafter ihren Willen bilden und ihre Entscheidungen treffen.[2] Der BGH bezeichnet den Gesellschafterbeschluss als „Sozialakt der körperschaftlichen Willensbildung durch Mehrheitsentscheid".[3] In der Literatur wird er als Rechtsgeschäft eigener Art bezeichnet, das auf den Stimmabgaben der Mitglieder beruht und sich auf eine kollektive, rechtsverbindliche Willensbildung richtet.[4] 3021

1 Nach Klunzinger, Grundzüge des Gesellschaftsrechts, § 11, S. 247.
2 Goette, Die GmbH, § 7 Rz. 1; BGH v. 6.3.1997 - II ZB 4/96, BGHZ 135 S. 48, 53, NJW 1997 S. 1985.
3 BGH v. 22.9.1969 - II ZR 144/68, BGHZ 52 S. 316, 318.
4 Vgl. Beck HB GmbH/Fischer/Gerber, § 4 Rz. 1, m. w. N.

2. Zuständigkeit und Kompetenz

3022 Die Aufgaben und Kompetenzen der Gesellschafterversammlung als dem obersten Organ der GmbH ergeben sich nur zum Teil aus zwingenden gesetzlichen Vorschriften, die im Grunde **existenzielle Angelegenheiten** der GmbH betreffen, wie die Änderung der Satzung (§ 53 GmbHG), Beschlüsse über die Umwandlung, Verschmelzung oder Spaltung nach dem UmwG sowie die Auflösung der Gesellschaft (§ 60 Nr. 2 GmbHG) oder deren Fortsetzung nach Auflösung. Wegen der Bedeutung für die GmbH und die Gesellschafter sind der Gesellschafterversammlung Beschlüsse über die Einforderung von Nachschüssen (§§ 26, 28 GmbHG), über die Verweigerung von Informationen nach § 51a GmbHG[1] vorbehalten wie auch Beschlüsse, die das andere Organ betreffen, nämlich die Bestellung und Abberufung von Geschäftsführern (§ 46 Nr. 5 GmbHG) und von Liquidatoren (§ 66 GmbHG). Im Übrigen ergibt sich die Zuständigkeit der Gesellschafterversammlung aus der Satzung als dem gleichsam obersten Regelwerk, das sich die Gesellschafter selbst und der GmbH gegeben haben, und schließlich erst dann aus den dispositiven Vorschriften des § 46 GmbHG, wenn im Gesellschaftsvertrag nichts geregelt ist (§ 45 Abs. 2 GmbHG).

a) Allzuständigkeit

3023 Nicht zuletzt kann die Gesellschafterversammlung als oberstes Unternehmensorgan jede Angelegenheit an sich ziehen, für die keine zwingenden gesetzlichen Vorschriften bestehen, sog. **Allzuständigkeit,** und damit auch durch Weisungen unmittelbar in die Geschäftsführung eingreifen, sich die Zustimmung zu bestimmten Maßnahmen intern vorbehalten oder sogar deren Gegenstand der eigenen Entscheidungsbefugnis übertragen. Ausgenommen hiervon sind nur Aufgaben, die der Geschäftsführer „weisungsfrei“ kraft gesetzlicher Vorschriften wahrzunehmen hat, wie das Kapitalerhaltungsgebot nach § 43 Abs. 3 GmbHG, die Buchführungspflicht (§ 41 GmbHG), die Insolvenzantragspflicht nach § 15a InsO, die Sicherung der Insolvenzmasse (§ 15b InsO) oder andere öffentlich-rechtliche Pflichten, z. B. aus der Abgabenordnung.

3024 Umgekehrt lässt es die Vertragsfreiheit auch zu, dass die Gesellschafterversammlung **eigene Zuständigkeiten** auf **andere Organe oder einzelne Gesellschafter übertragen** kann (§ 45 Abs. 2 GmbHG), ausgenommen sind nur solche Angelegenheiten, über die die „Gesamtheit der Gesellschafter“ rechtsbegründend zu befinden hat, wie z. B. eine Satzungsänderung, die Einziehung eines Geschäftsanteils oder die Auflösung. Jedenfalls müssen Satzungsregelungen, die eigentlich in den Aufgabenkreis der Gesellschafterversammlung fallende Angelegenheiten auf den Geschäftsführer übertragen, **deutlich bestimmt** sein. Es muss klar hervorgehen, dass dem Geschäftsführer nicht nur die Umsetzung eines von der Gesellschafterversammlung zu fassenden Beschlusses obliegt, sondern ihm auch die Entscheidungskompetenz selbst zukommen soll.[2]

1 BGH v. 6.3.1997 - II ZB 4/96, BGHZ 135 S. 48, 50.

2 Vgl. BGH v. 11.12.1995 - II ZR 268/94, DStR 1996 S. 111, zu der Einforderung von restlichen Stammeinlagen, wo die Formulierung, die Restbareinlage werde nach Anforderung durch die Geschäftsführung fällig, als nicht genügend klar beurteilt worden ist, mit Anm. Goette.

Zudem können durch die Gründungssatzung oder eine spätere Satzungsänderung die Geschäftsführer in dem gesetzlich umrissenen Umfang und den gesetzlich vorgegebenen Höchstfristen ermächtigt werden, das Stammkapital bis zu einem bestimmten Nennbetrag durch Ausgabe neuer Geschäftsanteile gegen Einlage zu erhöhen („Genehmigtes Kapital“ gem. § 55a GmbHG – zu den Einzelheiten vgl. Rz. 1998 ff.).

b) Bestellungs-, Überwachungs- und Weisungskompetenz gegenüber Geschäftsführern

Zu den wesentlichen Aufgaben der Gesellschafterversammlung gehört die **Bestellung und die Überwachung der Geschäftsführer**. 3025

Dabei bezieht sich die in § 46 Nr. 5 GmbHG formulierte **Kompetenz** der „Bestellung, Abberufung und Entlastung“ sowohl auf das **Organverhältnis** als auch auf das **Anstellungsverhältnis**, so dass die Gesellschafterversammlung auch über die Begründung, Veränderung oder Beendigung des Dienstverhältnisses mit dem Geschäftsführer zu entscheiden hat.[1] Eine Ausnahme gilt nur für die mitbestimmte GmbH, wo der Aufsichtsrat für die Bestellung und die Anstellung von Geschäftsführern zuständig ist.[2] 3026

Zur Überwachung der Geschäftsführung (§ 46 Nr. 6 GmbHG) steht der Gesellschafterversammlung das **allgemeine Informationsrecht** und das Recht zu einer **Sonderprüfung** sowie das Recht der **Weisung** zur Verfügung. Sie kann durch Gebote und Verbote im Einzelfall oder allgemein durch eine **Geschäftsordnung,** Verhaltensmaßregeln oder Zustimmungsvorbehalte der Geschäftsführung bestimmte Vorgaben machen. Der Geschäftsführer hat grundsätzlich die Weisungen zu befolgen (§ 37 Abs. 1 GmbHG), es sei denn, er würde die ihm im öffentlichen Interesse auferlegten Pflichten verletzten, wenn er der Weisung nachkäme. Will die Gesellschafterversammlung im Einzelfall ein bestimmtes Verhalten der Geschäftsführung erreichen, muss sie eine entsprechende Weisung erteilen. Dies gilt insbesondere, wenn in einer konkreten Situation von den Vorgaben der Unternehmenspolitik abgewichen werden soll. **Durchsetzen** kann die Gesellschafterversammlung ihre Weisung dadurch, dass sie den Geschäftsführer – vorbehaltlich besonderer Regelungen nach § 38 Abs. 2 GmbHG – **jederzeit abberufen** kann. 3027

3. Regelung durch die Satzung

Das GmbHG gibt in § 46 GmbHG einen **Katalog der Zuständigkeiten** der Gesellschafterversammlung vor. Die Aufzählung ist nicht erschöpfend und nicht zwingend (§ 45 Abs. 2 GmbHG). Für den Aufgabenkreis der Gesamtheit der Gesellschafter gilt vielmehr zunächst die Satzung, die die Gesellschafter sich selbst und der GmbH als Grundlage für den körperschaftlichen Zusammenschluss gegeben haben, wobei zwingende gesetzliche Vorschriften nicht außer Kraft gesetzt werden können. In den anderen Fällen kann die **Satzung** von der gesetzlichen Regelung abweichen und hat dann **Vorrang** vor den dispositiven Vorschriften des GmbHG, die ergänzend eingreifen, wenn die Satzung zu einer bestimmten Frage schweigt. Eine gewisse Vorsicht ist aber bei Satzungsbestim- 3028

1 Vgl. BGH v. 25.3.1991 - II ZR 169/90, DStR 1991 S. 751; v. 3.7.2000 - II ZR 282/98, DStR 2000 S. 1743; OLG Oldenburg v. 7.2.2024 - 5 U 33/23, NJW 2024 S. 1592.

2 BGH v. 14.11.1983 - II ZR 33/83, BGHZ 89 S. 48, 56.

mungen geboten, die (gesetzliche) Zuständigkeiten der Gesamtheit der Gesellschafter einem anderen Organ der Gesellschaft – meist der Geschäftsführung – in so bedeutenden Angelegenheiten übertragen wollen, dass die Gesellschafterversammlung darüber konstitutiv zu befinden hat.

4. Willensbildung durch Beschlussfassung

3029 Die **Willensbildung** der Gesamtheit der Gesellschafter geschieht durch **Beschlussfassung (§ 47 GmbHG)**, die i.d.R. in der Gesellschafterversammlung erfolgt (§ 48 Abs. 1 GmbHG). Dabei schließen Abstimmung und Fassung des Beschlusses den Willensbildungsprozess ab. Davor erörtern und beraten – jedenfalls bei einer Mehrpersonengesellschaft – die Gesellschafter den Gegenstand der Beschlussfassung. In diesem Stadium des **Willensbildungsprozesses** darf **jeder Gesellschafter teilnehmen** und seine Beiträge einbringen, auch wenn er anschließend **nicht stimmberechtigt** ist, weil es um eine ihn betreffende Angelegenheit geht. Die (aktive) Teilnahme an der Aussprache, die der Abstimmung vorausgeht, darf grundsätzlich keinem Gesellschafter verwehrt werden.

3030 Der Abhaltung einer Gesellschafterversammlung bedarf es aber nicht, wenn sämtliche Gesellschafter sich in **Textform** (§ 126b BGB) mit der zu treffenden Regelung einverstanden erklären oder mit der schriftlichen Abgabe der Stimmen einverstanden sind (§ 48 Abs. 2 GmbHG), wobei dieses Einverständnis wiederum mündlich erklärt werden kann. Die Satzung kann die Möglichkeiten einer Beschlussfassung außerhalb der Gesellschafterversammlung erweitern und sie insbesondere für Eilfälle vorsehen. Auch eine **kombinierte Beschlussfassung** ist – vorbehaltlich einer entsprechenden Satzungsbestimmung – möglich, indem nicht alle Gesellschafter ihre Stimmen innerhalb der Gesellschafterversammlung abgeben, sondern es einzelnen Gesellschaftern gestattet wird, ihr Stimmrecht mündlich oder schriftlich – außerhalb der Versammlung – vor oder nach deren Durchführung wahrzunehmen. Vgl. im Übrigen unten Rz. 3261 ff., 3291 f.

3031–3050 *(Einstweilen frei)*

II. Zuständigkeitskatalog

1. Zwingende Zuständigkeit

3051 Das GmbHG kennt nur wenige Fälle, in denen zwingend die Zuständigkeit der Gesellschafterversammlung vorgeschrieben ist, wobei die Bezeichnung „Zuständigkeit der Gesellschafterversammlung" rechtlich nicht korrekt ist, weil sich die Willensbildung der Gesellschafter nicht unbedingt in Gesellschafterversammlungen vollziehen muss. Die Gesamtheit der Gesellschafter (i.S. der Gesellschafterversammlung) ist zwingend zuständig für die Einforderung von Nachschüssen gem. § 26 GmbHG, für Satzungsänderungen gem. § 53 GmbHG, für die Beschlussfassung über die Auflösung der Gesellschaft gem. § 60 Nr. 2 GmbHG und schließlich für die Ernennung und Abberufung von Liquidatoren gem. § 66 GmbHG. Auch § 49 Abs. 3 GmbHG (Verlust der Hälfte des Stammkapitals oder drohende Zahlungsunfähigkeit bei der UG, § 5a Abs. 4 GmbHG) sei in diesem Zusammenhang genannt, ferner die Wahl von Aufsichtsratsmitgliedern (§ 52 GmbHG) und Abschlussprüfern (§ 318 HGB). Auch über Umwandlung oder Verschmelzung hat die Gesellschafterversammlung zu entscheiden.

2. Zuständigkeit mangels gesellschaftsvertraglicher Regelung

Abgesehen von den genannten Fällen gewährt der Gesetzgeber den GmbH-Gesellschaftern volle Vertragsfreiheit für die Regelung der Zuständigkeit. Machen die Gesellschafter von dieser Vertragsfreiheit in der Weise Gebrauch, dass sie in ihren Gesellschaftsvertrag keine einschlägigen Bestimmungen aufnehmen, dann kommen die §§ 46 ff. GmbHG zum Zuge (§ 45 Abs. 2 GmbHG). 3052

Vorausgesetzt also, dass der Gesellschaftsvertrag nichts anderes vorsieht, „unterliegen der Bestimmung der Gesellschafter" gem. § 46 GmbHG die nachfolgenden Angelegenheiten (Zuständigkeitskatalog). 3053

a) Zuständigkeitskatalog

- Feststellung des Jahresabschlusses und Verwendung des Ergebnisses; 3054
- Einforderung der Einlagen;
- Rückzahlung von Nachschüssen;
- Teilung, Zusammenlegung sowie Einziehung von Geschäftsanteilen;
- Bestellung, Abberufung und Entlastung von Geschäftsführern sowie die Aufhebung und Änderung des Geschäftsführerdienstvertrags;[1]
- Maßregeln zur Prüfung und Überwachung der Geschäftsführung;
- Bestellung von Prokuristen und Handlungsbevollmächtigten zum gesamten Geschäftsbetrieb;
- Geltendmachung von Ersatzansprüchen gegen Geschäftsführer oder Gesellschafter aus der Gründung oder Geschäftsführung, Regelung der Vertretung in Prozessen der Gesellschaft gegen die Geschäftsführer;
- Bei Geltung des Drittelbeteiligungsgesetzes Festlegung von Zielgrößen für den Frauenanteil im Aufsichtsrat und unter den Geschäftsführern (§ 52 Abs. 2 GmbHG).

Hinzu kommen noch die Kompetenzbereiche, die an anderer Stelle eine Beschlussfassung der Gesellschafterversammlung vorsehen, wie die Zustimmung zu Satzungsänderungen, Kapitalerhöhungen und Kapitalherabsetzungen. 3055

b) Anmerkungen zu einzelnen Zuständigkeiten

aa) Bestellung und Abberufung von Geschäftsführern (Nr. 5)

Die Zuständigkeit der Gesellschafterversammlung für die Angelegenheiten der Geschäftsführung gem. § 46 Nr. 5 GmbHG zählt zu den zentralen Beschlusskompetenzen der Gesellschafterversammlung. Die Kompetenzzuweisung gem. § 46 Nr. 5 GmbHG betrifft die Bestellung, Abberufung und Entlastung der Geschäftsführer; als Annexkompetenz fällt nach ganz h. M. auch die Regelung des Anstellungsverhältnisses in die Zu- 3056

1 BGH v. 25.3.1991 - II ZR 169/90, DStR 1991 S. 751; v. 3.7.2000 - II ZR 282/98, DStR 2000 S. 1743.

ständigkeit der Gesellschafterversammlung.[1] Einzelheiten zur Bestellung und Abberufung werden im Rahmen des Anstellungsvertrags unter Rz. 3511 ff. besprochen.

Über die **Entlastung** des Geschäftsführers befindet nach § 46 Nr. 5 GmbHG ebenfalls die Gesellschafterversammlung. Mit der Entlastung **billigen** die Gesellschafter **die Amtsführung** der Geschäftsführer **in der Entlastungsperiode** und **sprechen** ihnen **gleichzeitig für die künftige Geschäftsführung das Vertrauen aus.**[2] Die weitergehende Bedeutung des Entlastungsbeschlusses liegt aber darin, dass die GmbH mit **Ersatzansprüchen und Kündigungsgründen ausgeschlossen ist,** die der Gesellschafterversammlung bei sorgfältiger Prüfung aller Vorlagen und Berichte erkennbar sind, oder von denen alle Gesellschafter privat Kenntnis haben.[3]

Ein Verstoß gegen die gesellschaftliche Treupflicht liegt deshalb vor, wenn der Beschluss über die Entlastung des Geschäftsführers zu einem Zeitpunkt herbeigeführt wird, in dem die Gesellschafter zwar wissen, dass der Geschäftsführer seine Pflichten verletzt hat, aber noch nicht beurteilen können, ob der GmbH daraus ein Schaden entstanden ist, und der Entlastungsbeschluss gefasst wird, um den Geschäftsführer aus der Verantwortung für sein Verhalten zu befreien und um damit eine weitere Untersuchung zu verhindern.[4] Wenn **bekannte Ansprüche** wegen einer Entlastung **nicht mehr verfolgt werden können**, heißt das zugleich, dass **unbekannte** oder **nicht erkennbare** Fehlhandlungen der Geschäftsführung von der Entlastung regelmäßig **nicht erfasst** werden.

3057 Dies ist allerdings der Fall, wenn der Gesellschafterbeschluss eine sog. **Generalbereinigung**[5] ausspricht. Dann wird im rechtlich zulässigen Rahmen auf sämtliche denkbaren Ersatzansprüche verzichtet, ohne dass es auf die konkrete Kenntnis oder ein Kennenkönnen ankäme. Auch für die Generalbereinigung folgt die Zuständigkeit der Gesellschafterversammlung aus § 46 Nr. 5 GmbHG, da der Kompetenzvorbehalt für die Entlastung erst recht für die weiterreichenden Wirkungen der Generalbereinigung gelten muss.

3058 Unter Ersatzansprüchen in Zusammenhang mit der Entlastung und der Generalbereinigung versteht man sämtliche Ansprüche,[6] die sich aus der **organschaftlichen** Stellung des Geschäftsführers im Hinblick auf die von ihm veranlassten Vorgänge im Rahmen der Geschäftsführung ergeben. Kommen als Haftungsgrundlage auch andere Rechtsbeziehungen außerhalb des Organverhältnisses in Betracht, werden diese nicht von einer Entlastung erfasst.

1 BGH v. 3.7.2018 - II ZR 452/17, NWB TAAAG-92020, NZG 2018 S. 1073, 1074; v. 9.10.1989 - II ZR 16/89, GmbHR 1990 S. 33, 34.

2 Vgl. BGH v. 20.5.1985 - II ZR 165/84, BGHZ 94 S. 324, 326; zu weiteren Einzelheiten s. Wälzholz/Wolffskeel v. Reichenberg, NWB 2017 S. 943 und Holthausen, GmbHR 2019 S. 634, 638.

3 OLG Düsseldorf v. 20.12.2019 - I-17 U 22/18, GmbHR 2021 S. 30, 32; OLG München v. 27.2.2013 - 7 U 4465/11, GmbHR 2013 S. 813, 815.

4 Vgl. BGH v. 4.5.2009 - II ZR 169/07, NWB AAAAD-31569, ZIP 2009 S. 2195.

5 Vgl. BGH v. 21.4.1986 - II ZR 165/85, BGHZ 97 S. 382, 389; v. 8.12.1997 - II ZR 236/96, DStR 1998 S. 459.

6 BGH v. 21.4.1986 - II ZR 165/85, BGHZ 97 S. 382, mit sämtlichen aus der Geschäftsführung hergeleiteten vertraglichen und außervertraglichen Ansprüchen einschließlich Bereicherungsansprüchen.

BEISPIEL: Der vom Verbot des § 181 BGB befreite Geschäftsführer hat namens der GmbH mit sich als Warenlieferant einen Lieferungsvertrag über Waren abgeschlossen, für die die GmbH – für den Geschäftsführer erkennbar – nur eingeschränkte Absatzmöglichkeiten hat. Die GmbH erleidet beträchtliche Verluste, die vermieden worden wären, wenn die GmbH von dem Lieferanten über die Marktsituation „aufgeklärt" worden wäre. Dem Geschäftsführer wird Entlastung erteilt, er wird aber später entlassen. Die GmbH ist zwar mit Ansprüchen aus der Verletzung der organschaftlichen Pflichten ausgeschlossen, nicht aber z. B. mit Ansprüchen aus der Verletzung vertraglicher Aufklärungspflichten (Pflichtverletzung gem. § 280 Abs. 1 BGB).

Führt der Sachverhalt bei einem Gesellschafter-Geschäftsführer aber nicht nur zu einer 3059
Haftung aus dem Organverhältnis, sondern begründet er auch Ersatzansprüche wegen einer Verletzung der gesellschafterlichen Treuepflicht, kann sich die Entlastungswirkung auf beide Haftungsrundlagen erstrecken.[1]

Der Geschäftsführer selbst hat **keinen** einklagbaren **Anspruch auf Entlastung**. Er kann 3060
weder die Billigung seines bisherigen Verhaltens noch den Ausspruch des Vertrauens in seine künftige Geschäftsführung und schon gar nicht verlangen, dass die GmbH auf bekannte Ersatzansprüche verzichtet.[2]

bb) Bestellung eines Prokuristen

§ 46 Nr. 7 GmbHG weist der Gesellschafterversammlung die Aufgabe zu, **Prokuristen zu** 3061
bestellen. Dabei soll es sich im Unterschied zur Bestellung und Anstellung eines Geschäftsführers nur um einen Akt der internen Beschlussfassung handeln, während die Erteilung der Prokura nach außen und der Abschluss des Anstellungsvertrags mit dem Prokuristen dem Geschäftsführer als gesetzlichem Vertreter der GmbH obliegt.[3] Wegen der weitreichenden Folgen empfiehlt es sich aber, in die Satzung eine Bestimmung aufzunehmen, die alle mit der Erteilung der Prokura und deren Widerruf zusammenhängenden Angelegenheiten der Gesellschafterversammlung – wie beim Geschäftsführer – vorbehält.

cc) Geltendmachung von Ersatzansprüchen gegen Geschäftsführer und Gesellschafter

Der Zuständigkeitskatalog des § 46 GmbHG behält in der Nr. 8 die Entscheidung über 3062
die Geltendmachung von **Ersatzansprüchen** gegen den Geschäftsführer oder einen Gesellschafter der Gesellschafterversammlung vor. Die Entscheidung darüber ist insbesondere deshalb der Gesamtheit der Gesellschafter als dem obersten Gesellschaftsorgan vorzubehalten, weil der Entschluss, gegen den Geschäftsführer wegen Pflichtverletzungen gerichtlich vorzugehen und nicht eine einverständliche (diskrete) Lösung zu suchen, notwendig die Offenlegung innerer Gesellschaftsverhältnisse mit sich bringt und dies abträgliche Wirkungen für das Ansehen und die Kreditwürdigkeit der GmbH haben kann.[4] Der Kompetenzvorbehalt gilt auch, wenn der Geschäftsführer bereits ausgeschieden ist.

---

1 Vgl. aber BGH v. 14.9.1998 - II ZR 175/97, DStR 1999 S. 249.

2 BGH v. 20.5.1985 - II ZR 165/84, BGHZ 94 S. 324, 326; zum Streitstand s. Wälzholz/Wolffskeel v. Reichenberg, NWB 2017 S. 943, 947.

3 So BGH v. 14.2.1974 - II ZB 6/73, BGHZ 62 S. 166, 168.

4 BGH v. 20.11.1958 - II ZR 17/57, BGHZ 28 S. 355, 357.

3063 Ein der Regel des §46 Nr.8 GmbHG entsprechender **Beschluss** ist **materielle Voraussetzung für die Begründetheit der Klage** und nicht bloß der Zulässigkeit.[1] Wird gegen den Geschäftsführer eine Schadensersatzklage nach §43 Abs.2 GmbHG erhoben, muss der Beschluss nach §46 Nr.8 GmbHG noch nicht vorliegen, sondern kann noch später gefasst und dem Gericht – spätestens bis zum Schluss der mündlichen Verhandlung – vorgelegt werden.[2] Die Schadensersatzklage unterbricht deshalb die Verjährung, falls der für die Begründetheit erforderliche Beschluss der Gesellschafterversammlung noch nicht gefasst war. Auch der Einwand des verklagten Geschäftsführers, der Beschluss sei mangelhaft und deshalb anfechtbar, nutzt nichts, wenn der Beschluss nicht nach den aktienrechtlichen Vorschriften angefochten wird.[3]

3064 Bei einer Zweipersonen-GmbH hat der betroffene Gesellschafter gem. §47 Abs.4 GmbHG kein Stimmrecht, so dass auf einen förmlichen Gesellschafterbeschluss verzichtet werden kann, wenn der andere Gesellschafter, der zugleich Geschäftsführer ist, das Verfahren einleitet. Es steht dann fest, dass er die Schadensersatzklage billigt, und es wäre überflüssige Förmelei, dennoch die Abhaltung einer Gesellschafterversammlung zu verlangen, an der der betroffene Gesellschafter zwar teilnehmen kann, aber zu der ihn betreffenden Angelegenheit nicht stimmberechtigt ist und den anderen Gesellschafter kaum wird überzeugen können, von der Geltendmachung des Anspruchs abzusehen.[4]

3065 Während der Liquidation und in der Insolvenz der GmbH bedarf es keines Beschlusses der Gesellschafterversammlung nach §46 Nr.8 GmbHG, da es hier weniger um die Interessen der Gesellschaft als vielmehr um die Mehrung der Liquidations- bzw. der Insolvenzmasse und um die Befriedigung des Gläubigerinteresses geht.[5]

dd) Bestellung eines besonderen Prozessvertreters

3066 Mit der sich ebenfalls in §46 Nr.8 GmbHG findenden Regelung, die Aktiv- und Passivprozesse betrifft, soll **sichergestellt** werden können, dass die GmbH im Prozess **unvoreingenommen vertreten wird** und ihre **Interessen angemessen verfolgt** werden. Es besteht aber kein Zwang, dass die Gesellschafterversammlung einen besonderen Vertreter bestellt, wenn gegen den Geschäftsführer oder/und einen einzelnen Gesellschafter wegen einer Pflichtverletzung vorgegangen werden soll. Notwendig ist dies nur, wenn die GmbH außer dem Geschäftsführer, der wegen des geltend gemachten Ersatzanspruchs die Gesellschaft nicht vertreten kann, über keinen weiteren vertretungsberechtigten Geschäftsführer verfügt.[6] Im Übrigen ist ein Gesellschafter, gegen den ein Ersatzanspruch verfolgt werden soll, bei einem Beschluss über die Bestellung eines besonderen Prozessvertreters nicht abstimmungsberechtigt.[7]

1 BGH v. 24.5.1993 - II ZR 73/92, NJW 1993 S.2100.
2 BGH v. 3.5.1999 - II ZR 119/98, DStR 1999 S.907; BGH v. 20.2.2014 - IX ZR 54/13, NWB BAAAE-59318, NJW-RR 2014 S.505.
3 Vgl. dazu insgesamt BGH v. 3.5.1999 - II ZR 119/98, DStR 1999 S.907.
4 OLG Stuttgart v. 21.3.2019 - 14 U 26/16, NWB OAAAH-29449, GmbHR 2019 S.779, 781.
5 Vgl. BGH v. 14.7.2004 - VIII ZR 224/02, NWB TAAAC-04344, DStR 2004 S.1755.
6 Vgl. BGH v. 24.2.1992 - II ZR 79/91, NWB OAAAF-71523, DStR 1992 S.1026.
7 BGH v. 16.12.1991 - II ZR 31/91, BGHZ 116 S.353.

(Einstweilen frei) 3067–3080

3. Zuständigkeit nach Gesellschaftsvertrag

Obwohl das GmbHG in § 46 einen weitgehend interessengerechten und brauchbaren Katalog an Kompetenzen zur Verfügung stellt, kann die Satzung die Rechte der Gesellschafterversammlung ausdehnen, also auch andere wichtige Aufgaben der Beschlussfassung durch die Gesellschafter unterwerfen, also z. B. bestimmen: 3081

„Der Beschlussfassung durch die Gesellschafterversammlung unterliegen die durch Gesetz, insbesondere gem. § 46 GmbHG genannten und die nachfolgend aufgeführten Angelegenheiten:"

Es kann dann – wie es sich häufig findet – die Reihe **wichtiger Geschäfte** aufgezählt werden, wie z. B.: 3082

- Erwerb, Veräußerung und Belastung von Grundstücken und grundstücksgleichen Rechten und sonstige Verpflichtungen, die solche Gegenstände betreffen;
- Übernahme von Bürgschaften und Garantieversprechen;
- Erwerb und Veräußerungen von Beteiligungen;
- Eingehung von Organschaftsverhältnissen und ähnlichen Verträgen sowie Abschluss von Ergebnisabführungsverträgen;
- Veräußerung und Verpachtung des Betriebs der Gesellschaft im Ganzen oder eines Betriebsteils oder einer Sparte;
- Einrichtung und Aufhebung von Zweigniederlassungen;
- Anschaffung von Wirtschaftsgütern, wenn die Ausgaben im Einzelfall den Betrag von ... € überschreiten.

Die Satzung kann die Kompetenz der Gesellschafterversammlung aber auch dadurch einschränken, dass sie die Entschließung in andere Hände legt, vor allem z. B. einem Aufsichtsrat (Beirat) überträgt. Größte Zurückhaltung ist geboten, wenn die Zuständigkeit einzelner Gesellschafter begründet werden soll. Die Zuständigkeit Dritter, also Außenstehender, sollte grundsätzlich nicht vorgesehen werden; solche Regelungen können oft unwirksam sein. 3083

(Einstweilen frei) 3084–3090

III. Einberufung der Gesellschafterversammlung

LITERATUR:

Goette, Zur Erheblichkeit des Ladungsmangels einer Gesellschafterversammlung, DStR 1998 S. 130; *Mohr*, Gesellschafterversammlung der GmbH – Beratungstipps zur Vorbereitung und Durchführung, GmbH-Stb 1998 S. 141; *Müther*, Zur Nichtigkeit führende Fehler bei der Einberufung der GmbH-Gesellschafterversammlung, GmbHR 2000 S. 967; *Zeilinger*, Die Einberufung der Gesellschafterversammlung – Fallstricke für die Wirksamkeit von Gesellschafterbeschlüssen, GmbHR 2001 S. 541; *Abramenko*, Die Einberufung der Gesellschafterversammlung durch Unbefugte, GmbHR 2004 S. 723; *Gehrlein*, Zur Nichtigkeit von Gesellschafterbeschlüssen wegen schwerwiegenden Mängeln der Ladung zu einer Gesellschafterversammlung, BB 2006 S. 852.

1. Zuständigkeit

3091 Die **Einberufung** einer Gesellschafterversammlung ist nach § 49 Abs. 1 GmbHG grundsätzlich **Aufgabe der Geschäftsführer**. Besteht die Geschäftsführung aus mehreren Geschäftsführern, ist jeder unabhängig vom anderen einberufungsbefugt.[1] Auch der Notgeschäftsführer kann die Gesellschafterversammlung einberufen.[2] Ein abberufener Geschäftsführer ist allerdings nicht zur Einberufung befugt; § 121 Abs. 2 Satz 2 AktG ist nicht entsprechend anwendbar.[3] Die Satzung kann vorsehen, dass andere Personen für die Einberufung zuständig sind.[4] Im Abwicklungsstadium (nach Auflösung der GmbH) treten die Liquidatoren an die Stelle der Geschäftsführer. Während der Insolvenz bleiben die Geschäftsführer einberufungsberechtigt, streitig ist, ob auch der Insolvenzverwalter die Gesellschafterversammlung einberufen kann.

3092 Die Gesellschafter können – im Ausnahmefall – auch selbst die Gesellschafterversammlung einberufen (§ 50 Abs. 1 und Abs. 3 GmbHG). Bei dem **Selbsteinberufungsrecht** handelt es sich zunächst um eine Vorschrift zum **Schutz der Minderheit**. Eine Minderheit der Gesellschafter, die **mindestens 10 % des Stammkapitals repräsentieren**, kann die Einberufung einer Gesellschafterversammlung verlangen und bestimmte Gegenstände auf die Tagesordnung setzen lassen (§ 50 Abs. 2 GmbHG) oder die Gesellschafterversammlung mit bestimmter Tagesordnung selbst einberufen, wenn ihrem Verlangen nicht entsprochen wird oder Personen nicht vorhanden sind, an die das Begehren gerichtet werden könnte. Damit kann gegen den Willen der Mehrheit und auch gegen den Willen der Geschäftsführung, die der Mehrheit folgt, die Abhaltung einer Gesellschafterversammlung erzwungen werden. Dieses „Minderheitenrecht" kann aber auch von der „Mehrheit" genutzt werden, wenn ein Geschäftsführer der Aufforderung, eine Gesellschafterversammlung einzuberufen, nicht nachkommt, weil er glaubt, dadurch seine Abberufung oder die Kündigung seines Anstellungsvertrags verhindern zu können.[5]

3093 Schließlich können die Gesellschafter sich aber auch ohne förmliche Einberufung versammeln und Beschlüsse fassen, wenn sie zu einer **Vollversammlung** zusammentreten. Dann müssen aber **alle Gesellschafter anwesend sein** oder durch Personen mit Stimmrechtsvollmacht vertreten sein[6] und es müssen **sämtliche Gesellschafter auf die Einhaltung der Formen und Fristen verzichten** (notfalls stillschweigend) und den Beschluss **ohne Vorbehalte** fassen.[7]

3094 Die **Einmann-GmbH** trifft ihre Beschlüsse regelmäßig, indem der einzige Gesellschafter sich jederzeit die Angelegenheit überlegen und dann eine Entscheidung treffen kann. Ähnliches gilt für die Zweipersonen-GmbH, wenn wechselseitig Stimmrechtsvollmacht

1 BayOLG v. 2.7.1999 - 3Z BR 298/98, BB 1999 S. 1839; Beck-GmbH-HB/Fischer, § 4 Rz. 2.
2 OLG München v. 3.11.1993 - 7 U 2905/93, GmbHR 1994 S. 406.
3 BGH v. 8.11.2016 - II ZR 304/15, NWB LAAAF-90543.
4 Für Prokuristen bejaht von KG Berlin v. 3.6.2016 - 22 W 20/16, DB 2016 S. 1806.
5 Vgl. BGH v. 15.6.1998 - II ZR 318/96, BGHZ 139 S. 89.
6 OLG Saarbrücken v. 3.3.1998 - 4 U 75/97, bestätigt durch BGH v. 19.4.1999 - II ZR 114/98, DStR 1999 S. 1576.
7 BGH v. 30.3.1987 - II ZR 180/86, BGHZ 100 S. 264, 269 f.

erteilt ist. Dann muss aber sogleich eine Niederschrift über das Ergebnis gefertigt und unterschrieben werden (§ 48 Abs. 3 GmbHG), um späteren Manipulationen vorzubeugen.

Möglich ist auch, auf die Abhaltung einer Versammlung zu verzichten und im **schriftlichen Verfahren Beschlüsse zu fassen** (§ 48 Abs. 2 GmbHG). Dann müssen aber sämtliche Gesellschafter entweder dem Beschlussvorschlag **schriftlich („in Textform"**, § 126b BGB) **zustimmen** oder sich sämtlich mit dieser **Form des Abstimmungsverfahrens** (schriftliche Abgabe der Stimmen) **einverstanden** erklären bzw. sich sämtlich an der schriftlichen Abgabe der Stimmen beteiligen, wobei dann allerdings auch **unterschiedlich mit Zustimmung, Ablehnung oder Enthaltung votiert** werden kann. Die Abstimmung ist dann erst beendet, wenn sämtliche Erklärungen abgegeben und bei der Gesellschaft eingegangen sind. Der Gesellschafterbeschluss ist erst mit der Feststellung und Mitteilung des Beschlussergebnisses an die Gesellschafter gefasst.[1] 3095

Im Einzelfall kann sich die Feststellung des Abstimmungsergebnisses schwierig gestalten, wenn einzelne Gesellschafter schweigen und deshalb ungewiss bleibt, wie sie votieren möchten und ob die Abstimmung beendet ist. Die gesellschaftliche Treuepflicht kann es dann gebieten, dass jeder Gesellschafter seine Entscheidung mitteilt. Es empfiehlt sich, in der Satzung nicht nur die Möglichkeit der schriftlichen Abstimmung vorzusehen, sondern auch zu bestimmen, dass es als Enthaltung zu werten ist, wenn ein Gesellschafter nicht binnen der – satzungsmäßig festgelegten – Frist auf die Beschlussvorlage antwortet.

Die Satzung kann auch eine **kombinierte Beschlussfassung** zulassen, bei der nicht nur die Stimmen der auf der Versammlung anwesenden Gesellschafter, sondern auch bereits abgegebene oder erst noch einzuholende Stimmen abwesender Gesellschafter zu berücksichtigen sind, wobei die Stimmabgabe schriftlich, mittels Telefon, E-Mail oder Videokonferenz möglich ist.[2] Auch hier ist der Beschluss erst mit der Feststellung und Mitteilung des Beschlussergebnisses an die Gesellschafter gefasst. Ein im kombinierten Verfahren gefasster Beschluss ist aber nichtig, wenn die Satzung das Verfahren nicht ausdrücklich erlaubt. Dies gilt selbst dann, wenn alle Gesellschafter mit der kombinierten Beschlussfassung einverstanden sind.

Sofern es an einer Satzungsregelung fehlt, kann von der Präsenzversammlung nur dann abgewichen werden, wenn sich sämtliche Gesellschafter in Textform einverstanden erklärt haben (§ 48 Abs. 1 Satz 2 GmbHG). Durch diese Einschränkung hat sich der Gesetzgeber dagegen entschieden, den Versammlungsbegriff im GmbHG insgesamt zu modernisieren und von der Präsenzversammlung vollständig zu lösen.[3] Zulässig ist hingegen bei entsprechender Ankündigung eine **gemischte virtuelle Versammlung,** bei der einzelne Gesellschafter per Videokonferenz, andere nur per Audioschaltung teilnehmen. Ebenfalls zulässig dürfte nunmehr bei entsprechender Zustimmung der Gesellschafter in Textform eine gemischte Versammlung aus Präsenz und Zuschaltung per Telefon 3095/1

1 BGH v. 1.12.1954 - II ZR 285/53, BGHZ 15 S. 324.
2 Vgl. BGH v. 16.1.2006 - II ZR 135/04, NWB VAAAB-97730, BB 2006 S. 1126, mit Anm. Gehrlein, S. 1128.
3 Heckschen/Knaier, NZG 2022 S. 885, 890.

oder Videokonferenz sein, da §48 Abs.1 GmbHG beide Formen der Versammlung zulässt. Da beide Versammlungen vom Gesetzgeber – die Zustimmung zum virtuellen Teil in Textform vorausgesetzt – als gleichwertig angesehen werden, gibt es nach dem Normzweck keinen Grund, eine solche gemischte Versammlung nicht zuzulassen. Hiervon geht offenbar auch die RegBegr. aus,[1] da darauf hingewiesen wird, dass sich nach §48 Abs.1 Satz 2 GmbHG nicht sämtliche Gesellschafter an unterschiedlichen Orten befinden müssen.[2]

2. Sachliche Voraussetzungen; Einberufungspflicht

3096 Nach §49 Abs.2 GmbHG ist die Gesellschafterversammlung **„in den ausdrücklich bestimmten Fällen"** einzuberufen. Somit ergibt sich die Pflicht zur Einberufung aus der Satzung und dem Gesetz. Das sind zunächst die Fälle, in denen die Gesamtheit der Gesellschafter nach §46 GmbHG zu entscheiden hat oder nach zwingenden gesetzlichen Vorschriften mit der betreffenden Angelegenheit zu befassen ist, wie – mindestens einmal im Jahr – zur Feststellung des Jahresabschlusses, zur Einforderung von Nachschüssen (§26 GmbHG), Verlangen der Minderheit (§50 Abs.1 GmbHG), Satzungsänderung (§53 GmbHG), Auflösung (§60 Abs.1 Nr.2 GmbHG) und Ernennung und Abberufung der Liquidatoren (§66 GmbHG), oder aber in den von der Satzung vorgesehenen Fällen.

3097 Die Gesellschafterversammlung ist nach §49 Abs.2 GmbHG aber auch dann einzuberufen, wenn **dies im Interesse der Gesellschaft erforderlich erscheint.** Damit ist nicht nur der beispielhaft in §49 Abs.3 GmbHG angesprochene Fall gemeint, wenn sich aus der Jahresbilanz oder einer im Laufe des Jahres aufgestellten Zwischenbilanz ergibt, dass die Hälfte des Stammkapitals verloren ist, sich wegen des erheblichen Verlustes also eine Krisensituation abzeichnet. Vielmehr ist die Einberufung einer Gesellschafterversammlung sachlich immer geboten, wenn wesentliche Belange der Gesellschaft auf dem Spiel stehen. Dies wäre beispielsweise der Fall, wenn ihr ein nicht unerheblicher Schaden droht oder besonders risikobehaftete Geschäfte und Investitionen getätigt werden sollen, von denen die Geschäftsführung annehmen muss, dass die Gesellschafter darüber nicht erst nachträglich informiert werden oder sie bei Vorlage des Jahresergebnisses erörtern und billigen wollen.

Um solche wesentlichen Fragen der Geschäftspolitik und Unternehmensstrategie geht es beim Erwerb eines anderen Unternehmens,[3] bei der Umstellung eines Geschäftszweiges auf andere Grundlagen[4] oder bei einer Änderung der Geschäftspolitik insgesamt.[5] Bei der Beurteilung ist wesentlich der von den Gesellschaftern festgelegte Gesellschaftszweck und Unternehmensgegenstand zu berücksichtigen, deren Sache es ist, der Geschäftsführung durch die Satzung, Weisungen und sonstige Richtlinien die Unternehmenspolitik vorzugeben.

1 RegE DiREG v. 13.4.2022, S.22.
2 BeckOK GmbHG/Schindler, §48 Rz.96a ff.
3 BGH v. 29.3.1973 - II ZR 139/70, NJW 1973 S.1039.
4 BGH v. 5.12.1983 - II ZR 56/82, NJW 1984 S.1461.
5 BGH v. 25.2.1991 - II ZR 76/90, DStR 1991 S.421.

3. Förmlichkeiten

a) Form und Frist

Damit die Gesellschafter ihre Mitgliedschaftsrechte in der Gesellschafterversammlung angemessen wahrnehmen können, muss die Einladung fristgerecht und unter Angabe der Gegenstände der Beratung und Beschlussfassung erfolgen. Die **Einladungsfrist** beträgt nach § 51 Abs. 1 Satz 2 GmbHG mindestens **eine Woche** und darf auch in der Satzung nicht abgekürzt werden,[1] um ihren Schutzzweck nicht zu gefährden. In eiligen Fällen können sich die Gesellschafter notfalls zu einer Vollversammlung versammeln. Die Einberufung geschieht grundsätzlich **durch Einwurfeinschreiben per Brief.**[2] Eine Einladung per E-Mail oder in sonstiger Textform genügt dementsprechend nicht. 3098

Um die Mindestfrist zu wahren, muss zwischen dem Tag der Bewirkung der Einladung und dem Tag der Versammlung mindestens eine Woche liegen, wobei aber die Frist nicht mit der Aufgabe zur Post beginnt, sondern erst mit dem Tag, an dem bei dem letzten Gesellschafter die Einladung „bewirkt" ist. Dies ist der Zeitpunkt, an dem bei **normaler Postlaufzeit** der an die letzte bekannte Adresse des Gesellschafters aufgegebene Einschreibebrief dort eingeht oder eingehen sollte.[3] Als Zeit der gewöhnlichen Postbeförderung werden innerhalb Deutschlands zwei Tage und innerhalb Westeuropas vier Tage genannt.[4] Die Auswirkungen des Postrechtsmodernisierungsgesetzes v. 18.7.2024[5] können dabei zurzeit noch nicht abgesehen werden. Danach verlängern sich die Laufzeitvorgaben für Briefe um einen Tag. Mussten bisher Briefe im Jahresdurchschnitt mit einer Wahrscheinlichkeit von 95 % am zweiten Werktag und von 99 % am dritten Werktag nach Absenden beim Empfänger ankommen, müssen sie das zukünftig erst am dritten bzw. am vierten Werktag. Auch zukünftig werden Briefe an sechs Tagen in der Woche zugestellt. Es sollte daher eine ausreichende Zeit für den Postlauf eingeplant werden oder eine besondere Zustellungsform (bspw. mittels eines besonders beauftragten Boten) gewählt werden. Lässt die Satzung eine Einladung mit einfachem Brief oder per E-Mail zu, kann sich die Bewirkensfrist verkürzen.

BEISPIEL: Soll die Gesellschafterversammlung an einem Freitag stattfinden, muss das letzte Einladungsschreiben am Donnerstag der vorangehenden Woche „bewirkt" sein, d. h. es muss der Einschreibebrief so rechtzeitig abgesandt sein, dass bei normaler Postlaufzeit mit einem Zugang spätestens an diesem Donnerstag gerechnet werden kann.

Nicht unstreitig ist, ob § 193 BGB auf die Einladungsfrist anzuwenden ist. Fällt der letzte Tag der Frist auf einen Samstag, Sonntag oder gesetzlichen Feiertag, läuft nach dieser Vorschrift die Frist erst am nächsten Werktag ab. Nach h. M.[6] ist § 193 BGB im Rahmen der Einladungsfrist zu berücksichtigen, wobei dem durchaus praktische Bedeutung zukommt, weil die rechtzeitige Einberufung zu den formellen Voraussetzungen eines 3099

1 Noack/Servatius/Haas/Noack, GmbHG, § 51 Rz. 39; OLG Naumburg v. 23.2.1999 - 7 U(Hs) 25/98, NZG 2000 S. 44.

2 BGH v. 27.9.2016 - II ZR 299/15, NWB BAAAF-87231, NZG 2016 S. 1417, 1418 ff.

3 BGH v. 30.3.1987 - II ZR 180/86, BGHZ 100 S. 264, 267 ff.

4 Vgl. BGH v. 13.5.2004 - V ZB 62/03, NWB GAAAC-01885, NJW-RR 2004 S. 1217.

5 BGBl 2024 I Nr. 236.

6 Vgl. die Zusammenstellung bei Tettinger, GmbHR 2008 S. 346, 347, Fn. 10.

rechtmäßigen Beschlusses der Gesellschafterversammlung zählt. Die Auswirkung der unterschiedlichen Auffassungen machen folgende Beispiele deutlich:

BEISPIEL: Grundsätzlich läuft – wie im vorherigen Beispiel – nach § 188 Abs. 2 BGB die Einberufungsfrist an dem Wochentag ab, an dem die Einladung in der Vorwoche bewirkt wurde, so dass die Versammlung am folgenden Tag abgehalten werden könnte. Wird die Einladung an einem Samstag bewirkt, dann hinderte § 193 BGB nach h. M. den Fristablauf am nächsten Samstag oder Sonntag, die Frist liefe erst montags ab und die Versammlung könnte frühestens am Dienstag stattfinden. Die Einladungsfrist verlängerte sich. Zu Versammlungen, die sonntags oder montags stattfinden sollen, müsste also die Einladung schon am Freitag der Vorwoche bewirkt sein. Lehnt man die Anwendung des § 193 BGB ab, dann genügt für eine Versammlung am Sonntag oder Montag, deren Abhaltung auch sonntags durchaus zulässig sein kann, das Bewirken der Einberufung am Samstag der Vorwoche.[1]

Gegen die Anwendung des § 193 BGB spricht, dass es bei der Einberufungsfrist nicht um eine Frist geht, innerhalb der eine Willenserklärung abzugeben oder eine Leistung zu bewirken wäre. Die Frist dient dazu, den Gesellschaftern eine Mindestfrist zur umfassenden Vorbereitung zu ermöglichen. Bei der Einhaltung dieser Frist geht es nicht darum, dass die Versammlung innerhalb der Einberufungsfrist stattfinden soll, sondern dass sie erst nach deren Ablauf ordnungsgemäß stattfinden kann. Der Ablauf der Einladungsfrist markiert nicht einen Zeitpunkt, bis zu dem der Gesellschafter spätestens etwas zu unternehmen hat, sondern den Zeitpunkt, ab dem die Abhaltung einer gesetzeskonform vorbereiteten Versammlung frühestens möglich ist. Hierauf passt § 193 BGB nicht.[2]

Sicherheitshalber sollten die Geschäftsführer aber bei Gesellschafterversammlungen, die an einem Sonntag, Montag oder einem gesetzlichen Feiertag abgehalten werden sollen, eine Verlängerung der Einberufungsfrist über § 193 BGB bei der Absendung der Einladung einkalkulieren, schon um Streit über die Rechtzeitigkeit oder Unwirksamkeit der gefassten Beschlüsse zu vermeiden.

3100 Ist die Versammlung nicht ordnungsgemäß einberufen, können Beschlüsse nur gefasst werden, wenn sämtliche Mitglieder anwesend sind. Gleiches gilt für Beschlussvorlagen, die nicht wenigstens drei Tage vor der Versammlung in der für die Einladung vorgeschriebenen Weise (Einschreibebrief) angekündigt worden sind (§ 51 Abs. 3 und Abs. 4 GmbHG). In der Einladung sind Ort, Tag und Uhrzeit der Versammlung anzugeben, wobei die Versammlung zu verkehrs- und ortsüblichen Zeiten und i. d. R. an dem statutarischen Sitz der Gesellschaft stattzufinden hat, wenn nicht die Satzung etwas anderes bestimmt oder erlaubt. Auf die Belange der Gesellschafter ist tunlichst Rücksicht zu nehmen, insbesondere bei terminlichen Verhinderungen von Gesellschaftern einer personalistisch ausgerichteten GmbH.

3101 Die Einhaltung der Einladungsfrist hat den Zweck, das **Teilnahmerecht** der Gesellschafter dadurch zu gewährleisten, dass sie sich inhaltlich ausreichend auf die in der Versammlung zu behandelnden Angelegenheiten vorbereiten können **(inhaltliche Vorbereitungszeit)** und in die Lage versetzt werden, die Teilnahme an der Versammlung so zu organisieren, dass man rechtzeitig anreisen, sich von anderen Terminen freihalten und persönlich teilnehmen oder wenigstens für eine Vertretung sorgen kann **(Dispositionsschutz)**.[3]

1 Beispiel nach Tettinger, GmbHR 2008 S. 346, 347, der mit überzeugenden Gründen die Anwendung von § 193 BGB ablehnt.

2 Vgl. Tettinger, GmbHR 2008 S. 346, 347.

3 Vgl. BGH v. 30.3.1987 - II ZR 180/86, BGHZ 100 S. 264, 266.

Deshalb ist die Ladungsfrist auch einzuhalten, wenn die Versammlung vom Einladenden verlegt wird. Denn **die Verlegung** einer bereits einberufenen Versammlung ist als eine – im Übrigen jederzeit mögliche – Absage verbunden mit einer Neueinladung zu verstehen[1] und zu werten. 3102

Die Gesellschafter können aber auf die ihrem Schutz dienenden Formalitäten verzichten, indem sie zu einer **Vollversammlung** (Universalversammlung) zusammentreten (§ 51 Abs. 3 GmbHG), in der sie auch Beschlüsse fassen können, wenn kein Gesellschafter widerspricht. Dadurch kann auch ein Mangel der Einladung geheilt werden. Allein die Tatsache, dass ein Gesellschafter z. B. an einer verlegten Versammlung anwesend ist und sich an der Abstimmung beteiligt, besagt nicht, dass er auch auf die Einhaltung der Einladungsfrist verzichtet hätte, da er genauso gut unter Protest teilgenommen und abgestimmt haben kann.[2] Die Universalversammlung setzt nicht nur die Anwesenheit aller Gesellschafter voraus, sondern auch, dass sie mit der **Abhaltung** der Gesellschafterversammlung **zum Zwecke der Beschlussfassung einverstanden** sind.[3] Zur Rechtsklarheit sollte daher ein allseitiger Verzicht und das Einverständnis oder aber der Protest in die Niederschrift aufgenommen werden. 3103

b) Ort der Versammlung

Zeitpunkt und Ort der Versammlung sind zu benennen. Die **Versammlungszeit** muss an einem verkehrs- und ortsüblichen Termin vorgesehen sein. Umstritten ist, ob dies die Festlegung einer Gesellschafterversammlung auch an einem Sonnabend, Sonntag oder Feiertag ermöglicht. Die derzeit h. M. bejaht dies, es sei denn, es sei bekannt, dass der Gesellschafter an einem solchen Tag nicht könne.[4] 3104

Die Einladung muss außerdem den genauen Versammlungsort (inkl. Anschrift) angeben. Als Versammlungsort soll grundsätzlich nach § 121 Abs. 5 Satz 1 AktG analog der Sitz der Gesellschaft dienen. Die Einladung in die Wohnräume eines verfeindeten Gesellschafters oder in die Kanzleiräume eines Anwalts, der den anderen Gesellschafter in gesellschaftsinternen Streitigkeiten berät, ist in der Regel unzumutbar; die Einladung an einen neutralen Ort (Hotel/Tagungsraum) ist regelmäßig sachgerecht.[5] 3105

c) Inhalt der Einladung (Tagesordnung)

Damit sämtliche Gesellschafter ihr Mitgliedschaftsrecht sachgerecht in der Versammlung ausüben können, bestimmt schließlich § 51 Abs. 2 und Abs. 4 GmbHG, dass die Themen, über die in der Versammlung beraten und Beschlüsse gefasst werden sollen, also die **Tagesordnung**, rechtzeitig bekannt gegeben werden. Dies muss **inhaltlich** in einer Weise geschehen, dass sich die an der Beschlussfassung Beteiligten **sachgerecht** 3106

1 BeckHB GmbH/Fischer/Gerber, § 4 Rz. 34.

2 Vgl. BGH v. 29.5.2000 - II ZR 47/99, DStR 2000 S. 1152 ff.

3 BGH v. 19.1.2009 - II ZR 98/08, NWB UAAAD-14039, ZIP 2009 S. 562.

4 MüKoGmbHG/Liebscher, § 48 Rz. 10; vgl. auch BGH v. 28.1.1985 - II ZR 79/84, WM 1985 S. 567, 568.

5 BGH v. 24.3.2016 - IX ZB 32/15, NWB YAAAF-72198, DStR 2016 S. 1121, 1124; OLG Düsseldorf v. 14.11.2003 - I-16 U 95/98, NWB RAAAG-35179, NZG 2004 S. 916, 922.

vorbereiten und an der Aussprache teilnehmen können und vor Überraschungen und Überrumpelung geschützt werden.[1]

Genügend ist die Angabe des Gegenstandes dann, wenn jeder Gesellschafter erkennen kann, um was es sich handelt, sich also ein **hinreichendes Bild davon** machen kann, **worum es geht.**[2] Unter dem Tagesordnungspunkte „Verschiedenes" kann ebenso wenig Beschluss gefasst werden, wie z.B. unter einem Punkt „Angelegenheiten der Geschäftsführung", wenn es dabei um die Abberufung oder Kündigung eines bestimmten Geschäftsführers, die Frage einer ordentlichen oder außerordentlichen Beendigung des Anstellungsverhältnisses oder gar um die Abberufung eines Gesellschafter-Geschäftsführers geht.

Nicht ausreichend sind auch allgemeine Ankündigungen wie z.B. „Genehmigung der Geschäftsführung", sondern es müsste etwa heißen: *„Entlastung der Geschäftsführer für das Geschäftsjahr 20xx"*. Ausformulierte Beschlussvorschläge oder Anträge müssen – anders als im Aktienrecht – nicht mitgeteilt werden. Gleichwohl ist dies in der Praxis im Interesse der Ermöglichung einer sachgerechten Vorbereitung der Versammlung für alle Beteiligten zu empfehlen.

3107 Die **Erweiterung der Tagesordnung** ist nachträglich **möglich** und ist vorzunehmen, wenn eine Minderheit von Gesellschaftern, die über 10% des Stammkapitals verfügt, dies verlangt. Es ist aber eine Frist von drei Tagen einzuhalten (§ 51 Abs. 4 GmbHG). Beruft die Minderheit die Gesellschafterversammlung ein, muss sie gleichzeitig den Sachverhalt mitteilen, der Grund für die Wahrnehmung des Selbsthilferechts ist, und die Gründe und den Zweck der Versammlung angeben (§ 50 Abs. 3 GmbHG).

d) Adressaten der Einladung

3108 Nach § 51 Abs. 1 GmbHG muss der Einladende die Versammlung durch Einladung der Gesellschafter einberufen. Mithin muss er sich **an alle Gesellschafter wenden, und zwar unabhängig davon, ob diese stimmberechtigt sind oder nicht,** denn der Stimmrechtsausschluss schließt nicht das Teilnahmerecht aus. Anstelle eines nicht zur Teilnahme befugten Minderjährigen sind dessen gesetzliche Vertreter zu laden, damit sichergestellt ist, dass jeder Geschäftsanteil in der Gesellschafterversammlung repräsentiert ist. Grundsätzlich ist jeder Gesellschafter persönlich zu laden; besteht eine ungeteilte Mitberechtigung nach § 18 Abs. 3 GmbHG, genügt es, wenn einem Mitberechtigten die den Geschäftsanteil betreffende Einladung übersandt wird, sofern nicht – was stets zu empfehlen ist – ein gemeinsamer Vertreter bestellt ist. Gleichwohl kann es ratsam sein, jedem namentlich bekannten Mitberechtigten eine Einladung zu übermitteln.

3109 **Maßgebend ist für die Feststellung, wer Gesellschafter ist,** wer als **Inhaber in der im Handelsregister** aufgenommenen **Gesellschafterliste eingetragen** ist (§§ 16 Abs. 1, 40 GmbHG). Ein eingetragener Widerspruch gegen die Berechtigung des Inhabers ist in diesem Zusammenhang unmaßgeblich, weil der Widerspruch nur den gutgläubigen Erwerb verhindert, nicht aber die Rechtswirkung nach § 16 Abs. 1 GmbHG.

1 So BGH v. 29.5.2000 - II ZR 47/99, DStR 2000 S. 1152; OLG Dresden v. 28.5.2020 - 8 U 2611/19, NWB NAAAH-56684, NZG 2020 S. 867, Rz. 50.

2 Sehr gute Formulierungsvorschläge bei BeckOK GmbHG/Schindler, GmbHG, § 51 Rz. 37 ff.

e) Abdingbarkeit der Einladungsvorschriften durch die Satzung

Nach § 45 Abs. 2 GmbHG sind die Vorschriften über die Einladung und Ankündigung der Beratungsthemen nicht zwingend. Dennoch sind die Gesellschafter nicht völlig frei, wie sie die Modalitäten der Einberufung einer Gesellschafterversammlung regeln wollen. Sie können die Einberufung an erschwerende Voraussetzungen knüpfen, was aber nicht das Teilnahmerecht der Gesellschafter substanziell aushöhlen darf. Längere als in § 51 Abs. 1 und Abs. 4 GmbHG genannte Fristen sind möglich, aber auch die Erleichterung der Einberufung durch die Verwendung von „modernen Kommunikationsmitteln" (dazu schon oben). Dies gilt so lange, als sämtliche Gesellschafter sich über die zu behandelnden Themen hinreichend informieren und ihr Teilnahmerecht – auch schon in der Vorbereitungsphase – wahrnehmen können. Soll die Einladung auch durch einen einfachen Brief zulässig sein,[1] können Nachweisprobleme hinsichtlich der Wahrung der Ladungsfrist und der hinreichenden Vorinformation auftreten. 3110

f) Verstöße gegen Ladungsvorschriften

Verstöße gegen die gesetzlichen Bestimmungen oder die Regeln der Satzung über die Einberufung und Ladung können zur **Nichtigkeit oder Anfechtbarkeit** der gefassten Beschlüsse führen. **Nichtig** sind die Beschlüsse einer Gesellschafterversammlung, wenn sie ein **Unbefugter** oder **Nichtberechtigter**[2] oder ein Geschäftsunfähiger[3] einberufen hat, oder wenn die Einladung nicht an sämtliche Gesellschafter ergangen ist, unabhängig davon, ob sie stimmberechtigt waren,[4] oder die Ladung so schwerwiegende Fristmängel aufweist, dass die Teilnahme an der Versammlung faktisch unmöglich gemacht wird.[5] Alle übrigen Verstöße gegen die Einberufungsvorschriften ziehen nur die **Anfechtbarkeit** der Beschlüsse der Gesellschafterversammlung nach sich.[6] Treten alle Gesellschafter zu einer Universalversammlung (= Vollversammlung) zusammen, werden dadurch gem. § 51 Abs. 3 GmbHG die Einberufungsmängel und auch eine fehlerhafte Ankündigung der Tagesordnung geheilt. Kommen sämtliche Gesellschafter überein, zu einem bestimmten Termin eine Versammlung abzuhalten, ist darin ein wirksamer Verzicht auf die Einhaltung der Formen und Fristen zu sehen.[7] 3111

(Einstweilen frei) 3112–3120

4. Minderheitenrechte (Selbsthilferecht)

LITERATUR:

Geißler, Schutz der Minderheit bei der Einberufung und Durchführung der GmbH-Gesellschafterversammlung, GmbHR 2016 S. 1289; *Altmeppen,* Einberufung der Gesellschafterversammlung einer GmbH auf Verlangen der Minderheit, GmbHR 2017 S. 788.

1 Dazu OLG Jena v. 14.5.1996 - 6 W 497/95, DNotZ 1997 S. 84.
2 BGH v. 7.2.1983 - II ZR 14/82, BGHZ 87 S. 1.
3 BGH v. 20.2.1984 - II ZR 116/83, WM 1984 S. 473.
4 BGH v. 28.1.1985 - II ZR 79/84, DB 1985 S. 1837.
5 BGH v. 13.2.2006 - II ZR 200/04, NWB CAAAB-97826, DStR 2006 S. 715, zur Ladung per E-Mail am Vortagsabend für den nächsten Vormittag.
6 Vgl. Goette, Die GmbH, § 7 Rz. 33; OLG Düsseldorf v. 25.2.2000 - 16 U 59/99, NZG 2000 S. 1180.
7 Vgl. OLG München v. 8.6.1994 - 7 U 4606/93, GmbHR 1995 S. 232.

3121 Eine Gesellschafterversammlung ist einzuberufen, wenn es im Interesse der GmbH erforderlich ist (§ 49 Abs. 2 GmbHG). Darüber kann es durchaus zwischen Geschäftsführer und Gesellschaftern, aber auch zwischen einer Gruppe von Mehrheitsgesellschaftern und einer Minderheit zu Meinungsverschiedenheiten kommen, wobei sich die Geschäftsführung regelmäßig bei ihrer Entscheidung, ob sie eine Gesellschafterversammlung einberufen solle, an den Interessen und Vorstellungen der Mehrheit orientieren dürfte. **Zum Schutz der Minderheit** gibt das Gesetz ihr in § 50 GmbHG ein **Initiativrecht**, wenn die **Geschäftsanteile der Minderheitsgesellschafter zusammen mindestens 10 % des Stammkapitals entsprechen**. Dann kann diese Gruppe den Widerstand der Geschäftsführer und der Mehrheit gegen die Abhaltung einer Versammlung überwinden.

3122 Die Wahrnehmung des **Initiativrechts** erfolgt **in zwei Stufen**:

In der 1. Stufe ist das **Verlangen** nach Einberufung einer Gesellschafterversammlung – ohne besondere Form – **an den Geschäftsführer zu richten** und dabei die gewünschte Tagesordnung mitzuteilen und zu begründen, warum es erforderlich sei, zu dem Thema jetzt eine Gesellschafterversammlung abzuhalten.[1] Der Geschäftsführer hat kein materielles Prüfungsrecht, sondern muss dem Verlangen sofort nachkommen.

3123 Erst in einer **zweiten Stufe** haben Minderheitsgesellschafter – solange sie mindestens 10 % des Stammkapitals repräsentieren – das Recht, die Gesellschafterversammlung **selbst einzuberufen**, wenn der **Geschäftsführer** es **ablehnt**, eine Gesellschafterversammlung einzuberufen, oder wenn die Einberufung nicht innerhalb einer angemessenen Frist erfolgt, innerhalb der der Geschäftsführer die Einladung hätte bewirken können (oder wenn Personen, an die ein solches Verlangen hätte gerichtet werden können, nicht vorhanden sind). **Zu beachten gilt es**, dass solange die angemessene Frist noch nicht abgelaufen ist, die gesetzlichen Befugnisse der Geschäftsführer noch bestehen und eine Einladungsbefugnis den Minderheitsgesellschaftern noch nicht zugewachsen ist. Bei **voreiliger Einladung** durch die Minderheitsgesellschafter hat dies zur Folge, dass diese noch kein Selbsteinberufungsrecht besaßen und als Unbefugte die Versammlung einberufen haben und dass deshalb **alle in der Versammlung gefassten Beschlüsse nichtig** sind.[2]

3124 Welche Frist als angemessen anzusehen ist, richtet sich nach den konkreten Umständen des Einzelfalles. Es spricht jedoch vieles dafür, eine **Frist von einem Monat im Regelfall**[3] als ausreichend anzusehen, wenn nicht besondere Umstände vorliegen. Erst dann dürfen die Minderheitsgesellschafter davon ausgehen, dass der Geschäftsführer ihrem Verlangen nicht nachkommen werde und sie befugt sind, zu der Versammlung selbst einzuladen.

3125 Die Form der Einladung selbst muss den gesetzlichen Vorschriften oder den Satzungsregeln entsprechen. In der Einladung ist darzulegen, dass ihrem Verlangen auf Einberufung einer Gesellschafterversammlung nicht entsprochen worden oder kein Geschäftsführer vorhanden ist, der hätte einladen können; schließlich muss die Einladung die einladenden Gesellschafter und ihre Beteiligungsquoten nennen.

1 OLG Brandenburg v. 19.12.2018 - 7 U 152/18, NWB SAAAH-11265, GmbHR 2019 S. 234, 235 f.
2 BGH v. 7.2.1983 - II ZR 14/82, BGHZ 87 S. 1; v. 15.6.1998 - II ZR 318/96, BGHZ 139 S. 89.
3 Vgl. Lutter/Hommelhoff, GmbHG, § 50 Rz. 10; Goette, Die GmbH, § 7 Rz. 36.

Dem Schutz der Minderheitsinteressen dient auch die Vorschrift des § 50 Abs. 2 GmbHG. Sie erlaubt es, die Tagesordnung einer bereits einberufenen Versammlung um **Beratungsthemen und Beschlussvorlagen zu erweitern**, wenn es Gesellschafter verlangen, die über mindestens 10 % des Stammkapitals verfügen. Bei einer Erweiterung der Tagesordnung muss aber die Dreitagefrist des § 51 Abs. 4 GmbHG gewahrt werden können. 3126

Fraglich ist, ob die auf Antrag der Minderheit nachträglich auf die Tagesordnung gesetzten Angelegenheiten oder die Gegenstände, die auf Verlangen der Minderheit über § 50 Abs. 3 GmbHG in einer Gesellschafterversammlung behandelt werden sollen, dort durch Beschluss der Mehrheit wieder von der Tagesordnung abgesetzt werden können. Damit liefe aber der Minderheitenschutz weitgehend leer; nicht zuletzt unter dem Gesichtspunkt der gesellschaftlichen Treupflicht wird man einen solchen **„Nichtbefassungsbeschluss“**[1] für **nicht zulässig** halten und verlangen müssen, dass über das Thema beraten und Beschluss gefasst wird, zumal die Mehrheit es ja in der Hand hat, gegen die Meinung der Minderheit zu votieren.[2] 3127

(Einstweilen frei) 3128–3150

IV. Durchführung der Versammlung

1. Teilnahmerecht

Die Willensbildung der Gesamtheit der Gesellschafter (Gesellschafterversammlung) schließt mit der Fassung eines Beschlusses ab. Regelmäßig werden vorher die Beschlussgegenstände erörtert und beraten. Hieran teilzunehmen, ist das in seinem Kern **nicht entziehbare Mitgliedschaftsrecht** jedes Gesellschafters. Er ist nicht nur befugt, bei der Versammlung anwesend zu sein, sondern auch berechtigt, aktiv an der Erörterung und Beratung und damit an der Willensbildung mitzuwirken, die sich schließlich im Abstimmungsergebnis ausdrückt. 3151

Das **aktive und passive Teilnahmerecht** steht jedem Gesellschafter prinzipiell auch dann zu, wenn er anschließend **nicht stimmberechtigt** sein sollte. Denn gerade dann, wenn der Gesellschafter einem Stimmverbot nach § 47 Abs. 4 GmbHG unterliegt, ist es besonders wichtig, sich rechtliches Gehör mit seinen Argumenten zu verschaffen, bevor die Versammlung eine gegen ihn gerichtete Maßnahme beschließt.[3] Das Teilnahmerecht auch in solchen Fällen gewährleistet zudem, dass der Gesellschafter selbst feststellen kann, ob in der Versammlung „alles mit rechten Dingen zugeht“, also Gesetz und Satzung beachtet werden, oder ob bereits formelle Fehler ihn zu einer Anfechtung berechtigen könnten.[4] Da der Gesellschafter befugt ist, in der Aussprache seine Meinung durch aktive Beiträge kundzutun, hat er auch ein Recht, dass ihm die in der Versammlung gegebenen Informationen zugänglich gemacht werden.

1 Noack/Servatius/Haas/Noack, GmbHG, § 50 Rz. 27.
2 So auch Goette, Die GmbH, § 7 Rz. 39.
3 BGH v. 24.2.1992 - II ZR 79/91, NWB OAAAF-71523, DStR 1992 S. 1026.
4 Vgl. auch BGH v. 28.1.1985 - II ZR 79/84, DB 1985 S. 1837.

3152 Zwar kann die Satzung nähere Regelungen treffen, wie die Gesellschafter ihr Teilnahmerecht (und Stimmrecht) ausüben können. Es darf aber weder durch die Satzung noch durch Gesellschafterbeschluss **der Kernbereich des Mitgliedschaftsrechts angetastet werden.**[1] So kann bestimmt werden, dass jeder Gesellschafter nur eine Person als Vertreter in die Gesellschafterversammlung entsenden darf.[2] Denn damit wird die auch dem Teilnahmerecht immanente Schranke konkretisiert, die Sinn und Zweck einer Gesellschafterversammlung vorgeben. Auch die Beschränkung der **Redezeit** auf ein Maß, das es dem Teilnahmeberechtigten erlaubt, die wesentlichen Sachargumente vorzubringen, dient der weiteren sachgemäßen Erörterung des Beratungsthemas und der sachgerechten Wahrnehmung der Mitgliederrechte durch die anderen Gesellschafter.

3153 In besonderen **Ausnahmefällen** kann das Teilnahmerecht auch ohne Satzungsgrundlage ausgeschlossen werden, wenn zu befürchten ist, dass der Gesellschafter die ihm zugänglichen Informationen für eigene oder gesellschaftsfremde Zwecke, z. B. in seiner Eigenschaft als Wettbewerber der GmbH, verwenden und damit der Gesellschaft Schaden zufügen werde. Auch dann muss aber sorgfältig geprüft werden, ob es nicht ausreicht, den Gesellschafter von der Teilnahme an der Beratung des betreffenden Tagesordnungspunktes auszuschließen, statt ihm die Teilnahme an der Versammlung insgesamt zu verweigern.

a) Inhaber des Teilnahmerechts

3154 **Inhaber** des in seinem **Kern unentziehbaren Teilnahmerechts** an einer Gesellschaftsversammlung ist **der Gesellschafter**, was sich nach § 16 Abs. 1 GmbHG und der Eintragung in die ins Handelsregister aufgenommene Gesellschafterliste richtet. Weil Veränderungen in den Personen der Gesellschafter oder des Umfangs ihrer Beteiligung erst nach deren Wirksamwerden in die Gesellschafterliste übernommen werden dürfen, gilt auch bei Austritt oder Ausschließung und bei Zwangseinziehung seines Geschäftsanteils der davon betroffene Gesellschafter so lange als Gesellschafter, bis die Maßnahme vollzogen ist und der Gesellschafter seinen Geschäftsanteil, sei es durch Übertragung, sei es durch Vernichtung, verloren hat. Ist von einem durch die Zahlung der Abfindung aufschiebend bedingten Ende der Mitgliedschaft auszugehen, muss man dem betroffenen Gesellschafter noch bis dahin ein Teilnahmerecht zugestehen (vgl. hierzu oben Rz. 2871 ff., 2948, 2965).

3155 **Inhaber des Teilnahmerechts** ist der **Gesellschafter** unabhängig davon, ob er im Innenverhältnis gegenüber Dritten in seinem formalen Recht beschränkt ist. Deshalb ist grundsätzlich bei der Treuhand der Treuhänder, bei der Sicherungsabtretung der Sicherungsnehmer, bei Verpfändung der Pfandschuldner und beim Nießbrauch der Nießbrauchsverpflichtete teilnahmeberechtigt. Das Abspaltungsverbot von Stimm- und Teilnahmerecht verbietet es aber nicht, dem Nießbraucher eine Teilnahme zu gestatten, soweit Beschlüsse zu der Gewinnausschüttung gefasst werden sollen.

---

1 BGH v. 17.10.1988 - II ZR 18/88, NWB OAAAF-88832, NJW-RR 1989 S. 347, DB 1989 S. 272.

2 Zu Einzelheiten s. oben Rz. 2285/1.

Erteilt der Anteilsinhaber aber zulässigerweise dem Treugeber oder Nießbraucher Stimmrechtsvollmacht, so umfasst diese auch das Teilnahmerecht.[1] 3156

Ist der Geschäftsanteil veräußert, bleibt der Veräußerer für die Gesellschaft so lange Gesellschafter, als der Erwerber noch nicht in der aktualisierten Gesellschafterliste eingetragen und die Liste im Handelsregister aufgenommen ist. Sind die Geschäftsführer jedoch durch Mitteilung der Beteiligten bzw. durch die Übermittlung einer Abschrift der notarbescheinigten Liste (§ 40 Abs. 2 GmbHG) über die Veränderung unterrichtet und steht die Aufnahme der hinsichtlich seiner Person geänderten Gesellschafterliste in das Handelsregister unmittelbar bevor, dürfte es nicht schädlich sein, den Erwerber bereits als Inhaber des Teilnahmerechts zu behandeln. Denn seine **Stimmabgabe** (= Rechtshandlung gegenüber der Gesellschaft) wird **von Anfang an wirksam**, wenn die aktualisierte Liste unverzüglich danach in das Handelsregister aufgenommen wird. 3157

Ist die Abtretung des Geschäftsanteils jedoch aufschiebend bedingt, ist § 16 Abs. 1 Satz 2 GmbHG nicht anwendbar. Sind mehrere Personen nach § 18 GmbHG ungeteilt an einem Geschäftsanteil beteiligt, steht das **Teilnahmerecht allen Mitbeteiligten** zu. Damit die Erörterung und Beratung der Beschlussgegenstände nicht durch die Teilnahme einer Vielzahl von Personen behindert wird, kann und sollte die Satzung vorsehen, dass die Gruppe durch ein Mitglied oder einen gemeinsamen Beauftragten vertreten werden muss. Dabei darf dem Gesellschafter aber kein Vertreter aufgezwungen werden, auf dessen Wahl und Abstimmungsverhalten er keinen Einfluss hat, weil sonst der Kernbereich seines Teilnahmerechts verletzt und eine von seinem Willen getragene Wahrnehmung seines Gesellschaftsrechts nicht mehr zugestanden wird.[2]

b) Gesetzlicher und rechtsgeschäftlicher Vertreter

Dem **gesetzlichen Vertreter** eines Gesellschafters (Eltern, Pfleger, Vormund, Betreuer) und dem Testamentsvollstrecker eines früheren Gesellschafters sowie dem Nachlassverwalter und Insolvenzverwalter eines Gesellschafters **steht ein eigenes Teilnahmerecht zu**, das sich **aus der Mitgliedschaft des Vertretenen ableitet** und diesen von der Teilnahme ausschließt. Ist Gesellschafter einer GmbH eine Kapitalgesellschaft (AG oder GmbH), steht das Teilnahmerecht ihrem Vertretungsorgan (Vorstand, Geschäftsführer) zu. 3158

Eine rechtsgeschäftliche Vertretung bei der Ausübung des grundsätzlich persönlichen Teilnahmerechts ist möglich, wenn sie die Satzung nicht ausdrücklich ausschließt. Die Vollmacht bedarf gem. § 47 Abs. 3 GmbHG der Textform i. S. d. § 126b BGB. Das rechtsmissbräuchliche Beharren auf formalen Anforderungen an den Nachweis der Vollmacht kann eine rechtswidrige Verweigerung der Teilnahme darstellen und damit später gefasste Beschlüsse gerichtlich angreifbar machen. Ob der Vertretene und der Vertreter nebeneinander an der Gesellschafterversammlung teilnehmen können, ist umstritten. Ein doppeltes Teilnahmerecht wird man aber zubilligen müssen, wenn der Gesellschafter einen Angehörigen der rechtsberatenden Berufe bevollmächtigt,

1 BGH v. 19.4.1999 - II ZR 114/98, DStR 1999 S. 1576, mit Anm. Goette.
2 BGH v. 17.10.1988 - II ZR 18/88, NWB OAAAF-88832, NJW-RR 1989 S. 347.

um eine im Verhältnis zu den anderen Gesellschaftern bestehende fachliche Benachteiligung auszugleichen.[1]

3158/1 Satzungen treffen häufig Regelungen zur Vertretung eines Gesellschafters in der Gesellschafterversammlung. Verbreitet sind Klauseln zu **persönlichen Eigenschaften** des Vertreters, etwa Sachkenntnis oder Berufsverschwiegenheit.

c) Geschäftsführer

3159 Ist der **Geschäftsführer** nicht zugleich Gesellschafter, steht ihm **kein eigenständiges Teilnahmerecht** zu, selbst wenn die GmbH eigene Geschäftsanteile hält, weil die daran anknüpfenden Mitgliedschaftsrechte ruhen.[2] Er muss aber an der Versammlung teilnehmen, wenn es die Mehrheit der Gesellschafter verlangt.

d) Dritte, insbesondere Rechtsberater

3160 **Dritten** steht grundsätzlich **kein Teilnahmerecht** zu, es sei denn, die Satzung erlaubt ausdrücklich die Teilnahme oder die Mehrheit der Gesellschafter gestattet die Teilnahme.[3] Sieht die Satzung nicht vor, dass der Gesellschafter in Begleitung eines Beraters an der Versammlung teilnehmen kann, muss erst ein entsprechender Beschluss herbeigeführt werden, bei dem der betreffende Gesellschafter nicht stimmberechtigt ist. Die Pflicht zur Zulassung kann sich dann aus der allgemeinen Treuepflicht ergeben, wobei sich ein Anspruch des Gesellschafters ergeben kann, wenn er unter Berücksichtigung seiner persönlichen Verhältnisse, der Struktur der GmbH und der Bedeutung des Beschlussgegenstandes dringend beratungsbedürftig ist.[4] Dies gilt insbesondere dann, wenn ein Gesellschafter unter Berücksichtigung seiner persönlichen Verhältnisse, der Struktur der Gesellschaft und der Bedeutung des Beschlussgegenstands dringend **beratungsbedürftig** ist, etwa wenn schwerwiegende Entscheidungen zu fällen sind und dem Gesellschafter die erforderliche Sachkunde fehlt.[5]

Es empfiehlt es sich wegen der Bedeutung für die Praxis stets, die Teilnahmeberechtigung von Rechtsanwälten, Steuerberatern oder Wirtschaftsprüfern, die Gesellschafter beraten und zur Berufsverschwiegenheit verpflichtet sind, in der Satzung zu regeln. Die Satzungsbestimmung könnte beispielsweise so lauten:

„Jeder Gesellschafter kann sich in der Gesellschafterversammlung von einer zur Berufsverschwiegenheit verpflichteten Person (Rechtsanwalt, Steuerberater oder Wirtschaftsprüfer) beraten lassen."

---

1 OLG Düsseldorf v. 14.5.1992 - 6 U 201/93, WM 1993 S. 643.

2 BGH v. 8.12.1997 - II ZR 203/96, DStR 1998 S. 498; v. 30.1.1995 - II ZR 45/94, NJW 1995 S. 1027.

3 Zu Einzelheiten s. oben Rz. 2285/1.

4 OLG Stuttgart v. 7.3.1997 - 20 W 1/97, GmbHR 1997 S. 1107.

5 OLG Düsseldorf v. 25.7.2001 - 17 W 42/01, GmbHR 2002 S. 67; OLG Dresden, Urteil v. 25.8.2016 - 8 U 347/16, NWB UAAAF-88334, GmbHR 2016 S. 1149, 1151.

2. Leitung der Versammlung

LITERATUR:

Böttcher/Grewe, Der Versammlungsleiter in der Gesellschaft mit beschränkter Haftung – Kompetenzen, Bestellung und Abberufung, NZG 2002 S. 1086; *Hoffmann/Köster*, Beschlussfeststellung und Anfechtungsklageerfordernis im GmbH-Recht, GmbHR 2003 S. 1327; *Werner*, Das Beschlussfeststellungsrecht des Versammlungsleiters, GmbHR 2006 S. 127.

Durchführung und Ablauf der Gesellschafterversammlung regelt das GmbHG nicht. Deshalb sollten in der Satzung Richtlinien niedergelegt werden, damit die Versammlung ordnungsgemäß abläuft und die Tagesordnung sicher abgewickelt werden kann. 3161

Dazu kann es – je nach Zahl der Gesellschafter – dienlich sein, einen **Versammlungsleiter** zu bestellen, was bereits in der Satzung geschehen kann, aber auch einem mit einfacher Mehrheit zu fassenden Beschluss der Gesellschafterversammlung überlassen werden kann. Rechtlich erforderlich ist dies aber nicht. 3162

Dem Leiter der Gesellschafterversammlung kommen zur zügigen und straffen Abwicklung der Versammlung **Ordnungsaufgaben** zu. Er hat den Gesellschaftern das Wort zu erteilen und zur Beachtung des Gleichbehandlungsgrundsatzes sicherzustellen, dass jeder Gesellschafter Gelegenheit bekommt, seine Meinung zu dem zu behandelnden Punkt der Tagesordnung kundzutun. Dabei hat der Versammlungsleiter u. U. aber auch die Redezeit zu begrenzen oder notfalls das Wort zu entziehen. Bei allen in Betracht kommenden Sanktionen ist stets der Grundsatz der Geeignetheit, Erforderlichkeit und der Verhältnismäßigkeit zu beachten, um eine Anfechtbarkeit gefasster Beschlüsse zu vermeiden. Letztlich sollte der Versammlungsleiter, auch wenn er selbst Gesellschafter ist, sich um Ausgleich bemühen und sich in der Rolle eines (neutralen) Moderators sehen. 3163

Ansonsten bestehen die **Aufgaben des Versammlungsleiters** in der Eröffnung, Unterbrechung und Beendigung der Versammlung, in der Feststellung der ordnungsgemäßen Einberufung, der Erstellung einer Teilnehmerliste und – soweit dazu Anlass besteht – in der Feststellung des Teilnahmerechts der erschienenen Personen, der Leitung der Versammlung durch Erteilung des Wortes, in dem Aufruf der Tagesordnungspunkte zur Behandlung der Beratungsgegenstände und Anträge, in der Leitung der Abstimmung sowie **der Feststellung und Niederschrift der Beschlussergebnisse.**[1] Nicht seine Aufgabe ist es, über die Absetzung oder Vertagung einzelner Punkte der Tagesordnung zu bestimmen; dies ist der Gesellschafterversammlung vorbehalten. 3164

Der Versammlungsleiter, der satzungsmäßig berufen ist, unterliegt keinem Stimmverbot nach § 47 Abs. 4 GmbHG, wenn über seine Abberufung als Versammlungsleiter abgestimmt wird, selbst wenn er als Gesellschafter bei einzelnen Punkten der Tagesordnung einem Stimmverbot unterliegt. In seinen Aufgaben als Versammlungsleiter hat er kein Ermessen, das von seinen Gesellschafterinteressen beeinflusst werden könnte.[2] 3165

(Einstweilen frei) 3166–3180

1 Zu Letzterem s. KG Berlin v. 12.10.2015 - 22 W 74/15, NWB DAAAF-66746, BeckRS 2015, 20950.

2 BGH v. 21.6.2010 - II ZR 230/08, NWB IAAAD-48456, ZIP 2010 S. 1640.

3. Beschlussfähigkeit

3181 Hierzu gibt es keine gesetzliche Regelung. Die Gesellschafterversammlung ist **beschlussfähig**, wenn zu ihr **ordnungsgemäß**, also unter Beachtung der gesetzlichen Regelungen und der des Gesellschaftsvertrags, **eingeladen** worden ist und **mindestens** ein (stimmberechtigter) **Gesellschafter erschienen** ist. Denn ausgehend davon, dass die Mehrheit der abgegebenen Stimmen entscheidet, genügt für die Beschlussfähigkeit die Anwesenheit eines einzigen Gesellschafters, auch wenn er nur einen geringen Teil der Geschäftsanteile hält und z. B. die Änderung der Satzung beschlossen werden soll.

Selbstverständlich kann der **Gesellschaftsvertrag besondere Anforderungen** an die **Beschlussfähigkeit** stellen, z. B. die Anwesenheit einer bestimmten Mindestzahl von Gesellschaftern oder eines festgelegten Teils des Stammkapitals fordern. Dies ist bei Gesellschaften mit einer kleinen Anzahl von Gesellschaftern selten zweckmäßig, sondern empfiehlt sich meist nur bei einem größeren Gesellschafterkreis, weil eine derartige Vorschrift nicht selten dazu führt, dass mehrere Gesellschafterversammlungen stattfinden müssen. Der Gesellschaftsvertrag muss dann – schon um missbräuchlichen Verzögerungen vorzubeugen – auch eine Möglichkeit dafür vorsehen, dass in kurzer Frist eine weitere Versammlung einzuberufen ist, die ohne Rücksicht auf die Zahl der anwesenden Gesellschafter oder die Höhe des repräsentierten Kapitals bzw. der Anzahl der Geschäftsanteile beschlussfähig sein soll. Dies kann es nahelegen, auf besondere Bestimmungen zur Beschlussfähigkeit zu verzichten.

3182 Schreibt die Satzung für die Beschlussfähigkeit ein besonderes **Quorum** vor, muss es für jede einzelne Beschlussfassung (durch die Zahl der anwesenden Gesellschafter bzw. durch Vertretung des Stammkapitals) erfüllt sein. Kommt es für die Beschlussfähigkeit auf die Anwesenheit einer bestimmten Anzahl von Gesellschaftern an, ist es unerheblich, ob einer der anwesenden Gesellschafter nicht stimmberechtigt ist.[1]

4. Sitzungsprotokoll, Feststellung des Beschlussergebnisses

3183 Das GmbHG enthält – anders als bei der Aktiengesellschaft nach §§ 129 ff. AktG – keine Bestimmung, dass über den Ablauf der Gesellschafterversammlung und die Gesellschafterbeschlüsse eine **Niederschrift (Sitzungsprotokoll)** anzufertigen ist. Nur satzungsändernde Beschlüsse sowie Umwandlungs- und Verschmelzungsbeschlüsse sind notariell zu beurkunden.

Die Satzung kann jedoch bestimmen, dass ein Protokoll zu fertigen ist. Aber auch ohne eine solche Regelung ist die Anfertigung eines Protokolls in allseitigem Interesse im Grunde unverzichtbar.

3184 Enthält die Satzung Protokollierungspflichten und werden sie verletzt, führt das nicht zur Unwirksamkeit der gefassten Beschlüsse. Regelmäßig kommt dem Protokoll kein rechtsbegründender (konstitutiver) Charakter, sondern nur die Eigenschaft einer Beweisurkunde zu, deren Fehlen die Wirksamkeit der gefassten Beschlüsse nicht berührt.[2]

1 Vgl. OLG Hamm v. 27.11.1991 - 8 U 51/91, GmbHR 1992 S. 466, 467.
2 OLG Stuttgart v. 8.7.1998 - 20 U 112/97, GmbHR 1998 S. 1034, 1035.

Das Protokoll sollte sich auf die Wiedergabe der wesentlichen, rechtserheblichen Vorgänge beschränken und folgende Angaben enthalten: 3185

Ort und Datum der Versammlung, Beginn und Ende, Name des Versammlungsleiters und die Art seiner Bestellung, Feststellung der ordnungsgemäßen Einberufung, Liste der anwesenden Personen, Vollmachtsnachweise, Anträge, Art der Abstimmung, Ergebnis der Stimmenauszählung und Feststellung des Abstimmungsergebnisses, Widersprüche oder Widerspruchs- und Rügeverzicht von Gesellschaftern, Auskunftsersuchen und deren Erledigung, Stimmverbote und eventuelle Ordnungsmaßnahmen.[1] 3186

Vor allem sollte **das Protokoll** die **gefassten Beschlüsse** und das jeweilige **Abstimmungsergebnis** festhalten; Letzteres ist unerlässlich bei satzungsändernden Beschlüssen, deren Zustandekommen durch den Vorsitzenden der Versammlung festzustellen ist; eine solche Feststellung kann nur mit der Anfechtungsklage angegriffen werden.[2] Unerlässlich ist die Feststellung des Beschlussergebnisses und dessen Mitteilung an die Gesellschafter auch bei einer – durch die Satzung zugelassenen – **kombinierten Beschlussfassung**, bei der nicht nur die Stimmen der auf der Versammlung anwesenden Gesellschafter, sondern auch bereits abgegebene oder erst noch einzuholende Stimmen abwesender Gesellschafter zu berücksichtigen sind und deren Stimmabgabe schriftlich, mittels Telefon, E-Mail oder Videokonferenz möglich ist.[3] Auch hier ist der Beschluss erst mit der Feststellung und Mitteilung des Beschlussergebnisses an die Gesellschafter gefasst. 3187

Bei einem gewöhnlichen, allein durch Stimmabgabe der in der Versammlung anwesenden Gesellschafter gefassten Gesellschafterbeschluss hat eine solche protokollierte Feststellung des Vorsitzenden keine weitere Bedeutung, es entscheidet nur, was – unabhängig von der Meinung des Vorsitzenden – herauskommt, wenn die gültigen Stimmen gezählt werden. Besteht Streit, dann kann eine **verbindliche Feststellung** des Beschlussergebnisses durch eine **Feststellungsklage** (§ 256 ZPO) herbeigeführt werden.[4] 3188

Für **Gesellschafterbeschlüsse,** durch welche die **Satzung geändert** wird, ist zwingend eine **notarielle Beurkundung** vorgeschrieben.[5] 3189

Im Übrigen bestehen für Gesellschafterbeschlüsse **keine gesetzlichen Formvorschriften.** Zur Vermeidung späterer Streitigkeiten kann der Gesellschaftsvertrag bestimmen, dass alle Gesellschafterbeschlüsse der Schriftform bedürfen und mindestens von den zustimmenden Gesellschaftern unterzeichnet sein müssen. Man hat dann später keine Schwierigkeiten, wenn etwa über das Abstimmungsergebnis gestritten wird. 3190

Befinden sich alle Geschäftsanteile der GmbH in der Hand eines Gesellschafters oder daneben in der Hand der Gesellschaft, so muss nach der Sondervorschrift des § 48 Abs. 3 GmbHG der **Alleingesellschafter** unverzüglich nach Fassung des Beschlusses darüber eine **Niederschrift aufnehmen und unterschreiben**. 3191

1 Vgl. im Einzelnen Scholz/Karsten Schmidt/Seibt, GmbHG, § 48 Anm. 40.

2 BGH v. 9.6.1954 - II ZR 70/53, BGHZ 14 S. 25; v. 28.1.1980 - II ZR 84/79, BGHZ 76 S. 155.

3 Vgl. BGH v. 16.1.2006 - II ZR 135/04, NWB VAAAB-97730, BB 2006 S. 1126, mit Anm. Gehrlein, S. 1128.

4 BGH v. 28.1.1980 - II ZR 84/79, BGHZ 76 S. 154, 155; v. 13.11.1995 - II ZR 288/84, GmbHR 1996 S. 47.

5 Zur Beurkundung nach §§ 36 ff. BeurkG neben §§ 6 ff. BeurkG s. OLG Celle v. 13.2.2017 – 9 W 13/17, NWB IAAAG-40959.

3192 Über die Ausübung des Stimmrechtes, die Mehrheitsbildung und das Zustandekommen der Beschlüsse siehe nachfolgend Rz. 3211 ff.

5. Beispiel

3193 Für eine im Regelfall ausreichende gesellschaftsvertragliche Regelung der Einberufung und Durchführung von Gesellschafterversammlungen kann folgendes **Beispiel** dienen:

Art. (A)

(1) Die Gesellschafter fassen ihre Beschlüsse in Gesellschafterversammlungen, soweit nicht alle Gesellschafter mit einer anderen Form der Beschlussfassung einverstanden sind (vgl. Rz. 3291).

(2) Über die in § 46 GmbHG genannten Angelegenheiten kann nur in einer Gesellschafterversammlung Beschluss gefasst werden; Gleiches gilt für folgende Gegenstände der Beschlussfassung:

a) Auflösung der Gesellschaft

b) Satzungsänderung

c) Einziehung von Geschäftsanteilen

d)...

e)...

Art. (B)

(1) Gesellschafterversammlungen werden durch den Geschäftsführer einberufen; beim Vorhandensein mehrerer Geschäftsführer ist jeder allein zur Einberufung berechtigt und verpflichtet.

(2) Das Einberufungsrecht einer Minderheit gem. § 50 GmbHG bleibt unberührt.

Art. (C)

Gesellschafterversammlungen finden nur am Sitz der Gesellschaft statt.

Art. (D)

(1) Die Einberufung erfolgt gegenüber jedem Gesellschafter unter der der Gesellschaft zuletzt bekannten Anschrift durch eingeschriebenen Brief.

(2) Das Einberufungsschreiben muss folgende Angaben enthalten:

a) Zeitpunkt des Beginns der Versammlung,

b) Tagungsort und -raum,

c) Tagesordnung (genaue Bezeichnung der Gegenstände, über die Beschluss gefasst werden soll),

d) Aufforderung zur Ankündigung weiterer Tagesordnungspunkte nach § 50 GmbHG,

e) Hinweis auf die Auslegung von Unterlagen, die für die Meinungsbildung der Gesellschafter Bedeutung haben können; stattdessen können die Unterlagen dem Einberufungsschreiben beigefügt werden.

f) Wird die Gesellschafterversammlung auf Verlangen einer Minderheit einberufen, ist unter Beifügung einer Abschrift des Antrages darauf besonders hinzuweisen.

Art. (E)

(1) Zwischen dem Tag der Versammlung und der Absendung des letzten Einberufungsschreibens muss eine Frist von mindestens drei Wochen liegen.

(2) Bei Gefahr im Verzug kann im Einberufungsschreiben unter Darlegung der Gründe diese Frist auf eine Woche abgekürzt werden.

(3) Bei Berechnung der Frist werden der Absende- und der Versammlungstag nicht mitgezählt.

Art. (F)

(1) Alle Gesellschafter sind berechtigt, an der Versammlung teilzunehmen und das Wort zu ergreifen, auch wenn sie nicht stimmberechtigt sind.

(2) Aufgrund schriftlicher Vollmacht können sich Gesellschafter durch einen anderen Gesellschafter auch bei der Stimmabgabe vertreten lassen. Die Vollmacht muss zum Ausdruck bringen, ob der Vertreter von der Beschränkung des § 181 BGB befreit ist.

Im Übrigen ist eine Vertretung nicht zulässig; jeder Gesellschafter ist jedoch berechtigt, sich des Beistandes einer zur Berufsverschwiegenheit verpflichteten Person zu bedienen.

(3) Die Geschäftsführer sind zur Teilnahme an der Gesellschafterversammlung berechtigt und verpflichtet, sie können durch Beschluss der Versammlung jedoch zeitweise von der Anwesenheit ausgeschlossen werden.

(4) Über die Teilnahme weiterer Personen (Steuerberater u. Ä.) beschließt die Gesellschafterversammlung.

Art. (G)

(1) Die Gesellschafterversammlung wählt aus ihrer Mitte den Vorsitzenden der Versammlung; kommt eine Wahl nicht zustande, so führt der älteste anwesende Gesellschafter den Vorsitz.

(2) Der Vorsitzende bestimmt einen Protokollführer.

(3) Über den Verlauf der Versammlung ist ein Protokoll aufzunehmen, dessen Inhalt der Vorsitzende bestimmt. Das Protokoll muss die in der Sitzung gestellten Anträge, die Gegenstände der Beschlussfassung und das jeweilige Abstimmungsergebnis sowie einen dagegen angebrachten Widerspruch enthalten und vom Vorsitzenden und Protokollführer unterzeichnet sein. Jeder Gesellschafter muss eine Protokollabschrift erhalten.

(Einstweilen frei) 3194–3210

V. Gesellschafterbeschlüsse

3211 Gesellschafterbeschlüsse müssen – von wenigen Ausnahmen abgesehen – nicht in Gesellschafterversammlungen gefasst werden. Über die Art der Beschlussfassung kann der Gesellschaftsvertrag besondere Vorschriften enthalten und auch daran sind die Gesellschafter nicht gebunden, wenn sie sich im Einzelfall einstimmig über eine andere Art der Beschlussfassung verständigen. Gleichgültig, welche Art der Beschlussfassung die Gesellschafter wählen, stets ist der **Gesellschafterbeschluss das Ergebnis einer Abstimmung** (§ 47 GmbHG). Zur zwingenden Zuständigkeit einer Gesellschafterversammlung (Rz. 3051).

1. Stimmrecht

LITERATUR:

Lohr, Der Stimmrechtsausschluss des GmbH-Gesellschafters (§ 47 IV GmbHG), NZG 2002 S. 551; *Meyer*, Streit um den Suhrkamp-Verlag – Überlegungen zum Stimmverbot des Gesellschafter-Geschäftsführers, NJW 2013 S. 753; *Bäcker*, Das Stimmrecht des Gesellschafters in der GmbH-Gesellschafterversammlung, GmbH-Stpr 2016 S. 267.

a) Gesellschafterrecht

3212 Das **Recht zur Stimmabgabe** – das **Stimmrecht** – ist eines **der wesentlichen Mitgliedschaftsrechte.** Mit ihr übt der Gesellschafter seine Verwaltungs- und Herrschaftsrechte aus. Im Verhältnis zur GmbH bestimmt sich nach § 16 Abs. 1 GmbHG, wer Gesellschafter ist. **Inhaber des Stimmrechts** ist also der **rechtliche** und **nicht der wirtschaftliche Inhaber des Geschäftsanteils.** Deshalb ist grundsätzlich bei der Treuhand der Treuhänder,[1] bei der Sicherungsabtretung der Sicherungsnehmer, bei Verpfändung der Pfandschuldner und beim Nießbrauch der Nießbrauchsbesteller stimmberechtigt.[2]

3213 Zum **Stimmrecht des Nießbrauchers** bleibt (wohl) der Gesellschafter stimmberechtigt.[3] Eine Klärung durch die höchstrichterliche Rechtsprechung fehlt.[4] Um Streit zu vermeiden, kann zu empfehlen sein, bei Nießbrauchsbestellung nicht nur eine Zustimmung der Gesellschaft einzuholen, sondern damit auch eine Regelung der Stimmrechtsausübung – im Einverständnis der übrigen Gesellschafter – zu verbinden.

3214 Für Geschäftsunfähige wird das Stimmrecht durch ihre gesetzlichen Vertreter wahrgenommen, bei juristischen Personen und Personenmehrheiten sind die allgemeinen Vertretungsregeln maßgebend. Steht der Geschäftsanteil ungeteilt mehreren Personen zu, ist § 18 GmbHG zu beachten und das Stimmrecht kann nur einheitlich ausgeübt werden.

1 BGH v. 21.3.1988 - II ZR 308/87, BGHZ 104 S. 66.

2 Henssler/Strohn/Hillmann, GmbHG, § 47 Rz. 33.

3 OLG Koblenz v. 16.1.1992 - 6 U 963/91, NJW 1992 S. 2163, 2164 f.

4 Offen gelassen BGH v. 22.1.1996 - II ZR 191/94, DStR 1996 S. 713, zum Nießbrauch am Gesellschaftsanteil an einer GbR: BGH v. 3.11.1988 - II ZR 213/87, NJW 1999 S. 571, wonach das Stimmrecht bei Beschlüssen, welche die Grundlagen der Gesellschaft (Substanz der Mitgliedschaft) betreffen, beim Gesellschafter verbleibt.

Bei **Austritt und Ausschluss** eines Gesellschafters sowie bei **Zwangseinziehung eines Geschäftsanteils** ist entscheidend, wann dieser Vorgang **wirksam** wird. Das Stimmrecht kann nicht von dem Mitgliedschaftsrecht abgespalten und als solches auf einen Dritten übertragen werden.[1] Aus diesem Grund ist auch eine **unwiderrufliche Stimmrechtsvollmacht unzulässig.**[2] Die widerrufliche Stimmrechtsvollmacht ist zulässig, weil dann Mitgliedschaft und Stimmrecht nicht auf Dauer voneinander getrennt werden. 3215

Eigene Anteile der GmbH geben ihr kein Stimmrecht; die Mitgliedschaftsrechte aus solchen Geschäftsanteilen ruhen.[3] 3216

aa) Stimmkraft

Die **Stimmkraft** des Gesellschafters bemisst sich nach der Höhe seiner Beteiligung, wenn die Satzung keine abweichende Regelung enthält. Gemäß § 47 Abs. 2 GmbHG **gewährt jeder Euro eines Geschäftsanteils eine Stimme**, wobei es nur auf den Nennbetrag des Geschäftsanteils ankommt und nicht darauf, in welcher Höhe die Einlage bereits erbracht ist. 3217

Die Satzung kann aber die Stimmkraft eines Gesellschafters vom Nennbetrag des Geschäftsanteils lösen und mit Geschäftsanteilen Mehrfachstimmrechte oder sogar Vetorechte verbinden. Sie kann bestimmen, dass das Stimmrecht einzelner Gesellschafter unterschiedlich groß ist; sie kann Höchststimmrechte einführen und bestimmte Geschäftsanteile vom Stimmrecht ganz ausschließen.[4] Die nachträgliche Beschränkung der Stimmkraft, also des Gewichts, das der Stimmabgabe zukommt, dürfte aber nur mit Zustimmung des betroffenen Gesellschafters zulässig sein, weil damit sein Geschäftsanteil gegenüber den anderen benachteiligt wird. 3218

bb) Mehrfachstimmrecht

Hat ein Gesellschafter durch seinen Geschäftsanteil **mehrere Stimmen**, kann er grundsätzlich nur **einheitlich abstimmen.**[5] Besitzt der Gesellschafter mehrere Geschäftsanteile, die nach § 15 Abs. 2 GmbHG zur Sicherung der Kapitalaufbringung rechtlich selbständig bleiben, kann er dennoch die Mitgliedschaftsrechte nicht unterschiedlich ausüben, sondern muss seine Stimmen einheitlich abgeben.[6] Ausnahmsweise sollen unterschiedliche Stimmabgaben zulässig sein, wenn einer von mehreren Geschäftsanteilen treuhänderisch gehalten wird oder insoweit eine Stimmbindungsvereinbarung besteht.[7] 3219

b) Gesellschafterpflicht

Der Gesellschafter darf grundsätzlich nach **freiem Ermessen** und zu **seinem Vorteil abstimmen.** Die Entscheidungsfreiheit findet ihre Grenzen in allgemeinen Rechtsgrund- 3220

1 Abspaltungsverbot, BGH v. 25.2.1965 - II ZR 287/63, BGHZ 43 S. 261, 267.
2 BGH v. 30.1.1995 - II ZR 105/94, DStR 1995 S. 1276.
3 BGH v. 30.1.1995 - II ZR 45/94, DStR 1995 S. 537; v. 8.12.1997 - II ZR 203/96, NJW 1998 S. 1314.
4 BGH v. 14.7.1954 - II ZR 342/53, BGHZ 14 S. 264, 269.
5 BGH v. 21.3.1988 - II ZR 308/87, BGHZ 104 S. 66, 74.
6 Vgl. Goette, Die GmbH, § 7 Rz. 54.
7 Vgl, BeckHB GmbH/Fischer/Gerber, § 4 Rz. 90, m. w. N.

sätzen, die es verbieten, das Stimmrecht zu missbrauchen, indem vorsätzlich zum Schaden der Gesellschaft abgestimmt oder der Gesellschaft der eigene Willen aufgezwungen wird. Insbesondere hat der Gesellschafter bei Ausübung des Stimmrechts die **gesellschaftsrechtliche Treuepflicht** zu beachten. Diese kann in Einzelfällen so weit gehen, dass ein Gesellschafter verpflichtet ist, bestimmten Maßnahmen zuzustimmen. Der Gesellschafter wird quasi zu seiner Zustimmung gezwungen. Dies ist aber nur in engen Ausnahmefällen möglich. Namentlich muss die beschlossene Maßnahme zur Erhaltung wesentlicher Werte der Gesellschaft dienen oder zur Vermeidung erheblicher Verluste. Weiter muss diese objektiv erforderlich sein und den Gesellschaftern, unter Berücksichtigung ihrer eigenen, schutzwerten Belange, zumutbar sein, und der Gesellschaftszweck muss gerade diese Maßnahme zwingend gebieten.[1]

Eine positive Stimmpflicht kann weiter dann in Betracht kommen, wenn ein Gesellschafter einen wichtigen Grund gesetzt hat und er im Wege der Zwangseinziehung oder der Ausschließung aus der Gesellschaft entfernt werden soll; dies jedoch nur, wenn nach umfassender Interessenabwägung ein Verbleib des betroffenen Gesellschafters unzumutbar erscheint. Weitere positive Stimmpflichten können im Zusammenhang mit der Bestellung und Abberufung von Geschäftsführern, Zustimmung zur Übertragung eines Geschäftsanteils und bei der Ausübung von Minderheitsrechten bestehen.[2]

3220/1 Unter Verstoß gegen die Treuepflicht abgegebene Stimmen sind nichtig und sind bei der Feststellung des Abstimmungsergebnisses nicht mitzuzählen.[3] Werden sie gleichwohl berücksichtigt, ist der Beschluss anfechtbar. Unterliegt der Gesellschafter einer positiven Stimmpflicht, z. B. aus einem Treuhandvertrag, kann die Stimmabgabe als Willenserklärung mit einer Klage und einem Urteil nach § 894 ZPO durchgesetzt werden.[4]

c) Stimmbindung

3221 Die grundsätzliche Freiheit zur Stimmabgabe hindert den Gesellschafter nicht, sich einem Gesellschafter oder einem Dritten gegenüber zu verpflichten, sein Stimmrecht in einer bestimmten Weise auszuüben. Mit der **Stimmbindung** wird **rechtsgeschäftlich eine Verpflichtung** gegenüber **einem oder mehreren Gesellschaftern oder einem Dritten** begründet, das **Stimmrecht in der GmbH** nicht nach freiem Ermessen, sondern in einem **bestimmten Sinne auszuüben**, wobei dies von vornherein inhaltlich festgelegt sein oder durch eine spätere Weisung konkretisiert werden kann. Vereinbaren mehrere

1 BGH v. 12.4.2016 - II ZR 275/14, NWB QAAAF-75309, NZG 2016 S. 781, Rz. 13; v. 25.9.1986 - II ZR 262/85, BGHZ 98 S. 276, 279 f., NJW 1987 S. 189, 190.

2 Henssler/Strohn/Hillmann, GmbHG, § 47 Rz. 28.

3 Vgl. BGH v. 19.11.1990 - II ZR 88/89, NWB OAAAF-84451, WM 1991 S. 97; OLG Stuttgart v. 8.10.1999 - 20 U 59/99, BB 1999 S. 2316, 2317.

4 BGH v. 29.5.1967 - II ZR 105/66, BGHZ 48 S. 163, 169 ff., zu einem zur Rückübertragung des Geschäftsanteils verpflichteten Treuhänder, der mit den anderen Gesellschaftern beschlossen hatte, die Zustimmung der GmbH zur Rückübertragung zu verweigern; BGH v. 9.7.1990 - II ZR 9/90, NWB FAAAE-84405, GmbHR 1990 S. 452, zur klageweisen Einforderung der aus gesellschaftlicher Treuepflicht gebotenen Zustimmung zu einem Gesellschafterbeschluss.

Gesellschafter, ihr Stimmrecht in einem bestimmten Sinn auszuüben, spricht man von einem Stimmrechtspool.

Stimmrechtsvereinbarungen zwischen Gesellschaftern der GmbH sind prinzipiell zulässig und wirksam.[1] Auch die gegenüber einem außenstehenden Dritten eingegangene Stimmrechtsbindung wird ganz überwiegend als wirksam anerkannt,[2] wenngleich auch Wertungswidersprüche zur Behandlung von Stimmrechtsabspaltungen und unwiderruflichen Stimmrechtsvollmachten nicht zu verkennen sind.[3] Vielfach erscheinen Stimmbindungsvereinbarungen als unentbehrliche Nebenabreden in Treuhandvereinbarungen und Nießbrauchfällen, um die Rechtsstellung zu sichern. Kritisch wird die Sache jedoch dort, wo durch Stimmbindungsvereinbarungen außenstehenden Dritten, die vornehmlich nicht der gesellschaftsrechtlichen Treuepflicht und den Kapitalerhaltungsvorschriften unterliegen, die Möglichkeit eröffnet wird, auf die Geschicke der Gesellschaft und deren Struktur Einfluss zu nehmen, also z. B. auch Satzungsänderungen herbeizuführen. 3222

Die Zulässigkeit von Stimmbindungsvereinbarungen findet jedenfalls ihre Grenzen in gesetzlichen Verboten und in der Sittenwidrigkeit (§ 138 BGB). Sittenwidrig kann ein Stimmenkauf sein. Die Stimmbindung darf auch nicht auf die Umgehung von Stimmverboten hinauslaufen, insbesondere darf ein Gesellschafter, der nach § 47 Abs. 4 GmbHG in einer ihn betreffenden Angelegenheit von der Stimmabgabe ausgeschlossen ist, nicht das Stimmrecht in dieser Sache binden.[4] 3223

Der **Stimmbindungsvertrag ist formlos gültig**. Er entfaltet aber nur schuldrechtliche Wirkung zwischen den Vertragsparteien, so dass die abredewidrige Stimmabgabe deren Wirksamkeit selbst und des gefassten Beschlusses nicht berührt.[5] Etwas anderes gilt jedoch für Stimmrechtsvereinbarungen zwischen Gesellschaftern; verstoßen Gesellschafter gegen die Stimmbindung, ist der Beschluss anfechtbar.[6] 3224

Das **satzungsmäßige Verbot von Stimmrechtsvereinbarungen** ist möglich, hat aber nicht zur Folge, dass die Abstimmungsvereinbarung unwirksam ist und die der satzungswidrigen Stimmbindung entsprechende Stimmabgabe nichtig ist. Der Gesellschafter kann aber zum Schadensersatz verpflichtet sein; die gegen die Satzung verstoßende Eingehung einer Stimmbindung, insbesondere gegenüber Dritten, kann ein wichtiger Grund für die Ausschließung des Gesellschafters sein. 3225

Der aus der zulässigen Stimmbindung Berechtigte kann die Einhaltung durch eine Leistungsklage verfolgen, so dass schließlich das rechtskräftige Urteil nach § 894 ZPO die Stimmabgabe ersetzt. Das Urteil ist dann – wie eine normale Stimmabgabe – dem Leiter der Gesellschafterversammlung bekannt zu geben und sodann bei der Fassung 3226

1 BGH v. 20.1.1983 - II ZR 243/81, NJW 1983 S. 1910; OLG Hamm v. 12.4.2000 - 8 U 165/99, GmbHR 2000 S. 673.

2 Vgl. Noack/Servatius/Haas/Noack, GmbHG, § 47 Rz. 113, m. w. N.; Beck HB GmbH/Fischer, § 4 Rz. 11; OLG Köln v. 16.3.1988 - 6 U 38/87, WM 1988 S. 974, 976; vgl. auch BGH v. 10.6.1991 - II ZR 248/90, DStR 1991 S. 1290.

3 Hachenburg/Hüffer, GmbHG, § 47 Rz. 73, 75.

4 BGH v. 29.5.1967 - II ZR 105/66, BGHZ 48 S. 163, 166.

5 BGH v. 20.1.1983 - II ZR 243/81, NJW 1983 S. 1910.

6 BGH v. 27.10.1986 - II ZR 240/85, NWB FAAAF-06126, NJW 1987 S. 1890.

des Beschlusses zu berücksichtigen. Mit der Durchsetzung in dieser Weise ist ersichtlich ein großer Zeitaufwand verbunden. Auch Schadensersatzansprüche werden sich jedenfalls der Höhe nach nur schwer beweisen lassen. Zur Sicherung bietet sich daher an, die Stimmbindungsverpflichtung mit einem Vertragsstrafeversprechen zu verknüpfen.

d) Ausschluss des Stimmrechts (Stimmverbot)

3227 Gemäß § 47 Abs. 4 GmbHG hat ein Gesellschafter, der durch die Beschlussfassung entlastet oder von einer Verbindlichkeit befreit werden soll, hierbei kein Stimmrecht. Er darf es auch nicht für andere ausüben. Das **Stimmverbot** gilt auch für eine Beschlussfassung, welche die Vornahme eines Rechtsgeschäfts oder die Einleitung eines Rechtsstreits gegenüber dem Gesellschafter betrifft. Das Stimmverbot trägt typisierend einer Kollision von Gesellschafts- und Gesellschafterinteresse Rechnung, bei der nicht erwartet werden kann, dass der Gesellschafter seine Belange den Interessen der Gesellschaft unterordnen werde.[1]

Die Vorschrift des § 47 Abs. 4 GmbHG bringt **zwei Verbote** zum Ausdruck, nämlich des **„Richtens in eigener Sache"**,[2] wenn es bei der Beschlussfassung z. B. darum geht, ob ein Gesellschafter auf Schadensersatz in Anspruch genommen werden soll (§ 46 Nr. 8, § 47 Abs. 4 Satz 2 GmbHG) oder umgekehrt bei Ausspruch der Entlastung (§ 46 Nr. 5, § 47 Abs. 4 Satz 1 GmbHG) mit einem solchen Beschluss auf bekannte oder erkennbare Ersatzansprüche verzichtet wird,[3] und von **Rechtsgeschäften mit sich selbst** – ähnlich dem Gedanken des § 181 BGB (Selbstkontrahierungsverbot) –, wenn es bei der Beschlussfassung um den Abschluss eines Rechtsgeschäfts mit dem Gesellschafter oder dessen Befreiung von einer Verbindlichkeit geht. Ein Stimmrechtsverbot gilt auch, wenn es um die Abberufung eines Geschäftsführers (oder den Entzug einer Prokura) aus wichtigem Grund (z. B. wegen einer Pflichtverletzung) geht und dem Gesellschafter die Pflichtverletzung gemeinsam mit dem Geschäftsführer vorgeworfen wird, der den Geschäftsführer mangelhaft überwacht haben soll.[4]

3228 Die **Verbote** betreffen **nur** das **Stimmrecht** des Gesellschafters, aber **nicht das Teilnahmerecht** an der Gesellschafterversammlung.

Im Einzelnen gilt:

aa) Entlastung eines Gesellschafters

3229 Das **Stimmverbot des zu entlastenden Gesellschafters** besteht bei Beschlüssen über die Entlastung von Geschäftsführern, Beirats- und Aufsichtsratsmitgliedern, Liquidatoren usw. Es betrifft nur die nachträgliche Billigung der Amtsführung. Entsprechend gilt das Stimmverbot auch für andere Beschlüsse der Gesellschafterversammlung, die die Billigung oder Missbilligung eines Gesellschafters in seiner Funktion als Organ der GmbH

---

1 BGH v. 12.6.1989 - II ZR 246/88, NWB TAAAE-86363, BGHZ 108 S. 21 ff.; v. 2.10.2000 - II ZR 114/99, DStR 2001 S. 1260, mit Anm. Goette.

2 So Goette, Die GmbH, § 7 Rz. 61, mit Hinweis auf BGH v. 20.1.1986 - II ZR 73/85, BGHZ 97 S. 28, 33.

3 BGH v. 21.4.1986 - II ZR 165/85, BGHZ 97 S. 382, 384.

4 BGH v. 27.4.2009 - II ZR 167/07, ZIP 2009 S. 1158; v. 4.5.2009 - II ZR 166/07, NWB GAAAD-31567, ZIP 2009 S. 2193.

betreffen,[1] insbesondere bei der Abberufung als Geschäftsführer aus wichtigem Grund[2] und bei der außerordentlichen Kündigung seines Anstellungsvertrags.[3]

Wegen der Bedeutung, die dem Verbot zukommt, dass der selbst betroffene Gesellschafter an Entlastungsbeschlüssen mitstimmt, ist die Vorschrift des § 47 Abs. 4 Satz 1 GmbHG durch die Satzung **nicht abdingbar.**[4] Eine solche Satzungsregelung ist **nichtig.**[5] 3230

bb) Befreiung von einer Verbindlichkeit

Das Stimmverbot nach § 47 Abs. 4 Satz 1 2. Alt. GmbHG gilt für die Befreiung von Verbindlichkeiten des Gesellschafters gegenüber der GmbH aus vertraglichen und gesetzlichen Ansprüchen jeder Art, ohne dass ein Zusammenhang mit dem Gesellschaftsverhältnis bestehen müsste. Unter den Begriff der Befreiung fallen Erlass- und Verzichtsverträge, negative Schuldanerkenntnisse und auch die „Generalbereinigung" (vgl. oben Rz. 3057). Schuldner der Verbindlichkeit muss der Gesellschafter sein oder zumindest von der Schuldbefreiung begünstigt werden. 3231

cc) Vornahme eines Rechtsgeschäftes

Der Gesellschafter ist vom Stimmrecht ausgeschlossen, wenn es bei dem zu fassenden Beschluss um die Vornahme eines **Rechtsgeschäftes zwischen ihm und der GmbH** geht. Unter Rechtsgeschäften sind die Abschlüsse jedweder Verträge und einseitiger Rechtsgeschäfte (Kündigung, Anfechtung, Rücktritt usw.) zu verstehen. Das Stimmverbot gilt wohl auch, wenn durch den Beschluss Zweifel an der Gültigkeit eines Geschäftes ausgeräumt werden sollen[6] oder ein mit dem Gesellschafter abgeschlossenes, aber schwebend unwirksames Rechtsgeschäft nachträglich genehmigt wird.[7] 3232

dd) Einleitung oder Erledigung eines Rechtsstreits

Vom Stimmrecht ausgeschlossen ist nach § 47 Abs. 4 Satz 2 2. Alt. GmbHG der Gesellschafter, wenn die Gesellschafterversammlung über die Einleitung eines Rechtsstreits gegen ihn als Mitgesellschafter beschließen soll. Mit **Rechtsstreit sind Verfahren aller Art** einschließlich Mahn- und Schiedsverfahren, Arrest, einstweilige Verfügung und Maßnahmen der Zwangsvollstreckung gemeint sowie die solche Maßnahmen vorbereitenden (einleitenden) Handlungen, z. B. Klageandrohung u. Ä. Mit Erledigung sind außer der Rücknahme einer Klage oder eines Rechtsmittels auch der Vergleich, der Verzicht und das Anerkenntnis gemeint. Die Vorschrift umfasst nicht nur Maßnahmen, die unmittelbar den Prozessbeginn bewirken, sondern bereits das vorprozessuale Feld der außergerichtlichen Anspruchsgeltendmachung und -klärung, wie Bestellung eines Vertreters gem. § 46 Nr. 8 GmbHG. 3233

1 Vgl. OLG Düsseldorf v. 24.2.2000 - 6 U 77/99, GmbHR 2000 S. 1050.
2 BGH v. 20.10.1982 - II ZR 110/82, BGHZ 86 S. 177.
3 BGH v. 27.10.1986 - II ZR 74/85, NJW 1987 S. 1889.
4 BGH v. 12.6.1989 - II ZR 246/88, NWB TAAAE-86363, BGHZ 108 S. 21, 26 f.
5 OLG Stuttgart v. 4.5.1993 - 10 U 137/92, juris, und BGH v. 28.2.1994 - II ZR 121/93, DStR 1994 S. 869.
6 Vgl. BGH v. 29.3.1973 - II ZR 139/70, NJW 1973 S. 1039, 1041.
7 BGH v. 19.1.1977 - II ZR 79/75, WM 1977 S. 362.
OLG München, Urteil v. 14.12.2017 - 23 U 1481/17, juris, Rz. 139.

ee) Keine Verallgemeinerung

3234 § 47 Abs. 4 GmbHG enthält **keine Generalklausel**. Ein **Stimmverbot** besteht somit **nicht** bei **jeder möglichen Interessenkollision**.[1] Die Rechtsprechung nimmt nur dann eine erweiternde Auslegung über die normierten Fälle hinaus an, wenn aus **wichtigem Grund** die **Gesellschafterstellung beendet** oder die **Abberufung** aus den Amt des **Geschäftsführers** oder die Kündigung des Anstellungsvertrags beschlossen werden soll.[2] Entsprechendes gilt, wenn aus wichtigem Grund der Gesellschafter ausgeschlossen oder sein Geschäftsanteil eingezogen oder kaduziert werden soll. Denn in all diesen Fällen geht es darum, ob der Gesellschafter für die Gesellschaft untragbar geworden ist und damit um einen Beschluss, bei dem typischerweise nicht erwartet werden kann, dass der betroffene Gesellschafter seine Interessen hinter die Belange der GmbH zurücktreten lassen werde.

3235 Nicht um solche Fragen geht es grundsätzlich bei sog. **Sozialakten**, also Beschlüssen, die **innergesellschaftlich die Mitgliedschaft eines Gesellschafters ausgestalten**. Sie sind **nicht vom Stimmverbot** nach § 47 Abs. 4 GmbHG **betroffen**, auch wenn sie natürlich die Interessen eines Gesellschafters berühren können. Solche Sozialakte (rein gesellschaftsrechtliche Beschlüsse) sind die Bestellung und Abberufung von Organen der Gesellschaft, insbesondere von Geschäftsführern, einschließlich der Festlegung der Bedingungen des Anstellungsvertrags und der Bezüge, Satzungsänderungen, Genehmigung der Übertragung vinkulierter Geschäftsanteile, Teilung von Geschäftsanteilen, wie auch der Beschluss über die Einforderung der Einlage.[3] Zu den Sozialakten zählt der BGH auch die Beschlussfassung über die ordentliche Kündigung eines Beherrschungs- und Gewinnabführungsvertrags durch die beherrschte Gesellschaft. Dabei ist der beherrschende Gesellschafter stimmberechtigt.[4]

3236 Im Übrigen können die Stimmverbote des § 47 Abs. 4 GmbHG durch die Satzung ergänzt und erweitert werden. Allerdings sind die Stimmverbote, die bei Vorliegen eines wichtigen Grundes gelten, nicht durch die Satzung einschränkbar,[5] ebenso wie das Stimmverbot des Gesellschafters nicht abdingbar ist, das bei seiner eigenen Entlastung oder bei der Einleitung eines Rechtstreits gegen ihn gilt.[6] Eine solche Satzungsregelung ist **nichtig**.[7]

ff) Sonstige Einzelfälle

3237 Bei der **Einmann-GmbH** gilt § 47 Abs. 4 GmbHG nicht. Hier fehlt es an dem einem Stimmverbot vorausgesetzten Interessenkonflikt.

1 BGH v. 10.2.1977 - II ZR 81/76, BGHZ 68 S. 107, 109; v. 2.10.2000 - II ZR 114/99, DStR 2001 S. 1260, mit Anm. Goette.

2 BGH v. 20.12.1982 - II ZR 110/82, BGHZ 86 S. 177.

3 BGH v. 9.7.1990 - II ZR 9/90, NWB FAAAE-84405, BB 1990 S. 1923.

4 BGH v. 31.5.2011 - II ZR 109/10, NWB CAAAD-88333, BGHZ 190 S. 45, mit Ablehnung der Meinung, es handele sich bei der ordentlichen Kündigung um eine Maßnahme, die allein der Geschäftsführung obliege; Schmidt, Karsten, JuS 2011 S. 1129, mit Entscheidungsbesprechung hierzu.

5 BGH v. 24.2.1992 - II ZR 79/91, NWB OAAAF-71523, BB 1992 S. 802.

6 BGH v. 12.6.1989 - II ZR 246/88, NWB TAAAE-86363, BGHZ 108 S. 21, 26 f.

7 BGH v. 28.2.1994 - II ZR 121/93, DStR 1994 S. 869, zu OLG Stuttgart v. 4.5.1993 - 10 U 137/92, juris.

Befindet sich der Geschäftsanteil in der Hand einer **Gesamthands- oder Bruchteilsgemeinschaft** (§ 18 GmbHG), macht der Ausschluss eines Mitberechtigten vom Stimmrecht den Geschäftsanteil nicht stimmrechtslos.[1] Vielmehr können andere Mitberechtigte (oder der Vertreter) das Stimmrecht für den Geschäftsanteil ausüben. Kann allerdings der vom Stimmrecht ausgeschlossene Mitberechtigte einen für das Abstimmungsverhalten ausschlaggebenden Einfluss auf die Mitberechtigten ausüben, ist der betreffende Geschäftsanteil von der Stimmabgabe ausgeschlossen.[2] 3238

Ein Gesellschafter, der in einer bestimmten Angelegenheit nach § 47 Abs. 4 GmbHG vom Stimmrecht ausgeschlossen ist, kann sich dabei auch nicht durch einen Bevollmächtigten[3] oder durch einen Treuhänder[4] vertreten lassen. Auch ein Nichtgesellschafter unterliegt als Bevollmächtigter einem Stimmverbot bei einem Beschlussgegenstand, bei dem er – wäre er Gesellschafter – nicht mitstimmen könnte. 3239

BEISPIEL: Die Gesellschafterversammlung will über die Geltendmachung von Ersatzansprüchen gegen einen früheren Geschäftsführer A abstimmen. Gesellschafter B, ein „Freund" des A, bevollmächtigt A, ihn bei der Gesellschafterversammlung und der Abstimmung zu vertreten. A unterliegt einem Stimmverbot, weil er als Gesellschafter gem. § 47 Abs. 4 Satz 2 2. Alt. GmbHG vom Stimmrecht ausgeschlossen wäre. Ob die Gesellschafterversammlung ihn auch als Teilnehmer zurückweisen könnte, ist fraglich, da der Stimmrechtsauschluss ihn „als Gesellschafter" nicht von der Teilnahme an der Versammlung ausschlösse. Man wird das Verhalten des B als Verstoß gegen die gesellschafterliche Treuepflicht und als missbräuchlich werten und der Versammlung ein Zurückweisungsrecht für A zubilligen müssen.

Bezweckt die Abtretung des Geschäftsanteils, **das Stimmverbot zu umgehen**, ist der Erwerber wie der Veräußerer vom Stimmrecht ausgeschlossen.[5] 3240

BEISPIEL: A ist Gesellschafter-Geschäftsführer der X-GmbH, an der er einen Geschäftsanteil von 55 % des Stammkapitals hält. Wegen riskanter Geschäfte muss er befürchten, dass ihn die Gesellschafterversammlung, bei der er nicht stimmberechtigt wäre, nicht entlasten, sondern ihn im Gegenteil abberufen und die Einleitung eines Schadensersatzprozesses beschließen wird. Da die Satzung eine Abtretung des Geschäftsanteils ohne Zustimmung der Gesellschaft zulässt, kommt er mit seinem guten Freund F überein, dass dieser seinen Geschäftsanteil erwirbt und behält, bis die Gesellschafterversammlung „gelaufen" und mit freundlicher Unterstützung des F durch entsprechendes Abstimmungsverhalten zugunsten des A ausgegangen ist, und A dann den Geschäftsanteil bei passender Gelegenheit wieder zurückerwirbt. Auch hier ist F mit einem Stimmverbot belegt, weil die Abtretung nur der Umgehung des Stimmverbots in der Person des A diente. Die von F abgegebenen Stimmen sind nichtig.

Verwandtschaftliche Beziehungen begründen **kein Stimmverbot** nach § 47 Abs. 4 GmbHG. Deshalb kann der Gesellschafter mitstimmen, wenn es um den Abschluss eines Rechtsgeschäftes der GmbH mit seinem Ehegatten oder einem nahen Verwandten geht.[6] 3241

(Einstweilen frei) 3242–3250

1 BGH v. 14.12.1967 - II ZR 30/67, BGHZ 49 S. 183; v. 15.12.1974 - II ZR 17/74, WM 1976 S. 204: Stimmrecht für den ganzen Geschäftsanteil fällt nur weg, wenn der Zweck des Stimmrechtsverbots dies erfordert.

2 BGH v. 16.12.1991 - II ZR 31/91, BB 1992 S. 224.

3 Goette, Die GmbH, § 7 Rz. 63.

4 BGH v. 29.3.1971 - III ZR 255/68, BGHZ 56 S. 49, 53.

5 Vgl. OLG Düsseldorf v. 8.3.2001 - 6 U 64/00, DB 2001 S. 2035, 2036; BGH v. 21.7.2008 - II ZR 39/07, NWB BAAAC-91293, DStR 2008 S. 1974.

6 Ganz h.H. BGH v. 16.2.1981 - II ZR 168/79, BGHZ 80 S. 69, 73; zuletzt noch LG Nürnberg v. 22.7.2015 - 12 U 2573/14, juris, Rz. 79, BeckRS 2016 S. 11249.

2. Stimmabgabe

LITERATUR:

Bärwaldt/Günzel, Der GmbHR-Gesellschafterbeschluss und die Form der Stimmrechtsvollmacht, GmbHR 2002 S.1112; *Berner/Stadler*, Uneinheitliche Stimmabgabe beim GmbH-Geschäftsanteil – Gesetzesverstoß oder sinnvolles, gleichermaßen auch zulässiges Gestaltungsmittel?, GmbHR 2003 S.1407.

a) Willenserklärung und Wirksamkeit

3251 Die Stimmabgabe im Rahmen einer Beschlussfassung ist eine einseitige und regelmäßig empfangsbedürftige **Willenserklärung**, auf die die zivilrechtlichen Vorschriften über die Nichtigkeit und Anfechtbarkeit anwendbar sind. Ist die Stimmabgabe wirksam geworden, ist sie unwiderruflich.

3252 Hinsichtlich der Rechtsfolgen einer mangelhaften Stimmabgabe muss aber berücksichtigt werden, dass sie die Abstimmung in einer gesellschaftsrechtlichen Angelegenheit, also die Fassung eines Beschlusses, betrifft. Die nichtige Stimmabgabe oder die begründete Anfechtung einer Abstimmungserklärung bewirkt zwar, dass die Stimme ungültig ist, berührt den Beschluss aber nur, soweit gerade durch sie die erforderliche Mehrheit beeinflusst wird. Das heißt, wenn es dafür gar nicht auf die mangelhafte Stimme ankommt, bleibt es bei dem Beschluss.[1] Andernfalls kann aber der festgestellte Beschluss, nicht aber die Stimmabgabe des betreffenden Gesellschafters innerhalb der Anfechtungsfrist mit der Anfechtungsklage angegriffen werden.[2]

b) Vollmacht zur Stimmabgabe

3253 Das Stimmrecht selbst ist nicht vom Geschäftsanteil abspaltbar und auch nicht übertragbar. Gemäß § 47 Abs. 3 GmbHG ist die Stimmabgabe **durch Bevollmächtigte** aber **möglich. Stimmrechtsvollmachten** bedürfen zu ihrer Gültigkeit der **Textform.** Grundsätzlich ist der Gesellschafter bei der Wahl des Bevollmächtigten frei, jedoch kann er nicht einen Mitgesellschafter bevollmächtigen, der mit seinem eigenen Geschäftsanteil wegen Selbstbetroffenheit vom Stimmrecht ausgeschlossen ist. Auch Inhalt und Umfang der Stimmrechtsvollmacht kann der Gesellschafter frei bestimmen, sie also z. B. auf die Abstimmung in einer bestimmten Versammlung oder sogar auf einen einzelnen Beschlussgegenstand beschränken. Bei einer aufschiebend bedingten Übertragung des Geschäftsanteils kann es sich anbieten, dass der Veräußerer dem Erwerber eine Stimmrechtsvollmacht erteilt, damit dieser schon vor Änderung der Gesellschafterliste die Rechte aus dem ihm alsbald zuwachsenden Geschäftsanteil wahrnehmen kann.[3]

3254 Die **Satzung** kann jedoch die **Stimmabgabe durch Bevollmächtigte ganz ausschließen**; lässt die Satzung die Stimmabgabe durch Bevollmächtigte zu, kann es angebracht sein, die Wirksamkeit der Bevollmächtigung an bestimmte persönliche Eigenschaften zu binden, z. B., dass nur zur Berufsverschwiegenheit verpflichteten Personen Stimmrechtsvollmacht erteilt werden darf. Nicht selten findet sich in Satzungen auch die Regelung,

1 BGH v. 14.7.1954 - II ZR 352/53, BGHZ 14 S. 264, 267; v. 22.1.1990 - II ZR 21/89, GmbHR 1990 S. 162.
2 Vgl. auch OLG Stuttgart v. 8.10.1999 - 20 U 59/99, BB 1999 S. 2316 f.
3 Vgl. BGH v. 11.2.2008 - II ZR 291/06, NWB MAAAC-79829, DStR 2008 S. 1245.

dass eine Bevollmächtigung vorher den Gesellschaftern angezeigt werden muss und die Gesellschafter einen Bevollmächtigten zurückweisen können.

Eine Vertretung durch Mitgesellschafter verstößt grundsätzlich nicht gegen § 181 BGB (Selbstkontrahierungsverbot), weil in der Erteilung der Vollmacht bereits die „Gestattung" zu sehen ist. Zur Rechtsklarheit ist es aber sinnvoll, z. B. bei satzungsändernden Beschlüssen ausdrücklich eine Befreiung von § 181 BGB zu erteilen. 3255

(Einstweilen frei) 3256–3260

3. Mehrheitsbildung

a) Gesetzliche Regelung

Nach § 47 Abs. 1 GmbHG entscheidet die Gesellschafterversammlung durch Beschlussfassung mit der **Mehrheit der abgegebenen Stimmen**. Die Stimmmacht eines Gesellschafters, also wie viele Stimmen er abgeben kann, richtet sich nach der Stimmkraft seines Geschäftsanteils. Nach der gesetzlichen Regelung des § 47 Abs. 2 GmbHG gewährt jeder Euro eines Geschäftsanteils eine Stimme. 3261

Die Vorschrift ist aber nicht zwingend, so dass die Satzung auch abweichend davon ein Stimmrecht nach der Kopfzahl einführen oder die Zahl der Stimmen mit der jeweils eingezahlten Einlage verknüpfen oder Höchst- und Mehrfachstimmrechte gewähren oder einzelne Geschäftsanteile stimmrechtslos stellen kann. Soll nachträglich von § 47 Abs. 2 GmbHG abgewichen werden, muss hierzu die Satzung mit entsprechender Mehrheit geändert werden. Regelmäßig bedarf es aber der Zustimmung aller Gesellschafter, weil eine von § 47 Abs. 2 GmbHG abweichende Regelung meist zur Ungleichbehandlung der Gesellschafter führt oder in Sonderrechte einzelner Gesellschafter eingreift.

Um festzustellen, ob die **erforderliche** (einfache oder qualifizierte) **Mehrheit erreicht** ist, werden nur die **gültigen Ja-Stimmen und Nein-Stimmen gezählt. Enthaltungen** (z. B. durch ausdrückliche Erklärung oder die Erklärung, „abwesend" zu sein oder an der Abstimmung nicht „teilzunehmen") werden – ebenso wie **ungültige Stimmen** (z. B. die Stimmen eines mit Stimmverbot zu dem betreffenden Gegenstand belegten Gesellschafters) – **nicht mitgezählt.**[1] Die dem Gesellschafter zustehenden Stimmen werden so behandelt, als wäre er gar nicht erst zur Gesellschafterversammlung erschienen, und keinesfalls als „Ablehnung" gewertet, da sonst der objektive Erklärungswert des Abstimmungsverhaltens verfälscht würde. 3262

Die regelmäßig erforderliche **einfache Mehrheit ist** also **erreicht, wenn die Zahl der abgegebenen Ja-Stimmen die Zahl der Nein-Stimmen übersteigt**. Ist dies nicht der Fall, also auch bei **gleicher Anzahl** zustimmender und ablehnender Stimmabgaben, gilt ein **Antrag mangels Mehrheit** als **abgelehnt.** Auch dort, wo die Satzung oder das Gesetz eine qualifizierte Mehrheit (z. B. eine Dreiviertelmehrheit bei Änderung der Satzung) vorschreibt, ist maßgebend, ob die Anzahl der abgegebenen, gültigen Ja-Stimmen diesen Bruchteil erreicht oder überschreitet.

1 BGH v. 25.1.1982 - II ZR 164/81, BGHZ 83 S. 35 ff.; v. 21.3.1988 - II ZR 308/87, BGHZ 104 S. 66, 74 ff.

b) Abweichende Satzungsregelung

3263 Der Gesellschaftsvertrag kann **andere Formen der Mehrheitsbildung** vorschreiben, indem nicht die Mehrheit der abgegebenen Stimmen, sondern eine Mehrheit der Stimmen aller Gesellschafter oder eine Mehrheit der Stimmen der bei der Versammlung erschienen Gesellschafter für das Zustandekommen eines Beschlusses erforderlich sein soll. Solche Regelungen führen allerdings dazu, dass ein Fernbleiben oder Enthaltungen faktisch wie Nein-Stimmen wirken können, sie können aber auch zufällige Mehrheitsbildungen in wichtigen Angelegenheiten verhindern, die dadurch zustande kommen, dass ein Gesellschafter aus irgendwelchen Gründen an einer Gesellschafterversammlung oder Abstimmung nicht teilnimmt. Dies gilt es, bei der Einführung solcher Bestimmungen in die Satzung abzuwägen.

3264 Der Gesellschaftsvertrag kann auch vom GmbHG **abweichende Mehrheitserfordernisse** aufstellen, soweit dem nicht zwingende Regelungen entgegenstehen, wie z. B. für die Satzungsänderung (§ 53 Abs. 2 GmbHG), den Auflösungsbeschluss oder Beschlüsse, die der Zustimmung von Gesellschaftern bedürfen. Es kann statt der einfachen Mehrheit auch eine qualifizierte Mehrheit oder gar die Einstimmigkeit in bestimmten Angelegenheiten statuiert werden. Für den Fall der Stimmengleichheit, die grundsätzlich zur Ablehnung des Antrages führt, kann die Satzung einem Gesellschafter oder sogar einem Dritten das Recht zum Stichentscheid zubilligen.

4. Satzungsänderungen

a) Begriff und Gegenstand der Änderung

3265 Die **Satzung** der GmbH (Gesellschaftsvertrag) kann **durch Beschluss der Gesellschafter geändert** werden. Der Beschluss bedarf einer **Mehrheit von drei Vierteln der abgegebenen Stimmen** und muss **notariell beurkundet** werden (§ 53 Abs. 2 Satz 1 GmbHG). Außerdem wird der Beschluss erst mit der Eintragung in das Handelsregister wirksam (§ 54 GmbHG). Diese Regelung ist zwingend; der Gesellschaftsvertrag kann für die Änderung der Satzung aber noch weitergehende Erfordernisse, insbesondere für die notwendige Mehrheit aufstellen, also die Satzungsänderung erschweren, aber nicht erleichtern, z. B. die einfache Mehrheit genügen lassen.

Die hohen Hürden für eine Änderung gelten nur für den Gesellschaftsvertrag, wozu das notariell beurkundete Statut gehört, das die Gründungsgesellschafter der GmbH einmal gegeben haben und wozu dessen später beschlossene und notariell beurkundete Änderungen und Ergänzungen gehören. Was darin nicht enthalten ist, unterliegt nicht den strikten Regeln der §§ 53 und 54 GmbHG für eine Änderung.

3266 Neben dem Gesellschaftsvertrag als formellem Gegenstand einer Änderung ist zwischen den **materiellen** (korporativen) Bestandteilen der Satzung und **formellen** (nichtkorporativen) Satzungsbestandteilen zu unterscheiden, die regelmäßig nur schuldrechtlichen Charakter haben (vgl. auch unter Rz. 522 f.). Materielle Satzungsbestandteile regeln die Organisation der GmbH und die Rechtsbeziehungen der Gesellschafter aus ihrem mitgliedschaftlichen Verhältnis zur Gesellschaft.

Nur die materiellen Bestandteile der Satzung unterfallen den §§ 53, 54 GmbHG, sie können wirksam nur verändert werden, wenn die Mehrheits-, Form- und Eintragungserfordernisse erfüllt sind. Zu ihnen zählen die nach § 3 GmbHG notwendigen Satzungsbestandteile, aber auch nicht zwingend erforderliche materielle Regelungen der Satzung, die das Gesellschaftsverhältnis näher regeln sollen und nach dem Gesetz in die Satzung aufzunehmen sind, wie z. B. zeitlich beschränkte Dauer der Gesellschaft, Nebenpflichten der Gesellschafter, Bestimmungen zu Sacheinlagen, Vinkulierung von Geschäftsanteilen, Nachschusspflichten oder die Einrichtung eines Aufsichtsrates. Im Hinblick auf den weiten Gestaltungsspielraum, den die Gesellschafter einer GmbH haben, können auch im Gesetz nicht angesprochene Regelungen in der Satzung materiellen Charakter haben, wie Bestimmungen über die Gewinnverteilung oder zu Mehrheitserfordernissen bei Beschlüssen, zu Wettbewerbsverboten oder die Befreiung vom Verbot des § 181 BGB.

Bestandteile der Satzung, die i. d. R. keinen materiellen Charakter haben, wie z. B. die 3267
Bestellung des ersten Geschäftsführers und die Festlegung seiner Bezüge, können durch normale Beschlüsse geändert werden. Da die Abgrenzung im Einzelfall schwierig sein kann, sollte eine eindeutige Festlegung im Gesellschaftsvertrag erfolgen, im Zweifel deutet die Aufnahme einer Bestimmung darauf hin, dass sie nicht nur formell Bestandteil der Satzung sein soll, sondern materiellen Charakter hat.

Eine **Änderung** des Gesellschaftsvertrags liegt bei jeder **Änderung des Wortlautes** der 3268
Satzung vor, wobei diese in einer **inhaltlichen Neufassung**, einer **Streichung** oder in der **Aufnahme** einer neuen Regelung und sogar nur in einer redaktionellen Änderung bestehen kann.[1]

Einen besonderen Fall stellt die **Satzungsdurchbrechung** dar. Darunter versteht man 3269
einen Gesellschafterbeschluss, mit dem für einen konkreten Einzelfall eine Entschließung gefasst wird, die bewusst von der Satzung abweicht.

BEISPIEL: Die Satzung bestimmt, dass vom Jahresgewinn stets vorab 20 % in die Gewinnrücklage einzustellen sind. Für ein bestimmtes Jahr beschließen die Gesellschafter mit einfacher Mehrheit und ohne notarielle Beurkundung eine Vollausschüttung.

Ein solcher die Satzung durchbrechender, sich auf eine einmalige Regelung beschränkender Beschluss ist nicht nichtig, aber anfechtbar.[2] Er bedarf wohl nach herrschender Auffassung der Eintragung in das Handelsregister.

Satzungsänderungen können im GmbH-Recht nicht durch schlüssiges Verhalten, etwa durch eine langjährige Übung der Gesellschafter, oder faktisch bewirkt werden.[3]

Eine Änderung der Satzung ist praktisch unbegrenzt möglich, sofern die gesetzlichen 3270
Vorschriften beachtet werden, selbst wenn die Änderungen faktisch einer Neugründung gleichkommen. In diese Richtung zielen der Mantelkauf oder die Vorratsgründung einer GmbH und deren anschließender Erwerb, weil dann die Verfassung der Gesellschaft nach den eigenen Wünschen gestaltet werden kann, ohne die Gründungsvorschriften einhalten zu müssen.

1 Vgl. BeckHB GmbH/Fischer/Gerber, § 4 Rz. 141.
2 Vgl. BGH v. 7.6.1992 - II ZR 81/92, BGHZ 123 S. 15.
3 Vgl. OLG Köln v. 11.10.1995 - 2 U 159/94, GmbHR 1996 S. 291.

b) Durchführung der Änderung

3271 Nur die Gesellschafter können die Satzung ändern, die Kompetenz hierzu kann auch durch die Satzung nicht auf Dritte oder ein anderes Organ der Gesellschaft übertragen werden. Die **Ausnutzung des genehmigten Kapitals** nach § 55a GmbHG durch die Geschäftsführer stellt **keine Satzungsänderung** dar, auch wenn sie im Ergebnis zu einer Erhöhung des Stammkapitals führt.

3272 Eine Satzungsänderung kann nur mit einer **Dreiviertelmehrheit** der abgegebenen Stimmen beschlossen werden (§ 53 Abs. 2 GmbHG), wobei diese Regelung insofern **zwingend** ist, als das **Mehrheitserfordernis nicht gemildert, doch aber verschärft** werden kann. Beschlossen ist die Satzungsänderung, wenn **mindestens 75 % der abgegebenen Stimmen auf „Ja" lauten**, mehr als drei Viertel sind nicht erforderlich; folglich ist zur **Ablehnung** der Satzungsänderung notwendig, dass **mehr als ein Viertel „Nein-Stimmen"** abgegeben werden.

3273 **Zwingend** ist auch die Vorschrift des **§ 53 Abs. 3 GmbHG**, wonach kein Gesellschafter gegen seinen Willen eine Vermehrung der ihm nach dem Gesellschaftsvertrag obliegenden Leistungen dulden muss. Eine auf **Leistungsvermehrung** gerichtete Satzungsänderung ist deshalb nur gestattet, wenn alle davon betroffenen Gesellschafter zustimmen. Diese dem Schutz der Gesellschafterrechte dienende Vorschrift kann durch die Satzung nicht generell ausgeschlossen werden. Möglich ist es aber, in der Satzung die Zustimmungspflicht für nach Art und Umfang genau beschriebene Leistungsvermehrungen auszuschließen, weil dann der Gesellschafter vorab bereits seine Zustimmung gibt. Die Zustimmung bedarf keiner besonderen Form; hat der Gesellschafter beim satzungsändernden Beschluss mit Ja gestimmt, bedarf es keiner besonderen Zustimmungserklärung.

3274 **Satzungsänderungen,** die nicht zu einer Vermehrung der Leistungsrechte führen, sondern eine **Verkürzung von Sonderrechten** einzelner Gesellschafter bewirken sollen, fallen nicht unter § 53 Abs. 3 GmbHG. Dies bedeutet zwar, dass solche Beschlüsse mit einer Dreiviertelmehrheit gefasst werden können, ihre **Wirksamkeit hängt** jedoch nach § 35 BGB, der auch für die Mitgliedschaft in einer GmbH gilt, von **der Zustimmung des betroffenen Gesellschafters ab.**[1]

3275 Zu beachten ist auch der aus der Gleichbehandlung abzuleitende Grundsatz, dass kein Gesellschafter eine Satzungsänderung hinnehmen muss, die seine eigenen Gesellschafterrechte stärker beeinträchtigt als die seiner Mitgesellschafter. Auch insoweit ist seine Zustimmung erforderlich.

c) Notarielle Beurkundung

3276 Der Änderungsbeschluss bedarf nach § 53 Abs. 2 Satz 1 GmbHG der notariellen Beurkundung, ohne eine solche Form ist der Beschluss nichtig. Die Niederschrift des Notars muss den Gegenstand des Beschlusses, also den Wortlaut der Satzungsänderung, die Tatsache der Beschlussfassung in einer Gesellschafterversammlung sowie das Ergebnis

1 BGH v 10.10.1988 - II ZR 3/88, WM 1989 S. 250; OLG Stuttgart v. 22.5.1997 - 11 U 13/96, GmbHR 1997 S. 1108.

der Abstimmung enthalten. Die Beurkundung durch einen ausländischen Notar ist zulässig, wenn die ausländische Beurkundung gleichwertig ist.[1]

d) Eintragung in das Handelsregister

Wirksamkeitsvoraussetzung einer Satzungsänderung ist ihre Eintragung in das Handelsregister (§ 54 Abs. 3 GmbHG). Die Eintragung wirkt konstitutiv. 3277

Die hierzu erforderliche Anmeldung hat durch den bzw. die Geschäftsführer nach § 12 Abs. 1 HGB elektronisch in öffentlich beglaubigter Form zu erfolgen und muss eine schlagwortartige Auflistung der geänderten Satzungsbestandteile enthalten;[2] beizufügen sind ihr der vollständige Wortlaut des geänderten Gesellschaftsvertrags (§ 54 Abs. 1 Satz 2 GmbHG) sowie ggf. Vollmachten und Zustimmungserklärungen der Gesellschafter, die von einer Leistungsvermehrung oder einer Einschränkung von Sonderrechten betroffen sind. Für diese Dokumente gelten die Formvorschriften des § 12 Abs. 2 HGB für die elektronische Einreichung. 3278

(Einstweilen frei) 3279–3290

5. Beschlussfassung ohne Gesellschafterversammlung

LITERATUR:

Blasche, Praxisfragen und Gestaltungsmöglichkeiten bei der Beschlussfassung ohne Gesellschafterversammlung, GmbHR 2011 S. 232.

a) Schriftliches Verfahren

Wird eine Gesellschafterversammlung abgehalten, müssen die Gesellschafter räumlich zusammentreffen. Möglich ist auch, auf die Abhaltung einer Versammlung zu verzichten und im **schriftlichen Verfahren Beschlüsse zu fassen** (§ 48 Abs. 2 GmbHG).[3] Dann müssen aber sämtliche Gesellschafter entweder dem Beschlussvorschlag **schriftlich („in Textform") zustimmen** oder sich sämtlich mit dieser **Form des Abstimmungsverfahrens** (schriftliche Abgabe der Stimmen) **einverstanden** erklären bzw. sich sämtlich an der schriftlichen Abgabe der Stimmen beteiligen. „Sämtliche Gesellschafter" meint dabei, dass auch die Gesellschafter einverstanden sind, deren Teilnahme an der Beschlussfassung selbst ausgeschlossen ist. Der Schriftlichkeit des Abstimmungsverfahrens können die Gesellschafter formlos oder stillschweigend zustimmen, das Erfordernis der **Textform (§ 126b BGB) bezieht** sich auf die **Abstimmungserklärung** selbst. Sie muss entweder in einer Urkunde als schriftlich verkörperte Willenserklärung (z. B. in einem im Umlaufverfahren von den Gesellschaftern unterzeichneten Schriftstück) vorliegen oder in anderer zur dauerhaften Wiedergabe von Schriftzeichen geeigneten Weise (z. B. Telegramm, Telefax, E-Mail-Ausdruck) abgegeben werden und den Namen des abstimmenden Gesellschafters enthalten und mit einer Nachbildung der Namensunterschrift bzw. anders abschließen. 3291

1 BGH v. 17.12.2013 - II ZB 6/13, NWB OAAAE-54555, BGHZ 199 S. 270.
2 BGH v.16.2.1987 - II ZB 12/86, NJW 1987 S. 3191 f.
3 Vgl. Blasche, GmbHR 2011 S. 232.

3292 Bei **schriftlicher Abstimmung** ist der Beschluss erst gefasst, wenn die letzte schriftliche Stimme bei dem benannten Erklärungsempfänger (z. B. dem Geschäftsführer) eingegangen ist. Er hat dann das Abstimmungsergebnis zu ermitteln und das Beschlussergebnis festzustellen und den Gesellschaftern mitzuteilen.

3293 Die Satzung kann auch eine **kombinierte Beschlussfassung zulassen**, bei der nicht nur die Stimmen der auf der Versammlung anwesenden Gesellschafter, sondern auch bereits abgegebene oder erst noch einzuholende Stimmen abwesender Gesellschafter zu berücksichtigen sind, wobei die Stimmabgabe schriftlich, mittels Telefon, E-Mail oder Videokonferenz möglich ist.[1] Auch hier ist der **Beschluss** erst **mit der Feststellung und Mitteilung des Beschlussergebnisses an die Gesellschafter gefasst**. Ein im kombinierten Verfahren gefasster Beschluss ist aber nichtig, wenn die Satzung das Verfahren nicht ausdrücklich erlaubt. Dies gilt selbst dann, wenn alle Gesellschafter mit der kombinierten Beschlussfassung einverstanden sind.

3294 Im Grundsatz eröffnet § 48 Abs. 2 GmbHG das schriftliche Abstimmungsverfahren für alle Beschlussgegenstände, es sei denn, sie sind gesetzlich ausdrücklich einer Gesellschafterversammlung vorbehalten, wie bei Verlust der Hälfte des Stammkapitals (§ 49 Abs. 3 GmbHG) oder in Umwandlungsfällen. Auch eine normale Satzungsänderung lässt sich wohl im schriftlichen Verfahren durchführen, wenn im Übrigen die Beurkundungsvorschriften beachtet werden, also die Stimmen zur Niederschrift desselben oder verschiedener Notare abgegeben werden, und im letzten Fall die Protokolle dem zur Beurkundung bestellten Notar übersandt werden, der dann die Urkunde über die Beschlussfassung erstellt.[2]

3295 Die Satzung kann Beschlüsse **außerhalb der Gesellschafterversammlung erleichtern**, aber auch **erschweren** oder **ausschließen**. Für die Praxis empfiehlt es sich dazu klare Regelungen zu schaffen und es auch zu ermöglichen, dass die modernen Kommunikationsmittel eingesetzt werden können. Es sollte der Ablauf des Umlaufverfahrens ebenso geregelt werden wie die Wertung einer fehlenden Stimmabgabe binnen der gesetzten Frist (Schweigen als Zustimmung, Enthaltung oder Ablehnung) und der Zeitpunkt, in dem der Beschluss wirksam werden soll. Die Satzungsbestimmungen müssen aber auch sicherstellen, dass kein Gesellschafter übergangen wird, alle Gesellschafter ihre Meinung äußern und die stimmberechtigten Gesellschafter an der Abstimmung teilnehmen können.

b) Beschlussfassung der Einpersonen-GmbH

3296 Befinden sich alle Geschäftsanteile der GmbH in der Hand eines Gesellschafters oder werden sie daneben von der Gesellschaft gehalten, kann der Einmann-Gesellschafter jederzeit und ohne die Einhaltung von Formen Beschlüsse fassen, er kann jedoch auch eine „Gesellschafterversammlung" abhalten und dort Beschluss fassen. Fasst der Einmann-Gesellschafter formlos einen Beschluss, muss er nach § 48 Abs. 3 GmbHG unver-

1 Vgl. BGH v. 16.1.2006 - II ZR 135/04, NWB VAAAB-97730, BB 2006 S. 1126, mit Anm. Gehrlein, S. 1128.

2 Vgl. BeckHB GmbH/Fischer/Gerber, § 4 Rz. 73, m. w. N.; anders wohl BGH v. 1.12.1954 - II ZR 285/53, BGHZ 15 S. 328.

züglich nach Beschlussfassung darüber eine **Niederschrift aufnehmen und unterschreiben** und darin Tag und Ort der Beschlussfassung und der Niederschrift vermerken.

Die **Dokumentationspflicht** nach § 48 Abs. 3 GmbHG dient dazu, Gewissheit über den Inhalt des gefassten Beschlusses zu schaffen und im Interesse Dritter nachträgliche Manipulationen zu verhindern. Die förmliche Protokollierung ist aber nicht zwingend erforderlich,[1] sondern es reicht die schriftliche Abfassung aus. Deshalb genügt auch, wenn der Alleingesellschafter schriftlich dem Geschäftsführer die Kündigung ausspricht[2] oder der Alleingesellschafter den Liquidator schriftlich anweist, gegen einen früheren Geschäftsführer Ersatzansprüche geltend zu machen.[3] Mit der schriftlichen Abfassung wird die gleiche Gewissheit über die Entschließung des Alleingesellschafters erreicht, wie wenn der Beschluss nach § 48 Abs. 3 GmbHG protokolliert worden wäre.

6. Protokollierung und Beschlussfeststellung

LITERATUR:

Goette, Positive Feststellungsklage bei nicht förmlich festgestelltem Beschluss einer GmbH-Gesellschafterversammlung, DStR 1996 S. 388; *Hoffman/Köster,* Beschlussfeststellung und Anfechtungsklageerfordernis im GmbH-Recht, GmbHR 2003 S. 1327; *Noack,* Der Versammlungsleiter im GmbH-Recht, GmbHR 2017 S. 792; *Wertenbruch,* Wahl und Feststellungskompetenz des Versammlungsleiters der GmbH-Gesellschafterversammlung, GmbHR 2020 S. 875.

Eine Beschlussvorlage (Antrag) ist angenommen (beschlossen), wenn die für den betreffenden Beschluss erforderliche Mehrheit der Stimmen erreicht worden ist. Anders als im Aktienrecht wird bei der GmbH für die Wirksamkeit nicht die Feststellung und Verkündung des Abstimmungsergebnisses verlangt. Es empfiehlt sich aber – vergleichbar mit dem Sinn und Zweck des § 48 Abs. 3 GmbHG – in der Satzung festzuschreiben, dass der Gesellschafterbeschluss (vom Versammlungsleiter) zu **protokollieren** und das **Abstimmungsergebnis förmlich festzustellen** ist. Im schriftlichen oder kombinierten Verfahren sind Beschlüsse ohnehin erst mit der Feststellung des Beschlussergebnisses wirksam gefasst. 3297

Nicht nur Gründe der Beweissicherung legen es nahe, in der Satzung für Gesellschafterbeschlüsse die förmliche Feststellung des Abstimmungsergebnisses vorzuschreiben mit der Aussage, dass ein bestimmter Antrag angenommen worden sei oder aber nicht die erforderliche Mehrheit erreicht habe und damit abgelehnt sei. Denn ist durch den Versammlungsleiter gemäß der Satzung **förmlich festgestellt** worden, dass ein bestimmter Beschluss zustande gekommen ist (positive Beschlussfeststellung) oder eine bestimmte Beschlussvorlage abgelehnt worden ist (negative Beschlussfeststellung), so ist der **Beschluss** mit dem **festgestellten Inhalt** für die **Gesellschafter verbindlich**, und es können formelle und materielle **Mängel** nur mit der (fristgebundenen) **Anfechtungsklage** geltend gemacht werden.[4]

1 A. A. wohl Lutter/Hommelhoff, GmbHG, § 48 Rz. 35 ff.

2 BGH v. 27.3.1995 - II ZR 140/93, DStR 1995 S. 774.

3 BGH v. 9.12.1996 - II ZR 240/95, DStR 1997 S. 252.

4 BGH v. 26.10.1983 - II ZR 87/83, BGHZ 88 S. 320, 328; v. 20.1.1986 - II ZR 73/85, BGHZ 97 S. 28, 30; v. 21.3.1988 - II ZR 308/87, BGHZ 104 S. 86.

Trifft der Versammlungsleiter hingegen keine Beschlussfeststellung, liegt keine Entschließung der Gesellschafterversammlung vor, die mit der Anfechtungsklage angegriffen werden könnte. Hier müssen die Gesellschafter die (unbefristete) Feststellungsklage (gegen die GmbH) erheben, dass ein bestimmter Beschluss gefasst worden sei.[1] Auch wenn die Feststellungsklage unbefristet ist, muss der Gesellschafter sie zeitnah erheben, damit er nicht dem Einwand der Verwirkung oder des widersprüchlichen Verhaltens ausgesetzt ist.[2]

3298 **Anfechtungsklage und Beschlussfeststellungsklage** können miteinander **verbunden** werden. Trifft z. B. das Protokoll des Versammlungsleiters die Feststellung, ein bestimmter Antrag sei abgelehnt worden, während ein Gesellschafter meint, die Beschlussvorlage sei angenommen worden, kann es in Betracht kommen, durch eine Verbindung beider Klagen den fehlerhaft festgestellten Beschluss durch Anfechtung zu beseitigen und zugleich das (tatsächlich) Beschlossene für die GmbH verbindlich durch das Gericht feststellen zu lassen.[3]

Da die Klage gegen die GmbH zu richten ist, können sich Schwierigkeiten daraus ergeben, dass ein gerichtlich festgestellter Beschluss seinerseits wieder wegen eines Verstoßes gegen das Gesetz oder die Satzung mangelhaft sein könnte und von den anderen Gesellschaftern angefochten worden wäre, wenn ihn der Versammlungsleiter so festgestellt hätte. Aus diesem Grund ist eine positive Beschlussfeststellungsklage dennoch nicht neben der GmbH zugleich auch gegen die betroffenen Mitgesellschafter als notwendige Streitgenossen zu richten. Es genügt, wenn sie von der Erhebung der Klage unterrichtet werden und auf diese Weise die Möglichkeit haben, als Nebenintervenient auf Seiten der beklagten GmbH die Mängel des Beschlusses, dessen Feststellung der Kläger begehrt, einredeweise geltend zu machen.[4]

3299 Insbesondere in den Fällen, in denen die Feststellung des Versammlungsleiters davon abhängt, ob ein Gesellschafter stimmberechtigt war oder nicht,[5] bietet sich eine Verbindung von Anfechtungsklage und positiver Beschlussfeststellungsklage an, um in einem Verfahren eine Klärung herbeizuführen.

3300–3310 *(Einstweilen frei)*

7. Fehlerhafte Gesellschafterbeschlüsse

a) Allgemeines

3311 Das GmbHG enthält keine Regeln darüber, wie **mangelhafte Beschlüsse** der Gesellschafterversammlung zu behandeln sind. Es ist jedoch allgemein anerkannt, dass die **aktien-**

1 OLG Brandenburg v. 5.1.2017 - 6 U 21/14, GmbHR 2017 S. 408, 411; Noack/Servatius/Haas/Noack, GmbHG, § 48 Rz. 16 ff.

2 BGH v. 1.3.1999 - II ZR 205/98, NJW 1999 S. 2268.

3 BGH v. 26.10.1983 - II ZR 87/83, BGHZ 88 S. 320; v. 20.1.1986 - II ZR 73/85, BGHZ 97 S. 28, 30.

4 BGH v. 20.1.1986 - II ZR 73/85, BGHZ 97 S. 28, NJW 1986 S. 2051; vgl. OLG München v. 3.11.1993 - 7 U 2905/93, DB 1994 S. 320, 321; HCL/Raiser/Schäfer, Rz. 253.

5 Vgl. BGH v. 21.3.1988 - II ZR 308/87, BGHZ 104 S. 66, 69.

rechtlichen Vorschriften der §§ 241 bis 252 AktG, die zwischen nichtigen und anfechtbaren Beschlüssen unterscheiden, entsprechend anzuwenden sind[1] und dementsprechend gegen fehlerhafte Beschlüsse eine Nichtigkeitsfeststellungsklage oder eine Anfechtungsklage in Betracht kommt.

b) Unwirksame Beschlüsse

Von den nichtigen oder anfechtbaren Beschlüssen sind die **unwirksamen, schein- und wirkungslosen Beschlüsse** zu unterscheiden. Unter ihnen versteht man u. a. Gesellschafterbeschlüsse, die ohne Fehler zustande gekommen sind, zu denen aber nach den Regeln des GmbH-Gesetzes und der Satzung noch ein weiteres Merkmal hinzutreten muss, damit sie voll wirksam werden. Die häufigsten Fälle solcher (zunächst schwebend) unwirksamer, aber gesellschaftsintern bindender Beschlüsse sind Gesellschafterbeschlüsse, die der Zustimmung sämtlicher Gesellschafter bedürfen oder die ohne Zustimmung des Betroffenen in ein nicht entziehbares Recht des Gesellschafters eingreifen.[2] Die häufig vorkommenden Beispiele unwirksamer Gesellschafterbeschlüsse sind neben den Eingriffen in Sonderrechte und (ohne seine Zustimmung) nicht entzieh- oder einschränkbare Mitgliedschaftsrechte eines Gesellschafters, die Vermehrung der in der Satzung nach § 53 Abs. 3 GmbHG auferlegten Leistungspflichten[3] oder neue Satzungsbestimmungen, die z. B. das Abfindungsrecht bei einer Zwangseinziehung einschränken und damit diese zu Lasten eines Gesellschafters erleichtern. Aber auch die noch ausstehende Genehmigung der Stimmabgabe durch einen vollmachtlosen Stellvertreter oder etwa die satzungswidrig fehlende Niederschrift des Beschlussergebnisses gehören in die Reihe unwirksamer Gesellschafterbeschlüsse. 3312

Die Unwirksamkeit ist während der Schwebephase durch eine Feststellungsklage nach § 256 ZPO gerichtlich geltend zu machen; eine Nichtigkeitsklage analog § 249 AktG kommt erst in Betracht, wenn die Unwirksamkeit endgültig eingetreten ist. 3313

c) Nichtigkeit

Nichtig ist ein Gesellschafterbeschluss, wenn er unter einem besonders schwerwiegenden Mangel leidet, wie sie sich in § 241 AktG finden. Die dort genannten Nichtigkeitsgründe gelten im GmbH-Recht analog.[4] Die Satzung kann die Nichtigkeitsgründe nicht erweitern oder einschränken.[5] Nichtigkeitsgründe sind im Einzelnen: 3314

aa) Verletzung der Vorschriften über die Einberufung der Gesellschafterversammlung

Die schwerwiegende **Verletzung der Vorschriften über die Einberufung der Gesellschafterversammlung** führt über § 241 Nr. 1 AktG zur Nichtigkeit. Ist die Gesellschafterversammlung durch einen **Unbefugten einberufen** worden, führt dies zur Nichtigkeit der 3315

1 St. Rspr., BGH v. 14.12.1961 - II ZR 97/59, BGHZ 36 S. 207, 210 ff.; v. 9.12.1968 - II ZR 57/67, BGHZ 51 S. 209; v. 21.3.1988 - II ZR 308/87, BGHZ 104 S. 66; BeckHB GmbH/Fischer/Gerber, § 4 Rz. 164, m. w. N. aus der Literatur.

2 Vgl. BGH v. 13.7.1967 - II ZR 238/64, BGHZ 48 S. 141, 143.

3 BGH v. 16.12.1991 - II ZR 58/91, BGHZ 116 S. 359, 363.

4 BGH v. 9.12.1968 - II ZR 57/67, BGHZ 51 S. 209; v. 17.2.1997 - II ZR 41/96, BGHZ 134 S. 364.

5 Vgl. auch BGH v. 17.10.1988 - II ZR 18/88, GmbHR 1989 S. 120, BGHZ 134 S. 364.

in ihr gefassten Beschlüsse.[1] Die Befugnis zur Einberufung ergibt sich aus den §§ 49 und 50 Abs. 1 und 3 GmbHG, so dass ein Gesellschafterbeschluss auch nichtig ist, wenn er in einer Versammlung gefasst wurde, zu der eine (qualifizierte, zu 10 % beteiligte) Minderheit eingeladen hat, dazu aber nicht nach § 50 GmbH befugt war, weil nach Aufforderung an den Geschäftsführer nicht gewartet wurde, bis dieser der Aufforderung nachkam und eingeladen hatte.[2]

3316 Auch die **Nichteinladung eines teilnahmeberechtigten Gesellschafters** führt zur Nichtigkeit,[3] wobei ein Stimmverbot in der Beschlussangelegenheit das Teilnahmerecht nicht ausschließt,[4] aber die einem Mitgesellschafter zulässigerweise erteilte Stimmrechtsvollmacht sich auch auf die Berechtigung zur Teilnahme erstreckt.[5] Der Einberufungsmangel führt aber nicht zur Nichtigkeit, wenn der nicht eingeladene Gesellschafter gleichwohl anwesend ist und der Abhaltung der Versammlung nicht widerspricht, also mit einer Universalversammlung einverstanden ist.[6] Fraglich ist, ob der zunächst vorhandene Nichtigkeitsgrund nachträglich wieder beseitigt werden kann, wenn der nicht ordnungsgemäß eingeladene Gesellschafter dem Beschluss unverzüglich zustimmt. Dafür spricht die analoge Anwendung des § 242 Abs. 2 Satz 4 AktG, der bestimmt, dass die Nichtigkeit wegen Einberufungsmangels nicht mehr geltend gemacht werden kann, wenn der betroffene Gesellschafter den Beschluss genehmigt.

3317 Zur Nichtigkeit führen auch so schwerwiegende Formmängel, wenn die Einladung nicht schriftlich und ohne Unterschrift erfolgt oder Zeit und Ort der Versammlung nicht angegeben werden.[7] Weist die Ladung zu einer Gesellschafterversammlung derart schwerwiegende Form- bzw. Fristmängel auf, dass dem Gesellschafter eine Teilnahme faktisch unmöglich gemacht wird, steht dies einer Nichtladung gleich und führt zur Nichtigkeit der auf der Gesellschafterversammlung gefassten Beschlüsse.[8] Die Verletzung der Ladungs- und Ankündigungsfristen zu den Beschlussgegenständen machen den Beschluss aber nur anfechtbar.[9]

bb) Beurkundungsmangel

3318 Der Verstoß gegen zwingende gesetzliche Formvorschriften **(Beurkundungsmangel)** macht gem. § 241 Nr. 2 AktG den Beschluss nichtig. Zwingend der notariellen Beurkundung bedürfen im Bereich der GmbH nur satzungsändernde Beschlüsse und Beschlüsse zur Umwandlung und Verschmelzung sowie über den Abschluss von Unternehmensverträgen. Die Verletzung von Beurkundungsvorschriften, die lediglich durch die Satzung bestimmt sind, macht den Beschluss nur anfechtbar.

1 BGH v. 16.12.1953 - II ZR 167/52, BGHZ 11 S. 231, 236; BayOLG v. 2.7.1999 - 3 Z BR 298/98, BB 1999 S. 1839 f.
2 Vgl. BGH v. 7.2.1983 - II ZR 14/82, BGHZ 87 S. 1; v. 15.6.1998, BGHZ 139 S. 89.
3 BGH v. 24.6.1996 - II ZR 56/95, GmbHR 1997 S. 165.
4 BGH v. 30.3.1987 - II ZR 180/86, BGHZ 100 S. 264, 269 f.
5 BGH v. 19.4.1999 - II ZR 114/98, DStR 1999 S. 1576.
6 BGH v. 8.12.1997 - II ZR 216/96, GmbHR 1998 S. 287.
7 BGH v. 17.10.1988 II ZR 18/88, NJW-RR 1989 S. 347.
8 BGH v. 13.2.2006 - II ZR 200/04, DStR 2006 S. 114.
9 OLG Düsseldorf v. 25.2.2000 - 16 U 59/99, NZG 2000 S. 1180 f.

cc) Verletzung öffentlicher Interessen und Gläubigerinteressen

Entsprechend § 241 Nr. 3 AktG ist ein Beschluss nichtig, der mit dem **Wesen der GmbH nicht zu vereinbaren** ist oder der durch seinen Inhalt **Vorschriften verletzt**, die ausschließlich oder überwiegend **zum Schutz der Gläubiger** der GmbH oder sonst im **öffentlichen Interesse** gegeben sind. Mit dem Wesen der GmbH sind Beschlüsse unvereinbar, die in ihre grundlegenden Strukturmerkmale eingreifen, etwa ein Verstoß gegen die nach §§ 3 und 5 GmbHG notwendigen Bestimmungen. Gläubigerschützende Vorschriften verletzen Beschlüsse, die mit zwingenden Vorschriften der Kapitalaufbringung und Kapitalerhaltung unvereinbar sind, also z. B. der Erlass von Stammeinlagen und Ersatzansprüchen nach §§ 9b Abs. 1, 19 Abs. 2 und 43 Abs. 3 GmbHG, der Verzicht auf die Ausfallhaftung nach §§ 21 bis 24 GmbHG und verbotswidrig ausgezahltes Stammkapital nach § 31 Abs. 4 GmbHG, der Erwerb eigener nicht voll eingezahlter Anteile nach § 33 Abs. 1 GmbHG. 3319

Nichtig ist auch ein Beschluss, der bei der entgeltlichen Einziehung eines Geschäftsanteils in das zur Erhaltung des Stammkapitals erforderliche Vermögen eingreift, oder ein Beschluss, der einen Verstoß gegen § 30 GmbHG (verbotene Rückzahlungen) billigt[1] oder ein Kapitalerhöhungsbeschluss, der die Übernahme eines Geschäftsanteils durch die GmbH selbst vorsieht,[2] oder ein Beschluss, mit dem das Sperrjahr (§ 73 Abs. 1 GmbHG) bei Ausschüttung des Liquidationserlöses nicht beachtet wird.

dd) Sittenverstoß

Ein Sittenverstoß (§ 138 BGB), der einen Beschluss nach § 241 Nr. 4 AktG nichtig macht, liegt nur vor, wenn er seinem Inhalt nach unmittelbar sittenwidrig ist, nicht schon, wenn er nach Motiv,[3] Zweck oder Art seines Zustandekommens (Arglist, Täuschung oder Missbrauch von Stimmkraft) gegen die guten Sitten verstößt.[4] Nicht bloß anfechtbar ist aber ein Beschluss, der auf sittenwidrige Schädigung eines Gläubigers zielt und in die unverzichtbaren Rechte eines Gesellschafters eingreift.[5] 3320

ee) Rechtsfolgen der Nichtigkeit

Weitere Nichtigkeitsgründe sind, wenn ein Beschluss aufgrund einer Anfechtungsklage rechtskräftig für nichtig befunden wurde (§ 241 Nr. 5 AktG) oder ein Beschluss, der von Amts wegen gelöscht wurde (§ 398 AktG). Der Katalog der Nichtigkeitsgründe ist als **abschließend** anzusehen (numerus clausus). 3321

Auf die Nichtigkeit kann sich grundsätzlich jedermann berufen, und sie muss jedermann – unabhängig von seinem Vertrauen auf die Wirksamkeit – gegen sich gelten lassen. Die Nichtigkeit kann entsprechend § 249 Abs. 1 AktG durch Einrede oder durch Nichtigkeitsklage geltend gemacht werden. Soweit der Beschluss nicht in das Handels- 3322

1 BGH v. 20.3.1986 - II ZR 114/85, WM 1986 S. 789.
2 BGH v. 9.12.1954 - II ZB 15/54, BGHZ 15 S. 391 ff.
3 Vgl. OLG München v. 8.6 1994 - 7 U 4606/93, GmbHR 1995 S. 232.
4 BGH v. 1.6.1987 - II ZR 128/86, BGHZ 101 S. 113, 116 ff.; v. 16.12.1991 - 1 II ZR 58/91, BGHZ 116 S. 359, 374 f., NWB YAAAF-83065.
5 BGH v. 1.6.1987 - II ZR 128/86, BGHZ 101 S. 113, 116 ff.

register eingetragen wird, ist dies grundsätzlich nicht an eine Frist gebunden. Sind eintragungspflichtige Gesellschafterbeschlüsse aber in das Handelsregister eingetragen worden, ist aus Gründen der Rechtssicherheit auch im GmbH-Recht eine Nichtigkeitsklage analog § 242 Abs. 2 Satz 1 AktG unzulässig, wenn sie erst nach Ablauf von drei Jahren nach der Eintragung erhoben wird.[1] Eine ähnliche Sperrwirkung gilt auch für die Einrede der Nichtigkeit, als nach drei Jahren eine Heilung nach § 242 Abs. 2 AktG eintritt. Nur durch die Erhebung einer Nichtigkeitsklage innerhalb der Dreijahresfrist kann der Eintritt der Heilung verhindert werden; die Erhebung einer Feststellungsklage nach § 256 ZPO oder einer Einrede hat nicht diese Wirkung.

d) Anfechtbarkeit

3323 **Mangelhafte Gesellschafterbeschlüsse**, die nicht an einem zur Nichtigkeit führenden Fehler leiden, können anfechtbar sein. Da Nichtigkeit einen schwerwiegenden Mangel voraussetzt, sind fehlerhafte Beschlüsse i. d. R. nur anfechtbar. In entsprechender Anwendung von § 243 Abs. 1 AktG stellt jede Verletzung von Gesetz oder Satzung, die nicht zur Nichtigkeit führt, einen Anfechtungsgrund dar. Unerheblich ist, ob der mangelhafte Beschluss der Gesellschaft nützt oder schadet. Sind Gesellschafterbeschlüsse nur anfechtbar, sind sie zunächst trotz des Mangels rechtswirksam und können **nur** durch eine **Anfechtungsklage beseitigt** werden; **einredeweise** kann die Anfechtbarkeit von Gesellschafterbeschlüssen, zu denen auch eine Wahl oder ein schriftlicher Beschluss gem. § 48 Abs. 1 GmbHG zählen, **nicht geltend gemacht** werden. Mit Ablauf der Anfechtungsfrist wird der Beschluss unangreifbar, während die erfolgreiche Anfechtungsklage den Beschluss (rückwirkend) beseitigt (sog. kassatorisches Urteil).

3324 Das Recht jeden Gesellschafters, fehlerhafte Beschlüsse anfechten zu können, kann durch die Satzung nicht eingeschränkt werden. Es zählt zu den unentziehbaren Gesellschafterrechten. Anderen Organen, deren Mitgliedern oder dem Geschäftsführer kann durch die Satzung ein Anfechtungsrecht eingeräumt werden, nicht aber Dritten.

3325 **Anfechtungsgründe** sind alle Verstöße gegen Gesetz oder Satzung, unabhängig davon, ob formelle oder materielle Vorschriften verletzt werden, die Nichtbeachtung bloßer Ordnungsvorschriften reicht aber nicht aus.

3326 Die Anfechtung ist dann erfolgreich, wenn ein **Anfechtungsgrund** besteht und der Beschluss auf ihm beruht, also der Rechtsverstoß **für das Beschlussergebnis ursächlich** gewesen ist. Dies ist stets zu bejahen, wenn ein **inhaltlicher Verstoß** gegen das Gesetz oder die Satzung vorliegt, also z. B. gegen den Grundsatz der Gleichbehandlung aller Gesellschafter verstoßen oder die den Gesellschaftern gegenüber der Gesellschaft oder den Mitgesellschaftern obliegende Treuepflicht verletzt wird. Denn inhaltliche Verstöße gegen Gesetz oder Satzung sind stets für das Beschlussergebnis relevant.

3327 Bei **Verstößen** gegen **Verfahrensvorschriften** ist ein Anfechtungsrecht nur gegeben, wenn der **Verfahrensfehler** für das **Beschlussergebnis relevant** ist. Dies kann zu verneinen sein, wenn der (unberechtigte) Ausschluss eines Gesellschafters von der Abstimmung oder seine Zulassung trotz eines Stimmverbots bei dem betreffenden Beschluss-

1 BGH v. 23.3.1981 - II ZR 27/80, BGHZ 80 S. 212, 216 f.; v. 20.2.1984 - II ZR 116/83, WM 1984 S. 473.

gegenstand einwandfrei das Ergebnis der Abstimmung nicht beeinflusst hat, weil unabhängig von dessen Stimmen ein bestimmtes Abstimmungsergebnis feststeht, also die notwendige Mehrheit auch ohne sie vorlag. Da der anfechtende Gesellschafter aber nicht die Kausalität des Verfahrensfehlers positiv darlegen muss, sondern die Möglichkeit ausreicht, dass der Beschluss auf diesem Mangel beruht, führen solche Mängel i.d.R. zur Anfechtbarkeit.

An einem Beispiel mag das deutlich werden: Wenn infolge einer ordnungswidrigen Einberufung der Gesellschafterversammlung zwar nicht alle Gesellschafter erschienen sind, die erschienenen Gesellschafter aber über die absolute Mehrheit sämtlicher Stimmen verfügen und auch das Abstimmungsergebnis dementsprechend ausfällt, kann im Allgemeinen nicht widerlegt werden, dass beim Erscheinen aller teilnahmeberechtigten Gesellschafter deren Ausführungen zum Beschlussgegenstand eine genügende Anzahl anderer Gesellschafter zu einem anderen Abstimmungsverhalten hätten bestimmen können. Denn dazu müsste die Gesellschaft, die Gegner im Anfechtungsprozess ist, darlegen, dass eine Ursächlichkeit zwischen Mangel und Ergebnis nicht nur unwahrscheinlich ist, sondern bei vernünftiger Betrachtung unter keinen Umständen in Betracht kommen kann.[1] Insofern kann es weniger auf eine „potenzielle Kausalität" eines Einberufungsmangels ankommen, als auf dessen Relevanz nach abstrakten Kriterien.[2]

Formunwirksame Beschlüsse der Gesellschafterversammlung können aber u.U. in eine schuldrechtliche Nebenabrede umgedeutet werden. So hat es der BGH gesehen, als ein formunwirksamer Beschluss über die Höhe der Abfindung eines ausscheidenden Gesellschafters zu beurteilen war. Dann kann sich die GmbH auf die Abrede nach § 328 BGB berufen, so dass der Gesellschafter eine über den schuldrechtlich vereinbarten Betrag hinausgehende Abfindung nicht verlangen kann, selbst wenn dieser in der Satzung so vorgesehen ist.[3] Auch eine Anfechtungsklage gegen den gegen die Satzung verstoßenden Beschluss ist nicht gegeben, wenn der Beschluss inhaltlich mit der schuldrechtlichen Abrede in Einklang steht. 3327/1

Als **relevante Verfahrensverstöße** kommen z.B. in Betracht Mängel bei der Einladung, Einberufung von Versammlungen zur Unzeit oder an einem unzulässigen Ort, Ausschließung von teilnahmeberechtigten Personen, ungerechtfertigter Abbruch der Aussprache oder nicht gerechtfertigter Entzug des Wortes, Abstimmung über nicht hinreichend angekündigte Beschlussgegenstände, Mitzählen von Stimmen eines von der Abstimmung ausgeschlossenen Gesellschafters, nicht berechtigter Ausschluss von der Abstimmung oder das Nichtzählen berechtigter Stimmen oder das Feststellen eines Abstimmungsergebnisses im schriftlichen Verfahren, obwohl nicht alle Gesellschafter mit diesem Verfahren einverstanden waren. 3328

---

1 BGH v. 30.3.1987 - II ZR 180/86, BGHZ 100 S. 264; v. 17.11.1997 - II ZR 77/97, NZG 1998 S. 152f.

2 Vgl. auch Goette, Die GmbH, § 7 Rz. 100; BGH v. 12.11.2001 - II ZR 225/99, BGHZ 149 S. 158, zum Aktienrecht.

3 BGH v. 15.2.2010 - II ZR 4/09, ZIP 2010 S. 1541.

e) Gerichtliche Rechtsbehelfe gegen mangelhafte Gesellschafterbeschlüsse

aa) Klagearten

3329 Analog § 249 AktG ist bei **nichtigen Gesellschafterbeschlüssen** die **Nichtigkeitsklage** gegeben. Sie zielt auf die Feststellung der Nichtigkeit des Beschlusses ab und schließt die Zulässigkeit der allgemeinen Feststellungsklage gem. § 256 ZPO aus.

3330 Mit der gesellschaftsrechtlichen **Anfechtungsklage** entsprechend § 243 AktG können **anfechtbare Beschlüsse** der Gesellschafterversammlung einer GmbH beseitigt werden. Sie ist eine Gestaltungsklage, mit der die rückwirkende Vernichtung des Beschlusses erstrebt wird.

3330/1 Die Anfechtungsklage ist auch gegen sog. informationsbeschränkende **Vorratsbeschlüsse** gegeben, mit denen einem Gesellschafter über ein konkretes Informationsbegehren hinaus „auf Vorrat" verweigert wird, Einsicht und Auskunft für eine bestimmte Zeit, unter bestimmten Umständen oder in bestimmte Unterlagen zu verlangen. Der Gesellschafter ist dann nicht auf das Informationserzwingungsverfahren nach § 51b GmbHG verwiesen, das sich gegen einen Gesellschafterbeschluss richtet, mit dem die Information zu einer konkreten Frage abgelehnt wird. Das Abwarten hierauf sei dem Gesellschafter nicht zuzumuten.[1]

3331 Nichtigkeits- und Anfechtungsklage verfolgen **dasselbe materielle Ziel** (einheitliches Rechtsschutzziel), weil durch das Gericht mit Wirkung für und gegen jedermann geklärt werden soll, ob ein Gesellschafterbeschluss nichtig ist.[2] Sie können deshalb miteinander verbunden werden. Dies kann sich sogar empfehlen, damit vom Gericht sowohl Nichtigkeits- als auch Anfechtungsgründe geprüft werden können.[3] Das setzt aber voraus, dass die Klage innerhalb der (regelmäßig) einen Monat betragenden Anfechtungsfrist erhoben bzw. alle Anfechtungsgründe in den Prozess eingebracht werden, weil sie sonst nicht berücksichtigt werden können.[4] Werden Nichtigkeits- und Anfechtungsklage innerhalb der Monatsfrist erhoben, hat das Gericht den angegriffenen Beschluss insgesamt auf seine Nichtigkeit hin zu untersuchen, und zwar unabhängig davon, ob der Sachverhalt unter dem Gesichtspunkt der Nichtigkeit oder der Anfechtbarkeit vorgetragen wurde (einheitlicher Streitgegenstand).

3332 Ein anderes Ziel verfolgt die sog. **positive Beschlussfeststellungsklage**. Ihr Anwendungsgebiet sind die Fälle der unrichtigen Stimmenauszählung, die fehlerhafte Berücksichtigung unwirksamer Stimmabgaben, weil z. B. ein Stimmverbot nicht beachtet wurde, unrichtige Anwendung einer für den Beschlussgegenstand geltenden Mehrheitsregel oder schließlich der Fall, dass der Versammlungsleiter das Beschlussergebnis nicht festgestellt hat, weil sich die teilnehmenden Gesellschafter über die Berechtigung zur Stimmabgabe nicht einigen konnten. Dann ist die gerichtliche Feststellung des nach den Stimmverhältnissen zutreffenden Beschlusses zulässig, die positive Beschlussfest-

---

1 BGH v. 27.4.2009 - II ZR 167/07, ZIP 2009 S. 1158.

2 BGH v. 26.1.2021 - II ZR 391/18, NWB AAAAH-71941, ZIP 2021 S. 459, Rz. 21; v. 17.2.1997 - II ZR 41/96, BGHZ 134 S. 364, NJW 1997 S. 1510; v. 4.3.1997 - VI ZR 354/95, NJW 1999 S. 1638; v. 22.7.2002 - II ZR 286/01, NWB UAAAB-97940, BGHZ 152 S. 1, NJW 2002 S. 3465.

3 BGH v. 1.3.1999 - II ZR 305/97, DStR 1999 S. 643.

4 Vgl. auch BGH v. 12.1.1998 - II ZR 82/93, BGHZ 137 S. 378.

stellungsklage ist also auf die Feststellung des wirklichen und rechtmäßig beschlossenen Inhalts des Gesellschafterbeschlusses gerichtet.[1] Die Klage ist eventuell zu verbinden mit einer Nichtigkeits- oder Anfechtungsklage gegen den unwirksamen Beschluss.

Bleibt in einer Gesellschafterversammlung offen, ob ein bestimmter Beschluss gefasst worden ist, weil die Gesellschafter darüber verschiedener Meinung sind, und stellt deshalb der Versammlungsleiter auch kein Beschlussergebnis fest, soll sogar die **Gesellschaft selbst** – bei Vorliegen eines Rechtsschutzinteresses – befugt sein, durch Feststellungsklage den Inhalt des Beschlusses gerichtlich klären zu lassen.[2]

Bei Streit, ob **überhaupt** ein Beschluss mit einem bestimmten Inhalt gefasst worden ist, 3333
kann die Klärung durch eine Feststellungsklage herbeigeführt werden, mit der keine Nichtigkeits- oder Anfechtungsklage verbunden werden muss.[3]

bb) Verfahrensbeteiligte

Klageberechtigt (aktiv legitimiert) ist bei der Nichtigkeits-, Anfechtungs- oder positiven 3334
Beschlussfeststellungsklage **jeder Gesellschafter,** auch wenn er nicht an der Versammlung teilgenommen hat oder keinen Widerspruch erhoben hat. Maßgebend für das Innehaben der Gesellschafterstellung ist grundsätzlich § 16 Abs. 1 GmbHG, so dass der Treuhänder (und nicht der Treugeber) und der Veräußerer des Geschäftsanteils klagebefugt ist, **solange** die Veränderung nicht in der Gesellschafterliste (§ 40 GmbHG) eingetragen worden ist. Sobald während des Rechtsstreits die Gesellschafterliste aktualisiert worden ist, verliert der Gesellschafter sein Anfechtungsrecht, weil dieses als Teil des Mitgliedschaftsrechtes nicht abgespalten und beim veräußernden Gesellschafter verbleiben kann. Etwas anderes kann aber gelten, wenn sich z. B. die Anfechtung gegen einen Gewinnverteilungsbeschluss für eine Periode richtet, für die der Veräußerer noch allein bezugsberechtigt bleibt.

Der Geschäftsführer, der selbst nicht Gesellschafter ist, ist grundsätzlich nicht klagebe- 3335
fugt. Etwas anderes kann gelten, wenn er sich durch die Ausführung des Beschlusses strafbar oder schadensersatzpflichtig machen würde.[4]

Das Rechtsschutzbedürfnis eines Gesellschafters ist i. d. R. auch dann zu bejahen, wenn 3336
der Beschluss für ihn selbst günstig ist, weil ihm Interesse daran zuzugestehen ist, dass sich die GmbH nach Recht und Gesetz verhält. Hat der Gesellschafter dem Beschluss aber selbst zugestimmt oder ihn nachträglich gebilligt, ist es ihm verwehrt Klage zu erheben.

Die Nichtigkeits-, Anfechtungs- oder positive Beschlussfeststellungsklage ist stets **ge-** 3337
gen die GmbH zu richten.[5] Auch bei der personalistisch verfassten GmbH sind die Mitgesellschafter nicht passiv legitimiert.

1 BGH v. 13.3.1980 - II ZR 54/78, BGHZ 76 S. 191, 197; v. 13.11.1995 - II ZR 288/97, BB 1996 S. 11 f.
2 Pfälzisches OLG v. 29.6.1998 - 7 U 259/97, GmbHR 1999 S. 79 f.
3 BGH v. 13.11.1995 - II ZR 288/94, BB 1996 S. 11 f.
4 Streitig, Scholz/Schmidt, GmbHG, § 45 Rz. 134.
5 BGH v. 10.11.1980 - II ZR 51/80, NJW 1981 S. 1041.

3338 Zur Entscheidung über Beschlussmängelstreitigkeiten sind nicht nur die staatlichen Gerichte berufen, **sondern** auch **private Schiedsgerichte**. Seine Auffassung, dass eine Anfechtungsklage, die sich gegen den Beschluss der Gesellschafterversammlung einer GmbH richtet (**Beschlussmängelstreitigkeit**), nicht schiedsfähig[1] sei, hat der BGH in der Entscheidung „Schiedsfähigkeit II" **aufgegeben.**[2] Analog zu §§ 248 Abs. 1 Satz 1, 249 Abs. 1 AktG wirkt eine Entscheidung des Schiedsgerichts unter Allen, wenn und soweit das Schiedsgerichtsverfahren den Mindeststandards des Rechtsstaatsprinzips,[3] hinsichtlich der Mitwirkungsrechte und der Rechtsschutzgewährung für alle der Schiedsklausel unterworfenen Gesellschafter genügt. Die Klausel kann in der Satzung aufgenommen sein oder auch außerhalb einverständlich vereinbart werden. Eine Klausel kann wie folgt lauten:[4]

(1) *Alle Streitigkeiten, die sich aus oder im Zusammenhang mit diesem Vertrag oder über dessen Gültigkeit ergeben, werden nach der Schiedsgerichtsordnung der Deutschen Institution für Schiedsgerichtsbarkeit e.V. (DIS) unter Ausschluss des ordentlichen Rechtsweges endgültig entschieden.*

(2) *Das Schiedsgericht besteht aus [bitte eintragen: „einem Einzelschiedsrichter" oder „drei Schiedsrichtern"].*

(3) *Der Schiedsort ist [bitte gewünschten Schiedsort eintragen].*

(4) *Die Verfahrenssprache ist [bitte gewünschte Verfahrenssprache eintragen].*

(5) *Das in der Sache anwendbare Recht ist [bitte gewünschtes Recht oder gewünschte Rechtsregeln eintragen].*

Es muss gewährleistet sein, dass alle Gesellschafter und die Organe der GmbH über die Einleitung eines Schiedsverfahrens informiert werden, und dem Verfahren zumindest als Nebenintervenient beitreten und bei der Auswahl und Bestellung, z. B. von neutralen Schiedsrichtern, mitwirken können. Schließlich ist zu gewährleisten, dass alle denselben Streitgegenstand betreffenden Streitigkeiten über Beschlussmängel bei demselben Schiedsgericht zu verhandeln sind; andernfalls ist die Schiedsvereinbarung nichtig.

cc) Klagefrist

3339 Die in § 246 Abs. 1 AktG bestimmte Frist, wonach die Anfechtungsklage binnen eines Monats nach Beschlussfassung erhoben werden muss, ist auf die Verhältnisse der GmbH nicht unmittelbar insoweit übertragbar, als dass die Frist keinesfalls überschritten werden dürfte.[5] Vielmehr ist die Klage **innerhalb einer angemessenen Frist zu erheben.** Die Rechtsprechung orientiert sich aber im Interesse der Rechtssicherheit insofern an der **Monatsfrist** im Sinne eines **Leitbildes**, so dass nur im Ausnahmefall bei besonderen rechtlichen Schwierigkeiten eine Fristüberschreitung gerechtfertigt sein kann.[6]

1 BGH v. 29.3.1996 - II ZR 124/95, BGHZ 132 S. 278; anders für die Einforderung von Stammeinlagen, BGH v. 19.7.2004 - II ZR 65/03, BGHZ 160 S. 127.
2 BGH v. 6.4.2009 - II ZR 255/08, BGHZ 180 S. 221.
3 Lutter/Hommelhoff, GmbHG, Anhang, § 47 Rz. 73.
4 Vorschlag nach Deutsche Institution für Schiedsgerichtsbarkeit e.V. (DIS): DIS-Musterklauseln (disarb.org).
5 BGH v. 14.5.1990 - II ZR 126/89, BGHZ 111 S. 224.
6 Vgl. BGH v. 12.10.1992 - II ZR 286/91, DStR 1992 S. 1698 f.

Praktisch bedeutet dies, dass i.d.R. die Anfechtungsklage innerhalb eines Monats eingereicht sein muss, wenn die Satzung keine längere Frist vorsieht. Es empfiehlt sich also, in der Satzung die Anfechtungsfrist festzulegen, wobei die Frist von einem Monat aber nicht unterschritten werden darf,[1] aber auch nicht „unangemessen" verlängert werden und nicht mehr als drei Monate betragen sollte.[2]

Für die Einhaltung der Frist ist die Rechtshängigkeit maßgebend; für die rechtzeitige Einreichung der Klage ist es aber ausreichend, wenn die Klage nach der ZPO „demnächst" zugestellt wird. Wichtig ist auch, dass innerhalb der Klagefrist die Anfechtungsgründe in ihrem wesentlichen tatsächlichen Kern geltend gemacht (in den Rechtsstreit eingeführt) werden. Ein Nachschieben ist nicht möglich, weil dies einer verspäteten Klage gleichkäme.[3] Verspätet vorgebrachte Gründe sind unbeachtlich.

Die Nichtigkeitsklage ist rechtlich nicht fristgebunden. Allerdings ergibt sich bei einge- 3340
tragenen Beschlüssen faktisch eine Befristung von drei Jahren ab der Eintragung in das Handelsregister, weil nach § 242 Abs. 2 AktG dann eine Heilung eintritt.

Ob die Beschlussfeststellungsklage an eine Frist gebunden ist, wird nicht einheitlich 3341
beantwortet,[4] eine Bindung an die Anfechtungsfrist von einem Monat wird sich aber meist daraus ergeben, dass sie mit einer Anfechtungsklage gegen den für unrichtig gehaltenen Beschluss verbunden werden muss. Auf jeden Fall ist der Gesichtspunkt der Verwirkung insofern zu beachten, als der BGH fordert, dass eine solche Klage **zeitnah** zu der Gesellschafterversammlung erhoben werden muss.[5]

dd) Rechtswirkungen

Die Feststellung der **Nichtigkeit** aufgrund eines stattgebenden Urteils **wirkt für und** 3342
gegen alle (GmbH, Gesellschafter und Dritte), und zwar für die Vergangenheit und die Zukunft. Insbesondere bedeutet die Gestaltungswirkung bei einer Anfechtungsklage, dass der einstweilen verbindliche Beschluss rückwirkend vernichtet wird. Bei Klageabweisung wirkt das Urteil allerdings nur zwischen Gesellschafter und Gesellschaft. War der Beschluss in das Handelsregister eingetragen worden, wie z. B. bei einer Satzungsänderung, ist das Urteil, das diesen Beschluss rechtskräftig für nichtig erklärt, ebenfalls in das Handelsregister einzutragen. Der Geschäftsführer hat daher ein stattgebendes Urteil unverzüglich dem Registergericht einzureichen.

Da anfechtbare Beschlüsse so lange wirksam und verbindlich sind, als sie nicht rechtskräftig für unwirksam erklärt worden sind, können auch anfechtbare Beschlüsse eingetragen werden. Ihre Eintragung kann jedoch so lange ausgesetzt werden, als noch ernsthaft eine Anfechtung in Betracht kommt und der Gesellschaft keine ernsthaften Nachteile durch die Verzögerung drohen. Nach Ablauf der Anfechtungsfrist (regelmäßig ein Monat) muss jedoch eingetragen werden, da dann der Beschluss endgültig wirksam ist.

1 BGH v. 21.3.1988 - II ZR 308/87, BGHZ 104 S. 66.
2 So BeckHB GmbH/Fischer/Gerber, § 4 Rz. 206.
3 BGH v. 9.11.1992 - II ZR 230/91, BGHZ 120 S. 141, 157.
4 OLG München v. 27.3.1996 - 7 U 6037/95, GmbHR 1996 S. 451; Pfälzisches OLG v. 29.6.1998 - 7 U 259/97, GmbHR 1999 S. 79, 80.
5 BGH v. 13.11.1995 - II ZR 288/94, NJW 1996 S. 259.

3343 Grundsätzlich bleiben Rechtshandlungen der GmbH, die sie aufgrund eines für unwirksam befundenen Beschlusses vorgenommen hat, wirksam. Die Geschäftsführung kann jedoch gehalten sein, solche Geschäfte – soweit als möglich – rückgängig zu machen, insbesondere soweit Rechtsbeziehungen zwischen den Gesellschaftern und/oder zwischen der GmbH und den Gesellschaftern betroffen sind. Zur Rückabwicklung kann auch die gesellschaftsrechtliche Treuepflicht verpflichten.

ee) Einstweiliger Rechtsschutz gegen fehlerhafte Gesellschafterbeschlüsse

3344 Ziel einstweiligen Rechtschutzes kann es sein, die Fassung mangelhafter Beschlüsse oder deren Durchführung zu verhindern.

3345 Sollen Beschlüsse, die ein Gesellschafter für nichtig oder anfechtbar hält, erst noch in einer künftigen Gesellschafterversammlung gefasst werden, kann dies grundsätzlich nicht durch eine einstweilige Verfügung verhindert werden, wenn nicht für den betreffenden Gesellschafter eine eindeutige Rechtslage oder ein überragendes Schutzbedürfnis spricht.[1] Damit kein endgültiger Zustand geschaffen wird, ist aber dem einstweiligen Rechtsschutz gegen die Durchführung eines (als nichtig oder anfechtbar angegriffenen) Beschlusses der Vorzug zu geben.

3346 Ist der Beschluss von der Gesellschafterversammlung gefasst worden, ist es grundsätzlich möglich, seine Durchführung durch eine einstweilige Verfügung zu verhindern. Ist der Beschluss nur anfechtbar, ist Voraussetzung, dass die Anfechtungsklage erhoben ist oder fristgerecht erhoben wird. Antragsberechtigt ist derjenige, der auch zur Klage berechtigt ist, Antragsgegner ist die GmbH.

3347 Unter anderem bei der zwangsweisen Einziehung von Geschäftsanteilen und dem Ausschluss eines Gesellschafters wegen eines (angeblich) wichtigen Grunds spielt der einstweilige Rechtschutz eine große Rolle. Muss doch der geschasste Gesellschafter befürchten, dass die Gesellschaft bis zum Abschluss des oft jahrelang dauernden Hauptverfahrens durch die verbleibenden Mitgesellschafter „ausgehöhlt" wird. So kann er dann u.a. im Wege des einstweiligen Rechtsschutzes durchsetzen, dass er bis zu einer rechtskräftigen Entscheidung, in der Hauptsache über die Einziehung seiner Geschäftsanteile weiter als Gesellschafter behandelt wird. Konkret bedeutet dies, dass er sein Teilnahme- und Stimmrecht in den Gesellschafterversammlungen behält. Zudem kann sogar eine Verpflichtung bestehen, eine korrigierte Gesellschafterliste zur Aufnahme im Handelsregister einzureichen, in welcher die ursprüngliche Beteiligung weiter genannt ist.[2]

3348–3360 *(Einstweilen frei)*

---

1 Vgl. BeckHB GmbH/Fischer/Gerber, § 4 Rz. 216, mit zahlreichen Rechtsprechungsnachweisen.

2 OLG München v. 22.2.2022 - 7 W 186/22, NZG 2022 S. 564.

B. Der Geschäftsführer

LITERATUR:

Vedder, Das Vorsatzerfordernis beim Missbrauch der Vertretungsmacht durch GmbH-Geschäftsführer, GmbHR 2008 S. 736; *Brammsen/Sonnenburg*, Geschäftsführeraußenhaftung in der GmbH, NZG 2019 S. 681; *Daumke/Kessler/Perbey*, Der GmbH-Geschäftsführer, 6. Aufl., 2019; *Hoffmann*, Missbrauch der Vetretungsmacht im GmbH-Recht, DB 2019 S. 1833; *Müller*, Reichweite der Vertretungsmacht des GmbH Geschäftsführers bei der Veräußerung des gesamten Geschäftsvermögens, NZG 2019 S. 807; *Stöhr*, Der Beschäftigungs- und Vergütungsanspruch des GmbH-Geschäftsführers nach Kündigung und Abberufung, NZA 2020 S. 1439; *Schlegel*, GmbH-Geschäftsführer und abhängige Beschäftigung, NZA 2021 S. 310; *Schlegel*, GmbH-Geschäftsführer und abhängige Beschäftigung, NZA 2021 S. 310; *Altmeppen*, Der GmbH-Geschäftsführer als unabhängiger Treuhänder der Allgemeinheit, NJW 2022 S. 2785; *Altmeppen*, GmbHG, 11. Aufl. 2023; *Hülsmann*, Aktuelle BGH-Rechtsprechung zur GmbH aus 2022/23 (1. Halbjahr), NWB 2023 S. 2205; *Kelber/Grobys/Panzer-Heemeier*, Stichwort-Kommentar Arbeitsrecht, 4. Aufl. Ed. 8, 2024; *Hopt/Roth*, Handelsgesetzbuch, 44. Aufl. 2025.

I. Der Geschäftsführer als Organ der GmbH

1. Organschaftliche Vertretungsmacht

Neben der Gesellschafterversammlung als Willensbildungsorgan braucht die GmbH als 3361
Handlungsorgan einen oder mehrere Geschäftsführer (§ 6 GmbHG). Im **vereinfachten Verfahren** nach § 2 Abs. 1a GmbHG kann die GmbH **nur mit einem Geschäftsführer** gegründet werden. Als juristische Person handelt die GmbH nach außen durch den oder die kraft Gesetzes mit organschaftlicher Vertretungsmacht ausgestatteten Geschäftsführer (§ 35 Abs. 1 GmbHG).[1] Rechtshandlungen, die der Geschäftsführer in seiner Organstellung vornimmt, berechtigen und verpflichten die GmbH unmittelbar. Obwohl der bzw. die Geschäftsführer grundsätzlich an die Weisungen der Gesellschafterversammlung gebunden sind, ist die Vertretungsmacht zum Schutz des Rechtsverkehrs nach außen unbeschränkt und unbeschränkbar (§ 37 Abs. 2 GmbHG). Eine Ausnahme gilt nur, wenn der Geschäftspartner nicht schutzbedürftig ist, weil er weiß, dass der Geschäftsführer seine Vertretungsmacht missbraucht, oder weil der Vertrag vom Geschäftsführer unter dem Vorbehalt der Zustimmung der Gesellschafterversammlung abgeschlossen wurde.[2]

Wo dem Geschäftsführer im Interesse der Allgemeinheit Pflichten auferlegt sind – vornehmlich wo es um die Kapitalaufbringung, die Kapitalerhaltung und um den Eintritt der Insolvenz geht –, hat er sogar seine Aufgaben weisungsfrei und in eigener Verantwortung wahrzunehmen (Einschränkung des Weisungsrechts der Gesellschafterversammlung).[3] Durch den Geschäftsführer ist die GmbH auch deliktsfähig (§ 31 BGB analog).

1 Goette, Die GmbH, 3. Aufl., 2019, § 8 Rz. 1.
2 Vgl. BGH v. 23.6.1997 - II ZR 353/95, DStR 1997 S. 1296; v. 15.2.2022 - II ZR 235/20, NJW 2022 S. 1878.
3 Vgl. auch BGH v. 16.9.2002 - II ZR 107/01, DStR 2002 S. 2046.

2. Abgrenzung von der rechtsgeschäftlichen Vertretungsmacht

3362 Der Geschäftsführer erlangt seine **organschaftliche Vertretungsmacht** durch den körperschaftlichen Organisationsakt der **„Bestellung“**. Davon ist die rechtsgeschäftliche Vertretungsmacht (Vollmacht) zu unterscheiden. Sie wird einem Prokuristen oder einem mit Handlungsvollmacht ausgestatteten Angestellten der GmbH erteilt. Der Prokurist leitet seine Vertretungsmacht von dem Geschäftsführer ab, der eine entsprechende Willensbildung der Gesellschafterversammlung gem. § 46 Nr. 7 GmbHG umsetzt und den Prokuristen bestellt. Der Prokurist kann im Rahmen seiner Vertretungsmacht diese an einen Untervertreter weitergeben, während der Geschäftsführer seine organschaftliche Vertretungsmacht, die nur dem Organ zusteht, nicht auf einen Dritten übertragen kann. Der Geschäftsführer kann nur einzelne Vertretungsbefugnisse delegieren. Außerdem können organschaftliche und rechtsgeschäftliche Vertretungsmacht nicht in einer Person zusammenfallen (der Geschäftsführer kann nicht zugleich Prokurist sein), und schließlich gibt es bestimmte Bereiche (wie z. B. die Anmeldungen zum Handelsregister für die GmbH), die ausschließlich dem Geschäftsführer vorbehalten sind.

3. Geschäftsführungsbefugnis und Vertretungsmacht (Abgrenzung)

3363 **Geschäftsführungsbefugnis** und **Vertretungsmacht** müssen voneinander **abgegrenzt** werden. Der Geschäftsführer handelt einmal im Verhältnis zu den Gesellschaftern (der Gesellschafterversammlung als zentralem Willensbildungsorgan) und zu der GmbH als juristischer Person (Innenverhältnis). Zum anderen wirkt sein Handeln im Verhältnis der GmbH zu außenstehenden Dritten (Außenverhältnis).

Im Außenverhältnis geht es darum, ob eine Handlung des Geschäftsführers die GmbH berechtigt und verpflichtet (Vertretungsmacht); im Innenverhältnis geht es darum, zu welchen Handlungen der Geschäftsführer berechtigt und verpflichtet ist (Geschäftsführungsbefugnis und Leitungspflicht). Im Innenverhältnis hat der Geschäftsführer die sich aus der Satzung (Gesellschaftsvertrag) und aus den Weisungen der Gesellschafter ergebenden Beschränkungen einzuhalten (§ 37 Abs. 1 GmbHG), die Geschäftsführungsbefugnis bestimmt somit den Umfang des rechtlichen Dürfens. Demgegenüber ist die Vertretungsmacht der Geschäftsführer nach außen zwingend uneingeschränkt und unbeschränkbar (§ 37 Abs. 2 GmbHG), so dass sogar Rechtsgeschäfte für und gegen die GmbH wirken, die mit dem Gesellschaftszweck und dem Unternehmensgegenstand in Widerspruch stehen. Grund hierfür ist das Schutzbedürfnis des Rechtsverkehrs.

3364 Da die Eintragung der GmbH vom Geschäftsführer anzumelden ist (§§ 7, 8 GmbHG), muss schon vor der Eintragung ein Geschäftsführer bestellt worden sein.

4. Organverhältnis und Anstellungsverhältnis (Abgrenzung)

LITERATUR:

Schlegel, GmbH-Geschäftsführer und abhängige Beschäftigung, NZA 2021 S. 310; *Döding/Strässer*, Der Fremdgeschäftsführer zwischen Arbeits- und Gesellschaftsrecht, RdA 2024 S. 366.

Das GmbHG unterscheidet zwischen dem **Organverhältnis** und dem **Anstellungsverhältnis** (Trennungstheorie[1]). Danach bestehen beide Rechtsverhältnisse grundsätzlich unabhängig voneinander, weshalb aus der Bestellung des Geschäftsführers nicht zugleich der Abschluss eines Anstellungsvertrags folgt und dementsprechend der Anstellungsvertrag auch nicht die organschaftliche Bestellung ersetzt. Aus § 38 Abs. 1 GmbHG ergibt sich, dass die Bestellung des Geschäftsführers jederzeit widerruflich ist, Entschädigungsansprüche aus bestehenden Verträgen davon aber unberührt bleiben. Das Organverhältnis betrifft die Stellung des Geschäftsführers als das Organ, das für die Handlungsfähigkeit der GmbH notwendig ist und ihre Leitung und Vertretung wahrzunehmen hat. Das Anstellungsverhältnis betrifft nur die dienstvertragliche Rechtsstellung des Geschäftsführers. Die Grundsätze der Trennungstheorie gelten entsprechend für die Beendigung des Geschäftsführerdienstvertrags und der organschaftlichen Bestellung des Geschäftsführers. 3365

Dennoch können Organverhältnis und Anstellungsverhältnis einander beeinflussen, was aber nicht bedeutet, dass beide Rechtsverhältnisse gleichzeitig bestehen müssen. So kann z. B. ein Gesellschafter, aber auch eine sonstige Person, zum Geschäftsführer berufen werden und dessen Aufgaben ohne Abschluss eines Dienstvertrags wahrnehmen. Die Unwirksamkeit eines abgeschlossenen Dienstvertrags lässt das Organverhältnis unberührt und das Dienstverhältnis kann mit allen Ansprüchen (Gehalt usw.) bis zu seinem normalen Ende auch dann weiterbestehen, wenn der Geschäftsführer abberufen worden ist. 3366

Das Anstellungsverhältnis muss auch nicht notwendigerweise mit der GmbH selbst bestehen; eine sog. Drittanstellung findet sich nicht selten bei der GmbH & Co. KG, wenn der Geschäftsführer der Komplementär-GmbH bei der KG angestellt ist. Der Anstellungsvertrag kann auch mit einem Gesellschafter der GmbH abgeschlossen sein. 3367

(Einstweilen frei) 3368–3380

II. Die Bestellung des Geschäftsführers

1. Organisationsakt der Bestellung

Durch den körperschaftlichen **Organisationsakt** der **Bestellung** wird ein Gesellschafter oder ein Dritter Geschäftsführer und die GmbH durch ihn handlungsfähig. Grundsätzlich wird der Bestellungsakt durch die Gesellschafterversammlung vorgenommen. Er erfolgt in zwei Schritten, in Form der Beschlussfassung sowie der Erklärung der Bestellung. Der Bestellungsbeschluss (§ 46 Nr. 5 GmbHG) wird mit einfacher Mehrheit gefasst (§ 47 Abs. 1 GmbHG), wenn die Satzung kein abweichendes Mehrheitserfordernis festlegt. Der Bestellungsakt kann aber auch schon im Gesellschaftsvertrag enthalten sein (§ 6 Abs. 3 Satz 2 GmbHG). 3381

Die Bestellung muss gegenüber dem Geschäftsführer erklärt und von ihm gegenüber einem weiteren Geschäftsführer oder, falls er fehlt, gegenüber den Gesellschaftern angenommen werden. Die Annahme der Bestellung ist notwendig, weil sie nicht nur die 3382

1 BGH v. 28.10.2002 - II ZR 146/02, GmbHR 2003 S. 100; v. 6.3.2012 - II ZR 76/11, GmbHR 2012 S. 614.

organschaftliche Vertretungs- und Leitungsmacht verschafft, sondern auch gesetzlich bestimmte Pflichten und Haftungsrisiken begründet, die dem Geschäftsführer nicht einseitig oder durch einen Vertrag zu Lasten Dritter aufgebürdet werden können. Praktisch wird die Annahme meist nicht ausdrücklich erklärt, sondern erfolgt konkludent gegenüber der GmbH durch die Mitwirkung bei der Bestellung (Abschluss des Gesellschaftsvertrags oder Beschlussfassung), durch die Anmeldung zum Handelsregister oder die Arbeitsaufnahme. Die erforderliche Eintragung in das Handelsregister (§ 39 GmbHG) ist nur deklaratorisch und dient der Sicherheit des Rechtsverkehrs, weshalb sie keinen Einfluss auf die Wirksamkeit der Bestellung hat. Das Registergericht prüft, ob der Beschluss ordnungsgemäß zustande gekommen ist.[1] Im Falle der Bestellung einer gänzlich ungeeigneten Person kann unter besonderen Umständen die Vertretungsmacht entzogen werden.[2]

2. Zuständigkeit

3383 Zuständig für die Bestellung des Geschäftsführers ist grundsätzlich die **Gesellschafterversammlung (§ 46 Nr. 5 GmbHG)**. Bei einer Vielzahl von Gesellschaftern empfiehlt es sich, durch den Gesellschaftsvertrag die Zuständigkeit für die Geschäftsführerbestellungen einzelnen Gesellschaftern oder einem Organ der GmbH (Aufsichtsrat, Beirat usw.) zu übertragen, wenn diesen wirtschaftlich erfahrene Personen angehören. Zu beachten sind die zwingenden Bestimmungen von § 31 MitBestG und § 84 AktG, die für ihnen unterliegende Gesellschaften die Bestellung (und Abberufung) der Geschäftsführer durch den Aufsichtsrat vorschreiben. Bei der nach dem DrittelbG mitbestimmten GmbH ist eine zwingende Bestellung des Geschäftsführers durch den Aufsichtsrat zu verneinen.[3] Dem Geschäftsführer selbst kann aber nicht die Kompetenz eingeräumt werden, weitere Geschäftsführer oder etwa seinen Nachfolger zu bestellen. Dies widerspräche der zweigliedrigen Organisationsstruktur der GmbH (Gesellschafterversammlung **und** Geschäftsführer) und könnte die Gesellschafterversammlung als eigentliches Willensbildungsorgan der GmbH entmachten.

3384 Umstritten[4] ist, ob das Recht zur Bestellung von Geschäftsführern an einen Dritten, der weder Gesellschafter noch Gesellschaftsorgan ist (Konzernmutter, kreditgewährende Bank, Behörde), delegiert werden kann. Überwiegend wird dies bejaht,[5] wenn dabei die Selbstorganisation der GmbH gewahrt wird. Dies ist der Fall, wenn die Gesellschafterversammlung das Bestellungsrecht jederzeit durch Satzungsänderung wieder an sich ziehen kann und weiterhin über die Abberufungskompetenz verfügt. Vor Aufnahme des Bestellungsrechts eines Dritten in die Satzung sollte sorgfältig geprüft werden, ob die damit verfolgten Ziele nicht auch durch ein Vorschlagsrecht (Benennungsrecht oder Präsentationsrecht) erreicht werden können.

1 KG Berlin v. 3.6.2016 - 22 W 20/16, DB 2016 S. 1806.
2 MüKoHGB/Grunewald, Rz. 80.
3 Bunnemann/Zirngibl/Bunnemann, 2. Aufl., 2011, § 3 Rz. 10.
4 Tillmann/Mohr, GmbH-Geschäftsführer, 11. Aufl., 2020, Rz. 29.
5 Noack/Servatius/Haas/Beurskens, GmbHG, § 6 Rz. 47.

3. Bestellungsrecht durch Mehrheitsbeschluss

Schreibt die Satzung nichts anderes vor, erfolgt die **Bestellung des Geschäftsführers** durch die **Gesellschafterversammlung mit einfacher Mehrheit** der abgegebenen Stimmen. Bei der Beschlussfassung kommt auch dem Gesellschafter, dessen Bestellung gegenständlich ist, ein Stimmrecht zu.[1] Hieraus können sich durch das Verhalten eines Mehrheitsgesellschafters wirtschaftliche Nachteile und Gefahren für Minderheitsgesellschafter ergeben. Vergegenwärtigt man sich, dass ein Mehrheitsgesellschafter auch bei der Bestellung seiner eigenen Person zum Geschäftsführer vom Stimmrecht nicht ausgeschlossen ist, hat er es in der Hand, sich kraft seiner Stimmenmehrheit selbst zum Geschäftsführer zu bestellen und auch im Anstellungsvertrag seine Gesamtausstattung mit Gehalt, Tantieme und Altersversorgung etc. festzulegen. Dies kann zu Lasten der Minderheitsgesellschafter zu einer weitgehenden Gewinnabschöpfung führen. 3385

Ähnliche Probleme können sich bei einer GmbH ergeben, an der drei Personen zu je einem Drittel beteiligt sind, aber nur zwei Gesellschafter als Geschäftsführer berufen werden. Auch dort können sich diese beiden Gesellschafter durch Mehrheitsbeschluss jeweils zu Geschäftsführern bestellen und für sich günstige Vertragsbedingungen festlegen. 3386

Da Minderheitsgesellschafter solchen Mehrheitsbeschlüssen nur ausnahmsweise bei Feststellung eines Stimmrechtsmissbrauchs begegnen können, sollte sorgfältig bedacht werden, den Anstellungsvertrag an eine höhere Mehrheit als 51% zu binden oder bestimmten Gesellschaftern eine Zustimmungsrecht einzuräumen. 3387

Bei einer **Zwei-Personen-GmbH** oder bei **Familiengesellschaften** mit **zwei Stämmen** kann das Mehrheitsprinzip umgekehrt zu Blockaden führen. Sind zwei gleichberechtigte Gesellschafter vorhanden, die sich die Geschäftsführung teilen, und verstirbt einer der Gesellschafter, so kann die Einsetzung des Geschäftsführers ihres Vertrauens durch die Familie des Verstorbenen nicht selten am Veto des anderen Gesellschafters scheitern. Hier sollte das Bestellungsrecht jeweils einer Gruppe – jedem Gesellschafter und allen weiteren Gesellschaftern, die ihre Rechtsnachfolge auf diesen Gesellschafter zurückführen – zugeordnet werden. 3388

BEISPIEL: Müller und Schmidt sind an der GmbH jeweils zu 50% beteiligt. Sämtliche Gesellschafter nach Müller und sämtliche Gesellschafter nach Schmidt bilden jeweils eine Gruppe, die ein Bestellungsrecht für den Geschäftsführer ihres Vertrauens hat.

In bestimmten Fällen kann es also wichtig sein, Gesellschaftergruppen das Recht einzuräumen, einen Geschäftsführer zu bestellen.

4. Sonderrecht auf Geschäftsführung oder auf Bestellung des Geschäftsführers

LITERATUR:

Altmeppen, GmbHG, 11. Aufl., 2023, Rz. 57ff.

1 BGH, NJW 1969 S. 841, 844.

3389 Außer durch Beschluss der Gesellschafterversammlung kann der Geschäftsführer bereits durch die Satzung bestellt werden. Ist der berufene Geschäftsführer zugleich Gesellschafter der GmbH, kann eine solche Satzungsbestimmung dazu benutzt werden, ihm ein Recht auf das Amt des Geschäftsführers einzuräumen, das ihm gegen seinen Willen nicht oder nur aus wichtigem Grund entzogen werden kann. Ein solches in der Satzung verankertes **Sonderrecht auf die Geschäftsführung** kann dann auch ohne besondere Regelung nur mit Zustimmung des betroffenen Gesellschafters entzogen werden. Mit einem solchen Sonderrecht kann zur Regelung der Unternehmensnachfolge einem „Seniorgesellschafter" die Geschäftsführung auch für den Fall gesichert werden, dass er durch teilweise Übertragung seiner Geschäftsanteile im Wege der vorweggenommenen Erbfolge seine Stimmrechtsmehrheit verliert.

3390 Das Sonderrecht auf die Geschäftsführung lässt sich auch mit einem bestimmten Geschäftsanteil verbinden; dies geht dann auf den Rechtsnachfolger des begünstigten Gesellschafters über. Die Einräumung solcher Sonderrechte sollte aber sorgfältig bedacht werden, weil der Rechtsnachfolger vielfach unbekannt und seine Eignung für das Amt ungewiss ist.

3391 In ähnlicher Weise kann in der Satzung ein Sonderrecht verankert werden, einen Geschäftsführer zu bestellen.

3392 Soll die **Satzung** ein **Sonderrecht** (Mitgliedschaftsrecht) auf die Geschäftsführung i.S.d. § 35 GmbHG begründen, sollte sie eine ausdrückliche Bestimmung enthalten. Ausreichend ist die Einräumung einer Geschäftsführungsbefugnis, die nur aus wichtigem Grund entzogen werden kann, gegenüber einem oder mehreren Gesellschaftern durch die Satzung,[1] Im Zweifel gilt für derartige Gesellschafter, dass die Entziehung ihres Geschäftsführungsrechts nur mit ihrer Zustimmung oder aber aus wichtigem Grund durch einen Beschluss der Mitgesellschafter entzogen werden kann.

3393 Zusätzlich ist auch immer zu prüfen, ob es sich bei der Bestellung eines Gesellschafters zum Geschäftsführer in der Satzung um eine echte körperschaftsrechtliche Regelung[2] handeln soll, so dass der Geschäftsführer nur durch Satzungsänderung abberufen werden kann, wobei die dafür geltenden Regeln und Mehrheitserfordernisse eingehalten werden müssen, oder ob es sich lediglich um eine unechte Satzungsbestimmung handelt, die durch einfachen Gesellschafterbeschluss aufgehoben werden kann. Auch hier gilt im Zweifel, dass eine solche Bestimmung nur tatsächlich, nicht aber rechtlich Bestandteil der Satzung sein soll. Ein Sonderrecht ist anzunehmen, wenn die Geschäftsführerstellung auf Lebenszeit oder auf Dauer der Mitgliedschaft in der Gesellschaft eingeräumt wird oder wenn für den Widerruf der Bestellung ein einstimmiger Gesellschafterbeschluss erforderlich ist.

5. Vorschlagsrecht

3394 Der Gesellschaftsvertrag kann einem Gesellschafter oder bestimmten Gesellschaftern (z.B. der Gründerfamilie oder einem Familienstamm) ein verbindliches oder unverbind-

1 Altmeppen, GmbHG, Rz. 61.

2 BGH v. 28.6.1999 - II ZR 272/98, BGHZ 142 S. 116.

liches Vorschlagsrecht (**Benennungsrecht** oder **Präsentationsrecht**) für die Bestellung des Geschäftsführers einräumen. Ein Vorschlagsrecht kann aber auch außenstehenden Dritten (Banken, Industrie- und Handelskammer) übertragen werden. Das Vorschlagsrecht überträgt, unabhängig davon, ob es bindend ist oder nicht, keinesfalls die Zuständigkeit für die Bestellung des Geschäftsführers, sondern dieser wird weiterhin durch die Gesellschafterversammlung aufgrund des Vorschlags der hierzu berechtigten Personen bestellt. Folgt die Gesellschafterversammlung einem bindenden Vorschlag nicht, muss dies durch Klage gegenüber den Gesellschaftern durchgesetzt werden.

Außer durch Satzungsregelung kann ein Vorschlagsrecht durch schuldrechtliche Verein- 3395
barung zwischen den Gesellschaftern oder durch einen Stimmbindungsvertrag eingeräumt werden.

(Einstweilen frei) 3396–3420

III. Voraussetzungen für die Bestellung zum Geschäftsführer

1. Persönliche Voraussetzungen

Zum **Geschäftsführer** kann jede **natürliche, unbeschränkt geschäftsfähige Person** be- 3421
stellt werden (§ 6 Abs. 2 Satz 1 GmbHG). Daher können nicht nur Gesellschafter, sondern auch Personen außerhalb der Gesellschaft, nicht jedoch Kapitalgesellschaften oder Personengesellschaften Geschäftsführer werden. Keine Voraussetzung ist die deutsche Staatsangehörigkeit. EU-Bürger können stets zum Geschäftsführer einer GmbH bestellt werden, ohne dass sie ihren Wohnsitz oder Aufenthaltsort in Deutschland haben müssen. Bei Nicht-EU-Bürgern mit Wohnsitz außerhalb Deutschlands ist anerkannt, dass sie jedenfalls dann zum Geschäftsführer bestellt werden dürfen, wenn die Möglichkeit besteht, jederzeit einzureisen und ihre gesetzlichen Mindestpflichten erfüllen zu können.[1] In neueren Entscheidungen der Oberlandesgerichte wird vertreten, dass wegen der Nutzung moderner Kommunikationsmittel eine Einreise zur Geschäftsführung nicht mehr notwendig sei.[2] § 6 Abs. 2 GmbHG schließt eine Bestellung zum Geschäftsführer bei fehlenden Einreisemöglichkeiten nicht aus.

2. Ausschlussgründe (Inhabilitätsregeln)

a) Gesetzliche Ausschlussgründe

Gesetzlich vom Geschäftsführeramt **ausgeschlossen** ist eine Person, die als Betreuter 3422
bei der Besorgung ihrer Vermögensangelegenheiten einem Einwilligungsvorbehalt nach § 1903 BGB unterliegt oder die aufgrund Gerichtsurteils oder eines vollziehbaren Verwaltungsaktes einem Berufsverbot oder einer Gewerbeuntersagung unterliegt, deren Gegenstand ganz oder teilweise mit dem Unternehmensgegenstand der GmbH übereinstimmt (§ 6 Abs. Abs. 2 Satz 2 Nr. 1 und 2 GmbHG). Darüber hinaus ist der Kata-

1 OLG Hamm v. 9.8.1999 - 15 W 181/99; OLG Zweibrücken v. 13.3.2001 - 3 W 15/01; OLG Celle v. 2.5.2007 - 9 W 26/07.

2 OLG Dresden v. 4.11.2002 - II U 1433/02; OLG Düsseldorf v. 16.4.2009 - I-3 Wx 85/09; OLG München v. 17.12.2009 - 31 Wx 142/09.

log der **vorsätzlich** begangenen Straftaten, die zu einem Bestellungshindernis führen können, in § 6 Abs. 2 Satz 2 Nr. 3 GmbHG wesentlich erweitert und auf Verurteilungen im Ausland wegen vergleichbarer Straftaten ausgedehnt worden. Der **Katalog** nennt die Verurteilungen wegen der Straftaten

a) des Unterlassens der Stellung des Antrags auf Eröffnung des Insolvenzverfahrens (Insolvenzverschleppung),

b) nach den §§ 283 bis 283d StGB (Insolvenzstraftaten),

c) der falschen Angaben nach § 82 GmbHG oder § 399 AktG,

d) der unrichtigen Darstellung nach § 400 AktG, § 331 HGB, § 346 UmwG oder § 17 PubG oder

e) nach den §§ 263 bis 264a StGB (Betrug, Computerbetrug, Subventionsbetrug und Kapitalanlagebetrug) oder den §§ 265b bis 266a StGB (Kreditbetrug, Sportwettbetrug, Manipulation von berufssportlichen Wettbewerben, Untreue, Vorenthalten und Veruntreuen von Arbeitsentgelt), sofern deswegen eine Freiheitsstrafe von mindestens einem Jahr verhängt worden ist.

Bei der Verweisung in Buchst. e handelt es sich um eine dynamische Verweisung, d. h. Verurteilungen wegen der später im Jahr 2017 eingeführten Straftatbestände des Sportwettbetrugs und der Manipulation von berufssportlichen Wettbewerben bedingen ebenfalls einen gesetzlichen Ausschluss, das Geschäftsführeramt auszuüben.[1]

3423 Das Erfordernis der Verurteilung zu mindestens einem Jahr Freiheitsstrafe gilt nur für die Betrugsdelikte (Buchst. e), während bei den anderen Straftaten (Buchst. a bis d) auch ein geringeres Strafmaß ausreicht, um das Bestellungshindernis zu begründen. Keine höchstrichterliche Rechtsprechung besteht für den Fall, wenn der Geschäftsführerkandidat wegen einer in Tateinheit begangenen Straftat, die sich nicht im Katalog findet, und einer Straftat nach Buchst. e zu einer Freiheitsstrafe von einem Jahr oder mehr verurteilt worden ist, aber Anhaltspunkte dafür vorliegen, dass das Strafmaß für die Katalogstraftat nach Buchst. e unter einem Jahr gelegen hätte. Das Landgericht Leipzig tendiert dazu, in diesen Fällen auf die Summe der Einzelstrafen der Katalogtaten abzustellen.[2] Wurde eine Gesamtstrafe gebildet für eine Katalogstraftat nach Buchst. a bis d, tritt der Ausschluss ein, weil für diese Straftaten die Dauer der Strafe keine Rolle spielt. Liegt eine Verurteilung wegen mehrerer Straftaten nach Buchst. e vor, die zu einer Gesamtfreiheitsstrafe von einem Jahr geführt hat, ist der Ausschluss vom Geschäftsführeramt zu bejahen. Den Ausschluss vom Geschäftsführeramt lösen auch Verurteilungen im Ausland aus, wenn die Tat mit einer der Katalogstraftaten vergleichbar ist. Der Ausschluss gilt für die Dauer von fünf Jahren ab der Rechtskraft des Urteils, wobei die Zeit nicht eingerechnet wird, in welcher der Täter auf behördliche Anordnung in einer Anstalt verwahrt worden ist, also z. B. im Strafvollzug eingesessen hat.

3424 Eine Verurteilung wegen anderer Straftaten, z. B. auch wegen Steuerhinterziehung (§ 370 AO) führt nicht zur Inhabilität.

1 BGH v. 28.6.2022 - II ZB 8/22, NWB AAAAJ-19223.

2 LG Leipzig v. 12.10.2016 - 15 Qs 148/16.

Auch Geschäftsführer einer inländischen Zweigniederlassung einer ausländischen GmbH unterliegen den deutschen Bestellungsvorschriften. Sie müssen die Versicherung abgeben, dass keine Bestellungshindernisse nach deutschem Recht vorliegen. 3425

b) Belehrung und Versicherung zur Inhabilität

Bei der Anmeldung zum Handelsregister ist nach § 8 Abs. 3 GmbHG die Versicherung abzugeben, dass keine der in § 6 GmbHG aufgezählten Bestellungshindernisse vorliegen und dass eine Belehrung nach § 53 Abs. 2 BZRG erfolgt ist. Die bislang dem deutschen Notar vorbehaltene Belehrung kann jetzt auch schriftlich und durch einen im Ausland bestellten Notar, durch einen Vertreter eines vergleichbaren rechtsberatenden Berufes oder durch einen Konsularbeamten erfolgen. Rechtsanwälte gehören zu den vergleichbaren rechtsberatenden Berufen. Es genügt die Versicherung, noch nie, weder im Inland noch im Ausland wegen einer Straftat verurteilt worden zu sein.[1] Der Katalog der für eine Inhabilität in Betracht kommenden Straftaten muss in der Versicherung nicht aufgeführt werden.[2] 3426

c) Gesellschafterhaftung für die Bestellung ungeeigneter Geschäftsführer

Die Bestellung eines Geschäftsführers, der einem Bestellungsverbot unterliegt, ist nichtig. Tritt bei einem zunächst wirksam bestellten Geschäftsführer später Inhabilität ein, wird die Bestellung ohne Weiteres unwirksam. Die Eintragung als Geschäftsführer im Handelsregister ist von Amts wegen zu löschen. Daneben ist es möglich und zur Beseitigung des Rechtsscheins auch ratsam, die Abberufung des Geschäftsführers beim Handelsregister anzumelden. 3427

Bestellen die Gesellschafter vorsätzlich oder grob fahrlässig eine Person zum Geschäftsführer, die nach § 6 Abs. 2 GmbHG von der Geschäftsführung ausgeschlossen ist, haften sie der GmbH für den Schaden, der aus Obliegenheitsverletzungen des Geschäftsführers entsteht (§ 6 Abs. 5 GmbHG).

Die Vorschrift sanktioniert ein Auswahl-, Handlungs- und Unterlassenverschulden der Gesellschafter und erfasst ein faktisches Geschehenlassen der Handlungen des inhabilen „Geschäftsführers".[3] Erfasst werden nicht nur förmlich bestellte Geschäftsführer, sondern auch und gerade **faktische Geschäftsführer**.[4] Dies ist deshalb wichtig, weil eine Geschäftsführerbestellung unter Verstoß gegen § 6 Abs. 2 GmbHG **unwirksam** (nichtig) ist und der Geschäftsführer rechtlich nicht Organ der Gesellschaft geworden ist. Faktischer Geschäftsführer ist, wer nicht förmlich zum Geschäftsführer bestellt und in das Handelsregister eingetragen worden ist, tatsächlich aber die Geschäfte der Gesellschaft führt.[5]

1 BGH v. 17.5.2010 - II ZB 5/10, NWB GAAAD-45642; v. 28.6.2022 - II ZB 8/22, NWB AAAAJ-19223.

2 OLG Stuttgart v. 10.10.2012 - 8 W 241/11.

3 Zirngibl in: Bunnemann/Zirngibl, Die Gesellschaft mit beschränkter Haftung in der Praxis, 2.Aufl., 2011, § 4 Rz. 75.

4 Wälzholz, GmbHR 2008 S. 841, 849; Tillmann/Mohr, GmbH-Geschäftsführer, 11. Aufl. 2020, Rz. 36.

5 BGH v. 25.2.2002 - II ZR 196/00, BGHZ 150 S. 61; v. 11.7.2005 - II ZR 235/03, DStR 2005 S. 1704; v. 13.12.2012 - StR 407/12, NJW 2013 S. 624.

BEISPIEL: X ist bisher Gesellschafter-Geschäftsführer der Y-GmbH. Als die anderen Gesellschafter erfahren, dass er vor zwei Jahren wegen eines Insolvenzdelikts rechtskräftig verurteilt worden ist, berufen sie ihn zwar vom Geschäftsführeramt ab, bestellen aber seine Ehefrau zur Geschäftsführerin, welche mit Wissen und Duldung der Gesellschafter ihrem Ehemann so umfassende Vollmachten erteilt, dass er faktisch an ihrer Stelle als Geschäftsführer auftreten und handeln kann und dies auch tut.

X veranlasst Auszahlungen von 50.000€ an den mit ihm befreundeten Gesellschafter U, welche dem Verbot des § 30 Abs. 1 Satz 1 GmbHG unterfallen und deshalb nach § 43 Abs. 3 GmbHG eine Obliegenheitsverletzung gegenüber der GmbH darstellen. Als in der Insolvenz der GmbH von X, seiner Ehefrau und U nichts zu holen ist, verlangt der Insolvenzverwalter von den Gesellschaftern A und B Schadensersatz von 50.000€. Die Gesellschafter haften solidarisch, weil sie die Führung der Geschäfte dem ungeeigneten X überlassen haben.

Ist neben der inhabilen Person ein weiterer Geschäftsführer wirksam bestellt, wird die Führung der Geschäfte der ungeeigneten Person dann überlassen, wenn sie bestimmte Angelegenheiten der Geschäftsführung **allein** wahrnimmt. Werden sie von dem anderen Geschäftsführer mitgetragen, kommt vorrangig eine Haftung des weiteren Geschäftsführers in Betracht.

3. Statutarische Eignungsvoraussetzungen

3428 **Der Gesellschaftsvertrag** kann festlegen, dass ein Geschäftsführer bestimmten Anforderungen entsprechen und bestimmte Qualifikationen haben muss (z. B. Gesellschaftereigenschaft, Familienzugehörigkeit, Alter, Ausbildung etc.). Es sollten jedoch nur solche **statutarischen Eignungsvoraussetzungen** festgelegt werden, die im Hinblick auf das Unternehmen der GmbH und den Verantwortungsbereich des Geschäftsführers Sinn machen. Erfüllt der bestellte Geschäftsführer die satzungsmäßigen Voraussetzungen nicht, so ist die Bestellung dennoch wirksam. Der Bestellungsbeschluss kann aber im Falle einer Täuschung über die Voraussetzungen anfechtbar sein oder durch Gesellschafterbeschluss widerrufen werden.[1] Fallen bestimmte Eignungsvoraussetzungen später weg, beendet dies die Geschäftsführerstellung nicht automatisch, kann aber Grund für die Abberufung aus wichtigem Grund sein.

4. Amtsunfähigkeit

3429 Wird eine Person Geschäftsführer, die nach den Maßstäben des § 6 Abs. 2 GmbHG nicht zum Geschäftsführer bestellt werden kann, **ist die Bestellung nichtig**. Wird diese Person dennoch wie ein Geschäftsführer tätig (**faktischer Geschäftsführer** durch Antritt des Amtes und Organhandlungen), muss sie jedenfalls die Pflichten erfüllen, die einem ordnungsgemäß bestellten Geschäftsführer im allgemeinen Interesse auferlegt sind. Tritt nach der Bestellung ein Grund für die Amtsunfähigkeit ein, beendet dies das Organverhältnis, ohne dass es einer Abberufung bedarf. Wird ein bestellter und ins Handelsregister eingetragener Geschäftsführer später geschäftsunfähig, können sich Dritte nicht auf das Bestehen der gesetzlichen Vertretungsmacht berufen, weil die Geschäftsfähigkeit keine in das Handelsregister einzutragende Tatsache ist.[2] Überlassen die Gesellschafter

1 Altmeppen, GmbHG, § 6 Rz. 46; Noack/Servatius/Haas/Beurskens, GmbHG, § 6 Rz. 24.
2 Heßeler, Amtsunfähigkeit von GmbH-Geschäftsführern gemäß § 6 Abs. 2 GmbHG, 2009.

dem amtsunfähig gewordenen Geschäftsführer weiterhin die Führung der Geschäfte, müssen sie der Gesellschaft für Schäden einstehen, die ihr durch Obliegenheitsverletzungen des amtsunfähigen Geschäftsführers entstehen.

BEISPIEL: ▶ Der Geschäftsführer kauft unter Außerachtlassen jeder vernünftigen kaufmännischen Sorgfalt einen für die GmbH unbrauchbaren Gegenstand für teures Geld. Die GmbH muss aus Rechtsscheinhaftung den Lieferanten bezahlen. Die Gesellschafter, die den amtsunfähigen Geschäftsführer gewähren ließen, haften nach neuem Recht der Gesellschaft auf Ersatz des Schadens, den ihr die Obliegenheitsverletzung (vgl. § 43 Abs. 1 und 2 GmbHG) bereitet hat, solidarisch (Innenhaftung, § 6 Abs. 5 GmbHG).

5. Bestellung eines Notgeschäftsführers

LITERATUR:

Krafka, Bestellung eines Notgeschäftsführers oder Notliquidator, Registerrecht, 12. Aufl. 2024, Rz. 1254 bis 1259.

Grundsätzlich haben die Gesellschafter bzw. das zuständige Organ dafür zu sorgen, dass die GmbH durch Bestellung der zur ordnungsgemäßen Vertretung notwendigen Zahl von Geschäftsführern handlungsfähig ist. Diese Obliegenheit besteht auch, wenn die GmbH wegen tatsächlicher oder rechtlicher Verhinderung eines ihrer bestellten Geschäftsführer handlungsunfähig ist. Wird dieser Pflicht nicht nachgekommen, kann das Registergericht in dringenden Fällen und auf Antrag eines Beteiligten (z. B. Gesellschafter, Betriebsrat, aber auch Gläubiger) einen **Notgeschäftsführer** bestellen. Seine Geschäftsführungsbefugnis und seine Vertretungsmacht entsprechen der des ordentlichen Geschäftsführers. Der Notgeschäftsführer kann nur durch das Gericht abberufen werden, sein Amt endet aber mit der Bestellung eines ordentlichen Geschäftsführers. 3430

(Einstweilen frei) 3431–3450

IV. Aufgaben, Rechte und Pflichten der Geschäftsführer als Organ der GmbH

1. Geschäftsführungsbefugnis

a) Leitungsaufgabe

Der Geschäftsführer hat **die Aufgabe**, das Unternehmen der GmbH im Rahmen des satzungsmäßigen Unternehmensgegenstandes **mit der Sorgfalt eines ordentlichen Geschäftsmanns** (§ 43 Abs. 1 GmbHG) **zu leiten**.[1] Die **Geschäftsführungsbefugnis** gibt den Umfang vor, zu welchen Handlungen der Geschäftsführer im Innenverhältnis berechtigt und verpflichtet ist. Im Innenverhältnis hat der Geschäftsführer die sich aus der Satzung (Gesellschaftsvertrag) und aus den Weisungen der Gesellschafter ergebenden Beschränkungen einzuhalten (§ 37 Abs. 1 GmbHG), die Geschäftsführungsbefugnis bestimmt somit den **Umfang des rechtlichen Dürfens**. 3451

Der Geschäftsführer hat sich also an den Rahmen des vom GmbHG und von der Satzung vorgegebenen Aufgabenkatalogs zu halten, hat die der Gesellschafterversamm-

1 Vgl. Goette, Die GmbH, § 8 Rz. 50; OLG Schleswig v. 17.2.2016 - 9 U 58/15.

lung in § 46 GmbHG zugewiesenen Kompetenzen zu respektieren und ist den Weisungen und Beschlüssen der Gesellschafter unterworfen, die auch die Grundlagen der Geschäftspolitik festlegen. Den Weisungen der Gesellschafter hat er allerdings nicht zu folgen, wenn sie ihn zu einer Verletzung von Pflichten zwängen, die dem Geschäftsführer im öffentlichen Interesse auferlegt sind.

b) Mehrere Geschäftsführer und Gesamtgeschäftsführungsbefugnis

3452 Sind **mehrere Geschäftsführer** bestellt, so ist entsprechend dem Grundsatz der Gesamtvertretung im Außenverhältnis gem. § 35 Abs. 2 Satz 2 GmbHG anzunehmen, dass ihnen **Gesamtgeschäftsführungsbefugnis** zustehen soll, jeder Geschäftsführer also mit seinen Mitgeschäftsführern – nach vollständiger und wahrheitsgemäßer Information – **gemeinsam und einstimmig** die Entscheidungen für die GmbH treffen muss. Für eine gemeinsame Entscheidung reicht es aus, dass ein Geschäftsführer die Erklärung abgibt und die weiteren Geschäftsführer diese stillschweigend billigen oder nachträglich genehmigen. Eine Maßnahme der Gesamtgeschäftsführung, bei der die Willensbildung durch einstimmige Beschlussfassung erfolgt, ist z. B. die Ausnutzung des genehmigten Kapitals nach § 55a GmbHG (anlog § 77 Abs. 1 Satz 1 AktG). Dabei gilt der Grundsatz, dass Mitgeschäftsführer verpflichtet sind, **kollegial** und **vertrauensvoll** im Team **zusammenzuarbeiten.**

3453 Die Gesamtgeschäftsführungsbefugnis kann sich aber auch hinderlich für den praktischen Ablauf der Geschäftsführung erweisen. Deshalb sollte die Satzung sie nicht festschreiben, sondern eine Öffnungsklausel enthalten, nach der durch Gesellschafterbeschluss oder durch eine von den Gesellschaftern zu erlassende Geschäftsordnung (**Ressortverteilung**) einzelnen Geschäftsführern Einzelgeschäftsführungsbefugnis eingeräumt werden kann. Unternehmerische Entscheidungen von größerer Tragweite können dabei einer gemeinsamen Entscheidung der Geschäftsführer vorbehalten werden.

3454 Ist **Einzelgeschäftsführungsbefugnis** erteilt, gilt gleichwohl die Pflicht zu kollegialem Verhalten, die auch einschließt, dass das entsprechend geltende Widerspruchsrecht nach § 116 HGB zu respektieren ist[1] und nicht ohne Grund in die Zuständigkeiten des Mitgeschäftsführers eingegriffen wird.[2]

c) Ressortverteilung und ihre Folgen

LITERATUR:

Buck-Heeb, Ressortverteilung und Haftung von Geschäftsführern, BB 2019 S. 584.

3455 Die Aufteilung einzelner Zuständigkeiten (**Ressorts**) unter mehreren Geschäftsführern befreit den einzelnen Geschäftsführer aber nicht von seiner prinzipiellen **Kontroll- und Überwachungspflicht** gegenüber einem Mitgeschäftsführer. Hier gilt das **Gesamtverantwortungsprinzip.**[3] Gleichwohl hat die **Ressortverteilung** ihre **Vorzüge** in einer kom-

1 Römermann, Münchener Anwaltshandbuch GmbH-Recht, 4. Aufl. 2018, Rz. 153.

2 BGH v. 13.7.1998 - II ZR 131/97, DStR 1998 S. 1398; v. 14.3.2023 - II ZR 162/21, DStR 2023 S. 1323.

3 BGH v. 1.3.1993 - II ZR 81/94, DStR 1994 S. 1092; OLG Koblenz v. 22.11.2007 - 6 U 1170/07, GmbHR 2008 S. 37.

petenzbezogenen Zuordnung (z.B. in den kaufmännischen und technischen Bereich oder die Bereiche Produktion, Vertrieb, Marketing, Finanzen und Steuern, Entwicklung usw.), deren Wahrnehmung in einer „Allzuständigkeit" der einzelnen Geschäftsführer schnell auf ihre zeitlichen und faktischen Grenzen stößt.

Bei einer Ressortverteilung, die zweckmäßigerweise **schriftlich niedergelegt** werden sollte, können die Geschäftsführer zwar grundsätzlich darauf vertrauen, dass die ressortzuständigen Geschäftsführer ihre Pflichten ordnungsgemäß erfüllen, sie bleiben aber aus ihrer Gesamtverantwortung heraus rechtlich im Ganzen für die Geschäftsführung zuständig. Von bestimmten **gesetzlich auferlegten Pflichten** kann sie eine **Ressortverteilung nicht entbinden** (Aufstellung des Jahresabschlusses, § 264 Abs. 1 HGB, § 42a GmbHG, Einberufung der Gesellschafterversammlung § 49 und § 5a Abs. 4 GmbHG, ordnungsgemäße Führung der Bücher, § 41 GmbHG, Erhaltung des Stammkapitals, § 30 Abs. 1 GmbHG, Beachtung des Verbots eines Erwerbs noch nicht voll eingezahlter eigener Geschäftsanteile, § 33 GmbHG, Zahlungsverbote zur Verhinderung des Eintritts der Zahlungsunfähigkeit und Schmälerung der Masse nach Eintritt der Insolvenzreife, § 64 GmbHG, Stellung des Insolvenzantrags nach § 15a InsO).

Gleiches gilt für die zahlreichen öffentlich-rechtlichen Pflichten aus den Steuer- und Sozialgesetzen. Bei Zuweisung dieser Pflichten in bestimmte Ressorts haben alle Geschäftsführer in gesteigertem Maße ihre **umfangreichen Überwachungspflichten** und Erkundungspflichten zu erfüllen, die sie generell gegenüber ihren Mitgeschäftsführern und in besonderem Umfang in einer Krisensituation[1] der Gesellschaft haben. Um diese Überwachungspflichten erfüllen zu können, stehen jedem Mitgeschäftsführer **umfangreiche Informationsrechte** zur Verfügung, die sich auf sämtliche Angelegenheiten der Gesellschaft erstrecken.[2] Es gilt der Satz: „Jeder darf alles wissen, und jeder hat Anspruch darauf, über alles informiert zu werden."[3]

Die nahezu unbeschränkten Informationsrechte – **Ausnahmen** bestehen bei Vorliegen wichtiger Gründe wie dem Geheimhaltungsinteresse und bei Interessenkollisionen, nicht aber bei Zerwürfnissen zwischen den Geschäftsführern oder Informationsverlangen in unangemessener Form, denen nur mit Abmahnung, Abberufung oder fristloser Kündigung des die Information begehrenden Geschäftsführers begegnet werden kann – richten sich vornehmlich an den ressortzuständigen Mitgeschäftsführer. Aber auch Angestellte der GmbH und Dritte wie Banken oder Kunden dürfen befragt werden, weil nur dadurch eine effektive Überwachung und Aufdeckung einer unzulänglichen Wahrnehmung der Pflichten durch den ressortzuständigen Geschäftsführer möglich ist. Darin ist kein unzulässiges aktives Eingreifen in ein fremdes Ressort zu sehen.

Ergeben sich Bedenken, dass ein für ein bestimmtes Ressort zuständiger Geschäftsfüh- 3456
rer seinen **Aufgabenbereich nicht ordnungsgemäß wahrnimmt**, müssen die Mitgeschäftsführer – unter Wahrung des Prinzips der vertrauensvollen und kollegialen Zusammenarbeit – **eingreifen** und Einzelmaßnahmen oder im Ausnahmefall sogar den

1 BFH v. 26.4.1984 - V R 128/79, GmbHR 1985 S. 309; v. 15.10.1996 - VI R 319/95, GmbHR 1997 S. 25; v. 14.3.2023 - I ZR 162/21, NJW 2023 S. 2427.

2 Noack/Servatius/Haas/Beurskens, GmbHG, § 37 Rz. 48.

3 Peters, DStR 2020 S. 125.

gesamten **Aufgabenbereich** des betreffenden Geschäftsführers in das **Gesamtgremium zurückholen** (Rückholpflicht).[1]

Neben der **Rückholpflicht** haben die Mitgesellschafter **Widerspruchsrechte** und – wenn dem Unternehmen schwere Nachteile drohen – sogar Widerspruchspflichten. Das Widerspruchrecht besteht unabhängig von der Bedeutung der Maßnahme des ressortzuständigen Geschäftsführers, die zunächst zu unterbleiben hat.[2] Ist der zuständige Geschäftsführer nicht zur Abhilfe willens, muss im Hinblick darauf, dass Entscheidungen der Gesamtgeschäftsführung – vorbehaltlich anders lautender Bestimmungen in der Satzung oder der Geschäftsordnung – einstimmig zu fassen sind, eine Beschlussentscheidung der Gesellschafterversammlung herbeigeführt werden. Will oder kann sich der betroffene Geschäftsführer deren Weisung nicht beugen, weil z. B. die Maßnahme wegen einer zwingenden gesetzlichen Pflicht „weisungsfrei" ist, bleibt ihm nur die Amtsniederlegung, um etwa einer Haftung zu entgehen.

3457 **Bedeutende Maßnahmen** für das Unternehmen der GmbH bleiben aber auch bei einer Ressortverteilung in der **Entscheidungskompetenz der Gesamtheit der Geschäftsführer**, unbeschadet einer vorgehenden Zuständigkeit der Gesellschafterversammlung. Dazu zählen insbesondere (ressortübergreifende) Maßnahmen der **Unternehmenspolitik** (z. B. Umstellung der Vertriebswege, neue Produktgruppen, Produktionsverlagerungen) oder weitgehende und **tiefgreifende Maßnahmen** (Personalentscheidungen im Bereich leitender Angestellter, Ausgliederung von Unternehmensteilen, Beteiligungserwerb und umfangreiche Kreditaufnahmen oder -gewährungen).

3458 **Jeder Geschäftsführer haftet nur für sein eigenes Verschulden**, das Verschulden von Mitgeschäftsführern wird ihm nicht zugerechnet, so dass nur diese für ihre ressortbezogenen Pflichtverletzungen einzustehen haben. Sofern kein Handeln des Gesamtgremiums der Geschäftsführer geboten war, **haften die nicht ressortzuständigen Geschäftsführer** aber für die **Verletzung ihrer Überwachungspflichten oder die Verletzung der Pflichten zum Einschreiten oder zum Widerspruch**. Die Ressortverteilung entlässt also den einzelnen Geschäftsführer nicht aus seiner Gesamtverantwortung, **beschränkt aber die Verantwortlichkeit** der nicht ressortzuständigen Geschäftsführer in haftungs- und strafrechtlicher Hinsicht[3] auf die Verletzung seiner Überwachungs-, Widerspruchs- oder Einschreitenspflichten.

d) Inhalt der Leitungsaufgabe

3459 **Hauptaufgabe** des Geschäftsführers ist die **ordnungsgemäße Leitung** der GmbH, in deren Rahmen er den Unternehmenserfolg zu fördern und Schaden von der Gesellschaft abzuwenden hat.[4] Hierbei übernimmt er die Funktionen eines Unternehmers: Er trifft die Entscheidungen der laufenden Geschäftsleitung, übernimmt – eingebunden in die Weisungen der Gesellschafterversammlung und im pflichtgemäßen Ermessen – die nah- und mittelfristige Planung der Unternehmensziele und deren Umsetzung ein-

1 BGH v. 8.7.1985 - II ZR 198/84, GmbHR 1986 S. 19; v. 15.10.1996 - VI ZR 319/95, GmbHR 1997 S. 25; v. 14.3.2023 - II ZR 162/21, NJW 2023 S. 2427.

2 OLG Karlsruhe v. 4.5.1999 - 8 U 153/97, NZG 2000 S. 64; KG Berlin v. 9.3.2023 - 2 U 56/19, NZG 2023 S. 841.

3 BGH v. 15.10.1996 - VI ZR 319/95, GmbHR 1997 S. 25.

4 Vgl. Goette, Die GmbH, 3. Aufl., 2019, § 8 Rz. 128 f.

schließlich der Risikovorsorge, führt aber auch die Beschlüsse der Gesellschafterversammlung aus und hat zu gewährleisten, dass sich das Unternehmen rechtmäßig verhält und die umfangreichen gesetzlichen Pflichten z. B. des Steuerrechts, des Arbeits- und Sozialrechts, des Umwelt- oder Produkthaftungsrechts erfüllt werden.

Der Geschäftsführer hat dafür zu sorgen, dass eine funktionsfähige Buchführung eingerichtet ist und die Rechnungsführung überwacht wird. Neben diesen Pflichten der Buchführung und Bilanzaufstellung (§§ 41 ff. GmbHG) werden ihm vom Gesetz zahlreiche weitere Pflichten auferlegt, die der Kapitalaufbringung und der Erhaltung des Stammkapitals dienen (§ 30 GmbHG). Es obliegen ihm die Einreichung der Gesellschafterliste und ihre Aktualisierung bei Veränderungen in den Personen der Gesellschafter und des Umfangs ihrer Beteiligung (§ 40 Abs. 1 GmbHG), die Einberufung der Gesellschafterversammlung und die Anmeldungen zum Handelsregister sowie die Stellung des Antrags auf Eröffnung eines Insolvenzverfahrens (§ 15a InsO) einschließlich der mit der Insolvenzvermeidung und Massesicherung zusammenhängenden Pflichten, auch Differenzhaftungsansprüche geltend zu machen oder Unterbilanzhaftungsansprüche einzufordern.

e) Beschränkung der Geschäftsführungsbefugnis

Abgesehen von den Bereichen, in denen der Geschäftsführer seine Leitungsaufgaben 3460
vornehmlich im öffentlichen Interesse zu wahren hat und deshalb die Geschäftsführungsbefugnis nicht beschränkt werden kann, kann die **Geschäftsführungsbefugnis** in unterschiedlicher Weise **eingeschränkt** werden: Durch das Gesetz, die Satzung, Beschlüsse der Gesellschafterversammlung oder durch den Anstellungsvertrag. Gesetzliche Beschränkungen enthält insbesondere § 46 GmbHG, in dem grundlegende Entscheidungen wie z. B. die Feststellung des Jahresabschlusses, die Verwendung des Ergebnisses und die Maßnahmen zur Überprüfung und Überwachung der Geschäftsleitung der **Gesellschafterversammlung vorbehalten** werden. Auf diesen Feldern ist der Geschäftsführer **nur für die Umsetzung** verantwortlich. Auch die Grundlagen der Unternehmenspolitik festzulegen, gehört in den Kompetenzbereich der Gesellschafter.

Der **Umfang** der Geschäftsführungsbefugnis kann allgemein durch **Richtlinien** oder 3461
durch einen **konkreten Katalog** von **zustimmungsbedürftigen Geschäften**, die auch miteinander kombiniert werden können, festgelegt werden. In der Praxis finden sich nicht selten von den Gesellschaftern erlassene Geschäftsordnungen, die auch einen Katalog zustimmungsbedürftiger Geschäfte enthalten. Der Gesellschafterversammlung ist es zusätzlich immer möglich, durch konkrete Beschlüsse in die Geschäftsführung einzugreifen.

In vielen **Satzungen** werden die Kompetenzen der Gesellschafterversammlung einer- 3462
seits und der Geschäftsführer andererseits durch einen **Zustimmungskatalog** voneinander abgegrenzt, indem bestimmte Rechtsgeschäfte und Rechtshandlungen der Zustimmung der Gesellschafterversammlung vorbehalten werden. Dabei sollte aber beachtet werden, dass die in der Satzung aufgezählten zustimmungspflichtigen Rechtsgeschäfte Bestandteil der Satzung werden und der Katalog nur durch Satzungsänderung eingeschränkt oder erweitert werden kann. Je nach Interessenlage kann es sich daher emp-

fehlen, in die Satzung eine Bestimmung aufzunehmen, wonach der Katalog der zustimmungsbedürftigen Rechtsgeschäfte nicht Satzungsbestandteil im materiellen Sinn, sondern nur eine Richtlinie darstellt, die die Geschäftsführung im Innenverhältnis bindet, und der Kreis der zustimmungsbedürftigen Rechtsgeschäfte jederzeit durch formlosen Gesellschafterbeschluss erweitert, eingeschränkt oder aufgehoben werden kann.

3463 Fehlt eine vergleichbare Regelung in der Satzung, kann es zu Schwierigkeiten führen, wenn im Geschäftsführervertrag die Zuständigkeit des Geschäftsführers erweitert werden soll. Denn dann müsste zunächst die Satzung geändert werden. Schließlich ist es auch möglich, bestimmte Rechtsgeschäfte von der Einwilligung eines Gesellschafters abhängig zu machen.

f) Zielgrößen und Fristen zur gleichberechtigten Teilhabe von Frauen und Männern

3464 Durch das Gesetz für die gleichberechtigte Teilhabe von Frauen und Männern an Führungspositionen in der Privatwirtschaft und im öffentlichen Dienst vom 24.4.2015, welches zum 1.5.2015 in Kraft getreten ist, wurde für die Geschäftsführer eine neue Aufgabe in § 36 GmbHG statuiert. Für GmbHs, die der Mitbestimmung unterliegen, sind Zielgrößen für den Frauenanteil in den beiden Führungsebenen unterhalb der Geschäftsführer festzulegen.

3465–3470 *(Einstweilen frei)*

2. Vertretungsmacht

a) Inhalt, Umfang und Grenzen der Vertretungsmacht

3471 Die **Vertretungsmacht** umfasst jedes rechtsgeschäftliche Handeln des Geschäftsführers im Namen der Gesellschaft gegenüber Dritten (**rechtliches Können im Außenverhältnis**). Den Geschäftsführern obliegt die gerichtliche und außergerichtliche Vertretung der GmbH (§ 35 Abs. 1 GmbHG). Die Organhandlungen des Geschäftsführers verpflichten und berechtigen die GmbH unmittelbar. Die Vertretungsmacht der Geschäftsführer ist aus Gründen des Verkehrsschutzes im Außenverhältnis zwingend unbeschränkt und nicht beschränkbar (§ 37 Abs. 2 GmbHG), so dass sie weder auf einen Kreis bestimmter Rechtsgeschäfte noch auf einen bestimmten Wirkungskreis beschränkt werden kann.

Nur in Fällen, in denen ein Dritter des gesetzlichen Schutzes nicht bedarf, weil er weiß, dass der Geschäftsführer seine Vertretungsmacht missbraucht, oder wenn der Geschäftsführer den abgeschlossenen Vertrag unter den Vorbehalt der Zustimmung eines anderen Gesellschaftsorgans stellt, gilt § 37 Abs. 2 GmbHG nicht. Auch Geschäfte, die in keinem unmittelbaren Zusammenhang mit dem Unternehmensgegenstand der GmbH stehen, werden von der Vertretungsmacht umfasst. Nur durch die satzungsmäßige Anordnung einer Gesamtvertretung ergeben sich Beschränkungen.

3472 Die Vertretungsmacht der Geschäftsführer beginnt mit der Bestellung und endet mit der Abberufung. Den Wegfall der Vertretungsmacht müssen sich Dritte gem. § 15 HGB nur entgegenhalten lassen, wenn sie bei Abschluss des Rechtsgeschäftes positiv davon Kenntnis hatten oder die Beendigung der Vertretungsmacht im Handelsregister eingetragen war.

b) Vertretungsmacht bei gesellschaftsinternen Rechtshandlungen

3473 Problematisch ist, inwieweit sich die Vertretungsmacht des Geschäftsführers auch auf Geschäfte erstreckt, die das **Innenverhältnis der GmbH** betreffen. Die h.M.[1] bejaht die Vertretungsmacht, soweit es sich um organisationsinterne Maßnahmen der Gesellschaft handelt, und auch für Rechtsgeschäfte der Gesellschaft mit Gesellschaftern und anderen Organen, wozu auch die nach § 15 Abs. 5 GmbHG zu erteilenden Genehmigungen oder der Erwerb und die Veräußerung eigener Geschäftsanteile sowie die Erklärungen im Kaduzierungsverfahren[2] und die Ausübung von Beteiligungsrechten sowie die Gründung von Gesellschaften gehören.

Ausgenommen sind jedoch die Fälle, in denen die GmbH nicht durch den Geschäftsführer vertreten wird, z. B. im Prozess der GmbH mit ihrem einzigen Geschäftsführer, in den Fällen des § 46 Nr. 8 GmbHG bei Geltendmachung von Ersatzansprüchen aus der Gründung und Geschäftsführung gegen den Geschäftsführer und dort, wo es um innergesellschaftliche Veränderungen geht, wie z. B. die Bestellung und Abberufung des Geschäftsführers sowie die Anstellung, Änderung und Aufhebung des Anstellungsvertrags,[3] oder bei der Haftungsfreistellung eines Mitgeschäftsführers. Beim Ausscheiden eines Geschäftsführers ist für die Entlastung wie für den Abschluss eines Generalbereinigungsvertrags ein Beschluss der Gesellschafterversammlung notwendig.[4]

c) Vertretungsregelung bei einer Mehrheit von Geschäftsführern

aa) Prinzip der Gesamtvertretung

3474 Ist nur ein Geschäftsführer bestellt, vertritt er die GmbH allein. Sind mehrere Geschäftsführer bestellt, ist – wenn der Gesellschaftsvertrag nichts anderes bestimmt – **Gesamtvertretung** durch alle Geschäftsführer gemeinsam vorgeschrieben (§ 35 Abs. 2 GmbHG). Die GmbH kann dann nur im Zusammenwirken aller Geschäftsführer rechtsgeschäftlich handeln, wobei dies auch durch gesonderte Erklärungen der einzelnen Geschäftsführer, durch deren Zustimmung oder durch Ermächtigung zur Vornahme des Rechtsgeschäfts erfolgen kann.

Das GmbHG will im Hinblick auf die nach außen unbeschränkbare und uneingeschränkte Vertretungsmacht durch das Leitbild der Gesamtvertretung einen wirksamen Schutz gegen Untreue, Missbrauch der Vertretungsmacht und mangelnde Sorgfalt eines einzelnen Geschäftsführers erreichen. Zugleich macht das Prinzip der Gesamtvertretung das Handeln der GmbH schwerfällig und trägt auch die Gefahr der Handlungsunfähigkeit in sich. Deshalb sind Abweichungen nicht nur satzungsrechtlich zulässig, sondern es finden sich auch häufig in der Praxis Bestimmungen, dass bestimmten Geschäftsführern die Einzelvertretungsbefugnis eingeräumt wird, während andere nur zusammen mit einem anderen Geschäftsführer oder einem Prokuristen befugt sind, die Gesellschaft zu vertreten.

1 Vgl. Lutter/Hommelhoff, GmbHG, 21. Aufl. 2023, § 35 Rz. 19, m. w. N.
2 Vgl. auch Goette, Die GmbH, 3. Aufl., 2019, § 8 Rz. 60.
3 BGH v. 25.3.1991 - II ZR 169/90, DStR 1991 S. 751; v. 3.7.2000 - II ZR 282/98, NJW 2000 S. 2983; Rowedder/Pentz, GmbH-Gesetz, 7. Aufl., 2022, Rz. 45 f.
4 BGH v. 8.12.1997 - II ZR 236/96, DStR 1998 S. 459; Dicke, GmbHR 2019 S. 572, 577 f.

3475 Ist der Gesellschaft gegenüber aber eine Willenserklärung abzugeben, so genügt die Abgabe gegenüber einem von mehreren Geschäftsführern (§ 35 Abs. 2 Satz 2 GmbHG). Dabei kann die Willenserklärung gegenüber dem Geschäftsführer unter der im Handelsregister eingetragenen Geschäftsanschrift abgegeben werden. Gleiches gilt für die Zustellung von Schriftstücken. Ist ein Empfangsberechtigter mit Anschrift im Handelsregister nach § 10 Abs. 2 Satz 2 GmbHG eingetragen, kann die Abgabe von Willenserklärungen und die Zustellung auch an diese Anschrift erfolgen.

bb) Gesamtvertretung und Ausfall eines Geschäftsführers

3476 Besteht **Gesamtvertretung** und fällt einer von zwei Geschäftsführern aus, so erlangt der andere bei Verhinderung aus tatsächlichen Gründen nicht automatisch Alleinvertretungsbefugnis.[1] Etwas anderes gilt nur, wenn aus rechtlichen Gründen (Tod, Abberufung, Geschäftsunfähigkeit) nur noch ein Geschäftsführer verbleibt. Dann hat dieser sogleich Alleinvertretungsbefugnis.

Entscheidend kommt es beim Wegfall eines von zwei Geschäftsführern aus rechtlichen Gründen auf den Inhalt der Satzung an: Ist die Vertretung durch **mindestens zwei** Geschäftsführer vorgeschrieben, **bleibt** es bei der **Gesamtvertretung** und die Gesellschafter müssen umgehend einen weiteren Geschäftsführer bestellen oder die Satzung ändern, damit die GmbH aktiv handlungsfähig bleibt. Bestimmt die Satzung aber, dass die Gesellschaft **einen oder mehrere** Geschäftsführer haben kann, und fällt einer der Geschäftsführer z. B. durch Tod aus, erlangt der verbliebene Geschäftsführer automatisch Alleinvertretungsmacht, weil die Gesellschaft auch nur einen Geschäftsführer haben kann.[2]

Geht es aber nur um die Vertretung der GmbH, wenn ihr gegenüber eine Willenserklärung abzugeben ist, so reicht stets das Handeln eines Geschäftsführers aus. Hier stellt das Gesetz die von der Gesamtvertretung bezweckte Kontrolle durch einen Mitgeschäftsführer im Interesse des Geschäftspartners der GmbH hinten an (§ 35 Abs. 2 Satz 3 GmbHG).

3477 Bei **mehreren Geschäftsführern** kann der Gesellschaftsvertrag die Vertretungsbefugnis **abweichend** von der gesetzlichen Regelung gestalten. **Gängig** und praktisch bedeutsam sind folgende Satzungsregelungen:

- Alleinvertretung durch jeden Geschäftsführer; hierfür können in der Satzung die synonymen Begriffe „Alleinvertretungsbefugnis“ und „Einzelvertretungsbefugnis“ verwendet werden,[3]
- echte Gesamtvertretung (jeweils zwei Geschäftsführer vertreten die GmbH gemeinsam),
- unechte Gesamtvertretung (Vertretung durch einen Gesellschafter und einen Prokuristen, wobei es aber immer möglich sein muss, dass der Geschäftsführer die GmbH auch zusammen mit einem weiteren Geschäftsführer vertreten kann, die Bindung eines Alleingeschäftsführers an die Mitwirkung eines Prokuristen ist jedoch unzulässig).

---

1 BGH v. 8.2.1993 - II ZR 62/92, BGHZ 121 S. 263; OLG Celle v. 22.5.2013 - 4 W 23/13, NG 2013 S. 1141.
2 BGH v. 4.5.2007 - II ZR 330/05, NWB PAAAC-48769; v. 7.12.2016 - 1 StR 185/16, NStZ 2017 S. 354.
3 BGH v. 19.3.2007 - II ZB 19/06, NWB WAAAC-46334.

d) Insichgeschäfte (Selbstkontrahieren) der Geschäftsführer

Das **Selbstkontrahierungsverbot** nach § 181 BGB gilt auch für den Geschäftsführer als Vertretungsorgan der GmbH. Der Geschäftsführer kann also – ohne Befreiung von dem Verbot – die Gesellschaft nicht bei einem Geschäft zwischen ihm (als Privatmann) und der GmbH vertreten. Untersagt ist die Vertretung auch bei Geschäften der GmbH mit einem Dritten, den der Geschäftsführer ebenfalls vertritt. Eine solche verbotene Mehrfachvertretung liegt auch vor, wenn Geschäfte zwischen Gesellschaften abgeschlossen werden, die denselben Geschäftsführer haben. 3478

aa) Befreiung vom Selbstkontrahierungsverbot

Eine **Befreiung** vom Selbstkontrahierungsverbot ist erlaubt und in der Praxis vielfach erwünscht, schon, um beim Gesellschafter-Geschäftsführer steuerliche Nachteile zu vermeiden. Dazu bedarf es eines **Gesellschafterbeschlusses** oder einer **Regelung in der Satzung,** die dem Geschäftsführer erlaubt, als Vertreter der GmbH mit sich selbst Rechtsgeschäfte abzuschließen.[1] Die Erlaubnis kann allgemein oder von Fall zu Fall erteilt werden. Eine generelle **Befreiung** eines Geschäftsführers vom Verbot des Selbstkontrahierens bedarf einer **satzungsmäßigen Grundlage**. Dazu sollte in die Satzung eine Klausel eingefügt werden, nach der einzelne Geschäftsführer durch (einfachen) Gesellschafterbeschluss von den Beschränkungen des § 181 BGB befreit werden können. Bei einer solchen allgemeinen Befreiung handelt es sich um eine **eintragungspflichtige Tatsache**, weil das Handelsregister im Interesse des Rechtsverkehrs die Vertretungsverhältnisse und deren Regelung umfassend und eindeutig verlautbaren muss.[2] 3479

bb) Einmann-GmbH und Selbstkontrahierungsverbot

LITERATUR:

Rowedder/Pentz, GmbHG § 35, Rz. 51 bis 58 In-sich-Geschäfte des Alleingeschäftsführers.

Auch bei **der Einmann-GmbH**, bei welcher der alleinige Gesellschafter zugleich ihr Geschäftsführer ist, **gilt** nach § 35 Abs. 3 Satz 1 GmbHG das **Selbstkontrahierungsverbot**. Die Befreiung von den Beschränkungen des § 181 BGB kann hier allein durch die Satzung, nicht aber durch einfachen Gesellschafterbeschluss erteilt werden.[3] Fehlt eine entsprechende Bestimmung in der Satzung, muss zur Wirksamkeit der Befreiung vorher die Satzung geändert werden. 3480

Bei Geschäften zwischen dem Alleingesellschafter-Geschäftsführer und der GmbH ist zusätzlich die **Dokumentationspflicht** nach § 35 Abs. 3 Satz 2 GmbHG zu beachten. Solche Rechtsgeschäfte sind unverzüglich in eine Niederschrift aufzunehmen. Die Vorschrift, die der Gefahr von Manipulationen vorbeugen und Gesellschaftsgläubiger schützen soll, sollte tunlichst beachtet werden, weil sonst Schadensersatzansprüche der GmbH und ein Haftungsdurchgriff auf den Gesellschafter drohen. 3481

1 BGH v. 3.4.2000 - II ZR 379/99, DStR 2000 S. 697; Goette, DStR 2000 S. 697; Altmeppen, NZG 2013 S. 401.
2 Vgl. dazu auch Noack/Servatius/Haas/Beurskens, GmbHG, § 35 Rz. 149.
3 Vgl. BGH v. 28.2.1983 - II ZB 8/82, BGHZ 87 S. 59; v. 8.3.2004 - II ZR 316/01, DStR 2004 S. 1305; BFH v. 11.2.1997 - I R 58/96, NWB JAAAB-38960, BFH/NV 1997 S. 803.

3482–3490 *(Einstweilen frei)*

3. Haftung der GmbH für Handeln des Geschäftsführers

3491 Durch die Tätigkeit des Geschäftsführers im Rahmen seiner organschaftlichen Vertretungsmacht wird die GmbH rechtsgeschäftlich verpflichtet. Die GmbH haftet jedoch auch für **tatsächliche Handlungen** des Geschäftsführers, die zum Schadensersatz verpflichten (§ 31 BGB analog). Diese Vorschrift **rechnet** der GmbH die Handlung des Geschäftsführers **als eigene** zu, und zwar **ohne Exkulpationsmöglichkeit**; der Geschäftsführer ist weder Erfüllungsgehilfe (§ 278 BGB) noch Verrichtungsgehilfe (§ 831 BGB). Die Zurechnungsnorm gilt sowohl im Bereich der unerlaubten Handlungen (§§ 823 ff. BGB) als auch bei Vertragsverletzungen tatsächlicher Art (Leistungsstörungen nach § 280 BGB, Pflichtverletzungen nach § 241 Abs. 2 BGB) und im Bereich sonstiger gesetzlicher Haftungstatbestände (z. B. §§ 228, 231, 904 BGB, § 18 StVG).

3492 Die Haftung der GmbH nach § 31 BGB analog setzt voraus, dass der Geschäftsführer „in Ausführung der ihm zustehenden Verrichtungen“ gehandelt hat. Damit fallen aus dem Haftungsbereich Handlungen heraus, die in keinem Zusammenhang mit seinen Aufgaben und Kompetenzen für die GmbH stehen. Für die Zurechnung reicht bereits die Handlung **eines** Geschäftsführers aus, auch wenn er nur gesamtvertretungsberechtigt sein sollte.[1]

3493 Die **Haftung der GmbH nach § 31 BGB analog ist „satzungsfest“**, kann also in der Satzung nicht ausgeschlossen werden. Im Bereich der unerlaubten Handlungen bewirkt die Haftung nach § 31 BGB, dass sich die GmbH nicht gem. § 831 Abs. 1 Satz 2 BGB damit exkulpieren kann, dass sie unter Beachtung der im Verkehr erforderlichen Sorgfalt den Geschäftsführer ausgewählt und dessen Handlungen überwacht habe. Im Rahmen von Schuldverhältnissen kann die GmbH die Haftung für vorsätzliches Handeln des Geschäftsführers gem. § 276 Abs. 3 BGB nicht wie beim Erfüllungsgehilfen (nach § 278 Satz 2 BGB) ausschließen.

3494 Kommt es für den Eintritt bestimmter Rechtsfolgen (z. B. einer Willenserklärung) auf die **Kenntnis** oder das **Kennenmüssen** bestimmter Tatsachen an, muss dies gem. § 35 Abs. 2 Satz 3 GmbHG nur bei einem Geschäftsführer der Fall sein. Nach § 166 Abs. 1 BGB wird die Kenntnis oder fahrlässige Unkenntnis eines Geschäftsführers der GmbH zugerechnet. Fahrlässige Unkenntnis eines Geschäftsführers liegt vor, wenn ihm die Tatsache bei **ordnungsgemäß organisierter und wahrgenommener gesellschaftsinterner Kommunikation** hätte bekannt sein können. Der Geschäftsführer, in dessen Person das Kennen oder Kennenmüssen vorliegt, braucht an der fraglichen Rechtshandlung nicht beteiligt gewesen zu sein.[2] Unter Anknüpfung an den Verkehrsschutzgedanken, aus dem die Pflicht zur ordnungsgemäßen Organisation folgt, die zur **Informationsweiterleitungspflicht** und zur **Informationsabfragepflicht** führt, kann man dieser Ansicht durchaus kritisch gegenüberstehen.[3] Dies hat z. B. Bedeutung beim gutgläubigen Erwerb oder bei der Rügepflicht nach § 377 HGB.

---

1 BGH v. 8.7.1986 - VI ZR 47/85, NJW 1986 S. 2941.

2 Vgl. BGH v. 2.2.1996 - V ZR 239/94, BGHZ 132 S. 30, 35.

3 Noack/Servatius/Haas/Beurskens, GmbHG, § 35 Rz. 166.

Auf der anderen Seite kommt jedoch z. B. bei mehreren Geschäftsführern eine Irrtumsanfechtung (§§ 119 ff. BGB) nur in Betracht, wenn der Willensmangel in der Person des Geschäftsführers vorliegt, der die Erklärung abgibt. Kennen die anderen Geschäftsführer die wahre Sachlage bzw. den Irrtum, kann die Anfechtung jedoch rechtsmissbräuchlich sein, wenn sie eine Aufklärung ihres Kollegen unterlassen. 3495

(Einstweilen frei) 3496–3510

V. Anstellung der Geschäftsführer

LITERATUR:

Reichard, Kündigung eines fehlerhaften Geschäftsführerdienstvertrages, GWR 2019 S. 402; *Keßler* in Daumke/Keßler/Perbey, Der GmbH-Geschäftsführer, 6. Aufl. 2020; *von Westphalen*, Koppelungsklauseln in GmbH-Geschäftsführerverträgen auf dem Prüfstand, NZG 2020 S. 321; *Schlegel*, GmbH-Geschäftsführer und abhängige Beschäftigung, NZA 2021 S. 310; *Holthausen*, Vertrauensentzug, Abberufung, Koppelungsklausel und Kündigungsfrist im Dienstvertrag von Vorstandsmitgliedern und Geschäftsführern, NZG 2022 S. 731; *Fischer/Schubert*, Koppelungsklauseln in Geschäftsführeranstellungsverträgen, CB 2023 S. 303; *Liebscher*, Bestellung und Abberufung von Geschäftsführern, GmbHG 4. Aufl. 2023, § 46 Rz. 324, 325; *Döding/Strässer*, Der Fremdgeschäftsführer zwischen Arbeits- und Gesellschaftsrecht, RdA 2024 S. 366; *Felisiak/Sorber*, Die rechtliche Grenze verschwimmt: Fremdgeschäftsführer im Spiegel des Arbeitnehmerstatus, ArbRAktuell 2024 S. 85; *Götze*, Die aufschiebende Bestellung zum GmbH-Geschäftsführer und ihre Anmeldung zum Handelsregister, NZG 2024 S. 659; *Novak*, in Personal-Lexikon: Geschäftsführer - Vertragsmuster, Geschäftsführerbestellung, 42. Ed., 2024.

1. Abgrenzung von Organstellung und Anstellungsverhältnis

Die Stellung des Geschäftsführers als **Organ** der GmbH und sein **Anstellungsverhältnis** sind streng voneinander **zu unterscheiden.**[1] Das Anstellungsverhältnis betrifft nicht die Bestellung des Geschäftsführers, durch die er seine Organstellung und die damit verbundenen Leitungs- und Vertretungsbefugnisse erhält, sondern regelt die persönlichen Rechtsbeziehungen des Geschäftsführers (wie z. B. Vergütung, Urlaub, Laufzeit, Kündigungsfristen, Altersversorgung, usw.) zur GmbH (**Dienstverhältnis**). Ein Anstellungsvertrag muss nicht zwingend abgeschlossen werden, da dies keinen Einfluss auf die Geschäftsführerbestellung (Organverhältnis) hat. Der Abschluss eines schriftlichen Anstellungsvertrags ist allerdings empfehlenswert und in der Praxis üblich. Der Anstellungsvertrag, den die GmbH mit einem gegen Vergütung tätigen Geschäftsführer schließt, ist nach ständiger Rechtsprechung des BGH regelmäßig[2] ein **Dienstvertrag,** der die Besorgung von Geschäften zum Gegenstand hat (§§ 611 ff., 675 BGB). Sofern keine Vergütung gezahlt wird, liegt ein Auftragsverhältnis vor (§ 662 BGB). 3511

Das **Arbeitsvertragsrecht** ist daher auf Geschäftsführer i. d. R. **nicht anwendbar,**[3] weil sie als organschaftliche Vertreter selbst die Aufgaben des Arbeitgebers (Direktionsrecht) wahrnehmen und als Geschäftsführer ihre Leitungs- und Vertretungsbefugnisse nach

1 BGH v. 24.11.1980 - II ZR 182/79, BGHZ 79 S. 38; v. 28.10.2002 - II ZR 146/02, GmbHR 2003 S. 100.

2 Im Einzelfall zu prüfen, da die Möglichkeit besteht, das Vertragsverhältnis als Arbeitsverhältnis einzustufen, siehe hierzu Rz. 3523.

3 St. Rspr., BGH v. 9.11.1967 - II ZR 64/67, BGHZ 49 S. 30; v. 14.2.2000 - II ZR 218/98, NJW 2000 S. 1638; h. M. BeckHB GmbH/Axhausen, § 5 Rz. 26.

dem Pflichtenmaßstab eines *„ordentlichen Geschäftsmanns"* (§ 43 Abs. 1 GmbHG) wahrzunehmen haben. Der Geschäftsführer leistet üblicherweise nicht vergleichbar einem Arbeitnehmer (§ 611a BGB) weisungsgebundene und fremdbestimmte Arbeit.[1] Treffend formuliert das BAG: *„Der Fremdgeschäftsführer einer GmbH nimmt Arbeitgeberfunktionen wahr und ist deshalb keine arbeitnehmerähnliche, sondern eine arbeitgeberähnliche Person."*[2]

3512 Die Bestellung zum Geschäftsführer und der Abschluss des Anstellungsvertrags sind **nicht voneinander abhängig**. Ein bereits abgeschlossener Anstellungsvertrag verpflichtet die GmbH zwar nicht zur Bestellung als Geschäftsführer. Unterbleibt jedoch die Bestellung, kann der Anstellungsvertrag aus wichtigem Grund außerordentlich gekündigt (§ 626 BGB) und Schadensersatz nach § 628 Abs. 2 BGB verlangt werden. Ist umgekehrt die Bestellung bereits erfolgt und wird nicht binnen einer angemessenen Frist der Anstellungsvertrag abgeschlossen, kann der Geschäftsführer sein Amt niederlegen. Die in der Praxis weit verbreitete Kopplungsklausel, die die Beendigung des Dienstvertrags von der auflösenden Bedingung der Abberufung als Geschäftsführer abhängig macht, ist so lange zulässig, wie sie nicht zu einer Umgehung der gesetzlichen Mindestkündigungsfristen führt.

HINWEIS:

Hier ist Vorsicht geboten, da in der Praxis verwandte Klauseln vielfach auf § 622 BGB abstellen. Das BAG hat zuletzt allerdings klargestellt, dass die Fristen des § 621 BGB maßgeblich für Geschäftsführer seien. Bei unbefristeten Anstellungsverhältnissen kann im Fall des Widerrufs der Bestellung der Anstellungsvertrag damit mittels auflösender Bedingung erst mit Ablauf der Fristen des § 621 BGB beendet werden. Bei befristeten Anstellungsverträgen muss das Recht zur ordentlichen Kündigung ausdrücklich vereinbart sein.[3]

2. Abschluss des Anstellungsvertrags

a) Zuständigkeit der Gesellschafterversammlung

3513 Das **Anstellungsverhältnis** wird i. d. R. durch einen gesonderten schuldrechtlichen Vertrag, den **Anstellungsvertrag** – auch als **Geschäftsführerdienstvertrag** bezeichnet – begründet. **Zuständig zum Abschluss** (wie zur Änderung oder zur Beendigung) des Anstellungsvertrags auf Seiten der GmbH ist – soweit nicht eine anderweitige Satzungsregelung besteht oder zwingend das MitBestG gilt – **die Gesellschafterversammlung**. Nach der ständigen Rechtsprechung des BGH[4] folgt die Zuständigkeit zum Abschluss des Anstellungsvertrags der Bestellungskompetenz nach § 46 Nr. 5 GmbHG, um auf diese Weise die Stellung der Gesellschafterversammlung als zentrales Willensbildungsorgan der GmbH zu stärken und ihre unbeeinflusste Entscheidungsmacht zu gewährleisten. Die Gesellschafterversammlung tritt bei der Anstellung auch nach außen als Vertreter der GmbH auf. Der Einleitungssatz im Geschäftsführeranstellungsvertrag lautet daher: *„Die A-GmbH, vertreten durch die Gesellschafterversammlung."*

1 Vgl. BGH v. 14.2.2000 - II ZR 218/98, DStR 2000 S. 695; v. 10.9.2001 - II ZR 14/00, NWB DAAAB-97736.

2 BAG v. 21.1.2019 - 9 AZB 23/18, NWB FAAAH-09996.

3 BGH, NJW-RR 1988 S. 1381.

4 Vgl. BGH v. 25.3.1991 - II ZR 169/90, DStR 1991 S. 751; v. 3.7.2000 - II ZR 282/98, DStR 2000 S. 1743.

Allerdings ist die innergesellschaftliche Kompetenzzuweisung nicht zwingend, so dass durch die Satzung abweichende Regelungen getroffen werden können.[1] Die Vertretungsbefugnis kann also einem Gesellschafter oder auch einem anderen Geschäftsführer von der Gesellschafterversammlung übertragen werden.[2] Streitig ist, ob der Anstellungsvertrag des Geschäftsführers der Komplementär-GmbH einer GmbH & Co. KG (auch) der Zustimmung der Gesellschafterversammlung der Komplementär-GmbH bedarf.[3]

Diese Grundsätze gelten auch für die **Änderung des Anstellungsvertrags**, weil insoweit 3514
ein enger sachlicher Zusammenhang besteht und die Änderung wirtschaftlich einem Neuabschluss des Vertrags (z. B. durch Erhöhung der Bezüge, des Ruhegehalts usw.) gleichkommen kann und andernfalls die Abschlusskompetenz der Gesellschafterversammlung unterlaufen werden könnte.

Da die Gesellschafterversammlung über die Anstellung beschließt, sind auch die Vor- 3515
schriften über die **Beschlussfassung** anzuwenden und deshalb die Regelungen über die Formalitäten der Ladung sowie über das Teilnahme- und Stimmrecht zu beachten. Der Gesellschafter-Geschäftsführer ist bei seiner eigenen Anstellung stimmberechtigt. § 181 BGB und auch § 47 Abs. 4 GmbHG sind nicht anzuwenden.[4] Bei innergesellschaftlichen Rechtsgeschäften (sog. Sozialakte) unterliegt der betroffene Gesellschafter nicht dem Stimmverbot, auch nicht hinsichtlich der Anstellungsbedingungen.

b) Umsetzung des Anstellungsbeschlusses

Der **Beschluss** über die Anstellung des Geschäftsführers muss **umgesetzt** werden. Dabei 3516
muss beim Vertragsabschluss nicht die Gesellschafterversammlung in Gesamtheit tätig werden, sondern sie kann den Abschluss des Vertrags selbst einzelnen Gesellschaftern oder einem bereits vorhandenen Geschäftsführer überlassen. Wird ein Gesellschafter als Vertreter anderer Gesellschafter tätig und schließt er den Anstellungsvertrag mit sich selbst ab, wird § 181 BGB verletzt, wenn keine Befreiung vom Selbstkontrahierungsverbot erteilt worden ist.

Auch bei der Ein-Personen-GmbH müssen Besonderheiten beachtet werden, wenn der Alleingesellschafter als Geschäftsführer angestellt werden soll. Zwar kann er den nach § 48 Abs. 3 GmbHG zu protokollierenden Beschluss über die Bestellung und die Anstellung allein fassen, ohne dass eine Versammlung förmlich einberufen werden müsste. Bei der Umsetzung des Beschlusses, d. h. beim Abschluss des Anstellungsvertrags, muss der Gesellschafter aber vom Verbot des Selbstkontrahierens befreit sein. Dies kann nur durch die Satzung geschehen. Insbesondere für die steuerliche Behandlung des Anstellungsvertrags verdient das Selbstkontrahierungsverbot Beachtung.

1 Vgl. BGH v. 21.6.1999 - II ZR 27/98, DStR 1999 S. 1743; v. 24.11.2003 - II ZR 127/01, NWB MAAAB-97720.
2 Hüffer/Schäfer in: Habersack/Casper/Löbbe, GmbHG, 3. Aufl. 2020, § 46 Rz. 26.
3 Offen gelassen von BGH v. 19.4.2016 - II ZR 123/15, DB 2016 S. 1564 mit Nachweisen zu den verschiedenen Auffassungen Rz. 31, NWB FAAAI-33356; u. E. bedarf es dieser Zustimmung.
4 Vgl. Lutter/Hommelhoff, GmbHG, § 47 Rz. 45; Noack/Servatius/Haas/Nock, GmbHG, § 7 Rz. 83.

3. Form des Anstellungsvertrags

3517 Für den Anstellungsvertrag ist eine **bestimmte Form** nicht vorgeschrieben; die Schriftform ist auch für befristete Anstellungsverträge nicht erforderlich, sofern das Vertragsverhältnis als freies Dienstverhältnis einzustufen ist. Das Nachweisgesetz als auch das Teilzeit- und Befristungsgesetz finden nur auf Arbeitsverhältnisse Anwendung. Nicht nur aus Gründen des Nachweises, sondern auch schon aus steuerlichen Gründen werden Anstellungsverträge mit Geschäftsführern üblicherweise **schriftlich** abgeschlossen.[1] Bei beherrschenden Gesellschafter-Geschäftsführern gibt es keine Vermutung für die Entgeltlichkeit. Um Gewinnmanipulationen auszuschließen und die Vereinbarungen zwischen Gesellschaft und Gesellschafter-Geschäftsführern nachvollziehbar zu machen, haben die Besteuerungspraxis und die Rechtsprechung zu der vGA faktisch zu einem Schriftformerfordernis geführt.

3518 Für **spätere Änderungen des Anstellungsvertrags** gilt grundsätzlich das Gleiche wie für den Abschluss des Vertrags selbst. Häufig wird jedoch in den Anstellungsvertrag eine **Schriftformklausel** aufgenommen, wonach Änderungen nur wirksam sein sollen, wenn sie schriftlich getroffen werden. Vorsicht ist geboten, wenn weiter vereinbart wird, dass auch diese Schriftformklausel nicht mündlich, sondern nur schriftlich aufgehoben werden kann (**qualifizierte Schriftformklausel**).

Wird später der Geschäftsführervertrag geändert, weil z. B. das Gehalt erhöht oder eine Tantieme vereinbart wird, wird vielfach die qualifizierte Schriftformklausel übersehen. Dann ist die Änderung des Geschäftsführervertrags zivilrechtlich unwirksam und der Änderung wird bei Gesellschafter-Geschäftsführern auch die steuerliche Anerkennung versagt. Denn nur bei einfacher Schriftformklausel können spätere Änderungen auch mündlich vereinbart werden, wenn der Wille der Vertragsparteien zu erkennen ist, die Schriftformklausel mündlich abbedungen zu haben. Gegen eine solche Annahme spricht aber der Umstand, dass Vertragsänderungen in der Vergangenheit stets schriftlich abgefasst wurden.

4. Fehlerhafte Anstellung

3519 Für fehlerhafte Anstellungsverträge gelten **vor Aufnahme** der Tätigkeit die allgemeinen Regeln über fehlerhafte Vertragsverhältnisse, so dass sich jeder Beteiligte auf den Mangel (Nichtigkeit, Anfechtbarkeit) berufen kann. Ist die Tätigkeit aufgrund des mangelhaften Vertrags aber aufgenommen worden und hat wenigstens ein Mitglied des für die Anstellung zuständigen Organs davon Kenntnis, gelten die Regeln über die fehlerhafte Gesellschaft (faktisches Vertragsverhältnis) entsprechend.[2] Das Verhältnis der Beteiligten wird so behandelt, als sei es mit den gegenseitigen Rechten und Pflichten wirksam, es kann aber durch das für die Anstellung zuständige Organ (Gesellschafterversammlung) mit Wirkung für die Zukunft jederzeit auch ohne Vorliegen eines wichti-

1 Vgl. auch BGH v. 20.12.1993 - II ZR 217/92, DStR 1994 S. 257.

2 BGH v. 16.1.1995 - II ZR 290/93, DB 1995 S. 667; Goette, Die GmbH, § 8 Rz. 91; BeckHB GmbH/Axhausen, § 5 Rz. 33.

gen Grundes beendet werden.[1] Der Geschäftsführer ist bis zur Beendigung wie vereinbart zu bezahlen.

Soll der fehlerhafte Vertrag durch Genehmigung geheilt werden, so hat dies ebenfalls durch das für die Anstellung zuständige Organ zu erfolgen. Die Genehmigung durch die Gesellschafterversammlung hat rückwirkende Kraft. 3520

5. Arbeitsrechtliche Vorschriften und Sozialversicherung

Der Anstellungsvertrag des Geschäftsführers ist in aller Regel ein **Dienstvertrag** über die Besorgung eines fremden Geschäfts (nämlich die Geschäftsführung für die GmbH) und kein Arbeitsvertrag.[2] Der Geschäftsführer ist Organ der GmbH und führt Arbeitgeberaufgaben aus. 3521

a) Geltung arbeitsrechtlicher Vorschriften

Arbeitsrechtliche Vorschriften (wie z.B. das ArbZG, § 613a BGB, §§ 74ff. HGB, das EGFG und das Schwerbehindertengesetz) sind auf Geschäftsführer regelmäßig **nicht anwendbar**. Geschäftsführer sind ferner durch verschiedene gesetzliche Regelungen ausdrücklich vom Anwendungsbereich arbeitsrechtlicher Vorschriften ausgeschlossen (§ 5 Abs. 1 Satz 3 ArbGG, § 14 Abs. 1 Nr. 1 KSchG, § 5 Abs. 2 Nr. 1 BetrVG).[3] Auch die arbeitsrechtliche Beschränkung der Haftung für gefahrgeneigte Arbeit findet auf den Geschäftsführer einer GmbH keine Anwendung.[4] Der arbeitsrechtliche Grundsatz, dass vor einer außerordentlichen Kündigung der Betroffene abzumahnen ist, gilt nicht für den Geschäftsführer einer GmbH.[5] Ebenfalls gilt das Arbeitnehmerüberlassungsgesetz nicht.[6] 3522

Das **Europäische Recht** hat starken Einfluss auf nationale Vorschriften. Dies betrifft die Anwendbarkeit nationaler Gesetze auf den Geschäftsführer. Der EuGH geht beim Fremdgeschäftsführer von einem Arbeitnehmer im unionsrechtlichen Sinne und der damit einhergehenden Schutzwirkung aus.[7] Beruht ein nationales Gesetz auf einer europäischen Richtlinie und muss bei dessen Auslegung der europäische Arbeitnehmerbegriff zugrunde gelegt werden, ist dieses sowohl auf Fremdgeschäftsführer als auch geschäftsführende Minderheitsgesellschafter anzuwenden. Dazu zählen das MuSchG 2002, das AGG, § 17 KSchG, das ArbSchG, die BilscharbV und das BUrlG. Ferner kommen Pfändungsschutzvorschriften nach §§ 850ff. ZPO auch dem Geschäftsführer einer GmbH zugute. 3522/1

1 BGH v. 3.7.2000 - II ZR 282/98, DStR 2000 S. 1743; bestätigt durch BGH v. 20.8.2019 - II ZR 121/16, NWB NAAAH-29915.

2 Allgemein zur Frage der Einordnung s. BGH, NJW-RR 2007 S. 1632f.; 2002 S. 173; NJW 2000 S. 1638 und BAG v. 26.5.1999 - 5 AZR 664/98, NZA 1999 S. 987 und v. 17.9.2014 - 10 AZB 43/14, NWB BAAAE-78726, NZA 2014 S. 1293.

3 BAG v. 25.10.2007 - 6 AZR 1045/06, NWB VAAAC-68009.

4 OLG München v. 25.11.2020 - 7 U 1297/20, NWB TAAAH-68988.

5 BGH v. 14.2.2000 - II ZR 218/98, DStR 2000 S. 695.

6 LAG Schleswig-Holstein v. 1.12.2015 - 1 Sa 439 b/14, BB 2016 S. 180, Rev. erledigt durch Urteil des BAG v. 17.1.2017 - 9 AZR 76/16, NWB CAAAG-42850; zu Einzelheiten s. Hoch, BB 2016 S. 1658.

7 EuGH v. 11.11.2010 - C-232/09 „Dita Danosa/LKB Lizzings SIA", NWB SAAAE-15681; v. 9.7.2015 - C-229/14 „Balkaya/Kiesel Abbruch- und Recycling Technik", NWB IAAAF-01589.

aa) Rechtsprechung des BGH und des BAG zur Arbeitnehmereigenschaft des Geschäftsführers

3523 Der **BGH** spricht dem Geschäftsführer in ständiger Rechtsprechung keine Arbeitnehmerstellung zu.[1] Dessen Stellung als Vertretungsorgan der Gesellschaft schließe im Zweifel eine arbeitnehmerähnliche Funktion aus.[2]

Auch das **BAG** stuft den Geschäftsführer-Anstellungsvertrag grundsätzlich als Dienstvertrag ein und verneint eine Arbeitnehmerstellung des Geschäftsführers.[3] Auch der Fremdgeschäftsführer nehme in aller Regel Arbeitgeberfunktionen wahr und sei als im Arbeitgeberlager stehende Person keine arbeitnehmerähnliche Person.[4]

3523/1 Das BAG und mittlerweile auch der BGH erkennen allerdings **Ausnahmefälle** an.[5] So sei der Geschäftsführer Arbeitnehmer oder arbeitnehmerähnliche Person, wenn eine atypische persönliche Abhängigkeit des Geschäftsführers besteht, welche sich regelmäßig über ein umfassendes (arbeitsrechtliches) Weisungsrecht äußert.[6] Verliert der Geschäftsführer hierdurch seine eigenen gestalterischen Möglichkeiten, und agiert er in einem engen *„Richtlinienkorsett"* quasi als *„Marionette"* der Gesellschafterversammlung, kann ein Arbeitsverhältnis vorliegen. Bei der Bewertung der Frage, ob ein Arbeitsverhältnis vorliegt, ist eine Einzelfallprüfung anhand der üblichen Kriterien des (nationalen) Arbeitnehmerbegriffs vorzunehmen, die in der arbeitsgerichtlichen Rechtsprechung entwickelt und mittlerweile gesetzlich in § 611a BGB normiert wurden. Anhaltspunkte für eine solch extreme persönliche Abhängigkeit liefern insbesondere Grad und Umfang der erteilten Weisungen sowie Art und Weise der Eingliederung in die Arbeitsorganisation des Unternehmens.[7]

bb) Rechtsprechung des EuGH zur Arbeitnehmereigenschaft des Geschäftsführers

3523/2 Der EuGH legt bei der Einordnung des Geschäftsführers als Arbeitnehmer einen unionsrechtlichen Arbeitnehmerbegriff zugrunde. Hiernach ist sowohl ein Fremdgeschäftsführer als auch ein als Geschäftsführer agierender Minderheitsgesellschafter unionsrechtlich als Arbeitnehmer anzusehen, wenn dieser wie üblich seine Tätigkeit nach Weisung der Gesellschafterversammlung ausübt und jederzeit von seinem Amt abberufen werden kann.[8] Es ist damit sorgfältig zwischen dem unionsrechtlichen und dem nationalen Arbeitnehmerbegriff zu differenzieren. Dies führt dazu, dass bei nationalen Gesetzen, die auf europäischen Richtlinien beruhen und nicht auf den natio-

1 BGH v. 26.3.2019 - II ZR 244/17, NJW 2019 S. 2086.

2 BGH v. 16.12.1953 - II ZR 41/53, NJW 1954 S. 505, 508; v. 9.11.1967 - II ZR 64/67, NJW 1968 S. 396; v. 29.1.1981 - II ZR 92/80, NJW 1981 S. 1270.

3 BAG v. 8.2.2022 - 9 AZB 40/21, NZA 2022 S. 430, NWB IAAAI-06194.

4 BAG v. 8.2.2022 - 9 AZB 40/21, NZA 2022 S. 430, NWB IAAAI-06194.

5 BGH v. 26.3.2019 - II ZR 244/17, NJW 2019 S. 2086; BAG v. 21.1.2019 - 9 AZB 23/18, NZA 2019 S. 490.

6 BAG v. 15.4.1982 - 2 AZR 1101/79, NJW 1983 S. 2405, 2407; v. 26.5.1999 - 5 AZR 664/98, NZA 1999 S. 987, 988.

7 BSG v. 4.6.2019 - B 12 R 11/18 R, NWB YAAAH-30094, DStR 2019 S. 2429; v. 7.6.2019 - B 12 R 6/18 R, NWB TAAAH-30544, DStR 2019 S. 2494, 2495.

8 EuGH v. 9.7.2015 - C-229/14, NZA 2015 S. 861 f.

nalen Arbeitnehmerbegriff verweisen, der unionsrechtliche Arbeitnehmerbegriff anzuwenden und zu prüfen ist (s. o.).[1]

cc) Einzelfälle zur Arbeitnehmereigenschaft des Geschäftsführers

Der Geschäftsführer kann bei einem atypisch hohen Grad der persönlichen Abhängigkeit als Arbeitnehmer einzustufen sein. Es bedarf hierzu einer Würdigung der Gesamtumstände. Die Vertragsbezeichnung ist nur Indiz. Weitere Indizien sind die Vertragsbedingungen, der Umfang der Entscheidungsbefugnisse und Gestaltungsmöglichkeiten, die Vorgaben und die Kontrolle der Gesellschafterversammlung (z. B. Vielzahl von Richtlinien und Weisungen im Einzelfall), eine über das gesellschaftsrechtliche Weisungsrecht hinausgehende Weisungsbefugnis auch zu Arbeitsanfang und -ende, Art und Inhalt sowie Ort der Arbeitsleistung, ein fehlender Einblick in die Unternehmensplanung u. Ä. 3523/3

Es gibt darüber hinaus weitere Konstellationen, bei denen die Frage nach einem Arbeitsverhältnis aufkommen kann.

(1) Früheres Arbeitsverhältnis

Sofern vor der Bestellung zum Geschäftsführer mit dem Unternehmen ein Arbeitsverhältnis bestand, stellt sich die Frage, welche Folge die Berufung zum Geschäftsführer hierauf hat. Die Beendigung von Arbeitsverhältnissen bedarf zu ihrer Wirksamkeit der Schriftform (§ 623 BGB). Damit ist dringend zu empfehlen, etwaige Arbeitsverhältnisse mit dem Abschluss des Geschäftsführer-Anstellungsvertrags schriftlich durch einen Aufhebungsvertrag oder durch eine Regelung im Geschäftsführer-Anstellungsvertrag zu beenden. Dies wird in der Praxis vielfach versäumt. Das BAG judizierte hierzu jahrelang, dass frühere Arbeitsverhältnisse während der Laufzeit eines Geschäftsführer-Anstellungsvertrags ruhen, aber mit dessen Beendigung wieder aufleben. Diese Rechtsprechung hat das BAG mittlerweile aufgegeben. Im Zweifel regele, so das BAG, der schriftliche Geschäftsführer-Anstellungsvertrag die Beendigung des Arbeitsverhältnisses.[2] Dies folge aus einer Auslegung des Vertrags nach dem Parteiwillen, auch wenn dies der Wortlaut meist nicht eindeutig hergebe. 3523/4

(2) Weiterbeschäftigung des abberufenen Geschäftsführers

Wird ein Geschäftsführer mit sofortiger Wirkung abberufen, endet nicht gleichzeitig der Geschäftsführer-Anstellungsvertrag. Dieser endet entweder durch Zeitablauf oder durch Kündigung, also regelmäßig zeitlich nach der Abberufung. Die weitere Beschäftigung des Geschäftsführers nach Abberufung führt allerdings nicht automatisch zur Qualifizierung als Arbeitsverhältnis.[3] Ebenso wenig wandelt sich ein Geschäftsführer-Anstellungsvertrag automatisch in ein Arbeitsverhältnis, wenn eine Bestellung zum Geschäftsführer unterbleibt. 3523/5

1 BAG v. 21.1.2019 - 9 AZB 23/18, NZA 2019 S. 490; BGH v. 8.2.2022 - 9 AZB 40/21, NZA 2022 S. 430.

2 BAG v. 9.7.2015 - 10 AZR 243/13, NWB NAAAE-61679, NZA 2014 S. 540 ff.; NJW 2007 S. 396; NZG 2003 S. 223 f.

3 BAG v. 25.6.1997 - 5 AZB 41/96, NZA 1997 S. 1363 f.

HINWEIS:

Dennoch ist in diesen Fällen Vorsicht geboten, da eine – ggf. stillschweigende – Änderung des Vertragsverhältnisses denkbar ist. Wird der *„Geschäftsführer"* in anderer Position hierarchisch unterhalb der Geschäftsleitung eingesetzt oder mit gänzlich geschäftsführerfremden Aufgaben betreut, kann hiermit eine stillschweigende Änderung des Dienstverhältnisses in ein Arbeitsverhältnis verbunden sein. In der Praxis hat sich zur Vermeidung dieser Diskussion die gleichzeitige unwiderrufliche Freistellung des Geschäftsführers nach seiner Abberufung bis zum Vertragsende oder die Abberufung erst zum Vertragsende etabliert.

(3) Auseinanderfallen von Geschäftsführer-Anstellungsvertrag und Organstellung

3523/6 Bei der GmbH & Co. KG und bei Konzernstrukturen kommt es vor, dass ein Anstellungsvertrag mit einem Rechtsträger geschlossen und eine organschaftliche Bestellung für einen anderen Rechtsträger erfolgt. Organstellung und Vertrag fallen dann auseinander. In diesen Konstellationen ist wiederum der Parteiwille entscheidend. Sofern bewusst ein Arbeitsverhältnis zu einem Rechtsträger begründet und mit der Organstellung nicht aufgehoben wird, gilt zwischen den Arbeitsvertragsparteien das Arbeitsverhältnis als maßgeblich. Die Organstellung bei einem anderen Rechtsträger im Konzernverbund hat hierauf keinen Einfluss.

3523/7 Bei Anstellung in der KG und Organstellung bei der Verwaltungs-GmbH, die wiederum Komplementärin der KG ist, stuft die Rechtsprechung den Geschäftsführer-Anstellungsvertrag i. d. R. als Dienst- und nicht als Arbeitsvertrag ein. Die rein formale Trennung des Vertragsverhältnisses zur KG und der Geschäftsführerbestellung in der Verwaltungs-GmbH werden als unbeachtlich für die Einstufung des Geschäftsführers als Vertreter der Kommanditgesellschaft angesehen. Im Übrigen greift in diesen Fällen, trotz des Auseinanderfallens von Vertrag und Organstellung, auch die Fiktion des § 5 Abs. 1 Satz 3 ArbGG sowie des § 14 Abs. 1 Nr. 1 KSchG.

dd) Rechtswegzuständigkeit

3523/8 Zuständig für Streitigkeiten aus dem Organverhältnis und dem Geschäftsführer-Anstellungsvertrag sind die ordentlichen Gerichte. Die §§ 2, 5 Abs. 1 Satz 3 ArbGG stellen klar, dass die Arbeitsgerichte nur für Streitigkeiten zwischen Arbeitnehmer und Arbeitgeber gelten. Das ArbGG fingiert unbeachtlich der tatsächlichen Einstufung gem. § 5 Abs. 1 Satz 3, dass Organmitglieder nicht als Arbeitnehmer gelten und damit der Rechtsweg zu den Arbeitsgerichten nicht eröffnet ist. Die Sperrwirkung des § 5 Abs. 1 Satz 3 ArbGG endet allerdings mit der Abberufung des Geschäftsführers oder dessen Amtsniederlegung. Das BAG lässt es sogar ausreichen, wenn die Abberufung oder Amtsniederlegung nach Klageerhebung noch vor einer rechtskräftigen Entscheidung über die Rechtswegzuständigkeit erfolgt.[1]

Die Abberufung hat allerdings auf die rechtliche Einordnung des Vertragsverhältnisses keinen Einfluss[2] und ändert damit auch nicht automatisch die Rechtswegzuständigkeit.

1 BAG v. 22.10.2014 - 10 AZB 46/14, NWB CAAAE-81049, NZA 2015 S. 60 f.

2 BAG v. 25.6.1997 - 5 AZB 41/96, NZA 1997 S. 1363, 1364; v. 5.6.2008 - 2 AZR 754/06, NZA 2008 S. 1002, 1003.

Eine Zuständigkeit der Arbeitsgerichte lässt sich nach § 2 Abs. 1 Nr. 3 ArbGG nur bei Einstufung als Arbeitnehmer oder nach § 2 Abs. 4 ArbGG bei Vereinbarung der Parteien begründen.

Die Frage des Zugangs zu den Arbeitsgerichten und der Abgrenzung der Zuständigkeits- 3523/9
bereiche der nationalen Gerichte fällt nicht in den Anwendungsbereich des Unionsrechts. Das ArbGG basiert nicht auf Unionsrecht und setzt dieses nicht um. § 5 ArbGG liegt also keine unionsrechtliche Bestimmung zugrunde, weshalb für die Frage der Zulässigkeit des Rechtswegs zu den Arbeitsgerichten der nationale Arbeitnehmerbegriff gilt (s. o.).

Das BAG erkennt bei der Behauptung des klagenden Geschäftsführers, es bestehe ein 3523/10
Arbeitsverhältnis, den Rechtsweg zu den Arbeitsgerichten an, wenn die Frage nach der Arbeitnehmereigenschaft materiell-rechtlich entscheidend für den Ausgang des Rechtsstreits ist (sog. *„sic-non-Fälle"*). Dies ist insbesondere bei der Frage nach der Wirksamkeit einer Kündigung der Fall.

Die Arbeitsgerichtsbarkeit bietet gegenüber den ordentlichen Gerichten den Vorteil, dass Gerichtskosten nicht bei Klageerhebung, sondern nur im Fall eines Urteils entstehen und von der unterlegenen Partei getragen werden müssen. Im Fall des Vergleichsschlusses in der ersten Instanz fallen keine Gerichtskosten an. Ferner trägt jede Partei die Kosten ihres Prozessbevollmächtigten in der ersten Instanz im Gegensatz zum Zivilprozess selbst.

ee) Kündigungsschutz für Geschäftsführer

Unabhängig von der Frage des Rechtswegs gelten die Vorschriften der §§ 1 bis 14 KSchG 3523/11
gem. § 14 Abs. 1 Nr. 1 KSchG nicht in Betrieben einer juristischen Person für die Mitglieder des Organs, das zur gesetzlichen Vertretung der juristischen Person berufen ist. Der erste Abschnitt des KSchG findet damit auf Geschäftsführer keine Anwendung.[1] Besteht die organschaftliche Stellung als Geschäftsführer zum Zeitpunkt des Zugangs der Kündigung, gilt dieser Grundsatz uneingeschränkt.[2] Widerrufen die Gesellschafter die Bestellung gleichzeitig mit der Entscheidung zur Kündigung mit sofortiger Wirkung, ermöglicht dies dem ehemaligen Geschäftsführer, Kündigungsschutzklage mit der Begründung zu erheben, es bestünde ein Arbeitsverhältnis, dessen Kündigung nach § 1 KSchG sozial ungerechtfertigt sei. Die negative Fiktion des § 14 Abs. 1 Nr. 1 KSchG kommt nach dem BAG auch und gerade dann zum Tragen, wenn das der Organstellung zugrunde liegende schuldrechtliche Anstellungsverhältnis materiell-rechtlich als Arbeitsverhältnis zu qualifizieren wäre.[3] Eine Übertragbarkeit der Fiktion des § 5 Abs. 1 Satz 3 ArbGG auf § 14 Abs. 1 Nr. 1 KSchG kommt nicht in Betracht, weil das KSchG nicht die Prozessökonomie zu berücksichtigen hat.[4]

1 BGH v. 10.5.2010 - II ZR 70/09, NWB WAAAD-45962; vgl. auch BGH v. 11.10.2010 - II ZR 266/08, NWB WAAAD-58958.

2 BAG v. 11.6.2020 - 2 AZR 374/19, NWB RAAAH-54960.

3 BAG v. 21.9.2017 - 2 AZR 865/16, NWB HAAAG-79434.

4 BAG v. 21.9.2017 - 2 AZR 865/16, NWB HAAAG-79434.

3523/12 Ausweislich des Gesetzeswortlauts von § 14 KSchG ist dessen Regelung nicht auf die in § 23 Abs. 1 Satz 3 KSchG normierte Kleinbetriebsgrenze anzuwenden.[1] Dem Geschäftsführer wird der Kündigungsschutz versagt. Er ist dennoch bei der Berechnung nach § 23 Abs. 1 Satz 3 KSchG miteinzubeziehen. Der Gesetzgeber unterscheidet hierbei zwischen dem persönlichen und dem betrieblichen Geltungsbereich des KSchG und differenziert hierbei den Begriff des Arbeitnehmers.

b) Sozialversicherungsrechtliche Fragen

LITERATUR:

Schlegel, GmbH-Geschäftsführer und abhängige Beschäftigung, NZA 2021 S. 310; *Mertens*, GmbH-Geschäftsführer: Sozialversicherungspflichtig oder nicht?, LSK 2022, 19806829; *Offermann-Burckart*, BSG: Rentenversicherung von Gesellschafter-Geschäftsführern der Rechtsanwalts-GmbH, NJW 2022 S. 3596; *Weiss-Bölz*, Sozialversicherungspflicht von Gesellschafter-Geschäftsführern in sog. Dreieckskonstellationen – Aktuelle Entscheidungen des BSG, DStR 2023 S. 2294; *Martinek/Semler/Flohr*, VertreibsR-HdB/Flohr, 5. Aufl. 2025, § 31 Rz. 31, 32.

3524 Die Diskussion um einen möglichen Arbeitnehmerstatus tangiert die **Sozialversicherungspflicht** für Geschäftsführer nicht, weil der Begriff des Beschäftigten des Sozialversicherungsrechts ein anderer ist.[2] Gemäß § 7 SGB IV ist Beschäftigung die nichtselbständige Tätigkeit, insbesondere in einem Arbeitsverhältnis. Anhaltspunkte für eine Beschäftigung sind eine Tätigkeit nach Weisungen und eine Eingliederung in die Arbeitsorganisation des Weisungsgebers. Nach der Rechtsprechung des BSG ist die Sozialversicherungspflicht von Geschäftsführern weder aufgrund der Organstellung noch aufgrund der Tatsache, dass Geschäftsführer Arbeitgeberfunktionen ausüben, von vornherein ausgeschlossen.[3] Es gilt insoweit zwischen Gesellschafter-Geschäftsführern und Fremdgeschäftsführern zu unterscheiden.

Bei Fremdgeschäftsführern nimmt das BSG regelmäßig eine **Sozialversicherungspflicht an**,[4] da diese in einem abhängigen sozialversicherungsrechtlichen Beschäftigungsverhältnis stehen. Die Rechtsprechung verneint eine abhängige Beschäftigung nur bei qualifizierter, die gesamte Unternehmenstätigkeit umfassender Sperrminorität.

3525 Bei **Gesellschafter-Geschäftsführern** ist zu **differenzieren**:[5] Besitzt der Geschäftsführer die Stimmenmehrheit, weil er mit mehr als 50 % an der Gesellschaft beteiligt ist **(beherrschender Gesellschafter)**, unterliegt er **nicht der Sozialversicherungspflicht**. Nur die Mehrheitsbeteiligung eines Gesellschafter-Geschäftsführers vermittelt diesem die erforderliche Rechtsmacht, im für eine Sozialversicherungsfreiheit erforderlichen Maße die Geschicke der Gesellschaft zu bestimmen.[6] Liegt die Beteiligung unter 50 % (**Minderheitsgesellschafter**), kann gleichwohl die Sozialversicherungspflicht zu verneinen sein, wenn der **Minderheitsgesellschafter** über eine **Sperrminorität** verfügt, die sich u. a. da-

1 BAG v. 27.4.2021 - 2 AZR 540/20, NWB HAAAH-80626.
2 Vgl. Zöllner/Noack in Baumbach/Hueck, GmbHG, § 35 Rz. 181 f., m. w. N.
3 BSG v. 14.3.2018 - B 12 KR 13/17 R, NWB LAAAG-86967, NJW 2018 S. 2662.
4 BSG v. 7.7.2020 - B 12 R 27/18 R, NWB PAAAH-68664, NZS 2021 S. 643; 2018 S. 778 ff.; BSG v. 14.12.1999 – B 2 U 48/98 R, NWB TAAAE-94103.
5 BSG, GmbHR 2000 S. 618; BSG, GmbHR 2004 S. 494.
6 BSG v. 1.2.2022 - B 12 KR 37/19 R, NWB IAAAJ-20758; BSG v. 1.2.2022 - B 12 R 19/19 R, NWB RAAAJ-22148; BSG v. 1.2.2022 - B 12 R 20/19 R, NWB HAAAJ-22147.

rauf erstreckt, ihm nicht genehme Weisungen hinsichtlich Zeit, Dauer, Umfang und Ort der Tätigkeit zu verhindern.[1] Ist dies nicht der Fall, wie z. B. wenn jeder Gesellschafter zu einem Drittel an der GmbH beteiligt und Gesellschafterbeschlüsse mit einfacher Mehrheit gefasst werden können, dann ist selbst bei Personenidentität zwischen Gesellschaftern und Geschäftsführern die Sozialversicherungspflicht zu bejahen.[2]

Die Hürde, die ein Minderheitsgesellschafter überwinden muss, um als selbständig und sozialversicherungsfrei anerkannt zu werden, ist sehr hoch. Nur wenn eine umfassende Sperrminorität gegeben ist, die den Gesellschafter-Geschäftsführer in die Lage versetzt, einen maßgeblichen Einfluss auf alle Gesellschafterbeschlüsse auszuüben und dadurch die Ausrichtung der Geschäftstätigkeit des Unternehmens insgesamt mitbestimmen zu können, ist die Befreiung von der Sozialversicherungspflicht möglich (Rz. 1165).[3] Um Risiken auszuschließen empfiehlt sich ein Statusfeststellungsverfahren bei der Clearingstelle der Deutschen Rentenversicherung Bund. 3525/1

Der Alleingesellschafter-Geschäftsführer hingegen steht naturgemäß nicht in einem abhängigen Beschäftigungsverhältnis im sozialversicherungsrechtlichen Sinne. Ebenso wenig der Mehrheitsgesellschafter, es sei denn, er ist durch eine treuhänderische Bindung in der Ausübung seiner Gesellschafterrechte vollständig eingeschränkt.[4] Daraus darf aber im Umkehrschluss nicht stets geschlossen werden, dass mangels eines durch die Kapitalbeteiligung hervorgerufenen beherrschenden Einflusses auf die GmbH regelmäßig ein Abhängigkeitsverhältnis des Gesellschafter-Geschäftsführers anzunehmen sei.[5] 3525/2

Als Faustregel gilt, dass beherrschende Gesellschafter-Geschäftsführer nicht der Sozialversicherungspflicht unterliegen, in bestimmten Ausnahmefällen aber auch nicht beherrschende, jedoch mit einer umfassenden Sperrminorität ausgestattete Gesellschafter-Geschäftsführer nicht versicherungspflichtig sein können und Fremdgeschäftsführer (ohne Beteiligung) regelmäßig der Sozialversicherungspflicht unterliegen.[6] 3526

Für den Gesellschafter-Geschäftsführer einer GmbH gibt es seit 1.1.2005 das Verfahren zur Statusfeststellung nach § 7a SGB IV, das von der DRV Bund obligatorisch als *„bundesweite Clearingstelle für sozialversicherungsrechtliche Statusfragen"* durchgeführt wird, wobei die Einzugsstelle die Anfrage weiterleitet. Seit 1.1.2008 sieht das Gesetz vor, dass die DRV obligatorisch zu prüfen hat, ob die Anmeldung eines Beschäftigungsverhältnisses für den von der GmbH beschäftigten geschäftsführenden GmbH-Gesellschafter inhaltlich zu Recht erfolgte.[7] Dabei hat die DRV – wie vom BSG bereits zu dem früheren optionalen Anfrageverfahren entschieden – vollumfänglich die Versicherungspflicht zu prüfen und darf sich nicht auf einzelne Merkmale in Gestalt einer „Elementenfeststel- 3526/1

1 BSG v. 11.11.2015 - B 12 KR 10/14 R, NWB GAAAF-71008.

2 BSG v. 1.2.2022 - B 12 R 20/19 R, NWB HAAAJ-22147, NJW 2022 S. 3245 ff.; BSG v. 4.7.2007 - B 11 a AL 5/06 R, NWB UAAAC-61408; Schmidt, jurisPR-SozR 2/2008 Anm. 3.

3 BSG v. 1.2.2022 - B 12 KR 37/19 R, NWB IAAAJ-20758; BSG v. 1.2.2022 - B 12 R 19/19 R, NWB RAAAJ-22148; BSG v. 1.2.2022 - B 12 R 20/19 R, NWB HAAAJ-22147.

4 Vgl. dazu BSG v. 25.1.2006 - B 12 KR 30/04 R, GmbHR 2006 S. 645.

5 BSG v. 14.12.1999 - B 2 U 48/98 R, GmbHR 2000 S. 618.

6 Vgl. Daumke/Keßler, Der GmbH-Geschäftsführer, Checkliste zur Versicherungspflicht, Rz. 1857.

7 Vgl. Pietrek, jurisPK SGB IV § 7a Rz. 1.

lung" beschränken. Die Statusfeststellung ist auch für ein beendetes Auftragsverhältnis durchzuführen.[1]

Die Entscheidung der DRV erfolgt durch Verwaltungsakt bindend für alle Sozialversicherungsträger, jetzt auch für die Bundesanstalt für Arbeit und die an sie gerichteten Leistungsansprüche. Damit ist ein bedeutender Schritt für die Rechtssicherheit im Hinblick auf die Beitragspflicht und auf Leistungsansprüche gegen die verschiedenen Sozialversicherungsträger geschaffen worden.

3527 Im Übrigen ist darauf hinzuweisen, dass auch für die steuerrechtliche Beurteilung maßgebend ist, ob der Geschäftsführer sozialversicherungsrechtlich als abhängig Beschäftigter anzusehen ist.[2] Dann ist der Arbeitgeberanteil zum Gesamtsozialversicherungsbeitrag nach § 3 Nr. 62 EStG steuerfrei und stellt keinen steuerpflichtigen Arbeitslohn dar.

c) Rentenversicherungspflicht

3528 Einen Sonderfall bildet im Rahmen der Sozialversicherung die **Rentenversicherungspflicht**. Denn in ihr sind auch sog. arbeitnehmerähnliche Selbständige versicherungspflichtig, die im Wesentlichen nur für einen Auftraggeber tätig sind und keinen versicherungspflichtigen Arbeitnehmer beschäftigen (§ 2 Satz 1 Nr. 9 SGB VI). **In ständiger Verwaltungspraxis** prüften die Rentenversicherungsträger diese Kriterien **bezogen auf die GmbH**. Geschäftsführer einer GmbH, die nach den oben beschriebenen Merkmalen nicht in einem abhängigen Beschäftigungsverhältnis zur GmbH standen, fielen aus der Rentenversicherungspflicht heraus, wenn die GmbH mehrere Kunden (Auftraggeber) oder zumindest einen versicherungspflichtigen Arbeitnehmer hatte, der aus dem Beschäftigungsverhältnis ein Arbeitsentgelt von regelmäßig mehr als 400 € bezog.

Diese Auffassung teilte das BSG[3] nicht, sondern prüfte, ob der **Geschäftsführer persönlich** die Tatbestandsvoraussetzungen erfüllte. Damit wäre der Kreis der rentenversicherungspflichtigen Geschäftsführer einer GmbH deutlich erweitert worden.[4] Rentenversicherungspflichtig sind danach zunächst (wie bisher) die Geschäftsführer, die allgemein der Sozialversicherungspflicht unterliegen (§ 1 Satz 1 Nr. 1 SGB VI i. V. m. § 7 SGB IV), also die Personen, die nach den Kriterien der Weisungsabhängigkeit und Eingliederung in die Arbeitsorganisation der GmbH nichtselbständig tätig sind („normale" Fremdgeschäftsführer) und regelmäßig die Gesellschafter-Geschäftsführer, die mangels Mehrheitsbeteiligung oder einer Sperrminorität in einem abhängigen Beschäftigungsverhältnis stehen. Bei den anderen Gesellschafter-Geschäftsführern (beherrschende Gesellschafter, Alleingesellschafter und solchen, die ausnahmsweise aufgrund der Regelungen im Anstellungsvertrag unter Einbeziehung der tatsächlichen Verhältnisse ihre Tätigkeit nach Inhalt, Ort und Zeit im Wesentlichen frei von Weisungen der Gesellschafter bestimmen können), wäre nunmehr eine **Rentenversicherungs-**

1 BSG v. 11.3.2009 - B 12 R 11/07 R, BSGE 103 S. 17, NWB MAAAD-26190, und BSG v. 4.6.2009 - B 12 KR 31/07 R, NZA-RR 2010 S. 453, NWB ZAAAD-31753.

2 Vgl. BFH v. 2.12.2005 - VI R 16/03, BFH/NV 2006 S. 544, NWB AAAAB-75604.

3 BSG v. 24.11.2005 - B 12 RA 1/04 R, DStR 2006 S. 434.

4 Vgl. Müller, DB 2006 S. 614.

pflicht als **selbständig tätige (arbeitnehmerähnliche) Person** nach § 2 Satz 1 Nr. 9 SGB VI in Betracht gekommen.

Dieses Ergebnis einer strikten Trennung zwischen den verschiedenen Rechtssubjekten der GmbH und des selbständigen Geschäftsführers war unerwünscht. Die Rentenversicherungsträger hatten daher beschlossen, das Urteil über den entschiedenen Einzelfall hinaus nicht anzuwenden und die bisherige Praxis fortgesetzt, nach der es ausreichte, dass die Voraussetzungen für die Versicherungspflicht von der GmbH erfüllt wurden. Hierfür wurde eine gesetzliche Grundlage geschaffen: Das Haushaltsbegleitgesetz 2006[1] bestimmte mit Wirkung vom 1.7.2007 durch Änderung von § 2 Satz 1 Nr. 9 SGB VI, dass bei Gesellschaften als Auftraggeber auch die Auftraggeber der GmbH gelten. Außerdem wurde § 2 Satz 4 Nr. 2 SGB VI um die Nr. 3 erweitert, wonach bei Gesellschaftern auch Arbeitnehmer der Gesellschaft als Arbeitnehmer i. S. v. § 2 Satz 1 Nr. 9 SGB VI gelten.[2]

Bezüglich der Rentenversicherungspflicht von selbständigen GmbH-Geschäftsführern hat daher die BSG-Entscheidung ihre Schärfe verloren. Besondere Ausweichgestaltungen wie die Beschäftigung einer eigenen Bürokraft mit einem Gehalt von über 400 € monatlich und/oder eine eigene Tätigkeit für weitere Auftraggeber (Gesellschaften) mit der Gefahr, dass ein Umgehungstatbestand verwirklicht wird,[3] sind nicht mehr erforderlich. 3529

Werden die Voraussetzungen der Rentenversicherungspflicht nach § 1 Satz 1 Nr. 1 oder § 2 Satz 1 Nr. 9 SGB VI erfüllt, ist der GmbH-Geschäftsführer versicherungs- und beitragspflichtig und leistungsberechtigt. Während sich beim nichtselbständig tätigen Geschäftsführer die GmbH und der Geschäftsführer den Rentenversicherungsbeitrag teilen (§ 168 Abs. 1 Nr. 1 SGB VI), muss der selbständig tätige arbeitnehmerähnliche Geschäftsführer die Beiträge alleine tragen (§ 169 Nr. 1 SGB VI). In kritischen Fällen sollte eine verbindliche Auskunft beim Rentenversicherungsträger eingeholt werden (§ 7a SGB IV). Zu dem Statusfeststellungverfahren vgl. unter Rz. 3526/1. 3530

Für **Fremdgeschäftsführer** sind auch die Bestimmungen des **BetrAVG** anzuwenden, weil sie ihre Versorgungszusage aus Anlass ihrer Tätigkeit „für" ein Unternehmen i. S. v. § 17 Abs. 1 Satz 2 BetrAVG erhalten haben. Sie gehören nicht zu den Unternehmern, die keinen Schutz nach diesem Gesetz haben sollen.[4] Wesentlich beteiligte Geschäftsführer genießen jedoch nicht den Schutz des BetrAVG, während für Geschäftsführer, die nur eine Minderheitsbeteiligung halten, ein Insolvenzschutz in Betracht zu ziehen ist.[5] 3531

(Einstweilen frei) 3532–3550

1 Vom 28.6.2006, BGBl 2006 I S. 1402.
2 Becker, juris PR-SozR 14/2006, Anm. 3.
3 Vgl. auch Müller, DB 2006 S. 614, 615.
4 Vgl. BGH v. 26.3.1984 - II ZR 254/78, BGHZ 77 S. 94; v. 29.5.2000 - II ZR 380/98, DStR 2000 S. 1149.
5 Vgl. auch BGH v. 2.6.1997 - II ZR 181/96, DStR 1997 S. 1135; Goette, Die GmbH, § 8 Rz. 75.

VI. Inhalt des Anstellungsvertrags

3551 Zum **wesentlichen Inhalt** des Geschäftsführer-Anstellungsvertrags gehören die Begründung der **Pflicht zur Geschäftsführung**, die Konkretisierung der dafür erforderlichen Tätigkeiten sowie die Festlegung und Abgrenzung der Geschäftsführerbefugnisse. Der Inhalt der einzelnen Pflichten, die der Geschäftsführer als **Leitungs- und Vertretungsorgan der GmbH** nach dem Dienstvertrag zu erfüllen hat, ergibt sich nicht aus dem Anstellungsverhältnis, sondern aus dem Organverhältnis, das ihm die ordnungsgemäße Leitung der GmbH zur Aufgabe macht. Danach hat er nach den Vorgaben des GmbHG und der Satzung und in Ausführung der verbindlichen Beschlüsse insbesondere der Gesellschafterversammlung den Erfolg des Unternehmens zu fördern und Schaden von der Gesellschaft abzuwenden.[1] Verletzt er diese Pflichten, **umfasst** die sich aus § 43 Abs. 2 GmbHG ergebende **organschaftliche Haftung** auch etwaige **Schadensersatzansprüche**, die auf den **Dienstvertrag** gestützt werden. Als spezialgesetzliche Regelung nimmt § 43 Abs. 2 GmbHG die dienstvertragliche Haftungsgrundlage auf.[2]

1. Pflichten und Wettbewerbsverbot

3552 Der Geschäftsführer hat **vielfältige Pflichten,** die ihm durch das GmbHG, aber auch durch zahlreiche Vorschriften anderer Gesetze wie z. B. des Steuerrechts und des Sozialrechts auferlegt werden (vgl. dazu oben Rz. 3459). Diese zahlreichen Pflichten hat er im öffentlichen Interesse (z. B. Insolvenzantragspflicht) oder im Interesse der Gläubiger der GmbH (Kapitalaufbringung und Kapitalerhaltung) zu erfüllen. Daneben tritt die Pflicht, die Gesellschafterversammlung umfassend zu informieren, sich selbst über die wesentlichen Angelegenheiten der Gesellschaft zu unterrichten, sowie die Pflicht zur Kontrolle der für die GmbH handelnden Personen und der Mitgeschäftsführer. Zusätzlich zu der Pflicht, den Weisungen der Gesellschafterversammlung bis zur Grenze der Verletzung öffentlich-rechtlicher Pflichten zu folgen, hat der Geschäftsführer die Pflicht zur **kollegialen Zusammenarbeit** mit anderen Gesellschaftsorganen und die Pflicht zur **Loyalität** gegenüber der Gesellschaft, die sich besonders in der **Verschwiegenheitspflicht** und in dem **Wettbewerbsverbot** ausdrücken. Auch ohne besondere vertragliche Abrede unterliegt der Geschäftsführer während der Dauer seiner Tätigkeit einem **Wettbewerbsverbot**, das ihm insbesondere untersagt, **Geschäftschancen** der GmbH zu seinem eigenen Vorteil zu nutzen[3] oder während seiner Amtszeit ein Konkurrenzunternehmen aufzubauen und dazu Personal und Material der GmbH zu verwenden.[4]

3553 Das **Wettbewerbsverbot** beginnt mit der Annahme seines Amtes und endet mit dessen Beendigung. Nur der Gesellschafter-Geschäftsführer der **Ein-Personen-GmbH** unterliegt grundsätzlich **keinem Wettbewerbsverbot**, da es aufgrund der Personalunion von Gesellschafter und Gesellschaft nicht zu einem Auseinanderfallen der jeweiligen Interessen kommen kann. Jenseits der Vorschriften zum Schutz der Gläubiger und öffentlicher

1 Vgl. Goette, Die GmbH, § 8 Rz. 128.

2 Vgl. BGH v. 12.6.1989 - II ZR 334/89, NJW-RR 1989 S. 1255.

3 BGH v. 12.6.1989 - II ZR 334/87, NJW 1989 S. 2697.

4 BGH v. 19.6.1995 - II ZR 228/94, DStR 1995 S. 1359.

Interessen, existiert kein separates Eigeninteresse der GmbH.[1] Im Geschäftsführer-Anstellungsvertrag können ergänzend Wettbewerbsverbote vereinbart werden.[2] Große Bedeutung haben **nachvertragliche Wettbewerbsverbote.**[3] Diese sollen die GmbH vor einer Ausnutzung und Verwertung der Verbindungen sowie des Know-Hows schützen, die der Geschäftsführer während seiner Amtstätigkeit gewonnen hat. Ein nachvertragliches Wettbewerbsverbot muss vertraglich ausdrücklich vereinbart werden, wobei die Schriftform nicht zwingend vorgesehen, aus Gründen der Klarheit jedoch dringend anzuraten ist.[4]

Wettbewerbsverbote sind zulässig, sofern sie ein berechtigtes Interesse der Gesellschaft schützen und räumlich, gegenständlich und zeitlich beschränkt sind sowie die Berufsausübung und wirtschaftliche Betätigung des Geschäftsführers nicht unbillig erschweren.[5] Die vertraglich vereinbarte Wettbewerbsbeschränkung endet in jedem Fall nach zwei Jahren.[6] Die Zahlung einer Entschädigung ist jedoch nicht Voraussetzung für die Wirksamkeit eines nachvertraglichen Wettbewerbsverbots, weil für den Geschäftsführer die arbeitsrechtliche Schutzvorschrift des § 74 HGB nicht gilt.[7] War eine Entschädigung versprochen, kann sich die GmbH aus der Zahlungspflicht lösen, indem sie den Geschäftsführer aus dem Wettbewerbsverbot entlässt.[8] Eine Karenzentschädigung muss die GmbH auch nicht zahlen, wenn sie vor Beendigung des Dienstverhältnisses auf das Wettbewerbsverbot verzichtet.[9] Dies gilt aber nicht, wenn der Verzicht nach ordentlicher Kündigung erst zu einem Zeitpunkt erklärt wird, in dem sich der Geschäftsführer bereits auf die Einschränkungen in seiner neuen beruflichen Tätigkeit eingestellt hat.[10]

Das Wettbewerbsverbot erfasst entsprechend dem Leitbild des § 88 Abs. 1 AktG jede 3553/1
unmittelbare oder mittelbare Betätigung des Geschäftsführers im Geschäftsbereich der GmbH für eigene oder fremde Rechnung.[11] Dazu zählen auch Organ- oder Managementtätigkeiten in Konkurrenzunternehmen oder die Beteiligung als Gesellschafter an anderen (konkurrierenden) Handelsgesellschaften, sofern er dort über einen maßgeblichen Unternehmereinfluss verfügt. Verletzt der Geschäftsführer das Wettbewerbsverbot, weil er eine Konkurrenztätigkeit aufnimmt, muss er der GmbH den daraus entstehenden Schaden ersetzen (§ 43 Abs. 2 GmbHG). Außerdem hat die GmbH einen Anspruch auf künftige Unterlassung verbotswidriger Wettbewerbshandlungen. Nach § 88 Abs. 2 Satz 2 AktG kann die GmbH anstelle der Geltendmachung von Schadensersatz auch ein Eintrittsrecht in die verbotswidrige Leistungsbeziehung ausüben. Infolgedes-

1 BGH v. 28.9.1992 - II ZR 299/91, BGHZ 119 S. 257; v. 21.6.1999 - II ZR 47/98, BGHZ 142 S. 92, NWB JAAAE-89570.
2 BGH v. 17.11.1997 - II ZR 327/96, DStR 1997 S. 2038.
3 Vgl. Im Einzelnen auch Tillmann/Mohr, GmbH-Geschäftsführer, Rz. 470 ff.
4 OLG Frankfurt v. 13.5.1997 - 11 U (Kart) 68/96, GmbHR 1998 S. 378
5 BGH v. 26.3.1984 - II ZR 229/83, BGHZ 91 S. 1; v. 4.3.2002 - II ZR 77/00, NWB CAAAB-98192.
6 BGH v. 14.7.1997 - II ZR 238/96, DStR 1997 S. 1413.
7 BGH v. 26.3.1984 - II ZR 229/83, BGHZ 91 S. 1; v. 28.4.2008 - II ZR 11/07, NWB JAAAC-87233; v. 7.7.2008 - II ZR 81/07, NWB UAAAC-89448.
8 BGH v. 17.2.1992 - II ZR 41/91, NJW 1992 S. 1892.
9 Daumke/Keßler, Der GmbH-Geschäftsführer, Rz. 503, wo eine Höchstfrist von drei Monaten genannt wird.
10 BGH v. 4.3.2002 - II ZR 77/00, NWB JAAAC-87233.
11 Daumke/Keßler, Der GmbH-Geschäftsführer, Rz. 488.

sen kann sie verlangen, dass (im Innenverhältnis) die Vergütung aus dem Geschäft mit dem Dritten an sie herausgegeben oder der Vergütungsanspruch an sie abgetreten wird. Der Vorteil dieses Anspruchs für die GmbH liegt in der Möglichkeit, die Ergebnisse des verbotswidrig geschlossenen Geschäfts an sich ziehen zu können, ohne das Vorliegen eines Schadens nachweisen zu müssen, wie es beim Schadensersatzanspruch nötig wäre.[1] Da der Eintritt keine Außenwirkung hat, bleibt der Geschäftsführer Vertragspartei und die Gesellschaft ist gegenüber dem Dritten weder berechtigt noch verpflichtet. Dem Geschäftsführer muss die Gesellschaft jedoch die durch das Geschäft entstehenden Aufwendungen ersetzen.[2] Für das Eintrittsrecht gilt die kurze Verjährungsfrist von drei Monaten des § 88 Abs. 3 AktG, der Schadensersatzanspruch der GmbH verjährt in fünf Jahren (§ 43 Abs. 4 GmbHG).

2. Vertragliche Festlegungen für die Geschäftsführungsbefugnis

3554 Die Geschäftsführungsbefugnis kann im **Anstellungsvertrag** in bestimmter Weise festgelegt und eingegrenzt werden. Üblich sind Einschränkungen, dass der Geschäftsführer für die Aufnahme von Krediten, für Grundstücksgeschäfte und Anschaffungen von Wirtschaftsgütern ab einer bestimmten Höhe der Anschaffungskosten die vorherige Zustimmung durch einen Gesellschafterbeschluss einholen muss. Während die Rechte und Pflichten des Geschäftsführers gegenüber der Satzung eingeschränkt werden können, können sie jedoch nicht durch den Geschäftsführervertrag gegenüber der Satzung erweitert werden.

BEISPIEL: Der Geschäftsführer darf nach der Satzung Investitionen bis 50.000 € ohne Gesellschafterbeschluss tätigen. Die Grenze kann für das einzelne Anschaffungsgeschäft im Geschäftsführervertrag auf 30.000 € abgesenkt werden, ihm aber nicht erlaubt werden, Anschaffungsgeschäfte mit Anschaffungskosten von 60.000 € zu tätigen.

3555 Die Festlegungen der Geschäftsführerbefugnisse im Anstellungsvertrag sind nicht gegen spätere Satzungsänderungen oder andere Gesellschafterbeschlüsse geschützt. So ist die Bestellung eines weiteren Geschäftsführers auch dann gegenüber dem Geschäftsführer wirksam, wenn sein Anstellungsvertrag ihn als Alleingeschäftsführer ausweist. Jedenfalls ist die Beschränkung der Geschäftsführungsbefugnis zulässig, wenn der Aufgabenbereich eines Geschäftsführers ohne Verletzung des Anstellungsvertrags eingeschränkt werden kann.[3] Auch seine Vertretungsbefugnisse können durch Gesellschafterbeschluss eingeschränkt werden, selbst wenn ihm im Anstellungsvertrag weitergehende Befugnisse eingeräumt worden waren. Bei schwerwiegenden Eingriffen kann der Geschäftsführer jedoch sein Amt niederlegen und auch den Geschäftsführervertrag kündigen, wenn auch dazu kein Zwang besteht. Hält der Geschäftsführer sich nicht an die vorrangigen organisationsrechtlichen Vorgaben, sondern an die ihm im Geschäftsführervertrag eingeräumten (weitergehenden) Befugnisse, verstößt er gegen § 37 Abs. 1 GmbHG, so dass die GmbH ein Abberufungs- und Kündigungsrecht hat.

3556–3570 (*Einstweilen frei*)

1 BGHZ 38 S. 306, 309.
2 BGHZ 38 S. 306, 310.
3 BGH v. 6.3.2012 - II ZR 76/11, NWB KAAAE-07844.

VII. Vergütungsregelung

LITERATUR:

Prühs, Die Geschäftsführervergütung in der Krise der GmbH, GmbH-Stpr 2018 S. 33; *Gosch,* Gehälter und Vergütungen des Geschäftsführers, KStG, 4. Aufl. 2020, § 8 Rz. 796 bis 827; *Werner,* Der Vergütungsanspruch des abberufenen aber nicht gekündigten GmbH-Geschäftsführers, NZA-RR 2020 S. 235; *Kahsnitz,* Angemessene Geschäftsführervergütungen, LSK 2023, 13804930; *Ante,* Kein „Selbsthilferecht" des Geschäftsführers im Falle unangemessen niedriger Vergütung, GWR 2024 S. 180; *Leuering/Rubner,* Geschäftsführerhaftung für an sich selbst gewährte Einmalzahlungen, NJW-Spezial 2024 S. 175; *Prühs,* Geschäftsführer-Vergütung im Jahr 2025, GmbH-Stpr 2024 S. 353.

Wesentlicher Inhalt des Anstellungsvertrags ist die **Vergütungsregelung.** Nicht zuletzt mit Rücksicht auf die steuerliche Anerkennung (insbesondere bei Gesellschafter-Geschäftsführern mit beherrschender Stellung) sollte man sie mit äußerster Sorgfalt formulieren sowie auf klare und eindeutige Vereinbarungen achten, damit Auslegungsschwierigkeiten vermieden werden. Als Vergütung können Gehalt, Gewinnbeteiligung (Tantieme), Gratifikationen (Einmalzahlungen), Ansprüche auf Altersversorgung (Pensionen), Aufwandsentschädigungen sowie Sachbezüge (Dienstwagen) vereinbart werden. 3571

1. Vergütung

a) Bestimmungsfaktoren für die Gesamtausstattung

Zunächst werden sich die Vertragsparteien mit der Höhe der Vergütung befassen müssen, und zwar insbesondere bei Absprachen mit einem Geschäftsführer, der zugleich Gesellschafter ist. Nicht nur steuerrechtlich (Stichwort: verdeckte Gewinnausschüttung), sondern auch zivilrechtlich muss die gezahlte Vergütung angemessen sein, wobei hier die Gleichbehandlung der Gesellschafter und das Gebot der Kapitalerhaltung beachtet werden müssen und die Vergütung in keinem Missverhältnis zu der vergüteten Leistung und damit zu dem Entgelt stehen darf, das ein Fremdgeschäftsführer für die gleiche Tätigkeit erhalten hätte, wobei der GmbH ein Ermessensspielraum verbleibt.[1] Die Angemessenheit der Vergütung wird anhand eines Vergleichs mit der üblichen Vergütung eines an der Gesellschaft nicht beteiligten Fremdgeschäftsführers bei vergleichbarer Situation bestimmt. 3572

Bestimmungsfaktoren sind dabei: 3573

- die **Unternehmensgröße** gemessen an Umsatz und Zahl der Beschäftigten, weil die Führung eines größeren Unternehmens höhere Anforderungen an den Geschäftsführer stellt;
- Die **Ertragssituation,** weil Erfolg oder Misserfolg des Unternehmens eng mit der Leistung des Geschäftsführers verknüpft sind, so dass es recht und billig ist, wenn sich der Erfolg der GmbH (Höhe der Eigenkapitalverzinsung) in der Höhe des Geschäftsführergehalts widerspiegelt;

1 Vgl. BGH v. 14.5.1990 - II ZR 126/89, BGHZ 111 S. 224.

- Der **Wert der Dienstleistung**, weil die GmbH zu beurteilen hat, was ihr die Dienste des Geschäftsführers nach dessen Qualifikation (Ausbildung, Erfahrung, Fähigkeiten) und nach Art und Umfang seiner Tätigkeit wert sind.

3574 Anhaltspunkte für die Höhe der Gesamtvergütung liefern Gehaltsstrukturuntersuchungen in Abhängigkeit von Größe und Ertragslage des Unternehmens.

3575 Zur Orientierung sei in diesem Zusammenhang auf die Ergebnisse der jährlichen „Kienbaum-Studien“[1] und auf die Ergebnisse der Gehälter-Studie der BBE-Unternehmensberatung hingewiesen.[2] Die Orientierung an den Durchschnittsgehältern entsprechend Branche (Wirtschaftszweige wie Dienstleister, Einzelhandel, Großhandel, Handwerk, Industrie), Umsatzgröße, Mitarbeiterzahl und persönlichem Status des Geschäftsführers (Gesellschafter-Geschäftsführer und fremden Geschäftsführern ohne Kapitalanteil, Alleingeschäftsführer oder Mitgeschäftsführer) sowie deren Zusammensetzung (Gehaltsbestandteile wie z.B. Tantiemen) kann zu hoher Akzeptanz bei der FinVerw und den Gerichten führen, so dass Streitfälle um die Angemessenheit der Gesamtbezüge vermieden werden.[3]

b) Festgehalt

3576 Ein wesentlicher Teil der Gesamtausstattung des Geschäftsführers besteht meist in einem Festgehalt, das in einem festen, in monatlichen **Teilbeträgen zu zahlenden Jahresbetrag** oder in **monatlichen Festgehältern** vereinbart werden kann. Auch ein 13. oder 14. Monatsgehalt kann ausbedungen werden. Beachtung verdient auch eine Regelung, für welche Dauer im Krankheitsfall das Gehalt fortgezahlt werden muss. Hierzu bieten sich in der Praxis Vereinbarungen an, die eine **Gehaltsfortzahlung zwischen drei und sechs Monaten im Krankheitsfall** vorsehen. Auch die Fortzahlung des Gehalts im Todesfall an den überlebenden Ehegatten etwa für drei Monate sollte in eine Gehaltsvereinbarung aufgenommen werden.

3577 Damit nicht jährlich zwischen Gesellschaftern und Geschäftsführern über eine Gehaltserhöhung verhandelt werden muss, was nicht selten zu Meinungsverschiedenheiten und Spannungen führt, kann sich die Vereinbarung einer sog. **Spannungsklausel** anbieten. Danach wird etwa das Geschäftsführergehalt mit der Entwicklung der Beamtengehälter oder der Tarifgehälter verknüpft und entsprechend angepasst. Die Anpassung des Festgehalts durch eine Spannungsklausel kann so formuliert werden: *„Das Gehalt des Geschäftsführers ändert sich im gleichen Verhältnis, wie sich die Gehälter in der höchsten Tarifstufe für kaufmännische Angestellte der ...(Branchenbezeichnung) ändern.“* Fehlt eine Anpassungsregelung, kann der Geschäftsführer eine Erhöhung seiner Bezüge verlangen, wenn sich die wirtschaftlichen Verhältnisse wesentlich zu seinem Nachteil verändert haben. Dies ergibt sich für den Gesellschafter-Geschäftsführer aus der gesellschaftlichen Treupflicht und bei dem Fremdgeschäftsführer aus der Fürsorgepflicht der Gesellschaft.[4]

---

1 Siehe auch www.kienbaum.de.

2 Mitgeteilt von Rath/Zimmers in GmbH-Stpr 2011 S.1 für 2010 und in GmbH-Stpr. 2012 S.1 für 2012.

3 Vgl. Rath/Zimmers, GStB 2012 S.135.

4 So Daumke/Keßler, Der GmbH-Geschäftsführer, Rz. 458 f.

c) Tantieme

Die Zahlung einer **Tantieme** soll den Geschäftsführer zu noch größerem Einsatz für das Unternehmen in der GmbH **anspornen** und seine Leistungen, die im Erfolg des Unternehmens zum Ausdruck kommen, **honorieren**; sie dient der Stärkung der unternehmerischen Verantwortung des Geschäftsführers.[1] Die GmbH und der Geschäftsführer haben die Wahl, zwischen einer Gewinntantieme und einer Umsatztantieme, die – im Gegensatz zum Aktienrecht – nach GmbH-Recht zulässig ist, aber aus vielerlei Gründen nicht zu empfehlen ist, es sei denn, sie böte ausnahmsweise die einzige Möglichkeit, für eine leistungsgerechte Vergütung. 3578

aa) Umsatztantieme

Die **Umsatztantieme** birgt verschiedene Gefahren und ist daher in der Praxis eher selten. Zum einen findet ihre Zahlung regelmäßig steuerlich keine Anerkennung und wird als vGA behandelt, was zur Folge hat, dass die Zahlung der Tantieme nicht als Betriebsausgabe abgesetzt werden kann.[2] Zum anderen entsteht das Risiko, der Geschäftsabschlüsse zur Erzielung von Umsätzen ungeachtet ihrer Rentabilität für die Gesellschaft. Sie kann zur Gewinnabsaugung führen, ihre Unangemessenheit kann bei Zahlung an einen Gesellschafter-Geschäftsführer im Krisenfall als verdeckter Sondervorteil behandelt werden und gegen die Kapitalerhaltungsvorschriften verstoßen.[3] 3579

bb) Gewinntantieme

Die in der Praxis häufigste Form der variablen Vergütung ist eine Gewinntantieme. Bei der Vereinbarung einer solchen erfolgsabhängigen Tantieme muss jedoch auf eine sorgfältige Formulierung, insbesondere bei der Bestimmung der Bemessungsgrundlage, geachtet werden, damit es bei Fremdgeschäftsführern – wie es nicht selten der Fall ist – nicht zu Meinungsverschiedenheiten über die Höhe kommt und bei beherrschenden Gesellschafter-Geschäftsführern keine Probleme bei der steuerlichen Anerkennung entstehen. Sofern der Anstellungsvertrag keine abweichende Vereinbarung aufweist, fungiert der in der Handelsbilanz (§ 266 HGB) ausgewiesene Jahresüberschuss der Gesellschaft als Bemessungsgrundlage für die Berechnung der Gewinntantieme.[4] 3580

Da die für den Tantiemeanspruch zu bildende Rückstellung ihrerseits – wie z. B. auch die Gewerbesteuerrückstellung – als Betriebsausgabe (Aufwand) den Jahresüberschuss und damit die Bemessungsgrundlage mindert, kann es sich für die Praxis empfehlen, solche (gewinnabhängigen) Rückstellungen aus der Bemessungsgrundlage herauszunehmen (Formulierung: Bemessungsgrundlage für die Tantieme ist der Jahresüberschuss vor Abzug der Tantieme und gewinnabhängigen Rückstellungen sowie Rücklagen). Spätere gewinnerhöhende Auflösungen von Rückstellungen und Rücklagen, die die Tantiemeberechnung nicht beeinflusst haben, dürfen dann – aufgrund entsprechender Vereinbarung – die Bemessungsgrundlage der Tantieme nicht erhöhen. 3581

---

1 Tillmann/Mohr, GmbH-Geschäftsführer, Rz. 228.
2 BFH v. 19.5.1993 - I R 83/92, BFH/NV 1994 S. 124, NWB TAAAA-97255.
3 Vgl. BGH v. 15.6.1992 - II ZR 88/91, NWB WAAAF-69349.
4 Jaeger, Der Anstellungsvertrag des GmbH-Geschäftsführers, S. 130.

Bei der vertraglichen Festlegung der Bemessungsgrundlage ist es außerdem empfehlenswert, eine Regelung zu den Erlösen aus sog. außergewöhnlichen Geschäften (z.B. Veräußerung einer Geschäftssparte) aufzunehmen, nach welcher sich die Gewinntantieme nur auf die gewöhnliche Geschäftstätigkeit der Gesellschaft bezieht. Dies könnte in Form eines (Beispiel-)Katalogs außerordentlicher Geschäfte oder aber durch die Festlegung finanzieller Obergrenzen erfolgen. Fehlt es an einer solchen Regelung, besteht für die Gesellschaft die Gefahr, dass die aus solchen außerordentlichen Geschäften resultierenden Erlöse von der Bemessungsgrundlage erfasst werden könnten.

cc) Beteiligungsmodelle

LITERATUR:

Heckschen/Glombik, Erscheinungsformen der Mitarbeiterbeteiligung an der GmbH, GmbHR 2013 S.841; *Heckschen/Weitbrecht*, Die Kontrolle des Gesellschafterkreises, NZG 2021 S.758; *Weitnauer*, Manager- und Mitarbeiterbeteiligungsmodelle Teil 1 – Strukturen und Ausgestaltung, GWR 2023 S.111; *Weitnauer*, Manager- und Mitarbeiterbeteiligungsmodelle Teil 2 – Ausgestaltung und rechtliche Grenzen von Leaver- und Vesting-Regelungen, GWR 2023 S.129.

3582 Die Gesellschaft kann den Geschäftsführern eine Beteiligung durch **Zuwendung von Anteilen** gewähren. Befinden sich die Geschäftsanteile in Händen der Gesellschaft, wird die Zuwendung als Teil der Vergütung anzusehen sein, die der Geschäftsführer für seine Tätigkeit erhält. Der Vorteil aus dem Dienstverhältnis unterliegt der Einkommensteuer. Gleiches gilt, wenn die Zuwendung des Geschäftsanteils aus dem Vermögen einzelner Gesellschafter erfolgt. Die Zuwendung ist mit Erwartung höheren Einsatzes des Geschäftsführers für die Gesellschaft verknüpft, es fehlt also ein Bereicherungswillen des Zuwendenden.[1]

3583 In diesem Zusammenhang gewinnt auch das sog. **Managermodell** im Recht der GmbH an Bedeutung.[2] Hier geht es um die wirtschaftliche Teilhabe am Gewinn der Gesellschaft, da dem Geschäftsführer zur Motivationssteigerung eine erfolgsbasierte Einnahmequelle neben seinem Gehalt eröffnet wird. Dabei werden dem Gesellschafter-Geschäftsführer Geschäftsanteile in gewissem Umfang zum Nominalwert übertragen, zugleich wird aber vereinbart, dass seine Gesellschafterstellung enden soll, wenn er als Geschäftsführer abberufen oder sein Geschäftsführer-Anstellungsvertrag beendet wird. Zu diesem Zweck gibt der Geschäftsführer beim Erwerb seiner Geschäftsanteile bereits ein Angebot zum Rückkauf und zur Rückübertragung des Geschäftsanteils im Falle der Abberufung bzw. der Beendigung des Geschäftsführeranstellungsvertrags ab, welches dann von den Hauptgesellschaftern innerhalb einer bestimmten Frist angenommen werden kann. Im Übrigen werden die Geschäftsanteile des Geschäftsführers vinkuliert, so dass sie nur mit Zustimmung der Gesellschaft übertragen werden können.

Zu diesem Managermodell und vergleichbaren Mitarbeitermodellen im Recht der GmbH hat sich der BGH mit der Wirksamkeit solcher **Hinauskündigungsklauseln** beschäftigt und sie im Grunde gebilligt.[3] Zwar hält der BGH Hinauskündigungsklauseln,

1 Vgl. BeckHB GmbH/Axhausen, § 5 Rz. 61.

2 Vgl. auch Sosnitza, DStR 2006 S. 99.

3 BGH v. 19.9.2005 - II ZR 342/03, NWB IAAAB-98031 – Mitarbeitermodell –, und II ZR 173/04, NWB SAAAB-97783 – Managermodell.

die den Ausschluss des GmbH-Gesellschafters ohne Vorliegen eines wichtigen Grundes ermöglichen, grundsätzlich gem. § 138 Abs. 1 BGB für sittenwidrig wegen der durch sie begründeten Drucksituation, lässt aber Ausnahmen zu.[1] Die sieht er in dem Unternehmenskonzept als gegeben an, das den Geschäftsführer durch eine Beteiligung stärker an das Unternehmen bindet, um seine Motivation zu steigern und seine Stellung als „geschäftsführender Gesellschafter" innerhalb des Betriebs und nach außen aufzuwerten. Der Sinn der Beteiligung liege in der Teilhabe am Gewinn der Gesellschaft. Da die Beteiligung mit Beendigung der organschaftlichen und dienstvertraglichen Bindungen an die Gesellschaft ihren Sinn verliere, sei die Beteiligung im Managermodell nur ein Annex zu der Geschäftsführerstellung, die grundsätzlich nach § 38 Abs. 1 GmbHG beendet werden kann. Wegen der sachlichen Rechtfertigung liegt auch kein Verstoß gegen den gesellschaftsrechtlichen Gleichbehandlungsgrundsatz vor, wenn die Hauptgesellschafter von der Hinauskündigungsklausel Gebrauch machen.

dd) Altersversorgung (Pensionszusage)

Große praktische Bedeutung haben **Pensionszusagen,** die für Fremdgeschäftsführer wie für Gesellschafter-Geschäftsführer die Grundlage ihrer Altersversorgung (Ruhegehalt)[2] und der Sicherung ihrer Hinterbliebenen bilden. Dies gilt insbesondere deshalb, weil die Leistungen aus der gesetzlichen Rentenversicherung nicht ausreichen, um den gewohnten Lebensstandard zu sichern, auch wenn das Altersvermögensgesetz (AVmG) gewisse Verbesserungen gebracht hat. Die betriebliche Altersversorgung kann durch Pensionszusage, Pensionskasse, Pensionsfonds, Unterstützungskasse oder durch Direktversicherung erfolgen. Eine gewisse Beständigkeit und Werthaltigkeit von Versorgungszusagen schafft für Fremdgeschäftsführer (und für unbedeutend beteiligte Minderheitsgesellschafter, die als Geschäftsführer tätig sind), nicht aber für beherrschende Gesellschafter-Geschäftsführer auch das BetrAVG, indem bestimmte Anwartschaften unverfallbar sind und Insolvenzschutz genießen. 3584

Im Zusammenhang mit der Beendigung der Geschäftsführertätigkeit aus wichtigem Grund entwickelt sich häufig Streit darüber, ob **Versorgungszusagen** mit der Begründung **widerrufen** werden können. Dies ist meist zu verneinen, weil die Versorgungszusage Teil des geschuldeten Entgelts ist und dem Geschäftsführer für seine Betriebstreue versprochen wird, der dafür seinerseits um seiner und seiner Angehörigen Versorgung willen auf einen möglichen Wechsel des Unternehmens verzichtet. Deshalb stellt selbst der ausdrücklich vorbehaltene „Widerruf" der Versorgungszusage nicht die Ausübung eines Gestaltungsrechts dar, sondern kann nur mit dem Einwand rechtsmissbräuchlichen Verhaltens begründet werden, welches der Verpflichtete dem Begehren des Berechtigten mit Rücksicht auf dessen schwerwiegendes Fehlverhalten entgegenhalten und deshalb auch eine unverfallbare Versorgungszusage ganz oder teilweise „widerrufen" kann.[3] Ein Widerruf der Versorgungszusage, die zu einer unverfallbaren Anwartschaft geführt hat, kommt deshalb nur bei besonders schwerwiegenden Verstö- 3585

1 BGH v. 19.3.2007 - II ZR 300/05, NWB FAAAC-44001.

2 Zum Ganzen vgl. Tillmann/Mohr, GmbH-Geschäftsführer, Rz. 333 ff.

3 Vgl. BGH v. 13.12.1999 - II ZR 152/98, DStR 2000 S. 255.

ßen gegen die Dienstpflichten und bei Zufügung eines schweren, die Existenz der GmbH bedrohenden Schadens in Betracht.[1]

3586 Etwas anderes gilt für die Vereinbarung eines Übergangsgeldes z. B. bis zum Eintritt des Pensionsfalls oder bis eine neue Tätigkeit aufgenommen wird. Solche Vereinbarungen können unter den Vorbehalt gestellt werden, dass der Geschäftsführer für diese Zeit von jeder nicht genehmigten Tätigkeit absieht, die der GmbH Konkurrenz machen könnte.[2]

3587 Die zugesagte Pension kann in einem bestimmten Bruchteil (50 % oder 75 %) des letzten Grundgehaltes, aber auch in einem festen Betrag bestehen und kann dynamisiert werden. Aus steuerlichen Gründen sollte aber darauf geachtet werden, dass keine Überversorgung (mehr als 75 % der Aktivbezüge) entsteht, was etwa durch Anrechnungsvorbehalte gesetzlicher Renten oder die Festlegung von Höchstbeträgen erreicht werden kann. Üblich ist eine Witwenrente von 60 % der Geschäftsführerrente.

ee) Nebenleistungen

3588 Neben Festgehalt, Einmalzahlungen und variablen Gehaltsbestandteilen sowie Versorgungszusagen sollten – schon um Meinungsverschiedenheiten und steuerliche Nachteile zu vermeiden – sämtliche Nebenleistungen im Rahmen der Gesamtausstattung des Geschäftsführers in den Anstellungsvertrag aufgenommen werden. Zu solchen **Nebenleistungen** zählen insbesondere die Zahlung eines Weihnachtsgeldes oder eines Urlaubsgeldes oder etwa die Übernahme der für eine private Lebensversicherung zu zahlenden Beiträge sowie Sachbezüge, etwa in Gestalt der Nutzung des Dienstwagens (evtl. mit Fahrer) auch für private Zwecke oder vergleichbarer betrieblicher Einrichtungen (Telekommunikation).

3589 Der Geschäftsführer hat auch Anspruch auf den vereinbarten Urlaub und kann dessen Abgeltung in Geld verlangen.

3590 Schließlich kann bei der Abfassung des Anstellungsvertrags auch auf den **Auslagenersatz** eingegangen werden. Der Geschäftsführer kann für Auslagen, die er bei der Erfüllung seiner Aufgaben tätigt (z. B. Kosten einer Dienstreise oder Bewirtungskosten), oder für Schäden, die er dabei unverschuldet erleidet, grundsätzlich deren Erstattung von der GmbH verlangen (§§ 675, 670 BGB). Benutzt der Geschäftsführer seinen privaten Pkw für unternehmerische Zwecke der GmbH, sollte der von der GmbH zu tragende Kostenanteil im Anstellungsvertrag festgelegt werden. Dabei können feste jährliche Ersatzleistungen für Aufwendungen des Geschäftsführers gegenüber der Gesellschaft schon im Anstellungsvertrag festgelegt werden. Zwar ergibt sich hieraus zunächst vorteilhaft die Minimierung von Abrechnungs- und Buchungsaufwand, empfehlenswert ist eine solche Festlegung dennoch nicht, da sie zu steuerrechtlichen Komplikationen führen kann. Ein pauschaler Auslagenersatz führt nach den Lohnsteuerrichtlinien R 3.50 zu § 3 Nr. 50 EStG regelmäßig dazu, dass dieser als Teil des Arbeitslohns gewertet wird.

3591–3610 (*Einstweilen frei*)

1 Vgl. BGH v. 11.3.2002 - II ZR 5/00, NWB IAAAB-98151.

2 Vgl. BGH v. 3.7.2000 - II ZR 381/98, DStR 2000 S. 1783.

VIII. Beendigung der Geschäftsführerstellung

Nach der Trennungstheorie ist auch bei der Beendigung der Geschäftsführerstellung zwischen der Organstellung und dem Anstellungsverhältnis zu unterscheiden. Dies gilt ungeachtet dessen, dass regelmäßig durch Abreden das Dienstverhältnis so an das Organverhältnis gekoppelt wird und die Beendigung der Organstellung daher auch das Dienstverhältnis erfasst. Die praktisch wichtigsten Fälle der Abberufung des Geschäftsführers als Organ der Gesellschaft und die Kündigung seines Dienstvertrags sind zu unterscheiden, und in jedem Fall sind die Auswirkungen der Abberufung auf beide Rechtsverhältnisse gesondert zu betrachten.[1] 3611

1. Beendigung des Organverhältnisses

LITERATUR:

Habersack/Casper/Löbbe, Beendigungsgründe in der Person des Geschäftsführers, GmbHG Großkommentar, 3.Aufl. 2020, § 38 Rz. 289 bis 291; *Stöhr,* Der Beschäftigungs- und Vergütungsanspruch des GmbH-Geschäftsführers nach Kündigung und Abberufung, NZA 2020 S. 1439; *Werner,* Der Vergütungsanspruch des abberufenen aber nicht gekündigten GmbH-Geschäftsführers, NZA-RR 2020 S. 235; *Zaumseil,* Kündigungsschutz für (Fremd-)Geschäftsführer, NZA 2020 S. 1448; *Benkert,* Geschäftsführer kein Arbeitnehmer i. S. d. Kündigungsrechts, NJW-Spezial 2021 S. 403; *Holthausen,* Vertrauensentzug, Koppelungsklausel und Kündigungsfrist im Dienstvertrag von Vorstandsmitgliedern und Geschäftsführern, NZG 2022 S. 731; *Werner,* Die Kompetenz für die Kündigung des Anstellungsvertrages des Geschäftsführers einer GmbH & Co. KG, NZG 2022 S. 441; *Schindler/Römermann,* Abberufung eines Geschäftsführers, MAH GmbHR, 5. Aufl. 2023, § 38 Rz. 36 bis 42; *Jaeger/Steinbrück,* Anhörung des Geschäftsführers vor einer Kündigung, MuKoGmbHG, 4. Aufl. 2023, § 35 Rz. 450; *Hauser* (Anm.), BGH: Berufung auf fehlende Eintragung der Abberufung des Geschäftsführers, NZG 2024 S. 452; *Stöhr,* Die Kündigung des mit Arbeitsvertrag angestellten Geschäftsführers, SPA 2024 S. 165; *Zaumseil,* Kündigungsschutz von Geschäftsführern einer GmbH & Co. KG, NZA 2024 S. 1324; *Moll,* Änderung/ Beendigung der Organstellung, MAH ArbR, 6. Aufl. 2025, Rz. 84 bis 86.

a) Überblick über die Beendigungsgründe

Die **Organstellung** des Geschäftsführers, also seine Geschäftsführungsbefugnis und 3612
seine Vertretungsmacht, wird regelmäßig durch die **Abberufung** (§ 38 Abs. 1 GmbHG) **ex nunc beendet**. Ist die Bestellung zum Geschäftsführer befristet oder unter einer auflösenden Bedingung vorgenommen, endet sie mit Ablauf der Amtsdauer oder mit Eintritt der Bedingung automatisch. Dies kann auch durch eine vereinbarte Koppelung des Organverhältnisses an das Anstellungsverhältnis herbeigeführt werden, wenn z. B. das Anstellungsverhältnis zu einem Dritten besteht.

Sonstige Beendigungsgründe für die Organstellung sind der Tod des Geschäftsführers, der Eintritt der Amtsunfähigkeit (Geschäftsunfähigkeit oder Anordnung der Betreuung) sowie die rechtskräftige Verurteilung wegen einer Straftat nach dem Katalog in § 6 Abs. 2 Satz 2 Nr. 3 GmbHG. Ferner beendet die Untersagung der Berufstätigkeit durch rechtskräftiges Urteil bzw. bestandskräftigen Verwaltungsakt, solange der Unternehmensgegenstand der GmbH ganz oder teilweise mit dem Gegenstand des Verbots

1 BGH v. 28.10.2002 - II ZR 146/02, NWB CAAAB-97745.

übereinstimmt, die Organstellung. Hierbei bedarf es keiner Abberufung durch die GmbH.[1]

Der Geschäftsführer verliert sein Amt auch, wenn seine Bestellung mit einer **auflösenden Bedingung** verknüpft wurde und die Bedingung eintritt.[2] Das Erlöschen des Amtes ist jedoch unverzüglich zum Handelsregister anzumelden. Solange die Beendigung des Geschäftsführeramtes nicht im Handelsregister eingetragen (§ 39 GmbHG) und bekannt gemacht ist, muss sich ein Dritter die fehlende Vertretungsbefugnis nicht entgegenhalten lassen, wenn sie ihm nicht positiv bekannt ist (§ 15 Abs. 1 HGB).

3613 Mit einer **formwechselnden Umwandlung** nach dem UmwG **endet die Organstellung** der Geschäftsführer der erloschenen GmbH automatisch. Bei einer **aufnehmenden Verschmelzung** endet die Organstellung der Geschäftsführer der aufgenommenen GmbH ebenso wie bei der Verschmelzung von zwei GmbHs durch Neubildung in dem Zeitpunkt, in dem die Verschmelzung wirksam wird. Die Anstellungsverträge werden dadurch aber nicht automatisch beendet, sondern gehen grundsätzlich auf die neue Gesellschaft über.

b) Abberufung

3614 Nach der gesetzlichen Regelung in § 38 Abs. 1 GmbHG ist die Bestellung zum Geschäftsführer **jederzeit** und ohne Vorliegen eines wichtigen Grundes **widerrufbar (= Abberufung)**. Die jederzeitige Abberufbarkeit stellt einen Ausgleich zu der im Außenverhältnis unbeschränkten und unbeschränkbaren Vertretungsmacht des Geschäftsführers dar.[3] Dadurch können die Gesellschafter auf ein ihnen nicht genehmes Verhalten des Geschäftsführers reagieren und ihrem Weisungsrecht Nachdruck verleihen. Zuständig für die Abberufung (wie auch für die Kündigung des Anstellungsverhältnisses) ist i. d. R. die Gesellschafterversammlung (§ 46 Nr. 5 GmbHG).

Die jederzeit mögliche Abberufung eines Geschäftsführers kann auch mit der Beschränkung seiner Geschäftsführerbefugnisse einhergehen, wenn dies ohne Verletzung seines Anstellungsvertrags möglich ist. Der abberufene Geschäftsführer, der wegen der Beschränkung seines Aufgabenbereichs fristlos kündigt und Schadensersatz nach § 628 Abs. 2 BGB verlangt, scheitert mit diesem Begehren, weil die Abberufung nach § 38 GmbHG kein vertragswidriges Verhalten der GmbH darstellt.[4] Eine andere Auffassung vertritt hingegen das BAG. Da in der unterbliebenen Bestellung zum Geschäftsführer eine erhebliche Pflichtverletzung liegt, berechtigt der Entzug des vertraglich vorgesehenen Amtes den Geschäftsführer zur Geltendmachung von Schadensersatz.[5]

3615 Die Satzung kann auch bestimmen, dass die **Abberufung nur bei Vorliegen eines wichtigen Grundes möglich** sein soll (§ 38 Abs. 2 GmbHG). Eine derartige Regelung wird in Gesellschaftsverträgen häufig verwendet, wenn nicht ein gesellschaftsfremder Dritter, sondern ein Gesellschafter zum Geschäftsführer berufen ist.

---

1 BGH v. 1.7.1991 - II ZR 292/20, NJW 1991 S. 2566; OLG Düsseldorf v. 2.6.1993 - 11 W 37/93, MDR 1994 S. 46.
2 BGH v. 24.10.2005 - II ZR 55/04, NWB BAAAB-98162 gegen die h. M. in der Literatur.
3 Goette, Die GmbH, § 8 Rz. 28.
4 BGH v. 6.3.2012 - II ZR 76/11, NWB KAAAE-07844.
5 BAG v. 26.7.2001 - 8 AZR 739/00, NWB MAAAB-94872.

aa) Abberufung durch Gesellschafterbeschluss

Soweit der Gesellschaftsvertrag nichts anderes bestimmt, **beschließt** die Gesellschafterversammlung über die Abberufung grundsätzlich **mit einfacher Mehrheit.** Bei einer Abberufung aus wichtigem Grund muss diese stets mit einfacher Mehrheit der Stimmen möglich sein, weil der GmbH ein unzumutbar gewordener Geschäftsführer nicht aufgedrängt werden darf.[1] Ist der Geschäftsführer auch Gesellschafter, ist er bei einer (normalen) Abberufung nach § 38 Abs. 1 GmbHG stimmberechtigt.[2] Soll die Abberufung aus wichtigem Grund gem. § 38 Abs. 2 GmbHG erfolgen, ist der Gesellschafter-Geschäftsführer zwar teilnahme- und redeberechtigt sowie zur Gesellschafterversammlung einzuladen, aber nicht stimmberechtigt, weil er nicht „Richter in eigener Sache" sein kann. 3616

In der mitbestimmten GmbH richtet sich die Beendigung der Geschäftsführerstellung allein nach § 84 AktG: Die Organstellung endet mit Ablauf der befristeten Amtszeit, eine Abberufung durch den Aufsichtsrat ist nur bei Vorliegen eines wichtigen Grundes möglich. 3617

bb) Bekanntgabe des Beschlusses

Der **Abberufungsbeschluss muss** dem **Geschäftsführer bekannt gegeben** werden. Erst wenn die Abberufungserklärung dem Geschäftsführer zugegangen ist, wird sie wirksam. Die Erklärung der Abberufung, aus der deutlich werden muss, dass das zuständige Gesellschaftsorgan die Entscheidung gefasst hat, bedarf keiner besonderen Form und kann auch von einem Mitglied der Gesellschafterversammlung oder einem Dritten (z. B. dem anderen Geschäftsführer oder einem Rechtsanwalt) überbracht werden. Keiner besonderen Mitteilung bedarf es, wenn der Geschäftsführer bei der Beschlussfassung persönlich anwesend ist, also über die Abberufung mitabgestimmt oder von seinem Teilnahmerecht Gebrauch gemacht hat. 3618

c) Rechtsfolgen der Abberufung

Mit dem wirksamen Beschluss über die Abberufung und deren Erklärung gegenüber dem Geschäftsführer endet dessen Organstellung sowie seine Geschäftsführungsbefugnis und Vertretungsmacht. Waren zwei Geschäftsführer bestellt, die nach § 35 Abs. 2 Satz 1 GmbHG nur in Gesamtvertretung für die GmbH handeln durften, erlangt der verbleibende Geschäftsführer sofort **Alleinvertretungsmacht**. Nur wenn die Satzung bestimmt, dass die GmbH durch **mindestens zwei** Geschäftsführer vertreten werde, muss für den abberufenen Geschäftsführer ein Nachfolger bestellt werden, damit die GmbH aktiv handlungsfähig bleibt. 3619

Die **Beendigung des Organverhältnisses** führt **nicht automatisch** zur **Beendigung** des schuldrechtlichen **Anstellungsverhältnisses.** In der Kündigung des Anstellungsvertrags liegt i. d. R. zugleich die Abberufung aus der Organstellung. Häufiger wird indes der umgekehrte Fall vorliegen, indem der Anstellungsvertrag so an das Organverhältnis 3620

1 Vgl. BGH v. 20.12.1982 - II ZR 110/82, BGHZ 86 S. 177; Lutter/Hommelhoff, GmbHG, § 38 Rz. 6.
2 Vgl. BGH v. 14.10.1991 - II ZR 239/90, NJW-RR 1992 S. 292.

geknüpft ist, dass **der Anstellungsvertrag mit der Abberufung endet** – sog. **Koppelungsabrede.**[1] Die sofortige Beendigung des Anstellungsvertrags mit Zugang der Bekanntgabe der Abberufung ist unwirksam. Daher sind die sich aus **§ 621 BGB ergebenden Mindestkündigungsfristen zu beachten.**[2] Der Geschäftsführer behält bei Abberufung seine Vergütungsansprüche aus dem Anstellungsvertrag bis zu dessen wirksamer Beendigung (§ 38 Abs. 1 GmbHG).[3]

d) Abberufung nur bei Vorliegen eines wichtigen Grundes (Beschränkung der freien Abberufbarkeit)

3621 Der Grundsatz der jederzeitigen und freien Abberufung ist nicht zwingend, wie sich aus § 38 Abs. 2 GmbHG ergibt. Durch eine Satzungsregelung kann die **Abberufbarkeit auf wichtige Gründe beschränkt** oder an andere qualifizierte Voraussetzungen geknüpft werden. Das Recht, einen Geschäftsführer aus wichtigem Grund abzuberufen, kann aber durch die Satzung weder ausgeschlossen noch eingeschränkt werden. Da die Vorschrift des § 38 Abs. 2 Satz 1 GmbHG zwingend ist, kann der Widerruf der Bestellung aus wichtigem Grund nicht an eine höhere als die in § 47 Abs. 1 GmbHG bestimmte einfache Mehrheit gebunden werden.

3622 Von der Möglichkeit, **die Abberufbarkeit zu beschränken und sie nur aus wichtigem Grund zuzulassen**, wird vornehmlich bei **Gesellschafter-Geschäftsführern** dann Gebrauch gemacht, wenn einem Gesellschafter oder einem Gesellschafterstamm das **Sonderrecht** auf Ausübung des Geschäftsführeramtes oder auf Benennung der Person des Geschäftsführers eingeräumt ist. Im Übrigen sollte es sorgfältig bedacht werden, in die Satzung eine Bestimmung aufzunehmen, wonach ein Geschäftsführer nur bei Vorliegen eines wichtigen Grundes abberufen werden kann. Mit der Aufnahme einer solchen Klausel wird die Geschäftsführerposition entgegen der Intention des Gesetzgebers gestärkt. Das Gesetz will mit der freien Widerruflichkeit dem Rechnung tragen, dass die Geschäftsführerstellung vom Vertrauen der Gesellschafterversammlung getragen wird, und dass es bei fehlendem Vertrauen der Mehrheit der Gesellschafter möglich sein muss, den Geschäftsführer abzuberufen.

3623 Vereinbarungen über die Abberufung von Geschäftsführern können auch **schuldrechtlich** (im Anstellungsvertrag) getroffen werden. Decken sie sich aber nicht mit der Satzung, haben sie keine körperschaftsrechtliche Wirkung gegenüber der GmbH und hindern die Gesellschafterversammlung nicht, den Geschäftsführer nach § 38 Abs. 1 GmbHG abzuberufen. Die Verletzung der schuldrechtlich eingegangenen Bindung kann dann lediglich zum Schadensersatz verpflichten.

1 Vgl. BGH v. 9.7.1990 - II ZR 194/89, BGHZ 112 S. 103, 115.

2 BGH v. 26.3.1984 - II ZR 120/83, BGHZ 91 S. 217, zur entsprechenden Anwendung der arbeitsrechtlichen Schutzvorschrift des früheren § 622 Abs. 1 Satz 1 BGB auf den Geschäftsführer einer GmbH; v. 9.7.1990 - II ZR 194/89, BGHZ 112 S. 103, 115; v. 21.6.1999 - II ZR 27/98, DStR 1999 S. 1743, zur Nachfolgeregelung in § 622 Abs. 5 BGB.

3 Vgl. BGH v. 28.10.2002 - II ZR 146/02, NWB CAAAB-97745.

aa) Wichtiger Grund

Ein **wichtiger Grund** für die Abberufung liegt vor, wenn das weitere Verbleiben des Geschäftsführers die Belange der GmbH erheblich gefährdet und wenn die Fortsetzung der Geschäftsführerstellung der Gesellschaft und den Gesellschaftern nicht länger zugemutet werden kann. Zwar werden oftmals dieselben Umstände neben der Abberufung auch zu einer fristlosen Kündigung des Anstellungsverhältnisses führen. Im Gegensatz zur außerordentlichen Kündigung muss der wichtige Grund weder in der Person des Geschäftsführers liegen noch muss er ihn zu vertreten (verschuldet) haben. 3624

Das GmbHG nennt beispielhaft als wichtige Gründe grobe Pflichtverletzungen und die Unfähigkeit zur ordnungsgemäßen Geschäftsführung. Jedoch stellen auch Handlungen und Verhältnisse des Geschäftsführers, die die Kreditwürdigkeit und das Ansehen der GmbH schädigen oder die Vertrauensbasis zwischen Gesellschaftern und Geschäftsführer zerstören, wichtige Gründe dar. Als wichtige Gründe sind u.a. angesehen worden: die Bezahlung privater Aufwendungen aus der Gesellschaftskasse, Verstöße gegen das Wettbewerbsverbot oder das Nichtwahrnehmen von Geschäftschancen der Gesellschaft, um sie für sich selbst oder durch eine von ihm beherrschte andere Gesellschaft auszunutzen, Untreuehandlungen (z.B. fehlerhafte Reisekostenabrechnungen), aber auch tätliche und verbale Angriffe gegen Gesellschafter sowie ein unheilbares Zerwürfnis mit einem Mitgeschäftsführer.

Die Anforderungen hierfür hat der BGH[1] bei einer Zweipersonen-GmbH herausgearbeitet: Der nach der internen Ressortverteilung für den kaufmännischen Bereich zuständige Geschäftsführer begehe eine schwerwiegende Pflichtverletzung, wenn er die Jahresabschlüsse nicht beim Finanzamt einreiche. Außerdem müsse der Geschäftsführer nur zu dem Zerwürfnis – nicht notwendig schuldhaft – beigetragen haben. Das Zerwürfnis könne sogar zur Abberufung beider Geschäftsführer führen.

Die Satzung kann jedoch weitere Gründe als „wichtige Gründe" für eine Abberufung benennen, sie kann aber Gründe, die objektiv einen wichtigen Grund darstellen, nicht vom Katalog der wichtigen Gründe i.S.d. § 38 Abs. 2 GmbHG ausschließen. Dies verstieße gegen den zwingenden Charakter dieser Vorschrift. 3625

bb) Wirksamwerden der Abberufung aus wichtigem Grund

Eine Abberufung aus wichtigem Grund muss **innerhalb** einer **angemessenen Frist** erfolgen, sonst wird das Recht verwirkt. Die für eine außerordentliche Kündigung des Anstellungsverhältnisses geltende Zweiwochenfrist gem. § 626 Abs. 2 BGB ist nicht anzuwenden. Bei der gerichtlichen Überprüfung der Wirksamkeit von Gesellschafterbeschlüssen, die die Abberufung eines Gesellschaftergeschäftsführers aus wichtigem Grund betreffen, ist darauf abzustellen, ob tatsächlich ein wichtiger Grund im Zeitpunkt der Beschlussfassung vorlag oder nicht.[2] 3626

Wird der Geschäftsführer aus wichtigem Grund abberufen, endet sein Amt mit Zugang der Erklärung. Kommt es jedoch zum Streit darüber, ob ein wichtiger Grund vorlag und 3627

1 BGH v. 12.1.2009 - II ZR 27/08, NWB KAAAD-14038.

2 BGH v. 4.4.2017 – II ZR 77/16, NWB KAAAG-45743.

somit die Abberufung materiell zulässig war, besteht die Gefahr, dass für längere Zeit bei der GmbH Unsicherheit eintritt.

3628 Bei der **mitbestimmten GmbH** ergibt sich aus § 84 Abs. 4 Satz 4 AktG eine klare Regelung: Die Abberufung ist wirksam, bis die Unwirksamkeit rechtskräftig festgestellt ist. Bei der normalen GmbH wird danach zu differenzieren sein, ob es sich um die Abberufung eines Fremdgeschäftsführers oder um die Abberufung eines Gesellschafter-Geschäftsführers handelt und ob ihm ein Sonderrecht zur Geschäftsführung zusteht oder nicht, wobei es auch eine Rolle spielt, ob die GmbH personenbezogen verfasst ist.

3629 Bei der Abberufung eines **Fremdgeschäftsführers** und bei der Abberufung eines Gesellschafter-Geschäftsführers einer GmbH, dem kein Sonderrecht zur Geschäftsführung zusteht, ist analog § 84 Abs. 3 Satz 4 AktG davon auszugehen, dass die Abberufung bis zur Feststellung des Gegenteils durch rechtskräftiges Urteil wirksam ist. Dafür sprechen Gründe der Rechtsklarheit und der Umstand, dass einem Gesellschafter-Geschäftsführer mangels Sonderrechts und mangels personalistischer Ausrichtung der GmbH keine besondere Rücksichtnahme mit Vorrang vor dem Interesse der GmbH an der ungestörten Fortsetzung der Geschäfte zuzubilligen ist.

Steht dem **Gesellschafter-Geschäftsführer** ein **Sonderrecht zur Geschäftsführung** zu, so verletzt eine nicht durch wichtige Gründe gerechtfertigte Abberufung, sein Mitgliedschaftsrecht, sofern er seine Zustimmung nicht erteilt hat. Aus diesem Grund bleibt er bis zur rechtskräftigen Entscheidung über die Abberufung aus wichtigem Grund im Amt. Bis zu der rechtskräftigen Entscheidung können die GmbH und die anderen Gesellschafter dem abberufenen Geschäftsführer Einzelmaßnahmen oder die Geschäftsführung im Wege einstweiligen Rechtsschutzes verbieten.

Gleiches wird man bei der Abberufung eines Gesellschafter-Geschäftsführers einer personalistisch verfassten GmbH annehmen müssen, auch wenn der Geschäftsführer kein Sonderrecht zur Geschäftsführung besitzt. In einer solchen GmbH, insbesondere in einer **Zweipersonengesellschaft,** sind gewöhnlich alle Gesellschafter als Geschäftsführer tätig, ohne dass einem Gesellschafter das Sonderrecht auf die Geschäftsführung zusteht. Bei einer Abberufung entsteht häufig eine Pattsituation oder die Gefahr, dass wichtige Gründe nur vorgeschoben werden, um einen unliebsamen Mitgeschäftsführer loszuwerden, oder dass das Stimmrecht missbraucht wird. Auch bei der personenbezogenen Struktur einer GmbH wird man von der Wirksamkeit der Abberufung erst mit rechtskräftiger Entscheidung ausgehen können.

e) Niederlegung des Geschäftsführeramtes

aa) Ende der Organstellung

3630 Der **Geschäftsführer selbst** kann seine **Organstellung** grundsätzlich **jederzeit und fristlos beenden**, indem er sein **Amt niederlegt**. Ein wichtiger Grund muss dafür – entgegen früheren Auffassungen – nicht vorliegen.[1] Dies ist aus Gründen der Rechtssicherheit notwendig, weil sonst u. U. über mehrere Jahre hin Ungewissheit darüber bestünde,

1 BGH v. 8.2.1993 - II ZR 58/92, BGHZ 121 S. 257, NWB EAAAF-76470; v. 26.6.1995 - II ZR 109/94, DStR 1995 S. 1639.

ob die Niederlegung wirksam war und durch wen die Gesellschaft vertreten wird. Für die Praxis ist es zweckmäßig, durch die Satzung festzulegen, dass der Geschäftsführer für die Niederlegung seines Amtes bestimmte Fristen einhalten oder Formen wahren muss oder sie nur aus wichtigem Grund erklären darf. Das Recht, das Amt aus wichtigem Grund niederlegen zu dürfen, kann jedoch nicht ausgeschlossen werden.[1]

Die **Niederlegung** ist eine **empfangsbedürftige Willenserklärung** und ist gegenüber dem für die Bestellung zuständigen Organ, regelmäßig der Gesellschafterversammlung, zu erklären. Es genügt, dass die Erklärung gegenüber einem der Gesellschafter abgegeben wird, die in diesem Zusammenhang gesamtvertretungsberechtigt sind.[2] Die Amtsniederlegung beendet die Organstellung des Geschäftsführers mit sofortiger Wirkung, soweit sie nicht fristgebunden ist. 3631

Eine fristlose Amtsniederlegung ohne wichtigen Grund, die rechtsmissbräuchliche Amtsniederlegung sowie die Niederlegung des Amtes zur Unzeit können einen Verstoß gegen die Pflichten des Geschäftsführers als Organ gegenüber der GmbH und einen Verstoß gegen die dienstvertraglichen Pflichten aus dem Anstellungsverhältnis darstellen. Liegt kein wichtiger Grund vor, wie z.B. die Kündigung des Anstellungsvertrags durch die GmbH, Unzumutbarkeit der weiteren Geschäftsführung wegen des eigenen Haftungsrisikos, eine schwere Störung des Vertrauensverhältnisses zur Gesellschafterversammlung, Vorenthaltung wesentlicher Informationen, die zur Erfüllung der organschaftlichen und im Allgemeininteresse auferlegten Pflichten benötigt werden, hat der Geschäftsführer regelmäßig bis zum Ablauf der ordentlichen Kündigungsfrist für den Anstellungsvertrag sein Amt beizubehalten. Andernfalls macht er sich wegen Verstoßes gegen seine Pflicht zur Geschäftsführung aus dem Anstellungsvertrag schadensersatzpflichtig. Gleiches kann gelten, wenn der Geschäftsführer bei Eintritt einer Krise der GmbH sein Amt niederlegt, um sich von den mit der Organstellung verbundenen Pflichten zu lösen. 3632

bb) Auswirkung auf das Anstellungsverhältnis

Ob die **Amtsniederlegung zugleich die Kündigung des Anstellungsvertrags** durch den Geschäftsführer darstellt, muss durch Auslegung ermittelt werden. Im Zweifel ist sie jedoch nur dann als Kündigung anzusehen, wenn die vertraglichen oder gesetzlichen Kündigungsfristen eingehalten werden. Legt der Geschäftsführer aus wichtigem Grund sein Amt nieder, kann er durchaus – schon wegen der finanziellen Folgen – ein Interesse am Fortbestand des Dienstvertrags haben und deshalb nicht gezwungen werden, die Rechte aus dem Dienstverhältnis aufzugeben, nur um sich von den für ihn unzumutbar gewordenen Organpflichten zu befreien.[3] 3633

Umgekehrt bewirkt auch die **Beendigung des Anstellungsverhältnisses nicht automatisch die Beendigung des Organverhältnisses**. Auch hier ist es eine Frage der Auslegung, ob die Kündigung des Anstellungsvertrags durch den Geschäftsführer zugleich 3634

1 Noack/Servatius/Haas/Beurskens, GmbHG, § 38 Rz. 80.

2 Vgl. BGH v. 17.9.2001 - II ZR 378/99, NWB GAAAB-98075.

3 Zum Vergütungsanspruch des abberufenen, aber nicht gekündigten GmbH-Geschäftsführers s. Werner, NWB 2017 S. 433, NWB KAAAG-35942.

als Amtsniederlegung anzusehen ist. Dies wird man aber i.d.R. so sehen können.[1] Das Anstellungsverhältnis kann durch ordentliche Kündigung beendet werden. Maßgeblich hierfür sind die vertraglichen Regelungen, fehlen sie, gelten die §§ 620 ff. BGB. Auch die fristlose Kündigung des Geschäftsführervertrags bleibt dem Geschäftsführer unter den Voraussetzungen des § 626 BGB unbenommen.

cc) Führungslosigkeit der GmbH, passive Vertretungsbefugnis der Gesellschafter

LITERATUR:

Fest, Gesetzliche Vertretung und Prozessfähigkeit einer führungslosen Gesellschaft nach dem MoMiG, NZG 2011 S. 130.

3635 Die Amtsniederlegung, die auch konkludent zum Ausdruck kommen kann, wenn der Geschäftsführer sich als handlungsunwillig oder als stets nicht erreichbar erweist, kann zur **Führungslosigkeit der Gesellschaft** führen, wenn sie dann **keinen Geschäftsführer mehr hat** (§ 35 Abs. 1 Satz 2 GmbHG). Dies begründet zunächst eine **passive Vertretungsbefugnis der Gesellschafter**, denen gegenüber mit Wirkung für die Gesellschaft Willenserklärungen abgegeben und Schriftstücke zugestellt werden können. Dazu genügt es nach § 35 Abs. 2 Satz 2 GmbHG, dass die Willenserklärung oder Zustellung eines Schriftstücks an **einen Gesellschafter** erfolgt, weil er im Fall der Führungslosigkeit „ein Vertreter der Gesellschaft nach Absatz 1" ist. Auch wenn so eine Klageschrift zugestellt werden kann, ist die Klage gleichwohl als unzulässig abzuweisen, weil eine führungslose GmbH nicht prozessfähig (§ 52 ZPO) ist und der Kläger die Möglichkeit hat, die Bestellung eines Prozessvertreters nach § 57 ZPO oder eines Notgeschäftsführers (analog § 29 ZPO) zu beantragen.[2]

3636 Gravierender für den einzelnen Gesellschafter ist aber, dass ihm **bei Führungslosigkeit** nicht nur das **Insolvenzantragsrecht** nach § 15 Abs. 1 InsO zusteht, sondern ihn auch die **Insolvenzantragspflicht** gem. § 15a Abs. 3 InsO trifft, es sei denn, er hatte in seiner Person keine Kenntnis von der Führungslosigkeit und der Insolvenzreife (Beweislast dafür beim Gesellschafter). Verletzt er diese Pflicht, indem er den Antrag nicht richtig oder nicht rechtzeitig stellt, setzt er sich der **Bestrafung wegen Insolvenzverschleppung** (§ 15a Abs. 4 und 5 InsO) und der **Insolvenzverschleppungshaftung** gem. § 15a Abs. 3 InsO i.V.m. § 823 Abs. 2 BGB aus.[3] Deshalb müssen die Gesellschafter unmittelbar für die wirksame **Einsetzung eines neuen und aktionsfähigen Geschäftsführers** sorgen. Ab dem Zeitpunkt, in dem ein neuer Geschäftsführer bestellt ist, erlischt die Antragspflicht in der Person des Gesellschafters und geht auf den Geschäftsführer über.

3637–3650 (*Einstweilen frei*)

1 BGH, NJW 2011 S. 920; NJW 2010 S. 2343; NJW 2000 S. 1864, 1865; BAG, NJW 2003 S. 2473; NJW 1999 S. 3096; Noack/Servatius/Haas/Beurskens; GmbHG, § 38 Rz. 101 f.

2 Vgl. BGH v. 25.10.2010 - II ZR 115/09, NWB QAAAD-57385.

3 Zuletzt BGH v. 23.7.2024 - II ZR 206/22, NWB AAAAJ-72236, NZG 2024 S. 1231, der eine Haftung eines ausgeschiedenen Geschäftsführers sogar für Insolvenzverschleppungsschäden von Neugläubigern bejaht.

2. Beendigung des Anstellungsverhältnisses

LITERATUR:

Gitter, Zur Kündigung des Anstellungsvertrags eines abberufenen Geschäftsführers einer GmbH, NZG 2000 S. 552; *Goette*, Zur Umdeutung der fristlosen in eine ordentliche Kündigung des Geschäftsführer-Anstellungsvertrags, DStR 2000 S. 525; *Bloching*, Fristlose Kündigung des Anstellungsvertrags eines GmbH-Geschäftsführers aus wichtigem Grund, DStR 2002 S. 321; *Weimar/Grothe*, Kündigung des GmbH-Geschäftsführers aus wichtigem Grund, BuW 2003 S. 508; *Hasselbach*, Zur Kündigung des Anstellungsvertrags des GmbH-Geschäftsführers, EWir 2004 S. 385; *Hillmann-Stadtfeld*, Beendigung von Geschäftsführer-Dienstverträgen – Hier: Koppelungsklauseln bei befristeten Verträgen, GmbHR 2004 S. 1457; *Koch*, Das Abmahnungserfordernis bei der außerordentlichen Kündigung von Organmitgliedern einer Kapitalgesellschaft, ZIP 2005 S. 1621; *Horstmeier*, Können angestellte Leitungsorgane von Gesellschaften ohne Abmahnung außerordentlich gekündigt werden?, GmbHR 2006 S. 400; *Reiserer*, Kündigung des Dienstvertrags des GmbH-Geschäftsführers, DB 2006 S. 1787; *Gravenhorst*, Das Anstellungsverhältnis des GmbH-Geschäftsführers nach seiner Abberufung, GmbHR 2007 S. 417; *Grobys/Glanz*, Kopplungsklausel in Geschäftsführerverträgen, NJW-Spezial 2007 S. 129; *Kreklau*, Abberufung des Gesellschafter-Geschäftsführers der GmbH – Problem auch für jeden Investor, GmbHR 2007 S. 365; *Bauer/Arnold*, Kein Kündigungsschutz für „Arbeitnehmer-Geschäftsführer" – oder doch?, DB 2008 S. 350; *Döge/Jobst*, Abmahnung von GmbH-Geschäftsführern in befristeten Anstellungsverhältnissen, GmbHR 2008 S. 527; *Reiserer/Peters*, Die anwaltliche Vertretung von Geschäftsführern und Vorständen bei Abberufung und Kündigung, DB 2008 S. 167; *Werner, R.*, Vergütungsanspruch des abberufenen, aber nicht gekündigten GmbH-Geschäftsführers, NWB 2017 S. 433.

a) Möglichkeiten der Beendigung

3651 Das Anstellungsverhältnis kann auf unterschiedliche Weise beendet werden. Vielfach findet sich – den aktienrechtlichen Vorschriften vergleichbar – bei Fremdgeschäftsführern eine **Befristung,** so dass das Dienstverhältnis mit Ablauf der vereinbarten Zeit von selbst endet; üblich sind aber auch Klauseln, die den befristeten Anstellungsvertrag verlängern, sofern er nicht vorher mit der vereinbarten Frist gekündigt wird. Die Befristungsabrede bedarf – ungeachtet dessen, dass Geschäftsführeranstellungsverträge üblicherweise schriftlich abgeschlossen werden – nicht der Schriftform nach dem Nachweisgesetz bzw. nach dem TzBfG, weil sie nur für Arbeitnehmer gelten.

3652 Nicht selten wird die Beendigung durch eine **Koppelung des Dienstverhältnisses an das Organverhältnis** herbeigeführt, indem vereinbart wird, dass die Abberufung aus dem Organverhältnis auch das Dienstverhältnis erfassen soll – der Anstellungsvertrag wird durch die Beendigung der Organstellung auflösend bedingt – oder dass die Beendigung des Organverhältnisses als „wichtiger Grund" für die Beendigung des Anstellungsvertrags gelten soll. Es gilt zu beachten, dass eine derartige Koppelung von Dienst- und Organverhältnis zu ihrer Wirksamkeit durch eine entsprechende Regelung im Anstellungsvertrag ausdrücklich vereinbart werden muss. Damit heben die Vertragsparteien die zum Schutz des Geschäftsführers vom Gesetzgeber geschaffene Trennung des Organ- und Anstellungsverhältnisses auf, wonach er zwar jederzeit abberufen werden kann, er aber (unbeschadet der Entschädigungsansprüche aus bestehenden Verträgen) seine dienstvertraglichen Gehaltsansprüche für die vereinbarte Zeit behalten soll, für die er seine berufliche Existenz an die GmbH gebunden hat. [1] Eine solche Vertragsklau-

1 Vgl. BGH v. 21.6.1999 - II ZR 27/98, NJW 1999 S. 3263.

sel ist für die GmbH die sicherste und einfachste Lösung, da mit der Abberufung aus dem Organverhältnis auch das Dienstverhältnis endet.

3653 Eine entsprechende Vertragsklausel könnte etwa wie folgt formuliert werden: *„Das Anstellungsverhältnis kann jederzeit aus wichtigem Grund außerordentlich gekündigt werden. Als wichtiger Grund gilt auch die Abberufung als Geschäftsführer mit der Maßgabe, dass die Gesellschaft das Anstellungsverhältnis dann unter Einhaltung der gesetzlichen Kündigungsfristen vorzeitig kündigen kann."*[1]

b) Beendigung durch Aufhebungsvertrag oder Kündigung

3654 Das Anstellungsverhältnis zwischen GmbH und Geschäftsführer kann durch **Aufhebungsvertrag oder Kündigung** enden. Zuständig für den Abschluss eines Aufhebungsvertrags und auch für den Ausspruch der Kündigung ist das Gesellschaftsorgan, das für die GmbH bei der Begründung des Organverhältnisses und bei der Anstellung handelt: **Vertretungsbefugt** sind **also nicht die übrigen Geschäftsführer**, sondern **allein die Gesellschafterversammlung**,[2] sofern nicht zwingend das MitBestG – Aufsichtsrat – gilt oder die Satzung eine abweichende Regelung trifft. Ist der betroffene Geschäftsführer in der Gesellschafterversammlung nicht anwesend, muss der Beschluss umgesetzt werden. Mit dieser Aufgabe kann die Gesellschafterversammlung eines oder mehrere ihrer Mitglieder, aber auch einen anderen Geschäftsführer oder außenstehenden Dritten (z. B. Anwalt) betrauen, die dann mit rechtsgeschäftlich erteilter Vollmacht bei Erklärung der Kündigung oder bei Abschluss des Aufhebungsvertrags handeln.

aa) Ordentliche Kündigung

3655 Die **ordentliche Kündigung** ist grundsätzlich zulässig, sofern sie vertraglich nicht ausgeschlossen wurde. Für die ordentliche Kündigung des Geschäftsführer-Dienstvertrags, der auf unbestimmte Zeit geschlossen ist und keine Kündigungsfristen vorsieht bzw. schlicht auf die gesetzlichen Kündigungsfristen verweist, gelten laut BAG die kürzeren Fristen des § 621 BGB. Die für den Geschäftsführer günstigeren Fristenregelungen des § 622 BGB greifen nicht, da kein Arbeitsverhältnis vorliegt.[3]

Der BGH hat dies vor Einführung des neuen § 622 BGB in ständiger Rechtsprechung anders beurteilt[4] und auf diese Rechtsprechung in einem Urteil aus 2019 verwiesen.[5] Allerdings kam es in diesem Urteil nicht auf die Länge der Kündigungsfrist an. Angesichts der Neuregelung des § 622 BGB wird sich der BGH mutmaßlich dem BAG anschließen. Eine Entscheidung hierzu steht noch aus.

3656 Eine fristlose Kündigung, die wegen Versäumung der Frist des § 626 Abs. 2 BGB oder wegen Fehlens eines wichtigen Grundes unwirksam ist, kann in eine ordentliche Kündigung nur umgedeutet werden, wenn dies dem Willen der kündigenden Gesellschafterversammlung entspricht und dieser Wille gegenüber dem Geschäftsführer erkennbar

1 Zu Einzelheiten s. Werner, NWB 2017 S. 433.
2 BGH v. 8.9.1997 - II ZR 165/ 96, NJW 1998 S. 76; v. 3.7.2000 - II ZR 282/98, NJW 2000 S. 2983.
3 BAG v. 11.6.2020 - 2 AZR 374/19, NWB RAAAH-54960.
4 BGH v. 29.1.1981 - II ZR 92/80, DB 1981 S. 982.
5 BGH v. 20.8.2019 - II ZR 121/16, DB 2019 S. 2174.

zum Ausdruck gebracht wird.[1] Ist der Geschäftsführer zugleich Gesellschafter wird die Umdeutung meist nicht möglich sein, weil er bei der ihn betreffenden fristlosen Kündigung nicht mitstimmen durfte (§ 47 Abs. 4 GmbHG), er bezüglich seiner ordentlichen Kündigung aber stimmberechtigt gewesen wäre.

Das **Kündigungsschutzgesetz** (KSchG) findet für den Geschäftsführer einer GmbH gem. § 14 Nr. 1 KSchG **keine Anwendung**. Den Versuch, einen Anstellungsvertrag abweichend von § 14 KSchG dem KSchG zu unterstellen, hat der BGH verworfen.[2] Deshalb ist die Kündigung des Anstellungsvertrags durch die Gesellschaft auch ohne das Vorliegen eines die Kündigung rechtfertigenden Grundes, insbesondere ohne einen der gesetzlichen Kündigungsgründe nach § 1 Abs. 2 KSchG, zulässig. In die gleiche Richtung geht die Entscheidung des BGH, zu der Frage, ob man den Anstellungsvertrag des Geschäftsführers unter die Alterssicherungsregelung des § 53 Abs. 3 BAT stellen könne.[3] Deshalb hat der gekündigte Geschäftsführer auch keinen gesetzlichen Anspruch auf eine Abfindung, wenn ihm eine solche im Geschäftsführervertrag nicht zugesagt worden ist. 3657

Im Regelfall kann sich der Geschäftsführer nach seiner Abberufung hinsichtlich der Beendigung seines Dienstverhältnisses auch dann nicht auf arbeitsrechtliche Schutzvorschriften wie das KSchG berufen, wenn er vor seiner Bestellung als Arbeitnehmer (z. B. als Prokurist) bei der GmbH beschäftigt war. Das BAG geht nun wohl – abweichend von seiner früheren Rechtsprechung zum „ruhenden Arbeitsverhältnis" – im Regelfall davon aus, dass das frühere Arbeitsverhältnis mit Abschluss des durch die Bestellung zum Geschäftsführer veranlassten Anstellungsvertrags aufgehoben worden ist,[4] also **nicht** wie ein **ruhendes Arbeitsverhältnis** bei Beendigung des Organverhältnisses **wieder auflebt** und dann den normalen arbeitsrechtlichen Regeln unterliegt. Wird ein früherer Angestellter zum Geschäftsführer berufen, sollte zur Rechtsklarheit bei Abschluss des Geschäftsführervertrags ausdrücklich vereinbart werden, dass das frühere Arbeitsverhältnis mit Abschluss des Geschäftsführer-Dienstvertrags beendet ist („*zum [Datum] aufgehoben und durch diesen Anstellungsvertrag vollständig ersetzt*"). 3658

bb) Fristlose Kündigung

(1) Voraussetzungen

Das Recht zur **vorzeitigen Kündigung** mit sofortiger Wirkung steht sowohl der Gesellschaft als auch dem Geschäftsführer zu, sofern die Voraussetzungen des § 626 Abs. 1 BGB erfüllt sind und die Zweiwochenfrist des § 626 Abs. 2 BGB gewahrt ist. Der Widerruf der Bestellung berechtigt umgekehrt den Geschäftsführer zur fristlosen Kündigung des Anstellungsvertrags, wobei ihm aber grundsätzlich kein Schadensersatzanspruch nach § 628 Abs. 2 BGB zusteht, da die jederzeitige Abberufung als Gesellschaftsorgan zulässig und deshalb nicht vertragswidrig ist.[5] Das Recht zur außerordentlichen Kündi- 3659

1 BGH v. 14.2.2000 - II ZR 295/97, NJW-RR 2000 S. 987.
2 BGH v. 10.5.2010 - II ZR 70/09, NWB WAAAD-45962.
3 BGH v. 11.10.2010 - II ZR 266/08, NWB WAAAD-58958.
4 BAG v. 8.6.2000 - 2 AZR 207/99, GmbHR 2000 S. 1092; v. 25.4.2002 - 2 AZR 352/01, NJW 2003 S. 918.
5 BGH v. 28.10.2002 - II ZR 146/02, NWB CAAAB-97745.

gung ist gesetzlich zwingend, weshalb eine Vertragsklausel, die dieses Recht nachhaltig erschwert, einschränkt oder ausschließt, unwirksam ist.[1]

3660 Auch wenn dies den regelmäßigen Gepflogenheiten entspricht, dem Geschäftsführer eine Möglichkeit zur Stellungnahme bezüglich der gegen ihn erhobenen Vorwürfe einzuräumen, ist eine **Anhörung** des Geschäftsführers vor Ausspruch einer außerordentlichen Kündigung nicht erforderlich.[2] Des Weiteren muss die GmbH den Geschäftsführer vor Ausspruch der außerordentlichen Kündigung **nicht abmahnen.**[3] Die Kündigung aus wichtigem Grund muss jedoch innerhalb von zwei Wochen ab dem Zeitpunkt, in dem die Gesellschaft von den maßgeblichen Tatsachen Kenntnis erlangt hat, erfolgen (§ 626 Abs. 2 BGB). Lässt sie diese Frist verstreichen, hat sie das Recht zur fristlosen Beendigung des Dienstvertrags verloren (**Ausschlussfrist**). Für den Fristbeginn der außerordentlichen Kündigung nach § 626 Abs. 2 BGB kommt es bei der GmbH allein auf den Wissensstand des zur Entscheidung über die fristlose Kündigung berufenen und bereiten Gremiums an.[4]

Kündigungsberechtigt ist bei der GmbH grundsätzlich die Gesellschafterversammlung als das analog § 46 Nr. 5 GmbHG zuständige Organ. Hat die GmbH nur einen Gesellschafter, kommt es auf dessen Kenntnis bzw. die Kenntnis des organschaftlichen Vertreters des Alleingesellschafters an. Er kann jederzeit eine Versammlung gem. § 51 Abs. 2 GmbHG abhalten und damit eine Kündigung aussprechen, ohne eine förmliche Gesellschafterversammlung einzuberufen.[5]

Von der erforderlichen sichereren und umfassenden Kenntnis der für die Kündigung maßgebenden Tatsachen der Mitglieder der Gesellschafterversammlung in ihrer Eigenschaft als Mitwirkende an der kollektiven Willensbildung bzw. des Alleingesellschafters ist dann auszugehen, wenn alles in Erfahrung gebracht ist, was als notwendige Grundlage für die Entscheidung über Fortbestand oder Auflösung des Dienstverhältnisses anzusehen ist. Erforderlich ist positive Kenntnis; Kennenmüssen oder grob fahrlässige Unkenntnis genügen nicht.[6] Die zweiwöchige Ausschlussfrist beginnt daher mit dem Zeitpunkt, zu welchem den Mitgliedern des zuständigen Organs in einer ordnungsgemäß einberufenen Sitzung der zur Beschlussfassung anstehende Kündigungssachverhalt vorgetragen wurde.[7] Damit bleibt der Gesellschafterversammlung grundsätzlich die volle Zweiwochenfrist erhalten, um sich schlüssig zu werden, ob die Gründe so schwerwiegend sind, dass das Anstellungsverhältnis mit dem Geschäftsführer fristlos beendet werden muss. Die Gesellschafterversammlung muss aber, um das Recht zur außerordentlichen Kündigung nicht zu verwirken, in der gebotenen Eile einberufen werden, weil bei einer unangemessenen Verzögerung die

1 Vgl. BGH v. 3.7.2000 - II ZR 282/98, NJW 2000 S. 2983.
2 Vgl. BGH v. 3.7.2000 - II ZR 282/98, NJW 2000 S. 2983.
3 BGH v. 14.2.2000 - II ZR 218/98, NJW 2000 S. 1638; v. 2.7.2007 - II ZR 71/06, NWB VAAAC-52502.
4 BGH v. 10.9.2001 - II ZR 14/00, NWB DAAAB-97736; v. 9.4.2013 - II ZR 273/11, NWB HAAAE-35599.
5 BGH v. 20.10.2008 - II ZR 107/07, NWB AAAAC-97105.
6 BAG v. 27.1.2011 - 2 AZR 825/09, NWB LAAAD-85537; vgl. auch Kunkel, jurisPR-HaGesR 7/2013, Anm. 2.
7 BGH v. 20.6.2005 - II ZR 18/03, NWB HAAAB-97791; so BGH v. 15.6.1998 - II ZR 318/96, BGHZ 139 S. 89.

GmbH sich so behandeln lassen muss, als wäre die Versammlung mit der zumutbaren Beschleunigung einberufen worden.[1]

Eine **Verwirkung** in diesem Sinne kann nicht nur eintreten, wenn sämtliche Gesellschafter außerhalb der Gesellschafterversammlung Kenntnis erlangt haben, sondern auch dann, wenn die Gesellschafter, die nach § 50 Abs. 1 GmbHG die Einberufung verlangen können, Kenntnis erlangt haben, es aber auch nach einer angemessenen Wartefrist versäumen, die Einberufung der Gesellschafterversammlung zu verlangen oder sie nach § 50 Abs. 3 GmbHG zu erzwingen. **Sichere Kenntnis** liegt noch nicht bei gewissen Verdachtsmomenten vor, sondern erst, wenn der Sachverhalt im Wesentlichen und soweit geklärt ist, dass er eine Entscheidung über den Fortbestand oder die sofortige Beendigung des Anstellungsverhältnisses zulässt.[2] Die GmbH muss darlegen und beweisen, dass die Zweiwochenfrist eingehalten worden ist und wann das zur Entscheidung berufene Gesellschaftsorgan sichere Kenntnis erlangt hat; Versäumnisse bei der zügigen Aufklärung gehen zu Lasten der GmbH.[3]

Bei einer außerordentlichen Kündigung des Geschäftsführers gegenüber der GmbH 3660/1
stellt die Wahrung der Zweiwochenfrist i. d. R. kein Problem dar. Die Frist beginnt ab dem Zeitpunkt zu laufen, zu dem der Geschäftsführer zuverlässige Kenntnis von den Umständen erlangt, auf denen die gegenüber der GmbH ausgesprochene Kündigung beruht. Dies sind meist Pflichtverletzungen durch die Gesellschaft und damit konkrete Einzelfälle, weshalb die Frist mit Ablauf von zwei Wochen ab Begehung der Pflichtverletzung endet.

(2) Wichtiger Grund

Ein **wichtiger Grund**, auf den die außerordentliche Kündigung gestützt werden kann, 3661
liegt nur vor, wenn der GmbH bei Abwägung aller Umstände die **Weiterbeschäftigung** des Dienstverpflichteten (Geschäftsführers) in seiner bisherigen oder einer entsprechenden Stellung bis zum **Ablauf der ordentlichen Kündigungsfrist nicht zuzumuten** ist.[4] Zu den Einzelumständen, die im Rahmen einer Gesamtabwägung zu einer fristlosen Kündigung führen können, gehören neben den Gründen, die auch zu einer Abberufung aus wichtigem Grund führen können, insbesondere Verhaltensweisen des Geschäftsführers, die die Vertrauensbasis nachhaltig erschüttern, wobei nicht unbedingt schuldhaftes Verhalten vorliegen muss, wohl aber i. d. R. angeführt werden kann. Als **beispielhaft** kommen **Verhaltensweisen** in Betracht, wie:

- die nachhaltige Missachtung der gesellschaftsinternen Zuständigkeitsordnung,
- Vermischung von Gesellschaftsgeldern und privaten Geldern und die Verweigerung, bei der Aufklärung des Sachverhalts mitzuwirken,
- Handgreiflichkeiten und Beleidigungen gegenüber Gesellschaftern,

1 BGH v. 15.6.1998 - II ZR 318/96, BGHZ 139 S. 89.
2 Vgl. BGH v. 10.9.2001 - II ZR 14/00, NWB DAAAB-97736.
3 BGH v. 2.6.1997 - II ZR 101/96, DStR 1997 S. 1338.
4 BGH v. 9.11.1992 - II ZR 234/91, DStR 1993 S. 134.

- missbräuchliches Ausnutzen von Geschäftschancen der Gesellschaft zum eigenen Nutzen,
- Verwendung von Arbeitskräften und Sachen der GmbH für private Zwecke,
- Verstoß gegen Weisungen der Gesellschafter,
- Kompetenzüberschreitungen, Verrat von Geschäftsgeheimnissen,
- Verstoß gegen Wettbewerbsverbote,
- Vertrauensbruch,
- unberechtigte Amtsniederlegung des Geschäftsführers,
- eigenmächtige Entnahme von Zahlungen und eigenmächtiger Urlaubsantritt,
- Zerwürfnisse zwischen den Geschäftsführern,
- Verletzung des Kollegialitätsprinzips bei mehreren Geschäftsführern
- und schließlich ehrverletzende oder ehrabschneidende Äußerungen gegenüber und über Gesellschafter.[1]

Auch ein nach Anhörung des Geschäftsführers **nicht sofort auszuräumender Verdacht** für eine so schwerwiegende Pflichtverletzung (Straftat oder grob pflichtwidriges Verhalten), die das Vertrauensverhältnis zu dem Geschäftsführer so erschüttert, dass eine Fortsetzung des Anstellungsverhältnis nicht mehr zumutbar ist, kann zu einer außerordentlichen Kündigung führen.

3662 Bei der **Gesamtabwägung** hat die Gesellschafterversammlung jedoch auch die Auswirkungen mit zu berücksichtigen, die sich aus der fristlosen Kündigung für den Geschäftsführer ergeben, wie z. B., ob die fristlose Kündigung besonders diskriminierend wirkt, welche sozialen Folgen sie für den Geschäftsführer hat, wie lange er schon für die GmbH tätig war und ob eine zumutbare Weiterbeschäftigung außerhalb der Geschäftsführerstellung möglich ist. Je kürzer die Frist für eine ordentliche Kündigung ist, desto eher ist der GmbH die Fortsetzung bis zu diesem Termin zuzumuten.[2]

cc) Hinauskündigungsklauseln

3663 Wegen sog. **Hinauskündigungsklauseln** im **„Managermodell"**, in denen dem Gesellschafter-Geschäftsführer zu seiner Motivation und zur Aufwertung seiner Stellung nach innen und außen Geschäftsanteile an der GmbH überlassen werden, welche nach Beendigung der Organstellung bzw. des Geschäftsführer-Anstellungsvertrags wieder von der Gesellschaft zurückerworben werden können, wird auf die Ausführungen unter „Beteiligungsmodelle" (Rz. 3582 f.) und auf die Urteile des BGH v. 19.9.2005[3] hingewiesen.

1 Vgl. Goette, Die GmbH, § 8 Rz. 165, m. N. aus der Rspr.
2 BGH v. 23.10.1995 - II ZR 130/94, NJW-RR 1996 S. 156.
3 II R 173/04 und II ZR 342/03, BGHZ 164 S. 98 und BGHZ 164 S. 107.

dd) Aufhebungsvertrag

Ein wichtiges Instrument zur Gestaltung ist bei Beendigung des Anstellungsverhältnisses der Aufhebungsvertrag.[1] Ihn schließen (regelmäßig) die Gesellschafterversammlung und der Geschäftsführer ab. Die Zuständigkeit auf Seiten der GmbH ergibt sich aus ihrem Kündigungsrecht und daraus, dass ein Aufhebungsvertrag mit einer Generalbereinigung verbunden wird. Es besteht vor allem auf Seiten des ausscheidenden Geschäftsführers ein Interesse, dass sämtliche Ansprüche, auch Ersatzansprüche der GmbH mit der Abwicklung des Dienstverhältnisses abgegolten sind. Eine solche Vereinbarung reicht weiter als eine in der Gesellschafterversammlung ausgesprochene Entlastung. 3664

Weiter ist im Aufhebungsvertrag festzulegen, zu welchem Zeitpunkt die Anstellung endet, ob und welche nachvertraglichen Rechte und Pflichten wie z.B. ein Wettbewerbsverbot wie lange gelten sollen, ob dem Ende eine Freistellungsphase vorangehen soll und ob noch (abzugeltend) Urlaubsansprüche bestehen oder nicht. Einen wichtigen Regelungspunkt stellt die zu zahlende Abfindung (Festlegung des Abfindungsbetrages) dar, in die z.B. die anteilige Jahrestantieme (evtl. pauschaliert) einzurechnen ist. Bei der Zahlung sollte auch festgelegt werden, ob sie brutto oder netto erfolgt. Der Aufhebungsvertrag soll auch Regelungen zur Altersversorgung, Direktversicherung oder Vererblichkeit enthalten.

ee) Abfindungsregeln im Anstellungsvertrag

Um Streitigkeiten nach Beendigung des Anstellungsverhältnisses zu vermeiden, kann es durchaus sinnvoll sein, Abfindungsregeln schon im Anstellungsvertrag festzulegen. Hier können sowohl die Höhe der Abfindung als auch die erforderlichen Voraussetzungen für die Zahlung einer Abfindung vereinbart werden. Eine solche Abfindungsregelung ist im Normalfall vorteilhafter für den Geschäftsführer. Da dieser nicht dem persönlichen Geltungsbereich des KSchG unterliegt und daher keinen gesetzlichen Anspruch auf eine Abfindung hat, ergibt sich für ihn eine Möglichkeit der finanziellen Absicherung für den Fall der Beendigung des Anstellungsverhältnisses. 3665

(*Einstweilen frei*) 3666–3690

1 Zu einzelnen wichtigen Punkten vgl. Tillmann/Mohr, GmbH-Geschäftsführer, Rz. 459.

C. Haftungsfragen

LITERATUR:

Biletzki, Außenhaftung des GmbH-Geschäftsführers, BB 2000 S. 521; *Lohr*, Die Beschränkung der Innenhaftung des GmbH-Geschäftsführers, NZG 2000 S. 1204; *Jahnert*, Neues zur Generalbereinigung, GmbHR 2003 S. 830; *Schmittmann*, Haftung von Organen in Krise, Restrukturierung und Insolvenz, 4. Aufl. 2022; *Oppenländer/Trölitzsch*, Praxishandbuch der GmbH-Geschäftsführung, 4. Aufl. 2024; *Arens*, Im Blickpunkt: die persönliche Haftung des GmbH-Geschäftsfühers, NWB 2024 S. 1268 ff.

3691 **Risiken der Geschäftsführertätigkeit** können sich in einer **Innenhaftung** (Verantwortlichkeit gegenüber der GmbH und den Gesellschaftern) und in einer **Außenhaftung** (unmittelbare Schadensersatzpflicht gegenüber außenstehenden Dritten) realisieren. Bei der Haftung nach außen geht es um die Verletzung besonderer Verhaltenspflichten,[1] die dem Geschäftsführer im Interesse Dritter auferlegt sind, oder Verstöße gegen das Deliktsrecht. Allerdings können außenstehende Gläubiger den Geschäftsführer nicht immer unmittelbar in Anspruch nehmen, sondern deren Interesse wird auch durch einen von der GmbH zu verfolgenden Ersatzanspruch gegen den Geschäftsführer gewahrt (vgl. z. B. die Haftung nach § 15b InsO für Zahlungen nach Eintritt der Zahlungsunfähigkeit oder Feststellung der Überschuldung – Insolvenzreife).

3691/1 Die Innenhaftung spielt v. a. (aber nicht nur) dann eine große Rolle, wenn über das Vermögen der GmbH das Insolvenzverfahren eröffnet wurde. Durch die Verfahrenseröffnung verliert der Schuldner neben seiner Verfügungsbefugnis auch seine Prozessführungsbefugnis. Sie geht ebenfalls auf den Insolvenzverwalter über. Der Insolvenzverwalter kann also alle Ansprüche der Schuldnerin (= GmbH) in eigenem Namen (aber in seiner Eigenschaft als Insolvenzverwalter, also als Partei kraft Amtes) geltend machen (§ 80 InsO).

3692 Von der Haftung des Geschäftsführers gegenüber außenstehenden Dritten ist die **unmittelbare Haftung der Gesellschafter** abzugrenzen. Bei der Haftung der Gesellschafter ist ebenfalls zwischen einer Haftung im Innenverhältnis (also gegenüber der Gesellschaft selbst) und einer Haftung im Außenverhältnis, gegen über Gläubigern, zu unterscheiden. Letzteres dürfe der Ausnahmefall sein. Mögliche Haftungstatbestände sind aus folgender Übersicht erkennbar:[2]

1 Arens, NWB 2024 S. 1268 ff.

2 Diese von Bitter/Baschnagel, ZInsO 2018 S. 557 ff.; Bitter, ZInsO 2018 S. 625 ff.; Bitter, ZIP 2021 S. 321, 324 ff. (zu § 15b InsO); Scholz/Bitter, GmbHG, Band I, 12. Aufl. 2018, § 13 Rz. 55 ff.; Band III, 12. Aufl. 2021, § 64; Bitter/Heim, Gesellschaftsrecht, 5. Aufl. 2020, § 4 (GmbH).

ABB 2: Haftungstatbestände

Haftung der vertretungsberechtigten Organe jur. Personen

Innenhaftung = Geschäftsführer gg. GmbH

§ 43 GmbHG „Allgemeine Haftung für Pflichtverletzungen"

§§ 30, 31 GmbHG Erhaltung des Stammkapitals

§ 15b InsO

„Zahlungen" nach Insolvenzreife

Außenhaftung = Geschäftsführer gg. Gläubiger

Vertragliche Haftung

- Bürgschaft
- Schuldbeitritt
- Garantie
- ....

Deliktische Haftung

§ 826 BGB vorsätzliche sittenwidrige Schädigung

§ 823 Abs. 2 BGB i.V.m. Schutzgesetz. Bspw.

- § 15a InsO (Insolvenzverschleppung)
- § 266a StGB (Nichtzahlung von ArbeitN Beiträgen zur Sozialversicherung)
- weitere Strafnormen

§§ 34, 69 AO

Exkurs

Die Haftung des Geschäftsführers besteht v. a. – aber nicht ausschließlich – in der Kri- 3693
sensituation einer Gesellschaft. Haftungsauslösend sind namentlich eine „Zahlungsunfähigkeit" oder Überschuldung (insbesondere bei § 15a und § 15b InsO).

Nach § 17 Abs. 2 Satz 1 InsO liegt Zahlungsunfähigkeit vor, wenn die Gesellschaft nicht 3694
in der Lage ist, die fälligen Zahlungspflichten zu erfüllen. Nach § 17 Abs. 2 Satz 2 InsO liegt Zahlungsunfähigkeit i. d. R. vor, wenn der Schuldner seine Zahlungen eingestellt hat. Die Zahlungsunfähigkeit wird festgestellt durch eine Gegenüberstellung der aktuell fälligen Verbindlichkeiten und der liquiden Mittel des Schuldners. Dabei sind auch die innerhalb von drei Wochen nach dem Stichtag fällig werdenden und eingeforderten Verbindlichkeiten (sog. Passiva II) einzubeziehen (ein sog. Bugwelleneffekt soll vermieden werden).[1]

Einzubeziehen sind nur „fällige" Forderungen, wozu es einer Gläubigerhandlung bedarf, aus der sich der Wille, vom Schuldner Erfüllung zu verlangen, ergibt.[2] Geringe Liquiditätslücken sind außer Acht zu lassen. Eine Zahlungsunfähigkeit liegt daher regelmäßig

1 BGH v. 19.12,2017 - II ZR 88/16, NWB VAAAG-71415, NZI 2018 S. 204; insg. Auch Krauß, ZInsO 2016 S. 2361.

2 BGH v. 19.7.2007 - IX ZB 36/07, NWB SAAAC-53608, NZI 2007 S. 579.

dann vor, wenn eine innerhalb von drei Wochen nicht zu beseitigende Liquiditätslücke von wenigstens 10% besteht, und nicht ausnahmsweise mit an Sicherheit grenzender Wahrscheinlichkeit zu erwarten ist, dass die Liquiditätslücke demnächst vollständig oder fast vollständig geschlossen wird und den Gläubigern ein Zuwarten nach den besonderen Umständen des Einzelfalls zuzumuten ist.[1] Ergibt die Prüfung, dass unter Einbeziehung einer ernsthaft eingeforderten Gesellschafterforderung bereits eine Deckungslücke von 10% oder mehr besteht, ist die GmbH hingegen zahlungsunfähig.

§ 17 Abs 2 Satz 2 InsO stellt klar, dass die Zahlungseinstellung durch den Schuldner ein – widerlegliches – Indiz für dessen Zahlungsunfähigkeit ist. Der Schuldner hat die Zahlungen eingestellt, wenn er einen maßgeblichen Teil der fälligen Verbindlichkeiten nicht bezahlt. Diese Feststellung kann nicht nur durch eine Gegenüberstellung der beglichenen und der offenen Verbindlichkeiten, sondern auch mit Hilfe von Indiztatsachen getroffen werden.[2] **Indizien für eine Zahlungsunfähigkeit sind bspw.**

- Schließung des Geschäftslokals,
- Kreditkündigungen durch Banken,
- Häufung von Pfändungen,
- Nichtbezahlung von existenzbedingten Betriebskosten,
- fruchtlose Vollstreckung, Nichtzahlung von Löhnen etc.

3694/1 Der Begriff der Überschuldung ist in § 19 InsO definiert. Danach liegt eine Überschuldung vor, wenn das Vermögen des Schuldners die bestehenden Verbindlichkeiten nicht mehr deckt, es sei denn, die Fortführung des Unternehmens ist nach den Umständen überwiegend wahrscheinlich. Auszugehen ist mithin von einer zweistufigen modifizierten Überschuldungsprüfung.

Danach ist eine insolvenzrechtliche Überschuldung ausgeschlossen, wenn eine positive Fortführungsprognose vorliegt. Dafür muss der Schuldner **für die nächsten zwölf Monate über eine** ausreichende Liquidität verfügen. Erforderlich ist eine Liquiditätsplanung nach betriebswirtschaftlichen Grundsätzen mit einer positiven Prognose hinsichtlich der Zahlungsfähigkeit. Daneben sind aber auch sonstige betriebswirtschaftliche Erwägungen zu berücksichtigen.[3] Dieses **Unternehmenskonzept** ist die planerische Auseinandersetzung mit realistisch anzusetzenden Sanierungsbemühungen, mit welchen in hinreichender Zeitnähe die erforderlichen ertragswirksamen Ziele des Unternehmens und eine Ausräumung der Überschuldungssituation tatsächlich erreicht werden können,[4] was häufig durch ein (aufwendiges) **Sachverständigengutachten** festgestellt werden kann.

1 BGH v. 27.3.2012 - II ZR 171/10, NWB NAAAE-10820, ZIP 2012 S. 1174.

2 BGH v. 18.7.2013 - IX ZR 143/12, NWB BAAAE-46481.

3 MüKoInsO/Drukarczyk/Schüler, § 17 Rz. 76; IDW S 11; OLG Düsseldorf v. 9.2.2022 - 12 U 54/21, NWB PAAAJ-22380, NZI 2022 S. 558, inbesondere zu Start Ups.

4 OLG Koblenz, BeckRS 2015, 11560.

Sofern eine positive Fortführungsprognose verneint wird, sind bei der Überschuldungsprüfung Liquidationswerte, also die bei einer (fiktiven) Veräußerung erzielbaren Erlöse, zu Grunde zu legen.[1] 3694/2

Auf der Aktivseite sind sämtliche **Vermögenswerte** der Schuldnerin einzustellen, welche im Insolvenzfall für die Befriedigung der Gläubiger zur Verfügung stünden, also der Insolvenzmasse (§ 35 InsO) zugehören würden.[2] Dabei sind die handelsrechtlichen Wertansätze allenfalls Ausgangspunkt für die Bewertung. Insolvenzrechtlich maßgeblich ist grundsätzlich der **Verkehrswert;** ebenfalls anzusetzen ist ein etwaiger Firmenwert, stille Reserven sind aufzudecken etc.

Auf der Passivseite der Überschuldungsbilanz sind alle auf Zahlung gerichteten **Verbindlichkeiten** der Gesellschaft auszuweisen, welche im Falle einer Insolvenz zu befriedigen wären. Auch nachrangige Verbindlichkeiten sind grundsätzlich zu passivieren, wie sich im Umkehrschluss aus der Formulierung des § 19 Abs. 2 Satz 2 InsO ergibt. Nachrangige Verbindlichkeiten dürfen erst dann aus dem Überschuldungsstatus entfernt werden, wenn eine qualifizierte Rangrücktrittsvereinbarung vorliegt. Diese muss die Vereinbarung einer vorinsolvenzlichen Durchsetzungssperre der Forderung enthalten und Schutzwirkung auch für Dritte erlangen. Der Rangrücktritt darf daher ab dem Eintritt der Krise ohne Zustimmung aller Gläubiger nicht wieder aufgehoben oder zurückgenommen werden.[3]

I. Haftung des Geschäftsführers gegenüber der Gesellschaft und den Gesellschaftern (Innenhaftung)

1. Haftung nach § 43 GmbHG

a) Anspruchsvoraussetzungen

aa) Anspruchsberechtigter

Anspruchsberechtigt ist unproblematisch die **GmbH**; erforderlich zur Geltendmachung des Anspruchs ist ein Beschluss der Gesellschafterversammlung nach § 46 Nr. 8 GmbHG,[4] der bei einer Klage als materielle Klagevoraussetzung (anspruchsbegründende Tatsache) spätestens in der Schlussverhandlung vorliegen muss.[5] Von einem Alleingesellschafter wird aber kein förmlicher Beschluss mit Niederschrift nach § 48 Abs. 3 GmbHG verlangt, weil dies eine nutzlose Förmelei wäre.[6] Gleiches gilt bei einer Zweipersonen-GmbH, wenn es darum geht, einen nicht stimmberechtigten Gesellschafter-Geschäftsführer in Anspruch zu nehmen.[7] 3695

1 MüKoInsO/Drukarczyk/Schüler, § 19 Rz. 15.
2 BGH v. 27.10.1982 - VIII ZR 187/81, NJW 1983 S. 676; v. 13.7.1992 - II ZR 269/91, NJW 1992 S. 2891, 2894.
3 BGH v. 5.3.2015 - IX ZR 133/14, NWB RAAAE-87071; LG Düsseldorf v. 24.3.2017 - 10 O 308/15, NZI 2017 S. 487.
4 BGH v. 8.12.1997 - II ZR 236/96, NJW 1998 S. 1315; v. 18.9.2000 - II ZR 15/99, NJW 2001 S. 223.
5 BGH v. 3.5.1999 - II ZR 119/98, NJW 1999 S. 2115; BGH v. 26.11.2007 - II ZR 161/06, NWB QAAAC-67406, ZIP 2008 S. 117.
6 BGH v. 26.10.2009 - II ZR 222/08, NWB DAAAD-33055, NZG 2009 S. 1385.
7 BGH v. 29.11.2004 - II ZR 14/03, NWB NAAAB-97737, ZIP 2005 S. 320.

3696 Gegenüber außenstehenden Dritten oder Gesellschaftern ergibt sich aus der Stellung als Geschäftsführer einer GmbH grundsätzlich keine Garantenstellung, eine Schädigung ihres Vermögens zu verhindern. Eine Außenhaftung gegenüber Dritten kommt daher nur aufgrund besonderer Anspruchsgrundlagen in Betracht; § 43 Abs. 1 GmbHG ist v. a. kein Schutzgesetz i. S. d. § 823 Abs. 2 BGB.[1]

3697 Umstritten ist, inwiefern die vorgenannten Grundsätze aufgeweicht sind. Augenscheinlich herrscht hier auch Uneinigkeit zwischen den verschiedenen Senaten des BGH:[2] So hat der XI. Zivilsenat des BGH eine allgemeine Verhaltenspflicht des Geschäftsleiters mit der Folge einer deliktischen Organaußenhaftung aus (darlehens-)vertraglichen Interessenwahrungs-, Schutz- und Loyalitätspflichten der Gesellschaft gegenüber dem Dritten hergeleitet.[3]

3698 Der VI. Zivilsenat meint, dass aus § 93 Abs. 1 Satz 1 AktG, § 43 Abs. 1 GmbHG auch die Verpflichtung folge, dafür zu sorgen, dass sich die Gesellschaft rechtmäßig verhalte und ihren gesetzlichen Verpflichtungen nachkomme. Diese Legalitätspflicht bestehe aber grundsätzlich nur gegenüber seiner Gesellschaft und nicht auch im Verhältnis zu außenstehenden Dritten. Allein aus der Stellung als Vorstandsmitglied einer AG oder Geschäftsführer einer GmbH ergebe sich daher keine Garantenpflicht gegenüber außenstehenden Dritten, eine Schädigung ihres Vermögens zu verhindern, und damit auch keine Schadensersatzhaftung im Außenverhältnis.

3699 Bei Wettbewerbs- und Patentverstößen gilt Folgendes: Für Wettbewerbsverstöße haftet ein Geschäftsleiter der von ihm vertretenen Gesellschaft nur dann persönlich, wenn er daran entweder durch positives Tun beteiligt war, oder wenn er die Wettbewerbsverstöße aufgrund einer nach allgemeinen Grundsätzen des Deliktsrechts begründeten Garantenstellung hätte verhindern müssen. Allein die Organstellung und die allgemeine Verantwortlichkeit für den Geschäftsbetrieb begründen keine Verpflichtung des Geschäftsleiters gegenüber außenstehenden Dritten, Wettbewerbsverstöße der Gesellschaft zu verhindern.[4] Bei Patentverletzungen ist der gesetzliche Vertreter einer Gesellschaft, die ein patentverletzendes Erzeugnis herstellt oder erstmals im Inland in den Verkehr bringt, dem Verletzten zum Schadensersatz verpflichtet, wenn er die ihm möglichen und zumutbaren Maßnahmen unterlässt, die Geschäftstätigkeit des Unternehmens so einzurichten und zu steuern, dass hierdurch keine technischen Schutzrechte Dritter verletzt werden.[5]

bb) Anspruchsverpflichteter = Geschäftsführer

3700 Die Vorschrift des § 43 Abs. 1 GmbHG verpflichtet den **Geschäftsführer** dazu, die ihm nach Gesetz, Satzung und Anstellungsvertrag obliegenden Aufgaben nach dem **Sorgfaltsmaßstab** eines **„ordentlichen Geschäftsmannes“**, also sorgfältig und gewissenhaft zu erfüllen. **Verletzt** er diese Pflichten, ist er der **GmbH** für den dadurch entstehenden

1 BGH v. 19.7.2012 - VI ZR 341/10, BGHZ 194 S. 26, Rz. 23, NJW 2012 S. 3439.

2 Ausführlich MüKoGmbHG/Fleischer, § 43 Rz. 437 ff.

3 Vgl. BGH v. 24.1.2006 - XI ZR 384/03, BGHZ 166 S. 84, Rz. 119 ff., NWB RAAAC-05775.

4 So BGH v. 18.6.2014 - I ZR 242/12, BGHZ 201 S. 344, Ls. 1, NWB TAAAE-70603.

5 So BGH v. 15.12.2015 - X ZR 30/14, BGHZ 208 S. 82, Ls. 3, NWB DAAAF-49039; krit. dazu Brammsen/Sonnenburg, NZG 2019 S. 681, 688; Müller, GRUR 2016 S. 570; Müller, FS Lindacher, 2017 S. 275.

Schaden ersatzpflichtig (§ 43 Abs. 2 GmbHG). Mehrere Geschäftsführer haften solidarisch. Dabei zeigt § 43 Abs. 3 Satz 3 GmbHG, dass die Haftung nicht zuletzt den Interessen der Gläubiger der GmbH dient, weil der Geschäftsführer z. B. bei Verletzung des Kapitalerhaltungsgebots selbst dann haftet, wenn er insoweit Beschlüssen der Gesellschafterversammlung gefolgt ist.

Die organschaftliche Haftung des Geschäftsführers beginnt mit der tatsächlichen Aufnahme des Amtes[1] und endet entsprechend mit der Beendigung der Organstellung (durch Amtsniederlegung, Abberufung etc.).[2] Die Norm gilt auch (ggf. in analoger Anwendung oder durch gesetzlichen Verweis) für stellvertretende Geschäftsführer (§ 44 GmbHG), Notgeschäftsführer (§ 29 BGB) oder Arbeitsdirektoren (§ 33 MitbestG, § 13 MontanMitbestG, § 13 MitbestErgG). Auch ein Geschäftsführer, der als bloßer Strohmann fungiert, die Wahrnehmung seiner Kompetenzen Dritten überlässt und sich um die Angelegenheiten der GmbH nicht kümmert, haftet nach § 43 GmbHG bzw. § 823 Abs. 2 BGB i. V. m. z. B. §§ 266a, 14 StGB.[3] Auch für den **faktischen Geschäftsführer ist** § 43 GmbHG analog heranzuziehen.[4] 3701

Weitergehend gilt der Sorgfaltsmaßstab des § 43 Abs. 1 GmbHG entsprechend für **Aufsichtsratsmitglieder** und für **Liquidatoren** (§ 74 Abs. 4 GmbHG). 3702

b) Sorgfaltsmaßstab

Der Geschäftsführer macht sich schadensersatzpflichtig, wenn er objektiv und subjektiv die ihm als **Leitungsorgan** (Geschäftsleiter) auferlegte Pflicht, in rechtmäßigem Verhalten den Unternehmenserfolg zu fördern und Schaden von der GmbH abzuwenden, vernachlässigt. Dabei ist der Sorgfaltsmaßstab des „ordentlichen Geschäftsmannes" objektiviert. Er verlangt insbesondere, dass der Geschäftsführer bei seinen Handlungen anerkannte betriebswirtschaftliche Grundsätze berücksichtigt und unangemessene Risiken vermeidet, wobei er allerdings nicht für den Erfolg sorgfältig getroffener unternehmerischer Entscheidungen einzustehen hat. Die Vorschrift ist mithin i. S. einer Generalklausel ausgestaltet.[5] 3703

Es wird vorgeschlagen, die Sorgfaltspflichten in vier größere Pflichtenkreise zu unterteilen:[6] 3704

1. Jeder Geschäftsführer ist gehalten, die im GmbHG, der Satzung und der Geschäftsordnung niedergelegten Organpflichten zu erfüllen und die das Unternehmen betreffenden Rechtsvorschriften des allgemeinen Zivilrechts, des Straf- und Ordnungswidrigkeitenrechts und des öffentlichen Rechts zu beachten (sog. **Legalitätspflicht**).

1 BGH v. 20.3.1986 - II ZR 114/85, NJW-RR 1986 S. 1293.
2 BGH v. 17.2.2003 - II ZR 340/01, NWB RAAAB-98028.
3 BGH v. 13.10.2016 - 3 StR 352/16, NWB QAAAF-90537; OLG Celle v. 10.5.2017 - 9 U 3/17, NWB AAAAG-50579; zur Haftung des Strohmanns s. auch Altmeppen, GmbHG, § 43 Rz. 99.
4 OLG München v. 23.1.2019 - 7 U 2822/17, NWB AAAAH-12431, NJW-Spezial 2019 S. 113, BeckRS 2019 S. 552; MHLS/Ziemons, Rz. 19 f.; Lutter/Hommelhoff/Kleindiek, Vor § 35 Rz. 11; MHdB GmbH/Diekmann, § 42 Rz. 41.
5 Siehe zu den Einzelheiten MüKoGmbHG/Fleischer, § 43 Rz. 21 ff. sowie dann rund 170 (!) Randziffern.
6 MüKoGmbHG/Fleischer, § 43 Rz. 12; BeckOGK/Fleischer, AktG, § 93 Rz. 12.

2. Ein Geschäftsführer musss die ihm übertragene Unternehmensleitung innerhalb des gesetzlich vorgegebenen Pflichtenrahmens umfänglich wahrnehmen und sein Amt mit der erforderlichen Sorgfalt führen (sog. **Sorgfaltspflicht im engeren Sinne**).
3. Es obliegt dem Geschäftsführer, sich in geeigneter Weise von dem recht- und zweckmäßigen Verhalten nachgeordneter Unternehmensangehöriger und seiner Geschäftsführerkollegen zu überzeugen (sog. **Überwachungspflicht**).
4. Aus der allgemeinen Überwachungspflicht hat sich darüber hinaus eine besondere Pflicht herausgebildet, Gesetzesverstöße von Unternehmensangehörigen schon im Vorfeld durch geeignete und zumutbare Schutzvorkehrungen zu verhindern (sog. **Compliance-Pflicht**).

Zwingend ist diese Einteilung nicht.

3705 Bei der Wahrung der Sorgfaltspflichten kommt nicht auf die individuellen Fähigkeiten an, sondern der **Geschäftsführer hat dafür einzustehen**, dass er über die **Fähigkeiten und Kenntnisse verfügt,** die die ihm anvertraute Leitungsaufgabe objektiv erfordert. Der Umfang der Pflichten wird durch Größe, Art und Geschäftszweig des Unternehmens im Einzelfall bestimmt.[1]

3706 Danach hat der Geschäftsführer

- bei seiner Tätigkeit allein das Wohl der GmbH zu verfolgen und darf nicht den eigenen Nutzen im Auge haben;
- Geschäftschancen für die GmbH wahrzunehmen und nicht für sich selbst und darf nicht zu ihr in verbotenen Wettbewerb treten;
- seine Stellung nicht zu seinen eigenen Gunsten und gegen die Interessen der Gesellschaft auszunutzen;
- Schaden von der GmbH abzuwenden;
- mit den ihm anvertrauten Mitteln der GmbH sachgerecht umzugehen, er darf deshalb keine Ausgaben machen, die der Gesellschaft offensichtlich keinen Nutzen bringen oder überflüssig sind.[2] Der Geschäftsführer muss auch für die Fehlkalkulation eines Preises für einen Auftrag einstehen und ist beweispflichtig dafür, dass er den Preis nicht für ihn erkennbar zu niedrig kalkuliert hat.[3]

Selbstverständlich hat der Geschäftsführer auch für eine ordnungsgemäße Buchführung und Rechnungslegung zu sorgen; ergeben sich Kassenfehlbestände oder lässt sich der Verbleib von der GmbH vereinnahmter Gelder nicht feststellen, spricht die tatsächliche Vermutung dafür, dass der Geschäftsführer seine Pflichten verletzt hat. Er ist ersatzpflichtig, wenn er nicht darlegen und notfalls beweisen kann, dass kein Geld fehlt oder dass der Fehlbestand trotz Anwendung der gebotenen Sorgfalt nicht hat verhindert werden können.[4]

1 BeckHB GmbH/Axhausen, § 5 Rz. 213.
2 Vgl. BGH v. 9.12.1996 - II ZR 240/95, NWB GAAAF-71423.
3 Vgl. BGH v. 18.2.2008 - II ZR 62/07, NWB XAAAC-75197.
4 Vgl. BGH v. 26.11.1990 - II ZR 223/89, NJW-RR 1991 S. 485.

c) Einzelne Haftungstatbestände

Neben der Generalklausel in Abs. 2 regelt § 43 Abs. 3 GmbHG **weitere wesentliche Einzelfälle** der Haftung: 3707

- den Verstoß gegen das Verbot der Einlagenrückgewähr (§ 30 GmbHG)
- den Verstoß gegen das Verbot des Erwerbs eigener Anteile außer in den durch § 33 GmbHG zugelassenen Fällen
- Zahlungen entgegen § 15b Abs. 5 Satz 1, 4 InsO, da dies eine große Nähe zu den Kapitalerhaltungsfällen aufweist
- Kreditgewährung entgegen § 43a GmbHG[1]
- existenzvernichtendem Eingriff in das Gesellschaftsvermögen[2]

Der Geschäftsführer haftet auf den Ersatz des vollen der GmbH entstehenden Schadens. Inwiefern eine weitere Haftung des Geschäftsführers insbesondere für „gröbliche Verletzungen" i. S. v. § 93 Abs. 5 AktG oder Verletzungen von Normen, die vorwiegend Interessen der Allgemeinheit oder der Gläubiger dienen, in Betracht kommt, ist umstritten.[3]

Andere wichtige Pflichten des Geschäftsführers, deren Verletzung zum Schadensersatz führen, sind in § 49 Abs. 3 und § 43a GmbHG genannt: 3708

- Nach § 49 Abs. 3 GmbHG muss der Geschäftsführer die Gesellschafterversammlung einberufen, wenn sich aus der Jahresbilanz oder aus einer während des Geschäftsjahres aufgestellten Bilanz ergibt, dass die Hälfte des Stammkapitals verloren ist. Verstößt er hiergegen, begründet dies einen Schadensersatzanspruch, wenn der Schaden durch rechtzeitiges Handeln hätte abgewendet werden können.[4] Der Geschäftsführer einer Unternehmergesellschaft (haftungsbeschränkt) muss die Gesellschafterversammlung schon bei drohender Zahlungsunfähigkeit unverzüglich einberufen (§ 5a Abs. 4 GmbHG).
- § 43a GmbHG nimmt den Geschäftsführer in besondere Verantwortung für Kreditgewährungen der GmbH an Geschäftsführer, Prokuristen und Generalbevollmächtigte. Solche Kredite sind untersagt, wenn sie aus dem Vermögen erfolgen, das zur Erhaltung des Stammkapitals notwendig ist; verbotswidrige Kredite sind sofort zurückzugewähren. Die Vorschrift erfasst aber nur die Ausreichung des Darlehens selbst. Gerät die GmbH später in eine Unterbilanz, ist § 43a GmbHG nicht anwendbar.[5]

---

1 Auch ohne ausdrückliche Erwähnung allg. Meinung: BGH v. 24.11.2003 - II ZR 171/01, NWB AAAAB-89381.

2 Noack/Servatius/Haas/Beurskens, GmbHG, § 43 Rz. 99.

3 Siehe dazu LG Stade v. 27.9.2017 - 5 O 207/16, BeckRS 2017 S. 129474; Altmeppen, Rz. 126 f.; Altmeppen, DStR 2002 S. 2048 ff.

4 BGH v. 20.2.1995 - II ZR 9/94, NJW-RR 1995 S. 669.

5 So jetzt BGH v. 23.4.2012 - II ZR 252/10, GmbHR 2012 S. 740, m. w. N. im Anschluss an die überwiegende Meinung in der Literatur.

d) Haftungsrisiken aus der Kapitalaufbringung und Kapitalerhaltung für den Geschäftsführer

3709 Wird das zur Erhaltung des Stammkapitals erforderliche Vermögen entgegen § 30 Abs. 1 Satz 1 GmbHG an die Gesellschafter ausgezahlt, besteht zunächst ein Erstattungsanspruch gegen den Gesellschafter. Aber auch der Geschäftsführer ist der Gesellschaft zum Ersatz des ausgezahlten Betrages verpflichtet.[1] Für den Tatbestand genügt neben eigenhändigem Verstoß auch unzureichende Überwachung von Mitgeschäftsführern oder anderen Vertretern (insbesondere Prokuristen und Handlungsbevollmächtigten). Über den Wortlaut hinaus werden nach h. M. auch Zahlungen aus der gesetzlichen Rücklage i. S. v. § 5a Abs. 3 GmbHG erfasst. Zudem greift die Norm auch bei Zahlung an Kommanditisten einer GmbH & Co. KG durch den Geschäftsführer der Komplementär-GmbH.[2]

e) Verantwortlichkeit bei Arbeitsteilung

3710 Verursachen die Geschäftsführer gemeinsam einen Schaden, haften sie solidarisch (§ 43 Abs. 2 GmbHG). Sind den Geschäftsführern bestimmte Geschäftsbereiche zugewiesen (**Arbeitsteilung**), so ist jeder Geschäftsführer grundsätzlich für seinen Zuständigkeitsbereich verantwortlich. Ressortaufteilung erfordert

(1) einstimmig vereinbarte,

(2) eindeutige Abgrenzung der Geschäftsführungsaufgaben, welche

(3) lückenlose Wahrnehmung aller Geschäftsführungsaufgaben durch

(4) fachlich und persönlich geeignete Personen sicherstellt und

(5) Zuständigkeit des Gesamtorgans insbesondere für nicht delegierbare Fragen wahrt.[3]

Im Übrigen bestehen keine Formerfordernisse. Allerdings führt dies zum einen zu Beweisproblemen und zum anderen fordert der BFH für die Pflicht nach § 69 AO Schriftform.[4]

3711 Einer Ersatzpflicht kann der Geschäftsführer jedoch nicht mit dem bloßen Hinweis auf das schadensstiftende Verhalten seines Mitgeschäftsführers entgehen. Denn er darf sich nicht einfach darauf verlassen, dass bei einer Ressortaufteilung auch die anderen Geschäftsführer ihre Pflichten ordnungsgemäß erfüllen, sondern er ist im Rahmen seiner **Gesamtverantwortung** verpflichtet, das Gebaren und die Amtsführung seiner Kollegen zu beobachten, diese zu einer gesetz- und satzungsmäßigen Amtsführung anzuhalten und notfalls gegen Pflichtverletzungen einzuschreiten.[5]

---

1 Meyer, BB 2008 S. 1742, 1743; vgl. BGH v. 9.12.1991 - II ZR 43/91, GmbHR 1992 S. 166.

2 Noack/Servatius/Haas/Beurskens, GmbHG, § 43 Rz. 86 bis 93.

3 BGH v. 6.11.2018 - II ZR 11/17, NWB YAAAH-06478; Fleischer, DB 2019 S. 472.

4 BFH v. 27.5.2009 - VII B 231/08, NWB EAAAD-26975; BFH v. 4.3.1986 - VII S 33/85, BStBl 1986 II S. 384, NWB DAAAA-97872; BFH v. 24.1.1989 - VII B 188/88, BStBl 1989 II S. 315, NWB OAAAA-98392; BFH v. 17.5.1988 - VII R 90/85, BFH/NV 1989 S. 4, NWB KAAAB-30432.

5 BGH v. 6.11.2018 - II ZR 11/17, NWB YAAAH-06478, NZG 2019 S. 225, 226; BGH v. 4.11.2002 - II ZR 224/00, NWB YAAAB-97862, NJW 2003 S. 358, 359.

Verletzt er diese **Überwachungspflicht**, bleibt er mit den anderen Geschäftsführern gemeinsam verantwortlich, was insbesondere dort von Bedeutung ist, wo es um die Erfüllung öffentlich-rechtlicher Pflichten (steuer- und sozialversicherungsrechtlicher Art) und z.B. der Insolvenzverhütungs- und Insolvenzantragspflicht sowie der Massesicherungspflicht geht. Nachlässigkeiten und zu „großes Vertrauen" in diesen Bereichen können für den Geschäftsführer schwerwiegende Folgen haben.[1] Umgekehrt kann sich der in Anspruch genommene Geschäftsführer gegenüber der GmbH auch nicht darauf berufen, sie – die GmbH – treffe ein Mitverschulden, weil ihn ein anderer Mitgeschäftsführer nicht hinreichend überwacht habe. Mitgeschäftsführer bilden im Verhältnis zur GmbH zusammen eine Haftungsgemeinschaft, sie haften gesamtschuldnerisch für den gesamten Schaden.[2]

f) Handeln auf Weisung der Gesellschafter

Eine **Haftung des Geschäftsführers entfällt**, soweit er aufgrund einer **Weisung der Gesellschafterversammlung** (oder anderer Organe, soweit ihnen ein Weisungsrecht eingeräumt ist) handelt. Ein Geschäftsführer ist an die Weisungen der Gesellschafterversammlung als dem zentralen Organ der GmbH gebunden, so dass er nicht dafür einzustehen hat, soweit das pflichtwidrige und zu einem Schaden der Gesellschaft führende Verhalten auf einer **Gesellschafter-Weisung** beruht.[3] Der Geschäftsführer ist im Rahmen von Gesetz, Satzung und guten Sitten bleibenden Weisungen der Gesellschafter unterworfen. Darum haftet er im Allgemeinen nicht, wenn er einen Gesellschafterbeschluss oder eine Weisung des alleinigen Gesellschafters befolgt oder wenn er der alleinige Gesellschafter ist.[4] Letztlich schädigen sich die Gesellschafter durch die dem Geschäftsführer erteilte Weisung selbst. Die Weisung muss nicht stets positiv erteilt sein. Es genügt auch ein stillschweigendes Einverständnis der Gesellschafter zu einem bestimmten Handeln oder Unterlassen des Geschäftsführers;[5] wenn der Geschäftsführer in bestimmten Situationen mit dem zumindest stillschweigend erteilten Einverständnis der vollständig informierten Gesellschafter handelt, bedarf es einer ausdrücklichen gegenteiligen Weisung, wenn er sich anders verhalten soll.[6] 3712

Die Bindung an eine Gesellschafter-Weisung, die einen Pflichtenverstoß gegen § 43 Abs. 2 GmbHG entfallen lässt, gilt jedoch nicht mehr, wenn der Geschäftsführer bei Ausführung der Weisung zwingende gesetzliche Vorschriften, die Satzung oder die guten Sitten verletzen würde. Vornehmlich die „weisungsgemäße" Verletzung von Pflichten, die im Interesse der Allgemeinheit und der Gesellschaftsgläubiger angeordnet sind (Kapitalerhaltung, ordnungsgemäße Aufbringung des Stammkapitals oder Insolvenzantragspflicht), lassen seine Ersatzpflicht nicht entfallen. Verstößt der Geschäftsführer mit einer Handlung gemäß der Weisung gegen seine Pflichten aus § 30 oder gegen § 64 3713

1 Vgl. auch BGH v. 20.2.1995 - II ZR 9/94, NJW-RR 1995 S. 669.
2 BGH v. 14.3.1983 - II ZR 103/82, NJW 1983 S. 1856.
3 BGH v. 26.10.2009 - II ZR 222/08, NWB DAAAD-33055, ZIP 2009 S. 2335.
4 St. Rspr., BGH v. 28.9.1992 - II ZR 299/91, BGHZ 119 S. 257; v. 10.5.1993 - II ZR 74/92, BGHZ 122 S. 333; v. 21.6.1999 - II ZR 47/98, BGHZ 148 S. 92, NWB JAAAE-89570; v. 25.6.2001 - II ZR 38/99, BGHZ 148 S. 167, NWB KAAAB-98078.
5 BGH v. 28.4.2008 - II ZR 264/06, BGHZ 176 S. 204 (GAMMA), NWB IAAAC-82693.
6 Vgl. BGH v. 15.11.1999 - II ZR 122/98, DStR 2000 S. 168.

GmbHG, welche die Gesellschafterversammlung nicht außer Kraft setzen kann, haftet er.[1] Diese Haftung trifft auch den alleinigen Gesellschafter-Geschäftsführer.

3714 Es ist anerkannt, dass grundsätzlich auch Vereinbarungen über den Haftungsverzicht oder eine Haftungsbeschränkung möglich sind. Eine Grenze finden solche Vereinbarungen aber, wenn der Geschäftsführer Zahlungen unter Verstoß gegen § 30 oder § 31 GmbHG leistet, selbst wenn er dabei einem Gesellschafterbeschluss folgt. Aus § 43 Abs. 3 Satz 3 GmbHG ergibt sich, dass Haftungsausschlüsse oder Beschränkungen nur in den Fällen eines Verstoßes gegen die §§ 30 und 31 GmbHG im Gläubigerinteresse unbeachtlich sind, nicht aber in den sonstigen Fällen des § 43 Abs. 2 GmbHG.[2] Damit werden die Möglichkeiten einer Haftungsbeschränkung erweitert.[3]

g) Verzicht und Entlastung

aa) Entlastung

3715 Die GmbH ist mit Ersatzansprüchen wegen fehlerhafter Geschäftsführung ausgeschlossen, wenn der Geschäftsführer vorher durch Beschluss der Gesellschafterversammlung (§ 46 Nr. 5 GmbHG) entlastet worden ist. Voraussetzung für eine wirksame **Entlastung** ist, dass der Gesellschafterversammlung die tatsächlichen Grundlagen des Anspruchs bei sorgfältiger Prüfung aller Vorlagen und Berichte im Zeitpunkt des Entlastungsbeschlusses erkennbar.[4] Zudem müssen alle Gesellschafter Kenntnis der vorgenannten Tatsachen haben, wobei private Kenntnis reicht.[5] Außerdem darf die Geltendmachung nicht zur Befriedigung von Gläubigeransprüchen erforderlich sein (z. B. bei Überschuldung und Zahlungsunfähigkeit) und der Anspruch darf nicht auf einem Verstoß gegen die Vorschriften der Kapitalerhaltung beruhen.

bb) Generalbereinigung

3716 Die GmbH kann auf ihr zustehende Ansprüche grundsätzlich auch verzichten, sofern dies nicht auf eine nach § 30 GmbHG verbotene Auszahlung hinausläuft oder unverzichtbare Ersatzansprüche betroffen sind.[6] Die Generalbereinigung ist – im Gegensatz zur Entlastung – ein zwischen der Gesellschaft und der Geschäftsführung geschlossener Verzichtsvertrag (oder negatives Schuldanerkenntnis), von dem sämtliche denkbaren Ersatzansprüche (im Rahmen des rechtlich Zulässigen) ohne Rücksicht auf die konkrete Kenntnis von einzelnen Vorgängen erfasst sind.[7] Sie bedarf eines Beschlusses der Gesellschafterversammlung; der Verzicht darf aber nicht von Gesetzes wegen bereits ausgeschlossen sein und ist dort nicht möglich, wo es sich um Ansprüche aus den §§ 30

1 BGH v. 26.10.2009 - II ZR 222/08, NWB DAAAD-33055, ZIP 2009 S. 2335.

2 BGH v. 16.9.2002 - II ZR 107/01, NWB ZAAAB-97691, DStR 2002 S. 2046, während der BGH im Urteil v. 15.11.1999 - II ZR 122/98, GmbHR 2000 S. 187, noch die ausdehnende Meinung vertreten hat.

3 Tillmann/Schiffers/Wälzholz, Rz. 1191.

4 OLG Brandenburg v. 29.6.2022 - 7 U 133/21, NWB ZAAAJ-31197, BeckRS 2022, 16066, Rz. 20; OLG Köln v. 19.2.2010 - 204 C 96/09, AG 2010 S. 219.

5 BGH v. 21.4.1986 - II ZR 165/85, BGHZ 97 S. 382; v. 8.11.1999 - II ZR 7/98, NJW 2000 S. 1329; v. 3.12.2001 - II ZR 308/99, NWB JAAAB-97974, ZIP 2002 S. 213.

6 BGH v. 7.4.2003 - II ZR 193/02, NWB OAAAB-97809, ZIP 2003 S. 945.

7 BGH v. 8.12.1997 - II ZR 236/96, NJW 1998 S. 1315.

und 31 GmbHG handelt.[1] Dass der Schadensersatzbetrag für die Befriedigung der Gesellschaftergläubiger erforderlich ist (§ 43 Abs. 3 GmbHG), reicht allein nicht aus.[2]

Für einen Haftungsverzicht könnte die Formulierung etwa wie folgt lauten: „*Sämtliche bekannten und unbekannten Ansprüche der GmbH gegen den Geschäftsführer im Zusammenhang mit dessen Geschäftsführung werden unabhängig von ihrem Rechtsgrund vollständig und ersatzlos erlassen, soweit ein Verzicht überhaupt durch Rechtsgeschäft vereinbart werden kann.*“[3] 3717

h) Haftungsmaßstab

Der Geschäftsführer ist schadensersatzpflichtig, wenn er objektiv und subjektiv die ihm als Geschäftsleiter obliegenden Pflichten nach dem Maßstab des ordentlichen Geschäftsmannes vernachlässigt. Mit der wohl h. M. kann der Haftungsmaßstab – durch eine individuelle Vereinbarung etwa im Anstellungsvertrag – auf grobe Fahrlässigkeit, den Insolvenzfall oder der Höhe nach beschränkt werden. Einzelheiten sind hoch streitig; eine höchstrichterliche Rechtsprechung fehlt.[4] Geregelt werden kann dies im Gesellschaftsvertrag, durch Beschluss der Gesellschafter oder in einer von diesen aufgestellten Geschäftsordnung oder im Anstellungsvertrag mit dem Geschäftsführer, wenn diesem ein Beschluss der Gesellschafter zugrunde liegt. Für derartige Freistellungsbeschlüsse genügt einfache Mehrheit.[5] Eine Haftungsmilderung ist in den zwingenden Fällen des § 43 Abs. 3 GmbHG und bei explizit gläubigerschützenden Organpflichten nach §§ 9a, 9b, 43a, 57 Abs. 4 GmbHG, § 15b InsO, sowie existenzvernichtendem Eingriff ausgeschlossen.[6] 3718

i) Darlegungs- und Beweislast

Die GmbH muss darlegen und beweisen, dass ihr **ein Schaden durch ein möglicherweise pflichtwidriges Verhalten des Geschäftsführers entstanden ist** (Schaden und die Möglichkeit des kausalen Zusammenhangs mit einer Pflichtverletzung).[7] Im Gegenzug ist es Sache des Geschäftsführers nachzuweisen, dass er mit der Sorgfalt eines ordentlichen und gewissenhaften Geschäftsleiters gehandelt hat,[8] dass er seine Pflichten erfüllt hat, ein Verschulden fehlt oder aber, dass auch bei pflichtgemäßem Verhalten der Schaden entstanden wäre. Verlangt z. B. die GmbH den Ausgleich eines Kassenfehlbestandes, muss sie die zweckwidrige Verwendung des Geldes beweisen. Ist die Aufklärung wegen mangelnder Buchführung oder fehlender sonstiger Dokumentation nicht möglich, geht dies zu Lasten des Geschäftsführers. Die Umkehr der Beweislast 3719

1 Vgl. BGH v. 16.9.2002 - II ZR 107/01, NWB ZAAAB-97691, DStR 2002 S. 2046.

2 So noch BGH v. 15.11.1999 - II ZR 122/98, NJW 2000 S. 576.

3 Formulierung nach Tillmann/Schiffers/Wälzholz, Rz. 1192.

4 Vgl. zum Meinungsstand Scholz/Verse, § 43 Rz. 424; Rowedder/Schmidt-Leithoff/Schnorbus, § 43 Rz. 9 f.

5 Scholz/Verse, § 43 Rz. 42.

6 Noack/Servatius/Haas/Beurskens, GmbHG, § 43 Rz. 40.

7 Ständige Rechtsprechung siehe nur BGH v. 22.6.2021 - II ZR 140/20, NWB QAAAH-85986, NZG 2021 S. 1356; BGH v. 20.11.2018 - II ZR 132/17, NWB VAAAH-09071; BGH v. 4.11.2002 - II ZR 224/00, NWB YAAAB-97862, NJW 2003 S. 358.

8 BGH v. 22.6.2021 - II ZR 140/20, NWB QAAAH-85986, NZG 2021 S. 1356, Rz. 8; v. 22.6.2009 - II ZR 143/08, NWB NAAAD-25854, NJW 2009 S. 2598.

folgt hier daraus, dass der Geschäftsführer die ordnungsgemäße Erfüllung seiner Pflichten beweisen muss.[1] Beruft sich der Geschäftsführer auf die Haftungsprivilegierung aus dem ihm zustehenden unternehmerischen Ermessen, muss der Geschäftsführer darlegen und beweisen, dass er alle Informationsquellen ausgeschöpft und auf dieser Grundlage die Vor- und Nachteile der bestehenden Handlungsoptionen sorgfältig abgewogen hat.[2] Wendet der Geschäftsführer Verzicht oder Entlastung ein, muss er dies bzw. die Tatsachen beweisen, aus denen sich die Entlastung ergibt.

j) Verjährung von Ersatzansprüchen

3720 Ansprüche gegen den Geschäftsführer aus der Verletzung seiner Organpflichten aus § 43 GmbHG verjähren in fünf Jahren seit der Vornahme der pflichtwidrigen Handlung bzw. der Unterlassung pflichtgemäßen Handelns (§ 43 Abs. 4 GmbHG), wobei es auf die Kenntniserlangung durch Organe der GmbH davon nicht ankommt.[3] Die Verjährung beginnt also mit der Entstehung des Anspruchs dem Grunde nach, also mit dem Eintritt des Schadens, der noch nicht bezifferbar sein muss.[4] Schadensersatzansprüche wegen gem. § 30 Abs. 1 GmbHG verbotener Auszahlungen verjähren ebenfalls in fünf Jahren. Lässt der Geschäftsführer auch die Rückforderungsansprüche gegen die Gesellschafter verjähren, wird dadurch aber keine neue Schadenshaftung mit einer erst von da an laufenden neuen Verjährung begründet.[5]

3721 Die fünfjährige Verjährungsfrist nach § 43 Abs. 4 GmbHG kann durch die Satzung oder auch im Geschäftsführeranstellungsvertrag verkürzt werden.[6] Zu Lasten der Gesellschaftsgläubiger kann dies jedoch aus dem Rechtsgedanken des § 43 Abs. 3 Satz 3 GmbHG heraus nicht erfolgen.[7]

3722 Ergibt sich die Schadensersatzpflicht eines Gesellschafter-Geschäftsführers nicht nur aus § 43 Abs. 2 GmbHG (Organpflicht), sondern zugleich auch aus der Verletzung seiner gesellschafterlichen Treuepflicht, kann er sich nicht auf die kürzere Frist des § 43 Abs. 4 GmbHG berufen. Gleiches gilt, wenn neben Ansprüchen aus der Geschäftsführerhaftung Ansprüche aus einer Vertragsbeziehung bestehen.[8] Dann gelten die allgemeinen Vorschriften.

3723–3730 *(Einstweilen frei)*

---

1 Vgl. BGH v. 4.11.2002 - II ZR 224/00, BGHZ 152 S. 280, NWB YAAAB-97862.
2 BGH v. 14.7.2008 - II ZR 202/07, NWB RAAAC-88840, DStR 2008 S. 1838.
3 Vgl. BGH v. 16.9.2002 - II ZR 107/01, NWB ZAAAB-97691, NJW 2002 S. 377; v. 9.2.2009 - II ZR 292/07, BGHZ 179 S. 344, NWB XAAAD-19294.
4 BGH v. 29.9.2008 - II ZR 234/07, NWB AAAAC-96253, ZIP 2008 S. 2217.
5 BGH v. 29.9.2008 - II ZR 234/07, NWB AAAAC-96253, DStR 2008 S. 2378.
6 BGH v. 16.9.2002 - II ZR 107/01, NWB ZAAAB-97691, ZIP 2002 S. 2138.
7 BGH v. 15.11.1999 - II ZR 122/98, NJW 2000 S. 576.
8 BGH v. 14.9.1998 - II ZR 175/97, NJW 1999 S. 781; v. 18.9.2000 - II ZR 15/99, NJW 2001 S. 223.

2. Haftung für Zahlungen nach Eintritt der Insolvenzreife (§ 15b InsO)

LITERATUR:

Zu § 64 GmbHG: *Goette*, Haftung des Geschäftsführers für Verstoß gegen Masseerhaltungspflicht im Überschuldungsstatus, DStR 2000 S. 211; *Blöse*, Zur Haftung des Geschäftsführers nach § 64 Abs. 2 GmbHG, EWiR 2003 S. 635; *Weiß*, Strafbarkeit der Geschäftsführer wegen Untreue bei Zahlungen „entgegen" § 64 GmbHG?, GmbHR 2011 S. 350; Zu § 15b InsO: *Baumert*, § 15 b InsO – offene Praxisfragen beim korrigierenden Eingriff des Gesetzgebers in die Rechtsprechung des II. Senats, NZG 2021 S. 443; *Bitter*, Geschäftsleiterhaftung in der Insolvenz – Alles neu durch SanInsFoG und StaRUG?, ZIP 2021 S. 321 ff.; *Heinrich*, § 15b VIII InsO – Beschränkte Auflösung einer Pflichtenkollision?, NZI 2021 S. 258; *Arens*, Das SanInsFoG – Änderungen im Pflichtenregime für Geschäftsleiter, GWR-Gesellschafts- und Wirtschaftsrecht 2021 S. 64 ff.

a) Haftung nach § 64 Satz 1 und Satz 3 GmbHG a. F.

3731 Nach § 64 Satz 1 GmbHG a. F. hafteten der Geschäftsführer (auch faktische Geschäftsführer oder der Liquidator[1]) der GmbH dafür, dass **Zahlungen,** die nach Feststellung der Überschuldung oder nach Eintritt der Zahlungsunfähigkeit (= **Insolvenzreife**) geleistet wurden, mit dem Sorgfaltsstandard des ordentlichen Geschäftsleiters vereinbar waren. Die Vorschrift diente dem Schutz des Gesellschaftsvermögens vor Masseverkürzung und vor bevorzugter Befriedigung einzelner Gesellschaftsgläubiger; **geschützt** wurden also **indirekt** über die Auffüllung des Gesellschaftsvermögens **die Gesellschaftsgläubiger.**[2]

3732 Nach § 64 Satz 3 GmbHG haftete der Geschäftsführer (auch der faktischen Geschäftsführer), sofern er die Insolvenz durch Zahlungen an den Gesellschafter herbeigeführt hat. Beide Vorschriften wurden mit Wirkung zum 31.12.2020 abgeschafft.

b) Haftung nach § 15b InsO

3733 Durch das SanInsFoG (in Kraft seit dem 1.1.2021) wurde der § 64 GmbHG gestrichen und die Haftung für „Auszahlungen in der Krise" rechtsformunabhängig in § 15b InsO geregelt.[3] Die Erstattungsansprüche verjähren nach fünf Jahren, beginnend mit dem Zeitpunkt, in dem der auszugleichende (Teil-)Verlust entstanden ist.

3734 Ebenso wie die Vorgängernormen dient die Vorschrift dem Zweck, die künftige Insolvenzmasse zugunsten der künftigen Insolvenzgläubiger zu erhalten. Noch immer sind zu der Vorschrift viele Detailfragen offen; soweit ersichtlich fehlt es hierzu bislang an höchstrichterlicher Rechtsprechung.[4]

aa) Erfasster Personenkreis

3735 Nach § 15b Abs. 1 Satz 1 InsO erfasst das Zahlungsverbot „Mitglieder des Vertretungsorgans und Abwickler einer juristischen Person" im Stadium der Zahlungsunfähigkeit

1 BGH v. 11.7.2005 - II ZR 235/03, NWB PAAAB-97878, ZIP 2005 S. 1550 (faktischer Geschäftsführer) und v. 28.2.2012 - II ZR 244/10, NWB YAAAE-08577, ZIP 2012 S. 867 (Liquidator).

2 BGH v. 29.11.1999 - II ZR 273/98, BGHZ 143 S. 184, NWB EAAAF-01508; v. 8.1.2001 - II ZR 88/99, BGHZ 146 S. 264, NWB QAAAB-78850; Goette, Die GmbH, § 8 Rz. 218.

3 Arens, GWR 2021 S. 64 ff.

4 Siehe nur Bitter, ZIP 2021 S. 321 ff.; Baumert, NZG 2021 S. 443.

oder Überschuldung des Rechtsträgers. Der Anwendungsbereich richtet sich mithin nach altem Recht; umfasst sind in erster Linie die **Geschäftsführer** der GmbH, **Liquidatoren und faktische Geschäftsführer.**[1]

bb) Zahlungsverbot

3736 Die Vorschrift normiert ein Zahlungsverbot. Das Zahlungsverbot beginnt, wenn die Zahlungsunfähigkeit oder Überschuldung eingetreten ist, aber nicht schon mit der drohenden Zahlungsunfähigkeit.[2] Maßgebend ist der objektive Eintritt und nicht erst die Feststellung der Zahlungsunfähigkeit oder Überschuldung durch den Geschäftsführer oder nach Ablauf der Drei- bzw. Sechswochenfrist für den Insolvenzantrag nach § 15a InsO.[3]

3737 Der Begriff der **Zahlung ist weit zu verstehen**. Zahlungen sind also nicht nur Geldleistungen, sondern alle Leistungen aus dem Gesellschaftsvermögen, die das Aktivvermögen der GmbH vermindern,[4] und Sicherheitsleistungen der Gesellschaft für Verbindlichkeiten des Gesellschafters.

cc) Privilegierte Zahlungen

3738 Allerdings sind Zahlungen, die im „ordnungsgemäßen Geschäftsgang" erfolgen, privilegiert und unterliegen nicht dem Zahlungsverbot.

Zu solchen privilegierten Zahlungen gehören solche, die

(1) innerhalb der Karenzzeit für die Insolvenzantragsstellung (also drei Wochen nach Eintritt der Zahlungsunfähigkeit/sechs Wochen nach Eintritt der Überschuldung) erfolgt sind und

(2) zur Aufrechterhaltung des Geschäftsbetriebs dienen und solange

(3) die Antragspflichtigen die Maßnahmen zur nachhaltigen Beseitigung der Insolvenzreife oder zur Vorbereitung eines Insolvenzantrags mit der Sorgfalt eines ordentlichen und gewissenhaften Geschäftsleiters betreiben (§ 15b Abs. 2 Satz 2 InsO).

3739 Innerhalb der (1) Insolvenzantragsfrist sind mithin Zahlungen erlaubt, die (2) der **Aufrechterhaltung des Geschäftsbetriebs** dienen. Maßstab soll die Kotrollfrage sein: „Hätte ein objektiv denkender Gläubiger der Zahlung im Interesse einer vorläufigen, die Werte erhaltenden Aufrechterhaltung des Geschäftsbetriebs zugestimmt?".[5] Hierunter sollen u. a. fallen:[6]

- Zahlungen für Dienstleistungen, auch wenn diese keinen unmittelbaren Massezufluss mit sich bringen,
- Lohnzahlungen für die für die Fortführung des Geschäftsbetriebs notwendigen Arbeitnehmer,

1 Baumbach/Hueck/Haas, noch zum alten Recht sehr ausführlich in der 22. Aufl. 2019, GmbHG, § 64 Rz. 1.
2 BGH v. 28.2.2012 - II ZR 244/10, NWB YAAAE-08577, ZIP 2012 S. 867.
3 BGH v. 19.6.2012 - II ZR 243/11, NWB LAAAE-14804, ZIP 2012 S. 1557.
4 Drescher, Die Haftung des GmbH-Geschäftsführers, Rz. 751.
5 Bitter, ZIP 2021 S. 321 (326).
6 Auflistung nach Braun/Weber/Dömmecke, InsO, § 15b Rz. 30 ff.

- Zahlungen an Lieferanten für Vorratsbestellungen oder unerlässliche Ersatzbeschaffungen.

Nicht darunter soll die Bedienung von Altforderungen, seien es Gesellschafterdarlehen, Bank- oder Lieferantenkredite fallen.

Erfolgen Zahlungen nach Stellung des Insolvenzantrags bis zur Insolvenzeröffnung mit Zustimmung des (schwachen) vorläufigen Insolvenzverwalters, sind diese nach § 15b Abs. 2 Satz 3 InsO ebenfalls privilegiert.[1] Fehlt es hingegen an einer Zustimmung, besteht für Auszahlungen eine persönliche Haftung des Geschäftsleiters. 3740

dd) Zahlungen im Zuge einer Insolvenzverschleppung

Zahlungen sind i.d.R. nicht mit der Sorgfalt eines ordentlichen und gewissenhaften Geschäftsleiters vereinbar, wenn die in § 15a Abs. 1 Satz 1 und 2 InsO geregelten Karenzzeiten (also die Drei- bzw. Sechswochenfristen) für eine rechtzeitige Antragstellung verstrichen sind und der Antragspflichtige trotz Fristablauf keinen Antrag gestellt hat. Dies stellt § 15a Abs. 3 InsO klar. Solche Auszahlungen hat der Geschäftsleiter der Gesellschaft zurückzugewähren. 3741

ee) Zahlungen von Steuern und Sozialversicherungsbeiträgen

Bei der Abführung von Steuern kam es in der Vergangenheit zu einer „Pflichtenkollision". Nach §§ 69, 34 AO hafteten die Geschäftsleiter einer juristischen Person als deren gesetzlicher Vertreter, wenn Ansprüche aus dem Steuerschuldverhältnis infolge vorsätzlicher oder grob fahrlässiger Verletzung der ihnen auferlegten Pflichten nicht oder nicht rechtzeitig festgesetzt oder erfüllt worden waren. Problematisch war, wie sich diese steuerrechtliche Haftung zu § 64 Satz 1 GmbHG verhält. Nach Ansicht der **Finanzgerichte** entfiel die steuerrechtliche Haftung des Geschäftsleiters nach Eintritt der Insolvenzreife nicht deshalb, weil eine „Pflichtenkollision" mit § 64 Satz 1 GmbHG besteht. Aus § 64 Satz 1 GmbHG ergebe sich – so die steuerrechtliche Rspr. – kein Entschuldigungsgrund für die steuerrechtliche Haftung.[2] 3742

Nach Ansicht des **BGH** befindet sich der Geschäftsführer mit Eintritt der Insolvenzreife in einer haftungsbefreienden Pflichtenkollision mit der Folge, dass Zahlungen an den Steuergläubiger (für laufende, erst nach Insolvenzreife fällig werdende Steuerforderungen und Steuerrückstände) als mit der Sorgfalt eines ordentlichen Geschäftsmanns vereinbar angesehen werden müssten.[3]

Diese Problematik ist nun in § 15b Abs. 8 InsO geregelt. Eine Verletzung steuerrechtlicher Zahlungspflichten liegt nach § 15b Abs. 8 InsO nicht vor, wenn zwischen dem Eintritt der Zahlungsunfähigkeit oder Überschuldung und der Entscheidung des Insolvenzgerichts über den Insolvenzantrag Ansprüche aus dem Steuerschuldverhältnis nicht oder nicht rechtzeitig erfüllt werden, sofern die Antragspflichtigen ihren Verpflichtun- 3743

1 Siehe dazu und zum Folgenden Göb/Nebel, NZI 2021 S. 17 ff.; Bitter, GmbHR 2020 S. 1157 ff.; Riewe, NJW 2021 S. 193 ff.; Arens, GWR 2021 S. 64, 66.

2 BFH v. 23.9.2008 - VII R 27/07, BStBl 2009 II S. 29, NWB UAAAD-01364, DStRE 2009 S. 310.

3 BGH v. 25.1.2011 - II ZR 196/09, NWB YAAAD-62056, NZG 2011 S. 303; v. 14.5.2007 - II ZR 48/06, NWB MAAAC-48770, NZG 2007 S. 545, NJW 2007 S. 2118.

gen nach § 15a InsO nachkommen. Wird ein Insolvenzantrag verspätet gestellt, gilt dies gem. § 15b Abs. 8 Satz 2 InsO nur für die nach Bestellung eines vorläufigen Insolvenzverwalters oder Anordnung der vorläufigen Eigenverwaltung fällig werdenden Ansprüche aus dem Steuerschuldverhältnis. Wird schließlich das Insolvenzverfahren nicht eröffnet und ist dies auf eine Pflichtverletzung des Antragspflichtigen zurückzuführen, greift die steuerrechtliche Privilegierung nicht (vgl. § 15b Abs. 8 Satz 3 InsO).[1]

Unberührt bleibt die Haftung nach §§ 34, 69 AO für die bereits vor Eintritt der Insolvenzreife begangenen Pflichtverletzungen in Gestalt der Nichtzahlung von Steuern, die bereits vor Eintritt der Insolvenzreife fällig waren.

3744 Ebenfalls problematisch war unter der alten Rechtslage, wie sich die strafrechtlichen Pflichten zur Abführung der Sozialversicherungsbeiträge nach § 266a StGB zu der Geschäftsführerhaftung nach § 64 Satz 1 GmbHG verhalten. Auch Zahlungen an die Sozialversicherungsträger unterfallen nach Eintritt von Zahlungsunfähigkeit oder Überschuldung einerseits grundsätzlich dem Verbot des § 15b Abs. 1 Satz 1 InsO. Andererseits besteht eine straf- bzw. buß- und haftungsrechtlich bewehrte Pflicht zur Abführung des Arbeitnehmeranteils zur Sozialversicherung und Steuer.[2]

3745 In der viel beachteten (und kritisierten) Entscheidung des BGH aus dem Jahr 2007 war dieser der Auffassung, dass es mit der Sorgfalt eines ordentlichen Geschäftsmannes vereinbar ist, wenn der Geschäftsführer zur Vermeidung strafrechtlicher Verfolgung (nach § 823 Abs. 2 BGB i. V. m. § 266a StGB) Zahlungen auf fällige Arbeitnehmeranteile zur Sozialversicherung an die Sozialkassen erbringt. Das gelte sowohl für nach Eintritt der Insolvenzreife fällig werdende Arbeitnehmerbeiträge als auch für Beitragsrückstände.[3]

3746 In der Neufassung des § 15b InsO wird diese Frage – anders als diejenige zur Pflichtenkollision bei Steuerverbindlichkeiten – nicht thematisiert. Eine analoge Anwendung auf Arbeitnehmerbeiträge zur Sozialversicherung ist daher nach h. M. wohl nicht möglich.[4] Meines Erachtens ist diese wie folgt aufzulösen:

Bereits nach bisheriger Rechtsprechung löste der BGH die Pflichtenkollision dahingehend auf, dass die sozialversicherungsrechtliche Abführungspflicht für den Zeitraum der Insolvenzantragsfrist „ruht“. Die in § 15a Abs. 1 InsO vorgesehene Pflicht des Geschäftsleiters, die Krisensituation innerhalb von höchstens drei Wochen zu bereinigen bzw. Sanierungsmöglichkeiten auszuloten, stellt danach einen Rechtfertigungsgrund für das Vorenthalten von Arbeitnehmerbeträgen zur Sozialversicherung dar.[5] Daraus ist m. E. die folgende Konsequenz zu ziehen: Wenn eine Strafbarkeit für den Geschäftsleiter nicht droht, kann er sich auch nicht auf eine Kollision der zivilrechtlichen Pflicht mit einem Straftatbestand berufen. Letztlich muss dies zur Folge haben, dass das Abführungsgebot hinter der Massesicherungspflicht zurücktritt. Zahlungen in diesem Zeit-

1 Riewe, NJW 2021 S. 193, 196; Gehrlein, BB 2021 S. 66, 80.

2 Zur alten Rechtslage Haas in: Baumbach/Hueck, 22. Aufl. 2019, GmbHG, § 64 Rz. 94 ff.

3 BGH v. 14.5.2007 - II ZR 48/06, NWB MAAAC-48770, NJW 2007 S. 2118.

4 AG Ludwigshafen v. 12.12.2022 - 3 a IN 389/22, NZI 2023 S. 174, mit Anm. Undritz; K. Schmidt/Herchen, § 15b Rz. 28, m. w. N.

5 BGH v. 30.7.2003 - 5 StR 221/03, NWB LAAAC-06963, NJW 2003 S. 3787 ff.; zust. Wilhelm, ZIP 2007 S. 1781, 1785.

raum wären mithin pflichtwidrig.[1] Letztlich wird die Frage aber von der Rechtsprechung zu klären sein.

(Einstweilen frei) 3747–3750

ff) Verschulden

Der Anspruch nach § 15b Abs. 4 Satz 1 InsO setzt Verschulden des Geschäftsleiters voraus. Ausreichend ist **Fahrlässigkeit,** gemessen an der Sorgfalt eines ordentlichen Geschäftsmanns. Der Geschäftsleiter hat die wirtschaftliche Lage der Gesellschaft stets im Blick zu behalten (u. a. die **„Bilanz im Kopf"** zu haben) und ggf. zu prüfen, ob Insolvenzgründe vorliegen.[2] Hierbei muss er sich, wenn ihm die erforderlichen Kenntnisse fehlen, fachkundiger Hilfe bedienen. Verschulden dürfte daher regelmäßig vorliegen. 3751

Ist die Kontrolle der wirtschaftlichen Situation der Gesellschaft durch **Geschäftsverteilung** einem Mitgeschäftsleiter zugeordnet, haben die übrigen Geschäftsleiter dessen Ressortgeschäftsführung zu überwachen und ggf. einzuschreiten, um auf Krisen zu reagieren und verbotswidrige Zahlungen zu verhindern. Für die Einzelheiten wird auf die Ausführungen zu § 43 GmbHG zu verwiesen.[3] 3752

gg) Umfang der Haftung

Der Geschäftsleiter hat den Schaden zu ersetzten, der den Gläubigern tatsächlich durch die verspätete Zahlung entsteht (15b Abs. 4 Satz 2 InsO). Es steht dem Geschäftsleiter nunmehr frei nachzuweisen, dass der tatsächliche Schaden geringer ist als die Gesamthöhe der geleisteten Zahlungen. Die einzelnen Zahlungen dienen danach nur als Vermutungstatbestand für die eigentlich relevante Masseschmälerung, den Gesamtschaden der Gläubiger.[4] 3753

(Einstweilen frei) 3754–3765

3. Haftung nach § 1 StaRUG

Das Gesetz über den Stabilisierungs- und Restrukturierungsrahmen (Unternehmensstabilisierungs- und -restrukturierungsgesetz, StaRUG) regelt grundsätzlich seit dem 1.1.2021 das dem Insolvenzrecht nahestehende Restrukturierungsrecht. Damit wurde die europäische Richtlinie über Restrukturierung und Insolvenz in Deutschland umgesetzt. 3766

In § 1 StaRUG ist ein Krisenfrüherkennungs- und Krisenmanagementsystem bei haftungsbeschränkten Unternehmensträgern vorgesehen. So haben Mitglieder des zur Geschäftsführung berufenen Organs einer juristischen Person (sog. „Geschäftsleiter") fortlaufend über Entwicklungen, welche den Fortbestand der juristischen Person gefährden können, zu wachen. In dem Fall, dass der Geschäftsleiter solche Entwicklungen erkennt, hat er „geeignete Gegenmaßnahmen" zu ergreifen und den zur „Überwachung der 3767

1 So auch Bitter, GmbHR 2020 S. 1157, 1159.
2 Braun/Weber/Dömmecke, InsO, § 15b Rz. 39.
3 Schon BGH v. 1.3.1993 - II ZR 81/94, GmbHR 1994 S. 460, 462.
4 Poertzgen, ZInsO 2020 S. 2509, 2515; Brinkmann, ZIP 2020 S. 2361, 2367.

Geschäftsleitung berufenen Organen (Überwachungsorganen)" unverzüglich Bericht zu erstatten.

3768 Für die Bestimmung des genauen Pflichtenmaßstabs wurden bisher keine besonderen Standards entwickelt. Bereits vor Geltung des StaRUG musste der Geschäftsführer einer GmbH im Rahmen seiner „Finanzverantwortung" für die Liquiditätssicherung des Unternehmens sorgen, eine unternehmensinterne Finanzplanung erstellen und darauf aufbauend ein Gesamtkonzept der Unternehmensfinanzierung entwickeln. Zu seinen Kernaufgaben gehört es weiter, sicherzustellen, dass die Regeln der GmbH-rechtlichen Finanzverfassung eingehalten werden. Außerdem hat er geeignete organisatorische Maßnahmen zu treffen, damit er sich jederzeit über die finanzielle Situation der Gesellschaft unterrichten kann. Im Rahmen einer fortlaufenden Selbstprüfung hatte er daher die Pflicht, die finanzielle Situation der Gesellschaft „im Auge" zu behalten, die Pflicht zur Krisenfrüherkennung und die Pflicht zum Ergreifen von Gegenmaßnahmen.[1]

3769 Es ist dringend anzuraten, die unternommenen Schritte der Krisenfrüherkennung hinreichend zu dokumentieren.[2]

3770 Kommt ein Geschäftsleiter der nach § 1 Abs. 1 Satz 1 StaRUG bestehenden Überwachungsaufgabe nicht nach, sieht die Vorschrift keine Rechtsfolge vor. Nach den allgemeinen Vorschriften kann eine Verletzung zur Abberufung/Kündigung des Geschäftsführers führen.

Weiterhin kommt eine Innenhaftung (ggf. nach § 43 GmbHG i. V. m. § 1 StaRUG) in Betracht. Bei einem Schadenersatzanspruch gegen den Geschäftsleiter dürfte meist die Kausalität der Pflichtverletzung für den eingetretenen Schaden der juristischen Person Schwierigkeiten bereiten.[3]

Diskutiert wird weiter eine Außenhaftung, da § 1 StaRUG ein Schutzgesetz i. S. d. § 823 Abs. 2 BGB sei.[4] Allerdings wird auch in diesem Fall regelmäßig das Problem des Nachweises der Kausalität stellen, wie bei der Innenhaftung.

4. Haftung im Eigenverwaltungsverfahren

3771 Schließlich regelt der Gesetzgeber nunmehr ausdrücklich auch die Haftung der Geschäftsleiter im (vorläufigen) Eigenverwaltungsverfahren. Die bereits vom BGH[5] bejahte Haftung der Geschäftsleiter analog §§ 60, 61 InsO ist nunmehr in § 276a Abs. 2 und 3 InsO geregelt.

5. Haftung aus § 9a und § 57 Abs. 4 GmbHG

3772 **Weitere Haftungstatbestände** finden sich in § 9a GmbHG (Haftung für falsche Angaben bei der Gründung) und in § 57 Abs. 4 GmbHG (entsprechende Haftung bei unrichtigen Angaben im Rahmen einer Kapitalerhöhung). Zu Pflichtverletzungen des Geschäftsfüh-

1 Siehe nur MüKoGmbHG/Fleischer, § 43 Rz. 62, m. w. N.
2 Krenzfelder/Ressmann, ZInsO 2021 S. 191, 192; Arens, GWR 2021 S. 64, 66.
3 Dazu etwa PRS/Weitzmann, Rz. 128 ff.
4 Hölzle, SanInsFoG, Rz. 27; Hölzle, FS Gerlein, 2022 S. 261, 277.
5 BGH v. 26.4.2018 - IX ZR 238/17, NWB KAAAG-83327, NJW 2018 S. 2125.

rers durch falsche Angaben kommt es vor allem bei der Anmeldung nach § 8 bzw. § 57 GmbHG. Hier geht es nicht selten um den von den Gesellschaftern erstellten Sachgründungsbericht, der zu hohe Werte ausweist, oder um die Versicherung, dass die bei einer Bargründung oder Kapitalerhöhung übernommene Einlageschuld bar erfüllt sei, aber in Wahrheit nur eine Forderung eingebracht wurde und deshalb eine verdeckte Sacheinlage vorliegt.

Auch im Rahmen von Cash-Pool-Verhältnissen und dem darin häufig vorkommenden Hin- und Herzahlen der Einlage bzw. der verdeckten Sacheinlage mit Wertanrechnung auf die Einlageforderung sieht sich der Geschäftsführer im Widerstreit zwischen den Wünschen und Weisungen der Gesellschafter und seiner Wahrheits- bzw. Offenlegungspflicht gegenüber dem Registergericht. Von einer Haftung nach § 9a Abs. 3 GmbHG kann sich der Geschäftsführer dann nur befreien, wenn er darlegen und notfalls beweisen kann, dass er die Unrichtigkeit nicht kannte und sie auch bei Anwendung der objektiv gebotenen Sorgfalt nicht erkennen konnte. Das wird ihm bei Gesellschafterweisungen kaum gelingen. 3773

6. Deliktische Ansprüche

Handelt der Geschäftsführer vorsätzlich zuwider der ihm gegenüber der GmbH nach § 43 GmbHG obliegenden Pflicht, deren Vermögensinteressen zu wahren, so kann er den Straftatbestand der Untreue nach § 266 StGB erfüllen, was ihn nach § 823 Abs. 2 BGB (Verletzung eines Schutzgesetzes) zum Schadensersatz verpflichtet. Der Geschäftsführer haftet auch für eine sittenwidrige Schädigung (§ 826 BGB).[1] Schutzgesetze sind auch § 82 Nr. 1 und § 84 GmbHG und § 15a Abs. 4 InsO, so dass eine Haftung aus unerlaubter Handlung auch bei falschen Angaben, bei Nichtanzeige des Verlustes der Hälfte des Stammkapitals und Unterlassen des rechtzeitigen Antrags bzw. Stellung eines unrichtigen Antrags auf Eröffnung des Insolvenzverfahrens begründet sein kann. 3774

7. Zusammentreffen mehrerer Anspruchsgrundlagen

Mit der Haftung wegen Verletzung der Pflichten aus dem Organverhältnis können andere Anspruchsgrundlagen zusammentreffen (vgl. Rz. 3767). Die Haftung aus § 43 Abs. 2 GmbHG **nimmt** aber die **Haftung wegen Verletzung der dienstvertraglichen Pflichten** (Pflichten aus dem Geschäftsführeranstellungsvertrag) als speziellere Regelung **in sich auf.**[2] Die organschaftliche Haftung verdrängt auch (dienstrechtliche) Ansprüche wegen Verletzung des Wettbewerbsverbots oder angemaßter Eigengeschäftsführung (§ 687 Abs. 2 BGB). Auch als Provisionszahlungen getarnte Schmiergelder, die der Geschäftsführer annimmt, hat er gem. § 43 Abs. 2 GmbHG an die GmbH herauszugeben.[3] Nur wenn eine Haftung aus Pflichtverletzung ausscheidet, ergibt sich der Herausgabeanspruch aus Auftragsrecht (§ 667 BGB).[4] 3775

1 BGH v. 10.2.1992 - II ZR 23/91, NJW-RR 1992 S. 800, zum Fall des Geschäftsführers einer Komplementär-GmbH, der im Interesse anderer Unternehmen, an denen er beteiligt ist, zu Lasten des von ihm zu leitenden Unternehmens nicht geschuldete Kosten übernimmt oder verdeckte Provisionszahlungen leistet.

2 BGH v. 12.6.1989 - II ZR 334/87, NJW 1989 S. 2697.

3 BGH v. 8.9.1997 - II ZR 262/96, DStR 1997 S. 1735.

4 BGH v. 2.4.2001 - II ZR 217/99, NWB YAAAB-97849, NJW 2001 S. 2476.

3776 Demgegenüber bestehen die organschaftliche Haftung und die Ansprüche aus unerlaubter Handlung selbständig nebeneinander – **Anspruchskonkurrenz** – und können unterschiedlich verjähren. Sie können aber beide an dem Gerichtsstand der GmbH geltend gemacht werden – § 32 ZPO für die unerlaubte Handlung und § 29 ZPO für die organschaftliche Haftung.[1]

3777 Ein Gesellschafter-Geschäftsführer, der seine Pflichten aus dem Geschäftsführerverhältnis schuldhaft verletzt, kann damit u. U. zugleich gegen seine Treuepflicht verstoßen, die zwischen den Gesellschaftern besteht. Daraus können den übrigen Gesellschaftern Schadensersatzansprüche erwachsen, die neben einem Anspruch aus § 43 Abs. 2 GmbHG bestehen.

3778–3785 *(Einstweilen frei)*

II. Haftung des Geschäftsführers gegenüber außenstehenden Dritten (Außenhaftung)

1. Handelndenhaftung, vertragliche und vorvertragliche Haftung

3786 Eine persönliche Haftung des Geschäftsführers gegenüber Dritten kann bereits im Gründungsstadium (vor Eintragung der GmbH) nach § 11 Abs. 2 GmbHG entstehen (**Handelndenhaftung**). Sie endet aber mit der Eintragung der GmbH.

3787 Verletzt der Geschäftsführer **vertragliche Pflichten** der **GmbH**, so **haftet** er Dritten gegenüber **nicht**. Solche Pflichtverletzungen werden nach § 31 BGB der GmbH zugerechnet.

3788 Eine **eigene Haftung** des Geschäftsführers für **vorvertragliche Pflichtverletzungen** scheidet grundsätzlich auch aus. Unter dem Gesichtspunkt des Verschuldens bei Vertragsabschluss (culpa in contrahendo – c. i. c. nach §§ 280 Abs. 1 und 3, 282, 311 Abs. 3 BGB) kann der Geschäftsführer ausnahmsweise neben der GmbH haften, wenn er ein unmittelbares **wirtschaftliches Eigeninteresse** an dem abzuschließenden Rechtsgeschäft hat oder wenn er bei den Verhandlungen **ein besonderes persönliches Vertrauen in Anspruch genommen** und dadurch die Verhandlungen beeinflusst hat.[2]

3789 Soll ein zur Haftung führendes **wirtschaftliches Eigeninteresse** angenommen werden, muss der Geschäftsführer wirtschaftlich quasi in eigener Sache handeln. Für eine solche Annahme reicht es nicht aus, wenn der Geschäftsführer eine Provision bekommt, am Umsatz beteiligt ist, **Allein- oder Mehrheitsgesellschafter der GmbH** ist oder wenn er **Sicherheiten** für die Verbindlichkeiten der GmbH **gestellt** hat.[3] Ein wirtschaftliches Eigeninteresse des Geschäftsführers kann aber vorliegen, wenn er schon beim Abschluss des Vertrags vorhatte, die an die GmbH zu erbringenden Leistungen zu seinem eigenen Nutzen zu verwenden und die GmbH gleichsam wie einen „Strohmann" einzusetzen.

3790 Wegen **„Inanspruchnahme besonderen persönlichen Vertrauens"** bei den Vertragsverhandlungen kann der Geschäftsführer allenfalls dann gem. § 311 Abs. 3 BGB in An-

1 BGH v. 10.2.1992 - II ZR 23/91, NJW-RR 1992 S. 800.
2 Vgl. BGH v. 17.6.1991 - II ZR 171/90, NJW-RR 1991 S. 1241.
3 BGH v. 6.6.1994 - II ZR 292/91, BGHZ 126 S. 181, NWB AAAAF-01505.

spruch genommen werden, wenn er als Vertreter der GmbH gewissermaßen eine von ihm selbst einzulösende, einer Garantie vergleichbare Erklärung abgegeben und eine persönliche Gewähr für die Seriosität und die Erfüllung des Vertrags übernommen hat und schließlich der Willensentschluss des Verhandlungspartners hierauf beruht.[1] Weist der Geschäftsführer bei den Verhandlungen auf seine besondere Sachkunde, seine kaufmännische Erfahrung und darauf hin, dass er die Abwicklung und Erfüllung des Vertrags persönlich überwachen werde, so nimmt er noch nicht ein besonderes persönliches Vertrauen in Anspruch. Allein aus dem Grund, dass der Geschäftsführer die GmbH repräsentiert und möglicherweise Informationspflichten über die Leistungsfähigkeit der GmbH nicht nachkommt, muss er nicht persönlich wegen Verletzung vorvertraglicher Pflichten einstehen.[2]

(Einstweilen frei) 3791–3795

2. Haftung bei Insolvenzverschleppung (§ 15a Abs. 1 InsO und § 823 Abs. 2 BGB)

LITERATUR:

Gundlach/Müller, Das Insolvenzantragsrecht und die Insolvenzantragspflicht des Insolvenzverwalters, ZInsO 2011 S. 900 ff.; *Hölzle,* Der Insolvenzantrag als Sanierungsoption – auch gegen den Willen von Gesellschaftern?, ZIP 2013 S. 1846 ff.; *Urlaub/Kamp,* Die Vermeidung der Bankenhaftung bei der Vergabe von Sanierungskrediten, ZIP 2014 S. 1465 ff.

a) Haftungstatbestand

§ 15a Abs. 1 InsO verpflichtet Geschäftsführer (und auch den faktischen Geschäftsführer) einer GmbH, ohne jede Bindung an Weisungen von Gesellschaftsgremien, im Falle der Insolvenz der GmbH ohne schuldhaftes Zögern die Eröffnung des Insolvenzverfahrens zu beantragen. Verletzt er diese dem Gläubigerschutz dienende Vorschrift, haftet er den geschädigten Gläubigern der Gesellschaft gem. § 823 Abs. 2 BGB und § 15a Abs. 1 InsO wegen **Insolvenzverschleppung**. Die Vorschrift des § 15a Abs. 1 InsO ist ein allgemeines Schutzgesetz i. S. d. § 823 Abs. 2 BGB.[3] Der Geschäftsführer darf die in § 15a Abs. 1 InsO genannte **Dreiwochenfrist (bzw. Sechswochenfrist) nicht** in jedem Falle, sondern **nur** dann **ausschöpfen**, wenn begründete Aussicht besteht, dass die GmbH durch **Sanierungsmaßnahmen gerettet** werden könnte und er deren Tragfähigkeit prüfen kann. Kommt eine Sanierung von vornherein nicht in Betracht, ist der Insolvenzantrag sofort zu stellen.[4] 3796

1 BGH v. 6.6.1994 - II ZR 292/91, BGHZ 126 S. 181, 189, NWB AAAAF-01505; v. 2.6.2008 - II ZR 210/06, NWB TAAAC-87234; BAG v. 24.11.2015 - 8 AZR 1/05, NWB AAAAB-94756, NZA 2006 S. 914, 916.

2 BGH v. 6.6.1994 - II ZR 292/91, BGHZ 126 S. 181, 189, NWB AAAAF-01505; BAG v. 12.4.2011 - 9 AZR 229/10, NWB NAAAD-94403, NZG 2011 S. 1422, 1424 f.

3 Vgl. BGH v. 14.5.2012 - II ZR 130/10, NWB IAAAE-13162, ZIP 2012 S. 1455.

4 BGH v. 2.10.2000 - II ZR 164/99, DStR 2001 S. 1537.

b) Umfang der Ersatzpflicht (Alt- und Neugläubiger)

3797 Hinsichtlich des Umfangs der Ersatzpflicht ist zwischen den sog. **Altgläubigern** (bisherigen Gläubigern) und den sog. **Neugläubigern** zu unterscheiden.

3798 **Altgläubigern**, also Gläubigern, die ihre Forderungen bereits vor der Insolvenzreife der GmbH und Ablauf der Prüfungsfrist erworben haben, hat der Geschäftsführer den sog. **Quotenschaden** zu ersetzen. Das ist der Betrag, um den sich die Quote der Gläubiger durch die Verzögerung der Insolvenzeröffnung gemindert hat. Der Ersatzanspruch kann während des Insolvenzverfahrens nur vom Insolvenzverwalter geltend gemacht werden.[1] Außerhalb des Insolvenzverfahrens kann ein Altgläubiger selbst den Quotenschaden einklagen, nimmt dabei aber ein großes Prozessrisiko auf sich, weil er in der Regel nicht darlegen kann, wann der Insolvenzgrund gegeben war und welches Vermögen (Masse) zu diesem Zeitpunkt noch vorhanden war.

3799 Der Quotenschaden ist die Differenz zwischen der Insolvenzquote und dem Quotenbetrag, der erlangt worden wäre, wenn der Geschäftsführer rechtzeitig den Insolvenzantrag gestellt hätte.[2] Die Berechnung der bei Insolvenzreife für den klagenden einzelnen Altgläubiger fiktiv erzielbaren Quote erweist sich als schwierig. Es bietet sich deshalb an, den Gesamtquotenschaden aller Gläubiger zu ermitteln und ihn dem einzelnen Gläubiger verhältnismäßig zuzuordnen.[3]

3800 **Neugläubiger**, die ihre Forderungen gegen die GmbH nach dem Zeitpunkt erworben haben, zu dem der Insolvenzantrag hätte gestellt werden müssen, haben gegen den schuldhaft pflichtwidrig handelnden Geschäftsführer einen Anspruch auf Ausgleich des **vollen, nicht durch den Quotenschaden begrenzten Vertrauensschadens**, der ihnen dadurch entsteht, dass sie in Rechtsbeziehung zu einer überschuldeten oder zahlungsunfähigen GmbH getreten sind.[4] Die Neugläubiger sind so zu stellen, als hätten sie mit der insolvenzreifen (überschuldeten oder zahlungsunfähigen) GmbH keine Geschäfte mehr abgeschlossen, weil sie in ihrem Vertrauen auf die Solvenz der GmbH enttäuscht wurden.[5] Sie haben Anspruch auf Ersatz des negativen Interesses.[6]

Die Pflicht zum Schadensersatz umfasst auch die Kosten, die dem Neugläubiger wegen der Verfolgung von Zahlungsansprüchen gegen die insolvenzreife GmbH entstanden sind.[7] Als Neugläubiger gilt auch eine Bank, bei der die GmbH einen Kontokorrentkredit unterhält, soweit sich das von der GmbH in Anspruch genommene Kreditvolumen im Stadium der Insolvenzverschleppung erhöht. Für den Differenzschaden haftet der schuldhaft pflichtwidrig handelnde Geschäftsführer bis zum negativen Interesse der Bank.[8]

---

1 BGH v. 3.2.1987 - VI ZR 268/85, BGHZ 100 S. 19; v. 22.4.2004 - IX ZR 128/03, BGHZ 159 S. 25, NWB LAAAC-00200; v. 5.2.2007 - II ZR 234/05, BGHZ 171 S. 46, NWB CAAAC-41663.

2 Vgl. BGH v. 14.5.2012 - II ZR 130/10, NWB IAAAE-13162, ZIP 2012 S. 1455.

3 BGH v. 30.3.1998 - II ZR 146/96, BGHZ 138 S. 211, NWB UAAAF-01507.

4 BGH v. 6.6.1994 - II ZR 292/91, BGHZ 126 S. 181, NWB AAAAF-01505; v. 14.5.2012 - II ZR 130/10, NWB IAAAE-13162, ZIP 2012 S. 1455.

5 Drescher, Die Haftung des GmbH-Geschäftsführers, Rz. 798, 1163.

6 BGH v. 2.10.2000 - II ZR 164/99, DStR 2001 S. 1537.

7 BGH v. 27.4.2009 - II ZR 263/07, ZIP 2009 S. 1220.

8 BGH v. 5.2.2007 - II ZR 234/05, BGHZ 171 S. 46.

Der Umfang der Schadenersatzpflicht gegenüber einem Neugläubiger ist nicht um die auf ihn entfallende Insolvenzquote zu kürzen. Der Geschäftsführer hat vielmehr nach §§ 255, 273 ff. BGB – Zug um Zug gegen Zahlung seiner Ersatzleistung – einen Anspruch auf Abtretung der Insolvenzforderung gegen die Gesellschaft. Dem Neugläubiger ist nicht zuzumuten, dass er mit der Geltendmachung seines Schadensersatzanspruchs gegen den Geschäftsführer wartet, bis das Insolvenzverfahren abgeschlossen ist und die auf ihn entfallende Insolvenzquote feststeht.[1] Die Ersatzansprüche der Neugläubiger fallen nicht in die Insolvenzmasse und können auch während des Insolvenzverfahrens von den Gläubigern geltend gemacht werden.

Für den **Umfang des Schadensersatzes** ist der Neugläubiger so zu stellen, wie er stünde, wenn er mit der GmbH keinen Vertrag abgeschlossen hätte. Folglich kann der Neugläubiger nicht einfach den Betrag der nicht bezahlten Rechnung fordern, sondern nur den Ersatz des Wertes der gelieferten Sache oder der erbrachten Leistung. Die Erstattung des entgangenen Gewinns kann nur in Ausnahmefällen verlangt werden, wenn der Neugläubiger geltend macht und beweist, dass ihm wegen des Vertragsabschlusses mit der insolventen GmbH ein Gewinn entgangen ist, den er sonst anderweitig hätte erzielen können.[2] Zu dem zu ersetzenden Schaden gehören die Kosten der Rechtsverfolgung. 3801

Macht ein Neugläubiger einen Anspruch wegen Insolvenzverschleppung geltend, muss er beweisen, dass ihm ein Schaden entstanden ist und dieser durch das Verhalten des Geschäftsführers verursacht worden ist. Dann wird – widerleglich – vermutet, dass sich der Geschäftsführer schuldhaft verhalten hat. Um sich zu entlasten, muss dann der Geschäftsführer darlegen und beweisen, dass er die Insolvenzreife nicht hat erkennen können oder aber trotz der Insolvenzreife wegen einer positiven Prognose für das Fortbestehen der GmbH, von der Stellung des Insolvenzantrages habe Abstand nehmen dürfen, also nicht pflichtwidrig gehandelt hat.[3] 3802

3. Weitere Ansprüche aus unerlaubter Handlung

Schädigt der Geschäftsführer als Organ der GmbH Dritte vorsätzlich und sittenwidrig (§ 826 BGB), haftet er ihnen persönlich aus unerlaubter Handlung. Der BGH legt dies eher restriktiv aus und hatte zuletzt die Haftung eines ehemaligen GmbH-Geschäftsführers gegenüber einer Vertragspartnerin der Gesellschaft verneint, der Gelder aus dem Vermögen der GmbH entnommen hatte.[4] Die Hervorrufung eines Vermögensschadens genügt im Allgemeinen nicht, um eine Sittenwidrigkeit zu begründen. Erforderlich ist nach Auffassung des BGH vielmehr, dass das Handeln besonders verwerflich ist, was sich entweder aus dem verfolgten Ziel, den eingesetzten Mitteln, der hervortretenden Gesinnung oder aus den eingetretenen Folgen ergeben kann. 3803

1 BGH v. 5.2.2007 - II ZR 234/05, BGHZ 171 S. 46, NWB CAAAC-41663 und II ZR 51/06, NWB NAAAC-50886, DStR 2007 S. 1544.

2 BGH v. 24.1.2012 - II ZR 119/10, NWB UAAAE-06095, ZIP 2012 S. 723.

3 BGH v. 15.3.2011 - II ZR 204/09, NWB PAAAD-83518, ZIP 2011 S. 1007.

4 BGH v. 7.5.2019 - VI ZR 512/17, NWB MAAAH-21243, NZG 2019 S. 939.

3804 Eine deliktische Haftung gem. § 823 Abs. 2 BGB i. V. m. einem Schutzgesetz kommt ebenfalls in Betracht, z. B. die Verletzung von Vermögensbetreuungspflichten (Untreue, § 266 StGB) oder betrügerisches Verhalten durch Unterlassen.[1] Zur Untreue und Strafbarkeit von Geschäftsführern hat sich der BGH[2] geäußert und ausgeführt, dass sich der Geschäftsführer strafbar macht, wenn er gegen die Buchhaltungsvorschriften verstößt und im Ausland eine „schwarze" Kasse unterhält. Den Vermögensschaden sieht er bereits durch den Verlust von Einfluss- und Kontrollmöglichkeiten aller Gesellschafter als gegeben an. Ein Einverständnis der Gesellschafter, das die Strafbarkeit ausschließen könnte, läge nur vor, wenn auch die Minderheitsgesellschafter informiert worden wären und den Pflichtenverstoß gebilligt hätten.

3805–3813 *(Einstweilen frei)*

4. Haftung des Geschäftsführers wegen Nichtabführung von Sozialversicherungsbeiträgen

LITERATUR:

Goette, Haftung des GmbH-Geschäftsführers bei Nichtabführung von Sozialversicherungsbeiträgen, DStR 2005 S. 1869; *Gundlach/Frenzel*, Schadensersatz beim Vorenthalten von Sozialversicherungsbeiträgen, NZI 2005 S. 449.

3814 Die GmbH muss als **Arbeitgeber** gem. § 28e SGB IV die **Gesamtsozialversicherungsbeiträge** ihrer Arbeitnehmer an die **Einzugsstelle des Sozialversicherungsträgers abführen.** Für nicht abgeführte oder vorenthaltene Arbeitnehmerbeiträge zur Sozialversicherung kann der Geschäftsführer sowohl strafrechtlich nach § 266a StGB als auch zivilrechtlich nach § 823 Abs. 2 BGB haften,[3] weil er im Rahmen seiner Leitungsaufgabe auch dafür sorgen muss, dass die GmbH ihre sozialversicherungsrechtliche Pflicht, die Arbeitnehmerbeiträge rechtzeitig und vollständig abzuführen, erfüllt. Hierzu muss der Geschäftsführer entsprechende organisatorische Vorkehrungen treffen und auch mit dieser Aufgabe betraute Mitgeschäftsführer oder Angestellte der GmbH sachgerecht überwachen. Außerdem muss der Geschäftsführer finanziell so vorausschauend disponieren, dass zum Fälligkeitszeitpunkt die benötigten Mittel bereitstehen[4] oder er muss notfalls die Löhne entsprechend kürzen[5] oder deren Auszahlung ganz unterlassen.[6] Der BGH[7] verlangt sogar die Abführung der Sozialversicherungsbeiträge, wenn gar kein Lohn an die Arbeitnehmer ausgezahlt worden ist und die GmbH zwar schon in der Krise, aber tatsächlich noch zahlungsfähig ist, z. B. weil die ihr von der Hausbank eingeräumte Kreditlinie noch nicht ausgeschöpft ist. Für den Eintritt der Zahlungsunfähigkeit ist der Geschäftsführer darlegungs- und beweispflichtig.

1 BGH v. 17.9.2001 - II ZR 178/99, NWB GAAAB-97787, DStR 2001 S. 1853.
2 BGH v. 27.8.2010 - 2 StR 111/09, NWB JAAAD-52688, BB 2010 S. 2590 (Trienenkens).
3 BGH v. 15.10.1996 - VI ZR 119/95, BGHZ 133 S. 370.
4 Vgl. BGH v. 21.1.1997 - VI ZR 338/95, BGHZ 134 S. 304, NWB VAAAC-64980.
5 BGH v. 25.9.2006 - II ZR 108/05, NWB TAAAC-19550, DStR 2006 S. 2185.
6 BGH v. 14.11.2000 - VI ZR 149/99, NWB IAAAB-78857, DStR 2001 S. 222.
7 BGH v. 16.5.2000 - VI ZR 90/99, BGHZ 144 S. 311.

Daher ist es auch eher theoretischer Natur, dass ein Straftatbestand (und damit eine Haftung) nicht vorliegt, wenn die Gesellschaft keine tatsächliche oder rechtliche Möglichkeit zur Erfüllung ihrer sozialversicherungsrechtlichen Verbindlichkeit hatte. Zwar kann eine **tatsächliche Unmöglichkeit** in der Zahlungsunfähigkeit der Gesellschaft begründet sein. Zahlungsunfähig in diesem Sinne ist die Gesellschaft nach ständiger Rspr. – wie vorstehend dargestellt – aber erst, wenn ihr – unter Hintanstellung sonstiger Verbindlichkeiten – nicht einmal die Mittel zur Verfügung stehen, um die fälligen Arbeitnehmeranteile zur Sozialversicherung zu begleichen. Der BGH geht insgesamt von einem gesetzlichen Vorrang der Verbindlichkeiten nach §§ 28d ff. SGB IV in voller Beitragshöhe gegenüber anderen fälligen Gesellschaftsschulden (sog. **Vorrangrechtsprechung**) aus.[1] 3815

Die Pflicht zur Abführung von Sozialversicherungsbeiträgen kann mit der Masseerhaltungspflicht des § 15b Abs. 1 InsO kollidieren, nach der es dem Geschäftsführer nach Insolvenzreife grundsätzlich untersagt ist, Zahlungen aus dem Vermögen der Gesellschaft zu leisten. 3816

Die beschriebene Haftung bezieht sich nur auf den Arbeitnehmeranteil. Der Arbeitgeberanteil ist eine Schuld der GmbH. 3817

(Einstweilen frei) 3818–3820

5. Haftung bei Verletzung steuerlicher Pflichten

LITERATUR:

Müller, Die steuerrechtliche Haftung des GmbH-Geschäftsführers in der Krise, GmbHR 2003 S. 389; *Drescher*, Die Haftung des GmbH-Geschäftsführers, 8. Aufl. 2019, Rz. 1076 ff.; *Schmittmann*, Haftung von Organen in Krise, Restrukturierung und Insolvenz, 4. Aufl., Köln 2022, Rz. 787 ff.

a) Grundlagen der Haftung

Als Organ der Gesellschaft muss der Geschäftsführer gem. § 34 AO die **steuerlichen Pflichten der GmbH erfüllen**; er **haftet** gem. § 69 AO, soweit Ansprüche aus dem Steuerschuldverhältnis (§ 37 AO) infolge **vorsätzlicher oder grob fahrlässiger Verletzung** der ihm auferlegten **Pflichten nicht oder nicht rechtzeitig festgesetzt oder erfüllt** werden.[2] 3821

Die Haftung des Geschäftsführers betrifft insbesondere die **Lohnsteuer**, die nicht oder nicht rechtzeitig einbehalten und abgeführt wird,[3] und die **Umsatzsteuer**, die nicht richtig erklärt bzw. nicht abgeführt wird,[4] aber auch die **Körperschaftsteuer**, die **Gewerbesteuer** und die **Kapitalertragsteuer**. 3822

1 BGHSt 48 S. 307, 310; kritisch Fischer, StGB, § 266a Rz. 16, m. w. N.

2 BFH v. 8.11.1988 - VII R 141/85, BStBl 1989 II S. 219, NWB HAAAA-92765.

3 BFH v. 3.5.1990 - VII R 108/88, BStBl 1990 II S. 767, NWB MAAAA-93381; v. 11.12.1990 - VII R 85/88, BStBl 1991 II S. 282, NWB XAAAA-93574.

4 BFH v. 12.4.1988 - VII R 121/85, BStBl 1988 II S. 742, NWB IAAAB-30330, zur Abschlusszahlung bei unvollständigen Vorauszahlungen; v. 12.7.1988 - VII R 4/88, BStBl 1988 II S. 980, NWB KAAAA-92712, zu Verletzungen der Voranmeldungspflicht; v. 7.11.1989 - VII R 34/87, BStBl 1990 II S. 201, NWB TAAAA-93117 und v. 5.3.1991 - VII R 93/88, BStBl 1991 II S. 678, NWB KAAAA-93762, zur nicht rechtzeitigen Abgabe oder Nichtabgabe der USt-Voranmeldung.

b) Verantwortlichkeit

3823 **Haftungsschuldner** ist der Geschäftsführer aufgrund seiner organschaftlichen Stellung; auf seinen tatsächlichen Einfluss auf die Geschäftsführung kommt es nicht an. Selbst der Geschäftsführer, der sein Amt nur nominell (als „Strohmann“) ausübt, wird unter Haftungsgesichtspunkten als Geschäftsführer behandelt, der zumindest seiner Überwachungspflicht gegenüber dem faktisch als Geschäftsführer Handelnden nachkommen muss;[1] wenn der Geschäftsführer nicht über die zur Erfüllung seiner (steuerlichen) Pflichten notwendigen Fachkenntnisse verfügt, muss er gleichwohl für daraus resultierende Versäumnisse einstehen.[2] Von einem Geschäftsführer der GmbH wird erwartet, dass er die **steuerlichen Pflichten der GmbH kennt** und sich erforderlichenfalls darüber **informiert**. Kommt er seiner **Informationspflicht** nicht nach und werden deshalb Steueransprüche nicht rechtzeitig erfüllt, so liegt bereits darin die grob fahrlässige Pflichtverletzung.[3]

3824 Hat die GmbH **mehrere Geschäftsführer**, so trifft grundsätzlich **jeden** von ihnen die **volle Verantwortung** für die Erfüllung der steuerlichen Pflichten der GmbH.[4] Durch eine Regelung der Zuständigkeiten bzw. eine Delegation der Aufgaben kann die haftungsrechtliche Verantwortung allenfalls beschränkt werden, jedoch verbleibt jedem Geschäftsführer stets eine Überwachungspflicht, die in finanziellen Krisensituationen besonders streng wahrzunehmen ist. Für die praktische Arbeit muss der Geschäftsführer, der für die Abführung von Sozialversicherungsbeiträgen und Lohnsteuer nicht selbst zuständig ist, darauf achten, dass diese Aufgabe durch eine klare Zuständigkeitsregelung bestimmten Personen von vornherein eindeutig und schriftlich übertragen ist, und er muss bei begründetem Anlass zu Zweifeln an einer ordnungsgemäßen Erfüllung der Aufgabe selbst eingreifen bzw. fachkundige Personen mit der Überwachung dieser Geschäftsvorfälle beauftragen.

c) Haftungsumfang

3825 Die Geschäftsführerhaftung nach der AO hat **Schadensersatzcharakter**. Deshalb muss die Pflichtverletzung des Geschäftsführers kausal dafür sein, dass der Haftungsschaden eingetreten ist. Der Geschäftsführer haftet also nur dann, wenn und soweit der Steuerausfall bei pflichtgemäßem Verhalten des Geschäftsführers vermieden worden wäre.[5] Der Kausalzusammenhang ist nach der sog. Adäquanztheorie[6] zu beurteilen. Für den Haftungsschaden ist das Handeln des Geschäftsführers deshalb nur kausal, wenn die GmbH zur Erfüllung der steuerlichen Ansprüche in der Lage war. Der Geschäftsführer haftet also nur in der Höhe, in der die GmbH in der Lage gewesen wäre, die Steuerschuld zu erfüllen.

1 BFH v. 11.6.1996 - I B 60/95, NWB GAAAB-37843, BFH/NV 1997 S. 7.
2 BFH v. 15.11.2022 - VII R 23/19, BStBl 2023 II S. 549, NWB GAAAJ-35661.
3 BFH v. 17.7.1984 - VII S 9/84, NWB SAAAB-40158, BFH/NV 1986 S. 583.
4 BFH v. 17.5.1988 - VII R 90/85, NWB KAAAB-30432, BFH/NV 1989 S. 4.
5 BFH v. 5.3.1991 - VII R 93/88, BStBl 1991 II S. 678, NWB KAAAA-93762.
6 BFH v. 17.11.1992 - VIII R 13/92, BStBl 1993 II S. 471.

aa) Grundsatz der anteiligen Tilgung

Der Geschäftsführer hat gem. §34 Abs.1 Satz2 AO dafür zu sorgen, dass die Steuern aus den Mitteln, die er verwaltet, entrichtet werden. Insbesondere für den Bereich der Umsatzsteuer hat der BFH den Grundsatz der **anteiligen Tilgung** entwickelt.[1] Er besagt, dass **Umsatzsteuerschulden** – wie auch die **übrigen Steuerschulden** mit Ausnahme der Abzugsteuern – in gleicher Weise zu behandeln sind wie die Verbindlichkeiten gegenüber anderen Gläubigern: Der Fiskus muss nicht besser, darf aber auch nicht schlechter behandelt werden. 3826

Reichen bei **Liquiditätsengpässen** die vorhandenen Mittel nicht aus, um die Steuerschuld in vollem Umfang zu begleichen, ist der Geschäftsführer nicht verpflichtet, das Finanzamt vorrangig zu befriedigen, er braucht in diesem Fall die Steuerschulden nur entsprechend dem Maß der Befriedigung der anderen Schulden anteilig zu tilgen.[2] Benachteiligt der Geschäftsführer das Finanzamt, haftet er jedoch nicht in Höhe der vollen Steuerschuld, sondern nur anteilig mit dem Betrag, mit dem die an andere Gläubiger erbrachte Tilgungsquote unterschritten wurde.

bb) Abzugsteuern (Lohnsteuer)

Bei den Abzugsteuern – vornehmlich der **Lohnsteuer** – sind die Verbindlichkeiten vorrangig vor den anderen Schulden der GmbH zu bezahlen. Dem Umfang nach haftet der Geschäftsführer für **Lohnsteuerrückstände** grundsätzlich in **voller Höhe**. Nach der gefestigten Rechtsprechung des BFH darf der Geschäftsführer die vom Arbeitslohn einbehaltenen Steuern nur zur Abführung an das Finanzamt verwenden. Bei der Lohnsteuer handelt es sich **wirtschaftlich** gesehen um fremde Gelder, die vom **Arbeitgeber** nur **treuhänderisch** für Arbeitnehmer und Fiskus einbehalten werden. Hieraus wird der Grundsatz der gleichrangigen Befriedigung der Arbeitnehmer hinsichtlich ihrer Löhne und der Finanzbehörden hinsichtlich der auf die Löhne entfallenden Lohnsteuer und weiteren Abzugsteuern abgeleitet.[3] 3827

Reichen die finanziellen Mittel der GmbH zur Zahlung der Bruttolöhne nicht aus, sind die Gehälter und Löhne so zu reduzieren, dass der zur Verfügung stehende Betrag ausreicht, um Auszahlungsbetrag und Lohnsteuer daraus leisten zu können. Durch die Kürzung der Löhne hat der Geschäftsführer die Voraussetzungen für eine gleichrangige Befriedigung von Arbeitnehmern und Finanzamt zu schaffen. Tut er dies nicht, handelt er pflichtwidrig und haftet für den Steuerausfall.

Verfügt die GmbH zum Zeitpunkt der Auszahlung der Löhne über hinreichende Zahlungsmittel, um auch die Steuerabzugsbeträge abzuführen, und war für den Geschäftsführer zu diesen Zeiten nicht absehbar, dass die GmbH zu dem späteren Fälligkeitszeitpunkt in Zahlungsschwierigkeiten geraten könnte, kann dem Geschäftsführer allerdings nicht vorgeworfen werden, die Löhne ungekürzt ausgezahlt und keine Vorsorge für eine anteilige Befriedigung des Finanzamtes getroffen zu haben.[4] Bestand aber bereits An-

1 BFH v. 26.4.1984 - V R 128/79, BStBl 1984 II S.776, NWB BAAAA-97851.
2 BFH v. 12.5.1992 - VII R 52/91, NWB FAAAB-33377, BFH/NV 1992 S.785.
3 BFH v. 26.7.1988 - VII R 83/87, BStBl 1988 II S.859, NWB DAAAA-92681.
4 BFH v. 16.7.1996 - VII R 133/95, NWB MAAAB-38437, BFH/NV 1997 S.4.

lass zur Besorgnis, dass er die später fällig werdende Lohnsteuer nicht würde abführen können, dürfen die Löhne nur gekürzt ausgezahlt werden.[1]

d) Verschulden

3828 Die Haftung des Geschäftsführers nach steuerlichen Vorschriften setzt **Verschulden** (Vorsatz oder grobe Fahrlässigkeit) voraus.

3829 Durch § 69 Satz 2 AO wird die **Haftung auf Säumniszuschläge** ausgedehnt, die infolge der Pflichtverletzung zu zahlen sind. Hierbei kommt es nur auf Pflichtverletzungen beim Entstehen von Säumniszuschlägen an und nicht darauf, ob die Verwirklichung des Anspruchs auf Zahlung der Säumniszuschläge durch Pflichtwidrigkeiten dieser Personen verhindert oder verzögert wurde. Deshalb umfasst die Haftung des Geschäftsführers auch die für die nicht entrichteten Steuern angefallenen Säumniszuschläge.[2] Für die Nichtentrichtung eines Haftungsbetrages für ausstehende Steuern entstehen aber keine Säumniszuschläge.

3830–3840 *(Einstweilen frei)*

6. D&O-Versicherung

3841 Das Haftungsrisiko auf Seiten der Geschäftsführer verlangt auch im Interesse der Familienangehörigen nach einem Versicherungsschutz. Hierzu können **Vermögensschaden-Haftpflichtversicherungen** nach dem Konzept der US-amerikanischen Directors-and-Officers (D&O)-Versicherungen[3] in Betracht kommen. In der Regel wird der Versicherungsvertrag von der GmbH (als Versicherungsnehmer) für das Organmitglied (versicherte Person) abgeschlossen.[4]

3842 Der Versicherungsschutz betrifft nach den meisten Verträgen nicht nur die Absicherung der Außenhaftung des Geschäftsführers gegenüber Dritten, sondern auch die Innenhaftung gegenüber der GmbH. Dabei decken die Policen häufig zwei einander ergänzende Risikobereiche ab:

- **Die Haftpflicht des Geschäftsführers**, soweit keine entsprechende Haftungsübernahme durch eine Freistellungsabrede seitens der Gesellschaft erfolgt ist, einschließlich der Kosten einer Rechtsverteidigung (Abwehrkosten).
- Das Freistellungsrisiko der GmbH. Nach den AVB-AVG werden sowohl Ansprüche von Dritten (Außenhaftung) als auch solche der Gesellschaft (Innenhaftung) erfasst.[5] Deckungsschutz genießen insbesondere auch Ansprüche aus **§ 15b Abs. 1 InsO.**[6]

3843 Regelmäßig vom **Versicherungsschutz ausgenommen** sind Personen- und Sachschäden, Umweltschäden und die Produkthaftung sowie Schäden, die auf vorsätzlichem Handeln beruhen. Zur Abdeckung der Risiken der Produkt-Umwelthaftung bedarf es daher zu-

1 BFH v. 20.4.1993 - VII R 67/92, NWB BAAAB-34184, BFH/NV 1994 S. 142.
2 BFH v. 24.1.1989 - VII B 188/88, BStBl 1989 II S. 315, NWB OAAAA-98392.
3 Vgl. hierzu auch MüKoGmbHG/Fleischer, § 43 Rz. 467 ff.
4 OLG München v. 15.3.2005 - 25 U 3940/04, DB 2005 S. 1675.
5 Lange, D&O-Versicherung, § 8 Rz. 1 ff.
6 BGH v. 18.11.2020 - IV ZR 217/19, BGHZ 227 S. 279, NWB RAAAH-65798.

sätzlich einer Betriebshaftpflichtversicherung. Die Versicherungen sehen Haftungshöchstgrenzen, Selbstbeteiligungen oder Schadensfreiheitsrabatte vor. Die vom Versicherungsnehmer – dies ist auch bei Absicherung der Geschäftsführerrisiken meist die GmbH – zu entrichtende Prämie bestimmt sich nach der Höhe der Versicherungssumme, dem Alter des Unternehmens, der Branche sowie der Finanz- und Ertragslage der Gesellschaft. Es finden sich neben Selbstbeteiligungsklauseln auch sog. Eigenschadensklauseln, die z. B. bei einem Gesellschafter-Geschäftsführer eine Selbstbeteiligung in der Höhe vorsehen, die seinem prozentualen Anteil an der GmbH entspricht.

Die **zeitliche** Einordnung des Versicherungsschutzes nehmen die meisten Policen so vor, 3844
dass es auf den Zeitpunkt der Inanspruchnahme während des Zeitraums der Versicherung ankommt und nicht darauf, wann der Anspruch entstanden ist oder die Pflichtverletzung begangen wurde. Die bedeutet in der Regel, dass vorvertragliche Pflichtverletzungen zwar gedeckt sind, wenn der Ersatzanspruch während der Vertragslaufzeit geltend gemacht wird, aber es werden in die Versicherungsbedingungen Einschränkungen hinsichtlich rückwärtiger Schadensfälle eingebaut und es werden Obliegenheiten zur Benennung vorvertraglicher Pflichtverletzungen vereinbart. Pflichtverletzungen, für die nach Ablauf der Versicherungszeit Ersatz verlangt wird, sind in der Regel nicht gedeckt; es werden aber oft Fristen zur Nachmeldung oder aber die Möglichkeit vereinbart, schon vor der Inanspruchnahme (nach Ablauf der Versicherungszeit) Umstände zu melden, die möglicherweise zur Haftung führen könnten.

Steuerlich liegen wegen eines überwiegend eigenbetrieblichen Interesses keine Lohn- 3845
zuwendungen vor, wenn das Management als Ganzes versichert ist, die Versicherung Schäden des Unternehmens abdeckt, die Versicherungsansprüche dem Unternehmen zustehen und der Prämienkalkulation Betriebsdaten des Unternehmens zugrunde liegen. Fehlt es daran, so führen die Prämienzahlungen zu Lohn (Werbungskostenersatz mit der Verpflichtung zum Lohnsteuereinbehalt), der bei der Veranlagung der Arbeitnehmer in gleicher Höhe zum Werbungskostenabzug führt.[1]

(Einstweilen frei) 3846–3850

III. Exkurs: Haftung des faktischen Geschäftsführers

LITERATUR:

Corsten, BGH: Annahme einer faktischen Geschäftsführerstellung gegenüber einem abhängigen Unternehmen, BB 2013 S. 658; *Arens*, Die umstrittene Rechtsfigur des faktischen Geschäftsführers, NWB 2018 S. 1015 ff.

In der Krise der GmbH, aber auch in GmbHs, deren Gesellschafter in familiären Bezie- 3851
hungen zueinander stehen, nehmen nicht selten Akteure die Geschicke der Gesellschaft in die Hand, die nicht zur Leitungsebene zählen (Gesellschafter, leitende Angestellte, der Ehegatte des formellen Gesellschafter-Geschäftsführers, Hintermann eines als Gesellschafter und/oder Geschäftsführer fungierenden Strohmannes usw.). Dann steht regelmäßig die Verantwortlichkeit solcher Hintermänner oder als „graue Eminenzen" agierender Personen als faktische Geschäftsführer im Raum.

1 Vgl. FinMin Niedersachsen v. 25.1.2002, DB 2002 S. 399.

1. Voraussetzungen der Stellung als faktischer Geschäftsführer

3852 Nach der Rechtsprechung kommt es für die Beurteilung der Frage, ob jemand faktisch wie ein Organmitglied (Geschäftsführer) gehandelt und als Konsequenz seines Verhaltens sich wie ein nach dem Gesetz bestelltes Organmitglied zu verantworten hat, auf das **Gesamterscheinungsbild seines Auftretens** an. Danach ist allerdings nicht erforderlich, dass der Handelnde die gesetzliche Geschäftsführung völlig verdrängt. Entscheidend ist vielmehr, dass der Betreffende die Geschicke der Gesellschaft **über eine interne Einwirkung** auf die gesetzliche Geschäftsführung **hinaus durch eigenes Handeln im Außenverhältnis**, das die Tätigkeit des rechtlichen Geschäftsführungsorgans nachhaltig prägt, **maßgeblich in die Hand genommen hat.**[1] Faktischer Geschäftsführer ist also nicht bereits derjenige, der lediglich durch interne Einwirkungen und Weisungen auf die Geschäftsführung Einfluss nehmen kann, mögen diese Einwirkungsmöglichkeiten auch so intensiv sein, dass der gesetzliche Geschäftsführer zum reinen Befehlsempfänger degradiert wird und die herrschende Person in der Gesellschaft „das Sagen" hat.

Zur Qualifizierung als faktischer Geschäftsführer muss die **Übernahme von Geschäftsführerfunktionen mit Außenwirkung** hinzukommen. Dies manifestiert sich regelmäßig darin, dass der Handelnde die klassischen Kernbereiche der Geschäftsführung an sich zieht. Regelmäßig erfolgt dies anhand der Prüfung von acht Merkmalen: die Bestimmung der Unternehmenspolitik, Organisation des Unternehmens, Einstellung von Mitarbeitern, Gehaltshöhe, Gestaltung der Geschäftsbeziehungen zu Vertragspartnern, Verhandlungen mit Kreditinstituten und Banken,[2] Entscheidungen in Steuerangelegenheiten, Steuerung des Rechnungswesens und der Buchhaltung.[3] Anhand dieser Merkmale ist eine Gesamtwürdigung durchzuführen.

Zu fragen ist, ob derjenige, der die Geschäftsführung mit Einverständnis der Gesellschafter ohne förmliche Bestellung faktisch übernommen hat, diese tatsächlich ausübt und gegenüber dem formellen Geschäftsführer eine überragende Stellung einnimmt oder zumindest das deutliche Übergewicht hat.[4] Dies entlässt den gesetzlichen Geschäftsführer aber nicht aus der Haftung. Vielmehr kann er als **Hintermann** wegen **Teilnahme** als **Anstifter** oder **Gehilfen** zur Verantwortung gezogen werden, was gleichfalls zu einer gesamtschuldnerischen Haftung mit dem gesetzlichen Geschäftsführer führen kann.[5]

2. Verantwortlichkeit und Haftung des faktischen Geschäftsführers

3853 Ist eine Person nach diesen Grundsätzen als **faktischer Geschäftsführer** anzusehen, hat er grundsätzlich **die Pflichten zu erfüllen**, die auch den **gesetzlichen Geschäftsführer**

1 BGH v. 25.2.2002 - II ZR 196/00, BGHZ 150 S. 61, NWB DAAAB-97817; v. 11.7.2005 - II ZR 235/03, NWB PAAAB-97878; v. 27.6.2005 - II ZR 113/03, NWB SAAAB-97705; BFH v. 5.8.2010 - V R 13/09, NWB PAAAD-56600, BFH/NV 2011 S. 81; FG Münster v. 17.1.2016 - 10 K 1167/13, NWB XAAAF-70843.

2 Dazu soll aber die maßgebliche Beteiligung des Komplementärs eines Gesellschafters an Sanierungsverhandlungen mit Banken noch nicht ausreichen, weil kein eigenes, nach außen hervortretendes und normalerweise der Geschäftsführung zuzurechnendes Handeln vorliege, OLG München v. 8.9.2009 - 7 U 2568/10, ZIP 2010 S. 2295.

3 Vgl. BayObLG v. 20.2.1997 - 5 St RR 159/96, NJW 1997 S. 1936; LG Augsburg v. 15.1.2014 - 2 Qs 1002/14.

4 Arens, Die umstrittene Rechtsfigur des faktischen Geschäftsführers, NWB 2018 S. 1015, 1016.

5 Zu dieser Möglichkeit BGH v. 27.6.2005 - II ZR 113/03, NWB SAAAB-97705.

treffen. Er ist nicht anders zu behandeln als der **bestellte Geschäftsführer**. Namentlich ist er verpflichtet, rechtzeitig einen Insolvenzantrag zu stellen (§ 15a InsO) und er hat auch die haftungsrechtlichen Folgen einer Versäumung dieser Pflicht aus § 15b GmbHG oder wegen Verschleppung der Insolvenz nach § 15a InsO i. V. m. § 823 Abs. 2 BGB oder aus anderen unerlaubten Handlungen, wie z. B. einer Untreuehandlung (§ 266 StGB und § 823 Abs. 2 BGB), zu tragen. Aber auch die Folgen sonstiger Pflichtverstöße, die beim bestellten Geschäftsführer Haftungsfolgen auslösen, treffen den faktischen Geschäftsführer gleichermaßen (z. B. aus § 43 GmbHG und die Pflichten, wahre Angaben gegenüber dem Handelsregister zu machen, und zur ordnungsgemäßen Buchführung und Rechnungslegung mit Aufstellung des Jahresabschlusses). Gleiches gilt für die Pflichten aus den Steuergesetzen und des Sozialrechts.

Beschränkt eine Person ihre Einflussnahme auf den bestellten Geschäftsführer auf interne Einwirkungen und Weisungen (shadow-director-Konzept des englischen Rechts), und ist sie deshalb nicht als faktischer Geschäftsführer anzusehen, wird – entgegen mancher Beratungsempfehlung in der Praxis – das Haftungsrisiko rechtlich wegen § 830 Abs. 2 BGB nicht reduziert, mag es auch praktisch schwieriger sein, die **Teilnahme** nachzuweisen. Verlassen sollte man sich darauf aber nicht, weil der in Anspruch genommene bestellte Geschäftsführer im Konfliktfall durchaus bereit sein kann, über die gesellschaftsinternen Weisungsstrukturen gerichtsverwertbare Angaben zu machen.[1] 3854

(Einstweilen frei) 3855–3870

IV. Haftung der Gesellschafter gegenüber Gesellschaftsgläubigern und der Gesellschaft

LITERATUR:

Wackerbarth, Existenzvernichtungshaftung 2005 – Unternehmerische Entscheidungen auf dem Prüfstand?, ZIP 2005 S. 877; *Wiesbrock*, Zur Haftung des Gesellschafters einer GmbH nach BGB § 826, EWiR 2005 S. 169; *Heeg/Manthey*, Existenzvernichtender Eingriff – Fallgruppen der Rechtsprechung und Praxisprobleme, GmbHR 2008 S. 798; *Schwab*, Die Neuauflage der Existenzvernichtungshaftung: Kein Ende der Debatte!, ZIP 2008 S. 341; *Bisle*, Zum existenzvernichtenden Eingriff durch Gesellschafter-Geschäftsführer einer GmbH, DStR 2012 S. 1514; *Kleindiek*, Die Existenzvernichtungshaftung ist nicht als „Allzweckinstrument" konzipiert, BB 2012 S. 1632; *Heckschen*, Differenzhaftung und existenzvernichtender Eingriff bei der Verschmelzung in der Krise, NZG 2019 S. 561; *Schluck-Amend*, Keine Differenz-, aber Existenzvernichtungshaftung der Gesellschafter bei der Verschmelzung einer insolvenzreifen GmbH, DStR 2019 S. 1312.

Die Durchgriffshaftung ist gesetzlich nicht geregelt. Im Recht der GmbH herrscht das 3871
sog. **Trennungsprinzip (§ 13 Abs. 2 GmbHG)**. Die Vermögenssphären der GmbH und diejenige der Gesellschafter müssen grundsätzlich auseinander gehalten werden. Dies bringt auch das **Haftungsprivileg** in § 13 Abs. 2 GmbHG zum Ausdruck, wonach die Gläubiger der Gesellschaft sich wegen ihrer Forderungen grundsätzlich nur an das Gesellschaftsvermögen halten und die Gesellschafter nicht für die Verbindlichkeiten der GmbH haftbar machen können.[2]

1 Arens, NWB 2018 S. 1015 ff.

2 Grundsätzlich gibt es keine Durchgriffshaftung, BGH v. 10.12.2007 - II ZR 239/05, BGHZ 175 S. 12, NWB DAAAC-70769.

Dennoch wird erörtert, ob ausnahmsweise auch bei der GmbH eine sog. **Durchgriffs (außen)haftung** auf die Gesellschafter erfolgen kann.

1. Haftung der Gesellschafter gegenüber der Gesellschaft (Innenhaftung)

a) Haftungstatbestand des „existenzvernichtenden Eingriffs"

3872 Zum Schutz einer abhängigen GmbH gegen Eingriffe ihres Gesellschafters nahm der BGH früher eine Haftung nach den Grundsätzen des **qualifizierten faktischen GmbH-Konzerns** an.[1] Danach haftete ein die GmbH beherrschender Gesellschafter entsprechend dem Haftungssystem des Konzernrechts des Aktiengesetzes (§§ 291 ff., 311 ff. AktG), wenn er die Konzernleitungsmacht in einer Weise ausübte, die keine angemessene Rücksicht auf die eigenen Belange der abhängigen GmbH nahm, ohne dass sich der ihr zugefügte Nachteil durch Einzelmaßnahmen ausgleichen ließ.

Mit den Entscheidungen „Bremer Vulkan"[2] und „KBV"[3] formulierte der BGH eine **Durchgriffslösung**, die nicht mehr an konzernspezifische Einflussnahmen, sondern an den offenen oder verdeckten Entzug von Vermögenswerten, welche die Gesellschaft zur Erfüllung ihrer Verbindlichkeiten gegenüber den Gesellschaftsgläubigern benötigte, anknüpfte.

3873 Nur einige Jahre später wurde auch diese Rechtsprechung zu Gunsten einer Lösung über die vorsätzliche sittenwidrige Schädigung nach § 826 BGB aufgegeben.[4] Danach setzt die Haftung einen **kompensationslosen Eingriff in das** auch als Haftungsfonds für Gläubiger dienende **Gesellschaftsvermögen** voraus, **welcher zur Insolvenz führt oder diese vertieft.** Allein aus der bloßen Tatsache, dass die GmbH ihre Schulden nicht bezahlen kann, kann keine Haftung wegen existenzvernichtenden Eingriffs hergeleitet werden.[5]

3874 Seit der Entscheidung „Trihotel"[6] knüpft das Konzept der Existenzvernichtungshaftung des Gesellschafters daher an die **missbräuchliche Schädigung des Gesellschaftsvermögens**, das im Gläubigerinteresse zweckgebunden ist, an und ordnet sie allein in § 826 BGB als eine besondere **Fallgruppe der sittenwidrigen Schädigung** ein, die eine schadensersatzrechtliche **Innenhaftung gegenüber der Gesellschaft begründet**. Zugleich hat der BGH bestimmt, dass solche Schadensersatzansprüche gegenüber Erstattungsansprüchen aus §§ 31 und 30 GmbHG (verbotene Kapitalrückzahlung) nicht mehr – wie bislang – subsidiär sind, sondern zwischen ihnen Anspruchskonkurrenz besteht, soweit sie sich überschneiden.

1 BGH v. 16.9.1985 - II ZR 275/84, BGHZ 95 S. 330; v. 20.2.1989 - II ZR 167/88, BGHZ 107 S. 7; v. 23.9.1991 - II ZR 135/90, BGHZ 115 S. 187; v. 29.3.1993 - II ZR 265/91, BGHZ 122 S. 123.

2 BGHZ 149 S. 10, NZG 2002 S. 38 – Bremer Vulkan.

3 BGHZ 151 S. 181, NJW 2002 S. 3024 (3025) – KBV.

4 BGHZ 173 S. 246, Rz. 31, NJW 2007 S. 2689 – Trihotel; BGHZ 179 S. 344, NJW 2009 S. 2127 – Sanitary; DStR 2012 S. 1144.

5 Noack/Servatius/Haas/Fastrich, GmbHG, § 13 Rz. 63 ff.

6 BGH v. 16.7.2007 - II ZR 3/04, BGHZ 173 S. 246, NWB BAAAC-52500.

Mit der „Sanitary"-Entscheidung hat der BGH[1] das Rechtsinstitut der Existenzvernichtungshaftung auf die GmbH im Liquidationsstadium ausgedehnt. Wenn der zum Liquidator bestellte Alleingesellschafter einer GmbH durch eine prozessuale Maßnahme die Durchsetzung eines Zahlungsanspruchs der GmbH gegen ihn vereitele, stelle dies einen missbräuchlichen und kompensationslosen Eingriff in die Vermögensinteressen der GmbH dar. Der BGH ordnete der GmbH einen Anspruch wegen sittenwidriger Schädigung aus § 826 BGB zu, wobei es bei dieser neuen Fallgruppe nicht auf die sonst geltenden zusätzlichen Kriterien der Insolvenzverursachung oder -vertiefung ankomme. Ein existenzvernichtender Eingriff kann auch vorliegen, wenn die Gesellschafter-Geschäftsführer einer GmbH in der Liquidation Gegenstände an eine GmbH veräußern, die von ihnen abhängig ist.[2] 3875

Relevant werden kann dies auch bei Verschmelzungsfällen. Wird die Verschmelzung einer insolvenzreifen Gesellschaft gezielt für eine liquidationslose Abwicklung eingesetzt und hierdurch die Insolvenz des übernehmenden Rechtsträgers herbeigeführt, so kann dies eine Haftung wegen existenzvernichtenden Eingriffs begründen. Dies gilt dann, wenn die Gesellschaft von ihren Gesellschaftern in sittenwidriger Weise das zur Tilgung ihrer Schulden erforderliche Vermögen entzogen und damit eine Insolvenz verursacht wird. Die Sittenwidrigkeit resultiert dabei aus der Umgehung des vom Gesetzgeber für solche Fälle vorgesehenen Liquidationsverfahrens. Dies gilt jedenfalls dann, wenn eine beherrschende Stellung im übernehmenden Rechtsträger für eine liquidationslose Abwicklung des insolventen Rechtsträgers ausgenutzt wird.[3] 3876

Folge der **Umstellung** des Haftungskonzepts **auf eine Innenhaftung** ist, dass die „mittelbar" geschädigten Gläubiger der GmbH keinen Direktanspruch gegen die Gesellschafter mehr haben. Bei Insolvenzreife ist im Fall der Eröffnung des Insolvenzverfahrens der originär der Gesellschaft zustehende und von ihr zu „aktivierende" Anspruch wegen Existenzvernichtung aus § 826 BGB vom Insolvenzverwalter geltend zu machen. Die Verjährung des Anspruchs beginnt nach § 199 Abs. 1 Nr. 2 BGB mit dem Schluss des Jahres, in dem der Gläubiger (Insolvenzverwalter) von den Anspruch begründenden Umständen Kenntnis erlangt hat oder ohne grobe Fahrlässigkeit hätte erlangen müssen.[4] 3877

Geht es um die Haftung des Teilnehmers, beginnt die Verjährung erst, wenn diese Feststellung sowohl für die Umstände gilt, die in Bezug auf die Handlung des Haupttäters einen Ersatzanspruch begründen, als auch für die Umstände, aus denen sich ergibt, dass auch der Teilnehmer als Haftender in Betracht kommt. Außerhalb des Insolvenzverfahrens (z. B. bei einer Ablehnung der Eröffnung wegen Masselosigkeit) sind die Gläubiger der GmbH auf den Umweg über die GmbH verwiesen, erst einen Titel gegen die GmbH wegen der ihnen gegen die GmbH zustehenden Forderung zu erwirken und dann aus dem vollstreckbaren Titel nach Pfändung und Überweisung der Ge-

1 BGH v. 9.2.2009 - II ZR 292/07, BGHZ 179 S. 344, NWB XAAAD-19294.
2 BGH v. 23.4.2012 - II ZR 252/10, NWB ZAAAE-10842.
3 BGH v. 6.11.2018 - II ZR 199/17, NWB JAAAH-04367.
4 BGH v. 24.7.2012 - II ZR 177/11, NWB PAAAE-17691, DStR 2012 S. 2025.

sellschaftsansprüche (aus der Existenzvernichtungshaftung nach § 826 BGB) gegen den Gesellschafter vorzugehen.[1] Der Umweg erscheint dem BGH als zumutbar, zumal die (masselosen) Fälle eher selten sein werden, weil bei einem zahlungsfähigen Gesellschafter ohnehin der Insolvenzverwalter den Anspruch im Insolvenzstatus aktivieren und gegen den Gesellschafter vorgehen wird.

3878 Die Haftung gegenüber **der GmbH** trifft grundsätzlich **die Gesellschafter unmittelbar und persönlich**, welche durch Handlungen im vorbeschriebenen Sinne das zweckgebundene Gesellschaftsvermögen missbräuchlich geschädigt haben, also der GmbH ohne Rücksicht auf die Zweckbindung des Gesellschaftsvermögens Vermögenswerte entzogen haben, die diese zur Erfüllung ihrer Verbindlichkeiten benötigte. Dabei haftet auch der Gesellschafter den Gläubigern für Ausfälle unter dem Gesichtspunkt des existenzvernichtenden Eingriffs, der selbst nichts empfangen hat, jedoch durch sein Einverständnis mit dem Vermögensabzug an der Existenzvernichtung der GmbH als Teilnehmer (§ 830 BGB) mitgewirkt hat.[2] Ausreichend, aber auch Voraussetzung ist, dass er einen Beitrag zur Existenzvernichtung der GmbH geleistet hat, der auch darin bestehen kann, dass er sich an einem existenzvernichtenden Eingriff durch den Geschäftsführer der GmbH als Mittäter, Anstifter oder Gehilfe beteiligt.[3]

Wegen existenzvernichtenden Eingriffs haftet auch derjenige, der zwar nicht an der GmbH, wohl aber an einer Gesellschaft beteiligt ist, die ihrerseits Gesellschafterin der GmbH ist (Gesellschafter-Gesellschafter), jedenfalls dann, wenn er einen beherrschenden Einfluss auf die Gesellschafterin ausüben kann.[4] Der BGH wendet auf die Haftung wegen eines existenzvernichtenden Eingriffs in das Gesellschaftsvermögen auch jene Grundsätze der Kapitalaufbringung und Kapitalerhaltung an, wonach derjenige, der nur über einen Mittelsmann oder Strohmann an einer Gesellschaft beteiligt ist, genauso wie der unmittelbare Gesellschafter jedenfalls dann haftet, wenn er einen beherrschenden Einfluss ausüben kann („faktischer Gesellschafter").

b) Umfang der Haftung

3879 Der Umfang der Haftung ist weitreichend. Zu ersetzen sind die durch den Eingriff verursachten Vermögensnachteile der GmbH, wie die entzogenen Vermögenswerte, insolvenzbedingte Zerschlagungsverluste sowie ein entgangener Gewinn der GmbH und, wenn die GmbH ohne den Eingriff nicht insolvent geworden wäre, die Kosten des vorläufigen Insolvenzverfahrens und des Insolvenzverfahrens. Diese Kosten und die im Insolvenzverfahren angemeldeten Forderungen stellen die Obergrenze der Haftung dar.[5]

3880 Zusammenfassend gilt also Folgendes: Es muss ein Entzug von Vermögenswerten vorliegen, die die GmbH zur Erfüllung ihrer Verbindlichkeiten benötigt, der Eingriff muss zur Insolvenz der GmbH geführt oder sie zumindest vertieft haben und der Gesellschafter muss zumindest bedingt vorsätzlich gehandelt haben. Der Insolvenzverwalter bzw.

1 Wie bei der als Innenhaftung konzipierten Unterbilanzhaftung, BGH v. 24.10.2005 - II R 129/04, ZIP 2005 S. 2257.
2 BGH v. 24.6.2002 - II ZR 300/00, BGHZ 151 S. 181, NWB AAAAB-97964.
3 BGH v. 24.7.2012 - II ZR 177/11, NWB PAAAE-17691, DStR 2012 S. 2025.
4 BGH v. 13.12.2004 - II ZR 206/02, NWB BAAAB-97835, DStR 2005 S. 162.
5 BGH v. 24.7.2012 - II ZR 177/11, NWB PAAAE-17691, DStR 2012 S. 2025.

die GmbH hat die Beweislast für die Erfüllung der tatbestandlichen Voraussetzungen. Der Haftungsumfang umfasst grundsätzlich den Betrag, der erforderlich ist, um den zur Insolvenz führenden Eingriff auszugleichen, und ist der Höhe nach auf den Betrag begrenzt, den die Gläubiger bei redlichem Verhalten des Gesellschafters hätten erlangen können; es sind jedoch auch die Kosten des Insolvenzverfahrens zu ersetzen. Die Verjährung richtet sich nach den §§ 195, 199 Abs. 3 Nr. 1 BGB, ihre Frist beginnt mit der existenzvernichtenden Handlung und sie beträgt zehn Jahre.

2. Haftung der Gesellschafter gegenüber Gesellschaftsgläubigern (Außenhaftung)

a) Haftungstatbestand wegen Vermögensvermischung

Eine persönliche Haftung des GmbH-Gesellschafters kommt auch in Betracht, wenn die 3881
Abgrenzung zwischen Gesellschafts- und Privatvermögen durch eine undurchsichtige Buchhaltung oder auf andere Weise verschleiert worden ist und deshalb die Kapitalerhaltungsvorschriften, deren Einhaltung ein unverzichtbarer Ausgleich für die Haftungsbeschränkung auf das Gesellschaftsvermögen (§ 13 Abs. 2 GmbHG) ist, nicht funktionieren können.[1] Dafür genügt aber noch nicht das Fehlen einer „doppelten Buchführung" gem. § 41 GmbHG, § 238 HGB, für die der Geschäftsführer verantwortlich ist und deren Verletzung Schadensersatzansprüche der Gesellschaft gegen ihn auslösen können, solange sich die Vermögenszuflüsse und -abflüsse und die Trennung von Gesellschafts- und Privatvermögen noch aufgrund sonstiger Unterlagen nachvollziehbar abgrenzen lassen.

Haftungsgrund ist nicht die mangelhafte Buchführung, sondern eine **vom Gesellschafter zu verantwortende Vermögensvermischung**, welche die Kapitalschutzvorschriften missachtet und auch auf der Unkontrollierbarkeit der Zahlungsvorgänge wegen eines unzureichenden Buchführungswerks beruhen kann. Mit Urteil vom 14.11.2005[2] hat der BFH diesen **Haftungstatbestand** als **selbständig** bestätigt und ausgeführt, dass er durch die Rechtsprechung zur Durchgriffshaftung wegen existenzvernichtenden Eingriffs in das Gesellschaftsvermögen nicht überholt ist, weil es hier um Fälle geht, in denen die Kontrolle über die Verwendung des haftenden Gesellschaftsvermögens vereitelt wird. Diese **unmittelbare Haftung** des **Gesellschafters kann** besonders dann in Betracht kommen, wenn **eine Buchführung gänzlich fehlt.** Ob der BGH auch insoweit künftig eine Innenhaftung annehmen wird, ist offen, hat aber wenig praktische Auswirkung, weil der Anspruch regelmäßig in der Insolvenz zum Tragen kommen wird und dann vom Insolvenzverwalter geltend zu machen ist.

b) Haftungstatbestand der Unterkapitalisierung einer GmbH?

Hinsichtlich der Frage des **Durchgriffs wegen (qualifizierter) materieller Unterkapitalisierung** hat der BGH geschwankt, sich aber dann gegen eine Durchgriffslösung entschieden.[3] Das Unterlassen einer hinreichenden Kapitalausstattung im Sinne einer Unterkapitalisierung der GmbH ist nicht mit der Existenzvernichtungshaftung des Gesell- 3882

1 BGH v. 13.4.1994 - II ZR 16/93, BGHZ 125 S. 366.

2 BGH v.14.11.2005 - II ZR 178/03, BGHZ 165 S. 85, NWB MAAAB-97785.

3 BGH v. 30.11.1978 - II ZR 204/76, NJW 1979 S. 2104; BGH v. 1.7.1991 - II ZR 180/90, NJW-RR 1991 S. 1312; auch BGH v. 28.6.1999 - II ZR 272/98, BGHZ 142 S. 116, NJW 1999 S. 2809.

schafters gleichzustellen, weil diese einen kompensationslosen **Eingriff** in das im Gläubigerinteresse zweckgebundene Gesellschaftsvermögen der GmbH voraussetze. Eine allgemeine **gesellschaftsrechtliche** verschuldensunabhängige oder verschuldensabhängige Haftung des Gesellschafters wegen materieller Unterkapitalisierung gibt es daher nicht (und wäre nach Einführung der UG (haftungsbeschränkt)) auch nur schwer begründbar. Möglich bleibt aber weiterhin eine Haftung nach § 826 BGB.[1]

3. Insolvenzverschleppungshaftung bei Führungslosigkeit der GmbH

3883 Die Vorschrift des § 15a Abs. 3 InsO macht auch die Gesellschafter einer **führerlos gewordenen GmbH für die rechtzeitige Insolvenzantragstellung verantwortlich.**[2] Inhaltlich bleiben die Voraussetzungen der Insolvenzantragspflicht (Überschuldung oder Zahlungsunfähigkeit) unverändert; zusätzlich muss aber auch Führungslosigkeit der GmbH vorliegen. Die Antragspflicht der Gesellschafter findet ihren Platz aufgrund der rechtsformübergreifenden Vereinheitlichung im Insolvenzrecht und ist dort in § 15a Abs. 3 InsO geregelt und korrespondiert mit dem ebenfalls auf die Gesellschafter erweiterten Insolvenzantragsrecht (§ 15 Abs. 1 InsO).

Mit der Erweiterung des Personenkreises, den die Insolvenzantragspflicht trifft, auf die Gesellschafter der GmbH droht ihnen nun auch eine **Insolvenzverschleppungshaftung und eine Bestrafung wegen Insolvenzverschleppung**. Die Insolvenzverschleppungshaftung hat ihre Grundlage auch für Gesellschafter in § 15a Abs. 3 InsO und § 823 Abs. 2 BGB. Die Vorschrift begründet gleichsam eine **Ersatzzuständigkeit** der Gesellschafter einer GmbH, im Fall einer Führungslosigkeit der Gesellschaft bei Zahlungsunfähigkeit oder Überschuldung einen Insolvenzantrag zu stellen.[3] Zur Antragstellung verpflichtet sind die Gesellschafter allerdings nur, die kumulativ sowohl vom Insolvenzgrund als auch der Führungslosigkeit positive Kenntnis haben, ein bloßes Kennenmüssen reicht nicht aus. Die Gesellschafter haben aber die Beweislast dafür, von dem Insolvenzgrund und der Führungslosigkeit keine Kenntnis erlangt zu haben. Hinsichtlich des Begriffs der Führungslosigkeit wird auf Rz. 2353 und hinsichtlich der sonstigen Folgen aus der Insolvenzverschleppungshaftung auf Rz. 3791 ff. verwiesen.

3884–3910 *(Einstweilen frei)*

D. Aufsichtsrat und Beirat der GmbH

LITERATUR:

Müller/Wolff, Verlagerung von Zuständigkeiten auf den Beirat der GmbH, GmbHR 2003 S. 810; *Wälzholz*, Der Beirat im mittelständischen Unternehmen – Chancen, Grenzen und Probleme, DStR 2003 S. 511; *Huber*, Beirat und Beiratsmitglied – praxisrelevante Aspekte für ihre Tätigkeit, GmbHR 2004 S. 772; *Spindler/Kepper*, Funktionen, rechtliche Rahmenbedingungen und Gestaltungsmöglichkeiten des GmbH-Beirats, DStR 2005 S. 1738; *Meier*, Aufsichtsratssystem bei einer GmbH – Auswirkung eines Wechsels innerhalb der Amtsperiode, DStR 2011 S. 1430; *Singer*, Implementierung eines GmbH-Aufsichtsrats qua satzungsvorbehalt, NWB 2016 S. 709;

1 BGH v. 28.4.2008 - II ZR 264/06, NWB IAAAC-82693, BGHZ 176 S. 204, Rz. 21, NJW 2008 S. 2437 – GAMMA.
2 Meyer, BB 2008 S. 1742, 1746.
3 Gehrlein, BB 2008 S. 846, 848.

Schnorbus, Y./ Ganzer, F., Haftung fakultativer Gesellschaftsorgane in der GmbH und KGaA, BB 2017 S. 1795; *Erkens/Fuchs*, Externe Beratung der Gruppe der Arbeitnehmer- bzw. Anteilseignervertreter im Aufsichtsrat, NZG 2019 S. 651; *opt*, Der Aufsichtsrat – Bedeutungswandel, Konvergenz, unternehmerische Mitverantwortung, Pflichten- und Haftungszuwachs –, ZGR 2019 S. 507.

I. Aufsichtsrat

1. Gesetzliche Regelung

Das GmbHG selbst schreibt die Einsetzung eines Aufsichtsrates nicht vor, sondern überlässt es der Bestimmung durch den Gesellschaftsvertrag, ob die GmbH einen Aufsichtsrat haben soll. Der **Aufsichtsrat** ist bei der GmbH also grundsätzlich **fakultativ.** 3911

Allerdings ist der Aufsichtsrat unter bestimmten Voraussetzungen auch bei der GmbH zwingend vorgeschrieben. Neben dem Montanmitbestimmungsgesetz sind hier §§ 1 Abs. 1 Nr. 3, 4 Abs. 1 DrittelbG, die §§ 76 ff. BetrVG abgelöst haben, und § 1 Abs. 1 MitBestG, §§ 1, 3 MitbestErgG und der frühere § 6 Abs. 2 InvG zu nennen, wobei aber Praxisrelevanz nur das DrittelbG und das MitbestG haben. 3912

Die Einrichtung eines **obligatorischen Aufsichtsrates** ist nach § 1 Abs. 1 Nr. 3 DrittelbG für GmbHs mit mehr als 500 Arbeitnehmern, aber nicht mehr als 2.000 Arbeitnehmer, und nach § 1 Abs. 1 MitbestG für eine GmbH mit i. d. R. mehr als 2.000 Arbeitnehmern vorgeschrieben. Die Art der Arbeitnehmer-Mitbestimmung ist von der Zahl der dem Unternehmen zuzuordnenden Arbeitnehmer abhängig: Eine Drittelmitbestimmung besteht bei mehr als 500 Arbeitnehmern (§ 4 Abs. 1 DrittelbG), so dass ein Aufsichtsrat zu bilden ist, der zu einem Drittel aus Vertretern der Arbeitnehmer besteht, die in geheimer Wahl zu wählen sind. Die Kompetenzen dieses Aufsichtsrats sind eingeschränkt, namentlich gibt es keine Kompetenz, Zustimmungsvorbehalte für die Geschäftsführung einzuführen oder den Jahresabschluss festzustellen. 3913

§ 1 MitbestG verlangt bei mehr als 2.000 Arbeitnehmern eine paritätische Mitbestimmung, so dass sich der zu bildende Aufsichtsrat je zur Hälfte aus Aufsichtsratsmitgliedern der Anteilseigner und der Arbeitnehmer zusammensetzt. Die Zahl der Aufsichtsratsmitglieder (mindestens 12 oder 16 oder 20) ist von der Zahl der Arbeitnehmer abhängig (bis zu 10.000, zwischen 10.000 und 20.000 und mehr als 20.000). 3914

Ob überhaupt die Pflicht zur Bildung eines Aufsichtsrats besteht, ist in einem Statusverfahren zu klären.[1] 3915

Die folgenden Ausführungen befassen sich nur mit der Einrichtung eines fakultativen Aufsichtsrates. 3916

2. Satzung

Ist ein **Aufsichtsrat** durch die Satzung eingerichtet, ist er – wie die zwingend notwendigen Organe Geschäftsführer und Gesellschafterversammlung – **ein Organ der GmbH**. Dabei ist es gleichgültig, wie diese Institution im Gesellschaftsvertrag bezeichnet wird, 3917

1 Vgl. zu dem Vorstehenden Bunnemann/Zirngibl/Bunnemann/Holzborn, § 5 Rz. 3 ff.

wenn ihr nur **zumindest auch die Kontrolle der Geschäftsführung** übertragen ist. Weitgehend eingebürgert hat sich die Bezeichnung **„Beirat"**, die zugleich deutlich macht, dass es sich hier um einen Aufsichtsrat handelt, der seine Legitimation aus dem Gesellschaftsvertrag ableitet.

3. Aufgaben des Aufsichtsrats

3918 Der Aufsichtsrat ist ein **Überwachungsorgan.** Im Mittelpunkt der Aufgaben und Rechte eines solchen Gremiums steht nach § 111 AktG, **die Geschäftsführung zu überwachen.** Ist durch den Gesellschaftsvertrag ein Gremium eingerichtet, dem neben anderen Kompetenzen (auch) **nicht unwesentliche Kontrollfunktionen gegenüber der Geschäftsführung eingeräumt** sind, ist es – unabhängig von den sich findenden anderen Bezeichnungen wie z.B. Beirat, Verwaltungsrat, Gesellschafterausschuss, Firmenrat, Kuratorium, Familienbeirat, Schiedsausschuss usw. – ein **„Aufsichtsrat"** i.S.d. § 52 GmbHG. Dann gelten gem. § 52 Abs. 1 GmbHG die dort genannten Bestimmungen des AktG auch für ein solches Gremium, den Aufsichtsrat der GmbH, soweit im Gesellschaftsvertrag nichts anderes bestimmt ist.

3919 Allerdings kann die Satzung der GmbH den Rechtsverhältnissen eines Aufsichtsrats eigenständige Regelungen zuführen. So kann diese insbesondere Größe und Zusammensetzung dieses Organs bestimmen, seine Kompetenzen, innere Ordnung und Beschlussfassung regeln und das Maß der Sorgfalt nebst der Haftung der Aufsichtsratsmitglieder festlegen. Zwingend sind aber die Bekanntmachung des Wechsels von Aufsichtsratsmitgliedern gem. § 52 Abs. 3 Satz 2 GmbHG und die Angaben auf Geschäftsbriefen (§§ 35a, 71 Abs. 5 GmbHG). Ferner ist der Aufsichtsrat bei einem Spezialfall der Gewinnrücklagenbildung (§ 29 Abs. 4 Satz 1 GmbHG) zu beteiligen. Unabdingbar sind selbstverständlich auch die strafrechtlichen Verantwortlichkeiten für falsche Angaben über die Vermögenslage (§ 82 Abs. 2 Nr. 2 GmbHG) oder die Verletzung der Geheimhaltungspflicht (§ 85 Abs. 1 GmbHG).

Weitere Grenzen ziehen die zwingenden Kompetenzzuweisungen der GmbH-Verfassung. Insbesondere kann dem Aufsichtsrat nicht die organschaftliche Vertretung der GmbH in den Bereichen übertragen werden, die unentziehbar den Geschäftsführern zugewiesen sind. So haben die Geschäftsführung eine Reihe zwingender Eigenkompetenzen, wie Buchführung und Aufstellung des Jahresabschlusses. Ferner müssen der Gesellschafterversammlung eine Reihe von Zuständigkeiten verbleiben.[1]

3920–3929 *(Einstweilen frei)*

II. Einsetzung eines Beirates

1. Zweckmäßigkeit

3930 Die Satzungsautonomie in der GmbH lässt es zu, fakultative Organe einzurichten und mit Kompetenzen auszustatten, soweit diese nicht zwingend anderen Organen zugewiesen sind (§ 45 Abs. 2 GmbHG). Für die fakultativen Organe sind die Bezeichnungen

1 Siehe zu den Einzelheiten Noack/Servatius/Haas/Noack, GmbHG, § 52 Rz. 24 ff.

„Beirat“, „Verwaltungsrat“, „Gesellschafterausschuss“, „Familienrat“ etc. gebräuchlich. Im Folgenden werden diese allgemein als Beirat bezeichnet.

Die **Einsetzung eines Beirates** kann sich unter ganz unterschiedlichen Aspekten als 3931 zweckmäßig erweisen. Im Rahmen der **Unternehmensnachfolge** kann es angebracht sein, dass sich der Hauptgesellschafter nach Übergabe der Geschäftsführung auf die nachfolgende Generation noch besondere Aufsichts- und Überwachungsfunktionen vorbehält. Auch bei Familiengesellschaften kann aus den besonderen Verhältnissen heraus die Einsetzung eines Aufsichtsorgans angezeigt sein. Bei größeren Gesellschaften kann zur Wahrung unternehmerischer Belange oder von Gruppeninteressen die Bestellung eines Beirats zweckmäßig sein. Der Aufgabenbereich eines Beirats kann breit gefächert sein, wobei die Verweisungen auf das Aktienrecht dispositiv sind: Es können in ihm unternehmerische Entscheidungen diskutiert und vorbereitet werden, er kann der Pflege von Geschäftsbeziehungen dienen, kann die Beratung von Geschäftsführung und Gesellschaftern zur Aufgabe haben, Interessen und Angelegenheiten von Familienstämmen und Gesellschaftergruppen koordinieren und bei Streitfragen schlichtend einzugreifen haben. Besteht eine GmbH aus sehr vielen Gesellschaftern, kann es nützlich sein, dem Beirat viele Aufgaben zu übertragen, die normalerweise der Gesellschafterversammlung obliegen.

Aber auch bei einer GmbH, die nur wenige Gesellschafter hat, kann der Aufwand für 3932 einen Beirat lohnend sein; dies gilt vor allem, wenn etwa die Geschäftsführung des Unternehmens einem Gesellschafter übertragen ist; der Beirat erlangt dann eine Art Pufferfunktion zwischen den häufig widerstreitenden Interessen des Gesellschafter-Geschäftsführers und der übrigen Gesellschafter. In vielen Fällen kann die Übertragung von Kompetenzen auf den Beirat dazu führen, dass bei den zu treffenden Entscheidungen stets das Interesse der Gesellschaft, des Unternehmens, im Vordergrund steht und dass widerstreitende Interessen einzelner Gesellschafter sich nicht zum Schaden des Unternehmens auswirken können.

Der **Satzungsautonomie** hinsichtlich der Aufgaben und Kompetenzen, die dem Beirat 3933 (Aufsichtsrat) übertragen werden sollen, sind aber auch **Grenzen** gesetzt. Zwar kann die Anwendung des § 52 GmbHG und der dort genannten aktienrechtlichen Vorschriften durch die Satzung ausgeschlossen werden, etwa durch die Formulierung: *„Die Vorschrift des § 52 Abs. 1 GmbHG ist nicht anzuwenden.“* Dennoch können durch den insoweit geltenden Vorrang der Satzung dem Beirat keine der Geschäftsführung zwingend vorbehaltenen Kompetenzen wie die Passivvertretung, Buchführung und Erstellung des Jahresabschlusses oder nicht übertragbare Kompetenzen der Gesellschafterversammlung wie der Satzungsänderung übertragen werden oder ihm – umgekehrt – die Kontrolle der Geschäftsführung entzogen werden, soll er seinen Status als Organ der Gesellschaft nicht verlieren.

Natürlich kann man sich auch darauf beschränken, dem Beirat keine Entscheidungs- 3934 befugnisse einzuräumen, sondern ihm nur die Überwachung oder Beratung der Geschäftsführung übertragen.

2. Zusammensetzung

3935 Gleichgültig, warum und wozu man sich eines Beirates bedient und wie weit dessen Kompetenzen gehen, kann beim fakultativen Beirat die Zahl der Mitglieder und die personelle Zusammensetzung (aus Gesellschaftern, Nichtgesellschaftern, Arbeitnehmern) frei bestimmt werden. Es kann auch bestimmt werden, wer die Mitglieder des Aufsichtsrats bestellen oder sie abberufen soll, z. B. die Gesellschafterversammlung oder bestimmte Gesellschaftergruppen, oder welche persönlichen Eigenschaften (Alter, Familienzugehörigkeit, berufliche Vorbildung oder Erfahrungen und Kenntnisse in einer bestimmten Branche usw.) für die Berufung vorausgesetzt werden. Fraglich ist jedoch, ob die Satzung – entgegen § 52 Abs. 1 GmbHG, § 105 Abs. 1 AktG – auch die Entsendung von Geschäftsführern der GmbH in den Beirat zulassen kann. Regelmäßig dürfte dies wegen der Unvereinbarkeit der Ämter in der Unternehmensleitung einerseits und der Überwachung der Geschäftsführung andererseits unzulässig sein; die Frage ist aber streitig.

3936 Keinen rechtlichen Bedenken begegnet es, dass **Gesellschafter in den Beirat berufen** werden. Ein nur aus Gesellschaftern bestehender Beirat ist nur dann sinnvoll, wenn es sich dabei um eine Art „Delegiertenversammlung" (Gesellschafterausschuss) handelt und der Beirat wegen der großen Zahl der Gesellschafter überwiegend stellvertretend für die Gesellschafterversammlung tätig sein soll; bei geringer Zahl von Gesellschaftern entfällt ein solcher Gesichtspunkt. In der Regel der Fälle wird allerdings ein Beirat, der sich – wenigstens überwiegend – nicht aus Gesellschaftern, stattdessen aber aus besonders sach- und branchenkundigen Personen zusammensetzt, seinen Aufgaben am ehesten gerecht werden können.

3937 Beim fakultativen Aufsichtsrat ist die Mitgliederzahl frei. Beim obligatorischen Aufsichtsrat bestimmen sich Zahl und Zusammensetzung der Mitglieder nach den Mitbestimmungsvorschriften.

3. Regelung durch die Satzung

3938 Wenn eine GmbH einen Beirat haben soll, dann muss dies in der Satzung oder in einem späteren, satzungsändernden Beschluss bestimmt werden. Angesichts der eher dürftigen Regelung nach § 52 GmbHG sollte die Satzung nicht nur bestimmen, dass ein Beirat eingesetzt wird, sondern es sollte auch im Einzelnen geregelt werden, wie dieser Beirat sich zusammensetzt, wie er berufen wird, welche Aufgaben er hat, welche Vergütungen er erhält usw. Wichtig ist es, durch eine klare Kompetenzverteilung zwischen Geschäftsführung, Gesellschafterversammlung und Aufsichtsrat die Aufgaben der Organe klar abzugrenzen. Sieht die Satzung die Möglichkeit vor, dass später ein Aufsichtsrat durch einen späteren Gesellschafterbeschluss eingerichtet wird, verlangt das KG Berlin[1] für die Beschlussfassung die Einhaltung der für Satzungsänderungen geltenden gesetzlichen Vorgaben, also die Beachtung des ¾-Stimmenquorums sowie Beurkundung und Eintragung.

3939–3950 *(Einstweilen frei)*

1 Vom 23.7.2015 - 23 U 18/15, NWB MAAAF-67767 zu diesem Urteil s. Singer, NWB 2016 S. 709.

III. Aufgaben des Beirates

Die obigen Ausführungen haben bereits gezeigt, dass dem Beirat alle Aufgaben übertragen werden können, für die nicht zwingend eine andere Zuständigkeit gegeben ist. Die Grenzen für die Funktion des Beirates liegen einerseits dort, wo nach dem Gesetz ausschließlich die Gesellschafterversammlung zu entscheiden hat, und andererseits dort, wo der Geschäftsführer als Organ zu handeln hat. 3951

Werden die Aufgaben des Beirates nicht in der Satzung definiert, gelten – wie auch hinsichtlich der Bestellung – die in § 52 GmbHG aufgeführten Bestimmungen des AktG betreffend den Aufsichtsrat. Dabei spielt es keine Rolle, welche Bezeichnung dieses Organ in der jeweiligen GmbH hat. Auch der Beirat, der Verwaltungsrat usw., ist Aufsichtsrat i. S. d. § 52 GmbHG, wenn ihm die Überwachung der Geschäftsführung übertragen ist. 3952

Den durch § 52 Abs. 1 GmbHG und die Verweisung auf § 111 AktG vorgegebenen Aufgabenbereich des Aufsichtsrats kann der Gesellschaftsvertrag oder eine spätere Änderung der Satzung abdingen, erweitern oder einschränken. Eine Grenze gibt es nur dort, wo es um nicht übertragbare Kompetenzen der Gesellschafterversammlung bei sog. Grundlagenbeschlüssen geht. Dabei handelt es sich um die Satzungsänderungen (§ 53 GmbHG), insbesondere Kapitalerhöhung und -herabsetzung, Kapitalerhöhung aus Gesellschaftsmitteln, Umwandlungen nach dem UmwG, Unternehmensverträge, Auflösung und Fortsetzung einer aufgelösten GmbH. Insofern können zwar keine Entscheidungsbefugnisse, wohl aber beratende Funktionen übertragen werden; auf der anderen Seite dürfen die Aufsichtsfunktionen gegenüber der Geschäftsführung nicht völlig entzogen werden. 3953

Im Übrigen kann sich eine Orientierung am Aufgabenkatalog nach dem Aktienrecht empfehlen. 3954

1. Überwachung der Geschäftsführung

Die **Aufsicht** bezieht sich **nur** auf die **Geschäftsführung, nicht** auf die **Gesellschafterversammlung**. Im Rahmen der Aufgabe obliegt es dem Beirat, Maßnahmen der Unternehmensleitung auf Rechtmäßigkeit, Ordnungsmäßigkeit, Zweckmäßigkeit und Wirtschaftlichkeit hin zu überwachen. Dabei kann es um einzelne Geschäfte von außerordentlicher Bedeutung oder mit größerem Risiko, aber auch um Entscheidungen für die Geschäftspolitik in der Zukunft oder um die Verwaltung von Beteiligungen an anderen Unternehmen gehen. Die bei der Überwachung zu ergreifenden Maßnahmen stehen im pflichtgemäßen Ermessen des Beirats, können ihm aber auch durch die Satzung oder seine Geschäftsordnung vorgegeben werden, insbesondere wenn zum Wohle der Gesellschaft eine Gesellschafterversammlung einzuberufen ist (vgl. § 111 Abs. 3 AktG). Mit dem Recht zur Überwachung korrespondiert die Pflicht des Aufsichtsrates, Ansprüche auf Schadensersatz gegen die Geschäftsführung zu prüfen und die Gesellschafterversammlung zu unterrichten. 3955

Ein neues Aufgabengebiet für den Beirat erschließt ich aus der neuen **Ersatzzuständigkeit der Gesellschafter für die Insolvenzantragspflicht bei Führungslosigkeit der GmbH** 3956 nach § 15a Abs. 3 InsO. Da insbesondere bei Gesellschaften mit einem größeren Gesellschafterkreis die Gesellschafter mit den inneren Verhältnissen der GmbH weniger vertraut sind als die Geschäftsführung, sollte in der Unternehmenspraxis ein regelmäßig tagender Beirat eingerichtet werden, damit die Gesellschafter ihren insolvenzrechtlichen Pflichten rechtzeitig genügen können. Die Übertragung diesbezüglicher Überwachungspflichten auf einen **Aufsichtsrat oder Beirat** begründet aber bei der GmbH **keine Insolvenzantragspflicht der Mitglieder eines solchen Gremiums**, wenn sich Führungslosigkeit und Insolvenzgrund herausstellen. Eine gesetzliche Insolvenzantragspflicht für Aufsichtsratsmitglieder ist nach § 15a Abs. 3 InsO auf die Aktiengesellschaft und die Genossenschaft beschränkt.

2. Prüfung des Jahresabschlusses samt Lageberichts

3957 Wenn die Satzung nichts anderes bestimmt, obliegt es dem Beirat auch, den Jahresabschluss samt Lagebericht nach Vorlage zu prüfen. Insofern kann es auch Aufgabe des Beirats sein, den Gewinnverwendungsvorschlag der Geschäftsführung zu prüfen. Aus den vorzulegenden Unterlagen und durch Wahrnehmung der Informations- und Einsichtsrechte kann der Beirat dann auch die Geschäftsführung hinsichtlich ihrer Aufgabe der Risikoabwehr und Bestandssicherung des Unternehmens überwachen.

3. Zustimmungsvorbehalte

3958 Wie es auch § 111 Abs. 4 AktG über § 52 Abs. 1 GmbHG für die GmbH vorsieht, kann die Satzung bestimmen, dass bestimmte Geschäfte nur mit **Zustimmung durch den Beirat** vorgenommen werden dürfen. Es kann dem Beirat auch das Recht eingeräumt werden, selbst den Kreis der zustimmungsbedürftigen Geschäfte festzulegen. Verweigert der Beirat seine Zustimmung, kann der Geschäftsführer verlangen, dass die Gesellschafterversammlung über die Zustimmung beschließt. An sich könnte die Gesellschafterversammlung nach dem über § 52 Abs. 1 GmbHG entsprechend anwendbaren § 111 Abs. 4 Satz 4 AktG die Ablehnung des Beirats nur mit einer Dreiviertelmehrheit der abgegebenen Stimmen überwinden. Die lässt sich aber nicht mit den strukturellen Eigenschaften der GmbH und dem Weisungsrecht der Gesellschafterversammlung gegenüber der Geschäftsführung vereinbaren, so dass die h. M. eine einfache Mehrheit ausreichen lässt.[1] Eine Klarstellung empfiehlt sich insoweit in der Satzung. Jedenfalls tangiert der Zustimmungsvorbehalt nicht das Weisungsrecht der Gesellschafterversammlung, es sei denn, der Gesellschaftsvertrag hat deren Weisungsbefugnisse weitgehend auf den Beirat delegiert, was möglich ist.

3959 Festzuhalten ist daher, dass der Gesellschaftsvertrag die Kompetenzen des Beirats über bloße Zustimmungsvorbehalte hinaus noch viel weiter ausbauen kann, so dass dem Beirat letztlich ein weitgehender Einfluss auf die Geschäftsführung eingeräumt werden kann.

1 Zum Meinungsstand vgl. Beck-GmbH-HB/Müller, § 6 Rz. 51.

4. Übertragung von Kompetenzen der Gesellschafterversammlung

Die Satzung kann – unabhängig von der Frage, ob dies nach den Verhältnissen im Einzelfall opportun und ratsam sein mag – auf den Beirat auch **Kompetenzen der Gesellschafterversammlung**, wie sie in § 46 GmbHG aufgeführt sind, **übertragen**, da diese Vorschriften dispositiv sind. Die äußerste Grenze findet sich nur bei den sog. Grundlagenentscheidungen. Eine „Selbstentmachtung" der Gesellschafter und der Gesellschafterversammlung ist mit einer weitgehenden Aufgabenübertragung nicht verbunden, zumal der Beirat in seine Erwägungen auch die Gesellschafterinteressen einzubeziehen hat. Denn der Gesellschafterversammlung bleibt mit der Satzungsänderung das Instrument, um dem Beirat seine Kompetenzen zu beschneiden oder ihn ganz abzuschaffen. 3960

Der Gesellschafter kann gegen Beschlüsse des Beirats Klage erheben, wenn sie gegen Gesetze, die Satzung oder gegen die guten Sitten verstoßen. Dies gilt auch, wenn Beschlüsse des Beirats gegen eine rechtlich bindende Weisung der Gesellschafter verstoßen. Solche fehlerhaften, gegen Gesetz und Satzung verstoßende Beschlüsse des Beirats (Aufsichtsrats) sind grundsätzlich nichtig und nicht bloß anfechtbar, so dass §§ 243 ff. AktG nicht analog anzuwenden sind und insoweit auch mit Verstreichen der Anfechtungsfrist nicht unanfechtbar werden.[1] Letztlich wird die Nichtigkeitsklage von der Verwirkung begrenzt. Der Lauf einer Frist, deren Dauer uneinheitlich mit einem bis zu drei Monaten festgelegt wird, setzt jedenfalls voraus, dass Kenntnis von Beschluss und Mangel des Beschlusses oder zumindest die Möglichkeit der Kenntnisnahme besteht.

5. Einsichtsrecht des Aufsichtsrats

Soll der Beirat seine (eigentlichen) **Aufsichts- und Kontrollaufgaben** richtig wahrnehmen können, müssen seine **Rechte auf Information und Einsicht** entsprechend ausgestaltet sein. Regelt dies die Satzung nicht, ist über § 52 Abs. 1 GmbHG auf § 90 Abs. 3, 4 und 5 Satz 1 und 2 AktG analog zurückzugreifen. Danach kann der Beirat die jederzeitige Berichterstattung durch die Geschäftsführung verlangen. Außerdem kann er als Gremium durch einzelne Mitglieder oder Sachverständige nach § 111 Abs. 2 AktG die Bücher und Schriften einsehen und z. B. den Betrieb besichtigen und entsprechend prüfen. In der Praxis sollte aber die Satzung oder die dem Beirat bzw. der Geschäftsführung gegebene Geschäftsordnung den Informationsfluss und die Berichterstattung nach den individuellen Bedürfnissen der GmbH regeln. Konflikte können durch solche Richtlinien minimiert werden. 3961

Der Beirat hat kein automatisches Recht auf Teilnahme an den Gesellschafterversammlungen. Es kann das Recht und die Pflicht zur Teilnahme aber in der Satzung begründet werden. 3962

Gesellschaftern, die zugleich Mitglieder eines Beirats (fakultativen Aufsichtsrats) sind, bleiben ihre eigenen Auskunfts- und Einsichtsrechte nach § 51a GmbHG ungeschmälert. Die dadurch gewonnenen Erkenntnisse dürfen auch in die Beiratstätigkeit eingebracht 3963

1 Vgl. BGH v. 21.4.1997 - II ZR 175/95, BGHZ 135 S. 244, 247; v. 17.5.1993 - II ZR 89/92, BGHZ 122 S. 342, 347.

werden, da eine den Interessen der Gesellschaft widerstreitende Verwendung der Information insofern ausgeschlossen werden kann.

3964–3970 *(Einstweilen frei)*

IV. Handelsregister, Geschäftsbriefe

3971 Der Aufsichtsrat wird nicht im Handelsregister eingetragen. Besteht der Aufsichtsrat schon bei Errichtung der GmbH, so ist die Urkunde über seine Bestellung der Anmeldung beizufügen; Name, Beruf und Wohnort der Mitglieder des Aufsichtsrats werden bekannt gemacht. Bei späterer Bestellung oder einem Wechsel müssen die Geschäftsführer bekannt machen und die Bekanntmachung beim Handelsregister einreichen.

3972 Auf Geschäftsbriefen ist gem. § 35a GmbHG der Aufsichtsrat bzw. dessen Vorsitzender (falls vorhanden) anzugeben.

V. Haftung des Aufsichtsrats (Beirats)

3973 Mit der Wahrnehmung ihrer Kontroll- und Aufsichtsfunktion bewegen sich die Mitglieder eines Aufsichtsrats der GmbH nicht außerhalb jeder Schadenshaftung. Wenn der Gesellschaft durch Pflichtverletzung ein Schaden i.S.v. §§ 249 ff. BGB entstanden ist, kommt durchaus eine Haftung in Betracht. Dies gilt nach ganz überwiegender Auffassung auch für Beiratsmitglieder.[1] Allerdings hat der BGH[2] eine Ersatzpflicht verneint, wenn der Aufsichtsrat einer GmbH Überwachungs- und Kontrollpflichten insofern nicht beachtet hat und Zahlungen nach Eintritt der Insolvenzreife geleistet wurden, die nur zur Verminderung der Masse geführt haben. Die aktienrechtliche Vorschrift über die Haftung wegen verbotswidriger Zahlungen (§§ 92 Abs. 2, 93 Abs. 3 Nr. 6 AktG) sei bewusst nicht in die Verweisung des § 52 GmbHG aufgenommen worden. Während der Aufsichtsrat einer AG im Interesse der Allgemeinheit seine Pflichten erfüllen müsse, obliege dem Beirat einer GmbH nur die Aufgabe eines Kontrollorgans, das sicherstellen solle, dass der Geschäftsführer im Interesse der GmbH handele.

3974 Mit dem Abschlussprüfungsreformgesetz vom 10.6.2016 hat der Gesetzgeber die §§ 86 bis 88 GmbHG eingefügt (anzuwenden ab 17.6.2016). Die Vorschriften sehen für bestimmte Gesellschaften in der Rechtsform einer GmbH (kapitalmarktorientiert i.S.d. § 264d HGB, CRR-Kreditinstitute, bestimmte Versicherungsunternehmen) bei bestimmten Pflichtverletzungen von Aufsichtsratsmitgliedern bei Abschlussprüfungen Sanktionen vor.

3975–4000 *(Einstweilen frei)*

1 Schnorbus/Ganzer, BB 2017 S. 1795; diese auch zu den einzelnen Pflichten.

2 BGH v. 20.9.2010 - II ZR 78/09, NWB JAAAD-53514, BB 2010 S. 2657.

6. Abschnitt: Der Jahresabschluss, Gewinn und Verlust

A. Buchführung und Inventar

LITERATUR:

Meyer/Jahn, Formale Gestaltung von Bilanz und GuV nach HGB, StuB 2003 S. 1005; *Peemüller*, Grundsätze ordnungsgemäßer Rechnungslegung, StuB 2003 S. 211; *Hommel/Schmidt/Wüstemann*, Adolf Moxter und die Grundsätze ordnungsgemäßer Rechnungslegung, WPg Sonderheft 2004 S. 84; *Schirmer*, Der Jahresabschluss – Ein Rechnungslegungs- und Rechenschaftslegungsinstrument nicht nur für den Fiskus, StW 2004 S. 10; *Völker-Lehmkuhl/Mages*, Erfüllung der Buchführungspflicht nach HGB durch IAS/IFRS?, NWB 2005 S. 2881; *Theile*, Die Auswirkungen des Referentenentwurfs zum Bilanzrechtsmodernisierungsgesetz auf die Rechnungslegung der GmbH – Übersicht der wesentlichen Änderungen für den Jahres- und Konzernabschluss, GmbHR 2007 S. 1296; *Fey/Deubert/Lewe*, Erleichterungen nach dem MicroBilG – Einzelfragen zur Anwendung der neuen Vorschriften, BB 2013 S. 107.

I. Buchführungspflicht

Die GmbH gilt gem. § 13 Abs. 3 GmbHG unabhängig von ihrem Gegenstand stets als eine Handelsgesellschaft. Sie unterliegt deshalb gem. § 6 HGB auch den „in Betreff der Kaufleute gegebenen Vorschriften“. Zu diesen Vorschriften gehören die §§ 238 ff. HGB, so dass die GmbH nach § 238 Abs. 1 Satz 1 HGB verpflichtet ist, Bücher zu führen und in diesen die Handelsgeschäfte und die Lage des Vermögens nach den Grundsätzen ordnungsmäßiger Buchführung ersichtlich zu machen. Nach § 140 AO sind die handelsrechtlichen Buchführungspflichten auch für die Besteuerung zu erfüllen. Sie können daher auch erzwungen werden (vgl. Rz. 4033). 4001

Für die **ordnungsgemäße Buchführung** haben nach § 41 GmbHG die **Geschäftsführer zu sorgen**. Die Pflicht kann vertraglich weder ausgeschlossen noch beschränkt werden. Die Geschäftsführer müssen die Bücher nicht selbst führen, sondern können diese Aufgabe auf Angestellte **delegieren** oder die Buchführung außer Haus vergeben, wobei dann den Geschäftsführern die Pflicht obliegt, die mit der Buchführung betrauten Angestellten oder Unternehmen sorgfältig auszuwählen und zu überwachen. Hat die GmbH mehrere Geschäftsführer, kann **die Geschäftsverteilung** einem Geschäftsführer die Buchführung als Aufgabenbereich zuweisen, was aber die anderen Geschäftsführer nicht von ihrer grundsätzlichen Buchführungspflicht nach § 41 GmbHG befreit, diese Pflicht aber auf die sachgerechte Auswahl und die angemessene Überwachung des zuständigen Geschäftsführers beschränkt.[1] 4002

Die **Buchführungspflicht beginnt** mit dem ersten zu buchenden Geschäftsfall nach notarieller Beurkundung des Gesellschaftsvertrags unabhängig von der Eintragung der GmbH in das Handelsregister. Folglich ist bereits die **Vorgesellschaft** zur Buchführung verpflichtet, weil mit dem Abschluss des Gesellschaftsvertrags die Einlageforderungen und die Gebührenverbindlichkeiten gegenüber dem Notar einzubuchen sind. Die Pflicht zur Buchführung **endet** mit dem Ende der Abwicklung. 4003

1 Vgl. BGH v. 26.6.1995 - II ZR 109/94, BB 1995 S. 1844.

4004 Die Befreiung von der Buchführungspflicht nach § 241a HGB kann die GmbH als Kapitalgesellschaft nicht in Anspruch nehmen, selbst wenn ihre Umsatzerlöse 600.000 € und ihr Jahresüberschuss 60.000 € nicht überschreiten.

4005–4020 (*Einstweilen frei*)

II. Vorschriften zur Buchführung

1. Grundsätze ordnungsmäßiger Buchführung

4021 Gemäß § 238 HGB sind von der GmbH Bücher zu führen und daraus die Handelsgeschäfte und die Lage des Vermögens nach den Grundsätzen ordnungsmäßiger Buchführung ersichtlich zu machen. Zweck einer kaufmännischen Buchführung ist es, den Einblick in die Handelsgeschäfte und die Vermögenslage zu sichern. Die Rechtsnatur der „Grundsätze ordnungsmäßiger Buchführung" (**GoB**) ist streitig; teils sieht man darin Gewohnheitsrecht, teils Handelsbrauch; für die Praxis sind diese Meinungsverschiedenheiten bedeutungslos. Erläuternd sagt das Gesetz, dass die Buchführung so beschaffen sein muss, dass sie einem sachverständigen Dritten innerhalb angemessener Zeit einen Überblick über die Geschäftsvorfälle und die Lage des Unternehmens zu geben vermag (§ 238 Abs. 1 Satz 2 HGB, § 145 Abs. 1 AO). Steuerlich wird die Buchführung als ordnungsgemäß angesehen, wenn die für die kaufmännische Buchführung erforderlichen Bücher geführt werden, die Bücher förmlich in Ordnung sind und ihr Inhalt sachlich richtig ist.[1]

2. Weitere Buchführungsgrundsätze

4022 Gemäß § 238 Abs. 2 HGB muss der Kaufmann eine mit der Urschrift übereinstimmende Wiedergabe (Kopie usw.) seiner Handelsbriefe „zurückbehalten", d. h. für sich herstellen und aufbewahren. Die Buchführung muss in einer lebenden Sprache abgefasst werden (§ 239 Abs. 1 Satz 1 HGB, § 146 Abs. 3 Satz 1 AO), wird eine Fremdsprache verwendet (z. B. durch die ausländische Niederlassung), kann die Finanzverwaltung Übersetzungen verlangen (§ 146 Abs. 3 Satz 2 AO). Die Buchführung kann auch in ausländischer Währung aufgestellt werden, während der Jahresabschluss zwingend in deutscher Sprache und in Euro aufzustellen ist (§ 244 HGB).

4023 § 239 Abs. 2 und 3 HGB regelt mit den Buchführungsgrundsätzen, wie die Eintragungen in den Büchern und den übrigen erforderlichen Aufzeichnungen zu erfolgen haben:

- **vollständig:** Alle Geschäftsfälle müssen lückenlos erfasst werden.
- **richtig:** Die Buchungen haben aufgrund von (unveränderten) Belegen zu erfolgen.
- **zeitgerecht**: Kassenvorgänge sind grundsätzlich täglich aufzuzeichnen, Kreditvorgänge können monatlich grundbuchmäßig erfasst werden.
- **geordnet:** Die Geschäftsfälle sind in einem sinnvoll und planmäßig gegliederten Kontensystem kontiert und nach Belegnummern und Datum im Hauptbuch zu verbuchen.

1 BFH v. 24.6.1997 - VIII R 9/96, BStBl 1998 II S. 51.

- **nachvollziehbar**: Es muss einem sachverständigen Dritten möglich sein, mit Hilfe der Belege, Bücher und der Unterlagen zum Buchhaltungssystem innerhalb angemessener Zeit den vom Gesetz verlangten Überblick zu erlangen.
- **unveränderlich**: Nach der erstmaligen Erfassung (Primanota) dürfen Änderungen nur noch so erfolgen, dass die ursprüngliche Verbuchung feststellbar bleibt, d. h., Änderungen und Berichtigungen dürfen nur durch Umbuchungen oder Stornobuchungen erfolgen, in der EDV-gestützten Buchführung sind über Änderungen Protokolle anzufertigen.

Handelsrechtlich schreibt § 238 HGB kein bestimmtes System der Buchführung vor. Da 4024
jedoch nach § 242 Abs. 2 HGB eine Gewinn- und Verlustrechnung (GuV) aufzustellen ist, ist i. d. R. eine doppelte Buchführung erforderlich. Auch bei der Wahl der Buchführungsform ist die Gesellschaft grundsätzlich frei; aus dem Tatbestandsmerkmal „Bücher" in § 238 Abs. 1 HGB sind keine Einschränkungen hinsichtlich einer Lose-Blatt-Buchführung oder einer EDV-Buchführung herzuleiten, sofern nur die GoB beachtet werden. Werden zur Führung der Bücher Datenträger verwendet, muss aber gewährleistet sein, dass die Daten während der Aufbewahrungsfrist verfügbar bleiben und innerhalb angemessener Zeit lesbar gemacht werden können (§ 239 Abs. 4 Satz 2 HGB). Steuerlich muss die jederzeitige Verfügbarkeit und die unverzügliche Lesbarmachung sichergestellt sein (§ 146 Abs. 5 Satz 2 AO). Da bei der Aufbewahrung von Daten auf Datenträgern auch gewährleistet sein muss, dass sie während der Aufbewahrungsfrist ausgewertet werden können (§ 147 Abs. 2 Nr. 2 AO), muss die GmbH für diese Zeit auch die dazu erforderliche Hard- und Software vorhalten.

Eine jede Buchführung muss der Beleg-, Journal- und Kontenfunktion genügen. Dies 4025
bedeutet, dass jede Buchung durch einen Beleg nachgewiesen wird, der den Geschäftsvorfall und seine buchmäßige Erfassung dokumentiert (durch Buchungstext, Buchungsbetrag, Belegdatum zur zeitlichen Bestimmung des Geschäftsvorfalls, Autorisierung, Kontierung, Belegnummer als Ordnungskriterium und Buchungsdatum zur zeitlichen Fixierung der Buchung). Die Journalfunktion ist erfüllt, wenn alle buchungspflichtigen Geschäftsfälle in zeitlicher Reihenfolge aufgezeichnet werden und damit der Nachweis ihrer tatsächlichen und zeitnahen Erfassung erbracht wird. Wenn die in zeitlicher Reihenfolge aufgezeichneten Geschäftsvorfälle sachlich geordnet auf Personen- und Sachkonten dargestellt werden, ist die Kontenfunktion erfüllt. In der kaufmännischen Praxis hat sich die Führung von Grund-, Haupt- und Nebenbüchern als Handelsbücher durchgesetzt. Daneben sind die sonst erforderlichen Aufzeichnungen zu führen, die sich aus den Steuergesetzen (wie z. B. nach § 22 UStG oder Aufzeichnung des Wareneingangs und -ausgangs nach §§ 143, 144 AO) oder aus außersteuerlichen Vorschriften[1] ergeben.

Den Ort der Buchführung schreibt das Handelsrecht nicht vor, aus § 146 Abs. 2 Satz 1 AO 4026
ergibt sich jedoch die Pflicht, die Bücher und die sonst erforderlichen Aufzeichnungen im Inland zu führen, was insbesondere für die inländischen Tochtergesellschaften von ausländischen Unternehmen von Bedeutung ist. Auch wenn danach die Kontierung der Belege und deren Verbuchung im Inland zu erfolgen hat, können Daten im Ausland verarbeitet werden, die erstellten Bücher müssen aber danach im Inland vorgehalten

1 Wie z. B. Einkaufsbücher bei bestimmten Berufsgruppen.

werden. Die Bücher ausländischer Niederlassungen dürfen nach § 146 Abs. 2 Satz 2 AO im Ausland geführt werden, ihre Ergebnisse müssen dann aber über Verrechnungskonten in die inländische Buchführung übernommen werden. Die Fernbuchführung im Inland ist erlaubt (sog. Buchführung außer Haus). Ab 2023 kann gem. § 146 Abs. 2a AO die Buchführung auch in einem anderen Mitgliedstaat der EU erfolgen. § 146 Abs. 2b AO eröffnet auf Antrag die Möglichkeit, die Buchführung in einem Drittstaat durchzuführen. Im Falle der Aufforderung einer Rückverlagerung gem. § 146 Abs. 2c AO wird auf die Möglichkeit der Erhebung eines Verzögerungsentgelts zwischen 2.500 € und 250.000 € hingewiesen.

3. Aufbewahrungspflichten und -fristen

4027 Wie jeder Kaufmann ist die GmbH gem. § 257 HGB verpflichtet, bestimmte Unterlagen, die für die Buchführung Bedeutung haben, aufzubewahren, und zwar:

► **zehn Jahre**

die Handelsbücher, Inventare, Eröffnungsbilanzen, Jahresabschlüsse, Lageberichte, Konzernabschlüsse, Konzernlageberichte sowie die zu ihrem Verständnis erforderlichen Arbeitsanweisungen und sonstigen Organisationsunterlagen sowie die Belege für Buchungen in den von der GmbH nach § 238 Abs. 1 HGB zu führenden Büchern (**Buchungsbelege**);

► **acht Jahre**

für Buchungsbelege im Handels- und Steuerrecht (§§ 257 Abs. 4 HGB, 147 Abs. 3 Satz 1 AO sowie § 14b Abs. 1 Satz 1 UStG und § 26a Abs. 2 Nr. 2 UStG);

► **sechs Jahre**

die empfangenen Handelsbriefe und die Wiedergaben der abgesandten Handelsbriefe (wortgetreue, nicht notwendig bildliche Briefkopie).

4028 § 257 Abs. 2 HGB stellt klar, dass nur solche Schriftstücke „Handelsbriefe" sind, die ein Handelsgeschäft (seine Vorbereitung, den Abschluss, die Abwicklung oder seine Rückgängigmachung) betreffen.

4029 Die Aufbewahrungsfrist beginnt jeweils mit Ablauf des 31.12. des Kalenderjahres, in dem die letzte Eintragung in das Handelsbuch gemacht, das Inventar, die Eröffnungsbilanz, der Konzernabschluss aufgestellt, das Jahresergebnis festgestellt, der Handelsbrief abgesandt oder empfangen worden oder der Buchungsbeleg entstanden ist (§ 257 Abs. 5 HGB). Die steuerliche Aufbewahrungspflicht umfasst nach § 147 AO auch sonstige Unterlagen, soweit sie für die Besteuerung von Bedeutung sind. Im Grundsatz gelten die handelsrechtlichen Aufbewahrungsfristen auch für das Besteuerungsverfahren, jedoch läuft die jeweilige Aufbewahrungsfrist nach § 147 Abs. 3 Satz 3 AO solange und soweit nicht ab, als die aufzubewahrenden Unterlagen für Steuern von Bedeutung sind, für die die Festsetzungsfrist (nach §§ 169 ff. AO) noch nicht abgelaufen ist.

4030 Die Unterlagen sind **systematisch geordnet aufzubewahren**. Die Eröffnungsbilanz, die Jahresabschlüsse und die Konzernabschlüsse müssen im Original, die anderen Unterlagen können als Wiedergabe auf Bildträgern (z. B. Fotokopien, Mikrofiche) oder auf anderen Datenträgern (elektronische oder digitale Speichermedien) aufbewahrt werden, wenn die GoB und insbesondere der Grundsatz der Unveränderbarkeit beachtet werden.

Die Verwendung von Datenträgern wird durch § 257 Abs. 3 HGB geregelt. Die Wiedergabe von empfangenen Handelsbriefen und Buchungsbelegen muss bildlich mit dem Original übereinstimmen, u. U. sogar in der Farbwiedergabe, wenn ihr Beweisfunktion zukommt; auf im BMF-Schreiben vom 14.11.2014[1] entwickelte Grundsätze zur ordnungsgemäßen Führung und Aufbewahrung von Büchern, Aufzeichnungen und Unterlagen in elektronischer Form sowie zum Datenzugriff (GoBD) wird hingewiesen (anzuwenden auf VZ, die nach dem 31.12.2014 beginnen). Werden die Bücher auf Datenträgern geführt, kann den handelsrechtlichen Pflichten auch durch Aufbewahrung der Datenausdrucke anstelle der Datenträger genügt werden (§ 257 Abs. 3 Satz 2 HGB). Steuerlich genügt dies nicht, hier müssen auch die Datenträger selbst aufbewahrt werden, und es muss sichergestellt sein, dass die Daten maschinell ausgewertet werden können. Dazu muss sogar die notwendige Hard- und Software vorgehalten werden, zumal die Finanzverwaltung im Rahmen von Prüfungen das Recht hat, das Datenverarbeitungssystem zu nutzen, oder auch verlangen kann, dass ihr die gespeicherten Unterlagen und Aufzeichnungen auf einem maschinell verwertbaren Datenträger zur eigenen Auswertung zur Verfügung gestellt werden (§ 147 Abs. 6 AO).[2] 4031

Das HGB schreibt einen bestimmten Ort für die Aufbewahrung nicht vor, steuerrechtlich sind die Unterlagen jedoch grundsätzlich im Inland aufzubewahren (§ 146 Abs. 2 Satz 1 AO). 4032

4. Verstöße gegen die Buchführungspflicht

Die Buchführungspflichten, die der GmbH als Kaufmann obliegen, haben die Geschäftsführer zu erfüllen (§ 41 GmbHG). Verletzen sie ihre diesbezüglichen Pflichten, begründet dies eine **Haftung** der Geschäftsführer **gegenüber der GmbH nach § 43 Abs. 2 GmbHG.**[3] § 41 GmbHG stellt nach überwiegender Meinung kein Schutzgesetz i. S. v. § 823 Abs. 2 BGB dar, so dass Dritte aus Verstößen gegen die Buchführungspflichten keine Schadensersatzansprüche herleiten können. Die Verletzung der Buchführungs- und Aufzeichnungspflichten kann jedoch nach § 283 Abs. 1 Nr. 5 oder 6, §§ 283a oder 283b Abs. 1 Nr. 2 oder 3 StGB strafbar sein, wenn die Insolvenz eröffnet, der Insolvenzantrag mangels Masse abgelehnt wird oder die Zahlungseinstellung erfolgt. Steuerrechtlich kann die Erfüllung der Buchführungs- und Aufzeichnungspflichten durch Zwangsgeldandrohung oder -festsetzung erzwungen werden (§ 328 AO). Verfügt die GmbH nicht über die erforderlichen Bücher und Aufzeichnungen oder sind sie nicht ordnungsgemäß, können die Besteuerungsrundlagen geschätzt werden (§ 162 Abs. 2 Satz 2 AO); außerdem kann die damit einhergehende Steuergefährdung als Ordnungswidrigkeit verfolgt werden (§ 379 Abs. 1 Satz 1 Nr. 2 AO). 4033

1 BStBl 2014 I S. 1450.

2 Zu den Einzelheiten vgl. BMF v. 16.7.2001, BStBl 2001 I S. 415, GDPdU, ersetzt für VZ ab 2015 durch die vg. GoBD.

3 Vgl. BGH v. 9.5.1974 - II ZR 50/72, NJW 1974 S. 1468.

5. Vorlagepflicht

4034 Die Bestimmungen der §§ 258 bis 261 HGB über die Verpflichtung zur Vorlage von Handelsbüchern in einem Rechtsstreit oder bei Auseinandersetzungen gelten auch für die GmbH.

4035–4050 (*Einstweilen frei*)

III. Inventar

4051 Zu Beginn des Handelsgewerbes und für den Schluss eines jeden Geschäftsjahres hat die GmbH gem. § 240 HGB ein **Inventar** zu erstellen und darin die Vermögensgegenstände und Schulden nach Art und Menge zu verzeichnen und zu bewerten, die der GmbH bilanzrechtlich zuzurechnen sind. Für die Zurechnung von Vermögensgegenständen ist das (zivilrechtliche) **Eigentum** maßgebend, es sei denn, der Gegenstand ist **wirtschaftlich** einem anderen zuzurechnen (§ 246 Abs. 1 Satz 2 HGB). Das Eröffnungsinventar ist auf den Beginn der Buchführungspflicht aufzustellen.

4052 Das jährliche Inventar ist Grundlage der Jahresbilanz und weist die Ist-Bestände der Vermögensgegenstände und Schulden nach, wie sie sich aus der laufenden Buchführung ergeben (Soll-Bestände). Insofern hat das Inventar mit seinen Bestandteilen in Gestalt der Anlagekartei für die Sachanlagen, der Inventurlisten für die Vorräte und der Saldenlisten für die Forderungen und Verbindlichkeiten auch Kontrollfunktion für die Buchführung.

4053 § 240 Abs. 2 Satz 3 HGB verlangt, dass das Inventar innerhalb eines Zeitraumes aufzustellen ist, der einem ordnungsgemäßen Gang der Geschäfte entspricht. Deshalb muss das Inventar so rechtzeitig aufgestellt werden, dass die Frist für die Aufstellung des Jahresabschlusses von drei bzw. sechs Monaten für die große und mittelgroße GmbH bzw. für die kleine GmbH eingehalten werden kann (vgl. § 264 Abs. 1 Satz 2 und 3 HGB).

4054 Die **Inventur** (§ 241 HGB) ist die Bestandsaufnahme, die es ermöglicht die Vermögensgegenstände und Schulden nach Art und Menge in das Inventar einzustellen. Bei der Inventur sind die Grundsätze der Vollständigkeit, Richtigkeit, Einzelerfassung (Ausnahme beim Festwertverfahren) und der Nachprüfbarkeit (hinreichende Dokumentation des Verfahrens und der Ergebnisse) zu beachten.

4055 **Anerkannte** (auch vereinfachte) **Inventurverfahren** sind nach dem Zeitpunkt der körperlichen Bestandsaufnahme:

- Die (klassische) **Stichtagsinventur**, bei der die Bestandsaufnahme zwar „am Bilanzstichtag" stattfindet, sich rein faktisch aber auf die Tage vor und nach dem Bilanzstichtag erstreckt.
- Die **ausgeweitete Stichtagsinventur**, bei der die Ermittlung der Bestände auf den Bilanzstichtag üblicherweise innerhalb von zehn Tagen vor und nach dem Stichtag stattfindet; dabei müssen aber die Mengenänderungen zwischen dem Tag der körperlichen Bestandsaufnahme und dem Bilanzstichtag belegt werden.

- Die **vor- oder nachgelagerte Stichtagsinventur** gem. § 241 Abs. 3 HGB, bei der die körperliche Bestandsaufnahme und Bewertung auf einen Tag innerhalb von drei Monaten vor oder nach dem Bilanzstichtag erfolgt und dann eine wertmäßige Fortschreibung oder Rückrechnung auf den Bilanzstichtag erfolgt.
- Die **permanente Inventur** erlaubt § 241 Abs. 2 HGB. Bei ihr findet die Bestandsaufnahme auf einen beliebigen Tag zwischen den Bilanzstichtagen statt; die aufgenommenen Bestände werden nach buchmäßiger Fortschreibung (art-, mengen- und wertmäßig) in das Inventar zum Bilanzstichtag übernommen. Voraussetzung einer permanenten Inventur ist eine ordnungsgemäße Lagerbuchführung, die Bestände, Zu- und Abgänge nach Datum erfasst und belegmäßig nachweist.

Dem Umfang nach werden nach § 241 Abs. 1 HGB die **Vollinventur** mit einer vollständigen körperlichen Bestandsaufnahme und die **Stichprobeninventur** unterschieden, die mit Hilfe anerkannter mathematisch-statistischer Methoden auf der Grundlage von Stichproben die Bestände ermittelt. Sie setzt voraus, dass ihr Aussagewert einer Vollinventur gleichkommt und die Lagerbuchführung nach Art, Menge und Bewertung zutreffend ist. 4056

Ausnahmen von dem Grundsatz der jährlichen Bestandsaufnahme (§ 240 Abs. 2 HGB) und der Einzelbewertung (§ 252 Abs. 1 Nr. 3 HGB) lassen die Vorschriften des § 240 Abs. 3 HGB **(Festwertverfahren)** und des § 240 Abs. 4 HGB **(Gruppenbewertung)** zu. 4057

(*Einstweilen frei*) 4058–4059

IV. Eröffnungsbilanz

Nach § 242 Abs. 1 Satz 1 HGB sind die Geschäftsführer verpflichtet, eine Eröffnungsbilanz mit Stichtag auf den Beginn des Handelsgewerbes aufzustellen. Damit ist der Beginn der Buchführungspflicht und damit der Tag des ersten buchungspflichtigen Geschäftsfalles der GmbH nach dem Abschluss des notariellen Gesellschaftsvertrags gemeint. Dieser Stichtag gilt auch, wenn ein Unternehmen als Sacheinlage in die GmbH eingebracht wird oder im Falle der Umwandlung zur Neugründung einer GmbH. Keiner Eröffnungsbilanz bedarf es aber beim bloßen Formwechsel, da der Rechtsträger nicht wechselt. 4060

Die Eröffnungsbilanz ist innerhalb einer Frist von drei Monaten nach dem ersten zu buchenden Geschäftsfall aufzustellen (§ 242 Abs. 1 Satz 2 i. V. m. § 264 Abs. 1 Satz 3 HGB)[1] und von den Geschäftsführern unter Angabe des Datums zu unterschreiben; einer förmlichen Feststellung nach § 46 Nr. 1 GmbHG bedarf es nicht. Von der Eröffnungsbilanz ist die sog. **Vorbelastungsbilanz** (Rz. 967) zu unterscheiden, die die GmbH u. U. auf den Zeitpunkt der Eintragung in das Handelsregister aufzustellen hat, um zu ermitteln, ob und in welcher Höhe Ansprüche gegen die Gesellschafter aus der **Unterbilanzhaftung** entstanden sein könnten (vgl. Rz. 959 ff., zur Differenzhaftung/Unterbilanzhaftung). 4061

(*Einstweilen frei*) 4062–4080

1 In der Fassung des BilMoG.

B. Der Jahresabschluss

I. Allgemeine Regeln

1. Vorbemerkung (Aufgabe der umgekehrten Maßgeblichkeit durch das BilMoG)

4081 Als Kaufmann und Kapitalgesellschaft hat die GmbH gem. §§ 242, 264 Abs. 1 Satz 1 HGB für das vergangene Geschäftsjahr einen **Jahresabschluss**, bestehend aus **Bilanz, Gewinn- und Verlustrechnung** (GuV), **Anhang** und – außer die kleine GmbH – **Lagebericht** aufzustellen. Die Befreiungsvorschriften des § 241a HGB gelten für die GmbH nicht. **Die Teile bilden eine Einheit**. Der Jahresabschluss hat die Aufgabe, Rechnung zu legen und die Gesellschafter wie die Öffentlichkeit über die wirtschaftliche Lage der GmbH zu informieren (vgl. § 264 Abs. 2 HGB). Außerdem ist der Jahresabschluss **Grundlage** für die **Ergebnisverwendung** und dient der Ermittlung des Betrages, der an die Gesellschafter ausgeschüttet werden kann.

Schließlich beruht auf dem Jahresabschluss auch die **steuerliche Gewinnermittlung**, wie aus dem Grundsatz der materiellen Maßgeblichkeit der Handelsbilanz für die Steuerbilanz des § 5 Abs. 1 Satz 1 EStG[1] folgt,[2] der über § 8 Abs. 1 KStG auch für die GmbH gilt. Der Grundsatz der umgekehrten Maßgeblichkeit[3] des bisherigen § 5 Abs. 1 Satz 2 EStG wurde hingegen durch das BilMoG samt den hierauf beruhenden handelsrechtlichen Öffnungsklauseln im HGB (§ 247 Abs. 3, §§ 254, 273, 279, 281, 285 Satz 1 Nr. 5) aufgehoben.[4] Steuerliche Wahlrechte können damit in der Steuerbilanz unabhängig von der Handelsbilanz ausgeübt werden und müssen dort nicht mehr nachvollzogen werden. Die Ausübung steuerlicher Wahlrechte, die von den handelsrechtlichen Bilanzierungsvorschriften abweichen, setzt aber nach § 5 Abs. 1 Satz 2 und 3 EStG voraus, dass die Ausübung steuerlicher Wahlrechte in besonderen, laufend zu führenden Verzeichnissen (neben § 60 Abs. 2 EStDV) ausgewiesen werden. Die Verzeichnisse können auch in der handelsrechtlichen Rechnungslegung geführt werden, z. B. durch Ergänzung des Anlagenspiegels um die geforderten steuerlichen Angaben.

4082 Die materielle Maßgeblichkeit der Handelsbilanz für die Steuerbilanz erstreckt sich auf die nationalen handelsrechtlichen Grundsätze der ordnungsgemäßen Buchführung (einschließlich ihrer Änderung durch die Fortentwicklung des Rechts) und auf alle Vorschriften, die für den Ansatz und die Bewertung der Bilanzposten maßgeblich sind, es sei denn, es bestehen steuerrechtliche Ansatz- und Bewertungsvorbehalte, z. B. in § 5 Abs. 1a und Abs. 2 ff., § 6 EStG. Steuerrechtlich gilt das Verbot der Verrechnung von Posten der Aktivseite mit Posten der Passivseite (§ 5 Abs. 1a Satz 1 EStG) und weiter[5] die Einschränkung, die von der Rechtsprechung entwickelt worden ist: Handelsrechtliche

1 In der Fassung des Art. 3 BilMoG.

2 BFH v. 30.11.2005 - I R 26/04, BFH/NV 2006 S. 616, NWB HAAAB-76202.

3 BFH v. 21.10.1993 - IV R 87/92, BStBl 1994 II S. 176; v. 5.9.2001 - I R 107/00, BStBl 2002 II S. 134.

4 Grundsätzlich erstmals für Wirtschaftsjahre, die nach dem 31.12.2009 beginnen, und ausnahmsweise auch für Wirtschaftsjahre, die nach dem 31.12.2008 beginnen, wenn das Wahlrecht nach Art. 66 Abs. 3 Satz 6 EGHGB (i. d. F. des BilMoG) ausgeübt wird, das es erlaubt, die in Abs. 3 aufgeführten Vorschriften schon auf Wirtschaftsjahre anzuwenden, die nach dem 31.12.2008 beginnen.

5 Herzig, DB 2008 S. 1, 4.

Aktivierungswahlrechte gelten steuerlich als Aktivierungsgebot, handelsrechtliche Passivierungswahlrechte gelten als Passivierungsverbot.[1]

Nach § 244 HGB ist der Jahresabschluss in deutscher Sprache und in Euro auf den Schluss eines Geschäftsjahres (§ 242 Abs. 1 und 2 HGB) aufzustellen. Das Geschäftsjahr ergibt sich aus der Satzung und entspricht mangels einer abweichenden gesellschaftsvertraglichen Regelung dem Kalenderjahr, darf zwölf Monate nicht überschreiten und darf grundsätzlich auch nicht kürzer sein. Rumpfgeschäftsjahre sind nur bei Gründung, Auflösung, Umwandlung und Änderung des Geschäftsjahres durch Satzungsänderung (§ 53 GmbHG) zulässig, die mit der (nach § 54 Abs. 3 GmbHG notwendigen) Eintragung in das Handelsregister wirksam wird. Die Umstellung des Geschäftsjahres bedarf der Zustimmung des Finanzamtes und wird nur aus gewichtigen Gründen erteilt.[2] 4083

2. Aufbau des Gesetzes und Änderungen durch das BilMoG

Das Dritte Buch des HGB – „Handelsbücher" – enthält in seinem Ersten Abschnitt (§§ 238 bis 263) diejenigen Vorschriften, die für alle Kaufleute, also auch für jede GmbH gelten. Die für alle Kaufleute geltenden Vorschriften betreffend Eröffnungsbilanz und Jahresabschluss finden sich in §§ 242 bis 256 HGB. Zu nennen sind insbesondere die Vorschriften, wonach die Grundsätze ordnungsmäßiger Buchführung und der Grundsatz der Klarheit und Übersichtlichkeit zu beachten sind (§ 243 Abs. 1 und 2 HGB). 4084

Des Weiteren sind zu nennen das in § 246 HGB normierte Vollständigkeitsgebot und (durch das BilMoG für Altersversorgungsverpflichtungen eingeschränkte) Verrechnungsverbot und das Gebot der Kontinuität der Ansatzmethoden. Hervorzuheben ist auch § 248 Nr. 1 und Nr. 2 HGB, der ein Bilanzierungsverbot für Gründungskosten und für die Kosten der Eigenkapitalbeschaffung enthält. Das bisherige Aktivierungsverbot nicht entgeltlich erworbener immaterieller Vermögensgegenstände ist mit der Neufassung des § 248 HGB gefallen. Nunmehr besteht ein Bilanzierungswahlrecht, so dass auch selbstgeschaffene immaterielle Vermögensgegenstände aktiviert werden können mit Ausnahme von Marken, Drucktiteln, Kundenlisten und vergleichbaren Vermögensgegenständen (§ 248 Abs. 2 HGB). 4085

§ 249 HGB regelt die Bildung von **obligatorischen Rückstellungen** und **schließt** nunmehr **fakultative** Rückstellungen **aus.** Mit dem BilMoG wurden Passivierungswahlrechte zur Bildung von Aufwandsrückstellungen mit Ausnahme der Rückstellungen für unterlassene Instandhaltung und Abraumbeseitigung, für die auch mit steuerlicher Wirkung eine Passivierungspflicht besteht, aufgehoben. Aufwandsrückstellungen kommt wirtschaftlich betrachtet der Charakter von Rücklagen zu und sie führen zu einer Verbreiterung der Eigenkapitalbasis. Ihr Ausweis als „Schulden" der GmbH verfälschte die Darstellung der Vermögens-, Finanz- und Ertragslage. Das alte Recht war letztmals auf Wirtschaftsjahre anzuwenden, die vor dem 1.1.2010 begonnen haben. Nach altem Recht gebildete Aufwandsrückstellungen können beibehalten oder unmittelbar zugunsten der Gewinnrücklagen aufgelöst werden (Art. 67 Abs. 3 EGHGB).

1 BFH v. 3.2.1969 - GrS 2/68, BStBl 1969 II S. 291; v. 30.11.2005 - I R 26/04, BFH/NV 2006 S. 616, NWB HAAAB-76202.

2 BFH v. 23.9.1999 - IV R 4/98, BStBl 2000 II S. 5.

4086 **Latente Steuern** sind unter gesonderten Bilanzposten auszuweisen (Aktivierungswahlrecht für aktive und Passivierungspflicht für passive latente Steuern), § 274 HGB. Die Bildung solcher Posten erlangt eine größere Bedeutung, weil mit der Aufgabe der umgekehrten Maßgeblichkeit die handelsbilanziellen Wertansätze und die Wertansätze in der Steuerbilanz häufiger auseinanderdriften werden. Eine sich aus dem Abbau der Bewertungsdifferenz ergebende steuerliche Belastung muss zur zutreffenden Darstellung der Vermögenslage als passive latente Steuer ausgewiesen werden. Eine sich umgekehrt ergebende Entlastung **kann** aktivisch angesetzt werden, allerdings gilt dann die Ausschüttungssperre gem. § 268 Abs. 8 Satz 2 HGB (Deckung des Ausschüttungsbetrags durch mindestens in gleicher Höhe verbleibende freie Rücklagen).

BEISPIEL: Die GmbH hat Wertpapiere mit einem um 500 € höheren Marktwert als in der Steuerbilanz angesetzt. Auf das Mehrvermögen sind bei einer Veräußerung Steuern zu zahlen, die nach den unternehmensindividuellen Steuersätzen (vgl. § 274 Abs. 2 HGB) 25 % betragen sollen. Diese „latente" Steuerschuld von 125 € ist zu passivieren und im Steueraufwand unter latenten Steuern gegenzubuchen, damit die Vermögens- und Ertragslage zutreffend dargestellt wird.

Aktive latente Steuern entstehen auch beim Ansatz von **Verlustvorträgen** durch die künftige Entlastung. Hier ist nur die Entlastung anzusetzen, die durch eine Verlustverrechnung innerhalb der **nächsten fünf Jahre** erwartet werden kann. An den Nachweis der Wahrscheinlichkeit sind unter Berücksichtigung des handelsrechtlichen Vorsichtsprinzips hohe Anforderungen zu stellen, wenn in der Vergangenheit nicht nachhaltig Gewinne erwirtschaftet wurden. Fallen in Krisensituationen die (unterstellten) Gewinne aus, entsteht hinsichtlich der aktivierten latenten Steuern ein Abschreibungsverlust, der die Vermögenssituation verschlechtern und zur Überschuldung (= Insolvenzreife) führen kann. Eine gewisse Vorsicht ist also insbesondere bei der Aktivierung latenter Steuern auf Verlustvorträge geboten. Auch die **Ausschüttungssperre** ist zu beachten.

Die kleine GmbH und die die Kleinst-GmbH sind von der Steuerabgrenzung nach § 274 HGB (latente Steuern) befreit (§ 274a Nr. 5 HGB und § 267a Abs. 2 HGB).

4087 Besonders wichtig sind die **Bewertungsvorschriften** der §§ 252 ff. HGB, die durch das BilMoG zum Teil grundlegende Veränderungen erfahren haben (Wegfall mehrerer Wahlrechte bei der Vornahme von Abschreibungen und Zuschreibungen), neue Bewertungsmaßstäbe wie mit dem Erfüllungsbetrag für Schulden und Rückstellungen (samt Abzinsungspflicht) sowie beizulegender Zeitwert beim Umlaufvermögen, § 253 HGB, Wegfall der Übernahme niedrigerer Zeitwerte aufgrund steuerlicher Abschreibungen und die Bildung von Bewertungseinheiten bei bestimmten Grund- und zugehörigen Sicherungsgeschäften, § 254 HGB, wesentliche Änderung bei den Bewertungsmaßstäben für die Zugangsbewertung durch Neufassung des Herstellungskostenbegriffs bei Wirtschaftsgütern des Anlagevermögens und bei selbstgeschaffenen immateriellen Wirtschaftsgütern sowie eine Definition des beizulegenden Zeitwerts, § 255 HGB und schließlich mit § 256a HGB eine Vorschrift zur Umrechnung von Geschäften in Fremdwährung. Die Vorschriften sind grundsätzlich zwingend, soweit sie dem Unternehmen nicht ausnahmsweise Bewegungsspielraum („kann" — „darf") einräumen.

4088 Die Bilanzierungsvorschriften werden ergänzt durch den Zweiten Abschnitt (§§ 264 bis 335 HGB), die nur für Kapitalgesellschaften gelten, wobei in § 265 HGB die weiteren für sie geltenden Gliederungsvorschriften hervorzuheben sind. Die GmbH ist eine Kapitalgesellschaft, es sind mithin auch die §§ 264 ff. HGB auf die GmbH anzuwenden, allerdings – entsprechend der Größe – in unterschiedlicher Weise. Denn die Erfordernisse hinsichtlich des Jahresabschlusses sind unterschiedlich, je nachdem, ob es sich um eine große GmbH, mittelgroße GmbH, kleine GmbH oder Kleinst-GmbH handelt.

Regelungen zum **Konzernabschluss** enthalten die §§ 290 bis 315a HGB. Dabei geht es 4089
um den Abschluss der wirtschaftlichen Einheit (Konzern), die aus der Muttergesellschaft und den Tochtergesellschaften besteht; er stellt eine konsolidierte Zusammenfassung der Einzelabschlüsse der einbezogenen Unternehmen dar, wobei die konzerninternen Schuld- und Beteiligungsverhältnisse und die Ergebnisse des Geschäftsverkehrs der Gesellschaften untereinander ausgeschieden werden – Konsolidierung.[1] Ihm kommt eine wichtige Informationsaufgabe über die wirtschaftliche Situation der konzernangehörigen Gesellschaften und des Gesamtunternehmens zu. Der Konzernabschluss ist nicht Grundlage für Gewinnansprüche von Gesellschaftern oder für Steuerfestsetzungen; der Konzern selbst hat keine eigene Rechtspersönlichkeit und ist nicht Steuersubjekt. Der Konzernabschluss bedarf keiner Feststellung durch die Gesellschafterversammlung, sondern ist ihr nur vorzulegen. Ist eine GmbH Mutterunternehmen eines Konzerns, haben die **Geschäftsführer** die Pflicht, einen Konzernabschluss aufzustellen; dies folgt aus dem Konzept der einheitlichen Leitung.

(*Einstweilen frei*) 4090–4100

II. Sonderregelung für Kapitalgesellschaften

1. Gegenstand und Größenklassen

Der Zweite Abschnitt des Dritten Buches des HGB (§§ 264 ff.) enthält für den **Jahresabschluss von Kapitalgesellschaften** zu den für alle Kaufleute geltenden Regeln **ergänzende Vorschriften**; über den Aufbau und Inhalt von Bilanz und Gewinn- und Verlustrechnung hinaus wird hier insbesondere die nur für Kapitalgesellschaften bestehende Prüfungs- und Offenlegungspflicht[2] geregelt. Für die Anwendung der ergänzenden Rechnungslegungsvorschriften unterscheidet das HGB in § 267 und 267a **vier Größenklassen**, die auch für die GmbH gelten. Angesichts des Schutzcharakters dieser Vorschriften wird auf die tatsächliche wirtschaftliche Bedeutung einer Gesellschaft und nicht auf die Stammkapitalziffer abgestellt. 4101

Kriterien für die Größeneinteilung sind 4102

- die Bilanzsumme,
- die Umsatzerlöse und
- die Zahl der Arbeitnehmer,

wobei für die Einordnung in eine der Größenklassen maßgebend ist, ob an zwei aufeinander folgenden Bilanzstichtagen bestimmte Grenzwerte für jeweils zwei der drei Größenkriterien über- oder unterschritten sind. Bei der Neugründung sind die Merkmale am ersten Abschlussstichtag maßgebend.

1 Vgl. auch Beck-GmbH-HB/Langseder, § 9 Rz. 141.
2 Zu den Neuregelungen durch das EHUG vgl. Rz. 4341 ff.

4103 **Übersicht** über die Größenkriterien gemäß „Viertes Bürokratieentlastungsgesetz":

	kleinst	klein	mittelgroß	groß
Bilanzsumme (alt)	≤ 0,35 Mio.€	≤ 6 Mio.€	≤ 20 Mio.€	größer als 20 Mio.€
Bilanzsumme (neu)	≤ 0,45 Mio.€	≤ 7,5 Mio.€	≤ 25 Mio.€	größer als 25 Mio.€
Umsatzerlöse (alt)	≤ 0,7 Mio.€	≤ 12 Mio.€	≤ 40 Mio.€	größer als 40 Mio.€
Umsatzerlöse (neu)	≤ 0,9 Mio.€	≤ 15 Mio.€	≤ 50 Mio.€	größer als 50 Mio.€
Arbeitnehmer	≤ 10	≤ 50	≤ 250	mehr als 250

Die neuen Schwellenwerte sind verpflichtend erstmals für Geschäftsjahre anzuwenden, die nach dem 31.12.2023 beginnen, freiwillig können sie bereits für Geschäftsjahre angewendet werden, die nach dem 31.12.2022 beginnen.

4104 **Maßgebende Bilanzsumme** ist die Summe aller Aktiva (bzw. Passivposten) abzgl. eines auf der Aktivseite ausgewiesenen Fehlbetrags nach § 268 Abs. 3 HGB (= nicht durch Eigenkapital gedeckter Fehlbetrag). Für die Kleinst-GmbH gilt dies ohne den Ausweis für latente Steuern.

4105 Das Kriterium **Umsatzerlöse** richtet sich nach den Umsatzerlösen in den zwölf Monaten vor dem Abschlussstichtag, bei einer Neugründung sind die Umsätze des Rumpfgeschäftsjahres und die Umsätze der Vorgesellschaft einzubeziehen, bei einer Umwandlung gelten ebenfalls die Umsatzzahlen des Rumpfgeschäftsjahres zzgl. der anteiligen Umsätze des Rechtsvorgängers. Zu beachten ist, dass durch das BilRUG der Begriff der Umsatzerlöse erweitert wurde!

4106 Bei der **Zahl der Arbeitnehmer** ist der Durchschnitt der Zahl der Beschäftigten jeweils am Quartalsende maßgebend, im Ausland beschäftigte Arbeitnehmer zählen ebenso mit wie Teilzeitbeschäftigte und Kurzarbeiter (nach h. M. ohne Umrechnung auf Vollzeitkräfte), nicht aber die Geschäftsführer oder Auszubildende.

2. Gruppenbildung

a) Die Kleinst-GmbH (Kleinstkapitalgesellschaft)

4107 Die durch Art. 1 MicroBilG vom 20.12.2012 eingeführte Kleinst-GmbH liegt vor, wenn eine kleine GmbH (Rz. 4107/1) mindestens zwei der nachstehenden Größen nicht überschreitet:

- Bilanzsumme (nach Abzug eines auf der Aktivseite ausgewiesenen Fehlbetrags) nicht größer als 0,45 Mio. €,
- Umsatzerlöse in den zwölf Monaten vor dem Abschlussstichtag 0,9 Mio. €,
- Zahl der Arbeitnehmer, im Jahresdurchschnitt höchstens 10.

Es müssen mindestens zwei dieser Merkmale erfüllt sein. Außerdem gelten für die Kleinst-GmbH die Vorschriften über die kleine GmbH entsprechend. Bei der Gewinn- und Verlustrechnung kann die Kleinst-GmbH jedoch nach § 275 Abs. 5 HGB anstelle der Staffelung eine vereinfachte Darstellung wählen, die – wie folgt – aussieht: 1. Umsatzerlöse, 2. sonstige Erträge, 3. Materialaufwand, 4. Personalaufwand,

5. Abschreibungen, 6. sonstige Aufwendungen, 7. Steuern, 8. Jahresüberschuss/Jahresfehlbetrag.

b) Die kleine GmbH

Eine GmbH wird gem. § 267 Abs. 1 HGB als kleine GmbH behandelt, wenn am Bilanzstichtag und an dem vorangegangenen Bilanzstichtag zwei der nachstehenden Größen nicht überschritten sind: 4107/1

- Bilanzsumme (nach Abzug eines auf der Aktivseite ausgewiesenen Fehlbetrags) nicht größer als 7,5 Mio. €,
- Umsatzerlöse nicht mehr als 15 Mio. €,
- Zahl der Arbeitnehmer, im Jahresdurchschnitt höchstens 50.

Es müssen mindestens zwei dieser Merkmale erfüllt sein. Wenn die GmbH also z. B. eine Bilanzsumme von 4 Mio. € hat und 7 Mio. € umsetzte, aber 120 Arbeitnehmer beschäftigte, dann ist sie eine kleine GmbH; dass das dritte Merkmal die vom Gesetz gezogene Grenze überschreitet, ist für die Einordnung unschädlich. Werden aber zwei der genannten Merkmale überschritten, dann handelt es sich nicht mehr um eine kleine GmbH. 4108

Die kleine GmbH ist verpflichtet einen Jahresabschluss bestehend aus Bilanz, Gewinn- und Verlustrechnung und Anhang zu erstellen und im Anhang Bilanz und GuV zu erläutern. Die kleine GmbH unterliegt aber nicht der Abschlussprüfung. Für die Aufstellung des Jahresabschlusses räumt das Gesetz der kleinen GmbH eine Frist von sechs Monaten ein, wenn und soweit dies einem ordnungsgemäßen Geschäftsgang entspricht. Nur die Bilanz und der Anhang, nicht aber die GuV und die Erläuterungen hierzu im Anhang, sind unverzüglich nach Feststellung, spätestens jedoch vor Ablauf des 12. Monats des dem Bilanzstichtag folgenden Geschäftsjahres zum elektronischen Bundesanzeiger einzureichen, §§ 325 Abs. 1 Satz 1, 326 HGB. Bei der Kleinst-GmbH genügt es, wenn die Bilanz in elektronischer Form zur dauerhaften Hinterlegung beim Betreiber des Bundesanzeigers eingereicht, ein Hinterlegungsauftrag erteilt und ihm mitgeteilt wird, dass zwei der drei Größenmerkmale in § 267a Abs. 1 HGB nicht überschritten werden. 4109

Die kleine GmbH (wie auch die Kleinst-GmbH) genießt eine Reihe von **Erleichterungen** bei der Rechnungslegung, insbesondere muss sie **keinen Lagebericht** aufstellen (§ 264 Abs. 1 Satz 3 HGB). Außerdem befreit § 274a HGB die kleine GmbH von näher beschriebenen bestimmten Pflichten und Erläuterungen zu einzelnen Bilanzposten (§ 268 Abs. 2 HGB – Anlagengitter –). Schließlich braucht die kleine GmbH nach § 276 HGB nicht die in § 277 Abs. 4 Satz 2 und 3 HGB verlangten Erläuterungen zu den außerordentlichen Erträgen bzw. Aufwendungen abzugeben. Sie ist nach § 288 Abs. 1 HGB auch von den dort genannten Angaben und Aufgliederungen nach §§ 284 und 285 HGB befreit. Jedoch gelten für die kleine GmbH die Bewertungsvorschriften und die Einschränkungen der Bewertungswahlrechte, was die Bildung von stillen Reserven erschwert. 4110

c) Die große GmbH

4111 Während die kleine GmbH nach oben abgegrenzt wird und Höchstwerte nicht überschreiten darf, muss zur Abgrenzung der großen GmbH umgekehrt vorgegangen werden: Hier müssen Mindestwerte überschritten werden. Der Begriff **„große GmbH"** wird verwendet, um innerhalb der prüfungspflichtigen Unternehmen die größeren Unternehmen abzugrenzen. Diese Gesellschaften müssen die besonderen Anforderungen an Jahresabschluss und Bilanz ohne Einschränkungen erfüllen.

4112 Gemäß § 267 Abs. 3 HGB liegt eine **große GmbH** dann vor, wenn am Abschlussstichtag und am vorhergehenden Abschlussstichtag mindestens zwei der folgenden Merkmale zutreffen:

- Bilanzsumme mehr als 25 Mio. €, und zwar ebenfalls nach Abzug eines auf der Aktivseite ausgewiesenen Fehlbetrags,
- Umsatzerlöse höher als 50 Mio. €,
- Zahl der Arbeitnehmer mehr als 250 im Jahresdurchschnitt.

Es genügt auch hier, wenn zwei dieser Merkmale erfüllt sind. Liegen die Werte bei zwei Merkmalen unter diesen Grenzen, dann handelt es sich nicht um eine große GmbH.

4113 Die große GmbH unterliegt den Vorschriften über die Rechnungslegung uneingeschränkt. Sie hat eine weiter aufgegliederte Bilanz als in den anderen Größenklassen verlangt aufzustellen und zusammen mit GuV-Rechnung, dem Anhang und dem Lagebericht nach Durchführung der Abschlussprüfung bei dem Betreiber des elektronischen Bundesanzeigers elektronisch einzureichen und danach unverzüglich diese Unterlagen im elektronischen Bundesanzeiger bekannt machen zu lassen (§ 325 Abs. 1 und 2 HGB).

d) Die mittelgroße GmbH

4114 Zwischen der kleinen und großen GmbH liegt die **„mittelgroße" GmbH**. Sie muss nach oben und unten abgegrenzt werden, denn sie darf weder eine große noch eine kleine GmbH sein.

4115 Eine mittelgroße (mittlere) GmbH liegt vor, wenn sie am Bilanzstichtag und an dem vorangegangenen Bilanzstichtag mindestens zwei der drei nachstehenden Größenmerkmale erfüllt:

- Bilanzsumme mehr als 7,5 Mio. € und gleich oder weniger als 25 Mio. €,
- Umsatz mehr als 15 Mio. € und gleich oder weniger als 50 Mio. €,
- Zahl der Mitarbeiter mehr als 50 und höchstens 250 im Jahresdurchschnitt.

4116 Auch die mittlere GmbH genießt bei der Rechnungslegung gewisse Erleichterungen. Zwar muss auch sie – wie die große GmbH – eine Bilanz aufstellen, welche die in § 266 Abs. 2 und 3 HGB bezeichneten Posten der Aktiv- und Passivseite ausweist. Bei der GuV und dem Anhang ergeben sich aber gewisse Erleichterungen (§§ 276, 288 HGB).

4117 Bei der Offenlegung stellt das Gesetz an die mittelgroße GmbH nach § 327 HGB geringere Anforderungen: Sie braucht beim Betreiber des elektronischen Bundesanzeigers nur eine verkürzte Bilanz einzureichen, wie sie für die kleine GmbH nach § 266 Abs. 1

Satz 3 HGB vorgeschrieben ist und in der die in § 327 HGB aufgezählten Posten gesondert anzugeben sind. Außerdem brauchen im Anhang bestimmte Angaben nicht gemacht zu werden.

(*Einstweilen frei*) 4118–4140

III. Aufstellung des Jahresabschlusses

1. Zuständigkeit

4141 Die Verpflichtung zur Aufstellung des Jahresabschlusses ergibt sich für die GmbH aus § 242 HGB. Verantwortlich für die Erfüllung dieser Pflicht und für die Erstellung des Anhangs und eines Lageberichts ist/sind der/die Geschäftsführer (§ 264 Abs. 1 Satz 1 HGB i. V. m. § 35 Abs. 1 GmbHG). Befindet sich die GmbH in der Abwicklung, trifft die Pflicht die Liquidatoren (§ 71 Abs. 1 GmbHG), in der Insolvenz den Insolvenzverwalter.[1]

4142 Sind mehrere Geschäftsführer vorhanden, trifft diese Verpflichtung jeden Einzelnen von ihnen; dies gilt grundsätzlich auch, wenn aufgrund einer Ressortverteilung – was zulässig ist – intern nur ein bestimmter Geschäftsführer zuständig ist. Eine solche Geschäftsverteilung entlastet die anderen Geschäftsführer, wenn sich im Zusammenhang mit der Aufstellung des Jahresabschlusses z. B. Schadensersatzpflichten der Gesellschaft ergeben. Die nach der Ressortverteilung unzuständigen Geschäftsführer haben aber auf jeden Fall eine Überwachungspflicht und müssen ggf. auch für Abhilfe sorgen; trotz der Geschäftsverteilung können sie auch einer Bestrafung gem. §§ 331 ff. HGB oder §§ 82 ff. GmbHG ausgesetzt sein.

4143 Die Geschäftsführer wären meist überfordert, hätten sie die Aufstellung des Jahresabschlusses persönlich vorzunehmen. Sie können damit auch Angestellte beauftragen, sind aber für die „richtige" Auswahl ebenso verantwortlich wie für die Überwachung. Auch wenn die Geschäftsführer die Aufstellung delegiert haben, tragen sie selbst für den Inhalt des Jahresabschlusses die Verantwortung.

4144 Auch wenn über eine interne Geschäftsverteilung einem Geschäftsführer die Aufstellung des Jahresabschlusses und des Lageberichtes übertragen worden ist, werden die übrigen Geschäftsführer dadurch nicht von ihrer Verantwortung befreit, zumal der Jahresabschluss von allen Geschäftsführern nach § 245 HGB unterzeichnet werden muss. Bei Meinungsverschiedenheiten unter mehreren Geschäftsführern muss deshalb eine einstimmige Beschlussfassung herbeigeführt werden, wenn die Satzung oder die für die Geschäftsführung geltende Geschäftsordnung keine Mehrheitsentscheidung vorsieht.

4145 Die Gesellschafterversammlung hat gem. § 37 Abs. 1 GmbHG ein allgemeines Weisungsrecht gegenüber den Geschäftsführern, welches sie auch bei der Aufstellung des Jahresabschlusses und des Lageberichts im Rahmen der gesetzlichen Regelungen, der Satzung und der Grundsätze ordnungsgemäßer Buchführung ausüben kann. Das kommt insbesondere dort in Betracht, wo es um die Ausübung bestimmter Bilanzierungs- und Bewertungswahlrechte oder um den Inhalt des Lageberichts geht.

1 KG Berlin v. 3.6.1997 - 1 W 8260/95, DB 1997 S. 1708.

4146 Von der Aufstellung des Jahresabschlusses und des Lageberichts, auf die die Gesellschafterversammlung wie geschildert Einfluss nehmen kann, ist die Feststellung des Jahresabschlusses zu unterscheiden. Der (festgestellte) Jahresabschluss ist von allen (zurzeit der Unterzeichnung bestellten) Geschäftsführern mit Datum am Ende des Anhangs oder unter der GuV-Rechnung zu unterzeichnen. Da erst der festgestellte Jahresabschluss mit Datum zu unterzeichnen ist,[1] kann es sich empfehlen, die Aufstellung des Jahresabschlusses eigenständig mit Datum festzuhalten, um im Insolvenzfall strafrechtliche Konsequenzen wegen nicht „rechtzeitiger Aufstellung“ des Jahresabschlusses zu vermeiden.

4147–4160 (*Einstweilen frei*)

2. Fristen zur Aufstellung

4161 Durch das BiRiLiG ist die frühere Möglichkeit, die Aufstellungsfrist in der Satzung zu regeln, im Wesentlichen beseitigt worden; die Fristen für die Aufstellung des Jahresabschlusses sind nunmehr im HGB wie folgt geregelt:

4162 Gemäß § 264 Abs. 1 Satz 3 HGB ist der Jahresabschluss und der Lagebericht der großen und mittelgroßen GmbH von den Geschäftsführern in den ersten drei Monaten nach dem Bilanzstichtag für das Vorjahr aufzustellen.

4163 Diese Frist gilt nicht für die kleine GmbH und die Kleinst-GmbH; sie brauchen den Jahresabschluss nur innerhalb von sechs Monaten aufzustellen, wenn die Fristüberschreitung „einem ordnungsgemäßen Geschäftsgang“ entspricht (§ 264 Abs. 1 Satz 4 HGB). Die Aufstellung darf also nicht willkürlich bis zum Ablauf der sechsmonatigen Frist aufgeschoben werden. Jedenfalls muss auch der Jahresabschluss der kleinen GmbH gem. § 264 Abs. 1 HGB innerhalb der ersten sechs Monate des neuen Geschäftsjahres aufgestellt sein. Im Gesellschaftsvertrag dürfen keine abweichenden Fristen statuiert werden, also auch keine generelle Sechsmonatsfrist für die Aufstellung bei einer kleinen GmbH. Die Satzung einer kleinen GmbH bzw. der Kleinst-GmbH oder der Anstellungsvertrag mit ihrem Geschäftsführer kann aber eine kürzere Frist als sechs Monate festlegen.

4164 Aufgestellt ist der Jahresabschluss, wenn er und der (eventuell erforderliche) Lagebericht soweit fertiggestellt sind, dass die Unterlagen – bei der großen und mittelgroßen GmbH – dem Abschlussprüfer vorgelegt und bei der kleinen GmbH der Gesellschafterversammlung zur Feststellung des Jahresabschlusses übergeben werden können

4165 Eine Fristverletzung ist weder eine Straftat noch eine Ordnungswidrigkeit i. S. d. §§ 331 ff. HGB.

4166 Gegen die Geschäftsführer und die GmbH kann aber gem. § 335 HGB durch das Bundesamt für Justiz ein Ordnungsgeldverfahren durchgeführt werden, wenn sie ihren Offenlegungspflichten nach § 325 HGB beim elektronischen Bundesanzeiger hinsichtlich des Jahresabschlusses usw. nicht nachkommen. Das Ordnungsgeld beträgt mindestens

1 BGH v. 28.1.1985 - II ZR 79/84, GmbHR 1985 S. 256.

2.500€ und höchstens 25.000€.[1] Vor der Festsetzung ist das Ordnungsgeld anzudrohen. Mit der Androhung ist den Geschäftsführern oder der GmbH aufzugeben, innerhalb von sechs Wochen den Publizitätspflichten nachzukommen oder die Unterlassung mittels Einspruchs gegen die Verfügung zu rechtfertigen. Zugleich sind den Beteiligten die Kosten des Verfahrens aufzuerlegen.

(*Einstweilen frei*) 4167–4180

IV. Inhalt des Jahresabschlusses

1. Allgemeines

Der Jahresabschluss besteht nach der Legaldefinition des § 242 Abs. 3 HGB aus der Bilanz und der Gewinn- und Verlustrechnung. Bei Kapitalgesellschaften – also auch bei der GmbH – ist der Jahresabschluss nach § 264 Abs. 1 HGB um einen Anhang, der mit der Bilanz und der GuV eine Einheit bildet, sowie um einen Lagebericht zu erweitern. Auch für diese Erweiterungen sind die Geschäftsführer verantwortlich; die Aufstellung hat zusammen mit dem Jahresabschluss zu erfolgen, also auch innerhalb der dort geltenden Fristen. 4181

2. Bilanz und Gewinn- und Verlustrechnung

Die Gliederung der Bilanz und der GuV ist für die GmbH – wie für andere Kapitalgesellschaften – in den §§ 265, 266, 268 und 275 bis 277 HGB verbindlich vorgeschrieben. Bei bestimmten Unternehmen sind gem. § 330 HGB Formblätter zu verwenden. 4182

Die Bilanz der GmbH ist nach dem Gliederungsschema des § 266 HGB, das für alle Kapitalgesellschaften gilt, in **Kontoform** aufzustellen, wobei gesetzlich vorgeschriebene Sonderposten zu berücksichtigen sein können. Aufgrund der für die kleine GmbH geltenden Erleichterungen können sich unterschiedliche Bilanzschemata ergeben, wobei der **kleinen GmbH** (und der Kleinst-GmbH) Zusammenfassungen bei der Aufstellung der Bilanz gestattet sind (§ 266 Abs. 1 Satz 3 HGB), in der nur die mit Buchstaben und römischen Zahlen bezeichneten Posten gesondert und in der vorgeschriebenen Reihenfolge ausgewiesen werden (verkürzte Bilanz); alles, was in § 266 Abs. 2 und 3 HGB mit arabischen Ziffern bezeichnet ist, fällt weg. Natürlich kann eine kleine GmbH bei ihrer Bilanz auch weitere Unterteilungen aus den arabischen Ziffern des § 266 HGB übernehmen. 4183

Die Bilanzgliederung[2] der kleinen GmbH muss deshalb nur so aussehen: 4184

Aktiva:

A. Anlagevermögen

I. Immaterielle Vermögensgegenstände

II. Sachanlagen

---

1 Zur Herabsetzung auf 500€ bei Kleinstkapitalgesellschaften s. OLG Köln v. 20.5.2016 - 28 Wx 3/16, NWB XAAAG-42347.

2 Für nach dem 31.12.2009 beginnende Geschäftsjahre oder wahlweise bereits für nach dem 31.12.2008 beginnende Geschäftsjahre, Art. 66 Abs. 3 EGHGB i. d. F. des BilMoG.

III. Finanzanlagen

B. Umlaufvermögen

I. Vorräte

II. Forderungen und sonstige Vermögensgegenstände

III. Wertpapiere

IV. Kassenbestand, Bundesbankguthaben, Guthaben bei Kreditinstituten und Schecks

C. Rechnungsabgrenzungsposten

D. Aktive latente Steuern[1]

E. Aktiver Unterschiedsbetrag aus der Vermögensverrechnung

Passiva:

A. Eigenkapital

I. Gezeichnetes Kapital (= Stammkapital)

II. Kapitalrücklage

III. Gewinnrücklagen

IV. Gewinnvortrag/Verlustvortrag

V. Jahresüberschuss/Jahresfehlbetrag

B. Rückstellungen

C. Verbindlichkeiten

D. Rechnungsabgrenzungsposten

E. Passive latente Steuern[2]

4185 Für die **kleine GmbH** gelten nach § 274a HGB weitere Erleichterungen, als sie die Entwicklung des Anlagevermögens nicht in einem Anlagegitter gem. § 268 Abs. 2 HGB in der Bilanz oder im Anhang darstellen muss und von der Steuerabgrenzung für latente Steuern gem. § 274 HGB befreit ist (§ 274a Nr. 5 HGB). Bei ihr entfällt daher auch der entsprechende Bilanzposten „Aktive (bzw.) Passive latente Steuern".

4186 Für eine **mittelgroße GmbH** gibt es hinsichtlich der Bilanzgliederung keine Erleichterungen. Sie kann jedoch ihre Bilanz in der für die kleine GmbH vorgeschriebenen Form bei dem Betreiber des elektronischen Bundesanzeigers einreichen, jedoch müssen in der Bilanz oder im Anhang die in § 327 verlangten Posten zusätzlich gesondert angegeben werden.

4187 Neben der Bilanz hat die GmbH eine **Gewinn- und Verlustrechnung (GuV)** zu erstellen. Sie ergibt sich aus der Zusammenstellung und dem Abschluss der Erfolgskonten (Aufwands- und Ertragskonten). Die Pflicht zur Aufstellung einer GuV folgt aus § 242 Abs. 2 HGB und gehört zu einer ordnungsgemäßen Buchführung. Für die GmbH als Kapitalge-

1 Entfällt für die kleine GmbH (§ 274a Nr. 5 HGB); vgl. Rz. 4185.

2 Entfällt für die kleine GmbH (§ 274a Nr. 5 HGB); vgl. Rz. 4185.

sellschaft ist die GuV in **Staffelform** nach dem Gesamtkostenverfahren (§ 275 Abs. 2 HGB) oder dem Umsatzkostenverfahren (§ 275 Abs. 3 HGB) aufzustellen. Bei der Gliederung der GuV sind gem. § 276 Satz 1 HGB kleine und mittelgroße GmbHs gleichgestellt, sie dürfen bestimmte Posten unter der Bezeichnung „Rohergebnis" zusammenfassen. Die kleine GmbH braucht außerdem keine Erläuterungen zu den Posten „außerordentliche Erträge" und „außerordentliche Aufwendungen" zu machen (§ 276 Satz 2 HGB).

3. Besondere Bilanzierungsvorschriften für die GmbH

LITERATUR:

Van Venrooy, Feststellung von GmbH-Jahresabschlüssen, GmbHR 2003 S. 125; *Horath/Kauter*, Darlehen einer GmbH an ihren Gesellschafter, StuB 2005 S. 437; *Schildknecht*, Passivierungsverbote nach Rangrücktrittsvereinbarungen, DStR 2005 S. 181; *Schilmar*, Kapitalschutz beim Cash-Management, DStR 2006 S. 568; *Herzig, N.*, Modernisierung des Bilanzrechts und Besteuerung, DB 2008 S. 1; *ders.*, Steuerliche Konsequenzen des Regierungsentwurfs zum BilMoG, DB 2008 S. 1339.

Die Vorschrift des **§ 42 GmbHG** ergänzt die für alle Kaufleute (§§ 238 ff. HGB) und für die Kapitalgesellschaften (§§ 264 ff. HGB) geltenden Bilanzvorschriften **für die GmbH um einige besondere Bilanzierungsregeln**. Dabei geht es um den **Ausweis des Stammkapitals** und um die **Bilanzierung von Nachschüssen**. Außerdem müssen **Ausleihungen und Forderungen an Gesellschafter** und **Verbindlichkeiten** gegenüber ihnen **gesondert angegeben** werden. 4188

Das **Stammkapital** muss **als gezeichnetes Kapital** ausgewiesen werden. Insofern hat § 42 GmbHG gegenüber § 272 Abs. 1 Satz 1 HGB nur klarstellende Bedeutung. Das Stammkapital ist mit dem Nennbetrag anzusetzen. Nach § 272 Abs. 1 HGB ist für nach dem 31.12.2009 beginnende Geschäftsjahre der **Nettoausweis der ausstehenden Einlagen** vorgeschrieben. Der Posten „Gezeichnetes Kapital" und der Posten „Nicht eingeforderte ausstehende Einlagen auf das gezeichnete Kapital" werden auf der Passivseite der Bilanz in der Vorspalte ausgewiesen. Der nach Saldierung verbleibende Betrag ist unter dem Posten „Eingefordertes Kapital" auf der Passivseite in der Hauptspalte zu zeigen. Damit korrespondierend ist der eingeforderte, aber noch nicht eingezahlte Betrag unter den Forderungen gesondert auszuweisen und zu bezeichnen. Ist das gezeichnete Kapital voll eingezahlt, ist es unter dem Posten „Gezeichnetes Kapital" in der Hauptspalte auszuweisen. 4189

Eigene Geschäftsanteile, auf welche die Einlage vollständig geleistet ist, darf die GmbH unter der weiteren Voraussetzung des § 33 Abs. 2 Satz 1 GmbHG erwerben, dass im Zeitpunkt des Erwerbs die **fiktive Bildung einer Rücklage** in Höhe der Aufwendungen ohne Verwendung des Stammkapitals oder gebundener Rücklagen möglich wäre. Handelsbilanziell stellt der Erwerb eigener Anteile seinem wirtschaftlichen Gehalt nach die Auskehrung frei verfügbarer Rücklagen dar. Deshalb verbietet jetzt § 272 Abs. 1a HGB den Ausweis der eigenen Anteile auf der Aktivseite unter den Wertpapieren und einer Rücklage für eigene Anteile auf der Passivseite und schreibt vor, dass der Nennbetrag der Geschäftsanteile in der Vorspalte offen von dem Posten „Gezeichnetes Kapital" abzusetzen und der Unterschiedsbetrag zwischen Nennbetrag und dem Kaufpreis mit 4190 den frei verfügbaren Rücklagen zu verrechnen ist. Die Anschaffungsnebenkosten (z.B. Notargebühren für die Beurkundung der Abtretung) sind Aufwand des Geschäftsjahres.

Nach der **Veräußerung** eigener Geschäftsanteile entfällt nach §272 Abs.1b HGB der Vorspaltenausweis in Höhe des Nennbetrags der Geschäftsanteile. Entsteht aus dem Veräußerungserlös ein den Nennbetrag der eigenen Anteile übersteigender Differenzbetrag, ist dieser bis zur Höhe des (beim Erwerb) mit den freien Rücklagen verrechneten Betrages in die jeweiligen Rücklagen einzustellen. Ein danach noch verbleibender (überschießender) Differenzbetrag ist in die Kapitalrücklage nach §272 Abs.2 Nr.1 HGB (wie z.B. ein Aufgeld) einzustellen. Veräußerungsnebenkosten stellen Aufwand des Geschäftsjahres dar.

4191 Im Ergebnis sind Erwerb und Wiederveräußerung eigener Geschäftsanteile bis auf die Transaktionskosten vollständig ergebnisneutral.[1]

4192 **Nachschüsse,** die nach dem Statut der GmbH verlangt werden können, müssen nach §42 Abs.2 Satz1 GmbHG gesondert unter der Position Forderungen als **„eingeforderte Nachschüsse" aktiviert** werden, wenn ihre Einforderung beschlossen ist und ein Gesellschafter sich durch Abandon gem. §27 GmbHG (Preisgabe des Geschäftsanteils) nicht (mehr innerhalb eines Monats nach Aufforderung zur Leistung) von der Zahlung des Nachschusses befreien kann und auch mit der Zahlung des Nachschusses gerechnet werden kann (§42 Abs.2 Satz2 GmbHG). In Höhe des aktivierten Betrages ist ein entsprechender **Passivposten** zu bilden, was innerhalb der **Kapitalrücklage** üblicherweise unter der Bezeichnung **„Nachschusskapital"** erfolgt (§42 Abs.2 Satz3 GmbHG).

4193 **Ausleihungen, Forderungen und Verbindlichkeiten gegenüber Gesellschaftern** sind nach §42 Abs.3 GmbHG gesondert auszuweisen, um Beziehungen finanzieller Natur zwischen der GmbH und ihren Gesellschaftern im Gläubigerinteresse offen zu legen. Ausschlaggebend ist die Stellung als Gesellschafter am Bilanzstichtag. Dies ist nach §16 Abs.1 und §40 GmbHG zu beurteilen. Bei Treuhandverhältnissen wird sowohl der Treuhänder als auch der Treugeber als Gesellschafter angesehen.[2]

4194 Das Gesetz erlaubt für die Angabe den Ausweis in einem gesonderten Bilanzposten oder im Anhang oder bei anderen Bilanzposten mit einem **„Davon-Vermerk"**. Der Klarheit halber empfiehlt es sich, einen eigenen Bilanzposten im Gliederungsschema nach §266 Abs.2 und 3 HGB vor den entsprechenden Positionen gegenüber „verbundenen Unternehmen" zu bilden mit dem Zusatz „gegenüber Gesellschaftern", also z.B. unter den Finanzanlagen den Posten „Ausleihungen an Gesellschafter". Betrifft die Ausleihung, Forderung oder Verbindlichkeit einen Gesellschafter, der zugleich ein verbundenes Unternehmen i.S.v. §271 Abs.2 HGB oder ein Unternehmen ist, das eine Beteiligung an i.S.d. §271 Abs.1 HGB an der GmbH hält, geht der Ausweis nach §42 Abs.3 GmbHG als der spezielleren Vorschrift vor, wobei unter dem Bilanzposten auf Mitzugehörigkeit nach §265 Abs.3 HGB hinzuweisen ist. Ist eine Verbindlichkeit gegenüber einem Gesellschafter dem Grunde und/oder der Höhe nach ungewiss, ist sie unter den

1 Budde in: Kessler/Leinen/Strickmann, BilMoG, Die neue Handelsbilanz, S.249.

2 Vgl. Lutter/Hommelhoff, GmbHG, §42 Rz.50.

Rückstellungen für solche Verbindlichkeiten einzustellen; eines Hinweises gem. § 42 Abs. 3 GmbHG bedarf es nicht.

4. Ergebnisverwendung im Jahresabschluss

Ist die GmbH gesetzlich oder gesellschaftsvertraglich oder aufgrund eines vor Feststellung des Jahresabschlusses gefassten **Ergebnisverwendungsbeschlusses** der Gesellschafter verpflichtet, **Rücklagen aus dem Jahresüberschuss** zu bilden, sind diese in die **Gewinnrücklage** einzustellen. Unter dem Posten „III. Gewinnrücklagen: 1. gesetzliche Rücklage" ist z. B. auch die von der Unterform der GmbH, der **Unternehmergesellschaft (haftungsbeschränkt)** nach § 5a Abs. 3 GmbHG zu **bildende gesetzliche Rücklage** i. H. v. 25 % des um einen Verlustvortrag aus dem Vorjahr geminderten Jahresüberschusses einzustellen. Die Bilanz muss dann nach § 268 Abs. 1 Satz 1 HGB unter Berücksichtigung einer solchen vollständigen oder teilweisen Ergebnisverwendung aufgestellt werden. 4195

Bei dem Beschluss über die Verwendung des Jahresergebnisses, der später nach Feststellung des Jahresabschlusses gefasst wird, können die Gesellschafter über den in die Rücklage eingestellten Betrag nicht mehr verfügen. Der Posten „Jahresüberschuss/Jahresfehlbetrag“ (und Gewinnvortrag/Verlustvortrag) wird – bei einer teilweisen Ergebnisverwendung – in der Bilanz durch den Posten „Bilanzgewinn/Bilanzverlust“ ersetzt, in den ein Gewinnvortrag oder Verlustvortrag einzubeziehen und z. B. mit einem „Davon-Vermerk“ (oder als gesonderter Untergliederungsposten bzw. im Anhang) auszuweisen ist. Wird die Bilanz unter Berücksichtigung einer vollständigen Ergebnisverwendung aufgestellt, muss ein an die Gesellschafter auszuschüttender Betrag gem. § 42 Abs. 3 GmbHG als „Verbindlichkeit gegenüber den Gesellschaftern“ ausgewiesen bzw. kenntlich gemacht werden.

Ergebnisverwendungen in diesem Sinne sind auch Vorabausschüttungen und sonstige während des Geschäftsjahres erfolgte offene und verdeckten Ausschüttungen. Entsprechend ist auch bei Entnahmen aus der Kapital- oder Gewinnrücklage zu verfahren. 4196

Der Bilanzgewinn ergibt sich analog § 158 Abs. 1 AktG aus folgender Rechnung: 4197

Jahresüberschuss/Jahresfehlbetrag

+/– Gewinnvortrag/Verlustvortrag aus dem Vorjahr

+ Entnahmen aus der Kapitalrücklage

+ Entnahmen aus der Gewinnrücklage

– Einstellung in die Gewinnrücklage

– Vorabausschüttungen

= Bilanzgewinn/Bilanzverlust.

Der so bei einer teilweisen Ergebnisverwendung oder Auflösung von Rücklagen ermittelte **Bilanzgewinn** und **nicht der Jahresüberschuss** ist gem. § 29 Abs. 1 Satz 2 GmbHG Grundlage für den Ergebnisverwendungsbeschluss (§ 29 Abs. 2 GmbHG).

In der GuV muss die GmbH in diesen Fällen (Einstellung von Teilen des Jahresergebnisses in die Gewinnrücklagen bzw. Auflösung von Kapital- oder Gewinnrücklagen) kei- 4198 nen besonderen Ausweis nach Darstellung des Jahresüberschusses oder Jahresfehlbetrages machen. Die ist jedoch zur besseren Übersichtlichkeit zu empfehlen.

4199–4210 (*Einstweilen frei*)

5. Der Anhang

a) Allgemeines

4211 Gemäß § 264 Abs. 1 HGB ist der Jahresabschluss einer GmbH (und seit Inkrafttreten des Kapitalgesellschaften und Co.-Richtlinie-Gesetzes vom 9.3.2000 auch die in § 264a HGB genannten Personengesellschaften wie z. B. die typische GmbH & Co. KG) „durch einen **Anhang zu erweitern**, der mit der Bilanz und der Gewinn- und Verlustrechnung eine Einheit bildet". Der Anhang ist ein damit gleichwertiger Bestandteil des Jahresabschlusses.

4212 Welche Erläuterungen der Anhang enthalten muss, ist in §§ 284 ff. HGB detailliert festgelegt. Eine bestimmte Gliederung des Anhangs ist nicht vorgeschrieben. Bei der Gestaltung des Anhangs muss aber der Grundsatz der Klarheit und Übersichtlichkeit beachtet werden. Folgender Aufbau[1] kann als Anhalt gelten:

A. Allgemeine Angaben zum Jahresabschluss und zu Bilanzierungs- und Bewertungsmethoden

B. Erläuterungen zu Posten der Bilanz

C. Erläuterungen zu Posten der GuV-Rechnung

D. Sonstige Angaben

I. Haftungsverhältnisse und sonstige finanzielle Verpflichtungen

II. Mitarbeiter

III. Bezüge, Vorschüsse, Kredite und Haftungsverhältnisse von oder gegenüber Organmitgliedern

IV. Beziehungen zu verbundenen Unternehmen und Beteiligungen

V. Andere Angaben

VI. Namen der Organmitglieder

4213 Als **Pflichtangaben** muss der Anhang enthalten:

- Erläuterungen der Posten der Bilanz und der GuV sowie die Bilanzierungs- und Bewertungsmethoden, die darauf angewandt wurden;
- zusätzliche Angaben zur Vermittlung eines den tatsächlichen Verhältnissen entsprechenden Bildes (§ 264 Abs. 2 Satz 2 HGB);
- Grundlagen der Währungsumrechnung;
- Angabe und Erläuterung von Abweichungen der Bilanzierungs- und Bewertungsmethoden und deren Einfluss auf die Vermögens-, Finanz- und Ertragslage;

1 Vgl. Beck-GmbH-HB/Langseder, § 9 Rz. 104.

- Unterschiedsbeträge bei Anwendung der Gruppenbewertung (Festwert § 240 Abs. 4 HGB) oder eines Verbrauchsfolgeverfahrens (Fifo-, Lifo-Methode) bei erheblicher Abweichung vom letzten Börsen- oder Marktpreis vor dem Bilanzstichtag;
- Einbeziehung von Fremdkapitalzinsen in die Herstellungskosten.

Weitere, sonstige Pflichtangaben sind nach dem durch das BilMoG und das BilRUG erweiterten § 285 HGB zu machen, wobei aber die kleine GmbH bzw. die Kleinst-GmbH von den Angaben gem. § 285 Nr. 2 bis 8a, 9a und b, 12, 17, 19, 21, 22 und 29 HGB und die mittelgroße GmbH (nur) von Angaben nach Nr. 4, 21 und 29 befreit ist: 4214

1. Gesamtbetrag der in der Bilanz ausgewiesenen Verbindlichkeiten mit Restlaufzeit von mehr als fünf Jahren und gesicherte Verbindlichkeiten unter Angabe von Art und Form der Sicherheiten.
2. Aufgliederung dieser Angaben für jeden Posten der Verbindlichkeiten nach dem Gliederungsschema.
3. Art und Zweck sowie Risiken und Vorteile von nicht in der Bilanz enthaltenen Geschäften sowie der Gesamtbetrag der sonstigen finanziellen Verpflichtungen, die nicht in der Bilanz erscheinen und nicht nach § 251 HGB oder als nicht enthaltene Geschäfte anzugeben sind, wenn die Angabe für die Beurteilung der Finanzlage von Bedeutung ist.
4. Aufgliederung der Umsatzerlöse nach Tätigkeitsorten und geografisch bestimmten Märkten.
5. Angabe, in welchem Umfang die Steuern vom Einkommen und vom Ertrag das Ergebnis der gewöhnlichen Geschäftstätigkeit und das außerordentliche Ergebnis belasten.
6. Bei Anwendung des Umsatzkostenverfahrens ist anzugeben der Materialaufwand des Geschäftsjahres gegliedert nach § 275 Abs. 2 Nr. 5 HGB und der Personalaufwand des Geschäftsjahres gegliedert nach § 275 Abs. 2 Nr. 6 HGB.
7. Die durchschnittliche Anzahl der Arbeitnehmer während des Geschäftsjahres getrennt nach Gruppen.

Darüber hinaus sind nach § 285 Nr. 8 bis 34 HGB weitere Pflichtangaben zu machen, die sich u. a. beziehen auf 4215

- die Namen und Bezüge der Gesellschaftsorgane,
- Unternehmen, an denen ein Gesellschaftsorgan oder die GmbH Anteile besitzt,
- die Erläuterung der sonstigen Rückstellungen und der Gründe, welche die Annahme einer betrieblichen Nutzungsdauer eines entgeltlich erworbenen Geschäfts- und Firmenwertes von mehr als fünf Jahren rechtfertigen,
- Geschäfte mit nahe stehenden Personen,
- Forschungs- und Entwicklungskosten sowie der davon auf selbstgeschaffene immaterielle Wirtschaftsgüter entfallende Betrag,
- Bewertungseinheiten, Bewertung von Pensionsrückstellungen und die Saldierung von Vermögen und Schulden, Haftungsverhältnisse,

- Erträge aus dem Zeitwertansatz von Vermögensgegenständen (Aktivierung selbst erstellter immaterieller Anlagegegenstände, latenter Steuern, aktiver Betrag aus der Verrechnung von Vermögen und Schulden aus Altersvorsorgeverpflichtungen, § 246 Abs. 2 Satz 2 HGB, als ergänzende Erläuterung zur Ausschüttungssperre nach § 268 Abs. 8 HGB für solche Erträge,
- detaillierte Angaben zu dem Zeitwert von Finanzinstrumenten und Abweichungen davon und deren Gründe,
- die Bildung von Bewertungseinheiten (§ 254 HGB) und
- Aktivierung latenter Steuern sowie deren Berechnungsgrundlagen.

b) Bedeutung der Größenklasse

4216 Der Anhang ist für jede GmbH obligatorisch, jedoch werden an den Inhalt je nach der Größenklasse der GmbH unterschiedliche Anforderungen gestellt. Entlastet wird gem. § 288 HGB vor allem die kleine GmbH bzw. die Kleinst-GmbH, für die zwar § 284 HGB uneingeschränkt gilt, aus den Pflichtangaben gem. § 285 HGB bleiben für die **kleine GmbH** (bzw. die Kleinst-GmbH) aber dennoch eine Reihe von Angaben zu machen. Von den durch das BilMoG geänderten Anhangsvorschriften können insbesondere die Angaben zur Aufgliederung der Verbindlichkeiten, außerbilanziellen Geschäften, sonstigen finanziellen Verpflichtungen, zu den Finanzanlagen, zu Geschäften mit nahe stehenden Personen und zu Forschungs- und Entwicklungskosten entfallen. Eine **mittelgroße GmbH** ist von den Angaben gem. § 285 Nr. 4 HGB befreit, bei außerbilanziellen Geschäften müssen die Risiken und Vorteile nicht dargestellt werden, Angaben zu Geschäften mit nahe stehenden Personen und zu den Abschlussprüferhonoraren müssen nicht gemacht werden.

6. Der Lagebericht

4217 Gemäß § 264 Abs. 1 HGB müssen die mittelgroße und die große GmbH zusammen mit dem Jahresabschluss einen **Lagebericht** aufstellen. Die **kleine GmbH** (bzw. die Kleinst-GmbH) ist dazu **nicht verpflichtet** (§ 264 Abs. 1 Satz 3 HGB). Der Lagebericht hat gem. § 289 Abs. 1 HGB die Aufgabe, den Geschäftsverlauf und die Lage der GmbH so darzustellen, dass ein den tatsächlichen Verhältnissen entsprechendes Bild vermittelt wird. Der Lagebericht soll demnach den Jahresabschluss durch **zusätzliche Informationen** ergänzen, die zur wirtschaftlichen Gesamtbeurteilung des Unternehmens der GmbH nötig sind, aber aus der Rechnungslegung nicht hinreichend erkennbar sind. Dabei sind in stärkerem Maße auch Sachverhalte darzustellen, die Auswirkungen auf die künftige Geschäftsentwicklung haben können. Neben der Darstellung, wie sich die wirtschaftlichen Verhältnisse im Geschäftsjahr entwickelt und sich im Jahresabschluss niedergeschlagen haben, sowie der hierfür maßgebenden Gründe, sind auch die für die wirtschaftliche Gesamtbeurteilung wichtigen Vorgänge, die nach Schluss des Geschäftsjahres eingetreten sind, zu schildern und es ist die voraussichtliche Entwicklung des Unternehmens einschließlich der Forschungs- und Entwicklungstätigkeit darzulegen (§ 289 Abs. 2 HGB).

Dazu kann einzugehen sein auf 4218

- die gesamtwirtschaftliche Entwicklung und die Entwicklung in der Branche,
- die eigene Marktstellung des Unternehmens und die Wettbewerbssituation,
- den Auftragseingang und -bestand, die Umsatzentwicklung und die Marktanteile,
- die Struktur der Produktion mit Mengenangaben zu Produktgruppen, Veränderungen zum Vorjahr, Änderungen im Sortiment, Investitionen in neue Produkte, Kapazitätsauslastung, Beschäftigungsgrad (Überstunden, Kurzarbeit), Rationalisierung,
- die Entwicklung von Erlösen und Kosten,
- die Lage auf dem Beschaffungsmarkt (Rohstoffe, Energieversorgung, Bevorratung, Risiken),
- die Investitionen (neue Vorhaben, Fortführung begonnener Maßnahmen und deren Abschluss) gegliedert nach Sach- und Finanz- und Beteiligungsinvestitionen,
- die Liquiditätslage,
- die Finanzierung wichtiger Vorhaben und Finanzierungsmaßnahmen (Kapitalveränderungen, Fremdfinanzierung, Zinsentwicklung, Subventionen, Absicherung gegen Risiken des Geldmarktes),
- den Personalbereich (Struktur der Arbeitnehmerschaft, Lohn- und Arbeitszeitentwicklung, Tarifverträge, Betriebsvereinbarungen, Mitbestimmung) und den Bereich der sozialen Sicherung der Arbeitnehmer (betriebliche Sozialleistungen und Alterssicherung, Fort- und Weiterbildung der Arbeitnehmer, Unternehmensbeteiligung der Mitarbeiter),
- Umweltangelegenheiten (Umweltschutz, Auflagen, Risiken),
- Erweiterungen und Einschränkungen des Betriebs und von Geschäftsbereichen, Ausgliederungen,
- sonstige wichtige Vorgänge wie der Abschluss wichtiger Verträge, Rechtsstreitigkeiten, Veränderungen im Beteiligungsbesitz und bei den Beteiligungsunternehmen selbst, besondere Vorkommnisse wie schwere Schadensfälle, besondere Verluste, Sanierungen.

Im Lagebericht ist nach § 289 Abs. 1 HGB auch auf **Risiken der künftigen Entwicklung** 4219
einzugehen, sofern sie den Fortbestand des Unternehmens gefährden oder sich wesentlich nachteilig auf die künftige Vermögens-, Finanz- oder Ertragslage auswirken können. Für bestandsgefährdende Risiken gilt ein Prognosezeitraum von einem Jahr ab dem Abschlussstichtag, für andere Risiken ist ein überschaubarer Zeitraum von etwa zwei Jahren zu betrachten.

Nach § 289 Abs. 2 HGB soll der Lagebericht zu **vier** weiteren Sachverhalten **Prognosen** 4220
enthalten, wenn für Informationen hierzu Veranlassung besteht:

- zu Vorgängen von besonderer Bedeutung, die nach dem Schluss des Geschäftsjahres eingetreten sind und das vom Jahresabschluss und vom Lagebericht im Übrigen gegebene Bild von der Lage der GmbH wesentlich beeinflussen können;

- voraussichtliche Entwicklung der Gesellschaft, wozu i.d.R. kurze Aussagen zu den Entwicklungstendenzen bei den wichtigsten Unternehmensdaten ausreichen;
- Angaben zu Entwicklung und Forschung, wenn die GmbH selbst forscht und entwickelt oder Dritte damit für sich beauftragt hat. Konkrete Angaben zu einzelnen Projekten und den Kosten brauchen insbesondere dann nicht gemacht zu werden, wenn deren Veröffentlichung dem Unternehmen schaden könnte;
- Berichterstattung über bestehende Zweigniederlassungen und dort eingetretene Veränderungen.

4221 Insgesamt muss die Berichterstattung im Lagebericht **vollständig** sein, so dass alles angegeben werden muss, was für die Gesamtbeurteilung der Unternehmenssituation wichtig ist. Der Lagebericht muss inhaltlich **wahr** sein, die Angaben zu vergangenen und gegenwärtigen Sachverhalten müssen der Realität entsprechen. Prognosen müssen plausibel und vertretbar sein. Schließlich ist der Lagebericht klar und verständlich abzufassen und dazu übersichtlich zu gestalten.

4222 Verstöße der Geschäftsführer und der Mitglieder des Aufsichtsrates können bei unrichtiger Wiedergabe oder Verschleierung der Lage der GmbH nach § 331 Nr. 1 HGB bestraft werden; Verstöße gegen § 289 Abs. 1 HGB stellen eine Ordnungswidrigkeit dar.

4223 Der Lagebericht ist von den Geschäftsführern innerhalb derselben Frist wie für den Jahresabschluss aufzustellen. Der Lagebericht ist gem. § 42a Abs. 1 GmbHG den Geschäftsführern vorzulegen, muss aber nicht festgestellt werden.

4224 Bei der mittelgroßen und großen GmbH unterliegt der Lagebericht der Pflichtprüfung nach § 316 Abs. 1 Satz 1 HGB. Außerdem sind diese Gesellschaften zur Offenlegung verpflichtet durch Einreichung des Lageberichts beim Betreiber des elektronischen Bundesanzeigers.

7. Konzernabschluss

4225 Mit großer Ausführlichkeit regeln die §§ 290 bis 315a HGB den sog. Konzernabschluss. Zu dessen Grundstruktur und Funktion wird auf Rz. 4088 verwiesen.[1]

4226–4250 (*Einstweilen frei*)

V. Prüfung des Jahresabschlusses

1. Prüfungspflicht

4251 Für die kleine bzw. kleinste GmbH besteht keine Prüfungspflicht. Gemäß § 316 Abs. 1 Satz 1 HGB sind Jahresabschluss und Lagebericht einer mittelgroßen und einer großen GmbH durch einen Abschlussprüfer zu prüfen (wegen der Einordnung in eine Größenklasse vgl. unter Rz. 4103 ff.).

4252 Für GmbHs, die Tochtergesellschaft eines nach § 290 HGB zur Aufstellung eines Konzernabschlusses verpflichteten Mutterunternehmens sind, fällt die Prüfungspflicht weg,

1 Wegen der wesentlichen Aufstellungsgrundsätze wird auf Beck-Bil-Komm., §§ 290 ff. und BeckHB GmbH/Langseder, § 9 Rz. 140 ff. hingewiesen.

wenn die Voraussetzungen des § 264 Abs. 3 HGB erfüllt sind. Der Konzernabschluss und der Konzernlagebericht einer GmbH, die als Mutterunternehmen gem. § 290 Abs. 1 und 2 HGB dazu verpflichtet ist, unterliegen größenunabhängig der Prüfungspflicht.

Wird eine Pflichtprüfung unterlassen, kann der Jahresabschluss nicht festgestellt wer- 4253
den (§ 316 Abs. 1 Satz 2 HGB). Ein ungeprüfter, aber dennoch festgestellter Jahresabschluss der GmbH ist entsprechend § 256 Abs. 1 Nr. 2 AktG nichtig.

Die Prüfungspflicht einer GmbH kann sich aber auch aus der **Satzung** ergeben.[1] Lässt 4254
eine kleine GmbH, die nicht gesetzlich zur Prüfung verpflichtet ist, ihren Jahresabschluss und den Lagebericht prüfen, dann richten sich Umfang und Inhalt nach dem vertraglichen Prüfungsauftrag. Soll ein Prüfungsvermerk nach § 322 Abs. 1 HGB erteilt werden, muss die Prüfung einer Pflichtprüfung entsprechen.

2. Umfang und Gegenstand der Prüfung

Die Prüfung des Jahresabschlusses erstreckt sich auf die Bilanz, die GuV, den Anhang 4255
sowie auf die zugrunde liegende Buchführung und ggf. den Lagebericht (§ 317 Abs. 1 HGB). Beim Jahresabschluss ist zu prüfen, ob die gesetzlichen Bestimmungen über die Rechnungslegung und die Grundsätze ordnungsgemäßer Buchführung und auch die ergänzenden Bestimmungen des Gesellschaftsvertrags beachtet wurden (§ 317 Abs. 1 Satz 2 HGB). Der Lagebericht seinerseits ist darauf zu prüfen, ob er mit dem Jahresabschluss in Einklang steht und ob er nach den Erkenntnissen der Prüfung ein zutreffendes Bild von der Lage des Unternehmens vermittelt, auch wenn die wirtschaftliche Lage des Unternehmens als solche nicht Gegenstand der Prüfung ist. Nach § 317 Abs. 2 HGB erstreckt sich die Prüfung des Lageberichts auch darauf, ob die Risiken in der künftigen Entwicklung des Unternehmens zutreffend dargestellt sind.

Der Abschlussprüfer muss den Umfang und die Intensität seiner Prüfung danach aus- 4256
richten, dass er – bei gewissenhafter Ausübung seines Berufes und Anwendung der internationalen Prüfungsstandards – Fehler und Zuwiderhandlungen gegen gesetzliche Bestimmungen und Vorschriften der Satzung erkennen kann, die sich wesentlich auf die Darstellung der Vermögens-, Finanz- und Ertragslage des Unternehmens i. S. v. § 264 Abs. 2 HGB auswirken (§ 317 Abs. 1 Satz 3 HGB). Der Prüfer hat gem. § 317 Abs. 5 und 6 HGB auch die internationalen Standards sowie die aufgrund der Ermächtigung vom BMJ erlassenen RVO zu beachten.

3. Der Abschlussprüfer

a) Persönliche Voraussetzungen

Die Prüfung erfolgt durch den sog. Abschlussprüfer; gem. § 319 HGB kann der Abschluss 4257
einer großen GmbH (und ein Konzernabschluss) nur durch einen Wirtschaftsprüfer oder eine Wirtschaftsprüfungsgesellschaft geprüft werden.

Die Prüfung des Jahresabschlusses einer mittelgroßen GmbH kann auch durch ver- 4258
eidigte Buchprüfer oder Buchprüfungsgesellschaften erfolgen. Um die notwendige Un-

1 BGH v. 23.9.1991 - II ZR 189/90, GmbHR 1991 S. 568.

abhängigkeit des Abschlussprüfers zu gewährleisten, enthält § 319 Abs. 3 HGB eingehende Bestimmungen dazu, in welchen Fällen ein Wirtschaftsprüfer oder vereidigter Buchprüfer nicht Abschlussprüfer sein darf; danach sind u. a. Gesellschafter, Geschäftsführer, Aufsichtsratsmitglieder und Arbeitnehmer der GmbH von dem Amt des Abschlussprüfers ausgeschlossen. Einen Ausschlusstatbestand stellt auch die Mitwirkung beim Abschluss der Buchführung des zu prüfenden Unternehmens oder die finanzielle Abhängigkeit von der zu prüfenden Gesellschaft dar.

b) Bestellung

4259 Zum gesetzlichen Abschlussprüfer wird der Prüfer durch die Bestellung, die sich in drei Teilschritten vollzieht, nämlich (1) der Wahl durch die Gesellschafterversammlung oder ein anderes satzungsgemäß zuständiges Organ, (2) die Erteilung des Prüfungsauftrages durch den Geschäftsführer oder den dafür evtl. zuständigen Aufsichtsrat (3) und die Annahme des Auftrages durch den gewählten Abschlussprüfer.

4260 Gemäß § 318 HGB wird der Abschlussprüfer von den **GmbH-Gesellschaftern gewählt**, jedoch kann die Satzung etwas anderes bestimmen.

4261 Der Abschlussprüfer soll vor Ablauf des zu prüfenden Geschäftsjahres gewählt werden; bei einem in der Person des Abschlussprüfers liegenden wichtigen Grund, insbesondere bei Besorgnis der Befangenheit, kann gem. § 318 Abs. 3 HGB auf Antrag des Geschäftsführers, Aufsichtsrates oder eines Gesellschafters (Antragsfrist: zwei Wochen seit der Wahl) durch das Gericht ein anderer Abschlussprüfer bestellt werden. Eine Bestellung durch das Gericht kann gem. § 318 Abs. 4 HGB ferner erfolgen, wenn der Prüfer bis zum Ende des Geschäftsjahres nicht gewählt ist oder der Abschlussprüfer später wegfällt oder am rechtzeitigen Abschluss der Prüfung gehindert ist und ein anderer Abschlussprüfer nicht gewählt worden ist.

4262 Der **Prüfungsauftrag** muss dem Abschlussprüfer durch den **Geschäftsführer erteilt** werden. Dieser Auftrag kann von der GmbH nur widerrufen werden, wenn gem. § 318 Abs. 3 HGB ein anderer Prüfer bestellt worden ist; dies bedeutet, dass die GmbH den erteilten und angenommenen Prüfungsauftrag nach Ablauf der Zweiwochenfrist seit der Wahl auch dann nicht kündigen kann, wenn ein wichtiger Grund danach eintritt. Nachträglich kann der Prüfungsauftrag ohne ein Ersetzungsverfahren nach § 318 HGB durch die GmbH nur beendet werden, wenn die Wahl des Prüfers nichtig war oder aber die Prüfungspflicht wegfällt.

4263 Der Abschlussprüfer seinerseits kann gem. § 318 Abs. 6 HGB aus wichtigem Grund den Prüfungsauftrag kündigen; Meinungsverschiedenheiten über den Inhalt des Bestätigungsvermerkes (s. Rz. 4270), dessen Einschränkung oder Versagung, stellen kraft Gesetzes keinen wichtigen Grund dar. Die Verletzung der Vorlage- und Auskunftspflichten seitens der GmbH stellt ebenfalls keinen Kündigungsgrund dar. Kündigung und Widerruf des Prüfungsauftrags sind unverzüglich und schriftlich begründet der Wirtschaftsprüferkammer mitzuteilen.

4. Durchführung der Prüfung

Die GmbH-Geschäftsführer haben dem Abschlussprüfer den Jahresabschluss und Lagebericht unverzüglich nach der Aufstellung vorzulegen. Aufgrund des Einsichtsrechts des Abschlussprüfers (§ 320 Abs. 1 Satz 2 HGB) haben die Geschäftsführer ihm zu gestatten, **die Bücher und Schriften** (Belege, Handelsbriefe, Verträge, Niederschriften über Beschlüsse der Gesellschafter und anderer Organe) der GmbH **einzusehen**, sie haben z. B. bei EDV-gestützten Buchführungssystemen dem Prüfer Ausdrucke und geeignete Sichtgeräte zur Verfügung zu stellen. 4264

Da der Prüfer auch die **Vermögensgegenstände** (namentlich die Kasse und die Bestände an Wertpapieren, Vorräten und Waren) und die **Schulden zu prüfen** hat, darf der Prüfer auch die **Prüfungshandlungen** vornehmen, die er nach seinem (pflichtgemäßen) Ermessen für **nötig** hält, um die dazu im Jahresabschluss gemachten Aussagen sachgerecht beurteilen zu können. Schließlich darf der Abschlussprüfer von den Geschäftsführern alle **Aufklärungen und Nachweise** verlangen, die für eine sorgfältige Prüfung notwendig sind (§ 320 Abs. 2 Satz 1 HGB). Regelmäßig darf der Prüfer auch – zumindest aufgrund seiner Vertragsbedingungen – von der GmbH eine schriftliche Erklärung verlangen, dass die ihm vorgelegten Unterlagen und die ihm gegebenen Auskünfte und Erläuterungen **vollständig** sind.

Der Prüfer selbst und die von ihm eingesetzten Helfer bzw. die bei der Prüfung tätigen gesetzlichen Vertreter einer Prüfungsgesellschaft sind zur gewissenhaften und unparteiischen Prüfung und zur Verschwiegenheit verpflichtet (§ 323 HGB). Zur **Verantwortlichkeit des Prüfers** gehört es u. a., dass die maßgeblichen gesetzlichen Bestimmungen, deren Auslegung durch die Gerichte und die Prüfungsstandards beachtet werden. Verstößt der Prüfer bei der Durchführung der Prüfung gegen die ihm obliegenden Pflichten, haftet er der geprüften Gesellschaft für den ihr daraus entstehenden Schaden. Diese Haftung aus § 323 Abs. 1 Satz 3 HGB schließt eine Haftung gegenüber dritten Personen nicht aus, die in den Schutzbereich des Prüfungsauftrages einbezogen werden (§ 328 BGB).[1] Bei der **freiwilligen Prüfung** richtet sich der Umfang der Prüferpflichten und eine Haftung für Pflichtverstöße nach den vertraglichen Vereinbarungen. § 323 HGB ist nicht entsprechend anwendbar. 4265

5. Prüfungsergebnis (Prüfungsbericht)

Nach § 321 Abs. 1 Satz 1 HGB hat der Abschlussprüfer über Art, Umfang und Ergebnis der Prüfung schriftlich zu berichten. Bei der GmbH dient der Prüfungsbericht der Information der Geschäftsführer und der Unterrichtung der Gesellschafter und eines Aufsichtsrates über die Rechnungslegung und die Vermögens-, Finanz- und Ertragslage der Gesellschaft. Die Vorschrift über den Prüfungsbericht wurde durch das KonTraG, das am 1.5.1998 in Kraft getreten ist, neu gefasst. 4266

Danach gliedert sich der Bericht in **drei** Abschnitte: **Eingangs** hat der Prüfer nach § 321 Abs. 1 Satz 2 HGB zur Beurteilung der Lage des Unternehmens durch die Geschäftsführung Stellung zu nehmen und insbesondere auf deren Prognose über die künftige Ent- 4267

1 Vgl. BGH v. 2.4.1998 - III ZR 245/96, BGHZ 138 S. 257.

wicklung und des Fortbestandes des Unternehmens anhand des Lageberichtes einzugehen und nach der in § 321 Abs. 1 Satz 3 HGB normierten Redepflicht darzustellen, ob bei der Prüfung Unrichtigkeiten, Gesetzesverstöße oder Tatsachen festgestellt wurden, die das Unternehmen in seinem Bestand gefährden oder seine Entwicklung wesentlich beeinträchtigen können oder aber schwerwiegende Verstöße der Geschäftsführer oder Arbeitnehmer gegen Gesetz und Satzung darstellen. Im **Hauptteil** ist darzustellen, ob die Buchführung, die sonstigen zur Prüfung zugezogenen Unterlagen (wie z. B. Kostenrechnungen, Verträge, Gesellschafterbeschlüsse), der Jahresabschluss und der Lagebericht den gesetzlichen Vorschriften und der Satzung entsprechen und ob die Geschäftsführer die verlangten Aufklärungen und Nachweise erbracht haben.

4268 Des Weiteren ist darauf einzugehen, ob der Jahresabschluss ein zutreffendes und den tatsächlichen Verhältnissen entsprechendes Bild der Vermögens-, Finanz- und Ertragslage vermittelt, und schließlich ist der Jahresabschluss in einzelne Posten aufzugliedern und ausreichend zu erläutern, wenn dadurch deren Darstellung wesentlich verbessert wird. Nachteilige Veränderungen der Vermögens-, Finanz- und Ertragslage gegenüber dem Vorjahr und Verluste, die das Jahresergebnis nicht unwesentlich beeinflusst haben, sind darzustellen und zu erläutern. Werden Umstände festgestellt, die die künftige Entwicklung des Unternehmens der GmbH nachteilig beeinträchtigen, ist auch hierüber zu berichten.

4269 In einem **weiteren Abschnitt** sind Gegenstand, Art und Umfang der Prüfung zu erläutern (§ 321 Abs. 3 HGB) und Angaben zum Prüfungsauftrag und zur Bestellung zu machen. Der Prüfer hat in einem besonderen Abschnitt schriftlich seine Unabhängigkeit zu erklären (§ 321 Abs. 4a HGB).

6. Bestätigungsvermerk

4270 Nach Abschluss der Prüfung hat der Prüfer deren Ergebnis in einem **Bestätigungsvermerk** oder einem **Vermerk** über seine **Versagung** zusammenzufassen und im Prüfungsbericht wiederzugeben (§ 322 Abs. 5 Satz 2 HGB). Der Prüfungsbericht ist vom Prüfer zu unterzeichnen und den Geschäftsführern oder evtl. dem Aufsichtsrat – nachdem vorher der Geschäftsführung Gelegenheit zur Stellungnahme gegeben worden ist – vorzulegen.

4271 Der Bestätigungsvermerk ist für die Öffentlichkeit bestimmt und fasst dazu das Prüfungsergebnis zusammen (§ 322 Abs. 1 Satz 1 HGB). Im Gegensatz zu dem früher vorgeschriebenen Formeltestat schreibt das Gesetz nunmehr gewissermaßen einen **Bestätigungsbericht**[1] vor, den der Prüfer zu formulieren hat und der zumindest auf die folgenden Punkte einzugehen hat (**Mindestinhalt**):

- Gegenstand, Art und Umfang der Prüfung sowie eine Beurteilung des Prüfungsergebnisses sind in allgemeinverständlicher Form darzustellen;
- der Abschlussprüfer hat zu erklären, dass die Prüfung zu keinen Einwendungen geführt hat und dass der von der Geschäftsführung aufgestellte Jahresabschluss aufgrund der bei der Prüfung gewonnenen Erkenntnisse nach seiner Beurteilung unter

1 Vgl. Beck-GmbH-HB/Langseder, § 9 Rz. 217.

Beachtung der GoB ein den tatsächlichen Verhältnissen entsprechendes Bild der Vermögens-, Finanz- und Ertragslage des Unternehmens vermittelt;

- der Prüfer muss gesondert auf Risiken eingehen, die den Fortbestand des Unternehmens gefährden;
- es muss angegeben werden, ob der Lagebericht nach der Beurteilung des Prüfers eine zutreffende Vorstellung von der Lage des Unternehmens vermittelt und ob er die Risiken der zukünftigen Entwicklung zutreffend darstellt.

Hat der Abschlussprüfer keine Einwendungen zu erheben, ist der **Bestätigungsvermerk** 4272 **uneingeschränkt** zu erteilen (§ 322 Abs. 1 HGB). Sind Einwendungen zu erheben, ist der **Bestätigungsvermerk mit Einschränkungen** zu erteilen (§ 322 Abs. 4 Satz 1 HGB). Kann auch ein eingeschränkter positiver Befund nicht getroffen werden, ist ein Bestätigungsvermerk zu versagen und stattdessen ein **Vermerk über die Versagung** anzubringen (§ 322 Abs. 4 Satz 2 HGB).

Die Einschränkung oder die Versagung des Bestätigungsvermerkes **hindern** die Gesellschafter **nicht** daran, den **Jahresabschluss** der prüfungspflichtigen GmbH **festzustellen**, kann aber Anlass dazu bieten, den Geschäftsführern die Entlastung zu versagen. Nur eine Kapitalerhöhung aus Mitteln der Gesellschaft setzt voraus, dass der zugrunde gelegte Jahresabschluss einen uneingeschränkten Bestätigungsvermerk trägt (§ 57e GmbHG). Die Einschränkung oder gar die Versagung des Bestätigungsvermerks setzt jedoch den guten Ruf der GmbH aufs Spiel und beeinträchtigt ihre Kreditwürdigkeit.

Unterwirft sich eine nicht prüfungspflichtige **kleine GmbH** freiwillig der Prüfung des 4273 Jahresabschlusses, darf ein **Bestätigungsvermerk** mit einem der Pflichtprüfung vergleichbaren Inhalt (§ 322 HGB) **nur erteilt** werden, wenn auch **die Prüfung selbst einer Pflichtprüfung nach Art und Inhalt gem. §§ 316 ff. HGB entspricht** und darüber entsprechend berichtet wird. Andernfalls darf die Prüfung nur bescheinigt werden.

(*Einstweilen frei*) 4274–4300

VI. Feststellung des Jahresabschlusses

LITERATUR:

Ott, Der Jahresabschluss der GmbH: Aufstellung, Prüfung, Feststellung und Offenlegung, LSW Gruppe 13 53–56; *Reck*, Unterlassen einer rechtzeitigen Bilanzerstellung, StuB 2000 S. 1281.

1. Vorbereitung

Gemäß § 42a Abs. 2 GmbHG müssen die Gesellschafter bei der großen und mittelgro- 4301 ßen GmbH bis zum Ablauf der ersten **acht Monate** und bei der kleinen GmbH bzw. der Kleinst-GmbH bis zum Ablauf der ersten **elf Monate** des folgenden Geschäftsjahres über die Feststellung des Jahresabschlusses und die Ergebnisverwendung beschließen. Zum Zweck der Feststellung des Jahresabschlusses haben die Geschäftsführer nach § 42a Abs. 1 GmbHG unverzüglich nach der Aufstellung den Gesellschaftern den Jahresabschluss (Bilanz, GuV und Anhang) und den Lagebericht vorzulegen. Bei der prüfungspflichtigen mittelgroßen und großen GmbH sowie bei einer freiwilligen Prüfung einer

GmbH sind diese Unterlagen nach der Aufstellung zunächst dem Abschlussprüfer und dann zusammen mit dem Prüfungsbericht nach dessen Eingang den Gesellschaftern vorzulegen (§ 320 Abs. 1 Satz 1 HGB). Hat die GmbH einen Aufsichtsrat, sind zunächst ihm Jahresabschluss, Lagebericht und Prüfungsbericht vorzulegen.

4302 Bestimmt der Gesellschaftsvertrag, dass ein anderes Organ, wie z. B. der Aufsichtsrat, und nicht die Gesellschafterversammlung für die Feststellung des Jahresabschlusses berufen ist, sind die bezeichneten Unterlagen diesem Organ vorzulegen. Die Pflicht zur Vorlage von Jahresabschluss und Lagebericht an die Gesellschafter in ihrer Gesamtheit besteht daneben aber nach § 41a GmbHG fort.

4303 Um die Vorlagepflicht an die Gesellschafter zu erfüllen, genügt es unter normalen Verhältnissen, dass die Gesellschafter, die in den Geschäftsräumen der GmbH ausgelegten Unterlagen einsehen können und die Gesellschafter über diese Möglichkeit unterrichtet werden. Auf Verlangen sind die genannten Unterlagen dem einzelnen Gesellschafter auch auszuhändigen. Dies gilt jedenfalls dann, wenn der Gesellschafter über die Feststellung des Jahresabschlusses verantwortlich nur mitbeschließen kann, wenn er die Unterlagen als Teil der Beschlussvorlage kennt und zuvor einer Prüfung unterziehen konnte. Unberührt von diesem Recht des Gesellschafters, die Beschlussunterlagen in geeigneter Weise zur Kenntnis nehmen zu können, kann die Gesellschafterversammlung aber nach § 51a Abs. 2 GmbHG beschließen, dass bestimmten Gesellschaftern der Bericht des Abschlussprüfers nicht ausgehändigt wird, wenn die begründete Befürchtung besteht, dass der Gesellschafter dessen Inhalt für gesellschaftsfremde Zwecke verwenden und damit der GmbH erheblichen Schaden zufügen werde.

4304 Die Geschäftsführer müssen die Vorlagepflichten **unverzüglich**, also ohne schuldhaftes Zögern und so rechtzeitig erfüllen, dass die Feststellungsfristen von acht bzw. elf Monaten eingehalten werden können.

2. Vorschlag zur Ergebnisverwendung

4305 Die Geschäftsführer **können**, müssen aber nach GmbH-Recht keinen **Vorschlag** für die **Verwendung des Gewinnes** machen. Eine solche Verpflichtung ergibt sich auch nicht aus § 325 Abs. 1 HGB, wonach der Geschäftsführer mit dem Jahresabschluss auch den „Vorschlag über die Verwendung des Ergebnisses" elektronisch beim Betreiber des elektronischen Bundesanzeigers einzureichen hat. Auch § 42 GmbHG normiert keine Vorschlagspflicht. Der **Gesellschaftsvertrag** kann jedoch den Geschäftsführer **verpflichten,** einen **Gewinnverwendungsvorschlag** zu machen.

Der Vorschlag für die Ergebnisverwendung ist auch Grundlage für den Ausweis der Steuern vom Einkommen und Ertrag, die nach § 278 HGB in den Jahresabschluss einzustellen sind, sofern ein Gewinnverwendungsbeschluss noch nicht vorliegt. Während der Geltung des alten KSt-Rechts, das eine Herstellung der Ausschüttungsbelastung verlangte und damit einhergehend bei Ausschüttungen zu einer Minderung oder Erhöhung der KSt für den Veranlagungszeitraum führen konnte, in dem das Wirtschaftsjahr endete, für das die Ausschüttung erfolgte, setzte die Berechnung des KSt-Aufwandes nach § 278 HGB einen Gewinnverwendungsvorschlag voraus. Deshalb ist es durchaus üblich geworden, dass die Geschäftsführer einen Gewinnverwendungsvorschlag unterbreiten, der schon gefasste oder zu erwartende Ausschüttungsbeschlüsse unter Beachtung der entsprechenden Satzungsbestimmungen berücksichtigt.

Ist ein solcher Verwendungsvorschlag bei der Aufstellung des Jahresabschlusses berücksichtigt worden und weichen die später von der Gesellschafterversammlung gefassten Beschlüsse davon ab, braucht allerdings der Jahresabschluss nicht berichtigt zu werden (§ 278 Satz 2 HGB). Unter Geltung des neuen KSt-Rechts ist aber ein Gewinnverwendungsvorschlag für die Berechnung des KSt-Aufwandes nicht mehr unbedingt erforderlich, weil der Steuersatz für ausgeschüttete und thesaurierte Gewinne gleich hoch ist. Lediglich während der Übergangszeit konnte es noch zu ausschüttungsbedingten Minderungen oder Erhöhungen der KSt kommen, die allerdings in dem Veranlagungszeitraum eintraten, in dem das Wirtschaftsjahr endete, in dem die Ausschüttung erfolgte (§ 37 Abs. 2 Satz 2 KStG).

3. Die Feststellung des Jahresabschlusses

Die Vorschrift des § 42a GmbHG geht von dem Normalfall aus, dass der Jahresabschluss 4306
durch Gesellschafterbeschluss festgestellt wird. Dies ist aber nicht zwingend. Für die Feststellung sind Fristen einzuhalten. Bei der **großen und mittelgroßen GmbH** haben die Gesellschafter spätestens bis zum Ablauf der ersten **acht Monate**, bei **kleinen GmbH** (bzw. der Kleinst-GmbH) spätestens bis zum Ablauf der ersten **elf Monate** des (nachfolgenden) Geschäftsjahres über die Feststellung des Jahresabschlusses und die Ergebnisverwendung zu beschließen (§ 42a Abs. 2 Satz 1 GmbHG). Die Frist kann durch den Gesellschaftsvertrag nicht verlängert werden.

Die Feststellung des Jahresabschlusses bedeutet, dass damit der Jahresabschluss im 4307
Verhältnis zwischen der GmbH und ihren Gesellschaftern, aber auch unter den Gesellschaftern selbst sowie im Verhältnis der GmbH zu Dritten Verbindlichkeit erlangt.[1] Vor allem aber ist die Feststellung des Jahresabschlusses **(Verbindlichkeitserklärung)** unerlässliche **Voraussetzung für den Ergebnisverwendungsbeschluss und die Gewinnverteilung.** Die Feststellung des Jahresabschlusses bildet auch die **Grundlage für die Gewinnbeteiligung** von stillen Gesellschaftern oder anderen **ergebnisabhängigen Ansprüchen,**[2] z. B. der **Tantiemen** für tätige Gesellschafter oder der Geschäftsführer.

Festgestellt werden muss der Jahresabschluss, also die Bilanz, die GuV-Rechnung und 4308
der Anhang, nicht aber der Lagebericht, was bei der prüfungspflichtigen GmbH zusätzlich voraussetzt, dass die Prüfung abgeschlossen und der Bestätigungsvermerk erteilt oder versagt worden ist (§ 316 Abs. 1 HGB).

a) Gesellschafterbeschluss

Zuständig für die Feststellung des Jahresabschlusses ist bei der GmbH grundsätzlich die 4309
Gesellschafterversammlung. Gemäß § 46 Nr. 1 GmbHG obliegt die Feststellung des Jahresabschlusses „der Bestimmung der Gesellschafter", d. h. sie erfolgt grundsätzlich

1 BGH v. 29.3.1996 - II ZR 263/94, BGHZ 132 S. 263.
2 BGH v. 1.3.1982 - II ZR 23/81, BGHZ 83 S. 341.

durch Gesellschafterbeschluss.[1] Irgendwelche Beschlussformalitäten sieht das GmbHG nicht vor, es gelten also die allgemeinen Regeln und es **genügt** die **einfache Mehrheit** der abgegebenen Stimmen, wobei auch die Gesellschafter mitstimmen können, die als Geschäftsführer den Jahresabschluss aufgestellt haben.[2] Die Satzung kann jedoch etwas anderes bestimmen (vgl. § 47 Abs. 1 GmbHG) und eine qualifizierte Mehrheit vorschreiben oder die Feststellung an weitere Voraussetzungen knüpfen. Insbesondere kann die Satzung auch bestimmen, dass und wie ein etwa vorhandener Beirat bei der Feststellung mitzuwirken hat.

4310 Auch eine kleine GmbH kann z. B. durch ihre Satzung eine vorherige Prüfung des Jahresabschlusses vorschreiben, ohne damit an die gesetzlichen Regeln für die Pflichtprüfung gebunden zu sein, die sie aber übernehmen kann, wobei eine Bezugnahme auf die gesetzlichen Bestimmungen ausreicht.

4311 Die Gesellschafterversammlung (oder das andere für die Feststellung satzungsgemäß zuständige Organ) ist bei der Beschlussfassung nicht an den von den Geschäftsführern vorgelegten Jahresabschluss gebunden. Es können unrichtige Bilanzansätze korrigiert oder aber Bilanzierungs- und Bewertungswahlrechte anders ausgeübt werden. Wird der Jahresabschluss infolgedessen abweichend von der Vorlage festgestellt, muss eine Nachtragsprüfung stattfinden, sofern die GmbH prüfungspflichtig ist.

b) Anderweitige Feststellung

4312 Die Vorschrift des § 46 Nr. 1 GmbHG ist nicht zwingend. Die Gesellschafter haben deshalb das Recht, durch die Satzung etwas anderes zu bestimmen. So kann die Zuständigkeit für die Feststellung einem anderen Organ z. B. einem etwa vorhandenen Aufsichtsrat oder Gesellschafterausschuss, nach h. M.[3] sogar dem Geschäftsführer übertragen werden. In einem solchen Fall verbleibt den Gesellschaftern aber das Anfechtungsrecht.

4313 Enthält die Satzung eine solche Regelung, dann ist auch § 42a Abs. 1 GmbHG so zu verstehen, dass der Jahresabschluss und der Lagebericht dem Organ vorzulegen sind, das den Jahresabschluss festzustellen hat, und dieses ist auch anstelle der Gesellschafter der Adressat der Fristsetzung gem. § 42a Abs. 2 GmbHG.

c) Feststellung des Jahresabschlusses der großen und mittelgroßen GmbH

4314 Die Feststellung des Jahresabschlusses bei der großen und mittelgroßen GmbH weicht nur insoweit von der Feststellung bei der kleinen GmbH ab, als für diese beiden Größenklassen die Prüfung des Jahresabschlusses obligatorisch ist. Vor Abschluss der Prüfung kann der Jahresabschluss nicht festgestellt werden; die Gesellschafter, die über den Jahresabschluss beschließen sollen, müssen auch den Prüfungsbericht kennen. Deshalb bestimmt § 42a Abs. 1 GmbHG, das Jahresabschluss und Lagebericht zusam-

1 BGH v. 29.3.1996 - II ZR 263/94, BGHZ 132 S. 263.

2 Schulze-Osterloh in: Baumbach/Hueck, GmbHG, § 42a Rz. 19.

3 Zöllner in: Baumbach/Hueck, GmbHG, § 46 Rz. 16 und Schulze-Osterloh, ebenda, § 42a Rz. 18; Scholz/Schmidt, GmbH, § 46 Anm. 46; a. A. Hachenburg/Hüffer, GmbHG, § 46 Anm. 22, unter Hinweis auf die Aufgabenbeschreibung in § 42a GmbHG.

men mit dem Prüfungsbericht unverzüglich nach dessen Eingang den Gesellschaftern vorzulegen sind.

Die Frist für die Feststellung beträgt nur acht Monate; sie ist also kürzer als bei der kleinen GmbH, und zwar deshalb, weil bei einer großen und mittelgroßen GmbH das öffentliche Interesse an der baldigen Feststellung des größeren wirtschaftlichen Engagements stärker ist. 4315

Die Satzung kann – und sollte – auch einem Streit darüber vorbeugen, ob der Gesellschafter bzw. die Mitglieder des sonst zur Feststellung zuständigen Organs die Vorlagen einsehen und außerdem Abschriften verlangen können. Fehlt es daran, ist der Geschäftsführer auf jeden Fall verpflichtet, Jahresabschluss und Lagebericht während einer angemessenen Frist zur Kenntnis und Prüfung durch die Gesellschafter in den Geschäftsräumen auszulegen und auch Auskünfte zu erteilen. 4316

(*Einstweilen frei*) 4317–4340

VII. Offenlegung und Veröffentlichung des Jahresabschlusses

1. Systemänderung durch das EHUG

Das EHUG hat das **System der Offenlegung von Jahresabschlüssen** für Kapitalgesellschaften, also auch für die GmbH, grundlegend ab 1.1.2007 ebenso **geändert** wie die **Prüfung und Sanktionierung von Verstößen gegen die Publizitätsvorschriften**. Die damit einhergehende verstärkte Publizität lässt manches in der Rechtsform einer GmbH geführte Unternehmen eine professionelle Auswertung seiner beim **elektronischen Bundesanzeiger** einzureichenden Unternehmensdaten (Unterlagen der Rechnungslegung i.S.v. § 325 HGB) befürchten, die von dort an das **Unternehmensregister** gem. § 8b Abs. 3 Nr. 1 HGB weiterzuleiten und dort einzustellen sind und gesammelt mit anderen wesentlichen Unternehmensinformationen von jedem eingesehen und abgerufen werden können. Die Publizitätspflichten wurden stark ausgeweitet. 4341

Hinsichtlich des **Umfangs der Offenlegungspflichten** hat das EHUG **nichts** an der bisherigen Rechtslage **geändert:** Die GmbH muss nicht mehr bzw. andere Daten der Rechnungslegung als bisher preisgeben. Auch die schon bisher in §§ 325, 326 HGB enthaltenen Erleichterungen für die kleine und mittelgroße GmbH gelten unverändert weiter. 4342

(*Einstweilen frei*) 4343

2. Regelung nach dem EHUG

Hinsichtlich der **Form der Offenlegung** ihrer Jahresabschlüsse wird **nicht mehr zwischen der kleinen (bzw. kleinste), mittelgroßen und großen GmbH unterschieden.** Auch die **Pflicht zur Einreichung beim Handelsregister wurde gestrichen.** Für alle Kapitalgesellschaften, also auch alle GmbHs (**einschließlich der haftungsbeschränkten UG**), bestimmen nun § 325 Abs. 1 und Abs. 2 HGB, dass deren gesetzliche Vertreter – also die Geschäftsführer – den Jahresabschluss und die weiteren in § 325 Abs. 1 Satz 3 HGB genannten Dokumente (insbesondere Lagebericht sowie Vorschlag und Beschluss über 4344 die Verwendung des Jahresergebnisses, sofern sich dieses nicht aus dem Jahresabschluss ergibt, wobei die GmbH Angaben über die Ergebnisverwendung – wie bisher auch schon – nicht zu machen braucht, wenn sich anhand dieser Angaben die Gewinnanteile von natürlichen Personen ergeben, die Gesellschafter sind, § 325 Abs. 1 Satz 4 HGB) unverzüglich nach Vorlage an die Gesellschafter, spätestens aber **vor Ablauf von zwölf Monaten**[1] nach dem Abschlussstichtag des betreffenden Geschäftsjahres mit dem Bestätigungsvermerk oder dem Vermerk über dessen Versagung beim Betreiber des elektronischen Bundesanzeigers **einzureichen** sind.

Die Einreichung hat in elektronischer Form zu erfolgen. Außerdem müssen die Geschäftsführer die eingereichten **Unterlagen** unverzüglich im elektronischen Bundesanzeiger **bekannt machen** lassen. Der Betreiber des elektronischen Bundesanzeigers muss für Geschäftsjahre vor 2022 die bei ihm eingereichten Unterlagen an das **Unternehmensregister weiterleiten**, wodurch eine zusätzliche Möglichkeit der zentralen Einsichtnahme entsteht.

Ab dem Geschäftsjahr 2022 müssen Unternehmen alle ihre offenlegungspflichtigen Abschlussunterlagen mit dem Inkrafttreten des DiRUG am 1.8.2022 direkt an das Unternehmensregister übermitteln.

4345 *(Einstweilen frei)*

3. Prüfungspflicht und Sanktionen nach dem EHUG

4346 Die Veröffentlichungspraxis hat sich mit dem Inkrafttreten des EHUG deutlich geändert. Empirische Untersuchungen zeigten, dass bisher zur Veröffentlichung ihrer Jahresabschlüsse verpflichtete Gesellschaften (insbesondere bei kleinen und mittelgroßen GmbHs) die Vorschriften der §§ 325 ff. HGB a. F. (Einreichung beim Registergericht und Veröffentlichung im Bundesanzeiger) größtenteils ignorierten,[2] weil nach § 335a Abs. 1 Satz 3 HGB a. F. ein Ordnungsgeld nur auf Antrag (eines Dritten) festgesetzt werden und das Registergericht nicht von Amts wegen einschreiten konnte. Diese Praxis ändert sich mit dem EHUG grundlegend, weil **von Amts wegen durchgängig geprüft** wird, ob die Unternehmen ihren Publizitätspflichten nachkommen; bei einer unvollständigen oder unterlassenen Offenlegung wird diese von Amts wegen durch die **Einleitung** eines von vornherein kostenpflichtigen **Ordnungsgeldverfahrens** durch das hierzu neu geschaffene Bundesamt für Justiz (BfJ) erzwungen.

4347 Der Betreiber des **elektronischen Bundesanzeigers nach § 329 Abs. 1 HGB hat zu prüfen**, ob die nach §§ 325 ff. HGB einzureichenden Unterlagen **fristgemäß und vollständig** übermittelt worden sind. Die Prüfung der Vollständigkeit erstreckt sich auch darauf, ob die GmbH von den größenabhängigen Erleichterungen zu Recht Gebrauch gemacht hat (§ 329 Abs. 2 HGB). Hierzu stellt ihm der Betreiber des Unternehmensregisters die nach § 8b Abs. 3 Satz 2 HGB dorthin von den Landesjustizverwaltungen übermittelten Unternehmensdaten (Eintragungen im Handelsregister) zur Verfügung, soweit diese zur

1 Für kapitalmarktorientierte Unternehmen ist die Frist auf vier Monate verkürzt (§ 325 Abs. 4 HGB).

2 Nach Schätzungen sollen nur rd. 5 % der Gesellschaften bislang ihre Pflichten erfüllen: vgl. Liebscher/Scharff, NJW 2006 S. 3745, 3750, und Schmidt, DStR 2006 S. 2272, 2274, jeweils m. N.

Erfüllung des Prüfungsauftrags erforderlich sind. Außerdem kann der Betreiber des elektronischen Bundesanzeigers bei entsprechendem Prüfungsanlass zu den größenabhängigen Erleichterungen von der GmbH innerhalb einer angemessenen Frist die Mitteilung der Umsatzerlöse und der Zahl der Arbeitnehmer verlangen (vgl. Rz. 4103 ff.). Kommt die GmbH der Aufforderung nicht nach, gelten die Erleichterungen als zu Unrecht in Anspruch genommen.

Führt die Prüfung danach zu der Feststellung, dass die einzureichenden Unterlagen 4348 nicht oder nicht vollständig eingereicht wurden, muss der Betreiber des elektronischen Bundesanzeigers dies gem. § 329 Abs. 4 HGB an das BfJ melden, welches nach § 335 Abs. 1 Satz 1 und Abs. 2 HGB gegen die **Geschäftsführer** oder **die GmbH selbst** aufgibt, binnen sechs Wochen ihrer gesetzlichen Verpflichtung nachzukommen oder deren Unterlassung durch einen Einspruch zu rechtfertigen, und ein **Ordnungsgeld** zwischen 2.500 € und 25.000 € androht und ihnen zugleich die Kosten des Verfahrens (50 €) auferlegt. Der Einspruch gegen die Androhung und die Kostenfestsetzung hat **keine aufschiebende Wirkung** (§ 335 Abs. 3 Satz 4 HGB). Wird die gesetzliche Pflicht nicht binnen sechs Wochen erfüllt, wird das Ordnungsgeld festgesetzt und außerdem die frühere Verfügung unter Androhung eines erneuten Ordnungsgelds wiederholt. Gegen die Festsetzung des Ordnungsgelds bzw. die Entscheidung, mit der der Einspruch zurückgewiesen wird, ist nach § 335a HGB die Beschwerde nach dem FamFG gegeben. Bei Zulassung durch das Gericht ist anschließend die Rechtsbeschwerde möglich.[1]

Manches Unternehmen wird angesichts des nicht unerheblichen eigenen Verwaltungs- 4349 aufwandes und des Umstandes, dass sich Kreditinstitute oder die Konkurrenz Daten z. B. über die Bonität, Eigen- und Fremdkapitalfinanzierung, Liquidität und wirtschaftliche Lage des Unternehmens einfach via Internet besorgen können, Strategien entwickeln wollen, um die Veröffentlichungspflicht inhaltlich zu beschränken oder zu vermeiden. Hierzu diskutierte Möglichkeiten wie z. B die Umwandlung der GmbH in eine Personengesellschaft, mit zumindest einer natürlichen Person als persönlich haftendem Gesellschafter (§ 264a Abs. 1 Satz 1 Nr. 1 HGB) oder die Aufspaltung des Unternehmens in kleinere Einheiten, sollten wegen der damit verbundenen Nachteile und Kosten sorgfältig abgewogen werden. Eine Auslandsgesellschaft wie z. B. die englische Limited mit Verwaltungssitz im Inland eignet sich aber nicht, um die Offenlegungspflichten zu vermeiden, wie sich aus § 325a HGB ergibt, zumal bei solchen Gesellschaften der Inlandsbezug noch stärker ist als bei reinen Zweigniederlassungen im Inland.

4. Steuerliche Folgen der Zahlung aufgrund von Sanktionsverfügungen bei Verletzung von Offenlegungspflichten

Geht der GmbH oder den Geschäftsführern ein Bescheid über die Androhung eines 4350 Ordnungsgeldes mit Kostenfestsetzung bzw. die Festsetzung des Ordnungsgeldes selbst zu, zieht die Zahlung auch zusätzliche **steuerliche Belastungen** nach sich, die sich vornehmlich aus § 4 Abs. 5 Nr. 8 EStG ergeben, wonach von einer Behörde festgesetzte Geldbußen und **Ordnungsgelder** (einschließlich der Kosten als Nebenfolgen des Ordnungsgeldes) **nicht abzugsfähige Betriebsausgaben** darstellen und auch vom

1 LG Bonn v. 20.10.2016 - 36 T 294/16, rkr., DStR 2017 S. 338, s. auch NWB CAAAG-38875.

Geschäftsführer über § 9 Abs. 5 Satz 1 EStG nicht als Werbungskosten bei seinen Einkünften aus nichtselbständiger Arbeit abgezogen werden dürfen.

4351 Ergeht die Verfügung gegenüber der GmbH selbst, mindert die Zahlung über § 8 Abs. 1 KStG nicht den steuerlichen Gewinn aus Gewerbebetrieb und auch das Einkommen und den Gewerbeertrag der GmbH nicht. Der **Steueraufschlag**[1] aus KSt (bei einem Tarif von 15 %), SolZ und GewSt (bei einem Hebesatz z. B. von 440 %) beträgt dann ca. 31 %

4352 Je 100 € Ordnungsgeld kosten die GmbH insgesamt also 131 €, 1.000 € also 1.310 €. Zahlt der Geschäftsführer das gegen ihn festgesetzte Ordnungsgeld aus eigener Tasche, kann er es **nicht als Werbungskosten abziehen**; die steuerliche Belastung bei einem persönlichen ESt-Satz von 42 % macht mit SolZ einen Aufschlag von 44 % aus.

4353 Ergeht die Ordnungsgeldfestsetzung gegenüber dem Geschäftsführer, übernimmt aber die GmbH die Zahlung – was die Regel sein dürfte – und handelt es sich um einen Fremdgeschäftsführer, stellt die Zahlung bei ihr eine gewinnmindernde Betriebsausgabe dar (§ 4 Abs. 4 EStG), weil sie ein fremdes Ordnungsgeld bezahlt und somit das Abzugsverbot bei ihr nicht eingreift. Für den Geschäftsführer stellt die **übernommene Zahlung einen lohnsteuerpflichtigen geldwerten Vorteil** dar (§ 38 Abs. 2 Satz 1 EStG), für den die GmbH wohl auch die Lohnsteuer übernimmt und zahlt. Diese gleichsam vorliegende Nettolohnvereinbarung kann je nach den persönlichen Verhältnissen zu einem erheblich über dem Grenzsteuersatz liegenden Steueraufschlag führen. Beim (beherrschenden) Gesellschafter-Geschäftsführer besteht die Gefahr, dass die Übernahme der Ordnungsgeldzahlung auf der Ebene der GmbH als **vGA** anzusehen ist und der Vorteil beim Gesellschafter in Kapitaleinkünfte nach § 20 Abs. 1 Nr. 1 Satz 2 EStG umqualifiziert wird, die ab 2009 nicht mehr dem Halbeinkünfteverfahren unterliegen.

4354–4380 (*Einstweilen frei*)

VIII. Nichtigkeit und Heilung des Jahresabschlusses

LITERATUR:

Brete/Thomsen, Nichtigkeit und Heilung von Jahresabschlüssen der GmbH, GmbHR 2008 S. 176.

1. Nichtigkeit (Begriff und Rechtsfolgen)

4381 Für die **Nichtigkeit des Jahresabschlusses einer GmbH** sind nach allgemeiner Auffassung mangels eigener Vorschriften des GmbHG die **Vorschriften des AktG weitestgehend analog** anzuwenden.[2] Deshalb ergeben sich die Nichtigkeitsgründe in Anlehnung an **§ 256 AktG**. Erweist sich nach diesen Vorschriften der Beschluss der Gesellschafterversammlung zur Feststellung des Jahresabschlusses als **normwidrig**, ist **er nichtig**. Rechtsfolge daraus ist, dass die GmbH ihrer Pflicht zur Rechnungslegung nicht nachgekommen ist, die Einstellung von Rücklagen eine bloße Buchung darstellt, ein Bilanzgewinn nicht existiert und somit auch kein Raum für einen Gewinnverwendungs-

1 Vgl. im Einzelnen die instruktiven Beispielsrechnungen bei Grashoff, DB 2006 S. 2641.

2 BGH v. 1.3.1982 - II ZR 23/81, BGHZ 83 S. 341; Beck GmbH-HB/Langseder, § 9 Rz. 209.

beschluss besteht und Gewinne nicht ausgeschüttet werden dürfen.[1] Außerdem können sich in der Insolvenz Rückzahlungsansprüche z. B. auf Rückerstattung von Gewinnausschüttungen an die Masse ergeben,[2] weil wegen der Nichtigkeit des Jahresabschlusses auch ein darauf beruhender Gewinnverwendungsbeschluss nichtig ist und deshalb darauf beruhende Ausschüttungen an die GmbH zurückzuzahlen sind. Die Haftung der Geschäftsführer wegen Nichtigkeit des Jahresabschlusses richtet sich grundsätzlich nach § 43 GmbHG, wenn ihnen ein diesbezüglicher Pflichtenverstoß vorzuwerfen ist (vgl. Rz. 3696).

Wird ein Nichtigkeitsgrund erkannt, besteht regelmäßig die Pflicht, den Jahresabschluss 4382
jedenfalls dann neu aufzustellen, wenn es sich um bedeutsame und im Interesse des Gläubigerschutzes normierte Nichtigkeitsgründe handelt; dann darf und sollte schon aus Haftungsgründen nicht „abgewartet" werden, bis wegen des Fristablaufs nach § 256 Abs. 6 Satz 1 AktG Heilung eingetreten ist. Insbesondere muss ein Fehler (z. B. Falschbewertung von Bilanzposten, § 256 Abs. 5 AktG) durch Neufeststellung beseitigt werden, wenn er wegen der Bilanzkontinuität in die Zukunft wirkt, so dass Jahresabschlüsse für Folgejahre unter demselben Mangel leiden können. Fehler bei nur einem Bilanzposten führen nicht bloß zu einer Teilnichtigkeit, sondern der Jahresabschluss ist dann als Ganzes nichtig.

2. Einzelne Nichtigkeitsgründe

a) Generalklausel (§ 256 Abs. 1 Nr. 1 AktG)

Der Jahresabschluss ist nichtig, wenn er gegen **Schutzvorschriften zugunsten der Gläu-** 4383
biger der GmbH verstößt. Damit sind gesetzliche Bestimmungen und nicht Bestimmungen des Gesellschaftsvertrags gemeint. In der Praxis bedeutsam sind die Bilanzierungsvorschriften, wobei die Ordnungswidrigkeiten nach § 334 HGB indizielle Bedeutung haben. Schutzvorschriften sind die Grundsätze ordnungsgemäßer Buchführung und die Bilanzierungsgrundsätze und Ansatzvorschriften. Verstöße gegen sie müssen aber den Jahresabschluss (Bilanz, GuV oder Anhang) betreffen, Verstöße gegen die Vorschriften des Lageberichts führen nicht zur Nichtigkeit, weil er nicht Teil des Jahresabschlusses ist. Verstöße gegen die Gliederungs- und Bewertungsvorschriften sind nach § 256 Abs. 4 und 5 AktG zu beurteilen.

Die Vorschrift des § 272 HGB über den Eigenkapitalausweis wird durch § 42 GmbHG ergänzt. Wird das gezeichnete Kapital unrichtig ausgewiesen (nur noch Nettoausweis nach § 272 HGB), führt dies zur Nichtigkeit des Jahresabschlusses. Gleiches gilt, wenn nicht beachtet wird, dass jetzt § 272 Abs. 1a HGB den Ausweis der eigenen Anteile auf der Aktivseite unter den Wertpapieren und einer Rücklage für eigene Anteile auf der Passivseite verbietet und vorschreibt, dass der Nennbetrag der Geschäftsanteile in der Vorspalte offen von dem Posten „Gezeichnetes Kapital" abzusetzen und der Unterschiedsbetrag zwischen Nennbetrag und dem Kaufpreis mit den frei verfügbaren Rücklagen zu verrechnen ist.

1 Brete/Thomsen, GmbHR 2008 S. 176 m. w. N.

2 OLG Stuttgart v. 11.2.2004 - 14 U 23/03, GmbHR 2004 S. 662.

4384 Im Zusammenhang mit § 256 Abs. 1 Nr. 1 AktG ist auch auf die Vorschrift des § 268 Abs. 8 HGB hinzuweisen. Sie enthält eine **Ausschüttungssperre** für **Erträge aus der Aktivierung selbst geschaffener immaterieller Vermögensgegenstände des Anlagevermögens, latenter Steuern sowie aus der Bewertung** eines aktiven Unterschiedsbetrages aus der Vermögensverrechnung bei Altersversorgungsverpflichtungen (§ 246 Abs. 2 Satz 2 HGB) zum beizulegenden Zeitwert. Sie dürfen im Interesse des Gläubigerschutzes nur ausgeschüttet werden, wenn nach der Ausschüttung frei verfügbare Rücklagen in mindestens gleicher Höhe (abzgl. der passiv latenten Steuern) verbleiben. Außerdem müssen die Erträge aufgegliedert als Pflichtangaben im Anhang aufgeführt werden (§ 285 Nr. 28 HGB).

4385 Ein Verstoß gegen die Ausschüttungssperre und/oder die Angabepflicht im Anhang führt wegen der Gläubigerschutzfunktion der Vorschriften zur Nichtigkeit des Jahresabschlusses.[1]

b) Verstöße gegen die Prüfungspflicht

4386 Eine unvollständige oder fehlende Prüfung oder die Prüfung durch eine Person, der die Abschlussprüfereigenschaft fehlt, führt zur Nichtigkeit, wenn die GmbH gem. § 316 HGB der Prüfungspflicht unterliegt (vgl. § 256 Abs. 1 Nr. 2 und 3 AktG).

c) Verletzung der Bestimmungen über Rücklagen (§ 256 Abs. 1 Nr. 4 AktG)

4387 Nur die Verletzung gesetzlicher Bestimmungen (und nicht bloßer Satzungsbestimmungen) über die Einstellung von Beträgen in die Kapital- oder Gewinnrücklagen bzw. über die Entnahme aus solchen Rücklagen führen zur Nichtigkeit (z. B. § 42 Abs. 2 Satz 3, § 58b Abs. 2 und § 58c GmbHG und § 272 Abs. 2 und 4 HGB). Besonders zu **beachten** ist hier die **gesetzliche Rücklage nach § 5a Abs. 3 GmbHG bei der UG (haftungsbeschränkt)**. Manche „Empfehlung" für die Praxis, die Thesaurierungspflicht von einem Viertel des Jahresüberschusses durch ertragswirksame Gestaltungen (z. B. Gehaltszahlungen oder sonstige Leistungsentgelte an Gesellschafter oder ihnen nahe stehende Personen) zu „umgehen", kann zur Nichtigkeit führen.

Stellen solche Entgelte in Wahrheit Ausschüttungen mit Rücksicht auf das Gesellschaftsverhältnis, also **verdeckte Gewinnausschüttungen** dar, kann ein Verstoß gegen § 256 Abs. 1 Nr. 1 oder 4 AktG vorliegen. In der Insolvenz kann dies den Insolvenzverwalter veranlassen, gegen den Geschäftsführer aus § 43 GmbHG oder die betreffenden Gesellschafter auf Rückerstattung der Beträge vorzugehen. Damit erhält die bislang meist nur steuerrechtlich relevante Rechtsfigur der verdeckten Gewinnausschüttung in ihrer ganzen Bandbreite eine ganz neue Dimension hinsichtlich ihrer gesellschaftsrechtlichen Bedeutung. Dies gilt insbesondere deshalb, weil die UG (haftungsbeschränkt) wegen ihrer geringen Eigenkapitalausstattung ohnehin stark krisenanfällig ist. Den Gesellschaftern und Geschäftsführern ist daher zu empfehlen, bei der Begründung schuldrechtlicher Leistungsbeziehungen zur Gesellschaft auf deren Wirksamkeit, vertragsgerechte Durchführung und auf die Angemessenheit der Entgelte zu achten.

1 Budde in: Kessler/Leinen/Strickmann, BilMoG, Die neue Handelsbilanz, S. 258.

d) Weitere Nichtigkeitsgründe

Andere Nichtigkeitsgründe ergeben sich aus der analogen Anwendung von § 256 Abs. 3 AktG, wenn die Gesellschafterversammlung nicht ordnungsgemäß einberufen ist, der Feststellungsbeschluss aufgrund einer Anfechtungsklage für nichtig erklärt worden ist oder wenn wesentliche Gliederungsfehler (§ 256 Abs. 4 AktG) oder Bewertungsfehler (Über- oder Unterbewertung, § 256 Abs. 5 AktG) mit Auswirkung auf das Eigenkapital vorliegen. 4388

3. Heilungsmöglichkeiten

a) Begriff der Heilung, Abgrenzung zur Neuaufstellung

Das Hauptmerkmal der **Heilung** besteht darin, dass der Jahresabschluss **nicht mehr** mit der Nichtigkeitsklage oder auf sonstige Weise **angegriffen** werden kann. Durch Eintritt der Heilung kommt die GmbH wieder ihrer Pflicht zur Rechnungslegung nach, ein Gewinnverwendungsbeschluss, der auf dem nichtigen Jahresabschluss beruhte, wird wirksam, weil die Nichtigkeit mit Ablauf der Heilungsfrist wegfällt.[1] Von der Heilung ist die **Beseitigung der Nichtigkeit durch Neuaufstellung** des Jahresabschlusses unter Korrektur der fehlerhaften Bilanzierung zu unterscheiden. Die Heilung beseitigt nicht die materielle Unrichtigkeit. Die kann Bedeutung im Hinblick auf die Bilanzkontinuität praktische Auswirkungen insofern haben, als sich der Fehler in der Folgebilanz fortsetzen kann und wieder zu deren Nichtigkeit oder schwebender Unwirksamkeit führen kann. Wird der Fehler nicht beseitigt, kommt die GmbH auch im Folgejahr ihrer Pflicht zur Rechnungslegung nicht nach, so dass Gewinne nicht ausgeschüttet werden können. 4389

b) Heilungsfähige Nichtigkeitsgründe

Die Heilungsfristen in § 256 Abs. 6 AktG gelten auch für die GmbH. Damit ist eine Heilung bei Verstoß gegen die Prüfungspflicht ausgeschlossen. Auch rechtskräftig für nichtig erklärte Jahresabschlüsse (§ 256 Abs. 3 Nr. 3 AktG) sind unheilbar nichtig. 4390

In anderen Fällen ist eine Heilung unter **zwei Voraussetzungen** möglich: 1. **Der Jahresabschluss muss im (elektronischen) Bundesanzeiger veröffentlicht** worden sein, und 2. es muss der **Ablauf der Heilungsfrist** abgewartet werden. Da nach § 325 Abs. 1 und 2 HGB alle GmbHs ohne Rücksicht auf Größenmerkmale ihren Jahresabschluss binnen zwölf Monaten nach dem Abschlussstichtag beim Betreiber des elektronischen Bundesanzeigers einreichen und dort bekannt machen lassen müssen, **beginnt die Frist mit der Bekanntmachung**. 4391

c) Heilungsfristen

Eine Heilung nach **sechs Monaten** kann bei Verletzung von Bestimmungen über Kapital- und Gewinnrücklagen (Abs. 1 Nr. 4), Mängeln bei der Feststellung des Jahresabschlusses durch die Gesellschafterversammlung (Abs. 2) und bei ihrer nicht ordnungsgemäßen Einberufung (Abs. 3 Nr. 1) eintreten. Die kurze Heilungsfrist dient der Rechtssicherheit. 4392

1 Brete/Thomsen, GmbHR 2008 S. 176, 180.

4393 Eine Heilung nach **drei Jahren** tritt in den übrigen Fällen ein (§ 256 Abs. 1 Nr. 1, Abs. 4 und Abs. 5 AktG). Dadurch sollen die Personen geschützt werden, die durch die Verletzung von Gläubigerschutzvorschriften betroffen werden. Wegen der langen Frist sollte bei Aufdeckung des Fehlers eine Neuaufstellung des Jahresabschlusses vorgenommen werden, damit die Wirksamkeit nicht länger fraglich bleibt.

d) Publizitätspflichten und Insolvenz

4394 Wie gesehen, setzt eine Heilung des nichtigen Jahresabschlusses die Einhaltung der Offenlegungspflicht voraus, was vor dem EHUG in großer Zahl (bis zu 90 % aller Fälle) nicht erfolgte. Die Nichteinhaltung kann missliche Folgen in der Insolvenz haben. Nach § 155 InsO geht nach Eröffnung des Insolvenzverfahrens die „Bilanzaufstellungsgewalt"[1] auf den Insolvenzverwalter über. Stellt er mittels eines Nichtigkeitsgutachtens die Unwirksamkeit von Jahresabschlüssen fest, folgt aus der Nichtigkeit auch die Unwirksamkeit darauf beruhender Gewinnausschüttungen oder Tantiemezahlungen, die er von Gesellschaftern oder Geschäftsführern zurückfordern kann. Dies kann zu erheblichen Vermögenseinbußen bei diesen Personen führen.

4. Haftung des Geschäftsführers wegen Nichtigkeit des Jahresabschlusses

4395 Die Pflichten des Geschäftsführers hinsichtlich des Jahresabschlusses ergeben sich aus § 43 Abs. 1 GmbH und werden durch §§ 242, 243 Abs. 3 und 264 Abs. 1 HGB über die Verantwortlichkeit des Kaufmanns bzw. eines gesetzlichen Vertreters einer Kapitalgesellschaft für die Aufstellung des Jahresabschlusses und für die Einhaltung der Aufstellungsfristen ausgefüllt. Die Einhaltung dieser Pflichten schuldet der Geschäftsführer der GmbH. Erwachsen der GmbH aus Pflichtverstößen zum Schutz Dritter oder öffentlicher Interessen Nachteile oder Schäden, muss der Geschäftsführer dafür einstehen. Deshalb führen Gewinnausschüttungen, die auf dem Verstoß gegen Verwendungsverbote oder gegen Bewertungsvorschriften beruhen, zu Schadensersatzansprüchen der Gesellschaft. Im Insolvenzfall macht der Verwalter die Ansprüche für die Masse geltend.

4396–4420 (*Einstweilen frei*)

C. Gewinn und Verlust

I. Allgemeines

1. Gesellschaft und Gesellschafter

4421 Die GmbH ist eine juristische Person; aus ihren Geschäften kann allein die GmbH selbst unmittelbar einen Gewinn erzielen oder Verlust erleiden, niemals aber der einzelne GmbH-Gesellschafter.

4422 Die GmbH existiert aber nicht um ihrer selbst willen, sondern nur kraft des Zusammenschlusses der sie tragenden Gesellschafter, denen deshalb als eines der wesentlichsten

1 Brete/Thomsen, GmbHR 2008 S. 176, 183; OLG München v. 10.8.2005 - 31 Wx 61/05, GmbHR 2005 S. 1434.

Gesellschafter- oder Mitgliedschaftsrechte ein Anspruch auf den von der GmbH erzielten Gewinn zusteht. Für einen Verlust haben die Gesellschafter aber nicht aufzukommen, es sei denn, dass satzungsgemäß eine Nachschusspflicht besteht; natürlich schmälern Verluste durch den Verlustvortrag aber künftige Gewinne und bei einer Liquidation kann sich ergeben, dass die Gesellschafter ihre Einlage verloren haben; dies ist aber nur eine mittelbare Verlustbeteiligung.

2. Jahresabschluss und Jahresergebnis

Das durch den Jahresabschluss (Bilanz nebst Gewinn- und Verlustrechnung) ausgewiesene wirtschaftliche Ergebnis eines Geschäftsjahres ist das „Jahresergebnis"; häufig wird auch nur die Bezeichnung „Ergebnis" verwendet. 4423

Ein positives Jahresergebnis (Gewinn) ist der „Jahresüberschuss", ein negatives Jahresergebnis (Verlust) ist der „Jahresfehlbetrag". 4424

3. Ermittlung des Jahresergebnisses

Das Jahresergebnis wird ermittelt durch den Jahresabschluss (Bilanz plus Gewinn- und Verlustrechnung). 4425

4. Verwendung des Jahresergebnisses

Welches Jahresergebnis die GmbH erzielt hat, kann sich nur aus dem Jahresabschluss ergeben. Der Jahresabschluss wird aber erst verbindlich, wenn er festgestellt ist. Deshalb kann ohne Feststellung des Jahresabschlusses nicht über Verwendung des Jahresergebnisses entschieden werden. 4426

5. Vorschlag des Geschäftsführers zur Verwendung des Jahresergebnisses

Aus § 325 HGB ergibt sich, dass der Geschäftsführer mit dem Jahresabschluss auch den „Vorschlag über die Verwendung des Ergebnisses" beim elektronischen Bundesanzeiger einzureichen hat. Dies gilt nach § 326 HGB auch für die kleine GmbH. Daraus kann gefolgert werden, dass der Geschäftsführer einen solchen Vorschlag machen muss. Eine entsprechende Bestimmung ist im GmbHG nicht enthalten und auch § 42a GmbHG normiert eine solche Verpflichtung nicht. Dagegen besteht die Vorschlagspflicht gem. § 124 Abs. 3, §§ 174, 175 Abs. 2 AktG für Vorstand und Aufsichtsrat einer Aktiengesellschaft; eine entsprechende Anwendung dieser Vorschriften auf die GmbH scheidet aus, eine Vorschlagspflicht besteht für den GmbH-Geschäftsführer nicht, es sei denn, dass sie sich aus der Satzung ergibt. 4427

Es liegt aber natürlich im Interesse des Geschäftsführers, einen Vorschlag für die Ergebnisverwendung zu unterbreiten, der nach seiner Ansicht dem Interesse der Gesellschaft am besten gerecht wird; gerade bei der Ergebnisverwendung decken sich Gesellschafterinteressen häufig nicht mit dem Interesse des Unternehmens. Bindend ist ein solcher Vorschlag für die Gesellschafter nicht. 4428

6. Entscheidung der Gesellschafter

4429 Gemäß § 46 Nr. 1 GmbHG unterliegt die Verwendung des Ergebnisses der Bestimmung der Gesellschafter, d. h. sie erfolgt durch Gesellschafterbeschluss. Gemäß § 45 Abs. 2 GmbHG gilt dies aber nur, wenn die Satzung nichts anderes bestimmt.

4430 § 42a Abs. 2 GmbHG sieht vor, dass innerhalb der dort festgelegten Fristen die Gesellschafter über die Ergebnisverwendung zu beschließen haben. Damit sollte aber die Dispositionsfreiheit der Gesellschafter nicht eingeschränkt werden.

4431 Die Gesellschafter können also in der Satzung die Entscheidung über die Ergebnisverwendung abweichend regeln; sie können sie beispielsweise einem Aufsichtsrat, einem Gesellschafterausschuss u. Ä. übertragen; sie können auch besondere Bestimmungen für den Gesellschafterbeschluss treffen, z. B. eine qualifizierte Mehrheit vorschreiben oder die Zustimmung des Aufsichtsrates fordern, bestimmten Gesellschaftern ein Vetorecht einräumen usw.

4432–4450 (*Einstweilen frei*)

II. Offenlegung des Vorschlages bzw. Beschlusses über die Gewinnverwendung zum elektronischen Bundesanzeiger

4451 Nach § 325 Abs. 1 HGB ist u. a. auch der Vorschlag über die Verwendung des Jahresergebnisses und der Beschluss über seine Verwendung in elektronischer Form beim Betreiber des elektronischen Bundesanzeigers einzureichen, soweit sich die Verwendung nicht aus dem Jahresabschluss selbst ergibt. Sie können auch (unverzüglich) nachgereicht werden, wenn zur Wahrung der Zwölfmonatsfrist zunächst nur der Jahresabschluss ohne die anderen Unterlagen eingereicht wird. Insbesondere für die **personalistisch verfasste GmbH** gilt jedoch eine **Besonderheit**: Bei der GmbH müssen Angaben zur Ergebnisverwendung nach § 325 Abs. 1 Satz 4 HGB **nicht gemacht** werden, wenn sich anhand dieser Angaben die **Gewinnanteile natürlicher Personen feststellen lassen,** die Gesellschafter sind. Da dies regelmäßig aufgrund des zum Handelsregister eingereichten Gesellschaftsvertrags und der Gesellschafterliste der Fall ist, brauchen **Vorschlag und Beschluss über die Ergebnisverwendung nicht offen gelegt** werden.[1] An dieser Einschränkung der Offenlegungspflicht bei der GmbH hat auch das EHUG seinerzeit nichts geändert, weil deren Inhalt und Umfang unverändert geblieben sind.

4452–4460 (*Einstweilen frei*)

III. Verwendung des Jahresfehlbetrages

4461 Die GmbH-Gesellschafter sind am Verlust der GmbH nicht beteiligt, er mindert nur künftige Gewinnanteile; Besonderheiten gelten bei einer satzungsmäßigen Nachschusspflicht. Der Jahresfehlbetrag findet Eingang in den Verlustvortrag.

1 So auch Beck-GmbH-HB/Langseder, § 9 Rz. 276.

Enthält die Satzung keine Bestimmungen über die Gewinnverwendung und machen die Gesellschafter von § 29 Abs. 2 GmbHG keinen Gebrauch, dann kommt § 29 Abs. 1 GmbHG zum Zuge. 4462

Die Gesellschafter haben **Anspruch** auf **Ausschüttung des Jahresüberschusses** zzgl. eines Gewinnvortrages und abzgl. eines Verlustvortrages, soweit der Betrag nicht aufgrund des Beschlusses über die Ergebnisverwendung als zusätzlicher Aufwand von der Verteilung ausgeschlossen ist; ein solcher zusätzlicher Aufwand kann z. B. entstehen, wenn eine höhere KSt zu entrichten ist als in dem Jahresabschluss angesetzt war. 4463

(*Einstweilen frei*) 4464–4480

IV. Der Gewinnauszahlungsanspruch

Ein Anspruch auf Auszahlung des Gewinnanteiles (der **Dividende**) entsteht erst dann, wenn der Jahresabschluss festgestellt und über die Gewinnverwendung satzungsgemäß – i. d. R. durch Gesellschafterbeschluss – entschieden ist. Aus dem Gewinnbezugsrecht entsteht dadurch ein Forderungsrecht, ein **Auszahlungsanspruch.** 4481

Gemäß § 29 Abs. 3 GmbHG erfolgt die Gewinnverteilung im Verhältnis der Geschäftsanteile, wenn die Satzung nicht etwas anderes bestimmt. Solche Satzungsbestimmungen müssen besonders sorgfältig formuliert werden und eindeutig aufzeigen, dass und in welcher Weise von dem gesetzlichen Verteilungsmaßstab abgewichen werden soll. 4482

Das Gewinnbezugsrecht ist an den Geschäftsanteil gebunden; es geht bei einer Abtretung des Geschäftsanteiles an den Erwerber über; abweichende Vereinbarungen sind zulässig. 4483

Der Auszahlungsanspruch kann wie jede andere Forderung auch isoliert, also ohne Abtretung des Geschäftsanteiles, übertragen werden; die Abtretung kann im Hinblick auf § 398 BGB, wonach auch künftige Ansprüche abtretbar sind, auch schon vor Feststellung des Jahresabschlusses und vor Entscheidung über die Ergebnisverwendung erfolgen. Die Satzung kann die Abtretbarkeit ausschließen und sollte davon im Regelfall Gebrauch machen. 4484

(*Einstweilen frei*) 4485–4500

7. Abschnitt: Die Beendigung der GmbH

LITERATUR:

Wälzholz, Die Vertretung der GmbH im Liquidationsstadium, GmbHR 2002 S. 305; *Wälzholz*, Steuerliche Probleme der GmbH in Liquidation, GmbH-StB 2011 S. 117; *Geißler*, Die Reichweite der GmbH-Auflösungsklage bei der Bewältigung fundamentaler Gesellschafterzerwürfnisse, GmbHR 2012 S. 1049; *Arens*, Fortsetzung einer GmbH nach Eröffnung des Insolvenzverfahrens im Wege der wirtschaftlichen Neugründung, GmbHR 2017 S. 449; *Schönhaar*, Grundzüge des Ablaufs der Liquidtion einer GmbH, GWR 2020 S. 1; *Peetz*, Löschung einer GmbH mit deren Auflösung – ein Blick in ein schwarzes Loch, GmbHR 2020 S. 1263; *Wicke*, Löschung der GmbH vor Abschluss des Besteuerungsverfahrens?, DNotZ 2022 S. 32.

A. Allgemeines

4501 Bei ihrer Entstehung durchläuft die GmbH mehrere Stadien. Auch das **Ende der GmbH,** also ihr **Erlöschen** als Rechtssubjekt, vollzieht sich i.d.R. in **mehreren Schritten.** Tritt ein gesetzlicher oder satzungsmäßiger Auflösungsgrund ein, bedeutet dies nicht die volle Beendigung der GmbH. Vielmehr bedeutet die **Auflösung**, dass die **werbende Tätigkeit der GmbH endet** und sie zu einer **Abwicklungsgesellschaft** wird (Änderung des Gesellschaftszwecks). Zur **Abwicklung (Liquidation)** gehört insbesondere die Versilberung des Gesellschaftsvermögens, die Befriedigung der Gesellschaftsgläubiger und schließlich nach Ablauf des Sperrjahres (§73 GmbHG) die Verteilung des verbliebenen Reinvermögens (Liquidationserlös) an die Gesellschafter. Erst wenn das verbliebene Reinvermögen restlos verteilt ist, die GmbH also kein Vermögen mehr hat, und die GmbH im Handelsregister gelöscht ist, ist sie **rechtlich vollbeendet.**[1]

4502 **Liquidation bedeutet also Abwicklung** der aufgelösten GmbH. Die volle **Beendigung** der GmbH tritt nach der Lehre vom **Doppeltatbestand** ein, wenn die **GmbH** (nach Befriedigung der Gesellschaftsgläubiger und Verteilung des Vermögens an die Gesellschafter) **vermögenslos** ist **und** die **Löschung im Handelsregister eingetragen** ist. Bis zum Eintreten dieses Doppeltatbestandes besteht die aufgelöste GmbH als Rechtssubjekt fort; sollte die GmbH in Wahrheit noch vermögend gewesen sein, ist eine nachträgliche Liquidation erforderlich.[2]

4503 In der **Abwicklungsphase** treten an die **Stelle der Geschäftsführer die Liquidatoren.** Die Firma der GmbH ändert sich nicht, jedoch ist ihr nach §68 Abs.2 GmbHG ein Zusatz anzufügen, dass sie sich in Abwicklung befindet, z.B. „in Liquidation" (abgekürzt „i.L.") oder „in Abwicklung". Auch auf den Geschäftsbriefen ist dies anzugeben (§71 Abs.4 GmbHG).

4504 Neben der Beendigung der GmbH in mehreren Schritten gibt es gesetzlich geregelte Fälle, in denen **Auflösung und Vollbeendigung zusammenfallen.** Dies ist einmal der Fall, wenn die GmbH als übertragender Rechtsträger mit einer anderen Gesellschaft **verschmolzen** wird (§20 Abs.1 Nr.1 und Nr.2 UmwG) oder bei der Aufspaltung (§131 Abs.1 Nr.1 UmwG). Zum anderen ist dies der Fall, wenn die Gesellschaft nach §60 Abs.1 Nr.7 GmbHG und §394 FamFG wegen **Vermögenslosigkeit** im Handelsregister **gelöscht** wird. Dann ist eine Abwicklung nicht erforderlich, weil entweder sämtliche Rechte und Pflichten der GmbH im Wege der Gesamtrechtsnachfolge im Auflösungszeitpunkt auf einen anderen Rechtsträger übergehen oder weil ein zu verteilendes Vermögen nicht vorhanden ist.

I. Die Auflösung der GmbH

4505 Das GmbHG macht mit den Regelungen in den §§60ff. GmbHG deutlich, dass die GmbH nicht von selbst als Rechtsperson aufhört zu existieren. Es müssen vielmehr bestimmte Ereignisse (**Auflösungsgründe**) eintreten, um die GmbH von einer werbenden Gesellschaft in eine Abwicklungsgesellschaft zu verwandeln.

4506–4520 (*Einstweilen frei*)

1 BeckHB GmbH/Helm/Haaf, §18 Rz.29f.

2 Altmeppen, GmbHG, § 60 Rz. 6.

II. Auflösungsgründe

Das GmbHG selbst zählt in § 60 Abs. 1 GmbHG **sieben Auflösungsgründe** auf (z. B. Zeitablauf, Auflösungsbeschluss der Gesellschafter, Auflösungsurteil oder auflösender Verwaltungsakt, Eröffnung des Insolvenzverfahrens oder Ablehnung der Eröffnung des Insolvenzverfahrens mangels Masse, Löschung der GmbH wegen Vermögenslosigkeit, Feststellung von Satzungsmängeln durch rechtskräftige Verfügungen des Registergerichts nach § 394 FamFG sowie Nichtigkeitserklärung der Gesellschaft). 4521

Die Aufzählung der Auflösungsgründe in § 60 Abs. 1 GmbHG ist nicht abschließend. 4522
Dazu kommen weitere gesetzliche Auflösungsgründe, wie:

- Rechtskraft des Nichtigkeitsurteils nach § 75 GmbHG;
- Löschung der GmbH als nichtig nach § 398 FamFG, wenn der Satzungsinhalt zwingende gesetzliche Vorschriften verletzt und seine Beseitigung im öffentlichen Interesse erforderlich erscheint, oder gem. § 395 FamFG, wenn eine Eintragung im Register wegen des Mangels einer wesentlichen Voraussetzung unzulässig ist (z. B. Erlöschen des Geschäftsführeramtes wegen strafgerichtlicher Verurteilung nach § 6 Abs. 2 Satz 2 Nr. 3 GmbHG); [1]
- Abwicklungsverfügung des Bundesaufsichtsamts für das Kreditwesen nach § 38 Abs. 1 Nr. 1 KWG;
- Erwerb aller Geschäftsanteile durch die Gesellschaft, insbesondere durch Kaduzierung nach § 21 GmbHG oder Aufgabe nach § 27 GmbHG, aber auch nach § 33 GmbHG ist Auflösungsgrund.[2]
- Ob die Sitzverlegung ins Ausland Auflösungsgrund ist, ist umstritten. Nach wohl h. M. ist eine Verlegung des Satzungssitzes ins Ausland **unter Aufrechterhaltung deutscher GmbH,** mithin deren Identität und Rechtsform, wegen § 4a GmbHG **nicht möglich**. Kommt es gleichwohl zu einem entspr. Beschluss der Gesellschafterversammlung, ist dieser nichtig und darf nicht ins Handelsregister eingetragen werden; führt aber nicht zu einer Auflösung der Gesellschaft.[3]

Neben den gesetzlichen Auflösungsgründen besteht die Möglichkeit, in der Satzung weitere Auflösungsgründe festzulegen (§ 60 Abs. 2 GmbHG).

(*Einstweilen frei*) 4523–4540

III. Einzelne Auflösungsgründe

1. Befristung (§ 60 Abs. 1 Nr. 1 GmbHG)

Satzungsbestimmungen, wonach die GmbH nach Ablauf einer bestimmten Zeit enden soll, sind in der Praxis eher selten anzutreffen. Ist ein solcher Auflösungsgrund in der Satzung festgelegt, gilt die GmbH mit dem Zeitablauf automatisch als aufgelöst (§ 60 4541

1 Dazu OLG München v. 3.3.2011 - 31 Wx 51/11, NJW-RR 2011 S. 622.
2 Noack/Servatius/Haas/Haas, GmbHG, § 60 Rz. 81.
3 BayObLG v. 11.2.2004 - 3Z BR 175/03, DStR 2004 S. 1224; OLG Hamm v. 1.2.2001 - 15 W 390/00, NJW 2001 S. 2183.

Abs. 1 Nr. 1 GmbHG). Dieses Ergebnis lässt sich dadurch vermeiden, dass die Gesellschafter vorher die Satzung ändern und die Bestimmung entweder ganz aufheben oder einen anderen Termin festlegen. Eine **Verkürzung, Verlängerung oder Beseitigung** der im Gesellschaftsvertrag bestimmten Zeitdauer ist vor Zeitablauf durch **satzungsändernden Beschluss** (§ 53 Abs. 2 GmbHG) möglich. Nach Eintritt des Zeitablaufes kann nur noch ein **Fortsetzungsbeschluss** gefasst werden (siehe dazu unter Rz. 4603 f.).

2. Auflösungsbeschluss der Gesellschafter (§ 60 Abs. 1 Nr. 2 GmbHG)

4542 Die Gesellschafter (**Gesellschafterversammlung**) können durch einen **Auflösungsbeschluss** (§ 60 Abs. 1 Nr. 2 GmbHG) die Gesellschaft auflösen. Der Auflösungsbeschluss muss mit einer **Dreiviertelmehrheit** der abgegebenen Stimmen gefasst werden, sofern nicht der Gesellschaftsvertrag eine andere Mehrheit vorsieht. **Eine** größere, aber auch geringere Mehrheit kann in der Satzung vorgesehen werden.[1]

4543 Der **Auflösungsbeschluss ist formlos wirksam.**[2] Die Auflösung tritt mit der Beschlussfassung ein, die Eintragung in das Handelsregister nach § 65 GmbHG hat nur deklaratorische Bedeutung.[3] Aus Gründen der Rechtssicherheit ist es zweckmäßig, den Auflösungsbeschluss schriftlich zu protokollieren und darin den Willen, die Gesellschaft aufzulösen, deutlich zum Ausdruck zu bringen. Der Gesellschafterbeschluss muss aber nicht ausdrücklich den Auflösungswillen formulieren, vielmehr kann er sich auch aus den Umständen ergeben, wenn sie zum Ausdruck bringen, dass das Unternehmen nicht werbend fortgeführt werden soll oder kann (**stille Liquidation**).[4]

4544 Eine **Minderheit** kann grundsätzlich **keinen Auflösungsbeschluss fassen.**[5] Kann nach der Satzung eine Minderheit die Gesellschaft auflösen, so ist darin regelmäßig die Einräumung eines Kündigungsrechts mit Auflösungsfolge zu sehen; ist die GmbH laut Satzung unauflöslich, heißt dies, dass für den Auflösungsbeschluss Einstimmigkeit erforderlich ist.[6] Eine vorherige Satzungsänderung ist jedoch nicht erforderlich, da Unauflöslichkeitsklauseln i. d. R. nur als Erschwerung der Abstimmung auszulegen sind, wonach statt der Dreiviertelmehrheit die Einstimmigkeit für den Auflösungsbeschluss erforderlich ist. Die Satzung kann die Auflösung durch Gesellschafterbeschluss nicht ausschließen. Ein normaler Auflösungsbeschluss reicht aber dann nicht aus, wenn die GmbH satzungsgemäß auf Zeit bestehen soll. Dann muss zunächst die Satzung (mit notarieller Beurkundung) geändert und die Klausel beseitigt werden, um den Weg für eine Auflösung durch Beschluss zu eröffnen.[7]

4545 Eine **Gesellschafterminderheit** kann die **Auflösung nicht verhindern**, da durch das GmbHG Einstimmigkeit nicht vorgeschrieben ist. Der mit der erforderlichen Mehrheit

1 Altmeppen, GmbHG, § 60 Rz. 12.
2 BGH, ZIP 1999 S. 281, 283.
3 BGH v. 23.11.1998 - II ZR 70/97, NJW 1999 S. 1481, 1483.
4 BGH, DStR 1999 S. 330.
5 Lutter/Hommelhoff/Kleindiek, GmbHG, § 60 Rz. 6.
6 BeckHB GmbH/Erle/Helm, § 16 Rz. 8.
7 BeckHB GmbH/Helm/Haaf, § 18 Rz. 8; OLG München v. 2.3.2005 - 7 U 4759/04, NZG 2005 S. 554; Fleischer/Trink, GmbHR 2019 S. 1209, 1215.

gefasste Gesellschafterbeschluss bedarf keiner sachlichen Rechtfertigung.[1] Der Mehrheitsbeschluss kann aber bei Missbrauch oder Verstoß gegen die Treuepflicht anfechtbar sein.[2] Dazu reicht es nicht aus, dass die die Auflösung betreibenden Gesellschafter eher als die anderen wirtschaftlich in der Lage sind, das Betriebsvermögen aus der Liquidationsmasse anzukaufen und zu verwerten, und dass ein Minderheitsgesellschafter durch die Auflösung nach seiner persönlichen Lage schwerer getroffen wird als die Mehrheit der Gesellschafter.[3] Bei der Zweipersonengesellschaft kann es aber anders zu beurteilen sein, wenn sich der Mehrheitsgesellschafter vorher zu Lasten des Minderheitsgesellschafters Vorteile verschafft, indem er vor dem Auflösungsbeschluss Vorkehrungen trifft, um den Betrieb bei der Liquidation auf sich überzuleiten.[4]

Ist der **Auflösungsbeschluss nichtig,** bleibt die GmbH als **werbende Gesellschaft bestehen.** Ein bloß anfechtbarer Auflösungsbeschluss löst die Gesellschaft sofort auf, diese Rechtsfolge kann aber mit einem erfolgreichen Anfechtungsprozess rückwirkend wieder beseitigt werden.[5] 4546

3. Auflösung durch Staatsakt (§ 60 Abs. 1 Nr. 3 GmbHG)

Die Gesellschaft wird durch Urteil des ordentlichen Gerichts im Falle des § 61 GmbHG und durch Verwaltungsakt im Falle des §62 GmbHG aufgelöst. Diese Vorschrift ist zwingend.[6] 4547

Die Möglichkeit, gem. §61 GmbHG durch **Auflösungsklage** und gerichtliches Gestaltungsurteil die Auflösung der GmbH zu erreichen (§60 Abs.1 Nr.3 GmbHG), stellt ein wichtiges Minderheitsrecht dar und kann durch Gesellschafterbeschluss oder die Satzung nicht entzogen oder eingeschränkt werden. Das Recht ist satzungsfest. Die Auflösungsklage kann von einer Gesellschafterminderheit erhoben werden, die zusammen mindestens 10% der Geschäftsanteile am Stammkapital der Gesellschaft hält (§61 Abs.2 GmbHG). Die Klage hat Aussicht auf Erfolg, wenn der Gesellschaftszweck dauernd unmöglich geworden ist oder ein wichtiger Grund für die Auflösung vorliegt. Die Auflösungsklage stellt aber stets das äußerste Mittel (ultima ratio) dar, wenn weder die Ausschließung eines störenden Gesellschafters noch das Austrittsrecht aus wichtigem Grund die Probleme beheben können.[7] Es ist stets zu bedenken, dass mit der einer Auflösung nachfolgenden Liquidation, die im Unternehmen der GmbH eingesetzten **Vermögenswerte zerschlagen** werden, was meist zu Vermögenseinbußen führt. Da jeder Gesellschafter ein Austrittsrecht aus wichtigem Grund hat, muss dieses Recht vorrangig geltend gemacht werden. Die Auflösungsklage kommt nur **subsidiär** in Betracht und hat deshalb **wenig praktische Bedeutung**.

1 BGH v. 28.1.1980 - II ZR 124/78, BGHZ 76 S.352.
2 Vgl. auch BGH v. 1.2.1988 - II ZR 75/87, BGHZ 103 S.184.
3 BGHZ 76 S.352.
4 BGHZ 76 S.352.
5 BGHZ 76 S.352.
6 OLG München v. 1.7.2010 - 31 Wx 102/10, MittBayNot 2010 S.409.
7 BGH v. 20.9.1999 - II ZR 345/97, DStR 1999 S.2253.

4548 Die **wichtigen Gründe** müssen grundsätzlich in den Verhältnissen der Gesellschaft und nicht in der privaten Sphäre des einzelnen Gesellschafters liegen.[1] Die **Unmöglichkeit der Zweckerreichung** kann z.B. in der dauerhaften Unrentabilität begründet sein, in der Untersagung eines bestimmten Gewerbes oder des Betreibens einer für den Gesellschaftszweck wesentlichen Anlage, dem Erlöschen eines Patents und Ähnlichem. Obwohl selbst ein dringendes persönliches Interesse des Gesellschafters, sich von der GmbH zu lösen, in der Regel nicht zur Erhebung der Auflösungsklage berechtigt, können in der Person eines Gesellschafters liegende Umstände, die die Handlungsfähigkeit der GmbH beeinträchtigen, ein wichtiger Grund zur Auflösung sein. Je kleiner und je personenbezogener eine GmbH verfasst ist, desto eher können sich persönliche Gründe negativ auf den Bestand der Gesellschaft auswirken. Als wichtige Gründe kommen deshalb insbesondere bei einer **personalistisch strukturierten GmbH** Interessenkonflikte und Zerwürfnisse unter den Gesellschaftern in Betracht, die den Bestand der GmbH selbst gefährden.[2]

4549 Die Klage auf Auflösung der Gesellschaft ist gegen die GmbH als Beklagte zu richten. Die Kläger müssen Gesellschafter sein; Nießbraucher, Pfandgläubiger oder andere am Geschäftsanteil dinglich Berechtigte sind nicht klagebefugt. Die Wirkung des Gestaltungsurteils (Auflösung der Gesellschaft) tritt erst mit Rechtskraft des Urteils ein. Die Eintragung ins Handelsregister wirkt auch bei dem Auflösungsurteil nur deklaratorisch.

4549/1 Die Vorschrift des §62 GmbHG erlaubt, ebenfalls anknüpfend an §60 Abs.1 Nr.3 GmbHG, eine Auflösung wegen Gefährdung des Gemeinwohls. Das hier vorgesehene Verfahren ist allerdings durch die Entwicklungen des Verwaltungsverfahrensrechts obsolet geworden. Praktisch ist die Vorschrift weitgehend bedeutungslos.

4. Insolvenzverfahren (§60 Abs.1 Nr.4 und Nr.5 GmbHG)

4550 Wird das **Insolvenzverfahren** über das Vermögen der GmbH bei Vorliegen eines Insolvenzgrundes (Zahlungsunfähigkeit §17 InsO, drohende Zahlungsunfähigkeit §18 InsO, Überschuldung §19 InsO) auf Antrag einer antragsberechtigten Person (§§13 und 15 InsO) durch das Insolvenzgericht **eröffnet**, ist dies nach §60 Abs.1 Nr.4 GmbHG ein **Auflösungsgrund.** Wird der Eröffnungsbeschluss aufgrund sofortiger Beschwerde aufgehoben, entfällt die Auflösung der Gesellschaft rückwirkend. Mit der Eröffnung des Insolvenzverfahrens geht das Verwaltungs- und Verfügungsrecht über die Insolvenzmasse auf den Insolvenzverwalter über (§80 InsO). Vorhandene Prokuren und Handlungsvollmachten erlöschen daher, neue können seitens der Gesellschafter nicht mehr erteilt werden. Das Erlöschen der Prokura muss weder vom Insolvenzverwalter noch von Amts wegen gesondert eingetragen werden. Durch die von Amts wegen erfolgende Eintragung der Auflösung der Gesellschaft ist dies hinreichend dokumentiert.[3]

4551 Ist eine Insolvenzmasse, die die voraussichtlichen Kosten des Verfahrens deckt, nicht vorhanden, wird der Insolvenzantrag mangels Masse abgewiesen (§26 InsO). Hier ergibt sich die Auflösung der Gesellschaft aus §60 Abs.1 Nr.5 GmbHG, die – wie bei der

1 Noack/Servatius/Haas/Haas, GmbHG, § 61 Rz. 6.
2 BGH v. 23.2.1981 - II ZR 229/79, BGHZ 80 S.346.
3 LG Halle v. 1.9.2004 - 11 T 8/04, ZIP 2004 S.2294, 2295.

Insolvenzeröffnung – mit der Rechtskraft des Beschlusses eintritt. Bei Abweisung des Insolvenzantrages mangels Masse haben die Geschäftsführer die GmbH zu liquidieren. Sie müssen also das vorhandene Vermögen veräußern und anschließend den Erlös anteilig auf die Gläubiger der GmbH verteilen.

Mit Eröffnung des (Regel-)Insolvenzverfahrens geht – anders als im Verfahren der Eigenverwaltung (§§ 270 ff. InsO) – die **Verwaltungs- und Verfügungsbefugnis** in Bezug auf die Insolvenzmasse auf den Insolvenzverwalter über (§ 80 InsO). Durch die Verfahrenseröffnung ändert sich aber nicht die Organisationsverfassung der Gesellschaft. Die Gesellschaftsorgane bestehen daher nach Verfahrenseröffnung unverändert fort.[1] Rechte und Pflichten der Gesellschaftsorgane beschränken sich jedoch aufgrund der Verwaltungs- und Verfügungsbefugnisse des Insolvenzverwalters auf den sog. insolvenzfreien Bereich.[2] So hat auch nach Eröffnung eines Insolvenzverfahrens über das Vermögen einer GmbH/UG (haftungsbeschränkt) der Geschäftsführer der Gesellschaft eine Änderung der Vertretungsverhältnisse oder der Geschäftsanschrift der Gesellschaft zum Handelsregister anzumelden; unterlässt er dies, kann eine Zwangsgeldfestsetzung gerechtfertigt sein.[3] 4551/1

5. Registergerichtliche Verfügung (§ 60 Abs. 1 Nr. 6 GmbHG)

Zu einer registergerichtlichen Auflösung (§ 60 Abs. 1 Nr. 6 GmbHG) kann es nach § 399 Abs. 4 und den Abs. 1 bis 3 FamFG kommen, wenn der nach § 3 Abs. 1 GmbHG notwendige Satzungsinhalt nicht gewahrt ist (Feststellung eines Mangels des Gesellschaftsvertrags). Dies wird wohl auch gelten, wenn die GmbH im (neuen) vereinfachten Verfahren gegründet wird und das dazu verwendete Musterprotokoll unzulässige Abweichungen enthält. Aufgelöst wird die GmbH auch, wenn die Voraussetzungen für eine Nichtigkeitsklage (§ 75 GmbHG) vorliegen und das Registergericht die Löschung der GmbH von Amts wegen verfügt (§ 397 Satz 3 und § 395 FamFG). 4552

6. Gesellschaftsvertragliche (satzungsmäßige) Auflösungsgründe

Durch den Gesellschaftsvertrag können zwar keine gesetzlichen Auflösungsgründe beseitigt werden, § 60 Abs. 2 GmbHG gibt aber die Möglichkeit, durch die **Satzung weitere Gründe für die Auflösung** zu **bestimmen**. Diese weiteren Auflösungsgründe müssen eindeutig bestimmt sein.[4] In Betracht kommt z. B. 4553

- Tod oder Insolvenz eines Gesellschafters,
- Einstellung der Mitarbeit eines Gesellschafters,
- Pfändung eines Geschäftsanteils,
- Entzug einer gewerberechtlichen Erlaubnis,

1 BGH v. 21.4.2020 - II ZR 412/17NWB , IAAAH-49160, ZInsO 2020 S. 1312, Rz. 27; BGH v. 26.1.2006 - IX ZR 282/03, ZInsO 2006 S. 260.

2 Noack/Servatius/Haas/Haas, GmbHG, § 60 Rz. 43.

3 OLG Hamm v. 9.3.2017 - 27 W 175/16, NWB RAAAG-45074; entschieden zur UG, Gleiches muss aber für die GmbH gelten.

4 OLG Düsseldorf v. 2.7.2020 - I-3Wx 88/20, BeckRS 2020, 18377, Rz. 19.

- Ablauf eines gewerblichen Schutzrechts,
- Feststellung eines Verlustes in bestimmter Höhe im handelsrechtlichen Jahresabschluss oder in einer Zwischenbilanz,
- Erwirtschaftung eines nach Höhe und Zeit bestimmten Jahresfehlbetrages.[1]

4554 Da der Eintritt von **gesellschaftsvertraglichen Auflösungsgründen automatisch** zur **Auflösung** der Gesellschaft führt und sie von einer werbenden Gesellschaft in eine Abwicklungsgesellschaft verwandelt, sie also in das Liquidationsstadium übergeht, sollte die Aufnahme solcher Auflösungsgründe in die Satzung sorgfältig bedacht werden. Außerdem ist Voraussetzung für den automatischen Eintritt der genannten Rechtsfolge, dass die Auflösungsgründe hinreichend genau formuliert werden. Ist eine Auflösungsklausel nicht hinreichend bestimmt, kann sie nur so ausgelegt werden, dass die Gesellschafter sich verpflichten, bei Eintritt des Ereignisses an der Auflösung durch Beschluss mitzuwirken,[2] sie führt jedoch nicht zu einer automatischen Auflösung der GmbH nach § 60 Abs. 2 GmbHG.

4555 In der Praxis sind gesellschaftsvertragliche Auflösungsgründe, die automatisch zur Auflösung der GmbH führen sollen, selten anzutreffen. Häufiger sind in Satzungen Bestimmungen enthalten, die einem Gesellschafter oder einer Gruppe von Gesellschaftern das **Recht zur Kündigung bei Eintritt eines bestimmten Ereignisses einräumen.** Hier entsteht die Streitfrage,[3] wie solche Klauseln auszulegen sind: Soll der Gesellschafter nur das Recht haben, aus der Gesellschaft gegen Zahlung einer Abfindung auszuscheiden, oder soll die Kündigungserklärung die Auflösung der Gesellschaft selbst bewirken? Zu bedenken ist dabei einerseits, dass eine automatische Auflösung der GmbH für die Gesellschaft gravierende Folgen hat, und andererseits die Annahme, der kündigende Gesellschafter wolle nur aus der Gesellschaft ausscheiden, nicht sofort zur Beendigung seiner Mitgliedschaft führt und dass die Zahlung einer Abfindung unter Beachtung der Kapitalerhaltungsregeln zu Schwierigkeiten führen kann.

4556 Nach dem BGH[4] führt die Kündigung der GmbH durch einen Gesellschafter nur dann zur Auflösung, wenn dies in der Satzung ausdrücklich bestimmt ist. Soll nach der Satzung dagegen im Fall der Kündigung die Gesellschaft von den verbleibenden Gesellschaftern fortgesetzt werden, sofern diese nichts Gegenteiliges binnen einer bestimmten Frist erklären, ist die GmbH nicht aufgelöst, so dass es eines besonderen Fortsetzungsbeschlusses nicht bedarf. Es empfiehlt sich daher, eine eindeutige Regelung im Gesellschaftsvertrag zu treffen.

7. Auflösung der Komplementär-GmbH der GmbH & Co. KG

4557 Die Auflösung der KG selbst führt nicht zwingend zu Auflösung der Komplementär-GmbH, wenn der Gesellschaftsvertrag keine entsprechende Regelung nach § 60 Abs. 2 GmbHG enthält. Die Auflösung der KG kann aber einen wichtigen Grund nach § 61

1 Noack/Servatius/Haas/Haas, GmbHG, § 60 Rz. 89 ff.
2 Goette, Die GmbH, § 10 Rz. 18.
3 Noack/Servatius/Haas/Haas, GmbHG, § 60 Rz. 89.
4 BGH v. 2.12.1996 - II ZR 243/95, DStR 1997 S. 461.

GmbHG darstellen. Lösen die Gesellschafter die KG allerdings durch einen einstimmigen oder mit der nötigen Mehrheit gefassten Beschluss auf, wird dies im Zweifel auch die Auflösung der Komplementär-GmbH zur Folge haben, sofern an beiden Gesellschaften dieselben Personen beteiligt sind, die GmbH ausschließlich die Funktion einer Komplementär-GmbH hat und der Beschluss auch dem GmbHG genügt.

(*Einstweilen frei*) 4558–4580

B. Rechtsfolgen der Auflösung

I. Übergang in das Liquidationsstadium

Mit der **Auflösung ändert die GmbH ihren Zweck**; sie wird von einer **werbenden** in eine **Abwicklungsgesellschaft umgewandelt**. An die Stelle des bisherigen Erwerbszwecks der Gesellschaft tritt die gesetzliche Zwecksetzung, die Ansprüche der Gläubiger der Gesellschaft zu befriedigen und danach das verbleibende Gesellschaftsvermögen an die Berechtigten zu verteilen (§§ 70 bis 72 GmbHG).[1] Mit diesem Abwicklungszweck besteht die aufgelöste GmbH als solche bis zu ihrer Beendigung, also so lange fort, bis das Vermögen insgesamt verteilt ist und die Löschung der GmbH in das Handelsregister eingetragen ist (§ 74 Abs. 1 Satz 2 GmbHG). 4581

§ 69 GmbHG bestimmt für die Rechtsverhältnisse der aufgelösten Gesellschaft und ihrer Gesellschafter, dass bis zum Ende der Abwicklung die Vorschriften über die werbende GmbH anzuwenden sind, soweit sich aus dem Liquidationszweck und den Bestimmungen des Liquidationsverfahrens nichts anderes ergibt. Die in Liquidation befindliche GmbH behält ihre **Rechtsfähigkeit**, die zwischen ihr und Dritten **geschlossenen Verträge** bleiben **wirksam**. Die aufgelöste GmbH behält auch ihre bisherige Firma, wird allerdings einen auf das Liquidationsstadium hinweisenden Zusatz beifügen (z. B. **GmbH i. L.**).[2] Auf den Geschäftsbriefen ist anzugeben, dass sich die Gesellschaft in Liquidation befindet (§ 71 Abs. 5 GmbHG). Ansonsten gilt für die Geschäftsbriefe der Liquidationsgesellschaft § 35a GmbHG entsprechend. Auch die **Gesellschafterversammlung behält** grundsätzlich **ihre Rechte,** sofern sich aus den zwingenden Vorschriften über die Liquidation nichts anderes ergibt.

Die **Auflösung** ist von den Liquidatoren beim Handelsregister elektronisch in öffentlich beglaubigter Form (§ 12 HGB) **anzumelden** (§ 65 Abs. 1 GmbHG). Die Auflösung infolge der Entscheidung des Insolvenzgerichts oder des Registergerichts wird von Amts wegen ins Handelsregister eingetragen. Wird die GmbH durch satzungsändernden Beschluss aufgelöst, hat der Geschäftsführer die Anmeldepflicht, weil die Auflösung erst mit der Eintragung der Satzungsänderung in das Handelsregister eintritt. Die Liquidatoren haben die Auflösung in den Gesellschaftsblättern bekanntzumachen und dabei zugleich die Gläubiger der GmbH aufzufordern, sich bei ihr zu melden (vgl. auch Rz. 4628). 4582

(*Einstweilen frei*) 4583–4600

1 BeckHB GmbH/Helm/Haaf, § 18 Rz. 29.
2 BeckHB GmbH/Helm/Haaf, § 18 Rz. 30.

II. Fortsetzung der aufgelösten GmbH

4601 Solange die aufgelöste GmbH noch nicht vollständig beendet ist, also im Handelsregister gelöscht wurde, kann sie grundsätzlich durch **Beschluss der Gesellschafter fortgesetzt,** also von einer Abwicklungsgesellschaft in eine **werbende Gesellschaft zurückverwandelt** werden. Dafür müssen allerdings folgende Bedingungen erfüllt sein: Die Gesellschaft darf noch nicht voll beendet sein, aus Gründen des Gläubigerschutzes darf mit der Verteilung des Vermögens noch nicht begonnen worden sein (§ 274 Abs. 1 AktG analog), der Auflösungsgrund muss behoben werden.[1]

Abgesehen von dem Fall, in dem Auflösungsgrund ein Beschluss der Gesellschafter nach § 60 Abs. 1 Nr. 2 GmbHG gewesen ist und ein Fortsetzungsbeschluss diesen Auflösungsgrund beseitigt, ist deshalb als **zusätzliche Maßnahme** bei der Auflösung wegen Zeitablaufs eine Satzungsänderung, bei einem Auflösungsurteil die Zustimmung der Auflösungskläger, bei einer Auflösung aufgrund Kündigung die Zustimmung des kündigenden Gesellschafters und bei einer Auflösung wegen Insolvenzeröffnung die Aufhebung oder Einstellung des Verfahrens **notwendig**. War die GmbH nach § 60 Abs. 1 Nr. 7 GmbHG und § 394 FamFG wegen Vermögenslosigkeit gelöscht worden, bestand aber in Wahrheit keine Vermögenslosigkeit, kann die Fortsetzung beschlossen werden, wenn zugleich die finanziellen Schwierigkeiten etwa durch eine Kapitalerhöhung beseitigt werden.

4602 Ist die GmbH allerdings gem. § 60 Abs. 1 Nr. 5 GmbHG wegen Abweisung des Insolvenzantrages mangels Masse aufgelöst, kann sie nicht mehr fortgeführt werden. Dies gilt selbst dann, wenn die Gesellschaft **über ein das satzungsgemäße Stammkapital übersteigendes Vermögen verfügt** und **die Insolvenzgründe beseitigt wurden.**[2] In Betracht kommt indessen ein Antrag auf Wiedereintragung einer nach § 144a FGG wegen Vermögenslosigkeit gelöschten GmbH i. S. d. § 395 FamFG.[3]

4603 Der **Fortsetzungsbeschluss** bedarf einer **Mehrheit von 3/4 der abgegebenen Stimmen,** wenn der Gesellschaftsvertrag keine höhere Mehrheit vorsieht. Ob Gesellschaftern, die sich gegen die Fortsetzung aussprechen, deren Zustimmung aber nicht erforderlich ist, ein Austrittsrecht zu gewähren ist, ist streitig, aber wohl zu bejahen, wenn nach allgemeinen Grundsätzen hierfür ein wichtiger Grund vorliegt.[4] Treten sie aus, haben sie Anspruch auf die ihnen bei Auseinandersetzung der Gesellschaft zustehende Liquidationsquote.[5]

4604 Der Fortsetzungsbeschluss muss nicht ausdrücklich als solcher gefasst werden. Ausreichend ist, wenn der Wille der Gesellschafter zweifelsfrei ermittelt werden kann.[6]

4605 Die Fortsetzung der GmbH ist in das Handelsregister einzutragen. Die Eintragung hat lediglich deklaratorische Bedeutung, sofern nicht zusätzlich eine Satzungsänderung nötig ist oder sie nach einer Löschung gem. § 394 FamFG erfolgt.

4606–4620 (*Einstweilen frei*)

---

1 BeckHB GmbH/Helm/Haaf,§ 18 Rz. 32.

2 BGH v. 25.1.2022 - II ZB 8/21, NWB NAAAI-58946.

3 KG v. 31.8.2018 - 22 W 33/15, NWB PAAAG-99898, NJW-RR 2019 S. 98.

4 Noack/Servatius/Haas/Haas, GmbHG, § 60 Rz. 92.

5 BeckHB GmbH/Erle/Helm, § 16 Rz. 31, m. w. N.

6 Noack/Servatius/Haas/Haas, GmbHG, § 60 Rz. 92b.

III. Durchführung der Liquidation

§ 70 GmbHG beschreibt die Aufgaben, die für die Abwicklung zu erfüllen sind. Die **Liquidatoren** haben die laufenden Geschäfte zu beenden, die Schulden der Gesellschaft zu tilgen, ihre Außenstände einzuziehen und das Vermögen der Gesellschaft zu versilbern, bevor schließlich der Überschuss an die Gesellschafter verteilt wird. Im **Vordergrund** steht dabei der **Gläubigerschutz.**[1] 4621

1. Bestellung der Liquidatoren

Die **Liquidation** wird von den **Liquidatoren** durchgeführt (§ 66 Abs. 1 GmbHG). Liquidatoren sind die im Zeitpunkt der Auflösung bestellten **Geschäftsführer (geborene Abwickler)**,[2] wenn der Gesellschaftsvertrag nichts anderes bestimmt oder die Gesellschafterversammlung durch Beschluss (mit einfacher Mehrheit) die Liquidation nicht anderen Personen (**gekorene Abwickler**) überträgt.[3] Eine Gesellschafterminderheit, die mindestens 10 % des Stammkapitals hält, kann bei Vorliegen wichtiger Gründe (z. B. begründete Bedenken gegen die Unparteilichkeit der vorhandenen Liquidatoren) gerichtlich Liquidatoren abberufen und neue bestellen lassen. Bei diesem Recht aus § 66 Abs. 2 und 3 GmbHG handelt es sich um ein unentziehbares Recht. Die ersten Liquidatoren und ihre Vertretungsbefugnis sind beim Handelsregister anzumelden (§ 67 Abs. 1 GmbHG). Dabei ist die abstrakte, d. h. die generell für ein mehrköpfiges Vertretungsorgan geltende Vertretungsregelung auch dann anzumelden, wenn nur ein erster Liquidator bestellt ist.[4] 4622

Liquidatoren können **geschäftsfähige natürliche Personen**, aber auch **juristische Personen** und **Personenhandelsgesellschaften** sein. In der Praxis empfiehlt es sich im Allgemeinen, in der Satzung eine Bestimmung aufzunehmen, wonach die Liquidation durch die Geschäftsführer erfolgt, sofern nicht durch Gesellschafterbeschluss etwas anderes bestimmt wird. Bei einer zweigliedrigen GmbH, bei der nur ein Gesellschafter der Geschäftsführer ist, sollte jedoch, um Interessenkonflikte zu vermeiden, in der Satzung geregelt werden, dass die Liquidation durch die beiden Gesellschafter durchzuführen ist. Für die Auswahl der Liquidatoren gelten dieselben Inhabilitätsvorschriften wie für die Geschäftsführer, § 66 Abs. 4 GmbHG: Wer für die Übernahme des Geschäftsführeramtes nach § 6 Abs. 2 Satz 2 und 3 GmbHG ungeeignet ist, kann auch nicht zum Liquidator bestellt werden. 4623

Werden die Geschäftsführer nach der gesetzlichen Regel zu Liquidatoren, **setzen** sie auch ihr **Anstellungsverhältnis** mit der Gesellschaft **fort**. Bei den ernannten Liquidatoren ergeben sich Pflichten aus der Bestellung erst, wenn die Bestellung der betreffenden Person bekannt gemacht ist und sie das Amt angenommen hat. Mit der Annahme des Amtes kommt zwischen den Liquidatoren und der Gesellschaft ein Anstellungsvertrag zustande. Dabei handelt es sich regelmäßig um einen Dienstvertrag in der Form 4624

1 Altmeppen, GmbHG, § 70 Rz. 13.
2 BGH v. 18.10.2016 - II ZB 18/15, NWB PAAAF-87838, GmbHR 2017 S. 95, 97.
3 OLG Frankfurt a. M., NZG 1999 S. 833, 834 f.
4 BGH v. 7.5.2007 - II ZB 21/06, NWB AAAAC-49584.

eines Geschäftsbesorgungsvertrags, der zur Durchführung der Liquidation verpflichtet. Die Gesellschafterversammlung legt dabei auch die Anstellungsbedingungen und die Vergütung fest. Bestellt das Registergericht den Liquidator, kommt kein Dienstvertrag mit der Gesellschaft zustande. Die Vergütung wird dann im Verfahren der freiwilligen Gerichtsbarkeit festgesetzt, wobei die Maßstäbe des § 612 Abs. 2 BGB gelten. Auch berufsrechtliche Honorarordnungen können Ansprüche begründen.[1]

2. Aufgaben und Befugnisse der Liquidatoren

4625 Die Aufgaben und Befugnisse (**Umfang der Geschäftsführungsbefugnis**) der **Liquidatoren** ergeben sich aus dem **Zweck der Liquidation.**[2] Die Abwickler haben die laufenden Geschäfte zu beendigen, ausstehende Forderungen der Gesellschaft einzuziehen und die bestehenden Verpflichtungen der Gesellschaft zu erfüllen und zuletzt das verbleibende Vermögen (Liquidationserlös) an die Gesellschafter auszukehren. Hierbei vertreten sie die GmbH gerichtlich und außergerichtlich (§ 70 GmbHG); sie dürfen auch neue Geschäfte abschließen, wenn sie objektiv dem Abwicklungszweck dienen und subjektiv zu diesem Zweck vorgenommen werden (§ 70 Satz 2 GmbHG).

4626 Die **Vertretungsmacht** der Liquidatoren ist nach **außen unbeschränkt** und auch **nicht durch den Liquidationszweck** etwa durch Beifügung des Firmenzusatzes „i. L." **beschränkbar**. Grundsätzlich besitzen die Liquidatoren die gleiche gesetzliche (unbeschränkte und unbeschränkbare) Vertretungsmacht wie die Geschäftsführer.[3] Im Innenverhältnis sind die Liquidatoren aber an den Gesellschaftsvertrag, den Liquidationszweck und gem. § 37 Abs. 1 GmbHG auch an die Weisungen der Gesellschafterversammlung gebunden.

4627 Soweit es die Satzung nicht anderweitig regelt oder die Gesellschafterversammlung es abweichend beschließt, haben **mehrere Liquidatoren** nur **Gesamtvertretungsmacht.**[4] § 68 Abs. 1 Satz 2 GmbHG regelt die Vertretungsbefugnis bei Vorhandensein mehrerer Liquidatoren unabhängig davon, ob die Liquidatoren bestellt wurden oder es die letzten Geschäftsführer als sog. geborene Liquidatoren sind. Eine für die Geschäftsführer einer GmbH bestimmte Alleinvertretungsbefugnis setzt sich nicht als Alleinvertretungsbefugnis der Liquidatoren fort, sondern endet mit der Auflösung der Gesellschaft auch, wenn die Geschäftsführer als Liquidatoren weiterhin für die Gesellschaft tätig sind.[5] Die Vertretungsbefugnis der Liquidatoren endet mit dem Abschluss der Liquidation und deren Meldung beim Registergericht. Wird später eine Nachtragsliquidation erforderlich, lebt die Vertretungsmacht der früheren Liquidatoren nicht wieder auf, sondern es sind Nachtragsliquidatoren neu zu bestellen.

1 Vgl. BGH v. 17.9.1998 - IX ZR 237/97, DStR 1998 S. 1800.
2 Altmeppen, GmbHG, § 70 Rz. 5.
3 Noack/Servatius/Haas/Haas, GmbHG, § 70 Rz. 2.
4 BGH v. 8.2.1993 - II ZR 62/92, BGHZ 121 S. 263; v. 7.5.2007 - II ZB 21/06, NWB AAAAC-49584.
5 BGH v. 27.10.2008 - II ZR 255/07, NWB SAAAD-01262.

3. Anmeldung der Auflösung, Bekanntgabe und Aufforderung an die Gläubiger

Sollen die Gesellschaftsgläubiger im Liquidationsverfahren mit ihren Ansprüchen befriedigt werden, müssen sie von der Auflösung der Gesellschaft erfahren, damit sie ihre Ansprüche geltend machen können, bevor das Gesellschaftsvermögen verteilt wird und dem Gläubiger durch Beendigung der Gesellschaft der Rechtsträger und Schuldner entzogen wird. Diesem Zweck dienen die Vorschriften des § 65 GmbHG. Zunächst müssen die Abwickler die **Auflösung** der Gesellschaft zum **Handelsregister anmelden**. Dies geschieht elektronisch in öffentlich beglaubigter Form (§ 12 HGB).[1] Daraufhin veröffentlicht das Registergericht die Auflösung der Gesellschaft. Die **Auflösung der Gesellschaft wird im elektronischen Bundesanzeige bekannt** gemacht und die Gläubiger aufgefordert, sich bei der Gesellschaft zu melden. Das Erfordernis einer dreifachen Bekanntmachung wurde abgeschafft. Die Bekanntmachung kann etwa so lauten: 4628

„Die XY-GmbH mit Sitz in … (HRB …) ist aufgelöst. Die Gläubiger der Gesellschaft werden aufgefordert, sich bei ihr zu melden."

4. Beendigung der laufenden Geschäfte, Abschluss neuer Geschäfte

Die **„Beendigung der laufenden Geschäfte"** meint ganz **allgemein die Geschäftstätigkeit** der GmbH und kann sich über einen **längeren Zeitraum**, sogar über Jahre hinziehen. Beendigung der laufenden Geschäfte heißt also nicht, alle Geschäfte sofort einzustellen, die Anlagegegenstände und die Vorräte und Waren zu verkaufen und alle Verträge zu kündigen. Vielmehr soll das Gesellschaftsvermögen **möglichst so günstig verwertet** werden, dass ein **höchstmöglicher Liquidationsüberschuss** erzielt werden kann.[2] Dazu kann es auch notwendig werden, dass die Abwickler für die Gesellschaft **neue Geschäfte** eingehen, was § 70 Satz 2 GmbHG –zu eng formuliert – auch vorsieht. 4629

Die ordnungsgemäße Abwicklung setzt im Allgemeinen voraus, dass die Liquidatoren unter Berücksichtigung der von der Gesellschafterversammlung erteilten Weisungen ein **Konzept entwickeln**, ob die **Vermögensgegenstände** im **Einzelnen** oder das **Unternehmen im Ganzen** oder **einzelne Betriebe** oder **Betriebsteile** veräußert werden sollen. Danach richtet sich, ob, in welchem Maße und wie schnell zur Beendigung des Geschäftsbetriebs die Beschaffungs-, Produktions- und Vertriebshandlungen einzustellen sowie Bezugs- und Lieferverträge und die bestehenden Arbeitsverträge mit den Arbeitnehmern zu kündigen sind oder, wenn dem Erwerber ein lebendes Unternehmen übertragen werden soll, die Geschäftstätigkeit vorübergehend fortgeführt, neue Geschäfte abgeschlossen und zur Werterhaltung und Überleitung des Unternehmens Maßnahmen ergriffen werden müssen. Die Abwickler dürfen also **alle, auch neue Geschäfte** eingehen, die sie **zur wirtschaftlich zweckmäßigen Abwicklung** für notwendig halten; sie überschreiten die **Grenze** ihrer Handlungsbefugnis erst, wenn den neuen Geschäften der wirtschaftliche Bezug zur Abwicklung fehlt und die Geschäfte letztlich die **Rückumwandlung der Liquidationsgesellschaft in eine werbende Gesellschaft** bedeuten.[3]

1 Pfeifer, Rpfleger 2008 S. 408.
2 MüKoGmbHG/Müller, § 70 Rz. 9 ff., 21.
3 Altmeppen, GmbHG, § 70 Rz. 22 f.

5. Erfüllung der Verpflichtungen der GmbH

4630 Nach § 70 Satz 1 GmbHG haben den Liquidatoren die **Verpflichtungen der aufgelösten Gesellschaft zu erfüllen.** Damit ist eine **wesentliche Aufgabe** die ordnungsgemäße **Schuldentilgung.** Hierzu müssen zunächst alle Verbindlichkeiten der GmbH ordnungsgemäß erfasst werden, was u.a. durch die zu Beginn der Liquidation aufzustellende Eröffnungsbilanz (§ 71 Abs. 1 GmbHG) sichergestellt werden soll. Unstreitige und fällige Verbindlichkeiten sind zu erfüllen. Besteht Streit über die Verbindlichkeit, ist sie unklar oder betagt, ist sie durch Hinterlegung oder Sicherheitsleistung zu berücksichtigen. Die Liquidatoren können aber auch schwebende Prozesse fortführen, Schulden anerkennen oder Vergleiche schließen, wenn sie sich dabei im Rahmen ihrer Sorgfaltspflicht (§ 71 Abs. 4, § 43 Abs. 1 GmbHG) halten.[1]

4631 Es muss zwischen **Verbindlichkeiten** gegenüber **Dritten** und Verbindlichkeiten gegenüber den **Gesellschaftern unterschieden** werden. Forderungen der Gesellschafter, die sich aus dem Gesellschaftsverhältnis ergeben, dürfen – wie sich aus § 73 Abs. 1 GmbHG ergibt – erst nach Befriedigung aller Forderungen der Drittgläubiger erfüllt werden. Zu den Drittgläubigern können aber auch die Gesellschafter gehören, wenn sie rein schuldrechtliche Ansprüche (z. B. Kaufpreis, Miete oder Pachtzins) haben. Auch Rückzahlungsansprüche aus Gesellschafterdarlehen können wie die Darlehensforderungen anderer Gläubiger befriedigt werden (§ 30 Abs. 1 Satz 3 GmbHG), wenn dies nicht zur Zahlungsunfähigkeit führen muss (§ 64 Satz 3 GmbHG). Auch ein Ausschüttungsanspruch aus früherer, vor der Auflösung erfolgter Gewinnverteilung kann erfüllt werden, wenn der Grundsatz der Kapitalerhaltung nach § 30 GmbHG eingehalten wird.[2]

4632 Es besteht **keine Pflicht** der Liquidatoren, sämtliche **Gläubiger gleich zu behandeln** oder eine bestimmte **Rangfolge** unter den Gläubigern **einzuhalten.** Allerdings dürfen Gesellschafter, die schuldrechtliche Ansprüche gegen die GmbH haben, nicht zu Lasten gesellschaftsfremder Gläubiger bevorzugt werden. Dies widerspräche dem Liquidationszweck.[3]

4633 Stellen die Liquidatoren fest, dass das vorhandene Vermögen nicht zur Schuldentilgung ausreicht, die aufgelöste GmbH also zahlungsunfähig oder überschuldet ist, haben sie nach § 15a Abs. 1 InsO die Pflicht, unverzüglich, spätestens aber innerhalb von drei Wochen einen Insolvenzantrag zu stellen. Verletzen sie diese Pflicht, sind sie der GmbH schadensersatzpflichtig (§ 71 Abs. 4, § 43 Abs. 1 und 2 GmbHG) und unterliegen der Insolvenzverschleppungshaftung nach § 15 a Abs. 1 InsO i. V. m. § 823 Abs. 2 BGB sowie den Ersatzpflichten für Zahlungen nach § 15b InsO, d. h. der Massesicherungs- und Masseerhaltungspflicht und der Insolvenzverhütungspflicht im Zusammenhang mit Zahlungen an Gesellschafter, die zur Zahlungsunfähigkeit der GmbH i. L. führen müssen.

1 Vgl. Noack/Servatius/Haas/Haas, GmbHG, § 70 Rz. 5.
2 Noack/Servatius/Haas/Haas, GmbHG, § 70 Rz. 6.
3 Vgl. BGH v. 18.11.1969 - II ZR 83/68, BGHZ 53 S. 71.

6. Einziehen der Forderungen der GmbH

Zur Abwicklungsaufgabe gehört auch, dass die Liquidatoren die **Forderungen der Gesellschaft einziehen** und auch **alle anderen Rechte** der Gesellschaft **geltend machen**, und zwar nicht nur gegenüber **außenstehenden Dritten**, sondern auch gegenüber den **Gesellschaftern** einschließlich gesellschaftsrechtlicher Forderungen wie rückständige Leistungen auf die Stammeinlage, beschlossene Nachschüsse, Erstattung verbotener Rückzahlungen gem. § 31 GmbHG und Ansprüche gegen den Geschäftsführer nach § 64 GmbHG.[1] Die Forderungen gegen Gesellschafter sind jedoch nur so weit einzuziehen, als dies durch den Liquidationszweck geboten ist.[2] Sind genügend Mittel vorhanden, um die Gesellschaftsverbindlichkeiten zu erfüllen, hat die Einziehung von Forderungen gegen Gesellschafter zu unterbleiben. Der in Anspruch genommene Gesellschafter ist aber beweispflichtig dafür, dass die Einziehung der Forderung zur Schuldentilgung oder zum Ausgleich unter den Gesellschaftern nicht erforderlich ist. Der Gesellschafter kann seine Zahlungspflicht auch nicht mit der zu erwartenden Liquidationsquote verrechnen, weil sie vor Ablauf des Sperrjahres noch nicht feststeht und nicht fällig ist. 4634

7. Versilbern des Vermögens der Gesellschaft

§ 70 GmbHG gibt den Liquidatoren auf, das **Gesellschaftsvermögen in Geld umzusetzen**, um damit die Gläubiger zu befriedigen und das verbleibende Vermögen an die Gesellschafter verteilen zu können.[3] Die Verwertung einzelner Vermögensstücke kann aber unterbleiben, wenn die flüssigen Mittel der Gesellschaft bereits ausreichen, um die Schulden der Gesellschaft zu tilgen und die Gesellschafter einverstanden sind, diese Vermögensgegenstände zu übernehmen oder unter sich real zu teilen und sie sich auf ihren Liquidationsanteil anrechnen zu lassen. 4635

Häufig kann der **größte Ertrag** erzielt und damit der **Liquidationszweck** am ehesten erfüllt werden, wenn es gelingt, das **Unternehmen als Ganzes zu veräußern.** Denn das Gesellschaftsvermögen als Gesamtheit (einschließlich des Firmen- oder Geschäftswerts) ist mehr wert als die Summe der einzelnen Teile, für die häufig nur der Zerschlagungswert erzielt werden kann. Wird das Unternehmen der GmbH als Ganzes mit der Firma veräußert, so ist zu beachten, dass die GmbH gem. § 25 Abs. 2 HGB neben dem Erwerber weiter für die Altverbindlichkeiten im Außenverhältnis haftet. Auch wenn der Kaufvertrag bestimmt, dass der Käufer die Schulden übernimmt, darf deshalb der erzielte Kaufpreis nicht vor der Tilgung dieser Schulden oder vor Ablauf des Sperrjahres unter die Gesellschafter verteilt werden. 4636

Als Erwerber von einzelnen Vermögensstücken der Gesellschaft oder des Unternehmens im Ganzen oder einzelner Betriebsteile kommt stets auch ein Gesellschafter in Betracht. Dann hat er aber nach dem Grundsatz der Gleichbehandlung den Marktwert an die Liquidatoren zu bezahlen. 4637

---

1 Vgl. BGH v. 11.9.2000 - II ZR 370/99, NWB OAAAF-01509, DStR 2000 S. 1831.

2 Vgl. BGH v. 18.11.1969 - II ZR 83/68, NJW 1970 S. 469.

3 Altmeppen, GmbHG, § 70 Rz. 22 f.

8. Abschluss der Liquidation

4638 **Sämtliche fälligen Forderungen** der Gläubiger, die der Gesellschaft bekannt sind oder die sich auf die Bekanntmachung nach § 65 Abs. 2 GmbHG melden, sind zu **begleichen**. Ist die Tilgung einer Schuld nicht oder noch nicht möglich, weil der Aufenthalt des Gläubigers unbekannt ist oder weil seine Forderung streitig, bedingt oder noch nicht fällig ist, muss dem betreffenden **Gläubiger Sicherheit geleistet** werden, bevor mit der Verteilung des Vermögens an die Gesellschafter begonnen wird (§ 73 Abs. 1 GmbHG). Unter den Voraussetzungen des § 372 BGB kommt auch eine Hinterlegung in Betracht. Ist diese Aufgabe erledigt, darf aus Gründen des Gläubigerschutzes noch nicht sofort mit der Verteilung des verbliebenen Reinvermögens begonnen werden, sondern erst **nach Ablauf des Sperrjahres** (§ 73 Abs. 1 GmbHG), d. h., wenn mindestens ein Jahr vergangen ist seit der Bekanntgabe der Liquidation und der Aufforderung an die Gläubiger in den Gesellschaftsblättern, sich bei der Gesellschaft zu melden (§ 65 Abs. 2 GmbHG).

4639 Ein Gläubiger, der sich nach Ablauf des Sperrjahres meldet, ist zu befriedigen, soweit noch Gesellschaftsvermögen vorhanden ist.[1] Wurde das Sperrjahr eingehalten und wurde das Gesellschaftsvermögen bereits vollständig an die Gesellschafter verteilt und die GmbH anschließend nach § 74 Abs. 1 Satz 2 GmbHG im Handelsregister gelöscht, hat der Gläubiger seinen Schuldner verloren, weil die GmbH als Rechtsträger erloschen ist. Die **Gesellschafter** sind **nicht verpflichtet,** ihren **Liquidationsanteil** wieder den Abwicklern zur Verfügung zu stellen.[2] Verletzen indes die Liquidatoren die Vorschriften des § 73 GmbHG schuldhaft, hat die GmbH einen Schadensersatzanspruch, obwohl im Grunde ein Schaden der übergangenen Gläubiger auszugleichen ist (§ 73 Abs. 3 GmbHG). Es können aber auch Rückforderungsansprüche gegen die Gesellschafter aus entsprechender Anwendung der Kapitalschutzvorschriften (§ 31 GmbHG) bestehen; sie gehen auf Rückerstattung der zu Unrecht als anteiliger Liquidationserlös ausgezahlten Beträge.[3] Sobald die Nachtragsliquidatoren die Forderungen auf Schadensersatz bzw. Rückerstattung eingezogen haben, sind ausgefallene Gläubiger mit diesem Geld zu befriedigen.

4640 Die Liquidatoren haben über ihre Tätigkeit auch **Rechnung zu legen**. Sie haben nach § 71 Abs. 1 GmbHG **Liquidationsbilanzen** zu erstellen; die Liquidationseröffnungsbilanz und ein erläuternder Bericht sind innerhalb von drei Monaten ab der Auflösung zu erstellen. Wird die GmbH während eines laufenden Geschäftsjahres aufgelöst, ist dieses Geschäftsjahr mit einer Schlussbilanz für das entstehende Rumpfgeschäftsjahr abzuschließen. Dauert die Liquidation länger als ein Jahr, sind Liquidationsbilanzen aufzustellen, die über den Stand der Abwicklung Auskunft in der Weise geben sollen, welche Vermögensgegenstände seit Beginn der Abwicklung verwertet, welche Verbindlichkeiten erfüllt und welche Forderungen eingezogen wurden. Weist eine Liquidationsbilanz die **Überschuldung** der GmbH aus, ist von den Liquidatoren unverzüglich die **Eröffnung des Insolvenzverfahrens zu beantragen** (§ 15a Abs. 1 InsO).[4] Ist die Liquida-

1 Noack/Servatius/Haas/Haas, GmbHG, § 73 Rz. 5.
2 Noack/Servatius/Haas/Haas, GmbHG, § 73 Rz. 9.
3 Henssler/Strohn/Buteröwe, GmbHG, § 73 Rz. 17.
4 Henssler/Strohn/Arnold, InsO, § 15a Rz 5.

tion abgeschlossen, weil die Gläubiger befriedigt oder entsprechende Sicherheit geleistet worden ist, ist die Liquidationsschlussbilanz aufzustellen, die den verteilbaren Reinerlös ausweist.

Da die Liquidatoren der Gesellschaft eine ordnungsgemäße Erfüllung ihrer Aufgaben schulden, sind sie der Gesellschaft nach den §§ 71 Abs. 4, 43 und nach § 73 Abs. 3 GmbHG schadensersatzpflichtig, wenn sie ihre **Pflichten schuldhaft verletzen**, bzw. nach § 64 GmbHG für verbotene Zahlungen erstattungspflichtig. Es gelten die **Regeln** wie bei der **Haftung des Geschäftsführers.** Deshalb sind die Liquidatoren nicht verpflichtet, solchen Weisungen der Gesellschafter nachzukommen, mit deren Ausführung sie gegen ihre Sorgfaltspflicht verstoßen würden. Sie sind dann berechtigt, das Amt des Liquidators aus wichtigem Grund sofort niederzulegen. 4641

9. Verteilung des Liquidationsüberschusses

Der **Anspruch** der Gesellschafter auf **Verteilung des Liquidationsüberschusses** entsteht erst nach Bereinigung aller Verbindlichkeiten und **Ablauf des Sperrjahres.** Der Anspruch richtet sich **gegen die Gesellschaft.** Gläubiger des Anspruchs sind grundsätzlich die Gesellschafter, die nach § 16 Abs. 1 GmbHG im Zeitpunkt der Verteilung als Gesellschafter in der im Handelsregister aufgenommenen Gesellschafterliste (§ 40 GmbHG) eingetragen sind. 4642

Grundsätzlich haben die Gesellschafter ein Recht auf **Erfüllung** des **Anspruchs** in Geld, weil das Gesetz in § 70 Satz 1 GmbHG von einer Umsetzung des Vermögens in Geld ausgeht. Dies schließt aber nicht aus, dass Vermögensgegenstände in Natur an die Gesellschafter ausgereicht bzw. real unter ihnen aufgeteilt werden. Dazu ist die Zustimmung aller Gesellschafter oder eine entsprechende Satzungsbestimmung notwendig. 4643

Der **Verteilungsmaßstab** ist in § 72 Satz 1 GmbHG geregelt. Danach ist der **Reinerlös** entsprechend dem **Verhältnis der Geschäftsanteile** unter die Gesellschafter zu verteilen. Maßgebend ist der **Nennbetrag** der Geschäftsanteile, es spielt keine Rolle, wie viel auf die Stammeinlage eingezahlt ist. Jedoch muss bei **unterschiedlicher Höhe der geleisteten Einzahlungen** auf die Stammeinlagen ein **Ausgleich** erfolgen, für den sich aus § 271 Abs. 3 AktG ein **Berechnungsmodell ergibt:** Zunächst werden die geleisteten Einlagen den Gesellschaftern erstattet; ein verbleibender Überschuss wird dann nach dem Verhältnis der Geschäftsanteile verteilt, wobei auch der Gesellschafter, der seine Einlage nicht erbracht hat, einen Anteil am Liquidationsschlussvermögen erhält. 4644

Eigene Geschäftsanteile der Gesellschaft werden bei der Ermittlung der Quote nicht berücksichtigt, so dass das Verhältnis der einzelnen Ansprüche zueinander gleich bleibt und sich nur die prozentualen Anteile am Gesellschaftsvermögen erhöhen. 4645

Abweichungen vom gesetzlichen Verteilungsmaßstab können gem. § 72 Satz 2 GmbHG durch den Gesellschaftsvertrag festgelegt werden. Der Verteilungsschlüssel kann auch durch Satzungsänderung anderweitig festgelegt werden; ein formloser Beschluss reicht dafür auch aus, wenn alle Gesellschafter, die dadurch benachteiligt werden könnten, zustimmen. 4646

(*Einstweilen frei*) 4647–4660

IV. Beendigung der GmbH

4661 Beendet ist die Liquidation, wenn das verwertbare Gesellschaftsvermögen verteilt ist und auch keine sonstigen Abwicklungsmaßnahmen mehr erforderlich sind.[1] Sofern noch Prozesse gegen die Gesellschaft rechtshängig sind, steht dies einer Beendigung entgegen. Problematisch ist, wenn Besteuerungsverfahren gegen die Gesellschaft noch nicht abgeschlossen sind. Ist noch davon auszugehen, dass ein Anspruch auf eine Steuerrückerstattung besteht, kann dies der Löschung entgegenstehen. Die lediglich abstrakte Möglichkeit, dass sich noch Zugriffsmasse findet, rechtfertigt hingegen nicht die Annahme, dass noch verwertbares Vermögen vorhanden ist. So steht es einer Löschung nicht entgegen, wenn eine bestandskräftige Steuerfestsetzung unter dem Vorbehalt der Nachprüfung erfolgt.[2] Vielmehr müssten weitere Umstände dafür sprechen, dass die Festsetzung zugunsten der Gesellschaft aufgehoben oder geändert werden könne.[3]

4662 Ist das versilberte Gesellschaftsvermögen verteilt, haben die Liquidatoren **Schlussrechnung** zu legen und dann den **Abschluss der Liquidation** zur **Eintragung in das Handelsregister anzumelden** (§ 74 GmbHG). Mit Abschluss der Liquidation und Eintragung der Löschung (Erfüllung des Doppeltatbestandes) ist die GmbH **vollbeendet**. Sie hört auf zu existieren und ist zu löschen (§ 74 Abs. 1 Satz 2 GmbHG). Die Beendigung setzt den Abschluss aller Besteuerungsverfahren jedenfalls dann nicht voraus, wenn die Gesellschaft den Geschäftsbetrieb endgültig eingestellt hat, über kein Vermögen mehr verfügt und allenfalls Steuernachforderungen im Raum stehen.[4]

4663 Wird danach noch **verteilbares Vermögen aufgefunden**, ist die Abwicklung nur scheinbar beendet. Für die noch bestehende Gesellschaft ist eine **Nachtragsliquidation durchzuführen** und die Gesellschaft ist als GmbH in Liquidation wieder in das Handelsregister einzutragen. Zur Durchführung der Nachtragsliquidation bestellt das Registergericht einen **Nachtragsliquidator.**

4664 § 74 Abs. 2 GmbHG regelt die **Aufbewahrung der Bücher und Schriften** der Gesellschaft nach Beendigung der Liquidation. Danach sind alle Geschäftsbücher, -unterlagen und Schriften aufzubewahren, soweit ihre Aufbewahrungsfristen nach § 257 Abs. 4 und 5 HGB noch nicht abgelaufen sind. Die Aufbewahrungsfrist beträgt zehn Jahre ab der Übergabe an die Verwahrperson. **Verwahrperson** kann ein Gesellschafter oder ein Dritter sein, den die Satzung oder ein Gesellschafterbeschluss bestimmt. Fehlt solch eine Bestimmung, so bestimmt auf Antrag das Registergericht die Verwahrperson. In die Bücher und Schriften der GmbH dürfen nur ehemalige Gesellschafter oder deren Erben Einsicht nehmen; das Registergericht kann jedoch Gläubigern der Gesellschaft bei berechtigtem Interesse Einsicht gewähren (§ 74 Abs. 3 GmbHG).

4665–4670 (*Einstweilen frei*)

---

1 OLG Hamm v. 19.3.2014 - I ZR 185/12, NZG 2014 S. 1159, Rz. 13; OLG Hamm v. 1.7.2015 - I-27 W 71/15, NZG 2015 S. 953, Rz. 5.

2 BGH v. 9.11.2021 - II ZB 1/21, NWB LAAAI-01352

3 Wicke, DNotZ 2022 S. 326.

4 OLG Düsseldorf v. 1.2.2017 - I-3 Wx 300/16, NWB AAAAG-41387.

V. Beendigung der GmbH durch Löschung wegen Vermögenslosigkeit

Das Abwicklungsverfahren nach den §§ 66 ff. GmbHG, das auf die Auflösung der GmbH folgt, kann lange dauern und kompliziert sein. In der Praxis kann es sich daher anbieten, auf die Auflösung zu verzichten und **die Vermögenslosigkeit der GmbH herbeizuführen** und beim Registergericht die Löschung der GmbH wegen Vermögenslosigkeit von Amts wegen nach § 394 FamFG anzuregen. Einer solchen Anregung wird das Gericht nachkommen, wenn nach entsprechenden Vorarbeiten, die Vermögenslosigkeit nachvollziehbar und überprüfbar dargestellt wird. Hierzu muss die GmbH ohne bilanzfähiges Vermögen und ohne Vermögen sein, das zur Befriedigung der Gläubiger verwertbar ist.[1] Ist die GmbH tatsächlich ohne Vermögen, wird sie im Handelsregister gelöscht, was ohne Liquidationsverfahren zur Beendigung der GmbH führt. Der Doppeltatbestand ist erfüllt, weil die Löschung nach § 60 Abs. 1 Nr. 7 GmbHG die Auflösung fingiert. Ein solches Vorgehen **beschleunigt die Beendigung** der GmbH. 4671

Sind die Gesellschafter aber daran interessiert, die Löschung wegen Vermögenslosigkeit zu verhindern, um z. B. die Gesellschaft als Vorrats-GmbH zu erhalten, können sie die Amtslöschung verhindern. Sie müssen hierzu nur die GmbH mit Vermögenswerten ausstatten, die auch geringen Wert haben können.[2] 4672

(Einstweilen frei) 4673–4680

VI. Löschung vor Ablauf des Sperrjahrs „Blitzlöschung"

Zwar ist grundsätzlich der Ablauf des Sperrjahrs Voraussetzung für die Löschung (§ 73 Abs. 1 GmbHG). Teilweise wird aber vertreten, dass auf den Ablauf des Sperrjahres verzichtet werden kann. Das Sperrjahr sage lediglich aus, dass die Verteilung des Gesellschaftsvermögens an die Gesellschafter nicht vor Ablauf der Jahresfrist erfolgen darf, nicht aber, dass die Löschung der Gesellschaft im Handelsregister per se ausgeschlossen sei. So wird teilweise eine Löschung der Gesellschaft aus dem Handelsregister auch schon vor Ablauf des Sperrjahres (sog. „Blitzlöschung") zugelassen, wenn die aufgelöste Gesellschaft über kein verteilungsfähiges Vermögen verfügt.[3] 4681

Sinn und Zweck des Sperrjahres sei es, Gesellschaftsgläubigern die Chance zu geben, ihre Forderungen geltend zu machen, bevor das Gesellschaftsvermögen auf die Gesellschafter aufgeteilt wird. Verfüge die aufgelöste Gesellschaft ohnehin über kein Vermögen, mit dem die Gläubiger befriedigt werden könnten, gehe dieser (Schutz)Zweck vollständig ins Leere; das Abwarten des Sperrjahres wäre eine bloße, unnötige Formalie.

Der vertretungsberechtigte Liquidator habe die Vermögenslosigkeit dem Registergericht, ggf. unter näherer Darstellung der tatsächlichen Verhältnisse, zu versichern.

(Einstweilen frei) 4682–4700

---

1 Tillmann/Schiffers/Wälzholz, Rz. 1826.

2 Tillmann/Schiffers/Wälzholz, Rz. 1829.

3 OLG Hamm v. 2.9.2016 - 27 W 63/16, GmbHR 2017 S. 930; OLG Köln v. 5.11.2004 - 2 Wx 33/04, ZIP2004 S. 2376.

VII. Zusammenfassender Überblick über die Pflichten der Liquidatoren

4701 Nach Auflösung der GmbH und deren Anmeldung zum Handelsregister müssen die Liquidatoren zu Beginn der Abwicklung eine Liquidationseröffnungsbilanz erstellen und danach für jedes Liquidationsjahr eine Liquidationszwischenbilanz errichten, die den Stand der Abwicklung wiedergibt, und schließlich eine Liquidationsschlussbilanz erstellen.

4702 Die Liquidatoren haben die Pflicht, die laufenden Geschäfte zu beendigen, die Schulden der aufgelösten Gesellschaft zu tilgen, ihre Forderungen (auch gegen die Gesellschafter) einzuziehen und das Vermögen der Gesellschaft in Geld umzusetzen (zu versilbern). Sie dürfen auch beliebig Geschäfte neu abschließen, wenn dies dem Zweck der Liquidation dient.

4703 Unstreitige und fällige Verbindlichkeiten sind zu erfüllen. Umstrittene, unklare und noch nicht fällige Verbindlichkeiten sind durch Hinterlegung oder Sicherheitsleistung zu berücksichtigen.

4704 Nach Schuldentilgung bzw. Sicherheitsleistung und Ablauf des Sperrjahres haben die Liquidatoren das übrig gebliebene Reinvermögen an die Gesellschafter nach dem Verhältnis der Geschäftsanteile zu verteilen. Das Sperrjahr beginnt mit der Bekanntgabe der Auflösung der Gesellschaft einschließlich des Aufrufs an die Gläubiger, sich zu melden.

4705 Nach Beendigung der Liquidation haben die Liquidatoren eine Schlussrechnung zu erstellen, den Abschluss der Liquidation beim Handelsregister zum Zweck der Löschung der GmbH anzumelden. Bücher und Schriften der GmbH sind für zehn Jahre einem Gesellschafter oder einem Dritten in Verwahrung zu geben.

4706–4715 *(Einstweilen frei)*

VIII. Nachtragsliquidation

4716 Sollte sich – in selten Fällen – nach Löschung der Gesellschaft im Handelsregister herausstellen, dass tatsächlich im Zeitpunkt der Löschung noch **Vermögen der Gesellschaft vorhanden** war oder andere **Abwicklungsmaßnahmen noch erforderlich** sind, ist die Durchführung der sog. **Nachtragsliquidation** erforderlich. Das Vorhandensein von Gesellschaftsvermögen muss **konkret vorgetragen** werden; eine einfache Behauptung unwirksamer Stammeinlageleistungen genügt nicht.[1]

4717 Wird eine Nachtragsliquidation beantragt, lebt das bisherige Liquidationsverfahren ebenso wenig auf, wie das Amt der bisherigen Liquidatoren. Vielmehr werden die Nachtragsabwickler analog § 273 Abs. 1 Nr. 1 AktG, § 66 Abs. 5 Nr. 2 GmbHG vom Gericht bestellt.

4718–4730 (*Einstweilen frei*)

1 OLG Frankfurt a. M., GmbHR 2005 S. 1137; KG, DB 2007 S. 851. Ausführlich MüKoGmbHG/Müller, § 74 Rz. 41 ff.

2. Teil: Steuerrecht der GmbH

1. Abschnitt: Einführung

A. Wahl der Gesellschaftsform

Ist es erforderlich, sich mit anderen Personen zur Erreichung eines wirtschaftlichen Ziels zu einer Gesellschaft zusammenzuschließen, so stehen den Beteiligten bürgerlich-rechtlich mehrere Gesellschaftsformen zur Verfügung. 4731

Die Folgen der Rechtsformwahl sind sehr unterschiedlich. Das gilt nicht nur für das Gesellschaftsrecht, wo bedeutsame Unterschiede zu verzeichnen sind, deren Folgen häufig nicht genügend in die Überlegungen bei der Gründung oder Umstrukturierung einbezogen werden. Auch das Steuerrecht hat für die unterschiedlichen Gesellschaftsformen kein einheitliches Konzept für die Besteuerung entwickelt, was zum Teil erhebliche Belastungsunterschiede insbesondere zwischen Kapital- und Personengesellschaften bedingt.

Eine allgemein gültige Aussage zur Vorteilhaftigkeit der einen oder anderen Gesellschaftsform ist nicht möglich, es gilt vielmehr in einer steuerlichen Gesamtbetrachtung und einem Steuerbelastungsvergleich nach den individuellen Merkmalen des Unternehmens und den Interessen der Gesellschafter zu entscheiden, welche Rechtsform unter steuerlichen Aspekten die günstigere ist. Folgende Punkte sollten bei der Rechtsformwahl auch unter steuerlichen Gesichtspunkten auf ihre steuerlichen Vorteile oder Nachteile in die Überlegungen einbezogen werden: Jahresergebnis der Gesellschaft, Verwendung des Gewinnes (Ausschüttung, Thesaurierung), die vereinbarten Leistungsvergütungen, die Ausstattung mit Eigenkapital oder Gesellschafter-Fremdfinanzierung, Nutzung möglicher Verluste, Veräußerung der Beteiligung und Erbfolge, persönliche Verhältnisse der Gesellschafter.

Steuerliche Vorteile einer bestimmten Gesellschaftsform allein sollten aber nicht ausschlaggebend für deren Wahl sein. 4732

(*Einstweilen frei*) 4733–4750

B. Grundlegende Systemunterschiede in der Besteuerung der einzelnen Gesellschaftsformen

I. Die Personengesellschaften

LITERATUR:

Höflacher/Wendlandt, Rechtsformwahl nach der Unternehmenssteuerreform 2001, GmbHR 2001 S. 793; *Jakobs*, Rechtsformwahl nach der Unternehmenssteuerreform: Personenunternehmen oder Kapitalgesellschaft?, DStR 2001 S. 806; *Bodden*, Tatbestandsverwirklichung nach § 15 Abs. 1 Nr. 2 EStG, DStZ 2002 S. 391; *Kempermann*, Mitunternehmer und Mitunternehmeranteil – steuerrechtliche Probleme der Personengesellschaft aus Sicht des BFH, GmbHR 2002 S. 200; *Jacobs u. a.*, Steueroptimale Rechtsformwahl: Personengesellschaft besser als Kapitalgesellschaft, StuW 2003 S. 308; *Jorde/Götz*, Maßgebende Gesichtspunkte der Rechtsformwahl, BB 2003 S. 1813; *Bilitewski/Götz/Hunfeld/Klumpp*, Personengesellschaft im Steuerrecht, 12. Aufl., Herne 2024.

1. Mitunternehmerschaft gemäß § 15 Abs. 1 Satz 1 Nr. 2 EStG

4751 Schließen sich mehrere Personen zu einer OHG oder KG oder zu einer GbR zusammen, um ein gewerbliches Unternehmen zu betreiben, entsteht einkommensteuerlich eine **Mitunternehmerschaft** nach § 15 Abs. 1 Satz 1 Nr. 2 EStG, die als solche nicht einkommensteuerpflichtig ist. Vielmehr wird das von der Mitunternehmerschaft erzielte Einkommen anteilig unmittelbar den Mitunternehmern (Gesellschaftern) als originäre eigene Einkünfte zugerechnet. Dabei bezweckt § 15 Abs. 1 Satz 1 Nr. 2 EStG, Mitunternehmer und Einzelunternehmer in der Besteuerung weitgehend gleichzustellen.[1] Folge davon ist, dass Sondervergütungen, die der Gesellschafter von der Gesellschaft erhält, dem gewerblichen Gewinn hinzuzurechnen sind, weil auch der Einzelunternehmer seinen Gewinn nicht durch ein fiktives Gehalt, Mietentgelt oder Darlehenszinsen mindern kann,[2] dass betrieblich genutzte Wirtschaftsgüter, die Mitunternehmern gehören, als Sonderbetriebsvermögen zu erfassen sind, weil auch beim Einzelunternehmer betrieblich genutzte Wirtschaftsgüter zu seinem Betriebsvermögen zählen, und schließlich auch, dass Gesellschafterbeiträge gegen Gewinnbeteiligung und schuldrechtliche Gesellschafterleistungen gegen Entgelt gleichgestellt werden.[3]

4752 In der steuerlichen Behandlung ist unter Abkehr von der sog. Bilanzbündeltheorie ein duales System getreten, in dem das **Transparenzprinzip** – im Gegensatz zum körperschaftsteuerlichen Trennungsprinzip – gilt: Danach ist die Personengesellschaft partiell Steuersubjekt hinsichtlich der Gewinnerzielung, Gewinnermittlung und der Qualifikation der Einkünfte.[4] Träger des Unternehmens ist aber nicht die Gesellschaft, sondern die Gesellschafter sind in ihrer Verbundenheit Unternehmer des Betriebs der Personengesellschaft[5] mit der Konsequenz, dass z. B.

- den Gesellschaftern die Ergebnisse der gemeinschaftlichen Betätigung unmittelbar anteilig als originäre Einkünfte zugerechnet werden,
- in die Ermittlung des Gesamtgewinns der Mitunternehmerschaft nicht nur die Wirtschaftsgüter im Gesellschaftsvermögen (Gesamthandseigentum), sondern auch die Wirtschaftsgüter im Eigentum der Gesellschafter (Sonderbetriebsvermögen) einbezogen werden,
- die Sonderbetriebseinnahmen (Sondervergütungen) und die Sonderbetriebsausgaben einzubeziehen sind, und
- Wirtschaftsgüter zwischen dem eigenen Betriebsvermögen und dem Sonderbetriebsvermögen und dem Gesamthandsvermögen zu Buchwerten überführt oder übertragen werden können (§ 6 Abs. 5 EStG).[6]

An dieser Struktur hat sich infolge des MoPeG keine Änderung ergeben. Durch die ab 1.1.2024 geltenden Neuregelungen wird die bis dahin geltende zivilrechtliche gesamt-

1 BFH v. 28.10.1999 - VIII R 41/98, BStBl 2000 II S. 339.
2 BFH v. 5.2.2002 - VIII R 31/01, BStBl 2002 II S. 464.
3 Vgl. Wacker in: Schmidt, EStG, § 15 Rz. 161.
4 Vgl. z. B. BFH v. 9.12.2002 - VIII R 40/41, BStBl 2003 II S. 294; vgl. Wacker in: Schmidt, EStG, § 15 Rz. 164.
5 BFH v. 3.7.1995 - GrS 1/93, BStBl 1995 II S. 617.
6 Vgl. dazu Kulosa in: Schmidt, EStG, § 6 Rz. 681 ff.

händerische Bindung auf der Ebene der Gesellschaft in ein originäres Gesellschaftsvermögen bei Außenpersonengesellschaften überführt.[1]

Zusammenfassend gilt also: Liegt eine Personengesellschaft vor, deren Mitglieder als Mitunternehmer gemeinschaftlich einen Gewerbetrieb betreiben, und somit eine Mitunternehmerschaft nach § 15 Abs. 1 Satz 1 Nr. 2 EStG, bezieht der einzelne Mitunternehmer gewerbliche Einkünfte in Höhe seines Anteils am steuerlichen Gesamtgewinn der Mitunternehmerschaft. Er umfasst den Anteil am Steuerbilanzgewinn der Gesellschaft, die Ergebnisse der Ergänzungsbilanz und der Sonderbilanz jedes einzelnen Mitunternehmers, in der sich Sondervergütungen, Aufwand und Ertrag des Sonderbetriebsvermögens und sonstige Sonderbetriebseinnahmen und Sonderbetriebsausgaben darstellen.[2] Zu erfassen sind auch nachträgliche Sondervergütungen an ehemalige Mitunternehmer (§ 15 Abs. 1 Satz 2 EStG) und Einkünfte aus der Veräußerung eines Mitunternehmeranteils (§ 16 Abs. 1 Nr. 2 EStG). 4753

Der Gesamtgewinn der Mitunternehmerschaft und die Einkünfte der Mitunternehmer aus ihrer Beteiligung daran werden gesondert und einheitlich festgestellt; die Feststellung ist verbindlich für die Veranlagung des Mitunternehmers zur ESt oder zur KSt, denn auch eine Kapitalgesellschaft wie die GmbH kann Mitunternehmer sein, wie es typisch bei der Komplementär-GmbH einer Gesellschaft in der Rechtsform der GmbH & Co. KG der Fall ist. 4754

2. Schuldrechtliche Verträge zwischen Gesellschaft und Gesellschafter

Bürgerlich-rechtlich sind schuldrechtliche Verträge zwischen der Gesellschaft und ihren Gesellschaftern möglich. Solche Verträge sind im Grundsatz auch einkommensteuerrechtlich anzuerkennen, was insbesondere für Veräußerungsverträge zwischen der Gesellschaft und den Mitunternehmern zu fremdüblichen Bedingungen gilt.[3] Jedoch werden **im Anwendungsbereich des § 15 Abs. 1 Nr. 2 Halbsatz 2 EStG** Forderungen und Verbindlichkeiten aufgrund solcher Verträge zwischen einer Personengesellschaft und ihren Mitunternehmern nicht mit der Wirkung anerkannt, dass sie den Gesamtgewinn der Mitunternehmerschaft (als Betriebsausgaben) mindern und beim Gesellschafter zu Einkünften aus nichtselbständiger Arbeit, Vermietung und Verpachtung oder Kapitalvermögen führen könnten. Vielmehr gehören einheitlich zu den gewerblichen Einkünften aus der mitunternehmerischen Betätigung nicht nur die Gewinnanteile der Gesellschafter einer Gesellschaft, sondern auch die Vergütungen, die der Gesellschafter von der Gesellschaft für seine Tätigkeit im Dienst der Gesellschaft oder für die Hingabe von Darlehen und Überlassung von Wirtschaftsgütern bezogen hat. Sie prägen den Bereich der Sondereinkünfte. 4755

(*Einstweilen frei*) 4756–4770

1 Zu Einzelheiten: Kahle, Zur Ertragsbesteuerung der Personengesellschaften nach MoPeG und KöMoG mit vielen Nachweisen, StuB 2022 S. 881 ff.

2 Wacker in: Schmidt, EStG, § 15 Rz. 401.

3 BFH v. 20.2.2003 - III R 34/01, BStBl 2003 II S. 700.

II. Die stille Gesellschaft

LITERATUR:

Horn, Abgrenzung des stillen Gesellschafters von der Stellung des atypisch stillen Gesellschafters, GmbHR 2000 S. 711; *Blaurock*, Handbuch der stillen Gesellschaft, 6. Aufl., Köln 2003.

1. Die typische stille Gesellschaft

4771 Auch die typische stille Gesellschaft rechnet zu den Personengesellschaften. Die stillen Gesellschafter sind jedoch nicht Mitunternehmer des Gewerbebetriebs. Da die typischen stillen Gesellschafter nicht Mitunternehmer sind, können sie auch mit steuerlicher Wirkung andere schuldrechtlichen Verträge mit dem Hauptgesellschafter abschließen. Sie können dem Hauptgesellschafter also Wirtschaftsgüter vermieten oder verpachten und auch Arbeitnehmer des Hauptgesellschafters sein.

2. Die atypische stille Gesellschaft

4772 Bei der atypischen stillen Gesellschaft handelt es sich zwar auch um eine Gesellschaft, die nach außen nicht in Erscheinung tritt. Im Gegensatz zur typischen stillen Gesellschaft ist der stille Gesellschafter aber nicht nur an dem laufenden Gewinn der Gesellschaft beteiligt. Aufgrund der schuldrechtlichen Vereinbarung zwischen dem stillen Gesellschafter und dem Hauptgesellschafter ist der Hauptgesellschafter schuldrechtlich verpflichtet, den stillen Gesellschafter so zu stellen, als sei er Mitunternehmer. Steuerrechtlich wird deshalb die atypische stille Gesellschaft wie die anderen Personengesellschaften behandelt, bei denen die einzelnen Gesellschafter Mitunternehmer sind.

4773–4790 (*Einstweilen frei*)

III. Die Kapitalgesellschaften

1. Selbständige Steuerpflicht/Trennungsprinzip

4791 Die Kapitalgesellschaften, zu denen auch die GmbH gehört, sind juristische Personen und als solche selbständig steuerpflichtig (§ 1 Abs. 1 Nr. 1 KStG), wenn sie ihre Geschäftsleitung oder ihren Sitz im Inland haben. Nicht nur zivilrechtlich, sondern auch für die Besteuerung des Einkommens stehen sich die GmbH und ihr Gesellschafter als verschiedene Rechtssubjekte gegenüber.[1] Das **Trennungsprinzip** gilt auch für die personalistisch verfasste GmbH, die Familien-GmbH und für die Ein-Personen-GmbH, oder wenn ein Beherrschungs- und Gewinnabführungsverhältnis zu einer anderen GmbH besteht oder die Anteile in einem anderen Betriebsvermögen gehalten werden.

Die GmbH und ihre Gesellschafter haben die Grundlagen für die Besteuerung ihres Einkommens getrennt zu ermitteln. Das Trennungsprinzip schließt es aus, Verluste der GmbH mit Gewinnen (positiven Einkünften) des Gesellschafters zu verrechnen und umgekehrt (**keine gegenseitige Verlustverrechnung**). Im Gegensatz zum Transparenzprinzip bei den Mitunternehmerschaften, wo die Gesellschafter Mitunternehmer des

1 Vgl. aber zur neuen formellen und materiellen Korrespondenz bei vGA und verdeckter Einlage Rz. 5759 ff.

Betriebs der Personengesellschaft sind und ihnen die steuerlichen Ergebnisse unmittelbar anteilig als originäre Einkünfte zugerechnet werden, bietet das Trennungsprinzip auch die Möglichkeit, mit steuerlicher Wirkung schuldrechtliche Verträge zwischen der GmbH und dem Gesellschafter abzuschließen. Neben dem Gesellschaftsverhältnis können steuerlich zu beachtende und ertragswirksame Schuldverhältnisse über Dienstleistungen und Nutzungsüberlassungen bestehen.

2. Leistungsveranlassung im Gesellschaftsverhältnis oder Schuldverhältnis

Das Trennungsprinzip macht es zwar möglich, zwischen GmbH und dem Gesellschafter 4792 Schuldverhältnisse wie zwischen einander fremden Dritten mit steuerlicher Wirkung einzugehen, erfordert aber auch, davon die im Gesellschaftsverhältnis begründeten (gesellschaftsrechtlichen) Leistungsbeziehungen zwischen der GmbH und ihrem Gesellschafter abzugrenzen. Vermögensmehrungen und Vermögensminderungen bei der GmbH, die ihren Grund im Gesellschaftsverhältnis haben, dürfen ihren Gewinn und ihr Einkommen nicht beeinflussen. Maßgebend hierfür ist die Veranlassung des Geschäftsvorfalles im Gesellschaftsverhältnis, unabhängig davon, in welcher formalen Gestalt er nach außen erscheint. Insbesondere sind durch das **Gesellschaftsverhältnis veranlasst**

- die offenen und verdeckten Einlagen sowie Erfolgsbeiträge,
- die offenen und verdeckten Gewinnausschüttungen und Kapitalrückzahlungen,
- die Verteilung eines Liquidationsüberschusses.

Hingegen wirken sich Vermögensmehrungen und Vermögensminderungen, die durch den 4793 Betrieb veranlasst sind, auf den Gewinn und das Einkommen sowie den Gewerbeertrag der GmbH aus. Leistungen, die aufgrund von schuldrechtlichen Verträgen zwischen der GmbH und dem Gesellschafter erbracht werden, haben diese Wirkung, wenn sie **(ausschließlich)** betrieblich veranlasst sind. Dazu muss ein schuldrechtlicher, auf entgeltlichen Leistungsaustausch gerichteter Vertrag abgeschlossen sein, der auch einem Fremdvergleich standhält. Ergibt die Prüfung nach Maßstäben des Fremdvergleichs, dass insoweit **auch** eine Veranlassung im Gesellschaftsverhältnis (z. B. wegen einer unangemessenen Höhe des Entgelts) vorliegt, ist die durch die betrieblich veranlasste Entgeltszahlung eingetretene Minderung des Unterschiedsbetrages i. S. v. § 4 Abs. 1 Satz 1 EStG durch Hinzurechnung des unangemessenen Teils als vGA außerhalb der Bilanz zu korrigieren.

BEISPIEL: Mit dem Gesellschafter-Geschäftsführer ist ein wirksamer, entgeltlicher Dienstvertrag abgeschlossen worden. Das vereinbarte Gehalt ist um 1.000 € überhöht, also unangemessen. Die Führung der Geschäfte der GmbH und das hierfür zu zahlende Gehalt sind durch den Betrieb der GmbH veranlasst. Die Gehaltszahlungen mindern als Betriebsausgaben den Gewinn, das Einkommen und den Gewerbeertrag bei der GmbH; der Gesellschafter-Geschäftsführer hat insoweit Einkünfte aus nichtselbständiger Arbeit. Der nicht angemessene Teil des Arbeitslohnes ist wegen der Veranlassung seiner Zahlung **auch** im Gesellschaftsverhältnis auf der Ebene der GmbH als vGA zu qualifizieren und der steuerliche Gewinn ist außerbilanziell über § 8 Abs. 3 Satz 2 KStG zu korrigieren, die Gehaltszuflüsse beim Gesellschafter sind in Höhe des unangemessenen Teilgehalts in einen Beteiligungsertrag nach § 20 Abs. 1 Nr. 1 Satz 2 EStG umzuqualifizieren.

4794 Erbringt der Gesellschafter unentgeltlich an die GmbH Leistungen, ist die Veranlassung hierfür im Gesellschaftsverhältnis zu suchen. Erspart die GmbH durch unentgeltliche Dienstleistungen eines Gesellschafters oder unentgeltliche Gebrauchs- oder Nutzungsüberlassungen Aufwendungen, liegen Erfolgsbeiträge vor; unentgeltliche Zuführungen von einlagefähigen Wirtschaftsgütern durch den Gesellschafter führen zu Vermögensmehrungen, die als verdeckte (gesellschaftsrechtliche) Einlagen bei der Einkommensermittlung außerhalb der Bilanz zu neutralisieren sind. Vermögensminderungen, die die GmbH durch Nutzungsüberlassungen oder sonstige Leistungen ohne oder gegen ein unangemessen niedriges Entgelt erfährt, sind als vGA dem Gewinn wieder hinzuzurechnen.

3. Gesellschaftsrechtliche Verbindungen zwischen GmbH und anderen Gesellschaften

LITERATUR:

Sterzenbach, GmbH & Still: Vorzüge einer beliebten Rechtsform und ihre steuerlichen Besonderheiten, DStR 2000 S. 1669; *Haase*, Eckpfeiler der GmbH & atypisch Still im Steuerrecht, GmbHR 2002 S. 787; *Kempermann*, Aktuelle Entwicklungen bei der Betriebsaufspaltung, NWB 2003 S. 2241; NWB UAAAC-73464; *Schoor*, Steuerliche Behandlung der GmbH & Co. KG, BuW 2003 S. 96; *Schiffers*, Änderungen der ertragsteuerlichen Rahmenbedingungen für die GmbH und die GmbH & Co. KG zum 1.1.2004, GmbHR 2004 S. 69; *Suchanek u. a.*, Steuerpraxisfragen der GmbH & atypisch Still, FR 2004 S. 1149; *Heidemann*, Die GmbH & Co. KG als Gestaltungsalternative, INF 2005 S. 427; *Schoor, H. W./Natschke, T.*, Die GmbH & Still im Steuerrecht, 4. Aufl., Herne/Berlin 2005; *Söffing/Micker*, Die Betriebsaufspaltung, 10. Aufl., Herne 2025.

4795 Als juristische Person kann die GmbH selbstverständlich auch gesellschaftsrechtliche Verbindungen mit anderen Kapitalgesellschaften eingehen oder sich an Personengesellschaften als Gesellschafter beteiligen. Solche Verbindungen bleiben ohne Einfluss auf die Selbständigkeit der GmbH als Steuersubjekt bei der KSt. Auch als Konzerngesellschaft bleibt die GmbH steuerlich selbständig. Bei der **GmbH & Co. KG** unterliegt die Komplementär-GmbH mit dem auf sie entfallenden Anteil am Gewinn der Mitunternehmerschaft der KSt, während die GmbH & Co. KG selbst weder einkommen- noch körperschaftsteuerpflichtig ist. Entsprechendes gilt, wenn sich die GmbH an einer atypischen stillen Gesellschaft **(GmbH & atypisch Still)** beteiligt.

4796 Bei einer **Betriebsaufspaltung,** wo in der Regelform ein Besitzunternehmen (Einzelunternehmer oder Personengesellschaft) und eine Betriebs-GmbH über die personelle und sachliche Verflechtung miteinander verbunden sind, bleibt die steuerliche Selbständigkeit beider Unternehmen gewahrt. Die hinter dem Besitzunternehmen stehenden natürlichen Personen unterliegen der ESt, die Betriebs-GmbH unterliegt der KSt. Es entsteht auch kein einheitliches Unternehmen, sondern es bestehen zwei selbständige Gewerbebetriebe.

4. Zusammenfassung

4797 Im Gegensatz zu Personengesellschaften, in deren Rahmen sich die Gesellschafter als Mitunternehmer gewerblich betätigen, bleibt bei der gewerblichen Betätigung in der Rechtsform einer **GmbH** die **Besteuerung auf der Ebene der GmbH und auf der Gesell-**

schafterebene getrennt. Das **Trennungsprinzip** bedeutet im Grundsatz, dass Leistungsbeziehungen zwischen GmbH und ihren Gesellschaftern, die durch das Gesellschaftsverhältnis veranlasst sind, den Gewinn und das Einkommen der GmbH nicht beeinflussen dürfen und gesellschaftsrechtlich begründete Vermögensmehrungen oder Vermögensminderungen auf der Ebene der GmbH außerhalb der Bilanz zur Ermittlung des zutreffenden steuerlichen Ergebnisses zu korrigieren sind.

Das Trennungsprinzip bedeutet weiter, dass aus betrieblicher Veranlassung zwischen der GmbH und ihren Gesellschaftern abgeschlossene schuldrechtliche Verträge, die einen entgeltlichen Leistungsaustausch wie unter fremden Dritten zum Gegenstand haben, auch mit steuerlicher Wirkung anerkannt werden. Ein Gesellschafter einer GmbH kann deshalb Arbeitnehmer der GmbH sein. Er kann der GmbH Wirtschaftsgüter vermieten und verpachten und kann der GmbH verzinsliche Darlehen gewähren. Die gezahlten Entgelte stellen gewinnmindernde Betriebsausgaben dar. Verdecken solche schuldrechtlich begründeten Leistungsbeziehungen aber nur die gesellschaftsrechtliche (Mit-)Veranlassung, liegen vGA vor, die auf der Ebene der GmbH außerbilanziell dem Unterschiedsbetrag i.S.v. § 4 Abs. 1 Satz 1 EStG hinzuzurechnen sind.

(*Einstweilen frei*) 4798–4820

IV. Die Europäische Gesellschaft

LITERATUR:

Benecke, SEStEG verabschiedet – Darstellung der Änderungen zum Regierungsentwurf, NWB Beratung aktuell 50/2006 S. 4253; *Blumenberg/Lechner*, Der Regierungsentwurf des SEStEG: Entstrickung und Sitzverlegung bei Kapitalgesellschaften, BB 2006 Special 8 S. 25; *Carlé*, Beratungsbrennpunkt Steueränderungsgesetze 2006/2007 (TT 52), 2006, Abschn. I.; *Dötsch/Pung*, SEStEG: Die Änderungen des KStG, DB 2006 S. 2648; *Korn*, Beratungsbrennpunkt Steueränderungsgesetze 2006/2007 (TT 52), 2006, Abschn. B.; *Korn/Strahl*, Steuerliche Hinweise und Dispositionen zum Jahresende 2006, NWB 2006 S. 4129, NWB LAAAC-29118; *Rödder/Schumacher*, Das kommende SEStEG – Teil I: Die geplanten Änderungen des EStG, KStG und AStG, DStR 2006 S. 1481; *Schäfer/Blumenberg*, Der Regierungsentwurf des SEStEG im Überblick, BB 2006 Special 8 S. 1; *Stadler/Elser*, Der Regierungsentwurf des SEStEG: Einführung eines allgemeinen Entstrickungs- und Verstrickungstatbestandes und andere Änderungen des EStG, BB 2006 Special 8 S. 18; *Strahl*, Handlungsbedarf zum Jahresende 2006 auf Grund der eingetretenen und bevorstehenden Steuergesetzänderungen, SIS Steuerberater-Brief Nr. 06/12 S. 1; *Wassermeyer*, Entstrickung durch Beschränkung des deutschen Besteuerungsrechtes, DB 2006 S. 2420; *Ortmann-Babel/Bolik*, Praxisprobleme des SEStEG bei der Auszahlung des Körperschaftsteuerguthabens nach § 37 KStG nF, BB 2007 S. 73; *Schneider*, Änderungen im Körperschaftsteuerrecht nach dem SEStEG, NWB 2007 S. 97, NWB UAAAC-33826.

1. Allgemeine Hinweise

Mit dem am 13.12.2006 in Kraft getretenen Gesetz über steuerliche Begleitmaßnahmen zur Einführung der Europäischen Gesellschaft und zur Änderung weiterer steuerlicher Vorschriften[1] hat der Gesetzgeber eine Reihe von Vorschriften verschiedener Einzelsteuergesetze z. T. grundlegend geändert. Diese Änderungen waren vor dem Hintergrund 4821

1 SEStEG, BGBl 2006 I S. 2782.

der Entwicklungen im europäischen Gesellschafts- und Steuerrecht, insbesondere zur Anpassung an die eingeführten Rechtsformen der Europäischen Gesellschaft – **SE** –[1] und der Europäischen Genossenschaft – **SCE** –,[2] die u.a. eine identitätswahrende Sitzverlegung in andere Mitgliedstaaten ermöglichen, der geänderten steuerlichen Fusionsrichtlinie – FRL –,[3] die unter den dortigen Voraussetzungen eine Ertragsteuerneutralität grenzüberschreitender Umstrukturierungen vorsieht, und der gesellschaftsrechtlichen Richtlinie über die Verschmelzung von Kapitalgesellschaften aus verschiedenen Mitgliedstaaten[4] erforderlich. Nicht zuletzt sind die Regelungen des SEStEG auch im Lichte der neueren gesellschafts- und steuerrechtlichen Entscheidungen des EuGH insbesondere in den Rechtssachen Centros,[5] Überseering,[6] Inspire Art,[7] Sevic[8] und de Lasteyrie du Saillant[9] sowie X und Y[10] zu sehen.

4822 Während nach der ursprünglichen Intention Gegenstand des **SEStEG** die Neuregelung der steuerlichen Behandlung von grenzüberschreitenden Unternehmensumstrukturierungen war,[11] geht die in Kraft getretene Gesetzesfassung darüber insofern hinaus, als dass sie als Kernstück grundlegende Neuerungen des Umwandlungssteuerrechtes mit dem Ziel der Europatauglichkeit des UmwStG beinhaltet und darüber hinaus eine Reihe von Änderungen des EStG und des KStG (insbesondere Entstrickungs- und Verstrickungstatbestand, Sofortbesteuerung) bringt sowie die Wegzugsbesteuerung nach dem AStG neu regelt. Dabei finden sich auch Regelungen, die für nur inländische Vorgänge bedeutsam sind.

4823 Mit dem SEStEG ist sowohl in das EStG als auch weitgehend gleichlautend in das KStG ein neuer **allgemeiner Entstrickungstatbestand** (sofortige Aufdeckung und ungemilderte Besteuerung der stillen Reserven) für Fälle der grenzüberschreitenden innerbetrieblichen Überführung von Wirtschaftsgütern oder Nutzungsüberlassungen eingeführt worden. Damit wird die in Zukunft grundsätzlich steuerneutral mögliche identitätswahrende Sitzverlegung der SE in ihrer praktischen Attraktivität eingeschränkt.

2. Einführung der Europäischen Gesellschaft in das KStG

4824 Mit der Aufnahme der Europäischen Gesellschaft (SE) in den Katalog des § 1 Abs. 1 Nr. 1 und der Europäischen Genossenschaft (SCE) in Nr. 2 KStG, werden diese den Kapitalgesellschaften gleichgestellt. Die unbeschränkte **Körperschaftsteuerpflicht** auch anderer Gesellschaften, auch ausländischer, wird durch die Formulierung „insbesondere" zum Ausdruck gebracht, wenn und soweit diese einer inländischen Kapitalgesellschaft

1 SE-VO Nr. 2157/2001 v. 8.10.2001, ABl. EG Nr. L 294, 1; SEEG v. 22.12.2004, BGBl 2004 I S. 3675.
2 SCE-VO Nr. 1435/2003 v. 22.7.2003, ABl. EG Nr. L 207, 1; SCEAG v. 14.8.2006, BGBl 2006 I S. 1911.
3 Richtlinie 2005/19/EG v. 17.2.2005, ABl. EG Nr. L 058, 19.
4 Richtlinie 2005/56/EG v. 15.12.2005, ABl. EG Nr. L 130, 1.
5 EuGH v. 9.3.1999 - C-212/97, EuGHE 1999 S. I-1459, NWB PAAAB-72644.
6 EuGH v. 5.11.2002 - C-208/00, EuGHE 2002 S. I-9919, NWB BAAAB-72640.
7 EuGH v. 30.9.2003 - C-167/01, EuGHE 2003 S. I-10155, NWB JAAAB-72607.
8 EuGH v. 13.12.2005 - C-411/03, GmbHR 2006 S. 140, NWB KAAAB-79448.
9 EuGH v. 11.3.2004 - C-9/02, EuGHE 2004 S. I-2409, NWB KAAAB-72877.
10 EuGH v. 21.11.2002 - C-436/00, FR 2003 S. 84, NWB YAAAB-72816.
11 Vgl. insoweit auch den Regierungsentwurf zum SEStEG, BT-Drucks. 16/2710.

vergleichbar sind (sog. Typenvergleich). § 14 Abs. 1 KStG stellt klar, dass entsprechend der Regelung für eine deutsche AG auch eine SE-Organgesellschaft sein kann.

(*Einstweilen frei*) 4825–4840

C. Grundzüge der Besteuerung des Einkommens bei der GmbH und ihren Gesellschaftern

I. Wechsel im System

4841 Das Steuersenkungsgesetz vom 23.10.2000 hat das System der Besteuerung des Einkommens der GmbH und ihrer Gesellschafter ab dem VZ 2001 grundlegend geändert. Das zuvor geltende Anrechnungsverfahren wurde durch das Teileinkünfteverfahren ersetzt.

(*Einstweilen frei*) 4842–4900

II. Teileinkünfteverfahren/Freistellungssystem

LITERATUR:

Eisgruber, Unternehmenssteuerreform 2001: Das Halbeinkünftverfahren auf der Ebene der Körperschaft, DStR 2000 S. 1493; *Kulemann/Harle*, Das Anrechnungsverfahren aus Sicht des Anteilseigners, SteuerStud 2000 S. 531; *Bolik*, Der Halbabzug im Halbeinkünfteverfahren, BB 2001 S. 811; *Hundsdoerfer*, Beteiligungsaufwendungen im Halbeinkünfteverfahren, BB 2001 S. 2242; *Nacke/Intemann*, Ausgewählte Probleme des Halbeinkünfteverfahrens, DB 2002 S. 756; *dies.*, Besteuerung von Veräußerungsgewinnen natürlicher Personen nach dem Halbeinkünfteverfahren, NWB 2002 S. 2589, NWB XAAAA-80082; *Semmler*, Gewinnausschüttungen beim Übergang vom Anrechnungs- zum Halbeinkünfteverfahren, NWB 2002 S. 3323, NWB UAAAA-74034.

1. Grundprinzip des Systems

4901 **Wesensmerkmal des Teileinkünfteverfahrens** ist die **voneinander unabhängige Besteuerung des Einkommens der GmbH** und **ihrer Gesellschafter** mit einer auf **jeder Ebene** eintretenden **Definitivbelastung**, die aber trotz der formalen Doppelbelastung wirtschaftlich insgesamt annähernd zu einer Belastung auf dem Niveau gleich hoher Unternehmensgewinne im Bereich der ESt (Einzelunternehmer und Mitunternehmerschaften) führen soll. Die Vermeidung einer übermäßigen Steuerbelastung durch das Teileinkünfteverfahren wird erreicht durch eine **Absenkung des KSt-Satzes auf 15 %.**

Auf Gesellschafterebene werden die an die **einkommensteuerpflichtigen Gesellschafter ausgeschütteten Gewinne** grundsätzlich nur **in Höhe von 60 % der Besteuerung unterworfen** und **Beteiligungserträge** bei **Kapitalgesellschaften** im Effekt bis 95 % durch fiktive nichtabziehbare Betriebsausgaben nach § 8b Abs. 4 KStG **freigestellt.** Davon werden seit dem 28.2.2013[1]) Streubesitzdividenden nach § 8b Abs. 4 KStG ausgenommen. Schließlich werden die **Gewinne aus Anteilsveräußerungen in das Teileinkünfteverfahren** miteinbezogen oder nach Maßgabe von **§ 8b Abs. 2 und Abs. 3 KStG freigestellt.**

1 Vgl. hierzu Geißer in: Mössner/Oellerich/Valta, KStG, § 8b Rz. 370 ff.

2. Steuersystematische Ausgestaltung

4902 Auf der **Besteuerungsebene der Kapitalgesellschaft** werden die **Gewinne definitiv**, also unabhängig davon, ob sie thesauriert oder ausgeschüttet werden, mit 15 % KSt des zu versteuernden Einkommens belastet. Eine Herstellung der Ausschüttungsbelastung und Anrechnung der KSt beim Anteilseigner entfällt; die KSt hat keinen Vorauszahlungscharakter mehr im Gegensatz zum früheren Anrechnungssystem.[1]

4903 Auf der **Besteuerungsebene des einkommensteuerpflichtigen Gesellschafters** werden die **Beteiligungseinkünfte „ergänzend" besteuert**. Hierzu stellt § 3 Nr. 40 EStG die zugrunde liegenden **Einnahmen** – im Regelfall die Dividenden und sonstigen Bezüge aus der GmbH-Beteiligung einschließlich der vGA nach § 20 Abs. 1 Nr. 1 EStG – **zu 40 % von der ESt frei**. In die 40 % Steuerbefreiung einbezogen werden auch die **Einnahmen aus der Veräußerung** von **Geschäftsanteilen** und die Ersatztatbestände wie Entnahmen, weil sie die in der GmbH thesaurierten Gewinne und gebildeten stillen Reserven repräsentieren. **Gänzlich** von der Besteuerung ausgenommen werden nach § 8b Abs. 1 und Abs. 2 KStG die **Dividenden (mit Ausnahme von Streubesitzdividenden) und** – abgesehen von der fiskalisch begründeten Mindestbesteuerung nach § 8b Abs. 3 Satz 2 KStG – **die Gewinne aus der Veräußerung von Anteilen** und der gleichgestellten Ersatztatbestände in der **Beteiligungskette**, wenn also der empfangende Gesellschafter seinerseits eine körperschaftsteuerpflichtige Kapitalgesellschaft ist. Damit wird eine Kumulation von KSt in der Beteiligungskette[2] vermieden, soweit nicht die Mindestbesteuerung über die Behandlung von 5 % der Veräußerungsgewinne als nichtabzugsfähige Betriebsausgaben zu einer Definitivbelastung dieses Betrages mit KSt führt.

4904 Auf der **Ausgabenseite** steht auf der Besteuerungsebene des Gesellschafters der 40 % igen Steuerfreistellung der Einnahmen ein **entsprechendes Abzugsverbot** nach § 3c Abs. 2 EStG gegenüber. Es schließt die mit den Einnahmen nach § 3 Nr. 40 EStG wirtschaftlich zusammenhängenden Betriebsvermögensminderungen, Betriebsausgaben, Werbungskosten, Veräußerungskosten sowie Anschaffungs- oder Herstellungskosten oder an deren Stelle tretenden Steuerwerte **zu 40 % vom Abzug aus**. Das gänzliche Abzugsverbot als Betriebsausgaben oder Werbungskosten in § 3c Abs. 1 EStG für Ausgaben, die in unmittelbarem wirtschaftlichem Zusammenhang mit den steuerfreien Einnahmen stehen, galt zunächst bis zum VZ 2003 auch für Beteiligungserträge nach § 8b Abs. 1 und Abs. 2 KStG; ab dem VZ 2004 ist § 3c Abs. 1 EStG im Zusammenhang mit steuerfreien Dividendenerträgen nicht mehr anzuwenden. Jetzt gelten nach § 8b Abs. 5 KStG **5 %** der nach § 8b Abs. 1 KStG **steuerfreien Dividenden pauschal als nicht abziehbare Betriebsausgaben**.

Das Abzugsverbot wird ergänzt durch § 8b Abs. 3 Satz 2 KStG, der auch die Berücksichtigung von Gewinnminderungen im Zusammenhang mit den Geschäftsanteilen (Teilwertabschreibungen, Veräußerungsverluste und Liquidationsverluste) ausschließt. Die Abzugsverbote entsprechen dem einkommensteuerlichen Grundsatz, wonach Ausgaben, soweit sie im wirtschaftlichen Zusammenhang mit steuerfreien Einnahmen stehen, nicht abgezogen werden dürfen. Sie kollidieren aber mit der dogmatischen Zielsetzung des

1 Lambrecht in: Gosch, KStG, § 34 Rz. 119.

2 Kaskadeneffekt, vgl. Gosch, KStG, § 8b Rz. 1.

Teileinkünfteverfahrens, die im Bereich der Körperschaft erwirtschafteten Gewinne „einmal" zu besteuern.

Auf der Ebene der Gesellschafter werden in das Teileinkünfteverfahren die Dividenden und sonstigen Bezüge sowie die Gewinne aus der Veräußerung von Anteilen und die ihnen gleichgestellten anderen Sachverhalte einbezogen unabhängig davon, ob die Geschäftsanteile zum Betriebsvermögen oder zum Privatvermögen gehören. Befinden sich die Anteile im Privatvermögen, wird ihre Veräußerung aber nur besteuert, wenn der Vorgang innerhalb eines Jahres nach dem Zeitpunkt der Anschaffung stattfindet und deshalb ein privates Veräußerungsgeschäft i.S.v. § 23 Abs. 1 Satz 1 Nr. 2 EStG vorliegt oder der Anteil mindestens 1 % des Nennkapitals beträgt (§ 17 Abs. 1 Satz 1 EStG). 4905

(*Einstweilen frei*) 4906–4940

III. Steuerlicher Belastungsvergleich seit 2008

LITERATUR:

Schiffers/Köster, Gestaltungshinweise zur Unternehmensbesteuerung zum Jahreswechsel 2007/2008, DStZ 2007 S. 773; *Jarosch/Rund/Gluth*, Steuer-Berater zum Jahreswechsel, StB-Jahresheft 2007/2008; *Korn/Strahl*, Beratungsbrennpunkt Unternehmenssteuerreform 2008, KSp 3; *Pflüger*, Unternehmenssteuerreform, IWW Sonderdruck Gestaltende Steuerberatung.

Nach den Regelungen des UntStRefG 2008 stellt sich gegenüber dem alten Recht die Ermittlung der steuerlichen Gesamtbelastung unter Berücksichtigung der Ebene des Anteilseigners wie folgt dar: 4941

	altes Recht 2001–2007			aktuelles Recht		
Gewinn		100			100	
GewSt (400 % Hebesatz)		16,7	16,7		14	14
Gewinn nach GewSt		83,3			100	
KSt	25 %	20,8	20,8	15 %	15	15
SolZ	5,5 %	1,2	1,2	5,5 %	0,8	0,8
Gesamtbelastung der Körperschaft			38,7			29,8

Die Ertragsteuer-Gesamtbelastung einer GmbH beträgt 29,83 % und liegt damit ca. 9 % unter derjenigen zu den VZ 2001 bis 2007.

Kapitalerträge, auch Gewinnausschüttungen, die nach dem 31.12.2008 gem. § 20 Abs. 1 EStG zufließen, werden nach dem Abgeltungssteuersystem gem. § 32d Abs. 1 EStG mit einem Steuersatz von 25 % (sog. **Abgeltungsteuer**) zzgl. SolZ belegt, wenn die Anteile im **Privatvermögen** gehalten werden. Aufwendungen im Zusammenhang mit dem Halten der GmbH-Beteiligung sind dabei nur noch dann zu 60 % abziehbar (§ 3c Abs. 2 EStG), wenn die Beteiligung über 25 % beträgt oder wenn der Gesellschafter zwar unter 25 %, aber über 1 % beteiligt ist und gleichzeitig als Geschäftsführer in einem Arbeitsverhält- 4942 nis zu der GmbH steht. Die Anwendung des **Teileinkünfteverfahrens** ist dabei nur auf Antrag möglich, an den der Gesellschafter, solange er ihn nicht widerruft, fünf Jahre gebunden ist, § 32d Abs. 2 Nr. 3 EStG.

4943 Die Abgeltungsteuer ist nicht anzuwenden, wenn die Beteiligung an der GmbH zu einem **Betriebsvermögen** gehört (z. B. bei einer Betriebsaufspaltung). Hier werden nach den Vorgaben des Teileinkünfteverfahrens nur noch 40 % der Gewinnausschüttungen und der Gewinne aus Anteilsveräußerungen steuerfrei gestellt. Im Zusammenhang mit der Beteiligung entstehende Aufwendungen, die dem Teileinkünfteverfahren unterliegen, sind nach § 3c Abs. 2 EStG zu 60 % abzugsfähig. Wird die Beteiligung von einer **Kapitalgesellschaft** gehalten, ergibt sich bei der Besteuerung keine Änderung, es verbleibt bei der 95 % igen Freistellung der Ausschüttungen nach § 8b Abs. 1, 2 KStG.

4944–4960 (*Einstweilen frei*)

2. Abschnitt: Steuerliche Folgen bei der Gründung einer GmbH

A. Verkehrssteuerliche Folgen bei der Gründung

I. Grunderwerbsteuer

1. Grunderwerbsteuerliche Tatbestände

4961 Enthält der Gesellschaftsvertrag die Verpflichtung eines Gesellschafters, in die GmbH ein **inländisches Grundstück** i. S. v. § 2 GrEStG (also auch ein Erbbaurecht oder Gebäude auf fremdem Boden) im **Wege der Sacheinlage** (§ 5 Abs. 4 GmbHG) **einzubringen**, wird ein **grunderwerbsteuerpflichtiger Erwerbsvorgang** (Rechtsträgerwechsel) nach § 1 Abs. 1 Nr. 1 GrEStG verwirklicht. Auch die Einbringung von Anteilen an einer Personengesellschaft, zu deren Gesellschaftsvermögen ein Grundstück gehört, kann grunderwerbsteuerliche Folgen haben, wenn dadurch (innerhalb von zehn Jahren) mindestens 90 % der Anteile am Gesellschaftsvermögen auf neue Gesellschafter übergehen. Denn ein solcher Wechsel im Gesellschafterbestand einer Grundbesitz haltenden Personengesellschaft gilt als Rechtsgeschäft, das auf die Übereignung des Grundstücks auf eine neue Personengesellschaft gerichtet ist (§ 1 Abs. 2a GrEStG).

BEISPIEL: Die Gründungsgesellschafter A und B sind neben C zu 90 % an der Y-KG beteiligt, zu deren Gesamthandsvermögen ein Grundstück gehört. Sie verpflichten sich, ihre Beteiligungen an der KG im Wege der Sacheinlage in die neu gegründete X-GmbH einzubringen. Die Einbringung ist nach § 1 Abs. 2a GrEStG steuerpflichtig, weil 96 % der Anteile an der KG auf einen neuen Gesellschafter (die X-GmbH) übergehen und dies als Erwerb des Grundstücks durch eine „neue" Personengesellschaft (Y-KG mit den Gesellschaftern C und X-GmbH) gilt.

4962 Werden **alle Anteile** an einer **Personengesellschaft** bei der Gründung in die **GmbH eingebracht**, erwirbt die GmbH das Grundstück durch Anwachsung des Gesellschaftsvermögens der (untergehenden) Personengesellschaft nach § 738 BGB, §§ 105 Abs. 2, 161 Abs. 2 HGB. Dadurch entsteht nach § 1 Abs. 1 Nr. 3 GrEStG Grunderwerbsteuer. Die gleiche steuerliche Folge lösen die Umwandlung eines Einzelunternehmens in eine

GmbH oder die Verschmelzung aus, wenn dadurch Grundstücke auf die neu gegründete GmbH übergehen.

Die bloße **formwechselnde** (nicht übertragende) Umwandlung von einer Personengesellschaft in eine (neue) GmbH löst keine GrESt aus, weil es nach §§ 214 Abs. 1, 202 Abs. 1 Nr. 1 UmwG an einem Rechtsträgerwechsel fehlt.[1] Einen grunderwerbsteuerpflichtigen Vorgang kann auch die Einbringung von mindestens 90% der Anteile an einer GmbH darstellen, wenn zu ihrem Vermögen ein Grundstück gehört. Mit einer solchen Sacheinlage tritt eine Anteilsvereinigung nach § 1 Abs. 3 GrEStG ein. 4963

2. Bemessungsgrundlage

Bemessungsgrundlage für die GrESt ist bei den Umwandlungen, den Einbringungen auf gesellschaftsrechtlicher Grundlage sowie den nach § 1 Abs. 2a oder § 1 Abs. 3 GrEStG **nicht** der Wert der Gegenleistung für das Grundstück (z. B. der anteilige Wert der gewährten Gesellschaftsrechte), sondern der nach den §§ 151 Abs. 1 und 3, 176 BewG festzustellende **Grundstückswert** (§ 8 Abs. 2 GrEStG). Die Steuer ist länderabhängig und beträgt zwischen 3,5 % und 6,5 % der Bemessungsgrundlage. 4964

Die GrESt für den Einbringungserwerb ist mit den Anschaffungskosten des Grundstücks zu aktivieren; fällt die GrESt für einen fiktiven Erwerb des Grundstücks nach § 1 Abs. 3 GrEStG durch die GmbH als neuen Rechtsträger an (Einbringung von mindestens 90% der Anteile an einer Gesellschaft mit inländischem Grundbesitz), stellt sie eine sofort abziehbare Betriebsausgabe dar. 4965

(*Einstweilen frei*) 4966–4980

II. Umsatzsteuer

Bei der Sachgründung ergeben sich auch umsatzsteuerbare Vorgänge, weil die Sacheinlage gegen die Gewährung des Geschäftsanteils durch die in Gründung befindliche GmbH erfolgt und deshalb umsatzsteuerrechtlich Leistungen in Gestalt eines tauschähnlichen Umsatzes erbracht werden (§ 1 Abs. 1 Nr. 1 und § 3 Abs. 1 und Abs. 12 UStG). 4981

Bringt ein Unternehmer (§ 2 Abs. 1 Satz 1 UStG) im Rahmen seines Unternehmens (§ 2 Abs. 1 Satz 2 UStG) bei der Sachgründung **einzelne Gegenstände** für die Gewährung des Geschäftsanteils ein, stehen sich die Sacheinlage und der Geschäftsanteil als Leistung und Gegenleistung gegenüber und bilden jeweils das Entgelt für die von Gesellschafter und GmbH erbrachte umsatzsteuerbare Leistung. 4982

Wird ein **ganzes Unternehmen** oder ein **ganzer Betrieb** im Wege der Sachgründung in die zu gründende GmbH eingebracht, unterliegt dieser Vorgang als Geschäftsveräußerung an einen anderen Unternehmer (die GmbH) für dessen Unternehmen nach § 1 Abs. 1a UStG nicht der USt. Auch die übertragende Umwandlung und die Verschmelzung auf die zu gründende GmbH fallen unter § 1 Abs. 1a UStG. 4983

1 BFH v. 4.12.1996 - II B 116/96, BStBl 1997 II S. 661.

4984 Liegen steuerbare Umsätze vor, sind sie bei der Gründung in weitem Umfang steuerbefreit. Die **Gewährung des Geschäftsanteils** durch die GmbH ist ein nach § 4 Nr. 8 Buchst. f UStG **steuerfreier Umsatz**. Ob für die Übertragung des jeweiligen Gegenstandes der Sacheinlage durch den Gründungsgesellschafter eine Steuerbefreiung in Betracht kommt, richtet sich nach §§ 4 ff. UStG. Die häufig vorkommenden Übertragungen von Forderungen, Wertpapieren, Gesellschaftsanteilen und Grundstücken sind nach § 4 Nr. 8 und 9 UStG umsatzsteuerfrei. Solche steuerfreien Umsätze anlässlich der Sachgründung können die Berichtigung des Vorsteuerabzugs nach § 15a UStG beim einbringenden Gesellschafter nach sich ziehen. Die Einbringung stellt eine Veräußerung des Wirtschaftsguts und damit eine Änderung der Verhältnisse gegenüber der erstmaligen Verwendung dar (§ 15a Abs. 8 UStG). Sofern die GmbH selbst zum Vorsteuerabzug berechtigt ist, ist daher regelmäßig anzuraten, dass der einbringende Unternehmer auf die Steuerbefreiung nach § 9 Abs. 1 UStG verzichtet (Option), die USt offen der GmbH in Rechnung stellt und die GmbH sie wieder als Vorsteuer abzieht (§ 15 UStG).

4985–5000 (*Einstweilen frei*)

B. Ertragsteuern

I. Vorbemerkung

1. Verhältnis Körperschaftsteuer zur Einkommensteuer im Rahmen der GmbH-Besteuerung

5001 Was als Einkommen gilt und wie das Einkommen zu ermitteln ist, bestimmt sich gem. § 8 Abs. 1 Satz 1 KStG nach den Vorschriften des EStG und dieses Gesetzes. Historisch hat sich das Ertragsteuerrecht dahin entwickelt, dass natürliche Personen der Einkommensteuer und die im Katalog des § 1 Abs. 1 KStG aufgelisteten „Nicht natürlichen Personen“ der Körperschaftsteuer unterliegen. § 8 Abs. 1 Satz 1 KStG enthält weder einen eigenständigen Einkommensbegriff noch einzelne Ermittlungsvorschriften. Vielmehr verweist **Satz 1** für die Definition des Einkommens und deren Ermittlung auf die Vorschriften des EStG und die im zweiten Teil des KStG enthaltenen Regelungen. Aus der Generalverweisung des § 8 Abs. 1 Satz 1 KStG ergibt sich folgendes Fazit:

Einkommensteuerliche Normen, die eine Privatsphäre einer natürlichen Person voraussetzen, können im Körperschaftsteuerrecht nicht entsprechend angewandt werden.[1]

Die einkommensteuerlichen Normen, die Anwendung finden können, werden in R 8.1 Abs. 1 KStR aufgelistet.

1 So auch Klein/Müller in: Mössner/Oellerich/Valta, KStG, § 8 Rz. 53.

Die nachfolgende Grafik soll die Struktur unter der Berücksichtigung von Betriebsvermögen und Privatvermögen verdeutlichen:

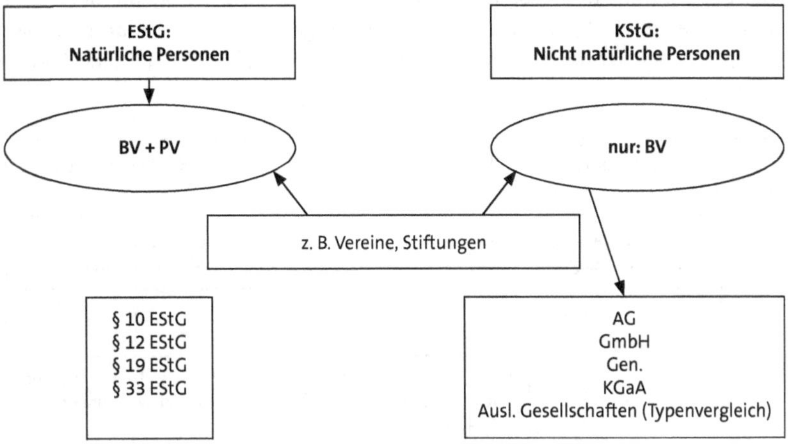

2. Die Sphären einer Körperschaft

Nach dem Verständnis des vorstehenden Schaubildes wird die natürliche Person darge- 5002
stellt mit einer betrieblichen und einer privaten Sphäre und die Körperschaft nur mit einer betrieblichen Sphäre. Mit Urteil v. 4.12.1996 hatte der BFH[1] entschieden, dass eine KapG keine außerbetriebliche Sphäre habe. In der Literatur ist aber auch bei den Körperschaften eine außerbetriebliche Sphäre anerkannt.[2] Entscheidend ist die richtige Einordnung der Aufwendungen nach den Merkmalen „Einkünfteerzielend" oder „Einkünfteverwendend". Diese Unterscheidung spielt auch eine Rolle bei der Einordnung in eine Liebhabereitätigkeit (= mangelnde Gewinn-/Einkünfteerzielungsabsicht).

Der streitige Sphärengedanke wird dem nicht gerecht. Das Gesetz kennt eine Tätigkeit der KapG ohne positive Einkünfteerzielungsabsicht in der Gestalt des § 10g EStG.[3] Das ist ein Fall der Liebhaberei. Das BFH-Urteil v. 4.12.1996 ist darauf nicht eingegangen. Auch in einer weiteren Entscheidung scheint der BFH[4] an seinem Sphärengedanken festzuhalten. Er judizierte, dass in der Steuerbilanz einer als Großbetrieb i. S. v. § 3 BpO 2000 eingestuften KapG Rückstellungen für die im Zusammenhang mit einer Außenprüfung bestehenden Mitwirkungspflichten gem. § 200 AO, soweit diese die am jeweiligen Bilanzstichtag bereits abgelaufenen Wirtschaftsjahre (Prüfungsjahre) betreffen, grundsätzlich auch vor Erlass einer Prüfungsanordnung zu bilden sind. In seiner Urteilsbegründung weist er darauf hin, dass die für die Erfüllung der Mitwirkungspflichten gebildeten Rückstellungen nicht dem steuerlichen **Abzugsverbot des § 10 Nr. 2 KStG** unterfallen.

1 BFH v. 4.12.1996 - I R 54/95, NWB YAAAA-96773.

2 Pezzer, StuW 1990 S. 261; Thiel/Eversberg, DStR 1993 S. 1884; Weber-Grellet, DStR 1994 S. 12; Pezzer, StuW 1998 S. 76, 80.

3 R 8.1 Abs. 1 KStR.

4 BFH v. 8.8.2001 - I R 106/99, BStBl 2003 II S. 487; s. hierzu Klein/Müller in: Mössner/Oellerich/Valta, KStG, § 8 Rz. 136.

Für Kapitalgesellschaften verbietet sich solches, weil diese über keine außerbetriebliche Sphäre verfügen und das gesetzliche Abzugsverbot deshalb eng zu verstehen ist.[1] Folgt man der Literaturmeinung, wonach auch eine außerbetriebliche Sphäre denkbar wäre, wird man zu einer richtigen Lösung in jedem Fall gelangen, wenn man sich folgende Struktur grafisch vor Augen führt und die Aufteilung ausrichtet an „Erzielung" oder „Verwendung":

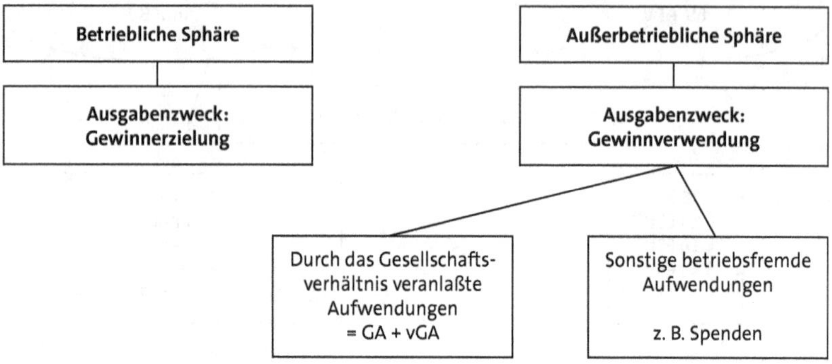

3. Der gesellschaftsrechtliche Vermögenskreislauf

5003 Die **Begründung** und **Erfüllung** der **Einlageverpflichtungen** im Rahmen des Gründungsvorgangs (Bar- oder Sachgründung) zeitigt bei der GmbH **keine unmittelbaren Folgen hinsichtlich der KSt** und der **GewSt**. Die Einlagen der Gründer sind durch das Gesellschaftsverhältnis veranlasst. Die sich hieraus ergebenden Vermögensmehrungen bei der GmbH dürfen ihren Gewinn (und Gewerbeertrag) und ihr Einkommen nicht beeinflussen (§ 8 Abs. 1 KStG i. V. m. § 4 Abs. 1 EStG), wie dies umgekehrt auch für gesellschaftsrechtlich veranlasste Vermögensminderungen (z. B. durch vGA § 8 Abs. 3 Satz 2 KStG) gilt. Für die spätere Ermittlung des laufenden Gewinnes der GmbH und dessen Belastung mit KSt und GewSt ist aber von großer Bedeutung, mit welchem Wert die Einlagen in der Steuerbilanz der GmbH (bzw. Vorgesellschaft) angesetzt werden, weil der Wertansatz und das sich hieraus ergebende Abschreibungsvolumen den laufenden steuerlichen Gewinn oder den Gewinn aus einer späteren Veräußerung des eingebrachten Wirtschaftsguts beeinflussen.

Umgekehrt ist auf der Ebene des Gründungsgesellschafters die Bewertung ausschlaggebend für die Höhe der Anschaffungskosten seiner Beteiligung, einer eventuellen späteren Teilwertabschreibung, die Höhe des zu realisierenden Gewinns, wenn der Gegenstand der Einlage beim Gründungsgesellschafter zu einem Betriebsvermögen gehört, und wenn der Geschäftsanteil später veräußert werden sollte. Besondere steuerliche Folgen können sich aus den Sonderregelungen nach § 20 UmwStG bei der Einbringung von ganzen Betrieben, Teilbetrieben und Mitunternehmeranteilen und aus § 6b EStG ergeben.

Das Vermögen einer GmbH kann sich positiv, wie auch negativ bilden durch reine Vorgänge zwischen Gesellschaft und Gesellschafter oder durch Teilnahme am marktwirt-

1 BFH v. 6.6.2012 - I R 99/10, BStBl 2013 II S. 196, mit Anm. Gosch, HaufeIndex 3295881.

schaftlichen Geschehen. Bloße Einlagen spiegeln den Anschaffungskostenbereich der Gesellschaftsanteile wider. Sofern Einlagen nicht auf das gezeichnete Kapital gebucht werden, sind das Vorgänge, die das steuerliche Einlagenkonto gem. § 27 KStG beeinflussen. Sofern auf den Gesellschafter Zuflüsse aus dem marktwirtschaftlichen Geschehen zukommen, bilden diese den Bereich der Dividendenbesteuerung. Angelegt ist die Trennung Anteilsbesteuerung und Dividendenbeteuerung im Handelsrecht. § 266 Abs. 3 A. HGB enthält die Struktur gezeichnetes Kapital und Kapitalrücklage auf der einen Seite und Gewinnrücklagen, Gewinnvortrag, Jahresüberschuss auf der anderen Seite.

Ausgerichtet an § 266 Abs. 3 HGB ergibt sich folgende Struktur:

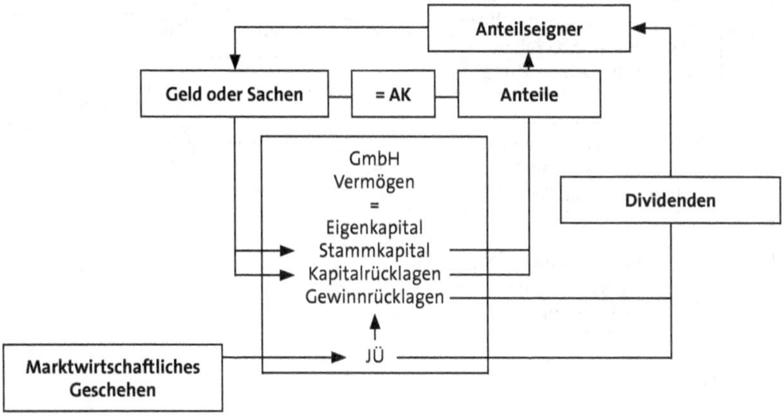

Daraus folgt aus der Trennung des Vermögenskreislaufs für die Ebene der Gesellschaft und der Ebene des Anteilseigners die nachfolgende Darstellung:

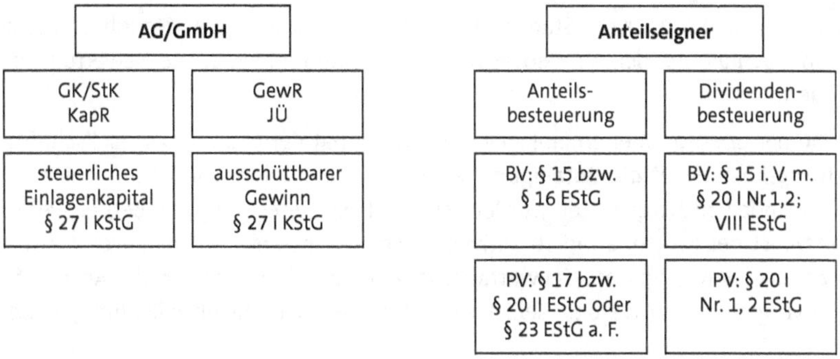

4. Der steuerbare Personenkreis

Der Weg in die GmbH führt zu einem neuen Steuersubjekt, welches die schon zuvor angesprochene Intransparenz (auch Trennungsprinzip)[1] zwischen Gesellschaft- und Gesellschafterebene eröffnet. In der ESt ist jede natürliche Person steuerbar. In der KSt ist dagegen nicht jedes nichtnatürliche Gebilde steuerbar. Vielmehr sind es nur die Personen- 5004

1 Siehe oben Rz. 4751 ff.

vereinigungen und Vermögensmassen, die in den abschließend aufgezählten Katalog des § 1 KStG passen. Seit der Entscheidung des GrS des BFH v. 25.6.1984[1] ist geklärt, dass man im Wege einer Analogie z. B. eine Massenpersonengesellschaft den Körperschaften nicht zuordnen kann.

Ausgerichtet am Transparenz- und Intransparenzprinzip lassen sich die Ertragsteuersubjekte nach dem deutschen Steuerrecht folgendermaßen grafisch darstellen:

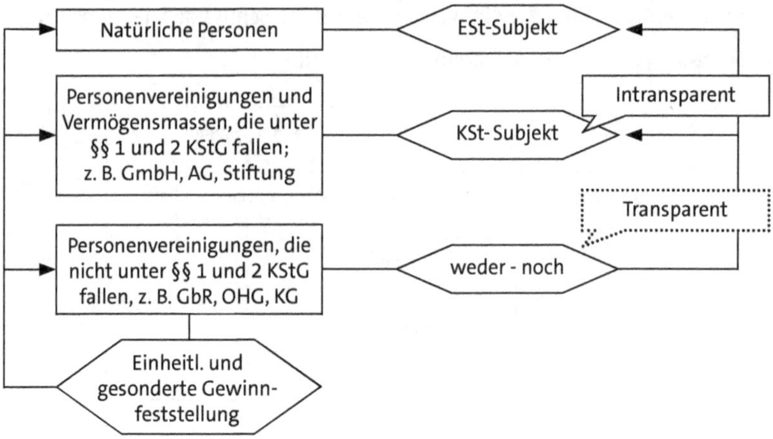

5005–5020 (*Einstweilen frei*)

II. Bargründung

1. Übernahme der Stammeinlage

5021 Bei der Bargründung ist die Stammeinlage durch Einzahlung des Nennbetrages zu erbringen. Hieraus ergeben sich ertragsteuerlich keine Probleme. Die Bewertung erfolgt nach dem Nennbetrag.

5022 In Höhe der übernommenen Einlageverpflichtung hat der Gründungsgesellschafter **Anschaffungskosten auf die Beteiligung**, auch wenn ein Teil davon noch nicht eingefordert und noch nicht geleistet worden ist. Wird die Beteiligung im Betriebsvermögen gehalten, ist der Bruttobetrag zu aktivieren, noch nicht erfüllte Einlageverpflichtungen sind zu passivieren. Spätere Teilwertabschreibungen können so auf die Anschaffungskosten vorgenommen werden, selbst wenn Einlagen noch nicht vollständig eingezahlt sind.

5023 Die bei der GmbH eintretende Vermögensmehrung durch die von den Gründern zu leistenden Einlagen ist durch das Gesellschaftsverhältnis veranlasst und darf deshalb den Gewinn der Gesellschaft nicht beeinflussen. Bei Einzahlung bucht die GmbH „Geldkonto an gezeichnetes Kapital", so dass eine außerbilanzielle Korrektur nicht erforderlich ist. Hat der Gesellschafter ein **Agio** (Aufgeld) zu leisten, führt es beim Gesellschafter wie die Stammeinlage selbst zu **Anschaffungskosten** auf die Beteiligung, die GmbH

1 GrS 4/82, BStBl 1984 II S. 751 ff.

stellt es **erfolgsneutral** in die **Kapitalrücklage** ein. Steuerlich ist darauf zu achten, dass der Zugang im steuerlichen Einlagenkonto gem. § 27 KStG festgehalten wird.

2. Erwerb oder Aufbau eines Unternehmens

Nimmt die GmbH bei einer Bargründung erst nach ihrem Entstehen als juristische Person oder der Körperschaftsteuerpflicht die gewerbliche Tätigkeit auf und unternimmt Schritte, um ein gewerbliches Unternehmen entweder käuflich zu erwerben oder aufzubauen, ergeben sich ertragsteuerlich keine weiteren Besonderheiten, da der Gewinn oder Verlust der GmbH durch den Erwerb oder Aufbau des Unternehmens nach den allgemeinen Vorschriften ermittelt wird. 5024

(*Einstweilen frei*) 5025–5040

III. Sachgründung

1. Sacheinlagen (Einbringung einzelner Wirtschaftsgüter)

a) Offene Einlagen

Das KStG selbst enthält keine Regelung für die steuerliche Behandlung von Sacheinlagen anlässlich der Gründung der GmbH, so dass über § 8 Abs. 1 KStG auf die Regelungen des EStG zurückzugreifen ist. Die Rechtsprechung behandelt die **offenen Einlagen**, d. h., die gesellschaftsrechtlichen Einlagen, die **gegen die Gewährung von Gesellschaftsrechten** erfolgen – bei der Gründung die Gewährung des Geschäftsanteils –, als tauschähnlichen Vorgang, der beim einbringenden Gesellschafter zu einer entgeltlichen Veräußerung und bei der übernehmenden Gesellschaft zu einem Anschaffungsgeschäft führt.[1] Dies hat zur Folge, dass die empfangende GmbH als Anschaffungskosten für das eingebrachte Wirtschaftsgut dessen gemeinen Wert anzusetzen hat, und zwar unabhängig davon, ob die Einlage aus dem Privatvermögen oder aus einem Betriebsvermögen des Gründungsgesellschafters erfolgt, bei dem dieser Vorgang im Betriebsvermögen zu einer Gewinnrealisierung nach § 6 Abs. 6 Satz 1 EStG führt. 5041

Die Bewertungsvorschrift des § 6 Abs. 1 Nr. 5 EStG, wonach Einlagen mit dem Teilwert zu bewerten sind, ist hiernach nur noch anzuwenden, wenn keine Gesellschaftsrechte gewährt werden, z. B. bei einer verdeckten Einlage,[2] nicht aber bei offenen Sacheinlagen, die auf die in Geld ausgedrückte Einlageschuld (Stammeinlage) erbracht werden, auf die sich die Sacheinlage bezieht. Der Ansatz des auf die Sacheinlageverpflichtung bei der Gründung eingebrachten Wirtschaftsguts mit dem gemeinen Wert führt zwar zu einer Vermögensmehrung, die aber gesellschaftsrechtlich veranlasst ist, so dass sie erfolgsneutral einzubuchen ist. Den in Höhe des gemeinen Werts zu aktivierenden Anschaffungskosten steht die Buchung auf das Stammkapital gegenüber, ein darüber hinausgehender Wert der Sacheinlage ist – je nach den Festsetzungen des Gesellschaftsvertrags – in die Kapitalrücklage (Eigenkapital der GmbH) einzustellen oder als Schuldposten (Verbindlichkeit) gegenüber dem Gesellschafter auszuweisen. Gehört der Gegenstand der Sacheinlage zum abnutzbaren Anlagevermögen (§ 7 Abs. 1

1 Vgl. BFH v. 19.10.1998 - VIII R 69/95, BStBl 2000 II S. 230; v. 11.9.1991 - XI R 15/90, BStBl 1992 II S. 404.
2 Str., vgl. hierzu Kulosa in: Schmidt, EStG, § 6 Rz. 554.

EStG), mindern die Abschreibungen (Absetzungen für Abnutzung – AfA) hierauf den steuerlichen Gewinn der GmbH.

b) Verdeckte Einlagen

LITERATUR:

Füger/Rieger, Verdeckte Einlagen in eine Kapitalgesellschaft zu Buchwerten, DStR 2003 S. 628; *Gosch/Roser*, KStG, § 8 Rz. 131 ff. (ABC der verdeckten Einlagen); *Levedag* in: Münchener Handbuch des Gesellschaftsrechts, Band 1, § 57 Gewinnermittlung und -verteilung Rz. 218, 5. Aufl. 2019; *Weiss* in: Michalski/Heidinger/Leible/J. Schmidt, GmbHG, Systematische Darstellung 3 Besteuerung der GmbH Rz. 284 bis 290, 4. Aufl. 2023; *Klein/Müller* in: Mössner/Oellerich/Valta, KStG, § 8 Rz. 2081 ff.

5042 Erfolgt die Sacheinlage als **verdeckte Einlage** (= Einlage aus gesellschaftsrechtlichen Gründen ohne Entgelt in Form eines – zusätzlichen – Geschäftsanteils), liegt kein Tausch vor. Dann ist das Wirtschaftsgut bei der GmbH nach § 6 Abs. 1 Nr. 5 EStG regelmäßig mit dem Teilwert oder aber mit den niedrigeren Anschaffungskosten (AK) oder Herstellungskosten (HK) des einlegenden Gesellschafters nach § 6 Abs. 1 Nr. 5 Buchst. a EStG anzusetzen, wenn das zugeführte Wirtschaftsgut innerhalb der letzten drei Jahre vor der Zuführung angeschafft oder hergestellt worden ist. Nur für diesen Fall sind für die Prüfung, ob die AK oder HK (bzw. der an ihre Stelle tretende Entnahmewert gem. § 6 Abs. 1 Nr. 5 Satz 3 EStG) niedriger als der Teilwert sind und zur Berechnung des anzusetzenden Einlagewerts die AK oder HK (bzw. der Entnahmewert) um die AfA (und ggf. andere Abschreibungen) zu kürzen, die auf die Zeit zwischen der Anschaffung oder Herstellung und der Einlage entfallen. Der sich hiernach ergebende Einlagewert (Teilwert oder niedrigerer Wert nach § 6 Abs. 1 Nr. 5 Buchst. a EStG) ist für die Vornahme der **AfA maßgebend**.

Für Wirtschaftsgüter, die danach mit dem Teilwert anzusetzen sind, aber bisher im Privatvermögen zur Erzielung von Überschusseinkünften genutzt und abgeschrieben worden sind (§ 7 Abs. 1 Satz 5 EStG) vermindert sich zwar nicht der Einlagewert (Teilwert) um die bisher in Anspruch genommenen AfA, wohl aber das AfA-Volumen.[1] Die Vorschrift führt durch Verbrauch der Bemessungsgrundlage zu einem nicht abschreibbaren Restwert, der erst bei einer Veräußerung des Wirtschaftsguts zu einem entsprechenden Aufwand führt.

5043 Eine Ausnahmevorschrift gilt zwar nach § 6 Abs. 1 Nr. 5 Buchst. b EStG auch für die Einlage eines Anteils an einer Kapitalgesellschaft i. S. d. § 17 Abs. 1 EStG („wesentliche Beteiligung" = mindestens 1 % unmittelbar oder mittelbar). Bei verdeckter Einlage (und offener Einlage) einer solchen Beteiligung in die GmbH ist die Vorschrift aber nicht anwendbar, weil nach § 17 Abs. 1 Satz 2 EStG die verdeckte Einlage als Veräußerungsgeschäft zum Veräußerungspreis in Höhe des gemeinen Werts des Anteils (§ 17 Abs. 2 Satz 2 EStG) gilt und es danach beim Teilwertansatz bei der GmbH bleibt.[2] Gleiches gilt, wenn § 23 Abs. 1 Satz 5 Nr. 2 EStG anzuwenden ist (als privates Veräußerungsgeschäft geltende verdeckte Einlage innerhalb der Spekulationsfrist).

1 Vgl. Kulosa in: Schmidt, EStG, § 6 Rz. 560.
2 BMF v. 2.11.1998, BStBl 1998 I S. 1227.

Die verdeckte Einlage ist auf dem steuerlichen **Einlagekonto i.S.v. §27 KStG** zu erfassen; beim einlegenden Gesellschafter stellt ihr Wert AK auf die Beteiligung dar. 5044

c) Verschleierte Sacheinlagen

LITERATUR:

Altrichter-Herberg, Steuerliche Aspekte der verdeckten Sacheinlage bei der GmbH, GmbHR 2004 S.1188; *Tillmann*, Heilung einer verschleierten Sachgründung aus steuerlicher Sicht, DB 2004 S.1853; *Servatius* in: Noack/Servatius/Haas, GmbHG, §5 Rz.18f.

Eine **verschleierte Sacheinlage** liegt (im klassischen Fall) vor, wenn im Gesellschaftsvertrag eine Bargründung festgelegt ist, die GmbH also die Gewährung der neuen Geschäftsanteile nicht für eine Sacheinlage, sondern für eine Bareinlage verspricht, der Gesellschafter zunächst die Stammeinlage – wie versprochen – auch in bar erbringt, in sachlichem und zeitlichem Zusammenhang damit aber der Gesellschafter an die GmbH den „Sacheinlagegegenstand" veräußert und die GmbH mit der Bareinlage den Kaufpreis entrichtet, der Gesellschafter also seine „Bareinlage" wieder zurückerhält. 5045

Vor Inkrafttreten der GmbH-Reform durch MoMiG am 1.11.2008 wurde mit der verschleierten Sacheinlage die Bareinlageverpflichtung nicht erfüllt, das Verpflichtungsgeschäft und die dingliche Übereignung des „Sacheinlagegegenstandes" waren nichtig.[1] Nach §19 Abs.4 GmbHG wird der Gesellschafter zwar auch weiterhin durch eine verdeckte Sacheinlage nicht von seiner Einlageverpflichtung befreit. Jedoch sind die Verträge über die Sacheinlage nicht (mehr) unwirksam. Auf die fortbestehende Geldeinlagepflicht des Gesellschafters wird der Wert des Vermögensgegenstandes im Zeitpunkt der Anmeldung der Gesellschaft zur Eintragung in das Handelsregister oder im Zeitpunkt seiner Überlassung an die Gesellschaft, falls diese später erfolgt, angerechnet. Dabei trägt der Gesellschafter die Beweislast für die Werthaltigkeit des Vermögensgegenstandes.

Übereignet der Gesellschafter den Gegenstand gleichwohl an die GmbH mit Rücksicht auf das Gesellschaftsverhältnis, liegt eine verdeckte Einlage mit den dargestellten Folgen vor. 5046

2. Gründung durch Einbringung eines Betriebs, Teilbetriebs oder Mitunternehmeranteils (§20 UmwStG)

LITERATUR:

Steuergesetzänderungen, SIS Steuerberater-Brief Nr.06/12, 1; *Strahl*, Beratungsbrennpunkt Steueränderungsgesetze 2006/2007 (TT 52), 2006, Abschn. D; *Klein/Müller/Lieber*, Änderung der Unternehmensform, 12.Aufl. 2022, Teil D. XII; *Schmitt* in Schmitt/Hörtnagl, UmwG, UmwStG §20 Rz.186 bis 203, 10.Aufl. 2024.

1 Vgl. BGH v. 7.7.2003 - II ZR 235/01, BGHZ 155 S.329, NWB FAAAB-97877.

a) Allgemeines

5047 Mit der durch das SEStEG eingeführten Fassung des UmwStG ist dieses vollständig neu gefasst worden. Erforderlich war dies im Hinblick auf die Europäisierung des Umwandlungssteuerrechtes. Dementsprechend erfasst der Anwendungsbereich des UmwStG neben sämtlichen Umwandlungs- und Einbringungsvorgängen mit ausschließlichem Inlandsbezug nach seinem § 1 Abs. 1 Nr. 1 neben Verschmelzungen, Auf- und Abspaltungen i. S. der §§ 2 und 123 Abs. 1 und 2 des UmwG von Körperschaften auch vergleichbare ausländische Vorgänge sowie solche des Art. 17 SE-Verordnung und Art. 19 SCE-VO; Ähnliches ergibt sich aus § 1 Abs. 3 Nr. 2 und 3 UmwStG.

5048 Das UmwStG ist nach seinem § 27 Abs. 1 anzuwenden auf Umwandlungen und Einbringungen, bei denen die Anmeldung zur Eintragung in das für die Wirksamkeit des jeweiligen Vorganges maßgebende öffentliche Register nach dem 12.12.2006 erfolgt ist. Für Einbringungen, für deren Wirksamkeit eine solche Eintragung nicht erforderlich ist, ist das UmwStG erstmals anzuwenden, wenn das wirtschaftliche Eigentum an den eingebrachten Wirtschaftsgütern nach diesem Datum übergegangen ist. § 27 Abs. 2 UmwStG sieht die Anwendung der bisherigen Fassung des UmwStG letztmals auf Umwandlungen und Einbringungen vor, bei denen die Anmeldung zur Handelsregistereintragung bis zum 12.12.2006 erfolgt ist.

5049 Die folgende Darstellung befasst sich im Schwerpunkt mit den Regelungen zur Einbringung in eine Kapitalgesellschaft, §§ 20 bis 23 UmwStG. Wegen der alten Rechtslage vgl. die Ausführungen in der 1. Auflage, Rz. 1976 ff.

5050 Mit den durch das SEStEG neu gefassten Regelungen der §§ 20 bis 23 UmwStG war ein grundlegender Konzeptionswechsel bei der Einbringung eines Betriebes, Teilbetriebes oder Mitunternehmeranteils in eine Kapitalgesellschaft verbunden.

5051 Ein solcher Vorgang kann durch Fortführung der Buchwerte des Einbringenden von der übernehmenden Gesellschaft steuerneutral vorgenommen werden, wenn die Gegenleistung dafür nur in neuen Gesellschaftsrechten der übernehmenden Gesellschaft besteht und das deutsche Besteuerungsrecht am eingebrachten Vermögen nicht eingeschränkt wird.

5052 Während § 20 UmwStG die Einbringung von Unternehmensteilen in eine Kapitalgesellschaft und § 21 UmwStG die Einbringung von Anteilen an Kapitalgesellschaften (Anteilstausch) behandeln, regelt § 22 UmwStG die Besteuerung bei dem einbringenden Anteilseigner und § 23 UmwStG die Auswirkungen der Einbringung für die übernehmende/erwerbende Gesellschaft.

5053 Für den Fall einer schädlichen Übertragung der erhaltenen Anteile oder des eingebrachten Vermögens innerhalb eines Siebenjahreszeitraumes sieht § 22 UmwStG eine zeitanteilige **Nachbesteuerung** des zugrunde liegenden Einbringungsvorganges vor.

5054–5070 (*Einstweilen frei*)

b) Einbringung eines Betriebes, Teilbetriebes oder Mitunternehmeranteils (Sacheinlage, § 20 UmwStG)

aa) Allgemeine Voraussetzungen des § 20 Abs. 1 UmwStG

5071 § 20 UmwStG setzt die Einbringung eines Betriebes, Teilbetriebes oder Mitunternehmeranteils in eine Kapitalgesellschaft oder eine Europäische Genossenschaft voraus. Diese Sacheinlage kann wie bisher durch Gesamtrechtsnachfolge, also nach den Regelungen des UmwG, oder Einzelrechtsnachfolge, also durch Sachkapitalerhöhung, erfolgen. Vom eingebrachten Betriebsvermögen umfasste Anteile an Kapitalgesellschaften sind hiervon ebenfalls erfasst. Die Veräußerung der Anteile innerhalb von sieben Jahren nach der Einbringung richtet sich allerdings insoweit gem. § 22 Abs. 1 Satz 5 UmwStG nach § 22 Abs. 2 UmwStG.

5072 Darüber hinaus muss der Einbringende dafür **neue, d. h. neu geschaffene**[1] Anteile an der übernehmenden Kapitalgesellschaft erhalten.

5073 Nach § 20 i. V. m. § 1 Abs. 3 und 4 UmwStG kann jede in Deutschland oder einem anderen EU-/EWR-Staat ansässige Kapitalgesellschaft oder natürliche Person Einbringender sein. Einbringender kann aber auch ein in einem Drittstaat Ansässiger sein, § 1 Abs. 4 Nr. 2 Buchst. b UmwStG, wenn das deutsche Besteuerungsrecht an den erhaltenen Anteilen nicht ausgeschlossen oder beschränkt ist (z. B. bei Zugehörigkeit zu einer inländischen Betriebsstätte oder einem entsprechenden DBA). Übernehmender Rechtsträger kann jede in Deutschland oder einem anderen EU-/EWR-Staat ansässige Kapitalgesellschaft sein.

bb) Die Ebene der übernehmenden Kapitalgesellschaft (§ 20 Abs. 2 UmwStG)

5074 Grundsätzlich ist das eingebrachte Betriebsvermögen von der übernehmenden Gesellschaft mit dem **gemeinen Wert** anzusetzen (§ 20 Abs. 2 Satz 1 UmwStG). Das bisherige uneingeschränkte Wahlrecht (Buchwert, Zwischenwert, Teilwert/gemeiner Wert) ist damit weggefallen.

5075 Ein Ansatz des Betriebsvermögens einheitlich zum Buchwert oder einem Zwischenwert ist von weiteren, kumulativ zu erfüllenden Voraussetzungen abhängig. So muss sichergestellt sein, dass das eingebrachte Betriebsvermögen später bei der übernehmenden Körperschaft der Besteuerung mit KSt unterliegt (§ 20 Abs. 2 Satz 2 Nr. 1 UmwStG).

5076 Weiter dürfen die Passivposten des eingebrachten Betriebsvermögens ohne das Eigenkapital die Aktivposten nicht übersteigen (§ 20 Abs. 2 Satz 2 Nr. 2 UmwStG). Wird dennoch negatives Vermögen übertragen, dürfen die Buchwerte nicht fortgeführt werden. In Höhe der Differenz zwischen Aktiva und Passiva ist eine Aufstockung einheitlich bezüglich aller Wirtschaftsgüter vorzunehmen mit der Konsequenz, dass i. E. Zwischenwerte zum Ansatz kommen.[2]

5077 Schließlich darf das Recht Deutschlands zur Besteuerung des Gewinns aus der Veräußerung des eingebrachten Betriebsvermögens bei der übernehmenden Gesellschaft nicht ausgeschlossen oder beschränkt werden (§ 20 Abs. 2 Satz 2 Nr. 3 UmwStG). Damit sind

1 Zu den Vorgängen, die zu neuen Anteilen führen, s. Klein/Müller/Lieber, a. a. O., Rz. 1756.

2 Vgl. Gesetzesbegründung BT-Drucks. 16/2710 S. 69.

die Einbringungsfälle des Betriebsvermögens solcher ausländischer Betriebsstätten erfasst, deren Betriebsstättengewinne vor der Einbringung nicht von der deutschen Besteuerung durch ein DBA freigestellt sind, die also in einem Staat belegen ist, dessen DBA die Anrechnungsmethode mit Deutschland vorsieht, und die in eine in einem anderen EU-/EWR-Staat ansässige Kapitalgesellschaft eingebracht werden.

5078 Für den Ansatz des Buch- oder eines Zwischenwertes ist ein **Antrag der übernehmenden Gesellschaft** erforderlich (§ 20 Abs. 2 Satz 3 UmwStG) Dieser ist spätestens bis zur erstmaligen Einreichung der steuerlichen Schlussbilanz bei dem für die Besteuerung der übernehmenden Gesellschaft zuständigen Finanzamt zu stellen. Für jeden Einbringungsvorgang kann der Antrag auf Ansatz eines Wertes nur einheitlich gestellt werden, so dass es bei einem Vorgang nicht zu einer teilweisen Aufstockung und einer teilweisen Buchwertfortführung kommen kann. Werden jedoch gleichzeitig mehrere Mitunternehmeranteile einer Personengesellschaft eingebracht, liegt auch dann hinsichtlich eines jeden Mitunternehmeranteils ein gesonderter Einbringungsvorgang vor, wenn diese zu einem Betriebsvermögen gehören, **sog. gesellschafterbezogene Betrachtungsweise.**[1] Demnach kann für einen Gesellschafter eine Aufstockung erfolgen, für einen anderen nicht, ggf. sind Ergänzungsbilanzen zu erstellen.

5079 Sofern der Einbringende neben den neuen Gesellschaftsanteilen eine sonstige Gegenleistung erhält, muss nach dem § 20 Abs. 2 Satz 4 UmwStG i. d. F. des Steueränderungsgesetzes 2015 vom 2.11.2015[2] die übernehmende Gesellschaft das eingebrachte Betriebsvermögen abweichend von dem Ansatzwahlrecht Buchwert oder Zwischenwert gem. § 20 Abs. 2 Satz 2 UmwStG mindestens mit dem gemeinen Wert der sonstigen Gegenleistungen ansetzen, wenn die sonstige Gegenleistung die in § 20 Abs. 2 Satz 2 Nr. 4 UmwStG genannten Beträge übersteigt. Dieser ist auf die eingebrachten Wirtschaftsgüter entsprechend dem Verhältnis von deren stillen Reserven aufzuteilen, was i. E. einem Zwischenwertansatz gleichkommt. Korrespondierend hat der Gesetzgeber in § 20 Abs. 2 Satz 2 Nr. 4 UmwStG geregelt, dass der Buchwert nur angesetzt werden kann, wenn der gemeine Wert von sonstigen Gegenleistungen, die neben den neuen Gesellschaftsanteilen gewährt werden, nicht mehr beträgt, als

a) 25 % des Buchwerts des eingebrachten Betriebsvermögens oder

b) 500.000 €, höchstens jedoch den Buchwert des eingebrachten Betriebsvermögens.

Gemäß § 27 Abs. 14 UmwStG sind die Regelungen zur sonstigen Gegenleistung für Einbringungen ab dem 1.1.2015 anzuwenden.

cc) Die Ebene des Einbringenden (§ 20 Abs. 3, 4, 7, 8 UmwStG)

5080 Der Wert, mit dem die übernehmende Gesellschaft das eingebrachte Betriebsvermögen ansetzt, gilt für den Einbringenden als **Veräußerungspreis** i. S. d. § 16 EStG und als Anschaffungskosten der ihm gewährten Anteile an der übernehmenden Kapitalgesellschaft (§ 20 Abs. 3 Satz 1 UmwStG).

1 Vgl. BT-Drucks. 16/2710 S. 43.
2 BGBl 2015 I S. 1834.

Ein dabei im Rahmen des Einbringungsvorganges unmittelbar entstehender **„originärer Einbringungsgewinn“**[1] ist als Gewinn aus der Veräußerung von Betriebsvermögen als laufender Gewinn zu versteuern. Ist der Einbringende eine natürliche Person und handelt es sich nicht um die Einbringung von Teilen eines Mitunternehmeranteiles, bestimmt §20 Abs.4 UmwStG, dass insoweit die Begünstigungsvorschriften der §§16 Abs.4 (Freibetrag) und 34 Abs.1, 3 (Anwendung eines ermäßigten Steuersatzes) EStG gelten. 5081

Befand sich in dem durch einen in Deutschland Steuerpflichtigen eingebrachten Betriebsvermögen (auch oder nur) Betriebsvermögen einer in einem anderen EU-Staat ohne Freistellungsmethode belegenen Betriebsstätte und wird durch diese Einbringung das deutsche Besteuerungsrecht beschränkt, gilt auch dieses nach deutschem Steuerrecht als veräußert (§20 Abs.7 i.V.m. §3 Abs.3 UmwStG). Allerdings kommt es dabei entsprechend Art.10 FRL zur Ermäßigung der Steuer auf diesen „originären“ Einbringungsgewinn um den Betrag der fiktiven ausländischen Steuer, die nach ausländischem Steuerrecht auf die Veräußerung der übertragenen Wirtschaftsgüter zum gemeinen Wert erhoben worden wäre. 5082

Zu der gleichen Rechtsfolge führt §20 Abs.8 UmwStG für den Sonderfall, dass es sich bei der einbringenden Gesellschaft um eine in einem anderen EU-/EWR-Staat ansässige und von der FRL geschützte Gesellschaft handelt, die nach deutschem Steuerrecht als transparent anzusehen ist. Dies sind dem ausländischem Körperschaftsteuerrecht unterliegende Gesellschaften, die aber mit einer deutschen Personengesellschaft vergleichbar sind und nach deutschem Recht als Mitunternehmerschaft zu behandeln wären. Bei der hier nach Art.11 Abs.1 FRL zulässigen Besteuerung der Gesellschafter folgt die Anrechnung der fiktiven ausländischen Steuer aus Art.11 Abs.2 FRL. 5083

Wie bisher sind die dem Einbringenden von der übernehmenden Kapitalgesellschaft gewährten Anteile mit den Anschaffungskosten, die dem Veräußerungspreis entsprechen, anzusetzen. Soweit neben den Gesellschaftsanteilen auch andere Wirtschaftsgüter als Gegenleistung gewährt wurden, mindern diese die Anschaffungskosten der Beteiligung (§20 Abs.3 Satz3 UmwStG). Für nach dem Übertragungsstichtag erfolgende Entnahmen vermindern sich die Anschaffungskosten um deren Buchwert, sie erhöhen sich um den gem. §6 Abs.1 Nr.5 EStG anzusetzenden Wert für entsprechende Einlagen. 5084

dd) Bestimmung des Einbringungszeitpunktes (§20 Abs.5, 6 UmwStG)

Im Vergleich zur bisherigen Rechtslage ist eine Einbringung nach §20 Abs.6 UmwStG auch **unverändert rückwirkend** möglich, die Begrenzung auf acht Monate ab der Anmeldung zum Handelsregister bzw. der tatsächlichen Einbringung bleibt insoweit bestehen. §20 Abs.6 Satz4 UmwStG vermeidet mit seiner Verweisung auf §2 Abs.3 UmwStG, dass es bei grenzüberschreitenden Umwandlungen durch eine Rückwirkung zu einer Nichtbesteuerung kommt (sog. „weiße Einkünfte“), also zu solchen Einkünften, die weder in Deutschland noch in einem anderen Staat besteuert werden. 5085

(Einstweilen frei) 5086–5100

1 Nach Benz/Rosenberg, BB 2006 Special 8 S.51, 56.

c) Einbringung von Anteilen an Kapitalgesellschaften in Kapitalgesellschaften (Anteilstausch, § 21 UmwStG)

aa) Allgemeine Voraussetzungen des § 21 Abs. 1 UmwStG

5101 Die Einbringung wird für Inlands- und für EU-Fälle einheitlich und getrennt von den Regelungen zur Sacheinlage in § 21 UmwStG behandelt.

5102 Nach § 1 Abs. 4 Nr. 1 UmwStG muss die aufnehmende Kapitalgesellschaft ihren Sitz und ihre Geschäftsleitung im EU-/EWR-Gebiet haben. Einbringender kann unabhängig von der Ansässigkeit demgegenüber jede natürliche oder juristische Person oder Personengesellschaft sein, denn insofern gilt die in § 1 Abs. 4 Nr. 2 UmwStG enthaltene Einschränkung für den Anteilstausch i. S. d. § 1 Abs. 3 Nr. 5 UmwStG nicht. Damit können auch Anteile an Drittstaatengesellschaften nicht nur in inländische, sondern auch in EU-Kapitalgesellschaften eingebracht werden.

bb) Die Ebene der erwerbenden Kapitalgesellschaft (§ 21 Abs. 1 UmwStG)

5103 Der Ansatz der eingebrachten Anteile bei der erwerbenden Kapitalgesellschaft erfolgt mit dem **gemeinen Wert** (§ 21 Abs. 1 Satz 1 UmwStG). Hat allerdings die übernehmende Kapitalgesellschaft nach der Einbringung aufgrund ihrer Beteiligung einschließlich der eingebrachten Anteile nachweislich unmittelbar die Mehrheit der Stimmrechte an der erworbenen Gesellschaft, können bei einem solchen qualifizierten Anteilstausch nach § 21 Abs. 1 Satz 2 UmwStG die eingebrachten Anteile auf entsprechenden Antrag mit dem Buch- oder einem Zwischenwert angesetzt werden.

5104 Für die Gewährung sonstiger Gegenleistungen (§ 21 Abs. 1 Satz 3 UmwStG) und das Antragserfordernis wird auf die Ausführungen zu § 20 UmwStG in entsprechender Anwendung verwiesen.

cc) Die Ebene des Einbringenden (§ 21 Abs. 2 UmwStG)

5105 Entsprechend der Regelung in § 20 UmwStG gilt nach § 21 Abs. 2 Satz 1 UmwStG grundsätzlich der Wert, mit dem die übernehmende Kapitalgesellschaft die eingebrachten Anteile ansetzt, für den Einbringenden als Veräußerungspreis der eingebrachten und als Anschaffungskosten der erhaltenen Anteile. Bei Gewährung sonstiger Gegenleistungen neben den Gesellschaftsanteilen sind die Anschaffungskosten nach § 21 Abs. 2 Satz 6 i. V. m. § 20 Abs. 3 Satz 3 UmwStG um deren gemeinen Wert zu mindern.

5106 Wird aber für die eingebrachten Anteile nach der Einbringung das Recht Deutschlands hinsichtlich der Besteuerung des Gewinns aus der Veräußerung dieser Anteile beschränkt, ist allerdings nach § 21 Abs. 2 Satz 2 UmwStG als Veräußerungspreis der eingebrachten sowie als Anschaffungskosten der erhaltenen Anteile zwingend der gemeine Wert anzusetzen. Hiervon sieht § 21 Abs. 2 Satz 3 UmwStG zwei aufgrund der Zuweisung des Besteuerungsrechtes an Deutschland durch die meisten DBA mit EU-/EWR-Staaten innerhalb der EU wohl stets gegebene antragsbedingte Rückausnahmen vor. Dies bedeutet beim Anteilstausch über die Grenze eine Aufgabe des Grundsatzes der doppelten Buchwertverknüpfung.

Mangels zwingender Wertverknüpfung kann die aufnehmende Kapitalgesellschaft aber auch im Falle des Satzes 2 den Buchwert ansetzen, auch wenn bei dem Einbringenden der gemeine Wert anzusetzen ist.[1] 5107

Für einen entstandenen „originären" Einbringungsgewinn sind gem. § 21 Abs. 3 UmwStG die Vergünstigungen nach §§ 16 Abs. 4, 17 Abs. 3 (Freibetrag) EStG nur eingeschränkt anzuwenden. § 17 Abs. 3 EStG ist nur anzuwenden, wenn die erwerbende Kapitalgesellschaft bzw. im Falle des Abs. 2 Satz 2 der Einbringende die eingebrachten Anteile mit dem gemeinen Wert ansetzt. Dies gilt auch für die Anwendung des § 16 Abs. 4 EStG, wenn eine im Betriebsvermögen gehaltene 100-prozentige Beteiligung in eine andere Gesellschaft eingebracht wird. Die Fünftelregelung des § 34 Abs. 1 EStG ist gar nicht anzuwenden. Damit kommt auch der ermäßigte Steuersatz nach § 34 Abs. 3 EStG nicht zur Anwendung.[2] 5108

dd) Zeitpunkt des Anteilstausches

Die den Anteilstausch regelnde Vorschrift des § 21 UmwStG enthält keine § 20 Abs. 5 und 6 UmwStG entsprechende Regelung und auch keinen Verweis hierauf. Gilt der Anteilstausch als zum Zeitpunkt der Übertragung des wirtschaftlichen Eigentums an den eingebrachten Anteilen als bewirkt, ist damit fraglich, ob eine Rückwirkung möglich ist.[3] 5109

(*Einstweilen frei*) 5110–5130

IV. Regelung der Besteuerung des Anteilseigners (§ 22 UmwStG)

1. Allgemeines

Veräußert der Anteilseigner innerhalb von sieben Jahren Anteile, entsteht ein sog. Einbringungsgewinn I und II, der sich jährlich um ein Siebtel verringert.[4] Bei einer schädlichen Veräußerung wird an die zum Zeitpunkt der ursprünglichen Einbringung vorhandenen stillen Reserven angeknüpft und diese nachträglich – je nach Zeitablauf ganz oder nur teilweise – besteuert. 5131

Die verschiedenen Einbringungsalternativen des UmwStG – § 20 UmwStG Einbringung von Unternehmensteilen und § 21 UmwStG Anteilstausch – werden konsequent auch im Hinblick auf die Nachbesteuerungsvorschrift des § 22 UmwStG unterschieden. 5132

1 Vgl. Klein/Müller/Lieber, a. a. O., Rz. 2078.

2 Str., wie hier Klein/Müller/Lieber, a. a. O., Rz. 2114; für die Anwendbarkeit Benz/Rosenberg, BB 2006 Special 8 S. 51, 60.

3 Für eine Rückwirkung/-beziehung mit denkbaren Gestaltungsalternativen für den Fall der Versagung einer Rückwirkung Benz/Rosenberg, BB 2006 Special 8 S. 51, 61; ablehnend die h. M., vgl. Klein/Müller/Lieber, a. a. O., Rz. 2040, mit Nachweisen in Fn. 4 und Finanzverwaltung in Rz. 21.17 des BMF-Schreibens v. 2.1.2025 - IV C 2 - S 1978/00035/020/040, NWB BAAAJ-82404 (UmwStErl 2025).

4 Vgl. zum Dilemma des Gesetzgebers, einerseits den europarechtlichen Vorgaben des EuGH und der FRL zu genügen, ohne andererseits auf Besteuerungsrechte in beachtlichem Umfang zu verzichten, Dötsch/Pung, DB 2006 S. 2704, 2707.

2. Nachträgliche Besteuerung bei Einbringungsfällen nach §§ 20, 22 Abs. 1 UmwStG

5133 Soweit der Einbringende bei einer Sacheinlage zum Buch- oder einem Zwischenwert die erhaltenen Anteile innerhalb eines Zeitraumes von sieben Jahren nach dem Einbringungszeitpunkt veräußert, ist der Gewinn aus der Einbringung – **sog. Einbringungsgewinn I** – rückwirkend im Wirtschaftsjahr der Einbringung ungemildert zu versteuern (§ 22 Abs. 1 Satz 1 UmwStG). Die Anteilsveräußerung gilt insoweit als rückwirkendes Ereignis i. S. d. § 175 Abs. 1 Satz 1 Nr. 2 AO, § 22 Abs. 1 Satz 2 UmwStG.

5134 Für die Berechnung der **Siebenjahresfrist** kommt es für deren Beginn auf den Einbringungszeitpunkt i. S. d. § 20 Abs. 6 UmwStG und damit auf den steuerlichen Übertragungsstichtag im Sinne dieser Vorschrift an.

5135 Es muss sich um eine Veräußerung durch den Einbringenden handeln. Neben einer entgeltlichen Übertragung des wirtschaftlichen Eigentums an einen anderen Rechtsträger fällt darunter auch der Tausch von Anteilen. Ob dies auch für die Übertragung der erhaltenen Anteile im Rahmen eines Umwandlungsvorganges gilt, ist streitig.[1]

5136 Die Rechtsfolge des § 22 Abs. 1 UmwStG tritt bei einer Veräußerung durch den Einbringenden selbst oder seinen unentgeltlichen Rechtsnachfolger ein (§ 22 Abs. 6 UmwStG) Wurden Unternehmensteile durch eine Mitunternehmerschaft eingebracht, ist fraglich, ob als Einbringender diese Mitunternehmerschaft selbst oder aber die Mitunternehmer anzusehen sind.[2]

5137 § 22 Abs. 1 Satz 6 UmwStG stellt bestimmte weitere z. T. komplizierte Tatbestände einer Veräußerung nach Satz 1 mit der nämlichen Rechtsfolge gleich.[3]

5138 Nach der Formulierung in § 22 Abs. 1 Satz 3 UmwStG berechnet sich der Einbringungsgewinn I folgendermaßen:[4]

Gemeiner Wert des eingebrachten Betriebsvermögens im Zeitpunkt der Einbringung

– Kosten für den Vermögensübergang

– Wert, zu dem die übernehmende Kapitalgesellschaft das eingebrachte Betriebsvermögen angesetzt hatte

---

= Einbringungsgewinn I im Zeitpunkt der Einbringung

– Verminderung um 1/7 für jedes abgelaufene Zeitjahr seit dem Einbringungs- bis zum Veräußerungszeitpunkt der Anteile

---

= zu versteuernder Einbringungsgewinn I

5139 Praktische Probleme können sich hieraus insofern ergeben, als die Ermittlung des gemeinen Wertes des eingebrachten Betriebsvermögens zum Einbringungszeitpunkt erst zu einem bis zu sieben Jahren späteren Zeitpunkt der Veräußerung durchzuführen sein

1 Dies befürwortet Rz. 22.07 letzter Satz UmwStErl 2025; a. A. z. B. *Schmitt* in: Schmitt/Hörtnagl, UmwG/UmwStG, 10. Aufl., 2024, § 22 UmwStG Rz. 35c.

2 Vgl. zum Meinungsstand Klein/Müller/Lieber, a. a. O., Rz. 1799.

3 Vgl. Rödder/Schumacher, DStR 2006 S. 1525, 1539.

4 Nach Dötsch/Pung, DB 2006 S. 2765.

kann. Schlüsse auf diesen Wert aus dem Veräußerungspreis sind mit zunehmendem zeitlichem Abstand immer ungenauer. Zu beachten ist, dass innerhalb der Sperrfrist eintretende Wertveränderungen der Anteile sich weder zum Vor- noch zum Nachteil des Einbringenden auswirken dürfen.

Der Einbringungsgewinn I nach § 22 Abs. 1 Satz 4 UmwStG gilt als nachträgliche Anschaffungskosten der erhaltenen Anteile und hat insofern Auswirkungen auf einen späteren Gewinn aus der Veräußerung der bei der Einbringung erhaltenen Anteile. 5140

3. Nachträgliche Besteuerung bei Weiterveräußerung von Anteilen an Kapitalgesellschaften (§ 22 Abs. 2 UmwStG)

Soweit durch Sacheinlage oder Anteilstausch unter dem gemeinen Wert in eine Kapitalgesellschaft eingebrachte Anteile an einer anderen Kapitalgesellschaft durch die übernehmende Gesellschaft innerhalb von sieben Jahren nach der Einbringung veräußert werden und der Einbringende keine durch § 8b Abs. 2 KStG begünstigte Person ist, ist der Gewinn aus der Einbringung im Jahr der Einbringung rückwirkend als Gewinn des Einbringenden aus der Veräußerung von Anteilen zu versteuern (**sog. Einbringungsgewinn II**, § 22 Abs. 2 UmwStG). 5141

Zweck der Regelung ist wie schon bei dem bisherigen § 8b Abs. 4 Satz 1 Nr. 2 KStG, zur Vermeidung steuerlicher Vorteile eine einer späteren Anteilsveräußerung vorgeschaltete Anteilseinbringung in eine andere Kapitalgesellschaft zu verhindern. Dazu wird nicht an der Veräußerung der erhaltenen Anteile durch den Gesellschafter, sondern an der Veräußerung der eingebrachten Anteile durch die aufnehmende Gesellschaft angesetzt, wenn der Einbringende eine natürliche Person ist. 5142

Die Nachbesteuerung setzt zunächst einen bei der Einbringung vorgenommenen Ansatz der eingebrachten Anteile durch die aufnehmende Gesellschaft mit einem unter dem gemeinen Wert liegenden Wert voraus. Ob eine Einbringung unter dem gemeinen Wert auch dann anzunehmen ist, wenn zwar die aufnehmende Gesellschaft die Anteile mit dem gemeinen Wert angesetzt hatte, der Einbringende jedoch nach § 21 Abs. 2 Satz 3 UmwStG die bisherigen Buchwerte fortgeführt hatte, ist fraglich. Angesichts des Zweckes der gesetzlichen Regelung erscheint es zutreffend, hier maßgeblich auf den Ansatz bei dem Einbringenden abzustellen. Denn dort ist es bei dem Einbringungsvorgang nicht zur Aufdeckung sämtlicher stiller Reserven gekommen.[1] 5143

Es muss sich um eine Veräußerung der erhaltenen Anteile durch die erwerbende Gesellschaft, nicht durch den Einbringenden handeln. Über die Verweisung in § 22 Abs. 2 Satz 6 UmwStG gelten die in § 22 Abs. 1 Satz 6 UmwStG genannten Veräußerungsersatztatbestände auch hier. 5144

Die Veräußerung muss innerhalb von sieben Jahren, beginnend mit dem Zeitpunkt, in dem der Einbringungsvorgang verwirklicht wurde, also dem Zeitpunkt, in dem das wirtschaftliche Eigentum an den eingebrachten Anteilen auf die erwerbende Gesellschaft übergegangen ist, erfolgen. Soweit § 22 Abs. 2 Satz 1 UmwStG auch Fälle einer Sacheinlage von 5145

1 So auch Benz/Rosenberg, BB 2006 Special 8 S. 51, 68.

Anteilen nach § 20 Abs. 1 UmwStG erfasst, kommt dafür eine Rückbeziehung auf den steuerlichen Übertragungsstichtag in Betracht.

5146 Die Nachbesteuerungsregelung greift nur, wenn der Einbringende eine nicht durch die Steuerbefreiung für Veräußerungsgewinne nach § 8b Abs. 2 KStG begünstigte Person ist. Die Vorschrift erfasst damit natürliche Personen als Einbringende. War demgegenüber eine nach § 8b KStG begünstigte Person, wie z. B. eine inländische Kapitalgesellschaft, Einbringende, kommt es nicht zu einer Nachbesteuerung des Einbringungsvorganges.

5147 Eine Ausnahme von der Nachbesteuerung des Einbringungsvorganges sieht § 22 Abs. 2 Satz 5 UmwStG dann vor, wenn der Einbringende die für die Einbringung erhaltenen Anteile bereits veräußert hat oder im Falle einer Wegzugsbesteuerung nach § 6 AStG. Dies beruht auf dem Umstand, dass insoweit in diesen Fällen bereits eine Besteuerung der in den erhaltenen Anteilen vorhandenen stillen Reserven erfolgt ist.

5148 Die Nachbesteuerung erfolgt dadurch, dass im Fall der Weiterveräußerung der eingebrachten Anteile durch die übernehmende Gesellschaft innerhalb von sieben Jahren nach Einbringung rückwirkend auf den Einbringungszeitpunkt der Einbringungsgewinn II wie folgt nach § 22 Abs. 2 Satz 3 UmwStG zu ermitteln und zu versteuern ist:[1]

Gemeiner Wert der eingebrachten Anteile im Zeitpunkt der Einbringung

– Kosten für den Vermögensübergang

– Wert, mit dem der Einbringende die erhaltenen Anteile angesetzt hatte

= Einbringungsgewinn II im Zeitpunkt der Einbringung

– Verminderung um 1/7 für jedes abgelaufene Zeitjahr seit dem Einbringungs- bis zum Veräußerungszeitpunkt der eingebrachten Anteile

= zu versteuernder Einbringungsgewinn II

5149 Der sich danach ergebende Gewinn stellt, je nach den steuerlichen Verhältnissen des Einbringenden, Gewinn i. S. d. § 15 EStG oder Veräußerungsgewinn i. S. d. § 17 EStG dar. In Höhe des Einbringungsgewinns II entstehen nachträgliche Anschaffungskosten für die erhaltenen Anteile (§ 22 Abs. 2 Satz 4 UmwStG).

5150 Wertveränderungen nach dem Einbringungs- und vor dem Weiterveräußerungszeitpunkt wirken sich auch hier nicht aus.

5151–5160 (*Einstweilen frei*)

4. Nachweispflichten (§ 22 Abs. 3 UmwStG)

5161 Nach § 22 Abs. 3 Satz 1 UmwStG hat der Einbringende in den dem Einbringungszeitpunkt folgenden sieben Jahren jährlich bis spätestens zum 31. 5. bestimmte in den

1 Nach Dötsch/Pung, DB 2006 S. 2770.

Nrn. 1 und 2 beschriebene **Nachweise** zu erbringen.[1] Es handelt sich hier nicht um eine Ausschlussfrist.[2]

Für Nachbesteuerungsfälle i. S. d. § 22 Abs. 1 UmwStG hat der Einbringende nachzuweisen, wem mit Ablauf des Tages, der dem maßgebenden Einbringungszeitpunkt entspricht, die erhaltenen Anteile und die auf diesen Anteilen beruhenden Anteile zuzurechnen sind. 5162

Für Nachbesteuerungsfälle i. S. d. § 22 Abs. 2 UmwStG hat, obwohl es hier nicht um die für die Einbringung erhaltenen, sondern um die eingebrachten Anteile geht, deren Anteilseigner die aufnehmende Gesellschaft ist, der Einbringende, nicht die aufnehmende Gesellschaft, den Nachweis zu erbringen, wem mit Ablauf des Tages, der dem maßgebenden Einbringungszeitpunkt entspricht, die eingebrachten Anteile und die auf diesen Anteilen beruhenden Anteile zuzurechnen sind. 5163

Wie diese Nachweise zu erbringen sind, bestimmt die gesetzliche Regelung nicht. Allerdings kann nach der Gesetzesbegründung der Nachweis „insbesondere" durch die Vorlage eines Registerauszuges oder einer Bescheinigung der jeweils übernehmenden oder erwerbenden Gesellschaft, dass die eingebrachten Anteile zum jeweiligen Stichtag noch vorhanden sind, erbracht werden.[3] Die Formulierung „insbesondere" lässt u. E. auch andere geeignete Nachweismöglichkeiten, beispielsweise die Bilanz der übernehmenden Kapitalgesellschaft, offen. 5164

Das Gesetz regelt auch nicht, bei welchem Finanzamt die erforderlichen Nachweise zu führen sind. Hierfür kann einerseits das für die aufnehmende Kapitalgesellschaft zuständige oder andererseits das für die Einkommensbesteuerung des Gesellschafters zuständige Finanzamt in Betracht kommen. Dötsch/Pung[4] schlagen mit guten Gründen für beide Fallgruppen des § 22 Abs. 3 Satz 1 UmwStG eine zentrale Überwachung durch das für die aufnehmende Kapitalgesellschaft zuständige Finanzamt vor. 5165

Wird der jeweils erforderliche **Nachweis nicht erbracht**, gelten die Anteile an dem Tag, der dem Einbringungszeitpunkt folgt oder der in den Folgejahren diesem Kalendertag entspricht, als veräußert. Der zu Beginn des VZ maßgebende Einbringungsgewinn ist von Amts wegen nach Abs. 1 oder 2 zu versteuern. Dötsch/Pung[5] weisen zutreffend auf die damit verbundene praktische Problematik der rückwirkenden Bewertung auf den Einbringungszeitpunkt hin, für die es in diesen Fällen der Veräußerungsfiktion überdies an einem jedenfalls einen Anhaltspunkt bildenden tatsächlichen Veräußerungspreis fehlt. Es handelt sich nicht um eine Ausschlussfrist. Der Nachweis kann bis zum Abschluss eines FG-Verfahrens gegen den Änderungsbescheid nachgeholt werden. 5166

(*Einstweilen frei*) 5167–5180

---

1 Zur Kritik an dieser von der Frist zur Abgabe der Steuererklärung abweichenden Fristbestimmung vgl. Werra/Teiche, DB 2006 S. 1455.

2 Vgl. Gesetzesbegründung BT-Drucks. 16/2710 S. 49.

3 Vgl. BT-Drucks. 16/2710 S. 49.

4 DB 2006 S. 2763, 2767, 2771.

5 DB 2006 S. 2763, 2767.

V. Auswirkungen bei der übernehmenden/erwerbenden Gesellschaft (§ 23 UmwStG)

1. Auswirkungen im Zeitpunkt der Einbringung (§ 23 Abs. 1 UmwStG)

5181 Setzt die übernehmende/erwerbende Gesellschaft das eingebrachte Betriebsvermögen mit dem Buch- oder einem Zwischenwert an, so tritt sie nach § 23 Abs. 1 UmwStG in die Rechtsstellung des Einbringenden ein.

2. Auswirkungen bei Nachversteuerung (§ 23 Abs. 2 UmwStG)

5182 Die übernehmende Kapitalgesellschaft kann nach § 23 Abs. 2 Satz 1 UmwStG im Wirtschaftsjahr der Anteilsveräußerung auf nicht fristgebundenen Antrag (Wahlrecht) den Ansatz der von ihr übernommenen Wirtschaftsgüter in ihrer Steuerbilanz um den versteuerten Einbringungsgewinn I erhöhen (**Erhöhungsbetrag**), soweit der Einbringende die Steuer darauf entrichtet hat und dies durch eine Bescheinigung des zuständigen Finanzamtes nachgewiesen ist (§ 22 Abs. 5 UmwStG). Damit wird eine Mehrfachbesteuerung der vom Einbringenden versteuerten stillen Reserven vermieden. Allerdings können sich aus dieser Regelung ebenfalls Probleme für die praktische Umsetzung im Hinblick auf die Höhe der Aufstockungsbeträge bei nur teilweiser Steuerzahlung durch den Einbringenden oder deren Zeitpunkt im Hinblick auf die ggf. erst viel später erfolgende Zahlung der Steuer und die dadurch ausgelöste Änderungsmöglichkeit für die Bilanzen mehrerer Jahre ergeben.[1]

5183 Nach § 23 Abs. 2 Satz 1 letzter Halbsatz UmwStG bleibt der Ansatz des Erhöhungsbetrages ohne Auswirkung auf den Gewinn, d. h., der bilanzielle Ertrag aus der Wertaufstockung gehört nicht zum steuerpflichtigen Gewinn der übernehmenden Gesellschaft. Wird aufgestockt, so erfolgt dies wirtschaftsgutsbezogen.[2]

5184 Der Erhöhungsbetrag kann nach § 23 Abs. 2 Satz 2 UmwStG aber nur angesetzt werden, soweit das eingebrachte Betriebsvermögen noch zum Betriebsvermögen der übernehmenden Gesellschaft gehört. Das jeweilige Wirtschaftsgut muss sich im Zeitpunkt der Anteilsveräußerung oder eines gleichgestellten Ereignisses noch im Betriebsvermögen der übernehmenden Gesellschaft befinden. Soweit das eingebrachte Betriebsvermögen in der Zwischenzeit aber zum gemeinen Wert veräußert wurde, ist der Ansatz des Erhöhungsbetrages nicht ausgeschlossen (§ 23 Abs. 2 Satz 2 letzter Halbsatz UmwStG). Der darauf entfallende Aufstockungsbetrag stellt nach der Gesetzesbegründung[3] im Zeitpunkt der Anteilsveräußerung sofort abziehbaren Aufwand dar.

5185 Kommt es für die Fälle der Einbringung von Anteilen an Kapitalgesellschaften (Sacheinlage i. S. d. § 20 Abs. 1 UmwStG und Anteilstausch i. S. d. § 21 Abs. 1 UmwStG) infolge einer nachträglichen Besteuerung nach § 22 Abs. 2 UmwStG zu einem Einbringungsgewinn II, erhöhen sich nach § 23 Abs. 2 Satz 3 UmwStG bei der übernehmenden Kapitalgesellschaft die Anschaffungskosten der eingebrachten Anteile in dessen Höhe,

1 Vgl. Dötsch/Pung, DB 2006 S. 2763, 2766.
2 Vgl. BT-Drucks. 16/2710 S. 50.
3 Vgl. BT-Drucks. 16/2710 S. 50.

soweit der Einbringende die auf den Einbringungsgewinn entfallende Steuer entrichtet und dies durch eine Bescheinigung des für ihn zuständigen Finanzamtes nachgewiesen hat. Über die Verweisung auf Satz 1 in § 23 Abs. 2 Satz 3 letzter Halbsatz UmwStG dürfte auch hier das Antragserfordernis gelten.

3. Darstellung von Einbringungsgewinn I und II anhand eines Beispielsfalles

Der folgende vom Sachverhalt recht einfache Beispielsfall zeigt das Ineinandergreifen von Gesellschafter- und Gesellschaftsebene, die mögliche **Kumulation von Einbringungsgewinn I und II** und die damit verbundene praktische Umsetzungsproblematik. 5186

BEISPIEL: A bringt am 1.1.01 sein Einzelunternehmen in die A-GmbH zu Buchwerten ein (gemeiner Wert: 500.000 €, Buchwert 100.000 €). Am 1.2.02 bringt er die Anteile an der A-GmbH (gemeiner Wert: 700.000 €) zu Anschaffungskosten (100.000 €, alternativ 300.000 €) in die B-GmbH ein. Am 1.3.03 veräußert die B-GmbH die Anteile an der A-GmbH für 1.000.000 €.

Die Veräußerung der Anteile an der A-GmbH führt 1. im Grundfall nicht zur Entstehung eines Einbringungsgewinns I (§ 22 Abs. 1 Satz 6 Nr. 4 UmwStG), jedoch in der Alternative, und 2. zur Entstehung eines Einbringungsgewinns II (§ 22 Abs. 2 Satz 1 UmwStG).

EINBRINGUNGSGEWINN I: Im Grundfall entsteht kein Einbringungsgewinn I, weil A die Anteile an der A GmbH zu Buchwerten in die B GmbH eingebracht hat und dieser Vorgang für Vorgänge nach dem 31.12.2014 begünstigt ist. In der Alternative entsteht allerdings für das Jahr 01 ein Einbringungsgewinn I i. H. v. 500.000 € ./. 100.000 € = 400.000 €, hiervon 6/7 = 342.857 €. Dieser ist bei A voll steuerpflichtig i. S. d. § 16 EStG. Zahlt A die Steuer auf den Einbringungsgewinn I, erhöhen sich die Wertansätze für das eingebrachte Betriebsvermögen bei der A-GmbH für das Jahr 03. Nach § 22 Abs. 1 Satz 4 UmwStG hat A nachträgliche Anschaffungskosten auf die Beteiligung an der A-GmbH i. H. v. 342.857 € mit der Folge, dass die von der B-GmbH im Rahmen der Einbringung in 02 fortzuführenden Anschaffungskosten des A für die Anteile an der A-GmbH 100.000 € + 342.857 € = 442.857 € betragen. Dementsprechend erhöhen sich auch die Anschaffungskosten des A für die Anteile an der B-GmbH um 342.857 € auf 442.857 €.

EINBRINGUNGSGEWINN II: Für das Jahr 02 ist bei A ein Einbringungsgewinn II 700.000 € ./. 442.857 € = 257.143 € x 6/7 = 220.408 € zu erfassen. Dieser ist zu 60 % steuerpflichtig und führt zu zusätzlichen nachträglichen Anschaffungskosten auf die Anteile an der B-GmbH i. H. v. 220.408 €. Die fortgeschriebenen Anschaffungskosten betragen somit 442.857 € + 220.408 € = 663.265 €.

03: Bei der Ermittlung des Veräußerungsgewinnes i. S. d. § 8b Abs. 2 Satz 2 KStG kann die B-GmbH als Buchwert der Anteile an der A-GmbH 442.857 € (durch den Einbringungsgewinn I erhöhte Anschaffungskosten des A) + 220.408 € (Einbringungsgewinn II) = 663.265 € ansetzen. Wird die Steuer auf den Einbringungsgewinn II entrichtet und dies nachgewiesen, ergibt sich bei der B-GmbH ein zu 95 % steuerfreier Gewinn i. H. v. 1.000.000 € ./. 663.265 € = 336.735 € (§ 8b Abs. 2 i. V. m. Abs. 3 Satz 1 KStG). Ohne Steuerentrichtung und Bescheinigung ergibt sich ein zu 95 % steuerfreier Gewinn i. H. v. 557.143 €, denn dann kann der Buchwert nicht um den Betrag i. H. v. 220.408 € erhöht werden.

PRAXISHINWEIS:

Wenn man den Einbringungsgewinn I in einer Ketteneinbringung vermeiden will, ist auf die Anteilseinbringung zu Buchwerten zu achten. Auch dürfen keine sonstigen Gegenleistungen, die die Grenzen von § 20 Abs. 2 Satz 2 Nr. 4 oder § 21 Abs. 1 Nr. 2 EStG übersteigen, erbracht werden.

(Einstweilen frei) 5187–5210

VI. Gründungskosten

5211 **Gründungskosten** sind die Aufwendungen, die der GmbH für ihre Errichtung und Eintragung in das Handelsregister entstehen (Rechtsberatungskosten bei der Abfassung des Gesellschaftsvertrags, Gebühren für dessen notarielle Beurkundung, Kosten der Gründungsprüfung, Gerichtskosten für die Eintragung und Kosten der Bekanntmachung). Sie mindern als Betriebsausgaben ihren steuerlichen Gewinn, soweit die GmbH rechtswirksam durch die Satzung dem Grunde und der Höhe nach zu der Übernahme dieser Aufwendungen verpflichtet ist.[1] Trägt die GmbH Gründungskosten ohne eine solche Verpflichtung, stellt die dadurch eintretende Vermögensminderung (Minderung des Unterschiedsbetrages nach § 4 Abs. 1 EStG) eine vGA nach § 8 Abs. 3 Satz 2 KStG dar, die durch Zurechnung außerhalb der Steuerbilanz auszugleichen ist; bei den begünstigten Gesellschaftern liegen quotal Beteiligungseinkünfte (vGA) nach § 20 Abs. 1 Nr. 1 Satz 2 EStG vor. Erstatten die Gesellschafter nachträglich der GmbH die Gründungskosten, liegt eine gesellschaftsrechtliche (verdeckte Einlage) vor, mit der die vGA nicht rückgängig gemacht wird.[2] In der Höhe ist die Übernahme von Gründungskosten auf 10 % des Stammkapitals begrenzt. Der übersteigende Betrag führt zu einer vGA.[3]

5212 Tragen die Gründungsgesellschafter die Gründungskosten, gehören diese Aufwendungen zu den Anschaffungskosten auf die Beteiligung.

5213–5230 (*Einstweilen frei*)

C. Aufnahme der Geschäftstätigkeit vor Entstehung der GmbH

I. Keine rückwirkende Gründung

5231 Die GmbH als juristische Person entsteht mit der Eintragung in das Handelsregister (§ 11 Abs. 1 GmbHG). Hieran knüpft grundsätzlich die in § 1 Abs. 1 Nr. 1 KStG geregelte körperschaftsteuerliche Rechtsfähigkeit der GmbH an.[4] Die Eintragung der GmbH in das Handelsregister wirkt auch für das Steuerrecht existenzbegründend, so dass die GmbH (erst) mit der Eintragung als KSt-Subjekt existiert. Eine GmbH lässt sich also nicht „rückwirkend" als Steuersubjekt gründen.

5232 Dies gilt unabhängig davon, dass § 20 Abs. 6 UmwStG die steuerliche Rückbeziehung der Sachgründung bei Umwandlung (Verschmelzung) und Betriebseinbringung bis zu acht Monate ermöglicht. Die Wirkung der Rückbeziehung besteht darin, dass Gewinn und Gewerbeertrag des einbringenden Gesellschafters und der aufnehmenden GmbH so ermittelt werden, als ob das eingebrachte Betriebsvermögen mit Ablauf des zurückbezogenen Übertragungsstichtags auf die neue GmbH übergegangen wäre. Der Beginn der Steuerpflicht der aufnehmenden GmbH wird dadurch vorverlegt, wenn sie erst nach dem Übertragungsstichtag entsteht. Die Gewinne und Verluste des eingebrachten

1 Vgl. BFH v. 20.2.1989 - II B 10/88, BStBl 1990 II S. 89.
2 BFH v. 11.2.1997 - I R 42/96, BFH/NV 1997 S. 711, NWB OAAAB-38954.
3 Klein/Müller in: Mössner/Oellerich/Valta, KStG, § 8 Rz. 3455.
4 Vgl. BFH v. 13.12.1989 - I R 98-99/86, BStBl 1990 II S. 468.

Betriebes, die auf den Zeitraum der Rückbeziehung entfallen, sind der GmbH zuzurechnen. Durch diese **Zurechnungsvorschrift** kann die GmbH bei ihrer KSt- und ihrer GewSt-Veranlagung zu erfassende Gewinne und Gewerbeerträge in einem Zeitraum erwirtschaften, in dem sie noch nicht einmal in das Gründungsstadium eingetreten ist, und möglicherweise auch Tarifvorteile wahrnehmen, aber sich auch tarifliche Nachteile einhandeln.

(*Einstweilen frei*) 5233–5250

II. Die GmbH in der Gründung

1. Steuersubjekte in der Gründungsphase

Gesellschaftsrechtlich vollzieht sich die Gründung einer GmbH in drei Stufen: 5251

- Die **Vorgründungsgesellschaft** in der Zeit vor Abschluss des Gesellschaftsvertrags,
- die **Vorgesellschaft** in der Zeit zwischen notarieller Beurkundung der Satzung (des Gesellschaftsvertrags) und Eintragung in das Handelsregister,
- **Eintragung der GmbH** in das Handelsregister (Entstehung der GmbH).

Ungeachtet dessen, dass die gegründete, aber noch nicht eingetragene GmbH als solche noch nicht entstanden ist, wird das von der **Vorgesellschaft** erzielte Einkommen bereits der KSt unterworfen. Das Steuerrecht folgt insoweit dem Gesellschaftsrecht, das die Vorgesellschaft weitgehend als Kapitalgesellschaft behandelt, so dass die „werdende" GmbH bereits nach § 1 Abs. 1 Nr. 1 KStG der KSt unterliegt **(echte Vorgesellschaft)**.[1] Voraussetzung ist allerdings, dass die durch den Gesellschaftsvertrag errichtete GmbH – **die Vorgesellschaft** – später auch tatsächlich ins Handelsregister eingetragen wird.[2] Ist das der Fall, so rechnet der Zeitraum vom Abschluss des Gesellschaftsvertrags bis zur Eintragung der GmbH für die Steuerpflicht der GmbH mit. Die werdende GmbH bildet für das Zivilrecht und erst recht für das Steuerrecht, das sich nach wirtschaftlichen Begebenheiten orientiert, mit der später eingetragenen GmbH ein **einheitliches Rechtssubjekt**, das für die KSt als steuerpflichtig gilt,[3] so dass der im Wirtschaftsjahr vor und nach der Eintragung erwirtschaftete Gewinn und Verlust demselben Steuersubjekt zuzurechnen ist. Dazu muss die Vorgesellschaft eine nach außen gerichtete Geschäftstätigkeit entfalten; nur gesellschaftsinterne Maßnahmen wie z. B. die Einforderung und Vereinnahmung der Stammeinlagen und die Bestellung des Geschäftsführers genügen nicht. Die (steuerliche) Eröffnungsbilanz der GmbH ist daher frühestens mit der Errichtung, danach mit der Aufnahme der Geschäftstätigkeit und spätestens auf den Tag der Eintragung aufzustellen. 5252

Scheitert aber die Eintragung der GmbH in das Handelsregister endgültig, so hat nur eine sog. **unechte Vorgesellschaft** bestanden.[4] Sind durch Aufnahme der Geschäftstätigkeit Einkünfte erzielt worden, behandelt der BFH sie als „andere Gesellschaft" und 5253

1 Oellerich in: Mössner/Oellerich/Valta, KStG, § 1 Rz. 106.
2 Dazu BFH v. 18.3.2010 - IV R 88/06, BStBl 2010 II S. 991.
3 Vgl. BFH v. 20.10.1982 - I R 118/78, BStBl 1983 II S. 247.
4 Siehe BFH v. 18.3.2010 - IV R 88/06, BStBl 2010 II S. 991.

Mitunternehmerschaft i. S. v. § 15 Abs. 1 Nr. 2 EStG,[1] wobei der erzielte Gewinn von den Gesellschaftern zu versteuern ist.

5254 Vor Abschluss des notariellen Gesellschaftsvertrags besteht allenfalls eine **Vorgründungsgesellschaft**. Sie ist i. d. R. eine GbR, deren Zweck in der gemeinsamen Errichtung einer Kapitalgesellschaft besteht. Sie bezieht sich auf die Zeit vor Abschluss des Gesellschaftsvertrags und ist weder mit der Vorgesellschaft noch mit der später entstehenden Kapitalgesellschaft identisch. Wirtschaftsgüter, Rechte und Verbindlichkeiten gehen nicht automatisch auf die nachfolgend entstehende Vorgesellschaft oder GmbH über, sondern müssen einzeln übertragen und übernommen werden. Diese zivilrechtlichen Grundsätze gelten auch für die steuerliche Beurteilung,[2] so dass sich der ertragsteuerliche Übergang in der Praxis regelmäßig als Entnahme einerseits und als Einlage andererseits vollzieht.

5255 Haben die Gesellschafter der GmbH vor Abschluss des Gesellschaftsvertrags bereits Geschäfte getätigt, sind sie also gewerblich tätig geworden, so können die vor Abschluss des Gesellschaftsvertrags erzielten Gewinne nicht der GmbH zugerechnet werden. Verluste, die eine Vorgründungsgesellschaft erlitten hat, können mangels rechtlicher Identität (§ 8 Abs. 4 KStG) nicht von der nachfolgenden Vorgesellschaft oder GmbH geltend gemacht werden. Das gilt selbst dann, wenn in dem Gesellschaftsvertrag bestimmt worden ist, dass die Geschäfte nach Abschluss des Gesellschaftsvertrags und Eintragung der GmbH als solche der GmbH gelten sollen. Die vor Abschluss des Gesellschaftsvertrags erzielten Gewinne können nicht mit steuerlicher Wirkung als Gewinne der GmbH behandelt werden.

2. Steuerpflicht der Vorgründungsgesellschaft

5256 Die vor Abschluss des Gesellschaftsvertrags getätigten Geschäfte sind als Geschäfte der Vorgründungsgesellschaft zu behandeln.[3] Das Gleiche gilt für die Geschäfte, die nach Abschluss des Gesellschaftsvertrags abgeschlossen worden sind, wenn es aus irgendwelchen Gründen nicht zur Eintragung der durch den Gesellschaftsvertrag errichteten GmbH kommt. Es ist in diesen Fällen davon auszugehen, dass die Vorgründungsgesellschaft sich entsprechend dem künftigen Zweck der GmbH bereits betätigt hat. War der Zweck der durch den Gesellschaftsvertrag später gegründeten GmbH der Betrieb eines gewerblichen Unternehmens, und haben die Gesellschafter einige Zeit vor Abschluss des Gesellschaftsvertrags bereits Geschäfte für diese abgeschlossen, so haben sie sich gewerblich als **Mitunternehmer** nach § 15 Abs. 1 Satz 1 Nr. 2 EStG betätigt.[4]

BEISPIEL: ▶ A, B und C haben im Dezember 23 mündlich vereinbart, eine GmbH zu gründen, deren satzungsgemäßer Zweck der Betrieb eines Textilwarengroßhandels sein soll. Sie beginnen am 1.1.24 damit, Textilien einzukaufen, Räume anzumieten und verkaufen auch schon Waren an Einzelhändler. Der Gesellschaftsvertrag wird am 1.3.24 abgeschlossen. Am 30.5.24 wird die GmbH in das Handelsregister eingetragen.

1 BFH v. 8.11.1989 - I R 174/86, BStBl 1990 II S. 91; v. 21.3.2003 - VIII B 55/02, BFH/NV 2003 S. 1304, NWB KAAAA-71266.

2 BFH v. 8.11.1989 - I R 174/86, BStBl 1990 II S. 91.

3 BFH v. 20.10.1982 - I R 118/78, BStBl 1983 II S. 247.

4 Vgl. Oellerich in: Mössner/Oellerich/Valta, KStG, § 1 Rz. 107.

A, B und C haben als Vorgründungsgesellschafter gehandelt. Sie sind steuerlich als Mitunternehmer einer OHG anzusehen, die einen Betrieb als Gewerbebetrieb unterhalten hat. Der Gewinn und der Verlust, der von Beginn der gewerblichen Tätigkeit als Vorgründungsgesellschaft bis zum Abschluss des Gesellschaftsvertrags über die GmbH am 1.3.24 erzielt wurde, ist als gewerblicher Gewinn der Vorgründungsgesellschafter als Mitunternehmer (§ 15 Abs. 1 Nr. 2 EStG) einheitlich und gesondert festzustellen, den Gründungsgesellschaftern quotal zuzurechnen und von ihnen zu versteuern.

Während eine GmbH durch ihre Eintragung in das Handelsregister **nur** einheitlich gewerbliche Einkünfte erzielen kann, ist es auch denkbar, dass Vorgründungsgesellschafter, die sich vor Abschluss des GmbH-Vertrags bereits dem Zweck der GmbH entsprechend betätigt haben, durch ihre Tätigkeit andere Einkünfte erzielt haben. 5257

BEISPIEL: ▶ Die Steuerberater K und W beabsichtigen, eine GmbH zu gründen, deren Zweck die steuerliche Beratung von Mandanten und die Erstellung von Buchführungsarbeiten sein soll. Hinsichtlich der Gründung der GmbH sind noch einzelne Fragen zu klären. Gleichwohl beginnen K und W mit der Beratung der Kunden.

Im vorliegenden Fall üben die K- und W-Vorgründungsgesellschafter ihre Tätigkeit als freiberufliche Tätigkeit aus. Für ihre Tätigkeit bis zum Abschluss des GmbH-Vertrags sind ihre Gewinne als solche aus freiberuflicher Tätigkeit einheitlich festzustellen. Diese Gewinne sind von den Gesellschaftern als Einkünfte aus freiberuflicher Tätigkeit zu versteuern.

Die Vorgesellschafter sind auch dann entsprechend den vorstehenden Ausführungen als Mitunternehmer steuerpflichtig, wenn zwar ein GmbH-Vertrag abgeschlossen wurde, die GmbH jedoch nicht entsprechend dem abgeschlossenen Gesellschaftsvertrag entsteht, also nicht in das Handelsregister eingetragen wurde. In diesem Fall entsteht auch mit Abschluss des Gesellschaftsvertrags kein körperschaftsteuerpflichtiges Gebilde, das später als GmbH selbständig steuerpflichtig wird. Die Vorgesellschafter haben die von ihnen erzielten Einkünfte selbst zu versteuern. 5258

3. Errichtung einer Ein-Personen-GmbH

Auch steuerrechtlich wird die Ein-Personen-GmbH (Einmann-GmbH) anerkannt. Der Gesellschafter der Ein-Personen-GmbH ist ein die Gesellschaft beherrschender Gesellschafter. 5259

Bei Gründung einer Ein-Personen-GmbH gelten steuerlich keine Sonderregelungen. Die Vorschriften über die Bargründung und über die Gründung durch Einbringung eines Unternehmens sowie über die Einbringung einzelner Wirtschaftsgüter sind anwendbar. Wird mit der Tätigkeit vor Errichtung der GmbH durch den Gründer einer Ein-Personen-GmbH begonnen, entsteht naturgemäß **keine Vorgründungsgesellschaft**, sondern der Gründer der GmbH wird als Einzelunternehmer tätig. Er kann eine gewerbliche oder freiberufliche Tätigkeit ausüben. 5260

Zwischen der Errichtung der Ein-Personen-GmbH (durch notarielle Beurkundung der Errichtungserklärung und Satzung) und Eintragung wird die Einmann-GmbH i. Gr. wie die Vorgesellschaft als Körperschaftsteuer-Subjekt behandelt, wenn die Eintragung tatsächlich erfolgt. Auch hier wird die entstehende GmbH steuerlich als dasselbe Rechtssubjekt behandelt, und zwar rückwirkend auf die Errichtungserklärung und ohne Aufdeckung von stillen Reserven. 5261

4. Zusammenfassung

5262 Beim Übergang von der Vorgründungsgesellschaft zur Vorgesellschaft ist die rechtsgeschäftliche Übertragung der Wirtschaftsgüter zwischen zwei gesonderten Steuersubjekten erforderlich, die u. U. die Aufdeckung stiller Reserven nach sich zieht, sofern nicht nach § 20 UmwStG eine Fortführung der Buchwerte möglich ist. Die Übertragung von Grundstücken löst wegen des Rechtsträgerwechsels GrESt aus! Der Übergang von der Vorgesellschaft in die eingetragene GmbH bedeutet keinen Einschnitt für die Besteuerung bzw. die Gewinn- und Einkommensermittlung und führt nicht zur Bildung von Rumpfwirtschaftsjahren. Aufgrund der gesellschaftsrechtlichen Identität von Vorgesellschaft (bzw. Einmann-GmbH i.Gr.) und GmbH (Einmann-GmbH) sind sie unter der Voraussetzung der späteren Eintragung ein und dasselbe KSt-Subjekt, auf das die Regeln des KStG anzuwenden sind. Es können vGA zu korrigieren sein. Verluste der Vorgesellschaft sind bei der eingetragenen GmbH ausgleichungsfähig.

5263–5290 (*Einstweilen frei*)

3. Abschnitt: Die laufende Besteuerung der GmbH

A. Körperschaftsteuer

5291 Nach § 1 Abs. 1 Nr. 1 KStG ist die GmbH unbeschränkt körperschaftsteuerpflichtig, wenn sie ihre Geschäftsleitung oder ihren Sitz im Inland hat. Die unbeschränkte Steuerpflicht erstreckt sich auf sämtliche Einkünfte (§ 1 Abs. 2 KStG), auch auf ihre ausländischen Einkünfte. Gegenstand der KSt ist das Einkommen der GmbH.

I. Zu versteuerndes Einkommen

1. Begriff

5292 Allgemein ist für die KSt das zu **versteuernde Einkommen** das Einkommen nach § 8 Abs. 1 KStG, vermindert um die Freibeträge der §§ 24 und 25 KStG, die aber bei der GmbH entfallen. Das zu versteuernde Einkommen ist identisch mit dem Einkommen, das nach den Vorschriften des EStG und des KStG zu ermitteln ist, mit der Folge, dass für die Ermittlung des Einkommens die Vorschriften des EStG maßgebend und anwendbar sind, soweit nicht besondere Vorschriften des KStG eingreifen oder die Vorschriften des EStG leer laufen, weil sie auf natürliche Personen zugeschnitten sind, z. B. Sonderausgabenabzug nach § 10 EStG oder das Abzugs- und Aufteilungsverbot nach § 12 EStG für Kosten der Lebensführung. Dessen Funktion erfüllen im KSt-Recht § 8 Abs. 3 Satz 2 KStG und § 10 KStG. Die Vorschriften über den Spendenabzug in § 9 Abs. 1 Nr. 2 und Abs. 2 und 3 KStG verdrängen § 10b EStG.

5293 R 8.1 Abs. 1 KStR enthält einen Katalog der nach Ansicht der FinVerw anwendbaren Vorschriften des EStG und der EStDV. Soweit dort allerdings z. B. auch Vorschriften genannt sind, die sich auf vom Bestandsvergleich abweichende Gewinnermittlungsvorschriften beziehen (Gewinnermittlung durch Einnahmen-Überschussrechnung nach § 4 Abs. 3 EStG) gilt dies für die GmbH nicht. Sie ist eine nach dem HGB buchführungspflichtige Kapitalgesellschaft, deren Einkünfte als Einkünfte aus Gewerbebetrieb zu behandeln sind und die ihren Gewinn durch Bestandsvergleich nach §§4 Abs.1, 5 EStG zu ermitteln hat.

Die Ermittlung des zu versteuernden Einkommens ist ein unselbständiger Teil der Veranlagung der GmbH zur KSt. Es besteht keine bindende Wirkung des KSt-Bescheids hinsichtlich der Veranlagung der Gesellschafter zur ESt. 5294

2. Ermittlungsschema

Das zu versteuernde Einkommen der GmbH lässt sich (vereinfacht) wie folgt ermitteln: 5295

+/– Gewinn/Verlust aus Gewerbebetrieb lt. auf der Handelsbilanz aufbauender Steuerbilanz bzw. Überleitungsrechnung

+ nichtabziehbare Betriebsausgaben/Gewinnminderungen/Verluste

– steuerfreie Teile des Steuerbilanzgewinns

+ vGA

– verdeckte Einlagen

– Verlustabzug (Rücktrag oder Vortrag)

= zu versteuerndes Einkommen.

Ein ausführliches Ermittlungsschema findet sich in R7.1 Abs.1 KStR.[1]

Das zu versteuernde Einkommen ist die **Bemessungsgrundlage** der KSt und bestimmt durch Anwendung des Tarifs die Steuerbelastung und damit mittelbar auch die Belastung mit dem SolZ. 5296

3. Gewerblicher Gewinn

a) Gewinn aus Gewerbebetrieb

Bei der GmbH sind **alle Einkünfte als Einkünfte aus Gewerbebetrieb** zu behandeln (§8 Abs.2 KStG). Mithin ist Ausgangsgröße der Besteuerung ihres Einkommens der „Gewinn" nach §2 Abs.2 Nr.1 EStG (Steuerbilanzgewinn), der durch Betriebsvermögensvergleich zu ermitteln ist (§4 Abs.1 Satz1 EStG). Mit dem Grundsatz der Gewerblichkeit werden bei der Gewinnermittlung sämtliche **im Rahmen der sieben Einkunftsarten** des §2 Abs.1 EStG erzielbaren Einkünfte erfasst, so dass die GmbH z.B. keine Einkünfte aus Kapitalvermögen oder aus Vermietung und Verpachtung beziehen kann, selbst wenn sie eine reine Vermögensverwaltungs-GmbH ist. **Alle Einkünfte** der GmbH im Rahmen der sieben Einkunftsarten sind **von Anfang an** als **Einkünfte aus Gewerbebetrieb** zu behandeln, ohne dass etwa die sog. Überschusseinkünfte erst später umzuqualifizieren wären. 5297

Die GmbH hat auch keine außerbetriebliche Sphäre oder Privatsphäre,[2] so dass im Grundsatz auch Vermögensmehrungen oder Vermögensminderungen zu erfassen sind, 5298

1 Vgl. auch Roser in: Gosch, KStG, §8 Rz.23.

2 Vgl. BFH v. 8.7.1998 - I R 123/97, BFH/NV 1999 S.269, NWB HAAAA-97473.

die keiner der Einkunftsarten zugeordnet werden können. Dies bedarf jedoch der Modifizierung insofern, als Vermögensmehrungen durch

- die Investitionszulage, die kraft Gesetzes nicht zu den Einkünften gehört (§ 9 Satz 1 InvZulG), und
- die auf einer gesellschaftsrechtlichen oder verdeckten Einlage beruhenden Vermögensmehrungen (§ 8 Abs. 1 KStG i. V. m. § 4 Abs. 1 Satz 1 EStG) und
- die Erstattung gezahlter KSt

außerbilanziell zu neutralisieren sind, wenn sie ertragswirksam verbucht worden waren.

5299 Die früher in diesem Zusammenhang aufgeworfene Frage, ob die GmbH einen sog. „**Liebhabereibetrieb**“ unterhalten könne, d. h. eine Tätigkeit ohne die für die Zuordnung zu den Einkünften aus Gewerbebetrieb nach § 15 Abs. 2 EStG erforderliche Gewinnerzielungsabsicht ausüben könne, wird von der Rechtsprechung verneint.[1]

In der Literatur ist aber auch bei den Körperschaften eine außerbetriebliche Sphäre anerkannt.[2]

Entscheidend ist die richtige Einordnung der Aufwendungen nach den Merkmalen „Einkünfteerzielend" oder „Einkünfteverwendend". Diese Unterscheidung spielt auch eine Rolle bei der Einordnung in eine Liebhabereitätigkeit (= mangelnde Gewinn-/Einkünfteerzielungsabsicht). Der streitige Sphärengedanke wird dem nicht gerecht. Das Gesetz kennt eine Tätigkeit der KapG ohne positive Einkünfteerzielungsabsicht in der Gestalt des § 10g EStG (R 8.1 Abs. 1 KStR). Das ist ein Fall der Liebhaberei.

In der Regel sind Gesellschafterinteressen Grund für eine Liebhaberei entsprechende Tätigkeit der GmbH. Deshalb sind solche Verluste nach den Regeln über die nicht abziehbaren Ausgaben und die Regeln über die vGA nach § 8 Abs. 3 Satz 2 KStG zu neutralisieren. So hat z. B. der BFH im Urteil v. 8.8.2001[3] zu Verlusten aus hochspekulativen Devisentermin- und Optionsgeschäften einer GmbH entschieden, dass diese grundsätzlich den Gewinn der GmbH mindern, dass aber zu prüfen ist, ob die Vornahme der Geschäfte im Gesellschaftsverhältnis veranlasst war, weil der geschäftsführende Gesellschafter eine persönliche Neigung zu solchen Geschäften hatte. Die Veranlassung im Gesellschaftsverhältnis sei anhand der Kriterien zu prüfen, die die Rechtsprechung zur Feststellung einer Liebhaberei entwickelt hat.[4]

5300 Zu den Einkünften aus Gewerbebetrieb der GmbH gehören auch die anteiligen Gewinne oder Verluste aus einer mitunternehmerischen Beteiligung nach § 15 Abs. 1 Satz 1 Nr. 2 EStG. Diese werden im Feststellungsverfahren bei der Mitunternehmerschaft festgestellt und der GmbH nach § 180 Abs. 1 Nr. 2 Buchst. a AO unmittelbar zugerechnet. Ist die GmbH an einer nichtgewerblichen Personengesellschaft beteiligt (sog. **Zebragesell-**

1 BFH v. 7.11.2001 - I R 14/01, BStBl 2002 II S. 861; v. 31.3.2004 - I R 83/03, BFH/NV 2004 S. 1482, NWB AAAAB-25685.

2 Pezzer, StuW 1990 S. 261; Thiel/Eversberg, DStR 1993 S. 1884; Weber-Grellet, DStR 1994 S. 12; Pezzer StuW 1998 S. 76, 80.

3 I R 106/99, BStBl 2003 II S. 487; v. 6.6.2012 - I R 99/10, BStBl 2013 II S. 196, mit Anm. Gosch, HaufeIndex 3295881.

4 Vgl. auch BFH v. 16.2.2005 - I B 154/04, BFH/NV 2005 S. 1377, NWB JAAAB-55273.

schaft), müssen ihre Einkünfte aus der Personengesellschaft anteilig als gewerblich erfasst werden, weil bei einer GmbH alle Einkünfte solche aus Gewerbebetrieb sind und zu ihrem Betriebsvermögen auch der Anteil an der Personengesellschaft gehört.

b) Gewinnermittlung

Sowohl die GmbH als auch die UG (haftungsbeschränkt)[1] sind als Handelsgesellschaft (§ 13 Abs. 3 GmbHG) zur Führung von Büchern und regelmäßigen Abschlüssen verpflichtet (§§ 6, 238, 242 HGB, §§ 41, 42 GmbHG). Sie muss ihren Gewinn nach den einkommensteuerlichen Vorschriften gem. § 4 Abs. 1 EStG durch **Bestandsvergleich** (Betriebsvermögensvergleich) ermitteln, der durch Bilanzierung erfolgt. Der **Gewinnbegriff des § 4 Abs. 1 Satz 1 EStG** gilt gem. § 8 Abs. 1 KStG auch für das **KSt-Recht.**[2] Für die der Besteuerung zugrunde zu legende Steuerbilanz gilt der **Maßgeblichkeitsgrundsatz** nach § 5 Abs. 1 Satz 1 EStG. Danach ist zum Schluss des Wirtschaftsjahres das Betriebsvermögen anzusetzen, das nach den handelsrechtlichen Grundsätzen ordnungsgemäßer Buchführung auszuweisen ist, und dem am Schluss des vorangegangenen Wirtschaftsjahres vorhandenen Betriebsvermögen gegenüber zu stellen. Die außerbilanzielle Korrektur um die Einlagen und Entnahmen im eigentlichen Sinne entfällt bei der GmbH mangels einer außerbetrieblichen Sphäre. Den Entnahmen entsprechen die Vermögensminderungen zugunsten der Gesellschafter, die ihren Grund im Gesellschaftsverhältnis haben, also die verdeckten Gewinnausschüttungen. Den Einlagen entsprechen durch das Gesellschaftsverhältnis veranlasste Vermögenszuführungen der Gesellschafter, z. B. verdeckte Einlagen, die beide außerhalb der Bilanz zu neutralisieren sind. 5301

Im Rahmen des Betriebsvermögensvergleichs nach § 4 Abs. 1 EStG ist das Betriebsvermögen mit dem Wert anzusetzen, der sich nach den handelsrechtlichen Grundsätzen ordnungsmäßiger Buchführung aus der Handelsbilanz ergibt. Die Steuerbilanz ist eine den steuerlichen Vorschriften entsprechende Bilanz (§ 60 Abs. 2 EStDV). Sie ist eine aus der Handelsbilanz abgeleitete, an das Steuerrecht angepasste Bilanz, die die GmbH zwar nicht gesondert erstellen muss, die aber bei Abweichungen von der Handelsbilanz allein wegen des Bilanzenzusammenhangs zu empfehlen ist. 5302

Die **Maßgeblichkeit der Handelsbilanz** für die **Steuerbilanz** bezieht sich auf den Ansatz jedes einzelnen Postens des Betriebsvermögens (Aktivierung oder Passivierung) und seinen Wertansatz (Bewertung). Der Maßgeblichkeitsgrundsatz ist im Laufe der letzten Jahre allerdings durch steuerbilanzrechtliche Sondervorschriften immer mehr ausgehöhlt worden. Zwar folgt die steuerliche Bilanzierung immer noch weitgehend der Handelsbilanz, soweit es um die Frage geht, was zu bilanzieren ist, wobei handelsrechtliche Bilanzierungswahlrechte steuerlich unbeachtlich sind. Denn es gilt der Satz: „Was handelsrechtlich aktiviert werden kann, muss steuerrechtlich grundsätzlich aktiviert werden; was handelsrechtlich nicht passiviert werden muss, darf steuerrechtlich im 5303

1 LG Bonn v. 5.3.2015 - 16 T 940/14, rkr., juris.
2 Klein/Müller in: Mössner/Oellerich/Valta, KStG, § 8 Rz. 72.

Allgemeinen nicht passiviert werden." Bei der Bewertung der Bilanzposten (Wirtschaftsgüter), also der Frage, wie zu bilanzieren ist, gilt jedoch über den steuerlicher Bewertungsvorbehalt (§ 5 Abs. 6 EStG) ein selbständiges steuerliches Bewertungsrecht (§§ 6 ff. EStG).

5304 Mit dem **Bilanzrechtsmodernisierungsgesetz** (**BilMoG**, Art 3 Nr. 1)[1] ist u. a. durch Streichung des bisherigen § 5 Abs. 1 Satz 2 EStG das **umgekehrte Maßgeblichkeitsprinzip** aufgegeben worden. Dies führt zu einer verstärkten Eigenständigkeit der Steuerbilanz und bedeutet einen ersten Schritt zur Abkoppelung der Steuer- von der Handelsbilanz und ein weiteres Auseinanderfallen mit der Folge, dass die Aufstellung einer Einheitsbilanz in Zukunft faktisch nicht mehr möglich sein wird.[2] Angesichts unterschiedlicher Funktionen von Handelsbilanz einerseits, nämlich Ausschüttungsbemessungs- und Informationsfunktion, und Steuerbilanz andererseits, nämlich Abbildung der steuerlichen Leistungsfähigkeit, mag dies zwar systemgerecht erscheinen,[3] birgt aber die Gefahr zusätzlichen Dokumentationsaufwandes und damit zusätzlicher Kostenbelastung in sich, wenn neben der handelsrechtlichen Rechnungslegung noch eine steuerliche Buchführung erforderlich ist.

5305 Der sich aus der Steuerbilanz ergebende Gewinn oder Verlust ist die Ausgangsgröße bei der Ermittlung des von der GmbH zu versteuernden Einkommens.

5306 Das Einkommen ist für das Wirtschaftsjahr zu ermitteln, für das die GmbH regelmäßig Abschlüsse macht (§ 4a Abs. 1 Satz 1 und 2 Nr. 2 EStG). Weicht das Wirtschaftsjahr vom Kalenderjahr ab, so gilt der Gewinn als in dem Kalenderjahr bezogen, in dem das Wirtschaftsjahr endet (§ 4a Abs. 2 Nr. 2 EStG). Die Umstellung des Wirtschaftsjahres auf einen vom Kalenderjahr abweichenden Zeitraum ist steuerlich nur wirksam, wenn sie im Einvernehmen mit dem Finanzamt vorgenommen wird (§ 4a Abs. 1 Nr. 2 Satz 2 EStG).

c) Bilanzberichtigung und Bilanzänderung

aa) Bilanzberichtigung

5307 Eine **Bilanzberichtigung** ist auch nach Einreichung der Bilanz beim Finanzamt zulässig (§ 4 Abs. 2 Satz 1 EStG), wenn ein Ansatz in der Bilanz gegen zwingende Vorschriften des Steuerrechts oder des Handelsrechts oder gegen die Grundsätze ordnungsmäßiger Buchführung verstößt (R 4.4 Abs. 1 Satz 2 EStR). Die Bilanzberichtigung bezieht sich auf den Ansatz aktiver oder passiver Wirtschaftsgüter einschließlich der Rückstellungen sowie der Rechnungsabgrenzungsposten (RAP) dem Grunde und der Höhe nach. Nach Bestandskraft des KSt-Bescheids ist eine Bilanzberichtigung nur insoweit möglich, als die Veranlagung z. B. nach § 164 Abs. 2 oder § 173 AO noch geändert werden kann, oder die Bilanzberichtigung sich auf die Höhe der veranlagten KSt nicht auswirkt. Die Bilanz ist grundsätzlich in der Schlussbilanz des ersten Jahres, dessen Veranlagung geändert werden kann, erfolgswirksam richtig zu stellen (R 4.4 Abs. 1 Satz 9 EStR).

1 Vgl. Rz. 4081 ff.
2 Meurer, FR 2009 S. 117.
3 Rautenstrauch, FR 2009 S. 114; Spengel, FR 2009 S. 101.

bb) Bilanzänderung

Eine **Bilanzänderung** liegt vor, wenn die GmbH ihre durch Einreichung der KSt-Erklärung beim Finanzamt getroffene Entscheidung für einen zulässigen Wertansatz zugunsten eines anderen zulässigen Wertansatzes ändert. Sie war früher mit Zustimmung des Finanzamtes zulässig. Inzwischen ist die Bilanzänderung nur noch möglich, „wenn sie in einem engen zeitlichen und sachlichen Zusammenhang mit einer Bilanzberichtigung steht und soweit die Auswirkung der Änderung auf den Gewinn reicht". Die Bilanzänderung muss sich auf dieselbe beziehen. Die Änderung der Bilanz eines bestimmten Wirtschaftsjahres ist danach unabhängig davon, auf welche Wirtschaftsgüter oder RAP sich die Berichtigung bezieht, bis zur Höhe des gesamten Berichtigungsbetrages zulässig. Ein zeitlicher Zusammenhang liegt vor, wenn die Bilanz unverzüglich nach einer Bilanzberichtigung geändert wird. Mehrsteuern bei Änderung der Veranlagung sind im Wirtschaftsjahr der wirtschaftlichen Zugehörigkeit zu passivieren, ein Wahlrecht räumt die FinVerw nicht mehr ein. 5308

d) Veranlassung durch den Betrieb oder durch das Gesellschaftsverhältnis

aa) Abgrenzung

GmbH und **Gesellschafter** treten sich als zwei **verschiedene Rechts- und Steuersubjekte** gegenüber. Bei der Ermittlung des gewerblichen Gewinns und damit des steuerpflichtigen Einkommens der GmbH sind deshalb schuldrechtliche Verträge zwischen der GmbH und den Gesellschaftern grundsätzlich mit steuerlicher Wirkung anzuerkennen. Das bedeutet, dass der Gesellschafter der GmbH Wirtschaftsgüter vermieten und verpachten, als Arbeitnehmer für die GmbH tätig sein, der GmbH Kapital als Darlehen zur Verfügung stellen, sich am Gewerbebetrieb der GmbH als stiller Gesellschafter beteiligen, Lieferungen und Leistungen erbringen und mit der GmbH eine Personenhandelsgesellschaft gründen kann. Die Anerkennung von schuldrechtlichen Verträgen schließt auch ein, dass umgekehrt die GmbH ihren Gesellschaftern Wirtschaftsgüter vermieten und verpachten, Lieferungen und Leistungen erbringen und Kapital als Darlehen überlassen kann. 5309

Trotz der formal-juristischen Selbständigkeit der Steuersubjekte besteht zwischen ihnen aber aufgrund der gesellschaftsrechtlichen Verbundenheit **kein natürlicher Interessengegensatz**, wie er sonst zwischen den Parteien im Wirtschaftsverkehr regelmäßig vorausgesetzt werden kann und für die Ernsthaftigkeit und Angemessenheit geschlossener Verträge bürgt und der Gefahr vorbeugt, dass die eingegangenen Leistungsbeziehungen nicht nur im Gesellschaftsverhältnis veranlasste Vermögensflüsse verdecken sollen. 5310

Deshalb ist aus steuerlicher Sicht bei Vermögensflüssen zwischen GmbH und Gesellschafter oder einer diesen nahe stehenden Person für die Gewinn- und Einkommensermittlung der GmbH genau **zu unterscheiden**, ob die Vorgänge durch den **Betrieb der GmbH und/oder** durch das **Gesellschaftsverhältnis veranlasst** sind. Die durch den Betrieb veranlassten Vermögensmehrungen wirken sich als Betriebseinnahmen auf den Gewinn und das Einkommen der Gesellschaft aus, soweit sie nicht steuerbefreit sind. Die durch den Betrieb der GmbH veranlassten Vermögensminderungen sind als Be- 5311 triebsausgaben erfolgswirksam, soweit sie nicht kraft Gesetzes vom Betriebsausgabenabzug ausgeschlossen sind. Dagegen dürfen die durch das Gesellschaftsverhältnis veranlassten Vermögensmehrungen als (verdeckte) Einlagen sowie Vermögensminderungen und verhinderten Vermögensmehrungen als (verdeckte) Gewinnausschüttungen Gewinn (und Einkommen) der Gesellschaft nicht beeinflussen.

bb) Struktur der erforderlichen Korrekturen bei der Ermittlung der steuerlichen Bemessungsgrundlage

5312 Die Einkommensermittlung hat eine bilanzielle Betrachtung mit Auswirkung auf den Jahresabschluss und eine außerbilanzielle Betrachtung mit außerhalb des Jahresabschlusses vorzunehmenden Korrekturen. Danach wird bei Kapitalgesellschaften die Einkommensermittlung zweistufig vorgenommen.[1] Die Ergebnisse beider Stufen bilden im Endergebnis die körperschaftsteuerliche Bemessungsgrundlage:

Stufe 1: Gewinnermittlung = Jahresüberschussermittlung der Kapitalgesellschaft innerhalb der Steuerbilanz. Korrekturen wirken sich im Rahmen von Bilanzberichtigungen gem. § 4 Abs. 2 EStG auf die Steuerbilanz der Kapitalgesellschaft aus.

Stufe 2: außerbilanzielle Einkommensermittlung nach den Regeln des KStG/EStG: ausgehend vom bilanziellen Ergebnis = Jahresüberschuss erfolgen im Rahmen dieser Stufe außerbilanzielle Anpassungen, um zum zu versteuernden Einkommen zu gelangen.

BEISPIEL: Die A-GmbH hat in ihrer Bilanz zum 31.12.24 unzutreffend eine Rückstellung i. H. v. 400.000 € ausgewiesen. Des Weiteren hat sie nicht abziehbare Betriebsausgaben i. S. d. § 4 Abs. 5 EStG von 10.000 € aufgewendet.

LÖSUNG: Im Rahmen der Einkommensermittlung werden ausgehend vom ermittelten Gewinn der A-GmbH folgende Änderungen vorgenommen:

Rückstellung: der Rückstellungsaufwand ist durch eine Bilanzberichtigung zu beseitigen (Stufe 1). Berichtigungsbuchung: Rückstellung an Ertrag (= JÜ)	400.000 €
Nicht abziehbare Aufwendungen: die Aufwendungen sind außerbilanziell (Stufe 2) dem Gewinn hinzuzurechnen	+ 10.000 €
Einkommensauswirkung:	410.000 €

5313 Vergegenwärtigt man sich, dass die **GmbH** wie alle anderen Kapitalgesellschaften auch **steuerlich keine außerbetriebliche Sphäre** (= Privatsphäre) hat,[2] so sind **alle ihre Aufwendungen** – ausgenommen die offenen Ausschüttungen – begrifflich **Betriebsausgaben** (§ 4 Abs. 4 EStG); dies schließt aber ihre **zugleich vorliegende gesellschaftliche (Mit-) Veranlassung** nicht aus,[3] so dass eine **Korrektur** zur Ermittlung des zutreffenden steuerlichen Gewinnes i. S. v. § 2 Abs. 2 Satz 1 EStG **erforderlich** ist.

1 BFH v. 29.6.1994 - I R 137/93, BStBl 2002 II S. 366.

2 BFH v. 6.7.2000 - I B 34/00, BStBl 2002 II S. 490; v. 31.3.2004 - I R 83/03, BFH/NV 2004 S. 1482, NWB AAAAB-25685.

3 Vgl. auch Gosch, KStG, § 8 Rz. 247.

Aus dieser Erkenntnis leitet sich das zuvor dargestellte **zweistufige Vorgehen** bei Ermittlung und Korrektur einer vGA ab, das nach der Rechtsprechung des BFH aus § 4 Abs. 1 Satz 1 EStG heraus geboten ist:[1] Auf der **1. Stufe** wird der sog. Unterschiedsbetrag nach § 4 Abs. 1 Satz 1 EStG (= Steuerbilanz) ermittelt, wobei **Steuerbilanzrecht** (einschließlich GoB und Maßgeblichkeitsgrundsatz) anzuwenden sind, und das Vorliegen einer Vermögensminderung festgestellt wird. Erst auf der **2. Stufe** ziehen Vermögensminderungen, wenn sie – wie es die Regel ist (siehe Rz. 5311) – betrieblich und kumulativ gesellschaftlich veranlasst sind, die nach dem KSt-Recht gebotenen Korrekturen der vGA nach sich, die außerhalb der Steuerbilanz erfolgen. Im Ergebnis geht die Korrektur nicht anders vor sich, als sie in ähnlichen Zusammenhängen bei den Entnahmen, den Einlagen, den nicht abziehbaren Betriebsausgaben oder den steuerfreien Einnahmen und Einkünften erfolgt.

BEISPIEL: Die GmbH hat mit einem ihrer Gesellschafter X einen Pachtvertrag über das von der GmbH benutzte Geschäftsgebäude rechtswirksam abgeschlossen. Der monatliche Pachtzins von 2.000 € wird regelmäßig an X überwiesen und ertragswirksam verbucht; die Pacht ist unstreitig um 500 € zu hoch, also unangemessen, wie später bei einer Betriebsprüfung festgestellt wird.

Pachtvertrag und die Pachtzahlungen waren betrieblich veranlasst, und zwar schon deshalb, weil ein die GmbH verpflichtender, schuldrechtlicher Vertrag vorliegt, der in wirtschaftlichem Zusammenhang mit ihrem Betrieb steht, und die GmbH auch keine außerbetriebliche Sphäre besitzt. Die durch die Pachtzahlungen verursachte Vermögensminderung (Buchung: Aufwand an Bankkonto) hat nach Steuerbilanzrecht auch zutreffend zu einer **Verminderung des Unterschiedsbetrages nach § 4 Abs. 1 Satz 1 EStG** geführt: Ergebnis der Prüfung auf **Stufe 1.** Die Zahlung einer überhöhten Pacht ist **unangemessen** und deshalb (auch) durch das zum Verpächter-Gesellschafter bestehende **Gesellschaftsverhältnis veranlasst**, es liegt insoweit eine **vGA** vor, die als Rechtsfolge eine Hinzurechnung in ihrem Umfang zu dem Unterschiedsbetrag auslöst (**Gewinnkorrektur außerhalb der Bilanz**: Ergebnis der **Stufe 2**).

In ähnlicher Weise können betrieblich veranlasste Vermögensmehrungen bei der 5314
GmbH, die im Steuerbilanzgewinn (Unterschiedsbetrag nach § 4 Abs. 1 Satz 1 EStG) enthalten sind, wegen ihrer zugleich vorliegenden gesellschaftlichen Veranlassung außerhalb der Bilanz abzurechnen und so zu neutralisieren sein. Denn auch vermögensmehrende Geschäftsvorfälle – verdeckte Einlagen –, die durch das Gesellschaftsverhältnis und zugleich durch ihren Betrieb veranlasst sind, dürfen das steuerliche Ergebnis der GmbH nicht beeinflussen.

BEISPIEL: Der Gesellschafter X hat gegen die GmbH aus einem Darlehen eine Rückzahlungsforderung, die die GmbH passiviert hat und die angesichts der dinglichen Sicherung voll werthaltig ist. Damit die GmbH bei Kreditverhandlungen mit der Hausbank eine bessere Eigenkapitalquote darstellen kann, verzichtet X auf die Rückzahlung des Darlehens endgültig. Die GmbH bucht Darlehensverbindlichkeit an außerordentlichen Ertrag.

Die dadurch eintretende Erhöhung des Unterschiedsbetrages um die erlassene Darlehensschuld ist durch eine im Gesellschaftsverhältnis motivierte Vermögenszuführung veranlasst. Das Steuerbilanzergebnis ist um die Höhe der erlassenen Verbindlichkeit zu ermäßigen und die Zuführung auf dem steuerlichen Einlagekonto zu erfassen.

1 BFH v. 13.8.1998 - I R 85/96, BStBl 1998 II S. 161; Wassermeyer, DB 2002 S. 2668.

cc) Zusammenfassung

5315 Durch das Gesellschaftsverhältnis veranlasste Vermögensveränderungen der GmbH dürfen sich auf ihren steuerlichen Gewinn und das Einkommen nicht auswirken. Deshalb gilt der Grundsatz, dass es für die Ermittlung des Einkommens ohne Bedeutung ist, ob es ausgeschüttet wird oder nicht (§ 8 Abs. 3 Satz 1 KStG), weil hierdurch eine **Einkommensverwendung** erfolgt. Offene Gewinnausschüttungen führen aufgrund ihrer Verbuchung nicht zu Einkommensminderungen. VGA sind durch Hinzurechnung zu dem Unterschiedsbetrag nach § 4 Abs. 1 Satz 1 EStG i. V. m. § 8 Abs. 1 KStG zu neutralisieren.

5316 Einlagen der Gesellschafter in die GmbH sind durch das Gesellschaftsverhältnis veranlasste Vermögenszuführungen und dürfen daher unabhängig von den steuerlichen Folgen beim Gesellschafter selbst den (steuerlichen) Gewinn und das Einkommen der GmbH nicht beeinflussen. Dies entspricht der über § 8 Abs. 1 KStG anzuwendenden Vorschrift des § 4 Abs. 1 Satz 1 EStG, wonach Einlagen ergebnisneutral sind. Offene, d. h. gesellschaftsrechtliche Einlagen erhöhen wegen ihrer Verbuchung (Bank an gezeichnetes Kapital oder Kapitalrücklage) nicht den Gewinn; verdeckte Einlagen führen zwar zu Vermögensmehrungen, sind aber bei der steuerlichen Ergebnisermittlung außerhalb der Bilanz abzusetzen, wenn sie den Unterschiedsbetrag nach § 4 Abs. 1 Satz 1 EStG erhöht haben, und damit zu neutralisieren.

5317–5330 (*Einstweilen frei*)

4. Steuerfreie Erträge

5331 Wie aufgezeigt, bleiben bei der Ermittlung des steuerpflichtigen Gewinns der GmbH **Vermögensmehrungen auf gesellschaftlicher Grundlage** (Einlagen, Nachschüsse, Aufgelder), aber auch **steuerfreie Erträge außer Ansatz**. Vom Steuerbilanzgewinn sind die erfolgswirksam verbuchten, aber steuerfreien Betriebseinnahmen abzuziehen.

a) Katalog bedeutsamer Steuerbefreiungen

5332 Zu nennen sind neben gem. § 3c EStG steuerfreien Beträgen, soweit sie für eine Kapitalgesellschaft überhaupt in Betracht kommen, insbesondere

- die Investitionszulage,
- die erstattete KSt (Umkehrung von § 10 Nr. 2 KStG),
- aufgrund von Doppelbesteuerungsabkommen (DBA) im Inland freigestellte Einkünfte ausländischer Betriebsstättengewinne (Einkünfte aus ausländischem Grundbesitz, Veräußerungsgewinne, Schachteldividenden),
- Beteiligungserträge von anderen Kapitalgesellschaften nach § 8b KStG (Dividenden und Veräußerungsgewinne).

b) Gewinne ausländischer Betriebsstätten

5333 Die deutschen DBA sehen überwiegend die Freistellung der Einkünfte einer im Inland ansässigen GmbH aus ausländischen Quellen (Betriebsstätteneinkünfte, Einkünfte aus unbeweglichem Vermögen – Verpachtung) von den inländischen Ertragsteuern, also der

KSt und GewSt, vor. Aus der Befreiung der positiven Einkünfte (Gewinne) folgert bislang die FinVerw, dass Verluste aus ausländischen Betriebsstätten nicht im Inland abgezogen werden dürfen. Da aber durch die DBA eine Erhöhung des Steueranspruchs nicht bewirkt werden soll, ist ein Ausschluss des Abzugs ausländischer Verluste mit den Grundsätzen der DBA und der Niederlassungsfreiheit wohl nicht vereinbar.[1]

Zwar hat der EuGH in der Rechtssache Ritter-Coulais[2] auf ein Vorabentscheidungsersuchen des BFH[3] entschieden, dass Art. 48 EWG-Vertrag (später Art. 48 EG-Vertrag bzw. jetzt Art. 39 EG) der deutschen Regelung in § 32b Abs. 1 und 2 i. V. m. § 2a Abs. 1 Satz 1 Nr. 4 EStG 1987 entgegensteht, nach der die Berücksichtigung von aus einem in einem anderen Mitgliedstaat belegenen Grundstück erlittenen Verlusten aus Vermietung und Verpachtung (anders als positive Einkünfte hieraus) für die Festsetzung des Steuersatzes ausgeschlossen ist. Die vom BFH aufgeworfene Frage nach Auswirkungen des Gemeinschaftsrechtes auf die Ermittlung der Besteuerungsgrundlage hat der EuGH indessen mangels Entscheidungserheblichkeit offen gelassen. Mittlerweile hat sich die Rechtsprechung des EuGH[4] und des BFH[5] dahin gehend entwickelt, dass finale Betriebsstättenverluste nicht abzugsfähig sind, wenn es sich um Betriebsstätten mit abkommensrechtlicher Freistellung handelt.

c) Beteiligungserträge

aa) Befreiungen

Im System des Teileinkünfteverfahrens muss eine Kumulierung der KSt-Belastung von Einkünften aus Beteiligungen der GmbH an einer anderen Kapitalgesellschaft und in der weiteren Beteiligungskette ausgeschlossen werden, damit eine **steuerfreie Durchschüttung** an die Kapitalgesellschaft möglich ist, von der die Beteiligungserträge schließlich an den einkommensteuerpflichtigen Anteilseigner ausgekehrt werden und dort der 60 %igen Besteuerung nach § 3 Nr. 40 EStG unterliegen sollen. Dies soll durch die Regelung in § 8b KStG erreicht werden, die aus diesem Grund von besonderer Bedeutung ist.[6] 5334

Nach dieser Vorschrift bleiben Dividenden und andere Bezüge i. S. v. § 20 Abs. 1 Nr. 1 und 2, 9 und 10a EStG und Einnahmen aus der Veräußerung von Dividendenscheinen und sonstigen Ansprüchen sowie der Abtretung solcher Ansprüche steuerfrei ebenso wie die Gewinne aus der Realisierung von stillen Reserven bei der Veräußerung von Anteilen und bei gleichgestellten Vorgängen, z. B. der verdeckten Einlage. Da allerdings 5 % der Ausschüttungen als nichtabzugsfähige Betriebsausgaben gelten, bleiben wirtschaftlich nur 95 % steuerfrei. Die Befreiungen gelten seit dem Inkrafttreten des § 8b Abs. 4 KStG am 29.3.2013 nur noch, wenn die unmittelbare Beteiligung zu Beginn des Kalenderjahrs

---

1 Zu Einzelheiten s. von Brocke in: Mössner/Oellerich/Valta, EU-Steuerpolitischer Hintergrund für das KStG, Rz. 322 ff.

2 EuGH v. 21.2.2006 - C-152/03, NWB EAAAB-80551.

3 BFH v. 13.11.2002 - I R 13/02, BStBl 2003 II S. 795.

4 BFH v. 17.12.2015 - C-388/14 „Timac Agro Deutschland", BStBl 2016 II S. 362 und v. 22.9.2022 - C-538/20 „W AG", NWB QAAAJ-22773.

5 BFH v. 22.2.2017 - I R 2/15, NWB XAAAG-45098 und Nachfolgeentscheidung zur „W AG" BFH v. 22.2.2023 - I R 35/22, BFH/NV 2023 S. 753, NWB HAAAJ-38607.

6 Herzstück des neuen KSt-Rechts, so Gosch, KStG, § 8b Rz. 1.

mindestens 10% beträgt, also nicht mehr für sog. Streubesitzdividenden.[1] Sie gelten jedoch unabhängig etwaiger Behaltensfristen oder Mindestbesitzzeiten. Damit bleibt es in einer Beteiligungskette – abgesehen von der Mindestbesteuerung – bei einer einmaligen Belastung mit KSt, bis der Gewinn die Ebene der Körperschaften verlässt. Steuerbefreit sind auch die Beteiligungserträge, die der GmbH über eine zwischengeschaltete Personengesellschaft (Mitunternehmerschaft) nur mittelbar aus einer GmbH zufließen (§ 8b Abs. 6 Satz 1 KStG).

5335 Die Befreiungen gelten auch für die GewSt, wenn es sich um Dividenden aus einer Beteiligung von mindestens 15% handelt (vgl. § 8 Nr. 5 i. V. m. § 9 Nr. 7 GewStG).

5336–5337 *(Einstweilen frei)*

bb) Abzugsverbote

5338 **Seit** dem **VZ 2004** ist für **steuerfreie Dividendenerträge** nach § 8b Abs. 1 Satz 1 KStG das **Abzugsverbot** aus § 3c Abs. 1 EStG **nicht mehr anzuwenden**. Nach § 8b Abs. 5 KStG gelten jetzt **5% der steuerfreien Beteiligungserträge** bei der empfangenden Kapitalgesellschaft (GmbH) **pauschal als nicht abziehbare Betriebsausgaben**; dadurch entsteht (auf jeder Stufe der Beteiligungskette) eine endgültige KSt-Belastung, weil die Steuerfreiheit der Dividenden praktisch auf 95% der Einnahmen beschränkt ist.

5339 Bei der Beteiligung von mindestens 10% an ausländischen Gesellschaften sind die Dividenden und sonstigen Bezüge i. S. v. § 8b Abs. 1 KStG ebenfalls steuerfrei, selbst wenn die Befreiung nach einem DBA an engere Voraussetzungen geknüpft ist. Bei ihnen galt schon vor dem VZ 2004 und gilt immer noch das pauschale Abzugsverbot für 5% der Einnahmen als nichtabzugsfähige Betriebsausgaben (§ 8b Abs. 5 KStG), so dass auch hier die Befreiung im Ergebnis nur 95% der Einnahmen beträgt. Ob tatsächlich Ausgaben anfallen, ist ohne Belang; tatsächlich anfallende Ausgaben bleiben aber abzugsfähig, weil § 3c Abs. 1 EStG nicht anzuwenden ist.

5340 Bei der **GewSt** wirkt sich § 8 Abs. 5 KStG über § 7 Satz 4 GewStG aus. Ob daraus eine gewerbesteuerliche Belastung entsteht, hängt davon ab, ob eine **Schachtelbeteiligung** (mindestens 15%) vorliegt oder nicht, weil sich danach bestimmt, inwieweit der nach Maßgabe des KStG ermittelte Gewinn durch Hinzurechnungen oder Kürzungen zu korrigieren ist.

5341 Liegt keine Schachtelbeteiligung vor, ist die nach § 8b Abs. 1 KStG steuerfreie Dividende dem Gewinn nach § 8 Nr. 5 GewStG hinzuzurechnen, vermindert um die Betriebsausgaben, die nach § 3c Abs. 1 EStG oder § 8b Abs. 5 KStG nicht berücksichtigt worden sind, so dass im Ergebnis nur 95% gewerbesteuerpflichtig sind. Übersteigen die tatsächlichen Aufwendungen die hinzuzurechnenden Einnahmen, sind die Aufwendungen voll abzugsfähig. Liegt eine Schachtelbeteiligung nach § 9 Nr. 2a GewStG vor, entfällt eine Hinzurechnung nach § 8 Nr. 5 GewStG. Die Dividenden sind dann in vollem Umfang steuerfrei, gekürzt um die nach § 8b Abs. 5 KStG nicht abziehbaren Betriebsausgaben von 5% der Einnahmen. Die tatsächlichen Aufwendungen mindern den Gewinn und den

1 Zu Einzelheiten s. Geißer in: Mössner/Oellerich/Valta, KStG, § 8b Rz. 370 ff.; s. auch FG Köln v. 9.6.2016 - 10 K 1128/15, NWB BAAAF-79734, rkr.

Gewerbeertrag, wobei allerdings Dauerschuldzinsen wieder hinzuzurechnen sein können. Bei mittelbaren Beteiligungen, die über eine Mitunternehmerschaft gehalten werden, erfolgt die Kürzung des Gewinns über § 9 Nr. 2 GewStG, wobei auf der Ebene der Mitunternehmerschaft hinsichtlich der GmbH als Mitunternehmer die Vorschriften des § 8b KStG anzuwenden sind (§ 7 Satz 4 GewStG).

Bei der GewSt setzt die Steuerbefreiung aber neben der mindestens 15 %-Beteiligung zusätzlich voraus, dass die Auslandsgesellschaft ausschließlich oder fast ausschließlich **Bruttoerträge aus aktiver Tätigkeit** erzielt. Technisch geschieht dies dadurch, dass die nach § 8b Abs. 1 KStG freigestellten Bezüge dem Gewinn hinzugerechnet werden (§ 8 Nr. 5 GewStG) und dann bei Erfüllung der Voraussetzungen von § 9 Nr. 7 GewStG wieder gekürzt werden. 5342

d) Veräußerungsgewinne

aa) Steuerfreistellung

Die dem System des Teileinkünfteverfahrens innewohnenden Wertungen bedingen auch, dass **die Gewinne aus der Veräußerung von Anteilen an Kapitalgesellschaften** bei der GmbH oder in einer mehrstufigen Beteiligungskette von der KSt nach § 8b Abs. 2 KStG **befreit** werden. Blieben die Veräußerungsgewinne steuerpflichtig, käme es bei wirtschaftlicher Betrachtung zu einer mehrfachen Belastung mit KSt, was aber vermieden werden soll. Zur Erläuterung folgendes vereinfachtes Beispiel: 5343

BEISPIEL: Die A-GmbH hält 50 % der Anteile an der X-GmbH; die Anteile hatte sie für 200.000 € erworben, sie sind aber wegen des wirtschaftlichen Erfolgs der X-GmbH, dort thesaurierter Gewinne und der gebildeten stillen Reserven das Doppelte wert. Die A-GmbH veräußert die Anteile für 400.000 € und realisiert damit den Substanzwert der Anteile. Versteuerte man den Gewinn von 200.000 € auf der Ebene der A-GmbH, bliebe unberücksichtigt, dass der Veräußerungsgewinn auf offenen und stillen Reserven der X-GmbH beruht, die bei ihr entweder schon versteuert wurden (thesaurierte Gewinne) oder dort noch steuerverhaftet sind (stille Reserven).

Nach § 8b Abs. 2 KStG bleiben Gewinne aus der Veräußerung eines Anteils an einer Kapitalgesellschaft (auch eigener Anteile), Gewinne aus der Veräußerung eines Anteils an einer Organgesellschaft, aus der Auflösung oder Herabsetzung und Rückzahlung des Stammkapitals einer Beteiligungsgesellschaft, aus der Wertaufholung nach § 6 Abs. 1 Satz 1 Nr. 2 Satz 3 EStG für Anteile an der Beteiligungsgesellschaft nach einer Teilwertabschreibung, die den Gewinn steuerlich nicht gemindert hat (z. B. wegen § 8b Abs. 3 Satz 3 KStG), aus den einer Anteilsveräußerung gleichgestellten Vorgängen nach § 21 Abs. 2 UmwStG (z. B. Antragsversteuerung einbringungsgeborener Anteile) und aus der verdeckten Einlage, die einer Veräußerung gleichsteht (§ 8b Abs. 2 Satz 4 KStG) außer Ansatz. Die Steuerbefreiung gilt aber nicht, soweit der Anteil in früheren Jahren auf einen niedrigeren Teilwert steuerwirksam abgeschrieben wurde und die Gewinnminderung nicht durch den Ansatz eines höheren Wertes ausgeglichen wurde. 5344

BEISPIEL: Die A-GmbH erwirbt im Jahr 01 eine Beteiligung an der X-GmbH für 300.000 € und nimmt im Jahr 04 eine Teilwertabschreibung von 150.000 € vor; dann kommt es im Jahr 06 zu einer Wertaufholung von 50.000 €. Im Jahr 08 veräußert sie die Anteile für 400.000 €. Die Teilwertabschreibung von 150.000 € ist nach § 8b Abs. 3 KStG nicht zu berücksichtigen, so dass das Einkommen 04 um 150.000 € zu erhöhen ist. Die Wertaufholung im Jahr 06 führt zwar zu einer Gewinnerhöhung um 50.000 €, die aber nach § 8b Abs. 2 KStG steuerfrei ist. Bei der Veräußerung im Jahr 08 entsteht ein Veräußerungsgewinn von (Veräußerungspreis 400.000 € ./. Buchwert 200.000 € =) 200.000 €, der steuerfrei ist nach § 8b Abs. 2 KStG, weil die Teilwertabschreibung nicht steuerwirksam geworden ist.

bb) Umfang der Freistellung; Abzugsverbot

5345 Die Befreiung der Veräußerungsgewinne nach § 8b Abs. 2 KStG gilt für alle in- und ausländischen Körperschaften. Sachlich wird der **„Veräußerungsgewinn“** freigestellt und nicht etwa nur die Einnahmen ergänzt um ein Abzugsverbot für die Ausgaben. Veräußerungsgewinn ist nach § 8b Abs. 2 Satz 2 KStG der Betrag, der sich durch Gegenüberstellung von Veräußerungspreis bzw. des an seine Stelle tretenden Wertes nach Abzug der Veräußerungskosten[1] einerseits und des Buchwertes der Beteiligung andererseits ergibt; steuerbefreit ist also die Nettogröße.[2] Ab dem VZ 2004 gelten auch hier 5 % des befreiten Veräußerungsgewinnes nach § 8b Abs. 3 Satz 1 KStG als nicht abzugsfähige Betriebsausgaben, so dass tatsächlich nur 95 % des Veräußerungsgewinnes steuerfrei bleiben, während aber das Abzugsverbot nach § 3c Abs. 1 KStG insoweit nicht anzuwenden ist. Das Abzugsverbot soll verhindern, dass § 8b Abs. 5 KStG durch Thesaurierung der Gewinne und die anschließende Veräußerung des Anteils umgangen wird. Genau betrachtet führt die Regelung dazu, dass die veräußerungsbedingten Kosten einem doppelten Abzugsverbot unterliegen (pauschal i. H. v. 5 % nach § 8b Abs. 3 und nochmals über die Steuerfreiheit nach § 8b Abs. 2 KStG), was nicht systemgerecht ist.

5346 Durch den mit dem SEStEG eingeführten Satz 5 des § 8b Abs. 2 KStG ist eine Steuerfreiheit auch für den Fall ausgeschlossen, dass in früheren Jahren steuerwirksam Abzüge nach **§ 6b EStG** und ähnliche Abzüge vorgenommen worden sind. M. E. zu Recht wird gegen diese Änderung vorgebracht, dass sie insoweit unangemessen sei, als sie auch Übertragungen aus der Veräußerung von Anteilen i. S. d. § 6b Abs. 10 EStG erfasst, denn die Gewinne aus der Veräußerung solcher Anteile seien heute nach § 8b Abs. 2 KStG begünstigt.[3]

5347 Bedingt durch die mit Einführung des SEStEG verbundenen Änderungen im UmwStG (§§ 20, 21 UmwStG – Übergang zur rückwirkenden Besteuerung nach Einbringung) wird § 8b Abs. 4 KStG a. F. aufgehoben. Für Anteile, die am Tag der Verkündung des SEStEG einbringungsgeboren sind und für solche Anteile, die innerhalb der letzten sieben Jahre unmittelbar oder mittelbar von einer natürlichen Person zu einem Wertansatz unterhalb des Teilwertes erworben wurden, ist die Vorschrift nach der Anwendungsregelung in § 34 Abs. 5 Satz 3 KStG allerdings weiter anzuwenden.

1 Zu Einzelheiten s. BFH v. 15.6.2016 - I R 64/14, BStBl 2017 II S. 182.
2 Vgl. Gosch, KStG, § 8b Rz. 195.
3 Vgl. Blumenberg/Lechner, a. a. O.

cc) Veräußerungsverluste; Gewinnminderung

Verluste infolge der Veräußerung der Anteile oder der Auflösung der Beteiligungsgesellschaft bleiben bei der Gewinnermittlung der GmbH außer Ansatz. Dies ergibt sich eigentlich schon aus § 8b Abs. 2 Satz 2 KStG, der „negative Gewinne" mitumfasst. Allgemein werden aber auch Veräußerungs- und Liquidationsverluste unter den Begriff der **„Gewinnminderungen"** gefasst, die nach § 8b Abs. 3 Satz 3 KStG bei der Gewinnermittlung nicht zu berücksichtigen sind, wenn sie im Zusammenhang mit den Anteilen nach § 8b Abs. 2 KStG stehen. Dabei geht es in der Sache darum, die Substanz des Anteils betreffende Wertminderungen vom Abzug auszuschließen, also vornehmlich **Teilwertabschreibungen gem. § 6 Abs. 1 Nr. 2 EStG**, aber auch Minderungen, die auf der Herabsetzung des Nennkapitals oder auf § 21 Abs. 2 Nr. 1 UmwStG beruhen oder sich auf Sachdividenden beziehen.[1] 5348

Unter den Begriff der **Gewinnminderung** nach § 8b Abs. 3 KStG fallen **nicht** die **laufenden Aufwendungen**, die bei der GmbH im Zusammenhang mit der Beteiligung anfallen,[2] wie z. B. Refinanzierungskosten. Zu den Gewinnminderungen gehören nach § 8b Abs. 3 Satz 4 KStG auch solche im Zusammenhang mit einer Darlehensforderung oder aus der Inanspruchnahme von Sicherheiten, die für ein Darlehen hingegeben wurden, wenn das Darlehen von einem Gesellschafter gewährt wird, der zu mehr als ¼ unmittelbar oder mittelbar am Grund – oder Stammkapital der Körperschaft, der das Darlehen gewährt wurde, beteiligt ist oder war. Allerdings sind Gewinnminderungen zu berücksichtigen, wenn nachweislich auch ein fremder Dritter ein Darlehen bei sonst gleichen Umständen gewährt hätte.[3] Allerdings sind Gewinnminderungen aufgrund von Teilwertabschreibungen auf Fremdwährungsdarlehen ab VZ 2021 keine außerbilanziell zuzurechnenden Gewinnminderungen mehr (§ 8b Abs. 3 Satz 7 KStG). 5349

dd) Weitere Realisationsvorgänge; vGA

Unter die **KSt-Befreiung** nach § 8b Abs. 2 KStG fallen auch **andere Vorgänge**, mit denen **die stillen Reserven** des **Anteils realisiert** werden, wie die verdeckte Einlage des Anteils oder die Aufdeckung stiller Reserven, wenn die GmbH Anteile an Kapitalgesellschaften als Sachdividende an körperschaftsteuerpflichtige Gesellschafter weitergibt, Übertragungsgewinne nach §§ 1 und 15 UmwStG, die Veräußerung von Genussrechten, die auch ein Recht auf Beteiligung am Gewinn und dem Liquidationserlös vermitteln, sowie **Gewinnerhöhungen aufgrund verdeckter Gewinnausschüttungen** im Zusammenhang mit der **Übertragung von Anteilen.**[4] 5350

BEISPIEL: Die M-GmbH veräußert ihren Geschäftsanteil an der T-GmbH an ihren Gesellschafter R. Der Veräußerungspreis beträgt 200.000 €, die Anschaffungskosten betrugen 500.000 €, der dem Buchwert entspricht. Der gemeine Wert der Anteile beträgt 900.000 €. Da die M-GmbH den Geschäftsanteil unter Wert an den Gesellschafter veräußert, liegt insoweit eine vGA von 700.000 € vor. Der steuerpflichtige Veräußerungsgewinn ermittelt sich wie folgt: (Veräußerungspreis 200.000 € ./. Buchwert 500.000 € =) −300.000 € + 700.000 € vGA = Gewinn 400.000 €

1 Vgl. Gosch, KStG, § 8b Rz. 266.
2 Vgl. Gosch, KStG, § 8b Rz. 280.
3 Zu Einzelheiten s. Geißer in: Mössner/Oellerich/Valta, KStG, § 8b Rz. 300 ff.
4 Vgl. auch Gosch, KStG, § 8b Rz. 189 ff.

./.Steuerfreistellung nach § 8b Abs. 2 KStG und ergibt einen steuerpflichtigen Veräußerungsgewinn zunächst von 0 €. Jedoch gelten gem. § 8b Abs. 3 Satz 1 KStG 5 % bezogen auf 400.000 € = 20.000 € als nicht abzugsfähige Betriebsausgaben. Die KapErtSt, die für die Ausschüttung von der M-GmbH abzuführen ist, bemisst sich nach dem Betrag der vGA; in gleicher Höhe hat der Anteilseigner Beteiligungserträge nach § 20 Abs. 1 Nr. 1 Satz 2 EStG.

ABWANDLUNG DES BEISPIELS: ▶ Der Buchwert der Beteiligung beträgt nur 400.000 €, weil die M-GmbH steuerwirksam eine Teilwertabschreibung von 100.000 € vorgenommen hatte. Der steuerpflichtige Veräußerungsgewinn ermittelt sich wie folgt: (Veräußerungspreis 200.000 € ./. Buchwert 400.000 € =) − 200.000 € + vGA 700.000 € = Gewinn 500.000 € ./. Steuerfreistellung nach § 8b Abs. 2 KStG, die nach § 8b Abs. 2 Satz 4 KStG um die Teilwertabschreibung zu kürzen ist. Daraus ergibt sich ein steuerpflichtiger Veräußerungsgewinn von 100.000 €. Die Auswirkungen bei der KapErtSt und der ESt des Anteilseigners decken sich mit dem Grundbeispiel.

e) Sonderbehandlung einbringungsgeborener Anteile nach dem früheren maßgeblichen Recht

5351 Siehe hierzu 3. Auflage, Rz. 5353 ff.

5352–5360 (*Einstweilen frei*)

f) Ausdehnung der Anwendung von § 8b Abs. 1 bis 5 KStG bei Halten der Beteiligung über eine Personengesellschaft

aa) Gesamtgewinn der Mitunternehmerschaft

5361 Hält die GmbH die **Beteiligung** an einer **Kapitalgesellschaft über eine Mitunternehmerschaft**, so nimmt sie als Mitunternehmer nur mittelbar an den Bezügen (Dividenden und sonstigen Beteiligungserträgen), Gewinnen aus der Veräußerung und gleichgestellten Vorgängen sowie an Gewinnminderungen im Zusammenhang mit der Beteiligung (z. B. Teilwertabschreibung) teil. Denn diese Vorgänge schlagen sich zunächst im Gesamtgewinn der Mitunternehmerschaft (§ 15 Abs. 1 Nr. 2 EStG) auf deren Ebene nieder. Dennoch **gelten** nach § 8b Abs. 6 KStG auch hierfür die Regeln des § 8b Abs. 1 bis 5 KStG über die **Steuerbefreiungen und Abzugsbeschränkungen**, und zwar auch dann, wenn es sich um mehrstufige Mitunternehmerschaften handelt.

5362 Verfahrensrechtlich ist darüber, welche Einkünfte unter § 8b KStG fallen oder ob Steuerbefreiungen eingreifen oder ob Abzugsbeschränkungen einschließlich der 5 % als nicht abzugsfähige Betriebsausgaben geltende Beträge zu beachten sind, im Feststellungsverfahren bei der Mitunternehmerschaft zu entscheiden. Denn die einkommensteuer- oder körperschaftsteuerpflichtigen Einkünfte, an denen mehrere Personen beteiligt und die diesen Personen zuzurechnen sind, und die mit diesen Einkünften im Zusammenhang stehenden Besteuerungsgrundlagen (z. B. Steuerbegünstigungen) sind einheitlich und gesondert nach § 180 Abs. 1 Nr. 2a AO festzustellen. Ist eine GmbH an einer Personenhandelsgesellschaft beteiligt, müssen Feststellungen darüber getroffen werden, welche Teile der Einkünfte anteilig unter § 8b KStG fallen. Maßgebend dafür ist die Beteiligungsquote,[1] nicht der Gewinnverteilungsschlüssel,[2] weil es an einer Regelung fehlt, die der GewSt-Anrechnung nach § 35 Abs. 2 Satz 2 EStG entspricht.

1 Gosch, KStG, § 8b Rz. 534.

2 So aber Dötsch/Pung, DB 2003 S. 1017, 1026.

Jedenfalls können abweichende Beteiligungen am Gewinn, wie sie sich aus Vorabgewinnen und Sondervergütungen ergeben, nicht maßgebend sein.

BEISPIEL: Die X-GmbH ist zu 40% neben weiteren natürlichen Personen an der Beta-KG beteiligt, die ihrerseits Geschäftsanteile an der M-GmbH und an der N-GmbH hält. Die Beta-KG nimmt eine Teilwertabschreibung auf die Beteiligung an der M-GmbH i.H.v. 100.000€ vor, die N-GmbH schüttet brutto eine Dividende von 80.000€ an die KG aus. 40v.H. der Teilwertabschreibung, also 40.000€, und der Ausschüttung, also 32.000€, entfallen auf die X-GmbH. Die Gewinnminderung bei der KG durch die Teilwertabschreibung ist um 40.000€ nach §8b Abs.3 Satz3 KStG zu korrigieren, die Gewinnerhöhung durch den Dividendenzufluss ist in einem Betrag von 32.000€ rückgängig zu machen, weil der auf die X-GmbH entfallende Anteil nach §8b Abs.1 KStG von der Besteuerung ausgenommen ist. Die Gewinnkorrektur beträgt also +8.000€, die bei der Verteilung des steuerlichen Gesamtgewinns der Mitunternehmerschaft der X-GmbH durch Zu- und Abrechnung zuzurechnen ist.

Auch wenn die GmbH z.B. ihren Mitunternehmeranteil veräußert, sind die genannten Vorschriften anzuwenden, wenn sich im Betriebsvermögen der Mitunternehmerschaft eine Beteiligung an einer Kapitalgesellschaft befindet. 5363

BEISPIEL: Die X-GmbH ist zu 50% als Kommanditistin neben weiteren natürlichen Personen an der Alpha-KG beteiligt, die ein gewerbliches Unternehmen betreibt. Im Gesellschaftsvermögen der KG befindet sich eine Beteiligung an der Y-GmbH, die die Alpha-KG mit einem Gewinn von 200.000€ veräußert. Entsprechend der Beteiligungsquote entfallen davon 100.000€ auf die X-GmbH, die nach §8b Abs.2 KStG von der Besteuerung ausgenommen sind. Diese Feststellung ist im Rahmen des Feststellungsverfahrens nach §180 Abs.1 Nr.2a AO bei der Mitunternehmerschaft (Alpha-KG) zu treffen; eine entsprechende Feststellung ist für die anderen Mitunternehmer hinsichtlich der hälftigen Befreiung nach §3 Nr.40a EStG zu treffen.

Auch auf die Beteiligung der GmbH an einer vermögensverwaltenden Personengesellschaft, die wiederum Anteile an einer Kapitalgesellschaft hält, ist der Anwendungsbereich des §8b Abs.1 bis 5 KStG über §39 AO auszudehnen.

bb) Gewerbesteuerliche Auswirkung

Ursprünglich lehnte die FinVerw die Anwendung des §8b Abs.1 bis 5 KStG auf die Ermittlung des Gewerbeertrags bei einer Mitunternehmerschaft ab,[1] entgegen der h.M.[2] Ab dem EZ 2004 ist der Streit durch eine positive gesetzliche Regelung[3] dahin entschieden, dass nach §7 Satz4 GewStG nicht nur die §§3 Nr.40 und 3c Abs.2 EStG für die an der Mitunternehmerschaft beteiligten natürlichen Personen gelten, sondern auch §8b KStG anzuwenden ist. Dies bedeutet klarstellend zu §7 Satz1 GewStG, dass die Steuerfreiheit von Dividenden und Veräußerungsgewinnen nach §8b Abs.1 und Abs.2 KStG ebenso wie die Abzugsbeschränkungen und Abzugsverbote auch bei der Ermittlung des Gewerbeertrags synchron nachvollzogen werden. 5364

cc) Organschaft und §8b KStG

Ist die GmbH eine Organgesellschaft (§§14 bis 17 KStG), sind die Vorschriften des §8b KStG auf ihrer Ebene nicht anwendbar (§15 Abs.1 Nr.2 Satz1 KStG), da die Organgesellschaft ihren „ganzen" Gewinn, also brutto, abzuführen hat (Bruttomethode). Zu einer 5365

1 Vgl. BMF v. 28.4.2003, BStBl 2003 I S.292, Rz.57.
2 Vgl. z.B. Gosch, KStG, §8b Rz.540.
3 Gesetz v. 9.12.2004, BGBl 2004 I S.3310.

Freistellung nach § 8b Abs. 1 und Abs. 2 KStG kommt es erst auf der Ebene des Organträgers, sofern er die persönlichen Voraussetzungen erfüllt. Auf der Ebene des Organträgers ist die Anwendung des § 8b KStG für das ihm zugerechnete Einkommen der Organgesellschaft nachzuholen.[1]

5366–5380 (*Einstweilen frei*)

5. Spenden

5381 Der Spendenabzug ist für Zwecke der Körperschaftsteuer in § 9 Abs. 1 Nr. 2 KStG geregelt. Spenden sind Verwendungsausgaben. Da eine Kapitalgesellschaft lediglich eine betriebliche Sphäre hat, musste für Verwendungsausgaben eine eigene Vorschrift im KStG in der Gestalt des § 9 KStG gegenüber den Sonderausgaben, die im Wesentlichen sich auf Privatvermögensphäre stützen, geschaffen werden.

Eine Körperschaft darf gem. § 9 Abs. 1 Nr. 2 KStG vorbehaltlich des § 8 Abs. 3 KStG Zuwendungen (Spenden und Mitgliedsbeiträge) zur Förderung steuerbegünstigter Zwecke i. S. der §§ 52 bis 54 AO an eine inländische juristische Person des öffentlichen Rechts oder an eine inländische öffentliche Dienststelle oder an eine nach § 5 Abs. 1 Nr. 9 KStG steuerbefreite Körperschaft, Personenvereinigung oder Vermögensmasse insgesamt abziehen bis zu

- 20 % des Einkommens oder
- 4 ‰ der Summe der gesamten Umsätze und der im Kalenderjahr aufgewendeten Löhne und Gehälter.

Ein Spendenabzug ist nur eingeschränkt möglich. Man muss zwei unabhängige Spendenhöchstbeträge beachten, die man vor allem in Prüfungsarbeiten immer ermitteln sollte.

- einkommensabhängiger Höchstbetrag:

  Der Spendenabzug beträgt 20 % des um den Spendenabzug erhöhten Einkommens. Eine Unterteilung der Spenden, d. h. Aufteilung nach Qualitätsmerkmalen, wird nicht vorgenommen. Alle abziehbaren Spenden werden zusammengezogen.

- einkommensunabhängiger Höchstbetrag:

  Nach § 9 Abs. 1 Nr. 2b KStG kann der Spendenabzug i. H. v. 4 v. T. der Summe aus Umsätzen, Löhnen und Gehältern vorgenommen werden. Danach richtet sich der Spendenabzug unabhängig vom Einkommen, und wäre z. B. auch in Verlustjahren möglich.

Maßgebend ist der für den Steuerpflichtigen günstigere Höchstbetrag.

Abziehbare Zuwendungen, die die Höchstbeträge nach § 9 Abs. 1 Satz 1 Nr. 2 KStG überschreiten, sind gem. § 9 Abs. 1 Satz 9 KStG im Rahmen der Höchstbeträge in den folgenden Veranlagungszeiträumen abzuziehen. § 10d Abs. 4 EStG gilt gem. § 9 Abs. 1 Satz 4

1 Zu Einzelheiten s. Müller in: Mössner/Oellerich/Varta, KStG, § 15 Rz. 51 ff.; s. auch BMF v. 26.8.2003, BStBl 2003 I S. 437, Rz. 22.

KStG entsprechend. Somit wird der übersteigende Betrag gesondert festgestellt und darf vorgetragen werden.

Gemäß § 9 Abs. 1 Satz 8 KStG sind nicht abziehbare Aufwendungen Mitgliedsbeiträge an Körperschaften, die

- den Sport (§ 52 Abs. 2 Nr. 21 AO),
- kulturelle Betätigungen, die in erster Linie der Freizeitgestaltung dienen,
- die Heimatpflege und Heimatkunde (§ 52 Abs. 2 Nr. 22 AO) oder
- Zwecke i. S. d. § 52 Abs. 2 Satz 1 Nr. 23 AO

fördern.

Nicht mehr abzugsfähig sind seit 1.1.1994 gem. § 8 Abs. 1 KStG i. V. m. § 4 Abs. 6 EStG Spenden an politische Parteien für Körperschaften. Das BVerfG erklärte am 14.7.1986 eine Abzugsfähigkeit für Spenden an politische Parteien in Anlehnung an vorgenannte Prozentsätze für verfassungswidrig.[1]

Die Maßgröße für den Spendenabzug enthält § 9 Abs. 2 Satz 1 KStG. Als Einkommen i. S. v. § 9 KStG gilt das Einkommen vor Abzug der in § 9 Abs. 1 Nr. 2 bezeichneten Zuwendungen und vor dem Verlustabzug nach § 10d EStG. Danach ist eigentlich eine Summe der Einkünfte die Maßgröße, wie es sich aus der 14. Zeile des Ermittlungsschemas gem. R 29 KStR ergibt.

§ 9 Abs. 2 Satz 2 ff. KStG nimmt auf Situationen Bezug, in denen keine Barspenden geleistet werden (sog. Sachspenden). Als Zuwendung im Sinne dieser Vorschrift gilt danach auch die Zuwendung von Wirtschaftsgütern mit Ausnahme von Nutzungen und Leistungen. Der Wert der Zuwendung ist nach § 6 Abs. 1 Nr. 4 Satz 1 EStG zu ermitteln. Dem Spender wird die Ausbuchung zu Buchwerten ermöglicht, um eine Gewinnrealisierung zu vermeiden. Aufwendungen zugunsten einer Körperschaft, die zum Empfang steuerlich abziehbarer Zuwendungen berechtigt ist, sind nur abziehbar, wenn ein Anspruch auf die Erstattung der Aufwendungen durch Vertrag oder Satzung eingeräumt und auf die Erstattung verzichtet worden ist. Der Anspruch darf nicht unter der Bedingung des Verzichts eingeräumt worden sein.

Als formale Voraussetzung muss die Körperschaft eine ordnungsgemäße Spenden- 5382
bescheinigung vorlegen. Dazu regelt § 9 Abs. 3 Satz 1 KStG in Bezug auf die spendende Körperschaft, dass der Steuerpflichtige auf die Richtigkeit der Bestätigung über Spenden und Mitgliedsbeiträge vertrauen darf, es sei denn, dass er die Bestätigung durch unlautere Mittel oder falsche Angaben erwirkt hat oder dass ihm die Unrichtigkeit der Bestätigung bekannt oder infolge grober Fahrlässigkeit nicht bekannt war. Für den Spendenempfänger und Bescheinigungsaussteller regelt § 9 Abs. 3 KStG Folgendes: Wer vorsätzlich oder grob fahrlässig eine unrichtige Bestätigung ausstellt oder wer veranlasst, dass Zuwendungen nicht zu den in der Bestätigung angegebenen steuerbegünstigten Zwecken verwendet werden, haftet für die entgangene Steuer. Diese ist mit 30 % des zugewendeten Betrags anzusetzen.

---

1 BStBl 1986 II S. 684.

BEISPIEL: Die X-GmbH leistet im VZ 24 Spenden von insgesamt 30.000 €. Darin ist ein Mitgliedsbeitrag an den Hollaria e.V. für Heimatpflege i.H.v. 5.000 € enthalten. Das Einkommen (vor Spendenabzug) beträgt 100.000 €. 4 % der Summe der gesamten Umsätze und der im Kalenderjahr aufgewendeten Löhne und Gehälter ergeben 10.000 €.

LÖSUNG: Die Spenden können gem. § 9 Abs. 1 Satz 1 Nr. 2 Buchst. a KStG zu 20 % des bereinigten Einkommens berücksichtigt werden:

Davon ausgenommen ist gem. § 9 Abs. 1 Satz 8 KStG der Mitgliedsbeitrag an den Hollaria e.V. für Heimatpflege. Daher können nur 25.000 € abgezogen werden.

Der einkommensabhängige Höchstbetrag beträgt (20 % von 100.000 € =) 20.000 €.

Der einkommensunabhängige Höchstbetrag beträgt 10.000 €.

Es gilt der für den Steuerpflichtigen günstigere Höchstbetrag = 20.000 €.

Der sich ergebende Spendenüberhang von 5.000 € wird in den nachfolgenden VZ vorgetragen und im Rahmen dessen Höchstbetrags berücksichtigt.

6. Nicht abziehbare Betriebsausgaben

5383 Obwohl die GmbH als Kapitalgesellschaft keine außerbetriebliche Sphäre hat und ihre Aufwendungen betrieblich veranlasst und somit begrifflich Betriebsausgaben nach § 4 Abs. 4 EStG sind, dürfen eine Reihe solcher Ausgaben gleichwohl aus unterschiedlichen Gründen bei der Einkommensermittlung nicht abgezogen werden. Soweit derartige Aufwendungen den Gewinn (Unterschiedsbetrag nach § 4 Abs. 1 Satz 1 EStG) gemindert haben, sind sie ihm für steuerliche Zwecke außerbilanziell wieder hinzuzurechnen.

5384 Betriebsausgaben der GmbH sind nicht abzugsfähig, soweit sie mit **steuerfreien Einnahmen in unmittelbarem wirtschaftlichem Zusammenhang stehen (§ 3c EStG)**. Mit dieser Regelung soll ein doppelter steuerlicher Vorteil ausgeschlossen werden.[1] Zu beachten ist aber, dass § 3c Abs. 1 EStG auf steuerbefreite Dividendenerträge (§ 8b Abs. 1 KStG) und steuerbefreite Veräußerungsgewinne (§ 8b Abs. 2 KStG) ab dem **VZ 2004 nicht** mehr **anzuwenden** ist (§ 8b Abs. 3 und Abs. 5 KStG), sondern 5 % der Einnahmen bzw. des Veräußerungsgewinnes als nicht abzugsfähige Betriebsausgaben gelten.

5385 Die Bestimmung über die nicht abzugsfähigen Betriebsausgaben nach § 4 Abs. 5 EStG, die auch bei der GmbH anzuwenden ist (§ 8 Abs. 1 KStG), enthält weitere Einschränkungen für den Abzug von Aufwendungen für Geschenke (Nr. 1) an Personen, die nicht Arbeitnehmer der GmbH sind, für den Abzug von Bewirtungsaufwendungen (Nr. 2) und Aufwendungen für Gästehäuser, Jagd und Fischerei, Segel- oder Motoryachten und ähnliche Zwecke (Nr. 3 und 4). § 4 Abs. 5 Nr. 7 EStG schließt auch andere als die genannten Betriebsausgaben vom Abzug aus, wenn sie die Lebensführung anderer Personen berühren, soweit sie nach allgemeiner Verkehrsauffassung als unangemessen anzusehen sind. Die Lebensführung berührende Aufwendungen sind z. B. Übernachtungskosten anlässlich einer Geschäftsreise, Besuche von Nachtbars u. Ä. wie auch Aufwendungen für einen Pkw oder die Ausstattung von Geschäftsräumen, wie z. B. beim Chefzimmer. Anwendungsfälle nach Auffassung der FinVerw sind in R 4.10 Abs. 6 ff.

1 Heinicke in: Schmidt, EStG, § 3c Rz. 1; BFH v. 26.3.2002 - VI R 26/00, BStBl 2002 II S. 823.

EStR aufgeführt. Soweit diese Aufwendungen ihre Veranlassung im Gesellschaftsverhältnis haben, kommt auch eine vgA in Betracht.[1]

Der BFH begreift § 4 Abs. 5 Nr. 7 EStG nicht nur als Beschränkung des Betriebsausgabenabzugs der Höhe nach auf einen angemessenen Betrag, sondern hat über diese Vorschrift den Katalog der Abzugsverbote dem Grunde nach ausgedehnt,[2] so dass auch anderer Repräsentationsaufwand dem Abzugsverbot unterliegen kann.[3] 5386

Nicht abzugsfähig sind außerdem Betriebsausgaben, deren Empfänger oder Gläubiger die GmbH auf Verlangen des Finanzamtes nicht namhaft macht oder machen kann (§ 160 AO). Das ist eine Ermessensentscheidung.[4] 5387

Grundsätzlich haben nicht abziehbare Betriebsausgaben nach § 4 Abs. 5 EStG oder § 160 AO dieselbe Rechtsfolge wie eine vGA. Der betreffende Aufwand, der seinen Charakter als Betriebsausgabe nicht verliert, wird außerhalb der Bilanz dem Unterschiedsbetrag nach § 4 Abs. 1 Satz 1 EStG betragsmäßig wieder hinzugerechnet, was sich gewinnerhöhend auswirkt. So gesehen ist es unter Geltung des Teileinkünfteverfahrens gleichgültig, ob eine Betriebsausgabe in eine vGA umqualifiziert wird. Dennoch kann es im Einzelfall im Bereich des § 4 Abs. 5 Nr. 7 EStG von Bedeutung sein, ob die Ausgabe gesellschaftsrechtlich mitveranlasst und geeignet ist, beim Gesellschafter einen Beteiligungsertrag auszulösen, also vGA ist oder nur nicht abziehbaren Aufwand darstellt. Denn bei § 4 Abs. 5 EStG (oder auch § 160 AO) wird nur der Aufwand korrigiert, während bei § 8 Abs. 3 Satz 2 KStG die Bewertung der vGA mit einem angemessenen Gewinnaufschlag erfolgt und die vGA beim Gesellschafter einer weiteren Steuerbelastung unterliegt; außerdem kann die Verwendungsreihenfolge nach § 27 Abs. 1 Satz 3 KStG betroffen sein. 5388

7. Ausgleichszahlungen einer Organgesellschaft

Schließlich sind gem. § 4 Abs. 5 Nr. 9 EStG **Ausgleichszahlungen,** die von einer **Organgesellschaft an außenstehende Gesellschafter** geleistet werden, vom Abzug ausgeschlossen. Diese Zahlungen sind einschließlich der darauf entfallenden Ausschüttungsbelastung von der Organgesellschaft als eigenes Einkommen zu versteuern (§ 16 Satz 1 KStG). Bemessungsgrundlage sind deshalb 20/17 der Ausgleichszahlung. Diese Regelung hat ihren Grund darin, dass die Ausgleichszahlungen wie Gewinnausschüttungen mit KSt belastet sein sollen, Organträger aber auch eine natürliche Person sein kann, bei der die Ausschüttungsbelastung mit KSt nicht hergestellt werden könnte. Deshalb ist es erforderlich, die auf die Ausgleichszahlung entfallende KSt einheitlich bei der Organgesellschaft zu erheben. 5389

Der Steuerbilanzgewinn (Unterschiedsbetrag nach § 4 Abs. 1 Satz 1 EStG) der GmbH ist des Weiteren um die gem. § 10 KStG nicht abziehbaren Aufwendungen zu erhöhen, soweit sie erfolgswirksam verbucht worden sind. Dabei läuft das Abzugsverbot des § 10 Nr. 1 KStG bei der GmbH als Erwerbsgesellschaft allerdings leer, weil Gewinnaus- 5390

1 Vgl. BFH v. 7.7.1976 - I R 180/74, BStBl 1976 II S. 753.

2 BFH v. 16.2.1990 - III R 21/86, BStBl 1990 II S. 575.

3 Vgl. aber auch BFH v. 12.5.2003 - I B 157/02, BFH/NV 2003 S. 1314, NWB NAAAA-69876.

4 Vgl. BFH v. 10.3.1999 - XI R 10/98, BStBl 1999 II S. 434.

schüttungen ohnehin nach § 8 Abs. 3 KStG als Einkommensverwendung den Gewinn nicht beeinflussen dürfen.

8. Personensteuern

5391 Haben **Personensteuern** – dazu zählen Körperschaftsteuer, Solidaritätszuschlag, Kapitalertragsteuer, Erbschaft- und Schenkungsteuer, ausländische Steuern vom Einkommen und Vermögen –, die Umsatzsteuer auf vGA und die Vorsteuer auf die nicht abziehbaren Betriebsausgaben nach § 4 Abs. 5 EStG das Bilanzergebnis der GmbH gemindert, sind sie gem. § 10 Nr. 2 KStG ebenfalls wieder hinzuzurechnen. Diese Ausgaben sind Einkommensverwendung, die aus dem versteuerten Einkommen zu leisten sind.

5392 Nicht abziehbar sind auch Säumniszuschläge (§ 240 AO), Verspätungszuschläge (§ 152 AO) und Zwangsgelder (§ 329 AO), die Nebenleistungen zu den genannten nicht abzugsfähigen Steuern sind. Umgekehrt gehören jedoch Prozesszinsen auf Erstattungsbeträge (§ 236 AO) zu den steuerpflichtigen Einnahmen. Auch Zinsen auf Steuernachzahlungen gem. §§ 233a, 234 AO (Stundungszinsen) und § 237 AO (Aussetzungszinsen) gehören zu den nicht abziehbaren Aufwendungen, soweit sie sich auf nicht abziehbare Steuern beziehen.

9. Aufsichtsratsvergütungen

5393 Nicht zum Abzug zugelassen ist auch die **Hälfte der Aufsichtsratsvergütungen** (§ 10 Nr. 4 KStG), um unangemessen hohen Vergütungen entgegenzuwirken. Dazu rechnen alle Leistungen, die eine GmbH als Entgelt für die Überwachung ihrer Geschäftsführung an ein Mitglied eines Überwachungsorgans, i. d. R. des freiwilligen oder obligatorischen Aufsichtsrats, erbringt. Der bloße Auslagenersatz ist aber voll abzugsfähig.

10. Sanierungsgewinne

LITERATUR:

Kußmaul, H./Licht, D., Zur Notifizierung des § 3a EStG, DB 2017 S. 1797; *Uhländer, C.*, Die Besteuerung von Sanierungsgewinnen in laufenden Verfahren, DB 2017 S. 1224; *Förster, G./Hechtner, F.*, Steuerbefreiung von Sanierungsgewinnen gem. §§ 3a, 3c Abs. 4 EStG, DB 2017 S. 1536.

5394 Der Große Senat hat mit Beschluss vom 28.11.2016[1] den Sanierungserlass vom 27.3.2003 für rechtswidrig erklärt. Der Gesetzgeber hat darauf mit der (Wieder-)Einführung einer gesetzlichen Steuerbefreiung von Sanierungsgewinnen in §§ 3a, 3c Abs. 4 EStG durch das Gesetz gegen schädliche Steuerpraktiken im Zusammenhang mit Rechteüberlassungen[2] reagiert.[3] Die Vorschrift gilt auch für die Körperschaft- und Gewerbesteuer. Zur zeitlichen Anwendung bestimmt § 52 Abs. 4a EStG, dass die Neuregelungen auf alle Fälle anzuwenden sind, in denen die Schulden ganz oder teilweise nach dem 8.2.2017 erlassen wurden/werden. Für Schulderlasse bzw. verbindli-

1 GrS 1/15, BStBl 2017 II S. 393.

2 BGBl 2017 I S. 2074; zur Begründung s. BT-Drucks. 18/12128.

3 Zu Einzelheiten der Vorschrift s. KKB/Kanzler, § 3a EStG und KKB/Nacke, § 3c EStG Rz. 2 und 46 ff.

che Auskünfte bis zu diesem Datum verweist die Gesetzesbegründung auf das BMF-Schreiben vom 27.4.2017.[1]

Zweck der gesetzlichen Regelung ist zu vermeiden, dass Unternehmen in Krisensituationen durch die Besteuerung von Sanierungsgewinnen gleich wieder in die Krise geraten. Im Gegensatz zum alten § 3 Nr. 66 EStG wird durch eine vorrangige Verlustverrechnung die Begünstigung auf das erforderliche Mindestmaß begrenzt.[2] 5395

§ 3a EStG stellt Sanierungserträge steuerfrei. Als solche werden Betriebsvermögensmehrungen und Betriebseinnahmen aus einem Schuldenerlass zum Zweck einer unternehmensbezogenen Sanierung bezeichnet.[3] Die Vorschrift stellt damit die Bruttoerträge, und nicht den Sanierungsgewinn, steuerfrei. 5396

Nach § 3c Abs. 4 EStG sind Aufwendungen, die in unmittelbarem wirtschaftlichen Zusammenhang mit steuerfreien Sanierungserträgen stehen, nicht abzugsfähig.

Voraussetzung für die Steuerbefreiung ist, dass die Betriebsvermögensmehrungen bzw. Betriebseinnahmen aus einem **Schuldenerlass** herrühren. Das kann sein: 5397

- Erlassvertrag oder negatives Schuldanerkenntnis nach § 397 BGB,
- Forderungsverzicht im Rahmen eines Insolvenzplanverfahrens nach §§ 217 ff. InsO,
- Schuldenerlass unter Besserungsvorbehalt.
- Unseres Erachtens fällt unter die Steuerbefreiung auch eine Rangrücktrittsvereinbarung, wenn die Verbindlichkeit wegen § 5 Abs. 2a EStG nicht mehr passiviert werden darf.[4]

Eine unternehmensbezogene Sanierung liegt gem. § 3a Abs. 2 EStG vor, wenn der Steuerpflichtige für den Zeitpunkt des Schuldenerlasses die Sanierungsbedürftigkeit und Sanierungsfähigkeit des Unternehmens, die Sanierungseignung des betrieblich begründeten Schuldenerlasses und die Sanierungsabsicht der Gläubiger nachweist.[5] Nach der Gesetzesbegründung[6] entsprechen die Voraussetzungen der Verwaltungsauffassung in Tz. 4 des Sanierungserlasses vom 27.3.2003 und der langjährigen Rechtsprechung des RFH und BFH. 5398

Sind die v. g. Voraussetzungen erfüllt, stellt § 3a Abs. 1 Satz 1 EStG den Sanierungsertrag steuerfrei. Da § 3c Abs. 4 EStG ein Abzugsverbot für mit dem Sanierungsertrag in unmittelbarem wirtschaftlichen Zusammenhang stehenden Aufwendungen anordnet, ist im Ergebnis der Sanierungsgewinn steuerfrei. 5399

Dieser Sanierungsgewinn ist zunächst in einer bestimmten Reihenfolge mit verteilt abziehbarem Aufwand, negativen Einkünften, Verlusten sowie Zins- und EBITDA-Vorträgen zu verrechnen. Schließlich ordnet § 3a Abs. 1 Satz 2 EStG an, dass steuerliche Wahl-

1 Siehe hierzu Uhländer, DB 2017 S. 1224.

2 Förster/Hechtner, DB 2017 S. 1536.

3 Auf die ausnahmsweise unternehmerbezogene Sanierung wird hier nicht näher eingegangen.

4 Zur Frage, unter welchen Voraussetzungen eine Verbindlichkeit bei Rangrücktritt in der Steuerbilanz ausgebucht werden muss, s. BFH v. 15.4.2015 - I R 44/14, BStBl 2015 II S. 769.

5 Zu den einzelnen Voraussetzungen KKB/Kanzler, § 3a EStG und KKB/Nacke, § 3c EStG.

6 BT-Drucks. 18/12128 S. 31.

rechte in dem Jahr, in dem der Sanierungsertrag erzielt wird (Sanierungsjahr) und im Folgejahr im zu sanierenden Unternehmen gewinnmindernd auszuüben sind.

Die Ermittlung des „verbleibenden Sanierungsertrags“ i.S.v. § 3a Abs. 3 Satz 4 EStG, der steuerfrei bleibt, erfolgt in mehreren Schritten:[1]

- Zunächst wird der (Brutto-)Sanierungsertrag um die nach § 3c Abs. 4 EStG nicht abziehbaren Aufwendungen gemindert („geminderter Sanierungsertrag“).
- Dieser geminderte Sanierungsertrag verringert bis zu seinem Verbrauch die Verlustverrechnungspotentiale (§ 3a Abs. 3 Satz 2 Nr. 1 bis 13 EStG). Diese gehen endgültig unter (§ 3a Abs. 3 Satz 5 EStG). Hierzu gehört z. B. der zum Ende des Vorjahres gesondert festgestellte Verlustvortrag gem. § 10d Abs. 4 EStG (§ 3a Abs. 3 Satz 2 Nr. 10 EStG).
- Letztlich sind auch die Verlustverrechnungspotenziale einer nahe stehenden Person zu mindern, wenn diese die erlassenen Schulden innerhalb eines Zeitraums von fünf Jahren vor dem Schuldenerlass auf das zu sanierende Unternehmen übertragen hat und soweit das Verlustverrechnungspotenzial zum Ablauf des Wirtschaftsjahres der Übertragung bereits vorhanden war. Ein Nahestehen kann nach der Gesetzesbegründung weitergehend als § 15 AO durch familienrechtliche, gesellschaftsrechtliche, schuldrechtliche oder auch rein tatsächliche Beziehungen begründet werden.[2]

5400–5420 (*Einstweilen frei*)

II. Verdeckte Einlagen

1. Allgemeines

5421 Bei buchführungspflichtigen Unternehmen wie der GmbH ergibt sich der Gewinn aus einem Vergleich des Betriebsvermögens am Ende des Wirtschaftsjahres mit dem Betriebsvermögen am Ende des Vorjahres, vermehrt um den Wert der Entnahmen und vermindert um den Wert der Einlagen (§§ 4 Abs. 1, 5 EStG). Die Korrekturen des Betriebsvermögens um die Entnahmen und Einlagen sind notwendig, weil das steuerlich maßgebende wirtschaftliche Ergebnis nur die betrieblichen Vermögensmehrungen und -minderungen erfassen darf.

5422 Entnahmen sind alle Wirtschaftsgüter (Barentnahmen, Waren, Erzeugnisse, Nutzungen und Leistungen), die der Steuerpflichtige für betriebsfremde Zwecke entnimmt (§ 4 Abs. 1 Satz 2 EStG). Einlagen sind alle Wirtschaftsgüter (Bareinzahlungen und sonstige Wirtschaftsgüter), die der Steuerpflichtige dem Betrieb im Laufe des Wirtschaftsjahres zugeführt hat.

5423 Bei Kapitalgesellschaften wie der GmbH, die der KSt unterliegen, gelten für die nicht betrieblich, sondern durch das Gesellschaftsverhältnis veranlassten Vermögensminderungen die Regeln des § 8 Abs. 3 KStG, die den Bestimmungen des EStG über die Entnahmen vorgehen. Offene wie verdeckte Gewinnausschüttungen dürfen das Einkommen (Gewinn) nicht mindern. Ähnliche Sondervorschriften für Einlagen fehlen, so

1 Förster/Hechtner, DB 2017 S. 1536, 1540.
2 BT-Drucks. 18/12128 S. 32.

dass nach § 8 Abs. 1 KStG insgesamt die Gewinnermittlungsvorschriften des EStG anzuwenden und auch die Vorschriften über die Einlagen gem. § 5 Abs. 6 EStG zu befolgen sind.[1]

Es gilt damit der Grundsatz, dass Vermögensmehrungen, die auf offenen und verdeckten Einlagen beruhen, den Gewinn der GmbH gem. § 4 Abs. 1 Satz 1 EStG nicht erhöhen, obwohl die Vermögensbewegung im Gegensatz zum Einkommensteuerrecht (regelmäßig) zwischen verschiedenen Steuersubjekten stattfindet.[2] Deshalb muss zwischen gesellschaftlich bedingten Vorgängen und betrieblichen Geschäftsvorfällen strikt unterschieden werden. § 32a KStG enthält die verfahrensrechtliche Verbindung von Gesellschafts- und Gesellschafterebene. 5424

Soweit es bei dem Gesellschafter zur Feststellung einer verdeckten Einlage gekommen ist, kann nach § 32a Abs. 2 KStG ein Körperschaftsteuerbescheid der Kapitalgesellschaft geändert werden.[3] Damit ist für einen im Zeitpunkt des Erlasses, der Änderung oder der Aufhebung des Steuerbescheides des Gesellschafters bereits bestandskräftigen Körperschaftsteuerbescheid, in dem die Gesellschaft die verdeckte Einlage bereits voll versteuert hat, eine **Anpassungsmöglichkeit** geschaffen worden, die ebenfalls als „Kannvorschrift" ausgestaltet wurde und damit der Finanzverwaltung ein Ermessen einräumt. Dieses dürfte im Regelfall allerdings eine Reduzierung auf Null erfahren, insbesondere bei ausdrücklichem Änderungsantrag der Gesellschaft. 5425

Im Hinblick darauf, dass die Festsetzungsfrist insoweit nicht vor Ablauf eines Jahres nach Unanfechtbarkeit des Steuerbescheides des Gesellschafters endet (§ 32a Abs. 2 Satz 2 i. V. m. Abs. 1 Satz 2 KStG), kann es zu erheblichen zeitlichen Verschiebungen beispielsweise dann kommen, wenn die Frage der Existenz und der Höhe verdeckter Einlagen sich bei dem Gesellschafter im Rahmen des § 17 EStG erst nach Anteilsveräußerung oder im Falle der Auflösung der Körperschaft stellt. 5426

Verdeckte Einlagen erhöhen das Einkommen der Gesellschaft nicht gem. § 8 Abs. 3 Satz 3 KStG, es sei denn, die verdeckte Einlage hat bei dem leistenden Gesellschafter dessen Einkommen gemindert. Dies bedeutet umgekehrt: Einkommen der Körperschaft entsteht, soweit eine verdeckte Einlage das Einkommen des Gesellschafters gemindert hat. Insoweit erhöht sich das Einkommen der Gesellschaft (Satz 4).[4] 5427

Nach Satz 5 gilt dies auch dann, wenn die verdeckte Einlage des Gesellschafters auf einer vGA zwischen Schwestergesellschaften beruht, die vGA bei dem Gesellschafter nicht berücksichtigt wurde und bei der leistenden Körperschaft zu einer Einkommensminderung geführt hat. In diesen Fällen erhöht die verdeckte Einlage nicht die Anschaffungskosten der Beteiligung (Satz 6).[5] 5428

(Einstweilen frei) 5429–5440

1 BFH v. 15.10.1997 - I R 80/96, BFH/NV 1998 S. 624, NWB LAAAB-38968.

2 BFH v. 9.6.1997 - GrS 1/94, BStBl 1998 II S. 307.

3 Zum Umfang der Änderungsmöglichkeit, die auch Folgeänderungen in späteren Jahren ermöglicht, s. FG Köln v. 16.2.2016 - 10 K 2574/15, EFG 2016 S. 1109, Rev. durcherkannt durch BFH v. 31.1.2018 - I R 25/16, BFH/NV 2018 S. 838, NWB UAAAG-86776.

4 Nach Korn, TT 52, 2006, Tz. B 31 ein neuer Steuertatbestand.

5 Vgl. hierzu für „Dreiecksfälle" auch Janssen, GStB 2008 S. 295, mit Beispielen.

2. Begriff der offenen und verdeckten Einlage

a) Abgrenzung

5441 Gesellschaftliche Einlagen können offen und verdeckt erfolgen. Die Abgrenzung und die jeweiligen Merkmale ergeben sich aus folgendem **Schema:**

Gesellschaftliche Einlagen

Offene Einlage	Verdeckte Einlage
Den gesellschaftsrechtlichen Vorschriften entsprechende Einlagen	Zuwendung eines einlagefähigen Vermögensvorteils, veranlasst durch das Gesellschaftsverhältnis, verdeckt durch ein schuldrechtl. Leistungsverhältnis
► Ausgabeaufgeld	
► Zuzahlung aufgrund der Satzung	
► freiwillige Zuzahlung aufgrund Gesellschafterbeschlusses	
Einstellung in die Kapitalrücklage (§ 272 Abs. 2 HGB)	Ertragswirksame Buchung
Erhöhung eines Aktivpostens und eines Passivpostens	Entstehung oder Erhöhung eines Aktivpostens
	Wegfall oder Minderung eines Passivpostens
Keine Einkommenserhöhung	Einkommenserhöhung
Keine Abrechnung bei der Einkommensermittlung notwendig	Kürzung bei der Einkommensermittlung erforderlich

b) Definitionen

5442 Einlagen des Gesellschafters bewirken auf der gesellschaftlichen Ebene bei Gründung der GmbH oder bei Kapitalerhöhungen Vermögensmehrungen der Gesellschaft. Um den Begriff der Einlage – handelsrechtlich wie steuerrechtlich – zu erfüllen, muss der GmbH Eigenkapital (von außen) zugeführt werden; der Gesellschafter muss der GmbH einen vermögenswerten Gegenstand zu deren Verfügung aus eigenem Recht überlassen. Dazu müssen Sachen übereignet, Forderungen und Rechte abgetreten und Nutzungs- oder Gebrauchsrechte dauerhaft eingeräumt werden.

aa) Offene Einlagen

5443 Werden dabei die gesellschaftsrechtlichen Vorschriften beachtet, handelt es sich um **offene** (gesellschaftsrechtliche) **Einlagen.** Bei ihnen tritt der Charakter einer Eigenkapitalzuführung offen zu Tage. Werden die Leistungen des Gesellschafters auf die übernommene Stammeinlage, als Aufgeld (Agio) oder als Nachschuss erbracht, müssen sie auf Eigenkapitalkonten (Stammeinlage- oder Rücklagenkonto) eingestellt werden. Auch Eigenkapitalzuführungen, Nebenleistungen oder freiwillige Leistungen mit oder ohne gesellschaftsrechtliche „Gegenleistung" kann die GmbH auf dem Rücklagenkonto passivieren. Offene Einlagen führen also – auch handelsrechtlich – ergebnisneutral entweder (bei Gründung oder Kapitalerhöhung) zu Nennkapital (gezeichnetes Kapital) oder zu einer Erhöhung der Kapitalrücklage (§ 272 Abs. 2 HGB).

Verdeckte (verschleierte) Sacheinlagen werden steuerlich wie eine Einlage behandelt. 5444
Die typischen Fälle der verdeckten Sacheinlage betreffen eine formale Bareinlage, die wirtschaftlich betrachtet eine Sacheinlage darstellt und gesellschaftsrechtlich nicht auf die Bareinlageverpflichtung angerechnet wird (z. B. Leistung einer Bareinlage und anschließender Verkauf von Gegenständen unter Rückfluss der Barmittel an den Gesellschafter, Aufrechnung einer Forderung mit der Bareinlageverpflichtung, Einzahlung der Bareinlage und unmittelbare Tilgung einer Gesellschafterforderung, Kapitalerhöhung durch Einbringung von Ausschüttungsansprüchen). In Fällen allerdings, in denen die Einlage gegen Gewährung neuer Gesellschaftsrechte (z. B. § 20 UmwStG) zu erfolgen hat, können sich steuerliche Probleme ergeben.[1] Erfolgt die verdeckte Sacheinlage eines Betriebs oder Mitunternehmeranteils im Wege eines steuerpflichtigen Verkaufs nach einer Bareinlage, ist insoweit eine Umdeutung oder Heilung in eine Sacheinlage gegen Gewährung von Gesellschaftsrechten nach § 20 UmwStG nicht möglich, weil § 41 Abs. 1 AO nicht anwendbar ist.[2]

bb) Verdeckte Einlagen

Im Gegensatz dazu stehen Leistungen des Gesellschafters, mit denen er „seiner" GmbH 5445
Eigenkapital im Rahmen eines schuldrechtlichen Leistungsverhältnisses (Kauf, Miete, Pacht, Darlehen u. Ä.) zuführt, das den wahren gesellschaftlichen Rechtsgrund des Geschäftsvorfalles **„verdeckt"**, der sich zunächst auch erfolgswirksam im Unterschiedsbetrag nach § 4 Abs. 1 Satz 1 EStG niederschlägt, was folglich außerhalb der Bilanz wieder zu korrigieren ist.

Die **verdeckte Einlage** liegt vor, wenn ein Gesellschafter oder eine ihm nahe stehende 5446
Person der GmbH außerhalb der gesellschaftsrechtlichen Einlagen[3] einen **einlagefähigen** (= bilanzierungsfähigen) Vermögensvorteil zuwendet und diese Zuwendung durch das Gesellschaftsverhältnis veranlasst ist und keine Gegenleistung in Form von Gesellschaftsrechten gewährt wird.[4]

Die Ursächlichkeit des Gesellschaftsverhältnisses ist anzunehmen, wenn ein Nicht- 5447
gesellschafter bei Anwendung der Sorgfalt eines ordentlichen Kaufmanns den Vermögensvorteil der Gesellschaft nicht eingeräumt hätte,[5] wobei dies – wie bei dem gleichen Tatbestandsmerkmal bei einer Vermögensminderung oder verhinderten Vermögensmehrung aufgrund einer verdeckten Gewinnausschüttung – grundsätzlich

1 Vgl. Roser in: Gosch, KStG, § 8 Rz. 102.
2 Vgl. BFH v. 1.7.1992 - I R 5/92, BStBl 1993 II S. 131.
3 Einlagen, die nicht den gesellschaftsrechtlichen Vorschriften entsprechen, BFH v. 7.7.1992 - VIII R 24/90, BStBl 1993 II S. 333.
4 R 8.9 Abs. 1 KStR; BFH v. 15.3.2023 - I R 24/20, NWB KAAAI-60054, Rz. 13.
5 BFH v. 21.9.1989 - IV R 115/88, BStBl 1990 II S. 86.

durch einen **Fremdvergleich** festgestellt werden muss.[1] Nichtgesellschafter ist i. d. R. ein (gedachter) fremder Dritter, der weder Gesellschafter ist noch einem Gesellschafter nahe steht. Ist der Gesellschafter jedoch zugleich ein (Haupt-)Lieferant der GmbH, kommt es auf die Veranlassung der Zuwendung durch das Gesellschafts- oder das Lieferantenverhältnis an. Zu fragen ist dann, ob der Gesellschafter der GmbH den Vermögensvorteil auch dann zugewendet hätte, wenn er nur der Lieferant der GmbH gewesen wäre.[2] Bei Darlehensverzicht und Bürgschaftsübernahme ist eine Veranlassung durch das Gesellschaftsverhältnis anzunehmen, soweit diese Finanzierungen des Gesellschafters eigenkapitalersetzend sind.[3] Maßgebender Zeitpunkt für den Fremdvergleich ist grundsätzlich der Abschluss des Vertrags (Verpflichtungsgeschäft), der der Gewährung des Vermögensvorteils zugrunde liegt, nicht der Erfüllungszeitpunkt.[4]

5448 Der Begriff der verdeckten Einlage verlangt nicht, dass der gewährte Vermögensvorteil aus dem Vermögen des Gesellschafters (bürgerlich-rechtlicher Inhaber der Gesellschaftsanteile) stammt. Vielmehr kann die Zuwendung auch von einer dem Gesellschafter **nahe stehenden Person** oder einem Dritten erbracht werden.[5] Das Näheverhältnis des Dritten zum Gesellschafter kann sich auf familienrechtliche, gesellschaftsrechtliche, schuldrechtliche oder eine Beziehung tatsächlicher Art gründen, jedoch reichen gleich gelagerte Interessen allein nicht aus.[6] Dann sind jedoch strengere Anforderungen an den Zurechnungsgrund (Interessenlage) zu stellen;[7] es ist zu unterscheiden zwischen Zuwendungen aus eigenwirtschaftlichen Interessen des Dritten (Beitrag zur Gesundung der Kapitalgesellschaft im Interesse der Aufrechterhaltung eigener Geschäftsbeziehungen), Zuwendungen zur Aufrechterhaltung der Geschäftsbeziehungen zu dem Gesellschafter oder Zuwendungen im Interesse des Gesellschafters, der dadurch eine verdeckte Einlage in die Kapitalgesellschaft erbringt (zum Forderungsverzicht).[8] Daraus ergeben sich unterschiedliche steuerliche Folgen, wie folgende Beispiele erläutern sollen:

BEISPIEL: Die „Mode-GmbH" unterhält mehrere Modeboutiquen für eine Reihe von Bekleidungsmarken ausländischer Hersteller. Der Einzelunternehmer Max ist ihr beherrschender Gesellschafter und für diese Bekleidungsmarken der regionale Vertriebspartner des Alleinimporteurs F, der als stiller Gesellschafter am Unternehmen des Max beteiligt ist. F stellt im Rahmen eines Franchiseverhältnisses der „Mode-GmbH" auch das Vertriebskonzept sowie die Markenpflege und Werbeaktionen für die vertriebenen Kleidermarken zur Verfügung.

Bei Markteinführung einer neuen, abgestimmten Modellreihe „Young Lady" (Bekleidung, Accessoires, Lifestyleprodukte) leistet F einen verlorenen Zuschuss an die nicht sehr kapitalkräftige „Mode-GmbH", damit diese ihre Betriebs- und Personalausstattung der neuen Modellreihe anpassen kann.

Die Zuwendung an die „Mode-GmbH" dient hier der Fortführung der eigenen geschäftlichen Beziehungen zur „Mode-GmbH" und damit vorrangig eigenen wirtschaftlichen Interessen, die

1 Vgl. Klein/Müller in: Mössner/Oellerich/Valta, KStG, § 8 Rz. 2119.
2 BFH v. 15.10.1997 - I R 80/96, BFH/NV 1998 S. 624, NWB LAAAB-38968.
3 BFH v. 12.12.2000 - VIII R 52/93, BStBl 2001 II S. 286 und VIII R 22/93, BStBl 2001 II S. 385.
4 BFH v. 15.10.1997 - I R 80/96, BFH/NV 1998 S. 624, NWB LAAAB-38968.
5 BFH v. 9.6.1997 - GrS 1/94, BStBl 1998 II S. 307.
6 BFH v. 19.8.1999 - I R 77/96, BStBl 2001 II S. 43.
7 Vgl. Roser in: Gosch, KStG, § 8 Rz. 110.
8 BFH v. 9.6.1997 - GrS 1/94, BStBl 1998 II S. 307.

die Nähebeziehung zum Gesellschafter Max überlagert. Die Zuwendung stellt laufenden Ertrag der „Mode-GmbH" dar.

ABWANDLUNG: Hintergrund der Zuwendung an die „Mode-GmbH" ist, dass Max nicht in der Lage ist, der GmbH die benötigten Mittel zuzuführen, der Importeur F zur Markteinführung und Absatzförderung aber überregional mit kostenlosen Typ- und Lifestyleberatungen und Rabattaktionen wirbt. Hier dient die Zuwendung der Erhaltung der geschäftlichen Beziehungen zum Gesellschafter Max, das Gesellschafterinteresse ist vorrangig. Die Zuwendung an die „Mode-GmbH" ist als Gesellschaftereinlage zu behandeln, bei dem Gesellschafter Max steuerpflichtig zu erfassen und bei der „Mode-GmbH" als verdeckte Einlage vom Gewinn abzusetzen.

ABWANDLUNG: Max hält 60% der Stammanteile an der F-GmbH. Die F-GmbH zahlt einen Zuschuss an die „Mode-GmbH". Hier erfolgt die Zuwendung an die „Mode-GmbH" vorrangig im Interesse des Gesellschafters. Es liegt bei der F-GmbH eine „verdeckte Entnahme" aus ihrem Betriebsvermögen vor, die als vGA an Max zu behandeln ist und bei der „Mode-GmbH" wiederum eine steuerlich neutrale verdeckte Einlage des Max darstellt.

Bei **mittelbaren Beteiligungen** führt die für eine verdeckte Einlage geeignete Vorteils- 5449
zuwendung zu stufenweisen Einlagevorgängen in der Beteiligungskette.

BEISPIEL: Gewährt die Muttergesellschaft der Enkelgesellschaft einen Forderungsverzicht, so liegen zwei Einlagevorgänge vor, und zwar zunächst von der Muttergesellschaft an die Tochtergesellschaft und von der Tochtergesellschaft in die Enkelgesellschaft.[1]

Bei Zuwendung eines Vermögensvorteils zwischen **Schwesterkapitalgesellschaften** liegt 5450
eine Zuwendung im Dreiecksverhältnis vor.[2]

BEISPIEL: Die M-GmbH ist jeweils zu 100% an der T1-GmbH und der T2-GmbH beteiligt. T1 verkauft ein Grundstück für 100.000€ an T2. Der Verkehrswert des Grundstücks beträgt 250.000€.

Es handelt sich um eine vGA in Höhe von 150.000€ der T1 an die M, die zu steuerpflichtigen Einnahmen von 7.500€ führen, und eine Einlage in gleicher Höhe der M an die T2.

Es gehört zum **Wesen der verdeckten Einlage**, dass ihr **keine Gegenleistung** (Entgelt) 5451
der GmbH **in Gestalt von (zusätzlichen) Gesellschaftsrechten** gegenübersteht.[3] Die mit der verdeckten Einlage bewirkte Wertsteigerung der Geschäftsanteile stellt keine Gegenleistung dar, sie ist bloßer Reflex der Einlage.[4] Daran ändert auch nichts, dass das EStG in Sonderfällen die verdeckte Einlage in eine Kapitalgesellschaft wie ein entgeltliches Veräußerungsgeschäft behandelt (§17 Abs.1 Satz2 EStG für im Privatvermögen befindliche wesentliche Beteiligungen oder §23 Abs.1 Satz5 Nr.2 EStG für die Einlage eines privaten Grundstücks innerhalb der zehnjährigen Spekulationsfrist).

c) Einlagefähige Wirtschaftsgüter

Einlagegegenstände können alle Wirtschaftsgüter sein. Die Einlagefähigkeit wird aus der 5452
Bilanzierungsfähigkeit beim Betriebsvermögensvergleich nach §4 Abs.1 Satz1 EStG abgeleitet. Einlagefähig sind daher nur solche Wirtschaftsgüter (Vermögensvorteile), durch die das Vermögen der GmbH entweder durch Ansatz oder Erhöhung eines Aktivpostens oder

1 BFH v. 23.10.1985 - I R 247/81, BStBl 1986 II S.195.
2 BFH v. 26.10.1987 - GrS 2/86, BStBl 1988 II S.348.
3 BFH v. 12.12.2000 - VIII R 22/92, BStBl 2001 II S.385.
4 BFH v. 27.7.1988 - I R 147/83, BStBl 1989 II S.271.

den Wegfall bzw. die Verminderung eines Passivpostens vermehrt wird. Bilanzierungsfähig und damit einlagefähig sind materielle und immaterielle Wirtschaftsgüter, aber auch der Forderungsverzicht wird als tauglicher Gegenstand einer verdeckten Einlage gesehen, obwohl die Gesellschafterforderung mit der Verzichtserklärung untergeht und nicht als Aktivposten zugeführt werden kann.[1]

5453 **Nutzungs-, Gebrauchs-** und **Leistungsvorteile** können nicht Bestandteil eines Vermögensvergleichs nach § 4 Abs. 1 Satz 1 EStG sein und sind keine Wirtschaftsgüter im bilanzrechtlichen Sinne. Sie sind daher nicht einlagefähig.[2] Deshalb können Vermögensvorteile, die die GmbH aus unentgeltlichen oder verbilligten Dienstleistungen des Gesellschafters, Zinsersparnissen bei Darlehensgewährungen oder der Einräumung unentgeltlicher oder verbilligter Nutzung- und Gebrauchsüberlassung zieht, nicht Gegenstand einer verdeckten Einlage sein. Solche gesellschaftlichen **Erfolgsbeiträge** sind als steuerlicher Ertrag der GmbH zu erfassen. Der Ausschluss von Nutzungseinlagen kann auch nicht dadurch umgangen werden, dass der Gesellschafter an dem Wirtschaftsgut, das zur Nutzung überlassen werden soll, ein obligatorisches oder dingliches Nutzungsrecht bestellt und dieses in die Gesellschaft einlegt. Auch hier gilt das Verbot der Nutzungseinlage.[3]

aa) Aktivmehrungen

5454 Beispiele für verdeckte Einlagen durch **Aktivmehrungen** sind:

- Übertragung von Wirtschaftsgütern des Anlagevermögens oder Umlaufvermögens unentgeltlich oder gegen niedriges Entgelt;
- Übertragung immaterieller Wirtschaftsgüter[4] und auch einer marktgängigen Geschäftschance.[5] Zwar dürfen nach § 248 Abs. 2 HGB und § 5 Abs. 2 EStG immaterielle Wirtschaftsgüter nur als Aktivposten angesetzt werden, wenn sie entgeltlich erworben wurden, was bei einer verdeckten Einlage eigentlich nicht der Fall ist. Das Aktivierungsverbot des § 5 Abs. 2 EStG gilt jedoch nicht, wenn immaterielle Wirtschaftsgüter eingelegt werden.[6] Es geht das Gebot vor, den betrieblichen Bereich der Gesellschaft von der Gesellschaftersphäre zu trennen;
- Begründung einer Forderung durch abstraktes Schuldversprechen;
- Rückzahlung von Gewinnausschüttungen;[7]
- Rückzahlung einer überhöhten und vom festgestellten Jahresgewinn nicht gedeckten Vorabausschüttung.[8]

1 BFH v. 9.6.1997 - GrS 1/94, BStBl 1998 II S. 307.
2 BFH v. 26.10.1987 - GrS 2/86, BStBl 1988 II S. 348.
3 Kritisch zur Rspr. Birnbaum, DStR 2023 S. 1275 ff.
4 Firmenwert, Patente, Konzessionen usw.; vgl. Aufzählung in H 8.9 KStH.
5 BFH v. 30.1.2002 - I R 13/01, BFH/NV 2002 S. 1172, NWB RAAAA-68106; Roser in: Gosch, KStG, § 8 Rz. 106.
6 BFH v. 24.3.1987 - I R 202/83, BStBl 1987 II S. 705.
7 BFH v. 3.8.1993 - VIII R 82/91, BStBl 1994 II S. 561; v. 29.8.2000 - VIII R 7/99, BStBl 2001 II S. 173.
8 BFH v. 5.9.2001 - I R 60, 61/00, BFH/NV 2002 S. 222, NWB GAAAA-66734.

bb) Passivminderungen

Beispiele für verdeckte Einlagen durch Passivminderung sind: 5455

- Ganz oder teilweiser Verzicht auf eine Forderung gegen die Gesellschaft;[1]
- Verzicht auf eine Pensionsanwartschaft durch den Gesellschafter-Geschäftsführer;[2]
- Erwerb einer nicht werthaltigen Forderung gegen die Gesellschaft;[3]
- Beitritt zu einer Schuld der Gesellschaft und Zahlung des Gesellschafters unter Verzicht auf den Gesamtschuldnerausgleich;[4]
- Übernahme einer Bürgschaft.[5]

Keine verdeckten Einlagen sind **Finanzierungshilfen** des Gesellschafters, die **eigenkapitalersetzenden Charakter** haben (Gesellschafterdarlehen, Verbindlichkeiten unter Rangrücktritt des Gesellschafters). Sie bleiben **Fremdkapital**[6] bis ein Verzicht auf die Forderung ausgesprochen wird. 5456

Die Vermögensmehrung durch die verdeckte Einlage muss der GmbH nicht auf Dauer verbleiben. Verzichtet der Gesellschafter gegen **Besserungsschein**, liegt ein Verzicht unter einer auflösenden Bedingung (§ 158 Abs. 2 BGB) der wirtschaftlichen Besserung der Gesellschaft vor. Erst mit Bedingungseintritt lebt die Forderung wieder auf.[7] So lange ist von einer verdeckten Einlage auszugehen. 5457

(*Einstweilen frei*) 5458–5470

3. Fallgruppen verdeckter Einlagen

a) Veräußerungsvorgänge

Überträgt der Gesellschafter der GmbH Wirtschaftsgüter unentgeltlich oder zu unangemessen niedrigem Preis, bleibt also der Kaufpreis hinter dem Teilwert des Wirtschaftsguts zurück, liegt insoweit eine verdeckte Einlage vor.[8] 5471

Gleiches gilt, wenn der Gesellschafter als Verkäufer nachträglich eine Preissenkung gewährt[9] oder die GmbH an den Gesellschafter ein Wirtschaftsgut zu einem höheren Preis verkauft, als es tatsächlich wert ist, 5472

BEISPIEL: Aus seinem Einzelunternehmen veräußert der Gesellschafter E an „seine" GmbH Waren. Auf den Listenpreis von 32.000 € räumt er einen „Rabatt" von 6.000 € ein, der Teilwert beträgt 30.000 €. Der Verkauf unter Teilwert stellt grundsätzlich eine verdeckte Einlage dar; sie führt zu einer Gewinnkorrektur bei der GmbH i. H. v. 4.000 €. Die GmbH hat den Geschäftsvorfall mit Wareneinkauf 26.000 € an Geldkonto verbucht. Sind die Waren am Bilanzstichtag nicht mehr im Warenbestand, weil sie weiterverkauft wurden, hat sich der Wareneinkauf nur

1 BFH v. 24.5.1984 - I R 166/78, BStBl 1984 II S. 747.
2 BFH v. 9.6.1997 - GrS 1/94, BStBl 1998 II S. 307.
3 BFH v. 1.2.2001 - IV R 3/00, BStBl 2001 II S. 520.
4 BFH v. 20.12.2001 - I B 74/01, BFH/NV 2002 S. 678, NWB FAAAA-68081.
5 BFH v. 12.12.2000 - VIII R 22/92, BStBl 2001 II S. 385.
6 BFH v. 6.11.2003 - IV R 10/01, BStBl 2004 II S. 416.
7 BFH v. 29.1.2003 - I R 50/02, BStBl 2003 II S. 768.
8 BFH v. 21.9.1989 - IV R 115/88, BStBl 1990 II S. 86.
9 BFH v. 14.8.1974 - I R 168/72, BStBl 1975 II S. 123.

mit 26.000 € als Aufwand (Wareneinsatz) ausgewirkt, obwohl der Teilwert 30.000 € betragen hat. Befinden sich die Waren am Bilanzstichtag noch im Bestand, gehen sie mit dem Teilwert von 30.000 € in den Schlussbestand ein, so dass ein um 4.000 € geringerer Wareneinsatz im Jahresergebnis berücksichtigt wird. Der jeweils um 4.000 € höhere Gewinn ist um die verdeckte Einlage von 4.000 € steuerlich zu korrigieren. Beim Gesellschafter ist in Höhe der Einlage eine Entnahme vorgelagert.[1]

b) Forderungsverzicht

5473 Eine verdeckte Einlage kann auch bewirkt werden, wenn der Gesellschafter auf eine ihm gegen die GmbH zustehende Forderung ganz oder teilweise verzichtet.[2] Durch den Verzicht fällt die passivierte Verbindlichkeit weg, so dass die eingetretene Vermögensmehrung steuerlich zu korrigieren ist. Soweit der Anspruch des Gesellschafters noch nicht bilanziert werden konnte, liegt keine verdeckte Einlage vor. Schwebende Geschäfte dürfen nicht bilanziert werden; deshalb ist der Verzicht auf künftige Zinszahlungen oder künftige Pachtzahlungen mangels Wegfalls eines Passivpostens nicht einlagefähig. Eine verdeckte Einlage liegt auch nicht vor, wenn der Gesellschafter-Geschäftsführer für die Zukunft auf ein vertraglich vereinbartes Gehalt verzichtet und die Geschäfte unentgeltlich führt (Leistungseinlage).

aa) Bewertung beim Forderungsverzicht

5474 Beim Forderungsverzicht sind Besonderheiten bei der **Bewertung** zu beachten. Verzichtet der Gesellschafter auf eine (noch) **vollwertige Forderung**, entspricht der Teilwert dem Nennbetrag der Forderung. Dann liegt eine verdeckte Einlage in Höhe der wegfallenden, in der Bilanz ausgewiesenen Verbindlichkeit vor; um diesen Betrag ist außerbilanziell eine Korrektur vorzunehmen, wenn der Verzicht als außerordentlicher Ertrag erfasst wurde. Wurde der Verzicht gewinnneutral in die Kapitalrücklage eingestellt, entfällt eine Gewinnkorrektur.

5475 Ist die **Forderung nicht vollwertig oder nur zum Teil werthaltig,** führt der Verzicht nur zu einer verdeckten Einlage in Höhe des (noch) **werthaltigen Teils (= Teilwert) der Forderung.**[3] Einlagen sind nach § 6 Abs. 1 Nr. 5 EStG mit dem Teilwert zu bewerten, der bei einer Forderung ihrem werthaltigen Teil entspricht. Der Teilwert ist bezogen auf den Einzelfall zu bestimmen. Lang andauernde Verlustphasen oder eine Überschuldung einer GmbH sind wesentliche Anhaltspunkte für eine Wertminderung der Forderung bis auf Null.[4]

5476 In Höhe der Differenz zum Bilanzansatz der Verbindlichkeit entsteht bei der GmbH ein außerordentlicher, steuerpflichtiger Ertrag.

1 BFH v. 20.8.1986 - I R 150/82, BStBl 1987 II S. 455.
2 BFH v. 29.7.1997 - VIII R 57/94, BStBl 1998 II S. 652.
3 BFH v. 9.6.1997 - GrS 1/94, BStBl 1998 II S. 307; v. 29.5.2001 - VIII R 10/00, BStBl 2001 II S. 747.
4 Vgl. BFH v. 15.10.1997 - I R 23/93, BFH/NV 1998 S. 826, NWB YAAAA-97424, und I R 103/93, BFH/NV 1998 S. 572, NWB UAAAB-38939.

bb) Ebene des Gesellschafters

Auf der **Ebene des Gesellschafters** führt die verdeckte Einlage durch Forderungsverzicht in Höhe des Teilwerts zu einer nachträglichen Erhöhung des Buchwerts der Beteiligung oder der Anschaffungskosten; ist der Teilwert höher als der Bilanzansatz beim Gesellschafter, wird in Höhe der Differenz zum Teilwert ein Gewinn realisiert. Hinsichtlich des bei der Gesellschaft entstehenden steuerpflichtigen Ertrags (Differenz des Teilwerts zum bilanzierten Wert) kommt es auf der Ebene des Gesellschafters nicht zur nachträglichen Erhöhung des Buchwerts der Beteiligung oder der Anschaffungskosten. Ist der Teilwert geringer als der Bilanzansatz der Forderung beim Gesellschafter, entsteht in Höhe der Differenz ein steuerwirksamer Aufwand. 5477

Die Bewertungsgrundsätze gelten auch beim Erlass oder dem Verzicht auf ein Darlehen oder auf eine andere Forderung mit **eigenkapitalersetzendem** Charakter. Unabhängig von den gesellschaftsrechtlichen Rückzahlungsverboten und Einschränkungen ihrer Durchsetzbarkeit bleiben sie Fremdkapital. Als Einlage ist nur der Verzicht auf den **werthaltigen Teil des eigenkapitalersetzenden Darlehens** zu werten.[1] Die aufgezeigten Bewertungsgrundsätze gelten auch bei einem Forderungsverzicht gegen Besserungsschein. 5478

c) Verzicht auf Gewinnanteil

Verzichtet in einer GmbH & Co. KG der Kommanditist und Gesellschafter der GmbH mit Rücksicht auf deren Vermögenslage auf den ihm zustehenden Gewinnanteil, ist eine verdeckte Einlage in die Komplementär-GmbH anzunehmen.[2] Es können also innerhalb der GmbH & Co. KG angefallene Gewinne nicht mit steuerlicher Wirkung auf die GmbH verlagert werden, um sie dort mit vorhandenen Verlustvorträgen zu verrechnen. 5479

d) Verzicht auf eine Pensionsanwartschaft

Mit der Pensionszusage erlangt der Gesellschafter ein Anwartschaftsrecht. Verzichtet er auf diesen Bestandteil seines Vermögens gegenüber der verpflichteten GmbH, so liegt in Höhe des **Teilwertes** der Pensionsanwartschaft eine Einlage in die Gesellschaft und ein steuerpflichtiger Zufluss beim Gesellschafter vor,[3] weil er über seinen Pensionsanspruch verfügt. Dem Gesellschafter-Geschäftsführer fließt Arbeitseinkommen i. S. v. § 19 EStG zu,[4] in dessen Höhe eine Einlage vorliegt, die auch die Anschaffungskosten auf die Beteiligung erhöht. Die GmbH erzielt durch den Wegfall der Pensionsverpflichtung einen Gewinn, der aus einer verdeckten Einlage stammt und nicht steuerbar ist. Damit hat der BFH seine frühere Rechtsprechung geändert, die beim Gesellschafter keinen Zufluss und bei der Gesellschaft einen steuerpflichtigen Gewinn annahm.[5] Die 5480

1 BFH v. 16.5.2001 - I B 143/00, BStBl 2002 II S. 436; v. 28.11.2001 - I R 30/01, BFH/NV 2002 S. 677, NWB MAAAA-68112.

2 BFH v. 23.8.1990 - IV R 71/89, BStBl 1991 II S. 172.

3 BFH v. 9.6.1997 - GrS 1/94, BStBl 1998 II S. 307; v. 15.10.1997 - I R 58/93, BStBl 1998 II S. 305.

4 Wird trotz Abfindungsverbot auf eine unverfallbare Pensionszusage gegen Abtretung des Rückkaufswerts aus der Rückdeckungsversicherung verzichtet, liegt in Höhe des Rückkaufswerts eine vGA vor, die durch die verdeckte Einlage (Verzicht auf die Anwartschaft) nicht kompensiert wird, BFH v. 14.3.2006 - I R 38/05, NWB JAAAB-88782.

5 BFH v. 19.5.1993 - I R 34/92, BStBl 1993 II S. 804.

vorstehenden Ausführungen gelten nur beim Verzicht auf eine unverfallbare Pensionsanwartschaft (sog. Past Service).[1]

5481 Beachtung verdient bei der Beurteilung der steuerlichen Folgen auch die Frage, ob es sich um eine unverfallbare oder eine noch verfallbare Pensionsanwartschaft handelt. Ist die Unverfallbarkeit noch nicht eingetreten, steht dem Gesellschafter noch keine gesicherte Rechtsposition zu. Hat der Gesellschafter aber noch keinen unentziehbaren Rechtsanspruch inne, besitzt er auch kein Wirtschaftsgut, das er einlegen könnte. Zwar führt der Verzicht dann bei der GmbH zu einer Gewinnerhöhung, es liegen aber keine Einlage und kein steuerbarer Zufluss und keine nachträglichen Anschaffungskosten beim Gesellschafter vor.[2] Damit führt der Verzicht des Future Service zu keinen negativen steuerlichen Folgen. Etwas anderes kann aber gelten, wenn die Pensionsanwartschaft durch Barlohnumwandlung entstanden ist.

e) Bewertung beim Pensionsverzicht

5482 Auch beim Verzicht des Gesellschafters auf eine Pensionsanwartschaft stellt sich das ähnliche Bewertungsproblem wie beim „normalen" Forderungsverzicht, wenn der Teilwert der Pensionsanwartschaft des Gesellschafters hinter dem nach § 6a EStG bei der GmbH gebildeten Teilwert der Pensionsverpflichtung zurückbleibt. Der Teilwert der Pensionsanwartschaft ist mit dem Betrag anzusetzen, den der Gesellschafter im Zeitpunkt des Verzichts hätte aufwenden müssen, um eine gleich hohe Anwartschaft gegen einen vergleichbaren Schuldner zu bekommen. Grundlage hierfür ist die Einmalprämie, die an ein Versicherungsunternehmen zu leisten wäre, um eine gleich hohe Anwartschaft zu erlangen; davon sind Abschläge wegen einer geringeren Bonität der Gesellschaft zu machen, insbesondere in einer Krisensituation. Bleibt der Teilwert der Pensionsanwartschaft hinter der Pensionsrückstellung zurück, liegt in Höhe des Teilwerts bei der Gesellschaft eine steuerneutrale Einlage und im Differenzbetrag ein außerordentlicher Ertrag vor. Beim Gesellschafter findet ein steuerpflichtiger Zufluss in Höhe des Teilwerts statt und eine nachträgliche Erhöhung der Anschaffungskosten der Beteiligung. Soweit der Teilwert geringer ist als die bilanzierte Pensionsverpflichtung, liegen weder Anschaffungskosten noch ein Zufluss von Einnahmen vor.

BEISPIEL: Die X-GmbH hat ihrem Gesellschafter-Geschäftsführer G eine Pensionszusage erteilt. Er verzichtet auf die (inzwischen unverfallbar gewordene) Pensionsanwartschaft, um die Eigenkapital- und Gewinnsituation der GmbH in einer Krise zu verbessern. Die Pensionsrückstellung beträgt 100.000 €, der Teilwert der Pensionsanwartschaft beträgt wegen der Krisensituation 70.000 €. Der Verzicht stellt eine verdeckte Einlage dar.

Die X-GmbH muss die Rückstellung auflösen. In Höhe des Teilwerts der Anwartschaft von 70.000 € ist die Auflösung steuerneutral, außerhalb der Bilanz ist zur Ermittlung des Einkommens der Gewinn um die Einlage zu kürzen, welche gem. § 27 KStG auf dem steuerlichen Einlagekonto zu erfassen ist. In Höhe der Differenz zwischen dem Buchwert der Pensionsverpflichtung und dem Teilwert der Anwartschaft von 30.000 € erhöht sich das körperschaftsteuerpflichtige Einkommen bzw. vermindert sich ein Verlust.

1 Zu Einzelheiten s. Klein/Müller in: Mössner/Oellerich/Valta, KStG, § 8 Rz. 1747 ff.

2 Zu Einzelheiten s. Klein/Müller in: Mössner/Oellerich/Valta, KStG, § 8 Rz. 1753 ff., mit Rechtsprechungsnachweisen; vgl. zur Frage des Arbeitslohns das einen vergleichbaren Sachverhalt betreffende BFH v. 15.6.2016 - VI R 6/13, NWB GAAAF-80975.

Beim Gesellschafter liegt in Höhe des Teilwerts von 70.000 € Arbeitslohn nach § 19 EStG vor, die Anschaffungskosten der Beteiligung erhöhen sich außerdem um diesen Betrag. In Höhe der Differenz zwischen Buchwert der Pensionsverpflichtung und dem Teilwert der Pensionsanwartschaft von 30.000 € liegt weder ein Zufluss noch eine Erhöhung der Anschaffungskosten vor.

ABWANDLUNG: Sachverhalt wie vorstehend, aber die X-GmbH befindet sich nicht in einer Krise; der Teilwert der Pensionsanwartschaft beträgt (nach der Höhe einer hierfür aufzubringenden Einmalprämie) 120.000 €. In Höhe dieses Betrages liegt eine verdeckte Einlage in die X-GmbH vor. In gleicher Höhe (= 120.000 €) fließen dem G Einkünfte aus nichtselbständiger Arbeit nach § 19 EStG zu, die zugleich nachträgliche Anschaffungskosten auf seine Beteiligung an der GmbH darstellen.

Die X-GmbH bucht die Pensionsrückstellung i. H. v. 100.000 € gewinnerhöhend aus, bei der Einkommensermittlung ist das Ergebnis um den Wert der verdeckten Einlage (= 120.000 €) zu kürzen, so dass der GmbH steuerlich ein Aufwand von (120.000 € Teilwert ./. Buchwert 100.000 € =) 20.000 € entsteht. Auf dem steuerlichen Einlagekonto ist ein Zugang von 120.000 € zu erfassen.

f) Mittelbare verdeckte Einlagen

Verdeckte Einlagen können einer GmbH auch **mittelbar** über eine dem Gesellschafter **nahe stehende Person** zugeführt werden. Voraussetzung dafür ist, dass die nahe stehende Person den Vermögensvorteil dem Gesellschafter zuwenden wollte, den dieser in die Kapitalgesellschaft einlegt. Wendet die nahe stehende Person den Vermögensvorteil in ihrem eigenen wirtschaftlichen Interesse zu, liegt keine verdeckte Einlage des Gesellschafters vor, auch wenn der Gesellschafter durch die Vermögenszuführung mittelbar begünstigt wird.[1] Der Dritte muss aber der GmbH den Vermögensvorteil im Interesse des ihm nahe stehenden Gesellschafters zuwenden. 5483

Liegt eine mittelbare verdeckte Einlage vor, nimmt die steuerliche Beurteilung an, dass die Zuwendung zunächst an den Gesellschafter erfolgt und dann der Vermögensvorteil vom Gesellschafter der Gesellschaft zugeführt worden sei. Ist die nahe stehende Person eine Personengesellschaft, an der der mittelbar einlegende Gesellschafter als Mitunternehmer beteiligt ist, liegt folglich eine (verdeckte) Entnahme des Gesellschafters in sein Privat- oder Betriebsvermögen vor und von dort eine verdeckte Einlage in die Kapitalgesellschaft.[2] Ist die nahe stehende Person eine Kapitalgesellschaft, führt die mittelbare Zuwendung des Vermögensvorteils zunächst zu einer vGA an den einlegenden Gesellschafter. 5484

g) Verdeckte Einlagen in der Beteiligungskette

Findet die Zuführung des Vermögensvorteils in einer **Beteiligungskette** (Mutter-, Tochter- und Enkelgesellschaft) statt, indem die Muttergesellschaft der Enkelgesellschaft verdeckt ein Wirtschaftsgut unentgeltlich zuwendet, liegen in jeder Stufe verdeckte Einlagen vor, also von Muttergesellschaft an die Tochtergesellschaft und von der Tochtergesellschaft an die Enkelgesellschaft.[3] 5485

1 BFH v. 9.6.1997 - GrS 1/94, BStBl 1998 II S. 307.
2 BFH v. 29.7.1997 - VIII R 57/94, BStBl 1998 II S. 652.
3 BFH v. 23.10.1985 - I R 247/81, BStBl 1986 II S. 195.

Eine mittelbare verdeckte Einlage liegt auch bei Zuwendungen im Dreiecksverhältnis vor, wenn eine Kapitalgesellschaft T 1 ihrer durch einen gemeinsamen Gesellschafter verbundenen Schwestergesellschaft T 2 einen Vermögensvorteil zuführt.[1]

BEISPIEL: Die H-KG beherrscht zu 100 % die X-GmbH und die Y-GmbH. Die X-GmbH überträgt auf Veranlassung der H-KG der Y-GmbH ein Wirtschaftsgut (Buchwert 60.000 €, Teilwert 70.000 €) unentgeltlich. Die Schwestergesellschaften X und Y sind jeweils der H-KG nahe stehende Personen. Die Zuführung des Wirtschaftsguts stellt i. H. v. 70.000 € im Verhältnis der H-KG zur Y-GmbH eine verdeckte Einlage, zugleich aber auch eine vGA im Verhältnis der X-GmbH zur H-KG dar.

5486 Wendet die Kapitalgesellschaft T 1 ihrer Schwestergesellschaft T 2 jedoch einen nicht einlagefähigen Nutzungsvorteil (Leistungsvorteil), z. B. ein zinsloses Darlehen zu, liegt im Verhältnis T 1 zur gemeinsamen Muttergesellschaft eine vGA vor, die den Gewinn der T 1 nach § 8 Abs. 3 Satz 2 KStG nicht mindern darf, die Muttergesellschaft bezieht in Höhe des Wertes des Nutzungsvorteils Einnahmen, denen aber in gleicher Höhe fiktive Ausgaben in Gestalt des der T2 zugewendeten Vermögensvorteils gegenüberstehen, während die T 2 wegen der ersparten Aufwendungen einen steuerpflichtigen Gewinn erzielt, der nicht korrigiert wird, weil der Nutzungsvorteil nicht verdeckt (mittelbar) eingelegt werden kann.

5487–5500 (*Einstweilen frei*)

4. Kapitalgesellschaft als Erbe

5501 Beerbt die GmbH ihren Gesellschafter, ist der Vermögensübergang nach Einlagegrundsätzen zu behandeln und zu bewerten.[2] Nachlassverbindlichkeiten mindern den Wert der Einlage.

5. Verdeckte Einlagen und Gesellschafterfremdfinanzierung

5502 Das Rechtsinstitut der verdeckten Einlage wird auch zur Vermeidung einer doppelten Besteuerung eingesetzt, die im Rahmen der Gesellschafterfremdfinanzierung (§ 8a KStG) droht, wenn in die Finanzierungswege dritte Personen (nahe stehende Personen wie eine nachgeschaltete Tochter-Kapitalgesellschaft oder Schwestergesellschaften) einbezogen werden, um die dort als Vergütungen zufließenden Zinserträge durch Anwendung der sog. **Einlagetheorie** zu neutralisieren. Auf die Ausführungen (Gesellschafterfremdfinanzierung) der BMF-Schreiben v. 15.7.2004 und v. 4.7.2008[3] wird hingewiesen.

1 BFH v. 26.10.1987 - GrS 2/86, BStBl 1988 II S. 348.

2 BFH v. 24.3.1993 I R 131/90, BStBl 1993 II S. 799; Zuwendungen eines Dritten sind jedoch steuerpflichtige Betriebseinnahmen, BFH v. 6.12.2016 - I R 50/16, BStBl 2017 II S. 324; zu Einzelheiten Klein/Müller in: Mössner/Oellerich/Valta, KStG, § 8 Rz. 118.

3 BStBl 2004 I S. 593 und BStBl 2008 I S. 718.

6. Steuerliche Behandlung der verdeckten Einlage bei der GmbH

a) Bewertung der verdeckten Einlage

Liegt eine verdeckte Einlage vor, muss zur Ermittlung der ertragsteuerlichen Auswirkungen auch ihr Wert bestimmt werden. Dabei ist grundsätzlich zwischen dem Bereich der Kapitalgesellschaft und des Gesellschafters zu unterscheiden. Bei der **GmbH** berührt die Bewertung den Bereich der Einkommensermittlung und des steuerlichen Einlagekontos (§ 27 KStG). Da die verdeckte Einlage das Einkommen als Bemessungsgrundlage für die KSt nicht erhöhen darf, ist die verdeckte Einlage grundsätzlich mit dem Betrag zu bewerten, der der Vermögenserhöhung entspricht, die bei der GmbH eintritt und sich auf die Höhe des Einkommens auswirkt. 5503

In der Steuerbilanz der GmbH sind Einlagen mit ihrem Teilwert im Zeitpunkt der Zuführung anzusetzen (§ 6 Abs. 1 Nr. 5 Satz 1 Halbsatz 1 EStG i. V. m. § 8 Abs. 1 KStG). Die Regelungen in § 6 Abs. 1 Satz 1 Nr. 5 Buchst. a und Nr. 5 Buchst. b EStG sind anwendbar. 5504

Die Regelung in § 6 Abs. 1 Nr. 5 EStG greift stets ein, wenn der Gesellschafter das Wirtschaftsgut **aus** seinem **Privatvermögen** verdeckt einlegt und seine **Beteiligung im Privatvermögen** hält. Die Beschränkung auf die Anschaffungskosten nach den Buchstaben a und b gilt jedoch nicht, wenn eine **„wesentliche" Beteiligung i. S. v. § 17 EStG** verdeckt eingelegt wird. Diese ist mit dem Teilwert zu bewerten, da sonst eine doppelte Erfassung der stillen Reserven droht.[1] Gleiches gilt, wenn ein in § 23 Abs. 1 Satz 1 Nr. 1 EStG genanntes Wirtschaftsgut während der Frist von zehn Jahren verdeckt eingelegt wird. Dies gilt nach § 23 Abs. 1 Satz 5 Nr. 2 EStG als privates Veräußerungsgeschäft. 5505

Die verdeckte Einlage eines Wirtschaftsguts **aus dem Betriebsvermögen** eines Gesellschafters, der die **Beteiligung** an der GmbH **im Privatvermögen** hält, ist mit dem Teilwert nach § 6 Abs. 1 Nr. 5 EStG zu bewerten, weil das Wirtschaftsgut zunächst mit dem Teilwert aus dem Betriebsvermögen **entnommen** werden muss. 5506

BEISPIELE: Gesellschafter A hält seine 100 %-Beteiligung an der X-GmbH im Privatvermögen.

- Er überträgt auf die X-GmbH unentgeltlich eine Beteiligung (i. S. v. § 17 EStG) an der Y-GmbH, die er ebenfalls privat hält. Dies gilt nach § 17 Abs. 1 Satz 2 EStG als fiktive Veräußerung bei A und bei der aufnehmenden X-GmbH als Anschaffungsgeschäft. In einschränkender Auslegung ist die Beteiligung bei der X-GmbH mit dem Teilwert nach § 6 Abs. 1 Nr. 5 Satz 1 Halbsatz 1 EStG anzusetzen.
- A hat im Monat Juli 03 privat ein Grundstück für 300.000 € erworben. Er bringt das Grundstück, das die X-GmbH für betriebliche Zwecke benötigt, im Dezember 05 unentgeltlich ein. Im Zeitpunkt der Übertragung hat das Grundstück einen Teilwert (= gemeiner Wert) von 350.000 €.

  Bei A führt die verdeckte Einlage des Grundstücks innerhalb der Veräußerungsfrist von zehn Jahren, die nach § 23 Abs. 1 Satz 5 Nr. 2 EStG als Veräußerungsgeschäft i. S. d. § 23 Abs. 1 Satz 1 Nr. 1 EStG gilt, zu einem Veräußerungsgewinn von (gemeiner Wert 350.000 € ./. Anschaffungskosten 300.000 € =) 50.000 €.

  Die X-GmbH hat die Einlage mit dem Teilwert von 350.000 € anzusetzen, obwohl das Grundstück innerhalb der letzten drei Jahre vor der Einlage angeschafft worden ist. Die Begrenzung auf die Anschaffungskosten nach § 6 Abs. 1 Nr. 5 Buchst. a EStG greift nicht

1 Teleologische Reduktion; vgl. BMF v. 2.11.1998, BStBl 1998 I S. 1227; BFH v. 11.2.1998 - I R 89/97, BStBl 1998 II S. 691.

ein, weil sonst bei einer Weiterveräußerung eine doppelte Besteuerung des bereits von A versteuerten privaten Veräußerungsgewinnes droht.

- A ist außerdem gewerblicher Einzelunternehmer. Er legt im Januar 05 ein Wirtschaftsgut aus seinem Einzelunternehmen unentgeltlich verdeckt in X-GmbH ein, das er im Juli 02 für 25.000 € angeschafft hatte, dessen Buchwert im Zeitpunkt der Einlage 20.000 € und dessen Teilwert 22.000 € beträgt.

Die verdeckte Einlage aus dem Betriebsvermögen des Einzelunternehmens ist dort gem. § 4 Abs. 1 Satz 2 EStG eine Entnahme, die mit dem Teilwert zu erfolgen hat und nach Verrechnung mit dem Buchwert des Wirtschaftsguts zu einem Ertrag von 2.000 € führt.

Bei der X-GmbH ist die Einlage mit dem Teilwert anzusetzen; die Begrenzung auf die fortgeführten Anschaffungskosten nach § 6 Abs. 1 Nr. 5 Buchst. a EStG greift nicht ein, weil ansonsten die Gefahr einer doppelten Besteuerung der stillen Reserven bestünde; vgl. auch § 6 Abs. 1 Nr. 5 Satz 3 EStG.

5507 Hält der Gesellschafter die **Beteiligung** an der GmbH in seinem **Betriebsvermögen**, richtet sich die Bewertung für verdeckte Einlagen sowohl aus dem Betriebsvermögen als auch aus dem Privatvermögen nach § 6 Abs. 6 Satz 2 und Satz 3 EStG. Die Einlage ist grundsätzlich mit dem Teilwert zu bewerten. Wird das Wirtschaftsgut innerhalb von drei Jahren seit dem Erwerb oder der Herstellung eingelegt, sind höchstens die (fortgeführten) Anschaffungs- oder Herstellungskosten anzusetzen. Zwar betrifft die Regelung eigentlich die Ebene des Gesellschafters, wenn er einzelne Wirtschaftsgüter verdeckt in eine GmbH einlegt, und bestimmt, um welchen Wert sich die Anschaffungskosten für die Beteiligung erhöhen. Korrespondierend damit müssen die Wirtschaftsgüter auch bei der GmbH angesetzt werden. Dies hat zur Folge, dass in den Fällen des § 6 Abs. 1 Nr. 5 Buchst. a EStG (Anschaffung oder Herstellung innerhalb von drei Jahren vor der Einlage) die GmbH die stillen Reserven zu versteuern hat.

b) Steuerliche Auswirkung

5508 Auf das zu versteuernde Einkommen der GmbH darf sich die verdeckte Einlage nicht auswirken. Hat die verdeckte Einlage den Jahresüberschuss der Gesellschaft erhöht – ist also die verdeckte Einlage nicht von vornherein in die Kapitalrücklage (§ 272 Abs. 2 HGB) eingestellt worden –, ist sie bei der Ermittlung des Einkommens **außerhalb der Bilanz zu kürzen**.

5509 Die verdeckte Einlage wird nicht auf das Nennkapital geleistet. Sie ist gem. § 27 Abs. 1 KStG mit dem maßgeblichen Wert auf dem steuerlichen Einlagekonto zu erfassen, damit sichergestellt ist, dass Ausschüttungen der Einlagen an Gesellschafter nicht der Besteuerung nach dem Teileinkünfteverfahren unterliegen.

5510–5520 (*Einstweilen frei*)

7. Steuerliche Behandlung der verdeckten Einlage beim Gesellschafter

a) Bewertung der verdeckten Einlage

5521 Die Bewertung der verdeckten Einlage auf der Ebene des Gesellschafters hat grundsätzlich unabhängig vom Wertansatz bei der aufnehmenden GmbH zu erfolgen. Beim Gesellschafter ist im Hinblick auf die einlagebedingten Anschaffungskosten der Beteiligung zu bewerten. Der Wert der verdeckten Einlage richtet sich grundsätzlich nach dem gemeinen Wert (§ 9 BewG) im Zeitpunkt der Einlage.[1]

aa) Beteiligung im Betriebsvermögen

Hält der Gesellschafter seine Beteiligung an der GmbH im **steuerlichen Betriebsvermögen**, greift § 6 Abs. 6 Satz 2 EStG ein. Die Anschaffungskosten der Beteiligung erhöhen sich um den Teilwert des eingelegten Wirtschaftsguts. Gehörte auch das eingelegte Wirtschaftsgut zum Betriebsvermögen des Gesellschafters, steht der Betriebsvermögensmehrung durch die Erhöhung der Anschaffungskosten die Minderung durch den Abgang des Wirtschaftsguts zum Buchwert gegenüber; die Differenz zwischen Teilwert und Buchwert ist erfolgswirksam. 5522

bb) Einlage aus dem Privatvermögen

Gehörte das übertragene Wirtschaftsgut zum Privatvermögen des Gesellschafters, wird aufgrund der betrieblichen Zweckwidmung zunächst eine Einlage des Wirtschaftsguts in das steuerliche Betriebsvermögen des Gesellschafters fingiert und von dort eine verdeckte Einlage in die GmbH. Die Einlage in das Betriebsvermögen hat nach § 6 Abs. 1 Satz 1 Nr. 5 EStG mit dem Teilwert zu erfolgen, für die Zuführung in die GmbH gilt sodann wieder § 6 Abs. 6 Satz 2 EStG, so dass der Vorgang auf der Ebene des Gesellschafters ergebnisneutral bleibt. 5523

Die Sondervorschrift des § 6 Abs. 6 Satz 3 EStG ist aber zu beachten. Ist das Wirtschaftsgut innerhalb von drei Jahren vor der Einlage angeschafft oder hergestellt worden, ist die Bewertung mit dem Teilwert, maximal mit dem Einlagewert nach § 6 Abs. 1 Nr. 5a EStG (den – ggf. nach § 6 Abs. 1 Nr. 5 Satz 2 EStG fortentwickelten – Anschaffungs- oder Herstellungskosten) vorzunehmen. Mit diesem Wert erfolgt die Einlage aus dem Privatvermögen in das Betriebsvermögen des Gesellschafters, daran schließt sich die verdeckte Einlage in die GmbH an, so dass sich die Anschaffungskosten der Beteiligung um diesen Wert erhöhen (§ 6 Abs. 3 Satz 3 EStG) und die GmbH das Wirtschaftsgut mit diesem Wert über § 8 Abs. 1 KStG zu aktivieren hat. Die stillen Reserven werden also von der GmbH versteuert. 5524

BEISPIEL: Einzelunternehmer U hält sämtliche Stammanteile an der X-GmbH in seinem Betriebsvermögen. Er überträgt unentgeltlich der GmbH im Jahr 05 ein unbebautes Grundstück (Teilwert bei der Zuführung 300.000 €), das er im Jahr 03 privat für 150.000 € in der Zwangsversteigerung erworben hatte.

Es liegt eine verdeckte Einlage in die X-GmbH vor. Ihr Ablauf stellt sich steuerlich zunächst als Einlage des Grundstücks in das steuerliche Betriebsvermögen des Einzelunternehmens dar; anstelle des Teilwerts erfolgt die Bewertung dieser Einlage nach § 6 Abs. 1 Satz 1 Nr. 5 Buchst. a EStG mit den (niedrigeren) Anschaffungskosten, weil das Grundstück innerhalb von drei Jahren vor der Einlage angeschafft worden ist. Um diesen Wert sind die Anschaffungskosten der Geschäftsanteile an der GmbH zu erhöhen, § 6 Abs. 6 Satz 2 und 3 EStG, so dass im Einzelunternehmen kein Gewinn entsteht. Bei der X-GmbH ist das Grundstück ebenfalls mit dem niedrigeren Wert von 150.000 € zu aktivieren, die eintretende Vermögensmehrung ist bei der Ermittlung des Einkommens zu korrigieren. Die stillen Reserven im Zeitpunkt der Zuführung wurden auf die X-GmbH transferiert.

---

1 BFH v. 26.10.1987 - GrS 2/86, BStBl 1988 II S. 348.

b) Bewertung beim Forderungsverzicht

5525 Die verdeckte Einlage ist beim Gesellschafter unabhängig vom Wertansatz bei der aufnehmenden Gesellschaft zu bewerten.[1] Während bei der GmbH die verdeckte Einlage stets mit dem Teilwert der Forderung zu bewerten ist, kommt es für die Höhe der nachträglichen Anschaffungskosten des Gesellschafters, der die Beteiligung im Privatvermögen hält, entscheidend auch auf den Zeitpunkt der Darlehensgewährung und die dabei getroffenen Abreden an.[2] Wird das Darlehen der GmbH in der Krise gewährt oder handelt es sich um ein krisenbestimmtes Darlehen oder um ein Finanzplandarlehen, führen Verzicht und Ausfall zu nachträglichen Anschaffungskosten in Höhe des Nennwertes der Forderung. Handelt es sich um ein in der Krise stehen gelassenes Darlehen, ist grundsätzlich der gemeine Wert in dem Zeitpunkt maßgebend, in dem es der Gesellschafter mit Rücksicht auf das Gesellschaftsverhältnis nicht abzieht. Dieser Wert kann unter dem Nennwert oder sogar bei Null liegen.

c) Auswirkungen auf die Anschaffungskosten der Beteiligung

5526 Die Zuführung eines Vermögensvorteils durch verdeckte Einlage bei der GmbH verursacht beim Gesellschafter einen Aufwand, der als nachträgliche Anschaffungskosten behandelt wird, obwohl der Gesellschafter keine neuen Anteile erhält, sondern diese nur eine Wertsteigerung erfahren.

aa) Anteile im Privatvermögen

5527 Hier kommt den Anschaffungskosten bzw. deren nachträglicher Erhöhung Bedeutung zu im Zusammenhang mit Einkünften nach § 17 EStG („wesentliche Beteiligung") und § 20 Abs. 2 Nr. 1 EStG. Bei der Ermittlung des Veräußerungsgewinnes oder Veräußerungsverlustes sind die Anschaffungskosten dem Veräußerungserlös gegenüberzustellen. Die nachträgliche Erhöhung der Anschaffungskosten infolge der verdeckten Einlage entspricht dem für sie anzusetzenden Wert.

bb) Anteile im Betriebsvermögen

5528 Befinden sich die Anteile im Betriebsvermögen, zählen sie zu den Wirtschaftsgütern i. S. v. § 6 Abs. 1 Nr. 2 EStG. Die nachträglichen Anschaffungskosten sind auf dem Beteiligungskonto zu aktivieren. Für die Erhöhung der Anschaffungskosten infolge von verdeckten Einlagen durch Übertragung von Wirtschaftsgütern gilt § 6 Abs. 6 Satz 2 EStG, so dass sie dem Teilwert des eingelegten Wirtschaftsguts entspricht. Wurde das Wirtschaftsgut innerhalb von drei Jahren nach der Anschaffung oder Herstellung in das Betriebsvermögen eingelegt, aus dem es dann verdeckt in die Kapitalgesellschaft eingelegt wird, sind die Anschaffungskosten der Beteiligung um den Einlagewert i. S. v. § 6 Abs. 1 Nr. 5 Buchst. a EStG (Teilwert, maximal die – fortgeführten – Anschaffungs- oder Herstellungskosten) zu erhöhen.

5529 Wird die verdeckte Einlage durch einen Forderungsverzicht bewirkt, so führt dies – anders als bei der Besteuerung der Veräußerung privat gehaltener Beteiligungen – nicht

1 BFH v. 16.5.2001 - I B 143/00, BStBl 2002 II S. 436.

2 Vgl. auch BMF v. 8.6.1999 - IV C 2 - S 2244 - 12/99, BStBl 1999 I S. 545.

zu nachträglichen Anschaffungskosten auf die Beteiligung. Vielmehr führt der Forderungsverzicht zu laufendem Aufwand auf die Beteiligung.[1]

d) Drittaufwand

Gewähren dem Gesellschafter nahe stehende Personen, die nicht an der GmbH beteiligt sind, dieser Darlehen oder übernehmen sie Kreditsicherheiten, können solche Finanzierungshilfen zu nachträglichen Anschaffungskosten des Gesellschafters auf die Beteiligung führen, obwohl Aufwendungen Dritter grundsätzlich nicht abzugsfähig sind. In einer Reihe von Entscheidungen hat sich der BFH mit Finanzierungshilfen nahe stehender Personen und deren steuerlicher Berücksichtigung beschäftigt,[2] die auch die FinVerw zu Anwendungsregeln veranlasst haben.[3] 5530

Nachträgliche Anschaffungskosten liegen vor bei einer **mittelbar verdeckten Einlage** bzw. **bei abgekürztem Zahlungsweg**, wenn der Dritte ohne eigenwirtschaftliche Interessen dem Gesellschafter etwas zuwenden will und die Zuwendung unmittelbar an die GmbH ausführt. Nachträgliche Anschaffungskosten des Gesellschafters liegen in Höhe des Wertes des zugeführten Wirtschaftsguts (z. B. Tilgung einer nicht im eigenen wirtschaftlichen Interesse eingegangenen Verbindlichkeit) bzw. beim Forderungsverzicht in Höhe des werthaltigen Teils der Forderung vor. Im Verhältnis des Dritten zum Gesellschafter liegt ein schenkungsteuerbarer Vorgang vor, bei Dritten selbst führt der Forderungsverzicht zu einem Zufluss in gleicher Höhe, der beim Verzicht auf Gehalts-, Miet- oder Zinsforderungen zu steuerpflichtigen Einkünften führt. 5531

Leistet der Dritte auf eine **eigene Verbindlichkeit** (z. B. auf eine eigene für die GmbH eingegangene Bürgschaft), ist eine Berücksichtigung des Aufwandes beim Gesellschafter nur möglich, soweit dies im wirtschaftlichen Interesse des Gesellschafters erfolgt ist, also der Dritte für Rechnung des Gesellschafters leistet, was anzunehmen ist, wenn dem Dritten ein **Aufwendungsersatzanspruch** gegen den Gesellschafter zusteht. Hierunter fällt der Gesamtschuldnerausgleich bei gemeinsam mit dem Gesellschafter eingegangener Bürgschaftsverpflichtung oder eine Freistellungserklärung im Innenverhältnis. Soweit der Gesellschafter dem Dritten gegenüber zum Ausgleich verpflichtet ist, stellen die Leistungen des Dritten nachträgliche Anschaffungskosten des Gesellschafters auf die Beteiligung dar. 5532

Unterliegen die Finanzierungshilfen des Dritten den Regeln des **Gesellschafterdarlehens,** weil die Darlehensgewährung oder die Gestellung der Kreditsicherheit wirtschaftlich für Rechnung des Gesellschafters erfolgt, kann der Drittaufwand dem Gesellschafter zugerechnet werden. Dies sind die Fälle, in denen die Finanzierungshilfe von einem mit der GmbH verbundenen Unternehmen bewirkt wird oder wenn der Dritte die Finanzierungshilfe wirtschaftlich aus dem Vermögen des Gesellschafters erbringt, weil ihm im Innenverhältnis ein Aufwendungsersatzanspruch gegenüber dem Gesellschafter zusteht. 5533

1 BFH v. 18.12.2001 - VIII R 27/00, NWB RAAAA-89335.

2 BFH v. 12.12.2000 - VIII R 52/93, BStBl 2001 II S. 286; VIII R 62/93, BStBl 2001 II S. 234; VIII R 22/92, BStBl 2001 II S. 385; VIII R 36/97, BFH/NV 2001 S. 761, NWB VAAAA-97075; VIII R 34/94, BFH/NV 2001 S. 757, NWB LAAAA-97074.

3 OFD Düsseldorf v. 17.12.2001, GmbHR 2002 S. 121.

e) Verdeckte Einlage und Zufluss beim Gesellschafter

5534 Beim **Verzicht** des Gesellschafters auf eine ihm gegenüber seiner Gesellschaft **zustehende Forderung** aus gesellschaftsrechtlicher Veranlassung liegt eine verdeckte Einlage vor; sie führt aber beim **Verzicht auf Leistungsforderungen zugleich** zu einem **Zufluss entsprechender Einnahmen**, die in einer Einkunftsart zu versteuern sein können.[1]

Beispiele sind der Verzicht auf:

- Gehalts- oder Tantiemeansprüche: Einkünfte nach §19 EStG,
- Pensionsanwartschaft: Einkünfte nach §19 EStG,
- fällige Miet- oder Pachtforderungen: Einkünfte aus §21 EStG,
- bereits entstandene Zinsansprüche: Einkünfte aus §20 EStG.

In dem Umfang, in dem die Forderung im Zeitpunkt des Verzichts werthaltig ist, liegen nachträgliche Anschaffungskosten auf die Beteiligung und zugleich fiktive, steuerpflichtige Einnahmen der entsprechenden Einkunftsart vor.

BEISPIEL: Der Gesellschafter A hält seine Stammanteile an der X-GmbH im Privatvermögen und hat der GmbH ein Darlehen i.H.v. 50.000€ zu (angemessenen) 6% Zinsen jährlich, zahlbar zum Jahresende gewährt. Ende Juni des Jahres 05 verzichtet er aus gesellschaftsrechtlichen Gründen auf die gesamten Zinsen für 05. Der Verzicht auf die bis Ende Juni aufgelaufenen Zinsen von 1.500€ ist bei der GmbH eine verdeckte Einlage und vom Bilanzgewinn abzuziehen.[2] Der Gesellschafter hat über die Zinsen wirtschaftlich verfügt, so dass sie ihm gem. §11 Abs.1 EStG als zugeflossen gelten. Sie stellen steuerpflichtige Einnahmen aus Kapitalvermögen dar, die zugleich seine Anschaffungskosten auf seine Beteiligung erhöhen. Der Verzicht auf die Zinsen für den Rest des Jahres stellt eine Nutzungseinlage und damit keine verdeckte Einlage dar. Es sind insoweit auch keine Einnahmen zu versteuern.

5535 Der **Verzicht auf die Rückzahlung eines Gesellschafterdarlehens** führt nicht zu steuerpflichtigen Einnahmen. Befindet sich die Beteiligung im Privatvermögen, liegt in Höhe des werthaltigen Teils des Rückzahlungsanspruchs eine verdeckte Einlage vor, die zur nachträglichen Erhöhung der Anschaffungskosten der Beteiligung führt. In Höhe des nichtwerthaltigen Teils entsteht ein privater Verlust gem. §20 Abs.2 Satz1 Nr.7 EStG.[3] Gehörte die Darlehensforderung zum Betriebsvermögen, ist in Höhe des Teilwertes der Forderung eine Entnahme mit dem Buchwert zu verrechnen, wenn die Differenz ergebniswirksam ist. Gehören Darlehensforderung und Beteiligung zum Betriebsvermögen des Gesellschafters, führt der Verzicht auf die Rückzahlung zu sofort abzugsfähigem Aufwand und nicht zu nachträglichen Anschaffungskosten auf die Beteiligung.

f) Abzugsbeschränkungen bei unentgeltlichen oder teilentgeltlichen Nutzungsüberlassungen

5536 **Nutzungsvorteile,** die der Gesellschafter seiner GmbH überlässt, sind keine verdeckten Einlagen. Aus der unentgeltlichen Nutzungsüberlassung (Leihe oder zinsloses Darlehen) oder Dienstleistung erzielt der Gesellschafter keine Einnahmen, bei verbilligter Nutzungsüberlassung oder Dienstleistung liegen in Höhe des Teilentgelts steuerpflichtige

1 BFH v. 9.6.1997 - GrS 1/94, BStBl 1998 II S.307.
2 BFH v. 15.3.2023 - I R 24/20, NWB NAAAJ-41553.
3 BMF v. 7.6.2022, BStBl 2022 I S.897, Rz.18,25; zu Einzelheiten s. Levedag in Schmidt, EStG, §20 Rz.184.

Einnahmen vor. Die Aufwendungen des Gesellschafters erhöhen nicht die Anschaffungskosten, sondern stellen je nach der Zugehörigkeit der Beteiligung zum Privatvermögen oder Betriebsvermögen Werbungskosten bei den Einkünften aus Kapitalvermögen oder Betriebsausgaben dar.[1]

Bei **überquotaler** Nutzungsüberlassung und durch § 3c Abs. 2 EStG ergeben sich aber Abzugsbeschränkungen. 5537

Regelmäßig können die Aufwendungen des Gesellschafters nur entsprechend seiner Beteiligungsquote abgezogen werden, wenn die Mitgesellschafter nahe Angehörige des Gesellschafters sind. Ein überquotaler Abzug ist nur möglich, wenn die unentgeltliche Nutzungsüberlassung durch die eigenen wirtschaftlichen Interessen des Gesellschafters und nicht privat veranlasst sind, was durch einen Fremdvergleich zu ermitteln ist. Die nach dem Fremdvergleich überquotalen Aufwendungen sind nicht abzugsfähig, und zwar bei den begünstigten Mitgesellschaftern auch nicht als Drittaufwand.[2] 5538

Bei einer teilentgeltlichen Nutzungsüberlassung ist eine Aufteilung der Aufwendungen nach dem Verhältnis des unentgeltlichen und entgeltlichen Teils vorzunehmen. Mit dem Bruchteil, der dem entgeltlichen Teil entspricht, sind die Aufwendungen voll als Werbungskosten oder Betriebsausgaben abzugsfähig, die auf den unentgeltlichen Anteil entfallenden Aufwendungen sind entsprechend der Beteiligungsquote abziehbar.[3] 5539

Unter der Ägide des Teileinkünfteverfahrens vertrat die Finanzverwaltung zunächst die Ansicht, Aufwendungen im wirtschaftlichen Zusammenhang mit der Beteiligung seien nur noch **zu 40 % abzugsfähig** (§ 3c EStG). Diese Abzugsbeschränkung wurde auch bei Aufwendungen beachtet, die durch die unentgeltliche Nutzungsüberlassung oder durch den unentgeltlichen Teil bei einer teilentgeltlichen Nutzungsüberlassung veranlasst waren (z. B. die Aufwendungen für ein der Gesellschaft zur Nutzung überlassenes Grundstück oder Kosten der Refinanzierung für ein zinsloses Darlehen). Lag eine überquotale Nutzungsüberlassung vor, war zunächst die sich hieraus ergebende Abzugsbeschränkung zu beachten und dann auf den abzugsfähigen Teilbetrag die Vorschrift des § 3c EStG anzuwenden. 5540

BEISPIEL: An der X-GmbH halten M 2/3 und seine Ehefrau F 1/3 der Stammanteile in ihrem Privatvermögen. M gewährt der GmbH ein zinsloses Darlehen über 200.000 €, das er selbst mit einem Zinsaufwand von 9.000 € refinanzieren muss.

M kann grundsätzlich gem. § 20 Abs. 9 EStG keine Werbungskosten geltend machen. Auf Antrag gilt das Werbungskostenabzugsverbot jedoch nicht, § 32d Abs. 2 Nr. 3 Satz 2 EStG. Bei entsprechendem Antrag kann M 2/3 der Aufwendungen als Werbungskosten bei seinen Einkünften aus § 20 Abs. 1 Nr. 1 EStG, also 6.000 € geltend machen, während 1/3 (3.000 €) nach § 12 EStG nicht abziehbar ist; bei F stellt dieser Betrag nicht abzugsfähigen Drittaufwand dar.

Außerdem ist bei M das 40 %-Abzugsverbot nach § 3c Abs. 2 Satz 1 EStG zu beachten, so dass der wegen überquotaler Nutzungsüberlassung auf 6.000 € gekürzte Betrag nur zu 60 % anzusetzen ist und nur 3.600 € als abzugsfähige Werbungskosten übrig bleiben. Diese gilt auch wenn nur Werbungskosten und keine Beteiligungserträge anfallen.[4]

1 BFH v. 26.10.1987 - GrS 2/86, BStBl 1988 II S. 348; v. 14.3.1989 - I R 8/85, BStBl 1989 II S. 633.

2 BFH v. 28.3.2000 - VIII R 68/96, BFH/NV 2000 S. 1278, NWB HAAAA-96984.

3 BFH v. 25.7.2000 - VIII R 35/99, BStBl 2001 II S. 698.

4 BFH v. 24.10.2017 - VIII R 19/16, BStBl 2019 II S. 34.

g) Erfolgsbeiträge

5541 Wird der Gesellschafter mit Rücksicht auf das Gesellschaftsverhältnis für die GmbH unentgeltlich tätig oder überlässt er ihr Wirtschaftsgüter unentgeltlich zum Gebrauch oder zur Nutzung, so liegen keine verdeckten Einlagen, sondern sog. gesellschaftliche Erfolgsbeiträge vor. Einen Ausgleich hierfür sucht der Gesellschafter über die Beteiligung am Einkommen, das infolge der ersparten Aufwendungen höher ist und zur Ausschüttung an ihn zur Verfügung steht. Seine **eigenen Aufwendungen**, die durch die Leistung des Erfolgsbeitrags veranlasst und angefallen sind, stellen beim Gesellschafter **Werbungskosten** bei den Einkünften aus Kapitalvermögen dar, wenn die Anteile zum Privatvermögen gehören, und **Betriebsausgaben**, wenn die Beteiligung zum Betriebsvermögen zählt,[1] wobei Abzugsbeschränkungen zu beachten sind.

5542 Diese Zusammenhänge eröffnen z. B. bei Betriebsaufspaltungen Möglichkeiten zur Minderung der Gesamtsteuerbelastung. Hat die GmbH ausgleichsfähige Verluste oder steht sie in der Verlustzone, während bei dem Gesellschafter durch Pachtzinsen oder Tätigkeitsvergütungen hohe Einkünfte anfallen, lässt sich mit einem Verzicht auf die Vergütungen (Erfolgsbeitrag) und der Verlagerung des Aufwands in den Bereich des Gesellschafters dessen Steuerbelastung absenken. Das Mehrergebnis bei der GmbH wird durch die Verluste neutralisiert. Zu beachten bleibt aber, dass solche Absprachen steuerliche Wirkung nur für die Zukunft haben, weil der Verzicht auf schon entstandene Forderungen wieder eine verdeckte Einlage darstellt.

5543–5570 (*Einstweilen frei*)

Exkurs: Auswirkungen der verdeckten Einlage bei anderen Steuern

► **Gewerbeertragsteuer**

5571 Der Gewerbeertrag als Besteuerungsgrundlage für die Gewerbeertragsteuer (§ 6 GewStG) folgt nach § 7 GewStG dem nach den Vorschriften des EStG oder KStG ermittelten Gewinn aus Gewerbetrieb, der bei der Ermittlung des Einkommens zu berücksichtigen ist. Die wegen einer verdeckten Einlage beim Ergebnis der GmbH vorzunehmenden Korrekturen wirken sich daher entsprechend auch beim Gewerbeertrag aus.

► **Umsatzsteuer**

5572 Bringt der Gesellschafter aus seinem unternehmerischen Bereich den Gegenstand der verdeckten Einlage unentgeltlich in die GmbH ein, liegt eine steuerbare Entnahme für Zwecke außerhalb seines Unternehmens nach § 3 Abs. 1b Nr. 1 UStG vor. Die Steuer bemisst sich gem. § 10 Abs. 4 Satz 1 Nr. 1 UStG nach dem Einkaufspreis zzgl. Nebenkosten bzw. nach den Selbstkosten im Zeitpunkt der Zuführung. Eine Rechnung darf nicht ausgestellt werden, so dass ein Vorsteuerabzug bei der Gesellschaft entfällt. Liegt eine verbilligte Lieferung vor, ist sie steuerbar. Zur Ermittlung der Bemessungsgrundlage muss nach § 10 Abs. 5 Nr. 1 UStG verfahren und die Bemessungsgrundlage wie bei der Lieferung i. S. v. § 3 Abs. 1b UStG als Mindestbemessungsgrundlage angesetzt werden, sofern das vereinbarte Entgelt darunter liegt. Es darf eine zum Vorsteuerabzug berech-

1 BFH v. 26.10.1987 - GrS 2/86, BStBl 1988 II S. 348; v. 14.3.1989 - I R 8/85, BStBl 1989 II S. 633.

tigende Rechnung ausgestellt werden, die das zu niedrige Entgelt, die Mindestbemessungsgrundlage und die darauf entfallende USt ausweist.

Liefert umgekehrt die GmbH zu einem zu hohen Entgelt, liegt ein steuerbarer Umsatz vor, Bemessungsgrundlage ist die überhöhte Gegenleistung.[1] 5573

► **Grunderwerbsteuer**

Besteht die verdeckte Einlage in der Übertragung eines Grundstücks, so liegt ein grunderwerbsteuerbarer Erwerbsvorgang vor, weil das Grundstück auf einen anderen Rechtsträger übergeht. Erfolgt die Übertragung unentgeltlich, fehlt es an einer Gegenleistung, da zusätzliche Gesellschaftsrechte nicht gewährt werden. Die GrESt wird rückwirkend ab 2009 nach den Grundbesitzwerten gem. § 151 Abs. 1 Satz 1 BewG i. V. m. § 157 Abs. 1 bis 3 BewG, also denselben Werten wie für die ErbSt, bemessen (§ 8 Abs. 2 Satz 1 Nr. 1 GrEStG), nachdem das BVerfG[2] die Bewertung nach § 138 Abs. 3 und 4 BewG für verfassungswidrig erklärt hat. Die Grundbesitzwerte werden durch eine hierzu durchzuführende Bedarfsbewertung (§ 157 Abs. 1 Satz 1 BewG) ermittelt. 5574

Die **verdeckte Einlage** eines Grundstücks stellt **weder eine Einbringung noch einen anderen Erwerbsvorgang auf gesellschaftsvertraglicher Grundlage dar** (§ 8 Abs. 2 Satz 1 Nr. 2 GrEStG), obwohl sie begrifflich durch das Gesellschaftsverhältnis veranlasst ist. Im Sinne des GrEStG liegt eine Einbringung nur vor, wenn der Gesellschafter das Grundstück zur Erfüllung seiner Sacheinlageverpflichtung (§ 5 Abs. 4 GmbHG) auf die GmbH überträgt. Mit „Erwerbsvorgang auf gesellschaftsvertraglicher Grundlage" ist ein Grundstücksübergang gemeint, durch den die Gesellschafterstellung des beteiligten Gesellschafters in rechtlicher Hinsicht berührt oder verändert wird, also wenn dem **Gesellschafter eine höhere Beteiligung eingeräumt wird.**[3] 5575

Dies eröffnet bestimmte **Gestaltungsmöglichkeiten**, um GrESt zu sparen, indem das Grundstück zu einem verbilligten Entgelt der GmbH zugeführt wird. Dann ist eine Gegenleistung vorhanden, deren Wert für die Bemessung der Steuer maßgebend ist (§ 8 Abs. 1 GrEStG), auch wenn die vereinbarte Gegenleistung weit unter dem Verkehrswert des Grundstücks liegt. 5576

BEISPIEL: ► Ein Gesellschafter will seiner GmbH ein bebautes Grundstück mit einem Verkehrswert von 1 Mio. € (Bedarfswert 600.000 €) im Wege der verdeckten Einlage zuführen.

Erfolgt die Übertragung unentgeltlich, fällt gem. § 8 Abs. 2 Nr. 1 GrEStG eine GrESt i. H. v. (600.000 € x 3,5 % =) 21.000 € an. Da die Übertragung aufgrund einer gesellschaftsrechtlichen Grundlage erfolgte, liegt keine Schenkung vor, so dass § 3 Nr. 2 GrEStG nicht eingreift. § 7 Abs. 8 ErbStG ist nicht einschlägig, wenn es sich um einen Alleingesellschafter handelt.

Wird ein Kaufpreis von 100.000 € vereinbart, liegt eine Gegenleistung vor, nach der die Steuer zu bemessen ist; die GrESt beträgt nur 3.500 €. Der Kaufpreis darf nur nicht so niedrig bemessen sein, dass von einem Scheingeschäft auszugehen ist.

---

1 BFH v. 25.11.1987 - X R 12/81, BStBl 1988 II S. 210.

2 BVerfG v. 23.6.2015 - 1 BvL 13/11, 1 BvL 14/11, BStBl 2015 II S. 871; BGBl 2015 I S. 1423.

3 BFH v. 26.2.2003 - II B 54/02, BStBl 2003 II S. 483.

► **Schenkungsteuer**

5577 Als Schenkung gilt auch seit dem 14.12.2011 gem. § 7 Abs. 8 ErbStG, die Werterhöhung von Anteilen an einer Kapitalgesellschaft, die eine an der Gesellschaft unmittelbar oder mittelbar beteiligte natürliche Person (Bedachte) durch die Leistung einer anderen Person (Zuwendender) an die Gesellschaft erlangt. Freigebig sind auch Zuwendungen zwischen Kapitalgesellschaften, soweit sie in der Absicht getätigt werden, Gesellschafter zu bereichern und soweit an diesen Gesellschaften nicht unmittelbar oder mittelbar dieselben Gesellschafter zu gleichen Anteilen beteiligt sind. Hierbei handelt es sich um eine gesetzliche Fiktion.

5578–5579 (*Einstweilen frei*)

8. Verdeckte Einlage über die Grenze (verdeckte Einlage und § 1 AStG)

5580 Die Vorschrift des § 1 AStG bestimmt, dass unbeschadet anderer Vorschriften die Einkünfte der GmbH zu erhöhen sind, wenn sie aus einer Geschäftsbeziehung mit einer nahe stehenden Person stammen, die Geschäftsbeziehung zum Ausland besteht und eine Minderung der Einkünfte auf Vertragsbestimmungen beruht, die einem Fremdvergleich nicht entsprechen. Nach dem AStG erfolgt also – anders als bei der verdeckten Einlage – keine Korrektur der Einkünfte zugunsten der GmbH.

5581 Wendet die inländische Muttergesellschaft M (GmbH) ihrer ausländischen Tochtergesellschaft T **einlagefähige Wirtschaftsgüter ohne Entgelt** zu, ist das Beteiligungskonto von M um den Wert der verdeckten Einlage zu erhöhen. Ohne Bedeutung insoweit ist, wie der Sitzstaat von T steuerlich die verdeckte Einlage behandelt, so dass hier die Gefahr einer Doppelbesteuerung entsteht.

5582 Überlässt M der ausländischen T ein zinsloses Darlehen, liegt nach deutschem Steuerrecht eine verdeckte Einlage nicht vor. Bei M entsteht kein zusätzlicher Ertrag, da nachträgliche Anschaffungskosten für die Anteile nicht anzusetzen sind. Nimmt der Sitzstaat bei T eine verdeckte Einlage an, führt dies zum Abzug einer Einlage in Höhe der ersparten Zinsaufwendungen, so dass der Vorgang weder bei M noch bei T Steuern auslösen würde. Diese Lücke schließt § 1 AStG, wonach die Einkünfte von M so anzusetzen sind, wie sie entstanden wären, wenn die geschäftlichen Vereinbarungen zwischen M und T wie unter fremden Dritten getroffen worden wären, also Zinsen in üblicher Höhe vereinbart worden wären. Ähnliches gilt, wenn die inländische Muttergesellschaft ihrer ausländischen Tochter verbilligt Waren liefert; dann ist bei der inländischen Besteuerung der Marktpreis anzusetzen, nicht etwa der Teilwert (ohne Gewinnzuschlag) wie bei der verdeckten Einlage.

5583 Erhält die inländische Tochter-GmbH T von ihrer ausländischen Mutter M eine **verdeckte Einlage**, so ist T wie jede andere inländische Kapitalgesellschaft zu behandeln. Das Wirtschaftsgut ist bei ihr mit dem gemeinen Wert zu bilanzieren; der Unterschiedsbetrag in Höhe der verdeckten Einlage ist in die Rücklagen einzustellen. Bei verbilligter Warenlieferung ist der Wareneinsatz zu erhöhen, so dass sich über den höheren Wareneinsatz bereits ein niedrigerer Rohgewinn ergibt.

5584 Gewährt M ihrer inländischen Tochter-GmbH ein **zinsloses Darlehen**, ist darin nach deutschem Steuerrecht keine verdeckte Einlage zu sehen. Der Gewinn der T bleibt ungeschmälert. Betrachtet der ausländische Sitzstaat von M den Vorgang als verdeckte Einlage, ist der Gewinn von M entsprechend zu erhöhen. Dies führt im Ergebnis zu einer Doppelbesteuerung. Art. 9 Abs. 1 des OECD-Musterabkommens zur Vermeidung der Doppelbesteuerung hilft hier nicht weiter, da diese Vorschrift nach h. M. keine eigenständige Rechtsgrundlage für eine Gewinnberichtigung darstellt. § 1 AStG greift ebenfalls nicht ein, da der Gewinn der inländischen Gesellschaft nicht gemindert, sondern durch die Ersparnis von Zinsaufwendungen erhöht worden ist.

9. Rückzahlung von verdeckten Einlagen

Wie offene gehen auch die verdeckten Einlagen in das Vermögen der GmbH über. Das 5585
eingelegte Wirtschaftsgut ist für die Zeit nach der Einlage nach den allgemeinen Vorschriften des Betriebsvermögensvergleichs und der verdeckten Gewinnausschüttung zu behandeln. Aufgrund der Verwendungsfiktion gem. 27 Abs. 1 Satz 3 KStG wird eine Rückzahlung von verdeckten Einlagen steuerlich nur anerkannt, wenn ein ausschüttbarer Gewinn nicht mehr vorhanden ist.

Eine **„Rückzahlung“** an den Gesellschafter außerhalb der Kapitalherabsetzung oder Liquidation ist daher grundsätzlich nur durch offene Gewinnausschüttung oder eine (handelsrechtlich unzulässige) Einlagenrückgewähr, die **steuerrechtlich** eine (im Gesellschaftsverhältnis veranlasste) **vGA** darstellt, möglich.[1] Aus der Gewinnausschüttung sind die entsprechenden steuerlichen Folgen zu ziehen.

Nur ausnahmsweise werden echte Kapitalrückzahlungen anerkannt, die außerhalb der 5586
Einkommenssphäre liegen und daher keine Steuer entstehen lassen. Dies sind die Fälle

- der Kapitalrückzahlung aufgrund einer ordnungsgemäßen Kapitalherabsetzung oder Liquidation,
- der Rückzahlung von Nachschusskapital i. S. v. § 30 Abs. 2 GmbHG,
- bei Wegfall einer Einlage, die unter einer auflösenden (Forderungsverzicht gegen Besserungsschein) Bedingung geleistet wurde.[2]

(*Einstweilen frei*) 5587–5610

III. Verdeckte Gewinnausschüttung (vGA)

LITERATUR:

Janssen, Verdeckte Gewinnausschüttungen., 12. Aufl. 2017; *Klein/Müller* in: Mössner/Oellerich/Valta, KStG, § 8 Rz. 191 ff.

1. Allgemeines

Die Ausschüttungen einer GmbH können „offen“, d. h. unter Beachtung der gesell- 5611
schaftsrechtlichen Vorschriften, aber auch „verdeckt“ erfolgen. Die vGA ist sowohl für das Steuerrecht, aus dem der Begriff stammt (§ 8 Abs. 3 Satz 2 KStG), als auch für das

1 BFH v. 30.5.1990 - I R 41/87, BStBl 1991 II S. 588; v. 12.12.1990 - I R 73/89, BStBl 1991 II S. 593.
2 BFH v. 30.5.1990 - I R 41/87, BStBl 1991 II S. 588.

Recht der Kapitalgesellschaften von Bedeutung und konkretisiert das Trennungsprinzip zwischen der Kapitalgesellschaft und ihrem Gesellschafter.[1] Die handelsrechtlichen Vorschriften, die Vermögensleistungen nur in hierfür bestimmten Formen (z.B. Gewinnausschüttung, Kapitalherabsetzung, Liquidation und Einlagenrückgewähr) erlauben, dienen dem Schutz des Stammkapitals zugunsten der Mitgesellschafter, der Arbeitnehmer und der Gläubiger. Von der rechtlichen Zulässigkeit der vGA hängt ab, ob die Gesellschaft oder andere, nicht mit Ausschüttungen bedachte Gesellschafter Rückforderungsansprüche geltend machen können; die Rückgewähr der empfangenen Leistung gleicht dann die vGA aus. Im Steuerrecht geht es aber um die Ermittlung und steuerliche Erfassung des zutreffenden Einkommens der Kapitalgesellschaft (als Ausdruck ihrer wirtschaftlichen Leistungsfähigkeit) in einer bestimmten Besteuerungsperiode. Steuerrechtlich besteht das **Rückwirkungsverbot**, so dass es die Rückgängigmachung der vGA steuerrechtlich ausschließt und zu einer Einlage führt.

2. Gewinnkorrekturvorschrift

5612 Mit Ausschüttungen verteilt die GmbH **eigenes** Vermögen. Gemäß §8 Abs.3 Satz1 KStG ist für die Ermittlung des Einkommens der GmbH ohne Bedeutung, ob das Einkommen verteilt wird. Einkommensverwendungen sind also – ebenso wie bei der Gewinnermittlung für die ESt die Entnahmen – ohne Einfluss auf das steuerliche Jahresergebnis. Nach §8 Abs.3 Satz2 KStG mindert auch eine vGA das Einkommen der Gesellschaft nicht. Die Vorschrift hat eine der Entnahmeregelung des §4 Abs.1 Satz1 EStG ähnliche Funktion; sie ist eine Gewinnkorrekturvorschrift,[2] so dass sich die vGA bei der Ermittlung des Gewerbeertrags nach §7 Satz1 GewStG unmittelbar über den dabei zugrunde zu legenden Gewinn aus Gewerbebetrieb auswirkt.[3] Als „verdeckt" ist eine Ausschüttung anzusehen, wenn sie außerhalb der Vorschriften und Grenzen vorgenommen wird, die für eine „offene" Ausschüttung gelten. In der steuerlichen Beurteilung und Auswirkung steht die vGA der offenen Gewinnausschüttung grundsätzlich gleich.

5613 Hat sich die für die vGA vorausgesetzte Vermögensminderung auf die Höhe des **Unterschiedsbetrags nach §4 Abs.1 Satz1 EStG** i.V.m. §8 Abs.1 KStG (Steuerbilanzgewinn) ausgewirkt, ist diese Minderung durch Hinzurechnung außerhalb der Bilanz auszugleichen mit der Folge, dass sich das Einkommen der Gesellschaft um diesen Betrag erhöht. Der hinzugerechnete Betrag unterliegt, soweit das Einkommen positiv ist, der tariflichen KSt von 15%.

5614 Der Systemwechsel vom Anrechnungsverfahren zum Teileinkünfteverfahren hat an der steuerlichen Bedeutung der vGA nichts geändert.[4] Im Vergleich zur Ausschüttung ist es weiterhin i.d.R. steuerlich günstiger, auf schuldrechtlicher Grundlage Leistungsentgelte an den Gesellschafter zu bezahlen, jedenfalls dann, wenn der Einkommensteuersatz des Gesellschafters niedrig ist oder hohe Verlustvorträge vorliegen. Wird die betriebliche Veranlassung der Entgeltzahlung nicht anerkannt und als vGA qualifiziert, kann sich

1 Klein/Müller in: Mössner/Oellerich/Valta, KStG, §8 Rz.193.

2 BFH v. 7.8.2002 - I R 2/02, BStBl 2004 II S.131.

3 Roser in: Gosch, KStG, §8 Rz.166.

4 Vgl. Roser in: Gosch, KStG, §8 Rz.159; BFH v. 22.8.2007 - I R 32/06, BStBl 2007 II S.961.

zwar die Steuerbelastung auf der Ebene des Anteilseigners vermindern, weil er die ihm **zugeflossenen** (verdeckten) Ausschüttungen nun als Kapitalerträge (sonstige Bezüge i.S.v. §20 Abs.1 Nr.1 Satz2 EStG) nur **zu 60%** (§3 Nr.40 EStG) oder als Beteiligungsertrag unter Berücksichtigung der Steuerbefreiung nach §8b Abs.1 KStG **versteuern** muss. Die Vorteile auf Gesellschafterebene gleichen aber die Nachteile auf der Ebene der Gesellschaft durch die definitive Belastung mit KSt und GewSt regelmäßig nicht aus. Außerdem führt die vGA zu Benachteiligungen der anderen Gesellschafter, die über die Schmälerung des für eine ordentliche Ausschüttung zur Verfügung stehenden Gewinns die höhere steuerliche Belastung der GmbH zu tragen haben, während dem durch die vGA begünstigten Gesellschafter neben der Ausschüttung noch die verminderte Ertragsteuerbelastung zugute kommt. Einen Anspruch auf Ausgleich haben sie i.d.R. nicht, wenn die Satzung nicht die Rückgewähr vorschreibt.

Die vGA führt nicht mehr zu einer KSt-Änderung. 5615

3. Begriff der verdeckten Gewinnausschüttung (vGA)

Weder das Steuerrecht noch das Recht der Kapitalgesellschaften enthalten eine gesetzli- 5616
che Umschreibung der vGA. Die einschlägigen Vorschriften setzen diesen Begriff voraus. Die Erscheinungsformen der vGA sind so vielfältig, dass eine gesetzliche Definition auch kaum möglich sein dürfte. In dem Teilbereich der Gesellschafterfremdfinanzierung bestimmt §8a KStG, dass Vergütungen, die ein wesentlich beteiligter Anteilseigner für die Überlassung von Gesellschafter-Fremdkapital erhält, ab einer bestimmten Höhe und unter bestimmten Voraussetzungen in eine vGA umqualifiziert werden. §8 Abs.3 Satz2 KStG definiert also nicht den Begriff der vGA, sondern bestimmt nur ihre Rechtsfolge, dass sie das Einkommen (und den Gewerbeertrag) der GmbH nicht mindern darf.

a) Begriffsmerkmale

In ständiger Rechtsprechung definiert der BFH die vGA i.S.d. §8 Abs.3 Satz2 KStG als 5617

- eine Vermögensminderung oder verhinderte Vermögensmehrung,
- die durch das Gesellschaftsverhältnis veranlasst ist,
- sich auf die Höhe des Unterschiedsbetrages gem. §4 Abs.1 Satz1 EStG i.V.m. §8 Abs.1 KStG auswirkt und
- in keinem Zusammenhang mit einer offenen Ausschüttung steht.[1]
- Der Vorgang muss geeignet sein, beim Gesellschafter einen sonstigen Bezug i.S.v. §20 Abs.1 Nr.1 Satz2 EStG auszulösen.

aa) Veranlassung im Gesellschaftsverhältnis

Die **Veranlassung im Gesellschaftsverhältnis** wird grundsätzlich und in der Mehrzahl 5618
der Fälle angenommen, wenn die GmbH ihrem Gesellschafter oder einer ihm nahe

1 BFH v. 22.10.1989 - I R 9/85, BStBl 1989 II S.631; v. 22.2.1989 - I R 44/85, BStBl 1989 II S.475; v. 30.7.1997 - I R 65/96, BStBl 1998 II S.402; v. 7.8.2002 - I R 2/02, BStBl 2004 II S.131; Klein/Müller in: Mössner/Oellerich/Valta, KStG, §8 Rz.281ff.

stehenden Person einen Vermögensvorteil zuwendet, den sie bei der Sorgfalt eines ordentlichen und gewissenhaften Geschäftsleiters (vgl. § 43 Abs. 1 GmbHG) einem Nichtgesellschafter nicht gewährt hätte – **Fremdvergleich.**[1] Ist der Begünstigte **beherrschender Gesellschafter** – im Regelfall bei einer Beteiligung von mehr als 50 % am Stammkapital (Mehrheit der Stimmrechte) –, ist eine Veranlassung durch das Gesellschaftsverhältnis auch dann anzunehmen, wenn es für die Leistung der GmbH an einer **klaren und im Voraus abgeschlossenen, zivilrechtlich wirksamen und tatsächlich durchgeführten Vereinbarung fehlt.**[2] Dann wird vermutet, dass die Zuwendung auf gesellschaftsrechtlichen Gründen beruht. In Ausnahmefällen kann auch auf die Rechtsfigur des **„doppelten Fremdvergleichs"** zurückzugreifen sein, wonach eine Veranlassung im Gesellschaftsverhältnis auch vorliegen kann, wenn das Geschäft zwischen Gesellschafter und GmbH für sie zwar von Vorteil ist, der Vorteil aber von einem fremden Dritten der Gesellschaft nicht eingeräumt worden wäre.[3]

bb) Minderung des Unterschiedsbetrags gemäß § 4 Abs. 1 Satz 1 i. V. m. § 8 Abs. 1 KStG

5619 An die Stelle des überkommenen Definitionsmerkmals der „Minderung des Einkommens" setzt der BFH neuerdings, aber in jetzt schon ständiger Rechtsprechung,[4] dass sich die **Minderung auf den Unterschiedsbetrag gem. § 4 Abs. 1 Satz 1 i. V. m. § 8 Abs. 1 KStG,** also den Steuerbilanzgewinn, auswirken muss. Grund dafür ist die Erkenntnis, dass die GmbH wie jede Kapitalgesellschaft keine Privatsphäre hat,[5] ihre Aufwendungen zugleich betrieblich und gesellschaftlich veranlasst, also Betriebsausgaben und vGA sein können[6] und eine vGA auch vorliegen kann, wenn die Vermögensminderung steuerfreie Einkünfte betrifft und damit eine Auswirkung auf das Einkommen fehlt. Die Änderung der Definition stellt zugleich aber auch heraus, dass es sich bei § 8 Abs. 3 Satz 2 KStG um eine Gewinnkorrekturvorschrift handelt, die im Ergebnis nichts anderes bezweckt als die Regelungen zu den Entnahmen und Einlagen in § 4 Abs. 1 Satz 1 EStG oder z. B. zu den nichtabzugsfähigen Betriebsausgaben, die sich nicht auf den Steuerbilanzgewinn auswirken dürfen. Sie ist Grundlage für die Zweistufigkeit der Korrektur einer vGA.[7]

cc) Eignung zum Beteiligungsertrag

5620 Ergänzend zu diesem Merkmal der Minderung des Unterschiedsbetrages muss für die Annahme einer vGA hinzutreten, dass sie (objektiv) **geeignet** sein muss, beim Gesell-

1 St. Rspr., BFH v. 7.8.2002 - I R 2/02, BStBl 2004 II S. 131.
2 BFH v. 23.10.1996 - I R 71/95, BStBl 1999 II S. 35.
3 BFH v. 17.5.1995 - I R 147/93, BStBl 1996 II S. 204; v. 28.1.2004 - I R 87/02, BFH/NV 2004 S. 736, NWB QAAAB-17866; einschränkend BFH v. 19.5.1998 - I R 36/97, BStBl 1998 II S. 689.
4 BFH v. 7.8.2002 - I R 2/02, BStBl 2004 II S. 131.
5 BFH v. 4.12.1996 - I R 54/95, BFHE 182 S. 123, NWB YAAAA-96773; v. 17.11.2004 - I R 56/03, BFH/NV 2005 S. 793, NWB WAAAB-44837.
6 BFH v. 3.7.1994 - I R 43/94, BFH/NV 1995 S. 548, NWB NAAAB-34744.
7 Gosch, KStG, § 8 Rz. 169, 247.

schafter zu einem Vorteil in Gestalt eines sonstigen Bezugs i.S.d. § 20 Abs. 1 Nr. 1 Satz 2 EStG zu führen.[1]

BEISPIEL: Eine GmbH hat auf eigene Rechnung und auf eigenen Namen eine Rückdeckungsversicherung für eine als vGA zu behandelnde Pensionszusage an ihren Gesellschafter-Geschäftsführer abgeschlossen.

LÖSUNG: Die Beiträge zur Rückdeckungsversicherung bleiben Betriebsausgaben der GmbH. Sie liegt im bloßen eigenbetrieblichen Interesse. Es ist die Absicherung einer zivilrechtlich drohenden Pensionslast. Eine vGA kommt nur hinsichtlich einer Pensionsrückstellung und ein Vermögensvorteil beim Anteilseigner (AE) kommt nur bzgl. der späteren Pensionszahlungen, nicht aber bzgl. der Versicherungsbeiträge in Betracht.

Die Vorteilseignung (**Eignung zum Beteiligungsertrag**) bedeutet aber nicht, dass ein der Vermögensminderung bei der GmbH entsprechender Vermögenszufluss beim Gesellschafter nötig wäre. Der tatsächliche Vorteilszufluss ist erst auf der Ebene des Gesellschafters erforderlich, damit Kapitaleinkünfte nach § 20 Abs. 1 Nr. 1 Satz 2 EStG angenommen werden können. Die Korrespondenz zwischen Minderung des Unterschiedsbetrages und der Vorteilseignung für den Gesellschafter[2] sollen folgende Beispiele verdeutlichen:

BEISPIEL: Die A-GmbH bildet Rückstellungen für eine überhöhte Tantieme- oder Pensionszusage im Jahr 03. Die Tantieme wird im Jahr 05 bzw. die Pension erst mit Erreichen des Pensionsalters ausbezahlt.

Die Minderung des Unterschiedsbetrages nach § 4 Abs. 1 Satz 1 EStG i.V.m. § 8 Abs. 1 KStG durch die (aufwandswirksame) Rückstellungsbildung ist eine vGA, weil sie objektiv geeignet ist, bei dem Gesellschafter zu einem sonstigen Bezug i.S.v. § 20 Abs. 1 Nr. 1 Satz 2 EStG zu führen. Dass die Tantieme dort erst im Jahr 05 oder der Pension erst später zufließen wird, ist auf der Ebene der GmbH für die Korrektur des Steuerbilanzgewinnes nicht von Belang.

BEISPIEL: Die GmbH schließt für die (unangemessene) Pensionszusage eine Rückdeckungsversicherung ab und zahlt dafür Prämien. Die Minderung des Unterschiedsbetrages durch die Versicherungsbeiträge ist nicht als vGA zu korrigieren, weil die Rückdeckungsversicherung objektiv nicht geeignet ist, bei dem durch Versorgungszusage begünstigten Gesellschafter einen sonstigen Bezug auszulösen.[3]

Außerdem wird verlangt, dass die vGA durch Organe der GmbH verursacht werden muss.[4]

b) Leistende und Empfänger der vGA

Das Rechtsinstitut der vGA betrifft alle Kapitalgesellschaften (§ 1 Nr. 1 KStG), in erster 5621
Linie aber die (personenbezogene) GmbH, weil hier die Beziehungen (schuldrechtlicher oder gesellschaftsrechtlicher Natur) zum Gesellschafter besonders eng sind und die Interessen der Gesellschaft und der Gesellschafter sogar völlig parallel verlaufen können (Familiengesellschaften, Einmann-GmbH). Ob die Gesellschaft unbeschränkt oder beschränkt steuerpflichtig ist, ist nicht von Belang. Auch bei der Vorgesellschaft – die errichtete, aber noch nicht eingetragene GmbH – gelten die Regeln über die vGA, nicht

1 BFH v. 7.8.2002 - I R 2/02, BStBl 2004 II S. 131.
2 Vgl. auch Gosch, KStG, § 8 Rz. 170.
3 Vgl. BFH v. 7.8.2002 - I R 2/02, BStBl 2004 II S. 131.
4 BFH v. 14.10.1993 - I R 14/92, BStBl 1993 II S. 351; I R 17/92, BStBl 1993 II S. 352.

jedoch für die Vorgründungsgesellschaft, die eine Personengesellschaft und nicht mit der späteren GmbH identisch ist.

aa) Gesellschafterstellung

5622 Eine vGA hat ihren Grund im Gesellschaftsverhältnis, d. h. in der Beziehung, die GmbH und Gesellschafter aufgrund des Gesellschaftsvertrags und des GmbHG miteinander verbindet und durch das Innehaben des Geschäftsanteils dokumentiert wird. Die vGA setzt deshalb im Allgemeinen voraus, dass der Empfänger der Vorteilszuwendung bzw. der vorteilsgeeigneten Leistung Gesellschafter der GmbH ist, zu ihr also in einem mitgliedschaftlichen Verhältnis steht.[1] Die Gründungsgesellschafter sind im Stadium der Vorgesellschaft taugliche Empfänger einer vGA.[2] Die Höhe der Beteiligungsquote ist unerheblich. Die Stellung als zukünftiger Gesellschafter kann ausreichen, wenn die Leistung in zeitlichem Zusammenhang mit der Begründung des Gesellschaftsverhältnisses steht und der Empfänger dann auch tatsächlich Gesellschafter wird.[3]

5623 Auch der ehemalige Gesellschafter kann Empfänger einer vGA sein, wenn die maßgebliche Entscheidung auf der Ebene der GmbH zu einem Zeitpunkt getroffen wurde, als der Begünstigte noch Inhaber des Geschäftsanteils war und ihm der Vorteil später tatsächlich zufließt.[4] Stellen Pensionszahlungen eine vGA dar, behalten sie ihre Eigenschaft, selbst wenn der Berechtigte inzwischen seinen Geschäftsanteil veräußert hat.[5] Auch der minderjährige Gesellschafter kann Begünstigter einer vGA sein, selbst wenn die Eltern die zufließenden Mittel vereinnahmen.[6]

5624–5626 *(Einstweilen frei)*

bb) Nahe stehende Personen

5627 Wird mittelbar ein Vorteil verschafft, der unmittelbar zur Zuwendung an eine dritte, dem Gesellschafter **nahe stehende Person** führt, steht dies der unmittelbaren Vermögenszuwendung an den Gesellschafter gleich, wenn sie durch das Gesellschaftsverhältnis veranlasst ist. Da es auf der Ebene der GmbH für die Annahme einer vGA nicht auf den tatsächlichen Zufluss auf Gesellschafterebene ankommt, sondern auf die (objektive) Vorteilseignung, reicht eine mittelbare Vorteilsgeeignetheit in dem Sinne aus, dass die Zuwendung beim Gesellschafter Bezüge i. S. v. § 20 Abs. 1 Nr. 1 EStG auslösen kann. Die Vereinnahmung des Vorteils durch den Dritten und die persönliche Zurechnung beim Gesellschafter setzen eine Verknüpfung durch die gesellschaftliche Veranlassung voraus.[7] Indiz für die gesellschaftliche Veranlassung ist das Nahestehen.[8]

5628 Der Kreis der nahe stehenden Personen beschränkt sich nicht auf den Ehegatten, die Kinder und die Angehörigen i. S. d. § 15 AO, sondern wird von der Rechtsprechung weiter

1 BFH v. 13.7.1994 - I R 112/93, BStBl 1995 II S. 198.
2 BFH v. 14.10.1992 - I R 17/92, BStBl 1993 II S. 352.
3 Klein/Müller in: Mössner/Oellerich/Valta, KStG, § 8 Rz. 336.
4 BFH v. 10.11.1993 - I R 36/93, BFH/NV 1994 S. 827, NWB EAAAB-33804.
5 BFH v. 18.12.1996 - I R 139/94, BStBl 1997 II S. 301.
6 BFH v. 1.7.2003 - VIII R 45/01, BStBl 2004 II S. 35.
7 Vgl. Gosch, KStG, § 8 Rz. 227.
8 BFH v. 18.12.1996 - I R 139/94, BStBl 1997 II S. 301.

gezogen. Er umfasst auch den nichtehelichen Lebensgefährten des Gesellschafters[1] und andere Personen, zu denen aufgrund sonstiger gesellschaftlicher, schuldrechtlicher oder tatsächlicher, z. B. langjähriger geschäftlicher Beziehungen ein Näheverhältnis besteht.[2] Nahe stehende Personen müssen nicht natürliche Personen sein, auch Kapitalgesellschaften (Schwester-, Tochter- und Enkelgesellschaften) und Personengesellschaften, an denen der Gesellschafter der vorteilsgewährenden GmbH beteiligt ist, werden als nahe stehende Personen behandelt.

Leistet die GmbH an den Dritten einen Vermögensvorteil und ist dies wegen dessen Näheverhältnis zum Gesellschafter als vGA auf der Ebene der Gesellschaft anzusehen, ist dieser Vorteil des Dritten als mittelbare Zuwendung dem Gesellschafter als Anteilseigner (§ 20 Abs. 2a EStG) zuzurechnen, der sie an den Dritten weitergibt. Aus dem **Dreiecksverhältnis** folgt, dass der Gesellschafter Kapitalerträge vereinnahmt, während die Zuwendung an den Dritten Einkommensverwendung des Gesellschafters darstellt. 5629

Bei **Konzernstrukturen** mit Schwestergesellschaften ist zu differenzieren: 5630

Handelt es sich bei dem Dritten um eine Tochtergesellschaft des Gesellschafters, spielt sich also die unmittelbare Leistungserbringung zwischen Schwestergesellschaften mit einer gemeinsamen Muttergesellschaft ab und hat sie ihre Veranlassung in den gesellschaftlichen Rechtsbeziehungen, liegt auf der Ebene der (gebenden) Tochtergesellschaft eine vGA nach § 8 Abs. 3 Satz 2 KStG an die Muttergesellschaft vor, welche diese an die andere Tochtergesellschaft weitergibt. Folgen dieses Dreiecksverhältnisses sind neben der vGA bei der Tochtergesellschaft 1 ein nach § 8b Abs. 1 KStG bis auf 5 % der Einnahmen steuerfreier (§ 8b Abs. 1 und Abs. 5 KStG) Beteiligungsertrag bei der Muttergesellschaft und eine verdeckte Einlage in die Tochtergesellschaft 2. Diese hat das Wirtschaftsgut zwar zu aktivieren, die Gewinnerhöhung wird aber durch die verdeckte Einlage neutralisiert. Bei der Muttergesellschaft führt die verdeckte Einlage zu einer nachträglichen Erhöhung der Anschaffungskosten auf die Beteiligung: Im Ergebnis wirkt sich die vGA (bis auf die Mindestbesteuerung bei der Muttergesellschaft) nur bei der leistenden Tochtergesellschaft aus.

Die **Neutralisierung der Gewinnerhöhung** bei der Tochtergesellschaft 2 setzt aber voraus, dass ihr ein einlagefähiges Wirtschaftsgut zugeführt wird. Räumt man ihr unentgeltliche oder verbilligte Nutzungen oder Dienstleistungen ein, steht der verdeckten Gewinnausschüttung bei der Muttergesellschaft ein gleich hoher fiktiver Aufwand gegenüber, der sich aus dem „Verbrauch" des erlangten, aber der Tochtergesellschaft 2 im Dreiecksverhältnis zugewandten Vorteils ergibt. Dem Abzug wie eine Betriebsausgabe steht trotz der steuerfreien Vereinnahmung des Beteiligungsertrags (§ 8b Abs. 1 KStG) die Vorschrift des § 3c Abs. 1 EStG nicht entgegen, weil es an dem erforderlichen unmittelbaren Zusammenhang der Ausgabe mit der Einnahme fehlt und die Vorschrift ab dem VZ 2004 hier nicht mehr anzuwenden ist. Besteuert werden aber die 5 v. H. der Einnahmen, die als nicht abzugsfähige Betriebsausgaben gelten. Die begünstigte Tochtergesellschaft hat infolge der ersparten Aufwendungen einen höheren Gewinn, der besteuert wird. Eine Neutralisierung durch eine verdeckte Einlage scheidet aus, gleich- 5631

1 BFH v. 29.11.2000 - I R 90/99, BStBl 2001 II S. 204.
2 BFH v. 18.12.1996 - I R 139/94, BStBl 1997 II S. 301.

wohl bleibt in einer Gesamtsteuerbetrachtung im Konzern bis auf die Mindestbesteuerung nur die „einmalige“ Besteuerung der vGA.

5632 Der **Abzug des fiktiven Aufwandes** bei der Muttergesellschaft ist seit VZ 2004 möglich, allerdings um den Preis der 5 %-Besteuerung.

5633–5650 (*Einstweilen frei*)

4. Tatbestandsmerkmale der vGA (§ 8 Abs. 3 Satz 2 KStG) im Einzelnen

a) Vermögensminderung oder verhinderte Vermögensmehrung

5651 Eine Vermögensminderung liegt vor, wenn die GmbH Aufwand tätigt, dem keine angemessene Gegenleistung gegenübersteht. Eine verhinderte Vermögensmehrung liegt vor, wenn die GmbH auf ein angemessenes Entgelt für die erbrachte Leistung verzichtet. Auf eine entsprechende Vermögensmehrung (Vorteilszufluss) beim Gesellschafter kommt es für die Beurteilung auf der Ebene der GmbH nicht an. Die Vermögensminderung (verhinderte Vermögensmehrung) muss aber objektiv geeignet sein, beim Gesellschafter zu einem entsprechenden Vermögensvorteil (Kapitalertrag nach § 20 Abs. 1 Nr. 1 Satz 2 EStG) zu führen.[1] Die **Vorteilseignung** ist der vGA immanent und drückt die gesellschaftliche Verknüpfung zwischen der Vermögensminderung (verhinderte Vermögensmehrung) mit der Person des Gesellschafters aus.[2]

aa) Vermögensminderung

5652 Die Vermögensminderung ist nach der Rechtsprechung mit Hilfe der Steuerbilanz zu ermitteln,[3] so dass im Grunde nicht eine Vermögensminderung, sondern eine Gewinnminderung maßgeblich ist. Bezugsgröße ist der Unterschiedsbetrag nach § 4 Abs. 1 Satz 1 EStG.[4]

5653 Die Prüfung geht in **zwei Stufen** vor sich:[5] Auf der **1. Stufe** ist die Vermögensminderung mit Hilfe der Steuerbilanz zu ermitteln, die ohne Berücksichtigung des § 8 Abs. 3 Satz 2 KStG aufzustellen ist, wobei alle Aufwendungen der GmbH (mit Ausnahme der offenen Ausschüttungen) Betriebsausgaben sind, da die GmbH nicht über eine außerbetriebliche Sphäre verfügt. Führt die Prüfung zu der Feststellung, dass die betreffende Aufwendung (Vermögensminderung bzw. verhinderte Vermögensmehrung) durch das Gesellschaftsverhältnis veranlasst ist, folgt auf der **2. Stufe** die nach § 8 Abs. 3 Satz 2 KStG vorgeschriebene Korrektur außerbilanziell. Dies ist im Ergebnis nicht anders als z. B. bei Entnahmen oder nicht abzugsfähigen Betriebsausgaben oder Hinzurechnungen nach dem AStG. Das Ergebnis schlägt sich unmittelbar im „korrigierten“ (= zutreffenden) Gewinn aus Gewerbebetrieb (§ 2 Abs. 2 Nr. 1 EStG) mit entsprechenden Konsequenzen

1 BFH v. 7.8.2002 - I R 2/02, BStBl 2004 II S. 131.

2 Vgl. auch Gosch in: Gosch, KStG, 4. Aufl., 2020, § 8 Rz. 245.

3 BFH v. 23.6.1993 - I R 72/92, BStBl 1993 II S. 801; v. 14.9.1994 - I R 6/94, BStBl 1995 II S. 89; v. 24.3.1998 - I R 88/97, BFH/NV 1998 S. 1374, NWB LAAAB-39739; v. 22.10.2003 - I R 23/03, BFH/NV 2004 S. 667, NWB WAAAB-16814.

4 BFH v. 7.8.2002 - I R 2/02, BStBl 2004 II S. 131.

5 BFH v. 13.8.1997 - I R 85/96, BStBl 1998 II S. 161; v. 7.8.2002 - I R 2/02, BStBl 2004 II S. 131; Wassermeyer, DB 2002 S. 2668; Gosch, KStG, § 8 Rz. 247.

bei der GewSt nieder, die nach §7 Satz 1 KStG an diesen Gewinn (und nicht an das Einkommen) anknüpft.

Aus dem Stufenmodell ergibt sich, dass eine vGA nicht vorliegt, wenn wegen des **Vorteilsausgleichs** keine Minderung des Unterschiedsbetrages in der Steuerbilanz eintritt. Hier lassen sich **drei Fallgruppen** unterscheiden: Es besteht kein Anspruch der Gesellschaft oder es liegt keine Handlung mit Gewinnauswirkung vor oder die Gewinnauswirkung wird durch Einbuchung eines gleich hohen Ersatzanspruchs gegen den Gesellschafter bzw. einen Dritten ausgeglichen. 5654

Ein Anspruch der Gesellschaft besteht z. B. nicht bei Risikogeschäften, die die Gesellschaft aufgrund eines Beschlusses der Gesellschafterversammlung oder mit Billigung der Gesellschafter vornimmt.[1] 5655

Keine Handlung mit Gewinnauswirkung liegt z. B. vor, wenn ein Darlehen zwar zu unüblichen Bedingungen an den Gesellschafter ausgereicht wird, zugleich aber der (werthaltige) Rückzahlungsanspruch aktiviert wird. 5656

Zur dritten Fallgruppe zählen die Fälle, in denen eine Kompensation durch einen Ersatzanspruch stattfindet. Beispiel hierfür ist ein Schaden, den der Gesellschafter-Geschäftsführer durch eine unternehmerische Fehlentscheidung verursacht und der durch einen von der GmbH zu aktivierenden Ersatzanspruch ausgeglichen wird. Eine solche Kompensation setzt aber einen innerbetrieblichen Schaden voraus, der nicht auch gesellschaftlich mitveranlasst sein darf.[2] Ist eine Veranlassung des Schadens auch durch das Gesellschaftsverhältnis festzustellen, liegt eine vGA vor, die durch Aktivierung der Ersatzforderung und ihre Erfüllung steuerlich nicht rückgängig gemacht werden kann, da sie eine (gesellschaftsrechtlich veranlasste) Einlageforderung bzw. Einlage darstellt. 5657

BEISPIEL:[3] Der Gesellschafter-Geschäftsführer lässt sich für die GmbH bestimmte Kundenzahlungen auf sein geheimes Privatkonto überweisen. Dies stellt eine Untreue i. S. v. §266 StGB dar, die nach §823 Abs. 2 BGB einen Schadensersatzanspruch auslöst. Ursächlich für die Schadenszufügung ist aber (auch) die Stellung des Gesellschafter-Geschäftsführers, so dass eine Veranlassung im Gesellschaftsverhältnis (= außerbetriebliche Schadenszufügung) und damit eine vGA vorliegt. Ihre Rückgängigmachung durch die Ersatzleistung stellt eine verdeckte Einlage dar.

Bloße (irrtümliche) **Fehlbuchungen** lösen jedoch keine vGA aus, auch wenn Buchungsfehlern zugunsten eines Gesellschafters (Aufwandsbuchungen oder unterlassene Buchung von Entnahmen des Gesellschafters) eine nicht unerhebliche Indizwirkung für eine vGA zukommt, zumal dann, wenn sie zielgerichtet vorgenommen werden und Ausdruck einer Vermögensverlagerung sind.[4] 5658

---

1 BFH v. 31.3.2004 - I R 83/03, BFH/NV 2004 S. 1482, NWB AAAAB-25685; zu Risikogeschäften vgl. Janssen, vGA, Rz. 1841 ff.

2 Gosch, KStG, §8 Rz. 249.

3 Nach Gosch, KStG, §8 Rz. 249.

4 Vgl. Gosch, KStG, §8 Rz. 666.

bb) Verhinderte Vermögensmehrung

5659 Die Tatbestandsvariante der verhinderten Vermögensmehrung erlaubt es, einen entgangenen Gewinn (Gewinnverzicht zugunsten des Gesellschafters) bei der GmbH zu versteuern. Die **verhinderte Vermögensmehrung** ist damit eine fiktive Größe, die sich durch den Vergleich des bilanzierten Gewinnes mit demjenigen ergibt, der sich bei der Erfassung der verhinderten Vermögensmehrung (Soll-Einnahme, Soll-Gewinn) ergeben hätte. Bei der verhinderten Vermögensmehrung entfällt das zweistufige Vorgehen wie bei der Vermögensminderung, die verhinderte Vermögensmehrung geht stets mit einer entsprechenden Vermögensmehrung auf Seiten des Gesellschafters einher.

5660 Beispielhaft sind die Fälle wie Warenabgaben oder Dienstleistungen ohne marktüblichen Gewinnaufschlag oder der Verzicht auf bestehende Ansprüche, Zustimmung einer Komplementär-GmbH zur rückwirkenden Neuverteilung des Gewinns zugunsten ihrer Gesellschafter und Kommanditisten der GmbH & Co. KG oder der Verzicht auf die Wahrnehmung konkreter Geschäftschancen zugunsten der Gesellschafter (z. B. Verzicht auf ein günstiges Kaufanwartschaftsrecht, auf den Erwerb eigener Anteile zum Nominalwert) zu nennen. Insbesondere im Verhältnis zum Gesellschafter-Geschäftsführer kommt es nicht darauf an, ob dieser gegen das Wettbewerbsverbot verstoßen hat, sondern ob der GmbH eine Geschäftschance entzogen worden ist. Dann muss aber die GmbH eine konkrete rechtliche oder tatsächliche Möglichkeit haben, für die im Geschäftsverkehr ein Entgelt entrichtet würde,[1] wofür bereits getätigte Aufwendungen sprechen können. Anwendungsfälle können sich auch im internationalen Konzern ergeben, wenn ein gewinnträchtiger Absatzmarkt von einer Vertriebsgesellschaft auf eine andere verlagert wird und der Fremdvergleich ergibt, dass ein nicht konzernangehöriges Unternehmen für die konkreten Geschäftschancen ein Entgelt bezahlt hätte.

cc) Vorteilsausgleich

5661 Der Ausgleich der Vermögensminderung bzw. verhinderten Vermögensmehrung durch vermögenswerte Vorteile, die der begünstigte Gesellschafter der GmbH gewährt, lässt eine vGA grundsätzlich entfallen. Der sog. **Vorteilsausgleich** durch wechselseitige Verrechnung setzt aber voraus, dass die einander ausgleichenden Leistungen auf schuldrechtlicher Grundlage erbracht werden,[2] bei gegenseitigen Verträgen nach §§ 320 ff. BGB kann der Vorteilsausgleich angenommen werden, wenn und soweit sich Leistung und Gegenleistung ausgleichen. Beruhen allerdings Vorteile auf gesellschaftsrechtlicher Grundlage (vGA einerseits und verdeckte Einlage andererseits), scheidet eine Verrechnung aus.

5662 Geht es um den Vorteilsausgleich zwischen der GmbH und ihrem beherrschenden Gesellschafter (oder einer ihm nahe stehenden Person), muss eine Vereinbarung vorliegen, die dem Fremdvergleich standhält und vorher klar, eindeutig und rechtswirksam getroffen wurde und auch tatsächlich durchgeführt wird.

1 Vgl. BFH v. 9.7.2003 - I R 100/02, BFH/NV 2003 S. 1666, NWB YAAAA-71701.

2 BFH v. 23.10.1996 - I R 71/95, BStBl 1999 II S. 35.

dd) Beispiele

5663

Vermögensminderung	verhinderte Vermögensmehrung
Dienstverträge	
GmbH gewährt AE unangemessen hohe Vergütung/Pensionszusage	GmbH überlässt AE Arbeitnehmer gegen zu geringes Entgelt
Miet- und Pachtverträge	
GmbH zahlt für Geschäftsräume eine zu hohe Miete an AE	GmbH vermietet dem AE ein Grundstück zu einem zu niedrigen Mietzins
Darlehensgewährung	
GmbH leistet für ein Darlehen des AE unangemessen hohe Zinsen	GmbH gewährt dem AE ein Darlehen zu einem zu niedrigen Zins
Lieferungen	
AE veräußert an die GmbH zu einem überhöhten Preis	GmbH veräußert Waren an den AE zu einem unangemessen niedrigen Preis
sonstige	
Zahlung eigener Gründungskosten unter Missachtung § 26 Abs. 2 AktG	GmbH verzichtet auf Rechte, die ihr gegen den AE zustehen
	GmbH veranlasst, dass ihr zustehende Einnahmen dem AE zufließen

b) Auswirkung auf das Einkommen (Unterschiedsbetrag nach § 4 Abs. 1 Satz 1 EStG)

Die Vermögensminderung oder die verhinderte Vermögensmehrung muss sich auf den Unterschiedsbetrag nach § 4 Abs. 1 Satz 1 EStG i. V. m. § 8 Abs. 1 KStG – Steuerbilanzgewinn – auswirken. Es wird damit deutlich gemacht, dass es sich bei § 8 Abs. 3 Satz 2 KStG um eine Korrekturvorschrift für die zutreffende Ermittlung des steuerlich zu erfassenden Gewinns handelt. Sie ermöglicht auch die Korrektur, wenn steuerfreie Einnahmen (verdeckt) ausgeschüttet werden. 5664

c) Kein Zusammenhang mit einer offenen Ausschüttung

Mit diesem Begriffsmerkmal soll die vGA von der offenen Ausschüttung abgegrenzt werden. Es bedeutet, dass ein den gesellschaftsrechtlichen Bestimmungen entsprechender Gewinnverwendungsbeschluss die Annahme einer vGA ausschließt. Denn dann tritt die gesellschaftliche Veranlassung der Einkommensverwendung offen zu Tage, der Ausschüttungscharakter der Leistung der Gesellschaft muss nicht erst durch Feststellung ihrer Veranlassung im Gesellschaftsverhältnis aufgedeckt werden. 5665

d) Handlung durch ein Organ der Gesellschaft

5666 Außerdem verlangt die Rechtsprechung, dass die Vermögensminderung durch Handlung einer Person, die zur Geschäftsführung befugt ist (Organ der GmbH), veranlasst worden ist, die Handlung also der GmbH zuzurechnen ist.[1] Zurechenbar sind danach Handlungen des Geschäftsführers, der Gesellschafterversammlung und des beherrschenden Gesellschafters. Die abgrenzende Prüfung erfolgt dreistufig:

5667 ► Zunächst scheiden bloße **Buchungsfehler** durch einen nicht vertretungsberechtigten Buchhalter oder Steuerberater aus, durch die einem Gesellschafter ein Vorteil zugewendet wird, sofern sie nicht vom Handlungswillen der Organe der Gesellschaft getragen werden. Sie sind keine vGA.[2] Die unzutreffende Buchung bewirkt nicht die Zuwendung, vielmehr erlangt die GmbH einen Ersatzanspruch, der durch Bilanzberichtigung zu aktivieren ist, so dass eine Vermögensminderung nicht eintritt. Erst wenn auf den Ersatzanspruch verzichtet wird, entsteht die vGA.

BEISPIELE:

- Ein Angestellter der KapGes (z.B. Lagerverwalter) gibt ohne Kenntnis des vertretungsberechtigten Organs und ohne Ermächtigung ein Wirtschaftsgut an einen Gesellschafter ohne Berechnung heraus.
- Steuerberater unterlässt versehentlich die Verzinsung des Verrechnungskontos des Gesellschafters.

Eine spätere Aufdeckung kann dann nicht als vGA behandelt werden.

Mit der Zuwendung des Vorteils entsteht zugleich ein zivilrechtlicher Ersatzanspruch der Gesellschaft, der zu aktivieren ist, so dass auch mangels Vermögensminderung keine vGA eintreten kann.[3] Wird dieser Ersatzanspruch nicht aktiviert, so ist eine Bilanzberichtigung vorzunehmen und eine entsprechende Forderung gegen den Gesellschafter einzubuchen.[4]

5668 ► Beruht die Vermögensminderung auf der Handlung eines **nicht beherrschenden Gesellschafters**, der weder die anderen Gesellschafter noch der Geschäftsführer zugestimmt haben, so reicht das **tatsächliche Ausnutzen** der (nicht beherrschenden) **Stellung als Gesellschafter** nicht aus, um die Handlung der Gesellschaft zuzurechnen.[5] Verzichtet aber der Geschäftsführer nach Aufdeckung der Handlung auf eine Ersatzforderung der Gesellschaft gegen den Gesellschafter, liegt darin eine vGA. Der Gesellschaft entsteht z.B. ein Rückforderungsanspruch gegen den Minderheitsgesellschafter, wenn er Geld der GmbH unterschlägt,[6] oder wenn der Gesellschafter-Geschäftsführer fahrlässig den Diebstahl betrieblichen Bargelds ermöglicht, indem er den Bargeldbestand über Nacht in einem Geschäftsfahrzeug aufbewahrt und das Auto samt Geld gestohlen wird.[7] Verzichtet die GmbH auf den Ersatzanspruch, liegt

1 BFH v. 14.10.1992 - I R 14/92, BStBl 1993 II S. 351; I R 17/92, BStBl 1993 II S. 352.

2 BFH v. 18.4.2002 - III R 43/00, BStBl 2003 II S. 149; v. 28.2.2001 - I R 12/00, BStBl 2001 II S. 468; v. 13.9.2000 - I R 10/00, BFH/NV 2001 S. 584, NWB DAAAA-66709; v. 22.10.2003 - I R 23/03, BFH/NV 2004 S. 667, NWB WAAAB-16814.

3 BFH v. 24.3.1998 - I R 88/97, BFH/NV 1998 S. 1374, NWB LAAAB-39739; v. 18.4.2002 - III R 43/00, NWB HAAAA-97097.

4 FG Saarland v. 21.5.2001 - 1 K 326/97, rkr., EFG 2001 S. 1233, NWB IAAAB-12656.

5 BFH v. 14.10.1992 - I R 14/92, BStBl 1993 II S. 351.

6 BFH v. 11.2.2003 - VIII B 229/02, BFH/NV 2003 S. 909, NWB UAAAA-71228.

7 BFH v. 17.9.2003 - I R 91, 92/02, BFH/NV 2004 S. 182, NWB PAAAB-13831.

im Umfang des Verzichts eine vGA vor. Die Tatsache, dass die Gesellschaft eine Forderung gegenüber dem Gesellschafter nicht ausweist, bewirkt dabei noch keinen Forderungsverzicht, weil ein derartiger buchmäßiger Vorgang sich auf die Existenz und den Fortbestand der Forderung nicht auswirkt.[1]

- Ist die Vermögensminderung aber von einer zur Vertretung der GmbH berufenen Person (Organ) oder durch den beherrschenden Gesellschafter (auch durch Überschreiten seiner Kompetenzen) verursacht worden, liegt eine vGA vor.[2] Neben Rechtshandlungen reichen auch tatsächliche Handlungen mit Handlungswillen aus (z. B. Unterschlagung); es ist auch nicht die Absicht oder das Bewusstsein erforderlich, verdeckt Gewinn auszuschütten. 5669

(*Einstweilen frei*) 5670–5680

5. Veranlassung durch das Gesellschaftsverhältnis

a) Sorgfaltsmaßstab des ordentlichen und gewissenhaften Geschäftsleiters

Die Vermögensminderung oder verhinderte Vermögensmehrung ist regelmäßig durch das Gesellschaftsverhältnis veranlasst, wenn die GmbH ihrem Gesellschafter einen Vermögensvorteil zuwendet, den sie bei Anwendung der **Sorgfalt** eines **ordentlichen und gewissenhaften Geschäftsleiters** einem Nichtgesellschafter nicht gewährt hätte.[3] In dieser Denkfigur ist der Fremdvergleich (Drittvergleich) als Mittel dafür angelegt, um die Veranlassung im Gesellschaftsverhältnis festzustellen. Die Rechtsprechung hat aber bisher keinen Maßstab gefunden, mit dessen Hilfe sicher vorhergesagt werden könnte, dass eine bestimmte Maßnahme dem Fremdvergleich standhalten wird oder nicht. Es ist daher auch eine fast unübersehbare Kasuistik entstanden, wobei die Vorstellungen der Rechtsprechung vom gewissenhaften und ordentlichen Geschäftsleiter gewissen Wandlungen unterliegen und keinesfalls deckungsgleich mit denen in der Wirtschaft sind. 5681

Den Rückgriff auf statistische Erhebungen allein z. B. über die Gehaltsausstattung von Geschäftsführern lehnt der BFH ab, weil der Fremdvergleich eine wertende Betrachtung verlange.[4] Verlangt wird vom ordentlichen und gewissenhaften Geschäftsleiter, dass er sein Verhalten daran ausrichtet, der Gesellschaft nicht zu schaden, sondern Vorteile für sie wahrzunehmen und ihren Gewinn zu mehren. Diese Anforderungen erfüllt aber nicht nur der tüchtige Geschäftsführer, dem keine unternehmerischen Fehlentscheidungen unterlaufen dürften.[5] Der Geschäftsführer hat einen weiten unternehmerischen Ermessensspielraum,[6] der auch erlaubt, Risikogeschäfte einzugehen und die

1 BFH v. 5.4.2004 - X B 130/03, NWB AAAAB-23744; v. 14.9.1994 - I R 6/94, BStBl 1997 II S. 89, unter II.2.c; v. 13.9.2000 - I R 10/00, BFH/NV 2001 S. 584, NWB DAAAA-66709.

2 BFH v. 22.10.2003 - I R 23/03, BFH/NV 2004 S. 667, NWB WAAAB-16814.

3 BFH v. 10.11.1998 - I R 33/98, BFH/NV 1999 S. 829, NWB BAAAA-63036; v. 29.3.2000 - I R 85/98, BFH/NV 2000 S. 1247, NWB HAAAA-65377.

4 BFH v. 27.3.2001 - I R 40/00, BStBl 2001 II S. 655, NWB DAAAA-89010.

5 Wassermeyer, DB 1993 S. 1269.

6 Klein/Müller in: Mössner/Oellerich/Valta, KStG, § 8 Rz. 396; Gosch, KStG, § 8 Rz. 301.

damit verbundenen Chancen zugleich mit den Verlustgefahren wahrzunehmen.[1] Der gewissenhafte und ordentliche Geschäftsleiter sollte z. B. durch eine Pensionszusage nicht die Gefahr heraufbeschwören, dass der GmbH die Überschuldung oder die Insolvenz drohen, er muss aber nicht immer vom denkbar schlimmsten Fall ausgehen, sondern hat die Wahrscheinlichkeit eines Risikofalls zu berücksichtigen.[2]

5682 Die **Beurteilung** aus Sicht des ordentlichen und gewissenhaften Geschäftsleiters ist **nach den Verhältnissen im Zeitpunkt seiner unternehmerischen Entscheidung** vorzunehmen; später eintretende Ereignisse, die er nicht vorhersehen konnte, können nicht Anlass für eine vGA sein.[3]

b) Kriterien für den Fremdvergleich

5683 Aus diesem allgemeinen Sorgfaltsmaßstab des ordentlichen und gewissenhaften Geschäftsleiters hat die Rechtsprechung eine Reihe von Kriterien für den Fremdvergleich entwickelt. Eine Veranlassung im Gesellschaftsverhältnis lassen vermuten, **die Unangemessenheit, die fehlende Ernstlichkeit bzw. Ernsthaftigkeit oder die Unüblichkeit des Vereinbarten**, die je nach Leistungsgrund (z. B. Geschäftsführergehalt, Tantieme, Darlehen) unterschiedlich ausdifferenziert sind, und mehr **formelle Merkmale**, deren Einhaltung **beherrschende Gesellschafter** und die ihnen nahe stehenden Personen unterworfen sind, wie **zivilrechtliche Wirksamkeit im Voraus getroffener klarer und eindeutiger und tatsächlich durchgeführter Vereinbarungen**. Je nach Einzelfall können diese Kriterien der Angemessenheitsprüfung einzeln oder einander ergänzend die Feststellung fremdvergleichswidrigen Verhaltens und damit die – durch vernünftige und nachvollziehbare betriebswirtschaftliche Überlegungen – widerlegbare Vermutung einer durch das Gesellschaftsverhältnis veranlassten Vorteilszuwendung begründen.

c) Angemessenheit

5684 Die **Angemessenheit** ist unterteilt in Angemessenheit dem **Grunde** und der **Höhe nach**. Also ist zu fragen, ob die GmbH die entsprechende Leistung an einen Nichtgesellschafter überhaupt erbracht und ob sie – die Angemessenheit dem Grunde nach unterstellt – die Zahlung in derselben Höhe an einen Nichtgesellschafter geleistet hätte. Liegt die Angemessenheit dem Grunde nach nicht vor, stellt die Zahlung insgesamt eine vGA dar, ist sie der Höhe nach unangemessen, ist der überhöhte Teil eine vGA.

5685 Hier hat auch die Bandbreitenbetrachtung ihren Platz.[4] In den Fällen, in denen für eine entgeltliche Leistung nicht ein bestimmter Preis oder Wert bestimmt werden kann, sondern sich typischerweise die Entgelte in einer gewissen Bandbreite bewegen, muss die GmbH weder an die Ober- noch an die Untergrenze gehen oder einen Mittelwert wählen, sondern kann die Bandbreite in voller Höhe ausschöpfen, jedes Entgelt innerhalb der Bandbreite ist grundsätzlich als angemessen anzusehen.[5] Diese Betrachtung

1 BFH v. 8.8.2001 - I R 106/99, BFH/NV 2001 S. 1678, NWB XAAAA-97057; v. 31.3.2004 - I R 83/03, BFH/NV 2004 S. 1482, NWB AAAAB-25685.

2 BFH v. 20.12.2000 - I R 15/00, BFH/NV 2001 S. 980, NWB YAAAA-97087.

3 BFH v. 7.11.2001 - I R 57/00, BStBl 2002 II S. 369.

4 BFH v. 17.10.2001 - I R 103/00, BStBl 2004 II S. 171.

5 Vgl. Gosch, KStG, § 8 Rz. 312.

erlangt vor allem Bedeutung bei der Angemessenheit der Gesamtgehaltsausstattung eines Gesellschafter-Geschäftsführers.

Beide Bereiche der Angemessenheitsprüfung (Fremdvergleich) können durch einen innerbetrieblichen oder durch einen außerbetrieblichen Vergleich vorgenommen werden, wobei der interne Betriebsvergleich vorzuziehen ist. 5686

aa) Innerer Betriebsvergleich

Beim **inneren Betriebsvergleich** wird ermittelt, wie sich die GmbH in einer vergleichbaren Situation gegenüber einem Nichtgesellschafter verhalten hat. Trifft sie gegenüber dem Gesellschafter in gleicher Situation eine andere Entscheidung, begründet dies die Annahme, dass dafür das Gesellschaftsverhältnis den Ausschlag gegeben hat. 5687

BEISPIEL: Beschäftigt die GmbH einen fremden Geschäftsführer und einen Gesellschafter-Geschäftsführer, so kann Letzterem – unter Vermeidung einer vGA – keine Pensionszusage erteilt werden, wenn dies nicht auch dem fremden Geschäftsführer zumindest angeboten wurde. Dass ein solches Verhalten nicht gesellschaftlich veranlasst sei, kann dann die Gesellschaft nur widerlegen, wenn sie beachtenswerte Unterschiede zwischen den Vergleichsgruppen darlegen kann, wie z. B. dass der Gesellschafter-Geschäftsführer für die Leitung des gesamten Unternehmens verantwortlich sei und der fremde Geschäftsführer bloß für einen Teilbereich zuständig ist oder unterschiedliche zeitliche Abstände zwischen der Begründung des Anstellungsverhältnisses und der Erteilung der Pensionszusage bestehen.

bb) Äußerer Betriebsvergleich

Der **außerbetriebliche Vergleich** kann nur eingeschränkt die Vermutung begründen, dass die Leistung der GmbH aus gesellschaftlichen Motiven und nicht aus schuldrechtlichen Gründen erfolgt. Selbst wenn sich feststellen lässt, aus welchen Gründen andere, vergleichbare Gesellschaften in vergleichbaren Situationen eine solche Leistung erbringen, lässt sich dies nicht ohne weiteres übertragen. Im Grunde unterstellt man damit aber nur, dass sich die GmbH wirtschaftlich vernünftig und aus diesem Grund ebenso wie andere Unternehmen ihrer Branche verhalten werde und ein abweichendes Verhalten daher seine Ursache im Gesellschaftsverhältnis habe. Auch dies kann aber widerlegt werden, indem besondere Gründe dargetan werden, weshalb sich die Gesellschaft anders als in ihrer Branche üblich verhält und vielleicht gerade deshalb besonders erfolgreich ist. 5688

d) Doppelter Fremdvergleich

Der BFH hat in mehreren Entscheidungen ausgeführt, dass der Fremdvergleich auch dann nicht bestanden sein kann, wenn die Vereinbarung zwar für die GmbH vorteilhaft ist, jedoch dieser Vorteil von fremden Dritten der Gesellschaft nicht eingeräumt worden wäre. Eine solche Vereinbarung könne die Veranlassung im Gesellschaftsverhältnis offenbaren.[1] Auf diese Rechtsfigur des **doppelten Fremdvergleichs** ist aber nicht stets zurückzugreifen; der BFH hat seine Aussage, dass die Einbeziehung des Vertragspartners stets erforderlich sei, im Urteil[2] wieder eingeschränkt und hat im doppelten 5689

1 BFH v. 17.5.1995 - I R 147/93, BStBl 1996 II S. 204.
2 BFH v. 19.5.1 98 - I R 36/97, BStBl 1998 II S. 689.

Fremdvergleich einen Aspekt von vielen gesehen, auf den im Rahmen des Fremdvergleichs abgestellt werden kann, um die gesellschaftliche Veranlassung einer Vereinbarung deutlich werden zu lassen. Wenn es der GmbH aus ihrer Sicht und aus Sicht des gedachten, gewissenhaften und ordentlichen Geschäftsleiters gelingt, eine für sie vorteilhafte Vereinbarung abzuschließen, braucht den einem gedachten Vertragspartner hieraus erwachsenden Nachteilen nicht nachgegangen werden.[1]

e) Untauglichkeit des Fremdvergleichs

5690 Auf die Denkfigur des ordentlichen und gewissenhaften Geschäftsleiters ist nicht abzustellen, d.h. ein sog. **Fremdvergleich** ist nicht möglich, wenn Geschäfte zu beurteilen sind, die **ausschließlich zwischen Gesellschaft und Gesellschafter möglich** sind. So z.B. die Rückgewähr von Einlagen unter Verstoß gegen gesellschaftsrechtliche Verbote oder wenn Rechtsverhältnisse zu beurteilen sind, die im Rahmen der Erstausstattung einer GmbH zustande gekommen sind oder Wettbewerbsbefreiungen bzw. -verbote betreffen. Hier bleibt als Beurteilungsmaßstab im Grunde nur, welche Gewinnminderung für die Gesellschaft unter den gegebenen Umständen, dass das Geschäft zwingend nur mit dem Gesellschafter möglich ist, noch hinnehmbar ist.

Trotz fehlender Vergleichsmöglichkeiten kann eine vGA vorliegen, wenn bereits bei Erstausstattung der GmbH die Gestaltungen darauf abzielen, ihren Gewinn nicht über eine angemessene Verzinsung des eingezahlten Stammkapitals zzgl. einer Risikovergütung zu steigern.[2] Dies kann aber bei einer GmbH, die nur zur Übernahme der Komplementärstellung einer KG begründet wurde, ausreichen. Eine vGA liegt auch vor, wenn die GmbH ihre Gründungskosten übernimmt und die gesellschaftsrechtlichen Voraussetzungen dafür wie der Ausweis des Gesamtbetrages und die Verpflichtung zur Übernahme in der Satzung nicht erfüllt sind.[3]

6. Sonderregeln für beherrschende Gesellschafter und ihnen nahe stehende Personen

5691 Wendet die GmbH einem beherrschenden Gesellschafter oder einer diesem nahe stehenden Person einen Vorteil zu, so gelten zur Feststellung der Veranlassung im Gesellschaftsverhältnis zwar alle zuvor geschilderten Gesichtspunkte des Fremdvergleichs, aber daneben auch **bestimmte Sonderregeln**. Hiernach liegt die Veranlassung im Gesellschaftsverhältnis auch vor, wenn der schuldrechtliche Grund für eine Leistung an den beherrschenden Gesellschafter (oder eine ihm nahe stehende Person) nicht zivilrechtlich wirksam, klar, eindeutig und im Vorhinein vereinbart und schließlich auch tatsächlich durchgeführt wurde.

Mit dieser zweiten Gruppe von vGA[4] soll dem Rechnung getragen werde, dass der beherrschende Gesellschafter (nach dem Trennungsprinzip) die Möglichkeit hat, für eine

1 Vgl. auch Gosch, KStG, § 8 Rz. 362; Klein/Müller in: Mössner/Oellerich/Valta, KStG, § 8 Rz. 421 ff.

2 BFH v. 2.2.1994 - I R 78/92, BStBl 1994 II S. 479.

3 BFH v. 11.10.1989 - I R 12/87, BStBl 1990 II S. 89; v. 17.5.2000 - I R 21/99, BFH/NV 2001 S. 343, NWB TAAAA-66721, zur Kapitalerhöhung.

4 BFH v. 8.11.1989 - I R 16/86, BStBl 1990 II S. 244.

Leistung an die GmbH einen gesellschaftsrechtlichen oder einen **schuldrechtlichen** Ausgleich zu suchen[1] und er es – ohne vorherige Festlegung – wegen des fehlenden Interessengegensatzes in der Hand hätte, den Gewinn der GmbH so zu beeinflussen, wie es bei einer steuerlichen Gesamtbetrachtung des Einkommens der Gesellschaft und des Gesellschafters jeweils am günstigsten ist.[2] Genügt die Leistungsbeziehung zwischen GmbH und Gesellschafter den besonderen Anforderungen nicht, die in der Praxis von den Finanzämtern (gestützt durch den BFH) mehr oder minder formal angewandt werden, ist von einer Veranlassung im Gesellschaftsverhältnis auszugehen. In den Beherrschungsfällen droht deshalb bei Nichtbeachtung von Formvorschriften und Verstößen gegen das Rückwirkungsverbot und die Gebote der Klarheit und der tatsächlichen Durchführung des Vereinbarten und bei Misslingen der Beweisführung hierfür stets die Gefahr, dass die gezahlten Entgelte dem Gesellschaftsverhältnis zugeordnet und als vGA behandelt werden. Deshalb sollte in Beherrschungsfällen dem Nachweis und der Beweisvorsorge besondere Aufmerksamkeit gewidmet werden.

a) Beherrschender Gesellschafter

Für die Beherrschung einer GmbH ist regelmäßig eine Beteiligung von mehr als 50 % am Stammkapital erforderlich; dann ist davon auszugehen, dass der Gesellschafter mit der Mehrheit seiner Stimmrechte in der Lage ist, seinen Willen durchzusetzen, und Gesellschafterbeschlüsse i. S. der Mehrheitsgesellschafter erzwungen werden können.[3] Die mittelbare Beherrschung über zwischengeschaltete Gesellschaften reicht aus.[4] 5691/1

Dem beherrschenden Einfluss kraft Mehrheitsbeteiligung gleichgestellt sind die Fälle, in denen zwei zu je 50 % beteiligte Gesellschafter oder mehrere Minderheitsgesellschafter oder ihnen nahe stehende Personen oder ein Mehrheitsgesellschafter und ein Minderheitsgesellschafter zusammenwirken, weil sie in bestimmten Angelegenheiten **gleichgelagerte** (finanzielle) **Interessen** haben.[5] Liegen bei einer bestimmten **Gesellschaftergruppe** gleichgerichtete Interessen vor, sind deren sämtliche Anteile zusammenzurechnen. Verwandtschaft und Ehe bedingen aber keine gleichgelagerten Interessen.[6] 5691/2

Die beherrschende Stellung muss in dem Zeitpunkt des Abschlusses des Vertrags vorliegen, aufgrund dessen die Leistung der GmbH erbracht wird.[7] Für ihre Beurteilung als vGA ist daher unerheblich, ob ein beherrschender Gesellschafter danach diese Stellung verliert oder aus der Gesellschaft ausscheidet oder umgekehrt danach ein anderer beherrschender Gesellschafter wird. 5691/3

1 BFH v. 22.3.1988 - I R 63/82, BStBl 1988 II S. 590; v. 17.12.1997 - I R 70/97, BStBl 1998 II S. 545; v. 22.10.2003 - I R 36/03, BStBl 2004 II S. 307; v. 20.10.2004 - I R 4/04, BFH/NV 2005 S. 723, NWB RAAAB-44185.

2 BFH v. 14.3.1989 - I R 8/85, BStBl 1989 II S. 633.

3 BFH v. 9.4.1997 - I R 52/96, BFH/NV 1997 S. 808, NWB MAAAB-38959.

4 BFH v. 13.12.1989 - I R 45/84, BFH/NV 1990 S. 455, NWB CAAAB-30893.

5 BFH v. 10.7.2002 - I R 37/01, BStBl 2003 II S. 418.

6 BFH v. 15.3.2000 - I R 40/99, BStBl 2000 II S. 504.

7 BFH v. 11.2.1997 - I R 43/96, BFH/NV 1997 S. 806, NWB CAAAC-21860.

b) Zivilrechtliche Wirksamkeit

5692 Die Rechtsprechung verlangt nach wie vor, dass die Vereinbarung zwischen dem beherrschenden Gesellschafter und „seiner" GmbH **zivilrechtlich wirksam** sein muss.[1] Wirksamkeitsmängel, die vielfältiger Art sein können (z.B. Verstöße gegen Schriftformerfordernisse oder die erforderliche notarielle Beurkundung, Verstöße gegen gesetzliche oder satzungsmäßige Entscheidungszuständigkeiten der Gesellschafterversammlung oder gesetzliche Verbote), sprechen für eine gesellschaftliche Veranlassung. Um Wirksamkeitsmängel zu vermeiden, müssen insbesondere beachtet werden

- die zivilrechtlichen und satzungsgemäßen Zuständigkeitsregeln,
- die zivilrechtlichen Formerfordernisse,
- das Selbstkontrahierungsverbot (§ 181 BGB) und
- die Regeln über die Vertretung minderjähriger Kinder, die Bestellung eines Ergänzungspflegers sowie die Genehmigungsvorbehalte des Vormundschaftsgerichts.

5693 Diese Voraussetzungen dürfen aber nicht in aller Schärfe angewendet werden:[2] Soweit im Zeitpunkt der Vereinbarung die **Rechtslage unklar** war oder die **rechtliche Beurteilung sich später geändert** hat und somit den Vertragspartnern (GmbH und Gesellschafter) die Nichtbeachtung einer zivilrechtlichen Vorschrift nicht angelastet werden kann, und sie zeitnah nach Erkennen der Unwirksamkeit den Mangel beseitigt haben, ist das Rechtsgeschäft auch für die Vergangenheit anzuerkennen.[3] Eine vGA ist auch zu verneinen, wenn eine nur schwebend unwirksame Vereinbarung unter Beachtung der zivilrechtlichen Bestimmungen in der Folgezeit beseitigt wird.[4] Danach entfaltet die Befreiung vom Selbstkontrahierungsverbot auch steuerliche Rückwirkung, wenn sie nach Abschluss des In-Sich-Geschäfts in der Satzung geregelt und in das Handelsregister eingetragen wird, so dass das Geschäft als nachträglich genehmigt anzusehen ist. Die Erklärungen der Vertragschließenden sind auch auszulegen,[5] bei Dauerschuldverhältnissen kann auch aus dem gleichförmig tatsächlich verwirklichten Verhalten auf den Inhalt der Vereinbarung zurückgeschlossen werden.

5694 **Wichtige Punkte**, die bei Vereinbarungen mit dem beherrschenden Gesellschafter beachtet werden sollten, sind:

- Auf Seiten der GmbH muss die Vereinbarung von dem dafür **rechtszuständigen Organ** abgeschlossen werden. Beim Anstellungsvertrag des Gesellschafter-Geschäftsführers ist – vorbehaltlich einer abweichenden Bestimmung im Gesellschaftsvertrag – **die Gesellschafterversammlung** als Organ rechtszuständig für den Abschluss, eine Änderung, die Kündigung und die vertragliche Aufhebung. Für andere Verträge ist der **Geschäftsführer** zuständig.

---

1 BFH v. 23.10.1996 - I R 71/95, BStBl 1999 II S. 35.

2 Vgl. auch Gosch, KStG, § 8 Rz. 327, 328.

3 BFH v. 13.7.1999 - VIII R 29/97, BStBl 2000 II S. 386; v. 31.5.1995 - I R 64/94, BStBl 1996 II S. 246.

4 BFH v. 23.10.1996 - I R 71/95, BStBl 1999 II S. 35; v. 25.10.2004 - III B 131/03, BFH/NV 2005 S. 339, NWB GAAAB-41186.

5 BFH v. 24.3.1999 - I R 20/98, BStBl 2001 II S. 612.

- Der Gesellschafter-Geschäftsführer muss daher für Geschäfte mit sich vom **Selbstkontrahierungsverbot befreit** sein, und zwar auch in einer Ein-Personen-GmbH.
- Enthält der Anstellungsvertrag oder die Entgeltsvereinbarung eine **Schriftformklausel,** sollten auch Änderungen – insbesondere Gehaltsvereinbarungen – im Voraus klar und eindeutig **und schriftlich** abgeschlossen werden. Zwar konzedieren die Rechtsprechung und die FinVerw, dass nur mündlich vereinbarte Gehaltserhöhungen wirksam sind, wenn damit das für Entgeltsveränderungen geltende Schriftformerfordernis aufgehoben wird.[1] Schon um der Beweisvorsorge willen sollten aber nicht schriftlich festgehaltene Vereinbarungen vermieden werden. Es ist zwar in den Beherrschungsfällen zu empfehlen, Verträge schriftlich abzuschließen, nicht anzuraten ist aber, für Änderungen sog. Schriftformklauseln aufzunehmen. Sie können sich als steuerliche Fallstricke erweisen, wenn sie später nicht eingehalten werden. Vor allem eine Klausel, die eine Ausnahme vom Schriftformzwang durch mündliche Vereinbarung ausdrücklich für unwirksam erklärt, ist gefährlich. Wird eine Entgeltsvereinbarung danach nur mündlich getroffen, ist sie unwirksam und die Zahlung an den Gesellschafter-Geschäftsführer stellt eine vGA dar.[2]
- Bei schuldrechtlichen Verträgen mit dem beherrschenden Gesellschafter handelt es sich um **zweiseitige Rechtsgeschäfte**. Ein Gesellschafterbeschluss ist nur ein gesellschaftsinterner und einseitiger Vorgang und kann daher den nötigen **Vertragsabschluss nicht ersetzen**. Fasst die Gesellschafterversammlung einen Beschluss über die Erhöhung des Gehalts des beherrschenden Gesellschafter-Geschäftsführers und wirkt dieser bei dem Beschluss mit, kann allerdings vom Abschluss auch eines entsprechenden Vertrags ausgegangen werden: Die Mitwirkung des Gesellschafter-Geschäftsführers kann als Annahme des im Beschluss gemachten Angebots ausgelegt werden.[3]

Aus diesen Gründen sollte unbedingt darauf geachtet werden, dass der Anstellungsvertrag mit dem beherrschenden Gesellschafter-Geschäftsführer und spätere Änderungen oder Erweiterungen mit dem zuständigen Organ der GmbH – regelmäßig der Gesellschafterversammlung – abgeschlossen werden. Ergibt die Prüfung schon länger bestehender Verträge, dass es an diesem Erfordernis fehlt, sollten der Dienstvertrag und seine Nachträge schnellstens durch das zuständige Organ bestätigt werden. 5695

c) Klare und eindeutige Vereinbarungen

Von der GmbH an den beherrschenden Gesellschafter zu erbringende Leistungen müssen im Zeitpunkt der Zusage oder der Leistung dem **Grunde und der Höhe nach klar und eindeutig vereinbart** sein.[4] Eine im Voraus abgeschlossene, klare und eindeutige Vereinbarung liegt vor, wenn ein außenstehender Dritter zweifelsfrei erkennen kann, 5696

1 Vgl. zu diesem Thema BFH v. 24.1.1990 - I R 157/86 BStBl 1990 II S. 645; v. 24.7.1996 - I R 115/ 95, BStBl 1997 II S. 138; v. 31.7.1991 - I S 1/91, BStBl 1991 II S. 933; v. 17.3.1997 - I B 110/96, BFH/NV 1997 S. 808, NWB BAAAB-38766.

2 BFH v. 31.7.1991 - I S 1/91, BStBl 1991 II S. 933.

3 BFH v. 11.12.1991 - I R 49/90, BStBl 1992 II S. 434.

4 BFH v. 24.7.1996 - I R 115/ 95, BStBl 1997 II S. 138; v. 13.11.1996 - I R 53/95, BFH/NV 1997 S. 622, NWB UAAAB-38015.

dass die Leistung aufgrund einer entgeltlichen Vereinbarung mit dem Gesellschafter erbracht wird.[1] Was zu leisten ist, muss betragsmäßig festgelegt sein und sich letztlich durch eine einfache Rechenoperation etwa durch die Angabe fester Beträge oder Vomhundertsätze und einer eindeutigen Bemessungsgrundlage ermitteln lassen. Die Vereinbarung einer „angemessenen" Vergütung reicht nicht. Die Höhe des Entgelts darf nicht noch von der Ausübung irgendwelcher Ermessensakte von Seiten der Geschäftsführung oder der Gesellschafterversammlung abhängig sein. Diese Anforderungen gelten auch bei Vereinbarungen anlässlich der Gründung und bei der späteren Änderung bestehender Vereinbarungen, etwa bei Gehaltserhöhungen.

5697 Überspitzte Anforderungen dürfen aber nicht gestellt werden. Grundsätzlich ist **keine Schriftform** erforderlich, so dass auch eine mündliche Vereinbarung wirksam ist, wenn auch schon aus **Beweiszwecken** eine schriftliche Fixierung und/oder Protokollierung bei der Ein-Personen-GmbH (§§ 35 Abs. 4 Satz 2, 48 Abs. 3 GmbHG) unbedingt anzuraten ist, dann aber auch der tatsächliche Vollzug dem schriftlich Vereinbarten entsprechen sollte. Ohne schriftliche Niederlegung kann das Vereinbarte aber grundsätzlich mit allen Beweismitteln, z. B. durch **Zeugen**,[2] bewiesen werden. Bei **Dauerschuldverhältnissen** kann der Inhalt der zugrunde liegenden (konkludenten) Vereinbarung auch durch die **ständige Übung und durch die äußeren Zeichen der Durchführung** (z. B. Einbehalt und Abführung der Lohnsteuer, Verbuchung, Überweisung mit Zweckangabe) nachgewiesen werden, aber frühestens zu dem Zeitpunkt, in dem die tatsächliche Durchführung nach außen in Erscheinung tritt.[3] Geht es um jährliche Einmalzahlungen (Tantieme, Prämie, Urlaubs- oder Weihnachtsgeld), lassen sich mündliche Vereinbarungen in ähnlicher Weise durch die langjährige Übung nach gleichbleibenden Berechnungsgrundlagen beweisen. In den ersten Jahren kann man sich nicht auf eine langjährige Übung berufen und dadurch in Nachweisschwierigkeiten kommen.

5698 Einer klaren Vereinbarung steht nicht entgegen, wenn ihr Inhalt sich durch **Auslegung** ermitteln lässt.[4] Das Fehlen von bestimmten Abreden oder einer Detailvereinbarung über eine vertragliche Nebenpflicht kann auch durch ergänzenden Rückgriff auf gesetzliche Bestimmungen überwunden werden.[5] Allenfalls kann dann eine vGA insoweit vorliegen, als die GmbH aufgrund der unklaren Nebenabrede eine Zahlungspflicht angenommen hat. Es darf auch nicht mehr verlangt werden, als es im normalen Geschäftsverkehr üblich ist. Wenn der beherrschende Gesellschafter das Honorar für seine freiberuflichen Leistungen mit der GmbH abrechnet, wie es verkehrs- und marktüblich ist, dann ist das nicht zu beanstanden.[6]

1 BFH v. 24.1.1990 - I R 157/86, BStBl 1990 II S. 645; v. 11.8.2004 - I R 40/03, BFH/NV 2005 S. 248, NWB TAAAB-40243.

2 BFH v. 27.2.1985 - I R 187/81, BFH/NV 1986 S. 430, NWB SAAAB-28057.

3 BFH v. 25.10.1995 - I R 9/95, BStBl 1997 II S. 703; v. 11.2.1997 - I R 43/96, BFH/NV 1997 S. 806, NWB YAAAB-38955.

4 BFH v. 9.7.2003 - I R 36/02, BFH/NV 2004 S. 88, NWB YAAAA-70032.

5 BFH v. 28.10.1987 - I R 110/83, BStBl 1988 II S. 301.

6 Vgl. BFH v. 9.7.2003 - I R 100/02, BFH/NV 2003 S. 1666, NWB YAAAA-71701.

Fehlt es jedoch an einer klaren Vereinbarung, dann liegt wegen des nicht vorhandenen Interessengegensatzes und der dadurch eröffneten Möglichkeit, den Gewinn der GmbH mehr oder weniger beliebig zu beeinflussen, eine vGA vor,[1] ohne dass es darauf ankommt, wie der ordentliche und gewissenhafte Geschäftsleiter gehandelt hätte und ob die Leistungen der GmbH angemessen sind. Allerdings begründet das Fehlen einer klaren Vereinbarung auch **nur** eine Anscheinsvermutung (**Indiz**) für die gesellschaftliche Veranlassung,[2] die im Einzelfall widerlegbar ist. Dies gelingt aber nach den strengen Maßstäben der Rechtsprechung kaum,[3] und zwar auch nicht, wenn gesetzliche Ansprüche bestehen oder die Leistung branchenüblich ist. 5699

d) Von vornherein abgeschlossene Vereinbarung

Für Vereinbarungen zwischen dem beherrschenden Gesellschafter und der GmbH gilt das **Nachzahlungs- oder Rückwirkungsverbot**. Es besagt, dass für alle schuldrechtlich begründeten Zahlungen an den beherrschenden Gesellschafter die Vereinbarung **im Vorhinein** getroffen werden muss.[4] Mit dem Rückwirkungsverbot sollen Manipulationen oder willkürliche Beeinflussungen des Gewinns und rückwirkende Gestaltungen mit Steuerwirkung vermieden werden. Der beherrschende Gesellschafter hat die Wahl, ob er seine Leistungen an die GmbH auf schuldrechtlicher oder gesellschaftsrechtlicher Grundlage erbringen will und er kann sich damit auch entscheiden, ob er die Geschäfte „seiner" GmbH unentgeltlich (auf gesellschaftsrechtlicher Grundlage) führen und einen Ausgleich über die dadurch höhere mögliche Gewinnausschüttung suchen will oder ob er dafür ein angemessenes Gehalt (auf schuldrechtlicher Grundlage) beziehen will oder für ein geringeres Entgelt für die GmbH (auf gemischter Rechtsgrundlage) arbeiten will. 5700

Sein **Wahlrecht** muss er aber im **Voraus ausüben**, also **vor dem Erbringen der Leistung**, die mit der Vergütung abgegolten werden soll. Die gilt sowohl für laufende als auch für einmalige Entgelte. Bei Zahlungen während des VZ wird das Verbot taggenau angewendet. Während des Jahres vereinbarte Urlaubs-, Weihnachtsgeld- oder Tantiemezahlungen werden nur anteilig für den restlichen Teil des Jahres anerkannt, während die auf die Zeit davor entfallenden Vergütungsanteile als vGA gewertet werden[5] und Gehaltserhöhungen nur für die Zukunft wirken.

Das **Rückwirkungs- oder Nachzahlungsverbot** gilt aber nicht nur für die gängigen Beispiele der Nachzahlung eines Gehalts, der „rückwirkenden" Gehaltserhöhung, der Bewilligung einer Tantieme oder Prämie für das ganze Wirtschaftsjahr kurz vor dessen Ablauf oder gar erst bei der Bilanzerstellung oder des Aufwendungsersatzes, der nicht ausdrücklich vereinbart war. Es **betrifft sämtliche Leistungsverhältnisse**, insbesondere auch die Überlassung von Sachen, Rechten und Kapital zur Nutzung, und die Entgelte 5701

1 BFH v. 27.3.2001 - I R 40/00, BStBl 2001 II S. 655; v. 16.7.2003 - I B 215/02, BFH/NV 2003 S. 1613, NWB MAAAA-69927.

2 BFH v. 4.12.1996 - I R 54/95, NWB YAAAA-96773.

3 Vgl. auch Gosch, KStG, § 8 Rz. 319 ff.

4 BFH v. 17.12.1997 - I R 70/97, BStBl 1998 II S. 545; v. 15.12.2004 - I R 32/04, BFH/NV 2005 S. 1374, NWB SAAAB-53689.

5 BFH v. 17.12.1997 - I R 70/97, BStBl 1998 II S. 545.

jedweder Art und Form, die vereinbart sein müssen, bevor die mit ihnen vergütete Leistung durch den beherrschenden Gesellschafter erbracht wird.

5702 Fehlt es an einer im Vorhinein getroffenen Vereinbarung, liegt beim beherrschenden Gesellschafter grundsätzlich eine vGA vor, auch wenn die Leistung nach den sonst anzuwendenden Maßstäben angemessen wäre und selbst wenn gesetzliche Ansprüche gegeben wären.

5703 Erst wenn eine diesen Anforderungen entsprechende Absprache vorliegt, die auch tatsächlich so durchgeführt wurde, ist zusätzlich der Maßstab des Handelns eines ordentlichen und gewissenhaften Geschäftsleiters (Fremdvergleich, Angemessenheitsprüfung) heranzuziehen.

e) Tatsächliche Durchführung

5704 Die tatsächliche Durchführung des Vereinbarten (**Durchführungsgebot**) ist ein Kriterium für die Ernsthaftigkeit.[1] Unter fremden Dritten gewährleistet der natürliche Interessengegensatz, dass das Vereinbarte tatsächlich durchgeführt und umgesetzt wird. Um auch bei beherrschendem Gesellschafter und GmbH ernsthaft schuldrechtlich begründete (= betrieblich veranlasste) Leistungsbeziehungen zu dokumentieren, müssen daher z. B. bei Fälligkeit[2] die Gehaltszahlungen tatsächlich monatlich (unter Einhaltung der steuerlichen und sozialversicherungsrechtlichen Vorschriften) und die Zahlungen von Tantiemen jährlich erfolgen, bei Mietverhältnissen müssen die Nebenkosten abgerechnet oder bei Darlehensverträgen die Zins- und Tilgungsleistungen termingerecht erbracht werden. Ist dies nicht der Fall, können bereits aus diesem Grund sämtliche Leistungen aus dem Vertrag als vGA zu qualifizieren sein.[3] Ausnahmen gelten nur dann, wenn sich die (volle oder teilweise) Nichtdurchführbarkeit der Vereinbarung zwangsläufig aus der Situation der GmbH, insbesondere aufgrund finanzieller Schwierigkeiten, ergibt.[4]

5705 Bei Dauerschuldverhältnissen ist nur die Zeitspanne, in der der Vertrag nicht vereinbarungsgemäß durchgeführt wurde, auszuklammern.[5] Bei Wiederkehrschuldverhältnissen (Dauerschuldverhältnissen) kann es zulässig sein, einen Vertrag zeitweise als tatsächlich durchgeführt anzusehen.[6]

5706 **Entgeltsvereinbarungen mit dem beherrschenden Gesellschafter** müssen also dem **Grunde**, der **Höhe** und der **Fälligkeit** nach **tatsächlich durchgeführt** werden. Wesentlich verspätete Zahlungen gelten als Nichtdurchführung. Geringfügige Abweichungen vom Vereinbarten bei der tatsächlichen Durchführung sind aber unbeachtlich, wenn im Übrigen die Ernsthaftigkeit der Vereinbarung nicht zweifelhaft ist. Zahlungsvereinbarungen verlangen nicht die Erfüllung durch tatsächliche Geldzahlung, auch Gutschriften auf einem Verrechnungskonto können genügen, wenn der Gesellschafter darüber frei

1 BFH v. 13.11.1996 - I R 53/95, BFH/NV 1997 S. 622, NWB UAAAB-38015.
2 BFH v. 29.7.2004 - I B 154/03, NWB FAAAB-35830.
3 BFH v. 30.3.1994 - I B 185/93, BFH/NV 1995 S. 164, NWB KAAAB-34531.
4 BFH v. 13.11.1996 - I R 53/95, BFH/NV 1997 S. 622, NWB UAAAB-38015.
5 BFH v. 28.11.2001 - I R 44/00, BFH/NV 2002 S. 543, NWB GAAAA-68114.
6 BFH v. 28.11.2001 - I R 44/00, BFH/NV 2002 S. 543, NWB GAAAA-68114.

verfügen kann.[1] Bloße Buchungen ersetzen aber nicht die tatsächliche Durchführung selbst.[2] Nicht ausreichend, um die tatsächliche Durchführung zu dokumentieren, sind die bloße Verbuchung der vereinbarten Vergütung auf einem Rückstellungskonto oder eigens gebildeten Verrechnungskonto bei Bilanzerstellung. Verzichtet der beherrschende Gesellschafter auf eine Entgeltsforderung, kann dies, muss aber nicht ein Indiz für die fehlende Ernsthaftigkeit sein.

Ist die Entgeltsvereinbarung tatsächlich vollzogen worden, kann der Gesellschafter z. B. 5707
das ihm zugeflossene Gehalt wieder der GmbH nach Art des „Schütt-aus-hol-zurück-Verfahrens" zur Verfügung stellen. Auch eine Umwandlung des fälligen und zur Auszahlung angebotenen Anspruchs in ein Darlehen steht der Annahme der tatsächlichen Durchführung nicht entgegen.

Auch wesentlich verspätete Zahlungen stellen die Beachtung des Durchführungsgebots 5708
ebenso in Frage wie unregelmäßige Zahlungen, und zwar dann, wenn sie den Schluss zulassen, dass die im Voraus getroffene Vereinbarung lediglich die Unentgeltlichkeit der Leistung des Gesellschafters verdecken sollte. Dies ist nicht der Fall, wenn der Fälligkeitstermin unbeabsichtigt oder wegen Personalausfall nur kurz überschritten wird, oder aber die GmbH in Zahlungsschwierigkeiten gerät.

f) Rechtsfolgen nicht beachteter Sonderregeln

Halten sich beherrschender Gesellschafter bzw. die ihm nahe stehende Person und die 5709
GmbH nicht an die gestellten besonderen Anforderungen und kann die Gesellschaft – wie die Regel ist – nicht die davon ausgehende Vermutung der Veranlassung im Gesellschaftsverhältnis widerlegen, liegt bereits dem Grunde nach eine vGA vor. Eine Angemessenheitsprüfung oder andere Gesichtspunkte eines Fremdvergleichs, z. B. ob auch an Fremde vergleichbare Leistungen erbracht werden,[3] spielen keine Rolle mehr.

7. Beurteilungszeitpunkt

Bei der Prüfung der für einen Fremdvergleich maßgebenden Merkmale (wie Angemes- 5710
senheit, Ernsthaftigkeit der Vereinbarung, Beherrschung, Einhaltung der Sonderanforderungen für beherrschende Gesellschafter) ist grundsätzlich auf den **Zeitpunkt der Vereinbarung** abzustellen.[4] Wird die Absprache später geändert, unterliegen nur die geänderten Leistungsbestandteile den Beurteilungsmaßstäben im Änderungszeitpunkt. Bei Vertragsänderungen ist aber im Sinne eines Fremdvergleichs stets zu prüfen, ob sich der gewissenhafte und ordentliche Geschäftsleiter für die GmbH auf die Änderung eingelassen hätte, was i. d. R. und namentlich bei Dauerschuldverhältnissen einen Rechtsanspruch auf die Änderung voraussetzt.[5]

(*Einstweilen frei*) 5711–5730

1 BFH v. 24.1.2001 - I R 103/99, BFH/NV 2001 S. 1455, NWB KAAAA-66711.
2 BFH v. 29.7.1992 - I R 28/92, BStBl 1993 II S. 247.
3 BFH v. 11.12.1991 - I R 49/90, BStBl 1992 II S. 434.
4 BFH v. 18.12.1996 - I R 139/94, BStBl 1997 II S. 301; v. 4.6.3003 - I R 24/02, BStBl 2004 II S. 136.
5 BFH v. 7.12.1988 - I R 25/82, BStBl 1989 II S. 248.

8. Rechtsfolgen der vGA bei der GmbH

a) Höhe und Bewertung der vGA

aa) Höhe der vGA

5731 Die **Höhe** der festgestellten vGA richtet sich nach dem Unterschiedsbetrag zwischen dem vereinbarten Entgelt und dem Entgelt, das nach dem Fremdvergleich als angemessen anzusehen wäre; im Ergebnis deckt sich die Höhe der vGA mit der Vermögensminderung bzw. der verhinderten Vermögensmehrung, die bei der GmbH aus gesellschaftlichen Gründen eingetreten ist. Dabei ist aber zu berücksichtigen, ob es sich dem Grunde nach oder nur der Höhe nach um eine vGA handelt, also die betriebliche Veranlassung der Vorteilsgewährung zwar anzuerkennen ist, ihr Umfang aber als unangemessen anzusehen ist. Dann zieht dies nur eine vGA in Höhe des unangemessenen Teils der Leistung nach sich.[1]

bb) Bewertung der vGA

5732 Die **Bewertung** der vGA richtet sich i.d.R. nach dem gemeinen Wert (§9 BewG) des Vermögensvorteils,[2] also nach dem Wert des Entgelts, das im gewöhnlichen Geschäftsverkehr zu erzielen gewesen wäre (Fremdvergleich). Dabei sind abweichend von §9 Abs. 2 Satz 3 BewG auch ungewöhnliche und persönliche Verhältnisse zu berücksichtigen, wenn dies im Einzelfall von dem ordentlichen und gewissenhaften Geschäftsführer erwartet werden kann. Lässt sich die fremdübliche Vergütung nicht feststellen, sind die der GmbH entstandenen Kosten (Personalkosten zzgl. des üblichen Gewinnaufschlags) maßgebend. Die Vergütung schließt auch den bei der GmbH **üblichen Gewinnaufschlag** mit ein.[3]

5733 Bei **Nutzungsüberlassungen** ist von der erzielbaren Vergütung auszugehen.[4] Bei zinslosen Darlehen an den Gesellschafter soll der Mittelwert der banküblichen Marge zwischen Soll- und Habenzinsen anzuhalten sein.[5]

5734 Stellt sich die private Nutzung des betrieblichen Pkw durch den Geschäftsführer als vGA dar, weil es an vorherigen, klaren und eindeutigen Abmachungen fehlt, ist auf der Ebene der GmbH die vGA **nicht** mit dem lohnsteuerrechtlichen Wert von 1% des Listenpreises des Fahrzeugs (§8 Abs. 2 Satz 2 i.V.m. §6 Abs. 1 Nr. 4 Satz 2 EStG) zu bewerten, sondern nach Maßstäben des Fremdvergleichs.[6] Der lohnsteuerliche Wert soll nur für die Erfassung des Nutzungswerts beim Geschäftsführer bzw. Gesellschafter nach §19 Abs. 1 Satz 1 Nr. 1 EStG (Arbeitslohn) oder §20 Abs. Nr. 1 Satz 2 EStG (vGA) maßgeblich sein.[7] Für die erforderliche Schätzung auf der Ebene der GmbH hält der KSt-Senat des BFH die marktmäßigen Mietpreise professioneller Autovermieter nur als grobe Anhalts-

1 BFH v. 5.10.1994 - I R 56/94, BStBl 1995 II S. 549; v. 12.10.1995 - I R 27/95, BStBl 2002 II S. 367.
2 BFH v. 27.11.1974 - I R 250/72, BStBl 1975 II S. 306.
3 BFH v. 23.6.1993 - I R 72/92, BStBl 1993 II S. 801; v. 8.7.1998 - I R 123/97, BFH/NV 1999 S. 269, NWB HAAAA-97473.
4 BFH v. 28.2.1990 - I R 83/87, BStBl 1990 II S. 649.
5 BFH v. 22.10.2003 - I R 36/03, BStBl 2004 II S. 307.
6 BFH v. 23.2.2005 - I R 70/04, BFH/NV 2005 S. 1203, NWB BAAAB-53352; vgl. im Einzelnen Rz. 6011 ff.
7 So BFH v. 19.12.2003 - VI B 281/01, BFH/NV 2004 S. 488, NWB YAAAB-16313.

punkte für geeignet und schlägt eine Abrechnung auf Kostenbasis unter Teilung der Gewinnaufschläge vor.[1]

Die für die vGA entstehende **Umsatzsteuer ist** einzubeziehen, da die vGA nach § 8 Abs. 3 Satz 2 KStG als Bruttobetrag entsteht. Die entstehende Umsatzsteuer ist aber bei der Gewinnermittlung nicht nochmals nach § 10b KStG hinzuzurechnen (R 37 KStR). Dies gilt auch dann, wenn die tatsächlich anfallende USt wegen einer abweichenden Bemessungsgrundlage nach dem UStG niedriger ist als auf der Grundlage eines fiktiven Fremdgeschäfts. 5735

Oberste Grenze der Bewertung einer vGA ist das vereinbarte Entgelt, auch wenn fremde Dritte eine höhere Gegenleistung erhalten hätten.[2] 5736

b) Durchführung der Korrektur

aa) Grundsatz: Zweistufige Gewinnkorrektur

Da die vGA das Einkommen der GmbH nicht mindert, ist ihr (steuerlicher) Gewinn entsprechend zu korrigieren. Dies hat außerhalb der Bilanz zu geschehen.[3] 5737

Dabei ist in **zwei Stufen** vorzugehen: Ausgehend von der Steuerbilanz wird auf der **1. Stufe** unter Anwendung des dafür geltenden Bilanzrechts auf der Grundlage des sog. Unterschiedsbetrags nach § 4 Abs. 1 Satz 1 EStG die Vermögensminderung ermittelt, die dann auf der **2. Stufe** durch außerbilanzielle Hinzurechnung zu korrigieren ist. Danach wirkt sie sich auf den Gewerbeertrag nach § 7 Abs. 1 GewStG aus, der an den Gewinn nach § 4 Abs. 1 Satz 1 EStG anknüpft; die vGA lässt sich aber auch nicht in einen anderen VZ verlagern als in den, in dem die Vermögensminderung eingetreten ist. Dies hat vornehmlich Bedeutung für die Hinzurechnung zunächst nicht erkannter oder bei der Veranlagung nicht berücksichtigter vGA. Kann die Veranlagung nach den Vorschriften der AO nicht mehr berichtigt oder geändert werden, unterbleibt die Hinzurechnung nach § 8 Abs. 3 Satz 2 KStG endgültig und die vGA bleibt auf der Ebene der Kapitalgesellschaft unbesteuert. 5738

bb) Korrektur bei Passivposten

Die außerbilanzielle Korrektur hat Bedeutung bei der Passivierung von Verpflichtungen, die als vGA zu qualifizieren sind. Ist eine Vereinbarung mit dem Gesellschafter, die in der Steuerbilanz zur Passivierung einer Verbindlichkeit oder Rückstellung geführt hat, ganz oder teilweise als vGA einzustufen, so hat dies auf die Passivierung keinen Einfluss. Denn die Leistungsverpflichtung (Ausschüttungsverbindlichkeit) besteht, so dass das Betriebsvermögen in der Steuerbilanz zutreffend ausgewiesen ist und im Hinblick auf die vGA der gebildete Passivposten nicht zu korrigieren ist. 5739

Zur weiteren steuerlichen Behandlung der vGA (= Ausschüttungsverbindlichkeit) ist für jeden solchen Passivposten in einer Nebenrechnung ein Teilbetrag I und ein Teilbetrag II

1 Wie BFH v. 22.10.2003 - I R 36/03, BStBl 2004 II S. 307, zu Darlehensausleihungen.

2 BFH v. 31.5.2001 - IX R 78/98, BStBl 2001 II S. 756.

3 BFH v. 29.6.1994 - I R 137/93, BStBl 2002 II S. 366; BMF v. 28.5.2002, BStBl 2002 I S. 603; h. M., z. B. Wassermeyer, DB 2002 S. 2668; Gosch, KStG, § 8 Rz. 395, m. w. N.

zu bilden.[1] In den Teilbetrag I gehen alle vGA (= Beträge der gesellschaftlich veranlassten bilanziellen Vermögensminderung) ein, und zwar unabhängig davon, ob der entsprechende Betrag bei der Einkommensermittlung der Gesellschaft hinzugerechnet worden ist. Wird die jeweilige Verpflichtung erfüllt oder fällt sie weg, fällt auch der ihr entsprechende Teilbetrag I weg, weil er nur so lange besteht als der Passivposten noch Bestand hat. In dem Teilbetrag II ist zu erfassen, in welchem Umfang der Teilbetrag I bei der Einkommensermittlung tatsächlich hinzugerechnet worden ist.

Beide Teilbeträge decken sich i.d.R., können aber auseinander fallen, wenn die vGA aus verfahrensrechtlichen Gründen (Bestandskraft des Steuerbescheids ohne Berichtigungsmöglichkeit oder Eintritt der Festsetzungsverjährung) nicht mehr zur Korrektur des Einkommens führen kann. Beide Teilbeträge sind entsprechend der Entwicklung des Passivpostens fortzuschreiben und ggf. aufzulösen. Ergibt sich durch die Auflösung des Passivpostens (Wegfall der Verbindlichkeit) in der Steuerbilanz eine Gewinnerhöhung, so ist diese bis zur Höhe des Teilbetrags II außerhalb der Steuerbilanz vom Steuerbilanzgewinn abzuziehen, um eine doppelte Erfassung zu vermeiden (Umkehrung des § 8 Abs. 3 Satz 2 KStG analog). Wird die passivierte Verbindlichkeit durch Auszahlung an den Gesellschafter erfüllt, gibt die Höhe des aufzulösenden Teilbetrags I im Übrigen Auskunft, in welcher Höhe ihm z. B. aus einer Tantiemeverpflichtung in vGA umqualifizierte Einkünfte nach § 20 Abs. 1 EStG zufließen.

BEISPIEL 1: **Passivierung und Abfluss im Folgejahr**:

Die X-GmbH zahlt ihrem Gesellschafter A eine Tantieme von 40.000 €; angemessen sind 20.000 €. Für das Wj 04 wird in der Bilanz erfolgswirksam eine Tantiemerückstellung gebildet und im Jahr 05 die Tantieme ausbezahlt. Der unangemessene Teilbetrag der Tantieme (= vGA i. H. v. 20.000 €) wird

a) in 04 außerbilanziell auf der 2. Stufe hinzugerechnet,

b) nicht hinzugerechnet; die Hinzurechnung ist formell nicht mehr möglich.

BEISPIEL 2: **Verzicht auf die Gesellschafterforderung und verdeckte Einlage:**

Wie Beispiel 1, aber für 04 soll mangels unzureichender Erträge ein Tantiemeanspruch nicht entstanden sein, weshalb die Tantieme für 03 auch in 04 nicht ausbezahlt wird. A verzichtet im Jahr 05 endgültig auf die Auszahlung der Tantieme

LÖSUNG ZU BEISPIEL 1 A): Der Teilbetrag I und II betragen jeweils 20.000 €. Die Auflösung der Rückstellung in 05 ist gewinnneutral; beide Teilbeträge sind aufzulösen. A hat einen Beteiligungsertrag als vGA in 05 (Zuflussprinzip).

LÖSUNG ZU BEISPIEL 1 B): Hier unterbleibt im Zuge der Einkommensermittlung für 04 eine Hinzurechnung von 20.000 €. Der Teilbetrag I beläuft sich am Schluss des Wirtschaftsjahres 04 auf 20.000 €, der Teilbetrag II auf 0 €. In Folge der Auszahlung in 05 kommt es zur Auflösung der Rückstellung; Auszahlung und Auflösung wirken sich nicht auf den Steuerbilanzgewinn aus. Der Teilbetrag I ist aufzulösen; die Auflösung hat keinen Einfluss auf die Einkommensermittlung der Gesellschaft.

Auf der Ebene des Gesellschafters führt der Zufluss der 40.000 € i. H. des Teilbetrags I (= 20.000 €) zu Einnahmen aus Kapitalvermögen und i. H. des Restbetrags zu Einnahmen aus nichtselbstständiger Arbeit.

1 Teilbetragsrechnung nach BMF v. 28.5.2002, BStBl 2002 I S. 603.

LÖSUNG BEISPIEL 2: Weil der zugrunde liegende Tantiemeanspruch voll werthaltig ist, stellt der Forderungsverzicht des A in gleicher Höhe eine verdeckte Einlage dar,[1] so dass die Gewinnerhöhung aus der Auflösung der Rückstellung neutralisiert wird. Die Teilbeträge I und II sind ohne Gewinnauswirkung aufzulösen. Die unter b) unterbliebene Versteuerung der vGA auf der Ebene der Gesellschaft kann nicht nachgeholt werden.

Beim Gesellschafter A liegen zu je 20.000 € Einkünfte aus nichtselbständiger Arbeit (§ 19 EStG) und aus Kapitalvermögen (§ 20 Abs. 1 EStG) vor; mit dem Verzicht auf die werthaltige Forderung sind ihm die Vergütungen zugeflossen, weil er über sie wirtschaftlich verfügt hat. Zugleich hat A nachträgliche Anschaffungskosten auf seine Beteiligung i. H. v. 40.000 €.

BEISPIEL 3: **Verzicht auf die nur zum Teil werthaltige Gesellschafterforderung und verdeckte Einlage:**

Wie das **Beispiel unter 2.**, aber die Tantiemeforderung des A ist nur zu 20 % (= 8.000 €) werthaltig.

LÖSUNG: Da die Tantiemeforderung nur noch zu 20 % werthaltig war, beschränkt sich nach den Grundsätzen der vorgenannten Entscheidung die Wirkung der Einlage auf 8.000 €. Die Ausbuchung der Verpflichtung ist in beiden Alternativen a) und b) i. H. v. 80 % von 40.000 €, also i. H. v. 32.000 € gewinnwirksam.

Alternative a): Von der Gewinnerhöhung entfallen 50 % auf die im Jahr 01 erfasste vGA, also ein Betrag von 16.000 €, auf den der Teilbetrag II außerhalb der Steuerbilanz (mindernd) zu verrechnen ist (Umkehrung von § 8 Abs. 3 Satz 2 KStG). Der Restbetrag des Teilbetrags II (4.000 €) und der Teilbetrag I sind ohne weitere Gewinnauswirkung aufzulösen.

Alternative b): Hier beträgt der Teilbetrag II 0 €, so dass eine Neutralisierung des auf die vGA entfallenden gewinnwirksamen Auslösungsbetrags entfällt. Der Teilbetrag II enthält nur vGA, die im Jahr ihrer tatbestandlichen Verwirklichung tatsächlich auf der Ebene der GmbH nach § 8 Abs. 3 Satz 2 KStG erfasst wurden.[2] Die Gefahr einer doppelten Erfassung besteht nicht. Der Teilbetrag I ist im Übrigen ohne Auswirkung aufzulösen.

Beim Gesellschafter A führt der Verzicht auf den noch werthaltigen Teil der Tantiemeforderung i. H. v. je 4.000 € zu Einnahmen aus § 19 und § 20 EStG; in Höhe der Einlage (= werthaltiger Teil der Forderung) von 8.000 € liegen zugleich nachträgliche Anschaffungskosten auf die Beteiligung vor.

BEISPIEL 4: **Wegfall einer Pensionsverpflichtung durch Tod des Berechtigten**

Die gebildete Pensionsrückstellung für die Pensionszusage (Altersruhegeld) beträgt 150.000 €; die Zusage ist unstreitig zu 40 % als vGA zu qualifizieren. Zum letzten Bilanzstichtag beläuft sich der Teilbetrag I auf 60.000 €, der Teilbetrag II soll a) 60.000 € oder b) 30.000 € betragen. Der Gesellschafter stirbt.

Die Pensionsrückstellung ist gewinnerhöhend (150.000 €) aufzulösen. Der Gewinn ist außerhalb der Bilanz im Umfang der vGA zu vermindern, soweit er durch den Teilbetrag II gedeckt ist. Die Kürzung beträgt im Fall a) 60.000 € und im Fall b) 30.000 €. Denn in diesem Umfang wurde die vGA bereits in den Vorjahren berücksichtigt.

Wegen der anderen Berechnungsbeispiele zu Pensionsrückstellungen in der Anwartschafts- und Leistungsphase wird auf das Schreiben des BMF v. 28.5.2002[3] hingewiesen.

---

1 BFH v. 9.6.1997 - GrS 1/94, BStBl 1998 II S. 307.

2 Ablehnend hierzu Frotscher, FR 2002 S. 859; ders., FR 2003 S. 230; dagegen überzeugend Wassermeyer, FR 2003 S. 234; Gosch, KStG, § 8 Rz. 438.

3 BStBl 2002 I S. 603, Rz. 24 ff.

cc) Korrektur bei Aktivposten

5740 Erwirbt die GmbH von ihrem Gesellschafter ein Wirtschaftsgut zu einem überhöhten Preis (**Überpreiskauf**), ist das Wirtschaftsgut nach § 6 Abs. 1 EStG und § 255 Abs. 1 HGB **nur** mit den angemessenen Anschaffungskosten zu aktivieren und auf dieser Basis abzuschreiben.[1] Der überhöhte Anteil des Preises stellt Aufwand dar, der auf der 1. Stufe als Betriebsausgabe anzuerkennen ist, dann aber wegen der gesellschaftlichen Veranlassung seiner Zahlung außerhalb der Bilanz wieder hinzuzurechnen ist. In dieser Höhe liegt beim Gesellschafter ein Beteiligungsertrag vor.

5741 Wurde die vGA zunächst nicht bemerkt und das Wirtschaftsgut mit den zu hohen Anschaffungskosten aktiviert, kann aber die Veranlagung für das Wirtschaftsjahr der Anschaffung nicht mehr korrigiert werden, ist die Korrektur (im ersten noch offenen Jahr) nachzuholen. Die sich daraus auf der 1. Stufe ergebende Gewinnminderung (Minderung des Unterschiedsbetrages) ist durch außerbilanzielle Hinzurechnung auszugleichen. Die zeitliche Verschiebung ändert nichts, weil die Rechtsfolge des § 8 Abs. 3 Satz 2 KStG **keine zeitliche Kongruenz** voraussetzt,[2] also Vermögensminderung und deren Korrektur nicht notwendig in ein und demselben Besteuerungszeitraum stattfinden müssen.

BEISPIEL: Eine Y-GmbH erwirbt im WJ 01 von ihrem Gesellschafter einen Lkw und bezahlt 80.000 €, der angemessene Preis beträgt 60.000 €. Die Nutzungsdauer ist zehn Jahre. Die GmbH aktiviert den Lkw mit 80.000 € und schreibt entsprechend ab. Bei einer Außenprüfung, die sich auf die Jahre 03 bis 05 bezieht, wird die vGA aufgedeckt. Der Buchwert des Wirtschaftsguts beträgt zum Ende des Wirtschaftsjahres 02 (80.000 € ./. AfA 16.000 € =) 64.000 €. Die Veranlagungen 01 und 02 können aus verfahrensrechtlichen Gründen nicht mehr geändert werden.

LÖSUNG: In der Prüferbilanz 03 ist das Wirtschaftsgut mit dem korrigierten Wert von (60.000 € ./. 12.000 € =) 48.000 € einzustellen. Die sich hieraus ergebende Minderung des Betriebsvermögens von 16.000 € ist außerhalb der Bilanz hinzuzurechnen. In Höhe des Saldos von überhöhtem Kaufpreisanteil 20.000 € und des Hinzurechnungsbetrages von 16.000 €, also 4.000 € liegt eine unberechtigte, aber wegen der Bestandskraft nicht mehr korrigierbare Mehr-AfA als Betriebsausgabe vor. Sie kann nicht als vGA korrigiert werden, weil es insoweit an einer Eignung fehlt, beim Gesellschafter zu einem Beteiligungsertrag zu führen.

5742–5750 (*Einstweilen frei*)

9. Steuerliche Belastung der vGA bei der GmbH

5751 Die Rechtsfolge der vGA erschöpft sich in der außerbilanziellen Zurechnung der gesellschaftsrechtlich (mit-)veranlassten Minderung des Unterschiedsbetrages nach § 4 Abs. 1 Satz 1 EStG i. V. m. § 8 Abs. 1 KStG; der Hinzurechnungsbetrag unterliegt der Tarifbelastung mit KSt und der GewSt. Bei dieser Rechtsfolge ist auch zu beachten, dass das Vorliegen einer vGA bezogen auf den jeweiligen Geschäftsvorfall und auf den Zeitpunkt seines Eintritts zu prüfen ist. Deshalb kommt es auch nicht darauf an, ob die Ausschüttung (oder Ausschüttungsverpflichtung) zu einem späteren

1 BFH v. 13.3.1985 - I R 9/81, BFH/NV 1986 S. 116, NWB EAAAB-28092; BMF v. 28.5.2002, BStBl 2002 I S. 603, Rz. 42; h. M., s. dazu Klein/Müller in: Mössner/Oellerich/Valta, KStG, § 8 Rz. 611 f.

2 Wassermeyer, DB 2002 S. 2268; a. A. Frotscher, FR 2002 S. 869; Janssen, NWB F. 4 S. 4843.

Zeitpunkt, etwa am Bilanzstichtag durch die Einbuchung von Rückgewähransprüchen neutralisiert werden könnte.[1]

Von der Hinzurechnung zum Einkommen mit der Folge der Tarifbelastung im betreffenden VZ ist die Frage zu unterscheiden, ob etwa nach § 38 Abs. 2 KStG eine KSt-Erhöhung vorzunehmen ist. Hierfür kommt es auf den tatsächlichen Mittelabfluss bei der GmbH an. 5752

10. Rechtsfolgen der vGA beim Gesellschafter

Die Annahme einer vGA als Beteiligungsertrag beim Gesellschafter ist grundsätzlich unabhängig von der Feststellung einer vGA bei der Gesellschaft, insbesondere davon, ob es bei ihr zu einer außerbilanziellen Hinzurechnung gekommen ist.[2] Die vGA kann auch abweichend zu bewerten sein, z. B. bei der privaten Nutzung eines Pkw, die auf der Ebene der GmbH als nach Fremdvergleichsmaßstäben zu bewerten ist und auf der Ebene des Gesellschafters nach § 8 Abs. 2 Satz 2 und § 6 Abs. 1 Nr. 4 Satz 2 EStG nach der 1 %-Regelung.[3] Maßgebend beim Gesellschafter ist der Zufluss der Kapitaleinkünfte (§§ 20 Abs. 1 Nr. 1 Satz 2, 11 Abs. 1 EStG). Dort sind entweder bei natürlichen Personen nach § 3 Nr. 40 EStG Einnahmen zu 60 % zu erfassen oder es greift bei einer Kapitalgesellschaft die Befreiung nach § 8b KStG ein. 5753

a) Gesellschafter ist eine natürliche Person

Die vGA ist als Bruttoertrag in Höhe des tatsächlichen Zuflusses als Einkünfte aus Kapitalvermögen zu erfassen, wenn die Beteiligung an der GmbH im Privatvermögen gehalten wird. Sie stellt eine Betriebseinnahme (bei den Gewinneinkünften) dar, wenn sich die Anteile in einem Betriebsvermögen befinden (§ 20 Abs. 8 EStG). Wenn die vGA bereits als Einkünfte einer anderen Einkunftsart beim Gesellschafter erfasst worden ist, ist eine Umqualifizierung vorzunehmen, die zur Anwendung des Teileinkünfteverfahrens und – auch wegen Ausnutzung des Sparer-Pauschbetrags – zu einer Steuererstattung führt. Die Veranlagung muss aber nach den Vorschriften der AO noch änderbar sein. 5754

BEISPIEL: Die Gesellschaft zahlt ein um 30.000 € überhöhtes Gehalt. Der Gesellschafter hat sein Gehalt bereits in voller Höhe als Einkünfte aus nichtselbständiger Arbeit versteuert.

Die vGA i. H. v. 30.000 € ist von den Einkünften aus nicht selbständiger Arbeit abzusetzen und als Einnahme aus Kapitalvermögen nur i. H. v. 18.000 € (= 60 %) nach § 3 Nr. 40 Buchst. d EStG zu erfassen.

Besteht die vGA darin, dass dem Gesellschafter **Aufwendungen erspart** werden, indem die GmbH dessen Verpflichtungen übernimmt oder für Lieferungen und Leistungen kein oder ein zu geringes Entgelt berechnet, so ergeben sich beim Gesellschafter entsprechende Einnahmen aus Kapitalvermögen, die im Teileinkünfteverfahren besteuert 5755

1 BFH v. 6.7.2000 - I B 34/00, BStBl 2002 II S. 490; v. 9.7.2003 - I R 100/02, BFH/NV 2003 S. 1666, NWB YAAAA-71701.

2 BFH v. 13.9.2000 - I R 10/00, BFH/NV 2001 S. 584, NWB DAAAA-66709.

3 BFH v. 23.2.2005 - I R 70/04, BFH/NV 2005 S. 1203, NWB BAAAB-53352; v. 19.12.2003 - VI B 281/01, BFH/NV 2004 S. 488, NWB YAAAB-16313.

werden. Wären die ersparten Aufwendungen zugleich Betriebsausgaben oder Werbungskosten, sind sie bei der jeweiligen Einkunftsart zu berücksichtigen; eine 40%ige Kürzung nach §3c EStG kommt nicht in Betracht, weil es an einem wirtschaftlichen Zusammenhang dieser Aufwendungen mit den Einkünften aus der Beteiligung fehlt.

BEISPIEL: Der Gesellschafter erhält für die Errichtung eines Mietwohngrundstücks von der GmbH ein zinsloses Darlehen.

Die ersparten Zinsen sind als vGA anzusehen und dem Gesellschafter zuzurechnen und mit 60% nach §3 Nr.40 EStG bei den Einkünften aus Kapitalvermögen zu erfassen. Da diese Zinsen aber gleichzeitig Werbungskosten bei den Einkünften aus Vermietung und Verpachtung darstellen, die Ausschüttung also gleichsam dort zur Erzielung von Einkünften „verbraucht" wird, sind sie dort steuermindernd zu berücksichtigen. §3c EStG greift insoweit nicht ein, weil der Aufwand (Werbungskosten aus VuV) nicht in wirtschaftlichem Zusammenhang mit dem nur zu 60% nach §3 Nr.40 EStG besteuerten Beteiligungsertrag steht.

b) Gesellschafter ist eine Kapitalgesellschaft

5756 Ist der begünstigte Gesellschafter eine Kapitalgesellschaft, wird die vGA wie eine offene Ausschüttung gem. §8b KStG nicht besteuert. Allerdings gelten 5% gem. §8b Abs.5 als nicht abziehbare Betriebsausgaben. Beide Formen einer Ausschüttung werden gleich behandelt. Wegen der besonderen Konstellation einer vGA im Dreiecksverhältnis unter Schwestergesellschaften, wo die Vorteilszuwendung (vGA) dem gemeinsamen Gesellschafter zugerechnet werden, wird auf Rz.5483f., 5629f. verwiesen.

c) Änderung des ESt-Bescheids des Gesellschafters bei nachträglicher Feststellung einer vGA auf der Ebene der GmbH

5757 Nach früherem Recht waren die Besteuerungsebenen der GmbH und des Gesellschafters trotz des übereinstimmenden Tatbestandsmerkmals einer vGA „Veranlassung im Gesellschaftsverhältnis" nicht in der Weise miteinander verknüpft, dass die Feststellung einer vGA auf der Ebene der GmbH zwingend zu einer korrespondierenden steuerlichen Behandlung auf der Ebene des Gesellschafters führen musste. **KSt-Bescheid und ESt-Bescheid** standen **nicht** im Verhältnis von **Grundlagenbescheid und Folgebescheid** zueinander.[1]

5758 *(Einstweilen frei)*

5759 Seit der Änderung durch das JStG 2007[2] gilt eine gesetzlich festgelegte korrespondierende Behandlung. Zentrale Vorschrift dafür ist die, obwohl nicht in der AO angesiedelte, verfahrensrechtliche Neuregelung des §32a KStG (**„formelle Korrespondenz"**), in materieller Hinsicht ergänzt durch Änderungen in §3 Nr.40 Buchst.d EStG, §8 Abs.3 KStG und §8b Abs.1 KStG (**„materielle Korrespondenz"**). Ein instruktiver und zusammenfassender schematischer Überblick über die Vorschriften in ihren jeweiligen Wechselwirkungen findet sich bei Dötsch/Pung.[3]

---

1 Vgl. auch FG Baden-Württemberg v. 9.12.2004 - 3 K 61/03, EFG 2005 S.497, NWB UAAAB-42431.

2 JStG 2007 v. 13.12.2006, BStBl 2006 I S.2878.

3 DB 2007 S.11.

In **formeller Hinsicht** kann (nicht: muss) gem. § 32a Abs. 1 Satz 1 KStG ein Steuer- oder Feststellungsbescheid eines Gesellschafters oder einer diesem nahe stehenden Person erlassen, aufgehoben oder geändert werden, soweit für die Körperschaft ein Steuerbescheid wegen einer vGA erlassen, aufgehoben oder geändert wird. Obwohl diese Vorschrift eine körperschaftsteuerliche Norm ist, kommt ihr, wenn auch an „versteckter" Stelle, eine verfahrensrechtlich allgemeine Wirkung zu. Sie hat auch Bedeutung für die große Gruppe von Fällen, in denen es sich bei dem Anteilseigner um eine natürliche Person handelt. Gesetzesformulierung („Steuer- oder Feststellungsbescheid") und Sinn und Zweck der Regelung stehen einer nur eingeschränkten Anwendbarkeit lediglich auf Körperschaften als Anteilseigner entgegen. 5760

Bestandskräftige Bescheide des Gesellschafters können sowohl zu seinen Gunsten als auch zuungunsten geändert werden. Allerdings ist der die Änderung ermöglichende Körperschaftsteuerbescheid (nach wie vor) **kein Grundlagenbescheid**. Die Höhe der bei der Gesellschaft angenommenen vGA entfaltet daher keine Bindungswirkung. Ob dies auch für die grundsätzliche Annahme einer vGA bei der Gesellschaft gelten kann – und damit zu einer erheblichen Bedeutungseinschränkung der Reichweite der formellen Korrespondenzvorschrift des § 32a Abs. 1 KStG führen würde – und welche Bedeutung der materiellen Korrespondenz dabei zukommt, ist gegenwärtig noch offen.[1] 5761

Die Änderungsvorschrift erfasst derartige Bescheide für diejenigen VZ, in denen sich eine steuerliche Auswirkung ergibt. Betrifft also die vGA mehrere Jahre (z. B. bei Dauersachverhalten wie Miete/Pacht, Gehaltszahlungen oder AfA-Erhöhungen bei erhöhten Anschaffungskosten für abnutzbare Wirtschaftsgüter), so sind auch Bescheide für diese mehreren Jahre betroffen. 5762

Das Trennungsprinzip wird durch § 32a Abs. 2 KStG zwar verfahrensrechtlich (punktuell) durchbrochen, nicht jedoch aufgehoben. Die Norm eröffnet danach nur die Möglichkeit, die materielle Rechtslage auch verfahrensrechtlich umzusetzen.[2]

Nach § 32a Abs. 1 Satz 2 KStG endet die **Festsetzungsfrist** insoweit nicht vor Ablauf eines Jahres nach Unanfechtbarkeit des Steuerbescheides der Körperschaft. Die damit bestimmte besondere Ablaufhemmung ist bei Ablauf der Festsetzungsfrist bei jedem Gesellschafter zu beachten, insbesondere auch bei mehrstufig aufgebauten Gesellschaftskonstruktionen auf jeder einzelnen Stufe. 5763

In materieller Hinsicht macht § 3 Nr. 40 Satz 1 Buchst. d Satz 2 bis 3; § 32d Abs. 2 Nr. 4 EStG; § 8b Abs. 1 Satz 2 bis 4 KStG die Steuerfreistellung bei einer vGA davon abhängig, dass das Einkommen der leistenden Gesellschaft durch die vGA nicht gemindert worden ist. Im Bereich der materiellen Korrespondenz muss man nach Anteilseignergruppen unterscheiden. 5764

Nach § 8b Abs. 1 Satz 1 sind die Sätze 2 bis 4 KStG eingefügt worden. Ist danach Empfänger einer vGA eine Körperschaft, so tritt die 95-prozentige Steuerfreiheit nur dann noch ein, wenn die vGA das Einkommen der leistenden Körperschaft nicht gemindert hat (Satz 2). Sind die Bezüge nach einem DBA steuerfrei, suspendiert Satz 3 diese Frei- 5765

1 Vgl. dazu Briese, BB 2006 S. 2110; vgl. Pohl/Raupach, INF 2007 S. 210.
2 BFH v. 31.1.2018 - I R 25/16, BFH/NV 2018 S. 838, NWB UAAAG-86776.

stellung nach dem DBA (sog. treaty-override) und bewirkt i. E. einen Zugriff auf ausländische Einkünfte.

5766 Kommt es infolge der Neuregelungen in § 8b Abs. 1 Sätze 2 und 3 KStG zur Versagung der Steuerbefreiung für eine vGA (s. o.), unterwirft aber der Ansässigkeitsstaat der leistenden Körperschaft die Zahlungen einer Quellensteuer, so ermöglicht § 26 Abs. 6 Satz 1 KStG trotz bestehender DBA-Regelungen zur Vermeidung einer Doppelbesteuerung eine Körperschaftsteueranrechnung.

5767 Nach § 26 Abs. 6 Satz 3 KStG ist ein Abzug ausländischer Steuer nach § 34c Abs. 2 KStG nur möglich, soweit diese auf bei der Ermittlung der Einkünfte nicht außer Ansatz bleibende ausländische Einkünfte entfällt. Unterliegen also die einer ausländischen Steuer zugrunde liegenden Einkünfte nicht der deutschen Steuer, ist ein Abzug entsprechender ausländischer Steuern ausgeschlossen.

5768 § 8b Abs. 1 Satz 4 KStG enthält zur Vermeidung von Doppelbesteuerungen bei Schwestergesellschaften insoweit eine die Steuerfreiheit dann zulassende Rückausnahme, soweit die vGA das Einkommen einer dem Gesellschafter nahe stehenden Person erhöht hat und § 32a KStG auf die Veranlagung dieser nahe stehenden Person nicht anzuwenden ist.

5769 Ist eine natürliche Person Gesellschafter, finden sich entsprechende Regelungen hierfür in § 3 Nr. 40 Satz 1 Buchst. d Satz 2 und 3 EStG. Danach ist die Vergünstigung einer Besteuerung von vGA nach dem Teileinkünfteverfahren nur unter der Voraussetzung zu gewähren, dass die vGA auf Ebene der leistenden Gesellschaft das Einkommen gem. § 8 Abs. 3 Satz 2 KStG nicht gemindert hat.

d) Erweiterung der „materiellen" Korrespondenz durch das AmtshilfeRLUmsG

5770 Bei der Finanzierung einer ausländischen Kapitalgesellschaft durch einen inländischen Geldgeber verhindert § 3 Nr. 40 Satz 1 Buchst. d Satz 2 EStG, dass die ausländische Gesellschaft die von ihr erbrachte Vergütung als Zinsaufwand steuermindernd geltend machen kann und gleichzeitig die Vergütung beim Empfänger in Deutschland als Dividende nach dem Teileinkünfteverfahren zu 40 % steuerbefreit ist.

Ist der Empfänger einer solchen Leistung ebenfalls eine Körperschaft, so bleibt diese Leistung entgegen § 8b Abs. 1 Satz 1 KStG nach entsprechender Änderung des § 8b Abs. 1 Satz 2 KStG bei der Ermittlung des Einkommens des Empfängers nicht außer Ansatz.

5771–5790 (*Einstweilen frei*)

11. Rückgängigmachung, Rückzahlung der vGA

5791 In vielen Fällen wollen die an dem Vorgang einer vGA Beteiligten die steuerlichen Auswirkungen rückgängig machen. Einmal entstandene Steueransprüche (§ 38 AO) können jedoch, soweit gesetzlich nichts anderes bestimmt ist, nicht mehr rückwirkend beseitigt werden. Die Rückgewähr der vGA durch den Gesellschafter kann die einmal **eingetretenen** steuerlichen Folgen nicht rückgängig machen; die einmal durch Verwirklichung des Tatbestandes vollzogene vGA kann nicht tatsächlich rückgängig gemacht werden. Vorstellbar ist allenfalls, sie zu neutralisieren, indem (auf der 1. Stufe) zeitgleich ein Rückzahlungsanspruch bilanziert wird und es damit nicht zu einer Vermögensminderung kommt, oder auf der 2. Stufe die außerbilanzielle Hinzurechnung durch eine entsprechende Kürzung (aufgrund eines Rückforderungsanspruchs) kompensiert wird. Mit keiner dieser Überlegungen lässt sich die einmal vollzogene vGA aus der Welt schaffen.

Unabhängig davon, ob die Rückgewähr aufgrund einer rechtlichen Verpflichtung 5792
oder freiwillig zu erfolgen hat oder erfolgt, bleibt es bei der vGA, weil nach ständiger Rechtsprechung des BFH[1] der Rückforderungsanspruch eine **Einlageforderung** bzw. **die Rückzahlung eine Einlage** darstellt, die gesellschaftlich veranlasst und bilanziell und steuerlich so zu behandeln ist. Sie ist also außerhalb der Bilanz vom Einkommen abzuziehen. Dies gilt auch, wenn die Rückforderung auf einer **rechtlichen** Verpflichtung beruht, z. B. bei der GmbH, wenn durch die Ausschüttung das Stammkapital angegriffen wird (§§ 30, 31 GmbHG) oder wenn die Ausschüttung aufgrund von **Satzungsklauseln** zurückgezahlt wird. Macht die GmbH einen ihr zustehenden Anspruch auf Rückgewähr nicht geltend, führt dies aber nicht noch einmal zu einer vGA (keine Verdoppelung); allenfalls der Verzicht auf verwirkte Zinsen kann wieder eine vGA darstellen. Zahlt ein Gesellschafter die vGA zurück, führt dies also zu einer erfolgsneutralen verdeckten Einlage, die im steuerlichen Einlagekonto (§ 27 Abs. 1 KStG) zu erfassen ist.

Die **steuerliche Behandlung der Rückgewähr** (bzw. des Rückgewähranspruchs) beim 5793
Gesellschafter entspricht der Behandlung auf der Ebene der Gesellschaft.[2] Unabhängig vom Bestehen oder Nichtbestehen eines Rückzahlungsanspruchs bezieht der Gesellschafter mit Zufluss der vGA den Beteiligungsertrag; er wird nicht durch einen etwa zeitgleich entstehenden Rückgewähranspruch in gleicher Höhe kompensiert.

Die **tatsächliche Rückzahlung** ist nicht einkommensmindernd, führt also weder zu Be- 5794
triebsausgaben oder Werbungskosten oder negativen Einnahmen, sondern ist stets eine **im Gesellschaftsverhältnis veranlasste Einlage**. Sie führt beim Gesellschafter zu nachträglichen Anschaffungskosten auf seine Beteiligung. Schuldet der Gesellschafter aber aufgrund einer Satzungsklausel neben der Rückzahlung auch Zinsen auf den zu entrichtenden Betrag, stellen diese aufgrund ihres wirtschaftlichen Zusammenhangs mit der Beteiligung Werbungskosten bzw. Betriebsausgaben dar.[3] Es sind dann aber die Abzugsbeschränkungen des § 3c Abs. 2 EStG zu beachten; bei einer GmbH als Empfängerin der vGA ist ab dem VZ 2004 die Abzugsbeschränkung nach § 3c Abs. 1 KStG entfallen, es ist jedoch der steuerfrei bleibende Beteiligungsertrag (vGA) i. H. v. 5 % als nicht abzugsfähige Betriebsausgabe zu behandeln, was zu einer definitiven KSt- und GewSt-Belastung führt.

(*Einstweilen frei*) 5795–5810

1 BFH v. 29.4.1987 - I R 176/83, BStBl 1987 II S. 733; v. 1.4.2003 - I R 51/02, BStBl 2003 II S. 779, m. w. N; ebenso FG Köln v. 29.9.2016 - 10 K 566/15, n. v.

2 BFH v. 25.5.1999 - VIII R 59/97, BStBl 2001 II S. 226; v. 29.8.2000 - VIII R 7/99, BStBl 2001 II S. 173.

3 BFH v. 25.5.1999 - VIII R 59/97, BStBl 2001 II S. 226; v. 29.8.2000 - VIII R 7/99, BStBl 2001 II S. 173.

IV. Wichtige Problemfelder bei vGA

5811 Aus der Darstellung zum Begriff der vGA ergibt sich, dass i.d.R. Vorgänge zu vGA führen, durch die Vermögen der GmbH dem Gesellschafter oder einer ihm nahe stehenden Person zugeführt wird, dabei aber eine Form gewählt wird, die die rechtliche Gestaltung als schuldrechtliche und nur betrieblich veranlasste Leistungsbeziehung und nicht auch als gesellschaftsrechtlich veranlasste Zuwendung oder Ausschüttung erscheinen lässt. Die Erscheinungsformen sind so vielfältig wie die Gestaltungsmöglichkeiten, die der Grundsatz der Vertragsfreiheit anbietet. Sie können nicht annähernd vollständig beschrieben werden. Besonders markante und häufig auftretende Beispielsfälle, die auch immer wieder von der Rechtsprechung beurteilt wurden, sollen nachstehend auch als Leitlinien für die eigene Gestaltung dargestellt werden. Im Übrigen wird besonders auf die Kommentierung von Klein/Müller[1] hingewiesen.

1. Dienstverhältnisse mit der GmbH

5812 Eine große Rolle spielen vGA in dem Bereich, in dem **Gesellschafter** zugleich in einem **Anstellungsverhältnis für die GmbH tätig** sind. Während mit einem Geschäftsführer, der nicht zugleich Gesellschafter der GmbH ist, regelmäßig ein entgeltliches Dienstverhältnis vereinbart und ein Anstellungsvertrag abgeschlossen wird, stehen dem Gesellschafter-Geschäftsführer mehrere Möglichkeiten offen. Er kann für seine GmbH auf gesellschafts- oder schuldrechtlicher Grundlage tätig sein, auch ein gemischtes Verhältnis ist denkbar. Da die GmbH und der Gesellschafter frei sind, wie sie ihre Verhältnisse gestalten wollen, besteht auch keine Vermutung dafür, dass der Gesellschafter-Geschäftsführer Angestellter der GmbH ist, er kann für sie auch als selbständiger Unternehmer (z.B. als Berater, Handelsvertreter) tätig sein. Außerdem kann er in seiner Gesellschaftereigenschaft ohne Entgelt für die GmbH tätig sein und den Ausgleich dafür auf gesellschaftsrechtlicher Basis im Anteil am – dann um die ersparten Ausgaben – höheren Gewinn suchen. Es kann aber für die Mitarbeit auch ein angemessenes oder ein niedrigeres Entgelt vereinbart werden, wobei diese Wahlmöglichkeiten nicht nur dem beherrschenden Gesellschafter-Geschäftsführer offen stehen. Vertragsfreiheit besteht grundsätzlich auch hinsichtlich der Art der Vergütung, die in einem laufenden Gehalt, einer Tantieme, Pkw-Gestellung usw. und schließlich in einer Pensionszusage bestehen kann.

5813 Die **Gestaltungsfreiheit** macht es aber erforderlich, dass die Beteiligten **klare Verhältnisse** schaffen, damit beurteilt werden kann, ob die **Leistungen der GmbH** an den Gesellschafter **gesellschaftsrechtlich oder schuldrechtlich** veranlasst sind. Es gilt deshalb: Gehaltszahlungen an den Gesellschafter-Geschäftsführer einer GmbH sind Betriebsausgaben, wenn ein zivilrechtlich wirksamer Anstellungsvertrag abgeschlossen ist und tatsächlich auch durchgeführt wird und die vereinbarten Bezüge insgesamt angemessen sind. Dies gilt nicht nur für den beherrschenden Gesellschafter, denn der Tatbestand der vGA knüpft nicht an eine bestimmte Mindestbeteiligung an der leistenden GmbH an. Deshalb ist z.B. auch bei einem nicht beherrschenden Gesellschafter-Geschäftsfüh-

1 In: Mössner/Oellerich/Valta, KStG, § 8 Rz. 3001 ff.

rer das Arbeitsverhältnis nicht anzuerkennen, wenn das vereinbarte Gehalt auszuzahlen ist, „sobald die Firma dazu in der Lage ist“. Auf einen derartigen Arbeitsvertrag hätte sich ein fremder Dritter nicht eingelassen, so dass der Gehaltsaufwand als vGA zu werten ist, obwohl sie für die GmbH vorteilhaft ist.[1]

Werden sonstige Dienstleistungen (z.B. Beratung, Vermittlung, Ingenieurleistungen, Baubetreuung) zwischen GmbH und Gesellschafter erbracht, gilt der Maßstab des Drittvergleichs. Vergütungen sind steuerlich zu berücksichtigen, soweit sie auch im Verhältnis zu unabhängigen Dritten geleistet worden wären. Es sind also die üblichen Vergütungen zu berechnen, bestehen Gebührenordnungen, sind sie danach zu entrichten.[2] Demnach liegt eine unterlassene Vermögensmehrung vor, wenn die GmbH an den Gesellschafter Dienstleistungen ohne angemessenes Entgelt erbringt, eine Vermögensminderung ist gegeben, wenn dem Gesellschafter ein überhöhtes Entgelt gezahlt wird. 5814

Die Einzelheiten bei Anstellungsverhältnissen zwischen der GmbH und dem Gesellschafter, der zugleich Geschäftsführer der GmbH ist, werden in Rz. 5951 ff. behandelt. Sie gelten sinngemäß dann, wenn der Gesellschafter nicht als Geschäftsführer, sondern in nachgeordneter Stellung für die GmbH tätig wird, z.B. als Prokurist oder auch als einfacher Arbeitnehmer der GmbH. 5815

2. Darlehensverträge mit Gesellschaftern

Grundsätzlich kann die GmbH mit ihren Gesellschaftern **Darlehensverträge** und andere Kreditvereinbarungen abschließen, wie sie im wirtschaftlichen Leben zwischen fremden Personen vereinbart werden. Dabei kann es sich sowohl um Darlehen der GmbH an den Gesellschafter als auch umgekehrt um Darlehen des Gesellschafters an die GmbH handeln. Maßgebend ist nicht die Bezeichnung, sondern wesentlich ist bei der Darlehensgewährung an Gesellschafter, dass die Geldmittel nur zur vorübergehenden Nutzung überlassen werden und mit der Rückzahlung sicher gerechnet werden kann (§ 488 Abs. 1 BGB). Die betriebliche Veranlassung ist nach der Gesamtheit der Darlehensbedingungen zu beurteilen, wobei das Fehlen einzelner (sonst üblicher) Vertragsbestimmungen (z.B. Rückzahlungszeitpunkt, Sicherheiten) nicht in jedem Fall zur Annahme einer vGA führen, aber Indizien dafür sein können, dass nicht ein ernsthaftes (schuldrechtliches) Darlehensgeschäft gemeint ist, sondern nur die gesellschaftliche Veranlassung verdeckt werden soll. Fehlt eine Vereinbarung über den Rückzahlungszeitpunkt, so hängt die Fälligkeit (Pflicht zur Rückerstattung) nach § 488 Abs. 3 Satz 1 BGB z.B. davon ab, **ob die GmbH** das Darlehen (mit einer Frist von drei Monaten) kündigt. Dies kann gegen die Ernsthaftigkeit sprechen.[3] 5816

Folgende Fälle der vGA kommen im Zusammenhang mit Darlehensgewährungen in Betracht: 5817

- das Darlehen wird unangemessen oder gar nicht verzinst,

1 BFH v. 13.12.1989 - I R 99/87, BStBl 1990 II S. 454.
2 Vgl. BFH v. 23.6.1993 - I R 72/92, BStBl 1993 II S. 801.
3 Vgl. auch BFH v. 29.10.1997 - I R 24/97, BStBl 1998 II S. 573.

- das Darlehen also solches wird steuerlich nicht als „echt" anerkannt,
- ein zunächst „echtes" Darlehen der Gesellschaft an den Gesellschafter wird später nicht zurückgezahlt.

a) Unangemessene Verzinsung bei Darlehen an den Gesellschafter

5818 **Gewährt die GmbH ihrem Gesellschafter** ein **Darlehen**, führt dies zu einer vGA, wenn das Darlehen **nicht** oder **zu niedrig verzinst** wird, und zwar regelmäßig in Höhe des Betrages, um den der Zinsertrag bei Vereinbarung eines angemessenen Zinses höher wäre. In **Höhe des Zinsverzichts** liegt eine durch das Gesellschaftsverhältnis veranlasste **verhinderte Vermögensmehrung** vor, die den Bilanzgewinn der GmbH mindert und zeitanteilig aus dem Vermögen der GmbH abfließt. Beim beherrschenden Gesellschafter ist eine im Voraus getroffene klare und eindeutige Zinsvereinbarung zu verlangen, auch wenn ein gesetzlicher Zinsanspruch besteht.

5819 **Angemessen** sind grundsätzlich die **Zinsen**, die **üblicherweise** für einen **vergleichbaren Kredit** mit einem **Nichtgesellschafter** vereinbart worden wären. Die Angemessenheit kann nur unter Berücksichtigung der Verhältnisse im Einzelfall beurteilt werden, wobei nicht nur Angebot und Nachfrage auf dem Kapitalmarkt, sondern auch Laufzeit, Tilgungsbedingungen, Höhe, Besicherung und Zweck des Darlehens eine Rolle spielen können; auch die üblichen Nebenleistungen wie Damnum und Provision sind in die Betrachtung mit einzubeziehen. Für bestimmte Fälle gibt die Rechtsprechung einige Regeln vor: Hat die darlehensgewährende GmbH selbst Kredit aufgenommen und kann angenommen werden, dass sie die als Darlehen vergebenen Mittel sonst zur Kreditrückzahlung verwendet hätte, sind die ihr in Rechnung gestellten Sollzinsen Maßstab für die Bewertung der vGA.[1] Hat die GmbH selbst keinen Kredit aufgenommen, bilden die banküblichen Habenzinsen die Untergrenze und die banküblichen Sollzinsen die Obergrenze für den angemessenen Betrag, der innerhalb dieser Marge zu schätzen ist. Gebilligt wird der Ansatz des **Mittelwerts.**[2]

5820 Einen Sonderfall stellt es dar, wenn die GmbH die für die Darlehensvergabe benötigten Mittel z. B. durch Kündigung einer günstigen Kapitalanlage oder Auflösung einer ertragbringenden stillen Beteiligung beschafft. Dann ist die verhinderte Vermögensmehrung nach den künftig entfallenden Kapitalerträgen zu bemessen, auch wenn diese höher sind als die Bereicherung des Gesellschafters in Höhe der angemessenen Zinsen nach Kapitalmarktniveau. Auf der Ebene der GmbH ist die dort eintretende Vermögensminderung maßgebend, eine Kongruenz mit dem Zufluss auf der Gesellschafterebene ist nicht erforderlich.[3]

5821 Wird bei der kreditgewährenden GmbH ein angemessener Zins als vGA zugerechnet, müssen bei dem Gesellschafter entsprechende Zinsaufwendungen im Rahmen der steuerlichen Abzugsmöglichkeiten als Betriebsausgaben oder Werbungskosten berücksichtigt werden (Fiktionstheorie).

---

1 BFH v. 28.2.1990 - I R 83/87, BStBl 1990 II S. 649.

2 BFH v. 22.2.2023 - I R 27/20, BFH/NV 2023 S. 920, NWB TAAAJ-40728.

3 BFH v. 22.2.1989 - I R 44/85, BStBl 1989 II S. 475.

b) Unangemessene Verzinsung bei Gesellschafterdarlehen

Gibt umgekehrt der Gesellschafter der GmbH ein Darlehen, sind die dafür zu zahlenden Zinsen eine vGA, soweit sie den angemessenen (= marktüblichen) Zinssatz übersteigen. Gibt der Gesellschafter das Darlehen zinslos, liegt keine verdeckte Einlage vor, weil die Zinslosigkeit eine Nutzungseinlage darstellt. Da es dem Gesellschafter grundsätzlich freigestellt ist, ob er seine GmbH mit Eigen- oder Fremdkapital ausstatten will (Finanzierungsfreiheit), ist steuerlich auch anzuerkennen, wenn der Gesellschafter der GmbH ein zinsloses Darlehen gibt, damit diese das Kapital verzinslich anlegen und mit den Zinserträgen einen Verlustvortrag ausgleichen kann; es liegt kein Gestaltungsmissbrauch nach § 42 AO vor.[1] 5822

c) Darlehensgewährung als vGA

Die **Darlehensgewährung** als solche kann bereits eine vGA darstellen. Gründe dafür können sein, dass keine Rückzahlung oder eine ungewöhnlich lange Laufzeit vereinbart wird, dass bereits bei Ausreichung des Darlehens der Gesellschafter nicht in der Lage ist, die Valuta zurückzuzahlen, dass nach den erkennbaren Umständen eine Rückzahlung nicht beabsichtigt ist oder unter gleichen Umständen einem Dritten das Darlehen nicht gewährt worden wäre. 5823

Eine fehlende Zinsvereinbarung allein führt aber nicht dazu, dem Darlehensverhältnis die Anerkennung zu versagen, kann aber mit der Lückenhaftigkeit des Darlehensvertrags in anderen Punkten (fehlende Rückzahlungsklausel, fehlende Sicherheit) Indiz für die mangelnde Ernsthaftigkeit sein. Ob sicher mit einer Zurückzahlung der dem Gesellschafter gewährten Darlehen gerechnet werden kann, ist somit für die Frage, ob ein echtes Darlehensverhältnis anzuerkennen ist, von entscheidender Bedeutung. Ein echtes Darlehensverhältnis liegt nur dann vor, wenn der Gesellschafter gewillt ist, die Beträge in absehbarer Zeit zurückzuzahlen, und die persönlichen wirtschaftlichen Verhältnisse des Gesellschafters die Gewähr dafür bieten, dass er seine Verpflichtung erfüllen kann. Ist das nicht der Fall, so handelt es sich bei dem hingegebenen Betrag von Anfang an um eine vGA. In der Praxis sollte also auf klare Vereinbarungen über die Kündigung, Tilgung, den Rückzahlungszeitpunkt und eine taugliche Besicherung geachtet werden und dass das Darlehen auch in der Buchführung erfasst ist.

Führt die GmbH Verrechnungskonten für die Gesellschafter, über die die gegenseitigen Forderungen und Verbindlichkeiten aus Leistungsverhältnissen und auch private Aufwendungen der Gesellschafter (z. B. Zahlung der Personensteuern) verrechnet werden, kann eine vGA vorliegen, wenn der Saldo zugunsten der GmbH nicht oder nicht angemessen verzinst wird.[2] Im Übrigen sieht die Rechtsprechung in der Abwicklung über Verrechnungskonten eine Kreditgewährung und keine vGA. 5824

Stellt bereits die Hingabe des Darlehens eine vGA dar, sind bei der GmbH die steuerlichen Folgen bereits im Jahr der Auszahlung zu ziehen. Zwar wirkt sich die Ausreichung des Darlehens wegen des bloßen Aktivtauschs nicht auf den Unterschiedsbetrag nach § 4 Abs. 1 Satz 1 EStG aus, so dass insoweit eine außerbilanzielle Korrektur überflüssig 5825

1 BFH v. 17.10.2001 - I R 97/00, BFH/NV 2002 S. 240, NWB DAAAA-97110.

2 BFH v. 23.6.1981 - VIII R 102/80, BStBl 1982 II S. 245; v. 8.10.1985 - VIII R 284/83, BStBl 1986 II S. 481.

ist. In den beschriebenen Fällen ist jedoch der bilanzierte Rückzahlungsanspruch i.d.R. wertlos, so dass auch steuerlich eine Teilwertabschreibung vorzunehmen ist, die dann über § 8 Abs. 3 Satz 2 KStG zu neutralisieren ist. Der Gesellschafter hat die ausgezahlten Darlehensmittel als vGA versteuern. Werden dennoch Tilgungen und Zinsen auf das steuerlich nicht anerkannte Darlehen erbracht, liegen insoweit verdeckte Einlagen vor.

d) Späterer Darlehensverzicht oder Ausfall des Darlehens

5826 Auch wenn bei Hingabe des Darlehens ein echtes Darlehensverhältnis anzunehmen war, können sich in der Folgezeit die Verhältnisse so ändern, dass im Hinblick auf die ausgereichte Darlehensvaluta eine im Gesellschaftsverhältnis veranlasste Vermögensminderung eintritt und damit eine vGA einhergeht. Eine solche Vermögensminderung kann in dem **Verzicht auf die Rückzahlung** des Darlehens (Erlassvertrag gem. § 397 BGB) bestehen. Er kann auch durch schlüssiges Verhalten zustandekommen, z. B. dann, wenn die GmbH über längere Zeit von der Einforderung der Tilgungs- und Zinsleistungen absieht und der Gesellschafter seinerseits mit der eingestellten Tilgung und Verzinsung zum Ausdruck bringt, dass er die empfangenen Gelder als eigene und nicht mehr als fremde ansieht.[1]

5827 Der **Ausfall der Darlehensforderung** wegen Zahlungsunfähigkeit des Gesellschafters führt nicht zu einer vGA, wenn mit dem Ausfall bei Hingabe des Darlehens nicht ernsthaft zu rechnen war. Die dadurch bewirkte Vermögensminderung bei der GmbH hat aber gleichermaßen wie ein Verzicht ihre Veranlassung im Gesellschaftsverhältnis, wenn es die GmbH unterlassen hat, rechtzeitig die erforderlichen Maßnahmen zu treffen, um das gewährte Darlehen zu sichern und zurückzuerhalten.[2] Eine Sicherung des Darlehens kann angenommen werden, wenn die Sicherheit einen wirtschaftlichen Wert darstellt.

5828 Die vGA tritt in diesen Fällen mit dem Ausfall der Darlehensforderung ein; der Forderungsausfall (Wertberichtigung oder Ausbuchen) bewirkt die Vermögensminderung, die auf der Ebene der GmbH zu korrigieren ist.[3] In diesem Zeitpunkt fließen dem Gesellschafter die Einnahmen i. S. v. § 20 Abs. 1 Nr. 1 Satz 2 EStG zu.

e) Gesellschafterdarlehen

5829 Da es dem Gesellschafter grundsätzlich freigestellt ist, ob er seine GmbH mit Eigen- oder Fremdkapital ausstatten will (Finanzierungsfreiheit), kommt eine Umqualifizierung von Gesellschafterdarlehen in verdecktes Eigenkapital nicht in Betracht. Dies gilt auch für eigenkapitalersetzende Darlehen, die Fremdkapital bleiben.[4]

5830 Sofern die Darlehensverträge anzuerkennen sind und insbesondere bei Darlehen des beherrschenden Gesellschafters die geltenden Sonderregeln zu beachten sind, stellen

1 BFH v. 14.3.1990 - I R 6/89, BStBl 1990 II S. 795.

2 BFH v. 14.3.1990 - I R 6/89, BStBl 1990 II S. 795.

3 BFH v. 26.10.1993 - I B 112/93, BFH/NV 1994 S. 415, NWB AAAAB-33626; v. 14.7.2004 - I R 16/03, BStBl 2004 II S. 1010.

4 Vgl. BFH v. 14.8.1991 - I B 240/90, BStBl 1991 II S. 935; v. 28.11.2001 - I R 30/01, BFH/NV 2002 S. 677, NWB MAAAA-68112.

die gezahlten angemessenen Zinsen Betriebsausgaben dar. Auf die Regelungen des § 8a KStG zur „übermäßigen Gesellschafterfremdfinanzierung“ wird hingewiesen.[1]

f) Bürgschaftsübernahme

Angemessenes Entgelt für die Übernahme einer Bürgschaft ist die für solche Kreditsicherheiten nach Dauer und Risiko **übliche Avalprovision**. 5831

Übernimmt die GmbH im Interesse ihres Gesellschafters, also nicht aus betrieblicher Veranlassung, eine Bürgschaft, tritt eine vGA in dem Zeitpunkt ein, in dem die GmbH die Bürgschaftsverpflichtung nach den Grundsätzen ordnungsgemäßer Buchführung passivieren und der Ersatzanspruch gegen den Hauptschuldner (Gesellschafter) mangels Werthaltigkeit nicht aktiviert oder wertberichtigt wird; die dadurch eintretende Gewinnminderung ist außerhalb der Bilanz als vGA zu korrigieren.[2] Wird die Bürgschaft ohne angemessene Gegenleistung in Höhe der angemessenen Avalprovision übernommen, liegt zusätzlich eine vGA in dieser Höhe vor.[3] Entsprechendes gilt für Patronatserklärungen. 5832

(*Einstweilen frei*) 5833–5850

3. Abschluss von Kaufverträgen zwischen der GmbH und ihren Gesellschaftern

Ein Gesellschafter einer GmbH kann dieser Wirtschaftsgüter verkaufen und von der GmbH Wirtschaftsgüter beziehen. Derartige Verträge werden auch steuerrechtlich anerkannt. Wird jedoch in derartigen Verträgen ein Kaufpreis vereinbart, der nicht dem Leistungsaustausch entspricht, zahlt also die GmbH für ein gekauftes Wirtschaftsgut dem Gesellschafter ein überhöhtes Entgelt (**Überpreis**) oder zahlt umgekehrt der Gesellschafter der GmbH für ein von ihr erworbenes Wirtschaftsgut ein zu geringes Entgelt (**Preisvorteil**), so kann in der Differenz zwischen dem angemessenen Entgelt und dem tatsächlich gezahlten eine vGA liegen.[4] 5851

Gleiches gilt für besondere **Preisnachlässe und Rabatte**, wenn sie anderen Kunden unter vergleichbaren Bedingungen überhaupt nicht oder nicht in diesem Umfang gewährt werden.[5] Auch überhöhte Preisnachlässe, die ein Minderheitsgesellschafter-Geschäftsführer bei Warenlieferungen an den Gewerbebetrieb seiner Ehefrau gewährt, stellen bereits im Zeitpunkt der Lieferung eine vGA dar.[6] Von der GmbH aus diesem Grund geltende gemachte Ersatzansprüche vermögen daran nichts mehr zu ändern. Die Tilgung der Ersatzforderung stellt, gleichgültig, ob sie vom Gesellschafter oder seiner Ehefrau erbracht wurde, verdeckte Einlagen dar. Tilgt die Ehefrau die Ersatzansprüche durch Zahlung an die GmbH, hat sie nachträgliche Anschaffungskosten auf die bezogenen Waren. 5852

1 Vgl. Rz. 6304 ff.
2 BFH v. 19.3.1975 - I R 173/73, BStBl 1975 II S. 614.
3 BFH v. 26.2.1992 - I R 23/91, BStBl 1992 II S. 846.
4 BFH v. 6.8.1985 - VIII R 280/81, BStBl 1986 II S. 17.
5 BFH v. 14.7.1998 - VIII B 38/98, BFH/NV 1998 S. 1582, NWB PAAAA-97398.
6 BFH v. 25.5.2004 - VIII R 4/01, NWB QAAAB-36872.

5853 Beim **beherrschenden Gesellschafter** muss zusätzlich das Merkmal der vorherigen, klaren und eindeutigen Vereinbarung erfüllt sein.

5854 **Überpreis und Preisvorteil** sind auch auf der **Ebene des Gesellschafters** als vGA und damit als **steuerpflichtige Beteiligungserträge** zu erfassen. Ob diese Erträge zu Einkünften aus Kapitalvermögen führen oder als Betriebseinnahmen zu erfassen sind, richtet sich danach, wo sich die Beteiligung befindet (Privatvermögen oder Betriebsvermögen). Ob die gelieferten Wirtschaftsgüter zu einem Betriebsvermögen des Gesellschafters oder zu seinem Privatvermögen gehören, ist hingegen für die Zuordnung ohne Belang. Hält der Gesellschafter die GmbH-Beteiligung in seinem Privatvermögen und veräußert er ein Wirtschaftsgut seines Betriebsvermögens zu einem Überpreis an die GmbH, so soll der marktübliche Erlös als Betriebseinnahme und der Überpreis als vGA bei den Einkünften aus Kapitalvermögen zu erfassen sein.

BEISPIEL: Gesellschafter X verkauft Aktien, die zu seinem Betriebsvermögen gehören, mit Anschaffungskosten von 2.000 € und einem Kurswert von 2.300 € für 2.800 € an seine GmbH, deren Geschäftsanteile er im Privatvermögen hält.

Behandlung auf der Ebene der GmbH: Infolge des Ansatzes der Aktien mit den Anschaffungskosten (Aktivtausch) vermindert sich der Gewinn der GmbH nicht, so dass auch keine vGA-Korrektur erforderlich erscheint. Die GmbH darf nach den GoB die Aktien aber nur mit den angemessenen Anschaffungskosten ansetzen, weil sie sich als Kaufmann nicht reicher machen darf, als sie wirklich ist. Es muss also eine „Teilwertabschreibung" um 500 € vorgenommen werden; der hieraus resultierende Aufwand (= Vermögensminderung) ist außerhalb der Bilanz nach § 8 Abs. 3 Satz 2 KStG hinzuzurechnen, so dass sich das Einkommen der Gesellschaft im Ergebnis nicht erhöht, aber vermieden wird, dass bei einer späteren Veräußerung wegen zu hoher Anschaffungskosten der Gewinn der GmbH unzulässig vermindert wird. Außerdem sind aus der vGA auch mögliche Konsequenzen hinsichtlich § 38 KStG mit einer KSt-Erhöhung zu ziehen.

Behandlung beim Gesellschafter X: Er erzielt Einnahmen aus Kapitalvermögen von 500 €, die zu 40 % nach § 3 Nr. 40 EStG steuerbefreit und zu 60 % (300 €) steuerpflichtig sind.

In seinem Gewerbebetrieb ergibt sich in Höhe des Unterschiedsbetrages zwischen Anschaffungskosten und vereinbartem Kaufpreis von 2.800 € ein a.o.-Ertrag von 800 €; davon sind aber 500 € dem Grunde nach als (private) Einnahmen aus Kapitalvermögen zu behandeln, so dass sie vom Bilanzgewinn als Einlage abzusetzen und den Einkünften aus Kapitalvermögen zuzuordnen sind. Er muss also buchen: Geldkonto 2.800 € an Aktien 2.000 €, a.o.-Ertrag 300 € und Privateinlage 500 €. Die Verfahrensweise hat vor allem gewerbesteuerliche Bedeutung, weil ohne die Einlagebuchung ein zu hoher Gewerbeertrag versteuert würde.

5855 Die Grundsätze gelten für alle Kaufverträge, die zwischen der GmbH und ihrem Gesellschafter über Waren und andere Wirtschaftsgüter abgeschlossen werden. Abnutzbare Wirtschaftsgüter des Anlagevermögens, die die GmbH vom Gesellschafter gegen einen **Überpreis** erwirbt, muss die GmbH mit den angemessenen Anschaffungskosten bilanzieren.[1] Der gezahlte Überpreis mindert als Betriebsausgabe zwar den Unterschiedsbetrag nach § 4 Abs. 1 Satz 1 EStG, die Minderung ist aber wegen der Veranlassung der Überpreiszahlung im Gesellschaftsverhältnis durch außerbilanzielle Hinzurechnung auszugleichen. Zahlt die GmbH den Kaufpreis vereinbarungsgemäß in Raten, muss die GmbH das Wirtschaftsgut mit den angemessenen Anschaffungskosten bilanzieren, die sie übersteigende Kaufpreisverbindlichkeit mindert das Betriebsvermögen und ist auf

1 BFH v. 13.3.1985 - I R 9/81, BFH/NV 1986 S. 116, NWB EAAAB-28092.

der Ebene der GmbH bereits als vGA zu korrigieren, obwohl dem Gesellschafter der Überpreis noch nicht zugeflossen ist. Auf der Ebene der GmbH reicht die Eignung der Überpreisschuld, zu einem Beteiligungsertrag beim Gesellschafter zu führen, für die Annahme der vGA aus. Beim Gesellschafter kommt es zum Zufluss, sobald die Raten den angemessenen Kaufpreis übersteigen.[1]

4. Miet- und Pachtverhältnisse zwischen der GmbH und ihren Gesellschaftern

Mietverträge und Pachtverträge zwischen der GmbH und dem Gesellschafter werden zivilrechtlich wie steuerrechtlich anerkannt. Zu vGA kann es jedoch kommen, wenn das Kriterium der Angemessenheit des Mietzinses nicht beachtet wird, weil die GmbH Wirtschaftsgüter an den Gesellschafter zu einem unangemessen niedrigen Entgelt vermietet oder verpachtet, oder der Gesellschafter der GmbH Wirtschaftsgüter zu einem überhöhten Nutzungsentgelt überlässt bzw. bei einem Beherrschungsverhältnis gegen das Rückwirkungsverbot verstoßen wird, weil keine im Voraus getroffene klare vertragliche Vereinbarung vorliegt. 5856

a) GmbH ist Vermieter

Überlässt die GmbH ihren Gesellschaftern Wirtschaftsgüter zum Gebrauch oder zur Nutzung, müssen diese jedoch für die Überlassung der Wirtschaftsgüter ein angemessenes Entgelt zahlen. Soweit das tatsächliche Nutzungsentgelt die angemessene Vergütung unterschreitet, liegt eine vGA vor. Bei der Vermietung von Wohnraum muss die Gesellschaft zumindest die Kostenmiete verlangen, auch wenn diese höher ist als die ortsübliche Miete.[2] 5857

Gleiches gilt, wenn es die GmbH trotz eines veränderten Mietpreisniveaus unterlässt, durch Änderungskündigung einen höheren Mietzins gegenüber dem Gesellschafter durchzusetzen.[3] Sind beim Gesellschafter die Mietaufwendungen weder dem Grunde nach Betriebsausgaben oder Werbungskosten, kann aufgrund der Fiktionstheorie in Höhe der Differenz eine Miet- oder Pachtzahlung anzunehmen sein. 5858

b) Gesellschafter ist Vermieter

Überlässt der Gesellschafter Wirtschaftsgüter an die GmbH, sind die Miet- und Pachtzahlungen für die GmbH Betriebsausgaben, die ihren steuerpflichtigen Gewinn mindern. Die unangemessenen, nicht der Leistung angepassten Miet- und Pachtzinsen stellen eine vGA dar. 5859

Die Schwierigkeit liegt jedoch darin, im Einzelfall die angemessene Miete zu bestimmen, wenn der direkte Drittvergleich nicht möglich ist und der angemessene Mietzins unter Berücksichtigung der Marktverhältnisse zu schätzen ist. Von Bedeutung kann 5860

1 BFH v. 20.1.1999 - I R 32/98, BStBl 1999 II S. 369.

2 FG Köln v. 22.1.2015 - 10 K 3204/12, NWB BAAAE-88887, bestätigt durch BFH v. 27.7.2016 - I R 12/15, BStBl 2017 II S. 217; vgl. auch FG Köln v. 20.8.2015 - 10 K 12/08, NWB AAAAF-05669, bestätigt durch BFH v. 27.7.2016 - I R 71/15, BFH/NV 2017 S. 60, NWB QAAAF-85885.

3 BFH v. 7.12.1988 - I R 25/82, BStBl 1989 II S. 248.

auch sein, ob die Anschaffung gleichartiger Gegenstände über die Laufzeit zu einem günstigeren Ergebnis hätte führen können, wobei aber nicht nur der gemeine Wert der Gegenstände ausschlaggebend ist, sondern auch zu berücksichtigen ist, ob für die Anmietung Gesichtspunkte wie die Verfügbarkeit der Mietsache, Kündigungsmöglichkeiten, Reparaturrisiko, größere Flexibilität, Kapitalbindung im Rahmen der unternehmerischen Entscheidungsfreiheit sprechen können.[1] Eine angemessene Kapitalverzinsung beim Vermieter und Interessen des Mieters müssen in die Findung der angemessenen Miete einbezogen werden.[2] Notfalls ist ein unabhängiger Sachverständiger zu bemühen.

c) Umbauten und Einbauten

5861 Die GmbH kann in einem angemieteten Grundstück oder Gebäude im eigenen betrieblichen Interesse auch **Umbauten oder Einbauten** vornehmen oder ein Gebäude errichten. Die Herstellungskosten sind von der GmbH – unabhängig davon, dass der Vermieter Eigentümer wird – wie für ein eigenes Wirtschaftsgut (Nutzungsrecht) in ihrer Bilanz zu aktivieren und wie ein materielles Wirtschaftsgut abzuschreiben. Es fehlt bei der GmbH eine Vermögensminderung[3] und somit eine vGA. Erst wenn sich die GmbH bei Rückgabe der Mietsache noch vorhandene Wertsteigerungen des Grundstücks nicht angemessen ausgleichen lässt, kann eine vGA vorliegen.[4]

d) Erbbaurecht

5862 Bei Bestellung von **Erbbaurechten** gelten für die Angemessenheit des Erbbauzinses die Regeln über den Mietzins entsprechend. Grundlage dafür ist der Umfang der vom Erbbaurecht begründeten Rechte und der Wert des überlassenen Grundstücks (Bebauung, Erschließung, Nutzungsmöglichkeiten) und die Verteilung der Lasten (Grundsteuer und andere Kosten), beim bebauten Grundstück ist zumindest die Kostenmiete anzusetzen. Zur Vermeidung einer vGA muss mit dem beherrschenden Gesellschafter der Erbbauzins grundsätzlich über die gesamte Laufzeit des dinglichen Rechts festgelegt werden, spätere Änderungen sind nur bei Vereinbarung einer angemessenen Gleitklausel möglich. Für den Heimfall sollte eine angemessene Entschädigung für das vom Erbbauberechtigten errichtete Gebäude vereinbart sein, ein Heimfall ohne angemessene Entschädigung stellt i.d.R. eine vGA dar.[5]

e) Betriebsaufspaltung

5863 Im Fall der **Betriebsaufspaltung** sind wegen der engen personellen und sachlichen Verflechtung von Besitzunternehmen (meist eine Personengesellschaft) und der Betriebskapitalgesellschaft (meist eine GmbH) häufig vGA anzutreffen, wenn z.B. überhöhte Pachtzahlungen geleistet werden oder die GmbH Anschaffungs- oder Herstellungskosten übernimmt, die nach dem Pachtvertrag von dem Besitzunternehmen zu tragen

1 BFH v. 12.11.1986 - I R 113/83, BFH/NV 1987 S. 265, NWB EAAAB-28711.
2 Vgl. auch BFH v. 9.7.2003 - I B 183/02, BFH/NV 2004 S. 87, NWB CAAAA-69900.
3 Vgl. auch BFH v. 30.7.1997 - I R 65/96, BStBl 1998 II S. 402.
4 BFH v. 30.7.1997 - I R 65/96, BStBl 1998 II S. 402.
5 BFH v. 12.7.1972 - I R 203/70, BStBl 1972 II S. 802.

wären. Insgesamt muss der Leistungsverkehr zwischen Betriebs- und Besitzgesellschaft einschließlich der Miet- und Pachtzahlungen für die der Betriebs-GmbH überlassenen Wirtschaftsgüter zu angemessenen Konditionen abgewickelt werden, zu hohe Entgeltszahlungen stellen eine Vermögensminderung zugunsten der Gesellschafter dar, die gleichzeitig Gesellschafter der Besitzgesellschaft sind.[1] Nimmt die Betriebs-GmbH einen Kredit auf, den sie an die Besitzgesellschaft zur Finanzierung der zu verpachtenden Anlagegüter verwendet, muss sich die GmbH die Zinsen vergüten lassen.

f) Geschäfts- oder Firmenwert

Besonderes Augenmerk hat dem **Geschäfts- oder Firmenwert** zu gelten, als einem im- 5864
materiellen Wirtschaftsgut, das die künftigen Gewinnchancen eines Unternehmens ausdrückt. Wird bei Gründung einer Betriebsaufspaltung der betriebliche Organismus (des Betriebs oder Teilbetriebs) als Ganzes auf die Betriebs-GmbH übertragen, kann dies zwar auch zu Buchwerten erfolgen, die Betriebs-GmbH kann aber – wie auch für die Wirtschaftsgüter, an die das Gewinnpotenzial und damit der Firmenwert anknüpft – für den mit übergehenden Geschäftswert einen angemessenen Preis zahlen, ohne dass eine vGA vorliegt.[2] Dies kann z. B. der Fall sein, wenn die Besitzgesellschaft nur das Grundstück zurückbehält, während die anderen Wirtschaftsgüter, deren Struktur und Organisation es der GmbH erlauben, eigenständig und auf Dauer am Wirtschaftsleben teilzunehmen, zu Eigentum übertragen werden.

Werden aber die wesentlichen Betriebsgrundlagen, mit denen das Gewinnpotenzial verknüpft ist, nur an die Betriebs-GmbH verpachtet, wird ihr der Firmenwert ebenfalls nur zur Nutzung auf Zeit überlassen. Sie darf dann für den Firmenwert, der nicht isoliert übertragen werden kann, keinen Kaufpreis, sondern nur eine angemessene Nutzungsvergütung bezahlen.[3] Hatte die Betriebs-GmbH bei Gründung der Betriebsaufspaltung für den Geschäftswert ein Entgelt entrichtet, muss bei Beendigung der Betriebsaufspaltung und Rückgabe des Geschäftswerts ein angemessenes Entgelt an die GmbH bezahlt werden, ansonsten läge eine vGA vor.

Im Zusammenhang mit der Verpachtung einer freiberuflichen Praxis (Steuerberater- 5865
kanzlei) an eine GmbH durch ihren Gesellschafter-Geschäftsführer hat der BFH eine vGA angenommen, wenn Pachtzinsen für den **Praxiswert** gezahlt werden, weil die GmbH aufgrund der Treupflicht des Geschäftsführers ohnehin über den Praxiswert verfüge.[4] Dies hat er aber wieder für den Fall eingeschränkt, dass der Inhaber einer Steuerberaterpraxis der von ihm gegründeten GmbH einen verkehrsfähigen Praxiswert überlässt.[5] Veräußert der Steuerberater sein bewegliches Betriebsvermögen mit Ausnahme des Mandantenstammes, der das werthaltigste Wirtschaftsgut seines Unternehmens darstellt, an die GmbH, kann der Mandantenstamm Gegenstand eines steuer-

1 BFH v. 6.11.1991 - XI R 12/87, BStBl 1992 II S. 415.
2 BFH v. 27.3.2001 - I R 42/00, BStBl 2001 II S. 771.
3 BFH v. 27.3.2001 - I R 42/00, BStBl 2001 II S. 771.
4 BFH v. 28.2.1990 - I R 144/87, BStBl 1990 II S. 595.
5 BFH v. 30.3.1994 - I R 52/93, BStBl 1994 II S. 903.

lich anzuerkennenden Pachtvertrags zwischen Berater und Steuerberatungs-GmbH sein. Die gezahlten (angemessenen) Pachtzinsen sind keine vGA.[1]

5866–5880 (*Einstweilen frei*)

5. Wettbewerbsverbot und Geschäftschancen

a) Wettbewerbsverbot und vGA

5881 In seiner früheren Rechtsprechung hatte der BFH eine Vermögensminderung bzw. verhinderte Vermögensmehrung der GmbH angenommen, wenn der Gesellschafter bzw. der Gesellschafter-Geschäftsführer in dem Geschäftsbereich der Gesellschaft für eigene Rechnung tätig wurde, **ohne von dem Wettbewerbsverbot** wirksam **befreit** zu sein.[2] Die Befreiung vom Wettbewerbsverbot musste wirksam und bei einem beherrschenden Gesellschafter zudem vorher klar und eindeutig vereinbart sein. In der Regel wurde eine verhinderte Vermögensmehrung angenommen, weil der Gesellschafter bzw. der Gesellschafter-Geschäftsführer eine Geschäftschance selbst wahrnahm und nicht der GmbH überließ. Die FinVerw[3] hatte diese Rechtsprechung nachvollzogen und ausgeweitet, indem sie verlangte, dass eine Befreiung vom Wettbewerbsverbot nur gegen eine angemessene Gegenleistung erfolgen dürfe.

b) Geschäftschancenlehre

5882 Diese Rechtsprechung hat der BFH inzwischen – nicht zuletzt unter dem Eindruck der vielfältigen Kritik in der Literatur und mit Rücksicht auf die zivilrechtliche Rechtslage zum Wettbewerbsverbot – weitgehend aufgegeben und durch die **Geschäftschancenlehre ersetzt**.[4]

5883 Es wird nunmehr deutlich das Wettbewerbsverbot von der vGA abgegrenzt. Besteht zivilrechtlich ein Wettbewerbsverbot und verstößt der Gesellschafter bzw. Geschäftsführer hiergegen, liegt darin noch keine vGA. Vielmehr hat die GmbH die hieraus folgenden Schadensersatz- und Herausgabeansprüche gegen den (pflicht- und treuwidrig handelnden) Gesellschafter bzw. Geschäftsführer zu aktivieren; tut sie dies und macht sie den Anspruch geltend, fehlt es an einer Vermögensminderung bzw. verhinderten Vermögensmehrung[5] als einer tatbestandlichen Voraussetzung der vGA. Erst wenn diese Ansprüche aus gesellschaftsrechtlichen Gründen nicht geltend gemacht werden, kann eine vGA vorliegen. Rechtsgrund ist dann aber nicht die Verletzung des Wettbewerbsverbots, sondern die Nichtverfolgung des schuldrechtlich begründeten Leistungsanspruchs mit Rücksicht auf das Gesellschaftsverhältnis.

---

1 BFH v. 18.12.1996 - I R 128-129/95, BStBl 1997 II S. 546.

2 BFH v. 11.2.1987 - I R 177/83, BStBl 1987 II S. 461; v. 12.4.1989 - I R 142, 143/85, BStBl 1989 II S. 636; v. 26.4.1989 - I R 172/87, BStBl 1989 II S. 673; v. 28.6.1989 - I R 89/85, BStBl 1989 II S. 854.

3 BMF v. 4.2.1992, BStBl 1992 I S. 137.

4 Vgl. BFH v. 30.8.1995 - I R 155/94, BFHE 178 S. 371, NWB EAAAA-96758; v. 12.10.1995 - I R 127/94, BFH/NV 1996 S. 81, NWB OAAAA-96759; v. 22.11.1995 - I R 45/95, BFH/NV 1996 S. 645, NWB FAAAB-37236; v. 16.12.1998 - I R 96/95, BFH/NV 1999 S. 1125, NWB VAAAA-63051; v. 9.7.2003 - I R 100/02, BFH/NV 2003 S. 1666, NWB YAAAA-71701; zur Übertragung von Geschäftschancen zwischen Schwestergesellschaften: BFH v. 7.8.2002 - I R 64/01, BFH/NV 2003 S. 205, NWB JAAAA-68126.

5 BFH v. 13.11.1996 - I R 149/94, BFHE 181 S. 494, NWB EAAAA-96771.

aa) Geschäftschancenlehre und vGA

Die **Geschäftschancenlehre** versucht eine eigenständige steuerrechtliche Lösung bei Tätigkeiten des Gesellschafters oder Gesellschafter-Geschäftsführers auf eigene Rechnung. Eine vGA kann danach vorliegen, wenn der Gesellschafter oder Gesellschafter-Geschäftsführer auf eigene Rechnung Geschäftschancen nutzt, die zu den vermögenswerten Positionen der GmbH gehören, oder Informationen ausnutzt, die die GmbH einem Dritten ohne Entgelt nicht überlassen hätte.[1] Die vGA besteht dann in Höhe des nicht erhobenen Entgelts (= unterlassene Vermögensmehrung). Dabei wird zwischen Geschäften unterschieden, welche die GmbH dem Gesellschafter oder Gesellschafter-Geschäftsführer überlässt, und solchen, die er ohne Einschaltung der Gesellschaft mit Dritten eingeht. 5884

Im Grundsatz bleibt es der GmbH überlassen, ob sie ihre Geschäftschancen mit eigenen Mitteln nutzt oder den Gesellschafter bzw. den Geschäftsführer als Subunternehmer auf eigene Rechnung beauftragt. Beim beherrschenden Gesellschafter muss aber für jeden Auftrag vor dessen Durchführung klar abgegrenzt sein, welche Tätigkeiten er als Subunternehmer und welche er als Geschäftsführer zu erledigen hat. Nicht erforderlich, aber dienlich ist eine schriftliche Abgrenzung unabhängig vom einzelnen Fall. 5885

Maßstab für die unternehmerische Entscheidung ist der **ordentliche und gewissenhafte Geschäftsleiter**, der i. d. R. alle sich der Gesellschaft bietenden Geschäftschancen nutzen und nach den Umständen entscheiden wird, ob es für die Gesellschaft günstiger ist, sie mit eigenen Mitteln oder durch einen Subunternehmer zu nutzen. Dabei wird er sich für die Alternative entscheiden, bei der die voraussichtlichen Kosten und Risiken geringer oder jedenfalls nicht höher sind als bei der anderen Möglichkeit. Sie wird den Gesellschafter bzw. Geschäftsführer nicht als **Subunternehmer** beauftragen, wenn ihr selbst die erforderlichen personellen und sachlichen Mittel zur Verfügung stehen, die sonst ungenutzt blieben, oder wenn der Geschäftsführer als Subunternehmer gegen ein zusätzliches Entgelt beauftragt wird, wenn sie die Leistung bereits aus dem Geschäftsführervertrag beanspruchen kann; es kann aber auch in solchen Fällen die Beauftragung eines Subunternehmers aus betrieblichen Gründen veranlasst sein, um das Risiko der GmbH zu begrenzen.[2] Entspricht danach die Einschaltung des Gesellschafters bzw. Gesellschafter-Geschäftsführers als selbständigem Subunternehmer dem Sorgfaltsmaßstab, kann das (zulässige) Entgelt nicht nur in der Kostenerstattung, sondern auch in einem angemessenen Gewinnaufschlag liegen. 5886

Es können sich aber auch Auswirkungen auf das Gehalt ergeben. Daher liegt andererseits eine vGA vor, wenn die Einschaltung als Subunternehmer nur dazu dient, dem Gesellschafter-Geschäftsführer ein höheres Entgelt zu zahlen als in seiner Eigenschaft als Geschäftsführer; soweit die Beauftragung als Subunternehmer ungünstiger ist als die Wahrnehmung des Geschäfts mit eigenen Mitteln, liegt eine vGA in Höhe des der GmbH entgangenen Gewinns vor.[3]

1 Vgl. auch Gosch, KStG, § 8 Rz. 851 ff.

2 BFH v. 9.7.2003 - I R 100/02, BFH/NV 2003 S. 1666, NWB YAAAA-71701.

3 BFH v. 12.10.1995 - I R 127/94, BFH/NV 1996 S. 81, NWB OAAAA-96759; v. 13.11.1996 - I R 149/94, BFHE 181 S. 494, NWB EAAAA-96771.

5887 Allerdings darf der GmbH (aus steuerlichen Gründen und zur Vermeidung einer sonst drohenden vGA) **kein Geschäft aufgedrängt werden**, das sie von sich aus nicht gemacht hätte, etwa, weil es nicht zu ihrem Unternehmensgegenstand oder zum Kreis der von ihr regelmäßig wahrgenommenen Geschäfte gehört oder weil es in unerwünschtem Maße Kapital bindet oder Risiken in sich birgt. Geschäftschancen hieraus darf sie ihrem Gesellschafter überlassen.[1]

5888 Schließt der Gesellschafter oder Gesellschafter-Geschäftsführer **unmittelbar** mit einem **Dritten Geschäfte auf eigene Rechnung** ab, kann eine vGA vorliegen, wenn er dabei eine der GmbH zuzuordnende Geschäftschance im Sinne einer schützenswerten Position der GmbH ausnutzt. Dies setzt indes die Feststellung voraus, ob sich die Möglichkeit, das Geschäft zu machen, bereits so verdichtet hat, dass sie für die GmbH bereits eine vermögenswerte Position darstellt. Dies ist nach Maßstäben des Fremdvergleichs anzunehmen, wenn der Geschäftsabschluss für die GmbH greifbar nahe ist, wenn im Hinblick auf das angebahnte Geschäft bereits Aufwendungen gemacht wurden, die der Gesellschafter erspart, oder wenn die Verfolgung der Geschäftschance Informationen voraussetzt, über die nur die GmbH verfügt und die sie einem fremden Dritten nicht ohne Entgelt überlassen hätte.[2]

bb) Beispielsfälle für Geschäftschancen

5889 Damit fallen unter die der GmbH zuzuordnenden Geschäftschancen solche, die sich aus dem **rechtlichen und wirtschaftlichen Eigentum** und **vertraglichen Rechtspositionen der GmbH ergeben**, aber auch solche, die sich im Zusammenhang mit der Tätigkeit der GmbH eröffnen, weil sie ein ordentlicher und gewissenhafter Geschäftsleiter nicht für sich, sondern für die Gesellschaft ausnutzen würde.

5890 Schädlich ist danach z. B.:

- das Ausnutzen von Informationen der GmbH (auch wenn der Geschäftsführer sie durch seine Tätigkeit für die Gesellschaft erworben hat) und des eigenen Knowhows der Gesellschaft,
- die eigennützige Wahrnehmung eines der GmbH zustehenden Ankaufsrechts zu einem günstigen Preis,
- das Ausnutzen von von der Gesellschaft entwickelten Produkt- und Dienstleistungskonzepten,
- das Ausnutzen der Geschäftschancen aus laufenden Geschäftsverbindungen mit Kunden und Lieferanten und Kundenanfragen, Werbemaßnahmen der GmbH,
- das Ausnutzen mit Kunden für die GmbH geführter Korrespondenz und Verhandlungen.

5891 **Nicht** zu den **vermögenswerten Rechtspositionen** der GmbH gehören aber **Geschäftschancen**, die sich dem **Gesellschafter oder Geschäftsführer ohne Beziehung zur GmbH bieten**, z. B. bei Gelegenheit einer ihm zugestandenen Nebentätigkeit für eigene Rech-

1 BFH v. 12.6.1997 - I R 14/96, BFHE 183 S. 459, NWB ZAAAA-98426.
2 BFH v. 11.6.1996 - I R 97/95, NWB NAAAA-96768; v. 10.7.1996 - I R 108-109/95, BStBl 1997 II S. 230.

nung oder im privaten Bereich der Verwaltung eigenen Vermögens oder privater Spekulationsgeschäfte. Zu fordern ist auch eine Identität der vom Gesellschafter genutzten und der der GmbH sich bietenden Geschäftschance. So ist der Kauf notleidender Forderungen gegen die Gesellschaft nicht identisch mit der Möglichkeit der GmbH, gegen eine Ablösezahlung einen Forderungserlass zu bekommen,[1] weil der Forderungskauf etwas anderes ist als der Forderungserlass.

Für die Zuordnung von Geschäftschancen sind schriftliche **Abgrenzungsvereinbarungen** 5892
zwar **nützlich**, sie können jedoch nicht beliebig getroffen werden. Denn die Zuordnung ergibt sich aus den Wertungen des Steuerrechts, über die die Beteiligten nicht verfügen können. So können etwa Abgrenzungen nach Kunden oder bestimmten Arten von Geschäften nicht toleriert werden, weil die GmbH nach Maßstäben des ordentlichen und sorgfältigen Geschäftsleiters nicht von vornherein auf Geschäfte mit bestimmten Gruppen von Kunden oder bestimmter Art verzichten wird, z. B. bei einer Versicherungsagentur in der Rechtsform einer GmbH auf das Privatkundengeschäft oder den Bereich der Sachversicherungen.

Dennoch ist eine schriftlich getroffene Abgrenzungsregelung zu empfehlen, wenn der 5893
Gesellschafter-Geschäftsführer zulässigerweise als **Subunternehmer** beauftragt wird, damit feststeht, inwieweit er für die GmbH in seiner Organstellung als Geschäftsführer oder auf eigene Rechnung tätig wird. Ist er zugleich beherrschender Gesellschafter, muss vorher klar und eindeutig festgelegt werden, ob er auf schuldrechtlicher oder gesellschaftsrechtlicher Grundlage tätig wird und wie die Höhe der Vergütung und die Modalitäten der Abrechnung aussehen sollen; ein schriftlicher Vertrag ist nicht unbedingt erforderlich, ein dies dokumentierender Gesellschafterbeschluss kann ausreichen.[2]

Zu beachten ist aber bei allen Nebentätigkeiten des Gesellschafter-Geschäftsführers (ob 5894
als Subunternehmer für die GmbH oder auf eigenem Geschäftsfeld), dass die GmbH mit seiner Anstellung den Anspruch erwirbt, dass der Geschäftsführer für das angemessene Gehalt der Gesellschaft seine volle Arbeitskraft zur Verfügung stellt. Übt der Geschäftsführer in **nennenswertem Umfang Tätigkeiten daneben** aus, kann sich die Frage stellen, ob die tatsächlich für die Gesellschaft erbrachte Arbeitsleistung noch seiner **Gesamtausstattung** entspricht. Sie kann deshalb auf den seiner (eingeschränkten) Arbeitsleistung **angemessenen Betrag zu reduzieren** sein.[3]

(*Einstweilen frei*) 5895–5910

6. Gesellschaftsverhältnisse zwischen GmbH und Gesellschafter

LITERATUR:

Schulze zur Wiesche, Die GmbH & Co. KG und verdeckte Gewinnausschüttung, BB 2005 S. 1137.

1 BFH v. 30.1.2002 - I R 13/01, BFH/NV 2002 S. 1172, NWB RAAAA-68106.

2 BFH v. 17.12.2003 - I R 25/03, BFH/NV 2004 S. 819, NWB CAAAB-20236.

3 BFH v. 17.12.2003 - I R 25/03, BFH/NV 2004 S. 819, NWB CAAAB-20236.

a) GmbH & Co. KG

5911 Die typische GmbH & Co.KG, bei der die Gesellschafter der Komplementär-GmbH zugleich Kommanditisten sind, unterliegt als Personenhandelsgesellschaft (Mitunternehmerschaft) den Regeln des § 15 Abs. 1 Nr. 2 EStG. Die **Geschäftsanteile** gehören zum **Sonderbetriebsvermögen der Gesellschafter** bei der **KG** und die **Ausschüttungen** sind als **Sonderbetriebseinnahmen** gewerbliche Einkünfte der Gesellschafter. Die GmbH bleibt aber KSt-Subjekt, so dass es bei ihr auch zu vGA kommen kann, die bei den Kommanditisten wieder als Sonderbetriebseinahmen zu erfassen sind. Da die Kommanditisten das Unternehmen in dieser Rechtsform beherrschen, können sie ein Interesse haben, die Rechte der Komplementär-GmbH einzuschränken, um sich dadurch über die KG als Kommanditisten Vorteile zu verschaffen,[1] wobei insbesondere eine unangemessene Gewinnverteilung und eine spätere Verschlechterung der Gewinnbeteiligung zu vGA führen können.[2] VGA können ihren Grund aber auch in überhöhten Tätigkeitsvergütungen haben, die an den Gesellschafter-Geschäftsführer gezahlt werden, obwohl sie beim Kommanditisten wieder als Sonderbetriebseinnahmen erfasst werden, oder wenn die GmbH Gehälter ohne Anstellungsvertrag zahlt.

b) Angemessenheit der Gewinnverteilung

5912 Die **vereinbarte Gewinnverteilung** bei der GmbH & Co.KG ist i.d.R. auch steuerlich anzuerkennen, wenn der GmbH auf Dauer Ersatz ihrer Auslagen gewährt und eine Gewinnbeteiligung eingeräumt wird, die ihre Leistungen (Kapitaleinsatz, Arbeitsleistung, Risikoübernahme) angemessen berücksichtigt. Grundlage hierfür ist, dass die **Komplementär-GmbH** die **Geschäfte der KG führt** und als **persönlich haftende Gesellschafterin das Haftungsrisiko** übernimmt, so dass ihr die für die Geschäftsführung entstandenen Kosten (Personalkosten, Geschäftsausstattung, Verwaltungskosten) zu erstatten sind und ein Ausgleich für das Haftungsrisiko zu gewähren ist, mit der sich auch eine aus fremden Personen bestehende GmbH zufrieden gegeben hätte.

Als Haftungsentgelt hält die FinVerw in Anlehnung an den BFH[3] einen Betrag von 6 % des Haftungskapitals (= Stammkapital + Rücklagen sowie Gewinn- und Verlustvortrag) für angemessen. Von Bedeutung ist auch, ob die Vergütung gewinnabhängig ist oder auch in Verlustjahren der KG zu bezahlen ist. Ist die Vergütung gewinnabhängig, muss sie entsprechend höher sein, um einen Ausfall in Verlustjahren ausgleichen zu können, was für sich genommen noch keine vGA darstellt.[4] Ausschlaggebend ist, ob auf längere Sicht ein angemessenes Haftungsentgelt erreicht wird. Hat die GmbH keine Kapitaleinlage in die KG erbracht, reicht es aus, wenn die GmbH neben der Auslagenerstattung einen Gewinnanteil erhält, der im Durchschnitt einer üblichen Avalprovision entspricht.

1 Vgl. BFH v. 27.2.1992 - IV R 69/91, BFH/NV 1993 S. 386, NWB OAAAA-97248.
2 BFH v. 29.3.2000 - I R 85/98, BFH/NV 2000 S. 1247, NWB HAAAA-65377.
3 Vom 3.2.1977 - IV R 122/73, BStBl 1977 II S. 346.
4 BFH v. 24.7.1990 - VIII R 290/84, BFH/NV 1991 S. 191, NWB RAAAB-31873.

c) Korrektur der vGA

Bekommt die GmbH nach diesen Grundsätzen einen zu niedrigen Gewinnanteil, ist steuerlich davon auszugehen, als hätte die GmbH den angemessenen (höheren) Gewinnanteil und die Kommanditisten einen entsprechenden (niedrigeren) Anteil erhalten, die GmbH aber die Differenz zwischen dem angemessenen und dem tatsächlich vereinbarten Gewinnanteil verdeckt an die Kommanditisten ausgeschüttet, der bei ihnen als Sonderbetriebseinnahmen (gewerbliche Einkünfte) bei der KG zu erfassen ist, wenn die Geschäftsanteile an der GmbH zum Sonderbetriebsvermögen bei der KG gehören. Dies ist dann der Fall, wenn sich die Tätigkeit der GmbH auf die Geschäftsführung bei der KG beschränkt oder wenn ein daneben bestehender eigener Geschäftsbetrieb der GmbH von ganz untergeordneter Bedeutung ist. Im Ergebnis ändert sich also an der Gewinnbeteiligung der Kommanditisten nichts, das **Einkommen der GmbH** erhöht sich aber um die **vGA**, ebenso der **Gesamtgewinn der Mitunternehmerschaft**. Daneben sind wegen der Annahme von Sonderbetriebsvermögen auch die Erträge aus der GmbH-Beteiligung als Sonderbetriebseinnahmen zu erfassen, wobei allerdings eine phasengleiche Erfassung der Gewinnansprüche gegen die GmbH nicht mehr in Betracht kommt.[1] 5913

Die Korrekturen haben im einheitlichen Gewinnfeststellungsverfahren bei der KG zu erfolgen, wobei nach § 15 Abs. 1 Nr. 2 EStG auch die Gehälter für die Geschäftsführung der KG einzubeziehen sind. Sind diese unangemessen hoch, können auch hieraus vGA entstehen, die zu korrigieren sind. 5914

BEISPIEL: Nach dem Gewinnverteilungsschlüssel der GmbH & Co. KG erhalten die GmbH 10 % und die Kommanditisten jeweils 45 % des Gewinns von 100.000 €. Die Kommanditisten sind zu je 50 % an der GmbH beteiligt, deren angemessener Gewinnanteil jedoch 20 % betragen sollte. Die Gesellschafter sind zugleich Geschäftsführer der GmbH und erhalten ein angemessenes Gehalt von je 50.000 €, das der GmbH vorab zu Lasten des Handelsbilanzgewinnes erstattet wird.

LÖSUNG: Nach der vereinbarten Verteilung des Ergebnisses von 100.000 € bekommen die Kommanditisten jeweils 45.000 € und die GmbH 10.000 €. Steuerlich sieht die Gewinnverteilung so aus:

Kommanditisten: Anteil am Handelsbilanzgewinn 40.000 € + vGA 5.000 € + Gehalt 50.000 € = jeweils 95.000 €.

GmbH: Gewinnanteil 20.000 € + Sonderbetriebseinnahme „Vergütung für Geschäftsführung" 100.000 € ./. Sonderbetriebsausgabe „Gehalt Geschäftsführer" 100.000 € = 20.000 €.

Gesamtgewinn der Mitunternehmerschaft: 210.000 €.

Die vGA bleibt bei den Kommanditisten nach § 3 Nr. 40 EStG jeweils zu 40 % steuerfrei, das Gehalt ist bei Kommanditisten unmittelbar nach § 15 Abs. 1 Nr. 2 EStG als Gewinnanteil zu erfassen.

d) Änderung der Gewinnverteilung und ähnliche Fälle

Auch aus der **Änderung der Gewinnverteilungsabrede** und der Beteiligungsverhältnisse können vGA entstehen. Wesentlich ist, ob ein gewissenhafter und ordentlicher Ge- 5915

1 Abhängigkeit dieser Ansprüche von der Fassung eines Gewinnverteilungsbeschlusses bei der GmbH, vgl. BFH v. 7.8.2000 - GrS 2/99, BStBl 2000 II S. 632.

schäftsleiter der Komplementär-GmbH einer Verschlechterung zugestimmt hätte. Regelmäßig ist davon auszugehen, dass gegenüber einem nicht gesellschaftlich verbundenen Dritten auf einer Einhaltung des Vertrags gepocht und eine Verschlechterung nicht hingenommen worden wäre, es sei denn, besondere – von der GmbH darzulegende – Umstände, wie z. B. die drohende Kündigung des Gesellschaftsvertrags und der damit einhergehende Verlust des gesamten Gewinnanteils, hätten Geschäftsleiter nach Fremdvergleichsmaßstäben der Änderung der Gewinnverteilungsabrede zustimmen lassen.[1] Besondere Gründe können neben der kurzfristigen Kündigungsmöglichkeit auch der drohende Entzug wesentlicher Betriebsgrundlagen (Patente, Know-how) sein, die dem Kommanditisten gehören und auf dem Markt nicht gleichwertig beschafft werden können, oder das drohende Ausscheiden des (nicht vollwertig ersetzbaren) Kommanditisten, wenn seine Tätigkeitsvergütung nicht erhöht werden sollte.

5916 Zu ähnlichen Effekten kann es führen, wenn die **GmbH** an einer **Kapitalerhöhung** der KG **ohne rechtlichen oder tatsächlichen Zwang nicht teilnimmt** und es dadurch zu einem unentgeltlichen Übergang eines Bruchteils der Kommanditbeteiligung von der GmbH auf den Kommanditisten kommt, bei der u. U. auch ein anteiliger Geschäftswert übergeht. Eine vGA dieser Art ist als einmaliger Vorgang zu erfassen, weil die künftige Gewinnverteilung den neuen Beteiligungsverhältnissen entspricht.

5917 Eine vGA kann auch aus Verkehrsgeschäften zwischen dem Kommanditisten und der KG entstehen, wenn die KG ein unangemessen niedriges Entgelt oder der Gesellschafter ein zu hohes Entgelt bekommt. Insofern wird der Gewinnanteil der GmbH geschmälert, was zu einer verhinderten Vermögensmehrung aus gesellschaftsrechtlichen Gründen führt. In Höhe der Beteiligungsquote der GmbH resultiert hieraus eine vGA an den Gesellschafter-Kommanditisten.

e) Typische und atypische stille Beteiligungen

5918 Für die atypische stille Gesellschaft zwischen GmbH und ihrem Gesellschafter, die steuerlich als Mitunternehmerschaft gilt, sind die für die GmbH & Co. KG geltenden Grundsätze entsprechend anzuwenden.[2]

5919 Bei stillen Beteiligungen der Gesellschafter oder ihnen nahe stehender Personen können vGA entstehen, wenn die Gewinnbeteiligung des stillen Gesellschafters unangemessen hoch ist. Die durch die Passivierung des überhöhten Teils des Gewinnanspruchs entstehende Vermögensminderung ist außerhalb der Bilanz nach § 8 Abs. 3 Satz 2 KStG wieder hinzuzurechnen.

5920–5930 (*Einstweilen frei*)

7. Risikogeschäfte

5931 **Risikogeschäfte** wie Warentermin-, Options- und Devisengeschäfte und Börsenspekulationen, welche im Namen und für Rechnung der GmbH durchgeführt werden, stellen

1 Vgl. BFH v. 25.11.1976 - IV R 38/73, BStBl 1977 II S. 477; v. 27.2.1992 - IV R 69/91, BFH/NV 1993 S. 386, NWB OAAAA-97248.

2 FG Brandenburg v. 15.5.2002 - 2 K 1964/00, EFG 2002 S. 1118, NWB LAAAB-06940.

regelmäßig **keine vGA** dar,[1] und zwar auch dann nicht, wenn Geschäfte dieser Art mit dem satzungsmäßigen Unternehmensgegenstand nichts zu tun haben und mit einem hohen Risiko verbunden sind. Der GmbH ist es unbenommen, jederzeit ihren Geschäftsbereich einzuschränken oder zu erweitern.[2] Auch wenn der Geschäftsführer solche Geschäfte im Namen und für Rechnung der GmbH tätigt, obwohl ihm dies vertraglich verboten ist, fehlt es bei Verlusten an der für die Annahme einer vGA erforderlichen objektiven Vorteilseignung.[3]

Etwas **anderes** gilt jedoch, wenn nur auftretende Verluste der GmbH, etwaige Gewinne jedoch dem Gesellschafter gutgeschrieben werden, oder wenn der Gesellschafter-Geschäftsführer die Geschäfte zunächst im eigenen Namen abgeschlossen hat und sie erst zu einem Zeitpunkt auf die GmbH verlagert werden, wenn sich konkrete Verluste abzeichnen.[4] Automatisch werden die Betriebsausgaben aber nicht in vGA umqualifiziert, sobald die Geschäfte einen bestimmten Risikograd übersteigen.[5] 5932

Eine Ausnahme von dem Grundsatz ist auch zu machen, wenn die GmbH als solche zur Befriedigung der privaten Spekulationsneigung des Gesellschafter-Geschäftsführers eingesetzt wird. Dann soll nach der Rechtsprechung[6] anhand der Abgrenzungskriterien zur Liebhaberei geprüft werden, ob es sich um der GmbH zuzuordnende, betrieblich veranlasste Geschäfte oder um vGA handelt. Entscheidend ist dabei, ob sich bei einer in die Zukunft gerichteten Betrachtungsweise die Tätigkeit als wirtschaftlich sinnvoll darstellt, ob ein wirtschaftlich brauchbares Konzept fehlt oder die Absicht, einen Totalgewinn zu erzielen. Die Rechtsprechung steht aber in gewissem Widerspruch zu der sonst verlangten Vorteilseignung, weil sich die erlittenen Verluste beim Gesellschafter-Geschäftsführer im Grunde nicht als potenzieller Kapitalertrag i.S.v. § 20 Abs. 1 Satz 1 Nr. 1 EStG auswirken können.[7]

Die Übernahme von Risikogeschäften kann allerdings **Schadensersatzansprüche** der GmbH begründen, wenn der Gesellschafter-Geschäftsführer ohne Einverständnis der übrigen Gesellschafter gehandelt hat. Dann kann eine vGA erst eintreten, wenn die Gesellschaft auf die **Geltendmachung des Anspruchs verzichtet**. Ansonsten begründen Risikogeschäfte etwa bei unternehmerischen Fehlentscheidungen keine Ersatzansprüche, es sei denn, es käme die Durchgriffshaftung wegen objektiv existenzbedrohender Gefährdung der GmbH in Betracht. 5933

Die FinVerw folgt mit Schreiben v. 14.12.2015[8] der BFH-Rechtsprechung. 5934

(*Einstweilen frei*) 5935–5950

1 BFH v. 8.8.2001 - I R 106/99, BStBl 2003 II S. 487; v. 31.3.2004 - I R 83/03, NWB AAAAB-25685.
2 Klein/Müller in: Mössner/Oellerich/Valta, KStG, § 8 Rz. 1814, m. w. N.
3 Gosch, KStG, § 8 Rz. 1176.
4 BFH v. 8.8.2001 - I R 106/99, BStBl 2003 II S. 487.
5 BFH v. 11.2.2003 - I B 159/01, BFH/NV 2003 S. 1093, NWB HAAAA-69878.
6 BFH v. 8.7.1998 - I R 123/97, BFH/NV 1999 S. 269, NWB HAAAA-97473; v. 15.5.2002 - I R 92/00, BFH/NV 2002 S. 1538, NWB EAAAA-69104.
7 Vgl. Gosch, KStG, § 8 Rz. 1177; Frotscher in: Frotscher/Drüen, KStG/UmwStG, Anhang § 8 „Risikogeschäfte".
8 BMF v. 14.12.2015 - IV C 2 - S 2742/07/1000, BStBl 2015 I S. 1091.

V. Gesellschafter als Geschäftsführer

LITERATUR:

Janssen, Verdeckte Gewinnausschüttungen, 12. Aufl. 2017, *Klein/Müller* in: Mössner/Oellerich/Valta, KStG, § 8 Rz. 1029 ff.

1. Wahlrecht

5951 Werden Gesellschafter für die GmbH als deren Geschäftsführer tätig, wie es bei der vom Eigentümer geführten GmbH regelmäßig der Fall ist, haben sie die Wahl, ob sie für die GmbH unentgeltlich tätig werden und damit Erfolgsbeiträge erbringen und dafür nur Gewinnanteile von der GmbH beziehen wollen oder ob sie der Gesellschaft ihre Dienste entgeltlich aufgrund eines Anstellungsverhältnisses zur Verfügung stellen und dafür eine Leistungsvergütung (Gehalt) beziehen wollen. Nicht nur zivilrechtlich, sondern auch steuerrechtlich ist es daher von zentraler Bedeutung, hierüber klare und eindeutige Regelungen zu treffen und – sofern man sich für ein Dienstverhältnis entschieden hat – im Anstellungsvertrag des Geschäftsführers die Vergütungsregelung äußerst sorgfältig, klar und eindeutig zu vereinbaren. Dabei kommt auch der Angemessenheit der Geschäftsführervergütung besondere Bedeutung zu, so dass die Vertragspartner sich Gedanken über die Vergütungshöhe und die einzelnen Bestandteile der Gesamtvergütung machen, die sich aus einem laufenden Festgehalt, jährlichen Einmalzahlungen wie Urlaubs- oder Weihnachtsgeld, einer variablen Vergütung wie Tantiemen und Gratifikationen, Sachbezügen (Kfz-Nutzung, Telefon) und Pensionszusagen (zur eigenen Versorgung und der seiner Hinterbliebenen) zusammensetzen kann.

5952 In Höhe der Gesamtausstattung selbst und ihrer Zusammensetzung lauern besondere steuerrechtliche Gefahren, weil sich einzelne Gehaltskomponenten schon dem Grunde nach als durch das Gesellschaftsverhältnis veranlasst darstellen können, oder aber sich einzelne Gehaltsbestandteile und die Gesamtvergütung als unangemessen hoch erweisen können, so dass sie als vGA zu behandeln sind. Dann treten die mit der Vereinbarung einer Leistungsvergütung häufig auch erstrebten steuerlichen Effekte abzugsfähiger Betriebsausgaben, die den Gewinn und den Gewerbeertrag mindern, nicht ein. Vielmehr sind die unangemessenen Teile des Gehalts zur Ermittlung des Einkommens der GmbH außerhalb der Bilanz hinzuzurechnen (§ 8 Abs. 3 Satz 2 KStG). Sie unterliegen der KSt und der GewSt und sind beim Gesellschafter-Geschäftsführer nicht als Arbeitslohn (§ 19 EStG), sondern als Einnahmen aus Kapitalvermögen (Beteiligungsertrag nach § 20 Abs. 1 Nr. 1 Satz 2 EStG) zu behandeln.

Die Umqualifizierung brachte im Teileinkünfteverfahren bei isolierter Betrachtung dem begünstigten Gesellschafter einen deutlichen steuerlichen Vorteil, weil anstelle einer Leistungsvergütung von 1.000 nur noch 600 versteuert werden müssen und damit je nach individuellem Steuersatz weniger Steuern bezahlt werden müssen (z. B. bei einem Steuersatz von 42 %: Weniger Steuer 210; bei 30 %: Weniger Steuer 150; bei 20 %: Weniger Steuer 100). Bei der GmbH tritt aber infolge der vGA eine deutliche Höherbelastung ein: Unterstellt man einen Hebesatz bei der GewSt von 450 und vernachlässigt man den SolZ, so beträgt die Steuerbelastung der vGA: 1.000 ./. GewSt 184 = Gewinn nach GewSt 816 ./. 25 % KSt von 204 = Gewinn nach Steuern 612, ergibt Steuerbelastung von 388. Hieraus ergibt sich insgesamt eine Mehrbelastung, die zu Lasten der GmbH und zu Lasten der anderen Gesellschafter geht, da für Ausschüttungen an sie weniger Gewinn zur Verfügung steht.

2. Angemessenes Gehalt

a) Prüfungsschema

5953 Die **Finanzämter** prüfen die Angemessenheit des Gehalts nach einem dreistufigen Prüfungsschema entsprechend dem BMF-Schreiben vom 14.10.2002,[1] das auch Beurteilungskriterien zur Angemessenheitsprüfung vorgibt. Das Schema folgt der auf die einzelnen Vergütungskomponenten bezogenen Unterscheidung zwischen der Prüfung der gesellschaftlichen Veranlassung dem Grunde und der Höhe nach sowie der Prüfung der Angemessenheit der Gesamtausstattung.

5954 In der ersten Stufe sind alle vereinbarten Vergütungsbestandteile einzeln danach zu beurteilen, ob sie (neben der betrieblichen Veranlassung) dem Grunde nach (auch) durch das Gesellschaftsverhältnis veranlasst sind. Ist dies der Fall, führt die Vermögensminderung, die sich durch die Vereinbarung ergibt, in vollem Umfang zu einer vGA. Beispiele hierfür sind Gehaltszahlungen an den beherrschenden Gesellschafter-Geschäftsführer, die nicht im Voraus klar und eindeutig vereinbart sind, liquiditätsabhängige Gehaltszahlungen,[2] nicht mit dem Aufgabenbild des Geschäftsführers zu vereinbarende Überstundenvergütungen (vgl. Rz. 6001), gegen das Erfordernis der Wartezeit verstoßende oder nicht finanzierbare Pensionszusagen (vgl. Rz. 6112) sowie zeitlich unbefristete Nur-Tantiemezusagen (vgl. Rz. 6061).

5955 Auf der **zweiten** Stufe wird geprüft, ob die verbleibenden Vergütungsbestandteile der Höhe nach als durch das Gesellschaftsverhältnis veranlasst anzusehen sind, z. B., ob die inzwischen relativierte Beschränkung einer Gewinntantieme auf 25 % zum Festgehalt eingehalten ist (vgl. Rz. 6041). Eine vGA liegt dann nur vor, soweit die gesellschaftliche Veranlassung reicht, also in Höhe des unangemessenen Betrags.

5956 Auf der **dritten** Stufe sind schließlich die verbliebenen, nicht durch das Gesellschaftsverhältnis veranlassten Vergütungen daraufhin zu prüfen, ob sie in der Summe als angemessen angesehen werden können. Soweit die Gesamtvergütung die Grenze der Angemessenheit übersteigt, handelt es sich um eine vGA. Bei nicht zeitgleicher Vereinbarung der einzelnen Vergütungsbestandteile wird der die Angemessenheitsgrenze übersteigende Betrag regelmäßig dem bzw. den zuletzt vereinbarten Vergütungsbestandteilen zugeordnet. Bei zeitgleicher Vereinbarung der einzelnen Vergütungsbestandteile ist der übersteigende Betrag nach sachgerechten Kriterien (z. B. quotal) auf die einzelnen Vergütungsbestandteile zu verteilen.

5957 Es ist aber darauf hinzuweisen, dass der BFH diesem Prüfungsschema nicht folgt. Zwar bezieht sich die Angemessenheitsprüfung der Höhe nach (partielle vGA) auch auf den jeweiligen Vergütungsbestandteil, vor allem ist aber maßgebend, ob die Gesamtausstattung des Geschäftsführers unter Einschluss aller Vergütungsbestandteile angemes-

1 BStBl 2002 I S. 972; eine Checkliste bei Klein/Müller in: Mössner/Oellerich/Valta, KStG, § 8 Rz. 1029.

2 BFH v. 23.10.2002 - I B 122/01, BFH/NV 2003 S. 349, NWB HAAAA-69852.

sen ist. Eine „Vorabprüfung" der Angemessenheit der jeweiligen Einzelbestandteile hält der BFH grundsätzlich für nicht gerechtfertigt.[1]

b) Betriebliche Veranlassung dem Grunde nach

5958 Bereits die **Anstellung des Gesellschafters als Geschäftsführer** muss **betrieblich veranlasst** sein, was i.d.R. dann gegeben ist, wenn der Gesellschafter über die erforderlichen Kenntnisse und Erfahrungen verfügt. Gegen die betriebliche Veranlassung kann sprechen, wenn der Gesellschafter-Geschäftsführer nur mit Tätigkeiten betraut wird, die normalerweise nicht der Geschäftsführer erledigt (z.B. Buchhaltungsarbeiten). Die Differenz zwischen dem für solche Arbeiten angemessenen Gehalt und dem höheren Geschäftsführergehalt stellt eine vGA dar.[2] Auch muss die übertragene Geschäftsführung persönlich erfüllt werden und kann nicht durch einen Dritten erbracht werden.[3] In diesem Fall war die Ehefrau zwar als Geschäftsführerin angestellt worden, verfügte aber weder über die erforderlichen Fachkenntnisse noch – wegen der Kinderbetreuung – über die nötige Zeit, um die Aufgaben wahrnehmen zu können, während der Ehemann tatsächlich alle Aufgaben erledigte, aber nicht angestellt wurde, weil sonst die Gläubiger sein Gehalt gepfändet hätten.

5959 Für den **Abschluss des Geschäftsführervertrags** und damit auch für die **Vereinbarung des Gehalts** ist bei der **GmbH die Gesellschafterversammlung** berufen (§46 Nr.5 GmbHG), **nicht** etwa der **Mitgeschäftsführer.**[4] Diese Regel gilt entsprechend auch für die **Erhöhung des Gehalts**. Ausreichend für eine Vereinbarung ist auch ein Gesellschafterbeschluss, bei dem im Übrigen der Gesellschafter, um dessen Anstellungsvertrag oder dessen Änderung es geht, nicht von der Beschlussfassung ausgeschlossen ist. Im Gesellschafterbeschluss liegt ein Angebot, das der Gesellschafter-Geschäftsführer mit seiner Zustimmung in der Gesellschafterversammlung annimmt.[5] Bei der Einmann-GmbH wird der Anstellungsvertrag durch Selbstkontrahierung abgeschlossen. Insbesondere beim **beherrschenden Gesellschafter-Geschäftsführer** ist auf die **Einhaltung** der **formalen Erfordernisse** für die wirksame Vereinbarung des Anstellungsvertrags oder seiner Änderungen **zu achten.**

5960 Die **Gehaltsvereinbarung muss tatsächlich durchgeführt**, also das Gehalt zu den üblichen Terminen ausgezahlt werden. Geschieht dies nicht, liegt auch bei einer klaren, eindeutigen und im Voraus getroffenen Vereinbarung eine vGA vor.[6] Da Gehälter üblicherweise monatlich gezahlt werden, legt eine nur jährliche Verbuchung und Auszahlung die Annahme nahe, dass es sich um eine Gewinnausschüttung und nicht um Gehalt handelt. Allerdings kann die Gehaltszahlung durch Aufrechnung erfüllt werden, was aber voraussetzt, dass die Aufrechnung tatsächlich erklärt wird. Aufrechenbare

1 Vgl. BFH v. 27.2.2003 - I R 46/01, BStBl 2004 II S.132; v. 4.6.2003 - I R 24/02, BStBl 2004 II S.136.
2 BFH v. 4.6.2003 - I R 38/02, BStBl 2004 II S.139.
3 BFH v. 29.10.1997 - I B 9/97, BFH/NV 1998 S.749, NWB MAAAB-38813.
4 BFH v. 31.5.1995 - I R 64/94, BStBl 1996 II S.246.
5 BFH v. 11.12.1991 - I R 49/90, BStBl 1992 II S.434.
6 BFH v. 29.7.1992 - I R 28/92, BStBl 1993 II S.247; v. 13.11.1996 - I R 53/95, BFH/NV 1997 S.622, NWB UAAAB-38015.

Gegenansprüche allein reichen nicht aus.[1] Keine steuerliche Anerkennung findet auch die Vereinbarung mit der Klausel, das Gehalt sei zu zahlen, wenn es die Liquiditätslage der GmbH erlaube.[2] Wird das Gehalt aber nicht ausgezahlt, weil sich die GmbH in finanziellen Schwierigkeiten befindet, bedeutet dies nicht unbedingt eine vGA. Gleiches gilt, wenn der fällige Gehaltsanspruch in ein Darlehen umgewandelt wird; dann muss aber das offene Gehalt nicht nur als Verbindlichkeit passiviert, sondern auch ein Darlehensvertrag mit einer üblichen Verzinsung geschlossen und durchgeführt werden. Auch die lohnsteuerlichen Konsequenzen müssen gezogen werden, weil die Umwandlung des Gehalts in ein Darlehen einen Zufluss des Arbeitslohns darstellt (§ 11 Abs. 1 EStG).

Die tatsächliche Durchführung ist für jeden VZ gesondert zu prüfen; wird die Gehaltsvereinbarung einmal nicht durchgeführt, ist die Vereinbarung für den Zeitraum anzuerkennen, in dem sie tatsächlich durchgeführt worden ist. Wird die Vereinbarung nur teilweise durchgeführt, weil nur ein Teil des Gehalts gezahlt wird, muss der durchgeführte Teil steuerlich anerkannt werden. 5961

Allgemein sollte zur Vermeidung des Risikos einer vGA darauf geachtet werden, dass die GmbH ihrem Gesellschafter-Geschäftsführer das Gehalt regelmäßig zu den Zahlungsterminen dem Grunde und der Höhe nach vereinbarungsgemäß zahlt; kommt es zu Unregelmäßigkeiten und Abweichungen vom Anstellungsvertrag, wird dies meist als Indiz für ein nicht ernsthaft gewolltes Anstellungsverhältnis und die gesellschaftsrechtliche Veranlassung der Zahlungen gewertet. 5962

c) Angemessenheit der Gesamtausstattung

Bei der Angemessenheitsprüfung ist von den **gesamten Bezügen** des Gesellschafter-Geschäftsführers (Bruttogehalt und Nebenleistungen wie Urlaubsgeld, Weihnachtsgratifikation, Sachbezüge, Tantiemen, Leistungen zur sozialen Sicherung wie Zuschüsse zur Kranken-, Pflege-, Renten- oder Lebensversicherung und Pensionszusage mit dem Wert einer fiktiven Jahresprämie) auszugehen und die Angemessenheit aus der Sicht des Zeitpunkts der Gehaltsvereinbarung zu prüfen.[3] 5963

Für die Angemessenheit der Bezüge des Gesellschafter-Geschäftsführers gibt es keine festen Regeln oder Grenzen. Die obere Grenze ist vielmehr durch **Schätzung** im Einzelfall zu ermitteln, wobei der GmbH ein gewisser Spielraum kaufmännischen Ermessens eingeräumt ist. Beurteilungskriterien sind Art und Umfang der Tätigkeit (Branche, Betriebsgröße, Umsatz), Größe des Unternehmens, persönliche Fähigkeiten des Geschäftsführers und das Anforderungsprofil für die Tätigkeit, die Ertragsaussichten des Unternehmens, das Verhältnis des Geschäftsführergehalts zum Gewinn der GmbH und zur verbleibenden Kapitalverzinsung sowie Art und Höhe der Vergütungen, die im gleichen Betrieb an Nichtgesellschafter (und nicht nahe stehenden Personen) gezahlt werden, und Vergütungen, die gleichartige Unternehmen ihren Geschäftsführern für entsprechende Leistungen bezahlen. Nach dem BMF-Schreiben v. 14.10.2002[4] soll für Art und 5964

1 BFH v. 21.3.2001 - I B 31/00, BFH/NV 2001 S. 1149, NWB SAAAA-66675.

2 BFH v. 23.10.2002 - I B 122/01, BFH/NV 2003 S. 349, NWB HAAAA-69852.

3 BFH v. 4.6.2003 - I R 38/02, BStBl 2004 II S. 139.

4 BStBl 2002 I S. 972.

Umfang der Tätigkeit in erster Linie die Größe des Unternehmens bestimmend sein. Da mit zunehmender Größe des Unternehmens Arbeitseinsatz und Verantwortung steigen, kann dementsprechend auch das angemessene Gehalt höher liegen. Die Unternehmensgröße ist vorrangig nach Umsatz und Zahl der Beschäftigten zu bestimmen.

5965 Die Prüfung der Angemessenheit führt i. d. R. nicht zu einem bestimmten Gehaltsbetrag, sondern es wird ein Rahmen **(Bandbreite)** gefunden, innerhalb der sich angemessene Beträge bewegen und den die GmbH ausschöpfen kann. Unangemessen und damit als vGA zu behandeln ist nur der Teil der Gesamtausstattung, der den oberen Rand der Bandbreite übersteigt.[1] Auch die FinVerw vermeidet feste Grenzen, nimmt aber ohne Anerkennung einer Freigrenze eine vGA dann an, wenn die tatsächliche Vergütung die Angemessenheitsgrenze um mehr als 20 % überschreitet, gesteht aber auch zu, dass geringfügige Überschreitungen des oberen Rands unschädlich sein können.

d) Beurteilungskriterien

5966 Wichtige Beurteilungskriterien für die Angemessenheitsprüfung sind: Art und Umfang der Tätigkeit, die künftigen Ertragsaussichten des Unternehmens, das Verhältnis des Geschäftsführergehalts zum Gesamtgewinn und zur verbleibenden Eigenkapitalverzinsung sowie Art und Höhe der Vergütungen, die im selben Betrieb gezahlt werden oder in gleichartigen Betrieben an Geschäftsführer für entsprechende Leistungen gewährt werden.

aa) Größe des Unternehmens

5967 Die **Größe des Unternehmens** bestimmt nach Auffassung der FinVerw[2] vorrangig Art und Umfang der Tätigkeit des Gesellschafter-Geschäftsführers. Je größer ein Unternehmen ist, desto höher kann das angemessene Gehalt des Geschäftsführers sein, weil mit der Größe eines Unternehmens auch Arbeitseinsatz, Anforderungen an die Tätigkeit (Erfahrung, Menschenführung, Risikobereitschaft) und Verantwortung steigen. Die Unternehmensgröße hängt in erster Linie von der Umsatzhöhe und der Zahl der Arbeitnehmer ab.

bb) Nebentätigkeiten

5968 Nimmt der Geschäftsführer **neben der Geschäftsführerfunktion anderweitige unternehmerische Tätigkeiten** (z. B. als Einzelunternehmer oder tätiger Gesellschafter in einer Personengesellschaft) wahr oder ist er gleichzeitig auch Geschäftsführer einer anderen Kapitalgesellschaft, ist das bei der Höhe der von der GmbH zu zahlenden Vergütung zu beachten, weil er dann nicht jeder Gesellschaft seine ganze Arbeitskraft zur Verfügung stellt. Die Angemessenheitsgrenze entspricht bei der betreffenden Gesellschaft dem Umfang, in dem der Gesellschafter-Geschäftsführer jeweils für die konkrete Gesellschaft tätig ist. Eine Reduzierung des Gehalts ist dann nicht erforderlich, wenn der Geschäftsführer in der GmbH Leistungen erbringt, für die das gezahlte Gehalt eine angemessene Gegenleistung darstellt. Eine Gehaltsanpassung nach unten ist auch

1 BFH v. 27.2.2003 - I R 46/01, BStBl 2004 II S. 132; v. 4.6.2003 - I R 24/02, BStBl 2004 II S. 136.

2 BMF v. 14.10.2002 - IV A 2 - S 2742 - 62/02, BStBl 2002 I S. 972.

nicht erforderlich, wenn der Gesellschafter-Geschäftsführer zusätzlich eine weitere Tätigkeit übernimmt, für die GmbH aber die geschuldete Arbeitskraft in unverändertem Umfang für das hierfür angemessene Entgelt einsetzt.[1] Steigt aber die Gesamtvergütung über die Grenze der Angemessenheit für die Gesamtleistung des Geschäftsführers, kann eine Reduzierung erforderlich sein.[2]

cc) Mehrere Geschäftsführer

Setzt die GmbH **zwei oder mehrere Geschäftsführer** ein, die sich die Verantwortung und den Arbeitseinsatz für die GmbH teilen, kann ein niedrigeres Gehalt als bei einem Alleingeschäftsführer bei einem sonst vergleichbaren Unternehmen gerechtfertigt sein. Jedenfalls sieht die FinVerw vor allem bei kleineren Gesellschaften, auch wenn sie ertragsstark sind, Veranlassung für einen Abschlag, indem sie unterstellt, dass Anforderungen und Arbeitseinsatz des einzelnen Geschäftsführers geringer sind als bei einem Alleingeschäftsführer und dass von dem einzelnen Geschäftsführer im Regelfall deshalb auch solche Aufgaben wahrgenommen werden, die bei vergleichbaren Gesellschaften nicht von Geschäftsführern erledigt werden.[3] Dies ist aber nicht zwingend. Vielmehr können auch Gehaltszuschläge gerechtfertigt sein, weil durch die Aufteilung auf mehrere Geschäftsführer Aufgaben effektiver erledigt und spezialisierte Kenntnisse eingebracht werden können.[4] Es kommt auf den Einzelfall an, eine pauschale Kürzung muss nicht unbedingt hingenommen werden. 5969

dd) Ertragssituation

Die **Ertragssituation** stellt neben der Unternehmensgröße das entscheidende Kriterium für die Prüfung der Angemessenheit dar. Maßgebend ist hierbei vor allem das Verhältnis der Gesamtausstattung des Geschäftsführergehalts zum Gesamtgewinn der Gesellschaft und zur verbleibenden Eigenkapitalverzinsung. Ein ordentlicher und gewissenhafter Geschäftsleiter würde bei der Festlegung der Gesamtbezüge des Geschäftsführers sicherstellen, dass der GmbH auch nach Zahlung der Bezüge mindestens eine **angemessene Verzinsung des** (gesamten eingesetzten) **Eigenkapitals** verbleibt. Wird nahezu der **gesamte** Gewinn der GmbH durch die Gesamtvergütung „abgesaugt“, ist dies ein gewichtiges Indiz für die Annahme einer unangemessenen Gesamtvergütung. Eine vGA kann vorliegen, wenn die Bezüge nach dem Gewinn der Gesellschaft bemessen werden oder bei mehreren Gesellschafter-Geschäftsführern nicht nur nach den Leistungen, sondern auch nach der Kapitalbeteiligung abgestuft werden oder so hoch sind, dass nach Abzug der Geschäftsführerbezüge eine angemessene Rendite für die Kapitalgesellschaft auf die Dauer nicht übrig bleibt. 5970

Die GmbH muss sich auch nicht mit einer angemessenen Verzinsung ihres eingesetzten Kapitals zugunsten des Geschäftsführers zufrieden geben: Der Geschäftsführer arbeitet für die GmbH und nicht umgekehrt; deshalb muss ein wesentlicher Teil des vom Geschäftsführer herbeigeführten geschäftlichen Erfolgs der GmbH zugute kommen. Fließt 5971

1 BFH v. 18.8.1999 - I R 10/99, BFH/NV 2000 S. 225, NWB SAAAA-63026.

2 BFH v. 27.2.2003 - I R 46/01, BStBl 2004 II S. 132.

3 BMF v. 14.10.2002 - IV A 2 - S 2742 - 62/02, BStBl 2002 I S. 972.

4 Vgl. BFH v. 4.6.2003 - I R 38/02, BStBl 2004 II S. 139.

der Ertrag, der eine angemessene Eigenkapitalverzinsung übersteigt, als Gehalt an den Gesellschafter-Geschäftsführer, oder führen Umsatzsteigerungen nicht zu Gewinnerhöhungen, weil sie durch entsprechende Gehaltserhöhungen „ausgeglichen" werden, so spricht dies für das Vorliegen einer vGA. Deshalb rechtfertigt die **Mindestverzinsung** des eingesetzten Betrags es nicht, darüber hinausgehende Beträge in vollem Umfang als Geschäftsführergehalt auszukehren. Es ist Aufgabe der GmbH, Gewinne zu erzielen und die Gewinne nach Möglichkeit zu steigern; ein ordentlicher und gewissenhafter Geschäftsleiter wird deshalb dafür sorgen, dass die GmbH in entsprechendem Umfang am Gewinn teilnimmt.

5972 Ein **festes Verhältnis** zwischen dem der GmbH **verbleibenden Gewinn** und der **Höhe des Geschäftsführergehaltes** lässt sich **nicht** bilden, weil das Festgehalt im Grunde gewinnunabhängig ist und dem Geschäftsführer auch in Verlustjahren ein angemessenes Gehalt zusteht.[1] Da der Gewinn des Unternehmens der GmbH und nicht dem Geschäftsführer zuzuordnen ist, begegnen Maßstäbe zur Aufteilung des Gewinnes auf GmbH und Geschäftsführer im Verhältnis 1/3 zu 2/3[2] oder von 1/4 zu 3/4[3] Bedenken. Auch eine 50%-Grenze (Halbteilung) führt nicht immer zu sachgerechten Ergebnissen. Allerdings kann man die Praxis der FinVerw als **Vermutung der** Angemessenheit verstehen, wonach im Regelfall von der Angemessenheit der Gesamtausstattung der Geschäftsführerbezüge auszugehen ist, wenn der GmbH nach Abzug der Geschäftsführervergütung noch ein Jahresüberschuss vor Ertragsteuern in mindestens gleicher Höhe wie die Geschäftsführervergütungen verbleibt. Als **Faustregel** ist die hälftige Teilung des Gesamtgewinns zwischen GmbH und Geschäftsführer aber angemessen. Sind mehrere Gesellschafter-Geschäftsführer tätig, soll hierbei auf die Gesamtsumme der diesen gewährten Vergütungen abzustellen sein. Im Grundsatz sollte die Bewertungsbandbreite im Vordergrund stehen, die von der GmbH in vollem Umfang ausgeschöpft werden kann.[4]

5973 Bei **sehr ertragsstarken Gesellschaften** kann dies allerdings zu einer unangemessenen Gesamtausstattung führen, so dass die jeweilige Obergrenze nach den Umständen des Einzelfalls bestimmt werden muss. Es ist vor allem auf die Unternehmensgröße abzustellen. Die in Gehaltsstrukturuntersuchungen für die jeweilige Branche und Größenklasse genannten Höchstwerte können dabei Orientierungshilfen für die Bemessung des zu ermittelnden Höchstbetrags geben.[5]

5974 Bei **ertragsschwachen Gesellschaften** ist hingegen davon auszugehen, dass ein fremder Geschäftsführer auch in Verlustjahren nicht auf ein angemessenes Gehalt verzichten würde. Das Unterschreiten einer Mindestverzinsung des eingesetzten Kapitals führt daher nicht zwangsläufig zu einer vGA. Von angemessener Ausstattung des Gesellschafter-Geschäftsführers kann ausgegangen werden, wenn er Gesamtbezüge erhält, die sich an der unteren Grenze des entsprechenden Vergleichsmaßstabs bewegen.

1 Zu Einzelheiten s. Klein/Müller in: Mössner/Oellerich/Valta, KStG, § 8 Rz. 3011 ff.
2 So FG Saarland v. 17.10.1997 - 1 K 33/95, GmbHR 1998 S. 105.
3 So FG Niedersachsen v. 21.9.1999 - 6 K 166/97, EFG 2000 S. 647, NWB XAAAB-11533.
4 Vgl. auch Gosch, KStG, § 8 Rz. 804.
5 Vgl. z. B. BBE-Studie, Kienbaum-Vergütungsberatung etc.

ee) Fremdvergleich

Der **Fremdvergleich** ist Maßstab für die Beurteilung der Angemessenheit der Gesamtausstattung des Gesellschafter-Geschäftsführers.[1] Nach Drittvergleichsmaßstäben liegt keine vGA vor, wenn das Gehalt dem gezahlten Gehalt eines Geschäftsführers, der nicht Gesellschafter ist und nicht einem Gesellschafter nahe steht, im nämlichen oder einem anderen Betrieb entspricht. 5975

Vorrang hat ein interner Betriebsvergleich, sonst ist ein externer Betriebsvergleich heranzuziehen. 5976

Ein **interner Betriebsvergleich,** also der Vergleich mit Fremdgeschäftsführern oder anderen Arbeitnehmern im eigenen Betrieb, bietet sich an, wenn die GmbH neben dem Gesellschafter-Geschäftsführer einen Fremden als Geschäftsführer, Prokurist oder sonst leitenden Angestellter beschäftigt. Die Höhe der Vergütung des Fremdgeschäftsführers stellt (theoretisch) ein wesentliches Indiz bei der Festlegung der Angemessenheitsgrenze für die Vergütung des Gesellschafter-Geschäftsführers dar. Dies ist jedoch eine Idealvorstellung, in der Praxis wird sich kaum ein angestellter Geschäftsführer finden, der das gleiche Anforderungsprofil und denselben Aufgabenzuschnitt hat wie der Gesellschafter-Geschäftsführer.[2] Eher in Betracht kommt der Vergleich mit dem Gehalt des bestbezahlten Angestellten der GmbH. Das Gehalt des Geschäftsführers darf wegen des höheren Verantwortungsbereichs deutlich höher liegen: Nach Streck/Schwedhelm[3] sollen 300 % des Gehalts des bestverdienenden Angestellten angemessen sein; das FG Baden-Württemberg[4] nimmt das Zweieinhalbfache und die FinVerw hält 220 % noch für angemessen.[5] 5977

Finden sich im eigenen Betrieb der GmbH keine vergleichbaren Angestellten, sind zwar grundsätzlich zunächst die Gehaltsverhältnisse für Angestellte mit vergleichbarem Aufgabenbereich und vergleichbarer Ausbildung in vergleichbar strukturierten Betrieben heranzuziehen (äußerer Betriebsvergleich). In der Regel lässt sich ein **externer Betriebsvergleich** aber nur unter Heranziehung nach den Regeln der wissenschaftlichen Statistik erstellter neutraler **Gehaltsuntersuchungen** durchführen. Gegen die Heranziehung von Gehaltsstrukturuntersuchungen im Rahmen eines externen Betriebsvergleichs bestehen keine rechtlichen Bedenken.[6] Die Ergebnisse solcher empirischen Untersuchungen finden sich z. B. in der Kienbaum-Studie,[7] BBE-Vergleichsstudie[8] sowie OFD Karlsruhe,[9] die auch Bandbreiten angibt. 5978

Die Schwäche solcher Untersuchungsergebnisse liegt darin, dass sie nicht auf einer repräsentativen Auswahl der Geschäftsführer in Deutschland beruhen und nur Durchschnittswerte wiedergeben. Dies kann eine Aufstockung gegenüber den Tabellenwerten

1 BFH v. 17.5.1995 - I R 147/93, BStBl 1996 II S. 204.
2 Vgl. auch Janssen, NWB 2004 S. 3385, NWB F. 4 S. 4855.
3 KStG, § 8 Anm. 150 „Dienstverhältnis".
4 Vom 8.3.2001 - 6 K 131/98, EFG 2001 S. 851, NWB NAAAB-06507.
5 Vgl. aber auch „Bandbreitenbetrachtung" in BFH v. 27.2.2003 - I R 46/01, BStBl 2004 II S. 132.
6 BFH v. 27.2.2003 - I R 46/01, BStBl 2004 II S. 132; v. 4.6.2003 - I R 38/02, BStBl 2004 II S. 136.
7 Vgl. Tänzer, GmbHR 2003 S. 754.
8 Vgl. GmbH-Steuerpraxis 2005 S. 1.
9 Vom 17.4.2001, DStR 2001 S. 792.

rechtfertigen, aber bei ertragsschwachen Unternehmen auch bedeuten, dass sich das Gehalt an der unteren Grenze orientieren sollte. Auch wenn der BFH keine rechtlichen Bedenken gegen die Heranziehung der Gehaltsstrukturuntersuchungen hat, weil sie doch einen einigermaßen verlässlichen Überblick über die im jeweiligen Untersuchungszeitraum gezahlten Geschäftsführergehälter geben, so betrachtet er doch kritisch eine schematische Anwendung.

5979 Als Anhaltspunkt und Rahmen für eine Bestimmung der Angemessenheit sind sie jedoch wertvoll, wenn gewisse Modifikationen beachtet werden:

- Ist für die Ausübung der Geschäftsführertätigkeit eine besondere Ausbildung (Meisterprüfung) oder Zulassung (Steuerberater) erforderlich, verschiebt sich die Grenze des angemessenen Gehalt nach oben;
- Erhöhung des durchschnittlichen Gehalts bei ertragsstarker GmbH um 20 %;
- Erhöhung des Gehalts lt. Untersuchung um 40 % bei einer ertragsstarken GmbH, weil der Tabellenwert nur ein Durchschnittswert ist und nur krasse Missverhältnisse zur vGA führen sollen;[1]
- Erhöhung des Gehalts um 45 % bei überdurchschnittlicher Gewinnsituation unter gleichzeitiger Kürzung um 10 %, wenn der Tabellenwert auf Erhebungen zu Gehältern bei Fremdgeschäftsführern und Gesellschafter-Geschäftsführern beruhte, ein Vergleich aber nur mit Gehältern fremder Geschäftsführer möglich ist.[2]

5980 Schließlich finden sich in der Praxis auch Gehaltsgrenzen, die als Maßstab verwendet werden. So bleiben Gehälter bis zu 150.000 € generell unbeanstandet, während Gehälter über 400.000 € unangemessen sein sollen und im Zwischenbereich eine Einzelfallprüfung veranlasst wird.[3] Allerdings fehlt für solche Festlegungen eine Rechtsgrundlage.

ff) Verlustgesellschaft

5981 **Verluste** schließen die steuerliche Anerkennung von Gehaltszahlungen an den Gesellschafter-Geschäftsführer nicht aus. Angemessene feste Geschäftsführergehälter sind daher auch zu zahlen, wenn sich die GmbH in einer Verlustphase befindet.[4] Auch ein Fremdgeschäftsführer erhält sein Gehalt, wenn die GmbH ohne Gewinn bzw. mit Verlust arbeitet. Andererseits dürften Gehaltserhöhungen während längerer Verlustphasen zur vGA führen.[5] Im Allgemeinen wird das FA längere Verlustphasen zum Anlass nehmen, die Angemessenheit kritisch zu prüfen. Dies gilt im Übrigen auch für die GmbH selbst. Bei andauernden Verlusten, die die GmbH nicht zu einer steuerlichen Entlastung nutzen kann, während das Geschäftsführergehalt ungeschmälert der Lohn- bzw. Einkommensteuerbelastung unterliegt, sollte die Gehaltsstruktur überprüft werden und

1 Bestätigt durch BFH v. 10.7.2002 - I R 31/01, BStBl 2004 II S. 132.
2 BFH v. 18.12.2002 - I R 85/01, BFH/NV 2003 S. 822, NWB RAAAA-70069.
3 Vgl. OFD Karlsruhe, DStR 2001 S. 792.
4 BFH v. 11.12.1991 - I R 152/90, BStBl 1992 II S. 690; BMF v. 14.10.2002, BStBl 2002 I S. 972.
5 Hessisches FG v. 27.6.2001 - 4 K 752/01, EFG 2002 S. 490, NWB JAAAB-08607; BFH v. 28.6.1989 - I R 40/84, BFH/NV 1990 S. 130, NWB SAAAB-30892, zu Gehaltserhöhungen während der Verlustphase um 100 bzw. 60 %.

evtl. ein geringeres Festgehalt mit einer gewinnabhängigen Vergütung kombiniert oder die durch die ersparten Gehaltsausgaben erwirtschafteten Gewinne als Ausschüttungen an den Gesellschafter weitergeleitet werden.

(*Einstweilen frei*) 5982–6000

3. Überstundenvergütungen, Zuschläge für Sonn-, Feiertags- und Nachtarbeit

Überstundenvergütungen, die an den Gesellschafter-Geschäftsführer gezahlt werden, stellen nach Ansicht des BFH (eigentlich immer) eine vGA dar.[1] Begründet wird diese Ansicht unter Ablehnung aller bisher dagegen vorgebrachter Argumente damit, dass sich eine Überstundenregelung grundsätzlich nicht mit dem Aufgabenbild des Geschäftsführers, dessen Einsatz und Arbeitserfolg als zur Leitung berufenes Organ der GmbH mit seiner Gehaltsausstattung abgegolten werde, nicht vereinbaren lasse (keine Bezahlung für eine bestimmte Zahl von geschuldeter Arbeitsstunden im Betrieb) und schließlich der Umfang der Arbeitsleistung nicht kontrolliert werden könne, weil es allein beim Geschäftsführer liege, die Überstunden zu behaupten und eine Vergütung dafür zu beanspruchen. Was im Übrigen auch gelte, wenn zwei Geschäftsführer bestellt seien, die sich (theoretisch) gegenseitig kontrollieren könnten. Damit führt die Zahlung von Überstundenvergütungen regelmäßig schon dem Grunde nach zu einer vGA,[2] auch wenn der BFH in späteren Entscheidungen seine Ansicht dadurch zu relativieren scheint, indem er die Zahlung von Überstundenvergütungen bei Vorliegen besonderer Umstände zwar für möglich hält, aber offen lässt, worin diese besonderen Umstände bestehen könnten.[3] 6001

Als steuerlich bedenklich hatte der BFH[4] die Zahlung von Überstundenvergütungen angesehen, wenn sie **Überstunden an Sonn- und Feiertagen und zur Nachtzeit** betreffen.[5] Der Grund einer solchen Vereinbarung wird darin gesehen, dass dem Gesellschafter-Geschäftsführer die Steuerfreiheit nach § 3b EStG zugute kommen soll, was aber kein betrieblicher Grund sei. In Abgrenzung dazu hat der BFH aber im Urteil vom 14.7.2004[6] entschieden, dass die Zahlung von Zuschlägen für Sonntags-, Feiertags- und Nachtarbeiten neben dem Festgehalt an einen Gesellschafter-Geschäftsführer nicht stets eine vGA darstellen müsse, wenn dafür überzeugende betriebliche Gründe vorlägen. Dort hatten auch andere Angestellte mit leitender Funktion (Schichtführer) und vergleichbar hohem Festgehalt solche Zuschläge erhalten, weil die Sonntags- und Nachtarbeit auch leitender Arbeitnehmer betriebsnotwendig war (Tankstelle an der Bundesautobahn). Zuschläge für Sonn- und Feiertagsarbeit des Gesellschafter-Geschäftsführers können ausnahmsweise dann keine vGA sein, wenn der Geschäftsführer 6002

1 BFH v. 19.3.1997 - I R 75/96, BStBl 1997 II S. 577; v. 27.3.2001 - I R 40/00, BStBl 2001 II S. 655; v. 14.10.2004 - I B 106/04, BFH/NV 2005 S. 369, NWB GAAAB-41468.

2 Normativer Fremdvergleich, so Gosch, KStG, § 8 Rz. 1303.

3 BFH v. 28.2.2000 - I B 126/98, BFH/NV 2000 S. 989, NWB LAAAA-97035; I B 19/99, BFH/NV 2000 S. 990, NWB SAAAA-65304; v. 8.3.2000 - I B 90/98, BFH/NV 2000 S. 991, NWB OAAAA-65340, zur Überstundenvergütung zusammen mit einer Gewinntantieme.

4 Vom 19.3.1997 - I R 75/96, BStBl 1997 II S. 577.

5 Vgl. auch BFH v. 27.3.2001 - I R 40/00, BStBl 2001 II S. 655.

6 I R 111/03, BStBl 2005 II S. 307.

in gleicher Weise wie andere Arbeitnehmer eingesetzt wird, die Gesellschaft für seinen Einsatz ein besonderes Entgelt erhält, der tatsächliche Einsatz klar belegt werden kann, er für seinen besonderen Arbeitseinsatz nicht eine anderweitige erfolgsabhängige Vergütung erhält und gesellschafterfremden Arbeitnehmern die Zuschläge ebenfalls bezahlt werden.[1]

6003 Im Zweifel sollte aber, um eine vGA zu vermeiden, die Erhöhung des Festgehalts oder ggf. eine erfolgsabhängige Vergütungsregelung vorgezogen werden, wenn dadurch die Angemessenheitsgrenze der Gesamtausstattung nicht überschritten wird.

6004–6010 (*Einstweilen frei*)

4. Private Pkw-Nutzung

6011 Überlässt die GmbH dem Gesellschafter-Geschäftsführer einen **Pkw zur privaten Nutzung**, muss auch darüber arbeitsvertraglich eine klare Regelung im Voraus getroffen werden. Für die Lohnsteuer und die Ermittlung des Werts dieses Sachbezugs als Bestandteil der Gesamtvergütung sind – wie bei anderen Arbeitnehmern – die lohnsteuerlichen Grundsätze (1%-Regelung oder Fahrtenbuch, § 6 Abs. 1 Nr. 4 Satz 2 und 3 EStG, zu den Besonderheiten bei hybriden oder reinen Elektrofahrzeugen siehe § 6 Abs. 1 Nr. 4 Satz 2 Halbsatz 2 EStG mit der Absenkung des Prozentsatzes auf 0,5 % bzw. 0,25 %)[2] maßgebend.

Fehlt es beim (beherrschenden) Gesellschafter-Geschäftsführer an einer im Voraus getroffenen eindeutigen Regelung oder stellt die Vorteilsgewährung aus sonstigen Gründen eine vGA dar, etwa wenn die Kfz-Nutzung zwar arbeitsvertraglich untersagt ist, die Einhaltung der Verbots aber nicht kontrolliert wird oder kein Fahrtenbuch geführt wird, führt diese vertraglich nicht geregelte private Pkw-Nutzung durch den Gesellschafter-Geschäftsführer einer Kapitalgesellschaft nach der Rechtsprechung des BFH allerdings in Höhe der Vorteilsgewährung zu einer vGA. Nutzt der Gesellschafter-Geschäftsführer den Betriebs-Pkw ohne entsprechende Gestattung der Gesellschaft für private Zwecke, ist eine vGA anzusetzen. Nur diejenige Nutzung des Pkw, die durch eine fremdübliche Überlassungs- oder Nutzungsvereinbarung abgedeckt wird, ist betrieblich veranlasst. Eine ohne eine solche Vereinbarung erfolgende oder darüber hinausgehende oder einem ausdrücklichen Verbot widersprechende Nutzung ist hingegen durch das Gesellschaftsverhältnis zumindest mitveranlasst.[3]

Seine bisher vertretene Auffassung, dass auch in diesen Fällen von steuerpflichtigem Arbeitslohn auszugehen sei,[4] hat der für Lohnsteuerfragen zuständige VI. Senat des BFH nunmehr aufgegeben. Der VI. Senat hat auf entsprechende Anfrage des KSt-Senats

1 BFH v. 3.8.2005 - I R 7/05, NWB EAAAB-69743.

2 Zu Einzelheiten s. Kulosa in: Schmidt, EStG, § 6 Rz. 547.

3 BFH v. 23.1.2008 - I R 8/06, BFH/NV 2008 S. 1057, NWB WAAAC-77620; FG Köln v. 15.9.2016 - 10 K 2497/15, NWB BAAAF-86084, dieses Urteil auch zur Ordnungsmäßigkeit eines Fahrtenbuchs; Klein/Müller in: Mössner/Oellerich/Valta, KStG, § 8 Rz. 1060.

4 BFH v. 6.11.2001 - VI R 62/96, BStBl 2002 II S. 370; v. 14.5.1999 - VI B 258/98, BFH/NV 1999 S. 1330, NWB LAAAA-63799; bestätigt durch Beschluss v. 19.12.2003 - VI B 281/01, BFH/NV 2004 S. 488, NWB YAAAB-16313.

nunmehr mit Beschluss vom 15.11.2007[1] mitgeteilt, dass er an seiner bisherigen Rechtsauffassung nicht länger festhält. Die Frage danach, ob die private Nutzung des Pkw gesellschaftlich (mit-)veranlasst ist, wird sonach vom I. Senat des BFH (für die Ebene der Kapitalgesellschaft) und vom VI. Senat des BFH (für die Ebene des Gesellschafter-Geschäftsführers) übereinstimmend beantwortet.

Stellt nach dem BFH-Urteil vom 23.2.2005[2] eine vertraglich nicht geregelte private Kfz-Nutzung durch den Gesellschafter-Geschäftsführer oder eine dem (beherrschenden) Gesellschafter nahe stehende Person auf **der Ebene der GmbH eine vGA in Höhe der Vorteilsgewährung** dar, ist der Vorteil also **nicht** gem. § 6 Abs. 1 Nr. 4 Satz 2 EStG mit 1 % des Listenpreises, sondern nach **Fremdvergleichsmaßstäben** zu bewerten, weil die genannte Bestimmung für die Bewertung im Rahmen des § 8 Abs. 3 Satz 2 KStG nicht einschlägig ist. Bei der erforderlichen Schätzung nach Fremdvergleichsmaßstäben ist ein angemessener Gewinnaufschlag mit einzubeziehen. Die Schätzung kann sich – unter Beachtung einer Bandbreite – an den marktmäßigen Mietraten eines professionellen Fahrzeugvermieters nur grob orientieren, weil Kapitalgesellschaften im Allgemeinen keine solchen Vermieter sind. Deshalb ist regelmäßig auf **Kostenbasis** abzurechnen und zwar unter **Teilung etwaiger Gewinnaufschläge.**[3] 6012

5. Urlaubs- und Weihnachtsgeld

Häufig vereinbarte Einmalvergütungen sind das Urlaubs- und Weihnachtsgeld. Solche Sondervergütungen wie auch Prämien können grundsätzlich ohne steuerlich nachteilige Folgen auch mit dem Gesellschafter-Geschäftsführer (im Rahmen der angemessenen Gesamtausstattung) vereinbart werden. In Beherrschungsfällen muss aber zur Vermeidung einer vGA die Zahlung auf einer vorherigen, klaren und eindeutigen Vereinbarung beruhen, die zumindest die **Bemessungsgrundlage, den Vomhundertsatz und etwaige Mindest- oder Höchstbeträge** enthalten muss, so dass die Höhe allein durch **Rechenoperation** ermittelt werden kann, ohne dass es noch irgendwelcher Ermessensakte seitens der Geschäftsführung oder der Gesellschafterversammlung bedarf.[4] Es genügt weder die regelmäßige und über Jahre hinweg erfolgte Zahlung, um eine betriebliche Übung zu begründen, noch ist ein Verweis auf ein tarifvertragliches Urlaubs- oder Weihnachtsgeld für andere Arbeitnehmer bei der Zahlung an den beherrschenden Gesellschafter möglich. An einer hinreichenden Vereinbarung fehlt es, wenn die Sonderzahlung von der wirtschaftlichen Lage der GmbH abhängig ist oder wenn Weihnachtsgeld „bis zu" einer bestimmten Anzahl von Monatsgehältern vereinbart wird. 6013

Zu berücksichtigen ist, dass **Weihnachts- und Urlaubsgeld zur Jahresvergütung** gehören. Die **Vereinbarung** muss also zu **Beginn des Jahres** abgeschlossen werden. Wird die Absprache erst während des Jahres, aber vor Bezug der Sondervergütung getroffen, stellt der Teil, der auf die Zeit bis zum Abschluss der Vereinbarung entfällt (z. B. auch bei Anstellung des Gesellschafters als Geschäftsführer während des Jahres), eine vGA 6014

1 VI ER -S- 4/07.

2 I R 70/04, BFH/NV 2005 S. 1203, NWB BAAAB-53352.

3 Wie z. B. auch bei Darlehensausleihungen, BFH v. 22.10.2003 - I R 36/03, BStBl 2004 II S. 307.

4 BFH v. 10.3.1993 - I R 51/92, BStBl 1993 II S. 635.

dar; die Zahlung verstößt beim beherrschenden Gesellschafter gegen das Nachzahlungsverbot.[1]

6015 Ist der **Urlaubsanspruch** des beherrschenden Gesellschafter-Geschäftsführers im Voraus klar und eindeutig vereinbart und kann der Urlaub aus betrieblichen Gründen nicht genommen werden, kann eine **Abgeltung in Geld** erfolgen;[2] die Möglichkeit der Urlaubsabgeltung und die dafür in Betracht kommenden betrieblichen Gründe brauchen nicht im Vorhinein eindeutig festgelegt zu sein. Der Urlaub, der aus betrieblichen Gründen nicht in Anspruch genommen werden kann, wandelt sich automatisch in einen Zahlungsanspruch des Geschäftsführers um, das arbeitsrechtliche Verbot nach §7 Abs.4 BUrlG ist auf den Geschäftsführer einer GmbH nicht anwendbar.[3] Als betriebliche Gründe, für deren Einschätzung dem Geschäftsführer ein gewisser Ermessenspielraum zugebilligt wird, kommen ein besonders hoher (durch Umsatzzahlen belegbarer) Arbeitsanfall und Überschneidungen der Urlaubswünsche mehrerer Geschäftsführer in Betracht. Da der Urlaubsanspruch im Allgemeinen zum Ende des ersten Quartals des Folgejahres verfällt, kann eine frühere Abgeltung in Betracht kommen, wenn zum Ende des Urlaubsjahres bereits absehbar ist, dass der Urlaub aus betrieblichen Gründen bis Ende März nicht wird genommen werden können.

6. Zeitwertkonten/Arbeitszeitkonten

LITERATUR:

Eversloh/Prühs, BFH-Verbot von Zeitwertwertkonten für GmbH-Gesellschaftergeschäftsführer, GmbH-Steuerpraxis 2016 S.236; *Schwedhelm/Zapf*, Steuerliche Beurteilung von Zeitwertkonten für Gesellschafter-Geschäftsführer, DB 2016 S.2200.

6016 Im Arbeitsleben kommt in jüngerer Zeit das Modell der Bildung von Zeitwertkonten vor. Der BFH sieht ein Zeitwertkonto für einen Gesellschafter-Geschäftsführer als mit seiner Aufgabenstellung als Organ nicht vereinbar an[4] und hat deshalb eine vGA angenommen. Zweifelhaft ist, ob der BFH generell die Bildung von Zeitwertkonten als unangemessen ansieht. Unseres Erachtens beruht die Entscheidung auf den Besonderheiten des Streitfalls.[5] Eine Vereinbarung dürfte anzuerkennen sein, die von Eversloh/Prühs genannten Anforderungen erfüllt und ihrer dargestellten Musterklausel entspricht.[6] Das BMF hat mit Schreiben v. 8.8.2019 seine Auffassung zu Arbeitszeitkonten für Organe von KapG konkretisiert.[7]

- Diese sind grds. anzuerkennen, wenn das Organ an der Gesellschaft nicht beteiligt ist.

1 BFH v. 11.12.1991 - I R 49/90, BStBl 1992 II S.434.

2 BFH v. 10.1.1973 - I R 119/70, BStBl 1973 II S.322; v. 28.1.2004 - I R 50/03, BFH/NV 2004 S.737, NWB GAAAB-17865.

3 So auch Gosch, KStG, §8 Rz.1342.

4 BFH v. 11.11.2015 - IR26/15, BStBl 2016 II S.489.

5 Ebenso Schwedhelm/Zapf, DB 2016 S.2200, 2203.

6 GmbH-Steuerpraxis 2016 S.236, 238.

7 BStBl 2019 I S.874.

- Bei Organen, die an der KapG beteiligt sind, diese aber nicht beherrschen, ist nach den allgemeinen Grundsätzen zu prüfen, ob eine vGA vorliegt,
- Bei beherrschenden Gesellschafter-Geschäftsführern liegt immer eine vGA vor.

(*Einstweilen frei*) 6017–6030

7. Tantiemen

a) Allgemeines

Im Rahmen des Dienstvertrags mit dem Gesellschafter-Geschäftsführer können wie bei 6031
Fremdgeschäftsführern neben dem Festgehalt auch variable Gehaltsbestandteile wie **Tantiemen** vereinbart werden. Dabei sollte aber auf jeden Fall beachtet werden, dass durch die Tantiemevereinbarung im Rahmen der Gesamtausstattung die Angemessenheitsgrenze nicht überschritten wird.[1] In seiner jüngsten Rechtsprechung betont der BFH,[2] dass es primär auf die Angemessenheit der Gesamtbezüge im Zusagezeitpunkt ankomme, sich der Bereich der Angemessenheit auf eine gewisse Bandbreite erstrecke[3] und unangemessen im Sinne einer vGA nur diejenigen Bezüge sind, die den oberen Rand der Bandbreite übersteigen (Bandbreitenbetrachtung).

Außerdem stellt der BFH klar, dass die Angemessenheit gewinnabhängiger Tantiemen oftmals nicht isoliert von der Gesamtvergütung des Gesellschafter-Geschäftsführers beurteilt werden kann. Vielmehr hat ein ordentlicher und gewissenhafter Geschäftsleiter regelmäßig darauf zu achten, dass die Tantieme i.V.m. den übrigen Gehaltsbestandteilen nicht zu einer unangemessen hohen Gesamtausstattung führt. Dazu kann eine Prognose über die künftige Gewinnentwicklung angestellt werden, um eine Grundlage zu finden, bei welchem Tantiemesatz sich die angestrebte angemessene Gesamtausstattung ergibt.[4] Da eine solche Prognose häufig schwierig oder allzu spekulativ, also praktisch oft kaum durchführbar oder im Besteuerungsverfahren nicht mehr tragfähig rekonstruierbar ist, kommt es für die steuerliche Anerkennung der Tantiemevereinbarung wesentlich darauf an, dass der Tantiemesatz als solcher einem Fremdvergleich standhält.

Dabei kann es aber erforderlich sein, zur Vermeidung einer unkalkulierbaren Gehaltsentwicklung die **Gesamtbezüge auf einen Höchstbetrag zu begrenzen**. Überschreiten in einem solchen Fall die Gesamtbezüge den Höchstbetrag, liegt in dem übersteigenden Betrag eine vGA vor. Zusätzlich kann wegen der Gefahren, die eine Gewinntantieme für die Gesellschaft haben kann, in Fällen, in denen im Zeitpunkt des Vertragsabschlusses ein sprunghafter Gewinnanstieg ernsthaft im Raum steht, die **variable Vergütung** (Gewinntantieme) auf einen Höchstbetrag zu begrenzen (zu **deckeln**) sein. Fehlt diese „**Deckelung**", führt dies allerdings nicht dazu, dass der Anstellungsvertrag oder die Tantie-

1 Eine entsprechende Checkliste findet sich bei Klein/Müller in: Mössner/Oellerich/Valta, KStG, § 8 Rz. 3933.

2 BFH v. 27.2.2003 - I R 46/01, BStBl 2004 II S. 132; v. 19.11.2003 - I R 42/03, BFH/NV 2004 S. 669, NWB UAAAB-16991; v. 4.6.2003 - I R 24/02, BStBl 2004 II S. 136.

3 Vgl. auch BFH v. 17.10.2001 - I R 103/00, BFH/NV 2002 S. 134, NWB BAAAB-04904.

4 Vgl. BFH v. 4.6.2003 - I R 24/02, BStBl 2004 II S. 136, mit klarstellendem Hinweis auf BFH v. 5.10.1994 - I R 50/94, BStBl 1995 II S. 549, zu der in H 8.8 KStH immer noch aufgestellten „75/25-Regelvermutung".

mevereinbarung insgesamt nicht anzuerkennen sind. Nur die über den „Deckelungsbetrag" hinausgehenden Leistungen der GmbH sind vGA i.S.v. §8 Abs.3 Satz 2 KStG.

6032 Darüber hinaus betont der BFH deutlich, dass es für die Bemessung der angemessenen Bezüge eines Gesellschafter-Geschäftsführers keine festen Regeln gibt, sondern der Betrag im Einzelfall durch Schätzung zu ermitteln ist. Bei der Angemessenheitsprüfung ist keine rückschauende Betrachtung vorzunehmen, sondern es ist auf den Zeitpunkt abzustellen, in dem die Gehaltsvereinbarung getroffen wurde. Für die Prüfung der Angemessenheit selbst stellt der BFH – wie die FinVerw – auf die Maßstäbe des **internen und externen Fremdvergleichs** ab.

Beim internen Fremdvergleich werden die Entgelte gesellschaftsfremder Arbeitnehmer des Unternehmens (z.B. Fremdgeschäftsführer) zum Vergleich herangezogen, der externe Vergleich knüpft an die Bezüge an, die unter ansonsten vergleichbaren Bedingungen an Fremdgeschäftsführer anderer Unternehmen gezahlt werden. Dabei sind Beurteilungskriterien Art und Umfang der Tätigkeit, die künftigen Ertragsaussichten des Unternehmens, das Verhältnis von Gesamtgewinn und verbleibender Kapitalverzinsung zum Geschäftsführergehalt sowie Art und Höhe der Vergütungen, die gleichartige Betriebe für gleichartige Geschäftsführertätigkeiten bezahlen. Insoweit können auch Gehaltsstrukturuntersuchungen berücksichtigt werden. Schließlich führt der BFH einen **hypothetischen Fremdvergleich** ein, wenn es an hinreichend aussagefähigen Vergleichswerten fehlt. Er hat sich an den mutmaßlichen Überlegungen eines ordentlichen und gewissenhaften Geschäftsleiters zu orientieren.[1]

6033 Beachtung verdient, dass der BFH in allen neueren Entscheidungen zum Thema Angemessenheit die Rolle der **Finanzgerichte** als (einziger) Tatsacheninstanz hervorhebt, wenn es zum Streit mit dem FA kommt. Ihnen obliegt es letztlich durch **Schätzung, die „angemessene" Vergütung und angemessene Tantieme** festzulegen, während der BFH die Schätzung nur daraufhin überprüft, ob alle maßgeblichen Gesichtspunkte geprüft und ohne Denkfehler und Verstoß gegen allgemeine Erfahrungssätze ausgewertet wurden. Ob sich dann auch andere Beträge hätten ableiten lassen, kann nicht zu einer Korrektur der finanzgerichtlichen Entscheidung führen. Es gilt deshalb in einem solchen Rechtsstreit, der vollständigen Darlegung und Aufbereitung des Sachverhaltes besondere Aufmerksamkeit zu widmen.

b) Beherrschender Gesellschafter-Geschäftsführer und Tantieme

6034 Tantiemezahlungen an den **beherrschenden Gesellschafter-Geschäftsführer** müssen zusätzlich vorher klar und eindeutig vereinbart sein. Werden die insoweit geltenden Sonderregeln nicht beachtet, etwa wenn die Zahlung unter Vorbehalt einer abweichenden Festsetzung durch die Gesellschafterversammlung steht, liegt eine vGA vor, ebenso wie für den Teil einer während des Jahres vereinbarten Tantieme, der auf die Zeit bis zum Abschluss der Vereinbarung entfällt (Rückwirkungsverbot). Die Nichteinhaltung der Vereinbarung deutet im Übrigen stets auf die mangelnde Ernsthaftigkeit und damit auf die Veranlassung im Gesellschaftsverhältnis hin, z.B. dass die GmbH einen außerordentlichen Ertrag in die Bemessungsgrundlage für die Gewinntantieme ihres Gesell-

1 BFH v. 4.6.2003 - I R 24/02, BStBl 2004 II S.136.

schafter-Geschäftsführers einbezieht, obwohl nach Tantiemevereinbarung a.o. Erträge die Tantieme nicht erhöhen.[1] Ist die Tantieme (ganz oder teilweise) steuerlich nicht anzuerkennen, ist die Korrektur nach § 8 Abs. 3 Satz 2 KStG auf der Ebene der GmbH in dem Jahr vorzunehmen, in dem der Tantiemeaufwand erfolgswirksam verbucht worden ist. Soweit eine Tantieme schon dem Grunde nach als vGA anzusehen ist, scheidet ihre Einbeziehung in die Angemessenheitsprüfung der Gesamtausstattung des Gesellschafter-Geschäftsführers aus.

(*Einstweilen frei*) 6035

c) Zulässige und unzulässige Tantiemearten

Regelmäßig sind Tantiemezahlungen, wenn sie steuerliche Anerkennung finden sollen, 6036 nach dem Gewinn zu bemessen (**Gewinntantieme**). Tantiemen, die nach einem Vomhundertsatz des Umsatzes bemessen werden (**Umsatztantiemen**), führen dagegen meist zu einer vGA.[2] Zu den Einzelheiten und Ausnahmen siehe Rz. 6052 ff. Auch für sog. Rohgewinntantiemen und Nur-Tantiemen gelten Besonderheiten.

d) Angemessenheit der Gewinntantieme

Die gewinnabhängige Tantieme muss betrieblich veranlasst sein, die angemessene Be- 6037 teiligung des Gesellschafter-Geschäftsführers am Erfolg des Unternehmens darf keine zu hohe Belastung der GmbH bedingen und ihr einen wesentlichen Teil des Gewinns belassen. Ob eine Gewinntantieme der Höhe nach angemessen ist, richtet sich nach den Verhältnissen im Zeitpunkt der Tantiemevereinbarungen.

aa) Maximal 50 % des Jahresüberschusses

Vor dem Hintergrund, dass die Tantieme nicht der Gewinnabsaugung dienen darf, bil- 6038 den **50 % des Jahresüberschusses** der GmbH die Obergrenze für die Tantiemeausstattung bei mehreren Gesellschafter-Geschäftsführern.[3] Diese Regelung gilt aber auch bei Tantiemezusagen an einen Gesellschafter-Geschäftsführer und nicht nur für beherrschende, sondern auch für nicht beherrschende Gesellschafter.[4] Der Grundsatz gilt auch für die personalistische GmbH von Freiberuflern, wo die Gesellschafter-Geschäftsführer besonderen persönlichen Einsatz zeigen,[5] und auch dann, wenn der hälftige Gewinn dem Gesellschafter-Geschäftsführer erst zustehen soll, wenn eine bestimmte Gewinnschwelle überschritten wird.[6] Gehen die Tantiemen insgesamt hierüber hinaus, spricht der Beweis des ersten Anscheins für eine vGA. Bemessungsgrundlage für die

1 BFH v. 26.6.2002 - I B 47/01, BFH/NV 2002 S. 1619, NWB FAAAA-68068.

2 Vgl. BFH v. 5.10.1977 - I R 230/75, BStBl 1978 II S. 234; v. 19.2.1999 - I R 105-107/97, BStBl 1999 II S. 321.

3 BFH v. 5.10.1994 - I R 50/94, BStBl 1995 II S. 549; v. 12.10.1995 - I R 4/95, BFH/NV 1996 S. 437, NWB ZAAAB-37238; v. 15.3.2000 - I R 73/99, BFH/NV 2000 S. 1245, NWB TAAAA-65373; v. 27.4.2000 - I R 88/99, BFH/NV 2001 S. 342, NWB RAAAA-65378; BMF v. 1.2.2002, BStBl 2002 I S. 219.

4 BFH v. 15.3.2000 - I R 74/99, BStBl 2000 II S. 547.

5 BFH v. 8.7.1998 - I R 134/97, BFH/NV 1999 S. 370, NWB TAAAC-21273; v. 17.12.2003 - I R 16/02, BFH/NV 2004 S. 817, NWB SAAAB-20235.

6 Vgl. Gosch, KStG, § 8 Rz. 1253.

50%-Grenze ist der handelsrechtliche Jahresüberschuss vor Abzug der ertragsabhängigen Steuern und vor Abzug der Tantieme.[1]

6039 Die rein steuerrechtliche Regelvermutung, dass eine Gewinnbeteiligung von mehr als 50% über eine Tantiemevereinbarung gesellschaftsrechtlich veranlasst ist, beruht auf einer **grundsätzlich hälftigen Teilung des erwirtschafteten Erfolgs** zwischen der **GmbH** und ihren **Gesellschafter-Geschäftsführern** und soll dem Charakter der GmbH als einer gewinnorientierten Gesellschaft Rechnung tragen. Wird dieser **„Halbteilungsgrundsatz"** bei der Wahl des Tantiemesatzes nicht beachtet, wird man künftig mit Schwierigkeiten bei der steuerlichen Anerkennung rechnen müssen.

6040 Dennoch ist die **Nichtbeachtung** nur ein **Indiz** für die **Unangemessenheit**. Die GmbH kann **besondere Gründe** vortragen und beweisen, die die **Überschreitung** rechtfertigen und belegen, dass auch einem fremden Geschäftsführer eine Tantieme mit diesem Satz eingeräumt worden wäre. Hierzu kann auf die Gründe abgehoben werden, die ausnahmsweise auch eine Umsatztantieme rechtfertigen.[2] Solche Gründe können etwa die **Neugründung eines Unternehmens** sein, nicht aber die Anlaufphase bei Übernahme eines bestehenden Geschäftsbetriebs durch die GmbH[3] oder vorübergehende wirtschaftliche, vom Gesellschafter zu meisternde Schwierigkeiten sowie eine stark personenbezogene oder von den Geschäftsverbindungen des Gesellschafter-Geschäftsführers abhängige Geschäftstätigkeit der GmbH. Im Fall der **Neugründung** muss aber die (eigentlich unverhältnismäßig hohe) Tantieme **zeitlich auf die Anlaufphase begrenzt** sein, wozu die bloße Möglichkeit einer Änderungskündigung nicht ausreicht.[4] Auch ein bloß außergewöhnlicher Arbeitseinsatz genügt nicht, gerechtfertigt kann eine Überschreitung der 50%-Grenze jedoch sein, wenn der Geschäftserfolg nicht vom Kapitaleinsatz, sondern fast ausschließlich und unmittelbar von der persönlichen Arbeitsleistung des Geschäftsführers abhängt.

bb) 75:25-Aufteilungsregel

6041 Die von der FinVerw geforderte und auf ein früheres BFH-Urteil[5] zurückgehende **Aufteilungsregel**, nach der die Gesamtausstattung des Gesellschafter-Geschäftsführers zu mindestens 75% aus festen Bezügen und zu höchstens 25% aus variablen Bezügen bestehen darf, hat der BFH ganz deutlich relativiert.[6] Auch die Finanzverwaltung[7] geht davon aus, dass eine Abweichung vom Regelverhältnis nur noch ausnahmsweise ein vGA-Indiz ist.

Außerdem hat der BFH klargestellt, dass die Aufteilungsregel nicht so zu verstehen ist, dass das zwischen der GmbH und ihrem Geschäftsführer vereinbarte Festgehalt schematisch 75% der Gesamtvergütung darstelle und ebenso schematisch äußerstenfalls um weitere – hieraus rechnerisch abgeleitete – 25% als variabler Bestandteil erhöht

1 BFH v. 4.6.2003 - I R 24/02, BStBl 2004 II S. 136.
2 BFH v. 15.3.2000 - I R 73/99, BFH/NV 2000 S. 1245, NWB TAAAA-65373.
3 Vgl. BFH v. 17.12.2003 - I R 16/02, BFH/NV 2004 S. 817, NWB SAAAB-20235.
4 BFH v. 15.3.2000 - I R 74/99, BStBl 2000 II S. 547.
5 Vom 5.10.1994 - I R 50/94, BStBl 1995 II S. 549.
6 BFH v. 4.6.2003 - I R 24/02, BStBl 2004 II S. 136; v. 27.2.2003 - I R 46/01, BStBl 2004 II S. 132.
7 OFD Düsseldorf/Köln v. 17.6.2004, DStR 2004 S. 1386.

werden, also ein Zuschlag von einem Drittel des Festgehalts gemacht werden dürfe.[1] Vielmehr ist von den angemessenen Gesamtbezügen auszugehen, diese sind in einen Festgehalt- und einen Tantiemeanteil aufzuteilen, wobei sich der Tantiemeanteil in Relation zu dem erwarteten Durchschnittsgewinn ausdrückt mit der Folge, dass sich der angemessene Tantiemeanteil nicht statisch mit einem Zuschlag i. H. v. einem Drittel des Festgehalts, sondern dynamisch ausgehend von der Gesamtausstattung einerseits und den prognostizierten Gewinnen andererseits errechnet. Eine „Erstarrung" der Geschäftsführerbezüge wird damit vermieden. Die Berechnung des Tantiemesatzes (Relation von Tantiemeanteil zu dem erwarteten Durchschnittsgewinn) kann in Grundzügen aus dem Berechnungsbeispiel im BMF-Schreiben vom 1.2.2002[2] hergeleitet werden.

BEISPIEL: Im Zusagezeitpunkt und nach den dort gegebenen Verhältnissen beträgt für den Gesellschafter-Geschäftsführer die angemessene Gesamtausstattung 400.000 €. Aufgrund der Gewinnprognose wird der Durchschnittsgewinn mit 1,6 Mio. € angenommen. Nach der Regelvermutung darf der variable Gehaltsbestandteil (Gewinntantieme) 25 % der angemessenen Gesamtausstattung betragen, also 100.000 €. In Relation zum prognostizierten Durchschnittsgewinn beträgt der Tantiemesatz also 6,25 %

Vereinbart die GmbH deshalb mit dem Gesellschafter-Geschäftsführer ein Festgehalt von 300.000 € und eine Gewinntantieme von 6,25 % vom Gewinn und beträgt der Gewinn z. B. fünf Jahre später 4 Mio. € und die Tantieme also 250.000 €, so bezieht der Gesellschafter-Geschäftsführer in diesem Jahr zwar ein Gesamtgehalt von 550.000 €, von dem der Tantiemeanteil ca. 45 % beträgt, die eingetretene „Dynamisierung" ist aber unschädlich und stellt keine vGA (i. H. v. 150.000 €) dar.

Schließlich betont der BFH noch, dass auch bei Abweichung von dem Aufteilungsver- 6042
hältnis, die sich bei einer **Gewinnprognose** aus Sicht des Zusagezeitpunkts feststellen lässt, im Einzelfall zu beantworten ist, weshalb eine andere Gestaltung gewählt wurde und ob dies aus betrieblichen Gründen erfolgte oder gesellschaftlich veranlasst war.[3] Insbesondere muss dann die GmbH die Gründe erläutern, die zu der grenzüberschreitenden Vereinbarung geführt haben.[4] Solche Gründe können z. B. **starke Gewinnschwankungen** sein. Deshalb führt ein unerwarteter Anstieg des Geschäftserfolgs und eine damit verbundene sprunghafte Erhöhung der vereinbarten Gewinntantieme nicht allein deshalb zur vGA, weil die Höhe der geschuldeten Tantieme infolge des starken Gewinnanstiegs die ursprünglichen Vorstellungen der Vertragsparteien vom durchschnittlich zu erwartenden Jahresergebnis übersteigt.[5]

cc) Indizien für eine Unangemessenheit

Obwohl ein Überschreiten der 25 %-Grenze nicht mehr automatisch zur Annahme einer 6043
vGA führt, sieht die FinVerw darin dennoch ein Indiz für ihr Vorliegen.[6]

1 Vgl. auch BFH v. 19.11.2003 - I R 42/03, BFH/NV 2004 S. 669, NWB UAAAB-16991.

2 BStBl 2002 I S. 219.

3 BFH v. 27.3.2003 - I R 46/01, BStBl 2004 II S. 132 und v. 4.6.2003 - I R 24/02, BStBl 2004 II S. 136.

4 BFH v. 27.3.2003 - I R 80-81/01, BFH/NV 2003 S. 1346, NWB TAAAA-70064.

5 BFH v. 10.7.2002 - I R 37/01, BStBl 2003 II S. 418.

6 OFD Düsseldorf v. 17.6.2004, DStR 2004 S. 138.

6044 **Indiz für eine vGA** soll dies insbesondere dann sein, wenn

- keine größeren Ertragsschwankungen bestehen;
- eine nachvollziehbare Gewinnprognose erstellt wurde bzw. eine Gewinnprognose ohne größere Unwägbarkeiten rekonstruierbar ist;
- keine Deckelung der Tantieme vorgenommen wurde;
- der Tantiemeanteil mehr als 50% beträgt;
- weitere Anhaltspunkte (z.B. mangelhafte Durchführung) für die Annahme einer verdeckten Gewinnausschüttung sprechen.

6045 **Kein Indiz** für eine vGA soll dagegen die Abweichung von dem 75/25-Verhältnis sein, wenn

- mit sprunghaften Gewinnentwicklungen gerechnet werden konnte;
- starke Ertragsschwankungen vorliegen;
- eine Gewinnprognose im Vorfeld nicht erstellt wurde oder sich die Prognose später nicht mehr verlässlich rekonstruieren lässt;
- keine weiteren Anhaltspunkte für die Annahme einer VGA (z.B. mangelhafte Durchführung) bestehen.

dd) Definition der Bemessungsgrundlage („Gewinn")

6046 Die Tantiemevereinbarung muss definieren, was unter „**Gewinn**" zu verstehen ist, also ausdrücken, ob der Handels- oder Steuerbilanzgewinn gemeint ist.[1] Ein „vorläufiger Gewinn" ist zu unbestimmt.[2] Ist der Gewinn die Bemessungsgrundlage, sind KSt und GewSt vor der Tantiemeberechnung abzuziehen.[3] Es kann aber auch der „Gewinn vor KSt und GewSt" vereinbart werden; dann ist aber auf die Auswirkungen auf die Angemessenheit der Tantieme der Höhe nach zu achten. Regelmäßig muss der Gewinn auch um Verlustvorträge (nicht aber den steuerlichen Verlustrücktrag) gemindert werden, weil der Gesellschafter-Geschäftsführer nicht nur am Erfolg, sondern auch an dem Misserfolg seiner Tätigkeit für die GmbH zu beteiligen ist und die Tantieme die Erfolge seiner Tätigkeit bei mittel- und langfristiger Betrachtung abgelten soll.[4] Dies soll jedenfalls gelten, wenn der Gesellschafter-Geschäftsführer für einen bestehenden Verlustvortrag verantwortlich oder mitverantwortlich ist.[5] Ob eine Berücksichtigung von Verlustvorträgen nicht geboten ist, wenn sich das Unternehmen in der Aufbauphase befindet oder der Gesellschafter-Geschäftsführer das Amt erst übernommen hat und deshalb für die vorgetragenen Verluste nicht verantwortlich ist, muss angesichts der genannten BFH-Entscheidung[6] bezweifelt werden.

1 Zu von der Rechtsprechung verworfenen Begriffen, da zu unbestimmt s. Klein/Müller in: Mössner/Oellerich/Valta, KStG, § 8 Rz. 1918.

2 BFH v. 1.4.2003 - I R 78, 79/02, BFH/NV 2004 S. 86, NWB PAAAA-70061.

3 BFH v. 1.7.1992 - I R 78/91, BStBl 1992 II S. 975.

4 BFH v. 17.12.2003 - I R 22/03, BStBl 2004 II S. 524.

5 H 8.8 KStH.

6 BStBl 2004 II S. 524.

Wird gegen die Anrechnung des Verlustvortrages verstoßen, ist der darauf beruhende Teil der Tantieme eine vGA. Es empfiehlt sich also zur Vermeidung steuerlicher Risiken grundsätzlich, die Anrechnung von Verlustvorträgen zu vereinbaren. 6047

Eine **sprunghaft angestiegene Gewinntantieme** ist keine vGA, wenn die Tantiemevereinbarung im Zeitpunkt ihres Abschlusses einem Fremdvergleich standhielt und sich die Bemessungsgrundlage für die Tantieme später in unerwartetem Maße erhöhte, es sei denn, die GmbH hätte die Tantiemevereinbarung zu ihren Gunsten anpassen können und darauf aus im Gesellschaftsverhältnis liegenden Gründen verzichtet.[1] 6048

Nicht zuletzt aus diesem Grund und um der Gefahr einer Gewinnabsaugung vorzubeugen, ist bei allen Tantiemen die Vereinbarung eines **Höchstbetrages** anzuraten, damit bei einer unverhältnismäßigen Gewinn- oder Umsatzsteigerung nicht der Rahmen einer angemessenen Gesamtausstattung überschritten wird; außerdem sollte die Tantieme alle drei Jahre auf ihre Angemessenheit überprüfbar sein und überprüft werden.[2] 6049

Die Vereinbarung einer **Mindesttantieme** ist als solche nicht schädlich. Sie wirkt jedoch wie die Vereinbarung eines festen Gehaltsbestandteils, der jährlich auszubezahlen ist, und muss daher in die Prüfung der Angemessenheit der Gesamtausstattung einbezogen werden.[3] 6050

ee) Sonderregeln in Beherrschungsfällen

In **Beherrschungsfällen** müssen neben der Angemessenheit auch das sog. Rückwirkungsverbot, das Klarheitsgebot und das Durchführungsgebot beachtet werden. Da die Einmalbezüge wie eine Tantieme Jahresvergütungen sind, die für die Arbeitsleistung des ganzen Jahres gewährt werden, müssen sie zur Vermeidung verdeckter Gewinnausschüttungen vor Beginn des Jahres, auf das sie sich beziehen, klar und eindeutig vereinbart worden sein. Außerdem muss sich die Tantieme ohne weiteres errechnen lassen: Sowohl der Vomhundertsatz als auch die maßgebliche Bemessungsgrundlage[4] müssen so eindeutig festgelegt sein, dass nur durch Rechenoperation die Höhe der Tantieme ermittelt werden kann. 6051

Ein **Verstoß gegen das Klarheitsgebot** kann bei Tantiemen (und anderen Einmalbezügen) z. B. vorliegen, wenn 6052

- die Tantieme des beherrschenden Gesellschafter-Geschäftsführers dividendenabhängig ist;[5]
- dem beherrschenden Gesellschafter-Geschäftsführer eine Tantieme „wie die anderer leitender Mitarbeiter“, zugesagt wird;
- dem Gesellschafter-Geschäftsführer vertraglich „je nach wirtschaftlicher Lage“ eine Tantieme gewährt wird;

---

1 BFH v. 10.7.2002 - I R 37/01, BStBl 2003 II S. 418.

2 Vgl. BFH v. 15.3.2000 - I R 73/99, BFH/NV 2000 S. 1245, NWB TAAAA-65373.

3 BFH v. 6.10.1993 - I B 66-68/93, BFH/NV 1994 S. 660, NWB MAAAB-33661.

4 Gosch, KStG, § 8 Rz. 1237; Klein/Müller in: Mössner/Oellerich/Valta, KStG, § 8 Rz. 1917.

5 BFH v. 30.1.1985 - I R 37/82, BStBl 1985 II S. 345.

- eine GmbH zeitgleich zwei sich widersprechende Tantiemevereinbarungen mit ihrem beherrschenden Gesellschafter-Geschäftsführer abschließt, ohne dass zu erkennen ist, welche von beiden die maßgebliche sein soll;
- eine im Übrigen klare Tantiemevereinbarung mit dem beherrschenden Gesellschafter-Geschäftsführer unter dem Vorbehalt steht, dass die Gesellschafterversammlung die Tantieme anderweitig höher oder niedriger festsetzen kann;[1]
- die Tantieme des beherrschenden Gesellschafter-Geschäftsführers vertraglich nach dem „Gewinn gem. GoB unter Berücksichtigung aller steuerlich zulässigen Maßnahmen" oder „nach dem Ergebnis der Steuerbilanz" bemessen wird, soweit hieraus die Einbeziehung der KSt und GewSt in die Bemessungsgrundlage der Tantieme hergeleitet werden soll;
- dem beherrschenden Gesellschafter-Geschäftsführer eine Rohgewinntantieme zugesagt, aber weder festgelegt noch durch Auslegung eindeutig zu ermitteln ist, was unter dem Rohgewinn als Bemessungsgrundlage zu verstehen ist.[2]

e) Besondere Tantiemearten

aa) Rohgewinntantieme

6053 Bemessungsgrundlage einer Tantieme kann auch der Rohgewinn sein; sie wird in Abgrenzung von einer Umsatztantieme wegen des deutlichen Risikounterschieds dazu von der Rechtsprechung akzeptiert.[3] Bedenklich sind jedoch Fälle, in denen der Rohgewinn nahezu dem Umsatz entsprechen kann, wenn z. B. Dienstleistungen erbracht werden.[4] Dann soll ein der Umsatztantieme vergleichbares Risiko für die GmbH bestehen. Bei einer Gewinnprognose soll auch eine Rohgewinntantieme nur 25 % der Gesamtvergütung ausmachen.[5]

bb) Umsatztantieme

(1) Umsatzabhängige Tantiemen sind unzulässig

6054 **Umsatzabhängige Tantiemen** sind dem BFH zufolge im Allgemeinen unüblich und führen daher sowohl bei einem beherrschenden als auch einem nicht beherrschenden Gesellschafter-Geschäftsführer zur vGA, wenn nicht ausnahmsweise besondere Gründe für die Umsatzabhängigkeit vorliegen.[6] Eine solche in einem Vomhundertsatz des Umsatzes bemessene Tantieme kann auch nicht in eine angemessene Gewinntantieme umgedeutet werden.[7] Das gilt auch für geschäftsspartenbezogene Umsatztantiemen.[8]

1 BFH v. 29.4.1992 - I R 21/90, BStBl 1992 II S. 851.
2 BFH v. 25.10.1995 - I R 9/95, BStBl 1997 II S. 703.
3 BFH v. 25.10.1995 - I R 9/95, BStBl 1997 II S. 703; v. 26.1.1999 - I B 119/98, BStBl 1999 II S. 241.
4 Vgl. BFH v. 10.11.1998 - I R 33/98, BFH/NV 1999 S. 829, NWB BAAAA-63036, zu einem Fall, in dem der Rohgewinn etwa 3/4 des Umsatzes betrug.
5 BFH v. 26.1.1999 - I B 119/98, BFH/NV 1999 S. 882, NWB OAAAA-96438.
6 BFH v. 5.10.1977 - I R 230/75, BStBl 1978 II S. 234; v. 19.2.1999 - I R 105-107/97, BStBl 1999 II S. 321; v. 6.4.2005 - I R 10/04, BFH/NV 2005 S. 2058, NWB MAAAB-66058.
7 BFH v. 20.9.1995 - I R 130/94, BFH/NV 1996 S. 508, NWB FAAAB-38007.
8 BFH v. 9.9.1998 - I R 104/97, BFH/NV 1999 S. 519, NWB HAAAA-62344.

Die Rechtsprechung lässt sich zur steuerlichen Unzulässigkeit einer Umsatztantieme von der Erwägung leiten, dass solche Vergütungen wesentliche Teile des Gewinns der GmbH absaugen und zu einem Verlust oder einer unangemessenen niedrigen Kapitalverzinsung führen können.[1] Mit fremden Geschäftsführern werde regelmäßig eine gewinnabhängige Tantieme vereinbart, zumal eine umsatzabhängige Tantieme die GmbH auch in ertragsschwachen Zeiten mit hohen Tantiemeverpflichtungen belastet und den Geschäftsführer veranlassen kann, den Umsatz ohne Rücksicht auf den Gewinn zu steigern. Auch die Klausel, dass die Umsatztantieme nicht zu einem Verlust führen dürfe, genügt nicht, um der Gefahr einer Gewinnabsaugung vorzubeugen.[2] Deshalb wird i.d.R. auch eine Kombination von gewinn- und umsatzbezogener Tantieme nicht anerkannt.[3] 6055

Kann die Umsatztantieme des Gesellschafter-Geschäftsführers steuerlich nicht anerkannt werden, ist sie stets in vollem Umfang vGA, auch wenn die Gesamtausstattung des Gesellschafter-Geschäftsführers angemessen bleibt.[4] 6056

Auch im Zusammenhang mit einer Umsatztantieme gilt der Drittvergleich, so dass sie angemessen sein kann, wenn sie auch einem gesellschaftsfremden Geschäftsführer eingeräumt würde.[5] 6057

(2) Ausnahmefälle

Die zur steuerlichen Anerkennung der Umsatztantieme erforderlichen besonderen Gründe sind von der GmbH darzulegen. Sie können bestehen bei 6058

- **Branchen- oder Betriebsüblichkeit,** wenn besondere Gründe (z.B. Vorrang der Umsatzsteigerung im Unternehmen vor der Gewinnsteigerung) für die Einräumung der Umsatztantieme sprechen und durch die Vereinbarungen sichergestellt ist, dass die mit einer Umsatztantieme verbundenen besonderen Risiken der Umsatzsteigerung ohne Rücksicht auf Rentabilität und die Tantiemebelastung auch für ertragsschwache Jahre der Gesellschaft nicht unkalkulierbar und nicht mehr steuerbar werden;[6]
- einer **Aufbauphase des Unternehmens** der GmbH, wenn durch eine Revisionsklausel sichergestellt ist, dass die Gewährung der Umsatztantieme tatsächlich auf die Dauer der Aufbauphase bzw. des Vorliegens der besonderen Gründe beschränkt und betragsmäßig begrenzt wird und sich die GmbH kurzfristig und einseitig von der Umsatztantieme lösen bzw. sie in eine Gewinntantieme umwandeln kann;[7]

1 Vgl. z.B. BFH v. 28.6.1989 - I R 89/85, BStBl 1989 II S.854.

2 BFH v. 19.2.1999 - I R 105 - 107/97, BStBl 1999 II S.321.

3 BFH v. 9.9.1998 - I R 104/97, BFH/NV 1999 S.519, NWB HAAAA-62344.

4 BFH v. 19.5.1993 - I R 83/92, BFH/NV 1994 S.124.

5 Einschränkend aber BFH v. 19.5.1993 - I R 83/92, BFH/NV 1994 S.124, NWB TAAAA-97255, und v. 30.8.1995 - I B 114/94, BFH/NV 1996 S.265, NWB SAAAB-37009, wonach die Branchenüblichkeit nicht maßgebend sein soll.

6 BFH v. 19.5.1993 - I R 83/92, BFH/NV 1994 S.124, NWB TAAAA-97255; v. 30.8.1995 - I B 114/94, BFH/NV 1996 S.265, NWB SAAAB-37009.

7 BFH v. 19.2.1999 - I R 105-107/97, BStBl 1999 II S.321; v. 20.9.1995 - I R 130/94, BFH/NV 1996 S.508, NWB FAAAB-38007.

- **ausschließlicher Zuständigkeit des Gesellschafter-Geschäftsführers für den Vertrieb,** also nicht bei einem für den Gesamtbetrieb zuständigen Gesellschafter-Geschäftsführer.[1] Nicht ausreichend rechtfertigen lässt sich aber eine Umsatztantieme damit, dass der Gewinn für einen Betriebsteil oder eine bestimmte Sparte nur schwierig zu ermitteln sei, zumal kein ordentlicher Geschäftsleiter eine Umsatztantieme versprechen würde, wenn eine Kostenrechnung für den Betriebsteil oder die Sparte fehlt und deshalb nicht festgestellt werden kann, ob dort mit Gewinn gearbeitet wird;[2]
- **fehlendem Anreiz zur Leistungssteigerung durch eine Gewinntantieme.**[3]

6059 Letztlich muss die GmbH zur steuerlichen Anerkennung einer Umsatztantieme auch hier darlegen, dass der mit ihr verfolgte Zweck mit einer Gewinntantieme nicht zu erreichen wäre.

6060 Auch in den genannten Ausnahmefällen besteht das Risiko der vGA aber immer, wenn eine zeitliche und betragsmäßige Begrenzung der Umsatztantieme unterbleibt.[4] Umsatztantiemen sollten mit dem Gesellschafter-Geschäftsführer nur vereinbart werden, wenn einer der von der Rechtsprechung anerkannten Ausnahmefälle eindeutig vorliegt.

6061 Keine **Umsatztantieme** ist aber eine **Festtantieme**, die dem Gesellschafter-Geschäftsführer von der GmbH bei Überschreitung einer bestimmten Umsatzgrenze als zusätzliche, in ihrer Höhe fixe Entlohnung versprochen wird. Der Umsatz ist dann nicht Bemessungsgrundlage der Tantieme wie bei der Umsatztantieme, sondern eine aufschiebende Bedingung für die Festvergütung.[5]

cc) Nur-Tantieme

6062 Die **Vereinbarung einer Nur-Tantieme** sieht die Rechtsprechung grundsätzlich als ungewöhnlich an, weshalb sie durch das Gesellschaftsverhältnis veranlasst sei und regelmäßig zu einer vGA führe.[6] Eine gewinnabhängige Nur-Tantieme wirke wie eine Gewinnausschüttung und ein fremder Geschäftsführer schlösse eine solche Vereinbarung nicht ab, weil sie ihm ein untragbares Risiko auferlege.

6063 Da auch die Nur-Tantieme nur Indiz für die gesellschaftliche Veranlassung ist, muss sie anerkannt werden, wenn sich auch ein fremder Geschäftsführer auf die Vereinbarung eingelassen hätte.

6064 Ausnahmsweise kommt nach der FinVerw[7] daher die steuerliche Anerkennung in der Gründungsphase in Betracht, bei vorübergehenden wirtschaftlichen Schwierigkeiten und bei Tätigkeiten in stark risikobehafteten Geschäftszweigen. In den vorgenannten Ausnahmefällen ist allerdings Voraussetzung für die steuerliche Anerkennung der Nur-Tantieme, dass sie ausdrücklich zeitlich begrenzt ist und dass sie bei Wegfall der Ausnahmesituation zwingend durch eine Vereinbarung fester Vergütungsbestandteile bzw.

1 BFH v. 19.3.1993 - I R 83/92, BFH/NV 1994 S. 124, NWB TAAAA-97255.
2 Vgl. BFH v. 9.9.1998 - I R 104/97, BFH/NV 1999 S. 519, NWB HAAAA-62344.
3 BFH v. 20.9.1995 - I R 130/94, BFH/NV 1996 S. 508, NWB FAAAB-38007.
4 BFH v. 19.2.1999 - I R 105-107/97, BStBl 1999 II S. 321.
5 BFH v. 5.6.2002 - I R 69/01, BStBl 2003 II S. 329.
6 BFH v. 27.3.2001 - I R 27/99, BStBl 2002 II S. 111.
7 BMF v. 1.2.2002, BStBl 2002 I S. 219.

mit angemessenem Verhältnis dieser Bestandteile zueinander ersetzt wird.[1] Die Nur-Tantieme wird auch anzuerkennen sein, wenn der Geschäftsführer bei Insolvenz der GmbH arbeitslos würde oder wenn das Risiko des Geschäftsführers, für die GmbH ohne Entgelt arbeiten zu müssen, gering ist, weil er auch nur eine geringe Arbeitsleistung erbringen muss und er für seinen Lebensunterhalt nicht auf die Vergütung aus der Geschäftsführertätigkeit angewiesen ist.[2]

Grundsätze über Nur-Gewinntantiemen gelten auch für die Nur-Rohgewinntantiemen, 6065
die ausnahmsweise nicht in vollem Umfang vGA sind.[3]

f) Verzicht auf die Tantiemeforderung

Der Anspruch auf die Gewinntantieme entsteht mit dem Ende des Geschäftsjahres und 6066
wird, sofern keine anderen Vereinbarungen getroffen worden sind, mit der Feststellung des Jahresabschlusses fällig.[4] Bei Vorschusszahlungen auf die Tantieme, die ohne eine klare vorherige Abmachung erfolgen, stellt der Verzicht auf eine angemessene Verzinsung eine vGA dar.

Der **Verzicht** des Gesellschafter-Geschäftsführers auf die Einmalvergütung kann eine 6067
vGA oder eine verdeckte Einlage oder auch lediglich die gewinnerhöhende Auflösung der in der Bilanz der GmbH passivierten Vergütungsverpflichtung zur Folge haben. Soweit der Anspruch **werthaltig** ist, führt der Verzicht hierauf grundsätzlich einerseits beim Gesellschafter-Geschäftsführer zum Zufließen des Verzichtsbetrags bei den Einnahmen aus nicht selbständiger Arbeit und zu gleich hohen nachträglichen Anschaffungskosten auf die Beteiligung und andererseits bei der GmbH zu einer Vermögensmehrung, die als verdeckte Einlage zu neutralisieren ist, und zu einem entsprechenden Zugang zum steuerlichen Einlagekonto i. S. d. § 27 KStG.

Ist die Tantiemeforderung aber wertlos, fließt dem Gesellschafter-Geschäftsführer durch den Verzicht auch kein Arbeitslohn zu und er hat auch keine zusätzlichen Anschaffungskosten auf die Beteiligung in Höhe des Verzichtsbetrages. Bei der GmbH tritt dagegen mit dem Wegfall der Verbindlichkeit eine Gewinnerhöhung ein. Als Indiz für eine vGA ist der Verzicht nur anzusehen, wenn hieraus auf eine nicht durchgeführte oder nicht ernsthaft gemeinte Tantiemevereinbarung geschlossen werden kann. Dann ist die durch die passivierte Zahlungsverpflichtung eingetretene Vermögensminderung zunächst nach § 8 Abs. 3 Satz 2 KStG außerhalb der Bilanz zu korrigieren (Einkommenserhöhung); die anschließende verdeckte Einlage durch den Verzicht auf die (werthaltige) Forderung ist zwar für sich ergebnisneutral, vermag aber an den einmal eingetretenen steuerlichen Folgen der vGA (KSt- und GewSt-Belastung) nichts mehr zu ändern.

(Einstweilen frei) 6068–6090

1 BMF v. 1.2.2002, BStBl 2002 I S. 219.

2 BFH v. 18.3.2002 - I B 156/01, BFH/NV 2002 S. 1178, NWB UAAAA-68050.

3 BFH v. 26.1.1999 - I B 119/98, BStBl 1999 II S. 241; BMF v. 1.2.2002, BStBl 2002 I S. 219.

4 BFH v. 22.2.2003 - I R 36/03, BStBl 2004 II S. 307.

8. Pensionszusagen

a) Grundsätzliche steuerliche Anerkennung[1]

aa) Motive und steuerliche Effekte

6091 In der Praxis ist es üblich, dass die GmbH ihrem Geschäftsführer eine Pensionszusage erteilt. Sie dient der eigenen Alters- und Invaliditätsversorgung und ggf. auch einer Versorgung der Hinterbliebenen. Mit der Zusage einer Hinterbliebenenversorgung nimmt die GmbH Rücksicht auf das berechtigte Interesse des Geschäftsführers, ihm nahe stehende und von ihm unterhaltene Personen über seinen Tod hinaus wirtschaftlich abzusichern. Die Zusage einer Hinterbliebenenversorgung zugunsten der nichtehelichen Lebensgefährtin des Gesellschafter-Geschäftsführers kann deshalb auch steuerlich anzuerkennen sein.[2] Die Pensionszusage der GmbH an ihren Gesellschafter-Geschäftsführer, die als **betrieblich veranlasst** anzusehen ist, wird steuerlich anerkannt. Die GmbH ist dann nach § 6a EStG zur Bildung einer Pensionsrückstellung berechtigt und verpflichtet und kann die Zuführungen zu dieser Pensionsrückstellung und einen späteren Mehraufwand bei Zahlung der Pension bei der steuerlichen Gewinnermittlung als Betriebsausgaben abziehen. Beim Gesellschafter-Geschäftsführer stellen die Versorgungsleistungen Arbeitslohn i. S. d. § 19 Abs. 2 EStG dar.

6092 Der **Vorteil** für die GmbH liegt in einem **Liquiditätseffekt**. Sie kann bereits bei **Erteilung der Zusage** eine **Rückstellung** (für ungewisse Verbindlichkeiten) bilden, hat aber tatsächlich **noch keinen finanziellen Aufwand**, da die Zahlungspflicht erst mit Eintritt des Versorgungsfalles entsteht und der Verpflichtung nur eine Pensionsanwartschaft gegenübersteht. Die Liquidität der GmbH wird noch nicht belastet. Der Vorteil besteht darin, dass bereits während der Anwartschaftszeit ertragsteuerliche Stundungseffekte erzeugt werden. Der Liquiditätsvorteil wird aber geschmälert, wenn für die Pensionszusage eine Rückdeckungsversicherung abgeschlossen wird.

6093 In diesem Zusammenhang ist auch das sich aus § 6a Abs. 4 Satz 1 EStG ergebende sog. Nachholverbot zu beachten. Danach darf zur Verhinderung willkürlicher Gewinnverschiebungen eine Pensionsrückstellung in einem Wirtschaftsjahr höchstens um den Unterschied zwischen dem Teilwert der Pensionsrückstellung am Schluss des vorangegangenen Wirtschaftsjahres erhöht werden. Dieser steuerbilanzrechtlichen Sondernorm für Pensionsrückstellungen kommt nach dem Spezialitätsprinzip Vorrang gegenüber den allgemeinen Grundsätzen der Bilanzberichtigung und des Bilanzzusammenhangs für die Fälle zu, in denen für in der Vergangenheit erteilte Pensionszusagen entsprechende Rückstellungen in den vergangenen Wirtschaftsjahren nicht gebildet worden waren. Hier ist eine Nachholung in dem Sinne, dass in einem Folgejahr der gesamte Verpflichtungswert vermögensmindernd eingestellt wird, nicht möglich. Demgegenüber sind die Forderungen aus einer evtl. bestehenden Rückdeckungsversicherung in Höhe ihres vollen Teilwerts zu aktivieren.[3]

---

1 Checkliste bei Klein/Müller in: Mössner/Oellerich/Valta, KStG, § 8 Rz. 3624.

2 BFH v. 29.11.2000 - I R 90/99, BStBl 2001 II S. 204.

3 BFH v. 13.2.2008 - I R 44/07, BStBl 2008 II S. 673.

bb) Steuerliche Prüfung

Die **steuerliche Prüfung** einer **Pensionsrückstellung** für die dem Gesellschafter-Geschäftsführer erteilte Versorgungszusage erfolgt **zweistufig**: 6094

Die Pensionszusage muss zivilrechtlich wirksam erteilt und die steuerrechtlichen Voraussetzungen in § 6a EStG zur Bildung von Pensionsrückstellungen müssen erfüllt sein. Ist dies nicht der Fall, ist die Pensionsrückstellung bereits in der Handelsbilanz bzw. der Steuerbilanz erfolgswirksam aufzulösen, so dass sich die Frage einer vGA mangels Unterschiedsbetragsminderung (§ 4 Abs. 1 Satz 1 EStG i. V. m. § 8 Abs. 1 KStG) nicht stellt. Sind die Voraussetzungen des § 6a EStG eingehalten, ist in einem zweiten Schritt zu prüfen, ob die Pensionszusage aus körperschaftsteuerrechtlichen Gründen ganz oder teilweise eine vGA nach § 8 Abs. 3 Satz 2 KStG ist, weil sie gesellschaftlich mitveranlasst ist. Rechtsfolge ist dann eine außerbilanzielle Hinzurechnung.[1] Auch die FinVerw folgt mit ihren Anweisungen in R 8.7 KStR 2022 mit Verweis auf R 6a EStR 2012 dieser Prüfungsreihenfolge. 6095

cc) Vorliegen einer vGA

Eine vGA liegt vor, wenn die **Pensionsverpflichtung und** die für sie nach § 6a EStG **gebildete Rückstellung nicht allein** durch das **Dienstverhältnis** zwischen der GmbH und dem Geschäftsführer, **sondern auch** durch das **Gesellschaftsverhältnis veranlasst** ist, also der Begünstigte zugleich Gesellschafter der GmbH ist und diese einem gesellschaftsfremden Geschäftsführer unter ansonsten vergleichbaren Umständen keine entsprechende Zusage erteilt hätte (Fremdvergleich nach dem Maßstab des § 43 GmbHG) oder es im Beherrschungsfall an einer klaren und von vornherein abgeschlossenen wirksamen Vereinbarung fehlt. Nicht **auch** gesellschaftlich veranlasst ist somit eine Pensionszusage, wenn sie auch einem Angestellten bzw. Geschäftsführer erteilt worden wäre, der nicht Gesellschafter (oder eine diesem nahe stehende Person) ist.[2] Diese Feststellung ist eng mit der Angemessenheit verknüpft, weil eine angemessene Pensionszusage vermuten lässt, dass sie auch einem fremden Geschäftsführer erteilt worden wäre. 6096

dd) Kriterien des Fremdvergleichs

Die Rechtsprechung hat bestimmte Kriterien für den Fremdvergleich in Bezug auf Pensionszusagen entwickelt. Diese sind allerdings nicht i. S. v. Tatbestandsmerkmalen zu verstehen, die unabdingbar vorhanden sein oder fehlen müssen, damit die konkret zu beurteilende Pensionszusage dem Gesellschaftsverhältnis zugeordnet werden kann oder nicht; sie haben nur **indiziellen Charakter**,[3] deren (grundsätzlich mögliche) **Widerlegung** in der Praxis **kaum gelingen** wird und deshalb beachtet werden sollten. 6097

Eine dem Gesellschafter-Geschäftsführer erteilte Pensionszusage hält danach einem Fremdvergleich im Allgemeinen stand, wenn aus Sicht des Zusagezeitpunkts 6098

1 Vgl. auch BFH v. 31.3.2004 - I R 65/03, BStBl 2005 II S. 664.

2 BFH v. 15.10.1997 - I R 42/97, BStBl 1999 II S. 316; v. 23.7.2003 - I R 80/02, BStBl 2003 II S. 926.

3 So BFH v. 31.3.2004 - I R 65/03, BStBl 2005 II S. 664.

- die Pension noch erdient werden kann **(Erdienbarkeit)**;
- die Qualifikation des Geschäftsführers – insbesondere aufgrund einer Probezeit – feststeht **(Probezeit und Wartezeit)**,
- die voraussichtliche Ertragsentwicklung die Zusage erlaubt und sie finanzierbar ist **(Finanzierbarkeit)** und
- keine anderen betrieblichen Besonderheiten der Zusage entgegenstehen, z.B. der soziale Friede gewahrt wird.[1]

Außerdem wird die **Angemessenheit** der Pensionszusage und deren **Ernsthaftigkeit** und beim **beherrschenden Gesellschafter-Geschäftsführer** die Einhaltung der dort geltenden **Sonderregeln** verlangt.

b) Rechtsverbindlichkeit der Pensionszusage

6099 Die **Pensionszusage** muss **rechtlich wirksam** sein. Dazu muss sie bei der GmbH von der Gesellschafterversammlung erteilt werden (§ 46 Nr. 5 GmbHG). Außerdem muss sie – insbesondere damit Pensionsrückstellungen gebildet werden können – steuerrechtlich wirksam vereinbart werden und den Anforderungen des § 6a EStG genügen. Danach muss der Pensionsberechtigte nach § 6a Abs. 1 Nr. 1 EStG einen einklagbaren Anspruch auf die Pensionsleistung haben, was grundsätzlich eine vertragliche Vereinbarung voraussetzt. Der Gesellschafter-Geschäftsführer muss also mit der Zusage einverstanden sein. Die Pensionszusage darf auch keinen Vorbehalt enthalten, der zum Verlust oder zur Minderung der Anwartschaft bzw. Pensionsleistung führen kann (§ 6a Abs. 1 Nr. 2 EStG). Verpflichtungen, die nach freiem Belieben der GmbH aufgehoben werden können, rechtfertigen keine Rückstellung; insbesondere steuerschädlich ist eine sog. Inhaberklausel, wonach die Pensionsverpflichtung im Falle einer Unternehmensveräußerung entfällt, oder der Vorbehalt einer jederzeitigen Abfindung durch eine am Teilwert des § 6a Abs. 3 EStG orientierte Kapitalleistung. Steuerunschädlich sind aber Vorbehalte, die eine Minderung oder einen Entzug nach allgemeinen Rechtsgrundsätzen unter Beachtung billigen Ermessens zulassen. Die steuerunschädlichen Vorbehalte nennt R 6a. Abs. 4 EStR.

6100 Die **Pensionszusage** muss – anders als nach Handelsrecht – **schriftlich erteilt** werden (§ 6a Abs. 1 Nr. 3 EStG). Das Schriftformerfordernis gilt für alle, nicht nur für beherrschende Gesellschafter. Danach müssen schriftliche Angaben sowohl über Grund (Art, Form, Voraussetzungen, Zeitpunkt) als auch über die Höhe (einschl. der Angaben über den Rechnungszinsfuß) gemacht werden.

c) Qualifikation des Geschäftsführers (Probezeit, Wartezeit)

aa) Probezeit

6101 In ständiger Rechtsprechung vertritt der BFH[2] die Auffassung, dass ein ordentlicher und gewissenhafter Geschäftsleiter einer GmbH ihrem Geschäftsführer eine Pension erst

1 Vgl. BFH v. 29.10.1997 - I R 52/97, BStBl 1999 II S. 318.

2 Vom 30.9.1992 - I R 75/91, BFH/NV 1993 S. 330, NWB KAAAB-33024; v. 24.4.2002 - I R 18/01, BStBl 2002 II S. 670.

zusagen wird, wenn er die **Qualifikation und Leistungsfähigkeit** des **neu bestellten Geschäftsführers zuverlässig abzuschätzen vermag.** Ohne Erprobung des Geschäftsführers würde eine Pension nicht zugesagt werden, so dass die Erteilung einer Pensionszusage im Allgemeinen die **Einhaltung einer Probezeit** voraussetzt;[1] danach hält es einem Fremdvergleich nicht stand, wenn die Altersversorgung unmittelbar nach der Einstellung versprochen wird.

Von dem grundsätzlichen Erfordernis einer Probezeit – das ist die Zeit zwischen dem Dienstbeginn und der erstmaligen Vereinbarung einer Pensionszusage – gibt es **Ausnahmen**, wenn die GmbH schon über gesicherte Erkenntnisse über die Befähigung des Geschäftsführers verfügt und diese hinreichend deutlich abschätzen kann. Diese Kriterien können im Einzelfall erfüllt sein, wenn der Gesellschafter-Geschäftsführer schon über einschlägige Erfahrungen und Branchenkenntnisse verfügt[2] oder bei der Betriebsaufspaltung das Unternehmen nur sein Rechtskleid ändert[3] oder in Fällen der Umwandlung einer Personengesellschaft oder eines Einzelunternehmens in eine GmbH oder Betriebseinbringung mit anschließender Anstellung des nunmehrigen Gesellschafters als Geschäftsführer[4] oder beim sog. Management-buy-out.[5] Bei einer neu gegründeten GmbH darf – abgesehen von der Einhaltung einer Probezeit – die Zusage erst dann erteilt werden, wenn die künftige wirtschaftliche Entwicklung der Gesellschaft verlässlich abgeschätzt werden kann.[6] 6102

bb) Dauer der Probezeit

Die Dauer der Probezeit hängt von den Besonderheiten des Einzelfalls ab. Die **FinVerw** hält wohl eine **Probezeit von zwei bis drei Jahren** für angemessen, eine fünfjährige Probezeit ist auf jeden Fall ausreichend;[7] kürzere Bewährungszeiten können aber in Betracht kommen, wenn der Geschäftsführer bei demselben Unternehmen bereits als leitender Angestellter tätig war (z. B. beim Management-buy-out ein Jahr), bei einschlägig **berufserfahrenen Personen** hält der BFH eine Zeitspanne von 2 $^{1}/_{4}$ Jahren auf jeden Fall für ausreichend.[8] 6103

Von der Probezeit ist die **Wartezeit** – das ist die Zeit zwischen der Erteilung der Zusage und dem Zeitpunkt, in dem erstmals Leistungen in Anspruch genommen werden können – zu unterscheiden. Tritt der Versorgungsfall innerhalb der vereinbarten Wartezeit ein, sind Versorgungsleistungen nicht zu erbringen. 6104

1 BFH v. 20.8.2003 - I R 99/02, BFH/NV 2004 S. 373, NWB IAAAB-15368.
2 BFH v. 4.5.1998 - I B 131/97, BFH/NV 1998 S. 1530, NWB BAAAB-39670.
3 BFH v. 18.8.1999 - I R 10/99, BFH/NV 2000 S. 225, NWB SAAAA-63026.
4 BFH v. 29.10.1997 - I R 52/97, BStBl 1999 II S. 318; v. 18.2.1999 - I R 51/98, BFH/NV 1999 S. 1384, NWB UAAAC-21961.
5 BFH v. 24.4.2002 - I R 18/01, BStBl 2002 II S. 670.
6 BFH v. 23.2.2005 - I R 70/04, BStBl 2005 II S. 882, m. w. N.
7 BFH v. 15.10.1997 - I R 42/97, BStBl 1999 II S. 316.
8 BFH v. 20.8.2003 - I R 99/02, BFH/NV 2004 S. 373, NWB IAAAB-15368.

6105 Ob neben der Probezeit auch eine solche Wartezeit zu verlangen ist, hängt vom Einzelfall ab; auf sie ist aber zu verzichten, wenn die Risiken der GmbH durch eine Rückdeckungsversicherung aufgefangen werden.[1]

d) Erdienbarkeit (Pensionsalter)

6106 Die Erteilung einer Pensionszusage ist nur dann nicht gesellschaftsrechtlich veranlasst, wenn die **zugesagte Pension** in der ab Erteilung der Zusage **verbleibenden Dienstzeit noch erdient** werden kann.[2] Dabei ist das Alter des Begünstigten im Zeitpunkt der Zusage und das vorgesehene Pensionsalter maßgebend. Hat der Begünstigte bei der Zusage bereits ein hohes Alter erreicht, steigt naturgemäß das Risiko einer kurzfristigen Inanspruchnahme und einer eingeschränkten Arbeitsleistung; außerdem verliert der Gesichtspunkt der Betriebstreue an Bedeutung. Deshalb hält die Rechtsprechung die Erteilung einer Pensionszusage mit dem Handeln eines ordentlichen und gewissenhaften Geschäftsleiters nur für vertretbar, wenn sowohl absolute Zeitgrenzen (Pensionsalter und Höchstzusagealter) als auch eine relative Zeitgrenze (Erdienensdauer) eingehalten werden.

6107 **Höchstzusagealter:** Der Begünstigte darf im Zeitpunkt der Erteilung der Zusage das 60. Lebensjahr nicht überschritten haben.[3] Ab dem 60. Lebensjahr wird das Versorgungsrisiko als zu hoch angesehen; die Überschreitung dieser Lebensaltersgrenze bedeutet im Ergebnis ein fast unwiderlegliches Indiz für die gesellschaftliche Mitveranlassung der Zusage, unabhängig davon, wie lange danach die vertraglich vereinbarte aktive Dienstzeit noch dauern soll, bis der Versorgungsfall eintritt.

6108 **Pensionsalter:** Bei einem beherrschenden Gesellschafter-Geschäftsführer wird bei Zusagen nach dem 9.12.2016 ein Pensionierungsalter von regelmäßig mindestens 67 Jahren verlangt.[4] Für nicht beherrschende Gesellschafter gilt das Pensionsalter nicht, dort ist das vereinbarte Pensionierungsalter auch steuerlich anzuerkennen. Ein vertraglich vereinbartes höheres Pensionsalter wird anerkannt, die maximale Grenze liegt aber bei 75 Jahren.

6109 Eine **niedrigere Altersgrenze** wird steuerlich nur bei besonderen Umständen anerkannt, z. B. bei Vorliegen einer Schwerbehinderung.[5] Eine Altersgrenze von **weniger als 62 Jahren** (bei Zusagen bis 9.12.2016 60 Jahre) wird aber auch dann wegen fehlender Ernsthaftigkeit **nicht anerkannt**.[6]

6110 **Erdienensdauer:** Der Zeitraum zwischen der Erteilung der Zusage und dem Pensionsalter muss bei dem **beherrschenden Gesellschafter-Geschäftsführer mindestens zehn**

1 So Gosch, KStG, § 8 Rz. 1081, der dies auch als Gestaltungsweg sieht, um eine Probezeit abzukürzen oder zu erübrigen, insbesondere wenn ältere Gesellschafter-Geschäftsführer nach Ablauf der Probezeit bereits das 60. Lebensjahr überschritten hätten.

2 Zusammenfassend: BFH v. 28.6.2005 - I R 25/04, BFH/NV 2005 S. 2252, NWB AAAAB-66973, m. w. N.

3 BFH v. 23.7.2003 - I R 80/02, BStBl 2003 II S. 926.

4 Mindestpensionsalter, BMF v. 9.12.2016, BStBl 2016 I S. 1427, Rz. 09.

5 BMF v. 9.12.2016 - IV C 6 - S 2176/07/10004: 003, BStBl 2016 I S. 1427, Rz. 10.

6 BMF v. 9.12.2016 - IV C 6 - S 2176/07/10004: 003, BStBl 2016 I S. 1427, Rz. 10.

Jahre betragen. Die Rechtsprechung orientiert sich bei dieser Frist an den Unverfallbarkeitsfristen des § 1 Abs. 1 BetrAVG a. F.[1] Die Absenkung auf drei Jahre (§ 1b Abs. 1 BetrAVG n. F.) haben bisher weder FinVerw noch BFH nachvollzogen. Jedoch werden bei Vorliegen besonderer Umstände, z. B. wenn der Geschäftsführer nicht anderweitig eine angemessene Altersversorgung aufbauen konnte, auch kürzere Zeiträume zugelassen.[2] Ausnahmen sind auch möglich, wenn der Geschäftsführer zwar mehr als zehn Jahre tätig ist, die Zehnjahresfrist aber wegen kurzzeitiger Unterbrechung nicht erfüllt wird.[3] Erfüllt wird der Zehnjahreszeitraum auch, wenn sich der Geschäftsführer verpflichtet hat, länger als bis zum 65. Lebensjahr zu arbeiten[4] oder wenn eine solche Vereinbarung über die Verlängerung der Dienstzeit nach Erteilung der Zusage getroffen wird, um sich den Anforderungen der Rechtsprechung anzupassen. Die Änderung kann aber erst ab dem Zeitpunkt ihrer Wirksamkeit berücksichtigt werden. Verlängert sich der Erdienenszeitraum dadurch auf zehn Jahre, stellen danach die Zuführungen zur Pensionsrückstellung keine vGA mehr dar.[5] Für die davor liegende Zeit ist die Pensionszusage nach ihrem ursprünglichen Inhalt zu beurteilen,[6] sog. Vordienstzeiten, also Zeiten, bevor die Pensionszusage erteilt worden ist, dürfen nicht einbezogen werden, weil darin ein Verstoß gegen das Verbot der rückwirkenden Vereinbarung zu sehen wäre.[7]

Bei einem **nicht beherrschenden Gesellschafter-Geschäftsführer** muss der Zeitraum zwischen der Erteilung der Zusage und dem Pensionsalter mindestens **drei Jahre** betragen, und der Begünstigte muss für die Gesellschaft wenigstens **zwölf Jahre tätig** gewesen sein.[8] Bei der Berechnung der Zwölfjahresfrist sind auch Vordienstzeiten einzurechnen, weil für nicht beherrschende Gesellschafter-Geschäftsführer das Rückwirkungsverbot nicht gilt. Gleiches gilt für Dienstzeiten des Geschäftsführers in einem Unternehmen, das in die GmbH eingebracht, an sie veräußert oder auf sie verschmolzen wurde,[9] oder für den Einzelunternehmer, der seinen Betrieb auf die GmbH übertragen hat.[10] 6111

e) Finanzierbarkeit der Pensionszusage

Die Versorgungszusage an einen Gesellschafter-Geschäftsführer ist auch gesellschaftlich und nicht nur betrieblich veranlasst, wenn sie für die GmbH nicht finanzierbar ist. Ein ordentlicher und gewissenhafter Geschäftsleiter verspräche einem Mitarbeiter keine Pensionszusage, die das Unternehmen nicht erwirtschaften kann, sondern es bei Eintritt des Versorgungsfalles ruinierte. 6112

Eine **Rückdeckung** durch Abschluss einer Versicherung (kongruente oder teilkongruente **Rückdeckungsversicherung** auf das Leben oder die Berufsunfähigkeit des Begünstigten) 6113

1 BFH v. 21.12.1994 - I R 98/93, BStBl 1995 II S. 419; v. 23.7.2003 - I R 80/02, BStBl 2003 II S. 926; v. 28.6.2005 - I R 25/04, BFH/NV 2005 S. 2252, NWB AAAAB-66973.
2 BFH v. 24.4.2002 - I R 43/01, BStBl 2003 II S. 416; BMF v. 13.5.2003, BStBl 2003 I S. 300.
3 BFH v. 30.1.2002 - I R 56/01, BFH/NV 2002 S. 1055, NWB BAAAA-68120.
4 BFH v. 19.5.1998 - I R 36/97, BStBl 1998 II S. 689.
5 BFH v. 28.6.2005 - I R 25/04, BFH/NV 2005 S. 2252, NWB AAAAB-66973.
6 BFH v. 23.7.2003 - I R 80/82, BStBl 2003 II S. 926.
7 BFH v. 15.3.2000 - I R 40/99, BStBl 2000 II S. 504.
8 BFH v. 29.10.1997 - I R 52/97, BStBl 1999 II S. 318; vgl. auch BMF v. 7.3.1997, BStBl 1997 I S. 637.
9 BFH v. 15.3.2000 - I R 40/99, BStBl 2000 II S. 504.
10 Vgl. Frotscher/Drüen, KStG, Anhang § 8, Stichwort Pensionszusage.

ist nicht zwingend erforderlich.[1] Sie gewährleistet aber, dass bei Eintritt des versicherten Risikos die dann erforderlichen Mittel zur Verfügung stehen, so dass dann die Finanzierbarkeit im Regelfall gewährleistet ist,[2] was aber erst ab dem Versicherungsabschluss gilt.[3]

6114 Nicht finanzierbar ist eine Pensionszusage, wenn die Passivierung des Barwerts der Verpflichtung im Zeitpunkt der Zusage zu einer Überschuldung der GmbH führen würde, bei der kein ordentlicher und gewissenhafter Geschäftsführer die GmbH mit einer Verbindlichkeit belasten würde, die zur sofortigen Überschuldung der Gesellschaft führt.[4]

6115 **Maßgebend** ist der **insolvenzrechtliche Begriff der Überschuldung**. Abzustellen ist daher auf eine Vermögensbilanz mit Aufdeckung aller stillen Reserven einschließlich der selbstgeschaffenen immateriellen Wirtschaftsgüter und des zu aktivierenden Anspruchs aus einer Rückdeckungsversicherung.[5] Da ein selbstgeschaffener Firmenwert bei der Insolvenz nicht mehr vorhanden ist, bleibt er regelmäßig außer Betracht, zu berücksichtigen ist er allerdings, wenn das Unternehmen aus insolvenzrechtlicher Sicht weitergeführt oder als Ganzes veräußert werden könnte.[6] Unter dem gleichen Gesichtspunkt sind auch die Ertragsaussichten einzubeziehen. Dann sind die Aktiva mit ihren Verkehrswerten i. S. v. Fortführungswerten und nicht mit den Zerschlagungswerten anzusetzen.

6116 Anzusetzen ist der **Barwert der Pensionsverpflichtung im Zeitpunkt der Erteilung der Zusage**, wobei dieser nach § 6a EStG (= nach versicherungsmathematischen Regeln ermittelter Anwartschaftsbarwert nach § 6a Abs. 3 Satz 2 Nr. 2 EStG) zu berechnen ist,[7] ein handelsrechtlicher, niedrigerer Wert kann angesetzt werden, wenn er nachgewiesen ist.[8] Der Ansicht der FinVerw,[9] dass darauf abzustellen sei, ob bei einem unmittelbar nach dem Bilanzstichtag eintretenden Versorgungsfall der Barwert der künftigen Pensionsleistungen auch unter Berücksichtigung einer Rückdeckungsversicherung zu einer Überschuldung führen würde, ist nicht zu folgen. Sie unterstellt den denkbar ungünstigsten Fall, dass der Versorgungsfall unmittelbar nach der Erteilung der Zusage eintrete und keine Zeit bleibe, die Rückstellung für die Verpflichtung planmäßig aufzubauen. Es ist aber nur das hinreichend wahrscheinliche Versorgungsrisiko und **nicht** das **„Bilanzsprungrisiko"** einzubeziehen.[10] Dies gilt auch für die Zusage im Invaliditätsfall.[11]

1 BFH v. 15.10.1997 - I R 40/97, BStBl 1999 II S. 316; v. 8.11.2000 - I R 70/99, BStBl 2005 II S. 653.
2 BFH v. 8.11.2000 - I R 70/99, BFH/NV 2001 S. 866, NWB GAAAA-97080.
3 BFH v. 24.1.2001 - I R 14/00, BFH/NV 2001 S. 1147, NWB SAAAA-66717.
4 BFH v. 20.12.2000 - I R 15/00, BFH/NV 2001 S. 980, NWB YAAAA-97087; v. 31.3.2004 - I R 65/03, BStBl 2005 II S. 664.
5 BFH v. 31.3.2004 - I R 65/03, BFH/NV 2004 S. 1191, NWB IAAAB-24038.
6 BFH v. 18.12.2002 - I R 44/01, BFH/NV 2003 S. 945, NWB BAAAA-70044.
7 BFH v. 7.11.2001 - I R 79/00, BFH/NV 2002 S. 287, NWB RAAAA-97114.
8 BFH v. 31.3.2004 - I R 65/03, BFH/NV 2004 S. 1191, NWB IAAAB-24038.
9 BMF v. 14.5.1999, BStBl 1999 I S. 512, Tz. 2.2.
10 BFH v. 20.12.2000 - I R 15/00, BFH/NV 2001 S. 980, NWB YAAAA-97087; v. 31.3.2004 - I R 65/03, BFH/NV 2004 S. 1191, NWB IAAAB-24038.
11 BFH v. 24.1.2001 - I R 14/00, BFH/NV 2001 S. 1147, NWB SAAAA-66717.

Inzwischen hat die FinVerw ihre von den BFH-Entscheidungen abweichende Auffassung zur Finanzierbarkeit im BMF-Schreiben v. 6.9.2005[1] aufgegeben. Sie stellt klar, dass sie die – gleichzeitig im BStBl veröffentlichten Urteile[2] – allgemein anwendet. 6117

Wird die **Versorgungszusage** mit einer **Rückdeckungsversicherung** abgesichert, kommt es für die Finanzierbarkeit darauf an, ob die **GmbH die jährlichen Versicherungsprämien** – gemessen an der wirtschaftlichen Situation – im Zusagezeitpunkt **aufbringen** kann.[3] Dies bedeutet, dass aus dem Fehlen einer Versicherung zur Rückdeckung einer Versorgungsanwartschaft zwar nicht geschlossen werden kann, dass die Anwartschaft sich nicht von der GmbH finanzieren lasse, dass aber umgekehrt auch nicht zwingend bei Abschluss einer (kongruenten oder teilkongruenten) Rückdeckungsversicherung die Finanzierbarkeit der Anwartschaft im Umfang der Rückdeckung stets gesichert sei. Die Sicherung der Finanzierung kann aber nur dann verneint werden, wenn zu vermuten ist, dass die GmbH die jährlichen Prämien nach der wirtschaftlichen Situation im Zusagezeitpunkt nicht wird aufbringen können.[4] Kann die GmbH aus Sicht des Zusagezeitpunkts weder die jährlichen Versicherungsprämien aufbringen noch die ihr verbleibenden finanziellen Risiken aus eigener Kraft finanzieren, ist die Zusage als gesellschaftlich veranlasst zu qualifizieren. Dies gilt nur in dem Umfang, in dem unter Einbeziehung des aktivierten Versicherungsanspruchs eine Finanzierung der Versorgungsansprüche bei Eintritt des Versorgungsfalles nicht gesichert war.[5] 6118

Die GmbH darf mit der **Pensionszusage** auch an die **Grenze** ihrer **finanziellen Leistungsfähigkeit** gehen. Natürlich bleiben auch in diesem Zusammenhang Fragen offen, wie z. B. ob die GmbH ihren gesamten Gewinn dafür einsetzen darf, woran sich die GmbH bei der Schätzung orientieren darf, ob die Gewinne der letzten drei bis fünf Jahre maßgebend sind und ob auch berechtigte Aussichten auf steigende Erträge berücksichtigt werden dürfen oder ob auch vorübergehende Verluste in Kauf genommen werden dürfen.[6] Die FinVerw vermeidet hierzu konkrete Angaben im BMF-Schreiben v. 6.9.2005,[7] was nicht unbedingt zur Rechtssicherheit beiträgt. 6119

Ist die Zusage finanzierbar oder ist das Risiko durch eine Rückdeckungsversicherung abgedeckt, kommt eine vGA aus dem Gesichtspunkt der fehlenden Finanzierbarkeit nicht mehr in Betracht, sie kann sich dann nur noch aus anderen Gründen, z. B. der Unangemessenheit, ergeben.[8] 6120

Erteilt die GmbH die **Zusage für die Alters-, Hinterbliebenen- und Invaliditätsversorgung**, handelt es sich nach Auffassung des BFH[9] **nicht um ein einheitliches Wirtschaftsgut**; 6121

1 BStBl 2005 I S. 875.

2 Vom 20.12.2000 - I R 15/00, BStBl 2005 II S. 657; v. 8.10.2000 - I R 70/99, BStBl 2005 II S. 653; v. 7.11.2001 - I R 79/00, BStBl 2005 II S. 659; v. 4.9.2002 - I R 7/01, BStBl 2005 II S. 662; v. 31.3.2004 - I R 65/03, BStBl 2005 II S. 664.

3 BFH v. 24.1.2001 - I R 14/00, BFH/NV 2001 S. 1147, NWB SAAAA-66717.

4 BFH v. 31.3.2004 - I R 65/03, BStBl 2005 II S. 664.

5 Vgl. BFH v. 31.3.2004 - I R 65/03, BStBl 2005 II S. 664.

6 Vgl. Paus, INF 2006 S. 70.

7 BStBl 2005 I S. 875.

8 BFH v. 28.1.2004 - I R 21/03, BFH/NV 2004 S. 890, NWB MAAAB-20772.

9 Vom 20.12.2000 - I R 15/00, BStBl 2005 II S. 657; v. 7.11.2001 - I R 79/00, BStBl 2005 II S. 659.

seine bisher andere Auffassung[1] hat das BMF mit Schreiben vom 6.9.2005[2] aufgegeben und die vorgenannten Entscheidungen im BStBl veröffentlicht.

6122 **Gegenstand der Finanzierbarkeitsprüfung** in Zusage- oder Anpassungszeitpunkt kann daher **jeder einzelne Teil der Versorgungszusage** sein, der wiederum betraglich teilbar und teilfinanzierbar sein kann.[3] Ist die gesamte Versorgungszusage nicht finanzierbar, bedeutet dies nicht, dass die Zusage insgesamt steuerlich nicht anzuerkennen ist. Es ist der finanzierbare Teil (z.B. regelmäßig die Altersversorgung) anzusetzen, und die übrigen Teile führen zu einer vGA. Entsprechend ist zu verfahren, wenn z.B. die Altersrente nicht voll finanzierbar ist. Dann hätte ein ordentlicher und gewissenhafter Geschäftsleiter eine eingeschränkte, finanzierbare Pensionszusage erteilt, er hätte aber nicht unbedingt von einer Pensionszusage insgesamt abgesehen.[4] Auch wenn mehrere Versorgungszusagen nacheinander erteilt werden – z.B. die Altersversorgung wird später um eine Invaliditätsversorgung ergänzt – liegen verschiedene Lasten vor, die jeweils für sich auf ihre Finanzierbarkeit hin zu untersuchen sind. Die bisher vertretene Einheitstheorie der FinVerw entfällt.[5]

6123 Da die FinVerw die zur Finanzierbarkeit vom BFH entwickelten Grundsätze nun allgemein anwendet, wird sie wohl auch der Klarstellung im BFH-Urteil v. 31.3.2004[6] folgen, dass eine Pensionsrückstellung nicht gewinnerhöhend aufgelöst werden darf, wenn nachträglich erkannt wird, dass die Zusage als vGA hätte gewertet werden müssen. Auch solche Zusagen sind weiterhin in der Bilanz auszuweisen, weil die GmbH entsprechend verpflichtet bleibt. Die Gewinnkorrektur außerhalb der Bilanz darf nur in dem Jahr vorgenommen werden, in dem die Zuführung zu der Rückstellung den Gewinn mindert. Eine nachträgliche Korrektur des Gewinns ist nicht möglich.[7]

f) Angemessenheit

aa) Bestandteil einer angemessenen Gesamtvergütung

6124 Die zugesagte Versorgung muss angemessen sein. Hierzu ist zum einen erforderlich, dass die Pensionszusage zusammen mit allen anderen Vergütungsbestandteilen und als deren Bestandteil zu einer angemessenen Höhe der Gesamtvergütung führt. Zum anderen muss die Versorgungszusage in einem angemessenen Verhältnis zum Gehalt stehen, eine Überversorgung darf nicht eintreten,[8] weil die Pensionszusage dazu dienen soll, eine Versorgungslücke aufgrund der Sozialversicherung abzudecken.

bb) Fiktive Jahresnettoprämie

6125 In die Prüfung der Angemessenheit der Gesamtbezüge geht die zugesagte Altersversorgung mit der sog. fiktiven **Jahresnettoprämie** ein. Sie entspricht dem Jahresbetrag einer

1 Vgl. BMF v. 14.5.1999, BStBl 1999 I S. 512, Tz. 2.1.
2 BStBl 2005 I S. 875.
3 So Gosch, KStG, § 8 Rz. 1115.
4 BFH v. 7.11.2001 - I R 79/00, BFH/NV 2002 S. 287, NWB RAAAA-97114.
5 Vgl. Keil/Prost, DB 2006 S. 355.
6 I R 65/03, BStBl 2005 II S. 664.
7 Vgl. Paus, INF 2006 S. 70.
8 Vgl. Gosch, KStG, § 8 Rz. 1125.

fiktiven Lebensversicherung bis zum vorgesehenen Versorgungsalter, deren Gesamtleistung gleichmäßig auf die Kalenderjahre vom Zeitpunkt der Zusage bis zum Versorgungsfall zu verteilen ist. Das Versorgungsalter von 67 Jahren (bei Zusagen bis 9.12.2016 65 Jahre) oder das vereinbarte höhere Pensionseintrittsalter, maximal das 75. Lebensjahr sind die Regel. Für die Prüfung der Angemessenheit einer Pensionszusage ist auf die Verhältnisse zum Zeitpunkt ihrer Erteilung abzustellen.[1] Verbindlich zugesagte prozentuale Steigerungen von maximal 3% pro Jahr dürfen berücksichtigt werden,[2] nicht aber eine höhere Pensionszusage, die dazu dienen soll, künftige ungewisse Erhöhungen der Bemessungsgrundlage (Vorwegnahme künftiger steigender Einkommen) oder Verminderungen des Wert der Anwartschaft (wegen Geldentwertung oder Verringerung der Sozialversicherungsrente) auszugleichen, weil insoweit eine Rückstellung nach §6a EStG nicht gebildet werden darf.

Wird die Versorgungszusage erhöht, ist für den Erhöhungsbetrag eine eigene fiktive Jahresnettoprämie zu ermitteln und in die Prüfung der Angemessenheit einzubeziehen. 6126

cc) Keine Überversorgung

Die Versorgungszusage darf nicht zu einer **Überversorgung** führen. Diese leitet die Rechtsprechung aus dem vorerwähnten, im §6a Abs.3 Satz2 Nr.1 Satz4 EStG begründeten Gesichtspunkt ab, dass Werterhöhungen und Verminderungen der Pensionsleistungen nach dem Schluss des Wirtschaftsjahres, die hinsichtlich des Zeitpunktes ihres Wirksamwerdens oder ihres Umfanges ungewiss sind, bei der Berechnung des Barwertes der künftigen Pensionsleistungen und der Jahresbeträge erst zu berücksichtigen sind, wenn sie eingetreten sind. 6127

Diese Regelungslage lässt sich durch eine entsprechende höhere Bemessung der Versorgung nicht umgehen, vielmehr liegt in der Vorwegnahme künftiger Entwicklungen eine Überversorgung vor, die zur Kürzung der Pensionsrückstellungen führt. Dies ist typisierend dann der Fall, wenn die Versorgungsanwartschaft mit der Rentenanwartschaft aus der gesetzlichen Rentenversicherung **75%** der am Bilanzstichtag bezogenen **Aktivbezüge übersteigt.**[3] **Obergrenze bei Witwenversorgungen sind 60% der zugesagten Pensionen.**

Die zugesagten betrieblichen Versorgungsleistungen (direkte Zusage, Direktversicherung, Pensionskasse, Unterstützungskasse und Pensionsfonds) werden zusammen mit der zu erwartenden Rente aus der gesetzlichen Rentenversicherung einerseits und sämtlichen Aktivbezügen des Versorgungsberechtigten (Arbeitslohn i.S.d. §2 LStDV) andererseits – mit Ausnahme der Versorgungsleistungen, die auf Entgeltumwandlungen beruhen, und die umgewandelten Entgelte selbst – zur Prüfung der 75%-Grenze miteinander verglichen. Dabei sind die Verhältnisse am Bilanzstichtag maßgebend. Rentenanpassungen innerhalb der Toleranzgrenze werden nach wie vor nicht miteinbezogen. 6128

1 BFH v. 18.12.1996 - I R 139/94, BStBl 1997 II S.301.
2 BFH v. 31.3.2004 - I R 79/03, BStBl 2004 II S.940.
3 St. Rspr., BFH v. 31.3.2004 - I R 79/03, BStBl 2004 II S.940, m.w.N.

6129 In die Vergleichsgröße der „Aktivbezüge" sind aber nicht die fiktive Jahresnettoprämie für die Versorgungszusage[1] einzubeziehen und auch nicht solche „Bestandteile", die als vGA zu behandeln und umzuqualifizieren sind.[2]

6130 Ergibt sich nach dieser Prüfung eine überhöhte Versorgungszusage und damit ein gem. § 6a EStG überhöhter Teilwert der Pensionsrückstellung, ist dieser anteilig aufzulösen, was zu einer entsprechenden Gewinnerhöhung im Umfang des Unterschiedsbetrages zwischen der tatsächlich gebildeten Rückstellung und dem steuerlich anzusetzenden Betrag führt. Diese erfolgswirksame Rückstellungskorrektur ist nach den Grundsätzen des formellen Bilanzenzusammenhangs in der ersten noch offenen Schlussbilanz in vollem Umfang vorzunehmen. Damit fehlt es zugleich an einer Vermögensminderung als Voraussetzung für die Annahme einer vGA.[3] Die sog. **Überversorgung** zieht also keine **außerbilanzielle Korrektur** nach sich.

g) Barlohnumwandlung

6131 Um den Gefahren der Überversorgung zu entgehen, liegt es nicht fern, mit dem Gesellschafter-Geschäftsführer eine Vereinbarung zu treffen, wonach das Gehalt vermindert und in eine Versorgungszusage umgewandelt wird, oder das Gehalt aufzubessern und es unter Verzicht auf die Barauszahlung in eine Versorgungszusage umzuwandeln ist. Eine solche **Barlohn- oder Entgeltsumwandlung**, auf die einem Arbeitnehmer nach § 1a BetrAVG ein Rechtsanspruch gegen den Arbeitgeber eingeräumt ist, bietet sich auch für den (beherrschenden) Gesellschafter-Geschäftsführer einer GmbH als Gestaltung innerhalb der Vertragsfreiheit an. Dies gilt umso mehr, als nach dem BMF-Erlass vom 3.11.2004[4] solchermaßen finanzierte Versorgungsanwartschaften bei Arbeitnehmern aus der Prüfung der Überversorgung herausgenommen werden, weil sie aus eigenen Mitteln des Arbeitnehmers finanziert werden. Ob diesen Rechtsgedanken auch der BFH aufgreifen wird, ist noch offen; für den vergleichbaren Fall einer Direktversicherung aus Entgeltsumwandlung hat er eine gegenteilige Ansicht vertreten.[5]

6132 Bei solchen Gestaltungen sollte jedoch auf der Grundlage des BFH-Urteils vom 15.9.2004[6] Folgendes berücksichtigt werden: Bei der **Vereinbarung der Gehaltserhöhung und der Barlohnumwandlung** in eine **Versorgungszusage** muss diese **finanzierbar** sein, die **Probezeit** muss **eingehalten** werden und die **Versorgungszusage muss ernsthaft** gemeint sein. Dafür verlangt der BFH eine Absicherung unter Hinweis darauf, dass der Gesellschafter-Geschäftsführer auf die Auszahlung eines Teils seiner Barbezüge nicht verzichten würde, um irgendwann später eine Betriebspension zu erhalten, ohne dass ihm **ausreichende Sicherheiten** zur Verfügung stehen. Als solche **Sicherheiten** kommen der **Abschluss einer Rückdeckungsversicherung** oder deren **Verpfändung** an den Gesellschafter-Geschäftsführer in Betracht.

---

1 BFH v. 31.3.2004 - I R 70/03, BStBl 2004 II S. 937.
2 BFH v. 15.9.2004 - I R 62/03, BStBl 2005 II S. 176.
3 BFH v. 31.3.2004 - I R 70/03, BStBl 2004 II S. 937.
4 BStBl 2004 I S. 1045, Tz. 18.
5 BFH v. 16.5.1995 - XI R 87/93, BStBl 1995 II S. 873.
6 I R 62/03, BStBl 2005 II S. 176.

Gesetzliche Ansprüche gegen den **Pensionssicherungsverein** (§ 7 BetrAVG) **reichen nicht**, weil sie den Gesellschafter-Geschäftsführer nicht schützen. Werden diese Gesichtspunkte nicht beachtet oder liegen sonstige Verstöße gegen die beim beherrschenden Gesellschafter-Geschäftsführer zu beachtenden Sonderregeln vor, ist die der Barlohnumwandlung vorangehende Gehaltsaufbesserung eine vGA mit der Folge, dass der Aktivlohn des Gesellschafter-Geschäftsführers am Bilanzstichtag sich nicht erhöht und deshalb wieder die Überversorgungprüfung negativ ausfällt. Die Pensionsrückstellung ist dann in dem Umfang zu korrigieren, wie sie die Überversorgungsgrenze übersteigt, und nicht nur im Umfang der Beträge, in dem für den Teil der Versorgungszusage Rückstellungen gebildet wurden, die auf der Barlohnumwandlung beruhen. In dem genannten Urteil hat der BFH außerdem ausgeführt, dass die Sonderregeln für beherrschende Gesellschafter-Geschäftsführer und ihnen nahe stehende Personen auch dann gelten, wenn der Geschäftsführer spontan von der Gesellschaft für eine besondere Leistung belohnt werden soll. Er verlangt in diesem Fall auch, dass die Zusage bereits erteilt wird, bevor die zu belohnende Sonderleistung erbracht wird.

Eine Belohnung im Nachhinein stellt eine vGA dar. Es ist daher zu empfehlen, wenn nach den Verhältnissen des Einzelfalles der Gesellschafter-Geschäftsführer etwa für die Werbung besonderer Kunden eine Prämie oder eine Provision erhalten soll, dies von vornherein im Anstellungsvertrag klar und eindeutig zu regeln, zumindest aber entsprechende Zusagen so früh wie möglich zu erteilen, und nicht erst, wenn die zu belohnende Leistung bereits erbracht ist.

h) Nur-Pension

Die Vereinbarung einer Versorgungszusage unter Verzicht auf jegliche laufende Vergütung für den Gesellschafter-Geschäftsführer (**Nur-Pension**) hielt der BFH[1] für unangemessen und erkannte sie steuerlich nicht an, weil ein fremder Dritter eine solche Vereinbarung nicht abgeschlossen hätte, da sie für ihn allzu riskant und ungünstig sei. Eine solche Vereinbarung lasse sich nur aus dem Gesellschaftsverhältnis heraus erklären. 6133

Die Ablehnung beruhte daher auf dem sog. doppelten Fremdvergleich. Der BFH stützt seine Ablehnung einer Nur-Pension auf den Gesichtspunkt der **Überversorgung**, die zu einer Korrektur der Pensionsrückstellung führe und somit eine vGA ausschließe.[2] Dies gilt jedenfalls dann, wenn der Nur-Pensionszusage keine Umwandlung anderweitig vereinbarten Barlohns zugrunde liegt. Bemessungsgrundlage dafür, ob der Gesellschafter-Geschäftsführer infolge der ihm zugesagten Versorgungsanwartschaft überversorgt worden ist, ist nicht ein fiktiver, sondern stets der tatsächliche Aktivlohn. Werde kein laufender Aktivlohn gezahlt und ein solcher Barlohn auch nicht vertraglich in eine Anwartschaft in Gestalt der zugesagten Nur-Pension umgewandelt, läge stets eine Überversorgung vor. 6134

Stellt die Pensionszusage eine vGA dar, sind die jährlichen Zuführungen zur Pensionsrückstellung dem Steuerbilanzgewinn außerbilanziell wieder hinzuzurechnen. Ist die 6135

1 Vom 17.5.1995 - I R 147/93, BStBl 1996 II S. 204.

2 BFH v. 9.11.2005 - I R 89/04, BStBl 2008 II S. 523; vgl. dazu BMF v. 13.12.2012 - IV C 6 - S 2176/07/10007, BStBl 2013 I S. 681.

Pensionszusage schon dem Grunde nach nicht anzuerkennen, erfolgt die Hinzurechnung in vollem Umfang. Bei einer teilweise überhöhten Anwartschaft kommt es nur in diesem Umfang zur außerbilanziellen Hinzurechnung, in welchem sie als vGA zu behandeln ist. Eine vGA liegt aber nicht vor, wenn gegen das Verbot der Überversorgung verstoßen wird. Dann wird bereits die Rückstellung ganz oder teilweise korrigiert. Die Korrektur des Steuerbilanzergebnisses auf der 1. Stufe schließt mangels Unterschiedbetrags-Minderung die Annahme einer vGA aus. Ohne Auswirkung bleibt die Qualifizierung der Zusage als vGA auf einer dafür abgeschlossenen Rückdeckungsversicherung. Sie behält als Finanzierungsmaßnahme der GmbH ihren betrieblichen Charakter, der von der gesellschaftlichen Mitveranlassung der Pensionszusage nicht überlagert wird.[1]

i) Abfindungen

6136 Eine **Abfindung** der laufenden Pensionsansprüche nach Erreichen des Pensionsalters in einem Einmalbetrag (Barwert) ist grundsätzlich zulässig. Eine Abfindung der Pensionsanwartschaft vor Eintritt des Versorgungsfalles ist regelmäßig erst möglich, wenn sie unverfallbar geworden ist.[2] Bei der Höhe der Abfindung sind die Grundsätze des BFH-Urteils v. 10.11.1998[3] und des BMF-Schreibens v. 6.4.2005[4] zu beachten.[5]

6137 Bei **Auflösung des Dienstverhältnisses** – auch anlässlich der Veräußerung der Beteiligung an der GmbH – kann grundsätzlich auch eine Abfindung gezahlt werden. Bei beherrschenden Gesellschafter-Geschäftsführern muss die Abfindung im Vorhinein vereinbart sein, um dem Rückwirkungsverbot zu genügen. Dazu ist es erforderlich, dass die Abfindung vor ihrer Zahlung vereinbart wird, nicht erforderlich ist, dass die Abfindung in der ursprünglichen Pensionszusage vereinbart ist. Abfindungen für verfallbare Anwartschaften sind vGA, weil ein ordentlicher und gewissenhafter Geschäftsleiter verfallbare Ansprüche nicht abfinden würde. Soweit der Pensionsanspruch unangemessen hoch war, ist die Abfindung hierfür ebenfalls eine vGA. Die Abfindung ist nach dem Barwert der Versorgungsleistungen zu berechnen, die der Arbeitgeber bezogen auf die bis zum Abfindungszahlung erworbenen Ansprüche ohne die Abfindung hätte aufbringen müssen. Dies ist nicht der bis zu diesem Zeitpunkt aufgelaufene Barwert nach § 6a Abs. 3 BetrAVG, sondern der höhere Verkehrswert.[6] Die Abfindung einer unverfallbaren Pensionszusage führt bei einem unmittelbaren oder – durch den Verweis auf die Vorschriften des BetrAVG – mittelbaren Abfindungsverbot gleichermaßen zu einer vGA.[7]

6138–6160 (*Einstweilen frei*)

1 BFH v. 7.8.2002 - I R 2/02, BStBl 2004 II S. 131.
2 Vgl. auch Götz, NWB 2006 S. 241.
3 BFH v. 10.11.1998 - I R 49/97, BStBl 2005 II S. 261.
4 BStBl 2005 I S. 860.
5 Zu Einzelheiten s. Klein/Müller in: Mössner/Oellerich/Valta, KStG, § 8 Rz. 3715.
6 BFH v. 10.11.1998 - I R 49/97, BStBl 2005 II S. 261.
7 BFH v. 14.3.2006 - I R 38/05, BFH/NV 2006 S. 1515, NWB JAAAB-88782.

9. Reisekosten und Repräsentationsaufwand

a) Reisekosten

6161 Übernimmt die GmbH **Reisekosten** ihrer Gesellschafter, indem sie sie selbst trägt oder nach Maßgabe des lohnsteuerlichen Reisekostenrechts erstattet, kommt es darauf an, ob die Reise rein betrieblich veranlasst war oder ob sie auch im privaten Interesse des Gesellschafters durchgeführt wurde. Reisekosten einer rein betrieblich veranlassten Reise sind Betriebsausgaben,[1] im anderen Fall liegt eine vGA vor, weil ein solches Verhalten regelmäßig durch das Gesellschaftsverhältnis veranlasst ist.[2] Ob die Reise in diesem Sinne privat veranlasst oder mitveranlasst ist, muss nach den Kriterien beurteilt werden, die zum Betriebsausgabenabzug bei Einzelunternehmern und Personengesellschaften entwickelt worden sind.[3] Den Einwand, dass im Bereich der vGA das aus § 12 Nr. 1 Satz 2 EStG abzuleitende Aufteilungs- und Abzugsverbot nicht unmittelbar gilt,[4] bestätigte der BFH zwar, führte aber aus, dass die für eine vGA ausreichende private Mitveranlassung durch das Gesellschaftsverhältnis regelmäßig gegeben ist, wenn bei vergleichbaren Aufwendungen eines sonstigen Unternehmers § 12 Nr. 1 Satz 2 EStG eingreifen würde. Dies sei nicht zuletzt im Interesse einer rechtsformneutralen Besteuerung sachgerecht.

6162 **Abweichend von § 12 EStG (Aufteilungsverbot)** ist es aber bei der GmbH in Einzelfällen möglich, bestimmte Kosten aufzuteilen, wenn das auslösende Moment (die Grundveranlassung) für die Übernahme der betreffenden Beträge nicht gesellschaftlich mitveranlasst war. Dazu ist eine detaillierte Dokumentation der Ausgabenzwecke ratsam und sinnvoll.[5]

6163 Sollen einem beherrschenden Gesellschafter-Geschäftsführer Reisekosten erstattet werden, sind grundsätzlich die geltenden Sonderregelungen zu beachten, und zwar auch dann, wenn gesetzliche Ersatzansprüche bestehen, weil diese abbedungen werden können. Folglich muss vorher klar und eindeutig z. B. im Anstellungsvertrag vereinbart sein, dass und in welcher Höhe Reisekosten zu erstatten sind.

6164 Erstattet die GmbH einem Gesellschafter die Kosten für die Reise zur Gesellschafterversammlung, liegt eine vGA vor.[6]

b) Repräsentationsaufwendungen

6165 Eigener **Repräsentationsaufwand** der GmbH ist als Betriebsausgabe abzugsfähig, wobei § 4 Abs. 5 EStG zu beachten ist. Ist der Aufwand privat durch den Gesellschafter mitveranlasst, liegt eine vGA vor. Voneinander abgrenzbare Aufwendungen, die teils betrieblich und teils gesellschaftlich veranlasst sind, können aufgeteilt werden, weil das Verbot in § 12 Nr. 1 Satz 2 EStG nicht gilt, sondern durch die speziellere Regelung in § 8 Abs. 3 Satz 2 KStG verdrängt wird.[7]

1 BFH v. 19.2.1999 - I R 105-107/97, BStBl 1999 II S. 321.

2 Vgl. Gosch, KStG, § 8 Rz. 1160.

3 So BFH v. 6.4.2005 - I R 86/04, BStBl 2005 II S. 666, zu einer Reise des Gesellschafter-Geschäftsführers, die wesentliche allgemein-touristische Elemente enthielt und deshalb nicht nur den betrieblichen Belangen der GmbH diente, vgl. zum Aufteilungsverbot aber Vorlagebeschluss des BFH v. 20.7.2006 - VI R 94/01, BFH/NV 2006 S. 1968, NWB XAAAC-03832.

4 BFH v. 7.7.1976 - I R 180/74, BStBl 1976 II S. 753; Gosch, KStG, § 8 Rz. 835, 1166.

5 Vgl. Gosch, BFH-PR 2005 S. 325.

6 Vgl. Gosch, KStG, § 8 Rz. 1160.

7 Gosch, KStG, § 8 Rz. 835; BFH v. 13.3.1985 - I R 122/83, BFH/NV 1986 S. 48, NWB LAAAB-28042.

6166 Bislang wurde **eigener Repräsentationsaufwand** der GmbH bei Feiern aus **privatem Anlass des Gesellschafters (Geburtstag, Familienfest)** auch dann **verneint**, wenn bei solchen Anlässen Geschäftskontakte gepflegt oder angebahnt werden sollten.[1] Dies kann nicht mehr uneingeschränkt aufrechterhalten werden, nachdem für die Lohnsteuerpflicht des Arbeitnehmers oder eines Fremdgeschäftsführers unter Berücksichtigung aller Umstände des Einzelfalles zu befinden ist, ob bei ihm begünstigter Arbeitslohn i.S.v. § 19 Abs. 1 Satz 1 EStG vorliegt oder nicht.[2] Aus dem Auftreten des Arbeitgebers als Gastgeber, seiner Einflussnahme auf die Gästeliste, Auswahl und Anzahl der Gäste, Ort des Festes kann sich ergeben, dass sich die Veranstaltung als Feier des Arbeitgebers (GmbH) darstellen kann. Unter dem Gesichtspunkt, dass die Vermögensminderung objektiv geeignet sein muss, beim Gesellschafter zu einem Vorteilszufluss zu führen, um eine vGA annehmen zu können, muss dies auch im Rahmen von § 8 Abs. 3 Satz 2 KStG beachtet werden. Fehlt beim Gesellschafter-Geschäftsführer ein potenzieller Lohnzufluss (§ 19 EStG), der in Kapitaleinkünfte (§ 20 Abs. 1 EStG) umqualifiziert werden könnte, scheidet auf der Ebene der GmbH eine vGA aus.[3] Beim beherrschenden Gesellschafter-Geschäftsführer muss allerdings im Hinblick auf die dort geltenden Sonderregelungen von vornherein klar und eindeutig sein, dass die betreffende Feier eine solche der GmbH und nicht des Geschäftsführers ist.[4]

6167–6299 (*Einstweilen frei*)

VI. Behandlung der Gesellschafterfremdfinanzierung – Zinsschranke

LITERATUR:

Zur älteren Literatur s. Vorauflage (3. Aufl., 2014); zur jüngeren Literatur s. Hänsch in: KKB, § 4h EStG.

1. Allgemeines zur Zinsschranke; Anwendungsregelung

6300 Im Zuge der Unternehmenssteuerreform 2008 wurde für alle Unternehmen unabhängig von ihrer Rechtsform die sog. **Zinsschranke** eingeführt, die zumindest vorübergehend die Abzugsfähigkeit betrieblicher Zinsaufwendungen in Abhängigkeit von der Höhe des Gewinns beschränkt.[5] Die Rechtsgrundlage findet man in § 4h EStG und § 8a KStG = Zinsschranke/Gesellschafterfremdfinanzierung.[6] Die Zinsschranke nach § 4h

1 BFH v. 28.11.1991 - I R 34-35/90, BFH/NV 1992 S. 560, NWB DAAAA-97230; v. 14.7.2004 - I R 57/03, BFH/NV 2004 S. 1603, NWB ZAAAB-26721.

2 BFH v. 28.1.2003 - VI R 48/99, BStBl 2003 II S. 724; v. 28.1.2003 - VI R 43/99, BFH/NV 2003 S. 1039, NWB CAAAA-70839.

3 Gosch, KStG, § 8 Rz. 1168.

4 BFH v. 14.7.2004 - I R 57/03, BFH/NV 2004 S. 1603, NWB ZAAAB-26721.

5 Der BFH bejaht mittlerweile die Verfassungswidrigkeit der Zinsschranke und hat die Frage mit Beschluss v. 14.10.2015 - I R 20/15, NWB TAAAF-66181, BFH/NV 2016 S. 475 dem BVerfG vorgelegt; vgl auch unten Rz. 6341.

6 Zur Zinsschranke s. im Übrigen, Anwendungsschreiben des BMF v. 4.7.2008 - IV C 7 - S 2742 - a/07/10001, BStBl 2008 I S. 718 und nunmehr das Anwendungsschreiben des BMF v. 24.3.2025 – IV C 2 – S 2742-a/00028/012/001, NWB PAAAJ-88208.

EStG und § 8a KStG ist ein Instrument zur Beschränkung der steuerlichen Abzugsfähigkeit von Aufwendungen für Fremdkapital in Abhängigkeit vom Gewinn. Sie trat an die Stelle der alten Gesellschafter-Fremdfinanzierung gem. § 8a KStG a. F. und lehnt sich an die in den USA vergleichbaren „earnings stripping rule" an.

Die für Unternehmen als krisenverschärfend angesehene Zinsschranke wurde abgemildert. Hierzu erfolgt eine Anhebung der Freigrenze für den generell unschädlichen Zinsaufwand von ursprünglich 1 Mio. auf 3 Mio. €, um kleinere Unternehmen aus dem Anwendungsbereich herauszunehmen.

§ 4h EStG wurde durch das Kreditzweitmarktförderungsgesetz v. 22.12.2023 (BGBl 2023 I Nr. 411) angepasst. § 4h EStG in dieser Fassung ist nach § 52 Abs. 8b EStG erstmals für Wirtschaftsjahre anzuwenden, die nach dem 14.12.2023 beginnen und nicht vor dem 1.1.2024 enden. § 8a KStG in dieser Fassung ist mit Wirkung ab dem Veranlagungszeitraum 2024 anzuwenden. Erläutert wird diese Fassung, das BMF-Schreiben v. 24.3.2025, welches erst zum Zeitpunkt der Drucklegungsarbeiten dieses Buches veröffentlicht wurde.

Für vorangehende Wirtschaftsjahre/Veranlagungszeiträume findet das BMF-Schreiben v. 4.7.2008, BStBl 2008 I S. 718, weiter Anwendung. Entsprechendes gilt für die Anwendung des § 8a KStG, der in der am 31.12.2023 geltenden Fassung (Altjahre) nach § 34 Abs. 4 Satz 2 KStG weiter anzuwenden ist, soweit er auf § 4h EStG in der am 31.12.2023 geltenden Fassung Bezug nimmt.

Die Unterscheidung zur Vorgängerregelung ergibt Folgendes: 6301

- Zinsschranke,
  - unabhängig von der Person des Fremdkapitalgebers

    > (Früher Anteilseigner)
  - Rechtsformunabhängig

    > (früher auf Finanzierungsaufwand von Kapitalgesellschaften beschränkt)
  - Nicht differenziert nach Art und Laufzeit der Fremdfinanzierung

    > (früher nur langfristig und Aufteilung in F 1 = nicht und F2 = Bruchteilsvergütung)
  - Gewinnabhängige Ausgestaltung

    > (früher kapitalabhängige Ausgestaltung mit Einlagegestaltung)
- Außerbilanzielles Betriebsausgabenabzugsverbot

  > (früher vGA Fiktion mit Auswirkung auf Gesellschafterbesteuerung)
- § 4h EStG Grundnorm mit § 8a KStG Modifizierung für Körperschaften

  > (früher § 8a KStG a.F. Grundnorm nur Körperschaft-Bezug).

Die Zinsschrankenregelungen verfolgen folgende Ziele: 6302

- Missbrauchsvermeidung
- Eindämmung übermäßiger Fremdkapitalfinanzierung

- Anreiz zur Eigenkapitalquotenbildung
- Sicherung des Steueraufkommens.

6303 Die Zinsschrankenregelung startet mit § 4h EStG und gilt für alle unternehmerischen Rechtsformen. Erst für Körperschaften gelten die Weiterungen durch § 8a KStG. Zur Verdeutlichung soll die folgende Grafik dienen:

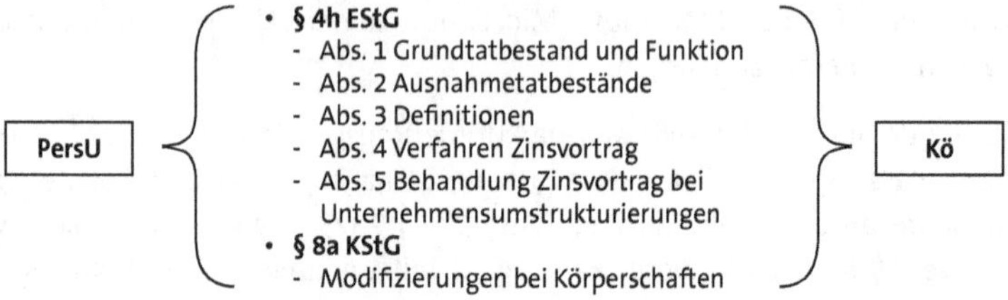

6303/1 Die Zinsschranke ist erstmals für Wirtschaftsjahre anzuwenden, die nach dem 25.5.2007 begonnen haben und nicht vor dem 1.1.2008 enden (§ 52 Abs. 12d EStG, § 34 Abs. 6a Satz 3 KStG [a. F.]).[1] Bei kalenderjahrgleichem Wirtschaftsjahr gilt die Vorschrift erstmals für das Geschäftsjahr 2008, bei abweichendem Wirtschaftsjahr kann bereits das Wirtschaftsjahr 2007/2008 betroffen sein.

2. Grundtatbestand § 4h Abs. 1 EStG

6304 Gemäß § 4h Abs. 1 sind Zinsaufwendungen eines Betriebs abziehbar in Höhe des Zinsertrags, darüber hinaus nur bis zur Höhe des verrechenbaren EBITDA.

Das verrechenbare EBITDA wird definiert mit 30 % des um die Zinsaufwendungen und um die nach § 6 Abs. 2 Satz 1 EStG abzuziehenden, nach § 6 Abs. 2a Satz 2 EStG gewinnmindernd aufzulösenden und nach § 7 EStG abgesetzten Beträge erhöhten und um die Zinserträge verminderten maßgeblichen Gewinns.

Soweit das verrechenbare EBITDA die um die Zinserträge geminderten Zinsaufwendungen des Betriebs übersteigt, ist es in die folgenden fünf Wirtschaftsjahre vorzutragen (EBITDA-Vortrag); ein EBITDA-Vortrag entsteht nicht in Wirtschaftsjahren, in denen die Ausnahmetatbestände des § 4h Abs. 2 EStG die Anwendung von Abs. 1 Satz 1 ausschließt. Zinsaufwendungen, die nach § 4a Abs. 1 Satz 1 EStG nicht abgezogen werden können, sind bis zur Höhe der EBITDA-Vorträge aus vorangegangenen Wirtschaftsjahren abziehbar und mindern die EBITDA-Vorträge in ihrer zeitlichen Reihenfolge.

Danach verbleibende nicht abziehbare Zinsaufwendungen sind in die folgenden Wirtschaftsjahre vorzutragen (Zinsvortrag). Sie erhöhen die Zinsaufwendungen dieser Wirtschaftsjahre, nicht aber den maßgeblichen Gewinn.

a) Gewinnermittlungsvorschrift

6305 Es handelt sich um eine Gewinnermittlungsvorschrift und beschränkt den Abzug für Zinsaufwendungen eines Betriebs.

1 Vgl. BMF v. 4.7.2008, BStBl 2008 I S. 718, Rz. 1 = BMF v. 24.3.2025, NWB PAAAJ-88208, Rz. 2.

Für die die Frage nach der Abzugshöhe ergibt sich in folgender Reihenfolge die Antwort:

- in Höhe des Zinsertrags
- zzgl. eines EBITDA – Vortrags der letzten fünf Jahre gem. § 4h Abs. 1 Satz 3 bis 4 EStG
- darüber hinaus nur bis zur Höhe von 30 % des EBITDA.

Der verbleibende Rest ist im Wirtschaftsjahr nicht abziehbar, wird aber im Wege des Zinsvortrags gem. § 4h Abs. 1 Satz 5 EStG berücksichtigt.

b) Betrieb

Das Gesetz enthält keine Betriebsdefinition. Nach überwiegender Auffassung hat nur derjenige einen Betrieb, der Einkünfte erzielt aus 6306

- Land- und forstwirtschaftliche Betriebe
- Gewerbebetriebe
- Selbständig Tätige = Freiberuflerbetrieb.

Mehrere Betriebe können nur Einzelunternehmer haben. Dagegen können nur einen Betrieb haben

- Mitunternehmerschaften
- **Kapitalgesellschaften.**

Organträger und Organgesellschaften gelten gem. § 15 Nr. 3 KStG als ein Betrieb i. S. d. § 4h EStG!

c) Erfasstes Fremdkapital und erfasste Kapitalforderungen[1]

Zinsschranke erfasst Geldkapital laufzeitunabhängig (§ 4h Abs. 3 Satz 3 EStG). Dazu gehören 6307

- fest und variabel verzinsliche Darlehen
- partiarische Darlehen
- Gewinnschuldverschreibungen
- Genussrechtskapital mit Gewinnminderung (ohne Recht am Gewinn und Liquidationserlös gem. § 8 Abs. 2 Satz 2 KStG).

Die Zinsschranke erfasst nicht überlassenes Sachkapital 6308

- Miete
- Erbpacht
- Lizenzen
- Leasing.

1 Vgl. Rz. 11 ff., BMF v. 4.7.2008, BStBl 2008 I S. 718 = Rz. 12 ff., BMF v. 24.3.2025, NWB PAAAJ-88208.

d) Zinsaufwendungen und Zinserträge

6309 Zinsaufwendungen sind gem. § 4h Abs. 3 Satz 2 EStG Vergütungen für Fremdkapital, die den maßgeblichen Gewinn gemindert haben.

Zinserträge sind gem. § 4h Abs. 3 Satz 3 EStG Erträge aus Kapitalforderungen jeder Art, die den maßgeblichen Gewinn erhöht haben.

Vor allem gehören dazu:[1]

- Zinsen
- Gewinnbeteiligungen außerhalb § 20 Abs. 1 Nr. 1 EStG
  - Partiarisches Darlehen
  - Typisch stille Beteiligung
- Damnum
- Disagio
- Vorfälligkeitsentschädigung
- Provisionen
- Gebühren

6310 Mit Wirkung ab VZ 2024 wird der Begriff der Zinsaufwendungen und damit der sachliche Anwendungsbereich um „wirtschaftlich gleichwertige Aufwendungen“ und „sonstige Aufwendungen im Zusammenhang mit der Beschaffung von Fremdkapital“ erweitert. Damit wird den unionsrechtlichen Anforderungen genüge getan. So fallen nunmehr unter die Vorschrift z. B. auch Nebenkosten der Kapitalbeschaffungen, Auf- und Abzinsungen.[2]

Zinsaufwendungen/Zinserträge gem. § 4h EStG haben die steuerliche Bemessungsgrundlage aufgrund anderer Regelungen weder gemindert noch erhöht (§ 4h Abs. 3 Satz 2 EStG).[3] Dazu zählen:

- Nicht abziehbare Zinsen
- Zinsen als vGA
- Dividenden
- Zinsen nach §§ 233 ff. AO
- Skonti und Boni.

1 Vgl. Rz. 15, BMF v. 4.7.2008, BStBl 2008 I S. 718 = Rz. 16 und vgl. die Weiterungen 17-18; Zinserträge s. Rz. 19, BMF v. 24.3.2025, NWB PAAAJ-88208.

2 Zu weiteren Einzelheiten: s. Oellerich in: Mössner/Oellerich/Valta, KStG, § 8a Rz. 115/2 f.

3 Vgl. Rz. 16, BMF v. 4.7.2008, BStBl 2008 I S. 718 = Rz. 28, BMF v. 24.3.2025, NWB PAAAJ-88208.

e) Maßgeblicher Gewinn

Maßgeblicher Gewinn ist gem. §4h Abs.3 Satz1 EStG der nach den Vorschriften dieses Gesetzes mit Ausnahme des nach Abs.1 ermittelte steuerpflichtige Gewinn. 6311

f) Die Schritte zur Auslösung der Zinsschranke

Die Zinsschranke ist erst denkbar, wenn der Zinsaufwand über dem Zinsertrag steht. In der ersten Stufe werden daher Zinsaufwand und Zinsertrag verglichen. Dazu die nachfolgende Grafik zur Verdeutlichung: 6312

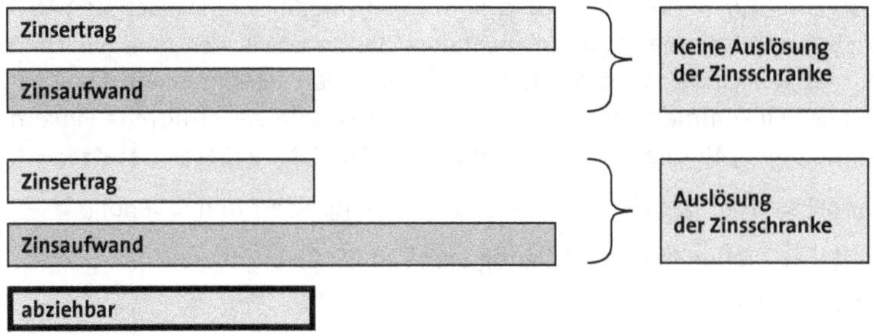

Ist der Zinsaufwand höher, ist für einen weiteren Abzug Folgendes entscheidend: Das verrechenbare EBITDA ist 30% des um die Zinsaufwendungen und um die nach §6 Abs.2 Satz1 EStG abzuziehenden, nach §6 Abs.2a Satz2 EStG gewinnmindernd aufzulösenden und nach §7 EStG abgesetzten Beträge erhöhten und um die Zinserträge verminderten maßgeblichen Gewinns. 6312/1

Daraus erfolgt die weitere grafische Darstellung:

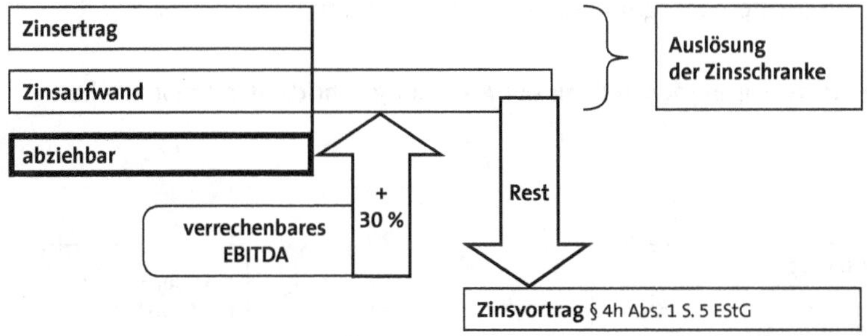

g) EBITDA

Der Begriff wird aus dem Englischen abgeleitet und bedeutet: „**E**arnings **b**efore **I**nterest, **T**ax, **D**epreciation and **A**mortisation“. 6313

Er beinhaltet folgende Ermittlungsschritte:

- Gewinn lt. EStG (ohne Berücksichtigung von § 4h EStG)
- \+ Zinsaufwendungen → Interest
- ./. Zinserträge → Interest
- \+ AfA auf (neue) GWG (§ 6 Abs. 2 Satz 1 EStG) → Depreciation
- \+ AfA auf Sammelposten (§ 6 Abs. 2a Satz 2 EStG) → Depreciation
- \+ AfA bzw. AfS nach § 7 EStG → Amortisation
- = EBITDA (Bemessungsgrundlage für § 4h EStG)

6314 Diese Grunddefinition gilt zunächst für Personenunternehmen. Für Kapitalgesellschaften wird § 4h EStG durch § 8a Abs. 1 Satz 1 und 2 KStG modifiziert. Danach ist § 4h Abs. 1 Satz 1 des EStG mit der Maßgabe anzuwenden, dass anstelle des maßgeblichen Gewinns, das maßgebliche Einkommen tritt. Maßgebliches Einkommen ist das nach den Vorschriften des Einkommensteuergesetzes und dieses Gesetzes ermittelte Einkommen mit Ausnahme der §§ 4h und 10d EStG und des § 9 Abs. 1 Nr. 2 dieses Gesetzes = KStG.

Für eine GmbH sind für das EBITDA folgende Ermittlungsschritte notwendig:

- Gewinn lt. EStG (ohne Berücksichtigung von § 4h EStG)
  - \+ Zinsaufwendungen
  - ./. Zinserträge
  - \+ AfA auf (neue) GWG (§ 6 Abs. 2 Satz 1 EStG)
  - \+ AfA auf Sammelposten (§ 6 Abs. 2a Satz 2 EStG)
  - \+ AfA bzw. AfS nach § 7 EStG
  - = EBITDA (Bemessungsgrundlage für Personenunternehmen)
- Zusatz für Körperschaften
  - \+ Verlustabzug i. S. v. § 10d EStG (Verlustvor- und -rücktrag)
  - \+ Spendenabzug nach § 9 Abs. 1 Nr. 2 KStG
  - = EBITDA (Bemessungsgrundlage für Körperschaften)

h) Vereinfachte Zusammenstellung der Auslösungsschritte der Zinsschranke

6315

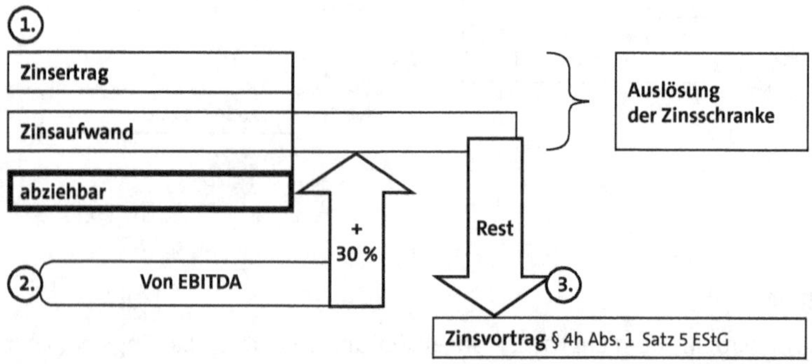

i) Beispiele zur Zinsschranke

Zinsschrankenbeispiel 1: 6316

Sachverhalt:

Ein der Zinsschranke ohne Ausnahme unterworfener Betrieb weist die folgenden Finanzkennzahlen aus:

- Zinsaufwand 50 Mio. €
- Zinsertrag 20 Mio. €
- AfA 10 Mio. €
- Maßgeblicher Gewinn 10 Mio. €.

Lösung	Vorspalte/EBITDA	Zinsabzug
1. Schritt		
Zinsaufwand	50 Mio. €	
./. Abzugsfähiger Zinsertrag	20 Mio. €	20 Mio. €
Nettozinsaufwand	30 Mio. €	
2. Schritt 30 % EBITDA		
Maßgeblicher Gewinn	10 Mio. €	
+ Nettozins	30 Mio. €	
+ AfA	10 Mio. €	
Steuerliches EBITDA	50 Mio. €	
Abzugsfähig 30 % = v. E.		15 Mio. €
Insgesamt abzugsfähig		35 Mio. €
3. Schritt		
Zinsvortrag		15 Mio. €

Zinsschrankenbeispiel 2:

Sachverhalt:
Ein der Zinsschranke ohne Ausnahme unterworfener Betrieb weist die folgenden Finanzkennzahlen aus:

- Zinsaufwand 50 Mio. €
- Zinsertrag 20 Mio. €
- AfA 10 Mio. €
- Maßgeblicher Gewinn ./. 90 Mio. €.

Lösung	Vorspalte/EBITDA	Zinsabzug
1. Schritt		
Zinsaufwand	50 Mio. €	
./. Abzugsfähiger Zinsertrag	20 Mio. €	20 Mio. €
Nettozinsaufwand	30 Mio. €	
2. Schritt 30 % EBITDA		
Maßgeblicher Gewinn	./. 90 Mio. €	
+ Nettozins	30 Mio. €	
+ AfA	10 Mio. €	
Steuerliches EBITDA = Verlust	./. 50 Mio. €	
Abzugsfähig 30 %		nur EBITDA Gew.
Insgesamt abzugsfähig		20 Mio. €
3. Schritt		
Zinsvortrag		30 Mio. €

Zinsschrankenbeispiel 3:

Sachverhalt:
Ein der Zinsschranke ohne Ausnahme unterworfener Betrieb weist die folgenden Finanzkennzahlen aus:

- Zinsaufwand 50 Mio. €
- Zinsertrag 20 Mio. €
- AfA 10 Mio. €
- Maßgeblicher Gewinn 60 Mio. €.

Lösung	Vorspalte/EBITDA	Zinsabzug
1. Schritt		
Zinsaufwand	50 Mio. €	
./. Abzugsfähiger Zinsertrag	20 Mio. €	20 Mio. €
Nettozinsaufwand	30 Mio. €	
2. Schritt 30 % EBITDA		
Maßgeblicher Gewinn	60 Mio. €	
+ Nettozins	30 Mio. €	
+ AfA	10 Mio. €	
Steuerliches EBITDA	100 Mio. €	
Abzugsfähig 30 % = v. E.		30 Mio. €
Insgesamt abzugsfähig wären		50 Mio. €
3. Schritt		
Zinsvortrag		0 €

Dieser Fall führt zu keinem EBITDA-Vortrag, da das verrechenbare EBITDA in diesem Beispiel voll aufgebraucht wurde.

j) EBITDA-Vortrag

Soweit in dem jeweiligen Veranlagungszeitraum ein höheres EBITDA zur Verfügung steht, als es durch Zinsaufwendungen genutzt werden könnte, ist dieses gem. § 4 Abs. 1 Satz 3 EStG vorzutragen. Der Vortrag ist allerdings höchstens auf die folgenden fünf Wirtschaftsjahre beschränkt; ein danach nicht verbrauchter EBITDA – Vortrag verfällt. Zinsaufwendungen, die nach Satz 1 nicht abgezogen werden können, sind bis zur Höhe der EBITDA – Vorträge aus vorangegangenen Wirtschaftsjahren abziehbar und mindern die EBITDA-Vorträge in ihrer zeitlichen Reihenfolge. 6317

Die Auslösungsschritte der Zinsschranke und des EBITDA-Vortrags soll die folgende Grafik verdeutlichen.

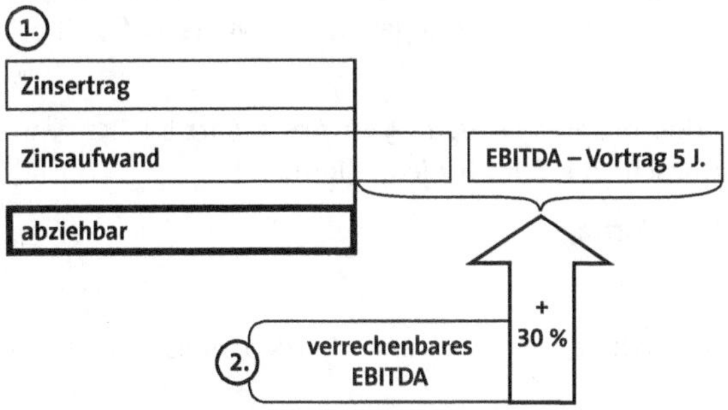

Dazu folgendes Beispiel: 6318

Sachverhalt:

Ein der Zinsschranke ohne Ausnahme unterworfener Betrieb weist die folgenden Finanzkennzahlen aus:

- Zinsaufwand 40 Mio. €
- Zinsertrag 20 Mio. €
- AfA 20 Mio. €
- maßgeblicher Gewinn 60 Mio. €.

Lösung	**Vorspalte/EBITDA**	**Zinsabzug**
1. Schritt		
Zinsaufwand	40 Mio. €	
./. Abzugsfähiger Zinsertrag	20 Mio. €	20 Mio. €
Nettozinsaufwand	20 Mio. €	
2. Schritt 30 % EBITDA		
Maßgeblicher Gewinn	60 Mio. €	
+ Nettozins	20 Mio. €	

+ AfA	20 Mio. €	
Steuerliches EBITDA	100 Mio. €	
Abzugsfähig 30 % = v. E.		30 Mio. €
Insgesamt abzugsfähig		20 Mio. €
3. Schritt		
EBITDA-Vortrag	10 Mio. €	
Zinsvortrag		0 €

k) Zinsvortrag gemäß § 4h Abs. 1 Satz 5 EStG

6319 Zinsaufwendungen, die nach § 4h Abs. 1 Satz 1 nicht abgezogen werden können, sind bis zur Höhe der EBITDA-Vorträge aus vorangegangenen Wirtschaftsjahren abziehbar und mindern die EBITDA-Vorträge in ihrer zeitlichen Reihenfolge. Danach verbleibende nicht abziehbare Zinsaufwendungen sind in die folgenden Wirtschaftsjahre vorzutragen (Zinsvortrag). Sie erhöhen die Zinsaufwendungen dieser Wirtschaftsjahre, nicht aber den maßgeblichen Gewinn.

6319/1 Der EBITDA-Vortrag und der Zinsvortrag sind gem. § 4h Abs. 4 Satz 1 EStG gesondert festzustellen. Ein Feststellungsbescheid erfolgt für jeden Betrieb.[1]

Beispiel: Zinsvortrag und EBITDA-Vortrag

Sachverhalt:

Ein der Zinsschranke ohne Ausnahme unterworfener Betrieb weist die folgenden Finanzkennzahlen aus:

- Zinsaufwand 100 Mio. €
- Zinsertrag 20 Mio. €
- AfA 10 Mio. €
- Maßgeblicher Gewinn 10 Mio. €
- EBITDA-Vortrag 10 Mio. €.

Lösung	**Vorspalte/EBITDA**	**Zinsabzug**
1. Schritt		
Zinsaufwand	100 Mio. €	
./. Abzugsfähiger Zinsertrag	20 Mio. €	20 Mio. €
Nettozinsaufwand	80 Mio. €	
2. Schritt 30 % EBITDA		
Maßgeblicher Gewinn	10 Mio. €	
+ Nettozins	80 Mio. €	
+ AfA	10 Mio. €	

1 Vgl. Rz. 46 bis 49, BMF v. 4.7.2008, BStBl 2008 I S. 718 = Rz. 55-62, BMF v. 24.3.2025, NWB PAAAJ-88208.

Steuerliches EBITDA	100 Mio. €	
Abzugsfähig 30 %	30 Mio. €	
Abzugsfähig gem. Abs. 1 Satz 1	50 Mio. €	
3. Schritt		
Abzugserweiterung durch EBITDA – Vortrag (letzten 5 J.)	10 Mio. €	
Insgesamt abzugsfähig von 100	60 Mio. €	60 Mio. €
Zinsvortrag		40 Mio. €
EBITDA-Vortrag neu (10 – 10 =)		0 €

l) Beispiele zum Zinsvortrag

Zinsvortragsbeispiel 1: 6320

Sachverhalt:
Ein der Zinsschranke ohne Ausnahme unterworfener Betrieb weist die folgenden Finanzkennzahlen aus:

- Zinsaufwand 50 Mio. €
- Zinsertrag 20 Mio. €
- AfA 10 Mio. €
- Maßgeblicher Gewinn 60 Mio. €
- Zinsvortrag 30 Mio. €.

Lösung:	Vorspalte/EBITDA	Zinsabzug
1. Schritt		
Zinsvortrag	30 Mio. €	
Zinsaufwand	50 Mio. €	80 Mio. €
./. Abzugsfähiger Zinsertrag	20 Mio. €	20 Mio. €
Nettozinsaufwand	60 Mio. €	
2. Schritt 30 % EBITDA		
Maßgeblicher Gewinn	60 Mio. €	
+ Nettozins	60 Mio. €	
./. Zinsvortrag	./. 30 Mio. €	
+ AfA	10 Mio. €	
Steuerliches EBITDA	100 Mio. €	
Abzugsfähig 30 %	30 Mio. €	
Insgesamt abzugsfähig	50 Mio. €	50 Mio. €
3. Schritt		
Zinsvortrag		30 Mio. €

Fazit: Dieses Beispiel führt zu keiner Änderung des Zinsvortrags.

Zinsvortragsbeispiel 2:

Sachverhalt:
Ein der Zinsschranke ohne Ausnahme unterworfener Betrieb weist die folgenden Finanzkennzahlen aus:

- Zinsaufwand 50 Mio. €
- Zinsertrag 10 Mio. €
- AfA 10 Mio. €
- Maßgeblicher Gewinn 10 Mio. €
- Zinsvortrag 90 Mio. €.

Lösung:	**Vorspalte/EBITDA**	**Zinsabzug**
1. Schritt		
Zinsvortrag	90 Mio. €	
Zinsaufwand	50 Mio. €	140 Mio. €
./. Abzugsfähiger Zinsertrag	10 Mio. €	10 Mio. €
Nettozinsaufwand	130 Mio. €	
2. Schritt 30 % EBITDA		
Maßgeblicher Gewinn	10 Mio. €	
+ Nettozins	130 Mio. €	
./. Zinsvortrag	./. 90 Mio. €	
+ AfA	10 Mio. €	
Steuerliches EBITDA	60 Mio. €	
Abzugsfähig 30 %	18 Mio. €	
Insgesamt abzugsfähig	28 Mio. €	28 Mio. €
3. Schritt		
Zinsvortrag		112 Mio. €

Fazit: Dieser Fall führt zur Erhöhung des Zinsvortrags.

Zinsvortragsbeispiel 3:

Sachverhalt:
Ein der Zinsschranke ohne Ausnahme unterworfener Betrieb weist die folgenden Finanzkennzahlen aus:

- Zinsaufwand 50 Mio. €
- Zinsertrag 50 Mio. €
- AfA 10 Mio. €

- Maßgeblicher Gewinn 110 Mio. €
- Zinsvortrag 90 Mio. €.

Lösung	Vorspalte/EBITDA	Zinsabzug
1. Schritt		
Zinsvortrag	90 Mio. €	
Zinsaufwand	50 Mio. €	140 Mio. €
./. Abzugsfähiger Zinsertrag	50 Mio. €	50 Mio. €
Nettozinsaufwand	90 Mio. €	
2. Schritt		
30 % EBITDA		
Maßgeblicher Gewinn	110 Mio. €	
+ Nettozins	90 Mio. €	
./. Zinsvortrag	./. 90 Mio. €	
+ AfA	10 Mio. €	
Steuerliches EBITDA	120 Mio. €	
Abzugsfähig 30 %	36 Mio. €	
Insgesamt abzugsfähig	86 Mio. €	86 Mio. €
3. Schritt		
Zinsvortrag		54 Mio. €

Fazit: Dieser Fall führt zur Verminderung des Zinsvortrags.

(*Einstweilen frei*) 6321

m) Allgemeine Verlustgefahr des EBITDA- und des Zinsvortrags gemäß § 4h Abs. 5 EStG

Bei Aufgabe oder Übertragung des Betriebs gehen ein nicht verbrauchter EBITDA-Vortrag und ein nicht verbrauchter Zinsvortrag unter. Scheidet ein Mitunternehmer aus einer Gesellschaft aus, gehen der EBITDA – Vortrag und der Zinsvortrag anteilig mit der Quote unter, mit der der ausgeschiedene Gesellschafter an der Gesellschaft beteiligt war. Ebenso wird ein anteiliger Untergang bei Teilbetriebsaufgabe ausgelöst. Als Teilbetriebsaufgabe gilt das Ausscheiden einer Organgesellschaft aus der Organschaft.[1] 6322

BEISPIEL: Ein Betrieb hat einen Zinsvortrag i. H. v. 120 Mio. € und besteht aus zwei gleichgroßen Sparten (Filialen) die Teilbetriebseigenschaften besitzen. Der Teilbetrieb 2 wird veräußert bzw. aufgegeben. Die Folge ist ein Verlust zur Hälfte.

1 Vgl. Rz. 47, BMF v. 4.7.2008, BStBl 2008 I S. 718 = Rz. 56, BMF v. 24.3.2025, NWB PAAAJ-88208.

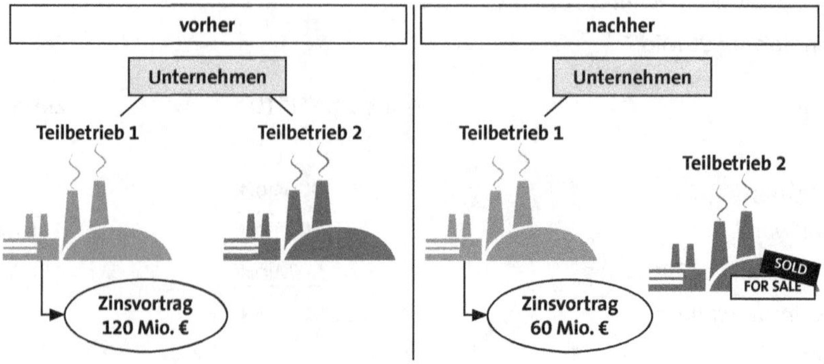

n) Verlustgefahr des Zinsvortrags bei Körperschaften

6323 § 8c KStG gilt gem. § 8a Abs. 1 Satz 3 KStG für Zinsvorträge entsprechend. Zur Verfassungswidrigkeit des § 8c für die Jahre 2008 bis 2015 s. BVerfG v. 29.3.2017.[1] Werden innerhalb von fünf Jahren mittelbar oder unmittelbar mehr als 25 % des gezeichneten Kapitals, der Mitgliedschaftsrechte, Beteiligungsrechte oder der Stimmrechte an einer Körperschaft an einen Erwerber oder diesem nahe stehende Personen übertragen oder liegt ein vergleichbarer Sachverhalt vor (schädlicher Beteiligungserwerb), sind insoweit die bis zum schädlichen Beteiligungserwerb nicht genutzten Zinsvorträge nicht mehr abziehbar. Unabhängig davon sind bis zum schädlichen Beteiligungserwerb nicht genutzte Zinsvorträge vollständig nicht mehr abziehbar, wenn innerhalb von fünf Jahren mittelbar oder unmittelbar mehr als 50 % des gezeichneten Kapitals, der Mitgliedschaftsrechte, Beteiligungsrechte oder der Stimmrechte an einer Körperschaft an einen Erwerber oder diesem nahe stehende Personen übertragen werden oder ein vergleichbarer Sachverhalt vorliegt.

6324 § 8a KStG verweist für den EBITDA-Vortrag nicht auf § 8c KStG. Die Verweisung in § 8a Abs. 1 Satz 3 KStG erfasst nur den Zinsvortrag, nicht den EBITDA-Vortrag.[2] Es wird insoweit ein Fehler im Gesetzgebungsverfahren angenommen. Im Regierungsentwurf[3] ist ein Untergang der EBITDA-Vorträge zwar bei der Aufgabe oder Übertragung eines Betriebs, beim Ausscheiden eines Mitunternehmers, bei der Umwandlung, der Verschmelzung, der Spaltung und der Einbringung vorgesehen, nicht jedoch in den Fällen des § 8c KStG. In § 4h Abs. 5 Satz 3 EStG, der die entsprechende Anwendung des § 8c KStG anordnet, ist nur der Zinsvortrag, nicht der EBITDA-Vortrag erfasst worden. Auch die Verweisung in § 8a Abs. 1 Satz 3 KStG auf § 8c KStG ist über den Zinsvortrag hinaus nicht auf den EBITDA-Vortrag erweitert worden. Damit ist ein Verfall des EBITDA-Vortrags in den Fällen des § 8c KStG gesetzlich nicht vorgesehen.

---

1 2 BvL 6/11, NWB JAAAG-44861; s. hierzu Müller, DB 2017 S. 1116.

2 Bien/Wagner, BB 2009 S. 2627, 2633; Herzig/Bohn, DStR 2009 S. 2341, 2345.

3 BT-Drucks. 17/15 S. 5 ff.

3. Die gesetzlichen Ausnahmen von der Zinsschranke gemäß §4h Abs. 2 EStG

Absatz 1 Satz 1 ist nicht anzuwenden, wenn 6325

- der Betrag der Zinsaufwendungen, soweit er den Betrag der Zinserträge übersteigt, im Zeitraum weniger als 3 Mio. € (1 Mio. € bis 24.5.2007) beträgt = Freigrenze,
- der Betrieb nicht oder nur anteilmäßig zu einem Konzern gehört = Stand alone oder
- der Betrieb zu einem Konzern gehört und seine Eigenkapitalquote am Schluss des vorangegangenen Abschlussstichtages gleich hoch oder höher ist als die des Konzerns (Eigenkapitalvergleich) = Escape.

  Ein Unterschreiten der Eigenkapitalquote des Konzerns bis zu zwei Prozentpunkte ist unschädlich.

a) Freigrenze

§ 4h Abs. 1 Satz 1 EStG ist nicht anzuwenden, wenn der Betrag der Zinsaufwendungen, soweit er den Betrag der Zinserträge übersteigt, im Zeitraum weniger als 3 Mio. € beträgt. Durch diese Regelung sollen kleine und mittlere Betriebe entlastet werden. Aber: Diese Regelung hat einen Fallbeileffekt. Wird der Grenzbereich 3 Mio. € erreicht, gilt die Zinsschrankenregelung in vollem Umfang. Die Grenze bestimmen Zinsaufwandüberhang des Wirtschaftsjahres und Zinsvortrag (= Betrag der Zinsaufwendungen), die einen EBITDA-Vortrag übersteigen.[1] Der Betrag von 3 Mio. € ist eine **Freigrenze**, kein Freibetrag. Eine Glättungsregelung für einen Zinssaldo, der 3 Mio. € beträgt oder knapp darüber liegt, sieht das Gesetz nicht vor. 6326

Die Freigrenze ist betriebsbezogen. Sie gilt auch für Körperschaften, Personenvereinigungen und Vermögensmassen (§ 8a Abs. 1 KStG). Die Freigrenze wird für den Organkreis nur einmal gewährt. Die Freigrenze bezieht sich auf das jeweilige Wirtschaftsjahr des Betriebs. 6327

Die Freigrenze des § 4h Abs. 2 Satz 1 Buchst. a EStG ist, wie der Zusammenhang mit § 4h Abs. 1 EStG ergibt, betriebsbezogen ausgestaltet. Soweit beispielsweise Einzelunternehmer über mehrere Betriebe verfügen, kann die Freigrenze daher ggf. mehrfach genutzt werden. Siehe dazu die nachfolgende Grafik. 6328

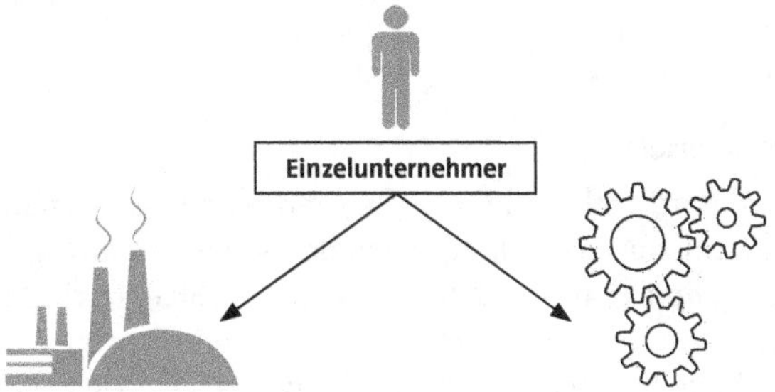

1 Vgl. Rz. 55, BMF v. 4.7.2008, BStBl 2008 I S. 718 = Rz. 71-74, BMF v. 24.3.2025, NWB PAAAJ-88208.

6329 Die Freigrenze gilt gem. § 8a Abs. 1 KStG auch für Körperschaften (Kapitalgesellschaften) Diese haben aber nur einen Betrieb. Daher wird die Freigrenze auch nur einmal gewährt. Auch wenn mehrere Betriebstätten in der Gestalt von Teilbetrieben vorhanden sind.

BEISPIEL:

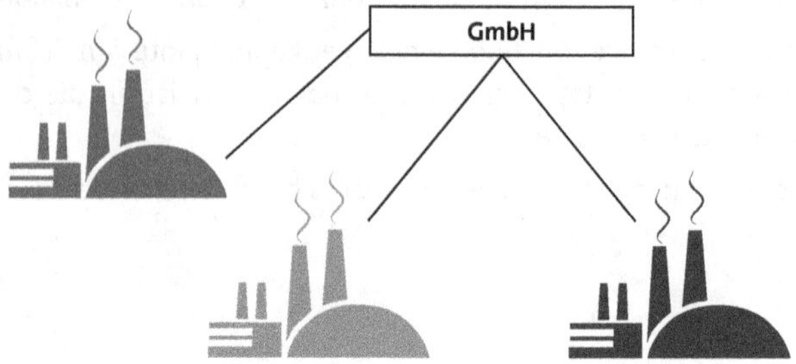

6330 Auch gewerblich i. S. d. § 15 Abs. 1 Nr. 1, Abs. 2 EStG tätige Personengesellschaften unterhalten einen „Betrieb". Dieser Betrieb erfasst neben dem Gesamthandsvermögen auch das Sonderbetriebsvermögen der Mitunternehmer.[1]

6331 Die Freigrenze ist nur auf solche Zinsaufwendungen zu beziehen, die Teil einer inländischen Gewinnermittlung sind.[2]

BEISPIEL: Die konzernangehörige Lux-S.A. unterhält in Köln eine Betriebsstätte. Die Lux-S.A. hat in VZ 08 (nach deutschem Steuerrecht ermittelte) Nettozinsaufwendungen i. H. v. 4 Mio. €. Von diesen Nettozinsaufwendungen sind 0,9 Mio. € der deutschen Betriebsstätte zuzuordnen. Soweit die Lux-S.A. keine sonstigen inländischen Einkünfte bezieht, denen Nettozinsaufwendungen zugeordnet werden könnten, kann sie im Rahmen der Ermittlung des Betriebsstättengewinns die Nettozinsaufwendungen in voller Höhe als Betriebsausgaben abziehen.

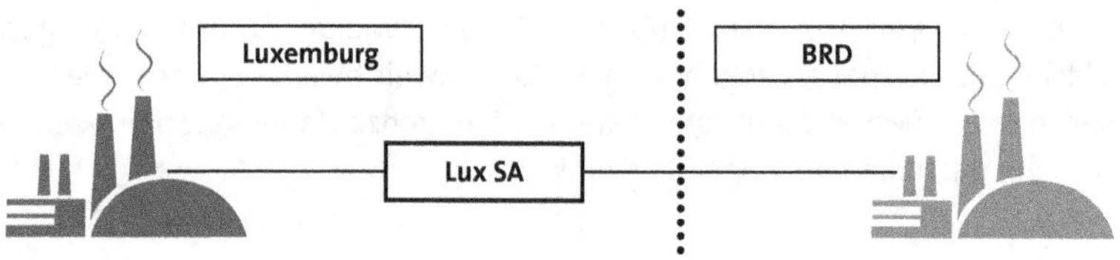

b) „Stand alone"-Klausel

6332 Die Zinsschranke kommt, auch wenn die 30 %-Grenze und die Freigrenze überschritten sein sollten, dann nicht zur Anwendung, wenn der Betrieb nicht oder nur anteilsmäßig zu einem Konzern gehört (§ 4h Abs. 2 Satz 1 Buchst. b EStG). Nach dem in § 4h Abs. 3 Sätze 5 und 6 EStG normierten steuerlichen Konzernbegriff ist von einem Konzern auszugehen, wenn mehrere Betriebe nach dem zugrunde gelegten Rechnungslegungsstan-

1 Vgl. BMF v. 4.7.2008, BStBl 2008 I S. 718, Rz. 6 = Rz. 6, BMF v. 24.3.2025, NWB PAAAJ-88208.
2 BT-Drucks. 16/4841 S. 48.

dard miteinander konsolidiert sind oder werden könnten. Ausländische Konzerngesellschaften sind dabei einzubeziehen. Ein Betrieb gehört auch dann zu einem Konzern, wenn seine Finanz- und Geschäftspolitik mit einem oder mehreren anderen Betrieben einheitlich bestimmt werden kann. Nicht zu einem Konzern führen Zweigbetriebe oder Fälle der Betriebsaufspaltung. Einzelunternehmer und Kapitalgesellschaften, die keine weiteren Beteiligungen halten, fallen daher nicht in den Anwendungsbereich der Zinsschranke, auch wenn sie mehrere Betriebsstätten haben oder eine Betriebsaufspaltung vorliegt.[1] Damit sollen nach der Gesetzesbegründung vor allem Einzelunternehmer, die keine weiteren Beteiligungen halten, von der Zinsschranke befreit werden.

(Einstweilen frei) 6333–6338

c) Konzern – „Escape"-Klausel gemäß § 4h Abs. 2 EStG

Die Zinsschranke greift auch nicht, wenn der Betrieb zu einem Konzern gehört und seine Eigenkapitalquote am Schluss des vorangegangenen Abschlussstichtages gleich hoch oder höher ist als die des Konzerns (Eigenkapitalvergleich) = Escape. 6339

Ein Unterschreiten der Eigenkapitalquote des Konzerns bis zu zwei Prozentpunkte ist jedoch unschädlich.

Der Konzernbegriff wird weitgefasst. Ein Konzern ist z. B. anzunehmen, wenn eine natürliche Person ein Einzelunternehmen betreibt und darüber hinaus beherrschender Gesellschafter einer GmbH ist.

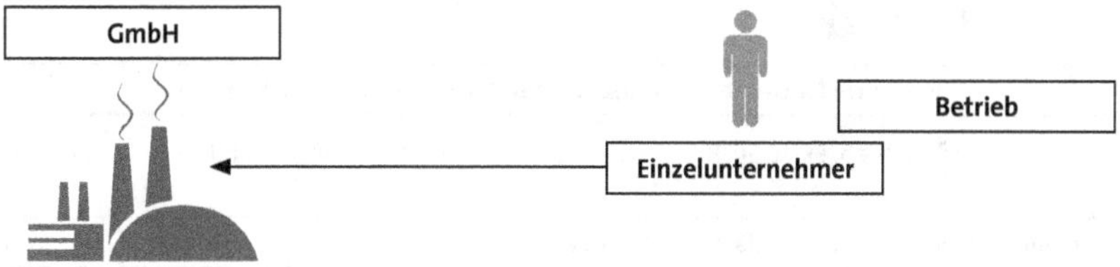

Für den Eigenkapitalvergleich sind der bestehende Konzernabschluss und der bestehende Abschluss des Betriebs zugrunde zu legen. Die für den Eigenkapitalvergleich erforderlichen Korrekturen von Eigenkapital und Bilanzsumme des Konzernabschlusses oder/und des Abschlusses des Betriebs sind außerhalb des Abschlusses in einer Nebenrechnung vorzunehmen.[2]

1 Vgl. BT-Drucks. 16/4841 v. 27.3.2007 S. 86.

2 Wegen Einzelheiten vgl. Oellerich in: Mössner/Oellerich/Valta, KStG, § 8a Rz. 571 ff.; BMF v. 4.7.2008, BStBl 2008 I S. 718, Rz. 70 ff. = Rz. 85 ff., BMF v. 24.3.2025, NWB PAAAJ-88208.

Folgende Beispiele sollen die Escape-Klausel verdeutlichen:

1. Beispiel

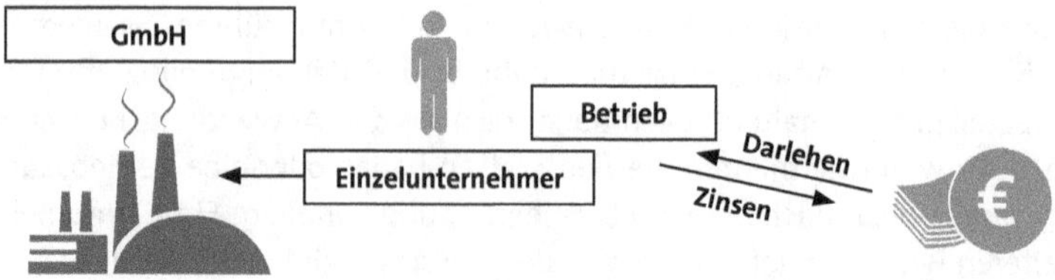

Vergleich: EK-Quote fremdfinanzierter Betrieb zu EK-Quote Konzern

Betrieb: EK zu Su. Bil.		Konzern: EK zu Su. Bil.
21 %	>	20 %

Ergebnis: Keine Zinsschranke

2. Beispiel

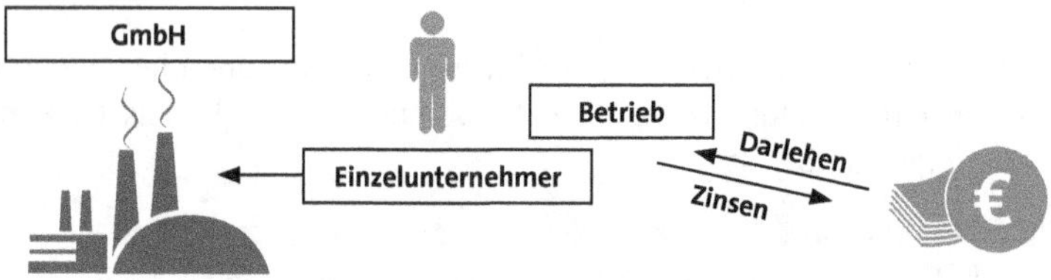

Vergleich: EK-Quote fremdfinanzierter Betrieb zu EK-Quote Konzern

Betrieb: EK zu Su. Bil.		Konzern: EK zu Su. Bil.
19,8 %	<	20 %

Ergebnis: Keine Zinsschranke, da 2 % (1 %) Regelung

3. Beispiel

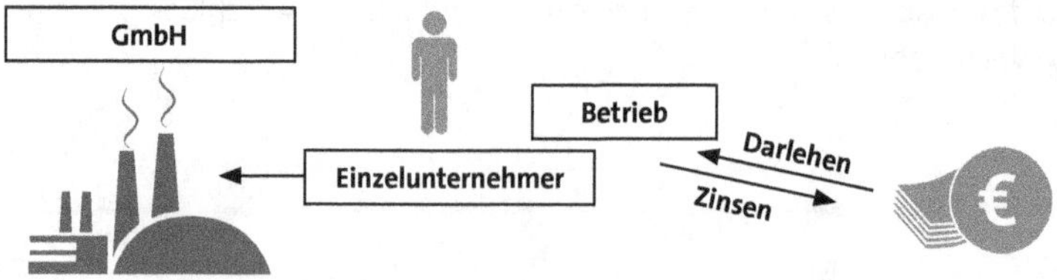

Vergleich: EK-Quote fremdfinanzierter Betrieb zu EK-Quote Konzern

Betrieb: EK zu Su. Bil.		Konzern: EK zu Su. Bil.
15 %	<	20 %

Ergebnis: Zinsschranke

d) Konzern – „Escape"-Klauselergänzung gemäß § 8a Abs. 3 KStG für Körperschaften

§ 8a Abs. 3 KStG enthält für Körperschaften eine klauselergänzende Verschärfung: 6340

[1]§ 4h Abs. 2 Satz 1 Buchst. c des Einkommensteuergesetzes ist nur anzuwenden, wenn die Vergütungen für Fremdkapital der Körperschaft oder eines anderen demselben Konzern zugehörenden Rechtsträgers an zu mindestens einem Viertel unmittelbar oder mittelbar am Kapital beteiligte Gesellschafter einer konzernzugehörigen Gesellschaft, diesen nahestehende Personen (§ 1 Abs. 2 des Außensteuergesetzes) oder Dritte, die auf zu mindestens einem Viertel am Kapital beteiligte Gesellschafter oder diesen nahestehende Personen zurückgreifen können, bezogen auf den jeweiligen Rechtsträger insgesamt nicht mehr als 10 Prozent der die Zinserträge übersteigenden Zinsaufwendungen des Rechtsträgers im Sinne des § 4h Abs. 3 des Einkommensteuergesetzes betragen und die Körperschaft dies nachweist. [2]Satz 1 gilt nur für Zinsaufwendungen aus Verbindlichkeiten, die in dem voll konsolidierten Konzernabschluss nach § 4h Abs. 2 Satz 1 Buchst. c des Einkommensteuergesetzes ausgewiesen sind und bei Finanzierung durch einen Dritten einen Rückgriff gegen einen nicht zum Konzern gehörenden Gesellschafter oder eine diesem nahe stehende Person auslösen.

Dazu folgende Beispiele:

1. Fall: Zur Verdeutlichung der Funktionsweise des § 8a Abs. 3 KStG im Hinblick auf eine Darlehensgewährung:

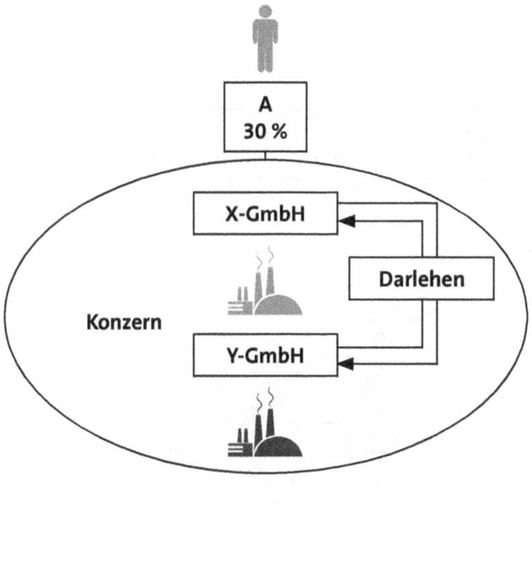

Lösung:
Innenfinanzierung ist keine Fremdfinanzierung gem. § 8a KStG und löst keine Zinsschranke gem. § 4h EStG aus.

2. Fall: Zur Verdeutlichung der Funktionsweise des § 8a Abs. 3 KStG im Hinblick auf eine Darlehensgewährung:

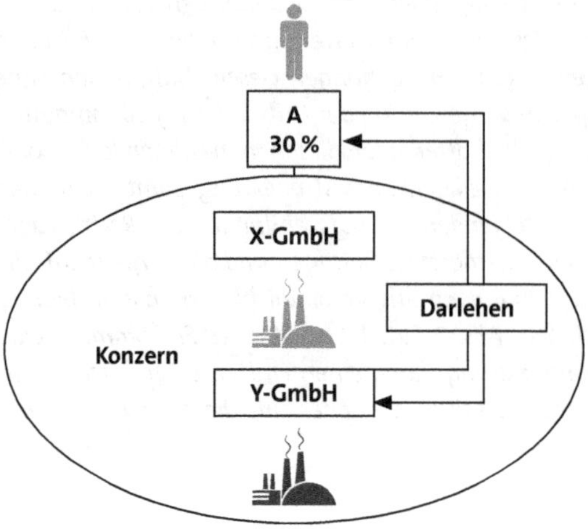

Lösung:
Fremdfinanzierung gem. § 8a KStG und löst evtl. Zinsschranke gem. § 4h EStG aus.

3. Fall: Zur Verdeutlichung der Funktionsweise des § 8a Abs. 3 KStG im Hinblick auf eine Darlehensgewährung mit „back to back":

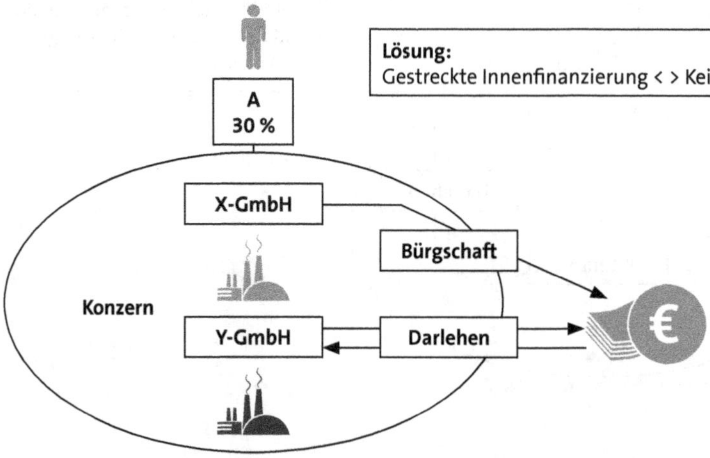

Lösung:
Gestreckte Innenfinanzierung < > Keine Zinsschranke

4. Fall: Zur Verdeutlichung der Funktionsweise des § 8a Abs. 3 KStG im Hinblick auf eine Darlehensgewährung mit „back to back":

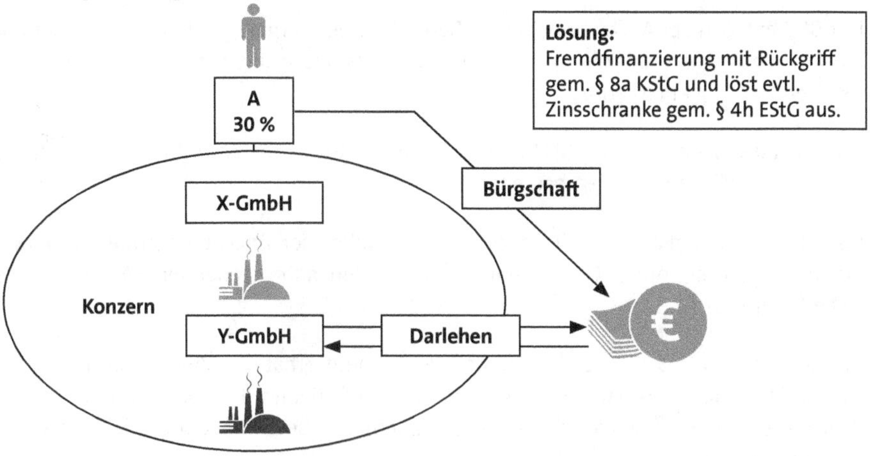

4. Verhältnis Zinsvortrag zur Mindestbesteuerung

Der Zusammenhang des Zinsvortrags mit der Mindestbesteuerung ist im Gesetz nicht geregelt. Zunächst dürfte eine Verrechnung von Zinsvorträgen im Rahmen der Zinsschranke zur Anwendung kommen, bevor der Mindestbesteuerungsmechanismus bei der Verrechnung von Verlustvorträgen greift. Sollte der Zinsvortrag in einem Vortragsjahr zu abzugsfähigen Zinsaufwendungen führen, die einen Verlust verursachen oder erhöhen, würde der Betrag dementsprechend in den normalen Mindestbesteuerungsmechanismus der Verlustvortragsverrechnung einbezogen. 6341

BEISPIEL: Die Brause GmbH erzielt im Wirtschaftsjahr 13 einen Gewinn vor Zinsergebnis und Abschreibungen i. H. v. 3 Mio. €. Die Zinsaufwendungen betragen 3,6 Mio. € und die Abschreibungen 2,4 Mio. €. Der Verlust laut GuV beträgt somit 3 Mio. €.

Die Zinsen sind nur i. H. v. 30 % des Gewinns vor Zinsergebnis und Abschreibungen abzugsfähig = 900.000 €. Damit ergibt sich ein zu versteuernder Gewinn von 300.000 €, obwohl die GmbH tatsächlich einen Verlust erzielt.

Der nicht abziehbare Verlust in der Gestalt des beschränkten Zinsabzugs wird in nachfolgenden Jahren von der Mindestbesteuerungsregel ergriffen und kann endgültig verloren gehen.

Das FG Berlin-Brandenburg hat aufgrund der an der Zinsschranke bestehenden verfassungsrechtlichen Bedenken die Aussetzung der Vollziehung (AdV) gewährt.[1]

Neben den verfassungsrechtlichen Zweifeln bejaht das FG auch das Interesse des Steuerpflichtigen an der Aussetzung der Vollziehung. Die Richter räumen dem Aussetzungsinteresse mehr Gewicht ein als dem öffentlichen Interesse an einem geordneten öffentlichen Haushalt, das sich bei der Zinsschranke insbesondere aus ihrem Charakter als Gegenfinanzierungsmaßnahme zur Absenkung der – weiterhin anwendbaren – Körper-

1 FG Berlin-Brandenburg v. 13.10.2011 - 12 V 12089/11, EFG 2012 S. 358, NWB DAAAD-98083.

schaftsteuersätze ergibt. Sie widersprechen damit dem FG München, das dem öffentlichen Interesse den Vorrang eingeräumt hat.[1]

Der BFH hat sich der Auffassung des FG Berlin-Brandenburg angeschlossen und dem für die Aussetzung der Vollziehung erforderlichen Aussetzungsinteresse des Steuerpflichtigen den Vorrang eingeräumt.[2]

Nicht geäußert hat sich der BFH zu der Frage, ob gegen die Zinsschranke an sich verfassungsrechtliche Bedenken bestehen.

Der BFH hat allerdings ernstliche Zweifel bei Fällen der üblichen Fremdfinanzierung durch Banken, die durch Gesellschafter oder diesen nahe stehenden Personen abgesichert werden.

Mit Beschluss vom 18.12.2013 hatte der BFH[3] erneut ernstliche Zweifel an der Verfassungsmäßigkeit der Zinsschranke (§ 4h EStG) geäußert und die Vollziehung eines Körperschaftsteuerbescheids ausgesetzt. Die Zinsschranke beschränke ungerechtfertigt das objektive Nettoprinzip.

Die FinVerw hat mit Schreiben vom 13.11.2014[4] mitgeteilt, dass sie den Beschluss des BFH über den entschiedenen Einzelfall hinaus nicht anwenden wird. Das BMF teilt die vom BFH geäußerten Zweifel an der Verfassungskonformität der Zinsschranke nicht. Aus Sicht der Finanzverwaltung sei die Zinsschranke verfassungsrechtlich gerechtfertigt, da sie zielgerichtet Gewinnverlagerungen im Konzern einschränkt und damit zugleich einen qualifizierten Fiskalzweck verfolgt.

Eine Aussetzung der Vollziehung bei Berufung auf die Verfassungswidrigkeit von § 4h EStG soll daher nicht gewährt werden. An dieser Auffassung hält die Verwaltung auch fest, nachdem der BFH die Verfassungswidrigkeit explizit bejaht und dem BVerfG vorgelegt hat.[5]

Davon unberührt bleibt der Aussetzungsgrund der unbilligen Härte. Hat die Anwendung der Zinsschranke im Einzelfall für den Betroffenen eine unbillige, nicht durch überwiegend öffentliche Interessen gebotene Härte zur Folge, könne Aussetzung der Vollziehung gewährt werden.

Steuerpflichtige, die einen von der Zinsschrankenproblematik betroffenen Steuerbescheid wegen möglicher Verfassungswidrigkeit aus der Vollziehung aussetzen wollen, bleibt nur übrig eigenständig Rechtsmittel einzulegen. Allerdings mit der Gefahr einer 6%igen Verzinsung der ausgesetzten Beträge. Ob das BVerfG die verfassungsrechtlichen Zweifel des BFH an der Zinsschranke teilt, wird erst die Zukunft zeigen.

---

1 FG München v. 1.6.2011 - 7 V 822/11, EFG 2011 S. 1830, NWB HAAAD-93994 und v. 1.7.2010 - 1 V 272/09, EFG 2011 S. 1830.

2 BFH v. 13.3.2012 - I B 111/11, BStBl 2012 II S. 611.

3 BFH v. 13.11.2014 - I B 85/13, BStBl 2014 II S. 947.

4 BMF v. 13.11.2014 - IV C 2 - S 2742 a/07/10001, BStBl 2014 I S. 1516.

5 OFD Frankfurt a. Main v. 24.6.2016, NWB TAAAF-77236; zum Vorlagebeschluss s. weiter oben Rz. 6300.

5. Prüfschema der Zinsschranke

6342

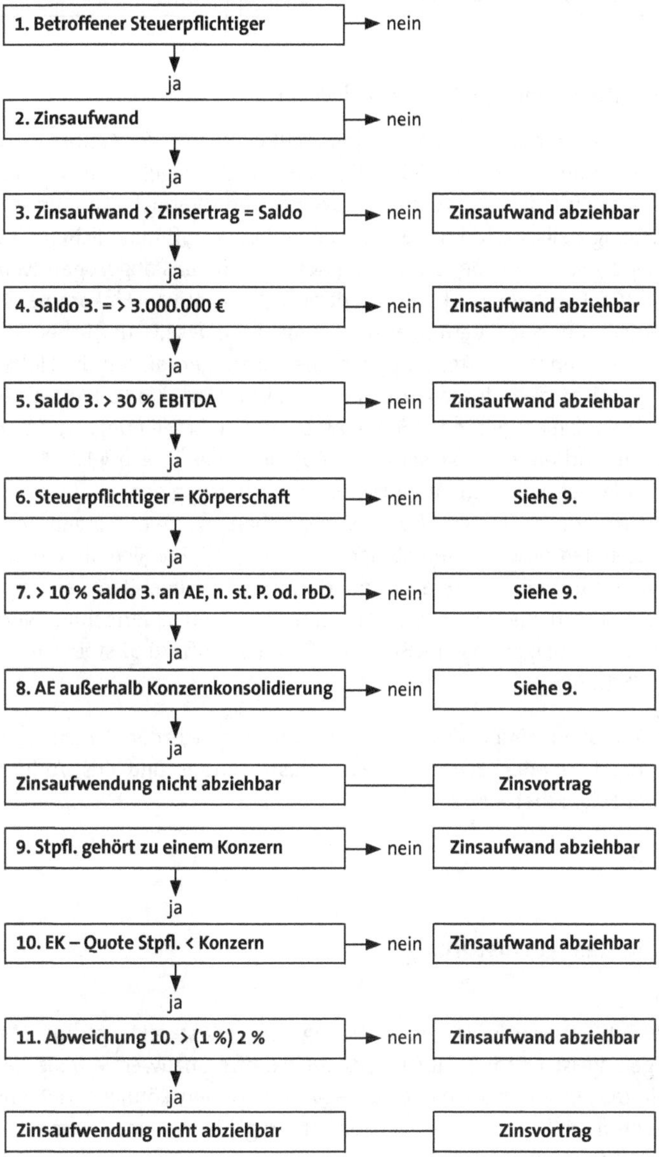

(*Einstweilen frei*) 6343–6430

VII. Verlustabzug bei der GmbH

LITERATUR:

Umfassende Literaturhinweise bei Hackemann in: Mössner/Oellerich/Valta, KStG, § 8c.

1. Allgemeines; steuerrechtliche Grundlagen

6431 Für die Ermittlung des Einkommens einer Kapitalgesellschaft wie der GmbH verweist § 8 Abs. 1 KStG auf die Vorschriften des EStG. Deshalb gilt die Regelung in § 10d EStG zum **Verlustabzug** auch für die GmbH. Nicht ausgeglichene Verluste können – ausgenommen bei Organgesellschaften innerhalb der körperschaftsteuerlichen Organschaft (§ 15 Satz 1 Nr. 1 KStG) – bei der Ermittlung des Einkommens abgezogen werden. Der Verlust i. S. v. § 10d EStG entspricht dem Betrag des negativen Einkommens der GmbH im Verlustentstehungsjahr. Vermögensmehrungen auf gesellschaftlicher Grundlage (z. B. verdeckte Einlagen) und offene Gewinnausschüttungen dürfen die Höhe des steuerlichen Verlustes nicht beeinflussen; vGA, die nach § 8b Abs. 3 und 5 KStG als nicht abzugsfähige Betriebsausgaben geltenden 5 % der steuerfreien Beteiligungserträge bzw. Veräußerungsgewinne und die nicht abziehbaren Aufwendungen nach § 10 KStG werden bei der Ermittlung des Einkommens außerbilanziell hinzugerechnet und vermindern den steuerlichen Verlust; die nach § 9 KStG abziehbaren Aufwendungen wie z. B. die abzugsfähigen Spenden erhöhen den steuerlichen Verlust.[1] Sachlich steuerbefreite Einkünfte dürfen weder mit einem ohne sie im selben VZ entstehenden Verlust noch mit abzugsfähigen Verlusten aus früheren Veranlagungszeiträumen verrechnet werden. Hierzu zählen Investitionszulagen, nach DBA steuerfreie Einkünfte und steuerfreie Einnahmen nach § 8b KStG.

6432 Entsprechend der **Grundkonzeption** des § 10d EStG vollzieht sich der Verlustabzug in den **zwei aufeinander folgenden Schritten des Verlustrücktrags und des Verlustvortrags** im Rahmen der Höchstbeträge.

6433–6434 *(Einstweilen frei)*

2. Durchführung des Verlustabzugs

a) Verlustrücktrag

Durch Gesetz v. 20.2.2013[2] wurde der Höchstbetrag des Verlustrücktrags auf 1 Mio. € erhöht. Die Neuregelung ist erstmals auf negative Einkünfte anzuwenden, die bei Ermittlung der Einkünfte des VZ 2013 nicht ausgeglichen werden können (§ 52 Abs. 25 Satz 7 EStG a. F.). Coronabedingt wurde der Höchstbetrag für Verluste in den Jahren 2020 bis 2023 auf 10 Mio. € erhöht.

6435 Vom Verlustrücktrag konnte die GmbH ganz oder teilweise absehen (§ 10d Abs. 1 Satz 4 und 5 EStG). Sie hatte das zweifache **Wahlrecht**,

1 BFH v. 21.10.1981 - I R 149/77, BStBl 1982 II S. 177.
2 BStBl 2013 I S. 188.

- **ob** sie überhaupt vom Verlustrücktrag Gebrauch machen wollte und
- **in welcher Höhe** sie im Rücktragsjahr den Verlustabzug geltend machen wollte.
- Ab VZ 2022 wird die Rücktragsmöglichkeit **auf zwei Jahre verlängert**. Der Steuerpflichtige hat allerdings **kein Wahlrecht** mehr. Es erfolgt zwingend zunächst ein Rücktrag in den vorangegangenen VZ. Ein nicht verbrauchter Verlust wird anschließend im vorvorangegangenen VZ abgezogen. Nur ein dann noch vorhandener Verlust wird vorgetragen,

b) Verlustvortrag

6436 Verbleibt nach Durchführung des Verlustrücktrags noch ein nicht ausgeglichener Verlust, so ist er vorzutragen (**Verlustvortrag** § 10d Abs. 2 EStG). Ab dem VZ 2004 gelten **maximale Grenzen (Deckelung zur Mindestbesteuerung)**: Bis zu einem Gesamtbetrag der Einkünfte (= Einkommen) von 1 Mio. € ist der Abzug unbeschränkt; ein höherer vortragsfähiger Verlust kann also zunächst bis zur Höhe des Gesamtbetrags der Einkünfte, maximal aber mit 1 Mio. € verrechnet werden. Ist der Gesamtbetrag der Einkünfte höher als 1 Mio. €, sind zusätzlich zum Abzugsbetrag der ersten Stufe von 1 Mio. € die übersteigenden Verlustvorträge bis maximal i. H. v. 60 % des 1 Mio. € übersteigenden Gesamtbetrags der Einkünfte abziehbar. Der Prozentsatz der begrenzt abziehbaren Verluste wird für die VZ 2024 bis 2027 auf 70 % erhöht.[1]

BEISPIEL BEZOGEN AUF VZ NACH 2023:

Verlustvortrag zum 31.12.2023:	4 Mio. €
Gesamtbetrag der Einkünfte 2024:	2 Mio. €
Unbeschränkter Verlustvortrag =	1 Mio. €
Beschränkt abzugsfähiger Verlust: 70 % 1 Mio. € =	0,7 Mio. €
Abzugsfähiger Verlust in 2024 insgesamt:	1,7 Mio. €
Verbleibender Verlustvortrag:	2,3 Mio. €

6437 Beim Verlustvortrag ist kein Verzicht für einen bestimmten VZ oder eine Beschränkung auf einen von der GmbH bestimmten Betrag vorgesehen. Der Verlustvortrag muss in den folgenden VZ jeweils bis zu einem zu versteuernden Einkommen von 0 € vorgenommen werden, und zwar **vorrangig** vor anderen Abzugsbeträgen (§ 10d Abs. 2 Satz 1 EStG). Der Vorrang gilt auch gegenüber einem verbleibenden Verlustvortrag aus früheren VZ; andernfalls geht er verloren, § 10d Abs. 2 Satz 3 EStG **(kein wahlweiser Verlustvortrag).**

6438 *(Einstweilen frei)*

1 Zu Einzelheiten s. Bergan/Lätsch, DStR 2024 S. 705, 709.

c) Feststellung des verbleibenden Verlustabzugs

aa) Feststellungsbescheid (Grundlagenbescheid)

6439 Wegen der Bedeutung für die Besteuerung des Einkommens und um das Volumen des vortragsfähigen Verlustes festzuschreiben, wird der **verbleibende Verlustabzug** zum **Ende des jeweiligen VZ** durch **Feststellungsbescheid** (§ 179 Abs. 1 AO) **gesondert festgestellt** (§ 10d Abs. 4 Satz 1 EStG). Die Feststellung ist Grundlagenbescheid (§ 171 Abs. 10 AO) und für KSt-Bescheide und für den Feststellungsbescheid zum Schluss des folgenden VZ bindend (§ 182 Abs. 1 AO), soweit die in den Feststellungsbescheiden getroffenen Feststellungen für diese Folgebescheide von Bedeutung sind. Der Bescheid nach § 10d Abs. 4 EStG hat für die KSt-Bescheide der folgenden VZ insoweit Bedeutung, als sich dort das zu versteuernde Einkommen unter Berücksichtigung der Abzugsbeschränkungen in § 10d Abs. 2 EStG um den Verlustvortrag mindert.

6440 In der Feststellung des vortragsfähigen Verlustes war in den Fällen des früheren § 8 Abs. 4 KStG (Verlust der wirtschaftlichen Identität) nicht nur die **Höhe des jeweiligen Verlustbetrages**, sondern auch die **steuerliche Abzugsfähigkeit dieses Betrages** nach Maßgabe der **im Feststellungszeitpunkt geltenden Rechtslage** für das **spätere Abzugsjahr verbindlich festzulegen.**[1] Der Verlustfeststellungsbescheid entfaltete also Bindungswirkung sowohl hinsichtlich der Höhe des abzugsfähigen Betrages als auch hinsichtlich der steuerlichen Nutzbarkeit, seiner steuerlichen **„Wertigkeit“**.[2]

Hatte also das FA bei Erlass des Feststellungsbescheides (rechtlich) nicht erkannt, dass die Voraussetzungen eines Mantelkaufs (Verlust der wirtschaftlichen Identität) vorlagen und der GmbH deshalb der Verlustvortrag in die Zeit danach zu versagen war (vgl. zum früheren Rechtszustand Rz. 6461 ff. der 2. Auflage), und hatte es einen verbleibenden abzugsfähigen Verlust festgestellt, war dies bindend. Das FA war nicht berechtigt, im nächsten offenen Jahr die Verlustverrechnung oder den Abzug in folgenden Abzugsjahren zu versagen, wenn der bestandskräftige Feststellungsbescheid nicht mehr nach § 173 Abs. 1 AO oder wegen Eintritts der Festsetzungsverjährung nicht mehr geändert werden konnte.

6441 **Keine Bindungswirkung** entfaltet der Verlustfeststellungsbescheid allerdings **bei einer Gesetzesänderung.** Denn der Umstand, dass die entstandenen (vortragsfähigen) Verluste nach § 10d Abs. 4 EStG bereits im Entstehungsjahr gesondert festzustellen sind, präjudiziert nicht die künftige Behandlung dieser Verluste, wenn der Gesetzgeber andere, schärfere materielle Anforderungen an deren Abzugsfähigkeit stellt.[3]

bb) Verfahrensrechtliche Bedeutung

6442 Wegen der Grundlagenfunktion und Bindungswirkung des Feststellungsbescheids waren Einwendungen gegen den vom FA festgestellten verbleibenden Verlustabzug, seine Höhe oder seine Wertigkeit (Abzugsfähigkeit nach dem früheren § 8 Abs. 4 KStG) mit dem Einspruch gegen den hierüber erteilten gesonderten Feststellungsbescheid geltend

1 BFH v. 22.10.2003 - I R 18/02, BStBl 2004 II S. 468; v. 26.5.2004 - I R 112/03, BStBl 2004 II S. 1085.
2 Roser in: Gosch, KStG, § 8 Rz. 1476.
3 BFH v. 11.2.1998 - I R 81/97, BStBl 1998 II S. 485.

zu machen und nicht mit einem Rechtsbehelf gegen den KSt-Bescheid des Verlustentstehungsjahres oder des Verlustabzugsjahres.

Dies hat sich durch das StÄndG 2010 für nach dem 13.10.2010 ergehende Bescheide maßgeblich verändert. Danach muss gem. § 10d Abs. 4 Sätze 4 und 5 EStG immer der Körperschaftsteuerbescheid angefochten werden, auch wenn die Körperschaftsteuer auf 0 € festgesetzt wurde.[1] Ob darüber hinaus auch der Verlustvortragsfeststellungsbescheid angefochten werden muss, ist noch nicht für alle Fälle abschließend geklärt; deshalb sollte er zumindest mit dem Einspruch angefochten werden und dessen Ruhen bis zur rechtskräftigen Entscheidung über den Körperschaftsteuerbescheid beantragt werden.

cc) Schema zur Ermittlung des verbleibenden Verlustabzugs

Der verbleibende Verlustabzug kann entsprechend der Definition in § 10d Abs. 4 Satz 2 EStG nach folgendem Schema ermittelt werden: 6443

Negatives Einkommen des VZ		....
./.	nach § 10d Abs. 1 EStG **vorgenommener** Rücktrag	–........
./.	**möglicher** Verlustabzug im VZ aus vortragsfähigen Vorjahresverlusten	–........
+	am Schluss des Vorjahres **festgestellter** verbleibender Verlustabzug	+........
=	am Schluss des VZ **verbleibender** Verlustabzug	=........

Gegebenenfalls ist im Verlustentstehungsjahr vom Verlust ein nach dem bisherigen § 8 Abs. 4 KStG nicht zu berücksichtigender Verlustabzug zusätzlich abzusetzen.

d) Verlustabzug und Teileinkünfteverfahren

Im Teileinkünfteverfahren gibt es keine Gliederungsrechnung mehr. Damit muss auch ein Verlustvortrag oder Verlustrücktrag nicht mehr im Rahmen der Gliederung des verwendbaren Eigenkapitals verarbeitet werden. Unter Geltung des Teileinkünfteverfahrens wirken sich Verluste nur noch in der Steuerbilanz durch Minderung des dortigen Eigenkapitals aus. Der Verlustrücktrag hat auf die Steuerbilanz des Abzugsjahres keine Auswirkungen, da der KSt-Erstattungsanspruch erst zum Schluss des Verlustjahres entsteht und damit erst das Eigenkapital in der Steuerbilanz dieses Jahres erhöht.[2] Durch einen Verlustvortrag erhöht der steuerfreie Gewinn im Abzugsjahr das Eigenkapital. Sowohl beim Verlustrücktrag als auch beim Verlustvortrag wird das zu versteuernde Einkommen um den jeweils zu berücksichtigenden Abzugsbetrag gemindert, so dass eine entsprechende Steuerminderung in Höhe der Tarifbelastung eintritt. 6444

1 Zu Einzelheiten s. BFH v. 31.1.2018 - I R 25/16, BFH/NV 2018 S. 838, NWB UAAAG-86776.
2 BFH v. 6.6.2000 - VII R 104/98, BStBl 2000 II S. 491.

e) Gewerbesteuer

6445 Beim **gewerbesteuerlichen Verlustabzug** (§ 10a GewStG) ist ein **Verlustrücktrag nicht möglich**. Der **Verlustvortrag** ist auch für **GewSt-Zwecke zulässig** entsprechend der Beschränkungen, die bei der KSt gelten. Der Gewerbeertrag ist um die vortragsfähigen verbliebenen Fehlbeträge aus den vorangegangenen Erhebungszeiträumen bis zur Höhe von 1 Mio. € zu kürzen; der 1 Mio. € übersteigende Gewerbeertrag ist nochmals bis zu 60 % um noch verbliebene (nicht ausgeglichene) vortragsfähige Fehlbeträge zu kürzen (Mindestbesteuerung).

6446–6570 (*Einstweilen frei*)

3. Beschränkung des Verlustabzugs

a) Allgemeines und Anwendungsregelung

6571 Mit dem UnternehmenssteuerreformG 2008 wurde der bisherige oben behandelte § 8 Abs. 4 KStG aufgehoben. Die den Verlustabzug betreffenden Regelungen finden sich nun in § 8c KStG. § 8c KStG findet gem. § 34 Abs. 7b KStG erstmals für den VZ 2008 und auf Beteiligungserwerbe Anwendung, bei denen das wirtschaftliche Eigentum nach dem 31.12.2007 übergeht. Die zeitlichen Voraussetzungen müssen kumulativ vorliegen.

6572 (*Einstweilen frei*)

b) Regelungsinhalt

6573 § 8c KStG verzichtet vollständig auf das Merkmal der Zuführung überwiegend neuen Betriebsvermögens. Maßgebend für den Wegfall der wirtschaftlichen Identität und die folgende Nichtberücksichtigung vorhandener Verluste ist allein noch der Eigentümerwechsel der Anteile. Nachdem das BVerfG die Ursprungsregelung für verfassungswidrig erklärt hat, greift der Wegfall des Verlustabzugs nur noch ein, wenn innerhalb von fünf Jahren > 50 % übertragen werden.[1]

6574–6575 (*Einstweilen frei*)

6576 § 8c KStG erfasst dabei neben dem Erwerb von Kapitalanteilen auch den Erwerb von Mitgliedschafts- und Beteiligungsrechten sowie von Stimmrechten und vergleichbaren Sachverhalten. Wird die Quote bei nur einer dieser Alternativen überschritten, ist § 8c KStG anwendbar. Wegen des Begriffs des „vergleichbaren Sachverhalts", der ebenfalls einen schädlichen Beteiligungserwerb darstellen kann, wird auf das BMF-Schreiben vom 28.11.2017, a. a. O., Tz. 7 und die dort aufgelisteten Einzelfälle verwiesen.

6577 Voraussetzung für die Anwendung des § 8c KStG ist, dass mehr als 50 % der Anteile an **einen Erwerber** oder an eine diesem nahe stehende Personen übertragen werden. Es ist allerdings zu beachten, dass nach § 8c Abs. 1 Satz 2 KStG auch eine Gruppe von Erwerbern mit „gleichgerichteten Interessen"[2] als ein Erwerber gilt. Diese Formulierung ist

1 BVerfG v. 29.3.2017 - 2 BvL 6/11, BStBl 2017 II S. 1082; derzeit ist auch ein Verfahren zur Verfassungsmäßigkeit des Wegfalls bei > 50 % Übertragung anhängig, 2 BvL 19/17.

2 BMF v. 28.11.2017 - IV C 2 - S 2745-a/09/10002: 004, BStBl 2017 I S. 1645, Rz. 28.

vieldeutig und in ihrer Reichweite unklar (vgl. Korn in Beratungsbrennpunkt Unternehmenssteuerreform 2008, a. a. O., Tz. 132 m. w. N.). Nach der Gesetzesbegründung[1] sollen gleichgerichtete Interessen z. B. dann anzunehmen sein, wenn die Kapitalgesellschaft von den Erwerbern gemeinsam beherrscht wird. Mit Korn (a. a. O.) dürfte von gleichgerichteten Interessen nur auszugehen sein, wenn die neuen Gesellschafter zur Ausübung der Herrschaftsmacht tatsächlich zusammenwirken. Im Rahmen von Konzernumstrukturierungen sieht § 8c Abs. 1 Satz 4 KStG eine Ausnahme vom Verlustuntergang vor.[2]

Erwirbt ein bisher bereits an der Gesellschaft Beteiligter weitere Anteile, sind seine bisherigen Beteiligungsquoten, die er außerhalb des Fünfjahreszeitraumes bereits erworben hatte, für die Berechnung der schädlichen Quote nicht heranzuziehen. Demgegenüber sind im Rahmen einer Kapitalerhöhung erworbene Anteile nach § 8c Abs. 1 Satz 3 KStG einzubeziehen. 6578

§ 8c KStG hat wie die bisherige Regelung des § 8 Abs. 4 KStG Auswirkungen auf den gewerbesteuerlichen Verlustabzug, § 10a Satz 10 GewStG. 6579

§ 8c Abs. 1a KStG enthält eine Sanierungsklausel. Fällt ein Beteiligungserwerb unter die Sanierungsklausel, wird er bei der Ermittlung eines schädlichen Beteiligungserwerbs nicht berücksichtigt. Der Begriff der Sanierung ist in Satz 2 definiert: Zum einen muss die Maßnahme darauf gerichtet sein, die Zahlungsunfähigkeit oder Überschuldung entweder zu beseitigen oder zu verhindern, und zum anderen müssen die wesentlichen Betriebsstrukturen erhalten bleiben. 6580

Während ein Anteilsübergang durch Erbschaft im Wege der Gesamtrechtsnachfolge einschließlich einer folgenden Erbauseinandersetzung – wie bisher schon – keine Übertragung darstellt, kann angesichts dessen, dass zwischen entgeltlichen und unentgeltlichen Übertragungen nicht unterschieden wird, eine Anteilsübertragung im Zuge vorweggenommener Erbfolge zu einer schädlichen Übertragung führen.[3] 6581

Beispiel für die Regelung des § 8c KStG nach dem BMF-Schreiben v. 28.11.2017, a. a. O.):[4]

	Jahr 01 EUR	Jahr 02 EUR	Jahr 03 EUR	Jahr 04 EUR	Jahr 05 EUR
Gezeichnetes Kapital	1.000.000	1.000.000	1.000.000	1.000.000	1.000.000
Beteiligungsverhältnisse					
Gesellschafter A	700.000	400.000	400.000	400.000	400.000
Gesellschafter B	300.000	300.000	200.000	150.000	50.000
Gesellschafter C		300.000	400.000	450.000	550.000

1 BT-Drucks. 16/5491 v. 24.5.2007, 16/5491.

2 Zu Einzelheiten s. Hackemann in: Mössner/Oellerich/Valta, KStG, § 8c Rz. 256 ff.; Gohr/Richter, DB 2016 S. 127.

3 Verlustuntergang bei vorweggenommener Erbfolge bejahend FG Münster v. 4.11.2015 - 9 K 3478/13, EFG 2016 S. 412, NWB TAAAF-49599; Die Rev. war unzulässig: BFH v. 20.7.2016 - I R 6/16, BFH/NV 2016 S. 1733, NWB LAAAF-84760.

4 Kritisch, Frotscher in: Frotscher/Drüen, KStG, § 8c Rz. 156 ff.

Übertragene Anteile im Fünf-Jahres-Zeitraum		300.000	400.000	450.000	550.000
		(30 %)	(40 %)	(45 %)	(55 %)
Schädlicher Beteiligungserwerb		ja	nein	nein	ja
Ergebnis des laufenden VZ		– 2.000.000	– 600.000	3.500.000	4.700.000
davon Verlust bis zum schädlichen Beteiligungserwerb		– 1.200.000	– 300.000	0	0
Verbleibender Verlustabzug zum Ende des vorangegangenen VZ		20.000.000	15.640.000	16.240.000	13.740.000
Verlust**abzugs**verbot § 8c Satz 1		6.000.000	0	0	0
		(30 %)			
Verlustabzugsverbot § 8c Satz 2		0	0	0	13.740.000
					(100 %)
Verlust**ausgleichs**verbot § 8c Satz 1		360.000	0	0	0
Verlustabzug				2.500.000	
Verbleibender Verlustabzug zum Ende des VZ		**15.640.000**	**16.240.000**	**13.740.000**	**0**

Nach unserer Auffassung ist dieses Beispiel falsch gelöst. Im Jahr 02 liegt kein schädlicher Beteiligungserwerb vor. Dieser liegt erst im Zeitpunkt des Überschreitens der 50 %-Grenze (hier Jahr 05) vor.[1]

c) Ausnahmeregelung in § 8c Abs. 1 Sätze 5 ff. KStG

6582 Mit dem Wachstumsbeschleunigungsgesetz wurde für Beteiligungserwerbe nach dem 31.12.2009 eine Verschonungsregelung eingeführt. Diese sieht vor, dass die nicht abziehbaren nicht genutzten Verluste bei einem schädlichen Beteiligungserwerb in Höhe der steuerpflichtigen stillen Reserven erhalten bleiben, § 8c Abs. 1 Sätze 5 ff. KStG. Grund ist, dass in Höhe der vorhandenen stillen Reserven kein zusätzliches Verlustverrechnungspotential übergeht.[2] Durch die Beschränkung auf die steuerpflichtigen stillen Reserven werden die im Beteiligungsbesitz ruhenden stillen Reserven nicht berücksichtigt (§ 8b Abs. 2 KStG). Nach zutreffender Auffassung müssen allerdings 5 % der auf Beteiligungen i. S. v. § 8b Abs. 2 KStG entfallenden stillen Reserven bei der Wertermittlung berücksichtigt werden.

6583–6586 (*Einstweilen frei*)

1 Allgemeine Auffassung vgl. nur: Leibner/Dötsch in: D/P/M, § 8c KStG, Tz. 147.
2 BT-Drucks. 17/15 S. 31.

4. Vermeidung des § 8c KStG

Eine Möglichkeit ist eine Gewinnrealisierung vor dem schädlichen Beteiligungserwerb (sale-and-lease-back-Verfahren). 6587

5. Gesellschaftsvertraglicher Regelungsbedarf

Da zukünftig bei Kapitalgesellschaften fremdbestimmte Steuerwirkungen aus dem Verlustuntergang bei schädlichen Beteiligungsübertragungen entstehen können, müssen diese gesellschaftsvertraglich vermieden bzw. gemildert werden.[1] 6588

Nach § 15 Abs. 5 GmbHG kann die Abtretung von GmbH-Geschäftsanteilen an weitere Voraussetzungen gebunden werden, **Vinkulierung**. Nach mittlerweile ganz h. M. ist sogar (entgegen § 137 BGB) der Ausschluss der Abtretbarkeit zulässig.[2] Da man dies im Regelfall nicht will, kommen in der Praxis **Vinkulierungsklauseln zur Anwendung**, die im Innenverhältnis eine Zustimmungspflicht und bei Zuwiderhandeln eine Schadensersatzpflicht vorsehen. Veränderungen der Veräußerbarkeit von GmbH-Geschäftsanteilen bedürfen nach Auffassung des OLG München der Zustimmung aller betroffenen Gesellschafter.[3] Eine Übertragung, die gegen die Satzungsbestimmungen verstößt, ist **schwebend unwirksam**.

Vorgesehen ist grundsätzlich eine gestufte Zustimmung:

- Unentgeltliche oder entgeltliche Übertragungen an Angehörige oder Mitgesellschafter sind zustimmungsfrei,
- Unentgeltliche oder entgeltliche Übertragungen an Dritte bedürfen der Zustimmung der Gesellschaft (Geschäftsführer oder Gesellschafterversammlung).

Die Regelungen müssen an die neue Gesetzeslage angepasst werden:

- Unentgeltliche und entgeltliche Übertragungen bedürfen generell der Zustimmung,
- Mittelbare Anteilsübertragungen sind durch eine Anzeigepflicht der beteiligten Kapitalgesellschaft (Zwischengesellschaft) zu berücksichtigen,
- Der der Kapitalgesellschaft für den Fall der Zustimmung oder des Zuwiderhandelns zu ersetzende Steuerschaden sollte pauschaliert beziffert werden, da er je nach Untergang auch eines Zinsvortrags oder eines gewerbesteuerlichen Verlustvortrags Mehrbelastungen sowohl bei der KSt als auch bei der GewSt hervorrufen kann.

Im Ergebnis sollte dem Untergang von Verlusten auf der Gesellschaftsebene durch eine **kombinierte Zustimmungs- und Einlagelösung** vorgebeugt werden.

Formulierungsvorschlag: 6589

Verfügung über Geschäftsanteile

(1) Die Belastung von Geschäftsanteilen und die Bestellung einer Unterbeteiligung oder eines Nießbrauchs hieran bedürfen der Zustimmung aller anderen Gesellschafter.

---

1 Siehe hierzu Levedag, Zivilrechtlicher Änderungs- und Anpassungsbedarf nach der UntStR 2008, S. 87 ff.

2 Noack/Servatius/Haas/Fastrich (vormals: Baumbach/Hueck/Fastrich), GmbHG, § 15 Rz. 38.

3 OLG München v. 23.1.2007 - 7 U 3292/07, GmbHR 2008 S. 541.

(2) Jegliche beabsichtigte Anteilsübertragung oder Teilanteilsübertragung ist der Gesellschaft sechs Wochen vor dem beabsichtigten Tag des schuldrechtlichen Anteilskaufvertrags oder der Abgabe eines notariellen Schenkungsversprechens oder, falls keine solchen Handlungen vorgenommen werden, vor der dinglichen Übertragung des (Teil-)Geschäftsanteils anzuzeigen und die Einberufung einer Gesellschafterversammlung zu beantragen.

(3) Von Todeswegen kann eine Beteiligung ohne Zustimmung auf einen Ehegatten, Abkömmlinge oder Mitgesellschafter übertragen werden.

(4) Im Übrigen bedarf jede (entgeltliche oder unentgeltliche) Übertragung eines (Teil-)Geschäftsanteils der Zustimmung aller anderen Gesellschafter. Die Gesellschafter müssen ihre Zustimmung bei Wegfall eines steuerlichen Verlustvortrags und/oder Zinsvortrags und/oder vortragsfähigen gewerbesteuerlichen Verlustes auf Grund der Anteilsübertragung nur erteilen, wenn der übertragende Gesellschafter vor dem Beschluss der Gesellschafterversammlung eine Einlage in die Gesellschaft tätigt oder für den Einlagebetrag Sicherheit leistet.

(5) Der Einlagebetrag beträgt 29,83 % des untergehenden körperschaftsteuerlichen Verlustvortrags und des bis zum Übertragungszeitpunkt entstandenen körperschaftsteuerlichen Verlusts (Verlustuntergang). Im Fall des zusätzlichen Untergangs eines Zinsvortrags erhöht sich der Einlagebetrag um 29,83 % des untergehenden Zinsvortrags. Im Fall des zusätzlichen Untergangs eines gewerbesteuerlichen Verlustvortrags erhöht sich der Einlagebetrag um 14 % des gewerbesteuerlichen Verlustuntergangs.

(6) Die Gesellschafterversammlung kann im Fall einer (Teil-)Anteilsübertragung zum Zweck der Sanierung der Gesellschaft oder der Aufnahme eines Investors den oder die übertragenden Gesellschafter von der Verpflichtung zur Einlage- oder Sicherheitsleistung entbinden. Hierbei dürfen die übertragenden Gesellschafter nicht mitstimmen.

(7) Die Gesellschafter sind verpflichtet, auch Übertragungen von (Teil-)Anteilen an anderen Gesellschaften anzuzeigen, über die sie mittelbar an der Gesellschaft beteiligt sind. Handelt es sich bei den Gesellschaftern um Gesellschaften (Zwischengesellschaften), sind diese verpflichtet, auch (Teil-)Anteilsübertragungen an der Zwischengesellschaft anzuzeigen und die Zustimmung der Gesellschafterversammlung nach Maßgabe der Absätze 4 bis 6 einzuholen. Die Zwischengesellschaft hat in diesem Fall eine Einlage nach Absatz 5 oder entsprechende Sicherheit zu leisten.

(8) Verstößt im Fall einer (Teil-)Anteilsübertragung ein Gesellschafter gegen die vorgenannten Verpflichtungen, so hat er der Gesellschaft Schadensersatz in Höhe des gemäß Absatz 5 ermittelten Betrags zu leisten.

Die vorgeschlagene Klausel geht davon aus, dass die Gesellschaft ausreichend Erträge erwirtschaftet, um in den folgenden Jahren den Verlustvortrag vollkommen steuerlich ausnutzen zu können. Ist dies nicht der Fall oder greift die Mindestbesteuerung ein, kommen Abschläge und Barwertermittlungen in Betracht.

Außerdem muss der Fall bedacht werden, dass **mehrere Gesellschafter** ihre Anteile veräußern und erst eine spätere Veräußerung die Rechtsfolgen des § 8c KStG auslöst.

6590 (*Einstweilen frei*)

6. Fortführungsgebundener Verlustvortrag nach § 8d KStG

Insbesondere zur Förderung von „Start-up"-Unternehmen hat der Gesetzgeber mit dem Gesetz zur Weiterentwicklung der steuerlichen Verlustverrechnung bei Körperschaften v. 20.12.2016[1] den § 8d KStG geschaffen. Danach ist § 8c KStG nach einem schädlichen Beteiligungserwerb unter folgenden Voraussetzungen nicht anzuwenden: 6591

- Die Körperschaft muss seit ihrer Gründung oder zumindest seit Beginn des 3. Wirtschaftsjahres, das dem Wirtschaftsjahr des schädlichen Beteiligungserwerbs vorausgeht, ausschließlich denselben Geschäftsbetrieb unterhalten, und es darf kein schädliches Ereignis i. S. v. § 8d Abs. 2 KStG eingetreten sein.
- Solange dieser fortführungsgebundene Verlustvortrag nicht vollständig verbraucht ist, darf kein schädliches Ereignis i. S. v. § 8d Abs. 2 KStG stattfinden.
- Der Antrag auf Anwendung des § 8d KStG ist mit der Steuererklärung für die Veranlagung des Wirtschaftsjahres zu stellen, in das der schädliche Beteiligungserwerb fällt. Dies ist eine Ausschlussfrist, so dass der Antrag nur unter den Voraussetzungen der Wiedereinsetzung in den vorherigen Stand nachgeholt werden kann.

Den Geschäftsbetrieb definiert das Gesetz in § 8d Abs. 1 Satz 3 und 4 KStG folgendermaßen: 6592

Er „umfasst die von einer einheitlichen Gewinnerzielungsabsicht getragenen, nachhaltigen, sich gegenseitig ergänzenden und fördernden Betätigungen der Körperschaft und bestimmt sich nach qualitativen Merkmalen in einer Gesamtbetrachtung. Qualitative Merkmale sind insbesondere die angebotenen Dienstleistungen oder Produkte, der Kunden- und Lieferantenkreis, die bedienten Märkte und die Qualifikation der Arbeitnehmer."

Diese unpräzisen Merkmale werden zu weiteren Rechtsstreitigkeiten führen. So stellt sich schon jetzt die Frage, ob derselbe Geschäftsbetrieb vorhanden ist, wenn die GmbH von einem Großhändler zu einem anderen Großhändler wechselt oder ihre Produkte, die sie bisher nur im Inland angeboten hat, auch im Ausland anbietet.

Ein noch vorhandener fortführungsgebundener Verlustvortrag geht unter, wenn ein schädliches Ereignis i. S. d. § 8d Abs. 2 KStG eintritt. Ein solches liegt vor, wenn 6593

- der Geschäftsbetrieb eingestellt wird,
- der Geschäftsbetrieb ruhend gestellt wird,
- der Geschäftsbetrieb einer andersartigen Zweckbestimmung zugeführt wird,
- die Körperschaft einen zusätzlichen Geschäftsbetrieb aufnimmt,
- die Körperschaft sich an einer Mitunternehmerschaft beteiligt,
- die Körperschaft die Stellung eines Organträgers i. S. d. § 14 Abs. 1 KStG einnimmt oder
- auf die Körperschaft Wirtschaftsgüter übertragen werden, die sie zu einem geringeren als dem gemeinen Wert ansetzt.

1 BGBl 2016 I S. 2998.

Die Stille-Reserven-Klausel gem. § 8c Abs. 1 Satz 6 bis 9 KStG gilt auch in diesen Fällen. Das heißt, ein fortführungsgebundener Verlustvortrag geht trotz eines schädlichen Ereignisses nicht unter, soweit stille Reserven vorhanden sind.

6594 Der fortführungsgebundene Verlustvortrag wird gesondert festgestellt.

6595 Sollte ein fortführungsgebundener Verlustvortrag mit einem „normalen" Verlustvortrag gem. § 10d Abs. 4 EStG zusammentreffen, ist zunächst der fortführungsgebundene Verlustvortrag abzuziehen.

BEISPIEL: Eine GmbH verfügt am 31.12.2022 über einen Verlustvortrag von 500.000 € und ihre gesamten Anteile werden zu diesem Zeitpunkt übertragen. Stille Reserven sind nicht vorhanden. In 2023 erzielt die GmbH einen Verlust von 300.000 €. In 2024 erzielt sie einen Gewinn von 400.000 €. In 2025 wird auf die GmbH eine andere GmbH zum Buchwert verschmolzen.

Lösung:

Beantragt die GmbH mit Abgabe der KSt-Erklärung 2022 die Anwendung des § 8d KStG wird zum 31.12.2022 ein fortführungsgebundener Verlustvortrag i. H. v. 500.000 € festgestellt. Zum 31.12.2023 wird der fortführungsgebundene Verlustvortrag in derselben Höhe und ein Verlustvortrag i. H. v. 300.000 € nach § 8d Abs. 1 KStG i. V. m. § 10d Abs. 4 EStG festgestellt. Zum 31.12.2024 beträgt der fortführungsgebundene Verlustvortrag noch 100.000 € und der normale Verlustvortrag bleibt in voller Höhe bestehen. In 2025 fällt der verbleibende fortführungsgebundene Verlustvortrag in Höhe von 100.000 € wegen des schädlichen Ereignisses fort.

6596 Der Antrag muss gut überlegt sein. Gerade bei einem anteiligen Verlustuntergang kann die Anwendung des § 8d KStG schädlich sein.

BEISPIEL:[1] GmbH A hat einen Verlustvortrag von 20 Mio. € in 01. 40 % der Anteile gehen in 02 auf neue Anteilseigner über. In 03 erwirtschaftet A einen Gewinn von 10 Mio. €.

In 04 wird die Schwesterkapitalgesellschaft B auf A verschmolzen. In 05 erzielt A wieder einen Gewinn von 10 Mio. €.

Lösung:

Anwendung des § 8c KStG:

In 02 geht ein Verlustvortrag *von* 8 Mio. € unter. Es verbleibt ein Verlustvortrag von 12 Mio. €. In 03 ist im Rahmen der Mindestbesteuerung noch ein Gewinn von 3,6 Mio. € zu versteuern. Der Verlustvortrag beträgt 5,6 Mio. €. In 04 spielt das Ereignis keine Rolle. In 05 ist ein Gewinn von 4,4 Mio. € zu versteuern. Der Verlustvortrag ist verbraucht.

Anwendung des § 8d KStG:

In 02 bleibt der komplette Verlustvortrag i. H. v. 20 Mio. € erhalten. In 03 ist wegen der Mindestbesteuerung noch ein Gewinn von 3,6 Mio. € zu versteuern. Der Verlustvortrag beträgt 13,6 Mio. €. In 04 geht der Verlustvortrag unter. In 05 ist der Gewinn in voller Höhe (10 Mio. €) zu versteuern.

6597 § 8d KStG ist erstmals auf schädliche Beteiligungserwerbe anzuwenden, die nach dem 31.12.2015 erfolgen, § 34 Abs. 6a KStG.

6598–6610 (*Einstweilen frei*)

1 Nach Kenk, BB 2016 S. 2844, 2848.

VIII. Die Tarifbelastung

1. Steuersatz

Seit 2008 beträgt unabhängig von Ausschüttung oder Thesaurierung der Steuersatz 15 %. 6611

(*Einstweilen frei*) 6612

2. Solidaritätszuschlag

Zu der KSt ist der Solidaritätszuschlag als Ergänzungsabgabe zu entrichten. Der Solidaritätszuschlag wird vorläufig unbefristet erhoben und er beträgt ab dem VZ 1998 5,5 % Der Zuschlag gehört wie die KSt zu den nicht abziehbaren Ausgaben. 6613

(*Einstweilen frei*) 6614–6630

IX. Gewinnverwendung (Besteuerung von Ausschüttungen)

1. Das steuerliche Einlagekonto (§ 27 KStG)

LITERATUR:

Trappmann in: Mössner/Oellerich/Valta, KStG, § 27.

a) Funktion des steuerlichen Einlagekontos

Einlagen der Gesellschafter, die nicht auf das Stammkapital geleistet worden sind, können handelsrechtlich als Dividenden an die Gesellschafter ausgeschüttet werden. Steuerrechtlich soll die Rückzahlung von Gesellschaftereinlagen, wie schon beim Anrechnungsverfahren, wo diese Einlagen im Rahmen der Gliederung des verwendbaren Eigenkapitals als Zugang beim EK 04 zu erfassen waren und nicht zur Herstellung der Ausschüttungsbelastung führten, auch im Teileinkünfteverfahren nicht zu steuerpflichtigen Dividenden führen (§ 20 Abs. 1 Nr. 1 Satz 3 EStG). 6631

Um sicherzustellen, dass auf Gesellschafterebene zurückgezahlte Einlagen nicht versteuert werden, müssen die nicht in das Nennkapital geleisteten (vor allem verdeckten) Einlagen gesondert erfasst und bei Rückgewähr entsprechend bescheinigt werden. Entsprechend sieht § 27 Abs. 1 Satz 1 KStG vor, dass die nicht auf das Stammkapital geleisteten Einlagen am Schluss des Wirtschaftsjahres auf einem besonderen Konto **(steuerliches Einlagekonto)** ausgewiesen werden. Das Einlagekonto stellt die Fortführung des früheren EK 04 dar. Ausschüttungen aus dem steuerlichen Einlagekonto haben keine Auswirkung auf die Höhe der KSt der GmbH. Das Führen des steuerlichen Einlagekontos durch die GmbH stellt eine Daueraufgabe im Interesse der Gesellschafter dar, um auf deren Ebene die zutreffenden steuerlichen Folgerungen ziehen zu können. Seine Auswirkungen zeigen sich aber bereits beim Kapitalertragsteuerabzug, da für Leistungen aus dem steuerlichen Einlagekonto von der ausschüttenden GmbH keine Kapitalertragsteuer einzubehalten und abzuführen ist.[1] Zur Führung des steuerlichen Einlagekontos wird auch auf das Schreiben des BMF[2] und auf Dötsch/Pung[3] hingewiesen.

b) Zu- und Abgänge beim steuerlichen Einlagekonto

6632 Unterlag die GmbH bereits dem alten Körperschaftsteuerrecht, wird nach § 39 Abs. 1 KStG der sich im Rahmen der Feststellung nach § 36 Abs. 7 KStG ergebende positive Endbestand im EK 04 (Schnittpunktbestand) als **Anfangsbestand** des steuerlichen Einlagekontos erfasst. War kein EK 04 vorhanden oder bei Neugründungen ist von einem Anfangsbestand von 0 € auszugehen, bei Bar- oder Sachgründungen und in Einbringungsfällen ist das in der Eröffnungsbilanz auszuweisende Eigenkapital, soweit es das Stammkapital übersteigt, zu erfassen.

6633 Tätigt ein Gesellschafter **Einlagen** in seine GmbH, sind diese als **Zugänge** auf dem steuerlichen Einlagekonto zu erfassen. Dabei kann es sich sowohl um offene als auch um verdeckte Einlagen handeln, Voraussetzung ist jedoch, dass sie nicht in das Nennkapital geleistet werden.

BEISPIEL: Der Gesellschafter X überträgt seiner GmbH einen Gegenstand des Anlagevermögens (Maschine) im Wert von 50.000 € ohne Gegenleistung. Die GmbH bucht den Vorgang „Maschinen 50.000 € an a.o.-Ertrag 50.000 €". Um die vorliegende verdeckte Einlage muss bei der Einkommensermittlung der Gewinn außerhalb der Bilanz um ./. 50.000 € korrigiert werden, sie führt aber zu einem Zugang auf dem steuerlichen Einlagekonto i. H. v. + 50.000 €, weil sie nicht in das Nennkapital geleistet wurde.

BEISPIEL: Die GmbH führt eine Kapitalerhöhung von bisher 100.000 € auf 200.000 € durch; die zusätzliche Stammeinlage übernimmt der neue Gesellschafter N, der zur Abgeltung der stillen Reserven ein Aufgeld von 150.000 € zu entrichten hat. Er zahlt also 250.000 € in die GmbH ein, die das Agio in der Kapitalrücklage (§ 272 Abs. 2 Nr. 1 HGB) verbucht. Die hier vorliegende offene Einlage erfordert keine Einkommenskorrektur, da sich der Vorgang nicht auf den Gewinn auswirkt. Es ergibt sich jedoch auf dem steuerlichen Einlagekonto ein Zugang i. H. v. 150.000 €, die in das Stammkapital geleistete Zahlung (100.000 €) ist nicht auf dem steuerlichen Einlagekonto zu erfassen.

6634 **Einlagen erhöhen** das Einlagekonto erst im **Wirtschaftsjahr ihres tatsächlichen Zuflusses**, bloße Einlageforderungen sind auf dem Einlagekonto nicht zu erfassen. Da es für eine Verrechnung von Leistungen immer auf den vorangegangenen Bilanzstichtag ankommt, stehen im Laufe des Wirtschaftsjahres erbrachte Einlagen für die Verrechnung nicht zur Verfügung.

6635 Der Bestand des Einlagekontos ist um die **jährlichen Zu- und Abgänge fortzuschreiben** und auf den **Schluss des Wirtschaftsjahres gesondert festzustellen**. Bei der Fortschreibung des steuerlichen Einlagekontos sind auch Erhöhungen des Stammkapitals durch Umwandlung von Rücklagen zu berücksichtigen. Für die Kapitalerhöhung aus Gesellschaftsmitteln schreibt § 28 Abs. 1 Satz 1 KStG vor, dass zunächst vorrangig der auf dem steuerlichen Einlagekonto (§ 27 KStG) ausgewiesene Betrag als für die Kapitalerhöhung verwendet gilt. Übersteigt die Kapitalerhöhung den Betrag des steuerlichen Ein-

1 Vgl. Heger in: Gosch, KStG, § 27 Rz. 9.
2 Vom 4.6.2003, BStBl 2003 I S. 366.
3 DB 2003 S. 1345 ff.

lagekontos, weil auch sonstige Rücklagen (mit Ausnahme von aus Einlagen der Gesellschafter stammenden Beträgen) in Stammkapital umgewandelt werden müssen, so ist dieser Teil des Nennkapitals getrennt auszuweisen und gesondert festzustellen (**Sonderausweis**: § 28 Abs. 1 Satz 3 KStG). Durch diesen Sonderausweis der in Nennkapital umgewandelten sonstigen Rücklagen soll sichergestellt werden, dass bei einer späteren Kapitalherabsetzung die Rückzahlung dieses Teils des Nennkapitals bei den Anteilseignern der Teileinkünftebesteuerung bei natürlichen Personen und der Steuerfreistellung bei Körperschaften unterliegt (§§ 8b Abs. 1 Satz 1, 28 Abs. 2 Satz 2 KStG, §§ 20 Abs. 1 Nr. 2 Satz 2, 3 Nr. 40 EStG).

c) Verwendung des steuerlichen Einlagekontos für Leistungen der GmbH

6636 Leistungen (= Zuwendungen in Geld oder Geldeswert) der GmbH, die mit dem steuerlichen Einlagekonto zu verrechnen sind, sind solche, die ihrer Art nach bei den Gesellschaftern Bezüge i. S. d. § 20 Abs. 1 und 2 EStG darstellen und im Wirtschaftsjahr **abfließen**. Darunter fallen insbesondere offene und verdeckte Gewinnausschüttungen sowie Vorabausschüttungen, aber auch Rückzahlungen von Aufgeldern und Zuzahlungen sowie Zahlungen auf wiederauflebende Forderungen, auf die zunächst gegen Besserungsschein verzichtet worden war.[1] Da aber § 20 Abs. 1 Nr. 1 Satz 3 EStG bestimmt, dass Dividenden insoweit nicht zu den Einnahmen aus Kapitalvermögen gehören, als für diese Dividenden Beträge aus dem steuerlichen Einlagekonto als verwendet gelten, musste bestimmt werden, wann dies der Fall ist.

aa) Verwendungsreihenfolge

6637 Dies geschieht durch die Festlegung einer **Verwendungsreihenfolge** in § 27 Abs. 1 Satz 3 KStG. Diese Vorschrift bestimmt, dass Leistungen der GmbH nur dann aus dem steuerlichen Einlagekonto stammen, soweit sie den auf den Schluss des vorangegangenen Wirtschaftsjahres ermittelten **ausschüttbaren Gewinn** übersteigen (Einlagenrückgewähr). Der ausschüttbare Gewinn ist definiert als das in der Steuerbilanz ausgewiesene Eigenkapital abzgl. Stammkapital und abzgl. des Bestandes des steuerlichen Einlagekontos. Daraus ergibt sich folgendes Berechnungsschema:

Eigenkapital in der Steuerbilanz des Vorjahres

./. Stammkapital (gezeichnetes Kapital)

./. Bestand im steuerlichen Einlagekonto

= ausschüttbarer Gewinn.

6638 Eine Verwendung des Einlagekontos erfolgt also nur, wenn die Leistungen der GmbH (regelmäßig die offenen oder verdeckten Gewinnausschüttungen) in der Summe den ausschüttbaren Gewinn übersteigen.

BEISPIEL: Die X-GmbH weist zum Ende des Wirtschaftsjahres 04 ein Eigenkapital von insgesamt 450.000 € aus. Ihr Stammkapital beträgt 100.000 €, der Bestand im Einlagekonto beträgt 210.000 €. Im Jahr 05 schüttet die GmbH 160.000 € an die Anteilseigner aus.

1 Heger in: Gosch, KStG, § 27 Rz. 18.

Berechnung des ausschüttbaren Gewinns:

Eigenkapital laut Steuerbilanz des Vorjahres 450.000 €

gezeichnetes Kapital ./. 100.000 €

Bestand im steuerlichen Einlagekonto ./. 210.000 €

ausschüttbarer Gewinn 140.000 €.

Die Ausschüttung übersteigt den ausschüttbaren Gewinn um (160.000 € ./. 140.000 € =) 20.000 €. Um diesen Betrag wird das steuerliche Einlagekonto gemindert. Der Betrag ist auf der Steuerbescheinigung gesondert auszuweisen, Kapitalertragsteuer ist nicht einzubehalten, bei den Gesellschaftern tritt insoweit keine Steuerpflicht ein.

ABWANDLUNG: Hätte die Ausschüttung nur 120.000 € betragen, übersteigt der Ausschüttungsbetrag nicht den ausschüttbaren Gewinn, es werden also keine Beträge aus dem Einlagekonto verwendet. Eine nicht steuerpflichtige Einlagenrückgewähr liegt nicht vor.

bb) Verwendungsbeschränkung

6639 War früher bei der Verwendung des Einlagekontos nach § 27 Abs. 1 KStG (vgl. zur früheren Rechtslage die Vorauflage mit Beispielen) in bestimmten Fällen ein zu einem negativen Einlagekonto führender **Direktzugriff** auf das Einlagekonto möglich wie z. B. bei der Rückzahlung von Nachschusskapital (§§ 26, 30 Abs. 2 GmbHG),[1] sieht § 27 Abs. 1 Satz 3 KStG (i. d. F. des SEStEG) nunmehr vor, dass das Einlagekonto, mit Ausnahme der Rückzahlung von Nennkapital i. S. d. § 28 Abs. 2 Satz 2 KStG, ausschließlich dann gemindert werden darf, soweit die Summe der im Wirtschaftsjahr erbrachten Leistungen der Kapitalgesellschaft den auf den Schluss des vorangegangenen Wirtschaftsjahres ermittelten ausschüttbaren Gewinn übersteigt. Entgegen der früheren Einordnung, bei der die steuerrechtliche der handelsrechtlichen folgte, ist nunmehr nach dem Zusatz in § 27 Abs. 1 Satz 3 KStG die steuerliche Einordnung von der handelsrechtlichen ausdrücklich unabhängig. Ein direkter Zugriff auf das steuerliche Einlagekonto ist nicht mehr zulässig. Konsequenz aus dem Ausschluss des Direktzugriffes ist nach dem neu eingefügten § 27 Abs. 1 Satz 4 KStG, dass das steuerliche Einlagekonto durch einlagerückgewährende Leistungen **nicht mehr negativ** werden kann. Davon ausgenommen sind unverändert die Fälle von Mehrabführungen aus organschaftlicher Zeit nach § 27 Abs. 6 KStG oder entsprechenden Bescheinigungen nach § 27 Abs. 1 Satz 6 KStG.

6640 Die genannte Ausnahme des § 28 Abs. 2 Satz 2 KStG stellt sicher, dass das steuerliche Einlagekonto auch in Fällen der Kapitalherabsetzung und anschließender Auszahlung des Herabsetzungsbetrages nicht negativ wird.

6641 Eine Einlagerückgewähr darf auch in diesen Fällen höchstens bis zum Bestand des steuerlichen Einlagekontos erfolgen. Kommt es zu einer Herabsetzung des Nennkapitals unter Auskehrung an die Anteilseigner und ist ein Sonderausweis nicht oder nicht in ausreichendem Umfang vorhanden, so ist nach der Neuregelung ein solcher den Sonderausweis übersteigender Betrag nunmehr – über den Umweg einer Nennkapitalerhöhung und anschließender Nennkapitalherabsetzung – i. E. vom positiven Bestand des steuerlichen Einlagekontos abzuziehen. Die Rückzahlung des Nennkapitals ist als dem Teileinkünfteverfahren unterliegende Gewinnausschüttung i. S. d. § 20 Abs. 1 Nr. 2 EStG

1 Vgl. BMF v. 4.6.2003 - IV A 2 – S 2836 - 2/03, BStBl 2003 I S. 366.

zu behandeln, soweit der positive Bestand des steuerlichen Einlagekontos nicht ausreicht (§ 28 Abs. 2 Satz 4 KStG).

d) Ausstellung einer Steuerbescheinigung

Im Rahmen des Überganges von der Anrechnungsmethode zum Teileinkünfteverfahren sah § 27 Abs. 1 Satz 5 KStG a. F. für die Bescheinigung von EK 04 bzw. des heutigen Einlagekontos eine Verwendungsbescheinigung vor. Hatte die Gesellschaft danach für ihre Leistung die Minderung des Einlagekontos bescheinigt, konnte diese Verwendung nachträglich, z. B. bei einer Betriebsprüfung, nicht geändert werden. Dabei kam es nicht darauf an, ob die Verwendung des Einlagekontos zu hoch oder zu niedrig bescheinigt worden war. 6642

Demgegenüber ist nach der Neuregelung des § 27 Abs. 5 KStG (i. d. F. des SEStEG) künftig zwischen zu niedriger und zu hoher Bescheinigung zu differenzieren. 6643

Bei einer **zu niedrigen Bescheinigung** der Einlagerückgewähr verbleibt es bei der Verwendungsfestschreibung, die einmal ausgehändigte Bescheinigung bleibt maßgeblich (§ 27 Abs. 5 Satz 1 KStG). Eine Berichtigung ist nicht möglich. Damit soll eine Verwendung vom steuerlichen Einlagekonto durch bewusst falsche Ausstellung einer Bescheinigung ausgeschlossen werden. 6644

Bei der bisher gesetzlich nicht geregelten Konstellation, dass bis zur Bekanntgabe des Bescheides über die gesonderte Feststellung des Einlagekontos des betreffenden Jahres keine Bescheinigung über das Einlagekonto ausgestellt wurde und vorliegt, gilt künftig der Betrag der Einlagenrückgewähr als mit 0 € bescheinigt. Nach Bestandskraft dieses Bescheides kann die Gesellschaft eine Verwendung des Einlagekontos an die Anteilseigner nicht mehr bescheinigen, diese haben die Ausschüttung als steuerpflichtige Bezüge i. S. d. § 20 Abs. 1 Nr. 1 EStG zu versteuern. 6645

Wird der Betrag der Einlagenrückgewähr **zu hoch** bescheinigt, kann die den Anteilseignern ausgestellte Bescheinigung berichtigt werden, eine Verpflichtung dazu besteht indes nicht (§ 27 Abs. 5 Satz 5 KStG; Publikumsgesellschaften). 6646

Nach § 27 Abs. 5 Satz 4 KStG haftet die bescheinigende Gesellschaft in Höhe der auf den überhöht ausgewiesenen Betrag entfallenden Kapitalertragsteuer. Diese **Haftung** greift auch ein, wenn die Gesellschaft weder vorsätzlich noch fahrlässig gehandelt hat; denn insoweit schließt § 27 Abs. 5 Satz 4 2. Halbsatz KStG die Anwendung des § 44 Abs. 5 Satz 1 2. Halbsatz EStG aus. 6647

Die Feststellung des Einlagekontos zum Schluss des Wirtschaftsjahres der Leistung ist nach § 27 Abs. 5 Satz 6 KStG an die der Kapitalertragsteuerhaftung zugrunde gelegte Einlagenrückgewähr anzupassen. Das bedeutet, maßgeblich ist insoweit nur der richtige, nicht der unrichtig zu hoch ausgewiesene Betrag der Einlagenrückgewähr. 6648

e) Fortschreibung und gesonderte Feststellung des Einlagekontos

Nach § 27 Abs. 2 Satz 1 KStG wird der unter Berücksichtigung der Zu- und Abgänge des Wirtschaftsjahres ermittelte Bestand des steuerlichen Einlagekontos gesondert festgestellt. Der Bescheid über die gesonderte Feststellung ist Grundlagenbescheid für den 6649

Bescheid zum folgenden Feststellungszeitpunkt. Die GmbH hat auf den Schluss jedes Wirtschaftsjahres eine Erklärung zur gesonderten Feststellung bezüglich des Einlagekontos abzugeben.

6650 Für den Fall des **Eintritts einer Kapitalgesellschaft in die unbeschränkte Steuerpflicht** sieht § 27 Abs. 2 Satz 3 KStG (i. d. F. des SEStEG) vor, dass auf diesen Zeitpunkt eine **gesonderte Feststellung des Einlagekontos** vorzunehmen ist. Der Bestand der nicht in das Nennkapital geleisteten Einlagen ist gesondert festzustellen. Dieser festgestellte Betrag gilt als Bestand des Einlagekontos am Ende des vorangegangenen Wirtschaftsjahres.

6651 Damit sind insbesondere Fälle erfasst, in denen die unbeschränkte Steuerpflicht durch Sitzverlegung aus dem Ausland begründet wird. In der erstmaligen Festsetzung wird der Bestand des Einlagekontos so festgestellt, wie er sich ergeben hätte, wenn die Gesellschaft von Anfang an der unbeschränkten Steuerpflicht unterlegen hätte, d. h., es sind sowohl Zugänge als auch Rückzahlungen von Einlagen zu berücksichtigen. Damit sind bei einem Zuzug ausländischer Gesellschaften auch die im Ausland geleisteten Einlagen zu berücksichtigen. Daraus, dass die Gesellschaft nachweisen muss, in welcher Höhe offene oder verdeckte Einlagen geleistet bzw. bereits zurückgezahlt worden sind, können sich für bereits länger tätige Gesellschaften mit unterschiedlichen in der Vergangenheit durchgeführten Kapitalmaßnahmen **erhebliche praktische Probleme** ergeben. Angesichts dessen, dass es im deutschen Steuerrecht ein Einlagekonto bereits seit 1977 gibt („von Anfang an"), kann dies dazu führen, dass eine Gesellschaft für einen Zeitraum von ca. 30 Jahren die Gewährung bzw. Rückführung von verdeckten und offenen Einlagen ermitteln müsste und dies angesichts des Umstandes, dass in den meisten Ländern ein solches Einlagekonto ohnehin völlig unbekannt ist.[1]

6652 Die Regelung gilt außerdem auch für Neugründungen als einem weiteren Fall des „Eintritts" in die unbeschränkte Steuerpflicht. Hier können im Jahr der Neugründung erbrachte Einlagen bereits zur Finanzierung von in demselben Jahr erfolgten Ausschüttungen verwendet werden. In der Eröffnungsbilanz ausgewiesene Einlagen erhöhen das Einlagekonto sofort, der Bestand gilt als Einlagekonto zum Schluss des vorangegangenen Wirtschaftsjahres.

6653 Bei grenzüberschreitenden Hereinverschmelzungen oder -spaltungen einer ausländischen Körperschaft auf eine unbeschränkt steuerpflichtige Körperschaft ist nach § 29 Abs. 6 KStG entsprechend zu verfahren und eine Feststellung zur Ermittlung des Einlagekontos der ausländischen Gesellschaft vorzunehmen. Das Einlagekonto der übernehmenden inländischen Gesellschaft erhöht sich um den Bestand der noch vorhandenen Beträge aus geleisteten offenen und verdeckten Einlagen der übertragenden Gesellschaft. Die praktischen Probleme bei der Ermittlung entsprechen den oben beschriebenen.

1 Vgl. insoweit den Lösungsvorschlag durch Anknüpfung an das Heimatrecht der ausländischen Gesellschaft bei Blumenberg/Lechner, a. a. O., S. 33.

f) Auswirkungen der Einlagenrückzahlung auf der Ebene des Gesellschafters

Bezüge (Dividenden) gehören nach § 20 Abs. 1 Nr. 1 Satz 3 EStG nicht zu den Einnahmen 6654
aus Kapitalvermögen, soweit sie aus Ausschüttungen einer GmbH stammen, für die Eigenkapital i. S. d. § 27 KStG als verwendet gilt. Auf der Ebene der Anteilseigner ist also die **Rückzahlung von Einlagen nicht** nach § 20 EStG **steuerpflichtig**, auch wenn die Beteiligung zu einem Betriebsvermögen im Rahmen der Gewinneinkünfte gehört (§ 20 Abs. 3 EStG).

Die Einlagenrückzahlung vermindert aber die Anschaffungskosten des Gesellschafters. 6655
Hält der Gesellschafter die **Beteiligung im Privatvermögen**, erhöht sich dadurch ein späterer Veräußerungsgewinn nach § 17 EStG bzw. ein Verlust vermindert sich, wenn die Mindestbeteiligung von 1 % vorliegt. Liegt sie darunter, wirkt sich die Einlagenrückzahlung im Privatvermögen nicht aus. Geht die Leistung, für die das steuerliche Einlagekonto als verwendet gilt, über die Anschaffungskosten hinaus, führt dies bei steuerverhafteten Beteiligungen nach § 17 Abs. 4 EStG zu einem Gewinn. Nach § 3 Nr. 40 Satz 1 Buchst. c EStG ist dieser Betrag jedoch zu 40 % steuerbefreit, eine Begünstigung des verbleibenden steuerpflichtigen Teils ist jedoch nach § 34 Abs. 2 Nr. 1 EStG ausgeschlossen.

Bei **Beteiligungen im Betriebsvermögen** vermindert sich deren Buchwert um die Leis- 6656
tungen aus dem Einlagekonto. Übersteigen die Leistungen aus dem Einlagekonto den Buchwert der Beteiligung, liegen Betriebseinnahmen vor. Bei Personenunternehmen gilt für diesen Betrag ebenfalls die Teileinkünftebesteuerung (§ 3 Nr. 40 Satz 1 Buchst. a EStG). Ist Anteilseigner eine GmbH, bleibt der gebuchte Beteiligungsertrag nach § 8b Abs. 1 KStG außer Ansatz. Gewerbesteuerlich greift insoweit die Hinzurechnung nach § 8 Nr. 5 GewStG ein, die zur Ermittlung des Gewerbeertrags die Steuerbefreiung wieder neutralisiert.

(Einstweilen frei) 6657–6670

2. Kapitalertragsteuer

Ausschüttungen einer GmbH an ihre Gesellschafter unterliegen der Kapitalertragsteuer 6671
(§ 43 Abs. 1 Nr. 1 EStG). Der Steuerabzug durch die ausschüttende GmbH (Quellensteuer) wird auf die ESt bzw. KSt des Gesellschafters angerechnet (§ 36 Abs. 2 Satz 2 Nr. 2 EStG). Der Steuersatz für Dividenden beträgt im Teileinkünfteverfahren 20 % der **tatsächlichen Dividende;** die Kapitalertragsteuer ist in voller Höhe einzubehalten und bis zum 10. des auf die Ausschüttung folgenden Monats an das Betriebsstättenfinanzamt abzuführen, und zwar unabhängig davon, dass beim Anteilseigner nur die halbe Dividende in die Ermittlung des zu versteuernden Einkommens einbezogen wird (§ 30 Nr. 40 Satz 1 Buchst. d EStG) bzw. bei einer GmbH die völlige Steuerbefreiung nach § 8b KStG eingreift. Auch beim Anteilseigner wird deshalb die volle Kapitalertragsteuer angerechnet.

Der Abzug der Kapitalertragsteuer ist nach § 50d Abs. 1 Satz 1 EStG auch dann vor- 6672
zunehmen, wenn der Empfänger der Dividende nicht der deutschen Besteuerung unterliegt, etwa bei einer Freistellung nach einem DBA oder nach § 43b EStG. Die GmbH darf den Steuerabzug nur unterlassen oder nach dem im Abkommen bestimmten niedrige-

ren Satz einbehalten, wenn ihr eine sog. Freistellungsbescheinigung gem. § 50d EStG vorliegt. Andernfalls muss der ausländische Gesellschafter seinen Freistellungsanspruch oder Ermäßigungsanspruch durch einen Erstattungsantrag geltend machen.

6673 Die GmbH haftet gem. § 44 Abs. 5 EStG für die Kapitalertragsteuer, die sie einzubehalten und abzuführen hat.

3. Einlagekonto bei unbeschränkt steuerpflichtigen Körperschaften anderer EU-Mitgliedstaaten

6674 Nachdem gegen die bisherige Rechtslage, nach der steuerfreie Leistungen aus dem Einlagekonto einer in einem anderen EU-Mitgliedstaat ansässigen Gesellschaft nicht möglich waren, erhebliche europarechtliche Bedenken bestanden, sieht § 27 Abs. 8 KStG eine solche Möglichkeit für diese Gesellschaften nunmehr vor. Auch von diesen Gesellschaften können eine Einlagenrückgewähr bzw. Leistung aus dem Einlagekonto erbracht werden.[1] Der BFH hat weitergehend entschieden, dass unter Beachtung des Unionsrechts eine Einlagenrückgewähr auch von einer Gesellschaft getätigt werden kann, die in einem Drittstaat ansässig ist und für die kein steuerliches Einlagekonto i. S. d. § 27 KStG geführt wird.[2] Dies sieht ab VZ 2023 der neu gefasste § 27 Abs. 8 KStG vor.

6675 Der insoweit zu berücksichtigende Betrag wird auf besonderen **Antrag** der Gesellschaft für den jeweiligen VZ gesondert festgestellt. Der Antrag kann nach amtlich vorgeschriebenem Vordruck bis zum Ende des dem Kalenderjahr der Leistung folgenden Kalenderjahres gestellt werden, in ihm sind die für die Berechnung der Einlagenrückgewähr erforderlichen Umstände darzulegen. Das bedeutet – vorausgesetzt hierfür ist deutsches Körperschaftsteuerrecht maßgeblich –, dass die EU-ausländische Gesellschaft zunächst den Bestand des nach § 27 KStG anzusetzenden Einlagekontos zum Schluss des der Leistung vorangegangenen Wirtschaftsjahres ermitteln muss und sodann zum Nachweis, in welcher Höhe das Einlagekonto als für die Leistung verwendet gilt, aus ihrer Auslandsbilanz den ausschüttbaren Gewinn i. S. d. § 27 Abs. 1 Satz 5 KStG darstellen muss. Hierzu müsste sie die Entwicklung der verschiedenen Bestandteile des nach deutschem Recht ermittelten steuerlichen Eigenkapitals seit ihrer Gründung rekonstruieren. Dies erscheint indes aus den oben in Rz. 6648 aufgeführten Gründen nicht praktikabel.[3]

6676 Der Antrag ist an das nach § 20 AO zuständige Finanzamt, hilfsweise an das Bundeszentralamt für Steuern zu richten.

6677 Leistungen einer EU-ausländischen Gesellschaft, für die eine gesonderte Feststellung nicht erfolgt ist, gelten nach § 27 Abs. 8 Satz 8 KStG in voller Höhe als steuerpflichtige Einnahmen i. S. d. § 20 Abs. 1 Nr. 1, 9 oder 10 EStG.

6678–6810 (*Einstweilen frei*)

---

1 Zur Feststellung einer Rückgewähr s. FG München v. 22.11.2016 - 6 K 2548/14, rkr., NWB XAAAG-35955.

2 BFH v. 13.7.2016 - VIII R 47/13, BFH/NV 2016 S. 1831, NWB XAAAF-83719, und VIII R 73/13, BStBl 2022 II S. 271; zu den vorgenannten Urteilen s. Niedermayer, DStR 2017 S. 1009; zu Einzelheiten s. Trappmann in: Mössner/Oellerich/Valta, KStG, § 27 Rz. 281.

3 Vgl. auch Rödder/Schumacher, DStR 2006 S. 1481, 1490.

B. Die Organschaft

LITERATUR:

Müller/Detmering/Saecker, Die Organschaft, 13. Aufl., Herne 2024.

I. Allgemeines

Eine **Organschaft** liegt im Allgemeinen vor, wenn eine rechtlich selbständige juristische Person (das Organ oder die Organgesellschaft) nach dem Gesamtbild der tatsächlichen Verhältnisse in ein anderes (gewerbliches) Unternehmen (den Organträger) eingegliedert ist, was aber – trotz der Abhängigkeit – nicht ausschließt, dass der Organgesellschaft eine gewisse Selbständigkeit und Entscheidungsbefugnis nach innen oder außen eingeräumt werden kann. **Organträger** und **Organgesellschaft** bilden einen **Organkreis**, dem auch mehrere Organgesellschaften angehören können. Bei der körperschaftsteuerlichen (und gewerbesteuerlichen) Organschaft verpflichtet sich die Organgesellschaft durch einen **Ergebnisabführungsvertrag**, ihren ganzen Gewinn an den Organträger abzuführen. Die GmbH kann sowohl Organträger als auch Organgesellschaft sein (§§ 14, 17 KStG). 6811

Das Organschaftsverhältnis und der Gewinnabführungsvertrag bewirken, dass das Einkommen der Organgesellschaft – z. B. einer GmbH – dem Organträger steuerlich zugerechnet wird, sofern die Tatbestandsmerkmale der körperschaftsteuerlichen Organschaft erfüllt sind. Dadurch wird ein **sofortiger Ausgleich von Verlusten der Organgesellschaft mit Gewinnen des Organträgers** und umgekehrt und eine entsprechende Minderung der ESt- oder KSt-Belastung ermöglicht. Zugleich führt der organschaftliche Gewinnabführungsvertrag zu einer Saldierung positiver und negativer Gewerbeerträge im Organkreis, weil die tatbestandlichen Voraussetzungen der gewerbesteuerlichen Organschaft identisch sind. **Steuerfreie Einnahmen der Organgesellschaft** werden grundsätzlich (Ausnahme: § 15 Satz 1 Nr. 2 KStG) zum **Organträger steuerfrei durchgereicht**. Ohne Organschaft bleibt die Steuerfreiheit auf der Ebene der Organgesellschaft beschränkt, die Ausschüttung steuerfreier Einnahmen löst beim Organträger die Anwendung des Teileinkünfteverfahrens (je nach den dort maßgeblichen Verhältnissen) aus. Schließlich bleiben auf die Beteiligung bezogene Aufwendungen des Organträgers voll als Betriebsausgaben abzugsfähig, was insbesondere bei fremdfinanziertem Anteilserwerb von Vorteil ist. 6812

Durch den **Systemwechsel** (vom Anrechnungsverfahren zum Teileinkünfteverfahren) hat die körperschaftsteuerliche Organschaft an praktischer Bedeutung gewonnen. Die im Anrechnungsverfahren eröffnete Möglichkeit, Verluste der Muttergesellschaft mit Gewinnausschüttungen der Tochtergesellschaft zu verrechnen und sich die bei der Tochtergesellschaft eingetretene KSt-Belastung (Ausschüttungsbelastung) als Anrechnungsguthaben erstatten zu lassen, ist entfallen, weil nunmehr die KSt-Belastung bei der Tochtergesellschaft mit 15 % definitiv ist. Ein Verlusttransfer zwischen verbundenen Unternehmen und Vermeidung einer Definitivbelastung bei der Gewinn-GmbH ist nur noch innerhalb einer Organschaft möglich. 6813

BEISPIEL: Die OT-GmbH hat Verluste; ihre 100-prozentige Tochtergesellschaft (T-GmbH) erwirtschaftet Gewinne, die sie an die Muttergesellschaft ausschüttet. Unter Geltung des Anrechnungsverfahrens führten die von der T-GmbH stammenden Dividendenerträge einschließlich der anrechenbaren KSt (= der bei der T-GmbH hergestellten Ausschüttungsbelastung) zum Ausgleich der (höheren) Verluste der OT-GmbH. Ein steuerpflichtiges Einkommen entstand nicht. Außerdem bekam die OT-GmbH die der T-GmbH belastete KSt von 30 % des Gewinns erstattet, so dass die verbundenen Unternehmen faktisch keine KSt bezahlten.

Unter Geltung des Teileinkünfteverfahrens ist die Ausschüttung bei der OT-GmbH nach § 8b Abs. 1 KStG steuerfrei. Ein KSt-Anrechnungsguthaben steht der Muttergesellschaft nicht mehr zur Verfügung. Die bei der T-GmbH eingetretene KSt-Belastung von 15 % ist definitiv.

Begründen die OT-GmbH und die T-GmbH ein Organschaftsverhältnis, indem zusätzlich zur bestehenden finanziellen Eingliederung ein Gewinnabführungsvertrag geschlossen wird, ist ein Gewinntransfer auf die OT-GmbH und dort ein Verlustausgleich möglich, so dass es nicht zu einer Steuerbelastung kommt.

6814 **Vorteile** bietet die Organschaft auch im umgekehrten Fall bei **Verlusten der Untergesellschaft und Gewinnen der Obergesellschaft**, weil sie den Verlusttransfer von einer Organ-GmbH und den Ausgleich der angefallenen Verluste direkt beim Gesellschafter ermöglicht, auch wenn dieser eine natürliche Person ist. Erkauft werden diese Vorteile allerdings durch die aus dem Ergebnisabführungsvertrag folgende Verschärfung der Haftung beim Organträger für Schulden der Organ-GmbH und die Verlustübernahmeverpflichtung. Denn der Gewinnabführungsvertrag wird steuerlich nur anerkannt, wenn er die Verpflichtung des Organträgers zum Ausgleich der Verluste enthält,[1] auf mindestens fünf Jahre abgeschlossen und in dieser Zeit auch durchgeführt wird und eine vorzeitige Beendigung – von bestimmten Ausnahmefällen abgesehen – zur rückwirkenden Nichtanerkennung und zur Rückgängigmachung der Zurechnung des Einkommens der Organgesellschaft auf den Organträger führt (§ 14 Abs. 1 Nr. 3 und § 17 Satz 1 KStG).

Ob sich der Abschluss eines Gewinnabführungsvertrags (mit Verpflichtung zur Übernahme der Verluste) zu dem Zweck empfiehlt, um die Verrechnung positiver und negativer Einkommen und Gewerbeerträge zwischen Organ-GmbH und Organträger zu erreichen, kann nur beurteilt werden, wenn zuvor die Vorteile der Verlustverrechnung und die Risiken aus der Verlustübernahmeverpflichtung sorgfältig gegeneinander abgewogen werden.

6815–6840 (*Einstweilen frei*)

II. Voraussetzungen der körperschaftsteuerlichen Organschaft

1. Gewerbliches Unternehmen als Organträger

6841 Nur ein **gewerbliches Unternehmen kann Organträger** sein (§ 14 Abs. 1 Satz 1 KStG), wobei es die Rechtsform einer Kapitalgesellschaft (auch GmbH), einer Personengesellschaft oder eines Einzelunternehmens haben kann. Auch die Vorgesellschaft einer GmbH ist geeigneter Organträger, sofern sie gewerblich tätig ist. Eine GmbH ist ein

1 BFH v. 28.7.2010 - I B 27/10, BFH/NV 2010 S. 1948, NWB MAAAD-49282; so ausdrücklich § 17 Satz 2 Nr. 2 KStG i. d. F. des Organschaftsreformgesetzes.

inländisches Unternehmen, wenn sie ihre Geschäftsleitung im Inland hat und nicht von der KSt befreit ist (§ 14 Abs. 1 Nr. 2 Satz 1 KStG); sie ist kraft Rechtsform ein gewerbliches Unternehmen (§ 2 Abs. 2 Satz 1 GewStG). Soll eine unbeschränkt einkommensteuerpflichtige natürliche Person Organträger sein (§ 14 Abs. 1 Nr. 2 KStG), muss sie außerdem ein gewerbliches Unternehmen i.S.v. § 15 Abs. 2 Satz 1 EStG betreiben: Ein Einzelunternehmen ist als Organträger geeignet, wenn Einkünfte aus Gewerbetrieb erzielt werden und Gewerbesteuerpflicht besteht. Eine Personengesellschaft ist als Organträger geeignet, wenn sie eine Mitunternehmerschaft i. S. v. § 15 Abs. 1 Nr. 2 EStG ist (§ 14 Abs. 1 Nr. 2 Satz 2 KStG) und sie ein gewerbliches Unternehmen nach § 15 Abs. 1 Nr. 1 EStG betreibt.

Mit Wirkung ab VZ 2012 kommt es auf die unbeschränkte Steuerpflicht bzw. den Ort von Sitz und/oder Geschäftsleitung des Organträgers nicht mehr an. Den notwendigen Inlandsbezug regelt § 14 Abs. 1 Satz 1 Nr. 2 Sätze 4 bis 7 KStG i. d. F.des Organschaftsreformgesetzes. Satz 4 bestimmt, dass die Beteiligung an der Organgesellschaft ununterbrochen während der gesamten Dauer der Organschaft einer inländischen Betriebsstätte i. S. d. § 12 AO des Organträgers zugeordnet sein muss.[1]

Nach § 15 Abs. 3 Nr. 1 EStG genügt es, wenn die gewerbliche Tätigkeit nur einen Teil der Betätigung einer Personengesellschaft darstellt, wobei aber eine nur gewerbliche Abfärbung nicht ausreichen dürfte.[2] Lediglich gewerblich geprägte Personengesellschaften – das sind solche, deren persönlich haftende Gesellschafter wie z. B. bei der GmbH & Co. KG Kapitalgesellschaften sind – erzielen zwar stets in vollem Umfang Einkünfte aus Gewerbebetrieb (§ 15 Abs. 3 Nr. 2 EStG), sie scheiden ab dem VZ 2003 aber als geeignete Organträger aus, weil nun für die Personengesellschaft eine (originäre) gewerbliche Tätigkeit nach § 15 Abs. 1 Nr. 1 EStG verlangt wird. Bei einer GmbH & Co. KG muss daher zur (prägenden) Rechtsform zumindest teilweise eine originäre gewerbliche Betätigung hinzukommen. Schließlich verlangt das KStG, dass die **finanzielle Eingliederung der Organgesellschaft** gem. § 14 Abs. 1 Nr. 1 KStG **immer im Verhältnis zur Personengesellschaft selbst besteht** (§ 14 Abs. 1 Nr. 2 Satz 3 KStG). 6842

Die **Anteile an der Organgesellschaft** müssen also **Gesamthandsvermögen der Gesellschaft** sein. Zumindest ist erforderlich, dass die Anteile, die die Mehrheit der Stimmrechte vermitteln, im Gesamthandsvermögen gehalten werden.[3] 6843

Folglich scheiden Mitunternehmerschaften, die über kein Gesamthandsvermögen verfügen (wie z. B. die atypische stille Gesellschaft), als Organträger aus.[4] Dass die mehrheitsvermittelnden Beteiligungen zum Sonderbetriebsvermögen der Mitunternehmer und damit zum steuerlichen Betriebsvermögen der Mitunternehmerschaft gehören, reicht nicht aus. Es ist zur Fortführung der Organschaft die Übertragung in das Gesamthandsvermögen erforderlich, was zu Buchwerten nach § 6 Abs. 5 Satz 3 EStG erfolgt. Bei der Beteiligung von Kapitalgesellschaften an der Mitunternehmerschaft ist aber § 6 Abs. 5 Satz 5 EStG zu beachten (Übertragung zum Teilwert). Für Personengesellschaften, 6844

1 Zu Einzelheiten s. Müller in: Mössner/Oellerich/Valta, KStG, § 14 Rz. 84.
2 Vgl. Gosch/Neumann, KStG, § 14 Rz. 80; Müller in: Mössner/Oellerich/Valta, KStG, § 14 Rz. 131; streitig.
3 So BMF v. 10.11.2005, BStBl 2005 I S. 1038, Rz. 13.
4 Vgl. Neumann in: Gosch, KStG, § 14 Rz. 87.

die bislang aufgrund gewerblicher Prägung oder Infizierung geeignete Organträger sein konnten, sieht das Gesetz keine Übergangsregelung vor. Soll die Organschaft fortgeführt werden, ist eine entsprechende Umstrukturierung bzw. die Begründung einer originär gewerblichen Tätigkeit der Organträger-Personengesellschaft notwendig, die nicht nur geringfügig sein darf.[1]

2. Sonderfälle

a) Mehrmütterorganschaft

6845 Eine **Mehrmütterorganschaft**, bei der sich mehrere gewerbliche Unternehmen lediglich zum Zweck der einheitlichen Willensbildung gegenüber einer Kapitalgesellschaft (Organgesellschaft) zu einer GbR zusammenschließen und die früher nach § 14 Abs. 1 Satz 1 KStG a. F. als gewerbliches Unternehmen galt, ist ab dem VZ 2003 **nicht mehr möglich.**

b) Besitzunternehmen im Rahmen einer Betriebsaufspaltung

6846 Das Besitzunternehmen erzielt bei einer Betriebsaufspaltung zwar Einkünfte aus Gewerbebetrieb und ist gewerbesteuerpflichtig und war deshalb auch als tauglicher Organträger anerkannt. Ob dies auch ab VZ 2003 noch gilt, wenn sich die Tätigkeit des Besitzunternehmens auf das Halten und Verwalten der wesentlichen Betriebsgrundlagen beschränkt, ist streitig, weil unklar ist, ob nach § 14 Abs. 1 KStG die gewerbliche Betätigung des Besitzunternehmens als originär gewerbliche Tätigkeit anzusehen ist.[2] Die FinVerw bejaht dies[3] und rechnet der Besitzgesellschaft die originäre gewerbliche Tätigkeit der Betriebsgesellschaft zu.

c) Ruhender Gewerbebetrieb bei Betriebsverpachtung

6847 Wird bei einer Betriebsverpachtung im Ganzen das Wahlrecht (ohne Betriebsaufgabeerklärung) für den ruhenden Gewerbebetrieb ausgeübt, liegen zwar weiterhin Einkünfte aus Gewerbebetrieb vor, die aber nicht gewerbesteuerpflichtig sind. Als Organträger scheidet ein solcher ruhender Gewerbebetrieb aus, weil keine originäre gewerbliche Betätigung i. S. v. § 15 Abs. 1 Nr. 1 EStG mehr vorliegt.

3. Organgesellschaft

6848 Organgesellschaft kann nur eine Kapitalgesellschaft, also z. B. eine GmbH sein, § 17 Satz 1 KStG. Sie muss ihre Geschäftsleitung im Inland haben: ihren Sitz kann sie in einem Mitgliedstaat der EU/des EWR haben.

a) Finanzielle Eingliederung der Organgesellschaft

6849 Seit dem Jahr 2001 verlangt das KStG nur noch die finanzielle Eingliederung der Organgesellschaft in das Unternehmen des Organträgers, die wirtschaftliche und organisato-

1 Vgl. BMF v. 10.11.2005, BStBl 2005 I S. 1038, Rz. 17.
2 Vgl. Neumann in: Gosch, KStG, § 14 Rz. 80, zum Meinungsstand.
3 Vgl. BMF v. 10.11.2005, BStBl 2005 I S. 1038, Rz. 16; Müller in: Mössner/Oellerich/Valta, KStG, § 14 Rz. 336.

rische Eingliederung sind nicht mehr erforderlich. Die finanzielle Eingliederung muss gewährleisten, dass der Organträger bei der Organgesellschaft in normal durch Beschlussfassung abzuhandelnden Angelegenheiten seinen Willen durchsetzen kann.[1] Dazu muss dem Organträger kraft der von ihm gehaltenen, steuerlich zuzurechnenden Beteiligung an der Organgesellschaft die Mehrheit der Stimmrechte – regelmäßig die einfache Mehrheit – vermittelt werden. Die Mehrheit am gezeichneten Kapital reicht also nicht aus, wenn sie nicht zugleich – wie im Regelfall – die Mehrheit der Stimmrechte einräumt.[2]

Die finanzielle Eingliederung kann auf verschiedene Weise bewirkt werden: 6850

- Dem Organträger steht in steuerlicher Zurechnung der Anteile **unmittelbar die Mehrheit der Stimmrechte** an der Organgesellschaft zu (§ 14 Abs. 1 Nr. 1 Satz 1 KStG). 6851

BEISPIEL: Die X-GmbH hält unmittelbar Geschäftsanteile von 55 % des Stammkapitals der O-GmbH, nach deren Satzung die einfache Mehrheit für die Beschlussfassung in der Gesellschafterversammlung ausreicht; die finanzielle Eingliederung ist gegeben. Wären aber 10 % der Geschäftsanteile stimmrechtslos, besäße die X-GmbH nicht die Mehrheit der Stimmrechte und eine Organschaft könnte nicht begründet werden.

- Eine **mittelbare Beteiligung** reicht für die finanzielle Eingliederung aus, wenn **jede** der Beteiligungen, auf denen die mittelbare Beteiligung beruht, die Mehrheit der Stimmrechte gewährt (§ 14 Abs. 1 Nr. 1 Satz 2 KStG). 6852

BEISPIEL: Die X-GmbH ist zu 51 % an der N-OHG beteiligt, zu deren Gesamthandsvermögen wiederum 51 % der Geschäftsanteile an der O-GmbH gehören. Die O-GmbH ist finanziell in die X-GmbH eingegliedert.

- Die finanzielle Eingliederung lässt sich durch die Addition einer unmittelbaren Beteiligung und einer (oder mehreren) mittelbaren Beteiligung(en) – Additionsgebot – oder durch Zusammenrechnung mehrerer mittelbarer Beteiligungen erreichen. Voraussetzung ist aber stets, dass die Beteiligung an jeder vermittelnden Gesellschaft die Mehrheit der Stimmrechte gewährt. 6853

BEISPIEL 1: Die X-GmbH ist zu 51 % an der T-GmbH beteiligt, die ihrerseits zu 80 % an der E-GmbH beteiligt ist, an der die X-GmbH ebenfalls zu 20 % unmittelbar beteiligt ist. Die E-GmbH ist in die X-GmbH finanziell eingegliedert, weil sich durch Addition der unmittelbaren Beteiligung von 20 % und der durchgerechneten mittelbaren Beteiligung über die von der X-GmbH beherrschte T-GmbH von (80 x 51 % =) 40,8 % zusammen eine Stimmrechtsbeteiligung von 60,8 % ergibt.

BEISPIEL 2: **Wie vor**, aber die T-GmbH besitzt nur 31 % der Anteile an der E-GmbH. Hier kann die X-GmbH zwar bei der O-GmbH 20 % der Stimmrechte über ihre unmittelbare Beteiligung und 31 % der Stimmrechte durch Weisung an die von ihr beherrschte T-GmbH, also die Mehrheit der Stimmrechte ausüben, kraft ihrer mittelbaren Beteiligung besitzt sie aber (durchgerechnet) nur 15,81 % der Stimmrechte und mit zusammen nur 35,81 % keine Stimmrechtsmehrheit. Fraglich ist, ob damit die finanzielle Eingliederung gegeben ist; m. E. nicht.

1 Vgl. Neumann in: Gosch, KStG, § 14 Rz. 131.
2 BFH v. 22.11.2001 - V R 50/00, BStBl 2002 II S. 167.

BEISPIEL 3: **Wie Beispiel 2**, aber die T-GmbH ist eine 100-%ige Tochter der X-GmbH. Hier ergibt sich auch durchgerechnet eine Stimmrechtsmehrheit von (20 + 31 =) 51 %, so dass die finanzielle Eingliederung gegeben ist, obwohl über die mittelbare Beteiligung auf der letzten Stufe zur Organgesellschaft keine Mehrheit der Stimmrechte gegeben ist. Dies ist unschädlich, weil das Gesetz nur verlangt, dass die Beteiligung an jeder vermittelnden Gesellschaft die Mehrheit der Stimmrechte gewährt, die Organgesellschaft aber keine vermittelnde Gesellschaft ist.

BEISPIEL 4: **Wie Beispiel 3**, aber die X-GmbH hält an der T-GmbH 40 % der Geschäftsanteile und die T-GmbH besitzt die restlichen 80 % der Anteile an der E-GmbH. Hier ergibt die Addition der Stimmrechte aus der unmittelbaren und mittelbaren Beteiligung (durchgerechnet) zwar einen Stimmrechtsanteil von (20 + 32 =) 52 %, also die Mehrheit der Stimmrechte, aber die mittelbare Beteiligung muss ausscheiden, weil die X-GmbH bei der T-GmbH nicht über die Stimmenmehrheit verfügt, also die Beteiligung der X-GmbH an der T-GmbH als vermittelnder Gesellschaft nicht die Mehrheit der Stimmrechte gewährt. Die finanzielle Eingliederung ist nicht gegeben.

6854 Aus diesen Beispielen lassen sich für mittelbare Beteiligungen folgende Regeln ableiten:

- In mittelbaren Beteiligungsketten müssen auf jeder Stufe die Mehrheit der Stimmrechte gegeben sein, die es der Muttergesellschaft (Organträger) erlauben, die nachgeordneten Gesellschaften zu veranlassen, auf die letzte Gesellschaft (Organgesellschaft) im Interesse der Muttergesellschaft einzuwirken, und es muss sich mit Durchrechnung eine Stimmrechtsmehrheit der Muttergesellschaft (Organträger) ergeben.
- Die Stimmrechtsmehrheit muss auf jeder Stufe der Beteiligungskette gegenüber der nachfolgenden Gesellschaft gegeben sein; die Stimmrechtsmehrheit nur auf der ersten Stufe im Verhältnis des Organträgers zur ersten vermittelnden Gesellschaft reicht nicht aus. Unterbrechungen der Stimmenmehrheit im Beteiligungsstrang schließen eine Organschaft mit danach folgenden Gesellschaften aus, auch wenn die durchgerechnete Beteiligung eine Stimmenmehrheit ergibt.
- Bei der Kombination von unmittelbarer und mittelbarer Beteiligung oder paralleler Beteiligungsstränge muss auf der letzten Stufe zur Organgesellschaft keine Mehrheit der Stimmrechte vorliegen, wenn im Übrigen die Summe aus der unmittelbaren Beteilung und/oder der durchgerechneten mittelbaren Beteiligungsketten dem Organträger eine Mehrheit der Stimmrechte zuordnet.

BEISPIEL: 1. Alternative

Die X-GmbH (Muttergesellschaft) ist zu 46 % unmittelbar an der E-GmbH (Enkelgesellschaft) und zu 100 % an der T-GmbH (Tochtergesellschaft) beteiligt, die ihrerseits 5 % an der E-GmbH hält. Die unmittelbare Beteiligung und die durchgerechnete mittelbare Beteiligung ergeben zusammen (46 + 5 =) 51 % der Stimmrechte; die finanzielle Eingliederung ist gegeben, weil die Muttergesellschaft in der Lage ist, 51 % der Stimmrechte bei der Enkelgesellschaft auszuüben. Dass die Tochtergesellschaft die Enkelgesellschaft nicht (mit Mehrheit der Stimmrechte) beherrscht, ist unschädlich, weil die Enkelgesellschaft auf der letzten Stufe keine vermittelnde Gesellschaft mehr ist.

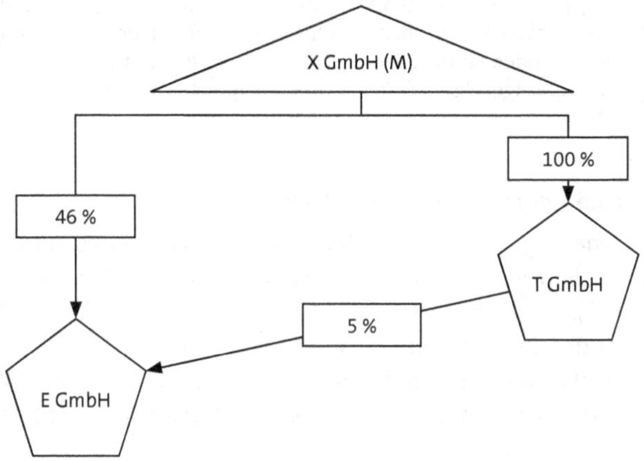

2. Alternative

Wählt man bei sonst gleichen Verhältnissen eine Beteiligung der Muttergesellschaft an der T-GmbH von 60 %, so ist die Muttergesellschaft kraft Beherrschung zwar in der Lage, die Tochtergesellschaft zur Abgabe ihrer 5 % Stimmanteile bei der Enkelgesellschaft i. S. d. Muttergesellschaft zu veranlassen und so mit ihrem Stimmenanteil von 46 % eine mehrheitliche Beschlussfassung herbeizuführen; die Beteiligung von 60 % vermittelt ihr aber nur 3 % der Stimmrechte, so dass zusammen mit ihrer unmittelbaren Beteiligung nur 49 % der Stimmrechte erreicht werden, woran die finanzielle Eingliederung scheitert.

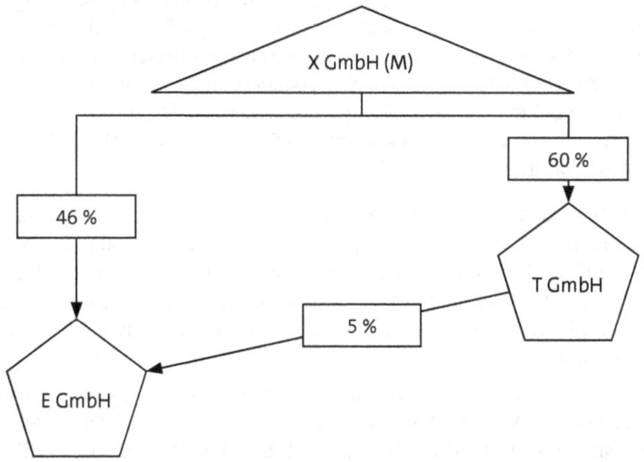

BEISPIEL (PARALLELE BETEILIGUNGSKETTEN): Die Muttergesellschaft X-GmbH ist zu 70 % an der Tochtergesellschaft 1, diese zu 60 % an der Enkelgesellschaft 1 und diese wiederum zu 51 % an der Urenkelgesellschaft beteiligt. In einer weiteren Beteiligungskette ist die Muttergesellschaft an der Tochter- und Enkelgesellschaft 2 jeweils zu 100 % beteiligt, die Enkelgesellschaft 2 hält 30 % der Anteile an der Urenkelgesellschaft. Für beide Beteiligungsketten gilt das Additionsgebot. Es führt in der Beteiligungskette 1 zu einer durchgerechneten mittelbaren Beteiligung von 21,42 % und in der Beteiligungskette 2 zu einer mittelbaren Beteiligung von 30 %, zusammen also 51,42% und zu einer Mehrheit der Stimmrechte. Dass die Enkelgesellschaft 2 im Beteiligungsstrang 2 auf der untersten Stufe keine Mehrheitsbeteiligung an der Urenkelgesellschaft hält, ist unschädlich. Die Muttergesellschaft ist über beide Beteiligungsketten in der Lage, ihren beherrschenden Einfluss auf die Urenkelgesellschaft auszuüben. Die finanzielle Eingliederung der Urenkelgesellschaft liegt vor, ein Organschaftsverhältnis zur Muttergesellschaft ist möglich.

b) Dauer und Zeitpunkt der finanziellen Eingliederung

6855 Die finanzielle Eingliederung muss **vom Beginn des Wirtschaftsjahres** der Organgesellschaft an ununterbrochen während des gesamten Wirtschaftsjahres vorliegen (§ 14 Abs. 1 Nr. 1 Satz 1 KStG). Als Wirtschaftsjahr ist auch ein Rumpfwirtschaftsjahr anzusehen. Jede auch nur vorübergehende Unterbrechung der finanziellen Eingliederung während des laufenden Wirtschaftsjahres oder eine Beendigung vor Ablauf des Wirtschaftsjahres hat zur Folge, dass die Organschaft für dieses Wirtschaftsjahr nicht gegeben ist.

6856 Erfolgt die **finanzielle Eingliederung während des Wirtschaftsjahres**, treten die **steuerlichen Folgen erst ab Beginn des folgenden Wirtschaftsjahres** der Organgesellschaft ein, so dass sie ihr Einkommen noch selbst zu versteuern hat.

BEISPIEL: Am 1.4.2023 ist das Organschaftsverhältnis begründet worden. Organträger und Organgesellschaft haben das Kalenderjahr als Wirtschaftsjahr. Zu Beginn des Wirtschaftsjahres war also noch keine finanzielle Eingliederung begründet. Da diese aber vom Beginn des Wirtschaftsjahres ununterbrochen vorliegen muss, erfolgt keine Zurechnung des Einkommens für das laufende Wirtschaftsjahr. Eine Aufteilung ist nicht möglich.

Dies lässt sich vermeiden, indem die Organgesellschaft ihr bisheriges Wirtschaftsjahr umstellt und seinen Beginn auf den Zeitpunkt legt, in dem die finanzielle Eingliederung eintritt. Vergleichbar ist zu verfahren, wenn die finanzielle Eingliederung während des Wirtschaftsjahres endet. Begründung und Beendigung eines Organschaftsverhältnisses sind regelmäßig ausreichende Gründe für die Umstellung des Wirtschaftsjahres der Organgesellschaft ebenso wie weitere Anpassungen (nochmalige Umstellung) an das Wirtschaftsjahr im Organkreis oder an das Kalenderjahr. Die dafür nach § 7 Abs. 4 Satz 3 KStG, § 4a Abs. 1 Nr. 2 EStG erforderliche Zustimmung des Finanzamtes wird erteilt (vgl. R 14.4 Abs. 3 Satz 1 KStR).

BEISPIEL: Am 1.4.2023 ist das Organschaftsverhältnis begründet worden. Die Organgesellschaft X-GmbH hatte bisher ein abweichendes Wirtschaftsjahr vom 1.7. bis 30.6. Die X-GmbH sollte ihr Wirtschaftsjahr auf die Zeit vom 1.4. bis 31.3. umstellen. Das Einkommen des Wirtschaftsjahres 1.4.2023 bis 31.3.2024 kann dann schon dem Organträger zugerechnet werden, das Einkommen des Rumpfwirtschaftsjahres 1.7.2022 bis 31.3.2023 muss aber von der X-GmbH selbst versteuert werden.

Entsprach das Wirtschaftsjahr der X-GmbH bislang dem Kalenderjahr, kann sie durch Umstellung auf ein abweichendes Wirtschaftsjahr vom 1.4.2023 bis 31.3.2024 erreichen, dass sie nur noch das Einkommen des Rumpfwirtschaftsjahres 1.1. bis 31.3.2023 als eigenes Einkommen zu versteuern hat. Die X-GmbH kann anschließend ihr Wirtschaftsjahr ein zweites Mal wieder auf das Kalenderjahr umstellen, um beispielsweise ihren Abschlusszeitpunkt dem des Organträgers anzupassen.

6857 Ob in Fällen der **Einbringung, Ausgliederung, Verschmelzung oder Spaltung**, die mit dem Erwerb der Stimmenmehrheit verbunden sind, die finanzielle Eingliederung innerhalb des handelsrechtlich zulässigen Rahmens von acht Monaten ebenfalls auf den Beginn des Wirtschaftsjahres der Organgesellschaft zurückbezogen werden kann, sofern nicht die Stimmrechte an der Umwandlung nicht beteiligter Personen „rückwirkend" beeinträchtigt werden, ist streitig.[1] Der BFH hat die Streitfrage bisher offen gelassen; er sieht die Lösung darin, dass nach der sog. Fußstapfentheorie die übernehmende Rechtsträgerin in die Fußstapfen der übertragenden Rechtsträgerin eintritt und die finanzielle Eingliederung damit nahtlos übergeht.[2]

Bei der **Veräußerung der Beteiligung an der Organgesellschaft während ihres Wirtschaftsjahres** bleibt die finanzielle Eingliederung bis zum Übergang der Beteiligung auf den Erwerber nur gegeben, wenn die Organgesellschaft ihr Wirtschaftsjahr so umstellt, dass es mit dem Übergangszeitpunkt endet. Auch dieser Umstellung des Wirtschaftsjahres stimmt das Finanzamt zu. Veräußert der Organträger seine Beteiligung mit der Maßgabe, dass sie zum Schluss des Wirtschaftsjahres des Organs auf den Erwerber übergehen soll, dann endet die finanzielle Eingliederung beim bisherigen Organträger nicht vor Schluss des Wirtschaftsjahres und liegt für den neuen Organträger mit Beginn des neuen Wirtschaftsjahres vor. 6858

(*Einstweilen frei*) 6859–6870

4. Der Gewinnabführungsvertrag

a) Inhaltliche Voraussetzungen für steuerliche Anerkennung

Die Organschaft wird für Zwecke der KSt und der GewSt nur wirksam, wenn zwischen dem Organträger und der Organgesellschaft ein **wirksamer Gewinnabführungsvertrag** vorliegt. Für die GmbH als Organgesellschaft schreibt § 17 KStG die entsprechende Anwendung der Regelungen in §§ 14 bis 16 KStG vor. 6871

Der Gewinnabführungsvertrag (auch Ergebnisabführungsvertrag genannt) ist ein Unternehmensvertrag. Sein Inhalt ist die Verpflichtung der Organgesellschaft (GmbH), ihren ganzen Gewinn in den Grenzen des § 301 AktG an den Organträger abzuführen, und dessen Verpflichtung, Verluste der Organgesellschaft nach Maßgabe des § 302 AktG während der Laufzeit des Vertrags zu übernehmen. 6872

Hat die Organgesellschaft die Rechtsform einer GmbH, knüpft § 17 KStG die steuerliche Anerkennung einer Organschaft an folgende Bedingungen: 6873

- Der Gewinnabführungsvertrag muss zivilrechtlich wirksam sein.
- Der Vertrag muss die Abführung des gesamten Gewinns vorsehen, die Abführung darf aber den in § 301 AktG genannten Betrag nicht überschreiten.
- Die Verlustübernahme entsprechend § 302 AktG muss vereinbart sein.
- Die Abführung von Erträgen aus vorvertraglichen Rücklagen muss ausgeschlossen werden.

1 BMF v. 26.8.2003, BStBl 2003 I S. 437, Rz. 12, zur bloßen formwechselnden Umwandlung einer KG in eine KapG, für die der BFH v. 17.9.2003 - I R 55/02, BStBl 2004 II S. 534, die rückwirkende Begründung einer Organschaft zugelassen hat.

2 BFH v. 28.7.2010 - I R 89/09, BStBl 2011 II S. 528 und I R 111/09, BFH/NV 2011 S. 67, NWB KAAAD-56230; ebenso nunmehr Rdn. Org.02 UmwStErl. 2025; zu Einzelheiten s. Müller in: Müller/Detmering/Saecker, a. a. O., Rz. 404.

6874 Zur **zivilrechtlichen Wirksamkeit** bedarf der Gewinnabführungsvertrag, der zunächst durch die Geschäftsführung der Vertragspartner abgeschlossen wird, der **Schriftform**. Die Gesellschafterversammlung der Organgesellschaft (GmbH) muss dem Gewinnabführungsvertrag durch Beschluss zustimmen, wobei nach h.M. dafür die **Zustimmung aller Gesellschafter** (Einstimmigkeit) verlangt wird,[1] weil das GmbH-Recht keine Ausgleichs- und Abfindungsregelungen enthält und ein Gewinnabführungsvertrag in die grundlegenden Mitgliedschaftsrechte des Gesellschafters eingreift. Der Zustimmungsbeschluss ist notariell zu beurkunden.[2] Agiert als Organträger ebenfalls eine GmbH, muss auch deren Gesellschafterversammlung dem Gewinnabführungsvertrag zustimmen, wobei dort allerdings eine Dreiviertelmehrheit (satzungsändernde Mehrheit) ausreicht, sofern die Satzung keine weitergehende Mehrheit vorschreibt. Der Zustimmungsbeschluss muss protokolliert werden, bedarf aber nicht der notariellen Beurkundung, die aber zu empfehlen ist. Schließlich wird der Gewinnabführungsvertrag erst wirksam, wenn er im Handelsregister der Organgesellschaft (GmbH) eingetragen ist (konstitutive Wirkung der Eintragung nach § 294 Abs. 2 AktG).

6875 Der BFH hat die Einhaltung der formalen Voraussetzungen für die zivilrechtliche Wirksamkeit auch für das Steuerrecht bestätigt.[3] Die Organschaft beginnt dann mit dem Wirtschaftsjahr, bis zu dessen Ablauf der Gewinnabführungsvertrag in das Handelsregister der Organgesellschaft eingetragen und damit wirksam geworden ist (§ 14 Abs. 1 Satz 2 KStG). Eine Rückbeziehung des Beginns der Organschaft auf das Wirtschaftsjahr der Organgesellschaft, in dem der Gewinnabführungsvertrag abgeschlossen wurde, ist (für Verträge, die nach dem 21.11.2002 abgeschlossen worden sind) nicht mehr möglich. Der Zeitpunkt des Abschlusses ist daher nicht mehr von Bedeutung, maßgebend ist nur der Zeitpunkt seiner Eintragung in das Handelsregister. Die Rückwirkung auf den Beginn des Wirtschaftsjahres setzt allerdings voraus, dass das Organverhältnis, also die finanzielle Eingliederung, bereits während dieses ganzen Wirtschaftsjahres bestanden hat.

BEISPIEL: Die X-GmbH ist seit dem 1.4.2022 finanziell in die OT-GmbH eingegliedert und stellt ihr Wirtschaftsjahr auf die Zeit vom 1.4. bis 31.3. um. Am 1.7.2022 wird ein den Anforderungen des § 17 KStG entsprechender Gewinnabführungsvertrag abgeschlossen, dem anschließend die Gesellschafterversammlung einstimmig zustimmen muss und deren Beschlüsse notariell beurkundet werden. Nach Anmeldung des Gewinnabführungsvertrags samt Zustimmungsbeschluss beim Handelsregister für die X-GmbH erfolgt dort die Eintragung am 30.10.2022. Damit wird der Gewinnabführungsvertrag wirksam. Die X-GmbH führt den Jahresüberschuss des zum 31.3.2023 endenden Wirtschaftsjahres an die OT-GmbH ab.

Die finanzielle Eingliederung ist seit Beginn des Wirtschaftsjahres 22/23 gegeben und hat ununterbrochen bis zu seinem Ende angedauert; außerdem ist bis spätestens zum Ende dieses Wirtschaftsjahres der Gewinnabführungsvertrag wirksam geworden (Eintragung in das Handelsregister), so dass er auf den Beginn des Wirtschaftsjahres 1.4.2022 zurückwirkt. Das Organschaftsverhältnis und die Gewinnabführung sind also steuerlich anzuerkennen.

---

1 Vgl. Zöllner/Beurskens in: Baumbach/Hueck, GmbHG, Schlussanhang, Rz. 54, m. w. N., zu den verschiedenen Auffassungen s. Müller in: Müller/Detmering/Saecker, a. a. O., Rz. 232.

2 BGH v. 24.10.1988 - II ZB 7/88, NWB DAAAB-03175; v. 30.1.1992 - II ZB 15/91, GmbHR 1992 S. 253.

3 BFH v. 30.7.1997 - I R 7/97 BStBl 1998 II S. 33; v. 22.10.2008 - I R 66/07, BFH/NV 2009 S. 299, NWB JAAAD-02908.

b) Mindestlaufzeit von fünf Jahren

Über die zivilrechtlichen Anforderungen hinaus verlangt das Steuerrecht, dass der Gewinnabführungsvertrag „auf **mindestens fünf Jahre** abgeschlossen" sein und während dieser Zeit tatsächlich durchgeführt werden muss (§ 14 Abs. 1 Satz 1 Nr. 3 KStG). Damit sind fünf Zeitjahre gemeint, die Fünfjahresfrist bemisst sich ab dem Beginn der Organschaft, also ab dem Beginn des Wirtschaftsjahres, in dem der Gewinnabführungsvertrag wirksam wird. Bei der Prüfung, ob der Gewinnabführungsvertrag auf mindestens fünf Jahre abgeschlossen ist, ist der Vertrag nach objektiven Gesichtspunkten auszulegen, die Entstehungsgeschichte und die Vorstellungen der am Vertragsschluss beteiligten Personen können bei der Vertragsauslegung nicht berücksichtigt werden.[1] 6876

Eine vorzeitige Beendigung des Vertrags durch Kündigung oder Aufhebungsvertrag während der Mindestlaufzeit führt zur Versagung der Organschaft von Anfang an (steuerliche Unwirksamkeit von Anfang an). Die gleiche Rechtsfolge tritt ein, wenn der Gewinnabführungsvertrag während des Fünfjahreszeitraums in einem Jahr nicht tatsächlich durchgeführt wird. Unschädlich ist eine Kündigung und vorzeitige Beendigung nur dann, wenn sie aus wichtigem Grund erfolgt (§ 14 Abs. 1 Satz 1 Nr. 3 KStG). Als wichtige Gründe sind in der Besteuerungspraxis die Veräußerung und Einbringung der Organbeteiligung durch den Organträger sowie die Umwandlung, Verschmelzung, Spaltung oder Liquidation des Organträgers oder der Organgesellschaft anerkannt. Ist die vorzeitige Beendigung (durch Kündigung oder Aufhebung) wegen eines wichtigen Grundes gerechtfertigt, so wirkt sie auf den Beginn des betreffenden Wirtschaftsjahres zurück. Wurde der Gewinnabführungsvertrag schon mindestens fünf aufeinander folgende Jahre tatsächlich durchgeführt, so ist er nur in dem Jahr, in dem er nicht durchgeführt wird, steuerrechtlich nicht wirksam. Die Gesetzesänderung, die dazu führt, dass die Voraussetzungen für eine Organschaft künftig nicht mehr erfüllt sind, wird als wichtiger Grund anerkannt.[2] 6877

c) Tatsächliche Durchführung des Gewinnabführungsvertrags

Neben der Mindestlaufzeit von fünf Jahren verlangt das Steuerrecht auch die tatsächliche Durchführung. Die Abweichung vom Vertrag durch das tatsächliche Verhalten der Vertragsparteien bei der Vertragsdurchführung führt zur Nichtanerkennung der Organschaft und der damit verbundenen steuerlichen Folgen. 6878

d) Hauptbeispiele für einen nicht durchgeführten Gewinnabführungsvertrag

Hauptbeispiele für einen nicht durchgeführten Gewinnabführungsvertrag sind: 6879

Der Gewinn der Organgesellschaft (GmbH) wird **nicht oder nicht in vollem Umfang** an den Organträger **abgeführt** oder der **Verlust** wird **nicht** vom Organträger **übernommen.**

Ausreichend für die Durchführung des Vertrags ist, wenn die bilanzierte Verpflichtung zur Gewinnabführung beglichen bzw. die Forderung auf Verlustübernahme erfüllt wird. 6880

1 BFH v. 28.11.2007 - I R 94/06, BFH/NV 2008 S. 1270, NWB CAAAC-81444, und v. 27.7.2009 - IV B 73/08, BFH/NV 2009 S. 1840, NWB EAAAD-29648.

2 BMF v. 10.11.2005, BStBl 2005 I S. 1038, Rz. 24.

Nach den für Ausschüttungen geltenden Grundsätzen werden als Vollzug auch die Gutschrift auf Verrechnungskonten oder die Umwandlung in Darlehen angesehen, was aber sorgfältig dokumentiert werden muss. Dem Vollzug steht es auch nicht entgegen, wenn die zur Erfüllung beglichenen Beträge wieder als Einlage zurückgeführt werden. Die Pflicht, Verluste der Organgesellschaft auszugleichen, kann anstatt durch Zahlung auch durch Aufrechnung mit einer Forderung des Organträgers gegen die Organgesellschaft erfolgen, sofern die Aufrechnung rechtlich zulässig ist. Die Verrechnung mit künftigen Gewinnabführungsansprüchen reicht aber für eine tatsächliche Durchführung des Vertrags nicht aus.

6881 Hinsichtlich der Höhe der Gewinnabführung sind die handelsrechtlichen und steuerrechtlichen Vorschriften zu beachten. Durch § 301 AktG wird insoweit eine Obergrenze (Jahresüberschuss ./. Verlustvortrag aus dem Vorjahr ./. Rücklagenbetrag gem. § 300 Nr. 1 AktG) vorgegeben, während steuerrechtlich der ganze Gewinn abzuführen ist, der außer den gesetzlichen Rücklagen nur um die in § 14 Abs. 1 Nr. 4 KStG genannten Rücklagen – das sind die in § 266 Abs. 3 A. Nr. 2 bis 4 HGB bezeichneten Rücklagen, soweit sie bei vernünftiger kaufmännischer Beurteilung wirtschaftlich begründet sind, z. B. wegen geplanter Betriebsverlegung, Werkserneuerung, aber auch Vorsorge für geplante eigenkapitalfinanzierte Investitionen und Risikovorsorge für die Zeit nach Beendigung des Gewinnabführungsvertrags – gekürzt werden darf.

Durch das BilMoG ist § 301 Abs. 1 AktG dahingehend ergänzt worden, dass die **Ausschüttungssperre** in § 268 Abs. 8 HGB auch zu einer **Abführungssperre** führt. Dies ist bei der Gewinnabführung zu beachten. Keiner Abführungssperre unterliegt allerdings der Unterschiedsbetrag zwischen dem Ansatz der Pensionsrückstellungen bei Abzinsung mit dem neuen durchschnittlichen Marktzins von zehn Jahren mit der bisherigen Regelung von sieben Jahren, obwohl er nach § 253 Abs. 6 Satz 2 HGB einer Ausschüttungssperre unterliegt.[1]

6881/1 Die Abführung des ganzen Gewinns verlangt, dass der Gewinn nach den Grundsätzen ordnungsmäßiger Buchführung ermittelt worden ist. Fraglich war bisher, welche Fehler zur Nichtanerkennung des Organschaftsverhältnisses führen. Der Gesetzgeber hat die Frage nunmehr mit dem Organschaftsreformgesetz erstmalig gesetzlich geregelt.[2] Die Neuregelung gilt in allen noch nicht bestandskräftig veranlagten Fällen. Nach § 14 Abs. 1 Satz 1 Nr. 3 Satz 4 KStG gilt ein Gewinnabführungsvertrag unter bestimmten Voraussetzungen auch dann als durchgeführt, wenn der abgeführte Gewinn oder ausgeglichene Verlust auf einem Jahresabschluss beruht, der fehlerhafte Bilanzansätze enthält. Voraussetzung ist, dass

- der Jahresabschluss wirksam festgestellt ist (dies ist bei Nichtigkeit nach § 256 AktG nicht gegeben),
- die Fehlerhaftigkeit bei Erstellung des Jahresabschlusses unter Anwendung der Sorgfalt eines ordentlichen Kaufmanns nicht hätte erkannt werden müssen und

1 Siehe hierzu und zur Bildung einer Gewinnrücklage in Höhe der Differenz Müller in: Mössner/Oellerich/Valta, KStG, § 14 Rz. 522.

2 Zu Einzelheiten s. Müller in: Müller/Detmering/Saecker, a. a. O., Rz. 244; ders. in: Mössner/Oellerich/Valta, KStG, § 14 Rz. 529 ff.

- ein von der Finanzverwaltung beanstandeter Fehler spätestens in den nächsten nach dem Zeitpunkt der Beanstandung des Fehlers aufzustellenden Jahresabschlusses der Organgesellschaft und des Organträgers korrigiert und das entsprechende Ergebnis abgeführt oder ausgeglichen wird, soweit es sich um einen Fehler handelt, der in der Handelsbilanz zu korrigieren ist.

Die Organgesellschaft führt vorvertragliche Rücklagen an den Organträger ab.

Werden von einer Organ-GmbH vorvertragliche Rücklagen entgegen § 17 Nr. 1 KStG aufgelöst und an den Organträger abgeführt, verstößt sie gegen die Durchführung des Gewinnabführungsvertrags. Unzulässig ist auch die Abführung eines vorvertraglich vorhandenen Gewinnvortrages, da er nicht zum Jahresüberschuss gehört. Kein Verstoß liegt aber vor, wenn vorvertragliche Rücklagen aufgelöst und außerhalb der Gewinnabführung an die Gesellschafter ausgeschüttet werden.[1] 6882

Die Organgesellschaft bildet unzulässige Gewinnrücklagen.

Zwar besteht steuerrechtlich die Pflicht der Organgesellschaft, ihren ganzen Gewinn an den Organträger abzuführen. Sie kann aber – vgl. Rz. 6880 – nach § 14 Abs. 1 Satz 1 Nr. 4 KStG Beträge aus dem Jahresüberschuss insoweit in die Gewinnrücklagen einstellen, als dies bei vernünftiger kaufmännischer Beurteilung wirtschaftlich begründet ist. Es kann sich empfehlen, Näheres dazu im Gewinnabführungsvertrag zu bestimmen, was dann für die Prüfung seiner tatsächlichen Durchführung bedeutsam sein kann. 6883

Gewinnausschüttung an Anteilseigner, die nicht Vertragspartner sind.

Grundsätzlich verletzen Gewinnausschüttungen an Anteilseigner, die nicht Partner des Gewinnabführungsvertrags sind, diesen Vertrag, nicht jedoch, wenn es sich um Auflösungs-, Übertragungs- oder Abwicklungsgewinne der Organgesellschaft handelt. VGA an den Organträger sind wie vorweggenommene Gewinnabführungen zu behandeln, stellen also die tatsächliche Durchführung des Gewinnabführungsvertrags nicht in Frage. VGA an außenstehende Gesellschafter sind wie Ausgleichszahlungen nach § 16 KStG zu behandeln (R 14.6 Abs. 4 Satz 4 KStR). 6884

Keine unzulässige Minderung des Gewinns stellen aufgrund schuldrechtlicher Verpflichtung zu erbringende Zahlungen an Dritte oder auch an Minderheitsgesellschafter dar, selbst wenn sie dem Grunde und der Höhe nach vom Jahresergebnis abhängen. Solche Zahlungen können sich aus stillen Beteiligungen, partiarischen Darlehen oder Genussrechten ergeben. Sie mindern auch handelsrechtlich als Betriebsausgaben den Gewinn, auf den sich die Abführungsverpflichtung bezieht. 6885

(*Einstweilen frei*) 6886–6900

5. Ausgleichszahlungen an außenstehende Gesellschafter

Sind an der Organgesellschaft (GmbH) Minderheitsgesellschafter beteiligt, wird der Gewinnabführungsvertrag i. d. R. Ausgleichszahlungen vorsehen, wie sie für Aktiengesellschaften als Organgesellschaften in § 304 AktG gesetzlich vorgeschrieben sind. Denn die 6901

---

1 Vgl. auch BFH v. 8.8.2001 - I R 25/00, BStBl 2003 II S. 923.

Minderheitsgesellschafter werden ihre Zustimmung zum Gewinnabführungsvertrag, der erheblich in ihre Beteiligungsrechte eingreift und zu Einbußen beim Gewinnbezugsrecht führt, von der Zahlung eines Ausgleichs abhängig machen. Die Ausgleichszahlung garantiert i. d. R. der Organträger (Garantiedividende). Ausgleichszahlungen sind im Jahresabschluss der Organgesellschaft als Aufwand auszuweisen und mindern daher den an den Organträger abzuführenden Gewinn. Steuerlich stellen sie aber nicht abzugsfähige Betriebsausgaben dar (§ 4 Abs. 5 Nr. 9 EStG). In Höhe von 20/17 der geleisteten Ausgleichzahlungen hat die Organgesellschaft ihr Einkommen selbst zu versteuern (§ 16 KStG).

6. Fehlgeschlagene („verunglückte") Gewinnabführung

6902 Die Gewinnabführung schlägt fehl, wenn dem Gewinnabführungsvertrag nachträglich die steuerliche Anerkennung versagt wird. Das ist der Fall, wenn der Gewinnabführungsvertrag ohne wichtigen Grund vor Ablauf der fünfjährigen Frist beendet wird oder innerhalb dieser Frist in einem Jahr nicht durchgeführt wird, weil entweder kein Gewinn oder nur Teile abgeführt werden oder gegen das Verbot der Auflösung vorvertraglicher Rücklagen verstoßen wird. Dann ist der Gewinnabführungsvertrag steuerlich von Anfang an unwirksam. Die Organgesellschaft muss ihr Einkommen selbst versteuern; der tatsächlich abgeführte Gewinn ist als vGA an den Organträger zu behandeln.

6903–6920 (*Einstweilen frei*)

III. Folgen der körperschaftsteuerlichen Organschaft bei der Organgesellschaft

1. Überblick

6921 Sind die beschriebenen Tatbestandsmerkmale erfüllt, so wird die körperschaftsteuerliche Organschaft anerkannt. Das **Einkommen** (nicht der Gewinn) der **Organgesellschaft** wird während des Bestehens der Organschaft mit Ausnahme der Ausgleichszahlungen an außenstehende Gesellschafter für Zwecke der KSt und ESt dem **Organträger zugerechnet** (§ 14 Abs. 1 Satz 1 KStG). Die **Organgesellschaft bleibt aber eigenständiges Steuersubjekt**. Ihr Einkommen ist zunächst nach den allgemeinen Regeln des § 8 Abs. 1 KStG und des EStG sowie unter Berücksichtigung verdeckter Einlagen und vGA zu ermitteln, als bestünde keine Organschaft. Dabei sind allerdings die in § 15 und 16 KStG geregelten Besonderheiten zu berücksichtigen. Das Einkommen kann dann bei der Leistung von Ausgleichszahlungen aufzuteilen sein in einen dem Organträger zuzurechnenden und einen von der Organgesellschaft selbst zu versteuernden Teil.

Mit Wirkung erstmals für den VZ 2014 hat der Gesetzgeber in § 14 Abs. 5 KStG i. d. F. des Organschaftsreformgesetzes ein Feststellungsverfahren eingeführt. Danach wird das Einkommen der Organgesellschaft mit bindender Wirkung für diese und den Organträger gesondert und einheitlich festgestellt. Der Feststellungsbescheid ist ein Grundlagenbescheid i. S. d. § 175 Abs. 10 AO. Zuständig ist das für die Besteuerung der Organgesellschaft zuständige Finanzamt. Die Feststellungserklärung soll mit der

Körperschaftsteuererklärung verbunden werden. Bei kalendergleichem Wirtschaftsjahr soll die Feststellungserklärung also mit der KSt-Erklärung abgegeben werden.

2. Ermittlung des Einkommens der Organgesellschaft

Im handelsrechtlichen Jahresabschluss der Organgesellschaft sind die Gewinnabführungsverpflichtung und die Ausgleichszahlungen an außenstehende Gesellschafter als Aufwand auszuweisen und die Verbindlichkeiten in die Bilanz aufzunehmen. Die Verlustübernahmeverpflichtung des Organträgers ist als Forderung zu aktivieren. Das Handelsbilanzergebnis ist daher ausgeglichen, es beträgt 0€. Zur Ermittlung des Einkommens der Organgesellschaft sind steuerliche Korrekturen erforderlich. Da es sich sowohl bei der Gewinnabführung als auch bei der Verlustübernahme um gesellschaftsrechtliche Vorgänge handelt, ist das Einkommen der Organgesellschaft so zu ermitteln, als hätte eine Gewinnabführung bzw. eine Verlustübernahme nicht stattgefunden. Das dem Organträger zuzurechnende Einkommen ist das Einkommen der Organgesellschaft vor Gewinnabführung bzw. Verlustübernahme. 6922

Das Schema der Einkommensermittlung sieht wie folgt aus:[1] 6923

Jahresüberschuss/-fehlbetrag aufgrund Handelsbilanz (= 0€)

+/– steuerbilanzielle Gewinnkorrekturen

= Steuerbilanzgewinn/-verlust (Jahresergebnis aufgrund Steuerbilanz)

+ vGA

+ nicht abziehbare Aufwendungen

– verdeckte Einlagen

– andere steuerfreie Vermögensmehrungen
(Ausnahme: steuerfrei nach § 8b KStG, § 4 Abs. 7 UmwStG oder DBA)

– abziehbare Spenden

= Zwischensumme

+ Gewinnabführung der Organgesellschaft (auch Vorabgewinn) lt. Handelsbilanz

– Verlustübernahme des Organträgers lt. Handelsbilanz

+ Ausgleichszahlungen an außenstehende Gesellschafter
(auch vom Organträger übernommene)

+ 3/17 der Ausgleichszahlungen

= Einkommen der Organgesellschaft

Ohne Bestehen einer körperschaftsteuerlichen Organschaft müsste die Organgesellschaft dieses Einkommen der KSt unterwerfen. **§ 16 KStG** regelt jedoch, dass lediglich **Ausgleichszahlungen** an außenstehende Gesellschafter (zzgl. 3/17 als darauf lastende

1 Müller in: Müller/Detmering/Saecker, Die Organschaft, Rz. 485.

KSt) von der Organgesellschaft selbst zu versteuern sind. Das übrige Einkommen des Organs wird dem Organträger zugerechnet.

6924 Somit sind von der **Organgesellschaft selbst zu versteuern:**

Ausgleichszahlungen an außenstehende Gesellschafter

+ 3/17 der Ausgleichszahlungen (Körperschaftsteueraufwand)

= zu versteuerndes Einkommen der Organgesellschaft.

Das zu versteuernde Einkommen der Organgesellschaft (GmbH) beträgt demnach also 0€ oder ist positiv in Höhe der selbst geleisteten oder vom Organträger übernommenen Ausgleichszahlungen zzgl. 3/17 dieses Betrages. Die Hinzurechnung von 3/17 erklärt sich aus dem KSt-Satz von 15% des zu versteuernden Einkommens, so dass die Ausgleichszahlungen 85% des zu versteuernden Einkommens ausmachen.

6925 Das **dem Organträger zuzurechnende Einkommen** errechnet sich dann wie folgt:

Einkommen der Organgesellschaft

► zu versteuerndes Einkommen der Organgesellschaft

= **dem Organträger zuzurechnendes Einkommen**

Bei einem abweichenden Wirtschaftsjahr ist das Einkommen für das Kalenderjahr zu ermitteln, in dem das Wirtschaftsjahr endet.

3. Behandlung der Verluste der Organgesellschaft

6926 Da während des Bestehens der Organschaft das Einkommen der Organgesellschaft mit Ausnahme der Ausgleichszahlungen dem Organträger zugerechnet wird, so folgt daraus, dass Verluste der Organgesellschaft mit Gewinnen des Organträgers verrechnet werden. Es findet ein **sofortiger Verlustausgleich auf der Ebene des Organträgers statt**. Verlustvorträge aus der Zeit vor Abschluss des Gewinnabführungsvertrags werden „**eingefroren**" und stehen der Organgesellschaft (für die Dauer der Organschaft) **nicht** zur Verrechnung mit positivem Einkommen vor dessen Transfer auf den Organträger zur Verfügung. Weitere steuerlich abzugsfähige Verluste entstehen infolge der Übernahmeverpflichtung des Organträgers nicht.

BEISPIEL: ► Die M-GmbH hält sämtliche Geschäftsanteile der T-GmbH. Das Einkommen der M-GmbH betrug in 2022 200.000€, die T-GmbH hat in 2022 einen Verlust (negatives Einkommen) von 200.000€ erwirtschaftet. Ein Verlustrücktrag soll nicht möglich sein.

Ohne körperschaftsteuerliche Organschaft hat die M-GmbH 200.000€ der KSt zu unterwerfen. Sie beträgt daher 30.000€. Bei der T-GmbH fällt keine KSt an. Sie kann lediglich den Verlust mit künftigen Gewinnen verrechnen. Insgesamt beträgt die Körperschaftsteuerbelastung der beiden Unternehmen im Jahr 2012 50.000€.

Besteht dagegen eine körperschaftsteuerliche Organschaft, so ist das (negative) Einkommen der T-GmbH der M-GmbH hinzuzurechnen. Damit beträgt in 2022 das zu versteuernde Einkommen der M-GmbH 0€ und die KSt-Schuld 2022 entsprechend 0€. Es tritt also durch die körperschaftsteuerliche Organschaft eine sofortige Steuerentlastung ein.

6927 Der sofortige Verlustausgleich ist beschränkt auf die Zeit des Bestehens der körperschaftsteuerlichen Organschaft. Vorvertragliche Verluste, das sind Verlustvorträge des

Organs aus der Zeit vor Wirksamwerden der Organschaft, können während ihres Bestehens weder vom Organträger noch von der Organgesellschaft zur Verrechnung mit dem von ihr selbst zu versteuernden Einkommen aus den Ausgleichszahlungen an außenstehende Gesellschafter genutzt werden. Sie gehen aber nicht endgültig verloren. Nach Beendigung der Organschaft können sie von der Organgesellschaft mit eigenem positiven Einkommen verrechnet werden.

(*Einstweilen frei*) 6928–6940

4. Behandlung steuerfreier Einnahmen der Organgesellschaft

Steuerfreie Einnahmen der Organgesellschaft sind bei der Ermittlung ihres Einkommens vor Zurechnung des Einkommens an den Organträger grundsätzlich auszuscheiden. Die Steuerfreiheit wird an den Organträger weitergegeben. 6941

BEISPIEL: Zwischen der M-KG und ihrer Tochter-GmbH besteht eine körperschaftsteuerliche Organschaft. Die T-GmbH erhält im Wirtschaftsjahr 2024 eine (nach § 13 InvZulG steuerfreie) Investitionszulage von 50.000 € ausbezahlt. Außerdem sind in den sonstigen betrieblichen Erträgen Einnahmen aus der Vermietung eines im Ausland belegenen Grundstückes i. H. v. 30.000 € enthalten. Aufgrund des betreffenden DBA sind diese Einnahmen im Inland steuerfrei.

Da Investitionszulage und Mieterträge aus dem ausländischen Grundstück auch beim Organträger steuerfrei wären, wenn er sie selbst bezogen hätte, werden sie bei der Ermittlung des Einkommens der T-GmbH ausgeschieden. Das so gekürzte Einkommen wird anschließend dem Organträger M-KG zugerechnet. Im Ergebnis bleiben diese Erträge daher auch bei der M-KG steuerfrei.

a) Ausnahmen

Wichtige **Ausnahmen** enthalten **§ 15 Satz 1 Nr. 2 und § 15 Satz 2 KStG:** 6942

Sind im Einkommen der Organgesellschaft Bezüge oder Veräußerungsgewinne aus Beteiligungen oder Übernahmegewinnen nach § 4 Abs. 7 UmwStG enthalten, wären diese aus Sicht der Organgesellschaft steuerfrei. Die Regelungen des § 8b Abs. 1 bis 6 KStG (bzw. § 4 Abs. 7 UmwStG) sind aber auf der Ebene der Organgesellschaft nicht anzuwenden, sondern die Steuerbefreiungen werden erst auf der Ebene des Organträgers beurteilt, und zwar abhängig von seiner Rechtsform; ist er eine Kapitalgesellschaft (oder eine Personengesellschaft mit Beteiligung einer Kapitalgesellschaft), gelten insoweit § 8b Abs. 1 und 2 KStG, ist er eine natürliche Person oder eine Personengesellschaft, an der natürliche Personen beteiligt sind, gelten die Regeln des Teileinkünfteverfahrens.

Einnahmen der Organgesellschaft, die im Zusammenhang mit einer **Beteiligung an einer anderen Kapitalgesellschaft** stehen, insbesondere empfangene Dividenden und Gewinne aus der Veräußerung einer solchen Beteiligung, sind ab 2004 an sich bei der Organgesellschaft bis auf die als nicht abzugsfähige Betriebsausgaben geltenden Beträge i. H. v. 5 % der Bezüge bzw. Gewinne körperschaftsteuerfrei (§ 8b Abs. 3 und 5 KStG) und wären daher bei Ermittlung des Einkommens zu 95 % zu kürzen. Nach **§ 15 Satz 1 Nr. 2 Satz 1 KStG** wird diese Steuerfreiheit bei der Organgesellschaft ausdrücklich beseitigt mit der Folge, dass solche Erträge unkorrigiert in das dem Organträger zuzurechnende Einkommen eingehen. Dort werden sie gem. § 15 Satz 1 Nr. 2 Satz 2 KStG auf der 1. Stufe in vollem Umfang (brutto) der Gewinnermittlung erfasst (sog. **Brutto-** 6943

methode) und dann in einer 2. Stufe außerbilanziell nach Maßgabe der Regeln korrigiert, die für den Organträger im Hinblick auf Bezüge, Gewinne oder Gewinnminderungen gem. § 8b Abs. 1 bis 3 KStG und auf mit solchen Beträgen zusammenhängende Ausgaben bzw. für Gewinne nach § 4 Abs. 7 UmwStG gelten. Die Anwendung dieser Vorschriften wird also – wie die betreffenden Einkommensteile – auf die Ebene des Organträgers **nach dessen Verhältnissen** verlagert.

6944 Ist der Organträger eine von § 8b KStG begünstigte Kapitalgesellschaft (GmbH) oder ist an einer Organträger-Personengesellschaft eine solche Körperschaft beteiligt, so greift § 8b Abs. 1 bis 6 KStG (Steuerfreiheit der im zugerechneten Einkommen enthaltenen Dividenden und Veräußerungsgewinne, Nichtabziehbarkeit von Teilwertabschreibungen, keine Einschränkungen beim Abzug der Aufwendungen, die mit den steuerfreien Bezügen und Veräußerungsgewinnen zusammenhängen, Kürzung der Betriebsausgaben um 5 % der steuerfreien Bezüge und Gewinne) und § 4 Abs. 7 UmwStG (Steuerfreiheit eines im Einkommen enthaltenen Übernahmegewinnes) ein.

6945 Handelt es sich beim **Organträger** um eine **natürliche Person** oder sind an der **Organträger-Personengesellschaft natürliche Personen** beteiligt, so ist das Teileinkünfteverfahren insoweit anzuwenden mit der 40 %igen Steuerbefreiung nach **§ 3 Nr. 40 EStG und der Betriebsausgabenkürzung um die 40 % (§ 3c Abs. 2 EStG).** Die Methodik der Berechnungsschritte ergibt sich aus folgenden Beispielen:

BEISPIEL: Die Organgesellschaft T-GmbH hält an der inländischen E-GmbH Geschäftsanteile von mindestens 10 % (wegen der nunmehrigen Besteuerung von Streubesitzdividenden nach § 8b Abs. 4 KStG), deren Erwerb zum Teil fremdfinanziert wurde. Im Jahr 2024 erhält die T-GmbH von der E-GmbH eine Dividende von 10.000 €. Die Finanzierungsaufwendungen für die Beteiligung betragen 4.000 €.

Organträger der T-GmbH soll

- die M-GmbH,
- die natürliche Person X,
- die Z-Personengesellschaft sein, an der zu 30 % die natürliche Person X und zu 70 % die M-GmbH beteiligt sind.

EBENE DER ORGANGESELLSCHAFT T-GMBH: Sie muss die Gewinnausschüttung der E-GmbH als steuerpflichtige Einnahme erfassen, da auf ihrer Ebene § 8b Abs. 1 KStG nach § 15 Satz 1 Nr. 2 Satz 1 KStG nicht anwendbar ist. Die Finanzierungsaufwendungen sind voll als Betriebsausgaben abzugsfähig, da § 3c Abs. 1 EStG (mangels steuerfreier Einnahmen) nicht einschlägig ist; § 8b Abs. 5 KStG ist ebenfalls nicht anzuwenden.

Das Einkommen der T-GmbH beträgt also (Dividende 10.000 € ./. Finanzierungskosten 4.000 € =) Einkommen 6.000 €, das brutto dem Organträger zuzurechnen ist.

EBENE DES ORGANTRÄGERS:

- **M-GmbH:** Sie fällt als **Kapitalgesellschaft** unter den von § 8b Abs. 1 KStG begünstigten Personenkreis, so dass ihr Gewinn, in den das abgeführte Einkommen der Organgesellschaft mit (brutto) 6.000 € eingegangen ist, zur Ermittlung des Einkommens zu korrigieren ist, damit die Dividenden steuerfrei belassen werden. Die Finanzierungsaufwendungen bleiben gleichwohl abzugsfähig, da § 3c Abs. 1 EStG nicht anzuwenden ist (§ 8b Abs. 5 Satz 2 KStG), jedoch sind 5 % der steuerfreien Einnahmen wie nicht abzugsfähige Betriebsausgaben (§ 8b Abs. 5 Satz 1 KStG) zu behandeln. Der Korrekturbetrag beläuft sich auf (zugerechnetes Einkommen 6.000 € ./. steuerfreie Bezüge 10.000 € + davon 5 % nicht abziehbarer Betrag 500 € =) ./. 3.500 € (verbleibendes zuzurechnendes Einkommen). Kontrolle: Hätte die

M-GmbH den Beteiligungsertrag unmittelbar selbst bezogen, wäre die nach Abzug der Finanzierungskosten verbleibende Gewinnauswirkung von (10.000€ ./. 4.000€ =) 6.000€ um die steuerfreien Einnahmen von 10.000€ zu mindern und die fiktive Betriebsausgabenkürzung von 5% der Bezüge zu erhöhen gewesen, woraus sich ein Minderungsbetrag von insgesamt 3.500€ ergeben hätte.

- **Natürliche Person X:** Bei ihr ist § 8b KStG nicht anwendbar, vielmehr fällt die Gewinnausschüttung der E-GmbH bei X unter das Teileinkünfteverfahren, so dass § 3 Nr. 40 EStG anzuwenden ist und für die Finanzierungskosten das 40%ige Abzugsverbot nach § 3c Abs. 2 EStG eingreift. Daraus ergibt sich folgende Korrekturrechnung: Zugerechnetes Einkommen 6.000€ ./. nach § 3 Nr. 40 EStG steuerfreie Einnahmen (40%) 4.000€ + nichtabzugsfähige Betriebsausgaben nach § 3c Abs. 2 EStG (40%) 1.600€ = 3.600€ verbleibendes zuzurechnendes Einkommen. Kontrolle: Hätte X die Dividende unmittelbar bezogen, wären 4.000€ steuerfrei geblieben und 1.600€ nicht abzugsfähig gewesen, so dass die steuerpflichtigen Einkünfte 3.600€ betragen hätten.
- **Z-Personengesellschaft:** Ihr ist das Einkommen der T-GmbH brutto mit 6.000€ zuzurechnen. Es ist zu beachten, dass hinsichtlich des auf die M-GmbH entfallenden Gewinnanteils § 8b KStG und hinsichtlich des auf X entfallenden Teil das Teileinkünfteverfahren anzuwenden ist. Aus der Gewinnausschüttung von 10.000€ entfallen auf X 30%, also 3.000€, was steuerfreie Einnahmen von 1.200€ ergibt. Die nicht abzugsfähigen Betriebsausgaben (Finanzierungskosten) betragen (4.000€ x 30% x 40% =) 480€. Daraus ergibt sich folgende Korrekturrechnung: Zugerechnetes Einkommen 6.000€ x 30% = 1.800€ ./. steuerfreie Einnahmen 1.200€ + nichtabzugsfähige Aufwendungen 480 = 1.080€ verbleibendes zuzurechnendes Einkommen.Auf die M-GmbH entfallen aus der Gewinnausschüttung 70%, also 7.000€, die nach § 8b KStG steuerfrei bleiben; die anteiligen Finanzierungskosten von 2.800€ bleiben abzugsfähig, 5% der anteiligen Einnahmen, also 350€, stellen aber nichtabzugsfähige Betriebsausgaben dar. Die Korrektur ist wie folgt vorzunehmen: Zugerechnetes Einkommen 6.000€ x 70% = 4.200€ ./. 7.000€ steuerfreie Einnahmen + nicht abzugsfähige Ausgaben 350€ = ./. 2.450€ verbleibendes zuzurechnendes Einkommen.

b) Internationales Schachtelprivileg

In § 15 Satz 2 KStG ist die entsprechende Anwendung von § 15 Satz 1 Nr. 2 KStG und der Bruttomethode für Gewinnanteile aus der **Beteiligung der Organgesellschaft** an einer **ausländischen Gesellschaft** angeordnet, die nach den Vorschriften eines DBA von der inländischen Besteuerung auszunehmen sind. Damit sind regelmäßig Beteiligungen an einer ausländischen Kapitalgesellschaft im Umfang von mindestens 25% gemeint. Die aus Sicht der Organgesellschaft steuerfreien Bezüge werden nach der Bruttomethode an den Organträger weitergereicht, wo dann zu prüfen ist, ob der Organträger abkommenberechtigt ist. Dies ist i. d. R. nur eine Kapitalgesellschaft (oder eine aus Kapitalgesellschaften bestehende Personengesellschaft), so dass dort das DBA bzw. § 8b Abs. 1 und Abs. 2 KStG eingreift. Natürliche Personen (bzw. Personengesellschaften mit solchen Gesellschaftern) sind meist nicht abkommensberechtigt, so dass dort nur das Teileinkünfteverfahren anzuwenden ist. 6946

§ 15 Satz 2 KStG gilt aber **nicht** für Gewinne der **Organgesellschaft** aus einer im **Ausland unterhaltenen Betriebsstätte**, selbst wenn sie nach einem DBA im Inland steuerfrei zu stellen sind, weil das Besteuerungsrecht dem Belegenheitsstaat zusteht. Sie sind nicht im steuerpflichtigen Gewinn und Einkommen der Organgesellschaft zu erfassen, sie werden also steuerfrei an den Organträger weitergeleitet, selbst wenn in ihnen wieder Beteiligungserträge enthalten sind. Bei einem der ESt unterliegenden Organträger ist 6947 aber der Progressionsvorbehalt nach § 32b Abs. 1a EStG für die steuerfrei weitergereichten Einkommensteile zu beachten.

c) Nachversteuerung nach § 37 Abs. 3 KStG

6948 Im Zusammenhang mit § 15 Satz 1 Nr. 2 KStG steht auch die **Nachversteuerungsregel** nach § 37 Abs. 3 KStG. Nach dieser Regel, die für die Übergangsphase zum Teileinkünfteverfahren gilt, muss bei Ausschüttungen, die bei der ausschüttenden Körperschaft zu einer KSt-Minderung nach § 37 KStG (Verwendung eines noch vorhandenen KSt-Guthabens) führt (bei Gewinnausschüttungen vor dem 1.1.2006 nicht möglich), die empfangende Kapitalgesellschaft, bei der die Bezüge nach § 8b KStG steuerfrei bleiben, den KSt-Minderungsbetrag nachversteuern; entsprechend erhöht sich ihr KSt-Guthaben. Diese Regel gilt auch (unmittelbar) für den Organträger (§ 37 Abs. 3 Satz 2 KStG), der eine Kapitalgesellschaft ist, wenn an ihn Bezüge nach der Bruttomethode von der Organgesellschaft weitergeleitet werden und die Ausschüttungen bei der ausschüttenden (Enkel-)Gesellschaft zu einer KSt-Minderung geführt haben. Die Organgesellschaft selbst hat keine Nachversteuerung durchzuführen.

5. Behandlung der Ausgleichszahlungen an außenstehende Gesellschafter

6949 Werden an außenstehende Anteilseigner **Ausgleichszahlungen** geleistet, so handelt es sich letztlich um Gewinnausschüttungen der Organgesellschaft, die deshalb den Gewinn nicht mindern dürfen, aber zu Lasten der Gewinnabführung gehen. Unabhängig davon, ob die Ausgleichszahlungen von der Organgesellschaft oder vom Organträger geleistet werden, bestimmt § 16 KStG, dass sie i. H. v. 20/17 der geleisteten Ausgleichszahlungen von der Organgesellschaft als eigenes Einkommen zu versteuern sind. Das übrig bleibende Einkommen wird dem Organträger zugerechnet. Nur tatsächlich erbrachte Ausgleichszahlungen unterfallen § 16 KStG, der Ausweis einer Verbindlichkeit reicht nicht aus. Außerdem muss die Ausgleichszahlung im vereinbarten Umfang unabhängig von der Ergebnissituation der Organgesellschaft erbracht werden.

BEISPIEL: Die Organ-GmbH hat Ausgleichzahlungen i. H. v. 17.000 € geleistet, ihr Gewinn vor Ausgleichzahlung betrug 100.000 € (SolZ wird vernachlässigt)

Handels-/Steuerbilanzgewinn	83.000 €
+ Korrektur gem. § 4 Abs. 5 Nr. 9 EStG	17000 €
Steuerlicher Gewinn = Einkommen	100.000 €
Zurechnung nach § 16 KStG: Organ-GmbH 20/17 von 17.000 €	20.000 € (hierauf entfallen 15 % KSt = 3.000 €)
Organträger 100.000 € ./. 20.000 €	80.000 €

BEISPIEL: Die Organ-GmbH hat 0 € erwirtschaftet und zahlt dennoch 17.000 € an Ausgleichszahlungen:

Handels-/Steuerbilanzgewinn	./. 17.000 €
+ Korrektur gem. § 4 Abs. 5 Nr. 9 EStG	+ 17.000 €

Einkommen:	0€
Einkommenszurechnung an Organ-GmbH: 20/17 aus 17.000€	20.000€
Einkommenszurechnung an Organträger	./. 20.000€

BEISPIEL: Die Organ-GmbH hat einen Verlust von 100.000€ erwirtschaftet, zahlt aber 17.000€ an Ausgleichszahlungen

Handels-/Steuerbilanzgewinn	./. 117.000€
+ Korrektur gem. §4 Abs.5 Nr.9 EStG	+ 17.000€
Einkommen:	./. 100.000€
Einkommenszurechnung an Organ-GmbH: 20/17 aus 17.000€	20.000€
Einkommenszurechnung an Organträger: ./. 100.000 .€/. 20.000€ =	./. 120.000€

Dieses Ergebnis folgt aus §16 KStG, weil sonst im Organkreis eine übermäßige Besteuerung einträte (vgl. auch R16 Abs.1 KStR).

Ist der Organträger eine Personengesellschaft, wird das zuzurechnende Einkommen im Bescheid über die einheitliche und gesonderte Feststellung der Einkünfte zu erfassen und den an der Feststellung beteiligten Mitunternehmern zuzurechnen sein. 6950

(*Einstweilen frei*) 6951–6980

IV. Folgen der körperschaftsteuerlichen Organschaft beim Organträger

1. Grundlagen

Besteht eine körperschaftsteuerliche Organschaft, so wird das Einkommen der Organgesellschaft, soweit es nicht von ihr selbst zu versteuern ist, dem Organträger zugerechnet. Auf Seiten des Organträgers sind dadurch Korrekturen bei der Ermittlung des Einkommens erforderlich. Er hat den Anspruch auf Gewinnabführung in seiner Handelsbilanz ergebniswirksam aktiviert bzw. die Verpflichtung zur Verlustübernahme passiviert oder tatsächliche Zahlungen zur Deckung eines Verlustes als erfolgswirksame Geschäftsvorfälle verbucht. Zu versteuern hat der Organträger aber nicht den **abzuführenden Gewinn bzw. zu übernehmenden Verlust,** sondern das positive oder negative **Einkommen** der Organ-GmbH. Deshalb sind steuerliche Korrekturen erforderlich, weil der Organträger das Einkommen der Organgesellschaft nur einmal zu versteuern hat.[1] Dies geschieht in der Weise, dass zunächst auf einer ersten Stufe das handelsbilanzielle Ergebnis des Organträgers um die darin eingeflossene Gewinnabführung bzw. Verlustübernahme zu vermindern bzw. zu erhöhen ist, die Mehrung bzw. Minderung des Betriebsvermögens i.S.v. §4 Abs.1 EStG von der Steuer freigestellt wird und auf einer zweiten Stufe durch außerbilanzielle Korrektur (Hinzurechnung oder Abzug) an deren Stelle das zugerechnete Einkommen der Organgesellschaft tritt 6981

1 Vgl. auch BFH v. 18.12.2002 - I R 51/01, BStBl 2005 II S.49.

und den vom Organträger zu versteuernden gewerblichen Gewinn (auch als Anknüpfung für § 7 GewStG) ergibt.

6982 Dies ergibt folgendes Schema der Gewinnermittlung:[1]

Jahresüberschuss/-fehlbetrag der Handelsbilanz

– Gewinnabführung der Organgesellschaft

+ vom Organträger übernommener Verlust der Organgesellschaft

= eigener Jahresüberschuss/-fehlbetrag lt. Handelsbilanz des Organträgers

+/– steuerliche Gewinnkorrekturen

= eigener Steuerbilanzgewinn/-verlust des Organträgers

+ nicht abzugsfähige Ausgaben

– Erstattung nicht abzugsfähiger Ausgaben

– nicht der ESt bzw. KSt unterliegende Einnahmen (z. B. Investitionszulagen)

+/– sonstige Korrekturen wie z. B. Neutralisierung von Ausgleichsposten

+ vom Organträger geleistete Ausgleichzahlungen an Dritte

= steuerlicher Gewinn des Organträgers vor Berücksichtigung der Einkommenszurechnung

+ zuzurechnendes positives Einkommen der Organgesellschaft

– zuzurechnendes negatives Einkommen der Organgesellschaft

= vom Organträger zu versteuerndes Ergebnis (bzw. auf die Gesellschafter zu verteilendes Ergebnis).

Dabei handelt es sich um den zu versteuernden Gewinn, der auch Anknüpfungsgröße für § 7 Satz 1 GewStG ist.

6983 Hinsichtlich der weiteren steuerlichen Folgen ist zu unterscheiden, in welcher Rechtsform das Unternehmen des Organträgers betrieben wird.

2. Folgen bei einer Kapitalgesellschaft als Organträger

6984 Ist eine Kapitalgesellschaft (GmbH) Organträger, ergibt sich für die Ermittlung ihres Einkommens folgendes Schema:

Jahresüberschuss/-fehlbetrag der Handelsbilanz

– Gewinnabführungsanspruch lt. Handelsbilanz

+ Verlustübernahmeverpflichtung lt. Handelsbilanz

= eigenes Handelsbilanzergebnis

+/– steuerliche Gewinnkorrekturen

1 Müller in: Mössner/Oellerich/Valta, KStG, § 14 Rz. 672.

= eigener Steuerbilanzgewinn/-verlust

+ vGA

+ nicht abziehbare Aufwendungen

= Zwischensumme

– verdeckte Einlagen

– andere steuerfreie Vermögensmehrungen

– abziehbare Spenden

= eigenes Einkommen des Organträgers

+ zuzurechnendes Einkommen der Organgesellschaft

= vom Organträger zu versteuerndes Einkommen

Weder das dem Organträger zuzurechnende Einkommen der Organgesellschaft noch der Anspruch auf Gewinnabführung stellen eine Ausschüttung i.S.v. §20 Abs.1 EStG dar. Aus diesem Grund gilt die Körperschaftsteuerbefreiung des §8b Abs.1 KStG insoweit nicht. Das dem Organträger zuzurechnende Einkommen der Organgesellschaft wird bei ihm der KSt nach allgemeinen Grundsätzen unterworfen. Andererseits sind beteiligungsbezogene Aufwendungen des Organträgers (in der Rechtsform einer Kapitalgesellschaft) ab dem VZ 2004 ohnehin nicht mehr von einem Abzugsverbot betroffen, weil §3c Abs.1 EStG keine Anwendung mehr findet (§8b Abs.3 Satz2 KStG). Sie sind in vollem Umfang als **Betriebsausgaben** abzugsfähig. Auch der Ansatz von 5% des abgeführten Einkommens als nicht abzugsfähige Betriebsausgaben nach §8b Abs.5 KStG kommt nicht in Betracht. 6985

3. Folgen bei einem Einzelunternehmen oder einer Personengesellschaft als Organträger

Ist Organträger ein Einzelunternehmen bzw. eine Personengesellschaft, die steuerlich als Mitunternehmerschaft i.S.d. **§15 Abs.1 Satz1 Nr.2 EStG** anzusehen ist, so ergibt sich folgendes Schema: 6986

Jahresüberschuss/-fehlbetrag der Handelsbilanz

+/– steuerliche Gewinnkorrekturen

= Steuerbilanzgewinn/-verlust

– Gewinnabführungsanspruch lt. Handelsbilanz

+ Verlustübernahmeverpflichtung lt. Handelsbilanz

= eigene Einkünfte aus Gewerbebetrieb des Organträgers

+/– zuzurechnendes Einkommen der Organgesellschaft

= Einkünfte des Organträgers aus Gewerbebetrieb

Da auch hier weder das dem Organträger zuzurechnende Einkommen der Organgesellschaft noch der Gewinnabführungsanspruch eine Ausschüttung i.S.d. **§20 Abs.1 EStG** 6987 darstellen, ist das **Teileinkünfteverfahren** nach **§ 3 Nr. 40 Buchst. a EStG** insoweit nicht anzuwenden. Das dem Organträger zuzurechnende Einkommen der Organgesellschaft geht in die gesonderte und einheitliche Feststellung der Einkünfte aus Gewerbebetrieb ein und wird den Gesellschaftern entsprechend ihrer Beteiligungsquoten für Zwecke der Einkommensteuer zugeteilt. Andererseits sind jedoch Aufwendungen des Organträgers auf die Beteiligung nicht vom 40 %igen Abzugsverbot des **§ 3c Abs. 2 EStG** betroffen. Sie sind in vollem Umfang als **Betriebsausgaben** abzugsfähig und mindern daher die Einkünfte aus Gewerbebetrieb für Zwecke der ESt und GewSt.

4. Technik und Zeitpunkt der Zurechnung des Einkommens

6988 Den dargestellten Berechnungsschemata liegt zugrunde, dass die Durchführung des Gewinnabführungsvertrags in das handelsbilanzielle Ergebnis und über den Maßgeblichkeitsgrundsatz (§ 5 Abs. 1 Satz 1 EStG) auch in den Unterschiedsbetrag nach § 4 Abs. 1 Satz 1 EStG eingeflossen ist. Zur Vermeidung einer doppelten Erfassung und nach der organschaftlichen Regel, dass der Organträger das Einkommen der Organgesellschaft nur einmal zu versteuern hat,[1] sind somit die Vermögensminderungen bzw. Vermögensmehrungen aufgrund des Gewinnabführungsvertrags auf der 1. Stufe zu eliminieren; auf der 2. Stufe wird das Einkommen der Organgesellschaft außerbilanziell zugerechnet.

6989 Das Einkommen des Organs ist dem Organträger in dem VZ zuzurechnen, in dem die Organgesellschaft ihr Einkommen **erzielt** hat. Haben Organträger und Organgesellschaft dasselbe Wirtschaftsjahr, ergeben sich keine Verschiebungen.

6990 Hat die Organgesellschaft ein vom Kalenderjahr abweichendes **Wirtschaftsjahr,** so erfolgt die Zurechnung des Einkommens beim Organträger in dem Kalenderjahr, in dem das Wirtschaftsjahr der Organgesellschaft endet, und zwar auch, wenn der Organträger seinerseits ein abweichendes und auch nicht mit dem Wirtschaftsjahr der Organgesellschaft übereinstimmendes Wirtschaftsjahr hat.[2]

BEISPIEL: Der Organträger hat ein Wirtschaftsjahr vom 1.3. bis zum 28.2., das Wirtschaftsjahr der Organgesellschaft läuft vom 1.4. bis 30.3. Im VZ 2023 hat der Organträger daher folgende Einkommen zu versteuern:

- das eigene Einkommen aus dem Wirtschaftsjahr vom 1.3.2022 bis zum 28.2.2023,
- das ihm zuzurechnende Einkommen des Organs vom 1.4.2022 bis zum 30.3.2023.

Nach § 7 Abs. 4 KStG muss der Organträger das Einkommen in dem VZ versteuern, in dem es die Organgesellschaft versteuern müsste, wenn sie keine Organgesellschaft wäre.

5. Sonstige Steuerfolgen beim Organträger

6991 Neben der Zurechnung des Einkommens der Organgesellschaft ergeben sich beim Organträger noch folgende steuerliche Konsequenzen:

---

1 BFH v. 18.12.2002 - I R 51/01, BStBl 2005 II S. 49.

2 BFH v. 20.8.1986 - I R 150/82, BStBl 1987 II S. 455, 458.

Steuerfreie Einnahmen der Organgesellschaft bleiben grundsätzlich auch beim Organträger steuerfrei. Ausnahmen ergeben sich aber für die in **§ 8b KStG** genannten Einnahmen des Organs (**§ 15 Nr. 2 KStG**). 6992

Haben Einnahmen der Organgesellschaft dem **Steuerabzug** unterlegen (z. B. Dividenden einer Tochterkapitalgesellschaft der Organgesellschaft), sind diese Steuerabzugsbeträge von der ESt bzw. KSt des Organträgers und bei einer Personengesellschaft als Organträger von der ESt bzw. KSt der Gesellschafter der Personengesellschaft abzuziehen (**§ 19 Abs. 5 KStG**). 6993

Steuerschuldner hinsichtlich des dem Organträger zuzurechnenden Einkommens ist der Organträger. Allerdings haftet die Organgesellschaft (§ 73 AO). 6994

(*Einstweilen frei*) 6995–7010

6. Behandlung von Mehr- oder Minderabführungen

a) Allgemeines

Nach dem Gewinnabführungsvertrag muss die Organgesellschaft ihren Jahresüberschuss lt. Handelsbilanz (vor Berücksichtigung der Abführungsverpflichtung selbst) an den Organträger abführen. Umgekehrt ist der Organträger verpflichtet, Jahresfehlbeträge lt. Handelsbilanz der Organgesellschaft (vor Berücksichtigung der Verlustübernahmeverpflichtung) auszugleichen. Der Besteuerung beim Organträger unterliegt jedoch das zuzurechnende positive oder negative Einkommen der Organgesellschaft. 7011

Zwischen Ergebnisabführung bzw. Verlustübernahmeverpflichtung und zuzurechnendem positivem oder negativem Einkommen bestehen häufig aus unterschiedlichen Gründen betragsmäßige Abweichungen. Diesen Abweichungen trug bis zum VZ 2021 die Bildung von **Organschaftsausgleichsposten** Rechnung. Diese Ausgleichsposten wirkten als steuerlicher Korrekturposten zum Ansatz der Beteiligung an der Organgesellschaft in der Bilanz des Organträgers[1] und waren mit diesem bei Veräußerung der Organbeteiligung ergebniswirksam aufzulösen. 7012

Ab VZ 2022 wurde die Ausgleichspostenmethode durch die Einlagelösung ersetzt. Im Folgenden wird nur noch die neue gesetzliche Regelung dargestellt, die für Mehr- und Minderabführungen gilt, die nach dem 31.12.2021 erfolgen. 7013

aa) Minderabführungen der Organgesellschaft

Bildet die Organgesellschaft **versteuerte Gewinnrücklagen**, führt dies zu Minderabführungen an den Organträger. Die Minderabführung wird als Einlage des Organträgers in das Vermögen der Organgesellschaft gewertet. Dies spiegelt sich im Beteiligungsansatz beim Organträger wider. 7014

bb) Mehrabführungen der Organgesellschaft

Eine **Mehrabführung** liegt vor, wenn die Gewinnabführung höher als das dem Organträger zuzurechnende Einkommen der Organgesellschaft ist, z. B., weil durch höhere 7015

1 Vgl. BFH v. 24.7.1996 - I R 41/93, BStBl 1996 II S. 614; BMF v. 26.8.2003, BStBl 2003 I S. 437, Rz. 43.

Abschreibungen oder höhere Rückstellungsbildung steuerliche stille Reserven gebildet werden. Eine Mehrabführung gilt als Einlagerückgewähr der Organgesellschaft und führt zu einer Beteiligungsminderung beim Organträger.

b) Bewertungsabweichungen zwischen Handels- und Steuerbilanz der Organgesellschaft

7016 Häufige Gründe für Abweichungen zwischen Gewinnabführung und zu versteuerndem Einkommen sind Unterschiede in Ansatz oder Bewertung beim handelsrechtlichen Jahresabschluss und in der Steuerbilanz. Die vereinbarte Gewinn- bzw. Verlustabführung bezieht sich auf das Handelsbilanzergebnis der Organgesellschaft (vor Berücksichtigung der Ergebnisabführung), das zur Ermittlung des steuerlichen Einkommens der Organgesellschaft, um steuerliche Gewinnkorrekturen zu erhöhen oder zu vermindern ist. Typisch sind Abweichungen infolge der Ausübung handelsrechtlicher Ansatz- oder Bewertungswahlrechte, denen steuerlich ein entsprechendes Aktivierungsgebot bzw. Passivierungsverbot gegenübersteht.

BEISPIEL: Die Organgesellschaft passiviert in ihrer Handelsbilanz eine Rückstellung für drohende Verluste aus schwebenden Geschäften i. H. v. 50.000 €. In der Handelsbilanz ist diese Rückstellung wegen § 249 Abs. 1 Satz 1 HGB zwingend zu bilden, während in der Steuerbilanz nach § 5 Abs. 4a EStG ein Passivierungsverbot für Drohverlustrückstellungen besteht. Daher ist das dem Organträger zuzurechnende Einkommen um 50.000 € höher als die Gewinnabführung. Wegen der Minderabführung ist in der Steuerbilanz des Organträgers daher ein aktiver Ausgleichsposten in dieser Höhe zu bilden.

c) Bildung von Gewinnrücklagen aufgrund vernünftiger kaufmännischer Beurteilung

7017 Die **Organgesellschaft** darf aus ihrem Jahresüberschuss (vor Gewinnabführung) **Gewinnrücklagen** bilden, wenn dies aufgrund **vernünftiger kaufmännischer Beurteilung wirtschaftlich begründet** ist (§ 14 Abs. 1 Nr. 4 KStG). Gleichwohl geht dieser Teil des Einkommens der Organgesellschaft in das dem Organträger zuzurechnende Einkommen ein (§ 14 Abs. 1 Nr. 4 KStG). Veräußert der Organträger später seine Organbeteiligung, wird der Kaufpreis um die beim Organ gebildeten Gewinnrücklagen höher sein. Das führt beim Organträger zu einem entsprechend höheren Buchgewinn aus der Veräußerung der Beteiligung.

7018 Handelt es sich beim **Organträger** um eine **natürliche Person oder eine Personengesellschaft**, so unterliegt der Buchgewinn zu 60 % der ESt (§ 3 Nr. 40 Satz 1 Buchst. a EStG). Damit würde im Ergebnis das 1,6-Fache der Gewinnrücklagen der Organgesellschaft auf der Ebene des Organträgers besteuert. Um diese Folgen der Organschaft zu verhindern, ist im Zeitpunkt der Bildung einer Gewinnrücklage bei der Organgesellschaft der Beteiligungswertansatz in der Steuerbilanz des Organträgers zu erhöhen.

BEISPIEL: Die Muttergesellschaft (M-OHG) hält sämtliche Stammanteile an der T-GmbH. Es besteht eine körperschaftsteuerliche Organschaft. Die Handelsbilanz = Steuerbilanz der T-GmbH zum 31.12.2023 enthält u. a. eine Verbindlichkeit aus Gewinnabführung 2023 i. H. v. 200.000 € sowie eine Zuführung zu den Gewinnrücklagen aus dem Ergebnis des laufenden Jahres i. H. v. 300.000 €.

Die vorläufige Handelsbilanz der M-OHG zum 31.12.2023 hat folgendes Aussehen:

Aktiva			Passiva
Beteiligung Tochter-GmbH	300.000 €	Kapitalkonten	200.000 €
Ford. Gewinnabführung	200.000 €	Jahresüberschuss	600.000 €
Sonstige Aktiva	200.000 €	Verbindlichkeiten	200.000 €
	700.000 €		**700.000 €**

Ermittlung des Einkommens 2023 der T-GmbH:

Bilanzgewinn	0 €
+ Zuführung zur Gewinnrücklage	300.000 €
+ Gewinnabführungsverpflichtung lt. Handelsbilanz	200.000 €
= Einkommen der Organgesellschaft 2023	**500.000 €**

Dieses Einkommen ist hier voll dem Organträger M-OHG zuzurechnen. Das steuerliche Einlagekonto der T-GmbH erhöht sich um 300.000 €.

Ermittlung der Einkünfte aus Gewerbebetrieb 2023 der M-OHG:

Jahresüberschuss lt. Handelsbilanz	600.000 €
–Gewinnabführungsanspruch lt. Handelsbilanz	– 200.000 €
=eigene Einkünfte des Organträgers	400.000 €
+zuzurechnendes Einkommen des Organs	500.000 €
=zu versteuerndes Einkommen des Organträgers	900.000 €

Daraus ergibt sich folgende Steuerbilanz der M-OHG zum 31.12.2023:

Aktiva			Passiva
Beteiligung Tochter-GmbH	600.000 €	Kapitalkonten	200.000 €
Ford. Gewinnabführung	200.000 €	Steuerbilanzgewinn	600.000 €
Sonstige Aktiva	200.000 €	Verbindlichkeiten	200.000 €
	1.000.000 €		**1.000.000 €**

Veräußert der Organträger M-OHG die Beteiligung an der T-GmbH im folgenden Jahr z. B. für 800.000 €, so ist in der Handelsbilanz zum Stichtag ein Veräußerungsgewinn i. H. v. 800.000 € – 300.000 € = 500.000 € auszuweisen. In der Steuerbilanz beträgt der Veräußerungsgewinn jedoch nur 800.000 € – 600.000 € = 200.000 €.

(Einstweilen frei) 7019–7020

d) Nicht abzugsfähige Betriebsausgaben der Organgesellschaft

7021 Die handelsrechtliche Gewinnabführung und das dem Organträger zuzurechnende Einkommen weichen auch hinsichtlich der nichtabzugsfähigen **Betriebsausgaben** (nach §§ 9, 10 KStG, §§ 3c, 4 Abs. 5 EStG) der Organgesellschaft voneinander ab.

7022 In diesen Fällen ist jedoch weder der Beteiligungsbuchwert beim Organträger zu erhöhen noch eine Zuführung zum steuerlichen Einlagekonto bei der Organgesellschaft vorzunehmen, da die Ergebnisabweichungen insoweit auf der Systematik der Einkommensermittlung beruhen und die Nichtabziehbarkeit dieser Ausgaben auf den Organträger übergeleitet wird.

e) Steuerfreie Vermögensmehrungen der Organgesellschaft

7023 Ähnlich verhält es sich, wenn die handelsrechtliche Gewinnabführung und das dem Organträger zuzurechnende Einkommen wegen **steuerfreier Vermögensmehrungen** auf der Ebene der Organgesellschaft voneinander abweichen. Solche Abweichungen sind in der Einkommensermittlung begründet, soweit die Steuerfreiheit dieser Vermögensmehrungen durch die Organschaft an den Organträger weitergereicht wird. Deshalb ist in diesen Fällen weder der Beteiligungsbuchwert beim Organträger zu mindern noch das steuerliche Einlagekonto bei der Organgesellschaft zu kürzen.

7024 Mit anderer Begründung gilt dies auch für steuerfreie Vermögensmehrungen der Organgesellschaft nach § 8b KStG, wobei es sich im Wesentlichen um Dividendenerträge oder Veräußerungsgewinne der Organgesellschaft aus einer Beteiligung an einer anderen Kapitalgesellschaft handelt. Die steuerlichen Folgen richten sich nach den steuerlichen Verhältnissen des Organträgers (§ 15 Satz 1 Nr. 2 KStG). Aus diesem Grund ist das dem Organträger zuzurechnende Einkommen der Organgesellschaft nicht um die Vermögensmehrungen nach **§ 8b KStG** gemindert. Das zuzurechnende Einkommen und die Gewinnabführung weichen daher insoweit nicht voneinander ab.

7025–7050 (*Einstweilen frei*)

V. Gewerbesteuerliche Organschaft

1. Voraussetzungen und Vorteile

7051 Ab VZ 2002 sind die Voraussetzungen der gewerbesteuerlichen Organschaft vollständig mit denen der körperschaftsteuerlichen Organschaft deckungsgleich. Liegt eine körperschaftsteuerliche Organschaft tatbestandlich vor, ist damit auch eine gewerbesteuerliche Organschaft gegeben (**§ 2 Abs. 2 Satz 2 GewStG).**

7052 Die Vorteile der gewerbesteuerlichen Organschaft liegen zum einen in der Möglichkeit der **sofortigen Verrechnung** von **Gewerbeverlusten** zwischen den einzelnen Organgliedern. Zum anderen vermeidet sie die im Bereich der nahe stehenden Unternehmen nachteilige doppelte Erfassung von Entgelten für Dauerschulden beim Gewerbeertrag.

2. Ermittlung des Gewerbeertrags

Ist eine GmbH eine körperschaftsteuerrechtliche Organgesellschaft und liegt deshalb eine gewerbesteuerliche Organschaft vor, so gilt die GmbH (= die Organgesellschaft) als **Betriebsstätte des Organträgers (§ 2 Abs. 2 Satz 2 GewStG).** Sie ist nicht mehr selbst gewerbesteuerpflichtig. Für die GmbH muss **keine Gewerbesteuer-Erklärung** mehr abgegeben werden. Der Organträger ist Schuldner der gesamten Gewerbesteuer des Organkreises. Die Betriebsstätten-Fiktion bedeutet aber nicht, dass Organträger und Organgesellschaft hinsichtlich der GewSt wie ein einheitliches Unternehmen behandelt werden.[1] Gewerbeertrag von Organträger und Organgesellschaft (GmbH) werden zunächst getrennt ermittelt und sodann beim Organträger zusammengerechnet.[2] Dort wird dann der Steuermessbetrag (§ 11 GewStG) ermittelt, festgesetzt (§ 14 GewStG) und falls erforderlich auf die einzelnen Gemeinden, in denen die Betriebsstätten unterhalten werden, zerlegt (§§ 28 ff. GewStG). 7053

Auch wenn die Gewerbeerträge für den Organträger und die Organ-GmbH getrennt zu ermitteln sind, heißt dies aber nicht, dass es keine wechselseitigen Auswirkungen der Organschaft auf die Ermittlung des Gewerbeertrags in beiden Unternehmen gäbe. Vielmehr sind bei den Hinzurechnungen und Kürzungen nach **§§ 8 und 9 GewStG** die Beträge auszuscheiden, die von Unternehmen aus dem Organkreis stammen und zu einer doppelten steuerlichen Berücksichtigung führten. Eine doppelte Belastung könnte eintreten, wenn hinzuzurechnende Beträge bereits in einem der zusammenzurechnenden Gewerbeerträge enthalten sind: 7054

BEISPIEL: Die Alfa-GmbH & Co. KG ist Organträger der Beta-GmbH und der Gamma-GmbH. Im Wirtschaftsjahr 2024 hat sie von der Beta-GmbH 20.000 € Zinsen für ein langfristiges Darlehen erhalten.

- Die Zinserträge haben den Gewinn aus Gewerbebetrieb der Alfa-GmbH & Co. KG und ihren Gewerbeertrag erhöht. Sie unterliegen daher insoweit der Gewerbesteuer.
- Die Beta-GmbH müsste ein Viertel des Zinsaufwandes nach **§ 8 Nr. 1 Buchst. a GewStG** bei Ermittlung des Gewerbeertrags hinzurechnen (der Freibetrag von 100.000 € soll unberücksichtigt bleiben). Dadurch käme es jedoch innerhalb des Organkreises zu einer Doppelerfassung. Die Hinzurechnung als Dauerschuldzinsen unterbleibt wegen der bestehenden Organschaft.[3]

Die vorstehenden Grundsätze gelten auch für mehrere Organgesellschaften untereinander. 7055

BEISPIEL: Wie vorstehend, jedoch hat die Gamma-GmbH den Kredit an ihre Schwestergesellschaft, die Beta-GmbH gegeben. Die Zinserträge haben den Gewinn aus Gewerbebetrieb der Gamma-GmbH erhöht. Sie unterliegen daher insoweit der Gewerbesteuer. Die Hinzurechnung als Dauerschuldzinsen bei der Beta-GmbH unterbleibt.

Entsprechendes gilt für andere Hinzurechnungen und Kürzungen. 7056

Aus der getrennten Ermittlung des Gewerbeertrags folgt, dass die Organ-GmbH Gewerbeverluste mit ihren nachfolgenden Gewerbeerträgen im Rahmen des § 10a Satz 1 und 7057

1 St. Rspr.; vgl. BFH v. 30.1.2003 - I R 73/01, BStBl 2003 II S. 354; v. 22.1.2004 - III R 19/02, BStBl 2004 II S. 515.
2 Vgl. BFH v. 21.10.2009 - I R 29/09, BStBl 2011 II S. 116.
3 BFH v. 2.2.1994 - I R 10/93, BStBl 1994 II S. 768.

2 GewStG verrechnen kann. **Vororganschaftliche Verluste,** also Fehlbeträge, die sich vor dem rechtswirksamen Abschluss des Gewinnabführungsvertrags ergeben haben, sind jedoch – während des Bestehens der Organschaft – von einer Verrechnung ausgeschlossen.[1]

3. Steuerfolgen bei gewerbesteuerlicher Organschaft

7058 Besteht eine gewerbesteuerliche Organschaft, so unterliegen der von der Organgesellschaft erzielte Gewerbeertrag wie das erzielte Einkommen der Besteuerung beim Organträger. Die Beteiligung an der Organgesellschaft stellt aus der Sicht des Organträgers keine Beteiligung an einer **Kapitalgesellschaft** dar, deren Leistungen beim Empfänger zu den Einnahmen aus **§ 20 Abs. 1 Nr. 1 EStG** gehören. Jedoch ist die Bruttomethode nach § 15 Nr. 2 KStG auch bei der GewSt anzuwenden mit der Folge, dass nach § 15 Satz 1 Nr. 2 Satz 2 KStG die Anwendung der Vorschriften § 8b KStG, § 3 Nr. 40 EStG und § 3c EStG auf der Ebene des Organträgers nachzuholen ist.[2]

7059 Nachdem der BFH[3] die Korrekturpostenmethode verworfen hat, hat der Gesetzgeber für Gewinnausschüttungen, die nach dem 31.12.2016 zufließen, die Problematik in § 7a GewStG geregelt.

BEISPIEL (NACH DER GESETZESBEGRÜNDUNG S. 69): Die OrgT-GmbH ist Organträgerin der Organgesellschaft OG-GmbH. Die OG-GmbH erhält eine Dividende von 100.000 € durch die T-GmbH; die OG-GmbH hat keine Aufwendungen im Zusammenhang mit der Beteiligung (Grundfall).

1. Alternative: Die OG-GmbH hat einen unmittelbar mit der Beteiligung zusammenhängenden Zinsaufwand von 12.000 €.

2. Alternative: Der Zinsaufwand beträgt 160.000 €.

LÖSUNG GRUNDFALL: OG-GmbH

§ 7a Abs. 1 GewStG

Dividende	100.000 €
./. Aufwand	0 €
Einkommen = Gewinn gem. § 7 Satz 1 GewStG	100.000 €
Gewerbeertrag	100.000 €

§ 7a Abs. 2 GewStG

§ 8b Abs. 1 KStG	./. 100.000 €
§ 8b Abs. 5 Satz 1 KStG	+ 5.000 €
§ 9 Nr. 2a GewStG	./. 0 €
§ 8 Nr. 1 GewStG	+ 0 €
Zurechnung bei OrgT-GmbH	5.000 €

1 § 10a Abs. 3 GewStG; vgl. BMF v. 10.11.2005, BStBl 2005 I S. 1038, Rz. 25.
2 Vgl. BMF v. 26.8.2003, BStBl 2003 I S. 437, Tz. 28 ff.
3 BFH v. 17.12.2014 - I R 39/14, BStBl 2015 II S. 1052.

LÖSUNG 1. ALTERNATIVE ▸ OG-GmbH

§ 7a Abs. 1 GewStG

Dividende	100.000 €
./. Aufwand	12.000 €
Einkommen = Gewinn gem. § 7 Satz 1 GewStG	88.000 €
Gewerbeertrag	88.000 €

§ 7a Abs. 2 GewStG

§ 8b Abs. 1 KStG	./. 100.000 €
§ 8b Abs. 5 Satz 1 KStG	+ 5.000 €
§ 9 Nr. 2a GewStG	./. 0 €
§ 8 Nr. 1 GewStG	+ 3.000 €
Zurechnungsbetrag OrgT-GmbH	./. 4.000 €

LÖSUNG 2. ALTERNATIVE ▸ OG-GmbH

§ 7a Abs. 1 GewStG

Dividende	100.000 €
./. Aufwand	./. 160.000 €
Einkommen = Gewinn gem. § 7 Satz 1 GewStG	./. 60.000 €
Gewerbeertrag	./. 60.000 €

§ 7a Abs. 2 GewStG

§ 8b Abs. 1 KStG	./. 100.000 €
§ 8b Abs. 5 Satz 1 KStG	+ 5.000 €
./. § 9 Nr. 2a GewStG	0 €
§ 8 Nr. 1 GewStG	+ 40.000 €
Zurechnungsbetrag OrgT-GmbH	./. 115.000 €

Ist Organträgerin eine Personengesellschaft, an der nur natürliche Personen beteiligt sind, sind die Lösungen wie folgt:

Grundfall: unverändert

1. ALTERNATIVE: ▸

Gewerbeertrag OG-GmbH unverändert	88.000 €
§ 7a Abs. 2 GewStG	
§ 3 Nr. 40 EStG (40 % von 100.000 steuerfrei)	./. 40.000 €
§ 3c Abs. 2 Satz 1 EStG (40 % von 12.000)	+ 4.800 €
§ 9 Nr. 2a GewStG	./. 52.800 €
§ 8 Nr. 1 GewStG	+ 0 €
Zurechnungsbetrag bei OrgT-PersGes	0 €

2. ALTERNATIVE:

Gewerbeertrag OG-GmbH unverändert	./. 60.000 €
§ 7a Abs. 2 GewStG	
§ 3 Nr. 40	./. 40.000 €
§ 3c Abs. 2 Satz 1 EStG	+ 64.000 €
§ 9 Nr. 2a GewStG	./. 0 €
§ 8 Nr. 1 GewStG (25 % von [60 % von 100.000 – 60 % von 160.000])	+ 9.000 €
Zurechnungsbetrag bei OrgT-PerGes	./. 27.000 €

7060 Stammen die **Dividendeneinnahmen** aus einem sog. **Streubesitz** (Beteiligung unter 15 % an einer Kapitalgesellschaft), ist die Bruttomethode anzuwenden, d. h., § 8b Abs. 1 KStG greift erst auf der Ebene des Organträgers, jedoch ist für die GewSt dort zusätzlich die Hinzurechnungsvorschrift von § 8 Nr. 5 GewStG zu beachten.

BEISPIEL 3: Organschaftsverhältnisse und Dividendeneinnahmen wie vorheriges Beispiel, aber die Beteiligung an der X-GmbH beträgt nur 5 %

Nach § 15 Satz 1 Nr. 2 Satz 1 KStG ist auf der Ebene der Organ-GmbH wieder § 8b Abs. 1 KStG nicht anzuwenden, der Steuerbilanzgewinn beträgt 50.000 €, der zur Ermittlung des Gewerbeertrags (mangels Schachtelbeteiligung) nicht zu kürzen ist. Auf der Ebene der M-GmbH ist § 8b Abs. 1 und 5 KStG anzuwenden, so dass sich (vorläufig) ein zuzurechnender Gewerbeertrag von 45.250 € ergibt; jedoch ist eine Hinzurechnung nach § 8 Nr. 5 GewStG vorzunehmen, also 5.000 € abzgl. des nach § 8b Abs. 5 KStG nicht abzugsfähigen Betrages von 250 €, also 4.750 €. Der ihr zuzurechnende Gewerbeertrag aus dem Organschaftsverhältnis bleibt also bei 50.000 €.

7060/1 Ist **Organträger eine Personengesellschaft (Mitunternehmerschaft)**, so ist diese ein **eigenständiges Gewerbesteuersubjekt** i. S. v. § 2 GewStG. Ab dem **Erhebungszeitraum 2004** sind auch bei der **Ermittlung ihres Gewerbeertrags** die **Vorschriften des § 3 Nr. 40 und des § 3c Abs. 2 EStG anzuwenden**, soweit an der **Mitunternehmerschaft natürliche Personen unmittelbar oder mittelbar** über eine oder mehrere Personengesellschaften **beteiligt** sind. Für eine als Mitunternehmer beteiligte Kapitalgesellschaft (GmbH) gilt § 8b KStG. Die Ausführungen im BMF-Schreiben v. 26.8.2003[1] sind durch die Gesetzesänderung überholt.

BEISPIEL 4: Die Organ-GmbH ist Organgesellschaft einer Personengesellschaft M-OHG, an der zu je 50 % die natürliche Person A und die B-GmbH beteiligt sind. Wie in Beispiel 1 ist im Gewinn der Organ-GmbH ein Gewinn aus der Veräußerung ihrer Beteiligung an der X-GmbH von 5.000 € enthalten.

Der Gewinn aus der Veräußerung ist auf der Ebene der Organ-GmbH gem. § 15 Satz 1 Nr. 2 KStG nicht nach § 8b Abs. 2 KStG steuerfrei. Auf der Ebene der M-OHG (Organträger) ist hinsichtlich des Mitunternehmers A die Vorschrift des § 3 Nr. 40 EStG und hinsichtlich des Mitunternehmers B-GmbH § 8b Abs. 2 KStG auch für die Ermittlung des Gewerbeertrags anzuwenden, so dass der auf A entfallende Veräußerungserlös zu 40 % (1.000 €) und der auf die B-GmbH entfallende Anteil von 2.500 € ganz abzusetzen ist. Der Gewerbeertrag aus dem Organschaftsverhältnis beträgt also 46.500 €.

1 BStBl 2003 I S. 437, Tz. 34.

Ist der Organträger eine Kapitalgesellschaft **(GmbH)** und veräußert sie die Beteiligung an der Organ-GmbH, so ist auf einen entstehenden **Veräußerungsgewinn § 8b Abs. 2 KStG** anzuwenden. Der Veräußerungsgewinn ist daher ab 2004 bis auf 95 % körperschaftsteuer- und damit gewerbesteuerfrei (§ 7 Satz 1 GewStG i. V. m. § 8b Abs. 3 Satz 1 KStG). Veräußerungsverluste und Teilwertabschreibungen sind nicht abzugsfähig (§ 8b Abs. 3 Satz 3 KStG), mindern also auch den Gewerbeertrag nicht. 7061

(Einstweilen frei) 7062–7090

VI. Umsatzsteuerliche Organschaft

1. Voraussetzungen der umsatzsteuerlichen Organschaft

a) Organträger und Organgesellschaft

Im Gegensatz zur körperschaftsteuerlichen und gewerbesteuerlichen Organschaft genügt es, wenn der Organträger **Unternehmer** i. S. d. UStG ist. Unternehmer ist, wer eine nachhaltige Tätigkeit zur Erzielung von Einnahmen selbständig ausübt (§ 2 Abs. 1 UStG). Die Voraussetzungen für die umsatzsteuerliche Organschaft sind nicht identisch mit denen der körperschaftsteuerlichen und gewerbesteuerlichen Organschaft. **Organgesellschaften** können grundsätzlich nur **juristische Personen** des Zivil- und Handelsrechts sein, also auch eine GmbH. Aus der EuGH-Rechtsprechung[1] entnimmt der BFH, dass über den Gesetzeswortlaut hinaus in Ausnahmefällen auch Personengesellschaften Organgesellschaften sein können.[2] **Organträger kann jeder Unternehmer** sein. 7091

b) Eingliederung der Organgesellschaft in das Unternehmen des Organträgers

Die umsatzsteuerliche Organschaft verlangt neben der finanziellen Eingliederung auch die wirtschaftliche sowie die organisatorische Eingliederung der Organgesellschaft in das Unternehmen des Organträgers (§ 2 Abs. 2 Nr. 2 UStG). 7092

Finanzielle Eingliederung bedeutet das Innehaben der entscheidenden Anteilsmehrheit an der Organgesellschaft. Der Organträger muss unmittelbar und/oder mittelbar die Mehrheit der Stimmrechte an der Organgesellschaft besitzen. Entsprechen die Beteiligungsverhältnisse den Stimmrechtsverhältnissen, liegt die finanzielle Eingliederung vor, wenn die Beteiligung mehr als 50 % an der Organ-GmbH beträgt. Ist der Organträger eine Personengesellschaft, reicht es **nicht** aus, dass die Anteile an der Organgesellschaft im Besitz der Gesellschafter der Personengesellschaft sind (also ertragsteuerlich Sonderbetriebsvermögen darstellen). Der BFH verlangt in Änderung seiner früheren Rechtsprechung, dass die Anteile zum Gesamthandsvermögen der Personengesellschaft gehören.[3] 7093

Wirtschaftliche Eingliederung bedeutet, dass die Organgesellschaft gem. dem Willen des Unternehmers (Organträgers), im Rahmen des Gesamtunternehmens, und in en- 7094

1 Vom 16.7.2015 - C-108/14 „Larentia+Minerva" und C-109/14 „Marenave Schifffahrt", NWB RAAAE-97099, vgl. Detmering in: Müller/Detmering/Saecker, a. a. O., Rz. 1227, m. w. N; Jansen, BB 2016 S. 2263.

2 Vom 2.12.2015 - V R 25/13, BStBl 2017 II S. 547; noch offener BFH v. 19.1.2016 - XI R 38/12, BStBl 2017 II S. 567.

3 BFH v. 22.4.2010 - V R 9/09, BStBl 2011 II S. 597 und v. 1.12.2010 - XI R 43/08, BStBl 2011 II S. 600; zu Einzelheiten s. Detmering in: Müller/Detmering/Saecker, a. a. O., Rz. 1189 f.

gem wirtschaftlichem Zusammenhang mit diesem wirtschaftlich tätig ist (wirtschaftliche Verflechtung). Bei deutlicher Ausprägung der finanziellen und organisatorischen Eingliederung liegt die wirtschaftliche Eingliederung bereits dann vor, wenn zwischen dem Organträger und der Organgesellschaft aufgrund gegenseitiger Förderung und Ergänzung mehr als nur unerhebliche wirtschaftliche Beziehungen bestehen, wobei aber ein Abhängigkeitsverhältnis nicht verlangt wird.[1] Bei einer Betriebsaufspaltung mit Verpachtung des Betriebsvermögens durch das Besitzunternehmen an die Betriebskapitalgesellschaft steht diese im Allgemeinen in einem Abhängigkeitsverhältnis zum Besitzunternehmen, wozu es bereits ausreichen kann, wenn nur das Betriebsgrundstück ohne andere Anlagegegenstände verpachtet wird.[2]

7095 Zur **organisatorischen Eingliederung**[3] genügt es, wenn der Organträger durch organisatorische Maßnahmen bei der Organ-GmbH sicherstellt, dass sein Wille auch tatsächlich ausgeführt wird. **Indizien** dafür sind die Personalunion der Geschäftsführer in beiden Gesellschaften, die Geschäftstätigkeit in gemeinsamen Räumen und die Buchhaltung durch Personal des Organträgers. Eigene Buchhaltung und eigene Einkaufs- und Verkaufsabteilungen bei der Organgesellschaft stehen aber der Annahme einer organisatorischen Eingliederung nicht entgegen. Entgegen der bisherigen Auffassung reicht es nach BFH nicht mehr aus, dass der Organträger passiv eine von seinem Willen abweichende Willensbildung in der Organgesellschaft verhindern kann; er verlangt vielmehr, dass der Organträger seinen Willen aktiv durchsetzen kann.[4] Damit endet die organisatorische Eingliederung z. B. bereits bei Bestellung eines sog. schwachen vorläufigen Insolvenzverwalters, wenn der GmbH-Geschäftsführer (der gleichzeitig Organträger ist) Verfügungen nur noch mit Zustimmung des vorläufigen Insolvenzverwalters vornehmen darf. Bisher endete die Organschaft erst, wenn die alleinige Verfügungsbefugnis auf den vorläufigen Insolvenzverwalter überging.

2. Rechtsfolgen der umsatzsteuerlichen Organschaft

7096 Folgen der umsatzsteuerlichen Organschaft sind:

Die Organgesellschaft ist nicht Unternehmer i. S. d. UStG, alle umsatzsteuerlichen Pflichten wie insbesondere die Abgabe der Umsatzsteuer-Voranmeldungen und -erklärungen obliegen dem Organträger.

7097 Das **Unternehmen des Organträgers umfasst den gesamten Organkreis.** Die im Inland ansässigen Organgesellschaften sind Unternehmensteile des Organträgers. Dem Organträger werden alle Außenumsätze der Organgesellschaft zugerechnet, da nur er als Unternehmer umsatzsteuerpflichtig ist. Nicht erheblich ist dabei, dass der Abrechnungsbeleg von der Organgesellschaft stammt. Dem Organträger sind auch alle Leistungsbezüge der Organgesellschaft von außen zuzurechnen; nur er ist vorsteuerabzugsberechtigt, auch wenn die Rechnung auf die Organgesellschaft ausgestellt ist.

1 BFH v. 3.4.2003 - V R 63/01, BStBl 2004 II S. 434.
2 BFH v. 9.9.1993 - V R 124/89, BStBl 1994 S. 129.
3 Zu Einzelheiten s. Detmering in: Müller/Detmering/Saecker, a. a. O., Rz. 1298 ff.
4 BFH v. 8.8.2013 - V R 18/13, BStBl 2017 II S. 543.

Umsätze zwischen Organgesellschaft und Organträger und Umsätze zwischen einzelnen Organgesellschaften sind nicht steuerbare Innenumsätze;[1] auch wenn USt ausgewiesen wird, ist § 14c UStG nicht anzuwenden, da es sich nicht um eine Rechnung i. S. v. § 14 UStG eines „anderen Unternehmers", sondern um einen internen Abrechnungsbeleg handelt.[2] 7098

Die Berechtigung zum Vorsteuerabzug ist davon abhängig, wofür die Leistungsbezüge im Organkreis, nicht aber bei den einzelnen Unternehmensteilen verwendet werden. 7099

Die **Wirkungen der Organschaft** sind nach § 2 Abs. 2 Nr. 2 Satz 2 UStG auf **Innenleistungen** zwischen den im **Inland belegenen Unternehmensteilen beschränkt**. Sie bestehen nicht im Verhältnis zu den im Ausland belegenen Unternehmensteilen sowie zwischen diesen Unternehmensteilen. Die im Inland belegenen Unternehmensteile sind als ein Unternehmen zu behandeln. Ist der Organträger im Inland ansässig, umfasst das Unternehmen alle im Inland ansässigen Unternehmensteile (den Organträger, die inländischen Organgesellschaften und inländische Betriebsstätten des Organträgers und der Organgesellschaften). Seine im Ausland ansässigen Organgesellschaften können deshalb im Verhältnis zum Unternehmen des Organträgers und zu Dritten sowohl Umsätze ausführen als auch Leistungsempfänger sein. Ist der Organträger im Ausland ansässig, umfasst das Unternehmen alle im Inland ansässigen Organgesellschaften sowie die im Inland gelegenen Betriebsstätten des Organträgers und seine Organgesellschaften. Der wirtschaftlich bedeutendste Unternehmensteil im Inland gilt dann als der Unternehmer und ist damit als Steuerschuldner zu behandeln, kann aber grundsätzlich nur eine im Inland ansässige juristische Person (Organgesellschaft) sein.[3] 7100

(*Einstweilen frei*) 7101–7130

C. Gewerbesteuer

LITERATUR:

Hallerbach/Nacke/Rehfeldt, GewStG, 2. Aufl., Herne 2023.

I. Gewerbesteuerpflicht der GmbH kraft Rechtsform

Die Gewerbesteuer belastet den im Unternehmen der GmbH erwirtschafteten Ertrag neben der KSt. Die hiergegen erhobenen verfassungsrechtlichen Bedenken hat das BVerfG nicht geteilt.[4] Die Gewerbesteuer ist eine Gemeindesteuer; die Gemeinden sind verpflichtet (§ 1 GewStG), die Gewerbesteuer zu erheben, und zwar mit einem Hebesatz von mindestens 200 % (§ 16 Abs. 4 Satz 2 GewStG). 7131

Die Gewerbesteuer besteuert den Gewerbebetrieb nach seiner Ertragskraft, wie sie im Gewerbeertrag zum Ausdruck kommt. Steuerobjekt ist der im Inland belegene Gewerbebetrieb (§ 2 Abs. 1 GewStG). Als Gewerbebetrieb **gilt** nach § 2 Abs. 2 Satz 1 GewStG 7132

1 EuGH v. 11.7.2024 - C-184/23 „Finanzamt T II", NWB DAAAJ-70949.

2 BFH v. 28.10.2010 - V R 7/10, BStBl 2011 II S. 391.

3 Zu den Einzelheiten vgl. Detmering in: Müller/Detmering/Saecker, a. a. O., Rz. 1485 ff.

4 Vom 17.11.1998 - 1 BvL 10/98, BStBl 1999 II S. 509.

stets und in vollem Umfang die Tätigkeit der Kapitalgesellschaften, also auch einer **GmbH (Gewerbebetrieb kraft Rechtsform)**. Bei der GmbH ist deshalb nicht zu prüfen, ob ihre Tätigkeit im Einzelfall ein Gewerbe darstellt. **Jegliche Tätigkeit der GmbH** löst demnach die **Gewerbesteuerpflicht** aus, und zwar unabhängig davon, ob die Tätigkeit unter die sieben Einkommensarten des EStG fällt oder ob ein Gewerbebetrieb tatsächlich vorhanden ist.[1] Bei der Vorgesellschaft löst allerdings die bloße Verwaltung eingezahlten Stammkapitals und dessen verzinsliche Anlage allein noch nicht die Gewerbesteuerpflicht aus.[2] Unterhält eine GmbH mehrere artverschiedene Unternehmen (z. B. einen Gewerbebetrieb und einen landwirtschaftlichen Betrieb), liegt nur ein einheitliches Gewerbesteuerobjekt vor.

7133 **Sondervorschriften gelten aber für Organgesellschaften**. Ist die GmbH eine Organgesellschaft i. S. der §§ 14, 17, 18 KStG, gilt sie als Betriebsstätte und damit als Teil des Gewerbebetriebs des Organträgers. Daraus entsteht aber kein einheitliches Unternehmen aus Organgesellschaft und Organträger. Der Gewerbeertrag ist vielmehr getrennt zu ermitteln und dem Organträger zur Berechnung des Steuermessbetrages zuzurechnen. Allerdings ist die Bruttomethode nach § 15 Nr. 2 KStG auch bei der Gewerbesteuer anzuwenden, so dass die Anwendung der Vorschriften von § 8b KStG, §§ 3 Nr. 40, 3c EStG auf der Ebene des Organträgers nachzuholen ist.[3] Die Voraussetzungen für eine gewerbesteuerliche Organschaft decken sich nunmehr mit denen bei der KSt: Es ist stets ein Gewinnabführungsvertrag notwendig.

7134 Schuldner der Gewerbesteuer ist nach § 5 GewStG der Unternehmer, für dessen Rechnung das Gewerbe betrieben wird. Die **GmbH als juristische Person** ist stets selbst **Schuldner der Gewerbesteuer, nicht aber ihre Gesellschafter**.

7135–7160 (*Einstweilen frei*)

II. Beginn und Ende der Gewerbesteuerpflicht

7161 Spätestens mit ihrer **Eintragung** in das Handelsregister **beginnt** die Gewerbesteuerpflicht der GmbH. Für die Gewerbesteuerpflicht der Vorgesellschaft kommt es darauf an, ob sie die Merkmale eines Gewerbebetriebes erfüllt. Nimmt die Vorgesellschaft noch nicht am allgemeinen wirtschaftlichen Verkehr teil, liegt noch kein Gewerbebetrieb vor. Die bloße Verwaltung eingezahlten Stammkapitals und dessen verzinsliche Anlage allein löst noch nicht die Gewerbesteuerpflicht aus.[4]

7162 Die **Gewerbesteuerpflicht** der GmbH **endet** in dem Zeitpunkt, in dem ihre rechtliche Existenz endet. Bei der Liquidation ist dies dann der Fall, wenn der letzte Vermögensgegenstand an die Gesellschafter ausgereicht worden ist. Folge davon ist, dass auch der Liquidationsgewinn der Gewerbesteuer unterliegt.[5] Bei einer Umwandlung ist nach § 2 UmwStG der steuerliche Übertragungsstichtag maßgebend. Auch der bei der Veräuße-

1 BFH v. 22.8.1990 - I R 67/88, BStBl 1991 II S. 250.
2 BFH v. 18.7.1990 - I R 98/87, BStBl 1990 II S. 1073.
3 BMF v. 26.8.2003, BStBl 2003 I S. 437, Tz. 28 ff.
4 BFH v. 18.7.1990 - I R 98/87, BStBl 1990 II S. 1073.
5 BFH v. 8.8.2001 - I R 104/00, BFH/NV 2002 S. 535, NWB JAAAA-68100; v. 5.9.2001 - I R 27/01, BStBl 2002 II S. 155.

rung ihres ganzen Betriebs oder eines Teilbetriebs erzielte Veräußerungsgewinn unterliegt bei der GmbH der Gewerbesteuer; zum Gewerbeertrag gehört auch der Gewinn aus der Veräußerung oder Aufgabe eines Mitunternehmeranteils, soweit der Gewinn auf die GmbH entfällt (§ 7 Satz 2 Nr. 2 GewStG).

(*Einstweilen frei*) 7163–7190

III. Besteuerungsgrundlage

Besteuerungsgrundlage für die Gewerbesteuer ist nach § 6 GewStG der **Gewerbeertrag**. 7191
Ausgangsgröße für die Ermittlung des Gewerbeertrags ist der nach den Vorschriften des EStG oder des KStG zu ermittelnde Gewinn aus Gewerbebetrieb, vermehrt und vermindert um die in §§ 8 und 9 GewStG genannten Beträge. Durch die Hinzurechnung insbesondere von Zinsen für eingesetztes Fremdkapital und von Miet- und Pachtentgelten für gemietetes Betriebsvermögen soll die Besteuerung der objektiven Ertragskraft des Unternehmens unabhängig von der Art seiner Finanzierung ermöglicht werden.

(*Einstweilen frei*) 7192–7210

IV. Gewinn aus Gewerbebetrieb als Ausgangsgröße für die Ermittlung des Gewerbeertrags

Ausgangsgröße für die Ermittlung des Gewerbeertrags ist der nach den Vorschriften des 7211
EStG oder des KStG zu ermittelnde Gewinn aus Gewerbebetrieb. Bestandsveränderungen des Betriebsvermögens aus gesellschaftlicher Veranlassung (**verdeckte Einlagen und vGA**) dürfen auch den **Gewerbeertrag nicht beeinflussen**. Obwohl der nach Körperschaftsteuerrecht ermittelte Gewinn aus Gewerbebetrieb in der GmbH Ausgangsgröße für den Gewerbeertrag ist, besteht keine rechtliche Bindung an das der KSt-Veranlagung zugrunde gelegte Einkommen der GmbH, weil § 7 GewStG eine selbständige Gewinnermittlung für Zwecke der Gewerbesteuer vorschreibt.[1] Deshalb kann der Gewerbesteuermessbescheid auch hinsichtlich der Gewinnermittlung selbständig angefochten werden. Berührt aber umgekehrt eine Änderung des KSt-Bescheides den Gewinn aus Gewerbebetrieb der GmbH, muss gem. § 35b GewStG der Gewerbesteuermessbescheid geändert werden.

Im Unterschied zu Einzelgewerbetreibenden oder Personengesellschaften unterliegen 7212
bei der **GmbH** auch **Gewinne und Verluste** aus der **Veräußerung ihres Betriebes oder eines Teilbetriebes der Gewerbesteuer**. Der Gewerbesteuer unterliegen nunmehr auch die Gewinne der GmbH aus der Veräußerung eines Mitunternehmeranteils. Der Verlustabzug nach § 10d EStG schlägt nicht auf die Ermittlung des Gewerbeertrags durch; für den Abzug nicht ausgeglichener Gewerbeverluste in vorangegangenen Erhebungszeiträumen gilt die Regelung des § 10a GewStG, in dem vergleichbare Verlustabzugsbeschränkungen (Mindestbesteuerung) der Höhe nach gelten. § 8c KStG ist entsprechend anzuwenden.

(*Einstweilen frei*) 7213–7240

---

1 BFH v. 4.10.1988 - VIII R 168/83, BStBl 1989 II S. 299.

V. Hinzurechnungen

7241 Der nach § 7 GewStG anzusetzende Gewinn aus Gewerbebetrieb wird um die Hinzurechnungen gem. § 8 GewStG erhöht.

1. Allgemeines

Durch Gesetz v. 14.8.2007[1] wurde die Hinzurechnung von Finanzierungsentgelten neu gestaltet.

7242 Nach § 8 Nr. 1 GewStG sind hinzuzurechnen ein Viertel der Summe aus:

- Entgelte für Schulden,
- Renten und dauernde Lasten,
- Gewinnanteile des typischen stillen Gesellschafters,
- ein Fünftel der Miet- und Pachtzinsen – einschließlich der Leasingraten – für die Benutzung von beweglichen Wirtschaftsgütern des Anlagevermögens, die im Eigentum eines anderen stehen,
- die Hälfte der Miet- und Pachtzinsen – einschließlich der Leasingraten – für die Benutzung der unbeweglichen Wirtschaftsgüter des Anlagevermögens, die im Eigentum eines anderen stehen, und
- ein Viertel der Aufwendungen für die zeitlich befristete Überlassung von Rechten, insbesondere von Konzessionen und Lizenzen.

7243 § 8 Nr. 1 Buchst. b und c GewStG stellen die gegenüber § 8 Nr. 1 Buchst. a GewStG spezielleren Regelungen dar.[2] § 8 Nr. 1 Buchst. f GewStG ist vorrangig gegenüber § 8 Nr. 1 Buchst. b GewStG.[3] Gleiches gilt für § 8 Nr. 1 Buchst. d und e GewStG im Verhältnis zu § 8 Nr. 1 Buchst. f GewStG.[4] Sonst besteht zwischen den Tatbeständen des § 8 Nr. 1 GewStG kein Konkurrenzverhältnis.

7243/1 Von der Summe der Hinzurechnungen nach § 8 Nr. 1 Buchst. a bis f GewStG ist ein **Freibetrag** i. H. v. 200.000 € abzuziehen. Von dem dann noch verbleibenden Restbetrag sind 25 % hinzuzurechnen. Der Freibetrag wird jedem einzelnen selbstständigen Gewerbebetrieb gewährt.

7244 Ebenfalls hinzuzurechnen sind nach § 8 Nr. 4, 5, 8 bis 10 und 12 GewStG:

- Gewinnanteile, die an persönlich haftende Gesellschafter einer KGaA auf ihre nicht auf das Grundkapital gemachten Einlagen oder als Vergütung (Tantieme) für die Geschäftsführung verteilt worden sind,
- Gewinnanteile, Bezüge und Leistungen, die nach § 3 Nr. 40 EStG oder § 8b Abs. 1 KStG bei der Ermittlung des Gewinns aus Gewerbebetrieb außer Ansatz geblieben sind,

1 BGBl 2007 I S. 1912.

2 BFH v. 22.11.1972 - I R 124/70, BStBl 1973 II S. 403.

3 Hofmeister in: Brandis/Heuermann, EStG/KStG/GewStG, § 8 GewStG Rz. 31.

4 Hofmeister in: Brandis/Heuermann, EStG/KStG/GewStG, § 8 GewStG Rz. 31.

- Anteile am Verlust einer inländischen oder ausländischen OHG, KG oder anderen Gesellschaft, bei der die Gesellschafter als Mitunternehmer des Gewerbebetriebs anzusehen sind,
- Zuwendungen zur Förderung steuerbegünstigter Zwecke bei den der KSt unterliegenden Gewerbebetrieben,
- ausschüttungsbedingte Gewinnminderungen in Fällen eines gewerbesteuerlichen Schachtelprivilegs und abführungsbedingte Gewinnminderungen in Fällen einer Organschaft und
- ausländische Steuern.

2. Finanzierungsentgelte (§ 8 Nr. 1 Buchst. a bis f GewStG)

Finanzierungsentgelte werden nur hinzugerechnet, wenn einer der Tatbestände des § 8 Nr. 1 Buchst. a bis f GewStG erfüllt ist. Enthält ein Vertrag Vereinbarungen über mehrere Leistungskomponenten i. S. v. § 8 Nr. 1 Buchst. a bis f GewStG, liegt ein gemischter Vertrag vor. Sind die jeweiligen Leistungskomponenten trennbar, ist jede Komponente für sich nach Maßgabe von § 8 Nr. 1 Buchst. a bis f GewStG zu beurteilen.[1] Dies gilt z. B. für Franchiseverträge. Das Entgelt ist in diesen Fällen – erforderlichenfalls durch Schätzung – auf die verschiedenen Leistungskomponenten aufzuteilen. Um Schwierigkeiten bei der Aufteilung zu vermeiden, empfiehlt es sich, diese schon im Vertrag vorzunehmen. Stellt das Vertragsverhältnis ein einheitliches, unteilbares Ganzes dar, scheidet eine Aufteilung aus. Steht dabei eine Leistung, die keinen Tatbestand des § 8 Nr. 1 Buchst. a bis f GewStG erfüllt, im Vergleich zu einer Leistung, die einen Tatbestand des § 8 Nr. 1 Buchst. a bis f GewStG erfüllt, derart im Vordergrund, dass sie dem Gesamtvertrag das Gepräge gibt, fällt der Gesamtvertrag regelmäßig nicht unter § 8 Nr. 1 GewStG.[2] 7245

Nach diesen Vorgaben scheidet z. B. bei Vereinbarungen über die fortlaufende Reinigung bzw. den fortlaufenden Austausch beschädigter Teile bei einem Mietservice von Berufskleidung oder Fußmatten eine Hinzurechnung grundsätzlich aus.[3] Gibt demgegenüber eine Leistung, die einen Tatbestand des § 8 Nr. 1 Buchst. a bis f GewStG erfüllt, dem Gesamtvertrag das Gepräge, unterfällt der Gesamtvertrag der jeweiligen Hinzurechnungsregelung.[4] Entsprechendes gilt bei den übrigen Hinzurechnungstatbeständen.

3. Konkurrenz zu außerbilanziellen Hinzurechnungen

Die im EStG bzw. KStG geregelten **Abzugsverbote**, z. B. nach § 4 Abs. 4a, Abs. 5 Nr. 4, Abs. 8a, § 4h Abs. 1 EStG oder nach § 8 Abs. 3 Satz 2 und § 8a KStG, sind gegenüber den Hinzurechnungen nach § 8 GewStG vorrangig. Sie sind bereits bei der Ermittlung des Gewinns aus Gewerbebetrieb i. S. v. § 7 Satz 1 GewStG zu beachten. Wurden Aufwendungen bei der Gewinnermittlung für gewerbesteuerliche Zwecke abgezogen, die nach 7246

1 Gleich lautende Erlasse der obersten Finanzbehörden der Länder v. 2.7.2012, BStBl 2012 I S. 654, Rz. 6.
2 Gleich lautende Erlasse der obersten Finanzbehörden der Länder v. 2.7.2012, BStBl 2012 I S. 654, Rz. 7.
3 Schnitter in: Frotscher/Drüen, GewStG, § 8 GewStG Rz. 5a.
4 Gleich lautende Erlasse der obersten Finanzbehörden der Länder v. 2.7.2012, BStBl 2012 I S. 654, Rz. 7.

den Vorschriften des EStG bzw. KStG nicht hätten abgezogen werden dürfen, ist der Fehler nicht durch eine Hinzurechnung nach § 8 GewStG auszugleichen. Vielmehr ist die gewerbesteuerliche Gewinnermittlung zu berichtigen.

4. Ausländische Betriebsstätten

7247 Unberücksichtigt bei der Ermittlung des Gewerbeertrags bleiben Beträge, die **Betriebsstätten im Ausland** betreffen. Bei der Ermittlung des Gewerbeertrags i. S. v. § 7 Satz 1 GewStG dürfen insoweit weder Gewinne oder Verluste noch Hinzurechnungen oder Kürzungen berücksichtigt werden.[1]

5. Verfassungsrechtliche Aspekte

7248 Das FG Hamburg[2] hält die Hinzurechnung der Entgelte für Schulden sowie der Miet- und Pachtzinsen nach § 8 Nr. 1 Buchst. a, d und e GewStG für **verfassungswidrig**. Die Regelungen verstoßen nach Ansicht des FG gegen das Leistungsfähigkeitsprinzip und sind nicht hinreichend – z. B. durch den Objektsteuercharakter der GewSt – gerechtfertigt. Dem steht die bisherige Rechtsprechung des BVerfG zum alten Recht entgegen.[3]

6. Unionsrechtliche Aspekte

7249 Die Regelungen in § 8 GewStG sind mit der Dienstleistungsfreiheit nach **Art. 49 EGV bzw. Art. 56 AEUV** vereinbar.[4] Die Hinzurechnungen erfolgen unabhängig davon, ob die Aufwendungen beim Empfänger der GewSt unterliegen oder nicht. Das bisherige Korrespondenzprinzip wurde aufgehoben. Damit sind Mehrfachbelastungen von Besteuerungstatbeständen mit GewSt möglich.

7250 Die Regelungen in § 8 Nr. 1 Buchst. a und f GewStG verstoßen nicht gegen die **Zins- und Lizenzrichtlinie**[5] der EU.[6] Laut EuGH[7] steht die EU-Zins- und Lizenzrichtlinie einer Bestimmung des nationalen Steuerrechts nicht entgegen, wonach Darlehenszinsen, die ein Unternehmen mit Sitz in einem Mitgliedstaat an ein in einem anderen Mitgliedstaat ansässiges verbundenes Unternehmen zahlt, der Bemessungsgrundlage für die GewSt hinzugerechnet werden, der das erstgenannte Unternehmen unterliegt. Der Anwendungsbereich der Zins- und Lizenzrichtlinie ist auf den Empfänger der Zinsen be-

1 BFH v. 21.4.1971 - I R 200/67, BStBl 1971 II S. 743; v. 10.7.1974 - I R 248/71, BStBl 1974 II S. 752; v. 28.3.1985 - IV R 80/82, BStBl 1985 II S. 405.

2 FG Hamburg v. 29.2.2012 - 1 K 138/10, EFG 2012 S. 960, NWB IAAAE-04693, Az. des BVerfG: 1 BvL 8/12, dieses hat mit Beschluss v. 15.2.2016, BStBl 2016 II S. 557, die Vorlage als unzulässig verworfen; a. A. FG Münster v. 22.8.2012 - 10 K 4664/10 G, EFG 2012 S. 2231, NWB SAAAE-19686, bestätigt durch BFH v. 4.6.2014 - I R 70/12, BStBl 2015 II S. 289, Verfassungsbeschwerde nicht angenommen, BVerfG v. 26.2.2016 - 1 BvR 2836/14, NWB GAAAF-70412.

3 BVerfG v. 13.5.1969 - 1 BvR 25/65, BStBl 1969 II S. 424; BFH v. 7.3.2007 - I R 60/06, BStBl 2007 II S. 654.

4 Güroff in: Glanegger/Güroff, GewStG, § 8 GewStG Rz. 3; Hofmeister in: Brandis/Heuermann, EStG/KStG/GewStG, § 8 GewStG Rz. 31.

5 Richtlinie 2003/49/EG v. 3.6.2003, ABl. Nr. L 157 2003, 49, zuletzt geändert durch Richtlinie 2006/98/EG v. 20.11.2006, ABl. Nr. L 363 2006, 129.

6 Kempf/Straubinger, IStR 2005 S. 773; a. A. Meilicke, IStR 2006 S. 130; Hidien, DStZ 2008 S. 131; Kessler/Eicker/Schindler, IStR 2004 S. 678.

7 EuGH v. 21.7.2011 - C-397/09 „Scheuten Solar Technology“, BFH/NV 2011 S. 163, NWB DAAAD-88765; nachgehend BFH v. 7.12.2011 - I R 30/08, BStBl 2012 II S. 507.

schränkt. Es soll eine doppelte Besteuerung grenzüberschreitender Zinszahlungen verhindert werden, indem die Zinsen im Quellenstaat zulasten des Nutzungsberechtigten einer Besteuerung unterliegen. Die gewerbesteuerliche Hinzurechnung von Zinsen betrifft dagegen die Berechnung der Bemessungsgrundlage für die Besteuerung des Zinszahlenden. Dieser wird aber durch die Zins- und Lizenzrichtlinie nicht geschützt.

7. Dividenden aus Streubesitz (§ 8 Nr. 5 GewStG)

Nach § 8 Nr. 5 Satz 1 GewStG sind Gewinnanteile und die ihnen gleichgestellten Bezüge und Leistungen aus Anteilen an Körperschaften, Personenvereinigungen und Vermögensmassen i. S. d. KStG, die im Hinblick auf die Steuerbefreiungen nach § 3 Nr. 40 EStG bzw. nach § 8b Abs. 1 KStG bei der Ermittlung des Gewinns außer Ansatz geblieben sind, bei der Ermittlung des Gewerbeertrags dem Gewinn wieder hinzuzurechnen. Die Hinzurechnung ist ausgeschlossen, wenn die Beteiligungserträge die Voraussetzungen für das Schachtelprivileg nach § 9 Nr. 2a oder 7 GewStG erfüllen (15 %). 7251

8. Anteile am Verlust einer Mitunternehmerschaft (§ 8 Nr. 8 GewStG)

Ist die GmbH an einer Personengesellschaft als Mitunternehmerin (§ 15 Nr. 2 EStG) beteiligt und ist ihr Gewinn um den Verlust aus der Beteiligung gemindert, so ist der Verlustanteil der Ausgangsgröße nach § 8 Nr. 8 GewStG wieder hinzuzurechnen, weil sie sich bei der Personengesellschaft selbst als eigenständigem Gewerbesteuersubjekt (§ 5 Abs. 1 Satz 3 GewStG) gewerbesteuerlich auswirkt. Der Regelungszweck entspricht der Kürzungsvorschrift des § 9 Nr. 2 GewStG, nach der Gewinne aus einer Beteiligung an einer Personengesellschaft wieder vom Gewinn abzuziehen sind, damit eine doppelte Belastung des Gewerbeertrags vermieden wird. 7252

9. Spenden

Haben Spenden gem. § 9 Abs. 1 Nr. 2 KStG den Gewinn einer GmbH gemindert, sind die entsprechenden Beträge für die Ermittlung des Gewerbeertrags nach § 8 Nr. 9 GewStG wieder hinzuzurechnen, um dem Umstand Rechnung zu tragen, dass in gewerblichen Betrieben von Einzelunternehmern oder Personengesellschaften Spenden nicht als Betriebsausgaben, sondern nur als Sonderausgaben abzugsfähig sind. 7253

(*Einstweilen frei*) 7254–7280

VI. Kürzungen

Nach der Hinzurechnung gem. § 8 GewStG wird die sich ergebende Summe um die Kürzungen nach § 9 GewStG vermindert. Die Kürzungsvorschriften dienen dazu, eine doppelte Belastung des Gewerbeertrags mit den Realsteuern zu vermeiden. 7281

1. Grundbesitz

Grundstücke im Betriebsvermögen der GmbH unterliegen der Grundsteuer. Deshalb bestimmt § 9 Nr. 1 Satz 1 GewStG, dass die Summe des Gewinns und die Hinzurechnun- 7282 gen um die im Erhebungszeitraum als Betriebsausgabe erfasste Grundsteuer für zum Betriebsvermögen des Unternehmers gehörenden Grundbesitz gekürzt wird. Für bestimmte Unternehmen gilt gem. § 9 Nr. 1 Satz 2 GewStG eine sog. erweiterte Kürzung. Dabei handelt es sich um Unternehmen, die im Wesentlichen eigenen Grundbesitz verwalten. Grundsätzlich dürfen diese Unternehmen keine weiteren Tätigkeiten ausüben. Ausgenommen sind der Verkauf von selbsterzeugtem Strom an Mieter und Energielieferanten, soweit diese Einnahmen im Wirtschaftsjahr nicht höher als 20 % der Einnahmen aus der Gebrauchsüberlassung des Grundbesitzes sind, und Einnahmen aus der Vermietung von Betriebsvorrichtungen, soweit diese Einnahmen nicht höher als 5 % sind (§ 9 Nr. 1 Satz 3 GewStG).

2. Gewinnanteile aus einer Beteiligung an einer Personengesellschaft

7283 Der Gewerbeertrag einer Mitunternehmerschaft soll nur bei ihr und nicht ein weiteres Mal beim Mitunternehmer der Gewerbesteuer unterworfen werden. Deshalb schreibt § 9 Nr. 2 GewStG die Kürzungen um die von der GmbH bezogenen und in ihrem Unternehmensergebnis enthaltenen Gewinnanteile vor.

3. Gewinne aus Anteilen an inländischen Kapitalgesellschaften (Schachtelprivileg)

7284 Die Vorschrift des § 9 Nr. 2a GewStG bestimmt, dass Gewinnanteile an einer nicht steuerbefreiten inländischen Kapitalgesellschaft, die bei der Gewinnermittlung nach § 7 GewStG angesetzt worden sind, wieder abzuziehen sind, wenn die GmbH zu Beginn des Erhebungszeitraumes mit mindestens 15 % am Grund- oder Stammkapital der ausschüttenden Gesellschaft beteiligt ist.

4. Gewerbeertrag aus ausländischen Betriebsstätten

7285 Der Gewerbesteuer unterliegt nur der im Inland unterhaltene Gewerbebetrieb. Deshalb sind Besteuerungsgrundlagen, die auf ausländische Betriebsstätten entfallen, auszuscheiden. Die Kürzungsvorschrift in § 9 Nr. 3 GewStG hat insoweit nur deklaratorische Bedeutung; in den ausländischen Betriebsstätten erwirtschaftete Verluste dürfen selbstverständlich auch die Besteuerungsgrundlage für die Gewerbesteuer nicht schmälern.

5. Gewinnanteile an ausländischen Kapitalgesellschaften (Internationales Schachtelprivileg)

7286 Mit der Regelung des § 9 Nr. 7 GewStG sollen Gewinne von der Gewerbesteuer ausgenommen werden, die bereits der Hinzurechnungsbesteuerung des AStG unterlegen haben. Ist eine GmbH seit Beginn des Erhebungszeitraumes ununterbrochen zu mindestens 15 % an einer ausländischen Kapitalgesellschaft beteiligt und hat diese Tochtergesellschaft ihre Bruttoerträge aus „aktiver Geschäftstätigkeit" i. S. v. § 8 Abs. 1 bis 6 AStG erwirtschaftet, wird der Gewinn und die Summe der Hinzurechnungen um die aus der Beteiligung an die GmbH ausgeschütteten Gewinnanteile wieder gekürzt. Gleiches gilt, wenn die GmbH Gewinnanteile von einer aktiv tätigen Enkelgesellschaft bezieht.

Auch wenn die Voraussetzungen des § 9 Nr. 7 GewStG nicht vorliegen, aber die ausländische Gesellschaft in einem Staat ansässig ist, mit dem ein DBA besteht, erfolgt dennoch eine Kürzung bereits ab einer Beteiligungsgrenze von 15 %, selbst wenn in dem Abkommen eine höhere Mindestbeteiligung verlangt wird (§ 9 Nr. 8 GewStG). 7287

6. Spenden

Spenden (§ 9 Abs. 1 Nr. 2 KStG) werden nach § 8 Nr. 9 GewStG wieder hinzugerechnet. 7288
Über die Kürzungsvorschrift in § 9 Nr. 5 GewStG wird jedoch ein Spendenabzug entsprechend der für die GmbH geltenden Regelung § 9 Abs. 1 Nr. 2 KStG ermöglicht.

(*Einstweilen frei*) 7289–7310

VII. Gewerbeverlust

Der gewerbesteuerliche Verlustabzug gem. § 10a GewStG ist ebenso eingeschränkt wie 7311
der Verlustabzug bei der KSt. Der Gewerbeertrag kann mit vorgetragenen Verlusten bis zu einer Höhe von 1 Mio. € verrechnet werden. Der danach verbleibende Gewerbeertrag kann nur bis zu 60 % durch vorgetragene Gewerbeverluste gemindert werden.

Im Rahmen einer gewerbesteuerlichen Organschaft können Verluste der Organgesell- 7312
schaft aus vororganschaftlicher Zeit nicht mehr verrechnet werden.

Ein Gewerbeverlust kann auch bei der Gewerbesteuer nur in dem Unternehmen gel- 7313
tend gemacht werden, in dem er tatsächlich entstanden ist. Die Regelungen des § 8c und § 8d KStG gelten entsprechend.

(*Einstweilen frei*) 7314–7330

VIII. Gewerbesteuertarif

Die **Höhe der tariflichen Gewerbesteuer** ergibt sich aus zwei Bestimmungsgrößen: der 7331
Steuermesszahl und dem **Hebesatz**. Ab dem Erhebungszeitraum 2008 beträgt die allgemeine Steuermesszahl nach § 11 Abs. 2 GewStG **3,5 %**. Sie gilt für natürliche und juristische Personen sowie für Personengesellschaften. Die Anwendung der Steuermesszahl auf den Gewerbeertrag gem. § 11 GewStG ergibt den Steuermessbetrag, der vom zuständigen Betriebsfinanzamt für den Erhebungszeitraum festgesetzt wird. Der vom Finanzamt festgesetzte Steuermessbetrag ist die Grundlage für den Hebesatz, den die Gemeinde für alle in der Gemeinde vorhandenen Unternehmen gleich hoch festsetzt. Er muss mindestens 200 % betragen (§ 16 GewStG).

(*Einstweilen frei*) 7332–7350

IX. Ertragsteuerliche Auswirkungen der Gewerbesteuer

7351 **Rechtslage ab 2007**

Nach § 4 Abs. 5b EStG i. d. F. des UntStRefG 2008[1] sind die Gewerbesteuer und die darauf entfallenden Nebenleistungen **keine Betriebsausgaben** mehr. Diese Vorschrift gilt erstmals für Gewerbesteuer, die für Erhebungszeiträume festgesetzt wird, die nach dem 31.12.2007 enden.

7352–7380 (*Einstweilen frei*)

D. Umsatzsteuer

LITERATUR:

Küffner/Zugmaier, Umsatzsteuer Kommentar, Herne 2024.

I. GmbH als Unternehmerin

7381 Die **GmbH** ist als **Unternehmerin umsatzsteuerpflichtig**. Unternehmer ist, wer eine gewerbliche oder berufliche Tätigkeit selbständig ausübt (§ 2 Abs. 1 UStG), also nachhaltig zur Erzielung von Einnahmen tätig wird. Als Kapitalgesellschaft ist die GmbH stets selbständig, wenn sie nicht nach § 2 Abs. 2 UStG in das Unternehmen eines Organträgers eingegliedert ist. Unternehmer ist die GmbH jeweils für die im Rahmen ihres Unternehmens ausgeführten Umsätze; die Rechtsfigur der Unternehmereinheit, nach der mehrere selbständige Unternehmen als einheitliches Unternehmen behandelt wurden, wenn sie im Innenverhältnis einander gleichgeordnet waren, weil gleiche Beteiligungs- und Gewinnverteilungsverhältnisse sowie eine einheitliche Willensbildung gegeben waren, ist aufgegeben.[2]

Eine GmbH verliert ihre Unternehmereigenschaft auch nicht dadurch, dass ihr Alleingesellschafter neben ihr als Einzelkaufmann tätig ist. Unternehmer und Steuerschuldner sind der Einzelkaufmann und die GmbH jeweils für die im Rahmen ihres Unternehmens ausgeführten Umsätze. Das Gleiche gilt für mehrere GmbHs, wenn deren Stammanteile den gleichen Personen im gleichen Verhältnis zustehen. Auch hier sind Unternehmer und Steuerschuldner die beiden Kapitalgesellschaften für die im Rahmen ihres Unternehmens ausgeführten Umsätze.

7382 Dass eine GmbH stets selbständig tätig ist, gilt insbesondere wegen ihrer gegen Entgelt ausgeübten Geschäftsführungs- und Vertretungsleistungen gegenüber einer Personengesellschaft.[3] Auch das organschaftliche Weisungsrecht der Gesellschafterversammlung gegenüber dem Geschäftsführer führt nicht zur Unselbständigkeit. Dies hat Bedeutung vor allem im Rahmen einer GmbH & Co. KG.

1 UntStRefG 2008 v. 14.8.2007, BGBl 2007 I S. 1912.
2 BFH v. 16.11.1978 - V R 22/73, BStBl 1979 II S. 347.
3 BFH v. 6.6.2002 - V R 43/01, BStBl 2003 II S. 36.

BEISPIEL: Die Komplementär-GmbH erbringt Geschäftsführungs- und Vertretungsleistungen an die KG und erhält dafür ein besonderes Entgelt. Der Kommanditist der KG ist gleichzeitig Geschäftsführer der Komplementär-GmbH. Die Komplementär-GmbH ist mit ihren Geschäftsführungs- und Vertretungsleistungen selbständig tätig und erbringt diese Leistungen an die KG im Rahmen eines umsatzsteuerbaren Leistungsaustauschs, selbst wenn die Vergütung unmittelbar an den Geschäftsführer der Komplementär-GmbH gezahlt wird.

(*Einstweilen frei*) 7383–7400

II. Organschaft

Wegen der Voraussetzungen und rechtlichen Wirkungen einer umsatzsteuerlichen Organschaft wird auf die Ausführungen unter Rz. 7091 ff. hingewiesen. Ist eine GmbH als Organgesellschaft in das Unternehmen des Organträgers eingegliedert, ist sie dessen unselbständiger Unternehmensteil. Ein Leistungsaustausch findet innerhalb des Organkreises nicht statt. Die Wirkungen der Organschaft sind indes auf Innenleistungen zwischen den im Inland gelegenen Unternehmensteilen beschränkt. Diese Unternehmensteile sind als ein Unternehmen (des Organträgers) zu behandeln. Hat der Organträger seine Geschäftsleitung im Ausland, gilt der wirtschaftlich bedeutendste Unternehmensteil im Inland als der Unternehmer (§ 2 Abs. 2 Nr. 2 UStG). 7401

(*Einstweilen frei*) 7402–7420

III. Umsätze zwischen GmbH und Gesellschaftern

1. Allgemeines

Der Umsatzsteuer unterliegen die Lieferungen und sonstigen Leistungen der GmbH gegen Entgelt (sowie die Einfuhr von Gegenständen aus Drittländern und der innergemeinschaftliche Erwerb). Als Lieferung bezeichnet das UStG die Verschaffung der Verfügungsmacht über einen Gegenstand (§ 3 Abs. 1 UStG). Sonstige Leistungen sind alle Leistungen eines Unternehmers, die keine Lieferungen sind (§ 3 Abs. 9 UStG). Alles, was Gegenstand des Rechtsverkehrs sein kann, kann Gegenstand einer sonstigen Leistung sein, wie z. B. Beförderungsleistungen, Arbeits- und Dienstleistungen von Handwerkern und freiberuflich Tätigen, Vermittlungsleistungen, die Vermietung und Verpachtung, aber auch Geschäftsführungs- und Vertretungsleistungen einer Komplementär-GmbH.[1] 7421

2. Umsätze zwischen GmbH und Gesellschaftern

Zwischen Kapitalgesellschaften, also auch einer GmbH, und ihren Gesellschaftern ist ein Leistungsaustausch möglich. Umsätze zwischen der GmbH und ihren Gesellschaftern im Rahmen eines Leistungsaustauschs werden grundsätzlich wie Umsätze zwischen Fremden besteuert, und zwar in jeder Richtung. 7422

Ein Gesellschafter kann an die GmbH sowohl Leistungen erbringen, die ihren Grund im Gesellschaftsverhältnis haben, als auch Leistungen, die auf einem gesonderten schuld- 7423

1 BFH v. 6.6.2002 - V R 43/01, BStBl 2003 II S. 36.

rechtlichen Austauschverhältnis beruhen. In dieser Fallgruppe hängt die umsatzsteuerliche Behandlung davon ab, ob es sich um Leistungen handelt, die als Gesellschafterbeitrag durch die Beteiligung am Gewinn oder Verlust der Gesellschaft abgegolten werden, oder um Leistungen, die gegen Sonderentgelt ausgeführt werden und damit auf einen Leistungsaustausch gerichtet sind und dann der Umsatzsteuer unterliegen. Es geht um die Frage, ob ein steuerbarer **Leistungsaustausch** oder ein **nicht steuerbarer Gesellschafterbeitrag** vorliegt.

7424 Erbringt die **GmbH Lieferungen oder sonstige Leistungen** an einen **Gesellschafter gegen Entgelt,** so werden diese Umsätze wie solche unter fremden Dritten vorbehaltlich der Anwendung der Mindestbemessungsgrundlage nach § 10 Abs. 5 UStG besteuert. Diese Regelung besagt auch im Verhältnis der GmbH zu ihrem Gesellschafter, dass die Bemessungsgrundlage nach § 10 Abs. 4 UStG für die fiktiven entgeltlichen Umsätze (unentgeltliche Wertabgaben i. S. d. § 3 Abs. 1b bzw. Abs. 9a UStG) auch auf solche entgeltlichen Umsätze anzuwenden ist, wenn sie das vereinbarte Entgelt übersteigt.

7425 Entrichten die Gesellschafter für Lieferungen oder sonstige Leistungen der GmbH kein besonderes Entgelt, so sind die besonderen Regelungen zu den unentgeltlichen Wertabgaben anzuwenden, die sie Lieferungen oder Leistungen gegen Entgelt gleichstellen und die früheren Eigenverbrauchstatbestände abgelöst haben. Im Unterschied dazu kann es bei der Neuregelung zu einer Besteuerung nur kommen, wenn der entnommene oder unentgeltlich zugewandte oder verwendete Gegenstand zum vollen oder teilweisen Vorsteuerabzug berechtigt hat. Die Besteuerung wird also von dem vorangegangenen Vorsteuerabzug abhängig gemacht.

3. Unentgeltliche Wertabgaben (fiktive entgeltliche Umsätze)

7426 Folgende Fallgruppen werden gem. § 3 Abs. 1b bzw. Abs. 9a UStG entgeltlichen Umsätzen gleichgestellt:

a) Entnahme von Gegenständen

7427 Bei der Entnahme von Gegenständen i. S. v. **§ 3 Abs. 1b Nr. 1 UStG** geht es um die Überführung von Gegenständen aus dem unternehmerischen Bereich der GmbH in ihren nichtunternehmerischen Bereich. Da die GmbH i. d. R. nicht über eine Sphäre verfügt, die dem nichtunternehmerischen Bereich zuzuordnen ist, wird dieser Tatbestand kaum einschlägig werden. Nur bei Holdinggesellschaften, die nur insoweit unternehmerisch tätig sind, als sie gegenüber der Beteiligungsgesellschaft entgeltliche Leistungen erbringen, kann der Besteuerungstatbestand erfüllt sein. Verwendet die GmbH einen Gegenstand, für den sie den Vorsteuerabzug in Anspruch genommen hat, für die nichtunternehmerische Sphäre, wird dies einer **Lieferung gegen Entgelt gleichgestellt.**

b) Unentgeltliche Zuwendungen an das Personal

7428 Zuwendungen von Gegenständen (Sachzuwendungen) an das Personal für dessen privaten Bedarf sind auch dann steuerbar, wenn sie unentgeltlich sind, also keine Vergütungen für die Dienstleistung des Arbeitnehmers darstellen (**§ 3 Abs. 1b Nr. 2 UStG**). Ausgenommen von dieser Regelung, die ebenfalls die umsatzsteuerliche Belastung des privaten Verbrauchs sicherstellen will, sind sog. Aufmerksamkeiten. Diese sind gelegentliche Zuwendungen bis zu einem Wert von 40€, wenn die Zuwendung aus einem besonderen persönlichen Anlass – wie ein Geschenk – erfolgt. Nicht steuerbar sind Leistungen, die überwiegend durch das betriebliche Interesse des Arbeitgebers veranlasst sind (vgl. dazu den Katalog in Abschn. 1.8 Abs. 4 UStAE). Soweit der Geschäftsführer der GmbH als deren Angestellter solche Leistungen empfängt, gelten die Regeln wie bei den übrigen Arbeitnehmern der GmbH.

c) Jede andere unentgeltliche Zuwendung

Jede andere unentgeltliche Zuwendung i. S. v. **§ 3 Abs. 1b Nr. 3 UStG** sind alle sonstigen unentgeltlichen Zuwendungen von Gegenständen, ausgenommen solche von geringem Wert und Warenmuster, für Zwecke des Unternehmens. Unter diese Vorschrift fallen im Bereich der **GmbH** insbesondere auch **vGA**, welche durch die unentgeltliche Übertragung von Gegenständen an Gesellschafter oder diesen nahe stehende Personen erfolgen. Liegt bei der Lieferung eines Gegenstandes an den Gesellschafter deshalb eine vGA vor, weil ein **geringerer Kaufpreis** als der zwischen fremden Dritten übliche Preis gezahlt worden ist, muss in **umsatzsteuerlicher Hinsicht** geprüft werden, ob als Bemessungsgrundlage nicht das vereinbarte Entgelt, sondern die **Mindestbemessungsgrundlage** nach § 10 Abs. 4 Nr. 1 UStG (Einkaufspreis zzgl. Nebenkosten oder Selbstkosten) anzusetzen ist. In der Regel dürfte auch diese Bemessungsgrundlage niedriger sein als der bei der körperschaftsteuerlichen Bewertung anzusetzende Betrag, weil dieser auch den üblichen Gewinnaufschlag umfasst. 7429

d) Private Verwendung von Unternehmensgegenständen

Verwendet der Unternehmer einen Gegenstand für Zwecke, die außerhalb des Unternehmens liegen, so ist dies nach § 3 Abs. 9a Satz 1 Nr. 1 UStG ein umsatzsteuerpflichtiger Vorgang, wenn der verwendete Gegenstand dem Unternehmen zugeordnet war und zum vollen oder teilweisen Vorsteuerabzug berechtigt hat. Erfasst wird damit auch die private Nutzung eines unternehmenseigenen Fahrzeugs durch den Gesellschafter. Wird dem Gesellschafter-Geschäftsführer einer GmbH das Dienstfahrzeug auch zur privaten Nutzung überlassen, kann darin nicht nur eine vGA, sondern auch die einer sonstigen Leistung gegen Entgelt gleichgestellte Verwendung eines Unternehmensgegenstandes für Zwecke außerhalb des Unternehmens liegen. Auch die private Nutzung von Telekommunikationsgeräten (Mobiltelefon, Fax etc.) unterliegt der Besteuerung. Bemessungsgrundlage sind die AfA-Beträge für das Gerät. Nicht zur Bemessungsgrundlage gehören die Grund- oder Gesprächsgebühren. 7430

e) Erbringen sonstiger Leistungen

Sämtliche anderen unentgeltlichen Dienstleistungen, die nicht von der Nr. 1 erfasst werden und für nicht unternehmerische Zwecke erbracht werden, unterliegen nach § 3 Abs. 9a Satz 1 Nr. 2 UStG der Umsatzbesteuerung, wenn sie keine Aufmerksamkeiten darstellen. Für die Steuerbarkeit solcher **Dienstleistungen** ist es nicht erforderlich, dass der Vorsteuerabzug geltend gemacht worden ist. Zur Bemessungsgrundlage der Steuer für solche Umsätze, die in den für die Ausführung des Umsatzes entstandenen Aus- 7431 gaben besteht, zählen deshalb auch solche Kosten, die nicht mit Vorsteuer belastet waren (z. B. Gebühren, Steuern und Versicherungen).

7432–7450 (*Einstweilen frei*)

IV. Leistungsbeziehungen zwischen Gesellschafter und GmbH

7451 Auch der Gesellschafter kann als Unternehmer mit der GmbH in Lieferungs- oder Leistungsbeziehungen treten, die umsatzsteuerlich als Leistungsaustausch zu werten sind. In der Praxis kommt es sogar häufig vor, dass die Gesellschafter der GmbH für deren betriebliche Zwecke Wirtschaftsgüter gegen Entgelt überlassen oder sonstige Leistungen erbringen.

1. Gründung der GmbH

7452 Bereits bei der Gründung von Gesellschaften kann es zu umsatzsteuerbaren Leistungen des Gesellschafters an die GmbH kommen. Sacheinlagen sind umsatzsteuerbar, wenn es sich um Lieferungen und sonstige Leistungen im Rahmen des Unternehmens des Gesellschafters handelt und keine Geschäftsveräußerung im Ganzen vorliegt. Die Einbringung von Wirtschaftsgütern durch den bisherigen Einzelunternehmer in die neu gegründete GmbH ist auf die Übertragung der Gesellschaftsrechte gerichtet; daneben kommt als Entgelt in Gestalt der Verschaffung der Beteiligung an der Gesellschaft auch die Übernahme von Schulden des Gesellschafters durch die Gesellschaft in Betracht, wenn der einbringende Gesellschafter dadurch wirtschaftlich entlastet wird.[1]

2. Gesellschaftsrechtliches Beitragsverhältnis oder schuldrechtliches Austauschverhältnis

7453 Ein Gesellschafter kann an die GmbH sowohl Leistungen erbringen, die ihren Grund in einem gesellschaftsrechtlichen Beitragsverhältnis haben, als auch Leistungen, die auf einem gesonderten schuldrechtlichen Austauschverhältnis beruhen. Ob hierfür Umsatzsteuer anfällt, richtet sich danach, ob es sich um Leistungen handelt, die als Gesellschafterbeitrag durch die Beteiligung am Gewinn oder Verlust der Gesellschaft abgegolten werden, oder um Leistungen, die gegen Sonderentgelt ausgeführt werden und damit auf einen Leistungsaustausch gerichtet sind. Indiz für einen Leistungsaustausch ist, dass ein Leistender und ein Leistungsempfänger vorhanden sind und der Leistung eine Gegenleistung gegenübersteht.

7454 Die Steuerbarkeit der Geschäftsführungs- und Vertretungsleistungen eines Gesellschafters an die Gesellschaft setzt das Bestehen eines unmittelbaren Zusammenhangs zwischen den erbrachten Leistungen und dem empfangenen Sonderentgelt voraus,[2] auch die **Tätigkeit eines GmbH-Geschäftsführers kann als selbständig** und damit als **unternehmerische Betätigung** anzusehen sein, wobei dem die Organstellung des Geschäfts-

1 Vgl. BFH v. 8.11.1995 - XI R 63/94, BStBl 1996 II S. 114 und v. 15.5.1997 - I R 67/94, BStBl 1997 II S. 705.
2 BFH v. 6.6.2002 - V R 43/01, BStBl 2003 II S. 36 und v. 16.1.2003 - V R 44/01, BStBl 2003 II S. 730.

führers nicht entgegenstehen muss.[1] Die Frage der Selbständigkeit natürlicher Personen ist aber für die USt und ESt nach denselben Grundsätzen zu beurteilen. Dafür, ob die Tätigkeit als geschäftsführendes Organ einer Kapitalgesellschaft nichtselbständig i.S.d. § 2 Abs. 2 Nr. 1 UStG ausgeübt wird, ist das Gesamtbild der Verhältnisse maßgebend. Regelmäßig werden also beim angestellten Gesellschafter-Geschäftsführer Vergütungen für eine nichtselbständige Tätigkeit i.S.d. Einkommensteuerrechts und damit kein umsatzsteuerbarer Leistungsaustausch vorliegen.[2]

Auch bei der GmbH gilt – vorbehaltlich entsprechender gesellschaftsvertraglicher Rege- 7455
lungen – der Grundsatz, dass der Gesellschafter entscheiden kann, in welcher Eigenschaft er für die Gesellschaft tätig wird. Der Gesellschafter kann wählen, ob er einen Gegenstand an die GmbH verkauft, vermietet oder ihn selbst bzw. seine Nutzungen als Einlage einbringt.

Als **Faustregel** kann gelten: Erbringt der Gesellschafter gegenüber der GmbH Leistun- 7456
gen, die er nach dem Gesellschaftsvertrag zu erbringen hat und die nicht durch eine Sondervergütung, sondern durch seine Beteiligung am Gewinn (Ausschüttung) abgegolten werden, handelt es sich um eine gesellschaftliche Leistung, die nicht auf Leistungsaustausch gerichtet und deshalb nicht umsatzsteuerbar ist. Erhält der Gesellschafter hingegen ein Sonderentgelt für seine Leistung – wofür die Behandlung der Vergütung in der handelsbilanziellen Ergebnisermittlung als Aufwand spricht –, liegt ein umsatzsteuerlicher Leistungsaustausch vor, sofern der Gesellschafter dabei selbständig i.S.v. § 2 Abs. 2 UStG ist.

3. Kleinunternehmer

Dabei wird oftmals eine Besteuerung des **Gesellschafters als Kleinunternehmer** gem. 7457
§ 19 UStG in Betracht kommen. Durch das JStG 2024 wurden nicht nur die Umsatzgrenzen ab 2025 auf 25.000 € (bisher 22.000 €) und 100.000 € (bisher 50.000 €) angehoben, sondern auch die Prognoseentscheidung und die Umsätze für steuerfrei erklärt. Sobald der Unternehmer im laufenden Jahr die Grenze von 25.000 € überschreitet, sind alle weiteren Umsätze nach den allgemeinen Regeln zu besteuern.[3] Sind danach die Umsätze steuerfrei, so kann der Unternehmer (Gesellschafter) den Vorsteuerabzug nicht vornehmen. Er kann jedoch auf die Steuerbefreiung verzichten und seine Umsätze nach allgemeinen Vorschriften versteuern. Ein solcher Verzicht kann für den Gesellschafter vorteilhaft sein, wenn er selbst für die Ausführung seiner Umsätze mit der GmbH Lieferungen oder Leistungen Dritter in Anspruch nimmt, für die ihm Vorsteuer berechnet worden ist. Zu beachten bleibt aber, dass gem. § 15 Abs. 2 UStG vom Vorsteuerabzug die Steuer für Lieferungen und sonstige Leistungen ausgeschlossen ist, die der Unternehmer (Gesellschafter) zur Ausführung z. B. steuerfreier Umsätze oder unentgeltlicher Lieferungen und sonstiger Leistungen verwendet, die steuerfrei wären, wenn sie gegen Entgelt ausgeführt würden. Bei der Vermietung oder Verpachtung von Grundstücken und Gebäuden, die nach § 4 Nr. 12 UStG steuerbefreit sind, muss deshalb

1 Vgl. BFH v. 10.3.2005 - V R 29/03, BStBl 2005 II S. 730.
2 Vgl. auch BMF v. 21.9.2005, BStBl 2005 I S. 936 und Abschnitt 1.6 Abs. 3 UStAE.
3 JStG v. 2.12.2024, BGBl 2024 I Nr. 387; siehe hierzu im Einzelnen Eckert, BBK 2024 S. 1117, 1123 f.

durch Verzicht auf die Steuerbefreiung nach § 9 Abs. 1 UStG (Option) erst der Weg zum Vorsteuerabzug frei gemacht werden.

7458–7480 (*Einstweilen frei*)

V. Vorsteuerabzug

1. GmbH als Leistungsempfänger

7481 Ein Kernstück des Umsatzsteuerrechts ist der **Vorsteuerabzug**. Die GmbH ist als Unternehmer zum Vorsteuerabzug (die gesetzlich geschuldete Steuer für Lieferungen und sonstige Leistungen, die von einem anderen Unternehmen für ihr Unternehmen ausgeführt wurden, sowie die weiteren in § 10 Abs. 1 Satz 1 Nr. 2 bis 5 UStG genannten Steuern) berechtigt. Voraussetzung ist, dass die Umsatzsteuer in einer Rechnung i. S. d. § 14 UStG durch einen anderen Unternehmer gesondert ausgewiesen worden ist (§ 15 Abs. 1 Nr. 1 Satz 2 UStG). Ausgeschlossen ist der Vorsteuerabzug von Ausnahmen abgesehen, wenn die GmbH die empfangene Lieferung oder sonstige Leistung des anderen Unternehmers für steuerfreie Umsätze verwendet (§ 15 Abs. 2 Satz 1 Nr. 1 UStG). Gleiches gilt für die in § 15 Abs. 2 Satz 1 Nr. 2 und 3 UStG genannten Vorgänge. Der ausgewiesene Vorsteuerbetrag ist in einen abziehbaren und einen nicht abziehbaren Teil aufzuteilen, wenn die GmbH die in Anspruch genommenen Leistungen nur zum Teil zur Ausführung von Umsätzen verwendet, die den Vorsteuerabzug ausschließen (§ 15 Abs. 4 Satz 1 UStG). Die nicht abziehbaren Teilbeträge sind im Wege einer sachgerechten Schätzung zu ermitteln.

2. Gesellschafter als Leistungsempfänger

7482 Tritt der **Gesellschafter als leistender Unternehmer der GmbH als Leistungsempfängerin** gegenüber, ist auch er grundsätzlich zum Vorsteuerabzug berechtigt. In der Praxis bestehen die Leistungen der Gesellschafter einer GmbH an die Gesellschaft häufig in der Vermietung oder Verpachtung von Wirtschaftsgütern. Soweit Grundstücke (und Gebäude) vermietet oder verpachtet werden, sind diese Umsätze steuerbefreit. Auf diese Steuerbefreiung kann jedoch unter bestimmten Voraussetzungen verzichtet werden (Option). Dann kann der Gesellschafter der GmbH neben der Miete oder Pacht nicht nur die darauf entfallende Umsatzsteuer gesondert in Rechnung stellen, welche die GmbH dann von ihrer eigenen Steuerschuld als Vorsteuer absetzen kann. Vielmehr kann der Gesellschafter auch die ihm von anderen Unternehmen insoweit berechnete Umsatzsteuer als Vorsteuer von seiner eigenen Umsatzsteuerschuld abziehen, soweit er deren Leistungen für die Ausführung der Vermietungsumsätze verwendet.

7483–7510 (*Einstweilen frei*)

4. Abschnitt: Kapitalerhöhung – Kapitalherabsetzung

A. Allgemeines

Eine **Kapitalerhöhung** liegt vor, wenn die GmbH durch formellen Beschluss ihr Stammkapital erhöht. Dabei ist zwischen der Kapitalerhöhung gegen Einlagen (Bareinlage oder Sacheinlage) und der Kapitalerhöhung aus Gesellschaftsmitteln zu unterscheiden. 7511

Bei einer **Kapitalerhöhung gegen Einlagen** wird der GmbH neues Eigenkapital zugeführt, und zwar auf der Grundlage einer Satzungsänderung (§ 54 GmbHG), der Übernahmeerklärung für die zu leistende Stammeinlage (§ 55 GmbHG) und der Eintragung in das Handelsregister. Die Kapitalerhöhung kann zum Nennwert oder mit einem Aufgeld erfolgen. 7512

Bei einer **Kapitalerhöhung aus Gesellschaftsmitteln** werden (freie) Rücklagen in gebundenes Eigenkapital (Stammkapital) umgewandelt. Bei einer solchen Innenfinanzierung der GmbH wird ihr kein Zusatz des Kapitals von außen zugeführt. Dabei sind die handelsrechtlichen Vorschriften in §§ 57c bis 57f GmbHG zu beachten. Hat das Registergericht die Kapitalerhöhung eingetragen und geht aus der Eintragung des Beschlusses hervor, dass es sich um eine Kapitalerhöhung aus Gesellschaftsmitteln handelt, ist dies für die steuerrechtliche Beurteilung bindend. 7513

(*Einstweilen frei*) 7514–7530

B. Kapitalerhöhung gegen Einlagen

Die Erhöhung des Stammkapitals gegen Einlagen wirkt sich auf die Höhe des zu versteuernden Einkommens der GmbH nicht aus. Sie stellt einen gesellschaftsrechtlichen Vorgang dar, in der Bilanz erscheint die bare Einlage auf der Aktivseite als Zugang, auf der Passivseite wird das entsprechend erhöhte Stammkapital ausgewiesen. Leistet der Gesellschafter für die Übernahme einen höheren Betrag als den Nennwert, bleibt dies ebenfalls ohne Einfluss auf das Einkommen der GmbH. Das Aufgeld stellt eine gesellschaftliche Einlage dar, die das zu versteuernde Einkommen nicht erhöht. Jedoch ist hinsichtlich der **Kosten** einer Kapitalerhöhung zu unterscheiden: die Kosten, die mit der eigentlichen Kapitalerhöhung zusammenhängen, stellen Betriebsausgaben dar. Hängen die Kosten allerdings mit der Übernahme der neuen Kapitalanteile zusammen, so sind sie grundsätzlich – wie der Gründungsaufwand – von den Gesellschaftern zu tragen. Da der Übernahmevertrag kein Teil des Kapitalerhöhungsbeschlusses ist, sondern lediglich dessen Durchführung dient und übernimmt die GmbH dennoch die Kosten, so liegt eine vGA vor.[1] 7531

Bei der **Kapitalerhöhung gegen Einlagen** ergeben sich im Teileinkünfteverfahren keine steuerlichen Auswirkungen; ein Aufgeld stellt eine Einlage der Gesellschafter dar, die nicht auf das Nennkapital geleistet wird. Sie ist als Zugang auf dem steuerlichen Einlagekonto i. S. v. § 27 KStG zu erfassen. 7532

---

1 BFH v. 19.1.2000 - I R 24/99, BStBl 2000 II S. 545.

7533 Auf der Ebene der Gesellschafter erhöhen die Einlagen die Anschaffungskosten der Beteiligung i.S.v. § 17 Abs. 2 EStG. Bei Zahlung eines Aufgelds liegen die Anschaffungskosten über dem Nennwert der Anteile, so dass sich bei Veräußerung der Beteiligung oder bei Auflösung der GmbH nach § 17 EStG ein Veräußerungsverlust ergeben kann. Bei Anteilen im Betriebsvermögen sind die Einlagen als weitere Anschaffungskosten zu aktivieren.

7534–7550 (*Einstweilen frei*)

C. Kapitalerhöhung aus Gesellschaftsmitteln

7551 Bei der **Kapitalerhöhung aus Gesellschaftsmitteln** wird das Einkommen der GmbH nicht berührt. Dies ergibt keine Auswirkungen dieses gesellschaftsrechtlichen Vorgangs auf das zu versteuernde Einkommen, in der Bilanz erfolgt lediglich ein Passivtausch vom Konto Rücklagen auf das Konto Nennkapital.

7552 Es ist jedoch die Vorschrift des § 28 Abs. 1 Satz 1 KStG zu beachten. Danach gilt bei einer Kapitalerhöhung aus Gesellschaftsmitteln zunächst vorrangig der auf dem steuerlichen Einlagekonto gem. § 27 KStG ausgewiesene Betrag als für die Kapitalerhöhung verwendet. Soweit auch sonstige Rücklagen in Nennkapital umgewandelt werden müssen, ist dieser Teil des gezeichneten Kapitals getrennt auszuweisen und gesondert festzustellen (sog. **Sonderausweis,** § 28 Abs. 1 Satz 3 KStG). Im Sonderausweis können die ausschüttbaren Gewinnrücklagen und das übrige (neutrale) Vermögen enthalten sein. Durch den Sonderausweis soll sichergestellt werden, dass bei einer späteren Kapitalherabsetzung die Rückzahlung dieses Teils des Stammkapitals bei den Gesellschaftern als Einnahme aus Kapitalvermögen nach § 20 Abs. 1 Nr. 2 Satz 2 EStG erfasst wird.

7553 Für den Sonderausweis der in Nennkapital umgewandelten und sonstigen Rücklagen ist jährlich eine gesonderte Feststellung durchzuführen. Bei dessen Fortschreibung ist die Regelung in § 28 Abs. 3 KStG zu beachten. Hat bei der Kapitalerhöhung aus Gesellschaftsmitteln das steuerliche Einlagekonto nicht ausgereicht, um die Kapitalerhöhung zu finanzieren und ist deshalb ein Sonderausweis des Nennkapitals, das aus übrigen Rücklagen als umgewandelt gilt, entstanden und findet danach ein Zugang zum steuerlichen Einlagekonto statt, so ist dessen positiver Bestand zum nächsten Feststellungszeitpunkt auf den Sonderausweis zu verrechnen. Das steuerliche Einlagekonto gilt nachträglich für die Kapitalerhöhung als verwendet.

7554 Bei den **Anteilseignern** führt die Kapitalerhöhung aus Gesellschaftsmitteln **nicht zu steuerpflichtigen Einnahmen** i.S.d. EStG. Dies ist ausdrücklich in § 1 KapErhStG vorgeschrieben. Der Wert der neu ausgegebenen Stammanteile führt bei den Gesellschaftern nicht zu Einkünften. Bei der Ermittlung der Anschaffungskosten ist § 3 KapErhStG zu beachten. Die Anschaffungskosten der vor der Erhöhung erworbenen Anteile sind auf diese und die neuen Anteilsrechte nach dem Verhältnis der Anteile am Nennkapital zu verteilen.

7555–7570 (*Einstweilen frei*)

D. Kapitalherabsetzung

Zu unterscheiden ist zwischen folgenden Formen der Kapitalherabsetzungen: 7571

- ordentliche Kapitalherabsetzung (§ 58 GmbHG),
- vereinfachte Kapitalherabsetzung (§§ 58a bis 58f GmbHG),
- Kapitalherabsetzung durch Einziehung von Anteilen (§ 58 GmbHG).

GmbH-rechtlich sind folgende Schritte zu beachten: 7572

- qualifizierter, formgerechter Beschluss der Gesellschafterversammlung mit ¾-Mehrheit auf Herabsetzung des Stammkapitals,
- Bekanntmachung des Beschlusses durch den Geschäftsführer mit der Aufforderung an die Gläubiger, sich zu melden,
- Anmeldung des Herabsetzungsbeschlusses zur Eintragung in das Handelsregister und Beachtung eines Sperrjahres,
- Eintragung des Herabsetzungsbeschlusses in das Handelsregister.

I. Die ordentliche Kapitalherabsetzung

Die ordentliche Kapitalherabsetzung unter Verwendung von eingezahltem Stammkapital hat bei der GmbH keine steuerliche Auswirkung. 7573

Wenn im Rahmen der Kapitalherabsetzungen eingezahltes Stammkapital zurückgezahlt wird, haben die Gesellschafter keine Einnahmen aus Kapitalvermögen (§ 20 EStG). Wird die Beteiligung im Privatvermögen gehalten und fällt sie unter § 17 Abs. 1 EStG, stellt die Rückzahlung zwar den maßgeblichen Veräußerungspreis dar, i. d. R. wird sich aber kein Veräußerungsgewinn nach § 17 Abs. 4 EStG ergeben. Waren die Stammanteile mit einem Aufgeld ausgegeben worden, kann ein Veräußerungsverlust eintreten. Dieser wird im Teileinkünfteverfahren jedoch nur noch zu 60 % berücksichtigt. Hatte der Gesellschafter die Beteiligung im Betriebsvermögen, vermindert die Rückzahlung aufgrund der Kapitalherabsetzungen zunächst den Buchwert der Beteiligung. Ein darüber hinausgehender Betrag stellt eine gewinnerhöhende Betriebseinnahme dar,[1] wobei auch hier die 40 %ige Steuerbefreiung gem. § 3 Nr. 40 Satz 1 Buchst. c EStG eingreift. 7574

II. Ordentliche Kapitalherabsetzung unter Verwendung von Stammkapital aus umgewandelten Rücklagen

Eine ordentliche Kapitalherabsetzung unter Verwendung von Stammkapital aus umgewandelten Rücklagen setzt voraus, dass in den Vorjahren eine Kapitalerhöhung aus Gesellschaftsmitteln durchgeführt worden ist. Auch eine solche Kapitalherabsetzung berührt das **Einkommen der GmbH nicht**. 7575

Wenn nach vorangegangener Kapitalerhöhung aus Gesellschaftsmitteln das Kapital herabgesetzt wird, gilt nach § 28 Abs. 2 Satz 1 KStG der Teil des gezeichneten Kapitals 7576

1 BFH v. 20.4.1999 - VIII R 38/96, BStBl 1999 II S. 647.

vorab als verwendet, der dem Sonderausweis nach § 28 KStG entspricht. Die Verwendung des Sonderausweises gilt als Gewinnausschüttung, die beim Gesellschafter zu Bezügen i. S. d. § 20 Abs. 1 Nr. 2 EStG führt. Diese Rückzahlung des Nennkapitals unterliegt beim Gesellschafter der Besteuerung wie eine Ausschüttung. Übersteigt die Kapitalherabsetzung den Sonderausweis, so ist zunächst ein Zugang beim steuerlichen Einlagekonto zu erfassen, soweit die Einlage in das Stammkapital geleistet ist. Bei Auszahlung wird der den Sonderausweis übersteigende Teil des Stammkapitals gem. § 28 Abs. 2 Satz 2 KStG vom Bestand des steuerlichen Einlagekontos abgezogen. Die Rückzahlung erfolgt insoweit aus dem steuerlichen Einlagekonto, ohne dass die Verwendungsrechnung in § 27 Abs. 1 Satz 3 und 4 KStG anzuwenden wäre.

7577 (*Einstweilen frei*)

7578 Wie ausgeführt, gilt die **Rückzahlung des gezeichneten Kapitals** nach § 28 Abs. 2 Satz 2 KStG als **Gewinnausschüttung**, soweit bei der Kapitalherabsetzung der Sonderausweis gemindert wird. Der Gesellschafter hat insoweit Bezüge nach § 20 Abs. 1 Nr. 2 EStG, die bei natürlichen Personen zu 40 % und bei der GmbH als Gesellschafter nach § 8b Abs. 1 KStG steuerfrei bis auf die Mindestbesteuerung aus § 8b Abs. 5 KStG sind.

7579 Da der Betrag der Kapitalherabsetzung, der den Sonderausweis übersteigt, dem steuerlichen Einlagekonto gutgeschrieben wird, soweit die Einlage in das Stammkapital geleistet ist, und die Rückzahlung des Nennkapitals dort abzuziehen ist, wird insoweit die Rückzahlung wie eine Rückzahlung aus dem steuerlichen Einlagekonto behandelt. Die **Rückzahlung**, die den **Sonderausweis übersteigt**, führt somit beim **Gesellschafter nicht zu Einnahmen aus Kapitalvermögen**.

7580 Fällt die Beteiligung jedoch unter § 17 Abs. 1 EStG, muss die Rückzahlung aus dem steuerlichen Einlagekonto nach § 17 Abs. 4 EStG behandelt werden. Bei Anteilen im Betriebsvermögen wird die Kapitalrückzahlung in Höhe des den Sonderausweis übersteigenden Betrags mit den Buchwerten der GmbH-Anteile verrechnet. Übersteigt die Rückzahlung den Buchwert, liegen gewinnerhöhende Betriebseinnahmen vor, wobei jedoch die Regeln des Teileinkünfteverfahrens zu beachten sind.

III. Vereinfachte Kapitalherabsetzung

7581 Bei der vereinfachten Kapitalherabsetzung wird der Herabsetzungsbetrag nicht an die Gesellschafter ausbezahlt. GmbH-rechtlich ist eine vereinfachte Kapitalherabsetzung nur zulässig, wenn sie zum Ausgleich von Wertminderungen, zur Abdeckung von Verlusten und zur Einstellung von Beträgen in die Kapitalrücklage dient (§ 58a GmbHG).

7582 Auf das Einkommen der GmbH wirkt sich die vereinfachte Kapitalherabsetzung nicht aus. In der Bilanz werden das gezeichnete Kapital, der Verlustvortrag oder der Bilanzverlust gemindert bzw. die Rücklagen erhöht.

Für die **Kapitalherabsetzung** besagt § 28 Abs. 2 Satz 1 KStG, dass ein **Sonderausweis vorrangig als für die Kapitalherabsetzung verwendet** gilt. § 28 Abs. 2 Satz 2 KStG betrifft nur die Rückzahlung des Nennkapitals bei der Besteuerung des Gesellschafters. Mangels Rückzahlung der herabgesetzten Beträge kommt es nicht zu den dort beschriebenen Rechtsfolgen. Es wird jedoch zunächst der steuerliche Sonderausweis gemindert und dann der übersteigende Betrag dem steuerlichen Einlagekonto gutgeschrieben, jedoch unterbleibt eine Verminderung des Einlagekontos, da keine Rückzahlung an den Gesellschafter erfolgt.

BEISPIEL: Die X-GmbH beschließt im Wirtschaftsjahr eine vereinfachte Kapitalherabsetzung i.H.v. 30.000€ zur Einstellung in die Kapitalrücklage. Der Sonderausweis zum 31.12.05 soll 12.000€ betragen, das steuerliche Einlagekonto weist einen Bestand von 0€ aus.

Es treten nur die Rechtsfolgen des § 8 Abs. 2 Satz 1 KStG ein, so dass sich der Sonderausweis i.H.v. 12.000€ vermindert und der übersteigende Betrag der Kapitalherabsetzung dem steuerlichen Einlagekonto gutgeschrieben wird.

Es ergeben sich folgende Feststellungen:

Sonderausweis nach § 28 KStG

Bestand am 31.12.05	12.000€
Abgang durch Kapitalherabsetzung	./. 12.000€
Bestand am 31.12.06	0€

Steuerliches Einlagekonto § 27 KStG

Bestand am 31.12.05	0€
Zugang durch Kapitalherabsetzung	+ 18.000€
Bestand am 31.12.06	18.000€

Die vereinfachte Kapitalherabsetzung beeinflusst das Einkommen der Gesellschafter auf der Einnahmenseite nicht, weil ihnen der Herabsetzungsbetrag nicht zufließt. 7583

Befinden sich die Anteile im Betriebsvermögen, kann jedoch eine Gewinnminderung aufgrund eines niedrigeren Teilwerts (Teilwertabschreibung) eintreten. Ist Anteilseigner eine GmbH, greift das Abzugsverbot nach § 8b Abs. 3 Satz 3 KStG ein.[1] Aufgrund dieser Einkommensermittlungsvorschrift ist der fragliche Betrag außerhalb der Bilanz wieder hinzuzurechnen. Bei Personenunternehmen darf die Gewinnminderung infolge einer Teilwertabschreibung nach § 3c Abs. 2 Satz 1 2. Teilsatz EStG nur zu 60 % berücksichtigt werden. 7584

IV. Kapitalherabsetzung durch Einziehung von Anteilen

Bei einer Kapitalherabsetzung durch Einziehung von Anteilen kann die GmbH die Anteile zunächst vom Gesellschafter erwerben und sie im Anschluss daran einziehen. Es ist aber auch möglich, eine Kapitalherabsetzung durch Einziehung von Anteilen ohne vorherigen Erwerb der Anteile durchzuführen. 7585

Auf der Ebene der GmbH ergeben sich entsprechende steuerliche Folgerungen wie bei der vereinfachten Kapitalherabsetzung. 7586

Auf der Ebene der Gesellschafter stellt ein Entgelt für den Erwerb der einzuziehenden Anteile keine Einnahme aus Kapitalvermögen (Kapitalertrag nach § 20 EStG) dar. Es können jedoch Gewinne oder Verluste aus dem Verkauf der Gesellschaftsanteile entstehen, die im Privatvermögen nach § 17 oder § 20 Abs. 2 EStG (evtl. steuerfrei bei An- 7587

1 Vgl. Gosch, KStG, § 8b Rz. 266.

schaffung vor dem 1.1.2009) zu versteuern sein können.[1] Befanden sich die Anteile im Betriebsvermögen, richtet sich die steuerliche Behandlung der realisierten Gewinne oder Verluste nach den Regeln der Teileinkünftebesteuerung, also bei Personenunternehmen nach §§ 3 Nr. 40a, 3c EStG bzw. bei einer GmbH als Anteilseigner nach § 8b Abs. 2 und 3 KStG.

7588 Zahlt die GmbH beim Erwerb der Anteile einen unangemessen hohen Kaufpreis, liegt in Höhe des nicht angemessenen Teils des Kaufpreises eine vGA vor, die ihr Einkommen nicht mindern darf (§ 8 Abs. 3 Satz 2 KStG).

7589–7619 (*Einstweilen frei*)

5. Abschnitt: Die Besteuerung auf der Ebene der Gesellschafter (Teileinkünfteverfahren, Abgeltungsteuer)

LITERATUR:

Jachmann-Michel, Die Besteuerung der Kapitaleinkünfte, 3. Aufl., München 2024; *Anemüller*, Handbuch privater Kapitaleinkünfte, 3. Aufl., Herne 2023.

A. Grundlegende Prinzipien unter der Ägide des Teileinkünfteverfahrens

7620 Durch das Trennungsprinzip wird zwischen der Besteuerung der Kapitalgesellschaft und der des Anteilseigners unterschieden. Auf der Ebene der Gesellschaft ist seit Abschaffung des früheren Anrechnungsverfahrens die zu leistende Körperschaftsteuer definitiv. Gewinnausschüttungen werden zur Vermeidung von einer Überbesteuerung auf der Ebene der Gesellschaft bei Kapitalgesellschaften dem Regime des § 8b KStG unterworfen bzw. bei natürlichen Personen nur zum Teil besteuert.

Dividenden für im Betriebsvermögen gehaltene Gesellschaftsanteile sind nach dem Teileinkünfteverfahren zu versteuern. Steuerpflichtig sind nunmehr 60 % der Einnahmen, damit korrespondiert die Möglichkeit eines Betriebsausgabenabzugs in entsprechender Höhe. Das Teileinkünfteverfahren gilt auch für Gewinne aus der Veräußerung von im Betriebsvermögen gehaltenen Gesellschaftsanteilen. Das bedeutet, dass außer den Einnahmen auch die Anschaffungskosten und eventuelle Betriebsausgaben in o. g. Höhe zu berücksichtigen sind.

7621 Die grundlegenden Vorschriften des Teileinkünfteverfahrens sind § 3 Nr. 40 und § 3c EStG. Die Vorschrift des § 3 Nr. 40 EStG enthält in Satz 1, Buchst. a bis j, eine Vielzahl von einzelnen Tatbeständen bei Beteiligung an einer Kapitalgesellschaft (GmbH). Sie beziehen sich sowohl auf die laufenden Erträge aus der Beteiligung als auch auf Veräußerungen und vergleichbare Vorgänge.

7622 Die **begünstigten Tatbestände** (40 %ige Steuerbefreiung) im Zusammenhang mit GmbH-Beteiligungen sind:

1 FG Rheinland-Pfalz v. 4.11.2015 - 1 K 1214/13, rkr., EFG 2016 S. 288; NWB WAAAF-48950, dies gilt auch bei einer Zwangseinziehung.

- Veräußerungs- und Entnahmeerlöse bei Beteiligungen im Betriebsvermögen und Erträge aus Zuschreibungen nach § 6 Abs. 1 Nr. 2 Satz 3 EStG (Wertaufholung);
- Veräußerungs- und Entnahmeerlöse bei Beteiligungen im Betriebsvermögen im Zusammenhang mit Betriebsveräußerungen und Betriebsaufgaben;
- Veräußerungserlöse nach § 17 Abs. 2 EStG;
- laufende Dividendeneinnahmen nach § 20 Abs. 1 Nr. 1 EStG, sofern nicht die Abgeltungsteuer abschließend eingreift;
- Bezüge aufgrund Kapitalherabsetzungen oder Auflösung der Gesellschaft nach § 20 Abs. 1 Nr. 2 EStG und Sonderentgelte, sofern nicht die Abgeltungsteuer abschließend eingreift.

Für die **Besteuerung der laufenden Erträge** aus der Beteiligung an einer GmbH ist damit 7623 vor allem der vierte Punkt bedeutsam, wobei die 40 %ige Steuerbefreiung gilt, wenn sich die Beteiligung in einem Betriebsvermögen befindet (§ 3 Nr. 40 Satz 2, § 20 Abs. 3 EStG). **Ausgaben** im Zusammenhang mit den nach § 3 Nr. 40 EStG begünstigten Einnahmen dürfen nach § 3c Abs. 2 EStG nur **zu 60 % abgezogen** werden, unabhängig davon, in welchem VZ die Einnahmen anfallen. Eine Anrechnung der KSt der GmbH ist auf der Ebene des Anteilseigners im Teileinkünfteverfahren nicht mehr möglich.

(*Einstweilen frei*) 7624–7640

B. Dividenden (Beteiligungserträge)

Zu den Einnahmen aus Kapitalvermögen i. S. v. § 20 Abs. 1 Nr. 1 EStG gehören u. a. die 7641 Dividenden (Gewinnanteile) aus Anteilen an einer GmbH (offene Ausschüttungen, Vorabausschüttungen, vGA).

I. Beteiligung im Privatvermögen

Seit 2009 gilt bei Dividenden im Privatvermögen gem. § 32d EStG grds. die Abgeltungsteuer. 7642 Die Einnahmen unterliegen einer 25 %igen Steuer. Werbungskosten können nicht abgezogen werden, nur ein Sparer-Pauschbetrag gem. § 20 Abs. 9 Satz 1 EStG i. H. v. 1.000 € wird zum Abzug gewährt.

Der Steuerpflichtige kann gem. § 32d Abs. 6 EStG beantragen, dass die Einkünfte der 7642/1 Tarifbelastung unterworfen werden, wenn diese unter 25 % liegt (Günstigerprüfung). Auch in diesem Fall kann lediglich der Sparer-Pauschbetrag, jedoch können nicht die Werbungskosten abgezogen werden. Das Wahlrecht kann für den jeweiligen VZ nur einheitlich für sämtliche Kapitalerträge ausgeübt werden (§ 32d Abs. 6 Satz 3 EStG).

Der Steuerpflichtige kann unter bestimmten Voraussetzungen auf die Anwendung der 7642/2 Abgeltungsteuer verzichten (Option zur Regelbesteuerung). Voraussetzungen sind gem. § 32d Abs. 2 Nr. 3 EStG: Der Steuerpflichtige muss im VZ, für den der Antrag erstmals gestellt wird, unmittelbar oder mittelbar

a) zu mindestens 25 % an der Kapitalgesellschaft beteiligt sein oder

b) zu mindestens 1 % beteiligt sein und durch eine berufliche Tätigkeit für die Kapitalgesellschaft maßgeblichen wirtschaftlichen Einfluss auf deren wirtschaftliche Tätigkeit nehmen können.

Mit der Änderung durch das Gesetz zur Umsetzung der Änderungen der EU-Amtshilferichtlinie und von weiteren Maßnahmen gegen Gewinnkürzungen und -verlagerungen vom 20.12.2016[1] will der Gesetzgeber die ausufernde Rechtsprechung des BFH zum Begriff „der beruflichen Tätigkeit“[2] einfangen. Damit dürfte unter diese Regelung neben dem unter 1 % beteiligten Geschäftsführer allenfalls noch ein Prokurist fallen.[3]

7642/3 Eine entsprechende Beteiligung zu irgendeinem Zeitpunkt im VZ reicht aus.[4] Der Antrag ist spätestens mit Abgabe der Einkommensteuererklärung zu stellen[5] und gilt, sofern er nicht widerrufen wird, auch für die folgenden VZ. Der Antrag kann für die Anteile an der jeweiligen Beteiligung nur einheitlich gestellt werden. Nach Widerruf ist eine erneute Antragstellung für diese Kapitalgesellschaft ausgeschlossen.

7642/4 Stellt der Steuerpflichtige den Antrag, gilt das Teileinkünfteverfahren gem. § 3 Nr. 40 i. V. m § 3c Abs. 2 EStG. Die Einnahmen sind zu 40 % steuerfrei, Werbungskosten sind zu 60 % abzugsfähig, Verluste aus der Beteiligung sind voll ausgleichsfähig. Der Sparer-Pauschbetrag wird nicht gewährt.

BEISPIEL: Der Gesellschafter der X-GmbH erhält im Jahr 2024 (Ägide Teileinkünfteverfahren) eine Gewinnausschüttung von 30.000 €. Für die Finanzierung seiner Stammeinlage sind im selben Jahr 10.000 € Schuldzinsen angefallen.

Steuerpflichtige Einkünfte

Einnahmen (§ 20 Abs. 1 Nr. 1 EStG) 30.000 € x 60 % =	18.000 €
Werbungskosten (Schuldzinsen) 10.000 € x 60 % =	./. 6.000 €
Sparer-Pauschbetrag (voll)	./. 1.000 €
Einkünfte	11.000 €

ABWANDLUNG: Die Gewinnausschüttung hat nur 5.000 € betragen.

Steuerpflichtige Einkünfte

Einnahmen (§ 20 Abs. 1 Nr. 1 EStG) 5.000 € x 60 % =	3.000 €
Werbungskosten (Schuldzinsen) 10.000 € x 60 % =	./. 6.000 €
Sparer-Pauschbetrag (nicht bei negativen Einkünften)	0 €
Einkünfte (Verlust)	./. 3.000 €

1 BGBl 2016 I S. 3000.

2 Vgl. BFH v. 25.8.2015 - VIII R 3/14, BStBl 2015 II S. 892.

3 Vgl. Oellerich in: Bordewin/Brandt, § 32d EStG Rz. 95a.

4 BMF v. 19.5.2022 - IV C 1 - S 2252/19/10003 :009, BStBl 2022 I S. 742, Rz. 139.

5 BFH v. 28.7.2015 - VIII R 50/14, BStBl 2015 II S. 894.

II. Beteiligung im Betriebsvermögen

Das Teileinkünfteverfahren gilt auch, wenn die **Ausschüttung** auf eine im **Betriebsvermögen gehaltene GmbH-Beteiligung** erfolgt. Es gilt auch § 3c Abs. 2 EStG, wonach die Aufwendungen auf die Beteiligung zu 40 % nicht abgezogen werden können. Ist Anteilseignerin eine andere Kapitalgesellschaft, ist die Ausschüttung zu 95 % steuerfrei (§ 8b Abs. 1 i. V. m. Abs. 5 KStG), es sei denn, die unmittelbare Beteiligung beträgt weniger als 10 % (Streubesitzdividende, § 8b Abs. 4 KStG). 7643

Über § 7 GewStG gelten die 40 %ige Steuerbefreiung und das 40 %ige Abzugsverbot auch bei der **Gewerbesteuer**, und zwar auch dann, wenn es um die Ermittlung des Gewerbeertrags einer Mitunternehmerschaft geht, soweit an der Mitunternehmerschaft natürliche Personen unmittelbar oder mittelbar über eine oder mehrere Personengesellschaften beteiligt sind (§ 7 Satz 4 GewStG). Bei einer mitunternehmerisch beteiligten GmbH greift § 8b KStG ein (vollständige Freistellung). Es ist jedoch die Hinzurechnungsvorschrift des § 8 Nr. 5 GewStG zu beachten, wonach die außer Ansatz bleibenden Gewinnanteile (Dividenden) gewerbesteuerlich wieder hinzuzurechnen sind, soweit nicht die Voraussetzungen des gewerbesteuerlichen Schachtelprivilegs in § 9 Nr. 2a und Nr. 7 GewStG erfüllt sind. Von dieser Regelung sind vor allem Streubesitzdividenden betroffen, die zwar zu 60 % oder ganz (bis auf die Mindestbesteuerung bei Kapitalgesellschaften) einkommensteuerfrei vereinnahmt werden können, beim Gesellschafter im gewerblichen Betriebsvermögen aber in voller Höhe der Gewerbesteuer unterliegen. Dann sind aber die Betriebsausgaben, die mit den Ausschüttungen in wirtschaftlichem Zusammenhang stehen, gegenzurechnen, soweit sie nach § 3c EStG unberücksichtigt bleiben (bei Kapitalgesellschaften ist § 3c Abs. 1 EStG im Zusammenhang mit den steuerfrei bleibenden Beteiligungserträgen ohnehin nicht anwendbar, § 8b Abs. 5 Satz 2 KStG). Praktische Auswirkungen hat die Hinzurechnungsvorschrift nur bei Beteiligungen unter 15 %. sowie im Jahr des Erwerbs der Beteiligung, weil dann das gewerbesteuerliche Schachtelprivileg nicht gilt. 7644

Praktisch sind Beteiligungseinkünfte im Rahmen der Gewinneinkünfte wie eine „Untereinkunftsart“ zu behandeln und getrennt zu ermitteln, wozu sich empfehlen kann, entsprechende Erträge und Aufwendungen in der Buchführung getrennt von den übrigen Betriebseinnahmen und Betriebsausgaben aufzuzeichnen bzw. auf getrennten Ertrags- und Aufwandskonten zu erfassen. 7645

Im Betriebsvermögen betrifft das 40 %ige Abzugsverbot nach § 3c Abs. 2 EStG insbesondere **Finanzierungskosten**, aber auch ausschüttungsbedingte oder verlustbedingte **Teilwertabschreibungen**. Wie im Privatvermögen kann sich auch im Betriebsvermögen ein laufender Verlust aus einer Beteiligung an der GmbH ergeben, wenn die Aufwendungen (vornehmlich Schuldzinsen und Teilwertabschreibungen) die Beteiligungserträge (Dividenden) überschreiten. Ein solcher Verlust ist bei Personenunternehmen nur noch zu 60 % steuerlich zu berücksichtigen, bei Kapitalgesellschaften wie einer GmbH sind die Aufwendungen jedoch abzuziehen. 7646

(*Einstweilen frei*) 7647–7660

C. Veräußerung oder Entnahme von GmbH-Anteilen

7661 Neben den laufenden Beteiligungserträgen stellt § 3 Nr. 40 EStG auch die Erträge aus der **Veräußerung oder Entnahme von Anteilen an einer GmbH zu 40 % von der Einkommensteuer frei**, wenn die Beteiligung von **natürlichen Personen** gehalten wird. Bei **Kapitalgesellschaften** gelten die Regeln des § 8b Abs. 2 KStG (völlige Steuerfreistellung mit Ausnahme der Mindestbesteuerung von 5 %). Die Steuerbefreiung bei natürlichen Personen tritt bei Veräußerung von den privat und im Betriebsvermögen gehaltenen Beteiligungen ein, unabhängig davon, ob es sich um einen laufenden Gewinn oder um einen nach §§ 16 und 34 EStG begünstigten Vorgang handelt. Im Gegenzug können die Anschaffungskosten bzw. der Buchwert der Beteiligung nur zu 60 % berücksichtigt werden. Ist der Veräußerungs- oder Entnahmegewinn zu 40 % steuerfrei, ist § 34 EStG auf den steuerpflichtigen Teil des Gewinnes nicht anwendbar (Abs. 2 Nr. 1 2. Halbsatz der Vorschrift). Behaltefristen sind für die Gewährung der Steuerbefreiung nicht einzuhalten.

I. Beteiligung im Privatvermögen

7662 Eine Steuerpflicht von Veräußerungen und Entnahmen bei GmbH-Beteiligungen im Privatvermögen und damit die Anwendung des Teileinkünfteverfahrens kommt in Betracht bei Vorgängen, die unter § 17 EStG fallen. Für Vorgänge gem. § 20 Abs. 2 Satz 1 Nr. 1 EStG wird das Abgeltungsteuersystem ausgelöst.

1. Beteiligung i. S. v. § 17 EStG

7663 Zum **Privatvermögen** des Gesellschafters **gehörende Anteile** an einer GmbH **sind** unter den Voraussetzungen des § 17 EStG **steuerverstrickt**. Sie sind es, wenn die Beteiligungsquote des Gesellschafters innerhalb der letzten fünf Jahre vor der Veräußerung an der GmbH mindestens 1 % betragen hat. Beim unentgeltlichen Erwerb genügt es, dass der Rechtsvorgänger entsprechend beteiligt war. Für die Berechnung der Fünfjahresfrist ist das dingliche Erwerbs- bzw. Veräußerungsgeschäft maßgebend, nicht wie für die Spekulationsbesteuerung nach §§ 22 Nr. 2 und 23 EStG a. F. das obligatorische Rechtsgeschäft. Die Höhe der GmbH-Beteiligungen wird durch den nominellen Anteil am Stammkapital bestimmt, nicht durch die Höhe der Einzahlung hierauf. Maßgebend ist das Verhältnis zum Stammkapital abzgl. eigener Anteile der GmbH,[1] und zwar auch dann, wenn die Satzung die Stimmrechte oder die Verteilung des Gewinns und des Liquidationserlöses abweichend von §§ 29, 72 GmbHG regelt.[2]

7664 Zum Erreichen der Quote tragen eigenkapitalersetzende Gesellschafterdarlehen, typische stille Beteiligungen an der GmbH oder ein mit der Geschäftsführerposition verbundener erheblicher Einfluss auf die GmbH und ein satzungsmäßiger Schutz gegen Überstimmung durch die Mitgesellschafter nicht bei.[3] Eine „ähnliche Beteiligung" ist

1 BFH v. 18.4.1989 - VIII R 329/84, BFH/NV 1990 S. 27, NWB XAAAB-31174.

2 BFH v. 25.11.1997 - VIII R 29/94, BStBl 1998 II S. 257.

3 BFH v. 19.5.1992 - VIII R 16/88, BStBl 1992 II S. 902; v. 28.5.1997 - VIII R 25/96, BStBl 1997 II S. 724; v. 25.11.1997 - VIII R 36/96, BFH/NV 1998 S. 694, NWB UAAAB-39321.

auch der Anteil an einer Vor-GmbH, nicht jedoch der Anteil an der Vorgründungs-Gesellschaft. Bei der Ermittlung der Beteiligungsquote zählen sämtliche Anteile des Gesellschafters an der GmbH mit.

a) Erfasste Vorgänge

Folgende **Vorgänge** können zu Gewinnen oder Verlusten i.S.v. §17 EStG führen: Veräußerung privater Anteile, verdeckte Einlage privater Anteile in eine andere GmbH, Rückzahlung von Stammkapital nach Auflösung der GmbH und aufgrund einer Herabsetzung und Rückzahlung des Stammkapitals sowie durch Ausschüttung oder Rückzahlung von Beträgen aus dem steuerlichen Einlagekonto. Soweit die Bezüge aber zu den Einnahmen aus Kapitalvermögen i.S.v. §20 Abs.1 Nr.1 oder 2 EStG gehören, dürfen sie nicht erfasst werden (§17 Abs.4 Satz 3 EStG). 7665

b) Zeitpunkt der Entstehung

Der Gewinn bzw. Verlust nach §17 EStG **entsteht** bei der **Anteilsveräußerung** (und bei der verdeckten Einlage) stichtagsbezogen **im Zeitpunkt des Übergangs des wirtschaftlichen Eigentums an den Anteilen,**[1] bei der **Auflösung** der GmbH im Zeitpunkt der Entstehung des **gesellschaftsrechtlichen Anspruchs auf Auskehrung** des Vermögens, bei der Kapitalrückzahlung aufgrund einer Kapitalherabsetzung im Zeitpunkt der Eintragung in das Handelsregister und bei Ausschüttung oder Rückzahlung von Beträgen aus dem steuerlichen Einlagekonto im Zeitpunkt der Entstehung des Anspruchs auf Auszahlung. Es gilt nicht das Zufluss-Abflussprinzip. 7666

Ein **auflösungsbedingter Verlust** kann nicht vor Auflösung der Gesellschaft und nicht mehr nach Löschung der GmbH im Handelsregister entstehen. Im Einzelnen ist wie folgt zu differenzieren: 7667

c) Insolvenzfreie Liquidation

Bei insolvenzfreier Liquidation der GmbH entsteht der Verlust in dem Zeitpunkt, „in dem mit einer wesentlichen Änderung des bereits feststehenden Verlustes nicht mehr zu rechnen ist",[2] also sobald feststeht, dass kein Vermögen an die Gesellschafter verteilt wird (Ebene der Gesellschaft)[3] und ob und in welcher Höhe dem Gesellschafter nachträgliche Anschaffungskosten sowie sonstige nach §17 Abs.2 EStG zu berücksichtigende Aufwendungen entstanden sind (Ebene des Gesellschafters).[4] 7668

Wird die Eröffnung des Insolvenzverfahrens mangels Masse abgelehnt, entsteht der Verlust mit Eintritt der Rechtskraft des abweisenden Beschlusses.[5] 7669

1 BFH v. 20.7.2010 - IX R 45/09, BStBl 2010 II S.969.
2 BFH v. 25.1.2000 - VIII R 63/98, BStBl 2000 II S.343.
3 BFH v. 3.6.1993 - VIII R 23/92, BFH/NV 1994 S.459, NWB MAAAA-97266.
4 BFH v. 2.12.2014 - IX R 9/14, BFH/NV 2015 S.666, NWB YAAAE-86639.
5 BFH v. 16.6.2015 - IX R 28/14, BFH/NV 2015 S.1679, NWB WAAAF-05922.

d) Eröffnung des Insolvenzverfahrens

7670 Bei der **Eröffnung des Insolvenzverfahrens** ist der früheste Zeitpunkt die Verfahrenseröffnung. Weitere Voraussetzung für die Entstehung des Auflösungsverlustes ist dann, dass mit Zuteilungen oder Rückzahlungen von Einlagen an den Gesellschafter nicht mehr zu rechnen ist und feststeht, ob und in welcher Höhe noch nachträgliche Anschaffungskosten oder sonstige zu berücksichtigende wesentliche Aufwendungen anfallen werden; dies steht regelmäßig erst mit Abschluss des Insolvenzverfahrens fest, so dass erst in diesem Zeitpunkt ein Veräußerungsverlust realisiert wird.[1] Ein früherer Zeitpunkt für die Entstehung des Auflösungsverlustes kann nach den Grundsätzen ordnungsgemäßer Buchführung in Betracht kommen, wenn der Insolvenzverwalter die einzelnen Wirtschaftsgüter der GmbH oder deren Unternehmen im Ganzen veräußert und die Grundlage für die Schlussverteilung geschaffen hat. Unter Umständen reicht es auch aus, wenn der Insolvenzverwalter bestätigt, dass nach den ihm vorliegenden Zahlen mit einer an Sicherheit grenzenden Wahrscheinlichkeit damit zu rechnen ist, dass das Vermögen der GmbH zu Liquidationswerten die Schulden nicht mehr decken wird.

e) Vermögenslosigkeit

7671 Tritt **Vermögenslosigkeit** ein, ist der Zeitpunkt der Löschung der GmbH im Handelsregister maßgebend. Die GmbH gilt in diesem Zeitpunkt als aufgelöst (§ 60 Abs. 1 Nr. 7 GmbHG), so dass der Gesellschafter von ihr keine Rückzahlungen mehr erwarten kann.

7672 In der Praxis kann es sich, um Rechtsverluste wegen nicht rechtzeitiger Geltendmachung des Auflösungsverlustes zu vermeiden, empfehlen, in der Steuererklärung den Auflösungsverlust im Zweifel für das frühestmögliche Jahr geltend zu machen. Es kommt immer wieder vor, dass Auflösungsverluste verloren gehen, weil das (zutreffende) Verlustentstehungsjahr bereits bestandskräftig veranlagt ist.

2. Ermittlung des Veräußerungsgewinns

7673 Veräußerungsgewinn i. S. d. § 17 EStG ist der Betrag, um den der Veräußerungspreis nach Abzug der Veräußerungskosten die Anschaffungskosten der Anteile übersteigt (§ 17 Abs. 2 Satz 1 EStG). Im Fall der Stammkapitalrückzahlung aufgrund einer Kapitalherabsetzung oder nach Auflösung der GmbH tritt an die Stelle des Veräußerungspreises der gemeine Wert des dem steuerpflichtigen Gesellschafter zugeteilten oder zurückgezahlten Vermögens der GmbH abzgl. der Beträge, die zu den Kapitalerträgen i. S. d. § 20 Abs. 1 Nr. 1 oder Nr. 2 EStG gehören.

a) Veräußerungspreis

7674 **Veräußerungspreis** ist die Geld- und Sachleistung, die der Veräußerer vom Erwerber für die Übertragung der Geschäftsanteile erhält. Ansprüche auf eine Gewinnausschüttung, die sich der veräußernde Gesellschafter im Abtretungsvertrag vorbehält, erhöhen den Veräußerungspreis, wenn im Zeitpunkt des Gewinnverteilungsbeschlusses

---

1 BFH v. 13.10.2015 - IX R 41/14, BFH/NV 2016 S. 385, NWB XAAAF-49310.

der Erwerber bereits Gesellschafter ist. Der Veräußerungserlös ist nach § 3 Nr. 40 Satz 1 Buchst. c EStG zu 40 % steuerfrei.

b) Veräußerungskosten

Veräußerungskosten sind die Aufwendungen, die mit den unter die Steuerbefreiung nach § 3 Nr. 40 EStG fallenden Einnahmen (Veräußerungspreis) in wirtschaftlichem Zusammenhang stehen (§ 3c Abs. 2 Satz 1 EStG). Veräußerungskosten sind z. B. die dem Gesellschafter beim Veräußerungsgeschäft entstandenen Notar- und Anwaltskosten sowie Beratungskosten. Veräußerungskosten sind auch dann abziehbar, wenn sie in einem anderen VZ als dem der Veräußerung angefallen sind; auf den Zeitpunkt des Abflusses kommt es nicht an. Die **Veräußerungskosten** unterliegen dem **40 %igen Abzugsverbot** nach § 3 Abs. 2 EStG. 7675

c) Anschaffungskosten der Anteile

Anschaffungskosten der Anteile sind sämtliche Aufwendungen, die der Gesellschafter getätigt hat, um die Anteile zu erhalten. Hierzu zählen insbesondere die bei der Gründung und bei einer Stammkapitalerhöhung übernommenen Bar- und Sachanlagen – diese zum gemeinen Wert –, ein Aufgeld (Agio) und Nebenkosten wie die von der GmbH nicht übernommenen Gründungskosten für Beratung, Notar etc. Beim Kauf der Anteile zählen zu den Anschaffungskosten der Kaufpreis mit den Nebenkosten, beim Tausch der gemeine Wert der für die Anteile hingegebenen Wirtschaftsgüter, dem Veräußerer noch vertraglich zugesagte Gewinnansprüche. Zu den Anschaffungskosten gehören auch die nachträglichen Aufwendungen auf die Beteiligung (**nachträgliche Anschaffungskosten**) wie verdeckte Einlagen (einschließlich zurückgezahlter verdeckter Gewinnausschüttungen), die unentgeltliche Übernahme von Schulden der Gesellschaft, Rückführungen einer Gewinnausschüttung (Schütt-Aus-Hol-Zurück-Verfahren) sowie Nachschüsse i. S. der §§ 26 bis 28 GmbHG. 7676

Nachträgliche Minderungen der Anschaffungskosten sind zu berücksichtigen, wie z. B. durch Ausschüttung oder sonstige Rückgewähr von Beträgen aus dem steuerlichen Einlagekonto und durch Herabsetzung und Rückzahlung des Stammkapitals, soweit für die Rückzahlung kein Sonderausweis i. S. d. § 28 Abs. 1 KStG gemindert wird. 7677

d) Weitere Fälle nachträglicher Anschaffungskosten

Ein durch das Gesellschaftsverhältnis veranlasster **Verzicht auf eine Gesellschafterforderung** erhöht als verdeckte Einlage die Anschaffungskosten in der Höhe, in der die Forderung werthaltig ist. Dabei ist es nicht von Belang, ob es sich um eine Darlehens- oder sonstige Vergütungsforderung handelt. Auch der Erlass gegen Besserungsschein führt zu nachträglichen Anschaffungskosten, wenn der Verzicht das steuerliche Einlagekonto bei der GmbH erhöht hat. 7678

Auch der **Ausfall von Gesellschafterdarlehen** und anderer Finanzierungshilfen (wie Bürgschaften, Sicherheiten, Grundpfandrechte) erhöht die **Anschaffungskosten**, wenn die Hingabe durch das Gesellschaftsverhältnis veranlasst ist (§ 17 Abs. 2a Satz 2, 3 EStG). 7679

Für die Frage, wann die Hingabe durch das Gesellschaftsverhältnis veranlasst ist, kann auf die bisherige Rechtsprechung zurückgegriffen werden.

7680 Zu nachträglichen Anschaffungskosten führen folgende **Darlehensgewährungen**:[1]

7681 **Darlehensgewährung in der Krise** der GmbH, also nach Eintritt der Krise (Insolvenzreife oder Kreditunwürdigkeit). Zusätzliche Anschaffungskosten in Höhe der Darlehensvaluta.

7682 **Finanzplandarlehen:** Das sind Darlehen, die **vor der Krise** gewährt werden, aber von vornherein in die Finanzplanung der GmbH in der Weise einbezogen sind, dass die zur Aufnahme der Geschäfte erforderliche Kapitalausstattung der GmbH durch eine Kombination von Eigen- und Gesellschafterfremdfinanzierung erreicht werden soll. Zusätzliche Anschaffungskosten in Höhe der Darlehensvaluta.

7683 **Krisenbestimmte Darlehen**: Die **Darlehensgewährung** erfolgt **vor der Krise** mit der Bestimmung, dass die Valuta bei Eintritt der Krise nicht abgezogen oder der GmbH belassen werden soll, z. B. aufgrund eines Garantieversprechens oder einer Rangrücktrittserklärung des Gesellschafters. Zusätzliche Anschaffungskosten in Höhe der Darlehensvaluta. Das soll nach BMF nur gelten, wenn die Krisenbestimmung auf vertraglicher Vereinbarung beruht. Ergibt sich die Krisenbestimmung aufgrund gesetzlicher Regelungen (§§ 39, 135 InsO; § 6 AnfG), soll der gemeine Wert im Zeitpunkt des Beginns des Anfechtungszeitraums maßgeblich sein.[2]

7684 **In der Krise stehen gelassene Darlehen**: Hier erfolgt die Darlehensgewährung vor der Krise, ohne dass es sich um ein Finanzplandarlehen oder ein krisenbestimmtes Darlehen handelt, der Gesellschafter lässt das **Darlehen aber bei Eintritt der Krise** bewusst **stehen**, obwohl er es hätte abziehen können. Voraussetzung hierfür ist die **Kenntnis von der Krise** und die **Rückzahlungsmöglichkeit** sowie, dass es angesichts der finanziellen Situation der GmbH absehbar war, dass die **Rückzahlung gefährdet** sein würde. Es liegen nachträglich Anschaffungskosten der Beteiligung vor in Höhe des **tatsächlichen Werts** des Darlehensrückzahlungsanspruchs in dem Zeitpunkt, in dem es der Gesellschafter mit Rücksicht auf das Gesellschaftsverhältnis nicht abzieht. Der Wert kann mit 0 € anzusetzen sein.

7685 **Keinen eigenkapitalersetzenden Charakter hat die Darlehensgewährung vor der Krise,** wenn es sich weder um ein Finanzplandarlehen noch um ein krisenbestimmtes Darlehen noch um ein in der Krise stehen gelassenes Darlehen handelt. Hier ergeben sich keine nachträglichen Anschaffungskosten der Beteiligung aus dem Ausfall des Darlehens. Der Ausfall privater Gesellschafterdarlehen, die keine Kapitalersatzmittel sind, spielt sich in der privaten Vermögenssphäre ab.[3]

7686 Auch steuerlich sind die **Einschränkungen** bezüglich der **Kapitalersatzeigenschaft eines Darlehens** zu beachten, wie sie sich aus § 39 Abs. 5 InsO ergeben. Die Nachrangigkeit von Gesellschafterdarlehen gilt nicht für den Gesellschafter, der nicht geschäftsführend

1 Vgl. auch BMF v. 7.6.2022, BStBl 2022 I S. 897.

2 Bedenklich; nach Heuermann, DB 2011 S. 551, soll eher der Nennbetrag maßgeblich sein.

3 Es liegt auch kein Verlust i. S. d. § 20 Abs. 2 Satz 1 Nr. 7 EStG vor, FG Berlin-Brandenburg v. 20.1.2016 - 14 K 14040/13, NWB GAAAF-86091 bestätigt durch BFH v. 6.8.2019 - VIII R 18/16, BStBl 2020 II S. 833.

und mit 10 % oder weniger am Stammkapital beteiligt ist. Mangels kapitalersetzenden Charakters solcher Darlehen führt der Ausfall nicht zu nachträglichen Anschaffungskosten der Beteiligung.[1] Auch bei einem Darlehensgeber, der in der Krise der Gesellschaft Geschäftsanteile zum Zweck der Überwindung der Krise erwirbt, sind die Regeln über den Eigenkapitalersatz für seine bestehenden oder neu gewährten Kredite nicht anwendbar; trotzdem führt der Ausfall zu nachträglichen Anschaffungskosten, da ansonsten das Sanierungsprivileg in sein Gegenteil verkehrt würde.[2]

e) Keine zusätzlichen Anschaffungskosten

Keine zusätzlichen Anschaffungskosten der Anteile entstehen durch eine unentgeltliche oder verbilligte **Nutzungs- oder Gebrauchsüberlassung** (zinslose Darlehen, pachtfreie Überlassung von Wirtschaftsgütern) oder kostenlose bzw. verbilligte Dienstleistungen des Gesellschafters für die GmbH; etwas anderes gilt jedoch beim Verzicht des Gesellschafters auf bereits entstandene Entgeltsansprüche, wie z. B. ein Zinsverzicht für zurückliegende Zeiträume. 7687

Auch der **Verzicht auf wertlose Ansprüche** gegen die GmbH führt nicht zu nachträglichen Anschaffungskosten auf die Beteiligung, es sei denn, es wird auf den Rückzahlungsanspruch aus einem eigenkapitalersetzenden Darlehen verzichtet, dessen Ausfall ohnehin zu zusätzlichen Anschaffungskosten führte.[3] 7688

Soweit der Ausfall eines Darlehens nicht nach den vorherigen Ausführungen zu nachträglichen Anschaffungskosten führt, führt er zu Verlusten nach § 20 Abs. 2 Satz 1 Nr. 7 EStG. Das ist zum Beispiel der Fall bei nicht krisenbestimmten Darlehen. Durch das JStG 2024 sind die verschiedenen Verlustverrechnungskreise in § 20 Abs. 6 Satz 5 und 6 EStG aufgehoben worden. Damit können in allen noch offenen Fällen Verluste in voller Höhe mit Einnahmen aus Kapitalvermögen verrechnet werden.[4]

f) Drittaufwand

Auch ein **Drittaufwand** gegenüber der GmbH führt grundsätzlich nicht zu zusätzlichen Anschaffungskosten des Gesellschafters auf seine Beteiligung, weil der Gesellschafter nur solche Aufwendungen auf die Beteiligung als Anschaffungskosten geltend machen kann, die er persönlich getragen hat. Aufwendungen eines Dritten, auch seines Ehegatten oder einer anderen ihm nahe stehenden Person, zugunsten der GmbH (Darlehen, sonstige Finanzierungshilfen wie Bürgschaften oder die Gestellung von Sicherheiten) können dann als Anschaffungskosten auf die Beteiligung des Gesellschafters berücksichtigt werden, wenn sie dem Gesellschafter als eigene zugerechnet werden können. Dies kann der Fall sein bei Abkürzung des Zahlungswegs, bei Abkürzung des Vertragswegs (nur Bargeschäfte des täglichen Lebens), bei Leistungen, die der Dritte im Innen- 7689

1 BFH v. 20.8.2013 - IX R 43/12, BFH/NV 2013 S. 1783, NWB AAAAE-44199; nachträgliche AK trotz Kleinanleger unter bestimmten Voraussetzungen bejahend BFH v. 6.5.2014 - IX R 44/13, BStBl 2014 II S. 781.

2 BFH v. 19.8.2008 - IX R 63/05, BStBl 2009 II S. 5.

3 BFH v. 7.7.1992 - VIII R 24/90, BStBl 1993 II S. 333.

4 Hörster, NWB 2025 S. 301, 309.

verhältnis für Rechnung des Gesellschafters erbringt, sowie bei mittelbaren verdeckten Einlagen durch den Dritten in die GmbH.[1]

7690 Die **Abkürzung des Zahlungswegs** liegt vor, wenn dem Gesellschafter ein Geldbetrag in der Weise zugewendet wird, dass ein Dritter in seinem Einvernehmen die Schuld des Gesellschafters tilgt, anstatt ihm den Geldbetrag unmittelbar zuzuwenden. Die Abkürzung des Zahlungswegs liegt jedoch nicht vor, wenn der Dritte auf eine eigene Verbindlichkeit leistet, z.B. auf eine Bürgschaft, die er im wirtschaftlichen Interesse des Gesellschafters eingegangen ist.

7691 Eine Abkürzung des Vertragsweges liegt vor, wenn ein Dritter im eigenen Namen für den Gesellschafter einen Vertrag abschließt und auch selbst die geschuldete Leistung erbringt, um dem Gesellschafter etwas zuzuwenden. Dies dürfte jedoch nur bei Bargeschäften des täglichen Lebens in Betracht kommen, also nicht im Zusammenhang mit der Finanzierung einer GmbH.[2]

7692 Eine durch den Dritten **im Innenverhältnis für Rechnung des Gesellschafters erbrachte Leistung** liegt vor, wenn der Dritte die Verbindlichkeit zwar im eigenen Namen, aber im wirtschaftlichen Interesse des Gesellschafters eingegangen ist. Dann sind die Aufwendungen des Dritten beim Gesellschafter abziehbar, wenn er die Verbindlichkeit im Innenverhältnis für Rechnung des Gesellschafters eingegangen ist, ihn also die wirtschaftlichen Folgen des Rechtsgeschäftes treffen sollen. Dies ist z.B. der Fall, wenn der Dritte aus einer im wirtschaftlichen Interesse des Gesellschafters eingegangenen Bürgschaft in Anspruch genommen wird und er einen Rechtsanspruch auf Ersatz seiner Aufwendungen aus dem zugrunde liegenden Auftragsverhältnis hat. Gleiches kann gelten, wenn ein sog. Kreditauftrag vorliegt, weil dann der Dritte wie ein Bürge beim Gesellschafter Rückgriff nehmen kann. Die Verpflichtung zum Aufwendungsersatz mindert die Leistungsfähigkeit des Steuerpflichtigen unabhängig davon, ob der Ersatzanspruch tatsächlich erfüllt wird.

7693 Ein voller Abzug der Finanzierungsaufwendungen kommt auch dann in Betracht, wenn Ehegatten gemeinsam als Gesamtschuldner nach § 421 BGB ein Darlehen aufgenommen haben und dieses nur von einem Ehegatten zur Erzielung von Einkünften eingesetzt wird. Der BFH[3] rechnet dann die Finanzierungsaufwendungen dem Gesellschafter-Ehegatten zu, der die Darlehensmittel zur Finanzierung seiner GmbH und damit zur Erzielung von Einkünften eingesetzt hat. Dies gilt unabhängig davon, ob die Leistungen auf das Darlehen (Zinsen, Tilgungen) mit Mitteln des Gesellschafters oder seines Ehegatten erbracht wurden. Gleiche Grundsätze gelten, wenn sich Ehegatten gesamtschuldnerisch für die Rückzahlung eines Darlehens verbürgen, das nur der Einkünfteerzielung des Gesellschafter-Ehegatten dient.

7694 Die Abziehbarkeit von Drittaufwand in dem vorbeschriebenen Sinne gilt jedoch nur mit der Einschränkung, dass diese Aufwendungen den Bindungen des Eigenkapitalersatzrechts unterliegen.

1 Vgl. BFH v. 12.12.2000 - VIII R 52/93, BStBl 2001 II S. 286; OFD Kiel, FR 2001 S. 1125.
2 Vgl. BFH v. 24.2.2000 - IV R 75/98, BStBl 2000 II S. 314.
3 Vom 23.8.1999 - GrS 2/97, BStBl 1999 II S. 782.

Zusammenfassend gilt, dass Finanzierungsmaßnahmen des selbst nicht an der GmbH beteiligten Gesellschafter-Ehegatten oder sonstiger Angehöriger des Gesellschafters zugunsten der GmbH so gestaltet werden können, aber auch müssen, dass (nicht abzugsfähiger) Drittaufwand vermieden wird und die Voraussetzungen für die Anerkennung nachträglicher Anschaffungskosten bei Ausfall solcher Finanzierungen geschaffen werden. Ohne solche Gestaltungen ist der Drittaufwand auch steuerlich verloren. 7695

Die Anschaffungskosten sind im Gegenzug zur 40 %igen Steuerfreiheit des Veräußerungserlöses nach § 3c Abs. 2 EStG nur zu 60 % zu berücksichtigen. 7696

Im Ergebnis ist also ein Veräußerungsgewinn i. S. d. § 17 Abs. 4 EStG zu 40 % steuerfrei und zu 60 % steuerpflichtig. Ein Veräußerungsverlust kann nur zu 60 % steuerlich geltend gemacht werden. 7697

Der steuerpflichtige Teil des Veräußerungsgewinnes ist – ggf. nach Abzug des Freibetrages aus § 17 Abs. 3 EStG – voll steuerpflichtig; für ihn gibt es keine Begünstigung nach § 34 EStG, also weder die Fünftel-Regelung nach § 34 Abs. 1 EStG noch den ermäßigten Steuersatz nach § 34 Abs. 3 EStG (§ 34 Abs. 2 Nr. 1 EStG). 7698

3. Freibetragsregelung

Durch die **Freibetragsregelung (§ 17 Abs. 3 EStG)** kann die Versteuerung des steuerpflichtigen Teils des Veräußerungsgewinns entfallen oder abgemildert werden. Er wird zur Einkommensteuer nur herangezogen, soweit er den Teil von 9.060 € übersteigt, der dem veräußerten Anteil an der GmbH entspricht. Der Freibetrag ermäßigt sich aber um den Betrag, um den der Veräußerungsgewinn den Teilen von 36.100 € übersteigt, der dem veräußerten Anteil an der GmbH entspricht. Folglich kommt der volle Freibetrag von 9.060 € nur zur Anwendung, wenn 100 % der Anteile vom (Allein-)Gesellschafter veräußert werden und der Gewinn 36.100 € nicht übersteigt. Die Freibetragsregelung greift nicht nur bei der Veräußerung, sondern kommt auch bei der Kapitalrückzahlung aufgrund einer Kapitalherabsetzung und nach der Auflösung sowie bei der Ausschüttung oder Rückzahlung von Beträgen aus dem steuerlichen Einlagekonto in Betracht. 7699

BEISPIEL: G ist seit Jahren alleiniger Gesellschafter der X-GmbH. Die Anschaffungskosten seiner Geschäftsanteile betrugen 250.000 €. Er veräußert seine Beteiligung für 290.000 € an E.

Der gesamte Veräußerungsgewinn von 40.000 € ist zu 40 % (16.000 €) steuerfrei, die anderen 24.000 € sind nach dem normalen Tarif zu besteuern, ohne Begünstigung nach § 34 EStG.

Steuerpflichtiger Veräußerungsgewinn

Veräußerungserlös 290.000 € x 60 % =	174.000 €
Anschaffungskosten 250.000 € x 60 % =	./. 150.000 €
Veräußerungsgewinn	24.000 €
Freibetrag § 17 Abs. 3 EStG (ohne anteilige Kürzung)	./. 9.060 €
Steuerpflichtiger Veräußerungsgewinn	14.940 €

Der Freibetrag kann voll in Anspruch genommen werden, da der Veräußerungsgewinn 36.100 € nicht übersteigt.

BEISPIEL: Wie vorstehendes Beispiel, aber G veräußert seine Beteiligung für 200.000 €.

Berechnung

Veräußerungserlös 200.000 € x 60 %	120.000 €
Anschaffungskosten 250.000 € x 60 %	./. 150.000 €
Veräußerungsverlust	30.000 €

Der Veräußerungsverlust ist unter den Voraussetzungen des § 17 Abs. 2 Satz 4 EStG bei G berücksichtigungsfähig.

BEISPIEL: Wie vorhergehendes Beispiel, aber G erhält keinen Veräußerungspreis, weil die Anteile wertlos sind.

Berechnung

Veräußerungserlös 0 € x 60 %	0 €
Anschaffungskosten 250.000 € x 60 %	./. 150.000 €
Veräußerungsverlust	150.000 €

7700 Die Anschaffungskosten sind auch dann zu 60 % berücksichtigungsfähig, wenn kein Veräußerungserlös erzielt wird. Dies gilt auch für die Fälle des § 17 Abs. 4 EStG, in denen sich nach Abschluss der Liquidation bzw. des Insolvenzverfahrens keine Auskehrung an die Gesellschaft ergibt.

BEISPIEL: Der Gesellschafter A hält 50 % der Anteile an der X-GmbH im Privatvermögen. Die Anschaffungskosten beliefen sich auf 120.000 €. Er verkauft die Anteile für 180.000 €; die Veräußerungskosten trägt der Erwerber.

steuerpflichtiger Teil des Veräußerungsgewinns (60 % von 60.000 € =)	36.000 €
anteiliger Freibetrag (50 % von 9.060 € =)	4.530 €
anteiliger Anrechnungsbetrag	
(30.000 € ./. 50 % von 36.100 € = 18.050 € =) 17.950 € übersteigt 4.530 € mehrfach	
verbleibender Freibetrag 0 €	./. 0 €
steuerpflichtiger Teil des Veräußerungsgewinns	36.000 €

ABWANDLUNG:

Der Verkaufspreis beträgt	160.000 €
steuerpflichtiger Teil des Veräußerungsgewinns (60 % von 40.000 € =)	24.000 €
anteiliger Freibetrag (50 % von 9.060 € =)	4.530 €
anteiliger Anrechnungsbetrag	
(20.000 € ./. 50 % von 36.100 € = 18.050 € =)	./. 5.950 €
verbleibender Freibetrag 1.420 €	./. 1.420 €
steuerpflichtiger Teil des Veräußerungsgewinns	22.580 €

7701–7730 (*Einstweilen frei*)

II. Veräußerung von im Privatvermögen gehaltenen GmbH-Anteilen bei einer Beteiligung von weniger als 1 %

Nach § 20 Abs. 2 Satz 1 Nr. 1 Satz 1 EStG unterliegt die Veräußerung von GmbH-Anteilen, wenn sie nicht unter § 17 EStG fällt, ebenfalls der Besteuerung. Die frühere Befristung von einem Jahr zwischen Anschaffung und Veräußerung gilt seit 2009 nicht mehr. 7731

Der Gewinn aus der Veräußerung unterliegt grundsätzlich der Abgeltungsteuer (Ausnahme Günstigerprüfung nach § 32d Abs. 6 EStG). Gewinn ist nach § 20 Abs. 4 Satz 1 EStG der Unterschied zwischen den Einnahmen aus der Veräußerung nach Abzug der Aufwendungen, die in unmittelbarem sachlichen Zusammenhang mit dem Veräußerungsgeschäft stehen, und den Anschaffungskosten. Der Sparer-Pauschbetrag nach § 20 Abs. 9 EStG ist zu berücksichtigen. 7732

Verluste aus der Veräußerung können nach § 20 Abs. 6 Satz 1 EStG mit anderen Kapitaleinnahmen verrechnet werden. Mit anderen Einkunftsarten dürfen sie nicht ausgeglichen werden. Die Verluste mindern, soweit sie nicht ausgeglichen werden, die Einkünfte, die der Steuerpflichtige in den folgenden VZ aus Kapitalvermögen erzielt. 7733

III. Veräußerung einbringungsgeborener Anteile nach § 21 UmwStG a. F.

Siehe hierzu Vorauflage Rz. 7734 ff. 7734

(*Einstweilen frei*) 7735–7770

D. Beteiligungen im Betriebsvermögen

Hält der Gesellschafter die GmbH-Beteiligung im Betriebsvermögen, sind vornehmlich folgende Vorgänge begünstigt: 7771

I. Veräußerung von Geschäftsanteilen

Veräußerung von Geschäftsanteilen an einer GmbH bei fortbestehendem Betrieb (§ 3 Nr. 40 Satz 1 Buchst. a EStG), wobei es sich um notwendiges oder gewillkürtes Betriebsvermögen, Betriebsvermögen eines Einzelunternehmers oder um anteiliges Gesellschaftsvermögen oder um Sonderbetriebsvermögen bei der Mitunternehmerschaft handeln kann. Anteile an Organgesellschaften fallen ebenfalls unter die Steuerbegünstigung. 7772

Da die Begünstigungsvorschrift von „Vermögensmehrungen oder Einnahmen" spricht, tritt die Steuerbefreiung unabhängig davon ein, ob die Anteilsveräußerung oder der ihr gleichgestellte Vorgang zu einem Gewinn oder Verlust führt. zu 40 % freigestellt werden die Bruttobeträge, da die Behandlung des Buchwertabganges und der Kosten der Veräußerung gesondert geregelt ist (§ 3c Abs. 2 EStG). Wurde der Beteiligungsbuchwert in der Vergangenheit aber durch eine voll aufwandswirksame Teilwertabschreibung gemindert, tritt die Steuerfreistellung des Veräußerungserlöses insoweit nicht ein (§ 3 Nr. 40 Satz 1 Buchst. a Satz 2 EStG). 7773

BEISPIEL: Die A-KG hält schon längere Zeit in ihrem Gesellschaftsvermögen eine Beteiligung von 30% an der X-GmbH. Die Anschaffungskosten = Buchwert betragen 100.000€. Sie veräußert im Jahr 05 die Geschäftsanteile für 200.000€.

Der Bruttoveräußerungserlös ist 40% (80.000€) nach §3 Nr.40 Satz1 EStG steuerbefreit. Der Buchwert der Beteiligung darf nur 40% (40.000€) abgezogen werden (§3c Abs.2 EStG). Daraus ergibt sich ein steuerpflichtiger Veräußerungsgewinn von 60.000€, der auch der Gewerbesteuer unterliegt.

BEISPIEL: Sachverhalt wie vorher, jedoch hatte die KG früher schon einer verlustbedingte Teilwertabschreibung im Gegenwert von 40.000€ gewinnmindernd vorgenommen, so dass der Buchwert der Beteiligung im Zeitpunkt der Veräußerung noch 60.000€ beträgt.

Die 40%ige Steuerbefreiung des Veräußerungserlöses ist insoweit ausgeschlossen, als in früheren Jahren eine aufwandswirksame Teilwertabschreibung vorgenommen wurde. Der Buchwert von 60.000€ ist insgesamt dem begünstigten Teil des Veräußerungserlöses zuzuordnen. Daraus ergibt sich folgende Berechnung:

Steuerbegünstigt nach §3 Nr.40 EStG: Veräußerungserlös 160.000€, davon steuerpflichtig 60% = 96.000€ abzgl. Beteiligungsbuchwert (60.000€ x 60% =) 36.000€ = steuerpflichtiger Gewinn 60.000€.

Nichtbegünstigt: Veräußerungserlös 40.000€, von dem kein anteiliger Buchwert der Beteiligung mehr abzuziehen ist, so dass ein steuerpflichtiger Gewinn von 40.000€ verbleibt.

Der steuerpflichtige Gewinn von insgesamt 100.000€ unterliegt auch der Gewerbesteuer.

7774 Erfolgt die **Veräußerung** der Anteile im Zusammenhang mit einer **Betriebsveräußerung oder Betriebsaufgabe** oder handelt es sich um eine **100-prozentige Beteiligung**, kann für den nicht nach §3 Nr.40 EStG begünstigten Teil des Gewinns nicht die Steuerermäßigung nach §34 Abs.1 oder Abs.3 EStG in Anspruch genommen werden. Die Vorschrift in §34 Abs.2 Nr.1 EStG nimmt den steuerpflichtigen Teil der Veräußerungsgewinne aus, die nach §3 Nr.40 Satz1 Buchst.b i.V.m. §3c Abs.2 EStG teilweise steuerbefreit sind. Damit kommt zum Ausdruck, dass es sich bei dem „Veräußerungsgewinn“ um einen „einheitlichen Gewinn“ handelt, dessen steuerpflichtiger Teil nicht tarifbegünstigt ist.

II. Entnahme von Geschäftsanteilen und gleichgestellte Vorgänge

7775 Die **Entnahme von Geschäftsanteilen** an einer GmbH aus dem Betriebsvermögen meint die Entnahme i.S.d. §6 Abs.1 Nr.4 EStG. Der für den Steuerwert maßgebende Teilwert ist daher von der Einkommensteuer befreit. Der Buchwert der Beteiligung darf nur zu 60% steuermindernd berücksichtigt werden.

7776 Aus einer **Auflösung** und aus der **Herabsetzung des Stammkapitals** einer GmbH stammende Vermögensmehrungen und betriebliche Einnahmen nehmen ebenfalls an der 40%igen Steuerbefreiung teil. Die Vorschrift unterscheidet dabei nicht, ob es sich um die Rückzahlung von Nennkapital oder aus dem Einlagekonto i.S.d. §27 KStG handelt.

7777 Auch **Zuschreibungen** nach einer früheren Teilwertabschreibung (Wertaufholung, §6 Abs.1 Nr.2 Satz3 EStG) sind nur zu 60% anzusetzen. Dies gilt allerdings nicht, soweit eine zuvor voll gewinnmindernde Teilwertabschreibung rückgängig gemacht wird. Eine 40%ige Steuerbefreiung kommt damit insoweit grundsätzlich erst bei Zuschreibungen nach einer Teilwertabschreibung in Betracht, die nach §3c Abs.2 EStG nur zu 60% abzugsfähig war.

III. Betriebsveräußerungen i.S.v. §16 Abs.2 EStG

Betriebsveräußerungen i.S.v. **§16 Abs.2 EStG**, bei denen GmbH-Anteile mit veräußert 7778
werden, sind insoweit nach §3 Nr.40 Satz1 Buchst.b EStG begünstigt. Dazu zählt auch die Veräußerung von Mitunternehmeranteilen, wenn sich im Betriebsvermögen Anteile an einer GmbH befinden, wobei auch die Anteile an Organgesellschaften miteinbezogen werden. Für den steuerpflichtigen Teil eines dabei entstehenden Veräußerungs- oder Aufgabegewinns wird die Steuerermäßigung für außerordentliche Einkünfte nicht gewährt. Eine Doppelbegünstigung dieser Gewinne soll vermieden werden.

BEISPIEL 1: G (40Jahre alt) ist zu 100% als Kommanditist an der F-GmbH & Co.KG beteiligt, die KG hält 50% der Geschäftsanteile an der X-GmbH (Buchwert 60.000€, Teilwert 100.000€). Im Januar 05 veräußert G seinen Kommanditanteil (Buchwert 200.000€) für 400.000€ an K.

Mit der Veräußerung seines Kommanditanteils erzielt F einen Gewinn i.S.v. §16 Abs.1 Nr.2, Abs.2 EStG i.H.v. 200.000€. Hierbei werden stille Reserven realisiert, die insoweit dem Teileinkünfteverfahren unterliegen, als sie auf die GmbH-Beteiligung entfallen (40.000€). Der Veräußerungsgewinn ist somit im Ergebnis i.H.v. 16.000€ steuerfrei, die restlichen stillen Reserven aus den Geschäftsanteilen (24.000€) sind steuerpflichtig.

Der übrige Veräußerungsgewinn (160.000€, stille Reserven der übrigen Wirtschaftsgüter) ist nach §34 Abs.1 EStG tarifbegünstigt (Fünftelregelung). Der Freibetrag nach §16 Abs.4 EStG oder die Gewährung des ermäßigten Steuersatzes nach §34 Abs.3 EStG kommt nicht in Betracht, weil G die Altersgrenze nicht erreicht hat.

BEISPIEL 2: Zwischen G und der X-GmbH besteht eine Betriebsaufspaltung. Anfang des Jahres 05 veräußert G (65Jahre alt) sowohl die bisher an die Betriebs-GmbH verpachteten Wirtschaftsgüter als auch sämtliche Anteile an der X-GmbH an den Käufer M. Der Kaufpreis beträgt insgesamt 400.000€, wovon 200.000€ auf die GmbH-Anteile entfallen. Die Buchwerte betragen jeweils 100.000€ für das verpachtete Vermögen und die zum Betriebsvermögen des Besitz-Unternehmens gehörenden Geschäftsanteile an der GmbH; einen Freibetrag nach §16 Abs.4 EStG hat G bisher nicht in Anspruch genommen.

Der Vorgang stellt eine Betriebsveräußerung i.S.v. §16 Abs.2 EStG dar. Der Veräußerungsgewinn muss aufgeteilt werden:

100.000€ entfallen auf das verpachtete Betriebsvermögen, der Veräußerungsgewinn ist nach §34 EStG tarifbegünstigt (Fünftelregelung oder ermäßigter Steuersatz).

40.000€ sind nach §3 Nr.40 Satz1 Buchst.b EStG steuerfrei (40% des auf die GmbH-Beteiligung entfallenden Gewinnes).

60.000€ stellen den steuerpflichtigen Teil des auf die Beteiligung entfallenden Gewinnes dar, der nicht nach §34 EStG begünstigt ist.

Der Freibetrag nach §16 Abs.4 EStG von 45.000€ ist nicht in vollem Umfang zu gewähren, weil der steuerpflichtige Teil des Veräußerungsgewinnes (150.000€) die Freigrenze von 136.000€ um 14.000€ überschreitet. Der Veräußerungsfreibetrag beträgt also 31.000€.

Der nach §3 Nr.40 EStG steuerfreie Teil des Gewinnes wird nicht in die Kürzungsrechnung einbezogen; geschähe dies, könnte ein Freibetrag auch unter Berücksichtigung der Gleitregelung nicht mehr gewährt werden (Veräußerungsgewinn insgesamt 200.000€./.Freigrenze 136.000€ = Kürzungsbetrag 64.000€), womit der Veräußerungsfreibetrag aufgezehrt wäre.

Der gekürzte Freibetrag ist vorrangig mit dem dem Teileinkünfteverfahren unterliegenden Veräußerungsgewinn zu verrechnen. GmbH-Beteiligung: Veräußerungspreis 200.000 € x 60 % = 120.000 € ./. Anteiliger Buchwert (100.000 € x 60 % =) 60.000 € = Veräußerungsgewinn 60.000 € ./. Freibetrag 31.000 € = steuerpflichtiger Veräußerungsgewinn 29.000 €.[1]

Somit ergibt sich hinsichtlich des verpachteten Betriebsvermögens ein steuerpflichtiger Veräußerungsgewinn von 100.000 €, der nach § 34 EStG begünstigt ist.

7779 Auch bei einer **Betriebsaufgabe** i. S. v. § 16 Abs. 3 EStG, bei der Anteile an einer GmbH entnommen oder veräußert werden, ist die Teileinkünftebesteuerung anzuwenden.

BEISPIEL: G besitzt ein Unternehmen im Rahmen einer Betriebsaufspaltung. Er überträgt die GmbH-Anteile an der Betriebs-GmbH unentgeltlich auf seine beiden Kinder, das Betriebsgrundstück behält er zurück und verpachtet es (zu seiner Altersversorgung) weiterhin an die Betriebs-GmbH.

Mit der Übertragung der GmbH-Anteile entfällt die personelle Verflechtung, so dass die Betriebsaufspaltung endet und somit eine Betriebsaufgabe gegeben ist. Geschäftsanteile und das Betriebsgrundstück werden im Rahmen der Betriebsaufgabe in das Privatvermögen übernommen. Der Entnahmegewinn hinsichtlich der GmbH-Anteile ist zur Hälfte steuerbefreit, der steuerpflichtige Teil dieses Entnahmegewinns unterliegt dem laufenden Steuersatz (keine Anwendung von § 34 EStG), für die Entnahme des verpachteten Betriebsgrundstückes sind §§ 16, 34 EStG anwendbar.

7780–7800 (*Einstweilen frei*)

6. Abschnitt: Die Besteuerung der GmbH in der Liquidation

A. Körperschaftsteuer

LITERATUR:

Passarge/Torwegge/Weiss, Die GmbH in der Liquidation, 3. Aufl., München 2020: *Zuber* in: Mössner/Oellerich/Valta, KStG, § 11.

I. Körperschaftsteuerpflicht und Liquidationsbesteuerung

7801 Das Steuerrecht lehnt sich an die zivilrechtlichen Vorgaben an. Die **GmbH in Liquidation** bleibt bis zum rechtsgültigen **Abschluss der Liquidation unbeschränkt körperschaftsteuerpflichtig**. Liquidation ist ein summarischer Begriff, der mehrere Vorgänge zusammenfasst.

1 So auch BFH v. 14.7.2010 - X R 61/08, BStBl 2010 II S. 1011.

Die nachfolgende Übersicht zeigt das Zusammenspiel zwischen Zivilrecht und Steuerrecht:

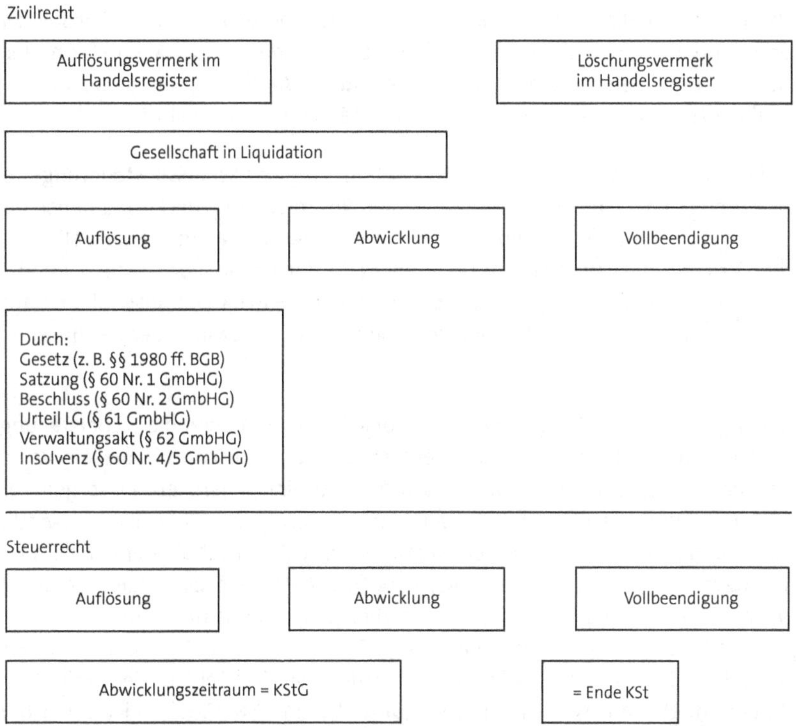

Wenn kein verteilungsfähiges Aktivvermögen mehr vorhanden ist, ist die Gesellschaft vollbeendet. Dies wird regelmäßig durch den Löschungsvermerk dokumentiert. Löschung ist aber nicht identisch mit Vollbeendigung. Sollte sich nach Löschung noch verteilungsfähiges Aktivvermögen auffinden, kann eine Nachtragsliquidation durchgeführt werden. In diesem Fall ist die Gesellschaft nicht vollbeendet.[1] Werden einzelne Wirtschaftsgüter oder sogar der Betrieb als Ganzes einer Kapitalgesellschaft verpachtet, bleibt Aktivvermögen der GmbH erhalten, so dass keine Vollbeendigung eintreten kann.

Der BFH hatte hinsichtlich des Endes einer Kapitalgesellschaft entschieden, dass sie rechtlich fortbestehe, solange sie noch steuerliche Pflichten zu erfüllen habe bzw. Beteiligte in einem Steuerrechtsverfahren sein könne.[2] Die unbeschränkte Körperschaftsteuerpflicht der GmbH in Liquidation kann vor Ablauf des Sperrjahres nicht wegfallen, auch wenn die GmbH vorher schon ihr Gesellschaftsvermögen vollständig ausgekehrt hat.[3] Die GmbH muss für den Liquidationszeitraum noch eine KSt-Erklärung (mit Anlagen), GewSt- und USt-Erklärungen abgeben. Für den Bereich der Einkommensermittlung ist § 11 KStG und für den Bereich der Auskehrung § 28 KStG zu beachten.

1 Siehe oben Rz. 4662.

2 Vom 26.3.1980 - I R 111/79, BStBl 1980 II S. 587.

3 Vgl. auch R 11 Abs. 2 Satz 3 KStR 2022.

7802 Eine Liquidation löst **steuerliche Mitwirkungspflichten** aus. Gemäß § 137 AO haben Steuerpflichtige, die nicht natürliche Personen sind, dem nach § 20 AO zuständigen Finanzamt und den für die Erhebung der Realsteuern zuständigen Gemeinden die Umstände anzuzeigen, die für die steuerliche Erfassung von Bedeutung sind, insbesondere die Gründung, den Erwerb der Rechtsfähigkeit, die Änderung der Rechtsform, die Verlegung der Geschäftsleitung oder des Sitzes **und die Auflösung**. Die Mitteilungen sind innerhalb eines Monats seit dem meldepflichtigen Ereignis zu erstatten.

7803 Die Auflösung und Liquidation der GmbH führen zu einer **Schlussbesteuerung**, bei der die im Vermögen der GmbH enthaltenen **stillen Reserven aufgedeckt** und neben den im Abwicklungszeitraum noch erwirtschafteten Gewinnen besteuert werden. Hierzu stellt § 11 KStG sicher, dass während des Bestehens in der GmbH noch nicht verwirklichte oder noch nicht versteuerte Gewinne und während des Liquidationsstadiums aus der beschränkten Weiterführung des Unternehmens erzielte Gewinne der KSt unterworfen werden.

§ 11 KStG gehört in ein Konglomerat von Vorschriften, in denen die Sicherstellung der Versteuerung von stillen Reserven angelegt ist. Die Hauptvorschrift in diesem Vorschriftenverbund ist § 16 EStG. In dieser Vorschrift wird eine Versteuerung vorgenommen, weil entweder der wirtschaftliche Organismus „Unternehmen" mit allen wesentlichen Betriebsgrundlagen an einen Erwerber veräußert (§ 16 Abs. 1 EStG) oder in einem kurzen Zeitraum zerschlagen (§ 16 Abs. 3 EStG) wird. Die Auflösung einer Kapitalgesellschaft entspricht dem Zerschlagen des wirtschaftlichen Organismus mit Verlust eines Steuersubjekts und ist daher ein Sonderfall des § 16 Abs. 3 EStG. § 11 KStG ist eine Ermittlungsvorschrift für die Bemessungsgrundlage der KSt. Sie steht in dem mit „Einkommen" überschriebenen zweiten Teil. Sie ergänzt § 7 und § 8 KStG. Sie ist daher nur bedeutsam für die Ermittlung des zu versteuernden Einkommens im Liquidationsfall.

7804 Eine wesentliche Besonderheit der Liquidationsbesteuerung nach § 11 KStG ist der Besteuerungszeitraum: Im Normalfall ist der Ermittlungszeitraum für das Einkommen das Kalenderjahr (§ 7 Abs. 3 KStG), der Gewinnermittlungszeitraum ist das Wirtschaftsjahr (§ 7 Abs. 4 KStG). An deren Stelle tritt bei der Liquidationsbesteuerung der Abwicklungszeitraum (§ 11 Abs. 1 Satz 1 KStG). Der im Zeitraum der Abwicklung erzielte Gewinn ist der Besteuerung zugrunde zu legen (§ 11 Abs. 1 KStG). Der steuerliche Liquidationsgewinn wird ohne Bindung an handelsrechtliche Vorschriften ermittelt, der Grundsatz der Maßgeblichkeit der Handelsbilanz ist im Rahmen des § 11 KStG nicht anzuwenden, die allgemeinen steuerlichen Gewinnermittlungsvorschriften sind nur anzuwenden, soweit § 11 KStG nicht besondere Regeln vorschreibt (§ 11 Abs. 6 KStG).

7805 Die Anwendung des § 11 KStG setzt objektiv Auflösung **und** Abwicklung voraus, also muss die Liquidation mit der Versilberung der Vermögenswerte, der Befriedigung der Gläubiger und der Auskehrung des Restvermögens an die Gesellschafter verbunden sein. Auf Insolvenzfälle, in denen eine Liquidation im Rechtssinne nicht stattfindet, sind die Vorschriften über die Liquidationsbesteuerung jedoch anzuwenden (§ 11 Abs. 7 KStG). Die Regelung des § 11 KStG sind auch dann anwendbar, wenn einer der bisherigen Anteilseigner der GmbH, ohne dass eine Versilberung des Vermögens erfolgt, im

Wege der Einzelrechtsnachfolge das Vermögen der GmbH in seinen eigenen Betrieb übernimmt. Es handelt sich dann um **eine faktische Abwicklung.**[1]

II. Ausschluss von § 11 KStG

Die Sondervorschriften des § 11 KStG gelten nicht für die folgenden Fälle: 7806

1. Stille Abwicklung

Wird eine Körperschaft ohne vorherige Auflösung abgewickelt, d. h. der Geschäftsbe- 7807
trieb wird ohne Auflösungsbeschluss eingestellt und das Betriebsvermögen veräußert (sogenannte stille Abwicklung), gilt § 11 KStG nicht, da es an einer Auflösung fehlt.[2]

2. Scheinliquidation

Da Abwicklung in der Absicht auf Vollbeendigung (= Zerschlagen des wirtschaftlichen 7808
Organismus) betrieben werden muss, können nur echte, d. h. eine wirkliche, ernsthaft als solche betriebene Abwicklung anerkannt werden; eine Scheinabwicklung genügt nicht. „Die Sondervorschriften über die Liquidationssteuer gelten nur für echte Liquidationen, nicht auch für Scheinliquidationen. Beteiligt sich die Gesellschaft nach der Eintragung der Liquidation als Erwerbsgesellschaft am Wirtschaftsleben ebenso wie vorher, so ist die bloße Tatsache des Auflösungsbeschlusses und des formellen Eintritts in das Liquidationsverfahren ohne steuerrechtliche Wirkung" (§ 41 AO).[3]

Eine solche Scheinabwicklung ist z. B. auch dann gegeben, wenn eine Grundstücksgesellschaft alsbald nach Erwerb der Grundstücke, die sie durch Parzellierung verwerten soll, in Liquidation tritt und nun in jahrzehntelanger Tätigkeit als Liquidationsgesellschaft erst diesen ihren eigentlichen Gesellschaftszweck verfolgt.[4] Steuerlich bestünde die Gefahr, eine ungerechtfertigte Steuerpause aufgrund des mehrjährigen Bemessungs- und Veranlagungszeitraumes zu erwirken. § 11 KStG gilt nur für echte Liquidationen, nicht auch für Scheinliquidationen. Anhaltspunkte für eine Scheinliquidation kann das Finanzamt aus der Abgabe von USt-Voranmeldungen entnehmen. Es gelten dann die allgemeinen Gewinnermittlungsvorschriften.

Die Verpachtung des Betriebs der GmbH sperrt ebenso § 11 KStG.

3. Abgebrochene Liquidation

Auch bei einer zunächst ernsthaft beabsichtigten und beschlossenen Liquidation kann 7809
während der Durchführung diese **Absicht später aufgegeben** werden. Wenn z. B. eine Grundstücksgesellschaft einen Teil der Grundstücke veräußert, einen anderen Teil vermietet, so beteiligt sie sich, wenn auch mit veränderten Zielen, wieder am Wirtschafts-

1 Graffe in: Dötsch/Pung/Möhlenbrock § 11 Rz. 7; Frotscher in: Frotscher/Drüen, § 11 Rz. 20.
2 BFH v. 17.7.1962 - I 254/60, StRK § 14 KStGaF R 3; Zuber in: Mössner/Oellerich/Valta, KStG, § 11 Rz. 42; Graffe in: Dötsch/Pung/Möhlenbrock, § 11 Rz. 9.
3 So schon RFH v. 28.8.1928, RStBl 1929 S. 512.
4 Vgl. RFH v. 1.7.1922, StuW Nr. 897.

leben. Schon nach der Rechtsprechung des RFH[1] soll mit dem Beginn der neuen Tätigkeit (Vermietung und Verpachtung) die Liquidation als beendet anzusehen sein.

Erstellt der Insolvenzverwalter aufgrund eines angenommenen eigenen Planinitiativrechts einen Insolvenzplan mit dem Ziel der Unternehmensfortführung, liegt keine Liquidation vor, so dass die besondere Besteuerung nach § 11 KStG ausscheidet.[2] Wird der Insolvenzplan, der die vom FA angemeldete und im Prüfungstermin vom Steuerpflichtigen nicht bestrittene Steuerforderung erfasst, rechtskräftig, kann ein unter dem Vorbehalt der Nachprüfung stehender Steuerbescheid nicht mehr nach § 164 Abs. 2 AO geändert werden, der Vorbehalt entfällt automatisch.[3] Auch eine Änderung nach § 130 AO scheidet aus.

Weitere Fälle der Fortsetzung der aufgelösten Körperschaft:

- **Fortsetzung nach Insolvenzbeendigung** (s. hierzu z. B. § 274 Abs. 2 Nr. 1 AktG, § 60 Nr. 4 GmbHG);
- **Fortsetzung nach Auflösung durch Beschluss,** solange das Vermögen an die Gesellschafter noch nicht vollständig verteilt wurde;
- **Fortsetzung nach Auflösung durch Gerichtsurteil,** wenn der Kläger bzw. die betreibende Behörde zustimmt.

Derartige Fälle dürfen nicht anders als die Fälle der Scheinliquidation behandelt werden. Steuerrechtlich kommt es nur darauf an, ob nach der Auflösung auch tatsächlich liquidiert worden ist.

7810–7820 (*Einstweilen frei*)

III. Liquidationsbesteuerungszeitraum

7821 Abweichend von § 7 Abs. 3 KStG i. V. m. § 25 EStG ist nach § 11 Abs. 1 Satz 1 KStG der im handelsrechtlichen Abwicklungszeitraum erzielte Gewinn der Besteuerung zugrunde zu legen. Hierdurch werden in Abweichung vom Jahresprinzip der für die **Finanzverwaltung bedeutsame Besteuerungs-/Veranlagungszeitraum** und der für die steuerpflichtige **Körperschaft bedeutsame Einkünfte = Gewinnermittlungszeitraum** festgelegt. Das können mehrere Jahre sein. Solange der Besteuerungszeitraum läuft, brauchen **KSt-Erklärungen** nicht abgegeben zu werden. Im Grundsatz ist für den gesamten Abwicklungszeitraum einmal zu ermitteln und einmal zu besteuern.

Demgegenüber sind m. E. weiterhin jährliche **GewSt-Erklärungen** und die „normalen" **USt-Erklärungen** bzw.-Voranmeldungen abzugeben. Bezüglich der GewSt ist die Verwaltungspraxis sehr **uneinheitlich**: Offiziell wird die Auffassung vertreten, dass erst am Ende des Abwicklungszeitraums eine GewSt-Erklärung abzugeben ist, in der der Gewerbeertrag monatsweise verteilt wird. Deshalb wird das „GW-Signal" zunächst „gesperrt". In der Praxis kommen aber auch jährliche Veranlagungen vor, die dann vorläufig sind.

1 RFH v. 20.9.1932, StuW Nr. 1190.

2 FG Köln v. 13.11.2014 - 10 K 3569/13, EFG 2015 S. 673 NWB QAAAE-85823, Az. des BFH: I R 64/16 - Revision wurde zurückgenommen.

3 BFH v. 22.10.2014 - I R 39/13, BStBl 2015 II S. 577.

Die Schaffung eines besonderen Gewinnermittlungs- und Veranlagungszeitraums[1] beruht auf der Vorstellung, dass der Liquidationsgewinn nur einheitlich und nur am Schluss der Liquidation zu ermitteln ist. Im Abwicklungszeitraum gibt es keine Wirtschaftsjahre im steuerrechtlichen Sinne. Sie sind nur noch im Handelsrecht bedeutsam. Die Liquidatoren haben z. B. gem. § 71 Abs. 1 GmbHG für den Beginn der Liquidation eine Bilanz (Eröffnungsbilanz) und einen die Eröffnungsbilanz erläuternden Bericht sowie für den Schluss eines jeden Jahres einen Jahresabschluss und einen Lagebericht aufzustellen.

BEISPIEL: X-GmbH wird mit Wirkung ab dem 1.1.2020 liquidiert. Der Abwicklungszeitraum endet am 31.12.2022. Die Gesellschaft erzielt während des Abwicklungszeitraums im Rahmen der Restabwicklung Ihres Geschäftsbetriebs folgende Ergebnisse:

2020:	300.000 €
2021:	./. 400.000 €
2022:	600.000 €
	500.000 €

Entscheidend ist das Gesamtergebnis des Abwicklungszeitraums. Ertragsteuerlich folgt aus der Liquidation, dass der im Abwicklungszeitraum erzielte Gewinn der Besteuerung zugrunde gelegt wird. Der Abwicklungszeitraum ist zugleich Ermittlungszeitraum und VZ.

1. Beginn

Der Abwicklungszeitraum **beginnt** im Zeitpunkt der Auflösung und endet mit dem Abschluss der Verteilung des Gesellschaftsvermögens. Ein Beschluss der Gesellschafter über die Auflösung wird mit dem Tag der Beschlussfassung wirksam (die notwendige Eintragung im Handelsregister ist lediglich deklaratorisch), sofern sich aus dem Beschluss nichts anderes ergibt.[2] 7822

Fällt der Auflösungszeitpunkt in ein laufendes Wirtschaftsjahr, ist die Gesellschaft **handelsrechtlich verpflichtet, ein Rumpfgeschäftsjahr** zu bilden, welches nicht in den Liquidationszeitraum einzubeziehen ist.[3] Erfolgt die Auflösung im Laufe eines Wirtschaftsjahres, so kann nach Auffassung der Finanzverwaltung gem. R 11 Abs. 1 KStR ein Rumpfwirtschaftsjahr gebildet werden. Das Rumpfwirtschaftsjahr reicht vom Schluss des vorangegangenen Wirtschaftsjahres bis zur Auflösung. Es ist nicht in den Abwicklungszeitraum einzubeziehen. Die Finanzverwaltung räumt der Gesellschaft somit ein Wahlrecht hinsichtlich der Bildung eines Rumpfwirtschaftsjahres ein. Wird kein Rumpfwirtschaftsjahr gebildet, so ist der Zeitraum vom Beginn des Wirtschaftsjahres bis zum Beginn der Auflösung ebenfalls in den Abwicklungszeitraum einzubeziehen.

1 A. A. zum VZ FG Düsseldorf v. 12.3.2012 - 6 K 2199/09 K, EFG 2012 S. 1387, NWB PAAAE-10708 = mehrere VZ, aufgehoben durch BFH v. 23.1.2013 - I R 35/12, BStBl 2013 II S. 508 = Abwicklungszeitraum bzw. Mehr-Jahres-Zeitraum ein VZ, deshalb keine Verdoppelung des Sockelbetrags der Mindestbesteuerung nach § 10d Abs. 2 KStG.

2 BFH v. 9.3.1983 - I R 202/79, BStBl 1983 II S. 433.

3 BFH v. 17.7.1974 - I R 233/71, BStBl 1974 II S. 692; v. 9.3.1983 - I R 202/79, BStBl 1983 II S. 433.

Unseres Erachtens ist **auch steuerrechtlich** die Bildung eines **Rumpfwirtschaftsjahres zwingend.**[1]

Ausfluss hat das Wahlrecht auf den Verlustrücktrag. Für Zwecke des Verlustabzugs ist zu berücksichtigen, dass der Abwicklungszeitraum ein VZ ist. Verluste aus früheren VZ können in den Abwicklungszeitraum vorgetragen werden. Wird ein Liquidationsverlust erzielt, ist dieser rücktragsfähig. Hier kann das Wahlrecht hinsichtlich der Einbeziehung eines vorhergehenden Rumpfwirtschaftsjahres eine Rolle spielen.

BEISPIEL:

- Die X-GmbH hat ein Wirtschaftsjahr, das mit dem Kalenderjahr übereinstimmt. Am 30.4.2023 beschließt die Gesellschafterversammlung die Auflösung mit Wirkung vom 1.5.2023. Die GmbH erstellt eine Bilanz auf den 30.4.2023. Durch die Bilanzerstellung wird ein Rumpfwirtschaftsjahr vom 1.1. bis 30.4.2023 gebildet, dessen Ergebnis nicht in den Liquidationsbesteuerungszeitraum einbezogen, sondern der Körperschaftsteuerveranlagung für 2023 zugrunde gelegt wird. Der Liquidationsbesteuerungszeitraum beginnt am 1.5.2023.
- Wie Beispiel oben, aber die GmbH hat zum 30.4.2023 keine Bilanz erstellt. Nach R 11 Abs. 1 KStR braucht die GmbH kein Rumpfwirtschaftsjahr zu bilden, sondern kann auch den Zeitraum vom 1.1. bis 30.4.2023 in die Liquidationsbesteuerung einbeziehen, obwohl die Abwicklung erst am 1.5.2023 beginnt. Durch die Ausübung des Wahlrechts wird der Beginn des Liquidationsbesteuerungszeitraums auf den 1.1.2023 vorverlegt.

2. Der Drei-Jahres-Zeitraum

7823 In der Regel stimmt der Abwicklungszeitraum (Besteuerungszeitraum) weder nach Verlauf noch nach Dauer mit dem Kalenderjahr überein, **soll aber drei Jahre nicht übersteigen** (§ 11 Abs. 1 Satz 2 KStG).

Erfolgt die Abwicklung innerhalb von drei Jahren, existiert nur eine Veranlagung. Unzulässig ist, solange die Abwicklung noch nicht beendigt ist, die Veranlagung für einen kürzeren Zeitraum als drei Zeitjahre vorzunehmen. Das gilt sowohl für die Verwaltung als auch für die GmbH, wenn sie ein Interesse hätte, vorzeitig einen Verlustrücktrag geltend zu machen.

Erstreckt sich die Abwicklung über einen längeren Zeitraum als drei Jahre, liegt die Verlängerung des Besteuerungszeitraums im Ermessen des Finanzamts, z. B. bei nur unbedeutender Verlängerung des Drei-Jahres-Zeitraums oder Verzögerung der Abwicklung, die der Steuerpflichtige nicht zu verantworten hat. Eine Versagung der Verlängerung des Besteuerungszeitraums muss nur dann begründet werden, wenn ein rechtliches Interesse der Kapitalgesellschaft an der Verlängerung des Besteuerungszeitraums über drei Jahre hinaus erkennbar ist.[2] Davon abgesehen ist äußerst streitig, wie zu verfahren ist, wenn sich die Abwicklung über einen längeren als einen dreijährigen Zeitraum erstreckt.[3]

1 Ebenso BFH v. 17.7.1974 - I R 233/71, BStBl 1974 II S. 692 und v. 27.3.2007 - VIII R 25/05, BStBl 2008 II S. 298.

2 BFH v. 18.9.2007 - I R 44/06, BStBl 2008 II S. 319; vgl. dazu BMF v. 4.4.2008, BStBl 2008 I S. 542, zur Festsetzung der GewSt.

3 FG Köln v. 27.9.2012 - 10 K 2838/11, EFG 2013 S. 78, NWB KAAAE-23266, enthält umfassende Hinweise zu den verschiedenen Auffassungen.

Nach Ablauf des ersten Drei-Jahres-Zeitraums erfolgt nach h.M. wieder eine Veranlagung.[1] Bei einer Überschreitung des Drei-Jahres-Zeitraums sind die danach beginnenden weiteren Besteuerungszeiträume nach der von der Finanzverwaltung vertretenen Auffassung grundsätzlich jeweils auf ein Jahr begrenzt.[2] Nach a.A. beginnt ein neuer Drei-Jahres-Zeitraum.[3]

Nach der BFH Rechtsprechung gilt: Zieht sich die Liquidation einer Kapitalgesellschaft über mehr als drei Jahre hin, so darf das FA nach Ablauf dieses Zeitraums regelmäßig auch dann gegenüber der Kapitalgesellschaft einen KSt-Bescheid erlassen, wenn für eine Steuerfestsetzung vor Abschluss der Liquidation kein besonderer Anlass besteht.[4] Ein solches Vorgehen muss nur dann begründet werden, wenn ein rechtliches Interesse der GmbH an der Verlängerung des Besteuerungszeitraums über drei Jahre hinaus erkennbar ist. Bei kurzfristiger Überschreitung des Liquidationszeitraums kann eine Veranlagung unverhältnismäßig sein.

Umstritten ist die **Qualität dieser Veranlagung**. Der BFH hat diese Frage bisher ausdrücklich offen gelassen.[5]

- Nach einer Auffassung[6] sind nach Ablauf des ersten dreijährigen Besteuerungszeitraums grundsätzlich wieder jährliche KSt-Veranlagungen durchzuführen. Dabei kommt als Abschlusszeitpunkt für die jährliche Zwischenveranlagung entweder der bisherige regelmäßige Abschlusszeitpunkt oder der Zeitpunkt in Betracht, auf den die Körperschaft gem. § 270 AktG bzw. § 71 GmbHG ihre jährliche Liquidationszwischenbilanz zu erstellen hat. Es soll sich um endgültige Veranlagungen mit eigenständigen Veranlagungszeiträumen handeln.[7]
- Nach anderer Auffassung sind die KSt-Veranlagungen während des Abwicklungszeitraums **bloße Zwischenveranlagungen**, die nach Ablauf des Liquidationszeitraums durch eine Veranlagung für den gesamten Liquidationszeitraum zu ersetzen seien (Änderung nach § 175 Abs. 1 Nr. 2 AO). Für diese Auffassung spricht der Wortlaut des § 11 Abs. 1 Satz 1 KStG, der vom Gewinn im Zeitraum der Abwicklung spricht.[8]

Zumindest nach Auffassung der Verwaltung handelt es sich nicht um bloße Zwischenveranlagungen, die nach Ablauf des Liquidationszeitraums durch eine Veranlagung für den gesamten Liquidationszeitraum zu ersetzen wären.[9]

1 Vgl. die Hinweise bei Dötsch/Pung, DB 2003 S. 1922, 1923.
2 R 11 Abs. 1 Satz 7 KStR.
3 Z. B. Lambrecht in: Gosch, KStG, § 11 Rz. 42.
4 Zur Zeitraumproblematik s. BFH v. 18.9.2007 - I R 44/06, BStBl 2008 II S. 319.
5 Zu den verschiedenen Ansichten s. auch FG Düsseldorf v. 12.3.2012 - 6 K 2199/09 K, EFG 2012 S. 1387, NWB PAAAE-10708.
6 Graffe in: Dötsch/Pung/Möhlenbrock, § 11 KStG Rz. 19; Dötsch/Pung, DB 2003 S. 1922, 1923.
7 So FG Köln v. 27.9.2012 - 10 K 2838/11, EFG 2013 S. 78, NWB KAAAE-23266, mit ablehnender Anm. Zimmermann; in dem BFH-Urteil v. 7.5.2014 - I R 81/12, BFH/NV 2014 S. 1593, NWB AAAAE-71561 wurde diese Frage erneut offen gelassen.
8 Schumann in: Greif/Schuhmann, § 11 Rz. 32 f.; Lambrecht in: Gosch, § 11 KStG, Rz. 34.
9 R 11 Abs. 4 KStR.

Für die Praxis bedeutsam wird die Frage, ob die Veranlagungen endgültigen Charakter haben mit der Folge, dass mindestens zwei VZ entstehen,[1] oder als Zwischenveranlagung zu werten sind, so dass nur ein VZ entsteht,[2] die bzw. der nach Ablauf des Liquidationszeitraums durch eine Veranlagung für den gesamten Liquidationszeitraum zu ersetzen sind/ist.

Auswirkungen ergeben sich bei der Möglichkeit des Verlustabzugs nach § 10d EStG und bei der Frage nach der Anwendung des alten bzw. neuen Rechts bei systemübergreifenden Liquidationen z. B. aufgrund der Spezialregelung in § 34 Abs. 14 Satz 1 KStG i. d. F. des StBAG, die auf den Besteuerungszeitraum abstellt.

BEISPIEL ZU VERLUSTABZUG: Die Liquidation wurde in 01 begonnen und in 05 beendet. Veranlagungen wurden für die Zeiträume 01 bis 03, 04 und 05 durchgeführt.

Lösung nach der Meinung „endgültige Veranlagung":

Verlustrücktrag auf VZ vor Liquidationsbeginn ist nur aus dem Zeitraum 01 bis 03 möglich.

Lösung nach der Meinung „bloße Zwischenveranlagung":

Die Zwischenveranlagungen werden nach Abschluss der Liquidation durch eine Veranlagung für den Zeitraum 01 bis 05 ersetzt. Verlustrücktrag auf VZ vor Liquidationsbeginn ist aus dem gesamten Liquidationszeitraum möglich.

Zum **Verlustvortrag** hatte das FG Düsseldorf[3] zunächst die Ansicht vertreten, dass der Grundabzugsbetrag für jedes Jahr des Liquidations-VZ, in dem ein Gewinn erzielt wird, zu gewähren sei, also in der Regel bis zu drei Mal. **Das Urteil hat** der BFH[4] aufgehoben und mit Urteil v. 23.1.2013 entschieden, dass der Sockelbetrag im mehrjährigen Besteuerungszeitraum nur einmal zu gewähren ist.

Gewerbesteuerlich wird nach § 16 GewStDV der Gewerbeertrag monatsweise auf die Jahre des Abwicklungszeitraums verteilt.[5]

Auf den Schluss jedes Besteuerungszeitraums sind auch die gesonderten Feststellungen nach § 27 KStG (steuerliches Einlagekonto) vorzunehmen. Die abschließenden gesonderten Feststellungen für den letzten Besteuerungszeitraum werden auf den Zeitpunkt vor der Schlussverteilung des Vermögens vorgenommen.

7824–7840 (*Einstweilen frei*)

IV. Einkommensermittlung im Liquidationszeitraum

1. Ermittlung des Liquidationsgewinns gemäß § 11 Abs. 2 KStG

a) Systematischer Ansatz von § 11 KStG im Rahmen von Einkünften und Einkommen

7841 Der Liquidationsgewinn ist gem. § 8 Abs. 2 KStG Element der Einkünfte aus Gewerbebetrieb. Nur diese Einkunftsart können die in § 11 KStG genannten Subjekte erfüllen. Von dieser summarischen Größe ist das „zu versteuernde Einkommen" als Bemessungs-

1 Graffe in: Dötsch/Pung/Möhlenbroch, § 11 KStG 1999 Rz. 19 und Dötsch/Pung, DB 2003 S. 1922. 1923.

2 So rkr. Urteil des FG Brandenburg v. 23.1.2002 - 2 K 2272/98 K, U, F, EFG 2002 S. 432, mit Anm. Neu, NWB HAAAB-06963.

3 FG Düsseldorf v. 12.3.2012 - 6 K 2199/09 K, EFG 2012 S. 1387, NWB PAAAE-10708.

4 BFH v. 23.1.2013 - I R 35/12, BStBl 2013 II S. 508.

5 Siehe hierzu R 7.1 (8) GewStR.

grundlage für die Körperschaftsteuer zu entwickeln.[1] Daher ist § 11 KStG im Bereich der Einkommensermittlungsvorschriften angesiedelt.

Der Liquidationsgewinn müsste bei einer Veranlagung identisch sein mit der Summe der Einkünfte aus den Einkunftsarten. Allerdings zeigt sich bei dem unten dargestellten Ermittlungsschema, dass der „steuerliche Abwicklungsgewinn" eher dem Gesamtbetrag der Einkünfte entspricht. Er enthält Spenden und Verlustabzüge. Die weitere Entwicklung zu Einkommen etc. erfolgt nach den allgemeinen Regeln. § 11 KStG setzt daher auch nur bei einem Teilelement des Einkommens, der Ausgangsgröße Liquidationsgewinn, an.

b) Aufgabe des § 11 Abs. 2 KStG

Der Terminus Gewinn ist eine **Nettogröße,** die aus den Elementen Abwicklungs-Endvermögen und Abwicklungs-Anfangsvermögen besteht. Abs. 2 gibt daher die Definition und Berechnung des Liquidationsgewinns vor. Das im Steuerrecht anerkannte Nettoprinzip wird hier fortgesetzt.[2] 7842

c) Die Bedeutung der Rechnungslegung der Liquidatoren

Wie der laufende Gewinn von Körperschaften (§ 5 Abs. 1 EStG), so ist auch ihr Abwicklungsgewinn durch **Vermögensvergleich** zu ermitteln. Gegenüberzustellen ist nach § 11 Abs. 2 KStG das **Abwicklungs-Endvermögen** dem **Abwicklungs-Anfangsvermögen**. Dies gilt allerdings nur für den letzten Besteuerungszeitraum.[3] 7843

Vor der Gegenüberstellung sind aber beide Vergleichswerte noch durch bestimmte Abzüge zu berichtigen (§ 11 Abs. 3 und Abs. 4 Satz 3 KStG). Es ist also das berichtigte Abwicklungs-Anfangsvermögen von dem berichtigten Abwicklungs-Endvermögen abzuziehen. Das Ergebnis ist noch aufgrund der allgemeinen Gewinnermittlungsvorschriften zu berichtigen (§ 11 Abs. 6 KStG), und stellt dann den nach § 11 Abs. 1 KStG steuerrelevanten Abwicklungsgewinn dar. Dieser umfasst demnach nicht nur das Ergebnis aus der Auflösung stiller Reserven im Abwicklungs-Anfangsvermögen, sondern auch dessen Erträge, die im Laufe der Abwicklung erzielt werden.[4]

Der zuvor beschriebene Vermögensvergleich muss sich zunächst an handels- bzw. gesellschaftsrechtlichen Rechnungslegungen anschließen. Insofern wird die Rechnungslegung der Liquidatoren maßgeblich. Die Liquidatoren schließen ihre Rechnungslegung an die Schlussbilanz der werbenden Gesellschaft an.

Folgende Vermögensaufstellungen werden üblicherweise in zeitlicher Reihenfolge unterschieden: 7844

- die Schlussbilanz der werbenden Gesellschaft,
- **die Liquidationseröffnungsbilanz** (§ 71 GmbHG),
- ein die Liquidationseröffnungsbilanz erläuternder Bericht (= Anhang),

1 Zum Berechnungsschema vgl. R 7.1. KStR.

2 Lang, Die Bemessungsgrundlage der Einkommensteuer, S. 60 f.

3 Siehe R 11 Abs. 3 KStR.

4 Vgl. BFH v. 8.12.1971 - I R 164/69, BStBl 1972 II S. 229.

- die Liquidationsjahresbilanzen nebst Lagebericht,
- **die Liquidationsschlussbilanz** (= letzte dynamische Rechnungslegung vor Verteilung des Reinvermögens),
- die Zwischenberichte,
- die Schlussrechnung (§ 74 GmbHG).

Somit ist das Ergebnis der Liquidationseröffnungsbilanz von dem Ergebnis der Liquidationsschlussbilanz abzuziehen.

7845 Unter Beachtung der in § 11 Abs. 3 bis 6 KStG zu beachtenden Korrekturen ergibt sich allerdings das nachfolgende Ermittlungsschema:

Schema zur Ermittlung des Abwicklungsgewinns

1. Ermittlungsstufe:

Abwicklungs-Endvermögen (bewertet mit dem gemeinen Wert)

./. nicht der KSt unterliegende Vermögensmehrungen

(sachlich steuerfreie Einnahmen, gesellschaftliche Einlagen).

./. abziehbare Aufwendungen (§ 9 KStG)

\+ verdeckte Vermögensverteilung (= vGA) (§ 11 Abs. 6 KStG)

\+ nicht abziehbare Aufwendungen (§ 4 Abs. 5 EStG, § 10 KStG)

= **steuerliches Abwicklungs-Endvermögen** (§ 11 Abs. 3 KStG, gemeiner Wert)

2. Ermittlungsstufe:

Abwicklungs-Anfangsvermögen = letzte laufende Schlussbilanz

(bewertet nach §§ 6 ff. EStG = Buchwert)

./. Gewinnausschüttungen für Wirtschaftsjahre vor der Auflösung

= **steuerliches Abwicklungs-Anfangsvermögen** (§ 11 Abs. 4 KStG)

3. Ermittlungsstufe:

Steuerliches Abwicklungs-Endvermögen

./. Steuerliches Abwicklungs-Anfangsvermögen

= Vermögenszugang/-minderung (§ 11 Abs. 2 KStG)

\+ Wert eigener Anteile

= Einkünfte aus Gewerbebetrieb = steuerlicher Abwicklungsgewinn

./. Spenden (§ 9 Abs. 1 Nr. 2 KStG)

./. Verlustabzug (§ 10d EStG)

= **zu versteuerndes Abwicklungseinkommen**

BEISPIEL ZUR ERMITTLUNG DES ABWICKLUNGSGEWINNS ▸ Die A GmbH wird zum 1.7.02 aufgelöst. Die 7846
Abwicklung endet am 31.8.03.

Für die Zeit vom 1.1.02 bis 30.6.02 bildet die GmbH ein Rumpfwirtschaftsjahr. Die Bilanz am 30.6. enthält folgende Werte:

30.6.02

Grundstück	100.000 €	Gez. Kapital	40.000 €
Bank	258.000 €	-Nennbetrag eig. Anteile	10.000 €
Forderung	200.000 €	Ausgegebenes Kapital	30.000 €
		Rücklagen	300.000 €
		Verbindlichkeiten	218.000 €
	558.000 €		558.000 €

- Das Grundstück wird am 10.7.02 für 172.000 € veräußert.
- Die Forderungen werden i. H. v. 198.000 € eingezogen.
- Die Schulden i. H. v. 218.000 € werden getilgt.

LÖSUNG: ▸ **1. Abwicklungs-Endvermögen**

Entwicklung Bank:	**Bestand 30.6.02**	**258.000 €**
	Eingang Forderung	+ 198.000 €
	Abgang Verbindlichkeit	./. 218.000 €
	Eingang Erlös GruBo	+ 172.000 €
	Bestand 31.8.03	410.000 €

Entwicklung Bank:	**Bestand 30.6.02**	**258.000 €**
	Eingang Forderung	+ 198.000 €
	Abgang Verbindlichkeit	./. 218.000 €
	Eingang Erlös GruBo	+ 172.000 €
	Bestand 31.8.03	410.000 €

Entwicklung Rücklage:	Bestand 30.6.02	300.000 €
	Eingang Forderung	+ 198.000 €
	Abgang Forderung	./. 200.000 €
	Abgang Verbindlichkeit	+ 218.000 €
	Abgang Bank	./. 218.000 €
	Eingang Erlös GruBo	+ 172.000 €
	Abgang GruBo	./. 100.000 €
	Bestand 31.8.03	370.000 €
Entwicklung Stammkapital:	Bestand 30.6.02	50.000 €
	Abgang eigene Anteile	./. 10.000 €
	Bestand 31.8.03	40.000 €

31.8.03

Grundstück	*******	Ausg. Kapital	40.000 €
Bank	410.000	Rücklagen	370.000 €
Forderung	******	Verbindlichkeiten	*********
	410.000		410.000 €

Steuerliches Abwicklungs-Endvermögen = 410.000

2. Abwicklungs-Anfangsvermögen

Stammkapital	50.000 €
Rücklagen	300.000 €
= steuerl. Abwicklungs-Anfangsvermögen	350.000 €

3. Steuerliches Abwicklungs-Endvermögen

Steuerliches Abwicklungs-Endvermögen	410.000 €
Steuerliches Abwicklungs-Anfangsvermögen	./. 350.000 €
Wert eigener Anteile	+ 10.000 €
= steuerlicher Abwicklungsgewinn	70.000 €

Ob die eigenen Anteile hinzugerechnet werden müssen, hängt davon ab, ob man beim Abwicklungs-Anfangsvermögen das gezeichnete oder das ausgegebene Kapital zugrunde legt.

Nach h. A. erlöschen Verbindlichkeiten mit der Löschung der GmbH im Handelsregister.[1]

Streitig ist, was mit Verbindlichkeiten gegenüber Gesellschaftern ist, hinsichtlich derer diese einen Rangrücktritt ausgesprochen haben:

Nach Auffassung der Finanzverwaltung entsteht ein steuerpflichtiger Gewinn, da die Verbindlichkeiten in dem Abwicklungs-Endvermögen nicht mehr zu erfassen sind.

Nach anderer, u. E. zutreffender Auffassung entsteht mit dem Wegfall der Verbindlichkeit durch Vollbeendigung zwar ein Gewinn, der allerdings mangels noch bestehenden Steuersubjekts nicht (mehr) steuerpflichtig ist.[2]

1 Str.; zu Einzelheiten s. Seppelt, BB 2010 S. 1395, Farle, BB 2012 S. 1507, die die Auffassung vertreten, dass die Löschung einen Wegfall der Passivierungspflicht in der Liquidationsschlussbilanz handels- und steuerrechtlich nicht begründen kann; s. a. Kahlert, DStR 2016 S. 2262, unter Bezugnahme auf BFH v. 16.6.2015 - IX R 28/14, BFH/NV 2015 S. 1679, NWB WAAAF-05922; zu den Auswirkungen der Löschung einer Gläubiger-GmbH wegen Vermögenslosigkeit auf eine noch bestehende Darlehensforderung und auf den bilanziellen Ansatz beim Schuldner s. FG Bremen v. 10.11.2016 - 1 K 42/16 (5), NWB HAAAG-35019 und Tranacher, DStR 2017 S. 1078.

2 FG Köln v. 6.3.2012 - 13 K 3006/11, EFG 2012 S. 1421, NWB NAAAE-12064; der BFH hat mit Urteil v. 5.2.2014 - I R 34/12, BFH/NV 2014 S. 1014, NWB LAAAE-63492, das Urteil des FG Köln aufgehoben, die Streitfrage allerdings offen gelassen (Überprüfung einer verbindlichen Auskunft).

2. Ermittlung des Abwicklungs-Endvermögens gemäß § 11 Abs. 3 KStG

a) Begriff

Das Abwicklungs-Endvermögen (§ 11 Abs. 3 KStG) ist das zur Verteilung kommende Vermögen, vermindert um die steuerfreien Vermögensmehrungen, die dem Steuerpflichtigen im Abwicklungszeitraum zugeflossen sind, also das gesamte steuerpflichtige Abwicklungsergebnis, d. h. nicht nur die am Schluss der Abwicklung ausgeschütteten, sondern auch die bereits im Laufe der Abwicklung – als Vorschüsse auf das Abwicklungsergebnis – verteilten Beträge. Als verteilt haben auch Vermögensbestandteile zu gelten, die nicht an die Gesellschafter ausgeschüttet, sondern mit deren Einwilligung von dem Liquidator Dritten zugeteilt werden, ohne dass diese vorher einen Rechtsanspruch darauf gehabt hätten. 7847

Zum Abwicklungs-Endvermögen gehört alles, was an die Gesellschafter zur Verteilung kommt oder bereits im Laufe der Abwicklung verteilt worden ist. Es ist dabei unerheblich, ob es sich insoweit um **offene Ausschüttungen als Vorschüsse auf den Abwicklungsgewinn** oder **um verdeckte Gewinnausschüttungen** handelt. Da durch solche Zuwendungen das Abwicklungs-Endvermögen und damit der Abwicklungsgewinn gemindert würde, sind Gewinnminderungen, die sich aus solchen Vorteilszuwendungen ergeben, bei der Ermittlung des Abwicklungsgewinns dem nach § 11 Abs. 2 KStG ermittelten Gewinn hinzuzurechnen.

Gewinnausschüttungen für vorangegangene Jahre gehören nicht zum Abwicklungs-Endvermögen, sondern sind beim Abwicklung-Anfangsvermögen abzuziehen (s. oben 2. Ermittlungsstufe).

Werterhellende Umstände, die bis zum Zeitpunkt der Veranlagung bekannt werden, sind bei der Ermittlung des maßgeblichen Abwicklungs-Endvermögens zu berücksichtigen.[1]

Streitig ist, wie solche Wirtschaftsgüter zu behandeln sind, die überhaupt nicht verteilt werden können, weil sie mit der Auflösung der Gesellschaft untergehen, die aber im Abwicklungs-Anfangsvermögen noch enthalten sind, weil das Betriebsvermögen, das der letzten Veranlagung zugrunde gelegt worden ist, diese Wirtschaftsgüter ausweist.

BEISPIELE: EIGENE ANTEILE, DERIVATIVER GESCHÄFTSWERT: ▸ Es wurde schon durch den RFH[2] geklärt, dass Wirtschaftsgüter, die durch die Auflösung wegfallen, den steuerpflichtigen Auflösungsgewinn nicht mindern dürfen, weil es sich hierbei um einen gesellschaftsrechtlichen Vorgang handelt. Solche Wirtschaftsgüter scheiden zwar bei der Bewertung des Endvermögens aus, sind jedoch dem Abwicklungsgewinn hinzuzurechnen (s. oben 3. Ermittlungsstufe).

Nicht erforderlich ist, dass originär erworbene immaterielle Wirtschaftsgüter, insbesondere ein selbst geschaffener Geschäftswert, deren Aktivierung durch § 5 Abs. 2 EStG ausgeschlossen ist, die aber mit der Auflösung ebenfalls untergehen, bei der Ermittlung des Abwicklungsgewinns berücksichtigt werden und den Gewinn erhöhen; eine Realisierung dieser immateriellen Wirtschaftsgüter kommt somit nicht in Betracht.[3]

1 BFH v. 14.12.1965 - I 246/62, BStBl 1966 III S. 152.
2 RFH v. 25.4.1939 - I 120/38, RStBl 1939 S. 923.
3 BFH v. 19.1.1982 - VIII R 21/77, BStBl 1982 II S. 456.

Soweit das zur Verteilung kommende Vermögen neben dem Abwicklungserlös auch unveräußert gebliebene Betriebsgegenstände (Sachwerte) umfasst, sind diese nicht mit dem Teilwert, sondern mit dem **gemeinen Wert** (Einzelveräußerungspreis) in das Abwicklungs-Endvermögen einzurechnen. Dazu gehören selbst geschaffene **immaterielle Wirtschaftsgüter** allerdings nur insoweit, als sie bei einer Sachteilung erhalten bleiben.

Der Grundsatz der Maßgeblichkeit der Handelsbilanz gilt nicht bei Ermittlung des Abwicklungs-Endvermögens. Gibt eine in der Abwicklung befindliche Kapitalgesellschaft, Erwerbs- und Wirtschaftsgenossenschaft oder VVaG an die Gesellschafter (Mitglieder) oder diesen nahe stehenden Personen in der Zeit nach der Auflösung aus dem abzuwickelnden Vermögen Sachwerte zu einem unter dem gemeinen Wert (Einzelwert) liegenden Preis ab, so ist der gemeine Wert dieser Wirtschaftsgüter (im Zeitpunkt ihrer Übertragung), nicht der niedrigere Abgabepreis, in das Abwicklungs-Endvermögen einzurechnen.[1]

Eigene Anteile der aufgelösten Körperschaft, die an der Vermögensverteilung nicht teilnehmen, erhöhen das Abwicklungs-Endvermögen nicht.[2] Die durch den Wegfall der eigenen Anteile infolge der Auflösung entstandene Vermögensminderung darf jedoch den steuerpflichtigen Abwicklungsgewinn nicht verkürzen und muss daher dem Ergebnis des Vermögensvergleichs wieder hinzugerechnet werden (vgl. oben 3. Ermittlungsstufe). Auch die Wirkung verdeckter Zuwendungen an Gesellschafter (Mitglieder) ist durch Hinzurechnung auszugleichen.

b) Abzug der steuerfreien Vermögenszugänge

7848 Vor dem Vermögensvergleich sind von dem Abwicklungs-Endvermögen nach § 11 Abs. 3 KStG die steuerfreien Vermögenszugänge abzuziehen, die im Abwicklungszeitraum zugeflossen sind. Gemeint sind damit die Vermögenszuflüsse und Einnahmen, die auch bei der regelmäßigen Gewinnermittlung (§ 5 Abs. 1 EStG) außer Ansatz bleiben. In Frage kommen hier die nach §§ 3, 3a EStG, § 8b KStG steuerfreien Einkünfte und insbesondere nach DBA steuerfreie ausländische Einkünfte. Ihr Abzug wäre daher auch ohne die ausdrückliche Bestimmung schon durch die Vorschrift des § 11 Abs. 6 KStG gesichert.

Zu den nicht steuerbaren Vermögenszugängen i. S. d. § 11 Abs. 3 KStG zählen alle Zuflüsse, die nicht unter den Begriff „Einkünfte" fallen, wie insbesondere gesellschaftliche Einlagen, Nachschüsse, Zubußen. Der Begriff steuerfreie Vermögensmehrung enthält alle steuerfreien und nicht steuerbaren Zugänge. Insoweit wäre eine klarere Terminologie im Gesetz erforderlich. Abzuziehen sind auch alle Einnahmen, für die durch besondere Vorschriften eine sachliche Steuerbefreiung vorgesehen ist.

„Verzichtet der Gesellschafter einer Kapitalgesellschaft im Laufe des Abwicklungsverfahrens mit Rücksicht auf sein Gesellschaftsverhältnis auf eine ihm gegen die Gesellschaft zustehende Forderung, so ist dies einer gesellschaftlichen Einlage gleich zu achten, die als steuerfreier Vermögenszugang von dem Abwicklungs-Endvermögen abzuziehen ist".[3]

Dies gilt allerdings nur für den werthaltigen Teil der Forderung, der nicht werthaltige Teil der Forderung ist gewinnerhöhend aufzulösen.[4] Deshalb **empfiehlt** sich der **Verzicht nicht.**

1 RFH v. 10.5.1938, RStBl 1938 S. 630; v. 17.1.1939, RStBl 1939 S. 598; BFH v. 14.12.1965 - I 246/62 U, BStBl 1966 III S. 152.

2 RFH v. 10.10.1930, RStBl 1031 S. 760 und v. 8.2.1938, StuW Nr. 192.

3 RFH v. 4.10.1938 - I 374/37, RStBl 1939 S. 1142, 1143; BFH v. 9.6.1997 - GrS 1/94, BStBl 1998 II S. 307.

4 BFH v. 9.6.1997 - GrS 1/94, BStBl 1998 II S. 307; zu Einzelheiten s. Seppelt, BB 2010 S. 1395.

Ebenso müssen Schenkungen oder Erbschaften abgezogen werden, die bei buchführungspflichtigen Körperschaften stets zu den Betriebseinnahmen gehören. Diese Zugänge beruhen nicht auf marktwirtschaftlichem Geschehen. Sie sind im Übrigen von der Erbschaft- und Schenkungsteuer erfasst.

3. Ermittlung des Abwicklungs-Anfangsvermögens gemäß § 11 Abs. 4 KStG

a) Abwicklung-Anfangsvermögen im Regelfall

Abwicklungs-Anfangsvermögen ist nach § 11 Abs. 4 Satz 1 KStG ist das Betriebsvermögen, das am Schluss des der Auflösung vorangegangenen Wirtschaftsjahres der Veranlagung zur KSt zugrunde gelegt worden ist. Es kommt nicht auf das in der Handelsbilanz ausgewiesene Vermögen an, sondern auf das in der **Steuerbilanz** nach den steuerlichen Vorschriften **auszuweisende Betriebsvermögen,** das für die Ermittlung des Gewinns des vorangegangenen Wirtschaftsjahres maßgeblich war. Nur hierdurch bleibt die Bilanzkontinuität gewahrt. **Maßgeblich** sind **die Buchwerte** aus **der letzten Steuerbilanz.** 7849

Die Begriffsbestimmung „Betriebsvermögen" ist nicht wörtlich zu verstehen, da der Veranlagung zur KSt nicht das Betriebsvermögen zugrunde gelegt ist. Gemeint ist der Wert des Betriebsvermögens am Schluss des der Auflösung vorangegangenen Wirtschaftsjahres, der in den zum Zweck der steuerlichen Gewinnermittlung für das vorangegangene Wirtschaftsjahr vorzunehmenden Vermögensvergleich einbezogen worden ist. Wird aufgrund der neueren Rspr. zur Frage des Beginns des Abwicklungszeitraums (vgl. hierzu oben) das Ergebnis des durch die Auflösung entstehenden Rumpfwirtschaftsjahres nicht im Rahmen der Liquidations-, sondern der normalen Besteuerung erfasst, so ist dies das Betriebsvermögen, das in der Schlussbilanz für dieses Rumpfwirtschaftsjahr nach den steuerlichen Vorschriften ausgewiesen ist.

BEISPIEL: Die Gesellschafter der X-GmbH beschließen am 31.10.05, dass die Gesellschaft mit Ablauf dieses Tages aufgelöst ist. Wirtschaftsjahr der X-GmbH ist vom 1.4. bis 31.3. Der Besteuerungszeitraum i. S. d. § 11 Abs. 1 KStG beginnt am 1.11.05. Bei der Veranlagung für den VZ 05 sind das Ergebnis des Wirtschaftsjahres vom 1.4.04 bis zum 31.3.05 sowie das Ergebnis des Rumpfwirtschaftsjahres vom 1.4.05 bis zum 31.10.05 zu berücksichtigen. Das Abwicklungs-Anfangsvermögen ist das in der Bilanz auf den 31.10.05 ausgewiesene Betriebsvermögen.

Zum Abwicklungs-Anfangsvermögen gehören auch die am maßgeblichen Stichtag vorhandenen umsatzfähigen **eigenen Anteile** der aufgelösten Körperschaft, wegen der Neutralisation des durch den Wegfall dieser eigenen Anteile entstehenden Buchverlusts s. oben Schema 3. Ermittlungsstufe.

b) Abwicklungs-Anfangsvermögen bei Fehlen einer Veranlagung für das Vorjahr (§ 11 Abs. 4 Satz 2 KStG)

Ist für den vorangegangenen VZ eine Veranlagung unterblieben, ist das Betriebsvermögen anzusetzen, das im Falle einer Veranlagung nach den steuerrechtlichen Vorschriften über die Gewinnermittlung auszuweisen gewesen wäre, § 11 Abs. 4 Satz 2 KStG. Seitdem der Verlustabzugsbetrag nach § 10d EStG gesondert festgestellt wird, 7850 dürfte § 11 Abs. 4 Satz 2 KStG von eher theoretischer Bedeutung sein, da statistisch in der Regel verschuldete Unternehmen liquidiert werden.

c) Behandlung von Liquidationsverlusten

7851 Die Grundsätze über den Verlustabzug gem. § 10d EStG i. V. m. § 8 Abs. 1 KStG gelten auch im Rahmen der Liquidation.

BEISPIEL 1: Die A-GmbH wird zum 1.5.21 aufgelöst. Die Liquidation ist am 30.9.23 beendet. Für den Zeitraum 1.1.21 bis 30.4.21 wurde ein Rumpfwirtschaftsjahr gebildet. Das Einkommen der X-GmbH beträgt in 20 50.000 €, für das Rumpfwirtschaftsjahr wurde ein positives Einkommen i. H. v. 10.000 € erzielt. Im Liquidationsbesteuerungszeitraum ergibt sich hingegen ein negatives Einkommen von ./. 50.000 €.

Der Liquidationsverlust i. H. v. 50.000 € kann gem. § 10d EStG i. V. m. § 8 Abs. 1 KStG auf den vorangegangenen Veranlagungszeitraum zurückgetragen werden. Danach kann der Verlust mit dem Gewinn des Rumpfwirtschaftsjahres i. H. v. 10.000 € verrechnet werden. Ein Betrag von 40.000 € geht mangels Vortragsmöglichkeit verloren.

Ein Verlustvortrag kommt nur dann in Betracht, wenn der Liquidationszeitraum länger als drei Jahre dauert.

BEISPIEL 2: Sachverhalt wie zuvor, nur wird auf die Bildung eines Rumpfwirtschaftsjahres verzichtet.

Für den Liquidationszeitraum 1.1.21 bis 30.9.23 ergibt sich ein Einkommen i. H. v. ./. 40.000 € (10.000 /. 50.000 €). Dieser Betrag kann gem. § 10d EStG i. V. m. § 8 Abs. 1 KStG auf den vorangegangenen VZ (VZ 20) zurückgetragen werden. Nach Verlustrücktrag verbleibt für 20 ein zu versteuerndes Einkommen i. H. v. 10.000 € (50.000 ./. 40.000 €). Der Verlust aus dem Liquidationszeitraum wirkt sich somit in voller Höhe steuerlich aus.

7852 Zur **Verfassungsmäßigkeit der Mindestbesteuerung** und des Wegfalls von Verlustvorträgen in Liquidationsfällen sind folgende Judikate zu vermerken:

Es ist ernstlich zweifelhaft, ob die sog. Mindestbesteuerung gem. § 10d Abs. 2 Satz 1 EStG 2002 n. F. verfassungsrechtlichen Anforderungen auch dann standhält, wenn eine Verlustverrechnung in späteren Veranlagungszeiträumen aus rechtlichen Gründen (hier: nach § 8c KStG 2002) endgültig ausgeschlossen ist.[1]

Die Mindestbesteuerung ist für den Fall nicht verfassungswidrig, wenn keine Definitivbelastung vorliegt.[2] Bei Definitivbelastung kann eine sachliche Unbilligkeit anzunehmen sein.[3]

§ 10a Satz 2 GewStG ist trotz Definitivbelastung wegen Liquidation nicht verfassungswidrig.[4]

Nach BVerwG ist kein Billigkeitserlass der Gewerbesteuer wegen des endgültigen Wegfalls des Verlustvortrags zu gewähren. Die Frage der Verfassungsmäßigkeit der Min-

1 BFH v. 26.8.2010 - I B 49/10, BStBl 2011 II S. 826.

2 FG Berlin-Brandenburg v. 16.9.2 10 - 12 K 8212/06 B, NWB TAAAD-83414; bestätigt durch BFH v. 22.8.2012 - I R 9/11, BStBl 2013 II S. 512.

3 Niedersächsisches FG v. 2.1.2012 - 6 K 63/11, EFG 2012 S. 1015, NWB HAAAE-01536, Revision zugelassen.

4 FG München v. 4.8.2010 - 1 K 608/07, EFG 2010 S. 1914, NWB AAAAD-52558; bestätigt durch BFH v. 20.9.2012 - IV R 36/10, BStBl 2013 II S. 498.

destbesteuerung lässt das BVerwG offen, da diese in einem finanzgerichtlichen Verfahren gegen den Gewerbesteuermessbescheid zu klären wäre.[1]

Die Mindestbesteuerung nach § 10a Satz 1, 2 GewStG ist grundsätzlich verfassungsgemäß.[2]

Die zeitliche Streckung des Verlustabzugs ist verfassungsgemäß. Ob Verluste endgültig nicht mehr berücksichtigt werden können – mit der Folge einer etwaigen Verfassungswidrigkeit – kann erst bei Ende der Liquidation entschieden werden. Bescheide sind ggfs. nach § 175 Abs. 1 Satz 1 Nr. 2 AO zu ändern.[3]

Definitivbelastung ist in bestimmten Fällen verfassungswidrig.[4]

Das BMF hat mit Schreiben v. 19.10.2011 zur Frage der Gewährung einer Aussetzung der Vollziehung (§ 361 AO, § 69 Abs. 2 FGO) von Einkommensteuer-, Körperschaftsteuer- und Gewerbesteuermessbetragsbescheiden mit folgender Stellungnahme reagiert:

Aussetzung der Vollziehung ist auf Antrag in den in dem Beschluss genannten Fällen zu gewähren, in denen es aufgrund des Zusammenwirkens der Anwendung der Mindestgewinnbesteuerung nach § 10d Abs. 2 Satz 1 und 2 EStG oder § 10a GewStG und eines tatsächlichen oder rechtlichen Grundes, der zum endgültigen Ausschluss einer Verlustnutzungsmöglichkeit führt, zu einem Definitiveffekt kommt.

Im Einzelnen handelt es sich um Fälle:

- des schädlichen Beteiligungserwerbs nach § 8c KStG in den Fassungen vor dem Wachstumsbeschleunigungsgesetz vom 22.12.2009 (BStBl 2010 I S. 2),
- der Umwandlung beim übertragenden Rechtsträger (§ 12 Abs. 3 i. V. m. § 4 Abs. 2 Satz 2 UmwStG),
- der Liquidation einer Körperschaft,
- der Beendigung der persönlichen Steuerpflicht (Tod einer natürlichen Person) bei fehlender Möglichkeit der „Verlustvererbung".

Die Aussetzung der Vollziehung ist auf die oben genannten Fallgruppen beschränkt.

4. Abzug des für Vorjahre ausgeschütteten Gewinns (§ 11 Abs. 4 Satz 3 KStG)

Nach § 11 Abs. 4 Satz 3 KStG ist das Abwicklungs-Anfangsvermögen um den Gewinn **eines vorangegangenen Wirtschaftsjahres zu kürzen,** der im **Abwicklungszeitraum ausgeschüttet** worden ist. Diese Korrektur ist erforderlich, da das Abwicklungs-Endver- 7853

1 BVerwG v. 19.2.2015 - 9 C 10.14, NWB BAAAE-92447, DStR 2016 S. 1022; Zur abweichenden Festsetzung aus Billigkeitsgründen s. a. BFH v. 21.9.2016 - I R 65/14, BFH/NV 2017 S. 267, NWB TAAAF-90186, und die hiergegen eingelegte Verfassungsbeschwerde 2 BvR 242/17.

2 FG Hamburg v. 2.11.2011 - 1 K 208/10, EFG 2012 S. 434, NWB KAAAD-99767, bestätigt durch BFH v. 20.9.2012 - IV R 60/11, BFH/NV 2013 S. 410, NWB XAAAE-26247.

3 FG Düsseldorf v. 12.3.2012 - 6 K 2199/09 K, EFG 2012 S. 1387, NWB PAAAE-10708, aufgehoben durch BFH v. 23.1.2013 - I R 35/12, BStBl 2013 II S. 508.

4 BFH v. 26.2.2014 - I R 59/12, BFH/NV 2014 S. 1674, NWB JAAAE-72209, Vorlage an das BVerfG, Az.: 2 BvL 19/14.

mögen um den ausgeschütteten Betrag gemindert worden ist und ohne Korrektur der Abwicklungsgewinn gemindert wäre.

BEISPIEL:

► Abwicklungs-Anfangsvermögen vor Abzug der Gewinnausschüttung von 100.000 €:

Aktiva			Passiva
Grundstück	1.000 €	Kapital	100.000 €
Kassenbestand	199.000 €	Gewinnvortrag	100.000 €
	200.000 €		200.000 €

► Abwicklungs-Endvermögen nach Abzug der Gewinnausschüttung von 100.000

Gemeiner Wert Grundstück	100.000 €
Kassenbestand	99.000 €
Abwicklungs-Endvermögen	199.000 €
Abwicklungs-Anfangsvermögen	100.000 €
Gewinn:	99.000 €

5. Ermittlung des Abwicklungs-Anfangsvermögens bei neugegründeten Körperschaften gemäß § 11 Abs. 5 KStG

7854 Nach § 11 Abs. 5 KStG gilt für den Fall, dass am Schluss des vorangegangenen VZ Betriebsvermögen nicht vorhanden war, als Abwicklungs-Anfangsvermögen die Summe der später geleisteten Einlagen. Als Beispielsfall wird hierzu im Regierungsentwurf die Auflösung einer neu errichteten Körperschaft noch vor Ablauf ihres ersten Wirtschaftsjahres genannt. Als **Einlagen** sind hierbei alle Vermögensvorteile zu verstehen, die ein Gesellschafter seiner Gesellschaft im Hinblick auf das Gesellschaftsverhältnis zuwendet. Es kommt nicht darauf an, ob es sich um Pflichtleistungen oder freiwillige Einlagen handelt und in welcher Form – offen oder verdeckt, als Geld- oder Sacheinlagen – diese erfolgen. Zu den Einlagen gehören insbesondere alle Einzahlungen von Grund- oder Stammkapital, die nicht auf das Grundkapital gemachten Vermögenseinlagen des persönlich haftenden Gesellschafters bei der KGaA, die Nachschüsse der Gesellschafter einer GmbH (§§ 26 ff. GmbHG), das Aufgeld in den Fällen der Überparigründung, aber auch alle verdeckten Einlagen.

Wegen des Wahlrechts zur Bildung eines Rumpfwirtschaftsjahres ist auch hier unklar, was mit „vorangegangener Veranlagungszeitraum" gemeint ist.

BEISPIEL: Die X-AG wird am 1.4.02 gegründet. Bereits am 30.9.02 beschließen die Gesellschafter die Auflösung.

Man ist zunächst versucht, in diesem Falle als Schluss des vorangegangenen VZ den 31.12.01 anzunehmen, weil an diesem Tag ein Betriebsvermögen nicht vorhanden war und der VZ 01 der Auflösung (1.10.02) vorangeht. Berücksichtigt man indes, dass nach der neueren Rspr. der Besteuerungszeitraum i. S. d. § 11 KStG nicht bereits mit dem 1.4.02, sondern erst mit dem 1.10.02 beginnt und für die Zeit von der Gründung bis zur Auflösung ein Rumpfwirtschaftsjahr entsteht, so geht die Vorschrift des § 11 Abs. 5 KStG völlig ins Leere, weil sich das Abwicklungs-Anfangsvermögen aus § 11 Abs. 4 Satz 1 KStG ergibt, und zwar als das Betriebsvermögen, das am Schluss des der Auflösung vorangegangenen (Rumpf-)Wirtschaftsjahres der Veranlagung zugrunde gelegt worden ist. Sollte das Ergebnis dieses Rumpfwirtschaftsjahres negativ sein, so wäre das Abwicklungs-Anfangsvermögen nach § 11 Abs. 4 Satz 2 KStG zu ermitteln.

Die Lage wäre keine andere, wenn die Gründung der X-AG bereits am 1.4.01 erfolgt wäre und als Wirtschaftsjahr die Zeit vom 1.4. bis 31.3. gelten würde. In diesem Falle wäre es ohne Zweifel abwegig, bei der Bestimmung des Abwicklungs-Anfangsvermögens darauf abzustellen, ob am 31.12.01 – das ist wiederum der Schluss des der Auflösung vorangegangenen VZ – Betriebsvermögen vorhanden gewesen ist oder nicht. Tatsächlich wäre das Abwicklungs-Anfangsvermögen auch hier nach den Bestimmungen des § 11 Abs. 4 Sätze 1 und 2 KStG zu ermitteln, wobei wiederum das Betriebsvermögen am Schluss des mit der Auflösung endenden Rumpfwirtschaftsjahres 1.4.02 bis 30.9.02 entscheidend wäre.

Diese Überlegungen zeigen, dass die Vorschrift des § 11 Abs. 5 KStG gegenstandslos und damit überflüssig ist. Dies gilt selbst dann, wenn man der vor dem Urteil des BFH v. 17.7.1974[1] bestehenden Übung entsprechend in den Abwicklungsbesteuerungszeitraum die Zeit von der Gründung der Körperschaft (1.4.02) bis zur Auflösung (30.9.02) mit einschließen wollte, und zwar im Hinblick darauf, dass dann bei Außerachtlassung der Vorschrift des § 11 Abs. 5 KStG das Abwicklungs-Anfangsvermögen zwar mit 0 € anzusetzen wäre, dafür jedoch von dem sich so ergebenden Abwicklungsgewinn nach § 11 Abs. 6 KStG die steuerfreien Einnahmen, zu denen ja gerade auch die geleisteten Einlagen gehören, abgezogen werden müssten, sich auch hier ein Abwicklungsgewinn in der zutreffenden Höhe ergäbe.

6. Anwendung der allgemeinen Gewinnermittlungsvorschriften gemäß § 11 Abs. 6 KStG

a) Allgemeines

Das Ergebnis des Vermögensvergleichs stellt noch nicht ohne weiteres den Gewinn dar, 7855
der nach § 11 Abs. 1 KStG der Steuer unterliegt. Denn nach § 11 Abs. 6 KStG sind auf die Gewinnermittlung auch die sonst geltenden Vorschriften anzuwenden, soweit sie nicht durch die Bestimmungen der § 11 Abs. 2 bis 5 KStG ersetzt sind. Auszuscheiden haben hiernach z. B. die Vorschriften der §§ 6, 7 ff. EStG, da nicht das „Betriebsvermögen" am Schluss des Besteuerungszeitraums, sondern das „zur Verteilung kommende Vermögen" als Vergleichsgegenstand anzusetzen ist.

b) Offene und verdeckte Gewinnausschüttungen

Im Abwicklungsstadium sind Gewinnausschüttungen **verdeckte Vermögensverteilungen**. 7856
Hinsichtlich des zu beachtenden Sperrjahres (§ 73 GmbHG) sind offene Gewinnausschüttungen nicht erlaubt. Im Übrigen sind jegliche Ausschüttungen ohne Beachtung des Sperrjahres für die Beteiligten haftungsanfällig. Sie führen zu Rückforderungsansprüchen und verhindern u. U. die Auflösung. Steuerrechtlich gilt § 8 Abs. 3 KStG, wonach der Gewinn nicht geschmälert werden darf.

1 BFH v. 17.7.1974 - I R 233/71, BStBl 1974 II S. 692.

c) Sachliche Steuerbefreiungen

7857 Die Vorschriften über sachliche Steuerbefreiungen sind schon aufgrund der Vorschrift des § 11 Abs. 3 KStG beim Vermögensvergleich, und zwar bei Ermittlung des Abwicklungs-Endvermögens, zu berücksichtigen.

d) Nichtabziehbare Aufwendungen

7858 Eine Berichtigung des Ergebnisses des Vermögensvergleichs werden vor allem die Vorschriften über die Nichtabziehbarkeit bestimmter Aufwendungen (§ 10 KStG) erforderlich machen. Soweit derartige Ausgaben im Lauf des Abwicklungszeitraums angefallen sind und damit das zur Verteilung kommende Vermögen vermindert haben, sind sie dem Ergebnis des Vermögensvergleichs hinzuzurechnen; dies gilt insbesondere für die im Abwicklungszeitraum gezahlten (und unter den Kosten verrechneten) oder zurückgestellten **KSt- und andere Personensteuerbeträge.** Zu beachten sind aber auch andere Abzugsverbote, z. B. § 4 Abs. 5 EStG.

e) Verlustabzug und Verlustrücktrag

7859 Die Beachtung der allgemeinen Gewinnermittlungsvorschriften bedeutet, dass bei der Besteuerung des Abwicklungsgewinns auch der Verlustabzug nach Maßgabe der gesetzlichen Bestimmungen des § 10d EStG zu berücksichtigen ist. Da der gesamte Abwicklungszeitraum **ein** Besteuerungszeitraum ist, sind die nach § 10d EStG abzugsfähigen Verluste der vorherigen VZ zu berücksichtigen.

f) Organschaft

7860 Wird eine Organgesellschaft aufgelöst, so bedeutet dies das Ende ihres bisherigen Zwecks. Gegenstand des Unternehmens ist künftig allein die Abwicklung. Da sich der Gewinnabführungsvertrag i. S. d. § 291 AktG nur auf den Gewinn aus der eigentlichen Geschäftstätigkeit bezieht, endet mit dem Auflösungstag seine praktische Wirksamkeit.[1] Erfolgt die Auflösung der Organgesellschaft nicht zu Beginn, sondern im Laufe ihres Wirtschaftsjahres, so gehört zum Abwicklungsgewinn, der nicht mehr unter die Gewinnabführung fällt, nur der Gewinn, der nach dem Auflösungstag erzielt wird.

g) Anwendung des § 6b EStG auf den Abwicklungsgewinn

7861 Der Abwicklungsgewinn kann nicht über § 6b EStG neutralisiert werden, weil die aufgelöste Körperschaft eine Reinvestition nach Beendigung der Abwicklung nicht mehr vornehmen kann.

7. Zusammenfassendes Beispiel zur Einkommensermittlung im Liquidationszeitraum

7862 Die A-GmbH (Wirtschaftsjahr = Kalenderjahr) wird zum 30.6.02 aufgelöst. Der Abwicklungszeitraum endet am 31.8.03.

1 R 14.5. Abs. 6 Satz 2 KStR.

Für die Zeit vom 1.1.02 bis zum 30.6.02 bildet die GmbH ein Rumpfwirtschaftsjahr.

Die Bilanz zum 30.6.02 enthält die folgenden Werte:

Aktiva			Passiva
Grundstück	100.000 €	Stammkapital	90.000 €
Beteiligung C-GmbH	150.000 €	Rücklagen	410.900 €
Bank	360.000 €	JÜ	85.000 €
Forderungen	225.000 €	Verbindlichkeiten	234.100 €
		KSt-Rückstellung	15.000 €
Summe	835.000 €	Summe	835.000 €

Im Abwicklungszeitraum vom 1.7.02 bis zum 31.8.03 ereignet sich Folgendes:

1. Das Grundstück wird für 172.000 € veräußert.
2. Die Beteiligung an der C-GmbH wird für 320.000 € veräußert.
3. Der Jahresüberschuss des Rumpfwirtschaftsjahres 02 wird am 10.7.03 offen ausgeschüttet; handelsrechtliche Ausschüttung = 85.000. Das Sperrjahr ist beachtet.
4. Die Forderungen werden nach Skontoeinbehalt mit 223.000 € eingezogen.
5. Die Schulden werden mit 234.100 € voll getilgt.
6. Die KSt-Schuld von 15.000 € wird gezahlt.

Lösung:[1]

a) Entwicklung des Bankkontos

Konto-Stand am 30.6.02	**360.000 €**	7863
Ausschüttung für Rumpfwirtschaftsjahr 02	./. 85.000 €	
Tilgung der Schulden	./. 234.100 €	
Entrichtung KSt für Rumpfwirtschaftsjahr	./.15.000 €	
Einziehung Forderungen	223.000 €	
Verkaufserlös Grundstück	172.000 €	
Verkaufserlös Beteiligung C-GmbH	320.000 €	
Stand 31.8.03	**740.900 €**	

1 Vereinfacht ohne Solidaritätszuschlag/GewSt und aktuelle Rechtslage.

b) Vermögensaufstellung zum 31.8.03 vor Steuern auf Liquidationsgewinn

7864

Aktiva			Passiva
Bank	740.900 €	Stammkapital	90.000 €
		Liquidationsüberschuss	240.000 €
		Rücklagen	
		Stand 30.6.02	410.900 €
		KSt	0
Summe	740.900 €	Summe	740.900 €

c) Körperschaftsteuerbemessungsgrundlage für Liquidation

7864/1 Liquidationsüberschuss:	240.000 €
Außerbilanzielle Korrekturen:	
§ 8b Abs. 2 KStG	./. 170.000 €
§ 8b Abs. 3 Satz 1 KStG (5 % pauschal)	+8.500 €
z. v. E.	78.500 €

78.500 x 15 % = 11.775 €

d) Vermögensaufstellung zum 31.8.03 nach Steuern auf Liquidationsgewinn

7865

Aktiva			Passiva
Bank	740.900 €	Stammkapital	90.000 €
		Liquidationsgewinn	228.225 €
		Rücklagen	
		Stand 30.6.02	410.900 €
		KSt-Rückstellung	11.775 €
Summe	740.900 €	Summe	740.900 €

e) Gewinnermittlung gemäß § 11 KStG

7866 **Abwicklungs-Endvermögen am 31.8.03**

Stammkapital	90.000 €
Rücklagen	639.125 €
nicht der KSt unterliegende Vermögensmehrungen (§ 8b KStG)	./. 161.500 €
Nichtabziehbare Ausgaben (KSt; § 10 Nr. 2 KStG)	11.775 €
Summe	579.400 €

Abwicklungs-Anfangsvermögen am 1.7.02

Stammkapital	90.000 €	
Rücklagen	410.900 €	
Jahresüberschuss	85.000 €	
Gewinnausschüttungen für Wirtschaftsjahre vor der Auflösung	./. 85.000 €	
Summe	500.900 €	
		./. 500.900€
Steuerlicher Abwicklungsgewinn		78.000€

f) Ermittlung der festzusetzenden KSt

Tarifbelastung Abwicklungsgewinn 15 % v. 78.500 = 11.775 7867

Die festgesetzte und zu entrichtende KSt beträgt 11.775.

Der zuvor ermittelte Liquidationsgewinn unterliegt nach den eventuell erforderlichen Korrekturen als **Einkommen des Liquidationszeitraums (Abwicklungseinkommen)** der körperschaftsteuerlichen Tarifbelastung. Es ist der **Körperschaftsteuersatz** anzuwenden, der für den **VZ** gilt, in dem der **Liquidationszeitraum endet**. Die Tarifbelastung beträgt derzeit 15 %. Ein Freibetrag nach § 16 Abs. 4 EStG steht der GmbH nicht zu.

(*Einstweilen frei*) 7868–7900

VI. Auskehrung von Vermögen an die Gesellschafter im Rahmen einer Liquidation auf der Ebene der Gesellschaft

1. Die Auskehrungstechnik

Zentrale Bedeutung gewinnt § 28 Abs. 2 KStG mit folgendem Wortlaut: 7901

(2) [1]Im Fall der Herabsetzung des Nennkapitals oder der Auflösung der Körperschaft wird zunächst der Sonderausweis zum Schluss des vorangegangenen Wirtschaftsjahrs gemindert; ein übersteigender Betrag ist dem steuerlichen Einlagekonto gutzuschreiben, soweit die Einlage in das Nennkapital geleistet ist. [2] Die Rückzahlung des Nennkapitals gilt, soweit der Sonderausweis zu mindern ist, als Gewinnausschüttung, die beim Anteilseigner zu Bezügen im Sinne des § 20 Abs. 1 Nr. 2 des Einkommensteuergesetzes führt. [3]Ein den Sonderausweis übersteigender Betrag ist vom positiven Bestand des steuerlichen Einlagekontos abzuziehen. [4]Soweit der positive Bestand des steuerlichen Einlagekontos für den Abzug nach Satz 3 nicht ausreicht, gilt die Rückzahlung des Nennkapitals ebenfalls als Gewinnausschüttung, die beim Anteilseigner zu Bezügen im Sinne des § 20 Abs. 1 Nr. 2 des Einkommensteuergesetzes führt.

Bei der Liquidation einer GmbH gilt nach § 28 Abs. 2 Satz 1 KStG zunächst das gesamte Nennkapital einschließlich des Sonderausweises i. S. d. § 28 Abs. 1 Satz 3 KStG als auf 7902 null herabgesetzt (**fiktive Kapitalherabsetzung** auf null). Bei dieser Nullstellung ist zwischen der Rückzahlung eines vorhandenen Sonderausweises und des den Sonderausweis übersteigenden Betrages zu unterscheiden. Dazu sind folgende Schritte zu beachten:

7903 1. Wurde das gezeichnete Kapital der GmbH durch Umwandlung von Rücklagen erhöht, so galt nach § 28 Abs. 1 Satz 1 KStG der auf dem steuerlichen Einlagekonto (§ 27 KStG) ausgewiesene Betrag als vor den sonstigen Rücklagen verwendet; wurden auch sonstige Rücklagen in Nennkapital umgewandelt, sind diese Teile des gezeichneten Kapitals getrennt auszuweisen und gesondert festzustellen (§ 28 Abs. 1 Satz 3 KStG). Durch den Sonderausweis soll sichergestellt werden, dass bei einer späteren Kapitalherabsetzung die Rückzahlung dieses Teils des Nennkapitals bei den Anteilseignern den Regelungen des Teileinkünfteverfahrens unterliegt.

Ist ein Sonderausweis i. S. d. § 28 Abs. 1 Satz 3 KStG vorhanden, wird im Fall der Liquidation (**fiktive Kapitalherabsetzung**) zunächst der Sonderausweis gemindert. Damit wird dieser Teil des Nennkapitals (wieder) zur sonstigen Rücklage. Die Rückzahlung des Nennkapitals gilt insoweit als Gewinnausschüttung, die bei den Gesellschaftern zu kapitalertragsteuerpflichtigen Bezügen i. S. d. § 20 Abs. 1 Nr. 2 EStG führt (§ 28 Abs. 2 Satz 2 KStG). Damit bleibt der Weg der Dividendenbesteuerung bestehen.

7904 2. Der Teil des Nennkapitals, der den Sonderausweis i. S. d. § 28 Abs. 2 Satz 1 KStG übersteigt, wird dem steuerlichen Einlagekonto gutgeschrieben, soweit die Einlage in das Nennkapital geleistet ist. Ist ein Sonderausweis nicht vorhanden, so wird bei Auflösung der GmbH der Gesamtbetrag des eingezahlten Nennkapitals dem steuerlichen Einlagekonto gutgeschrieben. Wird das Vermögen ausgekehrt, gilt die Kapitalrückzahlung nach § 28 Abs. 2 Satz 2 KStG als aus dem steuerlichen Einlagekonto finanziert. Der Rückzahlungsbetrag führt also zu einer betragsmäßig identischen Erhöhung und Verringerung des steuerlichen Einlagekontos.

Für den Gesellschafter bedeutet die Verwendung des steuerlichen Einlagekontos, dass ihm keine Einnahmen i. S. d. § 20 Abs. 1 Nr. 2 EStG zufließen, sondern Einnahmen, die z. B., wenn die Anteile sich im besteuerungspflichtigen Privatvermögen befinden, nach § 17 Abs. 4 EStG bei der Ermittlung eines Auflösungsgewinns zu berücksichtigen sein können. Werden neben dem Nennkapital auch andere Rücklagen und erwirtschaftete Gewinne zurückgezahlt, bezieht er insoweit Einnahmen nach § 20 Abs. 1 Nr. 2 EStG.

Die Trennung zwischen gesellschaftsrechtlicher Rückzahlung von zugeführtem Kapital und Ausschüttungen von erwirtschafteten Gewinnen an die Gesellschafter wird in der Liquidationsphase konsequent fortgeführt.

BEISPIEL: Eine GmbH weist folgende Vermögensaufstellung nach Steuern vor der Auskehrung auf: 7905

Aktiva		Passiva	
Bank	740.900	Stammkapital	90.000€
		Liquidationsgewinn	228.225€
		Rücklagen	
		Stand 30.6.02	410.900€
		KSt-Rückstellung	11.775€
Summe	740.900€	Summe	740.900€

Es besteht ein festgestellter Sonderausweis aufgrund einer früheren Kapitalerhöhung i.H.v. 40.000€.

Lösung:

[1] Im Fall der Herabsetzung des Nennkapitals oder der Auflösung der Körperschaft wird zunächst der Sonderausweis zum Schluss des vorangegangenen Wirtschaftsjahrs gemindert,

ein übersteigender Betrag ist dem steuerlichen Einlagekonto gutzuschreiben, soweit die Einlage in das Nennkapital geleistet ist.

in €	Vorspalte Berechnung Bezüge gem. § 20 Abs. 1 Nr. 2 EStG	Vorspalte Nennkapital	Einklagenkonto gem. § 27 KStG	Sonderausweise gem. § 28 Abs. 1 KStG
Endbestand zum Schluss des Wirtschaftsjahres			0	40.000
Nachrichtlich				
		90.000		40.000
Zu-/Abgang		-40.000		-40.000
		50.000	0	
StK	90.000	-50.000	50.000	
GwRückl	639.125			
Su EK	729.125			
	-50.000			
	679.125	0	50.000	0
Auskehrung Schlussrate	-679.125		-50.000	
	0		0	

Dividendenbesteuerung

Anteilsbesteuerung

Der Betrag i.H.v. 679.129€ unterliegt dem Kapitalertragsteuerabzug.

2. Letztmalige Verwendung des steuerlichen Einlagekontos

7906 Die Verwendung des steuerlichen Einlagekontos hat für die GmbH keine steuerlichen Auswirkungen auf die Höhe der KSt. Die Verwendung des Einlagekontos spielt bei den Gesellschaftern eine Rolle, weil bloße Kapitalrückzahlungen vorliegen, soweit das steuerliche Einlagekonto als zurückgezahlt gilt. Auf die Ausführungen unter Rz. 6631 ff. wird hingewiesen. Wegen der Vollbeendigung der GmbH finden keine für die Zukunft bedeutsamen Feststellungen statt.

7907–7980 (*Einstweilen frei*)

B. Gewerbesteuerpflicht

7981 Die GmbH i. L. unterliegt auch im Liquidationszeitraum der GewSt. Auch während der Liquidation sind die Besteuerungsgrundlagen nach den §§ 7 ff., 12 ff. GewStG zu ermitteln. Erhebungszeitraum bleibt das Kalenderjahr (§ 14 Abs. 2 Satz 2 GewStG). Da der Gewerbeertrag auf der Grundlage des Abwicklungsgewinns nur für den gesamten Abwicklungszeitraum ermittelt wird, ist der Gewerbeertrag monatsweise auf die Kalenderjahre des Abwicklungszeitraumes zu verteilen (§ 16 Abs. 1 GewStDV; R 7.1 Abs. 8 GewStR).

7982–8000 (*Einstweilen frei*)

C. Besteuerung auf der Ebene der Gesellschafter

I. Kapitalerträge oder Kapitalrückzahlung

8001 Die Schlussauskehrung des Liquidationserlöses ist beim Gesellschafter aufzuteilen in steuerpflichtige Kapitalerträge (§ 20 Abs. 1 Nr. 2 EStG) und Kapitalrückflüsse, die keine Kapitalerträge darstellen.

Steuerpflichtig sind alle Bezüge im Rahmen des Liquidationsverfahrens mit Ausnahme der Rückzahlung von Nennkapital aus dem steuerlichen Einlagekonto sowie von Leistungen aus dem steuerlichen Einlagekonto i. S. d. § 27 KStG. Bei der Rückzahlung von Nennkapital sowie bei Leistungen, bei denen das steuerliche Einlagekonto als verwendet gilt, handelt es sich lediglich um Kapitalrückzahlungen.

Soweit ein Sonderausweis vermindert wurde, liegen beim Anteilseigner Bezüge i. S. d. § 20 Abs. 1 Nr. 2 EStG vor. In Höhe des Teils des Nennkapitals, der den Sonderausweis übersteigt, handelt es sich um eine Leistung aus dem steuerlichen Einlagekonto. Ist kein Sonderausweis vorhanden, ist der gesamte Betrag des eingezahlten Nennkapitals dem steuerlichen Einlagekonto gutzuschreiben (§ 28 Abs. 2 Satz 1 KStG).

Die Rückzahlung des Nennkapitals ist vom Bestand des steuerlichen Einlagekontos abzuziehen (§ 28 Abs. 2 Satz 3 KStG). Der Anteilseigner erhält eine Leistung aus dem steuerlichen Einlagekonto. Hinsichtlich der Besteuerung auf der Seite des Anteilseigners ist zu unterscheiden, ob es sich dabei um eine natürliche Person oder um eine Kapitalgesellschaft handelt.

8002–8020 (*Einstweilen frei*)

II. Anteilseigner ist eine natürliche Person

1. Natürliche Person mit Beteiligung im Privatvermögen < 1 %

Der Liquidationserlös ist beim Anteilseigner aufzuteilen in 8021

- Rückzahlungen von Nennkapital ohne Sonderausweis gem. § 28 Abs. 2 Satz 2 KStG und von Beträgen aus dem steuerlichen Einlagekonto i. S. d. § 27 KStG sowie
- steuerpflichtige Einnahmen aus Kapitalvermögen.

Auch die Rückzahlung des Nennkapitals gilt als Gewinnausschüttung, die beim Anteilseigner zu Bezügen i. S. d. § 20 Abs. 1 Nr. 2 EStG führt, soweit der Sonderausweis zu mindern ist. Im Rahmen des Teileinkünfteverfahrens unterliegen die Bezüge i. S. d. § 20 Abs. 1 Nr. 2 EStG nur zur 60 % der Besteuerung.

Ansonsten unterliegt der steuerpflichtige Teil des Liquidationserlöses der Abgeltungsteuer.

BEISPIEL: A ist an der X-GmbH (Stammkapital: 200.000 €) mit 1.000 € (= 0,5 %) beteiligt. Eine Stammkapitalerhöhung von ursprünglich 160.000 € auf 200.000 € wurde aus der Umwandlung von Rücklagen finanziert. Dabei wurden jeweils zur Hälfte Rücklagen aus dem steuerlichen Einlagekonto und sonstige Rücklagen umgewandelt. In Höhe des aus den sonstigen Rücklagen umgewandelten Stammkapitals wurde ein Sonderausweis i. S. d. § 28 Abs. 1 Satz 3 KStG gebildet.

Die X-GmbH wird nunmehr liquidiert. A erhält einen Liquidationserlös von 1.500 €, der sich wie folgt zusammensetzt:

Rückzahlung aus dem Stammkapital	1.000 €
davon aus dem Sonderausweis (§ 28 Abs. 2 KStG)	100 €
Rückzahlung sonstiger Rücklagen	500 €

LÖSUNG: Die Voraussetzungen des § 17 Abs. 1 EStG sind nicht erfüllt.

Die Stammkapitalrückzahlung unterliegt gem. § 20 Abs. 2 Nr. 1 EStG der Abgeltungsteuer, wenn die Anschaffung der GmbH Anteile nach dem 31.12.2008 liegt (§ 52a Abs. 10 EStG).

Erfasst wird aber die Stammkapitalrückzahlung nur in Höhe von	900 €
Die vom Sonderausweis erfassten	100 €
gelten als Gewinnausschüttung gem. § 20 Abs. 1 Nr. 2 Satz 2 EStG.	
Die Rückzahlung der sonstigen Rücklagen	500 €
werden von § 20 Abs. 1 Nr. 2 Satz 1 EStG erfasst.	
Summe der Liquidationserlöse	1.500 €

Das Teileinkünfteverfahren gilt nur dann, wenn die Ausnahmetatbestände von § 32d Abs. 2 EStG ausgelöst werden.

Bei Erwerb vor dem 1.1.2009 gilt § 23 EStG a. F. mit der Folge: keine Versteuerung.

2. Natürliche Person mit Beteiligung im Privatvermögen von 1% und mehr

8022 Soweit eine **Beteiligung** i.S.d. §17 Abs.1 EStG (Beteiligung innerhalb der letzten fünf Jahre zu mindestens 1% unmittelbar oder mittelbar) vorliegt, führen auch die Rückzahlung des Nennkapitals ohne Sonderausweis, die als Leistung aus dem steuerlichen Einlagekonto i.S.d. §27 KStG gilt, sowie die Rückzahlung der Beträge, für die das Einlagekonto als verwendet gilt, zu Einkünften i.S.d. §17 Abs.4 EStG. Diese Einnahmen sind zu 40% steuerbefreit (§3 Nr.40 Buchst.c Satz2 EStG). Den 60% Einnahmen sind die 60% Anschaffungskosten gegenüberzustellen (§3c Abs.2 EStG). Ergibt sich ein Veräußerungsgewinn, ist ein Freibetrag nach §17 Abs.3 EStG zu berücksichtigen. Ein sich ergebender Veräußerungsverlust ist ausgleichsfähig, soweit §17 Abs.2 Satz6 EStG nicht entgegensteht. Das Teileinkünfteverfahren gilt auch im Verlustfall, da durch die Rückzahlung des Stammkapitals Einnahmen erzielt werden.[1]

8023 In Fällen der Auflösung der Kapitalgesellschaft ist als Veräußerungspreis der gemeine Wert des dem Anteilseigner zugeteilten oder zurückgezahlten Vermögens der Kapitalgesellschaft anzusehen, soweit die Auskehrungen nicht nach §20 Abs.1 Nr.1 oder 2 EStG zu den Einnahmen aus Kapitalvermögen gehören. Gegenstand des zugeteilten oder zurückgezahlten Vermögens kann auch die Befreiung des Gesellschafters von einer gegenüber der Gesellschaft bestehenden Verbindlichkeit sein. Zivilrechtlich führen weder die Auflösung noch die Löschung der Gesellschaft zur Befreiung des Gesellschafters von der Verbindlichkeit.[2]

8024 Die Einkünfte gem. §17 Abs.4 EStG sind in dem Zeitraum zu erfassen, in dem die Liquidation abgeschlossen wurde und der Anspruch auf Auszahlung des Liquidationsguthabens entsteht. In der Regel ist dies der Zeitraum, in dem das Liquidationsschlussvermögen ausgekehrt wird.[3]

BEISPIEL: A ist mit einem Anteil von 50.000€ (50%) am Stammkapital der X-GmbH beteiligt. Die Anschaffungskosten seiner Anteile betrugen 60.000€. Die X-GmbH wird liquidiert. Ein Sonderausweis besteht nicht. Nach Abschluss der Liquidation werden A vom Liquidationserlös 160.000€ zugewiesen. Dieser hat folgende Bestandteile:

Stammkapital	50.000€
Einlagenkonto	40.000€
Sonstige Rücklagen	70.000€
Summe	160.000€

LÖSUNG: Soweit sonstige Rücklagen zurückgezahlt werden, handelt es sich um Einnahmen i.S.d. §20 Abs.1 Nr.2 EStG, für die das Teileinkünfteverfahren anzuwenden ist (§3 Nr.40 Satz1 Buchst.e EStG). Da es sich um Anteile i.S.d. §17 Abs.1 EStG handelt, führen auch die Rückzahlung des Stammkapitals sowie die Rückzahlung aus dem Einlagekonto zu Einnahmen i.S.d. §17 Abs.4 EStG, für die gleichfalls das Teileinkünfteverfahren gilt (§3 Nr.40 Satz1 Buchst.c EStG). Die Anschaffungskosten der Anteile sind mit 60% gegenzurechnen (§3c Abs.2 EStG).

1 BFH v. 6.5.2014 - IX R 19/13, BStBl 2014 II S.682.
2 BFH v. 16.6.2015 - IX R 28/14, BFH/NV 2015 S.1679, NWB WAAAF-05922.
3 BFH v. 27.10.1992 - VIII R 87/89, BStBl 1993 II S.340.

Einkünfteberechnung:

Einkünfte aus Kapitalvermögen:

- wenn keine Abgeltungsteuer:

Einnahmen gem. § 20 Abs. 1 Nr. 2 EStG	70.000 €
40 % steuerfrei (§ 3 Nr. 40 Satz 1 Buchst. e EStG)	./. 28.000 €
Einkünfte aus Kapitalvermögen	42.000 €

- Evtl. 60 % Betriebsausgabenabzug; § 20 Abs. 6 und 9 EStG finden keine Anwendung
- wenn Abgeltungsteuer

Einnahmen aus Kapitalvermögen	70.000 €
Sparer Pauschbetrag, sonst keine Werbungskosten	./. 1.000 €
Mit 25 % Belastung gem. § 32d EStG	69.000 €

Einkünfte nach § 17 Abs. 4 EStG

Einnahmen (§ 17 Abs. 4 Satz 2 EStG):	50.000 + 40.000 =	90.000 €
40 % steuerfrei (§ 3 Nr. 40 Satz 1 Buchst. c EStG)		./. 36.000 €
Steuerpflichtige Einnahmen		54.000 €
AK		60.000 €
davon Kürzung gem. § 3c Abs. 2 EStG	./. 24.000	./. 36.000 €
Einkünfte gem. § 17 Abs. 4 EStG		18.000 €

Freibetrag gem. § 17 Abs. 3 EStG: 50 % von 9.060 € = 4.530 €

Veräußerungsgewinn	18.000 €
./. (50 % von 36.100 € =)	./. 18.050 €
Übersteigender Betrag	0 €
Abziehbarer Freibetrag	4.530 €
Steuerpflichtige Einkünfte	13.470 €

Für die steuerliche Berücksichtigung eines 60 %igen **Auflösungsverlustes** gelten diese Grundsätze entsprechend. Ein Liquidationsverlust kann allerdings schon vor dem Ende der Liquidation zu berücksichtigen sein, wenn im Zeitpunkt der Auflösung bereits feststeht, 8025

- dass mit Zuteilungen und Rückzahlungen i. S. d. § 17 Abs. 4 Satz 2 EStG nicht zu rechnen ist **und**
- ob und in welcher Höhe beim Anteilseigner nachträgliche Anschaffungskosten oder sonstige gem. § 17 Abs. 4 Satz 2 EStG zu berücksichtigende Aufwendungen entstanden sind.[1]

1 BFH v. 4.10.2007 - VIII S 3/07 (PKH), BFH/NV 2008 S. 209, NWB GAAAC-66232, und v. 28.10.2008 - IX R 100/07, BFH/NV 2009 S. 561, NWB HAAAD-08081.

3. Natürliche Person mit 100 %iger Beteiligung im Betriebsvermögen

8026 Bei einer 100 %igen Beteiligung an einer Kapitalgesellschaft ist § 16 Abs. 1 Nr. 1 EStG i. V. m. § 17 Abs. 4 Satz 3 EStG zu beachten; der Aufgabegewinn ist steuerbegünstigt. Der Liquidationserlös ist aufzuteilen in Erträge gem. § 20 Abs. 1 Nr. 2 EStG aus der Rückzahlung sonstiger Rücklagen, die jedoch gewerbliche Einkünfte bleiben, und in einen steuerbegünstigten Aufgabegewinn i. S. d. § 16 EStG. Beide Teile des Liquidationserlöses unterliegen dem Teileinkünfteverfahren.

8027 Für den Aufgabegewinn i. S. d. § 16 EStG kommt der Freibetrag gem. § 16 Abs. 4 EStG in Betracht. Da dieser jedoch nur einmal im Leben gewährt wird, sollte sorgsam geprüft werden, ob es günstiger ist, den Freibetrag erst bei der Veräußerung bzw. Aufgabe des Einzelunternehmens in Anspruch zu nehmen. Der Freibetrag wird **nicht** gem. § 3c Abs. 2 EStG gekürzt. Die Steuervergünstigung des ermäßigten Steuersatzes gem. § 34 EStG wird zur Vermeidung einer Doppelbegünstigung nicht gewährt (§ 34 Abs. 2 Nr. 1 EStG).

BEISPIEL ▸ A ist zu 100 % Gesellschafter der B-GmbH. Die Anteile an der B-GmbH hält er im Betriebsvermögen seines Einzelunternehmens, in dessen Bilanz sie mit einem Buchwert von 50.000 € ausgewiesen sind.

Nach Beendigung der Liquidation erhält A einen Liquidationserlös i. H. v. 120.000 €. Dieser setzt sich folgendermaßen zusammen:

Rückzahlung Stammkapital	50.000 €
Rückzahlung Einlagekonto	10.000 €
Rückzahlung sonstiger Rücklagen	60.000 €

LÖSUNG: ▸ Da es sich um eine 100 %-Beteiligung handelt, ist der Vorgang als fiktive Teilbetriebsaufgabe zu behandeln (§ 16 Abs. 1 Nr. 1 EStG). Der Liquidationserlös setzt sich zusammen aus den Rückzahlungen sonstiger Gewinnrücklagen, die als betriebliche Erträge i. S. d. § 20 Abs. 1 Nr. 2 EStG anzusetzen sind, sowie dem steuerbegünstigten Aufgabegewinn i. S. d. § 16 EStG. Es sind die Grundsätze des Teileinkünfteverfahrens zu berücksichtigen. Der steuerpflichtige Gewinn wird wie folgt ermittelt:

- Rückzahlung sonstiger Rücklagen:

Rückzahlung	60.000 €
Davon 60 % steuerpflichtig (§ 3 Nr. 40 Satz 1 Buchst. b EStG)	**36.000** €

- Rückzahlung des Stammkapitals und des Einlagekontos

Rückzahlung 50.000 + 10.000 €	60.000 €
Davon 60 % steuerpflichtig (§ 3 Nr. 40 Satz 1 Buchst. b EStG)	36.000 €
./. 60 % (von 50.000 €) Buchwert der Beteiligung (§ 3c Abs. 2 EStG)	./. 30.000 €
Steuerpflichtiger Aufgabegewinn ohne Antrag	
(§ 16 Abs. 1 Nr. 1 EStG i. V. m. § 17 Abs. 4 Satz 3 EStG)	6.000 €
Insgesamt	42.000 €

Aufgabegewinn mit Antrag

(§ 16 Abs. 4 EStG)	0
Insgesamt	36.000 €

III. Kapitalgesellschaft als Anteilseigner

Der Liquidationserlös setzt sich zusammen aus der Rückzahlung des Stammkapitals ohne Sonderausweis (§ 28 Abs. 2 Satz 2 KStG) und des Einlagekontos sowie der Rückzahlung sonstiger Gewinnrücklagen. 8028

Für die Rückzahlung sonstiger Rücklagen sowie von Beträgen des Sonderausweises nach § 28 Abs. 2 Satz 2 KStG gilt die Steuerbefreiung des § 8b Abs. 1 KStG (= Dividendenbereich). Von den Bezügen i. S. d. Abs. 1, die bei der Ermittlung des Einkommens außer Ansatz bleiben, gelten 5 % als Ausgaben, die nicht als Betriebsausgaben abgezogen werden dürfen. § 3c Abs. 1 des EStG ist nicht anzuwenden, so dass Erwerbsaufwendungen (z. B. Zinsen für Darlehen zur Erlangung der Beteiligung) abgezogen werden dürfen.

Übersteigt die Rückzahlung des Stammkapitals und des Einlagekontos den Buchwert der Anteile, ist der entstehende Gewinn (= Beteiligungsveräußerungsbesteuerung) steuerfrei gem. § 8b Abs. 2 KStG (Ausnahme: § 8b Abs. 2 Satz 4 KStG). Davon gelten 5 % gem. § 8b Abs. 3 Satz 1 KStG als nicht abziehbare Betriebsausgabe.

Ein etwaiger Verlust aus der Verrechnung der Rückzahlungen von Stammkapital und Einlagekonto mit dem Buchwert der Anteile ist gem. § 8b Abs. 3 Satz 3 KStG steuerlich nicht abzugsfähig. Daher gibt es keine vollständige, sondern nur eine 95 %ige Freistellung.

BEISPIEL: Die A-GmbH ist an der B-GmbH mit einem Anteil von 50.000 € beteiligt. Die A-GmbH hat die Anteile mit einem Buchwert von 60.000 € bilanziert. Nach der Liquidation der B-GmbH erhält die A-GmbH einen Liquidationserlös von 120.000 €. Dieser setzt sich folgendermaßen zusammen: 8029

Rückzahlung Stammkapital	50.000 €
Rückzahlung Einlagekonto	10.000 €
Rückzahlung sonstiger Rücklagen	60.000 €

Steuerliche Behandlung bei der A-GmbH:

DIVIDENDENBESTEUERUNG: § 8b Abs. 1 KStG

Rückzahlung sonstiger Rücklagen steuerfrei	60.000 €
zu versteuern	0

§ 8b Abs. 5 KStG

Fiktive nicht abziehbare BA (5 % v. 60.000)	3.000 €

Sonstige abziehbare BA: keine

ANTEILSBESTEUERUNG: ▶ § 8b Abs. 2 KStG

Rückzahlung Stammkapital	50.000 €
Rückzahlung Einlagekonto	10.000 €
zu versteuern	0

§ 8b Abs. 3 KStG

Fiktive nicht abziehbare BA (5 % v. 60.000)	3.000 €
Erhöhung der steuerlichen Bemessungsgrundlage der A-GmbH	6.000 €

8030 Die Regelungen über die Steuerbefreiungen und die 5 %-Regelung schlagen über den Gewerbeertrag auch auf die GewSt durch.

8031–8080 (*Einstweilen frei*)

D. Verlegung der Geschäftsleitung ins Ausland

8081 Die weitgehend mit § 4 Abs. 1 Satz 3 EStG sowie § 6 AStG korrespondierende Regelung des § 12 Abs. 1 KStG enthält zur Sicherung des inländischen Besteuerungsrechtes im Hinblick auf stille Reserven einen über diese neben weiteren bisher nur punktuell vorhandenen Regelungen zur Steuerentstrickung hinausgehenden **allgemeinen Entstrickungstatbestand**, wenn bei einer Körperschaft, Personenvereinigung oder Vermögensmasse das Besteuerungsrecht der Bundesrepublik Deutschland hinsichtlich des Gewinns aus der Veräußerung oder der Nutzung eines Wirtschaftsguts ausgeschlossen oder beschränkt wird. Insoweit handelt es sich nicht um eine bloße „Klarstellung“, wie dies die Gesetzesbegründung formuliert.[1] Vielmehr steht im Hintergrund trotz erkannter europarechtlicher Bedenken wohl mehr die Absicht der Sicherung des deutschen Steuersubstrates jedenfalls so lange, wie eine effektive Amtshilfe zwischen den EU-Steuerbehörden nicht funktioniert.[2]

8082 Führt eine solche grenzüberschreitungsbedingte Entstrickung einkommensteuerrechtlich zu einer Privatentnahme, gilt eine Entstrickung körperschaftsteuerlich angesichts dessen, dass eine dem KStG unterfallende Körperschaft nicht über eine dafür erforderliche Privatsphäre verfügt, nunmehr als steuerpflichtige Veräußerung oder Überlassung des verstrickten Wirtschaftsguts zum gemeinen Wert (nicht zum Teilwert).

I. Entstrickung ohne Sitzverlegung

8083 Eine der mit der Neuregelung zu erfassende Fallgruppe ist dadurch gekennzeichnet, dass Wirtschaftsgüter vom inländischen Stammhaus in eine ausländische Betriebsstätte überführt werden. Es handelt sich hier also ausschließlich um **innerbetriebliche grenzüberschreitende Übertragungen**.

1 Vgl. BT-Drucks. 16/2710 S. 30.

2 Vgl. die Pressemitteilung der Bundestagsfraktion Bündnis 90/Die Grünen v. 9.11.2006 zur Zustimmung zum Regierungsentwurf des SEStEG.

Liegt die Betriebsstätte in einem Nicht-DBA-Staat oder in einem Anrechnungs-DBA-Staat, kommt es grundsätzlich zu einer Sofortbesteuerung der in den überführten Wirtschaftsgütern ruhenden stillen Reserven, weil insoweit eine Beschränkung des vorher bestehenden ungemilderten deutschen Besteuerungsrechtes eintritt, als die auf den Betriebsstättengewinn im Ausland erhobenen Steuern auf die inländische Steuer anzurechnen sind (§ 34c EStG). Bei Wirtschaftsgütern des Anlagevermögens besteht die Möglichkeit, den Gewinn auf fünf Jahre zu verteilen (§ 4g EStG). 8084

Liegt die Betriebsstätte in einem Freistellungs-DBA-Staat, kommt es nach § 12 Abs. 1 KStG auch hier grundsätzlich zu einer Sofortbesteuerung, denn das deutsche Besteuerungsrecht für das Wirtschaftsgut wird durch dessen Überführung ausgeschlossen.[1] Auch hier ist § 4g EStG anzuwenden. 8085

Die Überführung von Wirtschaftsgütern aus einer inländischen Betriebsstätte in das ausländische Stammhaus führt zu einer steuerpflichtigen Entnahme infolge des Entfallens des deutschen Besteuerungsrechtes, ohne dass die eintretende Sofortbesteuerung durch einen Ausgleichsposten zu vermeiden wäre. 8086

Nach dem weiten Wortlaut des § 12 Abs. 1 KStG sind darüber hinaus Fälle denkbar, in denen es, insoweit über die bisher vorgesehenen Rechtsfolgen hinausgehend, hinsichtlich der stillen Reserven in einer ausländischen Betriebsstätte auch ohne aktives Tun des steuerpflichtigen Unternehmens zu einer Entstrickung und damit einer Besteuerung kommen kann. Schließt Deutschland beispielsweise mit dem ausländischen Staat, in dem sich die Betriebsstätte befindet, erstmals ein DBA mit Freistellungsmethode ab (Alt. 1) oder vereinbaren die beiden Staaten für ein bestehendes DBA einen Wechsel von der Anrechnungs- zur Freistellungsmethode (Alt. 2), so wird das deutsche Besteuerungsrecht ausgeschlossen (Alt. 1) bzw. das eingeschränkte deutsche Besteuerungsrecht ausgeschlossen (Alt. 2). Es erscheint nicht unbedenklich, möglicherweise gravierende steuerliche Folgen an Vorgänge anzuknüpfen, die sich ohne jegliche Einflussnahme und Gestaltungsmöglichkeit für den Steuerpflichtigen vollziehen. Insoweit wäre eine einschränkende Auslegung der Norm geboten. Demgegenüber bestehen diese Bedenken für die Gestaltung, dass Wirtschaftsgüter von einer Betriebsstätte in einem ausländischen Anrechnungs-DBA-Staat in eine solche in einem Freistellungs-DBA-Staat überführt werden, nicht. Hier knüpft die sodann erfolgende Besteuerung an eine Gestaltung durch den Steuerpflichtigen an. 8087

Nach § 12 Abs. 1 KStG sind außerdem Vorteile aus der **Nutzungsüberlassung** von Wirtschaftsgütern, für die das deutsche Besteuerungsrecht beschränkt oder ausgeschlossen ist, mit dem gemeinen Wert zu besteuern. Hier sind nicht die gesamten stillen Reserven im Rahmen einer einmaligen Entnahme, vielmehr ist die vorübergehende Nutzungsüberlassung als wiederkehrender Vorgang in Höhe eines fremdüblichen Entgeltes zu besteuern. 8088

(Einstweilen frei) 8089–8091

1 Vgl. zur Kritik an dieser Regelung und zur einzuschränkenden Bedeutung Wassermeyer, DB 2006 S. 1176 und 2420 und im Hinblick auf die Regelung des Art. 7 Abs. 1 OECD-MA, nach der das deutsche Besteuerungsrecht auf die bis zur Überführung entstandenen stillen Reserven erhalten bleibt, Blumenberg/Lechner, a. a. O.; zu Einzelheiten s. Sternberg in: Mössner/Oellerich/Valta, KStG, § 12 Rz. 16 ff.

II. Entstrickung bei Sitzverlegung

1. Sitzverlegung innerhalb der EU bzw. des EWR

8092 Die grenzüberschreitende Sitzverlegung einer GmbH zumindest in einen EU-Mitgliedstaat oder EWR ist mittlerweile nach § 333 UmwG möglich.

Für die Sitzverlegung (gemeint ist der statuarische Sitz) enthält das KStG keine besondere Regelung. Vielmehr gilt § 12 Abs. 1 KStG. Das bedeutet, dass eine Sitzverlegung insoweit zur Versteuerung der stillen Reserven durch Ansatz des gemeinen Werts führt, als das Besteuerungsrecht der Bundesrepublik hinsichtlich des Gewinns aus der Veräußerung oder der Nutzung eines Wirtschaftsguts ausgeschlossen oder beschränkt wird.

Die wesentliche Frage bei der Sitzverlegung aus dem Inland ins Ausland ist also, ob dadurch das deutsche Besteuerungsrecht hinsichtlich des Gewinns aus der Veräußerung einzelner Wirtschaftsgüter ausgeschlossen oder beschränkt wird. Dabei bewirkt der Wechsel von der unbeschränkten zur beschränkten Steuerpflicht für sich allein genommen noch keine „Einschränkung des Besteuerungsrechts", da der beschränkten Steuerpflicht unterliegende inländische Wirtschaftsgüter ebenso besteuert werden können wie der unbeschränkten Steuerpflicht unterliegende inländische Wirtschaftsgüter.

8093 Eine grenzüberschreitende Sitzverlegung ist danach steuerneutral, wenn und soweit im Inland eine Betriebsstätte erhalten bleibt, und die Wirtschaftsgüter dieser Betriebsstätte zugeordnet werden können („Betriebsstättenbedingung"). Soweit Wirtschaftsgüter der inländischen Betriebsstätte zuzuordnen sind, hat die Bundesrepublik nach dem jeweiligen DBA das Besteuerungsrecht hinsichtlich der Nutzung und entsprechend Art. 13 Abs. 2 OECD-MA auch hinsichtlich des Veräußerungsgewinns dieser Wirtschaftsgüter. Zu berücksichtigen ist hierbei, dass die Zuordnung von Wirtschaftsgütern zu Betriebsstätten aufgrund der „funktionalen Betrachtungsweise" der Finanzverwaltung eingeschränkt sein kann; im Zweifel sind Wirtschaftsgüter aufgrund der „Zentralfunktion" danach dem Stammhaus zuzuordnen.

2. Sitzverlegung in einen Drittstaat

8094 Verlegt eine Körperschaft Sitz oder Geschäftsleitung und scheidet sie dadurch aus der unbeschränkten Steuerpflicht in einem Mitgliedstaat der EU/EWR aus, galt sie nach § 12 Abs. 3 KStG a. F. bis zum VZ 2021 als aufgelöst. Es muss sich um einen **Wegzug aus der EU/dem EWR insgesamt** handeln. In diesen Fällen ist eine sofortige Schlussbesteuerung nach § 11 KStG durchzuführen, die nicht wirtschaftsgutsbezogen ist, sondern zur Besteuerung der stillen Reserven des gesamten Vermögens führt. Das bedeutet, dass eine Besteuerung auch derjenigen Reserven in einer etwa verbliebenen Betriebsstätte erfolgt, für die der Mitgliedstaat durch den Wechsel von der unbeschränkten zur beschränkten Steuerpflicht das Besteuerungsrecht nicht verloren hat.[1] Zum VZ 2022 ist § 12 Abs. 3 KStG entfallen.

Der subjektive Anwendungsbereich des § 12 Abs. 1 KStG erfasst alle unbeschränkt und beschränkt steuerpflichtigen Körperschaften, Personenvereinigungen und Vermögens-

1 Nicht bedenkenfrei, vgl. zu Einzelheiten Sternberg in: Mössner/Oellerich/Valta, KStG, § 12.

massen. Bei einer gebietsfremden Körperschaft, Personenvereinigung oder Vermögensmasse kommt es für die Anwendung von § 12 Abs. 1 KStG nicht darauf an, dass diese beschränkt steuerpflichtig ist, sondern es genügt, wenn diese erst aufgrund der Rechtsfolgen beschränkt steuerpflichtig wird. Eine fiktive Auflösung i. S. d. § 12 Abs. 3 KStG a. F. war somit nicht mehr erforderlich.

3. Verschmelzung einer beschränkt steuerpflichtigen ausländischen Körperschaft nach ausländischem Umwandlungsrecht

Wird eine in einem ausländischen Staat außerhalb der EU oder des EWR ansässige 8095
Körperschaft, die in Deutschland wegen einer inländischen Betriebsstätte beschränkt steuerpflichtig ist, nach ausländischem Umwandlungsrecht in einem der Verschmelzung i. S. d. § 2 UmwG vergleichbaren Vorgang als Ganzes auf eine andere Körperschaft desselben ausländischen Staates verschmolzen, richtet sich die steuerliche Auswirkung nach dem UmwStG, so dass Buchwertumwandlungen möglich sind.

III. Zuzug nach Deutschland – Verstrickung

Ein allgemeiner Verstrickungstatbestand ist dem KStG auch i. d. F. des SEStEG nicht zu 8096
entnehmen. Die bei einem Zuzug in das Inland anzunehmende Verstrickung bestimmt sich daher nach den Regelungen der §§ 4 Abs. 1 Satz 7, 6 Abs. 1 Nr. 5a EStG i. V. m. der für das Körperschaftsteuerrecht maßgeblichen Verweisungsregel des § 8 Abs. 1 KStG. Die Begründung des deutschen Besteuerungsrechtes, nicht aber der Wechsel von einem beschränkten zum unbeschränkten deutschen Besteuerungsrecht, steht danach hinsichtlich des Gewinns aus der Veräußerung eines Wirtschaftsguts einer Einlage gleich („fiktive Einlage“). Das als eingelegt geltende Wirtschaftsgut kommt mit seinem gemeinen Wert zum Ansatz, unabhängig von der steuerlichen Behandlung im Ausland. Es kann daher einerseits zu einer vorteilhaften (steuerfreien) Aufstockung kommen, wenn der ausländische Staat dieses Wirtschaftsgut zu einem geringeren Wert aus seiner Besteuerung entlassen hatte. Andererseits droht eine Doppelbesteuerung, wenn der ausländische Entstrickungswert über dem deutschen gemeinen Wert liegt.

IV. Ausgleichsposten nach § 4g EStG

Bei Überführungen von Wirtschaftsgütern des Anlagevermögens eines inländischen 8097
Stammhauses in eine innerhalb der EU belegene Betriebsstätte sieht § 4g EStG, der auch im Rahmen des § 12 Abs. 1 KStG gilt, eine auf fünf Jahre **gestreckte Besteuerung** der stillen Reserven vor. Diese ist antragsgebunden, der Antrag kann für jedes Wirtschaftsjahr nur einheitlich und unwiderruflich für alle Wirtschaftsgüter gestellt werden. Der Ausgleichsposten ist für jedes Wirtschaftsgut getrennt auszuweisen und im Wirtschaftsjahr seiner Bildung und in den vier folgenden Wirtschaftsjahren zu jeweils einem Fünftel, unter den Voraussetzungen des § 4g Abs. 2 Satz 2 EStG sofort in vollem Umfang, gewinnerhöhend aufzulösen. Die Streckung ist damit gegenüber früheren Regelungen um die Hälfte verkürzt.

(*Einstweilen frei*) 8098–8194

3. Teil: Praxisrelevante Fallgestaltungen

A. Angestellter Geschäftsführer (Arbeitsrecht)

I. Fall

1. Ausgangssachverhalt

Der Geschäftsführer (GF) K schloss unter dem 5.5.2018 mit der B-GmbH einen Geschäftsführerdienstvertrag. K ist nicht an der GmbH beteiligt. Besondere Vereinbarungen zum Kündigungsschutz wurden nicht getroffen. Sein Gehalt bekommt er monatlich ausgezahlt. Nachdem es in Zusammenhang mit der Bestellung eines Mitgeschäftsführers zu Unstimmigkeiten gekommen war, berief die Gesellschafterversammlung den K als Geschäftsführer ab und erklärte mit Schreiben vom 16.2.2025 die „fristgerechte Kündigung" des Anstellungsvertrags. 8195

Der Kläger begehrt die Feststellung, dass das Anstellungsverhältnis durch die Erklärungen der Beklagten vom 16.2.2025 nicht aufgelöst worden ist.

2. Lösung

Das Anstellungsverhältnis zwischen den Parteien wurde wirksam durch ordentliche Kündigung zum 31.3.2025 gekündigt. Ein Kündigungsgrund ist nicht erforderlich. 8196

- Der Anstellungsvertrag des Geschäftsführers einer GmbH ist kein Arbeitsvertrag i. S. d. §§ 611, 611a BGB. Vielmehr ist er ein auf die Geschäftsbesorgung durch Ausübung des Geschäftsführeramtes gerichteter freier Dienstvertrag. Dieser regelt die Rechtsbeziehungen zwischen dem Geschäftsführer und der Gesellschaft, welche nicht bereits durch die organschaftliche Stellung des Geschäftsführers vorgegeben sind.[1] Mangels Vorliegens eines Arbeitsverhältnisses finden die Vorschriften des Kündigungsschutzgesetzes keine Anwendung. Dies wird durch die gesetzliche Regelung in § 14 Abs. 1 Nr. 1 KSchG bestätigt, welche im Wege einer negativen Fiktion die Unanwendbarkeit der allgemeinen Kündigungsschutzbestimmungen im ersten Abschnitt des Kündigungsschutzgesetzes für Organvertreter einer juristischen Person unabhängig von der konkreten Ausgestaltung des Anstellungsverhältnisses im Einzelfall anordnet.[2] Ein Kündigungsgrund, also ein verhaltens-, personen- oder betriebsbedingter Grund, ist nicht erforderlich. 8197
- Fraglich ist, innerhalb welcher Frist die Kündigung erklärt wurde. Ist, wie hier, keine vertragliche Vereinbarung getroffen worden, könnte § 622 Abs. 2 BGB Anwendung finden. Gemäß § 622 Abs. 2 BGB beträgt die Kündigungsfrist, wenn das Anstellungsverhältnis in dem Betrieb oder Unternehmen 8198
  - zwei Jahre bestanden hat, einen Monat zum Ende eines Kalendermonats,
  - fünf Jahre bestanden hat, zwei Monate zum Ende eines Kalendermonats,

1 Vgl. BGH v. 10.1.2000 - II ZR 251/98, ZIP 2000 S. 508, 509; BGH v. 29.5.1989 - II ZR 220/88, ZIP 1989 S. 1190, 1191, zur AG.

2 BGH v. 8.1.2007 - II ZR 267/05, NWB XAAAC-43999, Tz. 6.

- acht Jahre bestanden hat, drei Monate zum Ende eines Kalendermonats,
- zehn Jahre bestanden hat, vier Monate zum Ende eines Kalendermonats,
- zwölf Jahre bestanden hat, fünf Monate zum Ende eines Kalendermonats,
- fünfzehn Jahre bestanden hat, sechs Monate zum Ende eines Kalendermonats,
- zwanzig Jahre bestanden hat, sieben Monate zum Ende eines Kalendermonats.

8199 Da K hier länger als fünf Jahre als Geschäftsführer tätig war, könnte der Arbeitsvertrag erst zum Ende April 2025 geendet haben.

Vorliegend findet die Vorschrift des § 622 Abs. 2 BGB aber keine Andendung.[1] § 622 BGB ist – seinem Wortlaut entsprechend – nur auf die Kündigung des Arbeitsverhältnisses anzuwenden. Wegen der für freie Dienstverhältnisse bestehenden Regelung in § 621 BGB fehlt es an einer ausfüllungsbedürftigen planwidrigen Regelungslücke, die eine analoge Anwendung der Norm auf die Kündigung eines Geschäftsführeranstellungsvertrags zulässt.

8200 Die anwendbare Kündigungsfrist ergibt sich im vorliegenden Fall daher aus § 621 Nr. 4 BGB. Demnach bestimmt sich die Berechnung der Kündigungsfristen danach, nach welchem Zeitabschnitt die vertragliche Vergütung des GmbH-Geschäftsführers bemessen ist. Es macht somit einen großen Unterschied, ob ein Monats- oder Jahresgehalt vereinbart wird. Wenn die Vergütung nach Monaten bemessen ist, ist die Kündigung spätestens am 15. eines Monats für den Schluss des Kalendermonats zulässig; wenn die Vergütung nach Vierteljahren oder längeren Zeitabschnitten bemessen ist, unter Einhaltung einer Kündigungsfrist von sechs Wochen für den Schluss eines Kalendervierteljahrs.

Da die Vergütung vorliegend nach Monaten bemessen ist, ist das Anstellungsverhältnis zu Ende März 2025 beendet.

II. Abwandlung

1. Sachverhalt

8201 Der Geschäftsführeranstellungsvertrag enthält folgende Regelung:[2]

„Der Vertrag wird auf unbestimmte Dauer geschlossen.

Dieser Vertrag kann ab 1.6.2006 mit einer Kündigungsfrist von neun Monaten zum Quartalsende gekündigt werden. Für den Geschäftsführer gilt dieselbe Kündigungsfrist.

Für die Kündigung gelten im Übrigen zugunsten des Geschäftsführers die Bestimmungen des deutschen Kündigungsschutzrechtes für Angestellte. Das Recht zur fristlosen Kündigung des Vertrags aufgrund zwingender gesetzlicher Vorschriften bleibt unberührt."

Wie ist der Fall nun zu beurteilen?

---

1 BAG v. 11.6.2020 - 2 AZR 374/19, NWB RAAAH-54960.

2 Sachverhalt nach BGH v. 10.5.2010 - II ZR 70/09, NWB WAAAD-45962.

2. Lösung

Abweichend vom Grundfall steht es den Parteien auf Grund der privatautonomen Gestaltungsfreiheit frei, die entsprechende Geltung arbeitsrechtlicher Normen zu vereinbaren und auf diese Weise deren Regelungsgehalt zum Vertragsinhalt zu machen.[1] Wegen der Nachrangigkeit des Anstellungsverhältnisses gegenüber der Organstellung dürfen solche dienstvertraglichen Abreden allerdings nicht in die gesetzliche oder statutarische Ausgestaltung des Organverhältnisses eingreifen.[2] 8202

- Da Organ- und Anstellungsverhältnis nach dem der Regelung des § 38 Abs. 1 GmbHG zu entnehmenden Trennungsgrundsatz in ihrem Bestand unabhängig voneinander sind, wird die Bestellungs- und Abberufungsfreiheit der Gesellschafterversammlung durch die Einschränkung der Möglichkeit einer ordentlichen Kündigung des Anstellungsvertrags nur mittelbar berührt. Eine abweichende Vereinbarung ist daher zulässig. 8203
- Auch zwingende Vorschriften des Kündigungsschutzgesetzes stehen mit einer solchen Regelung nicht im Widerspruch. Eine Ausdehnung des Kündigungsschutzes auf vertraglicher Grundlage ist zulässig, so dass sich aus dem Kündigungsschutzgesetz keine Bedenken gegen die Wirksamkeit einer Vereinbarung ergeben, die auf eine entsprechende Anwendung des allgemeinen Kündigungsschutzes über dessen gesetzlich geregelten Geltungsbereich hinaus abzielt. 8204
- Fraglich ist aber, in welchem Umfang und mit welchen inhaltlichen Modifikationen die jeweiligen Regelungen des Kündigungsschutzgesetzes kraft der von den Parteien getroffenen Vertragsabrede Anwendung finden sollen. 8205
  - Die zum Ursprungsfall abweichende Kündigungsfrist ist unproblematisch möglich. Zu untersuchen ist aber, wie weit die Anwendung des Kündigungsschutzgesetzes geht. 8206
  - Die Vertragsklausel in Nr. 3 Abs. 3 des Anstellungsvertrags, wonach zu Gunsten des K die Bestimmungen des deutschen Kündigungsschutzrechts für Angestellte gelten, zielt nach Wortlaut und Sinnzusammenhang der Bestimmungen darauf ab, K für den Fall einer ordentlichen Kündigung des Geschäftsführerdienstvertrags durch die Gesellschaft über die vereinbarte Kündigungsfrist hinaus eine zusätzliche, den Schutzwirkungen des Kündigungsschutzgesetzes entsprechende Rechtsposition einzuräumen. Daher ist die Wirksamkeit der Kündigung vom Erfordernis eines Kündigungsgrundes i. S. d. § 1 Abs. 2 KSchG abhängig. Vorliegen muss also ein verhaltens-, personen- oder betriebsbedingter Grund. 8207
  - Zwar kann der Verlust der Organstellung durch Abberufung als Geschäftsführer eine personenbedingte Kündigung nach § 1 Abs. 2 KSchG sein.[3] Ein solches Verständnis der Vereinbarung ist aber mit einer die allgemein anerkannten Auslegungsregeln beachtenden Auslegung von Sinn und Zweck der vertraglichen Regelung über die entsprechende Geltung der materiellen Kündigungsschutz- 8208

1 Vgl. Fleck, ZHR 149 S. 387, 401 ff.
2 Ausführlich BGH v. 10.5.2010 - II ZR 70/09, NWB WAAAD-45962.
3 So OLG Hamm v. 20.11.2006, GmbHR 2007 S. 442; Zöllner/Noack in Noack/Servatius/Haas, GmbHG, § 35 Rz. 245.

regelungen nicht zu vereinbaren. Würde man eine solche Auslegung – also die Abberufung als personenbedingter Kündigungsgrund – heranziehen, wäre die Klausel weitestgehend sinnlos. Dies würde den anerkennten Regeln der Auslegung widersprechen.[1]

8209 ► Bei der Auslegung ist Folgendes zu beachten: Würde man davon ausgehen, dass eine Abberufung gleichfalls einen (personenbedingten) Kündigungsgrund nach sich ziehen würde, hätte dies zur Folge, dass die Gesellschaft es selbst in der Hand hätte, mit einer Abberufung des Geschäftsführers nach ihrem Belieben zugleich auch einen Kündigungsgrund für die Beendigung des Anstellungsverhältnisses selbst zu schaffen. Eine Abberufung des Geschäftsführers ist nach § 38 Abs. 1 GmbHG nämlich jederzeit möglich.

Anderseits muss es für die Gesellschaft eine Möglichkeit geben, den Geschäftsführeranstellungsvertrag zu beenden.

► Ansonsten hätte dies die Konsequenz einer jahrzehntelangen Zahlungspflicht der Gesellschaft, was ebenfalls nicht im Interesse der Parteien sein kann.

Dieses „Dilemma“ ist im Wege der Auslegung wiederum zu lösen. Der übereinstimmende Wille der Vertragsparteien wird sich daher auf die in § 14 Abs. 2 Satz 2, § 9 Abs. 1 Satz 2, § 10 KSchG geregelte Möglichkeit der Vertragsauflösung beziehen. Damit wird der Gesellschaft im Falle einer wegen fehlender materieller Rechtfertigung unwirksamen Kündigung das Recht eingeräumt, durch einseitige Erklärung das Anstellungsverhältnis gegen Gewährung einer angemessenen Abfindung aufzuheben, deren Höhe im Rahmen des § 10 KSchG nach Maßgabe der §§ 315 ff. BGB zu bestimmen ist.[2]

8210 TIPP:

Die Entscheidung des BGH zeigt nochmals, dass bei der vertraglichen Gestaltung von Geschäftsführeranstellungsverträgen sorgfältig vorzugehen ist.

III. Abwandlung 2

1. Sachverhalt

8211 Wie Ausgangssachverhalt (Rz. 8195): Der Geschäftsführeranstellungsvertrag wurde zum 31.5.2007 wirksam gekündigt. Es stellt sich heraus, dass der Geschäftsführer noch zehn nicht genommene Urlaubstage aus den Jahren 2005 und 2006 hat. Sind diese abzugelten?

2. Lösung

8212 Nach den Vorschriften des Bundesurlaubsgesetzes muss der Jahresurlaub von Beschäftigten grundsätzlich im laufenden Kalenderjahr genommen werden (§ 7 Abs. 3 BUrlG), ansonsten verfällt er zum 31.12. Nur unter bestimmten Voraussetzungen ist eine Über-

1 BGH v. 7.3.2005 - II ZR 194/03, ZIP 2005 S. 1068, 1069; v. 18.5.1998 - II ZR 19/97, WM 1998 S. 1535, 1536.
2 BGH v. 10.5.2010 - II ZR 70/09, NWB WAAAD-45962.

tragung in das darauffolgende Jahr zulässig und auch dann verfallen die restlichen Urlaubstage spätestens zum 31.5. (§ 7 Abs. 3 Satz 2 BurlG).

Den Wortlaut des Gesetzes hat das BAG in Folge diverser EuGH-Urteile zum Urlaubsrecht korrigiert.[1] Vor allem treffen den Arbeitgeber erhebliche Mitwirkungspflichten. Arbeitgeber müssen Beschäftigte rechtzeitig auf den drohenden Urlaubsverfall hinweisen.

Fraglich ist, ob diese Vorschrift (welche sich eigentlich an Arbeitnehmer richtet) auch für den GmbH-Fremdgeschäftsführer gelten. Dies hat das BAG bejaht.[2] Das BAG stellte darauf ab, dass das BUrlG die Vorgaben der Arbeitszeitrichtlinie umsetzt. Daher sei der Anwendungsbereich, also die Frage, wer Arbeitnehmer i. S. der Richtlinie ist, europarechtskonform zu bestimmen. Damit gilt die Definition des Europäischen Gerichtshofs (EuGH): Arbeitnehmer ist, wer „eine tatsächliche und echte Tätigkeit ausübt, wobei Tätigkeiten außer Betracht bleiben, die einen so geringen Umfang haben, dass sie sich als völlig untergeordnet und unwesentlich darstellen. Das wesentliche Merkmal des Arbeitsverhältnisses besteht darin, dass jemand während einer bestimmten Zeit für einen anderen nach dessen Weisung Leistungen erbringt, für die er als Gegenleistung eine Vergütung erhält".[3] 8213

Nach dem EuGH können von dieser Definition auch Mitglieder eines Leitungsorgans einer Kapitalgesellschaft erfasst sein und sich damit auf europarechtliche Arbeitnehmerschutzvorschriften berufen. Denn die Eigenschaft als Arbeitnehmer i. S. d. Unionsrechts hängt von den Bedingungen ab, unter denen z. B. ein Geschäftsführer bestellt wurde, der Art der ihm übertragenen Aufgaben, dem Rahmen, in dem diese Aufgaben ausgeführt werden, dem Umfang der Befugnisse des Mitglieds und der Kontrolle, der es innerhalb der Gesellschaft unterliegt, sowie der Umstände, unter denen er abberufen werden kann. In die Gesamtwürdigung der Umstände ist einzubeziehen, in welchem Umfang der geschäftsführende Gesellschafter über seine Anteile an der Willensbildung der Gesellschaft teilnimmt. Demnach kam das BAG dazu, dass der Fremd-Geschäftsführer als Arbeitnehmer anzusehen war, da er strengen Weisungen unterlag.

Da der GmbH-Fremdgeschäftsführer vorliegend nicht über den Verfall seiner Urlaubsansprüche unterrichtet wurde, erlöschen nicht genommene Urlaubsansprüche nicht mit Ablauf des Kalenderjahres. Vielmehr werden die Urlaubsansprüche auf das nächste Kalenderjahr übertragen und entsprechend fortgeschrieben. Zuständig für die Information ist die Gesellschafterversammlung (Annexkompetenz zu § 46 Nr. 5 GmbHG). Der GmbH-Fremdgeschäftsführer kann als Gläubiger der entsprechenden Informationen nicht gegenüber sich selbst die Verpflichtung erfüllen. 8214

1 Siehe nur EuGH v. 6.11.2018 - C-619/16, NWB JAAAH-06807 und C-684/16NWB ; BAG v. 31.1.2023 - 9 AZR 244/20, NWB RAAAJ-42460; BAG v. 25.6.2019 - 9 AZR 546/17, NWB YAAAH-33921, Rz. 21, und v. 20.12.2022 - 9 AZR 266/20, NWB HAAAJ-40087.

2 BAG v. 25.7.2023 - 9 AZR 43/22, NWB VAAAJ-52384; BGH v. 26.3.2019 - II ZR 244/17, NWB QAAAH-14011.

3 EuGH v.4.2.2010 - C-14/09, Slg. 2010, I-0000.

ANMERKUNG:

Der EuGH hatte bereits in der „Danosa"-Entscheidung festgestellt, dass auch Organe juristischer Personen Arbeitnehmer im europarechtlichen Sinne sein können.[1] Zudem entschied der BGH, dass ein GmbH-Fremdgeschäftsführer in Bezug auf das Allgemeine Gleichheitsgesetz (AGG) Arbeitnehmer sein kann.[2]

8215–8220 *(Einstweilen frei)*

B. Geschäftsführervergütung[3]

I. Fall

8221 B war Geschäftsführer der K-GmbH. Diese hatten einen Geschäftsführeranstellungsvertrag abgeschlossen, wonach der B mit Wirkung zum 1.4.2000 als Geschäftsführer der GmbH eingestellt wurde und ein Jahresgehalt von 30.000 € bezog. Nach § 4 des Vertrags sollte jährlich ein Gespräch über die Anpassung der Vergütung stattfinden; Änderungen der Bezüge sollten einer schriftlichen Vereinbarung vorbehalten sein. Zusätzlich sollte eine Tantieme von mindestens 5.000 € im Jahr garantiert sein.

8222 B war seit mindestens 2009 auch Gesellschafter der GmbH zu 40 %. Neben ihm waren F zu 40 % und N zu 20 % Gesellschafter der GmbH.

Im November 2017 wies der B eine Mitarbeiterin an, ihm eine Einmalzahlung i. H. v. 40.000 € mit dem Gehalt für November Mitte Dezember abzurechnen und auszuzahlen. Im Jahr 2018 wies der B die Mitarbeiterin an, eine Einmalzahlung i. H. v. 45.000 € mit dem Gehalt für November Mitte Dezember abzurechnen und an ihn auszuzahlen.

Die Jahresabschlüsse der Gesellschaft für 2017 wurden festgestellt, wobei dem Geschäftsführer Entlastung erteilt wurde. In der Bilanz aus 2017 ist unter der Überschrift Personalaufwand eine Tantieme von 40.000 € für den Gesellschafter-Geschäftsführer ersichtlich.

8223 Im Jahr 2020 berief die Gesellschafterversammlung der GmbH den B als Geschäftsführer ab und kündigte den Geschäftsführervertrag außerordentlich. Sie verlangt von B die Rückzahlung von 85.000 €. B meint, dass die Sonderzahlungen durch die Gesellschafter „genehmigt" seien. Zudem würde ein angemessenes Gehalt 150.000 € betragen. Der Gesellschaft sei daher kein Schaden entstanden.

II. Lösung

8224 Die GmbH könnte gegen B einen Anspruch aus § 43 Abs. 2 GmbHG auf Rückzahlung haben, wenn B als Geschäftsführer der GmbH die Sorgfalt eines ordentlichen Geschäftsmannes nicht angewendet hat, indem er die Zahlung von jährlichen Einmalzahlungen an sich veranlasst hat, welche die vertraglich vereinbarte Vergütung überstiegen haben und von den Mitgesellschaftern auch nicht gebilligt worden sind.

1 EuGH v. 11.11.2020 - C-232/09 „Dita Danosa/ LKB Lizzings SIA", NWB SAAAE-15681.

2 BGH v. 26.3.2019 - II ZR 244/17, NWB QAAAH-14011.

3 OLG Brandenburg v. 24.1.2024 - 7 U 2/23, NWB KAAAJ-80859.

1. Ein Beschluss über die Inanspruchnahme des B gem. § 46 Nr. 8 GmbHG ist von der Gesellschafterversammlung gefasst worden. 8225

2. Auch eine Pflichtverletzung des Geschäftsführers liegt mit der Veranlassung der Auszahlung einer nicht mit der Gesellschaft vereinbarten Vergütung vor. Maßstab ist die Sorgfalt eines ordentlichen Geschäftsmannes, § 43 Abs. 1 GmbHG. Dazu gehört die Pflicht, die in der Satzung und dem Gesetz niedergelegten Verpflichtungen zu erfüllen, die Unternehmensleitung mit der notwendigen Sorgfalt auszuüben und die zweckmäßige Tätigkeit anderer Unternehmensangehöriger zu überwachen. Zu der Einhaltung der gesetzlichen Pflichten gehört die Trennung eigener Interessen von den Interessen des Unternehmens, welches den Gläubigern mit seinem Gesellschaftsvermögen haftet, § 13 Abs. 2 GmbHG. 8226

   a) Der Geschäftsführer ist verpflichtet, den Wert des Unternehmens zu erhalten und ihn nachhaltig zu steigern. Zwar ist der B der Auffassung, dass er sich letztlich nur eine angemessene Vergütung hat auszahlen lassen; die Frage, in welcher Höhe das zu zahlende Grundgehalt angesichts der weiteren Gehaltskomponenten als angemessen anzusehen ist, unterliegt aber nicht der Berechtigung zur einseitigen Bestimmung des Leistungsinhalts durch den Geschäftsführer. 8227

   b) Der Geschäftsführer ist verpflichtet, zur Entscheidung über die Höhe der Vergütung die Gesellschafterversammlung einzuberufen.[1] Auch wenn sie angemessen wäre, besteht auf die Zahlung einer höheren Vergütung sonst kein Anspruch. Nach ständiger Rechtsprechung[2] ist die Gesellschafterversammlung gem. § 46 Nr. 5 GmbHG für die Änderung des Geschäftsführerdienstvertrags zuständig (sog. Annexkompetenz), es sei denn, dass ausdrücklich etwas anderes bestimmt ist. 8228

   Die Zuständigkeit der Gesellschafterversammlung besteht nicht nur für die Bestellung und Abberufung der Geschäftsführer (§ 46 Nr. 5 GmbHG), sondern auch für die Ausgestaltung ihres Anstellungsverhältnisses. Diese sog. Annexkompetenz der Gesellschafterversammlung ist umfassend und betrifft alle Angelegenheiten in Zusammenhang mit dem Abschluss sowie der Änderung und Beendigung des Geschäftsführerdienstvertrags; d. h., auch „Bonuszahlungen" – wie hier – fallen darunter. Die umfassende Zuständigkeit der Gesellschafterversammlung trägt der Tatsache Rechnung, dass die Entscheidung der Gesellschafter über die Organstellung des Geschäftsführers regelmäßig in einem engen Zusammenhang mit den Anstellungsbedingungen und insbesondere der Vergütung steht. Außerdem gewährleistet die Kompetenzzuweisung an die Gesellschafter die kollegiale Rücksichtnahme oder schützt auch vor konkurrierender Härte durch den oder die aktuellen Geschäftsführer.

   c) Ein Rückzahlungsanspruch i. H. der unberechtigt ausgezahlten Tantiemen besteht. 8229

---

1 BGH v. 25.3.1991 - II ZR 169/90, ZIP 1991 S. 580.
2 Vgl. zuletzt BGH v. 3.7.2018 - II ZR 452/17, NWB TAAAG-92020.

8230 3. Weiter ist zu prüfen, ob die Haftung wegen einer Entlastung des B ausgeschlossen ist.

Mit der nach § 46 Nr. 5 GmbHG zu beschließenden Entlastung sprechen die Gesellschafter dem Geschäftsführer einerseits Vertrauen für seine bisherige Geschäftsführung aus, andererseits schließen sie auch Schadensersatzansprüche und Abberufungsgründe aus. Die Entlastung setzt voraus, dass der Geschäftsführer zuvor Rechnung über seine Geschäftsführung gelegt hat. Die Entlastung erstreckt sich zeitlich auf den Zeitraum der Periode, für die Entlastung erklärt wird.[1]

Soweit die Entlastung erteilt wird, entfällt indes nicht die Pflicht des Geschäftsführers, weitere Schäden von der Gesellschaft fernzuhalten, etwa für weitere Nachteile. Diese sind nicht mit der Entlastung erfasst.[2] Inhaltlich bezieht sich die Entlastung auf alle Geschäftsvorgänge, die für die Gesellschafter bei sorgfältiger Prüfung aufgrund der ihnen vorgelegten Unterlagen erkennbar waren, also auf Umstände, die die Gesellschafter durch Nachrechnen oder Nachfragen in Erfahrung bringen konnten, wie etwa erhöhte Spesenabrechnungen.[3] Keine Entlastungswirkung tritt ein, wenn der Geschäftsführer Informationen verschleiert.[4]

8231 In der Bilanz aus 2017 ist unter der Überschrift Personalaufwand eine Tantieme von 40.000 € für den Gesellschafter-Geschäftsführer erkennbar. Dass diese Zahlen nicht mit dem Anstellungsvertrag korrespondieren, ist auf den ersten Blick ersichtlich. Hier hätten die Gesellschafter nachfragen können und müssen, woraus sich diese Gehaltsbestandteile zusammensetzen. Indem sie gleichwohl eine Billigung erteilt haben, ohne die Einzelheiten zu kennen, ist die ausgewiesene Summe der Billigung unterfallen auch ohne eine extra Ausweisung der Einmalzahlungen.

8232 4. Darüber hinaus ist eine Entlastung des B für 2018 nicht erklärt worden. Allein die Feststellung des Jahresabschlusses führt nicht zum Ausschluss von Ansprüchen gegenüber dem Mitgesellschafter als Geschäftsführer.

8233 Die Feststellung der Bilanz stellt für das gesellschaftsinterne Verhältnis von Gesellschaft und Gesellschaftern einen konstitutiv wirkenden Akt der Billigung des aufgestellten Jahresabschlusses durch die Gesellschafter dar, mit der diese dessen Richtigkeit anerkennen.[5] Die Bilanzfeststellung ist danach ein Vorgang, mit dem die Gesellschafter i. S. eines zivilrechtlich verbindlichen, möglicherweise je nach Einzelfall auch nur deklaratorischen Schuldanerkenntnisses, Ansprüche zwischen sich und der Gesellschaft bestimmen, um die Feststellung als Grundlage für die weitere Geschäftstätigkeit festzulegen.

8234 Sinn und Zweck der Feststellung des Jahresabschlusses nach § 42a Abs. 2 Satz 1 GmbHG ist die Fixierung der wirtschaftlichen Situation der Gesellschaft im Verhältnis zu Dritten, die in Kontakt mit der Gesellschaft stehen, aber auch im Verhältnis der Gesellschafter, da sie je nach Ergebnis des Jahresabschlusses im zweiten Schritt

1 MüKoGmbHG/Liebscher, § 46 Rz. 146.

2 BGH v. 10.2.1977 - II ZR 79/75, GmbHR 1977 S. 129.

3 BGH v. 12.6.1989 - II ZR 246/88, BGHZ 108 S. 21, 26 = NWB TAAAE-86363.

4 OLG München v. 27.2.2013 - 7 U 4465/11, GmbHR 2013 S. 813.

5 BGH v. 2.3.2009 - II ZR 264/07, NWB JAAAD-22040.

nach § 42a Abs. 2 Satz 1 GmbHG über die Ergebnisverwendung beschließen müssen. Damit geht einher, dass die Gesellschafter mit der Bilanzierung ihrer eigenen Beteiligungen (Einlagen, Entnahmen oder Darlehen) entscheiden, wie die jeweiligen Forderungen rechtlich und bilanziell behandelt werden sollen. Dies ist allen Gesellschaftern auch bewusst, weil sie für die Buchung angelegte Gesellschafterkonten in der Bilanz zusammengefasst abgebildet sehen und mit der Aufstellung eine Festlegung der Buchungen treffen.

Ist es aber so, dass ein Gesellschafter zugleich eine Drittverbindlichkeit hat, wie hier 8235 aufgrund des Dienstvertrags als Geschäftsführer, ist nicht ohne weitere Erklärungen davon auszugehen, dass stets, also auch ohne besondere Erörterung der Gesellschafter, eine Festlegung der Höhe der Forderungen aus Drittgeschäften erfolgen soll.

5. Dem Anspruch steht schließlich nicht entgegen, dass der GmbH kein Schaden ent- 8236 standen sei, da das tatsächlich ausgezahlte Gehalt angemessen gewesen und die vereinbarte Vergütung sittenwidrig zu niedrig gewesen sei. Ist ein vereinbartes Geschäftsführergehalt deutlich niedriger als branchenüblich, führt dies für sich genommen nicht dazu, dass das vereinbarte Gehalt sittenwidrig i.S. des § 138 BGB und damit die Vereinbarung nichtig ist. Denn neben einem objektiven Missverhältnis von Leistung und Gegenleistung muss auch die Ausnutzung einer beim anderen Teil bestehenden Schwächesituation hinzukommen. Hierzu mangelt es am Vortrag des B.

Ferner müsste für die Annahme der Nichtigkeit des Vertrags ein auffälliges Missver- 8237 hältnis von Leistung und Gegenleistung schon bei Vertragsschluss vorgelegen haben. Vorliegend beruft sich B darauf, dass sich das Unternehmen im Laufe der Zeit vergrößert, mehr Mitarbeiter beschäftigt und den Umsatz gesteigert habe, so dass eine Anpassung seines Gehalts habe erfolgen müssen. Dies führt aber nicht zur Annahme eines sittenwidrigen Geschäfts bei Vertragsschluss.

Auch der Einwand, dass der GmbH durch die eigenmächtige Gehaltsanpassung kein 8238 Schaden entstanden sei, da die Arbeitskraft des B den ausgezahlten Betrag wert gewesen sei, führt zu keinem anderen Ergebnis. Zwar kann dem Geschäftsführer einer GmbH in krassen Ausnahmefällen gegenüber der Gesellschaft ein Anspruch auf Anpassung des Gehalts zustehen, wenn eine Anpassung der Vergütung an die veränderten Verhältnisse für eine verständige Weiterführung des Gesellschaftszwecks geboten erscheint.[1] Dies müsste aber weiter aufgeklärt werden.

(Einstweilen frei) 8239–8250

1 Vgl. BGH v. 10.6.1965 - II ZR 6/63, BGHZ 44 S. 40 ff.

C. Verdeckte Gewinnausschüttung beim Gesellschafter-Geschäftsführer

I. Fall

8251 G (Jahrgang 1990) ist alleiniger Gesellschafter und Geschäftsführer der neu gegründeten G-GmbH (Stammkapital 25.000€), die ein Autohausgeschäft betreiben soll. Der voraussichtliche Jahresumsatz gem. einer Marktanalyse beträgt 10 Mio. €, der voraussichtliche Jahresüberschuss 300.000€. Die GmbH nimmt am 10.1.2023 ihren Geschäftsbetrieb auf.

G schließt am 3.1.2023 mit der GmbH einen Anstellungsvertrag, wonach er ein Bruttogehalt von monatlich 15.000€ erhält. Ende Juni 2023 wird der Anstellungsvertrag dahingehend geändert, dass G zusätzlich ein im November auszuzahlendes Weihnachtsgeld i. H. eines Monatsgehalts erhält. Die GmbH zahlt zusätzlich die Hälfte der gem. der Höchstbemessungsgrenze für die Renten- und Krankenversicherung vorgesehenen Beiträge an G. G erhält jährlich eine Tantieme i. H. v. 2% des im laufenden Jahr erzielten Umsatzes. Scheidet G altersbedingt mit 67 Jahren aus, erhält er eine monatliche Pension von 7.500€, die eine Wertsicherungsklausel enthält. Die GmbH stellt G einen Dienstwagen zur Verfügung. Zur privaten Nutzung dieses Fahrzeugs enthält der Anstellungsvertrag keine Regelungen. G nutzt den Pkw ohne Widerspruch auch für Privatfahrten.

Laut Satzung und Gesellschafterbeschluss ist G von den Beschränkungen des § 181 BGB befreit.

Es ist zu prüfen, ob bzw. inwieweit der Anstellungsvertrag steuerlich bedenklich ist.

II. Lösung

1. Vorbemerkung

8252 Bevor die Angemessenheit der Gesamtbezüge überprüft wird, ist vorab bei den einzelnen Vergütungsbestandteilen zu prüfen, ob nicht dem Grunde (1. Stufe) oder der Höhe (2. Stufe) nach bereits eine vGA vorliegt. Diese Bestandteile sind aus der Prüfung der Angemessenheit der Gesamtvergütung auszuscheiden. Erst dann ist auf der 3. Stufe die Angemessenheit der Gesamtvergütung zu prüfen.

2. Gehalt

a) Monatsgehalt

8253 Das Gehalt muss angemessen sein. Ist es unangemessen, ist nur der angemessene Teil als Arbeitslohn und bei der GmbH als Betriebsausgaben abzugsfähig, der unangemessene Teil stellt eine vGA dar. Das Gehalt darf nicht zu einer Gewinnabschöpfung führen.

8254 In der Praxis wird manchmal verlangt, dass das Gehalt nicht mehr als 50% des Gewinns der Gesellschaft ausmachen darf, um angemessen zu sein. Diese Grenze stellt allerdings, wenn überhaupt, nur eine Nichtaufgriffsgrenze dar. Als absolute Grenze findet sie sich weder in der Rechtsprechung noch in Verlautbarungen der Finanzverwaltung.

Eine vGA kann dann vorliegen, wenn der GmbH über einen längeren Zeitraum (fünf bis zehn Jahre) keine angemessene Stammkapitalverzinsung verbleibt. Hier geht man von ca. 10% Verzinsung aus. 8255

Um die Angemessenheit zu prüfen, kann ein innerbetrieblicher oder ein außerbetrieblicher Fremdvergleich herangezogen werden.[1] Beim innerbetrieblichen Fremdvergleich wäre idealerweise auf einen Fremdgeschäftsführer abzustellen, den man aber in der Praxis selten findet. Das Gehalt des Gesellschafter-Geschäftsführers sollte jedenfalls 300% des Gehalts des bestbezahlten Mitarbeiters nicht übersteigen (laut Verwaltung eher nicht 220% überschreiten). 8256

Für den externen Fremdvergleich kann man Gehaltsstrukturuntersuchungen (z.B. von Kienbaum, BBE) heranziehen.

Im vorliegenden Fall soll davon ausgegangen werden, dass die monatlichen Bezüge nicht unangemessen sind. 8257

b) Weihnachtsgeld

Hier ist allerdings zu berücksichtigen, dass die Zahlung von Weihnachtsgeld erst Ende Juni vereinbart wurde. Weihnachtsgeld gehört zur Jahresvergütung, so dass eine während des laufenden Jahres getroffene Vereinbarung über die Zahlung von Weihnachtsgeld anteilig gegen das Nachzahlungsverbot für beherrschende Gesellschafter-Geschäftsführer verstößt. Deshalb stellt das Weihnachtsgeld i.H.v. 7.500€ eine vGA dar. 8258

3. Umsatztantieme

Eine Umsatztantieme ist grundsätzlich steuerlich nicht anzuerkennen und stellt dem Grunde nach eine vGA dar. Sie ist nur in Ausnahmefällen anzuerkennen.[2] Eine Ausnahme kann die Aufbauphase eines Unternehmens darstellen. Allerdings muss sie dann zeitlich und höhenmäßig begrenzt sein. Da dies hier nicht der Fall ist, stellt die Umsatztantieme bereits dem Grunde nach eine vGA dar und ist aus der Betrachtung der Gesamtvergütung auszuscheiden. 8259

4. Pensionszusage

Eine Pensionszusage muss, um steuerlich anerkannt zu werden, klar und eindeutig vereinbart werden und die Anforderungen des § 6a EStG erfüllen. Dazu muss die schriftlich erteilte Zusage eindeutige Angaben zu Art, Form, Voraussetzungen und Höhe der in Aussicht gestellten künftigen Leistungen enthalten.[3] 8260

Auch wenn diese Voraussetzungen alle erfüllt sind, würde ein gewissenhafter Geschäftsleiter bei einer neu gegründeten Gesellschaft noch keine Pensionszusagen ma- 8261

1 Zu Einzelheiten s. Klein/Müller in: Mössner/Oellerich/Valta, KStG, § 8 Rz. 3013 ff.
2 Zu Einzelheiten s. Klein/Müller in: Mössner/Oellerich/Valta, KStG, § 8 Rz. 3975 f.
3 BFH v. 28.2.2024 - I R 29/21, NWB JAAAJ-68245.

chen, da er noch nicht überblicken kann, wie die Gesellschaft sich entwickelt und ob sie überhaupt die Pension „ansammeln" kann. Wie lange die Gesellschaft mindestens existieren muss, bevor sie eine Pensionszusage machen darf, ist offen: 15 Monate sind nach BFH zu kurz,[1] fast vier Jahre reichen zumindest bei guter Entwicklung nach FG Mecklenburg-Vorpommern aus,[2] die Finanzverwaltung verlangt fünf Jahre.

Aus Gründen einer künftigen Streitvermeidung wird empfohlen, der Finanzverwaltung zu folgen.

8262 Eine Verkürzung oder ein völliger Wegfall der Probezeit ist möglich, wenn die wirtschaftliche Entwicklung hinreichend deutlich abgeschätzt werden kann.[3]

8263 Da hier die Gesellschaft die Pensionszusage bereits im Jahr der Geschäftseröffnung erteilt, ist sie steuerlich nicht anzuerkennen.

5. Pkw

8264 Da der Anstellungsvertrag zur privaten Nutzung keine Aussage enthält, G ihn aber unwidersprochen auch für Privatfahrten nutzt, liegt Arbeitslohn vor, der gem. § 8 Abs. 2 Satz 2 EStG nach der 1 %-Regelung oder der Fahrtenbuchmethode (Aufteilung der Gesamtkosten im Verhältnis betrieblicher zu privaten Fahrten) zu ermitteln ist.

8265–8275 *(Einstweilen frei)*

D. Einziehung von Gesellschafteranteilen

I. Fall 1

8276 Gesellschafter der B-GmbH sind zwei Familienstämme, die bereits seit Jahren miteinander in Streit liegen und ihre Auseinandersetzungen gerichtlich austragen. Da einer der Familienstämme (K) andauernde Verstöße gegen das Wettbewerbsverbot begeht, soll dieser aus der B-GmbH ausgeschlossen werden.

Fraglich ist, ob der K aus der Gesellschaft ausgeschlossen werden kann.

II. Lösung zu Fall 1

8277 1. Das GmbH-Gesetz enthält keine allgemeine Regelung darüber, ob ein Gesellschafter, der für die übrigen untragbar geworden ist, ausgeschlossen werden kann.

Es eröffnet jedoch mit § 34 Abs. 2 GmbHG die Möglichkeit, eine solche Trennung auch gegen den Willen des betroffenen Gesellschafters herbeizuführen. Eine solche Zwangseinziehung bedarf aber einer ausdrücklichen Satzungsgrundlage. Eine solche Satzungsgrundlage muss die Ermächtigung zu einem einseitigen, also ohne Mitwirkung des Betroffenen gefassten Einziehungsbeschluss enthalten und die Ein-

1 BFH v. 11.2.1998 - I R 73/97, BFH/NV 1998 S. 1262, NWB BAAAB-39738.

2 FG Mecklenburg-Vorpommern v. 22.2.2006 - 1 K 372/02, NWB OAAAB-81926.

3 Zu Ausnahmen von einer Mindestdauerexistenz der Gesellschaft mit Beispielen und Nachweisen s. Klein/Müller in: Mössner/Oellerich/Valta, KStG, § 8 Rz. 3637.

ziehungsgründe genau bestimmen. Der Gesellschafter soll im Vorhinein wissen, in welchem Umfang er sich in die Hände der Mehrheit der Gesellschafterversammlung begibt. Der Schutzzweck dieser Bestimmung kann nur erreicht werden, wenn der Umfang des Einziehungsrechts hinreichend konkret erkennbar ist; ein Abstellen auf einen wichtigen Grund reicht dafür aus.[1]

2. Vorliegend fehlt es an einer solchen Satzungsgrundlage. Nach ständiger Rechtsprechung, kann ein Gesellschafter aber ohne „satzungsmäßige Ermächtigungsgrundlage“ und ohne, dass dies im GmbH-Gesetz geregelt ist, aus wichtigem Grund ausgeschlossen werden.[2] Der für Personengesellschaften geltende Grundsatz der §§ 134, 139 HGB gilt auch für die GmbH. Der Gesellschafter könnte also gegen den Mitgesellschafter eine Klage darauf erheben, dass dieser aus der Gesellschaft ausgeschlossen wird. 8278

3. Sowohl in den Voraussetzungen wie in den Rechtsfolgen bestehen zwischen beiden Wegen, sich von einem untragbaren Gesellschafter zu trennen, erhebliche Unterschiede: 8279

Bei einer Satzungsregelung, die im Regelfall enthalten sein wird, kann die Gesellschaftermehrheit einseitig vorgehen: durch den Beschluss ist der Austritt/die Einziehung der Anteile erfolgt. Der betroffene Gesellschafter ist auf den Weg der Anfechtungsklage verwiesen, mit der er die Rechtmäßigkeit der Maßnahme überprüfen lassen kann. Konkret: Der Ausschluss erfolgt durch Beschluss (dazu sogleich), der von dem betroffenen Gesellschafter nur mit einer Klage angefochten werden kann; ansonsten ist der Beschluss und damit der Ausschluss wirksam.

Ohne Satzungsregelung ist die Ausschließung nach vorheriger Beschlussfassung durch die Gesellschafterversammlung im Wege der Klage geltend zu machen. Es findet also bereits eine präventive gerichtliche Kontrolle statt.

In beiden Fällen ist zwar der Gesellschafter für seinen Anteil abzufinden; bei der Zwangseinziehung geht dieser Anteil aber unter, während er nach erfolgreicher Ausschließung zur Disposition der Gesellschaft steht.

Weiter können sich für die Höhe des Abfindungsanspruchs außer durch den verschiedenen Stichtag – Mitteilung des Einziehungsbeschlusses bzw. Tag der Klageerhebung – dadurch Unterschiede ergeben, dass für die Zwangseinziehung besondere Abfindungsbeschränkungen in der Satzung enthalten sein können, bei der Ausschließung aber – wenn sie nicht geregelt ist – eine Abfindung nach dem Verkehrswert vorzunehmen ist. 8280

(Einstweilen frei) 8281–8285

III. Fall 2

Es handelt sich wieder um eine Zwei-Mann-GmbH. Gesellschafter sind K und B. Im Gesellschaftsvertrag ist Folgendes vereinbart: 8286

1 BGH v. 19.9.1977 - II ZR 11/76, NJW 1977 S. 2316f.

2 BGH v. 1.4.953 - II ZR 235/52, BGHZ 9 S. 157; BGH v. 17.2.1955 - II ZR 316/53, BGHZ 16S. 317, 322; BGH v. 25.1.1960 - II ZR 22/59, BGHZ 32 S. 17, 22; BGH v. 23.2.1981 - II ZR 229/79, BGHZ 80 S. 346, 347f.

„§ 7 Gesellschafterversammlung

1. *Die Gesellschafterversammlung ist zu berufen, wenn eine Beschlussfassung der Gesellschaft erforderlich wird, oder wenn die Einberufung aus einem sonstigen Grunde im Interesse der Gesellschaft liegt. In jedem Fall ist jährlich eine Gesellschafterversammlung innerhalb von zwei Monaten nach Vorliegen des Jahresabschlusses abzuhalten.*
2. *Die Versammlung wird durch die Geschäftsführer in vertretungsberechtigter Zahl einberufen. Die Ladung erfolgt mittels Einschreibebrief oder per E-Mail mit einer Frist von mindestens zwei Wochen unter Mitteilung der Tagesordnung, bei der jährlichen Versammlung unter Beifügung des Jahresabschlusses. [...]*

§ 14 Einziehung von Gesellschaftsanteilen

1. *Die Einziehung von Geschäftsanteilen ist mit Zustimmung des betroffenen Gesellschafters jederzeit zulässig.*
2. *Der Zustimmung des betroffenen Gesellschafters bedarf es nicht, wenn*
   a) *über sein Vermögen ein Insolvenzverfahren eröffnet ist oder die Eröffnung eines solchen Verfahrens mangels Masse abgelehnt wird, oder*
   b) *sein Geschäftsanteil gepfändet ist und die Pfändung nicht innerhalb von zwei Monaten aufgehoben wird, oder*
   c) *in seiner Person ein anderer wichtiger Grund, der eine Ausschließung aus der Gesellschaft rechtfertigt, gegeben ist. Als ein solcher wichtiger Grund gilt insbesondere eine grobe Pflichtverletzung, soweit sie den weiteren Verbleib des Gesellschafters für die übrigen Gesellschafter als unzumutbar erscheinen lässt.*
3. *Steht ein Geschäftsanteil mehreren Gesellschaftern gemeinschaftlich zu, so genügt es, wenn ein Einziehungsgrund in der Person eines der Mitgesellschafter vorliegt.*

[...]

5. *Mit dem Beschluss über die Einziehung verliert der Gesellschafter seine Gesellschafterstellung mit sofortiger Wirkung, unabhängig von der Zahlung oder einem etwaigen Streit über die Höhe der Abfindung. Mit dem Beschluss über die Abtretungsverpflichtung ruhen die Gesellschafterrechte eines Gesellschafters unabhängig von der Zahlung der Abfindung mit sofortiger Wirkung.“*

8287 B berief mit E-Mail-Schreiben vom 4.1. eine Versammlung der Gesellschafter ein, die am 1.2. in der Kanzlei des Prozessbevollmächtigten der B stattfinden sollte. Als Themen der „Tagesordnung“ gab sie u. a. „Maßnahmen gegen den Gesellschafter K“ an.

Ein weiteres „per E-Mail“ und „per Bote“ übermitteltes Schreiben der B an den K lautete mit Datum vom 27.1. „Einziehung sämtlicher von K gehaltener Geschäftsanteile“. Begründet wird dies damit, dass K mit drei von ihm selbst ausgestellten Schecks über jeweils 10.000 € insgesamt 30.000 € vom Geschäftskonto der GmbH abgehoben habe. Die ersten beiden Geldabhebungen nahm K zu einem Zeitpunkt vor, zu dem die Gesellschafter-Geschäftsführerin B sich auf einer Urlaubsreise in Dänemark befand. B meint, dass die Abhebungen unberechtigt seien und forderte K zur Rückzahlung der 30.000 € auf.

In dieser Gesellschafterversammlung am 1.2. wurde mit den Stimmen der B der Beschluss gefasst, die Geschäftsanteile des K „gemäß § 14 Abs. 2 des Gesellschaftsvertrags" aus wichtigem Grund einzuziehen. K stimmte gegen den Beschlussantrag, weil er der Auffassung war, dass ein wichtiger Grund für die Einziehung seiner Geschäftsanteile nicht gegeben sei. Zudem monierte er das Datum der Einladung sowie den Ort.

IV. Lösung zu Fall 2

Fraglich ist, ob der Beschluss wirksam zu Stande gekommen ist. Dies wäre der Fall, 8288
wenn sowohl die formellen wie materiellen Voraussetzungen für eine Ausschließung des Beklagten aus der Gesellschaft vorliegen.

1. In formeller Hinsicht setzt die Ausschließung eines GmbH-Gesellschafters einen Be- 8289
schluss der Gesellschafterversammlung gem. § 14 der Satzung voraus.

2. Gemäß § 51 Abs. 1 Satz 1 GmbHG erfolgt die Berufung der Gesellschafterversamm- 8290
lung durch Einladung der Gesellschafter mittels eingeschriebener Briefe. Sie ist nach § 51 Abs. 1 Satz 2 GmbHG mit einer Frist von mindestens einer Woche zu bewirken. Der Zweck der Versammlung soll nach § 51 Abs. 2 GmbHG bei der Einberufung angekündigt werden. Ist die Versammlung nicht ordnungsmäßig berufen, so können gem. § 51 Abs. 3 GmbHG Beschlüsse nur gefasst werden, wenn sämtliche Gesellschafter anwesend sind. Das Gleiche gilt nach § 51 Abs. 4 GmbHG in Bezug auf Beschlüsse über Gegenstände, welche nicht wenigstens drei Tage vor der Versammlung in der für die Berufung vorgeschriebenen Weise angekündigt worden sind.

   Gemäß § 7 Nr. 2 Satz 2 des Gesellschaftsvertrags erfolgt die Ladung zur Gesellschaf- 8291
terversammlung „mittels Einschreibebrief oder per E-Mail mit einer Frist von mindestens zwei Wochen unter Mitteilung der Tagesordnung". Zunächst erfolgte die Ladung zur Gesellschafterversammlung mittels der E-Mail vom 4.1.

   Die Angabe „Maßnahmen gegen den Gesellschafter K" in dem E-Mail-Schreiben 8292
genügte aber nicht, um dem K zu verdeutlichen, dass Zweck der Versammlung auch die Fassung eines Beschlusses über die Einziehung seiner Geschäftsanteile sein sollte.[1]

   Diesen Zweck der Versammlung konnte der K aber dem Schreiben vom 27.1. entnehmen.

   Diese Mitteilung erfolgte indes zu spät.

   a) Aus § 45 Abs. 2 GmbHG folgt, dass es zulässig ist, durch besondere Bestimmung 8293
des Gesellschaftsvertrags die in § 51 Abs. 4 GmbHG festgelegte Frist zu verlängern.[2]

   b) Gemäß § 7 Nr. 2 Satz 2 des Gesellschaftsvertrags erfolgt die Ladung zur Gesell- 8294
schafterversammlung „mit einer Frist von mindestens zwei Wochen unter Mitteilung der Tagesordnung". Es ist also bestimmt, dass die Tagesordnung mit der

1 Vgl. BGH v. 25.11.2002 - II ZR 69/01, NWB ZAAAB-98180: „Ankündigung so deutlich", „dass sich die Gesellschafter auf die Erörterung und Beschlussfassung vorbereiten können und sie vor einer „Überrumpelung" geschützt werden".

2 MüKoGmbHG/Liebscher, § 51 Rz. 64, m. w. N.

Ladung mitzuteilen ist. Eine derartige Regelung, die die Ladung mit der Ankündigung des Zwecks der Versammlung verbindet und die Ankündigung von Gegenständen nach Beginn der Ladungsfrist dann ausschließt, wenn sie „wenigstens drei Tage vor der Versammlung" geschieht, weicht in zulässiger Weise von § 51 Abs. 4 GmbHG ab.[1]

Dass § 51 Abs. 4 GmbHG nicht abbedungen sei, kann nicht angenommen werden, weil ansonsten der Text „unter Mitteilung der Tagesordnung", der nach seinem Wortlaut eine im Gegensatz zu § 51 Abs. 2 GmbHG („Der Zweck der Versammlung soll jederzeit bei der Berufung angekündigt werden.") verbindliche Regelung enthält, überflüssig wäre.

8295 c) Die nicht rechtzeitige Ankündigung der Tagesordnung führt mithin zur Anfechtbarkeit des Beschlusses.

8296 3. Zudem könnte der Ort der Gesellschafterversammlung (= die Kanzlei des Prozessbevollmächtigten des Mitgesellschafters) zu einer Anfechtbarkeit des Beschlusses führen.

Enthält die Satzung keine Regelung über den Ort der Gesellschafterversammlung, so muss die Gesellschafterversammlung grundsätzlich am **Sitz der Gesellschaft** stattfinden.[2]

8297 Die hier in der Gesellschafterversammlung gefassten Beschlüsse sind wegen des fehlerhaften Versammlungsorts ebenfalls anfechtbar. Wenn die Satzung einer GmbH den Ort der Gesellschafterversammlung nicht regelt, ist dieser in Analogie zu § 121 Abs. 5 Satz 1 AktG grundsätzlich am Sitz der Gesellschaft, durchzuführen. Dadurch sollen die Gesellschafter vor einer **willkürlichen Wahl** des Versammlungsorts und einer daraus folgenden **Beeinträchtigung ihres Teilnahmerechts geschützt** werden.

Der Anfechtbarkeit der Beschlüsse steht dabei auch nicht entgegen, dass der fehlerhafte Versammlungsort keine Auswirkung auf das Beschlussergebnis gehabt hat. Zwar hätten die Gesellschafter auch bei einer Versammlung in deren Räumen nicht anders abgestimmt als in der Kanzlei des Rechtsanwalts. Für die Anfechtbarkeit der Beschlüsse genügt schon die Verletzung des Mitwirkungs- und Partizipationsrechts des K.

8298 4. In materieller Hinsicht setzt der Ausschluss eines Gesellschafters bzw. die Zwangseinziehung seiner Anteile einen wichtigen Grund in der Person des auszuschließenden Gesellschafters voraus. Ein solcher liegt vor, wenn infolge seines Verhaltens oder seiner Persönlichkeit den übrigen Gesellschaftern nach Maßgabe einer unter Einbeziehung aller einschlägigen Umstände vorzunehmenden Gesamtbewertung eine Fortsetzung der Gesellschaft mit dem betreffenden Mitglied nicht mehr zumutbar ist, wenn also seine weitere Mitgliedschaft in der Gesellschaft als untragbar erscheint oder deren Fortbestand gefährdet.[3] Dies ist der Fall, wenn eine **schwerwie-**

1 Seibt in: Scholz, GmbHG, 12. Aufl. 2018, § 51 Rz. 3.

2 BGH v. 28.1.1985 - II ZR 79/84, WM 1985 S. 567.

3 Vgl.: BGHZ 9 S. 159, 163 f.; BGHZ 16 S. 320, 322; BGHZ 32 S. 19, 31; BGH v. 23.2.1981 - II ZR 229/79, BGHZ 80 S. 346, 350; BGH in ZIP 1995 S. 567, 569.

gende Verletzung der ihm obliegenden Pflichten vorliegt sowie insbesondere im Falle von **kriminellen Handlungen** zum Nachteil der Gesellschaft.

Dies wäre der Fall, wenn K durch sein Verhalten im Zusammenhang mit der im Innenverhältnis eigenmächtigen Ausstellung und Einlösung von drei Schecks und der dadurch vorgenommenen Entnahme von insgesamt 30.000 € vom Geschäftskonto der GmbH in gravierender Weise seine Pflichten gegenüber dieser verletzt hätte. 8299

Aufzuklären wäre vor allem, zu welchem Zweck das Geld entnommen wurde. Stellt sich heraus, dass K das Geld der GmbH entziehen und für eigene Zwecke nutzen und verbrauchen wollte, läge ein wichtiger Grund vor.

5. Im Ergebnis läge also ein wichtiger Grund für die Einziehung der Anteile vor; allerdings ist der Beschluss formell fehlerhaft, was zu einer Anfechtbarkeit des Beschlusses führt. 8300

PROZESSUALES/PRAXISTIPP: 8301

1. Mit Hilfe der Anfechtungsklage kann ein Gesellschafter die Rechtswidrigkeit eines Gesellschafterbeschlusses gerichtlich feststellen lassen. Rechtswidrig ist ein Beschluss, wenn er gegen gesetzliche oder gesellschaftsvertragliche Regelungen verstößt. Mangels einer eigenen Regelung im GmbHG ist dabei § 246 AktG analog heranzuziehen. Besonderes Augenmaß ist hinsichtlich der Frist zur Erhebung der Anfechtungsklage zu beachten. Haben die Gesellschafter in der Satzung keine abweichende Regelung getroffen, beträgt die Frist zur Klageerhebung einen Monat seit Kenntniserlangung vom Beschlussinhalt.

   Klagebefugt sind nur Gesellschafter; die Geschäftsführer nur insoweit sie ebenfalls Gesellschafter sind. Eine Teilnahme an der Gesellschafterversammlung ist dabei nicht erforderlich. Ein Gesellschafter kann seine Befugnis zur Anfechtung allerdings verlieren, wenn er auf die Anfechtung verzichtet oder für den Beschluss gestimmt hat. Richtiger Beklagter ist stets die Gesellschaft selbst und nicht etwa ein oder mehrere andere Gesellschafter. Die Klage gegen einen Gesellschafter wäre dabei hingegen mangels sog. Passivlegitimation unbegründet.

2. Da der Einziehungsbeschluss zunächst einmal gefasst ist, besteht die Gefahr, dass die verbleibenden Gesellschafter (und häufig Geschäftsführer) eine geänderte Gesellschafterliste einreichen und strukturändernde Gesellschafterbeschlüsse – ohne Beteiligung des ausgeschlossenen Gesellschafters – abhalten.

   Der betroffene Gesellschafter kann dann im Wege der einstweiligen Verfügung beantragen, dass er bis zur Entscheidung in der Hauptsache wie ein Gesellschafter zu behandeln ist. Des Weiteren kann den verbleibenden Gesellschaftern die Einreichung einer geänderten Gesellschafterliste untersagt werden.

   Haben die verbleibenden Gesellschafter bereits eine geänderte Gesellschafterliste eingereicht, hat der Betroffene einen Anspruch auf Korrektur der bereits eingereichten Gesellschafterliste.[1] Anderenfalls wäre es von zeitlichen Zufälligkeiten abhängig, ob aufgrund eines in der Hauptsache umstrittenen Gesellschafterbeschlusses eine diesem Beschluss folgende Gesellschafterliste im Handelsregister eingetragen wird bzw. in selbigem unkorrigiert verbleibt. Regelmäßig hätten es die Gesellschafter sonst in der Hand, durch schnellen Vollzug günstige Fakten zu schaffen.

(Einstweilen frei) 8302–8309

1 BGH v. 2.7.2019 - II ZR 406/17, NWB IAAAH-23985.

V. Fall 3

8310 B ist Gesellschafter einer GmbH mit einem Geschäftsanteil von 40 %. Er liegt mit seinen Mitgesellschaftern A (40 %) und O (20 %) seit Jahren im Streit. Nachdem A und O die Geschäftsanteile des B aus wichtigem Grund eingezogen haben, verlangt dieser die Zahlung einer Abfindung. Der Gesellschaftsvertrag enthält dazu eine Buchwertklausel für die Bewertung von „eingezogenen bzw. abgetretenen Geschäftsanteilen".

Fraglich ist, ob eine Beschränkung der Abfindung auf den Buchwert zulässig ist.

VI. Lösung zu Fall 3

8311 1. Nach ständiger Rechtsprechung ist die Abfindung eines ausscheidenden Gesellschafters grundsätzlich nach dem vollen wirtschaftlichen Wert seines Anteils zu bemessen. Etwas anderes gilt dann, wenn der Gesellschaftsvertrag eine anderweitige Regelung enthält.[1]

8312 a) Eine Abfindungsklausel i. S. einer Beschränkung des Abfindungsanspruchs unterliegt allerdings den Grenzen der gesetzlichen Regelung in § 138 BGB = Sittenwidrigkeit. Daher ist eine Abfindungsklausel dann als nichtig anzusehen, wenn die mit ihr verbundene Einschränkung des Abflusses von Gesellschaftskapital vollkommen außer Verhältnis zu der Beschränkung steht, die erforderlich ist, um im Interesse der verbleibenden Gesellschafter den Fortbestand der Gesellschaft und die Fortführung des Unternehmens zu sichern.[2]

8313 Dies stellt gerade bei Buchwertklauseln ein Problem dar, da ein ausscheidender Gesellschafter i. d. R. sein Guthaben auf den Kapitalkonten und auf allen sonstigen in der Bilanz ausgewiesenen Positionen mit Rücklagencharakter i. H. des ihm zustehenden Anteils eingelegt hat. Bei einer „Buchwertklausel" werden für die **Anlagevermögen**, sprich **Sachwerte, Immobilien oder Wertpapiere**, nur die Buchwerte zugrunde gelegt. Von diesem Gesamtwert werden Schulden und Verbindlichkeiten der Gesellschaft abgezogen und ergeben damit die Höhe des Eigenkapitals der Gesellschaft, anhand dessen der Anteil des Austretenden bestimmt wird.

Der Buchwert für viele Positionen im Anlagevermögen liegt aber **weit unter dem Verkehrswert**. Bei Immobilien oder Patentrechten wird er z. B. in der Regel mit dem **Anschaffungswert** gleichgesetzt, während bei einem Verkauf u. a. enorm höhere Werte herauskämen. Diese sog. **„stillen Reserven"** werden bei dem Buchwert ausgeschlossen. Zudem bleibt i. d. R. der **ideelle Wert des Unternehmens** per se unberücksichtigt.

8314 b) Zu prüfen ist daher, ob im Laufe der Zeit (seit Vereinbarung der Buchwertregelung) ein grobes Missverhältnis zwischen Buch- und Verkehrswert entstanden ist und deshalb dem B ein unverändertes Festhalten an der – grundsätzlich zulässigen Buchwertklausel nach den Maßstäben von Treu und Glauben nicht

1 Vgl. BGH v. 1.4.1953 - II ZR 235/52, BGHZ 9 S. 157, 168; BGH v. 16.12.1991 - II ZR 58/91, BGHZ 116 S. 359, 365.

2 BGH v. 16.12.1991 - II ZR 58/91, NWB YAAAF-83065.

mehr zugemutet werden kann.[1] Abzustellen ist dabei nicht allein auf die ermittelte Differenz zwischen dem Buchwert und dem Verkehrswert, sondern auf alle Umstände des Einzelfalls. Darunter fallen insbesondere der Anteil des B als Gründungsgesellschafter am Aufbau des – auch seinen Namen tragenden – Unternehmens, andererseits aber auch auf den – von ihm zu vertretenden – Anlass seiner Zwangseinziehung der Anteile.

2. Bei einer solchen, **nachträglichen Unwirksamkeit,** ist die Abfindung zum Buchwert erst wegen der zwischenzeitlichen wirtschaftlichen Entwicklung des Geschäftsbetriebs entstanden. Die Klausel ist dann grundsätzlich weiterhin **wirksam**, nach der Rechtsprechung ist es der Gesellschaft aber wegen des Grundsatzes von Treu und Glauben gem. § 242 BGB verwehrt, sich darauf zu berufen. Im Ergebnis wird im Rahmen einer ergänzenden Vertragsauslegung eine **Abfindung in angemessener Höhe** vorgenommen mit der Argumentation, dass die Parteien dies hypothetisch so gewollt hätten, wenn sie die Unwirksamkeit bei Abschluss des Vertrags gekannt hätten. 8315

(Einstweilen frei) 8316–8320

VII. Fall 4

X und drei weitere Personen (A, B, C) waren Gesellschafter einer GmbH mit einer Stammeinlage von je 81.000 €. Nach dem Gesellschaftsvertrag war die Einziehung von Geschäftsanteilen mit Zustimmung des betroffenen Gesellschafters jederzeit zulässig, ohne Zustimmung war sie unter bestimmten Voraussetzungen möglich. 8321

Mit notariellem Vertrag beschlossen die vier Gesellschafter einstimmig die Einziehung des Geschäftsanteils des A zum 31.12.2007. Als Einziehungsvergütung hatte die GmbH an A 75.000 € in 75 gleichen Monatsraten zu zahlen. Die Nennbeträge der verbleibenden drei Geschäftsanteile wurden jeweils um 27.000 € auf 108.000 € aufgestockt.

Nachdem das Betriebsstätten-FA der GmbH den Wert des eingezogenen Anteils (nach § 151 Abs. 1 Satz 1 Nr. 3 BewG) mit 204.930 € gesondert festgestellt hatte, setzte das Finanzamt gegenüber einem der verbliebenen Gesellschafter (X) wegen der Werterhöhung seines GmbH-Anteils Schenkungsteuer fest. Es ermittelte den Unterschiedsbetrag zwischen dem festgestellten Anteilswert und der (abgezinsten) Einziehungsvergütung und berücksichtigte diesen Wert zu einem Drittel.

X wandte ein, unter § 7 Abs. 7 Satz 2 ErbStG fielen nur Zwangseinziehungen, die ohne Zustimmung des Gesellschafters erfolgten.

1 Vgl. BGH v. 20.9.1993 - II ZR 104/92, BGHZ 123 S. 281, 286.

VIII. Lösung zu Fall 4

8322 1. Als Schenkungen unter Lebenden nach § 1 Abs. 1 Nr. 2 ErbStG gelten u. a. gem. § 7 Abs. 1 Nr. 1 ErbStG jede freigebige Zuwendung unter Lebenden, soweit der Bedachte durch sie auf Kosten des Zuwendenden bereichert wird, sowie gem. § 7 Abs. 7 ErbStG bestimmte Formen der Anwachsung und des Wertzuwachses von GmbH-Anteilen bei Ausscheiden eines anderen Gesellschafters.[1]

8323 2. § 7 Abs. 7 Satz 2 ErbStG erfasst die Werterhöhung von Anteilen der verbleibenden Gesellschafter durch jegliche Einziehung von GmbH-Anteilen nach § 34 Abs. 1, 2 GmbHG und ist nicht auf Fälle der Zwangseinziehung von Anteilen beschränkt.

8324 a) Wird aufgrund einer Regelung im Gesellschaftsvertrag einer GmbH der Geschäftsanteil eines Gesellschafters bei dessen Ausscheiden eingezogen, und übersteigt der sich nach § 12 ErbStG ergebende Wert seines Anteils zurzeit seines Ausscheidens den Abfindungsanspruch, gilt nach § 7 Abs. 7 Satz 2 ErbStG die insoweit bewirkte Werterhöhung der Anteile der verbleibenden Gesellschafter als Schenkung des ausgeschiedenen Gesellschafters.

Mit dem Merkmal „eingezogen" knüpft die Norm an die in § 34 GmbHG geregelte Einziehung von Geschäftsanteilen bei Ausscheiden eines Gesellschafters einer GmbH an. Die Einziehung (Amortisation) bedarf nach § 34 Abs. 1 GmbHG stets einer Grundlage im Gesellschaftsvertrag, ist nach Maßgabe von § 34 Abs. 2 GmbHG aber auch ohne Zustimmung des Anteilsberechtigten möglich.[2]

8325 b) Von § 7 Abs. 7 Satz 2 ErbStG werden beide Formen der Einziehung erfasst.[3]

8326 c) Erwerber und somit Steuerschuldner gem. § 20 Abs. 1 Satz 1 ErbStG sind die verbleibenden Gesellschafter.[4]

8327 3. Die Einziehung des GmbH-Anteils des ausgeschiedenen Gesellschafters A unterliegt daher nach § 7 Abs. 7 Satz 2 ErbStG der Schenkungsteuer. Die Abfindung bleibt deutlich hinter dem gesondert festgestellten Wert des Anteils zurück. Hinsichtlich der Differenz ist der Vorgang anteilig für jeden der Gesellschafter steuerbar und steuerpflichtig.

8328–8340 *(Einstweilen frei)*

---

1 BFH v. 17.11.2021 - II R 21/20, NWB HAAAI-61977.

2 Vgl. im Einzelnen etwa Kleindiek in: Lutter/Hommelhoff, GmbH-Gesetz Kommentar, § 34 GmbHG, Rz. 29 ff.

3 BFH v. 17.11.2021 - II R 21/20, NWB HAAAI-61977; Meincke/Hannes/Holtz, Erbschaftsteuer- und Schenkungsteuergesetz, Kommentar, § 7 Rz. 165.

4 BFH v. 4.3.2015 - II R 51/13, BFHE 249 S. 252, BStBl 2015 II S. 672, Rz. 20.

E. Tod des Alleingesellschafters und einzigen Geschäftsführers/führungslose GmbH

I. Fall

Der Installationsmeister A ist alleiniger Gesellschafter und Geschäftsführer der A-Heizungs- und Sanitärinstallations-GmbH. Die GmbH hat A vor zehn Jahren mit einem Stammkapital i. H. v. 50.000 € gegründet. Das Kapital wurde in voller Höhe geleistet. 8341

Der Gesellschaftsvertrag enthält in

- § 1 Firma und Sitz,
- § 2 den Gegenstand,
- § 3 die unbestimmte Dauer und das Kalendergeschäftsjahr,
- § 4 das Stammkapital (s. o.),
- § 5 die Vertretung und die Geschäftsführung mit der Möglichkeit der Beschränkungsbefreiung von § 181 BGB,
- § 6 Gesellschaft und Gesellschafter enthält in
  - Nr. 1 die Möglichkeit der Befreiung vom Wettbewerbsverbot und in
  - Nr. 2 die Unzulässigkeit von steuerlich und gesellschaftsrechtlich verdeckter Gewinnausschüttung und das Rückerstattungsrecht der GmbH der daraus gezogenen Vorteile,
- § 7 bestimmt als Schlussbestimmung in Nr. 1 die Bekanntmachung, in Nr. 2 die maximale Gründungskostenbeteiligung der Gesellschaft i. H. v. 1.500 € und in Nr. 3 die salvatorische Klausel.

A hat mit seiner Ehefrau E ein notarielles Testament errichtet, wonach der überlebende Ehegatte der alleinige und unbeschränkte Erbe ist. Die zwei Kinder sind als Erben des Längstlebenden berufen. 8342

In der GmbH ist E angestellt und für die Buchhaltung verantwortlich. Der Sohn S arbeitet als Betriebswirt und im Büro und an den Baustellen mit. Er ist als Nachfolger vorgesehen. Die verheiratete Tochter T ist in der Werbebranche tätig und hat kein Interesse in der GmbH tätig zu sein. Der bisherige Geselle G hat vor kurzem seine Meisterprüfung bestanden. Er soll als Konzessionsträger und Ausbilder für den Betrieb erhalten bleiben. 8343

A plante 51 % der Anteile zu behalten. Er beabsichtigt 25 % auf den Sohn und 24 % auf den Gesellen zu übertragen.

Bei einem Urlaubsaufenthalt verstirbt A am 11.5.2023. Er war zu diesem Zeitpunkt 63 Jahre und seine Ehefrau 58 Jahre alt. Das notarielle Testament wurde am 20.6.2023 gem. Protokoll vom gleichen Tage des Nachlassgerichts eröffnet und der Inhalt den Beteiligten mitgeteilt. 8344

II. Lösung

1. Erbfall

a) Übergang der GmbH-Anteile von Todes wegen

8345 Gemäß § 15 Abs. 1 GmbHG ist der Geschäftsanteil an einer GmbH frei vererblich. Die Vererblichkeit eines Geschäftsanteils kann – anders als bei Anteilen an Personengesellschaften – nicht ausgeschlossen oder beschränkt werden. Die in § 15 Abs. 5 GmbHG zugelassenen Beschränkungen gelten nur für Rechtsgeschäfte unter Lebenden, nicht aber für die Vererbung. Somit ist die Witwe E als Erbin alleinige Gesellschafterin der GmbH geworden.

b) Meldungsmöglichkeiten gem. § 40 Abs. 1 GmbHG

8346 Da A Alleingeschäftsführer war, ist die GmbH führungslos. Mit dem Erbfall ist eine Veränderung in den Personen der Gesellschafter eingetreten; somit muss unverzüglich nach Bekanntwerden des Todes eines Gesellschafters gem. § 40 Abs. 1 Satz 1 GmbHG eine neue Gesellschafterliste seitens der Geschäftsführer eingereicht werden.[1] Da aber kein Geschäftsführer vorhanden ist, kann diese Aufgabe nicht ohne Weiteres wahrgenommen werden.

8347 Gemäß § 35 Abs. 1 GmbHG wird die Gesellschaft für den Fall, dass ihr gegenüber Willenserklärungen abgegeben oder Schriftstücke zugestellt werden, durch die Gesellschafter vertreten.

An die Vertreter der Gesellschaft nach § 35 Abs. 1 GmbHG können gem. § 35 Abs. 2 Satz 2 GmbHG unter der im Handelsregister eingetragenen Geschäftsanschrift Willenserklärungen abgegeben und Schriftstücke für die Gesellschaft zugestellt werden. Unabhängig hiervon können die Abgabe und die Zustellung auch unter der eingetragenen Anschrift der empfangsberechtigten Person nach § 10 Abs. 2 Satz 2 GmbHG erfolgen. § 35 GmbHG regelt den Empfang von Willenserklärungen, die sog. Passivvertretung. Dagegen ist bei Wegfall des Geschäftsführers die Frage zu beantworten, wer für die Gesellschaft Willenserklärungen abgeben darf.

8348 Nach Versterben des Geschäftsführers ist nur die Witwe E als Gesellschafterin vorhanden. Danach gilt nach § 45 GmbHG, dass die Rechte, welche den Gesellschaftern in den Angelegenheiten der Gesellschaft – insbesondere in Bezug auf die Führung der Geschäfte – zustehen, sowie die Ausübung derselben sich nach dem Gesellschaftsvertrag bestimmen, soweit nicht gesetzliche Vorschriften entgegenstehen. Soweit keine gesellschaftsrechtlichen Regelungen vorhanden sind, finden die Vorschriften der §§ 46 bis 51 GmbHG Anwendung.

8349 § 46 GmbHG enthält einen Aufgabenkatalog der Gesellschafter. Gemäß Nr. 5 gehört zum Aufgabenkreis des Gesellschafters die Bestellung des Geschäftsführers. Mit Außenwirkung ist eine Bestellung nur möglich, wenn E in der Gesellschafterliste eingetragen wäre. Diese Aufgabe hat der Geschäftsführer gem. § 40 Abs. 1 GmbHG zu erfüllen. Danach hat er unverzüglich nach Wirksamwerden jeder Veränderung in den Personen der

1 BGH v. 24.2.2015 - II ZB 17/14, NJW 2015 S. 1303, Rz. 8; Lange, Notar 2017 S. 28, 29; Mayer, MittBayNot 2014 S. 114, 124.

Gesellschafter oder des Umfangs ihrer Beteiligung eine von ihnen unterschriebene oder mit ihrer qualifizierten elektronischen Signatur versehene Liste der Gesellschafter zum Handelsregister einzureichen, aus welcher zu entnehmen sind: Name, Vorname, Geburtsdatum und Wohnort derselben, sowie die Nennbeträge und die laufenden Nummern der Geschäftsanteile, die von einem jeden Gesellschafter übernommenen worden sind, sowie die durch den jeweiligen Nennbetrag eines Geschäftsanteils vermittelte jeweilige prozentuale Beteiligung am Stammkapital.

Hält ein Gesellschafter mehr als einen Geschäftsanteil, ist in der Liste der Gesellschafter zudem der Gesamtumfang der Beteiligung am Stammkapital als Prozentsatz gesondert anzugeben. Die Änderung der Liste durch die Geschäftsführer erfolgt auf Mitteilung und Nachweis.

Die Anmeldung zur Gesellschafterliste im Wege der Geschäftsführeranmeldung kann nur mit Hilfe eines Notgeschäftsführers durchgeführt werden, wenn es keinen anderen Weg gibt.[1] Dem OLG Köln lag zu diesem Fragenkreis folgender Fall zur Entscheidung vor:[2] 8350

SACHVERHALT: Der Gesellschafter und Alleingeschäftsführer einer GmbH mit 95%-Beteiligung war verstorben und die antragstellende Ehefrau war seine Alleinerbin. Kurze Zeit später verstarb der 2. Gesellschafter, der mit 5% an der GmbH beteiligt war. Der 2. Gesellschafter wurde von einer anderen Person beerbt. Zwischen den Erben herrschte Streit, so dass eine Versammlung mit Beschluss zur Anmeldung der Erbengesellschafter nicht möglich war. Daher beantragte die zu 95% beteiligte Erbin, sie als Notgeschäftsführerin zu bestellen. Das Handelsregister des AG Köln hat diesen Antrag zurückgewiesen, da es keine Notwendigkeit zur Bestellung eines Notgeschäftsführers sah, da die derzeitigen Gesellschafter in der Lage seien, im Rahmen einer Gesellschafterversammlung einen neuen Geschäftsführer zu bestellen. Dem ist das OLG Köln entgegengetreten und gab dem Antrag mit dem Aufgabenumfang, Änderung der Gesellschafterliste und Einberufung einer Gesellschafterversammlung zur Bestellung eines Geschäftsführers, statt.

In der vorgestellten streitigen Fallkonstellation folgt das OLG Köln der Meinung im Schrifttum, wonach die Bestellung eines Notgeschäftsführers erforderlich ist. Es hat ausdrücklich keine Stellung zu der Frage bezogen, ob es den noch nicht in die Gesellschafterliste aufgenommenen Gesellschafter-Erben möglich ist, ihre Gesellschafterrechte zumindest schwebend unwirksam wahrzunehmen und so die Bestellung eines neuen Geschäftsführers zu erreichen. Das OLG gibt nur den Hinweis, dass ein solcher Weg wegen der schwebenden Unwirksamkeit rechtlich nicht unbedenklich sei. Darüber hinaus sei dieser Weg jedenfalls dann, wenn unter den Gesellschaftern hierüber kein Konsens bestehe, mit erheblichen Risiken behaftet. Von daher könne weder der Gesellschafter-Erbe, der seine Aufnahme in die Gesellschafterliste erreichen möchte, noch die Gesellschaft, der es um die Bestellung eines neuen Geschäftsführers geht, hierauf verwiesen werden. Damit hat das OLG klargestellt, dass ein Antrag auf Notgeschäftsführung nicht von Amts wegen zurückgewiesen werden darf. 8351

(Einstweilen frei) 8352–8355

1 Vgl. KG v. 23.11.2022 - 22 W 50/22, GmbHR 2023 S. 349, 350; OLG Naumburg v. 1.9.2016 - 2 U 95/15, MittBayNot 2017 S. 287 Rz. 27 ff.; OLG Köln v. 27.6.2019 - 18 Wx 11/19, NWB XAAAH-41936; Wachter, GmbHR 2023 S. 328, 329; GroßkommGmbHG/Löbbe, § 16 Rz. 30; MüKoGmbHG/Heidinger, § 16 Rz. 163 ff.; Noack/Servatius/Haas/Servatius, GmbHG, § 16 Rz. 20.

2 OLG Köln v. 27.6.2019 - 18 Wx 11/19, NWB XAAAH-41936.

c) Der schmale Weg ohne Notgeschäftsführer

8356 Gleichwohl bleibt die Frage, ob in anderen Fallkonstellationen der Eintrag in die Gesellschafterliste und die damit verbundene Geschäftsführerbestellung ohne Mitwirkung eines Notgeschäftsführers möglich ist.

Der Weg zur Notgeschäftsführung kann bei Konzessionsbetrieben, oder bei einem schnellen Akquirieren von Kunden unpraktikabel sein, wenn nicht in kurzer Zeit ein vollwertiger Geschäftsführer für die GmbH handeln kann.

8357 Um in solchen Fällen eine unverzügliche, praktikablere Lösung zu finden, wird der Vorschlag unterbreitet, sich der Vorschrift des § 16 Abs. 1 Satz 2 GmbHG zu bedienen. Danach wäre es möglich, dass ein Beschluss zur Geschäftsführerbestellung, durch die noch nicht in der Gesellschafterliste eingetragenen Erben gefasst wird. Dieser Beschluss könnte im Rahmen einer Gesellschafterversammlung stattfinden, bei der die Erben auf alle Formalia, insbesondere die form- und fristgerechte Ladung, verzichten. Würde sodann die vom neuen Geschäftsführer eingereichte, die Erben ausweisende Gesellschafterliste in das Handelsregister aufgenommen, so würden die Erben – letztlich im Wege der „Selbstheilung" – rückwirkend zu (relativen) Gesellschaftern, welche einen wirksamen Beschluss zur Geschäftsführerbestellung fassen konnten.[1] Der zunächst schwebend unwirksame Beschluss würde damit wirksam.

In dieser Sondersituation aber müssen sich die nicht in die Gesellschafterliste eingetragenen Erben gegenüber dem Registergericht förmlich legitimieren und zweifelsfrei ihre Erbenstellung nachweisen.[2] Hierfür reicht die Vorlage eines privatschriftlichen Testaments nicht aus. Zu einem zweifelfreien Nachweis bedarf es der Vorlage eines Erbscheins oder einer notariellen letztwilligen Verfügung samt Eröffnungsniederschrift. Diese Voraussetzung ist im Beispiel erfüllt.

8358 Bei der Existenz eines handschriftlichen Testaments muss daher zuvor ein Erbschein beantragt werden, wenn man den vorgeschlagenen Weg ohne Bestellung eines Notgeschäftsführers einschlagen möchte.

8359 Die Bestellung kann damit die Witwe E nur vorsorglich und mit nachträglicher Heilung durchführen und ihren Sohn S, wie vom Erblasser vorgesehen, bestellen. Eine Wirksamkeit nach außen kann nur dann entstehen, wenn E als Gesellschafterin eingetragen ist und die Bestellung unter Annahme der Bestellung durch den S mit ausdrücklicher Erklärung oder mit konkludenter Handlung annimmt. Die Intensität der Überzeugungsbildung des Registergerichts ist damit eine Einzelfallfrage und ist mit Risiken verbunden. Im vorliegenden Fall, wo keine Erbstreitigkeiten unter den Beteiligten bestehen, kann unter Beiziehung der Nachlassakte eine zweifelsfreie Feststellung erfolgen, so dass in einem solchen Fall ein Notgeschäftsführer obsolet ist.

8360 Würde E die Notgeschäftsführung beantragen, ist das Registergericht an diesen Antrag gebunden und dürfte ihn entsprechend der Judikatur des OLG Köln nicht ablehnen.[3]

1 MüKoGmbHG/Heidinger, § 40 Rz. 340 bis 342.

2 MüKoGmbHG/Heidinger, § 40 Rz. 340.

3 OLG Köln v. 27.6.2019 - 18 Wx 11/19, NWB XAAAH-41936.

d) Meldungsmöglichkeiten gem. § 40 Abs. 2 GmbHG

Hat ein Notar an Veränderungen nach § 40 Abs. 1 Satz 1 GmbHG mitgewirkt, hat er gem. Abs. 2 unverzüglich nach deren Wirksamwerden ohne Rücksicht auf etwaige später eintretende Unwirksamkeitsgründe die Liste anstelle der Geschäftsführer zu unterschreiben oder mit seiner qualifizierten elektronischen Signatur zu versehen, zum Handelsregister einzureichen und eine Abschrift der geänderten Liste an die Gesellschaft zu übermitteln. 8361

Unter welchen Bedingungen eine notarielle Tätigkeit eine tatbestandliche „Mitwirkung" i. S. v. § 40 Abs. 2 Satz 1 GmbHG darstellt, ist umstritten. Eine Meinung vertritt die Auffassung, auch bei bloß mittelbarer Mitwirkung an einer Veränderung im Gesellschafterbestand – Verschmelzung und Wechsel der Gesellschafterstellung von der übertragenden auf die übernehmende Gesellschaft – sei der beurkundende Notar berechtigt und verpflichtet, eine aktuelle Gesellschafterliste zum Handelsregister einzureichen.[1] Dagegen vertritt das KG Berlin die Auffassung, im Wege einer teleologischen Reduktion gäbe es nur bei unmittelbaren Beurkundungsgeschäften eine Meldepflicht.[2] 8362

Der Rechtsstreit kann dahingestellt bleiben. Es wird empfohlen, dass der Notar auf die Korrekturen der Gesellschafterliste hinzuwirken hat, wenn diese nicht auf dem aktuellen Stand ist.[3] Danach kann der Notar die Liste als Vermittler gem. § 40 Abs. 1 GmbHG oder gem. § 40 Abs. 2 GmbHG einreichen, wenn er von der Wirksamkeit des Anteilsübergangs überzeugt ist. Ein Notar kann sich überzeugen, wenn ein Erbschein oder eine notarielle letztwillige Verfügung samt Eröffnungsniederschrift vorliegt.[4]

In dem hier zu betrachtenden Beispiel ist den Beteiligten E und S die Einschaltung eines Notars zu empfehlen. Er wird sich am Prüfungsmaßstab des Handelsregisters ausrichten und eine Vorarbeit leisten, die ein Scheitern vor dem Handelsregister in streitlosen Fällen vermeidet. 8363

(Einstweilen frei) 8364–8365

e) Vorschlag eines praktischen Lösungsansatzes

Zur Vorbereitung eines Notartermins beschließt E in einem Protokoll Folgendes: 8366

1. Die A-Heizungs- und Sanitärinstallations-GmbH mit Sitz in K-Stadt, eingetragen im Handelsregister des Amtsgerichts K-Stadt unter HRB 4712, wurde mit Gesellschaftsvertrag am 25.1.2001 vor dem Notar Dr. Gestalter Urkunden Nr. 2000/01 durch den Alleingesellschafter A, 5.5.1962, wohnhaft, In der Gartenlaube 2, in 5000 K-Stadt gegründet.
2. Herr A ist am 11.5.2023 verstorben.

1 OLG Hamm v. 1.12.2009 - 15 W 304/09, DNotI-Report 2010 S. 8; gl. A. Apfelbaum, Notar 2008 S. 160, 170; Bednarz, BB 2008 S. 1854, 1859; Bohrer, DStR 2007 S. 995, 998; Götze/Bressler, NZG 2007 S. 894, 895; Harbarth, ZIP 2008 S. 57, 59; Wälzholz, MittBayNot 2008 S. 425, 435.

2 KG Berlin v. 8.8.2022 - 22 W 39/22, ZIP 2022 S. 2230.

3 Vgl. Kallrath in: Hauschild/Kallrath/Wachter, Notarhandbuch Gesellschafts- und Unternehmensrecht, 3. Aufl. 2022.

4 Dazu ausführlich DNotIReport 11/2023 S. 83 ff.

3. Alleinerbin ist die Ehegattin des Verstorbenen, Frau E, wohnhaft In der Gartenlaube 2, 5000 K-Stadt.
4. Im Wege dieser Rechtsnachfolge ist Frau E alleinige Gesellschafterin der A-Heizungs- und Sanitärinstallations-GmbH.
5. Frau E als Alleingesellschafterin in Erbfolge beschließt unter der Voraussetzung der Unverzüglichkeit gem. § 16 Abs. 1 Satz 2 GmbHG in der Gestalt einer Gesellschafterversammlung unter Verzicht auf alle gesetzlichen und gesellschaftsvertraglichen Formen und Fristen wie folgt:

   Herr S, Am Wasser 19, 5000 K-Stadt, kaufmännischer Leiter der A-Heizungs- und Sanitärinstallations-GmbH, wird mit sofortiger Wirkung zum Geschäftsführer bestellt. Herr S ist einzelvertretungsberechtigt und von den Beschränkungen des § 181 BGB befreit.

K-Stadt, den ...

Unterschrift E

6. Herr S, Am Wasser 19, 5000 K-Stadt, kaufmännischer Leiter der A-Heizungs- und Sanitärinstallations-GmbH nimmt diese Bestellung mit sofortiger Wirkung an.

K-Stadt, den ...

Unterschrift S

7. Die Alleingesellschafterin und der bestellte Geschäftsführer beauftragen Herrn Notar Dr. Gestalter, Parkstraße 2, 5000 K-Stadt, die Eintragung in die Gesellschafterliste zu veranlassen. Es wird gebeten, den Beschluss zu beurkunden oder zu beglaubigen und die Eintragung der neuen Geschäftsführung für den verstorbenen Geschäftsführer A zu veranlassen.

K-Stadt, den ...

Unterschrift E (Alleingesellschafterin) Unterschrift S

f) „Ex tunc-Wirkung" bei Unverzüglichkeit

8367 Frau E muss in die Gesellschafterliste der GmbH anstelle ihres verstorbenen Ehegatten A eingetragen werden, um wirksam Beschlüsse fassen zu können. Als Gesellschafter einer GmbH gilt nach § 16 GmbHG nur, wer in die Gesellschafterliste eingetragen ist. Allerdings sind Rechtshandlungen von Anfang an wirksam, wenn die Liste **unverzüglich** in das Handelsregister aufgenommen wird.

8368 § 16 Abs. 1 Satz 2 GmbHG enthält eine Sonderregelung nach der die zunächst schwebend unwirksamen Rechtshandlungen geheilt werden können. Der die Rechtshandlung Vornehmende muss materiell-rechtlich zu dieser Handlung befugt sein. Diese Befugnis ist bei E durch den Erbgang eingetreten. Daher kann S materiell-rechtlich zum Geschäftsführer entsprechend der o.g. Protokollierung berufen werden. Nur in diesem Stadium ist dieses Rechtsgeschäft schwebend unwirksam.

Dazu bedarf es einer unverzüglichen Aufnahme der geänderten Gesellschafterliste ins Handelsregister. Mittlerweile wird in der Rechtsprechung anerkannt, dass die Unverzüglichkeit gegeben ist, wenn eine Einreichung zum Handelsregister innerhalb einer Frist von höchstens zwei Wochen nach Vornahme der Rechtshandlung erfolgt.[1] Wenn E und S im vorliegenden Beispiel innerhalb von zwei Wochen ihre Unterschrift notariell beglaubigen lassen und der Notar mit Vollmacht die neue Liste mit Vollmacht des neu bestellten Geschäftsführers S beim Handelsregister einreicht, ist das Rechtsgeschäft unverzüglich gemeldet und wird mit Eintragung geheilt.

In einem streitlosen und klaren Fall kann es sogar dahingestellt bleiben, ob die Anmeldung im Wege von § 40 Abs. 1 GmbHG oder § 40 Abs. 2 GmbHG erfolgt. § 40 Abs. 2 GmbHG regelt nur die Verpflichtung eines Notars zur Anmeldung für ein Rechtsgeschäft, an dem er mitgewirkt hat. Wenn dieser Weg von den Registergerichten anerkannt und eingetragen wird, ist das Rechtsgeschäft von Anfang an wirksam. 8369

Alternativ wäre möglich, die Rechtshandlung des oben dargestellten Beschlusses in einem notariellen Termin vorzunehmen. Dann hätte der Notar mitgewirkt und seine Anmeldungspflicht gem. § 40 Abs. 2 GmbHG wäre unstreitig ausgelöst.[2] 8370

Auch eine solche, vor dem Notar abgehaltene Gesellschafterversammlung, ist schwebend unwirksam. Seine unverzügliche Anmeldung führt ebenfalls nur zur Heilung, wenn auch eingetragen wird. Im vorliegenden Fall war zur Überzeugung des Notars nur ein Erbe vorhanden.

Wird die von der Rechtsprechung geforderte Zwei-Wochenfrist nicht eingehalten, ist das Rechtsgeschäft endgültig unwirksam und das Registergericht wird in einem solchen Fall die Eintragung verweigern.[3] 8371

Gelingt in einer Erbengemeinschaft keine Einigung, bleibt nur der Weg über die Notgeschäftsführung. 8372

g) Unverzüglichkeit im Erbfall

Es stellt sich die Frage, inwieweit im Erbfall die Unverzüglichkeit verletzt werden kann, wenn erst nach mehreren Monaten gehandelt wird. Dem Erben muss das Erbe endgültig zugerechnet werden. Das ist gegeben, wenn der Erbe gem. § 1943 BGB die Erbschaft nicht mehr ausschlagen kann. Eine Ausschlagung ist nicht mehr möglich, wenn er die Erbschaft angenommen hat, oder wenn die für die Ausschlagung vorgeschriebene Frist verstrichen ist. Mit dem Ablauf dieser Frist gilt die Erbschaft als angenommen. Die Ausschlagungsfrist beträgt nach § 1944 Abs. 1 BGB sechs Wochen, nachdem der Erbe gem. § 1944 Abs. 2 Satz 1 BGB von dem Anfall und dem Grund der Berufung Kenntnis erlangt hat. Wenn, wie im Beispielsfall, eine Verfügung von Todes wegen vorliegt, beginnt die Frist gem. § 1944 Abs. 2 Satz 2 BGB nicht vor Bekanntgabe durch das Nachlassgericht. 8373

1 OLG Schleswig v. 20.3.2023 - 2 Wx 56/22, GmbHR 2023 S. 988.
2 Zu weiteren Einzelheiten vgl. BeckOK GmbHG/Heilmeier, § 40 Rz. 163.
3 So in OLG Schleswig v. 20.3.2023 - 2 Wx 56/22, GmbHR 2023 S. 988.

Im Beispielsfall wurde das notarielle Testament am 20.6.2023 gem. Protokoll vom gleichen Tage des Nachlassgerichts eröffnet und der Inhalt den Beteiligten mitgeteilt. Daher beginnt die Ausschlagungsfrist von sechs Wochen, erst ab diesem Zeitpunkt zu laufen.

8374 Wenn man durch die Formulierung des oben zitierten Vorschlags eines Beschlusses von einer Erbschaftsannahme ausgeht, ist die Zwei-Wochenfrist gewahrt. Demnach kann eine Zwei-Wochenfrist i.d.R. erst nach Handlungen, die nach der Testamentseröffnung vorgenommen werden, beginnen.

8375–8380 *(Einstweilen frei)*

2. Gestaltende Vorsorge in Gesellschaftsverträgen bzw. in der Nachfolgeberatung

8381 Der Fall „A-Heizungs- und Sanitär GmbH" muss die vorgenannten Problembereiche nicht tangieren, wenn frühzeitig, möglichst bei der Aufstellung des Gesellschaftsvertrags, Vorsorge getroffen wird, damit man Diskussionen über nachträgliche Heilungsmöglichkeiten von schwebend unwirksamen Rechtsgeschäften vermeidet. Das OLG Köln[1] hatte den Beschluss des AG Köln, der einen Antrag auf Notgeschäftsführung ablehnte, aufgehoben und dem Antrag auf Notgeschäftsführung mit beschränktem Aufgabenkreis stattgegeben. Der Tenor dieses Beschlusses kann für eine korrekte, vorsorgliche Vertragsformulierung als Muster dienen.

8382 Daher bietet sich folgende Formulierung unter Verwendung des obigen Beispiels an:

„.... *Notgeschäftsführung bei Tod des letzten Gesellschafters und Alleingeschäftsführers*

Im Falle meines Vorversterbens und bei Fehlen eines weiteren Geschäftsführers bestimme ich meine Frau E beschränkt auf die Aufgabenkreise

- *Änderung der Gesellschafterliste*
- *Einberufung einer Gesellschafterversammlung zur Bestellung eines Geschäftsführers.*

3. Sozialversicherungsrechtlicher Aspekt

8383 Das Gesetz trifft in § 7 Abs. 1 SGB IV zur Sozialversicherungspflicht eines GmbH-Geschäftsführers lediglich eine allgemeine Aussage:

„Beschäftigung ist die nichtselbständige Arbeit, insbesondere in einem Arbeitsverhältnis. Anhaltspunkte für eine Beschäftigung sind eine Tätigkeit nach Weisungen und eine Eingliederung in die Arbeitsorganisation des Weisungsgebers."

8384 Das Gesamtbild der Arbeitsleistung ist für die Einstufung selbständig oder nichtselbständig entscheidend. Handelt es sich bei einem Geschäftsführer um eine Mehrheitsgesellschafterin bzw. einen Mehrheitsgesellschafter (> 50 % der Gesellschaftsanteile), der sich Weisungen faktisch selbst geben kann, so ist dieser regelmäßig nicht sozialversicherungspflichtig.

1 OLG Köln v. 27.6.2019 - 18 Wx 11/19, NWB XAAAH-41936.

Da im Beispiel E 100% Anteile geerbt hat, ist die Frage aufgeworfen, ob sie als Angestellte die Versicherungspflicht verlassen hätte, wenn sie als Notgeschäftsführerin bei einem Antrag bestellt worden wäre. 8385

Entscheidend ist, ob E durch den Erbfall eine Stellung erreicht hätte, wonach sie mit Unternehmerrisiko hätte handeln können. Diese Frage ist bezogen auf E. zu verneinen. Sie erbringt im tatsächlichen Beispiel eine unterhalb des Managements liegende Arbeitsleistung gegenüber einer juristischen Person. Ihre 100%ige Gesellschafterstellung, die durch Erbfall entstanden ist, spielt keine Rolle. Der Geschäftsführer S ist in seiner Funktion gegenüber der E im Rahmen seiner Befugnis weisungsberechtigt. Ansonsten würde in solchen Fällen jede überwiegende Kapitalbeteiligung in eine faktische Geschäftsführerstellung erwachsen.

Unterstellt E wäre als Notgeschäftsführerin bestellt worden, ist bei eingeschränkter Notgeschäftsführung, die nur auf Änderung der Gesellschafterliste, Einberufung einer Gesellschafterversammlung zur Bestellung eines Geschäftsführers lautet, keine freie Entscheidungsfreiheit, wie sie bei einer selbständigen Tätigkeit erforderlich ist, gegeben. 8386

Um einer Diskussion hinsichtlich selbständiger oder nichtselbständiger Tätigkeit bei einer nicht beschränkten Notgeschäftsführung, die nur auf begrenzte Zeit angelegt ist, aus dem Wege zu gehen, wird die eingeschränkte Geschäftsführung immer empfohlen. 8387

(Einstweilen frei) 8388–8400

F. Der Tod eines GmbH-Geschäftsführers

I. Fall 1

Herr Labinsky ist verheiratet und hat zwei Kinder. Er ist zu 60% Gesellschafter einer GmbH, zudem ist er (Mit-)Geschäftsführer der Gesellschaft. Für die Beschlussfassung in der Gesellschafterversammlung reicht die einfache Mehrheit der Stimmen aus, soweit in der Satzung oder im Gesetz betreffend die Gesellschaft mit beschränkter Haftung (GmbHG) nicht zwingend eine andere Mehrheit vorgeschrieben ist. 8401

Seine Ehefrau ist die Alleineigentümerin des mit einer Lagerhalle einschließlich Büro- und Sozialtrakt sowie Garagen bebauten Grundstücks. Diese hat das Grundstück an die GmbH verpachtet.

Wenn Herr Labinsky verstirbt, sind neben seiner Witwe [Name?] seine Tochter Valerie und sein Sohn [Name?] Herrn Labinskys Erben. Zu seinem Sohn hat er schon lange keinen Kontakt mehr. Wie ist die Rechtslage bzgl. der GmbH-Anteile?

II. Lösung zu Fall 1

1. Zivilrechtliche Lage

a) Freie Vererbbarkeit

8402 Gemäß § 15 Abs. 1 GmbHG sind Geschäftsanteile vererblich. Beim Tod eines Gesellschafters löst sich die Gesellschaft nicht auf. Vielmehr geht die Mitgliedschaft mit dem Erbfall grundsätzlich so auf die Erben über, wie sie beim Erblasser bestand. Die Geschäftsanteile sind vererblich (§ 15 Abs. 1 GmbHG), d. h., sie gehen mit dem Tod eines Gesellschafters mit allen Rechten und Pflichten ohne Weiteres auf den oder die Erben über (§ 1922 BGB). Dies gilt unabhängig davon, ob die Erbfolge auf Gesetz, Testament oder Erbvertrag beruht.

8403 Tritt hier die gesetzliche Erbfolge ein – Herr Labinsky hatte also kein Testament gemacht –, erbt die Ehefrau einen Anteil von ½, die Kinder je ¼. Diese werden aber nicht „einzeln" Gesellschafter, sondern die Erbengemeinschaft wird neue GmbH-Gesellschafterin (§ 2032 BGB).

b) Erbengemeinschaft als Gesellschafterin der GmbH

8404 Bei mehreren Erben wird die Erbengemeinschaft neuer Gesellschafter; der Geschäftsanteil ist ungeteilt. Dies heißt, dass nicht jedem Erben der entsprechende Anteil (also ½ und ¼) zustehen, sondern der 100 %-Anteil des Erblassers einheitlich verwaltet wird.

8405 Dies ist in § 18 GmbHG geregelt. Danach soll sichergestellt werden, dass die Mitberechtigten die Gesellschafterrechte (Stimm-, Mitverwaltungs-, Vermögensrechte) einheitlich ausüben.[1] Das Stimmrecht des ungeteilten Geschäftsanteils kann danach nicht entsprechend ihres ideellen Anteils von den Mitberechtigten unterschiedlich ausgeübt werden.

8406 Die Miterben können ihre Rechte aus dem GmbH-Geschäftsanteil nur gemeinsam ausüben (§ 18 GmbHG). Hierfür ist eine Mehrheitsentscheidung gem. § 2038 Abs. 2, § 747 BGB notwendig. Ob und wie seine Kinder abstimmen, kann zurzeit nicht sicher prognostiziert werden.

8407 Auch eine schnelle Auseinandersetzung der Gesellschaft ist problematisch. Zwar kann jeder Miterbe jederzeit, auch gegen den Willen der anderen Miterben, die Miterbenauseinandersetzung verlangen, § 2042 BGB. Hier gibt es dann aber nur zwei Möglichkeiten: Entweder die Miterben einigen sich einvernehmlich über die Auseinandersetzung der Miterbengemeinschaft, oder es folgt eine streitige Auseinandersetzung, in der alle vorhandenen Gegenstände entweder durch einen Pfandverkauf durch den zuständigen Gerichtsvollzieher versteigert werden oder es bei Grundstücken zu einer sog. Teilungsversteigerung kommt.

Letztlich besteht auch noch die Möglichkeit einer „Erbteilungsklage". Sollte es daher nicht zu einer einvernehmlichen Auseinandersetzung kommen, ist eine langwierige Erbauseinandersetzung und damit eine Lähmung der Gesellschaft zu befürchten.

---

1 BGH v. 12.6.1989 - II ZR 246/88, BGHZ 108 S. 21, 31, NJW 1989 S. 2694.

Dies gilt vor allem deshalb, da eine teilweise Miterbenauseinandersetzung nicht möglich ist. Nach dem Gesetz ist die Erbengemeinschaft insgesamt aufzulösen. Diese Auseinandersetzung ist nur möglich, wenn sämtliche Nachlassverbindlichkeiten bezahlt worden sind und die Erben sich über die Miterbenauseinandersetzung einigen. 8408

Weitere Hürden sind dann vorprogrammiert: Im Fall der Auseinandersetzung müssen die Erben untereinander regeln, wer welche Gegenstände aus dem Nachlass für sich behält, und wieviel Ausgleich anderen Erben zusteht. Dies führt in der GmbH zu folgenden Problemen: 8409

- Zum einen muss der GmbH-Anteil ggf. bewertet werden, wozu ein Wirtschaftsprüfer o.Ä. Einblick in die Bücher der GmbH nimmt. Das ist oft nicht gewollt; jedenfalls aber teuer.
- Zum anderen entsteht eine Liquiditätsfalle: Derjenige Erbe, der den GmbH-Anteil allein übernehmen möchte, muss seine Miterben oft mit beträchtlichen Barmitteln abfinden.

(Einstweilen frei) 8410–8415

2. Steuerrechtliche Würdigung

a) Einkommensteuer

aa) Grundfall

Der Tod führt nicht zu einer „fiktiven" Veräußerung der Anteile. Vielmehr tritt die Erbengemeinschaft i.S. der Fußstapfentheorie an die Stelle des Erblassers (vgl. §45 AO und §17 Abs.2 Satz5 EStG). Erst wenn die Erbengemeinschaft den Anteil veräußert, kommt es zu einem Veräußerungsgewinn auf Ebene der einzelnen Miterben. Gleiches gilt, sollte ein Miterbe seinen Erbteil veräußern. 8416

bb) Sonderfall Betriebsaufspaltung,

Sollte nicht die Ehefrau das Grundstück an die GmbH verpachten, sondern Herr Labinsky Eigentümer und/oder Vermieter des Grundstücks sein, tauchen zusätzliche Probleme auf. Dann läge steuerlich eine Betriebsaufspaltung vor. Diese liegt vor, wenn zwischen dem Besitzunternehmen (Vermieterin) und der Betriebskapitalgesellschaft eine sachliche und personelle Verflechtung besteht. 8417

Eine **sachliche Verflechtung** ist gegeben, wenn das Besitzunternehmen der Betriebsgesellschaft zumindest eine wesentliche Betriebsgrundlage überlässt. Wesentlich ist eine Betriebsgrundlage, die die Betriebsgesellschaft zur Führung ihrer Geschäfte benötigt. Von der Betriebsgesellschaft genutzte Grundstücke sind in aller Regel eine wesentliche Betriebsgrundlage. 8418

Eine **personelle Verflechtung** liegt vor, wenn im Besitzunternehmen und der Betriebsgesellschaft dieselben Personen ihren Willen durchsetzen können. Diese Voraussetzung ist erfüllt, da Herr Labinsky als Alleineigentümer des Grundstücks und Mehrheitsgesellschafter der GmbH in beiden Unternehmen „das Sagen" hat. 8419

8420 Folge der Betriebsaufspaltung ist, dass das Grundstück und der Geschäftsanteil zu Betriebsvermögen werden. Verstirbt Herr Labinsky und gehen Grundstück und Geschäftsanteil nicht an dieselben Personen über (z.B. aufgrund eines Vermächtnisses an einem der beiden Vermögensgegenstände), endet die personelle Verflechtung und damit die Betriebsaufspaltung. Dies führt zur **Aufdeckung aller stillen Reserven** sowohl im Grundstück als auch dem GmbH-Geschäftsanteil.

MERKE:

Deshalb muss in Betriebsaufspaltungsfällen auf die testamentarischen Regelungen besonderes Gewicht gelegt werden.

b) Erbschaftsteuer

8421 Da Herr Labinsky zu mehr als 25 % an der GmbH beteiligt ist, liegt begünstigungsfähiges Vermögen i. S. d. Erbschaftsteuergesetzes vor. Die Vererbung des GmbH-Anteils ist deshalb vor Anwendung der persönlichen Freibeträge zu 85 % oder ggf. sogar zu 100 % von der Erbschaftsteuer befreit. Um in die teilweise oder volle Befreiung zu kommen, müssen zwei Hürden überwunden werden: der Brutto-Verwaltungsvermögenstest und es darf kein schädliches Verwaltungsvermögen vorhanden sein.

aa) Bruttoverwaltungsvermögenstest (Einstiegstest)

8422 Nach § 13b Abs. 2 Satz 2 ErbStG ist das begünstigungsfähige Vermögen insgesamt nicht begünstigt, wenn das Verwaltungsvermögen mindestens 90 % des gemeinen Werts der GmbH-Anteile ausmacht. Nach dem Gesetzeswortlaut sind dabei die Schulden nicht von den Finanzmitteln abzuziehen. Allerdings hat der BFH[1] diesen Einstiegstest entschärft, indem er bei Handelsunternehmen die Schulden zum Abzug zulässt. Dem folgt die Finanzverwaltung und dehnt die Rechtsprechung auf alle originär gewerblich oder freiberuflich tätigen Unternehmen aus.[2]

Damit wird die Begünstigung im Regelfall an diesem Test nicht (mehr) scheitern.

bb) Schädliches Verwaltungsvermögen

8423 Nicht begünstigt ist das Verwaltungsvermögen, dieses unterliegt immer der Erbschaftsteuer. Zum Verwaltungsvermögen gehören grundsätzlich Dritten zur Nutzung überlassene Grundstücke, Wertpapiere und die Finanzmittel (Zahlungsmittel, Geschäftsguthaben etc.) nach Abzug der Schulden.

Inwieweit die Vererbung des GmbH-Geschäftsanteils von der Erbschaftsteuer befreit ist, hängt damit von der Bilanz der GmbH ab.

cc) Vererbung des Grundstücks im Sonderfall Betriebsaufspaltung

8424 Im Betriebsaufspaltungsfall hat Herr Labinsky inländisches Betriebsvermögen. Das Grundstück ist ebenfalls begünstigungsfähiges Betriebsvermögen. Liegt eine Betriebs-

1 BFH v. 13.9.2023 - II R 49/21, BStBl 2024 II S. 566
2 Gleichlautende Ländererlasse v. 19.6.2024, BStBl 2024 I S. 1081.

aufspaltung vor, ist das Grundstück begünstigt und es liegt kein schädliches, nicht begünstigtes Verwaltungsvermögen vor (§ 13b Abs. 4 Nr. 1 Satz 2 Buchst. a ErbStG).

(*Einstweilen frei*) 8425–8430

III. Fall 2

Zur Vermeidung des unter Fall 1 dargestellten Szenarios können die Gesellschafter in den Gesellschaftsvertrag eine Einziehungs- und Abtretungsklausel aufnehmen. Danach soll beim Tode eines Gesellschafters dessen Anteil entweder von der Gesellschaft gegen Zahlung einer Abfindung an die Erben eingezogen werden oder der Anteil ist an einen bestimmten Nachfolger – Mitgesellschafter oder Erben – entgeltlich abzutreten. 8431

IV. Lösung zu Fall 2

1. Zivilrechtliche Würdigung

Der Gesellschaftsanteil einer GmbH ist vererblich (§ 15 GmbHG) und daher auch im Testament regelbar. Der GmbH-Anteil geht bei mehreren Erben in das Gesamthandsvermögen der Erbengemeinschaft über (keine Sondernachfolge). Daher können mehrere Miterben ihre Gesellschaftsrechte nach § 18 GmbHG nur gemeinschaftlich ausüben. Die Miterben müssen also entweder alle gemeinsam auftreten oder sich durch einen gemeinsam bestellten Vertreter vertreten lassen. 8432

Die Regelungen im Gesellschaftsvertrag haben auch vor einer letztwilligen Verfügung Vorrang. Die von den Gesellschaftern zu Lebzeiten eingegangenen gesellschaftsvertraglichen Bindungen können durch letztwillige Verfügungen also nicht beseitigt oder geändert werden. Der Erblasser muss daher sein Testament mit dem Gesellschaftsvertrag abstimmen. Der Gesellschaftsvertrag kann regeln, ob die Miterben den Geschäftsanteil behalten dürfen. Übliche Klauseln in Gesellschaftsverträgen sind die Abtretungs- und die Einziehungsklausel. 8433

a) Abtretungsklausel

Gegenstand der Abtretungsklausel ist die in der Satzung festgelegte Verpflichtung der Erben, den Geschäftsanteil des verstorbenen Gesellschafters auf den vorgesehenen Nachfolger zu übertragen. Eine Ausgestaltung als Eintrittsklausel (= einklagbares Forderungsrecht) ist möglich. Falls im Gesellschaftsvertrag keine abweichende Regelung enthalten ist, bemisst sich die Abfindung der weichenden Erben nach dem Verkehrswert des Geschäftsanteils. 8434

b) Einziehungsklausel

Gegenstand der Einziehungsklausel ist die in der Satzung festgelegte Regelung, dass die verbleibenden Gesellschafter berechtigt sind, den Anteil des Verstorbenen einzuziehen. Ohne Abfindungsregelungen haben auch hier die Erben Anspruch auf eine Abfindung in Höhe des Verkehrswertes des Geschäftsanteils. 8435

(*Einstweilen frei*) 8436–8440

2. Steuerliche Würdigung

a) Einkommensteuer

8441 In beiden Fällen (Abtretung oder Einziehung gegen Abfindung) liegt aus Sicht der Erben eine steuerpflichtige Veräußerung nach § 17 EStG vor. Der Veräußerungsgewinn ermittelt sich wie folgt:

Abfindung

./.Herrn Labinskys Anschaffungskosten

./.ggf. Freibetrag nach § 17 Abs. 3 EStG

Jeder Miterbe hat den auf ihn entsprechend seiner Erbquote entfallenden Teil zu versteuern.

b) Erbschaftsteuer

8442 Die Begünstigung der Vererbung des GmbH-Anteils fällt rückwirkend weg, wenn der Anteil innerhalb von fünf Jahren nach dem Todesfall (Behaltensfrist) abgetreten oder eingezogen wird (§ 13a Abs. 6 Satz 1 Nr. 4 ErbStG).

V. Fall 3

8443 Herr Labinsky möchte sicherstellen, dass seine Tochter Valerie das Unternehmen weiterführen kann. Zudem denkt er auch über eine Schenkung der GmbH-Anteile nach, möchte seine Gewinnbezugsrechte aber nicht vollkommen verlieren.

VI. Lösung zu Fall 3

1. Zivilrechtliche Würdigung

8444 Grundsätzlich können GmbH-Anteile frei verschenkt werden. Es ist allerdings darauf zu achten, dass die GmbH-Satzung eine solche Schenkung nicht ausschließt. In der Praxis enthalten viele Gesellschaftsverträge bzw. die Satzung einschränkende Regeln für die Veräußerung eines GmbH-Anteils. So kann z. B. die Übertragung von der Zustimmung der Mitgesellschafter abhängig sein, oder diese können ein Vorkaufsrecht geltend machen.

8445 Erbrechtlich sind das Pflichtteilsrecht und der Pflichtteilsergänzungsanspruch der Ehefrau und des Sohns zu beachten. Der Pflichtteilsergänzungsanspruch gewährt grundsätzlich eine Teilhabe an allem, was der Erblasser zehn Jahre vor seinem Tod verschenkt hat (vgl. auch § 2325 BGB).

Der Pflichtteilsergänzungsanspruch wurde geschaffen, um zu verhindern, dass sich der Erblasser vor seinem Tod „arm schenkt" und damit den Pflichtteil reduziert; der Pflichtteilsanspruch soll nicht „umgangen" werden. Der Pflichtteilsergänzungsanspruch schützt also vor Nachteilen, die dadurch entstehen, dass der Erblasser zu Lebzeiten Vermögenswerte verschenkt.

Bei der Berechnung des Pflichtteils – der die Hälfte des gesetzlichen Erbteils beträgt – wird also so getan, als hätte die Schenkung nicht stattgefunden, als hätte also das Geschenkte noch dem Erblasser gehört (fiktiver Nachlass). Der Pflichtteilsergänzungsanspruch unterliegt zeitlichen Grenzen und Einschränkungen. Es werden regelmäßig nur Schenkungen beachtet, die der Erblasser in den letzten zehn Jahren vor seinem Tod getätigt hat. 8446

Die Zehn-Jahresfrist beginnt zum Zeitpunkt der Schenkung zu laufen, also wenn der Beschenkte die Zuwendung erhalten hat. 8447

Außerdem schmilzt der für den Anspruch zugrunde legende Wert der Schenkung in jedem Jahr um 10% ab. Durch diese „pro-rata-Regelung" werden für die Bemessung des Pflichtteilsergänzungsanspruchs Schenkungen umso weniger berücksichtigt, je länger diese zurückliegen. 8448

Für eine Schenkung der Anteile an die Tochter Valerie wäre eine notarielle Urkunde erforderlich, vgl. § 15 Abs. 4 GmbHG. Weiterhin ist an den Abschluss eines Erbvertrags zu denken, um auch den Wünschen des Vaters gerecht zu werden. Der Erbvertrag bedarf der notariellen Beurkundung bei gleichzeitiger Anwesenheit der Vertragschließenden (§ 2276 BGB). 8449

Herr Labinsky hatte den Wunsch geäußert, dass er weiterhin an den Gewinnbezugsrechten partizipieren möchte. In Betracht kommt somit die Einräumung eines Nießbrauchsvermächtnisses. Damit kann eine Versorgung des Begünstigten und eine getrennte Zuwendung von Nutzung und Substanz erfolgen. Während der Erbe Eigentümer und Berechtigter aller Nießbrauchsgegenstände ist, steht dem Nießbrauchsvermächtnisnehmer nur ihre volle Nutzung zu. Da beim Nießbrauch an Gesellschaftsbeteiligungen vieles umstritten und insbesondere steuerrechtlich problematisch ist,[1] empfiehlt sich eine ausführliche Regelung der Rechtsstellung des Nießbrauchers und des Gesellschafters bzw. Erben. 8450

2. Steuerliche Würdigung

a) Einkommensteuerliche Problemfelder – Ertragsnießbrauch

Da die Einräumung eines Nießbrauchs kein Entgelt darstellt, erfolgt die Übertragung unentgeltlich und löst nicht den Tatbestand des § 17 EStG aus. 8451

Ist an einem Kapitalgesellschaftsanteil ein Nießbrauch bestellt, der dem Nießbrauchsberechtigten lediglich einen Anspruch auf den mit der Beteiligung verbundenen Gewinnanteil einräumt, ohne dass dieser wesentliche Verwaltungsrechte insbesondere die Stimmrechte, ausüben und im Konfliktfall effektiv durchsetzen kann, sind die Kapitaleinnahmen i. S. d. § 20 Abs. 1 Nr. 1 Satz 1 EStG ertragsteuerlich weiterhin dem Anteilseigner (hier Tochter VL) zuzurechnen. 8452

Die Einräumung eines Nießbrauchs an GmbH-Anteilen führt nur dann zu einer Zurechnung der Dividende beim Nießbrauchsberechtigten, wenn dieser neben dem

1 Vgl. Herrler in: Grüneberg (vormals Palandt), BGB, § 1068 Rz. 5 f.

Gewinnanteil auch die wesentlichen Verwaltungsrechte, insbesondere Stimmrechte, ausüben darf.[1]

HINWEIS:

Der BFH hat in seinem vorgenannten Urteil[2] zudem geklärt, dass die Auszahlung bei einer mittelbaren Beteiligung, bei der Anteilseigner eine GmbH ist, grundsätzlich zu einer verdeckten Gewinnausschüttung (vGA) bei der Anteilseigner-GmbH gem. § 8 Abs. 3 Satz 2 KStG sowie beim Gesellschafter der Anteilseigner-GmbH gem. § 20 Abs. 1 Nr. 1 Satz 2 EStG führt, wenn die Dividende tatsächlich an den Nießbrauchsberechtigten gezahlt wird, oder wenn der Nießbrauchsberechtigte eine nahestehende Person des Gesellschafters der Anteilseigner-GmbH ist.

8453 Folgende typische Vertragsformulierungen führen somit zu keinen Einnahmen gem. § 20 Abs. 1 Nr. 1 Satz 1 EStG:

„Herr L schenkt und überträgt Frau VL den in Ziffer 1 genannten Geschäftsanteil. Schenkung und Übertragung erfolgen unter Ausschluss jeglicher Gewährleistung; insbesondere leistet Herr L keine Gewähr für die Werthaltigkeit des Geschäftsanteils.

Frau VL nimmt die Schenkung und Übertragung an.

1. *Frau VL räumt an dem ihr gem. Ziffer ... übertragenen Geschäftsanteil Herrn V den lebenslänglichen unentgeltlichen Nießbrauch ein.*
2. *Schenkung und Übertragung sowie Bestellung des Nießbrauchs wirken im Innenverhältnis mit Wirkung zum _____.*
3. *Alle mit dem Geschäftsanteil verbundenen Mitgliedschaftsrechte, insb. das Stimmrecht, übt Frau VL aus, die sich verpflichtet, alles zu unterlassen, was den Nießbrauch beeinträchtigen oder vereiteln könnte.*
4. *Frau VL wird Herrn L regelmäßig Auskunft über die Angelegenheiten der Gesellschaft erteilen. Frau VL gewährleistet, dass der Jahresabschluss der Gesellschaft nach den höchsten steuerlich zulässigen Werten aufgestellt und die Hälfte des Jahresüberschusses an* die Gesellschafter ausgeschüttet wird.

Diese Niederschrift wurde den Erschienenen vom Notar vorgelesen, von ihnen genehmigt und von ihnen und dem Notar eigenhändig unterschrieben."

Der Vater erzielt im Falle eines Ertragsnießbrauch keine steuerbaren Einnahmen.

b) Fallabwandlung

8454 L überträgt den Geschäftsanteil gegen eine lebenslängliche monatliche Zahlung i. H. v. 2.000 €. Zudem geht die Geschäftsführung auf die Tochter über.

8455 In dieser Gestaltungsvariante besteht eine unentgeltliche private Versorgungsleistung i. S. d. § 10 Abs. 1a Buchst. c EStG.

1 So BFH v. 14.2.2022 - VIII R 29/18, BStBl 2022 II S. 544.

2 BFH v. 14.2.2022 - VIII R 29/18, BStBl 2022 II S. 544; ebenso FG Köln v. 29.2.2024 - VIII R 29/18, NWB JAAAJ-72849, Rev. anhängig, BFH: IX R 14/24.

Danach darf die VL die Zahlungen als Sonderausgaben abziehen. Damit korrespondierend muss L die empfangenen Leistungen als sonstige Einkünfte nach § 22 Nr. 1a EStG versteuern.

ABB 1: Versorgungsleistung in der Struktur der wiederkehrenden Leistungen 8456

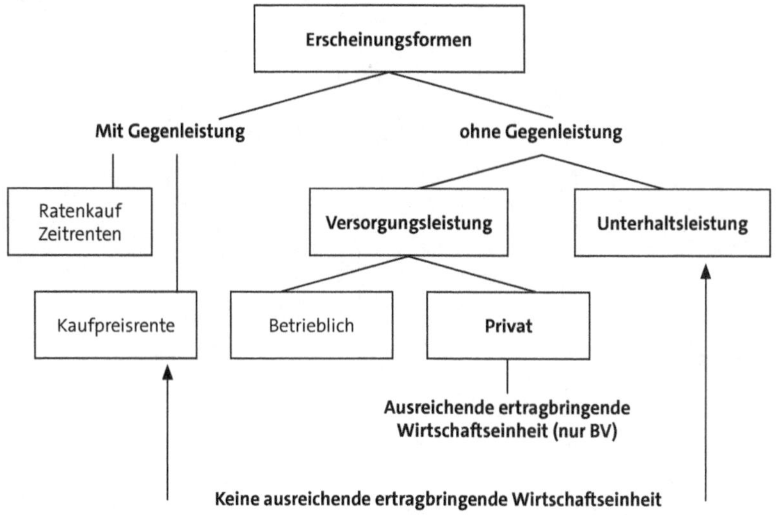

c) Schenkungsteuer

Schenkungsteuerlich liegt eine gemischte Schenkung vor. Der Kapitalwert der sonstigen 8457
Leistung wird als Entgelt gewertet. Soweit eine Schenkung reicht, handelt es sich um eine Übertragung von begünstigtem Vermögen gem. § 13b Abs. 1 Nr. 3 ErbstG. Siehe hierzu die Ausführungen oben zu Fall 1.

STICHWORTVERZEICHNIS

Die Ziffern verweisen auf Randziffern.

A

B

C

D

E

F

G

H

I

L

O

P

T

U

V

W

Z